Enquete-Kommission „Schutz der Erdatmosphäre"
des Deutschen Bundestages (Hrsg.)

Mehr Zukunft für die Erde
– Nachhaltige Energiepolitik für dauerhaften Klimaschutz –

Mehr Zukunft für die Erde

Nachhaltige Energiepolitik für dauerhaften Klimaschutz

Schlußbericht der Enquete-Kommission
„Schutz der Erdatmosphäre"
des 12. Deutschen Bundestages

Economica Verlag

Die Deutsche Bibliothek – CIP Einheitsaufnahme

Mehr Zukunft für die Erde: Nachhaltige Energiepolitik für dauerhaften Klimaschutz; Schlußbericht der Enquete-Kommission „Schutz der Erdatmosphäre" des 12. Deutschen Bundestages. – Bonn: Economica Verl., 1995

(Enquete-Berichte und -Studien)
ISBN 3-87081-464-0
NE: Deutschland/Enquete-Kommission Schutz der Erdatmosphäre

Der Bericht „Mehr Zukunft für die Erde – Nachhaltige Energiepolitik für dauerhaften Klimaschutz" ist auch als Sonderausgabe des Deutschen Bundestages erschienen. Nummer der amtlichen Drucksache: 12/8600

Bildnachweis Titelseite: Bavaria

1995 Economica Verlag GmbH, Bonn
Satz/Druck: Bonner Universitäts-Buchdruckerei

Grafiken: Atelier Frings, Bonn

ISBN 3-87081-464-0

Diese Veröffentlichung wurde auf 100% Recyclingpapier gedruckt

Vorwort

Wenn unsere Erde auch in Zukunft eine Chance haben soll, ist es notwendig, die wirtschaftliche, soziale und ökologische Entwicklung in Übereinstimmung zu bringen.

Zwischen 1950 und heute hat sich der Energieverbrauch weltweit mehr als vervierfacht. Eine wachsende Menschheit und das Wirtschaftswachstum in den Entwicklungs- und Schwellenländern werden diesen Trend weiter fortsetzen. Wenn es uns nicht gelingt, sorgsamer als bisher mit den natürlichen Ressourcen umzugehen sowie vorhandene technologische Möglichkeiten besser auszuschöpfen und neue umweltverträgliche Technologien zu entwickeln, wird unausweichlich mit dem steigenden Energiebedarf auch die Emission des klimabeeinflussenden Treibhausgases CO_2 steigen.

Die energiebedingten CO_2-Emissionen sind für rund die Hälfte des anthropogenen Treibhauseffektes verantwortlich. Setzen sich sowohl diese CO_2-Emissionen als auch die Emissionen der anderen klimarelevanten Spurengase ungebrochen fort, so wird im globalen Mittel die Temperatur bis zum Ende des nächsten Jahrhunderts um $3 \pm 1{,}5$ °C steigen. Dies wird in der internationalen Wissenschaft nicht mehr in Frage gestellt. Ebenso sicher sind sich die Wissenschaftler darüber, daß eine Temperaturerhöhung Klimaveränderungen nach sich ziehen wird. Zu erwarten sind hierbei Änderungen der Niederschlagsverteilung, Verschiebung von Klima- und Vegetationszonen, Degradationserscheinungen von Böden und die Verschlechterung der Welternährung, um hier nur einige Beispiele zu nennen. Auch wenn über Ausmaß, zeitlichen Ablauf und regionale Konsequenzen von Klimaveränderungen noch keine exakten Aussagen gemacht werden können, ist aus Gründen der Vorsorge und aus der Verantwortung, die wir nachfolgenden Generationen gegenüber haben, sofortiges politisches Handeln dringend erforderlich.

Schwerpunkte der Klimapolitik im Energiebereich liegen vor allem in der rationellen Energieverwendung. Allein im Gebäudebestand sind riesige Einsparpotentiale vorhanden. Weitere Punkte sind die Verringerung des Einsatzes von Braun- und Steinkohle und die Frage nach der weiteren Nutzung der Kernenergie, die der Club of Rome angesichts der drohenden Klimakatastrophe für eine wahrzunehmende Option hält. Dies ist bedenkenswert.

Klimaschutz bedeutet in erster Linie einen schonenden Umgang mit Energie. Daher kommt der rationellen Energiewandlung eine besondere Bedeutung zu. Hier zeigt der vorliegende Bericht alle zur Zeit technisch möglichen Potentiale zur Erhöhung des Wirkungsgrades bei der Umwandlung fossiler Energieträger in Nutzenergie auf. Um diese Potentiale auszuschöpfen, ist eine material- und energieintensitätsarme Energiewirtschaft zu fördern und auf hocheffiziente Technologien zu setzen. Das gilt für alle Energienutzer in Haushalt und Kleinverbrauch, in der Wirtschaft und – nicht zuletzt – im Verkehr.

Eine besondere Bedeutung kommt auch den erneuerbaren Energien zu. Es wird eine der wichtigsten Aufgaben staatlicher Energie- und Umweltpolitik bleiben, die Erprobung und Nutzung alternativer Energiequellen zu fördern sowie Forschung und Entwicklung in diesem Bereich kontinuierlich zu unterstützen.

Auf dem Weg zu einer dauerhaft nachhaltigen Energiewirtschaft müssen Klimaökologie, Energieversorgung und Marktwirtschaft in Einklang gebracht werden. Der Markt war und ist das Fundament für wirtschaftliche Prosperität, soziale Stabilität und Wohlstand. Reformfähigkeit und Anpassungsvermögen werden den Markt auch künftig Fundament sein lassen für ökologisch verantwortbares Wirtschaften und das Bemühen um den Ausgleich mit der Natur. Auf der Suche nach einer umweltschonenden, wettbewerbsfähigen und zukunftsorientierten Energieversorgung müssen Antworten gefunden werden auf die Fragen zur Sicherung des Wirtschaftsstandortes Deutschland, der vollständigen energie- und wirtschaftspolitischen Integration der neuen Bundesländer, zu den Herausforderungen im Rahmen des Europäischen Binnenmarktes, zu den globalen Entwicklungen und nicht zuletzt für die Notwendigkeiten einer aktiven Klimavorsorge.

Klimaschutz darf und kann nicht an nationalen Grenzen aufhören. Es ist erfreulich, daß in der Bundesrepublik Deutschland die energiebedingten CO_2-Emissionen – vornehmlich durch die Minderungen in den neuen Bundesländern – von 1987 bis 1993 bereits um 15 % abgenommen haben. Damit kann das Ziel einer CO_2-Emissionsreduktion von 25 % bis zum Jahr 2005 erreicht werden. Doch über diese nationale Anstrengung hinaus muß im internationalen Verbund nach Lösungsmöglichkeiten zur Bewältigung des Klimaproblems gesucht werden. Die Konferenz für Umwelt und Entwicklung in Rio de Janeiro war hierzu ein erster Schritt. Die Vertragsstaatenkonferenz im Frühjahr 1995 in Berlin muß nun den Durchbruch für den globalen Klimaschutz bringen. Es müssen dort konkrete Reduktionsziele festgeschrieben werden, damit der Klimaschutz nicht an Glaubwürdigkeit verliert. Darüber hinaus sollten bestimmte politische Schritte und Maßnahmen beschlossen werden. Hierzu zählen u. a. der Technologie- und Finanzmitteltransfer sowie transnationale Kooperationsmodelle.

Ich hoffe, daß wir uns der nationalen Vorreiterrolle im Klimaschutz weiterhin bewußt sind. Wir müssen die Umsetzung vieler nationaler Maßnahmen zügig vorantreiben als Signal für andere Länder, aber auch als Beweis dafür, daß Klimaschutz und wirtschaftliche Entwicklung nicht im Widerspruch zueinander stehen. Erforderlich ist, daß die Vertragsstaatenkonferenz in Berlin einen großen Schritt nach vorne geht. Dies muß Ziel aller gemeinschaftlichen Anstrengungen sein.

Mein herzlicher Dank gilt der Präsidentin des Deutschen Bundestages für die wohlwollende Unterstützung, die sie der Kommission gewährt hat. Mein Dank gilt allen Kommissionsmitgliedern für die intensive Kooperation. Meinen besonderen, persönlichen Dank und den der Kommission möchte ich dem Sekretariat für seinen beispiellosen und vorbildlichen Einsatz sowie die ausgezeichnete und vertrauensvolle Zusammenarbeit aussprechen.

Bonn, den 31. Oktober 1994

Dr. Klaus W. Lippold, MdB
Vorsitzender der Enquete-Kommission
„Schutz der Erdatmosphäre"

Zusammensetzung der Enquete-Kommission „Schutz der Erdatmosphäre"

Mitglieder

Dr. Klaus W. Lippold (Offenbach), MdB (CDU/CSU)
Vorsitzender

Dr. Liesel Hartenstein, MdB (SPD)
Stellvertretende Vorsitzende

Klaus Harries, MdB (CDU/CSU)
Dr. Peter Paziorek, MdB (CDU/CSU)
Dr. Christian Ruck, MdB (CDU/CSU)
Trudi Schmidt (Spiesen), MdB (CDU/CSU)
Bärbel Sothmann, MdB (CDU/CSU)
Brigitte Adler, MdB (SPD)
Prof. Monika Ganseforth, MdB (SPD)
Horst Kubatschka, MdB (SPD)
Dr. Klaus Kübler, MdB (SPD)
Martin Grüner, MdB, Parlamentarischer Staatssekretär a. D. (F.D.P.)
Marita Sehn, MdB (F.D.P.)

Prof. Dr. Wilfrid Bach
Prof. Dr. Dr. Rudolf Dolzer
Dr.-Ing. Alfred-Herwig Fischer
Prof. Dr. Hartmut Graßl
Prof. Dr. Klaus Heinloth
Prof. Dr. Peter Hennicke
Prof. Dr. Hans-Jürgen Jäger
Prof. Dr.-Ing. Eckhard Kutter
Prof. Dr. Klaus-Michael Meyer-Abich, Senator a. D.
Prof. Dr. Hans Michaelis, Generaldirektor a. D.
Prof. Dr. Wolfgang Seiler
Prof. Dr.-Ing. Alfred Voß
Prof. Dr.-Ing. Carl-Jochen Winter

Beratende Mitglieder

Dr. Klaus-Dieter Feige, MdB (Bündnis 90/Die Grünen)
Dr. Dagmar Enkelmann, MdB (PDS/Linke Liste)

Sekretariat

MR Roland Jacob (Leiter)

ORR Klaus Aschinger, Jurist
Michael Bisek, Dipl.-Geograph
Bernhard Burdick, Dipl.-Agraringenieur
Dr. Birgit Keller, Dipl.-Physikerin
Dr. Kora Kristof, Dipl.-Volkswirtin
Dr. Martin Rieland, Dipl.-Meteorologe
Ralf Schmidt, Dipl.-Geograph
Dr. Manfred Treber, Dipl.-Physiker
Thomas Fürst (Organisatorische Aufgaben)
Elke Greif (Sekretariatsaufgaben)

Inhaltsverzeichnis

Anhang zu Kapitel 8

Anhang zum Gesamtbericht

Aufgabenstellung und bisherige Arbeit der Kommission

1. Problembeschreibung, Entstehung und Auftrag der Kommission

Die Enquete-Kommission „Vorsorge zum Schutz der Erdatmosphäre" des 11. Deutschen Bundestages hat in drei Berichten an das Parlament die Themen „Zerstörung der Ozonschicht", „Zerstörung der Tropenwälder" sowie „Anthropogen verursachter Treibhauseffekt" aufgearbeitet.

In ihrem Abschlußbericht ersuchte diese Kommission den 12. Deutschen Bundestag, erneut eine Enquete-Kommission zur Treibhausgasproblematik einzusetzen.

Auf Antrag der Fraktionen der CDU/CSU, SPD, F.D.P. und der Gruppe Bündnis 90/Die Grünen hat der Deutsche Bundestag am 25. April 1991 die Enquete-Kommission „Schutz der Erdatmosphäre" eingesetzt. Diese wurde am 27. Juni 1991 durch die Präsidentin des Deutschen Bundestages konstituiert.

Der Auftrag der Kommission bestand zunächst darin, die Ergebnisse der internationalen Klimaforschung aufzuarbeiten und fortzuschreiben, die Auswirkungen eventueller Klimaänderungen auf die natürlichen Ökosysteme und die Verschiebung der heutigen Klimazonen zu untersuchen sowie die daraus resultierenden politischen, ökonomischen, sozialen und ökologischen Folgen international darzustellen. Neben diesen im wesentlichen einer Fortführung der Arbeiten der Vorgänger-Kommission entsprechenden Aufgaben hatte diese Kommission jedoch den besonderen Auftrag, über die allgemeinen Maßnahmenempfehlungen ihrer Vorgängerin hinaus konkrete klimaschutzrelevante und umsetzungsorientierte Handlungsempfehlungen für die Endenergiesektoren (Haushalte, Handwerk, Dienstleistungsbereich, öffentliche Einrichtungen und Industrie), für den Energiewandlungssektor, für den Verkehrsbereich sowie für Landwirtschaft und Wälder zu erarbeiten. Dabei sollte ein besonderes Augenmerk auf die neuen Bundesländer gerichtet werden.

Im Hinblick auf die Konferenz der Vereinten Nationen für Umwelt und Entwicklung im Juni 1992 in Rio de Janeiro sollte die Kommission im

Jahre 1992 einen ersten Zwischenbericht vorlegen und darin Maßnahmen für eine international abgestimmte Umweltpolitik vorschlagen.

Als weitere Schwerpunkte wurden genannt:

- Vorschläge für die Verbesserung der Zusammenarbeit zwischen den Industrie- und den Entwicklungsländern zur gemeinsamen Beratung der Problematik des Technologie- und Finanztransfers
- Problembereich zukünftiger Umweltflüchtlinge und Fragen der internationalen Sicherheit
- die Bedeutung der weltweiten Bevölkerungsentwicklung, deren Struktur und Verteilung und somit Fragen der Welternährung.

Die Kommission setzt sich aus dreizehn Mitgliedern des Deutschen Bundestages sowie dreizehn Sachverständigen zusammen, die von den Fraktionen CDU/CSU, SPD und F.D.P. entsprechend ihrem Stärkeverhältnis entsandt bzw. zur Ernennung vorgeschlagen wurden. Die Gruppen PDS/LL sowie Bündnis 90/Die Grünen entsandten jeweils ein beratendes Mitglied.

2. Zusammensetzung der Kommission

I. Mitglieder der Kommission

Von den Fraktionen wurden folgende Mitglieder des Deutschen Bundestages für die Enquete-Kommission benannt:

CDU/CSU-Fraktion

Dr. Klaus W. Lippold (Offenbach), Vorsitzender
Herbert Frankenhauser (bis 1. 3. 1993)
Klaus Harries, Obmann
Dr. Peter Paziorek
Trudi Schmidt (Spiesen)
Bärbel Sothmann
Dr. Christian Ruck (seit dem 1. 3. 1993)

SPD-Fraktion

Brigitte Adler (seit dem 17. 2. 1992)
Prof. Monika Ganseforth, Obfrau (seit dem 21. 3. 1992)
Dr. Liesel Hartenstein, stv. Vorsitzende
Horst Kubatschka (seit dem 21. 3. 1992)
Dr. Klaus Kübler

Michael Müller (Düsseldorf), Obmann (bis 21. 3. 1992)
Hans Wallow (bis 17. 2. 1992)

F.D.P.-Fraktion

Martin Grüner, Parl. Staatssekretär a. D., Obmann
Marita Sehn

Die beiden im Deutschen Bundestag vertretenen Gruppen entsandten als beratende Mitglieder:

Dr. Dagmar Enkelmann, PDS/LL (seit dem 23. 7. 1992)
Dr. Klaus-Dieter Feige, Bündnis 90/Die Grünen

Auf Vorschlag der Fraktionen berief die Präsidentin des Deutschen Bundestages als Sachverständige Kommissionsmitglieder:

Prof. Dr. Wilfrid Bach,
Leiter der Abteilung für Klima- und Energieforschung am Institut für Geographie der Universität Münster

Prof. Dr. Dr. Rudolf Dolzer,
Lehrstuhl für Deutsches und Ausländisches Öffentliches Recht, Völkerrecht und Europarecht der Universität Mannheim

Dr.-Ing. Alfred-Herwig Fischer,
Leiter Grundsatzfragen Verkehrspolitik, Ökologie und Gesellschaft der Daimler Benz AG

Prof. Dr. Hartmut Graßl,
Direktor des Gemeinsamen Planungsstabes des Weltklimaforschungsprogramms, Genf

Prof. Dr. Klaus Heinloth,
Physikalisches Institut der Universität Bonn

Prof. Dr. Peter Hennicke,
Direktor der Abteilung Energie des Wuppertal-Instituts für Klima, Umwelt, Energie
Lehrstuhl für Energiewirtschaft an der Bergischen Universität Wuppertal (beurlaubt)

Prof. Dr. Hans-Jürgen Jäger,
Leiter des Instituts für Pflanzenökologie der Universität Gießen

Prof. Dr.-Ing. Eckhard Kutter,
Leiter der Verkehrsabteilung des Deutschen Instituts für Wirtschaftsforschung, Berlin

Prof. Dr. Klaus Michael Meyer-Abich,
Kulturwissenschaftliches Institut im Wissenschaftszentrum Nordrhein-Westfalen, Senator a. D.

Prof. Dr. Hans Michaelis,
Generaldirektor der EU-Kommission a. D., Energiewirtschaftliches Institut an der Universität Köln

Prof. Dr. Wolfgang Seiler,
Leiter des Fraunhofer-Instituts für atmosphärische Umweltforschung, Garmisch-Partenkirchen

Prof. Dr.-Ing. Alfred Voß,
Leiter des Instituts für Energiewirtschaft und Rationelle Energieanwendung der Universität Stuttgart

Prof. Dr.-Ing. Carl-Jochen Winter,
Deutsche Forschungsanstalt für Luft- und Raumfahrt e. V.

II. Kommissionssekretariat

Die Verwaltung des Deutschen Bundestages stellte der Kommission ein Sekretariat zur Verfügung.

Leitung des Sekretariates:

Ministerialrat Roland Jacob

Wissenschaftliche Mitarbeiter:

Oberregierungsrat Klaus Aschinger, Jurist
Michael Bisek, Diplom-Geograph
Bernhard Burdick, Diplom-Agraringenieur
Dr. Birgit Keller, Diplom-Physikerin
Dr. Kora Kristof, Diplom-Volkswirtin
Dr. Martin Rieland, Diplom-Meteorologe
Ralf Schmidt, Diplom-Geograph
Dr. Manfred Treber, Diplom-Physiker

Organisatorische Aufgaben:

Thomas Fürst

Sekretariatsaufgaben:

Elke Greif
Brigitte Krämer
Andreas Frielingsdorf

Das Sekretariat wurde in seiner Arbeit ferner durch vorübergehend zugewiesene Aushilfsangestellte und Praktikanten unterstützt.

3. Bisherige Arbeit der Kommission

Unmittelbar nach ihrer Konstituierung hat die Kommission begonnen, ein umfangreiches Studienprogramm auf den Gebieten Energie, Verkehr, Landwirtschaft, Wälder, Bevölkerungswachstum und Ernährung zu erstellen. Die Inhalte des Studienprogramms sowie die potentiellen Studiennehmer wurden von der Kommission einvernehmlich beschlossen. Anschließend wurden durch die Verwaltung des Deutschen Bundestages im Auftrag der Kommission 35 Einzelstudien vergeben. Weitere vier Studien konnten mit der freundlichen Unterstützung der Deutschen Bundesstiftung Umwelt vergeben werden.

Nach Auswertung der Studien für die Berichte der Kommission wurden die Rechte an diesen Studien auf den Economica-Verlag übertragen, der sich verpflichtete, diese in vier Einzelbänden (Energie, Verkehr, Landwirtschaft, Wälder) zu veröffentlichen und über den Buchhandel zu vertreiben. Damit sind alle Studien der Öffentlichkeit, insbesondere aber der interessierten Fachwelt zugänglich.

Im Rahmen der laufenden Wahlperiode hat die Kommission insgesamt 24 – davon 8 zweitägige – Anhörungen durchgeführt, zu denen annähernd 500 namhafte nationale und internationale Wissenschaftler, Vertreter nationaler Regierungen und Parlamente sowie internationaler Regierungsorganisationen, Vertreter der Wirtschaft sowie Vertreter von Umweltverbänden eingeladen waren. Die Ergebnisse dieser Anhörungen wurden detailliert ausgewertet und sind in die Berichte eingeflossen. Alle bei den Anhörungen schriftlich vorgelegten Stellungnahmen wurden als Kommissionsdrucksachen deklariert und somit der Öffentlichkeit zugänglich gemacht.

In zwei auswärtigen Sitzungen, beim Deutschen Umwelttag in Frankfurt/Main sowie bei der Frühjahrsmesse in Leipzig, hat die Kommission die Problematik der kommunalen Energieversorgung mit Vertretern von Kommunen sowie kommunalen und regionalen Versorgungsunternehmen erörtert.

Ein besonders intensiver Dialog wurde mit den Vertretern der Bundesregierung geführt. Mehrfache intensive Gespräche fanden statt mit dem Bundesminister für Umwelt, Naturschutz und Reaktorischerheit, dem Bundesminister für Wirtschaft, dem Bundesminister für wirtschaftliche Zusammenarbeit und Entwicklung sowie dem Bundesminister für Ernährung, Landwirtschaft und Forsten. Weitere Gespräche wurden geführt mit dem Bundesminister der Finanzen, dem Bundesminister für Raumordnung, Bauwesen und Städtebau sowie dem Bundesminister für Verkehr.

Der Vizepräsident des Umweltbundesamtes stand der Kommission als ständiger Ansprechpartner zur Verfügung.

Delegationen der Kommission haben Informationsreisen nach Japan, Süd-Korea, Brasilien, Mexico, die USA, Kanada, die Russische Föderation, Usbekistan, Kasachstan und Indien sowie zur Kommission der Europäischen Union in Brüssel durchgeführt und sind dabei sowohl mit Parlamentariern dieser Staaten als auch mit einer großen Zahl hochrangiger Regierungsvertreter und renommierter Wissenschaftler zusammengetroffen.

Im Rahmen der Konferenz für Umwelt und Entwicklung im Juni 1992 in Rio de Janeiro wurden eine Vielzahl von Gesprächen mit den Delegationen anderer Staaten geführt.

Die Kommissionsmitglieder Prof. Dr. Dr. Dolzer, Prof. Dr. Graßl, Prof. Dr. Heinloth und Prof. Dr. Hennicke beraten die Bundesregierung im Rahmen des Intergovernmental Panel on Climate Change (IPCC) und nahmen mit Vertretern der Bundesregierung an den Sitzungen der IPCC-Arbeitsgruppen teil. Dadurch wurde gewährleistet, daß die Arbeitsergebnisse der Kommission direkt in die gegenwärtige internationale Diskussion eingeflossen sind und umgekehrt die Kommission auf die jeweils aktuellen Ergebnisse der IPCC-Arbeitsgruppen zurückgreifen konnte.

Mitglieder und Mitarbeiter der Kommission haben ferner im In- und Ausland an einer Vielzahl von Fachkongressen teilgenommen, die sich mit allen Bereichen der Gesamtthematik befaßt haben und haben der Kommission jeweils über deren Ergebnisse berichtet, so daß diese laufend über den Stand der aktuellen fachlichen Diskussion unterrichtet war.

Darüber hinaus wurden der Kommission eine Fülle von weiteren Stellungnahmen und Materialien, die zum Teil noch unveröffentlicht sind, zur Verfügung gestellt. Diese wurden ausgewertet und sind ebenfalls in die Berichte eingeflossen.

Die Kommission hat seit der Konstituierung im Juni 1991 bis zum Ende der Legislaturperiode im Oktober 1994 in insgesamt 131 Sitzungen vier eigenständige Berichte erarbeitet und herausgegeben.

Der erste Bericht mit dem Titel „Klimaänderung gefährdet globale Entwicklung" erschien im Frühjahr 1992 als Beitrag der Kommission zur UN-Konferenz für Umwelt und Entwicklung im Juli 1992 in Rio de Janeiro. Dieser Bericht, der allen Parlamenten und allen Umweltministerien der in Rio de Janeiro versammelten Staaten zugeleitet wurde, fand international große Beachtung.

Die Kommission faßte in diesem Bericht den aktualisierten wissenschaftlichen Sachstand in der Klimaforschung zusammen, stellte den Forschungsbedarf bei den jeweiligen Emittenten von Treibhausgasen dar und stellte mögliche Handlungsempfehlungen für eine erfolgreiche Politik zur Reduktion von Treibhausgasemissionen sowohl für den nationalen wie den internatioalen Rahmen vor. Darüber hinaus verstand sich dieser Bericht als ein Appell an die politisch Verantwortlichen und die Weltöffentlichkeit, neue Wege der internationalen Zusammenarbeit und zur Überwindung des Nord-Süd Konfliktes zu beschreiten.

In einem zweiten Bericht untersuchte die Kommission den Verkehrssektor im Hinblick auf seine Relevanz für die Treibhausgasproblematik sowie auf Möglichkeiten, die Emissionen im Verkehrssektor spürbar zu reduzieren. Dieser Bericht mit dem Titel „Mobilität und Klima – Wege zu einer umweltverträglichen Verkehrspolitik" befaßt sich darüber hinaus mit den Ursachen der Verkehrsentstehung und des ungebremsten Zuwachses an Verkehrsleistung, der im Straßen- und Luftverkehr besonders deutlich wird. Der Bericht folgt dabei einer systemorientierten Betrachtung und verknüpft globale mit europäischen, bundesweiten sowie kommunalorientierten Aspekten. Zwar steht der Klimaschutz im Vordergrund, andere umweltpolitische Belange werden aber ebenfalls nicht vernachlässigt. Zusätzlich einbezogen werden wirtschafts-, finanz-, haushalts- und regionalpolitische Aspekte ebenso wie Raumordnungs- und Infrastrukturpolitik. Dabei werden die Konflikte zwischen diesen Feldern offengelegt. Bei den Handlungsempfehlungen der Kommission stehen die Stichworte Verkehrsvermeidung, Verkehrsverlagerung, Verbesserung der Organisation und Optimierung der Technik im Mittelpunkt.

Dieser Bericht wurde von der Kommission einvernehmlich verabschiedet. Bei den Handlungsempfehlungen handelt es sich um das Votum der Kommissionsmehrheit, bestehend aus den Vertretern der Koalitionsparteien und der von diesen vorgeschlagenen Sachverständigen. Die Vertreter der Opposition haben mit den von ihr benannten Sachverständigen ein Minderheitsvotum vorgelegt.

Mit ihrem dritten Zwischenbericht mit dem Titel „Schutz der grünen Erde – Klimaschutz durch umweltgerechte Landwirtschaft und Erhalt der Wälder" legt die Kommission international zum ersten Mal eine umfassende und fundierte Darstellung des derzeitigen Wissenstandes zum Thema Klimaänderung, Landwirtschaft und Wälder vor. Die Kommission analysiert die Ursachen für die Spurengasemissionen aus dem Bereich der Landwirtschaft und der Waldvernichtung.

Die hohe Produktionsintensität in der Landwirtschaft in Deutschland, Europa und einigen anderen Regionen der Erde verursacht neben verschiedenen Umweltbelastungen in wachsendem Maße auch klimaschädliche Spurengase. Die Brandrodung tropischer Wälder, die fortschreitende Entwaldung in borealen Breiten und die erhebliche Zunahme der Waldschäden in den gemäßigten Breiten beeinträchtigt die Wälder in ihrer für das globale Klima so bedeutsamen Rolle als Kohlenstoffspeicher. Durch die nicht angepaßte und nicht nachhaltige Nutzung von Agrar- und Waldökosystemen wird weltweit etwa ein Drittel aller klimawirksamen Gase freigesetzt.

Zugleich wird kein anderer Wirtschaftszweig von den Folgen der absehbaren Klimaänderung so direkt betroffen sein wie die Land- und Forstwirtschaft. Zahlreiche Wissenschaftler prognostizieren zum Teil erhebliche Ernteverluste sowie irreversible Schäden für die Biosphäre und damit für die Menschheit. Die Klimaänderung gefährdet daher zunehmend – noch verstärkt durch das anhaltende Bevölkerungswachstum – die Ernährung der Weltbevölkerung.

Über eine eingehende und aktuelle Bestandsaufnahme der Ursachen sowie der möglichen Auswirkungen einer Klimaänderung für den Bereich der Landwirtschaft und Wälder hinaus enthält der Bericht der Enquete-Kommission zahlreiche Handlungsempfehlungen für die nationale und internationale Ebene. Die Maßnahmen zielen weltweit auf eine Reduktion der klimawirksamen Spurengase durch eine umweltgerechte Landwirtschaft und den Erhalt der Wälder als Beitrag zum Schutz des globalen Klimas.

Die Ernährung einer wachsenden Weltbevölkerung in den unterversorgten Regionen der Welt erfordert eine standortgerechte und umweltverträgliche Produktionssteigerung in der dortigen Landwirtschaft. Gleichzeitig müssen aber erhebliche Anstrengungen zur Reduzierung des Bevölkerungswachstums unternommen und verschiedene regionale bzw. globale Rahmenbedingungen der Landwirtschaft, des Welthandels und der wirtschaftlichen Zusammenarbeit verbessert werden.

Diese Maßnahmen dienen damit zugleich dem Erhalt der tropischen Wälder, die Ergebnisse der Arbeit der Enquete-Kommission zeigen aber deutlich, daß die Waldvernichtung und -degradation nicht nur ein Problem der Tropen ist, sondern weltweit stattfindet.

Ziel der Kommission ist es, sich mit diesem Bericht für die weltweite Gestaltung dauerhaft tragfähiger umwelt- und klimaverträglicher Formen der Land- und Waldbewirtschaftung einzusetzen.

Dieser Bericht wurde einschließlich Handlungsempfehlungen einvernehmlich verabschiedet.

Der jetzt vorgelegte Abschlußbericht widmet sich im wesentlichen dem Energiesektor. Darüberhinaus enthält er einen vollständig überarbeiteten und aktualisierten Überblick über den Stand der Klimaforschung, Kurzfassungen des zweiten und dritten Zwischenberichtes sowie in Teil E die „Empfehlungen für die 1. Vertragsstaatenkonferenz zum Rahmenübereinkommen über Klimaänderungen (Klimarahmenkonvention) vom 28. März bis 7. April 1995 in Berlin".

Diese Empfehlungen für die Vertragsstaatenkonferenz wurden bereits vorab verabschiedet und sowohl der Bundesregierung als auch den Parlamenten und Umweltministern aller Zeichnerstaaten der Klimarahmenkonvention zugeleitet. Die Bundesregierung wurde aufgefordert, den mit der Vorbereitung der Konferenz beauftragten Gremien diese Empfehlungen rechtzeitig vorzulegen.

Im Energiesektor listet die Kommission alle bisher bekannten Energiewandlungs- und Energienutzungsformen auf, stellt die Potentiale für effizientere und rationelle Energieverwendung vor und zeigt die Möglichkeiten eines verstärkten Einsatzes erneuerbarer Energien.

Ohne die Wirtschaftlichkeit veränderter Energieversorgungsstrukturen detailliert zu untersuchen und ohne die Diskussion über das Ausmaß der externen Effekte, also der durch den Energiesektor verursachten Kosten der Umweltbeeinträchtigung, abschließend darzustellen, listet die Kommission eine Vielzahl technisch verfügbarer Handlungsoptionen für eine klimaverträglichere Energiepolitik auf.

Wegen der Langfristigkeit der Investitionsentscheidungen im Energiesektor und der dieser vorausgehenden Forschung werden in einem gesonderten Kapitel „Visionen" für das Jahr 2050 dargestellt.

Dabei werden ganz bewußt völlig unterschiedliche Denkansätze gegenübergestellt. Die immer wiederkehrenden Brüche in langfristigen weltweiten Entwicklungen werden hierbei ebenso berücksichtigt wie die eventuelle Notwendigkeit, aufgrund sich global kurzfristig verändernder Rahmenbedingungen neue Entscheidungen treffen zu müssen.

In ihren abschließenden Empfehlungen ist die Kommission nur begrenzt zu einer übereinstimmenden Meinung gekommen. Diese wird in getrennten Handlungsempfehlungen formuliert. Einigkeit besteht jedoch darüber, daß die Emissionen von Treibhausgasen national wie international deutlich zurückgeführt werden müssen. Die Wege, wie dieses Ziel erreicht werden kann, sind allerdings unterschiedlich.

Teil A – Schutz der Erdatmosphäre

1 Wissenschaftlicher Sachstand zur anthropogenen Beeinflussung des Klimas und des atmosphärischen Ozongehaltes

In den vergangenen sieben Jahren haben die Enquete-Kommissionen des 11. und 12. Deutschen Bundestages, „Vorsorge zum Schutz der Erdatmosphäre" und „Schutz der Erdatmosphäre" in zahlreichen Anhörungen und Diskussionsrunden den wissenschaftlichen Sachstand in bezug auf die anthropogene Beeinflussung des Klimas und die Veränderung des atmosphärischen Ozongehaltes durch den Menschen aufgearbeitet, die verschiedenen Entwicklungen innerhalb der Forschung kritisch begleitet und die Ergebnisse bewertet. Erst diese Bewertung erlaubt eine objektive Abwägung, ob angesichts der vorhandenen Kenntnisse politischer Handlungsbedarf zur Abwendung bzw. Verringerung eines Gefährdungspotentials oder ob weiter ausschließlich Forschungsbedarf besteht.

Anthropogener Treibhauseffekt

Die Enquete-Kommission stellt fest, daß sich der wissenschaftliche Kenntnisstand über den anthropogenen Treibhauseffekt mit seinen Konsequenzen für das Klima der Erde innerhalb der letzten vier Jahre weiter gefestigt hat. Die Abb. 1.1-1 zeigt den mit Hilfe von Eisbohrkernen abgeleiteten Verlauf des atmosphärischen CO_2-Gehaltes in den letzten 250 000 Jahren, der eindeutig geprägt war durch den Wechsel zwischen Vereisungsperioden mit niedrigem CO_2-Anteil (im Mittel etwa 220 ppmv) und den dazwischen liegenden Warmzeiten, in denen das atmosphärische CO_2-Mischungsverhältnis auf etwa 280 ppmv anstieg. Im Vergleich zu diesen natürlichen Variationen des CO_2-Gehaltes ist die drastische, anthropogen bedingte Zunahme der atmosphärischen CO_2-Konzentration in den letzten 100 Jahren in bezug auf die Geschwindigkeit und die Amplitude dieser „Störung" ohne Beispiel. Der heutige CO_2-Anteil liegt bereits um rund 30 % über dem normalerweise in einer Warmzeit beobachteten CO_2-Wert. Bei ungebremstem weiteren Anstieg der CO_2-Emissionen wird sich bereits Mitte des kommenden Jahrhunderts die atmosphärische CO_2-Konzentration gegenüber dem vorindustriellen Wert verdoppeln. Es ist davon auszugehen, daß der Mensch durch die von ihm verursachte Zunahme der Treibhausgase das globale Klima bereits heute verändert hat, wobei das Klimasystem mit einer Zeitverzögerung von mehreren Jahrzehnten auf diese Störung reagiert. Bei weiter ungebremsten Emissionen wird die Klimaänderung Dimensionen annehmen, die mit kaum abschätzbaren sozio-ökonomischen Auswirkungen verbunden sein werden.

Anthropogen bedingte Veränderung des Ozons

Weiterhin ist zweifelsfrei nachgewiesen worden, daß sich die Konzentration und die Verteilung des atmosphärischen Ozons durch anthropogene Aktivitäten signifikant verändert hat. Der Abnahme des stratosphärischen Ozons steht eine Zunahme der Konzentration des troposphärischen Ozons gegenüber. Diese Veränderungen haben Auswirkungen auf das Klima und die Höhe der UV-B-Strahlung an der Erdoberfläche.

Nach Auffassung der Enquete-Kommission macht der vorhandene wissenschaftliche Kenntnisstand – trotz offener Detailfragen – bereits heute politisches Handeln dringlich. Die Enquete-Kommission betont dies insbesondere vor dem Hintergund, daß in jüngster Zeit eine durch nichts gerechtfertigte Diskreditierung der Forschungsergebnisse zu beobachten ist, die eindeutig zum Ziel hat, den oben erwähnten objektiven Abwägungsprozeß zu verhindern und die Ergreifung der notwendigen Maßnahmen zur Reduzierung der Emissionsraten klimarelevanter Spurenstoffe zu vermeiden. Dabei wird der Eindruck erweckt, daß die bisherige Klima- und Ozonforschung durch modellgläubige Wissenschaftler bestimmt worden ist, die ohne Berücksichtigung der Unsicherheiten ihre Modellergebnisse interpretieren. Diese Vorstellung ist falsch.

Richtig ist, daß der Diskussions- und Meinungsbildungsprozeß zu verschiedenen Teilaspekten der Klima- und Ozonforschung noch weiter geht, die Gefährdung des Klimas und der Umwelt durch die aufgrund anthropogener Aktivitäten erfolgten Emissionen von Schadstoffen aber allgemein anerkannt ist. Dieser sachliche Diskussions- und Meinungsbildungsprozeß unterscheidet sich – in der Form und inhaltlich – erheblich von der in einigen Medien wiedergegebenen Pauschalkritik an den Ergebnissen der Klima- und Ozonforschung. Im Anhang zu Kapitel A werden die wesentlichen Argumente dieser Kritiker diskutiert.

In den folgenden Kapiteln wird der gegenwärtige Kenntnisstand zur anthropogenen Klimabeeinflussung sowie zur anthropogenen Veränderung des Ozongehalts der Atmosphäre kurz dargestellt. Auf die bestehenden Unsicherheiten wird dabei eingegangen.

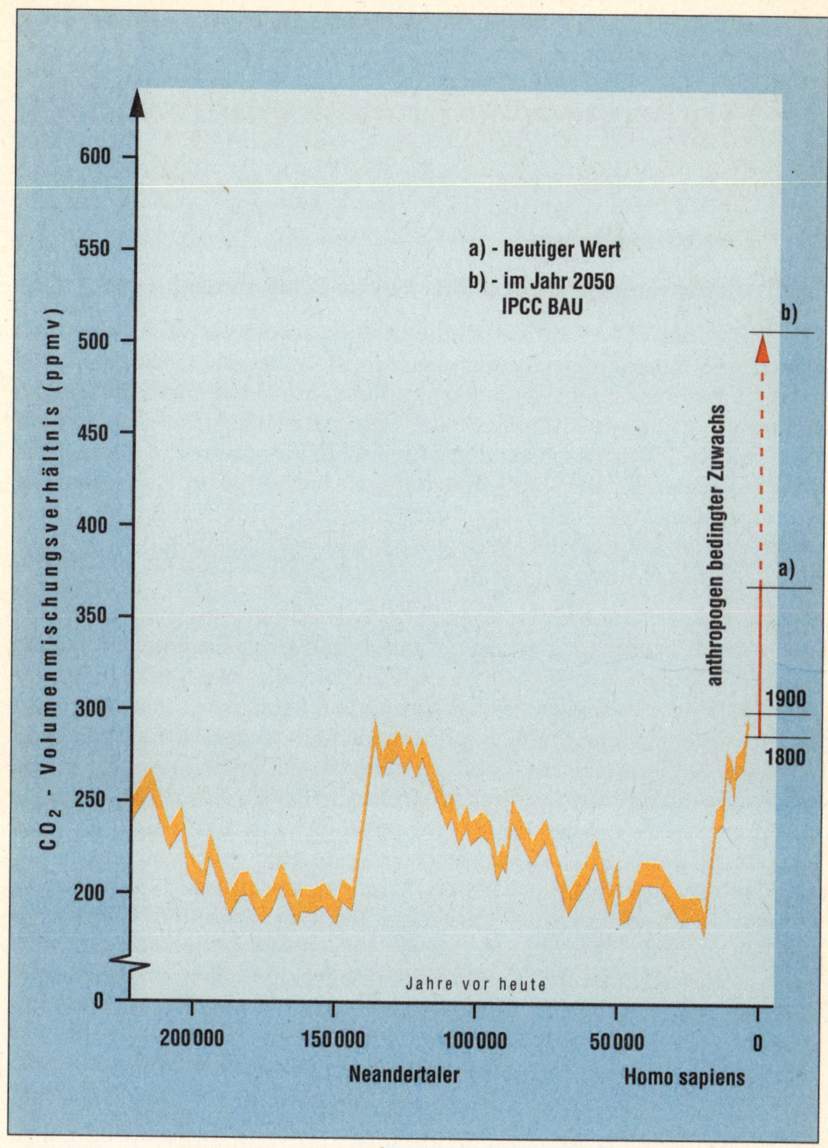

Abb. 1.1-1: Verlauf des atmosphärischen CO_2-Gehalts in den letzten 250 000 Jahren (Meßstation Vostoh/Antarktis; Jonzel u. a., 1993) sowie die anthropogen bedingte CO_2-Zunahme; durchgezogene Linie: Anstieg bis heute, gestrichelte Linie: Anstieg bis 2050 bei weiterhin ungebremsten Emissionen.
(BAU = Business AS Usual Szenario des IPCC)

2 Anthropogene Klimabeeinflussung

2.1 Das Klimasystem

2.1.1 Charakteristische Mechanismen und Zusammenhänge

Das Klima der Erde wird durch die Strahlkraft der Sonne und den Abstand zur Sonne ganz wesentlich beeinflußt. Dabei stellt sich ein Gleichgewicht zwischen der Sonneneinstrahlung am Außenrand der Atmosphäre einerseits und der Reflexion der Sonneneinstrahlung und der Wärmeabstrahlung der gesamten Erde in den Weltraum andererseits ein, das die Temperatur und das Klima der Erde mitbestimmt. Zu diesem notwendigen Gleichgewicht tragen verschiedene variable äußere Einflüsse und eine Vielzahl interner Wechselwirkungsmechanismen bei, die ihrerseits das Klimasystem auf der Erde äußerst komplex gestalten.

Weil die Erde annähernd eine Kugel ist, werden die geographischen Breiten – wegen der Schieflage der Eigenrotationsachse der Erde gegenüber der Achse der Erdumlaufbahn um die Sonne auch noch jahreszeitlich – unterschiedlich von der Sonne bestrahlt. Maximale Strahlungsdichten werden in den Tropen und minimale Strahlungsdichten an den Polen beobachtet. Das damit verbundene Temperaturgefälle zu den Polen hin sorgt für Ausgleichsbewegungen in der Atmosphäre und in den Ozeanen. Die Eigendrehung der Erde sowie die komplexe Orographie (z. B. Gebirgszüge), insbesondere auf der Nordhemisphäre, beeinflussen die Strömungsmuster des notwendigen, polwärts gerichteten Wärmetransports nachhaltig. Die verschiedenen Oberflächen der Erde – Ozeane, Landmassen mit Vegetation und kontinentale Eisschilde – sowie die Atmosphäre bilden die vier Untersysteme des Klimasystems. Ihre sehr unterschiedlichen physikalischen Eigenschaften sind dafür verantwortlich, daß die internen und intersystemaren Ausgleichsprozesse auf gänzlich unterschiedlichen Zeitskalen ablaufen. Daraus folgt ein hohes Maß an interner Klimavariabilität.

Ein weiteres Charakteristikum unseres Klimasystems besteht darin, daß die Atmosphäre für die eintreffende solare Einstrahlung recht durchlässig ist, aber aufgrund einiger Spurengase einen großen Teil der von der Erdoberfläche emittierten Wärmestrahlung absorbiert. Damit sich am Außenrand der Atmosphäre ein Gleichgewicht zwischen der Absorption von Sonnenstrahlung und der Wärmestrahlung in den Weltraum einstellt, muß demnach die Temperatur an der Erdoberfläche höher sein als

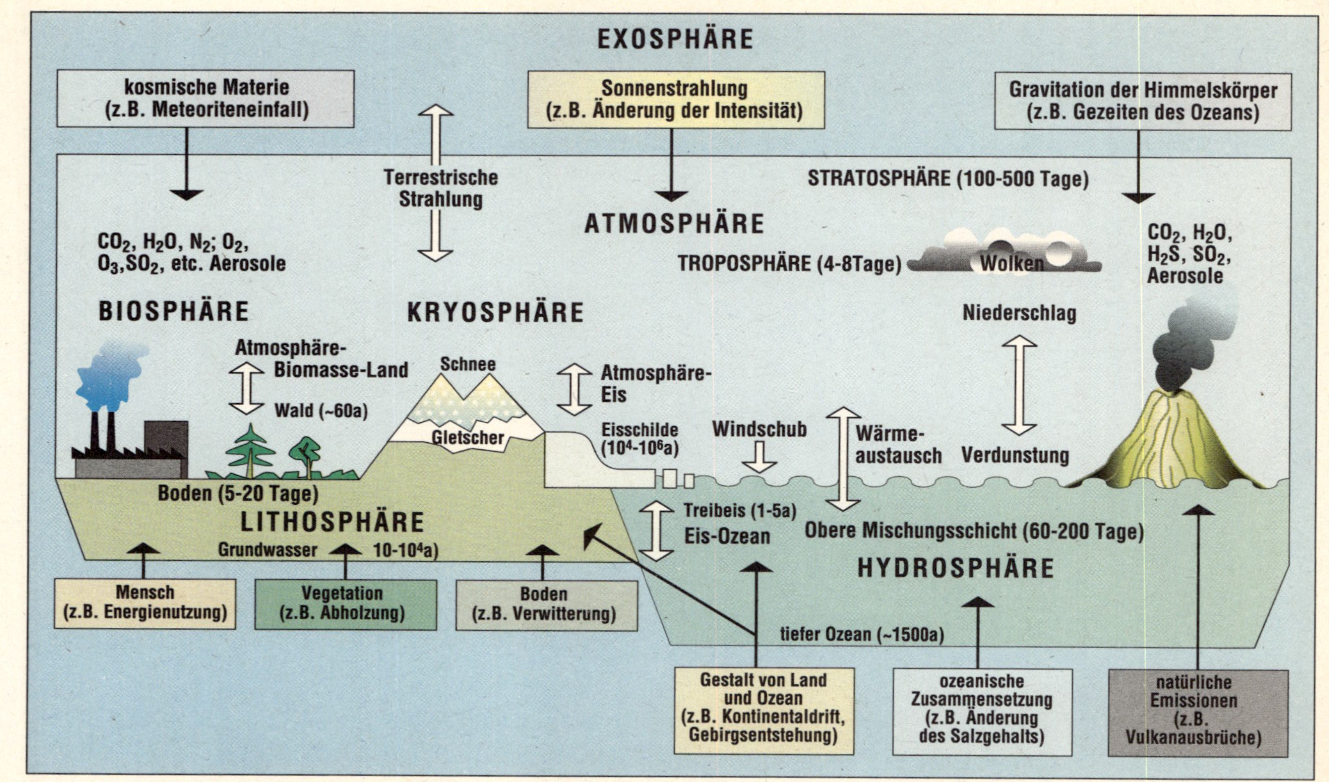

Abb. 2.1-1: Wesentliche Merkmale des Klimasystems (Bach, 1994)

im Fall einer Atmosphäre ohne die Anwesenheit der Treibhausgase. Dieser Effekt wird vielfach als natürlicher Treibhauseffekt bezeichnet.

Da durch die solare Einstrahlung lediglich die Erdoberfläche erwärmt wird, die Atmosphäre dagegen ständig netto Energie aufgrund der abgegebenen Wärmestrahlung verliert, ist neben dem bereits erwähnten meridionalen Energieausgleich zwischen Äquator und Pol auch ein vertikaler Energiefluß von der Erdoberfläche zur Atmosphäre erforderlich, der die strahlungsbedingten Energiedefizite der Atmosphäre wieder ausgleicht. Die wesentliche Rolle spielt in diesem Zusammenhang der Wasserkreislauf, durch den in der Atmosphäre Energie umgewandelt und transportiert wird. Dieser sogenannte Hydrologische Zyklus wird bestimmt durch die Verdunstung von Wasser an der Erdoberfläche und die Kondensation des dabei entstandenen Wasserdampfes in der Atmosphäre mit anschließendem Niederschlag. Bei der Verdunstung wird von der Erdoberfläche Energie aufgewendet, die bei der Kondensation des Wasserdampfes in der Atmosphäre wieder freigesetzt wird. Weil der Wasserdampf auch horizontal weit transportiert wird, muß dieser Energiegewinn nicht zwangsläufig auch dort der Atmosphäre zugeführt werden, wo der Wasserdampf über die Verdunstung ursprünglich in die Atmosphäre gelangt ist.

Die Abb. 2.1-1 faßt die wesentlichen Merkmale des klimatischen Wechselwirkungssystems, einschließlich der verschiedenen äußeren Klimaeinflußfaktoren, zusammen. Sie gibt darüber hinaus die für die Ausgleichsprozesse charakteristischen Zeitspannen an.

2.1.2 Klimaänderungen durch äußere Einflüsse

Es sind während der Erdgeschichte längerfristige Klimaänderungen aufgetreten, die durch einige sogenannte externe Einflußfaktoren verursacht worden sind. Diese unterscheiden sich hinsichtlich der Größe ihres Einflußpotentials und der Zeitskala der Einflußnahme deutlich voneinander. So haben in der Erdgeschichte fast periodische Änderungen der Erdbahnparameter [1] (charakteristische Zeitskala: 100 000 Jahre), Gebirgs-

[1]) Klimarelevanz der Erdbahnparameter:
Exzentrizität (100 000 Jahre), bestimmt – im Gegensatz zu den anderen Erdbahnparametern – die Einstrahlungsverhältnisse für den gesamten Planeten; im Fall ihrer extremsten Streckung (e = 0,037) kann die Intensität der Einstrahlung im Jahresverlauf um etwa 30% schwanken, im Augenblick ist die Erdbahn allerdings nicht extrem (e = 0,017), sie nähert sich der Kreisbahn (e = 0).
Präzession (23 000 Jahre), Wanderung des Perihels, beeinflußt lediglich den Jahresgang der Einstrahlung entlang eines Breitenkreises, aber nicht deren Jahressumme, zur Zeit wird der sonnennächste Punkt während des Südsommers, der sonnenfernste Punkt während des Nordsommers erreicht (Unterschied in der Einstrahlung: 7%).
Schiefe der Ekliptik (41 000 Jahre), je größer die Neigung, desto ausgeprägter die Jahreszeiten, die Einstrahlung im Jahresmittel entlang eines Breitenkreises verändert sich; die Schiefe der Ekliptik schwankt zwischen 21,5 und 24,5°, zur Zeit etwa 23,5°.

bildung (10 Mio. Jahre), Veränderungen der Land/Meer-Verteilung aufgrund plattentektonischer Prozesse (100 Mio. Jahre) sowie die langsam zunehmende Abstrahlung der Sonne (1 Mrd. Jahre) das Klima der Erde spürbar beeinflußt.

Die oben genannten externen Einflußfaktoren wirken sich lediglich langfristig auf das Klima aus. Sie können bei der Diskussion über Änderungen des Klimas in den kommenden Jahrzehnten vernachlässigt werden. Der somit etwas enger gefaßte Klimabegriff ist über einen Zeitraum von mehreren Jahrzehnten definiert. Klima beschreibt nicht nur den über diesen Zeitraum gemittelten Witterungszustand, sondern charakterisiert auch die Wechselhaftigkeit des Wetters innerhalb dieses Zeitraums.

Externe Faktoren, die das Klima der nächsten 100 bis 1000 Jahre beeinflussen können, sind kurzfristige periodische Schwankungen der Sonnenaktivität (10 bis 100 Jahre) und der Vulkanismus (1 bis 10 Jahre). Hinzu kommen – spätestens mit Beginn der Industrialisierung – anthropogene Aktivitäten, durch die das Klima in zunehmendem Umfang beeinflußt und verändert wird.

2.1.3 Eingriffe des Menschen in das Klimasystem

Durch menschliche Aktivitäten wird die chemische Zusammensetzung der Atmosphäre verändert und die Oberfläche der Erde umgestaltet. Beides beeinflußt unser Klima.

Anthropogene Veränderung der Beschaffenheit der Erdoberfläche

Die zunehmende Bewirtschaftung und Ausdehnung der landwirtschaftlich genutzten Flächen sowie der Eingriff des Menschen in natürliche Ökosysteme kann zu merklichen Änderungen der Energieflüsse innerhalb des Klimasystems und damit zu signifikanten Änderungen des regionalen, aber auch des globalen Klimas führen. Dabei stehen zwei Prozesse im Vordergrund und zwar einmal die Veränderung der Bodenalbedo und zum anderen die Veränderung des Wasserhaushaltes. Hinzu kommt, daß Landnutzungsänderungen auch zu einer Veränderung der Quell- und Senkenstärken verschiedener Treibhausgase führen und dadurch die Konzentration und Verteilung dieser Gase in der Atmosphäre beeinflussen.

Die Umwandlung natürlicher Vegetationsformen in landwirtschaftlich genutzte Flächen bedingt dabei überwiegend eine Zunahme des Rückstrahlungsvermögens der Oberfläche (Zunahme der Bodenalbedo). Darüber hinaus wird dadurch der Wasserhaushalt des Bodens und der Vegetation verändert, indem die Wasserspeicherungsfähigkeit des Systems herabgesetzt, die Verdunstungsrate vermindert sowie der oberirdische Abfluß (und damit die Bodenerosionsrate) erhöht wird. Dadurch wird dem lokalen Wasserkreislauf Wasser entzogen und der Atmosphäre weniger Wasserdampf zugeführt.

Während die Zunahme der Bodenalbedo den vom Boden absorbierten solaren Strahlungsfluß vermindert und damit tendenziell zu niedrigeren mittleren Temperaturen führt, ist die Reduzierung der Verdunstung gleichbedeutend mit einer Zunahme der mittleren Bodentemperatur, da weniger Energie für die Verdunstung aufgewendet wird. Eine geringere Verdunstungsrate kann wiederum zu einer Reduzierung des Wasserdampfanteils in der Luft und zu einer Verringerung des Bewölkungsanteils führen, was sich auf die zeitliche und räumliche Verteilung der Niederschläge auswirkt. Die Tagesamplitude der Bodentemperatur (Differenz zwischen Minimum- und Maximumtemperatur) wird sich deutlich verstärken. Zusammen mit einer möglichen Umstellung der atmosphärischen Zirkulation kann diese Entwicklung zur Desertifikation (Wüstenbildung) führen.

Bei der Vernichtung der tropischen Regenwälder ist der Eingriff in den Wasserhaushalt höher einzuschätzen als die Änderung der Albedo. Nach Modellstudien von Dickinson (1991), in denen eine vollständige „Umwandlung" des tropischen Regenwaldes im Amazonas in Grasland angenommen worden ist, wird dort die Oberflächenalbedo von etwa 12% auf Werte zwischen 17% und 21% zunehmen, die Verdunstung von etwa 1500 mm pro Jahr um Werte zwischen 150 mm bis 500 mm pro Jahr abnehmen und die mittlere Bodentemperatur entsprechend um 1° bis 4 °C ansteigen.

Außerhalb der Tropen ist der Einfluß einer Änderung der lokalen Oberflächenbeschaffenheit auf den Wasserhaushalt geringer, da der Wasserkreislauf in diesen Gebieten wesentlich stärker durch advektive Prozesse (horizontale Transporte) bestimmt wird.

Anthropogener Treibhauseffekt

Der durch menschliche Aktivitäten bedingte Anstieg der Konzentrationen klimarelevanter Spurenstoffe in der Atmosphäre, die bedeutsamste anthropogene Einflußnahme, stellt eine erhebliche Störung der Energiebilanz des Planeten (anthropogener Treibhauseffekt) dar, die eine Änderung der globalen Klimaverhältnisse zur Folge haben wird. Der beobachtete Anstieg der Konzentration des treibhausrelevanten Spurengases Kohlendioxid (CO_2) ist im wesentlichen auf die Verbrennung fossiler Brennstoffe zurückzuführen. Ein weiterer Teil dieses Anstieges geht auf die anthropogene Landnutzung zurück, bei der Wälder in landwirtschaftlich genutzte Flächen umgewandelt und dabei große Waldgebiete, u. a. durch Rodung mit anschließender Verbrennung der nichtgenutzten Biomasse, vernichtet werden. Dabei werden große Mengen an Kohlendioxid, Methan und anderen klimarelevanten Gasen und Partikeln freigesetzt. Zusätzlich werden klimarelevante Spurengase durch landwirtschaftliche Aktivitäten, so u. a. durch den zunehmenden Einsatz von Düngemitteln (Freisetzung von Distickstoffoxid, oft auch Lachgas genannt, N_2O), durch den verstärkten Naßreisanbau (Freisetzung von Methan, CH_4) oder auch durch die zunehmende Viehhaltung (CH_4) in die Atmosphäre emittiert.

Anthropogene Erhöhung der atmosphärischen Aerosolbelastung

Als Folge der anthropogenen Emissionen von Schwefeldioxid (SO_2), die sich in den vergangenen 100 Jahren verdreifacht haben, aber auch der ebenfalls stark angestiegenen Emissionen von Stickoxiden (NO_X) und Ammoniak (NH_3) hat die Aerosolmasse insbesondere in der nördlichen Troposphäre erheblich zugenommen (Langner u. a., 1992). Damit verbunden ist eine Zunahme des in den Weltraum zurückgestreuten Sonnenlichts, wodurch die Wirkung des anthropogenen Treibhauseffekts während der Sommermonate über der Nordhemisphäre regional vermindert wird (Kiehl u. Briegleb, 1993). Des weiteren kann durch diese Erhöhung des atmosphärischen Aerosolanteils die Wolkenbildung dahin gehend beeinflußt werden, daß bei sonst unveränderten Bedingungen kleinere Wolkentröpfchen gebildet werden und damit der in den Weltraum zurückgestreute Sonnenlichtanteil zunimmt.

In den Kapiteln 2.2 und 2.3 werden die beiden wichtigsten anthropogenen Einflüsse, der anthropogene Treibhauseffekt sowie die anthropogene Erhöhung der atmosphärischen Aerosolbelastung, ausführlicher behandelt.

2.1.4 Klimavariabilität

Die globale Temperatur der bodennahen Luftschicht ist in den vergangenen 130 Jahren im Mittel um rund 0,5 °C pro 100 Jahre angestiegen. Allerdings zeigt der Temperaturverlauf ein hohes Maß an Variabilität, deren Ursachen in periodischen und aperiodischen, externen wie internen Vorgängen im Klimasystem zu suchen sind. Dem anthropogenen Treibhauseffekt sind andere Einflußfaktoren, wie z. B. kurzzeitige Schwankungen der Sonneneinstrahlung, hochreichende Vulkaneruptionen oder auch Umstellungen in der ozeanischen Zirkulation, überlagert, die für die natürliche Klimavariabilität verantwortlich sind. Die Identifizierung des anthropogenen Klimaeinflusses setzt deshalb die genaue Kenntnis der natürlicherweise vorhandenen Klimavariabilität und ihrer Ursachen voraus.

Ergebnisse von Eiskernuntersuchungen

Auswertungen paläoklimatischer Daten, insbesondere Ergebnisse von Eiskernuntersuchungen, weisen für die vergangenen rund 250 000 Jahre Zeitabschnitte mit recht unterschiedlicher Variabilität des globalen Klimas nach. Während die globale Mitteltemperatur in der jetzigen etwa 10 000 Jahre andauernden Warmzeit höchstens im Bereich ± 1 °C schwankte, traten in der Zeit intensiver Vereisung sowie in den Übergangsphasen von Eiszeit zur Warmzeit erheblich größere Schwankungen (± 3 °C) der globalen Mitteltemperatur auf.

Eine Ursache für die weit höhere Empfindlichkeit des Klimasystems bei einer gegenüber heute um etwa 4 °C niedrigeren Temperatur sind drastische Veränderungen in der thermohalinen Zirkulation der Ozeane, insbesondere im Bereich des Nordatlantiks, die durch plötzliche Abschmelz- bzw. Abbrechvorgänge im Randbereich der kontinentalen Eisschilde auf der Nordhemisphäre ausgelöst wurden. Eine plötzliche Süßwasserzufuhr kann die thermohaline Zirkulation[2)] durch Stopp der Tiefenwasserbildung im Nordatlantik zum Erliegen bringen, damit nachhaltige Veränderungen auch in den horizontalen ozeanischen Strömungsmustern (z. B. Verschiebung des warmen Golfstromes in niedrigere Breiten) nach sich ziehen (Broecker u. Denton, 1990; Broecker, 1994) und unmittelbar zu einer Abkühlung in diesen Breiten führen.

Jüngste Ergebnisse von Eiskernuntersuchungen deuten für die vorangegangene Warmzeit (d. h. für den Zeitraum von 120 000 bis 140 000 Jahre vor heute) ebenfalls einen höchst instabilen Charakter des Klimas an. So zeigen erste Auswertungen dieser beiden neuesten Eiskernbohrungen in Grönland, GRIP und GISP2 (GRIP, 1993; Dansgaard u. a., 1993; Grootes

---

[2)] Die thermohaline (durch Temperatur und Salzgehalt beeinflußte) Zirkulation wird durch Wärmeaustausch zwischen Wasser und Luft in den polaren Breiten in Gang gesetzt. Warmes und salzhaltiges Wasser aus niedrigeren Breiten wird dort unter Energieabgabe an die Atmosphäre abgekühlt und sinkt in tiefere Ozeanschichten. Das auf diese Weise vorwiegend im Nordatlantik gebildete Tiefenwasser wird von dort äquatorwärts, zum Teil auch in die Südhemisphäre und in den Pazifik transportiert. Es besteht eine starke Wechselwirkung zwischen der Stärke dieser Tiefenzirkulation und den horizontalen ozeanischen Zirkulationsmustern, die letztlich für Temperatur und Salzgehalt des Oberflächenwassers in dem sensiblen Bereich des Nordatlantiks verantwortlich sind. Modellrechnungen haben gezeigt, daß bereits geringfügige Störungen der Temperatur- und/oder der Salzverhältnisse in diesem Bereich (z. B. durch Veränderungen in den Niederschlägen) die Stärke der nordwärtsgerichteten warmen Meeresströmungen beeinflußen können.

u. a., 1993; Taylor u. a., 1993), für die vorangegangene Warmzeit erhebliche, zum Teil innerhalb von Jahrzehnten ablaufende, drastische Temperatursprünge, wie sie innerhalb der jetzigen Warmzeit nicht beoachtet werden konnten. Da diese Warmzeit um bis zu 2 °C wärmer war als die jetzige Warmzeit, stellt sich die Frage, ob das Klima der Erde bei einem weiteren Temperaturanstieg in gleicher Weise instabil werden könnte. Da die Ergebnisse beider Eisbohrkerne für diesen Zeitraum jedoch nicht immer übereinstimmendes Verhalten zeigen, können einige dieser extremen, kurzzeitigen Klimaschwankungen auch durch Verschiebungen im Eis, nahe der unteren Kante des Grönlandeisschildes, vorgetäuscht sein (Oeschger, 1994).

Gegenwärtige Klimavariabilität

Innerhalb der jetzigen Warmzeit sind durch Untersuchungen z. B. an Eiskernen, Baumringen, Pollen, Meer-Eis und Inlandgletschern, aber auch durch direkte Temperaturmessungen eine Reihe von annähernd periodischen Änderungen für Zeitskalen zwischen 50 und 400 Jahren festgestellt worden (Stocker u. Mysak, 1992).

Dabei ist ein nachhaltiger Einfluß der Veränderung der Sonneneinstrahlung als einzig mögliche externe Ursache dieser beobachteten Klimavariabilitäten nicht wahrscheinlich, da erstens die Veränderungen der Sonneneinstrahlung zu gering sind (unter 0,1 % der Solarkonstante) und zweitens die beobachtete Kimavariabilität global nicht einheitlich ist, sondern vielmehr ein stark ausgeprägtes regionales Muster aufweist (Stocker u. Mysak, 1992; Schlesinger u. Ramankutty, 1994). Neuere Untersuchungen deuten darauf hin, daß ein wesentlicher Teil dieser Variabilität interne und nicht externe Ursachen hat (Stocker u. Mysak, 1992).

Schlesinger und Ramankutty (1994) untersuchten vier unterschiedliche Datensätze der globalen Mitteltemperatur der vergangenen rund 150 Jahre auf charakteristische Schwingungen. Der Einfluß des anthropogenen Treibhauseffekts wurde aus diesen Datensätzen subtrahiert. Die beiden Autoren wiesen eine signifikante Periodizität von 65–70 Jahren in der globalen Mitteltemperatur nach. Diese Periodizität ist das Ergebnis einer Überlagerung regional sehr unterschiedlicher Klimavariabilitäten mit signifikanten Perioden zwischen 50 und 88 Jahren, wobei der stärkste Einfluß auf das globale Klima durch die Klimafluktuaktionen im Bereich des Nordatlantiks (Periode: 76 Jahre) ausgeübt wird. Innerhalb der Tropen sowie generell auf der Südhemisphäre werden wesentlich geringere und kurzzeitigere Schwankungen beobachtet. Somit spricht einiges dafür, daß geringfügige Änderungen der thermohalinen Zirkulation (s. o.) innerhalb des Atlantischen Ozeans die Hauptursache für die beobachtete Klimavariabilität (vgl. u. a. auch Stocker u. Mysal, 1992) sind. Diese Ergebnisse legen den Schluß nahe, daß die im Nordatlantik initiierten internen Schwankungen in der Zirkulation des Atlantischen Ozeans den Einfluß des anthropogenen Treibhauseffekts für weite Bereiche der Nordhemisphäre zeitweise überdeckt haben und insbesondere für die relativen Abkühlungsphasen zu Beginn dieses Jahrhunderts und zwischen Mitte der 40er und 70er Jahre mitverantwortlich waren (Schlesinger und Ramankutty, 1994).

Mit Hilfe eines gekoppelten Ozean-Atmosphäre-Modells untersuchten Stouffer u. a. (1994) den Zusammenhang zwischen der Dauer einer intern bedingten Klimaschwankung und der Stärke des damit verbundenen Trends in der globalen Mitteltemperatur. Danach verursachen die intern ausgelösten und über Zeiträumen von etwa 60 Jahren und mehr wirksamen Klimaschwankungen deutlich geringere Trends der globalen Mitteltemperatur als der gemessene Trend von 0,5 °C pro Jahrhundert in den vergangenen 130 Jahren. Mithin kann der wesentliche Anteil des beobachteten mittleren Anstiegs der globalen Mitteltemperatur nur extern verursacht worden sein.

2.1.5 Klimaanalogien

Im Verlauf der Erdgeschichte haben die verschiedenen Klimaeinflußfaktoren innerhalb gewisser Bandbreiten geschwankt und damit Klimaänderungen hervorgerufen (s. o.). Die Bedeutung der anthropogen bedingten Beeinflussung des Klimas muß im Vergleich zu dieser natürlichen Bandbreite von Klimaveränderungen beurteilt werden. Die Verstärkung des Treibhauseffektes der Atmosphäre durch anthropogene Spurengasemissionen ist zwar klein im Vergleich zur Gesamttreibhauswirkung der Atmosphäre, jedoch bedeutsam im Vergleich zu der in den vergangenen Jahrtausenden beobachteten natürlichen Veränderungen des atmosphärischen Treibhauseffektes (s. dazu auch Abb. 1.1-1).

Die durch die anthropogen bedingte Zunahme der treibhausrelevanten Spurengase in der Atmosphäre ausgelöste Klimaänderung kann nur relativ zu dem vorangegangenen Klimazustand diskutiert werden. Dieser ist das Ergebnis einer Vielzahl äußerer und innerer Klimafaktoren, die miteinander wechselwirken. Aufgrund dieser starken Wechselwirkungen der verschiedenen Klimafaktoren untereinander kann die Änderung eines einzelnen Klimafaktors die Einflußpotentiale anderer Klimafaktoren ändern. Diese Rückkopplungsprozesse tragen zur Änderung des Klimas mit bei. Gerade wegen dieser Komplexität sind Analogieschlüsse – aus der vergangenen in die zukünftige Klimaentwicklung – nicht nur grundsätzlich schwierig, sondern erst unter Berücksichtigung aller wichtigen Einflußfaktoren in zeitabhängigen Modellrechnungen zu wagen.

2.2 Klimarelevante Spurengase – Der anthropogene Treibhauseffekt

Der Treibhauseffekt der Atmosphäre ist für das Klima der Erde von eminenter Bedeutung. Er wird zum größten Teil von nur fünf Spurengasen verursacht, die die kurzwellige Sonnenstrahlung fast ungehindert in Richtung Erdoberfläche passieren lassen, jedoch die von der Erdoberfläche emittierte Wärmestrahlung teilweise absorbieren, so daß die langwellige Ausstrahlung in den Weltraum zunächst vermindert wird. Die zum unmittelbaren Ausgleich der Energiebilanz notwendige Erwärmung der Oberfläche und der unteren Atmosphäre wird in grober Analogie zur Wirkung der Glasscheiben eines Treibhauses als Treibhauseffekt bezeichnet. Dieser natürliche Treibhauseffekt führt zu einer Erwärmung der Atmosphäre und sorgt dafür, daß an der Erdoberfläche nicht strenger Frost herrscht, sondern im Mittel Temperaturen um etwa 15 °C erreicht werden. Die wesentlichen klimarelevanten Spurengase in einer anthropogen unbeeinflußten Atmosphäre sind Wasserdampf (H_2O), Kohlendioxid (CO_2), Ozon (O_3), Distickstoffoxid (N_2O) und Methan (CH_4).

Durch anthropogene Emissionen steigen die Konzentrationen dieser Spurengase in der Atmosphäre und damit auch deren Einwirkungspotentiale auf den Strahlungshaushalt der Erde zur Zeit teilweise kräftig an. Dieser anthropogene Treibhauseffekt wird zusätzlich durch die industriell produzierten, in der natürlichen Atmosphäre nicht vorkommenden halogenierten Kohlenwasserstoffverbindungen FCKW, H-FCKW, FKW und Halone verstärkt sowie durch den Abbau des Ozons in der Stratosphäre vermindert.

Die Tabelle 2.2.1 faßt die Entwicklung der atmosphärischen Konzentrationen dieser Spurengase in den letzten rund 200 Jahren zusammen.

2.2.1 Das treibhausrelevante Leitgas Kohlendioxid (CO_2)

Das wichtigste anthropogene Treibhausgas ist das Kohlendioxid (CO_2), das seit der Industrialisierung von einem mittleren Mischungsverhältnis von 275 ppmv auf etwa 358 ppmv (Bolin, 1993) angestiegen ist, was einer Steigerung von rund 30% entspricht. Der heutige CO_2-Gehalt in der Atmosphäre ist höher als zu irgendeinem Zeitpunkt der vergangenen 250 000 Jahre (s. Abb. 1.1-1).

Tabelle 2.2-1: Atmosphärische Mischungsverhältnisse treibhausrelevanter Spurengase seit 1765

Jahr	CO_2 (ppmv)	CH_4 (ppbv)	N_2O (ppbv)	FCKW-11 (ppbv)	FCKW-12 (ppbv)
1765	279.00	790.0	285.00	0	0
1900	295.72	974.1	292.02	0	0
1960	316.24	1 272.0	296.62	0.0175	0.0303
1970	324.76	1 420.9	298.82	0.0700	0.1211
1980	337.32	1 569.0	302.62	0.1575	0.2725
1990	353.93	1 717.0	309.68	0.2800	0.4844

IPCC (1990)

Während der mittlere Anstieg der CO_2-Konzentration vor 1992 bei etwa 1,8 ppmv pro Jahr lag und Abweichungen von diesem Trend vorwiegend auf El Nino – Ereignisse zurückgeführt werden konnten, hat sich im Jahr 1992 der CO_2-Anstieg aus bisher nicht genau bekannten Gründen, insbesondere für die Nordhemisphäre, verlangsamt. Es wird vermutet, daß der Ausbruch des Vulkans Pinatubo im Juni 1991 und die damit verbundene kurzzeitige globale Abkühlung für diese Anomalie mitverantwortlich ist (Sarmiento, 1993). Dabei ist unklar, ob die terrestrische Biosphäre bzw. die Ozeane verstärkt CO_2 aufgenommen haben oder ob weniger CO_2 durch die Mineralisation von toter organischer Materie durch mikrobielle Aktivitäten in die Atmosphäre emittiert worden ist. Seit Ende 1993 beschleunigt sich der CO_2-Anstieg wieder.

Anthropogene Veränderungen im CO_2-Kreislauf

Im Gegensatz zu anderen klimarelevanten Spurengasen unterliegt das CO_2 einem besonders komplexen Kreislauf, an dem die Atmosphäre, die terrestrische und marine Biosphäre, die Böden der Landflächen, die ozeanische Deckschicht, die tieferen Schichten der Ozeane, die ozeanischen Sedimente sowie die Erdkruste beteiligt sind (Abb. 2.2-1). Der rasche Anstieg der anthropogenen CO_2-Emissionen in den letzten zweihundert Jahren hat dabei zu Veränderungen der CO_2-Flüsse vor allem zwischen den relativ schnell austauschenden Reservoiren Atmosphäre, Ozeandeckschicht sowie Biosphäre geführt. Etwa 40% des anthropogen emittierten Kohlendioxids sind in der Atmosphäre geblieben, etwa 60% wurde von den Ozeanen und von der Biosphäre aufgenommen (Siegenthaler u. Sarmiento, 1993). Die Abb. 2.2-1 gibt neben den jährlichen natürlichen Kohlenstoffflüssen auch die anthropogen bedingten Kohlenstoffflüsse, Jahresmittelwerte für den Zeitraum 1980 bis 1989, an (IPCC, 1992).

Die Tab. 2.2-2 faßt den heutigen Kenntnisstand über die zeitliche Entwicklung des CO_2-Haushaltes in den letzten mehr als 200 Jahren zusammen (Sundquist, 1993). Danach wurde der Anstieg der atmosphärischen CO_2-Konzentration vor 1850 nahezu ausschließlich durch die Umwandlung von Waldflächen in landwirtschaftlich oder anderweitig genutzte Flächen hervorgerufen. Die Ausweitung der landwirtschaftlichen Nutzflächen zu Lasten der Waldflächen erfolgte zunächst vor allem in Europa, den USA und Teilen Ostasiens. Innerhalb der letzten 100 Jahre sind dagegen vor allem die Tropen betroffen. Im Gegensatz dazu nahm die Waldfläche in den meisten Industrieländern in den letzten Jahren wieder deutlich zu. Dabei blieb die durch den Landnutzungswandel freigesetzte Kohlenstoffmenge seit dem 18. Jahrhundert grob konstant. Allerdings sind die durch die Landnutzung freigesetzten CO_2-Mengen nur unzureichend bekannt, da die entscheidenden Faktoren, wie z. B. die Größe der umgewandelten Flächen oder die Art der neuen Landnutzung, nicht hinreichend genau bestimmbar sind.

Als Quelle des anthropogenen CO_2 dominiert seit etwa der Mitte dieses Jahrhunderts die Verbrennung fossiler Brennstoffe. Die zwischen 1750 und 1990 emittierte CO_2-Menge aus fossilen Brennstoffen beträgt 217 Mrd. t C, was etwa 57% der gesamten anthropogenen CO_2-Emissionen seit 1750 entspricht. Der jährliche Anstieg der „fossilen" CO_2-Emissionen verlief insbesondere in den vergangenen 40 Jahren exponentiell. Die pro Jahr emittierte CO_2-Menge, die durch die Verbrennung fossiler Brennstoffe freigesetzt wird, beträgt zur Zeit ca. 6 Mrd. t C. Ihr prozentualer Anteil stieg damit auf über 75%.

Das anthropogen emittierte CO_2 verteilt sich auf die Atmosphäre sowie die terrestrische Biosphäre und die Ozeane. Während der CO_2-Zuwachs in der Atmosphäre von 160 Mrd. t C für den Zeitraum 1750 bis 1990 durch Messungen der CO_2-Konzentration in der Atmosphäre sehr gut belegt ist, sind die Angaben über die durch die Ozeane aufgenommene CO_2-Menge verhältnismäßig unsicher. Die Tab. 2.2-2 enthält dazu zwei Abschätzungen von Sundquist (1993), die auf Angaben von Keeling u. a. (1989) sowie Sarmiento u. a. (1992) beruhen. Danach liegt die durch die Ozeane in den letzten 240 Jahren aufgenommene CO_2-Menge zwischen 118 und 155 Mrd. t C. Die durchschnittliche CO_2-Aufnahmerate der Ozeane in den letzten zehn Jahren wird auf 2 ± 0,8 Mrd. t C pro Jahr geschätzt (IPCC, 1992). Abschätzungen, nach denen das CO_2-Aufnahmevermögen der Ozeane unterhalb von 1 Mrd. t C pro Jahr liegen sollte (Tans u. a., 1990), konnten durch neuere Untersuchungen (Sarmiento

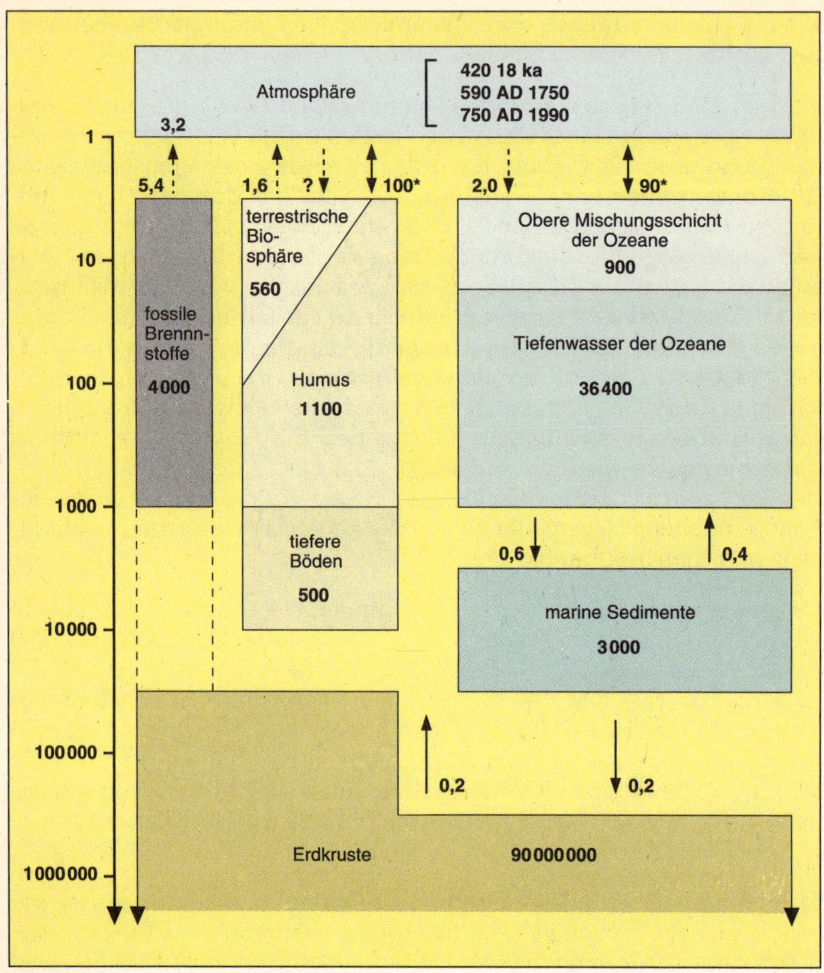

Abb. 2.2-1: Der CO_2-Kreislauf
Die verschiedenen Reservoire sind vertikal der Zeitspanne (von 1 bis 10^6 Jahren) angeordnet, über der sie den CO_2-Gehalt der Atmosphäre beeinflussen. Alle Angaben sind in Mrd t C bzw. Mrd t C/Jahr.
Der gegenseitige jährliche Austausch zwischen den Reservoiren ist durch Pfeile gekennzeichnet. Die gestrichelten Pfeile zeigen die anthropogen ausgelösten Kohlenstoffflüsse, Mittelwerte für den Zeitraum 1980 bis 1989, an (IPCC, 1992). Während der Austausch zwischen Atmosphäre und Ozean relativ gut abgeschätzt werden kann, sind die Angaben für den Austausch zwischen Atmosphäre und Biosphäre noch mit einiger Unsicherheit behaftet.
*Quellen: Sundquist (1993), IPCC (1992), Siegenthaler u. Sarmiento (1993)**

u. Lundquist, 1992; Robertson u. Watson, 1992; Enting, u.a, 1993; Keeling u. Shertz, 1992) nicht bestätigt werden.

Stellt man für die angegebenen Zeitabschnitte in Tab. 2.2-2 die gesamte CO_2-Bilanz auf, so übersteigen die anthropogenen CO_2-Emissionen die von den beiden Reservoiren Atmosphäre und Ozeane aufgenommene CO_2-Menge. Dieses Ungleichgewicht wächst mit der Zeit. Setzt man voraus, daß die abgeschätzten CO_2-Flüsse hinreichend genau bestimmt sind – im Fall der durch Landnutzung freigesetzten Menge gilt dies nur sehr eingeschränkt – so muß ein wesentlicher Anteil des anthropogen emittierten CO_2 durch die terrestrische Biosphäre in Form von organischem Kohlenstoff fixiert worden sein. Mögliche Ursachen für eine verstärkte CO_2-Fixierung in der Biosphäre sind der sogenannte CO_2-Düngeeffekt, der verstärkte Eintrag von Stickstoff in Form von Nitrat (Stickstoff-Düngeeffekt) oder auch Anstrengungen bei der Aufforstung. Gegenwärtig wird abgeschätzt, daß die durch die Biosphäre aufgenommene CO_2-Menge in etwa der durch die Landnutzung freigesetzten CO_2-Menge entspricht. Das IPCC (1992) schätzt die durch Landnutzung freigesetzte CO_2-Rate für die letzten 10 Jahre auf 1,6 $\pm$ 1,0 Mrd. t C pro Jahr.

2.2.2 Methan (CH_4)

Das mittlere troposphärische Mischungsverhältnis für Methan (CH_4) lag 1992 bei 1,75 ppmv und damit um mehr als das Doppelte über dem vorindustriellen Wert von 0,7 ppmv. Dabei betrug der mittlere Anstieg des troposphärischen Mischungsverhältnisses bis vor etwa zwei Jahren 11 ppbv oder ca. 0,6 % pro Jahr.

Für das Jahr 1992 stellten Dlugokencky u. a. (1994) eine Verringerung des globalen Anstiegs auf 5 ppbv, in der Nordhemisphäre sogar auf etwa 2 ppbv fest. Als mögliche Ursachen werden die Verminderung einiger CH_4-Quellenstärken, wie z. B. eine verringerte CH_4-Freisetzung durch Erdgaspipelines oder durch Brandrodungen in den Tropen, aber auch eine mögliche Zunahme des Methanabbaus durch einen Anstieg der atmosphärischen OH-Radikale diskutiert. Nachdem der beobachtete Rückgang des atmosphärischen CH_4-Anstiegs zeitgleich mit dem Rückgang des CO_2-Anstiegs in der Atmosphäre erfolgte, ist auch in diesem Fall ein Einfluß des Pinatubo über eine kurzfristige Klimaänderung auf die natürlichen CH_4-Quellen nicht auszuschließen. Die Abb. 2.2-2 zeigt das gesamte Methan-Budget unter Angabe der mit den jeweiligen Quellen und Senken verbundenen Unsicherheiten.

Die atmosphärische CH_4-Konzentration unterliegt einem Jahresgang, mit einem Maximum im Frühjahr und einem Minimum im Herbst. Die-

Tabelle 2.2-2: Entwicklung des CO_2-Haushalts in den letzten 240 Jahren (Sundquist, 1993)

Reservoir	Jahr 1750 bis 1850		1850 bis 1950		1950 bis 1990		1750 bis 1990	
Quellen								
fossile Brennstoffe	1		61 ± 6		155 ± 16		217 ± 22	
Landnutzung	40 ± 12		69 ± 21		53 ± 16		162 ± 49	
Gesamt	41 ± 12		130 ± 22		208 ± 23		379 ± 54	
Senken								
Atmosphäre	21		50		89		160	
Ozeane	20	16	63	49	72	53	155	118
Gesamt	41	37	113	99	161	142	315	278
Differenz	0	4	17	31	47	66	64	101

Alle Angaben in Gt C. Differenz = Quellen (gesamt) minus Senken (gesamt). Weitere Erläuterungen im Text.
Für die Senkenstärke der Ozeane gibt Sundquist jeweils zwei Abschätzungen an, wobei die linke Zahl auf Untersuchungen von Keeling (1989) und die rechte Zahl auf Untersuchungen von Sarmiento, u. a. (1992) beruht.

ser Jahresgang wird sowohl durch zeitliche Variationen verschiedener Quellstärken als auch durch saisonale Schwankungen der OH-Radikalkonzentration in der Troposphäre bestimmt. Die mittlere Verweilzeit eines Methanmoleküls in der Atmosphäre beträgt 10 ± 2 Jahre.

2.2.3 Distickstoffoxid (N_2O)

Der atmosphärische Gehalt an Distickstoffoxid (N_2O) steigt gegenwärtig mit etwa 0,8 ppbv oder 0,3% pro Jahr an. Das mittlere troposphärische Mischungsverhältnis lag im Jahr 1991 mit 311 ppbv um 8% über dem vorindustriellen Wert.

N_2O hat eine mittlere Verweilzeit von 130 ± 20 Jahren. Diese lange Verweilzeit bewirkt, daß selbst bei einer Stabilisierung der N_2O-Emissionsraten auf dem heutigen Niveau die Konzentration des N_2O in der Atmosphäre weiterhin zunehmen und erst in ca. 250 Jahren einen neuen dynamischen Gleichgewichtswert erreichen würde, der um etwa den Faktor 2 über dem vorindustriellen Wert liegen dürfte.

Die Abb. 2.2-3 gibt einen Überblick über die Quellen und Senken für N_2O. Die einzelnen Quellen- bzw. Senkenstärken sind nur unzureichend bekannt und können deshalb nur innerhalb großer Unsicherheitsmargen angegeben werden. Der anthropogene Anteil an der N_2O-Gesamtemission liegt in der Größenordnung von 60%. Die größte anthropogen bedingte Einzelquelle ist die Applikation mineralischer Stickstoffdünger in der Landwirtschaft. N_2O wird überwiegend durch Dissoziation und Oxidation in der Stratosphäre abgebaut. Es trägt dabei derzeit noch in einem geringen Umfang zum Abbau des stratosphärischen Ozons bei.

2.2.4 Halogenierte Kohlenwasserstoffe

Die seit den 30er Jahren dieses Jahrhunderts verwendeten halogenierten Kohlenwasserstoffe tragen nicht nur zum stratosphärischen Ozonabbau bei (s. Kap. 3), sondern gehören auch zu den klimawirksamsten Spurengasen. Die mittleren Mischungsverhältnisse der beiden wichtigsten Verbindungen, FCKW 11 und FCKW 12, lagen im Jahr 1991 bei 280 bzw. bei 484 pptv bei einer Anstiegsrate von 4% pro Jahr. Diese Anstiegsrate hat sich in den beiden letzten Jahren deutlich verringert (Elkins u. a., 1993). In der Südhemisphäre ist bereits eine starke Verlangsamung des Anstiegs der FCKW 11-Konzentrationen festgestellt worden (Scheel, 1992), die auf die im Montrealer Protokoll vereinbarten Reduktionen der Emissionen vollhalogenierter Kohlenwasserstoffe zurückzuführen ist.

Nach der 4. Vertragsstaatenkonferenz des Montrealer Protokolls soll der Ausstieg aus den vollhalogenierten Kohlenwasserstoffen bis Ende 1995

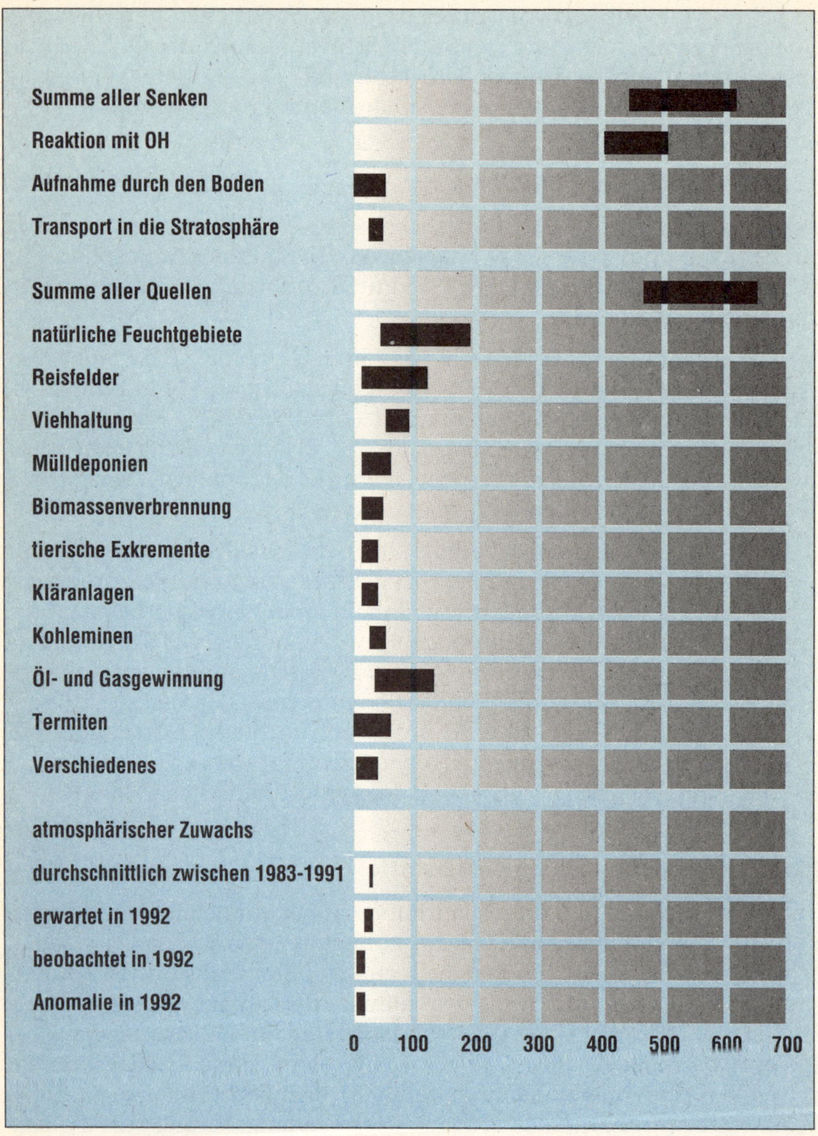

Abb. 2.2-2: Vergleich zwischen der Zunahme des atmosphärischen CH_4-Gehaltes und den Quellen und Senken für CH_4. Die horizontalen Balken geben die Spannweite der Schätzwerte an, sie sind ein Maß für die noch bestehnden Unsicherheiten bei der Einschätzung der verscheidenen Quellen- und Senkenstärken. Alle Angaben in Mio. t pro Jahr. (Rudolph, 1984)

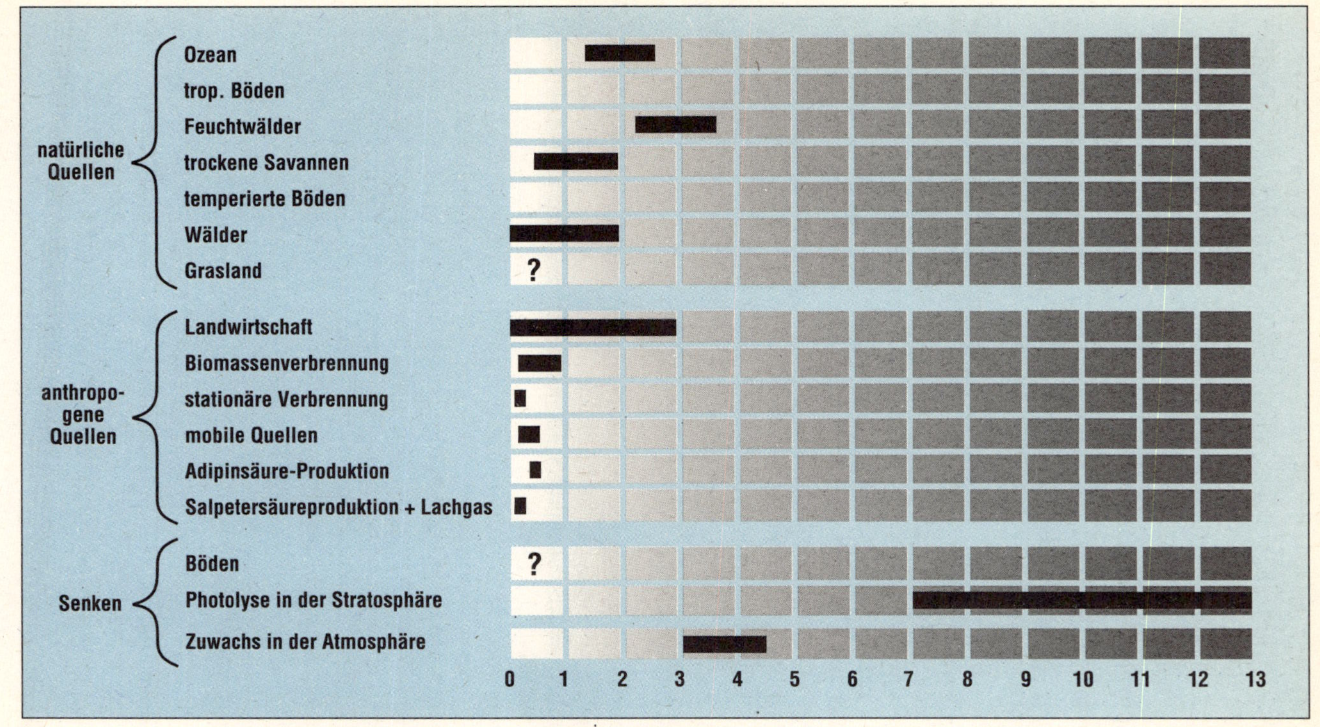

Abb. 2.2-3: Schätzungen der Quellen- und Senkenstärke für N_2O (in Mio. t N pro Jahr). Die horizontalen Balken geben die Spannweite der Schätzwerte an, sie sind ein Maß für die noch bestehenden Unsicherheiten bei der Einschätzung der verschiedenen Quellen- und Senkenstärken.

erfolgen. Dafür kommen die chemisch verwandten Ersatzstoffe (H-FCKW, z. B. H-FCKW 22 und FKW, z. B. R 134a) vermehrt zum Einsatz, die zwar ein geringeres Ozonzerstörungspotential aufweisen, aber in ähnlicher Weise klimawirksam sind.

2.2.5 Troposphärisches Ozon

In den letzten 20 Jahren hat der troposphärische Ozongehalt in der freien Troposphäre in den mittleren Breiten der Nordhemisphäre um etwa 1% pro Jahr zugenommen (WMO,1992). Die dort gegenwärtig in der freien Troposphäre gemessenen Werte schwanken im Mittel zwischen 30 bis 50 ppbv und übersteigen damit den vorindustriellen Wert um mehr als das Doppelte. Der Anstieg der Ozonkonzentration wird auf die steigenden Emissionen der Ozon-Vorläufersubstanzen Stickoxide (NO_X), Methan (CH_4) und höherer flüchtiger organischer Verbindungen (VOC) zurückgeführt, die durch photochemische Reaktionen zu einer verstärkten Bildung von Ozon führen. Im Gegensatz zur Nordhemisphäre wird in der Südhemisphäre keine signifikante Veränderung der troposphärischen Ozonkonzentration beobachtet.

2.2.6 Treibhauspotential

Das Treibhauspotential eines atmosphärischen Spurengases ist ein Maß für den Beitrag dieses Gases zur Abschirmung der von der Erdoberfläche ausgestrahlten Wärmestrahlung. Es wird relativ zum CO_2-Treibhauspotential angegeben. Der Beitrag eines klimarelevanten Spurengases zum Treibhauseffekt ist nicht nur von seiner Konzentration, sondern auch von der momentanen chemischen Zusammensetzung der Atmosphäre, d. h. der Konzentrationen der anderen in der Atmosphäre anzutreffenden Treibhausgase, abhängig. Das Treibhauspotential eines Spurengases ist besonders hoch, wenn es in Wellenlängen absorbiert, in denen andere Treibhausgase nicht wirksam sind und dementsprechend die Atmosphäre sehr transparent ist (Wellenlängenbereich zwischen 8 und 13 μm). Das Treibhauspotential ist weiterhin wegen der unterschiedlich langen mittleren Verweilzeiten der Spurengase in der Atmosphäre auch vom zeitlichen Betrachtungshorizont abhängig.

In Tab. 2.2-3 sind die Treibhauspotentiale für die wichtigsten klimarelevanten Spurengase für drei verschiedene Betrachtungszeiträume (20, 100 und 500 Jahre) wiedergegeben. So ist z. B. die Treibhauswirkung von CH_4, über einen Betrachtungszeitraum von 20 Jahren gesehen, etwa 35 Mal stärker als die des CO_2. Dieser Faktor reduziert sich auf 11, wenn der Betrachtungszeitraum auf 100 Jahre verlängert wird. Dieses Beispiel dokumentiert, daß das Treibhauspotential eines Spurengases ganz wesentlich von dem Verhältnis seiner mittleren atmosphärischen Verweilzeit relativ zu der Verweilzeit von CO_2 abhängig ist. Je kürzer die Verweilzeit eines Gases im Vergleich zu der des CO_2 ist, desto stärker fällt das Treibhauspotential mit Zunahme des Betrachtungshorizonts gegenüber dem des CO_2 ab. Da die Verweilzeit des anthropogenen CO_2 nicht genau bekannt ist, sind die Angaben in Tab. 2.2-3 nur als grobe Relationen zwischen den verschiedenen Gasen zu betrachten.

Indirektes Treibhauspotential

Verschiedenen Spurengasen wird (auch) ein indirektes Treibhauspotential zugeschrieben, weil sie bei ihrer chemischen Umwandlung in der Atmosphäre zur Bildung oder zum Abbau anderer klimarelevanter Spurengase beitragen. Diese indirekten Treibhauspotentiale können den anthropogenen Treibhauseffekt verstärken oder aber auch diesem entgegenwirken. Quantitative Angaben über die indirekten Treibhauspotentiale können vielfach wegen der komplexen und durch vielfältige Wechselwirkungen geprägten Chemie der Atmosphäre nicht gemacht werden. Ein Beispiel für einen indirekten Treibhauseffekt ist Methan, das nicht nur direkt klimawirksam ist, sondern durch seinen photochemischen Abbau zur Bildung des troposphärischen Ozons sowie zur Zunahme des stratosphärischen Wasserdampfgehaltes beiträgt. Troposphärisches Ozon und stratosphärischer Wasserdampf beeinflussen wiederum die Chemie der Troposphäre und Stratosphäre und verändern dadurch die Konzentration und Verteilung anderer klimarelevanter Spurenstoffe. Entsprechend schwanken die in der Literatur angegebenen Schätzungen des indirekten Treibhauspotentials des Methans zwischen etwa 30% (Lelieveld u. Crutzen, 1992) und 100% (IPCC, 1992) seines direkten Treibhauspotentials. Ein indirektes Treibhauspotential besitzen auch die Spurengase CO, VOC und NO_X, die ebenfalls zur Bildung von Ozon in der Troposphäre beitragen.

Zur Bestimmung des Treibhauspotentials des troposphärischen Ozons ist eine räumlich wie zeitlich differenzierte Betrachtung erforderlich, da sowohl die Vorläufer als auch das Ozon selbst relativ geringe mittlere Verweilzeiten aufweisen. Dementsprechend werden unterschiedliche horizontale wie auch vertikale Ozon-Konzentrationsverteilungen in der Atmosphäre sowie starke zeitliche Variationen (im Gegensatz zu allen übrigen in Tab. 2.2-3 aufgeführten Spurengasen) beobachtet. Hinzu kommt, daß die Klimawirksamkeit des Ozons in der oberen, d. h. kalten Troposphäre um mehrere Faktoren größer ist als in der unteren Troposphäre. Der Einfluß des troposphärischen Ozons und seiner zeitlichen und räumlichen Veränderung auf das globale Klima ist deshalb schwie-

Tabelle 2.2-3: Abschätzung des direkten Treibhauspotentials einiger treibhausrelevanter Spurengase

indirektes Gas	proz. Anteil am anthropogenen-Treibhauseffekt in den 80er Jahren (direkter Effekt)	mittlere Verweilzeit (Jahr)	Direktes massenbezogenes Treibhauspotential relativ zu CO_2 für die Zeithorizonte			Vorzeichen des indirekten Treibhauspotentials
			20 Jahre	100 Jahre	500 Jahre	
CO_2	50	120	1	1	1	[1])
CH_4	13	10,5	35	11	4	positiv
N_2O	5	132	260	270	170	unsicher
CFC-11	zusammen etwa 24	55	4 500	3 400	1 400	negativ
CFC-12		116	7 100	7 100	4 100	negativ
CFC-13		400	11 000	13 000	15 000	negativ
CFC-14		> 500	> 3 500	> 4 500	> 5 300	[2])
HCFC-22		15,8	4 200	1 600	540	negativ
CFC-113		110	4 600	4 500	2 500	negativ
CFC-114		220	6 100	7 000	5 800	negativ
CFC-115		550	5 500	7 000	8 500	negativ
CFC-116		> 500	> 4 800	> 6 200	> 7 200	[2])
HCFC-123		1,71	330	90	30	negativ
HCFC-124		6,9	1 500	440	150	negativ
HFC-125		40,5	5 200	3 400	1 200	[2])

Fortsetzung Tabelle 2.2-3

indirektes Gas	proz. Anteil am anthropogenen-Treibhauseffekt in den 80er Jahren (direkter Effekt)	mittlere Verweilzeit (Jahr)	Direktes massenbezogenes Treibhauspotential relativ zu CO_2 für die Zeithorizonte			Vorzeichen des indirekten Treibhauspotentials
			20 Jahre	100 Jahre	500 Jahre	
HFC-134a		15,6	3 100	1 200	400	[2])
HCFC-141b		10,8	1 800	580	200	negativ
HCFC-142b		22,4	4 000	1 800	620	negativ
HFC-143a		64,2	4 700	3 800	1 600	[2])
HFC-152a		1,8	530	150	49	[2])
CCl_4		47	1 800	1 300	480	negativ
CH_3CCl_3		6,1	360	100	34	negativ
CF_3Br		77	5 600	4 900	2 300	negativ
$CHCl_3$		0,7	92	25	9	negativ
CH_2Cl_2		0,6	54	15	5	negativ
CO		Monate	–	–	–	positiv
NMHC		Tage bis Monate	–	–	–	positiv
NO_X		Tage	–	–	–	positiv

[1]) CO_2 verändert die Temperaturverteilung in der Atmosphäre und kann somit indirekt treibhausrelevante Reaktionsprozesse beeinflussen.
[2]) Effekt nicht bekannt oder vernachlässigbar klein.

rig abzuschätzen. Eine generell akzeptierte globale Abschätzung des Treibhauspotentials des troposphärischen Ozons gibt es noch nicht.

Weiterhin ist Ozon insofern noch klimarelevant, als der anthropogen verursachte Ozonverlust in der unteren Stratosphäre (s. Kap. 3) eine Zunahme der langwelligen Ausstrahlung des Systems Erdoberfläche/Troposphäre bewirkt und damit tendenziell zu einer Abkühlung der bodennahen Luftschichten führt. Durch diesen Effekt kommt den vollhalogenierten Kohlenwasserstoffen (z. B. FCKW 11 und 12) als den Hauptverursachern des stratosphärischen Ozonabbaus ein indirekt negatives, d. h. dem direkten anthropogenen Treibhauseffekt entgegenwirkendes Treibhauspotential zu. Diese durch die Emissionen verschiedener anthropogener Spurengase bedingte Änderung der Ozonverteilung in der gesamten Atmosphäre bedeutet eine neuartige, breiten- und höhenabhängige Störung des Strahlungshaushaltes der Erde, deren Auswirkung auf das Klima derzeit noch nicht abschließend bewertet werden kann. Es wird vermutet, daß der zur Zeit im Vergleich zu den Erwartungen geringe Anstieg der Temperatur an den Polen auf den in der polaren Stratosphäre beobachteten stärkeren Ozonabbau zurückgeht.

Der Beitrag der einzelnen Treibhausgase am anthropogenen Treibhauseffekt, gemittelt über die letzten 10 Jahre, wird wie folgt abgeschätzt (EK, 1991a): CO_2 50%, CH_4 13%, FCKW 24%, N_2O 5% sowie indirekte Effekte durch Zunahme des stratosphärischen Wasserdampfgehaltes und des troposphärischen Ozons zusammen mit 8%.

2.3 Klimarelevante Spurenstoffe – anthropogene Erhöhung der troposphärischen Aerosolbelastung

Feste und flüssige Teilchen in der Luft außerhalb von Wolken mit Durchmessern zwischen 0,001 bis 100 μm werden als Aerosolteilchen bezeichnet. Sie streuen und absorbieren Sonnenstrahlung und emittieren Wärmestrahlung, sind also wichtig für die Strahlungsbilanz und damit das Klima der Erde (Graßl 1988). Nehmen sie durch direkte Emission von der Erdoberfläche oder bei Bildung aus Schadgasen wie Schwefeldioxid (SO_2), Stickoxiden (NO_X) und Ammoniak (NH_3) zu, ändern sie die Rückstreuung von Sonnenstrahlung in den Weltraum, vermindern aber auch die Bestrahlung der Erdoberfläche. Ob die veränderte Rückstreuung durch Aerosolteilchen die Strahlungsbilanz am Oberrand der Atmosphäre erhöht oder erniedrigt, hängt dabei noch von der Helligkeit der Erdoberfläche und dem Absorptionsvermögen der Teilchen ab; über Schnee wird die Rückstreuung schon durch zusätzliche, nur leicht absorbierende Aerosole erniedrigt, während über dem Ozean auch kräftiger absorbierendes Aerosol die Rückstreuung noch erhöht.

Neben der direkten Beeinflussung des atmosphärischen Strahlungshaushaltes haben die Aerosole auch eine indirekte Wirkung auf das Klima. Sie bestimmen die Zahl der Kondensationskerne in der Troposphäre und nehmen dadurch Einfluß auf die physikalischen Eigenschaften von Wolken. Bei einem steigenden Angebot von Kondensationskernen werden zumindest in Wolken mit geringer Vertikalgeschwindigkeit (z. B. Stratusbewölkung) tendenziell mehr kleinere Wolkentropfen gebildet, wodurch der Anteil der von diesen Wolken in den Weltraum zurückgestreuten Sonnenstrahlung größer wird. Durch die geringere Koagulation[3)] der überwiegend kleinen Wolkentropfen kann darüber hinaus auch die Lebenszeit dieser Wolken und damit ihre Klimawirksamkeit ansteigen. Beide Prozesse sind mit einer Verringerung der an der Erdoberfläche verfügbaren Sonnenstrahlung und damit mit einer Abkühlung der bodennahen Luftschicht verbunden. Die Wirkung der indirekten Einflußnahme des anthropogen bedingten Aerosolzuwachses läßt sich noch nicht quantifizieren. Jedoch weisen erste Auswertungen von Satellitenmessungen über Stratuswolkenfeldern in verschiedenen Regionen der Erde auf eine leichte Erhöhung der Wolkenalbedo in stärker belasteten Gebieten hin (Kim u. Cess, 1993).

Größere natürliche Quellen für Aerosole sind die Winderosion über den Kontinenten und der sogenannten „sea-spray" über den Weltmeeren. Kleinere Aerosolteilchen werden vorwiegend durch Umwandlungsprozesse aus der Gasphase in der Atmosphäre (z. B. Oxidation von SO_2 und anschließender Bildung von Schwefelsäureteilchen und Sulfatpartikeln) gebildet. Natürliche Quellen für schwefelhaltige Gasverbindungen sind das durch das ozeanische Phytoplankton abgegebene Dimethylsulfid (DMS) sowie die Emission von DMS und H_2S aus Böden und durch Pflanzen. Hinzu kommen vulkanische Emissionen (SO_2), die bei hochreichenden Vulkaneruptionen zu einer über mehrere Jahre andauernden Erhöhung des stratosphärischen Aerosolanteils verbunden mit einer globalen Abkühlung an der Erdoberfläche führen. Die jährliche Emissionsrate von ozeanischem DMS wird auf 10–50 Mio t S abgeschätzt (IPCC, 1992). Dagegen ist die Emission schwefelhaltiger Gase aus Böden und durch Pflanzen mit 0,2–4 Mio t S sowie die mittlere vulkanbedingte SO_2-Emission mit 7–10 Mio t S relativ gering.

Die anthropogene SO_2-Emission durch Verbrennung fossiler Brennstoffe wird auf ca. 70–80 Mio t S pro Jahr abgeschätzt und ist damit derzeit die dominante Quelle im Schwefelkreislauf. Mehr als 90 % aller anthropogenen SO_2-Emissionen finden auf der Nordhemisphäre statt (Charlson

---

3) Vereinigung von Wassertröpfchen aufgrund unterschiedlicher Fallgeschwindigkeiten verschieden großer Tropfen in den Wolken.

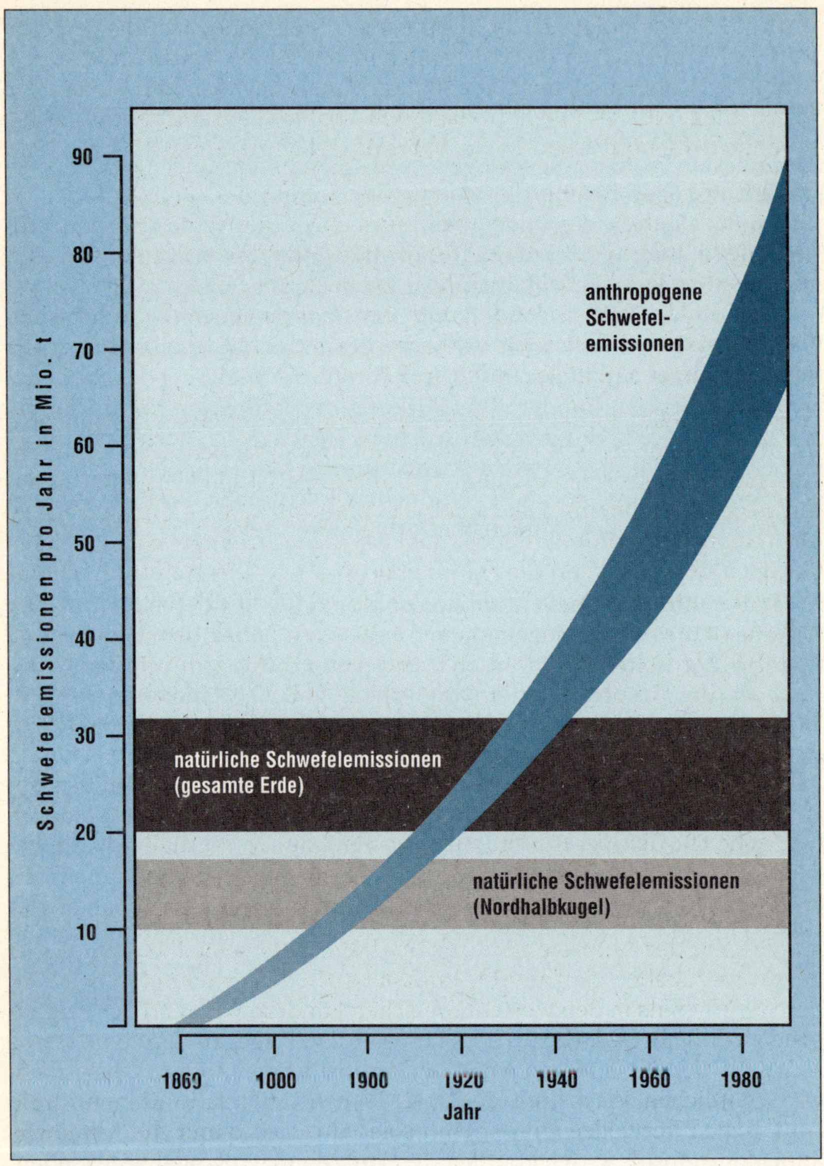

Abb. 2.3-1: Die anthropogenen Schwefelemissionen übersteigen die aus natürlichen Quellen wie dem marinen Phytoplankton bei weitem. Durch menschliche Aktivität gelangen derzeit jährlich zwischen 65 und 90 Millionen Tonnen Schwefel in die Atmosphäre. Charlson u. Wigley (1994)

u. a., 1992). Als Folge der anthropogenen Emissionen von Schwefeldioxid (SO_2), die sich in den vergangenen 100 Jahren verdreifacht haben (Abb. 2.3-1), aber auch der ebenfalls stark angestiegenen Emissionen von Stickoxiden (NO_X) und Ammoniak (NH_3) nahm die Aerosolmasse insbesondere in der nördlichen Troposphäre erheblich zu (Langner u. a., 1992).

Die anthropogen bedingte Zunahme der Sulfataerosolkonzentration ist mit einer Zunahme des in den Weltraum zurückgestreuten Sonnenlichts verbunden. Wegen der kurzen troposphärischen Verweilzeiten von einigen Tagen bis Wochen (abhängig von der Injektionshöhe und der Auswaschung durch Niederschläge) und der inhomogenen Verteilung der Quellen ist dieser Beitrag zur anthropogenen Strahlungsbilanzänderung von besonderer regionaler Bedeutung (Graßl, 1994).

Neuere Modellrechnungen von Kiehl u. Briegleb (1993) zu den globalen und regionalen Auswirkungen dieses anthropogen bedingten Zuwachses von Sulfataerosolen ergaben, daß diese global die Wirkung des anthropogenen Treibhauseffekts um ca. 15% mindern. In besonders belasteten Regionen der Erde, z. B. über dem Osten der USA sowie über einigen Gebieten Europas, kann die abkühlende Wirkung der Aerosole die Wirkung des anthropogenen Treibhauseffekts während der Sommermonate nahezu kompensieren. In diesen Modellrechnungen wurde jedoch lediglich die Streuwirkung dieser Aerosole berücksichtigt. Modellrechnungen, die die Absorption insbesondere der rußhaltigen Aerosole berücksichtigen, gibt es derzeit noch nicht (Graßl, 1994). Karl u. a. (1994) haben gezeigt, daß die Landregionen mit vergleichsweise geringer Erwärmung während der vergangenen 40 bis 50 Jahre solche mit hohem Industrialisierungsgrad sind. Damit ist ein anthropogener Aerosolbeitrag zu den beobachteten Temperaturänderungen als sehr wahrscheinlich zu bezeichnen.

Die zukünftige Entwicklung der SO_2-Emissionen und damit auch die Klimawirkung der Aerosole wird regional sehr unterschiedlich sein. Es ist davon auszugehen, daß die SO_2-Emissionen in den osteuropäischen Ländern (wie bereits in den westeuropäischen Ländern während der vergangenen zehn Jahre) stark zurückgehen werden. Dagegen wird eine starke Zunahme der SO_2-Emissionen in den fernöstlichen Ländern mit starkem wirtschaftlichen Wachstum erwartet. Wegen der relativ kurzen atmosphärischen Verweilzeiten der Aerosole wird sich damit die Klimawirkung der Aerosole in den kommenden Jahrzehnten regional verschieben.

Insgesamt ist jedoch davon auszugehen, daß die SO_2-Emissionen in Zukunft eher abnehmen werden. Dagegen wird der Einfluß des anthropogenen Treibhauseffektes auf das Klima aufgrund der wesentlich längeren Verweilzeiten dieser Spurengase und der weiteren Zunahme der Konzentrationen in den kommenden Jahrzehnten weiter an Bedeutung gewinnen.

2.4 Der Einfluß künftiger Emissionen und Konzentrationen auf die Entwicklung des Klimas

Die Genauigkeit einer Vorhersage der Klimaentwicklung für die nächsten 100 Jahre wird durch die ungenaue Kenntnis verschiedener Einflußfaktoren beeinträchtigt. Die Verläßlichkeit einer Klimaänderungsprognose hängt dabei sowohl von der Güte und der Leistungsfähigkeit der Klimamodelle selbst (s. Kap. 2.5) als auch von der Güte der Vorhersage zukünftiger Emissionsraten und Konzentrationszuwächse ab:

- So sind die zukünftigen Emissionsraten und Landnutzungsänderungen von einer Vielzahl unterschiedlicher Parameter abhängig, die sich kaum über Zeitintervalle von mehreren Dekaden vorhersagen lassen. Allein der erwartete, jedoch nicht genau quantifizierbare Zuwachs der Weltbevölkerung wird mit einem steigenden Energie-, Land- und Nahrungsmittelbedarf einhergehen und somit ohne weltweit koordinierte Maßnahmen mit der Zunahme der anthropogenen Emissionen klimarelevanter Spurengase verbunden sein.
- Bei der Beschreibung der biogeochemischen Kreisläufe einiger Treibhausgase bestehen noch erhebliche Unsicherheiten (s. Kap. 2.2). Dies erschwert die zuverlässige Berechnung der atmosphärischen Konzentrationen dieser Spurenstoffe in Abhängigkeit von verschiedenen anthropogenen Aktivitäten. Zudem ist über die mögliche Rückkopplung einer Klimaänderung auf die Quell- und Senkenstärken klimarelevanter Spurengase und ihre Verteilung in der Troposphäre wenig bekannt.

Trotz dieser Unsicherheiten lassen sich einige grundsätzliche Aussagen über die zukünftige Klimaentwicklung in Abhängigkeit von exemplarischen Entwicklungen der anthropogenen Emissionen machen. Sie werden mit Hilfe von 1 D(imensionalen) Klimamodellen gewonnen, die mit hinreichender Genauigkeit die globalen Änderungen von Klimaparametern (z. B. Temperatur, Meeresspiegel) berechnen, jedoch keine detaillierteren Aussagen über Veränderungen innerhalb des Klimasystems treffen können. 1 D Klimamodelle sind im Vergleich zu den 3 D Klimamodellen weit weniger computerzeit-intensiv und können daher eine Vielzahl möglicher Emissionsentwicklungen durchrechnen. Dabei werden auch die noch bestehenden Unsicherheiten bei der Klimamodellierung (s. Kap. 2.5) durch die Annahme unterschiedlicher Klimasensitivitäten berücksichtigt. Diese Szenarienrechnungen sind essentiell für die politischen Entscheidungsträger.

Das IPCC (1992) hat ein Spektrum von Emissionsszenarien definiert und diese seinen Klimaberechnungen zugrunde gelegt. Die Ergebnisse dieser Szenarienrechnungen sind – beschränkt auf drei der sechs IPCC-Szenarien [4)] in der Tab. 2.4-1 zusammengefaßt. Sie enthält für das Jahr 2100 die Grundannahmen für diese Szenarien sowie Abschätzungen der Emissionen der wichtigsten klimarelevanten Spurenstoffe und die daraus resultierende Veränderung des anthropogenen Treibhauseffektes gegenüber dem Jahr 1990 [5)].

Die Abb. 2.4-1 zeigt den szenarienabhängigen Verlauf der CO_2-Emissionen sowie die zugehörigen CO_2-Konzentrationen bis zum Jahr 2100 (Wigley u. Raper, 1992). Abb. 2.4-1 und Tab. 2.4-1 machen dabei deutlich, daß

- die anthropogene Klimabeeinflussung zunehmend vom CO_2 dominiert wird,
- die atmosphärische CO_2-Konzentration in allen angenommenen Emissionsszenarien bis zum Ende des kommenden Jahrhunderts zunehmen wird,
- die Spannbreite der möglichen CO_2-Konzentrationen zum Ende des kommenden Jahrhunderts zwischen rund 500 ppmv und etwa 1000 ppmv liegen und damit der vorindustrielle Wert um 80% bzw. 260% übertroffen wird und
- die Emissionsszenarien in erster Linie die Klimaentwicklung der zweiten Hälfte des kommenden Jahrhunderts beeinflussen, wohingegen die Entwicklung der kommenden Jahrzehnte bereits stark vorprogrammiert ist.

[4)] Die unterschiedlichen Annahmen der drei IPCC Szenarien A, C und E sind in Tab. 2.4-1 aufgeführt. Das Szenario A ist das sog. ‚Business as Usual'-Szenario, das keine wesentlichen energiepolitischen Änderungen gegenüber heute vorsieht und mit einem weiteren starken Zuwachs der Weltbevölkerung rechnet. Demgegenüber nimmt das Szenario E einen Ausstieg aus der Kernenergie bis 2075 an, der überwiegend durch den Einsatz von fossilen Brennstoffen kompensiert wird. Das Szenario C geht von einem geringeren Bevölkerungswachstum und einem wesentlichen Rückgang bei der Nutzung fossiler Brennstoffe aus.

[5)] Der Verlauf der zukünftigen klimarelevanten Emissionen wird maßgeblich durch die Parameter Bevölkerungswachstum und Bruttosozialprodukt bestimmt. In keinem der drei Szenarien wird eine vorsorgende Klimaschutzpolitik angenommen. Die Unterschiede in der Energiebereitstellung sind einzig eine Folge unterschiedlicher Annahmen bez. der Verfügbarkeit der fossilen Energieträger und die damit verbundenen Verschiebungen bez. der Wirtschaftlichkeit der verschiedenen Energieträger. Die von einigen OECD-Staaten angestrebte Reduzierung bzw. Stabilisierung der CO_2-Emissionen unterscheidet sich von den Ergebnissen des Szenarios A nur unwesentlich.

Tabelle 2.4-1: IPCC-Szenarien A, C und E (Wigley u. Raper, 1992; IPCC, 1992)

Parameter für das Jahr 2100	A	C	E
sozioökonomisch:			
Bevölkerungswachstum	11,3 Mrd. **)	6,4 Mrd. ***)	11,3 Mrd.
Bruttosozialprodukt	durchschnittlich 2,3 %	1,2 %	3 %
Ressourcenverfügbarkeit / Energiebereitstellung	mittel: 12 Tsd. EJ Öl 13 Tsd. EJ Gas Solarenergiekosten sinken auf $ 0,075/kWh (mit $ 70/Barrel)	gering: 8 Tsd. EJ Öl 7 Tsd. EJ Gas mehr Kernenergie und erneuerbare Energieträger	hoch: 18 Tsd. EJ Öl 13 Tsd. EJ Gas Ausstieg aus Kernenergie 2075 Einführung einer CO_2-Steuer
I. Emissionen	(1980er Werte)		
fossiles CO_2 (Mrd. t C/a)	20,4 (6,1)	4,8	35,9
Landnutzg. CO_2 (Mrd. t C/a)	– 0,1 (1,3)	– 0,2	– 0,1
CH_4 (Mio. t CH_4/a)	917 (506)	546	1 072
N_2O (Mio. t N/a)	17,0 (12,9)	13,7	19,1
SO_x (Mio. t S/a)	147 (75)	55	232
FCKW, H-FCKW, FKW	verlangsamte Unterstützung des Montrealer Protokolls (1990) Ausstieg der Nicht-Signatur-Staaten in 2075 Einsatz von H-FCKW und FKW als Ersatzstoffe		FCKW-Ausstieg 1997, Ausstieg aus H-FKW angenommen, verstärkter Einsatz von FKW als Ersatzstoff

Fortsetzung Tabelle 2.4-1

Parameter für das Jahr 2100	A	C	E
II. „Radiactive Forcing" *) 1990 bis 2100 in Wm^{-2}			
CO_2	4,62	2,00	6,45
CH_4	0,84	0,25	0,98
N_2O	0,27	0,17	0,32
Fluor(chlor)kohlen-wasserstoffe	0,36	0,36	0,40
Sulfat-Aerosol	– 0,65	0,2	– 1,41
insgesamt	5,44	2,98	6,74

*) Für die Berechnung der Änderung des Strahlungshaushalts („Radiactive Forcing") wurden erstmals der Einfluß eines CO_2-Düngeeffekts, der Aerosole sowie die Ozonabnahme in der Stratosphäre mit abgeschätzt.

**) World Bank 1991

***) UN Medium Low Case

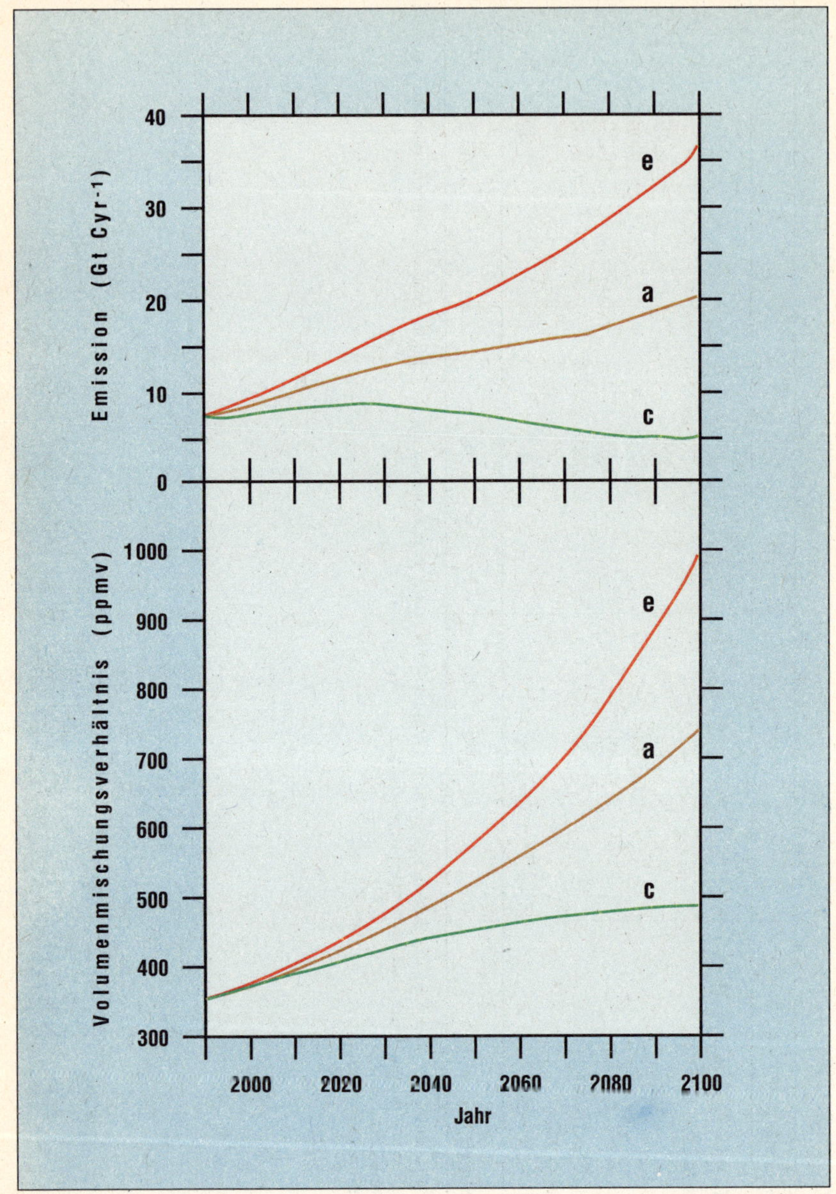

Abb. 2.4-1: IPCC IS 92 CO_2-Emissionsszenarien und die jeweils zugehörige CO_2-Konzentrationsentwicklung. Nähere Angaben zu den Szenarien siehe Text. (Wigley u. Rapo, 1992)

Klimaentwicklung nach 2100

Die Bedeutung des anthropogenen Treibhauseffektes für unser Klima bleibt nicht auf das kommende Jahrhundert beschränkt. Unzweifelhaft wird die Emissionsentwicklung in den kommenden Jahrzehnten auch das Klima in den kommenden Jahrhunderten prägen. Eine Stabilisierung der CO_2-Konzentration vor Ende des kommenden Jahrhunderts wird wohl nicht mehr zu erreichen sein.

IPCC WG I (Wigley, 1994) definierte ein Spektrum denkbarer, d. h. noch erreichbarer Stabilisierungsziele, so z. B. die Stabilisierung des CO_2-Mischungsverhältnisses auf 450 ppmv im Jahr 2100 oder auf 650 ppmv im Jahr 2200. Die aus diesen Stabilisierungsvorgaben abgeleiteten Emissionsszenarien liegen weit unterhalb des IPCC Szenarios A ('Business As Usual', IS 92a) und sind demzufolge mit erheblichen Emissionsreduktionen verbunden. Wigley (1994) untersuchte die mit diesen Stabilisierungsvorgaben verbundenen Auswirkungen auf die Entwicklung des Klimas bis zum Jahr 2500. Dabei stellte sich heraus, daß

- auch nach Erreichen des Stabilisierungsniveaus die Emissionen weiter vermindert werden müßten, um das Stabilisierungsniveau zu halten, da der stetig wärmer werdende Ozean immer weniger CO_2 aus der Atmosphäre aufnehmen kann.
- der Anstieg der globalen Mitteltemperatur bis zum Jahr 2500 sich zwar deutlich verlangsamt, der Trend aber nicht umgekehrt wird.
- der Anstieg des Meeresspiegels, im Gegensatz zu dem der globalen Mitteltemperatur, sich ungebremst fortsetzen wird.

2.5 Abschätzung der zukünftigen Klimaentwicklung mit Globalen Zirkulationsmodellen

2.5.1 Stand der 3 D – Klimamodellierung

Der anthropogene Treibhauseffekt verursacht Umstellungen im Klimasystem, deren Ausmaße und Auswirkungen aufgrund der vielfältigen und komplexen Wechselbeziehungen innerhalb des Klimasystems nur durch 3 D Klimamodelle prognostiziert werden können. Die derzeit vorhandenen Klimamodelle, insbesondere die gekoppelten Ozean-Atmosphäre-Modelle, können die wesentlichen Merkmale des heutigen Klimas zuverlässig beschreiben (Gates, 1992; Roeckner u. a., 1992; McFarlane et. al., 1992; Hasselmann, 1994). Es ist deshalb davon auszugehen, daß sie auch Aussagen zur künftigen Entwicklung des globalen Klimas erlauben.

Die Abb. 2.5-1 (a) zeigt das Ergebnis einer numerischen Simulation der globalen Mitteltemperatur für das kommende Jahrhundert (Cubasch u. a., 1994). Bei dieser Modellrechnung eines gekoppelten Ozean-Atmosphäre-Modells wurde ein Anstieg der äquivalenten CO_2-Konzentration[6)] nach dem IPCC Szenario A, also um durchschnittlich etwa 1% pro Jahr, angenommen . Die Abb. 2.5-1 (b) zeigt die regionale Verteilung der Temperaturänderungen gegen Ende des Simulationszeitraumes.

Alle bisher durchgeführten numerischen Klimasimulationen mit Hilfe gekoppelter Ozean-Atmosphäre-Modelle verweisen auf eine globale Erwärmung als Folge des anthropogenen Treibhauseffektes. Die für das Ende des kommenden Jahrhunderts von verschiedenen Modellen für den Fall des weiteren Anstiegs der äquivalenten CO_2-Konzentration um etwa 1% pro Jahr (entspricht etwa IPCC Szenario A) berechneten Temperaturerhöhungen streuen um etwa 50% um einen mittleren Wert von rund +3 °C. Die Bandbreite von 50% für die globale Mitteltemperatur kann als Maß der noch vorhandenen Ungenauigkeitsmarge in den Modellen angenommen werden (Hasselmann, 1994). Das IPCC (1992) gibt als wahrscheinlichste Werte für den Anstieg der globalen Mitteltempera-

6) Der sogenannte äquivalente CO_2-Gehalt berücksichtigt neben dem CO_2 auch alle übrigen klimarelevanten Spurengase.

Erläuterungen zu Abb. 2.5-1:

(1) Zur Verringerung der sog. „Kaltstart"-Problematik (Cubasch u. a., 1992) beginnt die Modellrechnung bereits im Jahr 1935. Die Entwicklung des Klimas wird vor 1985 durch den beobachteten Anstieg der Treibhausgaskonzentrationen, die Entwicklung ab 1985 durch das IPCC-Szenario A ('business as usual') bestimmt. Die berechnete Temperaturerhöhung liegt gegen Ende des Simulationszeitraumes um etwa 10% über der ursprünglich (Rechnung ab 1985) berechneten Temperaturerhöhung.

(2) Die dunkel markierten Bereiche geben die durch die Variabilität des Modellklimas bestimmte Toleranzbreite an, und zwar für den Kontrollauf (ohne CO_2-Anstieg) sowie für die Rechnung mit dem angenommenen CO_2-Anstieg von ca. 1% pro Jahr. Vorausgesetzt die Klimavariabilität des Modells ist realistisch, so zeigt die Abb. 2.5-1a, daß sich das durch den anthropogenen Treibhauseffekt bedingte Klimasignal frühestens ab etwa 2015 deutlich von der natürlichen Variabilität des (Modell)klimas abhebt. Beschränkt man das Untersuchungsgebiet auf den Breitenbereich zwischen 45 °N bzw. 45 °S, so läßt sich der Nachweis des anthropogenen Klimasignals erheblich früher erbringen (Cubasch u. a., 1994).

Abb. 2.5-1 a: Anstieg der bodennahen Lufttemperatur (Grad Celsius) in den kommenden 100 Jahren (Cubasch u. a., 1994)
Berechneter Anstieg der globalen Mitteltemperatur von 1935 bis 2085
Das Diagramm zeigt darüber hinaus auch den gemessenen Verlauf der globalen Mitteltemperatur von 1860 bis heute. ▶

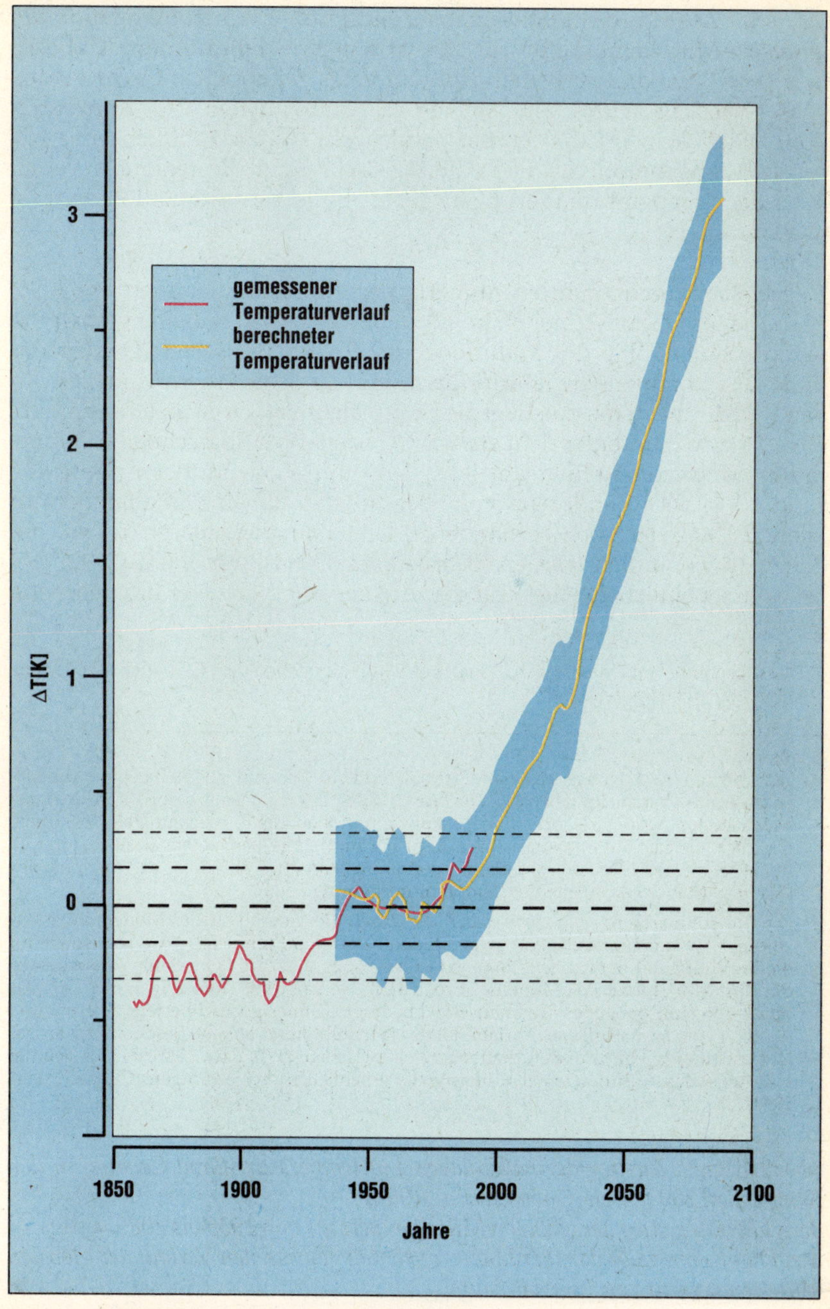
gemessener
Temperaturverlauf
berechneter
Temperaturverlauf
ΔT[K]
3
2
1
0
1850
1900
1950
2000
2050
2100
Jahre

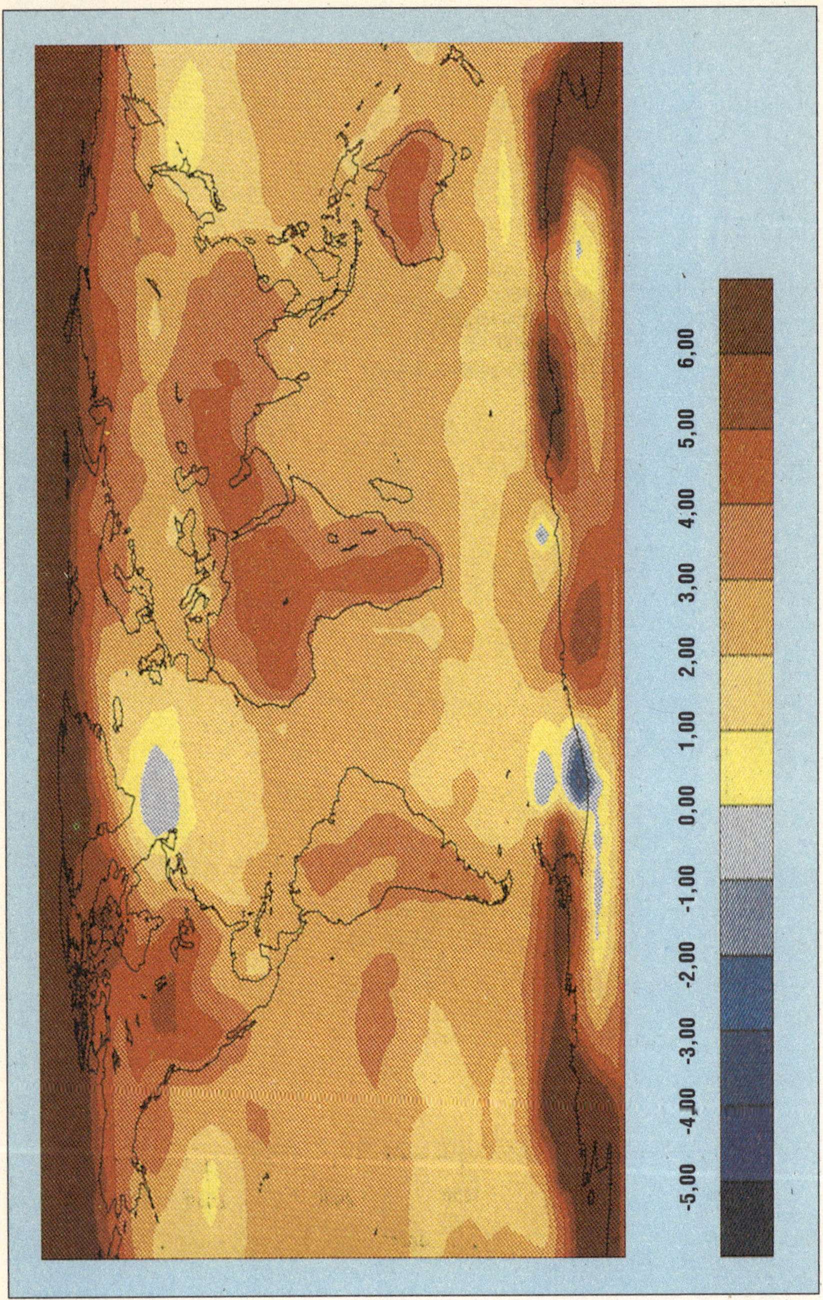
-5,00
-4,00
-3,00
-2,00
-1,00
0,00
1,00
2,00
3,00
4,00
5,00
6,00

tur +0,25 °C pro Jahrzehnt und für den Anstieg des Meeresspiegels +4,8 cm pro Jahrzehnt an.

Während die Prognosen der globalen Klimaänderung recht gut übereinstimmen, weichen die Aussagen über die regionalen Klimaänderungen deutlich voneinander ab. Trotz dieser vorhandenen Unterschiede stimmen die Klimamodelle in folgenden Aussagen überein:

- Der Anstieg der oberflächennahen Lufttemperatur wird über den Landflächen stärker ausfallen als über den Ozeanen und in den Polargebieten größer sein als in den Tropen (vgl. Abb. 2.5-1b).
- Die Erwärmung auf der Südhemisphäre wird mit einer deutlichen Verzögerung wegen der starken Wärmeaufnahme des dort dominierenden Ozeans eintreten. Im Nordatlantik wird die Temperaturzunahme zusätzlich durch eine Abschwächung des Golfstroms gedämpft (vgl. Abb. 2.5-1b).
- Die Temperatur wird in der bodennahen Troposphäre steigen, in der oberen Stratosphäre dagegen sinken.
- Durch die mit der Erwärmung verbundene, höhere Verdunstung von Oberflächenwasser entsteht eine Tendenz zu allgemein zunehmenden Niederschlägen, die sich allerdings regional stark unterschiedlich auswirken wird. Zunehmende Niederschläge werden vornehmlich in den höheren Breiten beider Hemisphären sowie in der Nordhemisphäre in den mittleren Breiten im Winter erwartet. Dagegen werden die Niederschläge im Sommer in vielen, bereits heute sehr trockenen Regionen der niedrigen Breiten sowie in den nördlichen mittleren Breiten abnehmen und zu einer Verringerung der Bodenfeuchte führen, die sich nachhaltig auf die natürlichen und landwirtschaftlich genutzten Ökosysteme dieser Breiten auswirken dürfte.

2.5.2 Diskussion der Problembereiche bei der Klimamodellierung

Ein besonderes Problem der derzeitigen Klimavorhersage ist insbesondere die beschränkte räumliche Auflösung der gekoppelten Ozean-Atmosphäre-Modelle. Sie beträgt derzeit ca. 500 km (Abb. 2.5-2a). Diese Auflösung erlaubt keine zuverlässigen Aussagen über die regionalen Klimaänderungsmuster. Insbesondere können wichtige Prozesse, wie

◀ *Abb. 2.5-1 b: Anstieg der bodennahen Lufttemperatur (Grad Celsius) in den kommenden 100 Jahren (Cubasch u. a., 1994)*
Regionale Verteilung der Temperaturänderungen gegen Ende des Simulationszeitraumes (Mittelwert der Dekade 2076–2085) im Vergleich zu den heutigen Temperaturen

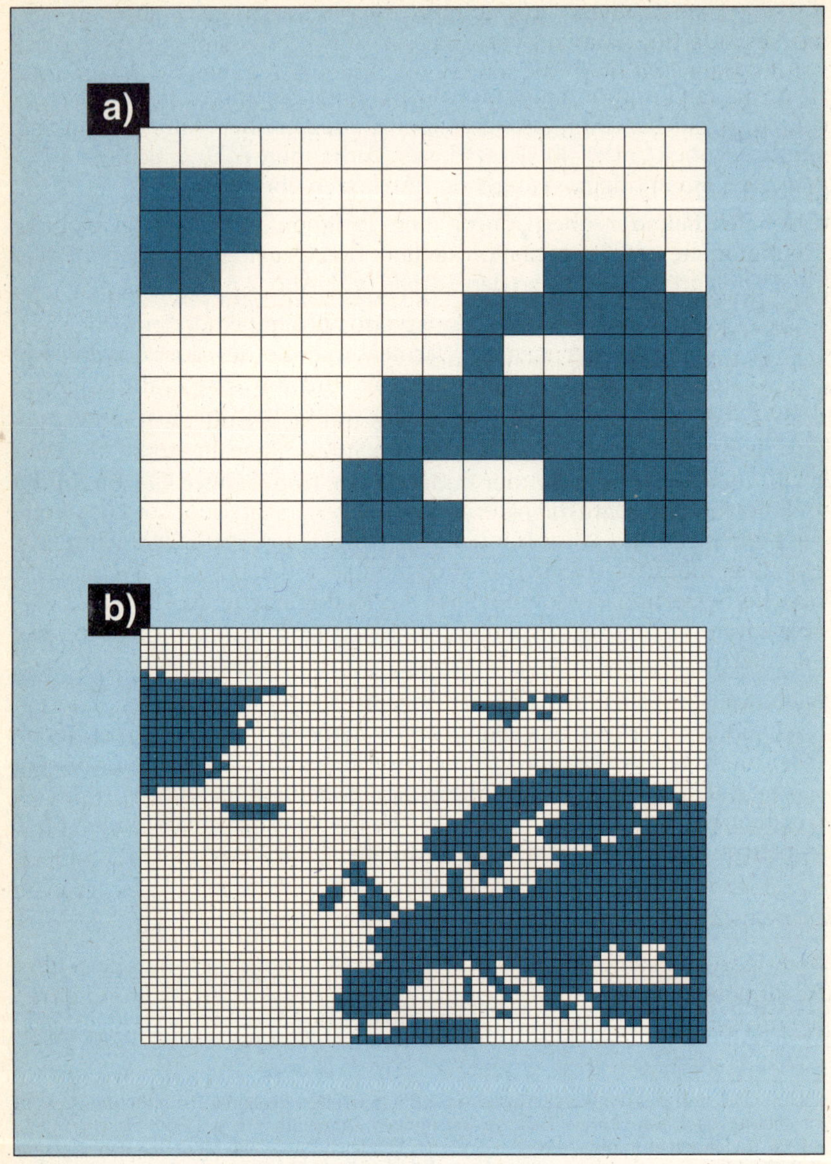

Abb. 2.5-2: Europäischer Teil der Landmaske eines gekoppelten Ozean-Atmosphären-Zirkulationsmodells
(a) derzeit: räumliche Auflösung 5,6 x 5,6 °
(b) in Zukunft: räumliche Auflösung 0,7 x 0,7 °

z. B. das Überströmen von Gebirgen, die Verlagerung von Fronten oder die Veränderung konvektiver Prozesse, die z. B. einen starken Einfluß auf die Intensität und Frequenz der Niederschläge haben, nur unzureichend berücksichtigt werden. Es ist davon auszugehen, daß die räumliche Auflösung der Klimamodelle in den kommenden Jahren durch eine höhere Computerkapazität auf bis zu 50 km reduziert werden kann (Abb. 2.5-2b). Darüber hinaus wird eine deutliche Verbesserung der regionalen Klimaprognose durch eine geeignete Verknüpfung globaler Klimamodelle mit regionalen Modellen erwartet.

Die Schwankungsbreite der derzeitigen Klimaprognosen mit Hilfe der globalen Klimamodelle ist zu einem erheblichen Teil auf die unterschiedliche Einschätzung des Bewölkungseinflusses in den verschiedenen Klimamodellen (Cess u. a., 1989; Cess u. a., 1990) zurückzuführen. Zwar sind die Wechselwirkungen zwischen Strahlung und Wolken weitgehend bekannt. Jedoch sind die meist kleinräumigen Prozesse der Wolkenbildung sowie die komplexe Wechselwirkung zwischen Strahlung und Bewölkung noch nicht hinreichend genau auf die Maschenweite eines globalen Zirkulationsmodells übertragen, um verläßliche Vorhersagen über mögliche Wolkenrückkopplungseffekte treffen zu können[7)]. Eine Verbesserung der räumlichen Auflösung sowie der Parametrisierung dieser kleinräumigen Prozesse können hier eine Verringerung der Unsicherheitsmargen ermöglichen.

Die vorliegenden Ergebnisse der Klimaprognose unterscheiden sich auch in den regionalen Niederschlags- und Abflußfeldern und als Folge davon auch in der Bodenfeuchte. Auch die mit der globalen Erwärmung verbundenen Änderungen in der Meereisbedeckung und der damit verbundenen Stärke der Eis/Albedo-Rückkopplung werden noch unterschiedlich eingeschätzt. Die bereits laufenden Forschungsanstrengungen zu diesen Problemfeldern lassen hier in absehbarer Zeit eine größere Übereinstimmung erwarten.

Wichtig ist auch eine Verbesserung des derzeitigen Kenntnisstandes über die klimarelevanten chemischen Prozesse in der Atmosphäre und deren Beeinflussung durch eine mögliche Klimaänderung. Die Berücksichti-

7) Zur Validation des Wolkeneinflusses in Klimamodellen geeignete Satellitenmessungen stehen erst seit sehr kurzer Zeit zur Verfügung (Ramanathan u. a., 1989, Harrison u. a., 1990, Rieland u. Stuhlmann, 1993). Die ersten Vergleiche zwischen Modellergebnissen und diesen Messungen zeigen bereits eine gute Übereinstimmung in der Einschätzung des Wolkeneinflusses unter heutigen Klimabedingungen (Kiehl u. Ramanathan, 1990; Roeckner u. a., 1991, Graßl, 1993). Die neuesten Auswertungen von Satellitendaten deuten auf eine zumindest positive, d. h. den anthropogenen Treibhauseffekt unterstützende, betraglich allerdings noch unbestimmte Rückkopplung der Bewölkung hin (Tselioudis u. a., 1992; Tselioudis u. Rossow, 1993).

gung der klimarelevanten chemischen Prozesse in der Klimamodellierung wird ein weiterer, wichtiger Entwicklungsschwerpunkt sein.

Durch diese Anstrengungen werden in den kommenden Jahren Verbesserungen in der Klimamodellierung erzielt werden können, die in erster Linie eine detailliertere Vorhersage des zeitlichen Verlaufs der globalen Klimaänderung sowie der regionalen Klimaänderungsmuster zulassen. Eine wesentliche Änderung der oben bereits aufgeführten, allgemeinen Aussagen über die Entwicklung des globalen Klimas ist nicht zu erwarten.

2.6 Darstellung des zukünftigen Gefährdungspotentials

Während die globale Klimaentwicklung der kommenden Jahrzehnte bereits relativ zuverlässig abgeschätzt werden kann, sind Vorhersagen über regionale Klimaänderungsmuster noch recht ungenau (s. Kap. 2.5). Dies erschwert die geographisch differenzierte Folgenabschätzung des Klimawandels, insbesondere die möglichen Folgen von Klimaveränderungen für Natur und Gesellschaft. Jedoch sind einige generelle Aussagen bereits heute möglich.

Die anthropogen bedingte Änderung wichtiger Klimaparameter vollzieht sich relativ zu den natürlichen Klimavariationen ungewöhnlich rasch. So stieg der atmosphärische CO_2-Gehalt innerhalb der letzten 100 Jahre um etwa 60 ppmv, während die natürlichen Änderungen der atmosphärischen CO_2-Konzentration dieser Größenordnung dafür mehrere Jahrtausende Zeit benötigen. Ähnliches gilt im übrigen auch für andere anthropogene Änderungen der globalen Umweltverhältnisse, wie z. B. Belastung der bodennahen Luftschichten mit Schadstoffen, Grundwasserabsenkungen oder Bodenversauerung. Bestehende Gleichgewichte in Umwelt und Gesellschaft, die sich über längere Zeiträume eingestellt haben, werden dadurch nachhaltig gestört und erhebliche ökologische und ökonomische Schäden verursacht.

Aus der Klimaentwicklung in der Vergangenheit ist bekannt, daß sich „von außen angeregte" Umstellungen des Klimasystems keineswegs immer kontinuierlich, sondern häufig in Sprüngen – d. h. hier innerhalb von Jahrzehnten – vollziehen, die oftmals auch mit Veränderungen von Wetterextrema verbunden sind. Dies erhöht das Gefährdungspotential einer Klimaänderung insofern, als gerade die rasche Änderung des Klimas zu einem gefährlichen Anpassungsdruck auf die natürlichen und zivilisatorischen Systeme führt (IPCC, 1990; Schellnhuber, 1992).

Diese Überlegungen machen deutlich, daß, obwohl auf längere Sicht die anthropogen ausgelöste Änderung des Klimas für einzelne Regionen auch zu Verbesserungen der Lebensverhältnisse führen kann, die Auswirkungen in der Umstellungsphase von Jahrhunderten jedoch überall negativ einzuschätzen sind.

Gefährdungspotentiale

Bei der Beurteilung der mit der erwarteten Klimaumstellung verbundenen Gefahren sind neben den Änderungen der globalen und regionalen Temperaturverhältnisse die mit der Klimaumstellung verbundenen Änderungen im globalen und regionalen Wasserhaushalt (Verdunstung, Niederschlag, Abfluß, Zwischenspeicherung) von großer Bedeutung, insbesondere für die Land- und Forstwirtschaft. Änderungen im hydrologischen Kreislauf können

- die regionale Verfügbarkeit von Süßwasser und damit die landwirtschaftliche Produktion und naturnahe Ökosysteme beeinträchtigen,
- die Erosion fruchtbarer Böden begünstigen und somit die Wüstenbildung beschleunigen,
- Verteilung von Flora und Fauna verändern, damit auch die Artenvielfalt beeinflussen und
- die Ausbreitung von Krankheitserregern, Parasiten und Schädlingen begünstigen.

Zusammen mit der schnell wachsenden Bevölkerung in den Entwicklungsländern können diese klimatisch bedingten Veränderungen zu großen gesellschaftspolitischen Spannungen bis zu Kriegen um knapper werdende Süßwasserresourcen sowie um landwirtschaftlich nutzbare Flächen führen.

Darüber hinaus bedrohen die erwarteten Veränderungen des Meeresspiegels die zu einem großen Teil sehr dicht besiedelten Küstenregionen. Das Gefährdungspotential besteht hier z. B. in der möglichen Überflutung küstennaher Feuchtgebiete und Tiefebenen und der Erosion der Küstenlinien.

Unterschiedliche Empfindlichkeiten gegenüber Klimaänderungen

Ein globaler Klimawandel wird grundsätzlich zuallererst die besonders klimasensiblen Räume (Küstenzonen, semiaride Gebiete, Gebirgsökosysteme) und Sektoren (Wasserversorgung, Land- und Forstwirtschaft) gefährden. Darüber hinaus ist sicher, daß der Klimawandel die Schwachstellen unseres Umweltsystems, wie z. B. Überbevölkerung, Übernutzung, Überdüngung etc, offenlegen wird und daß bei der notwendigen Anpassung an die sich ändernden Umweltbedingungen die Entwicklungsländer der niederen Breiten größere Probleme haben werden als die Industrieländer der gemäßigten Breiten (Schellnhuber, 1992).

2.7 Erkennbare Klimaänderungstendenzen

Aufgrund der Vielzahl von Einflußgrößen läßt sich eine Änderung des Klimas nicht aus singulären Extremereignissen (z. B. Jahrhundertsommer) ableiten bzw. begründen. Erst durch mehrere Jahrzehnte fortlaufende Messungen lassen sich Klimaveränderungen, z. B. durch Feststellen mittlerer Trends und/oder veränderter Häufigkeitsverteilungen von Wetterereignissen, nachweisen. Dabei ist die häufig herangezogene bodennahe Lufttemperatur nicht der einzige Indikator für Klimaänderungen. Neben der Temperatur sind der Niederschlag, die Bodenfeuchte, die Bewölkung, der Wind, die Häufigkeit und Stärke von Wetterereignissen sowie als integrale Klimagröße z. B. die Veränderung der Ausdehnung und der Volumina der Gebirgsgletscher ebenfalls wichtige Klimaparameter.

Der bisherige Anstieg der globalen bodennahen Durchschnittstemperatur liegt mit etwa 0,5 °C in 100 Jahren gerade noch im Bereich der natürlichen Schwankungsbreite des Klimas und ist deshalb nicht eindeutig der anthropogen bedingten Zunahme der Konzentrationen der klimarelevanten Spurengase in der Atmosphäre zuzuordnen. Dabei ist nicht auszuschließen, daß der Einfluß des anthropogenen Treibhauseffektes zur Zeit noch durch die Wirkung anderer Einflußfaktoren überlagert bzw. maskiert wird und deshalb noch nicht in vollem Umfang zum Tragen kommt. Hinzu kommt, daß das Klimasystem, insbesondere durch die große Wärmekapazität der Ozeane, zeitlich verzögert auf die Zunahme der atmosphärischen Treibhausgaskonzentrationen reagiert und deshalb erst ein Teil der bereits induzierten Klimaänderung wirksam geworden ist.

Die natürliche Klimaschwankungsbreite ist durch eine Reihe von Einflußfaktoren bedingt, die in der Tab. 2.7-1 aufgeführt sind. Die Tab. 2.7-1 gibt einen qualitativen Überblick über das mit dem jeweiligen Klimaparameter verbundene Temperaturänderungspotential. Die angegebenen Temperaturänderungen sind keineswegs additiv zu verstehen, da sich diese Klimaparameter in Bezug auf Häufigkeit, Dauer und Einflußbereich (s. 2. Spalte in Tab. 2.7-1) erheblich unterscheiden.

Das zukünftige Klima wird im wesentlichen durch zwei anthropogene Einflußfaktoren bestimmt. Die Zunahme der Konzentrationen der Treibhausgase, die die Wärmeabstrahlung der Erdoberfläche behindern, führt zu einer globalen Erwärmung der unteren Troposphäre. Dagegen bewir-

Tabelle 2.7-1: Charakteristika der wichtigsten Einflußgrößen auf die globale Mitteltemperatur

Klimaparameter	Eigenschaften	Temperaturänderungs-potential in den letzten 100 Jahren	Temperaturänderungs-potential in den nächsten 100 Jahren
anthropogener Treibhauseffekt	global langanhaltend, weiter wachsend	0,5 bis 1 °C	→ + 2,5 °C
anthropogener Aerosolzuwachs	regional, kurzlebig	– 0,5 bis – 0,2 °C	– 0,5 bis – 0,2 °C
Sonnenaktivität 11-Jahreszyklus	global (11 Jahre) wechselnd	– 0,1 bis + 0,1 °C	– 0,1 bis + 0,1 °C
Sonnenaktivität Veränderung der Zyklenlänge	global (100 bis 200 Jahre) wechselnd	≤ 0,1 °C	– 0,2 bis + 0,2 °C
hochreichende Vulkaneruptionen	global (1 bis 10 Jahre)	– 0,3 °C	– 0,3 °C
El Niño	global (1 bis 2 Jahre)	+ 0,3 °C	+ 0,3 °C

Legende: →: strebt gegen einen bestimmten Wert; <, >: kleiner oder größer als

Quellen: IPCC (1990), Schlesinger und Ramankutty (1992), Schönwiese (1992), Wigley und Raper (1992)

ken die die Luft trübenden Aerosolteilchen eine verstärkte Rückstreuung der Sonnenstrahlung und damit regional eine Abkühlung der Atmosphäre. Bleibt es beim gegenwärtigen Anstieg der Konzentrationen klimarelevanter Spurengase, so wird der anthropogene Treibhauseffekt wegen der Akkumulation der langlebigen Treibhausgase CO_2, N_2O, FCKW und CH_4 das Klima der kommenden Jahrzehnte eindeutig bestimmen (s. Tab. 2.7.-1).

Globale Klimaänderungen können sich regional sehr unterschiedlich auswirken. Dies gilt insbesondere für die mittleren Breiten der Nordhemisphäre, die sich durch große Wechselhaftigkeit des Wetters auszeichnen. Ein Beispiel geben die Abbildungen 2.7-1 und 2.7-2, die Karten der mittleren Veränderung der bodennahen Lufttemperatur bzw. des Niederschlages für Europa in den letzten 100 Jahren zeigen (Schönwiese u. a., 1993). Trotz starker regionaler Unterschiede sind einige generelle Tendenzen erkennbar: So ist in den letzten 100 Jahren in den Wintermonaten fast überall eine Erwärmung mit Werten zwischen 0,5 bis 1,0 °C festzustellen, dagegen haben sich die Temperaturen in den Sommermonaten kaum verändert. In den Übergangsjahreszeiten ist eine deutliche Abnahme der Niederschläge im westlichen und mittleren Mittelmeergebiet erkennbar. In den übrigen Regionen Europas, insbesondere in West- und Nordeuropa, haben die Niederschläge, mit Ausnahme der Sommermonate, allgemein zugenommen. Betrachtet man lediglich die letzten 30 Jahre, so haben sich in Deutschland die Trends hin zu höheren Wintertemperaturen (+1,5 °C) bzw. hin zu trockeneren Sommermonaten (–30 mm) verstärkt (Schönwiese u. a., 1993).

Faßt man die Treibhauswirkung aller anthropogenen Spurengase als CO_2-Äquivalent zusammen, so verursachte der Anstieg der CO_2-Äquivalent-Konzentration in den letzten 100 Jahren eine Erhöhung der Wärmerückstrahlung von der Atmosphäre zur Erdoberfläche um etwa 2 PW (oder um rund 1% der absorbierten Sonneneinstrahlung). Die bis heute beobachteten Klimaänderungen liegen noch im natürlichen Schwankungsbereich, sind aber konsistent mit den zu erwartenden Klimaänderungen infolge der zunehmenden Treibhausgaskonzentrationen (Hasselmann, 1994). Indizien dafür, daß eine globale Klimaänderung bereits heute eingesetzt hat, sind:

(1) Das Auftreten der sieben wärmsten Jahre der letzten 130 Jahre innerhalb der letzten 11 Jahre

(2) Die Verminderung des mittleren Tagesganges der Temperatur aufgrund des Anstiegs der Minimumtemperaturen

(3) Der Anstieg der Oberflächentemperaturen in großen Bereichen der tropischen Ozeane um 0,5 °C in den letzten 50 Jahren

(4) Die Erwärmung der mittleren Troposphäre, insbesondere in den Tropen

(5) Die Zunahme der mittleren Windgeschwindigkeit in mittleren Breiten aufgrund einer signifikanten Vertiefung der quasi-stationären Tiefdruckgebiete in den mittleren Breiten der Nordhemisphäre während der vergangenen 40 Jahre

(6) Die Zunahme der Niederschläge in den mittleren und hohen Breiten um 5 % seit 1950

(7) Die drastische Abnahme der Masse der Gebirgsgletscher, um z. B. etwa 50 % seit 1850 in den Ostalpen

(8) Die Veränderung der Vegetation in den Alpen oberhalb etwa 3 000 m in diesem Jahrhundert, z. B. die Verschiebung der Vegetation in höhere Regionen um bis zu 4 m pro Dekade (Grabherr u. a., 1994)

(9) Der Anstieg des Meeresspiegels von 10 bis 20 cm in den letzten 100 Jahren (IPCC, 1990), nach neueren Untersuchungen allein in den vergangenen 50 Jahren etwa 9 bis 12 cm (Barnett, 1988, Peltier u. Tushingham, 1989)

Die Punkte (3) bis (6) deuten auf eine Intensivierung der allgemeinen Zirkulation hin, die ursächlich mit der raschen Erwärmung der tropischen und subtropischen Atmosphäre zusammenhängt. Dieser Effekt ist auch in den neuesten Modellrechnungen zu erkennen. Erst zum Zeitpunkt der äquivalenten CO_2-Verdopplung wird die Erwärmung in den polaren Zonen stärker sein als in den Tropen. In einigen Modellen ist dann die Arktis im Sommer nahezu eisfrei (z. B. Boer u.a., 1992).

2.8 Ausblick

Der wissenschaftliche Sachstand über den anthropogenen Treibhauseffekt mit seinen Folgen für das Klima der Erde hat sich seit dem 3. Bericht der Enquete-Kommission (EK, 1991) weiter gefestigt. Setzt sich der Anstieg der atmosphärischen Treibhausgaskonzentrationen aufgrund der vielfältigen Aktivitäten des Menschen ungebremst fort, ist bereits vor der Mitte des nächsten Jahrhunderts mit einer Verdopplung des äquivalenten CO_2-Gehalts gegenüber dem vorindustriellen Wert zu rechnen. Die globale Durchschnittstemperatur wird dann gegen Ende des nächsten Jahrhunderts um etwa 3 °C über dem heutigem Wert liegen, wobei jedoch die Unsicherheit dieser Angabe wie bisher mit 2 bis 5 °C Erwärmung groß bleibt. Ein solcher Temperatursprung ist von der Größenordnung her gesehen vergleichbar mit der Temperaturdifferenz zwischen der Eiszeit vor 18 000 Jahren und der jetzigen Warmzeit (4 bis 5 °C) mit dem Unterschied, daß sich diese anthropogen ausgelöste Änderung des Klimas in 100 Jahren vollzieht, während der Übergang von der letzten Eiszeit zur jetzigen Warmzeit rund 5 000 Jahre Zeit brauchte.

Die in der Wissenschaft aber noch mehr in der Öffentlichkeit geführte Debatte der vergangenen zwei Jahre um die wissenschaftliche Absicherung der Zahlenangaben zur anthropogenen globalen Erwärmung hat keine Argumente für eine Revision der Werte geliefert. Neue Befunde haben eher zu mehr Besorgnis geführt. Die Überprüfung der jüngsten Ergebnisse von Eisbohrkernuntersuchungen (s. Kap. 2.1.4), die die Möglichkeit einer Instabilität des Klimas bei weiter steigenden Temperaturen anzeigen, ist dringend erforderlich.

Die bereits heute beobachteten Klimaänderungen sind konsistent mit den zu erwartenden Klimaänderungen infolge der zunehmenden Treibhausgaskonzentrationen. Obwohl heute noch nicht mit Sicherheit ausgeschlossen werden kann, daß die beobachteten Änderungen natürlichen Ursprungs sind, rückt die Grenze der Nachweisbarkeit des anthropogen bedingten Klimasignals immer näher heran. Bei Anhalten des heutigen Trends wird der Nachweis in weniger als zehn Jahren mit hoher Wahrscheinlichkeit zu erzielen sein (Hasselmann, 1994).

Angaben zum genauen weiteren zeitlichen Ablauf der Klimaänderung und zu den möglichen regionalen Auswirkungen sind noch unsicher, da weder Analogien aus der Klimageschichte existieren, noch die Modellrechnungen eine ausreichende Güte erreicht haben. Angesichts der großen Komplexität des Klimasystems sind regionale wie globale Überraschungen sicher. Regionale Klimaänderungstendenzen können vom mittleren Klimatrend abweichen, und der möglichen Veränderung der Extrema kommt eine größere Bedeutung zu als der Änderung der mittleren Klimabedingungen.

Diese anthropogen ausgelöste Änderung des globalen Klimas wird erhebliche, nicht alle Regionen gleichermaßen betreffende ökologische und sozioökonomische Auswirkungen haben, deren genaue Ausmaße heute noch nicht hinreichend genau abgeschätzt werden können (Meyer-Abich, 1992).

Abb. 2.7-1: Veränderung der bodennahen Lufttemperatur für Europa in den letzten 100 Jahren (Schönwiese u. a., 1993)
gestrichelte Linien (negative Werte): Temperaturabnahme, durchgezogene Linien (positive Werte): Temperaturzunahme. ▶

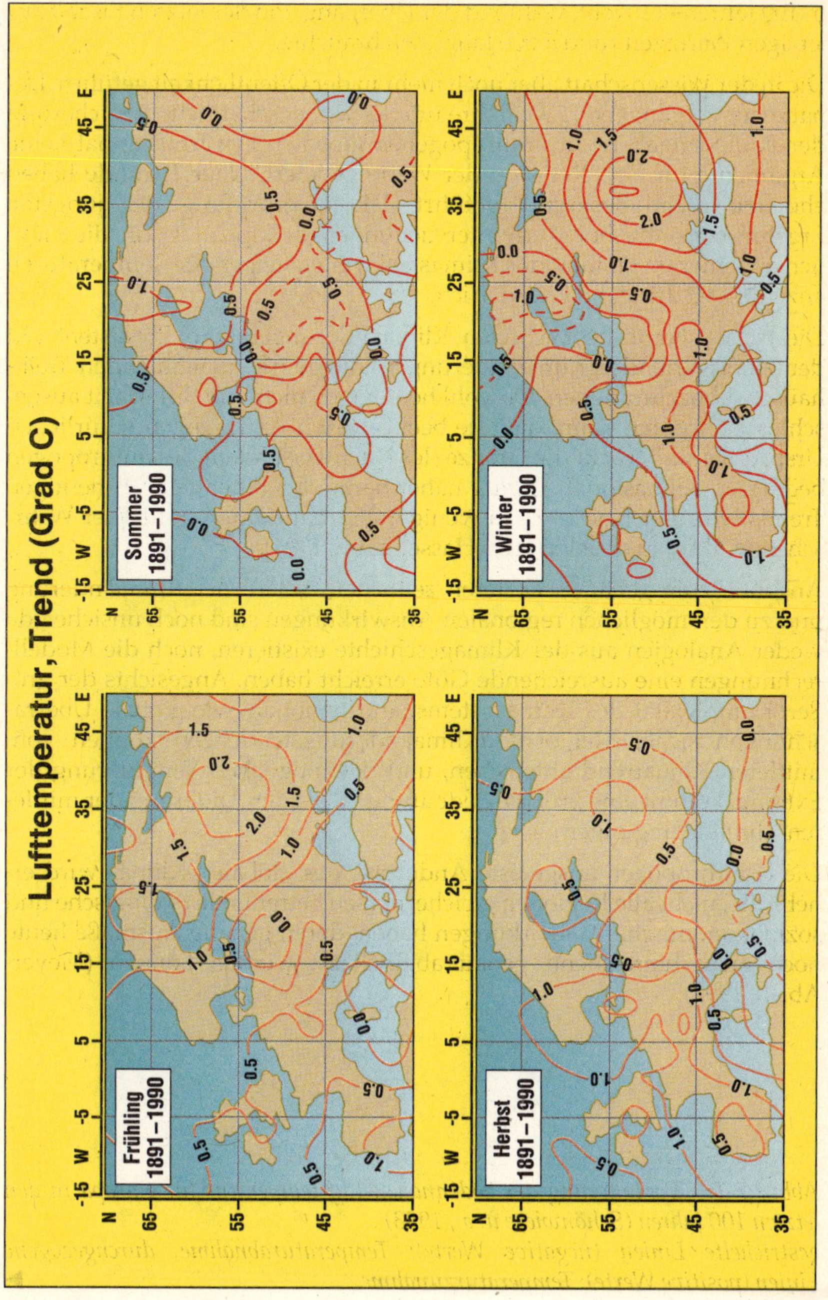
Lufttemperatur, Trend (Grad C)
Sommer
1891–1990
Winter
1891–1990
Frühling
1891–1990
Herbst
1891–1990
N
65
55
45
35
-15 W
-5
5
15
25
35
45 E

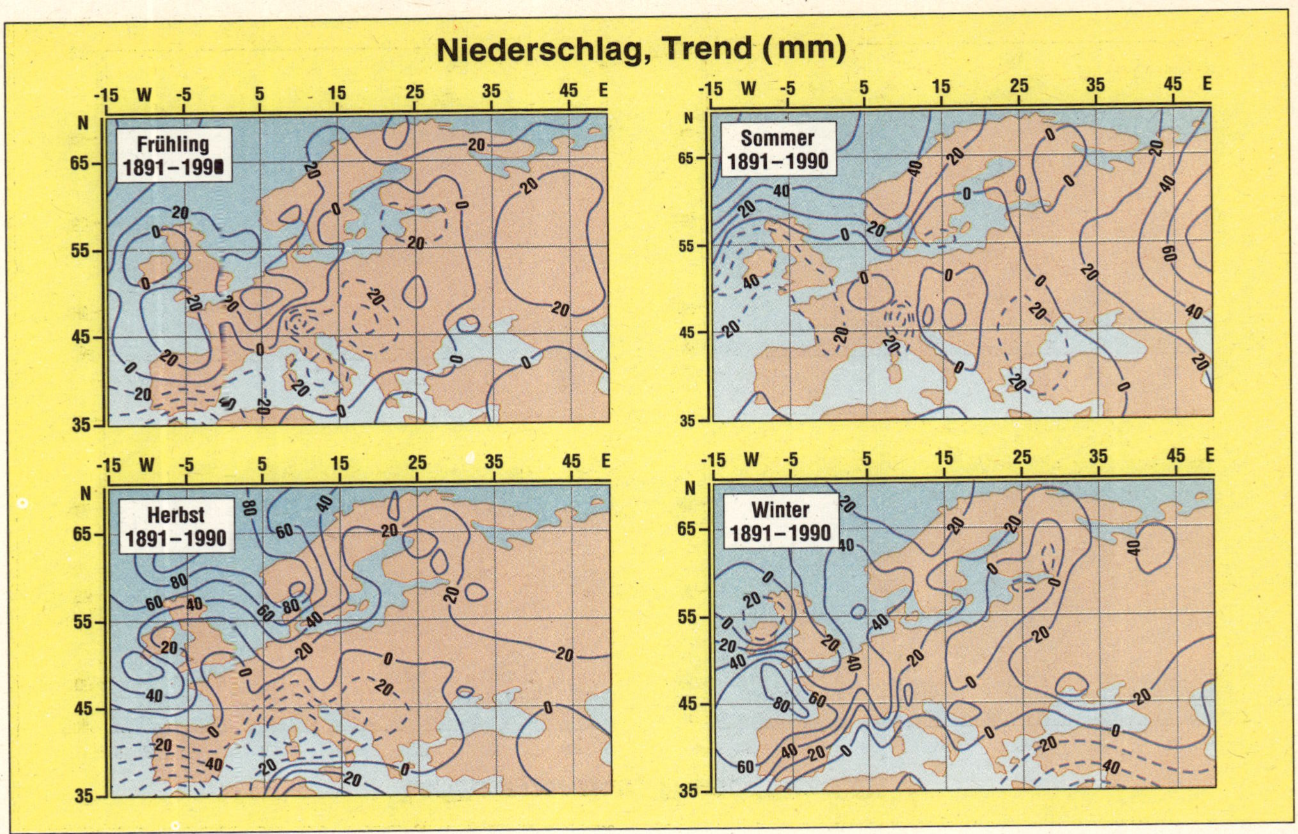
Niederschlag, Trend (mm)
Frühling
1891–1990
Sommer
1891–1990
Herbst
1891–1990
Winter
1891–1990

3 Veränderung des Ozongehaltes durch den Menschen

3.1 Grundlagen: Ozonbildung, -transporte und mittlere Trends

Ozon wird nicht durch natürliche oder anthropogene Quellen in die Atmosphäre emittiert, sondern ausschließlich durch chemische Prozesse in der Atmosphäre gebildet. 90% des Ozons befindet sich in der Stratosphäre. Das stratosphärische Ozon wird überwiegend in den äquatorialen Breiten gebildet und gelangt von dort durch horizontalen Transport in die mittleren und höheren Breiten. Der Abbau des stratosphärischen Ozons erfolgt durch chemische Reaktionen und durch Photolyse sowie durch den vertikalen Transport stratosphärischer Luftmassen in die Troposphäre. Der Ozongehalt in der Stratosphäre nimmt zur Zeit aufgrund anthropogener Aktivitäten allgemein ab.

Der Ozongehalt der Troposphäre (etwa 10% des Gesamtozongehaltes) wird einmal durch den Eintrag ozonreicher Luftmassen aus der Stratosphäre und zum anderen durch photochemische Prozesse in der Troposphäre bestimmt. Der Eintrag aus der Stratosphäre erfolgt in hohen und mittleren Breiten beider Hemisphären und hat in den Winter- und Frühjahrsmonaten, insbesondere der Nordhemisphäre, sein Maximum. Die photochemische Produktionsrate ist u. a. abhängig von den anthropogenen Emissionen der Ozon-Vorläufer NO_X, VOC, CH_4 und CO sowie von der Einstrahlung der Sonne und zeigt dementsprechend einen stark ausgeprägten Jahresgang. Die maximalen O_3-Produktionsraten werden in den mittleren Breiten im Frühsommer beobachtet. In den Tropen fallen die maximalen O_3-Produktionsraten mit der Trockenzeit zusammen, wenn die Emissionen der O_3-Vorläufersubstanzen durch die Verbrennung von Biomasse besonders ausgeprägt sind. Der Ozongehalt in der Troposphäre hat aufgrund anthropogener Aktivitäten, vor allem in der Nordhemisphäre, zugenommen.

◄ *Abb. 2.7-2: Veränderung des Niederschlags für Europa in den letzten 100 Jahren (Schönwiese u. a., 1993)*
gestrichelte Linien (negative Werte): Niederschlagsabnahme, durchgezogene Linien (positive Werte): Niederschlagszunahme

Die in den letzten Jahrzehnten gemessenen Trends der O_3-Konzentrationen in der Troposphäre (O_3-Zunahme) und in der Stratosphäre (O_3-Abnahme) sind somit grundverschieden. Der gesamte atmosphärische Ozongehalt nimmt aber aufgrund des in absoluten Werten größeren O_3-Abbaus in der Stratosphäre generell ab, wobei starke regionale Unterschiede beobachtet werden.

Die über Deutschland gemessenen Ozontrends zeigt die Abb. 3.1.1. Der Ozonrückgang in der Stratosphäre im Höhenbereich um etwa 22 km betrug im vergangenen Jahrzehnt ca. 0,5% pro Jahr, die Zunahme in der freien Troposphäre im Durchschnitt der vergangenen 25 Jahre etwa 2% pro Jahr. In Bodennähe über ländlichen Gebieten wird eine Zunahme der Ozonkonzentration von etwa 1% pro Jahr gemessen.

3.2 Auswirkungen der anthropogen bedingten Änderung des Ozongehaltes

Die Änderung des Ozongehaltes in der Troposphäre und der Stratosphäre wirkt sich in vielerlei Hinsicht nachteilig aus. Nachfolgend sind einige Beispiele aufgeführt und diskutiert.

3.2.1 Ozon als UV-B-Filter

Die Ozonschicht in der Stratosphäre absorbiert nahezu die gesamte ultraviolette Strahlung der Sonne im Wellenlängenbereich zwischen 230 und 320 nm. Der extrem kurzwellige Teil mit Wellenlängen kleiner als 290 nm wäre bei der Intensität der Sonnenstrahlung für niedrige Organismen und für die Oberflächenzellen höherer Organismen bei längerer Exposition tödlich. Die sogenannte UV-B-Strahlung (Wellenlängenbereich zwischen 280 und 320 nm) führt bei ausreichender Exposition zu Schädigungen bei Menschen, Tieren und Pflanzen. Ein Abbau im Bereich der maximalen Ozonkonzentration (etwa zwischen 20 und 30 km Höhe) ist mit der Zunahme des UV-B-Strahlungsanteils in den darunterliegenden Schichten der Atmosphäre verbunden, die beim Menschen zu einer Zunahme der Erkrankungen an Hautkrebs und grauem Star sowie zu verringerter Immunabwehr führen kann. Zudem kann eine höhere UV-B-Strahlung das in den oberen Schichten der Ozeane lebende Phytoplankton, das wichtigste Glied in der marinen Nahrungskette, schädigen. Dieses hat nicht nur Auswirkungen auf den Fischfang und damit die Welternährung, sondern auch auf den Austausch von CO_2 zwischen der Atmosphäre und dem Tiefenwasser der Ozeane. Darüber hinaus werden Wachstumsstörungen, Zellschäden und Mutationen an höheren Pflanzen

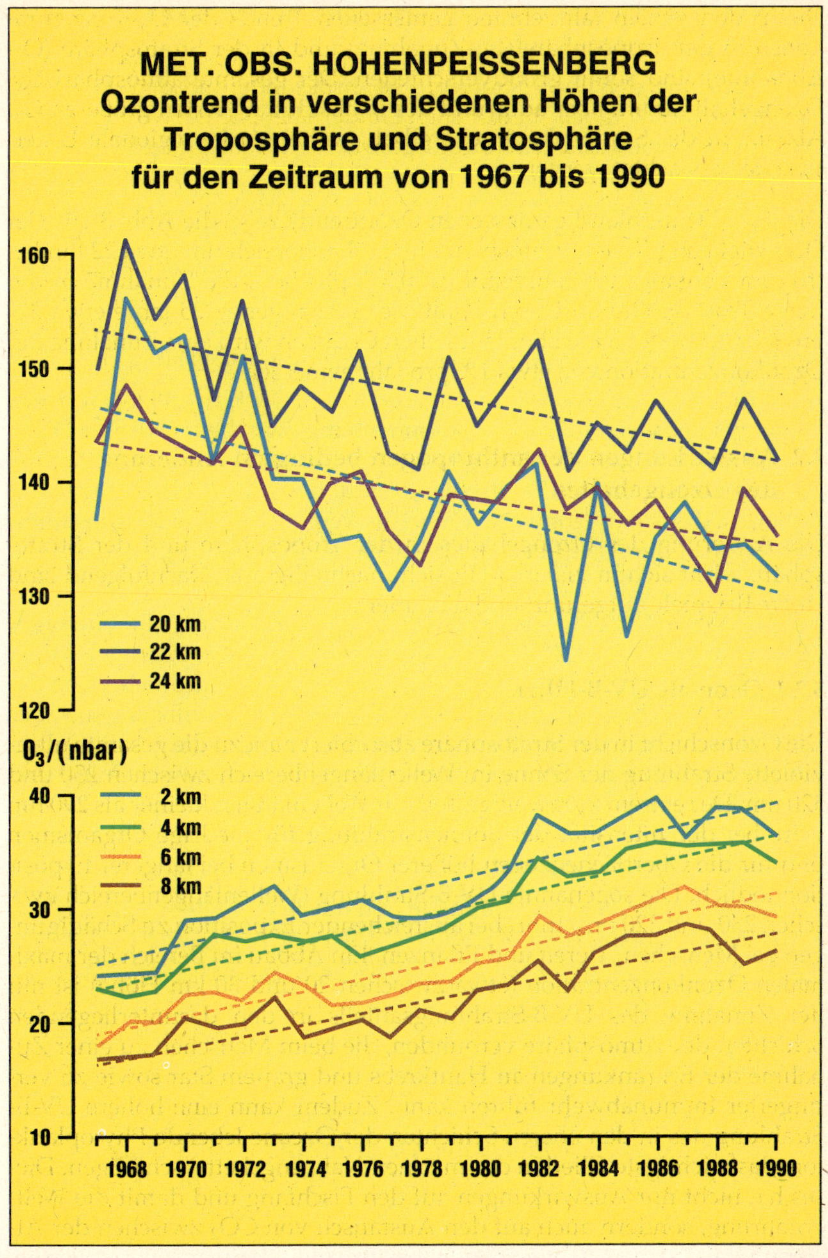

Abb. 3.1-1: Ozontrends in verschiedenen Höhen für den Zeitraum von 1967 bis 1990 (Wege und Vandersee, 1992)

auftreten und dadurch die landwirtschaftliche Produktion von Nahrungsmitteln beeinträchtigt.

Eine Zunahme der UV-B-Strahlung ist insbesondere in den durch das „antarktische Ozonloch“ betroffenen Ländern beobachtet worden. Einerseits sind hier die Verluste an stratosphärischem Ozon am größten, andererseits sind mögliche kompensierende Effekte, wie z. B. die Zunahme des troposphärischen Ozons (zusätzliche Absorption) oder der troposphärischen Aerosole (mehr Streuprozesse), schwächer ausgeprägt als in der Nordhemisphäre. So stellten Seckmeyer u. McKienzie (1992) in den Sommermonaten 1990/91 in Neuseeland (Station Lauder in 45 °S) eine im Vergleich zu den Sommermonaten 1991 in Deutschland (Station Neuherberg in 48 °N) etwa doppelt so hohe UV-B-Strahlung fest.

Auch in Mitteleuropa sowie in Kanada (Kerr u. McElroy, 1993) ist in den vergangenen zwei Jahren der Zusammenhang zwischen niedrigen Ozonwerten und erhöhten UV-B-Pegeln nachgewiesen worden. Aus Messungen an zwei Stationen in Deutschland ist für den Monat Mai 1993 mit den bisher niedrigsten Ozonwerten eine im Vergleich zum Vorjahresmonat doppelt so hohe UV-B-Belastung abgeleitet worden (Seckmeyer u. a., 1994).

Zuverlässige Meßreihen über einen längeren Zeitraum, die Aussagen über einen Trend der UV-B-Strahlung zulassen würden, liegen allerdings noch nicht vor. Dieses ist darauf zurückzuführen, daß die bisherigen Geräte sowohl nicht über eine ausreichende spektrale Auflösung als auch nicht über die erforderliche Langzeitstabilität verfügten, um Veränderungen im Bereich einiger Prozente sicher feststellen zu können. Außerdem schwankt die UV-B-Strahlung auch mit Bewölkung, Lufttrübung und Ozongehalt in der unteren Atmosphäre, so daß lange Meßreihen zur Erfassung möglicher Trends notwendig sind.

Die Zunahme der UV-B-Strahlung in den mittleren Breiten beider Hemisphären im Zeitabschnitt zwischen 1979 und 1989 ist mit Hilfe von Modellrechnungen auf 4 bis 12% abgeschätzt worden (Liu u. a., 1991; Madronich, 1992).

3.2.2 Ozon als Luftschadstoff

Höhere Ozonkonzentrationen in den untersten Schichten der Troposphäre können zwar die durch den Ozonverlust in der Stratosphäre verbundene Zunahme der UV-B-Strahlung zumindest regional abmildern, schädigen dafür aber unmittelbar Pflanzen, Tiere und Menschen.

Beim Menschen wirkt Ozon wegen seiner stark oxidativen Eigenschaft primär schädlich auf die Lunge. So führt Ozon bereits bei einer Konzentration von 160 µg/m³ (etwa 80 ppb) bei mehrstündiger körperlicher Belastung zu Veränderungen der Lungenfunktionswerte (Wagner, 1991). Bei Kindern verringert sich das pro Sekunde aus der Lunge ausgeatmete Luftvolumen bereits bei einer Ozonbelastung von 120 ppb um 16 % (Sonnemann, 1992).

Ozon kann zu Augenreizungen und zur Veränderung der Sehschärfe führen. Reizungen der Nasenschleimhäute und Luftröhre treten bei Ozonkonzentrationen von etwa 590 µg/m³ auf. Ungeklärt ist, ob die Einwirkung von Ozon auch mutagene und kanzerogene Auswirkungen hat.[8)]

Das bodennahe Ozon gilt auch als ein bedeutender Luftschadstoff für die Biosphäre, wobei die Auswirkungen arten- und sortenspezifisch sind. Das Ozon sowie die bei der photochemischen Ozonbildung freigesetzten anderen Photooxidantien führen zur Braunfärbung von Blättern, häufig sogar zum Absterben von Pflanzenpartien. Ozon wird ursächlich mit den „neuartigen" Waldschäden in Verbindung gebracht. Die Schädigung der Chloroplasten sowie die Veränderung der Durchlässigkeit der Zellmembranen durch Photooxidantien verringern das Wachstum und führen zu einem überdurchschnittlichen Verlust an Wasser.

3.2.3 Ozon als Treibhausgas

Höhere Ozonkonzentrationen in der Troposphäre und der unteren Stratosphäre bis etwa 35 km Höhe verstärken den Treibhauseffekt (s. Kap. 2). Dieser Effekt ist um so stärker, je niedriger die Temperatur ist, bei der Ozon auftritt. Eine Ozonzunahme in der oberen Troposphäre, z. B. durch den ansteigenden Flugverkehr, ist damit erheblich klimawirksamer als eine O_3-Zunahme in der bodennahen Luftschicht.

3.2.4 Indirekte Wirkungen des Ozons

Das Ozon nimmt eine Schlüsselrolle in der Chemie der Troposphäre ein. Es bestimmt die Bildung und damit die Verteilung der Hydroxyl-Radikale (OH), die aufgrund ihrer großen Reaktivität mit einer Vielzahl von Spurengasen reagieren und zu deren Abbau in der Troposphäre beitra-

[8)] Richtwerte für gesundheitsschädigende Ozonkonzentrationen:
WHO: 150–200 µg/m³ (1-Stundenmittel)
WHO: 100–120 µg/m³ (8-Stundenmittel)
VDI: 120 µg/m³ (½-Stundenmittel)
EG: 110 µg/m³ (8-Stundenmittel)
BRD: Information der Bevölkerung bei 180 µg/m³ (1-Stundenmittel)
BRD: Warnung der Bevölkerung bei 360 µg/m³ (1-Stundenmittel)

gen. Dazu gehören auch direkt und indirekt klimawirksame Spurengase wie z. B. CH_4, CO u. a.

Die vertikale Verteilung des Ozons in der Atmosphäre ist mitbestimmend für die dynamischen Vorgänge in der Atmosphäre. So ist die Ozonschicht in der Stratosphäre maßgeblich für die Temperaturstruktur und die Dynamik der Stratosphäre verantwortlich. Sie beeinflußt damit den vertikalen Transport von Luftmassen in der Stratosphäre sowie den Luftmassenaustausch zwischen der Troposphäre und der Stratosphäre.

3.3 Stratosphärischer Ozonabbau

Die Ozonkonzentration in der Stratosphäre hat in den letzten 20 Jahren, insbesondere in den mittleren und hohen Breiten beider Hemisphären im Mittel um 5 bis 10% pro Jahrzehnt abgenommen (WMO/UNEP, 1992). Dieser Trend wird sich wegen der langsamen Abbaurate der in der Troposphäre freigesetzten FCKW und Halone in der Stratosphäre noch über Jahrzehnte weiter fortsetzen. Überdurchschnittliche Ozonverluste werden in den Winter- und Frühjahrsmonaten beobachtet. Besonders markant ist der Ozonverlust über der Antarktis in den letzten zehn Jahren, der zur regelmäßigen Ausbildung des „antarktischen Ozonlochs", d. h. einem Gebiet mit extrem niedrigen stratosphärischen Ozonkonzentrationen geführt hat.

Das antarktische Ozonloch war 1992 hinsichtlich „Tiefe" und Ausdehnung mit den Ozonlöchern der Jahre 1987, 1989, 1990 und 1991 vergleichbar. Dabei beträgt der Ozonverlust über der Antarktis im dortigen Frühjahr bis zu 60% gegenüber den Werten der 70er Jahre. Im Frühling 1993 wurden über der Antarktis die bisher niedrigsten Ozonkonzentrationen gemessen. Die Meßwerte lagen um bis zu 15% unter denen des Vorjahres: Gemessen wurden Ozonwerte um 90 DU[9)] gegenüber 105 DU im Jahr 1992; zum Vergleich: vor dem Auftreten des antarktischen Ozonlochs wurden 280 bis 300 DU gemessen. Die Dicke der Schicht, in der das Ozon nahezu vollständig abgebaut wurde, nahm von 2 km (Höhenbereich 16 bis 18 km) auf 5 km (Höhenbereich 14 bis 19 km) zu (Science, 1993).

Im Winter 91/92 wurden auch über weiten Gebieten der Nordhemisphäre ungewöhnlich niedrige Ozonmengen – bis zu 10% unter dem langjährigen Mittel – beobachtet (EK, 1992). Der Ozonverlust im Winter 92/93 war noch höher. Über einigen Gebieten der mittleren Breiten der Nordhemisphäre wurden zwischen Dezember 1992 und März 1993 zeit-

9) DU = Dobson Units: 1 DU entspricht einer Luftschicht von 1 mm Dicke bei einem Druck von 1013 hPa und einer Temperatur von 298 K.

weise 10 bis 20% geringere Ozonkonzentrationen im Vergleich zum vorangegangen Winter festgestellt (Waters u. a., 1993). Diese extreme Abnahme ist mit großer Wahrscheinlichkeit auf den Ausbruch des Pinatubo zurückzuführen, durch den erhebliche SO_2-Mengen in die Stratosphäre eingebracht wurden, die dort zu Schwefelsäureteilchen umgewandelt wurden und die dann den Ozonabbau über heterogene chemische Prozesse (s. u.) verstärkten.

3.3.1 Ursachen für den Ozonabbau

Die für den Ozonabbau in der Stratosphäre verantwortlichen Verbindungen, wie Chlormonoxid (ClO), Brommonoxid (BrO) und Stickoxide (NO_X), entstehen beim Abbau langlebiger Spurengase in der Stratosphäre, welche ausschließlich (FCKW, Halone) oder zu einem wesentlichen Anteil (N_2O) durch menschliche Aktivitäten in der Troposphäre freigesetzt werden und durch vertikalen Transport in die Stratosphäre gelangen. Diese Gase sind in der Troposphäre reaktionsträge, werden aber in der Stratosphäre durch die sehr kurzwellige UV-Strahlung sowie durch Reaktionen mit angeregtem atomaren Sauerstoff und OH-Radikalen in die Ozon zerstörenden Radikale zerlegt.

Am wichtigsten ist dabei zur Zeit der steigende Chloranteil in der Stratosphäre. Das Chlormischungsverhältnis in der Stratosphäre hat innerhalb der letzten 20 Jahre von 2 ppbv auf etwa 3,5 ppbv zugenommen (WMO/UNEP, 1992). Dieser Anstieg ist zu mehr als 80% durch die anthropogenen Emissionen chemisch sehr stabiler Verbindungen (FCKW) verursacht. Das natürliche Hintergrund-Mischungsverhältnis, das überwiegend durch das Methylchlorid (CH_3Cl) aus den Ozeanen bestimmt wird, liegt bei etwa 0,6 ppbv (WMO/UNEP, 1992).

Extreme Ozonverluste sind dort zu verzeichnen, wo die homogene Gaschemie durch heterogene chemische Prozesse (chemische Umwandlungsprozesse an Oberflächen fester und flüssiger Bestandteile) verstärkt wird. Dies geschieht vor allem über der Antarktis, deren Stratosphäre sich im Verlauf des Winters sehr stark abkühlt und somit die Bildung von polaren stratosphärischen Wolken (‚Polar Stratospheric Clouds', PSC) ermöglicht (Crutzen u. Arnold, 1986). Dabei werden reaktive Stickoxidverbindungen in den PSC's fixiert und das normalerweise als Chlornitrat gebundene Chlor bei Wiederkehr des Sonnenlichts freigesetzt, das dann Ozon verstärkt katalytisch zerstört. Durch diesen Prozeß der Stickstoffeinbindung in die flüssige und feste Aerosolphase wird nahezu das gesamte über der Antarktis befindliche Chlorpotential für die Ozonzerstörung aktiviert (Waters u. a., 1993). Den Zusammenhang zwischen Ozonabbau und hohem Chlorpotential verdeutlichen Abb. 3.3-1 für

Januar 1992 für die Nordhemisphäre und Abb. 3.3-2 für September 1992 für die Südhemisphäre (Waters u. a., 1993).

Eine weitere Möglichkeit, den Ozonabbauprozeß in einer ähnlichen Weise zu beschleunigen, sind heterogene chemische Reaktionen an den Oberflächen von Schwefelsäuretröpfchen (Brasseur u. a., 1990). Messungen deuten darauf hin, daß die Konzentration von Schwefelsäuretröpfchen in der Stratosphäre selbst in Abschnitten ohne Vulkanaktivität mit etwa 5% pro Jahr angestiegen ist (Hofmann, 1991). Kurzfristig kann der Anteil von Schwefelsäuretröpfchen in der Stratosphäre durch hochreichende Vulkaneruptionen erheblich zunehmen. Der Ausbruch des Pinatubo im Juni 1991, der mit einem großen Eintrag von ca. 20 Mio. t SO_2 in die Stratosphäre verbunden war, wird für den verstärkten Ozonabbau in

---

Abb. 3.3-1: Die Verteilung von Chlormonoxid ClO, Temperatur T, Ozon O_3 und potentieller Vorticity Q (Maß für die Wirbelstärke der atmosphärischen Strömung) in einem Höhenniveau von etwa 20 km über der Nordhemisphäre am 11. Januar 1992 (Waters u. a., 1993)
Darstellung: polar orthographische Projektionen, die die gesamte nördliche Erdhälfte abbilden (Äquator am äußeren Rand). Landkonturen sind lediglich in der ClO-Teilabbildung eingezeichnet.
Herkunft der Daten: ClO und O_3 aus UARS/MLS-Messungen (Upper Atmospheric Research Satellite, Microwave Limb Sounder); T und Q aus Analysen des NMC (US National Meteorological Center).
Die Teilabbildung für Q enthält zusätzlich Windpfeile, deren Länge zur Windstärke proportional sind, wobei die größten Windgeschwindigkeiten mit Werten bis zu 45 ms^{-1} am Rand des Polarwirbels (roter Bereich) auftreten. In diesem Q-feld zeigt der blau markierte Bereich das Gebiet an, in dem aufgrund sehr tiefer Temperaturen polare Stratosphärenwolken (PSC) gebildet werden können. Der weiße Kreis in jeder der vier Teilabbildungen gibt die Grenze der Polarnacht an. Die übrigen weiß markierten Bereiche in der Nähe des Nordpols repräsentieren Datenlücken.
Diese Abbildung zeigt auf den ersten Blick, daß die Ozonkonzentration im Bereich des Polarwirbels (Vergleich zwischen O_3- und Q-Verteilung) höher ist als außerhalb. Dieses Ozonmaximum wird durch den während des Winters in der Nordhemisphäre besonders stark ausgeprägten Transport ozonreicher Luftmassen aus den niedrigeren Breiten hervorgerufen und entspricht dem Zustand einer ungestörten (d. h. normalen) Ozonverteilung über der polaren Nordhemisphäre im Winter. Innerhalb dieses Polarwirbels sind jedoch die Ozonkonzentrationen in den Gebieten besonders tiefer Temperaturen und hoher ClO-Konzentration (Mittel- und Nordeuropa) deutlich (etwa 15 bis 20%) geringer im Vergleich zu den normalen Ozonkonzentrationen in diesen Breiten. ▶

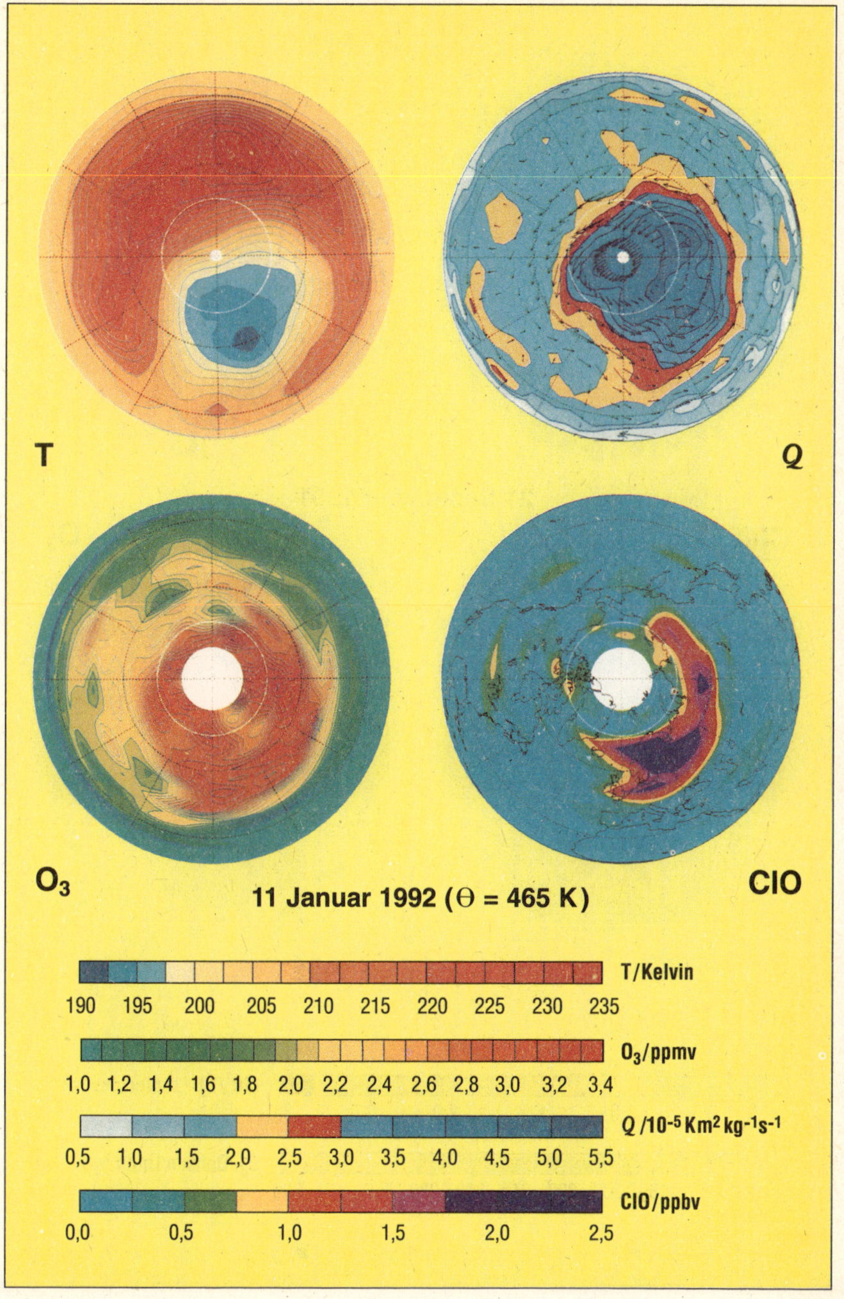
T
Q
O3
ClO
11 Januar 1992 (Θ = 465 K)
T/Kelvin
190 195 200 205 210 215 220 225 230 235
O3/ppmv
1,0 1,2 1,4 1,6 1,8 2,0 2,2 2,4 2,6 2,8 3,0 3,2 3,4
Q /10-5 Km2 kg-1s-1
0,5 1,0 1,5 2,0 2,5 3,0 3,5 4,0 4,5 5,0 5,5
ClO/ppbv
0,0 0,5 1,0 1,5 2,0 2,5

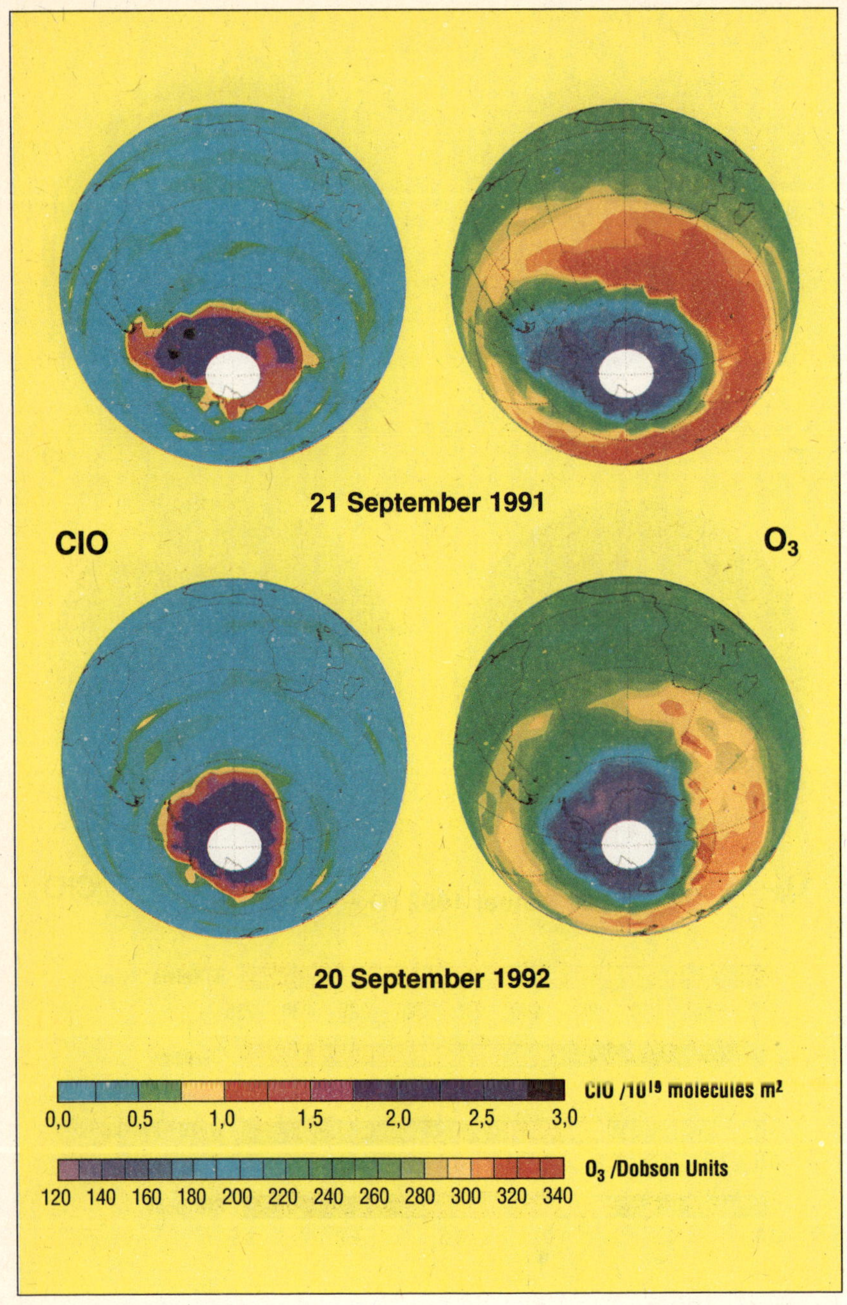
21 September 1991
ClO
O_3
20 September 1992
0,0 0,5 1,0 1,5 2,0 2,5 3,0
ClO /10^{19} molecules m^2
120 140 160 180 200 220 240 260 280 300 320 340
O_3 /Dobson Units

den beiden letzten Winterperioden der mittleren Breiten der Nordhemisphäre mitverantwortlich gemacht (Zellner, 1992).

Die Wirksamkeit dieser heterogenen Prozesse hängt von der Dauer bestimmter austauscharmer Wetterlagen ab, insbesondere müssen sehr niedrige Temperaturen (–78 °C) vorherrschen. Diese meteorologischen Randbedingungen für die Ausbildung der besonders hohen Konzentration reaktiver Chlorverbindungen sind über der Antarktis gegeben. Sie führen zum Ende des Winters und im zeitigen Frühjahr zu einem etwa 15 Mio. km^2 großem Gebiet mit extrem niedriger Ozonkonzentration über mehrere Wochen hinweg. Über der Arktis verhindert die größere Variabilität der atmosphärischen Zirkulation die Ausbildung eines ähnlich stabilen, kalten und nahezu ortsfesten Polarwirbels und somit die Ausbildung eines mit dem antarktischen Ozonloch vergleichbaren Phänomens.

3.3.2 Ausblick

Wegen des langsamen Transports der FCKW in die Stratosphäre sowie der weiteren Ausgasung aus FCKW-haltigen Produkten wird sich der auf der 4. Vertragsstaatenkonferenz des Montrealer Protokolls beschlossene beschleunigte Ausstieg aus der FCKW-Verwendung (bis 1. Januar 1996) in der Stratosphäre erst mit Verzögerung auswirken. In dieser Zeit wird die Konzentration der ozonabbauenden Radikalverbindungen in der Stratosphäre noch weiter ansteigen und zu einem weiteren Abbau der stratosphärischen Ozonschicht führen. Dieser Effekt wird durch den wachsenden anthropogenen Treibhauseffekt, der zu einer weiteren Abkühlung der Stratosphäre und damit – in Gebieten ohne Wolken – zu einer Verlangsamung des Ozonabbaus durch homogene Gasreaktionen führt, gemindert. Auf der anderen Seite wird jedoch durch die abnehmende Temperatur die Bildung von PSC begünstigt und dadurch der Abbau von Ozon, insbesondere über den Polkappen, verstärkt (Austin u. a., 1992).

◀ *Abb. 3.3-2: Die Verteilung von ClO und O_3 über der Südhemisphäre am 21. September 1991 sowie am 20. September 1992 (Waters u. a., 1993)*
Herkunft der Daten: ClO und O_3 aus UARS/MLS-Messungen (Upper Atmospheric Research Satellite, Microwave Limb Sounder). Im Gegensatz zu Abb. 3.3-1 geben diese Karten die vertikal (oberhalb etwa 15 km Höhe) integrierten ClO- bzw. O_3-Werte an.
Die Abbildung dokumentiert den Zusammenhang zwischen hoher ClO-Konzentration und starker Ozonabnahme über der polaren Südhemisphäre. Die O_3-Konzentrationen im Jahr 1992 liegen in einem breiten Band um die Antarktis deutlich unter denen des Vorjahres.

Langfristig wird der Abbau des stratosphärischen Ozons durch die steigenden anthropogenen N_2O-Emissionen zunehmend an Bedeutung gewinnen.

3.4 Troposphärische Ozonzunahme

Seit der Industrialisierung hat sich das mittlere Ozon-Mischungsverhältnis in den bodennahen Luftmassen der Nordhemisphäre mit Werten zwischen 40 und 50 ppbv gegenüber dem vorindustriellen Zustand mehr als verdoppelt. In den Tropen liegen die Ozonwerte – im Mittel zwischen 25 und 30 ppbv – deutlich niedriger. Die beobachtete Zunahme der O_3-Konzentration ist in der freien Troposphäre in den mittleren Breiten der Nordhemisphäre mit etwa 1 % pro Jahr im Mittel besonders deutlich ausgeprägt. Dagegen ist in der Südhemisphäre kein langfristiger Trend des Ozons in der Troposphäre nachweisbar.

Die durchschnittliche Ozonbelastung ist in den hochindustrialisierten Ländern der Nordhemisphäre, und hier insbesondere in den ländlichen Gebieten, am höchsten. In den sogenannten Reinluftgebieten sind stets genügend reaktive Kohlenwasserstoffe vorhanden, welche bei einem hohen NO_2/NO-Verhältnis NO zu NO_2 oxidieren, wobei NO_2 durch Photolyse zur Ozonbildung führt. Aufgrund der niedrigen NO-Konzentrationen in den Reinluftgebieten kann dort das tagsüber gebildete Ozon nachts nur langsam abgebaut werden.

Kurzzeitige O_3-Spitzenkonzentrationen werden dagegen in Ballungsgebieten angetroffen. Nachts sinken dort die Ozonwerte wegen des Ozonabbaus durch die Reaktion mit NO auf nahezu Null ab. Dadurch bildet sich ein extremer Tagesgang der Ozonkonzentration aus mit maximalen O_3-Werten in den frühen Nachmittagsstunden. Bei Wetterlagen mit hoher Ozonkonzentration, z. B. bei austauscharmen Hochdruck-Wetterlagen (Smog-Wetterlagen), werden auch hohe Konzentrationen weiterer Photooxidantien angetroffen, die oft noch toxischer wirken als Ozon.

Die Tab. 3.4-1 gibt für die westlichen Bundesländer an meist ländlichen Stationen gemessene Ozonkonzentrationen im Jahr 1990 an. Beachtenswert ist dabei, daß, trotz z. T. sehr unterschiedlicher Jahresmittelwerte, die maximalen Halb- bzw. Zwei-Stunden-Mittelwerte sehr eng beieinander und weit über dem VDI-Richtwert von 120 $\mu g/m^3$ liegen. Die Station Schauinsland meldete im Jahr 1990 an 135 Tagen Zwei-Stundenmittel der Ozonkonzentration über 120 $\mu g/m^3$ (BMU, 1992). An allen Stationen wird kurzzeitig sogar der MAK-Wert (maximale Arbeitsplatzkonzentration) von 0,1 ppmv (180 $\mu g\ m^{-3}$) überschritten, an 8 Stationen sogar an mehr als 10 Tagen im Jahr.

Tabelle 3.4-1: Ozonkonzentrationen 1990; gemessen an Stationen des Umweltbundesamtes

Umweltbundesamt Meßstelle	Ozon 1990 [µg/m³]							
	Jahres-mittel-werte	maximale Halb-stunden	maximale 2 Stunden-mittel	Anzahl der Tage mit 2 Stundenmittel				
				> 120 µg/m³	> 180 µg/m³	> 240 µg/m³	> 300 µg/m³	> 360 µg/m³
Schauinsland	101	317	308	135	38	8	1	0
Brotjacklriegel	89	265	262	114	22	2	0	0
Deuselbach	76	304	288	106	32	9	0	0
Herleshausen	70	305	273	85	14	2	0	0
Regnitzlosau	63	240	229	69	12	0	0	0
Waldhof	59	235	229	71	11	0	0	0
Westerland	59	214	196	22	1	0	0	0
Rottenburg	59	235	225	76	17	0	0	0
Rodenberg	53	280	272	54	8	1	0	0
Meinerzhagen	51	351	337	44	15	4	0	0
Ansbach	50	216	208	47	4	0	0	0
Hohenwestedt	49	239	235	30	4	0	0	0
Bassum	45	250	245	35	8	1	0	0
Gittrup	33	293	287	24	8	1	0	0

(BMU 1992)

3.4.1 Ursachen für die Ozonzunahme

Der Anstieg der troposphärischen Ozonkonzentration geht im wesentlichen auf die zunehmenden anthropogenen Emissionen der Ozon-Vorläufer NO_X, VOC, CH_4 und CO zurück, die in den Industrieländern zum überwiegenden Teil durch die Verbrennung fossiler Brennstoffe und in den Tropen durch die Verbrennung von Biomasse freigesetzt werden.

Ozon wird in der Troposphäre bei der durch Stickoxide katalysierten photochemischen Oxidation von CO, CH_4 und höheren Kohlenwasserstoffen gebildet. Die reaktiven VOC (s. auch Tab. 2.2-3) sind dabei für die O_3-Bildung in den untersten Schichten der Troposphäre und die langlebigeren Spurengase CO und CH_4 (s. auch Tab. 2.2-3) für die O_3-Bildung in der freien Troposphäre von ausschlaggebender Bedeutung. Die photochemische Ozonbildung in der freien Troposphäre ist i.a. durch NO_X limitiert. Unterschreitet das NO_X-Mischungsverhältnis den Wert von 10 pptv, wird Ozon nicht mehr gebildet, sondern abgebaut (EK, 1992). Geringfügige Änderungen des NO_X-Gehaltes in der Troposphäre, so u. a. durch die Emission durch Flugzeuge, können damit zu signifikanten Änderungen des troposphärischen Ozonhaushaltes führen.

4 Ursachen und Verursacher klimarelevanter Emissionen

4.1 Globale Übersicht

Die Anteile der verschiedenen anthropogenen Emissionen klimarelevanter Spurenstoffe am anthropogenen Treibhauseffekt lassen sich zur Zeit nur mit einer gewissen Unschärfe, welche u. a. durch die Ungenauigkeit bei der Bestimmung verschiedener Treibhauspotentiale bedingt ist (s. Kap. 2), angeben. Dies erschwert die Bilanzierung der einzelnen Beiträge und gleichzeitig auch den quantitativen Vergleich von Reduktionspotentialen. Nach dem heutigen Kenntnisstand lassen sich die prozentualen Anteile der relevanten Spurenstoffemissionen am anthropogenen Treibhauseffekt gemittelt über die 80er Jahre wie folgt abschätzen: CO_2 50%, CH_4 13%, FCKW 24%, N_2O 5% sowie indirekte Effekte durch die Zunahme des stratosphärischen Wasserdampfes und des troposphärischen Ozons zusammen mit 8% (EK, 1991; EK 1992).

Die wesentlichen anthropogenen Quellen der verschiedenen Spurenstoffe sind in der Tab. 4.1-1 zusammengefaßt und verschiedenen Verursacherbereichen zugeordnet.

Durch die energetische Nutzung der fossilen Energieträger Kohle, Erdöl und Erdgas bei der Erzeugung von Strom und Wärme sowie in den Endenergiesektoren Haushalte, Kleinverbrauch, Industrie und Verkehr werden insbesondere große Mengen an CO_2 aber auch CH_4 freigesetzt. Der Anteil dieser Verursachergruppe am anthropogenen Treibhauseffekte beträgt etwa 50%.

Verschiedene Produkte der chemischen Industrie (FCKW, Halone u. a.), die vorwiegend im Kälte- und Klimabereich sowie zur Verschäumung verwendet werden, waren in den 80er Jahren mit rund 20% beteiligt, wegen der teilweise erfolgreichen Umsetzung des Montrealer Protokolls sinkt ihr Anteil gegenwärtig. Als Ersatzstoffe werden zur Zeit überwiegend H-FCKW, die nach dem Montrealer Protokoll (4. Vertragsstaatenkonferenz, 1992) bis zum Jahr 2030, zunehmend eingeschränkt, noch verwendet werden dürfen, und FKW (z. B. R 134 a) eingesetzt. Beide Stoffklassen sind stark treibhausrelevant (s. Tab. 2.2-3). Kap. 4.2.2 und

Tabelle 4.1-1: Anteile der verschiedenen Verursacherbereiche weltweit am zusätzlichen, anthropogenen Treibhauseffekt [1]) in den 80er Jahren

Verursacher-gruppen	Anteile (grob gerundet)	Aufteilung auf die Spurengase (grob gerundet)	Ursachen
Energie einschließlich Verkehr	50 %	40 % CO_2, 10 % CH_4 und O_3 (O_3 wird durch die Vorläufersubstanzen NO_x, CO und NMVOC gebildet)	Emissionen der Spurengase aufgrund der Nutzung der fossilen Energieträger Kohle, Erdöl und Erdgas sowohl im Umwandlungsbereich, insbesondere bei der Strom- und Fernwärmeerzeugung sowie Raffinerien, als auch in den Endenergiesektoren Haushalte, Kleinverbrauch (Handwerk, Dienstleistungen, öffentliche Einrichtungen etc.), Industrie und Verkehr
Chemische Produkte (FCKW, Halone u. a.)[2])	20 %	20 % FCKW, Halone etc.	Emissionen der FCKW, Halone etc.
Vernichtung der Wälder	15 %	10 % CO_2, 5 % weitere Spurengase, insb. N_2O, CH_4 und CO	Emission durch die Verbrennung und Verrottung vor allem der tropischer Wälder einschließlich verstärkter Emissionen aus dem Boden
Landwirtschaft	15 %	15 %, in erster Linie CH_4, N_2O und CO_2	Emissionen aufgrund von: – anaeroben Umsetzungsprozessen (CH_4 durch Rinderhaltung, Reisfelder etc.) – Düngung (N_2O)

(CO_2 = Kohlendioxid; CH_4 = Methan; NO_x = Stickoxide; CO = Kohlenmonoxid; NMVOC = flüchtige organische Verbindungen (außer Methan); FCKW = Fluorchlorkohlenwasserstoffe; N_2O = Distickstoffoxid = Lachgas)

[1]) Im Hinblick auf die Spannbreite der Anteile der einzelnen Spurengase am zusätzlichen Treibhauseffekt und auf die großen Unsicherheitsbereiche bei der Zuordnung der einzelnen Treibhausgase zu den verschiedenen Bereichen können gegenwärtig nur grob gerundete Näherungswerte angegeben werden. Die hier angegebenen Anteile stimmen im Rahmen der vorhandenen Spannbreiten und Unsicherheiten mit den Werten des IPCC überein.

[2]) FCKW, Halone und andere Verbindungen, die sowohl zu einem Abbau der Ozonschicht in der Stratosphäre als auch zum zusätzlichen Treibhauseffekt beitragen.

Kap. 4.3.2 enthalten Abschätzungen über die zukünftige Verwendung dieser Stoffe.

Darüber hinaus werden durch die Vernichtung von Wäldern CO_2 und andere klimarelevante Spurengase, z. B. N_2O, CH_4 und CO sowie Vorläufergase für Aerosolteilchen, emittiert. Der aus diesem Bereich kommende Anteil am anthropogenen Treibhauseffekt wird auf etwa 15% geschätzt.

Schließlich werden durch verschiedene Aktivitäten in der Landwirtschaft, z. B. aufgrund der Rinderhaltung (CH_4), durch den Anbau von Reis (CH_4) oder durch starke Düngung (N_2O), klimarelevante Spurengase emittiert. Der Gesamtanteil dieses Bereiches Landwirtschaft wird ebenfalls auf 15% geschätzt.

4.2 Gesamtemissionen – sektor- und regionspezifische Verteilung

4.2.1 Emissionen von CO_2, CH_4, N_2O, CO, NO_X, VOC und SO_2

Die Tab. 4.2-1 gibt die sektorspezifische Verteilung der wichtigsten globalen klimarelevanten Emissionen für das Jahr 1990 an. Diese Tabelle differenziert zwischen direkt treibhauswirksamen Emissionen (CO_2, CH_4, N_2O), indirekt treibhauswirksamen Emissionen (CO, NO_X, VOC) sowie allgemein klimarelevanten Emissionen (SO_2) (s. auch Kap. 2). Die Angaben in Tab. 4.2-1 sind gerundet und repräsentieren den zur Zeit jeweils besten Schätzwert. Die Genauigkeit dieser Werte kann für den Bereich Energie mit ± 10 bis 20% angenommen werden. Dagegen sind die Angaben für die Bereiche Waldrodungen, Biomasseverbrennung und Landwirtschaft lediglich innerhalb einer Unsicherheitsbreite von ± 50 bis 60% möglich (s. auch Kap. 2).

Der Bereich Energie (einschließlich Verkehr) hat den maßgeblichen Anteil an den anthropogenen Emissionen von CO_2 (80%), NO_X (74%) und SO_2 (87%). Darüber hinaus emittiert dieser Bereich rund 30% aller anthropogenen Emissionen an CH_4, CO und VOC.

Die Waldvernichtung verursacht derzeit etwa 17% der gesamten anthropogenen CO_2-Emissionen. Die Verbrennung von Biomasse trägt wesentlich zur Emission der Ozon-Vorläufergase, wie z. B. CO, NO_X und VOC, bei. Der Bereich Landwirtschaft ist weltweit für rund 50% aller anthropogenen CH_4- und N_2O-Emissionen verantwortlich.

Tabelle 4.2-1: Sektorspezifische Verteilung der globalen klimarelevanten Emissionen im Jahr 1990 (IPCC, 1992), gerundete Schätzwerte, Angaben zur Genauigkeit im Text

Spurenstoffe	Emissionen 1990 (= 100 %)	Energie (inkl. Verkehr) (Anteile in %)	Waldrodung/Verbrennung von Biomasse (Anteile in %)	Landwirtschaft (Anteile in %)	andere Bereiche (Anteile in %)
direkt treibhausrelevant:					
CO_2	28 Mrd. t	80	17[3]	–	3
CH_4	350 Mio. t	26	8[1]	48	18
N_2O	14 Mio. t	9	28[2]	48	15
indirekt treibhausrelevant:					
CO	1 000 Mio. t	30	70[1]	–	–
NO_x	110 Mio. t NO_2	74	26[1]	–	–
VOC	100 Mio. t	26	51[1]	–	22
klimarelevant:					
SO_2	150 Mio. t	87	3[1]	–	10

1) Verbrennung von Biomasse.
2) Summen aus Waldrodung (17 %) und Verbrennung von Biomasse (11 %).
3) Waldvernichtung.

Neben den in Tab. 4.2-1 aufgeführten Spurengasen werden im Bereich Landwirtschaft noch 28–45 Mio. t NH_3 freigesetzt, wovon allein etwa 90% aus der Tierhaltung stammen.

Die Emissionen klimarelevanter Spurenstoffe sind unterschiedlich auf die Regionen der Erde verteilt[10]. Rund 90% aller anthropogenen CO_2- und SO_2-Emissionen (ohne die Sektoren Waldvernichtung und Landwirtschaft) findet auf der Nordhemisphäre statt (BMWi, 1993; OECD, 1991; Langner, 1992; Stat. Rec. of the Environment, 1992).

An den energiebedingten CO_2-Emissionen sind

- die europäischen Staaten (ohne GUS) mit 22%,
- Nordamerika mit 26%,
- die GUS mit 17% sowie
- Asien (ohne GUS) und Ozeanien mit 25%

beteiligt. Der Anteil der GUS sank im Jahr 1992 auf 15%.

Von den weltweiten SO_2-Emissionen entfielen Mitte der 80er Jahre rund 25% auf die Länder Nordamerikas, etwa 13% auf die europäischen OECD-Staaten sowie rund 35% auf die osteuropäischen Staaten (einschließlich DDR und GUS).

Weiterhin schätzt die OECD (1991) die prozentualen Anteile ihrer Mitgliedsstaaten an den gesamten energiebedingten CO- und NO_X-Emissionen für

- Nordamerika auf 40% (für CO) bzw. 30% (für NO_X) sowie für
- Europa auf 25% (für CO) bzw. rund 20% (für NO_X).

Bei den Methanemissionen aus den Sektoren Landwirtschaft, Verbrennung von Biomasse und Mülldeponien, die nach der Schätzung in Tab. 4.2-1 etwa ¾ der gesamten anthropogenen Emissionen ausmachen, werden die prozentualen Anteile für

- Europa, Nordamerika und die GUS zwischen jeweils 5% und 7%,
- Afrika auf 17%,
- Mittel- und Südamerika auf 15% sowie
- Asien auf 47%

geschätzt (Bouwman u. a., 1991).

---

[10]) Bezugsjahr, wenn nicht ausdrücklich erwähnt, 1990; für CO, NO_X und SO_2 Ende der 80er Jahre.

4.2.2 FCKW, Halone und chemisch verwandte Stoffe

Die Stoffklasse der voll- und teilhalogenierten Fluorchlorkohlenwasserstoffe und anderer, chemisch verwandter Stoffe werden, da sie für den Ozonabbau in der Stratosphäre verantwortlich sind, von den Reduktionsmaßnahmen des Montrealer Protokolls (s. Kap. 5) erfaßt.

In der zweiten Hälfte der 80er Jahre stieg die weltweite FCKW-Produktion zuerst noch weiter an. Seit 1989 ist sie aufgrund der Reduktionsverpflichtungen rückläufig (Tab. 4.2-2). Die FCKW-Produktion sank im Zeitraum zwischen 1989 und 1991 um rund 40%. Im Jahr 1991 wurden 681 000 t FCKW produziert.

Die Halon-Produktion (Halon-Verbindungen 1211 und 1301) lag innerhalb des Zeitraums 1989 bis 1990 mit rund 24 000 t pro Jahr auf dem Niveau des Jahres 1986. Die gesamte H-FCKW 22-Produktion lag 1991 bei rund 240 000 t und damit um 44% über der im Jahr 1986 produzierten Menge (AFEAS, 1992).

Tabelle 4.2-2: Weltweite Produktion ozonabbauender Stoffe (UBA, 1993)

Angaben in Tsd t	1989	1990	1991
Summe FCKW[1])	1 138,9	838,7	681,0
HFCKW 22	242,0	237,3	–
Summe Halon[2])	27,4	24,0	–

[1]) FCKW 11, 12, 113, 114, 115
[2]) Halon 1211 + Halon 1301 (nicht gewichtet)

Durch anthropogene Aktivitäten werden weltweit pro Jahr etwa 20 000 t Methylbromid emittiert, wobei allein ⅔ dieser Menge durch die Anwendung von Methylbromid im Pflanzen- und Vorratsschutz bedingt ist (WMO/UNEP, 1992).

Etwa ein Drittel der Gesamtproduktion an FCKW kommt aus Staaten der EU. Ihr Anteil am FCKW-Gesamtverbrauch lag 1991 bei rund 22% (UBA, 1993). Nach Angaben der UN (1993) entfielen in der zweiten Hälfte der 80er Jahre

- etwa 26% des gesamten FCKW- und Halonverbrauchs auf Nordamerika,
- rund 22% auf die Staaten der EU,
- weitere 9% auf die ehemalige GUS sowie
- etwa 14% auf Asien.

Tabelle 4.2-3: Sektorale Verteilung der Anwendungsbereiche für FCKW 11 und FCKW 12 (AFEAS, 1992)

FCKW	Jahr	Kälte- und Klima-bereich (%)	Ver-schäumungs-bereich (%)	Aerosol-bereich (%)	Reinigungs- und Löse-mittel und andere Bereiche (%)	Verbrauch in Tsd t
11	1986	7	55	31	7	350
	1991	9	83	5	3	213
12	1986	50	15	29	6	398
	1991	78	5	8	5	225

Angaben basieren auf etwa 75% der Gesamtproduktion.

Lediglich 5% des gesamten FCKW- und Halonverbrauches entfiel in diesem Zeitraum auf die Staaten der Südhemisphäre.

Die beiden am häufigsten verwendeten FCKW-Verbindungen sind das FCKW 11 sowie das FCKW 12. Bezogen auf die gesamte FCKW-Produktion betrug ihr Anteil in den letzten Jahren rund 70%. Die nachfolgende Tabelle 4.2-3 zeigt die sektorale Verteilung der Anwendungsgebiete dieser beiden FCKW-Verbindungen für die Jahre 1986 und 1991. Gleichzeitig mit dem Rückgang des Verbrauchs innerhalb dieses Zeitraums um rund 40% ist eine deutliche Verschiebung der bevorzugten Anwendungsgebiete zu verzeichnen. So ging der Aerosolbereich drastisch zurück. Im Jahr 1991 wurden rund 80% der FCKW 11-Produktion im Verschäumungsbereich und etwa der gleiche Anteil der FCKW 12-Produktion im Kälte- und Klimabereich verwendet.

Als Ersatzstoffe für die ozonabbauenden Verbindungen wie z. B. FCKW und H-FCKW werden zur Zeit überwiegend Fluorkohlenwasserstoffe (FKW) getestet und bereits in einigen Bereichen eingesetzt. Diese Verbindungen gefährden zwar nicht die Ozonschicht der Erde, sind aber in ähnlicher Weise treibhauswirksam[11)] (s. Kap. 2). Als Hauptersatzstoff im Kälte- und Klimabereich gilt das FKW R 134 a. Nach Abschätzungen von McCulloch (1992) wird der weltweite Bedarf an R 134 a für das Jahr 1995 bereits 150 Tsd. t betragen und sich dann bis 2020 etwa verdoppeln.

[11)] Für einige FCKW-Anwendungsbereiche existieren bereits auch nicht treibhauswirksame Ersatzstoffe bzw. -lösungen.

4.3 Klimarelevante Emissionen in Deutschland

4.3.1 Emissionen von CO_2, CH_4, N_2O, CO, NO_X, VOC und SO_2

Die Tab. 4.3-1 gibt die klimarelevanten Emissionen in Deutschland, aufgeteilt nach Emittentengruppen, für das Jahr 1990 an. In Deutschland entfallen 98% der CO_2-Emissionen auf die Bereiche Energie und Verkehr, allein 79% auf den Bereich Energie (öffentliche Kraft- und Fernheizungswärme, industrielle und private Feuerungsanlagen etc). Des weiteren stammen rund 70% der SO_2-Emissionen aus diesem Bereich.

Der Bereich Verkehr emittiert direkt 19% der CO_2-Emissionen, 57% der CO-, 67% der NO_X- und 45% der VOC-Emissionen in Deutschland.

Der Bereich Landwirtschaft ist für etwa ein Drittel der CH_4- sowie der N_2O-Emissionen verantwortlich. Während hier die CH_4-Emissionen wesentlich auf die Viehhaltung (Fermentation und Reststoffe) zurückzuführen sind, werden die N_2O-Emissionen durch die übermäßige Zufuhr von stickstoffhaltigem Dünger verursacht, die über Umwandlungsprozesse durch Mikroorganismen zur Freisetzung von N_2O (und auch NO_X und NH_3) aus diesen landwirtschaftlich intensiv genutzten Böden führt.

Ein wesentlicher Teil der CH_4-Emissionen (rund 36%) wird im Bereich der Abfallwirtschaft durch die Deponien in die Atmosphäre abgegeben. Etwa 46% der N_2O-Emissionen werden durch industrielle Produktionsprozesse (Adipinsäure, Salpetersäure) hervorgerufen.

Die Berichtsteile B (Energie), C (Verkehr) sowie D (Landwirtschaft und Wälder) enthalten weitere und detailliertere Angaben zu den nationalen klimarelevanten Emissionen in Deutschland.

4.3.2 FCKW, Halone und chemisch verwandte Stoffe

Die Tab. 4.3-2 zeigt die nationalen Daten für Herstellung und Verkauf von FCKW in Deutschland von 1986 bis 1994 (BMU, 1994). Für das Jahr 1993 wurde ein Rückgang im FCKW-Verbrauch von rund 90% gegenüber dem Jahr 1986 verzeichnet, während die Produktion um rund 60% gegenüber 1986 sank. Im Jahr 1994 wurden bis Mai nochmals 14 500 t FCKW produziert. Anschließend wurde die Produktion von FCKW in Deutschland eingestellt (BMU, 1994).

Die Produktion von Halonen (Halonverbindungen 1211 und 1301) sank zwischen den Jahren 1989 und 1991 um 30%. Sie betrug 1991 12 600 t (gewichtet nach Ozonzerstörungspotential) (UBA, 1993).

Tabelle 4.3-1: Sektorspezifische Verteilung der klimarelevanten Emissionen in Deutschland für 1990, Angaben gerundet (BMU, 1993; UBA, 1993; UBA, 1994)

Spurenstoffe	Emissionen 1990 (= 100 %)	Energie Anteile in %	Verkehr Anteile in %	Landwirtschaft Anteile in %	andere Bereiche Anteile in %
direkt treibhausrelevant:					
CO_2	1 031 Mt	79	19	–	2
CH_4	6 200 kt	28	1	34	37[1])
N_2O	220 kt	12	4	34	50[2])
indirekt treibhausrelevant:					
CO	10 900 kt	36	57	–	6
NO_x	3 150 kt NO_2	32	67	–	1
VOC	3 050 kt	13	45	–	42[3])
klimarelevant:					
SO_2	5 690 kt	72	2	–	26

[1]) Abfallwirtschaft
[2]) allein 45 % (bez. auf die Gesamtemission) durch Produktionsprozesse, z. B. Herstellung von Adipinsäure, Salpetersäure und Lachgas (N_2O)
[3]) im wesentlichen (d. h. 38 % bez. auf die Gesamtemission) Produktverwendung (Lösemittel)

Das Umweltbundesamt (1992) schätzt für den Hauptersatzstoff im Kälte- und Klimabereich, das FKW R 134 a, bis 1998 einen Anstieg der Verkaufsmenge innerhalb Deutschlands auf 9 000 t pro Jahr. Darüber hinaus rechnet das UBA mittelfristig – falls R 134 a als Treibgas in Verbrauchsaerosolen sowie aufgrund der absehbaren Verwendungsbeschränkungen für H-FCKW als Dämmgas in Polyurethanschäumen zum Einsatz kommt – mit einem weiteren Anstieg der Verkaufsmenge auf bis zu 50 000 t pro Jahr (EKS, 1993).

Tabelle 4.3-2: Herstellung und Verbrauch von FCKW in Deutschland (alte und neue Länder) Angaben in t (BMU, 1994)

FCKW	1986	1989	1990	1991	1992	1993	1994
Produktion (t) ...	126 000	107 000	81 000	65 000	59 000	52 000	14 500
Verbrauch (t)	71 000	46 000	37 000	27 000	15 000	9 000	

5 Klimaschutzziele – Politik zum Schutz des Klimas und der Ozonschicht

5.1 Internationale Vereinbarungen

5.1.1 Internationale Vereinbarungen zum Schutz des Klimas

Anläßlich der Konferenz der Vereinten Nationen für Umwelt und Entwicklung (UNCED), die im Juni 1992 in Rio de Janeiro/Brasilien stattfand, wurde das Rahmenübereinkommen der Vereinten Nationen über Klimaänderungen (Klimarahmenkonvention) von mehr als 150 Staaten sowie der Europäischen Gemeinschaft gezeichnet. Die Konvention trat am 21. März 1994 in Kraft. Mittlerweile haben 166 Staaten gezeichnet und 100 Staaten ratifiziert (Stand Ende Oktober 1994) (Tabelle 5.1-1).

Das Rahmenübereinkommen ist die erste völkerrechtlich verbindliche Grundlage im Bereich des globalen Klimaschutzes. Es regelt die internationale Zusammenarbeit zur Verhinderung gefährlicher Klimaänderungen und deren mögliche Auswirkungen.

Ziel der Konvention ist eine Stabilisierung der Treibhausgaskonzentrationen in der Atmosphäre auf einem Niveau, das eine gefährliche vom Menschen verursachte Störung des Klimasystems verhindert. Ein solches Niveau soll nach der in Artikel 2 ebenfalls getroffenen Festlegung innerhalb eines Zeitraumes erreicht werden, der ausreicht, damit

- sich die Ökosysteme auf natürliche Weise den Klimaveränderungen anpassen können,
- die Nahrungsmittelerzeugung nicht bedroht wird,
- die wirtschaftliche Entwicklung auf eine nachhaltige Weise fortgeführt werden kann.

Um die Klimaänderung entsprechend zu verlangsamen, sind für alle Staaten allgemeine Pflichten festgelegt worden, wie z. B. die Erstellung nationaler Treibhausgasinventare, deren regelmäßige Fortentwicklung und Veröffentlichung sowie die Entwicklung und Aktualisierung nationaler Maßnahmenprogramme. Die Industrieländer haben wegen ihrer besonderen Verantwortung beim globalen Umweltschutz die weiterrei-

Tabelle 5.1-1: Liste der Staaten, die die Klimakonvention bis zum 13. Juli 1994 ratifiziert haben

1) Mauritius (4/9/92)	41) Micronesia (18/11/93)
2) Seychelles (22/9/92)	42) Sudan (19/11/93)
3) Marshall Islands (8/10/92)	43) Sri Lanka (23/11/93)
4) United States (15/10/92)	44) United Kingdom (8/12/93)
5) Zimbabwe (3/11/92)	45) Germany (9/12/93)
6) Maldives (9/11/92)	46) Switzerland (10/12/93)
7) Monaco (24/11/92)	47) Republic of Korea (14/12/93)
8) Canada (4/12/92)	48) Netherlands (20/12/93)
9) Australia (30/12/92)	49) Denmark (21/12/93)
10) China (5/1/93)	50) Portugal (21/12/93)
11) Saint Kitts and Nevis (7/1/93)	51) Spain (21/12/93)
12) Antigua and Barbuda (2/2/93)	52) E. U. (formerly E. E. C.) (21/12/93)
13) Ecuador (23/2/93)	53) Cuba (5/1/94)
14) Fiji (25/2/93)	54) Mauritania (20/1/94)
15) Mexico (11/3/93)	55) Botswana (27/1/94)
16) Papua New Guinea (16/3/93)	56) Hungary (24/2/94)
17) Vanuatu (25/3/93)	57) Paraguay (24/2/94)
18) Cook Islands (20/4/93)	58) Austria (28/2/94)
19) Guinea (7/5/93)	59) Brazil (28/2/94)
20) Armenia (14/5/93)	60) Argentina (11/3/94)
21) Japan (28/5/93)	61) Malta (17/3/94)
22) Zambia (28/5/93)	62) Barbados (23/3/94)
23) Peru (7/6/93)	63) France (25/3/94)
24) Algeria (9/6/93)	64) Bahamas (29/3/94)
25) Saint Lucia (14/6/93)	65) Ethiopia (5/4/94)
26) Iceland (16/6/93)	66) Italy (15/4/94)
27) Uzbekistan (20/6/93)	67) Bangladesh (15/4/94)
28) Dominica (21/6/93)	68) Ireland (20/4/94)
29) Sweden (23/6/93)	69) Malawi (21/4/94)
30) Norway (9/7/93)	70) Nepal (2/5/94)
31) Tunisia (15/7/93)	71) Finland (3/5/94)
32) Burkina Faso (2/9/93)	72) Luxembourg (9/5/94)
33) Uganda (8/9/93)	73) Pakistan (1/6/94)
34) New Zealand (16/9/93)	74) Chad (7/6/94)
35) Mongolia (30/9/93)	75) Romania (8/6/94)
36) Czech Republic (7/10/93)	76) Gambia (10/6/94)
37) Tuvalu (26/10/93)	77) Liechtenstein (22/6/94)
38) India (1/11/93)	78) Trinidad and Tobago (24/6/94)
39) Nauru (11/11/93)	79) Benin (30/6/94)
40) Jordan (12/11/93)	80) Malaysia (13/7/94)

chende Zielsetzung akzeptiert, die Emissionen von CO_2 und anderen Treibhausgasen auf das Niveau von 1990 zurückzuführen. Ein konkreter Zeitpunkt für die Erreichung dieses Ziels wurde jedoch nicht rechtsverbindlich festgelegt. Im Einzelnen ist das Rahmenabkommen im Teil E dargestellt.

Nachdem durch die Klimarahmenkonvention die Grundlage für eine internationale Zusammenarbeit geschaffen wurde, muß sie nunmehr in Vertragsstaatenkonferenzen konkretisiert, verschärft und fortentwickelt werden.

Die erste Vertragsstaatenkonferenz findet vom 28. März bis zum 7. April 1995 in Berlin statt.

Anzustreben ist, bereits auf dieser Konferenz im Rahmen einer von den Vertragsstaaten gemeinsam zu beschließenden Deklaration eine Stabilisierung der CO_2-Emissionen bis zum Jahre 2000 auf der Basis von 1990 zu vereinbaren. Weitergehende Reduktionsziele sollten in Protokollen niedergelegt werden, in denen zumindest für die Industrieländer konkrete Ziele und Zeitvorgaben für eine Reduktion der Treibhausgasemissionen festzulegen sind.

Empfehlungen der Kommission enthält Teil E dieses Berichtes.

5.1.2 Internationale Vereinbarungen zum Schutz der Ozonschicht

Das Wiener Übereinkommen zum Schutz der Ozonschicht

Am 22. März 1985 unterzeichneten einundzwanzig Staaten, darunter die Bundesrepublik Deutschland und sechs weitere Mitgliedstaaten der EG in Wien das „Übereinkommen zum Schutz der Ozonschicht“. Es trat am 1. August 1988 in Kraft. Bis Ende April 1994 hatten über 130 Staaten das Wiener Übereinkommen ratifiziert.

Die Vertragsstaaten verpflichten sich darin, alle angemessenen Maßnahmen zu treffen, um die menschliche Gesundheit und die Umwelt vor schädlichen Auswirkungen einer von Menschen verursachten Veränderung der Ozonschicht zu schützen und klimatische Auswirkungen zu verhindern.

Das Montrealer Protokoll

Als Folgevereinbarung zum „Wiener Übereinkommen zum Schutz der Ozonschicht“ vom 22. März 1985 unterzeichneten am 22. September 1987 24 Staaten sowie die EG das „Montrealer Protokoll über Stoffe, die zu einem Abbau der Ozonschicht führen“. Die Vereinbarung trat am 1. Januar 1989 in Kraft.

Das Montrealer Protokoll sieht in seiner Fassung von 1987 die Reduktion von acht ozongefährdenden Stoffen vor:

Gruppe	Stoff
I:	CCl_3F (R 11)
	CCl_2F_2 (R 12)
	$C_2Cl_3F_3$ (R 113)
	$C_2Cl_2F_4$ (R 114)
	C_2ClF_5 (R 115)
II:	$CBrClF_2$ (Halon 1211)
	$CBrF_3$ (Halon 1301)
	$C_2Br_2F_4$ (Halon 2402)

Das Montrealer Protokoll wird laufend fortentwickelt. Es sieht, beginnend mit dem Jahr 1990, mindestens alle vier Jahre eine Überprüfung der Kontrollmaßnahmen anhand wissenschaftlicher, umweltrelevanter, technologischer und wirtschaftlicher Informationen vor.

Dieser Mechanismus führte dazu, daß seit 1990 in einer Reihe von Konferenzen der Vertragsstaaten der Ausstieg aus Produktion und Verbrauch von FCKW und anderen ozonschichtschädigenden Stoffen immer mehr beschleunigt wurde. Neue ozonschichtschädigende Stoffe wurden in die Reduktionsverpflichtung einbezogen.

1. Vertragsstaatenkonferenz zum Montrealer Protokoll in Helsinki im Mai 1989

Im Mai 1989 trafen sich erstmals die Vertragsstaaten des Montrealer Protokolls in Helsinki. In ihrer Schlußerklärung forderten die Teilnehmer der Konferenz den völligen Ausstieg aus der Produktion von FCKW und Halonen bis zum Jahr 2000. Für die übrigen, ebenfalls die Ozonschicht schädigenden Halogenverbindungen wurde die Ausstiegsabsicht jedoch ohne Zieldatum erklärt.

2. Vertragsstaatenkonferenz zum Montrealer Protokoll in London im Juni 1990

Im Juni 1990 fand das zweite Treffen der Vertragsstaaten des Montrealer Protokolls in London statt. Die Teilnehmerstaaten verschärften den im Montrealer Protokoll niedergelegten Plan für die Reduzierung der ozonzerstörenden Stoffe erheblich.

Die Produktion und der Verbrauch von FCKW sollen ab 1993 um 20% reduziert und ab 2000 völlig eingestellt werden. Für die Halone 1211, 1301, 2402 sowie Tetrachlorkohlenstoff wurde ebenfalls eine stufenweise Re-

Tabelle 5.1-2: Reduktion weltweit

Jahr	FCKW	Halone	Methylchloroform	Tetrachlorkohlenstoff	Methylbromid	H-FCKW	H-FBKW
1994	75 %	100 %	50 %				
1995				85 %	Begrenzung auf Niveau 1991		
1996	100 %		100 %	100 %		Beginn der Beschränkung	100 %
2004						35 %	
2010						65 %	
2015						90 %	
2020						99,5 %	
2030						100 %	

duktion und ein endgültiger Ausstieg aus Produktion und Verbrauch bis zum Jahre 2000 vorgesehen.

Die Beendigung der Produktion und des Verbrauchs von Methylchloroform wurde stufenweise bis zum Jahr 2005 vorgesehen.

Der festgelegte Reduktionsplan sollte bereits in zwei Jahren „mit dem Ziel einer Beschleunigung" überprüft werden.

3. Vertragsstaatenkonferenz zum Montrealer Protokoll in Nairobi im Juni 1991

Auf dieser Konferenz wurden keine materiellen Änderungen des Montrealer Protokolls beschlossen.

4. Vertragsstaatenkonferenz zum Montrealer Protokoll in Kopenhagen im November 1992

Nachdem im Frühjahr 1992 auch in der nördlichen Hemisphäre die Ozonkonzentrationen abnahmen, wurde anläßlich der 4. Vertragsstaatenkonferenz zum Montrealer Protokoll, die vom 23. bis 25. November 1992 in Kopenhagen stattfand, das Montrealer Protokoll weiter verschärft. Der Ausstiegstermin aus Produktion und Verbrauch der bisher geregelten Stoffe wurde einheitlich auf den 1. Januar 1996, bei Halonen auf den 1. Januar 1994, vorgezogen. Außerdem wurden Beschränkungsmaßnahmen zu weiteren ozonschichtschädigenden Stoffen und Stoffgruppen beschlossen (vgl. auch Tabelle 5.1-2):

- Der Verbrauch teilhalogenierter Fluorchlorkohlenwasserstoffe (H-FCKW) wird in der Zeit von 1996 bis 2003 mengenmäßig beschränkt und danach bis zum Jahr 2030 stufenweise eingestellt.
- Produktion und Verbrauch teilhalogenierter Fluorbromkohlenwasserstoffe (H-FBKW) werden ab dem 1. Januar 1996 eingestellt.
- Produktion und Verbrauch des Stoffes Methylbromid werden ab 1995 auf dem Niveau von 1991 eingefroren.

5. Vertragsstaatenkonferenz zum Montrealer Protokoll in Bangkok im November 1993

Das United Nations Environment Programme (UNEP) legte auf der Konferenz Zahlen vor, denen zufolge die Ozonschicht über der Antarktis zu Zeiten des dort periodisch auftretenden „Ozonlochs" bereits zu 60 Prozent zerstört ist. Die Ozondichte über großen Teilen Europas und der USA lag im Frühjahr 1992 und 1993 zeitweilig um 20 Prozent unter den Normalwerten. Die Konferenz, an der 129 Unterzeichnerstaaten teilnahmen, beschäftigte sich vor allem mit dem wachsenden Verbrauch ozonzerstörender Stoffe in den Entwicklungsländern und mit der Finanzierung der Kosten, die den Entwicklungsländern durch die Befolgung des Montrealer Protokolls entstehen.

Als wesentliches Ergebnis der Konferenz wurde für die Jahre 1994 bis 1996 die Höhe des Multilateralen Fonds des Montrealer Protokolls zur Unterstützung der Entwicklungsländer auf 510 Mio. $ festgelegt.

5.2 Klimaschutzziele und Politik zum Schutz der Ozonschicht der Europäischen Union – neuere Entwicklungen

5.2.1 Klimaschutz auf EU-Ebene

Am 29. Oktober 1990 wurde bei der Tagung der EG-Energie- und Umweltminister ein konkretes CO_2-Mengenziel beschlossen. Die CO_2-Emissionen sollen bis zum Jahr 2000 auf dem Stand von 1990 stabilisiert werden. Die Umsetzung dieser Gemeinschaftsstrategie wird nunmehr auf EG-Ebene verhandelt.

Ein Schwerpunkt der EG-Klimapolitik liegt auf dem Energiesektor. Ziel ist, die Energieeffizienz zu steigern und Energie einzusparen.

Neben der Energieeffizienzsteigerung und der Energieeinsparung bei den heute vorwiegend genutzten Energieträgern werden auch neue regenerative Energien gefördert (z. B. „ALTENER Programm" zur Förderung der erneuerbaren Energieträger). Ein weiterer Schwerpunkt der EG-Klimapolitik liegt bei der Verminderung der Emissionen – nicht nur von CO_2 – aus dem Verkehrssektor durch Erhöhung der Effizienz und der Einsparung von Energie.

Um das gesteckte CO_2-Stabilisierungsziel zu erreichen, wird außerdem die Einführung einer kombinierten Energie-/CO_2-Steuer erörtert, wobei eine Komponente der Steuer am Energieverbrauch anknüpft, die andere an den CO_2-Emissionen.

Nicht betroffen von der Energie-/CO_2-Steuer wären der nicht-energetische Verbrauch der fossilen Brennstoffe und die regenerativen Energieträger wie Wind, Sonnenenergie sowie biologische, landwirtschaftliche und pflanzliche Energieträger.

Weitere Ausnahmen sollen für bestimmmte energieintensive und außenhandelsabhängige Branchen gelten. Bei diesen Sektoren handelt es sich um die Stahl-, Chemie-, NE-Metall-, Zement-, Glas- sowie die Papierindustrie. Um die internationale Wettbewerbsfähigkeit der EU-Länder nicht zu schwächen, muß die Steuer nach Ansicht der EU-Kommission aufkommensneutral ausgestaltet sein.

Eine Beschlußfassung im Ministerrat über die Einführung der Energie-/CO_2-Steuer steht bisher trotz intensiver Verhandlungen aus. Die EU-Kommission hat zwischenzeitlich für die Einführung der Steuer den Grundsatz der Konditionalität beschlossen, d. h. die Einführung der Steuer auf EU-Ebene wird abhängig gemacht von vergleichbaren Maßnahmen in bedeutenden Mitgliedsstaaten der OECD.

5.2.2 Schutz der Ozonschicht auf der EU-Ebene

Im Jahre 1988 ratifizierte die EG die Wiener Konvention aus dem Jahre 1985 und integrierte hierbei gleichzeitig die Regelungen des Montrealer Protokolls von 1987. Dabei wurden für fünf Fluorchlorkohlenwasserstoffe und drei Halone Produktions- und Verbrauchsbeschränkungen festgesetzt.

Am 4. März 1991 erließ der Rat der Europäischen Gemeinschaften eine verschärfte Verordnung über Stoffe, die zu einem Abbau der Ozonschicht führen.

Geregelt wurden dieselben Stoffe wie im Montrealer Protokoll, jedoch mit kürzeren Fristen. Ab dem 1. Juli 1997 durften keine FCKW mehr hergestellt und verbraucht werden. Halone waren ab dem 1. Januar 2000, Tetrachlorkohlenstoff ab dem 1. Januar 1998 und 1,1,1-Trichlorethan ab dem 1. Januar 2005 verboten.

Mit der Verordnung vom 30. Dezember 1992 verschärfte der Rat der Europäischen Gemeinschaften die Verordnung vom 4. März 1991 über Stoffe, die zu einem Abbau der Ozonschicht führen. Die EG kam hiermit ihren in der 4. Vertragsstaatenkonferenz zum Montrealer Protokoll im November 1992 in Kopenhagen eingegangenen Verpflichtungen nach.

Die Verordnung geht größtenteils über die auf der 4. Vertragsstaatenkonferenz in Kopenhagen getroffenen Bestimmungen hinaus.

Sie sieht folgende Regelungen vor:

Zu den Stoffgruppen Methylbromid, H-FCKW und H-FBKW soll ein Verordnungsvorschlag der Kommission zum Jahresende 1994 beschlossen werden.

Der Import der durch die Verordnung geregelten Stoffe aus Drittländern in die EU ist mengenmäßig begrenzt. Er bedarf einer Einfuhrlizenz, die von der Kommission erteilt wird.

In den letzten Jahren hat die EU in zunehmendem Maße Importlizenzen für wiederaufbereitete bzw. gebrauchte FCKW erteilt.

Da aufbereitete bzw. gebrauchte Ware nur schwer von Neuware zu unterscheiden ist, besteht die Gefahr, daß fälschlicherweise als Gebrauchtware deklarierte Frischware illegal in die Gemeinschaft importiert wird. Damit ein solcher Mißbrauch ausgeschlossen wird, ist neben der Einstellung von Produktion und Verbrauch auch die Einstellung aller FCKW-Importe zum 1. Januar 1995 geboten.

5.3 Nationale Klimaschutzziele und nationale Politik zum Schutz der Ozonschicht

5.3.1 Klimaschutz auf nationaler Ebene

Vor dem Hintergrund des anthropogenen Treibhauseffektes und der damit verbundenen befürchteten Klimaveränderungen hat die Bundesregierung als Antwort auf die globale Herausforderung ein Ziel zur Verminderung der energiebedingten CO_2-Emissionen formuliert und ein Minderungskonzept erarbeitet.

Entsprechend der Regierungserklärung des Bundeskanzlers, Dr. Helmut Kohl, vom 31. Januar 1994 hat die Bundesregierung in drei Kabinettbeschlüssen am 13. Juni 1990, am 7. November 1990 und am 11. Dezember 1991 ein CO_2-Minderungsprogramm beschlossen, wobei angestrebt wird, die CO_2-Emissionen bis zum Jahr 2005 um 25 bis 30 % bezogen auf das Emissionsvolumen des Jahres 1987 zu reduzieren.

Auch die Reduktion/Begrenzung anderer klimarelevanter Emissionen – Methan (CH_4), Distickstoffoxid (N_2O), Stickoxide (NO_x), Kohlenmonoxid (CO) und flüchtige organische Verbindungen ohne Methan (NMVOC) – wird bei der nationalen Klimaschutzstrategie wie auch im Rahmen bereits bestehender internationaler Verpflichtungen berücksichtigt.

Insgesamt wird eine Minderung aller klimarelevanten Emissionen in einer Größenordnung von 50 %, bezogen auf CO_2-Äquivalente, (Basisjahr

Stoffe	Einstellung von Produktion und Verbrauch
FCKW	31. Dezember 1994
Tetrachlorkohlenstoff	31. Dezember 1994
Halon	31. Dezember 1993
1,1,1 Trichlorethan	31. Dezember 1995

1987) bis zum Jahr 2005 angestrebt (Nationalbericht der Bundesregierung für die Bundesrepublik Deutschland im Vorgriff auf Artikel 12 des Rahmenübereinkommens der Vereinten Nationen über Klimaänderungen, Ziffer 10).

Die Bundesregierung hat hierzu einen Maßnahmenkatalog zur Ausschöpfung der bestehenden CO_2-Minderungspotentiale in folgenden Bereichen verabschiedet (ebda.):

- Private Haushalte und Kleinverbrauch
- Verkehr
- Industrie
- Energiewirtschaft
- Abfallwirtschaft
- Land- und Forstwirtschaft

Die Darstellung der grundlegenden Zielsetzungen im Energiebereich erfolgt im Kapitel B5.

5.3.2 Schutz der Ozonschicht auf nationaler Ebene

Der Ausstieg aus Produktion und Vertrieb ozonschichtschädigender Gase ist in der Bundesrepublik Deutschland im wesentlichen in der FCKW-Halon-Verbots-Verordnung vom 6. Mai 1991 geregelt. Die Verordnung trat am 1. August 1991 in Kraft. Die Substanzen FCKW 111 und FCKW 211 bis 217 sind nicht in der Verordnung geregelt, weil sie keine praktische Bedeutung haben. Für sie gelten die Ausstiegsvorgaben der Europäischen Union, die festlegen, daß diese Stoffe bis 1997 völlig zu reduzieren sind. Der Neueinsatz von Halonen und Trichlorethan ist seit dem 1. Januar 1992 verboten.

Der Einsatz für Altanlagen endete bei Trichlorethan am 1. Januar 1993 und bei Halonen am 1. Januar 1994. Nach den Bestimmungen der FCKW-Halon-Verbots-Verordnung laufen für den Abbau von Produktion und Vertrieb ozonschädigender Stoffe noch folgende Fristen:

- FCKW sind noch zugelassen als Kühlmittel in Kleinanlagen und zur Aufschäumung von Dämmstoffen bis Anfang 1995,
- H-FCKW 22 kann als Kältemittel, Dämmstoff und in sonstigen Schaumstoffen bis 2000 benutzt werden,

Eine Verschärfung dieser Bestimmmungen ist entbehrlich, da die FCKW-Hersteller und -Anwender sich verbindlich verpflichtet haben, zum frühestmöglichen Zeitpunkt vorzeitig auf Produktion und Verwendung vollhalogenierter FCKW zu verzichten.

Inzwischen ist die FCKW-Verwendung in der Bundesrepublik Deutschland bis Ende des Jahres 1993 – d. h. 1 Jahr vor dem in der FCKW-Halon-Verbots-Verordnung vorgeschriebenen Termin – weitgehend eingestellt. Der Verbrauch von FCKW im Jahr 1993 betrug in der Bundesrepublik Deutschland nur noch ca. 10% des Jahresverbrauchs von 1986. Er betrifft im wesentlichen den beim Betrieb anfallenden Ersatzbedarf für Altanlagen im Bereich der gewerblichen Klima- und Kältetechnik.

Ziel muß hier neben Verbesserungen der Wartungstechniken eine schnellstmögliche Umrüstung der Altanlagen auf sowohl ozon- als auch klimaverträgliche Ersatzstoffe sein. Die Entsorgung des zur Zeit noch im Verkehr befindlichen FCKW muß umweltverträglich erfolgen. Hierzu wurde bereits vom Umweltbundesamt ein entsprechender Forschungsauftrag erteilt. Mit ersten Ergebnissen kann Ende 1994/Anfang 1995 gerechnet werden.

Im Mai 1994 wurde die FCKW-Produktion in der Bundesrepublik Deutschland vollständig eingestellt.

Hinsichtlich der als Ersatzstoffe für FCKW eingesetzten H-FCKW-Verbindungen, insbesondere R 141 b und R 142 b, bestehen derzeit in der Bundesrepublik Deutschland noch keine Verbotsbestimmungen.

Ende 1994 soll jedoch auf Vorschlag der Europäischen Kommission eine Verordnung zur Regelung dieser Stoffe erlassen werden.

6 Grundlagen für eine wirksame Klimaschutzpolitik

6.1 Klimaschutzkriterien und Konsequenzen

Die wissenschaftlichen Erkenntnisse über den anthropogenen Treibhauseffekt und die damit verbundenen Auswirkungen für das globale Klima mit den Folgewirkungen sind in ihren Grundaussagen so eindeutig, daß sie keine Zweifel daran lassen, daß – unabhängig von der Notwendigkeit weiterer Forschungen – unter Vorsorgegesichtspunkten umgehend gehandelt werden muß (EK, 1990). Wenn der Trend der Emissionen weiter unverändert anhält, wird die mittlere globale Temperatur im kommenden Jahrhundert um etwa 0,3 °C pro Jahrzehnt ansteigen und gegen Ende des kommenden Jahrhunderts mit ca. 3 °C gegenüber heute einen für mindestens die vergangenen 250 000 Jahre einmaligen Stand erreichen.

Die Notwendigkeit einer Klimaschutzpolitik wurde auf der Konferenz für Umwelt und Entwicklung in Rio de Janeiro 1992 durch die Verabschiedung einer Klimarahmenkonvention ausdrücklich bestätigt. Das Ziel der Klimarahmenkonvention ist die Stabilisierung der Treibhausgaskonzentrationen in der Atmosphäre, und zwar auf einem Niveau, auf dem eine gefährliche anthropogene Störung des Klimasystems vermieden wird. Dieses Niveau ist innerhalb eines Zeitraumes zu erreichen, der gewährleistet, daß die Ökosysteme sich auf natürliche Weise an die Klimaänderungen anpassen können, die Lebensmittelproduktion nicht gefährdet ist und die wirtschaftliche Entwicklung dauerhaft und umweltverträglich fortgeführt werden kann. (Art. 2 der Klimakonvention)

Die Stabilisierung der Treibhausgaskonzentrationen in der Atmosphäre ist somit an einige wichtige Nebenbedingungen geknüpft, die jedoch in der Klimakonvention nicht weiter spezifiziert sind. Dies muß rasch nachgeholt werden. Die Enquete-Kommission erachtet folgende Richtwerte für die Umsetzung des Klimakonventionszieles für notwendig:

1. Eine mittlere globale Erwärmungsobergrenze von 2 °C im Jahre 2100 gegenüber 1860, damit die Menschheit nicht in Klimabereiche kommt, die sie in ihrer Geschichte noch nicht erlebte

2. Die Nichtüberschreitung einer mittleren, globalen Erwärmungsrate von 0,1 °C pro Jahrzehnt zwischen 1980 und 2100, die nach heutigem Wissen die natürlichen Ökosysteme noch vertragen können (EK, 1991)

Es steht noch nicht fest, ob diese Anforderungen für die Umsetzung der Zielsetzung der Klimakonvention hinreichend sind. Zum einen ist es möglich, daß wegen der natürlichen Schwankungen im Klimasystem zwischenzeitlich noch höhere mittlere Erwärmungsraten als die vorgegebenen 0,1 °C pro Jahrzehnt auftreten, mit der Folge, daß die Klimazonen sich wesentlich schneller verschieben als die Vegetationszonen folgen können. Zum anderen sind die mit den beiden anderen Nebenbedingungen für die Umsetzung des Klimakonventionszieles – Nahrungsmittelsicherheit und dauerhaft umweltgerechte wirtschaftliche Entwicklung – verbundenen Beschränkungen für die Umstellung des Klimas noch nicht definiert. Die Berücksichtigung dieser Punkte könnte eine weitere Verschärfung dieser Richtwerte erforderlich machen.

Die hier definierten Kriterien, die Beschränkung auf eine globale Gesamterwärmung von + 2 °C gegenüber 1860 sowie auf eine globale Erwärmungsrate von 0,1 °C pro Jahrzehnt, sind somit Mindestanforderungen zum Schutz des Klimas, die weltweit umgehend drastische Reduktionen der treibhausrelevanten Emissionen erforderlich machen, wie die folgenden Abschätzungen zeigen.

Mit Hilfe von Klimamodellrechnungen können die Auswirkungen verschiedener Emissionsreduktions-Szenarien auf die Entwicklung des globalen Klimas abgeschätzt werden (Jain u. Bach, 1994). Auf diese Weise lassen sich klimaverträgliche Emissionsszenarien, Klimaschutz-Szenarien, definieren. Abb. 6.1-1 zeigt die Ergebnisse eines solchen denkbaren Klimaschutz-Szenarios (EK, 1990; modifiziert von Bach u.a, 1994), welches beide oben genannten Kriterien erfüllen kann.

Das Klimaschutz-Szenario (Abb. 6.1-1a) beinhaltet eine drastische globale Verringerung des fossilen CO_2-Ausstoßes um 70%, die Reduktion der Emissionen für N_2O und CH_4 um 50% bzw. 5%, jeweils bis 2100 gegenüber 1990, sowie den vollständigen Ausstieg aus allen FCKW, Halonen und H-FCKW 22 nach den Vorgaben der 4. Vertragsstaatenkonferenz des Montrealer Protokolls zum Schutz der Ozonschicht. Abb. 6.1-1b zeigt den zeitlichen Verlauf der resultierenden atmosphärischen Mischungsverhältnisse. Trotz der angenommenen schnellen Reduzierung der Emissionen steigt der jeweilige atmosphärische Volumenanteil zunächst bis zu einem Höchststand weiter an, dessen Zeitpunkt in Abb. 6.1-1b in Klammern angegeben ist. Es kommt also nicht zu einer Stabilisierung der Konzentrationen, sondern zu einem Maximum und danach zu einem Absinken, vorausgesetzt die Emissionsreduktion ist groß genug. Für CO_2 wird im kommenden Jahrhundert der maximale CO_2-Gehalt trotz der drastischen 70%igen Reduktion der CO_2-Emissionen jedoch noch nicht erreicht. Erst bei einer beträchtlichen Verringerung auch der anderen Treibhausgase erfolgt in dieser Modellrechnung nach dem Höchststand im Jahr 2033 eine allmähliche Absenkung des Gesamttreibhausgas-Mischungsverhältnisses bis zum Jahr 2100, und zwar auf ein gegenüber dem Jahr 1990 um rund 10% höheres Niveau.

Die Abb. 6.1-1c vergleicht die Änderungen der globalen Mitteltemperatur im IPCC-Szenario IS 92a (‚Business As Usual [BAU]') (IPCC, 1992, s. auch Tab. 2.4-1) mit denen im Klimaschutz-Szenario. Im Szenario BAU wird die für den Klima- und Ökosystemschutz festgelegte Erwärmungsobergrenze von 2 °C im Jahr 2100 gegenüber 1860 für die zur Diskussion stehende Spannbreite der Klimasensitivitäten[12)], 4,5 °C, 2,5 °C und 1,5 °C, in jedem Fall überschritten. In allen Fällen steigt die Temperatur bis 2100 kontinuierlich. Der Temperaturanstieg setzt sich nach 2100 weiter fort. Gegen Ende des kommenden Jahrhunderts wird die Erwärmungsrate etwa 0,25 (± 0,1) °C pro Jahrzehnt betragen[13)].

12) Als Klimasensitivität wird die Temperaturerhöhung bezeichnet, die sich im Falle einer CO_2-Verdopplung im Gleichgewichtszustand einstellt. Die Bandbreite der Klimasensitivität von 1,5 °C bis 4,5 °C entspricht der in den Klimamodellen enthaltenen Unsicherheitsmarge. Das IPCC gibt als wahrscheinlichsten Wert 2,5 °C an.

13) Das niedrigste Klimaschutz-Szenario C des IPCC (1992, vgl. auch Tab. 2.4-1) ergibt ebenfalls einen stetigen Anstieg der globalen Mitteltemperatur für das kommende Jahrhundert und eine Erhöhung gegen Ende des kommenden Jahrhunderts zwischen 1,5 und rund 3 °C. Es erfüllt somit nicht die in Kap. 6.1 aufgestellten Klimaschutzkriterien der Enquete-Kommission.

Abb. 6.1-1: Änderungen der Emissionen (a), der Konzentrationen (b) und der mittleren globalen Temperatur (c) im Szenario Klimaschutz der Enquete-Kommission und dem Szenario 'Business As Usual' des IPCC (IPCC, 1992) für den Zeitraum 1990 bis 2100 (EK, 1990; modifiziert siehe Text)

Alle Berechnungen wurden mit dem eindimensionalen Münsterschen Klimamodell durchgeführt (Bach u. a., 1994). Dieses Modell setzt sich aus einzelnen Modulen zur Beschreibung der Stoff- und Energiekreisläufe, zur Berechnung der Treibhausgaskonzentrationen sowie zur Berechnung der globalen Temperatur- und Meeresspiegeländerungen zusammen. Modellgütetests wurden u. a. durch Vergleiche mit dem Hamburger 3D-Klimamodell durchgeführt. (Piehler u. a., 1991; Bach u. Jain, 1992; Bach u. Jain, 1992-1993). ▶

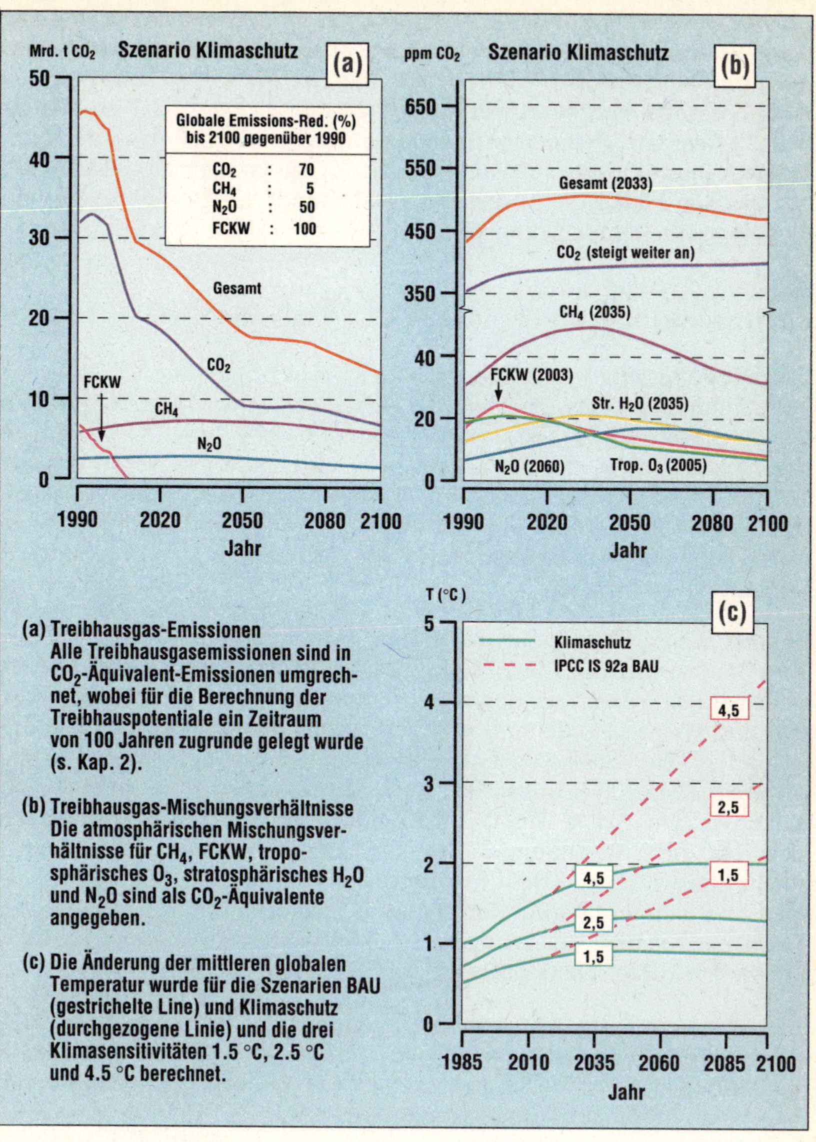

(a) Treibhausgas-Emissionen
Alle Treibhausgasemissionen sind in CO_2-Äquivalent-Emissionen umgerechnet, wobei für die Berechnung der Treibhauspotentiale ein Zeitraum von 100 Jahren zugrunde gelegt wurde (s. Kap. 2).

(b) Treibhausgas-Mischungsverhältnisse
Die atmosphärischen Mischungsverhältnisse für CH_4, FCKW, troposphärisches O_3, stratosphärisches H_2O und N_2O sind als CO_2-Äquivalente angegeben.

(c) Die Änderung der mittleren globalen Temperatur wurde für die Szenarien BAU (gestrichelte Line) und Klimaschutz (durchgezogene Linie) und die drei Klimasensitivitäten 1.5 °C, 2.5 °C und 4.5 °C berechnet.

Erst für das in Abb. 6.1-1a definierte Klimaschutz-Szenario der Enquete-Kommission gelingt es durch entsprechende Treibhausgasreduktionen, auch im Fall der hohen Klimasensitivität von 4,5 °C, bis zum Jahr 2100 noch unter der vorgegebenen 2 °C Erwärmungsobergrenze zu bleiben. Der Anstieg der globalen Mitteltemperatur bleibt zu Beginn des kommenden Jahrhunderts auf Werte um 0,1 °C pro Jahrzehnt beschränkt. In der zweiten Hälfte des kommenden Jahrhundert geht der Anstieg der globalen Mitteltemperatur gegen Null.

6.2 Lastenteilung und bindende CO_2-Emissionsziele

Grundlage für eine wirksame, globale Klimaschutzpolitik ist die Festlegung bindender Emissionsziele, die sich auf eine faire Verteilung der Reduktionslasten stützt. Dieser Grundsatz ist bereits in der Klimakonvention (Art. 3, Abs. 2) enthalten. Dort heißt es: „Die Vertragsstaaten sollen auf der Grundlage der Gerechtigkeit und entsprechend ihren gemeinsamen, aber unterschiedlichen Verantwortlichkeiten und ihren jeweiligen Fähigkeiten das Klimasystem zum Wohl der heutigen und der künftigen Generationen schützen".

Es steht außer Zweifel, daß die Industrieländer (IL) den Hauptanteil an einer wirksamen Emissions-Reduktionspolitik leisten müssen, denn sie stellen auf der einen Seite den wesentlichen Anteil am globalen CO_2-Ausstoß und können auf der anderen Seite wegen ihrer wirtschaftlichen und technologischen Stärke wirksame Maßnahmen zur Emissionsreduktion ergreifen. Diese „Führungsrolle" der Industrieländer (IL) wird in der Klimakonvention (Art. 4, Abs. 2) ausdrücklich hervorgehoben. Dagegen besteht für die Entwicklungsländer (EL) der berechtigte Wunsch nach „mehr" Entwicklung. Dies dürfte mit einer verstärkten Nutzung der fossilen Energieträger verbunden sein und zwangsläufig, trotz erzielbarer, deutlicher Effizienzsteigerungen, zu einer weiteren Zunahme der CO_2-Emissionen dieser Länder führen.

Eine faire Verteilung der Lasten wäre zum Beispiel denkbar durch abgestufte, verbindliche Emissionsziele für die einzelnen, jeweils vergleichbaren Ländergruppen, wobei die aus diesen Emissionszielen resultierende Summe an Treibhausgasemissionen den in Kap. 6.1 definierten Klimaschutzkriterien genügen müßte.

Bach und Jain (1992) haben eine denkbare ländergruppenspezifische Lastenteilung mit konkreten Emissionszielen vorgenommen (Tab. 6.2-1). Als Bezugsjahr wählten sie in Übereinstimmung mit den nationalen Emissionsreduktionszielen das Jahr 1987. Die Entwicklung der CO_2-

Tabelle 6.2.1 *Denkbare Aufteilung aller Länder mit einer energiebedingten CO_2-Emission > 10 Mio. t in sechs Ländergruppen auf der Grundlage politischer Bewertung sowie Cluster- und Diskriminanzanalyse für 1987, in Klammern ist jeweils die Pro-Kopf-Emission (in t CO_2) angegeben. (Quelle: Bach/Jain 1992)*

Industrieländer wirtschaftlich					
stark	Mio. t	weniger stark	Mio. t	schwach	Mio. t
USA	5 021 (21)	Spanien	186 (5)	ehemalige UDSSR	3 841 (14)
Deutschland	1 061 (14)	Griechenland	67 (7)	Polen	485 (13)
Japan	963 (8)	Portugal	32 (3)	ehemalige Tschechoslowakei	244 (16)
Großbritannien	625 (11)	Irland	30 (8)	Rumänien	235 (10)
Kanada	456 (18)	Neuseeland	24 (7)	ehemaliges Jugoslawien	129 (6)
Italien	429 (8)			Bulgarien	109 (12)
Frankreich	388 (7)			Ungarn	87 (8)
Australien	257 (16)				
Niederlande	196 (13)				
Belgien	114 (12)				
Dänemark	65 (13)				
Österreich	60 (7)				
Schweden	58 (7)				
Finnland	55 (11)				
Schweiz	43 (7)				
Norwegen	36 (8)				
Gesamt	9 829		339		5 120
Anteile (%)	*47,3*		*1,6*		*24,7*

FortsetzungTabelle 6.2.1

Öl-produzierende Länder		Schwellenländer		Entwicklungsländer			
	Mio. t		Mio. t		Mio. t		Mio. t
Saudi-Arabien	161 (13)	Südafrika	323 (10)	China	2 175 (2)	Malaysia	41 (2)
Iran	137 (3)	Südkorea	186 (5)	Indien	554 (.7)	Nigeria	36 (.4)
Algerien	48 (2)	Argentinien	141 (5)	Mexiko	298 (4)	Kuba	34 (3)
VAE	46 (7)	Israel	29 (7)	Brasilien	202 (1)	Philippinen	32 (.2)
Irak	33 (6)	Singapur	26 (10)	Nordkorea	151 (7)	Syrien	28 (2)
Kuweit	28 (15)	Trinidad	13 (11)	Türkei	135 (3)	Chile	23 (2)
Libyen	25 (8)			Indonesien	103 (.6)	Peru	23 (1)
Bahrein	12 (33)			Venezuela	96 (5)	Marokko	20 (.8)
Quatar	12 (37)			Ägypten	73 (2)	Vietnam	19 (.3)
Oman	10 (8)			Thailand	60 (1)	Zimbabwe	15 (2)
				Pakistan	54 (.5)	Ecuador	13 (2)
				Kolumbien	49 (2)	Bangladesch	12 (.1)
						Tunesien	12 (1)
Gesamt	512		718		4 258		
Anteile (%)	*2,4*		*3,5*		*20,5*		
Insgesamt							20 766 *(98 %)*

Emissionen von 1987 bis 1990 wird im nachfolgenden Kapitel 6.3 diskutiert.

Bach und Jain (1992) berücksichtigten nur die Länder, deren CO_2-Ausstoß im Jahr 1987 größer war als 10 Mio. t. In ihre Analyse gingen somit 69 der insgesamt 179 Länder ein, die für insgesamt rund 98% des gesamten CO_2-Aussstoßes verantwortlich waren. Die Konzentration auf die Hauptverursacher durch diese Verringerung der Vertragsparteien müßte sich günstig auf den Einigungs- und Umsetzungsprozeß auswirken.

Bach und Jain untersuchten eine Vielzahl von Kriterien , wie z. B. CO_2-Emissionen nach Gesamtmenge, pro Kopf und kumuliert, wirtschaftliche Leistungskraft, Schulden, Ressourcen, Erzeugung und Verbrauch von Energie, Energieeffizienz, Bevölkerungsentwicklung, Migration und Flüchtlingsströme, anhand derer eine Aufteilung in vergleichbare Ländergruppen vorgenommen werden kann. Sie konnten anhand statistischer Analysen zeigen, daß eine Beschränkung auf die Kriterien

- CO_2-Emissionen in Tonnen pro Kopf für 1987
- Bruttosozialprodukt pro Kopf in US Dollar von 1985 bis 1988, korrigiert für Inlandskaufkraftparitäten, und
- Bevölkerungswachstum in % pro Jahr von 1985 bis 1990

ausreichend ist, um diese 69 Länder den sechs Ländergruppen wirtschaftlich starke, weniger starke und schwache Industrieländer (IL), sowie Öllän-der, Schwellenländer und Entwicklungsländer (EL) zuzuordnen.

Die Tabelle 6.2-1 unterstreicht die eindeutige Dominanz der wirtschaftlich starken IL, die mit rund 47% sogar den gemeinsamen CO_2-Ausstoß der wirtschaftlich schwachen IL (ca. 25%) und der EL (ca. 21%) im Jahre 1987 übertrafen.

Folgt man den in Kap. 6.1 formulierten Klimaschutzkriterien und Vorgaben eines denkbaren Klimaschutz-Szenarios, so müßten die CO_2-Emissionen weltweit in einem ersten Schritt bis zum Jahr 2005 auf den Stand des Jahres 1987 zurückgeführt werden. Um dies zu erreichen, müssen bei Berücksichtigung des Nachholbedarfs der EL-, Schwellen- und Ölländer sowie der wirtschaftlich weniger starken und schwachen IL, die wirtschaftlich starken IL ihre CO_2-Emissionen bis 2005 um mindestens 25% reduzieren (Tab. 6.2-2). Für die folgenden Jahre sind dann weltweit mit 15% bis 2020, 50% bis 2050 und 70% bis 2100 drastischere Emissionsreduktionen erforderlich, wobei wiederum die starken IL den Hauptanteil der Reduktionen aufbringen müssen (Tab. 6.2-2). Den EL wird in diesem Klimaschutz-Szenario ein Anstieg der CO_2-Emissionen bis 2005 um 50% gegenüber 1987 eingeräumt. Doch auch sie müs-

Tabelle 6.2-2: Zuordnung der CO_2-Emissionsziele[1]) nach sechs Ländergruppen[2]) für das Szenario Klimaschutz[3]) (Bach und Jain, 1992–1993)

	Jahr	Industrieländer wirtschaftlich				Ölproduzierende Länder	Schwellenländer	Entwicklungsländer	Welt insgesamt
		stark	wen. st.	schwach	gesamt				
		%	%	%	%	%	%	%	%
beob. Emissionsentwicklung[4])	1988	3	7	5	4	7	6	3	4
	1989	5	20	1	4	15	6	11	6
	1990	8	35	– 5	4	25	10	17	8
Emissionsziele	1995	5	32	– 5	2	45	25	50	15
	2000	– 9	20	0	– 5	25	15	30	8
	2005	–25	0	2	–15	10	10	50	0
	2020	–40	–15	–10	–30	– 5	– 5	–35	–15
	2050	–80	–70	–60	–73	60	–55	32	–50
	2075	–85	–75	–65	–78	–63	–60	5	–60
	2100	–90	–80	–70	–83	–70	–65	–25	–70

[1]) Prozentänderung bezogen auf 1987
[2]) Nur Länder > 10 Mio t/a.
[3]) Modifiziertes Szenario D der Enquete-Kommission des Deutschen Bundestages (EK, 1991), berechnet mit dem Münsterschen Klimamodell.
[4]) Beobachtete CO_2-Emissionsentwicklung (UN, 1992).

sen in den dann folgenden Jahren diesen Anstieg reduzieren und dürfen gegen Ende des kommenden Jahrhunderts lediglich 75% der CO_2-Menge des Jahres 1987 emittieren (Bach u. Jain, 1992–1993). Der prozentuale Anteil der EL an den energiebedingten CO_2-Emissionen wird zu diesem Zeitpunkt von etwa 20% auf rund 50% angestiegen sein. Der Anteil aller IL sinkt von etwa 75% im Jahr 1987 auf rund 40% im Jahr 2100.

6.3 Klimaschutz: Wirklichkeit und Notwendigkeit

Seit den 80iger Jahren beschäftigt sich die Menschheit verstärkt mit dem von ihr verursachten zusätzlichen Treibhauseffekt und seinen Folgen für das Klima der Erde. Dabei besteht Einigkeit, daß zur Eindämmung der globalen Erwärmung vor allem die Emissionen des wichtigsten anthropogenen Klimagases CO_2 verringert werden müssen. Dieser Einsicht folgte jedoch keine Trendwende bei den CO_2-Emissionen.

So hat es innerhalb des Zeitraumes von 1987 bis 1990 (1990 ist das Bezugsjahr der Klimarahmenkonvention), z. T. erhebliche Zuwächse in fast allen Ländergruppen gegeben (vgl. Tab. 6.2-2). Der Zuwachs betrug für die wirtschaftlich starken IL 8%, die Schwellenländer 10% und die EL 17%. Die beträchtliche Zunahme in den wirtschaftlich weniger starken IL von 35% ist Ausdruck des dort verstärkt eingesetzten Industrialisierungsprozesses. Nur in der Gruppe der wirtschaftlich schwachen IL haben der wirtschaftliche Zusammenbruch des früheren Ostblocks, und nicht Klimaschutzmaßnahmen, zu einer 5%igen CO_2-Abnahme geführt. Dort wird aber, wie auch bei allen weniger entwickelten Ländern, in einer Nachholphase mit einem CO_2-Anstieg zu rechnen sein (Bach u. a., 1994). Insgesamt ergibt sich für die IL für das Jahr 1990 gegenüber 1987 ein CO_2-Anstieg von 4%, der sich für die Welt insgesamt auf den doppelten Betrag erhöht [14)].

[14)] Es gibt zur Zeit noch keine standardisierte Methodologie zur Berechnung der CO_2-Emissionen, mit der Folge, daß es aufgrund unterschiedlicher Statistiken und Emissionskoeffizienten unterschiedliche Abschätzungen der weltweiten CO_2-Emissionen gibt. Das IPCC wird i. A. des INC bis November 1994 eine konsistente Methodologie zur Erfassung der Treibhausgase vorlegen.
Die in Tab. 6.2-2 gezeigten Emissionstrends für die sechs Ländergruppen, die ebenso wie die Werte in Tab. 6.2-1 auf UN-Angaben beruhen, werden qualitativ jedoch allgemein bestätigt. So ergaben die jüngsten Auswertungen des Umweltbundesamtes (1994) für die Entwicklung der CO_2-Emissionen zwischen 1987 und 1990 für die wirtschaftlich starken IL einen Anstieg von 4%, für die weniger starken IL einen Anstieg um 16%, während die wirtschaftlich schwachen IL einen Rückgang der Emissionen um 7% gegenüber 1987 verzeichneten. Nach diesen Auswertungen stiegen von 1987 bis 1990 die Emissionen der Ölländer um 16%, die der Schwellenländer und der Entwicklungsländer um jeweils 13%.

Eine Reihe von Staaten aus der Gruppe der wirtschaftlich starken IL haben CO_2-Reduktions- bzw. Stabilisierungsverpflichtungen für den Zeitraum 1990 bis 2000 bzw. bis 2005 abgegeben. Allen diesen Verpflichtungserklärungen ist gemeinsam, daß sie nicht bindend sind. Längerfristiger angelegte CO_2-Reduktionspläne, wie etwa in Tab. 6.2-2 vorgeschlagen, fehlen bisher gänzlich.

Die Tab. 6.3-1 faßt die anvisierten Emissionsziele der wirtschaftlich starken IL zusammen und vergleicht diese mit einer denkbaren länderspezifischen Aufteilung der aus Klimaschutzgründen für das Jahr 2005 notwendigen 25%igen Reduktion der CO_2-Emissionen gegenüber 1987 für die wirtschaftlich starken IL. Die Tab. 6.3-1 weist nach, daß die für die nächste Zukunft vorgesehenen Klimaschutzmaßnahmen dieser Staaten, sollten sie überhaupt realisiert werden, mit den Zielsetzungen des Klima- und Ökosystemschutzes unvereinbar sind (Bach u. Jain, 1994). Die gesamte CO_2-Emission dieser Länder wird im Jahr 2000 lediglich um 4% unter der des Jahres 1990 liegen. Die erforderliche 25%-ige Reduktion der CO_2-Emissionen der Hauptverursacherstaaten bis zum Jahr 2005 kann mit der bisher absehbaren Klimaschutzpolitik dieser Staaten nicht erreicht werden. Dies bedeutet, daß bereits der erste Schritt einer für die kommenden Jahrzehnte notwendigen Klimaschutzpolitik, nämlich die weltweite Stabilisierung der CO_2-Emissionen in den kommenden zehn Jahren auf das Niveau von 1990, verfehlt wird.

Fazit

Bei der gegenwärtigen halbherzigen und zu kurzfristig angelegten weltweiten Klimaschutzpolitik können die in Kap. 6.1 formulierten Ziele der Enquete-Kommission nicht eingehalten werden. Ein sofortiger, grundlegender und kurzfristiger Umdenkungsprozeß in der internationalen Staatengemeinschaft ist erforderlich. Dies gilt insbesondere vor dem Hintergrund, daß sich die für den Zeitraum nach 2005 notwendigen, weiter verstärkten CO_2-Reduktionsziele und Maßnahmen kaum noch weiter werden steigern lassen. Darüber hinaus wäre es unverantwortlich, den nachfolgenden Generationen den Großteil unserer Reduktionslast aufzubürden, da sie gleichzeitig die Hauptbetroffenen der von uns ausgelösten Klimaveränderung sein werden.

Die Enquete-Kommission drängt mit Nachdruck auf eine für den Klimaschutz ausreichende Konkretisierung langfristiger, verbindlicher Emissionsziele in den der Klimakonvention nachfolgenden Protokollverhandlungen. Dabei läßt sie sich bei ihrem Klimaschutz-Szenario

Tabelle 6.3-1: Bisherige und für den Klimaschutz erforderliche CO_2-Emissions-Verpflichtungen der wirtschaftlich starken Industrieländer Bach u. a. (1994), berechnet anhand der Daten von IEA (1993)

Land	Ist-Stand	Reduktions-Verpflichtungen		Neuer Stand	Erforderliche Reduktionen		Neuer Stand
	1990 Mt	2000 %	2000 Mt	2000 Mt	2005 %	2005 Mt	2005 Mt
USA	5 038	0	0	5 038	–25	–1 260	3 778
Japan	1 060	0	0	1 060	–25	– 265	795
Deutschland	989	–25	–247	742	–30	– 297	692
Großbritannien ..	598	0	0	598	–20	– 120	478
Kanada	437	0	0	437	–20	– 87	350
Italien	411	–15	– 62	349	–25	– 103	308
Frankreich ..	385	0	0	385	–20	– 77	308
Australien ..	272	–15	– 41	231	–25	– 68	204
Niederlande	183	– 4	– 7	176	–22	– 40	143
Belgien	125	– 5	– 6	119	–23	– 29	96
Österreich ..	59	–15	– 9	50	–25	– 15	44
Dänemark ..	56	–15	– 8	48	–25	– 14	42
Schweden ..	56	0	0	56	–20	– 11	45
Finnland	55	0	0	55	–20	– 11	44
Schweiz	44	0	0	44	–20	– 11	35
Norwegen ..	32	0	0	32	–20	– 6	26
Insgesamt ..	9 800	– 4	–380	9 420	–25	–2 412	7 388

von der Verpflichtung zur Vorsorge leiten. Mögliche drastische Klimaschwankungen sind dabei noch nicht berücksichtigt, so daß es sich hier nicht um ein ‚worst case'-Szenario handelt.

Anhang

Die anthropogene Klimabeeinflussung im öffentlichen Meinungsstreit

Naturwissenschaftliche Auseinandersetzungen über einzelne Themenbereiche finden in der Regel über Publikationen in internationalen oder allen öffentlich zugänglichen, nationalen Fachzeitschriften statt, wobei sämtliche Publikationen vor der Veröffentlichung von besonders renommierten Fachkollegen geprüft und viele zurückgewiesen werden. Einen Meinungsstreit in die nicht mit der Materie vertraute Öffentlichkeit zu tragen, bedeutet den Versuch, diesen ‚Review'-Prozeß zu umgehen, und verletzt damit die Grundsätze naturwissenschaftlichen Vorgehens. Beim „öffentlichen Meinungsstreit" ist das nicht mit der Materie vertraute Publikum nur selten in der Lage, Behauptungen von gesicherter wissenschaftlicher Erkenntnissen zu unterscheiden. Es besteht jedoch bereits inhaltlich ein Unterschied zwischen diesen Kritiken und den noch offenen Fragen innerhalb der Klimaforschung, die in Kap. 2 beschrieben sind. Im folgenden werden nur die wesentlichen, seit einigen Jahren immer wieder vorgebrachten Kritikpunkte zur Einschätzung der Klimarelevanz des anthropogenen Treibhauseffekt kurz kommentiert. Dies sind:

1. Die Meßstationen lägen vielfach in Städten oder in deren Nähe, so daß die dort gemessenen Temperaturen durch zusätzliche Stadtwärme verfälscht würden und für die globale Erwärmung nicht repräsentativ seien.
2. Satellitendaten würden keine Erwärmung der Erdatmosphäre anzeigen und damit dem durch Bodenmessungen angezeigten Erwärmungstrend widersprechen.
3. Die natürlichen Einflüsse auf das Klima, wie z. B. Variationen der Sonnenstrahlung und Vulkanausbrüche, seien bei der Erwärmungsabschätzung nicht berücksichtigt worden.
4. Die Wasserdampf-Hypothese: Der Wasserdampf, das wichtigste natürliche Treibhausgas, würde infolge der erwarteten globalen Erwärmung in den oberen, für den Treibhauseffekt besonders wichtigen Schichten der Troposphäre abnehmen. Dadurch käme es zu einer negativen Rückkopplung, welche die Wärmeabstrahlung erhöhen und folglich die anthropogene Erwärmung dämpfen würde.

zu 1. Der Wärmeeinfluß auf die Stadtstationsmessungen ist seit langem bekannt und wurde dementsprechend bei den Auswertungen stets herausgerechnet, obwohl er mit etwa 0,05 °C für das globale Mittel gering ist. Der von Mitte des vergangenen Jahrhunderts bis heute festgestellte mittlere Erwärmungstrend von 0,45 ± 0,15 °C beruht auf umfangreichen Untersuchungen verschiedener, voneinander unabhängig arbeitender Forschungsgruppen in verschiedenen Ländern, die ihre jeweilige Vorgehensweise bei der Auswertung der Datensätze in Fachzeitschriften ausführlich dargelegt haben. Einfache Behauptungen, dieser gemessene Trend sei verfälscht, entbehren jeglicher Grundlage.

zu 2. Satellitenmessungen im Mikrowellenbereich (bei 53,74 Ghz) ermöglichen die Bestimmung einer mittleren Temperatur einer Luftsäule, die sich durch die gesamte Troposphäre bis hinein in die untersten Schichten der Stratosphäre erstreckt, wobei die Luftschichten in rund 5 km Höhe das Meßsignal am stärksten beeinflussen. Es können also Luftschichten zum Signal beitragen, die bei erhöhtem Treibhauseffekt sogar kühler werden sollten und die zudem noch von der Temperaturänderung bei Ozonabnahme in der Stratosphäre betroffen sind. Die Interpretation dieser sicherlich sehr interessanten und von Wolken wenig gestörten Meßgröße ist von einer Vielzahl weiterer Faktoren abhängig. Diese Temperatur ist daher nicht vergleichbar mit Bodenstationsmessungen in 2 m Höhe über Grund. Zudem umfaßt die Meßserie dieser Satellitentemperaturen lediglich die letzten 15 Jahren; viel zu kurz, um schon Aussagen über einen Temperaturtrend machen zu können.

zu 3. Es ist bekannt und wurde bei der Diskussion um die Bedeutung der anthropogenen Klimabeeinflussung auch stets berücksichtigt (s. auch Kap. 2.7), daß z. B. hochreichende Vulkanausbrüche mit einer kurzzeitigen, nur wenige Jahre anhaltenden globalen Abkühlung verbunden sein können und daß periodische Veränderungen der Sonnenaktivität mit geringfügigen Erwärmungs- und Abkühlungstendenzen an der Oberfläche in Verbindung gebracht werden. Beide Effekte können jedoch die beobachteten regionalen Klimaänderungsmuster in den vergangenen 150 Jahren nicht erklären. Die Wechselwirkung zwischen Ozean und Atmosphäre sowie die anthropogene Störung kommen als Hauptursache dafür in Frage. Die Bedeutung von Sonne und Vulkanismus für die Klimaentwicklung im nächsten Jahrhundert wird auch deshalb überschätzt, als der anthropogene Treibhauseffekt noch weiter zunehmen wird, die potentielle Klimawirkung der Sonne jedoch nur langsam veränderlich ist und die der Vulkane zwar nicht vorhersehbar, jedoch als nahezu gleichbleibend eingeschätzt wird, da nicht davon auszugehen ist, daß sich der Vulkanismus im nächsten Jahrhundert wesentlich von dem gegenwärtig beobachteten unterscheiden wird.

zu 4. Die Hypothese der negativen Wasserdampfrückkopplung ist für Laien und Fachleute nicht nur schwer verständlich, sondern widerspricht auch der Alltagserfahrung. Dieser Hauch des Sensationellen ist sicherlich mit ein Grund dafür, daß sie bis heute als Argument gegen die in Wissenschaftskreisen allgemein anerkannte Auffassung einer positiven Rückkopplung bestehen blieb. Ohne auf Einzelheiten einzugehen, läßt sich das Ergebnis dieser Diskussionen wie folgt zusammenfassen:

(a) Bereits grundlegende physikalische Überlegungen lassen eine Zunahme des Wasserdampfes in den oberen Schichten der Troposphäre im Falle einer globalen Erwärmung und damit eine Zunahme des Treibhauseffektes durch den Wasserdampf erwarten.

(b) Nachdem in dem ersten Erklärungsversuch, der beschreiben sollte, warum es zu einer negativen Wasserdampfrückkopplung im Fall einer globalen Erwärmung kommen soll, ein Fehler nachgewiesen werden konnte, wurde die Hypothese nicht wie erwartet zurückgezogen, sondern ein neuer, teilweise sogar dem alten widersprechender Erklärungsversuch vorgelegt. Auch dieser Erklärungsversuch ist physikalisch nicht plausibel.

(c) Die Hypothese ist mit den heute verfügbaren Datensätzen noch nicht eindeutig widerlegt worden. Alle Meßbefunde sprechen allerdings eindeutig für eine positive Wasserdampfrückkopplung und damit gegen die Aussage dieser Hypothese.

Teil B – Energie

1 Lage und Perspektiven der Energieversorgung und -nutzung sowie Emissionen

1.1 Globale Situation

Global betrachtet ist die energetische Nutzung der fossilen Energieträger Kohle, Erdöl und Erdgas für etwa 50 Prozent des anthropogenen Treibhauseffekts verantwortlich. Weitere Ursachen sind die Nutzung verschiedener Produkte der chemischen Industrie, in die Vernichtung der Tropenwälder sowie die Landwirtschaft und anderen Bereichen, die in dieser Reihenfolge mit abnehmender Bedeutung zum Treibhauseffekt beitragen (vgl. Kap. A.4).

Die energiebedingten CO_2-Emissionen sind mit 80 Prozent an den durch energetische Nutzung verursachten Treibhausgasemissionen beteiligt. Im folgenden werden deshalb zunächst die Quellen der CO_2-Emissionen untersucht. Dabei sind die fossilen Energieträger die hauptsächliche Quelle der anthropogenen CO_2-Emissionen.

Wichtig ist in diesem Zusammenhang zu bemerken, daß sich der Engpaß bei der Nutzung fossiler Energieträger durch die Klimaproblematik von der Beschaffungsseite (Ressourcensituation) auf die Entsorgungsseite (Aufnahmekapazität der Erdatmosphäre) verschiebt: Der Nutzung fossiler Energieträger werden viel früher durch den Treibhauseffekt Grenzen gesetzt als durch die Erschöpfung der fossilen Energiequellen (Krause, Bach, Koomey, 1989; DMG, DPG, 1987, XI; Michaelis, 1993).

Bis zur Einführung der Kohle als erstem verfügbaren fossilen Energieträger im 18. Jahrhundert beruhte die Energieversorgung der Gesellschaften auf einer extensiven Nutzung erneuerbarer Energien, wobei vornehmlich Holz, Wasserkraft und Wind als Energiequellen eingesetzt wurden (Sieferle, 1982). Ab dem Ende des 19. Jahrhunderts gewann Erdöl an Bedeutung, zwei Jahrzehnte später begann die intensive Verwendung des Erdgases (Marchetti, 1980). In Tab. 1-1 ist der Weltenergieverbrauch nach Energieträgern für ausgewählte Jahre dargestellt.

Tabelle 1-1 a: Weltenergieverbrauch nach Energieträgern für ausgewählte Jahre, 1925–1992, in Mio. t SKE bzw. (Anteile [in %])

	1925	1938	1950	1960	1968	1980	1992
Feste Brennstoffe	1 230 (83)	1 292 (72)	1 593 (60)	1 998 (47)	2 315 (37)	2 632 (30)	3 092 (29)
Flüssige Brennstoffe	197 (13)	376 (21)	722 (28)	1 499 (36)	2 702 (43)	3 997 (46)	4 470 (42)
Naturgas	48 (3)	100 (6)	252 (10)	613 (14)	1 157 (18)	1 834 (21)	2 545 (24)
Wasserkraft[1])	10 (1)	23 (1)	43 (2)	86 (2)	132 (2)	217 (3)	270 (3)
Kernenergie[1])	–	–	–	–	6 (0)	84 (1)	251 (2)
Gesamt	1 485	1 791	2 610	4 196	6 306	8 764	10 628

Quelle: Darmstadter (1971), Energistik 1987; BP (1993)

[1]) In dieser Tabelle wurden die Kernenergie und die Wasserkraft als Primärelektrizität bewertet. Bei dieser Methode wird das Primärenergieäquivalent des durch Kernenergie bzw. Wasserkraft erzeugten Stroms durch den Heizwert des Stroms definiert (Heizwertmethode).
Eine andere Möglichkeit besteht darin, den Strom mit demjenigen Primärenergieverbrauch zu bewerten, der verzehrt würde, wenn der Strom in konventionellen Wärmekraftwerken erzeugt würde (Substitutionsmethode).
Die mit Hilfe dieser beiden Konventionen auf Primärenergie umgerechneten Endenergiemengen unterscheiden sich etwa um einen Faktor 3, d. h. die gleiche Endenergiemenge entspricht bei der Substitutionsmethode einem dreimal so hohen Primärenergieeinsatz wie bei der Heizwertmethode. Manchmal, z. B. bei IEA (1994) oder BP (1993), werden die beiden Konventionen in einer Statistik gleichzeitig benutzt, was zu dem irreführenden Ergebnis führt, daß Kernenergie weltweit 6 Prozent und Wasserkraft nur 3 Prozent Primärenergieanteil hat, obwohl die Stromerzeugung durch Wasserkraft sogar geringfügig größer ist als die auf der Grundlage von Kernenergie.

Tabelle 1-1 b: Weltenergieverbrauch nach Energieträgern für ausgewählte Jahre, 1925–1992, in Petajoule (PJ)

	1925	1938	1950	1960	1968	1980	1992
Feste Brennstoffe	36 039	37 856	46 675	58 541	67 830	77 118	90 596
Flüssige Brennstoffe	5 772	11 017	21 155	43 921	79 169	117 112	130 971
Naturgas	1 406	2 930	7 384	17 961	33 900	53 736	74 569
Wasserkraft[1])	293	674	1 260	2 520	3 868	6 358	7 911
Kernenergie[1])	0	0	0	0	176	2 461	7 354
Gesamt	43 511	52 476	76 473	122 943	184 766	256 785	311 400

[1]) als Primärelektrizität bewertet

Mit der Nutzung der fossilen Energieträger steigt die damit verbundene Emission von Kohlendioxid seit Beginn der Industriellen Revolution exponentiell an, nur unterbrochen durch die beiden Weltkriege, durch die Weltwirtschaftskrise 1929 und durch die Energiepreissprünge in Folge der Ölpreiskrisen 1973 und 1979 (vgl. Abb. 1-1). In den 70er und 80er Jahren nahmen der weltweite Energieeinsatz und damit auch die energiebedingten CO_2-Emissionen jährlich im Durchschnitt um etwa 2 Prozent zu (Deutscher Bundestag, 1990). Seit 1989 stagnieren diese (bis zum Jahr 1993 inklusive) (BMWi, 1993, 48; Jefferson, 1994).

Diese vom Standpunkt der Klimaschutzpolitik tendenziell günstige Entwicklung seit 1989 bedeutet jedoch keine Trendumkehr. Sie ist nicht das Ergebnis von weltweiten bzw. nationalen Strategien zur CO_2-Reduktion, sondern hauptsächlich die Folge der weltweiten Rezession und des politischen und ökonomischen Umbruchs in den ehemaligen Zentralverwaltungswirtschaften.

Die Industrieländer trugen im Jahr 1990 zu drei Viertel zu den energiebedingten globalen CO_2-Emissionen in Höhe von 21,5 Mrd. Tonnen bei, darunter die OECD-Staaten mit 10,4 Mrd. Tonnen CO_2 zu 48 Prozent und die industrialisierten ehemaligen Staatshandelsländer zu etwa einem Viertel (vgl. Tab. 1-2).

Da die Verweildauer des CO_2 in der Atmosphäre mehr als hundert Jahre beträgt und da der anthropogene Treibhauseffekt weitgehend von den kumulierten Emissionen verursacht wird, sind auch die kumulierten Emissionen zu berücksichtigen. Betrachtet man – aus statistischen Gründen – die kumulierten Emissionen von 1950 bis 1986, so ergibt sich ein Verhältnis der Emissionen von Industriestaaten zu denen der Entwicklungsländer von 82 zu 18 Prozent (Deutscher Bundestag, 1990, Bd. 2, S. 880).

In Tab. 1-3 finden sich die kumulierten Emissionen der größeren Staaten von 1950 bis 1990.

Die Pro-Kopf-CO_2-Emissionen verschiedener Länder bzw. Ländergruppen unterscheiden sich bis zu einem Faktor 20 (vgl. Tab. 1-4). Aus den Werten von Tab. 1-4 wird ersichtlich, daß eine zukünftige CO_2-Reduktion in erster Linie von den Industrieländern zu erbringen ist, da die Mehrheit der Entwicklungsländer für ihre Entwicklung eine Steigerung des Ausmaßes der Nutzung billiger und im großen Umfang verfügbarer (d. h. im allgemeinen: fossiler) Energieträger als notwendig erachtet.

Die CO_2-Emissionen der Europäischen Union (EU) (inkl. neue Bundesländer) beliefen sich im Jahr 1990 auf 3 027 Mio. t. Von 1990 bis 1993 sind die CO_2-Emissionen der EU um 3,2 Prozent auf 2 930 Mio. t gesunken

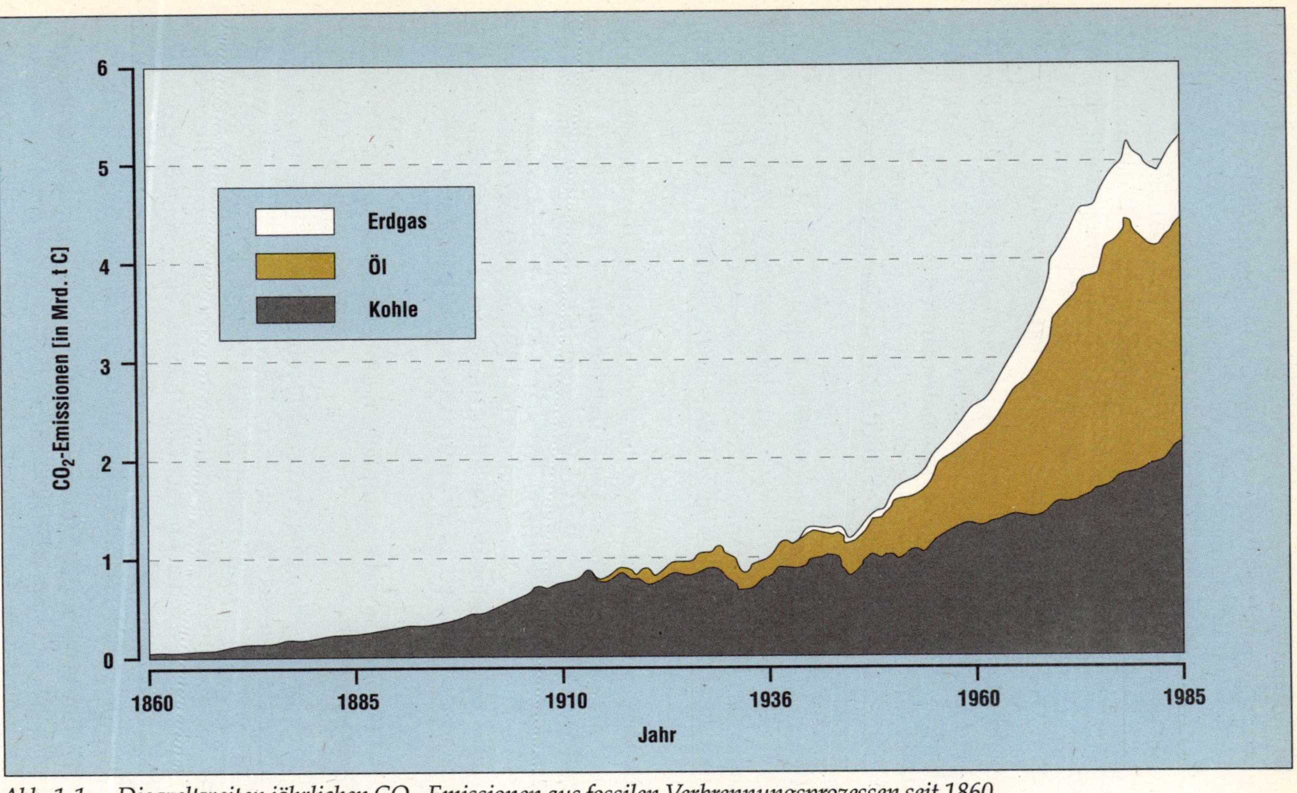

Abb. 1-1: Die weltweiten jährlichen CO_2-Emissionen aus fossilen Verbrennungsprozessen seit 1860 (Rotty, Masters 1985; Rotty 1987)

Tabelle 1-2: Die größten CO_2-Emittenten weltweit (1990)

	Mio. t CO_2	t CO_2 pro Kopf und Jahr
USA	5 040	20
Rußland	2 360	16
China	2 320	2,0
Japan	1 060	8,5
Deutschland [a])	990	12
Ukraine	660	13
Indien	610	0,7
Vereinigtes Königreich	600	10
Kanada	440	16
Italien	410	7,1
Frankreich	380	6,6
Südafrika	360	9,1
Polen	360	9,4
Mexiko	320	3,6
Australien	270	15
Südkorea	240	5,4
Kasachstan	230	14
Spanien	230	5,9
Brasilien	220	1,4
CSFR	210	13
Iran	210	3,4
Saudi Arabien	210	13
Niederlande	180	12
Rumänien	170	7,3

[a]) Vereintes Deutschland; zur zeitlichen Entwicklung der Emissionen der Bundesrepublik Deutschland sowie ihre Aufspaltung in alte und neue Bundesländer vgl. Tab. 1-6 bis 1-10 sowie Tab. 1-12.

Quelle: IEA (1993), Statistisches Bundesamt

Wegen unterschiedlicher Abgrenzung und verschiedener Emissionsfaktoren können die Angaben verschiedener Literaturquellen zu den CO_2-Emissionen voneinander abweichen.

(Eurostat, 1994). Dies ist im wesentlichen auf den wirtschaftlichen Niedergang in den neuen Bundesländern und auf die Rezession zurückzuführen. Die EU strebt an, ihre CO_2-Emissionen bis zum Jahr 2000 auf dem Niveau des Jahres 1990 zu stabilisieren.

Tabelle 1-3: CO_2-Emissionen nach Mengen und pro Kopf für 1986 sowie kumuliert von 1950 bis 1990 nach Ländergruppen (Bach, Jain, 1992–93; UBA)

Länder	CO_2-Emissionen			
	Mengen Mio. t	%	pro Kopf t	kumuliert Mrd. t
1. Wirtschaftlich stark[1]), insgesamt	9 168	*97*		
1 USA	4 766		19,7	157,79
2 Bundesrepublik Deutschland[2])	1 067		13,7	37,77
3 Japan	914		7,5	24,83
4 Vereinigtes Königreich	676		11,9	24,16
5 Kanada	436		17,0	12,44
6 Frankreich	384		6,9	14,93
7 Italien	365		6,4	10,03
8 Australien	245		15,2	6,03
9 Niederlande	203		13,9	4,58
10 Belgien	112		11,3	4,44
2. Wirtschaftlich weniger stark[1]), insgesamt	304	*86*		
1 Spanien	189		4,9	4,94
2 Griechenland	58		5,8	1,29
3 Irland	30		8,4	0,97
4 Portugal	27		2,7	0,74
3. Wirtschaftlich schwach[1]), insgesamt	5 004	*100*		
1 UdSSR	3 737		13,2	95,58
2 Polen	478		12,7	12,55
3 CSSR	244		15,7	8,32
4 Rumänien	212		9,2	4,89
5 Jugoslawien	128		5,5	2,84
6 Bulgarien	122		13,6	2,68
7 Ungarn	83		7,8	2,47

Fortsetzung Tabelle 1-3

Länder	CO_2-Emissionen			
	Mengen in Mio t	%	pro Kopf in t	kumuliert Mrd. t
4. Arabisch, ölproduzierend, insgesamt	334	*84*		
1 Iran	105		2,4	2,68
2 Saudi Arabien	101		7,4	2,76
3 Algerien	52		2,3	0,84
4 Kuwait	27		14,5	0,51
5 Libyen	27		7,3	0,39
6 Oman	22		11,2	0,19
5. Schwellenländer, insgesamt	210	*95*		
1 Südkorea	162		3,9	3,00
2 Hongkong	25		4,6	0,50
6. Entwicklungsländer, insgesamt	3 887	*84*		
1 China	2 028		1,9	40,56
2 Indien	539		0,7	10,30
3 Südafrika	293		7,7	7,11
4 Mexiko	266		3,6	5,45
5 Brasilien	175		1,3	4,36
6 Nordkorea	156		7,5	3,06
7 Türkei	118		2,3	2,60
8 Venezuela	106		6,0	2,09
9 Argentinien	99		3,2	3,3
10 Indonesien	98		0,6	2,02
Summe von 39 Ländern	18 898	*94*		525,72
Summe von 179 Ländern insgesamt	20 055	*100*	4,2	557,05

[1]) Industrieländer

[2]) Schließt die Bundesrepublik Deutschland und die DDR ein

In den Nachfolgestaaten der Sowjetunion wird infolge des Rückgangs der Wirtschaftsleistung bis 1995 ein Rückgang des Primärenergieverbrauchs von ungefähr 20 Prozent erwartet (Schipper, Matinot, 1993, 969).

Die aktuellen Weltenergieverbrauchsprognosen der Internationalen Energieagentur (IEA) und des Weltenergierates gehen trotz der bekannten Gefahren durch eine übermäßige Nutzung von Energie noch von einer Verbrauchssteigerung in allen Ländern aus.

Die IEA prognostiziert eine Zunahme des weltweiten Primärenergieverbrauchs um 48 Prozent zwischen 1991 und 2010, wobei die CO_2-Emissionen um 48 Prozent wachsen würden (IEA, 1994). Der Weltenergierat erwartet einen Anstieg des Weltenergieverbrauchs von 12,6 Mrd. t SKE (370 EJ) im Jahr 1990 auf 16 bis 25 Mrd. t SKE (470 bis 710 EJ) bis zum Jahr 2020 (vgl. Tab. 1-5) (WEC, 1993, 75), was der Intention der Klimarahmenkonvention sowie der Linie der letzten Weltklimakonferenzen widerspricht.

In Anbetracht der sich wandelnden Situation in den ehemaligen Staatshandelsländern Osteuropas und unter Berücksichtigung der finanziellen Einschränkungen vieler Entwicklungsländer bez. des Imports von Energieträgern ist ernstlich infragezustellen, inwiefern solche – die Entwick-

Tabelle 1-4: CO_2-Emissionen der Welt im Jahr 1992 (vorläufige Zahlen)

	1992 (Mio. t CO_2)	Pro-Kopf-Emissionen 1992 (t CO_2 pro Kopf)
Afrika	690	1,01
Nordamerika	5 980	21,21
Lateinamerika	1 020	2,23
Australien und Ozeanien	320	11,85
Asien (ohne GUS, China und Japan)	2 680	1,38
China	2 480	2,14
Japan	1 230	9,88
GUS	3 440	12,08
Europa (ohne GUS)	4 300	8,32
Welt (laut BMWi)	22 400	4,09

Quelle: BMWi, 1993, 49; Statistisches Bundesamt, 1993;

lung der Vergangenheit extrapolierenden – Trendprognosen angesichts des veränderten weltpolitischen Umfeldes noch Aussagekraft über eine wahrscheinliche zukünftige Entwicklung besitzen.

1.2 Nationale Situation

Das vereinte Deutschland emittierte im Jahr 1993 energiebedingt 903 Mio. Tonnen CO_2 und trug damit zu etwa einem Drittel zu den Emissionen der EU bei[2]. Die CO_2-Emissionen der Bundesrepublik erreichten Ende der 70er Jahre ihren Höhepunkt und bewegten sich im darauffolgenden Jahrzehnt leicht nach unten, was hauptsächlich durch die über die Energiepreissteigerungen 1979 induzierten Energieeffizienzsteigerungen zu erklären ist. Seit dem Fall der Mauer sinken die CO_2-Emissionen der Bundesrepublik (alte und neue Bundesländer) stärker als vorher, da durch den Zusammenbruch der Zentralplanwirtschaft in der ehemaligen DDR die gesamtdeutsche Wirtschaftsleistung durch effizientere Prozesse mit modernen Technologien erbracht wird. Die Interministerielle Arbeitsgruppe „CO_2-Reduktion" (IMA) erwartet, daß es bis 2010 bei Durchführung der bislang von der Bundesregierung gemäß den IMA-Empfehlungen vorgesehenen ordnungs- und steuerpolitischen Einzelmaßnahmen ohne zusätzliche Eingriffe seitens der Energiepolitik gegenüber dem Trend-Szenario von Prognos zu einer Reduktion der CO_2-Emissionen von 12 Prozent für Gesamtdeutschland, bezogen auf 1987, kommen wird (IMA-CO_2, 1992, 17), weshalb die Umsetzung weiterer Maßnah-

Tabelle 1-5: Szenario des Weltenergierates zum Weltenergieverbrauch bis zum Jahr 2020 (Weltdaten)

	1990	2020 Szenarien:			
		A	B_1	B	C
Mrd t SKE	12,6	24,7	22,9	19,1	16,1
Mrd t CO_2	21,2	42,2	37,4	30,8	23,1
Zunahme in %		+97	+73	+44	+5

Szenario A: High Growth
Szenario B_1: Modified Reference
Szenario B: Reference
Szenario C: Ecologically Driven

---

[2]) Diese wie auch die folgenden Daten zur Situation der Energiewirtschaft in der Bundesrepublik Deutschland stammen vom Umweltbundesamt.

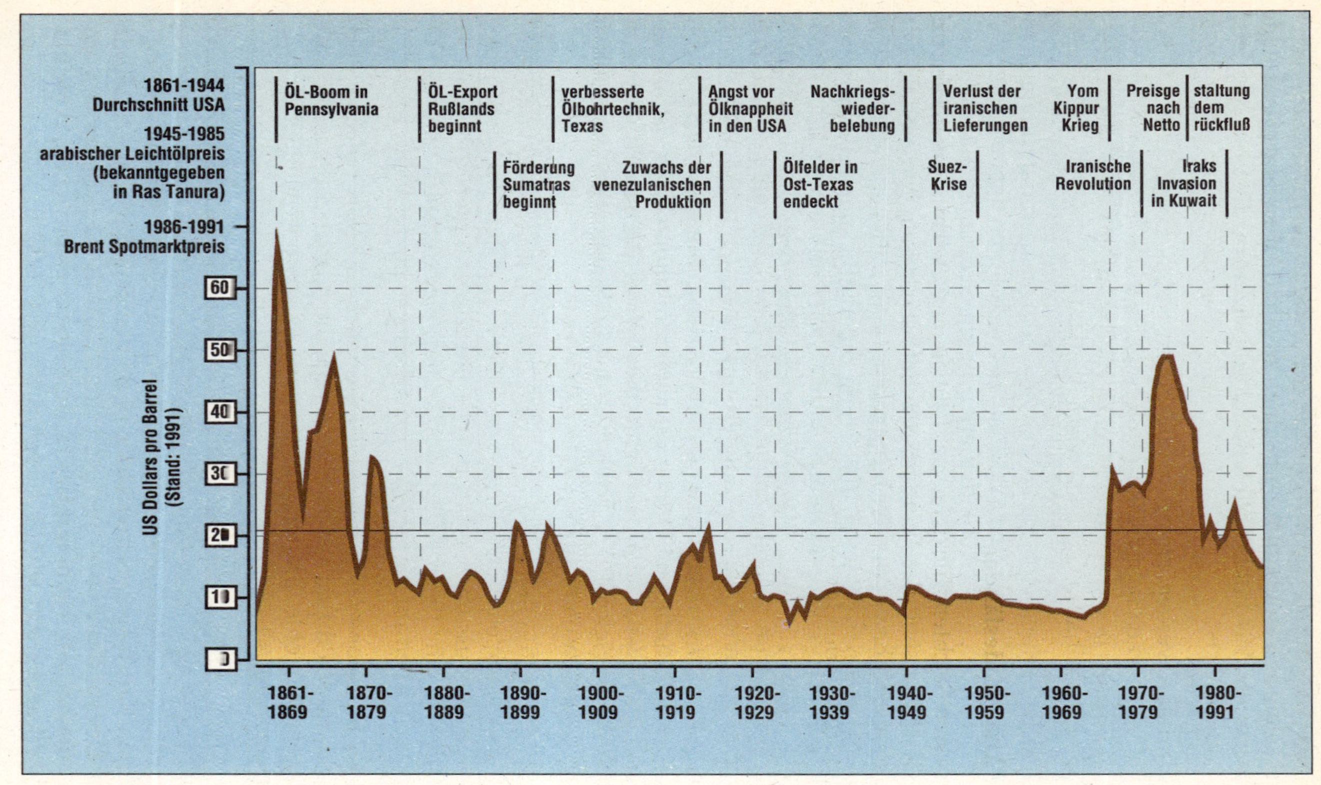

Abb. 1-2: Die Entwicklung des Rohölpreises seit 1861, in US-$ von 1991

men, die von der Enquete-Kommission „Schutz der Erdatmosphäre" vorgeschlagen werden, zum Erreichen des im Kabinettsbeschluß vom 11. Dezember 1991 formulierten Reduktionsziels von 25% bis zum Jahr 2005 notwendig ist.

Im folgenden werden die alten und neuen Bundesländer getrennt betrachtet, da beträchtliche Strukturunterschiede vorliegen und Aussagen über die neuen Bundesländer unter Berücksichtigung der wirtschaftlichen Umbruchsituation gesehen werden müssen.

1.2.1 Alte Bundesländer

Nach einem leichten Rückgang des Primärenergieverbrauchs im Verlauf der 80er Jahre stieg der Primärenergieverbrauch von 1989 bis 1992 an und nahm im Jahr 1993 um 0,6 Prozent ab.

Der Anstieg in den Jahren 1989 bis 1992 ist hauptsächlich darin begründet, daß

- die Bevölkerung durch Zuwanderung bzw. seit der Vereinigung auch durch innerdeutsche Wanderungsbewegungen zunimmt
- der Binnenmarkt der ehemaligen DDR für westdeutsche Unternehmen seit der vollständigen Öffnung der innerdeutschen Grenze als Absatzmarkt erschlossen wird, was zu zusätzlichem Wirtschaftswachstum führt, da in vielen Fällen vorher in der DDR gefertigte Güter durch Waren aus den alten Bundesländern substituiert wurden.

85 Prozent des Primärenergieverbrauchs der alten Bundesländer wurden 1993 von fossilen Energieträgern mit der Folge entsprechender Treibhausgasemissionen erbracht. Die energiebedingten CO_2-Emissionen lagen im Jahr 1993 bei 726 Mio. Tonnen. Sie teilen sich wie nachfolgend beschrieben auf die verschiedenen Sektoren auf (vgl. Tab. 1-8).

Die CO_2-Emissionen im **Umwandlungsbereich** (287 Mio. t im Jahr 1993) stammen zu 90 Prozent aus der Stromerzeugung, wozu die fossilen Energieträger Steinkohle, Braunkohle, Gas und Öl in abnehmender Reihenfolge beitragen.

Dabei können die spezifischen Emissionsfaktoren je nach Kraftwerkstyp und Energieträger unterschiedlich ausfallen. Sie reichen für Kondensationskraftwerke von 1,1 kg CO_2 pro kWh_e bei einem Braunkohlekraftwerk (mit Rauchgasentschwefelung und Entstickung und einem elektrischen Umwandlungswirkungsgrad von 0,36) bis zu 0,37 kg CO_2 pro kWh_e für ein Gas-Kombikraftwerk (mit einem elektrischen Umwandlungswirkungsgrad von 0,52) (Prognos, ISI, 1990, 546).

Tabelle 1-6: CO_2-Emissionen in Deutschland im Zeitraum 1975 bis 1993 nach Sektoren

	CO_2-Emissionen in Mio. t[3][4]										
	1975	1980	1985	1986	1987	1988	1989	1990	1991[1]	1992[1]	1993[1]
Kraft- und Fernheizwerke[5]	351	401	399	404	399	399	403	397	413	390	387
Übriger Umwandlungsbereich[6]	55	56	48	48	47	46	44	40			
Verarbeitendes Gewerbe und[6] übriger Bergbau	232	229	206	194	192	192	191	169	147	142	125
Kleinverbraucher[7]	94	94	91	94	92	86	78	76	75	74	72
Haushalte	140	152	152	158	154	141	120	129	132	126	126
Straßenverkehr	96	117	120	127	133	138	140	150	182	178	185
Übriger Verkehr[8]	31	31	32	31	31	32	34	33			
Hochseebunkerungen	11	10	11	15	11	9	8	8	7	7	7
Gewinnung und Verteilung von Brennstoffen[2]	0	1	0	0	1	1	1	1	1	1	1

Fortsetzung Tabelle 1-6

	CO_2-Emissionen in Mio. t[3])[4])										
	1975	1980	1985	1986	1987	1988	1989	1990	1991[1])	1992[1])	1993[1])
Summe energiebedingter CO_2-Emissionen	1 010	1 091	1 059	1 071	1 060	1 044	1 019	1 003	957	918	903
Prozesse[9])	33	33	28	28	27	28	29	28	25	25	25
CO_2-Emissionen Gesamt	1 043	1 124	1 087	1 099	1 087	1 072	1 048	1 031	982	943	928

[1]) Vorläufige Angaben
[2]) Angaben nur für die alten Bundesländer
[3]) Ohne natürliche Quellen
[4]) Aus Energieverbrauch und Industrieprozessen mit Klimarelevanz
[5]) Bei Industriekraftwerken nur Stromerzeugung
[6]) Bei Industriekraftwerken nur Wärmeerzeugung
[7]) Einschließlich Militärische Dienststellen
[8]) Land-, Forst- und Bauwirtschaft, Militär-, Schienen- und Luftverkehr, Binnen- und Küstenschiffahrt
[9]) Ohne energiebedingte Emissionen

Quelle: Umweltbundesamt, Stand Juli 1994

Tabelle 1-7: CO_2-Emissionen in Deutschland im Zeitraum 1975 bis 1993 nach Energieträgern Deutschland – Mio. t –

	1975	1980	1985	1986	1987	1988	1989	1990	1991	1992*)	1993*)
Steinkohle	191	220	224	218	216	210	207	206	209	198	191
Braunkohle	335	362	397	389	380	381	379	316	270	238	217
Mineralöl	398	397	335	358	349	340	316	333	354	359	366
Naturgas	84	110	103	104	111	110	114	115	120	119	126
Sonstige	2	2	2	2	2	3	3	4	4	4	3
Insgesamt	1 010	1 091	1 061	1 071	1 058	1 044	1 019	1 003	957	918	903

*) vorläufige Angaben

Quelle: Umweltbundesamt, Stand Juli 1994

Was die Wirtschaftlichkeit angeht, gilt für die Bundesrepublik Deutschland, daß die betriebswirtschaftlich relativ kostengünstigste Stromerzeugung im Grundlastbereich derzeit mit Importkohle und Kernenergie erreichbar ist (Stäbler, 1993, 83). Dieser für die Braunkohle ungünstige Sachverhalt verfestigt sich, wenn eine Energie/CO_2-Steuer in die betriebswirtschaftlichen Kostenrechnungen einzubeziehen ist.

In der Entwicklung befindliche Kohle-Kondensationskraftwerke, deren Dampfturbinen Gasturbinen vorgeschaltet sind (z. B. GuD), ermöglichen eine Erhöhung des Umwandlungswirkungsgrads von bislang günstigenfalls 0,38 auf 0,45 bis 0,50. Diese Technik wird jedoch in den alten Bundesländern nicht vor der Jahrhundertwende in nennenswertem Umfang eingesetzt werden, da der Ausbau des Kraftwerkparks abgeschlossen ist und bei seiner Altersstruktur in den nächsten Jahren nicht mit nennenswerten Ersatzbeschaffungen zu rechnen ist (VDEW, 1993, 4f).

Auch für die VEBA, den größten deutschen Energiekonzern, reichen die gegenwärtigen Kraftwerkskapazitäten aus, den Strombedarf zu decken. Entscheidungen über Neuinvestitionen in Kernkraftwerke müssen bei der VEBA frühestens im Jahre 2007 oder 2008 getroffen werden (VEBA, 1994).

Aufgrund des Nachfragerückgangs nach deutscher Steinkohle erlebte der deutsche Bergbau im Jahr 1993 die stärkste Drosselung der Steinkohle-Förderung seit 20 Jahren. Trotzdem wurden immer größere Kohlemengen auf Halde gefahren, so daß im Dezember 1993 23 Mio. t Steinkohle auf Halde lagen (Gesamtverband des Deutschen Steinkohlenbergbaus, 1993). Der Haldenstand ging in den ersten Monaten des Jahres 1994 – wie geplant – zurück, so daß Ende Mai 1994 19,5 Mio. t v. F. (von Förderung) auf Halde lagen (Gesamtverband des Deutschen Steinkohlenbergbaus, 1994).

Eine grundlegende Entspannung der Lage zeichnet sich nicht ab. So planen einige Stromversorger nach Ablauf des Jahrhundertvertrags, Steinkohle zu Weltmarktpreisen (d. h. Importkohle bzw. subventionierte Inlandskohle) in der Grundlast rund um die Uhr einzusetzen. Dies läuft den Zielen einer Klimaschutzpolitik zuwider.

Bedingt durch die wirtschaftliche Entwicklung sinkt der Stromverbrauch wie auch die tatsächliche Jahreshöchstlast der öffentlichen Versorgung seit 1991. So sank der Stromverbrauch von 1991 auf 1992 um 0,5 Prozent, von 1992 auf 1993 um 1,0 Prozent (Elektrizitätswirtschaft, 1994, 95) und im ersten Quartal 1994 um knapp ein Prozent (VDEW, 1994). „Die zum Zeitpunkt der statistisch erfaßten Höchstlast am 15. Januar 1992 für die öffentliche Versorgung verfügbare Kraftwerksleistung betrug 81 616 MW

Tabelle 1-8: CO_2-Emissionen in den alten Bundesländern im Zeitraum 1975 bis 1993 nach Sektoren

	CO_2-Emissionen in Mio. t[3])[4])										
	1975	1980	1985	1986	1987	1988	1989	1990	1991	1992[1])	1993[1])
Kraft- und Fernheizwerke[5])	235	274	249	249	246	243	247	255	267	281	287
Übriger Umwandlungsbereich[6])	34	35	25	25	24	23	22	21	22		
Verarbeitendes Gewerbe und übriger Bergbau[6])	153	157	134	125	123	125	125	121	120	118	107
Kleinverbraucher[7])	67	62	55	59	54	52	45	47	53	58	54
Haushalte	112	117	115	120	115	105	88	94	109	108	110
Straßenverkehr	84	105	109	115	120	124	126	132	135	156	161
Übriger Verkehr[8])	21	21	23	23	23	24	26	27	26		
Hochseebunkerungen	9	9	9	13	9	7	6	7	6	6	6
Gewinnung und Verteilung von Brennstoffen	0	1	0	0	1	1	1	1	1	1	1

Fortsetzung Tabelle 1-8

	CO_2-Emissionen in Mio. t[3])[4])										
	1975	1980	1985	1986	1987	1988	1989	1990	1991	1992[1])	1993[1])
Summe energiebedingter CO_2-Emissionen	715	781	719	729	715	704	686	705	739	728	726
Prozesse[9])	26	26	20	20	19	20	21	22	22	22	22
CO_2-Emissionen Gesamt	741	807	739	749	734	724	707	727	761	750	748

[1]) Vorläufige Angaben
[3]) Ohne natürliche Quellen
[4]) Aus Energieverbrauch und Industrieprozessen mit Klimarelevanz
[5]) Bei Industriekraftwerken nur Stromerzeugung
[6]) Bei Industriekraftwerken nur Wärmeerzeugung
[7]) Einschließlich Militärische Dienststellen
[8]) Land-, Forst- und Bauwirtschaft, Militär-, Maschinen- und Luftverkehr, Binnen- und Küstenschiffahrt
[9]) Ohne energiebedingte Emissionen

Quelle: Umweltbundesamt, Stand Juli 1994

(netto). Dieser verfügbaren Leistung stand eine Tageshöchstlast von 62 455 MW (zeitgleich gemessener Nettowert) bzw. 65 497 MW (zeitungleich aggregierte Tageshöchstleistungen) gegenüber." (Wnuk, 1993, 776) Die Jahreshöchstlast war um 1,1 Prozent niedriger als im Winter zuvor.

Diese Werte verdeutlichen, daß angesichts der bestehenden Überkapazitäten für dieses Jahrzehnt kein Bedarf für den Neubau von Großkraftwerken in den alten Bundesländern besteht.

Die derzeit in Betrieb befindlichen Kernkraftwerke mit einer installierten Leistung von 23 812 MW erzeugten 1993 34 Prozent der Elektrizität in den alten Bundesländern.

Der Einsatz von Wasserkraft zur Erzeugung von Elektrizität (6 951 MW erzeugten 20,1 TWh im Jahr 1993) dominiert bei der Nutzung erneuerbarer Energiequellen mit Abstand.

Die **Industrie** (1993: 107 Mio. t CO_2-Emissionen direkt) hatte im Jahr 1993 einen Anteil von 27 Prozent am Endenergieverbrauch, so daß sie wegen des hohen Stromanteils an ihrem Endenergieverbrauch etwa 40 Prozent der bundesdeutschen CO_2-Emissionen verursachte (vgl. Deutscher Bundestag, 1992, 66). Der Endenergiebedarf der Industrie wurde zu einem Drittel durch Gas, zu je einem Viertel durch Strom und Kohle sowie zu einem Achtel durch Mineralölprodukte gedeckt. Seit der ersten Ölpreiskrise 1973 gelang es der Industrie, ihre Energieintensität (gemessen in Endenergieverbrauch pro Bruttowertschöpfung, d. h. pro in der Industrie geschaffenem Bruttosozialprodukt) um 30 Prozent zu verringern.

Die bis 2005 zu erwartende Verminderung des spezifischen Strom- und Brennstoffbedarfs in der Industrie infolge Produktstrukturwandels, Prozessoptimierung, Einführung neuer energieeffizienterer Prozesse und Erhöhung der Recyclingquoten energieintensiver Grundstoffe liegt zwischen 15 und 18 Prozent.

Der Anteil der **privaten Haushalte** (110 Mio. t CO_2-Emissionen im Jahr 1993) am Endenergieverbrauch liegt bei knapp 30 Prozent. Die Energie wird hauptsächlich zur Raumwärmebereitstellung verwendet. Wegen der Zunahme der Wohnfläche steigt der Energieverbrauch der Haushalte an. Dieser Anstieg ist jedoch langsamer als das Wachstum der Wohnflächen, da die Sanierung von bestehenden Heizungsanlagen und Gebäuden sowie das im Vergleich höhere Wärmedämmniveau der Neubauten den Wachstumseffekt teilweise kompensieren.

Der in sich sehr inhomogene Sektor **Kleinverbrauch** (54 Mio. t CO_2-Emissionen) beansprucht ca. 17 Prozent des Endenergiebedarfs, die zu zwei Fünfteln durch Mineralöl und zu einem Viertel durch Erdgas (hauptsächlich für die Raumwärmebereitstellung) gedeckt wird.

Im **Verkehr** (167 Mio. t direkte CO_2-Emissionen im Jahr 1993 in den alten Bundesländern) steigen die Emissionen seit Jahren an. Aufgrund seiner Entwicklungsdynamik wird der Verkehr auch in Zukunft einen zunehmenden Anteil an den bundesdeutschen CO_2-Emissionen haben. So wird ein Anstieg der Emissionen des Verkehrssektors um 50 Prozent für das vereinigte Deutschland bis zum Jahr 2005 erwartet, wenn sich der derzeitige Trend fortsetzt (IFEU, 1992, S. 302). Der Verkehr nimmt damit eine Sonderstellung ein (vgl. Teil C).

Außer der sektoralen Darstellung, die von der Energienachfrage ausgeht, ist es – den Blickwinkel der Energieangebotsseite einnehmend – üblich, die CO_2-Emissionssituation nach Energieträgern aufzuschlüsseln (vgl. Tab. 1-9).

1.2.2 Neue Bundesländer

Die Situation in den neuen Bundesländern ist stark durch den industriellen Umbruch und eine De-Industrialisierung geprägt, was sich anhand des Rückgangs des Primärenergieverbrauchs (1990 um 18 Prozent und 1991 um 27 Prozent, jeweils im Vergleich zum Vorjahr) nachvollziehen läßt. Die CO_2-Emissionen Ostdeutschlands haben sich von 1987 bis 1993 halbiert.

Wegen des rapiden strukturellen Wandels wird die CO_2-Emissionssituation nicht systematisch in sektoraler Darstellung angeführt, sondern nach Energieträgern aufgeschlüsselt. In groben Zügen wird die Situation anschließend in den Verbrauchsbereichen skizziert, in denen Trendaussagen gemacht werden können.

Die Überbetonung der Angebotsseite und das Streben nach einer möglichst autarken Energieversorgung führten in der DDR zu höchst ineffizienter Energienutzung mit schwerwiegenden Schäden an der menschlichen Gesundheit, den Bauwerken und der Umwelt.

Die fossilen Energieträger deckten 1989 95,5 Prozent des Primärenergiebedarfs der DDR ab, wobei 333 Mio. t CO_2 emittiert wurden. Die Emissionen wurden zu 83 Prozent durch die Verbrennung von Braunkohle, zu 9 Prozent von Mineralöl und jeweils zu 4 Prozent von Gas und Steinkohle verursacht (vgl. Tab. 1-10).

Tabelle 1-9: CO_2*-Emissionen in den alten Bundesländern im Zeitraum 1975 bis 1993 nach Energieträgern Alte Bundesländer – Mio. t –*

	1975	1980	1985	1986	1987	1988	1989	1990	1991	1992*)	1993*)
Steinkohle	172	200	209	203	199	196	194	195	201	191	186
Braunkohle	111	125	115	106	99	100	103	103	106	107	101
Mineralöl	353	355	304	328	316	309	285	300	317	317	322
Naturgas	76	99	90	90	98	96	101	104	111	109	114
Sonstige	2	2	2	2	2	3	3	3	4	4	3
Insgesamt	714	781	720	729	714	704	686	705	739	728	726

*) vorläufige Angaben

Quelle: Umweltbundesamt, Stand Juli 1994

Im Jahr 1993 waren die CO_2-Emissionen auf 177 Mio. t gesunken, die zu 60 Prozent aus der Braunkohlenutzung, zu 28 Prozent durch Verwendung von Mineralöl, zu 8 Prozent aus der Verwendung von Erdgas und zu 3 Prozent durch Steinkohlenutzung emittiert wurden.

Der Rückgang des Primärenergieverbrauchs der letzten Jahre trifft in erster Linie die **Braunkohle,** die vom Zusammenbruch der Industrieproduktion und des damit verbundenen Rückgangs des Strombedarfs am stärksten betroffen ist.

Trotz Stillegung von Stromerzeugungskapazitäten weisen die Kraftwerke in den neuen Bundesländern eine deutlich niedrigere Ausnutzungsdauer auf als in den alten Bundesländern. Sie liegt beispielsweise bei Braunkohlekraftwerken im Jahr 1992 bei 4 556 Stunden – im Vergleich mit 7 117 Stunden im Westen (Wnuk, 1993, 777).

Die Zukunft der ostdeutschen Braunkohlereviere ist durch entsprechende Vereinbarungen der Treuhand mittlerweile genauer prognostizierbar.

So fand Ende 1993 die Privatisierung der Mitteldeutschen Braunkohlewerke statt. Dabei ist laut Vertrag mit dem neuen Eigentümer, eine jährliche Förderung von 20 Mio. t Rohbraunkohle sowie die Erzeugung von 1,3 Mio. t Veredlungsprodukten vorgesehen (Treuhandanstalt, 1993). Im Jahr 1992 lag die Förderung der MIBRAG bei 36,3 Mio. t Rohbraunkohle (Rheinbraun, 1993, 7) (vgl. Tab. 1-11).

Am 28. Februar 1994 wurde bei der Kanzlerrunde zur ostdeutschen Wirtschaft die Einigung über die Privatisierung der Laubag (Lausitzer Braunkohlenrevier) erzielt (BMWi, 1994 a). Die zukünftigen Eigentümer gehen für das Jahr 2000 von einer Förderung von 50 bis 55 Mio. t Braunkohle aus (Rheinbraun, 1994 a).

Die Braunkohleförderung zieht die Problematik des Grundwasserdefizits durch Braunkohletagebau nach sich. Das durch den intensiven Braunkohleabbau der DDR entstandene Grundwasserdefizit besteht in der Lausitz in einem so großen Ausmaß, daß die Niederschläge von Jahrzehnten notwendig sind, um es wieder ausgleichen zu können.

Aufgrund des bestehenden hydrologischen Ungleichgewichts darf das Abpumpen von Grundwasser (und das bedeutet – aus wirtschaftlicher Sicht – wohl auch die Braunkohle-Förderung) nicht abrupt aufhören, da die Nutzer und Ökosysteme nachfolgender Fließgewässer (wie z. B. der Spree) sich dem vermehrten Wasserzufluß aus den Braunkohleabbaugebieten angepaßt haben. Das Fortsetzen des Braunkohleabbaus in großem Umfang ist allerdings keine angemessene Lösungsstrategie, da dies zwar zu einer momentanen Entlastung der Situation führt, die Proble-

Tabelle 1-10: *CO_2-Emissionen in den neuen Bundesländern im Zeitraum 1975 bis 1993 nach Energieträgern*
Neue Bundesländer – Mio. t –

	1975	1980	1985	1986	1987	1988	1989	1990	1991	1992 *)	1993 *)
Steinkohle	19	20	15	15	17	14	13	11	8	7	5
Braunkohle	224	237	282	283	281	281	276	243	164	131	116
Mineralöl	45	42	31	30	33	31	31	33	37	42	44
Naturgas	8	11	13	14	13	14	13	11	9	10	12
Insgesamt	296	310	341	342	344	340	333	298	218	190	177

*) vorläufige Angaben

Quelle: Umweltbundesamt, Stand Juli 1994

Tabelle 1-11: Kennzahlen des deutschen Braunkohlebergbaus

Revier	Fördermenge			Beschäftigte			Förderung je Beschäftigtem		
	in Mio. t		1993	in 1 000		1993	in t		1993
	1989	1993	89 = 100	1989	1993	89 = 100	1989	1993	89 = 100
West-Deutschland	109,8	106,2	96,7	17,9	16,0	89,4	6 134	6 650	108,4
davon:									
Rheinland	104.2	102,1	–	15,6	14,5	–	–	–	–
Ost-Deutschland	300,8	115,6	37,4	138,8	37,7	27,2	2 167	3 064	141,4
davon:									
Lausitz	195,1	87,3	–	79,0	27,2	–	–	–	–
MIBRAG	105,7	28,2	–	59,8	10,5	–	–	–	–
Deutschland (gesamt)	410,7	221,8	54,0	156,7	53,7	34,3	2 621	4 130	157,6

Quelle: Statistik der Kohlewirtschaft E. V., ESSEN

matik jedoch langfristig verschärft. Aus diesem Grund ist im Rahmen eines klimaverträglichen Gesamtkonzeptes für die zukünftig noch mögliche Steinkohle- und Braunkohleeinsatzmenge eine Streckung des Abbaus geboten. Gleichzeitig sollte ein umfassender Sanierungsplan zur Problematik des Grundwasserdefizits und der damit verbundenen Folgeprobleme erarbeitet werden.

Insgesamt betrachtet zeichnet sich ein Zielkonflikt zwischen dem Umfang der Braunkohlenutzung[3)] und einer wirksamen Klimaschutzpolitik ab (Bals, 1992; Loske, Hennicke, 1993; Michaelis, 1994). So plädiert die Vereinigte Energiewerke AG (VEAG) dafür, „im Interesse eines möglichst hohen Braunkohleabsatzes die Errichtung von gasgefeuerten Eigenerzeugungsanlagen im kommunalen, regionalen und industriellen Bereich auf ein akzeptables Maß zu begrenzen" (VEAG, 1994). Das bedeutet, daß die unter Klimagesichtspunkten zu favorisierende dezentrale Energieumwandlung – wenn möglich in Kraft-Wärme-Kopplung – gegenüber der Braunkohleverstromung in Großkondensationskraftwerken zurücktreten soll.

Die VEAG hat im konkreten Fall den Stadtwerken Potsdam angeboten, anstatt des geplanten GuD-Heizkraftwerks auf Erdgasbasis reine Heizwerke zu errichten. Der Strom sollte dann von Braunkohlekraftwerken in der Lausitz geliefert werden (Stromthemen, 1993, 5). Diese von der VEAG verfolgte Strategie steht im Gegensatz zu dem in einer Studie für die Enquete-Kommission „Schutz der Erdatmosphäre" empfohlenen Vorgehen bezüglich einer effizienten Klimaschutzpolitik (Prognos, 1994, V).

Die Änderung des Modal-Split im Verkehr zugunsten der Straße führte zu einer Steigerung des **Mineralölabsatzes.**

Daneben wird durch die Umstellung von Kohleeinzelöfen auf Zentralheizungssysteme der Heizöl- und **Gasverbrauch** der privaten Haushalte steigen.

Der durchschnittliche Endenergieverbrauch pro Wohnfläche betrug 1989 in der DDR 255 kWh/m^{2}a (im Vergleich zu 170 bis 190 kWh/m^{2}a in den alten Bundesländern). Die durch den Beitritt nunmehr geltenden Rechtsnormen (z. B. Bundesimmissionsschutzverordnung) zwingen nach einer Übergangsperiode zu einem nachhaltigen Wandel der Energieträger-

3) Der Zielkonflikt besteht zwischen dem Umfang der Kohlenutzung (Stein- und Braunkohle) und einer wirksamen Klimaschutzpolitik (vgl. Kap. B5). Da in den neuen Bundesländern Steinkohle nicht in nennenswertem Umfang eingesetzt wird, beschränkt sich die Darstellung an dieser Stelle auf die Braunkohle.

Tabelle 1-12: CO_2-Emissionen in den neuen Bundesländern im Zeitraum 1975 bis 1993 nach Sektoren

	CO_2-Emissionen in Mio. t[3][4]										
	1975	1980	1985	1986	1987	1988	1989	1990	1991[1]	1992[1]	1993[1]
Kraft- und Fernheizwerke[5]	116	127	150	155	153	156	156	142	124	109	100
Übriger Umwandlungsbereich[6]	21	21	23	23	23	23	22	19			
Verarbeitendes Gewerbe und übriger Bergbau[6]	79	72	72	69	69	67	66	48	27	24	18
Kleinverbraucher[7]	27	32	36	35	38	34	33	29	22	16	18
Haushalte	28	25	27	28	29	26	32	25	23	18	16
Straßenverkehr	12	12	11	12	13	14	14	18	21	22	24
Übriger Verkehr[8]	10	10	9	8	8	8	8	6			
Hochseebunkerungen	2	1	2	2	2	2	2	1	1	1	1
Gewinnung und Verteilung von Brennstoffen	k. A.	k. A.	k. A.	k. A.	k. A.	k. A.	k. A.	k. A.	k. A.	k. A.	k. A.
Summe energiebedingter CO_2-Emissionen	295	310	340	342	345	340	333	298	218	190	177
Prozesse[9]	7	8	8	8	8	8	8	6	3	3	3
CO_2-Emissionen gesamt	302	318	348	350	353	348	341	304	221	193	180

[1]) Vorläufige Angaben [3]) Ohne natürliche Quellen [4]) Aus Energieverbrauch und Industrieprozessen mit Klimarelevanz [5]) Bei Industriekraftwerken nur Stromerzeugung [6]) Bei Industriekraftwerken nur Wärmeerzeugung [7]) Einschließlich Militärische Dienststellen [8]) Land-, Forst- und Bauwirtschaft, Militär-, Schienen- und Luftverkehr, Binnen- und Küstenschiffahrt [9]) Ohne energiebedingte Emissionen k. A. = keine Angaben verfügbar

Quelle: Umweltbundesamt, Stand Juli 1994

struktur bei der Raumwärmebereitstellung, was mit erheblichen Effizienzsteigerungen verbunden sein wird.

Das Deutsche Institut für Wirtschaftsforschung (DIW) kommt in einer Studie für das Bundesministerium für Umwelt, Naturschutz und Reaktorsicherheit zu dem Ergebnis, daß die CO_2-Emissionen des Haushaltssektors insgesamt trotz Zunahme der Wohnfläche und der Ausstattung mit elektrischen Haushaltsgeräten bis 2005 um 36–38 Prozent (verglichen mit 1989) zurückgehen (DIW, 1991, 85).

Die Industrie ist der durch den gesellschaftlichen Wandel am stärksten betroffene Sektor, was sich im Rückgang der Produktion niederschlägt. Zukünftige Aussagen über die Entwicklung des Verarbeitenden Gewerbes sind kaum belastbar. Das DIW geht von einer Halbierung des Energieverbrauchs im Verarbeitenden Gewerbe bis 2005 aus.

Im Umwandlungsbereich, der die Kraft- und Heizwerke, Raffinerien, Kokereien u. a. umfaßt, ist gleichermaßen eine Steigerung der Energieeffizienz zu erwarten. Bei der Stromerzeugung lag der Nettoumwandlungswirkungsgrad in der DDR bei 0,295 – im Vergleich zu 0,36 in Westdeutschland. Aufgrund des Fristenplans der Großfeuerungsanlagenverordnung muß die Altsubstanz bis 1. Juli 1996 mit Rauchgasentschwefelung und Entstickung nachgerüstet sein, nicht nachgerüstete Altsubstanz muß unter Berücksichtigung der zulässigen Restnutzungsdauer bis 1. April 1999 außer Betrieb genommen werden. Dies wird wegen der Altersstruktur des bestehenden Kraftwerkparks zu einer Stilllegung von etwa zwei Dritteln der vor 1990 bestehenden Anlagen führen.

Die Fernwärme versorgte im Jahr 1989 24 Prozent der Wohnungen. Ihr Anteil war damit dreimal so hoch wie in den alten Bundesländern. Der Anteil der mit Wärmeversorgung gekoppelten Stromerzeugung sank allerdings wegen Nicht-Verfügbarkeit von KWK-Technik von 24 Prozent im Jahr 1972 auf 16 Prozent im Jahr 1989. Die Notwendigkeit der Sanierung der Heizkraft- und Heizwerke eröffnet die Möglichkeit, auch hier deutliche Effizienzsteigerungen zu erzielen.

Nach der Beilegung des Stromstreits über die Rolle der Stadtwerke in den neuen Bundesländern im Juli 1993 kommt die Bildung neuer Stadtwerke in Gang. Der Stromvergleich sieht vor, daß die Stadtwerke zusammen 30 Prozent des von ihnen benötigten Stroms produzieren dürfen und die restlichen 70 Prozent von der überregionalen VEAG, die ihren Strom vornehmlich in Braunkohle-Großkraftwerken erzeugt, beziehen müssen.

149 Kommunen in den neuen Bundesländern haben nach § 5 EnWG Genehmigungen zur Gründung von Stadtwerken für die Stromversorgung beantragt (Stromthemen, 1994, 1).

Der Beitrag der erneuerbaren Energien zur Energieversorgung der neuen Bundesländer (im Jahr 1993 Erzeugung von 1,7 TWh_e Hydroelektrizität; sowie im Jahr 1990 0,02 TWh (thermisch) Geothermie (Ziesing, 1993, 15)) liegt deutlich niedriger als im Westen.

1.3 Sonstige durch Energienutzung verursachte Treibhausgase

Durch den Einsatz der für die Energienutzung relevanten Techniken und Maßnahmen entstehen außer Kohlendioxid noch die Treibhausgase Ozon, Methan und Distickstoffoxid, die beiden letzteren vornehmlich (zu 95 Prozent) in den der Verbrennung vorgelagerten Bereiche.

Troposphärisches Ozon wird durch die Freisetzung der Vorläufersubstanzen Kohlenmonoxid, Stickoxide und flüchtiger organischer Verbindungen (ohne Methan) verursacht.

Nach einer neueren Studie (Hein, 1994, 100) entweicht Methan jährlich weltweit in Mengen von 469 Mio. t in die Atmosphäre, davon

- 53 Mio. Tonnen pro Jahr aus dem Steinkohlenbergbau (35 Mio. t) sowie der Erdölförderung (18 Mio. t),

Tabelle 1-13: Emissionssituation in Deutschland von CO_2, CH_4, N_2O, FCKW und Halone für 1990

	Menge in Mio. Tonnen	Anteil am Treibhauseffekt in Prozent
CO_2	1 031	*50*
CH_4	6	*13*
N_2O	0,2	*5*
FCKW und Halone	0,04 [1])	*17* [2])
Ozon	–	*7*

[1]) Diese Stoffe wurden in dem Bericht nicht betrachtet, da ihre Reduzierung bereits durch das Montrealer Protokoll geregelt worden ist.

[2]) Es wird darauf hingewiesen, daß der Anteil der FCKW und Halone am Treibhauseffekt trotz des sich abzeichnenden Ausstiegs aus Produktion und Verwendung wegen ihrer langen Verweilzeit in der Atmosphäre noch für mehrere Jahrzehnte in der hier angegebenen Größenordnung liegen wird.

noch Tabelle 1-13: Treibhausgasemissionen von CH_4 und N_2O für 1990 nach Emittentengruppen in Kilotonnen (1 kt = 1 000 Tonnen)

	CH_4 (kt/a)	N_2O (kt/a)
Bereich Energie	1 750	35
Öffentliche Kraft- und Fernheizwerke	12	13
Industrielle Feuerungsanlagen	25	7
Gewerbliche, institutionelle, private Feuerungsanlagen	160	6
Straßenverkehr	50	9
Weitere mobile Quellen, Maschinen, Geräte	2	k. A.
Internationaler Verkehr (Luft- und Seeverkehr)	0	k. A.
Gewinnung und Verteilung fossiler Brennstoffe	1 500	0
Bereich Nicht-Energie	4 250	185
Produktionsprozesse	10	100
Produktverwendung	0	6
Landwirtschaft	2 050	75
Abfallwirtschaft	2 200	4
Änderung der Flächennutzung	k. A.	k. A.
Summe:	6 000	220

- 70 Mio. Tonnen pro Jahr aus organischen Abfällen in Deponien sowie
- 46 Mio. Tonnen pro Jahr aus der Erdgasförderung und -verteilung.

Damit bilden die energiebedingten Emissionen etwa ein Fünftel der insgesamt anfallenden Methanemissionen. Beim Erdgas ist die Unsicherheit der Emissionsangabe auch auf Leckagen in der GUS zurückzuführen, über die wenig bekannt ist und die 5 Prozent (d. h.

33 +/– 8 Mio. Tonnen CH_4 pro Jahr) der Erdgasförderung der GUS betragen sollen.

Die energiebedingten Emissionen weiterer Treibhausgase in der Bundesrepublik Deutschland sind in Tab. 1-13 nach verschiedenen Emittentenbereichen aufgeschlüsselt.

2 Bilanz und Umfeld der Klimaschutzpolitik

2.1 Klimaschutzpolitik im globalen Rahmen

Die im Juni 1992 auf der UN-Konferenz „Umwelt und Entwicklung" in Rio de Janeiro von 154 Staaten sowie von der EU gezeichnete Klimarahmenkonvention ist bisher das weitreichendste internationale Abkommen zum Klimaschutz. Endziel dieses Übereinkommens ist es, gemäß Artikel 2 die Stabilisierung der Treibhausgaskonzentrationen in der Atmosphäre auf einem Niveau zu erreichen, auf dem eine gefährliche anthropogene Gefährdung des Klimasystems verhindert wird. Ein solches Niveau sollte innerhalb eines Zeitraums erreicht werden, der ausreicht, damit sich die Ökosysteme auf natürliche Weise den Klimaänderungen anpassen können (BMU, 1992, 11).

Die Beschränkung des Textes der Klimarahmenkonvention auf qualitative und daher unterschiedlich interpretierbare Ziele ist für die Enquete-Kommission „Schutz der Erdatmosphäre" nicht hinreichend problemadäquat, jedoch hätte ein Festhalten an rigiden quantitativen Zielen ein Scheitern der Konferenz provoziert.

Die Konvention regelt, daß die beigetretenen Staaten regelmäßig einen Bericht über ihre Emissionen von Treibhausgasen sowie über die von ihnen eingeleiteten Maßnahmen zum Klimaschutz vorlegen.

Außer der Feststellung, daß die Industrieländer ihre Emissionen auf das Niveau von 1990 zurückführen sollen – wobei der Zeitpunkt offen bleibt –, sind in der Klimarahmenkonvention keine Aussagen zu quantitativen Reduktionszielen oder -verpflichtungen festgeschrieben. Es bleibt den Folgeprotokollen der Klimarahmenkonvention überlassen, diese für eine wirksame internationale Klimaschutzpolitik notwendige Voraussetzung auszuhandeln.

Die Klimarahmenkonvention ist am 21. März 1994, drei Monate nach Hinterlegung der 50. Ratifikationsurkunde, in Kraft getreten. Mittlerweile haben 100 Staaten die Konvention ratifiziert (Stand Oktober 1994). Die erste Vertragsstaatenkonferenz wird im März 1995 in Berlin stattfinden. Die Empfehlungen der Enquete-Kommission „Schutz der Erdatmosphäre" für diese Konferenz sind in Teil E dieses Berichts dargestellt.

Wegen der weltweiten Rezession, aufgrund derer in vielen Ländern der Handlungsspielraum der Politik eingeschränkt und langfristigen Problemen wie z. B. dem Klimaschutz geringere Priorität eingeräumt wurde, gab es nach der UN-Konferenz „Umwelt und Entwicklung" in Rio de Janeiro beim internationalen Klimaschutz geringere Fortschritte als erwartet. So erscheint es entgegen früheren Erwartungen als unwahrscheinlich, daß bereits auf der ersten Vertragsstaatenkonferenz im März 1995 Einigung über ein Protokoll zur Klimarahmenkonvention gefunden werden kann.

Am 16. März 1994 haben sich Industrie- und Entwicklungsländer geeinigt, die Mittel der Global Environment Facility (GEF) um 2 Mrd. US-$ aufzustocken. Mit den Mitteln der GEF sollen Projekte in den Bereichen Klimaschutz, Erhaltung der Artenvielfalt, Schutz internationaler Gewässer und Schutz der Ozonschicht in Entwicklungsländern und in den Staaten im Übergang gefördert werden (BMZ, 1994).

Über die nationalen Emissionsziele der OECD-Länder gibt Tab. 2-1 Auskunft. Außerhalb der OECD haben keine weiteren Länder Aussagen zur Stabilisierung ihrer CO_2-Emissionen gemacht. Jedoch ist abzusehen, daß die meisten Staaten Mittel- und Osteuropas einer Stabilisierung ihrer CO_2-Emissionen nahe kommen werden (IEA, 1993, 3).

Für einzelne OECD-Länder, die keine EU-Mitglieder sind, wird im folgenden beispielhaft auf deren Klimaschutzmaßnahmen eingegangen.

Die USA – größter Emittent von Treibhausgasen – haben am 19. Oktober 1993 ihren Climate Change Action Plan vorgestellt. Am 21. April 1993 hatte der Präsident angekündigt, daß die Vereinigten Staaten sich verpflichten, ihre Treibhausgasemissionen bis zum Jahr 2000 auf das Niveau von 1990 zurückzuführen (Clinton, Gore, 1993, 5).

Die Treibhausgasemissionen werden dabei – nach Umrechnung der Wirkung der verschiedenen emittierten Verbindungen in Kohlenstoffäquivalente – als Differenzwert zwischen Quellen und Senken bestimmt. Durch die in dem Plan vorgesehenen Maßnahmen (u. a. auch Aufforstungen) soll erreicht werden, daß die Treibhausgasemissionen der USA im Jahr 2000 im Vergleich zu 1990 stabil bleiben und nicht – wie ohne die Durchführung dieser Maßnahmen zu erwarten – um weitere 7 Prozent steigen würden, die CO_2-Emissionen alleine um 8 Prozent. (Clinton, Gore, 1993, 11). Laut Plan würden die energiebedingten CO_2-Emissionen (inkl. der Zementherstellung) zwischen 1990 und 2000 um 3 Prozent steigen, d. h. unterproportional zur gesamten Reduktion beitragen (EECC, 1993, 3f).

In dem Plan, der Ausgaben in Höhe von 1,9 Mrd. $ zwischen 1994 und 2000 für Klimaschutzmaßnahmen vorsieht, wird großes Gewicht auf frei-

Tabelle 2-1: CO_2-Emissionsziele in Ländern der OECD

Land	Art der Vorgabe	Einbezogene Gase	Aktion	Basisjahr	Zieljahr	Bedingungen/Kommentare
Australien	Ziel	Treibhausgase, die nicht unter das Montreal-Protokoll fallen	Stabilisierung 20% Reduktion	1988 1988	2000 2005	Vorläufiges Planziel unter der Voraussetzung: • „no regret"-Maßnahmen • ähnliche Aktion von anderen wichtigen CO_2-Emittentenländern
Österreich	Ziel	CO_2	20% Reduktion	1988	2005	Parlamentarische Zustimmung steht noch aus
Belgien	Ziel	CO_2	5% Reduktion	1990	2000	–
Kanada	Ziel	CO_2 und andere Treibhausgase	Stabilisierung	1990	2000	Stabilisierungsziel, das auf allen Gasen zusammengefaßt basiert. FCKW sind nicht enthalten.
Dänemark	Ziel	CO_2	20% Reduktion	1988	2005	Plan zur Umsetzung angenommen
Finnland	Ziel	CO_2	Stabilisierung	–	Zweite Hälfte der 90er Jahre	Politisches Ziel für den Energiesektor
Frankreich	Ziel	CO_2	Stabilisierung	1990	2000	Ziel ist eine Stabilisierung unterhalb 2 Tonnen Kohlenstoff (7,3 t CO_2) pro Kopf und Jahr bis 2000
Bundesrepublik Deutschland	Ziel	CO_2	25–30% Reduktion	1987	2005	–
Griechenland ...	EU-Vereinbarung	CO_2	– – – siehe Fußnote – – –			
Island	EFTA-Vereinbarung	CO_2	– – – siehe Fußnote – – –			

Fortsetzung Tabelle 2-1

Land	Art der Vorgabe	Einbezogene Gase	Aktion	Basisjahr	Zieljahr	Bedingungen/Kommentare
Irland	Ziel	CO_2	Beschränkung auf 20 % Wachstum	1990	2000	–
Italien	Ziel	CO_2	Stabilisierung 20 % Reduktion	1988 1988	2000 2005	Nichtbindende Resolution
Japan	Ziel	CO_2	Stabilisierung	1990	2000	• auf Pro-Kopf-Basis wird umgesetzt, • wenn andere ähnlich handeln
Luxemburg	Ziel	CO_2	Stabilisierung 20 % Reduktion	1990 1990	2000 2005	–
Niederlande	Ziel	CO_2	Stabilisierung 3–5 % Reduktion	1989/90 1989/90	1994/95 2000	5 % Reduktion abhängig von der internationalen Entwicklung und Möglichkeiten; sonst 3 % Reduktion.
		Alle Treibhausgase	20–25 % Reduktion	1989/90	2000	Für jedes einzelne Gas.
Neuseeland	Ziel	CO_2	20 % Reduktion	1990	2000	Bedingung, daß auf no regret-Maßnahmen basiert. Ursprüngliches Augenmerk auf Stabilisierung bis 2000.
Norwegen	Ziel	CO_2	Stabilisierung	1989	2000	Vorläufig
Portugal **)	EU-Vereinbarung	CO_2	– – – siehe Fußnote – – –			
Spanien **)	Ziel	CO_2	Beschränkung auf 25 % Wachstum	1990	2000	Ziel vom Parlament gebilligt
Schweden	Ziel	CO_2	Stabilisierung Reduktion	1990 1990	2000 Nach 2000	Ziel vom Parlament am 28. Mai 1993 angenommen

Fortsetzung Tabelle 2-[illegible]

Land	Art der Vorgabe	Einbezogene Gase	Aktion	Basisjahr	Zieljahr	Bedingungen/Kommentare
Schweiz	Ziel	CO_2	Stabilisierung Reduktion	1990 1990	2000 Nach 2000	Vorläufiges Ziel
Türkei	–	–	–	–	–	–
Vereinigtes Königreich	Ziel	CO_2, Methan, andere Treibhausgase	Stabilisierung	1990	2000	–
USA	Ziel	Alle Treibhausgase	Stabilisierung	1990	2000	–
EU	Ziel	CO_2	Stabilisierung	1990	2000	Ziel für die EU als Ganzes

*) = EFTA Mitglied
**) = EU Mitglied
Notiz: EU-Vereinbarung bedeutet, daß das jeweilige Land das EU-Ziel einhält, jedoch noch kein eigenes Ziel entwickelt hat; EFTA-Vereinbarung heißt, daß das jeweilige Land unter die Vereinbarung zwischen der EFTA und der EU fällt und daß die EFTA-Mitglieder zusammen das EU-Ziel einhalten.

willige Selbstverpflichtungen als Instrument der Zielerreichung gelegt und die Aufforstung als Instrument zur Schaffung von Senken und damit zur Kompensation der Emissionen ausdrücklich einbezogen.

Wie in anderen Ländern ist der Verkehrssektor, der bereits direkt mehr als 32 Prozent Anteil an den US-amerikanischen CO_2-Emissionen hat, der am schnellsten wachsende Emittent von CO_2 (Clinton, Gore, 1993, 23).

Auf dem Strommarkt konnten in den USA bereits mit Nachfrage-Management-Programmen Erfolge erzielt werden. So haben diese nach Statistiken des amerikanischen Energieministeriums im Jahr 1991 die Spitzenlast der Stromwirtschaft um 16 739 MW reduziert. Für 1996 veranschlagt das Ministerium ein Reduktionspotential von 44 831 MW (Fehr, 1993, 13).

Die skandinavischen Länder nehmen speziell bei Wärmedämmstandards von Gebäuden eine Vorreiterrolle ein: Seit Januar 1991 gilt ein neuer Schweden-Standard, welcher einen Heizwärmebedarf von 50 bis 60 kWh/(m^2 Jahr) zur Folge hat (im Vergleich mit 100 bis 120 kWh/(m^2 Jahr) für Gebäude nach der neuen Wärmeschutzverordnung ab 1995 in Deutschland).

Auf zwischenstaatlicher Ebene wird intensiv darüber nachgedacht, wie der sich abzeichnenden Klimaänderung im Rahmen einer Reform der Vereinbarungen zum Welthandel Rechnung getragen werden kann. So wurde in der GATT-Ministerkonferenz in Marrakesch im April 1994 beschlossen, daß „Handel und Umwelt" besonderes Thema der Arbeiten der GATT-Nachfolgeorganisation WTO sein sollen und daß noch vor Implementierung der WTO im Vorbereitungsausschuß Umweltfragen zu diskutieren sind. Daneben wurde ein Sieben-Punkte-Arbeitsprogramm beschlossen. Die Ministerkonferenz in Marrakesch hat weiter eine Berichtspflicht über das Arbeitsprogramm Umwelt für die erste Ministerkonferenz der WTO beschlossen (Ergebnis der Ministerkonferenz von Marrakesch, April 1994).

Auch der Weltenergierat (WEC), vornehmlich ein Zusammenschluß von Vertretern der Energieangebotsseite, äußert sich skeptisch darüber, ob das gegenwärtige weltweite Allokationssystem problemadäquat konzipiert ist: „Es wird sich immer mehr die Erkenntnis durchsetzen, daß der Energiepreis zu niedrig gewesen ist und die Jahre ab 1985, nach den ersten Warnungen in der Zeit zwischen 1973 und 1980, eine Zeit der kostengünstigen Energieversorgung waren. Energie wird schließlich auch unter dem Druck der notwendigen Energieeinsparung und der Umweltbelastungen tendenziell immer mehr nur auf Vollkostenbasis zur Verfügung stehen und externe Kosten, wie beispielsweise die mit der Bereitstellung und der Nutzung von Energie verbundenen sozialen Kosten und Umweltkosten, werden mitbezahlt werden müssen. Bei dieser Entwicklung werden verstärkt herkömmliche Kosten/Nutzen – Analysen durchgeführt, soweit Kosten und Nutzen quantifizierbar sind. Soweit diese Quantifizierung nicht möglich ist (generell mit dem Risiko der Klimaveränderung sowie auch bei der Schädigung oder dem drohenden Verlust von „unersetzlicher" Umwelt), muß das Prinzip der Vorsorge Anwendung finden, damit eine weitere Schädigung der Umwelt und nicht wiedergutzumachende Verluste verhindert werden." (WEC, 1993, 95).

Auch große Energieversorgungsunternehmen nehmen die Herausforderung der Klimaänderung zur Kenntnis. Eine Privatinitiative von acht großen Stromversorgern aus der Bundesrepublik Deutschland, Frankreich, Italien, Japan, Kanada und der USA zur Verminderung des Ausstoßes von CO_2 (genannt E7) wurde Anfang 1992 gegründet (Joest, 1992). Die Stromversorger verpflichteten sich im Mai 1994, die Prinzipien der nachhaltigen Entwicklung zu befolgen. Bislang wurden fünf verschiedene Projekte in Angriff genommen, die die Effizienz des Elektrizitätssektors erhöhen bzw. Stromversorgern in Entwicklungsländern zu einer größeren Umweltverträglichkeit ihrer Anlagen verhelfen sollen (GECR, 1994, 6f).

Auf der Ebene der Kommunen hat das ICLEI (International Council for Local Environmental Initiatives), ein internationaler Zusammenschluß von 135 Städten weltweit, darunter 15 bundesdeutsche Städte, Maßnahmen zum Klimaschutz initiiert. So entwickeln im Urban CO_2 Reduction Project, das 1991 mit 14 Städten aus Nordamerika, Asien und Europa gestartet wurde, die teilnehmenden Städte CO_2-Emissionsbilanzen und Pläne zur Reduktion der CO_2-Emissionen (UN, 1994, 2ff). Im „Klimabündnis der europäischen Städte mit indigenen Völkern der Regenwälder zum Erhalt der Erdatmosphäre" haben sich 339 Städte aus der Bundesrepublik Deutschland, Österreich, Italien, den Niederlanden u. a. zusammengeschlossen (vgl. Kap. 2.3.2.2 und Kap. 7.4.4).

Nationale Nicht-Regierungsorganisationen, die gegenwärtig eine wichtige Rolle bei der Entwicklung von ökologischen und sozialen Innovationen für nachhaltiges Wirtschaften einnehmen (IZT, 1994, 131), haben international mit dem US Climate Action Network in Washington und dem Climate Network Europe in Brüssel ein Netzwerk gebildet, das Überblick über die verschiedenen Aktivitäten der nationalen Nicht-Regierungsorganisationen hat und deren internationale Aktivitäten koordiniert. Beispielsweise geben die genannten Organisationen eine Zusammenfassung der Kommentare der nationalen Nicht-Regierungsorganisationen zu den offiziellen Klimaschutzberichten der Regierungen heraus (CAN, CNE, 1994).

Andere Organisationen verfolgen eine der Klimaschutzpolitik entgegengesetzte Zielrichtung, indem sie die im internationalen wissenschaftlichen Konsens gefundenen Ergebnisse der Klimaforschung ignorieren, in Abrede stellen, verharmlosen oder sinnentstellend manipulieren. Motivation ist in diesen Fällen oft die Furcht, von einer wirksamen Klimaschutzpolitik kurz- oder mittelfristig negativ betroffen zu werden.

Dazu geben sie oft eigene Publikationen heraus, die der Laie unter Umständen nicht von seriösen Darstellungen unterscheiden kann. Beispiele sind etwa der International Coal Letter (Doerell, 1992) oder der World Climate Review (WCR, 1994), der von einem Professor der University of Virginia (USA) mit Hilfe von Drittmitteln der Universität herausgegeben wird. Die Drittmittel stammen dabei von einem Unternehmen (WFA, 1994), das im Kohlebereich tätig ist, was jedoch der Publikation nicht zu entnehmen ist.

2.2 Klimaschutzpolitik im Rahmen der Europäischen Union

Erstmalig hat sich die EU-Kommission im November 1988 zur Klimaproblematik geäußert und beschloß, den Klimaschutz in ihre politischen Entscheidungen einzubeziehen (Collier, 1993, 916f). Die EU hat sich am 29. Oktober 1990 verpflichtet, ihre CO_2-Emissionen bis zum Jahr 2000 auf dem Stand von 1990 zu stabilisieren (Deutscher Bundestag, 1992a, 1).

Die hierfür eingesetzten Instrumente sind einerseits die CO_2-/Energie-Steuer, über deren Einführung allerdings bislang noch kein Kompromiß gefunden werden konnte, sowie andererseits die Programme SAVE (Special Action Programme for Vigorous Energy Efficiency) und ALTENER (Commercialisation of Alternative Energies).

Im Rahmen des SAVE-Programms hat der Rat zwei Richtlinien über die Wirkungsgrade von neuen Warmwasserheizkesseln sowie über die Kennzeichnung des Verbrauchs von Haushaltsgeräten verabschiedet.

Weiterhin sieht eine Rahmenrichtlinie folgende Maßnahmen vor, die die Mitgliedsstaaten im einzelnen durchzuführen haben und die die EU-weiten CO_2-Emissionen um 2 Prozent senken sollen (IEUP, 1993, 15f):

- Energieausweis für Gebäude
- Abrechnung der Heizungs-, Klimatisierungs- und Warmwasserbereitungskosten nach dem tatsächlichen Verbrauch
- Förderung der Drittfinanzierung von Energiesparvorhaben
- Wärmedämmung von Neubauten
- regelmäßige Überprüfung von Heizkesseln
- Energiebilanzen in den Unternehmen

Im Rahmen des Programms ALTENER unterstützt die EU die Förderung erneuerbarer Energien. Allerdings ist die Finanzausstattung des Programms mit umgerechnet insgesamt ca. 80 Mio. DM für die Jahre 1993 bis 1997 relativ gering (Ökologische Briefe, 1992, 14f).

Hinsichtlich dieser und anderer Maßnahmen vertrat das Europäische Parlament jeweils die Position, daß die von der Kommission präsentierten Vorschläge nicht ausreichend seien (IEUP, 1993, 13ff). Es unterstützte also eine verstärkte Klimaschutzpolitik.

Im Rahmen eines Demonstrationsprogramms der EU, das gemeinsam mit dem BMFT durchgeführt wurde, konnten Erfahrungen mit solarbeheizten Schwimmbädern gesammelt werden. Die Auswertung ergab, daß „bereits heute die Solaranlage wirtschaftlich günstiger als die Gasheizung ist. Der Einbau von Solaranlagen müßte aus energetischen und betriebswirtschaftlichen Gründen in kommunalen Bädern selbstverständlich sein, zumindest dann, wenn die bisherige fossile Heizanlage ausgetauscht werden muß." (BINE, 1993)

Die Bemühungen um eine weitreichende Liberalisierung des Wettbewerbs auf dem Strom- und Gasmarkt der Europäischen Union haben bislang zu keinem greifbaren Resultat geführt und dauern an.

Angesichts des langsamen Entscheidungsprozesses der EU beim Ergreifen von Klimaschutzmaßnahmen haben einzelne Mitgliedsstaaten nationale Maßnahmen beschlossen.

So hat Dänemark zum 15. Mai 1993 eine nationale Energiesteuer – allerdings mit geringem Aufkommen und mit gestaffelter Rückerstattung an umsatzsteuerpflichtige Unternehmen – zur Förderung erneuerbarer Energien eingeführt. Belgien erhebt seit 1. August 1993 eine Steuer auf den privaten Verbrauch von Benzin, Diesel, Gas und Elektrizität, wobei der gewerbliche Bereich von der Steuer ausgenommen ist (IEUP, 1993, 31).

Im Vereinigten Königreich wurden steuerpolitische Beschlüsse – eine regelmäßige Erhöhung der Mineralölsteuer sowie die Einführung der Mehrwertsteuer (in Höhe von 8 Prozent ab April 1994 bzw. 17,5 Prozent ab April 1995) auf inländisch geförderte Brennstoffe – gefaßt, die den Klimaschutz unterstützen.

Der erste Versuch, das Konzept der dauerhaft-umweltverträglichen Entwicklung umzusetzen, ist der nationale Umweltpolitikplan der Niederlande (National Environmental Policy Plan – NEPP). Es handelt sich hierbei um einen zeitlich gestaffelten Plan mit kurzfristig und langfristig quantifizierten Zielen zum Abbau von Umweltbelastungen auf ein Niveau, das der dauerhaft-umweltgerechten Entwicklung entspricht. Nach den Zielsetzungen des NEPP soll dieses Niveau bis 2010 erreicht werden (SRU, 1994, 85).

Die im NEPP getroffenen Maßnahmen im Klimaschutz haben bereits soweit gegriffen, daß die für das Jahr 2000 angestrebte Stabilisierung der CO_2-Emissionen auf dem Niveau von 1989/90 bereits 1994/95 erreicht wird, so daß als neues Ziel eine Reduktion um 3 bis 5 Prozent bis zum Jahr 2000 beabsichtigt ist (MHPPE, o. J., 6).

Die meisten der energieintensiven Industrien der Niederlande (z. B. Eisen und Stahl, Glas, Zement, Papier) haben versprochen, ihren Energieverbrauch von 1989 bis 2000 um 18 bis 25 Prozent zu reduzieren (GECR, 1993).

Auf der Ebene der europäischen Kommunen gibt es eine Fülle von Ansätzen, Ideen und Erfolgen zur Umsetzung einer Klimaschutzpolitik, wie die Ergebnisse der Europäischen Klimaschutz-Konferenz im September 1993 in Berlin zeigen (Baentsch, Wanke, 1994, 13f). Die Maßnahmen reichen vom Ausbau der KWK und strengen Wärmeschutzstandards (neue Bauordnung in Wien) über kommunal festgelegte, anspruchsvolle Werte für Heizenergieverbräuche in Wohngebäuden (durch hohe Anforderungen bei der Genehmigung von Bauvorhaben in Schiedam, Niederlande) und Stromeinsparmaßnahmen (Oslo) bis zu einer Energieberatung für Haushalte mit geringem Einkommen (Edinburgh).

2.3 Die deutsche Klimaschutzpolitik

2.3.1 Klimaschutzpolitik auf Bundesebene

Die CO_2-Emissionen der Bundesrepublik Deutschland sind von 1987 bis 1993 nach vorläufigen Berechnungen des Umweltbundesamtes um 14,8 Prozent zurückgegangen. Während die Emissionsmenge der alten Bundesländer – allerdings bei steigender Bevölkerungszahl – im Jahr 1993 etwa derjenigen von 1987 entsprach, sank diejenige der neuen Bundesländer um rund 50 Prozent. Die beobachtete CO_2-Reduktion ist also auf den Rückgang der Emissionen der neuen Bundesländer zurückzuführen, hauptsächlich verursacht durch den wirtschaftlichen Umstrukturierungsprozeß und den Ersatz der CO_2-intensiven Braunkohle (Töpfer, 1993, 9).

Angesichts der tiefen Rezession in der Bundesrepublik Deutschland verlor der Klimaschutz an politischer Priorität, so daß auf Bundesebene nicht alle im Regierungsprogramm angekündigten Klimaschutzmaßnahmen realisiert wurden.

Bisher wurden auf Bundesebene folgende Einzelmaßnahmen des CO_2-Minderungsprogramms der Bundesregierung umgesetzt, die den Energiebereich betreffen (BMU, 1993, 107ff):

1) Novellierung der Wärmeschutzverordnung; sie führt zu einer Senkung des Heizwärmebedarfs um durchschnittlich 30 Prozent gegenüber der derzeitig gültigen Wärmeschutzverordnung. Allerdings simuliert das für die neue Wärmeschutzverordnung eingeführte Rechenverfahren nicht den tatsächlichen Heizwärmebedarf, sondern die errechneten Werte liegen teilweise erheblich darunter (Energiedepesche, 1993a, 36). Dies zeigt sich auch darin, daß die nach der Wärmeschutzverordnung von 1995 errichteten Gebäude einen Heizwärmebedarf von über 100 Kilowattstunden pro m^2 und Jahr aufweisen, wohingegen die zentrale Anforderungstabelle der Wärmeschutzverordnung Werte zwischen 54 und 100 kWh/(m^2 a) ausweist.

   Im Hinblick auf die in der novellierten Wärmeschutzverordnung festgeschriebenen, über dem Stand der Technik liegenden Werte fordert der Bundesrat, daß die Bundesregierung bis zum 1. Januar 1997 einen Entwurf für eine erneute Novelle der Wärmeschutzverordnung vorlegt (Ökologische Briefe, 1994, Nr. 6, 8).

   Zieht man in Betracht, daß nach einer Untersuchung durch die Wärmeschutzverordnung von 1982 wegen mangelnder Kontrolle nur 9 bis 12 Prozent anstatt erwarteter 30 Prozent Energie eingespart wurden (Stromthemen, 1993a, 6), brächte dic neue Wärmeschutzverordnung bei einer durch konsequente Überwachung gewährleisteten Einhaltung der energetischen Standards Energieeinsparungen von etwa 50 Prozent gegenüber der derzeit üblichen Baupraxis.

2) Novellierung der Heizungsanlagen- und Kleinfeuerungsanlagen-Verordnung; Inkrafttreten schrittweise ab 1993.

3) 250 MW-Programm Wind, mit dem Demonstrationsanlagen gefördert werden. Außerdem gewährt der Bund Zuwendungen für Solarkollektoranlagen, geothermische Heizzentralen, Wasserkraftanlagen (BMWi, 1994, 3).

4) Stromeinspeisungsgesetz, das die Elektrizitätsversorgungsunternehmen zur Aufnahme von Strom in das öffentliche Netz verpflichtet und Mindestvergütungen für eingespeisten Strom festlegt.

5) Bund-/Länder-Programm Fernwärme in den neuen Bundesländern.

6) Rationeller und sparsamer Energieeinsatz/verstärkte Nutzung erneuerbarer Energien; Günstige Kredite und Zuschüsse zur Instand-

setzung und Modernisierung des Gebäudebestands in den neuen Bundesländern.

7) Novellierung der Honorarordnung für Architekten und Ingenieure.

8) Förderprogramm Photovoltaik. 2 250 Dächer-Photovoltaik-Programm zur Förderung der Photovoltaik, das auf außerordentlich große Resonanz gestoßen ist (BMFT, 1993).

9) Steuerpräferenz für Kraft-Wärme-Kopplung (KWK).

10) Programm Energiediagnosen im Gebäudebereich.

11) Beratung und Kreditprogramm für kleine und mittlere Unternehmen.

12) Umweltzeichen für Kühlschränke, Komponenten von Heizungsanlagen u. a.

Noch in dieser Wahlperiode sollte der Erlaß einer Wärmenutzungsverordnung umgesetzt werden.

Die Novellierung des Energiewirtschaftgesetzes (EnWG) befindet sich in Vorbereitung. Der Sachverständigenrat für Umweltfragen hat die Praxis der Investitionsaufsicht nach § 4 EnWG bereits in seinem Gutachten aus dem Jahre 1981 kritisiert. Wesentliche Wettbewerbsbeschränkungen werden durchgängig „von oben nach unten“ durchgesetzt, wodurch insbesondere zahlreiche Möglichkeiten industrieller Kraft-Wärme-Kopplung ungenutzt bleiben (BMU, 1993a, 8; vgl. SRU, 1981, 125 ff). Weiterhin drängen sich Zweifel auf, ob die Kosten, die der Tarif- und Preisgestaltung zwischen Tarif- und Sondervertragskunden bei Elektrizität zugrunde liegen, stets verursacher- und damit umweltgerecht zugeordnet wurden. Sowohl die von der Bundesregierung eingesetzte Monopolkommission wie auch die Deregulierungskommission haben dem herkömmlichen energierechtlichen Aufsichtsinstrumentarium und seinem Vollzug weitgehende Unwirksamkeit bescheinigt (Monopolkommission, 1977; Monopolkommission, 1994, 673; Deregulierungskommission, 1991, 288 ff).

Im Rahmen der Entwicklungszusammenarbeit, deren Ziel unter dem Aspekt des Klimaschutzes in der Unterstützung des Aufbaus von klimaverträglichen Strukturen in Entwicklungsländern gesehen werden kann, wurden im Jahre 1990 für erneuerbare Energien durch den Bundesminister für wirtschaftliche Zusammenarbeit und Entwicklung 28,1 Mio. DM für die Technische Zusammenarbeit (TZ) und weitere 66,8 Mio. DM für die Finanzielle Zusammenarbeit (FZ) ausgegeben (Deutscher Bundestag, 1994 a, 34).

Ende der 80er Jahre wurden nach Angaben der GTZ bei der TZ etwa ein Zehntel des Betrages bewilligt, der im Jahr 1980 dafür bereitgestellt wurde (GTZ, 1992).

2.3.2 Klimaschutzpolitik der Länder und Kommunen

2.3.2.1 Länder

Auf Länderebene wurden bisher in 10 Bundesländern 12 Energieagenturen gegründet (Saarländische Energie-Agentur, Norddeutsche Energieagentur, Westfälische Energieagentur, Energieagentur NRW, Energie-Agentur Ruhr, Hessen-Energie, Niedersächsische Energieagentur, Energieagentur Schleswig-Holstein, Brandenburgische Energiespar-Agentur, Berliner Energie-Agentur, Bremer Energie-Agentur, Klimaschutz- und Energie-Agentur Baden-Württemberg) (Clausnitzer, Hille, 1993; MWV, 1994).

Energieagenturen sollen dazu beitragen, daß wirtschaftliche Maßnahmen der rationellen Energienutzung, die durch vielerlei Probleme behindert werden, zur Durchführung kommen.

Ihr konkreter Auftrag besteht darin, Information, Motivation und Initialberatung zu geben, was in der Regel nicht kostendeckend ist, oder mithilfe von Contracting Projekte durchzuführen und dadurch mittelfristig mindestens kostendeckend zu arbeiten. Bei den existierenden Energieagenturen sind auch Mischformen zwischen diesen beiden Möglichkeiten anzutreffen.

Sechs der Energieagenturen schreiben inzwischen schwarze Zahlen bzw. streben an, im Jahre 1994 oder im Jahr darauf die Gewinnzone zu erreichen.

Einzelne Bundesländer ergreifen weitere Maßnahmen, die die Klimaschutzpolitik unterstützen.

- Das Land Hessen hat für Bauten des Landes eine Selbstbindung zur Einsparung von Energie ausgesprochen (Erlaß vom 16. Oktober 1992: Bautechnische Richtlinien zur Einsparung von Energie bei Bauten des Landes): Bei Neubauten ist ein Heizwärmebedarf von 75 kWh/(m^2/a) einzuhalten, Umbauten und Instandsetzungen an der Hüllfläche bestehender Gebäude sind mit einer gleichzeitigen energetischen Sanierung zu verbinden (Eicke-Hennig, 1993).
- Als erstes Bundesland hat Rheinland-Pfalz den CO_2-Ausstoß in einem Emissionskataster erfaßt (Ministerium für Umwelt, 1992), was eine notwendige Voraussetzung für die Konzeption einer CO_2-Minderungsstrategie ist.

2.3.2.2 Kommunen

Die kommunalen Handlungsspielräume beim Klimaschutz sind größer, als gemeinhin angenommen wird (Bach, 1992, 4). Im folgenden sollen deshalb Möglichkeiten kommunalen Handelns anhand von Beispielen aufgezeigt werden (vgl. auch Kap. 7.4).

Etwa 60 deutsche Städte und Gemeinden haben bereits kommunale Klimaschutz- und CO_2-Minderungsprogramme beschlossen. Ca. 150 deutsche Städte arbeiten im „Klimabündnis der europäischen Städte mit den Völkern Amazoniens zum Erhalt der Erdatmosphäre" mit. Sie haben sich das Ziel gesetzt, ihre CO_2-Emissionen bis 2010 um 50 Prozent zu senken (BMU, 1993, 137). Offen bleibt allerdings, inwiefern Maßnahmen ergriffen werden, um diesem anspruchsvollen Ziel näherzukommen. Weiterhin verpflichten sich die Mitgliedsstädte des Klimabündnisses, die Verwendung von FCKW sofort einzustellen und kein Tropenholz mehr zu verwenden.

Die Anhörung der Enquete-Kommission „Schutz der Erdatmosphäre" zu Kommunalen Energie- und Verkehrskonzepten zum Klimaschutz am 21. September 1992 ergab eine Vielzahl von Ansatzpunkten kommunalen Handelns für den Klimaschutz.

- Die Stadt Hannover hat eine beispielhafte CO_2-Minderungsstudie (KD 12/9, 5) erstellt (Energiekonzept Hannover, 1992).
- Die Stadt Saarbrücken hat fortgeschrittene Umsetzungserfahrungen im Bereich Energiedienstleistungsunternehmen (KD 12/9, 5).
- Die Stadt Detmold hat im Jahr 1990 als erste deutsche Stadt ein kommunales Förderprogramm für Niedrigenergiehäuser eingerichtet (BUND, 1992, 66; Michael, 1992).
- In manchen Städten (z. B. Ansbach, Freiburg, Schopfheim, Schwerin, Tübingen, Ulm) bekommen Bauherren die Auflage, ihre Häuser in Niedrigenergiebauweise zu errichten, wenn sie auf von der Stadt gekauften Grundstücken bauen (Energiedepesche, 1993, 41; Ökologische Briefe, 1994, Nr. 6, 8).
- Rheinsberg fördert durch ein Programm Gebäude mit hoher Wärmedämmung sowie die Nutzung erneuerbarer Energien (Verbrennung von Holzhackschnitzeln zur Stromerzeugung).
- Beispielhaft ist das Nutzwärmekonzept von Rottweil, das vor allem durch den Betrieb von über 50 Blockheizkraftwerk-Modulen bekannt geworden ist (Rottweil, 1992; BUND, 1992, 74). Gefördert werden auch der Einsatz erneuerbarer Energien und der öffentliche Personennahverkehr (KD 12/9-d, 5).

- Als Beispiel für ein anspruchsvolles kommunales Klimaschutzkonzept sei Schwerte genannt. Der Rat der Stadt Schwerte beschloß 1991, die CO_2-Emissionen in Schwerte bis zum Jahr 2000 um 30 Prozent gegenüber 1989 zu verringern. Um dies zu erreichen, werden Arbeitsschritte definiert, vorbereitet und umgesetzt. Jährlich ist über den aktuellen Stand der Umsetzung ein Zwischenbericht zu geben (Stadt Schwerte, 1992, 3).

Die Chance einer effizienteren Energieumwandlung durch vermehrten Einsatz von Kraft-Wärme-Kopplung (KWK), wie sie etwa durch eine Erhöhung der kommunalen Strom-Eigenversorgung bei Ausbau von Nah- und Fernwärme wahrgenommen werden könnte, wurde von vielen Kommunen ergriffen, indem sie nach dem Auslaufen der Konzessionsverträge ihr Netz teilweise oder ganz zurückkauften.

In Deutschland arbeiten derzeit mehr als 1600 Blockheizkraftwerke mit einer elektrischen Leistung von insgesamt 900 MW. Jeden Monat kommen 6 MW hinzu (Ökologische Briefe, 1994a, 7).

Eine verstärkte Förderung von Solarstrom wird von einigen deutschen Städten (z. B. Aachen, Freising, Lüneburg, Wuppertal) durch eine Umgestaltung der Einspeisebedingungen, die über die bundesweiten Einspeisevergütungen für Strom aus erneuerbaren Energiequellen (vgl. Kap. 2.3.1) hinausgehen, angestrebt (Stromthemen, 1993b, 4f; Jakobs, 1994, 3; SFV, 1994). Durch die geplante Einführung einer kostendeckenden Vergütung von Solarstrom – in der Regel begrenzt auf einen im Prozentbereich liegenden Anteil an der Gesamtleistung – soll damit ein nennenswerter Pioniermarkt für die photovoltaische Stromerzeugung geschaffen werden mit dem Ziel, dadurch eine Serienfertigung von Solarzellen zu unterstützen und so Kostensenkungspotentiale zu realisieren. Als erstes Bundesland hat Nordrhein-Westfalen die kostendeckende Vergütung von Solarstrom mit der Auflage erlaubt, daß sich der Strompreis höchstens um ein Prozent erhöhen darf (MWMT, 1994).

2.3.3 Klimaschutzpolitik anderer deutscher Akteure

Selbstverpflichtungen sind ein besonders von den möglichen Betroffenen präferiertes Instrument zum Erreichen politisch definierter Ziele, da diese – im Gegensatz zu Gesetzen und Verordnungen – eine relativ große Gestaltungsfreiheit beim Durchführen zielkonformer Maßnahmen ermöglichen. Aus diesem Grund sprechen sich besonders Vertreter der Industrie für das Instrument Selbstverpflichtungen aus (BDI, DIHT u. a., 1991, 2f). Die Enquete-Kommission „Schutz der Erdatmosphäre" schrieb deshalb im Sommer 1992 27 Verbände an, die relativ energieintensive Industriebranchen vertreten, um zu sondieren, welchen Beitrag sie für den Klimaschutz zu leisten bereit sind, und welche Rolle die jeweiligen Branchen Selbstverpflichtungen in ihrem Bereich zumessen. Insgesamt antworteten 11 Verbände (Bundesverband der Deutschen Zementindustrie, Bundesverband Glasindustrie und Mineralfaserindustrie, Bundesverband Steine und Erden, Deutscher Gießereiverband, Hauptverband der deutschen Bauindustrie, Industrieverband Stahlverarbeitung, Verband der Keramischen Industrie, Verband der Chemischen Industrie, Verband Deutscher Papierfabriken, Wirtschaftsvereinigung Metalle, Wirtschaftsvereinigung Stahl).

Die positivste Antwort kam vom Verband der Keramischen Industrie, der ohne Vorbedingung bereit ist, durch Selbstverpflichtungen einen aktiven Beitrag zum Klimaschutz zu erbringen.

Der Deutsche Gießereiverband belebte den Arbeitskreis „Wärmenutzung" wieder, um einen Energieleitfaden zu erarbeiten. Dessen Verbreitung und Befolgung soll durch ein flankierendes Schulungsangebot gefördert werden.

Zwei Verbände (Verband der Chemischen Industrie, Bundesverband Steine und Erden) sehen die Abgabe einer Selbstverpflichtungserklärung als Alternative zur CO_2-/Energiesteuer und haben ein Initiativpapier zu freiwilligen Selbstverpflichtungen entwickelt.

In zwei weiteren Fällen wurde mitgeteilt, daß keine eigenen Alternativprogramme entwickelt würden, wenn eine CO_2-/Energiesteuer eingeführt werde.

Die übrigen Verbände sahen keine Möglichkeit, bedeutende Beiträge zum Schutz der Erdatmosphäre zu liefern. Deshalb scheiden für sie nach ihrer Meinung auch Selbstverpflichtungen aus.

Der durch die Anfragen gewonnene Eindruck zur Realisierbarkeit von Selbstverpflichtungen – als wesentlicher Baustein einer Klimaschutzpolitik – wird von einer eher theoretischen Untersuchung für das Bundesministerium für Wirtschaft im wesentlichen bestätigt (DIW, 1993, 140 ff).

Derzeit beschränken sich auf Bundesebene die Gespräche der Industrieverbände über Selbstverpflichtungen auf Fachgespräche mit dem Umweltbundesamt zur Ermittlung von Einsparpotentialen. Die Verbände streben als Idealziel an, daß, falls sie auf Selbstverpflichtungen eingehen, seitens des Gesetzgebers auf eine CO_2-/Energie-Steuer sowie auf die Wärmenutzungsverordnung verzichtet wird. Zumindest müßten die Selbstverpflichtungen anerkannt werden (BDI, 1994).

Andere Aktivitäten, die den Klimaschutz unterstützen, gehen von einer kleinräumigen Landschafts- und Raumplanung aus. Beispielhaft wird hier auf das Projekt Biosphärenreservat Rhön eingegangen (Popp, 1994). Die Hauptmotivation für das Projekt liegt im Erhalt eines ökologisch und wirtschaftlich intakten ländlichen Raumes, der der dort lebenden Bevölkerung eine Erwerbsgrundlage bieten soll.

Dies geschieht durch die Wiederentdeckung und Vermarktung regionaler Charakteristika, speziell im Bereich Tourismus, aber auch beim Handwerk. Durch eine vom Tourismus geschaffene Nachfrage profitiert die örtliche Landwirtschaft. Diese bietet hochwertige Markenprodukte und teilweise auch regionale Besonderheiten (z. B. Haustier-Rassen) an, welche zu höheren Preisen abgesetzt werden können.

Voraussetzung für das Projekt Biosphärenreservat Rhön ist ein tragfähiges Gesamtkonzept und die Einbindung der Bevölkerung von Beginn an, mit der Bedingung, daß die einzelnen Projekte nur im Konsens mit den Betroffenen durchgeführt werden.

Für den Klimaschutz bringt das Biosphärenreservat dadurch Vorteile, daß regionale Wirtschaftskreisläufe gestärkt werden und infolgedessen Güterverkehrsleistung vermieden wird, sowie, daß durch die energetische Nutzung lokal vorhandener Biomasse (Schwachholz) fossile Brennstoffe ersetzt werden (Popp, 1994, 25).

Weitere Akteure zur Stärkung und Verbreitung der Ideen einer Klimaschutzpolitik sind Nicht-Regierungsorganisationen. In der Bundesrepublik Deutschland sind im Klimaschutz in erster Linie der BUND (Bund für Umwelt und Naturschutz Deutschland), Germanwatch, Greenpeace, der Naturschutzbund Deutschland (Nabu) und der World Wide Fund for Nature (WWF) sowie als übergeordnete Strukturen der Deutsche Naturschutz Ring (DNR) und die Klimaarbeitsgemeinschaft des Forums Umwelt und Entwicklung aktiv.

Die Initiativen von Nicht-Regierungsorganisationen sind vielschichtig, etwa in Form lokaler Gruppen und durch lokale Bewußtseins-Bildungsarbeit (z. B. BUND, Nabu), in Aktionen (Greenpeace), in Kampagnen (z. B. „Rio konkret" von Germanwatch), als Lobbyarbeit auf Bundesebene oder als Auftraggeber von Studien (z. B. DNR, Greenpeace).

In Folge dieser Arbeit bilden sich neue Koalitionen, z. B. zwischen Unternehmer- und Umweltverbänden. So fordert ein gemeinsames Statement („Plädoyer für eine ökologisch orientierte Soziale Marktwirtschaft") von BJU (Bundesverband Junger Unternehmer) und BUND die Korrektur des Preissystems unter Einbeziehung des Umbaus des Steuersystems (BJU, BUND, 1993).

Im Rio-Folgeprozeß ist eine Beteiligung der Bevölkerung vorgesehen, da die Umsetzung der Rio-Ziele nur bei vorhandener Akzeptanz Aussicht auf Erfolg hat. In diesem Bereich übernehmen die Volkshochschulen (VHS) bereits eine wichtige Rolle.

Schließlich haben die Medien eine entscheidende Rolle bei der Problematisierung und Sensibilisierung der Bevölkerung für Fragen des Klimaschutzes, ohne die die notwendige Akzeptanz zur Durchführung von Klimaschutzmaßnahmen nicht zu erreichen ist.

3 Kurzüberblick über das Studienprogramm Energie und die Anhörungen im Energiebereich

Das umfangreiche Studienprogramm Energie der Enquete-Kommission „Schutz der Erdatmosphäre" sowie zehn Anhörungen dienten dazu, die neuesten wissenschaftlichen und politischen Entwicklungen im Energiebereich aufzuarbeiten.

Studienprogramm Energie

Das Studienprogramm Energie der Enquete-Kommission „Schutz der Erdatmosphäre" ist in fünf Studienkomplexe aufgeteilt:

- Studienkomplex A:
  Technisch-wirtschaftliche Analysen der Potentiale zur Verminderung des Energieverbrauchs, der Nutzung fossiler Energieträger und der Emission energiebedingter klimarelevanter Spurengase für die neuen Bundesländer
- Studienkomplex B:
  Aufarbeitung und Vertiefung der Studien der Enquete-Kommission „Vorsorge zum Schutz der Erdatmosphäre" (11. Wahlperiode)
- Studienkomplex C:
  Integriertes Gesamtkonzept zur Minderung energiebedingter Treibhausgasemissionen
- Studienkomplex D:
  Gestaltung und Bewertung der Wirtschaftsbeziehungen zu den Entwicklungsländern und zur Gemeinschaft unabhängiger Staaten und zu Osteuropa mit dem Ziel der Reduktion der Treibhausgase
- Studienkomplex E:
  Perspektiven und Konsequenzen der Vollendung des europäischen Binnenmarktes, insbesondere der schrittweisen Schaffung eines europäischen Strommarktes, und von internationalen Vereinbarungen (vor allem zum Klimaschutz) für eine Politik der Reduktion der Treibhausgasemissionen.

In diesem Kapitel soll ein kurzer Überblick über die Inhalte des Studienprogramms Energie gegeben werden. Die detaillierten Ergebnisse der Studien sind bei der Behandlung der entsprechenden Inhalte in den vorliegenden Schlußbericht der Enquete-Kommission „Schutz der Erdatmosphäre" eingeflossen. Außerdem werden die für den Energiebereich vorgelegten Studien – wie auch die Studienprogramme Verkehr, Landwirtschaft und Wälder der Enquete-Kommission – veröffentlicht[5].

Studienkomplex A sollte die Datenbasis, die durch das Studienprogramm der Enquete-Kommission „Vorsorge zum Schutz der Erdatmosphäre" in der 11. Wahlperiode für die alten Bundesländer erarbeitet wurde, um Daten für die neuen Bundesländer erweitern.

Im Zentrum stehen technische und ökonomische Aspekte der CO_2-Minderung durch

- eine Lastverlagerung im Kraftwerksbereich
- die Änderung des Kraftwerkparks bezüglich des Energieträgereinsatzes, der Strom und Wärmeerzeugung und des Wirkungsgrades
- den Einsatz energiesparender Geräte in den privaten Haushalten (Wärme, elektrische Geräte, Beleuchtung)

Studienkomplex B hatte das Ziel, in ausgewählten Teilbereichen die Ergebnisse des Studienprogramms der Enquete-Kommission „Vorsorge zum Schutz der Erdatmosphäre" der 11. Wahlperiode zu vertiefen.

Folgende drei Bereiche wurden ausgewählt, da sie entweder auf einer noch unsicheren Datenbasis beruhten oder die Ergebnisse der 11. Wahlperiode unter neuen Gesichtspunkten betrachtet werden sollten:

- Potentiale und Kosten der Treibhausgasminderung im Industrie- und Kleinverbrauchbereich (Strom- und Brennstoffeinsparung incl. Substitution; alte und neue Bundesländer)
- Empirische Überprüfung der Möglichkeiten und Kosten, bei dem Gebäudebestand und bei Neubauten Energie einzusparen und die Energieeffizienz zu steigern (alte und neue Bundesländer)

---

[5]) „Energie" , Studienprogramm der Enquete-Kommission „Schutz der Erdatmosphäre", Economica Verlag, Bonn und Verlag C. F. Müller, Karlsruhe
„Verkehr" Studienprogramm der Enquete-Kommission „Schutz der Erdatmosphäre", Economica Verlag, Bonn und Verlag C. F. Müller, Karlsruhe
„Landwirtschaft", Studienprogramm der Enquete-Kommission „Schutz der Erdatmosphäre", Economica Verlag, Bonn und Verlag C. F. Müller, Karlsruhe
„Wälder": Studienprogramm der Enquete-Kommission „Schutz der Erdatmosphäre", Economica Verlag, Bonn und Verlag C. F. Müller, Karlsruhe

- Ermittlung und Verifizierung der Potentiale und Kosten der Treibhausgasminderung durch Kraftwärmekopplung in der Industrie sowie zur Fern- und Nahwärmeversorgung (alte und neue Bundesländer)

Bei den letzten beiden Themenkomplexen kann auf Studien zurückgegriffen werden, die – gefördert durch die Deutsche Bundesstiftung Umwelt (DBU) – außerhalb des Studienprogrammes Energie der Enquete-Kommission „Schutz der Erdatmosphäre" erstellt wurden.

In Studienkomplex C – dem Kernstück des Studienprogramms Energie – werden aufbauend auf den Ergebnissen der anderen Studienkomplexe integrierte Gesamtkonzepte zur Verminderung der energiebedingten Emissionen von Treibhausgasen analysiert. Eine kohärente und konsistente Evaluierung der relevanten Maßnahmen zur Erschließung der Minderungspotentiale ist Ziel dieses Studienkomplexes. Die Auswirkungen alternativer Treibhausgasminderungsstrategien – ausgehend von ihrer Bedeutung für die langfristige Klimaentwicklung bis zu den gesamtwirtschaftlichen Kosten und Nutzen – werden dabei zur Beurteilung herangezogen. Die der Erschließung dieser Treibhausgasminderungspotentiale entgegenstehenden Hemmnisse werden dabei berücksichtigt.

Diese Fülle der Themen führte zu einer Aufteilung des Studienkomplexes in folgende Teilstudien:

- Teilstudie C1:
  Integrierte Gesamtstrategien der Minderung energiebedingter Treibhausgasemissionen (2005/2020)
- Teilstudie C2:
  Gesamtwirtschaftliche Auswirkungen von Emissionsminderungsstrategien
- Teilstudie C3:
  Mittel und Wege zur Verwirklichung der Minderungsziele
  - Teilstudie C3.1:
    System-, sektor- und zielgruppenspezifische Analyse von Hemmnissen für die Erschließung von CO_2-Minderungspotentialen
  - Teilstudie C3.2:
    Wirksamkeit und Effizienz verschiedener Instrumente und Maßnahmen (-Bündel) zur Verwirklichung von CO_2-Minderungszielen

- Teilstudie C3.3:
  Zukünftiger, die Klimaschutzziele begünstigender Ordnungsrahmen insbesondere der leitungsgebundenen Energieträger
- Teilstudie C3.4:
  Konzeptstudie für ein Forschungs- und Markteinführungsprogramm „Rationellere und wirtschaftlichere Nutzung von Elektrizität" (RAWINE)

Die Studie C3.3 wurde gemeinsam mit dem Hessischen Ministerium für Umwelt, Energie und Bundesangelegenheiten vergeben.

Eine geplante Teilstudie C4, deren Aufgabe die Entwicklung eines Leitfadens für ein integriertes kommunales Energiekonzept (einschließlich Verkehr) zur Treibhausgasminderung am Beispiel von Mustergemeinden, unter Berücksichtigung des integrierten Gesamtkonzeptes, sein sollte, konnte aufgrund der knappen Finanzmittel nicht realisiert werden.

Studienkomplex D hat die Beschreibung und Evaluierung der Instrumente der internationalen Zusammenarbeit inner- und außerhalb des Rahmens einer Klimakonvention zum Thema. Der Schwerpunkt liegt auf der Zusammenarbeit der Industrieländer auf der einen Seite und den Entwicklungsländern, der Gemeinschaft Unabhängiger Staaten und Osteuropa auf der anderen Seite.

Studienkomplex E stellt die Initiativen zur Minderung der Treibhausgasemissionen im Energiebereich auf der Ebene der Europäischen Union und deren Auswirkung auf den energiepolitischen Handlungsrahmen in der Bundesrepublik Deutschland dar. Die Richtlinienvorschläge zur Neuordnung des Gas- und Strommarktes und die Initiative zur europaweiten CO_2-/Energiesteuer bilden dabei einen Schwerpunkt.

Die Studien(-komplexe) wurden von folgenden Instituten/Institutionen/Einzelpersonen bearbeitet:

Studienkomplex A:

Technisch-wirtschaftliche Analysen der Potentiale zur Verminderung des Energieverbrauchs, der Nutzung fossiler Energieträger und der Emission energiebedingter klimarelevanter Spurengase für die neuen Bundesländer	Prognos AG, Basel Institut für Energetik Leipzig GmbH (IfE), Leipzig

Studienkomplex B:

Aufarbeitung und Vertiefung der Studien der Enquete-Kommission „Vorsorge zum Schutz der Erdatmosphäre" (11. WP)	
Potentiale und Kosten der Treibhausgasminderung im Industrie- und Kleinverbrauchsbereich (Strom- und Brennstoffeinsparung incl. Substitution; ABL und NBL)	Fraunhofer-Institut für Systemtechnik und Innovationsforschung (ISI), Karlsruhe

Studienkomplex C:

Integriertes Gesamtkonzept zur Minderung energiebedingter Treibhausgasemissionen	
Studie C 1: Integrierte Gesamtstrategien der Minderung energiebedingter Treibhausgasemissionen (2005/2020)	Deutsches Institut für Wirtschaftsforschung (DIW), Berlin
	Institut für Energiewirtschaft und Rationelle Energieanwendung (IER), der Universität Stuttgart
Studie C 2: Gesamtwirtschaftliche Auswirkungen von Emissionsminderungsstrategien	Energiewirtschaftliches Institut an der Universität Köln (EWI), Köln
	Fraunhofer-Institut für Systemtechnik und Innovationsforschung (ISI), Karlsruhe
	Deutsches Institut für Wirtschaftsforschung (DIW), Berlin
Studie C 3: Mittel und Wege zur Verwirklichung der Minderungsziele	
Studie C 3.1: System-, sektor- und zielgruppenspezifische Analyse von Hemmnissen für die Erschließung von CO_2-Minderungspotentialen	Fraunhofer-Institut für Systemtechnik und Innovationsforschung (ISI), Karlsruhe

	Ifo-Institut für Wirtschaftsforschung (ifo), München
Studie C 3.2: Wirksamkeit und Effizienz verschiedener Instrumente und Maßnahmen(-Bündel) zur Verwirklichung von CO_2-Minderungszielen (Studien C 3.1 und C 3.2 wurden zusammengefaßt)	Gesellschaft für Energieanwendung und Umwelttechnik, Leipzig
Studie C 3.3: Zukünftiger, die Klimaschutzziele begünstigender Ordnungsrahmen insbesondere der leitungsgebundenen Energieträger	Energiewirtschaftliches Institut an der Universität Köln (EWI), Köln Öko-Institut e. V. – Institut für angewandte Ökologie, Freiburg i. Br.
Studie C 3.4: Konzeptstudie für ein Forschungs- und Markteinführungsprogramm „Rationellere und wirtschaftlichere Nutzung von Elektrizität" (RAWINE)	Fraunhofer-Institut für Systemtechnik und Innovationsforschung (ISI), Karlsruhe
Studienkomplex D: Gestaltung und Bewertung der Wirtschaftsbeziehungen mit dem Ziel der Reduktion der Treibhausgase und ozonschädigenden Substanzen zu den Entwicklungsländern und zur Gemeinschaft unabhängiger Staaten und zu Osteuropa	Deutsches Institut für Wirtschaftsforschung (DIW), Berlin Forschungsinstitut der Deutschen Gesellschaft für Auswärtige Politik e. V. (DGAP), Bonn TU Berlin – Institut für Landschaftsökonomie, Berlin Universität Essen – Lehrstuhl für Energiewirtschaft, Essen
Studienkomplex E: Perspektiven und Konsequenzen der Vollendung des europäischen Binnenmarktes, insbesondere der schrittweisen Schaffung eines euro-	Energiewirtschaftliches Institut an der Universität Köln (EWI), Köln

päischen Strommarktes, und von internationalen Vereinbarungen (vor allem zum Klimaschutz) für eine Politik der Reduktion der Treibhausgasemissionen	Institut für Energierecht an der Universität zu Köln, Köln Institut für Europäische Umweltpolitik e. V. (IEUP), Bonn Wuppertal-Institut für Klima, Umwelt, Energie GmbH (WI), Wuppertal

Die beiden von der DBU geförderten Studien wurden erstellt von:

Empirische Überprüfung der Möglichkeiten und Kosten, bei dem Gebäudebestand und bei Neubauten Energie einzusparen und die Energieeffizienz zu steigern (ABL und NBL)	Institut für Wohnen und Umwelt (IWU), Darmstadt TU München – Institut für Energiewirtschaft und Kraftwerkstechnik, München
Ermittlung und Verifizierung der Potentiale und Kosten der Treibhausgasminderung durch KWK in der Industrie sowie zur Fern- und Nahwärmeversorgung (ABL und NBL)	Bremer Energie-Institut – Institut für kommunale Energiewirtschaft (BIKE), Bremen Forum für Zukunftsenergien e. V., Bonn UNI-GH-Essen – Institut Technik der Energieversorgung und Energiewirtschaft (TEE), Essen

Anhörungen

Die Enquete-Kommission „Schutz der Erdatmosphäre" hat zehn Anhörungen durchgeführt, in denen die Rolle des Energiebereiches im Klimaschutz dargestellt wurde. Das Spektrum der Themen reichte von technischen Fragen der Energiewandlung und -nutzung bis zu Fragen der Energiepolitik in den neuen Bundesländern.

Die Zielrichtung der einzelnen Anhörungen wird hier kurz skizziert; die Ergebnisse der Anhörungen sind in den vorliegenden Endbericht an den jeweils relevanten Stellen eingeflossen. Die Stellungsnahmen der Sachverständigen sind in den Kommissionsdrucksachen (KD) der Enquete-Kommission „Schutz der Erdatmosphäre" niedergelegt[6].

- „Kommunale Energie- und Verkehrskonzepte zumKlimaschutz" (Öffentliche Anhörung am 21. September 1992; KD 12/9)

  Ziel dieser Anhörung, die im Rahmen des Deutschen Umwelttages in Frankfurt/M. stattfand, war es, im kommunalen Klimaschutz besonders engagierte und möglichst repräsentative Kommunen über ihre bisherigen Erfahrungen zu befragen.

  Ein Schwerpunkt der kommunalen Aktivitäten zum Klimaschutz liegt im Energiebereich. Die Erfahrungen der ersten praktischen Umsetzungsmaßnahmen und die dabei auftretenden Hemmnisse wurden diskutiert. Aber auch die von der Europäischen Union, dem Bund oder den Ländern vorgegebenen Rahmenbedingungen, unter denen kommunaler Klimaschutz steht, und ihre Anpassung an die Erfordernisse des Klimaschutzes wurden thematisiert.

- „Energieagenturen: Anspruch und Wirklichkeit" (Nicht-öffentliche Anhörung am 5. Oktober 1992; KD 12/11)

  Ziel dieser Anhörung war es, einen Überblick über die Aktivitäten der Energieagenturen zu gewinnen. Unterschiede und Gemeinsamkeiten sowohl in der organisatorischen Konzeption als auch in der Zielsetzung bzw. den Arbeitsschwerpunkten wurden erkennbar.

  Außerdem wurde die heutige, aber auch die zukünftige Rolle der Energieagenturen im Klimaschutz – besonders im Hinblick auf die Erschließung der Energieeinsparungspotentiale – intensiv diskutiert.

[6]) Siehe Anhang „Verzeichnis der Kommissionsdrucksachen"

- „Elektrizitätswirtschaft und Klimaschutz" (Nicht-öffentliche Anhörung am 7. Dezember 1992; KD 12/12)

  Einen Überblick über die wesentlichen Aktivitäten der Elektrizitätswirtschaft zum Klimaschutz zu gewinnen, war das Ziel dieser Anhörung. Außerdem wurde diskutiert, welche Maßnahmen – sowohl auf politischer als auch auf Unternehmensebene – zu ergreifen sind, damit die Elektrizitätswirtschaft in Zukunft einen größeren Beitrag zur Minderung der Emissionen klimarelevanter Stoffe leisten kann.

- „Klimapolitik in den neuen Bundesländern" (Öffentliche Anhörung am 11. März 1993; KD 12/15)

  Um vor Ort ein Bild über die spezifischen Probleme der Klimapolitik in den neuen Bundesländern und die Erfahrungen hiermit zu gewinnen, fand diese Anhörung im Rahmen der Leipziger Frühjahrsmesse statt.

  Im Mittelpunkt standen die klimapolitischen Gegebenheiten in den neuen Bundesländern. Chancen aber auch Hemmnisse für eine Klimaschutzpolitik waren zu diskutieren. Insbesondere ging es um die Frage, ob und inwieweit bei den ohnehin anstehenden Umstrukturierungs- und Modernisierungsmaßnahmen effizienter Klimaschutz möglich sei und wie „verpaßte Gelegenheiten", die gerade bei langfristigen Investitionen bzw. Entscheidungen – beispielsweise Dämmaßnahmen bei Neubauten – besonders relevant sind, vermieden werden könnten.

- „Marktwirtschaftliche Instrumente zur CO_2-Emissionsminderung und zur Erhöhung der Energieeffizienz" (Nicht-öffentliche Anhörung am 3. Mai 1993; KD 12/16)

  Diese Anhörung sollte einem Überblick über die Wirkungen marktwirtschaftlicher Instrumente, die zur Erreichung von Klimaschutzzielen eingesetzt werden können, und ihrer effizienten Ausgestaltung geben. Intensiv wurde dabei der für den Energiesektor besonders relevante Entwurf der EU-Kommission für eine europäische CO_2-/Energiesteuer sowohl hinsichtlich der Auswirkungen auf die Emissionen von Treibhausgasen als auch auf die Energiewirtschaft diskutiert.

- „Kostengünstige CO_2-Reduktionsmaßnahmen im Energiesektor" (Öffentliche Anhörung [Gespräch mit Dr. Amory Lovins] am 17. Mai 1993; KD 12/19)

  Dr. A. Lovins, Rocky-Mountain-Institute, stellte im Rahmen dieses Gesprächs seine neuesten Konzepte zur rationellen Energieanwendung vor. Der Schwerpunkt lag im Energiebereich auf der Erschließung von „Negawatts", die vor allem mit der Unterstützung durch Least-Cost Planning erfolgt.

- „Erneuerbare Energien: der Weg zu einer nachhaltigen und klimaverträglichen Energieversorgung" (Öffentliche Anhörung am 25. Oktober 1993; KD 12/20)

  Neben den neuesten technischen Entwicklungen waren auch der Beitrag, den die erneuerbaren Energien zur Energieversorgung und zur Minderung der Treibhausgasemissionen im Jahr 2020 und 2050 leisten können, Thema dieser Anhörung. Der Einfluß politischer Maßnahmen – heute und in der Zukunft – auf den Einsatz erneuerbarer Energien wurden dabei angesprochen. Diskutiert wurden in diesem Zusammenhang auch die Hemmnisse, die einer verstärkten Markteinführung erneuerbarer Energien entgegenstehen.

- „Stand und Entwicklungsperspektiven der Kernreaktortechnik und Entsorgung" (Öffentliche Anhörung am 8. November 1993; KD 12/21)

  Die neuesten Entwicklungen und die weiteren Entwicklungsperspektiven der Kernreaktortechnik und Fragen der Entsorgung standen im Mittelpunkt dieser Anhörung. Insbesondere Informationen über neue Anlagensicherheitskonzepte sowie die Erreichbarkeit einer neuen Sicherheitsqualität wurden eingeholt. Der Stand der Entsorgung radioaktiver Abfälle – sowohl national als auch international – wurde erfaßt und die verfolgten Entsorgungskonzepte hinsichtlich ihrer Langzeitsicherheit und Risiken untersucht.

- „Rationelle Energieverwendung in einer nachhaltigen und klimaverträglichen Energieversorgung" (Öffentliche Anhörung am 29. November 1993; KD 12/22)

  Die Anhörung diente der Information über die neuesten Entwicklungen, Erfolgsaussichten und Umsetzungserfahrungen von Konzepten zur rationellen Energieverwendung. Das Spektrum reichte von den Einsparpotentialen im Gebäudebereich über die rationelle Energieverwendung in industriellen Prozessen bis zu den Stromsparpotentialen bei den privaten Haushalten. Die Potentiale wurden jeweils aufgezeigt, aber auch die Umsetzungsinstrumente und die Hemmnisse waren Thema. Neue Umsetzungsinstrumente wie Least-Cost Planning, Contracting etc. wurden vertieft diskutiert.

- „Externe Effekte der Energienutzung und ihre Berücksichtigung in der Klimaschutzpolitik" (Nicht-öffentliche Anhörung am 16. Dezember 1993; KD 12/23)

  Ziel dieser Anhörung war es, das Procedere festzulegen, wie die externen Effekte in das Studienprogramm Energie der Enquete-Kommission „Schutz der Erdatmosphäre" einbezogen werden. Es wurde vereinbart, zwischen in der Größenordnung verläßlich quantifizierbaren externen Kosten verschiedener Energieträger sowie der mit großen Unsicherheiten und von subjektiven Annahmen abhängigen Beiträgen zu den externen Kosten zu unterscheiden und die Bandbreiten der externen Kosten, die in der Literatur zu finden sind, soweit möglich, einzugrenzen, um damit die Aussagefähigkeit der Ergebnisse zu erhöhen. Die Ergebnisse sollten in das Studienprogramm Energie einfließen.

4 Energie und nachhaltige Entwicklung – globale Herausforderung für eine Vision 2050

Der Wirtschaftsprozeß in den Industrieländern stößt in der Form, wie er sich im ausgehenden 20. Jahrhundert ausgebildet hat, zunehmend auf die „neuen Grenzen des Wachstums" (Meadows, 1992) und ist auf die Dauer nicht verallgemeinerungsfähig. Der materialaufwendige Lebensstil der Menschen in den Industrieländern, der nicht weltweit übertragbar ist, muß sich in einen weniger ressourcenverzehrenden Lebensstil wandeln. Nur ein Umdenken und eine Hinwendung zur ökologisch und sozial orientierten Marktwirtschaft kann der drohenden Katastrophe noch Einhalt gebieten.

Angesichts dieser Erkenntnis wurde im Brundtland-Bericht die Forderung nach Sustainable Development, d. h. nach einer nachhaltigen zukunftsverträglichen Entwicklung (WCED, 1987) formuliert. Zentrale Aufgabe der nächsten Jahrzehnte für Politik, Wirtschaft und Gesellschaft wird es sein, diesen Begriff mit Inhalt zu füllen.

Auf internationaler Ebene wurde diese Diskussion auf der UN-Konferenz für Umwelt und Entwicklung in Rio de Janeiro (UNCED) im Juni 1992 fortgeführt und intensiviert. Die neu gegründete UN-Kommission für nachhaltige Entwicklung (Commission on Sustainable Development, CSD), in der der Bundesminister für Umwelt, Naturschutz und Reaktorsicherheit derzeit den Vorsitz hat, hat den Auftrag, den in Rio de Janeiro durch internationale Vereinbarungen formalisierten Prozeß zu begleiten und fortzuentwickeln.

Die Enquete-Kommission „Schutz der Erdatmosphäre" unternimmt den Versuch, unabhängig von aktuellen politischen und wirtschaftlichen Entwicklungen Bedingungen für eine nachhaltige zukunftsverträgliche Entwicklung auszuloten, und hat hierzu das Instrument einer Vision gewählt, die den Forderungen nach Sustainability – speziell für den Klimabereich – genügen soll. Sie projiziert diese Vision auf das Jahr 2050.

Die Wahl des Mittels der Vision ermöglicht es, die Herausforderung aufgrund der gegenwärtigen Situation von aktuellen Sachzwängen losgelöst zu analysieren und in ihren Konsequenzen zu durchdenken. Dadurch kommen langfristige Problemstellungen stärker zur Geltung, während die kurz- und mittelfristigen Aspekte alltäglicher Politik – da hierfür irrelevant – übergangen werden können.

Weiterhin erleichtert die Untersuchung einer Vision 2050, abseits von praktischen Entscheidungen der Tagespolitik die Kohärenz von formulierten Zielen zu prüfen und konsistente Politik zu formulieren.

Bei der Umsetzung einer Vision sollte nicht unberücksichtigt bleiben, daß der notwendige Wertewandel hin zu einem im Sinne des Klimaschutzes vernünftigeren Verhalten, der auf jeden Fall mit einer stärkeren Ausschöpfung der Energieeinsparpotentiale und einer verstärkten Nutzung nicht-klimaschädlicher Energien einhergehen wird, meistens nur unter dem Druck von äußeren Notwendigkeiten zustande kommt.

Eine andere Möglichkeit der Umsetzung von Klimaschutz bestünde darin, die Menschen für den Gedanken von Klimaschutz zu begeistern.

In ihrem Aufbau geht die folgende Darstellung von weltweiten Rahmenbedingungen aus und formuliert anschließend Zielvorstellungen für einen zukunftsverträglichen Umgang der Gesellschaft mit Energie. Diese Zielvorstellungen werden sodann mit den zukünftig dafür zur Verfügung stehenden Technologien sowie mit vorliegenden Langfristprognosen verknüpft.

Dabei kommt es darauf an darzulegen, wie der Übergang von der gegenwärtig absehbaren Entwicklung zu einer dieser Vision entsprechenden Entwicklung geschaffen werden kann.

4.1 Weltweite Rahmenbedingungen für Aktionen zur Verringerung der Emissionen klimawirksamer Spurengase

4.1.1 Die von der Enquete-Kommission zugrundegelegte weltweite Reduktions-Strategie

a) Ziel der weltweiten Reduktions-Strategie ist eine Stabilisierung des Anteils klimawirksamer Spurengase in der Atmosphäre entsprechend Artikel 2, Satz 1 der in Rio de Janeiro verabschiedeten Klimarahmenkonvention:

„Das Endziel dieses Übereinkommens und aller damit zusammenhängenden Rechtsinstrumente, welche die Konferenz der Vertragsparteien beschließt, ist es, in Übereinstimmung mit den einschlägigen Bestimmungen des Übereinkommens die Stabilisierung der Treibhausgaskonzentrationen in der Atmosphäre auf einem Niveau zu erreichen, auf dem eine gefährliche anthropogene Störung des Klimasystems verhindert wird . . ."

b) Nach Maßgabe des gleichen Artikels 2 der Klimarahmenkonvention soll dieses Ziel bis Mitte des nächsten Jahrhunderts verwirklicht werden – also bis zu jenem Zeitpunkt, auf den sich die Vision 2050 bezieht (vgl. Artikel 2, Satz 2):

   „Ein solches Niveau sollte innerhalb eines Zeitraums erreicht werden, der ausreicht, damit sich die Ökosysteme auf natürliche Weise den Klimaänderungen anpassen können, die Nahrungsmittelerzeugung nicht bedroht wird und die wirtschaftliche Entwicklung auf nachhaltige Weise fortgeführt werden kann."

Klimaforscher definieren diesen Zeitraum anhand der wissenschaftlich weitgehend übereinstimmenden Annahme, daß eine Erhöhung der mittleren globalen Temperatur der Erdatmosphäre um allenfalls 0,1 Grad in einem Jahrzehnt (1 Grad im Jahrhundert) die Anpassungsfähigkeit der Ökosysteme nicht überfordert. Insgesamt darf der Temperaturhub nicht höher als 1 bis 2 Grad ausfallen. Ein auf diesen Rhythmus begrenzter Anstieg der globalen Mitteltemperatur wird also hingenommen. Dies heißt, die Beitrittsstaaten zur Klimakonvention sind auf jeden Fall gehalten (nach dem derzeitigen Stand nicht aber verpflichtet), Reduktionsmaßnahmen einzuleiten, die gewährleisten, daß der globale Temperaturanstieg die obengenannte maximal tolerierbare Erwärmung nicht übersteigt.

Der von den Unterzeichnerstaaten der Konvention akzeptierte Grundsatz einer Stabilisierung des Spurengasgehalts der Atmosphäre hat zur Folge, daß die globalen CO_2-Emissionen (energiebedingt etwa 22 Mrd. t CO_2 p. a. [pro Jahr] im Jahr 1990) nach Ablauf der auf wenigstens 60 Jahre veranschlagten Übergangszeit – also nach dem Jahr 2050 – auf höchstens die Hälfte des bislang erreichten Niveaus abgesenkt werden müssen. Dies muß in einer Zeit geschehen, in welcher sich die Weltbevölkerung in etwa verdoppeln wird. Die CO_2-Emission je Kopf der Bevölkerung läge dann um etwa 75 Prozent unterhalb des gegenwärtigen globalen Durchschnittwerts von etwa 4 t CO_2 p. a. (13 t CO_2 p. a. in den Industrieländern und 1,6 t CO_2 p.a. in den Entwicklungsländern).

Entsprechend der folgenden Abschätzung führt dies zu einer Reduktion der Pro-Kopf-Emissionen klimawirksamer Spurengase in den Industrieländern um etwa 70–75 Prozent in der Zeit zwischen 1990 und 2050 (vgl. Tab. 4-1; aus der Tabelle kann kein Rückschluß auf den jeweiligen weltweiten Energieverbrauch gezogen werden, da darin insbesondere die in Zukunft zunehmende Nutzung erneuerbarer Energien in Entwicklungs-

Tabelle 4-1: Die für eine erfolgreiche Klimaschutzpolitik notwendige Entwicklung der globalen Pro-Kopf-CO_2-Emissionen. Eine Abschätzung der gebotenen Reduktion der Pro-Kopf-Emissionen und einer denkbaren Verteilung auf verschiedene Ländergruppen. Modellrechnung

	Bevölkerung		CO_2-Emissionen			
	Mio.	v. H.	Mio. t	v. H.	t p. cap	'90 = 100
1990						
Industrieländer[1])	1 213	(22,1)	15 900	(72,2)	13,1	100
Entwicklungsländer[2]) .	4 271	(77,9)	6 100	(27,8)	1,6	
Welt	5 484		22 000		4,0	
2050						
Industrieländer[1])	1 500	(15,0)	3 500	(31,8)	2,3	18
Entwicklungsländer[2]) .	8 500	(85,0)	7 500	(68,2)	0,9	56
Welt	10 000		11 000		1,1	27

[1]) westliche und östliche Industrieländer, d. h. einschl. Mittel- und Osteuropa sowie der GUS
[2]) Entwicklungs- und Schwellenländer einschl. Volksrepublik China

ländern und deren im Vergleich zu heute zunehmender Energieverbrauch keinen Niederschlag findet.).

In dieser Tabelle wird im Rahmen einer Modellrechnung dargelegt, wie sich bei einer vorgegebenen Bevölkerungsentwicklung und Begrenzung der CO_2-Emissionen die von den beiden großen Weltregionen ausgehenden Emissionen in der Zeit zwischen 1990 und 2050 entwickeln könnten. Diese Aufgliederung ist als Versuch zu werten, nicht aber als feste Vorgabe für die bis zur Mitte des nächsten Jahrhunderts zu erwartende Entwicklung.

Tab. 4-2 gibt anhand einer differenzierteren Ländergruppenbetrachtung wieder, welche Folgerungen sich aus den Vorgaben der Klimarahmenkonvention bei Berücksichtigung der Bevölkerungsentwicklung und des Gleichheitsprinzips für die zukünftig zulässige CO_2-Entwicklung ergeben. Die relativ hohe Bevölkerungszunahme der Entwicklungsländer bewirkt, daß deren relativ niedriger Pro-Kopf-CO_2-Ausstoß sogar noch weiter abnimmt.

Diese Plausibilitätsbetrachtung führt zu folgendem Fazit:

- Die Vorgabe der Klimarahmenkonvention erfordert bis 2050 eine weltweite CO_2-Emissionsreduktion von ca. 50 Prozent, woran sich die Industrieländer mit 70 bis 80 Prozent sowie die ölproduzierenden Arabischen- und Schwellenländer mit etwa 60 Prozent beteiligen müssen, wenn den Entwicklungsländern noch ein Nachholbedarf von etwa 30 Prozent eingeräumt werden soll.
- Allerdings ist bei Fortdauer des gegenwärtig starken Bevölkerungswachstums in den Ländern der Dritten Welt eine weitere Angleichung der Pro-Kopf-Verbräuche fossiler Brennstoffe nicht möglich
- Ohne eine spürbare Selbstbeschränkung beim fossilen Brennstoffverbrauch und bei der Bevölkerungsentwicklung ist der in der Klimarahmenkonvention postulierte Klima- und Ökosystemschutz nicht erreichbar.

4.1.2 Überlegungen zum Zeitraum und zu Rahmenbedingungen für die Umsetzung der in der Klimarahmenkonvention festgeschriebenen Emissionsreduktion

Um zu verifizieren, ob und wie diese Reduktion möglich sein könnte, sind die politischen sowie die gesamt- und energiewirtschaftlichen Rahmenbedingungen während der in der Modellrechnung angesetzten Umstellungszeit zu analysieren. Damit stellen sich vier Fragen.

Erste Frage: Wie lange wird die 1990 beginnende **Umsetzungszeit** bis zu einer Stabilisierung des Gehalts von klimawirksamen Spurengasen in der Atmosphäre dauern?

Die Beantwortung dieser Frage hängt davon ab

a) wie die Trendentwicklung bzw. Trendbrüche bei wesentlichen Kerndaten – Bevölkerung, Wirtschaftswachstum, Energieverbrauch – für die nächsten 50–60 Jahre eingeschätzt werden.
b) welche Erfolgsaussichten einer vom Trend abweichenden, weltweiten CO_2-Reduktionspolitik zugeordnet werden.

Ein kurzer Rückblick auf Trendbrüche der vergangenen 80 Jahre soll den Blick für die auch zukünftig möglichen Trendbrüche schärfen. Ob mögliche Trendbrüche in Zukunft die Eindämmung klimarelevanter Spurengas-Emissionen erleichtern oder erschweren, kann heute nicht mit Sicherheit vorausgesagt werden. Mit großer Wahrscheinlichkeit ist aber auch in den vor uns liegenden Jahrzehnten mit folgenschweren Trendbrüchen zu rechnen.

Ausgangslage: Die dominierende energiewirtschaftliche Sorge bis in die 30er Jahre des 20. Jahrhunderts war die Befürchtung einer Erschöpfung

Tabelle 4-2: Die nach den Vorgaben der Klimarahmenkonvention nach Ländergruppen differenzierten erforderlichen CO_2-Emissionsänderungen bei einer angenommenen Bevölkerungsentwicklung und einer denkbaren Verteilung auf verschiedene Ländergruppen. Die Tabelle ist als Versuch einer möglichen Zuordnung zu werten und gibt jeweils nur orientierende Werte an

Ländergruppen	Bevölkerung					CO_2-Emission							
						Gesamtbetrag					pro Kopf		
	1990[1]) Mio.	Anteile %	2050[2]) Mio.	Anteile %	1990–2050 %	1990[3]) Mt	Anteile %	2050[4]) Mt	Anteile %	1990–2050[4]) %	1990[3]) t	2050 t	1990–2050 %
Industrieländer[5])													
1. Wirtsch. stark	732,5		843,2		*15*	10 153,8		2 030,8		*–80*	13,9	2,4	*–83*
2. Wirtsch. weniger stark	65,8		77,9		*18*	411,5		102,9		*–75*	6,3	1,3	*–79*
3. Wirtsch. schwach	406,9		551,3		*35*	4 652,4		1 395,7		*–70*	11,4	2,5	*–78*
Gesamt	1 205,2	22	1 472,4	*12*	22	15 217,7	*69*	3 529,4	32	–77	12,6	2,4	*–81*
4. Ölprod. Arab. Länder	126,5		523,3		*314*	712,7		320,7		*–55*	5,6	0,6	*–89*
5. Schwellenländer	143,0		269,0		*88*	943,9		330,4		*–65*	6,6	1,2	*–81*
Gesamt	269,5	*5*	792,3	7	*194*	1 656,6	*7*	651,1	6	*–61*	6,1	0,8	*–86*
6. Entwicklungsländer	3 945,3	*73*	9 612,1	*81*	*144*	5 253,7	24	6 934,9	62	*+32*	1,3	0,7	*–45*
Welt insgesamt	5 420,0		11 876,8		*119*	22 128,0		11 115,4		*–50*	4,1	1,0	*–77*

der Ressourcen an fossilen Energieträgern, damals im wesentlichen der Kohle. In Deutschland wurde diese Befürchtung als der zu erwartende „Kältetod der Erde" artikuliert.

Seitdem kennzeichnen zumindest neun herausragende Ereignisse – **Trendbrüche bzw. den Trend beeinflussende geistig-gesellschaftliche Umbrüche**, zumeist mit Folgen für das weltweite Wachstum der Wirtschaft und des Energieverbrauchs[7] – die sich wandelnde energiewirtschaftliche Szene und die jeweils dominierenden Vorstellungen über die Zukunft der Energiewirtschaft.

1. **Bruch im Trend** – 1914 bis 1918 – **der erste Weltkrieg:** Verglichen mit dem Trend seit der Jahrhundertwende haben der erste Weltkrieg und seine Folgen das weltweite Wachstum der Wirtschaft und des Energieverbrauchs um etwa **zehn Jahre** zurückgeworfen.
2. **Bruch im Trend** – ab Ende der 20er Jahre – **die Weltwirtschaftskrise:** Zwischen 1928 und 1932 ging das deutsche Volkseinkommen um etwa 40 Prozent zurück. Verglichen mit dem Trend in den 20er Jahren hat die durch diese Krise ausgelöste Rezession das weltweite Wachstum der Wirtschaft und des Energieverbrauchs um etwa **neun Jahre** zurückgeworfen.
3. **Bruch im Trend** – 1939 bis 1945 – **der zweite Weltkrieg:** Verglichen mit dem Trend seit Ende der Weltwirtschaftskrise hat der zweite Weltkrieg

[7]) Soweit im folgenden von einem weltweiten (realen) Wachstum der Wirtschaft (dem BSP) und des Energieverbrauchs gesprochen wird, fußen die Angaben auf den weltweiten Statistiken, vor allem der Vereinten Nationen. Die „Unterbrechung" entspricht dann der Zahl der Jahre zwischen dem Beginn der Unterbrechung und dem Zeitpunkt, in welchem die Höhe des BSP oder des Energieverbrauchs wieder das Niveau vor der Unterbrechung erreicht hat.

◀ Datenquellen:

[1]) UBA (1994 a);

[2]) UNFPA (1991); die Werte von 2025 wurden unter der Annahme gleicher Wachstumsraten wie 1990 bis 2025 auf 2050 hochgerechnet. Das neue Zentral-Szenario des IIASA zeigt eine ähnliche Größenordnung (Lutz, Prinz, 1994).

[3]) UBA (1994b); dies umfaßt die 71 vom UBA aufgelisteten Länder mit einem CO_2-Ausstoß > 10 Mio./a ergänzt durch die Länder in UNFPA (1991) u. WRI (1992-1993).

[4]) Würde die bisherige Entwicklung des fossilen Brennstoffverbrauchs bis 2050 fortgeschrieben, wäre mit einem Anstieg des CO_2-Ausstoßes auf 55 000 Mio./a und mit einem mittleren globalen Temperaturanstieg von ca 0,3 Grad pro Dekade zu rechnen. Aus Gründen des Klima- und Ökosystemschutzes sollte aber eine Erwärmung um 0,1 Grad pro Jahrzehnt nicht überschritten werden. Die Einhaltung der Temperaturbegrenzung erfordert eine weltweite Emissionsreduktion um etwa 50 Prozent (vgl. Teil A, Kap. 6.2). Die für das Szenario Klimaschutz erforderlichen CO_2-Emissionsreduktionen wurden mit Hilfe des Münsterschen Klimamodells berechnet (siehe auch Tab. 6.2.2 in Teil A, Kap. 6).

[5]) Tab. 6.2.1 in Teil A, Kap. 6 zeigt die Zuordnung ausgewählter Länder zu den sechs Ländergruppen.

Quelle: Bach (1994)

das weltweite Wachstum der Wirtschaft und des Energieverbrauchs um etwa **fünf Jahre** zurückgeworfen.

4. **Bruch im Trend** – seit Anfang der 50er Jahre – **„Nutzung der Kernenergie":** Insbesondere die Hoffnung auf eine sehr preisgünstige und ergiebige neue Energiequelle veranlaßte die Entwicklung der zivilen Nutzung der Kernenergie in den USA, in Europa, in den Ländern des Ostblocks, in Japan und schließlich auch in den Schwellenländern; dies bis Mitte der 80er Jahre. Danach verzichtete die Mehrzahl der Industrieländer – nicht zuletzt wegen der geschwundenen Sorge um die Sicherheit der Energieversorgung und auch wegen der mangelnden gesellschaftlichen Akzeptanz unter dem Eindruck des Reaktorunfalls in Harrisburg und der Reaktorkatastrophe von Tschernobyl – auf Initiativen zum weiteren Ausbau dieser Energie – ausgenommen Frankreich, Japan, Südkorea und die Länder des Rats für gegenseitige Wirtschaftshilfe.

5. **Bruch im Trend** – seit Mitte der 50er Jahre – Der wachsende Beitrag des **Erdöls** zur Weltenergieversorgung: Die Entwicklung neuer Explorations- und Fördertechniken machte den Weg frei für eine unerwartet schnelle Steigerung der weltweiten Ölförderung von 20 Mio. Jahrestonnen im Jahr 1900 über 500 Mio. Jahrestonnen im Jahr 1950 bis 3 150 Mio. Jahrestonnen im Jahr 1990. Die geschaffene Abhängigkeit in der Energieversorgung von den Ölförderländern im Mittleren Osten und in Nordafrika führte dann zu den beiden **Ölpreiskrisen** 1973 und 1978. Damals sind die fob-Preise für die gängigen Rohölsorten von 2 bis 3 $/barrel (1972/1973) auf etwa 40 $/barrel angestiegen, dann aber wieder deutlich zurückgegangen. Die beiden Ölpreiskrisen haben das weltweite Trendwachstum der Wirtschaft und des Energieverbrauchs um etwa **vier Jahre** zurückgeworfen.

6. **Bruch im Trend** (richtiger: ein einem Trendbruch gleichkommender Umbruch in der Beurteilung der gesellschaftlichen und ökonomischen Entwicklung) – 1972 – Der **Club of Rome** („Die Grenzen des Wachstums" [Meadows, 1972]) warnt seit den 70er Jahren vor einem weltweiten Kollaps, verursacht durch Bevölkerungswachstum, Industrialisierung, Umweltverschmutzung, Nahrungsmittelverknappung und Erschöpfung von Rohstoffquellen. Die Wachstumsgrenzen würden binnen 100 Jahren erreicht werden. Dies könne aber noch verhindert werden. In den Folgejahren wurden die Warnungen vor einer schnellen Erschöpfung der Ressourcen, die zunächst im Vordergrund gestanden hatten, abgeschwächt. Man hatte die Innovationsdynamik der Gesellschaft, der Wirtschaft und der Technik unterschätzt und Fragen der Umwelt- und Naturverträglichkeit von Wirtschaftswachstum und Technikentwicklung traten in den Vordergrund.

7. **Bruch im Trend** – 1965 bis 1976 – Der stürmische wirtschaftliche Aufschwung der VR China nach 1949 geriet infolge des sog. „Großen Sprungs nach vorn" (1958) sowie der Kulturrevolution ins Stocken. Während der Kulturrevolution 1965 bis 1976 hat die wirtschaftliche Entwicklung in China stagniert.

   In dieser Zeit ist sowohl das reale Bruttosozialprodukt als auch der Verbrauch von Primärenergie nicht angestiegen, wahrscheinlich sogar zurückgegangen, und hat damit diese große Region mit einem Viertel der Weltbevölkerung um etwa elf Jahre in der wirtschaftlichen Entwicklung zurückgeworfen.

   Die globale Wachstumseinbuße kann auf etwa **ein Jahr** veranschlagt werden. Seit Ende der 70er Jahre ist China wieder auf einem in den letzten Jahren sehr expansiven Wachstumspfad.

8. **Bruch im Trend** – ab 1989 – Der Kollaps der Wirtschaft in **Mittel- und Osteuropa** und in den Nachfolgestaaten der **Sowjetunion:** Der vom Weltenergiekongreß 1992 in Madrid vorgestellte Global Report revidiert die gesamt- und energiewirtschaftliche Entwicklung in Mittel- und Osteuropa (MOE) und der Gemeinschaft unabhängiger Staaten (GUS) gegenüber der Abschätzung von 1989 wie folgt:

   Jahresänderungsraten von Kenndaten in Prozent

	Madrid 1990–2020		Montreal 1985–2020 [1])
	MOE	GUS	MOE+GUS
Wirtschafts-wachstum	2,7 [2])	2,2 [2])	3,2
Primärenergie-verbrauch	0,3	0,2	1,8
Energie-Intensität	–2,4	–2,1	–1,4

[1]) World Energy Horizons 2000–2020, vorgelegt in Montreal 1989

[2]) Zwischen 1990 und 1992 ist in MOE und in den GUS das BSP um 25 Prozent gesunken. Es wird erwartet, daß das Wachstum danach, d. h. bis 2020 4,4 Prozent p. a. bzw. 3,5 Prozent p. a. erreichen wird.

9. **Bruch im Trend** – ab Anfang der 90er Jahre – Die Gefahr eines weltweiten Kollapses durch die **angestiegene Konzentration von klimawirksamen Spurengasen in der Atmosphäre.**

Fazit: In den 75 Jahren zwischen 1914 und 1989 ist im weltweiten Wachstum der Wirtschaft und des Energieverbrauchs eine Unterbrechung des

Trendwachstum um etwa 30 Jahre durch die hier aufgeführten Strukturverwerfungen eingetreten. Konjunkturschwankungen bleiben hierbei außer Betracht. Noch nicht berücksichtigt sind die Folgen sowohl des Kollapses des Sowjet-Systems als auch die Anfang der 90er Jahre einsetzende weltweite Rezession.

Solche Strukturbrüche sind auch zukünftig nicht auszuschließen. Sie könnten in Zukunft noch wahrscheinlicher sein.

Das IPCC rechnet in seinen Standard-Szenarien IS 92 a,b und f (die übrigen Szenarien haben teils höhere, teils niedrigere Wachstumsraten) mit einer jahresdurchschnittlichen Erhöhung des Weltbruttosozialproduktes zwischen 1990 und 2025 um 2,9 Prozent, dem sind etwa 1 Prozent jahresdurchschnittliche Erhöhung der Weltbevölkerung gegenzurechnen. Somit errechnet sich eine jahresdurchschnittliche Erhöhung des durchschnittlichen Bruttosozialproduktes pro Kopf um 1,9 Prozent zwischen 1990 und 2025 (IPCC, 1992). Auch gemessen an der Vergangenheit sind drei Prozent recht viel.

Diese Feststellungen zeigen, daß jede monokausale, allein auf die Klimaproblematik gestützte Voraussage über die Zukunft der Energiewirtschaft und die unter Trendbedingungen zu erwartenden – katastrophalen – Folgen problematisch ist. Berücksichtigt man auch anderweitig ausgelöste Entwicklungsbrüche, dann ist eine der beiden folgenden, zu einer „Katastrophe" führenden Entwicklungen möglich:

- entweder wird eine „Weltkatastrophe", die in ihrer Dimension mit den katastrophalen Folgen der vorausgesagten globalen Klimaänderung zu vergleichen ist, aber andere Ursachen hat, schon früher einsetzen;
- oder die katastrophalen Folgen einer globalen Klimaänderung werden eintreten, da es wegen nicht vorhersehbarer Entwicklungsbrüche nicht gelingt, die Emissionen klimarelevanter Spurenstoffe hinreichend einzudämmen.

Zweite Frage: Wie werden sich die **Weltordnung** und die Struktur der **Weltwirtschaft** bis zum Erreichen einer Stabilisierung des Gehalts von klimawirksamen Spurengasen in der Atmosphäre entwickeln? Vier Alternativen sollen in Betracht gezogen werden.

a) Eine im Ganzen friedliche Weltordnung und zugleich eine an der Leitidee der dauerhaften Entwicklung orientierte Weltwirtschaft.

b) Eine nach den Grundsätzen von GATT / WTO verfaßte Weltwirtschaft mit vertiefter weltwirtschaftlicher Arbeitsteilung und Wettbewerb.

c) Eine Weltordnung miteinander konfrontierender Blöcke. Schon wegen der dann mangelhaften Kooperationsmöglichkeiten mit den Schwellen- und Entwicklungsländern, die derzeit mit etwa 90 Prozent zum Zuwachs der globalen CO_2-Emissionen beitragen, wäre in einer solchen Ordnung jede CO_2-Minderungspolitik weniger erfolgversprechend.

d) Eine brisant gespannte Weltlage – ein latenter oder gar akuter Weltkrieg. Wird mit einer solchen – chaotischen – Lage gerechnet, dann ist es auch nicht möglich, Voraussagen zur CO_2-Minderungspolitik zu machen.

Wir beschränken uns auf eine Analyse der unter Trendbedingungen wahrscheinlichsten Entwicklung der Weltwirtschaft mit vertiefter internationaler Arbeitsteilung und verschärftem Wettbewerb (Fall b).

Unter dem Aspekt der Klimapolitik wird diese Weltordnung zumindest auf mittlere Sicht geprägt sein durch niedrige Weltmarktpreise für die fossilen Energieträger Kohle, Öl und Gas, die bei eher zurückgehender Nachfrage auf dem Weltmarkt überreichlich angeboten werden und für die zudem der internationale Zolltarif in der Verantwortung des GATT bzw. der WTO durchweg „konsolidierte Nullzölle" vorsieht, die die Förderländer heftig verteidigen werden.

Aus diesem Grund wird die Auffassung vertreten, das Ergreifen von wirksamen Klimaschutzmaßnahmen müsse international flankiert werden durch die Entwicklung einer Alternative für die derzeitigen großen Netto-Energieexporteure, die aufzeigt, auf welche Weise diese ihre Außenhandelserlöse in Zukunft auch bei aus Klimaschutzgründen sinkenden Mengen stabilisieren können. Ansonsten besteht die Gefahr, daß der aufgrund von Klimaschutzmaßnahmen zurückgehende Energieverbrauch (und -import) der Industrieländer zu einem Druck auf die Energiepreise führt mit der Folge, daß die Förderländer ihre Energieexportmenge zur Stabilisierung ihrer Deviseneinnahmen erhöhen (Massarrat, 1993, 34f) – was denkbar ist angesichts von nicht gesättigten Absatzmärkten in den Entwicklungsländern. Dies wäre für die wirtschaftliche Entwicklung in den Entwicklungsländern stimulierend, wäre allerdings nicht verträglich mit dem weltweiten Klimaschutz .

Dritte Frage: Wie wird sich die Struktur des weltweiten **Angebots an Energie** entwickeln? – Zwei Aussagen sind zu berücksichtigen:

a) Es ist mit einem breit gefächerten Angebot an Primär- und Sekundär-Energieträgern zu rechnen.

b) Wenn einige Welt-Regionen an der Nuklearenergie festhalten und diese weiter entwickeln, würden diese Kernenergieländer auch auf dem Weltmarkt als Anbieter auftreten. Diese Perspektive könnte sich auch durch die zwischen den USA und den Nachfolgestaaten der Sowjetunion vereinbarten und inzwischen angelaufenen Aktionen zum Abbau des bestehenden Kernwaffenarsenals ergeben.

Nach Abreicherung des hochangereicherten Urans und – für einen geringen Mengenanteil – nach Beimengung des Plutoniums zu MOX-Brennelementen wird auf diesem Wege ein größerer Vorrat an Kernbrennstoff geschaffen. Dieser Vorrat ist zwar erklärtermaßen für friedliche Verwendung bestimmt, ist aber, wenn der zweite Weg beschritten wird, mit einem Proliferationsrisiko verbunden.

Vierte Frage: Welche **Instrumente** zur Reduktion der Emissionen klimarelevanter Spurengase werden zur Anwendung gelangen?

Wesentlich sind zwei Hauptkategorien von Instrumenten zur Reduktion der CO_2-Emissionen:

a) Die Gewährung von Anreizen für förderungs-, entwicklungs- und/oder erhaltungsbedürftige Effizienztechnologien bzw. Energiequellen, -prozesse und/oder -träger, sowohl aus dem Inland als auch zugunsten anderen Regionen (Länder-Zusammenschlüsse, Länder oder dergleichen), finanziert
   - aus öffentlichen Haushalten,
   - aus einer Energie-(oder CO_2-)Steuer oder aus einer Umlage zu Lasten der Verbraucher nicht privilegierter Energiequellen, -prozesse und/oder -träger,
   - durch Unternehmen der Energiewirtschaft, diese in weitestem Sinne verstanden.
   - aus einem eigens dazu geschaffenen, hierfür vorgesehenen internationalen Fonds (z. B. die globale Umweltfazilität GEF).

b) Schaffung von vom Energiemarkt abgegrenzten Schutzzonen für förderungs-, entwicklungs- und/oder erhaltungsbedürftige Energiequellen, -prozesse und/oder -träger. Hier sei angemerkt, daß eine Aktion, die nur dazu führt, daß eine Energieerzeugung in ein anderes Land ausgelagert wird, die Höhe der Global-Emission nur verlagert, ihre Höhe aber nicht verändert.

Ergebnis und Konsequenzen

In der Bundesrepublik Deutschland muß man davon ausgehen, daß eine in den Weltmarkt – und den Europäischen Binnenmarkt – stärker eingebundene Energiewirtschaft langfristig geringere Erträge aus dem Verkauf von fossilen Energieträgern und von Elektrizität erzielen kann als bisher. Der Wettbewerbsdruck wird hohe Erträge kaum zulassen. Ist dies so, dann müssen nationale und internationale Aktionen zur Reduktion der CO_2- und anderer Emissionen auch aus dem allgemeinen oder auch einem energiespezifischen Aufkommen von Steuern und Umlagen finanziert werden. Least Cost Planning mag mindernd wirken, schafft aber das Problem nicht aus der Welt.

Eine allgemeine Energiesteuer würde dann auf Akzeptanzprobleme bei der Wirtschaft und bei der Bevölkerung stoßen, wenn die Energiesteuerbelastung so ansteigt, daß eine erhebliche Gruppe der Abnehmer dem Wettbewerb auf dem Weltmarkt nicht mehr standhalten könnte. Hier ist generell ein langfristiger und stufenweiser Anstieg der Steuersätze zur Erhöhung der Planungssicherheit zu empfehlen.

4.2 Leitbilder einer zukünftigen Energiepolitik

In den beiden nachstehenden Kapiteln (Kap. 4.2.1 und Kap. 4.2.2) entwickeln die beiden Sachverständigen Mitglieder der Kommission Prof. Dr.-Ing. Alfred Voß und Prof. Dr. Klaus Michael Meyer-Abich pointiert zwei sehr unterschiedliche Leitbilder für den zukünftigen Umgang mit Energie. Sie zeigen auf, daß es auch eine Frage der Denkweise ist, ob und inwieweit das Klimaschutzziel zu erreichen ist. Beide Wege können nur zum Ziel führen, wenn der Mensch schnell lernt, umweltverträglich mit den vorhandenen Ressourcen umzugehen. Ob dies geschieht, ist eine offene Frage.

4.2.1 Prof. Dr.-Ing. Alfred Voß
Neue Ziele – Neue Wege: Vision und Leitbild
für die Gestaltung der Energieversorgung von übermorgen

4.2.1.1 Die Vision eines nachhaltigen Weltenergiesystems

Die Perspektiven der Menschheitsentwicklung enthalten bei einer Fortsetzung der Trends der Vergangenheit im Weltgeschehen durchaus auch unvorstellbare Katastrophen, ausgelöst durch Hunger und Armut oder durch die Zerstörung der natürlichen Lebensgrundlagen bzw. die Veränderung des Klimas. Darüber besteht weitgehende Übereinstimmung; ebenso darüber, was den dringenden Handlungsbedarf betrifft, der sich aus der Verpflichtung gegenüber den Menschen in den armen Ländern der Welt und den kommenden Generationen ergibt.

Die Übereinstimmung ist schon geringer, wenn es um die anzustrebenden Ziele und Leitbilder geht, und über die einzuschlagenden Wege bestehen zumindest in den Industrieländern zwischen wichtigen gesellschaftlichen Gruppen gegensätzliche Auffassungen. Mehr als am Zielkonsens fehlt es am Wegekonsens.

Auf der Suche nach verantwortbaren Wegen für die zukünftige Weltentwicklung stellt sich natürlich die Frage, ob ein materieller Wohlstand wie er heute in einigen Industrieländern herrscht, für eine weiterwachsende Weltbevölkerung überhaupt möglich und mit einer dauerhaften Entwicklung vereinbar ist. Die Antwort auf diese Frage ist mitentscheidend dafür, ob wir die Vorstellung von den nahen Grenzen des Wachstums und einer dadurch erzwungenen Askese zur Richtschnur unseres Handelns machen müssen, oder ob wir uns von der Vorstellung erweiterbarer Horizonte und damit der Vision einer Zukunft leiten lassen dürfen, in der ein quasi metastabiles Gleichgewicht besteht, in dem 10 bis 14 Mrd. Menschen frei von materieller Not in Würde leben können.

Vieles spricht dafür, daß die von den Neo-Malthusianern ins Feld geführte Begrenztheit der natürlichen Ressourcen und der Belastbarkeit der Umwelt nicht die limitierenden Faktoren für eine weitere Entwicklung des Weltsystems sind. Wir verfügen bereits heute über technische Möglichkeiten, auch bei steigender weltweiter Bereitstellung von Nahrung, Gütern und Dienstleistungen, die Inanspruchnahme von Rohstoffen, Natur und Umwelt auf ein vertretbares Maß im Sinne einer nachhaltigen Entwicklung zurückzuführen. Dies gilt auch für die Klima- und Umweltbelastungen, die mit den gegenwärtig genutzten Energieträgern verbunden sind.

Wir dürfen uns von Vorstellungen leiten lassen, durch bewußten technisch-wissenschaftlichen Fortschritt die vermeintlichen Grenzen des Wachstums hinauszuschieben. Dies ist die Grundlage der Vision einer künftigen Weltenergieversorgung, die für eine mindestens doppelt so große Zahl an Menschen ausreichende Energiedienstleistungen bereitstellt, so daß sie frei von materieller Not und verträglich mit den Kreisläufen der Natur leben können.

Diese Vision einer zukünftigen Energieversorgung ist der Ausgangspunkt bei der Suche nach Lösungen und tragfähigen Wegen und sogleich Leitbild einer Zukunft der Menschheit, die die Kluft zwischen arm und reich überwunden hat und die durch internationale Partnerschaft, Gleichheit und kulturelle Vielfalt sowie individuelle Selbstverwirklichungsmöglichkeiten gekennzeichnet ist.

Die Verwirklichung dieser Vision wirft die Frage nach den Wegen und einzuleitenden Entwicklungen, aber auch die Frage auf, ob wir die Einsicht und Kraft aufbringen, rechtzeitig das Notwendige zu tun. Letzteres wird wesentlich davon abhängen, ob in den wohlhabenden Industriegesellschaften die emotionale Distanz zum wissenschaftlich-technischen Fortschritt abgebaut werden kann.

Damit ist die Überwindung der Kluft zwischen den geisteswissenschaftlichen und naturwissenschaftlich-technischen Kulturen angesprochen, welche sich, wie es Sir Percy Snow vor mehr als dreißig Jahren in seinem Essay „The two cultures and the scientific revolution" konstatiert hat, weitgehend verständnislos gegenüberstehen.

Technisch verantwortliches Handeln bedarf der Unterstützung der Geisteswissenschaften, weil sich alles menschliche Handeln an ethischen Kategorien orientieren muß, will es breite Zustimmung erwarten.

Diese ethischen Kategorien müssen ihrerseits mit den Naturgesetzen in Einklang stehen. Mit einer reinen Gesinnungsethik, mit Forderungen, die zwar ethisch begründet, aber nur am Realisierungswürdigen, nicht jedoch am Realisierbaren orientiert sind, ist verantwortlichem Handeln nicht gedient.

Insbesondere der zweite Hauptsatz der Thermodynamik, den der Chemiker und Philosoph Wilhelm Ostwald „Das Gesetz des Geschehens" nannte, ist dazu geeignet, eine Brücke zwischen den beiden Kulturen zu schlagen, die zu rational gesicherten ethischen Grundlagen für unser Handeln, für die notwenige Güterabwägung zur Bewältigung der globalen Herausforderungen führen.

Der zweite Hauptsatz der Thermodynamik und der analog dazu formulierte Satz von der Stoffentwertung haben eine grundlegende Bedeutung für das Leben und das Handeln der Menschen, also auch für ihre Energieversorgung und ihr Wirtschaften. Aus ihnen lassen sich wesentliche Orientierungen für die zu beschreitenden Wege zur Realisierung der Vision gewinnen.

4.2.1.2 Das Gesetz des Geschehens

Wesentlich für das Verständnis der Bedeutung der Hauptsätze der Thermodynamik ist die Unterscheidung zwischen verfügbarer und nicht verfügbarer Energie. Verfügbare Energie, auch Exergie genannt, läßt sich in Arbeit umwandeln, sie wird deshalb hier als „Arbeitsfähigkeit" bezeichnet. Nicht verfügbare Energie ist Anergie, sie ist z. B. die Energie der ungeordneten Bewegung von Atomen und Molekülen bei Umgebungstemperatur. Sie läßt sich nicht in andere Energieformen und insbesondere nicht in Arbeitsfähigkeit umwandeln, um nützliche Dinge zu bewirken.

Der erste Hauptsatz der Thermodynamik, der Energieerhaltungssatz, lautet in einer alle Energieformen umfassenden Formulierung: „Die Gesamtenergie eines abgeschlossenen Systems ändert sich nicht". Oder anders ausgedrückt, Energie geht niemals verloren, sie kann immer nur von einer in eine andere Form umgewandelt werden. Nach der von Einstein 1905 formulierten Äquivalenz von Masse und Energie, ist damit auch der Satz von der Erhaltung der Masse nur ein Sonderfall des ersten Hauptsatzes der Thermodynamik.

Der für die hier anzustellenden Überlegungen wichtigere zweite Hauptsatz der Thermodynamik beschreibt das Entropieprinzip. Rudolf Clausius hat ihn 1865 wie folgt formuliert: „Die Entropie eines isolierten Systems kann nicht abnehmen, sie bleibt konstant bei reversiblen Prozessen und wächst bei irreversiblen Prozessen in diesem System". Oder anders ausgedrückt, die in einem isolierten System vorhandene Energie strebt einer Dissipation oder Entwertung, dem Übergang in gleichmäßig verteilte Wärmeenergie, also einem Zustand geringerer Ordnung zu.

Der zweite Hauptsatz zeigt uns damit zwei Begrenzungen auf, nämlich zum einen, daß alle natürlichen und technischen Prozesse der Nutzbarmachung von Arbeitsfähigkeit, die immer mit Irreversibilitäten z. B. Reibung verbunden sind, gleichzeitig einen Teil der Arbeitsfähigkeit des Systems entwerten und in Anergie überführen, die Entropie erhöht sich. Die zweite Begrenzung betrifft die Umwandlung von Wärme in Arbeitsfähigkeit, die nur teilweise möglich ist, weil jedes Temperaturgefälle nur bis zur Umgebungstemperatur abgearbeitet werden kann.

Es ist nun zu beachten, daß die genannten Formulierungen der Hauptsätze für abgeschlossene Systeme gelten und daß genau genommen nur ein abgeschlossenes System, nämlich das Universum existiert. In offenen, d. h. nicht abgeschlossenen Systemen, die durch einen Stoff- und/oder Energieaustausch mit ihrer Umgebung verbunden sind – und es sei hier angemerkt, daß alle lebenden wie auch technische Systeme und somit auch unser Wirtschaftssystem eben nicht abgeschlossen sind, sondern in einem ständigen Austausch mit ihrer Umgebung stehen –, kann die Entropie durch die Zufuhr von Arbeitsfähigkeit sehr wohl abnehmen, allerdings nur auf Kosten einer entsprechenden Energieentwertung an anderer Stelle.

In neuerer Zeit hat nun der rumänisch-amerikanische Mathematiker und Ökonom Georgescu-Roegen das Entropieprinzip des zweiten Hauptsatzes der Thermodynamik auf die Dissipation von Materie ausgedehnt. Er schreibt: „Ich möchte zu bedenken geben, daß es eine elementare Tatsache ist, daß Materie ebenso in zwei Zuständen existiert, nämlich verfügbar und nicht verfügbar, und daß sie genau wie Energie ständig und unwiderruflich von dem einen in den anderen Zustand übergeht. Materie löst sich ebenso wie Energie in Staub auf, dies läßt sich am besten durch Rost und durch Verschleiß von Automotoren und Autoreifen veranschaulichen". Alle stofflichen Prozesse sind nach diesem Gesetz mit einem Zuwachs an Stoffentropie, einer Stoffzerstreuung bis zu einem

Zustand verbunden, für den ein Einsammeln und Aufkonzentrieren unmöglich wird. Möglich ist es, die Stoffentropiezunahme durch Wiederverwertung und Recycling zu reduzieren, aber sie läßt sich nie gänzlich vermeiden.

An dieser Stelle scheint der Hinweis wichtig, daß Umweltbelastungen, auch die im Zusammenhang mit unserer heutigen Energieversorgung, vorrangig durch anthropogen hervorgerufene Stoffströme, durch Stoffdissipation verursacht werden. Es ist also nicht die mit der Energieversorgung gemäß dem zweiten Hauptsatz der Thermodynamik verbundene Entropievermehrung, also die Abwärme, welche die Umwelt schädigt, sondern es sind die mit dem jeweiligen Energiesystem verbundenen stofflichen Belastungen, wie etwa das Schwefel- oder das Kohlendioxid, die zu Umweltbelastungen führen. Hier ist unterstellt, daß die anthropogene Abwärmeerzeugung unbedeutend für den Energiehaushalt der Erde ist. Dies wird deutlich an der Sonnenenergie, die mit ihrer zur Verfügung gestellten Arbeitsfähigkeit einerseits Quelle allen Lebens auf der Erde ist, andererseits aber der bei weitem größte Entropiegenerator. Da die Sonnenstrahlung nicht an einen stofflichen Energieträger gebunden ist, resultieren aus ihrer direkten Nutzung auch keine Umweltbelastungen. Lediglich die Stoffdissipationen und daraus resultierende Umweltbelastungen im Zusammenhang mit der Anlagenerrichtung sind zu beachten.

Der hier angesprochene Sachverhalt ist deshalb von besonderer Bedeutung, weil er die Möglichkeit einer Entkopplung von Energieeinsatz (Verbrauch an Arbeitsfähigkeit) und Umweltbelastung beinhaltet. Wachsender Verbrauch an Arbeitsfähigkeit (Energieeinsatz) und sinkende Umwelt- und Klimabelastungen müssen kein Widerspruch sein

Kommen wir zurück auf die zuvor erläuterten Hauptsätze, die bedeuten, daß in offenen oder nicht abgeschlossenen Systemen der Entropievermehrung und Stoffentwertung nur durch Zufuhr von Arbeitsfähigkeit und verfügbarer Materie entgegengewirkt werden kann.

Dies gilt in gleichem Maße für lebende Organismen wie auch für alle technischen und wirtschaftlichen Systeme, die Leben fördern und unterstützen sollen. Der Nobelpreisträger Erwin Schrödinger hat darauf in seinem Werk „Was ist Leben?“ wie folgt Bezug genommen. „Das, wovon ein Organismus sich ernährt, ist negative Entropie. Oder um es etwas weniger paradox auszudrücken, das Wesentliche am Stoffwechsel ist, daß es dem Organismus gelingt, sich von der Entropie zu befreien, die er, solange er lebt, erzeugen muß“.

Lebewesen erhalten oder erhöhen also ihren Ordnungszustand durch Arbeitsfähigkeit aus ihrer Umgebung. In ihrer Umgebung erzeugen sie dabei eine größere Unordnung, sie vermehren dort die Entropie. Das gilt analog auch für alle Ordnungszustände, die durch den Menschen geschaffen werden. Dabei sind mit Ordnungszuständen alle materiellen und energetischen Güter wie auch immaterielle Güter und Dienstleistungen gemeint. Das Entwertungs- bzw. das Entropieprinzip und das Entwicklungsprinzip, d. h. der Aufbau von Ordnungen, sind also miteinander untrennbar verknüpft und sie werden durch die Hauptsätze beschrieben.

Verfügbare Materie und Verfügung über Arbeitsfähigkeit sind aber nur eine notwendige und noch keine hinreichende Bedingung für den Aufbau lebensnotwendiger oder lebensfördernder Ordnungszustände und damit für Leben überhaupt. Hinzukommen muß noch Information oder Wissen, um dem Leben dienende Ordnungen zu schaffen. Bei allen Lebewesen ist diese Information im genetischen Code der Zelle angelegt.

Die Nützlichkeit und den Zweck anthropogener Ordnungszustände bestimmt der Mensch. Nur Steine aufeinander zu schichten, verbraucht zwar Arbeitsfähigkeit, schafft aber noch keinen nützlichen, dem Leben dienenden Ordnungszustand. Zusammengefügt zu einem Haus, dienen sie aber dem Leben, schützen vor Wind und Kälte und können als Schule oder Krankenhaus verwendet werden. Wissen, Information und Kreativität sollen hier als Gestaltungsfähigkeit bezeichnet werden. Sie ist neben Arbeitsfähigkeit und verfügbarer Materie die dritte notwendige Komponente zur Schaffung nützlicher, dem Leben dienender Ordnungszustände.

Wissen, Information und Kreativität, hier zusammengefaßt unter dem Begriff Gestaltungsfähigkeit, stellen dabei eine besondere Ressource dar. Sie ist zwar zu jedem Zeitpunkt begrenzt, wird aber nicht verbraucht, sondern ist sogar vermehrbar. Wissen wächst. Dies zeichnet die Ressource Gestaltungsfähigkeit gegenüber den erschöpfbaren Energie- und Rohstoffvorräten und auch dem großen Energiestrom von der Sonne aus und gibt ihr eine besondere Bedeutung für die Lösung der vor uns liegenden Probleme.

Die durch Wissenszuwachs steigende Gestaltungsfähigkeit und die damit mögliche Weiterentwicklung von Technik ermöglichen es uns,

- lebensnotwendige Ordnungszustände mit weniger Arbeitsfähigkeit und weniger verfügbarer Materie bereitzustellen, also mit knappen Ressourcen haushälterischer umzugehen,
- die Entropievermehrung bei der Energiewandlung zu reduzieren, d. h. mehr Arbeitsfähigkeit aus den Energievorräten und Energiequellen zu gewinnen

- höher entropische Energievorräte und neue Energiequellen zu erschließen und damit die Energiebasis zu verbreitern,
- die Stoffentwertung verfügbarer Materie durch Recycling zu reduzieren,
- die verfügbare Materie durch die Nutzbarmachung neuer Materialien zu erhöhen,
- die notwendige Arbeitsfähigkeit für den Aufbau gleichwertiger Ordnungszustände zu reduzieren, anders nennen wir das rationellere Energienutzung, und
- Umweltbelastungen durch die Dissipation von Materie und Produktion von Stoffabfällen zu reduzieren, gegebenenfalls durch Mehreinsatz an Arbeitsfähigkeit.

Die bisher gemachten Ausführungen sollten die Bedeutung der Hauptsätze der Thermodynamik und des Entropieprinzips für das Leben sowie den Aufbau lebensnützlicher Ordnungszustände verdeutlichen. Die Hauptsätze als Naturgesetze können wir nicht außer Kraft setzen oder umgehen. Was wir vermögen ist, das diesen Gesetzen folgende Geschehen mit den Interessen des Lebens und der Menschen sowie den Abläufen in der Natur in Einklang zu bringen.

4.2.1.3 Nachhaltige Entwicklung und Energie

In den letzten Jahren hat der Begriff der „nachhaltigen Entwicklung" (sustainable development) verstärkt Eingang in die öffentliche Diskussion gefunden. Eine allgemein anerkannte Definition, was unter nachhaltiger Entwicklung zu verstehen ist, gibt es noch nicht. Die Brundtland-Kommission formuliert: „Sustainable Development is development, that meets the needs of the present without compromising the ability of future generations to meet their own needs". Die Bedürfnisse der gegenwärtig lebenden Menschen zu befriedigen, ohne die Befriedigung ähnlicher Bedürfnisse in Zukunft lebender Menschen zu beeinträchtigen, ist also mit nachhaltiger Entwicklung gemeint.

Erinnern wir uns daran, daß Leben entsprechend den Hauptsätzen mit dem Verbrauch von Arbeitsfähigkeit und verfügbarer Materie verbunden ist und machen wir uns bewußt, daß die dem Menschen verfügbaren Quellen an Arbeitsfähigkeit und an verfügbarer Materie zwar groß, aber dennoch endlich sind (auch der Energiestrom der Sonne wird in einigen Milliarden Jahren erlöschen), so ist eine nachhaltige Entwicklung zeitlich nicht unbegrenzt möglich, da irgendwann der „Wärmetod" oder die „Materiedissipation" dem Leben auf diesem Planeten ein Ende setzen werden. Dieses unvermeidliche Ende liegt aber soweit in der Zukunft, gleichsam außerhalb des menschlichen Zeitmaßes, daß es heute ohne Relevanz ist.

Vor diesem Hintergrund läßt sich in Erweiterung der zuvor genannten Definition eine nachhaltige Entwicklung beschreiben als eine Entwicklung, die zwar aufgrund äußerer, nicht-anthropogener Gegebenheiten im Prinzip begrenzt wird, nicht jedoch durch ihre selbst bewirkten Folgen. Die Erhaltung der natürlichen Lebensgrundlagen, oder anders ausgedrückt, die Nichtüberschreitung der Regenerations- und Assimilationsfähigkeit der natürlichen Stoffkreisläufe ist somit eine wesentliche Bedingung für eine nachhaltige Entwicklung.

Eine nachhaltige Entwicklung bedeutet nicht den Verzicht auf Wachstum, und auch die Nutzung begrenzter Energie- und Rohstoffvorräte ist mit einer nachhaltigen Entwicklung vereinbar, wenn die Ressourcenbasis, genauer gesagt, die verfügbare Ressourcenbasis durch technischen Fortschritt, durch die Verfügbarmachung neuer Energiequellen und Rohstoffe für die folgenden Generationen erweitert werden kann und die Inanspruchnahme von Umwelt und Natur auf ein verträgliches Maß begrenzt bleibt. Eine in diesem Sinne nachhaltige Entwicklung läßt sich aber wohl nur erreichen, wenn die Zahl der Menschen auf der Erde nicht stetig weiter wächst.

Die Bevölkerungsprognosen gehen von einem weiteren Anstieg der Weltbevölkerung von derzeit 5,5 Mrd. Menschen auf mindestens 10 Mrd. Menschen in der Mitte des nächsten Jahrhunderts aus. Dieser Bevölkerungszuwachs wird dabei nahezu ausnahmslos in den Ländern der Dritten Welt stattfinden. Das Wachstum der Weltbevölkerung stellt eine gewaltige Herausforderung für die Nahrungsmittelproduktion und die Güterproduktion zur Schaffung humaner Lebensumstände dar. Ein Rückblick zeigt, daß alle Anstrengungen zur Geburtenkontrolle letztlich nicht die erwünschte Wirkung erzielt haben und daß eine Stabilisierung der Bevölkerung nur dort erreicht worden ist, wo die materiellen und sozialen Lebensumstände der Menschen verbessert werden konnten. Folgt man der Überlegung, daß die Weltbevölkerung nur bei Überwindung von Hunger und Armut, d. h. durch ein ausreichendes Güterangebot zu stabilisieren ist, dann gilt auch, daß eine Stabilisierung um so eher erreicht wird, je eher die Bedürfnisse der Menschen befriedigt werden können. Die dazu notwendige Ausweitung der Nahrungsmittel- und Güterproduktion sowie des Angebots an Dienstleistungen wird umso eher möglich sein, je geringer der Aufwand für die Bereitstellung der dazu notwendigen Materie und Arbeitsfähigkeit ist. Aus diesem Grund gewinnen effiziente und kostengünstige Energiesysteme ihre besondere

Bedeutung für die Überwindung von Hunger und Armut als notwendige Vorbedingung für eine nachhaltige Entwicklung.

Für die Bereitstellung von Arbeitsfähigkeit aus den uns von der Natur gegebenen Energievorräten und dem Energiestrom der Sonne bedarf es geeigneter Energieumwandlungs- und Energienutzungsanlagen, deren Aufbau ebenso wie die Gewinnung der Energieträger zunächst die Investition von Arbeitsfähigkeit, verfügbarer Materie und Gestaltungsfähigkeit in einem jeweils spezifischen Umfang bedarf. Allgemein gilt, daß ein Energiesystem bei gleicher Bereitstellung von Arbeitsfähigkeit dann effizienter als ein anderes ist, wenn es weniger Arbeitsfähigkeit, Gestaltungsfähigkeit und Rohstoffe bedarf und geringere Umweltschäden durch Stoffdissipation zur Folge hat.

Die notwendige Investition an Arbeitsfähigkeit, Rohstoffen und Gestaltungsfähigkeit für die Bereitstellung von Arbeitsfähigkeit aus den uns im Prinzip zur Verfügung stehenden fossilen und nuklearen Energievorräten sowie den erneuerbaren Energiequellen ist dabei keineswegs gleich, sondern von der jeweiligen Primärenergiequelle und der eingesetzten Technik abhängig. Sie kann durch technische Weiterentwicklung reduziert werden.

Zur Bewältigung des Übergangs auf eine nachhaltige Entwicklung und die dazu notwendige Begrenzung des Bevölkerungswachstums wird es darauf ankommen, diejenigen Energiesysteme zur Bereitstellung von Arbeitsfähigkeit zu nutzen, die effizient mit den knappen Ressourcen Arbeitsfähigkeit, verfügbare Materie, Gestaltungsfähigkeit und Umwelt umgehen. Effizienz ist auch der Schlüssel zur Vermeidung nicht tolerierbarer Klimaveränderungen. Eine deutlich reduzierte Treibhausgasemission, die mit dem Leitbild der weltweiten nachhaltigen Entwicklung verträglich ist, wird wohl nur erreicht werden können, wenn kosteneffiziente Alternativen zur Gewinnung von Arbeitsfähigkeit aus fossilen Energieträgern verfügbar sind.

4.2.1.4 Orientierungen

Die Ausführungen zu wichtigen Gesetzen der Naturwissenschaften und zur nachhaltigen Entwicklung sollten dreierlei verdeutlichen:

1. Die Hauptsätze haben als Naturgesetze grundlegende Bedeutung für das Leben, nicht nur für die Vorgänge in der Natur, sondern auch für das Handeln des Menschen. Auch unsere ethischen Handlungsmaximen müssen diesen Naturgesetzen Rechnung tragen, sollen sie brauchbare Maßstäbe für die notwendigen Güterabwägungen sein.

2. Leben erfordert die ständige Zuführung von Arbeitsfähigkeit, ist also mit einer Entwertung von Energie oder, unpräziser gesagt, mit dem Verbrauch von Energie, untrennbar verknüpft und geht mit einer Stoffdissipation, Stoffentwertung einher. Wissenszuwachs und der damit verbundene technisch-wissenschaftliche Fortschritt steigern unsere Gestaltungsfähigkeit. Sie ist der Schlüssel für die effiziente Bereitstellung von mehr Arbeitsfähigkeit, den schonenderen Umgang mit den Rohstoffen sowie die Verminderung der Belastung von Umwelt und Natur.

3. Eine humane Begrenzung des Bevölkerungswachstums als eine notwendige Bedingung für eine nachhaltige und dauerhafte Entwicklung auf der Erde ist nur über die Brücke eines ausreichenden materiellen Wohlstandes der Menschen erreichbar. Dazu ist nicht nur mehr Arbeitsfähigkeit für mehr Energiedienstleistungen bereitzustellen, sondern diese Arbeitsfähigkeit muß auch mit möglichst geringem Aufwand an Arbeitsfähigkeit, verfügbarer Materie und Gestaltungsfähigkeit und bei einer tolerierbaren Inanspruchnahme von Umwelt und Natur, oder anders ausgedrückt möglichst kostengünstig im Sinne der Nutzung alle knappen Ressourcen bereitgestellt werden.

Für das Idealbild einer Wirtschaft und ihrer Energieversorgung bedeutet dies einen Energieeinsatz (Verbrauch an Arbeitsfähigkeit) für die Bereitstellung von Gütern und Dienstleistungen, der auf den Umfang zurückgeführt ist, der einem effizienten Einsatz der knappen Ressourcen Gestaltungsfähigkeit, verfügbarer Materie und Umwelt entspricht und wo diese Arbeitsfähigkeit mit einem möglichst geringen Aufwand dieser Faktoren und an Arbeitsfähigkeit selbst verfügbar gemacht wird. Die Mehrung von technischem Wissen zur Steigerung der Gestaltungsfähigkeit wird gezielt darauf abgestellt, den Verbrauch der anderen Ressourcen zu reduzieren. Diesem Idealbild entspricht beispielsweise die Bereitstellung der Energiedienstleistung warmer Raum durch ein Gebäude, dessen Nutzung aller knappen Ressourcen über die gesamte Lebensdauer minimiert ist.

Das Leitbild der effizienten Nutzung aller knappen Ressourcen ist die tragfähige Alternative zu einer Strategie, die einseitig nur auf die Minderung des Energieeinsatzes setzt. Es weist den Weg zur Verwirklichung der Vision einer nachhaltigen Entwicklung des Weltsystems ebenso wie zu einer verallgemeinerungsfähigen Wirtschaftsweise und Energieversorgung der Industrieländer. Es enthebt uns aber nicht der Mühe, die jeweils verfügbaren Optionen der Energieversorgung im Hinblick auf ihren spezifischen Aufwand an Arbeitsfähigkeit, Gestaltungsfähigkeit, verfügbarer Materie und Umweltbelastungen durch Stoffdissipation vorurteilsfrei vergleichend zu bewerten und sie dann auch auf dem Weg zur Realisierung der Vision einzusetzen.

4.2.2 Prof. Dr. Klaus Michael Meyer-Abich: Neue Ziele – Neue Wege: Leitbild für den Aufbruch zu einer naturgemäßen Wirtschaft und den Abschied vom Energiewachstum

In der außermenschlichen Natur werden allen Entwicklungen durch „limitierende Faktoren" Grenzen gesetzt. Irgendein Gut – Wasser, Licht, Nährstoffe etc. – ist immer das relativ knappste; damit auskommen zu müssen begrenzt die Entwicklung des Ganzen wie die der Teile. In der industriellen Wirtschaft sind es umgekehrt delimitierende, entgrenzende Faktoren, die jeweils bestimmte Wachstumsschübe auslösen oder ermöglichen. Für den wirtschaftlichen Aufschwung der Industrieländer nach dem Zweiten Weltkrieg war das billige und scheinbar dauerhaft fließende Mineralöl ein solcher entgrenzender Faktor. Es war der Traum der Nutzung der Atomkernenergie, diese Entgrenzung durch eine weitere billige und so gut wie unbegrenzt verfügbare Energiequelle auf unabsehbare Zeit zu verlängern. Inzwischen haben sich Grenzen des Wachstums gezeigt, die zwar nicht die Energieumsätze als solche, wohl aber die natürlichen und sozialen Voraussetzungen des derzeitigen Energiesystems bzw. seiner Komponenten betreffen.

Dadurch ist nicht ausgeschlossen, daß es in Zukunft wieder ein Wachstum geben wird, das die Grenzen vermeidet oder hinausschiebt. Es gibt, soviel ich sehe, sehr vernünftige Ziele, die durch eine gesteigerte Wirtschaftsleistung verfolgt werden könnten. Fraglich ist aber, ob für einen neuerlichen Wachstumsschub gerade die Energiemenge wieder der entgrenzende Faktor sein sollte und könnte. Ich glaube beides nicht. Daß billige und praktisch unbegrenzte Energiemengen eine hinreichende, eine notwendige oder zumindest eine wichtige Bedingung für die künftige Wirtschaftsentwicklung seien, ist meines Erachtens ein Irrtum. Das Energiewirtschaftsgesetz, wonach Energie vor allem billig und unbeschränkt verfügbar sein soll, setzt die falsche Priorität. Ich halte es darüber hinaus sogar für kontraproduktiv, an dieser Annahme festzuhalten, also den industriewirtschaftlichen Leitbildern der 50er und 60er Jahre weiter nachzuhängen. Ich begründe zunächst diese Abkehr und charakterisiere anschließend das Leitbild einer naturgemäßen Wirtschaft, das meines Erachtens an die Stelle des bisherigen treten sollte.

4.2.2.1 Abschied vom Energiewachstum

Die viele und billige Energie, die man in den letzten Jahrzehnten hatte oder mit der man rechnen zu dürfen meinte, kommt uns heute teuer zu stehen. Geschadet haben wir damit uns selber, der natürlichen Mitwelt, der Dritten Welt und der Nachwelt. Wir tun dies auch weiterhin, und ich sehe unter den bisherigen Leitbildern allenfalls eine ingenieursmäßig, aber nicht eine politisch gedachte Chance, dies in Zukunft besser zu machen. Ich nenne jeweils einige Beispiele,

– wie wir uns selber schaden:

(1) Als das Öl 10 Pfg/Liter kostete, sind Häuser so gebaut worden, wie es für einen dauerhaften Ölpreis dieser Größe betriebswirtschaftlich rational war. Inzwischen ist der Preis unwiderruflich vergangen, aber die Häuser stehen noch da. Sie der Energiepreisentwicklung anzupassen, wird wesentlich teurer, als wenn sie gleich ordentlich gebaut worden wären.

(2) Der motorisierte Individualverkehr ist eine direkte Folge zu niedriger Energiepreise. Die Zerstörung der Städte durch zu breite Straßen, Lärm, Dreck und Gift wiederum ist eine direkte Folge des motorisierten Individualverkehrs. Glücklicherweise gibt es noch ein paar unzerstörte oder restaurierte Stadtkerne, welche die Touristen anziehen und daran erinnern, wie schön Städte überall sein könnten;

– wie wir der natürlichen Mitwelt schaden:

(1) Nach dem Zweiten Weltkrieg waren das Artensterben und das Wirtschaftswachstum hierzulande etwas gleich groß, mit entgegengesetztem Vorzeichen. Direkt oder indirekt sind dafür im wesentlichen Emissionen verantwortlich, die auf das Energiesystem zurückgehen und damit zusammenhängen, daß man sich wegen der zu niedrigen Energiepreise mit der Produktionstechnik und mit den Produkten keine hinreichende Mühe gegeben hat.

(2) Die Industrialisierung der Landwirtschaft ist im Rahmen der Subventionspolitik maßgeblich durch zu billige Herstellungsenergie für Dünger, Herbizide etc. gefördert worden. Die Folge sind billige und geschmacklose Nahrungsmittel um den Preis der Tier- und Pflanzenquälerei in einem nie gekannten Ausmaß;

– wie wir der Dritten Welt schaden:

(1) Durch unsere Art, im Wohlstand zu leben, ruinieren wir langfristig die Lebensbedingungen der Dritten Welt. Denn die globale Klimaänderung wird im wesentlichen durch die Industrieländer – und hier wiederum überwiegend durch die Energiesysteme – verursacht und wird vor allem den Ländern der Dritten Welt schaden. Außerdem kaufen wir von diesen Ländern Güter, die um den Preis der Zerstörung von Lebensbedingungen produziert worden sind (Umwelt-Dumping). Wir Reichen leben also zu Lasten der Armen.

(2) Unsere industrielle Wirtschaft heutiger, d. h. energie- und materialintensiver Art ist nicht verallgemeinerungsfähig. Es kann nur

katastrophal enden, wenn die Länder der Dritten Welt sich unsere Wirtschaft und Lebensweise zum Vorbild nehmen. De facto tun sie es aber. Solange wir uns nicht ändern, werden global falsche Leitbilder verfolgt. Also sind wir, die Industrieländer, die eigentlich zu entwikkelnden Länder;

- wie wir der Nachwelt schaden:

(1) Wir hinterlassen unseren Nachkommen schlechtere Lebensbedingungen, als wir sie vorgefunden haben: zerstörte Städte, zerstörte Landschaften, ungesundere Lebensbedingungen, unter anderem durch unbedacht freigesetzte Chemikalien. All dies hängt mit der zu leichten Verfügbarkeit von Energie zusammen.

(2) Durch die jetzige und umso mehr durch die weitergehende Nutzung der Atomkernenergie hinterlassen wir unseren Nachkommen Altlasten, die sie gefährden, die ihre Entscheidungsfreiheit einschränken und die – durch Überwachungsfolgen – sogar politische Konsequenzen haben.

Es liegt mir fern, alle diese Probleme für technisch unlösbar zu halten. Selbstverständlich könnten wir in einem industriegesellschaftlichen Wohlstand leben, der nicht zu Lasten unserer selbst, der natürlichen Mitwelt, der Dritten Welt und der Nachwelt aufrechterhalten wird. Wir könnten es, **aber wir tun es nicht.** Und ich glaube nicht mehr daran, daß wir es jemals tun werden, solange wir den Leitbildern der 50er und 60er Jahre folgen. Ingenieursmäßig ist es ganz richtig gesehen, daß alle die heutigen Zerstörungen durch einen effizienteren Einsatz der Ressourcen vermieden werden könnten. Was ingenieursmäßig möglich ist, ist aber noch lange nicht politisch möglich. Beides zu verwechseln, ist Verwaltungsdenken.

Es verletzt sogar die Menschenwürde, zu Lasten unserer selbst, der natürlichen Mitwelt, der Dritten Welt und der Nachwelt zu wirtschaften. Wer dies für unabänderlich hielte, unterschätzt das intellektuelle und das moralische Potential der Industriegesellschaften. Damit dies aber nicht mehr geschieht, wäre eine Umstellung erforderlich, welche über die Lehren, die bisher aus den Energiepreiskrisen gezogen worden sind, weit hinausgeht. Wir dürfen es uns nicht so leicht machen zu sagen: Was besser gemacht werden müßte, ist klar; der Engpaß, daß es nicht geschieht, liegt in der Politik. Die Frage ist vielmehr: Welche Voraussetzungen müßten erfüllt sein, damit eine bessere Politik möglich wird? Und die Antwort auf diese Frage ist nicht: bessere Effizienz oder eine neue Energieschwemme (z. B. durch Atomkernenergie), sondern: **Wir müssen unser Denken ändern.** Wir stehen nicht in der Umweltkrise – wir sind die Umweltkrise.

4.2.2.2 Aufbruch zu einer naturgemäßen Wirtschaft

Die Energiedebatte hat sich bisher zu sehr auf die Wahl zwischen verschiedenen Energieträgern und die Substitution zwischen ihnen konzentriert. Wenn dabei die Wahl zwischen zwei Übeln herauskommt, zwischen fossilen Energieträgern und der Atomkernenergie, sollten wir darüber nachdenken, ob die gestellte Frage wohl die falsche Frage ist. Ich schlage vor, der Frage nach dem relativ günstigsten und verfügbaren Energieträger drei andere voranzustellen, und veranschauliche die erste an einem Beispiel, dem die meisten Leser zunächst gar nicht anmerken werden, was das tertium comparationis zu den umstrittenden Energiesystemen ist: an einem Segelschiff.

(a) Einbettung in das, was schon da ist

Ein Segelboot fährt, aber es lärmt nicht, es stinkt nicht, es verschwendet keine Energie durch die Erregung von Bug- und Heckwellen. Es braucht für die Fahrt im herkömmlichen Verständnis schlechterdings gar keine Energie, nämlich in Gestalt von Energieträgern, die man in Behältern oder in Leitungen herbeischaffen muß. Trotzdem fährt es und dazu braucht es natürlich Energie. Woher hat es diese? Daß es sich um Windenergie handelt, ist auf diese Frage nur eine etwas kunstlose Antwort. Ein Segelschiff fährt nämlich nur dann, wenn es (1) durch technische Intelligenz so gestaltet und getakelt ist, daß es sich in seine natürliche Mitwelt – den Wind und das Wasser mit seinen Wellen – einfügt, und wenn (2) ein Steuermann da ist, der diese Einbettung in Gestalt der Fahrt aktualisiert. Hinzu kommt, was dem Laien in der Regel zuerst einfällt, daß auch noch der Wind wehen muß; aber für ein gutes Boot und einen guten Segler genügt bereits eine ganz geringe Brise. Das Boot fährt also dadurch, daß es durch die Kunst des Schiffbauers und die des Steuermanns in seine natürliche Mitwelt eingebettet ist. Es gewinnt der Welt, wie sie ist (insbesondere der Umgebungsenergie) vermöge dieser Einbettung eine Ordnung ab, welche es ohne die Kunst nicht gäbe. Diese Ordnung ist die gerichtete Fahrt in einer sonst keineswegs gleichermaßen geordneten Umgebung. Ein Motorschiff setzt dagegen auf kunstlos harte Technik: Einen Rumpf, dessen Gestalt sich den Elementen nicht einfügt, und einen Motor, der stark genug ist, auch die unförmigste Kiste noch über das Meer zu treiben, ohne Rücksicht auf Wind und Wellen. Ein extremes Beispiel bloß gewalttätiger Technik sind Tragflügelboote.

Ich schildere dieses Beispiel nicht, um das allgemeine Segeln, auch für die Frachtschiffahrt, zu propagieren, sondern weil man daran ein anderes Leitbild als das der energiebezogenen industriellen Wirtschaft erkennen kann: ein Leitbild, das ich – anders als das Segeln – einer künftigen Industriegesellschaft zur Verallgemeinerung empfehlen möchte. Es besteht darin, im Hinblick auf menschliche Bedürfnisse, sei es eine Fahrt oder ein gegenständliches Produkt, zunächst einmal zu fragen: **Was ist schon da? In welcher Welt, wie sie bereits besteht, soll das Ziel verwirklicht werden?** Und dann das Ziel möglichst weitgehend mit dem und im Einklang mit dem, was schon da ist, zu verwirklichen. Möglich wäre dies, wenn die hohe Intelligenz, die der heutigen Technik unter einem anderen Leitbild inkorporiert ist, dem neuen Leitbild folgen würde.

Ein bekannteres Beispiel für die vorgeschlagene Einbettungstechnik sind Häuser, die der Topographie des Grundstücks (Höhenunterschiede, Sonnengang, Windverhältnisse) so angepaßt werden, daß sie sich im wesentlichen von alleine klimatisieren („passive Sonnenenergienutzung") und als Heizung nur noch eine Zusatzheizung erforderlich ist, die mit Bruchteilen des bisher für erforderlich gehaltenen Betriebs-Energieaufwands (und in der Regel etwas zusätzlicher Investivenergie) auskommt. Demgegenüber werden durch Energie im wesentlichen nur die Einbettungsdefizite (Heizung und Kühlung) der meisten neueren Häuser ausgeglichen. Wenn Energie zu billig und unbeschränkt verfügbar ist, ist dies sogar ökonomisch rational. Ist es aber auch vernünftig? Vernünftiger wäre es, sowohl einzelne Häuser als auch ganze Städte so anzulegen, daß – auch für Verkehrszwecke (vgl. das Minderheitenvotum zum Verkehrsbericht der Kommission) – von vornherein möglichst wenig Energie gebraucht wird, indem das Optimierungsziel die Einbettung ist und nicht die Kompensation von Einbettungsmängeln durch billige und unbeschränkt verfügbare Energiemengen. Wie wenig unter den bisherigen Leitbildern auf Einbettung geachtet wird, zeigt sich schon daran, daß auf den meisten Grundstücken erst einmal abgeräumt wird, was schon da ist, bevor man mit dem Neubau beginnt. Ich sage nichts dagegen, daß dies teilweise geschieht. Falsch aber ist das Prinzip, Neues grundsätzlich so in die Welt zu bringen, daß diese zuerst einmal dem leeren Blatt angeglichen wird, mit dem der Konstrukteur beginnt.

(b) Natürliche Technik

Die Abkehr von dem Leitbild, alle möglichen Defizite – insbesondere die Einbettungsdefizite – durch billige und unbeschränkt verfügbare Energie zu kompensieren, verspricht außer der umweltpolitischen auch eine technologiepolitisch wünschenswerte Wirkung. Vergleicht man nämlich die industriewirtschaftlichen Prozesse mit den Naturprozessen, in und von denen andere Lebewesen leben, so sind die letzteren nicht nur umweltverträglicher als die ersteren, sondern durchweg eleganter und weniger energieintensiv. Daß ein Mensch mit 100 Watt auskommt und ein

Auto etwa den tausendfachen Energieumsatz braucht, demonstriert diesen Unterschied. Die technische Entwicklung ist in der Mikroelektronik und auch in der Biotechnologie längst auf dem Weg zu einer „natürlicheren" Technik, hat aber in dieser Hinsicht noch enorme Chancen der Biologisierung. Es versteht sich, daß die Energieintensität nur ein Ziel dieser Entwicklung unter anderen ist, die vor allem in der Biotechnologie noch der näheren Bestimmung bedürfen.

Wenn die technische Entwicklung nicht mehr durch zu niedrige Energiepreise dazu verleitet wird, gewaltsamen und vereinfachenden Lösungen den Vorzug vor den durchweg eleganteren und intelligenteren Lösungen zu geben, welche in der Natur gefunden worden sind, hätte dies auch umweltpolitisch segensreiche Wirkungen. Denn die naturgeschichtlich entwickelten Prozesse sind zumindest insoweit bewährt, daß sie über Millionen von Jahren keine so katastrophalen Zerstörungen herbeigeführt haben, wie sie durch die moderne Technik bereits in wenigen Jahrhunderten drohen oder bereits erfolgt sind.

(c) Rationelle Energieverwendung

Die zu billige und zu leicht verfügbare Energie hat nicht nur zu Einbettungsdefiziten und zu zerstörerischen Vereinfachungen in der Technik geführt, sondern auch zu unnötig hohen Energieaufwänden für die in dieser Weise defizitären Prozesse. Zwar sind für die jeweils verfolgten Zwecke auch vor der Energiepreiskrise von 1973 Energieeinsparungen erfolgt, jedoch nur als Nebenwirkung anderweitig verfolgter Ziele, vor allem der technischen Modernisierung. Seit 1973 ist demgegenüber die Erinnerung eingetreten, daß Energie immer nur um bestimmter Dienstleistungen willen eingesetzt wird, und zwar in Verbindung mit Kapitalinvestitionen, Technischem Ingenium und Arbeit. Wie variabel die Kombination dieser vier Faktoren ist, zeigt sich z. B. daran, daß der spezifische Kraftstoffbedarf für den Betrieb von Automobilen in den 80er Jahren stark reduziert worden ist, indem ein großer Teil des zuvor vermeintlichen Energiebedarfs teils durch kostspieligere Bauweisen (Kapitalinvestitionen einschließlich zusätzlicher Investivenergie), teils durch verbesserte Konstruktion (Technisches Ingenium) ersetzt wurde. Ein anderes Beispiel ist die energietechnische Optimierung von Häusern, wobei der laufende Energiebedarf gegenüber dem bisher im Durchschnitt für nötig gehaltenen erheblich rascher sinkt, als der zusätzliche Investitionsenergieaufwand steigt. Es ist eben nicht sonderlich durchdacht, 1 000°C Flammentemperatur aufzubieten, um Heizkörper auf 50°C oder 60°C zu erwärmen. Die wirtschaftlich optimale Kombination der vier Faktoren richtet sich nach den relativen Preisen. Ein Energiebedarf im strengen

Sinn – d. h. Energie, die nicht durch Kapital oder Technisches Wissen ersetzt werden könnte – existiert nur im Bereich des physikalisch-technischen Minimums, d. h. allenfalls in Höhe weniger Prozent der bisherigen Energienachfrage.

Soweit es also klimapolitisch (oder aus anderen Gründen) wünschenswert ist, bestimmte Energiedienstleistungen durch weniger Energie und einen verstärkten Einsatz der anderen Faktoren zustandezubringen, ist dies grundsätzlich möglich, und zwar auch über das Einsparziel von ca. 80% CO_2 um 2050 hinaus. Die dazu erforderlichen höheren Energiepreise sind zunächst dadurch gerechtfertigt, daß die bisherigen Energiepreise nur die betriebswirtschaftlichen, nicht aber die volkswirtschaftlichen Kosten decken. Zum Beispiel entstehen durch das Waldsterben, gesundheitliche Beeinträchtigungen etc. Schäden in Höhe von vielen Mrd. DM p.a., die in die Strompreise nicht eingehen. Die genauen Beträge sind strittig; unstrittig ist jedoch, daß tatsächlich hohe volkswirtschaftliche Kosten entstehen, die in den Preisen berücksichtigt werden sollten, so daß drastische Preiserhöhungen gerechtfertigt sind.

Fazit

Die vorstehenden drei Kriterien:

(a) Einbettung in das, was schon da ist,

(b) Natürliche Technik und

(c) Rationelle Energieverwendung,

charakterisieren das Leitbild einer naturgemäßeren Wirtschaft, das meines Erachtens an die Stelle des Leitbilds der Kompensation aller hier angemahnten Defizite durch Energie treten sollte. Damit dies geschieht, müßten die Energiepreise in Zukunft nicht nur so hoch sein, daß die direkten gesellschaftlichen Kosten internalisiert werden, sondern so hoch, daß auch die indirekten gesellschaftlichen Kosten vermieden werden, die sich durch das Verfolgen des falschen Leitbilds ergeben. Dieses Ziel ist durch die bloße Internalisierung der Sozialkosten noch nicht erreichbar, wohl aber durch eine ökologische Steuerreform (vgl. Kap. 7.4.5). Diese hätte außer den klimapolitischen auch arbeitsmarkt- und insgesamt wirtschaftspolitisch erwünschte Wirkungen, so daß der Weg zu einer naturgemäßen Wirtschaft nicht durch eine Wirtschaftskrise zu führen braucht.

Das falsche Leitbild war: Energie ist dazu da, um alle Suboptimalitäten im Einsatz von Kapital und Technischem Ingenium zu kompensieren, daß also zur Entgrenzung jedenfalls Energie gebraucht wird, und zwar viel. Auf diesem Leitbild beruhen die in Kap. 4.2.2.1 geschilderten Folgen. Demgegenüber ergibt sich aus dem Leitbild einer naturgemäßen Wirtschaft nun der folgende Grundsatz für den Umgang mit Energie:

Jeder Energieaufwand ist nur insoweit gerechtfertigt, wie zuvor

(a) alles getan worden ist, um ein technisches System möglichst gut in die Umgebung einzubetten;

(b) das technische System selbst möglichst weitgehend nach den Prinzipien der natürlichen Technik, insbesondere möglichst gewaltlos und risikoarm, angelegt worden ist;

(c) die Faktoren Kapital, Technisches Ingenium und Energie so optimiert worden sind, daß der Energieaufwand jedenfalls nicht oberhalb der langfristig optimalen Kombination liegt.

Das heißt: Jeder Energiebedarf ist nur ein Restbedarf relativ zu den drei übergeordneten Zielen.

Die Grundsätze der Wirtschaftlichkeitsberechnung für Energieprojekte sollten entsprechend geändert werden. Demgegenüber gelten die Hauptsätze der Physik für das neue Leitbild wie für das alte, und auch auf Effizienz braucht nicht verzichtet zu werden.

Ist der Restbedarf ermittelt, so gilt es abschließend den relativ besten Energieträger für den betreffenden Zweck zu finden. Die bisherige Energiedebatte hat sich im wesentlichen auf diese Abwägung, die nach dem neuen Leitbild nur noch eine Residualabwägung ist, konzentriert, ohne sich auf die vorangegangenen, weitergehenden Überlegungen einzulassen. Die Schlußabwägung wird anders aussehen, wenn Energie wesentlich teurer sein darf und sollte als heute und wenn relativ zum derzeitigen Energieaufwand nur noch ein Restbedarf gedeckt zu werden braucht. Ich nehme an, daß die Nutzung der Sonnenenergie dadurch einen relativen Vorteil gegenüber der jetzigen Situation gewinnt. Jedenfalls sollte alles getan werden, um die Nutzung der Sonnenenergie als zumindest gleichwertige Option neben anderen Energietechniken zu ermöglichen. Insbesondere ergeben sich unter dem Idealbild, daß jeder Energiebedarf nur ein Restbedarf ist, Speicherungsmöglichkeiten für die Umgebungsenergie als ein vordringliches Ziel der technischen Entwicklung. Im Fall des Hauses wäre eine Kapitalinvestition zur Speicherung von Sommersonnenwärme für den Winter die konsequente Fortsetzung des Ideals, das ganze Haus so anzulegen, daß es durch Einbettung in die Umgebung und natürliche Technik mit möglichst wenig Energie gebaut und klimatisiert werden kann. Ob sich für die Nutzung der solaren Energie auch als kommerzielle Energie (d. h. in einem Energieversorgungssystem) Vorteile ergeben, kann hier offen bleiben.

War es die Entgrenzung in der Verfügbarkeit von Energie, von welcher das Wirtschaftswachstum nach dem Zweiten Weltkrieg im wesentlichen gelebt hat, so bedürfte es für einen entsprechenden Aufschwung unter dem Leitbild einer naturgemäßen Wirtschaft im wesentlichen nur einer Entgrenzung im bisherigen Bewußtsein, d. h. einer Erweiterung des Denkens und der erkenntnisleitenden Wertungen. Ich plädiere für diese Erweiterung unseres Wirtschafts-Bewußtseins. Es ist einer reichen und innovativen Gesellschaft wie der unseren nicht würdig, zu Lasten der Natur, der Armen unter unseren Mitmenschen und der Nachgeborenen im Wohlstand zu leben. Wer dies für unabänderlich hält, unterschätzt das intellektuelle und moralische Potential der Industriegesellschaft. Oder haben wir es nötig, so zu leben, daß eine Umweltkatastrophe eintritt, wenn die ärmeren Länder im Osten und im Süden sich unsere Wirtschaftsweise erfolgreich zum Vorbild nehmen? Wir sind aufgerufen, den eigenen Selbstwert entsprechend zu bemessen. Falsch war jedenfalls das Menschenbild vieler Ingenieure, die Menschen seien so, daß sie mit den verschiedenen Techniken so umgehen, wie die Erfinder sich dies gedacht hatten, nämlich „effizient" und ohne anderen zu schaden. Ich schlage demgegenüber vor, daß wir uns in der industriewirtschaftlichen Entwicklung nach dem Menschen richten, indem die Menschen sich nach dem richten, was schon da ist.

Wenn die Industrieländer von dem neuen Leitbild ausgingen, daß durch kommerzielle Energie nur Restbedarfe gedeckt werden sollten, daß also der Einbettung in das Vorhandene, der natürlichen Technik und der Optimierung des Restbedarfs gegenüber Kapital und Technischem Ingenium die Priorität gebührt, so würde die industrielle Wirtschaft zumindest in dieser Hinsicht verallgemeinerungsfähig für andere Länder. Es würde nicht mehr zu einer ökologischen Katastrophe führen, wenn die Länder des Ostens und der Dritten Welt sich unsere Energiesysteme mit Erfolg zum Vorbild nähmen. Wenn man nach dem neuen Leitbild nicht mehr primär die bisherigen Energiemengen im Auge hat, sondern sieht, daß an die Stelle des Mengendenkens sozusagen die Denkmenge – der Restbedarfsgedanke – tritt, erscheint der angestrebte Übergang zu einer verallgemeinerungsfähigen Wirtschaftsweise auch keineswegs mehr utopisch. Die Frage ist nur, ob wir diesen Weg gehen wollen und ob wir uns darüber so verständigen können, daß es auch geschieht.

4.3 Energie, Stoffströme und nachhaltige Entwicklung

Der Auftrag der Enquete-Kommission „Schutz der Erdatmosphäre" besteht darin, zu untersuchen, welche Konsequenzen sich für Politik, Wirtschaft und Gesellschaft aus der drohenden Klimaänderung ergeben.

Trotz dieser Beschränkung ihrer Aufgabenstellung weist die Kommission auf den Sachverhalt hin, daß die Klimagefährdung nur eines – allerdings zentrales – von mehreren miteinander gekoppelten Problemfeldern ist, die die Daseinsgrundlagen gefährden. Beispiele für weitere Problemfelder sind etwa die Verminderung der biologischen Vielfalt, der hohe Verbrauch von erneuerbaren und nicht-erneuerbaren Ressourcen sowie die Erosion und Degradation von Böden.

In Anbetracht dessen ist sich die Kommission darin einig, daß der monokausale Ansatz der Klimagefährdung durch einen polykausalen Ansatz einer umfassenden Gefährdung der Daseinsgrundlagen ersetzt werden sollte (Michaelis, 1994 a), wenn es darum geht, die gegenwärtig drängenden Herausforderungen anzunehmen und Lösungsansätze für ihre Bewältigung zu entwickeln.

Determinanten der genannten Problemfelder sind die Anzahl der Menschen und der von den Menschen verursachte Stoffumsatz.

Energie und Umwelt

Im folgenden soll kurz an Hand der thermodynamischen Hauptsätze auf Grundzusammenhänge der Thermodynamik eingegangen werden.

Der 1. Hauptsatz der Thermodynamik (Energieerhaltungssatz für ein geschlossenes System) besagt, daß Energie immer nur in eine andere Form von Energie umgewandelt, aber nicht vernichtet oder erzeugt werden kann.

Bei jeder spontan ablaufenden Umwandlung hat Energie die Tendenz, aus einer geordneten, konzentrierten und hochwertigen Form in eine weniger geordnete, weniger konzentrierte und weniger wertige Form überzugehen.

Dabei ist es möglich, Energie eines geordneten Zustandes, z. B. gerichtete Bewegungsenergie eines Fahrzeugs, gespeicherte Energie oder gerichtete Lichtstrahlung, vollständig in Energie eines ungeordneten Zustands, z. B. Wärme oder diffuse Strahlung, umzuwandeln. So kann beispielsweise beim Abbremsen eines Autos dessen kinetische Energie vollständig in Reibungswärme in den Bremsen, den Reifen und in der Straßendecke überführt werden. Dagegen ist nach dem 2. Hauptsatz der Thermodynamik die Umwandlung von Energie aus ungeordneter Form in eine geordnete Form nur beschränkt möglich. So kann beispielsweise die Wärme von heißem Wasserdampf in einer Kraftwerksturbine nur teilweise in Turbinenarbeit und weiter über einen Generator in elektrische Energie umgewandelt werden. Der andere Teil der Wärmeenergie des Heißdampfes wird dabei unvermeidlich in (Ab-)Wärme mit niedriger Temperatur transformiert.

Die naturgesetzliche Beschränkung der Energieumwandlung kann für Carnotprozesse wie folgt quantitativ gefaßt werden:

Für eine ideale Wärmekraftmaschine (also z. B. eine Dampfmaschine oder ein Automotor ohne die im Prinzip vermeidbaren Verluste durch unvollständige Wärmedämmung und durch Reibung) gilt für den Wirkungsgrad der Energieumwandlung.

$$\text{Wirkungsgrad} = \frac{\text{abgegebene nutzbare Leistung}}{\text{pro Zeiteinheit aufgenommene Wärme bei hoher Temperatur}}$$

$$= \frac{\text{zugeführte Wärmemenge bei hoher Temperatur} - \text{abgeführte Wärmemenge bei tiefer Temperatur}}{\text{zugeführte Wärmemenge bei hoher Temperatur}}$$

Die Temperaturen sind dabei vom absoluten Temperatur-Nullpunkt entsprechend –273,16 °C aus zu rechnen. Sie werden in Kelvin (K) angegeben.

Der Wirkungsgrad ist also um so größer, je höher die absolute Temperatur bei der Wärmezufuhr zur Wärmekraftmaschine und je niedriger die absolute Temperatur bei der Abgabe von Abwärme ist. Für die bei Wasserdampf in Kondensationskraftwerken gängige Temperatur von 813 K (= +540 °C) und einer Abwärmetemperatur von 300 Kelvin (= 27 °C) folgt als maximaler im Prinzip möglicher Wirkungsgrad $\mu = (813\,K - 300\,K)/813\,K = 63\,\%$.

Bei bisherigen Wärmekraftwerken wird nur $\eta = 0{,}4$ erreicht. Also werden 60 Prozent der Wärmeenergie als Abwärme von 300 K (27 °C) in die Gewässer oder in die Luft abgegeben.

In umgekehrter Richtung, also unter Zufuhr von Arbeit, kann die Wärmekraftmaschine als Wärmepumpe zur Transformation von Wärme aus einem Reservoir bei tiefer Temperatur zu Wärme bei höherer Temperatur betrieben werden. Das gleiche Naturgesetz führt für einen idealen Prozeß zu einer Leistungszahl ε

$$\varepsilon = \frac{\text{verfügbar gemachte Wärmeleistung bei hoher Temperatur}}{\text{aufgewendete Leistung}}$$

Gemäß dieser idealen Leistungszahl wird mit einer Wärmepume, die Wärme aus kalter Winterluft von z. B. 0 °C (273 K) aufnimmt, ca 8mal mehr Energie in Form von Heizwärme bei einer Temperatur von 40 °C (331 K) verfügbar, als man an Energie für den Betrieb der Wärmepumpe aufzubringen hat, denn dann ist $\varepsilon = 313\,K/(313\,K - 273\,K) = 8$.

Global gesehen ist die Wärme, die durch von Menschen durchgeführte Prozesse (hauptsächlich durch Verbrennung von fossilen Energieträgern) in die Umgebung freigesetzt wird (insgesamt 1,2 x 10^{13} W), vernachlässigbar gegenüber den ablaufenden natürlichen Prozessen. So transportiert beispielsweise alleine der Atlantik als Ausgleichsströmumg 10^{15} W nordwärts – also fast das Hundertfache.

Diese Aussagen gelten wie gesagt nur für wärmegeführte Prozesse. Für andere Prozesse – wie etwa die Brennstoffzelle (vgl. Kap. 6.1 und Kap. 6.5), deren Funktion auf elektrochemischen Prozessen beruht, – gelten andere Beschränkungen bezüglich ihres Wirkungsgrades.

Ebenso wichtig wie der naturgesetzlich fixierte ideale Wirkungsgrad für eine Energie-Umwandlung ist der technisch bedingte Energie-Erntefaktor. Hierunter versteht man das Verhältnis der durch Gewinnung bzw. Umwandlung mittels einer Anlage dem Verbrauch verfügbar gemachten Energiemenge zu dem benötigten Energieaufwand für Bau, Unterhalt und Betrieb bis zur Verschrottung der Anlage und gegebenenfalls auch für Vermeidung bzw. Behebung externer Schäden.

Eine Energiequelle ist – von Ausnahmen abgesehen – letztlich nur dann von Wert, wenn man zu ihrer Nutzung deutlich weniger Energie aufwenden muß, als man aus der Quelle Energie vergleichbarer Nützlichkeit gewinnen kann.

In den Tab. 4-3 und 4-4 sind der Energieaufwand zur Herstellung einiger Werkstoffe und der Energie-Aufwand pro Kostenaufwand für verschiedene Produkte angegeben.

So kann man beispielsweise abschätzen, daß der Energie-Aufwand zum Bau eines Mittelklasse-PKW etwa gleich groß ist wie der Energie-Aufwand bzw. Treibstoffbedarf zum Fahren dieses Autos über 100 000 km (vgl. Ayres, 1978, 107; für ein Fahrzeug der Golf-Klasse siehe NAUNIN, 1992, 7–11).

Würde man dieses Auto durch Einsatz von Aluminium statt Stahl als Leichtfahrzeug bauen, so würde man den Treibstoffverbrauch – für 150 000 Fahrkilometer – um etwa die Energiemenge vermindern, die man als Mehrbedarf zur Herstellung von Aluminium statt Stahl benötigen würde. Effizienzsteigerung beim Treibstoffverbrauch sollte also nicht mit deren Verminderung bei der Herstellung des Fahrzeugs einhergehen.

Umweltbelastungen werden hauptsächlich durch Stoffdissipation bei Produktion und Betrieb von Geräten verursacht. Es ist also nicht die mit der Energieversorgung verbundene Abwärme, sondern die mit dem je-

Tabelle; 4-3: Energie-Aufwand zur Herstellung einiger Werkstoffe aus ihren Rohstoffen

Werkstoff	Energie-Aufwand
Stahlblech	7 kWh/kg
Aluminiumblech	70 kWh/kg
Zement	1 kWh/kg
Glasflaschen (neu)	3 kWh/kg
Glasflaschen (aus 50% Altglas)	2 kWh/kg
Papier (gebleicht)	22 kWh/kg
Papier (aus 100% Altpapier)	5 kWh/kg
Kunststoffe	20 kWh/kg

Tabelle 4-4: Energie-Aufwand pro Kostenaufwand für verschiedene Produkte (Schätzung gültig für das Jahr 1986) (Spreng, 1989)

Produkt	Energie-Aufwand
Landwirtschaft[1])	4 kWh/DM
Eisen und Stahl	12 kWh/DM
Aluminium	17 kWh/DM
Zement	6 kWh/DM
Chemie	5 kWh/DM
Maschinen	2 kWh/DM
Fahrzeuge	3 kWh/DM
Kunststoffe	3 kWh/DM
Hoch- und Tiefbau	2 kWh/DM
Dienstleistungen	1 kWh/DM
Primär-Energie-Aufwand in der BR Deutschland pro Brutto-Inlandsprodukt	2 kWh/DM

[1]) in den Industrieländern

weiligen Energiesystem verbundene stoffliche Belastung, die globale Probleme verursacht:

Mit den fossilen Energieträgern Kohle, Erdöl und Erdgas, den Vorräten für die Erzeugung von Energie aus Kernspaltung und aus Kernfusion sowie dem verglichen damit gigantischen Energiestrom der Sonne stehen für den Zeitraum menschlicher Vorsorge von höchstens einem Jahrhundert ausreichend Energierohstoffe zur Verfügung. Es hat sich daher die Frage gestellt, ob die Erschöpfung der Rohstoffe – auch bei Nutzung der Potentiale zur Wiederverwertung und zur Nutzung bisher ungenutzter Rohstoffe – bei einer Fortführung und Verallgemeinerung des gegenwärtigen Lebensstils in den Industrieländern noch möglich ist. Bevor diese vom Club of Rome schon 1972 verneinte Frage aber wirklich akut wurde, waren die Abfälle zum Handlungsproblem geworden, wobei die CO_2-Problematik als prominentes Beispiel zu nennen ist.

Für die Industrieländer ist gegenwärtig das Problem der Abfallprobleme deutlich drängender als das der Rohstoffquellen.

Das Wirtschaftssystem des Menschen muß weg von hoher Stoffdissipation. Sein Energiewirtschaftssytem muß hin zu effizienten Wandlungstechniken, um die Stoffdissipation möglichst gering zu halten.

Das Stoffwandlungssystem der Menschen muß hin zu annähernd geschlossenen Stoffkreisläufen, also hohen Wiederverwertungsraten, bei geringer Umweltbelastung. Die Dynamik des gegenwärtigen Wirtschaftsprozesses in den Industrieländern ist bei der Verfolgung dieser Ziele teilweise kontraproduktiv.

4.4 Erste Schritte zur Vision 2050

Auch wenn die denkbare Realisierung einer Vision 2050 fern in der Zukunft liegt, ist es gemäß der Analyse der Enquete-Kommission „Schutz der Erdatmosphäre" entscheidend, daß bereits die heute zu treffenden Entscheidungen zu der Vision hinführen (beispielsweise dauert die Planung und der Bau eines Großkraftwerks bis zu 10 Jahren und die daran anschließende Nutzungsdauer bis zu 40 Jahren). Je später eine entsprechende Umorientierung begonnen wird, desto schmerzhafter wird sie werden. Der Leiter der Energieabteilung der Wirtschaftskommission der Vereinten Nationen für Europa hat dies wie folgt formuliert: „Abschließend erweist sich, daß die konventionelle Antwort auf das Wachstum der Weltbevölkerung – nämlich ein steigendes, traditionelles und fossiles Energieangebot – letztlich mit den Umfeldbedingungen nicht vereinbar wäre. Je früher die Bemühungen um eine Dämpfung der Energienachfrage über das schon vorgesehene Maß hinaus beginnen, je rationeller

Energie – insbesondere fossile Brennstoffe – verwendet werden und je schneller CO_2-freie Energieträger und -technologien die Weltenergiemärkte durchdringen, um so erträglicher wird das 21. Jahrhundert für die heranwachsenden Generationen." (Brendow, 1992, 525)

Zumal gegenwärtig keine in sich schlüssige Vorstellung existiert, wie die gegenwärtigen Strukturen geändert werden können, um nachhaltig zukunftsverträglich zu werden, bleibt das Individuum (allerdings nicht nur als Konsument, sondern auch in seiner Funktion als Entscheidungsträger in Politik und Wirtschaft [Zimmerli, 1981; Zimmerli, 1994, 188]) der erste Ansprechpartner.

Das Individuum ist das Objekt der bewußtseinsbildenden Prozesse und das Subjekt der Transformation – gleichzeitig aber auch reformunwillig in der Verteidigung seiner Besitzstände und in der Behauptung seiner individuellen Rationalität (Wellmann, 1994, 12).

Um dennoch zu einer nachhaltigen Entwicklung zu kommen, müssen Verfahren gefunden werden, wie individuelle und kollektive Rationalität miteinander in Einklang gebracht werden können.

Die Veränderung von Werthaltungen ist eine entscheidende Voraussetzung, um über eine veränderte Gesetzgebung Freiräume für Anbieter zu schaffen, so einen Strukturumbau zu realisieren und sich dadurch den veränderten Rahmenbedingungen anzupassen. Aus diesem Grund ist die Aufklärung der Bevölkerung – bevorzugt durch Institutionen ohne Partikularinteresse – sowie das Einfließen von lokalen wie auch globalen ökologischen und entwicklungspolitischen Problemstellungen in das Bildungswesen auf allen Ebenen ein wichtiger Ansatzpunkt zur Akzeptanzförderung für die Umsetzung von Schritten zur Vision 2050.

Dabei ist neben den universitären auch die Rolle von außeruniversitären Wissenschaftseinrichtungen und von Nichtregierungsorganisationen zu berücksichtigen. Diese Institutionen liefern wichtige Vorschläge für ökologische und soziale Innovationen für nachhaltiges Wirtschaften (vgl. IZT, 1994, 131; und auch Luhmann, 1990, 153f).

4.4.1 Vereinbarkeit von langfristigen Entscheidungen mit Zielen des Klimaschutzes

Im Rahmen der gegenwärtigen wirtschaftlichen Bedingungen wird nur in geringem Umfang die Internalisierung externer Effekte umgesetzt (Masuhr u. a., 1992). Entscheidungen, die unter diesen Rahmenbedingungen getroffen werden, zeitigen wegen der ungenügenden Internalisierung Resultate, die vom volkswirtschaftlichen Optimum weit abweichen. Dieser Sachverhalt erweist sich dann als besonders beeinträchtigend, wenn langfristige Festlegungen betroffen sind – etwa die Entscheidungen über das künftige Mengengerüst zur Nutzung inländischer Stein- und Braunkohle.

Die Mindestforderung der Enquete-Kommission zur Annäherung an die Vision 2050 besteht darin, daß gegenwärtig getroffene Entscheidungen das Erreichen der Klimaschutzziele (bzw. eine nachhaltige Entwicklung) in der Zukunft nicht erschweren oder sogar unmöglich machen.

Sind den Zielen des Klimaschutzes zuwiderlaufende Entscheidungen mit langfristiger Bindung nämlich einmal getroffen, werden damit in der Zukunft weitere Hemmnisse für und Widerstände gegen eine wirksame Klimaschutzpolitik entstehen, da nunmehr zusätzliche Betroffene mit Hilfe ihrer Interessengruppen (im Sinne von vested interest) Widerstand leisten werden. Eine ähnliche, dem Klimaschutz entgegenlaufende Wirkung hätte auch eine zeitliche Verzögerung der Umsetzung von emissionsmindernden Maßnahmen.

In volkswirtschaftlicher Betrachtung steigen dann außerdem die Kosten des Klimaschutzes, da die Investitionen in klima-unverträgliche Strukturen als sunk costs (d. h. verlorene Kosten) verbucht werden müssen.

Als Beispiele, auf die diese Argumentation anwendbar ist, mögen dienen: Entscheidungen für

- ungenügende Wärmeschutzstandards bei Wohngebäuden,
- den Aufschluß neuer Braunkohletagebaue
- Kraftwerksneubauten, die für die kommenden 50 Jahre nicht-klimaverträgliche Erzeugungsstrukturen und Energieangebotsquantitäten festlegen
- verkehrsaufwendige Siedlungsstrukturen
- die Entwicklung ziviler Überschallflugzeuge

Um eine solche unerwünschte Entwicklung zu vermeiden, wirkt die Enquete-Kommission dringend darauf hin, daß ein Verfahren gefunden wird, das die Kohärenz von aktuellen Entscheidungen, welche oft von kurzfristigen Erwägungen geleitet werden, mit den Zielen des Klimaschutzes – oder allgemeiner: nachhaltiger Entwicklung – gewährleistet.

4.4.2 Modifikation der Wirtschaftsstatistik

Ein weiterer Schritt hin zur Realisierung der Vision betrifft das zentrale Kommunikationsmedium der Industriegesellschaft, die Wirtschaftsstatistik, also die Art und Weise, wie wirtschaftliches Tun und die davon ausgehenden sozialen und ökologischen Folgen statistisch-informationell überhaupt erfaßt und bewertet werden (Meadows, 1992, 83).

Eines der gravierendsten Probleme stellt die Behandlung sogenannter externer Effekte dar, die bislang weder in den einzelwirtschaftlichen noch in den gesamtwirtschaftlichen Rechnungslegungssystemen systematisch erfaßt werden.

Solange diese, hier vor allem umweltschädigenden, „negativen" externen Effekte des Wirtschaftens volkswirtschaftlich gesehen noch vergleichsweise unbedeutend blieben, erschien dieses Defizit des betrieblichen Informations- und Rechnungswesens sowie der amtlichen Statistik einigermaßen tolerierbar.

Die seit den 70er Jahren überproportional (zum BSP-Wachstum) steigenden „defensiven Kosten" des Wirtschaftswachstums (Leipert, 1989) signalisieren jedoch heute ein so beträchtliches und in diesen wirtschaftsstatistischen Informationssystemen undokumentiertes Ausmaß sozialer und ökologischer Kosten, daß ein wachsender Konsens auf die ökologische Ergänzung/Modifikation der Wirtschaftsstatistik zielt.

Die seit längerem schon unternommenen Bemühungen zur Modifikation bzw. Ergänzung der Volkswirtschaftlichen Gesamtrechnungen (VGR) haben mit den jüngsten Handbüchern der Vereinten Nationen von 1993 sowohl auf der Ebene der traditionellen Volkswirtschaftlichen Gesamtrechnung (System of National Accounts) als auch auf der Ebene neu einzuführender „Satellitensysteme" für eine „Umweltökonomische Gesamtrechnung" (System of Integrated Environmental and Economic Accounting) wesentliche neue Impulse erhalten.

Nun sind die betreffenden Mitgliedsländer aufgerufen, diese Empfehlungen entsprechend ihrer nationalen Belange umzusetzen. In der Bundesrepublik ist der Prozeß durch Einbeziehung vor allem des Produktionsfaktors „Natur" in die amtliche Statistik beim Bundesamt in Wiesbaden und durch Einberufung eines entsprechenden wissenschaftlichen Beirates beim BMU unterdessen institutionalisiert worden.

Ziel dieser Arbeiten ist die erstmalige Ermittlung eines sogenannten „Ökoinlandprodukts", das anzeigen könnte, in welchem Umfang sich das nationale Wirtschaftswachstum zu Lasten von Naturschädigung darstellt.

Komplementär zu diesen mit längerem Anlauf versehenen Ansätzen zu Modifikationen bzw. Ergänzungen der amtlichen Wirtschaftsstatistik entwickeln sich auch auf der einzelwirtschaftlichen Ebene in jüngerer Zeit Praxis-Ansätze zur „Internalisierung" negativer externer Effekte wirtschaftlicher Tätigkeit (Gray, Bebbington, Walters, 1993) bzw. generell zur Einführung von Umwelt-Managementsystemen und „Öko-Audits".

Insbesondere diese Audit-Ansätze könnten einen ersten Ansatz auf dem Wege darstellen, die Preise mehr als bisher die ökologische Wahrheit ausdrücken zu lassen (Weizsäcker, 1990). Obwohl zunächst freiwillig, handelt es sich bei dieser Initiative um eine EU-Richtlinie, die im nächsten Frühjahr (1995) einen völlig neuen, europaweiten umfassenden ökologischen Betriebsprüfungsprozeß einleiten wird.

Auf beiden – einzel- wie gesamtwirtschaftlichen – Ebenen sind insofern Neuorientierungen der Wirtschaft- und Umweltstatistik in Gang gesetzt worden, deren Ergebnisse derzeit natürlich noch offen, von den Intentionen her jedoch auch unter Klimaschutzgründen als unterstützenswert anzusehen sind.

4.4.3 Entwicklung eines Konzeptes zur Erreichung der Klimaschutzziele

Als ein weiterer Schritt zur Annäherung an die Vision 2050 bietet sich die Erstellung eines Konzeptes an, wie die Klimaschutzziele stufenweise zu verwirklichen sind. Dabei sollten sich die zu ergreifenden Maßnahmen aus Vorsorgegesichtspunkten der schlechten Prognose (Jonas, 1984, 70) bzw. an worst-case-Szenarien orientieren (Harvey, 1992, 2).

Dieses Konzept sollte allgemeine Zielvorstellungen und einen Zeitplan mit Zwischenzielen – ähnlich den Zwischenzielen der Enquete-Kommission zur CO_2-Reduktion für die Jahre 2005, 2020 und 2050, allerdings in feinerer zeitlicher Auflösung – beinhalten.

Zur Erfolgskontrolle sollte laufend geprüft werden, inwieweit die Klimaschutzpolitik mit den Handlungserfordernissen Schritt hält. Eine derartige Einrichtung braucht Interventionsmöglichkeiten gegenüber den verfahrensleitenden Einrichtungen.

Beim Aufstellen eines solchen Konzeptes sollten wie bisher alle relevanten gesellschaftlichen Gruppen beteiligt werden, um die Akzeptanz der daraus folgenden Maßnahmen zu sichern.

Das der Vision 2050 entsprechende Energiesystem sollte demnach folgendem Kriterienkatalog genügen:

1. Bereitstellung ausreichender Energiedienstleistungen für eine wachsende Menschheit
2. Verträglichkeit mit natürlichen Kreisläufen (Sustainability)
3. **Risikoarme Bewahrung** von Leben und Gesundheit der Menschen

4. Effizienz von Energiewandlung und Energienutzung
5. Sozialverträglichkeit
6. Internationale Verträglichkeit (Equity)

Dabei sollten minimiert werden:

1. Kosten (intern und extern)
2. – kumulierter Energieaufwand
   – kumulierter Materialaufwand (Stoffflüsse)
   – kumulierte Emissionen
   – kumulierte Risiken

4.4.4 Vorschlag für einen Wettbewerb zwischen Städten nach Kriterien der Zukunftsverträglichkeit

Ein weiterer Schritt zur Vision 2050 könnte auf der Ebene der Kommunen ansetzen. Nachdem um die kommende Jahrhundertwende weltweit bereits die Hälfte der Weltbevölkerung in urbanen Gebieten leben wird (WCED, 1987, 235), ist es eine dringliche Aufgabe, Stadtstrukturen und Formen des Lebens in den Städten zu entwickeln, die zukunftsverträglich sind.

Dabei sollte man sich darüber im Klaren sein, daß die Eigenschaft Sustainability für eine Stadt, speziell für eine Großstadt, eine andere Bedeutung hat als für die Gesellschaft allgemein, da eine Stadt stets nur zusammen mit ihrer Umgebung lebensfähig ist. Ihr Nahrungs-, Energie- und Materialbedarf wie auch die damit verbundene Entsorgung können nur mit Hilfe der näheren und weiteren Umgebung gedeckt werden. Eine Stadt selbst vermag sich den Kriterien der Nachhaltigkeit durch das Senken der durch sie verursachten Energie- und Stoffströme in der Regel lediglich anzunähern, wird diese aber kaum erreichen.

Wegen der Vielfalt von Ideen und Problemlösungsansätzen bietet sich – unter Beachtung dieser Einschränkung – an, die Entwicklung einer „sustainable town" in Form eines Wettbewerbs auszuschreiben und mit staatlichen Fördermitteln zu unterstützen. Jedes Bundesland oder jeder Staat könnte aufgerufen werden, durch Nennung von motivierten Städten daran teilzunehmen. Anhand der Entwicklung von Indikatoren wie Energieverbrauch pro Kopf oder CO_2-Emissionen pro Kopf, aber unter Berücksichtigung der Arbeitslosigkeit und der Lebensqualität, wäre es möglich, Fortschritte auf dem Weg zur Vision 2050 festzustellen.

Das Ausrichten eines Wettbewerbs böte zudem die Chance, dem Bürger das Anliegen des Klimaschutzes abseits abstrakter Argumentation näher zu bringen. Insgesamt sollte in der Gesellschaft das Themenfeld Sustainability erlebbar werden, so daß die Menschen sich hiermit emotional identifizieren können. Dies ist angesichts der notwendigen Mitwirkung aller am Umbau der Industriegesellschaften unabdingbar. Erfolgreiches Vorbild hinsichtlich der Mobilisierungswirkung könnte – bei ähnlicher Größe der Herausforderung – die Initiative von J. F. Kennedy sein, einen Menschen zum Mond zu bringen.

4.4.5 Entwicklung von Technologien

Eine schrittweise Realisierung der angestrebten Vision 2050 setzt voraus, daß die gegenwärtig verfügbaren Technologien im Hinblick auf das angestrebte Klimaschutzziel weiterentwickelt werden müssen.

Die Enquete-Kommission hält es für richtig, in den forschungspolitischen Teil des Klimaschutz-Konzeptes (vgl. Kap. 4.4.3) eine Technologie-Liste aufzunehmen. Diese Liste benennt diejenigen Technologien, deren Entwicklung und Demonstration für die Implementierung des Klimaschutzkonzeptes notwendig sind.

Um möglichst in allen betroffenen Feldern zu neuen, problemangepaßten Techniken zu kommen, schlägt die Enquête-Kommission „Schutz der Erdatmosphäre" die Kategorisierung nach

- rationeller Energiewandlung und -anwendung
- erneuerbaren Energien
- fossilen Energieträgern (Kohle, Erdöl, Erdgas)
- Kernenergie

vor. Dabei sollte die Energiewandlungskette jeweils von Anfang bis zum Ende betrachtet und die zu erbringende Energiedienstleistung spezifiziert werden.

Weiterhin sollten Schätzungen über die Zeit ab Entwicklungsbeginn bis zur Markteinführung der Technologie angegeben werden.

Für die erneuerbaren Energien werden beispielhaft einige Technologien genannt (vgl. Tab. 4-5a und Tab. 4-5b).

Ebensowenig wie Umweltfragen sind auch Energiefragen nicht allein nationale Fragen. Internationale Organisationen wie UNEP (United Nations Environmental Programme) oder GEF (Global Environment Facility) sind Folgen der internationalen Bedeutung von Umwelt und Energieversorgung. Die begonnene Diskussion über transnationale Kooperationsmodelle und Kriterien der Zusammenarbeit zwischen Industrieländern und Entwicklungsländern ist Ansatz, dem internatio-

Tabelle 4-5 a: Technologien zur Emissionsminderung
Der Anfang der Energiewandlungskette: Erneuerbare Energien

Primärenergie PE	Energiewandler	Einführungszeit (a)
Wind	Megawattmaschinen	5–10
Wind	Laminare Blätter	5–10
Wind	Off-shore-Anlagen	5–10
Wind	Überkritische Türme	10
Wind	Variable Rotordrehzahl	10
Windenergie „Wettervorhersage"	Sichere Leistung	10–20
„Speicherung" durch Windparks an mehreren Orten	Sichere Leistung	5–10
Direkte Sonnenstrahlung	Parabolrinnenkraftwerke: 2-Kreiser (Thermalöl/ Wasserdampf);	5–10
	1-Kreiser (Wasserdirektverdampfung)	10–15
Direkte Sonnenstrahlung	Stirlingmotor in Serie	10–15
Direkte Sonnenstrahlung	Solarturm Kraftwerke 2-Kreiser (Salzschmelzen/ Wasserdampf)	10–20
Direkte Sonnenstrahlung	Thermische (Latentenergie) Speicher	10–20
Globalstrahlung	Photovoltaikindustrie 1 000 MW/a (economy-of-scale)	20

nalen Charakter von Klimapolitik Rechnung zu tragen, mit dem Ziel, die Emissionsreduktion im Verhältnis zum Mitteleinsatz zu maximieren.

Hierher gehört auch der Technologietransfer in Länder, deren Emissionsreduktionspotential hoch ist, die aber nicht über die Technologien zur Verminderung der Emissionen verfügen.

Es sind daher Modelle zu entwickeln, diese Länder mit Technologien zu versehen, die ihnen bisher nicht zur Verfügung stehen. Das sogenannte „BOT" – Build, Operate and Transfer – oder Lizenzentgelt aus internatio-

Tabelle 4-5 b: Das Ende der Energiewandlungskette: Erneuerbare Energien

Endenergie EE	Energiewandler	Energiedienst-leistung*) ED	Einführungszeit (a)
Solare Strahlungsenergie	Passivenergiehaus	Warme Räume, belichtete Räume	10
Solarstrahlung ...	Elektroaktive Gläser: Strom	Stromanwendungen	20
Biogas, Wasserstoff	BHKW-Brennstoffzelle: Wärme, Strom	Sommerwärme im Winter, Stromanwendungen	20
Umgebungswärme	FCKW-freie Wärmepumpen hoher Wärmeziffer in Serie, Kompressor-Wärmepumpe, Sorptionswärmepumpe	Niedertemperaturwärme	10
Globalstrahlung ..	Solar Nahwärmenetze incl. Speicher	Niedertemperaturwärme	5

*) im Sinne energiebezogener Dienstleistung

nalen Fonds für Lizenz- oder know how-Geber u. a. mag hierbei hilfreich sein. Bilaterale oder multilaterale Kooperationen nicht nur bei den bereits laufenden Projekten (z. B. Instandsetzung von Erdgas-Pipelines), sondern auch auf Gebieten wie der Einführung von Energiespartechniken (z. B. durch LCP) oder emissionsarme bzw. erneuerbare Energien wie Sonnenkraftwerke, Wind- Biomassekraftwerke u. ä. sind Grundvoraussetzung.

4.5 Übersicht über Ergebnisse von internationalen und nationalen Szenarioanalysen

4.5.1 Internationale Szenarioanalysen

Die Realisierbarkeit einer Vision 2050 setzt voraus, daß technische Optionen verfügbar oder erkennbar sind, die im Rahmen eines in sich konsistenten Szenarios in der Lage sind, die oben genannten Kriterien einer Vision 2050 zu erfüllen. Die Enquete-Kommission verzichtet hier auf die Entwicklung eigener, quantifizierter „Energiezukünfte" und dokumentiert statt dessen die Bandbreite wichtiger Szenarien (die im Gegensatz zu Prognosen keine Voraussage über die wahrscheinliche Zukunft machen) und zwar global, für Westeuropa und für die Bundesrepublik Deutschland, ohne eine Aussage über die Realisierbarkeit zu machen. Die Verantwortung dafür liegt bei den jeweiligen Autoren.

Hierbei wurde eine Auswahl aus der Fülle der vorliegenden Szenarien getroffen, die vor allem die Bandbreite und typische Szenarioanalysen repräsentieren soll. Wichtige Szenarien großer Energieanbieter (z. B. Shell und Esso) sowie der Internationalen Energieagentur liegen innerhalb der hier wiedergegebenen Bandbreite.

Für eine vergleichende Übersicht über weltweite Energieszenarien wurden die Studien IIASA (1981), Lovins et al. (1983), Goldemberg et al. (1988), WEC (1992), IIASA (1993), Johansson et al. (1993) und Greenpeace (1993) zugrunde gelegt.

Die in den Szenarien vorgesehenen Primärenergieverbräuche und die zugehörigen Kohlendioxid-Emissionen sowie die Annahmen für Bevölkerungswachstum und wirtschaftliche Entwicklung sind in Tab. 4-6, 4-7 und 4-8 gegenübergestellt.

Die Angaben gelten für die Jahre 2010 und 2030. Da nicht in allen Studien Angaben für diese Jahre gemacht werden, wurden zur Vergleichbarkeit Hochrechnungen vorgenommen. Dabei wurde versucht, im Sinne der Studien vorzugehen. Das heißt, wenn den Daten im wesentlichen eine

Tabelle 4-6: Wesentliche Annahmen der betrachteten Szenarien

	IIASA low	IIASA high	Lovins	Goldemberg	WEC Ref, ED	WEC EED	IIASA 92	Johansson	Greenpeace
Bevölkerungszahl im Jahr 2030 (Mrd.)	8,0	8,0	8,0	7,8	9,3	9,3	9,4	8,5	8,8
durchschnittl. Wachstum des globalen BSP bis zum Jahr 2030 (%/a)	2,4	3,4	2,4	n. a.	3,3	3,8	2,2	3,4	2,4

Tabelle 4-7: Primärenergiemix der weltweiten Energieversorgung im Jahr 2010 (TWa/a) und CO_2-Emission

2010	UN 1990	IIASA low	IIASA high	Lovins	Gol-dem-berg	WEC-A	WEC-B1	WEC-B	WEC-C	IIASA Ref 93	Johans-son	Green-peace
Kohle	3,1	4,4	6,5	1,3	2,1	5,1	4,3	3,7	3,0	3,6	2,9	2,7
Öl	3,7	3,9	4,0	1,3	3,5	5,2	5,1	4,6	3,8	5,5	3,0	3,0
Gas	2,3	2,6	3,6	1,1	2,8	3,8	3,7	3,3	3,0	3,2	2,6	3,3
Summe fossil	9,1	10,9	14,1	3,7	8,4	14,0	13,2	11,6	9,8	12,3	8,5	9,0
Nuklear	0,5	3,2	5,0	0,0	0,7	0,9	0,9	0,8	0,8	1,0	0,5	0,0
Wasser	0,7	1,0	1,0		1,0	1,1	1,1	1,1	0,9	1,0	0,8	0,9
Wind und Solar	0,3	0,2	0,3		0,2	0,4	0,4	0,3	0,6		0,6	1,1
Biomasse	1,1	0,3	0,5		1,3	1,8	1,8	1,7	1,7		2,9	1,7
Summe regenerativ	2,1	1,5	1,8	2,8	2,5	3,3	3,3	3,1	3,3	2,4	4,4	3,7
Gesamt	11,7	15,6	20,9	6,5	11,6	18,3	17,4	15,5	13,8	15,7	13,4	12,7
CO_2-Emission/Gt CO_2	21,7	26,5	34,7	8,8	19,1	33,4	31,0	27,3	22,7	28,9	20,0	20,6

1 TWa/a entspricht 1,07 Mrd. t SKE pro Jahr

Tabelle 4-8: Primärenergiemix der weltweiten Energieversorgung im Jahr 2030 (TWa/a) und CO_2-Emission

2030	UN 1990	IIASA low	IIASA high	Lovins	Goldemberg	WEC-A	WEC-B1	WEC-B	WEC-C	IIASA Ref 93	Johansson	Greenpeace
Kohle	3,1	6,5	12,0	0,4	1,8	8,2	6,0	4,4	2,7	4,2	2,6	0,9
Öl	3,7	5,0	6,8	0,2	3,0	7,2	7,1	5,5	3,8	7,0	2,4	1,9
Gas	2,3	3,5	6,0	0,3	3,6	6,2	6,0	4,7	3,7	4,7	3,1	1,8
Summe fossil	9,1	15,0	24,8	0,9	8,4	21,6	19,0	14,6	10,2	15,9	8,0	4,6
Nuklear	0,5	5,2	8,1	0,0	0,7	1,8	1,8	1,3	1,1	1,8	0,4	0,0
Wasser	0,7	1,5	1,5		1,3	1,8	1,8	1,6	1,2	1,4	1,0	0,9
Wind und Solar	0,3	0,3	0,5		0,3	0,5	0,5	0,3	1,2		1,2	3,8
Biomasse	1,1	0,5	0,8		2,1	2,8	2,8	2,6	2,6		5,0	2,9
Summe regenerativ	2,1	2,3	2,8	4,3	3,7	5,2	5,2	4,5	5,0	3,2	7,2	7,6
Gesamt	11,7	22,5	35,7	5,2	12,8	28,6	26,0	20,4	16,3	20,9	15,6	12,2
CO_2-Emission/Gt CO_2	21,7	36,9	61,7	2,2	18,5	51,7	44,3	33,8	23,1	36,7	18,6	10,2

1 TWa/a entspricht 1,07 Mrd. t SKE pro Jahr

exponentielle Dynamik zugrunde liegt, wurde nicht linear, sondern exponentiell hochgerechnet.

Die Angaben sind zum Teil Primärenergie-Äquivalente, wobei für die Umrechnung die gängigen Faktoren benutzt wurden, falls in den Berichten keine anderen genannt werden.

Als Umrechnungsfaktoren zur Bestimmung des Kohlenstoff-Ausstoßes (Gt CO_2 / TW_a) werden verwendet: Kohle: 2,97, Öl: 2,30, Gas: 1,73.

IIASA (1981)
(unter Häfele et al. (1981) im Literaturverzeichnis)

- Szenariozeitraum: 1975–2030
- unter anderem zwei Szenarien für hohes und niedriges Wirtschaftswachstum
- Der Primärenergieverbrauch für das Jahr 2010 wurde exponentiell interpoliert.

Lovins et al. (1983)

- Szenariozeitraum: 1975–2000–2030
- Die Angaben für das Jahr 2010 wurden linear aus den Werten für die Jahre 2000 und 2030 hochgerechnet

Goldemberg et al. (1988)

- Szenariozeitraum: 1980–2020
- Für das Jahr 2030 wurde in Anlehnung an die Prognosen des Bevölkerungswachstums und dem bis zu diesem Zeitpunkt durch rationelle Energienutzung erreichten Endenergiebedarf pro Person (2 kW_a/a in den Industrieländern, 1 kW_a/a in den Entwicklungsländern) extrapoliert.

  Die Angaben für das Jahr 2010 stammen aus linearer Hochrechnung der Daten für die Jahre 1980 und 2020.

WEC (1992)

- Szenariozeitraum: 1990–2020
- Es werden drei Szenarien entwickelt – ein Referenzfall, ein Szenario mit starkem wirtschaftlichen Wachstum (Enhanced Economic Development) und ein ökologisches Szenario (Ecologically Driven).

- Die sich aus den Werten für den Primärenergiebedarf in den Jahren 1990 und 2020 ergebende Steigerungsrate wurde zur Berechnung für die Jahre 2010 und 2030 benutzt.

IIASA (1993)
(unter Grübler et al. (1993) im Literaturverzeichnis)

- Da die bereits vorgestellten Szenarien des Instituts für Angewandte Systemanalyse aus dem Jahr 1981 zwar noch heute zitiert werden, aber mittlerweile einige aktuellere Arbeiten dieses Instituts vorliegen, wird ein neueres Szenario hinzugenommen. Dieses Szenario ist ein Referenzszenario, das aber den trendgemäßen Strukturwandel und technologischen Fortschritt mitberücksichtigt („dynamics as usual").
- Szenariozeitraum 1990–2020
- Für die Berechnung des Primärenergiebedarfs für die Jahre 2010 und 2030 wurde gemäß der Wachstumsrate, die sich aus den Werten für die Jahre 1990 und 2020 ergibt, hochgerechnet.

Johansson et al. (1993)

- Szenariozeitraum: 1985–2025–2050
- Für die Jahre 2010 und 2030 wurde von den drei Stützjahren des Szenarios aus linear hochgerechnet.

Greenpeace (1993)

- Szenariozeitraum: 1988–2010–2030–2100
- Ein Szenario, das den vollständigen Ausstieg aus den fossilen Brennstoffen bis zum Jahr 2100 anstrebt, wird vorgestellt.

In Tab. 4-7 und Abb. 4-1 bzw. in Tab. 4-8 und Abb. 4-2 sind der nach den verschiedenen Szenarien zu erwartende Primärenergiemix im Jahr 2010 bzw. 2030 sowie die damit verbundenen CO_2-Emissionen dargestellt.

Die Auswahl repräsentativer Weltenergieszenarien zeigt die große Bandbreite technisch realisierbarer Energiepfade bis zum Jahr 2030. Hieran wird auch deutlich, daß für die Energiepolitik prinzipiell ein breiter Handlungs- und Entscheidungsspielraum für die zukünftige Energiepolitik besteht. Die Welt-Energieverbräuche dieser technisch möglichen „Energiezukünfte" unterscheiden sich im Jahr 2030 um den Faktor 7, trotz vergleichbarer Basisdaten z. B. beim Bevölkerungs-

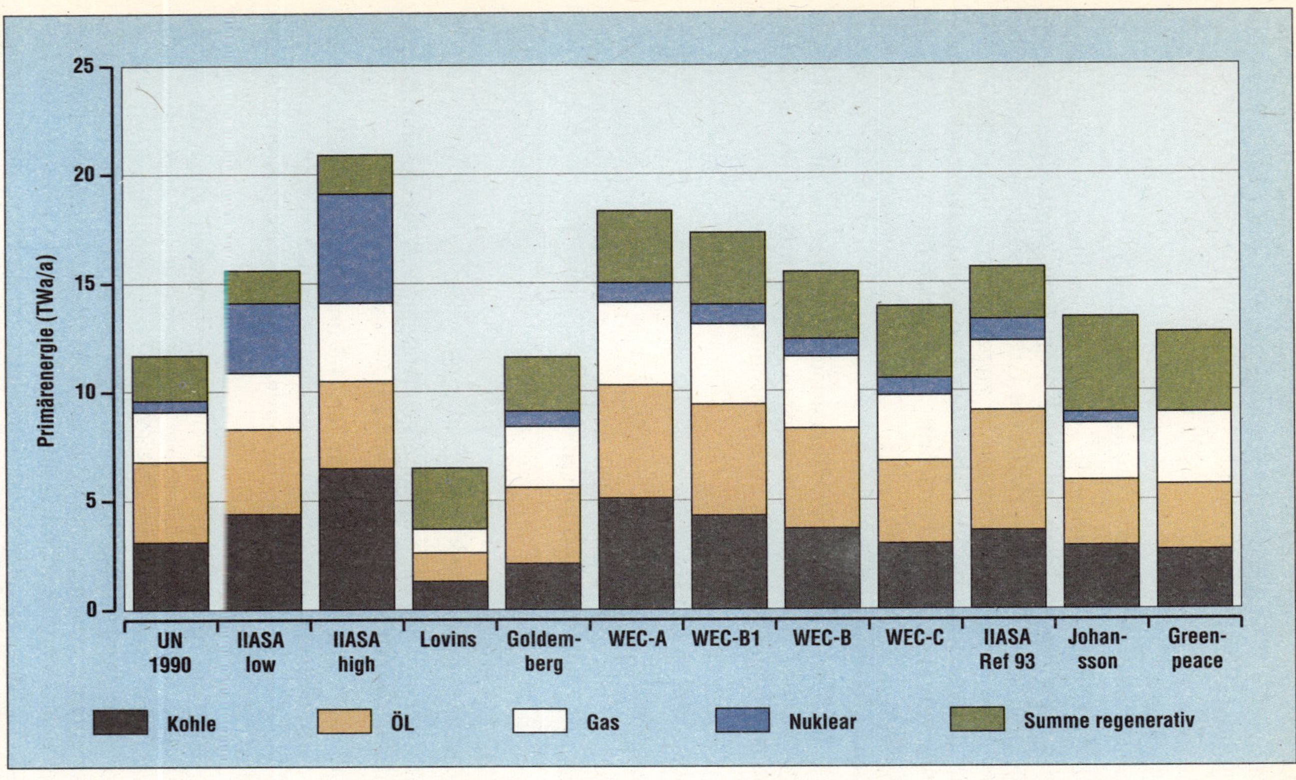

Abb. 4-1: Primärenergiemix der weltweiten Energieversorgung im Jahr 2010 (TWa/a)

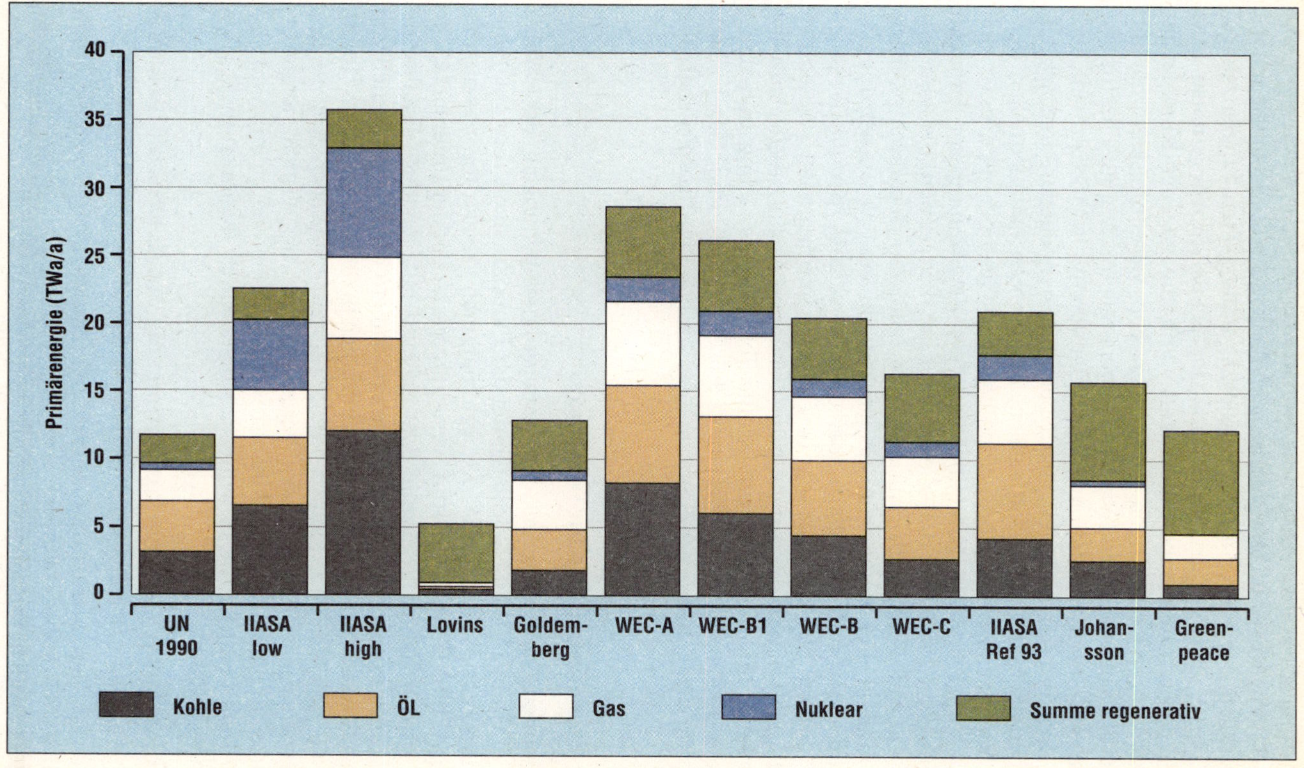

Abb. 4-2: Primärenergiemix der weltweiten Energieversorgung im Jahr 2030 (TWa/a)

wachstum; stärker differieren die Annahmen über das erwartete Weltwirtschaftswachstum. Die deutlichsten Unterschiede bestehen jedoch hinsichtlich der als technisch realisierbar unterstellten Effizienzsteigerung. Eine wichtige Erkenntnis aus der Szenarienübersicht ist: Eine Welt-Energiestrategie, die die Risiken von anthropogenen Klimaveränderungen, von zukünftigen geostrategischen Verteilungskämpfen um Öl- und Gasressourcen sowie der Kernenergienutzung gleichzeitig abbauen soll, muß die rationelle Energienutzung in höchstmöglichem Maß ausschöpfen und den verbleibenden Energiebedarf in stark ansteigendem Maße aus nicht-fossilen, risikoarmen Energiequellen dekken. Nur das Szenario von Lovins und von Greenpeace ist unter den gemachten Prämissen kompatibel mit der Empfehlung der Enquete-Kommission sowie mit den Zielen der Klimakonvention, bis zum Jahr 2050 die weltweiten CO_2-Emissionen zu halbieren. Technisch realisierbare und in sich konsistente Szenarien sind eine Voraussetzung für Umsetzungsstrategien, liefern aber über die Realisierbarkeit der einen oder anderen Strategie nur sehr beschränkte Informationen. Wesentlich für die Umsetzung der aufgeführten Szenarien ist die gesellschaftliche Akzeptanz für die jeweils unterstellte Technikentwicklung und deren Risiken sowie die Kostenbelastung für Wirtschaft und Gesellschaft. Nur für das Greenpeace-Szenario liegt bisher eine Kostenschätzung vor.

4.5.2 Szenarioanalysen für Westeuropa

Gegenübergestellt werden die Szenariountersuchungen des World Energy Council (WEC) für die Länder der Europäischen Union (EU) und die Ergebnisse der Studie des International Projekt for Sustainable Energy Paths (IPSEP), die fünf westeuropäische Länder untersucht. Die fünf Länder der IPSEP-Studie (Deutschland [alte Länder], Frankreich, Vereinigtes Königreich, Niederlande und Italien) haben einen Anteil von etwa 80 Prozent am Primärenergieverbrauch in der Europäischen Union, auf die sich die dargestellten WEC-Ergebnisse beziehen. Die in den Szenarien ermittelten relativen Veränderungen des Primärenergieverbrauchs und der CO_2-Emissionen sowie der Primärenergiemix sind also prinzipiell vergleichbar, obwohl die untersuchten Regionen nicht ganz übereinstimmen.

Als Umrechnungsfaktoren zur Bestimmung des Kohlenstoff-Ausstoßes (Mio. t CO_2/GW_a) werden verwendet: Kohle: 2,97; Öl: 2,30; Gas: 1,73.

Der durch Kernenergie und regenerative Energien bereitgestellte Strom auf Endenergieebene wird mit dem Faktor 2,9 (im Jahr 1985/90) bzw. 2,2 (im Jahr 2020) in Primärenergieäquivalente umgerechnet.

WEC (1993a)

- Szenariozeitraum: 1989–2020
- hier dargestellte Region: EU
- Bevölkerungszahl: sehr schwacher Anstieg (Zunahme um 3 % bis zum Jahr 2020)
- Wirtschaftswachstum: 2,6 %/a (1990–2000), 2,4 %/a (2000–2010) und 2,0 %/a (2010–2020)
- Brennstoffpreise: Erwartung eines Anstiegs nach dem Jahr 2000, keine genaueren Annahmen

Szenarien (vgl. Tab. 4-9):

- zwei Referenzszenarien, d. h. Szenarien einer eingriffsschwachen Energiepolitik; Ausbau oder Reduktion der Kernenergienutzung [8)]
- ein alternatives Szenario einer aktiven Energiepolitik, um den CO_2-Ausstoß und die Importabhängigkeit zu reduzieren. Ergebnisse dieses Szenarios werden nur für die Region der EU und EFTA zusammen präsentiert, wodurch der Primärenergiemix nur noch bedingt mit dem Primärenergiemix der Länder der IPSEP-Studie [9)] vergleichbar ist. Es wurde daher nicht den Szenarien der IPSEP-Studie gegenübergestellt. Das Szenario kommt bei einem Ausbau der Kernenergie wie im Referenzszenario 1 zu einer 6 %igen CO_2-Reduktion im Jahr 2020 gegenüber dem Niveau von 1989. Die volkswirtschaftlichen Folgen dieser Strategie werden als wahrscheinlich tragbar eingestuft.

IPSEP (1993)

- Szenariozeitraum: 1985–2020
- Bevölkerungszahl: sehr schwacher Anstieg (2-3 % bis zum Jahr 2020)
- Wirtschaftswachstum: 2,7 %/a, bei einer forcierten Form der Effizienzsteigerung (4,2 Prozent Erhöhung der Energieeffizienz jährlich 35 Jahre lang)
- Brennstoffpreise: zwei Varianten – sehr leichter Anstieg bei allen Brennstoffen oder Faktor 2 bei Öl und Gas und Faktor 1,5 bei Kohle

8) Für Westeuropa ergeben die Referenzszenarien einen Anstieg des Primärenergieverbrauchs um 38 Prozent verbunden mit einem Zuwachs der CO_2-Emission um 27 Prozent (Ref. 1) bzw. 45 Prozent (Ref. 2). Vergleichbare Werte liefert auch das IEA-Referenzszenario von 1994 (IEA, 1994) für Westeuropa. Im Zeitraum von 1991 bis zum Jahr 2010 wächst der Primärenergiebedarf um ca. 25 Prozent auf etwa 2400 GW_a/a, die CO_2-Emissionen nehmen um ca. 27 Prozent zu.

9) Der Anteil der Wasserkraft in den EFTA-Ländern ist im Vergleich zur EU sehr hoch.

Tabelle 4-9: Primärenergiemix (GWa/a) und CO_2-Emission innerhalb der Europäischen Union (EU-12) gemäß der WEC-Studie

2020 (GWa / a)	1989	WEC EU 12 Ref 1	WEC EU 12 Ref 2
Kohle	308	360	480
Öl	656	600	667
Gas	268	440	440
Summe fossil	1 232	1 400	1 587
Nuklear	176	275	113
Wasser / geotherm.	44	56	56
Wind und Solar	0	0	0
Biomasse	5	20	20
Summe regenerativ	49	76	76
Gesamt	1 457	1 751	1 776
% des Basisjahres	*100*	*120*	*122*
CO_2-Emission / Mt CO_2	2 889	3 215	3 723
% des Basisjahres	*100*	*111*	*129*

1 GWa / a entspricht 1,07 Mio. t SKE pro Jahr

Szenarien (vgl. Tab. 4-10):

- Referenzszenario in Anlehnung an das „Conventional Wisdom" – Szenario S1 der EU-Kommission (KEG, 1990).
- risikominimierendes Szenario (Minimum Risk): Vorrang für Einspartechnologien und erneuerbare Energien, Ausstieg aus der Kernenergienutzung. Die volkswirtschaftlichen Kosten dieser Wege sind bei fast allen Sensitivitätstests niedriger als die des Referenzfalls
- kostenminimierendes Szenario (Least Cost): systematische Minimierung der volkswirtschaftlichen Kosten durch integrierte Betrachtung von Angebots- und Nachfrageressourcen. Berücksichtigt werden dabei alle volkswirtschaftlichen Aufwendungen zur Bereitstellung der Energiedienstleistung (z. B. Netzkosten und administrative Kosten der Einsparprogramme), nicht aber externe Kosten im weiteren Sinne (monetarisierte Umweltschäden u. ä.). Es werden gemessen am Referenz-

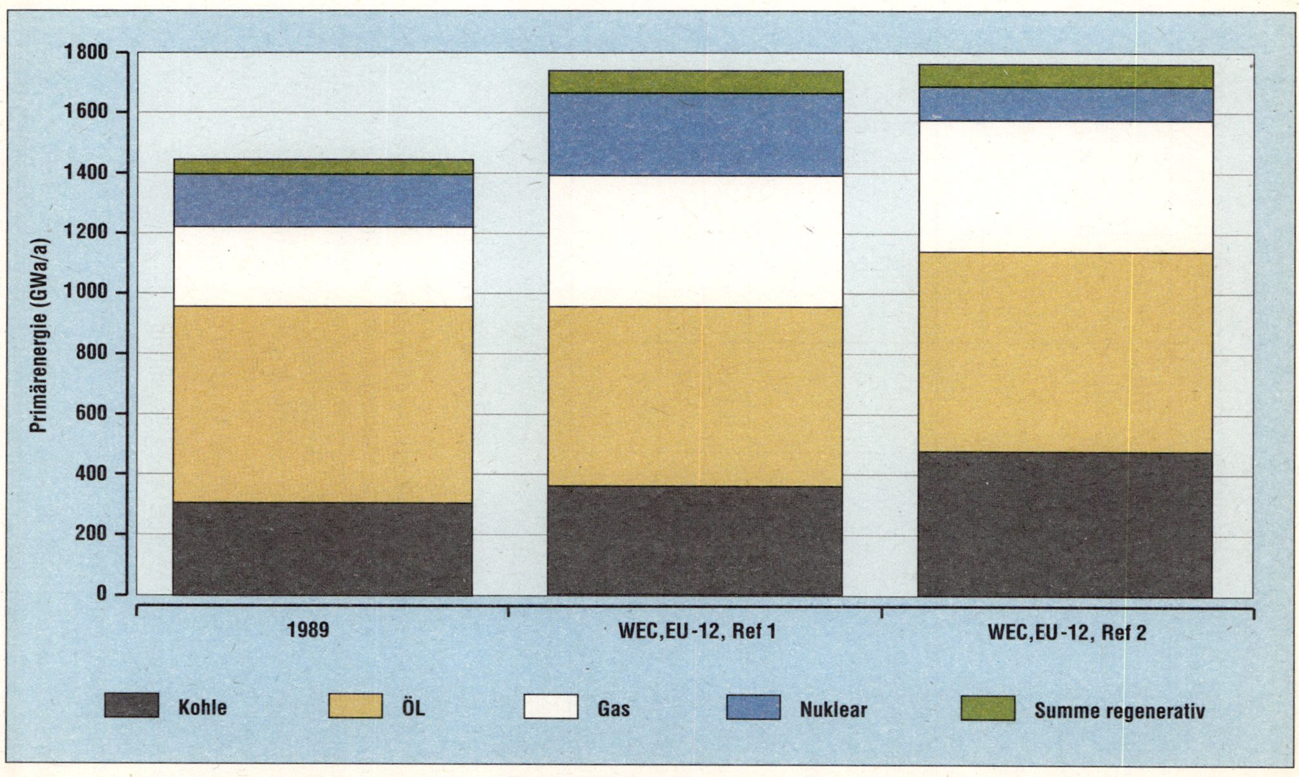

Abb. 4-3: Primärenergiemix (GWa/a) innerhalb der Europäischen Union (EU-12) gemäß der WEC-Studie

Tabelle 4-10: Primärenergiemix (GWa/a) und CO_2-Emission für fünf europäische Länder im Jahr 2020 gemäß der IPSEP-Studie

2020 (GWa/a)	1985	Ref EU-5	Min. Risk	Least Cost
Kohle	251	309	26	137
Öl	500	481	177	210
Gas	232	287	220	241
Summe fossil	983	1 077	423	588
Nuklear	124	185	0	3
Wasser/geotherm.	45	37	50	50
Wind und Solar	0	0	40	5
Biomasse	6	4	93	13
Summe regenerativ	51	41	183	68
Gesamt	1 158	1 303	606	658
% des Basisjahres	*100*	*113*	*52*	*57*
CO_2-Emission/Mio. t CO_2	2 297	2 521	865	1 307
% des Basisjahres	*100*	*110*	*38*	*57*

1 GWa/a entspricht 1,07 Mio. t SKE pro Jahr

fall im Jahr 2020 Einsparungen von 45–70 Mrd. ECU (real, 1990) pro Jahr errechnet.

Die Verfügbarkeit der Potentiale für Effizienz und erneuerbare Energien geht als Parameter in die Szenarien ein. Gezeigt werden die Ergebnisse bei 100 % Verfügbarkeit, d. h. bei einer offensiven Energiespar- und Klimaschutzpolitik. Da die Verfasser der Studie die Variante mit niedrigen Brennstoffpreisen und niedrigen Kosten für Einspartechnologien für die wahrscheinlichste Kostenentwicklung bei einer aktiven Energiepolitik halten, wird diese Variante dargestellt.

4.5.3 Szenarioanalysen des Energiesystems für die Bundesrepublik Deutschland (alte Bundesländer)

In den Energieprognosen für die Bundesrepublik Deutschland konnte seit den 50er Jahren der zukünftige Primärenergieverbrauch aufgrund

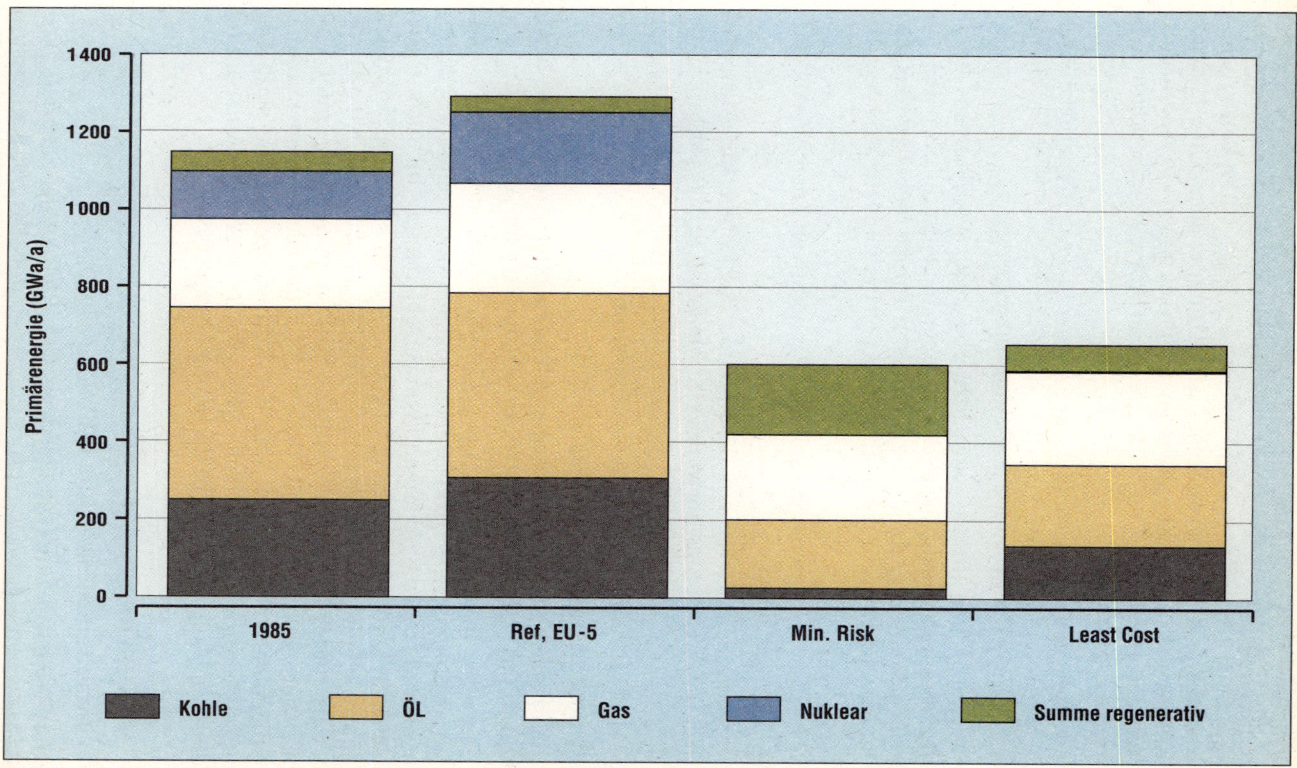

Abb. 4-4: Primärenergiemix (GWa/a) für fünf europäische Länder im Jahr 2020 gemäß der IPSEP-Studie

der Vielzahl von internen und externen Determinanten nicht verläßlich abgeschätzt werden. Da die gewonnenen Erkenntnisse, d. h. die empirische Relevanz, keinen Anspruch auf längerfristige Gültigkeit erheben können und Ansätze für wissenschaftliche Durchbrüche nicht erkennbar sind (Kraus, 1988, 214 f.), ist es geboten, bei Projektionen des zukünftigen Primärenergieverbrauchs nicht mehr von Prognosen, sondern von Szenarien zu sprechen.

Zur Erstellung einer Übersicht über die Ergebnisse von Szenarioanalysen für die alten Bundesländer wurden die Studien Nitsch et al. (1990), Prognos, ISI (1991) und Traube (1992) zugrunde gelegt.

Die Angaben gelten für die Jahre 2020 und 2050, wobei jeweils linear inter-/extrapoliert wurde, wenn die Angaben nicht für die oben genannten Bezugsjahre vorliegen. Da die Studie von Traube nicht über das Jahr 2020 hinausgeht, wurde auf eine Extrapolation bis zum Jahr 2050 verzichtet.

Die Werte für die Kernenergie und die regenerativen Energien sind Primärenergieäquivalente.

Als Umrechnungsfaktoren zur Bestimmung des Kohlenstoff-Ausstoßes (Mio. t CO_2/GW_a) werden verwendet: Kohle: 2,97, Öl: 2,30, Gas: 1,73.

Nitsch et al. (1990) (TA-Enquete-Kommission)

- Szenariozeitraum: 1988–2005–2025–2050
- Szenarioauswahl: zwei Szenarien, Ausstieg oder Ausbau der Kernenergie (Pfad I/II). Es wird dabei jeweils die Variante A betrachtet.
- Der Einstieg in eine solare Wasserstoffwirtschaft mit seinen technischen, ökonomischen, ökologischen, sozialen und politischen Bedingungen und Folgen wird anhand von verschiedenen Aufbaustrategien untersucht. Rahmenbedingung ist eine CO_2-Reduktion um 25 Prozent im Jahr 2005 und 75 Prozent im Jahr 2050 gegenüber dem Niveau von 1987. Es findet keine systematische Kostenoptimierung unter Einschluß der verschiedenen Techniken der rationellen Energienutzung, der regenerativen Energien und der Kernenergienutzung statt. Der politisch kontroversen Kernenergiefrage wird durch die Aufspaltung in die zwei Hauptpfade (I/II) Rechnung getragen.

PROGNOS, ISI (1991)

- Szenariozeitraum: 1987–2010–2040
- Referenzszenario und verschiedene CO_2-Reduktionsszenarien. Von den Reduktionsszenarien wurden Szenarien der „Diversifikationsstra-

tegie" mit einer CO_2-Minderung von 20 Prozent bis zum Jahr 2010 und 70 Prozent bzw. 80 Prozent bis zum Jahr 2040 ausgewählt. Der Primärenergiemix der Reduktionsszenarien beruht zum Teil auf eigenen Berechnungen auf der Basis der Angaben in der Studie. Die berechneten Werte für das Jahr 2040 wurden auch für das Jahr 2050 benutzt, da für die Angaben im wesentlichen das CO_2-Minderungsziel bestimmend ist.

- Im Referenzfall wird eine kontinuierliche Preiserhöhung bei fossilen Energieträgern infolge der internationalen Energiepreisentwicklung angenommen (realer Preissteigerungsfaktor Faktor 2 bis 4 gegenüber 1987, bei Strom nur eine geringfügige Verteuerung). Für weitere Szenarien bestehen CO_2-Reduktionsziele als Randbedingungen, unter denen eine Kostenoptimierung des Energieversorgungssystems vorgenommen wird. Als konsistent mit der Vorgabe einer 80-prozentigen Reduktion bis zum Jahr 2040 erweisen sich Energiepreise, die real um den Faktor 5 bis 12 (Brenn- und Treibstoffe) über dem Niveau von 1987 liegen.

Traube (1992)

- Szenariozeitraum: 1987–2020
- Es werden zwei Szenarien entwickelt, die sich bezüglich der Entwicklung der Endenergienachfrage in der Industrie unterscheiden (Szenario „hoch"/„niedrig").
- Ausgehend von einer Besteuerung fossiler Energieträger, die zu einer Erhöhung der Endenergiepreise real um den Faktor 2 bis 4 (gegenüber 1990) führen, und einer Umorientierung der Energiepolitik (Umgestaltung vielfältiger Rahmenbedingungen/Hemmnisabbau) wird untersucht, welche CO_2-Reduktion im Jahr 2020 erreichbar ist.

  Resultat ist eine etwa 75-prozentige CO_2-Verringerung bis zum Jahr 2020, die sich durch rationelle Energienutzung und den Einsatz bereits heute erprobter, regenerativer Energietechnologien ergibt. Auf die Nutzung von Kernenergie kann dabei verzichtet werden. Wasserstoff als Energieträger erweist sich als nicht konkurrenzfähig.

Wesentliche Rahmenbedingungen:

Bevölkerungsentwicklung:

Einheitlich wird in den Studien von einer sinkenden Bevölkerungszahl in den alten Ländern von 61 Millionen (1987) über 55 Millionen (2020) bis etwa 45 bis 50 Millionen (2050) ausgegangen. Alle Szenarien beziehen sich auf die alten Länder. Die Bevölkerungsprognosen sind aus heutiger Sicht wahrscheinlich korrekturbedürftig.

Entwicklung des Bruttosozialprodukts:

Übereinstimmend wird eine kontinuierlich abnehmende Wachstumsrate des Bruttosozialprodukts unterstellt. Bis zum Jahr 2010 wird ein durchschnittliches Wachstum von 2 bis 3 Prozent pro Jahr unterstellt.

CO_2-Reduktionsziel:

Mit Ausnahme des Prognos-Referenzszenarios und der Szenarien der Traube-Studie ergeben alle ausgewählten Szenarien eine CO_2-Reduktion von 25 Prozent bis zum Jahr 2005 und 70 bis 80 Prozent bis zum Jahr 2050. Traube erreicht eine ca. 75 prozentige Verringerung schon bis zum Jahr 2020.

Die den Szenarien zugrundeliegenden Endenergiepreise sind Tab. 4-11 zu entnehmen.

Die Primärenergieverbräuche der beschriebenen Szenarien sind Tab. 4-12 bzw. Abb. 4-5 (für das Jahr 2020) und Tab. 4-13 bzw. Abb. 4-6 (für das Jahr 2050) zu entnehmen. Tab. 4-14 und Abb. 4-7 geben den Primärenergiemix für die Szenarien an, die für die alten Ländern zu einer 70 bis 80-prozentigen CO_2-Reduktion gegenüber 1987 führen.

Zum Verständnis der Tab. 4-12 bis 4-14 bzw. der Abb. 4-5 bis 4-7 sind folgende Anmerkungen aufschlußreich:

- Der nichtenergetische Verbrauch wurde sowohl im Basisjahr als auch in den Szenarien aus den Energiebilanzen entnommen, sofern dies in den Studien nicht schon berücksichtigt wurde. Im Basisjahr betrug der nichtenergetische Verbrauch etwa 22 GW_a/a (d. h. rund 24 Mio. t SKE) (AG Energiebilanzen).

Tabelle 4-11: Faktor der erforderlichen realen Steigerung durchschnittlicher Energiepreise zur Erreichung einer ca. 75prozentigen CO_2-Reduktion (Basisjahr 1987)

	TA Enquete-Kommission	Prognos/IEI	Traube
Brennstoffe	5–9	7–12	4
Treibstoffe	5–9	5– 8	3
Strom	3–4 (I) 2 (II)		2

Tabelle 4-12: Primärenergieverbrauch in Deutschland (alte Länder) im Jahr 2020 (GWa/a) und CO_2-Emission

2020	1987	PROGNOS Ref	PROGNOS 70%	TA-Enquete-K. I	TA-Enquete-K. II	Traube hoch	Traube niedrig
Kohle	98	78	42	60	33	38	31
Öl	134	122	78	58	62	17	15
Gas	57	83	68	38	51	23	18
Summe fossil	289	283	188	156	146	78	64
nuklear	39	39	39	0	76	0	0
Wasser	6	7	7	8	8	9	9
Wind und Solar	0	1	6	28	22	46	45
Biomasse	3	4	6	17	14	14	14
Summe reg. Inland	9	12	19	53	44	69	68
Import, Solarstrom	0	0	3	0	0	17	17
Import, H_2	0	0	15	18	6	0	0
Summe reg. Import	0	0	18	18	6	17	17
Summe regenerativ	9	12	37	71	50	86	85
Stromsaldo, konvent.	1	8	8	0	12	0	0
Gesamt	338	342	272	227	284	164	149
CO_2-Emission/Mt CO_2	698	656	422	377	329	192	158

1 GWa/a entspricht 1,07 Mio. t SKE

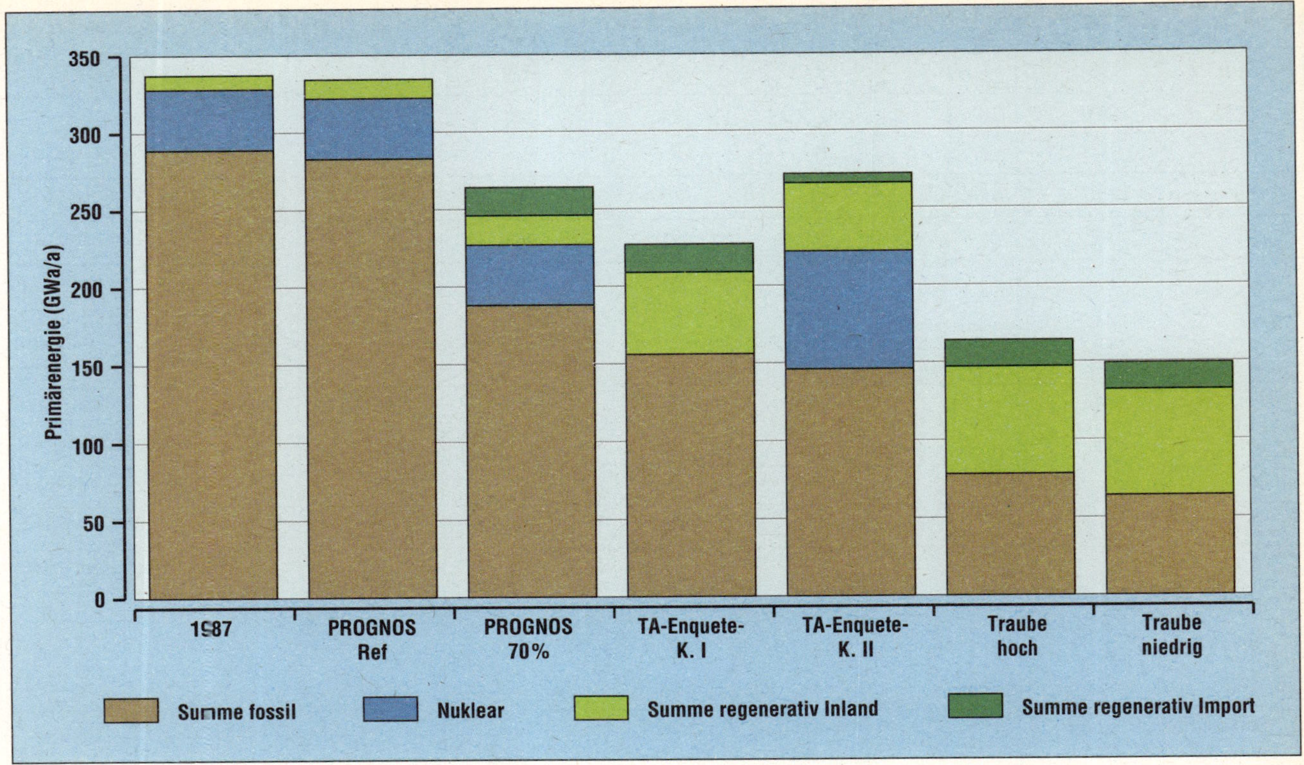

Abb. 4-5: Primärenergieverbrauch in Deutschland (ABL) im Jahr 2020 (GWa/a)

Tabelle 4-13: Primärenergieverbrauch in Deutschland (alte Länder) im Jahr 2050 (GWa/a) und CO_2-Emission

2050	1987	PROGNOS Ref	PROGNOS 70%	PROGNOS 80%	TA-Enquete-K. I	TA-Enquete-K. II
Kohle	98	71	5	5	19	2
Öl	134	107	40	27	17	26
Gas	57	90	51	18	20	28
Summe fossil	289	268	96	50	56	56
nuklear	39	33	33	33	0	91
Wasser	6	7	7	7	8	8
Wind und Solar	0	2	17	17	48	48
Biomasse	3	4	12	12	19	18
Summe reg. Inland	9	13	36	36	75	74
Import, Solarstrom	0	0	13	13	0	0
Import, H_2	0	0	59	109	54	34
Summe reg. Import	0	0	72	122	54	34
Summe regenerativ	9	13	108	158	129	108
Stromsaldo, konvent.	1	7	7	7	0	5
Gesamt	338	321	244	248	185	260
CO_2-Emission/Mt CO_2	698	613	195	108	130	114

1 GWa/a entspricht 1,07 Mio. t SKE

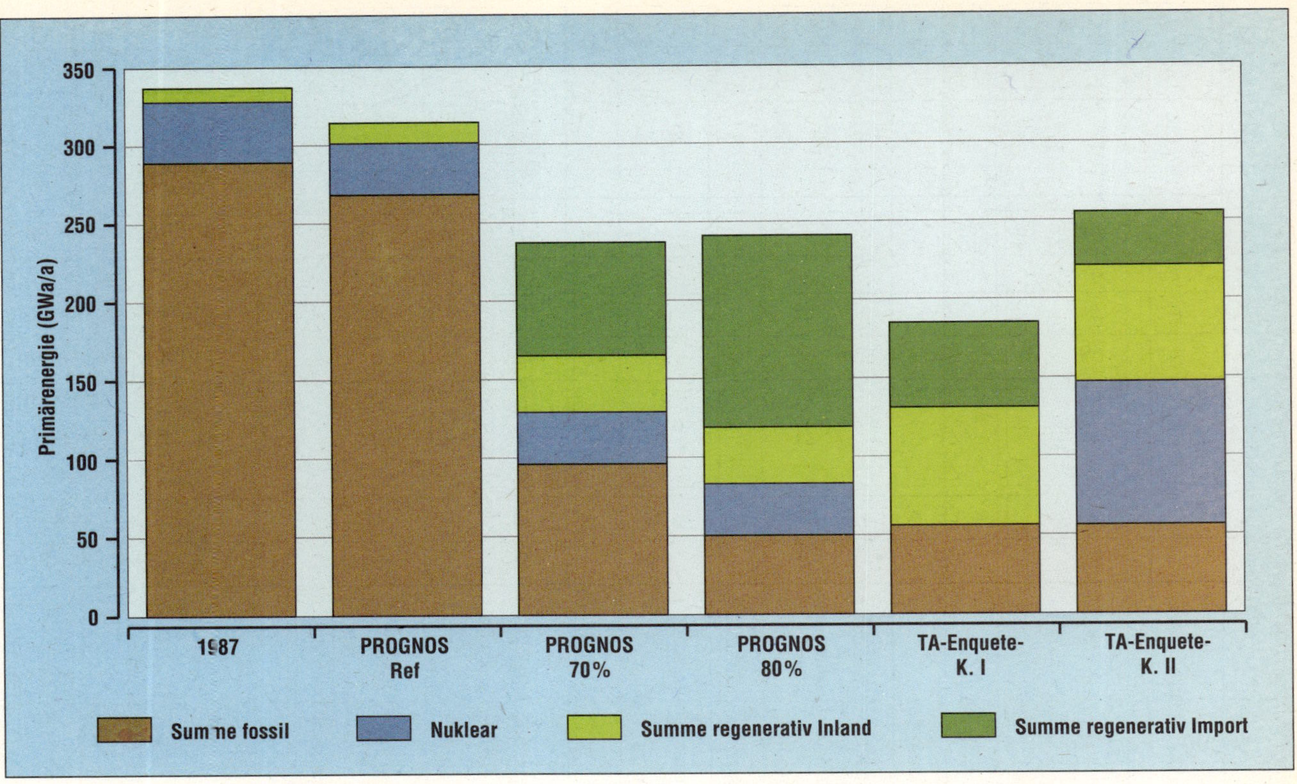

Abb. 4-6: Primärenergieverbrauch in Deutschland (ABL) im Jahr 2050 (GWa/a)

Tabelle 4-14: Primärenergiemix bei Szenarien, die zu einer 70–80 %igen CO_2-Reduktion in Deutschland (alte Länder) führen (Basisjahr 1987, GWa/a)

	1987	TA-Enquete-K. I	TA-Enquete-K. II	PROGNOS 70 %	PROGNOS 80 %	Traube hoch	Traube niedrig
Kohle	98	19	2	5	5	38	31
Öl	134	17	26	40	27	17	15
Gas	57	20	28	51	18	23	18
Summe fossil	289	56	56	96	50	78	64
nuklear	39	0	91	33	33	0	0
Wasser	6	8	8	7	7	9	9
Wind und Solar	0	48	48	17	17	46	45
Biomasse	3	19	18	12	12	14	14
Summe reg. Inland	9	75	74	36	36	69	68
Import, Solarstrom	0	0	0	13	13	17	17
Import, H_2	0	54	34	59	109	0	0
Summe reg. Import	0	54	34	72	122	17	17
Summe regenerativ	9	129	108	108	158	86	85
Stromsaldo, konvent.	1	0	5	7	7	0	0
Gesamt	338	185	260	244	248	164	149
CO_2-Emission/Mt CO_2	698	130	114	195	108	192	158

1 GWa/a entspricht 1,07 Mio. t SKE

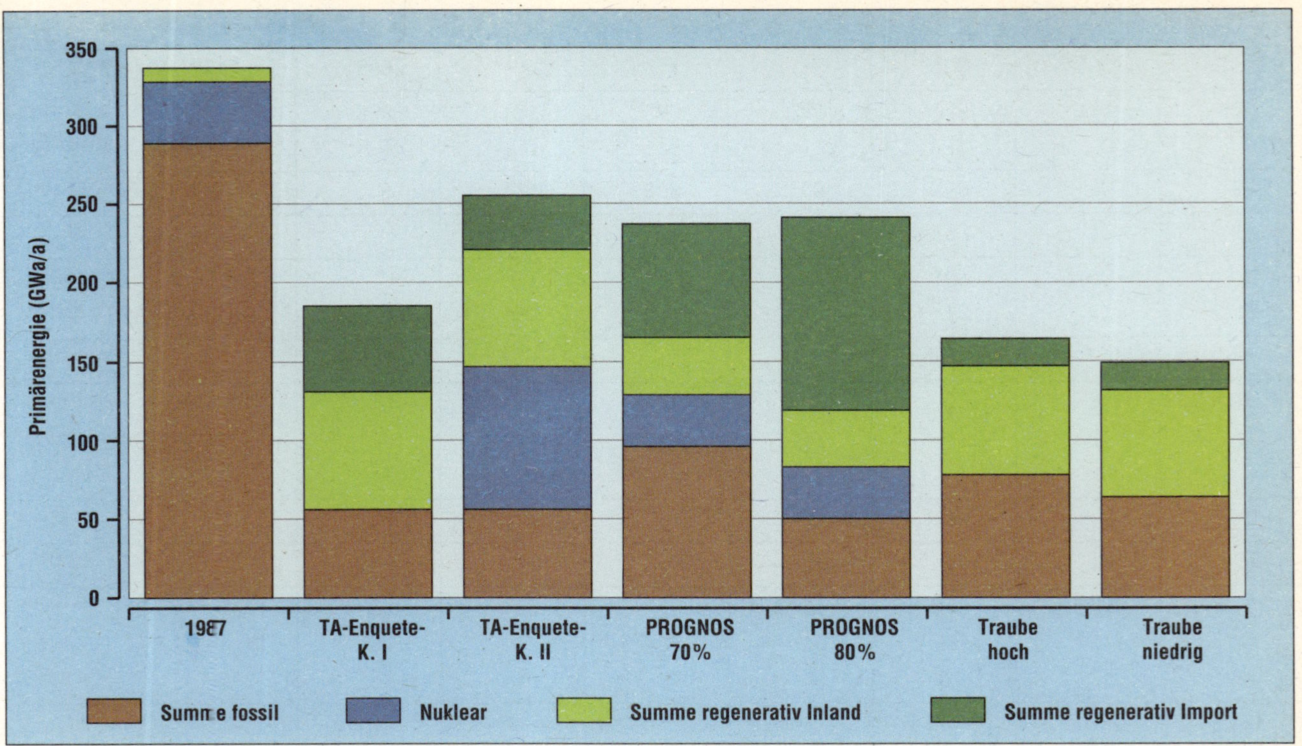

Abb. 4-7: Primärenergiemix bei Szenarien, die zu einer 70–80%igen CO_2-Reduktion in Deutschland (ABL) führen (Basisjahr 1987, GWa/a)

- Unter Biomasse wird auch die Energiegewinnung aus Müll und Deponiegas aufgeführt. Bei der Berechnung der CO_2-Emissionen werden diese an sich nicht CO_2-freien Energieträger jedoch vernachlässigt. Bei den Reduktionsszenarien der Enquete-Kommission und den Szenarien von Traube beträgt der Primärenergieeinsatz aus Müll und Deponiegas etwa 4 GW_a/a, bei den PROGNOS-Reduktionsszenarien liegt der Wert bei ca. 8 GW_a/a.
- Da die oben aufgeführten Punkte in den Studien unterschiedlich gehandhabt werden, kommt es bei der vorliegenden Darstellung zu leichten Abweichungen von den in den Studien selbst genannten Reduktionswerten. Auch wird in der vorliegenden Darstellung auf eine Aufspaltung in Stein- und Braunkohle verzichtet, was ebenfalls zu leichten Abweichungen bei den CO_2-Emissionen führt.
- Der Importsaldo von konventionell erzeugtem Strom wird ebenfalls bei der CO_2-Emissionsberechnung nicht miteinbezogen, was gerechtfertigt ist, solange die Erzeugung auf Kernenergienutzung oder Wasserkraft beruht.
- Wasserstoff wird bei der Umrechnung in Primärenergieäquivalente wie ein fossiler Brennstoff behandelt, d. h. die im Ausland vorgeschalteten Umwandlungen werden nicht berücksichtigt (vergleiche Materialband I der Studie der TA-Enquete-Kommission, S. 100).

Die nationalen Szenarien vermitteln nach den Aussagen ihrer Autoren folgende Erkenntnisse:

Die ausgewählten nationalen Energieszenarien zeigen – ähnlich wie die erwähnten repräsentativen Weltenergieszenarien (vgl. Kap. 4.5.1) – eine gewisse Bandbreite technisch realisierbarer Energiepfade bis zum Jahr 2020/50. Auch in der Bundesrepublik besteht prinzipiell ein erheblicher Handlungs- und Entscheidungsspielraum für die zukünftige Energiepolitik.

1. Eine Solarenergie- und Energiesparwirtschaft mit einer CO_2-Reduktion von etwa 80 Prozent bis zum Jahr 2050 (im Vergleich zu 1987) ist – ohne Einsatz der Kernenergie – auch unter den relativ ungünstigen Bedingungen für die Solarenergie in der Bundesrepublik technisch möglich (Nitsch et al., 1990).
2. Grundlegend und vorrangig für jede zielführende Klimaschutzpolitik ist die forcierte Steigerung der Energieproduktivität; diese Produktivitätssteigerung muß umso stärker sein, je höher das zukünftige Wirtschaftswachstum ist. Bei einem Verzicht auf Kernenergie muß die Energieeffizienz mehr als in einem Referenzszenario mit Kernenergie gesteigert werden.

3. Die erste Stufe der Einführung von Solarenergie (etwa bis 2005/2010) kann und muß auf stärker dezentralisierten Erzeugungsstrukturen aufbauen (Nitsch et al., 1990). Hierbei spielen insbesondere die ortsgebundene Windenergie, die thermische und photovoltaische Solarenergienutzung auf Dachflächen, die Biomasse und Reststoffe aus der Land- und Forstwirtschaft sowie generell Anlagen der Kraft-Wärme/Kälte-Koppelung eine entscheidende Rolle.
4. Auch bei einer forcierten Effizienzsteigerung und einer technisch möglichen erheblichen absoluten Senkung des Primärenergiebedarfs um 30 bis 40 Prozent gegenüber dem Referenzjahr verbleibt bei moderatem Wirtschaftswachstum ein Restenergiebedarf in einem Umfang, daß der Import von solar erzeugter Elektrizität oder von Wasserstoff zur Mitte des nächsten Jahrhunderts notwendig wird (Prognos, ISI, 1991).
5. Im nächsten Jahrzehnt (im Traube-Szenario bis 2020; Traube, 1992) spielt allerdings der solare Wasserstoff als neue Sekundärenergie keine oder nur eine bescheidene Rolle; welchen Anteil an der Energiebedarfsdeckung der Wasserstoff bis zum Jahr 2050 einnehmen wird, hängt entscheidend vom Verkehrssystem ab, d. h. insbesondere davon, in welchem Umfang und zu welchen Kosten solar erzeugte und importierte Elektrizität als Antriebsenergie für eine neue Generation elektrisch betriebener Fahrzeuge oder Wasserstoff (z. B. zur Verwendung im Luftverkehr) zur Verfügung stehen wird (Traube, 1992).

4.6 Die Vision 2050 unter den veränderten Einflußmöglichkeiten der westlichen Welt – Ein Exkurs

Eine Vision für das Jahr 2050 muß sich auch – und dies scheint in allen bisherigen Betrachtungen vernachlässigt zu werden – den dann wahrscheinlich grundlegend veränderten globalen wirtschaftlichen und politischen Kräfteverhältnissen stellen. Zu den wenigen Gewißheiten, die einzuplanen sind, gehört die radikale Veränderung unseres heutigen Aufteilungsrasters der Welt in Industrie-, Schwellen- und Entwicklungsländer. Die relative wirtschaftliche Bedeutung Europas und der Vereinigten Staaten wird zugunsten Asiens und Lateinamerikas sinken, und somit wird die Welt des 21. Jahrhunderts, spätestens in der Mitte, weniger „westlich" geprägt sein. Es ist nach allen realistischen Prognosen wahrscheinlich, daß die größte Industriemacht des nächsten Jahrhunderts China heißt, dessen Sozialprodukt schon ca. 2020/2030 das der Vereinigten Staaten übertreffen mag (Weltenergiekongreß). Der gesamte asiatisch/pazifische Raum birgt eine solche Vielzahl an ökonomischen Entwicklungs- und Kräftezentren, daß jede Zukunftsbetrachtung diese Entwicklung berücksichtigen muß.

Schon jetzt zeichnet sich ab, daß einhergehend mit der wachsenden und, nota bene, im Jahre 2050 wohl dominierenden ökonomischen Rolle Asiens auch die weltpolitischen und militärischen Kräfteverhältnisse neu verteilt werden.

Es ist zu prüfen, was dies konkret für die Betrachtung der Klimapolitik bedeutet.

Kennzeichnend für die Emission klimawirksamer Spurengase ist – und dies ist der entscheidende Unterschied zu herkömmlichen Luftschadstoffen –, daß die dem positiven ökonomischen Erfolg beim Emittenten gegenüberstehenden Umweltbelastungen nicht lokal spürbar werden. Emittiert ein Kraftwerk große Mengen Schwefeldioxid, so wird diese Umweltbelastung auch in ökologisch wenig sensitiven Wachstumsregionen früher oder später zum Aufbau eines politischen Drucks führen, dem abzuhelfen ist.

Die Kohlendioxidemissionen desselben Kraftwerks dagegen tragen nur in geringem Umfang zum globalen Klimaproblem bei, der erstens lokal nicht spürbar und zweitens nur in einem Rahmen globaler Konventionen zu sanktionieren wäre.

Alle wohlmeinenden Handlungsempfehlungen unterstellen, daß es über kurz oder lang zu einem solchen verpflichtenden und funktionierenden globalen Handlungsrahmen kommen wird. Es stellt sich die Frage, ob dieser Optimismus gerechtfertigt ist. Eine große Gefahr bei Zukunftsüberlegungen könnte darin bestehen, die globalen Einflußmöglichkeiten der von der Klimaveränderung am stärksten Betroffenen – sowohl einzelnen wie Staaten und Staatengemeinschaften – zu überschätzen.

Eine internationale Klimaschutzpolitik muß in Betracht ziehen, daß eine zunehmend von asiatischen Wachstumsstaaten geprägte Weltgemeinschaft, die untereinander in aggressivem Wettbewerb steht, sich schwerlich auf Konventionen wird einigen können, die eben diesen „Newcomern“ Konkurrenznachteile auferlegen.

Eine mit steigendem Wohlstand Asiens (und Lateinamerikas) eintretende „Verwestlichung“ dieser Regionen ist möglich, fraglich bleibt aber, ob sich deren politische Motivation ausgerechnet auf derart abstrakte, weit entfernte externe Effekte wie den Klimaschutz konzentrieren wird. Die Möglichkeit, derartige Aspekte in die GATT-Nachfolge-Verhandlungen einzubringen, sollte bei veränderter Nachfragemacht des Westens vorsichtig eingeschätzt werden. Bedeutender ist noch, daß die Palette der Wachstumsregionen außerordentlich vielgestaltig ist, woraus sich ein permanenter Prozeß interner Konkurrenz ergibt. Ob in dieser, sich voraussichtlich über das ganze nächste Jahrhundert erstreckenden Phase ein globaler Konsens zwischen Staaten zu erreichen sein wird, die sich unter erheblichen wirtschaftlichen und politischen Zwängen bewegen, ist heute keineswegs sicher.

Es bleibt darzulegen, welche Konsequenzen sich hieraus ergeben können.

Zunächst muß sich alles Handeln der Einsicht beugen, daß eine Änderung der Weltwirtschaft in Hinsicht auf einen ökologischeren Umgang mit natürlichen Ressourcen von den heutigen Industrieländern nicht zu diktieren sein wird. Die Ergebnisse von Rio de Janeiro einerseits und die aktuellen Handelsgespräche zwischen den Vereinigten Staaten und China andererseits haben hier Signalwirkung. Derzeit scheint diese Erkenntnis jedoch nicht gebührend berücksichtigt zu werden.

Zweitens muß man erkennen, daß eine weltweite ökologische Vorsorge von den jetzigen Industrieländern allein finanziell nicht zu tragen ist und auch die Bereitschaft zu deren Umsetzung allein auf dem Wege transnationaler Kooperationen nicht ausreichen wird.

Drittens ist eine westliche Vorreiterrolle bei Umweltschutzmaßnahmen heute noch keineswegs sicher. Sie reicht in ihrer Vorbildwirkung für den Rest der Welt für eine dauerhafte Entwicklung der Weltwirtschaft im 21. Jahrhundert nicht aus.

Viertens werden die westlichen Industriestaaten zögern, weitere progressive Investitionen im Umweltschutzbereich zu realisieren, wenn sich hieraus zusätzliche komparative Kostennachteile im weltweiten Wettbewerb ergeben.

Dies bedeutet aber nicht unbedingt eine pessimistische Einschätzung der klimapolitischen Zukunft. An dieser Stelle läßt sich ein großer Bogen spannen zu den Ausführungen über qualitatives Wachstum, „Negentropie", höhere Wirkungsgrade der Energienutzung und dergleichen (Kap. 4.1–4.3).

Es fällt auf, daß alle grundlegenden, quasi systemverändernden Forderungen nach einem veränderten Umgang mit Energie auch stets mit der Forderung nach einer Effizienzrevolution und forcierter technologischer Innovation einhergehen. „Sparen" bedeutet also nicht, von einem Status quo ausgehend Verzicht zu üben – womit man sich dem unsicheren Erfolg von Appellen an die Vernunft ausliefert –, sondern in der konsequenten Forschung nach neuen umweltverträglichen technologischen Lösungen und neuen Produktions- und Lebensstilen fortzufahren. Die erforderliche „Entkopplung" von Wirtschaftswachstum und Energieverbrauch verlangt nach technologischen Sprüngen auf fast allen Gebieten, die weit über das heute erkennbare Maß an Möglichkeiten hinausgeht.

Konkret bedeutet dies – unter der Bedingung immer geringeren Stoffeinsatzes – eine zunehmende komplexe Vernetzung und systemische, „intelligente" Lösungen, also wesentlich verringerter Materialeinsatz, Entwicklung neuer Werkstoffe, Ersatz von energieintensiven Prozessen z. B. durch Biotechnologie, Elektronik und anderes.

Eine Revolutionierung des Energiesektors und eine Effizienzrevolution müßten also einhergehen mit einem forcierten Technologieschub in allen Bereichen der Zukunftstechnologie. Hierin liegt ein volkswirtschaftlicher Kraftakt, dem sich die Industrieländer ohnehin stellen müssen.

Fortschritte in der Klimapolitik wird es nur geben, wenn im weltpolitischen Entscheidungsraum ein hinreichender Handlungswille existiert.

Aufgabe der nächsten Jahrzehnte wird es sein, den Entwicklungsländern Wege zu ermöglichen, ihren berechtigten Wunsch, ihr Wirtschafts- und Wohlstandsniveau zu steigern, auf eine Weise zu realisieren, die wesentlich weniger klimabelastend ist, als dies bei den bereits industrialisierten Ländern der Fall war.

Die heute schon industrialisierten Staaten stehen hier in der Verantwortung, einerseits durch neue Technologien, andererseits durch ihre Vorbildfunktion Lösungswege zu initiieren. Dies wiederum wird nur gelingen, wenn die heutigen Industriestaaten auch in Zukunft ihre Innovationskraft und Leistungsfähigkeit erhalten.

Im Hinblick auf die langfristige Erhaltung der Handlungsfähigkeit der westlichen Industriestaaten sollte erwogen werden, ob ein zeitlicher Aufschub der Ressourcenverwendung für Gegenwartstechnologie zugunsten einer gesamtwirtschaftlich erfolgreicheren Investitions- und Forschungsinitiative nicht besser geeignet wäre, einerseits das Klima zu schützen, andererseits erreichte demokratische und soziale Rechte zu bewahren und fortzuentwickeln. Die Hebelwirkung eines solchen Zwischenschrittes, der nur eine überschaubare Anzahl von Jahren in Anspruch nimmt, könnte die Effekte kurzfristiger Aktionen bei weitem übertreffen.

Auch diese Gedanken sollten in eine Vision 2050 eingehen.

4.7 Der Sprung von der Realität in die Vision

Wie groß der Sprung sein muß von der aktuell sich abzeichnenden Entwicklung der Energieversorgung zu einer solchen, die den Bedingungen der Vision 2050 entspricht, mögen die folgenden Daten deutlich machen.

Hierbei sollte man sich zweier goldener Regeln bewußt sein:

1. Die Investoren in einer in der Umstellung befindlichen Volkswirtschaft sind nur in Ausnahmefällen bereit, vorhandene Anlagen vor Erreichen ihrer technisch-wirtschaftlichen Lebensdauer stillzulegen.
2. Bei der überwiegenden Anzahl der in der Zielrichtung einer Vision 2050 gebotenen Umstellungen geht es um – drastische – Verringerungen und nicht um Ausweitungen des Energieverbrauchs. Dieses Schrumpfen der Energiemärkte und die Neuentwicklung von Zukunftsmärkten (z. B. für effizientere Erzeugungs- und Nutzungstechniken) erschwert Umstellungsprozesse in besonderem Maße.

Energieverbrauch und CO_2-Emissionen weltweit im Jahr 2020

	absoluter Betrag	Änderung gegen 1990 in %
Energieverbrauch in Mrd. t SKE	16,2	+28[1])
CO_2-Emissionen in Mrd. t	23,3	+ 8[2])

[1]) Im Referenz-Szenario wird mit einer Erhöhung um 54 bis 84% gerechnet. Die Entwicklungsländer haben sich nur mit einem „modifizierten" Referenz-Szenario einverstanden erklärt, das zu der höheren Steigerungsrate führt. A fortiori sind die Entwicklungsländer weit davon entfernt, ihre Energiepolitik nach dem Ecologically Driven Szenario auszurichten.

[2]) Im Referenz-Szenario wird mit einer Erhöhung um 42 bis 73% gerechnet (vgl. den Hinweis in Fußnote 1).

Quelle: WEC, 1993a

Entwicklung der Weltbevölkerung in Milliarden

	1990	2020	2050	2100
„High"	5,3	8,5	13,5	20
„Medium"	5,3	8,1	10,1	12
„Low"	5,3	7,8	9,4	10,5

Quelle: „UN World Population Prospects", 1990.

Das vom Weltenergierat in seiner Prognose „Energy for Tomorrow's World" (WEC, 1993a) vorgestellte „Ecologically Driven"-Szenario, das nach Meinung des WEC auf „extremen Vorgaben" für die Entwicklung erneuerbarer Energien basiert und unterstellt, daß die Energie-Effizienz in den Entwicklungsländern sich über die bisherigen historischen Trends hinaus verbessert, gelangt für das Jahr 2020 zu den folgenden globalen Kenndaten.

Dieses Szenario unterstellt, daß die Stromerzeugung aus Kernkraftwerken zwischen 1990 und 2020 um 57% erhöht wird und daß für die Entwicklung und den Einsatz „neuer Erneuerbarer" (ohne Wasserkraft und traditionelle Energien in den Entwicklungsländern) bis zum Jahr 2020 real 2,43 Billionen (10^{12}) US-Dollar (Wertbasis 1992, Quelle: WEC, 1993 a, S. 104, verglichen mit 0,84 Bio. $ im Szenario der 'steady evolution') aufgewandt werden. Nur mit diesem „Major Policy Support" könne damit gerechnet werden, daß die „Neuen Erneuerbaren" im Jahr 2020 mit bis zu 12% zur Weltenergieversorgung beitragen. Aber auch nach diesem Szenario werden die drei fossilen Primärenergieträger Kohle, Rohöl und Erdgas im Jahr 2020 noch mit zwei Dritteln an der Weltenergieversorgung teilnehmen. Hier mag man fragen, ob der globale Energieverbrauch nicht noch stärker gesenkt werden könnte, als dies vom Weltenergierat für möglich gehalten wird. Immerhin wird im Falle des 'ecologically driven'-Szenarios erwartet, daß sich der globale Energieverbrauch zwischen 1990 und 2020 nur um 28 Prozent erhöhen wird. In den beiden Referenzfällen wird mit Erhöhungen um 52 bzw. 82 Prozent gerechnet.

Der Vision 2050 liegt die Forderung zugrunde, die globalen CO_2-Emissionen zwischen 1990 und der Mitte des nächsten Jahrhunderts um 50 Prozent, d. h. von 23,3 Mrd. t p.a. im Jahr 1990 auf 10,8 Mrd. t p.a. im Jahr 2050 zu verringern. In genau diesem Zeitraum steigt nach Aussagen der Vereinten Nationen im „medium case" die Weltbevölkerung um 91 Prozent.

Ein Schließen der Lücke zwischen dem bis 2020 reichenden „ecologically driven"-Szenario des Weltenergierats und einer Entwicklung der Weltenergiewirtschaft, wie sie der Vision 2050 entspricht, bedeutet somit:

> In den 30 Jahren zwischen 2020 und 2050 müssen die globalen CO_2-Emissionen, d. h. grosso modo der Verbrauch fossiler Energieträger, um 54 Prozent (d. h. 2,6% p.a.) gesenkt werden, während gleichzeitig die Weltbevölkerung von 8,1 auf 10,1 Milliarden, d. h. um 25 Prozent (0,7% p.a.) ansteigt. Die Energieintensität (dies ist der Energieverbrauch je Einheit des realen Bruttosozialproduktes) müßte in diesen 30 Jahren somit um 63 Prozent (3,3% p.a.) verringert werden. Dies wäre eine Umstellung, die alle bislang erfolgten Umstrukturierungen der Energiewirtschaft weit in den Schatten stellt.

In Kapitel 4.1 wurde darauf hingewiesen, daß die Standardrechnung auf der Grundlage des Art. 2 der Klimarahmenkonvention darauf abzielt, daß eine Stabilisierung des Gehalts von klimawirksamen Spurengasen in der Atmosphäre um die Mitte des nächsten Jahrhunderts erreicht werden sollte.

Eine aus der Vergangenheit abgeleitete Analyse zeigt nun aber, daß es Entwicklungsbrüche gegeben hat und Entwicklungsbrüche geben wird, die es fraglich erscheinen lassen, ob für die Zukunft trendmäßig mit einem stetigen Wirtschaftswachstum, mit steigendem oder sogar mit fallendem Energieverbrauch zu rechnen ist.

Im Ergebnis heißt dies, daß die trendmäßige Freisetzung von CO_2 bis zur Mitte des nächsten Jahrhunderts denkbar ungewiß ist. Insofern kann heute auch noch nicht sicher abgeschätzt werden, ob sich der Handlungsdruck zum Erreichen des CO_2-Reduktionsziels (50 Prozent bis zur Mitte des nächsten Jahrhunderts) verschärfen oder etwas entspannen kann.

5 Grundlegende Zielsetzungen einer deutschen Klimaschutzpolitik im Energiebereich

In der Bundesrepublik Deutschland wurde die Klimaschutzpolitik mit der Konstituierung der Enquete-Kommission „Vorsorge zum Schutz der Erdatmosphäre" im Dezember 1987 im Rahmen der Tätigkeit des Deutschen Bundestages erstmalig institutionalisiert. Diese legte am 1. Oktober 1990 ihren dritten und abschließenden Bericht „Schutz der Erde" vor, in dem Empfehlungen zur Eindämmung des anthropogenen Treibhauseffektes und zum Schutz der Erdatmosphäre ausgesprochen wurden (Deutscher Bundestag, 1990, Bd. 1, 64 ff.). Eckpunkte der Empfehlungen hinsichtlich der energiebedingten Emissionen waren eine Reduktion der CO_2-Emissionen in der Bundesrepublik Deutschland um 30 Prozent bis zum Jahr 2005 sowie um 80 Prozent bis zum Jahr 2050, beide bezogen auf das Jahr 1987.

Die Bundesregierung nahm diese Empfehlungen im Kabinettbeschluß vom 13. Juni 1990 auf und erklärte die Verminderung der energiebedingten Emissionen von CO_2 in der Bundesrepublik Deutschland bis zum Jahr 2005 um 25 Prozent zum politischen Ziel (Kabinettsbeschluß vom 13. Juni 1990).

Dieser Beschluß wurde am 7. November 1990 durch einen neuen Kabinettbeschluß zur CO_2-Reduktion bestätigt und zugleich verschärft, wonach bis zum Jahre 2005 eine 25prozentige Minderung der CO_2-Emissionen in den alten Bundesländern sowie eine „deutlich höhere prozentuale Minderung" in den neuen Bundesländern, jeweils bezogen auf das Emissionsvolumen von 1987, anzustreben ist (Kabinettbeschluß vom 7. November 1990).

Im dritten Kabinettbeschluß zur CO_2-Reduktion vom 11. Dezember 1991 wurden die vorherigen Beschlüsse modifiziert und eine Verminderung der energiebedingten CO_2-Emissionen bis 2005 um 25 bis 30 Prozent bezogen auf 1987 für die Bundesrepublik Deutschland als Reduktionsziel formuliert (Kabinettsbeschluß vom 11. Dezember 1991).

Dieses Ziel wurde am 29. September 1994 anläßlich der Kenntnisnahme des 3. Berichtes der Interministeriellen Arbeitsgruppe „CO_2-Reduktion" durch die Bundesregierung erneut bekräftigt (Kabinettbeschluß vom 29. September 1994; BMU, 1994 b, 6).

Darüber hinaus mißt die Bundesregierung der Reduktion weiterer klimarelevanter Stoffe große Bedeutung zu, was bereits in ihrem Grundsatzbeschluß vom 13. Juni 1990 hervorgehoben wurde. Der Beschluß des Deutschen Bundestages vom 27. September 1991, bis zum Jahr 2005 die Emissionen von Methan um mindestens 30 Prozent, von Stickoxiden um mindestens 50 Prozent, von Kohlenmonoxid um mindestens 60 Prozent und von flüchtigen organischen Verbindungen (ohne Methan) um mindestens 80 Prozent – jeweils bezogen auf das Jahr 1987 – zu reduzieren, liegt ebenfalls im Zielfeld der Klimaschutzpolitik der Bundesregierung (Deutscher Bundestag, 1993, 5).

Gemäß Antrag vom 24. April 1991 setzte der 12. Deutsche Bundestag die Enquete-Kommission „Schutz der Erdatmosphäre" ein, um die parlamentarische Diskussion über mögliche Vorsorgemaßnahmen gegen die vom Menschen verursachten Veränderungen der Erdatmosphäre fortzuführen (Deutscher Bundestag, 1991).

Prämisse der Arbeit der Enquete-Kommission „Schutz der Erdatmosphäre" ist die Erkenntnis, daß die durch den anthropogenen Treibhauseffekt aufgeworfenen Probleme so gravierend sind, daß die Struktur der Energieversorgung weltweit tiefgreifend verändert werden muß und daß nur fundierte und wirksame Langfriststrategien zur Lösung beitragen können, wobei Wege zu ihrer Realisierung so früh wie möglich beschritten werden müssen (Deutscher Bundestag, 1990, Bd. 1, 70).

Aufgabe der Enquete-Kommission „Schutz der Erdatmosphäre" ist es, „die Zusammenhänge zwischen Treibhauseffekt und Klimaänderung und mögliche Auswirkungen der weltweiten Klimaänderungen zu untersuchen sowie für den Energiebereich Wege zur Umsetzung entsprechender Maßnahmen aufzuzeigen." (Deutscher Bundestag, 1991, 1)

Die Enquete-Kommission soll Vorschläge unterbreiten, deren Realisierung es – unter der Bedingung der globalen Verallgemeinerbarkeit der Ressourceninanspruchnahme – ermöglicht, eine gefährliche Störung des Klimasystems zu verhindern sowie den Ökosystemen genügend Zeit zu lassen, sich auf natürliche Weise den Klimaänderungen anzupassen. Die Kommission ist der Auffassung, daß es dafür ausreichend ist, den Anstieg der globalen Durchschnittstemperatur auf 0,1 Grad pro Jahrzehnt im kommenden Jahrhundert zu begrenzen.

Die Enquete-Kommission „Schutz der Erdatmosphäre" hält es aufgrund der vorliegenden wissenschaftlichen Erkenntnis in Übereinstimmung mit den Zielen der Klimarahmenkonvention für erforderlich, daß die weltweiten energiebedingten CO_2-Emissionen gegenüber 1987 bis zur Mitte des nächsten Jahrhunderts um mindestens 50 Prozent gesenkt werden müssen, um die Auswirkungen der Klimaänderung auf ein akzeptables Maß zu beschränken (vgl. auch Deutscher Bundestag, 1990, Bd. 1, 71). In einem ersten Schritt wäre es notwendig, die zwischenzeitlich angestiegenen weltweiten energiebedingten CO_2-Emissionen bis zum Jahr 2005 wieder auf den Stand von 1987 zu bringen.

Angesichts der unterschiedlichen wirtschaftlichen Leistungsfähigkeit der verschiedenen Staaten und deren verschieden hoher Pro-Kopf-Emissionen ist die Kommission der Auffassung, daß die erforderliche Reduktion von den Industrieländern erbracht werden muß (vgl. Teil A).

Die Kommission formuliert auf der Grundlage der wissenschaftlichen Erkenntnis zur Klimaänderung und in Übereinstimmung mit der Analyse der vorangegangenen Enquête-Kommission „Vorsorge zum Schutz der Erdatmosphäre" für Industrieländer wie die Bundesrepublik Deutschland folgende – nach den Kriterien eines ausreichenden Klimaschutzes begründete – Zielsetzungen für die Reduktion nationaler energiebedingter CO_2-Emissionen, jeweils bezogen auf die Absolutwerte der CO_2-Emissionen des Jahres 1987[10]:

- minus 30 Prozent bis zum Jahr 2005[11]
- minus 45 Prozent bis in die 20er Jahre des nächsten Jahrhunderts[12]
- minus 80 Prozent bis zur Mitte des 21. Jahrhunderts[13]

Die Enquete-Kommission formuliert diese Ziele aufgrund der Ergebnisse ihrer naturwissenschaftlichen Analysen zur bevorstehenden Klimaänderung aus der Sicht einer wünschenswerten Klimaschutzpolitik, wobei unter diesem Aspekt die – aus Modellrechnungen hergeleiteten – Ziele Mindestforderungen darstellen.

Die Kommission ist sich bewußt, daß es erheblicher Anstrengungen bedarf, die Ziele auch nur annähernd zu realisieren.

Eine starke Reduktion der energiebedingten CO_2-Emissionen böte zusätzlich implizit die Chance zu einer deutlichen Verminderung der Stoffintensität des Wirtschaftskreislaufs in den hochindustrialisierten Ländern. Damit wäre eine weitere Zielvariable der im Rahmen des Rio-

[10]) Die Bedingungen der Realisierbarkeit und die Kosten eines Klimaschutzprogramms in der Bundesrepublik Deutschland bis zum Jahr 2020 werden im Kap. 8 behandelt.

[11]) für die Bundesrepublik Deutschland entspricht das einer Reduktion der jährlichen CO_2-Emissionen auf 740 Mio. t

[12]) für die Bundesrepublik Deutschland entspricht das einer Reduktion der jährlichen CO_2-Emissionen auf 580 Mio. t

[13]) für die Bundesrepublik Deutschland entspricht das einer Reduktion der jährlichen CO_2-Emissionen auf 210 Mio. t

Folgeprozesses zu entwerfenden nachhaltigen Entwicklung (sustainable development) (BMU, 1992 b) direkt betroffen, da große Teile der Stoffströme in Industriegesellschaften mit Energieumsatz im weitesten Sinne verbunden sind.

Insbesondere von industriell-wirtschaftlicher Seite, aber auch von politischer Seite wird eingewandt, daß eine wirksame Klimaschutzpolitik nur auf globaler Ebene erfolgreich sein kann und nationale Alleingänge wegen ihres begrenzten Wirkungsbereiches dagegen sehr wenig ausrichten könnten – im Fall der Bundesrepublik Deutschland beschränkt sich das Handlungsfeld auf fünf Prozent der globalen energiebedingten CO_2-Emissionen –, womit letztendlich den Staaten, die eine Vorreiterrolle übernehmen, wettbewerbsbedingte wirtschaftliche Nachteile entstehen könnten.

Eine solche Argumentation verkennt das Wesen der Bundesrepublik als hochindustrialisierten Staat, der seinen materiellen Wohlstand – bei relativ geringer Ausstattung mit natürlichen Ressourcen – in starkem Ausmaß durch die Produktion hochwertiger Industriegüter und Dienstleistungen im internationalen Wettbewerb erwirtschaftet (und der zudem in Westeuropa zu den Staaten mit den höchsten CO_2-Emissionen pro Kopf zählt). Zentral und entscheidend über Erfolg oder Mißerfolg in diesem Prozeß der globalen Dynamik ist die Position des schöpferischen Innovators (im Sinne von Schumpeter, vgl. Krupp, 1993), der sich frühzeitig und problemadäquat an veränderte Randbedingungen anpassen und sich dadurch Vorteile gegenüber den Wettbewerbern sichern kann.

Klimaverträgliche Technik wird ein bedeutender Innovationsbereich der Zukunft sein. Zum Vorangehen bereit zu sein, entspricht der Rolle der Bundesrepublik unter den führenden Industrieländern.

Bezogen auf das Verhältnis der Bundesrepublik Deutschland zu den übrigen mehr oder minder hochindustrialisierten Ländern ist zu berücksichtigen, daß die Bundesrepublik Deutschland mit ihren Techniken und Erzeugnissen im intensiven Wettbewerb mit der übrigen industrialisierten Welt steht.

Gegen eine „Vorbildfunktion" ist aber nichts einzuwenden. In diesem Sinne sind die folgenden Ausführungen zu verstehen.

Die Position des Vorbildes ist aber auch in anderer Hinsicht relevant.

Abgesehen von den direkt entlastenden Wirkungen einer Reduktion der deutschen CO_2-Emissionen auf den Strahlungshaushalt der Erdatmosphäre hat eine zielorientierte, erfolgreiche Klimaschutzpolitik der Bundesrepublik einen weiteren Aspekt von mindestens gleicher Wichtigkeit: Industriegesellschaften wie die Bundesrepublik Deutschland demonstrieren für viele Staaten der Welt erstrebenswerte Wohlstandsformen, obwohl ihre Inanspruchnahme nicht-erneuerbarer Ressourcen und das Ausmaß der daraus resultierenden Rest- und Schadstoffe – nicht zuletzt unter Klimagesichtspunkten – nicht weltweit verallgemeinerbar ist. Gelingt es, bei der Umsetzung der notwendigen Klimaschutzpolitik Gesellschafts- und Wohlstandsformen zu entwickeln, die attraktiv sind und gleichzeitig dem Maßstab der Verallgemeinerbarkeit entsprechen, kann eine solche Entwicklung Multiplikatoreffekte auslösen und ihren direkten Nutzen hinsichtlich verminderter Treibhausgasemissionen um ein Mehrfaches übersteigen.

Weiterhin signalisiert eine solche Vorreiterrolle bei der gesellschaftlichen Anpassung an die veränderten Rahmenbedingungen durch die Klimaproblematik anderen Ländern, daß das Klimaproblem ernst genommen wird, und ermutigt sie, sich der Problematik durch eigenes Handeln zu stellen.

Bei diesen Forderungen an die Bundesrepublik, klimapolitisches Vorbild zu sein, sollte nicht verkannt werden, daß diese Rolle glaubwürdig nur dann übernommen werden kann, wenn der Abbau der Förderung heimischer Stein- und Braunkohle deutlich auf das Ziel Klimaverträglichkeit ausgerichtet wird und dafür nicht Importkohle eingeführt wird.

Spezielle Handlungsfelder

Bezüglich des strategischen Vorgehens in der Klimapolitik stimmt die Enquete-Kommission „Schutz der Erdatmosphäre" darin überein, daß die Ziele der Energiepolitik bei der Entscheidung über den Einsatz ansonsten gleichrangiger oder gleichwertiger, d. h. vor allem kostenübereinstimmender Mittel nach der folgenden Prioritätenliste verwirklicht werden sollten:

1. Höchstmögliche Energieeffizienz,
2. Einsatz erneuerbarer Energien (incl. Speicherung)
3. Risikominimale Bereitstellung des verbleibenden Restes.

Die risikominimale Bereitstellung betrifft hierbei die Rolle der Kernenergie wie die der fossilen Energieträger, wobei letztere aufgrund ihrer unterschiedlichen CO_2-Intensität im gegenseitigen Vergleich verschieden zu bewerten sind.

Die festen fossilen Brennstoffe (vor allem Braun- und Steinkohle) sind dabei die klimaschädlichsten fossilen Energieträger. Da es in der Bundesrepublik Deutschland gerade diese fossilen Energieträger sind, die in nennenswerter Menge national verfügbar sind, entstehen besondere Friktionen.

Bei der Prüfung der Konsistenz verschiedener Entwicklungen in der deutschen Energiewirtschaft wird seit längerem auf einen Zielkonflikt zwischen der Nutzung der heimischen fossilen Energieträger Braun- und Steinkohle in hohem Umfang und einer wirksamen Klimaschutzpolitik hingewiesen (Bals, 1992; Loske, Hennicke, 1993; Michaelis, 1994). Auch in einer von der Enquete-Kommission „Schutz der Erdatmosphäre" vergebenen Studie (Energiewirtschaftliches Institut (EWI) und Öko-Institut) wird übereinstimmend festgestellt, daß die geplanten Fördermengen einheimischer Braun- und Steinkohle nicht mit den derzeitigen mittel- und langfristigen CO_2-Reduktionszielen vereinbar sind (EWI, Öko-Institut, 1994, III.C-6).

Zur quantitativen Illustration dieses Zielkonfliktes soll eine Abschätzung dienen, die – gleichwohl man sich über die vorstehenden Planungsdaten im einzelnen streiten kann – das Grundproblem klar aufzeigt. Zugrundegelegt werden die folgenden Förderplanungen

- heimische Steinkohle 45 Mio. t SKE jährlich, davon 35 Mio. t zur Verstromung und 10 Mio. t zur Erzeugung von Hüttenkoks
- aus dem rheinischen Revier 100 Mio. t Rohbraunkohle jährlich (d. h. 33 Mio. t SKE/a) unter der Voraussetzung, daß das Feld Garzweiler II aufgeschlossen wird
- 80 Mio. t Rohbraunkohle jährlich (d. h. 27 Mio. t SKE/a) aus ostdeutschen Fördergebieten, insbesondere dem Lausitzer Revier.

Bei einer Verstromung dieser Mengen werden jährlich rund 310 Mio. t CO_2 freigesetzt (incl. Hüttenkoks). Nimmt man die CO_2-Emissionen aus der Verstromung der Importkohle hinzu (die derzeitigen Einfuhren in Höhe von 15 Mio. t werden für den betrachteten Zeitraum als konstant angesetzt), resultieren aus der Kohlenutzung in der Bundesrepublik Deutschland jährliche CO_2-Emissionen von rund 350 Mio. t.

Legt man etwa für 2020 ein Reduktionsziel für die CO_2-Emissionen von 45 Prozent, bezogen auf 1987, zugrunde, dann müßten die energiebedingten Emissionen in diesem Jahr auf 580 Mio. t CO_2 begrenzt werden.

Zieht man hiervon die aus der Verstromung heimischer Kohle freigesetzten CO_2-Mengen ab, verbleiben für die übrigen Verwendungszwecke rund 270 Mio. t CO_2 pro Jahr, unter Einbezug der Importkohle sogar nur noch 230 Mio. t CO_2. Dies wäre dann die außerordentlich niedrige Obergrenze für alle übrigen fossilen Prozesse, insbesondere der gesamte Bereich des Verkehrs, die Wärmewirtschaft und die Verstromung

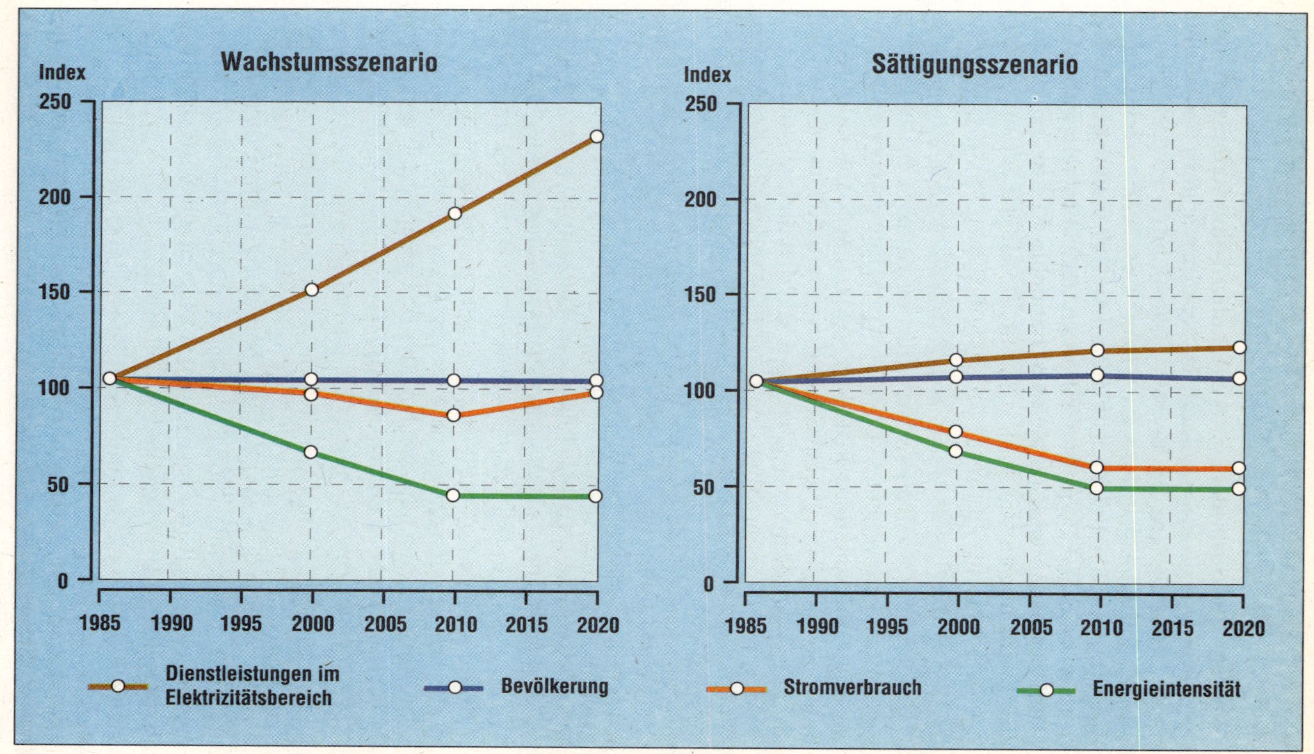

Abb. 5-1: Entwicklung der wichtigsten Parameter im Wachstums- bzw. im Sättigungs-Szenario bis zum Jahr 2020 (Noergard, Viegand, 1992)

von Erdgas und Mineralöl. Diese wenigen Daten sollen die Problematik aufzeigen (Michaelis, 1994).

Aufgrund dieses Zielkonfliktes wirkt die Kommission darauf hin, daß allen Entscheidungen über die zukünftige Nutzung heimischer fossiler Energieträger, insbesondere im Bereich Stein- und Braunkohle, eine Abschätzung zu den Auswirkungen dieser Entscheidungen auf die mittel- und langfristige nationale Klimaschutzpolitik vorangestellt wird und Investitionsvorhaben von bundesweiter und klimarelevanter Bedeutung auf die mittel- und langfristige nationale Klimaschutzpolitik abgestimmt werden.

Bei der Abschätzung des künftigen Strombedarfs ist es notwendig, zur Kenntnis zu nehmen, daß einer energetischen Effizienzsteigerung Grenzen gezogen sind. Auf Dauer wird es nicht möglich sein, durch Wirtschaftswachstum ausgeweitete Aktivitäten – mit Hilfe energetischer Effizienzsteigerung – mit stagnierendem oder sogar sinkendem Strombedarf zu verbinden. So würde beispielsweise die benötigte Kraftwerksleistung bei einem 1- bis 2-prozentigen jährlichen Wirtschaftswachstum in 30 bzw. 50 Jahren trotz Ausnutzung der Potentiale rationeller Energieverwendung in ähnlicher Höhe oder sogar deutlich höher als derzeit liegen (Heinloth, 1994).

Eine Szenario-Rechnung für 15 europäische Länder (vgl. Abb. 5-1) zeigt das folgende Ergebnis (Noergard, Viegand, 1992): Mit heute bekannten Effizienztechniken könnte die Stromnachfrage in diesen 15 Ländern bis zum Jahr 2010 trotz unterstelltem Wirtschaftswachstum von 3–4 Prozent auf 83 Prozent (gegenüber dem Basisjahr 1986) gesenkt werden. Bis zum Jahr 2020 wäre jedoch der Effizienzgewinn aufgezehrt. Wird dagegen in einem „Sättigungsszenario" bis 2010 nur noch ein geringes und danach stagnierendes Wirtschaftswachstum vorausgesetzt, könnte der Stromverbrauch in 15 europäischen Ländern bei etwa 55 Prozent des Niveaus von 1986 stabilisiert und zu 100 Prozent nur durch regenerative Energiequellen gedeckt werden.

Für die Umsetzung der grundlegenden Zielsetzungen der Enquete-Kommission zur deutschen Energiepolitik ist es notwendig, den rechtlichen Ordnungsrahmen (Energiewirtschaftsgesetz) so zu modifizieren, daß er die Verfolgung der Klimaschutzziele begünstigt. Dabei sind Klimaschutzsteuern ein mögliches Instrument. Gelegentlich wird angenommen, daß diese eine notwendige Bedingung seien.

Die Bereiche der Stromverteilung und -übertragung werden für nicht wettbewerblich organisierbar gehalten und müßten deshalb einer Monopolregulierung unterzogen bleiben (EWI, Öko-Institut, 1994, III.C-2 und III.C-4).

Zur Rolle der erneuerbaren Energien und des solaren Wasserstoffs vertritt die Enquete-Kommission die Auffassung, daß die vielfältige Nutzung der Sonnenenergie, etwa auch durch Import von Solarstrom (z. B. aus thermischen Solarkraftwerken) unter Nutzung von 24-Stunden-Hochtemperaturwärmespeichern, der Nutzung von solarem Wasserstoff zeitlich vorangehen sollte. Die Entwicklung zum Wasserstoff sollte allenfalls parallel verlaufen.

Deutsche Klimaschutzpolitik im internationalen Rahmen

Globale Umwelt- und Entwicklungszusammenarbeit ist die Friedens- und Abrüstungspolitik der Zukunft (Töpfer, 1994, 5). Die Klimaschutzpolitik als zentraler Pfeiler des Rio-Nachfolgeprozesses gehört wesentlich dazu. Durch internationale Vereinbarungen über Emissionsmengen und durch das Einschränken des Ausmaßes der zukünftigen Klimaänderung soll sie dazu beitragen, daß zwischenstaatliche Konflikte um die Nutzung von und den Zugang zu Ressourcen gar nicht erst auftreten und daß die Schädigung von anderen Ländern durch die Folgen der Emissionen von Treibhausgasen möglichst weitgehend unterbleibt.

Gemäß der auf der Konferenz für Umwelt und Entwicklung in Rio de Janeiro im Juni 1992 anerkannten Hauptverantwortlichkeit der Industrieländer in West und Ost für die drohende Klimaänderung – diese Industrieländer gaben seit Ende des Zweiten Weltkriegs mehr als 400 Mrd. t CO_2 ohne Entrichten von Entsorgungskosten in die Atmosphäre ab – und dem Verursacherprinzip entsprechend obliegt es vorrangig den Industrieländern, Maßnahmen zu ergreifen und Finanzmittel bereitzustellen, um die Klimarisiken so einzuschränken, daß der Intention von Artikel 2 der Klimarahmenkonvention entsprochen wird.

Dabei sollte berücksichtigt werden, daß unter unveränderten Randbedingungen die Emissionszuwächse der nächsten Jahrzehnte von den derzeitigen Schwellen- und Entwicklungsländern ausgehen, deren steiles Wirtschaftswachstum – z. B. in China – im Trend zu einer weltweiten Verschiebung des heutigen Aufteilungsrasters zwischen industrialisierter und wenig industrialisierter Welt führt.

Die Verantwortlichkeit der klassischen Industrieländer für die bisherige Freisetzung klimawirksamer Spurengase soll nicht bestritten werden. Jedoch muß bedacht werden, daß deren Emissionen vor dem Hintergrund eines mangelnden wissenschaftlichen Sachstandes stattfanden. Heute kann sich jedoch kein Land der Welt mehr darauf berufen, daß die seit dem Beginn der internationalen Diskussion um die Klimaproblematik erfolgten Emissionen noch vor dem Hintergrund eines solchen mangelnden wissenschaftlichen Sachstandes stattfinden.

Jede zukünftige Form der Industrialisierung und des Wirtschaftswachstums – gleich wo auf der Welt – muß sich vor dem aktuellen Wissensstand verantworten.

Zudem können wesentliche Weichen für das Ausmaß zukünftiger CO_2-Emissionen anläßlich von Infrastrukturmaßnahmen durch Einführung von Effizienztechniken und Erweiterungsinvestitionen gestellt werden, wie gerade in wenig industrialisierten Zonen ein wachsender Bedarf an Energiedienstleistungen durch möglichst wenig Energie zu realisieren ist. Weltweite Kooperation ist hierzu geboten.

Um baldmöglichst eine zwischen den Staaten abgestimmte, weltweit wirksame Klimaschutzpolitik einleiten zu können, spricht sich die Enquete-Kommission dafür aus (vgl. Teil E),

- die kommenden Vertragsstaatenkonferenzen zu nutzen, um den weltweiten Prozeß einer Reduktion von Treibhausgasemissionen in Gang zu bringen und möglichst zu beschleunigen sowie speziell,
- ein Protokoll mit quantitativ verbindlichen Reduktionsverpflichtungen auf der ersten Vertragsstaatenkonferenz zur Klimarahmenkonvention im März 1995 in Berlin zu verabschieden.

  Die Kommission begrüßt die Initiativen, die die Bundesregierung auf diesem Gebiet unternimmt.

Auf der Ebene der Europäischen Union unterstützt die Enquete-Kommission die Einführung einer CO_2-/Energiesteuer, welche es ermöglichen soll, die von der EU am 29. Oktober 1990 eingegangene Verpflichtung umzusetzen, ihre CO_2-Emissionen bis zum Jahr 2000 auf dem Stand von 1990 zu stabilisieren. Sie begrüßt in diesem Zusammenhang, daß sich die Bundesregierung während der EU-Ratspräsidentschaft der Bundesrepublik Deutschland im zweiten Halbjahr 1994 die Einführung einer EU-weiten CO_2-/Energiesteuer zur dringlichen Aufgabe gemacht hat.

6 Möglichkeiten und Potentiale zur Minderung energiebedingter Treibhausgase in der Bundesrepublik Deutschland (Alte und neue Bundesländer, ausgewählte Kommunen) [14)]

6.1 Definition des Potentialbegriffs

Die in den folgenden Kapiteln verwendeten Potentialbegriffe sind im Gemeinsamen Analyseraster, Version 3.0 der Enquete-Kommission „Schutz der Erdatmosphäre" vom November 1993 wie folgt festgelegt (EK, 1994) [15)]:

Mit dem theoretischen Potential sind alle Verminderungen des Energieverbrauchs oder der CO_2-Emissionen gemeint, die mit Techniken erreicht werden, die zwar mit heute noch nicht im Labor- oder Pilotmaßstab konkretisiert sind, jedoch mit den derzeitigen natur- und ingenieurwissenschaftlich fundierten Kenntnissen begründet werden können. In der Regel werden hier Aussagen über die Verminderung des Nutzenergiebedarfs durch Prozeßsubstitutionen, Veränderungen der Aktivierungsenergie, veränderte Materialeinsätze und Konstruktionen sowie Veränderungen durch Kreislaufschließung mittels erhöhter Anteile von Sekundärrohstoffen getroffen.

Bei Energiequellen ist das theoretische Potential durch die physikalisch maximal erschließbaren Energiemengen bestimmt, z. B. die hypothetischen Reserven der fossilen und nuklearen Energieträger.

Das technische Potential ergibt sich aus dem derzeitigen theoretischen Potential unter Berücksichtigung der heute eingesetzten/bekannten

---

14) Die in diesem Kapitel genannten Zahlen über Potentiale und Kosten entstammen verschiedenen Studien. Sie beruhen nicht auf einheitlichen Annahmen und einem einheitlichen Kostenrechnungskalkül.

15) Die Potentialbegriffe sind sowohl für eine CO_2-Minderung als auch für eine Primär- oder Endenergieeinsparung anwendbar.

Techniken und erreichten Wirkungsgrade und stellt den jeweiligen Stand der Technik dar. Neben den Wirkungsgraden werden

- die Standortverfügbarkeiten,
- die maximalen Zubaumöglichkeiten aufgrund produktionsseitiger Begrenzungen sowie
- strukturelle und ökologische Beschränkungen

berücksichtigt. Dabei kann zwischen heutigem und zukünftigem technischen Potential unterschieden werden. Im zweiten Fall ist zu berücksichtigen, daß die Markteinführung schon vorliegender Prototypen bzw. absehbarer Innovationen noch aussteht.

Das wirtschaftliche Potential beschränkt das technische Potential auf den Anteil, der unter Einbeziehung aller ökonomischen Randbedingungen gegenüber dem jeweils konkurrierenden System wirtschaftliche Vorteile aufweist. Als wirtschaftlich vorteilhaft wird die Option gesehen, die über die gesamte Lebensdauer geringere Gesamtkosten als die nächstbeste Alternative aufweist (Öko-Institut, 1992 a, II-56).

Das Erwartungspotential bezieht sich auf eine definierte Zeitspanne und ergibt sich aus dem wirtschaftlichen Potential unter Berücksichtigung der Markteinführungsgeschwindigkeit und der Hemmnisse. Da das wirtschaftliche Potential in der Regel nicht sofort und vollständig, häufig sogar nur langfristig erschließbar ist, ist das Erwartungspotential im allgemeinen kleiner als das wirtschaftliche Potential.

Das verhaltensbedingte Potential enthält die Einsparungen durch Veränderungen des Nutzerverhaltens.

Verhaltensänderungen können ohne Veränderung des Energiedienstleistungsniveaus und bei gegebenem Stand der Technik zu sofortigen Energieeinsparungen führen (z. B. Betrieb von Wasch- und Spülmaschinen nur noch mit voller Füllung). Darüber hinaus kann ein Verzicht auf bestimmte Energiedienstleistungen den Energieverbrauch reduzieren (Öko-Institut, 1992 a, II-56).

Die Abbildung 6.1-1 gibt einen Überblick über die Potentialbegriffe und die jeweils relevanten Restriktionen.

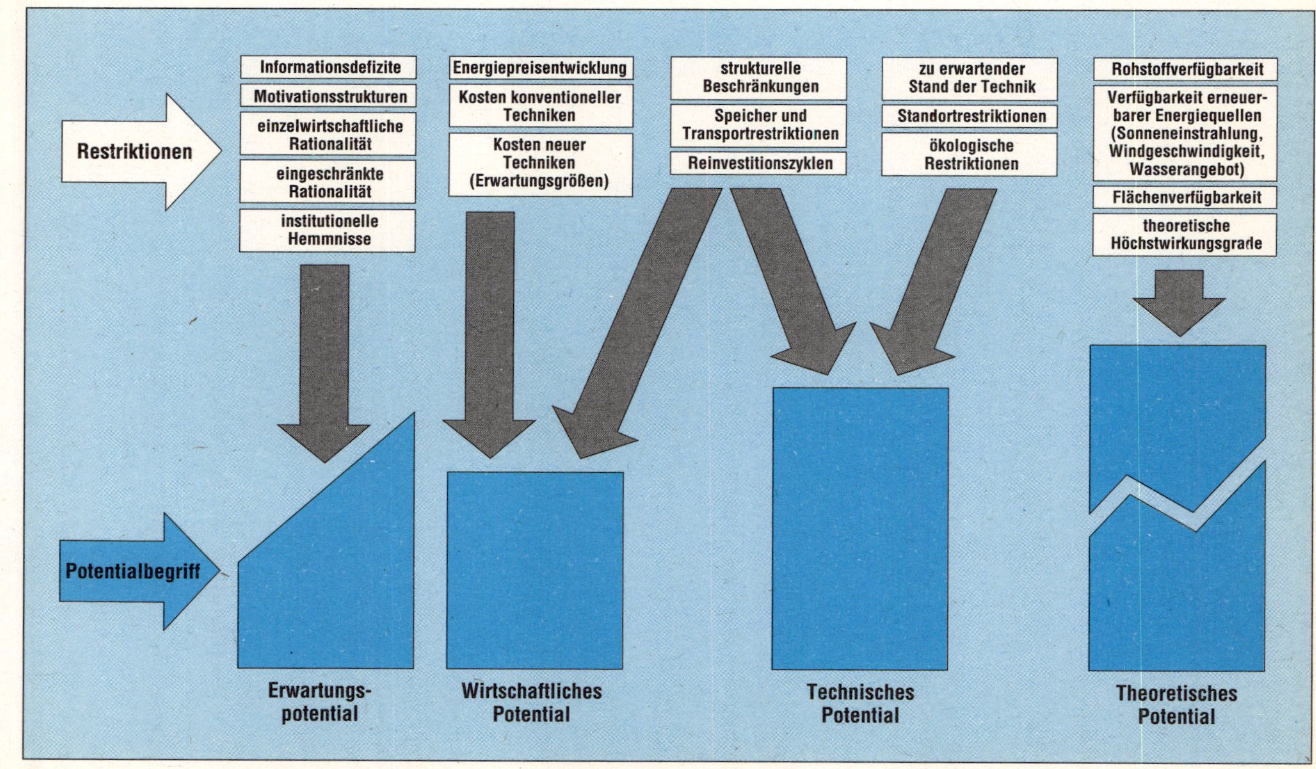

Abb. 6.1-1: Schema der Potentialbegriffe (eigene Darstellung, Quellen: EK, 1990b, 153; EK, 1994)

6.2 Energieeinsparung, rationelle Energiewandlung und -verwendung

6.2.1 Begriffserläuterungen und -abgrenzungen und prinzipielle Bemerkungen zur Energieeinsparung

Begriffe

Die Begriffe Energieeinsparung, rationelle Energiewandlung und rationelle Energieverwendung werden, wenn sie als rein technische Begriffe gebraucht werden, gelegentlich synonym verwendet. Sie werden grundsätzlich im Sinne des Energiedienstleistungskonzeptes verstanden. Der Bedarf ist auf eine Dienstleistung (z. B. das Erreichen einer bestimmten Raumtemperatur oder die Beleuchtung eines Raumes) gerichtet.

Rationelle Energiewandlung im ökonomischen Sinn bedeutet, daß auch hinsichtlich des Energieeinsatzes – bei gegebenen Rahmenbedingungen – eine optimale Faktorallokation vorherrscht. Die optimale Allokation muß neben den anderen Produktionsfaktoren – Kapital, Arbeit, Boden und Rohstoffe – auch die Nutzung der Umwelt einbeziehen.

Prinzipielle Bemerkungen

Grundsätzlich läßt sich ein Beitrag zur rationellen Energieverwendung erreichen durch:

- Vermeidung unnötigen Verbrauchs, der weder zu einer zusätzlichen Produktion bzw. Dienstleistung noch zu einer Komfortsteigerung beiträgt (z. B. Leerlauf von Maschinen, Überheizen von Räumen, zu hohe Stoffmengen)

  Eine Vermeidung unnötigen Verbrauches kann über technische Maßnahmen und in weit höherem Umfang durch die Aufklärung der Nutzer und Betreiber energietechnischer Anlagen erzielt werden.

- Verringerung der benötigten Nutzenergie

  Unter der Verminderung des Nutzenergiebedarfs ist zu subsumieren: die Vermeidung von Lüftungs- und Transmissionsverlusten in Gebäuden; der Einsatz nutzenergiesparender Geräte, Anlagen und Prozesse; die Substitution energieintensiver industrieller Prozesse (v. a. thermischer Trennverfahren, Formgebungsverfahren); die energetisch optimale Konstruktion bzw. Wahl der verwendeten Materialien bei allen Fertigungsverfahren und das Recycling energieintensiver Produkte und Werkstoffe.

- Verbesserung der Nutzungsgrade

  Konstruktive Maßnahmen und der Einsatz elektronischer Regelungssysteme (z. B. durch besser ausgelegte, dimensionierte und geregelte Antriebssysteme) sowie der gute Wartungszustand können zur Verbesserung der Nutzungsgrade beitragen. Bei einem produktionsunabhängigen Grundenergieverbrauch steigt der energetische Nutzungsgrad mit der Auslastung der Anlage; eine richtige Dimensionierung der Anlage ist in diesen Fällen besonders wichtig.
- Energierückgewinnung

  Unter Energierückgewinnung ist zu subsumieren: Rückgewinnung der Bremsenergie bei elektrischer Traktion, die Wärmerückgewinnung – in Abhängigkeit vom Temperaturniveau und die Bindung der Abwärme an konzentrierte Massenströme – bzw. die Mehrfachnutzung von Wärme mit fallendem Temperaturniveau (energy cascading) incl. Zwischenerwärmung.
- Einsatz von Energieträgern auf dem Exergieniveau, auf dem sie anfallen (Schaefer, 1987, 36ff.)

  Als Prinzip kann dabei gelten, daß die Vermeidung von Abwärme Priorität vor der Nutzung von Abwärme haben soll. Wo die Entstehung von Abwärme nicht vermeidbar ist, sollte ihre Nutzung möglichst nah an der Entstehungsquelle erfolgen (Schaefer, 1993, 11).

Spezifische Gegebenheiten für die neuen Bundesländer

In den neuen Bundesländern ist eine andere Ausgangsposition für Maßnahmen der rationellen Energieverwendung als in den alten Bundesländern gegeben. Die Situation der neuen Bundesländer ist durch folgende Merkmale gekennzeichnet (Prognos, 1991):

- Die Struktur der eingesetzten Primärenergieträger ist durch eine starke Dominanz der Braunkohle (1990 fast 70% am Primärenergieverbrauch) geprägt, während Erdgas und Erdöl eine untergeordnete Rolle spielen. Der Anteil der Kernenergie liegt nach der Stillegung der Reaktorblöcke in Greifswald bei Null.
- Gemessen an den alten Bundesländern ist in den neuen Bundesländern die Energieeffizienz niedrig, was sich am spezifischen Primärenergieverbrauch pro Einheit Brutto-Inlandsprodukt (BIP) darstellt. 1990 betrug der Wert für die neuen Bundesländer 413 t SKE pro Mio. DM BIP, in den alten Bundesländern dagegen 156 t SKE pro Mio. DM BIP (EK, 1994; VIK, 1993; eigene Berechnungen; 1 Mio. t SKE = 29,308 PJ = 8,15 TWh), also ca. das 2,6-fache, und dies bei einem weitaus niedrigeren Sättigungsgrad mit energieverbrauchen-

den Geräten (PKW, Haushaltsgeräte). Als hauptsächliche Ursachen für diese niedrige Energieproduktivität sind zu nennen:

- wirtschaftsstrukturelle Effekte (geringer Dienstleistungsanteil, hoher Anteil an Grundstoff- und Produktionsgüterindustrie),
- hohe Umwandlungsverluste bei der Nutzung der Braunkohle,
- überalterter Kapitalstock mit dementsprechend niedriger Effizienz,
- Überdimensionierung der Anlagen,
- hohe Leitungsverluste,
- mangelhafte oder fehlende Anwendung von Maßnahmen zur rationellen Energieerzeugung und -verwendung (Wärmeisolierung, Fernwärme, erneuerbare Energie),
- Preisstrukturen, die keine Anreize zum Energiesparen geben.

- Die hohe Umweltbelastung in den neuen Bundesländern ist eine direkte Folge der Energieträgerstruktur und der niedrigen Energieeffizienz. Während die CO_2-Emissionen in den alten Bundesländern 1990 pro Kopf ca. 11 t betrugen, lagen sie in den neuen Bundesländern bei 23 t pro Kopf. (BMWi, 1993; eigene Berechnungen).

Aus diesen Gründen sollten die Analysen der Potentiale der Energieeinsparung und CO_2-Minderung möglichst nach alten und neuen Bundesländern getrennt aufgeschlüsselt werden.

6.2.2 Haushalte

Überblick

Die Haushalte auf dem heutigen Gebiet der Bundesrepublik Deutschland haben 1990 ungefähr 117,5 Milliarden kWh Strom verbraucht, 15% davon in den neuen Bundesländern und 85 % in den alten Bundesländern. Ungefähr 60% des Haushaltstromverbrauchs wurde für Beleuchtung und für Haushaltsgeräte eingesetzt, die nicht der Raumwärme- oder Warmwassererzeugung dienen. Zur Erzeugung des Stroms für diese Verbrauchergruppe wurden 1990 in der Bundesrepublik (alte und neue Länder) 8% der insgesamt eingesetzten Primärenergieträger verbraucht und ca. 56 Millionen Tonnen CO_2 freigesetzt.

In Tabelle 6.2-1 ist dargestellt, wie sich der Stromverbrauch der alten Bundesländer im Jahr 1990 auf die einzelnen Geräte verteilt. Angegeben sind die spezifischen Verbräuche der Haushaltsgeräte im Bestand, die Ausstattung der Haushalte mit diesen Geräten und die Gesamtverbräuche

Tabelle 6.2-1: Sättigungsgrad, spezifischer Verbrauch und Gesamtstromverbrauch elektrischer Haushaltsgeräte 1990 (alte Bundesländer) (ebök, FfE, 1990; Prognos, 1991; Schaefer 1987; VDEW 1992a)

Gerätegruppe	Sättigungsgrad Haushalte %	spezifischer Verbrauch kWh/a	Gesamtverbrauch TWh	Anteile %
Speicherheizung	9	7 658	19,51	
Warmwasser, Küche	39	314	3,47	
Warmwasser, Bad	27	1 090	8,33	
Elektrische Direktheizung	25	390	2,76	
Raumheizung und Warmwasser zusammen			34,06	
Kühlschrank*)	76	324	6,97	*11,5*
Kühl/Gefrierkombination*)	26	548	4,05	*6,7*
Gefriergerät	56	487	7,72	*12,8*
Elektroherd	79	432	9,66	*16,0*
Waschmaschine	90	226	5,76	*9,5*
Wäschetrockner	27	374	2,86	*4,7*
Geschirrspüler	35	328	3,25	*5,4*
Beleuchtung	100	268	7,58	*12,6*
Fernseher*)	95	116	3,12	*5,2*
Sonstige Geräte	–	–	8,09	*15,6*
Haushaltsgeräte insgesamt			59,03	*100*
Nichthaushaltstypischer Verbrauch			6,49	
Gesamt			99,58	

*) nur Erstgeräte, Zweitgeräte fallen unter „Sonstige Geräte".

der einzelnen Gerätekategorien absolut und relativ. Beim nichthaushaltstypischen Verbrauch handelt es sich um den Verbrauch von Gemeinschaftsanlagen, wie Treppenhausbeleuchtungen oder Aufzügen in Mehrfamilienhäusern und um gewerblich genutzte Bürogeräte im privaten Haushalt (VDEW, 1992 b).

Die in Tabelle 6.2–1 angegebenen Sättigungsgrade und spezifischen Jahresverbräuche wurden aus verschiedenen Quellen (ebök, FfE, 1990; Prognos, 1991; Schaefer, 1987; VDEW, 1992 a) durch Mittelwertbildung bestimmt. Bei sehr großen Abweichungen zwischen den verschiedenen Quellen wurden die Angaben von VDEW, 1992 a stärker berücksichtigt, da die Daten im Rahmen umfangreicher Untersuchungen ermittelt wurden. Für Geräte, bei denen der Verbrauch hauptsächlich von der Anwendungshäufigkeit abhängt, wurden Durchschnittswerte nach VDEW, 1992 a zugrunde gelegt. Die Marktdurchschnitts- und Marktbestverbräuche wurden hauptsächlich HMUEB, 1993 entnommen; teilweise stammen sie auch aus Öko-Test, 1993 und aus Herstellerkatalogen. Die Angaben, die zumeist in Normverbräuchen vorlagen, wurden in durchschnittliche Jahresverbräuche umgerechnet. Bei den kurzfristigen technischen Minimalverbräuchen handelt es sich um Verbrauchswerte, die mit bereits erprobten aber noch nicht marktüblichen Techniken erreicht werden können. Es wird geschätzt, daß diese Technologien in 1 bis 3 Jahren zur Serienreife gebracht werden könnten. Langfristig technische Minimalverbräuche werden erreicht, wenn zusätzlich neue Technologien genutzt werden, die heute allenfalls als Prototyp existieren. Bei einer beschleunigten Entwicklung sparsamer Geräte könnte dieser Verbrauchswert für Marktbestgeräte frühestens in 5–10 Jahren erreicht werden.

Die Angaben der durchschnittlichen Jahresverbrauchswerte der untersuchten Geräte sind mit Unsicherheiten behaftet, die hauptsächlich auf die Ungewißheit über das Nutzerverhalten zurückzuführen sind. Aus diesem Grund sind die angegebenen Werte eher als Orientierungswerte und nicht als exakte Prognosen zu verstehen.

In den folgenden Abschnitten werden die Energiedienstleistungen Kühlen und Gefrieren, Kochen, Waschen und Trocknen, Spülen, Beleuchtung und der Betrieb von Kleingeräten im einzelnen analysiert.

Kühlen und Gefrieren

Bisher erreichte Einsparungen

Im Zeitraum von 1970 bis 1991 sind die spezifischen Energieverbräuche von Kühlschränken um 48% und von Gefriergeräten um 56% zurückgegangen. Erreicht wurden diese Verbesserungen hauptsächlich durch günstigere Kältemittel, bessere Kompressoren, Isolierstoffe mit verringerten Wärmedurchgangswerten und größere Isolationsdicken (Geiger, u. a, 1993).

Marktanalyse

Kühl- und Gefriergeräte werden in unterschiedlichen Bauformen, wie Tisch-, Ein- und Unterbaugeräten sowie in verschiedenen Nutzvolumina angeboten. Der Marktbestverbrauch wird hier ermittelt, indem für jede Bauform der jeweiligen Gruppe der beste Verbrauch für ein mittleres Volumen bestimmt und diese Bestverbräuche anschließend nach Anzahl der angebotenen Modelle in jeder Gruppe gewichtet werden. Ebenso wird für die Geräte bei der Bestimmung des durchschnittlichen Verbrauchs verfahren (HMUEB, 1993). Die ermittelten Marktbest- und Marktdurchschnittsverbräuche sind in Tabelle 6.2-2 dargestellt. Die besten Kühlschränke mit ***-Gefrierfach benötigen ca. 60% mehr Strom als Kühlschränke ohne *-Fach. Die sparsamsten Gefrierschränke verbrauchen durchschnittlich 30% mehr Strom als die sparsamsten Gefriertruhen. Bei den Marktdurchschnittsgeräten betragen diese Unterschiede zwischen 10% und 15%. Die Jahresverbräuche wurden ermittelt, indem die in HMUEB, 1993 angegebenen Tagesverbräuche multipliziert wurden mit der Anzahl der Nutzungstage pro Jahr (365), einem Nutzungsfaktor von 0.8, der die Abweichung der durchschnittlichen Nutzungsge-

Tabelle 6.2-2: Spezifischer Jahresverbrauch von Kühl- und Gefriergeräten und Einsparmöglichkeiten (HMUEB, 1993; Baur u. a., 1994)

Gerät	Kühlschrank		K/G-Kombi		Gefriergerät	
	kWh/a	Ersparnis in %	kWh/a	Ersparnis in %	kWh/a	Ersparnis in %
Bedarf des Bestands	324	*0*	548	*0*	487	*0*
Verbrauch des Marktdurchschnittsgerätes	259	*20*	484	*12*	341	*30*
Verbrauch des Marktbestgerätes	196	*40*	304	*45*	224	*54*
Kurzfristig erreichbarer Minimalverbrauch	90	*72*	279	*49*	161	*67*
Längerfristig erreichbarer Minimalverbrauch	47	*85*	106	*81*	58	*88*

wohnheiten von den Normbedingungen berücksichtigt, und einem Alterungsfaktor von 1,1, der der Verbrauchserhöhung des Gerätes im Laufe seiner Nutzungszeit durch Alterungsprozesse Rechnung trägt.

Technische Einsparmöglichkeiten

Die kurzfristigen technischen Einsparmöglichkeiten bestehen darin, dickere Isolationsschichten (5 cm statt ca. 2,5 cm bei Kühlschränken und 8 cm bis 10 cm statt ca. 4 cm bei Gefriergeräten) und optimierte Kältekreisläufe mit an die Kälteleistung angepaßten Kompressorleistungen (ebök, FfE, 1990) für Kühl- und Gefriergeräte aller Bauformen und Nutzvolumina einzuführen. Zur Zeit kommen diese Maßnahmen nur bei einzelnen eher großen Geräten zur Anwendung. Zur Bestimmung der kurzfristigen technischen Einsparmöglichkeiten wurde angenommen, daß für alle Gerätetypen bezogen auf ein Durchschnittsvolumen (200 l bei Kühlschränken, 380 l bei Kühl-/Gefrierkombinationen und 250 l bei Gefriergeräten) ein Stromverbrauch realisiert werden könnte, der dem Verbrauch des besten Neugerätes (unabhängig von der Bauform) mit durchschnittlichem Nutzvolumen entspricht.

Für die längerfristigen technischen Einsparmöglichkeiten wurde von der Verwendung einer Vakuumsuperisolation ausgegangen. Die durchschnittliche Wärmeleitzahl wurde dabei mit 0,0067 W/(mK) angenommen, ungefähr ein Drittel der Werte heute üblicher Isolationsmaterialien. Es wurde von einer Isolationsdicke von 5 cm bei Kühlschränken und 9 cm bei Gefriergeräten ausgegangen. Marktübliche Kühl- und Gefriergeräte erreichen Kälteziffern von 0,9 bis 1,2. Laut ebök, FfE, 1990 sind in Zukunft Werte um 2,0 möglich.

Zur Bestimmung der längerfristigen technischen Einsparmöglichkeiten wurden zusätzlich zu den Transmissionsverlusten auch die Luftwechselverluste und der Energiebedarf für Kühlguteintrag mitberücksichtigt, da bei sehr geringen Transmissionsverlusten der Anteil des Kühlguteintrages stark an Einfluß gewinnt. Für die kurz- und längerfristigen technischen Verbräuche der Kühlschränke wurden Geräte ohne Gefrierfach zugrunde gelegt.

Kühl-/Gefrierkombinationen können mindestens so sparsam gebaut werden, daß sie an den theoretischen Verbrauch eines sparsamen Kühlschranks plus einer sparsamen Gefriertruhe herankommen, da die Transmissionsverluste aufgrund der Einsparung einer Außenfläche geringer sind als bei zwei Geräten. Die für diese Annahmen bestimmten Werte für die kurz- und längerfristigen technischen Einsparmöglichkeiten sind in Tabelle 6.2-2 dargestellt.

Kosten der Einsparungen

Mit dem Kauf von Marktbestgeräten anstelle von durchschnittlichen Geräten sind Mehrkosten von bis zu 100 DM bei Kühlgeräten und von 120 DM bei Gefriergeräten verbunden; die signifikantesten Mehrkosten treten bei Gefriertruhen auf, sie können dort bis zu 200 DM betragen. Diese Mehrkosten amortisieren sich in den meisten Fällen in 3–5 Jahren durch verminderte Stromverbrauchskosten. Es handelt sich bei diesen Werten um Schätzwerte. Der Mehraufwand zur Herstellung von Geräten mit kurzfristig erreichbarem Minimalverbrauch gegenüber Marktbestgeräten ist zur Zeit schwer abzuschätzen. Vermutlich ist er eher gering, da die beim Marktbestgerät verwendete Technik lediglich auf alle Gerätetypen übertragen werden muß.

Kochen und Backen

Bisher erreichte Einsparungen

Im Zeitraum von 1970–1991 sind die spezifischen Energieverbräuche von Elektroherden mit Backofen um 42% zurückgegangen (ZVEI, 1991).

Marktanalyse

Bei Elektrokochstellen gibt es zur Zeit vier unterschiedliche Verfahren der Wärmeerzeugung. Bei der klassischen Gußplatte wird durch Widerstandsheizung eine Kochplatte erwärmt, die die Energie durch Wärmeleitung auf den Topf überträgt. Die anderen Technologien benötigen keinen direkten Kontakt zwischen Wärmeerzeuger und Topf und sind deswegen unter einer Glaskeramikplatte angebracht. Strahlungsheizkörper erzeugen hauptsächlich Infrarotstrahlung. Bei Halogenquarzstrahlern wird ein dünner Wolframdraht auf ca. 2000 °C erwärmt. Aus diesem Grund kann hier die Wärmemenge nahezu ohne Zeitverzögerung geregelt werden. In Induktionskochstellen wird ein magnetisches Wechselfeld erzeugt, das im Topfboden elektrische Wirbelströme verursacht und ihn so erhitzt. Bei der Zubereitung einer Mahlzeit kann mit Heizstrahlern ca. 3% Strom gegenüber der Verwendung von Gußkochplatten eingespart werden. Unter Verwendung von Halogenquarzstrahlern können ca. 10% eingespart werden und bei Induktionskochstellen 20–40% (40% bei einer Garmenge von circa 500 g; 20% bei circa 1 kg Gargut (Verbraucher-Zentrale NRW, 1994). Als Marktbestgerät wurde in Tabelle 6.2-3 ein Gerät mit Induktionskochstelle zugrundegelegt. Bei Gaskochstellen gibt es keine wesentlichen technischen Unterschiede. Bei Backöfen besteht teilweise die Möglichkeit zwischen Unter- und Oberhitze und Umluftbetrieb zu wählen. Bei Umluftbetrieb können mehrere Backbleche gleichzeitig erwärmt werden.

Technische Einsparmöglichkeiten

Der kurzfristig technisch mögliche Minimalverbrauch wird sowohl bei Gas- als auch bei Elektroherden erreicht, indem das jeweilige Marktbestgerät mit einer doppelt dicken Backraumisolierung ausgestattet wird. Die daraus resultierende Einsparung bei einem Backgang wird auf 30% geschätzt. Elektroherde werden zusätzlich mit einen Backraumteiler ausgerüstet, der das Backraumvolumen für die meisten Anwendungen auf die erforderliche Größe verkleinert und so die Wärmeverluste reduziert. Auch wenn Gasherde ca. 20% mehr Endenergie verbrauchen als Elektroherde mit Gußplatten, so benötigen sie ungefähr 50% weniger Primärenergie für die gleiche Energiedienstleistung (unter Verwendung des durchschnittlichen Kraftwerknutzungsgrades von 35,3% in den alten Bundesländern). Zur Zeit werden 34% der Wohnungen in den alten Bundesländern mit Gas beheizt, ca. 18% der Haushalte verwenden Gas zum Kochen. Weitere Einsparmöglichkeiten, die in Tabelle 6.2-3 nicht berücksichtigt wurden, bestehen bei der Verwendung von Dampfkochtöpfen (bis zu 50 % Einsparung, [TWS, 1990]) oder speziellem Isolationskochgeschirr (bis zu 20% Einsparung, [ARGE Prüfgemeinschaft, 1993]).

Elektroherde sind technisch so weit entwickelt, daß es schwierig ist, die längerfristigen technischen Einsparmöglichkeiten genauer zu quantifizieren. Durch die Kombination verschiedener Garverfahren, wie zum Beispiel Heißluft und Mikrowelle, oder durch die Verbesserung des Wirkungsgrades (Strom/elektromagnetische Wellen) von Mikrowellengerä-

Tabelle 6.2-3: Spezifischer Verbrauch von Gas- und Elektroherden und Einsparmöglichkeiten (HMUEB, 1993; Baur u. a., 1994)

	Elektroherde: Stromverbrauch in kWh/a	Gasherde: Gasverbrauch in kWh/a
Verbrauch des Bestands	432	550
Verbrauch des Marktdurchschnittgerätes	420	527
Verbrauch des Marktbestgerätes ...	355	510
Technisch möglicher Verbrauch	336	500

ten sind längerfristig Einsparungen denkbar. Bei Gasherden bestehen noch Einsparmöglichkeiten durch eine bessere Flammenführung.

Für den Verbrauch von Herden sind Art und Umfang der zubereiteten Mahlzeiten ausschlaggebend. Für die in Tabelle 6.2-3 angegebenen Werte wurde vom Bedarf eines durchschnittlichen Haushalts mit 2,28 Bewohnern ausgegangen. In diesem Haushalt werden 409 Standardmahlzeiten (jeweils für den ganzen Haushalt) zubereitet, 54 Backgänge durchgeführt und jeden zweiten Tag ein Liter Wasser erhitzt.

Kosten der Einsparungen

Die Zusatzkosten für den marktbesten Elektroherd (mit Glaskeramikkochplatte und Induktionskochstelle) lassen sich nicht durch geringere Stromkosten einsparen. Gegenüber Gußplatten ergibt sich jedoch ein beachtlicher Komfortgewinn. Besteht ein Gasanschluß in der Küche, ist die Verwendung eines Gasherdes günstig, da kaum Mehrkosten gegenüber einem Gußplattenherd entstehen (ca. 100 DM), aber nur ungefähr ein Drittel der Kosten für Endenergie anfallen. Die Mehrkosten eines Gasherdes inclusive Anschlußkosten können in diesem Fall in 1–2 Jahren eingespart werden. Wenn eine Gasleitung vom Heizungskeller zur Küche gelegt werden muß, beträgt die Amortisationszeit für die Installationskosten im Durchschnitt laut ebök, FfE, 1990 ca. 9 Jahre, ist aber stark abhängig von den örtlichen Gegebenheiten.

Waschen

Bisher erreichte Einsparungen

Im Zeitraum von 1970 bis 1991 ist der spezifische Stromverbrauch von Waschmaschinen pro Waschgang um 64 % zurückgegangen. Diese Erfolge wurden durch die Reduzierung der Wassermenge, durch eine verbesserte Temperatursteuerung und eine optimalere Gestaltung der Waschprogramme erreicht (Geiger u. a., 1993). Die Wassermenge konnte reduziert werden durch Verringern des Volumens zwischen Innen- und Außentrommel sowie durch die Verlagerung der Heizstäbe außerhalb der Außentrommel bei der Anwendung des Durchlauferhitzerprinzips (VDI, 1992).

Marktanalyse

Für den Energieverbrauch beim Waschen ist die im Hauptwaschgang erforderliche Warmwassermenge entscheidend. Bei marktüblichen Maschinen beträgt das Flottenverhältnis (kg Wasser zu kg Wäsche) 4,5. Beim

Jet-Stream-Verfahren wird die Waschlauge von oben auf die Wäsche gespritzt. Das Flottenverhältnis kann so auf 2 reduziert werden (Schaefer, 1987). Die Verbrauchswerte eines solchen Gerätes sind in Tabelle 6.2-4 als Marktbestgerät dargestellt.

Technische Einsparmöglichkeiten

Für den in Tabelle 6.2-4 dargestellten kurzfristig erreichbaren Minimalverbrauch wurde der Verbrauch des Marktbestgerätes zugrunde gelegt. Weiterhin wurde davon ausgegangen, daß mit einer Sparautomatik Waschgänge genutzt werden, bei denen aufgrund der Verschmutzung die gleichen Reinigungsergebnisse auch bei niedrigeren Temperaturen erzielt werden können (eventuell bei verlängerter Einweichdauer). Diese Maßnahme spart ca. 12% des Energiebedarfs. Es wurde davon ausgegangen, daß eine Mengenautomatik und eine individuelle Programmanpassung an den Verschmutzungsgrad den realen Jahresverbrauch um 10% senken kann. Dargestellt sind die Stromverbräuche für Geräte mit Kaltwasseranschluß und mit Warm- und Kaltwasseranschluß. Bei letzteren ist zusätzlich die thermische Nutzenergie angegeben, die für Wasser mit einer Temperatur von 55 °C am Zulauf der Maschine benötigt wird. Um die Energieverbräuche für Kalt- bzw. für Warm-/Kaltwasseranschlüsse vergleichen zu können, muß der Energiebedarf auf den Primärenergieverbrauch bezogen werden. Geht man von einem Kraftwerknutzungsgrad von 35,3%, einem Nutzungsgrad zur Warmwassererzeugung von durchschnittlich 70% und einer Vorlaufmenge Kaltwasser in die Maschine von 2 l vor Warmwassereintritt aus, so ergibt sich eine Primärenergieeinsparung von ca. 20%. Bei einer Kaltwasser-Vorlaufmenge von 6 l beträgt diese nur noch 5%. Unter dem Gesichtspunkt der Primärenergieeinsparung ist ein kombinierter Warm-/Kaltwasseranschluß bei Verwendung des Marktbestgeräts sinnvoll, wenn ein Warmwassererzeugungsnutzungsgrad von über 70% und eine geringere Vorlaufmenge als 6 l anzutreffen ist.

Längerfristig besteht auch die Möglichkeit, durch einen Gasboiler, der von der Waschmaschine gesteuert oder in die Waschmaschine integriert ist, die Vorlaufmenge Kaltwasser fast auf Null zu reduzieren. Auf diese Weise können gegenüber dem kurzfristigen Minimalverbrauch bis zu 25% Primärenergie eingespart werden.

Trocknen

Der spezifische Verbrauch von Wäschetrocknern wurde im Zeitraum von 1970 bis 1991 um etwa 14% reduziert (VDEW, 1993 c). Erreicht wurden

Tabelle 6.2-4: Spezifischer Verbrauch für Waschen und Trocknen und Einsparmöglichkeiten (HMUEB, 1993; Baur u. a., 1994)

Gerät	Waschmaschine			Wäschetrockner		
	KW.-Anschluß	k.- und w.-Wasseranschluß		Stromanschluß	Strom- und Gasanschluß	
	Strom kWh/a	Strom kWh/a	th. NE kWh/a	Strom kWh/a	Strom kWh/a	Gas kWh/a
Verbrauch des Bestands	226	–	–	374	–	–
Verbrauch des Marktdurchschnittgerätes	156	–	–	310	–	–
Verbrauch des Marktbestgerätes	132	–	–	246	–	–
kurzfristig technisch möglicher Minimalverbrauch	116	(66)	(50)	163	(33)	(293)
kurzfristig möglicher Minimalverbrauch bei erhöhten Schleuderdrehzahlen	–	–	–	130	(25)	(225)

diese Verbesserungen bei Ablufttrocknern durch verbesserte Luftführung, ein erhöhtes Fassungsvermögen sowie durch kleinere Heizkanäle zur Erhöhung der Strömungsgeschwindigkeit und Verringerung der Wärmeverluste zwischen Heizkörper und Trommelraum. Bei Kondensationstrocknern wurde vor allem das Kondensatorsystem (ausreichend dimensionierte Wärmetauscher- und Kondensationsflächen), die Heizkanäle und das Fassungsvermögen verbessert (VDI, 1992).

Bei Trocknern gibt es zwei unterschiedliche Techniken. Ablufttrockner erwärmen Raumluft und leiten die warme, feuchte Abluft wieder in den Raum oder ins Freie ab. Kondensationstrockner haben einen geschlossenen Luftkreislauf. Statt die feuchte Abluft in den Raum abzuleiten, wird sie abgekühlt und das Wasser dabei kondensiert. Anschließend wird die kalte, trockene Luft wieder erwärmt und zur Wäsche geleitet.

Bei Wäschetrocknern wurde der in Tabelle 6.2-4 dargestellte Wert für den kurzfristigen technischen Minimalverbrauch erreicht, indem der marktbeste Kondensationstrockner zusätzlich mit einer Wärmepumpe ausgestattet wurde. Diese entzieht dem feuchten Luftstrom die Wärme, um das Wasser zu kondensieren, und führt sie dem Trockenluftstrom zu. Außerdem ist in Tabelle 6.2-4 der Verbrauch an Gas und Strom eines mit Gas beheizten Wäschetrockners dargestellt.

Der Energieverbrauch beim Trocknen kann durch eine erhöhte Schleuderdrehzahl beim Waschen gesenkt werden. Die durchschnittliche Schleuderdrehzahl bei heute vorhandenen Waschmaschinen liegt bei 800 U/min. Wird die Schleuderdrehzahl auf 1400 U/min erhöht, kann der Verbrauch beim nachfolgenden Trocknen um ca. 25% reduziert werden. Die kurzfristig möglichen Minimalverbräuche beim vorgeschalteten Schleudern mit einer hohen Drehzahl sind in Tabelle 6.2-4 dargestellt.

Nach VDEW, 1993c werden im Durchschnitt 59mal 30°C-Wäschen, 59mal 60°C-Wäschen und 30mal 95°C-Wäschen pro Haushalt und Jahr durchgeführt. Dabei wird angenommen, daß bei einer 60°C-Wäsche der Stromverbrauch um 40% und bei einer 30°C-Wäsche um 75% gegenüber dem Normverbrauch bei 95°C reduziert ist. In einem durchschnittlichen, mit Trockner ausgestatteten Haushalt werden 97 Trockengänge im Jahr durchgeführt.

Kosten der Einsparungen

Preisunterschiede bei Waschmaschinen beruhen in erster Linie auf Ausstattungsunterschiede, vor allem in den Schleuderdrehzahlen und der Zahl der verfügbaren Programme. Da es aber in fast jeder Ausstattungskategorie sehr sparsame Geräte gibt, kann gesagt werden, daß im allgemeinen keine Mehrkosten für ein besonders effizientes Gerät aufzubringen sind (Verbraucher-Zentrale NRW, 1994). Bei Wäschetrocknern wurde ebenfalls kein signifikanter Preisunterschied festgestellt (Ausnahme: Integration einer Wärmepumpe). Wird eine Waschmaschine mit erhöhter Schleuderdrehzahl verwendet, um beim Trocknen Strom zu sparen, ist mit höheren Anschaffungskosten von circa 100 DM pro 100 U/min höherer Schleuderdrehzahl zu rechnen.

Laut ebök, FfE, 1990 entstehen bei der Installation eines zusätzlichen Warmwasseranschlusses dann keine nennenswerten Zusatzkosten, wenn dieser von Anfang an eingeplant oder im Rahmen ohnehin fälliger Renovierungsarbeiten angebracht werden kann. Bei der Anbringung von Nachrüstgeräten ist derzeit mit Preisen von 350 bis 500 DM (ohne die Kosten für den Warmwasseranschluß) zu rechnen, eine Nachrüstung lohnt sich daher nur, wenn eine gewisse Nutzungshäufigkeit gegeben ist (mindestens 2–3 Waschgänge über 40 °C pro Woche).

Geschirrspülen

Bisher erreichte Einsparungen

Im Zeitraum von 1970 bis 1991 konnte der spezifische Endenergieverbrauch von Spülmaschinen um 45% gesenkt werden. Der Wasserverbrauch wurde sogar um über 60% gesenkt. Diese Erfolge wurden erzielt durch bessere Programme, höheren Sprühdruck, die Verringerung des inaktiven Wasseranteils im Pumpensumpf, eine optimierte Wasserführung und die Absenkung der Wassertemperatur auf 55 °C, im Sparprogramm sogar noch darunter (VDI, 1992).

Marktanalyse

Für den Haushaltsbedarf werden Spülmaschinen mit einem Fassungsvermögen zwischen 4 und 14 Maßgedecken angeboten (Ein Maßgedeck ist ungefähr die Geschirrmenge, die pro Person bei einer Mahlzeit anfällt). Am weitesten verbreitet sind jedoch Maschinen für 12 Maßgedecke. Für diese wurden deswegen die Verbrauchswerte in Tabelle 6.2-5 und 6.2-6 angegeben. Die sparsamste marktgängige Maschine dieser Größe verbraucht dabei nur ungefähr die Hälfte einer marktgängigen Maschine mit hohem Verbrauch.

Technische Einsparmöglichkeiten

Spülmaschinen verwenden normalerweise in zwei Spülgängen eines Spülprogramms warmes Wasser. Zur Bestimmung der kurzfristigen technischen Einsparmöglichkeiten bei Geschirrspülern ohne Warmwas-

Tabelle 6.2-5: Spezifischer Verbrauch von Spülmaschinen mit Kaltwasseranschluß und die Einsparmöglichkeiten (HMUEB, 1993; Baur u. a., 1994)

	Wasser in l/a	Strom in kWh/a	Ersparnis in %
Bestand	5 800	327	*0*
Marktdurchschnittsgerät	3 200	228	*30*
Marktbestgerät	2 800	214	*35*
kurzfristig möglicher Minimalverbrauch	2 800	191	*41*

seranschluß (dargestellt in Tabelle 6.2-5) wurde die marktbeste Spülmaschine zusätzlich mit einem Wärmetauscher ausgestattet, der das benutzte warme Wasser des Hauptspülgangs verwendet, um das Wasser für den Klarspülgang zu erwärmen (derzeit sind bereits einige Geräte mit eingebautem Wärmetauscher auf dem Markt erhältlich).

Es wurde davon ausgegangen, daß ein Durchschnittshaushalt, der mit einer Spülmaschine ausgestattet ist, diese 153mal im Jahr nutzt.

Durch Anschluß der marktbesten Spülmaschine an Warmwasserzufuhr kann bei durchschnittlichen Vorlaufverlusten nur dann Primärenergie eingespart werden, wenn der Nutzungsgrad zur Warmwasserbereitstellung über 70% und die Vorlaufmenge Kaltwasser weniger als 6 l beträgt. Wird diese Maschine mit einem kombinierten Warm-, Kaltwasseranschluß ausgerüstet, können ungefähr 6% Primärenergie eingespart werden (kurzfristige technische Einsparmöglichkeit). Die längerfristigen technischen Einsparmöglichkeiten bestehen darin, diese Maschine zusätzlich mit einem Wärmetauscher auszustatten und zusammen mit einem Gasboiler zu verwenden, der von der Maschine aus gesteuert werden kann oder der in die Spülmaschine integriert ist. Die mit Warm-/Kaltwasseranschluß erreichbaren Verbrauchswerte sind in Tabelle 6.2-6 dargestellt, wobei eine Vorlaufmenge an Kaltwasser von 6 l zugrunde gelegt wurde. Bei der Berechnung der insgesamt bereitzustellenden Primärenergie wurde für die Stromherstellung ein Kraftwerksnutzungsgrad von 35,3% und für die thermische Nutzenergie ein durchschnittlicher Heizungsnutzungsgrad von 70% berücksichtigt.

Kosten der Einsparungen

Nach Bonin, 1992 sind sparsame Spülmaschinen nicht signifikant teurer als Maschinen mit durchschnittlichem Verbrauch. Im Laufe einer

Tabelle 6.2-6: Spezifischer Verbrauch von Spülmaschinen mit Warm-/Kaltwasseranschluß und die Einsparungsmöglichkeiten (HMUEB, 1993; Baur u. a., 1994)

	Wasser in l/a	Strom in kWh/a	thermische Nutzenergie in kWh/a	Primärenergie in kWh/a	Ersparnis in %
Bestand	5 800	107	245	653	*0*
Marktdurchschnittsgerät	3 200	107	199	587	*10*
Marktbestgerät	2 800	123	153	567	*13*
kurzfristig möglicher Minimalverbrauch	2 800	123	138	546	*16*
längerfristig möglicher Minimalverbrauch	2 800	77	107	371	*43*

zehnjährigen Lebensdauer können ungefähr 120 DM an Betriebskosten eingespart werden.

Wie bereits im Zusammenhang mit den Waschmaschinen erwähnt, müssen die Mehrkosten für einen Warm-/Kaltwasseranschluß berücksichtigt werden (ebök, FfE, 1990). Über die Kosten eines Wärmetauschers oder der Boilersteuerung können zum gegenwärtigen Zeitpunkt keine Angaben gemacht werden.

Beleuchtung

Marktanalyse

Für den Haushaltsbedarf werden zur Zeit im wesentlichen zwei Techniken der Lichterzeugung eingesetzt. In Glühlampen wird ein Wolframdraht zum Glühen gebracht. Die Lichtausbeute von Glühlampen liegt ungefähr bei 13 lm/W. In Leuchtstofflampen wird Quecksilberdampf zu Entladungen angeregt. Die entstehende ultraviolette Strahlung bringt einen auf der Innenwand aufgedampften Leuchtstoff zum Fluoreszieren. Bei diesem Prinzip werden Lichtausbeuten zwischen 50 und 90 lm/W erreicht.

Aus heutiger Sicht sind Leuchtstoffröhren und Kompaktleuchtstofflampen (die auch als Energiesparlampen (ESL) bezeichnet werden) die Lampentypen, die auch in nächster Zeit die höchsten Lichtausbeuten besitzen werden. Obwohl Kompaktleuchtstofflampen gegenwärtig eine maximale Lichtausbeute haben, die um ungefähr 10% niedriger liegt als die der Leuchtstoffröhren, werden sie zur Bestimmung der technisch

Tabelle 6.2-7: Spezifischer Verbrauch für Beleuchtung und die Einsparmöglichkeiten (HMUEB, 1993; Baur u. a., 1994)

Einsparmöglichkeiten	Beleuchtung	
	kWh/a	Ersparnis in %
Bedarf des Bestands	268	*0*
Bedarf bei Austausch von Glühlampen gegen ESL, wenn Amortisationszeit kürzer als 7 Jahre	140	*48*
kurzfristig erreichbarer Minimalverbrauch	124	*54*
längerfristig erreichbarer Minimalverbrauch	64	*74*

möglichen Minimalverbräuche verwendet, da sie breiter eingesetzt werden können und vom Nutzer akzeptiert werden.

Eine Kompaktleuchtstofflampe spart bei gleicher Beleuchtungsleistung ca. 80% an Strom im Vergleich zu einer Glühlampe. Die Kosten für Kompaktleuchtstofflampen liegen, je nach Modell, zwischen 20 und 50 DM, dabei sind aber vor allem die gebräuchlichsten 11 W- und 15 W-Lampen auch schon für unter 20 DM im Handel, so daß mit durchschnittlichen Mehrkosten von 25 bis 30 DM pro Lampe gerechnet werden kann. Dieser Mehrpreis wird beim Ersatz einer 100 W Glühlampe und einem Strompreis von 0,28 DM/kWh bereits in 900 bis 1 100 Betriebsstunden kompensiert. In einem durchschnittlichen Haushalt befinden sich 4,4 Brennstellen (Sakulin, 1991), die für Energiesparlampen geeignet sind, deren Einbau sich in höchstens 7 Jahren amortisiert. Die Einsparungen sind in Tabelle 6.2-7 dargestellt.

Technische Einsparmöglichkeiten

Heute können noch nicht alle Glühlampen ohne weiteren Aufwand (wie z. B. Auswechseln der Leuchte oder zumindest der Lampenfassung) gegen Kompaktleuchtstofflampen ausgetauscht werden, da diese zur Zeit nicht in allen erforderlichen geometrischen Abmessungen erhältlich sind und da sie ohne speziell dafür gestaltete Leuchten nicht alle Beleuchtungsaufgaben erfüllen können (wie z. B. Strahler). Für den kurzfristig möglichen Minimalverbrauch wird angenommen, daß die Glühlampen nur in denjenigen Brennstellen ersetzt werden, wo dies mit marktüblichen Kompaktleuchtstofflampen möglich ist.

Um den längerfristig erreichbaren Mindestverbrauch eines Durchschnitthaushaltes für Beleuchtung zu ermitteln, wurde davon ausgegangen, daß alle Glühlampen durch Energiesparlampen gleicher Lichtstärke ersetzt werden, da absehbar ist, daß sie in fast allen bei Glühlampen üblichen Bauformen hergestellt werden können. Energiesparlampen benötigen im Durchschnitt für die gleiche Helligkeit 80% weniger Strom als Glühlampen, da die Lichtausbeute ungefähr 5mal höher ist (75 lm/W statt 15 lm/W bei Glühlampen). Bezüglich der Leuchtstoffröhren liegt die Annahme zugrunde, daß 5% der Brennstellen, die mit Leuchtstoffröhren ausgestattet sind, einen Anteil von ungefähr 10% des Stromverbrauchs für Beleuchtung haben, da sie normalerweise für längere Brenndauern eingesetzt werden. Ungeeignete Lampenschirme dämpfen Licht, statt es gezielt zu lenken. Durch geeignete Leuchten mit optimierter Lichtleittechnik und eine sinnvolle Gestaltung der Einrichtung kann man den Lichtstrombedarf um 10 bis 20% senken (Schaefer, 1987). Für den längerfristig erreichbaren Mindestverbrauch wird eine Reduktion um 15% angenommen. Die kurz- und längerfristig technisch erreichbaren Mindestverbräuche sind in Tabelle 6.2-7 dargestellt.

Kleingeräte

Die Kleingeräte benötigten 1990 in den alten Ländern der Bundesrepublik 15,6% des von den privaten Haushalten nachgefragten Stroms (ohne Elektroheizung und Warmwasser). Die Unterhaltungselektronik hatte dabei einen Anteil von 7,0%, die Kleiderpflege mit Kleingeräten einen Anteil von 1,6% (zusätzlich zu dem Anteil der Waschmaschinen und Trockner von 14,2%). Die Raumpflege mit Staubsaugern benötigte 1,1%. Die Nahrungsmittelzubereitung mit Kleingeräten hatte einen Anteil von 5,1% (zusätzlich zu dem Anteil der Elektroherde von 16,0 %). Haartrockengeräte hatten einen Anteil von 1,1%. In Tabelle 6.2-8 sind die spezifischen Verbräuche, die Versorgungsgrade und die Gesamtverbräuche in den alten Bundesländern für jeden Gerätetyp dargestellt (VDEW, 1992 b; Prognos, 1991).

Die meisten Kleingeräte benötigen 1% oder weniger vom Haushaltsstroms und sind daher von untergeordneter Bedeutung für die Energiewirtschaft. Bei Fernsehern besteht die Möglichkeit, durch einen geringeren Standby-Verbrauch bei neuen Geräten den Gesamtverbrauch aller Fernseher um 45% zu reduzieren (Potential der Marktbestgeräte). Bei Staubsaugern besteht ein Potential von ca. 20%. Der Stromverbrauch der Kleingeräte kann durch die Erschließung dieser Potentiale von 11,21 TWh/a im Jahr 1990 auf 9,68 TWh/a reduziert werden.

Zusammenfassung

In Abbildung 6.2-1 sind die möglichen Verbräuche des Geräteparks in den alten Bundesländern unter den unterschiedlichen Annahmen dargestellt. Von oben nach unten sind dabei die Gesamtverbräuche der Kühlschränke, Kühl-/Gefrierkombinationen, Gefriergeräte, Elektroherde, Waschmaschinen, Trockner, Geschirrspüler, Beleuchtung, Farbfernseher und der Kleingeräte (zusammengefaßt) dargestellt.

Die Analyse der Energieeinsparmöglichkeiten im Haushaltsgerätebereich zeigt, daß summiert über alle Elektrohaushaltsgeräte je nach Variante ein Energieeinsparpotential von 8,5 bis 54% zu realisieren ist. Bei der Berechnung wurden die Gerätebestandszahlen des Basisjahres 1990 verwandt (siehe Tabelle 6.2-8).

Vor diesem Hintergrund ergibt sich eine Energieeinsparung von 14% bei vollständigem Ersatz der Bestandsgeräte durch Marktdurchschnittsgeräte. 31% können durch den Geräteersatz durch bestehende Markt-

Tabelle 6.2-8: Spezifische Verbräuche, Versorgungsgrade und Gesamtverbräuche von Kleingeräten in den alten Bundesländern (ABL) im Jahr 1990 (VDEW, 1992 b; Prognos, 1991)

Gerät	spezifischer Verbrauch kWh/a	Versorgungsgrad %	Verbrauch in den ABL TWh/a	Verbrauch der Gruppe TWh/a
Farb-TV	116	*95,0*	3,1	
Schwarz/Weiß-TV	65	*2,0*	0,037	4,2
Video	20	*35,3*	0,20	
Phono, Radio, u. a.	30	*100,0*	0,85	
Bügelmaschine	40	*14,0*	0,16	
Bügeleisen	25	*96,9*	0,69	0,95
Wäscheschleuder	20	*19,0*	0,11	
Staubsauger	25	*97,7*	0,69	0,69
Kaffee-/Teemaschine	60	*86,6*	1,47	
Toaster	25	*84,8*	0,60	3,10
Grill	12	*37,9*	0,13	
Mikrowelle	35	*30,7*	0,30	
Dunstabzugshaube	45	*44,8*	0,57	
Fön	25	*74,6*	0,53	0,65
Trockenhaube	10	*42,0*	0,12	
Sonstige	58	*100,0*	1,64	1,64
Gesamt			11,21	11,21

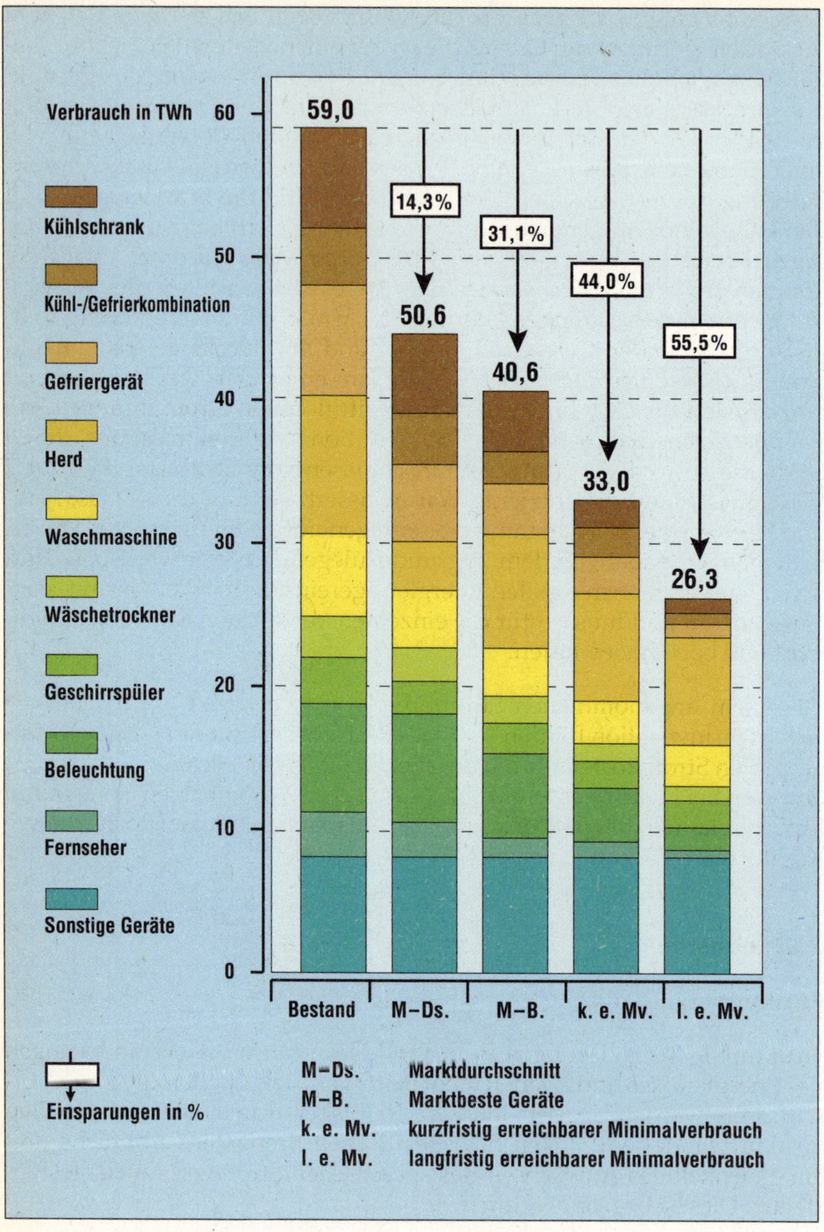

Abb. 6.2-1: Einsparpotential durch die Verwendung sparsamer Haushaltsgeräte (IER, eigene Darstellung)

bestgeräte eingespart werden. Das kurzfristig realisierbare Potential durch den Einsatz neuer Geräte, die weder einen weiteren Forschungsbedarf bezüglich der Geräteoptimierung noch eine Änderung des Produktionsprozesses erforderlich machen, ermöglicht eine Energieeinsparung von 44%. Bei dem längerfristig zu realisierenden Potential kann von einer Energieeinsparung von 56% ausgegangen werden. Unter Zugrundelegung des vorhandenen Kraftwerkparks sind die Stromeinspar- mit den CO_2-Minderungspotentialen prozentual gleich. Bei einem vollständigen Ersatz des Bestandes von 1990 durch Marktdurchschnittsgeräte könnten pro Jahr 5,7 Mio. Tonnen CO_2 eingespart werden. Unter Verwendung von Marktbestgeräten könnten 12,4 Mio. t, mit den kurzfristig technisch realisierbaren Geräten 17,6 Mio. t und mit den längerfristig denkbaren Technologien 22,2 Mio. t CO_2 pro Jahr eingespart werden. Nicht bilanziert sind die CO_2-Effekte einer Substitution von Strom durch andere Energieträger. Denkbar ist eine Substitution von Elektroherden durch Gasherde sowie bei Warmwasseranschlüssen von Geschirrspülern und Waschmaschinen die effiziente Warmwasserbereitung durch Gas, Nah- und Fernwärme, Wärmepumpen oder regenerative Energieträger. Die Effekte hängen dabei von dem zugrundezulegenden Kraftwerkspark und dem angenommenen fossilen Energieträgereinsatz für die Warmwasserbereitung ab und müssen für die einzelnen Versorgungsfälle genau definiert und berechnet werden.

Bei einem angenommenen Strompreis von 0,28 DM/kWh macht sich eine Mehrinvestition für den Kauf des Marktbestgerätes in Form von eingesparten Stromkosten für die meisten Gerätetypen bezahlt. Ausnahmen bestehen bei Elektroherden, wobei es sich bei den sparsamen Geräten um Luxusvarianten handelt, die zu der Einspartechnologie noch weitere Komfortverbesserungen bieten.

6.2.3 Industrie

Strukturveränderung

Strukturelle Veränderungen in der Industrie führen zu Veränderungen des Energiemixes und können dazu beitragen, daß Effizienzpotentiale erschlossen werden. In der Tendenz ist bisher durch den industriellen Strukturwandel ein Sinken des spezifischen Brennstoffverbrauchs und ein gleichzeitiges Anwachsen des spezifischen Stromverbrauchs festzustellen. Dies ist begründet durch

- einen sinkenden Anteil der Grundstoffindustrie
- den Ersatz nichtelektrischer durch elektrische Verfahren

- einen steigenden Mechanisierungs- und Automatisierungsgrad mit erheblichem Hilfsenergiebedarf für Meß-, Steuer- und Regelungstechnik (Schaefer, 1993, 17).

Ursache für diesen Strukturwandel ist neben der zunehmenden Verringerung des Materialeinsatzes der produzierten Güter auch die Verlagerung von umweltbelastenden und „low tech"-Produktionsprozessen in das Ausland.

Abbildung 6.2-2 zeigt die Entwicklung des industriellen Strom- und Brennstoffverbrauchs sowie ihre Relation zueinander seit 1950.

Im Referenzszenario (unter den im Analyseraster der Enquete-Kommission „Schutz der Erdatmosphäre" (EK, 1994) festgelegten Annahmen) wird der Brennstoffbedarf in den alten Bundesländern von 1990 bis 2010 um knapp 11% steigen und der spezifische Brennstoffverbrauch in der gleichen Zeit um 33% sinken. Der Strombedarf wird in den neuen Bundesländern sowohl in absoluten Werten – um 35% – als auch bezogen auf den Nettoproduktionswert – um 18% – steigen (ISI, 1994b,71).

Ohne Berücksichtigung von Effizienzverbesserungen führen die strukturellen Verschiebungen in der Grundstoffindustrie zu einem Brennstoffzuwachs und einer wesentlich höheren Stromnachfrage. In der verarbeitenden Industrie sind sowohl bei den Brennstoffen als auch bei Strom höhere Wachstumsraten bzw. eine geringere Verbrauchssenkung als in der Grundstoffindustrie zu erwarten. Der spezifische Energieverbrauch pro Wertschöpfungseinheit wird auch im Trend – mit Ausnahme der Stromanwendungen im Verarbeitenden Gewerbe – sinken, da die Wachstumsraten der Wertschöpfung über den Anstiegsraten für den Brennstoff- und Stromeinsatz liegen.

Der Zusammenbruch der Industriestrukturen in den neuen Bundesländern und die notwendige Neustrukturierung hat auch maßgeblichen Einfluß auf die künftige Energieverbrauchsstruktur. Der Endenergieverbrauch der ostdeutschen Industrie verringerte sich von 1 035 PJ (1988) auf 372 PJ (1992) und dürfte auch 1993 wegen weiterer Stillegung von Produktionsanlagen noch weiter leicht abgenommen haben; der industrielle Energieverbrauch lag 1992 damit pro Einwohner um ein Drittel unter den Werten der alten Bundesländer (ISI u. a., 1994, Band I, 35).

Vergleicht man den spezifischen Energieverbrauch (GJ pro t) zur Herstellung energieintensiver Erzeugnisse in der Bundesrepublik Deutschland (nur ABL) und der ehemaligen DDR, so zeigt sich folgendes Bild: in einigen Bereichen war der Verbrauch vergleichbar (Roheisen, Elektrostahl, Hüttenaluminium, Chlor/Natronlauge, Zellstoff), in den Bereichen Glas, Ziegel, Al_2O_3 war hingegen in der DDR-Produktion der Energiever-

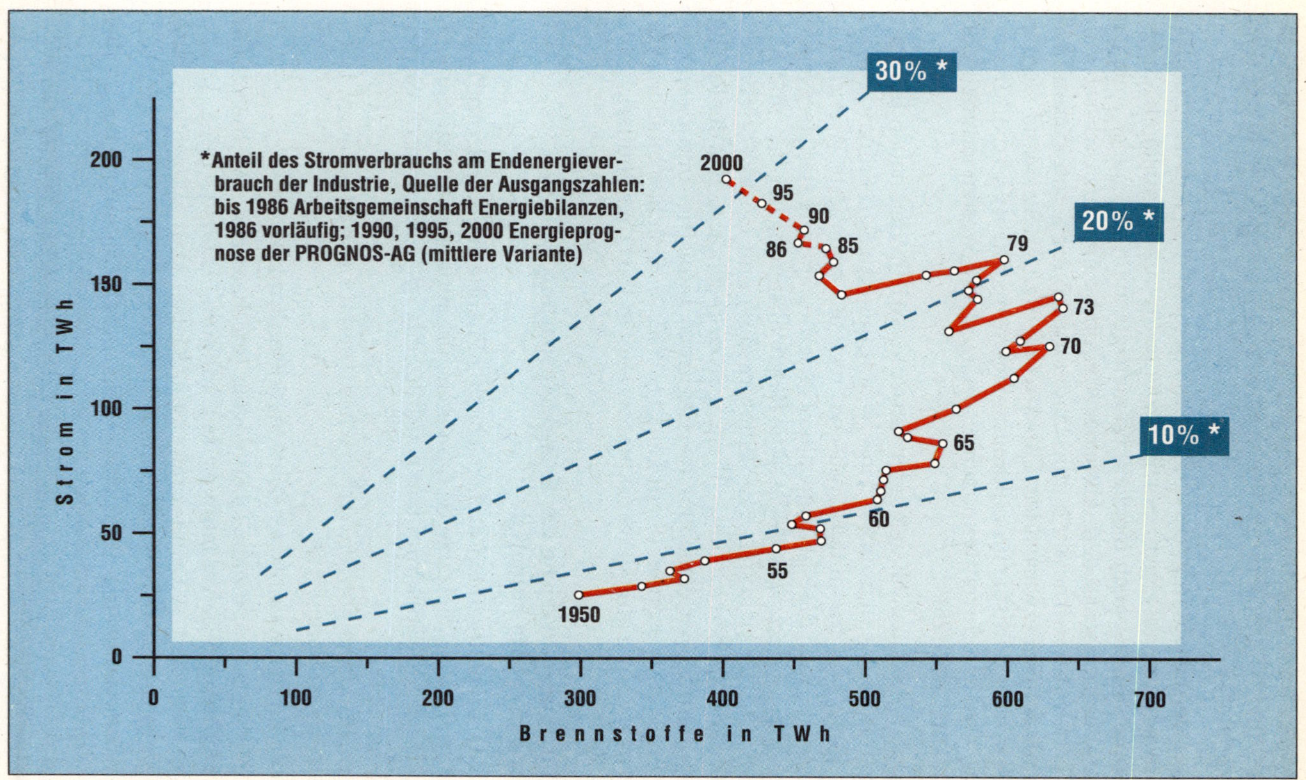

Abb. 6.2-2: Industrieller Strom- und Brennstoffverbrauch in der Bundesrepublik Deutschland (Kretschmer, Stoy, 1987, 733)

brauch pro Tonne Produkt doppelt so hoch wie in der Bundesrepublik Deutschland. Die exakten Zahlen sind den Tabellen 6.2-9 und 6.2-10 zu entnehmen.

Im Zuge der Erneuerung der Industriestrukturen in den neuen Bundesländern werden aber nicht nur ineffiziente Produktionsanlagen stillgelegt, sondern es ist auch möglich, Effizienzgewinne gegenüber Anlagen in den alten Bundesländern zu realisieren und damit auch wirtschaftliche Chancen für die neuen Bundesländer zu eröffnen. „Im Zusammenhang mit dem zu erwartenden Aufschwung in Ostdeutschland werden also umweltfreundliche Produktionsanlagen entstehen, was die Aussonderung wenig umweltfreundlicher Anlagen im Westen ermöglichen wird" (Ufer, 1993, 28).

Der Zerfall der staatlich gelenkten Großindustrie in den neuen Bundesländern eröffnet Chancen für eine Neuordnung der großräumigen Arbeitsteilung und für mittelständische, regional orientierte Wirtschaftsstrukturen. Durch die Sanierung alter Gewerbestandorte statt der Neuerschließung auf der grünen Wiese, die Regionalisierung der Ver- und Entsorgung (die Vermeidung von Mülltourismus) und einem Forschungsschwerpunkt im Bereich umweltverträglicher Technologien in der Region können Beiträge zu einer klimaverträglichen Industrie- und Gewerbestruktur geleistet werden (Stadt Leipzig, 1993, 3). Eine Beschreibung klimaverträglicher regionaler Strukturen erfolgt in Teil D des Endberichtes.

Überblick über Bereiche der Energieeinsparung und erschließbare Potentiale

Durch die vielfältigen Einsatzbereiche von Energie in der Industrie eröffnet sich auch eine Vielzahl von Optionen zur rationellen Energieverwendung. Folgendes Spektrum bietet sich jeweils im technologisch vertretbaren Rahmen:

- Vermeidung unnötigen Verbrauches: Leerlauf von Maschinen, Überheizen von Räumen etc.
- Senkung des spezifischen Nutzenergieverbrauchs:
  - energetisch optimale Technologien (mechanische statt thermische Stofftrennung, Verdampfen bei Vakuum, Erhitzen unter Druck, spanlos statt spanend Umformen, Kleben statt Schweißen, Nutzung von Laser bzw. gebündeltem Licht etc.)
  - Wärmedämmung – gegebenenfalls durch Vakuumtechnik – bei wärmetechnischen Anlagen
  - energieoptimierte Materialwahl (z. B. Sekundärrohstoffe: bei Aluminium fast 50%ige Energieeinsparung, bei Eisenschrott und

Tabelle 6.2-9: Endenergieverbrauch ausgewählter energieintensiver Produkte und industrieller Branchen in den alten Bundesländern und der DDR in PJ (vorläufige Zahlen; 1 Mio. t SKE = 29,308 PJ = 8,15 TWh) (Jochem u. a., 1992, 81)

Einzeltechniken	BRD (ABL) 1989	DDR 1988	Relation Ost : West
Roheisen	426	37	0,1
Zement	85	51	0,6
Olefine	94	9	0,1
Walzstahl	55	12	0,2
Hüttenaluminium	46	4	0,1
Chlor/Natronlauge	50	10	0,2
Glas	55	24	0,4
Sinter	52	9	0,2
Zellstoff	14	7	0,5
Kalk	28	10	0,4
Zucker	27	10	0,4
Ziegel	24	12	0,5
Soda	17	11	0,6
Elektrostahl	18	6	0,3
Al_2O_3	10	2	0,2
Summe Einzeltechniken	1 002	214	0,2
übrige Branchen			
übrige chemische Grundstoffe	155	221	1,4
übrige chemische Industrie	140	46	0,3
übrige Grundstoffe	340	222	0,7
Investitionsgüter	304	172	0,6
übrige Konsumgüter	209	83	0,4
übrige Nahrungs- und Genußmittel	126	77	0,6
übriger Bergbau	15	k. A.	–
Summe übrige Branchen	1 289	821	0,6
Gesamt	2 291	1 035	0,4

Tabelle 6.2-10: Spezifischer Energieverbrauch von Einzeltechniken zur Herstellung energieintensiver Erzeugnisse in den alten Bundesländern und der DDR in GJ/t (vorläufige Zahlen; 1 Mio. t SKE = 29,308 PJ = 8,15 TWh) (Jochem u. a., 1992, 81)

Technik	BRD (ABL) 1989	DDR 1988	Relation Ost : West
Roheisen	13,0	13,1	1,0
Zement	3,2	4,2	1,3
Olefine	31,4	39,4	1,3
Walzstahl	1,7	2,2	1,3
Hüttenaluminium	62,0	71,1	1,1
Chlor/Natronlauge	14,1	16,1	1,1
Glas	10,7	22,3	2,1
Sinteranlage	1,7	2,6	1,5
Zellstoff	13,5	17,6	1,1
Kalk	4,0	4,3	1,1
Zucker	9,8	12,1	1,2
Ziegel	2,1	5,1	2,4
Soda	11,8	12,4	1,1
Elektrostahl	2,5	2,6	1,0
Al_2O_3	10,4	29,5	2,8

Glas bis zu 10% Einsparungen; positiver Nebeneffekt: Einsparung von Deponieraum)

- energiesparende Beleuchtung (Einsparpotential von rund 25% durch 3-Banden-Lampen mit verspiegelten Leuchten, weitere 25% durch Leuchtstoffröhren mit elektronischen Vorschaltgeräten, weitere Einsparungen durch tageslichtabhängige Steuerung)

- Steigerung energetischer Wirkungs- und Nutzungsgrade durch entsprechende Auslegung der Anlagen und die Betriebsweise:
  - Steuer- und Regelungstechnik
  - bedarfsoptimierte Auslegung der Geräte (z. B. 20% Stromeinsparung durch bedarfsangepaßte, optimal geregelte und gewartete Kälteanlagen)

- hohe Auslastung der Geräte bzw. Anlagen
- geringe Leerbetriebs- und Pausenzeiten (Schaefer, 1993, 5f. + 12f.; Öko-Institut, WI, 1993 a, 46f.)
- Nutzung von Kraftwärmekopplung, Wärmetauschern[16]), Brüdenkompressoren, Hochtemperaturwärmepumpen und Brennstoffzellen (Jochem u. a., 1992, 82).

Um diese – im Bereich der Technik angesiedelten – Potentiale zu erschließen, sind nicht immer Investitionen notwendig. Oft reicht schon „der sachgerechte, energieoptimierte Einsatz des vorhandenen Gerätes durch intelligentes, qualifiziertes Personal" (Schaefer, 1993, 6).

„Neben technischen können auch sozialpolitische und arbeitsorganisatorische Maßnahmen erhebliche Wirkungen auf die Nutzungsgrade und den spezifischen Energieverbrauch haben. So führt z. B. die flexible Arbeitszeit durch die Verlängerung der täglichen Betriebsbereitschaft der Arbeitsräume zu einer nachhaltigen Erhöhung des Beleuchtungsstrom- und Heizenergiebedarfes" (Schaefer, 1993, 10). Auch der Einschicht-Betrieb kann im Vergleich zum Zwei- und Dreischichtbetrieb, z. B. aufgrund von Auskühlverlusten, zu Energieverbrauchssteigerungen führen (Schaefer, 1993, 10).

Maßnahmen zur rationellen Energienutzung können über die Funktion der Erschließung von Energieeinsparpotentialen hinaus noch weitere Funktionen erfüllen.

„Hand in Hand mit rationeller Energienutzung werden dabei vielfach auch noch andere Ziele wie höhere Arbeitsproduktivität und verringerter spezifischer Materialaufwand erreicht; oft sind es gerade diese Ziele, die die Entscheidung zu neuen Wegen auslösen" (Schaefer, 1993, 6).

Generell ist festzustellen, daß umfassende Untersuchungen der Energieeinsparpotentiale für die Industrie in der Bundesrepublik Deutschland bisher nicht vorliegen und Einzelstudien zu bestimmten Branchen und Einzeltechnologien eine erhebliche Bandbreite aufweisen. Dies wird bei den in folgenden zitierten Quellen deutlich.

Umfang der im Industriesektor erschließbaren Potentiale:

Ein Blick auf den exergetischen Wirkungsgrad in industriellen Prozessen, der derzeit im gewichteten Durchschnitt bei etwa 15% liegt, offenbart die Problematik (Jochem, 1993, 6). Allein durch Verbesserung des exergetischen Wirkungsgrades würden rund 50% der Energieeinsparpotentiale erschlossen. Gerade bei Herstellungsprozessen energieintensiver Pro-

---

[16]) Wärmetauschernetzwerke brachten in der chemischen Industrie Energieeinsparungen von 30 bis 50% mit einer Amortisationszeit von unter einem Jahr (Jochem u. a., 1992, 82).

dukte und besonders in der chemischen Industrie liegt der Energienutzungsgrad oft sehr niedrig (Krause, 1993, 31; Jochem u. a., 1992, 82). Tabelle 6.2-11 illustriert diesen Sachverhalt für einige energieintensive Industrieerzeugnisse.

Faßt man die technischen Einsparpotentiale, die in den einzelnen Industriesparten bezogen auf die heutige Wirtschaftsleistung in den nächsten 20 bis 30 Jahren realisiert werden könnten, zusammen, so ergibt sich für die alten Bundesländer folgendes Bild. (Schaefer, 1993, 12).

Zu unterscheiden sind die Einsparpotentiale für Brennstoffe und für Strom. Für die Industriehauptgruppen Grundstoffindustrie und Investitionsgüterindustrie wird vom IfE das technische Einsparpotential für den Brennstoffverbrauch auf 15 bis 20%, für die Verbrauchsgüterindustrie auf 40 bis 45% und für die Nahrungsmittelindustrie auf 25 bis 30% geschätzt. Ein ca. 10%iges Stromeinsparpotential wird für die Bereiche Grundstoff-, Verbrauchsgüter- und Nahrungsmittelindustrie angegeben.

Tabelle 6.2-11: Exergetische Nutzungsgrade) energieintensiver Industrieerzeugnisse (Jochem u. a., 1992, 82)*

Industrieerzeugnis	exergetischer Nutzungsgrad in %
Chloralkalielektrolyse	13
Ethylen	78
Erdölraffination	10
Sodaherstellung	7 bis 18 (13)
Zement	10 bis 30
Kalk	63
Zucker	1
Sauerstoff/Stickstoff	10 bis 13
Trocknung von Papier	25
Thermische Meerwasserentsalzung	2 bis 10
Stahlerzeugung	21 bis 25
Aluminium aus Bauxit	6

*) Der Exergiebegriff ist im Glossar definiert.

Tabelle 6.2-12: Technische Potentiale rationeller Energienutzung in der Bundesrepublik Deutschland (ohne ehemalige DDR) in PJ (Schaefer, 1993, 12; 1 Mio t SKE = 29,308 PJ = 8,15 TWh)

Industriehauptgruppe	Brennstoffe		Strom	
	Verbrauch 1987 (PJ)	Technisches Potential (%)	Verbrauch 1987 (PJ)	Technisches Potential (%)
Grundstoffindustrie	1 326	*15–20*	358	*ca. 10*
Investitionsgüter	181	*15–20*	115	*15–20*
Verbrauchsgüterindustrie	150	*40–45*	66	*ca .10*
Nahrungsmittelindustrie	126	*25–30*	30	*ca. 10*

Etwas höher sind die Stromeinsparpotentiale der Investitionsgüterindustrie, die vom IfE zwischen 15 und 20% angesetzt werden.

Betrachtet man speziell den spezifischen Strombedarf in der Industrie, so ergibt sich nach Einschätzungen der IPSEP-Studie für den Zeitraum zwischen 1985 und 2020 ein Gesamteinsparpotential von 50%. 25% können allein durch Einsatz verfügbarer kommerzieller Prozesse erschlossen werden. Fortgeschrittene Techniken und die effiziente Nutzung von Materialien würden weitere 15% beitragen. Das Potential bei der Antriebstechnik[17)] liegt bei bis zu 56% (Krause, 1993, 32).

Im Studienprogramm der Enquete-Kommission „Vorsorge zum Schutz der Erdatmosphäre“ wurden folgende Werte – für den Zeitraum zwischen 1987 bis 2005 – angegeben. Die Minderung des spezifischen Stromverbrauches wurde in der Grundstoffindustrie auf 15% und in den übrigen Industriesektoren auf 3% geschätzt (EK, 1990 c, Band 2, 1175).

Der spezifische Brennstoffverbrauch in der Industrie erlaubt nach Schätzungen in der IPSEP-Studie von 1985 bis 2020 eine Reduzierung der Energieintensität um 50% (Krause, 1993, 28).

Für den Zeitraum von 1987 bis 2005 wurde im Studienprogramm der Enquete-Kommission „Vorsorge zum Schutz der Erdatmosphäre“ die Min-

17) In sechs Bereichen können Verbesserungen erreicht werden: hocheffiziente Motoren, Verbesserung der innerbetrieblichen Stromversorgung, Regelungsanlagen für Elektromotoren, Verbesserungen bei der mechanischen Kraftübertragung und in den angetriebenen Maschinen, effiziente Nutzung der Leistung angetriebener Maschinen (Krause, 1993, 32).

derung des spezifischen Brennstoffverbrauches in der Grundstoffindustrie auf 18% und in den übrigen Industriesektoren auf 17% geschätzt (EK, 1990 c, Band 2, 1175).

Die Schwankungsbreite der technischen Einsparpotentiale für Strom und Brennstoffe innerhalb der einzelnen Industriezweige ist erheblich. Die Tabellen 6.2-13 und 6.2-14 machen dies deutlich.

Betrachtet man die wirtschaftlichen Potentiale, so ergibt sich für Brennstoff und Strom, das der Abbildung 6.2-3 zu entnehmende Bild.

Das Gesamteinsparpotential im Industriebereich bis 2020 gegenüber 1985 beträgt nach Schätzungen für die fünf größten EU-Länder 37% bei den Brennstoffen und 16% beim Strom. 75 bis 85% der Einsparpotentiale im Brennstoffbereich sind unter dem Durchschnittspreis für Kohle, Öl und Gas zu erschließen. Die Kosten für die Stromeinsparungen liegen im Mittel bei 1,7 bis 4,5 Pf/kWh (Krause, 1993, 35 u. 38). Diese Kostenschätzungen zeigen, daß sich die Annahme, in der Industrie erfolge die Gestaltung des Energieaufwandes kostenoptimal, empirisch nicht bestätigen läßt (Krause, 1993, 35).

Produktionsprozesse

Vielfältige Einsparpotentiale können – in einem ausreichend langen Zeitraum – durch Veränderung industrieller Produktionsprozesse erschlossen werden (Jochem, 1993, 5 f.; Mann, 1993, 47–49; ISI u. a., 1994). Beispiele für energiesparende Veränderungen des Produktionsprozesses bzw. einzelner Prozeßschritte sind:

- Grundsätzliche Umstellung des Produktionsprozesses; ein Beispiel ist die Roheisenherstellung, bei der die Sinter- und Koksherstellung ersetzt wird durch kohlemetallurgische Verfahren (Jochem, 1993, 5 f.)
- Öfen: bessere Dämmung, elektronische Brennerregelung, erzwungene Konvektion, Verringerung der zugeführten Brennluftmenge, Umstellung auf elektrische Verfahren, soweit hierdurch Primärenergieeinsparungen und eine Senkung der CO_2-Emissionen erreicht werden können, bzw. Wegfall durch Vermeidung von einer Zwischenerwärmung (Jochem, 1993, 5 f.; ISI, 1994b, 13 f.); Beispiele für eine konkrete Umsetzung einer Prozeßumstellung sind:
  - Schmelzen von Aluminium (große Mengen) in Induktionstiegelöfen gegenüber ölbefeuertem Herdofen (65% Endenergieeinsparung, 43% CO_2-Emissionsminderung) (Mann, 1993, 47–49)

Tabelle 6.2-13: Technische Potentiale zur Stromeinsparung in ausgewählten Industriebranchen (Öko-Institut, 1992 a, II-30)

	Anteil in %	Spar-rate	Ein-sparung in %
Maschinenbau			
Kraft*)	*75*	0,30	*22,5*
Licht	*14*	0,45	*6,3*
Prozeßwärme	*11*	0,15	*1,7*
Summe			*30,5*
Straße/Luft/Raumfahrt			
Kraft ohne Druckluft	*56*	0,25	*14*
Druckluft	*12*	0,30	*4*
Licht	*14*	0,45	*6*
Prozeßwärme	*17*	0,15	*3*
Raumwärme	*1*	0,30	–
Summe			*27*
ET/Feinm./Optik/EDV			
Kraft*)	*67*	0,30	*20*
Licht	*15*	0,45	*7*
Prozeßwärme	*18*	0,15	*3*
Summe			*30*
Stahlverformung/EBM			
Kraft*)	*67*	0,30	*20*
Licht	*13*	0,45	*6*
Prozeßwärme	*20*	0,15	*3*
Summe			*29*
Glas/Feinkeramik			
Kraft*)	*65*	0,30	*20*
Licht	*5*	0,45	*2*
Prozeßwärme	*30*	0,10	*3*
Summe			*25*

Fortsetzung Tabelle 6.2-13

	Anteil in %	Spar-rate	Ein-sparung in %
Textil			
Kraft ohne Klima	*65*	0,25	*16*
Klimatisierung	*15*	0,40	*6*
Licht	*13*	0,45	*6*
Prozeßwärme	*5*	0,10	*1*
Raumwärme	*2*	0,30	*1*
Summe			*29*
Nahrungs- und Genußmittel			
Kühlung	*33*	0,50	*17*
Antriebe	*45*	0,25	*11*
Prozeßwärme	*15*	0,10	*2*
Licht	*7*	0,45	*3*
Summe			*32*

*) inkl. Verbesserungen bei der Druckluftbereitstellung

- Schmelzen von Aluminium (kleine Mengen) in widerstandsbeheiztem gegenüber gasbefeuertem Tiegelofen (rund 72% Endenergieeinsparung, 63% CO_2-Emissionsminderung) (Mann, 1993, 47–49)
- Erschmelzen schwerschmelzenden Glases: Ersatz von brennstoffbeheizter (Erdgas-Öl-Feuerung mit Verbrennungsluftvorwärmung) durch vollelektrische Heizung (70% Endenergieeinsparung; außerdem Senkung der NO_X- und Halogenemissionen) (Mann, 1993, 47–49)

- Thermische Trocknung: verbesserte mechanische Verfahren, Lösungsmittel mit geringerer Verdampfungsenthalpie, natürliche und elektrische Trocknung (Jochem, 1993, 5 f.); Beispiele für eine konkrete Umsetzung einer Prozeßumstellung sind:
  - Schnittholztrocknung: Ersatz konventioneller Frischlufttrocknung durch Kondensationtrocknung gekoppelt mit Wärmepumpeneinsatz (58% Endenergie-, 30% CO_2-Emissionssenkung) (Mann, 1993, 47-49)

Tabelle 6.2-14: Technische Potentiale zur Brennstoffeinsparung in ausgewählten Industriebranchen (Öko-Institut, 1992a, II-32)

	Anteil in %	Spar-rate	Ein-sparung in %
Maschinenbau			
Lackieren	*15*	0,50	*8*
übr. Prozeßwärme	*29*	0,20	6
Raumwärme	*52*	0,30	*16*
Warmwasser	*5*	0,15	*1*
Summe			*29*
ET/Feinm./Optik/EDV			
Prozeßwärme	*43*	0,35	*15*
Raumwärme	*54*	0,40	*22*
Warmwasser	*3*	0,25	*1*
Summe			*37*
Stahlverformung / EBM			
Prozeßwärme	*66*	0,30	*20*
Raumwärme	*34*	0,35	*12*
Summe			*32*
Textil			
Raumwärme	*32*	*60 %*	*19*
Schlichten	*21*	*40 %*	*8*
Naßausrüstung	*17*	*50 %*	*8*
Spannrahmen	*14*	*45 %*	*6*
sonst. Veredelung	*16*	*33 %*	*5*
Summe			*48*

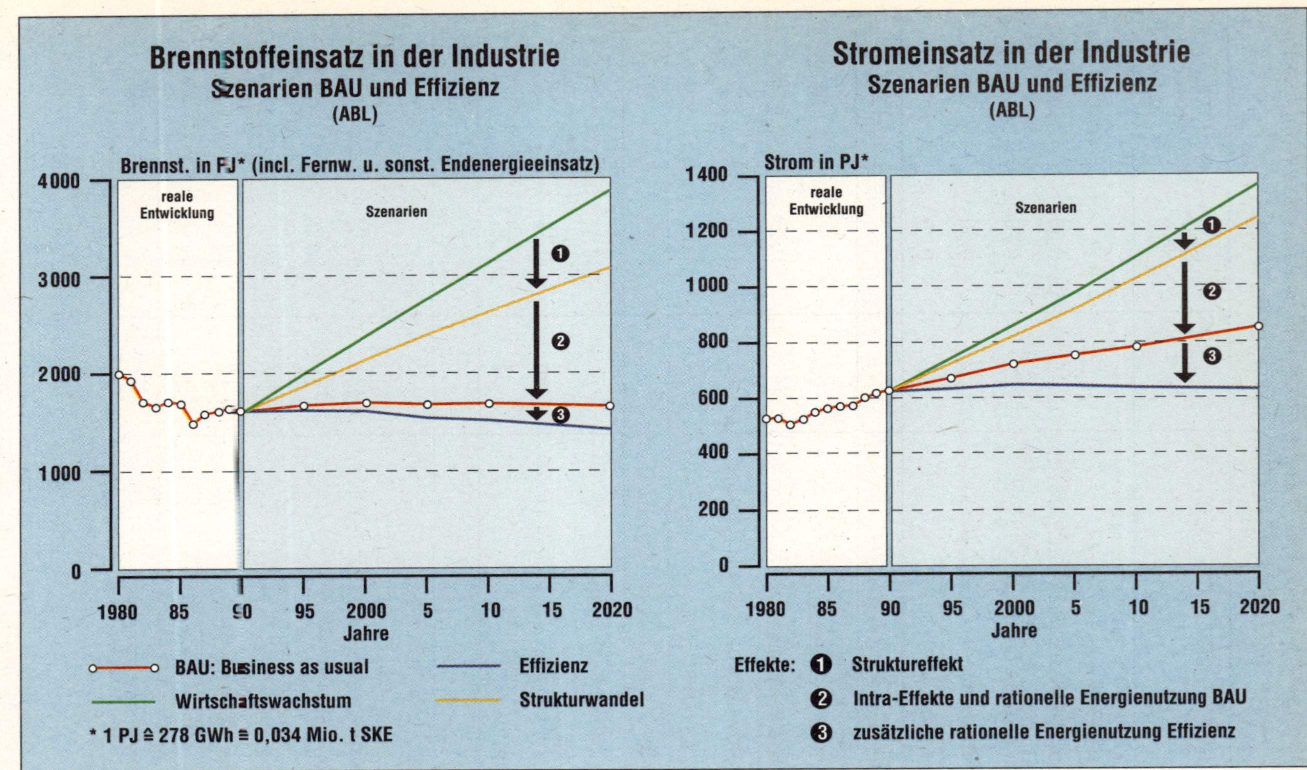

Abb. 6.2-3: Brennstoff- und Stromeinsatz in der Industrie, Szenarien BAU und Effizienz (Lechtenböhmer, 1993, 9)

- Lacktrocknung: konvektiv in Umluftkammer statt mit Infrarotstrahlern (Endenergie zwischen 75 und 80%, 30 bis 50% CO_2) (Mann, 1993, 47–49)
- Ersatz thermischer Trennverfahren durch Membrantechniken, Adsorption, Extraktion, Kristallisation (Jochem, 1993, 5 f.)
- Prozeßwärmeeinsparungen durch elektronische Prozeßleittechnik führen zu Wärmeeinsparungen von rund 10% (Öko-Institut, WI, 1993 a, 56; ISI u. a., 1994, Band III, Punkt 12, 11)
- Bei elektrischer Produkt- und Maschinenkühlung sind technische Einsparungen, z. B. über reduzierte Kondensatorentemperaturen und Wochenendabschaltung, von rund 50% möglich (Öko-Institut, WI, 1993 a, 47)
- Ersatz von Hochdruck- und Hochtemparaturverfahren in der Chemietechnik durch neue Katalysatoren, biotechnologische Verfahren (Jochem, 1993, 5 f.)
- Bei der Drucklufterzeugung können in der Regel 40 bis 50% Stromeinsparungen realisiert werden über die Vermeidung von Leckagen, bedarfsangepaßte, gesteuerte – nicht gedrosselte – und gewartete Kompressoren und Verteilnetze (Öko-Institut, WI, 1993 a, 47)
- Verbesserung mechanischer Bearbeitungsvorgänge, z. B. der Zerkleinerungstechnik (Jochem, 1993, 5 f.)
- Bei elektrischen Antrieben sind im Mittel durch drehzahlgeregelte Motoren mit elektronischen Frequenzumrichtern Einsparungen in Höhe von 25% und von weiteren 10% durch die bessere Dimensionierung der Antriebe zu erzielen (Öko-Institut, WI, 1993 a, 45). Durch wirkungsgradverbesserte Motoren sind weitere Einsparungen von einigen Prozentpunkten zu erreichen (ISI, 1994 b, 14).

Detaillierte Angaben zu den einzelnen Branchen differenziert nach den einzelnen Produktionsprozessen und -schritten sind der von ISI, GEU, FfE und dem Öko-Institut gemeinsam für IKARUS – Teilprojekt 6 „Industrie“ – erarbeiteten Studie (ISI u. a., 1994) zu entnehmen.

Eine weitere Steigerung der Energieeffizienz ist durch eine Kaskadierung von Energie (Energy Cascading) möglich. Unter Energy Cascading versteht man die Mehrfachnutzung von Wärme mit fallendem Temperaturniveau. Die Abwärme der vorgelagerten Nutzungsstufe wird als Wärmeinput in der folgenden Nutzungskaskade genutzt.

Die starke Staffelung des Prozeßwärmebedarfes in der Industrie eröffnet die Möglichkeit, Energy Cascading in größerem Umfang zu nutzen. Es ist allerdings zu berücksichtigen, daß die diffus anfallende Abwärme, das sind 56% der gesamten industriellen Abwärme, weitgehend der direkten

Nutzung entzogen ist. Nur über Wärmepumpenprozesse (Kompressions-, Sorptions- oder Brüdenkompressionsanlagen) kann sie nutzbar gemacht werden (ISI, 1994 b, 18 f.). Abbildung 6.2-4 gibt einen Überblick über die Struktur des industriellen Prozeßwärmebedarfes.

Allerdings sind die Brennstoffeinsparungen, die realisiert werden können, in einigen Fällen mit einem zusätzlichen Einsatz von Elektrizität verbunden, wie z. B. bei mechanischen Brüdenkompressoren, Kompressionswärmepumpen, Wärmeüberträgern (Mann, 1993, 49 f.). Insgesamt kann durch Energy Cascading 10% zusätzliche Brennstoffeinsparung für Prozeßwärme erreicht werden (Krause, 1993, 29).

Inputbeschaffung

Bei der rationellen Energieverwendung im Bereich der Inputbeschaffung ist eine zweistufige Strategie sinnvoll. Erstens ist der Materialeinsatz soweit wie möglich zu vermindern. Der noch notwendige Materialeinsatz ist dann in der zweiten Stufe, soweit dies sinnvoll möglich ist, durch den Einsatz von Recyclingmaterialien zu decken (Krause, 1993, 39). Neben das stoffliche Recycling sollte auch die Wiederverwendung von Produkten – das Produktrecycling treten: beispielsweise die Nutzung von Austauschmotoren, Reifenrunderneuerung und Nutzungscascading von Fahrzeugen[18], das Leasen von Elektrohaushaltsgeräten, Rücknahme und Wiederverwendung langlebiger Konsum- und Investitionsgüter (Krause, 1993, 31; Jochem, 1993, 9).

Zur Realisierung der Verminderung des Materialeinsatzes wäre zu denken an den Einsatz von Leichtbauweise beispielsweise mit Hybridwerkstoffen oder an computerisierte Designmethoden. Vor allem bei der Nutzung energieintensiver Primär- aber auch Sekundärmaterialien sollten materialsparende Konzepte realisiert werden. Ein 10%iges Einsparpotential des bis 2020 verbleibenden Brennstoffeinsatzes für Prozeßenergie könnte damit erschlossen werden (Krause, 1993, 31).

Allein ein Blick auf den Recyclinganteil – beispielsweise bei Aluminium 30%, bei Kunststoffen 10% – zeigt die Energiesparpotentiale, die durch den Einsatz von Recyclingrohstoffen erschließbar wären (Jochem, 1993, 8), indem die in den Materialien gebundene Energie (frozen energy) genutzt wird und die für die Herstellung von Primärmaterialien notwendige Energie nicht aufgewandt werden muß.

[18]) Neue Nutzfahrzeuge nur dann einsetzen, wenn dies aus Gründen der Sicherheit etc. notwendig ist; wenn die Tauglichkeit für diese spezifische Nutzung durch den Verschleißprozeß nicht mehr gegeben ist, kann das Fahrzeug einer anderen Verwendung zugeführt werden.

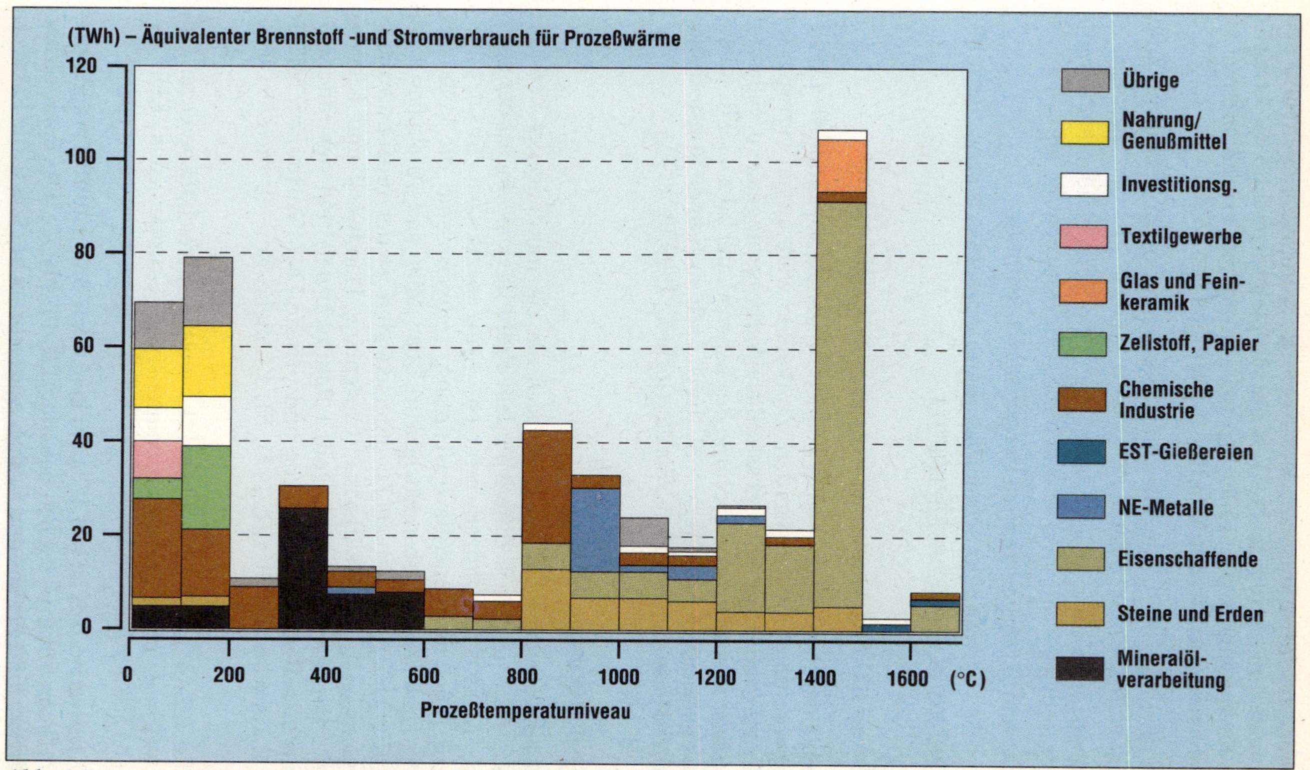

Abb. 6.2-4: *Aufteilung des Prozeßwärmeverbrauchs im Bergbau und Verarbeitenden Gewerbe auf unterschiedliche Temperaturniveaus (Lehrstuhl für Energiewirtschaft und Kraftwerkstechnik/TUM, 1994)*

Für einige wichtige Einsatzbereiche von Recyclingmaterialien sind der heute realisierte Anteil des Recyclingmaterialeinsatzes und die erreichbaren Einsparungen pro Tonne bzw. die insgesamt erreichbaren CO_2-Emissionsminderungen in Tabelle 6.2-15 aufgelistet.

Folgende Probleme treten allerdings bei Recyclingprozessen auf und müssen gelöst werden (Mann, 1993, 55):

- Kunststoff/Papier: die Länge der Makromolekülketten nimmt wegen thermischer bzw. mechanischer Beanspruchung ab
- Kunststoff: Schwierigkeiten bei der Sortentrennung
- Metalle: aufwendige Schmelzereinigungsprozesse wegen Verunreinigungen, z. B. über Legierungen

Produktgestaltung/Verminderung des Materialaufwandes

Auch bei der Produktgestaltung können Potentiale zur rationellen Energieverwendung realisiert werden. Zu denken wäre an ein verringertes Gewicht je Produkteinheit, werkstoffliche Verbesserungen, eine Substitution von Werkstoffen zur Erhöhung der Lebensdauer oder eine Resubstitution energieintensiver Werkstoffe durch nachwachsende Rohstoffe wie natürliche Fasern, Holz, Fette, Öle etc. (Jochem, 1993, 9).

6.2.4 Kleinverbrauch

Der Kleinverbrauch kennzeichnet sich als ein inhomogener Verbraucherkreis aus mit stark differierendem Profil des einzelnen Energiebedarfs – Licht, Kraft, Prozeßwärme etc. – mit spezifischen Ansatzpunkten zur rationellen Energieverwendung. Teilweise sind die Potentiale analog zum Haushaltsbereich beschreibbar, teils sind Analogien zum Industriebereich zu ziehen. Zu unterscheiden ist der prozeßwärmeintensive Bereich (Landwirtschaft/Gartenbau, Handwerk und Kleinindustrie, Baugewerbe, Militär [ohne Raumwärme]) und der raumwärmeintensive Bereich (Öffentliche und private Dienstleistungen, Militär [nur Raumwärme]) (BMFT, 1993, 51; Kolmetz, Rouvel, Bressler, 1994, 1 f.).

Tabelle 6.2-16 gibt einen Überblick, welche Wirtschaftsbereiche den raumwärme- und prozeßwärmeintensiven Gruppen des Kleinverbrauchs zuzuordnen sind.

Der Kleinverbrauch ist mit 15% am gesamten Brennstoffverbrauch und mit 24% am Stromverbrauch beteiligt (ISI, 1994 b, 72). Die Entwicklung des Brennstoff-, Strom- und Endenergieverbrauches sowie die Entwick-

Tabelle 6.2-15: Überblick über Einsatzbereiche, Energieeinsparungen und CO_2-Emissionsminderungen von ausgewählten Recyclingmaterialien (Mann, 1993, 55–57; Jochem, 1993,8)

Aluminium: – 30 % Verbrauchsanteil Sekundäraluminium am Gesamtbedarf; in den Bereichen Bau, Verkehr – den größten Verbrauchssektoren – werden Recyclingquoten von ca. 90 % erreicht – 83 % bis 90 % Energieeinsparung durch Sekundäraluminium erreichbar, das entspricht 9,8 t CO_2-Emissionsminderung pro Tonne Sekundäraluminium ⇒ eine Erhöhung der Recyclingquote um 1 % (bei 0,7 Mio. t Jahresproduktion) würde zu einer CO_2-Minderung von 68 600 t führen
Stahl: – 30 % Anteil Stahlschrott an Gesamtstahlerzeugung, davon alleine ein Drittel bei Gießereien, Hütten- und Walzwerken – 88 % bis 92 % Energieeinsparung, das entspricht 1,3 t CO_2-Emissionsminderung pro Tonne Stahlschrott ⇒ eine Erhöhung der Recyclingquote um 1 % (bei 39 Mio. t Jahresproduktion) würde 507 000 t CO_2-Minderung nach sich ziehen
Kupfer: – 25 % Energieeinsparung durch Sekundärkupfer

Fortsetzung Tabelle 6.2-15

Papier, Karton, Pappe: – zu 50 % aus Altpapier hergestellt – Energieverbrauch sinkt um 50 %, d. h. 0,9 t CO_2-Emissionsminderung pro Tonne Altpapiereinsatz ⇒ eine Erhöhung des Altpapieranteils um 1 % (bei 11,9 Mio. t Jahresproduktion) führt zu einer Reduktion von CO_2-Emissionen von rund 107 000 Tonnen
Behälterglas: – zu 50 % aus Altglas hergestellt – Recyclingglas beansprucht zur Produktion nur 25 % Energie im Vergleich zu Neuglas, das sind 0,42 t CO_2-Emissionsminderung pro Tonne Altglaseinsatz ⇒ ein 10 % höherer Altglasanteil führt zu 2 % sinkendem Energieeinsatz, d. h. eine Erhöhung des Altglasanteils um 1 % (bei 4,62 Mio. t Jahresproduktion) führt zu einer Reduktion von CO_2-Emissionen von 4 300 Tonnen

Tabelle 6.2-16: Unterteilung des Sektors Kleinverbrauch nach Subsektoren (Kolmetz, Rouvel, Bressler, 1994, 15)

Raumwärmeintensive Verbrauchergruppen	Prozeßwärmeintensive Verbrauchergruppen
A Öffentliche Dienstleistungen Organisationen ohne Erwerbscharakter Gebietskörperschaften und Sozialversicherungen Krankenhäuser Schulen Deutsche Bundespost Bade-, Sportanlagen	**D Landwirtschaft/Gartenbau** Viehhaltung Sonstige Landwirtschaft
B Gewerbliche Dienstleistungen Handel Gastgewerbe Kreditinstitute und Versicherungsgewerbe Dienstleistungen von Unternehmen und freien Berufen Verlagsgewerbe	**E Handwerk und Kleinindustrie** Bäckereien Kfz-Handwerk Metallindustrie (Schmieden) Steine/Erden (Ziegel) Fleischereien Wäschereien, Reinigungen Nahrungs- und Genußmittel Holzhandwerk/-industrie Maschinenbau Sonstige Industrie/Handwerk Chemische Industrie, Textil
	F Baugewerbe
C Bundeswehr (nur Raumwärme)	**C Bundeswehr** (ohne Raumwärme)

lung der Bruttowertschöpfung des Kleinverbrauchs von 1970 bis 1991 für die alten Bundesländer ist der Abbildung 6.2-5 zu entnehmen.

Eine analoge Graphik für die neuen Bundesländer steht nicht zur Verfügung, da der Sektor Kleinverbrauch in den DDR-Statistiken nicht existierte (ISI, 1994 c, 7).

Detailliertere Daten für die einzelnen Verbrauchergruppen liegen derzeit nur rudimentär vor (Kolmetz, Rouvel, Bressler, 1994, 4). Im Rahmen eines noch laufenden Forschungsprojektes („Strukturierung des Energieverbrauches im Sektor Kleinverbrauch als Grundlage für die Aktivierung von Energieeinsparpotentialen") der Deutschen Bundesstiftung Umwelt werden umfangreiche Daten vom ISI erhoben.

Rund 48% des Endenergiebedarfes des Kleinverbrauchssektors werden im Raumwärmebereich – Heizung, Warmwasserbereitung, Klimatisierung und Lüftung – aufgewandt, der in Kapitel 6.2.6 behandelt wird.

Die Potentiale, die in den branchenübergreifenden Querschnittstechnologien wie Prozeßwärme (Heißwasser- und Dampfbereitung), Drucklufterzeugung und -verteilung, Kühl- und Gefrieranlagen, Kraftbedarf (v. a. Motoren im Bereich Landwirtschaft und im Baugewerbe) und Beleuchtung werden in den Kapitel 6.2.2 und 6.2.3 behandelt.

Stromsparpotentiale im Kleinverbrauch wurden z. B. anhand von zehn ausgewählten, branchentypischen Dienstleistungsbetrieben im Rahmen des Schweizerischen RAVEL-Programmes aufgezeigt. Es wurden Einsparungen in Höhe von 14% realisiert, weitere 19% könnten durch die noch zusätzlich vorgeschlagenen Maßnahmen erreicht werden. Die durchschnittliche Amortisationszeit liegt bei 4,5 Jahren (Walthert, 1993, 11). Das Stromsparpotential, das im Rahmen der normalen Ersatzbeschaffung allein durch die Entwicklung der Gerätetechnik realisiert wird, liegt in den alten Bundesländern im Kleinverbrauch bei 10 bis 20%. Ausstattungssteigerungen etc. sind in diesen Zahlen nicht berücksichtigt (Mann, 1993, 61 f.).

Der öffentliche Sektor – ein Teil des Kleinverbrauches – weist einige günstige Voraussetzungen zur rationellen Energiewandlung auf. Großverbraucher, wie z. B. Krankenhäuser, Schulen etc., können Mengenvorteile und Einsparoptionen nutzen, die beispielsweise Einzelhaushalten nicht zur Verfügung stehen (z. B. Einsatz von KWK, eventuell mit Einbindung umliegender Energieverbraucher aus dem Haushalts- und Industriebereich). Da die Gebietskörperschaften oft – über die Stadtwerke etc. – an der Energieerzeugung beteiligt sind, können zusätzlich integrierte Ansätze für Energieangebot und -nachfrage leichter genutzt werden.

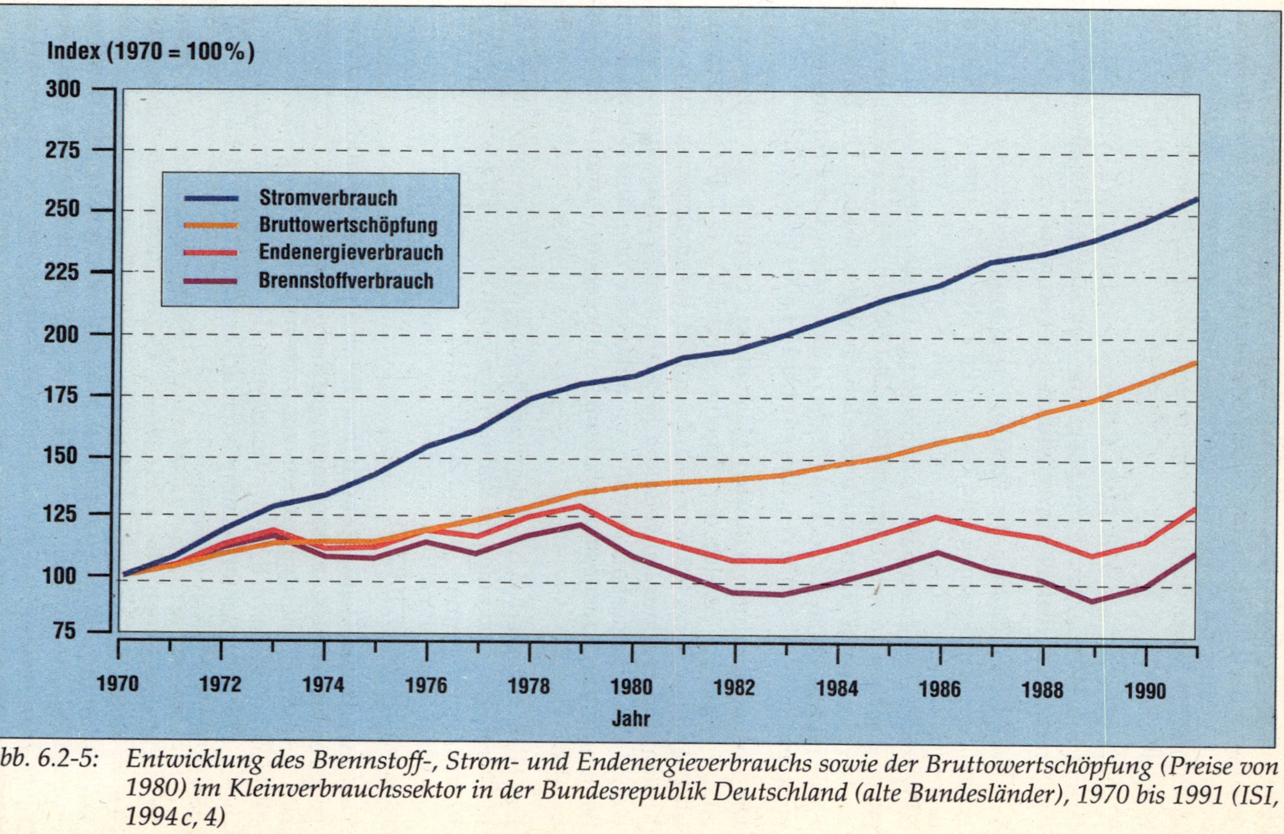

Abb. 6.2-5: Entwicklung des Brennstoff-, Strom- und Endenergieverbrauchs sowie der Bruttowertschöpfung (Preise von 1980) im Kleinverbrauchssektor in der Bundesrepublik Deutschland (alte Bundesländer), 1970 bis 1991 (ISI, 1994 c, 4)

Eine besondere Rolle spielt die öffentliche Verwaltung außerdem durch ihre Vorbildfunktion bzw. die Vorreiterrolle, die in einer Reihe von Fällen bewußt genutzt wird, um die rationelle Energieverwendung zu fördern. In Kapitel 7.4.7 wird für den kommunalen Bereich auch dieser Aspekt behandelt.

Auch große EVU wie z. B. RWE, Bayernwerk, HEW, EVS, VSE und die Bewag haben Programme aufgelegt, die sich speziell der Erschließung von Stromsparpotentialen im öffentlichen Sektor widmen.

Das RWE ist im Rahmen des ProKom-Programms aktiv. Durch das Programm werden Beratung und finanzielle Hilfe für Kommunen koordiniert zusammen und ein Eigenanteil der Kommunen von mindestens 50% sowie eine maximale Förderbeitragssumme vorgesehen; die gesamte Projektsumme beträgt 100 Mio. DM (RWE, 1992, 25 u. 32). Im August 1993 waren 375 Projekte bautechnisch abgeschlossen. Der ProKom-Förderbeitrag von 6,1 Mio. DM führte zu einer jährlichen Primärenergieeinsparung von 17800 MWh; dies entspricht 4300 t CO_2 pro Jahr.

Die Kosten der durchgeführten Maßnahmen belaufen sich bei Kesselanlagen und im Bereich der Regelungstechnik auf 7 Pf/eingesparter kWh und im Bereich Wärmeschutz auf 13 Pf/eingesparter kWh. Die Kosten sind aber nur teilweise der Endenergieeinsparung zuzurechnen, wenn die Energiesparmaßnahmen mit einer ohnehin notwendigen Sanierung zur Bausubstanzerhaltung einhergehen (Mann, 1993, 72-74 u. 104).

Das HEW engagiert sich bei der Erschließung von Stromsparpotentialen in öffentlichen Gebäuden im Rahmen von Contracting-Projekten. Das Volumen des Programms beträgt 20 Mio. DM, die vom HEW vorfinanziert werden und deren vollständige Refinanzierung über die Energieeinsparung erfolgt (HEW, 1992, 7).

Der gewerbliche Kleinverbrauch und die öffentlichen Gebäude sind Zielgruppe von ProVEK, einem Programm des Bayernwerkes. ProVEK setzt sich aus drei Teilprogrammen zusammen: Beleuchtungs-Service für Nichtwohnbauten (z. B. Verwaltungsgebäude, Verkaufsstätten), energietechnische Reihenuntersuchung öffentlicher Gebäude und Energiespar-Service für das Friseurgewerbe.

Im Zentrum stehen die energetische (Schwachstellen-)Analyse und Umsetzungsvorschläge zur Energieeffizienzsteigerung, von der Mitarbeiterschulung bis zu kompletten Projektierungsangeboten. Das Programm ist als Modell- und Forschungsprojekt konzipiert, läuft von Ende 1992 bis Anfang 1996 mit einem Budget von rund 20 Mio. DM und soll pro Jahr eine CO_2-Emissionsminderung von 20 000 Tonnen erbringen. Die Evaluierung des Programms wird im Rahmen des SAVE-Programms der EU gefördert (Bayernwerk, 1993).

6.2.5 Energiewandlungssektor

6.2.5.1 Fossile Kraftwerke

Entwicklung und Stand der Brennstoffeinsparung bei der Stromerzeugung

Für die Erzeugung von Elektrizität ergab sich im Jahr 1990 in der Bundesrepublik Deutschland (Gebietsstand nach der Vereinigung) folgendes Bild (s. Abb. 6.2-6): Die gesamte Brutto-Stromerzeugung belief sich auf 549,9 TWh. Im Vergleich zu den Vorjahren war dabei ein Rückgang für das gesamte Bundesgebiet festzustellen, der auf den tiefgreifenden Strukturwandel in den neuen Bundesländern zurückzuführen ist. Obwohl die Elektrizitätsversorgung in den neuen Bundesländern bis heute sehr stark auf Braunkohle basiert, bleibt die Versorgung im gesamten Bundesgebiet diversifiziert (BMWI, 1992 a).

Die gesamte installierte Kraftwerksleistung betrug 125 009 MW im Jahr 1990. Die Hälfte der Kraftwerksleistung entfiel auf die Grundlastkraftwerke, die auf Wasserkraft sowie Kernenergie- und Braunkohleeinsatz basieren. Rund ein Viertel der insgesamt installierten Kraftwerksleistung entfiel auf den Einsatz von Steinkohle. Das verbleibende Viertel verteilte sich auf Öl, Gas und übrige Energieträger.

In den alten Bundesländern hatte die Kernenergie im Jahr 1990 mit 32,7% den höchsten Anteil aller Energieträger an der Elektrizitätsversorgung. Der Beitrag von Steinkohle, Braunkohle und Erdgas belief sich auf 29,6%, 18,3% und 8,0%. Abbildung 6.2-6 zeigt die Deckung des Bruttostromverbrauchs in der Bundesrepublik Deutschland (ABL) im Verlauf der vergangenen 20 Jahre. Die Bruttoengpaßleistung der Kraftwerke betrug im Jahr 1990 103 651 MW. Die Jahreshöchstlast im öffentlichen Netz der Bundesrepublik Deutschland (ABL) betrug 1990 62 000 MW (1993: 62 800 MW) (Schnug, 1991). Was die Errichtung neuer Kraftwerke betrifft, so befinden sich gegenwärtig (1994) Kraftwerksprojekte in einer Größenordnung von rund 3 100 MW_{el} im Bau oder in einem konkreten Planungsstadium.

In den neuen Bundesländern belief sich die Bruttostromerzeugung im Jahr 1990 auf 100,4 TWh. Die Braunkohle dominierte mit einem Anteil von 87,8% an der Stromerzeugung deutlich. Insgesamt waren in Ostdeutschland 21 358 MW Kraftwerksleistung im Jahr 1990 installiert. Ge-

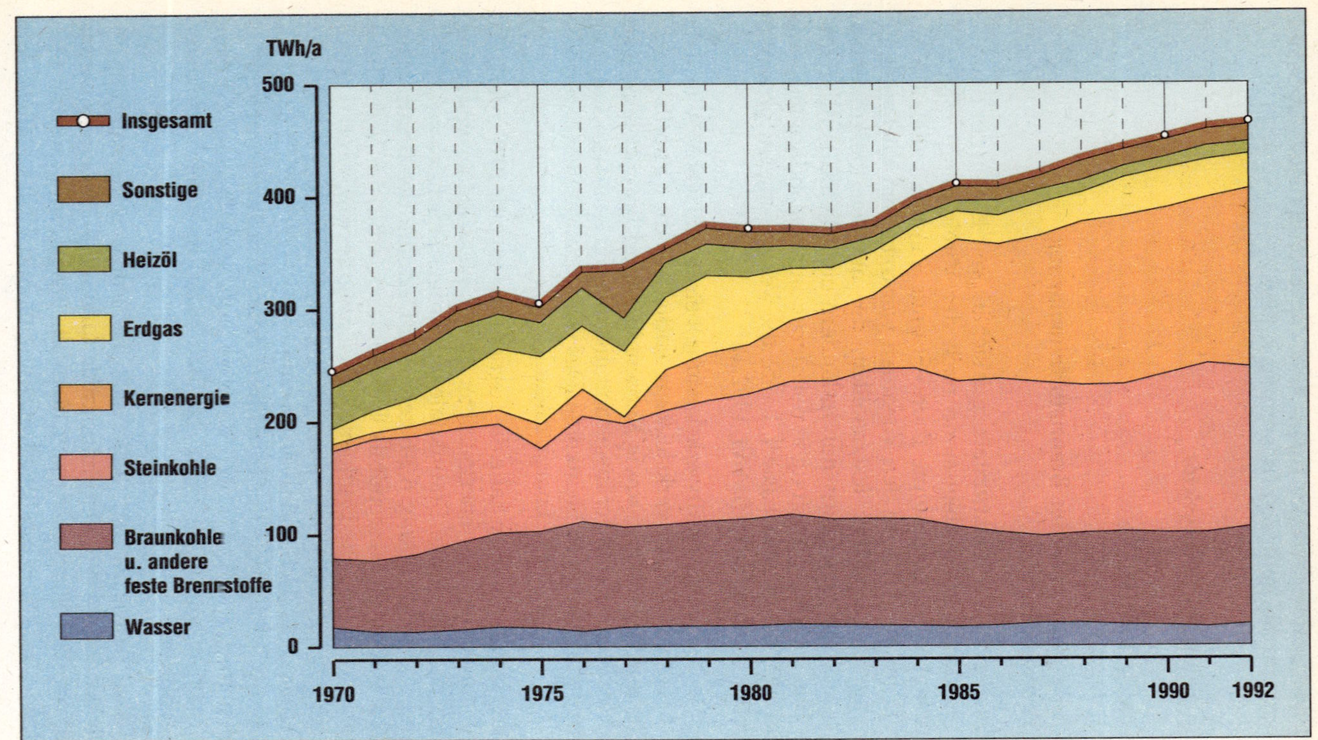

Abb. 6.2-6: Brutto-Stromerzeugung der Kraftwerke nach Energieträgern (ABL, Öffentliche Versorgung, Industrie und Deutsche Bundesbahn; VDEW, 1994)

genwärtig (1994) sind in den neuen Bundesländern Kraftwerksprojekte in einer Größenordnung von rund 15 900 MW_{el} geplant oder im Bau (Fahl u. a., 1994 b). Bis zum Jahr 2005 ist mit einem im Vergleich zum Jahr 1990 günstigeren Energiemix zur Stromerzeugung zu rechnen. Bei den derzeit betriebenen Braunkohlekraftwerken ist die Renovierung und Nachrüstung mit entsprechender Umwelttechnik (Rauchgasentschwefelungsanlage, Reduzierung der Stickoxide) an acht 500 MW-Blöcken geplant. Die übrigen Braunkohlekraftwerke (rd. 8 700 MW) sind für eine Restnutzung bzw. Stillegung vorgesehen. Bei den geplanten neu zu errichtenden Braunkohleblöcken handelt es sich um solche in Doppelblockbauweise mit einer elektrischen Bruttoleistung von 800 MW. Darüber hinaus sind neue Steinkohleanlagen für den Mittellastbereich und ein Pumpspeicherwerk (Goldisthal) für den Spitzenlastbereich geplant (Eitz, 1992).

Der unterschiedliche Einsatz fossiler Energieträger für die Stromerzeugung in den alten und neuen Bundesländern ist in Tabelle 6.2-17 dargestellt. Aus dem Vergleich der Zusammensetzung des Brennstoffverbrauchs in fossil befeuerten Wärmekraftwerken wird deutlich, daß die Struktur des Brennstoffeinsatzes in Westdeutschland stärker diversifiziert ist als in Ostdeutschland.

Durch die Nutzung fossiler Energieträger entstanden in der Bundesrepublik Deutschland (alte und neue Bundesländer) im Jahr 1990 CO_2-Emissionen in einer Höhe von etwa 1 Milliarde Tonnen. Die Verursachergruppe „Öffentliche Kraft- und Fernheizwerke" war daran mit fast 370 Mio. t CO_2 beteiligt (BMU, 1993, 77).

Der Wirkungsgrad eines Kraftwerkes ist ein wichtiges Kriterium für den rationellen Einsatz von Energie bei der Stromerzeugung. Durch technische Verbesserungen an den Anlagen konnte der Wirkungsgrad in der

Tabelle 6.2.17: Brennstoffverbrauch für die Stromerzeugung in fossilen Wärmekraftwerken 1992 in PJ (1 Mio t SKE = 29,308 PJ = 8,15 TWh) und prozentuale Aufteilung auf die einzelnen Energieträger (eigene Darstellung, Quelle: BMWi, 1993)

	gesamter Brennstoffverbrauch in PJ	Braunkohle %	Steinkohle %	Heizöl %	Gas %	Sonstige %
ABL ..	2 780	*32*	*48,2*	*4*	*14,2*	*1,6*
NBL ..	820	*93,9*	*0,6*	*2,2*	*3,1*	*0,2*

Vergangenheit ständig erhöht werden. Abbildung 6.2-7 zeigt, daß sich der Nettowirkungsgrad neuer Dampfkraftwerke in den letzten 40 Jahren etwa verdoppelt hat. Dies hat dazu geführt, daß sich der durchschnittliche Brennstoffeinsatz in der Bundesrepublik Deutschland seit 1950 etwa halbiert hat. Abbildung 6.2-8 zeigt den Verlauf des spezifischen Brennstoffeinsatzes für Kraftwerke der öffentlichen Versorgung in Westdeutschland in den letzten 40 Jahren. Aus dieser Abbildung wird jedoch deutlich, daß der spezifische Brennstoffeinsatz in den vergangenen 20 Jahren nur noch moderat zurückgegangen ist[19].

Für die Höhe der CO_2-Emissionen, die bei der Umwandlung fossiler Energieträger in elektrische Energie entstehen, ist nicht nur der Wirkungsgrad eines Kraftwerkes verantwortlich, sondern auch die Kohlenstoffintensität des eingesetzten Brennstoffes. Wegen des vergleichsweise hohen Kohlenstoffanteils in der Braunkohle entstehen bei der Verfeuerung von Braunkohle mehr als doppelt soviel CO_2-Emissionen wie beim Einsatz von Erdgas. Erdgas hat den geringsten Kohlenstoffanteil unter den fossilen Energieträgern. Die Steinkohle ist ebenfalls ein kohlenstoffreicher Brennstoff. Im Vergleich zum Einsatz von Braunkohle ergeben sich bei der Verbrennung von Steinkohle etwa 17% geringere CO_2-Emissionen. Die spezifischen CO_2-Emissionen bei der Stromerzeugung in fossil befeuerten Kraftwerken sind für einige ausgewählte Jahre in Tabelle 6.2-18 dargestellt. Die Reduktion der spezifischen CO_2-Emissionen in den siebziger Jahren hat ihren Grund im Zubau neuer Kraftwerke. Zusätzlich änderte sich der Energieträgermix hin zu CO_2-ärmeren Energieträgern.

Möglichkeiten und Perspektiven der Effizienzsteigerung bei fossilen Kraftwerken

Im nachfolgenden werden zum einen die Möglichkeiten diskutiert, um den Wirkungsgrad existierender Kraftwerke zu erhöhen und ihren spezifischen Ausstoß an CO_2 zu verringern. Dabei werden auch mögliche Maßnahmen zur Umstrukturierung des Kraftwerkparks auf den vergleichsweise kohlenstoffarmen Energieträger Erdgas dargestellt. Zum anderen wird ein Überblick über die Entwicklungsperspektiven fossiler Kraftwerkskonzepte unter den Gesichtspunkten der Wirkungsgradsteigerung und der Minderung klimarelevanter Emissionen gegeben (Fahl u. a., 1992; Fischedick, 1993).

[19]) Ursachen sind die geringe Zubaurate von Kraftwerken und der Einbau von Rauchgasreinigungsanlagen in bestehenden Kraftwerken, die zu Wirkungsgradsenkungen führen; die mit dieser Nachrüstung verbundenen Ertüchtigungsmaßnahmen wirken dem aber entgegen.

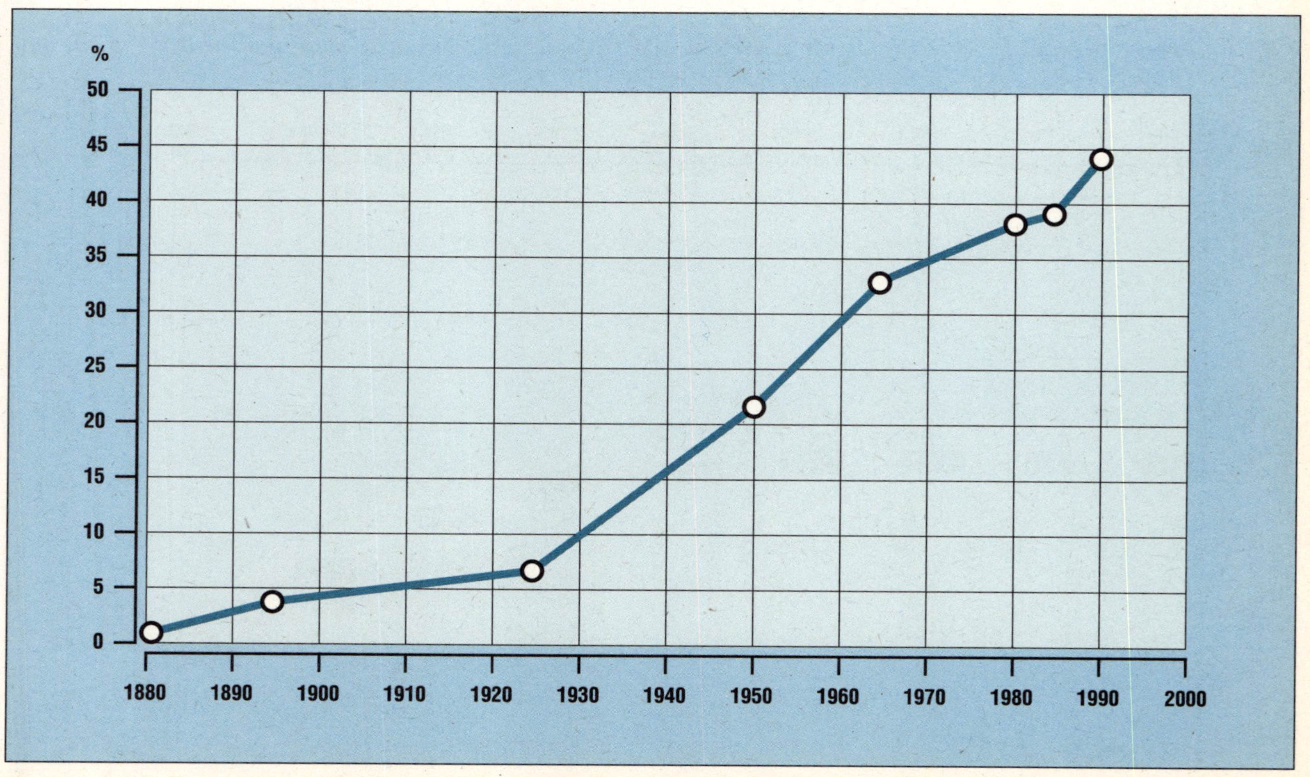

Abb. 6.2-7: Steigerung des Netto-Wirkungsgrades von Dampfkraftwerken (Heckelmann, 1993)

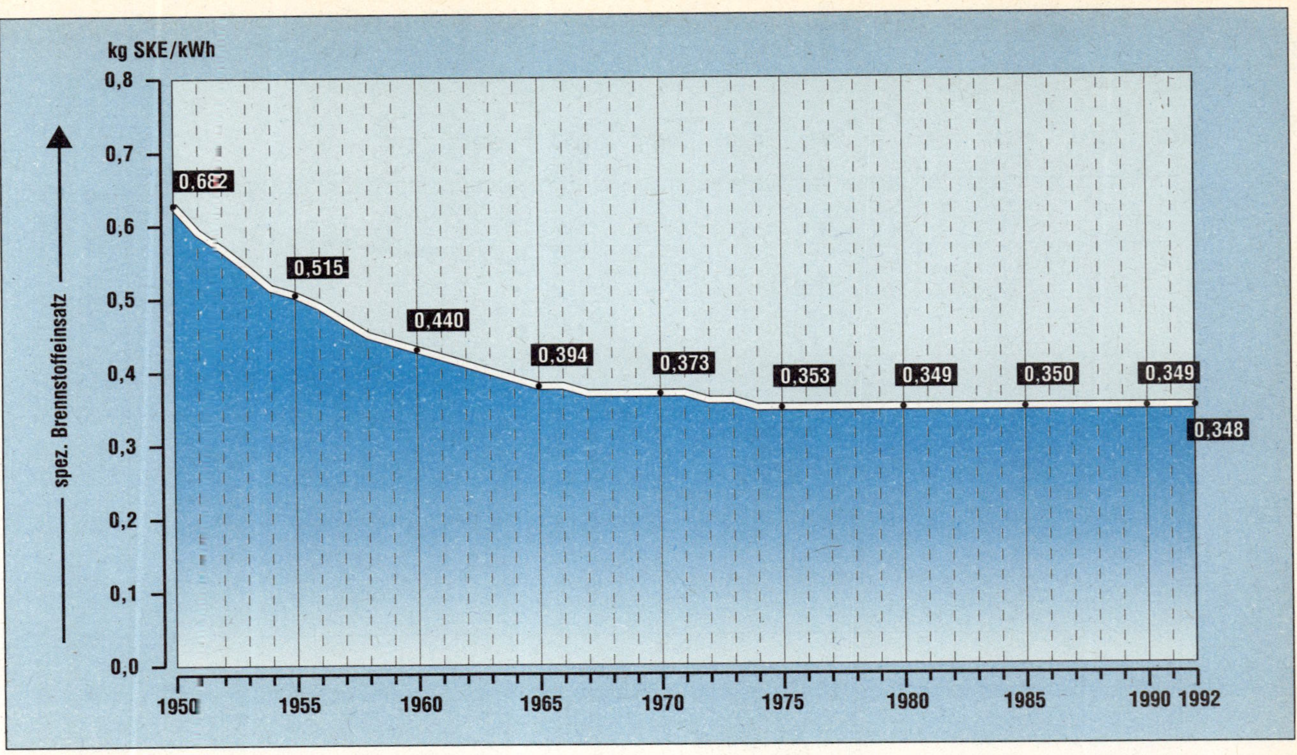

Abb. 6.2-8: *Durchschnittlicher Brennstoffeinsatz je kWh Netto-Erzeugung der Kraftwerke der öffentlichen Versorgung (ABL) (Quelle: VDEW, 1993 b, 38)*

Tabelle 6.2-18: Gewichtete, spezifische CO_2-Emissionsfaktoren bei der Stromerzeugung aus fossilen Energieträgern und aus allen Energieträgern, einschließlich Kernenergie und Wasserkraft (EVU-Kraftwerke, alte Bundesländer). Alle Angaben in kg CO_2/kWh

Jahr	fossile Energieträger	alle Energieträger
1970	1,11	0,96
1975	0,90	0,76
1980	0,91	0,73
1985	0,98	0,58
1987	0,96	0,56
1989	0,97	0,54
1990	0,96	0,55
1991	0,96	0,57
1992	0,97	0,55
1993	0,97	0,55

Wirkungsgradverbesserungen in bestehenden, fossil-befeuerten Dampfkraftwerken

Für fossile Dampfkraftwerke bestehen eine Reihe von Maßnahmen, mit denen eine Wirkungsgradsteigerung erzielt und der Primärenergieträgereinsatz sowie die damit verbundenen CO_2-Emissionen reduziert werden können. Bei diesen Maßnahmen handelt es sich im wesentlichen um

- Wirkungsgradverbesserungen an den Dampfturbinen (Erneuerung der Turbinen-Beschaufelung, Anhebung der Zwischenüberhitzertemperatur),
- die Reduktion der Turbinenaustrittstemperatur (Maßnahmen am „kalten Ende" eines Dampfkraftprozesses) und
- die Vorschaltung einer Gasturbine (Hebel, Kotschenreuther, 1990)
- langfristig: Vorschalten einer Hochtemperatur-Brennstoffzelle.

Das weitaus größte Potential einer möglichen Effizienzsteigerung liegt derzeit in der zusätzlichen Nutzung (Vorschaltung) einer Gasturbine. Dabei wird zusätzlich zu den bereits im Kraftwerk vorhandenen Komponenten eine Gasturbine installiert, die mit der vorhandenen Anlage gekoppelt wird. Es gibt zwei verschiedene Schaltungsvarianten, die Vorschalt- und die Verbundvariante.

Bei der Vorschaltvariante (Kombiblock) wird dem konventionellen und bereits vorhandenen Dampferzeuger eine Gasturbine vorgeschaltet. Demgegenüber wird bei der Verbundvariante (Verbundblock) eine Gasturbine mit Abhitzekessel parallel zum Dampferzeuger geschaltet. Bei der zweiten Variante sind somit Gasturbine und Dampferzeuger eigenständig und unabhängig voneinander einsetzbar. Die Installation einer Gasturbine führt in jedem Fall zu einer Leistungssteigerung der ursprünglichen Anlage entsprechend der zusätzlichen Gasturbinenleistung. Beide Varianten erhöhen darüber hinaus die Flexibilität des Kraftwerkes.

Für steinkohlebefeuerte Dampfkraftwerke ist die Verbundvariante sowohl aus thermodynamischen als auch aus wirtschaftlichen Gesichtspunkten geeigneter als die Kombivariante. Dies gilt ausschließlich für die Nachrüstung von Gasturbinen. Umgekehrt weist die Vorschaltvariante leichte Vorteile gegenüber der Verbundvariante auf, wenn das nachzurüstende Kraftwerk über eine Erdgas-, Öl- oder Braunkohlefeuerung verfügt.

Durch die Nutzung der Gasturbinenabwärme kommt es sowohl für die Kombi- als auch für die Verbundvariante zu einer Erhöhung des Gesamtwirkungsgrades gegenüber der Altanlage. Grundsätzlich sind bei den derzeit bestehenden Anlagen Wirkungsgradverbesserungen im Bereich von 4 bis zu 5%-Punkten erreichbar.

Zum Vergleich und zur Abschätzung der Möglichkeiten einer Effizienzverbesserung bei bestehenden Dampfkraftwerken zeigt Abbildung 6.2-9 die mit den zuvor beschriebenen Maßnahmen erreichbaren Wirkungsgradverbesserungen am Beispiel eines kohlebefeuerten Kraftwerks mit einem Nettowirkungsgrad von 37%. Daraus wird deutlich, daß es für bestehende Kraftwerke eine Reihe von Möglichkeiten gibt, die zu einer z. T. deutlichen Wirkungsgraderhöhung führen können. Das weitaus größte Potential weist dabei die Nachrüstung bestehender Anlagen mit einer Gasturbine auf (Erhöhung um bis zu 11% bezogen auf die Ausgangslage).

Für die tatsächlichen Umsetzung der vorgenannten Maßnahmen kann bei jeder Anlage nur im Einzelfall entschieden werden, ob die Durchführung technisch möglich und wirtschaftlich sinnvoll ist. Des weiteren ist zu beachten, daß nicht alle Altanlagen in Deutschland gleichzeitig nachgerüstet werden können. Da die Umbauzeiten in vielen Fällen länger sind als die regelmäßig anfallenden Revisionszeiten, in denen eine Nach-

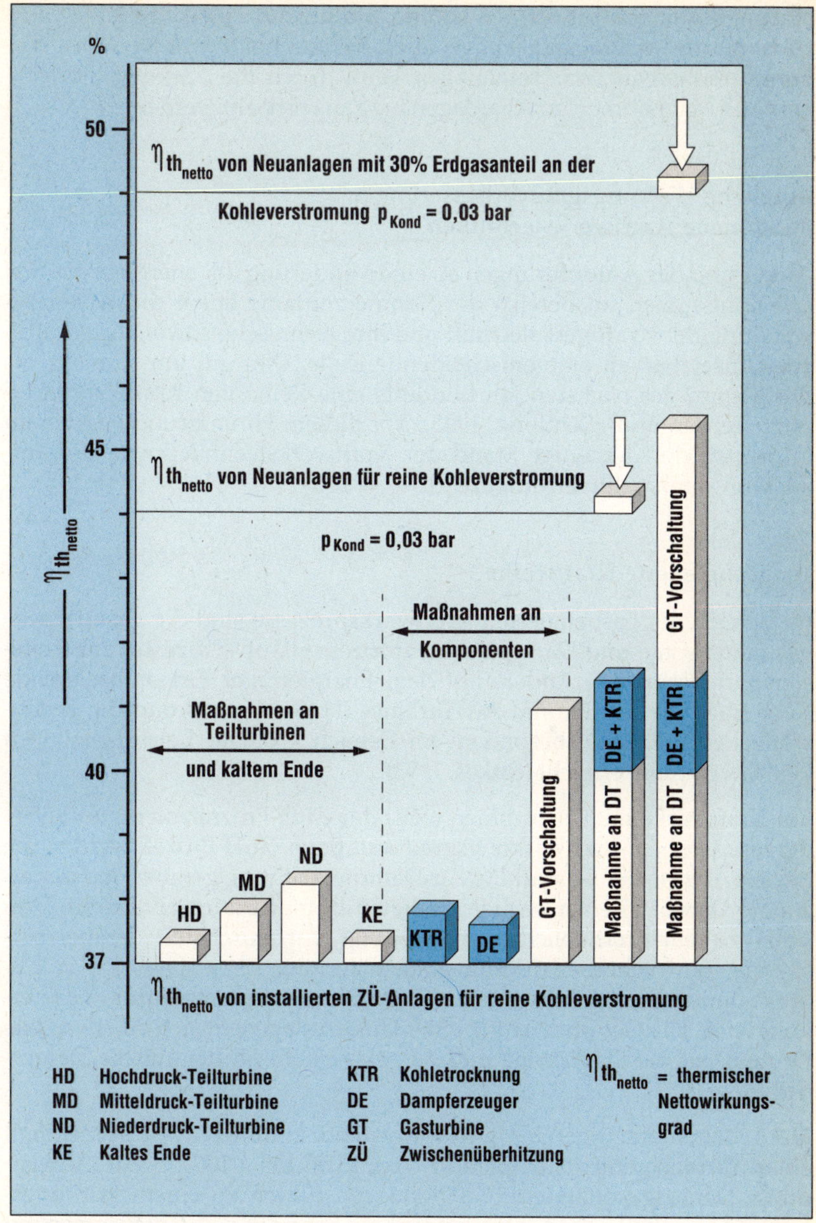

Abb. 6.2-9: Verbesserungspotential installierter kohlebefeuerter Kraftwerke (Hebel, Kotschenreuther, 1990, 78)

rüstung durchgeführt werden könnte, müßten für eine komplette Nachrüstung aller Altanlagen einige Jahre veranschlagt werden. Das Wirkungsgradniveau von Neuanlagen kann durch die wirkungsgradsteigernden Maßnahmen an Altanlagen nie ganz erreicht werden.

Mögliche Wirkungsgradverbesserungen durch neue Kraftwerkstechniken

Auf Grund der Anforderungen an eine Minderung der energiebedingten CO_2-Emissionen im Bereich der Stromerzeugung spielt die Weiterentwicklung der Kraftwerkstechnik und ihre technische sowie wirtschaftliche Umsetzbarkeit eine entscheidende Rolle. Dies gilt um so mehr, als mit Beginn des nächsten Jahrhunderts eine Reihe von Kraftwerken ersetzt werden muß (Schilling, 1993). Vor diesem Hintergrund werden im folgenden der derzeitige Stand der Kraftwerkstechnik sowie die Entwicklungsperspektiven aufgezeigt.

Erdgasbefeuerte Kraftwerke

Im Bereich der gasbefeuerten Kraftwerksprozesse sind die gasturbinengestützten Gas- und Dampfturbinenprozesse (GuD-Prozesse) am weitesten fortgeschritten. Andere auf dem Energieträger Erdgas basierende Konzepte, wie der Humid-Air-Turbine- (HAT-) Prozeß und die Brennstoffzellen, haben insbesondere im Bereich größerer Leistungen noch keine Marktreife erreicht (Rukes, 1993).

Für Kraftwerke mit Gasturbinen weist der GuD-Prozeß mit bis zu 51,5% derzeit den höchsten Wirkungsgrad auf. Beim GuD-Prozeß werden die heißen Abgase der Gasturbine zur Dampferzeugung genutzt und der erzeugte Dampf in einer nachgeschalteten Dampfturbine entspannt. Dies führt zu einer erheblichen Ausweitung der nutzbaren Temperaturspanne. Ein weiterer wirkungsgradsteigernder Effekt läßt sich in Zukunft dadurch erreichen, daß die Turbineneintrittstemperatur (TET) erhöht wird. Die Gesamtleistung einer GuD-Anlage teilt sich zu etwa zwei Dritteln auf die Gasturbine und zu etwa einem Drittel auf die Dampfturbine auf.

Nach dem derzeitigen Entwicklungsstand kommen Gasturbinen mit einer Turbineneintrittstemperatur von 1 050 bis 1 100 °C zur Anwendung. Derartig konzipierte GuD-Anlagen führen zu einem Wirkungsgrad von 51,5%. In der Einführungsphase befinden sich Gasturbinen mit Eintrittstemperaturen von 1 150 bis 1 200 °C. Weitere technische Verbesserungen (Übergang auf einen Drei-Druck-Prozeß mit Zwischenüberhitzung) lassen Wirkungsgrade in der Größenordnung von über 55% erwarten. Gegenüber dem derzeitigen Stand der Technik entspricht dies einer Wirkungsgradsteigerung von 8%. Die Verminderung der CO_2-Emissionen hat eine analoge Größenordnung.

Langfristig ist damit zu rechnen, daß Gasturbinen mit immer höheren Eintrittstemperaturen entwickelt werden. Für das Jahr 2000 sind Anlagen mit einer Eintrittstemperatur von 1 250 °C zu erwarten. Darüber hinausgehende technische Verbesserungen (höhere Verdichtung der in die Brennkammer gelangenden Luft, Kaskaden-Brennkammer) sollen dazu führen, daß GuD-Anlagen mit einem Wirkungsgrad von bis zu 58,5% errichtet werden können. Damit erreicht man gegenüber heute verfügbaren GuD-Kraftwerken eine Wirkungsgradsteigerung um etwa 15%.

Ähnlich hohe Wirkungsgrade wie beim Erdgas-GuD-Prozeß können auch beim HAT-Prozeß erzielt werden. Bei vergleichbaren Rahmenbedingungen weist der HAT-Prozeß gegenüber einer GuD-Anlage leichte Wirkungsgradvorteile auf. Auf Grund des derzeitigen Entwicklungsstandes des HAT-Prozesses und der insbesondere aus wirtschaftlicher Sicht noch ungeklärten Konkurrenzfähigkeit gegenüber dem GuD-Konzept läßt sich gegenwärtig noch nicht absehen, ob und wann dieser Kraftwerksprozeß zur Stromerzeugung beitragen kann.

Brennstoffzellen wandeln nach dem Umkehrprinzip der Elektrolyse chemische Energie des Einsatzgases direkt in elektrische Energie und Wärme um. Für die Kraftwerkstechnik von besonderer Bedeutung sind Brennstoffzellen mit hohen Arbeitstemperaturen. Dabei handelt es sich um Karbonatschmelze- (MCFC) und oxidkeramische Brennstoffzellen (SOFC), die Arbeitstemperaturen im Bereich von 650 °C bzw. bis zu 1 000 °C aufweisen. Bei Einsatz von Erdgas werden für Karbonatschmelze-Brennstoffzellen Systemwirkungsgrade von 65% erwartet. Oxidkeramische Brennstoffzellen lassen auf Grund ihrer höheren Arbeitstemperatur leicht höhere Gesamtwirkungsgrade (bis zu 68% bei Erdgasfeuerung) erwarten. Gegenüber dem Wirkungsgrad derzeit verfügbarer GuD-Anlagen entspricht dies einer Wirkungsgradsteigerung von 27 bis 33%. Noch höhere Wirkungsgrade im Bereich von ca. 70% lassen sich durch die Vorschaltung von Hochtemperatur-Brennstoffzellen in Verbindung mit dem GuD-Prozeß erwarten. Der Zeitraum bis zum Erreichen der Einsatzreife von Brennstoffzellen wird derzeit mit mindestens 15 bis 20 Jahren angegeben, in dem noch eine Reihe von Werkstoff- und Fertigungsfragen gelöst werden müssen. Damit werden Großanlagen dieser Technik voraussichtlich erst im dritten Jahrzehnt des nächsten Jahrhunderts verfügbar sein.

Erdgas-/kohlebefeuerte Kraftwerke

Neben reinen Erdgas-Kombiprozessen sind auch kombinierte Gas- und Dampfturbinenprozesse mit erdgasbefeuerter Gasturbine und kohlebefeuertem Dampfkessel möglich. Hier ist zwischen einem Kombi- und einem Verbundblock zu unterscheiden. Bei optimal ausgelegten Anlagen lassen sich für beide Varianten derzeit Wirkungsgrade in einer Größenordnung von 45% erreichen. Gegenüber dem heute erzielbaren Wirkungsgrad von 43% bei steinkohlebefeuerten Kraftwerken entspricht dies einer Wirkungsgradsteigerung von knapp 5%. Während bei der Verbundvariante eine weitere Erhöhung der Gasturbineneintrittstemperatur in Zukunft auch zu einer Wirkungsgradsteigerung der Gesamtanlage führen kann, bewirkt eine Erhöhung der Gasturbineneintrittstemperatur bei der Kombivariante nur noch geringe Wirkungsgradsteigerungen (Riedle, Rukes, Wittchow, 1990). Es wird davon ausgegangen, daß bei der Verbundvariante in Zukunft Wirkungsgrade von über 50% erreicht werden können. Dies entspricht einer Wirkungsgradsteigerung gegenüber dem heutigen Stand der Technik bei steinkohlebefeuerten Kraftwerken von etwa 16%. Wegen des kombinierten Einsatzes von Kohle und Erdgas ist die CO_2-Minderung größer.

Kohlebefeuerte Kraftwerke nach dem derzeitigen Stand der Technik

Bei den herkömmlichen Dampfkraftprozessen in Verbindung mit atmosphärischer Kohlenstaubfeuerung verspricht man sich derzeit den größten wirkungsgradsteigernden Effekt von einer Erhöhung der Frischdampfparameter. Mit den heute verwendeten Werkstoffen liegt die Grenze für die obere Prozeßtemperatur aus Korrosionsgründen bei etwa 540 bis 560 °C (bei 250 bar). Neuentwickelte Werkstoffe lassen eine Erhöhung der Frischdampfparameter auf 580 bis 600 °C und bis zu 300 bar zu (Neft, Franconville, 1993; Riedle, Rukes, Wittchow, 1990). Weitere, aber vergleichsweise geringere Wirkungsgradsteigerungen sind durch die Verbesserung des Dampferzeugerwirkungsgrades, des Dampfturbinenwirkungsgrades, durch den Übergang auf supraleitende Generatoren und durch die Verringerung der Druckverluste in den Rohrleitungen möglich.

Bereits heute erreicht das neueste in Betrieb gegangene staubgefeuerte Steinkohlekraftwerk einen Wirkungsgrad von 43%. Faßt man alle wirkungsgradsteigernden Maßnahmen zusammen, erscheinen für trockenstaubgefeuerte Steinkohlekraftwerke langfristig Wirkungsgrade im Bereich von 46 bis 47% realisierbar zu sein. Dies entspricht einer Wirkungsgradsteigerung von etwa 9% gegenüber dem Ausgangszustand.

Auch für Braunkohlekraftwerke lassen sich deutliche Wirkungsgradsteigerungen mit Maßnahmen, die mit denen für Steinkohlekraftwerke vergleichbar sind, erreichen. Die in den neuen Bundesländern geplanten Kraftwerke mit einer Leistung von 800 MW sollen einen Wirkungsgrad von bis zu 42% erreichen. Gegenüber heute in Betrieb befindlichen Anlagen (Wirkungsgrade im Bereich von 34,5%) entspricht dies einer Wirkungsgradsteigerung um 21%.

Weiterentwickelte, kohlebefeuerte Kraftwerkskonzepte mit Gasturbinen

Die Weiterentwicklungen im Bereich der Gasturbinentechnologie führten in den letzten Jahren zu umfangreichen Bemühungen, die Kombination von Gas- und Dampfturbine auch dem Brennstoff Kohle zugänglich zu machen. Derzeit werden insbesondere zwei Entwicklungen verfolgt. Zum einen handelt es sich dabei um die Kohlevergasung, zum anderen um die Umwandlung von Kohle unter Druck in ein heißes Rauchgas (Druckwirbelschichtfeuerung bzw. Druckkohlestaubfeuerung).

Steinkohlekraftwerke mit integrierter Kohlevergasung (Flugstromvergasungsprinzip) lassen unter Einschluß aller Gasreinigungsschritte einen Wirkungsgrad von bis zu 46% erwarten. Dabei wird von Gaseintrittstemperaturen oberhalb von 1 150 °C ausgegangen. Gegenüber derzeit einsetzbaren Steinkohlekraftwerken entspricht dies einer Wirkungsgradsteigerung von knapp 9% (Weinzierl, 1992).

Bei der Druckwirbelschichtfeuerung können in Abhängigkeit der zugrundegelegten Frischdampfparameter Wirkungsgrade im Bereich von 42 bis 45% erreicht werden. Mit weiteren technischen Verbesserungen (Zusatzfeuerung mit Erdgas in einer Heißgasentstaubungsanlage) können Wirkungsgrade von bis zu 48,5% erzielt werden. Gegenüber dem heutigen Stand der Technik entspricht dies einer Wirkungsgradverbesserung um knapp 13%.

Kohle-Kombikraftwerke mit integrierter Kohlevergasung oder mit Druckwirbelschichtfeuerung sind bereits in Demonstrationsanlagen erprobt. Gegenüber herkömmlichen Kohlekraftwerken versprechen sie hinsichtlich der Ressourcenschonung und der Schadstoffemissionen zukünftig Vorteile. Inwieweit diese neuen Verfahren jedoch mit den oben beschriebenen Maßnahmen einer Wirkungsgradsteigerung bei konventionellen Kohlekraftwerken (Staubfeuerung) konkurrieren können, bleibt abzuwarten. Mit der kommerziellen Inbetriebnahme der ersten Kraftwerke dieser Art ist nicht vor Mitte bis Ende des nächsten Jahrzehnts zu rechnen.

Gegenüber der Druckwirbelschichtfeuerung steht die Entwicklung der nach einem vergleichbaren Verfahrensprinzip arbeitenden Druckkohlenstaubfeuerung noch am Anfang. Bisher wurden dazu erst Pilotanlagen errichtet, in denen noch verschiedene technische Probleme (Entstaubung, Freisetzung von dampfförmigen Alkalien) gelöst werden müssen (Weber u. a., 1993). Bei der Druckkohlenstaubfeuerung erscheinen Wirkungsgrade von bis zu 50% möglich. Gegenüber heutigen Kraftwerkskonzepten auf der Basis von Steinkohle entspricht dies einer Wirkungsgradsteigerung von 16%. Nach dem derzeitigen Entwicklungsstadium zu urteilen, werden diese Anlagen jedoch auch zu Beginn des dritten Jahrzehnts des kommenden Jahrtausends noch nicht kommerziell einsetzbar sein.

Für braunkohlebefeuerte Kohlekraftwerke ist derzeit vor allem das von Rheinbraun entwickelte Hochtemperatur-Winkler-Verfahren (HTW-Verfahren) von Bedeutung. Dieses Wirbelschichtverfahren wurde speziell für die Braunkohlevergasung entwickelt. Es soll in einem geplanten 360 MW Kraftwerk (KoBra) großtechnisch zum Einsatz kommen (Kallmeyer, Engelhardt, 1992; Weinzierl, 1992). Für dieses Kraftwerk wird ein Nettowirkungsgrad von 45% bei einer Gasturbineneintrittstemperatur von 1 120 °C erwartet. Gegenüber heute in Betrieb befindlichen Braunkohlekraftwerken mit einem Wirkungsgrad von 34,5% entspricht dies einer Wirkungsgradsteigerung um 30%. Für die Zukunft wird erwartet, daß bei einer Steigerung der Gasturbineneintrittstemperatur auf 1 160 °C bzw. 1 250 °C ein Wirkungsgrad von 48 bzw. 50,5% erzielt wird. Gegenüber heute in Betrieb befindlichen Anlagen ließe sich der Wirkungsgrad damit um 39 bzw. 46% steigern.

Zusammenfassung der erreichbaren Wirkungsgradsteigerungen bei fossil-befeuerten Kraftwerken

Zusammenfassend ergibt sich hinsichtlich erreichbarer Wirkungsgradsteigerungen bei fossil-befeuerten Kraftwerken zur reinen Stromerzeugung folgendes Bild: Erdgasbefeuerte Anlagen besitzen die höchsten Wirkungsgrade (GuD-Anlagen: 51,5%, GuD-Anlagen mit kaskadierter, zweistufiger Brennkammer: 58,5%; dies entspricht einer Wirkungsgradsteigerung von 15%. Wirkungsgradsteigerung bei Brennstoffzellen gegenüber heutigen GuD-Anlagen: 27%–33%; dies würde Wirkungsgrade von 65 bis 68% bedeuten). Die Kraftwerke mit einem kombinierten Brennstoffeinsatz (Erdgas und Steinkohle) liegen bei 45 bis 50% (Wirkungsgradsteigerung gegenüber heutigen Steinkohle-Kraftwerken: 5%–16%). Die niedrigsten Wirkungsgrade werden bei braunkohlebefeuerten Prozessen erzielt (heute: 40%, zukünftig: 50,5%). Gegenüber der heutigen Ausgangssituation ist die zukünftig absehbare Wirkungsgradsteigerung bei Anlagen mit Braunkohleeinsatz jedoch am höchsten Steigerung: 26%). Abbildung 6.2-10 stellt die gegenwärtig und zukünftig erreichbaren Wirkungsgrade fossil-befeuerter Kraftwerke zusammenfassend dar.

Abbildung 6.2-11 zeigt eine Übersicht über die spezifischen CO_2-Emissionen aus Kraftwerken in Abhängigkeit des Netto-Wirkungsgrades und des eingesetzten Brennstoffes. Hier zeigt sich, daß der Kohlenstoffgehalt des eingesetzten Brennstoffes einen sehr großen Einfluß auf den CO_2-Ausstoß hat. Selbst bei einem derzeitigen Wirkungsgrad von 43% eines Steinkohlekraftwerkes ergeben sich geringere spezifische CO_2-Emissionen als bei einem Braunkohle-Kraftwerk mit Kohlevergasung, das zukünftig gegebenenfalls einen Wirkungsgrad von 50% erreichen wird.

CO_2-Minderungskosten durch Wirkungsgradsteigerung bei der Stromerzeugung

Die Investitionskosten zukünftiger Kraftwerke mit verbessertem Wirkungsgrad liegen in den meisten Fällen höher als bei gegenwärtig verfügbaren Anlagen. Ob zukünftige Kraftwerkskonzepte wirtschaftlicher sind als derzeitige Anlagen, hängt jedoch von den erzielbaren Stromgestehungskosten ab. Diese werden neben den Investitionskosten vor allem von den Brennstoffkosten bestimmt. Die Frage der Wirtschaftlichkeit neuer gegenüber alten Anlagen hängt somit davon ab, ob die Vorteile, die sich durch die Verminderung der Brennstoffkosten infolge besserer Wirkungsgrade ergeben, die Nachteile höherer Investitionskosten aufwiegen können. Was steinkohlebefeuerte GuD-Anlagen betrifft, so ist angesichts ihrer hohen Investitionskosten davon auszugehen, daß ihre Stromgestehungskosten über denen vergleichbarer heutiger Anlagen liegen. Die Stromgestehungskosten konventioneller Steinkohle-Kraftwerke mit verbesserten Druck- und Dampfparametern liegen dagegen eher unter denen vergleichbarer heutiger Anlagen, da hier die Zunahme der Investitionskosten geringer ausfällt.

Als Maßstab für die Effizienz von CO_2-Minderungen lassen sich die spezifischen CO_2-Minderungskosten verwenden, die den Aufwand für die Vermeidung einer Tonne CO_2 angeben. Die spezifischen CO_2-Minderungskosten durch Wirkungsgradsteigerung bei fossilen Kraftwerken sind in Abbildung 6.2-12 in Abhängigkeit der Auslastung der Kraftwerke dargestellt. Bei den fortgeschrittenen Kraftwerken handelt es sich um derzeit verfügbare Kraftwerke (660 MW Erdgas-GuD-Kraftwerk mit einem Wirkungsgrad von 55%; 720 MW Verbund-Kraftwerk: 45%) und um Kraftwerke, die voraussichtlich ab dem Jahr 2005 verfügbar sein

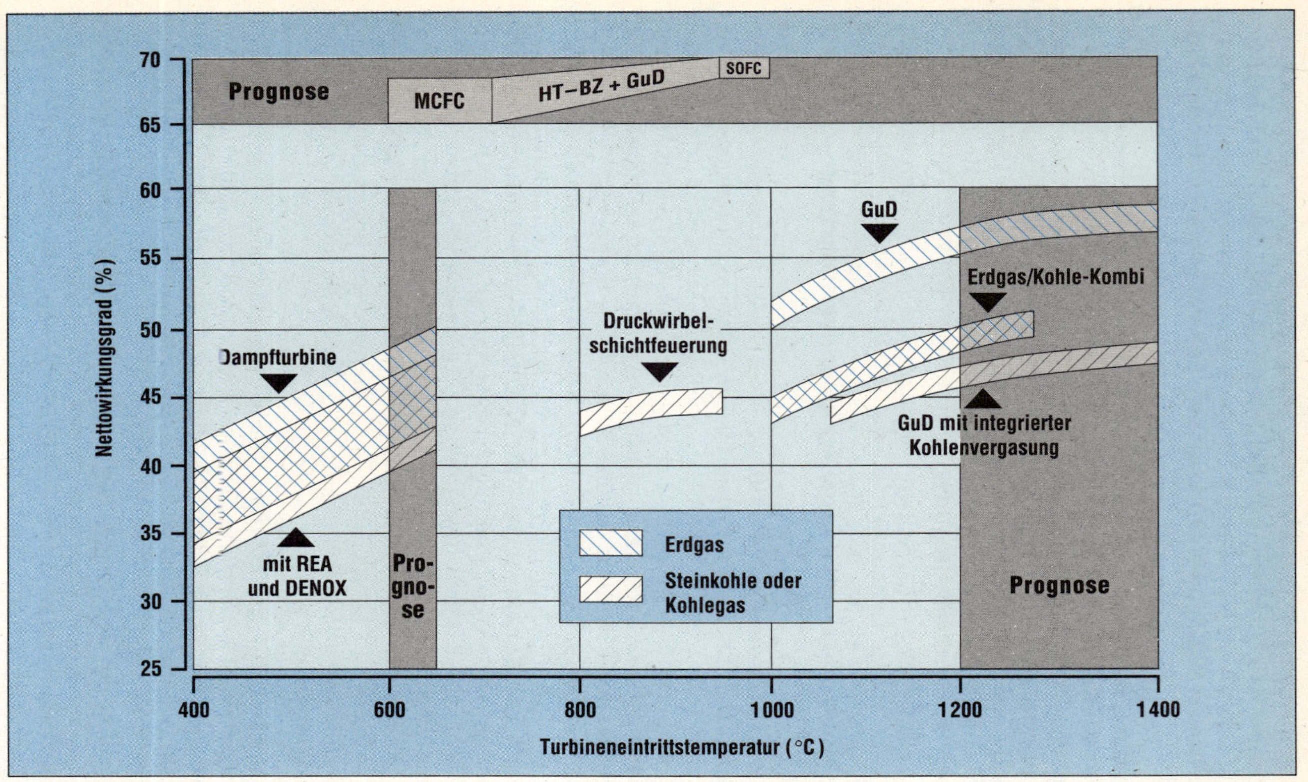

Abb. 6.2-10: Wirkungsgradverlauf bei Kraftwerken der 600 MW-Klasse (eigene Darstellung)

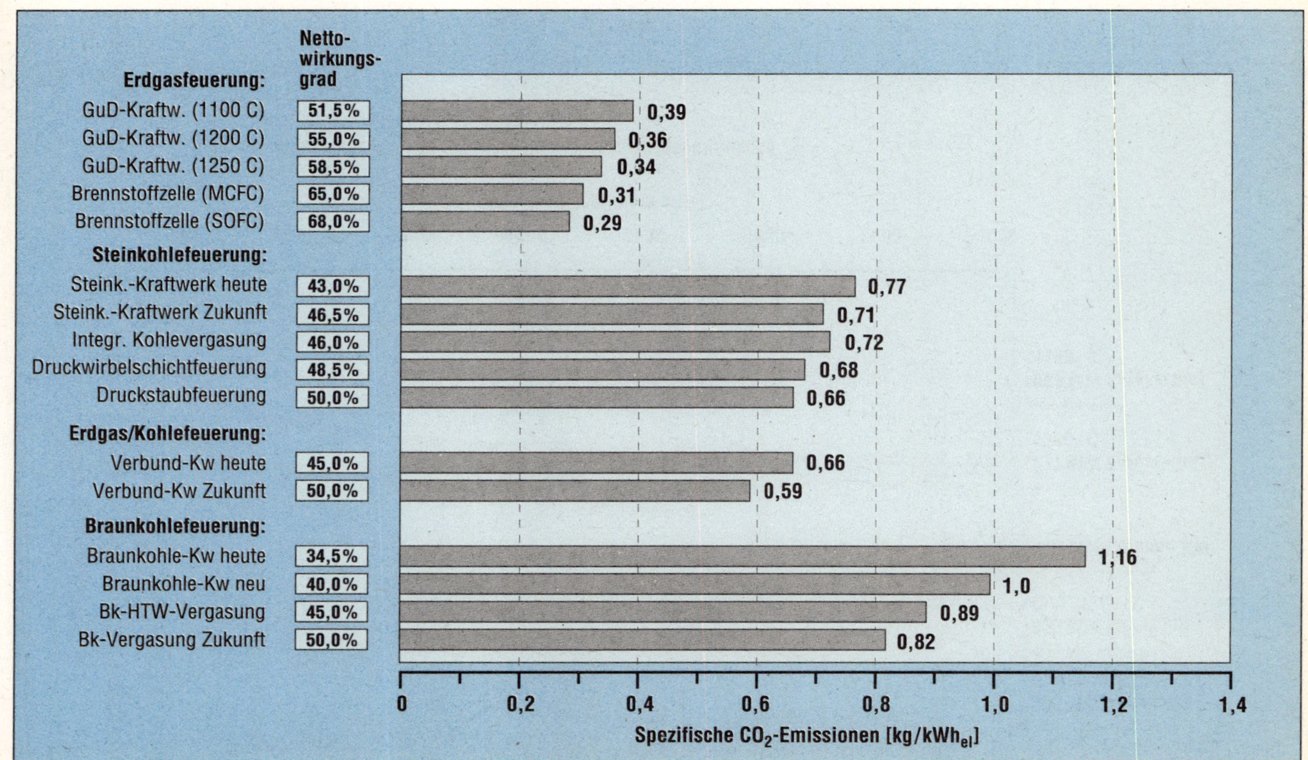

Abb. 6.2-11: Spezifische CO_2-Emissionen verschiedener Kraftwerkstypen (IER, eigene Berechnungen)

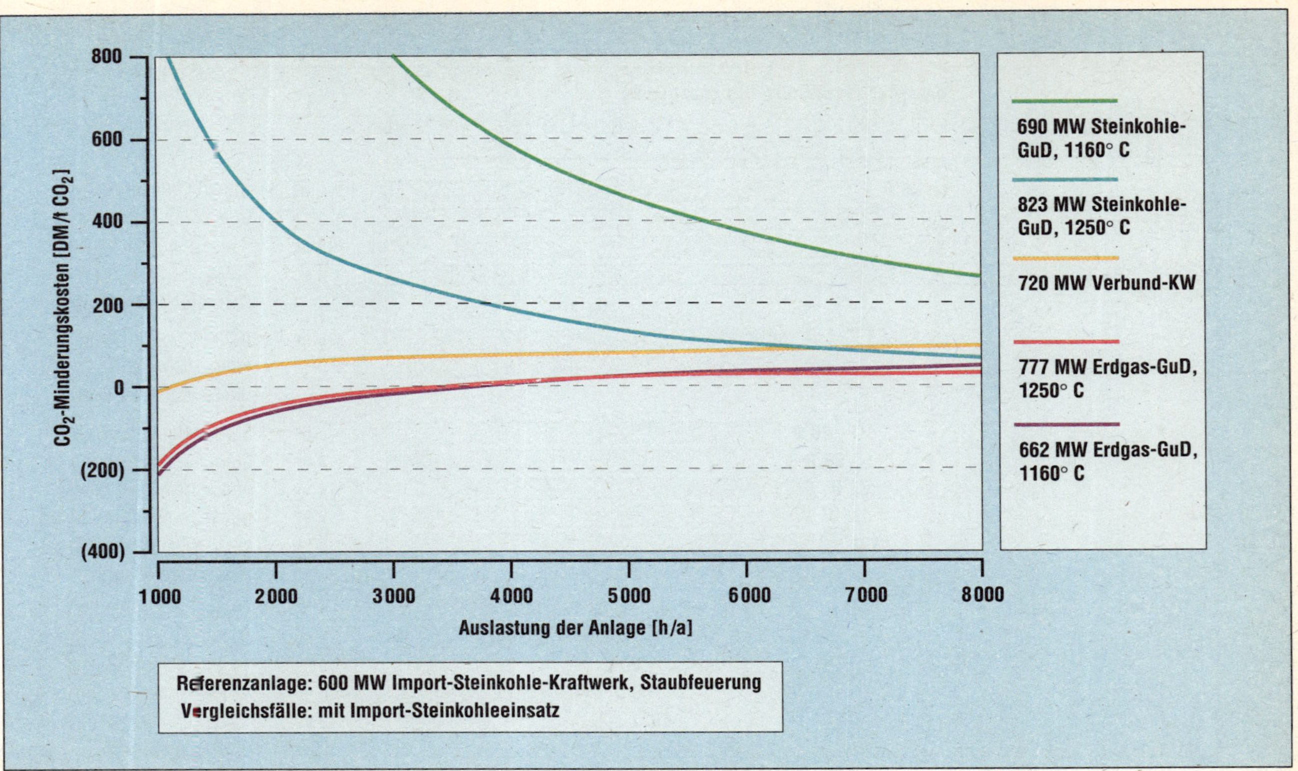

Abb. 6.2-12: CO_2-Minderungskosten verschiedener Kraftwerkstypen (IER, eigene Berechnungen)

werden (780 MW Erdgas-GuD-Kraftwerk: 57,5%; 690 MW Steinkohle-GuD-Kraftwerk, Turbineneintrittstemperatur 1160 °C: 46%; 820 MW Steinkohle-GuD-Kraftwerk, Turbineneintrittstemperatur 1 250 °C: 48,5%). Als Referenzkraftwerk dient ein heute übliches 600 MW Steinkohle-Kraftwerk (43%) mit Staubfeuerung. Für die Ermittlung der spezifischen CO_2-Minderungskosten wurde für die Kohle der Preis für Importkohle zugrunde gelegt.

Abbildung 6.2-12 zeigt, daß der Einsatz von Erdgas-GuD-Anlagen bis zu einer Auslastung von etwa 3 600 h/a zu negativen CO_2-Minderungskosten führt, d. h., bei der CO_2-Einsparung handelt es sich um eine Maßnahme, die mit einem Kostenvorteil verbunden ist. Die Minderungskosten für das Verbundkraftwerk belaufen sich auf etwa 100 DM/t CO_2. Ab einer Auslastung von ca. 6 900 h/a liegen sie höher als bei einem Steinkohle-GuD-Kraftwerk (Turbineneintrittstemperatur: 1 250 °C). Das Steinkohle-GuD-Kraftwerk mit einer Turbineneintrittstemperatur von 1 160 °C weist die höchsten CO_2-Minderungskosten auf.

CO_2-Minderungspotentiale durch Wirkungsgradsteigerung bei der Stromerzeugung

Um das zukünftige CO_2-Minderungspotential abzuschätzen, das mit der Steigerung des Wirkungsgrades von fossil befeuerten Kraftwerken verbunden ist, müßten eine Reihe von Annahmen getroffen werden, wie z. B. über die Entwicklung der Stromnachfrage, die Entwicklung der Kraftwerksstruktur und des Ersatzbedarfs. Da diese Abschätzungen mit Unsicherheiten verbunden sind, wird im folgenden ein hypothetisches Minderungspotential quantifiziert, das sich bezogen auf die Stromerzeugung des Jahres 1990 ergeben würde, wenn dieselbe Strommenge mit den im Jahr 2005 bzw. 2020 verfügbaren Kraftwerkstechniken erzeugt würde. Damit lassen sich die Größenordnungen möglicher CO_2-Minderungen durch Wirkungsgradsteigerungen verdeutlichen.

Tabelle 6.2-19 enthält eine Übersicht über die mögliche Veränderung des CO_2-Ausstoßes durch Wirkungsgradverbesserung allein in den Kondensationskraftwerken in der Elektrizitätserzeugung in Deutschland. Die Annahmen für diese Abschätzung des Minderungspotentials sind:

- Ausweis ausschließlich der Effekte einer Wirkungsgraderhöhung bezogen auf die in fossilen Kraftwerken erzeugte Strommenge des Jahres 1990
- die Zusammensetzung des Kraftwerksparks im Jahr 2005 und 2020 entspricht der des Jahres 1990 und

Tabelle 6.2-19: Mögliche Minderung der CO_2-Emissionen durch Wirkungsgradverbesserung in der Elektrizitätserzeugung (1 Mio. t SKE = 29,308 PJ = 8,15 TWh) (BMWi, 1993; IER, eigene Berechnungen)

	Einsatz Mio. t SKE/a	emittiert 1990 Mio. t CO_2/a	Veränderungen gegenüber 1990 Mio. t CO_2/a	
			2005	2020
Steinkohle	43	118,4	–21,9	– 27,9
Braunkohle	62	200,9	–69,7	– 76,6
Öl, Gas		34,0	– 7,0	– 9,1
Reduktionspotential insgesamt			–98,6	–113,2

- fortschrittliche Kraftwerkstechniken für Kondensationskraftwerke mit verbessertem Wirkungsgrad werden zum Jahr 2005 und 2020 in Betrieb genommen.

Gegenüber 1990 zeichnet sich damit im Bereich der Elektrizitätswirtschaft folgendes technisches Potential zur Verminderung der CO_2-Emissionen durch Wirkungsgradsteigerung in Kondensationskraftwerken ab:

- rund 99 Mio. t CO_2/a im Jahr 2005 und
- rund 113 Mio. t CO_2/a im Jahr 2020.

Bezogen auf die CO_2-Emissionen im Bereich der Elektrizitätswirtschaft des Jahres 1990 entspricht dies einer Minderung um rund 28% bzw. 32%.

Es sei abschließend betont, daß das hier dargestellte technische Potential zur Verminderung der CO_2-Emissionen durch Wirkungsgradsteigerungen sich nur auf fossile Kondensationskraftwerke bezieht. Die Möglichkeit zur weiteren Reduktion von CO_2 durch den Einsatz von KWK-Anlagen wird in Kapitel 6.2.5.2 beschrieben.

Abb. 6.2-13: Vergleich der Versorgung mit Strom und Wärme durch technisch mögliche Kombinationen verschiedener Umwandlungssysteme (eigene Darstellung). Nur die Schaubilder sind unmittelbar vergleichbar, die eine gleiche Endenergieerzeugung (Strom, Wärme) unterstellen. ▶

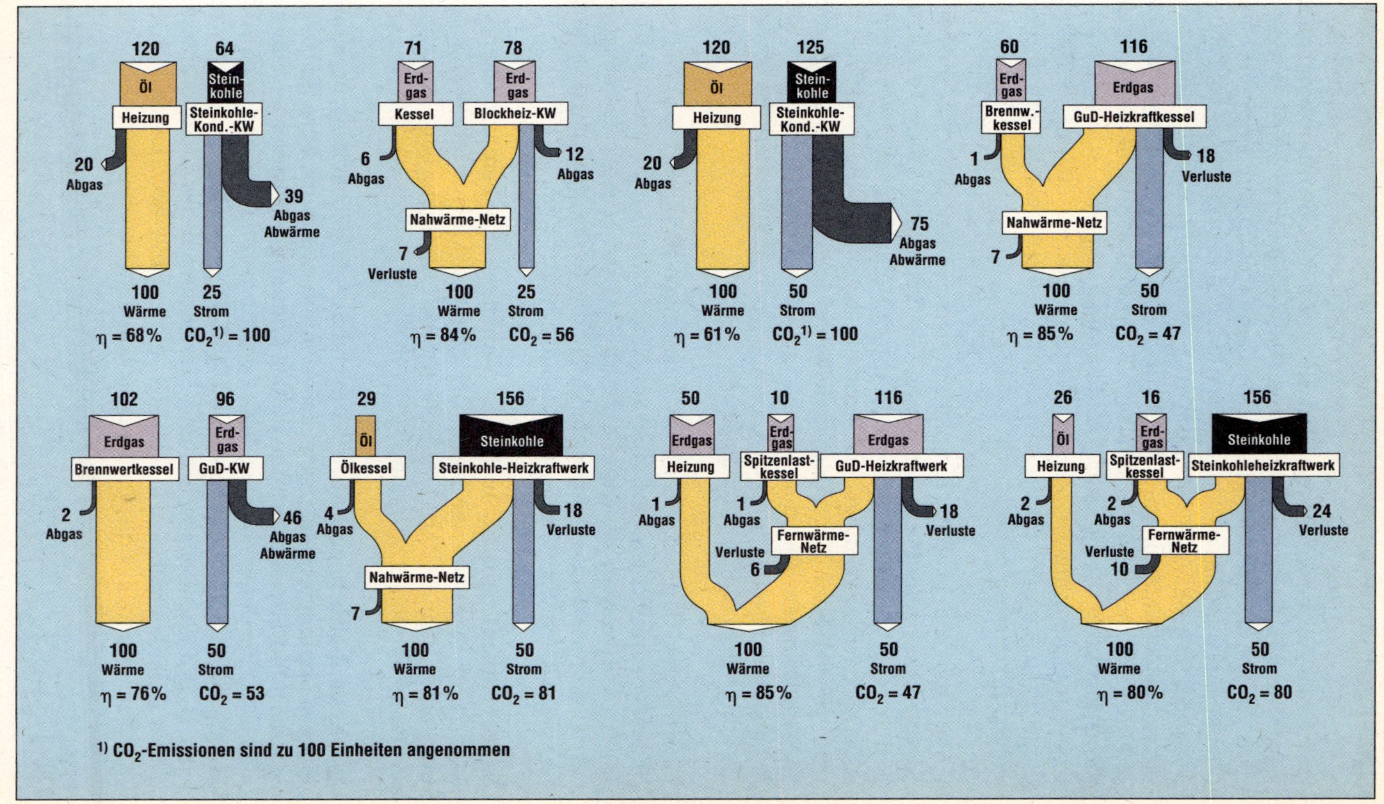

1) CO_2-Emissionen sind zu 100 Einheiten angenommen

6.2.5.2 Kraftwärmekopplung (KWK)

Unter Kraft-Wärme-Kopplung wird die simultane Gewinnung von nutzbarer Wärme und mechanischer bzw. elektrischer Arbeit in einer technischen Anlage verstanden. Hierdurch kommt es in der Regel zu einer höheren Ausnutzung der eingesetzten fossilen Energieträger als bei der getrennten Erzeugung von Strom in Kondensationskraftwerken und Wärme in Heizungsanlagen. Gelegentlich wird der Energieausnutzungsgrad der KWK mit dem Wirkungsgrad der Stromerzeugung in Kondensationskraftwerken verglichen. Ein derartiger Vergleich ist nicht sachgerecht. Aussagekräftig ist nur ein Vergleich der Erzeugung derselben Menge Strom und Wärme durch Technologien der gekoppelten und getrennten Erzeugung.

In Abbildung 6.2-13 sind exemplarisch verschiedene Systeme einer gekoppelten und getrennten Erzeugung von Strom und Wärme in bezug auf ihren Gesamtwirkungsgrad und die CO_2-Emissionen gegenübergestellt. Diese technisch möglichen Beispiele zeigen, daß die in der Realität durch Kraft-Wärme-Kopplung erzielbaren Energieeinsparungen und CO_2-Minderungen von dem jeweils gewählten Vergleichssystem der getrennten Erzeugung und den vermiedenen Emissionen der jeweils substituierten Erzeugung abhängen.

Weiterhin wird deutlich, daß CO_2-Minderungen auch durch den Wechsel von kohlenstoffreichen (Öl, Kohle) auf kohlenstoffarme Brennstoffe (Erdgas) erreicht werden können. Beide Effekte, nämlich der Technologie- und der Brennstoffsubstitutionseffekt, sind bei der Beurteilung der durch KWK möglichen CO_2-Minderung auseinanderzuhalten.

Darüber hinaus spielen auch das Verhältnis der bereitzustellenden Strom- und Wärmemenge sowie der zeitliche Verlauf (Lastgang) des Strom- und Wärmebedarfs eine Rolle für die CO_2-Bilanz einer gekoppelten und getrennten Erzeugung.

Einzelwirtschaftlich günstigere Anwendungsmöglichkeiten für Kraft-Wärme-Kopplung ergeben sich insbesondere, wenn im Einzelfall Wärmebedarf und Strombedarf (die direkte Nutzung mechanischer Energie spielt eher eine untergeordnete Rolle) synchron verlaufen und auch vom Umfang her aufeinander abgestimmt sind. Diese Voraussetzungen werden z. B. in Industriebetrieben und Einrichtungen des Kleinverbrauchsektors (Krankenhäuser, Hallenbäder, etc.) erfüllt bzw. lassen sich erschließen, indem in entsprechendem Umfang Verbraucher über Fernwärme- oder Nahwärmesysteme angeschlossen werden.

In der Praxis sind selten völlig affine Bedarfsverläufe („Lastgänge“) für Strom und Wärme anzutreffen. Lastgang-Diskrepanzen führen dazu, daß alternativ oder z. T. kombiniert:

1. überschüssiger Strom in das Netz eingespeist wird
2. KWK-Einheiten lediglich für die Wärmegrundlastabdeckung ausgelegt werden und Wärmebedarfsspitzen mit Feuerungskesseln (sog. Spitzenlastkessel) abgedeckt werden
3. die installierte KWK-Kapazität in zwei oder mehr Module aufgeteilt wird, die einzeln oder simultan betrieben werden
4. momentane Wärmeüberschüsse in wärmegedämmten Speicherbehältern oder/und im Fernwärmenetz kurzzeitig gespeichert werden
5. bei Entnahmekondensationsbetrieb die Möglichkeit gegeben ist, das Verhältnis von Nutzwärmeauskopplung und Stromerzeugung zu variieren

Die zweitgenannte Möglichkeit, bei der die KWK-Einheit zum weit überwiegenden Teil den Jahreswärmebedarf abdeckt, während der Spitzenlastkessel den restlichen Anteil der maximal erforderlichen Wärmeleistung („Wärmehöchstlast“) bereitstellt und zugleich als Reserve-Wärmeversorgungseinheit zur Verfügung steht, ist mit Ausnahme einiger Industrieanwendungen weitgehend anzutreffen. Die Unterteilung in meist gleiche Module (entspricht 3.) ist insbesondere bei gas- bzw. heizölbetriebenen Motorenanlagen anzutreffen, für die sich der Begriff „Blockheizkraftwerke“ bzw. das Kürzel „BHKW“ durchgesetzt hat. Die unter 5. genannte Flexibilität der Wärmeauskopplung ist bei fast allen neueren Heizkraftwerken vorgesehen, in denen die Energieumwandlung über Dampfprozesse stattfindet. Eine Variation der abgegebenen Nahwärmeleistung in Relation zur Stromleistung läßt sich mittels Entnahmekondensationsturbinen erreichen. Im Gegensatz zu Kondensationsturbinen, deren Abwärme an Flüsse oder an die Luft abgegeben wird und die eine geringfügig höhere Umwandlung der eingesetzten Brennstoffe in Strom ermöglichen, dafür aber keine nutzbare Wärme abgeben, läßt sich in KWK-Anlagen an der Turbine auf verschiedene Arten und in unterschiedlichem Ausmaß Wärme auskoppeln. Die höchste Brennstoffausnutzung tritt beim sogenannten Gegendruckbetrieb ein, bei dem die Strom- und Wärmeauskopplung in einem festen Verhältnis zueinander steht. Variationsmöglichkeiten der Wärmeauskopplung im Teillastbetrieb werden im begrenzten Maße, insbesondere bei Kraft-Wärme-Kopplungsanlagen auf der Basis von Gasturbinen, ausgenutzt. Aus dieser Darstellung dürfte deutlich geworden sein, daß den Anwendungsmöglichkeiten von KWK-Anlagen nicht so enge Grenzen gesetzt sind, wie eingangs vereinfachend dargestellt wurde.

Zudem kann davon ausgegangen werden, daß die Reduktion des Brennstoffeinsatzes bei Kraft-Wärme-Kopplung gegenüber noch weitgehend üblicher getrennter Strom- und Wärmeerzeugung einen Entlastungsbeitrag bezüglich der CO_2-Emission erbringt.

Gegenwärtige Situation der KWK

Aufgrund unterschiedlicher Charakteristika bei der Nachfrage nach Strom und Wärme wird im folgenden die Nutzung der KWK im industriellen Bereich und in der öffentlichen Strom- und Wärmeversorgung getrennt diskutiert. Ebenso ist die Ausgangssituation in den alten und neuen Bundesländern grundverschieden.

Alte Bundesländer

In den alten Bundesländern war im Bereich der Siedlungs-KWK (Fern- und Nahwärme-KWK) im Zuge steigender Heizölpreise von 1970 bis 1985 sowohl bei der installierten KWK-Leistung als auch bei der erzeugten Arbeit ein deutlicher Anstieg zu verzeichnen (siehe Tabelle 6.2-20).

Im Jahre 1990 betrug die in KWK-Anlagen installierte elektrische Nennleistung 8 071 MW_{el}. Bezogen auf die in den alten Bundesländern in der öffentlichen Elektrizitätsversorgung installierte Brutto-Engpaßleistung ist dies ein Anteil von ca. 9 % (VIK, 1993). Der in den KWK-Anlagen der öffentlichen Versorgung erzeugte Strom betrug 1990 13 813 GWh_{el}, was

Tabelle 6.2-20: Entwicklung der KWK in der öffentlichen Versorung in den alten Bundesländern (Prognos, 1991; AGFW, 1990)

Anlagen	installierte Leistung		erzeugte Arbeit	
	in KWK-Anlagen installierte elektrische Leistung (MW_{el})	in KWK-Anlagen installierte thermische Leistung (MW_{th})	durch KWK-Anlagen erzeugte elektrische Arbeit (GWh_{el})	durch KWK-Anlagen erzeugte thermische Arbeit (GWh_{th})
1970	3 840	12 280	7 117	24 295
1975	5 489	16 020	8 279	26 439
1980	6 819	17 965	10 507	32 485
1985	8 000	19 017	13 230	35 899
1990	8 071	19 609	13 813	36 443

einem Anteil von 3,6% der Stromerzeugung in den öffentlichen Kraftwerken entsprach (siehe Abbildung 6.2-14). Dies deutet darauf hin, daß die Anlagen vorwiegend im Mittellastbereich betrieben werden.

Die Fernwärmeeinspeisung von KWK-Anlagen der öffentlichen Versorgung lag 1990 bei 36 443 GWh_{th}. Damit beträgt die Deckungsrate durch KWK-Anlagen an der gesamten Jahres-Fernwärmeleistung ca. 79% (AGFW, 1990).

Bei der industriellen Kraft-Wärme-Wirtschaft zeichnete sich in der Vergangenheit eine andere Tendenz ab. Gemessen an der industriellen Stromeigenerzeugung ist der KWK-Anteil zwar konstant geblieben (siehe Abbildung 6.2-14), sein Anteil am gesamten industriellen Strombedarf gesunken. Wie aus Tabelle 6.2-21 hervorgeht, hat die in der Industrie installierte elektrische KWK-Leistung und der damit erzeugte Strom abgenommen. Mit der in industriellen Eigenanlagen installierten Leistung von 8 231 MW_{el} wurden 1990 29 287 MWh_{el} Strom erzeugt. Damit beläuft sich der KWK-Anteil an der industriellen Eigenerzeugung von Strom auf ca. 50%.

Im Jahr 1990 betrug die im Verarbeitenden Gewerbe installierte KWK-Leistung 6 474 MW_{el}, was einem Anteil von knapp 80% an der in der gesamten Industrie installierten Leistung von KWK-Anlagen entspricht. Mit 24 TWh_{el} werden rd. 82% des in industriellen KWK-Anlagen insgesamt erzeugten Stroms (siehe Tabelle 6.2-21) bereitgestellt. Das Verarbeitende Gewerbe (siehe Tabelle 6.2-22) deckte durch Eigenerzeugung ca. 19% seines Stromverbrauchs, davon ca. 73% durch KWK-Anlagen.

Tabelle 6.2-21: Entwicklung der industriellen Kraft-Wärme-Kopplung in den alten Bundesländern[1]) (Prognos, Öko-Institut, Eduard-Pestel Institut, 1992)

	in KWK-Anlagen installierte elektrische Leistung (MW_{el})[2])	in KWK-Anlagen erzeugte elektrische Arbeit (GWh_{el})[2])
1975	8 997	29 813
1980	8 968	32 655
1985	7 939	29 700
1990	8 231	29 287

[1]) Daten für die thermische Leistung bzw. Arbeit liegen nicht vor.
[2]) Nur Anlagen über 1 000 kW_{el}

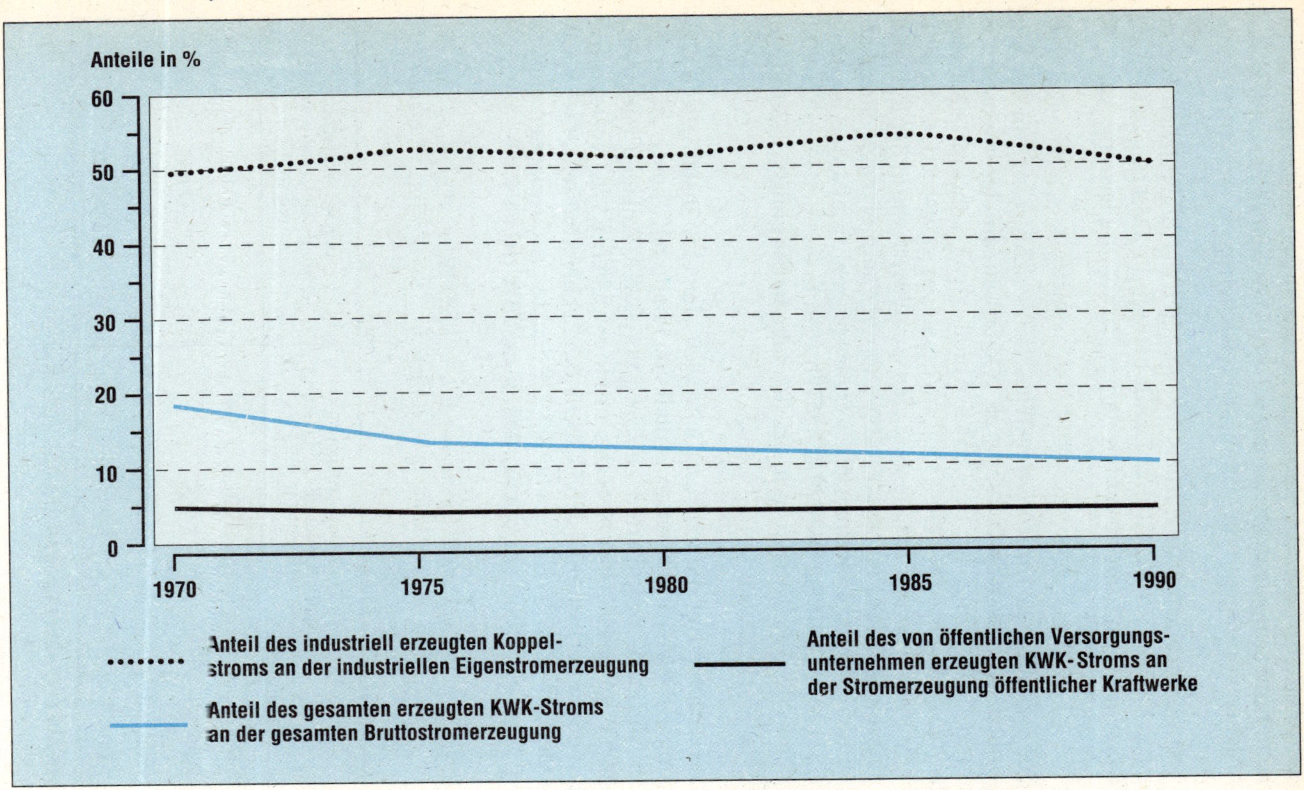

Abb. 6.2-14: Entwicklung der Kraft-Wärme-Kopplung von 1970 bis 1990 in den alten Bundesländern

Tabelle 6.2-22: Struktur des industriellen Strom- und Wärmeverbrauchs im Verarbeitenden Gewerbe 1990 in den alten Bundesländern (Pruschek, 1994)

	(TWh/a)	Anteile (%)
Strom		
Stromverbrauch insgesamt	174	*100*
Stromerzeugung in Eigenanlagen	33	*19*
Stromerzeugung in KWK-Anlagen	24	*14*
Wärme		
Endenergieverbrauch in Wärme	495	*125**)*
Endenergieverbrauch für Prozeßwärme	438	*110*
Endenergieverbrauch für Raumwärme	58	*14*
gesamter Wärmebedarf*)	397	*100*
Wärmebedarf über 550 °C	241	*61*
Wärmebedarf unter 550 °C	156	*39*
davon Wärmeerzeugung in KWK-Anlagen	54	*14*
CO_2-Emissionen (Mio. t CO_2/a)	215	

*) Annahme eines Kesselwirkungsgrades von 90%; ohne Elektrowärme (43 TWh) und Fernwärme (10,8 TWh)

**) Als Bezug wurde der gesamte Wärmebedarf gewählt

Die Stromeinspeisung in das öffentliche Netz lag bei 11% des in Eigenanlagen erzeugten Stroms (Pruschek, 1994).

Aufgrund eines insgesamt zunehmenden Stromverbrauchs hat sich der Kraft-Wärme-Kopplungsanteil an der Brutto-Stromerzeugung von 18% (1970) auf 10% (1990) vermindert (Abbildung 6.2-14) und ist auch bezogen auf die installierte Engpaßleistung der Kraftwerke von 25% (1970) auf 16% (1990) zurückgegangen.

Neue Bundesländer

In der DDR sind für Großsiedlungen, die etwa nach 1965 errichtet worden sind, durchgängig Fernwärmeversorgungen aufgebaut worden. In diese Netze sind in größerem Umfang auch Industriebetriebe und Einrichtungen des Kleinverbrauchsektors einbezogen worden. 1989 betrug der Fernwärmeanteil – gemessen am Endenergieverbrauch zur Wohnungsbeheizung und zur Beheizung im Sektor Kleinverbrauch – jeweils 16 % (Prognos, 1992, der Anteil gemessen an der Nutzenergiebedarfsdekkung müßte gut 20 % betragen). Das ist zwar verglichen mit Dänemark, wo annähernd 50 % des Heizenergiebedarfs durch Fernwärme gedeckt wird, noch gering, aber fast doppelt soviel wie in den alten Bundesländern.

Der KWK-Anteil bei der Fernwärmeerzeugung ist in den neuen Bundesländern allerdings deutlich geringer als in den alten Bundesländern. Während in den alten Bundesländern die Fernwärmeeinspeisung zu ca. ¾ aus KWK-Anlagen erfolgt, lag der entsprechende Anteil in den neuen Bundesländern nur knapp über 50% (siehe Tabelle 6.2-23). Gemessen an der Wärmeengpaßleistung beträgt der KWK-Anteil in den neuen Bundesländer nur ca. 30%, während er in den alten Bundesländern 1990 ca. 60% betrug. Hinzu kommt die in der öffentlichen Versorgung relativ geringe Stromkennziffer von 0,19 (alte Bundesländer 0,38) und ein im Vergleich zu den alten Bundesländern wesentlich schlechterer Wirkungsgrad der KWK-Anlagen. Der Grund liegt in den ineffizient arbeitenden KWK-Anlagen, die zum überwiegenden Teil mit Braunkohle befeuert werden und zudem einen hohen Verschleißgrad aufweisen.

Tabelle 6.2-23: Daten zur Fernwärmeversorgung in den neuen Bundesländern 1990[1]) (AGFW, 1990)

	Insgesamt	KWK-Anlagen	Heiz-werke
Wärmeengpaßleistung (GW_{th}) ...	16	5,2	10,8
Wärmenetzeinspeisung[2])			
(GWh_{th})	41 095	21 523	19 572
(%)	*100*	*52*	*48*
Stromerzeugung (GWh_{el})	3 227	3 227[4])	0
durchschnittliche Stromkennziffer[3]) (1)		0,19	0

[1]) In AGFW, 1990 ist nur der öffentliche Teil der Fernwärmeversorgung erfaßt. Berücksichtigt man den Teil der nichtöffentlichen Fernwärmeversorgung (genaue Angaben hierzu liegen nicht vor), so lassen sich zu den angegebenen Werten noch etwa 300 bis 400 MW_{el} und 1 bis 1,5 TWh_{el} hinzurechnen.

[2]) Fremdbezug der AGFW berücksichtigt, es wird für den Fremdbezug der AGFW gekoppelte Erzeugung unterstellt

[3]) Für die Berechnung der Stromkennziffer wurde nur Eigenerzeugung der AGFW zugrunde gelegt

[4]) gemäß AGFW lag 1991 der Wert mit 4 565 GWh_{el} deutlich höher (AGFW, 1991)

Im Verarbeitenden Gewerbe (Industrie ohne Bergbau und Raffinerien) der neuen Bundesländer belief sich 1990 die Eigenstromerzeugung auf 5,5 TWh_{el}, die in Koppelproduktion erzeugte Strommenge lag bei 4,8 TWh_{el}. Letztere entspricht einem Anteil von etwa 5% an der gesamten Bruttostromerzeugung in den neuen Bundesländern bzw. 87% der Eigenstromerzeugung. Gemessen an der gesamten elektrischen Engpaßleistung von 1990 beträgt der industrielle KWK-Anteil ca. 8%. Die Struktur des Strom- und Wärmebedarfs im Verarbeitenden Gewerbe in den neuen Bundesländern ist in Tabelle 6.2-24 dargestellt. Die Aufteilung der Struktur des Wärmebedarfs wurde analog zu den alten Bundesländern vorgenommen.

Techniken der KWK und Entwicklungsperspektiven

Die Techniken von KWK-Anlagen werden unterschieden in:

- Heizkraftwerke (HKW), bei denen Dampfkesselanlagen in Kombination mit Dampfturbinen (Dampfturbinen-Heizkraftwerk) oder zusätzlich mit Gasturbinen (Gas- und Dampfturbinen-Heizkraftwerk) mechanische Arbeit bzw. Strom und Wärme erzeugen,

Tabelle 6.2-24: Struktur des industriellen Strom- und Wärmeverbrauchs im Verarbeitenden Gewerbe 1990 in den neuen Bundesländern (Pruschek, 1994)

	(TWh/a)	Anteile (%)
Strom		
Stromverbrauch insgesamt	34	*100*
Stromerzeugung in Eigenanlagen	5,5	*16*
Stromerzeugung in KWK-Anlagen	4,8	*14*
Wärme		
Endenergieverbrauch in Wärme	167	*125*
gesamter Wärmebedarf*)	135	*100*
Wärmebedarf über 500 °C 2)	80	*60*
Wärmebedarf unter 500 °C	54	*40*
davon Wärmeerzeugung in KWK-Anlagen	12	*9,0*
CO_2-Emissionen (Mio. t CO_2/a)	87	

*) Annahme eines Kesselwirkungsgrades von 90%; ohne Elektro- und Fernwärme (17 TWh)

- Blockheizkraftwerke (BHKW), bei denen Verbrennungsmotoren oder Gasturbinen die Koppelprodukte Wärme und Strom erzeugen und
- die in der Entwicklung befindliche Technologie der Brennstoffzelle.

Zu einer kompletten Energieversorgung durch eine KWK-Anlage gehören als weitere Komponenten der Spitzenwärmeerzeuger, das Wärmeverteilungsnetz und die elektrische Einbindung in das Netz der Stromversorgung.

In Tabelle 6.2-25 sind charakteristische Daten von derzeit bzw. künftig verfügbaren KWK-Techniken dargestellt.

Bei einem Dampfturbinen-Heizkraftwerk (DT-HKW) wird in einem Dampfkessel Dampf mit hohen Zustandsparametern erzeugt und anschließend in einer Turbine, die einen Generator antreibt, entspannt. Die sog. Gegendruckanlage ist durch ein festes Verhältnis von Strom und Wärme, die Entnahme-Kondensationsanlage durch ein variables Verhältnis der Koppelprodukte gekennzeichnet. Obwohl ein Dampfturbinen-Heizkraftwerk aus technisch ausgereiften Komponenten besteht, sind weitere Verbesserungen des Wirkungsgrades durch Erhöhung der Frischdampfparameter oder Verbesserung der Regenerativvorwärmung erreichbar. Durch Verwendung neuer Werkstoffe ist es gelungen, die Frischdampftemperaturen und -drücke anzuheben und Verbesserungen an der Regenerativvorwärmung zu realisieren. So weisen jüngst in Betrieb gegangene Anlagen deutlich höhere Wirkungsgrade auf als ältere. Eingesetzt werden Dampfturbinen-Heizkraftwerke sowohl bei der Fernwärmeversorgung als auch im Verarbeitenden Gewerbe. In den alten Bundesländern sind die zuletzt errichteten Heizkraftwerke, von wenigen Ausnahmen abgesehen, mit Entnahme-Kondensationsturbinentechnik ausgestattet.

Bei einer Gasturbine (Hauptkomponente in einem „Gasturbinen-HKW" bzw. „Gasturbinen-BHKW") wird der Brennstoff innerhalb der Turbine verbrannt und die Abgase, die eine Temperatur von ca. 500 bis 600 °C aufweisen, direkt oder über einen nachgeschalteten Abhitzekessel dem Wärmeverbraucher zugeführt. Durch Einsatz neuer Werkstoffe konnte die Gasturbineneintrittstemperatur binnen 30 Jahren um 45 % gesteigert werden (Bald u.a, 1993), wodurch Verbesserungen in der Stromkennziffer eintraten. Diese Entwicklung geht weiter. Die Gasturbine wird sowohl in der Fernwärmeversorgung (installierte Leistung: 891 MW_{el} in der BRD) als auch in der Industrie (installierte Leistung 834 MW_{el} in der BRD) eingesetzt.

Die höchsten Stromkennzahlen und damit die höchste Stromausbeute unter den derzeit eingeführten KWK-Techniken lassen sich mit Gas- und Dampfturbinen-Heizkraftwerken (GuD-HKW) erreichen. Diese Kombi-

Tabelle 6.2-25: Charakteristika wichtiger KWK-Techniken (Forum für Zukunftsenergien, 1994 b; Knappstein u. a., 1993)

KWK-Anlage	Leistungsbereich (MW_{el})	Gesamtwirkungsgrad[2]) η_{ges}	Elektrischer Wirkungsgrad η_{el}	Stromkennzahl S	Temperaturniveau der ausgekoppelten Wärme (°C)	Brennstoffe
Blockheizkraftwerk	0,05–10				90–120	Erdgas
– Gasmotor		0.80–0.95	0.25–0.35	0.3–0.8		Heizöl
– Dieselmotor		0.85–0.98	0.4 –0.43	0.6–1.2		Klär-, Deponiegas, Biogas
Gasturbinen-HKW	1–100	0.70–0.85	0.15–0.33	0.40–0.70	100–300	Erdgas Heizöl
Dampfturbinen-HKW	20–250				100–250	Erdgas
– Gegendruckturbine		0.82–0.90	0.20–0.33	0.30–0.6		Heizöl
– Entnahme-Kondensationsturbine[1])		0.55–0.91	0.32–0.38	0.80–2.5		Kohle Biomasse

Fortsetzung Tabelle 6.2-25

KWK-Anlage	Leistungs-bereich (MW_{el})	Gesamt-wirkungs-grad 2) η_{ges}	Elektrischer Wirkungsgrad η_{el}	Strom-kennzahl S	Temperaturniveau der ausgekoppelten Wärme (°C)	Brennstoffe
Gas- und Dampf-turbine-HKW	20–500				400–500 3) 100–250 4)	Erdgas Heizöl
– Gegendruckturbine		0.80–0.89	0.35–0.4	0.70–0.85		Kohle
– Entnahme-Kondensationsturbine 1)		0.60–0.90	0.35–0.47	1.5 –2.7		
Brennstoffzelle	0.1–11	ca. 0,85 5)	0,4 5)	bis 0,85 5)	70 6)	Erdgas Wasserstoff

1) Werte gelten für maximale Heizleistungsentnahme
2) Der das Jahresbetriebsverhalten beschreibende Nutzungsgrad liegt unter dem Gesamtwirkungsgrad
3) wenn aus der Gasturbine ausgekoppelt wird
4) wenn aus der Dampfturbine ausgekoppelt wird
5) Daten der Ruhrgas/Thyssengas-Demonstrationsanlage (Phosphorsäure-Brennstoffzelle)
6) Hochtemperatur-Brennstoffzellen (SOFC, MCFC) können Wärme auf wesentlich höherem Temperaturniveau auskoppeln, sind aber momentan noch in der Entwicklung

nation einer Gasturbine mit einer nachgeschalteten Dampfturbine verbindet die Vorteile beider Prozesse (Gasturbine: hohe Temperatur bei der Wärmezufuhr; Dampfturbine: niedrige Temperatur bei der Wärmeabfuhr). Durch das nachträgliche Vorschalten einer Gasturbine vor eine bestehende Dampfkraftanlage lassen sich vor allem im industriellen Bereich aufgrund der erzielbaren Steigerung des elektrischen Wirkungsgrades gegenüber einem reinen Dampfturbinen-Heizkraftwerk noch erhebliche Einsparpotentiale erschließen (Hofer, 1992).

Der Begriff Blockheizkraftwerk (BHKW) stammt aus den Anfangszeiten der Elektrifizierung, als erste Blockkraftwerke die Stromversorgung von Häuserblocks und Städten übernahmen. Unter BHKW sind die in KWK arbeitenden Verbrennungsmotoranlagen zusammengefaßt, manchmal werden auch in KWK-betriebene Gasturbinen als BHKW bezeichnet. Eine Einheit, bestehend aus den Hauptkomponenten Antriebsmaschine, Generator, den Anlagen zur Abwärmenutzung und Spitzenkesselanlage wird als BHKW bezeichnet. Durch das relativ niedrige Temperaturniveau der Abwärme bei verbrennungsmotorischen BHKW sind die Anwendungsmöglichkeiten in der Regel auf die Deckung des Niedertemperaturwärmebedarfs beschränkt. Typische Versorgungsobjekte dieser BHKW-Anlagen, deren installierte Leistung 1992 in der gesamten Bundesrepublik knapp 600 MW_{el} betrug (Muders, 1993), sind Krankenhäuser, Freizeitzentren mit Hallenbädern, Industrie- und Gewerbebetriebe sowie Nahwärmenetze.

Auf der Basis von gasbetriebenen Motoren werden inzwischen sehr kleine Kraft-Wärme-Kopplungs-Einheiten angeboten, die sich beispielsweise an den Energiebedarf von Mehrfamilienhäusern oder kleinen Gewerbebetrieben anpassen lassen.

Die Brennstoffzelle wurde bis vor kurzem nur in speziellen Anwendungen in der Raumfahrt eingesetzt. In der jüngsten Vergangenheit ist in der Bundesrepublik der Betrieb zweier kleiner Versuchsanlagen mit Wärmeauskopplung aufgenommen worden (Knappstein u. a., 1993). In Tokio wird bereits ein Brennstoffzellenkraftwerk mit 11 MW installierter elektrischer Leistung betrieben (Parker, 1993). Bis zum eventuellen Erreichen der Marktreife ist noch mit einer längeren Entwicklungsphase zu rechnen.

Brennstoffzellen weisen gegenüber den anderen vorgestellten KWK-Techniken theoretisch besonders hohe elektrische Wirkungsgrade und niedrige Schadstoffemissionen auf.

CO_2-Minderungspotentiale durch Ausbau der Kraft-Wärme-Kopplung

Jede Berechnung der Energieeinsparung und CO_2-Minderung durch den Ausbau der KWK beruht auf einem Vergleich der gekoppelten und der getrennten Erzeugung von Strom und Wärme. Der Vergleich des CO_2-Ausstoßes bei gekoppelter mit dem bei getrennter Erzeugung fällt dabei um so günstiger für die KWK aus, je mehr kohlenstoffreiche Brennstoffe (z. B. Steinkohle, Braunkohle) im getrennten Erzeugungssystem und je mehr kohlenstoffarme Brennstoffe (z. B. Erdgas, Erdöl) im gekoppelten Erzeugungssystem eingesetzt werden. So sind für die CO_2-Minderungspotentiale der KWK zwei Effekte zu unterscheiden:

- CO_2-Entlastung durch energiesparende Technik (Einspar- oder Technologieeffekt),
- CO_2-Minderung durch Brennstoffsubstitution (Substitutionseffekt).

Unter dem Einspar- oder Technologieeffekt versteht man die durch den KWK-Prozeß erzielbare höhere Brennstoffausnutzung gegenüber der getrennten Erzeugung von Strom in einem Kondensationskraftwerk und von Wärme in einer Heizanlage. Um den Einspareffekt und dessen Auswirkungen zu ermitteln, müssen die gekoppelte und die getrennte Strom- und Wärmeerzeugung beim Einsatz der gleichen Energieträger gegenübergestellt werden.

Der Substitutionseffekt ergibt sich aus dem Wechsel des Brennstoffs. Dadurch können sich die CO_2-Emissionen vermindern oder erhöhen. Wie groß die effektiven Einsparungen durch Brennstoffsubstitution sind, kann nur im konkreten Fall gesagt werden [20].

Die aktuellste Betrachtung zur energiewirtschaftlichen Entwicklung der Bundesrepublik ist die vom Bundeswirtschaftsministerium in Auftrag gegebene Untersuchung der Prognos AG aus dem Jahre 1992 mit dem Kurztitel „Energiereport 2010" (Prognos, 1992). Darin wird prognostiziert, daß der Fernwärmeanteil (als Voraussetzung eines verstärkten KWK-Einsatzes) bezogen auf den Endenergieverbrauch bundesweit betrachtet annähernd konstant bleiben wird. Hieraus läßt sich schließen, daß für eine nennenswerte Ausweitung der KWK Impulse, wie Förder-

---

[20]) Grundsätzlich sind Konstellationen möglich, wo der Einsatz der KWK die CO_2-Bilanz gegenüber der getrennten Strom- und Wärmeerzeugung verschlechtert. Dies trifft z. B. zu, wenn die gekoppelte Strom- und Wärmeerzeugung eines Steinkohleheizkraftwerkes (wie z. B. die des relativ neuen Steinkohle-Heizkraftwerks Altbach, Block 5) die getrennte Stromerzeugung in einem Erdgaskraftwerk (z. B. Kondensationskraftwerk Staudinger, Block 4) und die Wärmeerzeugung in Erdgasheizkesseln substituiert.
So können sich die CO_2-Minderungseffekte der gekoppelten Erzeugung im Vergleich zur getrennten Erzeugung je nach Brennstoff und Technologie von +64% bis –39% bewegen (Conrad, 1992). In Potentialstudien werden brennstoff- und technologiebedingte Effekte in der Regel nicht getrennt. Es kann aber davon ausgegangen werden, daß sich die CO_2-Minderungspotentiale beim Ausbau der KWK zum überwiegenden Teil aus der Substitution kohlenstoffreicher durch kohlenstoffarme Brennstoffe ergeben (Fahl u. a., 1994 a).

programme oder Veränderungen der Rahmenbedingungen, erforderlich sind.

Entsprechende Eingriffe, die eine Abweichung von der in Prognos (1992) skizzierten Status-quo-Entwicklung bewirken sollen, müssen in erster Linie an volkswirtschaftlichen Kriterien gemessen werden. Die betriebswirtschaftliche Perspektive oder Aussagen zum technisch erreichbaren Potential sind demgegenüber in diesem Zusammenhang als nachrangig einzuordnen.

In den von der Enquete-Kommission initiierten Studien zur Abschätzung der CO_2-Minderungspotentiale durch KWK sind die Ergebnisse der Prognos-Studie von 1992 in bezug auf die zahlenmäßige Ausprägung als Orientierungsgröße verwendet worden.

Die Enquete-Kommission hat im Bereich KWK drei Studien in Auftrag gegeben:

- Schulz, Traube, Salmen 1994
- Pruschek 1994
- Prognos/IFE 1994.

Die Studien werden im folgenden vorgestellt. Sie stellen nicht in allen Punkten die Meinung der Kommission dar. Kritische Stellungnahmen der Sachverständigen Kommissionsmitglieder Prof. Dr-Ing. Voß und Prof. Dr. Hennicke sind im Anschluß an die Darstellung der Studien angefügt.

KWK-Potentiale im Bereich der Fern- und Nahwärmeversorgung

Der Darstellung der Energie- und CO_2-Einsparpotentiale durch Ausbau der KWK im Bereich der Nah- und Fernwärmeversorgung liegen zwei Studien zugrunde, die durch die Enquete-Kommission initiiert bzw. finanziert worden sind. In Schulz, Traube, Salmen, 1994 wurden für die alten und die neuen Bundesländer die Potentiale der Treibhausgasminderung durch Ausbau der Fernwärmeerzeugung durch KWK-Anlagen quantifiziert. Die Prognos AG hat CO_2-Reduktionen im Bereich der öffentlichen und nicht-öffentlichen Stromversorgung einschließlich der Kraft-Wärme-Kopplung sowie Möglichkeiten der Stromeinsparung auf der Nachfrageseite für die neuen Bundesländer untersucht (Prognos, IfE, 1994). In der erstgenannten Studie beschränkt sich die Untersuchung auf eine Fern- bzw. Nahwärmeversorgung der Verbrauchssektoren Haushalte und Kleinverbrauch.

Alte Bundesländer

In Schulz, Traube, Salmen, 1994 werden unter verschiedenen wirtschaftlichen Prämissen erschließbare Fernwärmepotentiale, Angaben zum Umfang der jeweiligen gekoppelten Stromerzeugung bei der Erschließung der Potentiale und die damit verbundenen CO_2-Emissionen bzw. die CO_2-Minderungspotentiale dargestellt.

Dabei werden gemeindeweise Einzeldaten zur Gebäudestruktur und zur Zahl der Beschäftigten im Sektor Kleinverbrauch sowie Einwohnerzahlen und Siedlungsdichteangaben berücksichtigt. Städte werden detaillierter betrachtet als dörfliche Gemeinden. Die statistischen Angaben sind im ersten Schritt in eine gebäudetypologische Betrachtung überführt worden und anschließend für eine siedlungstypologische Untergliederung mit jeweils spezifischen Nah-/Fernwärmeverteilungsbedingungen weiterverarbeitet worden. Für eine forcierte Fernwärmestrategie wird unterstellt, daß bis etwa 2020 stadtweite Fernwärmenetze zustande kommen, die, ähnlich wie bereits in Dänemark realisiert, geschlossene Bebauungen weitgehend erfassen, so daß sukzessive möglichst große Fernwärmeversorgungseinheiten mit entsprechend günstigen Wärmeerzeugungsbedingungen zustande kommen.

Eine Beurteilung der Nah-/Fernwärmemöglichkeiten erfolgt in erster Linie nach volkswirtschaftlichen und in zweiter Linie nach betriebswirtschaftlichen Kriterien. Als Kosten gehen in die Betrachtung ein: die Wärmeverteilung und -erzeugung sowie Anlaufverluste und eine Verdrängung von Gasversorgung. Bei den Einnahmen kommen Fernwärmepreise und Stromgutschriften zum Tragen.

Die Wärmeverteilungskosten werden von längenspezifischen Verlegekosten und Hausanschlußkosten ausgehend untergliedert nach Unter-, Mittel- und Hauptverteilleitungen hergeleitet, wobei innerhalb von Städten nach 10 Siedlungstypen unterschieden wird und bei Groß- und Mittelstädten auch notwendige Haupttrassenlängen und -kosten eingeschätzt werden.

Die Wärmeerzeugungskosten sind für KWK-Anlagen unterschiedlicher Größenordnung und Technik über Umfragen bei Betreibern und Herstellern erfaßt worden.

Zur Bewertung des erzeugten KWK-Stroms sind die Stromerzeugungskosten eines 500 MW-Steinkohlekraftwerkes als Gutschrift eingesetzt worden. Dem liegt zugrunde, daß im Referenzfall getrennter Strom- und Wärmeerzeugung Mittellastkraftwerke dieses Typs den entsprechenden Strom erzeugen würden. Zudem sind Einsparungen bei der Stromübertragung in die Berechnungen der Gutschrift eingegangen, die dadurch entstehen, daß kommunale KWK sich an Stromverbrauchsschwerpunkten befinden, während Mittellastkraftwerke meist außerhalb der Städte stehen.

Neben den Wärmeverteilungs- und -erzeugungskosten sind erzielbare Fernwärmepreise in die Wirtschaftlichkeitsbetrachtung eingegangen. Für deren Ermittlung wurden für verschiedene Gebäudetypen Heizkostenanalysen auf der Basis einer Ölheizung und auf Basis eines Fernwärmeanschlusses gegenübergestellt. Der für Fernwärme ungünstigste Fall diente schließlich als Grundlage für die Festlegung des erzielbaren Fernwärmepreises.

Als bedeutender Kostenpunkt sind Anlaufverluste in die Berechnung eingegangen, die dadurch entstehen, daß Verbraucher mit dem Anschluß warten, bis vorhandene Heizanlagen saniert werden müssen, so daß die Fernwärmeversorgungsanlagen erst nach Jahren ausgelastet sind.

Weiterhin sind Kosten für eine allmähliche Verdrängung der Erdgasversorgung in fernwärmegeeigneten Gebieten berücksichtigt. Nach einer im Rahmen der Untersuchung von Schulz, Traube, Salmen, 1994 durchgeführten Befragungsaktion entspricht bei einigen Fernwärmeversorgungsunternehmen der Ersatz von Erdgasversorgung durch Fernwärme bereits der Praxis. Um die positiven Effekte, die sich durch möglichst geschlossene Fernwärmegebiete ergeben, ausnutzen zu können, ist das Zurückdrängen dezentraler Gasversorgung gemäß Schulz, Traube, Salmen, 1994 zwingend erforderlich. Erdgasversorgung ist gerade in besonders fernwärmegeeigneten Gebieten stark vertreten. Volkswirtschaftlich gesehen wird dieser Übergang als unproblematisch eingestuft, zumal er in einzelnen Stadtteilen zwar zügig, aber insgesamt in langen Zeiträumen stattfindet, so daß eine Orientierung nach Alter der Gasversorgungsanlagen möglich ist. Schließlich führt der Wechsel zu einer Verringerung des Brennstoffeinsatzes und der CO_2-Emissionen. Außerdem werden die Absatzeinbußen durch verstärkten Einsatz in KWK-Anlagen kompensiert.

In Schulz, Traube, Salmen, 1994 wird der Realisierung hoher CO_2-Minderungspotentiale durch KWK eine höhere Chance eingeräumt, wenn sie im volkswirtschaftlichen Sinne mindestens kostenneutral erfolgen kann. Dies setzt voraus, daß sich die Ausbaugeschwindigkeit insgesamt an Erneuerungszyklen orientiert. So wird eine Umsetzung der errechneten Potentiale bis 2020 nur für wahrscheinlich gehalten, wenn bereits 1995 entsprechende Impulse existieren.

In Anlehnung an diesen Aktionszeitraum und in Anbetracht dessen, daß den Wirtschaftlichkeitsanalysen jeweils Bedingungen über die gesamte Anlagen-Lebensdauer zugrunde liegen sollten, sind die in dem Analyseraster vorgegebenen Energiepreisentwicklungen des Zeitraums von 1995 bis 2020 über finanzmathematische Durchschnittspreise berücksichtigt worden.

BHKW in Einzelobjekten sind nicht näher betrachtet worden. Ihnen wird in Schulz, Traube, Salmen, 1994 eine Bedeutung für Kleinstädte beigemessen, in denen eher nur kleine Netze zur Versorgung von Mehrfamilienhäusern und größeren Einrichtungen des Kleinverbrauchs zustande kommen würden. Weiterhin können sie zu einer Verbesserung der Anschlußentwicklung beitragen, indem sie der Wärmeversorgung von Nahwärmezellen dienen, die zu einem späteren Zeitpunkt in größere Netze eingebunden werden (technische Lebensdauer von BHKW-Modulen ca. 15 Jahre).

Unter Berücksichtigung der genannten Einzelposten sind Wirtschaftlichkeitsbetrachtungen mit Hilfe eines Tabellenkalkulationsprogramms jeweils für einzelne Gemeinden durchgeführt worden. In einer sogenannten Grundvariante wurde ein Fernwärmepotential ermittelt, bei dem durch Überschüsse aus günstigeren Siedlungstypen der Anschluß weniger fernwärmegeeigneter Siedlungstypen im Grenzfall (z. B. bei Kleinstädten) soweit mitfinanziert wurde, bis das Betriebsergebnis je Stadt zu Null wurde (Quersubventionierung). Es sind aber auch Varianten behandelt worden, in denen auf dieses Subventionsprinzip verzichtet wurde. Weiterhin sind betriebswirtschaftlich orientierte Varianten bearbeitet worden, bei denen die gewünschte Amortisationszeit durchgängig auf ⅔ der üblichen technischen Anlagen-Lebensdauer gekürzt wurde. Schließlich sind diverse Sensitivitätsanalysen durchgeführt worden.

Die Ermittlung der CO_2-Minderungspotentiale für die Jahre 2005 und 2020 erfolgte schließlich, indem die gekoppelte Strom- und Wärmeerzeugung und die damit verbundenen CO_2-Emissionen einer getrennten Wärmeerzeugung (gemäß Prognos, 1992) und Stromerzeugung (Mittellast-Steinkohlekraftwerk) gegenübergestellt wurden.

Als maßgebliche Variante wird eine sog. Grundvariante präsentiert, die folgende Annahmen beinhaltet:

- volkswirtschaftliche Sichtweise, die für 2005 und 2020 Ergebnisse liefert
- Potentialausschöpfung bis zum Jahre 2020
- Prinzip der Quersubventionierung unter Siedlungstypen je Stadt
- bei Fernwärmenetzen bis zu 500 MW_{th} Höchstlast (entspricht 1,3 TWh_{th}/a) erdgasbetriebene KWK-Anlagen, darüber KWK-Einheiten mit Steinkohle und Spitzenlastkessel mit Erdgas

Als Referenzfall der autonomen Entwicklungen bei der Wärmeversorgung und damit auch der unbeeinflußten Entwicklung auf dem Fernwärmesektor dient der bereits genannte „Energiereport 2010" (Prognos, 1992).

Für die Grundvariante (vgl. Tabelle 6.2-26) errechnet sich ein bis 2020 realisierbares Fernwärmeversorgungspotential von 266 TWh_{th}/a (angegeben als Endenergie Fernwärme), das mit einer gekoppelten Stromerzeugung von 214 TWh_{el}/a verbunden ist. Das entspricht der Hälfte des Wärmebedarfs für Raumwärme und Warmwasserbereitung in den Verbrauchssektoren Haushalte und Kleinverbrauch. Die Stromerzeugung nimmt gemessen an der für 2010 im „Energiereport 2010" (Prognos, 1992) prognostizierten Gesamterzeugung in den alten Bundesländern einen Anteil von ca. 40 % ein. Der Zuwachs gegenüber Status-quo beträgt in Anlehnung an Prognos, 1992 im Jahre 2020 bei der Fernwärme 203 TWh_{th}/a und bei der gekoppelten Stromerzeugung 183 TWh_{el}/a. Diese Steigerung der Siedlungs-KWK würde im Jahre 2020 eine CO_2-Entlastung von 84 Mio. t/a bewirken.

Eine stärkere Präsenz von GuD-Anlagen auch bei großen Fernwärmesystemen (oberhalb von 500 MW_{th} Höchstlast) könnte die Entlastung noch erhöhen. Jedoch ist gemäß Schulz, Traube, Salmen, 1994 zu beachten, daß die gekoppelte Stromerzeugung aufgrund hoher Stromkennziffern bei GuD-Anlagen Ausmaße erreichen könnte, die weit über den Bedarf an Mittellaststrom im Jahre 2020 hinausgehen [21)].

Die Wirkung des eingangs genannten Substitutionseffektes wird z. T. deutlich, wenn das Ergebnis für den Fall betrachtet wird, daß Erdgas-KWK-Anlagen nur für Fernwärmesysteme mit bis zu 0,4 TWh_{th}/a, entsprechend ca. 200 MW_{th} Höchstlast zum Einsatz kämen und wenn darüber hinaus (z. B. aus betriebswirtschaftlichen Erwägungen) Importkohle verwendet würde. Bei unverändertem Fernwärmepotential würde sich das CO_2-Entlastungspotential auf 59 Mio. t CO_2/a reduzieren (Schulz, Traube, Salmen, 1994). In diesem Unterschied von 25 Mio. t CO_2/a zum Ausgangsfall ist allerdings auch ein Technologieeffekt verborgen: Geringere Stromkennziffern der Kohle-HKW gegenüber GuD-Anlagen führen zu einer Verminderung der Stromerzeugung aus KWK-Anlagen um 12 %.

Aus den betriebswirtschaftlichen Analysen geht hervor, daß das Fernwärmepotential 240 TWh/a betragen würde, wenn eine Stromvergütung

---

[21)] Bereits der in der Grundvariante ermittelte Zuwachs an KWK-Strom überschreitet das Mittellaststromangebot geringfügig, das dem „Energiereport 2010" (Prognos, 1992) als „Stromerzeugung aus Steinkohle" zu entnehmen ist und dort für 2010 zu 171 TWh_{el}/a eingeschätzt ist. Dieser rechnerische Überhang würde gemäß Schulz, Traube, Salmen, 1994 nicht rechtfertigen, von dem Prinzip, ein Steinkohle-Mittellast-Kraftwerk als Referenzfall der KWK-Stromerzeugung zu nehmen, abzurücken und die CO_2-Entlastung über die Emissionssituation des gesamten Kraftwerkparks zu ermitteln.

Tabelle 6.2-26: Siedlungs-KWK-Potentiale in den ABL und CO_2-Entlastungspotentiale zusätzlich zur Referenzentwicklung (Schulz, Traube, Salmen, 1994)

Alte Bundesländer	2005	2020
Ermitteltes Siedlungs-KWK-Potential:		
Nah-/Fernwärme (TWh/a)	136	266
gekoppelte Stromerzeugung (TWh/a)	96	214
Siedlungs-KWK im Referenzfall:		
Nah-/Fernwärme (TWh/a)	56	63
gekoppelte Stromerzeugung (TWh/a)	23	31
zusätzliches Siedlungs-KWK-Potential:		
Nah-/Fernwärme (TWh/a)	80	203
gekoppelte Stromerzeugung (TWh/a)	73	183
CO_2-Entlastung durch das zusätzliche Siedlungs-KWK-Potential:		
CO_2-Belastung im Rahmen der KWK (Mio. t CO_2/a)	46	117
CO_2-Entlastung durch Wärmeerzeugung (Mio. t CO_2/a)	26	62
CO_2-Entlastung durch Stromerzeugung (Mio. t CO_2/a)	55	139
Gesamt-CO_2-Entlastung (Mio. t CO_2/a)	35	84

einfließen würde, wie sie durchschnittlichen vertragsmäßigen Bedingungen in der Phase zwischen 1995 und 2020 entsprechen dürfte (300 DM/ kW_{el} pro Jahr zzgl. 80 DM/MWh_{el}), und auf das Prinzip der Quersubventionierung verzichtet wird. Verglichen mit dieser Variante würde eine um 10 % verminderte Stromvergütung das Fernwärmepotential um 9 % reduzieren.

Für die volkswirtschaftlich orientierte Grundvariante würde das Wegfallen der Quersubventionierung eine 10%ige Verminderung des Fernwärmepotentials nach sich ziehen. Werden die Betriebsergebnisse für die größeren Städte im Westen aufaddiert, dann ergibt sich ohne Quersubventionierung bei Realisierung des Potentials gemäß Grundvariante ein finanzieller Gewinn von 5,5 Mrd. DM/p.a. und bei Betrachtung mit Quersubventionierung zwischen Siedlungstypen von ca. 5 Mrd. DM/ p.a. (jeweils ohne Berücksichtigung der gegenwärtig existierenden Siedlungs-KWK und im Vergleich zu einer getrennten Erzeugung als Referenzsituation). Diese Mittel könnten dazu dienen, die betriebswirtschaftlichen Voraussetzungen der Fernwärmeerschließung erheblich zu verbessern, indem entsprechend ausgestattete Fernwärmeförderprogramme aufgelegt werden.

Neue Bundesländer

Die beiden genannten Studien, die sich mit der Siedlungs-KWK in den neuen Bundesländern beschäftigt haben (Prognos, IfE, 1994; Schulz, Traube, Salmen, 1994), weisen Unterschiede in den Grundannahmen auf, so daß von vornherein divergierende Ergebnisse zu erwarten sind. Während in Schulz, Traube, Salmen, 1994 der Ansatz verfolgt wird, daß die zukünftige Wärmeversorgung (langfristig gesehen) durch Eingriffe in eine gewünschte Richtung umgelenkt werden kann, wird in Prognos, IfE, 1994 davon ausgegangen, daß die sich abzeichnenden Kräfte des Marktes auf lange Sicht limitierend wirken. Das hat vor allem Konsequenzen für die Beurteilung der zukünftigen Aufteilung des Wärmemarktes. So wird in Prognos, IfE, 1994 die gegenwärtig sich abzeichnende Expansion des Erdgasversorgungsanteils gerade in den fernwärmegeeigneten Gebieten als eine den KWK-Ausbau stark beeinträchtigende Barriere gesehen.

Ansonsten ist in Prognos, IfE, 1994 das Augenmerk vor allem auf den Elektrizitätssektor gerichtet. Potentialangaben sind durchgängig in Leistung und nicht als Arbeitsgröße angegeben. Die Ermittlung von Fernwärmeanschlußpotentialen ist zudem mit pauschaleren Ansätzen erfolgt als in Schulz, Traube, Salmen, 1994.

Es folgt ein kurzer Abriß über die beiden Untersuchungen, wobei mit Schulz, Traube, Salmen, 1994 begonnen wird.

Die Methodik ist gegenüber den alten Bundesländern im wesentlichen unverändert geblieben. Es sind aber mangels vorhandenen statistischen Datenmaterials in höherem Maße Pauschaldaten verwendet worden, die sich beispielsweise an existierende Bedingungen der alten Bundesländer orientieren.

Für die volkswirtschaftliche Grundvariante (Quersubventionierung, bis 500 MW_{th} Höchstlast KWK auf Basis Erdgas) ergibt sich ein Fernwärmeversorgungspotential von 60 TWh/a, entsprechend ca. 45% des Wärmebedarfs für Raumwärme und Warmwasserbereitung in den Sektoren Haushalt und Kleinverbrauch, gekoppelt mit einer Stromerzeugung von 45 TWh/a. Gegenüber dem im „Energiereport 2010" (Prognos, 1992) beschriebenen Status-quo entspricht dies im Jahre 2020 einem Zusatzpotential bei der Nah- und Fernwärme von 32 TWh_{th}/a und stromseitig von 22 TWh_{el}/a. In Anbetracht dessen, daß die CO_2-arme Erdgas- und Fernwärmeversorgung im Jahre 2020 im Referenzfall einen Versorgungsanteil von zusammen 60 % aufweist, beträgt die CO_2-Entlastung durch Ausschöpfung des KWK-Potentials lediglich rund 9 Mio. t CO_2.

Für einen Zuwachs bei der Fernwärmeversorgung im Osten wird es gemäß Schulz, Traube, Salmen, 1994 als wichtig erachtet, daß gegenwärtig stattfindende und zukünftig in noch stärkerem Maße eintretende Fernwärmeabsatzeinbußen, die durch Abgang von Verbrauchern (Betriebsschließungen, Wechsel auf andere Energieträger) und sparsameren Umgang mit Energie (Einführung der verbrauchsabhängigen Abrechnung) verursacht werden, durch Anschluß weiterer Gebiete kompensiert werden. Beispielsweise sollten die meist dichtbesiedelten Gründerzeitviertel sowie die Mehrfamilienhaus-Stadtteile, die in dem Zeitabschnitt von 1950 bis etwa 1965 entstanden sind, im Zuge der gegenwärtig stattfindenden bzw. beginnenden Sanierungsmaßnahmen systematisch an Fernwärme angeschlossen werden.

Entsprechend ist es laut Schulz, Traube, Salmen, 1994 in den neuen Bundesländern noch wichtiger, unverzögert für Impulse zu sorgen, die zu einer stärkeren Berücksichtigung der KWK-Möglichkeiten führen. Da bei der Wärmeversorgung im Osten gegenwärtig insgesamt ein hoher Erneuerungsbedarf existiert, wird von einer zügig verlaufenden Realisierung des Potentials ausgegangen. Bei den Berechnungen wurde unterstellt (siehe Tabelle 6.2-27), daß bereits im Jahre 2005 zwei Drittel des Zusatzpotentials realisiert sein würden.

Aus der Bearbeitung der Prognos AG zum KWK-Potential der neuen Bundesländer (Prognos, IfE, 1994) geht folgendes hervor:

Das technisch mögliche nah-/fernwärmegeeignete Potential wird gemessen am gesamten Wärmeleistungsbedarf für Raumwärme und Warmwasserbereitung der Verbrauchssektoren Haushalte und Kleinverbrauch für 2005 mit 61 % und für 2020 mit 66 % angegeben (das ist ein deutlich höherer Anteil als in Schulz, Traube, Salmen, 1994 ermittelt, s. o.). Hiervon wird ein Gasausbau abgezogen, der sich aus autonomer Entwicklung in fernwärmegeeigneten Gebieten ergeben würde. Hierdurch reduziert sich das Fernwärmepotential im Jahre 2020 auf 28 %. Unter Berücksichtigung eines nahezu konstanten Fernwärmeversorgungsanteils im Status-quo errechnet sich für 2020 ein zusätzliches Potential von gerade 10 % des Wärmeleistungsbedarfs für Raumwärme und Warmwasserbereitung der Verbrauchssektoren Haushalte und Kleinverbrauch.

In einer weiteren Variante wurde von einer koordinierten Strategie des Gasausbaus ausgegangen, in der der Gasversorgungsanteil für die neuen Bundesländer gegenüber der Referenzentwicklung um 10 % niedriger angesetzt ist, so daß für Gebiete mit hoher Eignung für Fernwärmeversorgung auf Gasversorgungsanlagen verzichtet wird. Bis 2020 ließe sich unter dieser Voraussetzung das Zusatzpotential auf 13 % des Wärmebedarfs steigern.

In Prognos, IfE, 1994 werden die CO_2-Emissionen und die entsprechenden Kosten für die Bereiche „Industrielle KWK“ und „Fernwärmeversorgung durch KWK“ nicht getrennt ausgewiesen. Um dennoch zu Richtgrößen für den Bereich der Fernwärmeversorgung zu gelangen, wurden die entsprechenden Daten über den Anteil der Fernwärme am zusätzlich zur Referenz erschließbaren Gesamtpotential abgeleitet. Dadurch ergeben sich unter der Prämisse eines koordinierten Gasausbaus und einer Substitution von konventionellen Steinkohlekraftwerken durch KWK-Anlagen CO_2-Emissionsminderungen gegenüber der Referenzvariante von ca. 5 Mio. t im Jahr 2005 und ca. 4 Mio. t im Jahr 2020. Die etwas geringeren CO_2-Einsparmöglichkeiten im Jahr 2020 sind darauf zurückzuführen, daß die durch KWK-Anlagen ersetzten Kraftwerke zum Teil effizienter arbeiten würden als die Anlagen im Jahr 2005. Ein Ersatz dieser CO_2-günstigeren Kraftwerke hat geringere Spareffekte zur Folge. Hinzu kommt, daß die Energieträgerstruktur auf dem Wärme- und Strommarkt im Jahre 2020 gegenüber 2005 insgesamt CO_2-ärmer ist, woraus niedrigere CO_2-Gutschriften für die bereitgestellte Wärme resultieren.

Die folgende Kostenabschätzung basiert ausschließlich auf der Abschätzung der Studie von Prognos, IfE, 1994.

Tabelle 6.2-27: Siedlungs-KWK-Potentiale in den NBL und CO_2-Entlastungspotentiale zusätzlich zur Referenzentwicklung (Schulz, Traube, Salmen, 1994)

Neue Bundesländer	2005	2020
Ermitteltes Siedlungs-KWK-Potential:		
Nah-/Fernwärme (TWh/a)	52	60
gekoppelte Stromerzeugung (TWh/a)	32	45
Siedlungs-KWK im Referenzfall:		
Nah-/Fernwärme (TWh/a)	31	28
gekoppelte Stromerzeugung (TWh/a)	13	22
zusätzliches Siedlungs-KWK-Potential:		
Nah-/Fernwärme (TWh/a)	22	32
gekoppelte Stromerzeugung (TWh/a)	19	22
CO_2-Entlastung durch das zusätzliche Siedlungs-KWK-Potential:		
CO_2-Belastung im Rahmen der KWK (Mio. t CO_2/a)	12	18
CO_2-Entlastung durch Wärmeerzeugung (Mio. t CO_2/a)	14	17
CO_2-Entlastung durch Stromerzeugung (Mio. t CO_2/a)	8	10
Gesamt-CO_2-Entlastung (Mio. t CO_2/a)	10	9

Durch das Erschließen der KWK-Potentiale reduzieren sich nach Prognos, IfE, 1994 für den Bereich Industrie und Fernwärmeversorgung die Kosten der Stromerzeugung um insgesamt ca. 300 Mio. DM/a. Daraus läßt sich der Anteil der Fernwärme an dieser Kostenreduktion mit ca. 200 Mio. DM/a abschätzen. Zur Berücksichtigung der Wärmeseite des KWK-Prozesses wird in den Kostenrechnungen von Prognos, IfE, 1994 eine spez. Wärmegutschrift ausgewiesen. Ihr Wert entspricht den spez. Wärmeerzeugungskosten einer getrennten konventionellen Wärmeerzeugung abzüglich der Wärmeverteilkosten für die ausgekoppelte Wärme und abzüglich der Kosten der hausinternen Verteilung der Fernwärme. Sie stellt also eine Art korrigierten anlegbaren Fernwärmeerzeugungspreis dar und wird je nach Brennstoff und Wirkungsgrad der Wärmeerzeuger mit 0,07 bis 0,12 DM/kWh_{th} (2005) bzw. 0,12 bis 0,17 DM/kWh_{th} (2020) angegeben. Die Ergebnisse der Kostenrechnung weisen hinsichtlich der Wärmegutschrift eine hohe Sensitivität auf. Schon eine Veränderung der spez. Wärmegutschrift um −0,01 DM/kWh_{th} macht den angegebenen Kostenvorteil der gekoppelten Erzeugung gegenüber der getrennten Erzeugung zunichte. Wie kritisch diese Sensitivität ist, zeigt die Vielzahl der Heizkostenvergleiche, die teilweise stark unterschiedliche Wärmeerzeugungskosten für dezentrale Wärmeerzeugung ausweisen.

Stellungnahme von Prof. Dr.-Ing. Alfred Voß zur Studie „Ermittlung und Verifizierung der Potentiale und Kosten der Treibhausgasminderung durch Kraft-Wärme-Kopplung zur Fern- und Nahwärmeversorgung (ABL und NBL) im Bereich Siedlungs-KWK“ (Schulz, Traube, Salmen, 1994):

In der Studie (Schulz, Traube, Salmen, 1994) wird bis zum Jahr 2020 für die alten Bundesländer ein mit KWK-Anlagen erschließbares Fernwärmepotential von insgesamt 266 TWh_{th}/a angegeben, wodurch eine CO_2-Entlastung von 84 Mio. t/a erreicht werden soll. Die Erschließung dieses Potentials wäre mit einer Netto-Stromerzeugung von 214 TWh_{el} in KWK-Anlagen verbunden. Da dies in etwa der Hälfte der für 2020 erwarteten Stromerzeugung in öffentlichen Kraftwerken (Prognos, 1991) entspricht, würden die KWK-Anlagen nicht nur die vorwiegend in der Mittellast eingesetzten Steinkohlekraftwerke verdrängen, sondern auch in erheblichem Maße die Stromerzeugung aus Grundlastkraftwerken substituieren. Aus diesem Grunde ist die durchgeführte Ermittlung der CO_2-Minderung der Siedlungs-KWK durch einen Vergleich mit einer getrennten Wärmeerzeugung in dezentralen Heizkesseln und einer Stromerzeugung ausschließlich durch Steinkohlekraftwerke realitätsfern. Würde man dagegen den für das Jahr 2020 erwarteten spezifischen CO_2-Emissionsfaktor der gesamten öffentlichen Versorgung (Pruschek, 1994) zugrunde legen, reduzierte sich das in der Studie für die alten Bundesländer ermittelte CO_2-Entlastungspotential von 84 Mio. t/a auf etwa 30 Mio. t/a.

Des weiteren wurden in der Untersuchung die Lastgänge des Strom- und Wärmebedarfs nicht berücksichtigt. Es wurde nicht geprüft, ob in Schwachlastzeiten bei einer Ausschöpfung des angegebenen Potentials die von den KWK-Anlagen erzeugte elektrische Leistung im Netz unterzubringen ist.

Hierzu folgende Überlegung:

Die Stromnachfrage im öffentlichen Netz wird vom Statistischen Bundesamt für den dritten Mittwoch eines jeden Monats in Stundenwerten erhoben. Im Jahr 1993 wurde die höchste Netzbelastung am 3. Februar mit ca. 62 GW_{el}, die niedrigste Netzbelastung am 21. Juli mit ca. 28 GW_{el} (ca 45% der Höchstlast) ausgewiesen. Die Jahreshöchst- bzw. -niedrigstlast liegen wahrscheinlich noch über bzw. unter diesen Werten, da es unwahrscheinlich ist, daß genau an den genannten Tagen die Jahreshöchst- bzw. -niedrigstlast auftritt. Für die Jahreshöchstlast im Jahr 2020 wird in Prognos, 1991 ein Wert von ca. 80 GW_{el} angegeben. Wenn eine nicht nennenswert veränderte Lastcharakteristik unterstellt wird, dürfte die Jahresniedrigstlast bei etwa 36 GW_{el} liegen. In der Schwachlastzeit, wo zudem ein geringer Wärmebedarf auftritt, wären die KWK-Anlagen vorwiegend im Kondensationsbetrieb zu fahren. Bei Ausschöpfung des in der Studie angegebenen Potentials beträgt die gesamte installierte elektrische Leistung der KWK-Anlagen in den alten Bundesländern im Kondensationsbetrieb ca. 43 GW_{el}[22]. Weiterhin müssen zur Ausregelung der Kurzzeitfluktuationen auch Spitzenlastkraftwerke betrieben werden, die zusätzlich zu den KWK-Anlagen Leistung in das Netz einspeisen. Da in der Studie unterstellt wird, daß die KWK-Anlagen im Mittel mit ca. 6 000 h/a unter Volllastbedingungen betrieben werden, zeigt schon diese einfache Überlegung, daß die von den KWK-Anlagen bereitgestellte elektrische Leistung und erzeugte Strommenge nicht selbstverständlich im Netz unterzubringen ist. Zudem ist dies ein weiterer Hinweis darauf, daß bei Erschließung des Potentials in erheblichem Umfang Strom aus Grundlastkraftwerken substituiert würde.

[22]) Dieser Wert errechnet sich aus der jährlichen Stromproduktion der KWK-Anlagen von 214 TWh_{el} und der elektrischen Ausnutzungsdauer bezogen auf die installierte elektrische Leistung im Kondensationsbetrieb, die zwischen ca. 4 600 und 5 400 h/a liegt (Schulz, Traube, Salmen, 1994, Fassung 8/94 Anlage XVI-3, Zeile 23). Wenn man von einem mittleren Wert von 5 000 h/a ausgeht, erhält man für die installierte elektrische Leistung einen Wert von ca. 43 GW_{el}.

Um belastbare Aussagen darüber zu treffen, inwieweit die in den KWK-Anlagen und den notwendigen Spitzenlastkraftwerken erzeugte Leistung überhaupt im Netz unterzubringen ist, müßte auf der Basis der Lastgänge im öffentlichen Netz eine Einsatzanalyse der Anlagen durchgeführt werden, die in der Untersuchung völlig fehlt.

Die in der Studie gemachten Annahmen für die Wirtschaftlichkeitsrechnungen z. B. Quersubventionierung, hohe Ausnutzungsdauer der Fernwärmekette, hohe Gutschriften für die Entlastung des Hoch- und Mittelspannungsnetzes (die angegebenen Werte liegen beispielsweise um ca. eine Größenordnung über den in Damberger, 1994 genannten Werten) und niedrige Kosten für die Fernwärmeverteilung sind einseitig zu positiv für die KWK angenommen. Aus diesen Gründen ist das in der Studie ermittelte CO_2-Minderungspotential allenfalls als technisch mögliches Potential aufzufassen. Die wirtschaftlich erreichbaren CO_2-Minderungspotentiale liegen deutlich unter den in der Studie angegebenen Werten.

Des weiteren sei angemerkt, daß das für das Jahr 2005 angegebene Siedlungs-KWK-Potential in Höhe von 136 TWh/a mehr als 3,5mal so groß ist wie die Fernwärmeeinspeisung aus KWK-Anlagen im Jahr 1990. Eine Erschließung dieses Potentials ist also allein aufgrund der notwendigen Vorlauf- und Bauzeiten von Fernwärmesystemen nicht möglich.

Stellungnahme von Prof. Dr. Peter Hennicke zur Studie „Ermittlung und Verifizierung der Potentiale und Kosten der Treibhausgasminderung durch Kraft-Wärme-Kopplung zur Fern- und Nahwärmeversorgung (ABL und NBL) im Bereich Siedlungs-KWK“ (Schulz, Traube, Salmen, 1994):

Die zusammenfassend vorgestellte Siedlungs-KWK-Studie (Schulz, Traube, Salmen, 1994) wird in dem genannten Abschnitt zu Unrecht mit einer pauschalen Kritik abgewertet. Dabei bietet gerade diese Studie die Transparenz, um vorgenommene Ansätze fundiert diskutieren zu können. Die ermittelten Potentiale sind darin über Schritt für Schritt nachvollziehbare Ansätze und unter Beachtung der Vorgaben eines Analyserasters der Enquete-Kommission erarbeitet worden. Weiterhin sind in größerem Umfang Sensitivitätsanalysen ergänzt worden, so daß in vielerlei Hinsicht die Wirkung von Schätzfehlern überschaut werden kann.

Ein wesentlicher Teil der Kritik beschäftigt sich mit der Frage nach der Vergleichsbasis zur Bewertung der Stromerzeugung aus Siedlungs-KWK-Anlagen. Dabei sind Argumente genannt, die zur Behauptung führen, daß nicht Mittellast erzeugende Steinkohle-Kraftwerke maßgeblich sind, sondern das Mix der gesamten öffentlichen Stromerzeugung (incl. Kernkraftwerke).

Zunächst ist es erforderlich, die Argumente zu diesem Teil der Kritik zu prüfen. Hierzu sind zunächst die den Berechnungen unterstellten Betriebsweisen zu erläutern:

Im Durchschnittsfall sind 6 000 Stunden/Jahr Stromerzeugung im Gegendruck- bzw. Entnahme-Kondensations-Betrieb unterstellt. Zur Ermittlung der Wärmeerzeugungskosten sind die genannten Betriebsweisen zur besseren Handhabung in Kombinationen von Gegendruck- und Kondensationsbetrieb abgebildet worden. Die hierfür in Frage kommenden Betriebszeiten sind über eine geordnete Jahresdauerlinie des Wärmebedarfs ermittelt worden[23)].

Zur näheren Erläuterung sei genannt, daß sich in weiten Leistungsbereichen eine Abdeckung mit Hilfe einer einmoduligen KWK-Anlage (ergänzt um einen Spitzenlastkessel) als maßgeblicher Fall (der zu niedrigsten Wärmeerzeugungskosten führt) erwiesen hat, deren Betriebsweise mit 4 500 h/a Gegendruckbetrieb und 1 500 h/a Kondensationsbetrieb beschrieben ist (Summe 6 000 h/a). Bezogen auf die installierte Kondensations-Leistung ergeben sich 5 000 bis 5 400 h/a Vollaststunden. Insbesondere für große Fernwärmenetze stellt die Abdeckung mit Hilfe eines Doppelblocks den günstigsten Fall dar, wobei die Betriebszeiten wie folgt gekennzeichnet sind:

	Gegendruck	Kondensation	Summe
Block A	3 300 h/a	1 500 h/a	4 800 h/a
Block B	6 200 h/a	900 h/a	7 100 h/a

Für das Argument, die Siedlungs-KWK gemäß ermitteltem Potential würde im Sommer zu einer Stromerzeugung über den Bedarf hinaus führen, fehlt jeder Beleg. Schließlich geht es um eine weit in die Zukunft gerichtete Betrachtung, für die erhebliche Strombedarfszuwächse vorausgesagt werden. Es geht um die Betrachtung des Stromlastganges für 2020 (bzw. für den Zeitpunkt der Realisierung des Potentials), und hier müßte aus einer geordneten Jahresdauerlinie des Strombedarfs die erforderliche Leistung an der Stelle 6 000 h/a abgelesen werden und nicht die Jahresniedrigstlast. Die Prognos-Studie (Prognos, 1991), die sich aus-

---

23) Im Gegensatz zu der ausdrücklichen Berücksichtigung von geordneten Jahresdauerlinien des Wärmebedarfs wird in der Kritik behauptet: „Lastgänge des . . . Wärmebedarfs werden nicht berücksichtigt“.

führlich mit der Entwicklung der Stromerzeugung bis zum Jahr 2010 beschäftigt hat, ist jedenfalls nicht so angelegt, daß hieraus die maßgebliche Leistung hergeleitet werden kann. So fehlt auch die Basis, um Einsatzanalysen vorzunehmen und einem Lastgang gegenüberzustellen.

Auch eine Gegenüberstellung der Stromerzeugung in öffentlichen Kraftwerken und der Stromerzeugung im Rahmen der Siedlungs-KWK gemäß Potentialangabe unter Berücksichtigung der industriellen Eigenerzeugung würde keine Begründung dafür liefern, die verwendete Vergleichsbasis zu ändern, denn eine Addition der beiden KWK-Potentiale ist problematisch, weil die Industrie-KWK eher Grundlaststrom erzeugt.

Eine sachlich gehaltene Abwägung, ob angesichts der hohen Siedlungs-KWK-Potentiale eine Zuordnung zur Mittellaststromerzeugung gerechtfertigt ist, findet sich in der kritisierten Studie Schulz, Traube, Salmen, 1994 selbst und ist außerdem in der drittletzten Fußnote dieses Textes wiedergegeben. In diesem Zusammenhang sei darauf hingewiesen, daß es ohnehin nur darum geht, den Zuwachs an Siedlungs-KWK-Stromerzeugung gegenüber der Status-quo-Entwicklung (laut Berechnungen in Höhe von 183 TWh_{el}/a) dem richtigen Lastbereich zuzuordnen.

Zur Feststellung, ob es sinnvoller wäre, die Betriebszeiten für die Siedlungs-KWK-Anlagen auf 5000 h/a zu begrenzen, müßten Optimierungsrechnungen für die gesamte Stromwirtschaft für das Jahr 2020 bzw. für den Zeitpunkt der Realisierung des ermittelten KWK-Potentials durchgeführt werden, was unmöglich im Rahmen der Siedlungs-KWK-Studie bearbeitet werden konnte. Jedenfalls hat eine Berechnung ergeben, daß eine Reduzierung der Jahresbetriebszeit auf 5 000 h/a wirtschaftlich gesehen nur geringe Konsequenzen auf die Fernwärmepotentiale hat[24)].

Die übrigen Kritikpunkte lassen sich mit sehr kurzen Darstellungen aus dem Weg räumen:

– Es ist schwer nachzuvollziehen, wieso umfassende Wirtschaftlichkeitsbetrachtungen schließlich zu einem „technisch möglichen Potential" führen sollen. Wie ist überhaupt ein „technisches Potential" für KWK-Technik definierbar, wenn inzwischen praktisch für jeden

---

[24)] Aus den in Schulz, 1994, vorgenommenen Sensitivitätsanalysen geht hervor, daß bei einer Betriebsweise, die sich rechnerisch (in Anlehnung an die Jahresdauerlinie des Wärmebedarfs) aus 4 150 h/a Gegendruckbetrieb und 850 h/a Kondensationsbetrieb + Spitzenkessel zusammensetzt, nur bei Kohle – HKW (die allgemein höhere fixe Betriebskosten aufweisen) gegenüber 4 500 h/a + 1 500 h/a Erhöhungen der Wärmeerzeugungskosten von ca 5 DM/MWh eintreten. Da in der maßgeblichen Grundvariante Kohle-HKW erst ab örtlichen Fernwärmepotentialen von 1,3 TWh/a zum Zuge kommen, die ohnehin i.d.R. mit Gewinnpolstern ausgestattet sind, bleibt das wirtschaftliche Fernwärmepotential praktisch unverändert. Die gekoppelte Stromerzeugung würde sich aber entsprechend der Minderung der Jahresbetriebszeit verringern und damit auch die CO_2-Entlastung.

Energieversorgungsfall eine KWK-Technik (Kleinst-BHKW, öl-/gasbetrieben etc.) zur Verfügung steht?

- Das Prinzip der Quersubventionierung unter Siedlungstypen ist in Schulz, Traube, Salmen, 1994, hinreichend begründet und ein Wegfall würde das Fernwärmepotential lediglich um 10% mindern (dies reicht übrigens, um den geringen Überhang bei der Mittellaststromerzeugung wegfallen zu lassen).
- Ebenso ist die Höhe der berücksichtigten Gutschriften für Einsparungen bei der Stromübertragung in Schulz, Traube, Salmen, 1994, hinreichend belegt. Gerade die von den Kritikern zu diesem Punkt zitierte Studie Damberger, 1994 ist in einer öffentlichen Veranstaltung am 26. September 1994 (Veranstalter: Energiestiftung Schleswig-Holstein) angesichts erheblicher Mängel und Inkonsistenzen, ohne daß die Bearbeiter Gegenbeweise antreten konnten, in die Kritik geraten.
- Die Bemerkung über zu niedrige Kosten bei der Fernwärmeverteilung ist so vage, daß hier nicht näher darauf eingegangen werden kann. Fest steht, daß auch dieser Bereich in der Studie Schulz, Traube, Salmen, 1994 schlüssig dargestellt ist und daß sich Kostenannahmen auf Angaben des IKARUS-Projektes bzw. des ehemaligen AGFW-Vorsitzenden und Geschäftsführers der Stadtwerke Mannheim, (die über erhebliche Fernwärmepraxiserfahrungen verfügen) Herrn Dr. Winkens abstützen.
- Zu der Einschätzung, ob eine derartige Forcierung des Fernwärmeausbaus überhaupt realisierbar ist, ist anzumerken, daß
  - der Fernwärmeausbau inzwischen gegenüber 1990 fortgeschritten ist, so daß der Zuwachs bis 2005 weniger als 200% betragen würde,
  - es in der Bundesrepublik Beispiele gibt, in denen die Fernwärme mit dieser Dynamik ausgebaut wurde und
  - der Fernwärmeausbau beispielsweise in Finnland und Dänemark[25] in der unterstellten Geschwindigkeit vollzogen wurde.

Es hängt allein von der Rahmen- bzw. Förderbedingung ab[26].

---

25) Finnland: Fernwärmeanteil an der Raumwärmeerzeugung: 3% im Jahr 1969, 9% in 1973 und 23% in 1983; Dänemark: 24% im Jahr 1975 und 43% in 1990.

26) Im übrigen sei darauf verwiesen, daß auch in den Minderungsziel-Szenarien des IER der Anteil der Fern- und Nahwärme am Endenergieverbrauch bis zum Jahr 2020 von 6% im Referenzszenario auf 11% (R1) sowie 18% (R2) ansteigt und Erdgas im Wärmemarkt verdrängt wird (vgl. Kapitel 8).

KWK-Potentiale im Industriebereich

Der Darstellung der Energie- und CO_2-Einsparpotentiale durch den Ausbau der industriellen KWK liegt die von der Enquete-Kommission initiierte Studie „Ermittlung und Verifizierung der Potentiale und Kosten der Treibhausgasminderung durch Kraft-Wärme-Kopplung in der Industrie" (Pruschek, 1994) zugrunde.

Im folgenden werden die Vorgehensweise und die Ergebnisse dieser Studie dargestellt.

Es wird davon ausgegangen, daß es technisch möglich ist, den Wärmebedarf bis zu einer Temperatur von ca. 500 °C durch KWK-Technologien zu decken. Nicht berücksichtigt wird die Nutzung von Abwärme aus KWK-Anlagen zur Vorwärmung bei Hochtemperaturprozessen, deren Betriebstemperatur oberhalb 500 °C liegt. In solchen Fällen reicht in der Regel die Abwärme der Prozesse zur Vorerwärmung der Verbrennungsluft und der Einsatzstoffe aus. Der Untersuchungsbereich beschränkt sich auf das Verarbeitende Gewerbe (Sektor Industrie ohne Bergbau und Raffinerien), da nur dort nennenswerte Potentiale für einen Ausbau der KWK vorliegen. Basierend auf der Energieverbrauchsstruktur des Verarbeitenden Gewerbes im Jahr 1990 sind die erreichbaren Minderungspotentiale des Energieeinsatzes und der CO_2-Emissionen in Tabelle 6.2-28 dargestellt.

Das Potential A ist durch die Deckung des gesamten industriellen Wärmebedarfs bis 500 °C durch KWK gekennzeichnet. Es wurde unter der Voraussetzung ermittelt, daß der gesamte Wärmebedarf vollständig durch KWK-Anlagen (Erdgas, Stromkennziffer 0,7, Gesamtwirkungsgrad 0,9 bei den zugebauten KWK-Anlagen) gedeckt wird.

Potential A ist damit als theoretische Obergrenze zu verstehen, in der ökonomische und andere Restriktionen noch unberücksichtigt bleiben. Die Ausschöpfung des Potentials A setzt einen vollständigen Stromtausch der Industriebetriebe über das öffentliche Netz sowie die Installation von KWK-Anlagen in jedem Betrieb in Höhe der Wärmehöchstlast voraus.

Das technisch-wirtschaftliche Potential B ergibt sich, indem für Einzelfälle (Branchen) Wärmebedarfsverläufe analysiert werden und über eine Dauerkennlinie sinnvolle KWK-Anlagen-Auslegungen sowie Teillast- und Spitzenlastzonen, die mit Feuerungskesseln abzudecken sind, erfaßt werden. In diese Betrachtung ist die Beurteilung der Wirtschaftlichkeit insofern eingegangen, als den Kosten der gekoppelten Erzeugung von Strom und Wärme die Kosten für den Strombezug und für die getrennte Wärmeerzeugung gegenübergestellt wurden. Die Wirtschaftlichkeitsab-

Tabelle 6.2-28: Energieeinsatz, CO_2-Emissionen und Minderungen nach Erschließung der Potentiale im Verarbeitenden Gewerbe bezogen auf das Jahr 1990 (Pruschek, 1994)

	erzeugte Arbeit durch KWK Strom/Wärme [TWh/a]				CO_2-Emissionen [Mio. t CO_2/a]			Energieeinsparung*) [TWh/a] ( ): % des Ist-Standes	CO_2-Minderung*) [Mio. t CO_2/a] ( ): % des Ist-Standes
	ABL	NBL	gesamt	Differenz zu Status quo	ABL	NBL	gesamt	gesamte BRD	gesamte BRD
Potential A	95/156	35/55	130/211	101/144	181	47	228	235 (19)	73 (24)
Potential B	74/106	23/33	97/139	68/73	194	63	257	148 (12)	45 (15)
Potential C	34/64	7/16	41/80	12/14	210	78	288	41 (3,3)	15 (4,7)

k. A.: keine Angabe

*) gegenüber dem Verarbeitenden Gewerbe in der gesamten BRD gegenüber der Situation 1990 (s. Tabelle 6.2-22 und 6.2-24)

grenzung wurde dadurch systematisiert, indem auf der Basis von Jahresganglinien für alle Industriebereiche die Mindestausnutzungsdauern pro Jahr für jeweils sinnvoll ausgelegte erdgasbefeuerte KWK-Anlagen ermittelt worden sind. Dabei wurde unterstellt, daß der in KWK-Anlagen erzeugte Strom in den einzelnen Betrieben vollständig verbraucht bzw. der infolge von Bedarfsschwankungen erzeugte Überschußstrom mit dem Strombezug kostenneutral verrechnet werden kann. Insofern stellt das Potential B einen Bestfall dar.

Kleinere Betriebe mit einem Stromverbrauch von weniger als 500 MWh_{el}/a und einem Brennstoffverbrauch von weniger als 1 390 MWh_{el}/a sind von den Betrachtungen ausgenommen, weil sie „kaum in eigene Energieversorgungsanlagen investieren" (Suttor, Huttor, Thinius, 1984, 20).

Weiterhin wird ein als Erwartungspotential eingestuftes Potential C ermittelt, bei dem die Einnahmen durch geringer vergütete Stromeinspeisungen in das öffentliche Netz geschmälert werden. Bei der Beurteilung der einzuspeisenden elektrischen Arbeit wird angenommen, daß der Anteil der Netzeinspeisung an der Erzeugung in KWK-Eigenanlagen mit zunehmenden KWK-Ausbau ansteigt, und zwar ausgehend von dem heutigen Anteil in den alten Bundesländern von 15% der Stromerzeugung in KWK-Eigenanlagen (23 TWh/a) auf 45%, wenn der gesamte Strombedarf im Verarbeitenden Gewerbe in KWK-Eigenanlagen erzeugt würde (173,5 TWh). Diese Relation wird auch auf die neuen Bundesländer übertragen. (Der Ansatz wird in der Studie begründet).

Die angesetzte Vergütung entspricht 60% des Strombezugpreises, was sich gemäß Pruschek, 1994 an gegenwärtige Bedingungen anlehnt.

Bei der Berechnung der Energieeinsparung und der CO_2-Minderung durch die Erschließung der KWK-Zubaupotentiale wird die gekoppelte Erzeugung von Strom und Wärme mit der getrennten Erzeugung von Strom und Wärme verglichen. Dabei wird für die getrennte Erzeugung von Wärme ein Kesselnutzungsgrad von 90% und Emissionsfaktoren von 0,27 (alte Bundesländer) bzw. 0,30 kg $CO_2/kWh_{Brennstoff}$ (neue Bundesländer) zugrunde gelegt. Bei der öffentlichen Stromversorgung wurde von den in Tabelle 6.2-29 dargestellten Nutzungsgraden und Emissionsfaktoren ausgegangen. Dabei wird eine Steigerung des durchschnittlichen Jahresnutzungsgrades von heute 0,32 auf 0,42 im Jahre 2020 angenommen. Den Berechnungen sind die Bedingungen des gesamten Kraftwerkparks der alten bzw. der neuen Bundesländer unterstellt. Veränderungen im Primärenergieträgermix wurden für die getrennte Erzeugung von Strom und Wärme nicht unterstellt.

Tabelle 6.2-29: Nutzungsgrad der öffentlichen Stromerzeugung und spezifischer CO_2-Emissionsfaktor bei unverändertem Energieträgermix (1990) (Pruschek, 1994)

	1990 (ABL)	2005 (ABL + NBL)	2020 (ABL + NBL)
Nutzungsgrad der öffentlichen Stromerzeugung	0,32	0,36	0,42
Spezifischer CO_2-Emissionsfaktor der öffentlichen Stromerzeugung bei unverändertem Energieträgermix 1990 [kg CO_2/kWh_{el}]	0,61	0,54	0,46

Bei der gekoppelten Erzeugung wird ebenfalls von einem Fortschritt in der Entwicklung ausgegangen. Bis zum Jahr 2020 wird eine Steigerung der Stromkennziffer der verfügbaren KWK-Technologien bis 1 bei einem Gesamtnutzungsgrad von 90% angenommen. Der Ausbau der KWK wird vorwiegend auf der Basis von Erdgas unterstellt.

Als Basis für die Ermittlung der Potentiale in den Jahren 2005 und 2020 wurde von der in Tabelle 6.2-30 dargestellten Referenzentwicklung des Strom- und Wärmebedarfs ausgegangen (Prognos, 1991; Pruschek, 1994).

Das theoretisch mögliche Zubaupotential (Potential A) ist unter Berücksichtigung dieser Entwicklung im Sektor Verarbeitendes Gewerbe in Tabelle 6.2-31 für die Jahre 2005 und 2020 aufgezeigt.

Auf der Grundlage der prognostizierten Entwicklung (Energiebedarf, technische und wirtschaftliche Rahmenbedingungen) ist das technisch-wirtschaftliche Potential (Potential B) und das Erwartungspotential (Potential C) für die Jahre 2005 und 2020 in Tabelle 6.2-32 dargestellt. Das Verhältnis Einspeisevergütung zu Strombezugspreis von 0,6 wurde für die Ermittlung des Erwartungspotentials als unverändert unterstellt.

Das Erwartungspotential ist abhängig von dem Einspeisevergütungs/Strombezugspreis-Verhältnis. Bei kostenneutralem Stromaustausch zwischen Eigenerzeuger und EVU könnte das Potential B ausgeschöpft werden.

Für 2020 sind den Berechnungen zufolge geringere Einspar- und CO_2-Minderungspotentiale der Kategorie B und C zu erwarten als im Jahr 2005 (siehe Tabelle 6.2-32), weil die Relationen zwischen Brennstoff- (Erd-

Tabelle 6.2-30: Abschätzung des Bedarfs an Strom, Wärme und Brennstoff in den Jahren 2005 und 2020 im Verarbeitenden Gewerbe (Prognos, 1991; Pruschek, 1994)

	ABL			NBL		
	1990	2005	2020	1990	2005	2020
Stromverbrauch [TWh]	173	212	236	34	37	59
Veränderungen in % bez. auf 1990	*0*	*+22*	*+36,5*	*0*	*+8,8*	*+73,5*
Niedertemperaturwärmebedarf [TWh] (< 500 °C)	156	166	154	55	35	41
Veränderungen in % bez. auf 1990	*0*	*+6*	*−1*	*0*	*−36*	*−25*
Energieeinsatz [TWh]	985	1 047	1 084	270	201	244
Veränderungen in % bez. auf 1990	*0*	*+6*	*+10*	*0*	*−25*	*−10*
CO_2-Emissionen	215	241	248	87	43	58
Veränderungen in % bez. auf 1990	*0*	*+12*	*+15*	*0*	*−50*	*−33*

Tabelle 6.2-31: Theoretische Obergrenze für das Zubaupotential an KWK im Sektor Verarbeitendes Gewerbe in der Bundesrepublik Deutschland (Pruschek, 1994)

Jahr	BRD (ABL und NBL) zusätzlich erzeugte Arbeit durch KWK		Energie-einsparung	CO_2-Emissions-minderung
	Wärme [TWh]	Strom [TWh]	[TWh]	[Mio. t CO_2]
2005	135	108	179	43
2020	129	129	164	39

gas-) Preis zum Strombezugspreis ungünstiger wird und außerdem die Effizienz der Stromerzeugung steigt. Für 2020 existiert demnach überhaupt kein Erwartungspotential mehr.

Im Vergleich zu einer getrennten Erzeugung werden den Betreibern von KWK-Anlagen keine zusätzlichen Kosten zur Vermeidung der CO_2-Emissionen bei einem KWK-Zubau bis zum Erwartungspotential C (ABL[27]) bei heutigem Einspeisevergütung/Strombezugspreis-Verhältnis von 0,6 entstehen. Bei der Realisierung von Potential C werden abgeschriebene Wärmeerzeugungsanlagen durch neue KWK-Anlagen ersetzt. Ein Teil der Investitionen von ca. 4,9 Mrd. DM in den alten Bundesländern (zum Vergleich: NBL ca. 1,66 Mrd. DM) würden auch durch den fälligen Heizkesselersatz notwendig werden. Das bedeutet, daß die durch Potential C erschließbare Emissionsminderung von 1 Mio. t CO_2 im Jahr 2005 kostenneutral erschließbar ist. Im Falle des forcierten KWK-Ausbaus wäre der Restwert der noch nicht abgeschriebenen Anlagen den CO_2-Minderungskosten zuzurechnen.

Bei der Erschließung des Potentiales B in Höhe von 16 bzw. 13 Mio. t CO_2 im Jahr 2005 bzw. 2020 ist mit CO_2-Minderungskosten von 82,90 DM/t CO_2 zu rechnen.

Alternativ könnte auch die Einspeisevergütung erhöht werden, so daß auf diesem Weg Kostengleichheit für die Erzeugung von Strom und Wärme in KWK-Anlagen gegenüber der getrennten Erzeugung erreicht wird, was allerdings auf der Stromerzeugungsseite zu höheren Kosten führt. Bei einem Verhältnis der Einspeisevergütung/Strombezugspreis von 1 wäre das Potential B erschließbar.

[27]) Daten für die NBL oder die gesamte Bundesrepublik Deutschland liegen nicht vor.

Tabelle 6.2-32: Energieeinsatz und CO_2-Emissionen nach Ausbau der Potentiale für 2005 und 2020 (Pruschek, 1994)

	erzeugte Arbeit durch KWK Strom/Wärme [TWh/a]			CO_2-Emissionen *) [Mio. t CO_2/a]			Energieeinsparung [TWh/a] ( ): % des prognostizierten Energiebedarfs *)	CO_2-Minderung [Mio. t CO_2/a] ( ): % der prognostizierten CO_2-Emissionen *)
	ABL	NBL	gesamt	ABL	NBL	gesamt	gesamte BRD	gesamte BRD
				2005				
Potential B	60/90	14/22	74/112	228	40	268	*63* *(5,0)*	*17* *(5,9)*
Potential C	26/57	6/13	34/70	240	43	283	*5* *(0,4)*	*1* *(0,5)*
				2020				
Potential B	54/84	13/21	67/105	239	55	294	*38* *(2,9)*	*11* *(3,7)*
Potential C				existiert nicht				

*) im Verarbeitenden Gewerbe

Stellungnahme von Prof. Dr. Peter Hennicke zur Studie: „Ermittlung und Verifizierung der Potentiale und Kosten der Treibhausgasminderung durch Kraft-Wärme-Kopplung in der Industrie" (Pruschek, 1994):

Über diese betriebswirtschaftlichen Kostenüberlegungen hinaus fehlt in der Studie zur Industrie-KWK eine volkswirtschaftliche Betrachtungsebene, nämlich die Fragestellung, ob und in welchem Umfang ein Zubau an Industrie-KWK günstiger käme als ein Zubau an Kondensations-Kraftwerken. Wie bereits ausgeführt, ist gerade diese Aussage als Grundlage für energiepolitische Richtungsentscheidungen wichtig.

Weiterhin sind in diese Studie Strombeschaffungskosten der Industrie eingegangen, die sich an Bedingungen eines Kraftwerkparks orientieren, der einen erhöhten Anteil bereits abgeschriebener bzw. fortgeschritten abgeschriebener Anlagen enthält. Diese Unterbewertung des erzeugten KWK-Stroms führt gegenüber der eigentlich erforderlichen Berücksichtigung der Erzeugungskosten eines neuen Kraftwerks (Grenzkostenbetrachtung) von vornherein zu geringen KWK- bzw. CO_2-Minderungs-Potentialen.

Die in Pruschek, 1994 ermittelten wirtschaftlichen Potentiale ergeben sich aus einer einzelbetrieblichen Sichtweise, in der die Ansätze für die Einspeisevergütung, für Strombezugskosten und für den Umfang der Netzeinspeisung prägend wirken. Die betriebswirtschaftliche Perspektive ist als Informationsbasis für die Enquete-Kommission nur in zweiter Hinsicht von Interesse, um die vorherrschenden Bedingungen für (potentielle) Investoren in diesem Bereich kennenzulernen.

Stellungnahme von Prof. Dr.-Ing. Alfred Voß zur Studie: „Ermittlung und Verifizierung der Potentiale und Kosten der Treibhausgasminderung durch Kraft-Wärme-Kopplung in der Industrie" (Pruschek, 1994):

In Pruschek, 1994 werden der mögliche Ausbau der industriellen KWK, die dadurch erreichbaren CO_2-Minderungen und die entstehenden Kosten auf der Grundlage des Energieeinsatzes und seiner Lastcharakteristik unter Berücksichtigung der Relation von Strombezugspreis und Einspeisevergütung untersucht. Die ermittelten elektrischen KWK-Potentiale sowie die erzielbaren Energieeinsparungen liegen in ähnlicher Größenordnung wie die Ergebnisse anderer Studien, z. B. Kaier u. a., 1990. Bei der Abschätzung der durch industrielle KWK möglichen zukünftigen CO_2-Minderung wird realistischerweise den im Rahmen der Modernisierung des Kraftwerkparks bis zum Jahr 2020 zu erwartenden Effizienzsteigerungen (Wirkungsgraderhöhungen) Rechnung getragen. Sie reduzieren die durch KWK erschließbaren CO_2-Minderungen.

Einen wichtigen Einfluß auf die Kosten einer CO_2-Minderung durch KWK und damit auf die Höhe der wirtschaftlich erschließbaren Minderungspotentiale durch KWK haben in der Studie die Preisannahmen für den bezogenen bzw. den eingespeisten Strom. Die Orientierung an den Strombezugs- und Stromeinspeisekosten entspricht dabei eher einer betrieblichen Sichtweise. Für eine volkswirtschaftliche Betrachtungsweise wäre im Rahmen eines Systemvergleichs von gekoppelter und getrennter Erzeugung jedoch von den Stromerzeugungskosten auszugehen. Da diese aber deutlich niedriger sind als die Strombezugspreise, verschlechtert sich bei einer volkswirtschaftlichen Betrachtungsweise die Rentabilität der KWK mit der Folge, daß die in der Studie ermittelten Potentiale B (technisch-wirtschaftliches Potential) und C (Erwartungspotential) kleiner ausfallen würden.

Wichtig erscheint in Pruschek, 1994, die Aussage, daß die im Rahmen der normalen Modernisierung (Ersatzbedarf) des Kraftwerkparks zu erwartende CO_2-Minderung bis 2020 größer als das CO_2-Minderungspotential der industriellen KWK ausfallen wird. Dieses Potential kann ohne Zusatzkosten für die CO_2-Minderung erschlossen werden.

Umsetzungsprobleme

Zu den Umsetzungsproblemen bei der Industrie-KWK und deren Überwindungsmöglichkeiten wird in Pruschek, 1994 folgendes ausgesagt:

Die Stromerzeugung ist nicht das Geschäftsziel des Verarbeitenden Gewerbes. Die Vergütung des eingespeisten Stroms in Höhe des Durchschnitts-Strombezugpreises (Arbeits- und Leistungsanteil) könnte zwar aus betriebswirtschaftlicher Sicht die Ausschöpfung des Zubaupotentials B ermöglichen. Die Investition in Versorgungsanlagen kommt für einen Betrieb jedoch nur dann in Betracht, wenn auch die Produktion bzw. der zukünftige Strom- und Wärmeverbrauch langfristig überschaubar sind. Andernfalls kann mangelnde Investitionsbereitschaft voraussichtlich auch durch Anreize oder Besteuerung der Brennstoffe und des Stroms kaum beseitigt werden.

In der Praxis wird die Stromeinspeisung meist vermieden. Neue Modelle der Zusammenarbeit zwischen Industrie, Energieversorgungsunternehmen und Anlagenhersteller – Contracting, Leasing – könnten hier Abhilfe schaffen. Insbesondere ließe sich das Problem der Einspeisevergütung (kostenneutraler Stromaustausch) dadurch lösen, daß die

Elektrizitätsversorgungsunternehmen KWK-Anlagen (z. B. auch in den Firmen) errichten und betreiben. Allerdings erfordert auch diese Strategie eine Neuoptimierung des Stromversorgungssystems (Pruschek, 1994, 92).

Zusammenfassende Betrachtung der Potentiale der Treibhausgasminderung durch einen Ausbau der KWK

Den Betrachtungen zu den Potentialen der Treibhausgasminderung durch den Ausbau der Kraft-Wärme-Kopplung liegen drei unterschiedliche Studien zugrunde. Für den Bereich des Verarbeitenden Gewerbes werden die Potentiale in Pruschek, 1994 quantifiziert, der Potentialermittlung im Bereich der Fern- und Nahwärmeversorgung der Verbrauchssektoren Haushalte und Kleinverbraucher liegen die Studien Schulz, Traube, Salmen, 1994 (alte und neue Bundesländer) und Prognos, IfE, 1994 (neue Bundesländer) zugrunde. Alle drei Studien bedienen sich unterschiedlicher methodischer Ansätze bzw. Grundannahmen. Dadurch werden Potentialgrößen ermittelt, die nur bedingt miteinander vergleichbar sind.

Die Prognos AG (Prognos, IfE, 1994) hat im Rahmen der Untersuchung von Möglichkeiten der CO_2-Reduktion im Elektrizitätssektor der neuen Bundesländer moderate staatliche Eingriffsmöglichkeiten unterstellt und schließt von vornherein einen Stop der weiteren Erdgasversorgung in fernwärmegeeigneten Gebieten aus. Aus diesem Grunde ist eine Addition der ermittelten Potentiale zu einem Gesamtpotential für die Bundesrepublik höchstens auf Basis der Studie Schulz, Traube, Salmen, 1994 für die Siedlungs-KWK möglich.

In Abbildung 6.2-15 sind die in den einzelnen Studien ermittelten Potentiale der Treibhausgasminderung durch den Ausbau der KWK zusammenfassend aufgezeigt.

Nach Schulz, Traube, Salmen, 1994 liegen im Bereich der Fern- und Nahwärmeversorgung der alten Bundesländer die mit Abstand größten CO_2-Minderungspotentiale. Für die Verbrauchssektoren Haushalte und Kleinverbrauch wurde für 2020 für die alten Bundesländer ein theoretischer Fernwärmeanschlußwert von 266 TWh_{th}/a ermittelt (entspricht ca. 50 % der Wärmebedarfsdeckung für Raumwärme und Warmwasserbereitung in den Sektoren Haushalte und Kleinverbrauch), der mit einer gekoppelten Stromerzeugung von 214 TWh/a verbunden ist. Hierdurch ergibt sich gegenüber dem Status-quo ein zusätzliches CO_2-Minderungspotential von 84 Mio. t CO_2/a (siehe Abbildung 6.2-15), welches unter volkswirtschaftlicher Betrachtung kostenneutral erschließbar wäre. Als

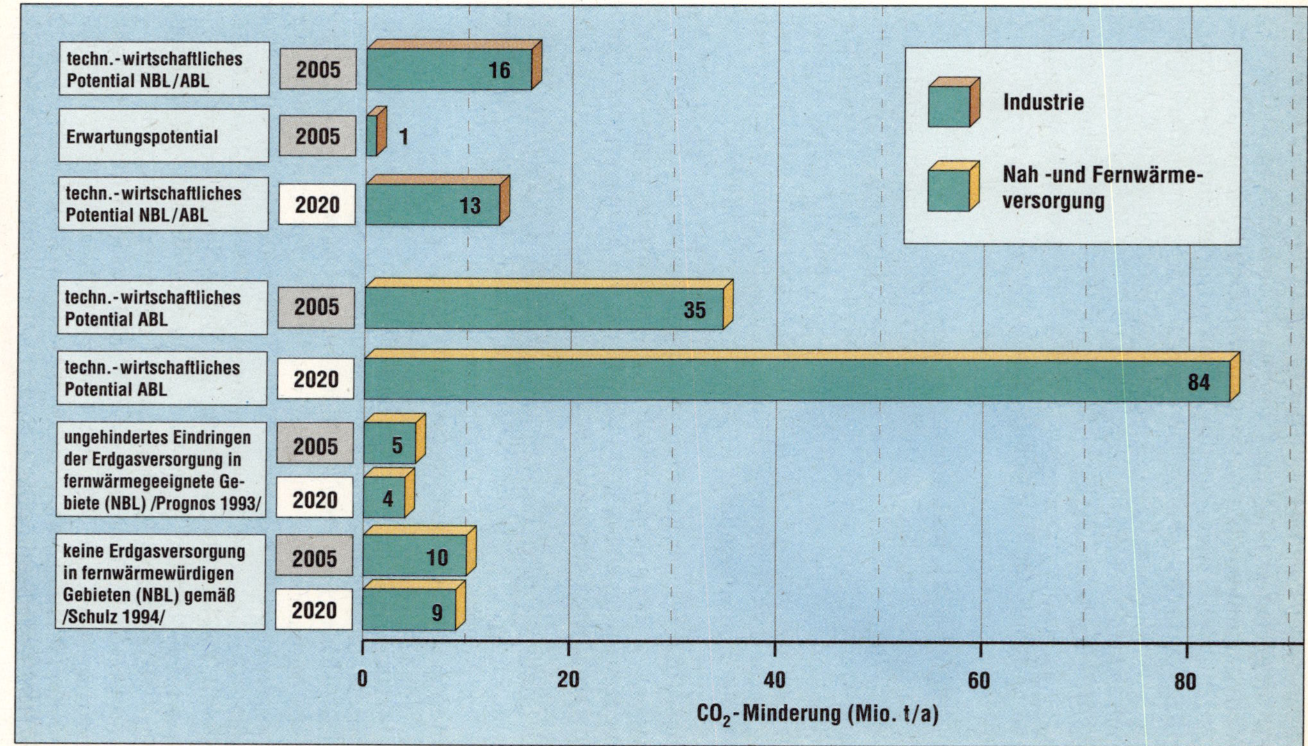

Abb. 6.2-15: Zusätzliche Potentiale der Treibhausgasminderung durch Ausbau der KWK (Quellen: Pruschek, 1994; Schulz, Traube, Salmen, 1994)

Bedingungen dieses Potentials sind genannt, daß die Gasversorgung auf lange Sicht in geeigneten Gebieten von der Fernwärmeversorgung verdrängt wird, daß innerhalb einer Stadt nichtrentable Fernwärmeversorgungen durch Fernwärmeversorgungen mit positiver Bilanz subventioniert werden (ohne Quersubventionierung tritt eine Verminderung des Fernwärmepotentials um 13% ein) und daß Steinkohle-HKW nur bei Fernwärmesystemen oberhalb von 500 MW_{th} Höchstlast (entspricht 1,3 TWh_{th}/a) eingesetzt werden. Als Referenz zur gekoppelten Erzeugung wurde in Schulz, Traube, Salmen, 1994 die getrennte Erzeugung von Strom nur auf der Basis eines Steinkohle-Mittellast-Kraftwerkes angenommen.

Für die Siedlungs-KWK in den neuen Bundesländern wurde in Schulz, Traube, Salmen, 1994 ein bis 2020 realisierbares Fernwärmeausbaupotential von 60 TWh/a ermittelt. Etwa 45 % des Wärmebedarfs für Raumwärme und Warmwasser der Verbrauchssektoren Haushalte und Kleinverbrauch ließen sich hiermit abdecken. Die gekoppelte Stromerzeugung würde in diesem Rahmen 45 TWh/a betragen. Über eine autonome Entwicklung hinaus läßt sich gemäß Schulz, Traube, Salmen, 1994 hierdurch ein CO_2-Minderungspotential von 9 Mio. t CO_2/a erschließen.

In Prognos, IfE, 1994 wird das CO_2-Einsparpotential durch Siedlungs-KWK nur halb so hoch eingeschätzt, weil kaum Chancen gesehen werden, das gegenwärtig einsetzende Eindringen der Erdgasversorgung in fernwärmegeeignete Gebiete zu beenden.

In beiden Studien wird es für wahrscheinlich gehalten, daß der zusätzliche Fernwärmeausbau in den NBL zum großen Teil bereits bis 2005 realisiert sein könnte, weil gerade ab der zweiten Hälfte der 90er Jahre umfassende Stadtsanierungen zu erwarten sind.

Bei den Potentialen im industriellen Bereich wird zwischen dem technisch-wirtschaftlichen und dem Erwartungspotential unterschieden. Das technisch-wirtschaftliche CO_2-Minderungspotential, das bei der gewählten Berechnungsweise in Pruschek, 1994 stark vom Ansatz der Strombezugspreise der Industrie abhängig ist, wird für die alten und neuen Bundesländer zusammengenommen mit 17 Mio. t CO_2/a für 2005 angegeben und mit 11 Mio. t CO_2/a für 2020 (siehe Abbildung 6.2-15). Das Erwartungspotential über den Status-quo hinaus, das gemäß Pruschek, 1994 zusätzlich vom Verhältnis der Einspeisevergütung von Überschußstrom zum Strombezugspreis abhängt, wird für die bundesweite Industrie-KWK für 2005 mit 1 Mio. t CO_2/a beziffert. Für 2020 ergibt sich bei gleicher Betrachtungsweise kein zusätzliches Erwartungspotential. Die Erschließung des technisch-wirtschaftlichen CO_2-Minderungspotentials wäre mit Kosten von ca. 80 DM je vermiedener Tonne CO_2 verbunden.

Zur unterschiedlichen Bewertung dieser Ergebnisse durch die Enquete-Kommission sei auf die vorherigen Abschnitte verwiesen.

6.2.5.3 Angebotsseite: Gewinnung von Primärenergieträgern und Veredlung von Energieträgern (Raffinerien, Kokereien etc.)

Veredelungsprodukte fossiler Energieträger (Koks, Kokereigas, Mineralölprodukte) werden im Energiebereich (excl. Verkehr) vor allem zur Bereitstellung von Prozeßenergie verwendet. Emissionsminderungspotentiale eröffnen sich einerseits durch die Verbesserung des Wirkungsgrades der Veredelungsprozesse und andererseits indirekt über den Ersatz fossiler Energien in den Produktionsprozessen durch andere Energieträger bzw. den Einsatz neuer Produktionsverfahren (vgl. Kapitel 6.2.3).

Raffinerien emittierten 1989 in den alten Bundesländern 17,5 Mio. t CO_2 (Hedden, Jess, 1993, 13).

Die Einsparpotentiale bei Raffinerien belaufen sich auf insgesamt 21,6%. Davon entfallen 5% auf den Hochtemperaturbereich (Verbesserung des Ofenwirkungsgrades), 12,8% auf den Niedertemperaturbereich (Verbesserung der Destillation, Pinch Point Analyse, Pump-Arounds), 2,3% auf eine verstärkte Integration von Prozeßanlagen und 1,5% auf die Optimierung der Betriebsführung (bessere Kontrolle der Luftzahl bei Öfen, verstärkte Nutzung der Entspannungsenergie) (Hedden, Jess, 1993, 105).

Einsparpotentiale bei Kokereien können durch Kokstrockenkühlung, durch Kohlevorerhitzung und eine bedarfsorientiert gesteuerte Wärmezufuhr in Kombination mit einer Verkokung im Großraumverkokungsreaktor erschlossen werden. Durch eine Kokstrockenkühlung, eine Technik zur Wärmerückgewinnung aus dem glühenden Koks, kann eine CO_2-Emissionsminderung von 31% (bei Starkgas-Unterfeuerung) erschlossen werden. Durch den Einsatz eines Großraumverkokungsreaktors sinkt der Bedarf an Unterfeuerungsenergie stark ab (z. B. 37% bei Starkgas-Unterfeuerung) (Kubiak, 1993, 1.8-1.11).

Ein Sonderfall der Energiebereitstellung ist die Anfallenergienutzung beispielsweise über die Stromerzeugung durch Druckentspannung bei Hoch- und Mitteldrucksystemen in Druckregelanlagen der Gasversorgung (Kubessa, 1993, 5).

6.2.5.4 Netzverlustverminderung

Stromnetze

Die Netzverluste betrugen 1992 in den alten Bundesländern 4,7% des Gesamtverbrauches, in den neuen Bundesländern lag dieser Wert bei 10,1% (VDEW, 1993b, 40).

In den einzelnen Spannungsebenen und Transformationsstufen treten folgende Verluste auf: Niederspannungsebene 2,0%, Mittelspannungsebene 1,0%, Höchst- und Hochspannungsebene 1,0%, Transformatorstufe Mittelspannung/Niederspannung 1,5% und Hochspannung/Mittelspannung 0,5% (Schmitt, 1993).

Die Netzverluste in Stromnetzen können beispielsweise durch ASC (Advanced Series Compensation; geregelte dreiphasige Serienkompensation) weiter verringert werden. Die Belastungsfähigkeit bestehender Hochspannungsleitungen kann durch ASC um mindestens ein Drittel gesteigert und bis zur thermischen Belastbarkeit ausgenutzt werden. Außerdem ist mit dieser Technik auch eine Optimierung der Lastflüsse im Netz möglich (Renz, 1994, 21).

Wärmenetze

Wesentlich höhere Verluste sind in den Wärmenetzen[28)] zu verzeichnen. In bestehenden Fernwärmenetzen mit einem hohen Altanlagenanteil sind Verluste zwischen 15 und 20% Realität (Leonhardt, 1993, 7). In modernen Anlagen sind die Verluste wesentlich geringer. Einsparungen können über die Senkung der Vor- und Rücklauftemperaturen und über Verbesserungen in der Isolierung erreicht werden (Feist, 1993, 8).

In Nahwärmesystemen in Dänemark liegen die Verluste hingegen nur bei ca. 5% des Wärmeangebots (Norgard, 1993, 11).

Gasnetze

Einsparpotentiale bei dem Transport und der Verteilung von Gas können in zwei Bereichen erschlossen werden. Erstens kann der Wirkungsgrad der Gasverdichtungsanlagen für den Gastransport und die Gasspeicherung erhöht werden. Zweitens sind die Verluste durch Leckagen und bei Arbeiten am Netz zu verringern (Herrmann, 1994).

---

28) Ausdehnung 10 bis 30 km; im Vergleich zu Stromnetzen, die Ausdehnungen über 100 km aufweisen.

Der absatzbezogene relative Antriebsenergieverbrauch der Verdichter lag 1989 in den alten Bundesländern bei 0,43% (IKARUS-Datenbank, Herrmann, 1994).

Gasverluste durch Leckagen, die in allen Netzen auftreten, aber in Deutschland vor allem im lokalen Feinverteilungsnetz zu Buche schlagen, werden bei Netzerneuerungen durch die heute übliche Verwendung von geschweißten Stahl- und Kunststoffleitungen anstelle der früher durch Muffen verbundenen Gußleitungen vermindert. KWK-gekoppelte Nahwärmesysteme auf Erdgasbasis können darüber hinaus eine Gasfeinverteilung unnötig machen (Herrmann, 1994).

Leckageverluste in Ferngasleitungen treten in Deutschland nur in geringem Umfang auf (1987 / ABL: 0,7%; 1992 / NBL: 1,3%) (BGW, 1993). Aussagen über Leckageverluste (Methanverluste bei Förderung, Aufbereitung und Fortleitung) der Erdgaslieferländer Deutschlands sind mit Unsicherheiten behaftet. Beispielsweise ist für die GUS bei exportiertem Gas mit Erdgasleckageverlusten zwischen 2,5 und 5,2% auszugehen[29] (Öko-Institut, 1993, 11).

6.2.6 Gebäudebereich – sektorübergreifend

Die Entwicklung des Heizenergieverbrauches im Neubaubereich von 1970 bis 1990 und die für diese Entwicklung verantwortlichen Normen und Verordnungen sowie andere Einflußgrößen sind in Abbildung 6.2-16 zusammengestellt. Auch der Verbrauch einiger repräsentativer, besonders energiesparender Häuser ist eingetragen; dabei reicht das Spektrum von innovativen Häusern aus der ‚Pionierzeit' des energiesparenden Bauens bis zum standardmäßig errichteten Niedrigenergiehaus des letzten Jahrzehnts.

Generell ist auch im Gebäudebereich festzustellen, daß die Einzelstudien zur Energieeinsparung eine gewisse Bandbreite aufweisen. Dies wird an den unten zitierten Quellen deutlich. Entscheidend ist auch im Gebäudebereich die Art der Umsetzung.

Die Energiesparpotentiale im Gebäudebestand bis 2050 für verschiedene Szenarien und unter Berücksichtigung des technischen Fortschrittes sind für die alten Bundesländern der Abbildung 6.2-17 zu entnehmen.

Die oben aufgeführten realisierten und zukünftigen Einsparpotentiale sind jeweils in kWh/(m^{2}a) angegeben. Die Entwicklung des Energiever-

[29]) Die relativ hohen Methanverluste im russischen Verteilungssystem sind, da sie ausschließlich der Inlandsversorgung dienen, bei den den Exporten zuzurechnenden Emissionen nicht erfaßt.

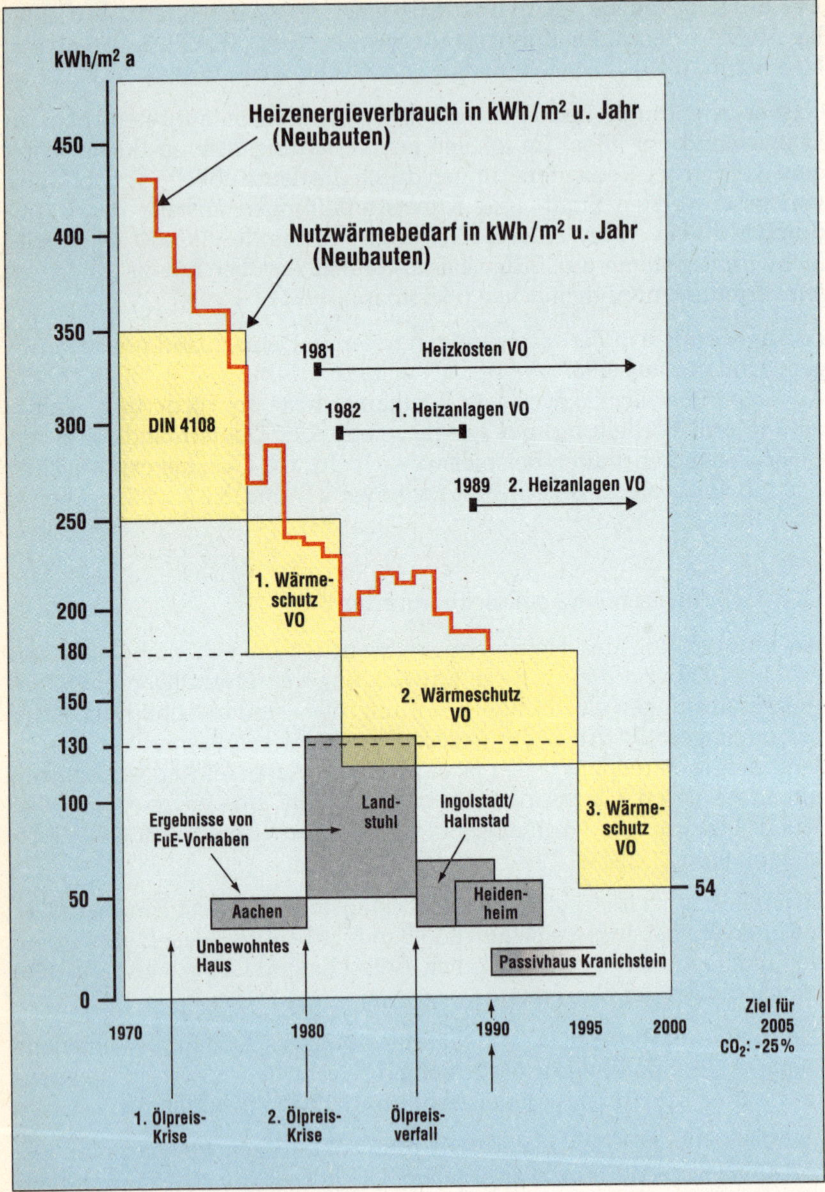

Abb. 6.2-16: Entwicklung des Heizenergieverbrauches und Nutzwärmebedarfes im Neubaubereich, Regelungen und Forschungsprojekte (Lawitzka, Jochem, 1994)

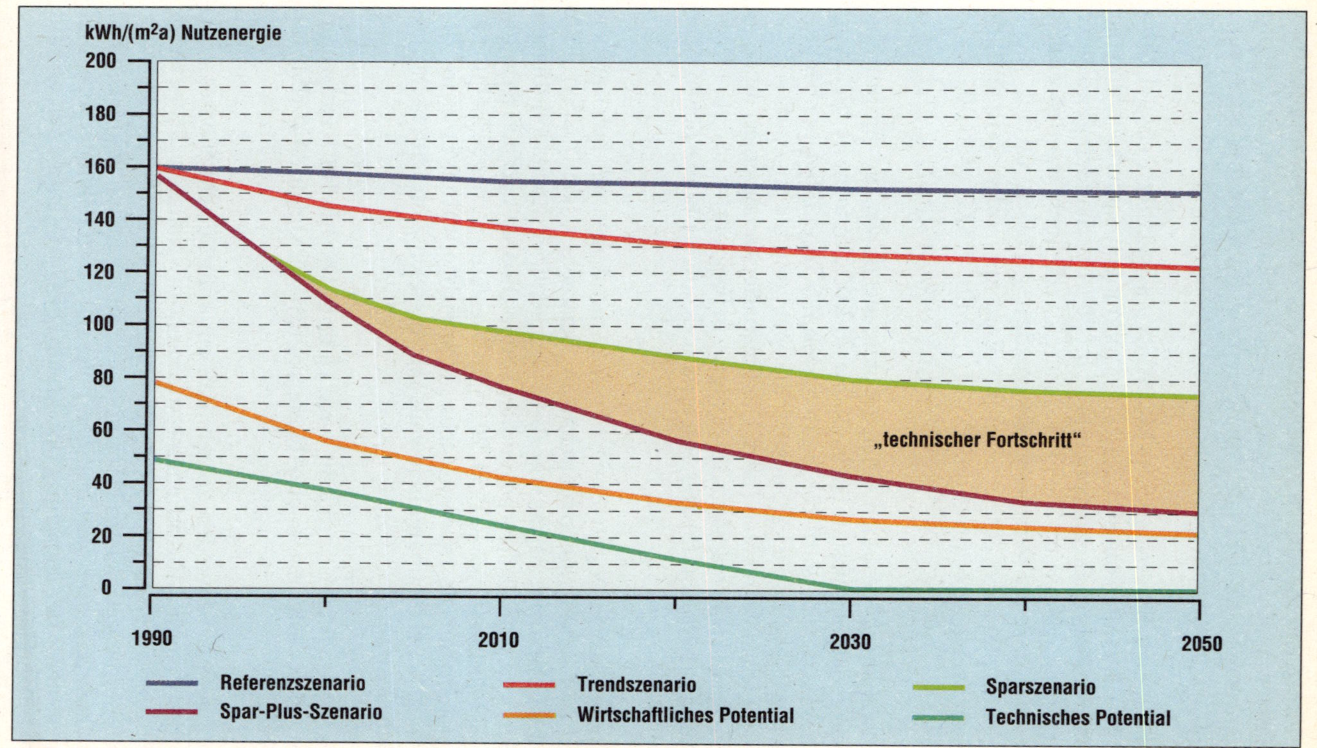

Abb. 6.2-17: Technische Energiesparpotentiale im Gebäudebestand (Sanierung, Modernisierung) unter Berücksichtigung des zu erwartenden weiteren technischen Fortschritts (ABL) (IWU, 1994, 253)

brauches im Gebäudebereich wird neben dem Energieverbrauch pro Quadratmeter auch von der Wohnflächenentwicklung bestimmt. Die pro Person genutzte Fläche ist in der Vergangenheit gestiegen und wird wohl in Zukunft weiter steigen.

Da in den neuen Bundesländern bis 2005 voraussichtlich etwa 1 Mio. neue Wohnungen gebaut und 2,4 Mio. Wohnungen saniert werden, ist ein strukturbedingtes Einsparpotential von 70 PJ vorhanden gegenüber dem Jahr 1989, in dem rund 360 PJ Endenergie verbraucht wurden. Durch eine Verschärfung der Wärmeschutzverordnung (WSchVO) auf Niedrigenergiehausstandard (50 bis 60 kWh NE/m^{2}a) könnten weitere 40 PJ erschlossen werden (Matthes, 1993, 14; 1 Mio. t SKE = 29,308 PJ = 8,15 TWh).

Im Neubaubereich bestehen Einsparpotentiale durch die Einführung des Niedrigenergiehausstandards (30 bis 70 kWh/m^{2}a im Vergleich zu 130 kWh/m^{2}a bei Standard-Neubauten nach WSchVO 1984), der bei herkömmlicher Bauweise zu geringen Mehrkosten und bei angepaßter Bauweise zu gleichen Baukosten führt. Die Einspartechnologien erlauben es sogar, energieautarke Häuser zu errichten – in Freiburg wurde ein Prototyp gebaut. Die Kosten für die eingesparte Kilowattstunde liegen aber noch sehr hoch.

Einsparpotentiale in Nichtwohngebäuden sind wegen der heterogenen Nutzung viel schwieriger abzuschätzen. Beispiele zeigen in den USA technische Einsparpotentiale von 70–80% gegenüber durchschnittlichen Gebäuden und von 60–70% gegenüber vergleichbaren kürzlich fertiggestellten Gebäuden (Krause, 1993, 20 f). Für Westeuropa werden ähnliche Einsparpotentiale wie im Wohngebäudebereich erwartet: 50% im Bestand, 70–80% bei Neubauten, jeweils im Vergleich zum Durchschnittsverbrauch (Krause, 1993, 21).

Das Gesamtpotential ist nur sehr vage zu ermitteln, da für Nichtwohnbauten weder Bestands- noch Abgangszahlen verfügbar sind (ISI, Ifo, GEU, 1994, 32).

Erfahrungen aus Schweden zeigen, daß ein sofort erschließbares wirtschaftliches Potential für Stromeinsparungen in Gebäuden des gewerblichen Sektors in Höhe von 10 bis 15% besteht. Ein langfristiges wirtschaftliches Potential wird in Höhe von circa 50% gesehen. In diesem Fall sind im Gegensatz zum kurzfristigen Potential nur die Beleuchtung und Lüftungssysteme berücksichtigt (Johansson, 1993, 24). Diese Zahlen sind auf Deutschland übertragbar.

Stromanwendungen sind in diesem Kapitel nur insoweit von Interesse, als sie in der Gebäudetechnik stattfinden. Die anderen Stromanwendungen wurden in Kapitel 6.2.2 und 6.2.3 behandelt.

6.2.6.1 Altbau

„Sowohl das dänische als auch das schwedische Programm zur Energieeinsparung im Gebäudebestand belegen, daß eine Energieeinsparung von ca. einem Drittel innerhalb eines Zeitraumes von 15 Jahren bei konsequenter Umsetzung tatsächlich erzielt werden kann" (Feist, 1993, 12).

Der gegenwärtige spezifische Nutzenergiebedarf für die einzelnen Gebäudetypen und Baualtersklassen ist den Abbildungen 6.2-18, 6.2-19, 6.2-20 und 6.2-21 zu entnehmen. Die Gebäudetypologie differenziert für die Baualtersklassen vor 1988 nach alten und neuen Bundesländern. Nach 1988 wird eine für das gesamte Bundesgebiet einheitliche Gebäudetypologie gewählt. Die Abbildungen 6.2-18 und 6.2-19 erfassen für den Wohngebäudebestand der alten Bundesländer Mehrfamilienhäuser (MFH) – getrennt nach kleinen MFH bis vier Geschossen, großen MFH mit 5 bis 8 Geschossen, Wohnhochhäusern – und Einfamilien/Zweifamilien- (EFH) bzw. Reihenhäuser (RH) (IWU, 1994,10 f). Die Einteilung der Baualtersklassen spiegelt typische Bauperioden und Anforderungen an den baulichen Wärmeschutz wieder. Für Gebäude, die vor Ende des 1. Weltkrieges erbaut wurden, wird zwischen Fachwerkhäusern und in Massivbauweise errichteten Gebäuden unterschieden. Zwischen 1919 und 1948 ist keine Differenzierung in verschiedene Baualtersklassen erforderlich. 1949 bis 1956 wurden aufgrund des hohen Wohnungsbedarfes und der Materialknappheit niedrige Anforderungen an Bauvorschriften und qualitativ einfache Baukonstruktionen mit geringen Materialstärken in Kauf genommen. Bis 1956 waren beispielsweise tragende Mauern von 11,5 cm Dicke bei bis zu zweigeschossigen Gebäuden erlaubt; 1956 wurde diese Mindestdicke auf 17,5 cm heraufgesetzt. Auch die DIN 4108 zum baulichen Wärmeschutz wurde nicht immer eingehalten. Von 1957 bis 1968 wurden – auch aufgrund der verschärften Baunormen – die DIN 4108 zum baulichen Wärmeschutz im allgemeinen eingehalten, z. T. sogar übererfüllt. In der Baualtersklasse zwischen 1969 bis 1977 wurden ergänzende Vorschriften zur DIN 4108 erlassen und die DIN-Norm vor allem infolge der ersten Ölpreiskrise im allgemeinen übererfüllt. In der Periode 1978 bis 1984 zeigte die WSchVO Wirkung. 1984 bis 1988 spiegelt sich im Wärmedämmstandard die Novellierung der WSchVO wider (IWU, 1994, 11).

Die Abbildung 6.2-20 zeigt die Gebäudetypologie für den Gebäudebestand in den neuen Bundesländern. Die Gebäudetypen sind analog zu

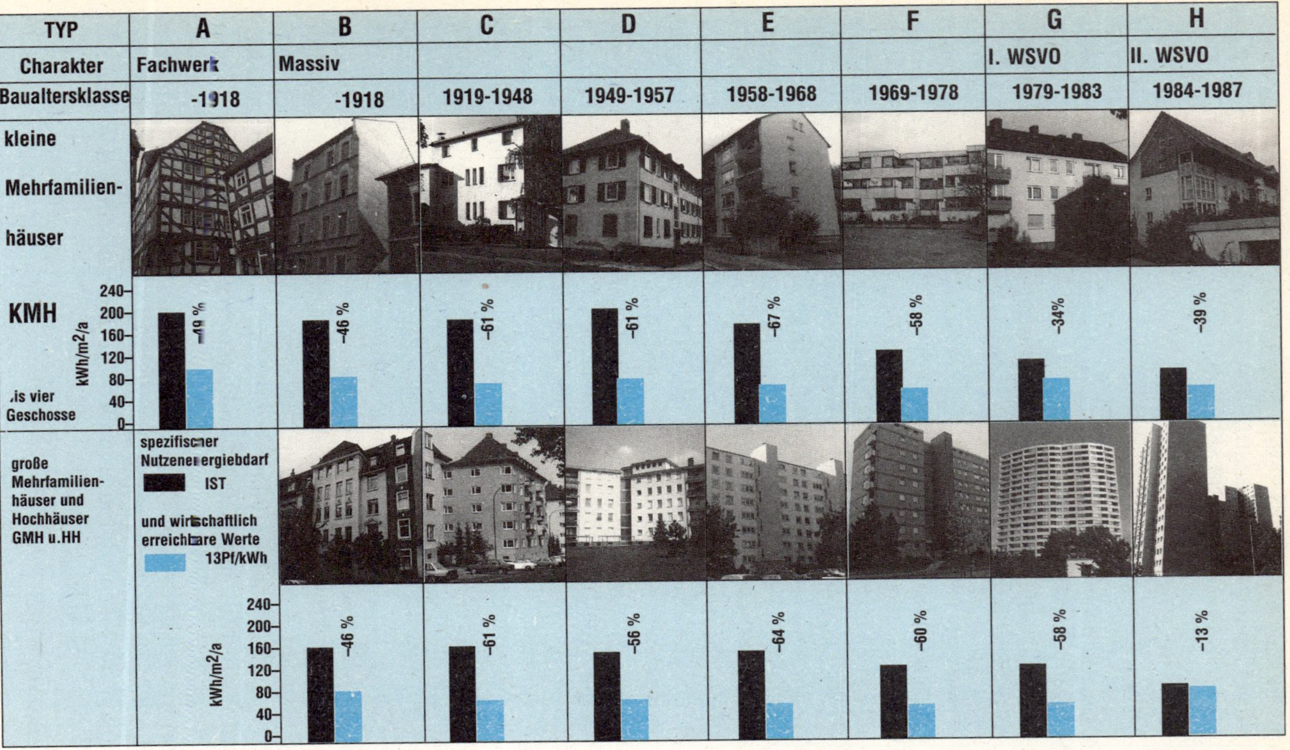

Abb. 6.2-18: Haustypenmatrix Bundesrepublik Deutschland für kleine (KMH) und große (GMH) Mehrfamilienhäuser sowie Hochhäuser (HH)

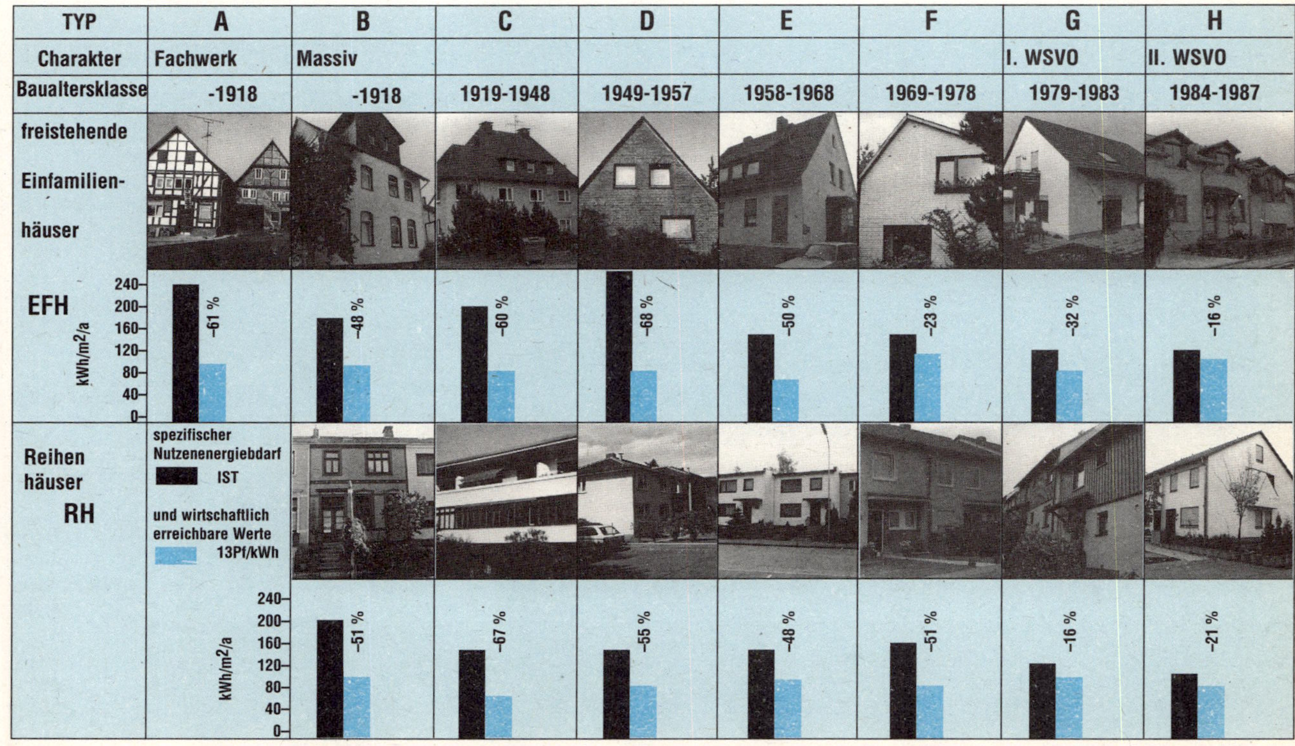

Abb. 6.2-19: Haustypenmatrix Bundesrepublik Deutschland für freistehende Ein-/Zweifamilienhäuser (EFH) und Reihenhäuser (RH)

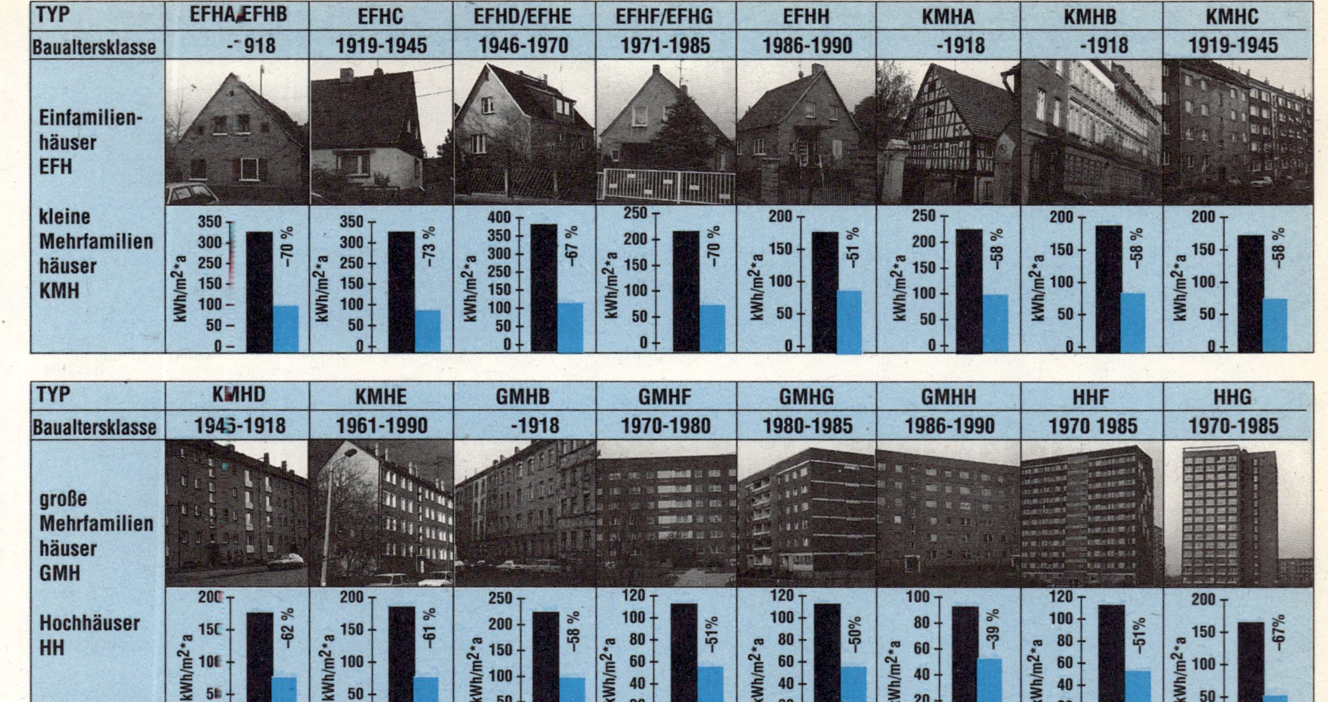

Abb. 6.2-20: Wohngebäudetypologie neue Bundesländer

den alten Bundesländern eingeteilt. Die Baualtersklassen umfassen nach dem Ende des 2. Weltkrieges aufgrund der unterschiedlichen Entwicklung (z. B. Plattenbauweise) andere Perioden. EFH wurden nach dem 2. Weltkrieg bis 1970, um den Bauaufwand und den Materialverbrauch zu minimieren, mit einem geringen Wärmedämmstandard errichtet. Seit 1970 stiegen die Wärmedämmaufwendungen bei den EFH an. Die Mehrzahl der MFH wurde nach 1945 in industrieller Bauweise errichtet. Die ab 1958 in Block- und Streifenbauart errichteten Gebäude sind mit Blöcken aus Ziegeln, Ziegelsplittbeton und Gasbeton gefertigt. Die ersten Plattenbauten der 60er Jahre weisen ein- und zweischalige Außenwandkonstruktionen (verputzter Schwerbeton bzw. Schwerbeton mit innenliegender Holzwolleleichtbauplatte) auf. In den 70er Jahren war im Plattenbau ein Übergang zu dreischichtigen Außenwandkonstruktionen (15 cm Schwerbeton, 5 cm Kerndämmung, 6 cm Wetterschale aus Beton) zu verzeichnen. Mitte der 80er Jahre wurde die Bauweise der Plattenbauten energetisch verbessert. Die Dämmschicht der Außenwand wurde auf 6 cm erhöht und die Dämmung der Kellerdecken und des Daches wurde entscheidend verbessert (Dämmschicht Dach 9 cm, Keller 2 cm). 1989 wurden die ersten Plattenbauten mit Dämmschichten der Außenwände zwischen 8,5 und 9 cm errichtet.

In fast allen MFH sind Fenster mit Zweischeibenverglasung eingebaut – in Block- und Plattenbauten Thermofenster mit Holzrahmen.

Die Schäden an den Wandkonstruktionen (Schäden am Beton, Fugenundichtigkeiten etc.) und Verschleißerscheinungen an den Fenstern haben großen Einfluß auf die energetischen Eigenschaften der Gebäude (IWU, 1994, 17-20).

Die Abbildung 6.2-21 zeigt die Gebäudetypologie des Wohnungsneubaus (ab 1988) für die alten und die neuen Bundesländer. Drei Gebäudetypen werden unterschieden: EFH, Reihenhaus und kleines MFH bis zu 4 Geschossen. 99% des Neubauvolumens der Jahre 1984 bis 1990 sind einer dieser drei Gebäudetypenkategorien zuzuordnen (IWU, 1994, 22).

In den Abbildungen sind für den Wohngebäudebestand neben den Werten für den derzeitigen spezifischen Nutzenergiebedarf auch die erreichbaren Einsparungen angegeben. Für die alten Bundesländer sind die Nutzenergieeinsparungen angegeben, die zu Kosten von 13 Pf/kWh[30)] realisierbar sind. Für die neuen Bundesländer ist das technische Potential bei der Realisierung der im IWU-Spar-Szenario beschriebenen technischen Maßnahmen dargestellt (IWU, 1994, 21).

---

30) Dies würde im Vergleich zum heutigen Preisniveau massive Preissteigerungen voraussetzen.

EFHI Einfamilienhaus	RHI Reihenhaus	KMHI kleines Mehrfamilienhaus
1988-1994 ff. 	1988-1994 ff. 	1988-1994 ff. 

Abb. 6.2-21: Gebäudetypologie für Wohnungsneubau (ABL und NBL)

Die Einsparmöglichkeiten im Neubaubereich werden in Kapitel 6.2.6.2 dargestellt.

Untersuchungen zu den Einsparmöglichkeiten durch wärmetechnische Sanierungen zeigen, wie groß die realisierbaren Potentiale sind. Die untersuchten Gebäude wurden zwischen den Jahren 1900 und 1971 errichtet und zwischen 1977 und 1991 saniert. Im Mittel konnte eine Heizenergieeinsparung von 45% realisiert werden: der Mittelwert für den Endenergieverbrauch von 275,9 kWh/m^2a sank durch die Sanierung auf 151,8 kWh/m^2a (IWU, 1994, 128). Die Abbildung 6.2-22 faßt die Einzelergebnisse für kleine und große MFH und für EFH zusammen; die Daten der einzelnen sanierten Häuser (Standort, Gebäudetyp, Baujahr, Wohnfläche) und die – durch die an den jeweiligen Bauteilen durchgeführten Wärmeschutzmaßnahmen – realisierten Energieeinsparungen sind der IWU-Studie im Detail zu entnehmen (IWU, 1994, 127-133).

Eine große Zahl entwickelter und am Markt verfügbarer Dämmstoffe und Dämmsysteme steht zur wärmetechnischen Sanierung des Gebäudebestandes zur Verfügung und wird seit Jahrzehnten eingesetzt. Neue Dämmsysteme – z. B. die transparente Wärmedämmung – werden, sobald sie die Marktreife erlangen, die bestehenden Optionen ergänzen.

Aufgrund der unterschiedlichen Gebäudetypen und Siedlungsgebiete gibt es nicht das „universelle" Dämmsystem für die wärmetechnische Sanierung. Die unterschiedlichen technischen und architektonischen Gegebenheiten (Fassadenaufbau und -baustoff, Bauteilkonstruktion, Orientierung bezüglich der Himmelsrichtung, Verschattung, Grenzabstand, städtische oder dörfliche Bebauung etc.) machen eine sorgfältige und sachgerechte Auswahl der jeweils einzusetzenden Dämmsysteme für die einzelnen Bauteile des Gebäudes notwendig. Auch eine sachgerechte Ausführung der Dämmaßnahmen entscheidet über den Erfolg einer energetischen Sanierung (IWU, 1994, 27).

Folgende Dämmsysteme stehen für eine wärmetechnische Sanierung der einzelnen Bauteile zur Verfügung:

Außenwand

- Außendämmung mit einem Wärmedämmverbundsystem
- Außendämmung mit Vorhangfassade
- Kerndämmung eines zweischaligen Mauerwerks
- Innendämmung mit Dampfsperre

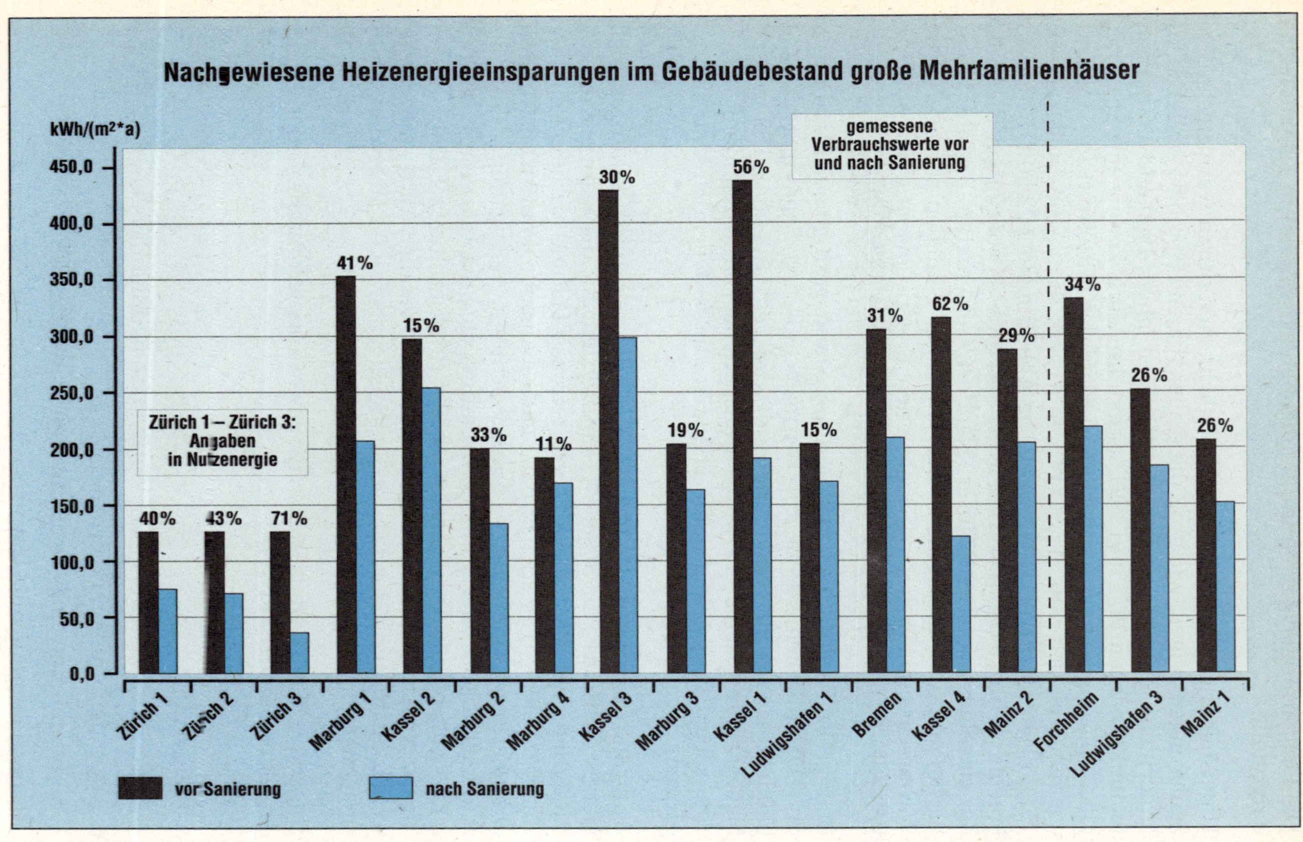

Abb. 6.2-22 a: Nachgewiesene Heizenergieeinsparungen im Gebäudebestand – große Mehrfamilienhäuser (IWU, 1994)

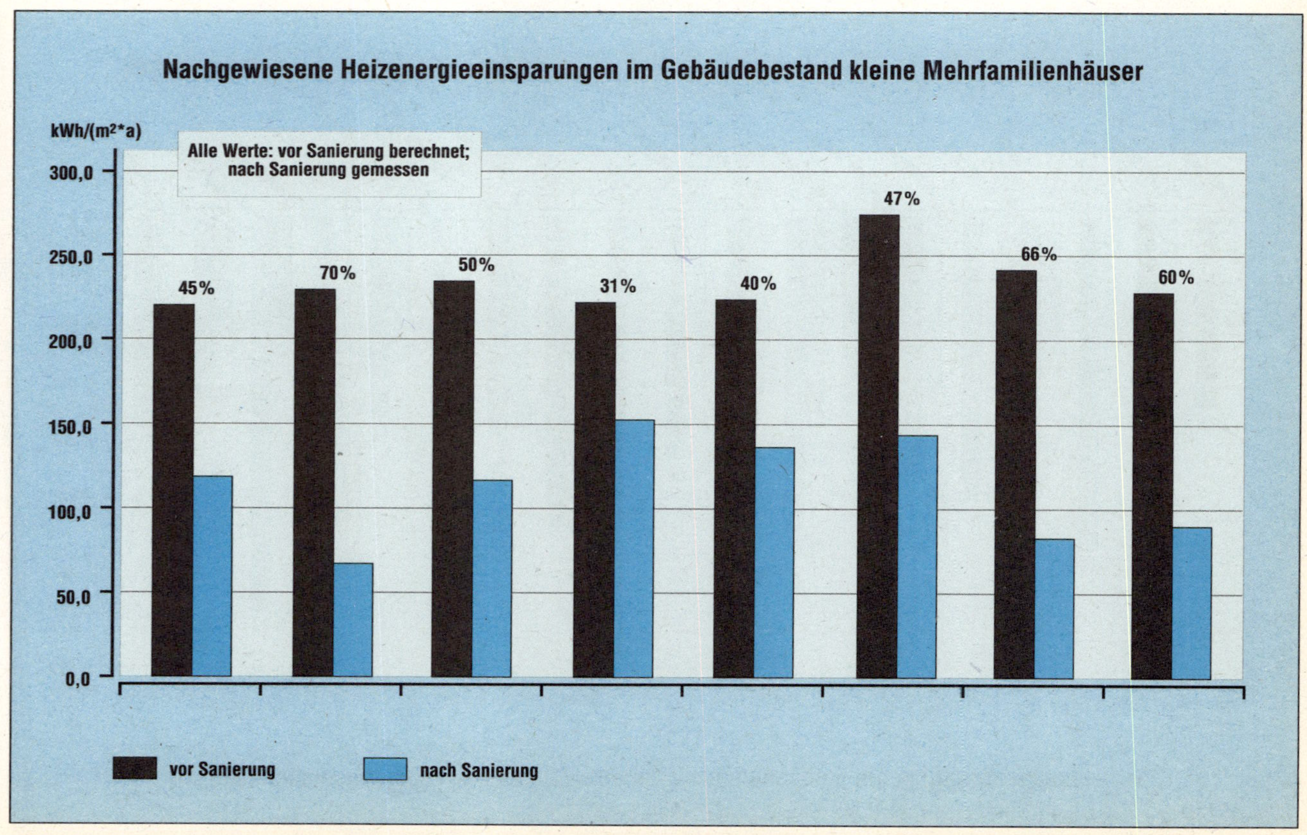

Abb. 6.2-22 b: Nachgewiesene Heizenergieeinsparungen im Gebäudebestand – kleine Mehrfamilienhäuser (IWU, 1994)

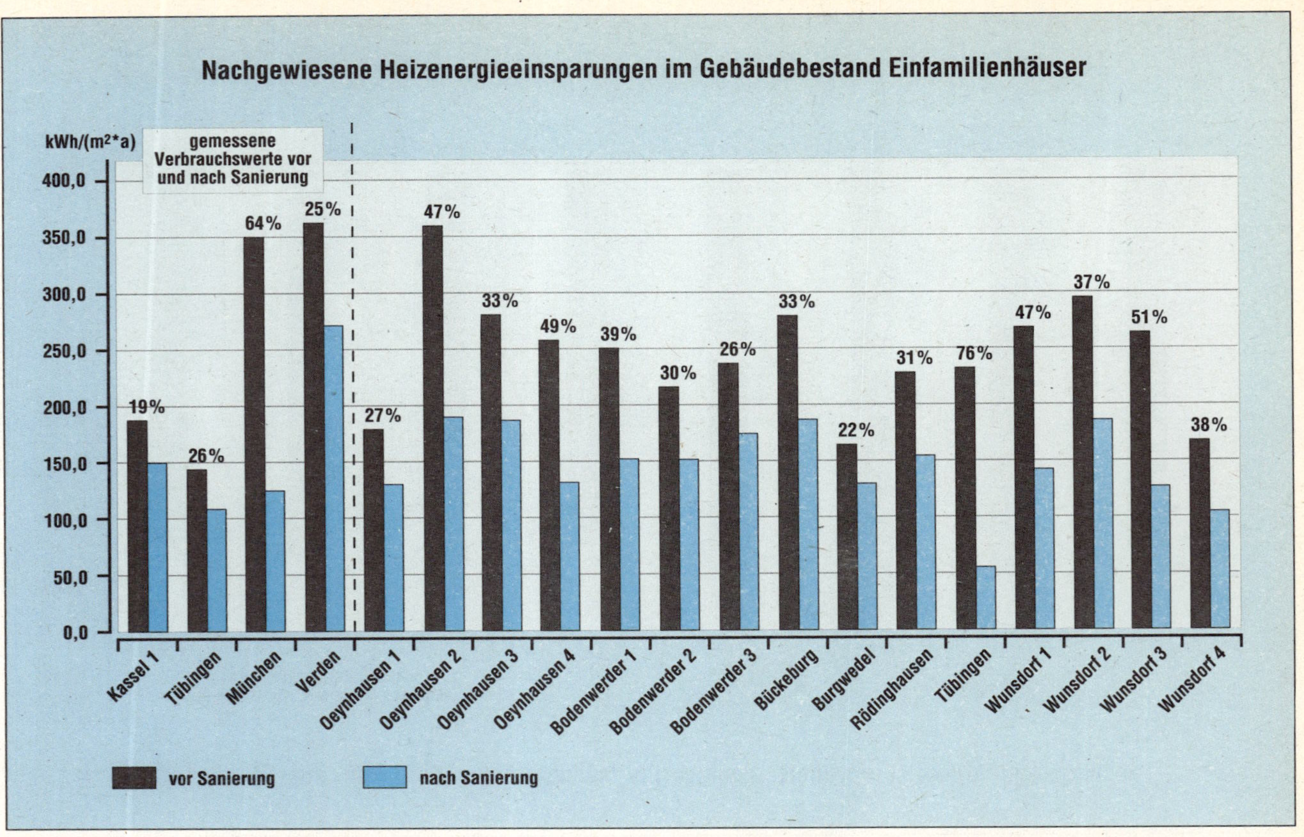

Abb. 6.2-22c: Nachgewiesene Heizenergieeinsparungen im Gebäudebestand – Einfamilienhäuser (IWU, 1994)

Fenster und Außentüren

- Verbund-, Einfachfensterrahmen oder Kastenfenster
- Energiesparende Verglasungsarten wie Wärmeschutz-Isolierverglasung mit k-Werten bis 1,3 W / (m^2K)
- Wärmegedämmte Türprofile mit k-Werten bis 1,0 W / (m^2K)
- Wärmegedämmte Klappläden oder Rolladen mit optimiertem Mini-Rolladenkasten oder hochgedämmten Kästen aus Polystyrol-Hartschaum
- Aufarbeitung historischer Holztüren und Holzfenster (Kasten- und Verbundfenster) mit Einbau einer Lippendichtung

Keller

- Dämmung der Kellerdecke von unten mit Dämmplatten, Mineralfaser-Aufspritzdämmung oder Sanierung des Fußbodenaufbaus von oben mit Einbau einer Dämmschicht
- Dämmung der Kelleraußenwände von innen mit Dämmplatten und separater Verkleidung oder Dämmverbundplatten mit integrierter Dampfsperre

Geneigtes Dach

- Dämmung zwischen, auf, auf und zwischen, zwischen und unter bzw. unter den Sparren

Flachdach

- Umkehrdach (Warmdach)
- Verfüllung der Luftschicht von Kaltdächern mit dem Einblasdämmverfahren, Sanierung der raumseitigen Dampfsperre
- Einblasen von Dämmstoff in die Luftschicht von Kaltdächern bei Verbleib eines ausreichenden Belüftungsraumes (MFH)
- Umwandlung von Kaltdächern zu Warmdächern durch eine zusätzliche Dämmschicht auf der alten Dachhaut (Umkehrdach) und Verfüllung der Luftschicht mit Dämmstoff (eventuell zusätzlich: Sanierung der inneren Dampfsperre)
- Dämmung des Flachdaches auf der Raumseite mit Dampfsperre

Neben diesen Hauptoptionen der wärmetechnischen Sanierung gibt es noch eine Vielzahl von Detail- und Sonderlösungen (IWU, 1994, 27f).

Bautechnische Restriktionen für die Ausführung wärmetechnischer Sanierungsmaßnahmen betreffen in der Regel nicht alle Baualtersklassen und nicht alle möglichen Wärmeschutzmaßnahmen. Betroffen von bautechnischen Restriktionen sind vor allem Gebäude, die vor 1945 errichtet wurden. Die bautechnischen Restriktionen beziehen sich in der Regel nur auf bestimmte Bauteile, wie z. B. eine erhaltenswerte Fassade. Beispiele für bautechnische Restriktionen sind:

- Dämmung des Bauteils nicht möglich (Sichtfachwerk, -mauerwerk, profilierte Ornamentfassade)
- Begrenzte Dämmschichtdicke und Auswahl der Dämmaterialien (Fußbodendämmung wegen lichter Raumhöhe)
- Kombination verschiedener Dämmsysteme am gleichen Bauteil eines Objektes (z. B. Gründerzeithäuser: Vor- und Rückfronten)
- Erfordernis bestimmter Anbringungstechnik oder Dämmaterialien (z. B. historische Sparrenquerschnitte, Kappendecken)

In den alten Bundesländern sind rund 4% aller Gebäude (auch Nichtwohnbauten) als Denkmal eingetragen; in den neuen Bundesländern sind nur 2,5% der Gebäudesubstanz Fachwerkbauten, die wiederum nur zum Teil dem Sichtfachwerk zuzuordnen sind (IWU, 1994, 36).

Wärmetechnische Sanierungsmaßnahmen sollten aus wirtschaftlichen Gründen bei ohnehin anstehenden Instandsetzungs-, Erneuerungs- und Modernisierungsmaßnahmen durchgeführt werden. In welchem Umfang die Potentiale einer energetischen Sanierung des Wohngebäudebestandes erschlossen werden, hängt somit von den Renovierungs- bzw. Modernisierungszyklen der einzelnen Bauteile, der Struktur und dem derzeitigen Zustand des Wohngebäudebestandes ab.

Die typischen Erneuerungszyklen verschiedener Außenbauteile sind in der Tabelle 6.2-33 aufgelistet.

Die oben aufgeführten Dämmsysteme können im Rahmen der bei einer Instandsetzung oder einer Modernisierung anstehenden Baumaßnahme installiert werden. Eine Kombination von Wärmeschutz- und Instandsetzungs- und Modernisierungsmaßnahmen bietet sich vor allem in folgenden Fällen an (Kolmetz, Rouvel, Bressler, 1994, 35):

- Außenanstrich, Außen- oder Innenputzerneuerung oder Teilerneuerung
- Instandsetzung von Plattenbauten incl. Sanierung von Betonschäden
- Säuberung und Neuverfugung einer Klinkerfassade, Erneuerung der Platten einer Vorhangfassade

Tabelle 6.2-33: Erneuerungszyklen verschiedener Bauteile (Kolmetz, Rouvel, Bressler, 1994, 35)

Bauteil	Erneuerungszyklus in Jahren
Außenputz	20–40
Sichtbeton	27–50
Dacheindeckung	16–50
Flachdachbahnen	13–20
Fußboden	20–30
Innenputz	40
Vorhangfassade	25–30
Estrich	27–80
Fenster und Türen	20–80
Rolläden	20
Verglasungen	13
Isolierverglasungen	13–27

- Erneuerung eines Holzfußbodens oder Einbringen von Parkettfußböden
- Ersatz von einscheibenverglasten Fenstern oder Austausch einer defekten Isolierverglasung
- Erneuerung der Eindeckung bei geneigten Dächern, Ausbau des Dachs zu Wohnzwecken, Erneuerung der inneren Dachverkleidung, Sanierung der Gaubenverkleidung, Sanierung einer defekten Dachhaut eines Flachdachs
- Sanierung von Bauschäden in Dächern mit unzureichender Dampf- und Windsperre
- Aufsetzen eines Satteldaches auf ein Flachdach zur Abwehr von Regenschäden
- Sanierung von Wärmebrücken zur Abwehr von Feuchte und Schimmelbildung in Wohnräumen
- Modernisierung der Sanitärräume
- Modernisierung leerstehender Fachwerkhäuser

- Modernisierung der Wohnungsbestände der 50er und 60er Jahre aus Gründen der Wohnqualitätsverbesserung

In den alten Bundesländern ist der Sanierungsbedarf bei MFH im Rahmen der Städtebauförderung und im Bereich der gemeinnützigen Wohnungswirtschaft als besonders hoch einzuschätzen. In den neuen Bundesländern, in denen sich die Bausubstanz in den letzten 10 Jahren erheblich verschlechtert hat und in denen ein hohes Gebäudedurchschnittsalter vorliegt – mehr als die Hälfte aller Wohnungen wurde vor dem 2. Weltkrieg erbaut –, ist ein besonders hoher Sanierungsbedarf vorhanden. Rund 75% der Wohngebäude stehen zur Sanierung an, da die Bausubstanz (schwere) Schäden aufweist. Allein um die in der Vergangenheit unterlassene Fassadeninstandhaltung zu kompensieren, müßten jährlich 5% aller Fassaden saniert werden. Rund 90% der 28 Mio. m^2 Flachdächer auf industriell errichteten Wohnbauten sind feuchte- und wärmetechnisch sanierungsbedürftig (IWU, 1994, 28).

Über das Ausmaß der umfangreichen Nutzenergieeinsparpotentiale (vgl. Abbildungen 6.2-18 bis 6.2-20), die im Rahmen dieses enormen Sanierungs- und Modernisierungsaufwandes in der Bundesrepublik Deutschland allein über die schon heute verfügbaren Dämmsysteme relativ kurzfristig erschließbar wären, entscheiden – neben bautechnischer Restriktionen für die Ausführung von wärmetechnischer Sanierungsmaßnahmen – maßgeblich auch die Kosten.

Abbildung 6.2-23 weist für die alten Bundesländer jeweils getrennt nach den verschiedenen Baualtersklassen die Zusatzinvestitionen aus, die für die erzielbaren Heizwärmeeinsparungen (in eingesparten kWh pro m^2 und Jahr) aufzuwenden sind. Aus der Abbildung sind folgende Zusammenhänge zu erkennen:

- Die Zusatzkosten für Einsparungen bis ungefähr 20 kWh/m^{2}a sind unabhängig vom Baualter; die zusätzlichen Investitionen für einen Wärmeschutz, der darüber hinausgeht, unterscheiden sich für die Baualtersgruppen und steigen in jeder Baualtersgruppe mit den erreichten Einsparungen.
- Die große Streuung der mit gleichen Zusatzinvestitionen erreichbaren Einsparungen (im Bereich über 40 kWh/m^2 Einsparung) zwischen den einzelnen Baualtersklassen ist damit zu erklären, daß bei älteren Gebäuden die Durchführung von differenzierten Energiesparmaßnahmen effektiver ist.
- Betrachtet man im Vergleich dazu die Einsparpotentiale im Neubaubereich, so ist zu erkennen, daß eine nachträgliche energetische Sanierung eines neuen, aber bereits bestehenden Hauses wesentlich teurer

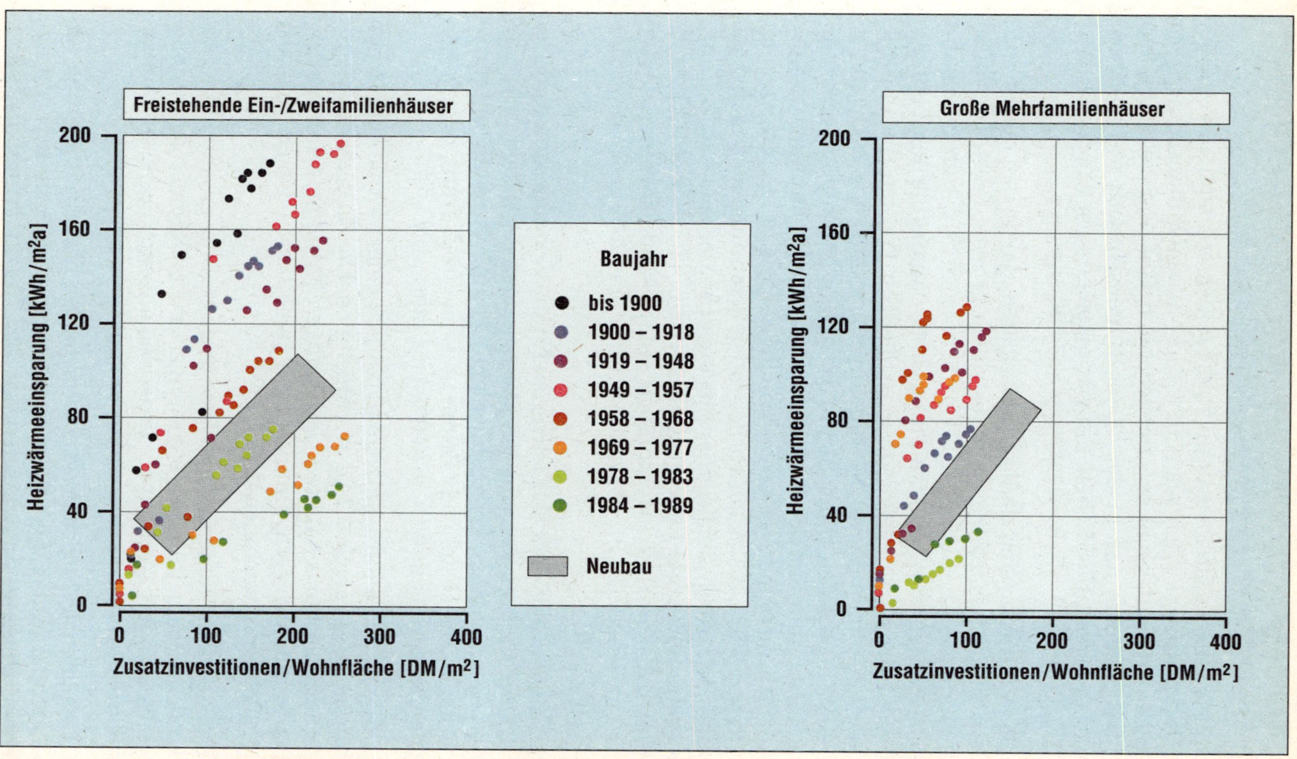

Abb. 6.2-23: Spezifische Heizwärmeeinsparung in Abhängigkeit von den spezifischen Zusatzinvestitionen (pro m² Wohnfläche) für Ein- und Mehrfamilienhäuser (alte Bundesländer) (Kolmetz, Rouvel, Bressler, 1994, 30; Kolmetz, Rouvel, 1994)

ist, als Neubauten von vornherein mit einem besseren Standard zu errichten (Kolmetz, Rouvel, Bressler, 1994, 28f).

Vergleicht man die Zusatzinvestitionen, die notwendig sind, um eine bestimmte Einsparung in den alten bzw. den neuen Bundesländern zu erreichen, so ist am Beispiel von freistehenden Ein- und Zweifamilienhäusern festzustellen, daß in den neuen Bundesländern mit gleichem Mittelaufwand wesentlich höhere Einsparungen erreicht werden können (Abb. 6.2-24).

Die geringeren Kosten sind dadurch zu erklären, daß in den neuen Bundesländern für den Altbaubereich wesentlich größere Potentiale als in den alten Bundesländern vorliegen (Weisheimer, 1993, 21). Gründe dafür sind: die „geringere Wärmedämmung und bauausführungsbedingte Mängel der Umschließungswände einschließlich Fenster, die ungenügende oder fehlende individuelle Regelungsmöglichkeit (der Heizungssysteme d. V.) für die Bewohner, nicht vorhandene Meßtechnik und individuelle Abrechnung sowie die fehlende finanzielle Stimulierung des sparsamen Wärme- und Wasserverbrauchs mittels aufwandsgerechter Preise" (Reetz, 1993a, 37). Nach vorliegenden Erfahrungen kann deshalb allein durch kurzfristig realisierbare technische Maßnahmen (z. B. außentemperaturabhängige Regelung, absperrbare Heizflächen, Thermostatventile) der Jahreswärmeverbrauch einer Standardwohnung (Typ P 2, 56 m^2) in den neuen Bundesländern um 15 bis 20% gesenkt werden (Albrecht, 1993, 10).

Besondere Bedeutung – neben Zielwerten für die Gebäudesanierung der in industrieller Bauweise errichteten Plattenbauten – hat die rasche Entwicklung von adäquaten, kostengünstigen Dämmkonzepten, um die in den nächsten Jahren anstehende Beton- und Fugensanierung zur wärmetechnischen Sanierung nutzen zu können (Matthes, 1993, 14).

Die detaillierten Kosten für Einzelmaßnahmen einer wärmetechnischen Sanierung sind der Tabelle 6.2-34 zu entnehmen. Die Kosten wurden auf der Basis von wärmetechnischen Sanierungen an repräsentativen Ein- und Mehrfamilienhäusern ermittelt. Die detaillierten Daten sind der Studie des IWU zu entnehmen (IWU, 1994, 56-65).

Die in Tabelle 6.2-34 aufgeführten Werte umfassen die gesamten Investitionskosten. Instandhaltungsaufwendungen, die im Rahmen des Erneuerungszyklus anfallen, sind davon abzuziehen, wenn die Wirtschaftlichkeit der wärmetechnischen Sanierung zu beurteilen ist.

Für die einzelnen technischen Maßnahmen der Energieeinsparung am Altbau (Nachdämmung, Fenstererneuerung etc.) kann ermittelt werden, in welchem Umfang sie wirtschaftlich zur Verringerung des Nutz-

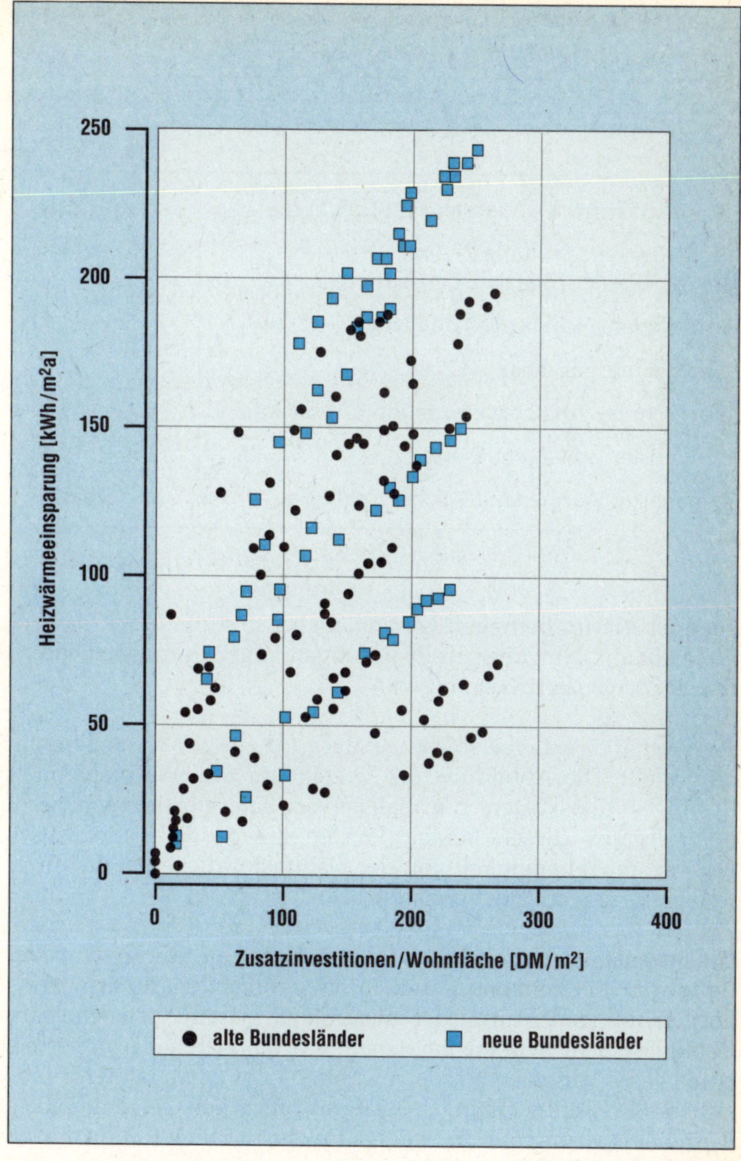

Abb. 6.2-24: Spezifische Heizwärmeeinsparung in Abhängigkeit von den spezifischen Zusatzinvestitionen (pro m² Wohnfläche) für freistehende Ein- und Zweifamilienhäuser (alte und neue Bundesländer) (Kolmetz, Rouvel, Bressler, 1994, 31; Kolmetz, Rouvel, 1994)

Tabelle 6.2-34: Investitionskosten (Gesamtkosten incl. Instandsetzungsanteil; Preisstand: 1990; ohne MWSt) (IWU, 1994, 55)

	Mittelwert abgerechneter Kosten (DM/m² Bauteilfläche)
Wärmedämmverbundsystem 4–12 cm Dicke	125,58
Kellerdeckendämmung 2–10 cm Dicke (in ca. 30 % der Fälle incl. Bekleidung)	30,88
Dachboden, nicht begehbare Platten 4–12 cm	28,43
Dachboden, begehbar 6–12 cm	50,71
Dachschräge 10–12 cm Dämmung + Verkleidung	53,50
Neufenster Isolierverglasung	517,00
Neufenster Wärmeschutz-Isolierverglasung	574,00

energiebedarfes beitragen können. Dabei sind die durch die Investition erreichbaren Nutzenergieeinsparungen und die zusätzlichen Investitionskosten zu berücksichtigen.

Beispielhaft wird eine solche Analyse für einige Wärmedämmoptionen dargestellt. Die Abbildung 6.2-25 zeigt für drei Wärmedämmoptionen die Investitionskosten, die realisierbare Energiekosteneinsparung und die sich aus diesen beiden Werten ergebende Nettoeinsparung in DM/m^2 in Abhängigkeit von der Dämmstoffdicke jeweils für ein Referenzpreis- und ein Hochpreisszenario [31].

Die jeweils wirtschaftlich sinnvolle Dämmstoffdicke (Tabelle 6.2-35) wurde im Referenzpreis- und im Hochpreisszenario ermittelt, indem, ausgehend vom Punkt, der maximalen Gesamtkosteneinsparung die Punkte gesucht wurden, bei denen 97% dieser Einsparung erreicht werden. Dieses Vorgehen wurde gewählt, da vor „dem Hintergrund der unsicheren Preisentwicklung ... Dämmstoffstärken, bei denen die gesamte Kosteneinsparung nur um wenige Prozent vom Optimum abweicht, aus betriebswirtschaftlicher Sicht als gleichwertig angesehen werden" müssen (IWU, 1994, 88).

[31]) Anstieg des Heizenergiepreises bis 2005 von heute etwa 5,5 Pf/kWh auf 7,5 Pf/kWh (Referenzpreisszenario) bzw. etwa 12 Pf/kWh (Hochpreisszenario) (IWU, 1994, 82)

Tabelle 6.2-35: Wirtschaftlich sinnvolle Dämmstoffstärken (Ebel, Eicke-Hennig, 1990; IWU, 1990, 83–88)

	wirtschaftlich optimale Dämmstoffstärke (in cm)
Referenzpreisszenario	
Steildachdämmung mit Mineralwolle	14,7
Außendämmung einer Wand mit Wärmedämmverbundsystem/Styropor	8,3
Innendämmung mit Verbundplatten	3,9
Hochpreisszenario	
Steildachdämmung mit Mineralwolle	19,5
Außendämmung einer Wand mit Wärmedämmverbundsystem/Styropor	11,3
Innendämmung mit Verbundplatten	5,7

Sollen mehrere Maßnahmen gleichzeitig durchgeführt werden, ist eine Gesamtoptimierung durchzuführen.

Im Nichtwohnbereich liegen Erfahrungen mit Altbausanierungen noch nicht in dem Maße vor wie im Wohnbereich. Ein Beispiel soll hier stellvertretend behandelt werden.

In der Schweiz wurde im Rahmen des PRESANZ Programmes („Programm zur energetischen Sanierung der Gebäude der Stadt Zürich") eine energetische Sanierung öffentlicher Gebäude durchgeführt und die Einspareffekte evaluiert.

Alle Maßnahmen zusammen ergeben Einsparpotentiale im Wärmebereich in Höhe von 39%, wobei durch die Sofort- und kurzfristigen Maßnahmen schon ein Potential von 32% erschließbar ist. Die gemessenen Einsparungen bei 54 durchgeführten Projekten zur wärmetechnischen Sanierung, die in den letzten 10 Jahren durchgeführt wurden, betrugen 18%. Bei diesen energetischen Sanierungen wurde allerdings erst ein Teil des wirtschaftlichen Maßnahmenpakets realisiert.

Spezielle Stromsparanalysen ergaben wirtschaftliche Einsparungen von durchschnittlich 29%. Praxiserfahrungen liegen im Rahmen des PRE-

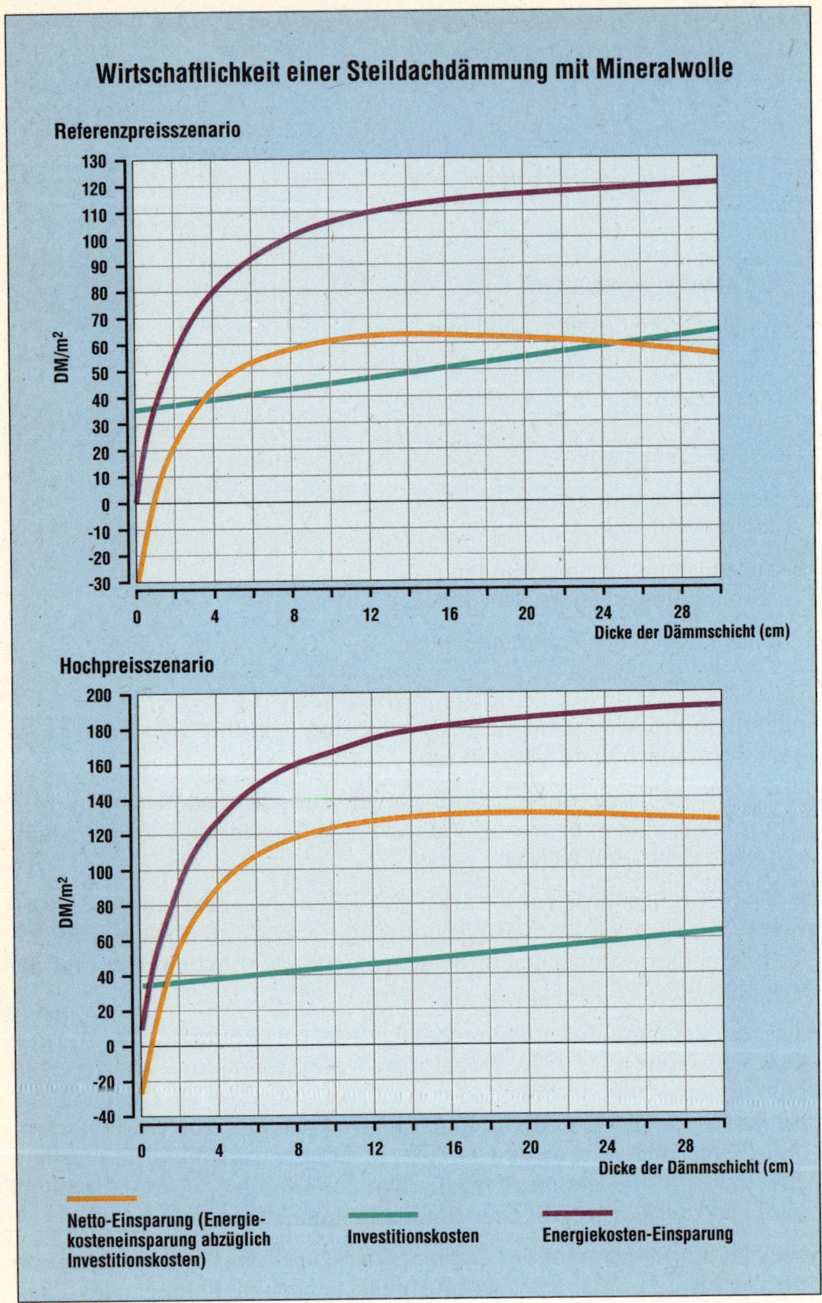

Abb. 6.2-25 a: Wirtschaftlichkeit einer Steildachdämmung mit Mineralwolle für Referenzpreis- und Hochpreisszenario (IWU, 1994)

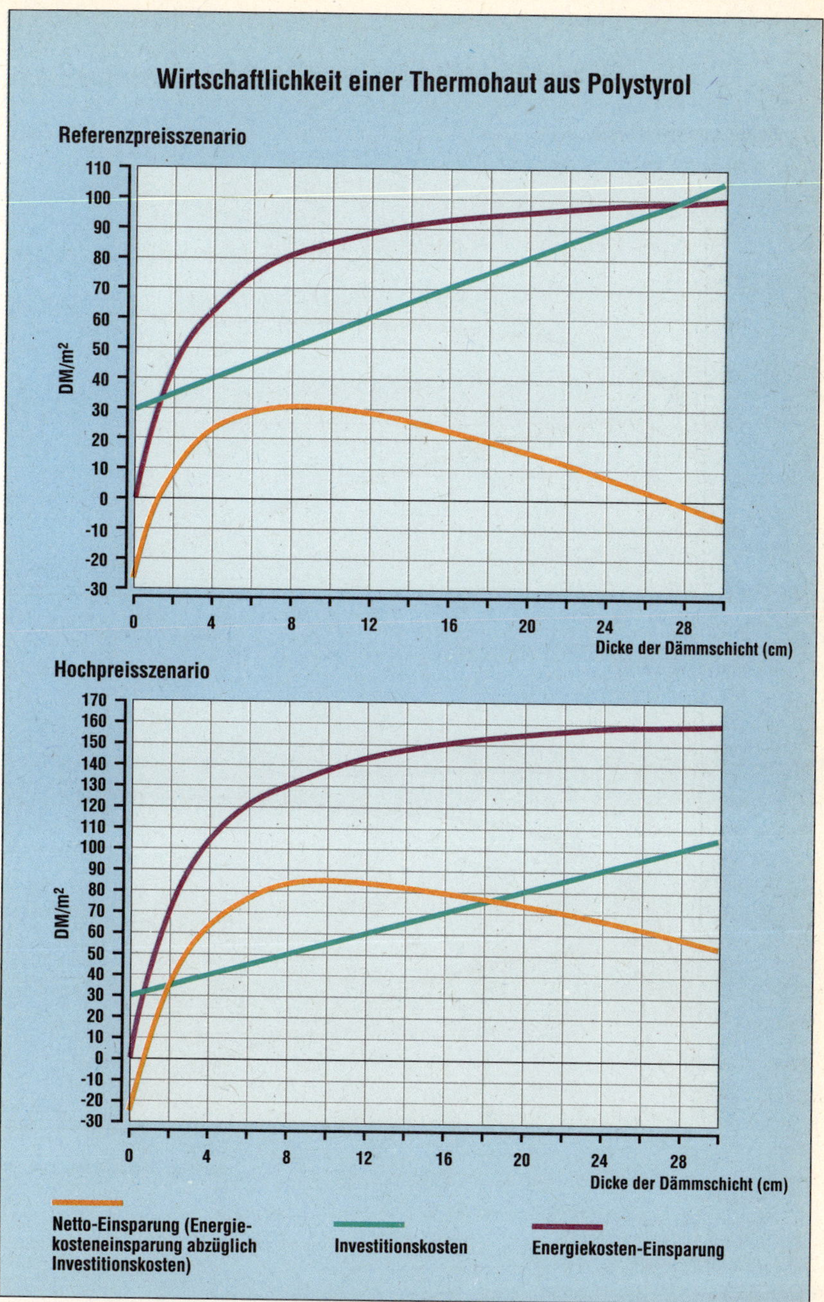

Abb. 6.2-25 b: Wirtschaftlichkeit einer Thermohaut aus Polystrol für Referenzpreis- und Hochpreisszenario (IWU, 1994)

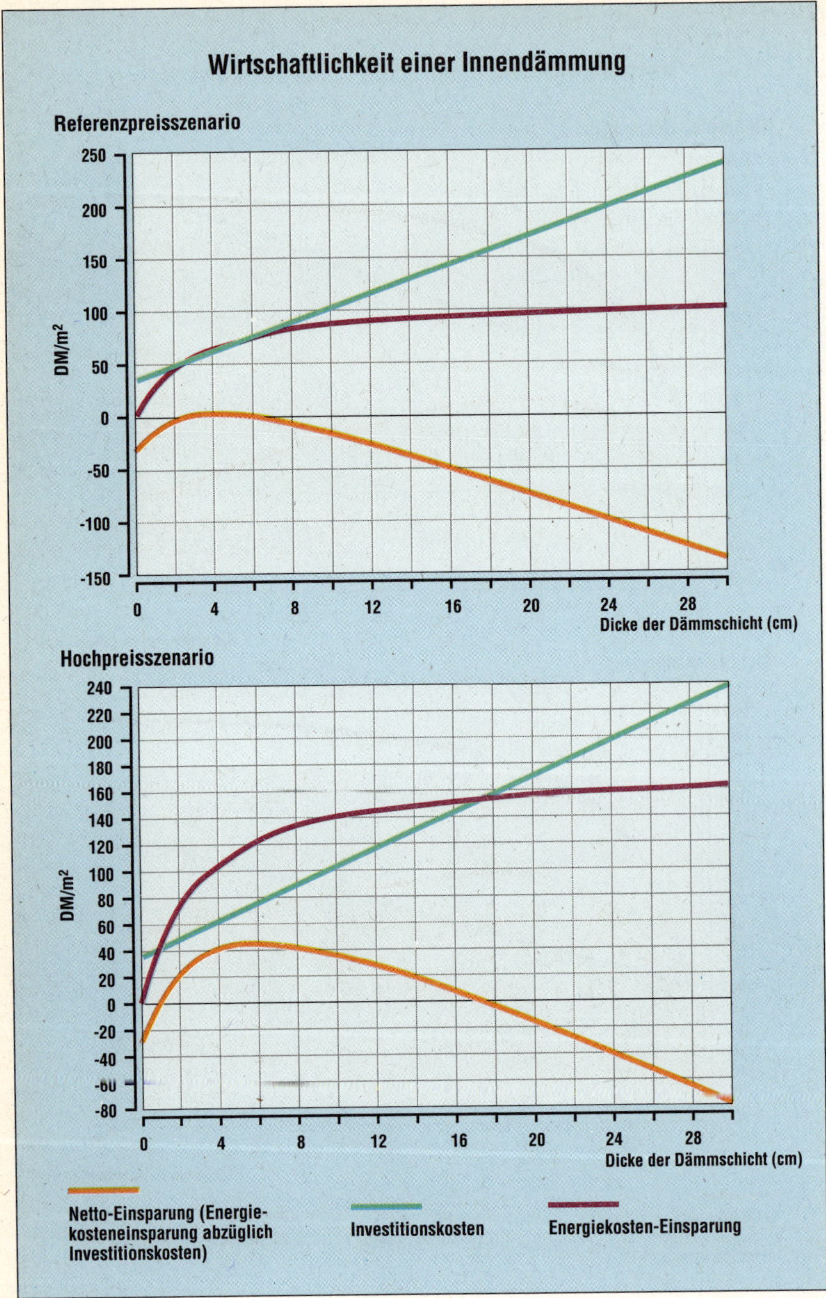

Abb. 6.2-25 c: Wirtschaftlichkeit einer Innendämmung für Referenzpreis- und Hochpreisszenario (IWU, 1994)

SANZ-Programmes für den Strombereich aber noch nicht vor (Walthert, 1993, 18 f.).

6.2.6.2 Neubau

Niedrigenergiehaus

Die Definition des Niedrigenergiehausstandards ist der Tabelle 6.2-36 zu entnehmen.

Niedrigenergiehäuser zeichnen sich durch folgende Konstruktionsmerkmale aus:

- sehr guter Wärmeschutz der Außenbauteile
- durchdachte Ausführung von Wärmeschutzmaßnahmen im Detail: Winddichtheit, Vermeidung von Wärmebrücken, Bauhygiene
- Verringerung der Außenfläche (Baugeometrie)
- passive Sonnenenergienutzung: Wärmeschutzverglasung, Fenstergrößen abhängig von der Himmelsrichtung
- Verringerung von Lüftungswärmeverlusten (kontrollierbare Lüftung: reine Abluftsysteme mit kalter Frischluft oder Systeme mit Wärmerückgewinnung)
- auf Gebäude abgestimmte Heizanlage: schnell auf Veränderung reagierendes Heizungssystem: gut einstellbare und reaktionsschnelle Thermostate (Flachheizkörper, Konvektoren, Fußleistenheizung, Warmluftheizung; wenig geeignet: träge Heizungssysteme wie die Fußbodenheizung), außenwärmegeführt und vollständig abschaltbar (IWU, 1988, 25–28).

In Schweden ist seit 1. 1. 1991 der Niedrigenergiehausstandard eingeführt. „Eine Energieeinsparung von über 50% (im Vergleich zu durchschnittlichen Gebäuden d. V.) wird durch Niedrigenergiehäuser (heute d.V.) reproduzierbar erbracht“ (Feist, 1993, 15). Die in dem von RWE und Capital ausgelobten Architektenwettbewerb „Wohnen 2000“ preisgekrönten Entwürfe für Niedrigenergiehäuser erreichten sogar gegenüber den Grenzwerten der WSchVO 1982 Energieeinsparungen von 65 bis 83% (RWE, 1992, 32).

In Dänemark existieren schon Prototypenhäuser (100 m^2, Doppelhaushälfte, Restenergieverbrauch für Raumheizung 1 500 kWh; es ist schon fast Passivhausniveau erreicht) mit 85% Heizenergieeinsparung im Vergleich zu typischen dänischen Häusern. Am Markt sind bereits Häuser mit 75% Einsparung an Heizenergie. Einsparungen bei Stromanwendun-

Tabelle 6.2-36: Standards für Niedrigenergie-Häuser (Minister für Finanzen und Energie des Landes Schleswig-Holstein, 1993, 28-30)

Heizenergieverbrauch pro m² Nutzfläche: maximal 60 (Mehrfamilienhäuser, Reihenmittelhäuser) bzw. 75 kWh/a (Ein-/Zweifamilienhäuser, Reihenendhäuser); das entspricht etwa 6 bzw. 7,5 l Heizöl pro m² Nutzfläche und Jahr

Nachweis über Ermittlung des Energiekennwertes oder über das Bauteilverfahren

---

Wärmedurchgangskoeffizienten (k-Wert) von Bauteilen der Gebäudehülle für das Bauteilverfahren:

0,20 W/m² K	Außenwände und Decken, die beheizte Räume nach unten gegen die Außenluft abgrenzen
0,15 W/m² K	Decken unter nicht beheizten Dachräumen und Decken (incl. Dachschrägen), die beheizte Räume nach oben gegen die Außenluft abgrenzen
0,30 W/m² K	Kellerdecken, Wände und Decken gegen unbeheizte Räume sowie Decken und Wände, die an das Erdreich grenzen
1,50 W/m² K	Fensterflächen

---

geringes Oberflächen-Volumen-Verhältnis, optimale Gebäudeorientierung (Süd- oder Süd-Süd-West-Richtung) und Anordnung der Fenster (möglichst großer Anteil der Fensterflächen in Südrichtung und möglichst geringer in Nord-Richtung)

Wärmebrückenfreie Konstruktion (v.a. lückenloser Anschluß zwischen Dach-, Dachgeschoßdecken- und Außenwanddämmung, Einfügen der Fenster in die dämmende Hülle, besondere Maßnahmen im Bereich Anschlußbereich Kellerdecke/Außenwand)

System zur kontrollierten Be- und Entlüftung (mit oder ohne Wärmerückgewinnung) mit folgenden Eigenschaften:

- Mindestluftwechsel nach DIN 1946, Teil 2, Ausgabe 1/1983
- Ventilatoren mit geringem Stromverbrauch
- Wärmerückgewinnungssysteme mit einem Stromverbrauch, der nicht höher als 20% des Wärmegewinns ist

Fortsetzung Tabelle 6.2-36

Luft- und Winddichtigkeit der Gebäudehülle (insbesondere im Bereich der Dachkonstruktion): vor Innenausbau soll bei 50 Pascal Unterdruck der Luftwechsel pro Stunde nicht mehr als das dreifache des Luftvolumens der beheizten Räume betragen
Fernwärmeversorgung, Nutzung von Abwärme und erneuerbarer Energieträger (vorrangig); oder raumweise möglichst schnell regelbares, effizientes Niedertemperaturheizsystem mit Brauchwarmwassererzeugung (Mindestwirkungsgrad des Heizkessels 85%; Ausschluß von elektrischen Widerstandsheizungen); kurze Leitungsführung und gute Wärmeisolierung der Warmwasserleitungen und Warmwasseranschlüsse für Wasch- und Geschirrspülmaschinen

gen und Licht um 70% sind möglich, der Einsatz der heute am Markt befindlichen, energieeffizientesten Geräte und Systeme würde zu einer Reduktion um 50% führen (Norgard, 1993, 5).

Niedrigenergiehäuser sind Stand der Technik. Deshalb könnte die Niedrigenergiehaustechnik, wie Erfahrungen aus Skandinavien, Kanada und Teilen der USA zeigen, in kurzer Zeit (3–5 Jahre) als Norm eingeführt werden (Krause, 1993, 18). Angepaßte Systemtechnik und vorgefertigte Bauteile führen nach Verallgemeinerung der Technik, wie das schwedische Beispiel zeigt, zu keinen oder nur zu geringen Mehrkosten von unter 50 DM pro m^2, denen Energiekosteneinsparungen über die gesamte Nutzungsdauer des Gebäudes gegenüberstehen (Feist, 1993, 3 f.).

Empirisch ermittelte Mehrkosten bei Niedrigenergiehäusern in Deutschland führten zu Mehrkosten zwischen 40 und 180 DM/m^2 (das sind 2,1 bis 8,4% der reinen Baukosten) mit einem Mittelwert von 86 DM/m^2 (Feist u. a., 1994, 3). Minderkosten, die durch eine Bauweise in Niedrigenergiehausstandard entstehen, wie kleiner dimensionierte Heizkörper und Heizwärmeerzeuger, sinkende Anfälligkeit gegen Feuchteschäden etc. sind bei diesen Kostenaussagen nicht berücksichtigt (Feist, 1994, 7).

Ursachen für die vergleichsweise große Streuung der Kostenwerte und der Höchstwerte sind:

- in einigen Fällen suboptimale und gleichzeitig unnötig teure Bauteilausführung
- Einbeziehung von teuren Wintergartenvorbauten, die in der Regel nicht zu Energieeinsparungen führen, in die Kostenberechnung

- Erfahrungen mit hochwärmegedämmter Bauweise in Deutschland noch kaum vorhanden, d. h. derzeit nur geringe Auswahl zwischen verschiedenen Anbietern und noch kaum Kostendegression durch umfangreiche Erfahrungen (Feist u. a., 1994, 3).

Bei den der Mehrkostenermittlung zugrundeliegenden Gebäuden wurde der Niedrigenergiehausstandard durch zusätzliche wärmedämmende Maßnahmen an der Gebäudehülle erreicht. Es liegen aber schon eine Reihe von Beispielen vor, bei denen speziell an die Niedrigenergiehausbauweise angepaßte und optimierte Bauteile zum Hausbau verwendet wurden. Erhebliche Kostensenkungen sind dadurch möglich. Beispielsweise wurde 1986 eine Reihenhausanlage in Niedrigenergiehausbauweise in Ingolstadt mit einem gemessenen Heizwärmeenergiekennwert von 43 kWh/m^{2}a errichtet, bei der die Baukosten nicht höher als im sozialen Wohnungsbau lagen (Feist, 1994, 8 f.).

Einen großen Einfluß auf die Kosten zur Realisierung des Niedrigenergiehausstandards übt auch die regionale Bautradition aus. Die in Norddeutschland übliche zweischalige Bauweise erlaubt ohne größeren Aufwand eine Zwischendämmung. Auch mit Fertighäusern in Holzkonstruktion lassen sich kostensparende Niedrigenergiehausstandards erreichen.

„Die wesentlichen Beiträge zur Energieeinsparung bei den realisierbaren Niedrigenergie- und Passivhäusern steuern die konventionelle Wärmedämmung und die kontrollierte Wohnungslüftung bei" (Feist, 1993, 5).

Tabelle 6.2-37: Energieeinsparpotentiale von TWD, solarthermischen Kollektoren, PV, Wärmepumpen und Wasserstoffanwendungen (Feist, 1993, 5)

Transparente Wärmedämmung	geringes Potential (ca. 5 %)
Solarthermische Kollektoren	mittleres Potential (bis 2030 ca. 30 % der Warmwasserbereitung)
Photovoltaik	bis 2000 nur Sonderanwendungen, bis 2030 geringes Potential (3 %)
Anwendung von Wärmepumpen	geringes Potential (3 % Raumwärme, max. 10 % Warmwasserbereitung)
H_2-Elektrolyse/ Brennstoffzellen	äußerst geringes Potential (z. B. wasserstoffgestützte Nullenergiehäuser)

Weiteren Maßnahmen sind folgende der Tabelle 6.2-37 zu entnehmende Potentiale zur Energieeinsparung zuzuordnen.

Solarthermische Systeme, die mit 1 200 bis 1 500 DM Mehrkosten je Haus jährlich circa 1 300 $kWh_{thermisch}$ liefern können (Schaefer, 1993, 4), bieten eine sinnvolle Ergänzung zu Niedrigenergiehauskonzeptionen.

Der Einsatz von Photovoltaik in Niedrigenergiehäusern ist bei heutigem Stand der Technik wegen Kosten- und Effizienzgesichtspunkten dagegen wenig interessant, da über andere Optionen Energieeinsparungen zu geringeren Kosten möglich sind.

Passivhaus

Passivhäuser mit Energieeinsparungen über 90% zeichnen sich aus durch

- extrem guten, konventionellen Wärmeschutz der Außenhülle des Gebäudes unter weitgehender Eliminierung von Wärmebrücken, kompakte Bauweise und Nutzung des passiven Wärmegewinns
- Dreifach-Wärmeschutzverglasung
- kontrollierte Wohnungslüftung mit hocheffizienter Wärmerückgewinnung.

In Darmstadt Kranichstein wurde ein Passivhaus errichtet. Der Heizenergieverbrauch ist um ungefähr 95% geringer als der in Einfamilienhäusern übliche Durchschnittsverbrauch (Feist, 1993, 15f). Auch die übrigen Energieverbräuche sind außerordentlich niedrig (Feist u. a., 1994, 3 f.).

Die Kosten für die eingesparte Kilowattstunde liegen beim Passivhaus Kranichstein bei 35,6 Pf/kWh (Feist, 1994, 7). Diese Werte errechnen sich aus den baulichen Mehrinvestitionen von 571 DM/m^2, das sind 16% der reinen Baukosten. Allerdings ist der Forschungscharakter des Projekts zu beachten. Zahlreiche Einzelkomponenten waren deshalb noch nicht auf dem Markt erhältlich und mußten aufwendig und teuer in Einzelfertigung hergestellt werden. Außerdem wurden einige Komponenten in das Passivhaus eingebaut, die teuer waren, aber den Energiekennwert nicht merklich veränderten. Würden diese Komponenten entfallen, so hätten die Kosten statt 16% nur 13% der Baukosten betragen (Feist u. a., 1994, 4).

Würde man ohne diese Komponenten und aufbauend auf den Erfahrungen mit dem Passivhaus Kranichstein heute (1994) ein Passivhaus errichten, so würden nur noch Kosten von 25 Pf/kWh – eine Einsparung von über 10 Pf/kWh gegenüber dem Passivhaus Kranichstein – anfallen (Feist, 1994, 4+7).

Am Beispiel des Passivhauses Darmstadt Kranichstein wurden außerdem die Sparmöglichkeiten beim Strom- und Kochgasverbrauch untersucht. Folgende Werte konnten realisiert werden:

- Endenergieverbrauch für Warmwassererzeugung: 6,2 kWh/m^2a, das sind 75% Einsparung gegenüber konventionellen Neubauten
- Stromverbrauch: 13,8 kWh/m^2a, das sind mehr als 50% weniger als der deutsche Durchschnittsverbrauch (Feist u. a., 1994, 3f).

Der Stromverbrauch konnte allein durch technische Effizienzsteigerung, trotz der zusätzlichen Stromanwendung für die Wohnungslüftung, um mehr als 50% reduziert werden. Die Wirtschaftlichkeit für alle dazu ergriffenen Stromeinsparungsmaßnahmen ist gegeben (Feist, 1993, 16).

Nullenergiehaus

Nullenergiehäuser kennzeichnen sich dadurch aus, daß sie während der Nutzungsphase energieautark sind.

Im Rahmen des Forschungsvorhabens „Konzeption und Bau eines energieautarken Solarhauses" wurde in Freiburg ein Nullenergiehaus errichtet, das – neben der konsequenten Umsetzung von Maßnahmen zur Energieeinsparung und der rationellen Energieverwendung – mit Transparenter Wärmedämmung (TWD) und mit für die passive Solarenergienutzung optimierten Fenstern, mit solarthermischen und photovoltaischen Kollektoren und einem H_2/O_2-System zur saisonalen Speicherung hochexergetischer Energie ausgestattet ist.

Solche Häuser können mit konventionellen Bauten sowie Niedrigenergie- und Passivhäusern nur über den Herstellungsenergieaufwand (HEA) und den kumulierten Energieaufwand (KEA) – die Summe aus Investiv- und Betriebsenergie – verglichen werden. Der Herstellungsenergieaufwand des energieautarken Solarhauses Freiburg betrug 830 MWh bzw. 3,0 TJ. Dieser Wert kann nicht auf zukünftige Nullenergiehäuser übertragen werden, da es sich um einen Prototyp handelt, der nicht bezüglich des HEA optimiert ist und damit ein Reduktionspotential von mindestens 30% aufweist.

Der HEA des Freiburger Prototyps ist zwei- bis dreimal höher als der HEA nicht-energieautarker Häuser. Dieser Vergleich ist nicht gerechtfertigt, da im HEA nicht-energieautarker Häuser der anteilige HEA für die in Anspruch genommene Nutzung des öffentlichen Stromnetzes nicht enthalten ist, bei energieautarken Häusern aber gerade der der Deckung dieses Energiebedarfes zurechenbare HEA besonders hoch ist.

Der kumulierte Energieaufwand energieautarker Häuser wird, da der laufende Betriebsenergiebedarf von Nullenergiehäusern per Definition gleich Null ist, von der Lebensdauer der einzelnen Komponenten und damit dem Ersatzbedarf bestimmt. Zur Zeit liegen dafür nur grobe Schätzungen vor (Goetzberger, 1994, 1 f.).

Da sich Nullenergiehäuser noch in der Experimentalphase befinden, sind die Kosten hierfür beim heutigen Stand der Technik noch prohibitiv hoch (Feist, 1993, 4).

Zusammenfassung

Die Zusammenfassung der heutigen wirtschaftlichen und technischen Situation der verschiedenen Energiesparkonzepte im Gebäudebereich spiegelt Tabelle 6.2-38 wieder.

Weitere technologische Entwicklungen lassen Senkungen der Mehrkosten für energiesparendes Bauen erwarten (Feist, 1993, 4).

Bei Analysen des Energiesparpotentials in (Wohn-)Gebäuden ist es sinnvoll, den kumulierten Energieverbrauch zu betrachten, der sowohl den Energieverbrauch bei Erstellung und Abriß der Gebäude umfaßt als auch den Energiebedarf während der Nutzungsphase. Nur so sind Konzepte wie Niedrigenergiehäuser beispielsweise mit konventionellen Häusern konsistent energetisch vergleichbar. Aussagen über den kumulierten Energieaufwand sind bei Nullenergiehäusern – wie oben erläutert wurde – noch nicht möglich. Abbildung 6.2-26 gibt einen Überblick über den kumulierten Energieverbrauch während der gesamten Lebensdauer für verschiedene Gebäudetypen und differenziert nach den einzelnen Energieverbrauchskomponenten. Bei Niedrigenergiehäusern ist der Anteil des zur Herstellung des Gebäudes notwendigen Energieverbrauches zwar prozentual höher als bei traditionell errichteten Gebäuden, der Energieverbrauch über die gesamte Lebensdauer ist jedoch wesentlich geringer.

Transparente Wärmedämmung

Die Transparente Wärmedämmung (TWD) ist eine weitere Möglichkeit, die Transmissionswärmeverluste zu verringern. Durch die Dämmwirkung der TWD wird der Energiebedarf gesenkt, durch die passive Nutzung der Sonneneinstrahlung wird zusätzlich ein Energiegewinn erzielt. Die Anschaffungskosten und Akzeptanzprobleme wegen der optischen Abweichung vom gewohnten Bild eines Hauses stellen aber Hemmnisse dar (Schaefer, 1993, 4; Goetzberger, 1993, 3f). Die TWD ist außerdem ge-

Tabelle 6.2-38: Wirtschaftliche und technische Situation verschiedener Energiesparkonzepte im Gebäudebereich (Feist, 1993, 4; Feist, 1994, 8)

Gebäudetyp	Jahresnutzwärmebedarf kWh/m²a (Wohnfläche)	Heizenergieeinsparung in % gegenüber WSchVO 1984	effekt. Preis der eingesp. kWh Pf/kWh	CO_2-Einsparung in kg/(m² Jahr) im Vergleich zu durchschnittlichem Bestand **)	CO_2-Einsparung in kg/(m²/Jahr) im Vergleich zu WSchVO 1984 **)
Durchschnitt Bestand	162				
Standard Neubau (WSchVO 1984)	130				
WSchVO 1995	90–100	*27*	3,5	14,3–16,6	6,9–9,2
Niedrigenergiehaus	40–70	*58*	7,4–13,6 *)	21,2–28,1	13,8–20,7
Passivhaus	10	*92*	29	35	27,6
energieautarkes Haus	0	*100*	303,4	37,3	29,9

Berechnung CO_2-Einsparung: 162 bzw. 130 kWh/m²a-Jahresnutzwärmebedarf des betrachteten Gebäudetyps

Referenz: – Nutzung eines Gas-Brennwertkessels (Jahreswirkungsgrad 87%) zur Erzeugung der jeweils auftretenden Differenz des Jahresnutzwärmebedarfs
– Investivenergie nicht berücksichtigt

*) 7,4 Pf/kWh bei 70 kWh/m²a; 13,6 Pf/kWh bei 40 kWh/m²a

**) 0,230 kg CO_2/kWh

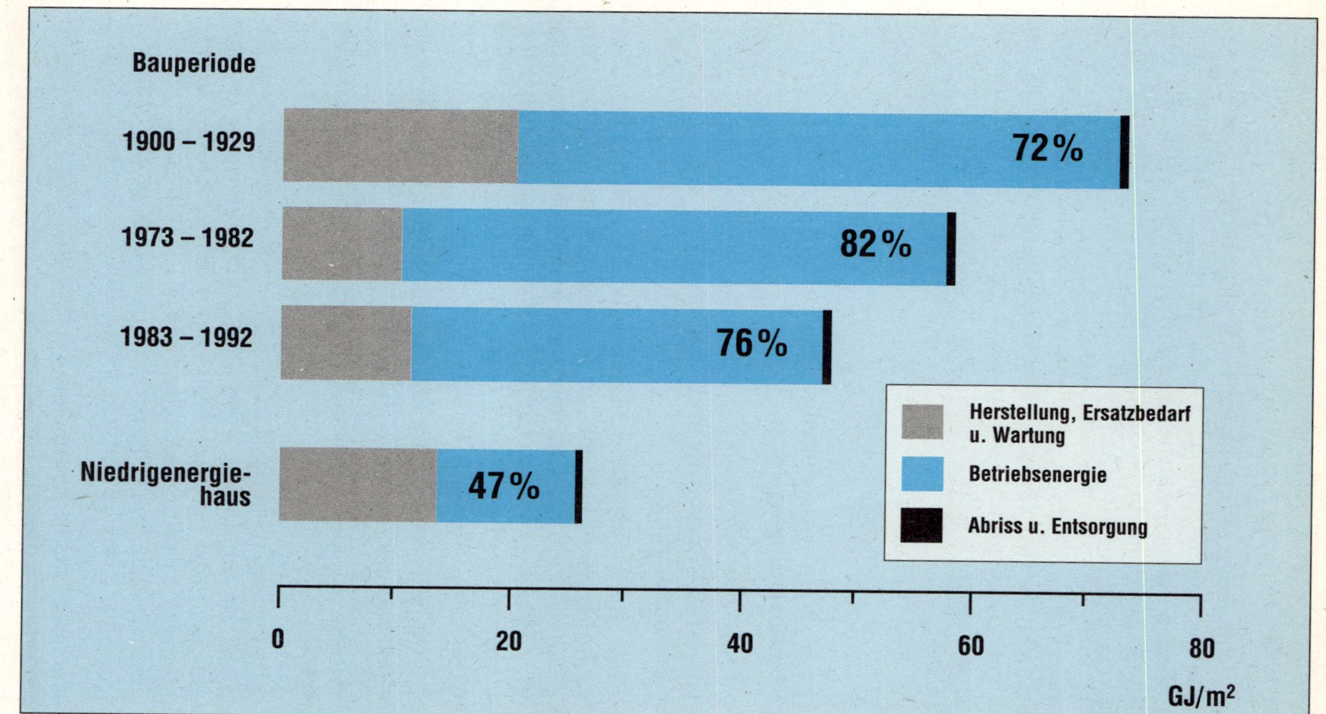

Abb. 6.2-26: Kumulierter Primärenergieaufwand bei vollbeheizten Wohngebäuden (Einfamilienhaus 150 m^2 Wohnfläche, 50 Jahre Nutzungsdauer) (Quelle: Schaefer, 1993, 2)

eignet, den Wirkungsgrad solarthermischer Kollektoren zu steigern (Goetzberger, 1993, 4).

Die Wirtschaftlichkeit der TWD ist zwar noch nicht erreicht, die energetische Amortisationszeit liegt hingegen sehr günstig. In Altbauten sind 60–80% des Nutzenergieverbrauches einsparbar (50–90 kWh/m^{2}a verbleibender Restbedarf) und in Neubauten 75% (20–50 kWh/m^{2}a restlicher Bedarf) (Goetzberger, 1993, 3 f.).

Die transparente Wärmedämmung und elektroaktives Fensterglas haben – bei der heutigen Kostenrelation – ihre Bedeutung weniger in der zusätzlichen Energieeinsparung, als in der Eröffnung von architektonischen Gestaltungsspielräumen auch für hochgedämmte Gebäude (Krause, 1993, 15).

6.2.6.3 Heizungs-, Warmwassererzeugungs-, Lüftungs- und Klimatisierungssysteme

Heizungssysteme (excl. Steuerung und Regelung) ohne Warmwassererzeugung

Brennwerttechnik führt gegenüber herkömmlichen guten, derzeit installierten Niedertemperaturkesseln zu Endenergieeinsparungen von 6 bis 10% bei Verwendung von Gas und von 3 bis 6% bei Öl. Gasbrennwertkessel sind in der Regel wirtschaftlich, wenn der Schornstein ohnehin saniert werden muß und dabei ein brennwerttaugliches Abgasrohr eingezogen wird (Feist, 1993, 5; Leonhardt, 1993, 4).

Vergleicht man Brennwertkessel mit älteren, noch betriebenen Kesseln, so sind Potentiale bis zu 40% festzustellen (Krause, 1993, 27).

Bei der Brennwerttechnik ist der Stand der Technik kaum verbesserbar (Schaefer, 1993, 5).

Elektrizität ist für Heizanwendungen aus Klimaschutzgründen in der Regel ungeeignet, da die direkte Verwendung der Brennstoffe thermodynamisch günstiger ist – vor allem wenn zusätzlich eine Kaskadierung von Energie (energy cascading) durchgeführt wird (Norgard, 1993, 9). Für die eingeschränkten Nutzungsbereiche ist ein Stromsparpotential von 33% erschließbar (Öko-Institut, WI, 1993a, 43).

Um den Wärmebedarf bei Fern- und Nahwärmesystemen zu senken, bieten sich folgende Möglichkeiten:

- betriebstechnische Maßnahmen, z. B. Vorlauftemperaturabsenkung, intermittierender Betrieb, Nachtabsenkung
- technische Maßnahmen im Bereich der Kundenanlagen, z. B. Nachrüstung außen- und innentemperaturabhängiger Regelungssysteme sowie bauphysikalische Maßnahmen (Albrecht, 1993, 8).

Lüftungssysteme (excl. Steuerung und Regelung)

Aus Gründen der Lufthygiene ist eine kontrollierte Wohnungslüftung in der Zukunft unumgänglich, da die unzureichend praktizierte Fensterlüftung zu einer bedenklich schlechten Luftqualität führt. Zu berücksichtigen sind dabei auch der verminderte Luftaustausch durch eine verbesserte Dämmung und Dichtung. Einfache Abluftsysteme ohne Wärmerückgewinnung sind dabei für 4 000 DM/Wohneinheit erstellbar. Mit ihnen sind Niedrigenergiehäuser realisierbar.

Eine Lüftungswärmerückgewinnung ist nur dann sinnvoll, wenn das Gebäude sehr dicht ist, die Rückgewinnungsanlage eine hohe Rückwärmezahl – größer 70% – aufweist und der zusätzliche Stromverbrauch höchstens ein Viertel der eingesparten Wärme beträgt. Alle drei Bedingungen werden – sowohl bei der Bauausführung hinsichtlich der Dichtheit als auch von den technischen Gegebenheiten der marktüblichen Wärmerückgewinnungsgeräte – heute noch nicht erfüllt (Feist, 1993, 6 f.). In der Verwendung von Wärmerückgewinnungsanlagen würden aber erhebliche Einsparpotentiale – bis zu 50% – liegen (Schaefer, 1993, 5; Mann, 1993, 44). Die zukünftigen technischen und kostenmäßigen Entwicklungen werden deswegen über den Einsatz der Wärmerückgewinnung in Lüftungssystemen entscheiden.

In Lüftungsanlagen der Industrie können durch eine angepaßte Auslegung und eine Drehzahlregelung der Ventilatoren Stromverbrauchsreduktionen bis zu 50% realisiert werden. Auch bei Altanlagen bestehen Potentiale von 25% (Öko-Institut, WI, 1993 a, 47).

Steuerung und Regelung von Heizungs- bzw. Lüftungssystemen sowie Energiemanagementsysteme

Bei der Steuerung und Regelung von Heizungs- und Lüftungssystemen sind Einsparpotentiale von etwa 20% – auch bei modernsten Anlagen – durch eine verbesserte Betriebsführung möglich (Schaefer, 1993, 5).

Allein durch eine Temperaturregelung in Heizsystemen sind Einsparungen von ca. 3–5% möglich (Leonhardt, 1993, 4). Im allgemeinen sind sie auch wirtschaftlich, aber stark abhängig vom Nutzerverhalten. Die

Gefahr einer automatischen Temperaturregelung in Heizsystemen besteht darin, daß die Nutzer sich weniger bewußt verhalten und dadurch kontraproduktive Effekte ausgelöst werden (Norgard, 1993, 8). Selbstlernende Systeme, individuelle Zeitprogramme und nutzerfreundliche, dezentrale Steuerungsmöglichkeiten können in diesem Fall Abhilfe schaffen und die Wirkungsfähigkeit stark steigern (Feist, 1993, 7f).

Zusätzlich möglich wäre – für größere Gebäude – eine Gebäudeautomation, deren Optimierungsfunktionen in der Latentspeicherbewirtschaftung, der Steuerung der Nachtauskühlung und einer Einschaltoptimierung bestehen (Walthert, 1993, 4).

Energiemanagementsysteme sind vor allem in Nichtwohngebäuden in Gebrauch. Damit sind Energieeinsparungen von 10 bis 15% in Neubauten und etwa in doppelter Höhe in Altbauten möglich. In der Regel sind die Systeme kostengünstig, da die Anlagen oft in Sicherheitssysteme integriert werden können, die ohnehin installiert werden (Krause, 1993, 27).

Stromeinsparungen im Bereich Pumpen und Lüftung liegen zwischen 50 und 75% (Johansson, 1993, 27). Bei Umwälzpumpen in Heizungssystemen sind durch bessere Auslegung und Bedarfssteuerung 33% zu realisieren (Öko-Institut, WI, 1993 a, 54).

Warmwassererzeugung

Im Bereich der Warmwassererzeugung sind in den neuen Bundesländern grundlegende strukturelle Veränderungen in der nächsten Zeit zu erwarten. Folgende Umstrukturierungen werden prognostiziert:

- bis 2020: Ausstattung aller energetisch versorgten Wohneinheiten mit Bad oder Dusche
- neue Anschlüsse an Fernwärmeversorgung und Einbau von Gaszentralheizungen gekoppelt auch mit zentraler Warmwasserversorgung
- Wegfall der Kohlebadeöfen bis 2005/2010 (Prognos, IfE, 1994, 85).

Durch die zunehmende zentrale Versorgung mit Warmwasser ist in der Tendenz mit zunehmendem Verbrauch zu rechnen. Dies zeigt ein Blick auf den Durchschnittsverbrauch. Bei dezentraler Versorgung werden im Durchschnitt 35–37 l Warmwasser pro Person und Tag verbraucht, wenn Gas als Energieträger eingesetzt wird; bei mit Strom betriebenen Boilern liegen die Durchschnittsverbräuche bei 40–45 l. Bei zentraler Versorgung hingegen sind 50 l der Durchschnitt (Prognos, IfE, 1994, 87).

Effizienzgewinne durch rationellere Warmwassererzeugung werden so zum Teil durch Mehrverbräuche bei zentraler Warmwasserversorgung mehr als kompensiert. Daraus resultieren relativ geringe Einsparpotentiale (Prognos, IfE, 1994, 90).

Für die alten Bundesländer können kaum Potentiale durch eine verstärkte Warmwassererzeugung in zentraler Versorgung realisiert werden, da sie nur noch in geringem Umfang vorliegen. Bei zentraler Warmwassererzeugung sind die Einsparpotentiale durch das Heizungssystem bestimmt. Eine Umstellung auf eine Gas-Warmwassererzeugung würde so Potentiale zur CO_2-Minderung und zur Kosteneinsparung bieten.

Bei dezentralen, mit Strom betriebenen Warmwasserbereitern liegt das Einsparpotential bei 14 % (Öko-Institut, WI, 1993 a, 43).

Weitere Einsparpotentiale liegen dort – wie auch bei der Nutzung von Warmwasser in den neuen Bundesländern – auch in der Verbesserung der Steuerung der durchlaufenden Warmwassermenge über die Gestaltung von Brauseköpfen etc. und der Einbindung solarer Wärme in die Warmwasserversorgung (Norgard, 1993, 5). Letzteres wird in Kapitel 6.3 behandelt.

6.2.6.4 Wärmepumpen

Anlagenbestand, Techniken, Anwendung

Durch die gleichzeitige Zuführung hochwertiger Energie kann in Wärmepumpen Umweltwärme oder nicht nutzbare Abwärme in Niedertemperaturwärme umgewandelt werden. Für diese Temperaturanhebung sind bei der Kompressionswärmepumpe Strom für den Antrieb eines Elektromotors bzw. Gas oder Öl für den Antrieb eines Verbrennungsmotors erforderlich. Bei Absorptionswärmepumpen genügt Wärme auf hohem Temperaturniveau, die entweder in Form von Abwärme vorliegt oder durch eine direkte Beheizung mit fossilen Energieträgern erzeugt wird.

Von allen Wärmepumpentypen haben Elektrowärmepumpen in der Bundesrepublik Deutschland die weiteste Verbreitung gefunden. Gegenwärtig sind in den alten Bundesländern für Heizungszwecke ca. 59 000 Anlagen für rd. 70 000 Wohnungen mit einem Anschlußwert von ca. 390 MW_{el} in Betrieb (Keller, Laroche, 1991). Dies entspricht einem Anteil von ca. 95 % aller Wärmepumpenanlagen. Rund 70 % der inzwischen technisch ausgereiften elektrischen Wärmepumpen werden zusammen mit einer Kesselanlage betrieben, man spricht dann von bivalentem Betrieb. Die restlichen 30 % arbeiten in monovalenter Betriebsweise, d. h. der gesamte Wärmebedarf für Raumheizung und Warmwasser wird ausschließlich durch die Wärmepumpe gedeckt. Zum überwiegenden Teil sind die Versorgungsobjekte Ein- und Zweifamilienhäuser, wobei Außenluft und Grundwasser als Wärmequelle dominieren (vgl. Tabelle 6.2-39).

Verbrennungsmotorwärmepumpen haben inzwischen ebenfalls ein hohes Reifestadium erreicht. Die motorischen Antriebe haben denselben fortgeschrittenen Entwicklungsstand wie verbrennungsmotorische BHKW. Dies gilt auch im Hinblick auf die Schadstoffemissionen der fast ausschließlich erdgasbetriebenen Motoren, die entweder als Magermotor oder mit nachgeschaltetem 3-Wege-Katalysator betrieben werden. Die durchschnittliche Anlagenleistung liegt mit rd. 650 kW_{th} deutlich höher als bei Elektrowärmepumpen. In den alten Bundesländern werden derzeit rd. 550 Anlagen betrieben, vorwiegend zur Wärmeversorgung von Sport- und Freizeitbauten sowie Nahwärmeversorgungsnetzen (vgl. Tabelle 6.2-39).

Absorptionswärmepumpen haben in der Bundesrepublik Deutschland derzeit nur eine geringe Bedeutung und werden vorwiegend in Demonstrationsanlagen und einigen industriellen Anwendungen für die kombinierte Kälte- und Wärmeversorgung eingesetzt (Ortloff, 1985). Für Anlagen kleinerer Leistungen (5 bis 25 kW_{th}) ist für Deutschland in frühestens drei Jahren die Marktreife zu erwarten (IZW, 1994).

Energiebedarf, Emissionen, Kosten

Durch den Einsatz von Wärmepumpen können gegenüber konventionellen Heizsystemen Primärenergieeinsparungen und z. T. CO_2-Emissionsminderungen erreicht werden. Dies gilt insbesondere für Gasmotor-Wärmepumpen, wenn ältere Kesselanlagen mit ungünstigem Wirkungsgrad und kohlenstoffreichen Brennstoffen ersetzt werden.

Abbildung 6.2-27 vergleicht den Primärenergieaufwand unterschiedlicher Strom- und Wärmeversorgungssysteme zur Bereitstellung von Wärme (in kWh) und von einer Kilowattstunde Strom (vgl. auch Kapitel 6.2.5.2, das sich im Detail mit der KWK beschäftigt).

Heute verfügbare elektrische Wärmepumpen weisen Leistungsziffern (Verhältnis aus nutzbarer Wärme zu erforderlicher Arbeit) in der Größenordnung von 3,0 auf. Für die Bestimmung von Primärenergieverbrauch und CO_2-Emissionen ist aber nicht allein die Leistungsziffer, sondern vor allem auch die vorgelagerte Elektrizitätserzeugung von entscheidender Bedeutung. Der Einsatz von Elektrowärmepumpen verändert den zeitlichen Verlauf der Stromnachfrage und beeinflußt damit den tageszeitlichen Lastbetrieb des gesamten Kraftwerkparks. Der für den Betrieb von

Tabelle 6.2-39: Nutzung der Wärmepumpen in den alten Bundesländern 1990 (Keller, 1990)

	Elektromotor-wärmepumpe	Gasmotor-wärmepumpe	Absorptions-wärmepumpe
Verdichterprinzip	Kompression		thermischer Verdichter
Verdichterantrieb	Elektromotor	Gasmotor	Verbrennungswärme
zugeführte Energie	Strom	Erdgas, Klärgas	Erdgas, Klärgas
1990 installierte el. Anschlußleistung [MW_{el}] bzw. installierte Wärmeleistung [MW_{th}]	387	362	8,7
Anzahl der Wärmepumpen ABL 1990	58 806	545	289
durchschnittliche thermische Leistung pro Anlage [kW_{th}]	ca. 17	644	30
Versorgungsobjekte	Ein-/Zweifamilienhaus *(70 %)* Öffentliche Gebäude *(12 %)* Gewerbe und Industrie *(11 %)* Sonstige *(7 %)*	Sport-/Freizeitbauten *(26 %)* Wohnanlagen/Nahwärme *(21 %)* Öffentliche Gebäude *(17 %)* Schulen *(15 %)* Industrie *(15 %)* Sonstige *(6 %)*	Wohnungsbau *(40 %)* Gewerbe *(36 %)* Öffentliche Gebäude *(24 %)*
Wärmequelle			
Luft	*53 %*	*45 %*	*48 %*
Grundwasser	*32 %*	*20 %*	
Erdreich	*10 %*	*10 %*	*43 %*
Kühlwasser		*3 %*	
Sonstige Wärmequellen	*5 %*	*22 %*	*9 %*

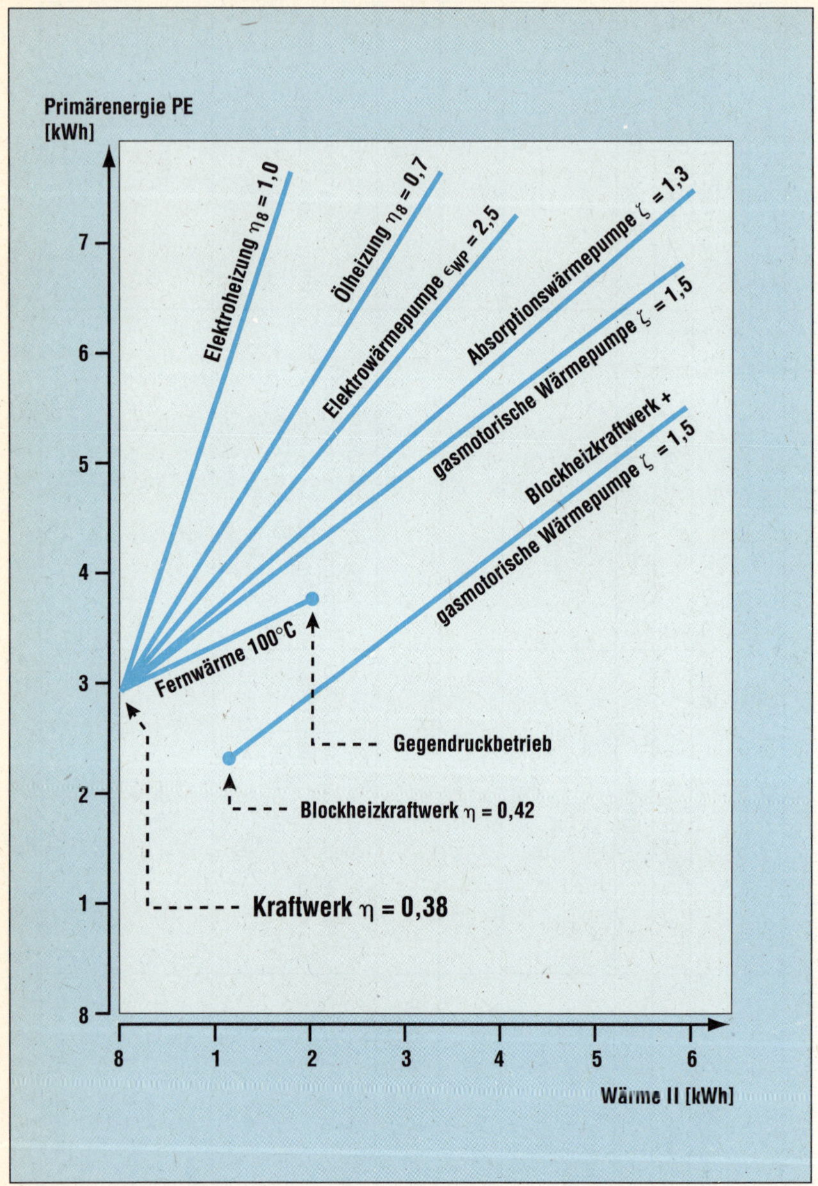

Abb. 6.2-27: Vergleich des Primärenergieaufwandes unterschiedlicher Strom- und Wärmeversorgungssysteme zur Bereitstellung von einer kWh Strom und H kWh Wärme (= Wert der Abszisse) (Demmel, Alefeld, 1993)

Wärmepumpen notwendige Strom kann bezüglich der Emissionen nicht genau einem Kraftwerk zugerechnet werden. Aus diesem Grund sind zur Charakterisierung der einer Wärmepumpe zuzurechnenden CO_2-Emissionen in Abbildung 6.2-28 Angaben für ein Steinkohlekraftwerk sowie für den Kraftwerksmix ausgewiesen. Es wird deutlich, daß die vorwiegend in Ein- und Zweifamilienhäusern eingesetzte, monovalent bzw. bivalent betriebene Elektrowärmepumpe bei einer Stromerzeugung in Steinkohlekraftwerken etwa die gleichen CO_2-Emissionen wie eine konventionelle Ölzentralheizung aufweist. Geht man vom derzeitigen Kraftwerksmix aus, so sind die CO_2-Emissionen zwischen 29,7 und 38,6% niedriger. Aufgrund der hohen Investitionskosten sind derzeit die Wärmegestehungskosten elektrischer Wärmepumpen 23 bis 33% höher als die einer Ölzentralheizung. Die hohen Investitionen im Zusammenhang mit dem niedrigen Preisniveau für flüssige und gasförmige fossile Energieträger bilden das Haupthindernis für eine weitere Verbreitung der Elektrowärmepumpen. Derzeit sind nennenswerte Kostendegressionen bei den Investitionen nicht absehbar, so daß sich bei unverändert bestehenden Rahmenbedingungen die Wirtschaftlichkeit von Elektromotorwärmepumpen nicht verbessern wird.

Gasmotorwärmepumpenanlagen weisen die geringsten spezifischen CO_2-Emissionen aller in Abbildung 6.2-28 genannten Techniken auf. Die in der Regel derzeit nur bei größeren Versorgungsobjekten einsetzbare Gasmotorwärmepumpe konkurriert mit der Wärmeerzeugung durch eine Gaszentralheizung oder einen Gas-Brennwertkessel. Die spezifischen CO_2-Emissionen einer Gasmotorwärmepumpenanlage liegen gegenüber den genannten Konkurrenztechniken um rund ein Drittel niedriger, dem stehen jedoch höhere Wärmegestehungskosten der Wärmepumpenanlage entgegen.

Ein in den letzten Jahren vieldiskutierter Aspekt hinsichtlich der Umweltverträglichkeit sind die verwendeten Kältemittel. Die bisher vorwiegend eingesetzten voll- und teilhalogenierten Fluorchlorkohlenwasserstoffe (FCKW bzw. H-FCKW) führen bei einer Freisetzung zum Abbau der Ozon-Schicht und tragen zur Verstärkung des Treibhauseffektes bei. Zukünftig sind in Neuanlagen nur noch teilhalogenierte Kältemittel mit geringem Ozonabbau- und Treibhauspotential zulässig (Hesse, 1993).

Zusammenfassung

Im Vergleich zu konventionellen Heizungssystemen können Gasmotor-Wärmepumpen zur CO_2-Minderung beitragen, während Elektro-Wärmepumpen – in Abhängigkeit von der Art des zu ihrem Betrieb notwendigen Stroms – zu keiner CO_2-Einsparung (Referenz: Steinkohlekraftwerk) bzw. zu einer CO_2-Einsparung zwischen 29,7 und 38,6% (Referenz:

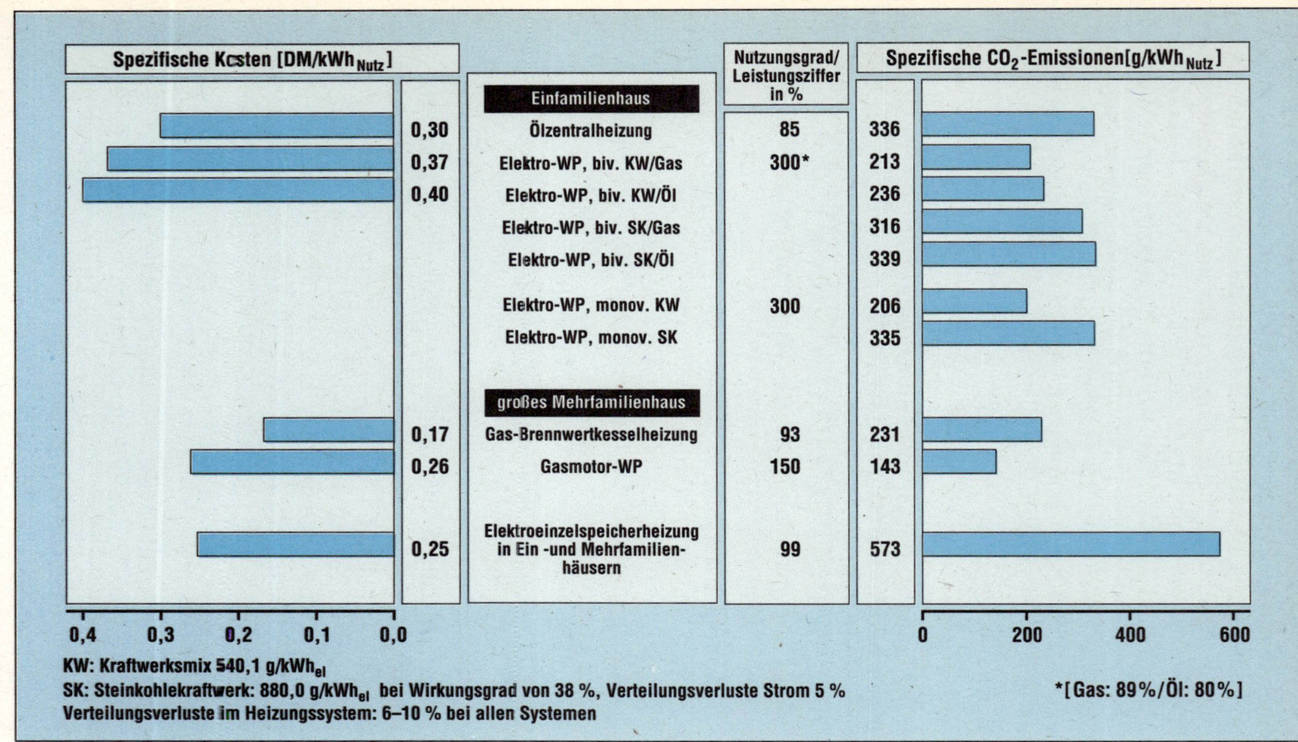

Abb. 6.2-28: Richtwerte für spezifische Emissionen und Kosten verschiedener Systeme zur Raumheizung (Pfitzner u. a., 1992; Lux, 1994; Handrock, 1990; VDEW, 1993d; VDEW, 1993e; eigene Berechnungen)

heutiger Kraftwerksmix) führen. Ein wesentliches Hemmnis für den Einsatz von Wärmepumpen stellen die, bei vergleichsweise geringem Energieträgerpreisniveau, hohen Investitionskosten dar.

6.2.7 Elektronische Geräte und Bauteile (Consumer Electronics/Kommunikations- und Informationsbereich) – sektorübergreifend

Überblick/generelle Optionen zur Verringerung der Standbyverluste

Standbetriebsverluste (Standbyverluste) von 20 bis 100 Watt treten bei den verschiedenen mit elektrischer Energie versorgten Geräten im Haushalts- und Kleinverbrauchsbereich auf (TV, Video, Herduhren, Klingeltransformatoren, Heizungsanlagen, Computer etc.). Rechnet man im Mittel mit 50 W, so führt das zu einem jährlichen Verbrauch von 15 242 Mio. kWh. Bei einer derzeit möglichen Reduzierung auf 10% ergibt sich eine Ersparnis von 13 718 Mio. kWh. Dies entspricht einer Kraftwerksleistung von 1 566 MW in der Grundlast (Hüttemann, 1993, 7 f).

In den USA legte die „Environmental Protection Agency" (EPA) 1993 Ziele für niedrigere Standby-Verbräuche für Bürogeräte fest und unterstützt gemeinsam mit den Herstellern über eine gezielte Beschaffungsstrategie der amerikanischen Behörden die Umsetzung (Schulze, Fahl, Voß, 1994b, 9).

Im Bereich elektrischer Bürogeräte sind vier Ansatzpunkte zur Energieeinsparung zu unterscheiden:

- Dimensionierung der Geräte an die Anforderungen
- Stromverbrauch, Umwandlungsverluste und Phasenverschiebung bei Netzteilen als Anschaffungskriterien
- Abschaltung nicht benutzter Geräte
- technisches Energiemanagement zur Stromeinsparung vor allem im Standby-Modus (Schulze, Fahl, Voß, 1994 b, 4).
- Die Standby-Verluste können durch eine „Sleep"-Betriebsart fast auf Null gesenkt werden. Es wird nur sehr wenig Strom benötigt, um die Geräte wieder betriebsbereit zu machen.

Eine Sleep-Schaltung ist bei Geräten sinnvoll, die ganztägig betriebsbereit sein sollen, aber nur in größeren Abständen genutzt werden wie z. B. PC oder Kopierer (Öko-Institut, WI, 1993 a, 51; Huser, Eisenhut, Bush, 1992, 14; Schulze, Fahl, Voß, 1994 b, 5+7; Energiedepesche, Nr. III, 10/1993, 43).

Schon heute ist damit problemlos eine Reduktion des Jahresstromverbrauches für elektrische Bürogeräte um 60% erreichbar, neueste Entwicklungen – z. B. im Notebook-Bereich – lassen die Erschließung erheblich höherer Einsparpotentiale erwarten. Die Verminderung der Standby-Verluste sind in dieser Gesamtverbrauchsminderung enthalten. Zur Einordnung dieser Potentiale dienen folgende Angaben: 1990 wurde in den alten Bundesländern 2,8% des gesamten Stromverbrauches (13,5 TWh) für EDV aufgewandt und rund 1 TWh für die Telekommunikation (Schulze, Fahl, Voß, 1994b, 5+7).

Computer (ohne Bildschirme)

Rechner (PC) benötigen ohne Monitor im Mittel 50 W mit Schwankungen um 25% bis 30% innerhalb einer Leistungsklasse[32]). Von erheblichen Leerlaufzeiten zwischen 60 und 90% während des Betriebs ist auszugehen; die Unterschiede beim Stromverbrauch zwischen Standby- und Normalbetrieb sind gering (Schulze, Fahl, Voß, 1994b, 2 f.).

Laptops und Notebooks verbrauchen nur 10 bis 20% des Stromes, der zum Betrieb eines PC notwendig ist. In besonders energiesparenden Laptops wird ein aktives Energiemanagement („Power Management") genutzt, d. h. momentan nicht genutzte Baugruppen werden automatisch außer Betrieb genommen (Huser, Eisenhut, Bush, 1992, 8).

Der Einsatz des „Power Management" auch für den PC-Bereich hat das Ziel, den Energieverbrauch in den Leerlaufzeiten ohne Leistungsfähigkeitseinschränkung auf einige Watt zu senken. Stromsparende Elemente, die für den Laptop-Bereich entwickelt wurden, können hierfür eingesetzt werden (Schulze, Fahl, Voß, 1994b, 3).

Bildschirme

Monochrome 14 Zoll-Monitore verbrauchen durchschnittlich 36 Watt, farbige 14 Zoll-Bildschirme zwischen 55 und 67 Watt in Abhängigkeit von der Auflösung und 19-Zoll-Farbmonitore 140 Watt (Huser, Eisenhut, Bush, 1992, 9 f.).

Bei Monitoren sind Verbrauchsunterschiede bis zu 50% bei gleicher Qualität zu verzeichnen. Screen-Saver (Bildschirmschoner) führen – wenn überhaupt – nur zu geringen Leistungsreduktionen, echte Sleep-

---

[32]) Ohne externe Speicher 40 bis 100 W; hard disc (20 MB): 20 W, floppy disc: 5 W (Schulze, Fahl, Voß, 1994a, 11).

Betriebsarten können hingegen zu einer Reduktion des Stromverbrauchs auf ein Achtel (von 66 W auf 8 W) des Wertes, der bei Normalbetrieb üblich ist, führen.

LCD-Bildschirme verbrauchen, auch bei Einsatz einer Hintergrundbeleuchtung, nur ein Zehntel, Plasmabildschirme nur ein Fünftel des Stroms üblicher Monitore (Huser, Eisenhut, Bush, 1992, 8+11; Energiedepesche, Nr. III, 10/1993, 43; Öko-Institut, WI, 1993a, 51; Schulze, Fahl, Voß, 1994b, 3).

Drucker

Einen Überblick über die Standby-Leistung von Druckern und die Energieverbräuche pro Druckseite gibt die Tabelle 6.2-40.

Auch bei Druckern vergleichbarer Leistungsfähigkeit können zwischen den einzelnen Fabrikaten Energieverbrauchsunterschiede von bis zu 25% auftreten (Huser, Eisenhut, Bush, 1992, 8+11). Bei allen Druckern können erhebliche Einsparungen durch die Reduktion des Standby-Verbrauches erzielt werden (Schulze, Fahl, Voß, 1994b, 4).

Tintenstrahldrucker sind während des Druckvorgangs energetisch günstiger als Laserdrucker (ein Zehntel des Verbrauches). Falls die Qualitätsansprüche es zulassen, können über den verstärkten Tintenstrahldruk-

Tabelle 6.2-40: Mittlere durchschnittliche Stromverbrauchswerte und sonstige Kennwerte von Druckern (Huser, Eisenhut, Bush, 1992, 12)

Gerätetyp und Betriebszustand	Standby-Leistung [W]	Verbrauch [Wh][1])	Zeitbedarf [Sek][1])
9-Nadeldrucker	13	0,36	63
24-Nadeldrucker	16	0,37	34
Tintenstrahldrucker	9	0,15	26
Thermodrucker	22	0,51	39
Laserdrucker[2])	106	1,6 (0,58[3]))	20 (9[4]))

[1]) Druck 1 A4-Seite in letter quality
[2]) Leistung im ausgeschalteten Zustand 0 W, Anwärmzeit 49 Sek.
[3]) Verbrauch bei Dauerkopieren von 20 Seiten
[4]) Zeitbedarf bei Dauerkopieren von 20 Seiten

kereinsatz Einsparpotentiale realisiert werden (Huser, Eisenhut, Bush, 1992, 8+11; Energiedepesche, Nr. III, 10/1993, 43; Öko-Institut, WI, 1993 a, 51; Schulze, Fahl, Voß, 1994 b, 3).

Kopiergeräte

Tabelle 6.2-41 illustriert für einen Kopierer größerer Leistung, der auch in ausgeschaltetem Zustand Strom für die Erhaltung der hohen Temperatur der Trommel verbraucht, den umfänglichen Standby-Verbrauch.

Einen Überblick über die im ausgeschalteten Zustand aufgenommene Leistung, die Standby-Leistung und den Energieverbrauch pro kopierter Seite gibt die Tabelle 6.2-42.

Tabelle 6.2-41: Stromverbrauch eines Kopierers größerer Leistung in kWh/Jahr, bei einem Kopiervolumen von 500 Seiten pro Tag für verschiedene Betriebszustände (Huser, Eisenhut, Bush, 1992, 6)

Betriebszustand	absoluter Wert	prozentual
Standby	454	53
Kopieren	190	22
ausgeschaltet	213	25

Tabelle 6.2-42: Mittlere durchschnittliche Stromverbrauchswerte und sonstige Kennwerte von Kopierern (Huser, Eisenhut, Bush, 1992, 14)

Gerätetyp und Betriebszustand	Leistung [W] bei ausgeschaltetem Gerät	Standby-Leistung [W]	Aufwärmzeit [Sek.]	Verbrauch [Wh] für 1 Kopie von 20 Seiten	Verbrauch [Wh] für 1 Kopie bei Dauerkopieren
Leistung: < 15 Kopien/Min.	3,5	125	38	1,8	0,82
Leistung: 15–30 Kopien/Min.	16	175	86	1,88	0,67
Leistung: > 30 Kopien/Min.	31	259	213	2,14	0,49

Kopierer unterscheiden sich im Standby-Verbrauch um dem Faktor 3 bis 10. Eine Reduktion der Standby-Verluste ist im gleichen Ausmaß wie bei Laserdruckern möglich, da beide nach dem elektrophotographischen Verfahren funktionieren (Huser, Eisenhut, Bush, 1992, 13).

Faxgeräte und Telekommunikation

Tabelle 6.2-43 illustriert das Ausmaß des Standby-Verbrauches für Faxgeräte.

Da der Standby-Verbrauch einen großen Anteil des Gesamtverbrauches der Geräte ausmacht – Telefaxe benötigen in Ruhestellung 8 bis 20 W, das sind bis zu 80% des Gesamtverbrauches – eröffnen Reduktionsmaßnahmen große Potentiale.

Auch bei Faxgeräten treten Energieverbrauchsunterschiede zwischen verschiedenen Fabrikaten gleicher Leistungsfähigkeit bis zu 25% auf (Huser, Eisenhut, Bush, 1992, 14; Öko-Institut, WI, 1993a, 51; Energiedepesche, Nr. III, 10/1993, 43).

Telefone verbrauchen pro Nebenstelle durchschnittlich 2 W, Anrufbeantworter im Standby-Modus zusätzlich 3 W (Schulze, Fahl, Voß, 1994b, 4).

Auch bei Kommunikations- und Informationssystemen eröffnen sich Einsparpotentiale. Solche Systeme können mit Leistungsaufnahmen im Bereich von Hundertstel bis Zehntausendstel Watt betrieben werden bzw. sogar ohne eigene Stromversorgung auskommen (Beispiel: Display-Systeme gewinnen Energie zur Anzeige aus den Signalen der Meßfühler).

Prozeßsteuerungen

Intelligente Prozeßsteuerungen können über den Einsatz moderner MOS-Technik (Metal Oxide Semiconductor, Halbleitertechnologie für integrierte Schaltkreise) energiesparend implementiert werden (Feist, 1993, 9).

Tabelle 6.2-43: Stromverbrauch eines Faxgerätes in kWh/Jahr bei 100 Seiten empfangen und senden pro Tag für die verschiedenen Betriebszustände (Huser, Eisenhut, Bush, 1992, 6)

Betriebszustand	absoluter Wert	prozentual
Standby	113	*81*
Empfangen	11,7	*8*
Senden	15	*11*

6.2.8 Energiebewußtes Verhalten – sektorübergreifend

Wesentlich für den Energieverbrauch und seine zeitliche Entwicklung sind neben den technischen Gegebenheiten auch die Verbrauchsgewohnheiten. Sowohl der direkte Energieeinsatz in den Haushalten als auch die Güterauswahl – in Art und Menge – bestimmen direkt oder über den in den Gütern gebundenen Energieinhalt den Energieverbrauch. Der Wertewandel hat in den letzten Jahrzehnten zu einem energieintensiveren Lebensstil geführt. Zu denken ist an häufigeres Duschen und Wäschewaschen aufgrund steigender Hygieneansprüche, die Verwendung von Gefrierkost und die Etablierung des weltweiten Nahrungsmittelhandels aufgrund höherer Anforderungen an Bequemlichkeit und umfassende Auswahl im Ernährungsbereich, die Entwicklung zu stärkerer Beleuchtung und der Anstieg von Standby-Anwendungen (Jochem, 1993, 10). Aber auch Gegenbewegungen – z. B. Ansätze der „neuen Sparsamkeit", vor allem in den USA – sind festzustellen.

Auch Industrie, Gewerbe, Landwirtschaft und Kleinverbrauch sind gefordert, energiesparsamere Produktions- und Wirtschaftsweisen und ein energiebewußtes Produktdesign zu entwickeln.

Unterschiede im Energieverbrauch zwischen den alten und neuen Bundesländern – die Effizienz- und Energieeinsparpotentiale im Bereich Haushalte werden in den neuen Bundesländern mit circa 40% etwa doppelt so hoch wie in den alten Bundesländern eingeschätzt – sind nicht zuletzt auch mit Unterschieden im Verhalten zu erklären. So liegen erhebliche Einsparpotentiale in der Realisierung von Verhaltensänderungen, die vor allem über eine zielgerichtete Motivation und die Schaffung von Anreizen, wie z. B. die Einführung verbrauchsabhängiger Heizungsabrechnungen, zu erschließen sind (Müller-Michaelis, 1993, 70).

Eine intensivere Auseinandersetzung mit diesen Themen findet im Ernährungs- und Landwirtschaftsbereich in Teil D dieses Berichtes statt.

6.2.9 CO_2-Minderung durch Energieeinsparung, rationelle Energiewandlung und -verwendung – Zusammenfassung

Potentiale allgemein

Die Potentiale der rationellen Energieverwendung wurden für die alten Bundesländer ausführlich im Endbericht der Enquete-Kommission „Vorsorge zum Schutz der Erdatmosphäre" diskutiert. Die technischen Potentiale der rationellen Energieverwendung liegen hier in der Größenordnung von 35 bis 45% (bezogen auf das Jahr 1987) (II, 165).

In Untersuchungen von Norgard (1993, 12 f.) wurden für Skandinavien, die Europäische Union und andere mitteleuropäische Staaten technische Potentiale der Stromeinsparung durch rationelle Energieverwendung ermittelt. Die Werte wurden auf der Basis des heutigen Wissens, der heute bekannten Komponenten und des in dem Zeitraum von ungefähr 10 Jahren vorhersehbaren technischen Fortschrittes ermittelt. Für Dänemark gibt Norgard folgende Stromsparpotentiale, die im Vergleich zum heutigen durchschnittlichen Stromverbrauch realisiert werden könnten, an:

70 %: Stromanwendungen bei elektrischen Geräten im Haushaltssektor (unter der Annahme gleicher Energiedienstleistungen; höhere Einsparpotentiale könnten erschlossen werden durch einen Warmwasseranschluß bei Waschmaschinen, Spülmaschinen und Wäschetrocknern etc.) und bei der Haushaltsbeleuchtung (bei gleichem Energiedienstleistungsniveau)

63 %: Kleinverbrauch (durch effizientere Technologien)

45 %: Industrie (unter der Annahme einer konstanten Produktion; weder der verstärkte Einsatz von Recycling-Rohstoffen noch andere strukturelle Änderungen in der Ressourcenbeschaffung sind dabei berücksichtigt)

65 %: Landwirtschaft, z. B. im Bereich der Motoren, Pumpenanwendungen zur Landbewässerung, Trockenanlagen für Futtermittel, Getreide, Früchte etc. (unter der Annahme einer konstanten Produktion) (Norgard, 1993, 12 f.).

Für die anderen europäischen Staaten gelten ähnliche Werte (Norgard, 1993, 12 f.).

Die größten Einzelpotentiale im Stromverbrauch liegen bei den Elektrogroßgeräten in den privaten Haushalten, bei der Beleuchtung, den Bürogeräten, Klimaanlagen, elektrochemischen Prozessen und dem Kraftbedarf in der Industrie.

Die noch erschließbaren Stromeinsparpotentiale werden oft unterschätzt, da Strombedarfsschätzungen in der Regel Stromeinsparungen und wachstums- und strukturänderungsbedingte Strommehrverbräuche nur saldiert ausweisen. Für die strukturellen Veränderungen des Stromverbrauches sind neben technologischen Gründen (neue Stromanwendungen vor allem im Industrie- und Gewerbebereich) auch Veränderungen in der Haushaltsstruktur und Nutzergewohnheiten verantwortlich (durchschnittlich kleinere Haushalte, Bestandszunahme an Elektrogeräten in Haushalten und EDV, neue Stromanwendungen) (ISI, 1994 a, 1).

Kosten und energetische Amortisation

Zur Beurteilung der einzelnen Energieeinsparoptionen sind neben der Höhe der Nettoenergieeinsparung (dem Saldo aus eingesparter Energie während der Nutzungsdauer und den Veränderungen der Investivenergie) die wirtschaftlichen Daten, aber auch die Umsetzung der Möglichkeiten, relevant. Fragen der Umsetzung und der Hemmnisse werden in Kapitel 7 behandelt.

Einen Überblick über die Kosteneffizienz einer Reihe von Maßnahmen zur rationellen Energieverwendung und damit über eine breite Palette wirtschaftlicher Energiesparmaßnahmen geben die Abbildungen 6.2-29, 6.2-30 und 6.2-31.

Die Gesamtkosten über den ganzen Lebenszyklus – Kapitalkosten und Energiekosten – unterscheiden sich oft bei verschiedenen energieeffizienten Technologien wenig, da höhere Anschaffungskosten bei energieeffizienteren Technologien oft durch die niedrigeren laufenden Energiekosten ausgeglichen werden (Johansson, 1993, 26).

Für die Beurteilung einzelner Energieeinsparoptionen ist außerdem die Nutzungsdauer der Energieeinsparinvestitionen und energiesparender Güter und Prozesse von großer Bedeutung, da sie in der Regel neben der Nettoenergieeinsparung auch die Wirtschaftlichkeit des Kaufes bestimmen.

Auf ein Problem sei in diesem Zusammenhang allerdings hingewiesen: Güter, die für eine längere Lebensdauer als üblich konzipiert sind – z. B. Waschmaschinen – können, da weniger häufig Neuanschaffungen und der damit verbundene Aufwand an Investivenergie anstehen, einerseits Energie einsparen. Andererseits setzen sich durch die längeren Erneuerungszyklen technische Neuerungen zur Energieeinsparung langsamer im Bestand durch (Schaefer, 1993, 19).

Der energetische Aufwand der Technologien zur rationellen Energieverwendung beträgt von wenigen Ausnahmen abgesehen weniger als 5% der direkten Energieeinsparung (Krause, 1993, 13), eine energetische Effizienz ist also gegeben

Betrachtet man nur den direkten und indirekten Energieinhalt einer Investition zur rationellen Energieverwendung, ist festzustellen, daß die dafür aufgewandten Kosten mit Sicherheit unter 20% der Gesamtkosten liegen. Falls die Einspartechnik wirtschaftlich ist oder nahe an der Wirtschaftlichkeitsschwelle liegt bedeutet dies, daß auch die energetische Verzinsung gewährleistet ist (Jochem, 1993, 4).

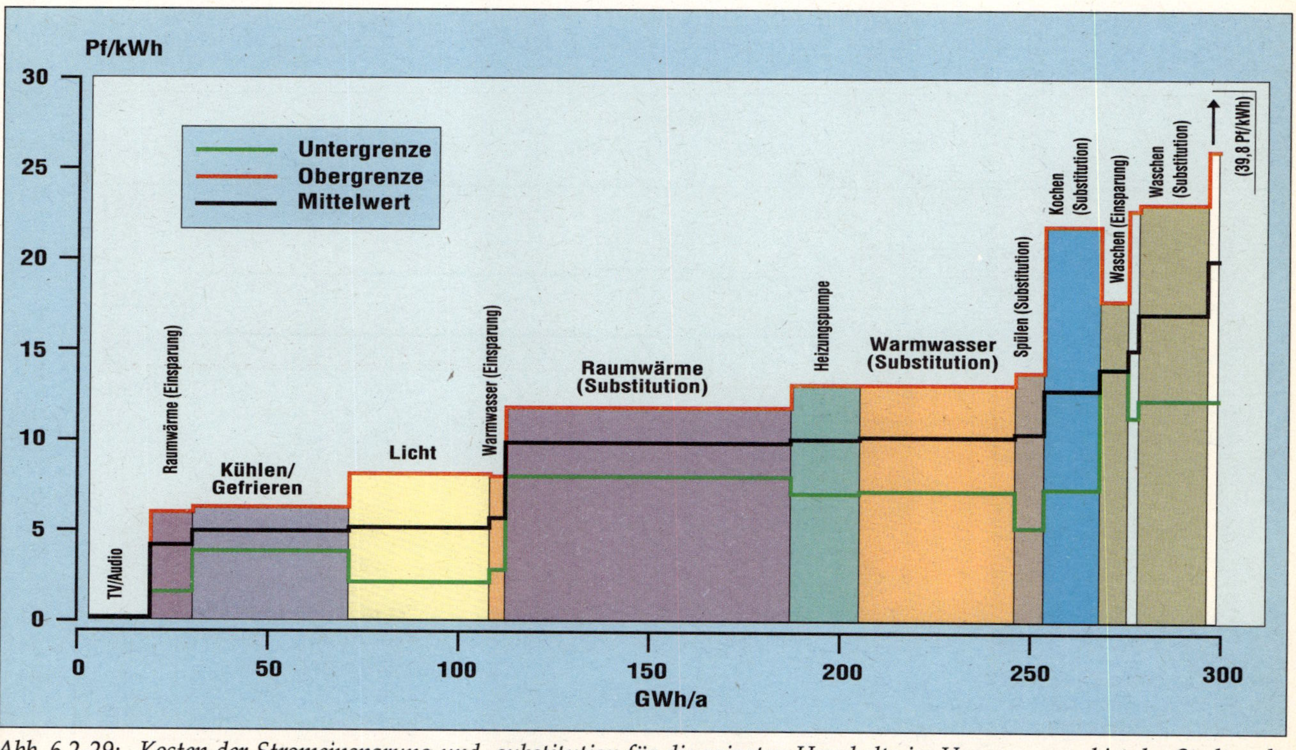

Abb. 6.2-29: Kosten der Stromeinsparung und -substitution für die privaten Haushalte im Versorgungsgebiet der Stadtwerke Hannover (Verbrauch 1991: 775 GWh) – nur Technikkosten, Umsetzbarkeit nicht betrachtet (Öko-Institut, WI, 1994)

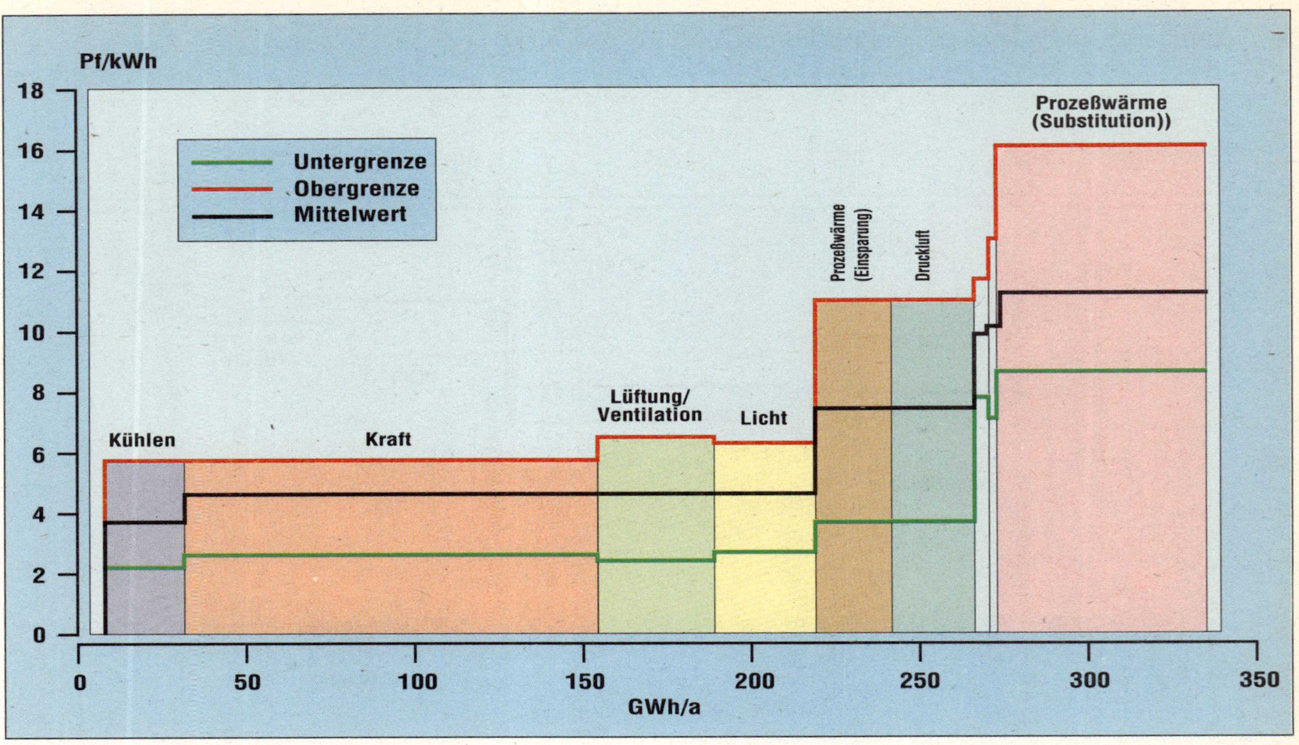

Abb. 6.2-30: Kosten der Stromeinsparung und -substitution für die Industrie im Versorgungsgebiet der Stadtwerke Hannover (Verbrauch 1991: 1 118 GWh) – nur Technikkosten, Umsetzbarkeit nicht betrachtet (Öko-Institut, WI, 1994)

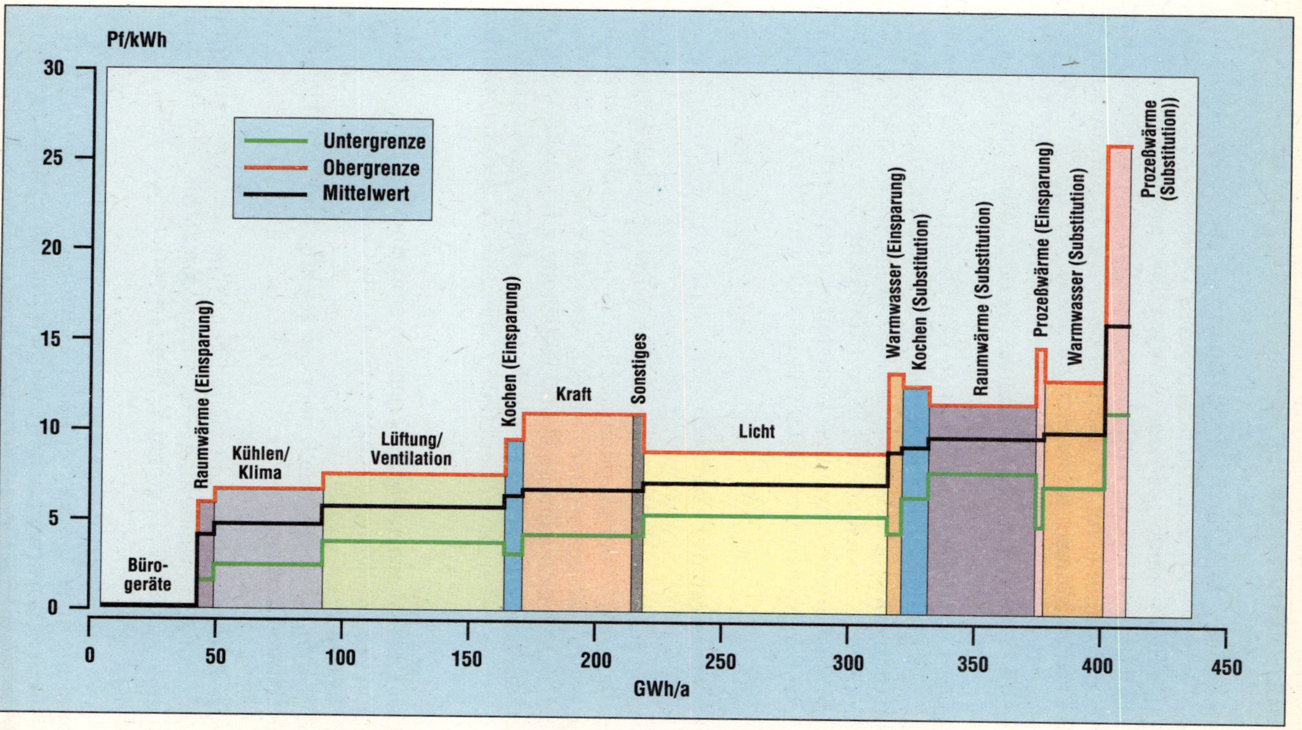

Abb. 6.2-31: Kosten der Stromeinsparung und -substitution für den Kleinverbrauchssektor im Versorgungsgebiet der Stadtwerke Hannover (Verbrauch 1991: 1 134 GWh) – nur Technikkosten, Umsetzbarkeit nicht betrachtet (Öko-Institut, WI, 1994)

Gesamtwirtschaftliche Effekte

Es wird geschätzt, daß durch die Einsparung von einem Petajoule (1 Mio. t SKE = 29,308 PJ) in der Bundesrepublik Deutschland über rationelle Energienutzung netto 100 neue Arbeitsplätze geschaffen werden. Diese Beschäftigungswirkung wird damit begründet, daß erstens eine Substitution der Importe von Öl und Gas durch im Inland produzierte Güter und Dienstleistungen im Bereich rationeller Energienutzung vorliegt und zweitens die eingesparten Energiekosten für die Importenergien wieder verausgabt werden können (Jochem, Walz, 1993, 10).

Die Produktion energiesparender Güter ist ein stark expandierender Sektor, der seit Mitte der 70er Jahre um 50% schneller als die durchschnittliche Industrieproduktion steigt. Die Exporte dieser Güter wachsen sogar doppelt so schnell wie der Exportdurchschnitt. Außerdem können Wettbewerbsvorteile durch eine Vorreiterrolle realisiert werden und so zusätzliche Exportchancen genutzt werden (Jochem, Walz, 1993, 10).

6.3 Einsatz erneuerbarer Energien

Die bei weitem ergiebigste Quelle erneuerbarer Energien ist die Sonnenstrahlung, die direkt – über solarthermische, photovoltaische oder photochemische Anwendungen – oder indirekt über die Windkraft, die Wasserkraft incl. der Meeresströmungs- und Wellenenergie – soweit sie nicht durch die Gezeiten verursacht ist –, die Biomasse, die Umgebungswärme und die passive Sonnenenergienutzung energetisch genutzt werden kann.

Die übrigen Quellen erneuerbarer Energien sind im Vergleich zur Sonnenstrahlung vernachlässigbar (Gravitationskraft, Geothermie).

Tabelle 6.3-1 gibt einen Überblick über die wichtigsten Charakteristika der erneuerbaren Energien.

Erneuerbare Energien können in vielfältiger Weise zur Versorgung mit Energie und zur CO_2-Minderung – CO_2-Emission 10 bis 50 g/kWh im Vergleich zu 1 kg/kWh bei einem Kohlekraftwerk (IPCC, 1994, 86f.) – beitragen.

Ihre Einbindung in das bestehende Energieversorgungssystem sollte speziell auf die einzelnen erneuerbaren Energieformen abgestimmt erfolgen. So ist beispielsweise der Einsatz von Windkraft und Biomasse, die zur Er-

Tabelle 6.3-1: Zusammenfassung der wichtigsten Charakteristiken grundlegender Quellen erneuerbarer Energien (eigene Darstellung; Quelle: WEC, 1993, 1–7)

		direkte Solarenergie	Wind	Biomasse	Wasserkraft
Ressourcen	Größe	extrem groß	groß	sehr groß	groß
	Ausbreitung	weltweit	Küsten, Berge, Ebenen	weltweit	weltweit, Berge
	Schwankung	täglich, saisonal, wetterabhängig	große Variabilität	saisonal, klimaabhängig	saisonal
	Stärke	niedrig 1 kW/m² Max.	niedriger Durchschnitt 0,8 MW/km²	mäßig bis niedrig 16–40 MJ/kg H_u wasserfrei	mäßig bis niedrig ≈ 10 J pro l und Höhenmeter
Technologie	Optionen	Niedrig- bis Hochtemperaturwärmesysteme, Photovoltaik, passive Systeme	Horizontal- und Vertikalachsen-Windturbinen, Windpumpen	Verbrennung Fermentation Verdauung Vergasung, Verflüssigung	Lauf- und Speicherkraftwerke verschiedener Größen
	Status	Entwicklungsstadium, einige kommerzielle Anwendungen	viele kommerzielle Anwendungen, mehrheitlich in der Entwicklung	einige kommerzielle, mehrheitlich in der Entwicklung	mehrheitlich kommerziell

Fortsetzung Tabelle 6.3-1

		direkte Solarenergie	Wind	Biomasse	Wasserkraft
	Kapazitätsfaktor .	< 25 % mit/ohne Speicher, mittel (intermediate)	variabel meist 15–30 %	wenn benötigt mit Kurzzeit-speicher	von zeitweilig bis Grund-versorgung
	Entscheidende Verbesserungen . .	Materialien, Kosten, Effizienz, Information über Potentiale	Materialien, Design, Standort, Information über Potentiale	Technologie, Landwirtschaft- und Wald-management	Turbinen, Kosten, Design, Information über Potentiale
Umwelteigenschaften		Sehr sauber, Sicht-beeinträchtigung, lokales Klima giftige Produk-tionsrückstände	Sehr sauber, Sicht-beeinträchtigung, Lärm Vogelsterberate	sauber, Auswirkungen auf Fauna und andere Flora, giftige Rückstände	Sehr sauber, Auswirkungen auf lokale Gewässer, Landnutzung

zeugung der hochwertigen Elektrizität vergleichsweise kostengünstig sind, für die Erzeugung von Niedertemperaturwärme wenig sinnvoll. Solare Wärme sollte durch den Einsatz entsprechender Sammel- und Konzentrationssysteme auf dem Temperaturniveau bereitgestellt werden, auf dem sie für die unterschiedlichen Anwendungen benötigt wird. Beispielsweise reicht es für Heizungssysteme im Haushaltsbereich aus, Niedertemperaturwärme einzukoppeln, für Anwendungen in der Solarchemie ist hingegen der Einsatz von Hochtemperaturwärme notwendig (Hahne, 1993, 80).

Erneuerbare Energien müssen in vielen Fällen nicht eine lange Energiewandlungskette durchlaufen (Beispiele: Solarthermische Panels im Gebäudebereich, dezentrale Biomassenutzung), um für den Verbraucher verfügbar zu sein. Sie können in einer kurzen Energiewandlungskette verbrauchernah bereitgestellt („eingephast") werden. Dies bedeutet, daß die Verluste, die in einer langen Energiewandlungskette von der Primärenergie bis zur Nutzenergie auftreten und die bis zu zwei Drittel der aufgewandten Primärenergie aufzehren, weitgehend vermieden werden können. Allerdings sind die Akteure am Schluß der Energiewandlungskette (Haushalte, Kommunen etc.) oft weniger effizient in der Nutzung der dort eingephasten Energie im Vergleich zur Nutzung der aus vorgelagerten Stufen der Energiewandlungskette bezogenen Energie.

Aber auch bei der Nutzung erneuerbarer Energien treten in einigen Fällen lange Energiewandlungsketten – mit Verlusten auf allen Energiewandlungsstufen – auf. Die solare Wasserstoffwirtschaft ist ein Beispiel dafür.

Energieeinsparungen durch rationelle Energiewandlung erleichtern es, den verbleibenden Energiebedarf in steigendem Umfang durch erneuerbare Energien zu decken. Außerdem ist es oft billiger und kosteneffektiver, zunächst den Energiebedarf zu senken und erst für den Restbedarf die Energiequelle zu wählen (Zinko, 1993, 93).

In der Regel ist es erforderlich, das Energiesystem auf die Besonderheiten der einzelnen erneuerbaren Energien einzustellen. Insbesondere ist das intermittierende Energieangebot einiger erneuerbarer Energieformen durch eine intelligente Kombination konventioneller und erneuerbarer Energien zu handhaben (Nitsch, 1993, 8). Soll beispielsweise fluktuierend anfallender Strom aus erneuerbaren Energiequellen in größerem Umfang in das Netz eingespeist werden, so ist dies über folgende Anpassungsstrategien möglich: zunächst eine entsprechend an das Angebot angepaßte Bedarfsdeckung, klein- und großräumiger Verbund solarer Anlagen, lokaler Teilausgleich über BHKW, Umgestaltung der überregionalen

Kraftwerksstruktur auf einen zunehmenden Anteil schnell regelbarer Kraftwerke, Beeinflussung des Lastganges z. B. über Rundsteueranlagen, solarer Importstrom[33] (Nitsch, 1993, 62).

Dabei ist allerdings sicherzustellen, daß durch die erforderliche zeitlich fluktuierende Energieabgabe aus Wärmekraftwerken nicht deren Effizienz über Gebühr vermindert wird.

Status Quo

Ein Blick auf die unterschiedliche Entwicklung der erneuerbaren Energien in den einzelnen Ländern zeigt, daß ihre Rolle weniger vom regionalen bzw. nationalen Energieangebot abhängig ist als vielmehr von klaren, auf Kontinuität ausgerichteten energiepolitischen Vorgaben. Dänemark konnte in 20 Jahren den Beitrag erneuerbarer Energien von 1,8% (1972) auf 7,1% (1992; davon ca. 83% im Wärmebereich [Ministry of Energy – Danish Energy Agency, 1994 a]) steigern und wird die 10%-Marke voraussichtlich im Jahr 2000 erreichen. In Österreich stieg der Primärenergiebeitrag der erneuerbaren Energien ohne Wasserkraft von 3,5% (1972) auf 12,5% (1989), wobei überwiegend Biomasse eingesetzt wurde (Nitsch, 1993, 65 f.; Schmidt, 1994, 37).

Der Einsatz erneuerbarer Energien zur Stromerzeugung in der Bundesrepublik Deutschland ist wie folgt (VDEW, 1993, 2–9):

- Erneuerbare Energien decken 4,3% (1990: 4,0%) des Netto-Stromverbrauches der öffentlichen Versorgung (das sind 1,7% des gesamten Primärenergieverbrauchs, Stand Ende 1992); 1992 trugen sie 19,0 Mrd. kWh zur gesamten Abgabe bei, davon wurden 1,56 Mrd. kWh von privaten Stromerzeugern in das öffentliche Netz eingespeist (VDEW, 1993, 2+7).
- Der Beitrag der einzelnen erneuerbaren Energien in der öffentlichen Elektrizitätsversorgung (Nettostromerzeugung und die Leistung) für das Jahr 1992 und die Entwicklung zwischen den Jahren 1990 und 1992 ist Tabelle 6.3-2 zu entnehmen.
- Im Jahr 1992 gab es über 6500 private Einspeiser (wobei die energetische Nutzung von Müll ausgeklammert ist, da keine Zahlen vorliegen) (VDEW, 1993, 7).

[33]) Solarer Importstrom kann neben dieser Spitzenlastanwendung bei entsprechend angepaßter Technik auch im Grundlastbereich im 24 Stunden-Betrieb eingesetzt werden. Dabei ist vorausgesetzt, daß der 24-Stunden-Betrieb über Hochtemperaturwärmespeicher gewährleistet wird.

Tabelle 6.3-2: Erneuerbare Energien in der öffentlichen Elektrizitätsversorgung in der Bundesrepublik Deutschland (Quelle: VDEW, 1993, 5f)

	Nettostrom-erzeugung 1992 in Mio. kWh	Verände-rung von 1990 bis 1992 in %	Leistung 1992 in MW	Verände-rung von 1990 bis 1992 in %
Wasser*)	15 154	+ *3*	4 049	+ *1*
Müll	2 060	− *15*	550***)	− *2*
Biomasse	139	+ *18*	40	+ *25*
Wind	67	+*133*	36	+ *80*
PV (netzgekoppelt)**)	1	+ *50*	2	+*100*

*) incl. Pumpspeicherkraftwerke mit natürlichem Zufluß

**) Daten für nicht netzgekoppelte PV-Anlagen liegen nur sehr rudimentär vor. Der größte Teil dieser Panels geht in den Freizeit-, Sport- und Campingbereich im Leistungsbereich unter 50 W_{peak}, für den keine verläßlichen Daten vorliegen. 6600 PV-Anlagen ab 50 W_{peak} waren 1990 installiert, davon waren über 80 % (5 400) netzgekoppelt (Keller, Laroche, 1991, Bd. 3, 45 f; IZE, 1991, 19).

***) geschätzt

Entwicklungsstand

Kategorisiert man die einzelnen Technologien zur Nutzung erneuerbarer Energien nach ihrem Entwicklungsstand in marktreife, einsatzreife und entwicklungsfähige Systeme, so kommt man zu folgendem Ergebnis (Nitsch, 1993, 4–7):

Zu der ersten Kategorie zählen Anlagen, die technisch ausgereift sind und bei denen sich der potentielle Nutzer ein genaues Bild über Kosten, Leistungsfähigkeit und Systemeinbindungseigenschaften der Anlage machen kann. Die Anlagen werden industriell gefertigt und die Wirtschaftlichkeit ist bereits erreicht oder wird in Kürze erreicht. Dazu gehören

- Wasserkraftwerke
- Windenergieanlagen bis etwa 500 kW
- PV-Module für dezentrale Kleinstanwendungen unter 1 kW
- Kompressionswärmepumpen (elektrisch oder brennstoffgetrieben)
- passive Sonnenenergienutzung bei Neubauten und Bebauungspläne, die einer passiven Sonnenenergienutzung förderlich sind
- solare Schwimmbaderwärmung
- kleine und mittlere solare Warmwassersysteme
- Holz-Hackschnitzel-Feuerungen

Tabelle 6.3-3: Entwicklungsstand von Technologien zur Nutzung erneuerbarer Energien (ASUE, 1993, 6)

	Technische Marktreife erreicht (evtl. mit Optimierungsbedarf)	Fehlende Anwendungserprobung (z. B. Lebensdauer)	FuE-Bedarf für alternative Ansätze	Entwicklungsbedarf	Forschungsbedarf
Sonnenenergie					
Solarabsorber	x				
Solarkollektoren (Niedertemperatur)	x		x		
Solarkollektoren (Prozeßwärme)	x	x	x		
Solarthermische Stromerzeugung (Rinnenkollektoren)	x	x			
Solarthermische Stromerzeugung (andere Technologien)				x	
passive Nutzung an Gebäuden	x	x	x		
Photovoltaische Stromerzeugung (kristallines Silizium)	x	x	x		
Photovoltaische Stromerzeugung[1)] (amorphes Silizium)				x	x
andere photovoltaische Materialien (z. B. Verbindungsleiter u. a. Tandemstrukturen)				x	x
solare Erzeugung von chemischen Energieträgern (z. B. Wasserstoff), Photochemie					x
Windenergie					
Anlagen bis 400 kW	x	x	x		
größere Anlagen				x	
Wasserenergie					
Großkraftwerke	x				
kleine Wasserkraftwerke	x				
Gezeiten	x				
Wellenenergie				x	

Fortsetzung Tabelle 6.3-3

	Technische Marktreife erreicht (evtl. mit Optimierungsbedarf)	Fehlende Anwendungserprobung (z. B. Lebensdauer)	FuE-Bedarf für alternative Ansätze	Entwicklungsbedarf	Forschungsbedarf
Biomasse					
Verbrennung	x	x		x	
Vergasung	x	x		x	
Bioalkohol	x	x			
Pflanzenalkohol		x		x	x
andere Energiepflanzen				x	x
Erdwärme					
Geowissenschaftliche Grundlagen				x	
Nutzung heißer Quellen	x				
Nutzung hydrothermaler Vorkommen	x	x		x	x
Nutzung der Hot-Dry-Rock-Technik				x	x
Umweltwärme					
elektrische Wärmepumpen	x				
Absorptionswärmepumpe	x	x	x		
Anwendungen und Komponenten					
photovoltaische Anwendungstechnik (z. B. Wasserpumpen, Leuchten)	x	x		x	
Batterien, Brennstoffzellen	x	x	x	x	x
Regelungstechnik	x			x	
Wärmespeicher	x		x	x	
Wasserstoff (Elektrolyse, Speicherung, Handhabung)	x		x		

[1]) technische Marktreife nur für Marktnischen

- Strohfeuerungen ab etwa 100 kW
- einzelbetriebliche Biogasanlagen
- BHKW zur Deponie- und Klärgasnutzung
- Rinnenkollektor-Kraftwerke mit Zusatzfeuerung (für einstrahlungsreiche Gebiete)

Zu der zweiten Kategorie sind Technologien zu rechnen, die als Prototyp bzw. Demonstrationsanlagen existieren und für die schon einige Anbieter vorhanden sind. Die einzelnen Komponenten sind noch entwicklungsbedürftig und gesichertes Wissen über Verhalten und Systemeinbindung liegt noch nicht vor. Dazu zählen:

- Windanlagen zwischen 500 kW und 1 MW
- PV-Anlagen für Inselbetrieb und Netzkopplung mit mittlerer Leistung (mehrere kW bis 10 kW)
- solare Nahwärmesysteme mit saisonalen Wärmespeichern
- solare Raumheizungssysteme, passive Sonnenenergienutzung mittels transparenter Wärmedämmung
- Absorptionswärmepumpen (erdgas- und ölgefeuert)
- solare Prozeßwärmesysteme
- Heiz(kraft)werke für Stroh, Holz u. ä. größerer Leistung (Gemeinschaftsanlagen) incl. Nahwärmeversorgung
- BHKW mit Holz- und Strohvergasung

Die dritte Kategorie der entwicklungsfähigen Systeme ist heterogen. Dazu gehören einerseits Technologien, die zwar entwickelt, aber noch deutlich von einem wirtschaftlichen Einsatz entfernt sind. Andererseits sind Technologien aufgeführt, für die zwar die Ergebnisse der Grundlagenforschung vorliegen, aber noch umfassende F & E-Anstrengungen notwendig sind. Gemeinsam ist den hier aufgeführten Technologien, daß sie große Nutzungspotentiale haben:

- PV-Anlagen im MW-Bereich
- neue Solarzellen (polykristalline und amorphe Siliziumzellen, andere Materialien wie z. B. CIS-Zellen, Tandemzellen, Grätzel-Zellen)[34)]
- Windkraftanlagen größer 1 MW
- solarthermische Kraftwerke für einstrahlungsreiche Gebiete, Einkreis-Rinnenkraftwerke mit Direktverdampfung, Zweikreis-Turmkraftwerke mit verbessertem Wärmeabsorber und Hochtemperatur-Speicher zur Dauerstromerzeugung
- Paraboloidanlagen mit Stirlingmotor oder Gasturbine

[34)] Derzeit kann noch keine sichere Prognose darüber abgegeben werden, welche die Rolle völlig neue Konzeptionen wie beispielsweise die Grätzel-Zelle, die nach einem der Photosynthese nachgebildeten Prinzip Strom erzeugt, in der Zukunft spielen werden.

- Aufwindkraftwerk
- Hot-Dry-Rock-Technologie zur Erdwärmenutzung
- Photolyse zur solaren Wasserstofferzeugung (bei mittlerem und hohem Druck und Temperaturniveau)
- wasserstoffspezifische Nutzungstechnologien, wie z. B. Brennstoffzelle, katalytischer Brenner, H_2/O_2-Sofortreserve
- synthetische Treibstoffe aus Energiepflanzen
- leistungsfähige, neue Speichersysteme (z. B. Natrium-Schwefel-, Zink-Luft-, Zink-Sulfit-Batterie, Salz/Keramik-Hochtemperaturspeicher)

Speichertechnologien und Nutzungssysteme für Sekundärenergieträger werden in Kapitel 6.6 detailliert behandelt.

Sich daran anschließende anwendungsbezogene Technologieentwicklungen sind:

- Photolyse in wässriger Lösung, photobiologische u. ä. Verfahren zur Herstellung synthetischer Energieträger
- Direkteinkopplung konzentrierter Sonnenstrahlung v.a. in chemische Prozesse, photokatalytische Reaktionsprozesse
- Herstellverfahren für photoaktive Oberflächen (Lasertechnologie, Vakuumplasmaspritzverfahren u. a.).

Eine komprimierte Übersicht über den Entwicklungsstand der Technologien zur Nutzung erneuerbarer Energien von marktreifen Technologien bis zu Technologien im F & E-Stadium bietet Tabelle 6.3-3.

Unter diesen vielen Möglichkeiten sind energie- und klimagerechtes Bauen (passive Sonnenenergienutzung), solarthermische Kraftwerke und die Biomassenutzung Techniken zur Nutzung erneuerbarer Energien, die in den nächsten Jahren und Jahrzehnten einen merklichen Beitrag zu einer klimaverträglichen Energieversorgung leisten können und heute schon einsatzreif sind (Kesselring, 1993, 39).

Potentiale – weltweit

Das World Energy Council schätzt, daß bis 2020 bei der Fortführung der heutigen Politik (Çurrent Policy Scenario") weltweit 21,3% des Energieverbrauchs durch erneuerbare Energien gedeckt werden können im Vergleich zu 17,7% im Jahr 1990. Der Anteil der „neuen" erneuerbaren Energien[35)] steigt in der gleichen Zeitspanne von 1,9% auf 4% des gesamten Energieverbrauches an.

[35)] Traditionell genutzte erneuerbare Energiequellen wie z. B. Holznutzung zum Kochen und Heizen, Wasserkraftnutzung herkömmlicher Art (große Laufwasser- und Speicherkraftwerke) sind in diesen Werten nicht enthalten.

Im „Ecologically Driven Scenario" erreichen die erneuerbaren Energien 2020 29,6%. Die „neuen" erneuerbaren Energien decken dabei 12,1% des gesamten Energieverbrauches.

Die exakten Daten des WEC, aufgeschlüsselt nach den einzelnen erneuerbaren Energiequellen, zeigen die Tabellen 6.3-4 und 6.3-5.

Für das Jahr 2030 sind die Prognosen von Swisher und Johansson u. a. (Swisher, 1993; Johansson, 1993) für das technische und das Erwartungspotential der Nutzung erneuerbarer Energien in der Tabelle 6.3-6 aufgeführt.

Potentiale – national

Alte Bundesländer

Einen Vergleich des schon realisierten Primärenergiebeitrags der erneuerbaren Energiequellen und des technischen Potentials mit Szenarien für das Jahr 2005 zur Ausschöpfung der Potentiale zeigt Abbildung 6.3-1.

Einen Überblick über die technischen sowie die bis 2005 wirtschaftlich nutzbaren Potentiale und den Beitrag der erneuerbaren Energien am Energieverbrauch für die einzelnen erneuerbaren Energien und getrennt für Strom- und Wärmebereich bieten die Abbildungen 6.3-2 und 6.3-3.

Technische Potentiale der Nutzung erneuerbarer Energien in Deutschland liegen für die einzelnen Bereiche in folgender Höhe vor (1 Mio. t SKE = 29,308 PJ = 8,15 TWh):

- Wasserkraft: heute 20,6 TWh/a erschlossen, im Jahr 2010 voraussichtlich realisierte Potentiale 22,5 TWh/a, 2040 25 TWh/a erschlossen, das entspricht dem vollständigen technischen Potential (Prognos, ISI, 1991, I-28)[36)]
- Windkraft (für Windgeschwindigkeiten über 4 m/sec im Jahresmittel)[37)]: Potential 58 bis 88 GW bzw. bei 104 bis 128 TWh/a (Kaltschmitt, Wiese, 1994, 43 f.).
- Photovoltaik für dezentrale Kleinanlagen im 10 kW-Bereich: Potential nicht durch Flächen, sondern durch Aufnahmefähigkeit des Netzes für

[36)] Veränderungen der Niederschläge durch die Klimaänderung sind bei diesen Potentialabschätzungen nicht berücksichtigt. Die Klimamodelle gehen davon aus, daß sich die saisonale Verteilung der Niederschläge ändert, Aussagen über die Gesamtniederschlagsmenge sind noch unsicher.

[37)] Rund 4% des Potentials sind in Gebieten, die im Jahresmittel eine Windgeschwindigkeit über 6 m/sec aufweisen, angesiedelt. Rund 78% des Potentials werden in Gebieten mit mittleren Windgeschwindigkeiten zwischen 4 und 5 m/sec erbracht (Kaltschmitt, Wiese, 1994, 43).

Tabelle 6.3-4: Prognose des Anteils der erneuerbaren Energien am Energieverbrauch in PJ (1 Mio. t SKE = 29,308 PJ = 8,15 TWh) für das „Current Policy Scenario" (Quelle: WEC, 1993, 1–11)

	1990	2000	2010	2020
Solar	502,44 *(0,8 %)*	752,66 *(0,9 %)*	1 756,54 *(1,8 %)*	4 563,83 *(3,8 %)*
Wind	41,87 *(0,1 %)*	251,22 *(0,3 %)*	1 214,23 *(1,3 %)*	3 558,95 *(3,0 %)*
Geothermisch	502,44 *(0,8 %)*	753,66 *(1,0 %)*	1 088,62 *(1,1 %)*	1 674,8 *(1,4 %)*
Moderne Biomasse	5 066,27 *(7,8 %)*	6 364,24 *(8,0 %)*	8 290,26 *(8,6 %)*	10 174,41 *(8,5 %)*
Ozean	0 *(0 %)*	0 *(0 %)*	125,61 *(0,1 %)*	586,18 *(0,5 %)*
kleine Wasserkraftwerke	753,66 *(1,2 %)*	1 046,75 (1,3 %)	1 423,58 *(1,5 %)*	2 009,76 *(1,7 %)*
„Neue" Erneuerbare	6 866,68 *(10,5 %)*	9 169,53 *(11,6 %)*	13 900,84 *(14,4 %)*	22 609,8 *(19,0 %)*
Anteil am gesamten Energieverbrauch	*1,9 %*	*2,2 %*	*2,8 %*	*4,0 %*
trad. Biomasse	38 939,1 *(59,6 %)*	45 219,6 *(56,9 %)*	50 578,96 *(52,3 %)*	55 394,01 *(46,5 %)*
große Wasserkr.	19 469,55 *(29,8 %)*	25 122 *(31,6 %)*	32 156,16 *(33,3)*	41 074,47 *(34,5 %)*
Erneuerbare total	65 275,33 *(100 %)*	79 511,13 *(100 %)*	96 635,96 *(100 %)*	119 078,28 *(100 %)*
Anteil am gesamten Energieverbrauch*)	*17,7 %*	*18,7 %*	*19,5 %*	*21,3 %*

*) Prognose für den gesamten Energieverbrauch für dieses Szenario im Jahr 2020: 558,5 EJ

Tabelle 6.3-5: Prognose des Anteils der erneuerbaren Energien am Energieverbrauch in PJ (1 Mio. t SKE = 29,308 PJ = 8,15 TWh) für das „Ecologically Driven Scenario" (Quelle: WEC, 1993, 1–17)

	1990		2000		2010		2020	
Solar	502,44	*(0,8 %)*	921,14	*(1,1 %)*	3 852,04	*(3,8 %)*	14 863,85	*(10,8 %)*
Wind	41,87	*(0,1 %)*	293,09	*(0,4 %)*	2 009,76	*(2,0 %)*	9 002,05	*(6,5 %)*
Geothermisch	502,44	*(0,8 %)*	1 088,62	*(1,4 %)*	2 051,63	*(2,0 %)*	3 810,17	*(2,8 %)*
Moderne Biomasse	5 066,27	*(7,8 %)*	9 127,66	*(11,3 %)*	15 575,64	*(15,3 %)*	23 489,07	*(17,1 %)*
Ozean	0	*(0 %)*	41,87	*(0 %)*	753,66	*(0,7 %)*	2 260,98	*(1,6 %)*
kleine Wasserkraftwerke	753,66	*(1,2 %)*	1 297,97	(1,6 %)	2 009,76	*(2,0 %)*	2 889,03	*(2,1 %)*
„Neue" Erneuerbare	6 866,68	*(10,5 %)*	12 728,48	*(15,8 %)*	26 210,62	*(25,8 %)*	56 273,28	*(41,0 %)*
Anteil am gesamten Energieverbrauch	*1,9 %*		*3,1 %*		*5,9 %*		*12,1 %*	
trad. Biomasse	38 939,1	*(59,6 %)*	42 959,62	*(53,1 %)*	44 465,95	*(43,8 %)*	44 382,2	*(32,3 %)*
große Wasserkr.	19 469,55	*(29,8 %)*	25 205,74	*(31,1 %)*	30 900,06	*(30,4 %)*	36 636,25	*(26,7 %)*
Erneuerbare total	65 275,33	*(100 %)*	80 892,84	*(100 %)*	101 618,49	*(100 %)*	137 291,73	*(100 %)*
Anteil am gesamten Energieverbrauch*)	*17,7 %*		*19,9 %*		*22,7 %*		*29,6 %*	

*) Prognose für den gesamten Energieverbrauch für dieses Szenario im Jahr 2020: 462,7 EJ

Tabelle 6.3-6: Prognose für das technische und das Erwartungspotential der Nutzung erneuerbarer Energien im Jahr 2030 in TWh/a (Swisher, 1993; Johansson, 1993; 1 Mio. t SKE = 29,308 PJ = 8,15 TWh)

	Wasser	Geothermie	Wind	Solarthermie, PV	Gezeiten, Wellen etc.	Müll	Biomasse	Wälder
Technisches Potential								
Kanada	600	0	2 150	0	0	300	800	0
USA	600	350	1 100	1 800	0	1 350	2 450	0
Mexiko/Zentralamerika	350	150	150	250	0	450	150	600
Brasilien/Andenstaaten	2 000	0	300	500	0	1 350	1 050	9 000
Südliche Zone Südamerikas	350	0	500	150	50	250	200	0
Nördliche Staaten Europas	300	0	100	0	0	200	350	0
Ost/West Europa	750	250	250	150	50	1 050	350	0
ehem. UdSSR	3 850	350	1 300	450	150	1 100	1 950	0
Australien/Neuseeland	100	200	550	300	0	250	250	0
China	2 150	200	500	850	0	1 300	450	0
Indien	200	0	300	1 350	0	1 400	200	200
Japan/„Vier Tiger"	150	200	50	100	0	100	50	0
restliches Asien/Pazifik	1 400	300	200	1 200	0	1 600	700	2 600
Mittlerer Osten/Nord-Afrika	100	0	50	550	0	100	50	0
restliches Afrika	700	50	150	750	0	1 350	1 350	3 650
Total	13 550	2 050	7 650	8 400	250	12 150	10 350	16 050

Fortsetzung Tabelle 6.3-6

	Wasser	Geo-thermie	Wind	Solar-thermie, PV	Gezeiten, Wellen etc.	Müll	Biomasse	Wälder
Erwartungspotential								
Kanada	350	0	1 400	0	0	200	250	0
USA	350	350	700	300	0	900	750	0
Mexiko/Zentralamerika	200	100	100	50	0	300	100	200
Brasilien/Andenstaaten	1 200	0	200	100	0	900	650	2 800
Südliche Zone Südamerikas	200	0	300	50	50	150	100	0
Nördliche Staaten Europas	200	0	100	0	0	100	100	0
Ost/West Europa	550	250	150	0	50	700	250	0
ehem. UdSSR	1 150	200	850	50	150	750	350	0
Australien/Neuseeland	50	100	350	50	0	150	100	0
China	1 300	100	300	150	0	850	50	0
Indien	100	0	200	250	0	950	50	200
Japan/„Vier Tiger"	100	200	50	0	0	50	0	0
restliches Asien/Pazifik	850	150	150	200	0	1 050	100	2 600
Mittlerer Osten/Nord-Afrika	50	0	50	100	0	50	50	0
restliches Afrika	400	0	100	150	0	900	700	1 100
Total	7 100	1 500	4 950	1 400	250	8 000	3 600	6 850

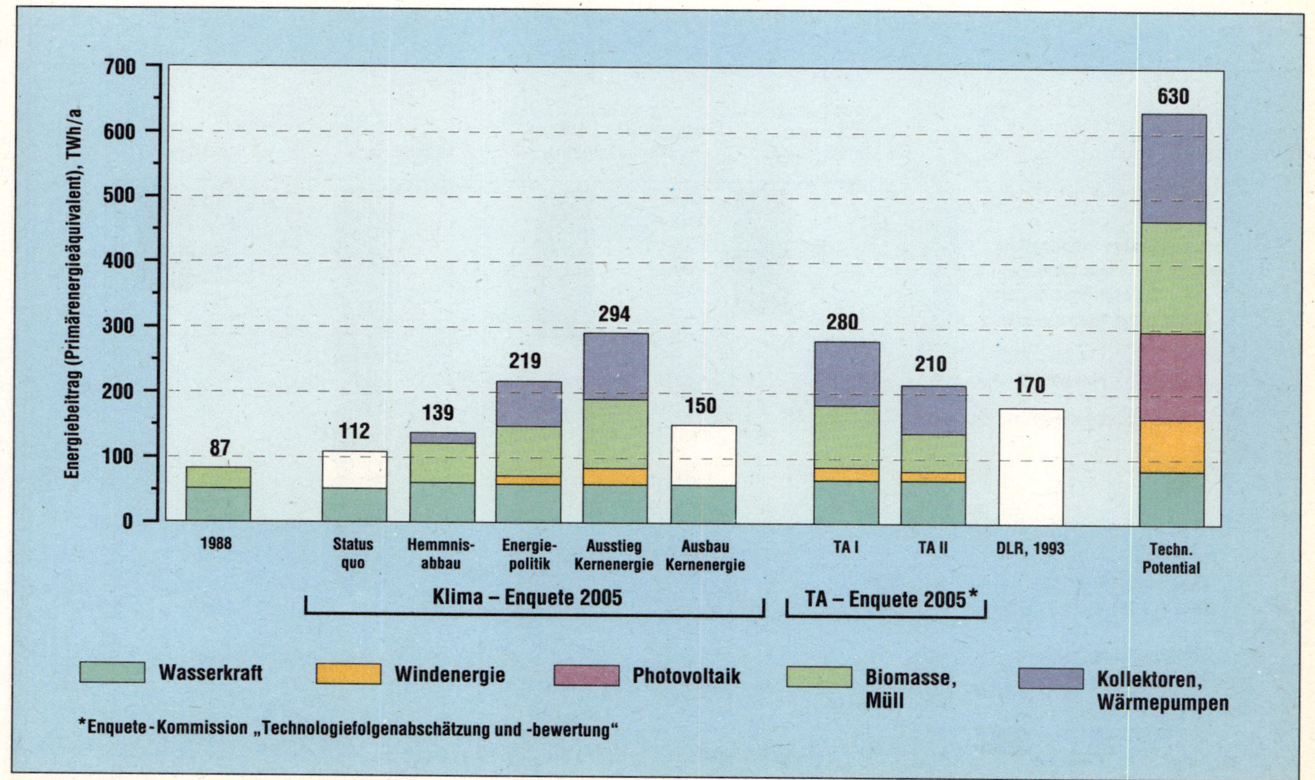

Abb. 6.3-1: Erneuerbare Energien: Primärenergiebeitrag 1988, ausgeschöpftes und technisches Potential 2005 (Nitsch, 1993, 58)

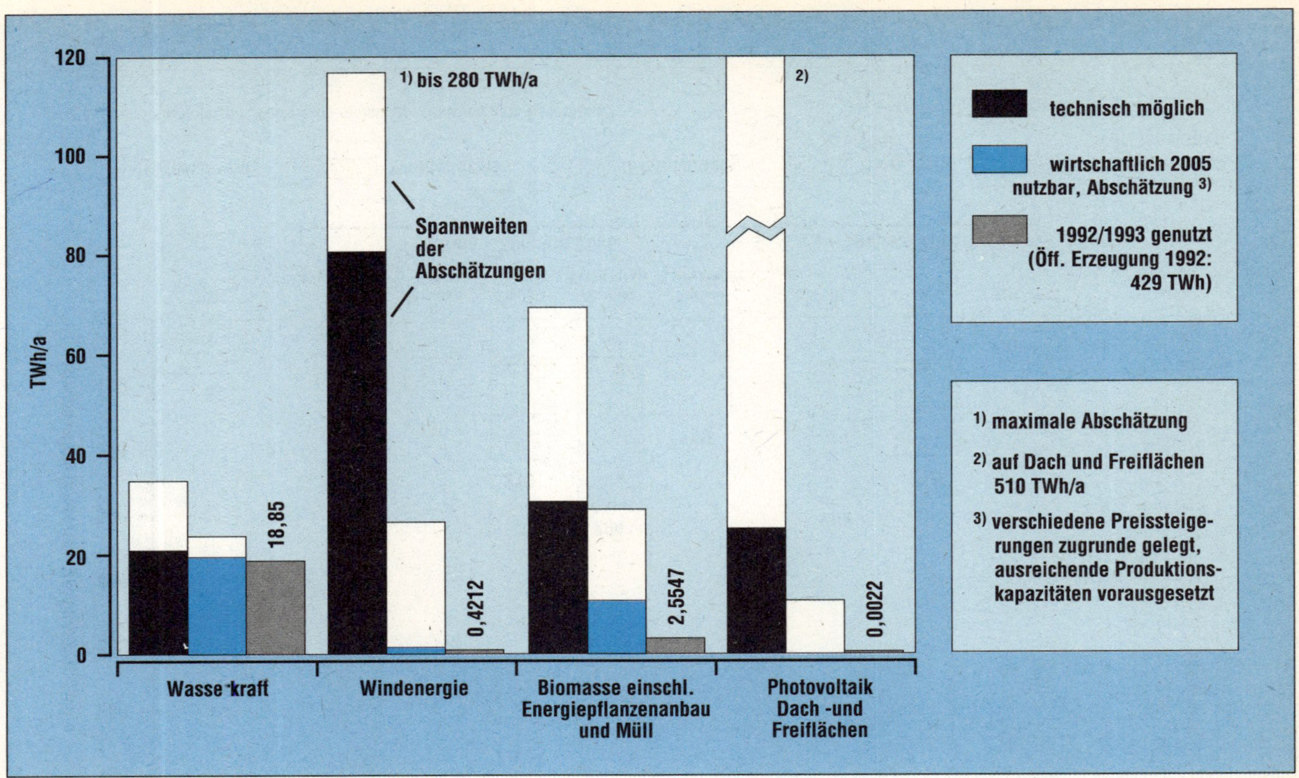

Abb. 6.3-2: Bandbreiten der Potentiale Erneuerbarer Energien bei der Stromerzeugung in Deutschland

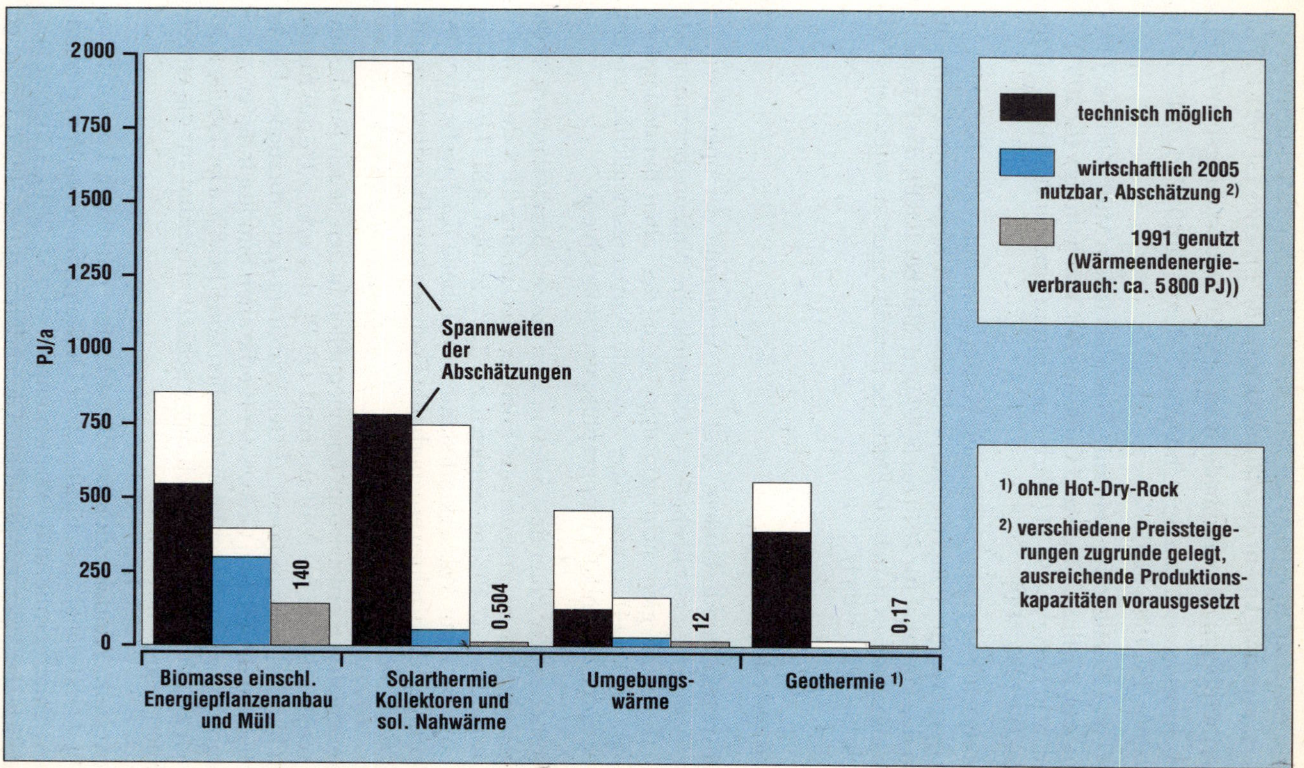

Abb. 6.3-3: Bandbreiten der Potentiale Erneuerbarer Energien bei der Wärmebedarfsdeckung in Deutschland

fluktuierenden Strom begrenzt, 2010 10 % verkraftbar, 2040 durch verbessertes Lastmanagement ungefähr das Doppelte (Prognos, ISI, 1991, I-27 f.)

- Solarthermie zur Schwimmbaderwärmung: 2040 vollständig solar (7,5 PJ)
- Brauchwassererwärmung: technisches Potential 2010 62 PJ, 2040 124 PJ (Prognos, ISI, 1991, I-29)
- Rest- und Abfallstoffverwertung (darunter fallen: Müll, Klär- und Deponiegas, Restholz, Stroh und Gülle aus der Viehhaltung): für 2010 Potentiale in Höhe von 94 PJ (Wärme und Strom) und für 2040 161 PJ (Prognos, ISI, 1991, I-30)
- Nachwachsende Energierohstoffe: bei der Annahme, daß 1 bis 2 Mio. ha für den Energiepflanzenanbau in Deutschland bereitgestellt werden, liegt das Potential für 2010 bei 50 PJ und 2040 bei 108 PJ; die Produktionssteigerung ist durch züchterische Bemühungen zu erreichen (Prognos, ISI, 1991, V-63 f)

Neue Bundesländer

In den neuen Bundesländern sind mit Ausnahme der über thermale Wasserreservoire erschließbaren Geothermie die Nutzungpotentiale für erneuerbare Energien nicht günstiger als in den alten Bundesländern (Ziesing, 1993a, 14). Ungünstiger sind die Nutzungsmöglichkeiten der Wasserkraft aufgrund der topographischen Unterschiede.

Die vorhandenen Potentiale sind in den neuen Bundesländern noch weniger erschlossen. Erneuerbare Energien decken nur 0,2% des Primärenergieeinsatzes (7 PJ) im Vergleich zu 2,5% in den ABL (wobei hier allerdings 53% aus Wasserkraft stammen). Tabelle 6.3-7 weist für 1990 die Beiträge der einzelnen erneuerbaren Energien zum Primärenergieeinsatz aus.

Die Potentiale für erneuerbare Energiequellen in den neuen Bundesländern schätzt das IfE für 2010 auf rund 135 PJ, das sind 5,3% des für die neuen Bundesländer prognostizierten Primärenergieverbrauches. Dieser Wert liegt an der unteren Grenze der für die alten Bundesländer erwarteten Nutzung erneuerbarer Energiequellen von 5 bis 8%. Der Tabelle 6.3-7 ist auch zu entnehmen, wie sich das geschätzte Potential auf die einzelnen Energiequellen verteilt.

Photovoltaik, Windenergie und Wasserkraft – mit einem Potential von 12,2 PJ – sind dabei ausschließlich zur Deckung des Strombedarfes einsetzbar; Solarthermie und Wärmepumpen – rund 20 PJ – dienen ausschließlich der Wärmeproduktion. Die anderen aufgezählten Optionen

Tabelle 6.3-7: Beitrag der erneuerbaren Energien 1990 und 2010 in den neuen Bundesländern in PJ (Quelle: Ziesing, 1993a, 15f; Ufer, 1993, 30; 1 Mio. t SKE = 29,308 PJ = 8,15 TWh)

	Primärenergieeinsatz 1990 der erneuerbaren Energien in den NBL in PJ	Wirtschaftliches Potential*) der erneuerbaren Energien in den NBL 2010 in PJ
(Brenn-)Holz	3,363	23,0
Stroh	–	29,0
Raps	–	20,5
Klärgas, Klärschlamm, Müll	1,696	25,9
Deponiegas/Biogas etc.	–	4,2
Wasserkraft	1,865	3,2
Windenergie		3,6
Geothermie		0,9
Solarthermie		19,0
Photovoltaik		5,4*
Wärmepumpen		0,5
Summe	6,924 ≈ 0,2 % des Primärenergieverbrauchs in den NBL (zum Vergleich ABL: 2,5 %)	135,2 ≈ 5,2 % des Primärenergieverbrauchs in den NBL (zum Vergleich ABL: 5,8 %)

*) Für die Photovoltaik ist nicht das wirtschaftliche, sondern das technische Potential angegeben

zur Nutzung erneuerbarer Energien können sowohl zur Stromerzeugung als auch zur Wärmeerzeugung dienen.

Wirtschaftliche / realisierbare Potentiale

Vergleicht man das 2005 bzw. 2050 mit erneuerbaren Energien wirtschaftlich erschließbare Potential mit dem derzeitigen Bedarf im Bereich Wärme- und Stromerzeugung, ergibt sich folgendes Bild:

2005: circa 4,9 bis 7,2% im Wärmebereich und 6,8% bis 9% bei der Stromerzeugung

2050: 30% bis 39% im Wärmebereich und 14,2% bis 31,4% bei der Stromerzeugung (Heinloth, 1993, 57)

Bei dem Aufbau einer Wasserstoffwirtschaft – unter Ausnutzung der Energieeinsparpotentiale – könnte die Entwicklung der Nutzung erneuerbarer Energien bis 2050 dem in Abbildung 6.3-4 aufgeführten Pfad folgen (Nitsch, Ziesing, 1991, 3 u. 19). Um einen Anteil der erneuerbaren Energien von 13% am Primärenergieverbrauch bis 2005 zu erreichen, wären allerdings insgesamt – verteilt auf die Jahre bis 2005 –150 Mrd. DM notwendig (Nitsch, Ziesing, 1991, 7 u. 22).

Die Frage der Wirtschaftlichkeit hängt entscheidend vom Energiepreisniveau ab. Grundsätzlich wird bei der Bewertung der Wirtschaftlichkeit einer Energieform im folgenden als Vergleichsmaßstab das gegenwärtige Preisniveau konkurrierender Energieträger in der Bundesrepublik Deutschland zugrundegelegt. Sofern auf ein anderes Preisniveau Bezug genommen wird, ist dies ausdrücklich erwähnt.

Bei erneuerbaren Energien werden die Speicherkosten und der Einfluß der Einspeisevergütung extra ausgewiesen. Grundlage für die Wirtschaftlichkeitsberechnung sind die bundesdeutschen Verhältnisse zur Nutzung erneuerbarer Energien (Einstrahlung, Windgeschwindigkeiten etc.). Wenn der Einsatz erneuerbarer Energien in anderen Ländern – z. B. im Sonnengürtel der Erde – diskutiert wird, so ist dies ausdrücklich erwähnt.

Bei erneuerbaren Energien, die sich noch in der Entwicklungsphase befinden, dienen die zu erwartenden Grenzsystemkosten als Grundlage für Voraussagen über die zukünftige Wirtschaftlichkeit.

Wirtschaftlich sind folgende Systeme zur Nutzung erneuerbarer Energiequellen (Nitsch, 1993, 51):

- Wärmeerzeugung aus Holz- und Strohheizwerken (unter günstigen Voraussetzungen)

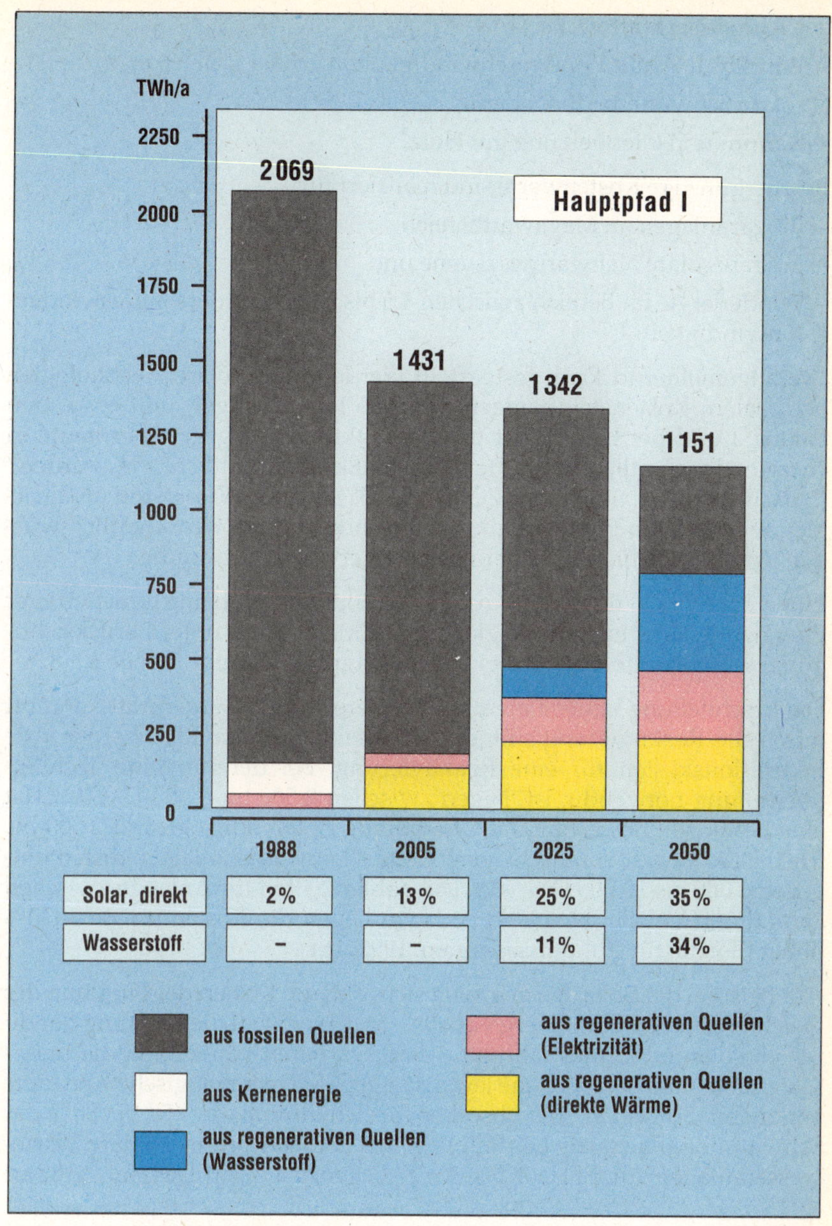

Abb. 6.3-4: Anteil einzelner Primärenergiequellen an der Endenergiebedarfsdeckung im Szenario: Hauptpfad I (Nitsch, Ziesing, 1991, 3 und 19)

- Kleinwasserkraftwerke
- Windkraft[38] (mit Windgeschwindigkeiten größer gleich 6 m/s)[39]
- solare Schwimmbadbeheizung
- Kamin- und Ofenheizung mit Holz

Relativ günstige Kostenwerte sind realisiert für

- Biogasanlagen im Megawattbereich
- größere solare Nahwärmesysteme und
- Windenergie im Bereich zwischen 4,5 bis 6 m/s mittlere Jahreswindgeschwindigkeit.

„Verallgemeinernd kann festgestellt werden, daß ‚solare' Technologien bei realen Kostensteigerungen fossiler Energieträger um etwa den Faktor 2 und bei Elektrizität um den Faktor 1,5–2 gegenüber heute in energiewirtschaftlich relevantem Ausmaße wirtschaftlich sein würden" (Nitsch, 1993, 54; vgl. auch IPCC, 1994, 87). Damit Wasserstoff als Energieträger und die Photovoltaik zur Stromerzeugung wirtschaftlich würden, wären allerdings höhere Kostensteigerungen notwendig.

Einen Überblick über die Kostensituation der Nutzung erneuerbarer Energiequellen – in Abhängigkeit vom Zinssatz und unter Berücksichtigung der Kostendegression bei Serienfertigung – erlaubt Tabelle 6.3-8.

Die Erschließung neuer Potentiale im Bereich der Wasserkraft kann oft durch die Reaktivierung stillgelegter Altanlagen verbilligt werden. Die Investitionskosten für eine Reaktivierung, bei der nur eine Technik-überholung notwendig ist, liegen zwischen 2 500 bis 3 500 DM/kW. Ist eine bauliche und technische Überholung notwendig, so sind 2 500 bis 5 600 DM/kW zu veranschlagen. Neue Kleinwasseranlagen kosten hingegen 6 000 bis 10 000 DM/kW. Die Zahlen gelten für Anlagen zwischen 25 und 100 kW, bei kleineren Anlagen liegen die Kosten um circa 20% höher (Forum für Zukunftsenergien, 1992, 16).

Am Beispiel der Solarthermie zeigt sich, daß die Kosten der Nutzung der gleichen erneuerbaren Energiequelle – in diesem Fall die Nutzung der direkten solaren Wärmestrahlung – stark variieren können, da die unterschiedlichen Einsatzbereiche jeweils angepaßte technologische Konzepte verlangen. So kosten Solarabsorber für Schwimmbäder (50 bis 80% der Schwimmbadfläche als Leitlinie) 100 bis 200 DM pro m^2. Solare Warmwasseranlagen für EFH (3 bis 8 m^2) liegen bei 1 300 DM/m^2, größere

[38]) Die Aufnahmefähigkeit des Netzes für fluktuierenden Strom muß dabei in ausreichendem Umfang gegeben sein oder durch Lastmanagement gesichert werden.

[39]) Die Flächen, auf denen diese Windgeschwindigkeit erreicht werden, sind den Abbildungen 6.3-9 und 6.3-10 zu entnehmen.

Tabelle 6.3-8: Spezifische Energiegestehungskosten bei der Nutzung erneuerbarer Energien (Nitsch, 1993, 52 und 84)

Technologie	Zinssatz in %	Spezifische Energiegestehungskosten (Pf/kWh)	
		Status „1992"	Status „Serie"
Stromkosten			
Photovoltaik	4	123–201	58– 84
	8	172–282	81–118
Windenergie (4,0 bis 6,0 m/s mittlere Jahreswindgeschwindigkeit)	4	8,8–36,0	5,3–24,6
	8	10,7–44,0	6,5–30,1
Kleine Laufwasser-Kraftwerke:			
– Modernisierung	4	6,2– 7,4	6,2– 7,4
	8	9,0–10,6	9,0–10,6
– Neubau	4	7,3–17,5	7,3–17,5
	8	10,5–25,2	10,5–25,2
Nutzwärmekosten			
Solarkollektoren:			
– Einzelanlage	4	15,4–34,1	11,1–28,8
	8	19,1–42,9	14,1–37,1
– Solare Nahwärme	4	12,0–25,7	6,7–12,1
	8	15,2–34,3	8,4–16,0
Holzheizwerk (5 000 h/a)	4	4,0– 7,3	4,0– 7,3
	8	4,3– 7,7	4,3– 7,7
Strohheizwerk (5 000 h/a)	4	4,8– 8,9	4,8– 8,9
	8	5,4– 9,6	5,4– 9,6
Biogasanlagen			
a) Gaskosten			
– Einzelanlage	4	7,6–11,9	4,0– 6,4
	8	9,3–14,7	5,0– 7,9
– Großanlage	4	3,9–10,5	2,5– 6,1
	8	4,8–12,9	3,1– 7,6
b) Stromkosten bei BHKW-Betrieb	4	14,2–20,5	14,2–20,5
(Nutzwärmegutschrift 7 Pf/kWh; Gaskosten: 7,2 Pf/kWh)	8	14,9-24,5	14,9–24,5

Anlagen für Mehrfamilienhäuser und solare Nahwärmenetze (500 bis 1 000 m^2) bei etwa der Hälfte der EFH-Kosten. Prozeßwärme aus Vakuumröhrenmodulen ist auf 1 200 bis 2 000 DM/m^2 zu veranschlagen (Forum für Zukunftsenergien, 1992, 23).

Die Wirtschaftlichkeit der einzelnen Anwendungen hängt auch von den jeweiligen Netzanschlußkosten ab. So sind beispielsweise Photovoltaikanlagen trotz ihrer hohen spezifischen Kosten für Anwendungen in abgelegenen Orten ohne Netzanschluß (Meßstationen, Leuchttürme, Signalanlagen u. ä.), aber auch bei Anwendungen mit kleinem Leistungsbedarf ohne Netzanschluß (Taschenrechner, Parkscheinautomaten etc.) heute schon wirtschaftlich.

Indirekte Emissionen

Solange zur Produktion von Anlagen zur Nutzung erneuerbarer Energien noch nicht-solare Energien eingesetzt werden, sind auch diese Technologien in geringem Umfang mit CO_2-Emissionen verbunden. Die CO_2-Emissionen, die bei Bau und Wartung während des Betriebes von verschiedenen Anlagen zur Nutzung erneuerbarer Energien und konkurrierender Systeme beispielsweise im Bereich der Elektrizitätserzeugung auftreten, sind Tabelle 6.3-9 zu entnehmen.

Förderung

Der BMFT-Haushalt für 1993 enthielt 348 Mio. DM für erneuerbare Energien und rationelle Energieverwendung. Dies entspricht 3,6% des gesamten BMFT-Budgets. Mehr als ein Viertel dieser Gelder werden im Bereich Photovoltaik ausgegeben. Die Förderung fließt überwiegend in Technologien zur Stromerzeugung mit erneuerbaren Energien; der Wärmebereich ist kaum abgedeckt.

Daneben gibt es das 1 000-Dächer-Programm, das der Bund mit 80 Mio. DM und die Länder mit 30 Mio. DM tragen. Damit werden 2 250 Photovoltaik-Anlagen im Leistungsbereich von 1 bis 5 kW gefördert. Insgesamt wird eine Modulleistung von etwa 5,6 MW mit dieser Förderung erfaßt. Ein analoges Programm wurde für die Windenergie aufgelegt. Das 250 MW-Programm des BMFT soll mit einem Etat von 300 bis 400 Mio. DM zur Förderung der Windenergie beitragen.

Markteinführungsprogramme im Bereich der Nutzung der erneuerbaren Energiequellen existieren zur Zeit auf Bundesebene nicht (Ziesing, 1993b, 36).

Tabelle 6.3-9: Treibhausgasemissionen im Szenariodatensatz STROM (Fritsche u. a., 1992, 230)

Angaben in g/kWh (Integrationszeit 100 Jahre)*)						
Szenario	CO_2	CO	CH_4	NMV-OC	N_2O	CO_2-Äquiva-lent
AKW	23,9	0,1	0,04	0,06	0	26,6
BrK-KW	1 135,6	0,44	0,04	0,16	0	1 146,6
StK-KW-mix	917,7	1	4,65	0,5	0,01	1 049,0
StK-Imp	1 005,7	3,36	2,51	1,86	0,01	1 109,7
Gas-GuD-KW	407,6	1,3	0,75	0,46	0	438,7
Gas-BHKW	– 49,4	0,93	1,11	0,13	0	– 19,2
Gas-HKW-STIG***)	169,5	0,91	1,06	0,28	0,04	216,7
Gas-HKW-GuD	93,3	0,99	0,77	0,23	0	117,0
Diesel-BHKW	326,5	0,33	0,02	0,38	0,01	340,7
BrK-HKW-groß	690,2	–0,06	–0,09	–0,13	0	692,6
BrK-HKW-klein	773,6	0,35	–0,13	–0,21	0,05	788,8
StK-HKW-groß	455,5	0,33	5,32	0,06	–0,01	589,3
StK-HKW-klein	486,3	0,81	6,48	0,01	0,04	661,8
Biogas-BHKW	– 659,6	0,44	–0,54	–0,35	0	– 671,4
Biomüllgas-BHKW	– 717,4	0,03	–0,3	–0,47	–0,01	– 728,9
PV-CdTe**)	51,7	0,64	0,12	0,3	0	61,2
Wind-KW-mittel	0,7	0,03	0	0,02	0	1,1
Wasser-KW-saniert	1,4	0,03	0	0,02	0	1,8
Müll-KW	594,2	1,22	0,13	0,64	0,04	643,0
Effizienz+Netz	453,1	1,26	1,17	0,66	0,01	499,6

*) Die Berechnung der den einzelnen Anlagen zuzurechnenden Emissionen umfaßt die direkten und die indirekten Emissionen. Bei KWK-Anlagen werden zur Ermittlung der der Stromerzeugung zuzuordnenden Emissionen die der Wärmeerzeugung zuzurechnenden Emissionen abgezogen; Referenzanlage ist dabei eine konventionelle Ölheizung. Diese Emissionsgutschrift erklärt die teilweise auftretenden negativen Emissionswerte.

**) Ähnlich fundierte Daten wie für die CdTe-Zelle lagen für andere PV-Zellentypen nicht vor.

***) Steam injected Gas Turbine

Gesamtwirtschaftliche Auswirkungen (Beschäftigung, Export)

Die Nutzung erneuerbarer Energiequellen ist in der Regel arbeitsintensiv. Meist sind Herstellung der Technologien und Installation der Anlagen mit einem höheren Arbeitsaufwand pro installiertem MW verbunden. Bei einer Umstrukturierung in Richtung auf eine stärker auf erneuerbaren Energien beruhende Energieversorgung sind also positive Beschäftigungseffekte zu erwarten (Zinko, 1993, 99).

Durch die Entwicklung von Technologien zur direkten und indirekten Sonnenenergienutzung eröffnen sich auch neue Exportchancen. Tabelle 6.3-10 gibt einen Überblick.

Energetische Amortisationszeit

Die energetische Amortisationszeit ist im engeren Sinn definiert als die Betriebsdauer einer energieerzeugenden Anlage, die verstreicht, bis die kumulierte, primärenergetisch bewertete Nettoerzeugung ebenso hoch ist wie der kumulierte Energieaufwand für die Herstellung der Anlage (Schaefer, 1992, 20). Eine etwas erweiterte Definition bezieht neben dem Energieaufwand für die Herstellung der Anlage und des während des Betriebes anfallenden Betriebsenergieaufwandes (incl. Brennstoff) auch die energetischen Aufwendungen zur Entsorgung der Anlage am Ende ihrer Lebensdauer mit ein.

Die Amortisationszeit bei erneuerbaren Energien ist zu verstehen als die Zeit, die benötigt wird, bis die Energie, die zur Herstellung und zur Installation (sowie späterer Rezyklierung) der Anlage aufgewandt wird, durch die erzeugte Energie gedeckt ist. Bei Anlagen, die auf der Basis nicht-erneuerbarer Energien betrieben werden, fällt neben dem zur Herstellung und Installation der Anlage notwendigen Energieverbrauch zusätzlich der Aufwand an Energierohstoffen (Kohle, Öl, Gas, Uran) sowie der Rest- und Schadstoffe daraus an, die zur Energieerzeugung benötigt werden. Ein Vergleich zwischen erneuerbaren und nicht-erneuerbaren Energien bezüglich der Amortisationszeiten muß diesen Unterschied berücksichtigen.

Die Tatsache der Erschöpfbarkeit nicht erneuerbarer Energieträger schlägt sich bei einem Vergleich der Amortisationszeiten von Systemen zur Nutzung erneuerbarer und nicht-erneuerbarer Energien nicht nieder, weswegen der Vergleich regelmäßig zugunsten der Systeme nicht-erneuerbarer Energie und zuungunsten der Systeme erneuerbarer Energie ausgehen muß.

Die energetischen Amortisationszeiten schwanken bei den einzelnen Technologien zur Nutzung erneuerbarer Energiequellen. BSE gibt für die

Tabelle 6.3-10: Einschätzung der Exportaussichten von Technologien zur Nutzung erneuerbarer Energien (Goy u. a., 1991, 398)

	Anwendung	Technische Linie ( ): noch nicht marktfähig	Technologietransfer-möglichkeit	Mögliche Exportmärkte für deutsche Hersteller
Solarkollektoren, -absorber Export 1989: 2 Mio. DM	Warmwasser	– Flachkollektoren, Absorber – Vakuumkollektoren	ja (Anlagen jeweils lokale nein Herstellung)	– Europa
Passive Solarnutzung (Export im Bereich Fenster: 550 Mio. DM)	Raumwärme	– hochisolierende Fenster – transparente Wärmedämmung	nein eher nicht	Mittel- und Nordeuropa Mittel- und Nordeuropa
Photovoltaik (Export von Solarzellen 1989: rund 34 Mio. DM)	– Kleingeräte – netzfernes Wohnen – netzferne kommerzielle Nutzung – netzgekoppelte Anlagen	– Solarpanel Solarpanel Solarpanel	– Systemelemente lokale Herstellung Systemelemente lokale Herstellung Systemelemente lokale Herstellung	Schwerpunkt: Europa, Lieferungen im Rahmen der Entwicklungshilfe
Solarthermische Kraftwerke (Gesamtexport von Spiegeln: bisher rund 600 Mio. DM)	Stromerzeugung/ Prozeßwärme	– Komponenten für Solarfarmen – (Solartürme) – (Dish/Stirling) – (Aufwindkraftwerke; Niedertemp.)	ja	Solarfarmen: sonnenreiche Industrie- und Schwellenländer (in internationaler Kooperation)
Windenergie (Kommerzielle Verkäufe bis 1989: 373 Anlagen mit insgesamt über 16 MW)	Stromerzeugung	– kleine WKA – Regelungstechnik für mittlere WKA – (große WKA)	Einzelkomponenten lokal technische Entwicklung ist noch nicht abgeschlossen	auf mittlere Sicht mittlere WKA in Industrie- und Schwellenländern mit günstigen Rahmenbedingungen (USA, Indien, EG-Länder), Lieferungen im Rahmen der Entwicklungshilfe

Fortsetzung Tabelle 6.3-10

	Anwendung	Technische Linie ( ): noch nicht marktfähig	Technologietransfer-möglichkeit	Mögliche Exportmärkte für deutsche Hersteller
Kleine Wasserkraft-werke	Stromerzeugung	Wasserkraftwerke < 1 MW	ja	vor allem Asien, Afrika, Mittel- und Osteuropa und Nordamerika
Biogas	Raumwärme Wärmeenergie für landwirtschaftliche Betriebe, Nahversorgungssystem	– Fermentations-reaktoren verschiedene Typen – Gasbrenner	begrenzt Einzelkomponenten Regeltechnik (Anlagen jeweils lokale Herstellung)	– allenfalls Teilkomponenten innerhalb Europas
Holz- und Stroh-verbrennung	Raumwärme Umwandlung in elektrische Energie	– Holz- und Strohaufbereitung zu Hackschnitzeln und Briketts/Pellets – hand-/automatenbetriebene Feuerungsanlagen – kleine KWK	nein kein Markt für Dritte Welt	Nordeuropa (gegen starke Konkurrenz) Teilkomponenten
Wärmepumpen	Raumheizung Warmwasserbereitung Klimatisierung	Kompressionswärme-pumpen Absorptionswärme-pumpen	in Verbindung mit Warmwasser-heizungen: Nein als Luft/Luft-System: Ja	Europa Schwellenländer

Windkraft bei heute üblicher Technologie energetische Amortisationszeiten von bis zu einem Jahr an (BSE, 1993, 123). Schaefer ermittelt für Windkraftanlagen (300 MW) 4,2 Monate als energetische Amortisationszeit (Schaefer, 1992, 18). Bei solarthermischen Kollektoren rechnet BSE mit rund 2 Jahren (BSE, 1993, 123). Für Photovoltaikmodule werden bei heutiger Technologie einige Jahre – im ungünstigsten Fall bis zu 5 Jahre – angegeben, um die bei der Produktion eingesetzte Energie zurückzugewinnen (BSE, 1993, 123). Für Photovoltaikanlagen aus multikristallinen Zellen (300 MW) gibt Schaefer Werte von rund 7 Jahren an (Schaefer, 1992, 18).

6.3.1 Direkte Nutzung der Sonnenstrahlung: Photovoltaik, solarthermische Systeme, passive Sonnenenergienutzung

In Deutschland liegt die eingestrahlte Sonnenenergie bei etwa 1 000 kWh pro m^2 und Jahr (zum Vergleich: im Sonnengürtel der Erde werden 2 000 bis 2 500 kWh pro m^2 und Jahr erreicht).

Abbildung 6.3-5 gibt einen Überblick über die Strahlungsverhältnisse. Ausgewiesen ist die im Jahresdurchschnitt erreichte globale tägliche Strahlung und der dabei realisierte diffuse Strahlungsanteil.

Bei klarem Himmel werden pro Quadratmeter 1 000 Watt erreicht, bei stark bedecktem Himmel kann die eingestrahlte Leistung auf 10 bis 30 W/m^2 (jeweils senkrecht zur Sonneneinstrahlung) absinken. Da fast die Hälfte der Strahlung als diffuse Streustrahlung vorliegen kann, sind in Deutschland konzentrierende Systeme wenig sinnvoll.

In Deutschland werden sich aufgrund der hohen Bodenpreise und der in Relation zu Gebieten im Sonnengürtel etwa nur halb so hohen Einstrahlungsintensität tendenziell dachintegrierte Solarsysteme und andere wenig flächenintensive Lösungen – z. B. Fassadenintegration von Panels – durchsetzen (Zinko, 1993, 86). Ganz andere Prioritäten für den Einsatz direkt die Sonnenstrahlung nutzender Energiesysteme können aufgrund anderer klimatischer und wirtschaftlicher Gegebenheiten in anderen Ländern gelten.

Zentrale Photovoltaikanlagen und solarthermische Kraftwerke sind tendenziell auf den Sonnengürtel der Erde zwischen dem 0. und 35. bis 40. nördlichen und südlichen Breitengrad beschränkt. Nutzbare Sonnenscheindauern von 10 Stunden im Sommer und zwischen 6 (35. bis 40. Breitengrad) und 10 Stunden (0. Breitengrad) im Winter gewähren einen außerordentlichen Standortvorteil.

Da Interdependenzen beispielsweise zwischen der Wärmedämmung im Gebäudebereich, der passiven Sonnenenergienutzung und dem Einsatz

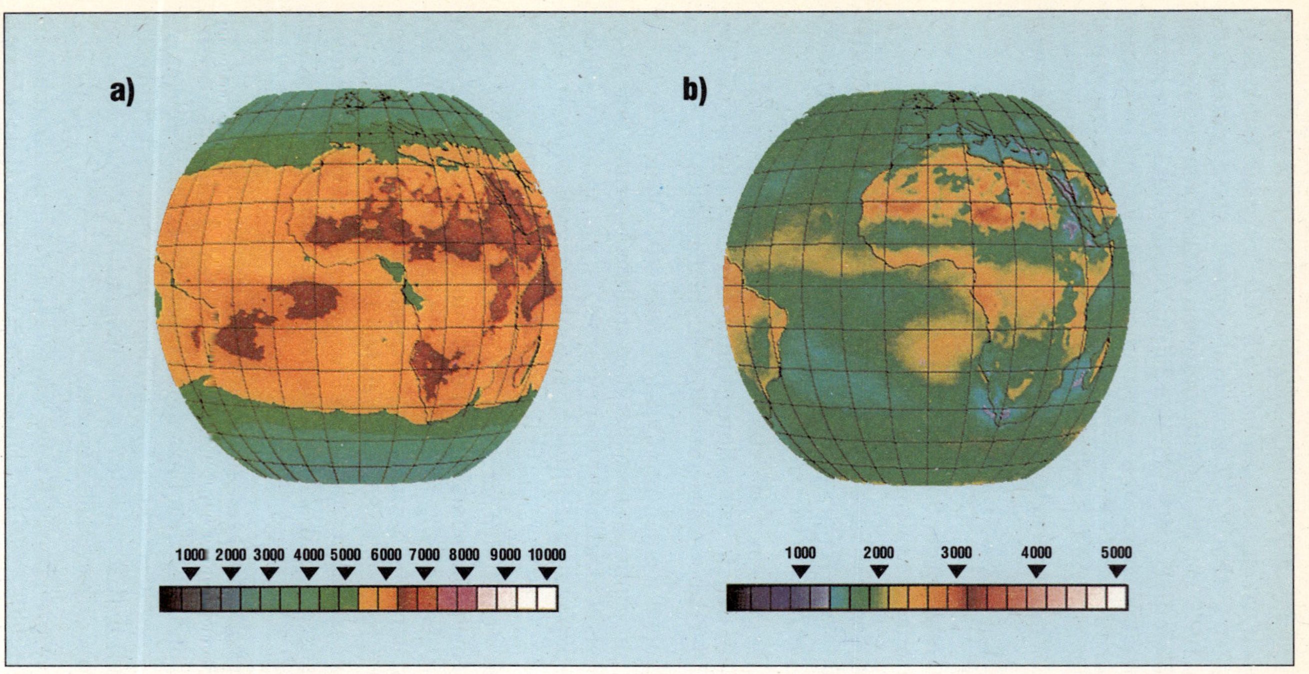

Abb. 6.3-5: An der Erdoberfläche verfügbare Sonneneinstrahlung auf eine horizontale Fläche abgeleitet aus Satellitendaten für das Jahr 1986 (Raschke, 1991, 142)
a) Mittlere Tagessumme der verfügbaren Sonneneinstrahlung (Summe aus direktem und diffusem Strahlungsanteil)
b) Mittlere Tagessumme des verfügbaren diffusen Strahlungsanteils
Einheit: Wh/m²

solarer Raumwärmesysteme auftreten, ist es – sowohl aus energetischen als auch aus wirtschaftlichen Gründen – sinnvoll, eine Optimierung über das Einzelsystem hinaus vorzunehmen (Nitsch, 1993, 15).

Photovoltaik (PV): zentral, dezentral

PV-Anlagen sind schon heute zur Stromversorgung im Leistungsbereich bis 10 kW wirtschaftlicher als Dieselgeneratoren, wenn kein Netzanschluß – Insellösungen – vorliegt (Siemens Solar, 1993, 4). Auch in Konkurrenz zu Batteriesystemen – wie schon oben angesprochen beispielsweise bei Taschenrechnern – sind PV-Lösungen in vielen Fällen überlegen.

Weitere Chancen werden sich gerade in den einstrahlungsreichen Gebieten der Erde eröffnen. Der Beitrag der Photovoltaik zur bundesdeutschen Stromversorgung wird hingegen auch in der nächsten Zeit gering bleiben. Dies liegt zum einen an den noch relativ hohen Kosten der Photovoltaik und zum anderen an der Konkurrenzsituation zu anderen Stromerzeugungsalternativen.

Die energetische Amortisationszeit liegt – ermittelt auf der technologischen Basis von 1991 – bei 2,5 bis 4 Jahren (Siemens Solar, 1993, 6).

Solarthermie: Rinnenkollektor-, Turm-, Dish-Systeme

Solarthermische Kraftwerke können auf sehr unterschiedlichen technologischen Ansätzen beruhen. Das Spektrum reicht von Rinnenkollektorensystemen über Solarturmkonzepte und Aufwindkraftwerke bis zu Dish-Systemen (Parabolkonzentratoren mit Stirlingmotor oder Gasturbine als Generator). Heute liegen schon Erfahrungen mit allen Konzepten vor.

Parabolrinnenkraftwerke wurden in Kalifornien von Anfang an als kommerzielle Projekte ausgerichtet und deshalb als Hybridanlagen mit fossiler Zusatzfeuerung[40)] ausgelegt. Dies hat den Vorteil, daß die Turbine immer im Vollastbetrieb betrieben und damit ein hoher Wirkungsgrad erreicht wird. Ferner wird der Kapazitätsfaktor auf 25 bis 30% angehoben. Der Einsatz einer fossilen Zusatzheizung ist wirtschaftlich, da durch die Hybridisierung kaum zusätzliche Investitionskosten (ca. 3 bis 5% der Gesamtinvestition) entstehen und der Output wesentlich steigt (Aringhoff, 1993, 9). Auch das Problem des intermittierenden Strahlungsangebotes ist damit handhabbar. Angebot und Nachfrage sind in Kalifornien

[40)] Auch eine Zusatzfeuerung auf Biomassebasis wäre denkbar, was zu einem vollständig mit erneuerbaren Energien betriebenem Hybrid-System führen würde.

allerdings weitgehend parallel, da die Kraftwerke zur Deckung der Spitzenlast bei der Stromnachfrage für Kühlung und Klimatisierung konzipiert wurden.

Die Stromgestehungskosten liegen für die SEGS-Anlage in Kalifornien (80 MW) bei Hybridbetrieb mit 30% fossiler Zusatzfeuerung in der Höhe von 27 Pf/kWh$_{el}$ (Stand: 1994); Kostensenkungen bei größeren Anlagen werden erwartet, z. B. 160 MW-Anlage/40% fossile Zusatzfeuerung bis 2005: 17 Pf/kWh$_{el}$ (Klaiß/DLR, Flachglas, 1994).

Die Entsorgung der Kraftwerke am Ende der Lebensdauer wirft keine Probleme auf, da Parabolrinnenkraftwerke fast vollständig rezyklierbar sind. Eine Ausnahme bildet das Thermoöl, das aber wie schweres Heizöl verbrannt werden kann. Problematisch sind Leckagen während des Betriebs. Erfahrungsgemäß gehen einige Liter der für ein 80 MW-Kraftwerk notwendigen 1 000 t Thermoöl während der Nutzungszeit verloren (Aringhoff, 1993, 16).

Turmkraftwerke werden noch nicht kommerziell betrieben; sieben experimentelle Anlagen wurden errichtet. Eine Projektstudie für eine luftgekühlte 30 MW$_{el}$-Demonstrationsanlage – PHOEBUS – liegt vor (Nitsch, 1993, 23). Die Stromgestehungskosten liegen zwischen 30 und 50 Pf/kWh$_{el}$ (Klaiß/DLR, Flachglas, 1994).

Bei Systemen mit vergrößerter Kollektorfläche und Hochtemperaturspeichern, die eine kontinuierliche Stromerzeugung über 24 Stunden ermöglichen, werden unter optimistischen Annahmen über erzielbare Kostensenkungen für Kollektoren und Wärmespeicher Kosten von 16 bis 22 Pf pro kWh$_{el}$ erwartet (Klaiß/DLR, Flachglas, 1994).

Dish-Stirling-Systeme und Rotationsparaboloide befinden sich auch in der Demonstrationsphase. Die Stromgestehungskosten liegen derzeit bei 96 Pf/kWh$_{el}$; Preissenkungen auf 26 bis 37 Pf/kWh$_{el}$ werden bis 2005 erwartet (Klaiß/DLR, Flachglas, 1994).

Für den dezentralen Einsatz im Leistungsbereich unter 1 MW sind nur Dish-Systeme geeignet, bei denen Stromgestehungskosten von etwa 30Pf/kWh in der Zukunft zu erwarten sind (Nitsch, 1993, 18 f.).

Dish-Systeme werden sowohl in Kombination mit Gasturbinen als auch mit Stirling-Motoren betrieben. Stirling-Motoren weisen folgende Vorteile auf. Sie erreichen Wirkungsgrade über 40% und sind – im Gegensatz zu den meisten anderen konkurrierenden Systemen – auch in kleinen Leistungseinheiten und im Teillastbetrieb nicht mit hohen Verlusten verbunden. Sie sind verschleiß- und wartungsarm, da die Zahl der Teile klein ist und die Wärmezufuhr extern erfolgt. Das bedeutet, daß sowohl solare, gespeicherte Wärme und Abwärme aus exothermen chemischen

Reaktionen und industriellen Prozessen genutzt werden kann, als auch alle Formen von Brennstoffen (fest, gasförmig, flüssig). Auch Biomasse, Biogas und Abgase aus industriellen Prozessen können verwertet werden.

Stirling-Motoren können in Dish-Stirling-Systemen ein breites Anwendungsgebiet von der Nutzung in BHKW über Wärmepumpen bis zu Fahrzeugen finden.

Problematisch sind neben den relativ hohen Kosten – weltweit existieren keine Serienfertigungskapazitäten – ein hohes Leistungsgewicht und hohe Anforderungen an Hochtemperaturbeständigkeit und Dichtheit (BINE, 1993 b, 2 f.).

Die Tabelle 6.3-11 und die Abbildungen 6.3-6 und 6.3-7 fassen die Charakteristika der drei Systeme Rinnenkollektoren, Turmkraftwerke oder Dish-Stirling-Systeme zusammen.

Da die unterschiedlichen Eigenschaften zu unterschiedlichen Einsatzbereichen führen, ist es durchaus denkbar, daß alle drei Systeme gleichzeitig genutzt werden. Für Hochtemperaturwärmespeicherung und damit für den Grundlastbetrieb sind Turmkraftwerke und Dish-Stirling-Systeme besser geeignet.

Vergleicht man solarthermische und photovoltaische Systeme, um deren optimale Einsatzbedingungen zu ermitteln, so ergibt sich: Photovoltaische Anlagen haben ihre Stärke eher bei kleinen Leistungsklassen und in Gebieten mit einem höheren Anteil diffuser Strahlung. Solarthermische Anlagen haben ihre Domäne in Gebieten mit einem hohen Direktstrahlungsanteil (Winter, Sizmann, Vant-Hull, 1991, 12–14).

Rinnenkraftwerke sind heute in einer Größenordnung von 350 MW installiert. Für die beiden anderen Systeme liegen einige experimentelle Anlagen vor (Einheitsleistungen: Turmkraftwerke unter 10 MW_{el}, Dish-Systeme unter 100 kW_{el}).

Kraftwerke auf des Basis von Dish-Systemen zeichnen sich durch einen modularen Aufbau mit Leistungen um 100 kW_{el}, einen hohen Wirkungsgrad (30 bis 32 %) und Betriebstemperaturen von über 1 000 °C aus. Turmkraftwerke werden bei 500 bis 650 °C und dreidimensional fokussierend, Rinnenkraftwerke bei etwa 350 bis 400 °C und zweidimensional fokussierend betrieben und liegen beide im Leistungsbereich zwischen 100 und 200 MW_{el}. In jedem Fall wird die solarthermische Erzeugung von Strom im Megawattbereich im Vergleich zur Photovoltaik in ihrer Bedeutung unterschätzt, da erste Versuchsanlagen Anfang der 80er Jahre schlechte Resultate erbrachten. Der technische und wirtschaftliche Erfolg der LUZ-Anlagen – Rinnenkollektoren – setzte dem positive Zeichen entgegen (Kesselring, 1993, 31).

Tabelle 6.3-11: Charakteristika verschiedener solarthermischer Kraftwerke (Klaiß/DLR, Flachglas, 1994)

Typ/Standort[1])	Leistung	verfügbar	Vollast	Solaranteil	Spezifische Investitionskosten[2])	Spezifische Stromgestehungskosten[3])
	MW		h/a	%	DM/kW_e	DM/kWh_e
Rinne						
SEGS VI / Kalifornien[4])	30	1989	3 028	*70*	7 400	0,39
SEGS / Kreta	31	heute[11])	3 550	*75*	8 200	0,35
SEGS / Teneriffa	31	heute	4 405	*48*	6 700	0,26
SEGS VIII / Kalifornien	80	1990	3 160	*70*	5 400	0,27
SEGS / Marokko	80	heute[11])	4 170	*70*	6 900	0,26
SEGS / Andalusien	81	heute	4 470	*43*	5 100	0,20
ISCCS / Andalusien[5])	137	heute	3 650	*27*	3 200	0,17
SEGS / Nevada	160	2005	4 080	*60*	4 100	0,17
Turm						
PHOEBUS 1B / Jordanien[6])	30	1989[11])	2 700	*75*	8 700	0,48
PHOEBUS 1C / Jordanien	30	heute	2 600	*62*	6 000	0,36
PHOEBUS 1C / Jordanien	30	heute	3 400	*50*	6 000	0,29
PHOEBUS 1C / Jordanien	30	2005	2 660	*62*	4 150	0,26
UTILITY / Kalifornien[7])	100	2005[12])	3 580	*100*	6 000	0,22
UTILITY / Kalifornien	200	2005[12])	3 590	*100*	4 500	0,16

Fortsetzung Tabelle 6.3-11

Typ/Standort[1])	Leistung	verfügbar	Vollast	Solaranteil	Spezifische Investitions-kosten[2])	Spezifische Strom-gestehungs-kosten[3])
	MW		h/a	%	DM/kW_e	DM/kWh_e
Dish						
SBP / Chile[8])	1	heute	2120	*100[9])*	13 000	0,96
SBP / Chile	1	2005	2 150	*100*	5 000	0,37
SBP / Chile	10	2005	2 180	*100*	4 200	0,28
SBP / Chile	30	2005	2 180	*100*	4 000	0,26
Aufwind						
SBP / Südeuropa	5	heute	2 500	*100*	12 400	0,58
SBP / Südeuropa	30	heute	2 500	*100*	8 000	0,35
SBP / Südeuropa	100	2005	2 500	*100*	6 000	0,26
SBP / Indien	100	2005	2 500	*100*	4 000	0,18

[1]) Basis der Berechnung sind Pre-Feasibility-Studien und Daten kommerziell betriebener Anlagen (SEGS VI und VIII) für die genannten Standorte.
[2]) Preisbasis Dezember 1993, allgemeine Preissteigerung 3%/a. Bei den derzeit gültigen Finanzierungs- und Förderungsbedingungen (z. B. 50% Zuschuß für die Solarkomponenten) reduzieren sich die Investitions- und Stromgestehungskosten entsprechend.
[3]) 7% Zins, Direktstrahlung je nach Standort zwischen 2 000 und 2 500 kWh/m^2a; 20 Jahre Abschreibung. Die Brennstoffkosten (3,57 DM/GJ; 5%/a nominale Eskalation) für den Hybridbetrieb und die Personalkosten (70 000,– DM/Pers. a; Eskalation 4,5%/a) wurden zur besseren Vergleichbarkeit abweichend von den Pre-Feasibility-Studien für alle Länder gleichgesetzt.
[4]) Solar Electric Generating System [5]) Integrated Solar and Combined Cycle System [6]) Deutsches Industriekonsortium [7]) USA Konsortium
[8]) Schlaich Bergermann und Partner, Stuttgart [9]) Hybridisierung wird derzeit erforscht [10]) Speicher 3h [11]) Speicher 6h

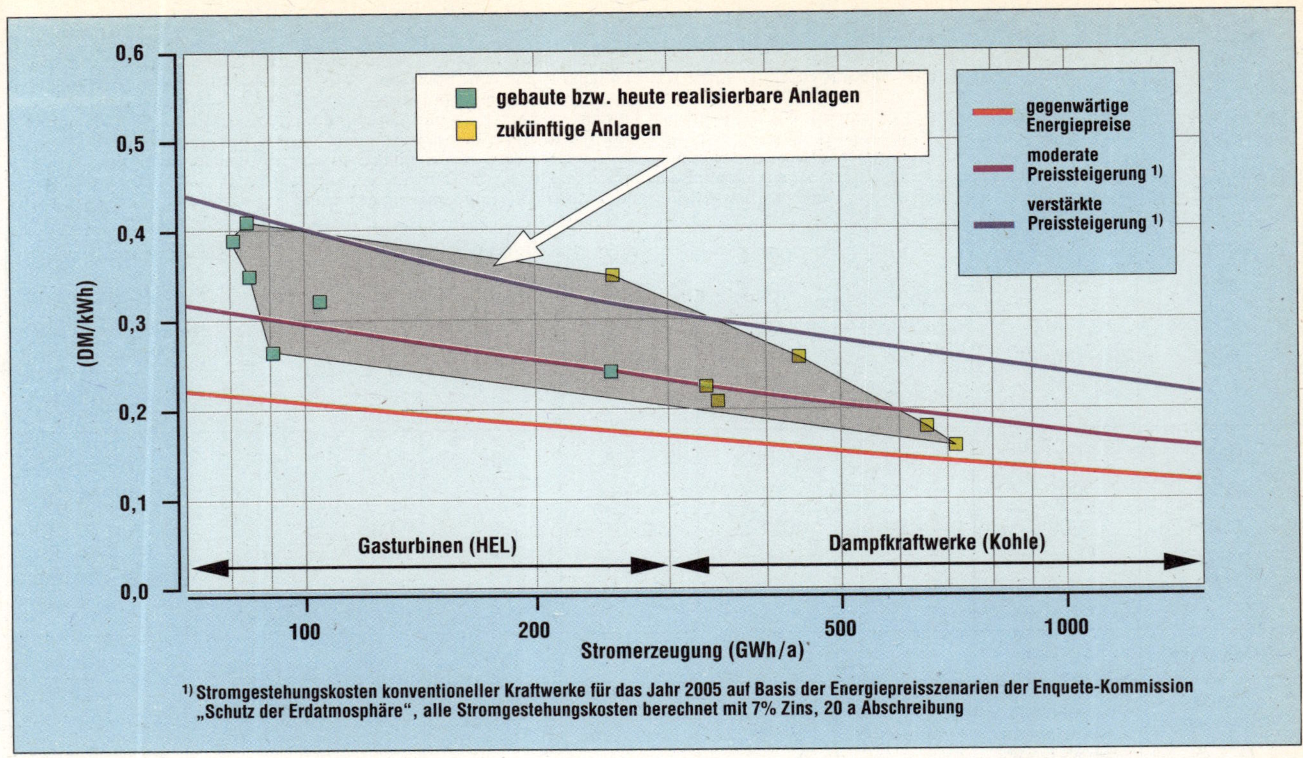

Abb. 6.3-6: Stromgestehungskosten von Parabolrinnen und Solarturmkraftwerken im Vergleich zu fossil befeuerten Kraftwerken (Forschungsverbund Sonnenenergie, 1994, 48)

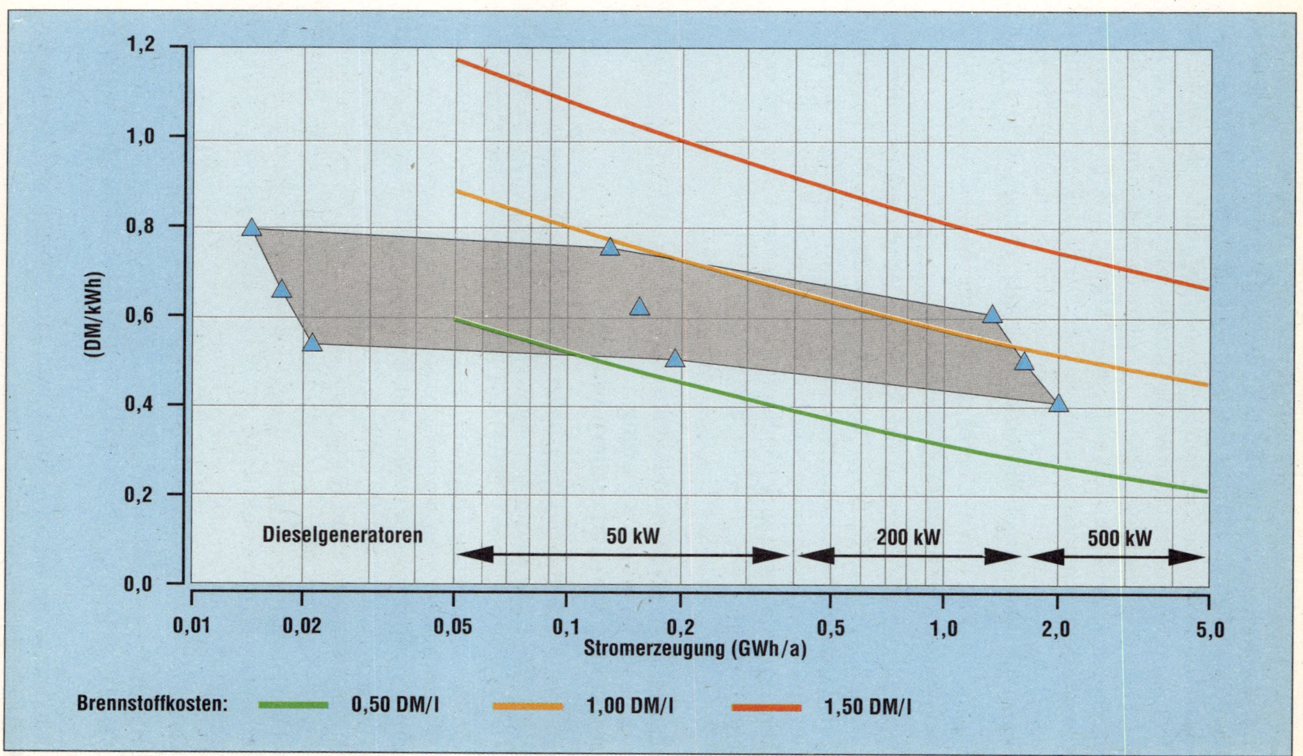

Abb. 6.3-7: Stromgestehungskosten fortgeschrittener Dish/Stirling-Anlagen (Einheitsleistung 10 kW_e) im Vergleich zu Dieselgeneratoren (Forschungsverbund Sonnenenergie, 1994, 49)

Ein spezieller Einsatzbereich für solarthermische Anlagen in den einstrahlungsreichen Regionen der Erde ist die solare Chemie, die über die direkte Einkopplung der Wärme Effizienzvorteile vor allem gegenüber dem Einsatz von Sekundärenergieträgern aufweist. Einsatzbereiche sind die Photochemie, die solare Hochtemperaturchemie und am Rande auch die Elektrochemie (Kesselring, 1993, 32 f). Solare Prozeßwärme im Mitteltemperaturbereich zwischen 100 und 300 °C könnte z. B. über Vakuum- oder Rinnenkollektoren bereitgestellt werden. Die Kollektorentechnik ist erprobt, aber im Bereich der Einkopplung und bei der Lösung der Speicherproblematik besteht noch Entwicklungsbedarf (Nitsch, 1993, 15 f.).

Abbildung 6.3-8 gibt einen Überblick über die Möglichkeiten, solare Wärme in chemischen Prozessen zu nutzen.

Die Notwendigkeit, die Prozesse auf das solare Wärmeangebot abzustellen, eröffnet die Option für neue Produktionsprozesse mit höherer Effizienz, als herkömmliche Lösungen sie aufweisen (Kesselring, 1993, 32 f.). Auch hier findet sich die oben schon erwähnte enge Verbindung zwischen dem Einsatz erneuerbarer Energiequellen und der rationellen Energieverwendung.

Solarthermie: Solare Nahwärmeversorgung, Panels zur Brauchwassererwärmung, solare Trocknung, Schwimmbaderwärmung

1 000 m^2 eines solarthermischen Wärmeerzeugungssystems auf dem technischen Stand von 1991 ersparen pro Jahr 81 500 kg CO_2, 250 kg NO_x und 550 kg SO_2 (Zinko, 1993, 77). Dabei liegen folgende Annahmen zugrunde: mitteleuropäische Einstrahlungsverhältnisse; eine Mischung aus solarer Warmwassererzeugung in Gebäuden (40%; rund 400 kWh/m^2 a) und solaren Nahwärmesystemem mit Kurzzeit- (30%) und Langzeitspeichern (40%) mit rund 300 kWh/m^2 a; Ersatz von fossil befeuerten Kraftwerken, die zu 20% mit Kohle, 40% mit Öl und 40% mit Gas betrieben werden (Zinko, 1993, 72 u. 77). Die Energieeinsparung, die sich – unter Einbeziehung der zur Produktion eingesetzten Energie – innerhalb von 30 Jahren durch ein 1 000 m^2-Solarthermiesystem erschließen ließe, beträgt für

- dachintegrierte Sonnenkollektorsysteme mit Kurzzeitspeicher 8 350 MWh
- am Boden installierte Kollektorsysteme mit saisonalem Speicher 6 640 MWh
- dachintegrierte Kollektorsysteme nur zur Warmwasserversorgung 11 410 MWh (Zinko, 1993, 70).

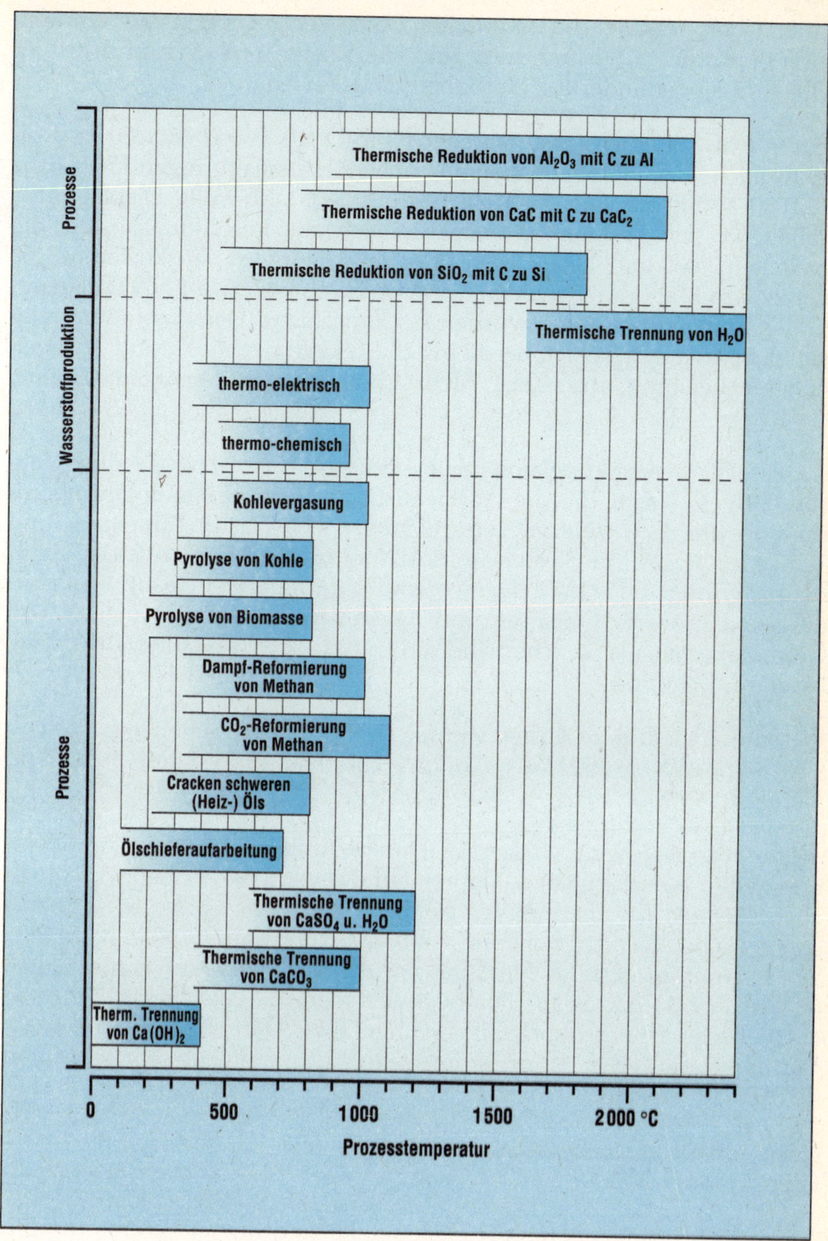

Abb. 6.3-8: Mögliche Anwendungsbereiche solarthermischer Energie in chemischen Prozessen (DFVLR u. a., 1987, 24)

Einen Überblick über die technischen Daten von solaren Niedertemperatursystem, die CO_2-Minderung und die Kosten pro kWh und pro kg CO_2-Emissionsminderung gibt Tabelle 6.3-12 wieder.

Zur Warmwasserbereitung waren 1993 in Deutschland 450 000 m^2 Kollektorfläche (incl. Freibadbeheizung) installiert. Sie erbringen 150 000 bis 200 000 MWh pro Jahr zu Kosten von 0,5–1 DM/kWh. Diese Kosten gelten für den Bestand und ergeben sich aus Investitionskosten, die zwischen 2 000 und 4 000 DM je m^2 lagen. Die Investitionskosten für die derzeit am Markt angebotenen Systeme liegen bei etwa 1 500 DM je m^2. In den letzten drei Jahren wurden in Deutschland Demonstrationsanlagen gebaut, deren Kosten bei 12 bis 20 Pf/kWh liegen. Es sind Anlagen höherer Leistung, die meist Mehrfamilienhäuser versorgen (Hahne, 1993, 77).

Größere Kostensenkungspotentiale bestehen beispielsweise durch ein sorgfältiges Design, das die Wärmeausbeute bei der solaren Wärmeproduktion um 30% steigern kann (Zinko, 1993, 72). In Dänemark und Schweden liegen die Kosten für solarthermische Kollektorfelder sogar deutlich unter 10 Pf/kWh. Die wesentlich geringeren Investitionskosten aufgrund größerer Einheiten und in einigen Fällen der Nutzung von Granitkavernen als Speicher sind die Ursache dafür (Hahne, 1993, 76 f.; Norgard, 1993, 6).

Wesentlich niedrigere Kosten werden bei der Freibadbeheizung erreicht: 5 bis 8 Pf/kWh bei 150 DM pro m^2 Investitionskosten (Hahne, 1993, 76 f.; Norgard, 1993, 6).

Solare Wärmesysteme weisen im Durchschnitt energetische Amortisationszeiten zwischen 1 und 2 Jahren auf (Meyer, 1993, 7). Betrachtet man ausschließlich die thermischen Sonnenkollektoren, so ergibt sich eine energetische Amortisationszeit von 0,4 bis 1,5 Jahren. Für komplette Systeme zur dezentralen Nutzung sind 1,5 bis 2 Jahre zu veranschlagen (Hahne, 1993, 79). Solare Nahwärmeversorgungssysteme haben eine energetische Amortisationszeit von ungefähr 2,9 Jahren (Zinko, 1993, 67). Die Berechnung der Amortisationszeiten hängt jeweils sehr stark von den gewählten Annahmen ab.

Nach Ablauf der Lebensdauer sind große Teile der Anlagen recyclingfähig (Hahne, 1993, 79).

Solare Nahwärmesysteme für Heizzwecke sind nur in Verbindung mit Langzeit-Wärmespeichern, die erst bei Volumen oberhalb von 10 000 m^3 zu vertretbaren Kosten erstellbar sind, sinnvoll einsetzbar. Relativ billige

Tabelle 6.3-12: Repräsentative Systeme zur solaren Warmwasser- und Prozeßwärmebereitung: technische Daten, CO_2-Minderung, Kosten (Einstrahlung in Kollektorebene 1190 kWh/m²a; Nitsch, 1993, 12; eigene Berechnungen)

System	Solarer Deckungsgrad (%)	Kollektorfläche (m²)	Speichervolumen (m³)	Nutzwärmeausbeute (kWh/m²a)	Flächenbezogene Investit.-Kosten des solaren Teils (DM/m²; 1989)	Äquivalente Brennstoffkosten [1] (Pf./kWh; 1989)	CO_2-Einsparung pro Anlage in kg/a	CO_2-Einsparkosten in Pf/kg CO_2
Freibad	100	1 200	–	300	100	3,2	81 000	–18 (Ersparnis)
Schwimmbecken	100	25	–	300	150	4,5	1 688	–12 (Ersparnis)
Warmwassergroßsystem	60	1 050	140	545	600	10,5	128 756	13
Prozeßwärme 120 °C	50	3 670	150	348	1 070	30,4	287 361	103
Ein-/Zweifam.-Haus								
– Warmwasser	60	7	0,4	326	1 280	17,7	513	45
– WW+Heizung	38	25	1,2	176	910	33,3	990	116
Mehrfamilien-Haus								
– Warmwasser	60	19	1,2	425	920	11,9	1 817	21
– WW+Heizung	40	46	6	271	860	23,8	2 805	74
Nahwärmesysteme	8	630	–	550	440	7,7	77 963	2
	25	2 500	160	430	475	10,4	241 875	14
	90	13 000	27 000	300	724	17,3	877 500	45

[1]) Mittelwert über Nutzungsdauer (20 a); realer Zinssatz 4 %; Vergleichswert sind mittlere Brennstoffkosten fossiler Brennstoffe über die nächsten 20 Jahre.

Erläuterung:
- Berechnung der CO_2-Einsparung pro Anlage: Kollektorfläche * Nutzwärmeausbeute * 0,225 kg CO_2/kWh.
- Berechnung der CO_2-Vermeidungskosten: (Äquivalente Brennstoffkosten – 7,2 Pf Gaspreis/kWh) / 0,225 kg CO_2/kWh.
- Referenzanlage: Annahme, daß mit Erdgas betrieben; 90 % Wirkungsgrad; Emissionsfaktor Erdgas 1,64 CO_2/kg SKE (1 Mio. t SKE = 29,308 PJ = 8,15 TWh).

Lösungen sind möglich, wenn günstige geologische Formationen vorliegen (Hahne, 1993, 78). Kapitel 6.6.1 widmet sich den Speichersystemen im Detail.

Passive Sonnenenergienutzung

Die direkte Strahlung der Sonne kann auch passiv durch Solararchitektur und solare Stadtplanung genutzt werden. In beiden Bereichen sind umfangreiche Potentiale zu erschließen, wenn darauf bereits in der Planung des einzelnen Hauses und in der Stadtplanung Rücksicht genommen wird. Beispielsweise kann über die Gebäudestellung im Stadtzusammenhang ein Potential von bis zu 30% Heizenergieeinsparung erschlossen werden (Verein für Grüne Solararchitektur und Planungsgruppe LOG ID, 1993, 4). Eine Umsetzung in größerem Umfang ist zu erwarten, wenn die Energieeinsparung mit einer hohen Arbeitsplatz- bzw. Wohnqualität verbunden wird (Verein für Grüne Solararchitektur und Planungsgruppe LOG ID, 1993, 4).

Anregungen für eine an Klima, Sonneneinstrahlung, Temperatur, Wind und Niederschlägen ausgerichtete Stadt- und Gebäudeplanung können aus jahrhundertealten Traditionen in den verschiedensten Teilen der Erde bezogen werden.

Eine Orientierung der Stadtplanung nach Himmelsrichtungen geschieht – beispielsweise in Arabien seit Jahrhunderten – oft anhand des Sonnenlaufes und der Hauptwindrichtung. Dabei wird ein Kompromiß geschlossen zwischen der maximal möglichen solaren Erwärmung und der minimalen Windkühlung im Winter sowie dem Schutz vor Sonne und einer intensiven Windkühlung im Sommer.

Eine terrassenartige Bauweise von Häusern, die sich nach Süden in einen geschlossenen Hof öffnen und nach Norden bis zum obersten Stockwerk geschlossene Fassaden aufweisen, erlaubten in Verbindung mit einem ausgeklügelten Lüftungssystem in New Mexiko schon seit Jahrhunderten, die Innenraumtemperaturen in den Häusern das ganze Jahr zwischen 15 und 25 Grad zu halten, bei einem Wüstenklima mit Temperaturschwankungen von 50 °C im Sommer bis minus 20 °C im Winter. Die senkrechten Wände und Fenster im Süden nehmen im Winter, wenn die Sonne niedrig steht, Energie auf, die waagrechten Terrassen schirmen durch eine sorgfältige Dämmung im Sommer die Wärme ab. Das Lüftungssystem ist so ausgerichtet, daß im Sommer mit kühler Luft, die an der Nordwand entlangstreicht, gekühlt wird und im Winter die an den Südwänden erwärmte Luft auch die anderen Räume erwärmt. Eine Umstellung von leichten Verstellwänden in den Übergangszeiten führt über die „Ventilwirkung“ zu der erwünschten Zirkulation im Gebäude (Winter, 1993 a, 23–25).

Eine Vielzahl von Detaillösungen klimagerechten Bauens werden seit Jahrtausenden in den verschiedensten Kulturen genutzt, so z. B. die Kühlungswirkung von verdunstendem Wasser, die Albedo erhöhende Wirkung von weißer Wandfarbe und Grassodendämmung auf Dächern.

Solares Bauen und solare Stadtplanung kann heute das oft jahrtausendealte Wissen und die Erfahrungen aus den verschiedensten Regionen der Erde zusammenführen und daraus an die jeweiligen klimatischen Verhältnisse angepaßte Lösungen entwickeln. Neue Baumaterialien und eine Weiterentwicklung der Konstruktions- und Bautechniken eröffnen Möglichkeiten für neue Konzeptionen.

Die passive Sonnenenergienutzung erspart in Wohn- und Nichtwohngebäuden in der EU schon heute 13% der Primärenergie, die im Mittel in diesen Gebäuden eingesetzt wird. Ein verstärkter Einsatz solarer Architektur könnte diese Einsparung bis 2010 um über 50% steigern (EC Commission, 1991 b, VII).

Über die passive Sonnenenergienutzung in Gebäuden können enorme Einsparungen erfolgen. Allein durch die passive Sonnenenergienutzung können heute im Durchschnitt bei einem neugebauten Einfamilienhaus 15% und bei Mehrfamilienhausneubauten 10% Einsparungen des Heizwärmebedarfes erreicht werden. Bei höherem Dämmungsgrad sind die Potentiale etwas kleiner anzusetzen (Goy u. a., 1991, 77).

So wurden in einem Reihenhaus, in dem Solarenergie passiv und aktiv genutzt war, ein Jahresverbrauch von 62 kWh/m^2 Wohnfläche (Gebäudedurchschnitt 240 kWh/m^2 Wohnfläche) erzielt. Ein Bürogebäude mit einem Jahresverbrauch von 52 kWh/m^2 Nutzfläche ist derzeit in Planung. Beide Projekte werden vom BMFT gefördert (Verein für Grüne Solararchitektur und Planungsgruppe LOG ID, 1993, 3).

6.3.2 Indirekte Nutzung der Sonnenstrahlung: Wind, Wasser, Biomasse, Umgebungswärme

Wind

Der wirtschaftliche Einsatz von Wind ist in der Tendenz auf den Windgürtel der Erde (40. Breitengrad Nord/Süd bis zu den Polen) und auf die Küstenregionen begrenzt. Das intermittierende Energieangebot kann bei relativ regelmäßig auftretenden Luftströmungen (Land-/Seewind, Berg-/Talwind) bei einer Kongruenz zum vorhandenen Bedarf optimal

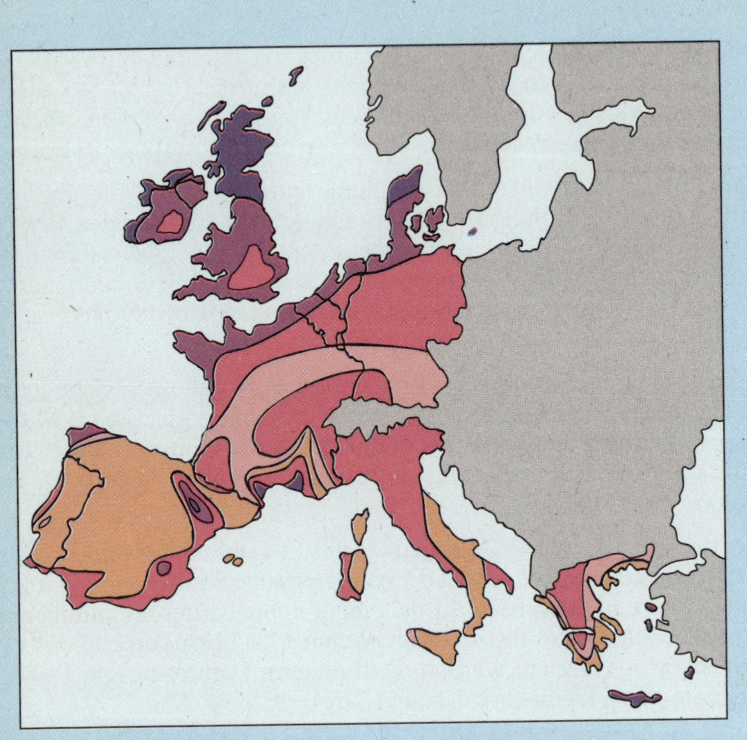

Windverhältnisse bestimmt für 50 m über Grund und fünf unterschiedliche topographische Bedingungen

	geschütztes Terrain		offene, flache Landgebiete		Küstenzonen		offene See		Hügel und Bergrücken	
	ms^{-1}	Wm^{-2}	ms^{-1}	Wm^{-2}	ms^{-1}	Wm^{-2}	ms^{-1}	Wm^{-2}	ms^{-1}	Wm^{-2}
	>6,0	>250	>7,5	>500	>8,5	>700	>9,0	>800	>11,5	>1800
	5,0-6,0	150-250	6,5-7,5	300-500	7,0-8,5	400-700	8,0-9,0	600-800	10,0-11,5	1200-1800
	4,5-5,0	100-150	5,5-6,5	200-300	6,0-7,0	250-400	7,0-8,0	400-600	8,5-10,0	700-1200
	3,5-4,5	50-100	4,5-5,5	100-200	5,0-6,0	150-250	5,5-7,0	200-400	7,0-8,5	400-700
	<3,5	<50	<4,5	<100	<5,0	<150	<5,5	<200	<7,0	<400

Abb. 6.3-9: Windverhältnisse in Europa

genutzt werden. Stark- und Schwachwindkonstruktionen der Windkonverter können eine optimale Anpassung an die lokalen Windverhältnisse ermöglichen.

Die Abbildungen 6.3-9 und 6.3-10 vermitteln einen Eindruck über die Verteilung der Gebiete verschiedener Windgeschwindigkeit in Europa und Deutschland.

Anlagen zur Windenergienutzung der Leistungsklassen bis 500 kW werden serienmäßig produziert, 1 MW-Anlagen zur Windenergienutzung werden in 2 bis 3 Jahren serienreif sein. Der Einsatz von 3–5 MW Anlagen wird für 2005 erwartet (Molly, 1993, 3).

Eine Versuchsanlage – AEOLUS II – zur Nutzung der Windkraft im Bereich mehrerer MW ging 1993 mit 3 MW[41] – als derzeit größte Windanlage Deutschlands – in Wilhelmshaven in Betrieb. Die nächstgrößten Anlagen mit je 1,2 MW stehen auf Helgoland und im Kaiser-Wilhelm-Koog (BMFT, 1993 a, 1).

Der jährliche Zubau an Windkraft lag 1993 in Deutschland bei über 150 MW (Keuper, 1994, 6). Ab 2005 ist ein geschätzter Zubau von jährlich 300 MW zu erwarten. Für den Zeitraum nach 2020 ist noch nicht abzuschätzen, in welchem Umfang zugebaut wird (Molly, 1993, 5).

Das technische Potential der Windenergie – für Gebiete mit mehr als 4 m/s Windgeschwindigkeit im Jahresmittel – liegt in der Bundesrepublik Deutschland bei 58 bis 88 GW bzw. bei 104 bis 128 TWh/a (Kaltschmitt, Wiese, 1994, 43 f.).

Die Investitionskosten für das installierte Kilowatt lagen 1993 bei einer 500 kW-Anlage bei circa 1 800 DM. Seit 1992 wurden große Kostensenkungspotentiale erschlossen, 2 500 DM waren im Jahr 1992 noch pro kW zu bezahlen (Molly, 1993, 4). Die Energieerzeugungskosten pro kWh hängen von dem Jahresmittel der Windgeschwindigkeit ab. Abbildung 6.3-11 weist für eine 10 bzw. 20jährige Nutzungsdauer für die verschiedenen Windgeschwindigkeiten die Energieerzeugungskosten aus.

Gute Windkraftanlagen sind damit in Deutschland wirtschaftlich zu betreiben (Molly, 1993, 4). In den USA liegen die Kosten der Windenergie in guten Lagen bei 6–7 Cents pro kWh. Ende der 90er Jahre werden Werte unter 5 Cents/kWh erreicht sein (Meyer, 1993, 4).

Die energetische Amortisationszeit ist bei Windanlagen kleiner als ein Jahr (Molly, 1993, 3). Außerdem ist bei Windkraftanlagen ein Großteil der

[41]) Der erste Versuch, eine Anlage dieser Größe zu bauen („GROWIAN"), schlug Ende der 80er Jahre fehl, da damals die auftretenden Belastungen aufgrund falscher Annahmen unterschätzt wurden und infolgedessen Risse in den Rotorblättern auftraten.

Abb. 6.3-10: *Jahresmittel der Windgeschwindigkeit in der Bundesrepublik Deutschland in freien Lagen in 10 m Höhe über Grund (10-Jahresmittel aus dem Zeitraum 1971–1989) (Gerth, Christoffer, 1994, 69)*

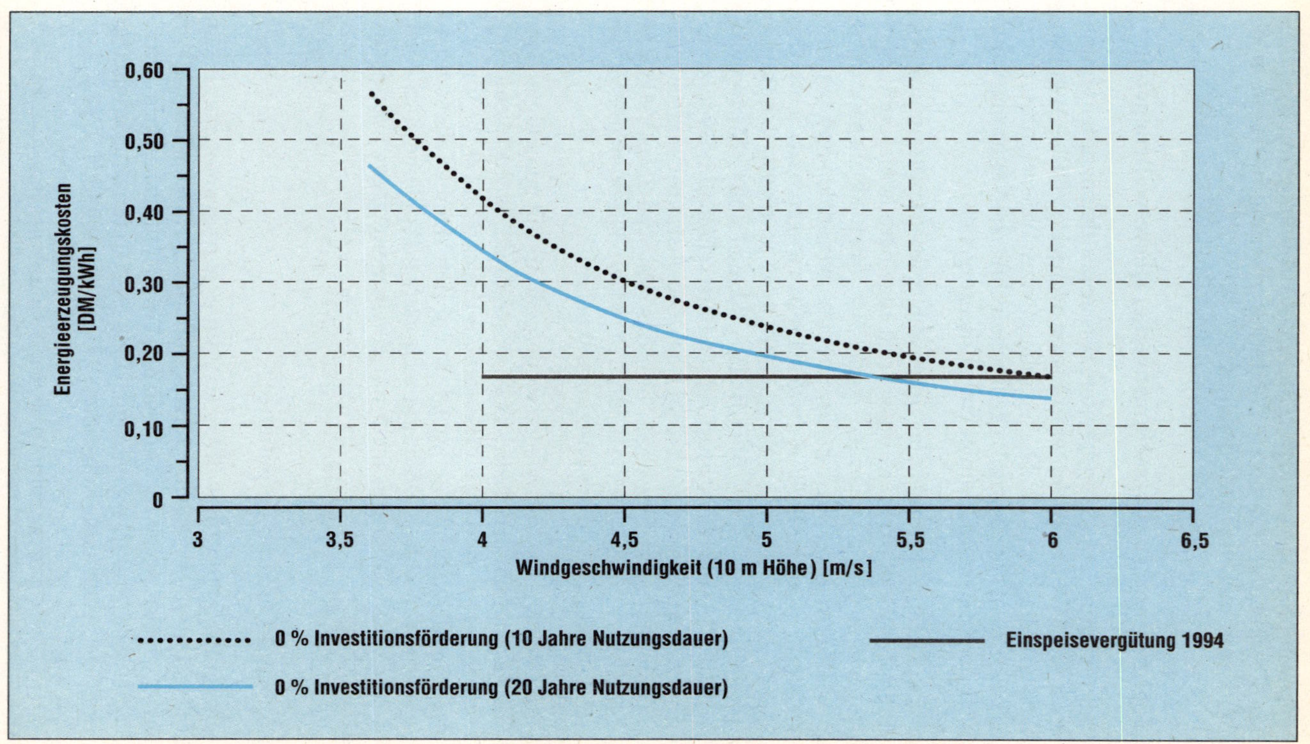

Abb. 6.3-11: Energieerzeugungskosten einer 500 kW Windkraftanlage (40 m Rotordurchmesser) in Abhängigkeit von der Windgeschwindigkeit bei 10- bzw. 20jähriger Nutzungsdauer ohne staatliche Förderung (Schwenk, Veltrup, Keuper, 1994, 16)

Bestandteile komplett wiederverwertbar. Eine Ausnahme sind die faserverstärkten Rotorblätter, für deren Wiederaufarbeitung bis heute noch kein Verfahren entwickelt wurde (Molly, 1993, 4).

Wasser: Speicher- und Laufwasserkraftwerke, Meereswellenenergie

Langfristig können in Deutschland weitere Wasserkraftkapazitäten von insgesamt etwa 115 MW zusätzlich erschlossen werden (VDEW-Angaben) (Deutscher Bundestag, 1993 a, 2). Die Technologien zur Wasserkraftnutzung stehen seit langem zur Verfügung. Wesentliche technische Neuerungen und Änderungen der Kostensituation haben sich nicht ergeben.

Das „Stromspeicherpotential", das über die Wasserkraftnutzung via Speicherkraftwerke genutzt und als schnell regelbare Mittel- und Spitzenkraftreserve eingesetzt werden kann, ist über Hochspannungs-Gleichstrom-Übertragung (HGÜ) auch über den nationalen Rahmen hinaus zu erweitern. Eine Kooperation zwischen Norwegen bzw. Schweden und Deutschland ist vereinbart. Das „Baltic Cable" wird 1994 den Betrieb aufnehmen (Schweden – Deutschland); das „Viking Cable" (Norwegen – Deutschland) 2003. Außerdem wurde vereinbart, schon ab 1998 norwegischen Strom zu importieren und dabei das Gleichstrom-Unterseekabel zwischen Dänemark und Norwegen und das dänische 380 kV-Netz zu nutzen (Glahn, 1993, 67; StromTHEMEN, 1/94, 6). Die Rentabilität der HGÜ ist stark abhängig von der Nutzungsdauer.

Die Nutzung der Energie der Meereswellen ist auf die gemäßigte Zone vom 40. bis 60. Breitengrad (Nord/Süd) beschränkt, da dort keine Vereisungen zu erwarten sind[42]. Einige wenige Projektvorschläge für Versuchsanlagen und Experimente zur Nutzung der Meereswellenenergie liegen vor. Die erwarteten Kosten und technischen Probleme erscheinen prohibitiv hoch. Kurzfristig ist nicht mit einem Beitrag zur Energieversorgung zu rechnen.

Biomasse: Status Quo und Potentiale

Biomasse trägt 15 bis 20 % zur weltweiten Primärenergieversorgung bei. In den Industrieländern liegt sie im Durchschnitt bei 3 % (in den USA 4 %, in Schweden 9 %, in Österreich 13 %) und in den Entwicklungsländern durchschnittlich bei 38 % – in Einzelfällen auch über 90 % (Interministerielle Arbeitsgruppe Nachwachsende Rohstoffe, 1993, 2; Schmidt, 1994, 27).

[42]) Modifiziert wird diese Aussage durch Warm- und Kaltwasserströmungen in den Ozeanen, z. B. dem Golfstrom, die die vereisungsfreien Zonen verschieben.

Die nicht-energetischen Aspekte der Biomassenutzung wurden im Bericht „Schutz der Grünen Erde – Klimaschutz durch umweltgerechte Landwirtschaft und Erhalt der Wälder" der Enquete-Kommission „Schutz der Erdatmosphäre" ausführlich diskutiert.

Biomasse kann verschieden genutzt werden. Der Energiegehalt ist durch Verbrennung, Vergärung (Fermentation), Vergasung oder Pyrolyse freizusetzen. Öl-, zucker- oder stärkehaltige Pflanzen sind zur Erzeugung von Öl und Alkohol (Ethanol) sowie als Rohstoff und direkt als Energieträger nutzbar (Nitsch, 1993, 41 f.).

Das technische Potential der Nutzung von Reststoffen aus der Land- und Forstwirtschaft liegt bei rund 300 PJ/a für die gesamte Bundesrepublik (Stand: 1991). Restholz stellt dabei 141,7 PJ/a, Stroh 83,8 PJ/a und Biogas aus Reststoffen der Nutztierhaltung 80,9 PJ/a (Kaltschmitt, Wiese, 1994, 48+52; 1 Mio. t SKE = 29,308 PJ = 8,15 TWh).

Das technische Potential für gezielt angebaute Energierohstoffe hängt entscheidend davon ab, in welchem Ausmaß land- und forstwirtschaftliche Flächen für den Anbau dieser Pflanzen einer anderen Nutzung entzogen werden. Würde man – auf dem pflanzenbautechnischen Stand von 1991 – 0,78 Mio. ha für den Energiepflanzenbau (Getreide, Gräser, Bäume, Winterraps, Rüben) verwenden, könnte dadurch ein Potential von 668 PJ/a erschlossen werden. 4 Mio. ha entsprechen 3 427 PJ/a (Kaltschmitt, Wiese, 1994, 53).

Das bis 2005 in der Bundesrepublik Deutschland wirtschaftlich verwertbare Potential für die Verbrennung von Stroh, Holz und Energiepflanzen entspricht einer Wärmeerzeugung von 85 bis 290 PJ/a (dies entspricht 3–9 % der gesamten Wärmeerzeugung des Jahres 1988) und einer Stromerzeugung von 3 bis 15 TWh/a (dies entspricht 0,5–2 % der gesamten Stromerzeugung des Jahres 1988). Dabei ist die Nutzung von Reststoffen erfolgversprechender als ein spezieller Anbau von Energiepflanzen (Interministerielle Arbeitsgruppe Nachwachsende Rohstoffe, 1993, 3).

Einen Überblick über die unterschiedlichen Einsatzfelder von Biomasse und den Entwicklungsstand der einzelnen Technologien zeigen Tabelle 6.3-13 und 6.3-14.

Vorteile der Biomassenutzung sind die gute Speicherbarkeit und die im Vergleich zu anderen erneuerbaren Energien geringe Materialintensität, da ähnlich wie bei der Wasserkraftnutzung der Energiesammelvorgang von der Natur geleistet wird (Kesselring, 1993, 29). 5 bis 20 % der durch Biomasse gewonnenen Energie wird allerdings zur Biomasseerzeugung gebraucht (Hein, 1993, 35). Biomasse eignet sich zudem besonders gut für eine dezentrale Energieversorgung und bietet damit die Option,

Tabelle 6.3-13: Energetische Nutzungsmöglichkeiten von Biomasse (Nitsch, 1993, 43)

Verfahren / Stoffarten	Vergärung (Fermentation)	Pyrolyse, Vergasung [1])	Verbrennung	Öl- bzw. Alkoholgewinnung
Nachwachsende Rohstoffe				
Ölhaltige Pflanzen (z. B. Raps, Soja, Sonnenblumen)			X (Stroh)	X
Getreide (z. B. Winterweizen)		X	X	X
Zuckerrüben, Kartoffeln				X
Schilfpflanzen, Gräser		X	X	(X)
Verholzende Pflanzen, Bäume		X	X	(X)
Abfallstoffe				
a) aus Gewerbe, Industrie				
– Restholz		X	X	(X)
– Nahrungsmittelabfälle ...	X	(X)	(X)	
b) aus Siedlungsbereich				
– Abwasser, Klärschlamm ..	X			
– organ. Hausmüll, Kunststoffe	X (Deponiegas)	X	X	
– nichtorganische Hausabfälle	X (Biogas)	(X)	(X)	
c) aus Landwirtschaft				
– Gülle, Mist	X			
– Stroh, Holz		X	X	(X)

[1]) anschließend Methanolherstellung möglich

Tabelle 6.3-14: Entwicklungsstand von Technologien zur Biomassenutzung (WEC, 1993, 5-27)

Prozeß	Entwicklungsstufe	Nächste Stufe
Verbrennung	Voll kommerziell	Markteinführung für die Stromproduktion
Vergasung	Voll entwickelt	Markteinführung für die Stromproduktion
Verkohlung	Voll kommerziell	noch nicht festgelegt
Pyrolyse	Demonstrationsniveau	Markteinführung
anaerobe Fermentation	voll technologisch entwickelt	Verbreitung der Technik
Ethanol-Fermentation .	voll technologisch entwickelt	Identifizierung preiswerter Vorprodukte

Transportenergie einzusparen – sowohl im Bereich der Netzverluste als auch des Transports von Brennstoffen (Meyer, 1993, 9).

In den neuen Bundesländern erleichtern die größeren Produktionseinheiten in der Landwirtschaft die Biomassenutzung (Riesner, 1993b, 52). Der geplante Einsatz von Biomasse zum Ersatz auslaufender Heizkraftwerke ist somit leichter möglich.

Für eine energetische Nutzung der Reststoffe aus der Land- und Forstwirtschaft ist außerdem eine wirtschaftlich vertretbare Lösung erkennbar. Die landespflegerische und ökologische Bedeutung ist nicht zu unterschätzen und folglich in die Bewertung einzubeziehen (VEAG, 1993, 16).

Biomasse: thermische Nutzung von Reststoffen[43)]

In Deutschland liegt der Anteil der Biomasseverbrennung an der Gesamtprimärenergieerzeugung bei rund 1%. Ein Großteil stammt aus der Nutzung von Müll und Klärschlamm. Die thermische Nutzung von

[43)] Eine Initiative der Enquete-Kommission „Schutz der Erdatmosphäre" zur verstärkten thermischen Nutzung von Biomasse wurde von der Bundesregierung positiv aufgenommen. Nähere Einzelheiten sind dem Kapitel 9 zu entnehmen.

Stroh und von Energiepflanzen ist quantitativ noch so unbedeutend, daß ein Ausweis in der offiziellen Statistik nicht erfolgt (Interministerielle Arbeitsgruppe Nachwachsende Rohstoffe, 1993, 2).

Das technische Potential der Verwertung liegt heute für Restholz bei 141,7 PJ/a und für Stroh bei 83,8 PJ/a (Kaltschmitt, Wiese, 1994, 48; 1 Mio. t SKE = 29,308 PJ = 8,15 TWh).

Begrenzt wird das Potential beispielsweise durch die Kopplung der Strohbereitstellung an den Getreideanbau und dadurch, daß das anfallende Stroh zum Großteil als Einstreu und Dünger benötigt wird, so daß nur noch eine nutzbare Menge von 7–18 Mio. t (das entspricht 0,7 bis 2% des Primärenergiebedarfes; Potentialschätzung für 2005) verbleibt. Etwas größer ist das Potential, das über Wald- und Industrierestholz bis 2005 erschlossen werden kann (Interministerielle Arbeitsgruppe Nachwachsende Rohstoffe, 1993, 3).

Die CO_2-Minderungskosten für eine thermische Verwertung von Biomasse liegen für Stroh bei 33 DM/t CO_2, für Industrie- und Restholz bei 46 DM/t CO_2 und für Rapsstroh bei 210 DM/t CO_2 (Interministerielle Arbeitsgruppe Nachwachsende Rohstoffe, 1993, 6).

Im Bereich der Strohnutzung wurden schon einige Anlagen errichtet. Im Rahmen einer Fördermaßnahme wurden in Schleswig-Holstein in den 80er Jahren 13 Anlagen im Kilowattbereich errichtet. Teilweise wurden sie – wegen der ungünstigen Kostensituation – wieder stillgelegt. Anlagen im Megawattbereich können dazu beitragen, die hohen Fixkostenanteile zu senken. Ein Beispiel ist die 3,15 MW-Anlage, die in Thüringen seit 1993 betrieben wird.

In Dänemark gibt es über 50 Anlagen zur Strohnutzung im Megawattbereich.

Die Wirtschaftlichkeit ist vor allem abhängig vom Preis des Energierohstoffes Stroh – in der Literatur werden obere Grenzen zwischen 60 und 90 DM/t Trockenmasse genannt – und den Transportkosten (Interministerielle Arbeitsgruppe Nachwachsende Rohstoffe, 1993, 15f.; Ziesing, 1993b, 34). Das Spektrum reicht von Fällen, in denen die Betreiber der Strohverbrennungsanlagen sowohl das Stroh bezahlen müssen als auch die Transportkosten übernehmen, bis zu Fällen, in denen die Bauern das Stroh kostenfrei anliefern oder für die Entsorgung sogar bezahlen.

In Dänemark und im norddeutschen Raum fällt Stroh beispielsweise oft als kostenloser Abfall an, da die Nutzung wegen der leichten, trockenen Böden und der geringen Viehhaltung oft nur eingeschränkt möglich ist. Die Asche als Kalium- und Magnesiumdünger ist dann oft die einzige

Entschädigung für die Strohbereitstellung (Interministerielle Arbeitsgruppe Nachwachsende Rohstoffe, 1993, 15 f.).

Die bereits existierenden Anlagen zur Restholznutzung sind in der Regel zur Deckung des Heizungseigenbedarfs in landwirtschaftlichen Haushalten (v. a. in Bayern) eingesetzt. Im Kilowattbereich existiert eine Reihe von Heizwerken, die an die holzverarbeitende Industrie und an Forstbetriebe angeschlossen sind. Außerdem existieren etwa 10 Kraftwerke im Megawattbereich (insgesamt über 150 MW Wärmeleistung).

Ein Vergleich zu der Situation in Österreich ist sehr aufschlußreich: dort gibt es 360 Anlagen im Megawattbereich – in der Regel mit Holzhackschnitzelverfeuerung – und eine umfangreiche energetische Holznutzung. 13% (1 400 MW, vorwiegend Holzverwertung) der Primärenergie wird in Österreich aus Biomasse gewonnen (Interministerielle Arbeitsgruppe Nachwachsende Rohstoffe, 1993, 14; Hein, 1993, 35; Schmidt, 1994, 27).

Die Wirtschaftlichkeit kann durch die Verwertung der Rostasche (70% des Ascheanfalls) als Dünger und der Flugasche als Flußmittel für Steinzeugglasuren erhöht werden (Interministerielle Arbeitsgruppe Nachwachsende Rohstoffe, 1993, 15).

Der Zwang zur Flächenstillegung und der Zusammenbruch des Schwachholzmarktes begünstigen die Biomassenutzung. Druck zur thermischen Biomassenutzung kommt also auch aus der Entsorgungsfrage. Die Biomasseverwendung zur energetischen Nutzung würde die Absatzkosten für Schwachholz verringern. Auch zur Pflege der Kulturlandschaft und zum Erhalt der landwirtschaftlichen Einkommen als zusätzliche Einnahmequelle kann die energetische Biomassenutzung beitragen (Hein, 1993, 34 u. 37; Interministerielle Arbeitsgruppe Nachwachsende Rohstoffe, 1993, 6).

Aufgrund dieser positiven Nebeneffekte der Biomassenutzung wird das wirtschaftlich nutzbare Verbrennungspotential – 4% für Restholz und Stroh; Schätzungen auch der EK – unterschätzt (Interministerielle Arbeitsgruppe Nachwachsende Rohstoffe, 1993, 6).

Allerdings sind die Technologien zur thermischen Biomasseumwandlung noch entwicklungsbedürftig. Vor allem der Reaktionsprozeß und die Abgasqualität (bei Verbrennung, Vergasung, Pyrolyse) sowie die Ausbeute (bei Vergärung) sind noch zu verbessern (Interministerielle Arbeitsgruppe Nachwachsende Rohstoffe, 1993, 7). Gleichzeitig ist es sinnvoll, multivalente Feuerungen für unterschiedliche Arten der Biomasse (Stroh, Heu, Holzhackschnitzel, Sägespäne) weiterzuentwickeln (Hein, 1993, 53).

Fundierte Aussagen über die Emissionen sind nur für die Holzverbrennung möglich, da dort umfangreiche Erfahrungen vorliegen. Vorteile ergeben sich, da die Verbrennung schwefelfrei und CO_2-neutral erfolgt. Die Staub-, PAH- (polyzyklische aromatische Kohlenwasserstoffe) und CO-Emissionen können durch weitere technische Entwicklungen auf Werte auf oder unterhalb der bei fossilen Brennstoffen üblichen Werte reduziert werden. Unter Umständen entstehen auch Dioxine, die allerdings durch geeigneten Anlagenbetrieb und Abgasreinigung weitgehend reduzierbar sind (Interministerielle Arbeitsgruppe Nachwachsende Rohstoffe, 1993, 17f.). Die Holzverwendung in Hausbränden kann, solange die Abgase ungefiltert entweichen und die Verbrennung nicht hinsichtlich der Emissionen optimiert ist, nur begrenzt als sinnvoller Beitrag zur thermischen Biomassenutzung bewertet werden.

Biomasse:
Biogas/Biomassevergasung/ Biogassynthese von Reststoffen

Das wirtschaftliche Potential der Biogasnutzung wird für das Jahr 2005 auf 0,4 PJ/a veranschlagt. Darin ist insbesondere die ländliche Energieerzeugung aus Tierexkrementen enthalten (Interministerielle Arbeitsgruppe Nachwachsende Rohstoffe, 1993, 3; 1 Mio. t SKE = 29,308 PJ = 8,15 TWh). Noch unklar ist, ob es vorteilhafter ist, Jauche zu zentralen Biogasreaktoren zu bringen und dort umzuwandeln, oder dezentral Biogas zu erzeugen und dieses zu einer zentralen Strom- oder Wärmeerzeugungsanlage zu leiten und dort energetisch zu verwerten (Meyer, 1993, 6).

Biomassevergasung ist nur dann sinnvoll, wenn das Gas in Motoren oder Gasturbinen zur Stromerzeugung mit nachgeschalteter Abwärmenutzung eingesetzt wird (Hein, 1993, 35).

Die spezifischen Biogaserzeugungskosten großer Biogasanlagen liegen (Stand: 1991) bei 12,6 Pf/kWh; für kleine Anlagen sind Werte zwischen 12,6 und 18 Pf/kWh zu veranschlagen (Kaltschmitt, Wiese, 1994, 60). Die Wirtschaftlichkeit von Biogasanlagen ist außerdem entscheidend davon abhängig, ob das zur Gaserzeugung verwendete Substrat kontinuierlich anfällt oder nicht, wie hoch der Anfall ist und ob die anfallenden Mengen über einen längeren Zeitraum verfügbar sein werden[44].

Technologische Weiterentwicklungen und Verbesserungen im Bereich der Biogaserzeugung, beispielsweise die gemeinsame anaerobe Biomassevergärung von Gülle und Reststoffen aus der Ernährungswirt-

44) Beispielsweise könnte sich ein Zielkonflikt ergeben zwischen dem Ziel einer kontinuierlichen Substratversorgung und der Bestrebung, die Güllemengen über artgerechtere und emissionsärmere Festmistsysteme in der Tierhaltung zu reduzieren.

schaft (Kofermentation), zeichnen sich ab (Interministerielle Arbeitsgruppe Nachwachsende Rohstoffe, 1993, 11).

Für die Biomassevergasung auf Strohbasis liegt noch keine technische Lösung vor. Vorerst kommt für Stroh also nur eine Verbrennung in Frage, aber nur in Fällen, in denen die Transportentfernungen nicht zu lang sind (Meyer, 1993, 6).

Vier größere landwirtschaftliche Biogasanlagen sind derzeit im Bau oder in Planung:

- Gemeinschaftsanlage in Bad Liebenwerda: Gülle von vier großen landwirtschaftlichen Betrieben und Schlachtabfälle werden teils über Pipelines, teils mit Tankwagen zur Biogasanlage transportiert; mit einem Durchsatz von 452 t Gülle pro Tag werden 6 800 Kubikmeter Biogas pro Tag erzeugt und in einem BHKW verbrannt; Einspeisung in das lokale Wärmenetz bzw. im Sommer Verwendung als Brennstoff für eine Getreidetrocknungsanlage
- Wittmund (Ostfriesland): Baubeginn 1994 (Genehmigungsverfahren läuft noch); 300 t Tierdung, 25 t Klärschlämme und 25 t organische Industrieabfälle sollen pro Tag umgesetzt werden
- Deggenhausertal (Nähe Bodensee): Gülle aus sechs landwirtschaftlichen Betrieben (Zuleitung per Pipeline), Gras- und Schnittgut; Verwendung des Biogases in einem BHKW zur Nutzung für ein Bildungszentrum mit Hallenbad geplant
- Wolpertshausen

In den beiden letztgenannten Fällen laufen noch Verhandlungen mit dem Land um Zuschüsse; wann die Projekte realisiert werden, ist damit noch offen (Ökologische Briefe, 22. 12. 1993, 4).

„Im Rahmen des Schweizer Projektes BIOMETH wurde abgeklärt, daß das Potential an Abfallbiomasse (Waldholz, Altholz aus Abbruchhäusern sowie Altpapier, welches zu stark mit Fremdstoffen belastet ist, um noch einmal rezykliert zu werden) ausreichen würde, um mehr als 10% der heute in der Schweiz verbrauchten fossilen Treibstoffe (Benzin, Diesel, Kerosin) durch Methanol zu ersetzen. Die obere, allerdings hoch geschätzte Potentialgrenze liegt sogar bei 25%" (Kesselring, 1993, 26). Die Gestehungskosten für Methanol liegen bei 1,3 Franken pro Liter Benzinäquivalent (Kesselring, 1993, 27). Bei der Abschätzung der Potentiale der energetischen Nutzung von land- und forstwirtschaftlichen Produkten ist die Konkurrenz der einzelnen Nutzungsarten um die vorhandenen Flächen zu berücksichtigen.

Biomasse: Nachwachsende Energieträger

Energiepflanzen werden vor allem als feste und flüssige Brennstoffe gewonnen. Als Festbrennstoffe eignen sich

- Getreideganzpflanzen wie Winterweizen, Wintergerste, Winterroggen
- Gräser wie Miskanthus, Schilf, Hirse
- Bäume wie Pappeln, Aspen, Weiden, die in Kurzumtriebsplantagen gepflanzt sind.

Aus Winter- und Sommerraps kann Öl, aus Winterweizen und Zuckerrüben Alkohol als flüssiger Brennstoff gewonnen werden. Die Reststoffe der Ölpressung und der alkoholischen Gärung können wie andere landwirtschaftliche Reststoffe einer energetischen Verwertung der Biomasse (Biogas etc.) zugeführt werden.

Das technische Potential, das durch die Nutzung speziell erzeugter Energiepflanzen erschlossen werden könnte, liegt – auf dem pflanzenbautechnischen Stand von 1991 – zwischen 668 und 3 427 PJ/a, wenn 0,78 bzw. 4 Mio. ha landwirtschaftliche Fläche ausschließlich für den Energiepflanzenbau genützt würden (Kaltschmitt, Wiese, 1994, 53; 1 Mio. t SKE = 29,308 PJ = 8,15 TWh).

Die Kosten pro GJ liegen bei Ganzgetreidepflanzen zwischen 13 und 15 DM (4,7–5,4 Pf/kWh), für Gräser bei 8 bis 21 DM (2,9–7,6 Pf/kWh), für schnellwachsende Baumarten bei 10 bis 16 DM (3,6–5,8 Pf/kWh), für Öl aus Winterraps bei 65 bis 76 DM (23,4–27,4 Pf/kWh) und für Alkohol aus Weizen bzw. Zuckerrüben bei 71 bis 80 DM (25,6–28,8 Pf/kWh) (Kaltschmitt, Wiese, 1994, 60).

Ein Modellversuch zu nachwachsenden Rohstoffen des BMFT und des BML läuft seit 1992. 30 Mio. DM wurden – verteilt auf mehrere Jahre – verwandt mit dem Ziel, Verbrennungsanlagen im MW-Bereich für nachwachsende Rohstoffe zu entwickeln (Interministerielle Arbeitsgruppe Nachwachsende Rohstoffe, 1993, 19).

Darüber hinaus wird ein weiterer Forschungs- und Förderungsbedarf im Bereich nachwachsender Energieträger gesehen (Interministerielle Arbeitsgruppe Nachwachsende Rohstoffe, 1993, 5).

Nachwachsende Rohstoffe können neben der energetischen Verwendung auch nichtenergetisch verwendet werden, z. B. Holz als Baumaterial, Zellulose in Papierprodukten etc. (Müller-Michaelis, 1993, 79).

Die nichtenergetisch genutzten nachwachsenden Rohstoffe können oft am Ende ihrer Lebensdauer einer energetischen Verwertung zugeführt werden (z. B. Verbrennung von Bauholz oder Abrißholz). Sowohl energetisch als auch in bezug auf die Entsorgung der Abfälle ist dies sinnvoll (Hein, 1993, 35).

Gruben-, Deponie-, Klärgas und Müll

Die Potentiale der Deponiegasverwertung und der thermischen Müll- und Reststoffverwertung hängen zum einen von der Entwicklung des Müllaufkommens und zum anderen von der Müllentsorgungskonzeption ab, da eine stärkere Nutzung der Müllverbrennung beispielsweise einen Rückgang der anfallenden Deponiegasmenge bedeutet. Aber auch die ökologischen Anforderungen für Deponien und die Müll- und Deponiegasverbrennung haben Einfluß auf die Potentiale (Prognos, ISI, 1991, V-65 f.). Die technologischen Entwicklungen der thermischen Verwertung von Müll über Pyrolyseverfahren (z. B. Thermoselect) können Veränderungen in der Einschätzung nach sich ziehen.

Falls keine wesentliche Senkung der anfallenden Klärschlammenge auftritt, was nicht zu erwarten ist, kann die Klärgasnutzung von 1,5 auf mindestens 7 PJ bis 2010 erhöht werden mit Kosten von 30 DM pro GJ. Eine weitere Erhöhung auf 10 PJ bis 2040 erscheint machbar (Prognos, ISI, 1991, V-66; 1 Mio. t SKE = 29,308 PJ = 8,15 TWh).

Die energetische Nutzung des durch anaerobe Prozesse in Deponien und in Klärschlämmen entstehenden Methans ist auf zwei Arten klimawirksam. Zunächst entweicht das Treibhausgas Methan nicht mehr ungenutzt in die Atmosphäre. Außerdem kann die aus dem Methan produzierte Energie die aus fossilen Kraftwerken hergestellte Energie substituieren, das heißt, die mit dieser Produktion verbundenen Treibhausgasemissionen entfallen.

1987 sind rund 2 Mrd. m^3 Methan (Methangehalt des Grubengases und der Wetter) aus Steinkohlebergwerken emittiert worden. 1984 wurden 66 % des Grubengases (Verhältnis Grubengas zu Wetter: 1 : 2) energetisch genutzt. Eine fast vollständige energetische Nutzung des Grubengases ist möglich (Graßl u. a., 1991, 26 u. 31 f.).

In den alten Bundesländern kann im Jahr 2005 eine CO_2-Minderung von 20 Mio. t realisiert werden durch eine Vermeidung und Verwertung von Abfällen, durch die Müllverbrennung sowie durch die Nutzung von Gruben-, Deponie- und Klärgasen. Analoge Daten liegen für die neuen Bundesländer nicht vor (ISI, Ifo, GEU, 1994, 45f).

Nutzung der Umgebungswärme (Nutzung lokaler Potentiale über Wärmepumpen)

Wärmepumpen und die passive Solarenergienutzung wurden in Kapitel 6.2 behandelt. Die Technologien zur Nutzung der Meereswärme und Solarteiche sind im Ideenstadium bzw. in der Experimentphase. Nur wenige Anlagen kleiner Leistung sind operationell.

6.3.3 Geothermie, Gezeiten

Geothermische Energie kann über natürliche Warmwasserreservoire oder über die Nutzung der in der Erdrinde gespeicherten und vom Erdinneren gespeisten Wärme gewonnen werden. Die Potentiale der ersten Option hängen von den geologischen Gegebenheiten ab. Zu beachten ist aber, daß abgeschlossene geothermische Vorkommen, die keiner Wärmezufuhr aus dem Isotopenzerfall[45)] im Erdinneren unterliegen, formal als nicht-erneuerbar gelten müssen.

1990 waren in Deutschland 33 MW in geothermischen Anlagen zur Nutzung von Warmwasserreservoiren installiert. Geothermische Anlagen mit insgesamt über 100 MW Leistung wurden seitdem in Betrieb genommen bzw. sind in Bau oder Planung (Rummel u. a., 1992, 39 u. 42). Allein in den neuen Bundesländern können Potentiale in Höhe von 0,8 PJ erschlossen werden (Ziesing, 1993a, 14f.; 1 Mio. t SKE = 29,308 PJ = 8,15 TWh).

In El Salvador basieren 30% der Stromerzeugungskapazität auf Geothermie. Innerhalb von 15 Jahren wurde dieser Anteil erreicht. In Nicaragua liegt der Anteil bei 40% und auf den Philippinen bei 15% (Bronicki, 1993, 6).

Die Wirtschaftlichkeit der Geothermie hängt stark von den geologischen Gegebenheiten ab (beispielsweise unterscheiden sich die geothermischen Angebote in Island und der Bundesrepublik Deutschland wesentlich). Für die Nutzung geothermischer Energie auf dem Wärmemarkt in den neuen Bundesländern ist bei heute vorliegenden technischen Konzepten die Schwelle der Wirtschaftlichkeit erreicht (VEAG, 1993, 16).

Über Hot Dry Rock-Technologien kann die im kristallinen Grundgebirge gespeicherte Gesteinswärme nutzbar gemacht werden. Die weltweite Ent-

---

45) Der durch den Isotopenzerfall ausgelöste Wärmestrom zur Erdoberfläche wird auf etwa 6,5 10^{20} Joule pro Jahr geschätzt. In Gebieten aktiver Vulkantätigkeit, am Rand tektonischer Platten, an jungen Faltengebirgen etc. ist der Transport der Wärme in die obersten Schichten der Erdkruste besonders hoch.

wicklung und Erprobung solcher Systeme – als Zukunftstechnologien – ist seit Mitte der 70er Jahre im Gange (Rummel u. a., 1992, 44 f. u. 50 f. u. 66).

Diese Nutzung von Erdwärme führt, auch wenn das entnommene Wasser bzw. der Wasserdampf wieder in den Untergrund zurückgeleitet wird, zu folgenden Risiken:

- Störungen des Wasserhaushaltes und damit Veränderung des Porendrucks, regionale Landsenkungen und Mikroseismizität bei nicht sachgemäßer Rückführung
- Veränderung der Chemie des Untergrunds
- Gasemissionen (H_2S, CO_2), die bei der natürlichen Wasserzirkulation gelöst werden; Problem beherrschbar
- Abwärme bei geringen Wirkungsgraden der geothermischen Energiewandlungsanlagen; Problem durch hohe Wirkungsgrade und KWK verminderbar
- Landschaftsschädigung durch oberirdische Anlagen und Geräuschbelästigung bei Bohr- und Injektionsarbeiten in geringem, mit anderen Bohrarbeiten vergleichbarem Umfang (Rummel u. a., 1992, 67 u. 72).

Die Gezeitenenergie weist für Deutschland aufgrund des geringen Tidenhubs kaum Potentiale auf.

Weltweit weisen größere Küstenabschnitte einen energetisch nutzbaren Tidenhub auf. An einigen Orten ist aufgrund lokaler Resonanzphänomene sogar ein Tidenhub von bis zu 20 Metern zu beobachten.

6.4 Fossiler Switch/Substitution fossiler Energieträger

In diesem Kapitel wird ausschließlich der fossile Switch, d. h. der Ersatz CO_2-reicherer durch CO_2-ärmere fossile Energieträger, thematisiert. Wirkungsgraderhöhungen in bestehenden fossil befeuerten Kraftwerken und neue Kraftwerkstechniken und -konzeptionen mit höherer Energieeffizienz wurden in Kapitel 6.2.5.1, Kraftwärmekopplungsanlagen, getrennt nach Industrie-KWK und Nah-/Fernwärme-KWK, in Kapitel 6.2.5.2 behandelt.

Es gibt drei Hauptansatzpunkte zur Substitution fossiler CO_2-reicher Energieträger durch CO_2-ärmere fossile Energieträger:

- Kraftwerkbereich: Lastverlagerung in bestehenden Kraftwerken hin zu CO_2-emissionsärmeren Primärenergieträgern bei vorgegebenem Kraftwerkpark
- Kraftwerksbereich: (langfristige) Umgestaltung des Kraftwerkparks in Richtung weniger CO_2-intensiver Energieträger

- Industrie, Gewerbe, Kleinverbrauch, Haushalte: Ersatz stark CO_2 emittierender fossiler durch CO_2-ärmere Brennstoffe

Für die Erschließung dieser drei Bereiche gelten unterschiedliche Zeithorizonte.

Eine sofortige CO_2-Minderung läßt sich durch den verstärkten Einsatz CO_2-ärmerer fossiler Brennstoffe in Mischanlagen und die höhere Ausnutzung von gas- bzw. ölgefeuerten Kraftwerken im Vergleich zu Kohlekraftwerken erreichen. Damit ließen sich in den alten Bundesländern rund 53 Mio. t CO_2 einsparen. 44,7 Mio. t CO_2 entfielen dabei auf die Substitution der Stromerzeugung auf der Basis von Braunkohle durch Gas, 8,1 Mio. t CO_2 auf den vermehrten Einsatz CO_2-ärmerer Brennstoffe in Mischfeuerungen (EK, 1990 c, Band 4, 357 f.).

Durch den verstärkten Einsatz von Erdgas könnten im Jahr 2005 – unter Berücksichtigung des Ersatz- und Erweiterungsbedarfes – rund 150 Mio. t CO_2 pro Jahr in den ABL eingespart werden (EK, 1990 c, Band 4, 364). Tabelle 6.4-1 verdeutlicht die Aufteilung auf die einzelnen Sektoren.

Eine überschlägige Rechnung, die davon ausgeht, daß im Energiebereich (excl. Verkehr) Steinkohle, Braunkohle und Mineralöl vollständig durch Erdgas substituiert würden, ergibt, daß dadurch theoretisch rund 300 Mio. t CO_2 einzusparen wären; dabei sind weder die Verfügbarkeit von Erdgas noch Einschränkungen der Substitutionsmöglichkeiten berücksichtigt.

Würden die in Tabelle 6.4-1 ausgewiesenen CO_2-Minderungen aufgrund des verstärkten Erdgaseinsatzes realisiert, so würde der Erdgaseinsatz in den alten Bundesländern von 2,36 EJ um rund 92% auf 4,53 EJ ansteigen (Schiffer, 1994, 144 f.; EK, 1990 c, Band 4, 366; 1 Mio. t SKE = 29,308 PJ). Bei optimaler und zeitgerechter Investitionsplanung und Vertragsgestaltung wäre jährlich ein Gesamtimportvolumen von rund 6 EJ realisierbar (EK, 1990 c, Band 4, 354 u. 366).

Nicht enthalten sind in den Werten der Tabelle 6.4-1 die CO_2-Minderungspotentiale, die durch die Substitution von Strom durch Gas, vor allem bei der Raumwärme- und Warmwasserversorgung der Haushalte, erschlossen werden können. Je nach Annahme über den Kraftwerkpark im Jahr 2005 können unterschiedlich hohe CO_2-Minderungen erreicht werden. Wenn die in Tabelle 6.4-1 ausgewiesenen CO_2-Minderungen durch einen verstärkten Erdgaseinsatz realisiert würden, ergäben sich für die alten Bundesländer 7,3 Mio. t CO_2/a Reduktion unter Berücksichtigung der Lebensdauer der Raumwärme- und Warmwassererzeuger und bei einem Emissionsfaktor von 129 kg CO_2/GJ (1 Mio. t SKE = 29,308 PJ = 8,15 TWh). Würde in der Stromerzeugung ein weniger starker fossiler

Tabelle 6.4-1: CO_2-Emissionsminderungspotentiale (ABL) im Jahr 2005 durch verstärkten Erdgaseinsatz – unter Berücksichtigung des Ersatz- und Erweiterungsbedarfes (EK, 1990 c, Band 4, 362 bis 364)

CO_2-Minderungspotential (ABL) in Mio. t CO_2/a	Verbrauchergruppen
≈ 107	Stromerzeugung
≈ 2,9	Fernwärmeerzeugung
≈ 14	Raumwärme- und Warmwasserversorgung der Haushalte *)
≈ 4,8	Kleinverbrauchsbereich
≈ 20	(Prozeß-)Wärmeerzeugung in industriellen Kesselanlagen

*) unter Berücksichtigung der sich aus der Siedlungsstruktur ergebenden Anschlußmöglichkeiten an das Gasverteilungsnetz

Switch realisiert, könnten bis zu doppelt so hohe CO_2-Minderungspotentiale erschlossen werden (EK, 1990 c, Band 4, 366 f.).

Bis zum Jahr 2005 könnten unter Berücksichtigung der Restlebensdauern bestehender Anlagen in den alten Bundesländern 15 Mio. t CO_2/a durch den verstärkten Einsatz von Steinkohle, 81 Mio. t CO_2/a durch die verstärkte Nutzung von schwerem Heizöl und 91 Mio. t CO_2/a durch einen steigenden Einsatz von leichtem Heizöl eingespart werden (EK, 1990 c, Band 4, 358 f. u. 361). Tabelle 6.4-2 teilt diese CO_2-Minderungspotentiale nach den einzelnen Sektoren auf.

Tabelle 6.4-2: Technische CO_2-Minderungspotentiale durch eine verstärkte Nutzung von Steinkohle, schwerem Heizöl oder leichtem Heizöl im Jahr 2005 in Mio. t CO_2/a (EK, 1990 c, Band 4, 361)

Substitution von	durch Steinkohle	durch schweres Heizöl	durch leichtes Heizöl
Braunkohle	15,02	41,23	44,48
Steinkohle	–	39,88	45,82
Schwerem Heizöl			0,78
Insgesamt	15,02	81,11	91,08

Die für schweres und leichtes Heizöl ausgewiesenen Potentiale sind alternative Potentiale. Da beide Produkte aber in Kuppelproduktion entstehen, ist es notwendig, eine Mischstrategie zu bilden, z. B. Einsatz des leichten Heizöls im Haushaltssektor und des schweren Heizöls in der Industrie (EK, 1990 c, Band 4, 362).

Die CO_2-Minderungskosten hängen bei allen Optionen des fossilen Switchs von den Energiepreisrelationen der Energieträger und dem jeweiligen Einsatzbereich ab. Beispielsweise liegen bei der Substitution von Braunkohle, Steinkohle und Mineralölen die spezifischen CO_2-Minderungskosten zwischen –350 und +200 DM/t CO_2 (EK, 1990c, Band 4, 378). Generell kann aber gesagt werden, daß umfangreiche Potentiale zu negativen Kosten, d. h. verbunden mit Kostensenkungen, erschlossen werden können.

Am Beispiel des Industriesektors soll verdeutlicht werden, welche Unterschiede zwischen den einzelnen Bereichen – in diesem Fall den einzelnen Branchen – auftreten können bezüglich der für den fossilen Switch geeigneten Energieträger und der Widerstände, die einer Realisierung der Potentiale entgegenstehen. Für die einzelnen Branchen bietet sich folgendes Bild:

- Bereich Steine, Erden: Es bietet sich zwar eine breite Substitutionspalette, aber es liegen geringe Substitutionselastizitäten von Erdgas gegenüber Braunkohle und Importsteinkohle vor. Das bedeutet, daß größere Verschiebungen beispielsweise erst zu erwarten wären, wenn es zu einer höheren Steuerbelastung als bei der derzeit diskutierten CO_2-/Energiesteuer käme.
- Eisenschaffende Industrie: Der konventionelle Hochofenprozeß ist technologisch von Koks abhängig.
- Nichteisenmetalle: Brennstoffe spielen eine untergeordnete Rolle. Eine Substitution von Steinkohle und leichtem Heizöl durch Erdgas ist in geringem Umfang möglich.
- Chemie: Substitutionspotentiale liegen bei Steinkohle und schwerem Heizöl vor und würden bei 30 bis 40% liegen, falls eine CO_2-/Energiesteuer in der vorgeschlagenen Form käme.
- Zellstoff, Papier: Substitutionspotentiale bei Steinkohle und schwerem Heizöl liegen noch vor, sind aber in nicht unerheblichem Anteil bereits ausgeschöpft.
- Investitionsgüter: Ersatz von leichtem Heizöl ist v. a. im Raumwärmebereich möglich; circa 35% des Potentials würden bei der Einführung der vorgeschlagenen CO_2-/Energiesteuer ausgeschöpft.
- Verbrauchsgüter: Es liegt eine ähnliche Situation wie in der Investitionsgüterindustrie vor. Das schwere Heizöl spielt aber eine größere Rolle.

Tabelle 6.4-3: Ursprungsländer und -regionen der Importe von Rohöl, Steinkohle (ohne Steinkohlenkoks und -briketts) und Erdgas (Quelle: Schiffer, 1994, 136 u. 141 u. 144f.)

Rohölimporte		Steinkohleimporte		Erdgasimporte	
Ursprungsland/ -region	in Mio. t RÖE **)	Ursprungsland	in Mio. t SKE	Ursprungsland	in Mio. t SKE
Naher Osten	17,545	USA	0,805	Niederlande	26,0
Amerika	5,565	Kanada	0,034	Norwegen	13,0
Afrika	28,020	Südafrika	4,624	Dänemark	1,0
Westeuropa	31,018	Australien	0,716	Rußland	27,7
GUS	17,282	Polen	2,787		
Asien	0,033	GUS	0,239		
		Tschechien	0,550		
		Kolumbien	0,694		
		Indonesien	0,245		
		Venezuela	0,123		
		Übrige Drittländer*)	0,063		
Insgesamt	99,464		10,880		67,7
davon OPEC	44,029				

*) ohne Bezüge aus der Europäischen Union (1993 Volumen deutlich unter 1 Mio. t), Freiverkehrskohle und Kohleveredelungsmengen

**) 1 Mio. t SKE entspricht 0,7 Mio. t Rohöleinheiten (RÖE)

– Nahrungs- und Genußmittel: Potentiale bestehen bezüglich der Substitution von leichtem und schwerem Heizöl. Wegen der längerfristigen technologischen Festlegung ist die Höhe aber eher unterdurchschnittlich (EWI u. a., 1994, 179 f.).

Emissionsfaktoren

Die Emissionsfaktoren der fossilen Energieträger sind neben den chemischen Zusammensetzungen, die an den jeweiligen Förder- bzw. Abbau-

Tabelle 6.4-4: Emissionen, die im Ausland bei der Gewinnung und Energiewandlung der importierten Brennstoffe für das Jahr 1989 anfallen [in kg pro TJ] (Fritsche, Matthes, 1993, 39; 1 Mio t SKE = 29,308 PJ)

Energieträger	SO_2	NO_X	CO	NM-VOC	N_2O	CO_2	CH_4	Bemerkungen
StK Polen	34,4	25,0	2,5	0,8	0,1	4 453,9	713,0	Export-Kohle
StK GUS	44,5	18,1	7,3	2,8	0,1	7 045,1	136,8	Export-Kohle
StK AUS/US .	96,6	116,2	12,8	7,1	0,0	6 118,7	107,2	Export-Kohle
StK Süd-Afrika	114,0	134,7	15,4	8,3	0,1	8 343,7	522,0	Export-Kohle
Rohöl OPEC .	42,3	48,8	5,7	7,6	0,0	3 563,2	7,5	
Rohöl EG	0,0	2,3	0,8	1,5	0,0	912,1	2,8	
Rohöl GUS ...	86,4	26,7	10,5	22,3	0,0	11 057,7	35,2	
Öl S-OPEC ...	178,1	85,2	19,2	23,5	0,0	15 832,8	10,2	
Öl S-EG	32,6	15,1	6,2	12,9	0,0	6 854,6	6,7	
Öl S-GUS	269,4	68,6	29,6	54,3	0,1	30 841,9	64,8	
Öl EL-EG	16,3	9,2	3,7	12,2	0,0	4 005,2	5,4	
Öl EL-GUS ...	179,5	48,1	20,2	48,9	0,1	21 137,8	51,6	
Diesel EG	16,3	9,2	3,7	12,2	0,0	4 005,2	5,4	
Diesel GUS ..	179,5	48,1	20,2	48,9	0,1	21 137,8	51,6	
Benzin EG ...	65,2	26,6	11,2	147,2	0,0	12 516,2	9,4	
Benzin GUS ..	278,1	72,1	31,0	54,9	0,1	32 245,2	69,3	
Erdgas NOR .	0,0	3,9	1,2	0,1	0,0	870,2	50,4	Erdgas H
Erdgas NL ...	0,0	1,9	0,7	0,1	0,0	471,8	48,1	Erdgas L
Erdgas GUS ..	0,0	20,8	10,5	1,4	0,0	3 765,2	313,6	EG H min.
Erdgas GUS ..	0,0	20,8	10,5	1,4	0,0	3 769,8	810,6	EG H max.
LNG Algerien	10,9	72,2	30,8	4,5	0,1	10 315,3	100,2	

orten auftreten, von der Gestaltung der einzelnen Stufen der Prozeßkette der Energiewandlung im Ausland abhängig. Der Anteil der Inlandsförderung und der Importe für die einzelnen Primärenergieträger für 1993 ist der Abbildung 6.4-1 zu entnehmen.

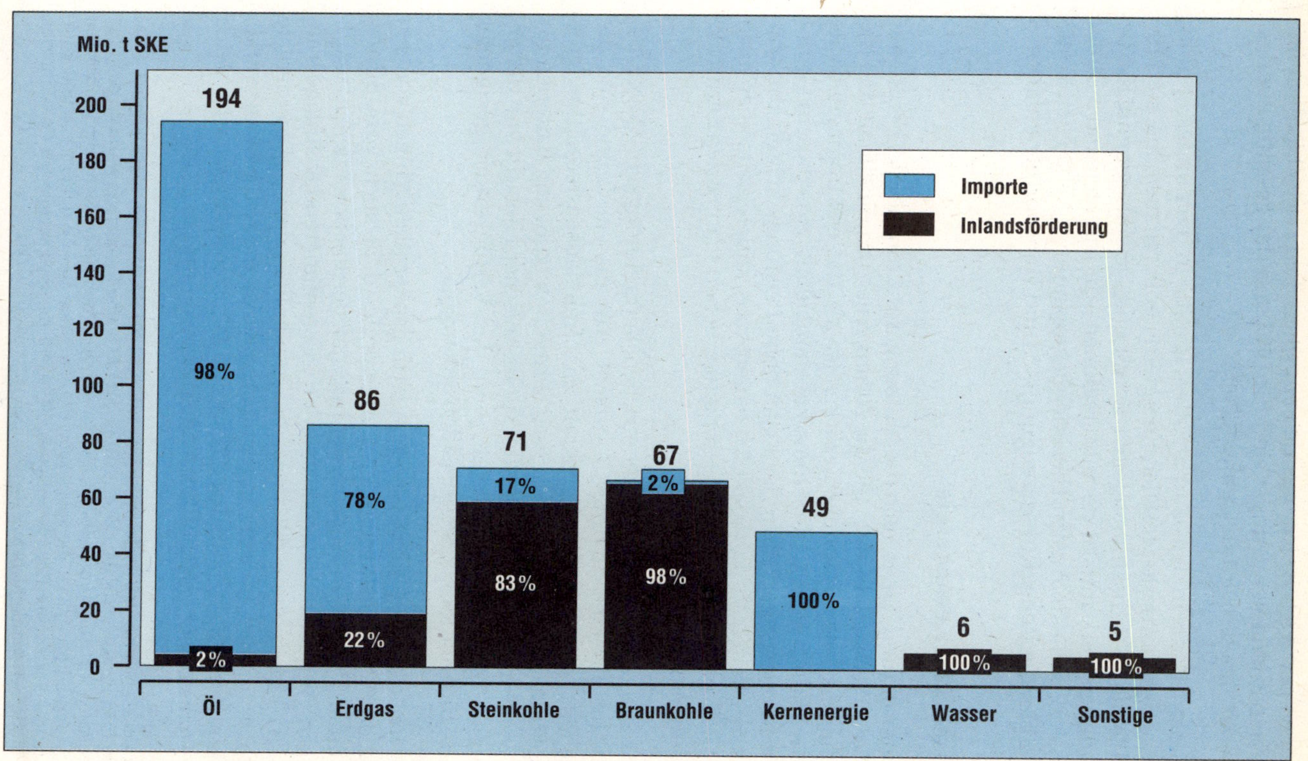

Abb. 6.4-1: Primärenergieverbrauch im Jahr 1993 (Inlandsförderung, Importe) in der Bundesrepublik Deutschland nach Energieträgern (Schiffer, 1994, 151)

Die Mengen der wichtigsten, aus den einzelnen Regionen/Ländern importierten fossilen Energieträger sind für 1993 und das gesamte Bundesgebiet in der Tabelle 6.4-3 zusammengefaßt.

Die Emissionen, die im Ausland anfallen, um die in die Bundesrepublik Deutschland importierten fossilen Energieträger bereitzustellen, sind für 1989 in Tabelle 6.4-4 zusammengefaßt. Erfaßt sind – jeweils getrennt für die verschiedenen Herkunftsländer und -regionen – die direkten und indirekten Emissionen, die im Ausland bei Energiegewinnung (Abbau von Kohle etc.), Energiewandlung (Kokserzeugung etc.) und Transport etc. anfallen.

6.5 Einsatz von Kernenergie

Die Kernkraft (und daher auch die Nutzung der Kernenergie) beruht auf der starken Wechselwirkung, die die Atomkerne zusammenhält und die um mehrere Größenordnungen stärker ist als die elektromagnetische Wechselwirkung, welche die Atome zusammenhält. Aus diesem Grund treten in Kernkraftwerken in der Regel hohe Leistungsdichten auf, was einerseits gestattet, sie kompakt zu bauen, was andererseits aber auch besondere Vorkehrungen zur kontrollierten Beherrschung der Kernreaktionen notwendig macht.

Da die Kernenergie nicht auf chemischen Verbrennungsvorgängen beruht, ist ihre direkte Nutzung CO_2-frei[46]). Aus diesem Grund sind die technischen Potentiale der Kernkraft zur Treibhausgasreduktion groß und bei Hinzuziehen geeigneter Speichermedien (z. B. von Batterien für die Verwendung im Transportsektor) in technischer Hinsicht von der erreichbaren Zubaugeschwindigkeit, von der Verfügbarkeit geeigneter Standorte und der Ressourcensituation abhängig.

Die wirtschaftlichen Treibhausgasminderungspotentiale hängen von den Energiebereitstellungskosten der Kernenergie (d. h. auch vom Sicherheitsstandard bzw. dem Ausmaß der Internalisierung potentieller Unfallrisiken) im Vergleich zu denen fossiler CO_2-emittierender Anlagen ab. Neben der Entwicklung der Preise für fossile Energieträger werden sie wesentlich von den Investitions- und Abrißkosten der Kernkraftwerke, den Brennstoffkosten und den Entsorgungskosten mitbestimmt. Auch die Internalisierung externer Kosten hätte einen Einfluß.

---

46) Unter der Annahme, daß jeglicher Energieaufwand für Bau, Betrieb und Unterhalt eines Kernkraftwerks sowie für die Bereitstellung des nuklearen Brennstoffs während einer hypothetischen Nutzungsdauer des Kraftwerks von 30 Jahren aus fossilen Primärrohstoffen gedeckt wird, beläuft sich die spezifische CO_2-Emission für die nuklear erzeugte Kilowattstunde elektrischer Energie auf etwa 5 Prozent der entsprechenden CO_2-Emission eines modernen steinkohlebefeuerten Kondensationskraftwerks.

Für eine weitere Nutzung der Kernenergie in der Bundesrepublik Deutschland ist die gesellschaftliche Akzeptanz von besonderer Bedeutung. Die derzeit unzureichende Akzeptanz wird von den Kernenergiekritikern hauptsächlich begründet mit dem Gefahrenpotential beim Betrieb der Kraftwerke sowie aller Anlagen der nuklearen Energiewandlungskette, mit dem Fehlen von Endlagern für radioaktive Abfälle und mit der Gefährdung, die von der Weiterverbreitung von kernwaffenfähigem Material (Proliferationsrisiken) ausgeht.

Die Akzeptanzforschung deutet darauf hin, daß ein Umdenken in der Bewertung der Kernenergie voraussetzen würde, katastrophale Ausmaße eines Unfalls so gering halten zu können, daß sie in der Größenordnung von anderen, bereits lange akzeptierten Gefahrenquellen liegen. Das maximal mögliche Katastrophenpotential wird bei der Bewertung des Risikos offenbar wesentlich stärker gewichtet als die Eintrittswahrscheinlichkeit (Renn, 1993, 7 u. 10).

6.5.1 Kernspaltung

Anfang 1994 waren weltweit 422 Kernkraftwerkblöcke mit einer installierten Leistung von insgesamt 356 GW_e in Betrieb, 61 weitere Anlagen mit einer Bruttokapazität von 56 GW_e befinden sich zur Zeit im Bau (davon: 7 Kernkraftwerkblöcke in Japan; je 6 Blöcke in den USA, der Ukraine und in Rußland; je 5 Blöcke in Südkorea, Indien und Rumänien; je 4 Blöcke in Frankreich und der Slowakischen Republik; je 2 Blöcke in der Tschechischen Republik, in Brasilien, Bulgarien, Kuba und im Iran; sowie je ein Block in Großbritannien, Argentinien und Mexiko (atomwirtschaft, 1993, 771).

In der Bundesrepublik Deutschland sind derzeit 21 Kernkraftwerke mit einer Bruttoleistung von 23,8 GW_e installiert. Ihre Bruttostromerzeugung betrug im Jahr 1993 152,4 TWh, was knapp 30 Prozent der deutschen Stromerzeugung entsprach. 64 Prozent der Elektrizität in Deutschland wurde im Jahr 1993 mit fossilen Energieträgern erzeugt (Braun- und Steinkohle je 28 Prozent, Erdgas 6 Prozent und Heizöl 2 Prozent). Damit waren CO_2-Emissionen von rund 330 Mio. t verbunden. Insgesamt betrug die kumulierte Stromerzeugung der deutschen Kernkraftwerke bis Ende 1993 1 930 TWh (atomwirtschaft, 1989, 140; Meyer u. a., 1991, 182; Fiß, Quasniczka, 1991, 176; sowie Schiffer, verschiedene Jahrgänge).

Die Bundesrepublik Deutschland nimmt hinsichtlich des Anteils der Kernenergie an der Stromerzeugung einen mittleren Platz unter den westeuropäischen Industrieländern ein. In Frankreich liegt der Anteil bei 73 Prozent, in Belgien bei 60 Prozent, dagegen ist er in Italien und Österreich, die ihre Anlagen stillgelegt oder gar nicht in Betrieb genommen haben, gleich Null. Allerdings akzeptiert ein Teil dieser Länder den Import von Elektrizität aus Kernenergie.

Die Entwicklung der installierten Kernkraftkapazität in der Bundesrepublik wie auch weltweit liegt deutlich unterhalb der Prognosen der 60er und 70er Jahre. Die Stromerzeugung durch Kernenergie ist derzeit weltweit (2 030 TWh im Jahr 1992, d. h. 17 Prozent der globalen Elektrizitätsproduktion) etwas niedriger als die durch Wasserkraft (2 200 TWh im Jahr 1992).

Beispielsweise wurde in den USA seit 1973, also vier Jahre nach der Inbetriebnahme des ersten kommerziellen Kernkraftwerks der USA – nur noch ein Kernkraftwerk (Clinton-1 im Jahr 1978) in Auftrag gegeben. Seit 1987 hat weltweit kein Land außer Südkorea neue Kernkraftwerke bestellt (Stand: September 1993) (atomwirtschaft, 1993, 765 ff.). Der letzte Auftrag für ein deutsches Kernkraftwerk wurde 1982 erteilt.

Die Gewinnung von Energie durch Kernspaltung beruht auf der Spaltung von schweren Atomkernen wie Uran (v. a. Isotop U-235) und Plutonium. Dabei werden die – meist radioaktiven – Spaltprodukte unter Bildung von Wärme abgebremst, welche durch ein flüssiges Kühlmittel (z. B. Wasser) abgeführt wird. Mit Hilfe einer Dampfturbine und eines Generators wird die entstandene Wärme schließlich in Elektrizität umgewandelt.

Je nach Wahl der Stoffe für Kühlmittel und Moderator unterscheidet man zwischen verschiedenen Reaktortypen.

6.5.1.1 Leichtwasserreaktoren

Leichtwasserreaktoren (LWR) sind die weltweit am zahlreichsten verbreitete Reaktorlinie. Alle 21 deutschen Kernkraftwerke, die derzeit kommerziell Strom erzeugen können, sind vom LWR-Typ.

Beim Leichtwasserreaktor übernimmt das Kühlmittel (leichtes, d. h. normales) Wasser gleichzeitig die Moderation (Abbremsung) der Spaltneutronen. Wegen der Verwendung von leichtem Wasser muß das zu 0,7 % im Natururan vorkommende Isotop U-235 für die Verwendung als Kernbrennstoff (in Form keramischer Urandioxid-Tabletten) im Reaktor – anders als beim Schwerwasserreaktor – auf über 3 % angereichert werden.

Das Prinzip des LWR, der sich beim Wettbewerb zwischen den verschiedenen Reaktortypen um den kommerziellen Einsatz eher ungeplant und nicht aufgrund systemspezifischer Vorteile durchsetzte, wurde ursprünglich für den Einsatz in U-Booten entwickelt (Radkau, 1984, 78 und 82 f.), wobei eine möglichst hohe Leistungsdichte das Entwicklungsziel war. Hauptsächlich wegen der hohen Leistungsdichte ist dieser Typ wenig fehlertolerant, wenn die Kühlung des Primärkreislaufs ausfällt, so daß diese unter allen Umständen gewährleistet werden muß.

Beim LWR wirkt der negative Reaktivitätskoeffizient einer Leistungserhöhung (aufgrund physikalischer Gegebenheiten) entgegen. Dies ist eine wichtige, im Reaktorprinzip begründete Sicherheitseigenschaft zur Verhinderung unkontrollierter Leistungsexkursionen im Normalbetrieb. Mit den Erfahrungen aus dem Betrieb und aus Störfällen, durch ein umfangreiches Forschungs- und Entwicklungsprogramm sowie aufgrund detaillierter Risikoanalysen konnten LWR-Anlagen bezüglich ihrer Sicherheit, Verfügbarkeit, Betriebseigenschaften, der Strahlenbelastung des Betriebspersonals sowie der Abgabe von Radioaktivität (bis auf Tritium) an die Umgebung ständig weiterentwickelt werden.

Bei LWR ist zwischen Siede- und Druckwasserreaktoren (SWR bzw. DWR) zu unterscheiden. Bei Siedewasserreaktoren wird das Kühlmittel im Primärkreislauf nach dem Sieden direkt in die Turbine eingeleitet, welche den Generator antreibt. Siedewasserreaktoren sind folglich Einkreisanlagen.

Beim Druckwasserreaktor, einer Zweikreisanlage, überträgt das Wasser des Primärkreislaufs, das zum Unterbinden des Siedens unter hohem Druck gehalten wird, die im Reaktor aufgenommene Wärme an Dampferzeuger. Dort entsteht in einem Sekundärkreislauf Dampf, der der Turbine zugeführt wird, von wo er nach Kondensation wieder zu den Dampferzeugern gelangt.

Den gegenwärtigen Stand der DWR-Entwicklung in der Bundesrepublik Deutschland stellen die sogenannten Konvoi-Anlagen Isar-2 (KKI-2), Emsland (KKE), und Neckarwestheim-2 (GKN 2) dar. Sie haben eine Leistung von rund 1 300 MW_e. Der Sicherheitsbehälter (Containment) ist kugelförmig aus Stahl geschweißt. Das Not- und Nachkühlsystem besteht aus vier getrennten Strängen mit einer eigenen Notstromversorgung.

Ein Drittel der 21 deutschen LWR sind SWR, zwei Drittel DWR. Auch weltweit überwiegen die Druckwasserreaktoren (244 DWR gegenüber 90 SWR).

LWR haben ein hohes Lastfolgevermögen und können auch im Mittellastbereich gefahren werden. Eine Auskopplung von Dampf zur Fernwärmeerzeugung (Kraft-Wärme-Kopplung) wäre auch bei bestehenden Anlagen möglich.

Technische Entwicklungsperspektiven beim LWR

Die Technik der Kernkraftwerke ist in den letzten drei Jahrzehnten kontinuierlich verbessert worden. Dabei standen die Reduzierung von radioaktiven Belastungen beim bestimmungsgemäßen Betrieb, die Erhöhung der Sicherheit und Verfügbarkeit sowie die Verbesserung der Wirtschaftlichkeit im Vordergrund.

Das Sicherheitskonzept zur Gewährleistung des sicheren Einschlusses der radioaktiven Stoffe beruht dabei auf den dem Reaktor innewohnenden naturgesetzlichen Sicherheitseigenschaften und ingenieurtechnischen Sicherheitsmaßnahmen. Wesentliche Grundelemente sind mehrfach gestaffelte Aktivitätsbarrieren, mehrstufige Sicherheitsebenen und die Auslegungsgrundsätze für Sicherheitseinrichtungen. Sogenannte Auslegungsstörfälle dienen dabei als Bemessungsgrundlage für die Auslegung der Sicherheitseinrichtungen, die von der Anlage beherrscht werden müssen.

Jenseits der sicherheitstechnischen Auslegung verbleibt ein Bereich denkbarer Ereignisabläufe, die als auslegungsüberschreitende Unfälle bezeichnet werden. Aufgrund ihrer geringen Eintrittswahrscheinlichkeit muß derzeit kein Kernkraftwerk gegen die Begrenzung solcher Schadensfolgen ausgelegt werden.

Gemäß einer probabilistischen Risikostudie (Deutsche Risikostudie B für die Referenzanlage Biblis B) beläuft sich die Häufigkeit der durch die Sicherheitssysteme nicht beherrschten Ereignisabläufe auf 3×10^{-5} pro Jahr und Anlage (GRS, 1989, 87). Dies ist auch die Ereigniswahrscheinlichkeit für eine Kernschmelze, wenn keine anlageninternen Notfallmaßnahmen ergriffen werden. Unter Ausnutzung der Sicherheitsreserven der Anlage sowie mittels anlageninterner Notfallmaßnahmen zur Verhinderung von Kernschäden und Begrenzung der Schadensfolgen wird die Häufigkeit nicht beherrschter Ereignisabläufe nach einer vorläufigen Bewertung (Risikostudie B; vgl. GRS, 1989, 54) um etwa eine Größenordnung auf ca. 4×10^{-6} pro Jahr und Anlage reduziert. Für das Kernkraftwerk Biblis B bedeutet das, daß im Mittel einmal in 250 000 Jahren ein derartiger Unfall vorkommt. Nimmt man an, daß bei allen 21 deutschen Kernkraftwerken eine zu Biblis B ähnliche Wahrscheinlichkeit für das Auftreten nicht beherrschter Ereignisabläufe vorliegt, wäre in der Bundesrepublik Deutschland einmal in 12 000 Jahren mit einem solchen Unfall zu rechnen. Aus diesen Zahlen errechnet sich zum Beispiel bis zum Jahr 2010 eine Wahrscheinlichkeit von etwa 1:100 (1 Prozent) ohne bzw. von etwa 1:1 000 (1 Promille) mit anlageninternen Notfallmaßnahmen, daß es in diesem Zeitraum in einem der Kernkraftwerke zu einem Kernschmelzunfall kommt.

Für die neueren Konvoi-Anlagen (Inbetriebnahme 1988 und 1989) wird die Häufigkeit für das Auftreten eines nicht durch die Sicherheitssysteme beherrschten Störfalles mit ca. 4×10^{-6} pro Jahr und für einen Kernschmelzunfall mit 4×10^{-7} pro Jahr angegeben (Märkl, 1990, 107 ff.).

Zu den durch die Sicherheitssysteme nicht beherrschten Ereignisabläufen werden Angaben zur Freisetzung von Radioaktivität in der Phase B nicht gemacht.

Im schlimmsten Fall betragen die maximal berechneten Schäden in der Phase A der Sicherheitsstudie in einer groben Abschätzung – ausgedrückt in Todesfällen in der Bevölkerung – ca. 10 000 frühe und ca. 100 000 späte Todesfälle (Hahn, 1990, 1691; GRS, 1980, 211 f.).

Bei einem solchen Unfall mit größtmöglicher Freisetzung von Radioaktivität aus dem Reaktor müßten in Deutschland entsprechend der hohen Siedlungsdichte ein bis zwei Millionen Menschen evakuiert und auf Dauer umgesiedelt werden. Je mehr Menschen umgesiedelt werden, desto geringer würde die von Menschen aufgenommene Dosis ausfallen. Gleichzeitig steigen damit aber auch die Evakuierungskosten. Die monetären Schäden eines solchen Unfalls bewegen sich im Bereich von mehreren Billionen DM (vgl. z. B. Ewers, Rennings, 1992).

Um die Akzeptanz der Kernenergie zu erhöhen, ist allen Weiterentwicklungen bestehender Reaktorkonzepte sowie allen Ansätzen für neuartige Reaktorkonzepte das Bestreben gemein, den Sicherheitsstandard im Hinblick auf die Minderung des Schadensausmaßes, die Eintrittswahrscheinlichkeit und die Beherrschbarkeit von Störfällen zu erhöhen.

Die in verschiedenen Ländern betriebene Weiterentwicklung bzw. die Entwicklung neuer Kernkraftwerkskonzepte verfolgen neben einer Kostensenkung (durch Standardisierung, Vereinfachung von Komponenten etc.) insbesondere das Ziel, die Reaktorsicherheit weiter zu verbessern.

Teilweise findet dabei sogar ein „Wechsel der Maßstäbe" statt, indem die Schadensbegrenzung zum dominanten Maßstab wird (Kröger, 1993, 55): In Erweiterung des bisherigen Sicherheitskonzeptes, das auf die Reduktion des Risikos durch Verminderung der Versagenswahrscheinlichkeiten der Sicherheitssysteme ausgerichtet war und katastrophale Freisetzungen von Radioaktivität bei sehr kleinen Eintrittswahrscheinlichkeiten nicht ausschloß, sollen qualitativ neue Schutzziele erreicht werden, die auf eine Verminderung des Schadensausmaßes auf ein akzeptables Niveau abzielen. Mit den neuen Schutzzielen soll erreicht werden, daß bei allen Reaktorunfällen die Auswirkungen auf die Anlage selbst begrenzt bleiben und einschneidende Maßnahmen zum Schutz vor der schädlichen Wirkung ionisierender Strahlung außerhalb der Anlage nicht erforderlich sind.

Dabei wird von manchen gefordert, daß die Freisetzung größerer Spaltproduktmengen unter allen naturgesetzlich denkbaren Betriebs- und Störfallzuständen ausgeschlossen sein muß (Lindackers, 1993, 3).

Heute werden zwei Wege zum Erreichen der neuen Schutzziele verfolgt. Einmal durch eine Auslegung des Containments dergestalt, daß auch im Falle einer Kernschmelze seine Funktion gewährleistet ist. Der andere Weg besteht darin, Kernschmelzen oder hinsichtlich ihrer Folgen vergleichbare Zustände aufgrund der Auslegung des Reaktors, z. B. durch geringe Leistungsdichte und passive Wärmeabfuhr, unmöglich zu machen. Radioaktive Stoffe bleiben dann immer innerhalb der Brennelemente eingeschlossen. Nach der Auffassung von Weil ermöglicht erst ein Konzept, bei dem die Kernschmelze, verursacht durch Kühldefekte, physikalisch ausgeschlossen ist, eine neue sicherheitstechnische Qualität (Weil, 1993, 5).

Die Schutzziele gelten für anlagenbezogene Störfälle, wobei auch die Auswirkungen externer Einflüsse (wie beispielsweise ein Flugzeugabsturz auf den Sicherheitsbehälter oder ein Erdbeben am Reaktorstandort) vermindert werden. Sie gelten nicht für Krieg oder Sabotage.

Auch bei Leichtwasserreaktoren wird neben einer mindestens gleichbleibenden Wirtschaftlichkeit (Hüttl, 1993, 32) eine weitere Senkung der Wahrscheinlichkeit von unbeherrschten Ereignisabläufen mit Kernschmelzen im Vergleich zur Situation bei realisierten Anlagen anvisiert (Stäbler, 1993, 90). Dabei gibt es mehrere Entwicklungsrichtungen (sowohl Siede- als auch Druckwasserreaktoren) bei großen (d. h. 1000 MW und mehr: z. B. APWR 1300, System 80+, EPR) als auch mittelgroßen Reaktoren (d. h. um 600 MW, z. B. AP 600, CANDU-3, PIUS, SBWR) (Hirsch, 1993, 12ff.; Stäbler, 1993, 89ff.; Keßler, 1993, 4f.). Bei Leichtwasserreaktoren, bei denen man sich recht dicht an technologischen Grenzen bewegt (Weil, 1993, 5), ist eine Schadensbegrenzung bei den bisher bestehenden Anlagen nicht angestrebt worden (vgl. Hahn, 1993, 17).

In der Bundesrepublik befindet sich derzeit ein Kernkraftwerkprojekt in der Diskussion: Der EPR (European Pressurized Water Reactor), der in Zusammenarbeit von Siemens und Framatome entwickelt wird und in Deutschland wie auch in Frankreich genehmigungsfähig werden soll.

Hier wird der erste oben erwähnte Weg für das Schutzziel verfolgt. Eine verbesserte Vorsorge gegen das Eintreten schwerer Störfälle (Senken der Eintrittshäufigkeit von Kernschmelzen um den Faktor 10 [Keßler, 1993, 6]) sowie zur Beherrschung der Folgen eines Kernschmelzunfalles (d. h.

Verminderung des Schadenausmaßes) soll dabei unter anderem erreicht werden durch (Hüttl, 1993)

- Verbesserung der Funktionssicherheit durch Vereinfachungen in der Systemtechnik,
- Sicherung der Funktionssicherheit durch verstärkten Einsatz passiver Systeme bzw. aktiver Systemfunktionen mit kleinem Leistungsbedarf,
- Vergrößerung der Karenzzeiten durch erweiterte und zusätzliche Wasservorräte,
- gesicherte Rückhaltung der Kernschmelze im Containment,
- zuverlässige Aufrechterhaltung der Funktion des Sicherheitseinschlusses kurz- und langfristig sowie durch die
- Sicherstellung der Kühlung der Kernschmelze im Langzeitbereich.

Der EPR, der starke Ähnlichkeiten mit der französischen Reaktorlinie N4 hat (Kuczera, 1993, 228), soll für eine elektrische Leistung von 1 450 MW ausgelegt werden. Frühester Baubeginn könnte 1998/99 sein.

6.5.1.2 Andere Reaktorkonzepte

Hochtemperaturreaktoren (HTR)

Motiviert wurde die Entwicklung des Hochtemperaturreaktors unter anderem durch die Erwartung, daß von ihm gelieferte Prozeßwärme zur Kohleveredlung eingesetzt werden könnte (Knizia, Simon, 1989). Kühlgas beim HTR ist Helium. Die Funktion des Moderators wird von Graphit übernommen, das Bestandteil der Brennelemente ist.

Bei der deutschen Entwicklung bestehen die kugelförmigen Brennelemente des HTR aus Graphit, in dem die keramisch umhüllten Brennstoffpartikel eingebettet sind. Die Brennelemente weisen günstige Eigenschaften im Hinblick auf die Rückhaltung von Spaltprodukten auf.

Ein Hochtemperaturreaktor mit beschränkter thermischer Leistung weist durch seine vergleichsweise geringe Leistungsdichte sowie durch die hohe Wärmekapazität des Graphits und dessen hohem Sublimationspunkt inhärente Sicherheitsmerkmale (z. B. bez. Nachwärmebfuhr) auf, die ihn fehlertoleranter machen als andere Typen.

So wurde in einem bestehenden HTR experimentell nachgewiesen, daß selbst ohne aktive Kühlung, d. h. bei Unterbrechen der Kühlung des Primärkreislaufs, die Wärme abgeführt werden kann (und zwar so, daß die maximalen Brennstofftemperaturen nicht über 1 600 °C ansteigen) und eine Zerstörung des Sicherheitsbehälters ausgeschlossen war (Marnet, Wimmers, Ziermann, 1993, 9).

Eine Kernschmelze kann nicht stattfinden, und die Rückhaltung der Spaltprodukte bleibt gewährleistet.

Die HTR-Technik wurde in der Bundesrepublik entwickelt und erprobt. Dementsprechend nahm die Bundesrepublik Deutschland lange Zeit weltweit die Spitzenstellung ein. Für den Forschungsreaktor AVR, der 1967 in Jülich in Betrieb ging, liegen über 21 Jahre umfangreiche Betriebserfahrungen vor.

Ein starkes Handikap des HTR liegt in der mangelnden Industrieunterstützung (Kröger, 1993, 64). Beispielsweise mußte der 1986 in Betrieb genommene 300 MW_e-Prototypreaktor THTR in Hamm-Uentrop, dessen Bauzeit 15 Jahre betrug und der Kosten von etwa 4 Mrd. DM verursachte, nach der Einstellung der staatlichen Förderung, mangels Übernahme der Finanzierung durch die Industrie, aufgrund fehlender finanzieller Mittel im August 1989 nach vier Jahren Stromerzeugung stillgelegt werden (Reimann, 1993, 24). Er wird mittlerweile demontiert.

Derzeit wird die HTR-Technik in Deutschland – außer einiger grundlegender und konzeptioneller Arbeiten beispielsweise zur Entwicklung korrosionsresistenter Brennelemente – nicht weiter verfolgt. Hingegen wird sie – basierend auf dem in Deutschland entwickelten Know-How – in Japan, China und der GUS in Zusammenarbeit mit den USA weiterentwickelt.

Von manchen Fachleuten wird festgestellt, daß aufgrund dieser Entwicklung der deutsche Vorsprung bei einer Reaktorlinie mit konzeptionell höheren Sicherheitsreserven im Betrieb aufgegeben worden ist (Weil, 1993, 8).

Im Gegensatz zu Leichtwasserreaktoren wird von den potentiellen Herstellern der HTR-Technik für den industriellen Einsatz die Errichtung einer Demonstrationsanlage als notwendig erachtet, so daß die kommerzielle Einführung etwa im Jahr 2005 erfolgen könnte (Kugeler, 1993, 9). Bei einer Serienfertigung der Module wird von den Herstellern erwartet, daß sich Stromerzeugungskosten ergeben, die geringer sind als die Kosten für Importkohleverstromung. (Hüttl, 1993, 44).

Dem HTR, der Strom bei Einsatz von GuD-Prozessen mit Wirkungsgraden von bis zu 50 % erzeugen könnte, werden auch Chancen am Wärmemarkt (bis zur Erzeugung von Prozeßwärme mit 900 °C) eingeräumt (Hüttl, 1993, 45; Lindackers, 1993, 4).

Schnelle Brutreaktoren

Der Kern des Schnellen Brüters besteht aus hochangereicherten Brennelementen – meist mit Plutonium als Spaltstoff – in einer Anordnung, die der des Leichtwasserreaktors ähnlich ist. Der Kern wird von einem Mantel aus abgereichertem Uran umgeben, das sich unter Neutronenbeschuß im Betrieb in spaltbares Plutonium Pu-239 umwandelt (Brutprozeß), so daß der Schnelle Brüter bei geeigneter Auslegung mehr Spaltstoff erbrüten könnte, als er verbraucht.

Wegen der gegenüber dem LWR noch höheren Leistungsdichte des Reaktorkerns und wegen seiner Neutronenabsorptionseigenschaften wurde für die bestehenden Brüter metallisches Natrium als Kühlmittel ausgewählt. Aufgrund des hohen Natrium-Siedepunktes (880 °C) ist eine drucklose Ausführung des Kühlkreislaufes möglich. Aus Sicherheitsgründen ist dem konventionellen Wasser-Dampf-Kreislauf zur Stromerzeugung ein Natrium-Sekundärkreislauf zwischengeschaltet, um stark exotherme Natrium-Wasser-Reaktionen im Primärkreislauf auszuschließen.

Der Schnelle Brüter ist eines der ältesten Ziele der kerntechnischen Entwicklung. Er wurde in den 50er und 60er Jahren als aussichtsreicher Reaktortyp angesehen. Als Vorteil des Brüters wurde seine Fähigkeit der Plutoniumproduktion gesehen (mit der Erwartung einer bis zu 60fach besseren Ausnutzung des Natururans, was allerdings eine Wiederaufarbeitung voraussetzt), zumal die Uranvorräte bei der erwarteten Zunahme der Kernenergienutzung zu verknappen drohten. Nach mehr als zwanzigjähriger Entwicklung ist die technische Handhabung der bestehenden Brüter oft mit Komplikationen verbunden.

Wenn man kleine Forschungsreaktoren ausnimmt, sind derzeit weltweit vier schnelle Brüter fertiggestellt – zwei in Frankreich (Phénix und Superphénix) sowie je einer in Rußland (bei Belojarsk) und in Kasachstan (Schewtschenko) (atomwirtschaft, 1993, 765 ff.; Nature, 1994, 571). Ein weiterer schneller Brüter befindet sich in Japan (300 MW_e-Prototyp) in der Inbetriebnahmephase (Nature, 1994a, 575). Der bislang größte schnelle Brüter, Superphénix in Creys-Malville (1 242 MW_e), wurde nach einer durch technische Probleme verursachten Stillstandszeit von über drei Jahren im Frühjahr 1994 in ein Forschungslabor umgewandelt, so daß schnelle Brutreaktoren eine ungewisse Zukunft haben (Siegele, 1994, 26).

Nach der Nicht-Inbetriebnahme des deutschen SNR in Kalkar und nach der Stillegung des PFR in Schottland werden in Europa Arbeiten zum schnellen Brutreaktor im wesentlichen nur noch in Frankreich durchgeführt.

Vergleicht man die unterschiedlichen Reaktorkonzepte miteinander, dann zeichnet sich der HTR dadurch aus, daß er das Ziel des Ausschlusses einer Kernschmelze verfolgt (vgl. Kugeler, 1993, 12; Lindackers, 1993, 5).

Daher wird von den Herstellern für möglich gehalten, daß mit modularen Hochtemperaturreaktoren das Ziel der Schadensbegrenzung auf das Innere des Reaktorgebäudes erreichbar ist (Hüttl, 1993, 43; Kugeler, 1993, 9; Reimann, 1993, 25). Für Kritiker erscheint dagegen der kleine HTR konzeptionell besser geeignet, das Schutzziel der Begrenzung des maximalen Schadensausmaßes bei schweren Unfällen zu erreichen (Hahn, 1993, 18).

Über die Einschätzung von Schnellen Brütern, die nur in Verbindung mit der Wiederaufarbeitung sinnvoll sind, herrscht Uneinigkeit unter den Experten. Während manche die vorteilhaften Eigenschaften des Kühlmittels Natrium betonen und die nachteilige Eigenschaft von autokatalytischen Leistungsexkursionen (d. h. Explosion des Reaktorkerns) als beherrschbar sehen (Hüttl, 1993, 39), sehen andere die Risiken der Brütertechnologie als nicht beseitigbar an (Meyer-Abich, Schefold, 1986; Reimann, 1993, 27).

Heizreaktoren

Im In- und Ausland wurden in den letzten Jahren verschiedene Konzepte für Heizreaktoren mit einem thermischen Leistungsbereich von 10 bis 500 MW_{th} entwickelt. Diese vergleichsweise kleinen Reaktoren dienen ausschließlich der Wärmeerzeugung bis ca. 170 °C für die Versorgung von Nah- und Fernwärmenetzen. In der russischen Föderation befinden sich zwei Heizreaktoren vom Typ AST-500 für die Fernwärmeversorgung der Städte Nischni-Nowgorod (zu 80 Prozent fertiggestellt, Inbetriebnahme voraussichtlich im Jahr 2000) und Woronesch im Bau. In China wird ein 5 MW-Prototyp-Heizreaktor betrieben.

Die nuklearen Heizreaktoren unterscheiden sich in der Regel von großen Kernkraftwerken durch eine niedrige thermische Leistung bzw. Leistungsdichte, eine niedrige Kühlmitteltemperatur (< 200 °C) und niedriges Druckniveau, eine konservative Kernauslegung, lange Betriebszyklen (bis 15 Jahre), passive Systeme zur Abfuhr der Wärme und Nachwärme, inhärente Sicherheitseigenschaften, hohe Karenzzeiten und kleine Abmessungen (damit ist zum Beispiel die Untergrundbauweise zum Schutz vor Einwirkungen von außen ohne großen Aufwand möglich). Damit weisen die Heizreaktoren günstige konzeptionelle und technische Merkmale für die Erfüllung sicherheitstechnischer Anforderungen und Schutzziele auf. Allerdings scheiterte ihre Markteinführung an der bisher mangelnden Wirtschaftlichkeit.

Risikobetrachtung für verschiedene Arten der Energiebereitstellung, -wandlung und -nutzung

Jede Art der Bereitstellung, Wandlung und Nutzung von Energie ist mit gewissen Risiken verbunden. Unter Risiko versteht man diejenigen Gefahren, die eine Anlage trotz aller Sicherheitsvorkehrungen noch hat.

Für die diversen Arten der Bereitstellung, Wandlung und Nutzung von Energie können aber von Fall zu Fall nicht nur das Risiko, sondern auch die Eintrittswahrscheinlichkeit und das Schadensausmaß von sehr unterschiedlicher Höhe sein.

Dies sei an drei Beispielen skizziert.

- Unfälle beim Untertage-Steinkohleabbau ereignen sich global relativ häufig, wobei im Schadensfall einige 10 bis einige 100 Bergleute zu Tode kommen können. In der Bundesrepublik Deutschland gab es bei untertägigen Unfällen im Jahr 1981 etwa 60 Todesfälle (Kallenbach, Thöne, 1989, 35).
- Vergleichsweise dazu ist der Bruch des Staudamms eines Wasserspeicher-Kraftwerks sehr viel seltener. Dabei können aber durch die Überschwemmung von Siedlungen in der Talsohle mehrere 1 000 Menschen zu Tode kommen.
- Vergleichsweise zum Staudammbruch ist die Eintrittswahrscheinlichkeit des größtmöglichen Unfalls eines Leichtwasser-Kernkraftwerks wiederum weit geringer. Ein solcher Schadensfall kann jedoch mehrere 10 000 Todesfälle zur Folge haben.

Ein Vergleich der Risiken verschiedener Arten der Bereitstellung, Wandlung und Nutzung von Energie bleibt letztlich immer fragwürdig, da die subjektiv zu treffende Bewertung von Eintrittswahrscheinlichkeit und vom jeweiligen Schadensausmaß von Mensch zu Mensch, von Gesellschaft zu Gesellschaft und in unterschiedlichen Ländern zu verschiedenen Zeiten wohl immer zu unterschiedlichen Resultaten führt.

6.5.1.3 Brennstoffkette

Ressourcensituation

Die sicher gewinnbaren Reserven von Uran bis zu Gewinnungskosten von 130 $/kg (zum Vergleich: der derzeitige Preis liegt zwischen 16 und 21 $/kg (atomwirtschaft, 1994, 560)) belaufen sich weltweit derzeit auf

3,4 Mio. t[47]. Hinzu kommen in dieser Gewinnungskostenkategorie noch etwa 3,5 Mio. t an geschätzten zusätzlichen Ressourcen. Dem stehen derzeit jährlich weniger als 50 000 t Bedarf an Natururan gegenüber.

Die Bewertung der Ressourcensituation bei der Nutzung der Kernspaltung ist einerseits davon abhängig, ob die abgebrannten Brennelemente direkt endgelagert oder wiederaufgearbeitet werden, und andererseits, ob in großem Ausmaß Brüter eingesetzt werden.

Der Einsatz der Wiederaufarbeitung und eine einmalige Verwendung des Plutoniums in Leichtwasserreaktoren reduziert den Bedarf um rund 20 % (Henssen, 1992, 367; Berkhout, Walker, 1991, 560).

Der Einsatz von Brutreaktoren erhöht die zur Verfügung stehende Menge spaltbaren Materials etwa um den Faktor 50.

Die zeitliche Reichweite der Reserven, bezogen auf den derzeitigen Bedarf, beläuft sich auf ca. 50 Jahre – entsprechend etwa 3 Mio. t Natururan. Zieht man die Ressourcen mit einem Urangehalt von mindestens 3 kg Uran pro t Gestein in Betracht, so belaufen sich die geschätzten zusätzlichen Vorräte auf 2 Mio. t. Bei einem Urangehalt von mindestens 1 kg pro t Gestein – was immer noch wirtschaftlich wäre – erhöhen sich die Ressourcen auf 20 Mio. t, bei 0,1 kg pro t Gestein wären es 2 000 Mio. t (Heinloth, 1993, 90).

Weltweit größter Uranproduzent in der westlichen Welt ist Kanada, mit Abstand folgen die USA, Südafrika, Namibia, Frankreich und Australien. Infolge eines Überangebots an Uran ging der Preis für Natururan in den letzten Jahren zurück.

Allerdings zeichnet sich durch die Berücksichtigung von Umweltaspekten in Uranabbaugebieten (z. B. Sasketchewan, das 1992 36 % der Weltproduktion bestritt) für die Zukunft eine Verteuerung ab.

In Deutschland gibt es bislang zwei sehr unterschiedliche Erfahrungen beim Umgang mit den Folgen des Uranabbaus.

In Menzenschwand im Schwarzwald war der Umgang mit der Urangewinnung bis zur Stillegung unter Umweltgesichtspunkten als gut zu beurteilen.

Bei der Sowjetisch-Deutschen Aktiengesellschaft Wismut, die unter sowjetischer Verantwortung stand und deren Zweck vornehmlich die Gewinnung von Kernwaffenmaterial war, wurde dagegen unter Gesundheitsaspekten ebenso wie unter dem Aspekt der ökologischen Auswir-

[47]) Dabei sei darauf hingewiesen, daß die Höhe der angenommenen Energiepreise die berechnete Menge der verfügbaren Reserven determiniert.

kungen oftmals kriminell gehandelt. Dies zeigen die bisherigen Erfahrungen mit der Sanierung der Wismut AG in der ehemaligen DDR. Die Kostenschätzungen der Bundesregierung für die Sanierung gehen von 13 Mrd. DM aus. Von dieser Summe wurden bislang 3 Mrd. DM ausgegeben (BMU, 1994, 3).

Anreicherung, Brennelementeproduktion und Wiederaufarbeitung

Da in der Bundesrepublik Leichtwasserreaktoren zum Einsatz kommen, muß der natürliche Gehalt des spaltbaren Uranisotops U-235, der 0,7 % beträgt, auf 3 % angereichert werden. Der Anreicherungsprozeß, bei dem die Isotopentrennung in der Gasphase (UF_6) mittels Diffusions-, Zentrifugen- oder Trenndüsenverfahren geschieht, beansprucht beim Gaszentrifugenverfahren etwa ein Promille der durch die Nutzung des Kernbrennstoffs erzeugbaren Elektrizität, beim Trenndüsenverfahren etwa ein Prozent. Die in der Bundesrepublik Deutschland bestehende Anreicherungsanlage in Gronau arbeitet nach dem Gaszentrifugenverfahren (energy, 1990, 6).

Das angereicherte Uran wird als keramisches Uranoxid zu kleinen Tabletten gesintert und in Brennstäben verschweißt, die zu Brennelementen zusammengestellt werden. Ein kleiner Teil der in deutschen Druckwasserreaktoren befindlichen Brennelemente besteht aus Mischoxid (MOX) als Spaltmaterial, einem Gemisch von Uran- und Plutoniumoxid. Das Plutonium stammt dabei aus der Wiederaufarbeitung abgebrannter Brennelemente und muß von Deutschland im Rahmen der Wiederaufarbeitungsverträge zurückgenommen werden.

Weltweit werden in den nächsten Jahren mehrere Hundert Tonnen Plutonium aus der Wiederaufarbeitung separiert werden, davon bis zum Jahr 2000 ca. 40 t aus deutschen Reaktoren (Berkhout, Walker, 1991, 562).

Derzeit sind ca. 1 100 t hochangereichertes Uran und ca 180 t Plutonium in Kernwaffen vorhanden (Heinloth, 1993, 89; CISAC, 1994; vgl. Abb. 6.5-1). Nach dem Ende des Ost-West-Konflikts mit der damit verbundenen 75 prozentigen Abrüstung von Atomwaffen (Heinloth, 1993, 89) sind zusätzlich große Mengen (allein 100 t Pu [Hippel, 1992, 49]) angereicherten Urans sowie Bombenplutoniums verfügbar geworden und müssen einem sicheren Verbleib zugeführt werden. Dabei besteht die Alternative, dieses Material entweder als Kernbrennstoff in Reaktoren einzusetzen und die Spaltprodukte danach endzulagern oder sie – eventuell nach einer Zwischenlagerung unter internationaler Kontrolle – direkt endzulagern.

Nach mehrjährigem Einsatz im Reaktor werden die Brennelemente nach einer Zwischenlagerung entweder der direkten Endlagerung oder der

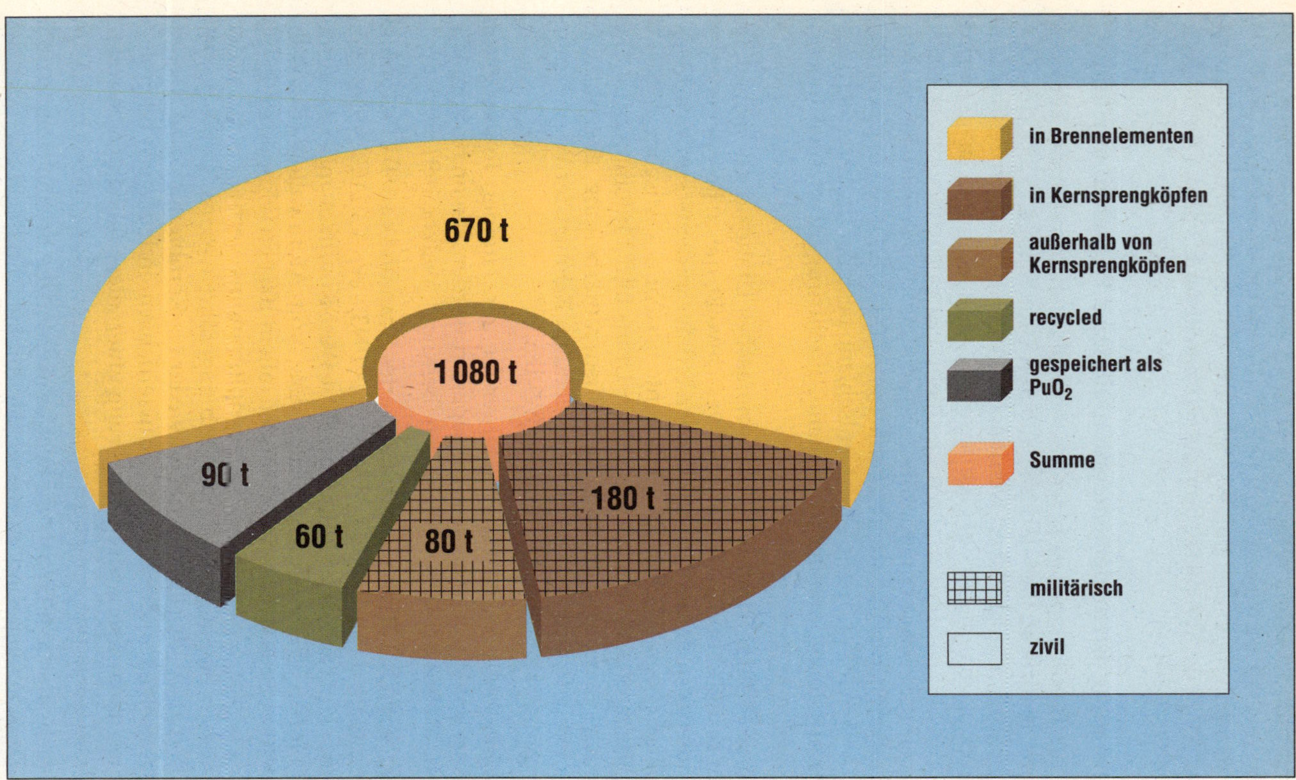

Abb. 6.5-1: Der weltweite Plutonium-Bestand (Stand Ende 1992) (CISAC, 1994)

Wiederaufarbeitung zugeführt. Der Kernbrennstoff weist derzeit bei der Entnahme aus dem Kernreaktor Abbrände von 28 bis 43 MWd/kg Schwermetall auf. Abbrände bis 60 MWd/kg SM können als technisch erreichbar angesehen werden (Krebs, Schmiedel, 1993, 271), allerdings sinkt dann die Plutonium-Güte bei der Wiederaufarbeitung (Luhmann, 1992, 24).

Die Errichtung der deutschen Wiederaufarbeitungsanlage in Wackersdorf wurde 1989 aufgegeben, so daß die damals nach § 9 a des deutschen Atomgesetzes vorgeschriebene Wiederaufarbeitung vornehmlich im französischen La Hague bzw. im britischen Sellafield vorgenommen wird.

Die klassischen Argumente für die Wiederaufarbeitung, nämlich die Schonung der Uranreserven sowie die Reduktion des Aktivitätsinventars der radioaktiven Abfälle, haben angesichts des anhaltenden Preisverfalls beim Uran und der ausreichenden Versorgung an Bedeutung verloren.

Das Aktivitätsinventar einer Wiederaufarbeitungsanlage ist um mehr als eine Größenordnung niedriger als die eines Kernkraftwerks, da die Radioaktivität der abgebrannten Brennelemente durch die Zwischenlagerung, die der Wiederaufarbeitung vorangeht, bereits entsprechend abgeklungen ist. Eine Wiederaufarbeitungsanlage mit 350 t Schwermetall-Durchsatz im Jahr besitzt ein Schwermetall-Inventar von 5 bis 10 t, wenn man die im Produktlager liegenden Mengen abzieht (Hoffmann, 1994).

Weiterhin emittieren Wiederaufarbeitungsanlagen (WAA) im Normalbetrieb radioaktive Stoffe derzeit noch in relativ großer Menge (Schmidt, 1993, 11). Beispielsweise stammt das atmosphärische Krypton-85, ein radioaktives Edelgas mit einer Halbwerts-Zerfallszeit von 10,76 Jahren, fast vollständig aus Wiederaufarbeitungsanlagen.

Dort wird es schubweise über einige Stunden während des 1. Schritts der Wiederaufarbeitung von Brennstäben bei deren Auflösung im Säurebad freigesetzt. Das mit der Abluft aus der WAA in die Außenluft freigesetzte Krypton-85 verbreitet sich dann mit den Windströmungen zunächst in Schwaden, bis es sich im Laufe von 1 bis 2 Jahren gleichmäßig über fast die gesamte Atmosphäre verteilt.

Weltweit wurden so in den letzten Jahrzehnten jährlich einige 100 PBq Kr-85 freigesetzt. Das Gesamtinventar an Kr-85 in der Atmosphäre beläuft sich derzeit auf ca. 3 300 PBq.

Dies entspricht etwas mehr als 1 Bq/m^3 Luft in Bodennähe. Dadurch wird die durch natürliche Radioaktivität und Höhenstrahlung hervorgerufene natürliche Luftionisation, welche selbst großen örtlichen und zeitlichen Schwankungen unterliegt und stark mit der Höhe zunimmt, in

Gebieten besonders geringer natürlicher Luftionisation, dem untersten Kilometer über den Ozeanen, um knapp 1 Prozent erhöht.

Um spürbare Änderungen der Luftionisation und dadurch eventuell auch der Gewittertätigkeit zu vermeiden, sollte die künstliche Erhöhung der Luftionisation – z. B. durch weitere Freisetzung von Kr-85 – geringer als die natürlichen Schwankungen der Luftionisation gehalten werden, sollte also die Radioaktivität der Luft durch Kr-85 einige Bq/m^3 nicht übersteigen.

Ein Rückhalt von Kr-85 in Wiederaufarbeitungsanlagen und eine Endlagerung von Kr-85 z. B. in Druckflaschen über 100 bis 200 Jahre, also bis zum weitgehenden Abklingen der Radioaktivität, ist technisch möglich. Der dafür nötige Aufwand ist im Vergleich zum Gesamtaufwand des Betriebs einer WAA schätzungsweise gering.

Endlagerung

Unabhängig von der Wiederaufarbeitung abgebrannter Brennelemente müssen radioaktive Abfälle endgelagert werden. Ziel der Endlagerung radioaktiver Abfälle ist die wartungs- und überwachungsfreie, sichere Beseitigung dieser Stoffe aus dem Lebensraum des Menschen für Zeiträume, in denen von den Radionukliden eine Gefährdung ausgeht.

Allen radioaktiven Stoffen ist gemein, daß sie im Laufe der Zeit zerfallen und sich schließlich – nach einigen Sekunden oder nach einigen Millionen Jahren – in stabile Elemente umwandeln.

Aufgrund dieses Zerfallsprozesses nimmt die Wärmeentwicklung, die Radioaktivität und die Toxizität radioaktiven Abfalls mit der Zeit ab, so daß eine späte Konditionierung und Einlagerung im Endlager einfacher durchzuführen ist als die sofortige Endlagerung.

Vergleicht man die Radioaktivität der Endlagerung hochradioaktiver Abfälle mit der Radioaktivität von natürlichen Uranlagern, so zeigt sich, daß erstere – je nach Packungsdichte – innerhalb von 300 bis 500 Jahren die Aktivität natürlicher Uranerzvorkommen (z. B. im Schwarzwald oder Bayerischen Wald) erreicht.

Bei radioaktiven Abfällen wird gemäß der neuen Klassifikation unterschieden zwischen wärmeerzeugenden (hochradioaktiven) Abfällen (z. B. verglaste Spaltproduktlösungen aus der Wiederaufarbeitung abgebrannter Brennelemente oder abgebrannte Brennelemente im Fall der direkten Endlagerung) und solchen, die Wärme in vernachlässigbarem Ausmaß entwickeln (Nickel, 1992, 370). Für die letzteren – in erster Linie Reaktorbetriebsabfälle, Abfälle aus Anlagen des Kernbrennstoffkreislaufs und aus der Stillegung kerntechnischer Anlagen – ist in der Bundesrepublik die Endlagerung, neben dem im Betrieb befindlichen, zeitlich befristeten Lager Morsleben – einem Tieflager im Steinsalz –, im Schacht Konrad vorgesehen.

Kritiker wenden in Sicherheitsanalysen ein, daß die Strahlenbelastung durch aus dem Endlager Konrad austretende Radionuklide nach 200 000 Jahren mit 0,01 mSv/a (d. h. ein Hundertstel der jährlichen natürlichen Strahlenbelastung) ein erstes Maximum erreicht und dann nach 10 Mio. Jahren noch höhere Strahlenbelastungen auftreten, wobei dies nicht den „worst case" darstellt (Schmidt, 1993, 9).

Im Ausland werden radioaktive Abfälle mit vernachlässigbarer Wärmeerzeugung derzeit überwiegend in oberflächennahen Lagern endgelagert (Röthemeyer, 1993, 7ff.). In Schweden wurde hingegen eine Lagerstätte in Granit gewählt, in Finnland eine 50 bis 100 m tief gelegene Lagerstätte im kristallinen Gestein.

Der zeitliche Verlauf des Zerfalls von wärmeentwickelnden Abfällen zeigt, daß der Abschluß der radioaktiven Abfälle von der Biosphäre für einige Millionen Jahre nach der Einlagerung in ein Wirtsgestein gewährleistet sein muß (dominierend wegen seiner langen Halbwertszeit: Neptunium 237), da sie in dieser Zeit hochgradig toxisch und kanzerogen sind.

Derzeit wird geprüft, ob eine Eignung des Salzstocks in Gorleben hinsichtlich der Endlagerung wärmeentwickelnder Abfälle vorliegt.

Weltweit gesehen ist bei der Entsorgung wärmeentwickelnder Abfälle frühestens ab 2008/2010 mit der Inbetriebnahme von Endlagern zu rechnen. Als Wirtsgesteine werden je nach den geologischen Verhältnissen eines Landes Salz, Ton, Granit oder Tuff untersucht. Dabei darf die Frage des Einlagerungsgesteins nicht überbewertet werden, da letztlich die konkrete Situation an einem bestimmten Standort den Ausschlag gibt (Hirsch, 1993, 5).

Eine Möglichkeit einer sehr sicheren Endlagerung hochradioaktiver Stoffe in fester Form ist deren Einlagerung in tiefliegenden Gesteinskavernen oder ggf. Bergwerksstollen, wobei die gesamten Hohlräume dieser Endlagerstätten nach der Einbringung der radioaktiven Stoffe lückenlos mit Feststoffen wie z. B. Beton verfüllt werden.

Damit wird sichergestellt, daß mögliche Wassereinbrüche in die Endlagerstätte und damit langfristig eine mögliche Freisetzung von Radioaktivität in die Umwelt von vornherein vermieden werden.

Des weiteren wird dadurch ein Zugriff des Menschen auf endgelagerte Stoffe im höchsten Maße erschwert.

Die Mengen zu entsorgender wärmeentwickelnder Abfälle sind sowohl bei der Wiederaufarbeitung als auch bei direkter Endlagerung – bei unterschiedlicher Zusammensetzung – von ähnlicher Höhe (Closs, 1993, 70). Bei der direkten Endlagerung ist das Volumen der wärmeentwickelnden Abfälle größer als bei der Wiederaufarbeitung, dafür ist aber das Volumen der Abfälle mit vernachlässigbarer Wärmeentwicklung deutlich geringer. Aus Endlagerungs-Gesichtspunkten können keinesfalls wesentliche Vorteile einer Strategie mit Wiederaufarbeitung abgeleitet werden (Hirsch, 1993, 6). Dabei gilt zusätzlich zu berücksichtigen, daß nach einmaliger Wiederaufarbeitung die dann abgebrannten Kernbrennstoffe direkt endgelagert werden müssen, weil eine nochmalige Wiederaufarbeitung nicht sinnvoll ist. Gleichermaßen unterscheiden sich die beiden Entsorgungspfade nicht nennenswert bez. der Langzeitsicherheit (Schmidt, 1993, 11).

Bei der Beurteilung der beiden Entsorgungswege besteht zwischen den Fachleuten Übereinstimmung darin, daß der Entsorgungsweg über die Wiederaufarbeitung (derzeit 30 bis 100 Prozent) teurer ausfällt als eine direkte Endlagerung.

Aufgrund der genannten Vorteile der direkten Endlagerung wurde in einer Novellierung des Atomgesetzes die direkte Endlagerung als zur Wiederaufarbeitung gleichwertiger Entsorgungsweg zugelassen (Deutscher Bundestag, 1994, 10).

Um die Toxizität radioaktiver Abfälle zu senken, wird von einigen die Möglichkeit der Umwandlung von Elementen (Transmutation) in Betracht gezogen. Bei der Transmutation von Actiniden wird allerdings erheblicher Forschungsbedarf – in der Regel noch auf der Ebene von Grundlagenuntersuchungen – gesehen, so daß die Einführung einer großmaßstäblichen Actinidenumwandlung vor dem Jahr 2050 kaum zu erwarten ist (Kröger, 1993, 65). Absehbare Erfolge sind denkbar gering (Röthemeyer, 1993, 27 f.). Die Transmutation kann jedoch keine geologische Lagerung ersetzen (Bjurström, 1993, 7).

6.5.1.4 CO_2-Minderungspotentiale und Kosten der Kernenergie[48) 48a)]

Da die Energiefreisetzung durch Kernspaltung CO_2-frei ist, bestehen grundsätzlich sehr weitgehende Möglichkeiten der Substitution fossiler

---

48) Sondervotum der Kommissionsmitglieder Prof. Dr. Hennicke, Brigitte Adler, Prof. Dr. Wilfrid Bach, Prof. Monika Ganseforth, Prof. Dr. Hartmut Graßl, Dr. Liesel Hartenstein, Horst Kubatschka, Dr. Klaus Kübler, Prof. Dr. Eckhard Kutter, Prof. Dr. Klaus Michael Meyer-Abich,

48a) Sondervotum der Kommissionsmitglieder Prof. Dr. Hans Michaelis, Prof. Dr. Dr. Rudolf Dolzer, Dr.-Ing. Alfred-Herwig Fischer, Martin Grüner, Klaus Harries, Prof. Dr. Klaus Heinloth, Prof. Dr. Hans-Jürgen Jäger, Dr. Klaus W. Lippold, Dr. Peter Paziorek, Dr. Christian Ruck, Trudi Schmidt (Spiesen), Marita Sehn, Prof. Dr. Wolfgang Seiler, Bärbel Sothmann, Prof. Dr. Alfred Voß, Prof. Dr. Carl-Jochen Winter s. Anhang 3 zum Gesamtbericht.

Energieträger und somit zur Vermeidung von CO_2-Emissionen. Ihre Ausschöpfung ist im Zeitablauf eher beschränkt durch den nur begrenzt möglichen Zubau von Kernkraftwerken und geeignete Anwendungstechnologien für eine Verdrängung fossiler Energieträger im Nicht-Elektrizitätsmarkt. Eine quantitative Abschätzung der im Zeitlauf allein aus technischer Sicht möglichen CO_2-Minderungen würde eine Bezugsbasis erfordern, die die Entwicklung der Energienachfrage und ihre Deckung unter Status-quo-Annahmen beschreibt. Darauf soll hier verzichtet werden. Die Größenordnung der technisch möglichen CO_2-Minderung sei anhand einfacher Abschätzungen aufgezeigt.

Eine ohne lange Vorlaufzeiten zu erschließende Minderung von CO_2-Emissionen besteht in der Nutzung von Auslastungsreserven der existierenden Kernkraftwerke (z. B. Verzicht auf Stretch-Out-Betrieb, Verkürzung planmäßiger Stillstände, Betriebsgenehmigung für das KKW Mülheim-Kärlich). Damit ließen sich 15–20 Mio. Tonnen CO_2-Emissionen je Jahr aus fossilen Kraftwerken vermeiden.

Für die fernere Zukunft ermöglicht ein weiterer Zubau von Kernkraftwerken erhebliche CO_2-Minderungen. Unterstellt man eine Verdopplung des Kernenergieanteils an der Stromerzeugung auf 60 Prozent, wie er in anderen Ländern bereits heute erreicht oder sogar überschritten ist, so ergibt sich bezogen auf das derzeitige Stromverbrauchsniveau ein technisches CO_2-Minderungspotential von rd. 150 Mio. t CO_2 pro Jahr. Weitere, allerdings deutlich kleinere CO_2-Minderungspotentiale existieren im Bereich der Prozeßdampf- und Fernwärmeversorgung. Dabei wäre die Auskopplung von Fernwärme aus bestehenden Kernkraftwerken ein technisch schon mittelfristig realisierbarer Weg.

Die wirtschaftlichen CO_2-Minderungspotentiale bestimmen sich aus den Kosten der Energiebereitstellung durch Kernenergie im Vergleich zu den Kosten der jeweiligen CO_2-emittierenden fossilen Erzeugung.

Die Kosten der Energieerzeugung mittels Kernenergie werden im wesentlichen bestimmt durch die Anlagekosten und die Brennstoffkosten, einschließlich der Kosten für die Entsorgung. Für den Bau und Betrieb einer großen Zahl von Kernkraftwerken sowie Anlagen des Brennstoffkreislaufes, angefangen von der Urangewinnung über die Anreicherung, die Brennelementefertigung bis zur Wiederaufarbeitung, liegen für wesentliche Kostenelemente der nuklearen Stromerzeugung umfangreiche reale Kostendaten vor. Für neue Reaktorkonzepte und für die Endlagerung nuklearer Abfälle stehen nur Kostenabschätzungen zur Verfügung, die durch einen höheren Unsicherheitsfaktor gekennzeichnet sind. Die spezifischen Anlagekosten der drei zuletzt in Deutschland in Betrieb gegangenen Leichtwasserreaktoren (Konvoi-Anlagen) lagen bei 3 340

± 160 DM/kW_{el} (ohne Erstkern, Bauzinsen und Steuern). Die Brennstoffzykluskosten werden heute, einschließlich der Kosten der Entsorgung, mit 2,2 Pf/kWh_{el} angegeben (Hansen, 1993).

Der Grundlaststrom aus Kernkraftwerken weist damit Erzeugungskosten auf, die denen von Braunkohlekraftwerken und mit Importkohle gefeuerten Steinkohlekraftwerken vergleichbar sind. Durch Ausschöpfung technisch möglicher Kostensenkungspotentiale bei den Anlage- und Brennstoffkreislaufkosten sind zukünftig weitere Reduktionen der Stromerzeugungskosten aus Kernenergie möglich. Die bestehenden technischen CO_2-Minderungspotentiale in der Stromerzeugung wären damit weitgehend ohne Mehrkosten zu erschließen.

Aufgrund der langen Errichtungszeiten (Planung, Genehmigung und Bau) von Kernkraftwerken kann von den technischen CO_2-Minderungspotentialen bis zum Jahr 2005 nur ein kleiner Teil ausgeschöpft werden.

6.5.2 Kernfusion

Die Kernfusion nutzt im Gegensatz zur Kernspaltung nicht die bei der Spaltung von schweren Atomkernen freigesetzte, sondern die bei der Verschmelzung von leichten Atomkernen freiwerdende Energie. In irdischen Prozessen kommen nur die Wasserstoff-Isotope Deuterium und Tritium als Fusions-Reaktionspartner in Frage, wobei letzteres mit einer Halbwertszeit von 12 Jahren radioaktiv ist.

Die Verschmelzung von Wasserstoffkernen setzt technisch aufwendige Bedingungen hinsichtlich der Temperatur (über 100 Mio. °C) der Reaktionspartner voraus, weshalb sie technisch bisher auf der Erde nur kurzzeitig (d. h. bis zu zwei Sekunden) gelang (Kinder, Hilgemann, 1976, 272; JET, 1991).

Wegen der Komplexität der wissenschaftlichen und technischen Problemstellung ist davon auszugehen, daß die Kernfusion in den Zeiträumen, in denen die Klimaänderung zu verhindern wäre (d. h. bis 2050), keinen Beitrag zur Verminderung der Treibhausgasemissionen leisten wird (Voß, 1990, 1659). In den USA wird erwartet, daß es vor dem Jahr 2040 keine kommerzielle Anwendung der Fusion geben wird (Macil wain, 1993, 600).

Mit einem ähnlichen Ergebnis schließt das Kapitel des Studienprogramms der Enquête-Kommission „Vorsorge zum Schutz der Erdatmosphäre" zur Kernfusion: „Eine abschließende Bewertung aller kommerziellen Fragen wird erst etwa 2050 nach den Erfahrungen mit einem Demonstrationsreaktor möglich sein, dessen Bau ab ca. 2010 beginnen könnte. Diese Zeiten sind auf Grund heutiger Erfahrungen abgeschätzt." (Institut für Plasmaphysik, 1990, 1625)

6.6 Sekundärenergieträger und -nutzungssysteme, Speichersysteme

6.6.1 Energiespeicherung: Wärme, Strom, chemische Speicher

Die verschiedenen Speicheroptionen unterscheiden sich grundsätzlich in Energiedichte und Transportfähigkeit. Chemische Energieträger weisen dabei mit Abstand die höchste Energiedichte auf und sind in der Regel gut transportfähig.

Die Abbildungen 6.6-1 und 6.6-2 zeigen die Unterschiede des Energieinhaltes verschiedener Energieträger und Energiespeicher bezogen auf Masse bzw. Volumen. Aus diesen Abbildungen wird deutlich, wie sehr sich chemische, thermische und mechanische Energieträger und -speicher in ihrer Speicherungskapazität unterscheiden.

Für Wärme und für Strom liegen verschiedene Speichersysteme vor. Zu unterscheiden ist zwischen der direkten Speicherung und der indirekten Speicherung, in der Regel über chemische Sekundärenergieträger.

Wärme

Wie schon bei der Behandlung solarer Nahwärmesysteme betont, sind solare Heizungssysteme abhängig von Langzeit-Wärmespeichern, die nur in Größen über 10 000 m^3 zu vertretbaren Kosten gebaut werden können (Hahne, 1993, 78).

Einen Überblick über die unterschiedlichen Speicherkonzeptionen gibt Abbildung 6.6-3.

Wasser und Boden erweisen sich als sehr ökonomische Speichermedien für die Wärme (Zinko, 1993, 73). Sehr kostengünstig ist auch die Ausnutzung geeigneter geologischer Formationen. In Böden mit wenig durchlässigem Material (Lehm, Ton, Gesteine) wird die Wärme über Bohrlöcher im Abstand von 1–2 m eingebracht. Das Erdreich wird als Speicher genutzt und teure Tiefbauarbeiten entfallen. Für Projekte mit höheren Temperaturen (60–80 °C) laufen derzeit die Grundlagenuntersuchungen.

Auch Hochtemperaturspeicher im Temperaturbereich zwischen 300 und 600° C werden erprobt, vor allem vor dem Hintergrund, solarthermische Kraftwerke im Dauerbetrieb fahren zu können.

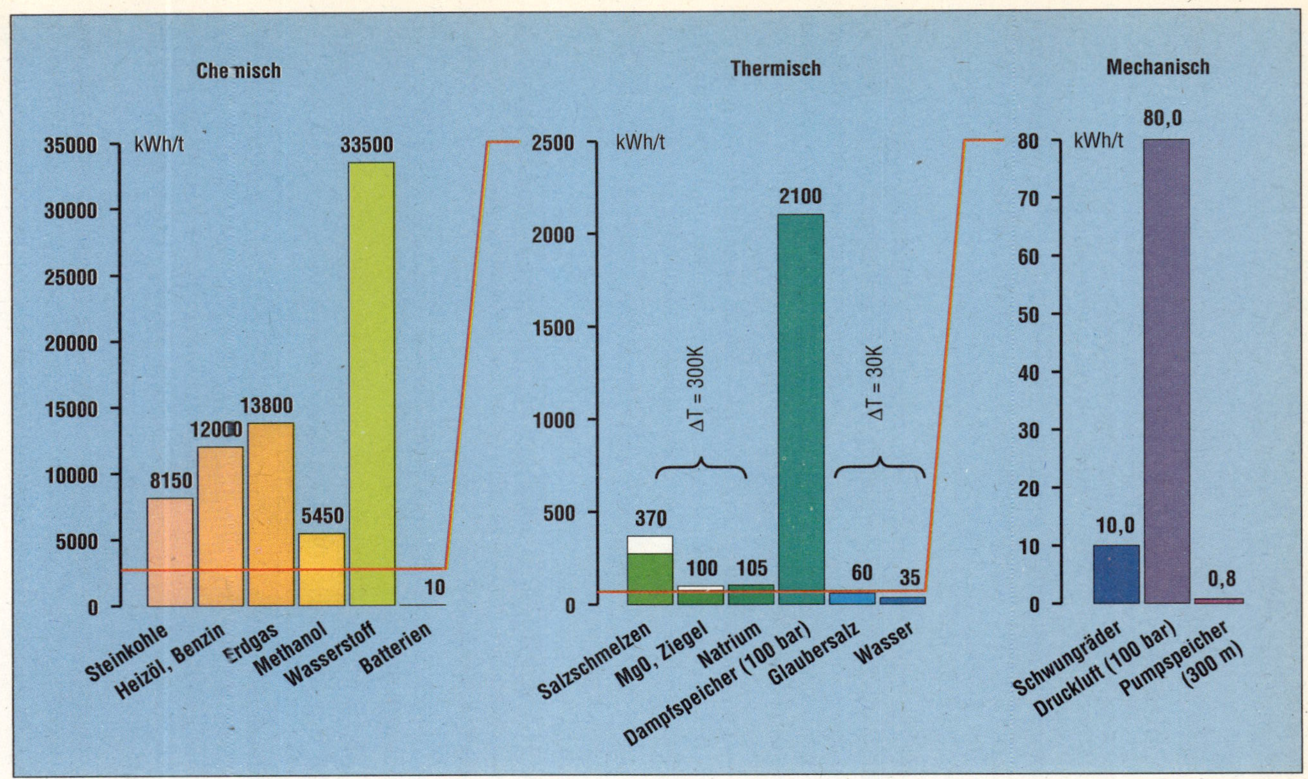

Abb. 6.6-1: Masser-spezifischer Energieinhalt von Energieträgern/Energiespeichern (Winter, 1993)

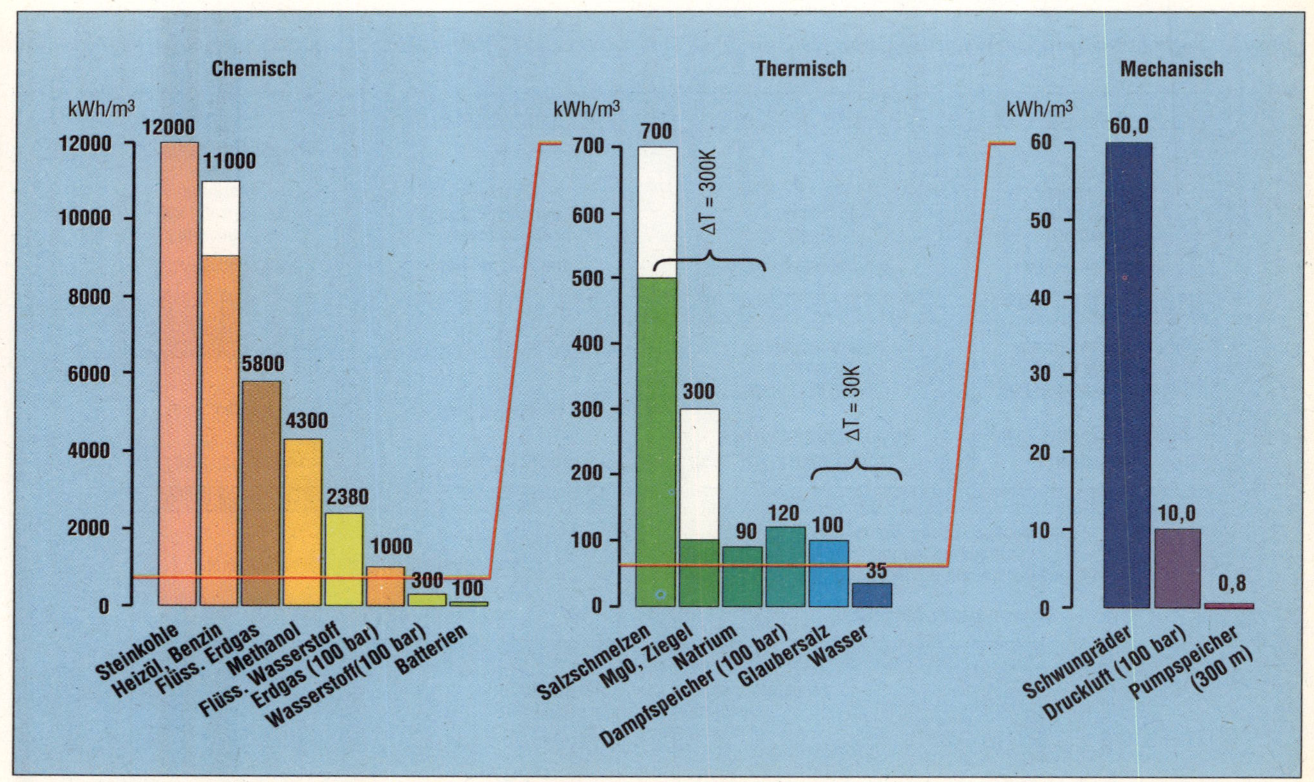

Abb. 6.6-2: Volumenspezifischer Energieinhalt von Energieträgern/Energiespeichern (Winter, 1993)

Abb. 6.6-3: Abhängigkeit unterschiedlicher Speicherkonzepte vom eingesetzten Wärmeträgerfluid (Forschungsverbund Sonnenenergie, 1994, 77)

Aquifere[49] bieten ähnlich günstige Bedingungen, sind aber nur sinnvoll nutzbar, wenn die Speicher groß sind und ruhende Gewässer vorhanden sind. Abgegrenzte Speicher kleinerer Volumina sind bei günstigen geologischen Bedingungen möglich. Dichte Ton- oder Gesteinsschichten und Dichtwände begrenzen in diesen Fällen die Speicher (Hahne, 1993, 78). Hydroökologische Probleme sind dabei in die Überlegungen mit einzubeziehen.

Traditionelle Wärmespeichersysteme haben je nach geologischen Grundbedingungen und Speicherkapazität sehr unterschiedliche Kosten, wie aus Abbildung 6.6-4 zu entnehmen ist. Die Kosten pro Kilowattstunde reichen von unter 30 Pfg. bei Felssonden mit einem Kavernenniveau bis zu etwa 2 DM bei Speicherung in kleineren Stahltanks.

Neue Technologien, die Phasenübergänge (Latentspeicher) und die Umwandlung von Wärme in chemische Energie zur Energiespeicherung nutzen, eröffnen weitere Optionen (Zinko, 1993, 73).

Vor allem Latentwärmespeicher bieten die Chance der Wärmespeicherung bei konstanter Temperatur und kleinerem Volumen. Sie stehen kurz vor dem wirtschaftlichen Einsatz.

Strom

Strom kann direkt in Batterien oder Magnetfeldern und indirekt in Pumpwasserspeichern, Schwungrad- oder Gasdrucksystemen sowie über chemische Energieträger (flüssig oder gasförmig, Wasserstoff) gespeichert werden.

Tabelle 6.6-1 gibt einen Überblick über die Vor- und Nachteile verschiedener Batterietypen und den jeweiligen Entwicklungsbedarf.

Zu den chemischen Speicherkonzeptionen zählt auch die Wasserstoff-Elektrolyse und Wasserstoff-Speicherung. Mittelfristig kann sie aber noch keinen Beitrag zu der Erschließung von Einsparpotentialen leisten (Schaefer, 1993, 5).

Wasserstoff kann in stationären und mobilen Speichern unterschiedlicher Größe in gasförmiger und flüssiger Form gelagert werden. Abbildung 6.6-5 vermittelt einen Überblick über die unterschiedlichen Konzeptionen. Die „Technische Gase"-Industrie bietet Kleinst- bis Größstspeicher für gasförmigen und flüssigen Wasserstoff (GH_2, LH_2), die in der Energiewirtschaft einsetzbar sind. Raumfahrt und Wasserstoffchemie beherrschen GH_2- und LH_2-Speicherung incl. -transport bis zu größten Mengen auf Land, zur See und in der Luft.

[49]) Aquifer ist die internationale Bezeichnung für eine grundwasserleitende Schicht

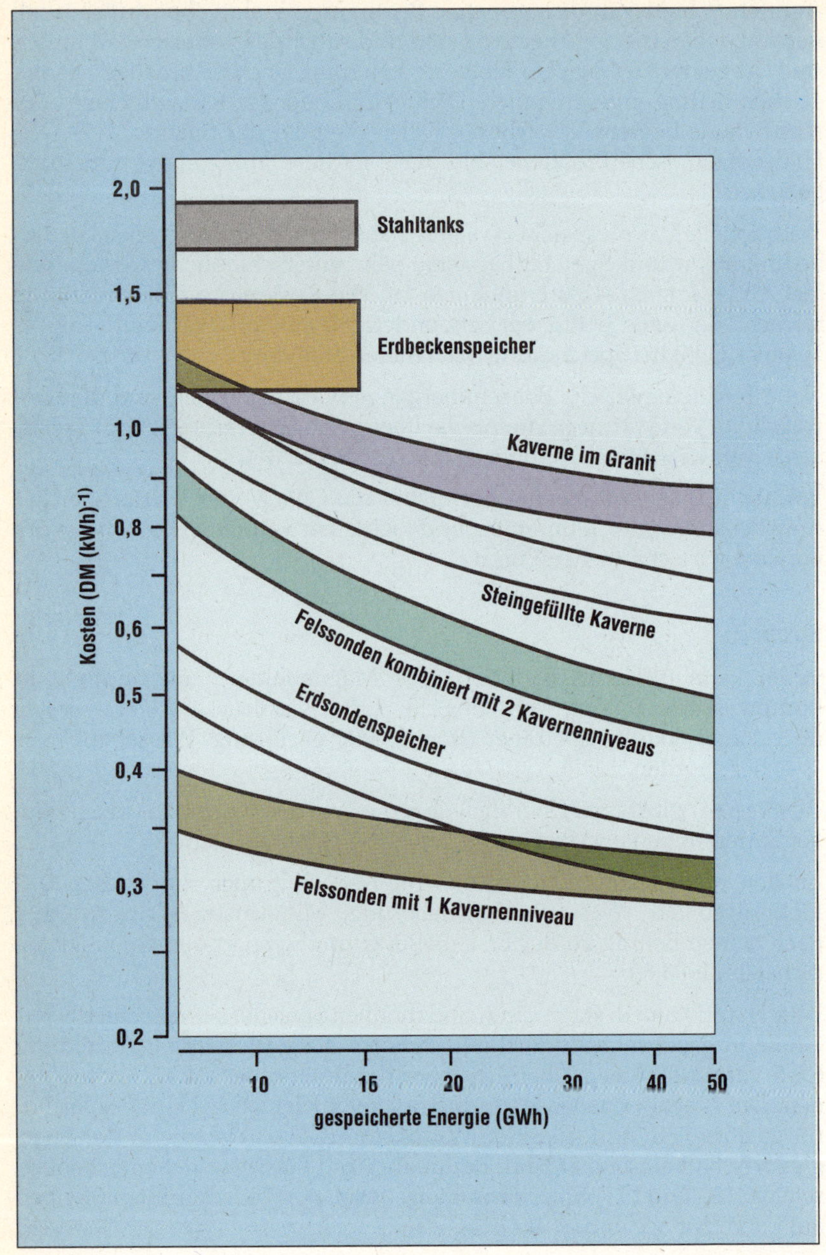

Abb. 6.6-4: Kosten verschiedener Wärmespeichersysteme (Zinko, 1993, 61)

Tabelle 6.6-1: Batterien: Vorteile, Nachteile, Entwicklungsbedarf (Quinn u. a., 1985, 2.9)

Batterie	Vorteile	Nachteile	Entscheidende Problemfelder / Verbesserungsbereiche
Bleisäure	geprüfte Technologie Produktionsanlagen vorhanden	niedrige spezifische Energie niedrige spezifische Leistung mittlerer Lebenszyklus Grenzkosten	Gewicht des Bleis
Schwefel-Natrium	hohe spezifische Energie hohe spezifische Leistung preiswerte Materialien	hohe Temperatur teure Elektrolyte korrodierende Materialien Kosten der Isolierung	Zähigkeit der Akkusäure Preis der Elektrolyte Korrosion des Gehäuses zufällige Batterieausfälle
Zink-Brom	möglicherweise preiswert hohe spezifische Leistung	großes Volumen mechanisch komplex kurzer Lebenszyklus der Batterien	Brom greift Karbon-Plastik an Zuverlässigkeit der Ladestation Energieverluste
Lithium-Eisen Disulfid	gute spezifische Energie gute spezifische Leistung	hohe Temperatur Kosten der Isolierung korrodierende Materialien	instabile Zellkomponenten
Aluminium-Luft	hohe spezifische Energie mechanisch wiederaufladbar	niedrige Gesamteffizienz mechanisch komplex hohe Arbeitskosten großes Volumen	verbesserte und preiswerte Katalysatoren Systemdesign stabile Elektroden
Nickel-Wasserstoff	erprobte Technologie zuverlässig lange Lebenszeit robust	hohe Kosten	niedrigere Materialkosten verbesserte Katalysatoren

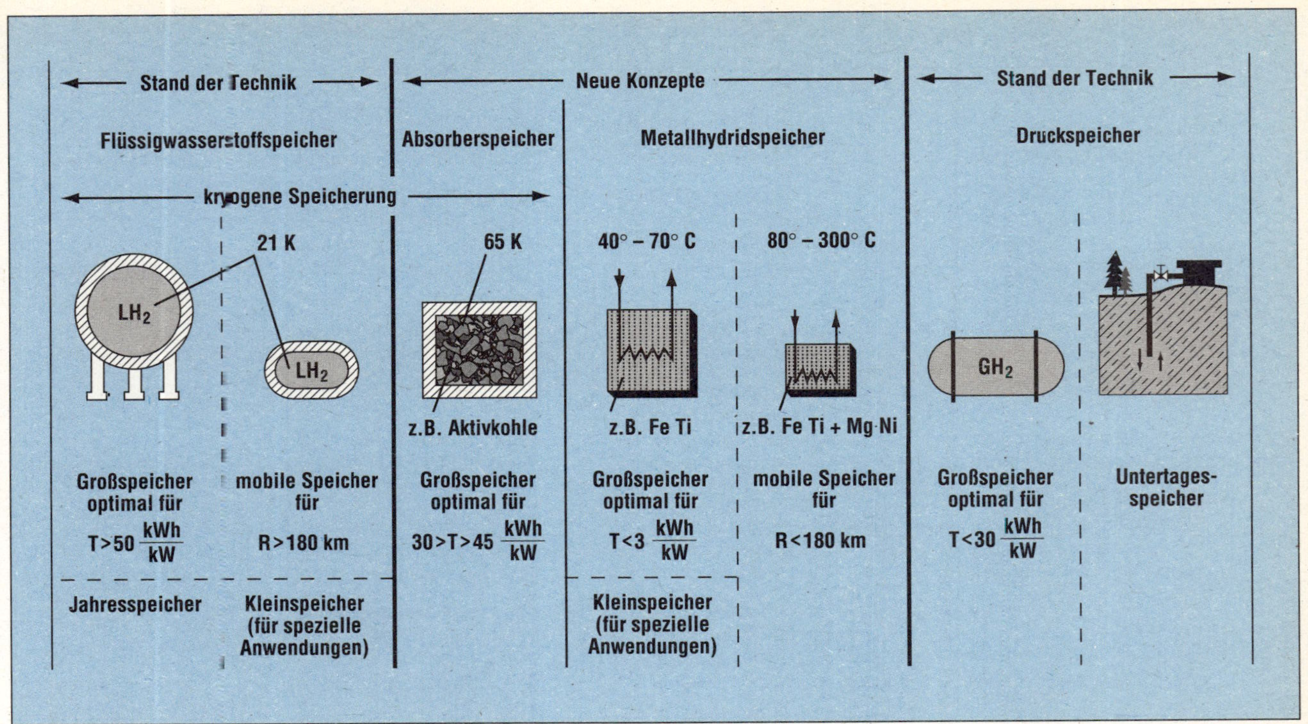

Abb. 6.6-5: Verschiedene Konzepte zur Wasserstoffspeicherung (schematische Darstellung) (Winter, Nitsch, 1988, 258). Die optimalen Anwendungsbereiche werden für stationäre Großspeicher durch den Parameter T (spezifische Kapazität, kWh/kW) und für mobile Speicher durch den Parameter R (Reichweite, km) definiert

6.6.2 Erzeugung von Sekundärenergieträgern und Energienutzungssysteme für Sekundärenergieträger

Primärenergieträger werden in Sekundärenergieträger umgewandelt. Beispiele für Sekundärenergieträger sind elektrischer Strom, Wasserdampf, Wasserstoff oder synthetisierte chemische Energieträger wie Methanol, Ethanol u. ä.

Zu unterscheiden ist die Herstellungs- und die Nutzungsseite.

Die Stromerzeugung und die Stromnutzung sind in den Kapiteln 6.2 bis 6.4 ausführlich behandelt.

Erzeugung von Wasserstoff

Die direkte Wasserstoffherstellung, vor allem auf der Basis von fossilen Energieträgern, erfolgt über Dampfspaltungs- (Erdgas, Naphta, Methan[50]) und Vergasungsverfahren (Schweröl, Kohle). Die Wasserspaltung durch Elektrolyse kann über verschieden konzipierte Elektrolyseure erfolgen (Winter, Nitsch, 1988, 180–197).

Elektrolyseure zur Wasserstoffgewinnung für einen kontinuierlichen Betrieb sind Stand der Technik. Eine Verbesserung des Wirkungsgrades von etwa 60% auf 80% und mehr ist erreichbar.

Entwicklungsbedarf besteht bei Systemen, die auch für den intermittierenden Verbrauch geeignet sind. Mit 4 Mio. DM wurde 1992 die Forschung an Elektrolyseuren für intermittierenden Betrieb vom Bund gefördert (Deutscher Bundestag, 1993b, 4).

Weniger üblich ist heute die Wasserspaltung über thermochemische Kreisprozesse, über photoelektrochemische, photochemische und photobiologische Verfahren (Winter, Nitsch, 1988, 205–212 + 217 f.).

Nutzung von Wasserstoff

Einen zusammenfassenden Überblick über die Wasserstoff-Nutzungstechniken – Entwicklungsstand, Wirkungsgrad und NO_X-Emissionen – bietet Tabelle 6.6-2.

Die Verbrennung von Wasserstoff kann in verschiedenen Systemen erfolgen, z. B. Großfeuerungen, Wasser-Luft-Brenner für Haushalts- und Gewerbeanwendungen, katalytische Heizer, Gasturbinen etc.

Großfeuerungen für Wasserstoff zur Wärmeerzeugung in der Großchemie sind Stand der Technik. Wasserstoff-Luft-Brenner für die Wasser-

[50]) Methan kann auch aus erneuerbaren Energiequellen, Biogasanlagen etc., stammen.

Tabelle 6.6-2: Technologien zur Nutzung von Wasserstoff (Nitsch, 1989, 943)

		Status	Wirkungsgrad[1]) (bez. auf H_o) gesamt[2]) bzw. Wärmeerzeugung	mechanisch elektrisch	nutzbare Abwärmetemperatur (°C)	NO_x-Emission	Wesentliche Entwicklungsaufgaben
konventionelle Techniken	Flammenbrenner	industrieller Einsatz	0,7–0,8	–		hoch[3])	kleine Leistung Schadstoffverringerung
	Motor						Optimierung für H_2-Betrieb
	– stationär	–	0,8–0,9	≈ 0,25	≈ 200	gering[3])	–
	– mobil	Demonstration	–	≈ 0,30	–	gering[3])	Speicherung
	Gasturbine						Optimierung für H_2-Betrieb
	– stationär	–	0,7–0,8	≈ 0,35	> 350	hoch[3])	Schadstoffverringerung
	– mobil	Demonstration	–	≈ 0,35	–	hoch[3])	Speicherung
Wasserstoffspezifische Techniken	Brennstoffzelle						Kostensenkung
	– alkalisch	Prototypen	0,8–0,9	0,45–0,50	60–80	keine	Lebensdauer
	– sauer	Prototypen	0,8–0,9	≈ 0,40	180–200	keine	Betriebserprobung
	Katalytischer Heizer	Laborgeräte	≈ 0,95	–		keine	größere Leistung
	H_2/O_2	Prototyp	≈ 0,95	–		keine	Betriebserprobung
	Dampferzeuger						Betriebserprobung

[1]) bez. auf H_o = 3,55 kWh/m³
[2]) bei Wärmekraftkopplung, Abwärmenutzung
[3]) Der Einbau von Katalysatoren kann den NO_x-Ausstoß stark vermindern bzw. auf Null reduzieren.

stoffnutzung in Haushalten und im Gewerbe sind – auf der Basis von Diffusionsbrennern für stark wasserstoffhaltiges Stadtgas – in Entwicklung (Winter, Nitsch, 1988, 34–36).

Katalytische Heizer – vor allem für den Einsatz von Wasserstoff in Niedrigtemperaturheizungen –, H_2/O_2-Dampferzeuger als Sofortreservekraftwerke und Gasturbinen zur Verwendung des Wasserstoffs in Wärmekraftmaschinen und in Strahltriebwerken sind am Anfang der Entwicklung (Winter, Nitsch, 1988, 36–40 + 53–57).

Brennstoffzellen – zur Nutzung von Wasserstoff – sind unterschiedlich entwickelt:

- Hochtemperaturbrennstoffzellen (650 °C bis 950 °C) sind in der Entwicklungsphase, wobei der Schmelzkarbonattyp (650 °C) einen Entwicklungsvorsprung gegenüber dem Festoxidtyp (950 °C) hat.

  Ihr Einsatzbereich wird vor allem in der Stromerzeugung in Kraftwerken – als topping cycle – gesehen.
- Für den mittleren Temperaturbereich (bei circa 200 °C) werden Phosphorsäure-Brennstoffzellen auf dem internationalen Markt für den Kleinkraftwerksbereich (im MW-Bereich) kommerziell angeboten.
- Im Niedertemperaturbereich (unter 100 °C) wurden alkalische und Polymer-Brennstoffzellen entwickelt und in kleiner Anzahl erprobt (Raumfahrt, maritime Anwendung) (Deutscher Bundestag, 1993b, 4 f.); sie sind auf dem Markt.

  Ein Einsatzbereich für Niedertemperatur- und Mitteltemperaturbrennstoffzellen wird bei Kraftfahrzeugantrieben gesehen.

Koppelt man verschiedene Systeme einer solaren Wasserstoffwirtschaft - von der solaren Energieerzeugung bis zur Wasserstoffnutzung – beim Endverbraucher, so ergeben sich je nach Kombination verschiedener Systeme recht unterschiedliche Gesamtwirkungsgrade. Tabelle 6.6-3 verdeutlicht dies.

Nutzung von Ethanol, Rapsmethylester und Methanol

Ethanol, Rapsmethylester und Methanol werden vorwiegend als Treibstoffe eingesetzt. Ethanol wird aus zucker-, stärke- oder zellulosehaltigen nachwachsenden Rohstoffen, Methanol auf der Basis fossiler Energieträger oder aus Biomasse und Rapsmethylester aus Rapsöl und Methanol hergestellt. Eine detaillierte Behandlung dieser Treibstoffe ist dem Bericht „Mobilität und Klima – Wege zu einer klimaverträglichen Verkehrspolitik" der Enquete-Kommission „Schutz der Erdatmosphäre" zu entnehmen.

Tabelle 6.6-3: Wirkungsgrade solarer Wasserstoffsysteme [in %] (Winter, 1994)

	heute	max.
1 Solarthermisches Kraftwerk	10	≥ 25
2 Photovoltaisches Kraftwerk	6	≥ 12
3 Elektrolyse	60	≥ 90
4 Transport	95	≥ 95
5 Katalytische Heizer	85	≥ 85
6 Brennstoffzelle	50	≥ 50
Gesamtsysteme		
1–3–4–5	$\approx 4{,}9$	$\approx > 18$
2–3–4–5	$\approx 2{,}9$	$\approx > 9$
1–3–4–6	$\approx 2{,}9$	$\approx > 11$
2–3–4–6	$\approx 1{,}7$	$\approx > 4$

6.7 CO_2-Rückhaltung und Entsorgung in Kraftwerken

6.7.1 Vorbemerkungen

Seit einigen Jahren laufen in einigen Industrieländern (insbesondere Japan, Niederlande, England, USA) Untersuchungen darüber, das in Großkraftwerken entstehende Kohlendioxid (CO_2) aus dem Prozess abzutrennen und an einem geeigneten Ort (von der Atmosphäre isoliert) zumindest zwischenzulagern. Die umfangreichsten Untersuchungen dieser Art wurden in den letzten Jahren im Rahmen des „IEA-Greenhouse Gas R & D Programme" unter englischer Projektleitung durchgeführt. Der Grundgedanke einer solchen CO_2-Entsorgungsstrategie beruht darauf, den Anstieg der CO_2-Konzentration in der Atmosphäre zu verzögern, bis nichtfossile Primärenergieträger die Hauptlast der Energieversorgung übernehmen können. Diese Rückhaltung von CO_2 nach der Verbrennung fossiler Brennstoffe mit der sich anschließenden Deponierung ist eine klassische End-of-pipe-Technologie und als solche hier nur als nachrangiger Lösungsansatz zur Verminderung der energiebedingten CO_2-Emissionen zu betrachten.

Es läßt sich bereits heute sagen, daß diese Technik gerade wegen des hohen technischen und energetischen Aufwandes zur CO_2-Abtrennung und -lagerung nur dort sinnvoll angewendet werden könnte, wo große Mengen an fossilen Brennstoffen umgesetzt werden, d. h. nur in großen Kraftwerken. Das beträfe derzeit theoretisch etwa 20% der weltweiten Nutzung fossiler Brennstoffe (Heinloth, 1993). Dabei wird das CO_2-Rückhaltevermögen je Kraftwerk auf 80–95% geschätzt. Zusammen mit dem Energieeinsatz zur CO_2-Abtrennung führen auch der Transport zur Deponie sowie die Einlagerung selbst zu einer weiteren Erhöhung des Primärenergieeinsatzes und vermindern den Gesamtwirkungsgrad eines Kraftwerkes weiter. Da insbesondere viele der in Frage kommenden Kraftwerke weit von der Lagerstätte (tiefe Ozeanbecken oder Erdgasfelder, s. u.) entfernt liegen, wird allein der damit verbundene zusätzliche Energieaufwand beim Transport den Kreis der potentiellen Kandidaten weiter einschränken.

Die Forschungs- und Entwicklungsanstrengungen der CO_2-Entsorgungstechnik befinden sich erst am Anfang, so daß über das mögliche Entsorgungspotential zur Zeit nur spekuliert werden kann. Darüber hinaus muß die Umweltverträglichkeit der einzurichtenden CO_2-Deponien nachgewiesen werden.

6.7.2 Abtrennung von CO_2 aus dem Kraftwerksprozeß

Die Abtrennung von Kohlendioxid aus dem Kraftwerksprozeß kann prinzipiell vor oder nach dem Verbrennungsprozeß erfolgen. Folgende Optionen werden diskutiert:

Bei der Abtrennung nach dem Verbrennungsprozeß werden die Rauchgase im Gegenstromverfahren einer chemischen Gaswäsche zugeführt, wobei das CO_2 gebunden (Adsorption) und durch Aufwärmen an anderer Stelle freigesetzt wird (Desorption). Diese Methode dürfte für Rauchgase mit kleiner CO_2-Konzentration und bei niedrigem Druck vorteilhaft sein. Sie wäre somit auch zur Nachrüstung bestehender Kraftwerke geeignet. Für ein Erdgas-GuD-Kraftwerk wurde abgeschätzt, daß sich durch diese CO_2-Rückhaltemaßnahme der Wirkungsgrad von ursprünglich 52% auf 42% reduziert, die Stromerzeugungskosten um 52% steigen, und die spezifische CO_2-Emission von 408 auf 76 g CO_2/kWh_el sinkt, was zu CO_2-Vermeidungskosten (ohne Speicherung) von rund 90 DM/t CO_2 führt.

Die Abtrennung von CO_2 vor der Verbrennung erscheint bei zukünftigen Kohle-GuD-Kraftwerken mit integrierter Kohlevergasung möglich. Das neben Wasserstoff im Synthesegas enthaltene Kohlenmonoxid (CO) wird in Wasserstoff und Kohlendioxid überführt. Anschließend wird das CO_2 mittels einer physikalischen Gaswäsche abgetrennt, so daß die Gasturbine mit einem Wasserstoff/Luft-Brennstoffgemisch befeuert werden kann. Abschätzungen hierzu ergaben, daß sich der Wirkungsgrad eines Kohle-GuD Kraftwerks von ursprünglich 43% auf etwa 34% reduziert, die Stromerzeugungskosten (auf der Basis Importkohle) um 43% ansteigen und die spezifische CO_2-Kraftwerksemission sich von 769 auf 92 g CO_2/kWh_{el} reduziert, was zu CO_2-Vermeidungskosten (ohne Speicherung) von ca. 50 DM/t CO_2 führt (vgl. auch Hendriks u. a., 1989).

Eine weitere Möglichkeit zur CO_2-Rückhaltung besteht darin, fossile Brennstoffe mit reinem Sauerstoff aus einer Lufttrennanlage bei Abreicherung durch rezykliertes CO_2 zu verbrennen. Das Abgas enthält dann keinen Luftstickstoff mehr, aber es muß noch der bei der Verbrennung entstehende Wasserdampf auskondensiert werden. Trotz der Einfachheit dieses Prozesses und der Möglichkeit einer nahezu 100%-igen CO_2-Abtrennung ist er aber den oben beschriebenen Prozessen unterlegen, solange die Bereitstellung reinen Sauerstoffs noch zu energieintensiv ist.

Eine weitere Methode der CO_2-Vermeidung ist die Dekarbonisierung von Kohlenwasserstoffen mit hohem H/C-Verhältnis (insbesondere Erdgas), d. h. die Zerlegung in Wasserstoff und Kohlenstoff (sog. Methanzerlegung), wobei letzterer ungenutzt entnommen und gelagert würde (sog. HYDROCARB-Prozeß). Dabei verliert man rund die Hälfte des Heizwertes von Erdgas, erhält aber ein leicht an der Erdoberfläche zu lagerndes Endprodukt.

6.7.3 Speicherung von CO_2

Zur Zeit werden im wesentlichen zwei Speicherungstypen[51)] für CO_2 diskutiert:

(a) Einmischung in die Tiefsee

Durch Einpumpen von flüssigem CO_2 mittels Pipeline in geeignete küstennahe Gewässer in mindestens 300–500 m Tiefe oder durch Versenken von festem CO_2 (Trockeneis) auf hoher See von Schiffen aus.

---

51) weitere, noch spekulative Möglichkeiten sind:
(c) Speicherung in Aquiferen: Durch Einpumpen von CO_2-Gas durch die undurchläßige Deckschicht hindurch, wobei es entweder als komprimiertes Gas oder in Wasser gelöst gespeichert wird.
(d) Speicherung als CO_2-Trockeneis an der Erdoberfläche: Durch Anlegen eines oberirdischen, thermisch isolierten CO_2-Eislagers mit großem Volumen zu Oberflächenverhältnis, wobei durch die sehr langsame CO_2-Sublimation (charakteristische Standzeit: 500–1 000 Jahre) das CO_2-Maximum in der Atmosphäre zeitlich verschoben wird.

(b) Speicherung in leeren Erdgas- oder Ölfeldern

Durch Einpumpen von CO_2-Gas in ausgebeutete Erdgas- und Erdölfelder (on- und off-shore), wobei es im physikalisch dichten, überkritischen Zustand ($T > 31° C$, $p > 74$ bar) gespeichert bleibt. In teilweise ausgebeuteten Erdölfeldern kann dabei zusätzlich noch Erdöl gewonnen werden (Enhanced Oil Recovery).

Die Tabelle 6.7-1 enthält einige Informationen über Charakteristika dieser und weiterer CO_2-Lagermöglichkeiten. Wichtig ist, daß bei allen Verfahren zur CO_2-Abtrennung die möglichen Umwelt- und Sicherheitsaspekte noch untersucht werden müssen.

Aufgrund des hohen Lagerpotentials erscheint der tiefe Ozean als die interessanteste CO_2-Senke, wobei nur bei küstennahen Kraftwerksstandorten die CO_2-Einleitungskosten gegenüber den Abtrennungskosten gering bleiben. In Japan wurden bereits CO_2-Versenkungsversuche im Pazifik mit CO_2-Eiskuben mit einer Kantenlänge von 25 cm durchgeführt.

Dabei ist zu beachten, daß die Tiefsee keine dauerhafte Lagerstätte für im Meerwasser gelöstes CO_2 ist, weil wegen der ozeanischen Zirkulation Tiefseewasser je nach Region nach Jahren, Jahrhunderten oder Jahrtausenden wieder an die Oberfläche gelangt und ein eventueller CO_2-Überschuß dann in die Atmosphäre entweicht. Die Tiefsee ist also nur ein Zwischenlager für CO_2. Gegenwärtig ist allerdings ein CO_2-Überhang in der Atmosphäre, so daß pro Jahr etwa 2 Mrd. Tonnen Kohlenstoff im Ozeaninneren zusätzlich gespeichert werden. Nach mehreren vollständigen Umwälzungen des Ozeans, also nach wenigen Jahrtausenden, bleiben etwa 15 Prozent eines CO_2-Überhangs in der Atmosphäre oder 15 Prozent einer CO_2-Deponierung entweichen in die Atmosphäre.

Völlig ungelöst ist der Einfluß erhöhter CO_2-Injektion in spezielle Tiefseebecken auf die Sedimentationseigenschaften und das Leben auf dem Meeresgrund. Bei Erhöhung des Anteiles an Kohlenstoffverbindungen wird z. B. das im marinen Schnee (Abfall der Lebewesen) enthaltene Karbonat nur noch in einer geringeren Schichtdicke im unteren Ozeanteil angelöst; im Extremfall werden dann aus tonigen Sedimenten überwiegend kalkhaltige Sedimente (siehe auch de Baar u. Stoll, 1989).

Die CO_2-Speicherung in leeren Erdgasfeldern (van der Harst und van Nieuwland, 1989) ist nicht nur kostengünstiger als diejenige in der Tiefsee, sondern diese Lagerstätten haben bereits aufgezeigt, daß sie Gase unter Druck über Jahrtausende sicher einschließen können. Es ist deshalb wahrscheinlich, daß hier zuerst Großversuche einer CO_2-Endlagerung

Tabelle 6.7-1: Daten zu einigen CO_2-Speichermöglichkeiten (eigene Darstellung)

Speicher	Potentielle Speicherkapazität GT C	grob geschätzte Lagerkosten US $/t C	grob geschätzte Transportkosten US $/t C u. 100 km	Potentielle Umweltbeeinflussung	Noch nötiger Forschungsaufwand
Ozean	10^4	4	2,5	veränderte Sedimentation, Transformation der Ökosysteme am Meeresgrund	sehr hoch, denn die maritime Biologie im Tiefenwasser und am Meeresgrund ist betroffen
Leere Gas- und Erdöllagerstätten	140 bzw. 40	8	4	Gesteinsauflösung durch Hydrogenkarbonatbildung, Versiegelung	mittel, weil hydrogeologische Untersuchungen notwendig
Grundwasserleiter	< 100	5	4	wie oben, wenn wasserhaltig	hoch, da Chemismus, Stabilität der Gesteine und Grundwasser betroffen sind

vorgenommen werden. Vorbedingung ist auch hier, daß die Umweltverträglichkeit dieser Deponieart, insbesondere die hydrogeologischen Aspekte, untersucht worden sind.

6.7.4 Fazit

Vor einer großtechnischen Anwendung von CO_2-Rückhalte- und -Entsorgungstechniken sind weitere Forschungsanstrengungen unabdingbar. Diese müssen auch die Umweltverträglichkeit für die Deponiestätten mit einbeziehen (vgl. Tab. 6.7-1). Angesichts des bereits heute absehbaren hohen Aufwandes für eine CO_2-Rückhaltetechnik sind die Optionen Minderung des Energiebedarfes durch effizientere Energienutzung sowie zunehmende Verwendung von nichtfossilen Energieträgern wesentlich wirkungsvoller, umweltfreundlicher und meist billiger. Mithin ist dieser Weg der primäre Lösungsansatz, da er bei der Ursache des Problems ansetzt.

6.8 Gesamtpotentiale

Die von verschiedenen Institutionen ermittelten CO_2-Minderungspotentiale bis zum Jahr 2005 sind in Tabelle 6.8-1 aufgeteilt nach verschiedenen Sektoren zusammengefaßt. Für die alten Bundesländer sind sowohl die Ergebnisse des Endberichts der Enquete-Kommission „Vorsorge zum Schutz der Erdatmosphäre" (EK, 1990 a; Reduktionsszenario „Energiepolitik", für die anderen Szenarien: EK, 1990 a, Band 1, 91) aufgeführt als auch die BMU/UBA-Analyse „Zielvorstellungen für eine erreichbare Reduktion der CO_2-Emissionen", Kabinettsvorlage vom 13. 6. 1990. Für die neuen Bundesländer sind die Werte der DIW-Studie (DIW, 1991) und der Prognos-Studie (Prognos, 1991) aufgeführt.

Die Ausgangswerte der CO_2-Emissionen in den einzelnen Sektoren und die durch die jeweils durch Einzelmaßnahmen realisierbaren CO_2-Minderungspotentiale der Sektoren sind in Tabelle 6.8-2 zusammengestellt.

Tabelle 6.8-1: CO_2-Minderungspotentiale bis zum Jahr 2005 im Vergleich (direkte und indirekte Emissionen)

	CO_2-Reduktion in Mio. t			
	Alte Bundesländer		Neue Bundesländer	
	BMU/UBA[1]	EK[2]	DIW[3]	Prognos[4]
Ausgangswert: Gesamte CO_2-Emissionen	716	716	319	334
Sektoren (im Jahr)	(1987)	(1987)	(1989)	(1989)
– Private Haushalte (ohne erneuerbare Energien)	51	64	13	9
– Kleinverbrauch (ohne erneuerbare Energien)	24	14	22	28
– Industrie (inklusive industrielle KWK)	39	16	67	76
– Verkehr	13	15	+15	+12
– Energieversorgung (HWK, Kraftwerke, Raffinerien)[5]	42	55	27	43
– Erneuerbare Energien	28	33	5	1
– Abfallwirtschaft	20	4	(0,4)	3
– nicht behandelte Subsektoren	–	4[6]	–	–
Summe der Sektorpotentiale der technischen und organisatorischen Maßnahmen bei gleicher Energiedienstleistung	217	205	119	148
Verminderung der Energiedienstleistungen durch energiebewußtes Verhalten und Werteänderungen	k. A.	k. A.	k. A.	k. A.
Gesamtsumme der CO_2-Minderung	217	241	119	148
Reduktion des Ausgangswertes um	*30%*	*34%*	*37%*	*44%*

[1]) BMU/UBA-Analyse vom 13. Juni 1990
[2]) 3. Bericht der Enquête-Kommission „Vorsorge zum Schutz der Erdatmosphäre" vom Oktober 1990
[3]) DIW-Studie vom 1. August 1991
[4]) Prognos-Studie vom 20. Dezember 1991
[5]) nur Effizienzverbesserungen und Brennstoffsubstitution, Erzeugungsveränderungen bereits in den Änderungen der Endenergiesektoren (durch Einschluß der indirekten Emissionen) enthalten
[6]) dezentrale Warmwasserversorgung mit Holz und Gas, Kraft und Treibstoffe für Militär und Landwirtschaft, Strom für Wärme im Verkehr, Strom von Kleingeräten im Haushalt

Tabelle 6.8-2: CO_2-Minderungspotentiale bis zum Jahr 2005 im Vergleich (direkte und indirekte Emissionen) nach Sektoren

		CO_2-Reduktion in Mio. t			
		Alte Bundesländer		Neue Bundesländer	
		BMU/ UBA [1])	EK [2])	DIW [3])	Prognos [4])
1	Private Haushalte Ausgangswert: CO_2-Emissionen (im Jahr)	172 (1987)	172 (1987)	64 (1989)	64 (1989)
1.1	Raumwärme				
	– Neubau (Zubau und Reinvestition)	16	18		
	– Altbausanierung	20	35	8	2,4
	– Optimierung der Heiztechnik	6	6	11	6,0
	– Endenergiesubstitution	[5])	(2,7) [6])		(4,1)
	– Erneuerbare Energien	[5])	(8,4) [6])		
	– Vergrößerung der Wohnfläche, Zentralheizung	÷ 15	÷ 15	÷ 8	÷ 6,0
	Summe Raumwärme (ohne Substitution und Erneuerbare)	27	44	11	2,4
1.2	Warmwasser				
	– höherer Wirkungsgrad der Erzeuger, Isolierung der Rohrleitungen	7	7		0,3
	– Endenergiesubstitution	[5])	(80,1) [6])	(0)	(0,5)
	– Erneuerbare Energien (Kollektoren)	(3–5)	(3–5) [6])		

Fortsetzung Tabelle 6.8-2

	CO_2-Reduktion in Mio. t			
	Alte Bundesländer		Neue Bundesländer	
	BMU/ UBA [1]	EK [2]	DIW [3]	Prognos [4]
1.3 Haushaltgeräte und Beleuchtung				
– Stromsparende Geräte	7	5		1,7
– Endenergiesubstitution	[5]	(5) [6]		
– Höherer Versorgungsgrad			÷ 1	
Summe privater Haushalte (ohne Substitution und Erneuerbare)	41	56	10	4,4
– Endenergiesubstitution	10 [7]	8	3	4,6
– Erneuerbare Energien	(11) [7]	(12) [8]		
Gesamtsumme CO_2-Minderung (ohne erneuerbare Energien)	51	64	13	9
Reduktion des Ausgangswertes um	30 %	37 %	20 %	13 %

Fortsetzung Tabelle 6.8-2

		CO_2-Reduktion in Mio. t			
		Alte Bundesländer		Neue Bundesländer	
		BMU/ UBA[1])	EK[2])	DIW[3])	Prognos[4])
2	Kleinverbrauch Ausgangswert: CO_2-Emissionen (im Jahr)	115[9]) (1987)	115[9]) (1987)	71[9]) (1989)	72[9]) (1989)
2.1	Prozeßwärmeintensiver Bereich				
	– Anstieg durch Wirtschaftswachstum (inkl. Trendsparen)	÷ 11	÷ 11		
	– Einsparungen durch verstärkte rationelle Energienutzung	— 20	16		
	Summe prozeßwärmeintensiver Bereich	9	5,1[10])		
2.2	Raumwärmeintensiver Bereich verstärkte Wärmedämmung, rationelle Stromanwendung	12	6,1[10])		
Summe Kleinverbrauch ohne Substitution und Erneuerbare		21	11,2	22	28
	– Endenergiesubstitution beide Bereiche	3[7])	2,7		
	– Erneuerbare Energien beide Bereiche	(10)[7])[8])	(11,1)[8])		
Gesamtsumme CO_2-Minderung (ohne erneuerbare Energien)		24	14	22	28

Fortsetzung Tabelle 6.8-2

		CO_2-Reduktion in Mio. t			
		Alte Bundesländer		Neue Bundesländer	
		BMU/UBA [1])	EK [2])	DIW [3])	Prognos [4])
3	Industrie Ausgangswert: CO_2-Emissionen (im Jahr)	221 (1987)	221 (1987)	127 (1989)	124 (1989)
3.1	Rationelle Energienutzung, davon				
	– nicht näher spezifizierte rationelle Energienutzung	41 [11])	51 [12]) (zusammen für die drei Zeilen)		
	– verstärkte Wärmenutzung	30			
	– Wärmedämmung von Gebäuden und Produktionshallen	2			
	– Ausbau der industriellen Kraft-Wärme-Kopplung	30 [13])	11		
	Summe rationelle Energienutzung	103 [13])	62	94 [14])	84 [14])
3.2	Substitution, davon				
	– Fossilenergiesubstitution		14,5		
	– durch erneuerbare Energiequellen substituierte Brennstoffe		(1,7) [8])		
	– Fossilenergiesubstitution für industrielle KWK		3,0		
	Summe Substitution (nur direkte Emissionen)	– [15])	17,5		

Fortsetzung Tabelle 6.8-2

	CO_2-Reduktion in Mio. t			
	Alte Bundesländer		Neue Bundesländer	
	BMU/ UBA [1])	EK [2])	DIW [3])	Prognos [4])
3.3 Wirtschaftswachstum und Strukturwandel, davon				
– Wirtschaftswachstum und interindustrieller Strukturwandel	÷ 64 [16])	÷ 64 [16])	÷ 27 [17])	÷ 8 [17])
– Produktstrukturwandel	– [18])	– [18])	– [18])	– [18])
Summe Wirtschaftswachstum und Strukturwandel	÷ 64	÷ 64	÷ 27	÷ 8
Gesamtsumme CO_2-Minderung	39	15,5	67	76
Reduktion des Ausgangswertes um	18 %	7 %	53 %	61 %

Fortsetzung Tabelle 6.E-2

		CO_2-Reduktion in Mio. t			
		Alte Bundesländer		Neue Bundesländer	
		BMU/ UBA [1])	EK [2])	DIW [3])	Prognos [4])
4	Verkehr Ausgangswert: CO_2-Emissionen (im Jahr)	154 (1987)	159 (1987)	19 (1989)	20 (1989)
4.1	Personenverkehr				
	– Individualverkehr (PKW, Kombi, motor. Zweiräder)	7,8	25,5	÷ 9,4	
	– Luftverkehr	÷ 11,3	÷ 7,2	÷ 2,1	
	– Busse/Bahnen	1,3	÷ 1,8	0,3	
	Summe Personenverkehr	÷ 2,2	16,5	÷ 11	
	Einzeleffekte [19]):				
	– fahrzeugbedingte Einsparung		28		
	– fahrverhaltens-, verkehrsflußbedingte Einsparung		10		
	– niedrige Auslastungsgrade		÷ 4		
	– Verlagerung auf energetisch günstigere Verkehrsmittel		8		
	– Erhöhung der Verkehrsleistung		÷ 30		
4.2	Güterverkehr				
	– Straße, Flugzeuge	÷ 10,1	÷ 0,8	÷4,7	
	– Schiene, Schiff, Rohrfernleitung	0,1	÷ 1,1	0,8	
	Summe Güterfernverkehr	÷ 10,2	÷ 1,9	÷ 4	

Fortsetzung Tabelle 6.8-2

	CO_2-Reduktion in Mio. t			
	Alte Bundesländer		Neue Bundesländer	
	BMU/ UBA[1])	EK[2])	DIW[3])	Prognos[4])
Zwischensumme	÷ 12,4	14,6		
Nicht-technische Maßnahmen	25	*)		
Gesamtsumme CO_2-Minderung .... Reduktion des Ausgangswertes um	12,6[20]) 8%	14,6[20])[21]) 9%	÷ 15 ÷ 79%	÷ 12[22]) 60%

Fortsetzung Tabelle 6.3-2

		CO₂-Reduktion in Mio. t			
		Alte Bundesländer		Neue Bundesländer	
		BMU/UBA [1]	EK [2]	DIW [3]	Prognos [4]
5	Heizkraftwerke und Fern-/Nahwärme Ausgangswert: CO_2-Emissionen (im Jahr)	21,1 [23] (1987)	21,1 [23] (1987)	29 [23] (1989)	29 [23] (1989)
5.1	Rationelle Energienutzung				
	– verstärkter Einsatz von HKW	7,0	11,1		
	– Effizienzsteigerungen			8	10
5.2	Brennstoffsubstitution				
	– industrielle Überschußwärme	15,0	–		
	– Änderung Brennstoffeinsatz in HKW				
	– Kohle zu Gas	– [24]	2,0	3	3
	– Regenerative Energie	–	(2,0) [8]	[8]	[8]
	Gesamtsumme CO_2-Minderung	22,0	13	11	14
	Reduktion des Ausgangswertes um	> 100 % [25]	62 %	38 %	45 %

Fortsetzung Tabelle 6.8-2

		CO_2-Reduktion in Mio. t			
		Alte Bundesländer		Neue Bundesländer	
		BMU/ UBA[1])	EK[2])	DIW[3])	Prognos[4])
6	Raffinerien Ausgangswert CO_2-Emissionen (im Jahr)	36[23]) (1987)	36[23]) (1987)	(1989)[26])	4,5[23]) (1989)
6.1	Rationelle Energieverwendung und Brennstoffsubstitution (einschl. CO_2-Emissionsminderungen in vorgelagerter Kette)	5	5	[6])	0,7[6])
Reduktion des Ausgangswertes um		14,0%	14%		16%

Fortsetzung Tabelle 6.3-2

		CO$_2$-Reduktion in Mio. t			
		Alte Bundesländer		Neue Bundesländer	
		BMU/ UBA [1])	EK [2])	DIW [3])	Prognos [4])
7	Kraftwerke der EltVU Ausgangswert (im Jahr)	207 [23]) (1987)	207 [23]) (1987)	129 [23]) (1989)	124 [23]) (1989)
7.1	Rationelle Energienutzung				
	– Wirkungsgradsteigerung	10 [27])	5	10	20
	– bessere Auslastung der Kernenergie	5	27	–	–
7.2	Brennstoffsubstitution				
	– Substitution fossiler Brennstoffe	10 [28])	5	1	3
Gesamtsumme CO$_2$-Minderung		15	37	16	30
Reduktion des Ausgangswertes um		7%	15%	12%	24%

Fortsetzung Tabelle 6.8-2

		CO₂-Reduktion in Mio. t			
		Alte Bundesländer		Neue Bundesländer	
		BMU/ UBA [1])	EK [2])	DIW [3])	Prognos [4])
8	Abfallwirtschaft Ausgangswert: CO_2-Emissionen (im Jahr)		2,6 [29]) (1987)		
	– Abfallwirtschaftliche Maßnahmen zur Vermeidung und Verwertung von Abfällen	15	[30])		
	– Müllverbrennung	2,5	0,5 [31])		3,0
	– Grubengas	0,5	0,4		
	– Deponiegas	0,8	1,3–2,3 [31])		
	– Klärgas	1,2	1,2	0,4	0,04
Summe Abfallwirtschaft		20	ca. 4	0,4	3

Fortsetzung Tabelle 6.3-2

	CO_2-Reduktion in Mio. t			
	Alte Bundesländer		Neue Bundesländer	
	BMU/ UBA [1])	EK [2])	DIW [3])	Prognos [4])
9 Erneuerbare Energien				
– Photovoltaik	1	0,4	–	0,004
– Windenergie	2	4,2	0,3	0,35
– Wasserkraft	4	3,5	1,2	0,11
– Biogas aus Gülle	2		3,0	0,035
– Holz und Stroh	2			÷ 0,16
– Solarkollektoren und solare Nahwärme	8			0,08
– Geothermie			0,3	0,02
– Wärmepumpen	8			
– nachwachsende Rohstoffe	1			
– Stroh- und Biogasbefeuerte Heizkraftwerke und BHKW		6,2		
– private Haushalte (Kollektoren und solare Nahwärme)		8,9		
– Kleinverbrauch (Kollektoren, Absorber, solare Nahwärme)		8,3		
– Industrie		1,7		
Summe erneuerbare Energiequellen	28	33,3	5	1

Fortsetzung Tabelle 6.8-2

[1]) BMU/UBA-Analyse vom 13. Juni 1990
[2]) 3. Bericht der Enquete-Kommission „Vorsorge zum Schutz der Erdatmosphäre" vom Oktober 1990
[3]) DIW-Studie vom 1. August 1991
[4]) Prognos-Studie vom 20. Dezember 1991
[5]) Von BMU/UBA nur als Summe ausgewiesen
[6]) Einzelbeiträge, nur als Gesamtsumme addiert
[7]) Anteilig aus der Gesamtsumme umgerechnet (siehe Text)
[8]) Erneuerbare Energien in Kap. 3.9 gesondert behandelt, hier nicht zur Summe aufaddiert.
[9]) inklusive militärische Dienststellen
[10]) Anteile der Einzelstudien mit dem Gesamtergebnis des Szenarios „Preispolitik" bewertet
[11]) Davon 32,5 Mio. t im wesentlichen bedingt durch den „autonomen" energiesparenden technischen Fortschritt, Trendsubstitution zum Erdgas sowie den Produktstrukturwandel zu weniger energieintensiven Produkten
[12]) Davon 18,5 Mio. t maßnahmeninduzierte Einsparung (Energiepreiserhöhung und Hemmnisabbau)
[13]) Einschließlich Brennstoffsubstitution zu kohlenstoffarmen Brennstoffen
[14]) Einschließlich Substitution und Strukturwandel
[15]) Keine zusätzliche CO_2-Reduktion durch Brennstoffsubtitution unterstellt, da schon in Summe rationelle Energienutzung und bei den erneuerbaren Energiequellen enthalten
[16]) CO_2-Minderung durch interindustriellen Strukturwandel bereits im wachstumsbedingten CO_2-Anstieg enthalten
[17]) Nur wachstumsbedingter CO_2-Anstieg; CO_2-Minderung durch interindustriellen Strukturwandel in nicht näher spezifizierter rationeller Energienutzung enthalten
[18]) In der CO_2-Minderung durch nicht näher spezifizierte rationelle Energienutzung enthalten.
[19]) inkl. der Emissionen der der Primärenergie vorgelagerten Kette
[20]) Die BMU/UBA-Analyse und der EK-Bericht weichen in bezug auf die CO_2-Belastung im Basisjahr 1987 voneinander ab, z. B. andere Zurechnung des Flugverkehrs von Bundesbürgern (Kriterium der BMU/UBA-Analyse: Beeinflußbarkeit). In EK-Studien von 1989 Berücksichtigung von See- und Binnenschiffen (EK-Bericht: nur Binnenschiffe)
[21]) Zum Vergleich Trend-Szenario 2005 der EK (65 Mio. Einwohner): Veränderung im gesamten Verkehr 44 Mio. t CO_2 (Personenverkehr: ÷ 28 Mio. t CO_2, davon Individualverkehr ÷ 12, Flugverkehr ÷ 17, Busse/Bahnen rund 1 Mio. t CO_2; Güterverkehr: ÷ 16 Mio. t CO_2 Straße ÷ 9 Mio. t CO_2, Flugzeuge ÷ 7 Mio. t CO_2))
[22]) Einzelwerte nicht ableitbar, untere Variante
[23]) als indirekte Emissionen bereits in den Endenergieverbrauchssektoren enthalten
[24]) in Punkt 5.1 enthalten
[25]) Umfang der Überschußwärmenutzung und der Kondensationsstromsubstitution übersteigt CO_2-Basiswert; s. Text
[26]) nicht explizit ausgewiesen, wahrscheinlich in Industrie bewertet
[27]) einschließlich Erdgasvorschaltturbinen bei GuD-Kraftwerken
[28]) werden als Reserve behandelt und gehen nicht in die Summe ein
[29]) nur direkte Emissionen, indirekte nicht quantifizierbar
[30]) nicht behandelt, aber teilweise vermutlich in Industrie und Kleinverbrauch behandelt
[31]) Werte aus Einzelstudie A.2.4 der EK
EK: Reduktions-Szenario (Wohnbevölkerung 65 Mio.); DIW/IFEU: Reduktions-Szenario; Prognos: untere Variante (ohne Militär)
*) in 4.1 und 4.2 enthalten
÷: Zunahme der CO_2-Emissionen

7 Hemmnisse und Instrumente der Klimaschutzpolitik auf dem Energiegebiet – nationaler, europäischer und internationaler Rahmen

7.1 Hemmnisse für die Minderung der Emissionen von Treibhausgasen

Definition des Hemmnisbegriffs und Systematisierung

Der Hemmnisbegriff hängt eng mit der Potentialdefinition zusammen und umfaßt zwei unterschiedliche Ebenen:

- Hemmnisse für die Ausschöpfung der – unter den gegebenen Rahmenbedingungen – wirtschaftlichen Potentiale und
- Hemmnisse, die einer Verbesserung der Wirtschaftlichkeit und damit der Erhöhung der Potentiale im Wege stehen, also die Rahmenbedingungen betreffen.

Diese beiden Ebenen können nicht exakt voneinander abgegrenzt werden, da ein komplexes Ursache-Wirkungsgeflecht der Hemmnisse besteht. So können z. B. die Rahmenbedingungen Ursache für die Hemmnisse der ersten Ebene sein (Gruber, 1994, 1).

Eine einheitliche Systematik zur Gliederung der Hemmnisse hat sich noch nicht durchgesetzt. Eine Gliederung, entsprechend der oben aufgeführten Splittung des Hemmnisbegriffes, gibt Tabelle 7.1-1 wieder.

In der Regel werden die Hemmnisse aber zielgruppenspezifisch diskutiert und die Systematisierung der Hemmnisse erfolgt dann getrennt für die einzelnen Zielgruppen. Dies wird als zielführender angesehen, da zur Überwindung der Hemmnisse nur eine zielgruppenspezifische Analyse weiterhilft (Gruber, 1994, 2).

Tabelle 7.1-1: Hemmnisbegriff (Gruber, 1994, 2)

Hemmnisse für die Ausschöpfung wirtschaftlicher Energieeinsparpotentiale		
Motivationsmangel	Informationsmangel	Finanzielle Restriktionen
– fehlendes Interesse für Energieeinsparung	– fehlende Information über die Rentabilität von Maßnahmen	– fehlende Kapitalverfügbarkeit
– fehlendes Energiekostenbewußtsein	– fehlende energietechnische Kenntnisse	– Forderung kürzerer Amortisationszeiten
– Investor/Nutzer-Problematik	– Befürchtung ungünstiger Auswirkungen, z. B. auf Betriebsablauf/Handhabung	– Konkurrenz mit anderen Investitionen
– hohe Transaktionskosten	– fehlende Kenntnis über Förder- und Beratungsmöglichkeiten	– Unsicherheit über die Energiepreisentwicklung
Rahmenbedingungen als Hemmnisse		
– zu niedrige Energiepreise (ohne Einschluß externer Kosten) – Politik der Energieversorger (z. B. Stromeinspeisung) – hemmende rechtliche Voraussetzungen, z. B. Bauvorschriften		

7.1.1 Sektorübergreifende Hemmnisse

7.1.1.1 Energieträgerbezogene sektorübergreifende Hemmnisse

Fossile Energieträger incl. KWK

Hemmnisse für den fossilen Switch, beispielsweise für einen gesteigerten Erdgas- oder Erdöleinsatz, sind die Verfügbarkeit von Erdgas und die eng damit zusammenhängende Frage der Energiepreisentwicklung. Zu nennen sind auch die Regelungen zur Kohleverstromung, § 12 3. Verstromungsgesetz (vgl. Hemmnisse der KWK) und die hohen Kapitalkosten für Kraftwerksumrüstung und Netzausbau.

Hemmnisse im Bereich der gekoppelten Erzeugung von Strom und Wärme in Kraftwerken und BHKW sind:

- Ordnungsrechtliche und administrative Regelungen, die speziell die KWK in Industrie und Kleinverbrauch hemmen:
  - mangelnde stromwirtschaftliche Zusammenarbeit
  - § 12 3. Verstromungsgesetz: Ausnahmegenehmigung für gas- oder ölbefeuerte Anlagen über 10 MW notwendig, obwohl kohlegefeuerte KWK-Anlagen erst über 50 MW rentabel sind
  - mangelnde unternehmerische Voraussetzungen zur Eigenversorgung unter Einbeziehung der KWK in Kommunen und Stadtwerken u. a. wegen der Konzessionsabgabe und den oft prohibitiv hohen Kosten der Netzübernahme (ISI, Ifo, GEU, 1994, 17 f.).
- Finanzielle Hemmnisse vor allem für den Fern- und Nahwärmebereich und verstärkt in den neuen Bundesländern sind: hohe finanzielle Vorleistungen, Kapitalmangel der Betreiber von Wärmenetzen, niedrige Stromeinspeisungsentgelte und hohe Anlaufverluste (ISI, Ifo, GEU, 1994, 18 f.).

Die Kohleabnahmeverpflichtung stellt eher ein politisches Hemmnis dar, das sich finanziell auswirkt. Die hohen Vorlaufinvestitionen für Fernwärmenetze sind dadurch zu erklären, daß es oft 10 Jahre dauert bis die notwendige Anschlußdichte durch Akquisition auf dem Markt erreicht ist (Leonhardt, 1993, 18).

Auch das in den EVU übliche Spartendenken verhindert die verstärkte Kraftwärmekopplung (ISI, Ifo, GEU, 1994, 18 f.). Das Interesse der Kommunen an der Konzessionsabgabe bei Erdgas oder an den eigenen Gasverteilungsgewinnen wirkt in die gleiche Richtung (ESPAG, 1993, 5).

Erneuerbare Energien

Die Möglichkeiten des Einsatzes erneuerbarer Energien werden kurzfristig – auch aufgrund der Vernachlässigung der Hemmnisse – häufig überschätzt. Die langfristigen Potentiale werden von den Skeptikern aber oft unterschätzt, da zu statisch gedacht wird (Kesselring, 1993, 26).

Die Hemmnisse für die direkte Nutzung der Sonnenstrahlung und der Windkraftnutzung und mögliche Lösungen dafür sind in den Tabellen 7.1-2 und 7.1-3 zusammengestellt. Für die übrigen erneuerbaren Energien sind ähnlich strukturierte Aufstellungen von Hemmnissen denkbar.

Der Widerstand gegen Produktionsanlagen für erneuerbare Energien – beispielsweise gegen die optischen und akustischen Belastungen durch die Windenergienutzung – würde sinken, wenn die Bevölkerung mehr in

Tabelle 7.1-2: Hemmnisse für die direkte Nutzung der Sonnenstrahlung und mögliche Lösungskonzepte (eigene Darstellung; Quelle: WEC, 1992, 2 bis 42 – 2 bis 46)

Hemmnis	Auswirkungen	hauptsächlich betroffener Anwendungsbereich	Möglichkeiten zum Hemmnisabbau
Technisch:			
– niedrige Energiedichte	niedriger Energiewert pro Flächeneinheit	Nutzung von Hochtemperatur und hoher Energiedichte; Gebiete mit hohem Wind- oder seismischem Potential	günstige Versorgungsstrukturen und höhere Effizienz
– Ressource nur tagsüber verfügbar	Stromlieferung nur während des Tages, sofern nicht Speicher mit zusätzlichem Kostenaufwand genutzt werden	alle solaren Systeme	verbesserte, kostengünstige Energiespeicher; kostengünstiger Transport über große Distanzen durch Einsatz von Supraleitern
– abhängig von Wetter und Bewölkung	lokal verfügbare Energie gering, Ersatz oder Speicherung notwendig	direkte Nutzung der Sonneneinstrahlung, von der kontinuierlichen Versorgung abhängige Verbraucher, Gebiete mit hohem Bewölkungsgrad	Speicherung oder fossile Zufeuerung
– Bedarf an Raumwärme am größten in den hohen Breiten	dort relativ niedriges solares Potential bei hohem Bedarf und hohen Wärmeverlusten	aktive und passive solare Wärmenutzung	Solarenergie spielt eine begrenzte Rolle, sofern sie nicht zum dominierenden Kriterium beim Bau von Gebäuden wird

Fortsetzung Tabelle 7.1-2

Hemmnis	Auswirkungen	hauptsächlich betroffener Anwendungsbereich	Möglichkeiten zum Hemmnisabbau
– Wissensdefizite über lokale Potentiale	Probleme bei der Entwicklung kosteneffektiver Anlagen; unsicheres Leistungspotential	viele ländliche, periphere Gebiete in Entwicklungsländern	Aufbau einer geeigneten Datenbasis; Auswertung von Satellitendaten
– geringe Einsatzmöglichkeit im Tranportsektor	solar erzeugte Treibstoffe sind aufwendig und teuer in der Produktion	transportable, flüssige Treibstoffe stellen ein erhebliches Gefahrenpotentail dar	F&E im Bereich solar erzeugter Treibstoffe; Einsatz strombetriebener Fahrzeuge
Institutionell:			
– beschränkte industrielle Wachstumsrate	begrenztes Wachstum der Solarenergiewirtschaft aufgrund des Technologietransfers und der Ausbildung	alle Solartechnologien, deren Marktpotential größer als die kurzfristig erschließbaren Kapazitäten sind	Markteinführungshilfen
– Unbeständigkeit staatlicher Anreizprogramme	große Schwankungen der Nachfrage nach solaren Systemen und Dienstleistungen	alle Systeme mit förderungsabhängigem Markt	sorgfältige Planung, konsistente Politik und Kooperation für eine vernünftige Markteinführung
– Verteilungssystem benötigt ausgedehntes Wartungs-/Service-Netzwerk	Wartung und Service benötigt ausgedehnte Infrastruktur	kleine, periphere Systeme mit hohem technoloschen Standards	sorgfältige Entwicklung eines angemessenen technologischen Niveaus und Zuverlässigkeitsstandards; Nutzerausbildung

Fortsetzung Tabelle 7.1-2

Hemmnis	Auswirkungen	hauptsächlich betroffener Anwendungsbereich	Möglichkeiten zum Hemmnisabbau
– begrenzte Möglichkeit, ein intermittierendes Stromangebot ins Netz einzuspeisen	sehr hohe Einspeisung eines intermittierenden Stromangebots ins Netz verursacht sinkende Zuverlässigkeit und höhere Kosten	Bereiche, in denen die Produktionsspitzen nicht mit den Verbrauchsspitzen übereinstimmen	Energiespeicher, Erhöhung der Netzflexibilität oder verbesserter Betrieb von konventionellen Kraftwerken
Ökonomisch:			
– niedrige Preise konventioneller Energie	begrenzte Marktchancen und Investitionsbereitschaft	subventionierte Energiemärkte und Bereiche, in denen Energietransportkosten niedrig sind	Kostensenkung durch Produktionssteigerung und technischen Fortschritt
– „Externe Kosten" werden bei Investitionen nicht einbezogen	konventionelle Energieträger werden gegenüber der Solarenergie bevorteilt	alle Energiesysteme ohne wesentliche externe Effekte	Einbeziehung externer Kosten bei der Entscheidungsfindung
– hohe Kapitalkosten für solare Systeme	längere Kreditlauf- und Amortisationszeiten im Vergleich zu fossil gefeuerten Systemen	alle solaren Systeme können größere finanzielle Risiken bergen	Senkung der Kapitalkosten durch Produktionssteigerung und technischen Fortschritt
– hohe Transportkosten solar erzeugter elektrischer oder thermischer Energie	Transport solarer Energie zu entfernten Verbrauchern ist zu teuer	alle Hochtemperatursysteme auf der Basis erneuerbarer Energiequellen	verbesserte Leiter und Wärmeisolierung oder Verteuerung fossiler Brennstoffe

Fortsetzung Tabelle 7.[illegible]-2

Hemmnis	Auswirkungen	hauptsächlich betroffener Anwendungsbereich	Möglichkeiten zum Hemmnisabbau
– hohe Speicherkosten solar erzeugter elektrischer oder thermischer Energie	zeitliche Überbrückung zwischen Erzeugung und Nutzung solarer Energie verursacht hohe Kosten	Energiebereitstellung im Grundlastbereich	verbesserte Speichertechnologien oder Verteuerung fossiler Brennstoffe
– Ersatzsysteme für Zeiten niedriger solarer Einstrahlung sind in vielen Anwendungsbereichen notwendig	zusätzliche Kapitalkosten fossiler Systeme bei gleich hoher Verfügbarkeit	vor allem peripher gelegene und kleine Systeme; weniger betroffen sind Systeme mit Netzanschluß	verbesserte Speichertechnologien als Teillösung
Soziokulturell:			
– maximale Ausnutzung erfordert eine Änderung des Lebensstils	Ausrichtung energieintensive Aktivitäten nach der Verfügbarkeit solarer Energie	alle ganztägigen Aktivitäten (z. B. Grundlastindustrie, Kochen)	Speicherung und Ferntransporte solaren Stroms oder solarerzeugter Brennstoffe können Verhaltensänderungen teilweise ersetzen
– Wanderung der ländlichen Bevölkerung in die städtischen Gebiete	Konzentration und Anstieg des Energiebedarfs in den städtischen Zentren der Entwicklungsländer	solare Systeme weniger gut für verdichtete städtische Gebiete geeignet	neue IuK-Technologien können in entwickelten Ländern zu einer dezentralen Energienachfrage führen

Fortsetzung Tabelle 7.1-2

Hemmnis	Auswirkungen	hauptsächlich betroffener Anwendungsbereich	Möglichkeiten zum Hemmnisabbau
Ausbildung:			
– Mangelndes Wissen/ Erfahrung in Behörden und Betrieben vor Ort	Wissenstransfer muß bereits bei Entwurf und Installierung solarer Systeme langfristig abgesichert werden	in vielen Entwicklungsländern herrscht Mangel an ausgebildetem Fachpersonal	höhere Gewichtung von Ausbildung und Technologietransfer
– übersteigerte Erwartung der Nutzer	Probleme und Kosten beim Ersatz fossiler durch solare Energiesysteme werden nicht ausreichend erkannt	tatsächliche Potentiale solarer Energiesysteme werden in der Öffentlichkeit überschätzt	Öffentlichkeitsarbeit und Darstellung der Potentiale

Tabelle 7.1-3: Beschränkungen und mögliche Lösungskonzepte für die Entwicklung netzgebundener Windturbinen (eigene Darstellung; Quelle: WEC, 1992, 3 bis 53f.)

Problem	Beschränkungen	Lösungen
	technisch	
Lebensdauer	Die Lebensdauer von Windturbinen konnte bisher nicht für mehr als 10 Jahre nachgewiesen werden.	Lebenszeit bis zu 20 Jahren durch bessere Konstruktionen und bessere Materialien.
Verfügbarkeit	Die derzeitige Verfügbarkeit der besten Turbinen ist 95%; dies sollte im Mittel über die gesamte Lebenszeit erreicht werden.	Durch vollentwickelte Technologie und verbesserte Arbeits- und Wartungskosten kann eine 95%ige Verfügbarkeit erreicht werden.
System-effizienz	Performance-Faktor liegt derzeit bei 3 für 100 bis 300 kW_e-Turbinen, der spezifische Ertrag ist bei 1 000 kWh/m^2.	Der Performance-Faktor kann verbessert werden. Der spezifische Ertrag kann durch bessere Entwürfe gesteigert werden.
Entwicklung der Leistung in MW	MW-große Turbinen sind notwendig für einen substantiellen Energiebeitrag, zur Zeit sind nur einige Prototypen verfügbar. Auf der Basis der gegenwärtigen Technologie sind diese Windturbinen durch das Gewicht bedingt sehr teuer.	Durch neue Entwürfe, bessere Materialien, flexiblere Komponenten können MW-große Turbinen im Jahre 2000 bis 2010 zu den selben Produktionskosten verfügbar sein wie heute 100 bis 500 kW_e-Turbinen.

Fortsetzung Tabelle 7.1-3

Problem	Beschränkungen	Lösungen
	ökonomisch	
Strompreise	In den meisten Ländern sind die Stromkosten niedrig.	Kosten der Stromproduktion mittels Windturbinen müssen reduziert und externe Kosten integriert werden.
externe Kosten	Externe Kosten sind nicht im Strompreis enthalten. Eine Methode zur Kalkulierung externer Kosten ist nicht verfügbar.	Methoden für externe Kosten und Umsetzungsstrategien für diese Kosten müssen entwickelt werden.
Investitionskosten	Kosten für Windturbinen sind zu hoch, besonders bei größeren. Ebenso müssen die Zusatzkosten (Installation, Land, Infrastruktur, Standort) gesenkt werden.	Technologie und Massenproduktion von Windturbinen muß verbessert werden; Installation und Standortauswahlverfahren müssen optimiert werden.
Arbeits- und Wartungskosten	Die Senkung von Arbeits- und Wartungskosten ist notwendig.	Standardisierte Arbeits- und Wartungsprozeduren, Verfügbarkeit preiswerter Systemkomponenten, Absprachen mit Versicherungsfirmen müssen verbessert werden.
Netzanschlußkosten	Viele Gebiete mit Ressourcen liegen weit ab vom Hauptnetz. Deshalb sind die Netzanschlußkosten zu hoch.	Gebiete mit großen Ressourcen und solche mit den ökonomischsten Netzanschlußkosten müssen als erste entwickelt werden.

Fortsetzung Tabelle 7.1-3

Problem	Beschränkungen	Lösungen
institutionell		
Finanzierung	Windturbinen benötigen vor allem Kapitalinvestitionen und verursachen keine großen jährlichen Kosten. Der Kapitalbedarf setzt dem Ausbau Schranken. In einigen Ländern ist dieses Kapital nicht verfügbar.	Finanzierungsmuster für diesen Typ von Energieinvestition müssen entwickelt werden. Investitionen in Windturbinen sparen Devisen für den Import von Treibstoffen.
Training/ Ausbildung	Für den Ausbau von Windturbinen werden erfahrene Ingenieure, ausreichende Information der breiten Öffentlichkeit über Windenergie, politisches Interesse etc. benötigt.	Ausbildungsprogramme werden auf allen Ebenen benötigt. Ausbildungsingenieure und Technologietransfer ist ebenso notwendig.
Öffentliche und politische Akzeptanz	Das „St. Floriansprinzip“.	frühzeitige Einbeziehung der Bevölkerung vor Ort ist notwendig.

die Planung eingebunden und eventuell als Eigner engagiert wäre. Außerdem ist eine gewisse Distanz zu bewohnten Bereichen wegen Lärm- und Geruchsbelästigungen bei einigen Formen der Nutzung erneuerbarer Energien notwendig (Meyer, 1993, 10).

Auch eine Modifikation der Verbrauchergewohnheiten – das bedeutet, daß die Energienachfrage soweit wie sinnvoll an die Angebotsbedingungen angepaßt wird – würde ein Hemmnis der Nutzung fluktuierend angebotener erneuerbarer Energien beseitigen (Molly, 1993, 6f.).

Förderprogramme

Zusätzlich besteht das Problem, daß sich durch unbefriedigend konzipierte Förderprogramme geschaffene Märkte zwar gut entwickeln, aber nach dem Auslaufen der Förderung wieder zusammenbrechen, wenn nicht durch langfristig verläßliche Rahmenbedingungen, z. B. durch eine Internalisierung externer Kosten, eine dauerhaft stabile Nachfrage erreicht und eine ausreichende Kostendegression durch Massenfertigung gewährleistet wird. Hierdurch wird wertvolles Know-how der Firmen wieder entwertet. Einen solchen Marktzusammenbruch hat es bereits in den 80er Jahren im Bereich der Wärmepumpen und der solarthermischen Kollektoren gegeben und ist nach dem Auslaufen des 1000-Dächer-Programms für photovoltaische Kollektoren zu befürchten.

Förderprogramme sollten deshalb so konzipiert sein, daß einerseits eine gewisse Kontinuität der Entwicklung gesichert ist aber andererseits keine Dauersubventionierung entsteht. Wo längerfristig angelegte Förderprogramme notwendig sind, könnte beispielsweise eine degressive Gestaltung der Förderung dazu beitragen, schrittweise zur Wirtschaftlichkeit zu gelangen.

Daneben ist eine optimale Kombination von F & E-Förderung, Errichtung von Demonstrationsanlagen, Markteinführungshilfen und Gestaltung der Rahmenbedingungen wichtig für den Erfolg der Förderprogramme. Ein Beispiel soll dies verdeutlichen:

Die Windkraftförderung war anfangs auf eine reine F & E-Förderung beschränkt und die Markterschließung wurde vernachlässigt. Seit 1987 wird hingegen die Markterschließung in den Vordergrund gestellt und die Forschung vernachlässigt (Molly, 1993, 4). Eine Internalisierung externer Effekte der Energieversorgung, wie sie durch das Stromeinspeisungsgesetz ansatzweise realisiert wird, würde hingegen Markteinführungsprogramme für Windenergie obsolet machen[52]. Die gegenwärtig

[52]) Eine zweckmäßige Regelung der Aufteilung der Leitungskosten zwischen Einspeisern und EVU steht noch aus.

rasche Ausbreitung der Windenergie an der Küste und im Binnenland zeigt die Bedeutung der Schaffung geeigneter Rahmenbedingungen im Vergleich zu Markteinführungsprogrammen, die oft nur Strohfeuereffekte haben. Demonstrationsprojekte sind zur Risikoverringerung technischer Entwicklungen hingegen hilfreich (Molly, 1993, 7).

Erneuerbare Energien erfordern zu ihrer Erforschung, Entwicklung, für Demonstrationsanlagen, Pilotprojekte und für ihren Einsatz zumindest während der ersten Jahre finanzielle Zuschüsse, die im wesentlichen aus drei Quellen stammen

- aus den öffentlichen Haushalten,
- von den Unternehmen, die an der Entwicklung und dem Einsatz dieser neuen Techniken interessiert sind und
- von den Energieverbrauchern durch erhöhte Preise (Beispiele: Mehrpreise durch hohe Stromeinspeisevergütungen oder durch die Einrechnung der durch Solaranlagen verursachten Mehrkosten in die Mieten).

Es ergeben sich dabei zwei Schwierigkeiten:

- die erforderlichen Mittel fließen unregelmäßig und nach Ansicht der Interessierten auch nicht ausreichend
- die Mittel werden mehr oder minder planlos eingesetzt, ohne ausreichend Rücksicht zu nehmen auf die im Zeitablauf zu erwartenden Kosten (hier vor allem die Kosten der pro Jahr eingesparten CO_2-Menge), auf die Einsatzchancen im Wettbewerb mit etablierten Energien und die Perspektiven ihres Beitrags zur Energieversorgung.

Zur Behebung dieser beiden Schwierigkeiten könnte die folgende Regelung in Betracht gezogen werden:

Zur Steuerung und Koordinierung der Maßnahmen zur Entwicklung und zum Einsatz erneuerbarer Energien wird eine „Koordinierungsinstanz für Erneuerbare Energien" eingerichtet. Dieser Instanz obliegt es,

- eine Bilanz der laufenden Programme und des im Zeitablauf erforderlichen Mitteleinsatzes aus den oben bezeichneten Quellen aufzustellen
- ein erfolgversprechendes Entwicklungsprogramm für den zukünftigen Einsatz erneuerbarer Energien zu erarbeiten, das die im Zeitablauf – auch im laufenden Betrieb – erforderlichen Mittel aus den drei oben genannten Quellen, die Wettbewerbslage der empfohlenen Projekte gegenüber den etablierten Energien und die Entwicklungsperspektiven auch im weltweiten Einsatz ausweist

- daraus einen zeitlich gestaffelten Verwendungsplan für die Mittel herzuleiten
- eine Empfehlung an die Bundes- und Landesregierungen abzugeben, wie die – vorab festgesetzten – Mittel optimal eingesetzt werden könnten.

Bei Entscheidungen hinsichtlich der Verwendung öffentlicher Mittel für die Finanzierung von Projekten zur Entwicklung und zur laufenden Förderung erneuerbarer Energien sollen Bund, Länder, Gemeinden und sonstige Körperschaften öffentlichen Rechts den Empfehlungen der „Koordinierungsinstanz für Erneuerbare Energien" Rechnung tragen; die haushaltsrechtliche Verantwortung verbleibt aber bei den einzelnen föderalen Ebenen.

Kernenergie

Das schwerwiegendste Hemmnis der Kernenergienutzung ist die öffentliche Akzeptanz. Seit der Aufkündigung des energiepolitischen Konsenses Ende der 70er Jahre und nach dem Störfall von Harrisburg und dem Reaktorunfall von Tschernobyl sind neue Projekte nicht oder nur schwer umzusetzen; ein neuer energiepolitischer Konsens steht noch aus. Die daraus resultierenden Unsicherheiten verringern die Bereitschaft zu einem besonderen Engagement und zu Neuinvestitionen (BMFT, 1993b, 192). „Mit Laufzeiten der Anlagen von über vier Jahrzehnten bei Vierjahreswahlperioden ist ohne ausreichende Verankerung in der Gesellschaft die Kernenergie als Großtechnik nur schwer zu handhaben" (BMFT, 1993b, 192).

Die Akzeptanzkrise in der Bundesrepublik Deutschland auf der (energie-)politischen Ebene korrespondiert mit der Einstellung der Bevölkerung zur Kernenergie. Vom Deutschen Atomforum beim Institut für Demoskopie, Allensbach, in Auftrag gegebene Studien kommen zu folgendem Ergebnis[53]: Die Haltung zur Kernenergienutzung differierte bis 1993 deutlich zwischen den alten und neuen Bundesländern. Für den Kernenergieausbau und für den Ersatz alter KKW durch neue Anlagen plädierten in den alten Bundesländern 29% (1991) gegenüber 44% (1991) in den neuen Bundesländern (Deutschland gesamt 1991: 32%). Gegen einen Bau neuer Reaktoren votierten in den alten Bundesländern 59% (1991) und in den neuen Bundesländern 44% (1991; Deutschland gesamt 1991: 58%) (Institut für Demoskopie Allensbach, 1991, 3).

---

[53]) Mehrfachnennungen waren möglich.

1994 zeigte sich tendenziell eine Angleichung des Meinungsbildes der alten an das der neuen Bundesländer: Statt 29% im Jahre 1991 plädieren nunmehr 43% für einen Kernenergieausbau bzw. für den Ersatz alter KKW durch neue Anlagen. Nur noch 51% sind gegen einen Bau neuer Reaktoren. In den neuen Bundesländern waren wie schon 1991 jeweils 44% für bzw. gegen den Bau neuer KKW (Allensbach, 1994, 12f.).

7.1.1.2 Allgemeine sektorübergreifende Hemmnisse

Rationelle Energiewandlung

Hemmnisse der rationellen Energiewandlung sind:

- keine grenzkostenorientierte Strompreisbildung, keine Internalisierung der externen Effekte

  Hohe Energiepreissteigerungen führten in den 70er Jahren zu einer bemerkenswerten Weiterentwicklung der Energiespartechnologien, in den 80er Jahren flachte diese Entwicklung aufgrund der Preisentwicklung ab (Norgard, 1993, 9).

- Informations- und Anreizmängel verschiedenster Art

  Ein unzureichender Kenntnisstand der Betreiber und Nutzer im Bereich Haushalte, Kleinverbrauch und Industrie über energiesparenden Einsatz und zweckmäßige Betriebsweise und fehlende Anreize zur Informationsbeschaffung und Durchführung von Energisparmaßnahmen sind festzustellen (Schaefer, 1993, 21).

Drei Beispiele sollen die letzte Aussage transparent machen:

Die Energiesparpotentiale einer modernen integrierten Gebäudeautomation für große Gebäude werden oft nicht ausgenutzt, da die Steuerung und Regelung der Haustechnikanlagen mangelhaft ist, ungeeignete Software zur Automation verwendet wird und das Betriebspersonal nur mangelhaft ausgebildet ist und keine Anreize zur Energieeinsparung bestehen (Walthert, 1993, 3).

Die fehlende Transparenz von Energieverbräuchen – vor allem von Strom – verhindert eine am Energieverbrauch orientierte Beschaffung von Geräten in allen Verbrauchsbereichen. Abhilfe könnte eine energetische Rangliste von Haushaltsgeräten, wie sie z. B. die Infel-Datenbank bietet, oder für verbrauchsarme Bürogeräte eine Energiesparvignette, wie beispielsweise im Programm Energie 2000 in der Schweiz realisiert, schaffen (Walthert, 1993, 27). Der Referentenentwurf zur Umsetzung der EU-Richtlinie, die ab 1995 eine Kennzeichnung des Energieverbrauches von Haushaltsgeräten vorschreibt, enthält keine Regelung, die eine Angabe zu den Energiekosten beinhaltet. Eine Ausdehnung der Regelungen auf alle Elektrogeräte und auf eine Angabe zu den Energiekosten wäre hilfreich.

Das dritte Beispiel bezieht sich auf die falschen Anreizstrukturen. Planerhonorare werden nach der Investitionssumme und nicht gekoppelt an die realisierte Energieeffizienz ermittelt (Leonhardt, 1993, 18).

Spezielle Hemmnisse für Einsparungen beim Stromverbrauch sind: geringe Beachtung des Stromverbrauchs, Wissenslücken sowie ungünstige Rahmenbedingungen (ISI, 1994 a, 1 f.).

Kenntnismängel sind auch bei den beteiligten Fachleuten (Elektroinstallateure, Elektroingenieure) festzustellen, die über Planung und Ausführung sowie als Multiplikatoren bei der Beratung zur Umsetzung neuerer Entwicklungen zur Stromeinsparung beitragen können. Aber auch auf der Nutzerseite wirken Wissensmängel bei Betriebstechnikern, Elektromeistern in Industrie und Handwerk und kommunalen Energiebeauftragten der Potentialerschließung entgegen. Besonders hemmend sind Wissenslücken bei Multiplikatoren aus dem Bildungsbereich, wie z. B. Fach- und Berufschullehrern, die indirekt über die von ihnen ausgebildeten Fachleute Einfluß nehmen (ISI, 1994 a, 2).

Unterschiede im Ausmaß der Hemmnisse und damit in der Realisierung der Potentiale führt folgende Aussage vor Augen: 80 bis 90% der rentablen, stromsparenden Investitionen werden in großen und stromintensiven Unternehmen (mit über 500 Beschäftigten oder über 10% Stromkostenanteil) getätigt, in kleinen und mittleren Unternehmen beträgt dieser Anteil nicht einmal 50% (ISI, 1994 a, 2).

Nachfrageorientierung

Hemmnisse für eine auch nachfrageorientierte Betrachtungsweise bei den EVU etc. und insbesondere für Least-Cost Planning sind:

- fehlende bundes- und landespolitische Rückendeckung
- Befürchtung der EVU, höhere Strompreise bei insgesamt sinkenden Stromrechnungen könnten die Akzeptanz und Wettbewerbsfähigkeit in Frage stellen, da Verbraucher an Preisen, nicht an Ausgaben orientiert entscheiden (Hennicke, 1994, 8).

Spezifische Hemmnisse in den neuen Bundesländern

Die speziellen Hemmnisse und Chancen bei der Erschließung der Potentiale in den neuen Bundesländern sollen hier zusammenfassend thematisiert werden.

Als Hemmnisse sind zu sehen:

- Finanzierungsengpässe (v. a. im kommunalen und gewerblichen Sektor) vereiteln die Realisierung wirtschaftlicher Potentiale; Contracting, als Möglichkeit der Überwindung dieser Hemmnisse, beginnt sich erst langsam zu etablieren (Stadt Leipzig, 1993, 5; Matthes, 1993, 13).
- Unsicherheiten über die zukünftigen Rahmenbedingungen in der Elektrizitätswirtschaft: z. B. Problematik der Braunkohle, Konflikt bezüglich der 70:30-Regelung der kommunalen Eigenstromerzeugung gemäß Stromvertrag (Stadt Leipzig, 1993, 5; Matthes, 1993, 13).
- Die ungeklärte rechtliche Situation vieler Betriebe, geringe Investitionskraft und andere Hemmnisse führen zu ungenügender Einführung umweltfreundlicher Prozesse und Materialien. Mängel in der ökologisch motivierten Nachrüstung im Energiebereich und bei Umweltinvestitionen sind die Folge (Weisheimer, 1993, 15).
- Hemmnisse speziell im Raumwärmesektor der neuen Bundesländer sind (Weisheimer, 1993, 21 f.):
  - 72% aller Wohnungen wurden vor 1971 gebaut, haben eine schlechte Bausubstanz, eine mangelhafte Wärmedämmung und ineffiziente Heizungssysteme
  - 60% der Wohnungen sind in kommunalem und genossenschaftlichem Eigentum, Finanzschwäche verhindert oder erschwert Maßnahmen zur Wärmedämmung und Heizungsmodernisierung
  - die Sanierungskosten in Fernwärmenetzen sind hoch, das Fernwärme-Förderungsprogramm vermindert allerdings die Finanzierungsprobleme.

Den spezifischen Hemmnissen stehen aber auch spezifische Chancen der Potentialerschließung in den neuen Bundesländern gegenüber:

- hohe Erneuerungsraten in fast allen Sektoren
- hohe Sanierungs- und Modernisierungsraten, v. a. im Wohnungsbereich
- geringe Durchdringungsraten von Gas und Öl im Wärmemarkt

7.1.2 Sektorspezifische Hemmnisse

7.1.2.1 Haushaltsbereich

Zu unterscheiden sind rechtliche und finanzielle Hemmnisse, Kenntnis- und Informationsmängel sowie im Verhalten begründete Hemmnisse.

- Rechtliche Hemmnisse
  - ungünstige Kostenaufteilungsstruktur im Mietwohnungsbau (Goetzberger, 1993, 5)
  - Eigentümer-Nutzer-Divergenz (Mieter muß sich Energiesparinvestitionen genehmigen lassen, hat keinen Anspruch auf Kostenabzug im Rahmen der Mietzahlungen oder auf Restwerterstattung bei Auszug; Vermieter kann Investitionen nur beschränkt auf Mieter umlegen)
  - Baurecht: Abstandsregeln verhindern ausreichende Dämmung etc.
  - mangelnde energetische Ausrichtung der Bauleitplanung: Verhinderung der Südausrichtung von Häusern durch Vorschriften zur Einhaltung der Dachfirstlinie
  - Wasserschutzgesetz: teilweise Schwierigkeiten bezüglich des Kondensateinlaufs der Brennwertkessel
  - Vollzugs- und Kontrolldefizite in der WSchVO (i. d. R nur Nachweis der Durchführung einer energetischen Rechnung durch die Architekten)
  - zusätzlich in den neuen Bundesländern: ungeklärte Eigentumsverhältnisse (ISI, Ifo, GEU, 1994, 11).
  - technische Standards in der Wärmeschutz- und Heizungsanlagenverordnung nicht als ausreichend erachtet[54)]
- Finanzielle Hemmnisse:
  - Kapitalmangel
  - Ausschöpfung von Kreditlinien für andere Zwecke
  - Forderung nach kurzen Amortisationszeiten
  - degressive Tarifsysteme, d. h. bei in Arbeits- und Leistungspreis gesplitteten Tarifen besteht weniger Anreiz zum Energiesparen als bei linearen Tarifen
  - fehlender persönlicher Vorteil (z. B. für Hausmeister) (ISI, Ifo, GEU, 1994, 11 f.).
- Kenntnis- und Informationsmängel:
  - Kenntnismängel hinsichtlich der Angebotspalette energiesparender Maßnahmen, der Planung, der Ausführung und der Finanzie-

[54)] Ob eine Verschärfung dieser Standards als eine Maßnahme zum Hemmnisabbau oder als Fördermaßnahme des energiesparenden Bauens zu sehen ist, hängt von der jeweiligen Kostenwirkung der im einzelnen verschärften technischen Standards ab. Die Kostenwirkungen sind bei der Einführung verschärfter Standards zu berücksichtigen.

rung bei Bauherren, Architekten und dem ausführenden Handwerk aufgrund der (technischen) Komplexität[55])

  - Mängel in Datenbasis und Koordination[56])
  - fehlende Motivation zur Informations- und Wissenserweiterung (ISI, Ifo, GEU, 1994, 12).

- Transaktionskosten
- Entwicklungsdefizite
- Verhaltensbedingte Hemmnisse: Akzeptanz, Image, Traditionsgebundenheit, persönliche Aversionen, Bequemlichkeit etc. (ISI, Ifo, GEU, 1994, 12).

7.1.2.2 Industrie, Gewerbe

Das Ausmaß der Hemmnisse bei Industrie und Gewerbe hängt eng mit der Größe der Unternehmen und dem Anteil der Energiekosten zusammen.

So haben große (mehr als 500 Arbeitnehmer) und energieintensive Betriebe i. d. R. eine Energiefachkraft und schöpfen die Potentiale im Rahmen ihrer Rentabilitätserwartungen weitgehend aus. Allerdings erwarten Industriebetriebe in der Regel sehr kurze Kapitalrückflußzeiten (circa 3 bis 5 Jahre) für eigene Energiesparinvestitionen, während bei Investitionen höhere Kapitalrückflußzeiten auf der Energieangebotsseite (über 10 Jahren) zugrundegelegt werden.

Bei großen, aber energieextensiven Unternehmen und mittelständischen Betrieben sind die Potentiale meist nicht bekannt bzw. es werden aufgrund von Kapitalengpässen und hohen Ansprüchen an die Kapitalrückflußzeiten keine Energiesparinvestitionen getätigt. Oft fehlt sogar die Kenntnis über die Energiekostenanteile und die Energieverbrauchsschwerpunkte im Betrieb. Die Energieeinsparung wird meist unterbewertet aufgrund der Informationsmängel, Unsicherheiten und einer mangelnden Koordination zwischen den einzelnen Sparten. Externer Sachverstand wird um so seltener in Anspruch genommen je kleiner der Betrieb ist.

---

55) Diese Kenntnismängel – Vernachlässigung sinnvoll realisierbarer Energieeinsparoptionen, unzureichende Ausführung von Energiesparmaßnahmen etc. – ziehen noch weitere negative Folgen nach sich, da sie unberechtigte Zweifel an der Durchführbarkeit und Effektivität von energiesparenden Maßnahmen aufkommen lassen.

56) Als Beispiel hierfür kann die Angebotsorientierung von Energieberatungseinrichtungen genannt werden. Unabhängige Beratungszentren, die den LCP-Gedanken in das Zentrum der Beratungsstrategie stellen, könnten Abhilfe schaffen.

Auch die Betriebe des Kleinverbrauchs erkennen oftmals das Ausmaß der Wirtschaftlichkeit von Energiesparmaßnahmen nicht.

Die Kenntnismängel bei Planern und im Energiebereich tätigen Handwerkern verbreiten sich über deren Wirkung als Multiplikatoren (ISI, Ifo, GEU, 1994, 13–16).

In den neuen Bundesländern liegen spezielle Hemmnisse bei der Erschließung der Einsparpotentiale vor, da

- die treuhandverwaltete Industrie und die Wohnungswirtschaft nur schleppend privatisiert wird und meist gravierenden Liquiditätsproblemen gegenübersteht
- die mittelständische Industrie und das Kleingewerbe keine ausreichende Information über Technologien und Förderprogramme und nicht genügend geschultes Personal besitzen; zeit- und arbeitsaufwendige sowie z. T. undurchsichtige Genehmigungsverfahren für öffentliche Mittel hemmen zusätzlich
- die KWK-Nutzung in Industrie und teilweise bei den Stadtwerken durch den ordnungspolitischen Rahmen behindert wird (Weisheimer, 1993, 19).

Eine Umfrage (Hofer, Schnitzer, 1993, 469) über die Hemmnisse einer rationellen Energieverwendung in Industrie und Gewerbe ergab, daß nicht im technischen Bereich (nur 10% der Befragten hielten dies für ein Hemmnis) das Haupthemmnis zu suchen ist, sondern in Motivations- und Informationsproblemen. Darunter wird verstanden: mangelndes Wissen über Energiesparmöglichkeiten (39%), fehlende Kenntnis über Hersteller energiesparender Anlagen, bürokratische und langwierige Genehmigungsverfahren (40%), Schwierigkeiten bei der Einbindung externen Sachverstandes (36%) und nicht zuletzt die wirtschaftlichen Rahmenbedingungen (38%).

49% der Befragten gaben außerdem an, daß zu wenig Informationen über energiesparende Maßnahmen existieren und diese in 78% der Fälle nicht auf die speziellen Bedürfnisse der potentiellen Nutzer abgestellt sind – sie sind zu theoretisch oder zu allgemein (Hofer, Schnitzer, 1993, 469).

Die Energieberatung würde nach Ansicht der Befragten attraktiver durch eine kostenlose Erstberatung (84%), Listen mit anerkannten Beratern (81%), der Einrichtung unabhängiger Energieberatungsstellen (79%), Förderung für Honorare (57%) und durch staatlich geprüfte und anerkannte Berater (55%) (Hofer, Schnitzer, 1993, 270).

Förderprogramme wären zu verbessern durch Informationen über Förderstellen (52%), schnellere Abwicklung (50%), Informationen über

Förderbedingungen (46%), Konzentration der Mittel bei einer Stelle (43%), Vereinfachung der Antragsformulare (39%), Förderung der Energieberaterhonorare (37%) und höhere Fördersätze (35%) (Hofer, Schnitzer, 1993, 270).

7.1.2.3 Kleinverbrauch

Hemmnisse im Bereich öffentlicher Gebäude und Einrichtungen (ISI, Ifo, GEU, 1994, 16 f) sind vor allem

- fehlende Motivation politisch Verantwortlicher
- Knappheit kommunaler Investitionsmittel und Vorrang architektonisch-repräsentativer Gesichtspunkte
- Auseinanderfallen von Verwaltungs- und Investitionshaushalt und duales Finanzierungssystem, z. B. bei Krankenhäusern (Gebietskörperschaft Investition, Krankenkasse Betrieb)
- geringer Energiekostenanteil am Verwaltungshaushalt
- fehlende Motivation der Hausmeister und der Gebäudenutzer wegen mangelnder Anreize
- energietechnische und energiewirtschaftliche Kenntnismängel
- mangelnde Koordination zwischen zuständigen Ämtern und Stellen.

Daß diese Hemmnisse zu beseitigen sind, zeigen Beispiele von Städten, die hemmende Vorschriften geändert bzw. abgeschafft haben (ISI, Ifo, GEU, 1994, 94).

Die im gewerblichen Kleinverbrauch auftretenden Hemmnisse sind in Kapitel 7.1.2.2 abgehandelt, da sie den Hemmnissen in Industrie und Gewerbe ähneln.

7.1.3 Abbau von Hemmnissen

Die Vorgänger-Enquete-Kommission „Vorsorge zum Schutz der Erdatmosphäre" hat sich im Rahmen ihres Endberichtes und in ihrem Studienprogramm umfassend mit dem Hemmnisabbau auseinandergesetzt (EK, 1990 b; EK, 1990 c, Band 2 bis 5).

Ein Überblick über die dort vorgeschlagenen Maßnahmen zum Hemmnisabbau führt zu folgender Schlußfolgerung: Grundsätzlich müssen keine neuen Instrumente entwickelt werden, um Hemmnisse abzubauen. Bisher vorgeschlagene oder teilweise schon durchgeführte Maßnahmen sollten hingegen aufgrund von Erfahrungen in der Bundesrepublik Deutschland oder anderen vergleichbaren Ländern verbessert, breiter angewandt und in wirksamen Bündeln zusammengefaßt werden. Dadurch kann sich die Wirkung verschiedener Instrumente gegenseitig verstärken (ISI, Ifo, GEU, 1994, 4).

Die einzelnen Instrumente zum Abbau von Hemmnissen werden in den Kapiteln 7.2 bis 7.4 vorgestellt.

7.2 Instrumente im internationalen Rahmen

7.2.1 Klimarahmenkonvention

Die Ergebnisse der UNCED in Rio de Janeiro und die Fortschritte bei den INC-Verhandlungen zur 1. Vertragsstaatenkonferenz, die 1995 in Berlin stattfinden wird, sind in Teil E dokumentiert.

Da die INC-Verhandlungen zur Vorbereitung der 1. Vertragsstaatenkonferenz erst im September 1994 abgeschlossen wurden, waren abschließende Aussagen nicht mehr möglich.

In drei Bereichen sind Instrumente einzusetzen, zu entwickeln bzw. zu diskutieren (vgl. Teil E und Teil A, Kapitel 6):

- Emissionsminderungsverpflichtungen für die einzelnen Treibhausgase
- Regelung der Lastenteilung (Burden Sharing) zwischen den Ländergruppen und innerhalb der Ländergruppen
- Monitoring zur Kontrolle der Emissionen und zur Dokumentation der Klimaveränderung
- Konzeption einer Gemeinsamen Durchführung klimabezogener Maßnahmen (Joint Implementation)

Die meisten Instrumente, die zur Durchsetzung der Ziele internationaler Konventionen eingesetzt werden, beziehen ihre Rechtsverbindlichkeit aus nationalen bzw. für Europa auch aus EU-weiten Rechtsgrundlagen. Diese Instrumente werden in den Kapiteln 7.3 und 7.4 behandelt. Die internationalen Finanzierungsinstrumente – z. B. die GEF – werden im Rahmen der internationalen energiewirtschaftlichen Zusammenarbeit in Kapitel 7.2.2 behandelt.

Die Handlungsempfehlungen der Enquete-Kommission „Schutz der Erdatmosphäre“ für die 1. Vertragsstaatenkonferenz werden in Teil E vorgestellt.

7.2.2 Internationale energiewirtschaftliche Zusammenarbeit zwischen Entwicklungsländern, Ländern im Übergang (Countries in Transition), Industrieländern und den supranationalen Organisationen

Eine internationale, schlagkräftige Treibhausgasminderungspolitik setzt voraus, daß die Klimaschutzanstrengungen gemeinsam getragen werden und längerfristig ausgeschlossen wird, daß einzelne Industrieländer von den Klimaschutzanstrengungen anderer profitieren, ohne einen Beitrag dazu zu leisten (Trittbrettfahrerverhalten). Die Anstrengungen der Entwicklungsländer sind mittels materieller, technischer und finanzieller Hilfen zu fördern (Nutzinger, 1993, 7). „Der wirksamste Beitrag, den die reichen Industriestaaten zum Schutz der Erdatmosphäre leisten können, ist die ökologische Erneuerung ihrer eigenen Volkswirtschaften. Das schließt Engagement in anderen Teilen der Welt nicht aus" (Loske, 1993a, 15).

Umweltverschmutzung hat ihre identifizierbaren Ursachen. Vertragliche Regelungen wie die Klimarahmenkonvention von Rio de Janeiro beseitigen die Ursachen nicht, sondern versuchen, die Auswirkungen auf ein vertretbares Maß zu reduzieren. Aus politischer Sicht ist eine internationale Konvention ein wichtiger Schritt im Hinblick auf mittel- und langfristige Umweltverbesserungen. Vertragliche Regelungen ändern aber nichts an den politischen, ökonomischen, technischen und anderen Strukturbedingungen, die die Umweltverschmutzung hervorrufen. Eine Konvention sollte deshalb nicht als Ziel der (Umwelt-) Politik verstanden werden, sondern als notwendige Etappe auf dem Weg zu einer konsequenten Politik der Risikovermeidung. Deshalb ist es unabhängig von einer Problembewältigung mittels einer Konvention notwendig, daß Einzelstaaten (v. a. die Industrieländer) im Sinne einer Vorreiterrolle national eine vorsorgende Umweltpolitik betreiben. Die „Initialwirkung", die von umweltpolitischen Maßnahmen einzelner Industrieländer ausgehen kann, ist dabei nicht zu unterschätzen. In Zukunft werden im internationalen Wettbewerb diejenigen Staaten eher besser dastehen, die umwelttechnische Innovationen als erste in der Praxis einsetzen bzw. die die Rahmenbedingungen so gestalten, daß die Nachfrage nach entsprechenden Technologien angestoßen wird.

Für die internationale energiewirtschaftliche Zusammenarbeit sind einige begünstigende und einige hemmende Faktoren aufzuführen.

Positiv wirken sich erstens die in der Regel großen Energieeinsparpotentiale aus. So können beispielsweise in der ehemaligen UdSSR rund 29 EJ (das sind knapp 1 000 Mio. t SKE) in Endenergieverbrauch und bei der Energiewandlung eingespart werden; dies entspricht rund 43% des gesamten Verbrauchs der ehemaligen UdSSR (1990) und etwa 1% des Weltprimärenergieverbrauches (Bashmakov, 1992, 14–19 + 36 + Figure 3; IZE, 1993, 2).

Neben den spezifischen Energieverbrauchsreduktionen liegt vor allem in den Ländern im Übergang (Countries in Transition) ein großes Einsparpotential in der Senkung des in den Materialien gebundenen bzw. kumulierten Energieaufwandes aufgrund der überhöhten Materialintensität sowie hoher Materialverlust bei der Produktion (Riesner, 1993 a, 39 f.). Dies ist dadurch zu erklären, daß wegen der weichen Kreditlinien in Planwirtschaften kein Anreiz zur Energie- und Materialeinsparung besteht und nur ein extrem kurzer Planungshorizont besteht (DGAP, 1994, 35).

Wie grundlegend sich die Perspektiven der Energiewirtschaft in den Countries in Transition generell gewandelt haben, geht auch hervor aus einer Gegenüberstellung der auf der Weltenergiekonferenz 1989 in Montreal vorgelegten „World Energy Horizons 2000–2020" (Referenzfall) und des auf dem Weltenergiekongreß 1992 in Madrid angekündigten und inzwischen verabschiedeten Berichts „Energy for Tomorrow's World" (Referenzfall – Case B) von 1993. Für die Countries in Transition wurden die Energieprognosen für das Jahr 2020 von rund 70% Energieverbrauchszuwachs auf rund 5% revidiert; geringere Wachstumserwartungen und eine Steigerung der Energieintensität erklären diesen Unterschied[57] (WEC, 1989, 35; WEC, 1993 a, 277).

Die energiewirtschaftliche Zusammenarbeit ist zweitens in den Fällen wesentlich erleichtert, in denen die Gewinnung von Energierohstoffen Teil der Zusammenarbeit ist und damit eine Finanzquelle erschlossen wird, eine eigentumsrechtliche Sicherung der energiewirtschaftlichen Zusammenarbeit möglich wird oder sich die Möglichkeit eröffnet, Technologietransfer gegen Energierohstoffe zu tauschen (DGAP, 1994, 24). Besonders interessant ist diese Art von Zusammenarbeit in Europa und dem nichteuropäischen Teil der Russischen Föderation, da die Verfügbarkeit von Energierohstoffen und Kapital zwischen Ost und West komplementär ist (DGAP, 1994, 136). Ein Problem ist allerdings, daß die frühere UdSSR ihre Ressourcen als Druckmittel benutzt hatte; auch heute ist deswegen noch mit einer Zurückhaltung der anderen Countries in Transition zu rechnen bei Maßnahmen, die zu einer größeren Abhängigkeit von russischen Energierohstoffen führen (DGAP, 1994, 137).

---

57) Revision der Prognose des Wirtschaftswachstums von 1990 bis 2020 von 3,2% auf 2,4% p.a. und der Änderung der Energieintensität von –1,4% auf –2,2% p.a. (Die Prognose für den weltweiten Energieverbrauch veränderte sich kaum, da die Steigerung des Energieverbrauches in den Entwicklungsländern um ungefähr den gleichen Betrag höher eingeschätzt wird, um den die Prognosen der CiT nach unten revidiert wurden.)

In einigen Fällen wurden schon Kooperationsabkommen zwischen einzelnen Energieversorgungsunternehmen geschlossen. So kooperiert die RWE AG beispielsweise mit Elektrizitätsversorgern in Polen (1992), Ungarn (1992), CSFR (3 Abkommen; 1991 und 1992) und der GUS (1992) und hat mit dem Know-how-Transfer schon begonnen (RWE, 1992, 84).

Ungünstigere Bedingungen für eine energiewirtschaftliche Zusammenarbeit liegen oft in energierohstoffarmen Entwicklungsländern vor, da die Energieversorgung von staatlichem Eigentum dominiert wird und somit außer den staatlichen Budgets nur Entwicklungshilfe und staatlich garantierte Konsortialkredite zur Verfügung stehen. Wegen mangelnder Rentabilität ist die zweite Finanzierungsquelle – die Konsortialkredite – in den 80er Jahren versiegt (DGAP, 1994, 253).

Außerdem werden in der Mehrzahl der Entwicklungsländer Kohle, Erdgas und Erdölprodukte unter Weltpreisniveau subventioniert – allerdings mit abnehmender Tendenz – und 80% der EVU bieten Strom unter den langfristigen Grenzkosten an (DGAP, 1994, 33f.).

Entscheidend für die Beurteilung der Reduktionspotentiale der Entwicklungsländer ist, welcher Stellenwert der Umweltbelastung durch CO_2-Emissionen gegeben wird. An der historischen Entwicklung der Industrieländer kann man ablesen, daß das Volkseinkommen erst erheblich steigen mußte, bevor die Umweltqualität bei den Entscheidungen von Politikern und Bürgern eine Rolle spielte. Es wäre verhängnisvoll, wenn die Entwicklungsländer diesen industrialisierungsbedingten Lebensstil im Zuge nachholender Entwicklung zu kopieren versuchen und die Klimafrage erst dann Einfluß auf die Politik nimmt, wenn ihre Auswirkungen spürbar und irreversibel sind. Vorsorgende Umweltpolitik muß für diese Länder „stellvertretend" geleistet werden durch Technologie- und Kapitaltransfer. Diese Hilfen sollten aber an konkrete Projekte gebunden sein. Es zeichnet sich die Gefahr ab, daß die Industrieländer im Zeichen der weltweiten Umweltkrisen die Politik der Entwicklungsländer noch stärker zu bestimmen beabsichtigen als bisher.

7.2.2.1 Internationale Klimaschutzfonds

Die Global Environment Facility (GEF) hat die Aufgabe, den Entwicklungsländern und den Countries in Transition einen Finanzierungsmechanismus für die Bereiche Investitionen und Technische Hilfe für Umweltschutzaktivitäten mit Bezug auf globale Umweltprobleme (Treibhauseffekt, Schutz internationaler Gewässer, Biodiversität, Schutz der Ozonschicht) bereitzustellen. Sie besteht seit 1991 und wurde zunächst als ein 3 Jahres-Pilotprogramm angelegt (DGAP, 1994, 48f). Zusagen in

Höhe von 342 Mio. US $ wurden gegeben und Mittel in Höhe von 99 Mio. US $ waren – unter Berücksichtigung der Verwaltungskosten – 1992 noch abrufbereit (DGAP, 1994, 51 f.).

Die GEF wurde in den in Rio de Janeiro unterzeichneten Konventionen als vorläufiger Finanzierungsmechanismus bestimmt; eine endgültige Regelung muß von den Vertragsstaatenkonferenzen getroffen werden.

Die Fortführung der GEF – mit einigen neuen Strukturmerkmalen – und die Festlegung des Volumens für die Jahre 1994 bis 1997 in Höhe von rund 2 Mrd. US $ – einer Aufstockung der Mittel gegenüber der Zeit von 1991 bis 1994 – ist im März 1994 beschlossen worden. Der Anteil Deutschlands an den zugesagten Mitteln beträgt 240 Mio. US $.

Die wichtigsten neuen Strukturelemente der GEF sind: Sicherung des effizienten Mitteleinsatzes durch eine von den Umweltkonventionen und den durchführenden Institutionen unabhängige Entscheidungs- und Organisationsstruktur; Verbleiben der Projektdurchführung bei Weltbank, UNDP und UNEP; Gleichberechtigung der Geber- und Nehmerländer im Aufsichtsgremium (GEF-Rat); Entwicklung von Mittelverwendungsrichtlinien durch die Vertragsstaatenkonferenzen und den GEF-Rat; Unabhängigkeit des GEF gegenüber den Konventionen und den Durchführungsorganisationen über ein gestärktes GEF-Sekretariat (BMZ, 1994, 1–5).

Die klimabezogenen Ziele des GEF-Finanzierungsmechanismus sind: Effizienzsteigerung beim Endenergieverbrauch, Senkung der Emissionsintensität der Energieerzeugung, Unterstützung zur Umstrukturierung in Richtung treibhausgasarmer Treibstoffe und Transportsysteme. Diese drei Punkte sollen ca. 75% der Mittel beanspruchen. Weitere Ziele sind die Methanemissionsminderung, die Bekämpfung der Waldvernichtung und Kohlenstoff-Einbindung durch Aufforstung (DGAP, 1994, 51).

Die Einrichtung des Interim Multilateral Fund OZONE (IMOF) wurde 1990 in London im Rahmen der Signatarstaatenkonferenz zum Montrealer Protokoll beschlossen, um den Entwicklungsländern den Ausstieg aus Produktion und Verbrauch ozonschichtschädigender Substanzen zu ermöglichen (DGAP, 1994, 49).

Von dem bis 1993 zur Verfügung stehenden Gesamtbudget von 200 Mio. US $ des IMOF wurden bis März 1993 lediglich 60 Mio. US $ abgerufen (DGAP, 1994, 52). Durch die Vertragsstaatenkonferenz wurde der IMOF 1992 in Kopenhagen für den Zeitraum von 1994 bis 1996 mit einem Etat in Höhe von 350 bis 500 Mio. US $ verlängert (DGAP, 1994, 52). Die Förderrichtlinien des IMOF sollten so umgestaltet werden, daß neben die Umstellungskosten auf nicht ozonschichtschädigende Substanzen weitere Entscheidungskriterien – vor allem die Treibhausrelevanz der Ersatzstoffe (Beispiel R 134 a) – treten.

7.2.2.2 Entwicklungsfinanzierung

Hinter dem Begriff Entwicklungsfinanzierung (EZ) verbirgt sich eine Vielzahl von Instrumenten: Darlehen für Investitionen, Warenlieferungen und für Sektoranpassungen sowie Zuschüsse zu Projekten der Technischen Hilfe (DGAP, 1994, 38). Die EZ ist in der Regel projektorientiert. In kleinem Umfang laufen darüber auch die Finanzierung von Warenhilfe und sektorbezogene Programme, wie z. B. die Strukturanpassungsdarlehen der Weltbank (DGAP, 1994, 40). Die EZ kann über die Formulierung entsprechender Projekte auch für die energiewirtschaftliche Zusammenarbeit genutzt werden.

Folgende Organisationen sind in der EZ vorrangig engagiert: die Weltbankgruppe, die regionalen Entwicklungsbanken, Organisationen der Vereinten Nationen und die Europäische Union (DGAP, 1994, 38). Die Weltbank und die regionalen Entwicklungsbanken geben lediglich 1% ihrer Zusagen – seit 1980 – für Projekte im Bereich Energieeinsparung (DGAP, 1994, 43).

Allerdings führt die Weltbank in Kooperation und mit Mitteln des UNDP eine speziell auf den Energiebereich abzielende EZ durch. Das Finanzierungsinstrument des Energy Sector Management Assistance Program (ESMAP) läuft seit 1983 im Rahmen der Technischen Zusammenarbeit. Ziel ist eine Analyse und – darauf aufbauend – eine Strategieentwicklung im Energiebereich (DGAP, 1994, 41 + 44).

Um den Countries in Transition die Umstrukturierungsprozesse zu erleichtern wurden von der EG zwei Programme aufgelegt, die auch für den Energiebereich genutzt werden können:

- PHARE (seit 1989) bietet Zuschüsse an osteuropäische Staaten für eine große Bandbreite von Vorhaben der Beratung zum Transformationsprozeß; das Volumen betrug 1990: 500 Mio. ECU; 1991: 785 Mio. ECU; 1992: 1 Mrd. ECU
- TACIS ist ein ähnlich strukturiertes Programm, in dem seit 1990 für den Transformationsprozeß in der GUS Gelder bereitgestellt werden; 850 Mio. ECU für 1991 und 1992 (DGAP, 1994, 39).

Außerdem wurden für den investiven Bereich durch die Europäische Investitionsbank (EIB) und die Europäische Bank für Wiederaufbau und Entwicklung (EBRD) 820 Mio. ECU für Osteuropa und insgesamt 1,2 Mrd. ECU für alle CiT im Jahr 1992 bereitgestellt (DGAP, 1994, 39 f).

Die GTZ hat ein Pilotprogramm aufgelegt mit folgender Zielsetzung: Beitrag zur rationellen Energieverwendung in der Industrie in 11 Ländern, Aufbau von Energieeffizienzzentren in Pakistan, Korea, Tunesien, Polen, Tschechische Republik, Russische Föderation und Aufbau unabhängiger Forschungsinstitute für Energiefragen mit Unterstützung der EU (DGAP, 1994, 44).

Zu fragen ist nun nach der Wirksamkeit der Entwicklungs- und der Technischen Zusammenarbeit im Energiebereich. Direkte Maßnahmen zur Energieeinsparung erzeugen eine positive Wirkung. Auch wenn westliche Geberorganisationen auf kostenorientierte Energiepreise drängen, ist dies hinsichtlich des Emissionsminderungszieles produktiv. Mittel hingegen, die in die Energieversorgungsinfrastruktur und das Verkehrswesen fließen, schaffen oft zusätzliche Treibhausgasemissionen (DGAP, 1994, 45).

Deshalb ist eine Umorientierung auf die Sanierung von Stromerzeugungs- und -verteilungssystemen und von industriellen Anlagen festzustellen und die meisten Geberorganisationen planen, Projekte zur rationellen Energieverwendung oder der Nutzung erneuerbarer Energien verstärkt zu fördern. Dies spiegelt sich beispielsweise im „Policy Paper" (Strategiepapier) der Weltbank wieder (DGAP, 1994, 46). Die Abkehr von der bisherigen Konzentration auf die Angebotsseite und eine stärkere Berücksichtigung der Nachfrageseite würde zu Kostensenkungen führen (DGAP, 1994, 47).

7.2.2.3 Exportsubvention, -finanzierung und -bürgschaften

Exportsubventionen fallen unter die nicht-tarifären Handelshemmnisse (DGAP, 1994, 55). Ihr Einsatz für die energiepolitische Zusammenarbeit muß unter dieser Restriktion gesehen werden.

Die Exportfinanzierung erfolgt grundsätzlich über private Banken, wobei Sonderkonditionen die im OECD-Rahmen fixierte CIRR (Commercial Interest Reference Rate) nur mit ausdrücklicher Genehmigung durch den Bundesminister für Wirtschaft und die EU-Kommission unterschreiten dürfen. Direkte staatliche Finanzierungshilfen stehen in geringem Umfang bereit über

- den Plafond B des Bankenkonsortiums Ausfuhrkreditgesellschaft mbH
- die Exportfinanzierung der KfW in Verbindung mit ERP-Sonderfondmitteln für Kreditnehmer in Entwicklungsländern
- die KfW-Sonderprogramme (DGAP, 1994, 56).

Diese Finanzierungshilfen können auch für die energiewirtschaftliche Zusammenarbeit genutzt werden.

Hermes-Deckungen stehen zum Ausgleich vor allem politischer Risiken zur Verfügung; eine stärkere Orientierung auf Hermes-Deckungen für Geschäfte mit der GUS und den MOE-Ländern ist in den letzten Jahren erfolgt. Ein Konsortium aus Hermes Kreditversicherungs-AG und Treuarbeit AG wickelt die Verfahren ab; für Auftragsvolumen über 8 Mio. DM ist ein Interministerieller Ausschuß unter Federführung des BMWi zuständig (DGAP, 1994, 57f.). Deckungszusagen im Energiebereich werden in größerem Umfang gewährt. Umweltpolitische Ziele werden nur in geringem, aber zunehmenden Umfang berücksichtigt. Beispielsweise werden keine Hermes-Deckungen für Geschäfte mit Stoffen, die unter das Montrealer Protokoll fallen, gewährt (DGAP, 1994, 59; BMWi, 1994).

Eine – mit dem GATT verträgliche – Exportförderung wäre eine sinnvolle Option, um Technologien zur rationellen Energiewandlung und -nutzung auch anderen Ländern zugänglich zu machen. Der Export von Kohlekraftwerken mit hohem Wirkungsgrad in die Volksrepublik China (z. B. KWK-Anlage auf GuD-Basis) könnte beispielsweise einen merklichen Beitrag zur CO_2-Minderung leisten.

7.2.2.4 Technologietransfer/Direktinvestitionen

Der Informationsaustausch zwischen Wissenschaftlern und Technikern erfolgt über alle Medien, Lizenzen, Wissensübertragungen vor Ort, die Übernahme von Managementfunktionen, Tochtergesellschaften und Joint Ventures sowie durch in Exportgütern inkorporierte Technologien (DGAP, 1994, 61f.). Alle Maßnahmen, die den Informationsaustausch verbessern, erhöhen den Technologietransfer.

Der Technologietransfer ist – nicht nur im Rahmen der Technischen Zusammenarbeit – dann positiv zu bewerten, wenn nicht ein überkommenes Leitbild der „nachholenden Entwicklung" gefestigt wird. Damit soll vermieden werden, daß die Entwicklungsländer in Zukunft vor den gleichen Problemen stehen wie heute die Industrieländer. Regionenspezifische Entwicklungsprojekte auf der Basis angepaßter Technologie sind Beispiele für gelungenen Technologietransfer (Kurz, 1993, 36).

Direktinvestitionen können durch folgende Maßnahmen erleichtert werden: völkerrechtliche Investitionsschutzabkommen und nationale

Investitionsgarantiesysteme zur Abdeckung des politischen Risikos, Steuererleichterungen, Kreditsubvention in der Startphase, (Teil-)Rückerstattung der Kosten der Pre-Investment- und Feasibility-Studien, Institutionalisierung von Kapitalsammelstellen (DGAP, 1994, 65).

Folgende Akteure sind in diesem Bereich aktiv: Hermes, Deutsche Investitions- und Entwicklungsgesellschaft mbH (DEG), Multilateral Investment Guarantee Agency (MIGA) als Teil der Weltbankgruppe (DGAP, 1994, 66).

Auch internationale Unternehmen sind bereit, freiwillige Beiträge durch umweltorientiertes Management zu leisten (Beispiele: ökologisches Wirtschaften/BAUM, Global Environmental Charter/Kaidanren) (DGAP, 1994, 62). Außerdem wurden eine Reihe von Verhaltenskodizes zur internationalen Zusammenarbeit entwickelt, die sich an staatliche Organisationen wie an Unternehmen richten. Für den Klimaschutz sind vor allem die Umweltrichtlinien der UNEP, die Charta für nachhaltige Entwicklung (1991) der Internationalen Handelskammer und die Kriterien für nachhaltiges Entwicklungsmanagement des UN-Zentrums für Transnationale Unternehmen (1992) relevant.

7.2.2.5 Internationale Handelspolitik incl. „Green GATT"/WTO

Die internationale Handelspolitik kann ebenfalls eingesetzt werden, um umweltpolitische Ziele zu erreichen. Heimische Regeln und Umweltstandards sollen dabei durch eine Gleichstellung mit den Importprodukten abgesichert werden. Bisher standen vor allem die Abwehr von Gesundheitsschäden, die Verhinderung der Schädigung von Tieren und Pflanzen und die Sicherung von Produktstandards im Zentrum. In jüngster Zeit wurde auch die Sicherung von Standards in den Herstellungsprozessen einbezogen.

Handelspolitik kann genutzt werden, Anreize für ein bestimmtes Verhalten (Tropenholz- und Elfenbeinimportverbote) und die Finanzierungsgrundlage für Programme nachhaltigen Ressourcenmanagements zu schaffen oder den Beitritt von Trittbrettfahrern zu internationalen Umweltschutzabkommen zu fördern (DGAP, 1994, 74).

Um diese Ziele zu erreichen, können verschiedene Instrumente eingesetzt werden: Importbeschränkungen, Einfuhrzölle, Importabgaben, aber auch internationale Umweltschutzkonventionen (incl. Finanzierungsmechanismen) (DGAP, 1994, 73f.). Dabei sind aber immer die Regeln des internationalen Handels, wie sie im GATT niedergelegt sind, zu berücksichtigen.

Artikel XX des GATT[58] sieht Ausnahmen vom Grundsatz der Liberalisierung vor bei Maßnahmen zum Schutz des Lebens und der Gesundheit von Menschen, Tieren und Pflanzen und der Erhaltung erschöpflicher Naturschätze (DGAP, 1994, 77). Umweltschützende Initiativen, die darüber hinausgehen, sind dann GATT-verträglich, wenn sie auf breite internationale Übereinstimmung stoßen, indem mit ⅔-Mehrheit die Grundregeln modifiziert werden oder wenn ein Dispens erwirkt wird. Unilateralen Aktionen ist damit tendenziell ein Riegel vorgeschoben (DGAP, 1994, 78). Allerdings wurde im GATT in der Vergangenheit jede Maßnahme, die den Handel aus Umweltschutzgründen beschränkt hat, als nicht-tarifäres Handelshemmnis interpretiert (Petersmann, 1992, 257 ff.). Für die nächste GATT-Verhandlungensrunde ist geplant, umweltpolitische Mindeststandards einzubeziehen („Grüne Runde") (Kurz, 1993, 5). Ziel ist eine handelspolitische Flankierung des „global commons"-Schutzes auch gegen produktionsprozeßbedingte und in Importgüter inkorporierte schädliche Wirkungen (DGAP, 1994, 149). Das „GATT-Symposium on Trade, Environment and Sustainable Development" im Juni 1994 in Genf war ein Einstieg in diesen Prozeß.

Im OECD- und EG-Rahmen wurden diese Themen ebenfalls diskutiert.

Der EG-Rat forderte die EG-Kommission in einer Resolution im Mai 1993 auf, erstens ein Grünbuch zum Thema internationaler Handel und Umwelt auszuarbeiten, um auszuloten, wie mit internationalen Bestimmungen eine umweltverträgliche Entwicklung in diesem Bereich am besten gefördert werden kann und zweitens im Rahmen der OECD und des GATT bzw. der WTO in der Diskussion um Umwelt und internationalen Handel eine aktive und konstruktive Rolle zu spielen. Ziel der Beratungen soll dabei sein, sobald als möglich Konsens über ein umfassendes Paket zur Berücksichtigung der einschlägigen Umweltbelange durch das multilaterale Handelssystem zu erzielen und in die Präambel der WTO die Ziele einer umweltverträglichen Entwicklung und des Umweltschutzes einzubeziehen (EC Council, 1993, 5–7).

---

[58]) Artikel XX: Allgemeine Ausnahmen
Unter dem Vorbehalt, daß die folgenden Maßnahmen nicht so angewandt werden, daß sie zu einer willkürlichen und ungerechtfertigten Diskriminierung zwischen Ländern, in denen gleiche Verhältnisse bestehen, oder zu einer verschleierten Beschränkung des internationalen Handels führen, darf keine Bestimmung dieses Abkommens so ausgelegt werden, daß sie eine Vertragspartei daran hindert, folgende Maßnahmen zu beschließen oder durchzuführen: . . .
b) Maßnahmen zum Schutze des Lebens und der Gesundheit von Menschen, Tieren und Pflanzen; . . .
g) Maßnahmen zur Erhaltung erschöpflicher Naturschätze, sofern solche Maßnahmen im Zusammenhang mit Beschränkungen der inländischen Produktion oder des inländischen Verbrauchers angewendet werden; . . . (GATT, 1976, 2688).

Die OECD legte 1993 Verfahrensleitlinien zur Integration von Handels- und Umweltpolitik fest:

- Gespräche mit allen interessierten Kreisen über die Entwicklung und Implementierung einer „integrierten Handels- und Umweltpolitik" und Gestaltung dieses Entwicklungs- und Implementierungsprozesses in möglichst transparenter Art und Weise
- Evaluierung der ergriffenen Maßnahmen zu einer „integrierten Handels- und Umweltpolitik" und Revision, falls Mängel festgestellt werden
- Internationale Koordination der „integrierten Handels- und Umweltpolitik" bei grenzüberschreitenden, regionalen und globalen Umweltproblemen zwischen den betroffenen Ländern und Ländergruppen
- Berücksichtigung sowohl von Umwelt- als auch von Handelsaspekten bei Konfliktlösungsmechanismen von transnationalen Konflikten im Bereich „Umwelt und Handel" (OECD, 1993, 14–20).

7.2.2.6 Tauschhandel

Kompensationsgeschäfte (Countertrade) werden vor allem im Handel mit den Staaten Osteuropas abgewickelt. 1988 wurden schätzungsweise 320 bis 420 Mrd. $, das sind 15 bis 20% des Welthandels, so abgewickelt (DGAP, 1994, 92).

Folgende Arten sind zu unterscheiden: Bartergeschäfte (Ware gegen Ware), Gegenkäufe (Parallelgeschäfte, Counterpurchase, rechtlich voneinander unabhängige Geschäfte, Exportverpflichtung ist abtretbar), Clearing- oder Switchgeschäfte (Clearing-Konten bei der jeweiligen Zentralbank, wenn Konten nicht ausgeglichen: Einräumung von Swing Kreditgewährung auf Clearing-Konten; falls Ausgleich der Clearing-Konten über Dritte möglich: Switchgeschäfte), Rückkaufgeschäfte (auch Buy-Back-Geschäfte, Bezahlung von Produktionsanlagen über die damit produzierte Ware, Vermarktung durch Anlagenhersteller), Offset-Geschäfte (vor allem bei großvolumigen Kompensationsgeschäften wie Flugzeugen und Kraftwerken, Auftragnehmer verpflichtet sich zur Koproduktion oder Lizenzproduktion im Importland, zur Vergabe von Unteraufträgen, zu Investitionen oder zu Technologietransfer ins Importland) (DGAP, 1994, 93f.).

Negative Erfahrungen ergeben sich bei Tauschhandelsgeschäften wegen der hohen Kosten der Abwicklung, Lieferproblemen, mangelnder Qualität, Schwierigkeiten beim Vertrieb der Ware, der Unzuverlässigkeit der Partner etc. (DGAP, 1994, 94f.); Tauschhandelsgeschäfte sind deshalb als Übergangslösung zu sehen.

Vor allem Buyback- und Offsetgeschäfte, die im Osthandel verstärkt an Bedeutung gewinnen, und in geringerem Ausmaß Clearinggeschäfte, können zur energiewirtschaftlichen Zusammenarbeit genutzt werden, da oft normale Handelsgeschäfte mit den CiT aus Devisenmangel nur in geringem Umfang stattfinden. Es ist auch möglich, Tauschhandelsgeschäfte mit umweltpolitischen Auflagen zu versehen (DGAP, 1994, 100).

7.2.2.7 Transnationale Kooperationen

In der Gestalt transnationaler Kooperationen zur CO_2-Minderung hat das Konzept transferierbarer CO_2-Emissionskontingente inzwischen Interesse gefunden: Es gilt zu erreichen, daß Reduktionen der CO_2-Emissionen dort erfolgen, wo

- dies dem Klimaschutzziel am meisten dient; durch transnationale Kooperationen sind unter Umständen wesentlich höhere CO_2-Reduktionen mit geringeren Mitteln möglich
- mit dem Klimaschutzziel weitere Entwicklungsziele verbunden werden können; transnationale Kooperationen sind dort sinnvoll, wo die Klimaschutzmaßnahmen positive Nebenwirkungen im Interesse des Partnerlandes haben
- durch transnationale Kooperationen im Klimaschutz keine Risikoverlagerung stattfindet, sondern risikominimierende Technologien (z. B. Effizienzsteigerung der Energienutzung) vorrangig gefördert werden
- durch transnationale Kooperationen ein zusätzlicher Kapital-, Technologie- und Wissenstransfer induziert wird, der nicht zu Lasten z. B. von Leistungen im Rahmen der Entwicklungszusammenarbeit gehen darf.

Unter den neuen Mitteln und Wegen der CO_2-Minderung ist dieses Konzept wohl dasjenige, das die großen Reduktionspotentiale sowohl in Mittel- und Osteuropa und in der Gemeinschaft Unabhängiger Staaten, als auch in den Entwicklungs- und Schwellenländern am ehesten zu erschließen vermag. Der letztgenannten Ländergruppe legt die in Rio de Janeiro verabschiedete Klimarahmenkonvention keinerlei Reduktionspflichten auf.

Die internationale Klimapolitik steht und fällt mit der Erschließung dieser Reduktionspotentiale. Im Vorgriff zu einer globalen Regelung sollte die Bundesregierung sich bereits jetzt nachdrücklich darum bemühen, daß auf dieses Ziel abgestellte Kooperationen zwischen Partnern in West und sowohl in Ost als auch in Süd auf weltweiter oder regionaler Ebene zustandekommen, soweit die eingangs genannten Bedingungen zu erfüllen sind. Diese Kooperationen wären gegebenenfalls abzusichern oder auch zu ergänzen durch Abkommen zwischen den Regierungen der Partnerländer.

Weite Bereiche der Energiewirtschaft – Gewinnung, Umwandlung, Transport und Verbrauch von Kohle, Öl, Gas usw. – könnten in solche Kooperationen einbezogen werden: Forschungs- und Entwicklungsvorhaben, Lieferungen von Anlagen und Aggregaten bis hin zu fundierten industriellen Kooperationen etwa in der Gestalt von Joint Ventures. Gegenstand der Kooperation könnten vor allem aber auch Aktionen sein, die über den engeren Energiebereich hinausgehen, beispielsweise Vereinbarungen, die eine Erhaltung der tropischen Regenwälder sichern sollen.

Ein wirksamer Anreiz läge in der Möglichkeit einer teilweisen Anrechnung auf eine CO_2-/Energiesteuerschuld – vorausgesetzt, der Energieverbrauch oder die CO_2-Emissionen unterliegen einer Steuer. Nur in einem solchen Sachzusammenhang sollte man von „Kompensationen" sprechen.

Es wäre auch vorstellbar, daß im internationalen Rahmen eine Zertifikat-Lösung eingeführt wird, die den einzelnen Staaten, Staatengemeinschaften oder anderen Gebietskörperschaften Kontingente für maximale Emissionsmengen klimawirksamer Spurengase vorgibt. Sollte es dazu im weltweiten oder regionalen Rahmen kommen, wäre es möglich, daß die im Wege einer transnationalen Kooperation erreichten Minderungen an CO_2-Emissionen in einem durch die Kooperation begünstigten Lande teilweise dem Emissions-Kontingent des begünstigenden Landes zugerechnet werden.

Auch wenn eine CO_2-/Energiesteuer oder eine Kontingentierung (Zertifikatsregelung) nicht zustandekommt, mangelt es nicht an denkbaren Anreizen für transnationale Kooperationen. Man könnte kooperationsbereiten Unternehmen insoweit Steuererleichterungen zugestehen bzw. Beihilfen oder andere Vorteile gewähren, als sie nachweisen, im Wege der Kooperation mit Unternehmen in Partnerländern für Reduktionen der CO_2-Emissionen zu sorgen, die das Ausmaß der Emissionen, die im Inland erreichbar wären, deutlich übersteigen. Sicherzustellen bleibt freilich, daß dieser Nachweis in einer eindeutigen und keinerlei Mitnahmeeffekte zulassenden Weise erfolgt. Neben der Regelung in bezug auf die Mitnahmeeffekte sind – unabhängig von oder auch im Vorgriff auf spätere Joint Implementations – als klimaschützende Optionen folgende Regelungen denkbar:

- die Einrichtung von Clearingstellen für die Anbahnung von Kooperationen,
- Incentives verschiedenster Art,

- Richtlinien für die Anrechnung auf Steuern, Kontingente etc.,
- eine Kontrollinstanz für die Verwendung von Fremdmitteln und zur korrekten Anrechnung auf Steuern, Kontingente etc.,
- Absicherungsabkommen zwischen der Bundesrepublik Deutschland und den Regierungen der Partnerländer in Ost und Süd.

Es darf nicht dazu kommen, daß reiche Länder in den armen Ländern den Klimaschutz, für den sie verantwortlich sind, billig einkaufen. Unter der Voraussetzung eines Regelwerkes, das Mißbräuche verhindert und dafür sorgt, daß die genannten Bedingungen eingehalten werden, sind Transnationale Kooperationen jedoch sehr zu empfehlen und sogar ein entscheidender Weg zur Beschleunigung des Klimaschutzes.

7.2.2.8 Gemeinsame Durchführung von klimabezogenen Maßnahmen/Joint Implementation

Die Grundidee von Joint Implementation bzw. Kompensation

Um bei der klimapolitisch angestrebten Minderung von CO_2- und anderen Spurengasemissionen ein Höchstmaß an Flexibilität zu gewährleisten, werden zunehmend Kompensationslösungen als Ergänzung des klassischen energie- und umweltpolitischen Instrumentariums in die Diskussion eingebracht.

Mit Joint Implementation wird in der internationalen Klimapolitik die Möglichkeit bezeichnet, Verpflichtungen zur Reduktion von Treibhausgasen bzw. steuermindernde Maßnahmen nicht im verpflichteten Staat vorzunehmen, sondern in einem anderen Staat. Die Grundidee des Konzepts wurzelt in der traditionellen Ökonomie: Maßnahmen zum Schutz des Klimas sollen dort ergriffen werden, wo die Kosten hierfür am niedrigsten sind. Im Kontext der internationalen Klimapolitik findet sich für die Orientierung am ökonomischen Prinzip ein weiteres Argument: Treibhausgasemissionen sind kein „hot spot"-Problem, sondern ein globales Problem. Aus diesem Grunde ist es auch nicht zwingend erforderlich, daß die notwendigen Emissionsminderungen in einer bestimmten Anlage, Branche oder in einem bestimmten Land erreicht werden. Wichtig ist, daß die globalen Ziele erreicht werden.

Joint Implementation hat eher den Charakter eines zusätzlichen Instrumentes, d. h. eines auf andere Instrumente aufbauenden Instrumentes, da es auf ordnungs- oder abgabenrechtlichen Vorgaben basiert, die entweder bereits bestehen oder von denen zumindest die Erwartung besteht, daß sie eingeführt werden (DGAP, 1994, 82 f.).

Die Begrenztheit finanzieller Ressourcen sowie die Globalität des Problems sind ohne Zweifel starke Argumente für internationale Kompensationsprojekte. Gleichzeitig jedoch gibt es auch Einwände gegen die ausschließliche Orientierung am ökonomischen Prinzip, die vor allem in der Sorge begründet liegen, daß der dringend erforderliche ökologische Strukturwandel in den Industriestaaten hierdurch verlangsamt wird und daß es zu erheblichen „Mitnahmeeffekten" kommt[59]. Ziel des Einsatzes von Joint Implementation-Maßnahmen muß es deshalb sein, insgesamt einen positiven Beitrag zum globalen Klimaschutz zu leisten.

Der wirksamste Beitrag, den die reichen Industriestaaten zum Schutz der Erdatmosphäre leisten können, ist die ökologische Erneuerung ihrer eigenen Volkswirtschaften. Das schließt Engagement in anderen Teilen der Welt nicht aus.

Der völkerrechtliche Rahmen

Am 21. März 1994 ist die Klimarahmenkonvention (nachfolgend FCCC, Framework Convention on Climate Change) in Kraft getreten, nachdem zuvor fünfzig Staaten dieses Abkommen ratifiziert hatten. In Art. 3.3 des Dokuments heißt es, daß „Bemühungen zur Bewältigung der Klimaänderungen von interessierten Vertragsparteien gemeinsam unternommen werden können". Ferner bestimmt Art. 4.2.a, daß die Industriestaaten Klimaschutzmaßnahmen „gemeinsam mit anderen Vertragsparteien durchführen (können) . . .". Diese beiden Passagen der FCCC können als die rechtlichen Grundlagen für die gegenwärtige Diskussion über Gemeinsame Umsetzung bzw. Joint Implementation angesehen werden.

Die erste Vertragsstaatenkonferenz der FCCC, die vom 28. März bis zum 7. April 1995 in Berlin stattfinden wird, ist gehalten, Kriterien für eine „Gemeinsame Umsetzung von Maßnahmen zum Schutz der Erdatmosphäre" zu entwickeln (Art. 4.2. d). Zur Erfüllung dieser Aufgabe hat sich das Intergovernmental Negotiating Committee (INC) auf seinen Sitzungen im August 1993 und im Februar 1994 ausführlich mit dem Thema befaßt.

Im Februar 1994 hat das INC-Sekretariat eine Ausarbeitung vorgelegt (INC 9, 1994a), in der 12 mögliche Kriterien für Joint Implementation (JI) formuliert werden:

[59]) Ausführlich zu den Möglichkeiten und Grenzen von Kompensationsmaßnahmen in der internationalen Klimapolitik siehe Loske, 1993b; Loske, Oberthür, 1994; CNE, 1994.

- JI bezieht sich ausschließlich auf gemeinsame Aktionen zur Implementation von Politiken und Maßnahmen und modifiziert in keiner Weise die jeweiligen Verpflichtungen der einzelnen Parteien.
- JI ist von der Bereitstellung von Unterstützung („assistance") für andere Parteien zu unterscheiden.
- JI ist eine freiwillige Aktivität in der Verantwortung von zwei oder mehreren Parteien; solche Aktivitäten sollten von den Regierungen durchgeführt oder zumindest akzeptiert werden.
- JI wäre ergänzend zu nationalen Aktivitäten durchzuführen, nicht als Ersatz dafür.
- JI sollte für alle beteiligten Parteien vorteilhaft und konsistent mit deren nationalen Plänen für nachhaltige Entwicklung sein .
- JI sollte tatsächliche und meßbare Resultate hervorbringen, die gegen einen realistischen Referenzpfad kalkuliert würden.
- Die Einflüsse von JI-Aktivitäten wären bezüglich ihrer ökonomischen, sozialen und Umwelteffekte zu bewerten.
- JI-Aktivitäten sollten, wo immer möglich, von Maßnahmen begleitet sein, die auch langfristig positive Umwelteffekte bewirken.
- JI-Aktivitäten könnten sich auf jedes Treibhausgas oder jede Kombination von Treibhausgasen beziehen.
- Die Parteien sollen denjenigen JI-Aktivitäten Priorität einräumen, die Emissionsbegrenzungen bewirken.
- Die positiven Effekte von JI-Aktivitäten können unter den Parteien aufgeteilt werden.
- Jede an JI-Projekten beteiligte Partei hätte die relevanten Informationen darüber an die Konferenz der Vertragsparteien zu melden.

Diese vorläufigen Kriterien für JI, die bis zur ersten Vertragsstaatenkonferenz weiter diskutiert werden, stellen einen fragilen Kompromiß dar und sind weit davon entfernt, einen Konsens abzubilden. Gleichwohl scheint ein gewisses Einvernehmen darüber zu bestehen, daß

- JI als Komplement zu glaubwürdigem nationalen Handeln der Industriestaaten zu betrachten ist, nicht als Alternative dazu
- die Parteien bei der Ausgestaltung von JI-Projekten zunächst ein Höchstmaß an Freiheit genießen sollen, ihre Erfahrungen aber an die Vertragsstaatenkonferenz übermitteln, und daß mittelfristig ein standardisiertes Verfahren entwickelt wird
- im Rahmen von JI zusätzliches privates Kapital für Klimaschutzzwecke mobilisiert werden soll, das über die staatlichen Finanztransfers im Rahmen der FCCC hinausgeht

- zumindest bis zum Jahr 2000 noch keine Kreditierungen im Rahmen von JI-Projekten stattfinden sollen, dieser Zeitraum aber als Pilotphase zur Sammlung von Erfahrungen genutzt wird.

Ein wesentlicher Dissens besteht hinsichtlich der Frage, zwischen welchen Vertragsparteien überhaupt JI-Projekte vereinbart und durchgeführt werden dürfen. Die Gruppe der 77 und die VR China haben im INC die Position vertreten, daß JI-Projekte nur innerhalb der Gruppe der Annex I-Länder möglich sein sollen, da nur diese Länder spezifische Verpflichtungen im Rahmen der FCCC (Art. 4.2. a und b) eingegangen sind (INC 9, 1994b). Annex I-Länder sind die OECD-Staaten sowie die mittel- und osteuropäischen Staaten einschließlich der Russischen Föderation, Weißrußlands und der Ukraine. Dies würde bedeuten, daß Entwicklungsländer zunächst grundsätzlich von JI-Projekten ausgenommen wären. Hintergrund dieser Position ist die Tatsache, daß die Mehrzahl der Entwicklungsländer die Nord-Süd-Transfers vor allem im Rahmen des Finanzierungsmechanismus der FCCC (Art. 11) abgewickelt sehen möchten.

Die Positionen der Entwicklungsländer beginnen sich jedoch allmählich zu differenzieren. So stehen beispielsweise Mexiko (nun ein OECD-Land) und Indien dem JI-Ansatz eher aufgeschlossen gegenüber. Grundsätzlich gilt wohl: Je größer ein Entwicklungsland, desto größer das Interesse der Industrieländer an JI-Projekten in diesem Land. Dieser Zusammenhang dürfte auf mittlere Sicht dazu führen, daß zumindest in den großen Entwicklungsländern das Interesse an JI zunehmen wird.

In seiner oben genannten Ausarbeitung hat das INC-Sekretariat bezüglich dieser Frage keine Festlegung getroffen und damit faktisch die Position bezogen, daß JI-Projekte grundsätzlich auch zwischen Industrie- und Entwicklungsländern möglich sind. Diese Position wird auch von den meisten OECD-Staaten geteilt[60]. Kreditierungen – z. B. die Gutschrift der in einem Entwicklungsland vermiedenen CO_2-Emissionen auf das nationale „Schuldenkonto" eines Industrielandes – sind im Prinzip nur möglich, wenn beide Parteien ein „Konto" (also ein Mengenbudget) haben. Bislang unterliegen die Entwicklungsländer keinen spezifischen Verpflichtungen, haben also keine Mengen- oder Zeitziele. Insofern muß die JI-Diskussion perspektivisch auch mit der Festlegung von Zielen für alle Vertragsparteien verknüpft werden.

---

[60]) Besonders deutlich wurde dies auf dem Workshop „Criteria for Joint Implementation under the Framework Convention on Climate Change" in Southampton, Bermuda vom 9.–11. Januar 1994, an dem Vertreter zahlreicher Regierungen teilnahmen (Conference Report, The Woods Hole Research Center, February 1994); vgl. Jones, T. (1993): Operational Criteria for Joint Implementation, International Conference on the Economics of Climate Change, Paris, OECD.

Auf seiten der Staaten Mittel- und Osteuropas ist das Interesse an JI groß, ohne daß konkrete Vorstellungen über die Ausgestaltung des Instruments vorliegen.

Die offenen Fragen

Jenseits der eher grundsätzlichen Auseinandersetzungen über das Instrument der Gemeinsamen Umsetzung, wie sie etwa in den Kontroversen zwischen OECD- und G 77-Staaten zum Ausdruck kommen, besteht große Unklarheit bezüglich der Handhabbarkeit von JI. Folgende Fragen müssen bislang als offen gelten:

- Welche Projekttypen sind im Rahmen von JI geeignet und welche sind eher nicht geeignet?
- Welche methodischen Schwierigkeiten ergeben sich bei der Bestimmung von Referenzpfaden („Baselines"), also einer Entwicklung ohne die entsprechenden Klimaschutzmaßnahmen?
- Wie lassen sich vermiedene Emissionen ermitteln, und wie sollen die Kreditierungen ausgestaltet werden?
- Wie können Anreize geschaffen werden, um privates Kapital für JI-Projekte zu mobilisieren? Wie lassen sich durch JI-Maßnahmen zusätzliche, d. h. über die nationalen Industrieländerverpflichtungen hinausgehende, Klimagasreduktionen erreichen?
- Welche institutionellen und organisatorischen Rahmenbedingungen müssen geschaffen werden, um eine effektive Implementation und Verifikation von JI-Maßnahmen zu gewährleisten?

In Teil E wird Joint Implementation ausführlich als Instrument im Rahmen der Klimarahmenkonvention diskutiert und werden die Empfehlungen der Kommission hierzu dargestellt.

Als Alternative zu Joint Implementation bieten sich zwischenstaatliche Abkommen über den Handel fixierter nationaler Emissionsmengen an – ein Verfahren, das auf einer ähnlichen Systemidee aufbaut (C. C. v. Weizsäcker, 1993, 12). Bei Überschreitung der vereinbarten Emissionen wäre eine Konventionalstrafe an den Klimafond zu zahlen, bei Unterschreitung würden Ansprüche an den Klimafond entstehen. Ein internationaler Preis für CO_2-Emissionen würde sich bilden. Aktionen inländischer Firmen für Emissionsminderung im Ausland würden vom Ausland entgolten. Die Interessenlage wäre günstiger für die Realisierung der Klimaschutzziele, da das betroffene Land ein Eigeninteresse daran hätte (C. C. v. Weizsäcker, 1993, 13f).

7.2.2.9 Schuldenproblematik / Debt-for-Nature Swaps

Eine energiewirtschaftliche Zusammenarbeit kann auch im Rahmen von „Grünen Konditionalitäten" zur Entschärfung der Verschuldungsproblematik erfolgen. Das Konzept der Debt-for-Nature Swaps, nicht über Geld oder Tauschware Schulden zu tilgen, sondern über umweltpolitisches Wohlverhalten (DGAP, 1994, 139), könnte entsprechend erweitert werden. Die über die Entschuldung freiwerdenden Mittel in den Schuldnerländern könnten auch für Projekte einer klimapolitisch motivierten energiewirtschaftlichen Zusammenarbeit verwendet werden. Zu denken wäre z. B. an lokale Programme zur Effizienzsteigerung in Verbindung mit Technologietransfer. Aber auch Verwendungs- und Verhaltensauflagen bezüglich der Energierohstoffe könnten über Debt-for-Nature-Swaps vereinbart werden.

Nichtschuldnerländer und Länder mit einer geringen Verschuldung können über dieses Instrument nicht oder nur in sehr begrenztem Umfang erfaßt werden.

7.2.2.10 Gründung einer Internationalen Energieeffizienzagentur und einer Internationalen Agentur zur Förderung der erneuerbaren Energien

Einen Beitrag zur internationalen energiewirtschaftlichen Zusammenarbeit könnte eine Internationale Energieeffizienzagentur und eine Internationale Agentur zur Förderung der erneuerbaren Energien analog zur IAEO (Internationale Atomenergie-Organisation) leisten.

7.3 Instrumente auf der Ebene der Europäischen Union, Europäische Energiecharta

Die Berichte zu den in Auftrag gegebenen Studien sprechen sich durchweg für eine Europäische Klimapolitik aus. Dies schließt eine nationale Vorreiterrolle nicht aus. Sie muß im gesamten Kontext gewertet werden. „Eine EU-weit koordinierte CO_2-Politik kann . . . wesentlich weitreichender und schärfer ausgestaltet sein als unkoordinierte nationale Politiken, da Ausweichreaktionen geringer sind" (EWI u. a., 1994, 83).

Ein einheitliches Vorgehen der EU im Klimaschutz verringert die Komplexität der internationalen Verhandlungen aufgrund der verringerten Anzahl der Beteiligten. Außerdem geht von einem gemeinsamen Vorgehen auch eine höhere internationale Signalwirkung aus. Dagegen wurden beispielsweise die in Dänemark, den Niederlanden, aber auch in den zur Zeit nicht der EU angehörenden Ländern Norwegen und Schweden eingeführten CO_2- und Energiesteuern international wenig zur Kenntnis genommen. Aber auch für andere Bereiche ist ein gemeinsames Vorgehen von Vorteil. So können die Zielsetzungen zwischen der Handels- und der Klimapolitik besser abgestimmt werden, da die EU Verhandlungspartner im GATT ist (EWI u. a., 1994, 83 f.).

Zwei verschiedene Strategien können in der EU-Klimaschutzpolitik gewählt werden: erstens die Vorleistung-Strategie (Glaubwürdigkeit und Signalwirkung sind hoch, aber eventuell könnte eine Schwächung der Verhandlungsposition die Folge sein) und zweitens die Strategie der Absichtserklärung mit Konditionalität (Vorteil wäre eine höhere politische Durchsetzbarkeit und Effektivität) (EWI u. a., 1994, 85 f.).

7.3.1 Gegenstände der Gesamtstrategie/Maßnahmen im Rahmen der „Gemeinschaftsstrategie für weniger Kohlendioxidemissionen und mehr Energieeffizienz"

Bausteine zur europäischen „Gemeinschaftsstrategie für weniger Kohlendioxidemissionen und mehr Energieeffizienz" mit dem Ziel, bis zum Jahr 2000 die CO_2-Emissionen auf dem Stand von 1990 zu stabilisieren, sind (EC Commission, 1991 a):

- die Programme ALTENER (erneuerbare Energien; 13. September 1993) und SAVE (Rahmenprogramm, effiziente Energienutzung, 13. September 1993)
- das gemeinschaftliche Beobachtungssystem zur Messung der Emissionen von CO_2 und anderen Treibhausgasen (24. Juni 1993) und
- die europäische CO_2-/Energiesteuer, die noch verhandelt wird (EWI u. a., 1994, 12).

Die Programme THERMIE und JOULE sind nicht explizit in der Gemeinschaftsstrategie als Bausteine genannt, können aber auch einen wesentlichen Beitrag zur Minderung der CO_2-Emissionen leisten.

Die Gemeinschaftsstrategie wurde aufgelegt, um den von der EU-Kommission im Herbst 1991 und im Frühsommer 1993 auf 11% bis 12% geschätzten Zuwachs an CO_2-Emissionen – für den Fall, daß keine zusätzlichen Maßnahmen ergriffen würden – bis zum Jahr 2000 zu verhindern (EWI u. a., 1994, 7 f.).

Nachdem das Projekt einer EU-weiten CO_2-/Energiesteuer bislang nicht realisiert wurde, wird ohne besondere zusätzliche Maßnahmen dieses Ziel nicht erreicht werden können.

Die Kompetenzzuweisung für Programme zur Verringerung von CO_2-Emissionen ist zwischen den Organen der EU umstritten. Die Kommission und das Parlament ordnen sie dem Bereich Umweltschutz zu. Damit ergäbe sich die Zuständigkeit aus Art. 130s EWGV. Der Ministerrat hingegen rechnet sie der Energiepolitik zu. Hierfür gibt es keine ausdrückliche Zuständigkeitsregelung, sodaß die Regelung in Art. 235 EWGV gilt. Als Kompromiß wurde vereinbart, beide Zuständigkeitsregelungen anzuwenden (EWI u. a., 1994, 35).

Für die CO_2-/Energiesteuer sind Art. 130s und Art. 99 EWGV heranzuziehen (EWI u. a., 1994, 37).

Gegen das Subsidiaritätsprinzip wird durch die Programme zur Verringerung der CO_2-Emissionen nicht verstoßen, da ein staatenübergreifendes Problem vorliegt und damit eine gemeinschaftsweite Regelung effizienter ist. Die Prüfung hinsichtlich der Eingriffsintensität ergibt, daß die Verhältnismäßigkeit bei den geplanten Regelungen eingehalten ist (EWI u. a., 1994, 39 f.).

7.3.1.1 ALTENER

ALTENER hat ein Volumen von 40 Mio. ECU und eine Laufzeit von 5 Jahren (1993-1997).

Ziel ist es, den Anteil erneuerbarer Energien von 4% (1991) auf 8% bis zum Jahr 2005 zu verdoppeln und bis 2005 180 Mio. t CO_2 einzusparen. Dies ist eine CO_2-Emissionsminderung in Höhe von 6% bezogen auf das Jahr 1990. Bis 2000 würde ALTENER zu einer 1%igen Verringerung der ansonsten um 11% wachsenden CO_2-Emissionen beitragen.

Ob das anspruchsvolle Ziel durch die zur Verfügung stehenden Mittel letztendlich über die ganze Laufzeit zu erreichen ist, ist fraglich.

Die Schwerpunkte von ALTENER sind: Windenergieanlagen, Kleinwasserkraftwerke, Solarthermie, Photovoltaik, Biokraftstoffe (Ziel 2005: 5% Anteil an den Kraftfahrzeugtreibstoffen, ergänzt um Maßnahmen im agrarpolitischen Bereich) und Geothermie.

Die Instrumente sind: Förderung des Marktes für erneuerbare Energien und Einbindung in den Energiebinnenmarkt vor allem über die Harmonisierung technischer Normen, Sicherheits- und Rechtsvorschriften (mit 100% Förderung durch die EU, bei allen anderen Maßnahmen liegt die Förderung zwischen 30 und 50%); finanzielle und wirtschaftliche Maßnahmen; Ausbildung, Information und Veranstaltungen; Zusammenarbeit mit Entwicklungsländern und den Ländern Mittel- und Osteuropas.

Das EU-Parlament forderte die Erweiterung des ALTENER-Programms (EWI u. a., 1994, 13–15).

7.3.1.2 SAVE

SAVE hat ein Volumen von 35 Mio. ECU und eine Laufzeit von 5 Jahren (Beginn 1991).

Ziel ist es, die Energieeffizienz zu steigern und damit 61 Mio. t CO_2 einzusparen; das bedeutet, daß der Zuwachs der CO_2-Emissionen um 2% geringer ausfallen würde, als prognostiziert.

Auch bei diesem Programm ist ein Mißverhältnis des anspruchsvollen Ziels und der zur Verfügung stehenden Mittel festzustellen, das die Erreichung des Ziels über die ganze Laufzeit fraglich erscheinen läßt.

Die Schwerpunkte des SAVE-Programms sind: Pilotaktionen, der Erlaß von Rechtsvorschriften und die Verbesserung des Informationsaustausches über Energieeinsparmöglichkeiten.

Folgende Richtlinien im Rahmen des SAVE-Programms wurden beschlossen: Wirkungsgrade für neue Warmwasserheizkessel, die mit flüssigen oder gasförmigen Brennstoffen beschickt werden (21. Juni 1992); Kennzeichnung des Energieverbrauches von Haushaltsgeräten (22. September 1992); Rahmenrichtlinie zum SAVE-Programm vom 25. Juni 1993 mit 6 Einzelmaßnahmen: Energieausweis für Gebäude, verbrauchsabhängige Abrechnung von Heizungs-, Warmwasserbereitungs- und Klimatisierungskosten, Contracting von Energieeinsparungen im öffentlichen Sektor, Wärmedämmung bei Neubauten, regelmäßige Heizkesselüberprüfung, Energiebilanzen in Unternehmen. In der Rahmenrichtlinie konnte aber keine Einigung über die vorgesehene regelmäßige Überprüfung von Kraftfahrzeugen erzielt werden.

Anzustreben sind weitere, bislang nicht ausgeschöpfte Maßnahmen zur Energieeffizienzsteigerung im Rahmen des SAVE-Programms (EWI u. a., 1994, 2).

Dem Europäischen Parlament geht die vorliegende Fassung nicht weit genug, da das ursprüngliche Ziel, 500 Mio. t CO_2 mit dem SAVE-Programm zu reduzieren, weit verfehlt wird und die ursprünglich geplanten Vorschriften zu Energieeffizienzstandards zu einer Rahmenrichtlinie reduziert wurden (EWI u. a., 1994, 15–17).

7.3.1.3 THERMIE

Die jüngsten THERMIE-Ausschreibungen 1992 und 1993 (700 Mio. ECU, bei Laufzeit von 1,5 Jahre) zielen auf die CO_2-Emissionsminderung durch innovative Energietechnologien. Die im Rahmen des THERMIE-Programms geförderten Technologieentwicklungen können mittelfristig zu einer 1,5%igen Verminderung des prognostizierten CO_2-Emissionszuwachses beitragen (EWI u. a., 1994, 12f.+17). Maßnahmen zum Technologietransfer, zur industriellen Zusammenarbeit mit Drittstaaten und zur internationalen Zusammenarbeit mit Entwicklungsländern zur Erleichterung ihrer wirtschaftlichen und sozialen Entwicklung sind im Rahmen der Fortführung des THERMIE-Programms (THERMIE-II) von 1995 bis 1998 vorgesehen (EC Commission, 1994, 7f.+15).

ALTENER, SAVE und THERMIE könnten gemeinsam nur 4,5% der prognostizierten 11%igen CO_2-Emissionssteigerung abfangen (EWI u. a., 1994, 19).

7.3.1.4 JOULE

JOULE ist ein Programm für Forschung und technologische Entwicklung im Bereich Energie – nichtnukleare Energien und rationelle Energienutzung. Das erste JOULE-Programm lief von 1989 bis 1992, das zweite ist für die Periode von 1990 bis 1994 konzipiert. JOULE wirkt indirekt über die Förderung der erneuerbaren Energien auf die CO_2-Emissionen und leistet Vorarbeiten für das ALTENER- und THERMIE-Programm. Die CO_2-Reduktionswirkung ist deshalb nur schwer abschätzbar (EWI u. a., 1994, 18).

7.3.1.5 Schaffung eines Gemeinschaftsweiten Beobachtungssystems

Das Gemeinschaftsweite Beobachtungssystem (März 1993) hat die Aufgabe, den Zielerreichungsgrad der ergriffenen Maßnahmen zur Reduktion von Treibhausgasen zu kontrollieren und dient als Monitoring-System im Rahmen der Klimarahmenkonvention (EWI u. a., 1994, 17f).

7.3.2 CO_2-/Energiesteuer auf EU-Ebene

Die Bundesregierung hat sich zu Beginn der Legislaturperiode dafür ausgesprochen, die CO_2-Emissionen im Bundesgebiet zwischen 1987 und 2005 um 25 bis 30% zu verringern.

Eines der Instrumente hierfür sollte eine Abgabe sein, die sich nach der Höhe der CO_2-Emissionen bemißt. Dieses Vorhaben wurde überholt durch die am 14. Oktober 1991 von der EU-Kommission verkündete „Gemeinschaftsstrategie für weniger Kohlendioxidemissionen und mehr Energieeffizienz". Im Rahmen dieser Strategie hat die EU-Kommission dem Rat am 30. Juni 1992 einen „Vorschlag für eine Richtlinie des Rates zur Einführung einer Steuer auf Kohlendioxidemissionen und Energie" zugeleitet.

7.3.2.1 Konzeption des Richtlinienvorschlages zur CO_2-/Energiesteuer/Kurzübersicht

Die wichtigsten Eckpunkte der von der EU-Kommission vorgelegten Konzeption zur CO_2-/Energiesteuer (EC Commission, 1992a) sind:

- Definitionsbereich: fossile Energieträger und deren Derivate Strom und Wärme; Ausnahmebereich: fossile Rohstoffe, erneuerbare Energien und daraus gewonnene Derivate (außer Wasserkraftwerke > 10 MW Leistung)
- Steuertatbestand: Gewinnung, Herstellung und Import der oben genannten Stoffe an der Schnittstelle zum Verbraucher
- Steuerbemessungsgrundlage, Steuersatz:

  50% der Steuer sollen auf die CO_2-Emissionen, die übrigen 50% auf den Energiegehalt erhoben werden;

  schrittweise Anhebung der Steuer auf die gewünschte Steuerhöhe: Anfangssteuersätze: 2.81 ECU/t CO_2; 0.21 ECU/GJ Energiegehalt (nicht für Strom); 2.1 ECU/MWh für Strom (Ausnahme: 0,76 ECU/MWh für Strom aus Wasserkraftwerken > 10 MW Leistung); jährliche Steigerung der Steuer um ein Drittel des für das erste Jahr festgelegten Steuerbetrages für einen Zeitraum von 6 Jahren (Endsteuersätze: 9,37 ECU/t CO_2; 0,7 ECU/ GJ, das entspricht 20,57 ECU/t SKE)
- Investitionen in rationelle Energienutzung bzw. CO_2-Emissionssenkung sind abzugsfähig und falls sie die Steuerschuld des Besteuerungszeitraumes übersteigen auf die Folgeperiode(n) übertragbar
- Steuerermäßigung (abhängig vom Energiekostenanteil) bzw. vollständige Befreiung für energieintensiv produzierende Unternehmen, die ernsthafte internationale Wettbewerbsnachteile erleiden würden
- Bestimmungslandprinzip (d. h. Besteuerung in dem Land, in dem der Verbrauch erfolgt)
- Aufkommensneutralität[61)]

[61)] Ziel der Steuer ist es, zur umweltschutzbezogenen Modernisierung des Steuersystems und zum klimapolitisch notwendigen Strukturwandel beizutragen; eine steuerliche Mehrbelastung und eine Erschließung einer zusätzlichen Finanzquelle ist nicht beabsichtigt (Loske, 1993, 5 f.).

- Aussetzung der Steuer in einzelnen Ländern in wirtschaftlich schwierigen Situationen etc.
- OECD-Junktim[62)]

Im folgenden werden die einzelnen Regelungsvorschlägen zur CO_2-/ Energiesteuer auf europäischer Ebene und weitergehende Konzepte dazu kommentiert. Bei der Wertung der folgenden Aussagen ist aber zu berücksichtigen, daß die Diskussion um die CO_2-/Energiesteuer auf europäischer Ebene im Fluß ist. Es zeichnet sich ab, daß eine Reihe dieser Detailvorschläge nicht in dieser Form übernommen und neue Überlegungen in die Konzeption der CO_2-/Energiesteuer einfließen werden.

7.3.2.2 Bemessungsgrundlage/Splitting/Steuerhöhe

Die Gesamtbelastung für die einzelnen EU-Mitgliedsstaaten durch die CO_2-/Energiesteuer wird neben der Ausgestaltung der Steuer von den Unterschieden im Energiemix bestimmt. Dies kann die unterschiedlichen Haltungen der einzelnen Staaten zur CO_2-/Energiesteuer zum Teil erklären.

Vergleicht man die Belastung für die einzelnen Energieträger, so ist zu erkennen, daß das unterschiedliche Ausmaß der Belastung durch die Art der Bemessungsgrundlage, die Steuerhöhe sowie das Splitting bestimmt wird. Innerhalb der fossilen Energieträger ergibt sich durch die CO_2-Komponente eine ungleiche Behandlung und Veränderung der Wettbewerbsposition. Geringen Kostensteigerungen bei Kraftstoffen und Elektrizität und moderaten Anstiegen bei Heizöl und Erdgas stehen hohe Kostensteigerungen bei Braunkohle und Steinkohle gegenüber. Es ist zu berücksichtigen, daß neben der starken Betonung der Energieträgersubstitution – die klima- und technologiepolitisch nicht unumstritten ist – auch über eine 3 bis 5%ige Steigerung der Energieproduktivität, die durchaus möglich ist, kurz- und mittelfristig ein weiteres, wichtiges Potential erschlossen werden könnte (Loske, 1993 a, 7).

Andererseits würde die Kernenergie gegenüber der Braun- und Steinkohle einen deutlichen Wettbewerbsvorteil erlangen, weil die Stromerzeugung aus Kernenergie nur mit der Energiesteuerkomponente belastet würde.

Mit dem Ziel der CO_2-Reduktion ist die Energiekomponente nicht direkt begründbar. Gleichwohl rechtfertigt sich diese Komponente nach Mei-

[62)] Bedingung für die Einführung der Steuer ist, daß auch andere OECD-Länder ähnliche Steuern einführen bzw. der Wirtschaft äquivalente finanzielle Belastungen über andere Maßnahmen auferlegen.

nung des EWI aus folgenden Gründen: Ressourcenschonung[63], Versorgungssicherheit[64], Internalisierung CO_2-unabhängiger externer Effekte, Ausgleich der unterschiedlichen nationalen Belastungen (EWI u. a., 1994, 90–92). Die Besteuerung des Energiegehaltes kann alle energierelevanten Treibhausgasemissionen indirekt steuerlich belasten, auch wenn sie wie beispielsweise die Methanemissionen bisher meßtechnisch nicht vollständig erfaßbar aber mengenmäßig relevant sind (UBA, 1993 a, 9 f.). Hinzu kommt, daß durch eine Energiekomponente, die nur die nichterneuerbaren Energien erfaßt, der Wandel zu einer rationelleren Energienutzung und zu einem verstärkten Einsatz erneuerbarer Energiequellen beschleunigt würde.

Fossile, nichtregenerative Rohstoffe sind im Kommissionsvorschlag von der Steuer befreit. Dies ist unter dem Ziel der CO_2-Emissionsminderung nicht zu rechtfertigen, da die aus diesen Rohstoffen erzeugten Produkte zu einem späteren Zeitpunkt durch Verwitterung oder in der Müllverbrennung das inkorporierte CO_2 freisetzen (UBA, 1993 a, 11).

„Bei der Bewertung der Höhe der Steuersätze ist zu berücksichtigen, daß es bei der jetzt angestrebten Steuerlösung nicht darum gehen kann, das CO_2-Problem zu lösen. Vielmehr zielt die EU-Steuer darauf ab, ein glaubwürdiges Signal zu setzen, daß die EU das CO_2-Problem ernst nimmt und zu tiefgreifenden Maßnahmen bereit ist" (EWI u. a., 1994, 96). Zur Lösung des Klimaproblems entfaltet die Steuer in der vorgeschlagenen Höhe allein keine ausreichende Lenkungswirkung.

Im Hinblick auf die Lenkungs- und die Signalwirkung ist es wenig sachgerecht, daß die Höhe der CO_2-/Energiesteuer in nominalen Größen definiert ist. Inflationäre Prozesse führen zu einer Abschwächung der Wirkung (EWI u. a., 1994, 94 f.).

Ankündigungseffekt/schrittweise Einführung

Die schrittweise und langsame Einführung der CO_2-/Energiesteuer führt dazu, daß die Anpassungsfähigkeit der Wirtschaft nicht überstrapaziert wird und daß anpassungsfreudige, im ökologischen Sinn innovative Unternehmen einen temporären Wettbewerbsvorteil genießen (Nutzinger, 1993, 5).

---

[63]) Differenzierung nach Reichweite der einzelnen Energieträger notwendig, da sie sonst falsche Anreize gibt.

[64]) Anreiz zur Substitution zu CO_2-ärmeren Energieträgern soll ergänzt werden durch Anreize zur Energieverbrauchsreduktion und Wirkungsgraderhöhung.

Der Effekt einer langfristig festgelegten und sukzessive steigenden Steuer hängt von der Verbindlichkeit und Glaubwürdigkeit ihrer Ankündigung ab. Ein optimaler Zeithorizont für die Festlegung könnte bei 10 bis 15 Jahren liegen; dies stellt einen Kompromiß zwischen Planungssicherheit und Unsicherheit über die zukünftige Entwicklung dar (Kurz, 1993, 5).

7.3.2.3 Input-/Outputbesteuerung

Die Besteuerung des Stroms ist so zu regeln, daß ein durch den Stromimport ausgelöster indirekter „Export" von Treibhausgasemissionen unterbleibt und kein „Öko-Dumping" möglich wird (Nutzinger, 1993, 6).

Eine Besteuerung der Elektrizitätswirtschaft entweder nach den verschiedenen zur Verstromung eingesetzten Energieträgern (Energieträgerinput) oder nach der Stromerzeugung, dem Output, wäre grundsätzlich denkbar.

Eine Inputbesteuerung hätte den Vorteil, daß auch Anreize zur Wirkungsgraderhöhung und KWK bestehen; eine Outputbesteuerung führt hingegen nur zu einer Verringerung der Energienachfrage (UBA, 1993a, 11). Neben dem fehlenden Anreiz zur Wirkungsgraderhöhung führt die Outputbesteuerung zu weiteren Problemen. Bei der Kraftwärmekopplung wird die erzeugte Wärme inputorientiert besteuert, der Strom hingegen outputorientiert. Da Strom und Wärme Kuppelprodukte sind, ist die Brennstoffmenge, die der Wärmeproduktion zuzuordnen wäre, nicht objektiv ermittelbar (EWI u. a., 1994, 93f.; Weizsäcker, 1993, 7f.).

7.3.2.4 Ausnahmebereiche/OECD-Junktim

Ausnahmen sind vorgesehen, um die erneuerbaren Energien von der Besteuerung auszunehmen, Investitionen zur rationellen Energienutzung und für Maßnahmen zur CO_2-Minderung anzureizen, die Belastung für die energieintensiven Branchen im internationalen Wettbewerb in vertretbaren Grenzen zu halten und für schwierige wirtschaftliche Situationen eine völlige Aussetzung der Steuer zu ermöglichen.

Kritisch kann bezüglich der Ausnahmeregelungen angemerkt werden:

– „Ausnahmetatbestände behindern den zur Bewältigung des CO_2-Problems notwendigen Strukturwandel und sollten nach Möglichkeit vermieden werden. Anpassungsprobleme sollten mit sozial-, einkommens- und regionalpolitischen Instrumenten angegangen werden" (Weizsäcker, 1993, 7). Gezielte Anpassungshilfen für eine Übergangszeit haben Vorteile gegenüber dauerhaften Ausnahmeregelungen (Kurz, 1993, 5). Tiefgreifender struktureller Wandel, der schon aus anderen Gründen abläuft, kann durch eine Steuerbefreiung bei der CO_2-/Energiesteuer nicht aufgehalten werden (Loske, 1993 a, 10).

- Die Möglichkeit, die CO_2-/Energiesteuer in wirtschaftlichen Krisen landesweit auszusetzen, erscheint wenig sinnvoll, da gerade dann der Anreiz zu einem Übergang zu effizienteren Strukturen besonders wichtig ist (EWI u. a., 1994, 97).

Entschließt man sich zur Einführung von Ausnahmetatbeständen, so ist eine Entlastung nur für im internationalen Wettbewerb stehende und besonders benachteiligte Unternehmen sinnvoll. Eine Orientierung an den Wettbewerbsverzerrungen – nicht am Energiekostenanteil des Unternehmens – ist anzustreben, da sonst der Anreiz besteht, Tochtergesellschaften für die energieintensiven Bereiche zu gründen (EWI u. a., 1994, 98).

Das OECD-Junktim stellt eine Alternative zu der Entlastung der energieintensiven Branchen dar, da eine – der CO_2-/Energiesteuer ähnliche – Belastung in den anderen OECD-Staaten Wettbewerbsverzerrungen zwischen den großen Handelspartnern verhindern würde.

Die Notwendigkeit eines OECD-Junktim wird von dessen Gegnern bezweifelt, da ein erheblicher Teil des Außenhandels innerhalb der EU abgewickelt wird und energieintensive Produktbereiche, die wegen der durch die CO_2-/Energiesteuer ausgelösten Energiepreisunterschiede Nachteile im internationalen Wettbewerb zu erwarten hätten, nur einen Anteil von 1% am BIP haben und hierfür Ausnahmetatbestände bzw. eine Steuergutschrift für Energiesparinvestitionen etc. vorgesehen sind (Jochem, Walz, 1993, 3).

Nach Ansicht des UBA existieren in großem Umfang wirtschaftlich rentable Maßnahmen zur Energieeinsparung, die bei ihrer Realisierung zu einer Verbesserung der Wettbewerbsfähigkeit führen und die Leistungsbilanz wegen sinkender Energieimporte und steigender Exporte von Energiespartechniken entlasten (UBA, 1993 a, 8).

7.3.2.5 Wirkung der vorgeschlagenen CO_2-/Energiesteuer[65)]

Das Ziel der EU, bis zum Jahr 2000 die CO_2-Emissionen zu stabilisieren, soll durch ein Instrumentenbündel erreicht werden. Die CO_2-/Energie-

[65)] Die in den folgenden Abschnitten vorgestellten Ergebnisse basieren auf den Vorschlägen zur CO_2-/Energiesteuer, wie sie im Entwurf der EG-Kommission vom 30. Juni 1992 niedergelegt sind. Wie die endgültigen Regelungen aussehen werden, ist heute noch nicht abzusehen.

steuer soll dabei eine wichtige Rolle spielen und über die Hälfte der notwendigen Emissionsminderungen erbringen.

Die Auswirkungen der Gemeinschaftsstrategie auf die wichtigsten volkswirtschaftlichen Größen wurden in mehreren von der EU-Kommission in Auftrag gegebenen Studien untersucht. Die Ergebnisse bewegen sich – trotz der Unterschiede der den Untersuchungen zugrundeliegenden Modellen – in einem relativ engen Rahmen.

Die Änderungen des BIP werden – unter der Annahme der Aufkommensneutralität – zwischen –0,2% bis +0,04% pro Jahr geschätzt. Die Preiswirkungen werden auf unter 0,5% p. a. geschätzt. Die Beschäftigungseffekte sind bei einer aufkommensneutralen Gestaltung gering. Die Leistungsbilanzeffekte sind gering, da sich positive und negative Außenhandelseffekte ungefähr ausgleichen. Ein wesentlicher Anteil dieser volkswirtschaftlichen Wirkungen des Maßnahmenbündels der Gemeinschaftsstrategie ist auf die CO_2-/Energiesteuer zurückzuführen (EC Commission, 1991 a, 10 + 22–25).

Zur detaillierteren Wirkungsanalyse der im Kommissionsentwurf vorgeschlagenen CO_2-/Energiesteuer für die Bundesrepublik Deutschland kommt die RWI-Studie zu folgenden Ergebnissen:

Wäre die CO_2-/Energiesteuer wie geplant eingeführt worden, so hätte das im Jahr 2000 zu einer zusätzlichen Belastung – gemessen am verfügbaren Einkommen – von 1,6% in den alten Bundesländern und 2,2% in den neuen Bundesländern geführt (RWI, 1993, 9). Die zusätzlichen direkten Energieausgaben der privaten Haushalte hätten sich gemessen am real verfügbaren Einkommen folgendermaßen erhöht: 1993 um 0,3%, 1995 um 0,4%, 2000 um 0,7%, 2005 um 0,6%, 2010 um 0,5% (RWI, 1993, 11). Der Anteil der zusätzlichen Energiekosten am realen Bruttoproduktionswert hätte 1993 0,2%, 1995 0,4%, 2000 0,7%, 2005 0,6%, 2010 0,5% betragen (RWI, 1993, 10).

Die relativen Preiswirkungen für einzelne Energieträger sind der Tabelle 7.2-1 zu entnehmen. Jeweils ausgewiesen sind die prozentualen Preisänderungen, die ausschließlich durch die Einführung der Steuer verursacht würden.

7.3.2.6 Beratungsstand in der Europäischen Union

Die Verhandlungen zur CO_2-/Energiesteuer sind noch nicht abgeschlossen. Kurz skizziert stellt sich der Beratungsstand folgendermaßen dar.

Tabelle 7.2-1: Prozentuale Preisänderung der verschiedenen Energieträger durch Einführung der CO_2-Energiesteuer (RWI, 1993, 6)

	Motorenbenzin	Diesel	Heizöl		Strom		Erdgas	
			Industrie	Haushalt	Industrie	Haushalt	Industrie	Haushalt
1993	1,5	3,6	7,7	6,6	4,1	2,9	8,5	4,7
1995	2,5	6,0	12,8	10,9	7,2	4,9	14,0	7,8
2000	4,3	10,3	20,4	17,6	12,8	8,7	22,6	13,6
2005	3,4	8,3	15,3	13,5	12,4	8,2	17,1	11,3
2010	2,7	6,3	11,1	9,9	9,8	6,9	12,8	9,3

Das Europäische Parlament hat noch keine Stellungnahme zum Entwurf abgegeben. Im Ministerrat hat Großbritannien grundsätzliche Bedenken geäußert. Die Kohäsionsländer (Irland, Griechenland, Portugal, Spanien) fordern einen Spielraum für eine nachholende Entwicklung und eine Möglichkeit, ihre CO_2-Emissionen noch zu steigern.

Wichtige noch offene Fragen sind:

- eine „gerechte" Lösung des Burden Sharing
- Anteile der CO_2- und der Energiekomponente
- Vorschlag zum Procedere bei der Besteuerung der Elektrizität[66)]
- Festlegung (Einschränkung/Erweiterung) der Ausnahmetatbestände[67)].

Die Ratspräsidentschaft im zweiten Halbjahr 1994 und die Mitgliedschaft in der sog. Troika – je ein halbes Jahr vor und nach der Ratspräsidentschaft – bietet Deutschland die Möglichkeit, auf die Ausgestaltung und die Verabschiedung sowohl der Richtlinie zur CO_2-/Energiesteuer als auch zum Binnenmarkt für Energie Einfluß zu nehmen (EWI u. a., 1994, II + 2).

---

66) Vorschlag eines zweistufigen Vorgehens wegen GATT und EU-Gemeinschaftsrecht: zunächst Outputbesteuerung mit Öffnung für Inputbesteuerung für einzelne Länder (Ursprungslandprinzip, ohne grenzüberschreitende Ausgleichsmaßnahmen) und in der zweiten Stufe bilaterale Lösungen technischer und rechtlicher Probleme der Inputbesteuerung.

67) Für die Bundesrepublik Deutschland wurden z. B. Ausnahmeregelungen für die deutsche Steinkohle und die ostdeutsche Braunkohle diskutiert.

Der im September 1994 vorgelegte Entwurf für eine Schlußfolgerung des Rates zur Gemeinschaftsstrategie zur Verminderung der CO_2-Emissionen und zur Verbesserung der Energieeffizienz betont, daß die bislang in den einzelnen Mitgliedsstaaten der EU ergriffenen Maßnahmen nicht ausreichen werden, um das Stabilisierungsziel zu erreichen (EC Council, 1994, 2). In bezug auf eine EU-weite CO_2-/Energiesteuer wird betont, daß zur Erreichung des gemeinschaftlichen Stabilisierungszieles – in Ergänzung zu den schon bestehenden und geplanten Maßnahmen – eine Anhebung der Energiepreise durch den Einsatz steuerlicher Instrumente notwendig ist. Dafür wird eine gemeinschaftliche Besteuerung von Energieträgern unter Berücksichtigung des Kohlenstoff- und des Energieanteils für erforderlich gehalten. Außerdem wird herausgestellt, daß eine solche Steuer zur Internalisierung externer Effekte und zu einem rationelleren Energieeinsatz sowie zu einem fossilen Switch beitragen kann (EC Council, 1994, 5). Dem für Steuerfragen zuständigen ECOFIN-Rat wird empfohlen, bei der Weiterentwicklung des CO_2-/Energiesteuervorschlages folgende Aspekte zu berücksichtigen:

- schrittweise Erfassung der Endverbrauchssektoren: zunächst sollen die Haushalte, der Kleinverbrauch und der Verkehr erfaßt werden; erst später soll die Industrie in die Besteuerung einbezogen werden
- Nutzung bestehender Verbrauchssteuerstrukturen, wobei Mineralöl, Kohle, Gas und Elektrizität (direkt oder indirekt über die zur Stromerzeugung eingesetzten Energieträger) zu erfassen sind
- langfristig angekündigte stufenweise Erhöhung der Steuer
- Spezialvorschriften für anspruchsvolle CO_2-mindernde und energiesparende Investitionen
- Einbeziehung der Kohäsionsländer (Griechenland, Irland, Portugal, Spanien): zeitlich, exakt festgelegte, verzögerte Anwendung (EC Council, 1994, 5).

7.3.2.7 Mögliche Reaktionen der Ölförderländer auf eine in den Industrieländern eingeführte CO_2-/Energiesteuer

Ein Konflikt zwischen Staaten des Nordens und des Südens wie auch zwischen Staaten des Südens untereinander könnte sich aus der Absicht und in dem Maße ergeben, wie die hoch-energieverbrauchenden Industrieländer ihrer klimapolitischen Herausforderung erfolgreich begegnen und den Energieverbrauch durch preiserhöhende Maßnahmen, insbesondere durch Einsatz nationaler Energiesteuern, einzuschränken beginnen. Die Energiesteuerpläne der Industrieländer berühren nämlich vitale Interessen der öl-, erdgas- und kohleexportierenden Staaten wie auch, wenn auch in umgekehrter Richtung, der energieimportierenden Entwicklungsländer.

Ein wahrscheinliches Szenario der Rückwirkungen einer Verbreiterung und allmählichen, aber deutlichen Erhöhung der Energieträgerbesteuerung in den industriellen Verbraucherländern auf die Weltmarktpreise für Öl, Erdgas und Kohle lautet: Die Förderländer werden den „Erfolg" einer preisbedingten Senkung der Energieträgernachfrage aus den Industrienationen als Rückgang ihrer Einnahmen erleben. Dem werden sie, sofern sie diesen Rückgang in ihren Planungen nicht antizipiert haben, durch eine absatzfördernde Preispolitik zu begegnen versuchen. Der Weltmarktpreis wird folglich fallen. Damit wird die zusätzliche Energiesteuer, die von den Industriestaaten vereinnahmt wird, nur teilweise zu einer Erhöhung der dortigen inländischen Energiepreise führen. Das intendierte Preissignal wird zum Teil also wirkungslos „verpuffen". Die Steuer wird darüber hinaus auch nur teilweise von den Bürgern und Wirtschaftssubjekten der Energieverbraucherländer getragen werden. Zum anderen Teil geht sie zu Lasten des Einkommens der Förderländer. Die Energiesteuerpläne der industriellen Verbraucherländer berühren also das prekäre, stillschweigend akzeptierte heutige Verhältnis der Abschöpfung von „Renten" zwischen Förder- und Verbraucherländern einerseits und Förder- und netto-energieimportierenden Entwicklungsländern andererseits (Massarat, 1993).

An diesem Konflikt zeigt sich, daß bisher kein Maßstab existiert, wie die sich unvermeidlich bei der Vermarktung fossiler Energieträger einstellenden „Renten" (das ist derjenige Preisbestandteil, der über die Förder-, Transport- und Veredelungskosten hinausgeht) zwischen den Staaten, in denen die Förderung stattfindet, und denjenigen Staaten, in denen die Weiterverarbeitung und der Verbrauch stattfinden, „gerechterweise" aufgeteilt werden sollten. Dieser Mangel gilt für Erdöl, Erdgas und Kesselkohle in gleicher Weise, wenn auch die Art der Konflikte wegen der Unterschiedlichkeit der jeweils beteiligten Länder verschieden ist.

Dieser Mangel ist angesichts der klimapolitischen Herausforderung von besonderer Bedeutung. Denn der oben geschilderte Konflikt entsteht nicht lediglich durch das spezielle Instrument „Steuern", mit dem empfohlen wird, der klimapolitischen Herausforderung zu begegnen. Er ist vielmehr dem Problem selber inhärent. Die Treibhausgasproblematik selbst schafft nämlich für fossile Energieträger eine zusätzliche Knappheit über die des begrenzten Angebots hinaus, nämlich die Knappheit der begrenzten Aufnahmekapazität der Atmosphäre für die Verbrennungsprodukte fossiler Energieträger. In dem Maße, in dem die Verbraucherländer diese Knappheit akzeptieren, wird eine zusätzliche Knappheitsrente für fossile Energieträger geschaffen und realisiert. Sie fällt also unvermeidlich uno actu an, gerade wenn das Treibhausgasproblem „gelöst“ wird. Um die Verteilung und Aneignung dieser so entstehenden, zusätzlichen Renten kann es zum Konflikt kommen – wie auch schon beim Gespräch über Kriterien einer gerechten Verteilung dieser Renten.

7.3.2.8 Besteuerung anderer Treibhausgase

Die Konzentration bei der Besteuerung der Treibhausgase nur auf CO_2 ist ineffizient, da Ausweichreaktionen zu erwarten sind und andere Treibhausgase teilweise zu niedrigeren Kosten reduziert werden können (Michaelis, 1993, 13). Steuern auf andere klimaschädliche Gase außer CO_2 sind vorstellbar und sollten genau geprüft werden (Loske, 1993 a, 13 f.).

Basis für eine Besteuerung von CH_4 und N_2O sind die anthropogenen Anteile der Emissionen. Diese werden in Tabelle 7.2-2 dargestellt und nach Verursacherbereichen aufgeteilt.

Eine direkte Besteuerung dieser Emissionen ist wegen der Datenunsicherheit nicht möglich. Wegen der Komplexität der Wirkungszusammenhänge ist es auch schwierig, als Ersatz für eine direkte Besteuerung der Emissionen eine Bemessungsgrundlage zu finden, die indirekt den Schluß auf die Höhe der Emissionen zuläßt. Die Gründe dafür sind: Die Zusammenhänge zwischen den Emissionen und den jeweils möglichen Bemessungsgrundlagen sind erstens nicht monokausal. Zweitens wären verschiedene Bemessungsgrundlagen für unterschiedliche Bereiche zu wählen; dies würde die Besteuerung komplizieren (Jochem, Walz, 1993, 11 f.).

Die Besteuerung von Methan (CH_4) trifft im Energiebereich vor allem die Prozeßstufen am Anfang der Energiewandlungskette (Grubenausgasung, Pipelineleckagen etc.). Daneben wären aber auch nicht energiewirtschaftliche CH_4-Quellen vor allem aus dem Bereich der Landwirtschaft zu erfassen.

Die Datenlage über die CH_4-Emissionen bei Massentierhaltung und Gasversorgung in den alten Bundesländern ist einigermaßen gesichert. Daten für Bergbau, Deponien etc. sind dagegen sehr ungenau zu quantifizieren (UBA, 1993 a, 21). Eine Besteuerung ausgewählter, emissionsträchtiger und unaufwendig zu besteuernder Bereiche wäre auf dieser Basis nur möglich. Dabei sollten vor allem Bereiche erfaßt werden, die von einer ausschließlichen Besteuerung des Treibhausgases CO_2 profitieren würden, um klimaschädliche Ausweichreaktionen zu begrenzen (EWI, 1994, I.B-39–41).

Für eine Besteuerung von Distickstoffoxid (N_2O) ist die Datenlage noch schlechter als bei Methan. Lediglich für die chemische Industrie liegen einigermaßen belastbare Daten vor (UBA, 1993 a, 21).

In folgenden Fällen ist – aufgrund der Datenunsicherheit – eine nichtsteuerliche Lösung bzw. eine nicht klimapolitisch begründete und dementsprechend nach anderen Kriterien ausgelegte Besteuerung der Treibhausgase sinnvoller:

- halogenierte Kohlenwasserstoffe: ordnungsrechtliche Bestimmungen angemessener, da sie nicht nur treibhausrelevant sondern auch ozonschädlich sind
- Methan aus Kohlegruben: eher Vorschrift zur energetischen Nutzung
- Methan aus Deponien: energetische Nutzung als Auflage der Betriebsgenehmigung ergänzt um Müllabgabe, über die anfallendes Volumen reduziert werden soll;
- Methan aus Tierhaltung: ordnungsrechtliche (Viehbestand-Fläche-Kopplung; Verbot Massentierhaltung etc.) und indirekte steuerliche Maßnahmen (Steuern auf Importfuttermittel etc.)
- N_2O aus Stickstoffdüngung: mit Stickstoffsteuer reduzieren, deren primäres Ziel aber nicht der Klimaschutz ist, sondern eher der Gewässerschutz und der Schutz der Böden (Loske, 1993 a, 13 f.).

Tabelle 7.2-2: Anteile einzelner Betriebe an den anthropogen verursachten N_2O- und CH_4-Emissionen der Bundesrepublik Deutschland (Jochem, Walz, 1993, 11)

Bereich	Anteil an den N_2O-Emissionen in %	Anteil an den CH_4-Emissionen in %
Abwasserreinigung	2–5	2
Gewässer	12–22	4
Landwirtschaft	30–36	22–32
Industrielle Prozesse	35–41	?
Gas- und Mineralölwirtschaft		13–14
Kohlebergbau		16–20
Abfalldeponien		29–35
Verkehr	2–3	1
Feuerungsanlagen	5–7	1

7.3.3 Maßnahmen im Rahmen der Entwicklung des Binnenmarktes für Energie

Die Energie- und Umweltpolitik der Europäischen Union hat das Ziel, den Binnenmarkt auch im Bereich der leitungsgebundenen Energien zu realisieren. Der freizügige Austausch von Energie ohne Zölle und Importabgaben und der Abbau von Wettbewerbsbeschränkungen und -verfälschungen soll erreicht werden. Dabei wird von der EU-Kommission erwartet, daß zugleich ein hohes Niveau des Umweltschutzes erreicht werden kann. Effizienzgewinne bei der Gewinnung, dem Transport und der Verteilung von Energien, eine Steigerung der Versorgungssicherheit durch die Marktintegration und die Wettbewerbsintensivierung zugunsten der Energieverbraucher werden als Nebeneffekte erwartet.

In einem mehrstufigen Konzept soll der Binnenmarkt für Strom und Gas realisiert werden. Einige Schritte auf dem Weg zum Energiebinnenmarkt wurden schon getan (z. B. Transit-Richtlinien für Strom und Gas), die Vollendung soll über die beiden Binnenmarkt-Richtlinien erreicht werden. Die einzelnen Schritte im Detail und die Unterschiede des Weges zum Binnenmarkt zwischen dem Strom- und dem Gasmarkt werden in den folgenden Kapiteln vorgestellt.

7.3.3.1 Binnenmarkt für Elektrizität – Entwicklungen bis Ende 1992

Integrationsschritte für einen Strombinnenmarkt – vor der Formulierung des Richtlinienvorschlages zum Binnenmarkt für Elektrizität – waren:

- Preistransparenz-Richtlinie (Mitwirkungspflicht bei Eurostat-Preisvergleich nach einheitlichen Kriterien und Abnahmefällen, integrierende Wirkung nur sehr eingeschränkt, da der Durchführung von Arbitragegeschäften Hemmnisse entgegenstehen)
- Transit-Richtlinie (Verbriefung des Rechts der Leitungsnutzung bei freien Kapazitäten zu kostenorientiertem Entgelt, Kreis Zugangsberechtigter nicht erweitert, bisher keine Wirkung, da nicht in Anspruch genommen)
- Überlegungen zu einer Kostentransparenz-Richtlinie (monopolistischer Überwälzungsspielraum von überhöhten Kosten über weitgehende Offenlegungspflicht beschneiden, Vorhaben wurde zugunsten einer stärker wettbewerblichen Regelung aufgegeben) (EWI u. a., 1994, 49–51).

Richtlinienvorschlag zum Binnenmarkt für Elektrizität vom 21. Februar 1992

Der Richtlinienvorschlag vom 21. Februar 1992 zum Binnenmarkt für Elektrizität weist vier wesentliche Elemente auf:

- Liberalisierung des Kraftwerks- und Leitungsbaus (transparentes und nicht diskriminierendes Genehmigungsverfahren),
- Unbundling (kostenrechnerische und organisatorische Trennung von Produktion, Transport und Speicherung; nur auf organisatorischer und rechnungslegungstechnischer Ebene, keine eigentumsmäßige Entflechtung)
- Third-Party-Access (TPA) (Öffnung der Übertragungs- und/oder Verteilungsnetze für Dritte, aber größenabhängige Beschränkung des Kreises der Zugangsberechtigten und Nutzung nur im Fall freier Kapazitäten)
- Regelung des Netzbetriebs (Regelung für Übertragungs- bzw. Verteilungsnetz, verschiedene Organisationsmöglichkeiten denkbar) (EWI u. a., 1994, 43f.).

Außerdem haben die Mitgliedstaaten dafür zu sorgen, daß der Netzbetreiber ein leistungsfähiges Netz unterhält und die Übertragungskapazität der Nachfrage angepaßt wird. Die Verpflichtung für Netzbetreiber, eine Vorschau über die Nachfrageentwicklung in den folgenden 10 Jahren zu veröffentlichen, dient zur Erleichterung der Verwirklichung dieses Zieles (EWI u. a., 1994, 193).

Nach den Regelungsvorschlägen für den Elektrizitätsbinnenmarkt dürfen Bau- und Betriebsgenehmigungen im Strombereich nur nach folgenden Kriterien eingeschränkt werden: Sicherung und Sicherheit der Anlage, Umweltschutzgesichtspunkte, Landnutzung, Standortgebung, technische und finanzielle Kapazität (EWI u. a., 1994, 189f.). Auch eine Beschränkung der zur Stromerzeugung eingesetzten Primärenergiequellen ist möglich (EWI u. a., 1994, 189).

Nur in einigen Detailregelungen des Richtlinienvorschlages werden Umwelt- und Klimaaspekte berücksichtigt (EWI u. a., 1994, 42). So ist beispielsweise eine Bevorzugung bei der Netzeinspeisung durch den Netzbetreiber für Anlagen bis zu einer Leistung von 25 MW vorgesehen, die erneuerbare Energien und Abfälle nutzen oder in KWK betrieben werden und zu einem angemessenen Preis Strom anbieten[68)] (EWI, 1994, II-54; EWI u. a., 1994, 220f.).

[68)] Im Richtlinienvorschlag vom 7. Dezember 1993 wurde diese Regelung in eine „kann"-Vorschrift abgeschwächt; die Begrenzung auf Anlagen bis 25 MW ist aber entfallen.

7.3.3.2 Binnenmarkt für Gas – Entwicklungen bis Ende 1992

Die EG-Kommission hat am 23. Oktober 1991 einen 3-Stufen-Plan mit dem Ziel verabschiedet, den Binnenmarkt auch für Erdgas zu schaffen:

1. Stufe: Umsetzung der Transit-Richtlinie Erdgas

2. Stufe: TPA zu Leitungsnetzen für industrielle Großverbraucher und einige große Verteilerunternehmen (bestimmte Grenzwerte) ab 1. Januar 1993 und eine kostenrechnerische und organisatorische Trennung von Produktion, Transport und Verteilung

3. Stufe: Ausweitung des TPA-Berechtigtenkreises durch Herabsetzung bzw. Wegfall der Schwellenwerte für Industrieverbraucher und Verteilerunternehmen ab 1. Januar 1996 (EWI u. a., 1994, 140).

Die Erdgastransitrichtlinie der ersten Stufe erfaßt nur den Gasaustausch zwischen Gasversorgungsunternehmen über das Gebiet eines dritten GVU, falls ein Übertritt über eine innergemeinschaftliche Grenze erfolgt. Der EWR-Vertrag sieht diesbezüglich eine Gleichstellung der EFTA-Staaten vor (EWI u. a., 1994, 140 f.).

Richtlinienvorschlag zum Binnenmarkt für Gas vom 21. Februar 1992

Stufe 2 und 3 haben ihren Niederschlag in dem Richtlinienvorschlag der EG-Kommission vom 21. Februar 1992 für den gemeinsamen Binnenmarkt für Gas gefunden.

Die Richtlinie sieht vor:

- objektive, nicht-diskriminierende Kriterien zur Lizenzvergabe für Bau und Betrieb von LNG-, Speicheranlagen und Verteilungsleitungen, incl. der Möglichkeit der Versorgung mit einer direkten Leitung
- TPA als Regelfall bei Industriekunden mit mindestens 25 Mio. m^3 Erdgasverbrauch pro Jahr und für Verteilerunternehmen mit mindestens 1 % des Erdgasverbrauchs pro Jahr im Gebiet des Mitgliedstaates (jeweils national niedrigere Schwellenwerte möglich)
- Unbundling (kostenrechnerische und organisatorische Trennung von Produktion, Transport und Speicherung) (EWI u. a., 1994, 141).

Eine Durchleitungsverweigerungsklausel besagt, daß die TPA-Rechte nur dann beschnitten werden können, wenn die Leitung ausgelastet ist; zukünftige Planungen der Netzeigner zur Nutzung eigener Leitungen werden dabei nicht berücksichtigt (EWI u. a., 1994, 143).

Die Vorgaben zu den TPA-Schwellenwerten wurden kritisiert, da sie für Industriekunden niedrig sind im Vergleich zu den für die GVU festgelegten Werten (beispielsweise für Deutschland entspricht der Grenzwert für die GVU dem 30fachen Wert des Industrieschwellenwertes) (EWI u. a., 1994, 143).

7.3.3.3 Diskussionsstand zur Neuformulierung der Entwürfe vom 7. Dezember 1993

Der von der Kommission vorgelegte Richtlinienentwurf war – zusammen mit dem Richtlinienentwurf für den Gasmarkt – Gegenstand eingehender Erörterungen mit den anderen Organen der EU, mit den EU-Mitgliedsstaaten und mit Vertretern der Energiewirtschaft und der Energieverbraucher.

Der Rat der EU hat sich am 30. November 1992 für offenere, transparentere, effizientere und stärker wettbewerbsorientierte Elektrizitäts- und Gasmärkte ausgesprochen; den Besonderheiten der beiden Sektoren sowie den Unterschieden in den einzelnen Mitgliedsländern sei dabei allerdings Rechnung zu tragen. Sechs Grundsätze seien bei der angestrebten Vollendung des Binnenmarktes zu beachten: die Versorgungssicherheit, der Umweltschutz, der Kleinverbraucherschutz, Transparenz und Nichtdiskriminierung, die Anerkennung der Unterschiede der innerstaatlichen Systeme und die Übergangsbestimmungen.

Im Juni 1993 bestätigte der Rat seine Schlußfolgerungen und drückte den Wunsch aus, daß die Kommission die von ihr in die Diskussion gebrachten neuen Elemente – u. a. die Einführung eines über Verhandlungen geregelten anstelle eines reglementierten Netzzuganges – in einen Neuentwurf der Richtlinienvorschläge einbringen solle (EC Commission, 1993, 1 f.).

Das EU-Parlament legte am 17. November 1993 seine Stellungnahme mit Änderungsvorschlägen zu den Richtlinienentwürfen vor. Folgende sieben Punkte wurden für die Überarbeitung der Richtlinienentwürfe vorgeschlagen:

- verstärkte Harmonisierung als Voraussetzung und Flankierung des Liberalisierungsprozesses
- stärkere Betonung der öffentlichen Dienstleistungsverpflichtungen der EVU und GVU
- Schaffung eines „Elektrizitäts- und Gasrates" als Aufsichtsorgan

- Schutz der staatlichen Konzessionsrechte und Erhalt des Liefermonopols von Verteilerunternehmen für ihr Versorgungsgebiet
- Liberalisierung der Stromerzeugung und Übertragung von Strom über eine öffentliche Ausschreibung oder über ein transparentes, nicht-diskriminierendes Verfahren der Genehmigungserteilung
- Zugang der zuständigen Behörden zur internen Rechnungslegung der EVU und GVU und Aufstellung einer Kostentransparenzrichtlinie
- Regelung des Netzzuganges über Verhandlungen, mit dem Ziel Großverbrauchern direkte Strom- und Gaslieferungen bieten zu können; Verteilerunternehmen sollen diese Regelung nur im Strombereich und in Staaten, die ein Genehmigungsverfahren für den Bau von Erzeugungs- und Übertragungseinrichtungen gewählt haben, in Anspruch nehmen können (EC Commission, 1993, 2 f.).

Auf der Grundlage der Erörterungen und der Stellungnahmen von Rat und Parlament legte die Kommission am 7. Dezember 1993 geänderte Richtlinienvorschläge für den Elektrizitäts- und Gasbinnenmarkt vor.

Die wichtigsten Änderungen sind:

- Die Einführung eines über Verhandlungen geregelten Netzzuganges für alle Interessenten ersetzt den ursprünglich vorgesehenen reglementierten Netzzugang; ergänzt wird diese Verhandlungslösung durch einen Streitschlichtungsmechanismus für die Verhandlungs- und Vertragserfüllungsphase.
- Das Ausschreibungsverfahren ist für die Genehmigung neuer Übertragungs- und Produktionskapazitäten im Elektrizitätssektor als Alternative zu dem transparenten, nicht-diskriminierenden System der Genehmigungserteilung vorgesehen. Die Regelungen des Richtlinienvorschlages für den Gassektor zur Genehmigung des Baus und Betriebs von LNG-Anlagen, Speichern, Übertragungs- und Verteilungssystemen wurden nicht neu formuliert.

  Die Regeln für den Betrieb des Übertragungs- und Verteilungsnetzes wurden im Gas- und Stromsektor einfacher gestaltet.
- Die öffentlichen Dienstleistungspflichten der Versorgungsunternehmen werden in allen Phasen der Marktöffnung verstärkt hervorgehoben.
- Ein Arbeitsprogramm für die zweite Phase der Liberalisierung wird aufgeführt, das es der Kommission erlaubt, für das Funktionieren der Märkte notwendige Harmonisierungsvorschläge zu erarbeiten (EC Commission, 1993, 4–8).

7.3.3.4 Bewertung der Richtlinienvorschläge für den Elektrizitäts- und Gasbinnenmarkt

Die Bewertung der Richtlinienvorschläge beschränkt sich auf die Auswirkungen der Vollendung des Binnenmarktes für Energie in der EU in bezug auf Klima- und Umweltschutz. Die Diskussion eines klimaverträglichen energiewirtschaftlichen Ordnungsrahmens in der Bundesrepublik Deutschland ist Thema des Kapitels 7.4.2.5.

Die klima- und umweltpolitischen Auswirkungen der Vollendung sowohl des Elektrizitäts- als auch des Gasbinnenmarktes können gemeinsam diskutiert werden, da die ähnliche Struktur der beiden Richtlinienentwürfe zu vergleichbaren Schlußfolgerungen führt.

Ein Charakteristikum beider Entwürfe ist, daß die Regelungsspielräume für die nationale Umsetzung der Richtlinien relativ groß sind. Diese Aussage gilt für die am 21. Februar 1992 vorgelegten ersten Entwürfe und in weit stärkerem Maße für die Neufassung der Richtlinienentwürfe vom 7. Dezember 1993. Eine quantitative Analyse der Wirkungen der Richtlinienvorschläge ist deshalb nicht möglich, eine qualitative Abschätzung der Wirkungen soll hier aber versucht werden. Spezielle Untersuchungen zu den klimapolitischen Auswirkungen der Richtlinienentwürfe vom 7. Dezember 1993 liegen noch nicht vor. Untersuchungen, die sich mit den Richtlinienvorschlägen vom 21. Februar 1992 auseinandersetzen, sind nur eingeschränkt übertragbar, da sich erstens wesentliche Elemente – wie beispielsweise die Gestaltung der TPA – maßgeblich verändert haben und zweitens gerade die spezifisch klimapolitisch relevanten Regelungen modifiziert wurden, z. B. die Regelung über den Kapazitätsaufruf von in KWK, mit erneuerbaren Energien oder Abfällen betriebenen Stromerzeugungsanlagen.

In jedem Fall ist es aber möglich, zumindest für die Elektrizitäts- und Fernwärmewirtschaft die Folgen der Schaffung eines Energiebinnenmarktes grob abzuschätzen; dies geschieht im folgenden Abschnitt.

Grundlage hierfür ist der für die 40. Umweltministerkonferenz (5./6. Mai 1993) vorgelegte Bericht der Arbeitsgruppe Energie und Umwelt.

In dem Bericht werden in drei Bereichen die signifikantesten Auswirkungen des Elektrizitätsbinnenmarktes auf Klima und Umwelt gesehen.

Erstens wird thematisiert, daß durch den Wettbewerb Umweltbeeinträchtigungen teilweise vermindert werden können. Begründet wird dies mit der besseren Ausnutzung der Ressourcen, die durch den Kostendruck des Wettbewerbs erzwungen wird. Die Nachfrageeffekte eventuell eintretender Preiseffekte und eine Veränderung der Quersubventionierungspraxis werden in dem Bericht der Arbeitsgruppe nicht diskutiert[69].

Zweitens bietet die Einführung des Binnenmarktes Chancen – aber auch Risiken – für die Harmonisierung der Umwelt- und Sicherheitsvorschriften. Zur Vermeidung von Wettbewerbsverzerrungen – z. B. durch Umweltdumping – ist parallel zur Vollendung des Binnenmarktes eine Harmonisierung der umweltpolitischen Regelungen notwendig; dieser Zwang zum politischen Handeln kann im Sinne des Umweltschutzes genutzt werden.

Drittens können über die nationale Umsetzung der Richtlinie die umweltpolitischen Defizite des geltenden energierechtlichen Rahmens abgebaut werden. Vor allem werden verbesserte Marktchancen für Energiedienstleistungsunternehmen und für Unternehmen, die umweltschonende Technologien herstellen, sowie die Steigerung der Wirtschaftlichkeit einer umweltverträglichen Eigenstromerzeugung erwartet (BMU, 1993b, X).

Die 40. Umweltministerkonferenz stellte erstens fest, daß die im Richtlinienvorschlag vorgelegte Wettbewerbskonzeption nicht isoliert, sondern nur in Verbindung mit der umweltpolitischen Ausgestaltung und der spezifischen, nationalen Umsetzung beurteilt werden kann. Sie sieht einen Anstoß, Wettbewerbsbeschränkungen zu beseitigen, die nicht nur einer kosteneffizienten, sondern auch einer rationellen, ressourcenschonenden und auf erneuerbaren Energien basierenden Energieversorgung und einer Energieeinsparung entgegenstehen. Zweitens sieht sie die Möglichkeit, den von der EU vorgeschlagenen wettbewerblichen Rahmen in der Bundesrepublik Deutschland im Rahmen der Energierechtsreform umweltorientiert auszugestalten und umzusetzen (BMU, 1993b, XII).

Für eine fundierte Entscheidung zu einer umwelt- und klimaverträglichen Umsetzung der Richtlinienentwürfe in nationales Recht – incl. flankierender Maßnahmen auf nationaler und EU-Ebene – sollte für die einzelnen Umsetzungsvorschläge untersucht werden, welche umwelt- und klimapolitisch relevanten Auswirkungen (z. B. die Wirkung auf die spezifischen Treibhausgasemissionen, auf den Energieverbrauch und den Energiemix etc.) zu erwarten sind vor allem

- durch die Veränderungen bei (Aus-)Bau und Betrieb von Kraftwerken, LNG-Anlagen, Speichern und Netzen aller Ebenen in Verbindung mit den Netzzugangsregelungen,

[69]) Auch die zur Vollendung des Energiebinnenmarkt komplementäre Einführung einer EU-weiten CO_2-/Energiesteuer wird nicht angesprochen.

- bei der Gestaltung der Versorgungsbeziehungen zu den Kunden und der (rechtlichen) Stellung der Versorgungsunternehmen untereinander,
- beim Verbraucherverhalten – vor allem durch die Veränderung der Preise und Preisstrukturen und
- beim Verhalten der EVU und GVU bezüglich der Förderung von Energieeinsparung, des Einsatzes erneuerbarer Energien und der KWK, der Übererfüllung von Umweltstandards etc.

7.3.3.5 Grobe Abschätzung der Folgewirkungen einer Liberalisierung des Elektrizitäts- und Fernwärmemarktes

Die Liberalisierung der Energiemärkte hat komplexe Auswirkungen auf die Energiepreise: Die Preise für die industriellen Abnehmer, insbesondere solche, die große Mengen an Elektrizität oder Gas verbrauchen, werden sich verringern. Bei Haushalten und Kleinverbrauchern sind keine Preissenkungen zu erwarten, eher im Gegenteil eine tendenzielle Zunahme der Preisdifferenzierung zwischen Groß- und Kleinverbrauchern. Die Unternehmen auf der Erzeugungs-, Umwandlungs-, Transport- und Verteilerstufe der Elektrizitäts- und Fernwärmewirtschaft, aber auch der Gaswirtschaft, werden durch die Liberalisierung stark betroffen werden. Insbesondere für diese Unternehmen wirft die Liberalisierung vielfältige Probleme auf.

Die Schwierigkeiten einer Verwirklichung des Vorhabens einer EU-weiten Liberalisierung der Märkte für leitungsgebundene Energie in der Bundesrepublik Deutschland sind vor allem auf die folgenden Ursachen zurückzuführen[70].

Die Liberalisierung trifft eine Versorgungsstruktur, die sich entwickelt hat und bislang abgestellt ist auf Aufgaben im nationalen Rahmen. Diese Struktur macht es schwer, einem europaweiten Wettbewerb standzuhalten. Als Sonderlasten seien genannt:

- die vergleichsweise hohe Belastung der EVU mit Steuern und Abgaben, hier auch mit Konzessionsabgaben,
- gesetzlich auferlegte Versorgungspflichten,
- Abnahmepflichten für bestimmte Einsatzenergien und andererseits ein faktisches Moratorium für den Bau von Kernkraftwerken,

[70]) Diese Feststellungen beschränken sich auf die Elektrizitäts- und Fernwärmewirtschaft.

- im europäischen Vergleich strenge Umwelt- und Sicherheitsnormen mit entsprechend höheren Kosten, verbunden mit aufwendigen Genehmigungsverfahren,
- weiterbestehende Tarifregelungen und Höchstpreise bei Lieferungen an bestimmte Verbrauchergruppen,
- die noch keineswegs voll überschaubaren Verpflichtungen, zur Umstrukturierung der Energiewirtschaft in den neuen Bundesländern beizutragen.

Der Entscheidungsprozeß im Ministerrat und im Europäischen Parlament ist im Gange. Im folgenden werden einige wesentliche Bedenken aufgelistet[71]:

(1) Die Liberalisierung muß einhergehen mit einem Aufbrechen der Gebietsmonopole und einer Beseitigung ausschließlicher Rechte. Von verschiedenen Seiten geäußerte Bedenken sind:
   - die Investitionsbereitschaft werde gehemmt,
   - eine sichere Versorgung aller Abnehmer werde gefährdet,
   - das Aufbrechen der Gebietsmonopole fördere das Rosinenpicken,
   - die großen EVU würden begünstigt.

(2) In der Bundesrepublik Deutschland ist das Eigentum durch Art. 14 Grundgesetz verfassungsrechtlich geschützt. Erzwungene Durchleitungen können nach Meinung von Staatsrechtlern als Quasi-Enteignungen der Leitungseigentümer bewertet werden, da Investitionen dadurch entwertet werden, daß sie Wettbewerbern zur Verfügung gestellt werden. Ähnlich sei die Rechtslage bei der Entbündelung von Produktion, Übertragung und Vertrieb zu bewerten, die in letzter Konsequenz einer Zwangsentflechtung gleichkommt.

(3) Ein schwerwiegender Einwand gegen das Liberalisierungskonzept besteht darin, daß dieses Regelwerk die privatwirtschaftlich und die in staatlicher Regie organisierten EVU unterschiedlich trifft: Staatliche Energieversorgungssysteme basieren eo ipso auf Gebietsmonopolen und ausschließlichen Rechten. Die auf Liberalisierung und Marktzugang gerichteten Vorschriften prallen an diesen Systemen ab. Das schaffe Wettbewerbsverfälschungen.

(4) Die regelmäßig veröffentlichten, vergleichenden Übersichten über die Höhe der den gewerblichen und Groß-Abnehmern in der EU in Rechnung gestellten Preise zeigen, daß die Strompreise in der Bundesrepu-

[71]) Ein Reformvorschlag für die leitungsgebundene Energieversorgung aus der Sicht einiger Wissenschaftler findet sich in Kapitel 7.4.2.4.

blik deutlich höher liegen als in den Ländern, mit denen energieintensive Produkte hauptsächlich im Wettbewerb stehen.

Nicht zuletzt sei dies darauf zurückzuführen, daß die Stromerzeugungskosten vergleichsweise hoch sind. Im Ergebnis liegt das Verhältnis der durchschnittlichen Kosten der Bereitstellung von Grundlaststrom, der in die Preise eingeht, die beispielsweise die französischen Abnehmer zu zahlen haben, zu den entsprechenden Kosten der deutschen EVU etwa bei 70 bis 75 zu 100. Vornehmlich geht diese Kosten-Preis-Differenz auf vier Nachteile deutscher EVU im Vergleich zu Electricité de France (EDF) zurück:

- Die als privatwirtschaftliche Unternehmen geführten deutschen EVU zahlen Ertragssteuern, insbesondere Körperschaftssteuer: EDF ist nach diesem Statut hiervon befreit. Schon bei Beginn der Europäischen Integration wurde diese Frage aufgegriffen, im Rahmen des „Steuerstreits" aber entschieden, daß diese Unterschiede im Steuersystem mit dem Gemeinsamen Markt vereinbar seien.
- Für deutsche EVU ist der Energiemix zur Verstromung deutlich kostenungünstiger als für die EDF, dies vor allem wegen des unterschiedlichen hohen Kernenergie- und Wasserkraft-Anteils.
- Die vor allem aus Gründen des Umweltschutzes und der Reaktorsicherheit unterschiedlichen Genehmigungsanforderungen führen zu Baukosten für Kraftwerke jeder Art, die in Deutschland deutlich höher liegen als in Frankreich.
- Die von deutschen Stromverbrauchern zu zahlenden Preise müssen die Aufwendungen zum Erhalt der heimischen Steinkohle ebenso decken wie die vergleichsweise hohen Umweltschutzkosten der Stromerzeugung.

Abbildung 7.3-1 und Tabelle 7.3-1 geben einen Überblick über die Industriestrompreisstruktur in der EU. In Tabelle 7.3-1 werden für verschiedene Abnahmefälle die Industrie-Strompreise für repräsentative Städte der einzelnen EU-Staaten aufgeführt. Abbildung 7.3-1 stellt für den Abnahmefall „10 MW – 5000 h/a – 50 GWh" den Industriestrompreisvergleich graphisch dar. In den anderen Abnahmekategorien ergeben sich leicht abweichende Preisrelationen (vgl. Tabelle 7.3-1).

Bei den Haushaltsstrompreisen liegt für sämtliche Abnahmekategorien die Bundesrepublik Deutschland im oberen Preisbereich, allerdings in einigen wenigen Abnahmekategorien deutlich übertroffen von Italien und Portugal. Deutlich niedrigere Haushaltsstrompreise sind in Griechenland und Irland aber auch in Frankreich zu verzeichnen.

Tabelle 7.3-1: EU-Industrie-Strompreise, Stand 1. Januar 1994, in Pf/kWh[1]) (VIK, 1994, 96)

Land/Stadt	Jahresverbrauch GWh				
	0,5 MW/ 400h 2 GWh	2,5 MW/ 4 000h 10 GWh	4 MW/ 6 000h 24 GWh	10 MW/ 5 000h 50 GWh	10 MW/ 7 000h 70 GWh
D/Düsseldorf	20,67	19,20	15,30	16,75	13,92
B/Brüssel	14,01	13,30	10,90	9,57	8,13
Dk/Kopenhagen ..	9,77	9,65	9,04	8,84	8,59
Gr/Athen	11,29	11,29	9,59	9,05	8,04
E/Madrid	14,82	13,90	12,51	12,53	11,23
F/Paris	12,58	12,58	10,85	9,82	8,82
Irl/Dublin	12,43	11,62	10,00	10,02	9,11
I/Mailand	17,64	16,12	12,26	11,89	9,65
L/Luxemburg	14,30	11,04	9,11	9,44	8,34
Nl/Rotterdam	14,11	11,93	8,90	9,46	8,38
P/Lissabon	16,33	16,35	13,41	12,49	11,56
UK/London	13,45	10,73	10,81	–	10,90

[1]) Alle Preise ohne Mehrwertsteuer, aber einschließlich sonstiger Abgaben, 1 ECU = 1,93 DM.

Zum Vergleich sind in Tabelle 7.3-2 und in Abbildung 7.3-2 Angaben über die Industrie-Erdgaspreise in der EU zusammengestellt. In allen Abnahmefällen liegen die industriellen Erdgaspreise in der Bundesrepublik Deutschland deutlich über den Preisen der anderen EU-Länder.

(5) Die deutschen Elektrizitätsversorger monieren, daß es ihnen bei einer Liberalisierung des Strommarktes entsprechend den Richtlinien der EU-Kommission unmöglich sein wird, nicht nur den Erhalt der deutschen Steinkohleförderung über den Strompreis zu finanzieren, sondern auch den ihnen zugewiesenen Aufgaben zur Entwicklung erneuerbarer Energien und zur Verringerung der Belastung der Umwelt ausreichend nachzukommen.

Es ist davon auszugehen, daß die Stromerzeuger aufwendige Entwicklungen zur Rationalisierung ihrer Erzeugung und zum Ausbau

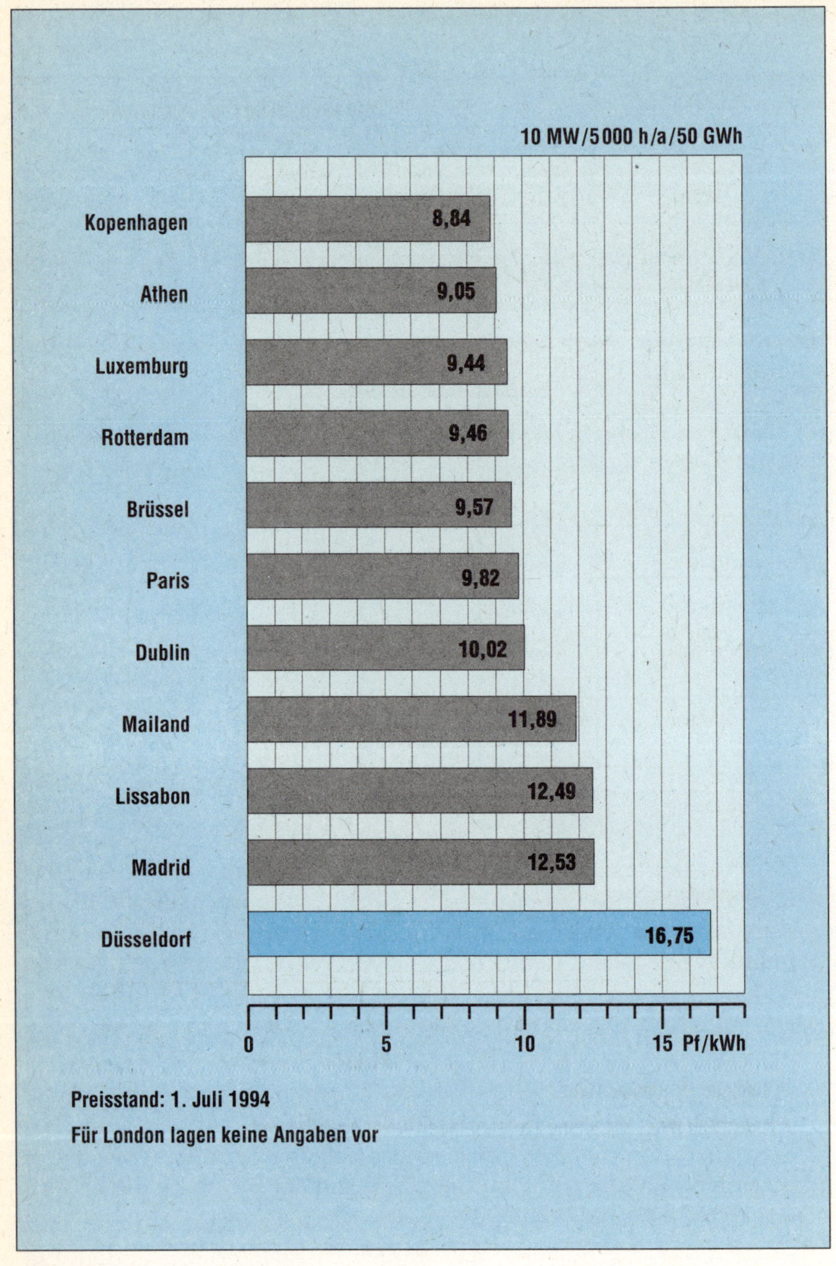

Abb. 7.3-1: EU-Industrie-Strompreisvergleich (VIK, 1994, 96)

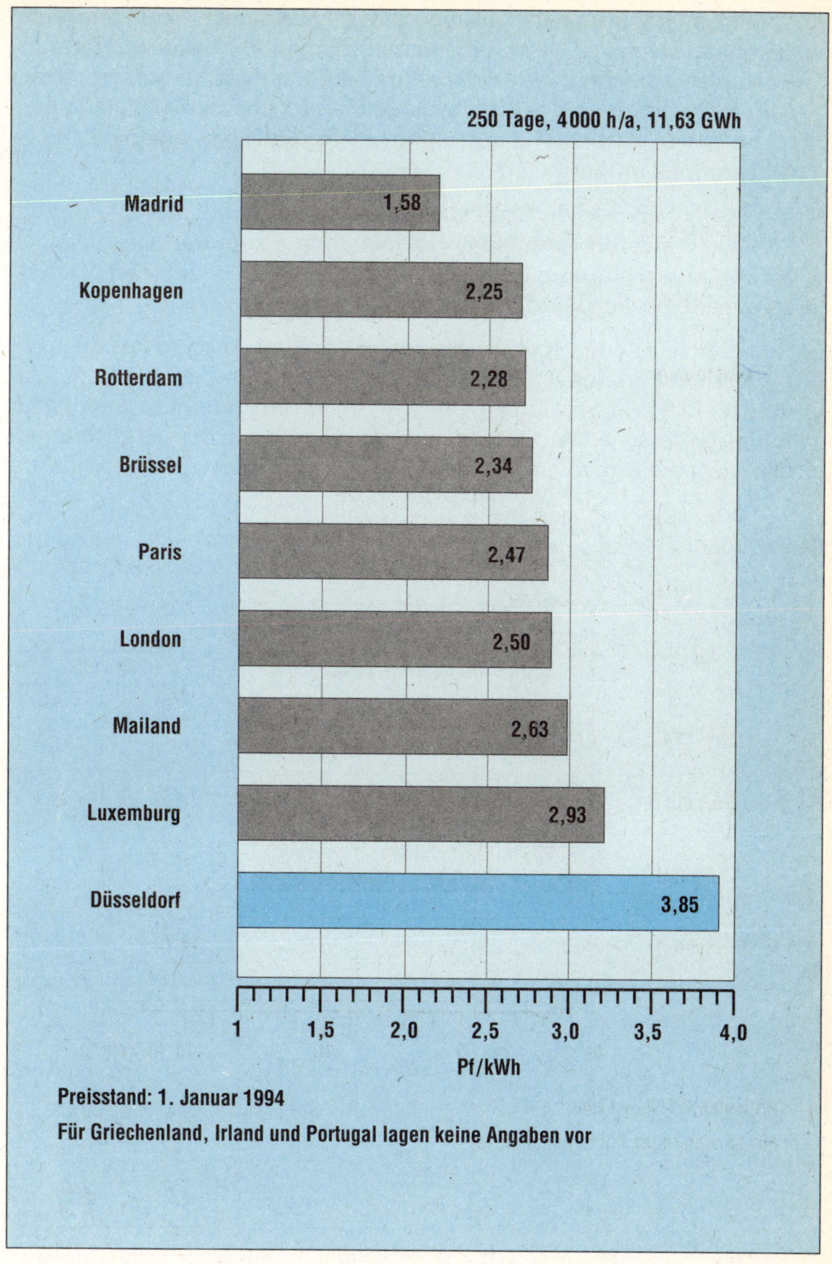

Abb. 7.3-2: EU-Industrie-Erdgaspreisvergleich (VIK, 1994, 97)

der Stromerzeugung aus „Erneuerbaren" nur dann einzuleiten, wenn sie sich hiervon auf Dauer eine Verringerung ihrer Stromerzeugungs-Kosten versprechen. An kostspielige Aktionen zur Verbesserung der Umweltbedingungen wird ein zunehmend kritischer Maßstab angelegt werden, dies auch dann, wenn solche Aktionen durch staatliche Maßnahmen initiiert werden.

Jedenfalls haben viele Untersuchungen gezeigt, daß auf einem, vom Preiswettbewerb bestimmten europäischen Strommarkt kaum noch Handlungsspielräume für innovative Aktivitäten der Elektrizitätserzeuger bestehen werden.

(6) Schließlich sei auf folgendes hingewiesen: Eine Analyse des dem Europäischen Parlament zu dieser Frage vorgelegten Berichts zeigt: Das von der EU-Kommission vorgelegte – und vom Parlament aus eigener Initiative verschärfte – Liberalisierungs-Konzept wird, verglichen mit dem gegenwärtigen Status, zu einem Mehr an Interventionen und In-

Tabelle 7.3-2: EU-Industrie-Erdgaspreise, Stand 1. Januar 1994, in Pf/kWh[1]) (VIK, 1994, 97)

Land/Stadt	Jahresverbrauch GWh				
	200 Tg, 1 800h → 11,63 GWh	250 Tg, 4 000h → 11,63 GWh	250 Tg, 4 000h → 116,3 GWh	330 Tg, 8 000h → 116,3 GWh	330 Tg, 8 000h → 1 163 GWh
D/Düsseldorf	4,02	3,85	3,42	3,26	1,92
B/Brüssel	2,86	2,34	2,34	2,17	k. A.
Dk/Kopenhagen ..	2,25	2,25	1,70	1,70	k. A.
E/Madrid	1,60	1,58	1,47	1,47	k. A.
F/Paris	2,53	2,47	2,10	2,04	k. A.
Irl/Dublin	2,04	k. A.	k. A.	k. A.	k. A.
I/Mailand	2,74	2,63	2,38	2,27	k. A.
L/Luxemburg	3,02	2,93	2,80	2,80	k. A.
Nl/Rotterdam	2,28	2,28	1,84	1,84	1,57
UK/London	2,57	2,50	k. A.	k. A.	k. A.

[1]) Alle Preise ohne Mehrwertsteuer, aber einschließlich sonstiger Abgaben, 1 ECU = 1,93 DM. Für Griechenland und Portugal lagen keine Angaben vor.

terventions-Notwendigkeiten und keineswegs zu einer Deregulierung führen (EC Parliament/Ausschuß für Energie, Forschung und Technologie, 1993).

Die vorstehenden kritischen Anmerkungen sollten nicht als ein Votum gegen die – wohl unausweichliche – Schaffung eines Europäischen Binnenmarktes für Elektrizität und Fernwärme verstanden werden sondern vielmehr

- als ein Appell an die Bundesregierung, bei der weiteren Liberalisierungsdiskussion im Rahmen der EU offensichtlich – auch für den Klima- und Umweltschutz – nachteilige Folgewirkungen noch abzuwenden und
- als Feststellung, daß sich nachteilige Folgewirkungen ergeben, denen bei der Klimapolitik Rechnung zu tragen ist.

Dabei sollten auch die Argumente der wissenschaftlichen Seite (vgl. Kapitel 7.4.2.4) einbezogen werden.

7.3.4 LCP-Richtlinie, Haushaltsgerätekennzeichnung/ Energieverbrauchshinweise, EU-Verordnung zum Umwelt-Auditing, Umweltmanagement und Umweltbetriebsführung

Innerhalb der EU wird schon seit Ende der 80er Jahre diskutiert, Least-Cost Planning im Rahmen des europäischen Einsparprogrammes SAVE einzuführen. Die Generaldirektion XVII (Energie) erarbeitet derzeit einen Richtlinienvorschlag, der mit Verbänden bereits erörtert wurde. Er sieht vor, LCP für EVU und GVU einzuführen und Energieeinsparmaßnahmen durch eine Veränderung der Tarifstruktur zu fördern.

Der Entwurf des Richtlinienvorschlages ist relativ allgemein formuliert, um den Mitgliedsstaaten größtmögliche Freiheit bei der Umsetzung zu lassen. Sie kann angepaßt an deren jeweilige energiewirtschaftliche Rahmenbedingungen erfolgen. Die Mitgliedsstaaten sollen

- Verfahren etablieren, nach denen EltVU und GVU in regelmäßigen Abständen integrierte Ressourcenpläne vorlegen, die alle Ressourcen (einschließlich der Nachfrageseite) auf einer ökonomischen Basis vergleichen,
- Programme formulieren, die sicherstellen, daß alle im integrierten Ressourcenplan identifizierten wirtschaftlichen Maßnahmen zur Steigerung der Energieeffizienz ergriffen werden,
- sicherstellen, daß Mechanismen etabliert werden, die es den EltVU und GVU erlauben, ihre Kosten für Programme zur Steigerung der

Energieeffizienz wiederzuerlangen, und die sicherstellen, daß die Unternehmen durch nachfrageseitige LCP-Programme netto keine Erlöseinbußen erleiden,

- EltVU und GVU dazu ermutigen, umfassende Beratungsprogramme, Prämienprogramme und gezielte Programme für Energieverbraucher mit niedrigem Einkommen einzuführen sowie selbst, durch Tochterfirmen oder über existierende Drittfinanzierungsgesellschaften mit Contracting-Projekten in Energieeffizienz, zu investieren.

Am 22. September 1992 hat der Rat der Europäischen Gemeinschaften eine Richtlinie „über die Angabe des Verbrauchs von Energie und anderen Ressourcen durch Haushaltsgeräte mittels einheitlicher Etiketten und Produktinformationen“ erlassen, die bis zum 1. Juli 1993 durch die Mitgliedstaaten umgesetzt werden sollte.

Sie wird für die einzelnen Gerätekategorien mittels Durchführungsrichtlinien konkretisiert. Hierzu liegt für Kühl- und Gefriergeräte bereits eine Richtlinie vor[72)], die von den Mitgliedsstaaten ab dem 1. Januar 1995 anzuwenden ist. Sie sieht vor, daß alle Geräte im Handel mit einem Aufkleber versehen werden. Er gibt Auskunft über den Jahresverbrauch und ermöglicht mit Hilfe eines Buchstaben eine leichte Einordnung dieses Verbrauchs. Die Buchstaben werden mit „A“ beginnend für die energieeffizientesten Geräte absteigend bis Buchstabe „G“ vergeben. Die Angaben sind in Kataloge aufzunehmen. Sie erleichtern damit auch die Arbeit der Verbraucherberatung und innovativer Energieversorgungsunternehmen, die ihre Kunden im Rahmen von LCP-Programmen beim Stromsparen unterstützen wollen. Es fehlt allerdings eine Angabe der jährlichen Energiekosten auf dem Etikett, wie es zum Beispiel beim US-amerikanischen Energy Guide praktiziert wird. Hierdurch könnte die Markttransparenz hinsichtlich des Verhältnisses von Kaufpreis und Energiekosten während der Betriebszeit des Gerätes beträchtlich erhöht werden.

Bedauerlicherweise hat sich die Umsetzung dieser Richtlinien in nationales Recht stark verzögert. Ein Entwurf für das Energieverbrauchs-Kennzeichnungsgesetz, das die Rahmenrichtlinie von 1992 in deutsches Recht umsetzen soll, liegt mittlerweile vor. Er wurde jedoch noch nicht vom Kabinett verabschiedet.

Die EU-Kommission hat am 5. März 1992 einen „Vorschlag für eine Verordnung des Rates, die die freiwillige Beteiligung gewerblicher Unter-

[72)] Richtlinien-Entwürfe für den Bereich Trockner, Wasch- und Spülmaschinen sind in der Diskussion.

nehmen an einem gemeinschaftlichen Öko-Audit-System ermöglicht", vorgelegt.

Unter Öko-Audit versteht man ein Managementsystem, „das in einem gegebenen gewerblichen Unternehmen aus einer systematischen, regelmäßigen und objektiven Bewertung der Organisation, des Managementsystems und der Ausrüstung besteht, und zur Eingrenzung und Beurteilung der Umweltauswirkungen der gewerblichen Tätigkeit eingeführt wurde. Dadurch soll die Überwachung erleichtert und gleichzeitig festgestellt werden, inwieweit die Situation eines Unternehmens der internen Politik und den geltenden Rechtsvorschriften entspricht" (EC Commission, 1992b, 12).

Wichtige Elemente des Vorschlags der EU-Kommission zum Öko-Audit sind:

- Zielgruppe: gewerbliche Unternehmen; freiwillige Beteiligung
- Erstellung einer amtlichen Liste der beteiligten Unternehmen in den einzelnen EU-Mitgliedsländern; Vorlage bei der EU-Kommission und Veröffentlichung im Amtsblatt
- Anrecht auf ein standortspezifisches Gütezeichen durch Beteiligung am Öko-Audit

Die beteiligten Unternehmen müssen folgende Bedingungen erfüllen:

- Durchführung einer Umweltprüfung für den jeweiligen Standort, wobei alle derzeitigen und die potentiell auftretenden Probleme aufgezeigt werden müssen
- Erstellung und Umsetzung eines auf den Ergebnissen der Umweltprüfung basierenden Umweltschutzinstrumentariums
- Veröffentlichung einer Umwelterklärung, die in objektiver, erschöpfender und geeigneter Weise die in der Umweltprüfung ermittelten Probleme darlegt und die Ziele und Maßnahmen, die in diesem Zusammenhang ergriffen werden, vorstellt
- Validierung des Audit-Verfahrens durch zugelassene Umweltprüfer
- Entwicklung eines Zulassungsverfahrens für Umweltprüfer durch die Mitgliedstaaten der EU (EC Commission, 1992b, 13 f.).

7.3.5 Europäische Energiecharta

Am 17. Dezember 1991 wurde in Den Haag von 48 Ländern (westeuropäische Staaten, osteuropäische Staaten des früheren RGW, einige nichteuropäische OECD-Staaten) und der EU die Europäische Energiecharta unterzeichnet.

Ziel ist es, osteuropäischen Ökonomien den Übergang in eine marktwirtschaftliche Wirtschafts- und Gesellschaftsordnung zu erleichtern und die West-Ost-Zusammenarbeit im Energiebereich zu fördern. Nicht beabsichtigt wurden staatliche Finanzierungsprogramme. Die Europäische Energiecharta ist als eine politische Absichtserklärung zu verstehen (DGAP, 1994, 101 f.).

Seit Anfang 1992 wird das Basis Agreement bzw. der Charter Treaty zur Europäischen Energiecharta verhandelt. Außerdem sollen Protokolle zur Kernenergie in Osteuropa (kurz vor der Verabschiedung), Energieeffizienz (Beurteilung des Verhandlungsstandes uneinheitlich) und zu den Kohlenwasserstoffen (Verhandlungen ausgesetzt, da Vorsitz des Verhandlungsgremium die Ansicht vertritt, daß alle wichtigen Inhalte im Basisdokument ausreichend geregelt sind) unterzeichnet werden (DGAP, 1994, 102 + 104).

Das Basisdokument soll rechtsverbindlich sein und folgende Punkte beinhalten: Investitionsschutz, Handels- und Wettbewerbsfragen, Energiemarktliberalisierung, Nichtdiskriminierung, Transit, Technologietransfer, Umweltschutz, Organisation, Verwaltung, Streitbeilegungsmechanismus (DGAP, 1994, 102). Verhandlungsschwierigkeiten treten im ersten, zweiten und letzten Punkt auf (DGAP, 1994, 102 f.).

Ein Verwaltungsrat zur Kontrolle der Umsetzung soll geschaffen werden und eng mit bestehenden Institutionen – IEA, EU-Kommission etc. – zusammenarbeiten.

Das Basisdokument tritt nach Hinterlegung von 30 Ratifikationen in Kraft (DGAP, 1994, 103).

„Der umwelt- und klimapolitische Stellenwert der Energiecharta ist gegenwärtig nicht sehr hoch anzusetzen" (DGAP, 1994, 109), da Umweltschutz und Energieeffizienzaspekte ohnehin eine geringe Rolle spielen und sich die Wirkungen erst langfristig entfalten. „Als Ausgangspunkt und Rahmen einer aktiven und international koordinierten CO_2-Reduktionspolitik ist die Europäische Energiecharta schlicht überfordert" (DGAP, 1994, 110). Die Europäische Energiecharta ist hingegen ein neuer Ansatz für eine weitgehende und tiefgreifende West-Ost-Kooperation auf dem Energiesektor – mehr aber auch nicht. Die Enquete-Kommission erwartet, daß auf der Grundlage der Energiecharta diese Kooperation weiterentwickelt wird. Sie fordert, daß Klima- und Umweltschutzziele sowie die Steigerung der Energieeffizienz auch im Rahmen der Europäischen Energiecharta stärkere Beachtung finden.

Die EU-Kommission arbeitet – neben der Kooperation über die Europäische Energiecharta – mit den Countries in Transition im Bereich der

Energie-, Klima- und Umweltpolitik außerdem im Rahmen des PHARE und des TACIS-Programmes zusammen, die in Kapitel 7.2.2.2 vorgestellt wurden (DGAP, 1994, 14).

7.4 Handlungsoptionen auf nationaler Ebene – Bund/Länder/Kommunen

Die Abhandlung der Handlungsoptionen, die auf nationaler Ebene zum Klimaschutz im Energiebereich eingesetzt werden können, erfolgt in vier Schritten:

- Zunächst werden tabellarisch die Handlungsoptionen vorgestellt, die von der Enquete-Kommission „Vorsorge zum Schutz der Erdatmosphäre" der 11. Wahlperiode vorgeschlagen wurden[73]. Eine tabellarische Auflistung von Handlungsoptionen, die über die EK-Vorschläge hinaus vom Kabinett beschlossen oder vom BMU gefordert wurde, und von „neuen" Handlungsoptionen, schließt sich an.

  Welche dieser Handlungsoptionen und in welchem Umfang sie in Handlungsempfehlungen umgesetzt werden sollen, wird in Kapitel 9 behandelt.
- Anschließend werden für wichtige Problemkomplexe Handlungsoptionen detailliert vorgestellt, die zur Minderung der Treibhausgasemissionen und des Energieverbrauches beitragen können.
- Einen weiteren Schwerpunkt bilden Kombinationsansätze und Instrumentenpakete
- Abschließend wird auf die kommunalen Klimaschutzinitiativen und auf die föderale Arbeitsteilung eingegangen.

7.4.1 Tabellarische Auflistung der Maßnahmen und Handlungsoptionen, deren Einsatz von der Enquete-Kommission „Vorsorge zum Schutz der Erdatmosphäre" vorgeschlagen wurde und darüber hinaus vom Bundeskabinett beschlossen oder vom Bundesminister für Umwelt, Naturschutz und Reaktorsicherheit gefordert wurden, sowie von „neuen" Instrumenten

Die von der Vorgänger-Enquete-Kommission „Vorsorge zum Schutz der Erdatmosphäre" vorgeschlagenen Maßnahmen und die darüber hinaus

[73]) Eine Auflistung der realisierten, klimapolitischen Maßnahmen – teils auf den Forderungen der Enquete-Kommission „Vorsorge zum Schutz der Erdatmosphäre" aufbauend, teils darüber hinausgehend – erfolgt in Kapitel 2.3.

vom Kabinett beschlossenen bzw. vom BMU geforderten und „neuen" Instrumente werden in diesem Kapitel lediglich als Handlungsoptionen aufgelistet. Als Prüfkriterien, nach denen diese Handlungsoptionen/Maßnahmen in Handlungsempfehlungen der Enquete-Kommission „Schutz der Erdatmosphäre" umgesetzt werden könnten, sind denkbar:

- Wurde die Handlungsoption/Empfehlung inzwischen verwirklicht?
- Ist die Handlungsoption/Empfehlung in der vorliegenden Form zur Umsetzung geeignet oder bedarf es noch umfassender Analysen und Untersuchungen?
- Wurde die Handlungsoption/Empfehlung durch den inzwischen vollzogenen Beitritt der neuen Bundesländer überholt?
- Rechtfertigt der Erfolg der Handlungsoption/Empfehlung – etwa die erreichbare Reduktion der Treibhausgasemissionen – den durch die Umsetzung verursachten finanziellen Mehraufwand der öffentlichen Haushalte und/oder der höheren Preise, den die Energieverbraucher zu zahlen haben?
- Rechtfertigt der Erfolg der Handlungsoption/Empfehlung den administrativen Aufwand sowohl der eingreifenden Behörde als auch der „Betroffenen"?
- In welchem Verhältnis steht die Handlungsoption/Empfehlung zu einer Kohlepolitik, gleich welcher Ausrichtung?
- In welchem Verhältnis steht die Handlungsoption/Empfehlung zum Regelwerk und der Perspektive eines europäischen, am Wettbewerb orientierten Energiebinnenmarktes, für den niedrige Energiepreise erwartet werden?
- In welchem Verhältnis steht die Handlungsoption/Empfehlung zu der geforderten Einführung einer europaweiten CO_2-/Energiesteuer?

Die konkret von der Enquete-Kommission „Schutz der Erdatmosphäre" vorgeschlagenen Handlungsempfehlungen sind in Kapitel 9 niedergelegt.

In Tabelle 7.4-1 werden die von der Enquete-Kommission „Vorsorge zum Schutz der Erdatmosphäre" vorgeschlagenen Maßnahmen aufgelistet.

Tabelle 7.4-1: Auflistung, der von der Enquete-Kommission „Vorsorge zum Schutz der Erdatmosphäre" vorgeschlagenen Maßnahmen (eigene Darstellung)

Maßnahmen, deren Einsatz von der Enquete-Kommission „Vorsorge zum Schutz der Erdatmosphäre" vorgeschlagen wurden
Sektor Private Haushalte
Gebäudebereich
1 Novellierung WSchVO (EK/KB/BMU)[74]
2 Novellierung HeizAnlVO (EK/KB/BMU)
3 Einführung verbrauchsorientierter Kennzahlen (z.B. Wärmepaß) als verpflichtende Bedingung bei Vermietung und Verkauf von Wohngebäuden (EK/KB/BMU)
4 Mietrechtsänderung zur Lösung der Nutzer-Investor-Problematik (EK); auch auf Bereiche außerhalb des Hauswärmebereiches übertragen (EK/KB/BMU)
5 Aufhebung von Restriktionen bei der Kostenzurechnungsfähigkeit im sozialen Wohnungsbau (EK/BMU)
6 Förderung von Energiesparinvestitionen in Wohngebäuden und Förderung des Einsatzes erneuerbarer Energien im Gebäudebereich (EK/KB/BMU)
7 Fortbildungsförderung für in der Bauausführung tätige Personen (Architekten, Handwerk etc.) (EK/KB/BMU)
Warmwasser und (Haushalts-)Geräte
8 Verordnungen über Mindesteffizienz der Geräte bzw. Höchstverbrauchsvorschriften und Kennzeichnungspflichten oder auch freiwillige Selbstverpflichtungen zur Mindesteffizienz der Geräte (EK/KB/BMU) (vgl. EU-Richtlinie)
9 Praxisgerechte Gestaltung von DIN-Normen für Warmwasser- und Haushaltsgeräte (EK/KB/BMU)
10 Angabe der Jahres-/Lebensdauerstromkosten gemäß DIN-Betriebsbedingungen beim Verkauf (EK/BMU)
11 Einsatz von Anzeigegeräten beim Verbraucher zur Erfassung der aktuellen Verbrauchswerte und Kosten (EK/BMU)

[74]) In Klammern sind jeweils die vorschlagenden Institutionen aufgeführt; EK: Enquete-Kommission „Vorsorge zum Schutz der Erdatmosphäre", KB: Kabinettsbeschluß; BMU: Bundesministerium für Umwelt, Naturschutz und Reaktorsicherheit; NI: Neues bzw. wesentlich erweitertes Instrument

Fortsetzung Tabelle 7.4-1

12 Fortbildung des Verkaufspersonals für Geräte und Nutzung EDV-gestützter Beratungseinrichtungen (EK/KB)

13 Abschaffung Leuchtmittelsteuer (EK)

Kleinverbrauchssektor

14 Einführung von Energiekennzahlen für geleaste Objekte (EK/KB/BMU)

15 Finanzierungs- und Bürgschaftsprogramm zur Energieeinsparung speziell für gewerbliche Kleinverbraucher (EK/KB/BMU)

16 Motivationsmaßnahmen für Leiter, Kämmerer, Controller, Hausmeister (EK)

17 Fortbildungsmaßnahmen für Anwender im Kleinverbrauchsbereich, für (Energie-)Berater, Installationsgewerbe, Planer und Architekten (EK/KB/BMU)

18 kostenfreie Initialberatung und Bereitstellung von Meßgeräten (EK/BMU) und Unterstützung der Vermittlung externer Beratungsleistung (EK)

19 Forschungsverbundvorhaben (EK)

20 Aufbau einer selbstfinanzierten Energieagentur auf Bundesebene mit einer speziellen Ausrichtung auf die Probleme des Kleinverbrauches (EK/BMU)

21 Finanzhilfen bei sehr rentablen Einsparinvestitionen für überschuldete Gemeinden (EK/BMU)

22 Aufbau Energiemanagementstellen / Konzentration der Kompetenzen durch Einrichtung von Energiereferaten oder -abteilungen auf der kommunalen Ebene (EK/BMU)

Sektor Industrie (incl. kleine und mittlere Gewerbebetriebe, excl. industrielle KWK)

23 Schaffung innerbetrieblicher Anreize zur rationellen Energieverwendung über Prämien, Modifikation der betrieblichen Kostenrechnung etc. (EK/BMU) und betriebsinterne, zielgruppenspezifische Maßnahmen zur Informationsvermittlung und Motivation (EK/KB/BMU)

24 Motivationsreferate zur rationellen Energienutzung für leitende Personen größerer Unternehmen (Unternehmensleiter, Controller, FuE-Leiter, technische Direktoren) im Rahmen bestehender Veranstaltungen, z.B. Verbandstagungen (EK)

Fortsetzung Tabelle 7.4-1

25 Fortbildung für Energieanwender in der Industrie (Betriebsleiter, -techniker, Meister, Betriebspersonal, beratende Ingenieure), Maschinen- und Anlagenhersteller (EK/KB/BMU)

26 Institutionalisierung und Förderung externer Energieberatung für Industriebetriebe zur Behebung von Informationsmängeln etc. (EK/KB/BMU)

27 Selbstverpflichtungsabkommen der Industrie zur rationellen Energienutzung und KWK-Nutzung (EK/KB/BMU)

28 Freiwillige Vereinbarung der Hersteller zur Erhöhung der Markttransparenz hinsichtlich der energetischen Qualität von Produkten bzw. Verfahren ergänzt um ein Datensystem zur Kunden-/Nutzerinformation (EK/KB/BMU)

29 Technische Einzelmaßnahmen zur Abfallbewirtschaftung im Bereich verstärktes Recycling (v.a. Glas, Papier, Karton) (EK/BMU)

Umwandlungsbereich incl. energetische Komponente der Abfallwirtschaft

Rechtlicher Rahmen

30 Überprüfung bzw. Veränderung des energiewirtschaftlichen Ordnungsrahmens: Schaffung einer an Schadstoffvermeidung ausgerichteten Wettbewerbssituation (LCP bei EltVU-Investitionen, öffentliche Ausschreibung von Stromerzeugungskapazitäten, Überprüfung Kooperationsverträge zwischen Stromeigenerzeugern durch Kartellbehörde); Überprüfung versorgungswirtschaftlicher Verträge im Hinblick Abnahmeverpflichtung bei Stromverteilern, kostengerechte Degression bei Arbeitspreis und Mengenrabatten etc. (EK/BMU)

31 Novellierung EnWG insbesondere Aufnahme der Ressourcenschonung und des Umweltschutzes in den Zielkatalog incl. GWB-Novelle und Beseitigung energierechtlicher Hemmnisse und kartellrechtlicher Ausnahmeregelungen für die industrielle KWK (EK/KB/BMU)

32 Überprüfung der Einspeisevergütung und Entwicklung einer Berechnungsformel zur Bestimmung der vermiedenen Kosten für Arbeit und Leistung (EK/KB/BMU) und Überprüfung der Stromdurchleitungsbedingungen zwischen rechtlich unselbständigen Betrieben (allgemeine Durchleitungsverpflichtung der EVU, Orientierung der Durchleitungspreise an den tatsächlichen Kosten etc.; § 103 Abs. 5 Satz 2 Nr. 4, Untersätze 2+3 GWB) (EK)

33 Änderung der Tarif- und Preisstruktur für Tarifkunden bei leitungsgebundenen Energien incl. GWB-Novelle zur Verbesserung der Anreize der rationellen Energienutzung (EK/BMU)

Fortsetzung Tabelle 7.4-1

34 Überprüfung der Kostenorientierung bei Sonderkonditionen für Großabnehmer in Lieferverträgen leitungsgebundener Energieträger, die wenig Anreiz zur rationellen Energienutzung bieten und Erhöhung der Preistransparenz (EK)

35 Novellierung der BTOGas (verbrauchsabhängige Leistungspreise, saisonale Anreize in Abhängigkeit von der Kapazitätsbeanspruchung) (EK/BMU)

36 Einführung einer BTOFernwärme (verbrauchsabhängige Leistungspreise, saisonale Anreize in Abhängigkeit von der Kapazitätsbeanspruchung) (EK/BMU)

Einsatz erneuerbarer Energien

37 Hemmnisabbau im rechtlichen, institutionellen und planungstechnischen Bereich und verbesserte Informations- und Beratungsaktivitäten zur Nutzung erneuerbarer Energien (EK/KB)

38 Veränderung der wirtschaftlichen Rahmenbedingungen der Nutzung erneuerbarer Energien: Finanzierungsmodelle, Investitionszulagen, Steuervergünstigungen (EK/KB)

39 Nutzung der wirtschaftlichen Potentiale der Wasser-, Windkraft und der Photovoltaik (Insellagen) durch Fortbildung der Eigenerzeuger, angemessene Einspeisungsvergütung und Preise für Wartungs- und Spontanreserve nach vermiedenen oder entstehenden Kosten (EK/KB/BMU)

40 Pilot- und Demonstrationsanlagen zur Erleichterung der Markteinführung (EK/KB)

41 Einsatz erneuerbarer Energien in öffentlichen Gebäuden und in Entwicklungshilfeprojekten, Forschungskooperationen mit Entwicklungsländern etc. (EK/KB)

Einsatz von Gruben-, Klär- und Deponiegasen (incl. Abfall-Biomasse)

42 freiwillige Vereinbarung zur CH_4-Nutzung (EK/KB/BMU)

Einsatz CO_2-ärmerer, fossiler Energieträger

43 Beseitigung von Restriktionen für einen verstärkten Gaseinsatz in Kraftwerken (EG-Richtlinie, IEA-Vereinbarung, § 12 des Dritten Verstromungsgesetzes) (EK/KB/BMU)

44 Erhöhung der Leistungsgrenze von 10 MW auf 30 MW für öl- und gasbefeuerte Anlagen und Abbau der Benachteiligung der (industriellen) KWK in § 12 des Dritten Verstromungsgesetzes (EK)

Fortsetzung Tabelle 7.4-1

Wirkungsgraderhöhung incl. (industrielle) KWK

45 Auflagen zur Wirkungsgraderhöhung speziell für fossil befeuerte Kraftwerke bzw. Festlegung von Mindestwirkungsgraden (EK/KB/BMU)

46 Verstärkung der öffentlichen Förderung von Heizkraftwerken und Fernwärmeausbau und Vermeidung unbilliger Behinderung (EK/KB/BMU)

47 Verbesserung der Rahmenbedingungen für Heizkraftwerke, Fern- und Nahwärme und Verbesserung der Akzeptanz durch vollständige Information von Medien und Bevölkerung über die Netto-Auswirkungen (EK) und eine Qualifizierung der Genehmigungsverfahren (EK/KB)

48 Organisatorische Institutionalisierung des Wärmebereiches in den EVU, z.B. Schaffung von Vorstandsressorts für die Heizkraftwirtschaft (EK/BMU)

49 Förderung der Errichtung gemeinschaftlich betriebener industrieller KWK-Anlagen eventuell unterstützt durch die Einrichtung einer zentralen Stelle zur Förderung der industriellen KWK (EK)

50 Neutrale Information und Initialberatung für potentielle industrielle Energieerzeuger (EK/KB/BMU)

51 verpflichtende oder freiwillige Erstellung von Energiekonzepten unter besonderer Berücksichtigung der KWK (EK/KB) (vgl. WNVO)

Übergreifende Instrumente

Internalisierung externer Kosten / Handling der Knappheit der Ressourcen und Aufnahmekapazitäten / Umgestaltung des Anreizsystems

52 Internalisierung externer Effekte des Energieverbrauches (EK/KB/BMU)

53 Energie-/CO_2-Abgabe oder -Steuer (Verwendung in allgemeinem Staatshaushalt, Aufkommensneutralität oder Finanzierung von Anreizprogrammen zum Klimaschutz) (EK/KB/BMU) unter weitestmöglicher Orientierung einer allgemeinen CO_2-/Energieabgabe an den externen Kosten (EK/KB)

54 Zertifikate zur Begrenzung der Emissionen von Treibhausgasen (EK/KB/BMU)

55 Einführung einer Exergieabgabe auf Endenergieträger (EK) [75])

56 Staatliche, gemeinlastorientierte ökonomische Anreize zur Kreditfinanzierung energiesparender Investitionen (EK/KB/BMU)

[75]) Anknüpfung der Abgabe nicht an den Energieinhalt, sondern an die Arbeitsfähigkeit der Energie

Fortsetzung Tabelle 7.4-1

57 Entkopplung der Energiepreise von der Fluktuation am Weltmarkt und deren Stabilisierung (EK/KB/BMU)

58 Verstärkung der Nutzung und Förderung von Contracting bezüglich industrieller KWK-Anlagen und im Bereich Mineralölverbraucher (EK/KB/BMU)

59 Förderung von Contracting-Unternehmen, v.a. Handwerksbetriebe und kommunale Unternehmen (EK/KB/BMU)

60 Bündelung und Koordinierung der Maßnahmen – für ausgewählte Zielgruppen – zum Klimaschutz im Energiebereich durch eine nationale Energieagentur (EK)

Informationsschaffung und -vermittlung

61 Ausweitung der Informationspolitik, Verbesserung der Aus- und Fortbildung, Schaffung von Beratungsangeboten bzw. Förderung Energieberatung (EK/KB/BMU)

In Tabelle 7.4-2 werden die Handlungsoptionen, die über die EK-Vorschläge hinaus vom Kabinett beschlossen oder vom BMU gefordert wurden sowie „neue“ Insturmente aufgelistet

Tabelle 7.4-2: Auflistung der Handlungsoptionen, die über die EK-Vorschläge hinaus vom Kabinett beschlossen oder vom BMU gefordert wurden, und „neue" Instrumente (eigene Darstellung)

Handlungsoptionen, die über die EK-Vorschläge hinaus vom Kabinett beschlossen oder vom BMU gefordert wurden, und „Neue" Instrumente
Sektor Private Haushalte **Gebäudebereich** 1 Verschärfung der 1993 novellierten WSchVO incl. Erweiterung der Anforderungen bei Altbausanierung und -renovierung (NI) und Verbesserung der Wärmedämmung in Industriegebäuden eventuell in Kombination mit Einsparcontracting (KB) 2 Einmalige energetische Abnahme (hinsichtlich der Einhaltung der WSchVO) zum Zeitpunkt der Rohbau-Fertigstellung von Neubauten bzw. Umbau von Altbauten durch staatlich geprüfte Baufachleute (NI) 3 Novelle KleinfeuerungsanlagenVO (KB/BMU) 4 bundeseinheitliche Regelung für die Abführung des Kondensats von Gas-Brennwertkesseln mit dem Ziel, die unbehandelte Einleitung bei Anlagen bis 100 kW zu ermöglichen (NI) 5 Novelle HeizkostenverteilungsVO / verbrauchsabhängige Heizkostenabrechnung (NI) und Begrenzung der Umlagefähigkeit von Heizkosten bei unzureichend isolierten Gebäuden (BMU) 6 Novellierung des Energieeinsparungsgesetzes (EnEG) (Überprüfung und ggf. Neufassung der Formulierung des Wirtschaftlichkeitsgebotes, Einschränkung des Wirtschaftlichkeitsgebotes wegen des Vorliegens externer Effekte zugunsten der Verhältnismäßigkeit) – auch über den Gebäudebereich hinaus (KB/BMU) 7 Nachbesserung der Novellierung der Honorarordnung für Architekten und Ingenieure (HOAI) zur Schaffung finanzieller Anreize für Leistungen zur rationellen Energieverwendung und zum Einsatz erneuerbarer Energien (NI) 8 Verbot des Neuanschlusses elektrischer Heizungen und Einschränkung der Wärmeversorgung mit Strom durch stufenweise Umrüstung der Altanlagen (NI) 9 Förderung Energiesparinvestitionen in Wohngebäuden (insbesondere im Altbaubereich) speziell in den neuen Bundesländern (KB); eventuell Bindung der Fördermittel bei Altbauten an die Einhaltung der WSchVO (NI)

Fortsetzung Tabelle 7.4-2

10 Einbeziehung von Beratungsleistungen in Förderprogramme, eventuell Durchführung einer thermischen Diagnose als Voraussetzung für die Inanspruchnahme von Fördermitteln zur energetischen Sanierung (KB/BMU)

11 Gründung einer Niedrigenergiehaus-Agentur als Innovationsmotor auf Bundesebene, die neue Techniken anhand von Demonstrationsprojekten in der Baupraxis erprobt, Ergebnisse auswertet und die gewonnenen Kenntnisse an die Praktiker weitergibt (NI)

Warmwasser und (Haushalts-)Geräte

12 Höchstverbrauchsvorschrift bezüglich der Standby-Verluste (NI)

13 Nutzung der öffentlichen Beschaffung und Ausschreibung von Wettbewerben zur Effizienzverbesserung (NI)

Kleinverbrauchssektor

14 Aufhebung der Trennung von Investitions- und Verwaltungs- bzw. Betriebshaushalten („duale Finanzierung") für öffentliche Gebäude bzw. Einrichtungen, wie z.B. Krankenhäusern (NI)

15 Demonstrationsprojekte für eine (vorbildliche) energetische Sanierung an öffentlichen Gebäuden (NI)

Sektor Industrie (incl. kleine und mittlere Gewerbebetriebe)

16 Schaffung von staatlichen Anreizen zur beschleunigten Erschließung von CO_2-Minderungspotentialen der Industrie und zur Energieeinsparung (KB)

17 Selbstverpflichtungserklärung der Industrie zur CO_2-Reduktion (NI)

18 Erhöhung der Anforderung an die Energie- und Ressourcennutzung im Rahmen Nr. 3.1.2 der TA Luft (BMU)

19 Wärmenutzungsverordnung und Verpflichtung zur Ermöglichung externer Wärmenutzung (auch in Nah- und Fernwärmesystemen), falls kein Eigenbedarf besteht (KB/BMU); KWK und Energy Cascading als Optionen einbeziehen (NI)

20 Verordnung zur rationellen Stromnutzung (analog Wärmenutzungsverordnung) (NI)

21 Betriebliche Energiesparkonzepte (BMU) und freiwillige Umwelt-Audits, Umweltmanagement und ökologische Betriebsführung (KB)

22 Mindestanforderungen zur Energieeffizienz von strom- und gasverbrauchenden Anlagen auf Grundlage von § 13 Abs. 2 EnWG unter Einbeziehung von Umweltaspekten (BMU)

Fortsetzung Tabelle 7.4-2

23 Anreize und Hemmnisabbau zur energiesparenden Veränderung industrieller Produktionsprozesse, zum Einsatz energiesparender, erneuerbarer Rohstoffe und von Recyclingrohstoffen (NI)
24 Technische Einzelmaßnahmen zur Abfallbewirtschaftung durch Verwertung (Lacke, Stäube, Schlämme) und Vermeidung (Verpackung, Lösungsmittel, geschlossene Kreisläufe) von Abfällen (BMU)
25 Steigerung des Mehrweganteils bei Getränken etc.; Steigerung der Lebensdauer von Konsumgütern (BMU), der Reparaturfreundlichkeit und der Recyclingfähigkeit (NI)
26 Wiederbelebung des SERO-Systems[76]) zur Erfassung von recyclingfähigen Stoffen (NI)
27 Energieverbrauchsabhängige Prämien und Pönale für Energiebeauftragte, Konstrukteure, Heizer, Hausmeister, Berater und Planer (NI)
Umwandlungsbereich incl. energetische Komponente der Abfallwirtschaft
Rechtlicher Rahmen
28 Novellierung GFAVO (CO2-Emissionen einbeziehen) (NI)
29 Neuregelung Konzessionsabgabe (KAV): Abschaffung oder Abkopplung von Mengen und Umsatz (NI)
30 Umwandlung der BTOElt in eine allgemeine Strompreisordnung (NI)
31 Umlegung der Kosten von Energieeinsparprogrammen im Rahmen der Strompreisaufsicht (NI)
Einsatz CO_2-ärmerer, fossiler Energieträger
32 Vereinbarung mit der Mineralölwirtschaft zur Ausschöpfung des Energiespar- und Emissionsminderungspotentials (KB/BMU) und Förderung der Beratung von Mineralölverbrauchern durch die Mineralölwirtschaft (BMU)
Einsatz erneuerbarer Energien
33 Einspeisevergütung für Strom aus erneuerbaren Energien und Preise für Zusatz- und Reservestrombezug nach vermiedenen oder entstehenden Kosten (KB/BMU)

[76]) Erfassungssystem für recyclingfähige Rohstoffe in der DDR, das auf Anreizen zur Einsammlung und Ablieferung dieser Stoffe basierte.

Fortsetzung Tabelle 7.4-2

34 Nutzung stillgelegter Flächen zum Energiepflanzenanbau und Vergütung von Leistungen zur Landschaftspflege mit dem Ziel der Förderung der energetischen Nutzung von land- und forstwirtschaftlichen (Abfall) Produkten (NI)

35 F & E-Förderung und Anreizprogramme (KB/BMU)

36 Schaffung von Prüfsiegeln und ähnlichen Qualitätskontrollen durch Verbraucherorganisationen, Selbstverwaltungseinrichtungen der Wirtschaft etc. zur Erhöhung der Markttransparenz und Risikoverminderung (BMU)

37 Initiative zur Gründung einer Internationalen Agentur zur Förderung der erneuerbaren Energien und der effizienten Energiewandlung und -nutzung (NI)

Einsatz von Gruben-, Klär- und Deponiegasen und energetische Abfallverwertung (incl. Abfall-Biomasse)

38 Nutzung bestehender rechtlicher Instrumente in der Abfallwirtschaft (§ 14 Abfallgesetz, § 5 BImSchG), eventuell Flankierung durch ökonomische Instrumente (KB/BMU)

39 Entwicklung eines schadstoffarmen Verfahrens zur energetischen Müllentsorgung (BMU)

40 Nutzung der Ausbringungsverordnung für Gülle sowie des Reststoffverwertungsgebotes des BImSchG zur Verstärkung bzw. Förderung der Nutzung landwirtschaftlicher Abfallprodukte zur reinen Stromerzeugung oder in KWK-Anlagen (KB/BMU)

41 Regelung der Einspeisevergütung für Strom, der aus land- und forstwirtschaftlichen Reststoffen und Produkten erzeugt wird (NI)

42 CH_4-Nutzungsgebot (Gruben-, Klär- und Deponiegase) und Abbau der Behinderung der Versorgung Dritter mit Deponiegas (KB/BMU)

Wirkungsgraderhöhung incl. (industrielle) KWK

43 Ausweitung EnWG auf die leitungsgebundene Wärmeversorgung (NI)

44 Bau von Kraftwerken ohne KWK nur noch in besonderen Ausnahmefällen (NI)

45 Effizienzsteigerung bzw. Ersatz veralteter Anlagen im Fern- und Nahwärmebereich unter Bevorzugung von KWK-Anlagen anstelle reiner Heizkraftwerke in den NBL durch Förderprogramm etc. (KB)

46 Erweiterung des Stromeinspeisungsgesetzes durch Einbeziehung der (industriellen) KWK und der BHKW-Anlagen (NI)

Fortsetzung Tabelle 7.4-2

47 Modifikation des Stromvertrages zur KWK-Förderung (NI)

48 Überprüfung des Mineralölsteuergesetzes zum Abbau der Benachteiligung der industriellen KWK (KB/BMU)

49 Selbstverpflichtungsabkommen der Industrie, in größtmöglichem Umfang die KWK zu nutzen (KB/BMU)

Übergreifende Instrumente

Internalisierung externer Kosten / Handling der Knappheit der Ressourcen und Aufnahmekapazitäten / Umgestaltung des Anreizsystems

50 Erweiterung der Besteuerung auf andere Treibhausgase als CO_2 (NI)

51 Widerspiegelung der Ressourcen- und Aufnahmekapazitätsknappheiten in den Preisen (NI)

52 Property Rights-Ansatz (Definition von Eigentumsrechten an Umweltgütern) (NI)

53 Umwelthaftungsrecht (NI)

54 Verursachergerechte Förder- und Anreizprogramme zur CO_2-Emissionsminderung (vor allem für Anwendungen an der Wirtschaftlichkeitsschwelle) (KB/BMU)

55 Umsetzung des Energiedienstleistungskonzeptes und der Nachfragesteuerung über die Nutzung von LCP, Contracting etc. (NI)

Informationsschaffung und -vermittlung

56 Schaffung von Institutionen zur Sammlung, Erarbeitung und Vermittlung von Informationen, die über Beratungen, Fortbildung, Informationsmaterialien, Datenbanken und zur Motivationshilfe für Energienutzer und -anbieter weitergegeben werden / Übertragung des Schweizer RAVEL-Programmes unter Anpassung an die besonderen Gegebenheiten der Bundesrepublik Deutschland[77]) (NI)

57 Schaffung von Informations- und Kontaktbörsen (NI)

58 Einbindung des Themas „Klima und Energie" in Schulen, Hochschulen und Bildungsstätten (NI)

[77]) Eventuell differenziert nach Zielgruppen: Industrie nach Branchen spezifiziert, Haushalte, Kommunen etc.

Fortsetzung Tabelle 7.4-2

Werte-, Strukturwandel und Sustainable Development	
59	Förderung von Lobbying, PR- und Informationskampagnen etc. für einen energiesparenden Werte- und Strukturwandel und Unterstützung der Informationsvermittlung an Meinungsführer und -bildner (Politiker, Medien etc.) (NI)
60	Vorbildfunktion von Behörden, Meinungsführern etc. in diesem Bereich (NI)
61	Stärkung der NGO-Rechte (erweiterte Verbandsklage etc.) (NI)

7.4.2 Handlungsoptionen zu speziellen Problemkreisen

7.4.2.1 Wärmeschutz[78)]

Wärmeschutzverordnung (WSchVO)

Die geschätzten Minderungen der CO_2-Emissionen und des Heiz- und Endenergieverbrauches im Jahr 2005 in den Gebäuden, die zwischen 1995 und 2005 nach den Regelungen der 1993 novellierten WSchVO (in Kraft ab 1995) errichtet werden, liegen in den alten und neuen Bundesländern jeweils bei knapp 30% (Karl, 1994; eigene Berechnung). Vergleichsbasis ist dabei die WSchVO von 1984. Die Absolutwerte sind der Tabelle 7.4-3 zu entnehmen.

Der durch die WSchVO-Novelle ab 1995 gültige Standard ist in vielen Fällen bereits bei heutigen Energiepreisen wirtschaftlich (Feist, 1993, 3), da die Mehraufwendungen durch die Energieeinsparungen während der Nutzungszeit ausgeglichen werden können. Es besteht außerdem die Möglichkeit, die derzeitigen zusätzlichen Baukosten der Wärmeschutzmaßnahmen, z. B. durch Einsparungen im Installationsbereich, zu kompensieren (ISI, Ifo, GEU, 1994, 34).

Eine weitere Verschärfung der WSchVO wäre realisierbar; ein Blick auf die Wärmeschutzvorschriften in anderen europäischen, vor allem skandinavischen Ländern verdeutlicht dies. Auch in Deutschland existieren auf kommunaler und Länderebene schärfere Regelungen (Verordnungen, Verwaltungsvorschriften, incl. Fördermaßnahmen): so wird der

78) vgl. Tabelle 7.4-1, Nr. 1-4, 6, 14; Tabelle 7.4-2, Nr. 1-3, 5, 28

Tabelle 7.4-3: CO_2-Emissions-, Heiz- und Endenergieverbrauchsminderungen (absolut) im Jahr 2005 bei Neubauten der Jahre 1995 bis 2005 durch die Novellierung der WSchVO 1995 im Vergleich zur WSchVO 1984 (Quelle: Karl, 1994; eigene Berechnungen)

	Zugänge 1995 bis 2005 in 1000	Heizenergieverbrauchsminderung in GWh	Endenergieverbrauchsminderung in GWh	CO_2-Minderung in 1000 t
ABL ...	3 359	–14 820	–17 232	–4 121
NBL ...	740	– 2 949	– 3 430	– 900
Gesamt .	4 099	–17 769	–20 662	–5 021

Niedrigenergiehausstandard in den Bebauungsplänen einiger Gemeinden festgeschrieben (Ansbach, Schwerin) oder für die Errichtung von Gebäuden auf vormals gemeindeeigenem Grund verlangt (Freiburg, Schopfheim, Tübingen, Ulm, Schwerin u. a.) bzw. für kommunale Neubauten realisiert. In Schleswig-Holstein werden landeseigene Gebäude nur in Niedrigenergiebauweise errichtet und die Wärmebedarfsdeckung erfolgt verstärkt durch BHKW. Hamburg verabschiedete am 15. Dezember 1992 eine eigene WSchVO mit strengeren Grenzwerten. Eine Kollision mit dem Bundesrecht wird unter Berufung auf § 1 des Energieeinsparungsgesetzes von 1976 verneint (Ökologische Briefe, 9. Februar 1994, 7 f. + 11).

Durch eine Verschärfung der WSchVO nicht nur für den Neubaubereich – auf Niedrigenergiehausstandard – sondern vor allem auch im Altbaubereich könnten enorme Einsparpotentiale erschlossen werden. Verschärfte Wärmeschutzanforderungen im Altbaubestand sollten durch entsprechend lange Übergangsfristen, durch eine Differenzierung der Vorgaben je nach Gebäudetyp (Fertigbauten, Fachwerkbauten etc.) und eventuell durch flankierende Fördermaßnahmen abgefedert werden (ISI, Ifo, GEU, 1994, 89).

Energetische Abnahme durch staatlich geprüfte Baufachleute

Heute ist in den Bundesländern uneinheitlich geregelt, ob nach Abschluß des Rohbaus bzw. einer Sanierung eine Prüfung der Gebäude hinsichtlich der Einhaltung der WSchVO erfolgt. Generell sind keine Strafen bei Nichterfüllung vorgesehen (ISI, Ifo, GEU, 1994, 34). Es besteht also nur ein schwacher Anreiz, die Vorschriften einzuhalten. Eine generelle Überprüfung würde deshalb CO_2-mindernd und energiesparend wirken.

Heizungsanlagenverordnung (HeizAnlVO)

Die Novelle der HeizAnlVO vom 31. März 1994 (in Kraft seit dem 1. Juni 1994) ist die Umsetzung der EG-Richtlinie 92/42 in nationales Recht. Ab 1. Januar 1998 müssen in Serie hergestellte, mit flüssigen oder gasförmigen Brennstoffen gefeuerte Wärmeerzeuger mit Niedertemperatur- oder Brennwerttechnik ausgestattet werden. Die Vorgaben für die Steuerung und Regelung der Anlagen wurden verschärft. Ab 1. Januar 1996 müssen Umwälzpumpen in ihrer Leistung dem betriebsbedingten Förderbedarf angepaßt werden (ISI, Ifo, GEU, 1994, 35).

Die CO_2-Emissionsminderung im Jahr 2005 durch die heute gültige Regelung beträgt 48,5 Mio. t CO_2 (dies entspricht 5,2% der gesamtdeutschen Emissionen von 1992) durch die Verallgemeinerung von Niedertemperatur- und Brennwertkesseln und 1 Mio. t CO_2 durch die Vorschriften im Bereich Umwälzpumpen. Die Mehrkosten sind gering und meist in relativ kurzer Zeit durch die realisierte Einsparung zu kompensieren. Das Potential bei Einzelgeräten zur Raumheizung und Warmwassergeräten ist entsprechend der Stückzahl und dem Einsparpotential je Gerät gering (ISI, Ifo, GEU, 1994, 38).

Eine weitere Novellierung der HeizAnlVO in 2 bis 3 Jahren würde es erlauben, die jüngsten technischen Neuerungen in der Brenn- und Kesseltechnik und in der Einzelraumregelung schneller zu verallgemeinern (ISI, Ifo, GEU, 1994, 89).

Kleinfeuerungsanlagenverordnung

Ein Referentenentwurf vom 3. Juli 1992 zur Novellierung der KleinfeuerungsanlagenVO (1. BImSchVO) liegt vor. Er sieht Grenzwerte für Abgasverluste von Öl- und Gasfeuerungen für Neuanlagen und einen Stufenplan zur Anpassung der Altanlagen auf dieses Niveau bis 2003 vor. Verpflichtende Abgasverlustmessungen sollen außerdem vorgeschrieben werden.

Allein über die Nachrüstungen beanstandeter Anlagen mit höheren Abgasverlusten als vorgeschrieben, sind pro Jahr 1 Mio. t CO_2 vermeidbar. Falls die Beanstandung nicht nur zur Nachrüstung bzw. Nachbesserung führt, sondern eine Neuanlage errichtet wird, ist der Effekt wesentlich größer. Zu beachten ist aber, daß eine Überschneidung dieses Potentials mit dem durch die HeizAnlVO erschließbaren CO_2-Minderungspotential zu erwarten ist (ISI, Ifo, GEU, 1994, 39f).

Großfeuerungsanlagenverordnung (GFAVO)

Für die GFAVO liegt kein konkreter Novellierungsentwurf vor; diskutiert werden aber

- Auflagen zur Erhöhung der Wirkungsgrade für fossil befeuerte Kraftwerke
- Vorgaben für Mindestwirkungsgrade für Kraftwerke und
- die Beseitigung der Restriktionen für einen verstärkten Gaseinsatz in Kraftwerken.

Die gültige GFAVO stellt lediglich auf traditionelle Schadstoffe wie z. B. SO_2, NO_x ab. Indirekt hat sie allerdings auch Wirkung auf CO_2- und andere Treibhausgasemissionen (ISI, Ifo, GEU, 1994, 41).

Heizkostenverteilungsverordnung/verbrauchsabhängige Heizkostenabrechnung

Vor allem in den neuen Bundesländern würde eine Erhöhung des Mindestanteils des individuellen Verbrauchs bei der Heizkostenabrechnung von bisher 50% auf 70% erhebliche zusätzliche Anreize zur Energieeinsparung bringen (ISI, Ifo, GEU, 1994, 46+89). Die Wirkung der individuellen Heizkostenabrechnung wird sich allerdings in den neuen Bundesländern erst in größerem Umfang entfalten, wenn die technischen Möglichkeiten zu einer individuellen Heizregulierung (Nachrüstung mit Thermostatventilen) geschaffen sind (Weisheimer, 1993, 22f.).

Ein nennenswertes Potential kann in den alten und neuen Bundesländern auch durch die Streichung der Ausnahmeregelungen für Gemeinschaftswohnungen erschlossen werden, für die keine verbrauchsabhängige Abrechnung vorgeschrieben ist.

Insgesamt wären im Jahr 2005 durch beide Veränderungen der Heizkostenverteilungsverordnung Energieeinsparungen von rund 0,9 Mio. t SKE zu erwarten (ISI, Ifo, GEU, 1994, 46+89; 1 Mio. t SKE = 29,308 PJ = 8,15 TWh).

Mietrechtsänderung zur Lösung der Nutzer-Investor-Problematik und der Übernahmeregelungen für energiesparende Investitionen durch den Nachmieter

Die Investor/Nutzer-Problematik ist langfristig nur über den Verordnungsweg zu lösen. Kurzfristig könnte eine Einführung von Energiekennzahlen beim Immobilienverkauf und in öffentlich geförderten oder im öffentlichen Eigentum befindlichen Wohngebäuden einen Beitrag zur Lösung leisten (ISI, Ifo, GEU, 1994, 89).

Optionen zur Erleichterung energiesparender Investitionen durch eine Veränderung des Mietrechts werden in folgenden Punkten gesehen:

Im Mietrecht kann erstens die Genehmigungspflicht für Energiesparinvestitionen der Mieter abgeschwächt und eine Überwälzung auf die Nachmieter erleichtert werden; eine Ausweitung dieser Regelungen auf Leasing-Objekte würde weitere Anreize zu energiesparenden Investitionen geben.

Zweitens wäre eine Umlage von Energieeinsparinvestitionen der Vermieter auf die Grundmiete unter der Voraussetzung eines annähernden warmmietenneutralen Wärmedämmkonzeptes (EWI, 1994, I.B-57) möglich. Bei Warmmietenkonzepten ist aber darauf zu achten, daß der Anreiz zur Energieeinsparung für den Nutzer nicht verloren geht (ISI, Ifo, GEU, 1994, 47).

Einführung verbrauchsorientierter Kennzahlen (z. B. Wärmepaß, Stromverbrauchswerte)

Wärmepaß und Energieverbrauchskennwerte im Gebäudebereich („energy labelling"), die durch behördlich anerkannte Energieberater erstellt werden und so effizient, einfach und unbürokratisch wie möglich konstruiert sein sollen, sind sowohl ein Informationsinstrument für (potentielle) Hauskäufer und private sowie kommerzielle Mieter als auch ein Instrument, finanzielle Transfers oder Steuerermäßigungen für Gebäudeeigner oder Bauherren an gewisse Mindeststandards zu koppeln bzw. Verbrauchsmaxima für Neubauten einzuführen. In Hessen werden staatliche Zuschüsse im sozialen Wohnungsbau und bezuschußte Gebäudeinvestitionen an die Einhaltung bestimmter Energiekennzahlen und heizungstechnische Anforderungen gekoppelt (Norgard, 1993, 19; Land Hessen, 1993, 2165–2169).

In Dänemark ist der Wärmepaß nicht nur die Voraussetzung für die Inanspruchnahme öffentlicher Fördergelder für energiesparende Investitionen, sondern auch für einen Mieter- oder Eigentümerwechsel (ISI, Ifo, GEU, 1994, 71+90). Zwischen dem 1. August 1981 und dem 31. Dezember 1993 wurde für 32,6% der Einfamilienhäuser und für 53,5% der Mehrfamilienhäuser des Wohnungsbestandes ein Wärmepaß erstellt (Ministry of Energy – Danish Energy Agency, 1994b).

Ein Einstieg zur generellen Einführung von Energiekennzahlen kann ein nach staatlicher Empfehlung erstellter Energiepaß auf freiwilliger Basis sein (Feist, 1993, 19).

Förderung von Energiesparinvestitionen in Wohngebäuden und des Einsatzes erneuerbarer Energien im Gebäudebereich

Eine öffentliche Förderung zur Energieeinsparung ist im Gebäudebestand besonders wirkungsvoll, da die sonst auftretenden „entgangenen Gelegenheiten" („lost opportunities") wegen der langfristigen Nutzungs- und Renovierungszyklen schwer wiegen, die Kapitalrückflußzeiten die erwarteten Amortisationszeiten übersteigen und die Eigentümer-Nutzer/(Investor-Nutznießer)-Problematik sich hemmend auswirkt.

Zu denken wäre beispielsweise an eine Wiedereinführung einer Regelung analog zu § 82a oder § 82c EStDV, durch die energiesparende Maßnahmen in Wohnungen und gewerblichen Räumen gefördert würden, oder auch an direkte Förderzuschüsse zu Energieeinsparinvestitionen.

Eine Förderung ist im Gebäudebereich in vielen Fällen einer ordnungsrechtlichen Regelung überlegen, da bei einer obligatorischen Verknüpfung einer Renovierung mit einer energetischen Sanierung durch ordnungspolitische Vorgaben entweder auf die umfassende Renovierung verzichtet wird oder die Energiesparmaßnahmen nicht ordnungsgemäß ausgeführt werden, da die Motivation fehlt (Feist, 1993, 20f.).

Erfahrungen mit Förderprogrammen zeigen, daß direkte Zuschüsse eine stärkere Lenkungswirkung entfalten als zinsverbilligte Kredite und daß es sinnvoll ist, das Ausmaß der Förderung an die Höhe der Energieeinsparung zu koppeln. Informationen über Förderangebote können an die potentiellen Nutzer bei Bauvoranfragen durch Informationsblätter der Behörden zu den Fördermöglichkeiten weitergegeben werden. Bei nicht genehmigungspflichtigen Bauvorhaben können die bauausführenden Firmen als Informationsmultiplikatoren wirken (Lechtenböhmer, Bach, 1994, 8f.).

7.4.2.2 Wärmenutzungsgebot[79)]

Wärmenutzungsverordnung (WNVO)

Eine wesentliche Handlungsoption im Rahmen der CO_2-Minderungspolitik ist die Wärmenutzungsverordnung, die Ausführungsverordnung zum Bundesimmissionsschutzgesetz werden soll. Ein Verordnungsentwurf liegt seit Ende 1991 vor.

Er sieht vor, daß die Betreiber wärmenutzender Anlagen ein Wärmenutzungskonzept erstellen. In diesem sind sowohl die Energiezuflüsse als auch die intern und extern genutzte Abwärme und die noch ungenutzte Abwärme zu erfassen. Maßnahmen zur Energie- und Wärmenutzung wären durchzuführen, wenn die Amortisationszeit kleiner als die Nutzungsdauer der wärmenutzenden Anlagen ist. Feste Wirkungsgradvorgaben für Neuanlagen bei Kraftwerken und Feuerungsanlagen sind darüber hinaus – differenziert nach Brennstoffen – vorgesehen. Auch die Festlegung dieser Werte soll sich an der Wirtschaftlichkeit der Maßnahmen ausrichten und unzumutbare Belastungen der Wärmeproduzenten vermeiden (ISI, Ifo, GEU, 1994, 43–45).

In den alten Bundesländern könnten durch die WNVO bis zum Jahre 2005 nach groben Schätzungen etwa 50 Mio. t CO_2 eingespart werden. Mehr als 60% davon könnten durch die verstärkte Wärmenutzung und damit verbundene rationellere Energieverwendung in der Industrie erschlossen werden. Ein Beitrag von 20% würde durch die Nutzung der industriellen Abwärmenutzung zur Fernwärmeversorgung und von rund 15% durch die Effizienzverbesserung bei fossilen Kraftwerken erbracht. Für die neuen Bundesländern kann aufgrund der Unsicherheiten der beitrittsbedingten Umstrukturierung der Industrie die Wirkung einer WNVO nicht sinnvoll abgeschätzt werden (ISI, Ifo, GEU, 1994, 43–45).

Die Wärmenutzungsverordnung wäre außerdem geeignet, den Zerfall der Fernwärmesysteme in den neuen Bundesländern aufzuhalten (Reetz, 1993b, 5), was indirekte CO_2-Minderungen zur Folge hätte.

Förderung und Verbesserung der Rahmenbedingungen der Fern- und Nahwärme

Der Ausbau der Fern- und Nahwärme in den alten Bundesländern und der Erhalt und die Erneuerung der Netze und Systeme in den neuen Bundesländern könnte über die damit verbundene KWK-Nutzung zu Energieeinsparungen beitragen.

[79)] vgl. Tabelle 7.4-1, Nr. 43, 44, 46-49; Tabelle 7.4-2, Nr. 19, 43-45

Alle Zuschüsse aus den Modernisierungs-, Investitionszulagen- und Fernwärmefördergesetzen (seit 1978 rund 8 Mrd. DM) sind Ende der 80er Jahre entfallen (ISI, Ifo, GEU, 1994, 60). Das Bund-Länder-Fernwärmesanierungsprogramm mit einem Volumen von 300 Mio. DM pro Jahr, das – im Rahmen des „Aufschwung Ost" – 1992 speziell für die neuen Bundesländer konzipiert wurde, ist bis 1995 verlängert worden. In den neuen Bundesländern ist die Sanierung der Nah- und Fernwärmesysteme zeitlich besonders kritisch, da die Verdrängung von Fernwärme durch Gas und Öl droht (Ufer, 1993, 32). Mindestanschlußdichten für den wirtschaftlichen Betrieb von Wärmenetzen und die längerfristige Festlegung auf Heizungssysteme wegen der üblichen Nutzungsdauern sind die kritischen Parameter.

Deshalb wäre es sinnvoll, die Förderung zur Sanierung der ostdeutschen Fernwärmeeinrichtungen auszubauen und über 1995 hinaus weiterzuführen (VEAG, 1993, 21). Die bisherigen Fördersummen durch Bund und Länder von jeweils 150 Mio. DM pro Jahr sind zu gering, um speziell zu einer effizienten Förderung der großen Anzahl kleiner, durch die Bewertung der Anlagensubstanz in den Eröffnungsbilanzen gefährdeter Wärmeversorgungssysteme in den neuen Bundesländern zu kommen (Reetz, 1993b, 4). Eine spezielle Förderung in der Phase der anfänglichen Marktdurchdringung von Fernwärmenetzen und kleinen BHKW-Anwendungen könnte die Entwicklung der ostdeutschen Fernwärme darüber hinaus stimulieren, da die Vorlaufinvestitionen oft eine hohe Hürde für den Markteintritt darstellen (ISI, Ifo, GEU, 1994, 95).

In den neuen Bundesländern liegen für den Instrumenteneinsatz im Wärmebereich derzeit noch günstigere Voraussetzungen als in den alten Bundesländern vor, da die Möglichkeit besteht:

- den hohen Fernwärmeversorgungsgrad in Verbindung mit einer Steigerung der energetischen Effizienz durch einen wachsenden Anteil der KWK zu sichern
- die nicht-öffentlichen Fernwärmeversorgungsgebiete zu sichern
- die durch Einsparung freigewordenen Wärmemengen zur Erschließung neuer Fernwärmekunden zu nutzen und
- industrielle Nutzer an das Fernwärmenetz durch attraktive Preis- und Finanzierungsmodelle und Energiedienstleistung anzuschließen.

Um diese Vorteile nutzen zu können, ist es aber notwendig:

- die Vor- und Rücklauftemperaturen in Heizwassernetzen zu senken, Heißwasser statt Dampf als Wärmeträger zu nutzen und die Isolierung der Fernwärmeleitungen (Nutzung von Kunststoffmantelrohren für Wärmenetze) zu verbessern,

- eine Wärmedämmung in Plattenbauten gekoppelt an die Innensanierungen zur Erhöhung des Wohnkomforts durchzuführen,
- intelligente Systeme zur Regelung der Wärmezufuhr und Wärmebedarfsmessung zu entwickeln und eine meß- und regeltechnische Ausstattung im Anwendungsbereich aufzubauen,
- Substitution CO_2-reicher fossiler Brennstoffe durch CO_2-ärmere oder -freie Energieträger und Ausbau der KWK im Bereich der zentralen Wärmeversorgung (Riesner, 1993b, 48f.; Reetz, 1993b, 11).

Diese Ziele wären – neben der Förderung der Fernwärmemodernisierung und des -ausbaus durch eine Fortschreibung des Bund-Länder-Fernwärmeförderungsprogramms – durch folgende Instrumente realisierbar:

- Integration von Dämmaßnahmen im Gebäudebereich in die Nah- und Fernwärmeförderung,
- Ausweisung von Fernwärmeversorgungsgebieten durch Gemeinden (Anschlußzwang neuer Bauwerke und Verbleib alter am Fernwärmenetz); Begrenzung der Gasexpansion in fernwärmegeeigneten Gebieten,
- Abbau der Spannungen zwischen der Fernwärme- und der Gaswirtschaft,
- PR-Aktionen für die Fernwärmenutzung mit den Argumenten der positiven Umweltwirkung und des Bedienungskomforts,
- Flankierung durch die Wärmenutzungsverordnung, Erweiterung des Einspeisungsgesetz um die KWK, Besteuerung von Treibhausgasen (vor allem CO_2 und CH_4) zur Preiserhöhung klimaschädlicherer Brennstoffe (Riesner, 1993b, 48f.; Reetz, 1993b, 11).

Auch ein Abbau der wettbewerblichen Ausnahmen, die Ausschließlichkeitsrechte bei Stromerzeugung, -lieferung und -transport erlauben, würde für die Nah- und Fernwärmeversorgung eine positive Entwicklung bringen (ISI, Ifo, GEU, 1994, 47f.). Eine Informationspflicht über Einspeisebedingungen und kostenorientierte Preise für die Spontan- und Wartungsreserve würde die Situation der KWK und damit der Wärmeauskopplung in Wärmenetzen verbessern (ISI, Ifo, GEU, 1994, 95).

7.4.2.3 Energieeffizienzerhöhung bei Geräten und anderen Gütern [80)]

Mindesteffizienz von Geräten, Höchstverbrauchswerte und Kennzeichnung

Die Markttransparenz kann durch Einstufung bzw. Kennzeichnung nach den Verbrauchswerten, durch Standardnormen für die Mindesteffizienz für elektrische Geräte (Norgard, 1993, 23) bzw. durch – nach dem Stand der Technik fortgeschriebene – Energiekennwerte (Feist, 1993, 18 f.) erhöht werden.

Vorschriften über Maximalverbräuche und Kennzeichnungspflichten für Energieumwandlungsgeräte sind vor allem für Massenprodukte anzustreben (insbesondere für Elektrogeräte), die vorwiegend bei Haushalten und im Kleinverbrauch, z. T. auch in der Industrie (z. B. Pumpen) verwendet werden (ISI, Ifo, GEU, 1994, 42). Energieeffizienzstandards können durch Anreizprogramme zur rationellen Energieverwendung ergänzt werden. Damit können die Mitnahmeeffekte gering gehalten und der Gesamteffekt gesteigert werden (Faustregel: jeweils die Hälfte der Einsparpotentiale durch eines der beiden Instrumente erschließbar).

Eine Neuauflage der Selbstverpflichtung der Elektro- und Gashaushaltsgerätehersteller von 1980 gegenüber dem BMWi, den Energieverbrauch um 3 bis 20 % – je nach Gerätetyp – auf der Basis von 1978 zu reduzieren, wäre denkbar. Die Realisierung übertraf damals die Zusage bei weitem: rund 29 % Energieverbrauchsreduktion bei Elektro-Haushaltsgroßgeräten (Ausnahme Herde: 16 %) und 18 % für Gasgeräte, für die eine Minderung zwischen 10 und 12 % zugesagt worden war (Bach, o. J., 2 f.).

In den USA gibt es seit 1987 Bundesnormen für elektrische Geräte, die nach jeweils 5 Jahren den technischen Gegebenheiten angepaßt werden. Für Kühlschränke wurde für 1995 eine Norm angekündigt, die 1993 noch von keinem Gerät erreicht wurde (Krause, 1993, 55).

Standby-Verluste

Die Standby-Verluste bei Massenprodukten wie PC, Monitore, Kopierer, Telefaxgeräte, Umwälzpumpen, Klimageräte, Ventilatoren, Kompressoren, Glühbirnen/Leuchten und andere Elektrogeräte mit Standby-Modus könnten über eine DIN-Norm mit der Festlegung von Grenzwerten reduziert werden (ISI, Ifo, GEU, 1994, 74; Hüttemann, 1993, 8). Das Minderungsziel könnte aber auch über eine Selbstverpflichtung von Herstellern und Importeuren erreicht werden (ISI, Ifo, GEU, 1994, 90).

[80)] vgl. Tabelle 7.4-1, Nr. 8, 29; Tabelle 7.4-2, Nr. 12, 13, 22, 25, 26

Effizienzverbesserungen über die öffentliche Beschaffung und die Ausschreibung von Wettbewerben

Eine Bündelung der öffentlichen Beschaffung energieeffizienter Geräte könnte Anreize zur Effizienzverbesserung schaffen (ISI, Ifo, GEU, 1994, 94). In den USA wird dieses Instrument genutzt, um den Markt für energieeffiziente Geräte zu stärken.

Auch staatlich initiierte Wettbewerbe zur Effizienzsteigerung könnten einen Beitrag leisten. In Schweden wurde in Kooperation von Staat und großen Wohnungsbaugesellschaften ein Wettbewerb für Kühlschrank-Produzenten ausgeschrieben mit dem Ziel, Geräte mit einer höheren Energieeffizienz als die zur Zeit marktbesten Geräte zu entwickeln. Der Anreiz für die Produzenten war der von den Wohnungsbaugesellschaften garantierte Absatz einer bestimmten Zahl von Geräten für den Gewinner des Wettbewerbes. Dieses Verfahren führte zu der Entwicklung eines um 25% energieeffizienteren Kühlschrankes im Vergleich zum marktbesten Gerät. Die Idee wurde in den USA nachgeahmt; neben einer garantierten Absatzmenge wurde dort zusätzlich ein Preis von 30 Mio. $ ausgesetzt (Johansson, 1993, 30).

Lebensdauer von Konsumgütern, Reparaturfreundlichkeit und Recyclingfähigkeit

Eine Steigerung der Lebensdauer von Gütern, die Wiederverwendung von Gütern oder Teilen davon am Ende ihrer Lebensdauer und eine Erhöhung der Recyclingfähigkeit könnte ebenfalls zur Energieeinsparung beitragen.

Dauerhaftere und reparierbare Güter, bei denen anfällige und kurzlebigere Komponenten durch Ersatzteile austauschbar sind, und eine Komponentenbauweise tragen nicht nur direkt zur Energieeinsparung bei, sondern erleichtern auch eine sukzessive Einführung technischer, energiesparender Neuerungen im Bereich dauerhafter Güter.

7.4.2.4 Umgestaltung des energiewirtschaftlichen Ordnungsrahmens [81)]

Klimaverträglicher, energiewirtschaftlicher Ordnungsrahmen

Die Enquete-Kommission „Schutz der Erdatmosphäre" hat zu diesem Thema eine Studie („Zukünftiger, die Klimaschutzziele begünstigender

[81)] vgl. Tabelle 7.4-1, Nr. 30-36, 39; Tabelle 7.4-2, Nr. 29-31, 33, 41, 46

Ordnungsrahmen insbesondere der leitungsgebundenen Energieträger") vergeben, deren Ergebnisse hier zunächst vorgestellt werden.

Folgende Defizite des energiewirtschaftlichen Rahmens, die zu einer mangelnden Eignung zur Durchsetzung der Umwelt- und Klimaziele führen, werden aufgeführt und diskutiert: [82)]

- Energiesparinvestitionen werden bei der Investitionsaufsicht nach § 4 EnWG nicht berücksichtigt (Öko-Institut, 1994, I.C-2 f.).
- Eigenerzeugungspotentiale in der Industrie und anderer dezentraler (potentieller) Stromeinspeiser werden unzureichend ausgeschöpft; Gründe hierfür sind: eine unzureichende Einspeisevergütung bei der KWK, begrenzte Durchleitungsrechte und die Gestaltung der Durchleitungsgebühren, die Bedingungen des Reserve- und Zusatzstrombezugs und Lockvogelangebote (Öko-Institut, 1994, I.C-3 f.).
- Instrumente zur Förderung einer KWK-gestützten Nah- und Fernwärmeversorgung fehlen, da die leitungsgebundene Wärmeversorgung nicht in das EnWG einbezogen ist (Öko-Institut, 1994, I.C-4 f.; vgl. auch EWI, 1994, I.B-4).
- Hemmnisse für die kommunale Energieeinsparung bei Elektrizität und Erdgas werden durch die Kopplung der Konzessionsabgabe an die verkaufte Menge verursacht (Öko-Institut, 1994, I.C-4), da der Anreiz für die Kommunen sinkt, im Sinne einer Energieeinsparung tätig zu werden (EWI, Öko-Institut, 1994, I.A-5).
- Wirksamkeitsmängel der energierechtlichen Aufsicht liegen vor:
  - Informationsvorsprünge der regulierten Unternehmen gegenüber den Aufsichtsbehörden führen zu einer Begrenzung der Überwachungs- und Sanktionsmöglichkeiten (Öko-Institut, 1994, I.C-5; EWI, 1994, I.B-2 + 4) und
  - die Vermischung von staatlichen Aufsichtsaufgaben und fiskalischem Interessen der Kommunen und der Bundesländer (EWI, 1994, I.B-2 + 4) ist eine weitere Ursache für mangelnde Energieeinsparungsanreize.
- Die Fehlregulierung – Ansatzpunkt der Regulierung im Rahmen der Preisaufsicht ist die Kapitalverzinsung – führt zu einer „übermäßig kapitalintensiven Versorgung" (EWI, 1994, I.B-3) unter Vernachlässigung von Einsparoptionen.

---

82) Zwischen den Urteilen und Vorschlägen der beiden auftragnehmenden Institute besteht teilweise Dissens. Daher ist jeweils angemerkt, welchem der beiden Institute die betreffende Aussage zuzuordnen ist.

- Außerdem liegen inhärent verbrauchsfördernde und kapazitätsausbaufördernde Anreizstrukturen vor:
  - Die Tarif- und Preisstrukturen bei Strom, Gas und Fernwärme bieten einen unzureichenden Anreiz zur Energieeinsparung (Zulässigkeit mengendegressiver Tarife, insbesondere auch bei Bezugsverträgen von weiterverteilenden EVU; nicht kosten- und verursachungsgerechte Preisunterschiede zwischen Sondervertrags- und Tarifkunden) (Öko-Institut, 1994, I.C-4).
  - Die Pflicht zu Konzessionsabgaben nur für Strom und Gas führt zu Verzerrungen im Vergleich zu den anderen Energieträgern (EWI, 1994, I.B-4).
  - Die Angebotsorientierung des energiewirtschaftlichen Ordnungsrahmens ist: „Der aktuelle Ordnungsrahmen enthält keine Instrumente zur Begrenzung der Stromnachfrage" (EWI, 1994, I.B-4)

Zusammenfassend ist festzustellen, daß in den energiewirtschaftlichen Rahmenbedingungen nur unzulängliche Instrumente und Maßnahmen für einen effektiven und effizienten Umweltschutz verankert sind (EWI, 1994, I.B-4). Die Folgen sind eine suboptimale Energiebereitstellung:

- zu hohe installierte Leistung (EWI, 1994, I.B-5)
- zu kapitalintensiv und zu geringer Wirkungsgrad (EWI, 1994, I.B-5) [Anteil der KWK an der öffentlichen Stromversorgung liegt derzeit bei ca. 8% (IZE, 1991, 14)]
- Nutzung vorhandener und potentieller industrieller Stromerzeugung in zu geringem Umfang (EWI, 1994, I.B-5) [Anteil der industriellen Eigenerzeugung von fast 50% (1950) auf 12,8% (1993) gesunken (Schiffer, 1994, 149)]
- Konzessionsabgabe und Querverbund führen zur Wettbewerbsverzerrung auf dem Wärmemarkt zugunsten der Fernwärme (EWI, 1994, I.B-5)
- zu geringer internationaler Austausch von Strom und Gas (EWI, 1994, I.B-5)
- zu hohe CO_2-Emissionen (EWI, 1994, I.B-5)

und eine suboptimale Energieanwendung:

- Stromnachfrage ist zu hoch und strukturell verzerrt, v.a. bezuglich des Lastganges (EWI, 1994, I.B-5)
- Energie wird nicht rationell genutzt (EWI, 1994, I.B-5).

Eine Novellierung des EnWG mit dem Ziel, einen klimaschutzfördernden energierechtlichen Ordnungsrahmen zu schaffen, würde folgende Punkte beinhalten:

- Schonung der nichtregenerierbaren Ressourcen (Öko-Institut, 1994, I.C-8)
- Minimierung der Umweltschäden und Verminderung des Umweltverbrauches (Öko-Institut, 1994, I.C-7 f. + 28)
- Internalisierung der (externen) Kosten der Umweltnutzung (Öko-Institut, 1994, I.C-8 + 25 + 28)
- Risikominimierung (Öko-Institut, 1994, I.C-8)
- Verminderung der Abhängigkeit von Energieimporten (Öko-Institut, 1994, I.C-8)
- Sozialverträgliche Gestaltung des Energiesystems (Öko-Institut, 1994, I.C-9 + 28).
- Energiedienstleistungskonzept (incl. Förderung des Prozesses zur Erschließung der Stromsparpotentiale) (Öko-Institut, 1994, I.C-28)
- Minimierung des Energieverbrauches unter Einschluß der leitungsgebundenen Wärmeversorgung (EWI, 1994, I.B-74 f.)

  „Aus der Tatsache, daß Kraft-Wärme-Kopplung unter bestimmten Voraussetzungen einen entscheidenden Beitrag zur Lösung des Energieproblems leisten kann, erwachsen besondere Anforderungen an den energiewirtschaftlichen Ordnungsrahmen. Dieser sollte gewährleisten, daß sie überall dort zum Einsatz kommt, wo sie ihre potentielle ökologische Vorteilhaftigkeit auch zur Geltung bringen kann“ [83)] (EWI, 1994, I.B-72).

  Bei Fernwärmenetzen treten ähnlich wie im Bereich der Strom- und Gasversorgung wegen der Leitungsgebundenheit und schwerwiegender Dichte- und Größenvorteile eine Reihe wettbewerbspolitischer Probleme auf (EWI, 1994, I.B-74 f.).

Aus der Sicht des EWI hätte ein „klimaverträglicher Ordnungsrahmen insbesondere für die Stromwirtschaft drei konstitutive Merkmale:

- Implementierung und hinreichende Dosierung umweltökonomischer Instrumente zur Simulation fehlender Märkte,
- wettbewerbliche Ordnung der Stromwirtschaft

---

83) Es liegt eine Bundesratsinitiative des Landes Brandenburg vor, die Regelungen zur Einspeisevergütung auf KWK-Anlagen (bis 5 MW) zu erweitern. 70% der Durchschnittserlöse der EVU sollen als Vergütung bezahlt werden, aber nur falls die Bedingung erfüllt ist, daß die durch die KWK-Anlage im jährlichen Durchschnitt genutzte thermische und elektrische Energie mindestens 70% des Primärenergieeinsatzes erreicht (Ökologische Briefe Nr. 9, 2. März 1994, 7 f.).

- begleitende Maßnahmen zur Beseitigung von Markthemmnissen, die die Preisreagibilität von Energieträgeranbietern und -nachfragern beeinträchtigt" (EWI, 1994, III.A-10).

„Die Leitidee für ein neues kombiniertes Selbststeuerungs- und Regulierungskonzept könnte (nach Auffassung des Öko-Institutes d.V.) lauten: ‚Ökonomie der Vermeidung' und ‚Effizienzsteigerung des Energiesystems'. Die Grundidee in einer gewinngesteuerten Energiesparwirtschaft ist dabei einfach: Das Vermeiden von unnötigem Energieverbrauch muß sich nicht nur für die Verbraucher, sondern auch für die Anbieter von Energie mindestens so stark lohnen, wie ein zusätzliches Energieangebot" (Öko-Institut, 1994, III.B-5).

Neben den direkten Klimaschutzeffekten könnten folgende positive Nebeneffekte in anderen Bereichen erzielt werden (Öko-Institut, 1994, III.B-6):

- Realisierung von no regret-Maßnahmen, die positive Wirkungen in anderen Bereichen entfalten wie beispielsweise Kostensenkungen, Verringerung anderer Umweltschäden, Sinken der Gesundheitsbeeinträchtigung, der Materialschäden und des Landschafts- und Ressourcenverbrauches oder eine verstärkte Abfallvermeidung
- Substitution importierter Energieträger durch Effizienztechnologien und erneuerbare Energien, die es erlaubt, Arbeitsplätze und Wettbewerbsvorteile für den Export zu schaffen
- Anstoß einer Innovations- und Entwicklungsdynamik als Chance für die wirtschaftliche Entwicklung.

Eine detaillierte Analyse der durch eine klimapolitisch motivierte Novellierung des EnWG realisierbaren Vor- und Nachteile kann nur auf der Basis ausformulierter Vorschläge erfolgen.

Im Studienprogramm Energie wurden für die Enquete-Kommission „Schutz der Erdatmosphäre" Leitlinien für eine idealtypische Ausgestaltung eines klimaverträglichen energiewirtschaftlichen Ordnungsrahmen ausgearbeitet. Die beiden vorgelegten Ansätze werden in Kurzform vorgestellt.

Leitlinien für einen klimaverträglichen energiewirtschaftlichen Ordnungsrahmen des EWI
(EWI, 1994, III.A)

Die drei konstitutiven Merkmale eines klimaverträglichen Ordnungsrahmens sind

- Implementierung und hinreichende Dosierung umweltökonomischer Instrumente zur Simulation fehlender Märkte
- Wettbewerbliche Ordnung
- Abbau von Markthemmnissen, die die Preisreagibilität von Anbietern und Nachfragern beeinträchtigen (EWI, 1994, III.A-10).

Ziel der umweltpolitischen Instrumente ist es, für knappheitsgerechte Preise auch im Bereich fehlender Märkte zu sorgen. Sie müssen der Tatsache Rechnung tragen, daß „die Schonung der Umwelt als Aufnahmemedium für Schadstoffe ein weitaus dringlicheres Problem als die Schonung erschöpfbarer Vorkommen an Primärenergieträgern ist. Aus diesem Grunde sollten umweltpolitische Instrumente vor allem Emissionen von Schadstoffen sanktionieren" (EWI, 1994, III.A-3) und damit zur Internalisierung der externen Effekte beitragen. Primär sollte eine allgemeine, einheitliche nach Lenkungszwecken differenzierte Steuer auf die Umweltnutzung erhoben werden; der Grundsatz der Aufkommensneutralität sollte zusätzlich erfüllt werden. Eine Differenzierung nach den einzelnen Lenkungszwecken erlaubt eine individuelle Konzeption und Dosierung (EWI, 1994, III.A-12+14). Ein Charge-Subsidy-Ansatz wäre zu prüfen, wenn Steuern – aus politischen Gründen – nicht in hinreichender Dosierung eingeführt werden können (EWI, 1994, III.A-18). Für die Kernenergie wird zur Berücksichtigung der externen Effekte keine steuerliche Regelung vorgeschlagen, sondern eine Streichung der Förderung, eine Ergänzung der Sicherheitsstandards um haftungsrechtliche Regelungen mit höherer Deckungsvorsorge und die Prüfung der Abschaffung der staatlichen Freistellung von der Gesamtschadenshaftung (EWI, 1994, III.A-15).

Für die neue wettbewerbliche Ordnung wird ein Poolmodell mit Netzgesellschaft mit einer börsenähnlichen Gestaltung (incl. merit order) vorgeschlagen. Die Netzgesellschaft ist verantwortlich für Ausbau und Betrieb des Netzes. Das Netz und für eine Übergangszeit auch die lokale und regionale Stromübertragung bleiben Monopolbereiche (EWI, 1994, III.A-20–22). Eine Monopolregulierung ist also in diesen beiden Fällen weiterhin notwendig. „Die wirksame Kontrolle vertikal desintegrierter Übertragungsmonopole stellt aber erheblich geringere Anforderungen an die Regulierung als die Kontrolle vertikal integrierter Unternehmen in geschlossenen Versorgungsgebieten" (EWI, 1994, III.A-3).

Ein Poolmodell würde auch zu einer wettbewerblichen Gleichstellung unabhängiger Erzeuger und dezentraler Einspeiser beitragen, da die Regelung der Durchleitungsvergütung zwischen rechtlich unselbständigen Unternehmensteilen, wie auch die Einspeisevergütung und die Konditionen für Zusatz- und Reservestrombezug über den Poolpreis bestimmt werden (EWI, 1994, II.A-24).

Dezentrale Stromeinspeiser und unabhängige Erzeuger werden aus folgenden Gründen weiterhin eine relevante Rolle im Strommarkt spielen: Die Annahme einer fortschreitenden Konzentration – die durchschnittliche Kraftwerksgröße liegt bei 250 MW (ohne kleine Wasserkraftwerke) – durch die technologische Entwicklung in Richtung größerer mindestoptimaler Betriebsgrößen wird heute durch mindestens vier Überlegungen in Frage gestellt: neuere Kraftwerkstechnologien (z. B. GuD-Anlagen) weisen geringere mindestoptimale Betriebsgrößen auf; die Stückkostendegression basiert auf hohen Lastfaktoren, weniger auf der Erhöhung der Kraftwerksleistung; unter Unsicherheit – durch Aufhebung der Überwälzungsmöglichkeit der Investitionsrisiken, die die heutige Regulierungspraxis ermöglicht – ist die Bestimmung einer mindestoptimalen Kraftwerksgröße fragwürdig, da die Flexibilität kleinerer Kraftwerke nicht in das Entscheidungskalkül einbezogen wird; Kapitalbeschaffung ist leichter und auch billiger bei hoher Bonität möglich, die vor allem aufgrund der „Rate of return"-Regulierung und des Staatsbesitzes vorliegt (EWI, 1994, I.B-61–63).

Leitlinien für einen klimaverträglichen energiewirtschaftlichen Ordnungsrahmen des Öko-Instituts
(Öko-Institut, 1994, III.B)

Leitlinien für einen klimaverträglichen energiewirtschaftlichen Ordnungsrahmen sind:

- Durchführung einer organisatorischen und funktionalen, teilweise eigentumsrechtlichen Entflechtung (Unbundling) mit dem Ziel, die Quersubventionierung sowie Markteintrittsschranken und Machtkonzentration abzubauen (Öko-Institut, 1994, III.B-15)
- Bereitstellung von Stromtransportleistungen – vor allem Bereitstellung der Transportkapazität – als öffentliche Aufgabe; Organisation der Netzgesellschaft als öffentliches Unternehmen (Öko-Institut, 1994, III.B-22)
- Einführung des Poolsystems auf der Höchst- und Hochspannungsebene zur Steigerung der Erzeugungseffizienz und als effizientes Signal für die Ausbauplanung im Kraftwerksbereich (Öko-Institut, 1994, III.B-24 f.)
- Poolaufruf nach wirtschaftlichen und ökologischen Kriterien, z. B. in Abhängigkeit von der Umweltbelastung, Vorrangregelungen für KWK und erneuerbare Energien (Öko-Institut, 1994, III.B-26)

- Einführung verursachergerechter und kostendeckender Transportgebühren (zeit- und entfernungsabhängige Tarifierung und Durchleitung gegen Entgelt zwischen Unternehmensteilen) (Öko-Institut, 1994, III.B-23)
- Gestaltung der Stromverteilung und Endversorgung weiterhin als integrierte Aufgabe (Öko-Institut, 1994, III.B-17):
  - Monopolistischer Netzbetrieb auf der lokalen Verteilerstufe mit einer Durchleitungspflicht gegenüber Großkunden und der Verpflichtung der Endabnehmerversorgung (Öko-Institut, 1994, III.B-13 f.)
  - Festlegung geschlossener Versorgungsgebiete im Endverbraucherbereich mit einer Revision bestehender, ineffizienter Gebietsgrenzen; Ausnahmenregelungen für größere Verbraucher sind nicht vorgesehen, da sonst eine integrierte Ressourcenplanung unmöglich ist (Öko-Institut, 1994, III.B-17 f.)
- Intensivierung des Konzessionsvergabewettbewerbs, Abkopplung der Konzessionsabgabe von Mengen oder Umsätzen und Einbindung in Energiespar- und andere Klimaschutzmaßnahmen (Öko-Institut, 1994, III.B-19)
- Einführung einer einheitlichen Preisaufsicht für den Endnachfragerbereich und Integration des LCP (vgl. Kapitel 7.4.2.5) bei der Preisaufsicht mit dem Ziel, den inhärenten Anreiz zum Mehrverkauf zu eliminieren (Öko-Institut, 1994, III.B-20).

Als notwendige flankierende Maßnahmen zur Novellierung des EnWG bezüglich des energiewirtschaftlichen Ordnungsrahmens werden genannt: Einspeiseordnung für dezentrale Einspeiser bezüglich Einspeise-, Reserve- und Zusatzstrombezugsbedingungen, allgemeine Strompreisordnung anstatt BTOElt (lineares, zeitvariables, nichtdiskriminierendes Preissystem), Verknüpfung der Novellierung der KAV mit der Neuordnung der kommunalen Finanzierung (kommunaler Hebesatz für allgemeine Energiesteuer, eigenständige ÖPNV-Finanzierung etc.), forcierte Umwandlung der EVU in EDU (Öko-Institut, 1994, III.B-27-35).

Neuordnung der Tarif- und Preisgestaltung bei Tarif- und Sondervertragskunden

Linearisierte und kostenorientierte Energietarife können im Vergleich zu degressiven Tarifen einen starken Anreiz zur Energieeinsparung leisten.

Vor allem bei leitungsgebundenen Energien bestehen Einflußmöglichkeiten der Kommunen auf die Tarifierung über ihren Gestaltungsspielraum als Energieversorger und die BTOElt und BTOGas. Die BTOElt ermöglicht linearisierte Stromtarife im Tarifkundenbereich. Allein durch linearisierte Stromtarife könnte 2005 ein CO_2-Reduzierungspotential von 1,4 Mio. t CO_2 erschlossen werden (ISI, Ifo, GEU, 1994, 52).

Bei mehr als 12 EVU, die etwa 6% der Stromabnehmer versorgen, gelten lineare Tarife, die z. T. ab einer bestimmten Bezugsmenge in einen progressiven Tarif übergehen (ISI, Ifo, GEU, 1994, 51). Bei vielen EVU wurde der Arbeitspreisanteil erheblich angehoben (z. B. in NRW).

Beim Saarbrücker Modellvorhaben mit einem zeitvariablen und linearen Stromtarif waren folgende Wirkungen auf den Stromverbrauch zu verzeichnen:

- werktags:
  - Spitzenlastzeit (9 bis 13 Uhr): 10% Minderverbrauch
  - Normallast: 3 bis 4% Minderverbrauch
  - Schwachlast (20 bis 6 Uhr): 7% Mehrverbrauch
- Wochenende 4 – 5% mehr jeweils in Relation zur Vergleichsgruppe
- insgesamt:
  - kurzfristig 2 bis 3% Gesamtstromeinsparung
  - langfristige Einspareffekte sind zu erwarten, aber noch zu evaluieren
  - Kapazität wegen Senkung der maximalen Höchstlast im Haushaltsbereich um 10 bis 15% senkbar

Aufgrund dieser Ergebnisse gilt in Saarbrücken seit Mitte 1993 ein weitgehend linearer Tarif mit einer progressiven Komponente ab 6 000 kWh und ein zeitvariabler Tarif als Wahltarif (Leonhardt, 1993, 9 f.).

Die Übertragung der Grundidee der BTOElt-Neuregelung auch auf den Sondervertragskundenbereich sowie energiesparfördernde Preisstrukturen bei Leitungsverträgen von Weiterverteilern böten weitere Potentiale zur CO_2-Emissionsminderung (ISI, Ifo, GEU, 1994, 53). Der Abbau einer degressiven Preisgestaltung wäre auch hier zentral.

In der BTOGas von 1959 ist mindestens ein Grundpreistarif vorgeschrieben, was weitere auch lineare Tarife nicht ausschließt (EWI, Öko-Institut, 1994, I.A-5). Der Gasverband hat seinen Mitgliedern die Einführung leistungsbezogener Grundpreise empfohlen.

Auch für Fernwärme wäre eine Linearisierung der Tarife sinnvoll, eine Regelung in einer Bundestarifordnung Fernwärme ist aber derzeit durch den Bund nicht geplant.

Grenzkostenansatz zur Preisbildung

Beim wirtschaftlichen Vergleich von Einspar- und Angebotspotentialen kommt es entscheidend darauf an, ob die gleiche wirtschaftstheoretische Konzeption zugrundegelegt wird. In der preistheoretischen und energiewirtschaftlichen Literatur wird als konsistente Methodik ein Vergleich der Grenzkosten der Energieeinsparung mit den Grenzkosten der Energiebereitstellung vorgeschlagen (EWI, 1988; Öko-Institut, 1992a). Im folgenden wird die Grenzkostenpreisbildung am Beispiel der Elektrizitätswirtschaft dargestellt.

In ökonomischer Hinsicht muß die Hauptfunktion von Strompreisen sein, die Eigenwirtschaftlichkeit eines EVU zu sichern (Kostendeckungsprinzip) und den Verbrauchern richtige Signale für ihre Entscheidungen über den Kauf und Einsatz stromverbrauchender Geräte (Wandlerleistung) zu geben (Kostenverursachungsprinzip). Beide Prinzipien können im Kriterium der Kostenorientierung der Strompreise zusammengefaßt werden. Dieses Kriterium ist allerdings nicht eindeutig und wird in der Praxis teilweise unterschiedlich interpretiert. Im folgenden wird daher der weitgehend unstrittigen wirtschaftstheoretischen Konzeption gefolgt wie sie z. B. im Gutachten des EWI für das Bundeswirtschaftsministerium (EWI, 1988) näher begründet worden ist.

Charakteristisch für die Elektrizitätswirtschaft ist die Spitzenlastproblematik, die sich aus der (wirtschaftlichen) Nicht-Speicherbarkeit und den stochastischen Schwankungen der Nachfrage ergibt. Die Kapazitäten (einschließlich Reserve) müssen, um die Nachfrage jederzeit sicher befriedigen zu können, am höchsten Nachfrageniveau ausgerichtet sein. Die Grenzkostenpreisbildung unter diesen Bedingungen der Nicht-Speicherbarkeit wird daher auch Spitzenlastpreisbildung (peak-load pricing) genannt.

Grenzkosten können im Rahmen einer Optimierungsrechnung ermittelt werden, indem eine kostenminimale Anpassung des Versorgungssystems an einen veränderten Lastverlauf errechnet wird. Kurzfristige Grenzkosten geben dabei die Veränderung der Gesamtkosten wieder, wenn nur eine Anpassung der Betriebsweise eines Kraftwerkssystems bei unveränderten Kapazitäten erfolgt. Langfristige Grenzkosten messen dagegen die Veränderung der Gesamtkosten, wenn die Kapazitäten kostenminimierend angepaßt werden sollen.

Wichtig für den Vergleich von Angebots- und Nachfrageoptionen ist daher die Frage, ob die kurz- oder langfristig vermiedenen Grenzkosten der Strombereitstellung als Richtschnur für die Bewertung von Einsparpotentialen zugrundegelegt werden. EVU ziehen es häufig vor, Einsparpotentiale nur daran zu messen, was bei gegebenem Kraftwerkspark an variablen Kosten (also vor allem Brennstoffkosten) eingespart werden kann. Vom marktwirtschaftlichen Standpunkt einer rationellen Allokation der Ressourcen würden durch diese kurzfristige Grenzkostenorientierung aber falsche Preissignale für die investiven und operativen Entscheidungen der Stromverbraucher (z. B. für Geräteausstattung und deren Nutzung) sowie für die langfristige Kraftwerksplanung gesetzt. Gerade im Tarifabnehmerbereich dürften preisgesteuerte Anpassungsreaktionen „eher dauerhafter als vorübergehender Natur sein, denn sie wären Ausdruck eines veränderten Gerätebestandes und veränderter Verbrauchsgewohnheiten, die sich nur schrittweise durchsetzen, aber dann ein beträchtliches Beharrungsvermögen aufweisen. Die Steuerung eines solchen Anpassungsverhaltens spricht für eine ‚Tarifpolitik des langen Atems', die sich an den langfristig erkennbaren Kostentrends orientiert" (EWI, 1988, 138).

Bei der Wahl zwischen einem Gerät mit geringem Stromverbrauch und höheren Anschaffungskosten und einem Gerät mit hohem Stromverbrauch aber geringeren Anschaffungskosten, ist eine rationale Käuferentscheidung z. B. nur möglich, wenn der Stromtarif nicht die Strombereitstellungskosten von heute, sondern die von morgen anzeigt. Erst dann ist der Käufer in der Lage, die Gesamtkosten (Anschaffungs- und Betriebskosten) zu bestimmen und das kostengünstigste Gerät auszuwählen. Würden laufende EVU-Einsparprogramme also nur an den kurzfristigen Grenzkosten oder an den Durchschnittskosten orientiert, so wird indirekt ein zu hoher Zubau- oder Ersatzbedarf an neuen Kapazitäten für die Zukunft vorprogrammiert, der durch Einsparprogramme, orientiert an den langfristigen Grenzkosten, hätte (zumindest teilweise) vermieden werden können.[84)]

So wie die an den langfristigen Grenzkosten orientierten Strompreise den Stromverbrauchern beim Einsatz und Kauf von Wandlerleistung die richtigen wirtschaftlichen Signale über die voraussichtlichen Kosten neuer Kraftwerke vermitteln, so sollte auch ein EVU bei der Durchführung von LCP-Programmen der Entscheidung zwischen „Zubauen oder Einsparen" (Durchführung von Einsparprogrammen) einen langfristigen grenzkostenorientierten Maßstab zugrunde legen. Werden statt dessen trotz vorhandener wirtschaftlicherer Einsparpotentiale nur die kurzfristig vermiedenen Kosten berücksichtigt, wird ein zu hoher zukünftiger

[84)] Angenommen die Höhe der variablen Kosten betrage 6 Pf/kWh, würden nach diesem Bewertungsmaßstab alle Einspartechniken mit Grenzkosten zwischen z. B. 6 und 13 Pf/kWh als nicht wirtschaftlich eingestuft. Deren Realisierung hätte jedoch unter Umständen den Bau eines neuen Kraftwerks mit vielleicht 14 Pf/kWh Erzeugungskosten ganz verhindern oder zumindest eine geringere Kraftwerksgröße ermöglichen können.

Verbrauch induziert, der langfristig zusätzliche oder erneuerte Kapazitäten notwendig macht.

Aus der last- und zeitabhängigen Einsatzweise eines Kraftwerksparks und der unterschiedlichen Kostenstruktur ergibt sich weiterhin, daß die Stromerzeugungskosten innerhalb einer bestimmten Periode (Jahr, Monat, Tag) für die Gesamtheit der Verbraucher zeitlich variabel sind. Nicht die individuelle Nachfrage einzelner Verbraucher, sondern deren gemeinsame Nachfrage zu bestimmten Zeitpunkten bestimmt die Einsatzweise der Kraftwerke und damit die Höhe der zeitbezogenen Kosten.

Während die vermiedenen Erzeugungskosten im Prinzip nach dem Konzept der Grenzkosten ermittelt und zeitpunktbezogen einheitlich allen Verbrauchergruppen zugerechnet werden können, stößt die Ermittlung der vermiedenen Übertragungskosten und insbesondere auch ihre Zurechnung auf einzelne Verbrauchergruppen methodisch auf größere Probleme (verursachungsgerechte Kostenzurechnung auf Kostenträger), auf die hier nur hingewiesen werden kann.

Dennoch sollte aus wirtschaftstheoretischen Erwägungen bei der Ermittlung der gesamten langfristigen Grenzkosten der Strombereitstellung (langfristige Grenzsystemkosten) der Leistungsverzehr für Transport, Verteilung, Vertrieb, Reserve und Verluste soweit wie möglich grenzkostenorientiert berücksichtigt werden.

In der Wirtschaftstheorie wird also, trotz einiger praktischer Zurechnungsprobleme, aus Gründen der Lenkungs- und Allokationseffizienz prinzipiell für die Orientierung an Grenzkostenpreisen plädiert: „Dort, wo die Preise sich nicht am Markt bilden können, weil freie Märkte nicht bestehen, wie z. B. in der Elektrizitätswirtschaft, erfordert eine volkswirtschaftlich richtige Steuerung von Angebot und Nachfrage, daß gezielt Grenzkostenpreise gesetzt werden.“ (EWI, 1988, 122). Abweichungen hiervon werden nur für den Fall vorgeschlagen, daß die langfristigen Grenzkosten stark von den durchschnittlichen betrieblichen Istkosten nach oben oder nach unten abweichen.

7.4.2.5 Konzept und Umsetzung von „Least-Cost Planning“ [85)]

Definition und Anwendungsbereich

Der englische Begriff „Least-Cost Planning“ (LCP) hat sich auch in der deutschen Fachliteratur weitgehend durchgesetzt, weil mögliche Über-

[85)] vgl. Tabelle 7.4-2, Nr. 55

setzungen wie „Minimalkostenplanung" oder „Energiedienstleistungsplanung" wenig befriedigend erscheinen. Im folgenden wird LCP gleichbedeutend mit „Integrierter Ressourcenplanung" (IRP: „Integrated Ressource Planning") benutzt, weil hierin der Grundgedanke von LCP/IRP am deutlichsten zum Ausdruck kommt: Neben Angebotsressourcen, wie z. B. neue Kraftwerke, sollen von einem Energieversorgungsunternehmen nach diesem LCP-Verständnis auch Einsparpotentiale auf der Nachfrageseite in einem integrierten Planungsprozeß systematisch einbezogen werden. Ziel dieses umfassenderen Abwägungsprozesses ist es, den in volkswirtschaftlicher Hinsicht und aus Kundenperspektive kostengünstigsten Ressourcenmix zum Einsatz zu bringen. Der Begriff „Demand Side Management" (DSM) beschreibt die nachfrageseitige Optimierung – derzeitige und erwartete Arbeit und Leistung – auf der Ebene der EVU im Rahmen des LCP-Konzeptes.

Least-Cost Planning ist in etwa der Hälfte der Bundesstaaten der USA und in Kanada eine seit einigen Jahren erfolgreich praktizierte Methode der Unternehmensplanung und staatlichen Regulierung[86]. Auch in der EU und in der Bundesrepublik Deutschland ist nicht mehr strittig, daß LCP auf die besonderen europäischen Verhältnisse und Versorgungsstrukturen übertragbar ist. Es geht heute nicht mehr um die Frage ob, sondern wie LCP/DSM/IRP auf die spezifischen Verhältnisse anderer Länder übertragen werden kann. Auch durch ein Studie des VDEW, „... wurden etwaige Zweifel an der grundsätzlichen Übertragbarkeit des LCP-Ansatzes auf die deutsche Elektrizitätswirtschaft ausgeräumt" (VDEW, 1994b). Einigkeit besteht darüber, daß die US-amerikanischen LCP Konzepte „... nicht kritiklos und ohne Anpassungen übernommen werden können, da die strukturellen und ordnungsrechtlichen Unterschiede zwischen beiden Ländern zu groß sind" (VDEW, 1994b; vgl. auch Hennicke, 1992). Unstrittig ist weiterhin, daß „eine effiziente Anwendung von LCP bzw. DSM die Erprobung in Pilot- und Forschungsprojekten erfordert" (VDEW, 1994b).

Auch bei der wirtschaftstheoretischen Fundierung von LCP besteht weitgehende Einigkeit (vgl. Herrpich, 1989; Hennicke, 1991; WI, 1994), wenn auch über die Ursachen bestehender Effizienzmängel in der leitungsgebundenen Energiewirtschaft noch kontroverse Ansichten bestehen. Im Kontext der allgemeinen Diskussion über die Reform der leitungsgebundenen Energiewirtschaft und über Regulierung bzw. Deregulierung wird z. B. weiter kontrovers diskutiert, ob einer unternehmenswirtschaftli-

[86]) Die Struktur und das Verbrauchsniveau sind in den USA anders als in der Bundesrepublik Deutschland. Die absoluten Einsparungen durch LCP sind dort größer; über die relativen Einsparungen kann hingegen für den Vergleich zwischen den USA und der Bundesrepublik Deutschland keine eindeutige Aussage getroffen werden.

chen oder einer regulierungsorientierten Anwendung von LCP der Vorzug zu geben ist (vgl. Hennicke, 1991 und 1992; Winje, 1992; Leprich, 1994; Herrpich, 1989; Öko-Institut, 1992a und 1992b). Für die Beantwortung dieser Frage ist entscheidend, welche neuen Rahmenbedingungen durch die EU sowie durch die anstehende Novellierung des Energiewirtschaftsgesetzes (EnWG) für die leitungsgebundene Energiewirtschaft gesetzt werden und welcher Stellenwert LCP im Rahmen eines neuen, klimaverträglichen Ordnungsrahmes zugebilligt wird (vgl. EWI, Öko-Institut, 1994).

Die Diskussion über die Ordnung der leitungsgebundenen Energieversorgung und den staatlichen Regulierungsrahmen ist weder in der Bundesrepublik Deutschland noch in der EU abgeschlossen.

Die folgende Definition von LCP dürfte jedoch weitgehend akzeptiert sein:

Definition von LCP: Unter LCP wird ein regulatorisches oder planerisches Konzept für die Energiewirtschaft verstanden, das angebotsseitige Maßnahmen, wie Ersatz- und Erweiterungsinvestitionen zur Aufrechterhaltung und Ausweitung des Energieträgerangebots, und nachfrageseitige Maßnahmen, wie Einsparung von Energie und Lastmanagement, so kombiniert, daß die Kosten der vom Kunden zur Befriedigung seiner Bedürfnisse nachgefragten Energiedienstleistung minimiert werden.

Die Grundidee von LCP – wenn man sie zunächst auf die EVU bezieht – basiert also auf der konsequenten Anwendung des Begriffs „Energiedienstleistung“ und der damit verbundenen Ausweitung des Handlungsfeldes von EVU; dies wird im folgenden am Beispiel des Elektrizitätssektors erläutert.

Energiewirtschaftlichen Analysen und Deregulierungskonzepten liegt häufig noch die Vorstellung von „Energiemärkten“ zugrunde, auf denen die Verkäufer „Kilowattstunden“ (Arbeit und Leistung) anbieten und der „Konsum von Kilowattstunden“ die Bedürfnisse der Nachfrager befriedigt. Dieses Marktkonzept entspricht zwar der noch überwiegenden Organisationsform der Endenergiemärkte, auf denen nach dem Selbstverständnis der Anbieter primär „die Ware Energie“ vermarktet wird. Das traditionelle Rollenverständnis, wonach die EVU versorgen und die Verbraucher für das Einsparen zuständig sind, beginnt sich aber seit den Ölpreiskrisen der 70er Jahre in der Bundesrepublik Deutschland grundlegend zu wandeln (Müller, Hennicke, 1994)

Dieser Wandel wird durch die Begriffe „Energiedienstleistung" (EDL) und „Energiedienstleistungsunternehmen" (EDU) dokumentiert. Niemand konsumiert Energie um ihrer selbst willen. Energie ist nur Mittel zum Zweck. Den Verbrauchern geht es um die Befriedigung konkreter Bedürfnisse durch Energiedienstleistungen, wie z. B. warme Wohnung, angemessene Kühlung, spezifische Kraftanwendung, ausreichende Beleuchtung.

So gesehen ist Energie nur Zwischenprodukt, mit dessen Hilfe und in Kombination mit weiteren Produktionsfaktoren (Kapital, Arbeit) die jeweiligen Energiedienstleistungen – also die eigentlichen Endprodukte (Nutzeffekte) – „hergestellt" werden. Ebenfalls können mit Energie und weiteren Produktionsfaktoren auch Güter (z. B. Materialien zur Wärmedämmung) hergestellt werden, die den Einsatz von Energie zur direkten Erstellung der gewünschten Nutzeffekte vermindern.

Die Umwandlungskette Primärenergie-Endenergie-Nutzenergie muß um die letztlich angestrebten Nutzeffekte, die Energiedienstleistungen, verlängert werden. Neben dem Konsumenergieverbrauch muß dabei auch der Investivenergieverbrauch der dabei benötigten komplementären Güter betrachtet werden.

Dieser auf den Nutzeffekt der Energieumwandlung und die simultane Optimierung des gesamten Ressourceneinsatzes zielende Begriff von Energiedienstleistung unterscheidet sich von populären Konzepten, wo unter Energiedienstleistungen nur ein erweiterter Service oder zusätzliche Dienstleistungen von EVU (z. B. Beratung) verstanden werden.

Energiedienstleistungen ergeben sich nach der hier verwendeten Definition in der Regel aus einem „Paket", d. h. aus der Zuführung von Energie (Arbeit und Leistung) und einer Nutzungs- und Umwandlungstechnologie (Wandlerleistung), durch deren simultane Nutzung und Optimierung erst der angestrebte Nutzeffekt entsteht.

Bei dieser systemanalytischen Sichtweise ändert sich das wirtschaftliche Optimierungskriterium auf allen Ebenen des leitungsgebundenen Energiesystems grundsätzlich: Nicht Energie, sondern Energiedienstleistungen müssen „so billig wie möglich" (so die Formel aus der Präambel des EnWG) erstellt werden. Dieses Postulat bedeutet einen Paradigmenwechsel für die staatliche Energiepolitik und für die betriebliche Unternehmensplanung mit erheblichen praktischen Konsequenzen auch für die Organisationsformen von Märkten und für die zu vermarktenden neuen Produkte.

Die Kernfrage lautet dabei: Wie können EDL trotz der heute noch vorherrschenden „Kilowatt-Märkte" effizient bereitgestellt werden, welche

Akteure können und sollen hieran beteiligt werden und welche Rolle könnten die EVU/EDU dabei spielen? Die denkbare Bandbreite der EVU-Aktivitäten kann von der traditionellen Anbieterrolle bis hin zur simultanen Optimierung von Zuführung und Einsparung von Energie im Sinne von Contracting reichen. Dazwischen liegt eine ganz Palette von Marketing-Strategien, die ein EVU allein oder in Kooperation bzw. auch im Wettbewerb mit anderen zur Erschließung des „Geschäfts hinter dem Zähler" betreiben kann. Die EVU werden in der Regel als „Marktöffner" für die neuen „Energiespar"-Märkte fungieren und im Rahmen ihrer Langfristplanung (auf der Grundlage von LCP) eine Koordinierungsfunktion einnehmen.

Die Abbildung 7.4-1 zeigt in vereinfachter Form wie ein EVU in Kooperation und/oder im Wettbewerb mit den bisherigen Anbietern (Handwerk, Bauindustrie, Ingenieurbüros etc.) in dieses zur Kostenoptimierung von EDL zweckmäßige „Geschäft hinter dem Zähler" einsteigen kann.

Kritische Grundsatzbemerkung zu LCP

Das Neue, das sich hinter LCP verbirgt, ist also nicht, wie der Begriff nahezulegen scheint, die Anwendung des Minimalkostenprinzips, sondern die Erweiterung seiner Anwendung, über die Bereitstellung von Energieträgern hinaus, auf die Nutzung dieser Energieträger beim Endverbraucher zur Befriedigung seiner Bedürfnisse. LCP ist damit nichts anderes als die Anwendung des allgemeinen ökonomischen Grundprinzips, mit knappen Ressourcen effizient umzugehen.

Bezüglich des Grundgedankens und des Ziels von LCP gibt es weitgehende Übereinstimmung. Grundsätzlich verschiedene Auffassungen bestehen über die Umsetzung von LCP, d. h. darüber, welche Veränderungen der Rahmenbedingungen und des Ordnungsrahmens notwendig und wünschenswert sind und welche Rolle und Aufgaben die verschiedenen Akteure, insbesondere die Elektrizitätsversorgungsunternehmen und die Energieaufsicht, übernehmen sollen. Diese lassen sich charakterisieren durch LCP als Regulierungsansatz bzw. LCP als Planungsansatz (marktorientiertes LCP) (Voß, Hoecker, Fahl, 1993).

LCP als Planungsansatz ist eine auf einzelwirtschaftlichen Kosten- und Nutzenkategorien basierende, vom EVU oder Dritten prinzipiell in eigener Regie und im eigenen Interesse aufzunehmende, von behördlicher Seite allenfalls initiierte und flankierte Strategie, die sich an der Zielsetzung der Minimierung einzelwirtschaftlicher Kosten der Deckung des Bedarfs an Energiedienstleistungen ausrichtet. Dabei werden nachfrageseitige Optionen nichtdiskriminierend mit angebotsseitigen Optionen

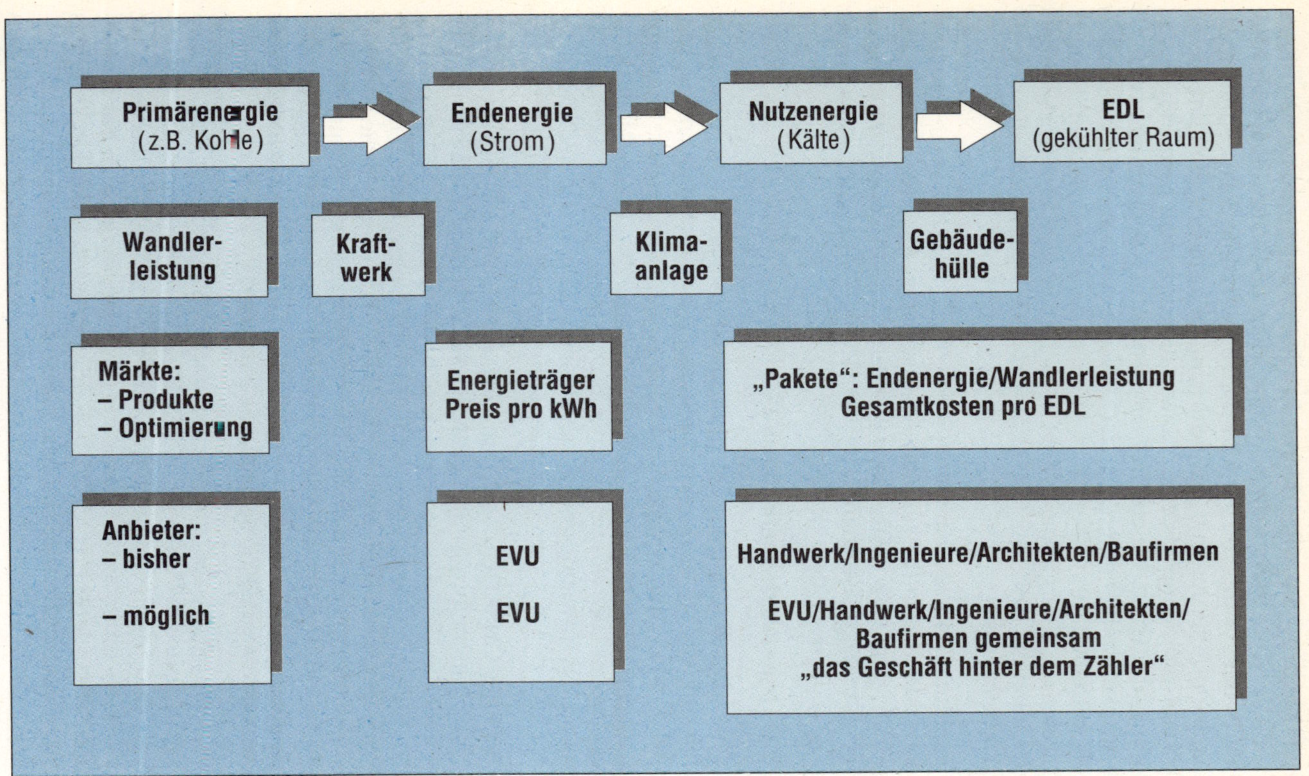

Abb. 7.4-1: Schema der stufenweisen Bereitstellung von Energiedienstleistungen (EDL) (Hennicke, 1992)

abgeglichen und so lange zur Energiebedarfsdeckung herangezogen, wie sie kostengünstiger sind als das Energie- bzw. Stromangebot.

LCP als Regulierungsansatz ist demgegenüber eine Strategie der – mehr oder weniger umfassenden – Steuerung unternehmerischer Entscheidungsprozesse durch die Regulierungsbehörden, um eine Minimierung der mit der Bereitstellung von Energiedienstleistungen verbundenen Kosten zu erreichen.

Dabei kann letztlich nur mit Hilfe dirigistischer Eingriffe sichergestellt werden, daß eine von behördlicher Seite definierte, die angebots- wie nachfrageseitigen Optionen integrierende Minimierung der mit der Befriedigung der Energiedienstleistungen verbundenen Kosten einschließlich etwaiger externer Kosten erreicht wird. Seitens der Behörden wird dabei letztlich sowohl auf Kalkulation von Kosten und Nutzen im EVU als auch auf deren Verteilung auf die diversen Verbrauchergruppen sowie die Ausgestaltung der einzelnen Maßnahmen in entscheidendem Maße Einfluß genommen (Schmitt, Schulz, Voß, 1993).

Zwischen diesen beiden eindeutig voneinander abgegrenzten Interpretationen von LCP kann es fließende Übergänge geben, die z. B. durch die Art und das Ausmaß behördlicher Eingriffe bedingt sein können. In einer nicht ganz so strengen Abgrenzung wird darum auch zwischen regulierungsorientiertem und markt- bzw. kundenorientiertem LCP unterschieden.

Grundprinzip und energiepolitische Konsequenzen[87)]

Die Interdependenz von Märkten für Endenergien bzw. für Wandlerleistung können mit den Kategorien der neoklassischen Markttheorie analysiert werden. Im Mittelpunkt steht dabei der Begriff des „Substitutionswettbewerbs" zwischen Energie und anderen Produktionsfaktoren (vgl. Herrpich, 1989; Öko-Institut, 1992a und 1992b). Die Bereitstellung von EDL kann in Anlehnung an eine Arbeit von Autoren des Energiewirtschaftlichen Instituts (Herppich, 1989; vgl. auch Öko-Institut, 1992a und 1992b) als zweistufiger Prozeß analysiert werden:

Auf der ersten Stufe (Endenergiestufe) bieten die EVU Strom an. Erstaunlicherweise beschränken sich die markt- und wettbewerbstheoretischen

87) Die Sachdarstellung zu dem Abschnitt „Grundprinzip und energiepolitische Konsequenzen" (bis zur nächsten Teilüberschrift „Umsetzungsinstrumente für LCP") wird von den Kommissionsmitgliedern Prof. Dr. Dr. Rudolf Dolzer, Dr.-Ing. Alfred-Herwig Fischer, Martin Grüner, Klaus Harries, Prof. Dr. Klaus Heinloth, Prof. Dr. Hans-Jürgen Jäger, Dr. Klaus W. Lippold, Prof. Dr. Hans Michaelis, Dr. Peter Paziorek, Dr. Christian Ruck, Marita Sehn, Prof. Dr. Wolfgang Seiler, Trudi Schmidt (Spiesen), Bärbel Sothmann, Prof. Dr. Alfred Voß, Prof. Dr. Carl-Jochen Winter nicht geteilt.

Analysen in der Regel noch auf diese Stufe. Für ein marktwirtschaftliches Optimum – d. h. für eine effiziente Allokation von Endenergie und Wandlerleistung) – ist jedoch die Optimierung des Teilmarkts für Endenergie nur notwendige, aber keinesfalls hinreichende Bedingung.

Die Endenergie wird nämlich auf einer zweiten Stufe (Energienutzung) beim Endverbraucher unter dem Einsatz von Wandlerleistungen (Kapital, Know-how, Verhalten) in Energiedienstleistungen überführt. Offensichtlich existieren hier interdependente Märkte, weil die Nachfrage nach Endenergie maßgeblich auch von der Effektivität der Wandlerleistung und von deren Kosten wie auch umgekehrt der Kauf von Wandlergeräten vom Preis für Endenergie abhängt. Erst die simultane Optimierung über diese interdependenten Märkte und über beide Marktstufen führt zu einem marktwirtschaftlichen Optimum.

Das wirtschaftstheoretische Prinzip des LCP läßt sich graphisch dadurch veranschaulichen, daß die Kostenkurven der Energieerzeugung bzw. von Einsparinvestitionen (bezogen auf ein bestimmtes Niveau an EDL) in ein Schaubild eingetragen werden und aus beiden die Summenkurve (die Gesamtkostenkurve) gebildet wird. Zielpunkt eines LCP-Prozesses muß es sein, denjenigen Energieeinsatz anzustreben, bei dem die Gesamtkostenkurve ihr Minimum („die Minimalkostenkombination" aus Energiezuführung und -einsparung) erreicht. Dies ist dort der Fall, wo die Grenzkosten der Erzeugung und Einsparung (also die Steigungen der beiden Funktionen dem Betrag nach) gleich sind.

Die Abbildung 7.4-2 zeigt weiterhin, daß dieses Minimum bei einem geringeren Energieverbrauch liegt, wenn in die Kostenkurve der Erzeugung die externen Kosten einkalkuliert werden.

Aus der allgemeinen Effizienzbedingung für die genannten beiden Stufen der Energieumwandlung, für die Bereitstellung von Endenergie und von Energiedienstleistungen (Grenzkosten der Einsparung = Grenzkosten der Erzeugung) ergeben sich einige wichtige energie- und unternehmenspolitische Konsequenzen:

- Eine effiziente Form der Endenergiebereitstellung ist nur notwendige, aber keineswegs hinreichende Bedingung für eine effiziente Energienutzung. Eine nur „möglichst billige" Stromerzeugung, wie sie durch die Präambel des Energiewirtschaftsgesetzes der staatlichen Energieaufsicht und nach dem GWB auch der kartellrechtlichen Mißbrauchsaufsicht als Entscheidungskriterium vorgegeben wird, führt solange zu einer Fehlallokation und zum Aufbau ineffizienter Überkapazitäten, solange es unerschlossene billigere Stromeinsparmöglichkeiten gibt.

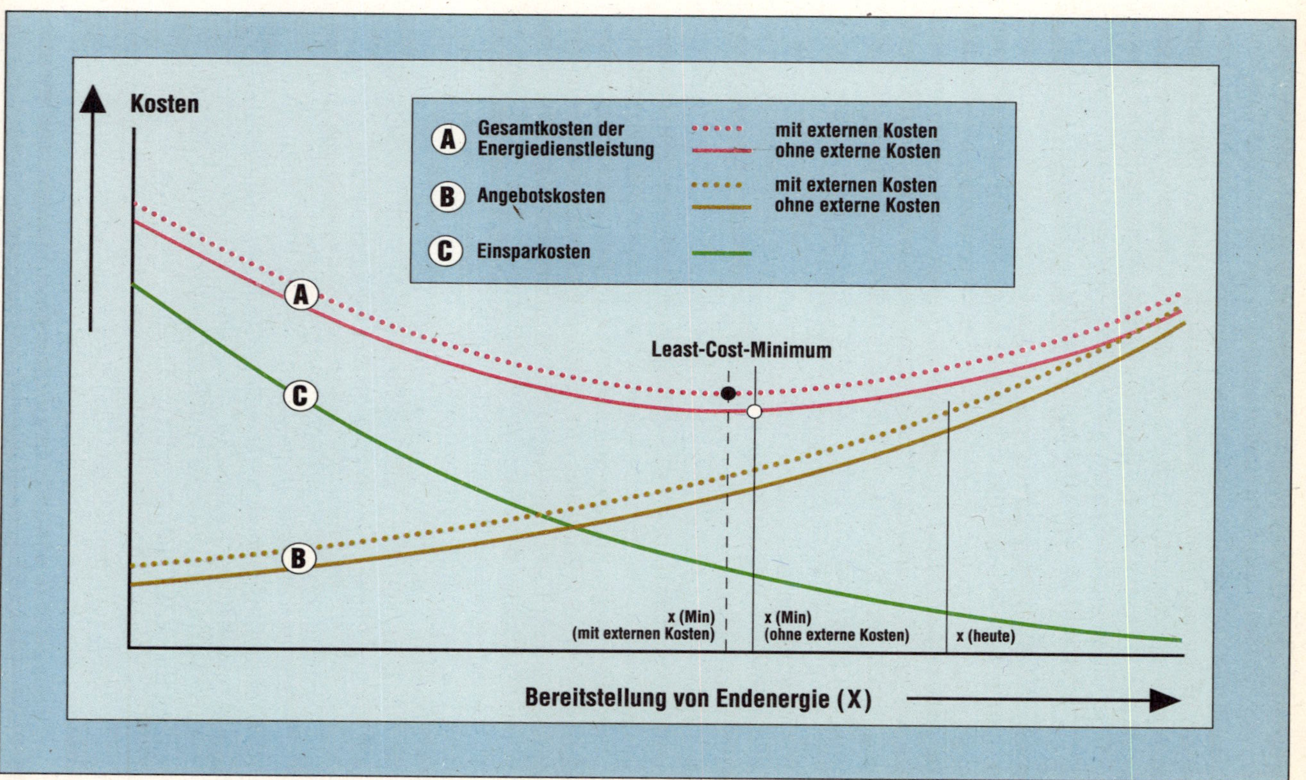

Abb. 7.4-2: Prinzip des Least-Cost Planning (Hennicke, 1993, 5)

- Solange die Grenzkosten der Energieeinsparung geringer sind als die Grenzkosten der Energieerzeugung, senken Investitionen in Energiesparpotentiale die Gesamtkosten (aus Energieeinsparung und Energiezuführung) für den Verbraucher. In Hinblick auf die Minimierung der Energierechnung für den Verbraucher, für eine Region oder für eine ganze Volkswirtschaft ist es demnach wirtschaftlicher, in rationellere Energietechniken zu investieren, solange deren Grenzkosten geringer sind als der Preis (genauer: die langfristigen Grenzkosten) für Energie.

- Aus rein betriebswirtschaftlicher Perspektive besteht jedoch unter den derzeitigen regulativen Rahmenbedingungen für EVU kein ökonomischer Anreiz, zur Erschließung kosteneffektiver Einsparpotentiale beim Verbraucher beizutragen. Dies kann zu einem inhärenten Anreiz für Mehrverkauf führen: Je mehr ein EVU zu den nach der BTOElt genehmigten Tarifen an seine Tarifkunden absetzt, desto höher ist sein Gewinn. Die Umsetzung von LCP-Programmen bedeutet für ein EVU andererseits zusätzliche Kosten und senkt die Erlöse, ohne daß dies (im Regelfall) durch entsprechende vermiedene Kosten auf der Strombeschaffungsseite kompensiert werden könnte. Hier besteht ein klima- und energiepolitisch verhängnisvoller Widerspruch zwischen der markt- und volkswirtschaftlich notwendigen Realisierung kosteneffektiver Einsparpotentiale und einem kontraproduktiven betriebswirtschaftlichen Substanzverzehr für ein LCP-praktizierendes EVU. Die Lösung liegt in neuen regulativen Rahmenbedingungen, die dem EVU – analog zur Umlagefinanzierung von Kraftwerksinvestitionen – die Weitergabe der Kosten von kosteneffektiven Einsparprogrammen sowie dadurch entstehender ungedeckter Fixkosten an die Kunden gestatten. Notwendig ist also eine Umkehr der Anreizstruktur: Das Einsparen von Energie (und damit die Vermeidung von Schadstoffen) muß sich für Kunden und Energieanbieter mindestens so lohnen wie ein zusätzliches Energieangebot.

- Solange die Grenzkosten der Energieeinsparung geringer sind als die Grenzkosten der Energiebereitstellung sollten EVU dazu motiviert werden, diese Einsparpotentiale systematisch zu erschließen und die dadurch anfallenden Kosten an die Kunden weiterzugeben, statt neue und teuerere Kraftwerke zu bauen; hierdurch wird die Energierechnung für alle Kunden gesenkt und somit – bei gewerblichen Energieverbrauchern – auch die Wettbewerbsposition verbessert. Dieser Grundsatz gilt auch dann, wenn die Preise steigen. Denn nicht die Minimierung der Preise pro Kilowattstunde Endenergie, sondern die Minimierung der Gesamtkosten aus Energiezuführung und Energieeinsparung ist das entscheidende Effizienzkriterium für ein Gesamtoptimum zwischen Endenergie und rationellerer Energienutzung. Hierbei soll nicht verkannt werden, daß bei der Erschließung von Einsparpotentialen („dem Bau von Einsparkraftwerken") größere Unsicherheiten über Wirkungen und Kosten auftreten als beim Bau von Kraftwerken.

- Solange alle EVU nach dieser Devise operieren, tritt keine Wettbewerbsverzerrung zwischen den EVU auf und LCP-praktizierende EVU erleiden keine Nachteile. Die spezifischen Preise pro Kilowattstunde verlieren als Vergleichsparameter für die Gesamtleistung eines EDU – Energiebereitstellung und Beitrag zum Umweltschutz – an Aussagekraft. Für ein LCP-praktizierendes EDU wird in der Regel gelten, daß in seinen höheren Preisen seine besonderen Einsparaktivitäten zum Ausdruck kommen und dennoch die Kunden in diesem Versorgungsgebiet wegen der systematisch vom EDU geförderten Energieeinsparung geringere Rechnungen zu zahlen haben als die Kunden im Nachbargebiet mit geringeren Preisen und wenig Einsparaktivitäten. Probleme treten dann auf, wenn im nationalen bzw. internationalen (EU-weiten) Wettbewerb LCP-Aktivitäten nur auf Vorreiter-EVU bzw. Vorreiter-Länder beschränkt bleiben würden. Zur Sicherung von Chancengleichheit und zur Verallgemeinerung der Rahmenbedingungen ist daher die Verabschiedung des vorliegenden Entwurfs einer LCP-Richtlinie von großer Bedeutung.

Abschließend soll auf einige theoretische Aspekte für das LCP-Konzept näher eingegangen werden:

- „Direkte Internalisierung der Schadensvermeidungskosten":

  Es ist verursachungsgerecht, wenn im Elektrizitätssektor und bei den Hauptakteuren (EVU) die Schadensvermeidung ex ante dadurch praktiziert wird, daß die strategische Erschließung von kosteneffektiven Einsparpotentialen durch LCP-Programme Vorrang vor dem Neu- oder Ersatzbau von Kraftwerken erhält. Ziel ist dabei, daß vom EVU durch LCP-Programme gegenüber dem Trendsparen zusätzliche, aber „gehemmte wirtschaftliche" Stromsparpotentiale erschlossen werden. Werden die EVU-Umsetzungskosten für den Bau kosteneffektiver „Einsparkraftwerke" in die Strompreise einkalkuliert, ohne das Niveau der erwünschten Energiedienstleistungen zu senken, findet eine sektorspezifische Internalisierung der Schadensvermeidungskosten statt. Pro eingesparte Kilowattstunde können die Emissionen und externen Schäden der sonst notwendigen Stromerzeugung vermieden werden. In volks- und marktwirtschaftlicher Hinsicht ist es sinnvoll, die Vermeidung der „externen" Kosten der Stromerzeugung durch die Sektoren bzw. die Verbrauchergruppen, die sie verursachen, direkt im Rahmen strategischer Einsparprogramme durchführen und finanzieren zu lassen. Eine LCP-basierte Umlage- und Anreizfinanzierung im Strombereich ist demnach eine zielgruppenspezifische und verursachungsorientierte Ergänzung und Verstärkung einer allgemeinen Energiesteuer. Die Internalisierung der Schadensvermeidungskosten erfolgt in dem Umfang wie die Gesamtkosten des EVU zur Umsetzung von LCP-Programmen in die Strompreise einkalkuliert und – analog zu den Kosten von neuen Kraftwerken – an alle Verbraucher weitergegeben werden.

– „Den Wettbewerb planen“:

  Wenn der Substitutionswettbewerb zwischen Energie und effizienterer Wandlerleistung nicht funktionsfähig ist, muß durch einen innovativen energiepolitischen Rahmen die Funktionsfähigkeit hergestellt und intensiviert werden. Das LCP-Instrumentarium kann flexibel zum Abbau technologie- und zielgruppenspezifischer Hemmnisse von Einsparpotentialen (z. B. unterschiedliche subjektive Verzinsungsansprüche; besondere know-how- und Liquiditätsdefizite bei kleinen und mittleren Unternehmen; Finanzierungsprobleme im öffentlichen Bereich wegen der Trennung von Vermögens- und Verwaltungshaushalt) eingesetzt werden. Die „Integrierte Ressourcenplanung“ dient dabei als ein Marktprozessen vergleichbares Entdeckungsverfahren, in dem kosteneffektive Einsparpotentiale gleichberechtigt als Ressource neben der Ausweitung des Energieangebots berücksichtigt werden. Entschließt sich ein EVU statt neuer Kraftwerke (oder statt mehr Bezug) durch die strategische Förderung von Stromsparaktivitäten bei seinem Kunden „Einsparkraftwerke“ zu bauen, kommt es entscheidend darauf an, daß diese „NEGAWatt“ nach Arbeit und Leistung mit vergleichbarer Verläßlichkeit verfügbar gemacht werden können wie neue Kraftwerkskapazitäten. Erfahrungen aus den USA und aus den Pilotprogrammen in der Bundesrepublik Deutschland zeigen, daß hierbei neben Prämienprogrammen auch das Contracting (im Großkundenbereich) eine wesentliche Rolle spielen kann.

Den EVU/EDU wird zur beschleunigten Erschließung von Stromsparpotentialen und zur Intensivierung des Substitutionswettbewerbs vor allem aus drei Gründen eine vorwärtstreibende – andere Wettbewerber aber keinesfalls ausschließende – Rolle zugeordnet:[88)]

– EVU verfügen in hohem Maße über die Kapital- und Personalausstattung, über die Liquidität, die Kundennähe und – im Prinzip auch –

[88)] In der Praxis zeigt sich, daß in der Regel viele Beteiligte intensiv zusammenarbeiten.

über die technische Kompetenz zur strategischen Erschließung von Stromsparpotentialen

- die Umlagefinanzierung durch ein Tarifsystem kann zur beschleunigten und flächendeckenden Markteinführung von Stromspartechniken genutzt werden
- die Implementierung solcher Programme kann vergleichsweise effizient und mit akzeptablen Mitnahmeeffekten erfolgen.

Hinzu kommt: Gelingt eine zumindest partielle Umkehr der Anreizstruktur nicht („Stromsparen muß sich auch für EVU/EDU mindestens so lohnen wie Stromverkauf") und verstehen sich EVU/EDU nicht auch als Protagonisten von Energiesparkonzepten, dann können die autonomen Einsparaktivitäten der Verbraucher durch kontraproduktives Marketing und Verkaufsförderung der EVU negativ beeinflußt werden. Im übrigen zeigt die Umsetzungspraxis sowohl in den USA als auch in der Bundesrepublik Deutschland, daß durch LCP-praktizierende EVU der örtliche „Energiespar"-Markt in der Regel für andere Akteure erst aufgeschlossen und nicht – wie mitunter befürchtet wird – einseitig dominiert wird.

Umsetzungsinstrumente für LCP

In der LCP-Praxis haben sich eine Vielzahl von Instrumenten und Maßnahmenbündel zur Umsetzung von Einsparprogrammen herausgebildet. Die meisten Programme bestehen selbst wieder aus einem sektor- und zielgruppenspezifischen Instrumentenmix, wobei Prämien (ökonomische Anreize), Information und Energieberatung sowie soziales Marketing miteinander kombiniert werden. Die Energieeinsparwirkungen und die Kosteneffekte sind bei den einzelnen Programmen recht unterschiedlich. Einen Überblick über übliche Programmtypen gibt Tabelle 7.4-4.

Die Akteure, die bei LCP-Programmen in der Regel aktiv werden, sind in Tabelle 7.4-5 aufgelistet.

In einem markt- bzw. kundenorientierten LCP können die EDU folgende Beiträge leisten:

- Information für Verbraucher über Nutzen und Kosten von Einsparmaßnahmen
- Orientierung der Strompreise an den langfristigen Grenzkosten
- Verringerung der Finanzierungskosten von Einsparmaßnahmen

Tabelle 7.4-4: Typologie für übliche LCP-Einsparprogramme (Öko-Institut, 1994, II-47)

Informationsprogramme Beratungs- und Serviceprogramme Ressourcenprogramme	
Beratungs- und Serviceprogramme: Publikationen/ Broschüren/ Listen Telefonservice Beratungszentren Vor-Ort-Beratungen Weiter-/Fortbildungs-veranstaltumgen	**Ressourcenprogramme:** Anreiz-/Prämienprogramme – Anreizprogramme für die Anschaffung effizienter Geräte im Haushalt/im Gewerbe („Appliance Efficiency Incentives"; Rabatte, Coupons, Darlehen etc.) – Anreizprogramme für Industrie- und Gewerbekunden – Zuschüsse beim energieeffizienten Neubau von Häusern/Gewerbegebäuden („Residental/Commercial New Construction Programs") Finanzierungsprogramme Contractingprogramme kostenlose Ressourcenprogramme „Free Installation/Direct Assistance" Lastmanagement – Rundsteuerungsanlagen – Wärmespeicher – zeitvariable Tarife und Sonderverträge

– Berücksichtigung der Kostendeckung von DSM-Maßnahmen in der Strompreisbildung oder durch Quersubventionierung (EWI u. a., 1994, 131).

Die Kompensation der Erlösausfälle bei den EDU durch auf Nachfragesenkung abzielende LCP-Programme kann erfolgen durch

– höhere Preise im bisherigen Geschäftsbereich (Nebenbedingung: sinkende Rechnungen bei Kunden, da Mengeneffekt stärker als Preiseffekt ausfallen soll)
– Kosteneinsparung bei Bezugs-, Erzeugungs-, Übertragungs- und Reservehaltungskosten
– Diversifizierung in neue Geschäftsbereiche (Hennicke, 1992, 14).

Tabelle 7.4-5: Finanzierung und Akteure typischer Maßnahmen im Rahmen von LCP (Hennicke, 1992, 18)

	Typisierte LCP-Maßnahmen				
	Information	Zuschuß	Direktinvestition	Contracting	
				bilateral	mit Dritten
Durchführung	EDU	Kunde	EDU	EDU	EDU/ Dritte
Finanzierung	EDU	EDU	EDU	EDU/ Kunde	EDU/ Dritte
Beispiel	Hitliste „Weiße Ware"	Prämie für effizientere Kühlschränke	kostenlose PR-und Sozialprogramme	EDU installiert NEGA-Watt-Investitionen	EDU beauftragt Dritte

Folgende Probleme treten bei der Umsetzung von LCP auf:

- Fehleinschätzung der Planungsgrundlagen: verändertes Nutzerverhalten und / oder falsche Technikeinschätzung
- Mitnahmeeffekte (durchschnittlich 30% mit Spanne von 0 bis 80%)
- Kostenunterschätzung (analog der Unterschätzung beim Kraftwerksbau)
- Verläßlichkeit von Negawatts erst nach langjährigen Erfahrungen beurteilbar, für Übergangszeit eventuell höhere relative Reservekapazitäten notwendig (Öko-Institut, 1994, II-54f).

Die häufigsten Detailprobleme bei der Durchführung von Einsparprogrammen sind der Tabelle 7.4-6 zu entnehmen.

Praktische Erfahrungen mit LCP/DSM/IRP

Insbesondere seit einer Verbesserung der Anreizstruktur („incentive regulation"), durch die den EVU größere Gewinnchancen bei der Umsetzung von Stromspar-Programmen gewährt werden, haben sich die Anzahl der LCP-Programme in den USA erheblich gesteigert:

- 1990 wurden 1 300 LCP Programme mit 13 Mio. Teilnehmern durchgeführt; die Tendenz ist steigend

Tabelle 7.4-6: Hauptproblemfelder bei der Durchführung von Einsparprogrammen (Öko-Institut, 1994, II-48)

Datenprobleme – Geräteausstattung/Gebäudebeschaffenheit – Einsatz- und Lastcharakteristiken der Nutzungstechnologien – Kundenverhalten
Probleme der Kosten-/Nutzenermittlung – Schätzung/Messung der Einsparung – Berechnung der vermiedenen Kosten – technische Verläßlichkeit von NEGAWATTs – Verhaltensänderungs-Effekte – Behandlung von Mitnehmereffekten – Unsicherheit über Programmkosten/-teilnahme
Negative Anreize für EVU – Substanzgefährung – umsatzorientiertes Managementverhalten – Wettbewerbsfähigkeit

- in den Jahren 1990–1992 betrugen die Gesamtausgaben von EVU für Einsparprogramme etwa 1,2–2,3 Mrd. US $; für 1996 wird ein Budget von 3,6 Mrd. $ erwartet, dies sind 12 % der Gesamtinvestitionen der Branche
- die durch LCP-Maßnahmen vermiedene Spitzenlast wird für 1990 auf 4 000–7 000 MW veranschlagt, bis zum Jahr 2010 wird eine Verbrauchsreduktion um 6 % erwartet
- das kalifornische Großunternehmen PG&E plant bis zum Jahr 2000 75 % seiner sonst auftretenden Spitzenlast durch Einsparprogramme zu vermeiden und die restlichen 25 % je zur Hälfte durch gasgefeuerte KWK-Anlagen bzw. durch erneuerbare Energien zu decken (Krause, 1993).

Inzwischen werden eine Vielzahl von evaluierten Programmen publiziert (vgl. The Results Center, 1993/94), die es auch für das europäische Fachpublikum leichter machen, deren Übertragbarkeit auf die europäischen Verhältnisse zu überprüfen (vgl. auch MWMT, 1993).

Eine Übersicht über Umfang und Wirkung herausgehobener US-Programme zeigt die Tabelle 7.4-7.

Tabelle 7.4-7: DSM-Programmaufwand und Ersparnisziele von EVU, die im Bereich Energieeffizienz in den USA führend sind (Hennicke, 1993, 17)

Versorger	Aufwand 1991 (Mio. US-$)	Ausgaben/ Einnahmen (%)	erwartete prozentuale Ersparnis der im Jahr 2000 unter Trendbedingungen erwarteten Nachfrage	
			bezogen auf Arbeit (in GWh)	bezogen auf Spitzenlast (MW)
Boston Edison	40	*3,3*	7,4	10,5
Central Maine Power ..	28	*4,1*	2,2	11,8
New England Electric .	85	*4,9*	7,2	11,8
New York State E & G .	25	*1,9*	9,2	14,5
Northeast Utilities	75	*3,3*	11,3	11,5
Pacific Gas & Electric ..	154	*1,7*	7,8	10,9
Puget Sound P & L	35	*3,7*	9,4	–
Sacramento MUD	42	*6,4*	17,7	19,2
Seattle City Light	18	*6,2*	2,8	–
Southern California Edison	108	*1,4*	17,6	16,7
Wisconsin Electric	57	*4,8*	4,5	–

In den Einsparzielen, wie sie z. B. von Sacramento Municipal Utility District (SMUD), (vgl. Leprich, 1994), bis zum Jahr 2000 verfolgt werden, spiegelt sich der qualitative Sprung wieder, der nach gut 10jähriger LCP-Praxis durch den Übergang zur „Anreizregulierung" („incentive regulation") in den USA in den 90er Jahren erzielt wurde. 1994 investierte SMUD bereits 8,2% der Stromerlöse in strategische Einsparprogramme und beabsichtigt, bis zum Jahr 2000, im Vergleich zum Trend, 830 GWh (10% des heutigen Verbrauchs) durch strategische Einspar- und Lastmanagement-Programme zu vermeiden. Allerdings zeigt eine andere Vergleichszahl auch den Problemdruck, der sich auf Grund des extrem hohen Pro-Haushalt-Verbrauchs von 8 742 kWh p. a. im Versorgungsgebiet von SMUD ergibt. An LCP-Programmen arbeiten bei SMUD derzeit etwa 235 Mitarbeiter, bzw. 10% der Beschäftigten. Hieran wird deutlich, daß sich „der Bau von Einsparkraftwerken" in Vorreiterstaaten wie Kalifornien zu einer bedeutsamen neuen Unternehmensaktivität von EVU entwickelt hat, wodurch umfangreiche Erfahrungen hinsichtlich Umsetzungsinstrumenten, Datenbasen, Software, Marketingmethoden und Evalierungstechniken gewonnen werden konnten.

Von einem derartigen professionellen Status und umfassenden Umsetzungserfahrungen sind deutsche Programme und die regulativen Rahmenbedingungen in der Bundesrepublik Deutschland noch weit entfernt.

Nach einer Umfrage von VDEW (1994 b) führen derzeit etwa 53 deutsche EVU 160 LCP/DSM-orientierte Programme durch (Stand: Mai 1994). Die Palette reicht von kleinen engagierten kommunalen EVU (z. B. Stadtwerke Soest mit 30 MW Spitzenlast) bis hin zum größten Stromkonzern der Bundesrepublik Deutschland, der RWE Energie AG, mit 19,8 Gigawatt Spitzenlast. Nach VDEW-Angaben entfallen von den 160 ermittelten Projekten 31 auf 7 Verbundunternehmen, 64 auf 22 Regionalversorger und 75 auf 24 kommunale Unternehmen. Dominierende Zielgruppe sind bisher noch die Haushalte, es folgen öffentliche Einrichtungen und die Landwirtschaft. Bei den Anwendungsbereichen dominieren Raumwärme und Warmwassererzeugung vor Haushaltsgeräten und Beleuchtung. Tabelle 7.4-8 gibt einen Überblick über einige LCP-Programme bundesdeutscher EVU.

Allerdings handelt es sich bei diesen vom VDEW erfaßten Projekten im Regelfall um LCP-orientierte Demonstrations- und Pilotprojekte, die sich von strategischen Ressourcen-Akquisitions-Programmen fortgeschrittener US-EVU noch erheblich in Qualität und Quantität unterscheiden. Dennoch kann auch in der Bundesrepublik Deutschland im Jahr 1993 von einem Durchbruch für LCP gesprochen werden. Hierzu hat beigetragen, daß die Preisaufsicht z. B. in Nordrhein-Westfalen, Niedersachsen, Hessen und Baden-Württemberg erklärt hat, daß sie die Kosten für LCP-Einsparprogramme unter bestimmten Bedingungen im Rahmen von Tarifgenehmigungsverfahren nach § 12 BTOElt anerkennen wird. In Nordrhein-Westfalen wird als Anreiz angeboten, daß Investitionen in LCP-Programme überdurchschnittlich verzinst werden können (2% über der üblichen Verzinsung im Rahmen der BTOElt; MWMT, 1993). Inzwischen liegen auch Erklärungen von Kartellbehörden in Niedersachsen und Nordrhein-Westfalen vor (vgl. Öko-Institut, WI, 1994), daß sie ihr Ermessen im Rahmen des Kartellrechts zur offensiven Förderung von LCP ausschöpfen werden. Würde dies allgemein akzeptierte Praxis in der Bundesrepublik Deutschland oder durch die geplante EU-Rahmenrichtlinie als verbindliche rechtliche Grundlage vorgegeben, könnte hierdurch die rasche Ausweitung von LCP-Programmen in dem wirtschaftlich besonders attraktiven und dem Kartellrecht unterworfenen Bereich der Strom-Sondervertragskunden gefördert werden.

Aus der Vielzahl der laufenden LCP-Programme sollen abschließend drei typische Programme vorgestellt werden, die für die Umsetzung des LCP-Konzepts in der Bundesrepublik Deutschland eine wichtige Rolle spielen:

– „KeSS"-Programm der RWE Energie AG

Das Rheinisch-Westfälische-Elektrizitätswerk (RWE Energie AG) hat im Oktober 1992 ein LCP-orientiertes Stromspar-Programm im Haushaltssektor gestartet („Kunden-Energie-Einspar-Service"/KeSS), um – nach dem Vorbild von US-EVU – mit Prämien von 100 DM den Käufern von elektrischen Haushaltsgeräten (Kühlgeräte, Wasch- und Geschirrspülmaschinen) einen Anreiz zum Kauf stromeffizienter Geräte zu bieten. Bis Juli 1994 wurden rund 600 000 Prämien vergeben, was allerdings auch mit den hohen Prämien (viele deutsche EVU-Prämien-Programme bieten nur 50 DM) und mit relativ „weichen" Grenzwerten zusammenhängt. Im Auftrag der RWE Energie AG wurde eine repräsentative Befragung von 5 000 Programmteilnehmern und eine Evaluierung des KeSS-Programms durchgeführt. Als vorläufiges Ergebnis kann zusammengefaßt werden: Das Pilotprogramm – das derzeit größte in der Bundesrepublik Deutschland – hat in erheblichem Umfang zur Energie- und CO_2-Einsparung beigetragen, das Kosten-Nutzen-Verhältnis liegt (je nach Bewertung der kurz- und langfristig vermiedenen Kosten) um bzw. über Eins und könnte bei einem veränderten Angebot (z. B. abgestufte Prämien, schärfere Grenzwerte) noch deutlich gesteigert werden (WI, BEM, 1994). Trotz des beträchtlichen absoluten Umfangs (100 Mio. DM über drei Jahre) macht das KeSS-Programm bisher nur etwa 0,2% am Umsatz der RWE Energie AG aus. Würde das RWE in vergleichbarer Größenordnung wie einige herausragende US-EVU in sogenannte NEGAWatt-Programme investieren, wären LCP-Programme im Umfang von 0,3 bis 1 Mrd. DM pro Jahr zu erwarten.

– LCP-Fallstudie der Stadtwerke Hannover

In der von der EU, vom Umweltbundesamt und vom Land Niedersachsen finanzierten LCP-Fallstudie Hannover wurde im Auftrag der Stadtwerke Hannover eine integrierte Ressourcenplanung durchgeführt. Es wurden 6 Pilotprojekte umgesetzt und ein Aktionsplan zum Bau eines „Einsparkraftwerks" (etwa 40 MW in 7 Jahren) entwickelt. Der Bau dieses Einsparkraftwerkes ließe sich durch eine moderate Preiserhöhung

Tabelle 7.4-8: Auswahl von DSM-Projekten deutscher EVU (VDEW, 1994b)

Unternehmen	Projekt- bzw. Programmtitel	Projekttyp	Zielgruppe
Berliner Kraft- und Licht (BEWAG)	Stromsparen in öffentlichen Gebäuden	Feinanalyse und Zuschüsse für Energiesparlampen und andere Maßnahmen	Öffentliche Einrichtungen
Energie-Versorgung Schwaben (EVS)	Energieprogramm 2000	Zuschuß für Energiesparlampenkauf	Haushalte
Energiegruppe Bayernwerk	ProVEK (Programm zur Verbesserung der Energieeffizienz und zur CO_2-Minderung)	Individuelle Beratung gegen Entgelt	Kommunen, Friseurbetriebe, großen Beleuchtungsanlagen
Freiburger Energie und Wasserversorgungs-AG	Kauf von Negawatts	Vergütungsverfahren bei Sondervertragskunden für reduzierten Leistungs- zu Spitzenlastzeiten	Sondervertragskunden
Hamburgische Electricitäts-Werke (HEW)	„Energiekonzept Zukunft" Energiesparlampenaktion im Rahmen des umfangreichen Programms für Stromsparinvestitionen in öffentlichen Gebäuden	Contracting und Dienststellen	Öffentliche Gebäude
Isar-Amperwerke	Energietechnische Reihenuntersuchung öffentlicher Gebäude	Informations- und Beratungsprogramm	Gemeinden
PreussenElektra, Hastra, ISP	LCP-Feldversuch	Zuschüsse für stromsparende Haushaltsgeräte	Haushalte
RWE Energie	KeSS-Kunden Service Sparservice Zuschüsse für energiesparende Geräte	Zuschüsse für energiesparende Geräte	direkt vom RWE mit Strom versorgte Haushalte
RWE Energie	ProKom	Zuschüsse zur energiesparenden Beleuchtung in kommunalen Gebäuden	Städte, Gemeinden

Fortsetzung Tabelle 7.4-8

Unternehmen	Projekt- bzw. Programmtitel	Projekttyp	Zielgruppe
Städtische Werke Kassel	Prämienprogramm „Weiße Ware"	Verkäuferprämie für besonders energiesparende Kühl- und Gefriergeräte	Gewerbe/ Handel
Stadtwerke Gelsenkirchen	Energiekonzept 2005	Zuschüsse für energiesparende Haushaltsgroßgeräte	Haushalte
Stadtwerke Hannover	Prämien-Pilotprogramm „Energiesparende Kühl- und Gefriergeräte" im Rahmen der LCP-Fallstudie Hannover	Prämie für den Kauf von energiesparenden Kühl- und Gefriergeräte	Haushalte
Stadtwerke Hannover	Stromsparprojekte in 6 Einrichtungen, Industrie, Gewerbe, Handel, öffentlicher Hand im Rahmen der LCP-Fallstudie Hannover	Umsetzung von Stromsparpotentialen durch Einspar-Contracting	Strom-Sondervertragskunden
Stadtwerke Bremen	„Probier Watt, spar Watt"	Gutscheine im Werte von 5 DM für den Kauf einer Energiesparlampe	Haushalte
Stadtwerke Kiel	Energiesparkonzept	Umweltbonus	Haushalte
Stadtwerke München	Stromsparpaket (Grundprogramm, Umstellungsprogramm, Bonusprogramm)	Zuschüsse für energiesparende Haushaltsgeräte, für Umstellung der Warmwasserbereitung mit Durchlauferhitzern auf andere Systeme und von Elektro- auf Gasherde, Bonus für Stromeinsparung gegenüber Vorjahr	Haushalte
Vereinigte Saar-Elektrizitäts-AG	Konzept zur Entwicklung von Energiedienstleistungen	Bereitstellung einer integrierten Gesamtdienstleistung	Kommunen, tertiärer Sektor

finanzieren. Für die Verbraucher könnte dadurch die Stromrechnung in Millionenhöhe gesenkt und insgesamt könnten rund 1,8 Mio. t CO_2 gespart werden. Durch die Grob- und Feinanalysen zu 5 Pilotprojekten konnte bestätigt werden, daß in der kleinen und mittleren Industrie, im Handel und in öffentlichen Gebäuden beträchtliche Einsparpotentiale existieren, deren Umsetzung durch Contracting jedoch für die EVU Neuland ist und auf beträchtliche Anlauf- und Umsetzungsschwierigkeiten stößt (Öko-Institut, WI, 1994).

– **Energiesparlampen-Programm der Stadtwerke Saarbrücken**

Die Stadtwerke Saarbrücken haben das umfassendste Programm eines deutschen EVU zur Markteinführung von Energiesparlampen gestartet. Mit einer durch eine innovative Marketing-Strategie flankierten Aktion (Beginn Mai 1994) sollen 100 000 Energiesparlampen an alle Saarbrücker Haushalte kostenlos abgegeben werden. Diese Aktion ist erfolgreich angelaufen, im Juli 1994 waren bereits 20 000 Energiesparlampen verteilt worden und etwa 1 000 Kunden haben um eine besondere Energieberatung nachgefragt. Es wird geschätzt, daß durch diese Aktion mit einem Kostenaufwand von 6–8 Pf/kWh bis zu 5 MW Last eingespart werden können. Dieses erste Start-Programm ist Bestandteil eines umfassenden LCP- und Klimaschutzkonzepts der Stadtwerke Saarbrücken. Bis 1995 werden in einem vom SAVE-Programm der EU finanzierten Projekt umfassende LCP- und „Bidding"-Programme entwickelt, die es den Stadtwerken Saarbrücken ermöglichen sollen, auf den sonst notwendigen Bau von 30 MW Stromerzeugungskapazität zu verzichten.

Umsetzungsoptionen

Die Form der Umsetzung von LCP hängt – wie das Beispiel USA zeigt – entscheidend von der Ordnung der leitungsgebundenen Energieversorgung und dem staatlichen Regulierungsrahmen ab. Als prinzipiell mögliche Umsetzungsoptionen kommen für die Bundesrepublik Deutschland in Frage:

- Integration von LCP in ein novelliertes Energiewirtschaftsgesetz

  Im Rahmen der geplanten Novellierung des EnWG wäre auch, wie die Umweltministerkonferenz vorgeschlagen hat (BMU, 1993b), die rechtliche Verpflichtung zur Umsetzung von LCP-Maßnahmen denkbar. Falls eine EU-Richtlinie zu LCP verabschiedet würde, müßte sie ohnehin in nationales Recht umgesetzt werden.

- Abschluß von freiwilligen Vereinbarungen auf Landes- und/oder Bundesebene

Solange keine rechtliche Verpflichtung für die Einführung von LCP besteht, wäre auch eine freiwillige Vereinbarung eine denkbare Option. Eine derartige Vereinbarung wird z. B. in NRW diskutiert (vgl. MWMT, 1993). Vorgeschlagen wurde, daß einerseits die EVU sich verpflichten, einen bestimmten Prozentsatz ihrer Stromerlöse (z. B. 2–3% bis zum Jahr 2000) in LCP-Programmen zu investieren. Andererseits sichern die Preis- und Kartellbehörden zu, ihr Ermessen im Rahmen geltenden Rechts zur offensiven Förderung von LCP auszuschöpfen und z. B. die Kosten von LCP-Programmen im Rahmen der Preisaufsicht anzuerkennen sowie eine überdurchschnittliche Verzinsung für Energiesparinvestitionen von EVU zu gewähren.

- Schaffung von Märkten für Energieeinsparung

  Eine marktgemäße Umsetzung von LCP müßte auf die Schaffung von Märkten für den Kauf und Verkauf von Energieeinsparung (nicht nur Stromeinsparung) abzielen, wo eine Vielzahl von Akteuren neben den EVU, z. B. auch Ingenieurunternehmen, Banken, Finanzierungsgesellschaften oder Energiedienstleistungsunternehmen, im Wettbewerb tätig sind.

  Finanzierungsangebote, Angebote von Energiedienstleistungen sowie Demand-Side- und Supply-Side-Bidding wären als Instrumente in diesem Zusammenhang zu nennen.

7.4.2.6 Contracting[89)]

Definition/Konzeption

Contracting ist die Planung, Finanzierung und Realisierung von Energiesparmaßnahmen und Energiedienstleistungen durch Dritte sowohl direkt beim Energiekunden als auch in einzelnen Fällen beim Energieerzeuger. Daneben können zusätzlich Wartung und Betrieb neuerstellter oder sanierter Anlagen Bestandteil eines Contractingvertrages sein. Die Investitions- und die Wartungskosten – falls auch eine Betreuung während der Betriebsphase vereinbart wurde – amortisieren sich dabei durch die mit dem Contracting erzielten, laufenden Energieeinsparungen. Unterschiedlichste Energiedienstleistungen können durch Contracting erfaßt sein. Die Laufzeit von Contracting-Verträgen liegt in der Regel zwischen 5 und 10 Jahren (Öko-Institut, WI, 1993b, Anh. 7.6, 2+4; ISI, Ifo, GEU, 1994, 80).

---

89) vgl. Tabelle 7.4-1, Nr. 58, 59

Zweck von Contracting ist, daß wirtschaftliche Energiesparinvestitionen, die beim Nutzer bisher aus verschiedenen Gründen unterblieben (mangelndes Know-how, Kapital, fehlende Risikobereitschaft etc.) von einem Dritten realisiert und aus den eingesparten Energiekosten finanziert werden.

Contracting ist derzeit vor allem für Industrie- und Dienstleistungsbetriebe interessant, deren jährliche Energiekosten bei etwa 50 000 DM liegen. Für kleinere Unternehmen und Haushalte wird Contracting attraktiver, wenn durch eine Standardisierung des Verfahrens der Aufwand der Contracting-Abwicklung gesenkt werden kann.

Contracting kann in allen Branchen und in öffentlichen Einrichtungen zur Anwendung kommen. Besonders dort, wo Querschnittstechnologien (Heizung, Klimatisierung, Kälte, Pumpen, Druckluft, Beleuchtung, elektrische Antriebe etc.) eingesetzt werden, und im Gebäudebereich hat Contracting gute Einsatzchancen.

Contractor können EVU, Energieagenturen, spezielle Contracting-Unternehmen, Banken, Anlagenplaner und -hersteller sowie Handwerksbetriebe sein (Öko-Institut, WI, 1993b, Anh. 7.6, 2+4; ISI, Ifo, GEU, 1994, 80). Die Zusammenarbeit der betroffenen EVU und der Contracting-Firmen bzw. eine Personalunion von Contractor und EVU kann dabei oft sinnvoll sein, da bei den EVU kundenspezifische Informationen zum Energieverbrauch vorliegen, technische, organisatorische, planerische und personelle Kompetenz gebündelt ist, eine entsprechende Infrastruktur vorliegt und eine Vertrauensbasis zum Kunden schon geschaffen wurde. Außerdem bieten das langfristige Investitionskalkül der EVU und ihre hohe Finanzkraft weitere Pluspunkte (Krause, 1993, 59).

Für den Contractingnutzer eröffnen sich folgende Vorteile:

- Verminderung des Kapitaleinsatzes (Investition des Contractors und Kapitalfreisetzung durch Energiekostenersparnis schon während des Vertrages, wenn Energieeinsparung auf Contractor und Nutzer aufgeteilt wird sowie nach Vertragsablauf)
- Nutzung des technischen Know-how und des Marktüberblicks des Contractors
- Verringerung des personellen Aufwandes (Spezialisten für Fragen der Energieeinsparung sind bei Contractor angestellt)
- Risikominderung (Risiko der Energieeinsparmaßnahmen liegt beim Contractor)
- Akzeptanz längerer Amortisationszeiten durch Contractor (ein höheres Energiekostensenkungspotential wird damit erschließbar) (Öko-Institut, WI, 1993b, Anh. 7.6, 3).

Eine spezielle Form des Contracting sind Betreibergesellschaften für KWK-Anlagen, die alle mit Investition und Betrieb dieser Anlagen anfallenden Aufgaben übernehmen und alle beteiligten Akteure koordinieren, die an einer Betreibergesellschaft beteiligt sein können (ISI, Ifo, GEU, 1994, 82).

Contracting kann folgende Hemmnisse für eine Ausschöpfung von Energieeinsparpotentialen beseitigen: Informationsmängel bei potentiellen Contractingnehmern, andere Investitionsprioritäten, Differenz in Payback-Ansprüchen, hohe Rentabilitätsanforderungen, Investor-Nutzer-Problematik, Eigenkapitalmangel, Risikominimierungsverhalten (ISI, Ifo, GEU, 1994, 79). Der Hemmnisabbau über Contracting ist gerade in den neuen Bundesländern erfolgversprechend, da der akute Mangel an Finanzkraft dadurch überwindbar ist. Unklare Eigentumsverhältnisse, ungeklärte rechtliche Fragen und ein Fehlen von überzeugenden Praxisbeispielen hemmten aber die Ausbreitung von Contractingprojekten (Weisheimer, 1993, 21).

Erfahrungen mit Contracting und Schlußfolgerung

Contractingerfahrungen liegen in Deutschland bei großen Anlagen (Kraftwerke, Kesselanlagen, BHKW, Gebäudeleittechnik) mit einem Investitionsvolumen von über 20 Mio. DM, bei dem Beleuchtungsservice für Gemeindestraßen und bei sehr großen Verwaltungsgebäuden vor. Nur in Ausnahmefällen erstreckten sich Contractingvorhaben in der Vergangenheit auch auf kleine und mittlere Unternehmen bzw. auf Investitionen mit einem Volumen unter 1 Mio. DM (ISI, Ifo, GEU, 1994, 83). Das Marktpotential für Contracting in Deutschland wird auf circa 10 Mrd. DM pro Jahr geschätzt (bis zu 140 Mrd. DM EU-weit). Das Investitionsvolumen der realisierten Projekte beträgt bisher aber nur rund 200 Mio. DM. Gründe hierfür sind: Neuartigkeit des Verfahrens, rechtliche und Markthemmnisse, Informationsdefizite bei potentiellen Anbietern und Nutzern (EWI u. a., 1994, 170).

Eine Förderung des Contracting wäre möglich über

- eine Zusammenstellung des Wissens im Contracting-Bereich und die Schaffung von Zugriffsmöglichkeiten für Interessierte
- eine klare Regelung der Stellung von Betreibergesellschaften bei KWK-Anlagen bezüglich § 4 EnWG
- standardisierte Contractingverträge für bestimmte Anwendungen
- eine staatliche Bürgschaft für Fälle von Betriebsschließungen der Contractingnehmer für Pilotprojekte oder als zeitlich befristete Einstiegs-

hilfe für die Anlaufphase von Contractingunternehmen oder alternativ eine Förderung von Contracting-Erstprojekten

- eine Klärung juristischer und versicherungstechnischer Fragen, um auch die Wärmedämmung an Gebäuden contractingfähig zu machen z. B. durch Grundbucheintrag (ISI, Ifo, GEU, 1994, 84+90).

Um das umfangreiche Contractingpotential gerade im Bereich kleinerer Investitionen zu erschließen, müßten die Stadtwerke, regionalen Energieversorger, großen Handwerksbetriebe, Ingenieurbüros, sowie Hersteller energiesparender Geräte und Anlagen motiviert werden, verstärkt als Contractor tätig zu werden (ISI, Ifo, GEU, 1994, 84). Die Ausschöpfung dieses Potentials sollte gefördert werden, da in kleineren Betrieben i.d.R. kein eigens auf Energiefragen geschultes Personal vorhanden ist. Dazu sind eine Standardisierung der Verträge, Bürgschaftsmodelle oder eine Anschubfinanzierung notwendig (ISI, Ifo, GEU, 1994, 90f).

7.4.2.7 Bildung, Information, Motivation [90)]

Die Wirkung von Handlungsoptionen im Bereich Information, Motivation, Beratung und Fortbildung sind bis jetzt in der Bundesrepublik Deutschland nur in wenigen Fällen untersucht worden. „Quantitative Bewertungen dieser Maßnahmen sind nicht möglich, da bisher Evaluierungsergebnisse nur teilweise und nur mit sehr eingeschränkter Aussagekraft vorliegen. Außerdem konnten bisher nur bestehende Programme untersucht werden, die jedoch zum Teil als unzureichend bezeichnet werden müssen. Gerade bei diesen Maßnahmearten kommt es nicht so sehr darauf an, daß eine Maßnahme überhaupt durchgeführt wird, sondern vielmehr darauf, wie man sie gestaltet und umsetzt" (ISI, Ifo, GEU, 1994, 63). Evaluierungsergebnisse aus dem Ausland, z. B. aus Schweden und der Schweiz, legen aber nahe, daß breit gestreute Informationskampagnen vor allem im Zusammenwirken mit anderen energiepolitischen Instrumenten erfolgversprechend sind (ISI, Ifo, GEU, 1994, 63). Aufbauend auf dieser Erkenntnis sollten gezielt neue Kampagnen initiiert werden (ISI, Ifo, GEU, 1994, 89).

Beispiele für Maßnahmen zur Information, Motivation, Beratung und Fortbildung sind Beilagen bei der Beantwortung von Bauanfragen, Modernisierungs-, Umbau- und Ausbauanträgen, Informationen der Energieversorgungsunternehmen als Anlage der Jahresabrechnungen, Informationsblätter über sparsame Haus- und Heizgerätenutzung, die bei der Neuanschaffung über den Fachhandel verteilt werden, zielgruppenspezifische Maßnahmen durch Unternehmen, Städte und Gemeinden, wie

[90)] vgl. Tabelle 7.4-1, Nr. 7, 12, 16-18, 22-26, 37, 50, 61; Tabelle 7.4-2, Nr. 10, 27, 56, 57

z. B. Motivationsmaßnahmen, Informationsbroschüren, Handbücher (ISI, Ifo, GEU, 1994, 64). Besonders an Energieberatung, Informationsdiensten, praxisnahen Handbüchern, praktischen Anwendungsbeispielen, Schulungs- und Weiterbildungsangeboten und der Inanspruchnahme neuer Dienstleistungen besteht Bedarf (ISI, Ifo, GEU, 1994, 65).

Als Multiplikatoren können Fachverbände (Jahrestagungen, Verbandsmitteilungen etc.), Kommunen und kommunale Verbände, Baugesellschaften, Wohnungsbauunternehmen, Bauverwaltung, -planer und -gewerbe, Betriebsleiter und der Fachhandel fungieren (ISI, Ifo, GEU, 1994, 64f).

Förderprogramme im Bereich Energieberatung

Folgende Förderprogramme zur Energieberatung existieren:

- Zuschüsse zur Beratung über Energieeinsparmaßnahmen in Wohngebäuden („vor-Ort-Beratung"): das Programm läuft seit 1991 und wird von den Haushalten gut angenommen und entfaltet bei mehr als der Hälfte der Beratenen einen starken Einfluß auf die Investitionsentscheidung.

  Wichtig ist dabei eine unabhängige integrierte Energieberatung, die den Informationsbedarf deckt, zur Motivation der Hauseigentümer und zur Bauschadensvermeidung beiträgt.
- Beratungsprogramm für kleine und mittlere Unternehmen: das Programm existiert seit 1978 und wird wenig in Anspruch genommen.
- Energieberatung bei den Verbraucherzentralen, die gut angenommen wird (ISI, Ifo, GEU, 1994, 65f) und durch unabhängige Beratungsstellen in Zusammenarbeit von Bund, Ländern und Kommunen ergänzt werden könnte (ISI, Ifo, GEU, 1994, 89).

Diese Förderprogramme sind jedoch nicht flächendeckend und wenig zielgruppen- und sektorspezifisch orientiert. Über eine Ausweitung der Energieberatungs-Infrastruktur muß daher nachgedacht werden.

Überlegenswert ist auch ein Förderungsansatz, der in Irland verfolgt wurde. „In den 80er Jahren gab es in Irland ein Programm, bei dem Energieberater alle Heizkessel über 50 kW in Unternehmen und öffentlichen Einrichtungen einer kostenlosen Kurzinspektion unterzogen. Spätere Befragungen ergaben, daß viele der dabei vorgeschlagenen Maßnahmen von den Betreibern durchgeführt wurden und das Programm dadurch mit einem guten Kosten/Nutzen-Verhältnis zu erheblichen Energieeinsparungen geführt hat" (ISI, Ifo, GEU, 1994, 68).

Kommunale Energiemanagementstellen

Kommunale Energiemangementstellen dienen der Konzentration der Kompetenzen und der Informationen im Bereich Energie innerhalb der kommunalen Verwaltung. Energiemanagementstellen in Kommunen existieren seit Ende der 70er Jahre. Dadurch konnten Energieeinsparungen von bis zu 35% realisiert werden, wobei die Einsparungen desto höher ausfielen, je länger die Stelle schon eingerichtet war. Die personelle Ausstattung liegt bei größeren Städten bei einem Energiebeauftragten pro 100 000 Einwohner (bei kleineren Gemeinden pro 30 000 Einwohner). Die eingesparten Energiekosten haben die Personalkosten der Energiefachleute bei weitem übertroffen – in Städten ab 125 000 Einwohnern beispielsweise betragen die Personalkosten nur noch rund 10% der erzielbaren Einsparungen (ISI, Ifo, GEU, 1994, 74 f.).

Aufgaben von Energiemanagementstellen sind: Energieverbrauchsüberwachung und Schwachstellenanalyse, Bestandsaufnahme des energietechnischen Zustandes der Gebäudehülle und der Haustechnik, Prioritätensetzung für energetische Sanierungsvorhaben, energietechnische Optimierung bei der Neuplanung, Überwachung haustechnischer Anlagen bei Betrieb und Wartung, Abschluß und Überwachung der Energielieferverträge, Dienstanweisungen und Schulung der Hausmeister, Informationen für Gebäudenutzer (ISI, Ifo, GEU, 1994, 74).

Eine Förderung durch Bund oder Länder für Energiemangementstellen in Kommunen auf 5 Jahre mit abnehmender Zuschußquote wäre denkbar (ISI, Ifo, GEU, 1994, 93). Hessen beabsichtigt, den Aufbau von Energiemanagementstellen künftig durch auf wenige Jahre begrenzte Zuschüsse zu fördern; die Rentabilität solcher Energiemanagementstellen sichert die Weiterbeschäftigung der Fachleute in Gemeinderegie (ISI, Ifo, GEU, 1994, 75).

Motivation bzw. Anreize zur Energieeinsparung

Es ist möglich, Einsparpotentiale auch über Verhaltensänderungen zu erschließen, die über eine zielgerichtete Motivation bzw. über Anreize bewirkt werden. Zu denken wäre z. B. an energieverbrauchsabhängige Prämien für Energiebeauftragte, Konstrukteure, Heizer, Hausmeister, Berater und Planer oder an einen – von kommunalen Spitzenverbänden ausgeschriebenen – Wettbewerb für Hausmeister zu originellen Ideen zur Heizenergieeinsparung (Müller-Michaelis, 1993, 70; ISI, Ifo, GEU, 1994, 57).

7.4.2.8 Internalisierung externer Effekte des Energieverbrauches[91] und Stellungnahme der Kommissionsmitglieder Prof. Dr. Dr. Rudolf Dolzer, Dr.-Ing. Alfred-Herwig Fischer, Martin Grüner, Klaus Harries, Prof. Dr. Klaus Heinloth, Prof. Dr. Hans-Jürgen Jäger, Dr. Klaus W. Lippold, Prof. Dr. Hans Michaelis, Dr. Peter Paziorek, Dr. Christian Ruck, Marita Sehn, Prof. Dr. Wolfgang Seiler, Trudi Schmidt (Spiesen), Bärbel Sothmann, Prof. Dr. Alfred Voß, Prof. Dr. Carl-Jochen Winter

(s. Anhang zu Kap. 7.4.2.8)

Die Enquete-Kommission „Schutz der Erdatmosphäre" führte zum Thema „Externe Effekte der Energienutzung und ihre Berücksichtigung in der Klimaschutzpolitik" am 16. Dezember 1993 eine nicht-öffentliche Anhörung durch. Dr. R. Friedrich [IER], Dr. Hohmeyer [ISI/ZEW in Zusammenarbeit mit B. Hartmann] und K. Masuhr [Prognos] erklärten sich auf eine – während der Anhörung vorgetragene – Bitte der Enquete-Kommission bereit, eine abgestimmte Abschätzung zu den externen Kosten der Stromerzeugung zu erarbeiteten.

Überblick über die externen Kosten der Stromerzeugung, soweit sie quantifizierbar sind; abgestimmte Abschätzung von Dr. R. Friedrich [IER], Dr. Hohmeyer [ISI/ZEW in Zusammenarbeit mit B. Hartmann] und K. Masuhr [Prognos])

Vorbemerkung:

Die nachfolgende Tabelle 7.4-9 enthält Abschätzungen der quantifizierbaren externen Kosten verschiedener Stromerzeugungstechniken. Die Zahlen spiegeln den derzeitigen Wissensstand auf dem Gebiet der Abschätzung externer Kosten wider. Bei der Einordnung der Zahlen ist zu berücksichtigen, daß die Werte von den gewählten Annahmen entscheidend abhängen und überdies mit sehr großen Unsicherheiten verbunden sind.

Die Höhe der externen Kosten hängt sowohl vom Standort eines Kraftwerks als auch von der gewählten Technik ab. Die nachfolgenden Zahlen

---

91) vgl. Tabelle 7.4-1, Nr. 52

Tabelle 7.4-9: Abschätzungen externer Kosten der Stromerzeugung in Pf_{90}/kWh (DR = Diskontrate)

Schadenskategorie	Steinkohle	Braunkohle	Kernenergie	Wasserkraft
berufliche Gesundheitsschäden	0,37 (I)[1]	0,015 (I)[3]	DR = 0% 0,03[2] DR = 3% 0,01 DR = 10% 0,01	
öffentliche Gesundheitsschäden (ohne Kraftwerksunfälle)	0,6–0,8 (II)[1] (ohne Schäden durch Ozon)	1,4–1,7 (II)[3] (ohne Schäden durch Ozon), Anm. 1	DR = 0% 0,0016[2] DR = 3% 0,0002 DR = 10% 0,0001	
Waldschäden (nur durch SO_2)	0,033 (III)[1]	0,032 (III)[3]	–	
Materialschäden (nur in Deutschland)	0,014–0,26 (II)[1]	0,011–0,2 (II)[3]	–	
Lärmschäden	0,03 [7]	0,03 [7]		
Ernteverluste (in Deutschland, durch SO_2)	0,002 (II)[1]	0,001–0,005 (II)[3]		
Summe Schäden im Normalbetrieb insges. soweit quantifizierbar	1,0–1,5 [1][7]	1,5–2,0 [3]	0,01–0,03 [2] 0,01–0,08 (Anm. 2)[5]	0,2–1,6 [11]

Fortsetzung Tabelle 7.4-9

Schadenskategorie	Steinkohle	Braunkohle	Kernenergie	Wasserkraft
Kraftwerksunfälle			0,012 Anm. 3a [2]) 0,06 Anm. 3b [4]) 0,001–0,20 Anm. 3c [5]) 2,3–37,2 Anm. 3d [5]) 4,3 Anm. 3e [9])	0,03–0,1 Anm. 5 [11])
Kosten des Ressourcenverkehrs	DR=4%:0,0004 DR=2%:0,13 Anm. 4a $7*10^{-27}$ Anm. 4b [6])	DR=4%:0,0004 DR=2%:0,13 Anm. 4a $7*10^{-27}$ Anm. 4b [6])	DR=4%:0,0004 DR=2%:0,13 Anm. 4a 0,32 Anm. 4b	
Kosten der Klimaveränderung durch Treibhausgasemissionen	(DR=1%:0,8–1,9) [10]) (DR=3%:0,4–0,8) Anm. 6 DR=0%:29,7 DR=1%:4,4 [8]) DR=2%:0,8 DR=3%:0,2 Anm. 7	(DR=1%:0,8–2,2) [10]) (DR=3%:0,3–0,9) Anm. 6 DR=0%:37,1 DR=1%:5,5 [8]) DR=2%:1,0 DR=3%:0,2 Anm. 7		

[1]) EC Commission DG XII, 1993
[2]) Rabel, Dreicer, Desaigues u. a., 1994
[3]) ES Commission DG XII, 1994
[4]) Friedrich, 1993
[5]) Masuhr, Oczipka, 1993
[6]) Hohmeyer, 1992
[7]) Oak Ridge National Laboratory and Resources for the Future, 1992
[8]) Hohmeyer, Gärtner, 1992
[9]) Ewers, Rennings, 1992
[10]) Mayerhofer, 1984
[11]) Weidig u. a., 1993

beziehen sich bei den Kohlekraftwerken auf neuere Anlagen mit Entschwefelungs- und DENOX-Anlage, für die Kernkraftwerke wurden als Referenzkraftwerke Biblis B (Inbetriebnahme 1976), Tricastin Frankreich (Inbetriebnahme 1980/81) und ein Schweizer Kernkraftwerk verwendet.

Beim derzeitigen Kenntnisstand können eine Reihe von möglicherweise relevanten externen Schäden nicht quantifiziert und/oder monetarisiert werden. Dies sind u. a.

- Gefährdung der Artenvielfalt
- Schadstoffanreicherung in Böden (insbesondere Schwermetalle)
- Verschmutzung von Oberflächen- und Grundwasser
- Naturschäden.

Die Zahlen aus der EU-Studie sind vorläufig und noch nicht veröffentlicht. Neuere Ergebnisse aus dieser Studie speziell für die Bundesrepublik (z. B. für deutsche Kernkraftwerke, Wind- und Photovoltaikanlagen) werden bis ca. Ende 1994 vorliegen.

Die Kohlestudien der EU (EC Commission DG XII, 1993; EC Commission DG XII, 1994) geben auch qualitative Hinweise zur Unsicherheit der Werte. Diese sind im folgenden mit römischen Zahlen angegeben, es bedeutet:

I. hohe Genauigkeit; Fehler sind kleiner als eine Größenordnung

II. mittlere Genauigkeit; Fehler von einer Größenordnung möglich

III. niedrige Genauigkeit; Fehler von mehr als einer Größenordnung sind möglich.

Fallen auch in weiterer Zukunft Schäden durch jetzige Aktivitäten an, so hängt deren Gegenwartswert davon ab, ob und mit welcher Diskontrate die Schäden abdiskontiert werden. Bei den Schadenskategorien, bei denen dies eine größere Rolle spielt (Strahlenschäden, Ressourcenverzehr) ist die gewählte Diskontrate (DR) daher mit angegeben.

Anmerkungen

Anmerkung 1: Die Unterschiede in den Zahlen zwischen Braun- und Steinkohle beruhen weniger auf unterschiedlichen Emissionen pro kWh als vielmehr auf der unterschiedlichen Bevölkerungsdichte in der Umgebung des Braunkohlekraftwerkes (Ruhrgebiet) verglichen mit dem angewählten Standort des Steinkohlekraftwerks (in Baden-Württemberg). Dies demonstriert die eingangs erwähnte Standortabhängigkeit der externen Kosten.

Anmerkung 2: nur Todesfälle berücksichtigt

Anmerkung 3: Unfälle bei Kernkraftwerken[92)]

Anmerkung 3a: Annahmen zu den Ergebnissen der EU-Studie für das französische Referenzkraftwerk (Unfallfolgenrechnung mit COSYMA):

Charakterisierung der angenommenen Unfälle:

Unfall mit Freisetzung von 10% des Core Inventars: Häufigkeit von 4,29 10^{-6} pro Reaktor-Jahr

Unfall mit Freisetzung von 1% des Core Inventars: Häufigkeit von 4,29$10^{-6}$ pro Reaktor-Jahr

Unfall mit Freisetzung von 0,1% des Core Inventars: Häufigkeit von 3,66$10^{-5}$ pro Reaktor-Jahr

Unfall mit Freisetzung von 0,01% des Core Inventars: Häufigkeit von 3,66 10^{-5} pro Reaktor-Jahr

Anmerkung 3b: Variation der Abschätzung von Ewers, Rennings, 1992 für BIBLIS mit folgenden Unterschieden (Friedrich, 1993):

Tschernobyl-Kollektivdosis	60 (statt 120) Mio. Personen-rem
Bevölkerungs-korrekturfaktor	3,5 (statt 7)
Wahrscheinlichkeit des Auftretens großer Freisetzungen	$3{,}7 \cdot 10^{-6}/a$ (statt $2{,}9 \cdot 10^{-5}/a$)

Risikobegriff: Risiko = Schaden · Wahrscheinlichkeit.

Anmerkung 3c: Charakterisierung der angenommenen Unfälle

Anmerkung 3d: Bandbreite der Unfälle wie 3c;

Risikobegriff erweitert auf mögliche monetäre Bewertung des Risikos an Hand der Standardabweichung der Wahrscheinlichkeitsverteilung von Unfällen (in 3c: Risikobegriff als Erwartungswert). In diesem sogenannten „Erwartungswert – Standardabweichungs-Kriterium" (der Portofoliotheorie entlehnt) erhalten die Abweichungen der möglichen Schadenshöhe einzelner Unfallkategorien vom mittleren Schadenswert ein anderes Gewicht. Wie hoch dieses Gewicht ist, hängt von der Einstellung eines Individuums bzw. der Gesellschaft zum Risiko ab (Risikofreude

[92)] siehe hierzu Anhang zu Kap. 7.4.2.8: Stellungnahme der Kommissionsmitglieder Prof. Dr. Dr. Rudolf Dolzer, Dr.-Ing. Alfred-Herwig Fischer, Martin Grüner, Klaus Harries, Prof. Dr. Klaus Heinloth, Prof. Dr. Hans-Jürgen Jäger, Dr. Klaus W. Lippold, Prof. Dr. Hans Michaelis, Dr. Peter Paziorek, Dr. Christian Ruck, Marita Sehn, Prof. Dr. Wolfgang Seiler, Trudi Schmidt (Spiesen), Bärbel Sothmann, Prof. Dr. Alfred Voß, Prof. Dr. Carl-Jochen Winter

	Eintrittswahrscheinlichkeit	
	niedriger Wert	hoher Wert
mit Freisetzung von unter 0,001 % des Inventars	$5 \cdot 10^{-6}$	$1 \cdot 10^{-4}$
mit Freisetzung von 0,001 bis 1 % des Inventars	$1 \cdot 10^{-6}$	$2 \cdot 10^{-5}$
mit Freisetzung von 1 bis 10 % des Inventars	$1{,}3 \cdot 10^{-6}$	$6 \cdot 10^{-6}$
mit Freisetzung von 10 bis 30 % des Inventars	$4 \cdot 10^{-8}$	$3 \cdot 10^{-6}$
mit Freisetzung von 30 % des Inventars	$1 \cdot 10^{-8}$	$1 \cdot 10^{-6}$
mit Freisetzung von über 30 % des Inventars	$1 \cdot 10^{-8}$	$1 \cdot 10^{-6}$

versus Risikoaversion). Die genannten Zahlenwerte reflektieren eine hohe Risikoaversion. Die quantitativen Abschätzungen sind nur eine erste Orientierung über die mögliche Größenordnung der Schäden, weil quantitative empirische Grundlagen zur Verifizierung des gewählten Ansatzes und der Parameter noch fehlen

Anmerkung 3e: Berechnung nach Ewers, Renning, 1992. Die Wirksamkeit von ‚accident-management'-Maßnahmen wird bezweifelt und daher nicht berücksichtigt. Die Wahrscheinlichkeit nach Risikostudie Phase B für nicht beherrschte Ereignisabläufe ohne anlageninterne Maßnahmen von $2{,}9 \cdot 10^{-5}$/a wird verwendet zur Beschreibung der Wahrscheinlichkeit einer großen Freisetzung von radioaktiven Stoffen (doppelt so hoch wie bei Tschernobyl).

Anmerkung 4: Kosten des Ressourcenverzehrs [93)]

Anmerkung 4 a: Überschlagsrechnung nach der Hotelling-Regel:

Kosten der back-stop Technologie 60 Pf/kW_{el}; tatsächliche Reichweite aller fossilen und nuklearen Energieträger zusammengefaßt ca. 300 Jahre (wechselseitige Substitution von Energieträgern ist möglich)

93) siehe hierzu Stellungnahme der Kommissionsmitglieder wie Fußnote 92

Anmerkung 4b: Berechnung nach Hohmeyer, 1992 mit dem Ziel, zukünftigen Generationen Energiedienstleistungen zu ähnlichen Kosten und Mengen wie heute zur Verfügung zu stellen. Substitution der erschöpften Energieträger direkt durch erneuerbare Ressourcen, Kosten der erneuerbaren Ressourcen nach Erschöpfung des Urans (100 Jahre) 39Pf/kWh, nach Erschöpfung der Kohle (1 580 Jahre) 29 Pf/kWh.

Anmerkung 5:

Speicher- und Laufwasserkraftwerke. Einbeziehung der Präferenz für die Vermeidung von Naturraumschäden.

Anmerkung 6: Treibhauseffekt

Die Zahlen beruhen auf Abschätzungen amerikanischer Autoren (Cline, Titus, Fankhauser), die bei einer Verdoppelung der CO_2-Äquivalent-Konzentration in der Atmosphäre einen Schaden von ca. 2% des Weltbruttosozialprodukts ermittelten. Diese Abschätzungen sind aber mit extremen Unsicherheiten verbunden, darauf soll die Einklammerung der Zahlen hinweisen.

Anmerkung 7: Treibhauseffekt [94)]

Die Zahlen beruhen auf Abschätzungen deutscher Autoren (Hohmeyer und Gärtner), die mögliche Einzelschäden einer Verdoppelung der CO_2-Äquivalent-Konzentration in der Atmosphäre betrachten und diese CO_2-Emissionen seit der industriellen Revolution bis zum Jahre 2030 zuordnen. Der größte Einzelschaden beruht auf massiven Ernteausfällen und daraus folgenden Hungersnöten. Die Ergebnisse sind von drei zentralen Annahmen abhängig:

- Der Zuverlässigkeit der Ergebnisse landwirtschaftlicher Modelle über Ernteausfälle (besonders der Angaben in Parry, 1990),
- der Annahme, daß weltweite Todesfolgen aufgrund von Emissionen aus Industrieländern mit den dort üblichen Bewertungsmaßstäben zu messen sind (US $ 1 Mio. pro Todesfall) und
- der ethischen Annahme, daß der monetäre „Ersatzwert“ für ein Menschenleben nicht abdiskontiert werden sollte.

Änderungen in allen drei Punkten können zu Ergebnisabweichungen um Größenordnungen führen.

94) siehe hierzu Stellungnahme der Kommissionsmitglieder wie Fußnote 92

Anhang: Beschreibung der Referenztechnologien in einem Teil der verwendeten Literatur

EC Commission DG XII, 1993: Steinkohle

neues Kraftwerk mit Staubfeuerung in Baden-Württemberg

Nennleistung (netto): 626,9 MW_{el}

therm. Wirkungsgrad: 37,6%

Vollaststunden pro Jahr: 4 010

Emissionen:	SO_2	800 g/MWh (200 mg/Nm^3)
	NO_x	800 g/MWh (200 mg/Nm^3)
	Staub	200 g/MWh (50 mg/Nm^3)
	CO_2	900 kg/MWh

Kohleförderung im Ruhrgebiet und Saarland. Transport der Kohle mit Bahn (33%) und Binnenschiff (67%). Transport von sonstigen Betriebs- und Abfallstoffen mit dem LKW.

Rabel, Dreicer, Desaigues u. a. (1994): Kernenergie

4 × 915 MW_{el} DWR in Tricastin (Frankreich)

5,69 TWh Stromerzeugung pro Jahr

Inbetriebnahme 1980/81

EC Commission DG XII, 1994: Braunkohle

neues Kraftwerk mit Staubfeuerung in Nordrhein-Westfalen

Nennleistung (netto): 589 MW_{el}

therm. Wirkungsgrad: 36,2%

Vollaststunden pro Jahr: 7 500

Emissionen:	SO_2	655 g/MWh (200 mg/Nm^3)
	NO_x	655 g/MWh (200 mg/Nm^3)
	Staub	167 g/MWh (50 mg/Nm^3)
	CO_2	1 124,3 kg/MWh

Braunkohlenförderung im Abbaugebiet Garzweiler.

Friedrich, 1994: Kernenergie

DWR Biblis B

Inbetriebnahme 1976

Die Kommissionsmitglieder
Prof. Dr. Dr. Rudolf Dolzer, Dr.-Ing. Alfred-Herwig Fischer, Martin Grüner, Klaus Harries, Prof. Dr. Klaus Heinloth, Prof. Dr. Hans-Jürgen Jäger, Dr. Klaus W. Lippold, Prof. Dr. Hans Michaelis, Dr. Peter Paziorek, Dr. Christian Ruck, Marita Sehn, Prof. Dr. Wolfgang Seiler, Trudi Schmidt (Spiesen), Bärbel Sothmann, Prof. Dr. Alfred Voß, Prof. Dr. Carl-Jochen Winter merken zu der Abschätzung der Höhe der externen Kosten der Stromerzeugung folgendes an:

(1) zu Anmerkung 3c)

Bei den hier aufgezählten Eintrittswahrscheinlichkeiten von Reaktor-Unfällen liegt der obere Wert bis zu 100mal so hoch wie der niedrigste Wert.

(2) zu Anmerkung 3d)

Die Untersuchung soll dazu dienen, die externen Kosten zu quantifizieren. In einer solchen Untersuchung hat die Frage, wie das Individuum bzw. die Gesellschaft zum Risiko steht (Risikofreude/Risikoaversion), keinen Platz.

(3) zu Anmerkung 3e)

Ewers und Renning bezweifeln die Wirksamkeit von „Accident Management-Maßnahmen". Dies ist nicht recht einzusehen.

(4) zu Anmerkung 4a)

Es ist nicht einzusehen, warum man den wechselseitigen Substitutionsprozeß von Energieträgern zur Stromerzeugung auf ca. 300 Jahre veranschlagen sollte. Dies steht schon im Widerspruch zu den später folgenden Ausführungen über den sehr weit hinausgeschobenen Zeitpunkt der Erschöpfung der Kohlevorräte.

(5) zu Anmerkung 4b)

Es wird ausgeführt, die Uranvorräte seien in 100 Jahren erschöpft. Jeder Geologe kann diese Behauptung widerlegen.

(6) zu Anmerkung 7, zweiter und dritter Spiegelstrich

Es ist nicht einzusehen, warum der monetäre Ersatzwert für ein Menschenleben „aus ethischen Gründen" nicht abgezinst werden darf, wenn dies für alle anderen Faktoren gestattet ist. (Man stelle diese Überlegung einmal für weit zurückliegende technologische Entwicklungen an, etwa die Dampfmaschine, den Bau von Eisenbahnen oder die Entwicklung des Automobils. Alles dies wären dann nie begonnen worden.) Dann kann man in der Tat zu der extremen Risikoschätzung von Hohmeyer und Gärtner gelangen:

> Wenn dem Treibhauseffekt nicht bis zum Jahre 2030 Einhalt geboten wird, kommt es zu Hungersnöten, die 900 bis 1 800 Millionen Menschen den Tod bringen werden, jedes Menschenleben bewertet mit nicht abzinsbaren 1 Million US-$, insgesamt somit wenigstens 900 Billionen (10^{12}) US-$. (Hohmeyer, Gärtner, 1992, 44)

Derartige Extremrechnungen haben zur praktischen Folge, daß der Treibhauseffekt nicht mehr ernst genommen wird.Insbesondere diese Fragen bewegen die oben genannten Mitglieder der Enquete-Kommission dazu, über die externen Kosten der Stromerzeugung weiterhin nachzudenken.

Internalisierung externer Effekte

Die Internalisierung nach dem Ausmaß der externen Effekte wäre die „first best"-Lösung. Da sie aber aufgrund von Wissensmängeln nicht realisierbar ist (EWI, 1994, I.B-35), sollte die „second best"-Lösung realisiert werden, deren Grundlage ein im politischen Willensbildungsprozeß ermittelter Preis der Umweltnutzung ist. Das Leitbild dieses Vorgehens ist eine an praktizierbaren Konzepten ansetzende Umweltpolitik, die die idealtypischen, aber nicht instrumentalisierbaren Konzepte als Referenzpunkt nimmt, aber pragmatische Näherungslösungen bis zur Entwicklung besserer Konzepte nutzt. „Die Behauptung, Versuche einer Internalisierung externer Effekte scheiterten am Wissensproblem bezüglich des ‚wahren Wertes', gehen (sic!) deshalb vollkommen fehl" (EWI, 1994, I.B-36). Diese Aussage ist zu sehen im Zusammenhang mit der vorangestellten Feststellung: die „zweitbeste Lösung" ist der Versuch, die Umweltziele im Rahmen einer preisgesteuerten Internalisierung zu lösen. Zusätzliche Umweltschutzmaßnahmen dürfen dann nur solange ergriffen werden, wie ihre Kosten unter dem für alle Umweltnutzer einheitlichen „Preis der Umweltverschmutzung" liegen.

Eine darüber hinausgehende Internalisierung von Risiken des Treibhauseffektes auf der Basis des Vorsichtsprinzipes und der gesellschaftlichen Risikoaversion sind nichts anderes als eine Prämie für eine „greenhouse insurance" (Kreuzberg, 1994).

7.4.3 Kombinationslösungen

7.4.3.1 Vorstellung des Schweizer Impulsprogrammes RAVEL („Rationelle Verwendung von Elektrizität")

Am Beispiel des Schweizer RAVEL-Programms soll demonstriert werden, wie Einzelinstrumente zur Erschließung von Energiesparmaßnahmen zu einem Gesamtpaket geschnürt werden können, das hocheffizient ist und Synergieeffekte nutzt, da die relevanten Gruppen eingebunden, das Wissen und die Stärken der Beteiligten genutzt werden und die Umsetzung optimal auf die Zielgruppen abgestellt wird.

Vorgeschichte

Seit 1978 gibt es in der Schweiz öffentlich geförderte Impulsprogramme zur verbesserten Wissensumsetzung im Bauwesen und in der Haustechnik. Die Wissensbasis wird von Fachleuten erarbeitet und in zielgruppenorientierte, praxisnahe und didaktisch gute Dokumentationen und Kurskonzeptionen umgesetzt. Die Kurse werden von den Fachverbänden durchgeführt (ISI, 1994a, 3). Die typische Laufzeit eines Impulsprogrammes ist 6 Jahre. Wesentliche Motivation für alle Impulsprogramme ist die Wirtschaftsförderung. Impulsprogramme genießen eine hohe politische Akzeptanz und einen guten Ruf in der Fachwelt (ISI, 1994a, 7).

Wichtig für den Erfolg ist eine enge, konsensorientierte Kooperation von Wissenschaft, Wirtschaft, Fortbildungseinrichtungen und Staat. Das in diesen Impulsprogrammen erarbeitete Wissen fand breiten Eingang in die Praxis und starke Beachtung in der Öffentlichkeit: Produktverbesserungen, die Einführung einer Energiekennzahl für Gebäude, der höhere Stellenwert der Haustechnik, die übliche Kopplung von Bauerneuerung und energetischer Sanierung sind Beispiele dafür (ISI, 1994a, 3).

Ziele von RAVEL

RAVEL ist eines der drei vom Bundesamt für Konjunkturfragen 1990 neu initiierten Impulsprogamme; es ist mit einem Budget von 25 Mio. SFr für die gesamte Laufzeit ausgestattet (ISI, 1994a, 3). „Wie schon bei früheren Impulsprogrammen ist Ziel dieser Weiterbildungsinitiativen

- die Stärkung der Wirtschaft in Zukunftsmärkten (Sicherung und Schaffung attraktiver Arbeitsplätze) und
- die Förderung des fachübergreifenden Denkens und Handelns.

Die Senkung des Energieverbrauches ist nicht primäres Ziel, sondern erwünschte Nebenwirkung" (ISI, 1994a, 5).

Durchführung

„Die Formulierung und Organisation des Programms, die Erarbeitung der Stoffinhalte sowie der didaktischen Mittel und die Durchführung der Veranstaltungen wird von Fachleuten aus der Privatwirtschaft und Experten aus Hochschulen und der Verwaltung übernommen" (ISI, 1994a, 5). Es werden nur Aufträge vergeben und keine Stellen geschaffen.

Die Erarbeitung der Materialien erfolgt im Team. Der Qualitätsstandard der Materialien wird durch Diskussionen mit externen Fachleuten, durch Pilotveranstaltungen und durch Anhörungen in Fachkreisen gesichert (ISI, 1994a, 6). Anschließend werden die fertigen Weiterbildungsveranstaltungen bestehenden Organisationen (Branchen-, Fach-, und Berufsverbände) zur Durchführung angeboten, um Praxis- und Zielgruppennähe zu sichern (ISI, 1994a, 6).

Inhalte/Weiterbildungsunterlagen – Publikationen

Grundlage des Programmes ist eine Analyse, wie sich der Stromverbrauch auf die unterschiedlichen Nutzungsbereiche und Energiedienstleistungen verteilt. Tabelle 7.4-10 führt diese Daten in der RAVEL-Matrix zusammen.

Für die meisten Themengebiete fehlte die fundierte Wissensbasis, um eine Weiterbildung zur rationellen Verwendung von Elektrizität darauf aufbauen zu können. Um diese Wissenslücken zu schließen, wurden Studien in Auftrag gegeben. Die Schlußberichte dieser Untersuchungen („Materialien zu RAVEL") und die Weiterbildungsunterlagen, die sog. Dokumentationen, die unter Zuziehen der Untersuchungen erstellt werden, werden veröffentlicht (vgl. Tabelle 7.4-11, Stand Februar 1993 [95]).

Außerdem wird eine besondere Schriftenreihe „RAVEL-Industrie" herausgegeben, die vor allem Betriebsleiter, Technische Leiter, Elektrochefs aber auch die allgemeine Führungsebene ansprechen soll [96].

„Bemerkenswert ist bei den RAVEL-Materialien die Art der Aufbereitung und die didaktische Gestaltung" (ISI, 1994 a, 33).

Wirkungsweise/Bewertung

Eine Leitidee der Programme ist, „daß die Impulsprogramme sich als Angebot an die betreffenden Fachleute und Branchen verstehen und nichts von ihnen fordern, auch nicht einen rationelleren Umgang mit

[95]) Weitere Materialien und Dokumentationen sind noch in der Entstehung.

[96]) Titel dieser Reihe (Stand Mitte 1993): RAVEL-Industrie-Handbuch (Daten und Fakten der betrieblichen Energiewirtschaft); Analyse des Energieverbrauchs; Messen von Leistungen und Energien; Organisation und Energiemanagement; Energie – ihre Bedeutung für die Wirtschaft; Elektroantriebe (ISI, 1994a, 13–16).

Tabelle 7.4-10: RAVEL-Matrix (die Angaben in Prozent sind geschätzte Verbrauchsanteile; ISI, 1994a, 9)

	fachorientiert				
verbrauchs-orientiert	Wärme 1 38 %	Kraft 2 33 %	Licht 3 11 %	Geräte 4 13 %	Diverses 5 5 %
A Haustechnik 25 %	Raumluftkonditionierung: Heizen, Lüften, Klimatisieren, Wärmepumpen 7 %	Motoren für Pumpen und Ventilatoren, Steuerantriebe Personenlifte 8 %	Beleuchtung 10 %		Steuerungen, Automatisierung, Sicherheit
B Prozesse Industrie 30 %	Prozeßwärme, (Widerstand, Lichtbogen, HF, Infrarot, Induktion) 8 %	Motoren und Antriebe, Förderanlagen 19 %			Prozeßsteuerung, Kommunikation, diverse Prozesse (Chemie, Elektrolyse, etc.) 3 %
C Prozesse Dienstleistung 14 %	Großküchen, Kühlanlagen, etc. 9 %	Motoren für Personenförderung, Kältemaschinen 2 %		Bürogeräte, Terminals, PC etc. 1 %	EDV-Anlagen, Kommunikationssysteme, USV 2 %

Fortsetzung Tabelle 7.4-10

	fachorientiert				
verbrauchs-orientiert	Wärme 1 38%	Kraft 2 33%	Licht 3 11%	Geräte 4 13%	Diverses 5 5%
D Betriebseinrichtungen Haushalte 24%	Warmwasser-aufbereitung, Elektroheizungen 12%			Unterhaltungs-elektronik, private EDV, Haushaltsgeräte 12%	
E Verkehr 7%	Tunnelbelüftung, Wagenklimatisierung 2%	Traktion, Antriebe von Förderanlagen 4%	Öffentliche Beleuchtung, Tunnel-beleuchtung 1%		Energieversorgung und -umformung, Signalisation

Tabelle 7.4-11: RAVEL-Dokumentationen und Materialien (Stand Februar 1993; ISI, 1994a, 14f.)

Dokumentationen (Auswahl)	
Allgemein	Broschüre „Neue Handlungsempfehlungen mit weniger Strom“ RAVEL-Tagungsband 1991: Start zu einer neuen fachlichen Kompetenz RAVEL-Tagungsband 1992: Mehr Büro mit weniger Strom RAVEL-Tagungsband 1993: Energie-Fitness: Herausforderung an die Führungsstrategen der Industrie RAVEL-Handbuch: Strom rationell nutzen. Umfassendes Grundlagenwissen und praktischer Leitfaden zur rationellen Verwendung von Elektrizität
Speziell	Umwälzpumpen: Auslegung und Betriebsoptimierung Elektrizität im Wärmesektor: KWK, Wärmepumpe, -rückgewinnung, Abwärmenutzung, Inbetriebsetzung, Inbetriebnahme und Abnahme von Anlagen mit Gebäudeautomation
Materialien (Auswahl)	
Allgemein	Grundbegriffe der Energiewirtschaft Methoden der Wirtschaftlichkeitsanalyse von Energiesystemen Kennwerte betrieblicher Prozeßketten Zuverlässigkeit und Energieverbrauch von elektrischen Geräten Interne Wärmelasten von Betriebseinrichtungen Benutzerverhalten im Bürobereich
Spezielle Branchen	Energieverbrauch in gewerblichen Küchen Elektrizitätsbedarf von Textildruckmaschinen Kühltemperaturen im Lebensmittelhandel Energieverbrauch in der Zementindustrie Energiesparstrategie für Versorgungsunternehmen

Fortsetzung Tabelle 7.4-11

	Materialien (Auswahl)
Haushalte	Stromverbrauchserhebung in Haushalten Wäschetrocknen im Mehrfamilienhaus
Spezielle Techniker	Wirkungsoptimierung der Drucklufterzeugung und -verteilung Energieverbrauch von elektronischen Bürogeräten Energieverluste bei Büro- und Unterhaltungselektronikgeräten Abgeschlossene und laufende Projekte in den Bereichen KWK und Wärmepumpen Wärmerückgewinnung/Abwärmenutzung – Checkliste Möglichkeiten der Wärmerückgewinnung

Energie, sondern einfach zeigen, wie ein rationellerer Umgang bewerkstelligt werden kann. Neu für die Impulsprogramme ist bei RAVEL der bewußte und gezielte Einbezug der Industrie in den Kreis der Adressaten der Bemühungen" (ISI, 1994 a, 8).

Die Erfolge beziehen die Impulsprogramme aus der Motivierung der Beteiligten, aus eigenem Interesse tätig zu werden.

Sowohl die Beauftragung von praxisorientierten Fachleuten zur Konzeption als auch die Durchführung durch die einschlägigen Verbände führt zu einer hohen Akzeptanz und Wirksamkeit, da das Programm praxisnah ist und bewährte Kanäle zur Informationsvermittlung nutzt. Außerdem werden Impulse auf zwei Ebenen ausgeübt: erstens über die beteiligten Fachleute, die weiterhin in ihrem Berufsfeld tätig sind und als Multiplikatoren wirken, und zweitens über die eigentlichen Adressaten des Programms – die Teilnehmer der Schulungen (ISI, 1994 a, 6 f.).

„Sicher hat RAVEL bis heute noch kaum einen Einfluß auf den Energieverbrauch ausgeübt. Dafür läuft das Programm noch nicht lange genug. Eine detaillierte Einschätzung der Wirkung bisheriger Impulsprogramme auf den Energieverbrauch liegt nicht vor, doch würden wohl viele ‚Insider' die Programme ... als sehr wirkungsvoll bezeichnen, obwohl die Energieeinsparung nicht erstes Ziel der Programme ist.

Es darf tatsächlich angenommen werden, daß die Wirkung der bisherigen Impulsprogramme auf den Energieverbrauch, zusammen mit anderen Entwicklungen, erheblich war und daß auch RAVEL eine wirksame Maßnahme zur zukünftigen Energieeinsparung ist" (ISI, 1994 a, 20).

Eine interdisziplinäre Berater- und Forschergruppe beurteilte das Programm positiv, hielt aber folgende Anmerkungen für erforderlich:

- Programm auf immer schnellere Entwicklung neuer Einspartechnologien einstellen, auf komplexere Energieeinsparmaßnahmen und auf eine Verstärkung der integralen Planung
- Zielgruppen über Planer hinaus auf Betreiber und Installateure von Haustechnikanlagen ausweiten und öffentliche Medien nutzen, um z. B. über „Events" die Aufmerksamkeit auf die rationelle Stromverwendung zu lenken
- weniger Kurse, dafür mehr andere Formen der know-how-Vermittlung und Augenmerk auf Umsetzungsbedingungen des Gelernten in der Praxis richten (ISI, 1994 a, 18).

7.4.3.2 Umsetzungsvorschlag eines RAVEL-ähnlichen Programmes in der Bundesrepublik Deutschland

In Anlehnung an das RAVEL-Programm der Schweiz wird hier beispielhaft ein auf die bundesdeutschen Verhältnisse angepaßtes Projekt zur rationellen und wirtschaftlichen Nutzung von Elektrizität entwickelt. Einer Übertragung des Grundgedankens auf den Wärmebereich steht nichts entgegen. Eine Einbettung in ein Fortbildungsprogramm zur rationellen Energieverwendung wäre sinnvoll [97)].

Bei der Implementierung eines RAVEL-ähnlichen Programmes für Deutschland sollten die Interessen der Zielgruppen einbezogen werden. Für Anwender sind beispielsweise Kosteneinsparungen durch Minderverbrauch und Tarifgruppenwechsel oder geringere Amortisationszeiten von Interesse. Planer und Handwerker wollen zusätzliche Aufträge erhalten und ihre Wettbewerbsfähigkeit durch verbessertes Wissen über den Stand der Einspartechnik stärken. EVU sparen Kosten ein, da für die eingesparten „Negawatts" keine Kraftwerke und Stromleitungen errichtet werden müssen. Allen Bürgern erwachsen Vorteile aus der Realisierung von Energieeinsparungen und der Realisierung von Umwelt- und Klimaschutzzielen. Ein zusätzlicher volkswirtschaftlicher Vorteil erwächst daraus, daß durchschnittlich netto 100 Dauerarbeitsplätze pro 1 PJ Energieeinsparung geschaffen werden und die ausgelösten Innovationen die internationale Wettbewerbsfähigkeit verbessern (ISI, 1994 a, 21 f.; 1 Mio. t SKE = 29,308 PJ = 8,15 TWh). Bei der Erarbeitung der Kurskonzeptionen sollten außerdem die besonderen Bedürfnisse der neuen Bundesländer berücksichtigt werden (ISI, 1994 a, 28).

Schwerpunkte des Fortbildungsprogrammes könnten sein:

- Konzeption zielgruppenspezifischer Seminare auf Basis einer von einschlägigen Fachleuten erarbeiteten Zusammenstellung des Standes der Forschung und der technischen Entwicklung
- Erstellung kursbegleitender Dokumentationen
- Durchführung der Fortbildung über traditionelle Fortbildungsträger (ISI, 1994 a, 28 f.).

Den potentiellen Kursteilnehmern und den Verantwortlichen ist der praktische Nutzen der Weiterbildung vor Augen zu führen. Dies bedeutet in der Regel, daß nur spezifische Themen angesprochen werden sollten, da allgemeine Themen mangels direkter Anwendbarkeit erfahrungsgemäß auf wenig Resonanz stoßen (ISI, 1994 a, 23).

97) Länderprogramme: NRW (Energieeinsparung in Gebäuden), Hessen (rationelle Stromnutzung), Baden-Württemberg („Energieeinsparung bei der Bauerneuerung") (ISI, 1994a, 3 f.)

Durchführung

Es bietet sich an, das bewährte Organisationskonzept der Schweizer Impulsprogramme zu übernehmen: zentrale inhaltliche Koordination, ein einheitliches Erscheinungsbild, inhaltliche Bearbeitung in Form von Aufträgen und Durchführung durch bestehende Weiterbildungseinrichtungen (ISI, 1994 a, 28). Dadurch ist die fachliche und didaktische Qualität – analog zu RAVEL – zu gewährleisten (ISI, 1994 a, 29). Das Programm sollte ähnlich effektiv (‚lean organisation') und mit vergleichbarem, auf die Größe der Bundesrepublik Deutschland hochgerechneten [98]) Aufwand wie in der Schweiz finanziert, implementiert und organisiert werden.

In Deutschland ist die berufliche Fortbildung Ländersache. Die Grundlagenerarbeitung, die Konzipierung und Durchführung von Pilot- und Demonstrationsprojekten und die Erstellung der Veranstaltungskonzepte sollte jedoch bundesweit koordiniert – beispielsweise im Rahmen einer Länderarbeitsgemeinschaft – erfolgen, die Umsetzung und Durchführung könnte durch die Fortbildungsträger der einzelnen Bundesländer geleistet werden.

Die Projektlaufzeit sollte etwa 5 Jahre betragen (ISI, 1994 a, 31). Jeder Kurstyp sollte nach 10maliger Durchführung von einem neuen Team von Referenten und Kursleitern übernommen werden (ISI, 1994 a, 40).

Bei der Erarbeitung der Dokumentationen ist es sinnvoll, auf die aktuellen Materialien des RAVEL-Programms zurückzugreifen und eine Anpassung an die landesspezifischen Gegebenheiten vorzunehmen (von den rechtlichen Vorschriften über die Hersteller- und Literaturangaben bis zur Terminologie), um Akzeptanzschwierigkeiten zu vermeiden (ISI, 1994 a, 33).

Die Öffentlichkeitsarbeit sollte in professionelle Hände gelegt werden, um damit ein konsistentes Erscheinungsbild nach außen zu schaffen (ISI, 1994 a, 39). Periodische Pressekonferenzen, Präsenz in der Fachpresse, in Verbandszeitschriften und -mitteilungen, Einspeisung der Kursdaten in die BfA-Datenbank „Kurs direkt" und eine Präsenz auf Ausstellungen, Messen, Tagungen wären Maßnahmen für eine gezielte Öffentlichkeitsarbeit (ISI, 1994 a, 40).

Zielgruppen

Zielgruppen könnten sein:

- Planungsebene (Ingenieurbüros im Bereich Gebäude-, Anlagen- und Maschinenplanung, Energiebeauftragte im öffentlichen Bereich und in privaten Unternehmen, Energieberater und -agenturen)

[98]) D. h. das Förderprogramm soll bundesweit 100 Mio. DM in 5 Jahren nicht übersteigen.

- Entscheidungs- und Kontrollebene in Firmen (v. a. Kosten-Controlling) und in Kommunen
- Durchführungs- und Nutzerebene (Praktiker vor Ort wie Elektroinstallateure und -techniker, Wartungspersonal, Betriebsingenieure, Hausmeister, Gerätefachhandel) (ISI, 1994 a, 24).

Die Erreichbarkeit der Zielgruppen ist sehr unterschiedlich: betriebliche Fachkräfte investieren z. B. überdurchschnittlich viel Zeit in Fortbildung, Hausmeister und Handwerker dagegen sind nur schwer erreichbar (ISI, 1994 a, 24).

Mit welchen Aktivitäten und Themen und über welche Kanäle die Zielgruppen angesprochen werden können, zeigt folgende Aufzählung:

- Zielgruppe oberhalb der Technikerebene (mittleres Management, Planer und Fachingenieure; Verantwortliche für Planung und Umsetzung) über Fachtagungen der Technischen Akademien, des VDI-Bildungswerks etc. ansprechbar

  Themen: Energiekonzepte für Gebäude und Betriebe incl. Leittechnik und EDV-gestützter Optimierung, Photovoltaik und Wasserkraftnutzung
- Elektroingenieure, Monteure etc: ansprechbar über Fortbildungsträger des Elektrohandwerks, Handwerkskammern, IHK

  Themen: Installation von Blindstromkompensation, Maximum-Überwachungsanlagen, Regelungsanlagen für Steuerung von Maschinenparks
- Anwenderfirmen, Betreiber größerer Anlagen (Kommunen, Krankenhäuser, größere Verwaltungen und Industriebetriebe) über Veranstaltungen wie Messen und Informationsangebote ansprechbar

  Themen: Überblick über Geräte und Anlagen [99)], Vertragsgestaltung mit EVU und Einfluß der Regelungstechnik auf Tarifgestaltung, Stromeigenerzeugung auch durch erneuerbare Energien, Beleuchtungssysteme, Nutzung eigener Trafostation (ISI, 1994 a, 25 f.).

Für alle Zielgruppen ist ein Instrument zur Schwachstellenanalyse und eine einheitliche Methode bei Planung, Durchführung und Erfolgskontrolle stromsparender Maßnahmen zu entwerfen (ISI, 1994 a, 24 + 26).

[99)] Für Haushaltsgeräte bietet die Domotechnika einen guten Überblick, für Geräte und Anlagen im Bereich Gewerbe und Industrie fehlt ein solcher Überblick (Ausnahme: Aktivitäten der EVU für einige spezielle Gewerbezweige)

Evaluierung

Die Evaluierung ist schwierig, da die Programme indirekt wirken. Folgende Indikatoren können aber Anhaltspunkte liefern: „Erreichung der Zielgruppen, Akzeptanz der Kurse und Materialien, Verbesserung des Wissensstandes der Zielgruppen, Energiespareffekte, Kosten/Nutzen-Aspekte des Einsatzes öffentlicher Gelder, weitergehende Impulse nach Programmende, Auswirkungen auf die Erstausbildung und Resonanz in der Öffentlichkeit" (ISI, 1994 a, 41).

Die Wirkung könnte verstärkt werden durch die Einführung eines Fortbildungsausweises im Elektrohandwerk, durch den gegenüber Kunden und Arbeitgebern die Weiterbildung dokumentiert wird. Dies hat sich auch im RAVEL-Programm bewährt (ISI, 1994 a, 41).

Außerdem wirkt sich eine Veränderung der Rahmenbedingungen, die die Anreize zur rationellen Energieanwendung stärkt, auch positiv auf die Wirkung eines Weiterbildungsprogramms aus (ISI, 1994 a, 42 f.).

7.4.3.3 Schweizer Aktionsprogramm Energie 2000

Eine breite Zusammenarbeit zum Klimaschutz mit einem Bündel einzelner Instrumente stellt das Aktionsprogramm Energie 2000 in der Schweiz dar. Mehr als 70 Stellen von Staat, Wirtschaft sowie Umwelt- und Konsumentenorganisationen sind an diesem Programm 2000 beteiligt. Hauptziel ist es, die CO_2-Emissionen bis 2000 auf dem Niveau von 1990 zu stabilisieren und danach zu reduzieren.

Als Revitalisierungs-, Innovations- und Investitionsprogramm ist dies gerade in der Rezession auch mit Blick auf die Exportmärkte wichtig. Die Lösungsansätze sind föderalistisch und marktwirtschaftlich orientiert (Bundesamt für Konjunkturfragen, 1992, 5; Kesselring, 1993, 44 + 70).

Einen Überblick über Einzelziele, Akteure und Aktionen gibt, Tabelle 7.4-12.

Beispiele für Erfolge des Aktionsprogramms Energie 2000 sind: zahlreiche richtungsweisende Projekte von Unternehmen und der öffentlichen Hand, neue Energiekonzepte und -gesetze in verschiedenen Kantonen und Gemeinden, Zielwertvereinbarungen für Geräte auf Bundesebene und eine breite Zusammenarbeit aller Beteiligten v.a. in den Aktions- und Konfliktlösungsgruppen (Kesselring, 1993, 46).

Eine detaillierte Übersicht über die eingeleiteten bzw. realisierten Maßnahmen und den zusätzlichen Handlungsbedarf bietet Tabelle 7.4-13.

Auch in der Bundesrepublik Deutschland könnte ein alle gesellschaftliche Gruppen umschließendes Aktionsprogramm, das eine auf die deut-

Tabelle 7.4-12: Die wichtigsten Elemente von „Energie 2000" (Kesselring, 1993, 53)

Ziel und Zweck

Optimale Nutzung der Moratoriumsfrist durch die Ausrichtung aller Kräfte auf die folgenden gemeinsamen Ziele:

- Mindestens Stabilisierung des Gesamtverbrauchs von fossilen Energien und CO_2-Emissionen im Jahre 2000 auf dem Niveau von 1900 und anschließende Reduktion (entspricht den von der Schweiz abgegebenen Erklärungen auf der Klimakonferenz in Genf (1990) und auf der UNCED-Konferenz in Rio de Janeiro (1993); BRB vom 31. Oktober 1990)
- Zunehmende Dämpfung der Verbrauchszunahme von Elektrizität während der 90er Jahre und Stabilisierung der Nachfrage ab 2000
- Zusätzliche Beiträge der erneuerbaren Energien im Jahre 2000: +0,5 % zur Strom- und +3 % zur Wärmeerzeugung
- Ausbau der Wasserkraft um 5 % und der Leistung der bestehenden Kernkraftwerke um 10 %

Rollenverteilung

Bund

- Energienutzungsbeschluß, Energiegesetz, Lenkungsabgabe
- Information, Beratung, Aus-/Weiterbildung, Forschung und Entwicklung
- bundesinterne Programme

Kantone/Gemeinden

- Realisierung von „Energie 2000" auf kommunaler und kantonaler Ebene
- Ausschöpfung des Handlungsspielraums; Gebäude, Sanierungsprogramme, Tarife, etc.
- Beispielgebende Programme in kommunalen/kantonalen Gebäuden etc.
- Vollzug der Energiegesetze von Bund und Kantonen

Fortsetzung Tabelle 7.4-12

Wirtschaft und Private
– Energiewirtschaft: Tarifempfehlungen, Energiedienstleistungsunternehmen, …
– Industrie, Gewerbe, Landwirtschaft, Fachverbände, Umwelt- und Konsumentenorganisationen: konkrete substantielle Beiträge zur Zielerreichung
Organisation und Aufgaben
Bund: Zielsetzung, Rollenverteilung, Zeitplan, Öffentlichkeitsarbeit
Begleitgruppe (alle Teilnehmer): Information, Absprachen, konzertierte Aktionen
4 Aktionsgruppen (Brennstoffe, Treibstoffe, Elektrizität, regenerierbare Energien): Planung, Motivation, Begleitung, Koordination und Evaluation von Aktionen v. a. von Wirtschaft und Privaten zur Erreichung je eines Teilziels
Konfliktlösungsgruppen: Diskussion umstrittener Themen (z. B. radioaktive Abfälle, Wasserkraft, Übertragungsleitungen) durch Betroffene zur Konsensfindung
Aktionen einzelner Teilnehmer (Ca. 80): konkrete Beiträge, Aktionen, Projekte, Investitionen

Tabelle 7.4-13: „Energie 2000": Bilanz nach drei Jahren (Auswahl; Kesselring, 1993, 50)

Teilnehmer/Aktionen	eingeleitet/realisiert	bleibt zu tun
Wirtschaft/Aktionsgruppen		
Aktionsgruppen	Umsetzungsprogramme/Projekte	Multiplikation
Energiewirtschaft	zahlreiche Projekte	Strategien für freiwillige Lösungen (Tarif, DSM etc.)
Gemeinden		
„Energiestadt"	35 Gemeinden	flächendeckende Realisierung
Kleine Gemeinden	Konzept in Erarbeitung	Realisierung
Kantone		
Energiepolitisches Programm	1985: 25 Maßnahmen	Lücken schließen
Kantonales Energierecht	Anpassung an Stand der Technik	Realisierung (SLA 380/1)
E2000-Kantone	verschiedene Kantone	Realisierung in allen Kantonen

Fortsetzung Tabelle 7.4-13

Teilnehmer/Aktionen	eingeleitet/realisiert	bleibt zu tun
Bund		
Energienutzungsbeschluß/-VO	Förderung, Zielwerte für Geräte	wirksamerer Vollzug, Maßnahmen für Fahrzeuge, Zielwerte Elektrogeräte
Energiegesetz (EnG)	Entwurf: IRP, Grundsätze Gebäude	Realisierung
Energieabgaben	Treibstoffzollerhöhung 20 Rp./l	CO_2-/Energielenkungsabgabe
F&E bzw. P&D	30,5 bzw. 13,5 Mio. SFr (1993) Forschungskonzept 1992/1995	
Information und Beratung	4 Energieberatungszentralen (ca. 70 Stellen, 23 000 Anfragen)	
Aus-/Weiterbildung	Fachstelle Aus-/Weiterbildung	
SBB, PTT, ETH etc.	Programme Bundesstellen	Budgeterhöhung/Realisierung
Impulsprogramme	RAVEL; PACER; IP-BAU	E2000
Konfliktlösungsgruppen		
Radioaktive Abfälle	Entsorgungskonferenz 91	Sistiert durch Umweltorg.
Wasserkraft	Gespräche eingeleitet	Wasserkraft: +5 %
Übertragungsleitungen	Gespräche eingeleitet	Übertragungsleitungskonzept

schen Verhältnisse und die weitergehenden CO_2-Minderungsziele angepaßte Zielsetzung und Struktur haben würde, einen Beitrag zur Erreichung des CO_2-Minderungszieles leisten.

7.4.4 Kommunale Klimaschutzinitiativen (lokale Energiekonzepte, föderale Aufgabenteilung)

„Kommunale Energiepolitik kann nicht mehr allein aus ihren örtlichen Bedingungen heraus entwickelt werden: ‚Global denken, lokal handeln' lautet ein viel zitiertes Leitmotiv für eine Energiepolitik vor Ort. Aber auch der umgekehrte Zusammenhang spielt eine wichtige Rolle: ‚Lokal handeln, um global zu verändern'. Für Stadtwerke, bürgernahe Unternehmen mit öffentlichem Auftrag und die in vielen Städten wichtigsten energiepolitischen Akteure vor Ort ergibt sich eine besondere umweltpolitische Verantwortung. Nicht der quantitative Beitrag einzelner lokaler Maßnahmen zur Lösung eines globalen Problems ist dabei entscheidend, sondern die unschätzbare Qualität des guten Beispiels" (Hennicke, 1994, 1).

„Ein wesentlicher Pfeiler bei der Erreichung des nationalen CO_2-Reduktionszieles ist die kommunale Klimaschutzpolitik. Sie muß durch die notwendigen Änderungen der Rahmenbedingungen unterstützt werden" (Bach, 1993, 15).

Eine flächendeckende Evaluierung der Aktivitäten hinsichtlich ihrer CO_2-Emissionsminderungs- und Energiesparwirkungen steht am Beginn der Entwicklung; erste Evaluierungsergebnisse einzelner Kommunen liegen bereits vor. Ein Ansatz zu einer breiteren Evaluierung ist der Beschluß des Klima-Bündnisses vom 11. Oktober 1993. Die Mitgliedskommunen verpflichten sich, regelmäßig Berichte über die realisierten Klimaschutzmaßnahmen vorzulegen und die dadurch erzielten Emissionsminderungen auszuweisen (Klima-Bündnis, 1993 a, 1).

Das Klima-Bündnis ist eine Antwort europäischer Städte auf das Ergebnis der Toronto-Konferenz, wonach insbesondere die Industrieländer gefordert sind, den drohenden Klimaveränderungen durch drastische Senkungen der klimawirksamen Spurengase entgegenzutreten. Konkret verfolgt das Klima-Bündnis nach dem „Manifest europäischer Staaten zum Bündnis mit den Indianervölkern Amazoniens" von 1990 folgende Ziele: Die beteiligten Städte bemühen sich, durch Energieverbrauchssenkungen und die Verringerung des motorisierten Verkehrs die Belastungen der Atmosphäre zu vermindern und die Lebensbedingungen für die zukünftigen Generationen zu erhalten. Bis zum Jahr 2010 sollen deshalb die CO_2-Emissionen halbiert und danach weiter schrittweise gesenkt

werden. Ziel ist es auch, die Produktion und den Verbrauch von FCKW sofort zu stoppen. Die Unterstützung der Indianervölker Amazoniens zur Erhaltung der Regenwälder ergänzt die Agenda (Klima-Bündnis, 1993 b, 10).

Im August 1994 waren 339 Städte aus der Bundesrepublik Deutschland, Dänemark, Frankreich, Italien, Luxemburg, den Niederlanden, Österreich, Schweden, der Schweiz und Spanien Mitglied des Klima-Bündnisses; 15 weitere Gebietskörperschaften, Bundesländer, Regionen, Organisationen etc. sind assoziierte Mitglieder (Stand: 8/1994) (Klima-Bündnis, 1994 a, 1 f.). Beispiele für die aktuellen Aktivitäten des Klima-Bündnisses sind: das Projekt „Optimierung der Klimaschutzstrategien europäischer Kommunen"; die Broschüre „Kommunale Maßnahmen zur Förderung der Niedrig-Energiehaus-Bauweise" im Rahmen der Infothek, die den Erfahrungsaustausch zwischen den Kommunen zu erleichtern soll; die Umfrage unter den Mitgliedskommunen zum Thema „Umwelt- und entwicklungspolitische Bildungsarbeit" (Klima-Bündnis, 1994 b).

Eine weitere international tätige Organisation, die kommunale Klimaschutzaktivitäten bündelt, ist ICLEI (The International Council for Local Environmental Initiatives). ICLEI wurde 1990 unter dem Dach der UNO gegründet. Die Grundidee ist, daß globale Umweltprobleme nur mit einem wesentlichen Beitrag der lokalen Akteure gelöst werden können. Eine weltweite umweltpolitische Vernetzung der Kommunen erleichtert den Informationsaustausch, bündelt die Initiativen und vermeidet Doppelarbeit (ICLEI, 1993, 3). Im März 1994 waren 130 Kommunen, Gebietskörperschaften und Institutionen aus allen Kontinenten der Welt Mitglied des ICLEI, 12 weitere Mitglieder sind assoziiert (ICLEI, 1994 a, 1 f.).

Im Bereich des Klimaproblems hat ICLEI 1990 das „Urban CO_2-Reduction"-Projekt konzipiert, das 1991 die Arbeit aufnahm. Ziel des Projektes ist es, am Beispiel einiger ausgewählter Städte und Verdichtungsräume erfolgreiche Strategien zur CO_2-Reduktion zu entwickeln. Die Ergebnisse dieser Pilotprojekte sollen anschließend in möglichst vielen Städten umgesetzt werden (ICLEI, 1993, 3).

Neben diesem Projekt organisiert ICLEI eine Reihe von Tagungen zum kommunalen Klimaschutz, auf denen sowohl die „Municipal Leaders' Declaration on Climate Change" (New York, 1993), die „European Municipal Leaders' Declaration on Climate Change" (Amsterdam, 1993) und die Çharter of European Cities and Towns Towards Sustainability" (Aalborg, 1994) unterzeichnet bzw. verabschiedet als auch Kampagnen, beispielsweise Çities for Climate Protection" (1993), gestartet wurden (ICLEI, 1994 b, 2; ICLEI, 1994c).

Am Beispiel einiger bundesdeutscher Kommunen (Hannover, Rottweil und Saarbrücken)[100], die aktive Klimaschutzpolitik betreiben, soll das breite Spektrum möglicher kommunaler Klimaschutzaktivitäten im Bereich Energie aufgezeigt werden. Für jede Kommune wird nur ein Teilbereich der Aktivitäten vorgestellt, ein vollständiger Überblick über die Aktivitäten würde den Rahmen dieses Kapitels sprengen.

In Hannover liegt ein Schwerpunkt der Klimaschutzaktivitäten bei der Reduzierung des Raumwärmebedarfes in Wohngebäuden. Sowohl für Neubauten als auch für die ökologisch wesentlich relevantere Altbausanierung werden im Ergebnis übertragbare Demonstrationsprogramme propagiert. Aufbauend auf eine Haustypologie wurde für den Altbaubestand eine umfangreiche und sehr detaillierte Untersuchung der Einsparpotentiale erstellt (Arenha, 1992).

Die Ergebnisse einer modellhaften ökologischen Altbausanierung (Durchführung 1990 bis 1992) können hier einfließen. Bei vier Mehrfamilienhäusern (Sozialwohnungsbereich), die um die Jahrhundertwende errichtet wurden und zu einer umfangreichen Sanierung anstanden, wurde die Wärmedämmung auf Niedrigenergiehausstandard verbessert und für die Wärme- und Stromversorgung ein BHKW errichtet. Die Gesamtbaukosten liegen in der marktüblichen Größenordnung. Die Nebenkosteneinsparungen in Höhe von zwei Monatsmieten im Vergleich zu heute üblichen Altbausanierungen kommen den Mietern zugute (Fröhner, Löser, Lutz, 1992, 16 f.).

Im Rahmen des von der EU geförderten Projekts THERMIE-ALTBAU wurde begonnen, die bei einer umfassenden energetischen Modernisierung von Mehrfamilienhäusern auftretenden Probleme zu überwinden. In Hannover stellen ältere Mehrfamilienhäuser über 60 % des Wohnungsbestandes (Arenha, 1992). Der Interessenkonflikt zwischen Vermieter (als Investor einer Energiesparmaßnahme) und Mieter (als Nutznießer gesunkener Heizkosten) stellt ein wesentliches Hemmnis für die Umsetzung dar. Im Rahmen des Projekts THERMIE-ALTBAU wird – auch über die Vergabe von Zuschüssen – für 30 Gebäude modellhaft versucht, die Warmmietenneutralität annähernd zu gewährleisten.

Für den Neubaubereich war ein direkter Einstieg in ein Demonstrationsprogramm möglich. Ziel dieses Demonstrationsprogrammes ist es, die Markteinführung an anderen Orten schon erfolgreich genutzter Konzepte energiesparenden Bauens in Hannover zu fördern.

---

[100]) weitere Beispiele s. Kapitel 2.3.2.2 sowie Anhang 1 zum Gesamtbericht: Konkrete kommunale Klimaschutzpolitik am Beispiel Münsters

Dazu wurden Informationsmaterialien für Bauherren, Architekten und Baufirmen erstellt. Die für 100 000 DM entwickelte Informationsbroschüre wurde auch von anderen Trägern übernommen und über 70 000mal bundesweit verteilt (außerdem auch in der Schweiz und in der Ukraine). Ähnlich intensive Nachfrage besteht nach der Planungshilfe für Fachleute.

Eine wissenschaftliche Betreuung der Projekte durch Gutachter sowie Meß- und Auswertungsprogramme mit einer Dokumentation der Ergebnisse ist ein weiteres Element des Markteinführungsprogramms. Investitionszuschüsse zu den Mehrkosten in Höhe von 100 DM/m^2 schaffen einen finanziellen Anreiz. Bisher wurden 15 Bauvorhaben mit 44 Wohneinheiten – in allen relevanten Bauweisen – realisiert (Stadtwerke Hannover, 1993; Klima-Bündnis, 1993 b, 165). Nicht zuletzt durch die enge Kooperation mit den im Baubereich Tätigen nimmt die Errichtung von Niedrigenergiehäusern in der Region Hannover verstärkt zu.

Ergänzend zu den Programmen im Alt- und Neubaubereich werden neue Dienstleistungskonzepte, wie z. B. der Wärmedirektservice, intensiv ausgebaut.

Zur EXPO 2000 soll für ein Wohngebiet mit mehreren tausend Wohneinheiten demonstriert werden, daß eine Unterschreitung der üblichen CO_2-Emissionen um 80% durch den Einsatz von Wärmedämmung, Nahwärme aus BHKW und erneuerbarer Energien möglich ist.

Die Stadtwerke Rottweil betreiben derzeit mehr als 30 BHKW mit über 50 Einzelmodulen. 1978 ging das erste BHKW zur Beheizung eines Hallen- und Freibades an das Netz. Der Ausbau dieses BHKW zur Versorgung eines Neubaugebietes incl. des Aufbaus des Fernwärmenetzes erfolgte 1982[101]. Der Einsatz von BHKW, zur Nutzung von Klärgas der städtischen Kläranlagen und von Deponiegas der kommunalen Mülldeponie, in kommunalen Einrichtungen und in der Industrie schloß sich an. Der verstärkte Einsatz von serienmäßig gefertigten Modulen im Bereich von 50 kW elektrischer und 100 kW thermischer Leistung, die angepaßt an den jeweiligen Bedarf und die spezielle Situation als Einzelanlagen oder parallel in mehreren Modulen errichtet werden, ist Ergebnis der Erfahrungen des letzten Jahrzehnts.

Die heute betriebenen über 30 BHKW-Anlagen schöpfen das KWK-Potential von Rottweil noch bei weitem nicht aus.

101) Das BHKW ist wirtschaftlich. Den jährlichen Kosten von circa 3.3 Mio. DM für Zins, Tilgung, Betrieb und Wartung stehen jährliche Erlöse von circa 3,8 Mio. DM (Leistungs- und Arbeitsgutschrift wegen des sinkenden Strombezuges und Erträge aus Strom- und Wärmeversorgung) (Fröhner, Löser, Lutz, 1992, 41).

Der konzentrierte Ausbau der KWK wird in Rottweil ergänzt durch ein Nutzwärmekonzept (kombiniertes Versorgungs-Service-Konzept im Sinne des Energiedienstleistungskonzeptes), wodurch auch Potentiale, die durch die Energieverbraucher nicht oder nur langsam erschlossen würden, zügig genutzt werden können (Stadtwerke Rottweil, 1992, 11 f.). Ende 1993 waren circa 120 Nutzwärmeanlagen in Betrieb.

Zusätzlich betreiben die Stadtwerke Rottweil eine Wasserkraftanlage, mehrere Anlagen zur solaren Brauchwasserbereitung, drei Photovoltaikanlagen und eine Windkraftanlage (Küppers, 1994).

Die Stadt Saarbrücken konnte von 1980 bis 1991 den Heizenergieverbrauch in kommunalen Gebäuden um 45% senken und dabei die CO_2-Emissionen um 60% verringern. Energieeinsparungen und der Vorrang für Fernwärme und Gas waren die Ursache. In diesem Zeitraum wurde durch eine beschleunigte Heizungsmodernisierung der Kohleverbrauch von 21% auf 0% und der Heizölverbrauch von 28% auf 11% verringert. Ersetzt wurden diese Energieträger durch Fernwärme (24% auf 45%) und Gas (23% auf 41%). Ergänzt wird diese Energieträgerumstellung durch einen Heizbetriebserlaß (Abschaltung von Pumpen in Nichtbetriebszeiten, Verbot von Elektroheizgeräten etc.), durch einen baulichen Wärmeschutz, der sich an den strengen Normen von Südschweden orientiert und durch Schulungen und Seminare für Hausmeister und andere mit Energiefragen befaßte Mitarbeiter.

Auch finanziell waren diese Energie- und CO_2-Einsparungen für die Stadt Saarbrücken vorteilhaft, da den Personal- und Kapitalkosten von 10 Mio. DM Minderausgaben von 35 Mio. DM (jeweils für den Zeitraum 1980 bis 1990) durch Energieeinsparungen gegenüberstanden (Fröhner, Löser, Lutz, 1992, 27).

Von 1980 bis 1990 konnte außerdem der kommunale Stromverbrauch um 22% reduziert werden. Die Anstrengungen zur Stromeinsparung werden fortgesetzt. Vor allem der Ersatz von Elektroheizungen und elektrischen Warmwassererzeugern und die Optimierung technischer Anlagen der kommunalen Bäder wird vorangetrieben. Es wird geprüft, ob die Ein- und Ausschaltschwellen der Straßenbeleuchtung weiter abgesenkt und die Reduzierung der Beleuchtung in den späten Nachtstunden ausgedehnt werden können (Stadt Saarbrücken, 1992, 13 f.). Möglichkeiten für Stromeinsparungen im Bereich der Haushalte, der Industrie und des Kleinverbrauches werden ebenfalls geprüft (vgl. zu den linearen Stromtarifen in Saarbrücken Kapitel 7.4.2.5). Die Stadtwerke Saarbrücken bereiten zur Zeit entsprechende Programme für den Bereich der elektrischen Warmwasserbereitung vor. Im Gewerbe- und Industriebereich werden die Möglichkeiten eines Einsparcontracting geprüft.

Die „Energiestudie 2005" sieht gegenüber einem Referenzszenario eine Verminderung des Endenergieverbrauches um 22% bis zum Jahr 2005 vor.

Die Erstellung eines „Leitfadens für integrierte kommunale Energiekonzepte (incl. Verkehr) zur Treibhausgasminderung am Beispiel von Mustergemeinden" wäre sinnvoll, um

- die Ergebnisse und Erfahrungen aus laufenden kommunalen Klimaschutzaktivitäten aufzuarbeiten und
- diese Informationen so aufzubereiten, daß andere Kommunen sie für ihre Klimaschutzaktivitäten nutzen können.

Der Erfahrungsaustausch zwischen den Kommunen und die Informationsbeschaffung wird damit erleichtert. Doppelforschungen und die Wiederholung von Fehlern können vermieden werden.

Die Enquete-Kommission „Schutz der Erdatmosphäre" hält die Erstellung eines solchen Leitfadens für wichtig und sieht es als Aufgabe des Bundes an, dies zu initiieren.

Das Deutsche Institut für Urbanistik (Difu) plant eine Aufsatzsammlung mit dem Titel „Leitfaden für die Erarbeitung kommunaler Programme zur Verminderung von CO_2- und anderen Treibhausgasemissionen", die im Zusammenhang mit der Vertragsstaatenkonferenz in Berlin veröffentlicht und als Forschungsvorhaben des BMU publiziert werden soll. Die Aufsatzsammlung soll einen Überblick über die Gesamtproblematik der Erstellung von kommunalen Klimaschutzkonzepten geben.

Der von der Enquete-Kommission „Schutz der Erdatmosphäre" vorgeschlagene Leitfaden, der einen Schwerpunkt auf die Darstellung der Detailprobleme und konkreter Lösungsstrategien legt, könnte an den – eher an einem Überblick interessierten – Difu-Leitfaden anknüpfen.

Kommunale und regionale Energiekonzepte

Mit Mitteln des BMFT wurden in der 70er Jahren 60 Energiekonzepte gefördert. Länderzuschüsse (Nordrhein-Westfahlen, Hessen, Schleswig-Holstein, Saarland, Thüringen, Sachsen-Anhalt) für Energiekonzepte mit Förderquoten von 35 bis 80% in den alten Bundesländern ersetzten später diese Förderung. Einige Programme laufen heute noch, sind aber meist auf konkrete Teilkonzepte konzentriert, da die Umsetzung dadurch wahrscheinlicher wird (ISI, Ifo, GEU, 1994, 77 + 79). Gerade für Neubaugebiete ist es wichtig, integrale Energiekonzepte zu erarbeiten (Hahne, 1993, 80), da dort die Weichen für Determinanten des Energieverbrauches und der Energienachfragedeckung noch gestellt werden können.

In Nordrhein-Westfalen und dem Saarland erfolgte eine ausführliche Evaluierung der Energiekonzepte. In Nordrhein-Westfalen wurde festgestellt, daß der Schwerpunkt der Energiekonzepte bei der Wärmeeinsparung in städtischen und Wohngebäuden, der KWK, dem Einsatz kommunaler Wärmenetze und der Neubauplanung liegt. Einfluß übten die Energiekonzepte vor allem auf den Einsatz von BHKW aus.

Der Stand der Umsetzung der Rahmenkonzepte[102)] ist aus der Tabelle 7.4-14 zu ersehen.

Im Saarland ist aus der empirischen Auswertung der geförderten Energiekonzepte abzuleiten, daß eine Endenergieeinsparung von 6%, eine Primärenergieeinsparung von 12% und eine CO_2-Minderung um 16% durch Energiekonzepte gegenüber der Trendentwicklung erreicht werden können. Arbeitsplatzeffekte von 6 000 Arbeitnehmern pro 1 Mrd. DM Einsparinvestitionen sind eine weitere Wirkung. Der Erfolg war zum Teil auch auf die Mittelbeschaffung zur Förderung der Energiekonzepte und ihrer Durchführung zurückzuführen. Eine Erhöhung der Konzessionsabgaben wurde von der Energieaufsicht nur mit der Auflage genehmigt, die Mittel in rationelle Energieverwendung zu investieren und zur Erstellung von Energiekonzepten zu nutzen (ISI, Ifo, GEU, 1994, 78).

In ganz Dänemark liegen für die Kommunen detaillierte Wärmepläne vor. Leider sind sie nicht in kommunale Gesamtenergiepläne eingebunden, die die Koordination von Wärme-, Strom- und Verkehrsnachfrage ermöglichen würden (Meyer, 1993, 17).

Föderale Arbeitsteilung

Wichtig ist auch das Zusammenspiel aller föderalen Ebenen und der EU, um einen effektiven kommunalen Klimaschutz betreiben zu können. Kompetenzstreitigkeiten sind deshalb soweit möglich auszuräumen.

In der Tabelle 7.4-15 ist beispielhaft ein Maßnahmenbündel – aufgeteilt nach den einzelnen Akteuren und Maßnahmenbereichen – zusammengestellt, mit dem das Ziel der Erschließung von Energiesparpotentialen in Industrie, Kleinverbrauch und in den Haushalten – v. a. im Gebäudebestand – verfolgt werden könnte.

Der Bund regelt über rechtliche Vorgaben für Verbraucher und Unternehmen (EnWG, EnergieeinsparungsG, BImSchG, WSchVO, HeizAnlVO, WNVO; BTOElt, BTOGas, HOAI) sowie über Steuern bzw. Abgaben die Rahmenbedingungen kommunalen Handelns. Die Länder üben über

[102)] Im Oktober 1990 lagen 108 fertiggestellte Rahmen- und 148 Detailkonzepte vor (ILS; 1992, 24).

Tabelle 7.4-14: Umsetzung von Einzelmaßnahmen innerhalb von Rahmenkonzepten (Untersuchungsbasis: 99 Rahmenkonzepte; ILS, 1992, 102)

Maßnahmen	geplant	in Umsetzungsphase	umgesetzt	Summe
Wärmedämmung in öffentlichen Gebäuden	30	15	16	61
Wärmedämmung im Wohnungsbau	17	13	11	41
Modernisierung der Heizanlagen und Regelungstechnik	30	20	19	69
Gas- oder ölbetriebenes BHKW	25	10	10	45
Bau einer Gasdruckentspannungsanlage	2	3	3	8
Umrüstung eines Heizwerkes auf KKW	7	2	4	13
Bau eines kohlebetriebenen HKW	1	0	2	3
Nutzung industrieller Abwärme	7	4	4	15
Auf- und Ausbau der Nah- und Fernwärme	20	10	14	44
Verdichtung vorhandener Nah- und Fernwärmenetze	5	9	10	24
Substitution primärenergieintensiver Heizanlagen	6	5	5	16
Einbau von Brennwerttechnik	13	13	14	40
Brennwerttechnik i. V. m. Sonnenkollektoren	6	5	5	16
Einbau von primärenergiebetriebenen Wärmepumpen	2	0	5	7
Solare Warmwasserbereitung in öffentlichen Gebäuden	7	1	1	9
Solare Warmwasserbereitung im Wohnungsbau	8	6	6	20
Solare Warmwasserbereitung in Freibädern	10	1	2	13
Bio-, Klär- und/oder Deponiegasnutzung in BHKW	5	3	5	13
Windkraftnutzung	8	2	3	13
Wasserkraftnutzung	6	2	4	12
Sonstiges	9	6	4	19
Summe	224	130	147	501

Tabelle 7.4-15: Maßnahmenbündel für die Ausschöpfung von Energieeinsparpotentialen in kleinen und mittleren Unternehmen in Industrie, im Gewerbe- und Dienstleistungssektor, in öffentlichen Einrichtungen und im Wohnungsbestand (ISI, GEU, 1994, 21 + 91f + 96f)

	EU	Bund	Länder	Kommunen
Vorschriften	SAVE Energieverbrauchs-anzeige	Wärmeschutz- Heizanlagen-, Heiz-kosten-, Wärmenut-zungs-Verordnung	Landesbauordnung Vorschriften für eigene und bezuschußte Gebäude	Bauleitplanung Vorschriften für eigene Gebäude
Energiepreisgestaltung	CO_2-/Energiesteuer	BTO für leitungs-gebundene Energieträger Einspeisevergütung für BHWK nicht Regelung Preise für Spontan- und Wartungsreserve	Preis- und Investitions-aufsicht über EVU (Preisstrukturen, Least-Cost Planning)	Einfluß auf Stadtwerke (lineare Tarife, verbrauchsabhängige Leistungspreise bei fernwärme- und gas-beheizten Gebäuden
Institutionen	Energie- und Klima-Agentur, Kontroll-systeme für Klimagase	Energieagentur, soweit dies noch erforderlich ist	Energieagentur Energieberatungsstellen	Arbeitskreise mit EVU, Verbänden, Kammern Energiemanagement-stellen; öffentliche Beschaffung
Freiwillige Selbstverpflichtungen		Hersteller von Massen-gütern, energieintensive Industrie und Handwerkszweige	in einigen Fällen, z. B. Elektrogerätehandel, Gastgewerbe, LCP der EVU KWK-Ausbauziele der regionalen und lokalen EVU	nur sehr eingeschränkt möglich

Fortsetzung Tabelle 7.4-15

	EU	Bund	Länder	Kommunen
Finanzielle Anreize	JOULE THERMIE SAVE ALTENER	FuE-Förderung steuerliche Anreize Investitionszuschüsse (größere Programme)	Pilotprojekte Zuschußprogramme (Schwerpunkte) Förderung von Energiekonzepten	spezielle, kleinere Zuschußprogramme
Motivierung Beratung Fortbildung Information	OPET – Studien – Makrobroschüren – Workshops Energy labelling	Handbücher Beratungsförderung Verlautbarungen Energieverbrauchshinweise Förderung der Erstellung von Energiekonzepten und der Einrichtung von Energiemanagementstellen	Fortbildungsprogramme Energieberatung Motivierung von Verbänden und Entscheidungsträgern Schwerpunktaktionen	Energieberatung Motivierung von Verbänden, (Wohnungsbau-) Unternehmen, Bürger Schwerpunktaktionen
Förderung neuer Dienstleistungen	Entwicklung von Standardlösungen	Modellvorhaben, z. B. Contracting Wärmelieferung, Objekt- und Betreibergesellschaften Fernüberwachung, Klärung von rechtlichen Fragen, Risikoverteilung und Musterverträgen	Modellvorhaben für neue Dienstleistungen Bürgschaften für Contracting	Förderung von Initiativen bei Stadtwerken Bürgschaften für Contracting von Handwerksbetrieben

ihre ausführende Funktion in Bauordnung und der Aufsicht im Rahmen des EnWG und des GWB sowie über die berufliche Fortbildung, Förderung von Demonstrationsprojekten und Aushandeln freiwilliger Selbstverpflichtungen Einfluß auf den kommunalen Klimaschutz aus (ISI, Ifo, GEU, 1994, 20).

Aus dieser Aufgabenteilung zwischen den föderalen Ebenen ergibt sich eine besondere Eignung von EU, Bund, Ländern und Kommunen für bestimmte Aufgaben. Beispiele sind:

- EU: Rechtsvorschriften, Pilotaktionen, Informationsmaßnahmen in Mitgliedsländern (ISI, Ifo, GEU, 1994, 23)
- Bund, Länder: Energieagenturen
- Bund (Finanzierung), Länder, Kommunen (Organisation) unterstützt durch Verbände, Innungen oder Kammern: Energieberatung
- Bund, Länder, Kommunen: Vorbildfunktion in eigenen Gebäuden und Einrichtungen (ISI, Ifo, GEU, 1994, 22f)
- Länder:

  Ansprechen von Multiplikatoren (Fachverbände, Kammern, Beratungseinrichtungen, Fortbildungsträger, EVU)

  finanzielle Förderprogramme (Forschungsprogramme besser mit anderen energiepolitischen Instrumenten abstimmbar als auf Bundesebene, Bund-Länder-Programm bietet wenig Spielraum für Berücksichtigung anderer Strukturen und Wünsche, den Kommunen fehlen hingegen die Finanzmittel)
- Länder, Kommunen: Information, Motivierung, Beratung und Fortbildung unter Nutzung der eingespielten Informationskanäle (ISI, Ifo, GEU, 1994, 20)
- Kommunen:

  Motivierung und Schaffung von Energiebewußtsein (ISI, Ifo, GEU, 1994, 22).

  örtliche Energieversorgung, Bebauungspläne

Bei der finanziellen Förderung liegt das Hauptgewicht bei Bund und Ländern; spezielle, kleinere Programme laufen aber bei 25 Kommunen (mit den Schwerpunkten erneuerbare Energien und Energiebedarfssenkung in Gebäuden) und bei rund 125 Stadtwerken (Schwerpunkte: Zuschüsse für Brennwert- und Gasheizkessel, Warmwasserspeicher, Fernwärmeanschlüsse, Solaranlagen, nicht so häufig Energiespargeräte und -lampen, Wärmedämmung und Windenergie).

Einige Bundesländer (Berlin, Bremen, Hessen) haben spezielle Energiegesetze zur Förderung der rationellen Energiebereitstellung und -nutzung beschlossen (ISI, Ifo, GEU, 1994, 61).

7.4.5 Ökologische Steuerreform – Vorschläge, Probleme und Klimarelevanz

Seit einiger Zeit ist eine umfassende ökologische Steuerreform Thema der wissenschaftlichen Erörterung und öffentlichen Diskussion. Hierzu ist die wissenschaftliche und politische Diskussion noch nicht abgeschlossen.

7.4.5.1 Gestaltung einer ökologischen Steuerreform, wie sie von Befürwortern einer solchen Reform gesehen wird

Die folgenden Aussagen über eine ökologische Steuerreform verdeutlichen die Sichtweise ihrer Befürworter:

Unter einer ökologischen Steuerreform wird i.a. ein Steuerreformprogramm verstanden, das aus folgenden Elementen besteht:

- Erweiterung der Steuerbasis um Aktivitäten, die zu Umweltbelastungen führen, d. h. Erweiterung der indirekten Steuern, i. d. R. von Verbrauchsteuern;
- allmähliche Verbreiterung dieser Steuerbasis sowie allmähliche und langfristig angekündigte Erhöhung der Steuersätze in preisbereinigten Werten;
- Aufkommensneutralität durch kompensierende Entlastung im Bereich anderer Steuern oder Abgaben;
- konkreter Vorschlag zur Kompensation bei den Kosten der Arbeit, im Bereich indirekter Steuern oder als Rückzahlung pro Kopf – i. d. R. wird ein Gemisch von Kompensationszielen angenommen.

Der Richtlinienvorschlag der Kommission für eine CO_2-/Energiesteuer läßt eine Verknüpfung mit einer ökologischen Steuerreform zu. Die CO_2-/Energiesteuer in der vorgeschlagenen Form ist nur ein erster Ansatz zu einer ökologischen Steuerreform, da auf der Aufkommens- bzw. Belastungsseite lediglich mit einer schmalen Basis (nur Energie) und mit relativ geringen Sätzen operiert wird und auf der Kompensations- bzw. Entlastungsseite keine konkreten Gestaltungsvorschläge existieren bzw. die im Richtlinienvorschlag enthaltene Empfehlung zur aufkommensneutralen Gestaltung keine rechtliche Grundlage hat.

Das zentrale Motiv für eine ökologische Steuerreform erwächst aus der ökologischen Zielsetzung und dem Leitziel Umwelt- und Klimaverträglichkeit. Hinzu kommt jedoch auch eine elementare steuertheoretische Einsicht. Wie auch immer der Staat seine Einnahmen erzielt, beinahe jede Form ist mit negativen ökonomischen Effekten verbunden. Höhe und Form der Einkommensteuer und der Sozialabgaben zum Beispiel können zu Wohlfahrtsverlusten führen, die wir gleichzeitig als Ausweichreaktionen wie Schattenwirtschaft, Schwarzmärkte und ähnliches wahrnehmen.

Die Idee, einen wesentlichen Teil des staatlichen Finanzbedarfs auf umweltbelastende Aktivitäten – also auf Übel – statt auf Umsatz und Einkommen – also auf Güter – abzustützen, basiert auf der Vermutung, daß hier „zwei Fliegen mit einer Klappe" geschlagen werden könnten oder, wie ein im angelsächsischen Sprachraum gebrauchtes Bild lautet, daß das Ersetzen eines Teils traditioneller Abgaben durch Umweltsteuern im Zusammenhang mit einer ökologischen Steuerreform „zwei Dividenden" erbringen könnte. Die eine Dividende bestünde darin, daß Umweltschäden abnähmen und weniger Geld für ihre Reparatur oder Beseitigung ausgegeben werden müßte, weil die negativen Nebenwirkungen von Produktion und Konsum, die sogenannten externen Effekte, gemildert würden; die andere Dividende käme zustande, weil Bürger und Unternehmen, nun von Kosten entlastet, die ihnen bis dahin der Staat aufgebürdet hatte, ihre Aktivitäten und den Einsatz der Produktionsfaktoren neu organisieren und damit zum Beispiel, dank eines zahlreicheren Angebots an legalen Beschäftigungsverhältnissen, die Schattenwirtschaft tendenziell zurückdrängen würden.

Kurz: Die ökologische Steuerreform verspricht a priori einen positiven (Netto-)Wohlfahrtseffekt. Von dieser Einschätzung ist auch der internationale Diskussionsstand geprägt. Die Wohlfahrtssteigerung durch eine ökologische Steuerreform wird durch die Entscheidung, wie, an wen und zu wessen Entlastung die Staatseinnahmen aus der Besteuerung umweltbelastender Aktivitäten kompensiert werden, lediglich optimiert.

Die bekannte Studie des World Resources Institute „Green Fees" (WRI, 1992) kommt zu dem vielzitierten quantitativen Ergebnis, daß „the total possible gain from shifting to environmental charges could easily be $ 0,45 to $ 0,80 per dollar of tax shifted from ‚goods' to ‚bads'" (WRI, 1992, 11). Weniger bekannt ist, daß dieser Effekt zum weit überwiegenden Teil ($ 0,40 bis $ 0,60) die Dividende aus der Verminderung des Steuerdrucks und der Korrektur der bisherigen allokativen Verzerrungen darstellt und nur zum kleineren Teil ($ 0,05 bis $ 0,20) die Dividende aus der Verbesserung der Umweltseite, hier konkret im Abfallbereich, darstellt. Ein Versuch, den Beitrag einer ökologischen Steuerreform zur Eindämmung des Klimaproblems auf der Nutzenseite quantitativ zu ermitteln, ist in dieser Studie nicht im Ansatz versucht, sondern explizit ausgeklammert worden.

Von besonderer Bedeutung ist, die in der CO_2-/Energiesteuer gegebenen Ansätze zu einer ökologischen Steuerreform gegebenenfalls auch unilateral oder mit wenigen Partner-Ländern zu einer umfassenden ökologischen Steuerreform, die diesen Namen wirklich verdient, ausbauen zu können.

Die Möglichkeit unilateralen Vorgehens ist für die Weiterentwicklung der internationalen Klimapolitik von großer Bedeutung. Dies hat sich in der Vergangenheit daran gezeigt, daß die Konditionalitätsforderung regelmäßig zu einer Blockade bzw., wie das skandinavische Beispiel zeigt, sogar zu einer Rücknahme entsprechender unilateraler Vorstöße geführt hat. Klimapolitisch wünschenswert ist ein unilaterales Vorgehen eines möglichst großen Wirtschaftsraumes, das so gestaltet ist, daß es eine „Sog"-Wirkung auf andere Wirtschaftsräume entfaltet. Es ist deshalb besonders vorteilhaft, daß die gesamtwirtschaftlichen Wirkungen eines unilateralen Vorgehens Deutschlands bereits umfassend untersucht worden und die Risiken und zu erwartenden Vorteile verläßlich beurteilbar sind.

Auf die Frage nach den gesamtwirtschaftlichen Wirkungen der Realisierung einer unilateralen, aufkommensneutralen ökologischen Steuerreform haben zwei Untersuchungen, die im Auftrage der Kommission durchgeführt wurden (ISI, DIW, 1994; EWI, 1994 a), sowie ein Gutachten des DIW im Auftrag von Greenpeace hinreichenden Aufschluß gegeben. Die Wirkungen einer ökologischen Steuerreform sind in den genannten Untersuchungen zwar aus Gründen der Datenverfügbarkeit beschränkt auf die alten Bundesländer ermittelt worden; dies tut ihrer Aussagekraft aber keinen Abbruch.

Unter „gesamtwirtschaftlichen Wirkungen" werden i. d. R. die Wirkungen auf die makroökonomischen Aggregate Bruttoinlandsprodukt; Volkseinkommen bzw. privater Konsum; Erwerbstätige sowie gelegentlich auch auf das Preisniveau verstanden. Hinzu kommen Aspekte wie die Verteilungsgerechtigkeit und das Steueraufkommen. Die genannten Aggregate (mit Ausnahme des Preisniveaus) werden zudem „real", das heißt in konstanten Preisen, verstanden. Bei der Berechnung und bei der Interpretation solcher preisbereinigter Parameter ist deshalb das Verfahren der Preisbereinigung und in diesem Zusammenhang wiederum die Beurteilung preisstatistischer Konventionen bei einer Umschichtung der Steuerbasis von direkten zu indirekten Abgaben von einiger Bedeutung.

Die ermittelten gesamtwirtschaftlichen Wirkungen sind selbstverständlich davon abhängig, wie die jeweils modellierte „ökologische Steuerreform" im einzelnen ausgestaltet ist. Es gehört zu den Charakteristiken dieses komplexen Steuerreformprogramms, daß unerwünschte Nebenwirkungen, die in einem ersten Analyseschritt entdeckt worden oder bei diesem aus arbeitstechnischen Gründen in Kauf genommen worden sind, als Reaktion darauf durch eine Modifikation des Reformkonzepts im einzelnen behoben werden. Problembereiche in dieser Hinsicht sind die Verteilungsgerechtigkeit und die Standortprobleme energieintensiver Grundstoffindustrien in Deutschland.

Bei den in den genannten Studien verwendeten Modellen handelt es sich in zwei Fällen (DIW, 1994 b; ISI, DIW 1994) um ökonometrische Konjunkturmodelle. Im DIW-Fall (Greenpeace-Studie) wurde auf das kurzfristige Konjunkturmodell des DIW, im ISI/DIW-Fall auf das Langfrist-Modell zurückgegriffen. Die Unterschiede zwischen diesen beiden Modellvarianten sind aber eher marginal. Für die mit Hilfe dieser Modelle erzielten Ergebnisse ist es dagegen wichtig zu wissen, daß beide Modelle stark „keynesianische" Züge tragen, d. h. von der Existenz unterbeschäftigter Ressourcen ausgehen, die durch geeignete Staatstätigkeit aktiviert werden können. Im dritten Fall (EWI, 1994 a) handelt es sich dagegen um ein rekursiv-dynamisches Modell allgemeinen Gleichgewichts mit expliziter Berücksichtigung mehrerer Länder. In der Beantwortung der Frage der relativen Vor- und Nachteile eines nationalen Alleingangs gegenüber einem gleichgerichteten Vorgehen aller EU-Länder liegt der Schwerpunkt dieses Modells. Der Unterschied in der grundlegenden Charakteristik der beiden verwendeten Modelltypen (keynesianisch versus Allgemeines Gleichgewicht) macht sich bei den Modellergebnissen naheliegenderweise dann bemerkbar, wenn unterschiedliche Ausmaße der Staatsaktivität simuliert werden. Im folgenden ist deshalb einem strikten Verständnis von „Aufkommensneutralität" gefolgt worden. Es wurden aus diesem Grunde bei den betrachteten Modellergebnissen jeweils nur diejenigen berücksichtigt, die dem Kriterium der „Aufkommensneutralität" im Sinne eines unveränderten Niveaus der Staatstätigkeit und des öffentlichen Finanzierungssaldos aus der Umschichtung der Steuerbasen genügen.

Die Ergebnisse solcher hochaggregierter Modelle haben generell die Struktur, daß die „Differenz" des jeweils ausgewählten „Szenarios", in dem eine bestimmte Variante einer ökologischen Steuerreform – d. h. der Aufkommens- wie der Verwendungsseite – zugrunde gelegt wird, relativ zu einem „Referenzszenario" ermittelt wird. Bei der Interpretation solcher Modellergebnisse geht es um ein qualifiziertes Verständnis dieser ermittelten „Differenz".

Die ermittelten Differenzen bei Bruttoinlandsprodukt (BIP), Volkseinkommen/Konsum und Beschäftigten sind parametrisch abhängig von zwei Klassen von Einflußgrößen:

- von der Entscheidung über die Verwendung/die Kompensation des zusätzlichen Aufkommens aus der ökologischen Steuerreform; sowie
- von anderen Verhaltensparametern, deren Reaktion von den Autoren als besonders unsicher und außerdem als erheblich im Sinne der Ergebnisabhängigkeit eingestuft wird.

Die Aufkommensseite – so muß ergänzend hervorgehoben werden – wird i. d. R. nicht weiter variiert. Hier werden von den Auftraggebern der Primat bereits gefallener politischer Entscheidungen und die dahinter stehenden Abwägungsprozesse akzeptiert: Konkret das Reduktionsziel um mindestens 25% bis zum Jahr 2005. Der Beitrag der jeweils modellierten ökologischen Steuerreform zu diesem Ziel ist in den Modellen allerdings unterschiedlich gewichtig. In den beiden im Auftrage der Enquete-Kommission modellierten Fällen wird lediglich der Beitrag errechnet, der durch die wortgetreue Realisierung des CO_2-/Energiesteuervorschlags der EU-Kommission zu erreichen ist. Im Falle des extern beauftragten Gutachtens von DIW-Greenpeace dagegen um einen allein durch steuerliche Maßnahmen erreichten Zielbeitrag in der Größenordnung von 25% im Jahre 2010 (relativ zu 1987). Der Beitrag der modellierten Steuerpolitik dazu beträgt, so schätzen die Autoren, 14%-Punkte. Die Verdreifachung des CO_2-Emissionsminderungseffekts erscheint der Größenordnung nach plausibel, da ganz unterschiedliche Entwicklungen des Steuersatzes modelliert wurden. Denn während in den von der Kommission selber in Auftrag gegebenen Untersuchungen von einem lediglich degressiv wachsenden (realen) Steuersatz ausgegangen wird, dessen Wachstumsrate ab dem Jahr 2010 sogar negativ wird, wird im DIW-Greenpeace-Fall von sogar progressiv steigenden, realen Steuersätzen ausgegangen. Die Unterscheide in den schließlich allokativ wirksamen Preisniveaus wie auch bei der Preiserwartungsbildung sind erheblich.

Die Ergebnisse für die genannten gesamtwirtschaftlichen Größen sind in der Tabelle 7.4-16 vergleichend dargestellt.

Sie werden im folgenden interpretiert:

Ausgewählt unter den jeweils gerechneten Varianten wurden – wie gesagt – diejenigen, die das Kriterium „Aufkommensneutralität" wirklich erfüllen. Daraus folgte im Falle EWI die Wahl der Variante „REDIST" und der Ausschluß der Variante ÇONSOL" und im Falle DIW (Greenpeace-Studie) der Ausschluß der „Alternativvariante V", auch wenn die ausgeschlossenen Varianten jeweils „günstigere" makroökonomische Ergebnisse aufweisen. Im Falle DIW/ISI ist es umgekehrt. Hier entspricht lediglich die „günstige" Variante dem Kriterium der Aufkommensneutralität im hier gewählten Sinne. Deshalb ist das Ergebnis der

Tabelle 7.4-16: Überblick über die zentralen Ergebnisse der drei Studien: EWI, 1994; ISI, DIW, 1994 und DIW, 1994b

		EWI (bis 2010) RED	ISI / DIW (R 1) (Durchschnitt über 33 Jahre)	ISI / DIW (R 2) (Durchschnitt über 33 Jahre)	DIW (Greenpeace) (nach 10 Jahren)
BIP	günstig	– 0,025 %	+ 0,5 %	0,7 %	+ 0,1 % (IV)
	ungünstig		0,2 %	0,25 %	– 0,2 % (Basis)
Privater Verbrauch	günstig	+ 0,3 %	+ 0,4 %	0,5 %	– 0,4 % (IV)
	ungünstig		– 0,7 %	– 0,8 %	– 1,0 % (Basis)
Beschäftigung	günstig	± 0	+ 0,2 %	0,3 %	+ 2,1 % (Basis)
	ungünstig		+ 0,2 %	0,3 %	+ 1,1 % (IV)

„ungünstigen" Variante in der folgenden Darstellung nicht unterdrückt worden.

Zum näheren Verständnis der „REDIST"-Variante im EWI-Modell muß darauf hingewiesen werden, daß eine einfache „lump-sum" Rückspeisung der Steuereinnahmen an die privaten Haushalte unterstellt wurde. Eine allokationsverbessernde Art der Rückspeisung, etwa zur Entlastung der Kosten der Produktionsfaktoren Arbeit oder Kapital, und der damit zu erreichende positive Effekt auf die makroökonomischen Aggregate wurden nicht zu modellieren gesucht.

Der Einfluß einer ökologischen Steuerreform auf das Bruttoinlandsprodukt (BIP) ist in allen Fällen klein und schwankt um die Null-Linie (Ausnahme ISI, DIW, 1994). Die jeweilige Tendenz entspricht den jeweiligen Modellcharakteristika. Im allgemeinen Gleichgewichtsmodell zeigt sich eine negative Tendenz. Hier ist jedoch einschränkend darauf hinzuweisen, daß eine Optimierung der aufkommensneutralen „Redistribution" nicht Untersuchungsgegenstand war und insofern ein Vergleich mit den anderen Modellergebnissen unstatthaft ist.

Der Einfluß einer ökologischen Steuerreform auf den privaten Konsum ist offenbar, so zeigen die Modellergebnisse im Vergleich, gestaltbar. Auch hier schwanken die Ergebnisse um die Null-Linie. Die mehr keynesianischen Modelle spiegeln in ihren Ergebnissen zunächst die Erwartung, daß die angestrebte erhöhte Energieeffizienz mit erhöhten Investitionsaufwendungen verbunden ist und daß dies zu Lasten des Konsums gehe. In den „günstigen" Fällen wird dieser Effekt tendenziell durch Nachfrageeffekte wieder wettgemacht. Erstaunlich ist aber, daß das allgemeine Gleichgewichtsmodell den gegenteiligen Effekt spiegelt, eine Zunahme des Konsums, der mit einer Abnahme der Investitionsnachfrage verbunden ist.

Der Einfluß auf die Beschäftigung stellt sich im Überblick über sämtliche Modellergebnisse deutlich anders dar als die Effekte auf Bruttoinlandsprodukt (BIP) und Konsum. Bei letzteren Aggregaten gab es, in Abhängigkeit von den Annahmen, zum einen auch – wenn auch nur leicht – negative Ergebnisse; zum anderen lag die Schwankungsbreite der Abweichung der Ergebnisse bei sehr kleinen Werten (0,2%-Punkte beim Bruttoinlandsprodukt (BIP); 1%-Punkt beim Konsum). Bei der Beschäftigung dagegen reicht das Ergebnis von neutral (EWI, 1994 a) bis zu um 2,1%-Punkte positiv. Das deutlich höhere Niveau des Beschäftigungsgewinns im DIW-(Greenpeace)-Modell ist vermutlich dadurch begründet, daß hier eine entschiedenere Variante einer ökologischen Steuerreform (mit Rückspeisung überwiegend zur Entlastung der Arbeitskosten) modelliert wurde.

Zusammenfassend interpretiert bedeutet das:

Negative makroökonomische Effekte einer Energiesteuer als mögliche Form für einen Einstieg in eine ökologische Steuerreform sind generell nicht zu befürchten; im Einzelfall kann ihnen erfolgreich durch entsprechende Gestaltungen von Einflußparametern begegnet werden. Damit kann eine verbreitete Befürchtung zurückgewiesen werden; darüber hinaus ist positiv festzuhalten: In der Ausgestaltung einer ökologischen Steuerreform im einzelnen (Kompensation; Ausnahmebereiche; Grenzausgleich) sowie bei den Reaktionen anderer Beteiligter (Geldpolitik; Tarifverträge) liegt ein erhebliches Optimierungspotential, das in den vorliegenden Modellen bisher nur teilweise aufgegriffen und abgebildet worden ist und in den Ergebnissen nur unzureichend zum Ausdruck kommt.

In der Öffentlichkeit wird zu Unrecht auf Grund einer common sense-Überlegung erwartet, daß die steuerliche Verteuerung von Energie zu einem Verzicht am Bruttoinlandsprodukt (BIP) und am Volkseinkommen führt. Dies verführt dann weiter zu der Fehlinterpretation, daß Klimaschutz Wohlstands- und Konsumverzicht erfordere. Diese Interpretation kann jedoch nicht auf die quantitativen Ergebnisse makroökonomischer Modelle gestützt werden, sondern das Gegenteil ist der Fall: Auch eine isolierte Einführung einer Öko-Steuer führt bei einer entsprechenden (aufkommensneutralen) Ausgestaltung zu positiven Wachstums- und Beschäftigungseffekten.

Bedeutsam ist, daß mit den beiden für die Enquete-Kommission erstellten Studien (ISI, DIW, 1994; EWI, 1994) sowie mit der DIW/Greenpeace-Studie erstmalig und unabhängig voneinander komplexe makroökonomische Modellrechnungen vorliegen, die

- übereinstimmend einen positiven Einfluß einer nationalen Energiesteuer auf Wachstum und Beschäftigung zeigen und
- auch – wie durch die DIW- und die EWI-Studie explizit gezeigt – bei Einführung einer Energiesteuer im nationalen Alleingang positive gesamtwirtschaftliche Ergebnisse prognostizieren.

Festgestellt werden muß, daß bisher noch keine vergleichbaren makroökonomischen Modellrechnungen vorliegen, die das Gegenteil beweisen. Das vom IER benutzte LP-Modell ist für solche makroökonomischen Steuersimulationsanalysen nicht geeignet. Die kritischen Argumente können daher nicht aus vorliegenden makroökonomischen Modellen begründet werden.

Die angemessene Interpretation der oben dargestellten Modellergebnisse erfordert darüber hinaus eine genaue Beachtung der Entscheidungssituation, innerhalb derer ein Rat gegeben werden soll.

Die staatliche Rahmensetzung, das heißt die Entscheidung, die Klimarisiken so ernst zu nehmen, daß quantitative Restriktionen bezüglich des Verlaufs der CO_2-Emissionen gesetzt werden, ist auf Basis des wissenschaftlichen Sachstandes, insbesondere auch der Klimawirkungsforschung (vgl. Teil A), bereits gefallen. Die makroökonomischen Modelle, von denen hier berichtet wird, intendieren nicht, diesen Abwägungsprozeß zu wiederholen oder gar zu überprüfen. Wollte man zu diesem Zwecke Modelle einsetzen – was in der internationalen Diskussion dieser Probleme durchaus getan wird –, dann müßte man z. B. nicht das Bruttoinlandsprodukt (BIP), sondern ein Wohlfahrtsmaß als Parameter modellieren und außerdem sehr viel Augenmerk und Modellierungsarbeit der Frage widmen, inwieweit die heutigen Allokationsbedingungen zu einem effizienten Einsatz des Energieangebots im Verhältnis zum Einsatz von energiesparenden Technologien führen. In den hier betrachteten Modellen ist dieser Aufwand nicht getrieben worden. Hier ist (im Fall des allgemeinen Gleichgewichtsmodells) einfach unterstellt worden, daß es keine nicht-realisierten Potentiale der Effizienzverbesserung mehr gibt, so daß eine Änderung der Rahmenbedingungen notwendig zu einer Kostenerhöhung für die Deckung des Energiebedarfs führt. Daß dies im Falle des keynesianischen Modells i. d. R. zu leicht positiven Effekten auf das Bruttoinlandsprodukt (BIP) führt – im Gegensatz zu den leicht negativen im Gleichgewichtsmodell –, ist ebenfalls in der Struktur dieser Modelle begründet. Dieses scheinbar exakt errechnete quantitative Ergebnis beruht also nicht auf einer wirklich problemadäquaten „bottom up"-Analyse und dem Einsatz von Instrumentarien zum Aufbau von Markthemmnissen, sondern auf vorausgesetzten Annahmen und der Wahl des Modelltyps.

7.4.5.2 Kritische Stellungnahme zum Vorhaben einer ökologischen Steuerreform

Die folgenden Aussagen über eine ökologische Steuerreform verdeutlichen die Sichtweise ihrer Gegner:

Kritische Analysen der Vorschläge zur ökologischen Steuerreform kommen zu deutlich anderen Schlußfolgerungen, als dies in Kapitel 7.4.5.1 ausgeführt wurde. Der Stand der Diskussion um die ökologische Steuerreform ist noch keineswegs so weit fortgeschritten, daß eine baldige Umsetzung in die politische und fiskalische Praxis zu verantworten wäre. Alle wie auch immer gearteten Eingriffe in das bisherige Steuersystem führen zu massiven Verwerfungen; ein Fehlschlag der Reformen wäre mit sehr weitreichenden und nachteiligen Folgen für das Wirtschaftssystem verbunden und würde damit auch die politische Stabilität des Landes gefährden.

Die Ergebnisse der vorhandenen Modellrechnungen sind in sich noch sehr widersprüchlich. Wägt man die einzelnen Positionen ab, so erscheinen die Schlußfolgerungen der Reformbefürworter als einseitig. Die positive Beurteilung der Effekte einer ökologischen Steuerreform darf nicht dazu führen, die negativen Effekte zu vernachlässigen. Das Risiko des Vorhabens einer Steuerreform ist hierfür zu groß.

Wesentliche Einwände und Bedenken gegen eine ökologische Steuerreform werden von Prof. P. Klemmer (RWI) formuliert (Klemmer u. a., 1994; Klemmer, 1994 a). Diese sind im folgenden wiedergegeben.

Unverkennbar ist gegenwärtig die Präferenz vieler Parteien um steuerpolitische Lösungen, insbesondere für eine sog. ökologische Steuerreform. Danach sollen für Energie, Rohstoffe, Wasser, Bodenversiegelung und eventuell bestimmte Chemikalien die Preise jährlich real um 5 bis 7 Prozent angehoben werden, um über eine Verteuerung des Energie- bzw. Stoffeinsatzes die Ressourcenintensität zu reduzieren und zu einer stärkeren Kreislaufschließung des Wirtschaftens zu gelangen. In dem Maße, wie das Gewicht der Lenkungsabgaben an den staatlichen Einnahmen zunimmt, sollen die direkten Steuern gemindert bzw. „Ballast-Steuern" abgebaut werden. Negative Verteilungseffekte sollen über Transferzahlungen an die privaten Haushalte (Öko-Bonus) gemildert und Teile der Lohnnebenkosten steuerfinanziert werden. Ein solcher Weg kontinuierlicher Verteuerung des Energie- und Ressourceneinsatzes, der gemäß den bisherigen Überlegungen ca. 15 bis 40 Jahre dauern soll, gilt als administrativ leicht durchsetzbar und wird vielfach als „sanft" charakterisiert. Er erscheint den Promotoren dieses Vorschlags dazu geeignet, größere volkswirtschaftliche Strukturbrüche bzw. Verluste zu vermeiden. Statt Verlusten erhofft man sich sogar Gewinne, da eine positive Korrelation zwischen den Rohstoffpreisen und dem über die Ressourcenproduktivität definierten wirtschaftlichen Erfolg unterstellt wird. Aus einem Pfad der zunächst wirtschaftliche Opfer zu betonen scheint, wird bei einer solchen Sichtweise ein Weg, der wirtschaftliche Vorteile zu liefern verspricht.

Zum Argument einer behaupteten „double dividend" durch eine ökologische Steuerreform bemerkt Prof. A. Voß (IER):

Der von den Protagonisten der „double dividend"-Hypothese behauptete positive Doppeleffekt einer Steuerreform – nämlich eine Internalisierung externer Effekte bei gleichzeitigem Abbau von Zusatzkosten des bisherigen Steuersystems – ist nicht gesichert. Vielmehr lassen sich auf der Basis unterschiedlicher Modellansätze und Parameterschätzungen (insbesondere Elastizitäten) gegensätzliche Schlußfolgerungen ziehen. Dies ist wohl auch der Grund dafür, warum vereinfachende öffentlichkeitswirksame Vorstellungen über die Wirkungen einer solchen Steuerreform in der ökonomischen Fachwelt eher zurückhaltend beurteilt werden. Bei bisherigen Vorschlägen zur Änderung des bestehenden Steuersystems mit der Zielsetzung einer ökologisch sozialen Marktwirtschaft ist jedenfalls die komplexe Interdependenz zwischen Fiskal- und Umweltpolitik nicht ausreichend berücksichtigt worden (Ewringmann, 1994).

Zusammenfassend muß auf folgende Kritikpunkte aufmerksam gemacht werden:

- Die bisherigen Vorschläge sind steuertechnisch noch zu wenig ausgereift und stehen im Widerspruch zu klassischen Besteuerungsprinzipien. Ersteres betrifft insbesondere die Implementierung des Dynamisierungsansatzes (Steuersatzindexierung), die ex ante-Berücksichtigung der Inflationsrate sowie die ex ante-Gewährleistung der Aufkommensneutralität, letzteres die systematische Abwertung des Nonaffektationsprinzips (etwa durch weitgehende Bindung der Einnahmen für Zwecke des Ökobonus bzw. der Steuerfinanzierung der Lohnnebenkosten).

- Über die Reformbedürftigkeit des gegenwärtigen Steuersystems bestehen kaum Zweifel. Die Bewertung einer Steuerreform verlangt jedoch stets die möglichst gleichzeitige und gleichgewichtige Berücksichtigung fiskalischer, allokativer, distributiver und stabilitätspolitischer Anforderungen. Der Vorschlag der ökologischen Steuerreform stellt jedoch eine einseitige Instrumentalisierung des Steuersystems für ökologische Belange (spezifisches Allokationsanliegen) dar, wobei angesichts der komplexen und diffusen Überwälzungsvorgänge, die sich a priori kaum befriedigend erfassen lassen, nicht einmal die ökologische Effizienz garantiert werden kann. Je weiter sich die Bemessungsgrundlagen von der Umweltwirkungsseite entfernen, desto schwächer werden außerdem die gewünschten Lenkungseffekte.

- Die meisten Vorschläge für eine ökologische Steuerreform sind keineswegs so sanft, wie sie vielfach dargestellt werden. Je nach Ausgestaltung beläuft sich der Steuerbelastungseffekt innerhalb weniger Jahre auf 200 Mrd. DM bis 300 Mrd. DM (Klemmer, 1994 b). In Abhängigkeit von der Ressourcendefinition kommen auf die Unternehmen Steuerbelastungen zu, die nicht einheitlich über Preiserhöhungen abgewälzt werden können. Es verbleiben somit mit größter Wahrscheinlichkeit beachtliche Kosten- und strukturelle Anpassungseffekte. Ob letztere, wie vielfach unterstellt wird, mit strukturpolitischen Maßnahmen ausgeglichen werden können, muß mehr als bezweifelt werden.

- Es handelt sich nicht um eine die Marktwirtschaft stärkende Internalisierungs-, sondern um eine relativ pauschale Lenkungsstrategie mit interventionistischen Zügen. Damit verbunden ist eine Verzerrung der Preisstruktur zum Nachteil der Lenkungsfunktion der Märkte. Es käme zu einer zunehmenden Staatsdeterminiertheit wichtiger Inputpreise und damit zu einer schleichenden Transformation der Marktwirtschaft.
- Die Verwendung von Steuereinnahmen für die Finanzierung von weiten Teilen der Lohnnebenkosten stellt eine gravierende Änderung des sozialen Sicherungssystems dar, die u. a. auch zur steuerfinanzierten Grundrente führen müßte. Die Implikationen einer derartigen Änderung sind noch nicht durchdacht und voller Sprengkraft. Möglicherweise führt die Steuerfinanzierung der Lohnnebenkosten auch zu einer problematischen Verringerung des Industrialisierungspotentials Deutschlands bzw. zu einer Subventionierung des öffentlichen Dienstes.

7.4.5.3 Kritische Analyse der im Auftrag von Greenpeace vom DIW gefertigten Studie „Wirtschaftliche Auswirkung einer ökologischen Steuerreform“ (DIW, 1994 b) vom Mai 1994

Die Kommissionsmitglieder Prof. Dr. Dr. Rudolf Dolzer, Dr.-Ing. Alfred-Herwig Fischer, Martin Grüner, Klaus Harries, Prof. Dr. Klaus Heinloth, Prof. Dr. Hans-Jürgen Jäger, Dr. Klaus W. Lippold, Prof. Dr. Hans Michaelis, Dr. Peter Paziorek, Dr. Christian Ruck, Marita Sehn, Prof. Dr. Wolfgang Seiler, Trudi Schmidt (Spiesen), Bärbel Sothmann, Prof. Dr. Alfred Voß, Prof. Dr. Carl-Jochen Winter führen zur im Auftrag von Greenpeace vom DIW erstellten Studie „Wirtschaftliche Auswirkungen einer ökologischen Steuerreform“ (DIW, 1994 b) aus:

Zur Verdeutlichung und Präzisierung der kritischen Aspekte soll die Diskussion im folgenden an der ersten weitreichenden Modellberechnung einer ökologischen Steuerreform in Deutschland festgemacht werden, dem im Auftrag von Greenpeace vom DIW erstellten Gutachten vom Mai 1994.

Die Kritik am DIW-Gutachten stützt sich dabei vor allem auf eine Analyse des IER (Böhringer, Fahl, Voß, 1994).

Kernpunkt der von Greenpeace beim DIW in Auftrag gegebenen Studie (DIW, 1994 b) ist die Analyse eines Wirtschaftsszenarios für einen Betrachtungszeitraum bis 2010, bei der eine jährlich progressiv steigende Energiesteuer im nationalen Alleingang aufkommensneutral an die Unternehmen und Haushalte entsprechend dem Anteil dieser Wirtschaftssektoren am zusätzlichen Energiesteueraufkommen zurückgegeben wird. Dabei erhalten die privaten Haushalte eine jährliche Pro-Kopf-Erstattung (Öko-Bonus), während die Unternehmen in ihren Arbeitskosten über eine Senkung ihrer Beiträge zur Sozialversicherung (hier Rentenversicherung) kompensiert werden.

Die Tabelle 7.4-17 weist die vom DIW errechneten Änderungen des Energieverbrauchs und der CO_2-Emissionen aus.

Hier ist bereits kritisch anzumerken, daß das DIW in seinem Gutachten ausweist, welche Reduktionen des Energieverbrauchs und der CO_2-Emissionen durch eine ökologische Steuerreform erreicht werden können im Vergleich zu dem Prognos-Referenz-Szenario, das definitionsgemäß davon ausgeht, daß klimawirksame Anstrengungen nicht unternommen werden. Überzeugender wäre ein Vergleich mit einem Szenario gewesen, das solche Anstrengungen vorsieht aber eben keine ökologische Steuerreform.

Die ökologische Steuerreform findet ihren Ausdruck in signifikanten Preiserhöhungen, wie sie aus Tabelle 7.4-18 abzulesen sind.

In der DIW-Studie erweist sich die Steuerreform als wahrer Königsweg, die „double dividend“-Hypothese scheint gesamtwirtschaftlich voll aufzugehen. Die Belastbarkeit dieser Aussagen muß jedoch daran gemessen werden, wie konsistent und problemadäquat das verwendete Modellinstrumentarium ist und wie plausibel die gesetzten Rahmenbedingungen erscheinen: Ein Fazit sei vorab erlaubt: Die Modellanalyse des DIW weist deutliche Inkonsistenzen hinsichtlich der Abstimmungen einzelner Modellteile auf; zudem sind die verwendeten Einzelansätze nicht immer problemadäquat und die unterstellten Rahmendaten vielfach nicht mehr aktuell. In Anbetracht der methodischen Mängel sind die weitreichenden Schlußfolgerungen recht fraglich.

Die Analyse des DIW-Instrumentariums legt methodische Schwachpunkte offen, von denen hier nur einige erwähnt werden sollen:

- Die Ableitung der relativen Preisentwicklung, die durch eine Energiesteuer mit simultaner Arbeitskostenentlastung induziert wird, ist im Rahmen eines statischen Input-Output-Ansatzes mit konstanter Nachfrage problematisch. Exogene Eingriffe über Energiesteuern bzw. Lohnsubventionen in der vorgeschlagenen Größenordnung

Tabelle 7.4-17: Wirtschaftliche Auswirkungen einer ökologischen Steuerreform (durch Rundung der Werte ergeben sich in den Summen Differenzen) (DIW, 1994 b)

Referenzszenario (Prognos)	1987	1990	1995	2000	2005	2010
Endenergieverbrauch[1])	340	323	317	316	322	318
Primärenergieverbrauch[1])	522	505	468	468	469	465
1987 = 100	100	96,7	89,7	89,7	89,9	87,0
1990 = 100		100	92,7	92,7	92,9	92,0
davon Steinkohle	83	79				31–37
davon Braunkohle	122	109				68–92
CO_2-Emissionen 1987 = 100	100	95,1	91,4	89,9	89,0	92,2
CO_2-Emissionen 1990 = 100		100	96,3	94,8	93,8	92,2

Fortsetzung Tabelle 7.4-17

Steuerszenario (DIW)	1987	1990	1995	2000	2005	2010
Endenergieverbrauch ABL [1])	257	254	266	250	239	228
Endenergieverbrauch NBL [1])	63	51	50	48	46	43
Summe	320	323 [2])	317	289	285	271
1987 = 100	100	95,1	93,4	87,9	84,0	79,8
1990 = 100		100	98,1	92,4	88,3	83,9
Primärenergieverbrauch ABL [1])	388	392	394	372	350	336
Primärenergieverbrauch NBL [1])	134	113	70	69	65	63
Summe	522	505	465	441	415	399
1987 = 100	100	96,7	89,0	84,4	79,4	76,5
1990 = 100		100	92,0	87,0	84,1	79,1
CO_2-Emissionen 1987 = 100	100	95,1	90,6	84,6	78,7	73,2
CO_2-Emissionen 1990 = 100		100	95,3	88,5	81,9	78,1

[1]) End-/Primärenergieverbrauch in Mio. SKE [1 Mio. t SKE = 29,308 PJ = 8,15 TWh]
[2]) ungeklärte Differenz im Gutachten

Tabelle 7.4-18: Veränderungen der realen Preise durch die vom DIW vorgeschlagene Mengensteuer – 1990 = 100 (DIW, 1994 b)

	Referenzfall		Steuerfall	
	2005	2010	2005	2010
HEL Erzeugerpreis	112,6	120,8	195,5	267,4
Erdgas für die Industrie ...	117,2	131,5	241,2	350,6
Strom für die Industrie	74,3	77,9	145,5	203,8
Benzin ab Tankstelle	137,7	142,6	170,7	201,4
Diesel ab Tankstelle	123,2	128,2	163,8	200,5
Erdgas für Haushalte	123,4	132,7	192,0	256,7
HEL für Haushalte	116,4	125,9	201,2	277,2
Strom für Haushalte	80,5	85,2	117,6	151,4
Referenzfall von Prognos – Steuerfall von DIW				

lösen erhebliche Substitutionsprozesse in der Produktions- und Nachfragestruktur aus. Dabei ist in einer Volkswirtschaft mit begrenzten Ressourcen die Entwicklung der Relativpreise von den Komplementaritäts- bzw. Substitutionalitätsbeziehungen der Produktionsfaktoren und Konsumgüter abhängig.

- Auch im ökonometrischen Modell werden Struktur- und Substitutionseffekte infolge geänderter Preisverhältnisse nicht abgebildet. Das verwendete gesamtwirtschaftliche Modell kennt keine direkten Substitutionsbeziehungen zwischen Arbeit, Kapital und Energie. Es bleibt offen, in welchem Umfang und in welche Richtung Allokationsveränderungen auftreten: So könnte argumentiert werden, daß Energie und Arbeit auch häufig in einem komplementären Verhältnis zueinander stehen. Dann würde eine starke Verteuerung von Energie auch zu einer Freisetzung von Arbeit führen – positive Beschäftigungseffekte, wie sie auf Grund eines Rückgangs der Lohnkosten aus der statischen I/O-Rechnung gefolgert werden, wären nicht mehr zu erwarten.
- Sektorale Produktions- und Beschäftigungseffekte werden alleine auf der Grundlage der statisch abgeschätzten Preiseffekte einer ökologischen Steuerreform vermutet, eine analytische Darstellung fehlt.

- Kaum hinreichend ist die Abbildung möglicher Effekte der ökologischen Steuerreform im nationalen Alleingang auf den deutschen Außenhandel: In der Basisvariante des ökonometrischen Modells werden die inländischen Preiseffekte durch nominale Abwertungen der deutschen gegenüber ausländischen Währungen neutralisiert. Für eine sachgerechte Beurteilung der Wettbewerbsfähigkeit bzw. der Entwicklung des Außenhandels und damit vorhandener Probleme wie Umweltdumping (Verlagerung energieintensiver Produktionen ins Ausland) wäre anstelle eines exogenen realen Wechselkurses die Endogenisierung dieser Größe notwendig sowie eine sektoral differenzierte Analyse der Ex- und Importe erforderlich (vgl. Böhringer, Rutherford, 1994). Einerseits räumt das DIW zwar ein, daß das verwendete ökonometrische Modell die starke Einbindung Deutschlands in die Weltwirtschaft kaum abbilden könne, andererseits wird aber behauptet, analytisch belastbar folgern zu können, daß auch im nationalen Alleingang „eine Gefährdung der Wettbewerbsfähigkeit der deutschen Volkswirtschaft insgesamt ... nicht zu befürchten (ist)" (DIW, 1994 c, 1).

Das 273 Seiten lange DIW-Gutachten über die wirtschaftlichen Auswirkungen einer ökologischen Steuerreform geht auf die bestehende und weiter im Aufbau befindliche europäische Integration nur unter dem Einzelaspekt ein, ob eine Öko-Steuer, wie sie vorgeschlagen wird, mit dem europäischen Recht vereinbar sei.

Die Frage, welche Auswirkungen sich aus der Freizügigkeit der Güter und Dienstleistungen im Gemeinsamen Markt ergeben, wird noch nicht einmal im Ansatz gestellt. Jeder Kenner der Materie wird hieraus folgern, daß das Gutachten den Anforderungen, die Kriterien einer ökologischen Steuerreform zu analysieren, nicht gerecht wird.

Zu welchen gravierenden Auswirkungen auf die Wettbewerbsfähigkeit einiger energieintensiver Branchen die vom DIW erwarteten Steigerungen der Energiepreise führen werden, zeigt die folgende, dem DIW-Gutachten entnommene Tabelle 7.4-19.

Die höchsten Preissteigerungen außerhalb der vier genannten Energiesektoren ergeben sich im fünfzehnten Jahr gegenüber dem Basisjahr für die Produktion in den in der Tabelle aufgeführten Sektoren:

Die Preise für Produkte dieser Sektoren liegen im ersten Jahr der Einführung der Energiesteuer bei 0,5 bis 1,6%, im fünften Jahr um 3 bis 9% und im zehnten Jahr um 7 bis 22% über denen des Ausgangsjahres; diese Veränderungen ergeben sich bei Konstanz der wirtschaftlichen Strukturen des Jahres 1988 (DIW, 1994 b).

Tabelle 7.4-19: Preissteigerungen in besonders stark von der ökologischen Steuerreform betroffenen Sektoren (DIW, 1994 b, 153)

Eisen und Stahl	41 v. H.
Wasser	21 v. H.
Zellstoff, Holzschliff, Papier, Pappe	21 v. H.
Dienstleistungen der Eisenbahnen	21 v. H.
chemische Erzeugnisse, Spalt- und Brutstoffe	17 v. H.
bergbauliche Erzeugnisse (ohne Kohle, Erdöl)	16 v. H.
Steine und Erden, Baustoffe usw.	15 v. H.
Glas und Glaswaren	15 v. H.
NE-Metalle, NE-Metallbezug	14 v. H.
Erdöl, Erdgas	13 v. H.
feinkeramische Erzeugnisse	13 v. H.

Im Ergebnis heißt dies: Wird im nationalen Rahmen eine Öko-Steuer eingeführt, so wie sie das DIW konzipiert hat, dann werden sich – beispielsweise – die Kosten der heimischen Stahlerzeugung um 41% erhöhen.

Die deutsche Stahlproduktion wird dadurch sowohl innerhalb der EU als auch weltweit praktisch wettbewerbsunfähig. Die Stahlstandorte werden ins Ausland abwandern, eine Minderung der globalen CO_2-Emissionen findet dagegen nicht statt.

Allein schon diese Konsequenz sollte Veranlassung geben, den DIW-Vorschlag zur Einführung einer nationalen Öko-Steuer entschieden abzulehnen. „Es geht ... nicht nur um die gesamtwirtschaftlichen Beschäftigungswirkungen, sondern auch um gravierende regionalpolitische Effekte. Dabei wären die Bundesländer besonders betroffen, die schon heute mit massiven Strukturproblemen zu kämpfen haben. Allein in der Stahlindustrie des Ruhrgebietes stünden 80 000 Arbeitsplätze zur Disposition, aber auch im Saarland, in Bremen, Brandenburg und Niedersachsen hängen noch knapp 40 000 Arbeitsplätze an dieser Branche. Ob hier zusätzliche staatliche Beschäftigungsprogramme – die im übrigen ja auch finanziert werden müssen – einen Ausweg bieten, muß bei der ungewissen Wirkung derartiger Programme sehr zurückhaltend bewertet werden" (Wartenberg, 1994).

Wirklichkeitsfremd ist auch die Setzung konstanter Realzinsen in der Basisvariante. Dadurch werden die Auswirkungen eines erhöhten Investitionsbedarfs für Energiesparmaßnahmen auf den Kapitalmarkt bzw. die übrige gesamtwirtschaftliche Investitionstätigkeit unterschlagen.

Die Lenkungseffekte der Energiesteuer werden vorerst für verschiedene Bereiche der Energieverwendung auf der Grundlage von mehr oder weniger willkürlichen Annahmen abgeschätzt. Im Vergleich zu vorliegenden Preis-Mengen-Elastizitäten aus anderen Studien (CO_2-Minderungsstudien der IEA und der EU) wird der Energienachfragerückgang als Reaktion auf die Energiesteuer systematisch überschätzt.

Wichtige institutionelle Hemmnisse für eine kosteneffiziente CO_2-Reduzierung wie zum Beispiel die deutschen Steinkohlesubventionen werden in der Untersuchung zu wenig berücksichtigt.

Die beschriebenen z. T. erheblichen kurzfristigen Wirkungen der Steuer auf den Energieverbrauch beruhen eher auf Wunschvorstellungen über das Verhalten der Wirtschaftseinheiten. Kritisch ist weiter anzumerken, daß die Verdrängung von Energie im gesamtwirtschaftlichen Produktions- bzw. Konsumprozeß in keinen analytischen Zusammenhang zur Verfügbarkeit anderer Ressourcen gesetzt wird. Hohe Energieeffizienz wie die Studie sie nahelegt, kann kein Selbstzweck sein. Technische Energieeffizienz sagt nichts über ökonomisch sinnvolle Energieeffizienz aus. Wenn auf Grund falscher Signale wie zu hoher Energiepreise eine „Effizienzrevolution" erzwungen wird, ist dies unter dem Gesichtspunkt einer ökonomisch effizienten Ressourcenallokation genauso bedenklich wie die oft zitierten zu hohen Belastungen des Faktors Arbeit.

So weist das Gutachten des DIW die in den Tabellen 7.4-20 und 7.4-21 aufgelisteten, durch Energiepreiserhöhungen induzierten Änderungen der Energie-Verbrauchs-Daten aus.

Das DIW-Gutachten sollte aufzeigen, wie mit einer einfachen Umgestaltung des deutschen Steuersystems sowohl die Umwelt als auch der Arbeitsmarkt entlastet werden können ohne dabei Wohlfahrtsverluste im klassischen Sinne in Kauf nehmen zu müssen.

Die große Gefahr und Illusion:

Diese Ziele über einzelne Instrumente erreichen zu wollen, kann zu erheblichen Mehrkosten und Effizienzverlusten führen – so ist eine Ökosteuer zur Internalisierung externer Kosten kein Königsweg zur Bekämpfung von Arbeitslosigkeit. Bei der gleichzeitigen Verfolgung mehrerer Ziele ist deshalb eine entsprechende Anzahl „scharfer" (effizienter) In-

Tabelle 7.4-20: Aufgrund der Preiserhöhungen erwartete Verringerungen des Energieverbrauchs Gesamtdeutschlands in von Hundert bezogen auf das Jahr 1990 (DIW, 1994b)

Jahr	Referenz-Szenario/Prognos		Steuer-Szenario/DIW	
	EEV	PEV	EEV	PEV
1995	– 1,9	– 7,3	– 1,9	– 8,0
2000	– 2,0	– 7,3	– 7,6	– 12,8
2005	– 0,4	– 7,1	– 11,7	– 17,9
2010	– 1,0	– 8,0	– 16,1	– 20,9

EEV = Endenergie-Verbrauch
PEV = Primärenergie-Verbrauch
Rundungsdifferenzen und eine ungeklärte Differenz im Gutachten

strumente zu verwenden. Eine ökologische Steuerreform muß auf den arbeitsteiligen, zielorientierten Einsatz unterschiedlicher Instrumente abheben und dabei umweltökonomische (Internalisierung externer Effekte) wie finanzwissenschaftliche Anforderungen (weitgehende Allokationsneutralität, Steuergerechtigkeit) berücksichtigen.

Im Ergebnis ist festzustellen, daß das vom DIW erarbeitete Gutachten weder in seiner Anlage noch in seinen Ergebnissen geeignet ist, Wege zu einer Reduktion der Emissionen klimaschädlicher Spurengase zu weisen.

Tabelle 7.4-21: Aufgrund der Preiserhöhungen erwartete Verringerungen des Energieverbrauchs Gesamtdeutschlands; DIW-Steuer-Szenario verglichen mit Prognos-Referenz-Szenario (DIW, 1994b)

	Endenergie	Primärenergie
1995	± 0	– 0,8 %
2000	– 5,8 %	– 5,9 %
2005	– 9,4 %	– 11,6 %
2010	– 15,3 %	– 14,0 %

Rundungsdifferenzen und eine ungeklärte Differenz im Gutachten

7.5 Technische Forschungsfelder

Neben den im folgenden aufgezählten technischen Forschungsfeldern öffnet sich noch ein breites Feld von sozioökonomischen Forschungsbereichen, die auf den Beitrag des Energiebereiches zur Treibhausgasminderung einwirken. Sozioökonomische Fragestellungen reichen von der ökonomischen Wirkungsanalyse energiepolitischer Maßnahmen – incl. der Frage der Internalisierung externer Effekte und ihrer sozialen Auswirkung über die energetische und materialmäßige Bewertung von Energietechnologien bis zur Erstellung vollständiger Ökobilanzen. Auch bei der sozioökonomischen Analyse der Umsetzungshemmnisse für Energiesparpotentiale sowie der Instrumente (z. B. soziales Marketing) zur beschleunigten Markteinführung und Erhöhung der Umsetzungsbereitschaft besteht noch ausgesprochen großer Forschungsbedarf.

Interdisziplinäres Arbeiten ist für den Erfolg solcher Forschungen unabdingbar. Eine Verstärkung der Zusammenarbeit vor allem zwischen den Wirtschafts- und Sozialwissenschaften und den angewandten Naturwissenschaften ist dafür notwendig.

Die folgende Auflistung von technischen Forschungsfeldern führt lediglich Forschungsaufgaben auf, die anstehen, wenn die in den Kapiteln 7.1 bis 7.4 diskutierten CO_2-Minderungsoptionen einen Beitrag zur Minderung energiebedingter Treibhausgasemissionen leisten sollen. Über die Wünschbarkeit, im Sinne einer politischen Bewertung, der Forschungsbereiche sind damit keine Aussagen getroffen.

Für die dringenden Forschungsaufgaben einer an den Zielen des Klimaschutzes orientierten Energieforschung sind ausreichende staatliche Mittel zur Verfügung zu stellen. Die derzeitigen Forschungsmittel des Bundes, die in realem Geldwert weniger als 50% der Mittel Anfang der 70er Jahre ausmachen, werden den Aufgaben nicht gerecht.

Energiewandlung: Kraftwerkstechnik – v. a. fossile Energien

- Weiterentwicklung der Kraftwerkstechnik zur Wirkungsgraderhöhung und Entwicklung neuer Kraftwerkskonzepte incl. KWK (GuD – Kombiprozesse mit aufgeladener Wirbelschicht oder integrierter Kohlevergasung, KoBra, Zweifachdampfprozesse (z. B. Kalium-Wasser), Hochtemperatur-Gasturbine, Hochtemperatur-Brennstoffzelle, Dreierkombikraftwerk [Hochtemperaturbrennstoffzelle, Gasturbine, Dampfturbine], Sorptionswärmepumpe)

- Weiterentwicklung der (Umwandlungs-)Prozesse in Gewinnung und Verarbeitung (Raffinerien, Kokereien etc.) fossiler Energien
- CO_2-Entsorgung und -entnahme

Erneuerbare Energien

- Photovoltaik incl. elektroaktive Gläser, solarthermische Energieerzeugung (incl. Hochtemperaturwärmespeicher um Kraftwerksdauerbetrieb gewährleisten zu können)
- solare Direktverdampfung in einkreisigen solarthermischen Kraftwerken
- Solarchemie
- solare Nahwärmesysteme
- Biomasse: thermische Nutzung von Abfallstoffen, nachwachsenden Energierohstoffen und der Biogasnutzung
- Windenergie: Weiterentwicklung der Einzelkomponenten und der Gesamtsysteme für dezentrale und zentrale Anwendungen (z. B. überkritische Türme, Laminarblätter, getriebelose Rotoren, windenergetische „Wetter"vorhersage)
- Geothermie (z. B. Hot Dry Rock-Technologien)

Die Festlegung der Forschungsprioritäten für die verschiedenen Felder erneuerbarer Energien sollte sowohl nach dem erwarteten Zielbeitrag als auch im Sinne einer gewissen Diversifizierung gesetzt werden. Der hohe Anteil der Forschungsgelder, der in die Entwicklung photovoltaischer Systeme fließt, sollte unter diesen Gesichtspunkten überprüft werden.

Rationelle Energiewandlung

- Forschungsbedarf im Heizwärmebereich:
  - Entwicklung kostengünstiger Wärmedämmsysteme für bestehende Häuser, Gebäude und Fabrikhallen unter Einschluß der transluzenten Wärmedämmung
  - Weiterentwicklung von Niedrigenergiehauskonzepten incl. Standardisierung und Kostenoptimierung
  - energieoptimierte Bauelemente für Wohngebäude, Verwaltungsgebäude und Produktionshallen mit Raumwärmebedarfswerten unter 30 bis 40 kWh pro m^2 und Jahr
  - Konzepte der passiven Solarenergienutzung und transparente Wärmedämmung

  - Weiterentwicklung hocheffizienter und kostengünstiger Fenstersysteme, z. B. hochdämmende Fensterrahmen (Wärmebrücken am Scheibenrand eliminieren)
  - Verbesserung der Winddichtheit opaker Dämmsysteme mit großer Dämmdicke
  - Bauschädenvermeidungsforschung für energetische Sanierungen im Baubereich
  - Entwicklung kostengünstiger Energieleitsysteme für kleine Gebäude und Häuser mittels mikro-elektronischer Systemlösungen incl. Fernüberwachung
  - Wärmerückgewinnungsanlagen im Lüftungsbereich mit einer Rückwärmezahl über 85 % und einer Jahresheizzahl über 8
  - Belüftung, Luftqualität, Komfortbedingungen, Lüftungsregelung nach Luftqualitätskriterien (Feist, 1993, 18)
  - regionale Gebäudetypologie – Energieverbrauchskataster
  - Niedrigenergie- und Passivhäuser: Meßprogramme
  - Entwicklung billiger und praktikabler Systeme zur Ermittlung von Energiestandards im Gebäudebereich für die Rohbauabnahme und die Energieanalyse von Altbauten
- Forschungs- und Entwicklungsbedarf der Wärme-/Stromwandlung
- Forschungs- und Entwicklungsbedarf der Sekundärenergieträgerwandlung (H_2- und Methanolkette)
- Weiterentwicklung von Brennstoffzellen für alle Temperatureinsatzbereiche, für eine fluktuierende Nutzung und für den Einsatz im Verkehrsbereich
- Exergetische Optimierung von Industrie- und Gewerbeprozessen über die Forcierung der Forschung in innovativen Technikfeldern (z. B. neue Materialien, Sensortechnik, Mikroelektronik, Lasertechnologie), über die Optimierung von branchentypischen Prozessen und von Querschnittstechnologien, die in vielen Branchen genutzt werden (z. B. elektrischer Antriebe, Klimatisierung, Wärme-, Kälte- und Drucklufterzeugung, Kompressoren, Pumpen, Wärmetauscher, Trokkenverfahren, Stofftrennung, Beleuchtung)

  Verbesserung energieintensiver Prozeßtechniken zur Vermeidung von energetischen Verlusten und Substitution energieintensiver Prozesse oder Prozeßstufen durch andere, neuentwickelte oder adaptierte Prozesse bzw. Prozeßstufen:

  - weitere Automatisierung und verbesserte Regelung, Wärmedämmung, Wärmerückgewinnung, z. B. aus Schlacken der Eisen- und

NE-Metallproduktion, Wärmetransformatoren, Verminderung von Reibungsverlusten, Verminderung von Prozeßtemperaturen oder -drücken durch neue Katalysator- und Enzymsysteme, Verbesserung von Zerkleinerungsverfahren in der Grundstoffindustrie und im Nahrungsmittelgewerbe

- Anlagenverbesserung bei Brennern, Entwicklung von Hochtemperaturgasturbinen zur Substitution von Brennern in Industrieöfen

- Substitution von Warmwalzstraßen durch Dünnbandgießen, Substitution des Drehrohrofens der Zementherstellung durch Wirbelschichtverfahren, Membrantechnik statt Tief- oder Hochtemperaturtrennung, erzwungene Konvektion in Öfen, Einsatz punktorientierter Elektro- und Laserverfahren statt dampf- oder brennstoffgestützter thermischer Prozesse oder Zerspannungstechnik, Kleben statt Nieten und Schweißen, Substitution der verlustreichen konventionellen Trocknungsverfahren durch überhitzten Wasserdampf, Impulstrocknung, Kontakttrocknung, kondensierende Zyklone)

- Anwendung neuer Materialien z. B. Keramik, temperatur- und korrosionsfeste Stähle und Verbundwerkstoffe sowie neue Konstruktionsprinzipien bei Öfen, Trocknern, Synthesen und Stofftransporten

- Forschung im Bereich Recycling – v. a. energieintensiver Materialien wie Stahl, Glas, Zement, NE-Metalle, Kunststoffe und Papier/Pappe (z. B. verbesserte Sortier- und Trennverfahren, Reinigungsverfahren, Verbesserung der Werkstoffeigenschaften)

- Verbesserung der Werkstoffeigenschaften von weniger energieintensiven Werkstoffen, darunter auch Werkstoffen auf natürlicher Basis (Fasern, Öle, Holz), weitere Verminderung der Produktions-, Transport- und Weiterverarbeitungskosten weniger energieintensiver Werkstoffe

- Forschung im Bereich rationelle Energiewandlung im Verkehrsbereich (Effizienzsteigerung von Flugzeugtriebwerken, Antriebsaggregate und Motoren, z. B. hyperbare Einspritzung in Automobilen, Gewichtsreduktion bei Automobilen, Flugzeugen und Schienenfahrzeugen durch Verwendung von Leichtbauteilen, kohlefaserverstärkte Kunststoffe etc., Verminderung des Roll- und Luftwiderstandes v. a. von Flugzeugen und Schienenfahrzeugen, Fortentwicklung der Bremsenergierückgewinnung, Verbesserung der Heiz- und Klimatisierungssysteme in Schienenfahrzeugen, verbesserte Rangiersysteme für Güterwaggons, v. a. Waggonkopplung, Verbesserung der technischen Einrichtungen des kombinierten Güterverkehrs)

Kernenergie incl. Entsorgung

- Entwicklung neuer, inhärent sicherer Kraftwerkstypen und evolutionäre Weiterentwicklung vorhandener Reaktortypen, auch zur Wärmebereitstellung
- Analyse möglicher Unfallabläufe und anlageninterner Notfallschutz/ Sicherheitsanalysen und -forschung
- Grundlagenforschung und Weiterentwicklungen im Bereich der Zwischen- und Endlagerung
- Forschung zum Abbau stillgelegter Anlagen
- Kernfusionsforschung
- Strahlenschutzforschung

Hinsichtlich der Kernenergienutzung halten einige Mitglieder der Enquete-Kommission „Schutz der Erdatmosphäre" eine Forschung nur noch mit dem Ziel für vertretbar, die Kernenergienutzung so schnell wie möglich zu beenden und verbleibende Risiken (z. B. in Verbindung mit Endlagerung und Abriß) zu minimieren.

Speichertechnologien / Transport

- Wärmespeichersysteme – geologische, hydrologische und physikalisch-chemische (z. B. Latentwärmespeicher auf verschiedenen Temperaturniveaus) Speicherkonzeptionen
- Stromspeichersysteme, v. a. bei Batterien
- chemische Speicher, vor allem Wasserstoff (z. B. Hochtemperaturelektrolyse, magnetokalorische Verflüssiger)
- mechanische Speicher höchster Speicherfähigkeit (Schwungräder für den Einsatz zur stationären Speicherung und in der Traktion, z. B. auch für LKW und Schienenfahrzeuge)
- Gas- und Ölspeicherung im Bereich der Energieversorgung incl. Höchstdruckspeicher (300 bar)
- Strom-, Gas- und Fern-/Nahwärmetransport

Bemerkungen zur Forschungskonzeption

Die Forschungskonzeption sollte so ausgelegt sein, daß sich die einzelnen Phasen der Entwicklung neuer Technologien darin widerspiegeln. Am Anfang der Entwicklung steht die Unterstützung der Forschungs- und Entwicklungsanstrengungen. In der nächsten Phase sind Demonstrationsanlagen zur praktischen Umsetzung der F & E-Ergebnisse hilfreich. Am Schluß der Entwicklung steht die Markteinführung, die begleitet werden kann.

Zu kurzfristige oder unausgewogene Forschungskonzeptionen führen zu Ineffizienzen in der Entwicklung neuerer Technologien.

Um Doppelforschungen zu vermeiden und Synergien unterschiedlichster Forschungsansätze zu nutzen, sollte die Zusammenarbeit in der Energieforschung innerhalb der Bundesrepublik Deutschland, innerhalb der EU und mit internationalen Organisation (IEA, IAEO, ISES, IIASA etc.) intensiviert und besser koordiniert werden.

Ein Problem, das speziell deutsche Forschungs- und Förderungsstrukturen betrifft, ist noch anzusprechen. Am Beispiel der deutschen (Forschungs-)Förderung für solarthermische Kraftwerke wird der Vergleich zu dem Vorgehen in Kalifornien und die Konsequenzen daraus klar: die deutsche Forschungsförderungspolitik führte zu hervorragenden ingenieurwissenschaftlichen Leistungen und hochqualifizierten Komponenten, die in kommerziellen Anlagen nicht verwendet wurden. Die Probleme der Systemintegration wurden unterschätzt und dem Markteinführungsbereich zugeschlagen, der nicht förderungsfähig ist. In Kalifornien hingegen wurde ein energiewirtschaftliches Rahmenwerk geschaffen, das über Marktprozesse zu einfachen und leicht beherrschbaren Systemen geführt hat, die sich von Projekt zu Projekt weiterentwickelt haben (Aringhoff, 1993, 21). „Es ist also festzustellen, daß die Markteinführung eine weit stärkere Sogwirkung auf die technische Entwicklung hatte als die isolierte Technologie- oder Komponentenqualifikation, wie sie in Deutschland betrieben wurde" (Aringhoff, 1993, 21).

8 Integrierte Strategien zur Minderung energiebedingter Treibhausgasemissionen in der Bundesrepublik Deutschland

8.1 Einordnung der Studien C1 und C2 in das Studienprogramm der Enquete-Kommission

Wie an anderer Stelle ausgeführt wurde, hat die Enquete-Kommission zwei Studienaufträge vergeben, die die Grundlage für ein integriertes Gesamtkonzept zur Minderung energiebedingter Treibhausgasemissionen liefern sollen.

Es handelt sich zum einen um „Integrierte Gesamtstrategien zur Minderung energiebedingter Treibhausgasemissionen bis zum Jahre 2005/ 2020" – Teilstudie C1 – und zum anderen um die Teilstudie C2 – „Gesamtwirtschaftliche Auswirkungen von Emissionsminderungs-Strategien".

Im Kern haben diese Studien zum Ziel

- aufzuzeigen, wie sich unter verschiedenen Prämissen der Energieverbrauch und die Emission klimawirksamer Spurengase der Bundesrepublik Deutschland in der Zeit bis zum Jahr 2005 und bis 2020 entwickeln können; dies geschieht in Szenarien-Rechnungen;
- aufzuzeigen, welche Auswirkungen die auf diesem Wege prognostizierten Energieverbrauchs- und Emissionsentwicklungen auf die wirtschaftliche Entwicklung als Ganzes haben werden;
- Mittel und Wege aufzuweisen, die geeignet sind, dafür zu sorgen, daß sich die Emissionen klimawirksamer Spurengase in Grenzen halten;
- Vorschläge zu bringen, wie die vorstehend bezeichneten Reduktionsmöglichkeiten umgesetzt werden können;
- bei allen diesen Überlegungen die Auswirkungen sowohl auf den Standort Deutschland als auch auf den in der Vollendung befindlichen Europäischen Binnenmarkt darzustellen;

- Wege aufzuzeigen, wie die Bundesrepublik Deutschland weltweit zu einer Reduktion der Emission klimawirksamer Spurengase beitragen kann.

Die von den Studiennehmern C1 [Institut für Energiewirtschaft und Rationelle Energieanwendung (IER) / Deutsches Institut für Wirtschaftsforschung (DIW)] und C2 [Fraunhofer-Institut für Systemtechnik und Innovationsforschung (ISI) / Deutsches Institut für Wirtschaftsforschung (DIW) und Energiewirtschaftliches Institut an der Universität Köln (EWI)] selbst formulierten Ergebnisse werden nachstehend dargestellt.

Die Kommission fühlt sich durch diese Untersuchungen nicht gebunden. Sie wird ihre Wertung im Anschluß an die Berichte der Studiennehmer vornehmen.

Hierzu wird angemerkt, daß mit Ausnahme der Studienteile im Anhang die übrigen Szenarien von der Kommission als solche vergeben wurden. Die Untersuchung des Least-Cost-Szenarios (IER) bzw. des Kernenergiezubaus (EWI), die besonders kenntlich gemacht sind, wurde dagegen nur von den Koalitionsfraktionen in der Kommission in Auftrag gegeben.

Auf Wunsch der Oppositionsfraktionen wurde in den Anhang von Kap. 8 eine Kurzfassung der Greenpeace-Studie „Was kostet der Atom-Ausstieg“ aufgenommen.

8.2 Gesamt- und energiewirtschaftliche Ausgangssituation

8.2.1 Gesamtwirtschaftliche Ausgangssituation (ISI/DIW)

In der politischen Diskussion haben die möglichen gesamtwirtschaftlichen Auswirkungen von klimapolitischen Maßnahmen eine erhebliche Bedeutung. Gefragt wird, welchen Einfluß die Maßnahmen der Klimaschutzpolitik auf die makroökonomischen Größen, also insbesondere auf

- die Entwicklung des realen Sozialprodukts,
- die Zahl der Beschäftigten,
- das Preisniveau und
- den realen privaten Verbrauch

haben. Hierbei besteht der Wirkungsmechanismus, der von den Klimaschutzmaßnahmen zu den gesamtwirtschaftlichen Auswirkungen führt, darin, daß die durch Klimaschutzmaßnahmen ausgelösten ökonomischen Impulse in ihrer Gesamtheit zu makroökonomischen Anpassungsreaktionen führen, die ihrerseits Änderungen in den gesamtwirtschaftlichen Größen verursachen.

Sinn und Zweck der Analyse der gesamtwirtschaftlichen Auswirkungen der Klimapolitik kann es nicht sein, nur noch umweltpolitische Maßnahmen mit positiven oder neutralen gesamtwirtschaftlichen Wirkungen zu befürworten. Unabhängig von den gesamtwirtschaftlichen Auswirkungen muß bei der Entscheidung über klimapolitische Maßnahmen der Schutz der Erdatmosphäre im Vordergrund stehen. Die Enquete-Kommission sieht die Zielsetzung einer Analyse der gesamtwirtschaftlichen Auswirkungen daher darin, bei der Gesamtbewertung klimapolitischer Maßnahmen die gesamtwirtschaftlichen Auswirkungen als einen Faktor – neben anderen Kriterien wie z. B. der Versorgungssicherheit und der Risikominimierung – mit ins Kalkül zu ziehen. Im Rahmen des Studienkomplexes C2 „Gesamtbewertung von Klimaschutzstrategien" hat die Enquete-Kommission daher die gesamtwirtschaftlichen Auswirkungen von Klimaschutzmaßnahmen wissenschaftlich untersuchen lassen.

Eine eigenständige Analyse der gesamtwirtschaftlichen Auswirkungen von Klimaschutzmaßnahmen ist notwendig, da Energieszenarien allein keine Aussagen über die Veränderung der gesamtwirtschaftlichen Größen treffen können. Denn Angaben zu Kosten und Investitionsvolumina sind keineswegs gleichbedeutend mit Aussagen zu den Auswirkungen auf die makroökonomischen Größen wie Beschäftigung oder Sozialprodukt. So vernachlässigen die Ergebnisse von Energieszenarien methodisch sowohl die durch die Verflechtungsbeziehungen in den einzelnen Wirtschaftsbereichen induzierten gesamtwirtschaftlichen Auswirkungen als auch die durch Einkommenskreislaufeffekte ausgelösten Anpassungsprozesse. Aus den Ergebnissen von Energieszenarien können daher ohne zusätzliche makroökonomische Analysen keine Aussagen zu den gesamtwirtschaftlichen Auswirkungen getroffen werden. Insofern ist eine eigenständige Analyse der gesamtwirtschaftlichen Auswirkungen der von der Enquete-Kommission vorgeschlagenen CO_2-Minderungsmaßnahmen erforderlich.

8.2.2 Energiewirtschaftliche Ausgangssituation (IER/DIW)

Durch die Vereinigung der beiden deutschen Staaten hat sich auch die Ausgangssituation der Bundesrepublik Deutschland für die CO_2-Minderung grundlegend verändert. Tabelle 8.2-1 gibt einen Überblick über Höhe und Struktur des Primärenergieverbrauchs in der Entwicklung von 1987 bis 1993 sowohl für die alten Bundesländer, für die neuen Bundesländer als auch für Gesamtdeutschland. Danach ergab sich für den Primärenergieverbrauch in Deutschland im Jahr 1993 bezogen auf 1987 ein Rückgang um 8%.

Tabelle 8.2-1: Struktur des Energieverbrauchs in Deutschland

Petajoule	1987	1988	1989	1990	1991	1992[1])	1993[1])
Deutschland							
Primärenergieverbrauch	15 297	15 238	14 975	14 795	14 467	14 156	14 126
Verbrauch und Verluste im Energiesektor, Statistische Differenzen	4 491	4 539	4 480	4 396	4 260	4 147	4 030
Nichtenergetischer Verbrauch	864	944	998	958	891	914	894
Endenergieverbrauch	9 942	9 755	9 497	9 441	9 316	9 094	9 203
davon:							
Übriger Bergbau und Verarbeitendes Gewerbe	3 197	3 227	3 254	2 977	2 694	2 585	2 421
Verkehr	2 101	2 184	2 233	2 379	2 428	2 503	2 594
Haushalte	2 728	2 513	2 263	2 383	2 506	2 386	2 523
Kleinverbraucher*)	1 917	1 829	1 747	1 702	1 688	1 620	1 665
Anteil am Primärenergieverbrauch in %							
Verbrauch und Verluste im Energiesektor, Statistische Differenzen	*29,4*	*29,8*	*29,9*	*29,7*	*29,4*	*29,3*	*28,5*
Nichtenergetischer Verbrauch	*5,6*	*6,2*	*6,7*	*6,5*	*6,2*	*6,5*	*6,3*
Endenergieverbrauch	*65,0*	*64,0*	*63,4*	*63,8*	*64,4*	*64,2*	*65,1*
Anteil am Endenergieverbrauch in %							
Übriger Bergbau und Verarbeitendes Gewerbe	*32,2*	*33,1*	*34,3*	*31,5*	*28,9*	*28,4*	*26,3*
Verkehr	*21,1*	*22,4*	*23,5*	*25,2*	*26,1*	*27,5*	*28,2*
Haushalte	*27,4*	*25,8*	*23,8*	*25,2*	*26,9*	*26,2*	*27,4*
Kleinverbraucher*) .	*19,3*	*18,7*	*18,4*	*18,0*	*18,1*	*17,8*	*18,1*

Fortsetzung Tabelle 8.2-1

Petajoule	1987	1988	1989	1990	1991	1992[1])	1993[1])
Alte Bundesländer							
Primärenergieverbrauch	11 373	11 425	11 219	11 495	11 990	11 958	12 002
Verbrauch und Verluste im Energiesektor, Statistische Differenzen	3 159	3 237	3 218	3 276	3 399	3 414	3 370
Nichtenergetischer Verbrauch	690	750	778	790	763	791	783
Endenergieverbrauch	7 524	7 438	7 223	7 429	7 828	7 752	7 849
davon:							
Übriger Bergbau und Verarbeitendes Gewerbe	2 199	2 244	2 284	2 252	2 264	2 210	2 110
Verkehr	1 869	1 949	1 989	2 091	2 135	2 192	2 263
Haushalte	2 161	1 988	1 771	1 861	2 117	2 063	2 172
Kleinverbraucher*)	1 296	1 255	1 179	1 225	1 312	1 287	1 304
Anteil am Primärenergieverbrauch in %							
Verbrauch und Verluste im Energiesektor, Statistische Differenzen	*27,8*	*28,3*	*28,7*	*28,5*	*28,3*	*28,6*	*28,1*
Nichtenergetischer Verbrauch	*6,1*	*6,6*	*6,9*	*6,9*	*6,4*	*6,6*	*6,5*
Endenergieverbrauch	*66,2*	*65,1*	*64,4*	*64,6*	*65,3*	*64,8*	*65,4*
Anteil am Endenergieverbrauch in %							
Übriger Bergbau und Verarbeitendes Gewerbe	*29,2*	*30,2*	*31,6*	*30,3*	*28,9*	*28,5*	*26,9*
Verkehr	*24,8*	*26,2*	*27,5*	*28,1*	*27,3*	*28,3*	*28,8*
Haushalte	*28,7*	*26,7*	*24,5*	*25,1*	*27,0*	*26,6*	*27,7*
Kleinverbraucher*) .	*17,2*	*16,9*	*16,3*	*16,5*	*16,8*	*16,6*	*16,6*

Fortsetzung Tabelle 8.2-1

Petajoule	1987	1988	1989	1990	1991	1992[1])	1993[1])
Neue Bundesländer							
Primärenergieverbrauch	3 924	3 813	3 756	3 300	2 477	2 198	2 125
Verbrauch und Verluste im Energiesektor, Statistische Differenzen	1 332	1 302	1 262	1 120	861	733	659
Nichtenergetischer Verbrauch	174	194	220	168	128	123	111
Endenergieverbrauch	2 418	2 317	2 274	2 012	1 488	1 342	1 354
davon:							
Übriger Bergbau und Verarbeitendes Gewerbe	998	983	970	725	430	375	311
Verkehr	232	235	244	288	293	311	331
Haushalte	567	525	492	522	389	322	352
Kleinverbraucher*)	621	574	568	477	376	334	360
Anteil am Primärenergieverbrauch in %							
Verbrauch und Verluste im Energiesektor, Statistische Differenzen	*33,9*	*34,1*	*33,6*	*33,9*	*34,8*	*33,3*	*31,0*
Nichtenergetischer Verbrauch	*4,4*	*5,1*	*5,9*	*5,1*	*5,2*	*5,6*	*5,2*
Endenergieverbrauch	*61,6*	*60,8*	*60,5*	*61,0*	*60,1*	*61,1*	*63,7*
Anteil am Endenergieverbrauch in %							
Übriger Bergbau und Verarbeitendes Gewerbe	*41,3*	*42,4*	*42,7*	*36,0*	*28,9*	*27,9*	*22,9*
Verkehr	*9,6*	*10,1*	*10,7*	*14,3*	*19,7*	*23,1*	*24,5*
Haushalte	*23,4*	*22,7*	*21,6*	*25,9*	*26,1*	*24,0*	*26,0*
Kleinverbraucher*)	*25,7*	*24,8*	*25,0*	*23,7*	*25,3*	*24,9*	*26,6*

*) Kleinverbraucher einschließlich Militär 　 [1]) vorläufige Zahlen

1 Mio. t SKE entspricht 29,3 PJ 　 Quelle: Arbeitsgemeinschaft Energiebilanzen

Dieser Rückgang beruht indes ausschließlich auf der Entwicklung in den neuen Bundesländern. Dort war der Primärenergieverbrauch im Jahre 1993 immerhin um fast 46 % niedriger als 1987, während er in den alten Ländern den Vergleichswert für 1987 noch um reichlich 5 % übertraf.

Ursächlich für die Entwicklung in den neuen Bundesländern war der gravierende wirtschaftliche Einbruch nach 1989, als dessen Folge sich der Energieverbrauch praktisch in allen Sektoren kräftig verminderte. Besonders stark nahm der Energieverbrauch von 1987 bis 1993 im Verarbeitenden Gewerbe (–69 %) und im Energiesektor selbst (–50 %) ab. Aber auch bei den Kleinverbrauchern (–42 %) und bei den privaten Haushalten (–38 %) kam es zu einer beträchtlichen Verbrauchsminderung. Expansiv war lediglich die Entwicklung im Verkehrssektor; hier war der Energieeinsatz im Jahre 1993 um 43 % höher als 1987.

Auch in den alten Bundesländern ist der verkehrsbedingte Energieverbrauch trotz der bereits sehr hohen Motorisierung weiter gestiegen; 1993 wurde hier reichlich ein Fünftel mehr Energie eingesetzt als 1987. Der Verkehr ist inzwischen innerhalb der Endenergiesektoren anteilsmäßig die größte Verbrauchergruppe geworden. Anders als in diesem Bereich hat der Energieverbrauch der Haushalte sowie der Kleinverbraucher von 1987 bis 1993 im großen und ganzen stagniert; im Verarbeitenden Gewerbe war er 1993 sogar um 4 % niedriger als 1987. Dagegen nahmen in dieser Periode der nichtenergetische Verbrauch (knapp 14 %) sowie der Verbrauch und die Verluste im Energiesektor (fast 7 %) noch zu.

Der Anteil des Mineralöls am gesamten Primärenergieverbrauch in Deutschland stieg in diesem Zeitraum von 34,6 auf 40,7 % (vgl. Abbildung 8.2-1), was einer Steigerung um 448 PJ (15,3 Mio. t SKE) oder um 8,5 % entspricht. Bei einer relativ starken Abnahme des Verbrauchs beim schweren Heizöl kam es gleichzeitig zu einem Anstieg des Kraftstoffverbrauchs. Das Erdgas konnte seinen Anteil von 14,8 % im Jahr 1987 auf 17,8 % im Jahr 1993 vergrößern. Der absolute Betrag erhöhte sich um 250 PJ (8,5 Mio. t SKE) auf insgesamt 2 535 PJ (86,5 Mio. t SKE). Dies entspricht einer Steigerung um 10,9 %.

Der Mehrverbrauch ergab sich zum einen aus der kühlen Witterung im Jahr 1993 und zum anderen aus dem weiter voranschreitenden Ausbau des Gasnetzes und der gestiegenen Anzahl erdgasbeheizter Wohnungen, was sich besonders auf den Verbrauch in den neuen Bundesländern auswirkte.

In den vergangenen Jahren hatte die Steinkohle in ihren traditionellen Absatzgebieten Wärmeerzeugung in der Industrie, bei der Eisen- und Stahlerzeugung und der Stromerzeugung Einbußen zu verzeichnen, wobei der Rückgang fast ausschließlich die deutsche Steinkohle betraf

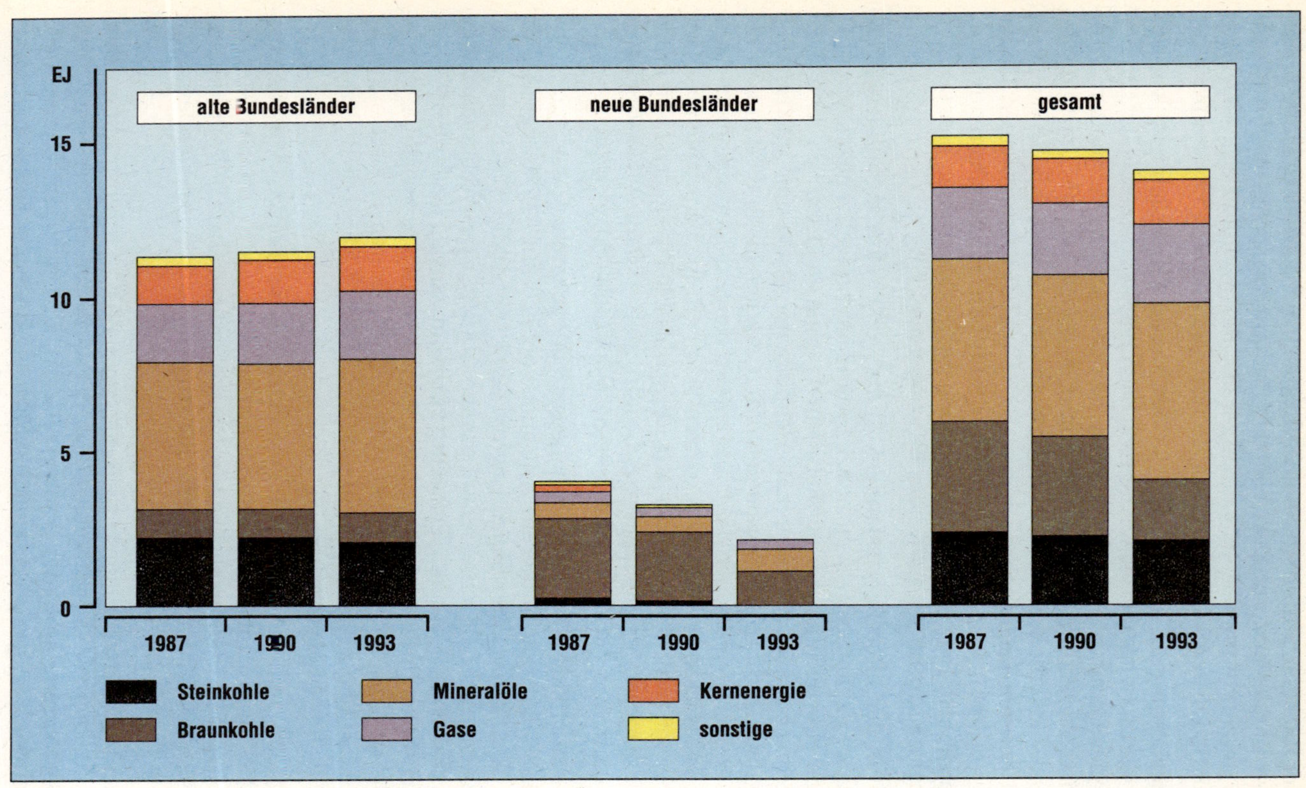

Abb. 8.2-1: Primärenergieverbrauch in der Bundesrepublik Deutschland

und weniger die Importkohle. Damit sank der Verbrauch an Steinkohle um 292 PJ (rd. 10 Mio. t SKE) entsprechend 12,1 % gegenüber 1987 auf insgesamt 2 128 PJ (72,6 Mio. t SKE), der Anteil am Primärenergieverbrauch verminderte sich von 15,8 % im Jahr 1987 auf 15,1 % im Jahr 1993.

Der seit 1990 erkennbare Rückgang des Einsatzes von Braunkohle setzte sich auch 1993 fort und fiel gegenüber dem Jahr 1987 um 1595 PJ bzw. um 54,4 Mio. t SKE entsprechend 44,7 % auf 1972 PJ (67,3 Mio. t SKE). Damit reduzierte sich auch der Anteil der Braunkohle am gesamten Primärenergieverbrauch von 23,3 % im Jahr 1987 auf 14,0 % im Jahr 1993. Diese Entwicklung ist allerdings ausschließlich auf die Veränderung in den neuen Bundesländern zurückzuführen, wo der Verbrauch von Braunkohle in den vergangenen Jahren nahezu in allen Sektoren – besonders in den Bereichen Wärmeerzeugung in der Industrie, Fernwärme sowie Kraftwerken – drastisch zurückging. Allein von 1989 bis 1993 verminderte er sich hier um fast 60 %. Dagegen blieb der Braunkohleverbrauch in den alten Ländern im Durchschnitt der Jahre 1987 bis 1993 im wesentlichen unverändert, wenn auch zuletzt aufgrund eines geringeren Einsatzes in den Kraftwerken ein leichter Rückgang zu verzeichnen war.

Der Kernenergieeinsatz in der Bundesrepublik Deutschland stieg von 1987 bis 1993 um 76 PJ (2,6 Mio. t SKE) entsprechend 5,6 % auf insgesamt 1 439 PJ (49,1 Mio. t SKE) (bewertet nach der Substitutionsmethode, vgl. Fußnote 1), Kap. B 1.1). Innerhalb der gesamten Primärenergiebilanz trug die Kernenergie damit im Jahr 1993 mit 10,2 % zur Deckung bei gegenüber 8,9 % im Jahr 1987; in den alten Bundesländern belief sich der Versorgungsanteil 1993 auf 12 % (1987: 10,8 %). In den neuen Bundesländern wird die Kernenergie seit 1991 nicht mehr genutzt.

Von dem gesamten Primärenergieverbrauch entfielen im Jahr 1993 mit 12 002 PJ (409,5 Mio. t SKE) rund 85 % auf die alten Bundesländer und mit 2 125 PJ (72,5 Mio. t SKE) ca. 15 % auf die neuen Bundesländer. Dagegen lebten 1993 etwa 81 % aller Einwohner Deutschlands in den alten und entsprechend 19 % in den neuen Bundesländern. Daraus folgt, daß der Pro-Kopf-Primärenergieverbrauch in den alten Bundesländern im Jahre 1993 mit 183 GJ um fast 35 % höher war als in den neuen Bundesländern (136 GJ); 1987 war das Verhältnis nahezu umgekehrt (235 GJ/Einwohner in den neuen zu 186 GJ/Einwohner in den alten Bundesländern).

Dieses Bild verändert sich jedoch erheblich, wenn man die jeweils auf gesamtwirtschaftliche Größen bezogenen Koeffizienten betrachtet. Zwar hat sich die hieran gemessene Effizienz in den neuen Bundesländern in den vergangenen Jahren schon spürbar verbessert, doch war dort der Primärenergieverbrauch je Einheit realen Bruttoinlandsproduktes im

Jahre 1993 mit 10,0 GJ je 1000 DM Bruttoinlandsprodukt (in Preisen von 1991) immer noch 2,2 mal so hoch wie in den alten Bundesländern (knapp 4,6 GJ/1 000 DM).

Bei einem Vergleich der Anteile der einzelnen Energieträger am gesamten Primärenergieverbrauch zeigen sich auch 1993 noch wesentliche Unterschiede zwischen den beiden Teilgebieten der Bundesrepublik Deutschland (siehe Abbildung 8.2-1). In den neuen Bundesländern kommt der Braunkohle mit einem Anteil von 49,5 % (1987: 67,6 %) am gesamten Energieverbrauch eine weiterhin dominierende Rolle zu. Demgegenüber ist in Westdeutschland nach wie vor das Mineralöl mit einem Beitrag von 42,0 % (1987: 42,1 %) wichtigster Energieträger. Der Beitrag des Erdgases zum Primärenergieverbrauch beträgt im Jahr 1993 in den alten Bundesländern 18,4 % (1987: 16,6 %) und in den neuen Bundesländern 14,2 % (1987: 9,5 %).

Die energiebedingten CO_2-Emissionen betrugen in den alten und neuen Bundesländern im Jahre 1987 zusammen 1058 Mio. t CO_2. Deutschland trug damit zu 5,4 % zu den weltweiten energiebedingten CO_2-Emissionen bei. Dies entspricht einer Emission von 13,6 t CO_2 pro Person und Jahr. Gesamtdeutschland stand daher im Jahr 1987 nach den USA mit 23,8 %, der UdSSR mit 18,6 % und der Volksrepublik China mit 10,1 % an vierter Stelle der Rangfolge der CO_2-Emittenten.

Die Entwicklung der energiebedingten CO_2-Emissionen bis 1993 ist in der Abbildung 8.2-2 (ohne den internationalen Luftverkehr) dargestellt. Im Jahr 1993 bewegten sich die energiebedingten CO_2-Emissionen in einer Größenordnung von 892 Mio. t CO_2/a (1987: 1 058 Mio. t CO_2/a; 1990: 1 004 Mio. t CO_2/a).

Eine Aufschlüsselung der CO_2-Emissionen im Jahr 1993 in Gesamtdeutschland nach Energieträgern zeigt, daß 23,7 % (1987: 35,9 %, 1990: 34,5 %) auf die Verbrennung von Braunkohle, 20,9 % (20,4 %; 20,6 %) auf Steinkohle, 40,9 % (33,0 %; 33,2 %) auf Mineralöle sowie 14,6 % (10,7 %; 11,8 %) auf die Gase entfielen. Durch die Vereinigung der beiden deutschen Staaten hat sich eine erhebliche Verschiebung der Anteile der einzelnen Energieträger an den CO_2-Emissionen ergeben (siehe Abbildung 8.2-2). Ebenso haben sich die Anteile der beiden Teilgebiete verändert. Wurden im Jahr 1987 noch 32,5 % der CO_2-Emissionen von den neuen Bundesländern und 67,5 % von den alten Bundesländern verursacht, so betragen die entsprechenden Werte für das Jahr 1993 noch 19,4 % für die neuen Bundesländer und 80,6 % für die alten Bundesländer. Dies bedeutet aber auch, daß sich die CO_2-Emissionen in den neuen Bundesländern zwischen 1987 bis 1993 etwa halbiert haben, während sie

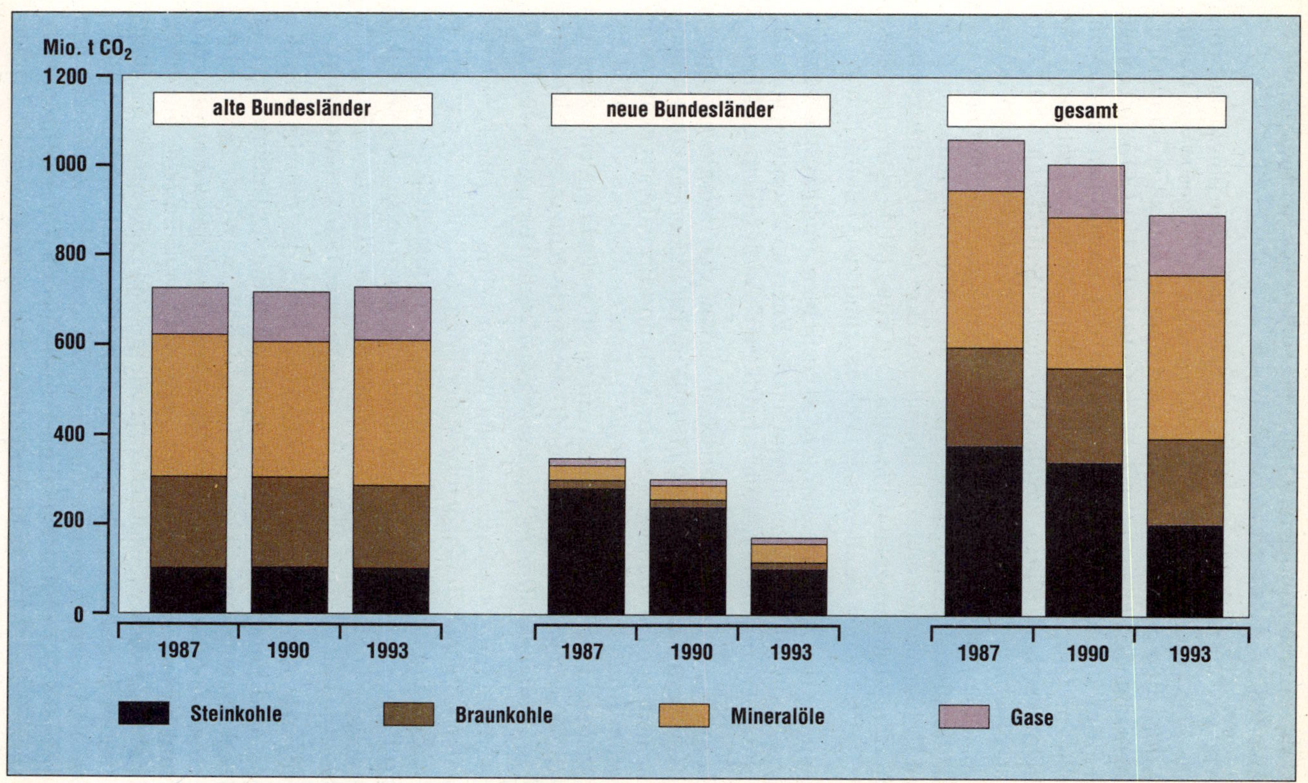

Abb. 8.2-2: Energiebedingte CO_2-Emissionen in der Bundesrepublik Deutschland

in den alten Bundesländern im Jahr 1993 sogar noch geringfügig höher waren als 1987.

In den neuen Bundesländern sind die CO_2-Emissionen je Einwohner von 1987 bis 1993 von beinahe 21 t CO_2 auf rund 11 t CO_2 gesunken. Damit liegen dort die Pro-Kopf-Emissionen auf dem in den alten Bundesländern herrschenden Niveau (1987: 11,7 t CO_2; 1993: 11 t CO_2). Je Einheit realen Bruttoinlandsproduktes waren die CO_2-Emissionen in diesem Teilgebiet im Jahre 1993 mit rund 800 t je Mio. DM (in Preisen von 1991) fast dreimal so hoch wie in den alten Bundesländern (275 t je Mio. DM). Zu den erheblich höheren spezifischen CO_2-Emissionen in den neuen Bundesländern trägt auch die dort unter Emissionsaspekten nach wie vor ungünstigere Energieträgerstruktur bei. Die CO_2-Emissionen je Einheit Primärenergieverbrauch überstiegen dort 1993 den entsprechenden Wert in Westdeutschland um etwa ein Drittel (81,4 gegenüber 59,9 t CO_2/TJ); 1987 waren sie allerdings noch um rund zwei Fünftel höher.

Der Umfang der zum Erreichen der angestrebten Treibhausgas-Minderungsziele notwendigen Veränderungen der Energieversorgung läßt sich mit Hilfe einer „makroenergiewirtschaftlichen" Analyse verdeutlichen.

Abbildung 8.2-3 zeigt den historischen Verlauf der Energieversorgung der alten Bundesländer von 1950 bis 1993 im Parameterfeld von Kohlenstoffintensität des Primärenergieverbrauchs und Primärenergieintensität des realen Bruttoinlandproduktes (BIP). Im Zeitabschnitt von 1950 bis 1993 ist sowohl die Energieintensität durch rationelle Energienutzung als auch die Kohlenstoffintensität durch verstärkte Nutzung kohlenstoffarmer und kohlenstofffreier Primärenergien deutlich reduziert worden.

Die in Abbildung 8.2-3 dargestellte Kurvenschar charakterisiert die Werte der Kohlenstoffintensität bzw. der Energieintensität, die zu erreichen wären, um bei dem den Szenarioanalysen unterstellten Wachstum des Bruttoinlandproduktes in Gesamtdeutschland (siehe Kapitel 8.4.1) die energiebedingten CO_2-Emissionen bis zum Jahr 2005 um 25 bzw. 30 % und bis zum Jahr 2020 um 45 bzw. 50 % gegenüber 1987 zu reduzieren.

Schreibt man den historisch beobachteten Trend der Entwicklung der Energie- und Kohlenstoffintensität in den alten Bundesländern fort und überträgt ihn auch auf die neuen Bundesländer, so würde sich im Jahr 2005 eine Minderung der gesamtdeutschen CO_2-Emissionen um rund 38 % und im Jahr 2020 um ca. 59 % ergeben (jeweils bezogen auf 1987). Vergleicht man diesen historischen Trend mit den Ergebnissen der jüngsten Energieprognose der PROGNOS AG für Gesamtdeutschland (PROGNOS, 1991), wobei zu beachten ist, daß dort eine gegenüber den in Kapitel 8.4 erläuterten Annahmen abweichende Wirtschaftsentwicklung unterstellt wurde, so bedeutet dies, daß lediglich bei der Primär-

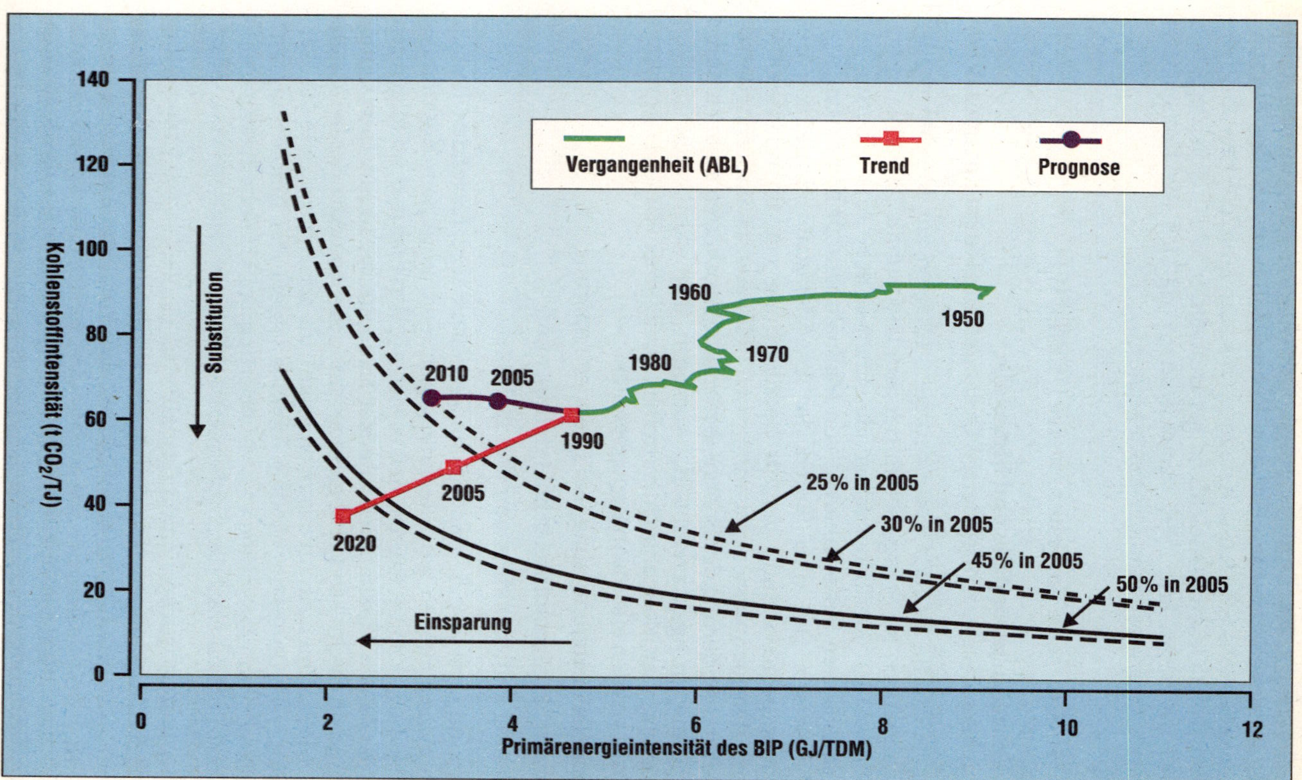

Abb. 8.2-3: Kohlenstoffintensität des Primärenergieverbrauchs und Primärenergieintensität des Bruttoinlandsproduktes in Deutschland

energieintensität des Bruttoinlandsproduktes eine Fortschreibung des Trends unterstellt wurde. Bei der Kohlenstoffintensität des Primärenergieverbrauchs würden sich dagegen bis zum Jahr 2005 bzw. 2010 die Verhältnisse in Gesamtdeutschland gegenüber der Situation in den alten Bundesländern im Jahr 1990 verschlechtern, da sich die Kohlenstoffintensität des Bruttoinlandsproduktes erhöht.

8.3 Methodische Vorgehensweise (IER/DIW)

8.3.1 Verwendete Modelle und Methodik der Analyse von integrierten Gesamtstrategien im Energiesektor

In der Teilstudie C1 sind verschiedene Strategien zur Minderung der CO_2-Emissionen im Energiesektor der Bundesrepublik Deutschland untersucht worden. Der dabei verwendete methodische Ansatz beruht auf einer integrierten Systemanalyse von Maßnahmen zur Minderung von Treibhausgasen auf allen Stufen der Energienutzungskette von der Primärenergiegewinnung bis zur Bereitstellung von Energiedienstleistungen. Die simultane Erfassung von Treibhausgasminderungen sowohl durch Änderung der Energieversorgungsstrukturen als auch durch Energieeinsparungen erlaubt es, Aussagen über die Vorteilhaftigkeit konkurrierender Maßnahmen zu treffen. Im Rahmen dieses integrierten Ansatzes werden alle Maßnahmenbereiche, wie

- rationelle Energienutzung und Energieeinsparung,
- Nutzung kohlenstofffreier Energieträger und
- Nutzung kohlenstoffärmerer Energieträger,

erfaßt, und dem Aspekt der sich im Zeitablauf verschärfenden Reduktionsnotwendigkeiten wird Rechnung getragen. In diesem Zusammenhang ist darauf zu verweisen, daß es sich bei den hier und im folgenden angesprochenen Maßnahmen in erster Linie um die technischen Optionen handelt, die im Modell abgebildet sind. Umsetzungsorientierte politische Maßnahmen sind nur soweit erfaßt, als sie sich z. B. wie die Wärmeschutzverordnung im Modell abbilden lassen. Zur Einordnung und Bewertung von Maßnahmen zur Minderung von Treibhausgasemissionen im Zeitablauf wird die „Systematische Zukunftsanalyse" verwendet.

Ziel der systematischen Zukunftsanalyse ist es, weit in die Zukunft reichende Entwicklungen hinsichtlich ihrer Gestaltungs- und Beeinflussungsmöglichkeiten zu analysieren, um Rückschlüsse auf die heute zu treffenden Entscheidungen zu ziehen. Dabei wird weder die Vergangenheit fort-, noch die Zukunft normativ festgeschrieben, sondern unter Berücksichtigung der vielfältigen Unsicherheiten werden mögliche zukünftige Entwicklungen des Energiesystems analysiert, um Handlungsnotwendigkeiten abzuleiten und um Handlungsspielräume aufzuzeigen. Ein wesentlicher Teil einer derartigen systematischen Zukunftsanalyse ist dabei die Identifizierung sogenannter „robuster nächster Schritte", worunter diejenigen Entscheidungen zu verstehen sind, die sich über einen weiten Unsicherheitsbereich der Einflußfaktoren, z. B. der Energiepreisentwicklung, heute als notwendig und richtig erweisen. Robuste Entscheidungen zeichnen sich damit gerade dadurch aus, daß sie einer genauen Kenntnis der Zukunft nicht bedürfen, sondern für ein Spektrum der Entwicklung unsicherer Bestimmungsfaktoren immer richtig sind. Die Identifizierung robuster Schritte erfolgt dabei naturgemäß nur im Hinblick auf die explizit behandelten Ziele und erfaßten Unsicherheiten. Ob anderen außerhalb der Analyse liegenden Kriterien genüge getan wird, ist dabei nicht zu beantworten.

Eine weitere wichtige Aufgabe der systematischen Zukunftsanalyse ist es, die Konsequenzen sowie die Vor- und Nachteile von Entscheidungs- und Handlungsmöglichkeiten im Hinblick auf die Erreichung sowohl energiepolitischer und als auch umweltpolitischer Ziele aufzuzeigen. Hierzu gehört z. B. die Analyse effizienter Wege und Strategien zur Minderung der energiebedingten Umweltbelastung. Dabei wird in der Regel die Szenariotechnik verwendet.

Durch Szenariorechnungen werden unterschiedliche Vorstellungen über einzuleitende Treibhausgasreduktionsmaßnahmen in ihren Wirkungen quantifiziert, Möglichkeiten und Wege zur Erreichung von Treibhausgasreduktionszielen aufgezeigt sowie die Auswirkungen unsicherer Einflußfaktoren, z. B. der Bevölkerungs- bzw. der Energiepreisentwicklung, auf die Erreichung der Minderungsziele und deren Kosten ermittelt. Insbesondere kann der Zusammenhang zwischen zeitbezogenem Minderungsziel (2005/2020) und den Kosten (Investitions- und Nettokosten) in Abhängigkeit von der CO_2-Reduktion für die alten und die neuen Bundesländer sowie für Gesamtdeutschland dargestellt werden.

Eine derartige Kosten-Effektivitäts-Analyse verwendet die zukünftigen Emissionen als Ausgangspunkt der Betrachtung. Zu jedem Zeitpunkt innerhalb des Betrachtungshorizontes wird eine Obergrenze für die CO_2-Emissionen festgelegt. Hierdurch wird die Emission von CO_2 beschränkt und damit je nach Höhe der Emissionsgrenze mit einem impliziten Preis beaufschlagt, dem sogenannten Schattenpreis. Im Falle von CO_2-Emissionsgrenzen spiegelt dieser Preis die marginalen Vermeidungskosten zur Erreichung dieser Emissionsziele wider. Simultan wird ein Maßnahmenbündel ermittelt, das den vorgegebenen Emissionspfad mit minimalen Kosten erreicht. Auf diese Weise können für unterschiedliche

Emissionspfade entsprechende kosteneffiziente Strategien bestimmt werden.

Als Werkzeug für die Integration aller energiebezogenen Emissionsminderungsmaßnahmen sowohl angebots- als auch nachfrageseitig und zur Durchführung der Kosten-Effektivitäts-Analyse bietet sich ein techno-ökonomisches Energiemodell an, das den Energiesektor von der Primärenergiegewinnung bis zur Energienutzung beim Endverbraucher repräsentiert. Auf sämtlichen Stufen der Energiewandlung und des Energietransportes können Emissionsminderungsmaßnahmen einschließlich der Energieeinsparung erfaßt werden (siehe Abbildung 8.3-1). Zur Ermittlung effizienter Strategien ist der Ansatz der linearen Programmierung (LP) geeignet. Optimierende Energiemodelle ermöglichen es, entsprechend einem vorgegebenen Zielkriterium (z. B. Minimierung der (volks)wirtschaftlichen Kosten der Bereitstellung von Energiedienstleistungen) ein technisch orientiertes Maßnahmenbündel zu identifizieren, das entsprechend der Zielfunktion als optimal anzusehen ist.

In der hier vorliegenden Studie ist das Energiesystemmodell EFOM-ENV verwendet worden (Van der Voort, u. a., 1984). EFOM-ENV ist ein lineares Optimierungsmodell, das unter exogener Vorgabe eines Nachfragevektors für Nutz- oder Endenergie respektive Energiedienstleistung eine zeitintegrale Optimierung der Energieversorgungsstruktur, d. h. der Technologie- und Energieträgerzusammensetzung, und des Niveaus der Energieeinsparung unter Einhaltung von Nebenbedingungen, wie Mengenobergrenzen für Emissionen, durchführt.

Die einzelnen Techniken werden mit Hilfe technisch-ökonomischer Parameter abgebildet. Dies sind im wesentlichen:

- die Input- und Outputenergieträger,
- der Jahresnutzungsgrad,
- die bestehenden Kapazitäten und der Kapitalbedarf für zusätzliche Kapazitäten,
- die fixen und variablen Betriebskosten,
- die technische Jahresverfügbarkeit und die Lebenszeit,
- Nebenprodukte und Hilfsstoffe,
- Emissionsfaktoren,
- der maximale und minimale Energiefluß oder Marktanteil sowie
- Lastparameter.

Sowohl technische als auch preisinduzierte Energieeinsparmaßnahmen können in EFOM-ENV modelliert werden. Die Grundstruktur des

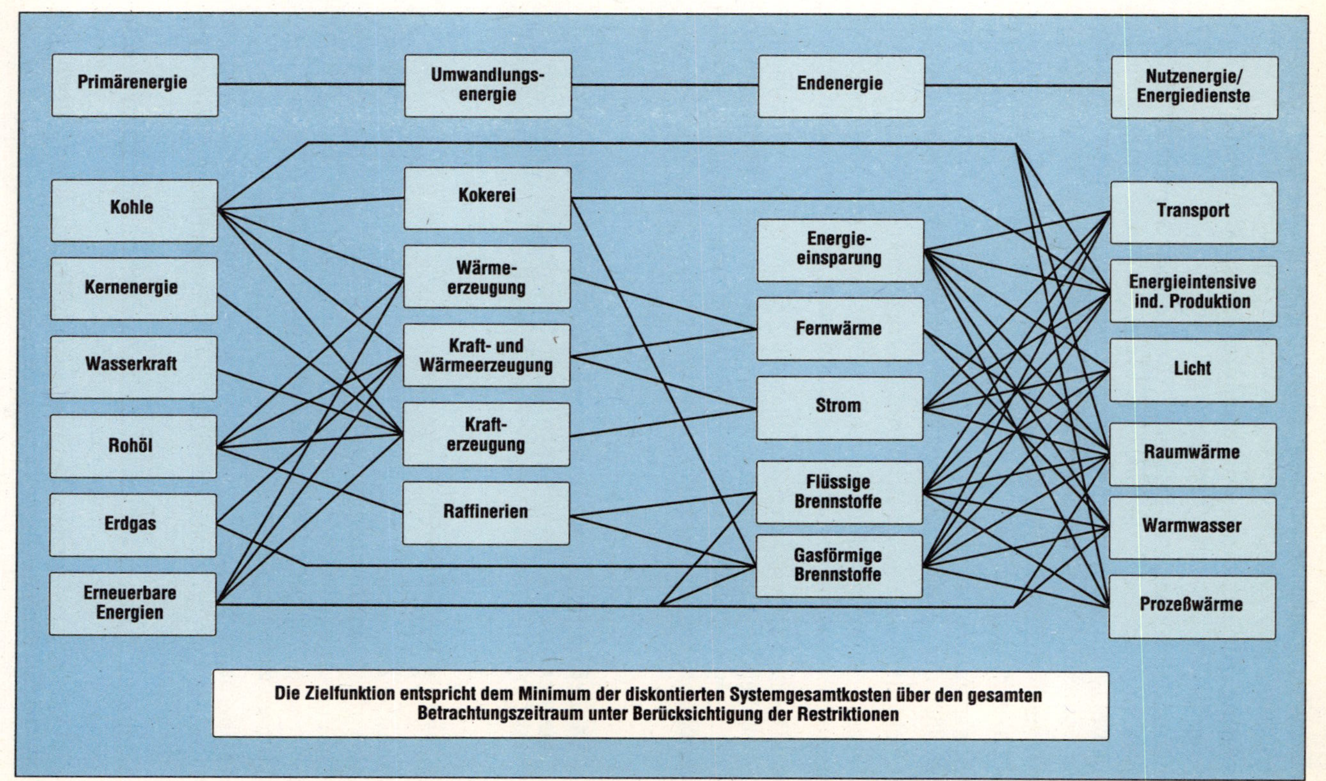

Abb. 8.3-1: Netzwerk der Energieflüsse in einem Optimierungsmodell

Modelles ist regionalisiert und basiert auf einem modularen Aufbau, der für die durchgeführte Studie wie folgt umgesetzt worden ist:

- Förderung, Aufbereitung, Umwandlung, Transport, Verteilung, Endverbrauch aller nutzbaren Energieträger:

  Kohle und kohlebasierte Produkte, Rohöle und Mineralölprodukte, Erdgas und andere erdgasbasierte Gase, Biomasse (einschließlich Hausmüll) und -gase, Kernenergie, Wasser- und Windkraft, direkte Solarstrahlung, Umgebungswärme, Strom, Wärme,
- alle wesentlichen derzeit genutzten Techniken zur Wandlung und Nutzung dieser Energieträger,
- Optionen zur Verbesserung der Wirkungsgrade dieser Techniken, einschließlich der gekoppelten Erzeugung von Strom und Wärme
- Möglichkeiten zur Energieeinsparung bei den Endverbrauchern,
- ein großes Bündel zukünftiger, heute bereits bekannter Möglichkeiten zur Energiebereitstellung, Energienutzung und Energieeinsparung.

Die zukünftige Entwicklung des Bedarfs an Energiedienstleistungen sowie der Preis für zu importierende Energieträger sind dem Modell exogen vorzugeben. Daneben können energiepolitische Vorgaben, wie der Mindesteinsatz heimischer Stein- und Braunkohle, berücksichtigt werden.

8.3.2 Modellierungsansatz und verwendete ökonomische Modelle bei der Analyse der gesamtwirtschaftlichen Auswirkungen (ISI/DIW)

8.3.2.1 Methodische Ansätze

Die Analyse der gesamtwirtschaftlichen Auswirkungen steht vor der Aufgabe, die Modellierung der notwendigen Reduktionen der klimarelevanten Spurengase mit der Modellierung gesamtwirtschaftlicher Prozesse zu verknüpfen. Hierbei können folgende drei Ansätze unterschieden werden:

- Modellierung der gesamtwirtschaftlichen und emissionsseitigen Folgewirkungen in einem einzigen makroökonomischen (Gleichgewichts-)Modell,
- Verknüpfung von detaillierten Energieszenarien mit partialanalytischen, statischen ökonomischen Modellen
- Verknüpfung von detaillierten Energieszenarien mit dynamischen, geschlossenen Makromodellen (Kreislaufmodelle).

Der erste Modellierungsansatz – die Verwendung von makroökonomischen (Gleichgewichts-)Modellen ohne detaillierte Energieszenarien – konzentriert sich darauf, Teilelemente einer Klimaschutzstrategie, z. B. verschiedene Varianten der Einführung einer CO_2/Energiesteuer, miteinander zu vergleichen (vgl. Tabelle 8.3-1). Von besonderem Interesse für die Enquete-Kommission ist in diesem Zusammenhang die Frage, wie sich die ökonomischen Folgewirkungen einer lediglich national eingeführten CO_2/Energiesteuer von denen einer EU-weit eingeführten Steuerlösung unterscheiden. Speziell zu dieser Fragestellung wurde eine Studie an das Energiewirtschaftliche Institut an der Universität Köln vergeben. Als wesentliches Ergebnis der EWI-Studie ist festzuhalten, daß eine Lösung im nationalen Alleingang zu geringeren CO_2-Reduktionen führt und zugleich der minimale Rückgang im Sozialprodukt noch etwas geringer ausfällt als bei einer EU-weiten Lösung.

Bei der Verwendung dieses Modellierungsansatzes ist zu bedenken, daß man damit nicht die Auswirkungen eines umfassenden Klimaschutzprogrammes analysieren kann. Denn die Einführung einer CO_2/Energiesteuer kann nur ein Teilelement einer umfassenden Klimaschutzstrategie bilden. Insgesamt sind folgende Einschränkungen der in Tabelle 8.3-1 aufgeführten Studien zu beachten:

- Bei der Berechnung der makroökonomischen Auswirkungen von Klimaschutzmaßnahmen ist die Unterscheidung in gehemmte (einzelwirtschaftliche) Reduktionspotentiale und durch Preiserhöhungen realisierbare von Bedeutung. In vielen Untersuchungen zu den makroökonomischen Auswirkungen von CO_2-Energiesteuererhöhungen werden aber vor allem die durch Preiserhöhungen realisierten und damit vorrangig die relativ kostenintensiven Maßnahmen analysiert (vgl. Wilson, Swisher 1993), während die kostengünstigen Maßnahmen des Hemmnisabbaus ausgeblendet bleiben. Insbesondere Studien, die lediglich die durch Energiepreiserhöhungen ausgelösten Effekte untersuchen, sind von dieser Einschränkung betroffen.
- Die makroökonomischen Modelle können die technischen und organisatorischen Anpassungsreaktionen einzelner Verbrauchergruppen sowie neue technische und unternehmerische Innovationen nicht abbilden. Deshalb skizzieren sie in der Regel ein zu inflexibles Verhalten bei Energiepreissteigerungen. Dies gilt insbesondere für langfristige Anpassungsreaktionen und den preisinduzierten Strukturwandel. Beispielsweise wird der sich abzeichnende Trend zu Energiedienstleistungsunternehmen, die einen Teil der vorhandenen Hemmnisse bei einigen Zielgruppen abbauen können, mit den makroökonomischen Modellen nicht abgebildet. Diese Modelle beruhen auf historischen Daten und Relationen und tendieren daher dazu, die produktionstheo-

Tabelle 8.3-1: Ergebnisse von makroökonomischen Analysen ohne Verwendung von Energieszenarien

Studie/Quelle	Unterstellte Maßnahme	Zeit-horizont	CO_2-Reduktion	Veränderung Sozial- bzw. Inlandsprodukt i. Vgl. zum Referenz-szenario in %
Manne (1990, USA)	CO_2-Steuer + Pauschalvergütung	2020	– 20 % i. Vgl. zum Ausgangsjahr	– 1
Yamaji (1993, Japan)	1) Steuer/ESt-Senkung 2) große Subvention	2005	– 25,5 % i. Vgl. zum Referenzjahr – 11,8 % i. Vgl. zum Referenzjahr	– 4,90 0,27
Barker (1993, Großbritannien)	1) EG/Steuer u. Defizitabbau 2) EG/Steuer u. MWSt-Senkung	2005	– 8,5 % i. Vgl. zum Ausgangsjahr – 8,4 % i. Vgl. zum Ausgangsjahr	– 0,37 0,17
Marks (1991, Australien)	Steuer + Informationspolitik	2005	– 20 % i. Vgl. zum Ausgangsjahr	– 0,10
Bossier (1992, Belgien)	Steuer + Investitionsprogramm	1999	– 14,5 % i. Vgl. zum Referenzjahr	0,47
Proost (1992, Belgien)	Steuer bei flexiblen Löhnen	2010	Stab. i. Vgl. zum Ausgangsjahr	– 1,80
Schlesinger (1991, Schweiz)	1) CO_2-Abgabe/Schweiz 2) CO_2-Abgabe/länderübergreifend	2025	– 14,2 % i. Vgl. zum Referenzjahr – 14,2 % i. Vgl. zum Referenzjahr	0,19 0,22

Fortsetzung Tabelle 8.3-1

Studie/Quelle	Unterstellte Maßnahme	Zeit-horizont	CO_2-Reduktion	Veränderung Sozial- bzw. Inlandsprodukt i. Vgl. zum Referenz-szenario in %
EWI (1994, BRD)	1) CO_2/Energiesteuer/BRD 2) CO_2/Energiesteuer/EU (jeweils bei konstantem Kernenergieeinsatz)	2020 2020	– 5,3 % i. Vgl. zum Referenzjahr – 9,5 % i. Vgl. zum Referenzjahr	– 0,06 – 0,40
DIW (1994, BRD)	Energiesteuer/Ökobonus/ Senkung Sozialversicherungsbeiträge	10–15 Jahre	– 21,3 % (2005 gegenüber 1987)	– 0,20

retisch hergeleiteten Substitutionsmöglichkeiten zwischen Arbeit und Energie in den Vordergrund zu stellen, während die Substitutionsmöglichkeiten zwischen Kapital und Energie eher vernachlässigt werden.

Der zweite Modellierungsansatz geht im Unterschied zum ersten von detaillierten Energieszenarien aus. Er versucht, zumindest die durch die Verflechtungsbeziehungen induzierten makroökonomischen Effekte abzuschätzen, indem die Ergebnisse der Energieszenarien mit statischen partialanalytischen Instrumentarien gekoppelt werden. So lassen sich die Beschäftigungswirkungen der rationellen Energienutzung z. B. auf Basis von Abschätzungen mit statischen Input-Output-Modellen ableiten. Derartige Untersuchungen kommen zu Aussagen, daß für die Verhältnisse der alten Bundesrepublik die Beschäftigungswirkungen netto (d. h. unter Abzug der kontraktiven Effekte bei Energieproduktion und -umwandlung) bei 100 Arbeitsplätzen je eingesparte Petajoule Energie liegen (Jochem, Schön 1994).

Diese methodische Vorgehensweise kann aber die dynamischen Einkommenskreislaufeffekte und deren Rückwirkungen auf die makroökonomischen Größen nicht erfassen. Eine adäquate Abschätzung der gesamtwirtschaftlichen Auswirkungen von Klimaschutzmaßnahmen erfordert daher die Kopplung der technisch fundierten Energieszenarien mit makroökonomischen Modellen. Insgesamt müssen diese Abschätzungen damit auf

- einer detaillierten, technisch fundierten Entwicklung von Energieszenarien,
- der Ermittlung der durch die Verwirklichung der Energieszenarien ausgelösten wirtschaftlichen Impulse und
- der Analyse der gesamtwirtschaftlichen Folgewirkungen dieser Impulse mit Hilfe eines makroökonomischen Modells

beruhen. Diese Vorgehensweise entspricht dem dritten, oben aufgeführten Modellierungsansatz. Eine derartige Verbindung von technisch fundierten Energieszenarien mit ausgefeilten ökonomischen Analyseinstrumentarien wurde in der Studie von Schön et al. 1992 erfolgreich erprobt und bildet eine fundierte methodische Basis für die Analysen der gesamtwirtschaftlichen Auswirkungen von Klimaschutzmaßnahmen.

8.3.2.2 Verwendeter Modellierungsansatz

Im Gegensatz zu dem oben skizzierten Vorgehen des ersten Modellierungsansatzes – Verwendung von makroökonomischen Modellen ohne detaillierte Energieszenarien – wählte die Enquete-Kommission bereits in ihrem Dritten Bericht den Weg einer Modellierung von CO_2-

Reduktionsszenarien. Hierbei beruhen diese Energieszenarien auf einer detaillierten, hinsichtlich ihrer technisch-wirtschaftlichen Machbarkeit untersuchten Abschätzung der CO_2-Reduktionspotentiale. Ein derartiges Vorgehen stellt den gegenwärtigen state-of-the-art der Energiemodellierung dar und wurde auch von der Enquete-Kommission des 12. Bundestags für ihr Studienprogramm und für die Entwicklung von Energieszenarien in diesem Bericht zugrundegelegt.

Anknüpfend an die Entwicklung der Energieszenarien wählte die Kommission zur Abschätzung der ökonomischen Folgewirkungen von Klimaschutzmaßnahmen den Modellierungsansatz, bei dem die Entwicklung von detaillierten Energieszenarien mit makroökonomischen Modellen verknüpft wird. Hierzu wurde eine Studie an das Fraunhofer-Institut für Systemtechnik und Innovationsforschung (FhG-ISI) vergeben, um in Zusammenarbeit mit dem DIW die gesamtwirtschaftlichen und strukturellen Auswirkungen von Klimaschutzmaßnahmen analysieren zu lassen.

Das für die Analyse der ökonomischen Folgewirkungen von Klimaschutzmaßnahmen gewählte Vorgehen ist schematisch in Abbildung 8.3-2 aufgezeigt. Aufbauend auf den technisch ökonomischen Minderungspotentialen werden Energieszenarien gebildet. Da die Analyse der gesamtwirtschaftlichen Auswirkungen parallel zu der Entwicklung von Energieszenarien mittels dem Optimierungsmodell erfolgen mußte, damit aber die Ergebnisse aus diesen Bemühungen für die Analyse der gesamtwirtschaftlichen Auswirkungen nicht zur Verfügung stehen konnten, war zu Beginn der gesamtwirtschaftlichen Analysen die Entwicklung eigenständiger Energieszenarien notwendig (vgl. Kapitel 8.5). Die sich aus diesen Energieszenarien ergebenden unmittelbaren ökonomischen Impulse, d. h.

- Investitionsvolumina,
- Veränderung der Energiekosten und
- Veränderung des Energiesteueraufkommens

gehen in die makroökonomischen Modelle ein (vgl. Kapitel 8.7) und werden dort weiterverarbeitet. Als Resultat der ökonomischen Simulationsrechnungen ergeben sich dann jeweils die Abweichungen in den gesamtwirtschaftlichen Größen, den die untersuchten Reduktionsszenarien gegenüber einem Referenzszenario induzieren.

8.3.2.3 Verwendete ökonomische Modelle

Zur Entwicklung von Szenarien, die Aufschluß über die wirtschaftlichen Folgewirkungen von CO_2-Minderungsmaßnahmen geben sollen, ist ein

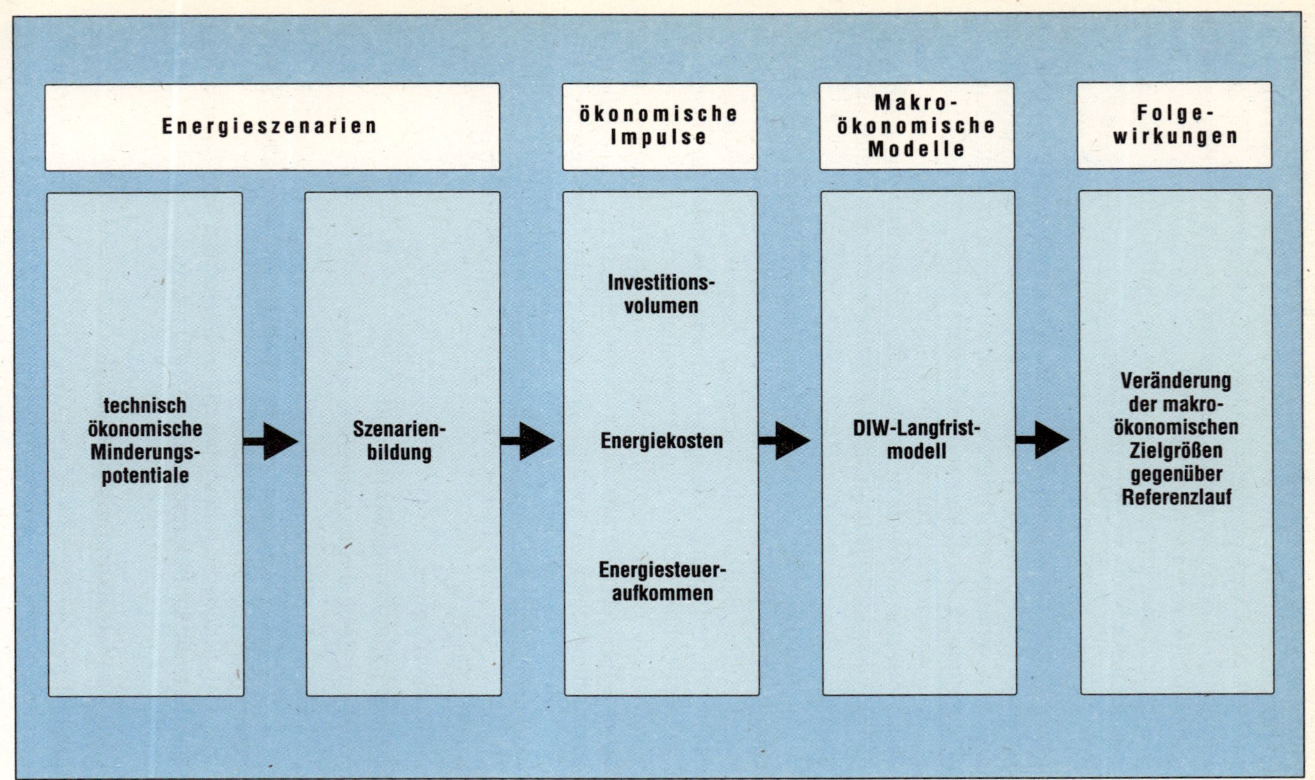

Abb. 8.3-2: Verbindung von Energieszenarien mit makroökonomischen Modellen

Instrumentarium erforderlich, das den vielfältigen und komplexen ökonomischen Wirkungsmechanismen, die hierfür von Bedeutung sind, möglichst weitgehend Rechnung trägt.

Dabei kommen zwei Analyseinstrumente zur Anwendung: ein gesamtwirtschaftlich ausgerichtetes ökonometrisches Modell (das DIW-Langfristmodell) und ein dynamisches Input-Output-Modell.

- Die in Kapitel 8.7 vorgestellten Modellsimulationen auf aggregierter Ebene basieren auf dem DIW-Langfristmodell, in dem sämtliche volkswirtschaftliche Kreislaufzusammenhänge erfaßt werden. Mit seiner Hilfe können in sich konsistente quantitative gesamtwirtschaftliche Szenarien entwickelt werden. Es ermöglicht die Einbettung der Ergebnisse von Detail- und Strukturuntersuchungen und erlaubt somit die Ermittlung der langfristigen makroökonomischen Kreislaufwirkungen der aufgrund technologiespezifischer Analysen bestimmten Impulse von CO_2-Minderungsmaßnahmen.
- Das dynamische Input-Output-Modell ist geeignet, in konsistenter Weise diejenigen Effekte zu erfassen, die durch die Verflechtung der Wirtschaftssektoren bedingt sind. Soweit sich CO_2-Minderungsmaßnahmen in einer veränderten intersektoralen Verflechtungsstruktur niederschlagen, können ihre Auswirkungen mit Hilfe des dynamischen Input-Output-Modells quantifiziert werden.

8.3.2.3.1 DIW-Langfristmodell

Das DIW-Langfristmodell ist ein umfangreiches ökonometrisches Modell für Westdeutschland, das vor allem die Berücksichtigung der volkswirtschaftlichen Kreislaufzusammenhänge zwischen der Entstehung, der Verteilung und Umverteilung und der Verwendung der Einkommen sicherstellt (siehe Blazejczak, 1987). Als volkswirtschaftliche Akteure werden dort die privaten Haushalte, die Unternehmen, der Staat, unterteilt nach Gebietskörperschaften und Sozialversicherung, und die übrige Welt berücksichtigt.

Die aktuelle Version des DIW-Langfristmodells umfaßt insgesamt etwa 380 Gleichungen, die ebenso viele endogene Variablen erklären, davon rund 100 in stochastischen Gleichungen mit geschätzten Koeffizienten; die übrigen Gleichungen sind Definitionen. Das Modell ist sehr stark interdependent, es enthält einen simultanen Block mit rund 275 Gleichungen. Ein spezielles Merkmal des Modells ist die komplette Darstellung von Sektorkonten, es bildet also das geschlossene Buchungssystem der volkswirtschaftlichen Gesamtrechnung ab, bei dem jeder Strom sowohl beim leistenden als auch beim empfangenden Sektor erfaßt wird.

Die Zahl der exogenen Variablen des Modells, die für den angestrebten Untersuchungszweck als von den übrigen Modellvariablen relativ unbeeinflußt angesehen werden können, beträgt 80. Allerdings handelt es sich bei einer ganzen Reihe von exogenen Variablen um „technische" Variablen, die dazu dienen, Alternativsimulationen bequem durchführen zu können.

Abbildung 8.3-3 zeigt eine vereinfachte Darstellung der wichtigsten Interdependenzen im DIW-Langfristmodell. Die Beschreibung des Gütermarktes enthält sowohl Angebots- als auch Nachfrageaspekte. Auf der Nachfrageseite werden die Verwendungskomponenten des Sozialprodukts zu jeweiligen Preisen und zu konstanten Preisen dargestellt. Auf der Angebotsseite tragen die Investitionen zum Wachstum des Kapitalstocks und zu einer Erweiterung der Produktionsmöglichkeiten bei. Die Arbeitsproduktivität und der Lohnsatz sind entscheidend für die Höhe der Stückkosten, daneben werden weitere Kostenelemente wie Import- und Steuerstückkosten berücksichtigt. Zusammen mit dem Auslastungsgrad des Produktionspotentials sind die Stückkosten die wichtigste Bestimmungsgröße für die Preisentwicklung. Lohnsatz und Produktivität stellen gleichzeitig die Verbindung zwischen dem Güter- und dem Arbeitsmarkt des Modells her. Im Arbeitsmarktteil werden Arbeitsangebot und Arbeitsnachfrage in einer Arbeitsmarktbilanz einander gegenübergestellt. Aus dem eingesetzten Arbeitsvolumen und dem Lohnsatz ergeben sich die Bruttoeinkommen aus unselbständiger Arbeit. Die Bruttoeinkommen aus Unternehmertätigkeit und Vermögen werden dem Vorgehen in der volkswirtschaftlichen Gesamtrechnung entsprechend als Restgröße gegenüber dem Volkseinkommen ermittelt, das sich aus der Summe der Verwendungskomponenten unter Berücksichtigung von Abschreibungen, indirekten Steuern und Subventionen ergibt.

Im Umverteilungsteil werden Größen wie Steuern und Transfers ermittelt, so daß sich dann die Nettoeinkommen aus unselbständiger Arbeit sowie die entnommenen Gewinne der Haushalte ergeben. Zusammen mit den nichtzurechenbaren empfangenen und geleisteten Transfers ergibt sich daraus das verfügbare Einkommen der privaten Haushalte, das die wichtigste Bestimmungsgröße des privaten Verbrauchs dargestellt. Aus der Verwendungs-, Verteilungs- und Umverteilungsrechnung können die Einnahmen und Ausgaben des Staates in einem Staatskonto zusammengefaßt und der staatliche Finanzierungssaldo ermittelt werden. Genauso ergeben sich die Finanzierungssalden der übrigen Sektoren.

Ein mit dem DIW-Langfristmodell vergleichbares Modell für Ostdeutschland existiert nicht. Voraussetzungen für die Konstruktion eines solchen Modells wären einerseits ein Minimum an stabilen Strukturen,

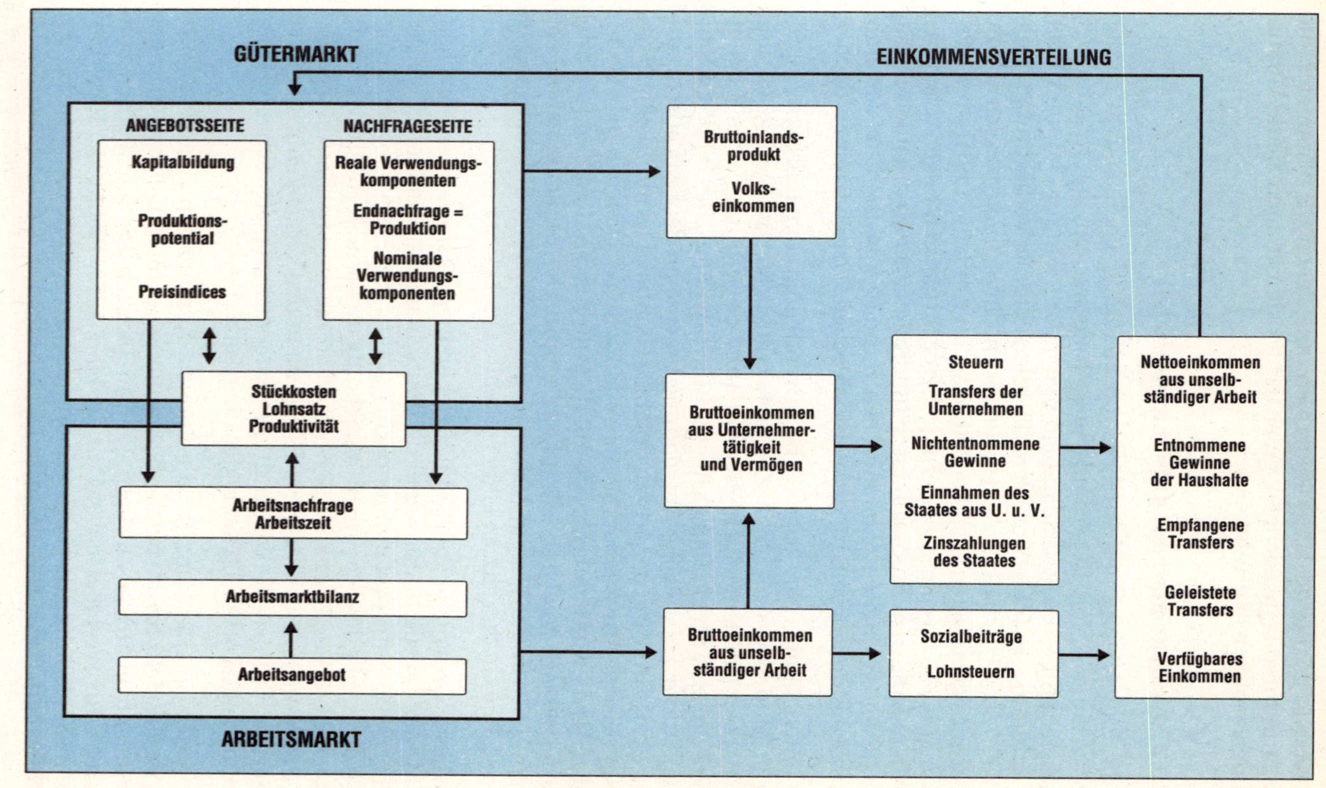

Abb. 8.3-3: Wichtige Interdependenzen im DIW-Langfristmodell

andererseits genügend lange Zeitreihen, aus denen die Parameter, die diese Strukturen kennzeichnen, geschätzt werden können. Beide Voraussetzungen sind nicht erfüllt.

8.3.2.3.2 Das dynamische Input-Output-Modell

Für die Entwicklung und Analyse von quantitativen Szenarien zu den Folgewirkungen von CO_2-Minderungsstrategien auf der strukturellen Ebene steht für Westdeutschland ein dynamisches Input-Output-Modell zur Verfügung. Es bildet vor allem die intersektorale Verflechtungsstruktur der Volkswirtschaft im Vorleistungs- und Investitionsbereich ab und erklärt modellendogen die Produktions-, Investitions- und Kapazitätswirkungen, die aus einer Änderung dieser Strukturen folgen. Damit ist es geeignet, die in mikroökonomisch fundierten, technikorientierten Einzelanalysen ermittelten ökonomischen Impulse konsistent in den Rahmen der sektoralen Struktur der westdeutschen Wirtschaft einzufügen.

Die Entwicklung von empirisch anwendbaren dynamischen Input-Output-Modellen war lange Zeit von erheblichen methodischen und statistischen Problemen behindert. Erst die Entwicklung eines theoretischen Konzepts für ein ungleichgewichtiges dynamisches Input-Output-Modell und die erstmalige Anwendung für eine größere empirische Studie in den USA Mitte der achtziger Jahre (Leontief, Duchin, 1986) bewies die empirische Anwendbarkeit dieses Modelltyps. Daneben hat sich für Deutschland – aus heutiger Sicht gilt dies nur für die alten Bundesländer – die Datenlage im Hinblick auf die empirische Implementation von dynamischen Input-Output-Modellen durch Arbeiten des Statistischen Bundesamtes in den letzten Jahren erheblich verbessert.

Auf dieser Grundlage konnte Ende der achtziger Jahre ein entsprechendes Modell für die Bundesrepublik Deutschland implementiert werden (Edler, 1990). Aufgrund umfangreicher praktischer Simulationserfahrungen war es möglich, das ursprüngliche theoretische Konzept weiterzuentwickeln (Edler, Robakova, 1993) und so die empirische Anwendbarkeit des Modells zu verbessern. Es wurde in der Vergangenheit in einer Reihe von Studien vorwiegend zur Untersuchung der ökonomischen Auswirkungen neuer Technologien eingesetzt.

Die in der Untersuchung für die Enquete-Kommission eingesetzte Version des Modells beruht bei der Bestimmung der im Modell notwendigen Koeffizientenmatrizen auf Input-Output-Tabellen des Statistischen Bundesamtes für Westdeutschland für die Jahre 1978, 1980, 1982, 1984, 1986 und 1988 sowie für die Beschreibung der Investitionsverflechtung der Sektoren auf Daten des ifo-Instituts in München. Der Datensatz wird durch verschiedene andere Datenquellen ergänzt, z. B. durch Daten aus der Anlagevermögensrechnung des DIW. Alle Daten des Modells sind einheitlich auf Preisbasis 1980 abgestimmt.

Durch den Input-Output-Ansatz (Leontief-Inverse) werden die direkten und indirekten Produktionswirkungen von Änderungen in der Vorleistungs- und Investitionsstruktur, die durch technische Änderungen (im Rahmen von CO_2-Minderungsstrategien) bedingt sind, endogen berücksichtigt. Konkret kann mit diesem Ansatz berücksichtigt werden, welchen Einfluß die Umsetzung von Minderungsmaßnahmen auf dem Niveau und der Struktur von Vorleistungen, Investitions- und Beschäftigungserfordernissen bei den von dieser Maßnahme betroffenen Branchen (Anwendern) sowie gleichzeitig bei den Anbietern (Herstellern) der eingesetzten Minderungstechnologien hat. Mit dem dynamischen Input-Output-Modell werden nicht nur die direkten, sondern darüber hinaus die indirekten Herstellereffekte (anbieterorientierter Ansatz) wie auch die direkten und indirekten Anwendereffekte (nachfrageorientierter Ansatz) simultan erfaßt.

Im hier benutzten dynamischen Input-Output-Modell, das als Mengenmodell konzipiert ist, sind die von CO_2-Minderungsmaßnahmen ausgelösten preisinduzierten Anpassungsprozesse nicht explizit modelliert. Die Stärken des Modells sind die detaillierte und konsistente Abbildung der produktionstechnischen Interdependenzen der Sektoren, die Abbildung der sektoralen Produktions- und Kapazitätsauswirkungen von Investitionen sowie die Möglichkeit der konsistenten Abbildung von Impulsen aus technisch-ökonomischen Einzelanalysen.

8.3.3 Verwendete Modelle und Methodik bei der Analyse der gesamtwirtschaftlichen Auswirkungen (EWI)

Bei den Analysen des Energiewirtschaftlichen Instituts wurde besonderer Wert auf die Erfassung außenwirtschaftlicher Interdependenzen gelegt.

Diese Interdependenzen beruhen einerseits auf der Preisabhängigkeit der Export- und Importnachfrage, die unter dem Stichwort der Wettbewerbsfähigkeit in der klimapolitischen Diskussion stark betont wird. In diesem Zusammenhang ist zu unterscheiden zwischen der Wettbewerbsfähigkeit zwischen Deutschland und der übrigen EU einerseits und derjenigen gegenüber der übrigen Welt andererseits. Diese Unterscheidung ist deshalb von Bedeutung, weil im Verhältnis zwischen den EU-Ländern Änderungen der relativen Preise – wegen der festen Wechselkurse im europäischen Währungssystem – unmittelbar reale außenwirtschaftliche Wirkungen entfalten. Demgegenüber werden solche Effekte gegenüber den Nicht-EU-Ländern durch Anpassungen des Wechselkurses abgemildert.

Eine zweite Ebene außenwirtschaftlicher Effekte beruht auf der konjunkturellen Interdependenz. Diese ist wegen der besonders starken Außenhandelsverflechtung innerhalb der EU besonders stark. Es ist deshalb für die Analyse von Klimaschutzsteuern, und insbesondere für den Vergleich zwischen EU-weiter Erhebung und deutschem Alleingang, nicht nur der Effekt über die relativen Preise zu berücksichtigen. Vielmehr ist auch zu beachten, daß ein erheblicher Teil der deutschen Exporte auf der Importnachfrage der übrigen EU beruht, die von einer EU-weiten Klimaschutzsteuer offensichtlich stärker beeinflußt wird als von einer nur in Deutschland erhobenen Steuer.

Die Abbildung dieser Interdependenzen ist insbesondere wichtig für den Vergleich zwischen europaweiter und nationaler Klimaschutzpolitik. Deshalb wurde als Analyseinstrument ein allgemeines Gleichgewichtsmodell für Deutschland (West) und die übrige EU eingesetzt. Das Modell umfaßt 14 Sektoren, wovon fünf den wesentlichen Energieträgern entsprechen (Steinkohle, Braunkohle, Mineralöl, Gas, Elektrizität). Der Zeithorizont des Modells reicht bis 2020.

Der Außenhandel wird durch einen Welthandelspool erfaßt, in den (differenziert nach Gütern) die Exporte Deutschlands, der übrigen EU und der übrigen Welt einfließen, und aus dem die jeweiligen Importe abfließen. Hierdurch wird die Abbildung bilateraler Handelsströme vermieden.

Die EU einerseits und die übrige Welt andererseits bilden jeweils eine Wechselkursunion. Somit kann im Modell von zwei Währungen gesprochen werden. Diese sind durch einen Wechselkurs verbunden, der als Funktion der konsolidierten Leistungsbilanz der EU gegenüber der übrigen Welt bestimmt ist.

Für Energie, Kapital und Arbeit wird faktorvermehrender technischer Fortschritt postuliert. Dieser ist für Kapital als faktorgebundener technischer Fortschritt modelliert. Hierdurch hat die Investitionsdynamik Einfluß auf die Geschwindigkeit des realisierten technischen Fortschritts, und das durchschnittliche Effizienzniveau des Kapitals in einem bestimmten Jahr ist von seiner Altersstruktur abhängig. Arbeit wird als intersektoral mobil und international immobil modelliert. Das gesamtwirtschaftliche Arbeitsangebot wird durch eine dynamische Lohngleichung beschrieben. Diese erklärt die Entwicklung des Reallohnes durch die Entwicklung der Arbeitsproduktivität und der Beschäftigung.

Finanzaktiva werden als international vollständig mobil angenommen. Die Ertragsrate (Realzins) wird durch das Gleichgewicht auf dem internationalen Kapitalmarkt bestimmt.

Die makroökonomische Struktur des Modells kann anhand der wichtigsten im Modell erfaßten Nachfrageströme beschrieben werden. Im Modell sind Deutschland und die übrige EU vollkommen symmetrisch behandelt. Beginnt man die Darstellung mit der Variable „Produktion", so stellt man fest, daß die Produktion Nachfrage nach den Primärfaktoren Arbeit und Kapital und nach Vorleistungen generiert. Die Entlohnung der Primärfaktoren bildet das Volkseinkommen. Hiervon wird ein Teil in Konsumnachfrage umgesetzt. Diese bildet zusammen mit der (aus der Kapitalnachfrage abgeleiteten) Investitionsnachfrage, der Exportnachfrage und der Vorleistungsnachfrage die Gesamtnachfrage[103)], die sich auf inländische Produktion und Importe aufteilt. Die Importnachfrage wird befriedigt aus dem Welthandelspool, der seinerseits Exporte aus Deutschland, der übrigen EU und der übrigen Welt nachfragt.

Damit sind die wesentlichen Nachfrageströme für Güter und Primärfaktoren beschrieben. Um den Einkommenskreislauf zu schließen, muß noch die Ersparnis betrachtet werden. Der Teil des Volkseinkommens, der gespart wird, wird als Nachfrage nach finanziellen Forderungen aufgefaßt. Diese Nachfrage wird auf dem Welt-Finanzmarkt gebündelt und an die Produktionseinheiten Deutschlands und der übrigen EU sowie der übrigen Welt weitergeleitet, die der Nachfrage ein entsprechendes Angebot von Aktiva (zur Finanzierung ihrer Investitionen) gegenüberstellen.

Die skizzierten makroökonomischen Zusammenhänge werden durch Aggregation über die einzelnen Sektoren bzw. Güter hergestellt. Damit sind die sektorale und die makroökonomische Ebene vollständig miteinander integriert.

Die wesentlichen exogenen Variablen des Modells sind die Importmengen und Exportpreise der übrigen Welt sowie gegebenenfalls die Klimaschutzsteuern. Ferner sind die Nutzung der Kernenergie und die Einsatzmengen deutscher Steinkohle exogen vorgegeben.

8.4 Wesentliche Annahmen zur Entwicklung bis 2020 (IER/DIW)

Den zu untersuchenden Energie- und CO_2-Reduktionsszenarien (siehe Kapitel 8.5) wird ein gemeinsamer Satz von demographischen und öko-

---

[103)] Zur Vereinfachung der Darstellung sind Staatsausgaben (und Steuern) hier vernachlässigt.

nomischen Rahmendaten vorgegeben. Dazu gehören vor allem Angaben, jeweils getrennt für die alten und neuen Bundesländer, zur Entwicklung

- der Bevölkerung, der Haushalte und Wohnungen,
- der Gesamtwirtschaft und der sektoralen Produktion sowie
- der Preisentwicklung für Rohöl, Steinkohle und Erdgas auf den internationalen Energiemärkten.

8.4.1 Annahmen zur demographischen und ökonomischen Entwicklung

Bei den Annahmen zur demographischen und ökonomischen Entwicklung wurde im wesentlichen auf die Ergebnisse einer aktuellen Vorausschätzung der PROGNOS AG zurückgegriffen (PROGNOS, 1993). Allerdings reicht deren Zeithorizont lediglich bis zum Jahre 2010, so daß Angaben für 2020 durch eine als plausibel erscheinende Fortschreibung entwickelt worden sind.

Wie Abbildung 8.4-1 zu entnehmen ist, wird innerhalb des Zeitraums von 1990 bis 2020 in Deutschland insgesamt mit einer im wesentlichen unveränderten Zahl von rund 80 Mio. Einwohnern gerechnet. Dahinter steht in den neuen Bundesländern ein kontinuierlicher Rückgang der Bevölkerung von 16 Mio. im Jahre 1990 auf 13,4 Mio. im Jahre 2020, während für die alten Bundesländer bis 2005 mit einem kräftigen Bevölkerungszuwachs auf reichlich 67 Mio. und einer anschließenden leichten Abnahme auf 65,7 Mio. im Jahre 2020 gerechnet wird.

Wesentlich für den künftigen Energieverbrauch sind neben den demographischen Veränderungen vor allem die gesamtwirtschaftliche und sektorale Produktionsentwicklung. Für Deutschland insgesamt wird für die Jahre von 1990 bis 2020 mit einer jahresdurchschnittlichen Steigerung des realen Bruttoinlandsprodukts (in Preisen von 1991) von 2,3 % gerechnet; dabei könnte das gesamtwirtschaftliche Wachstum

- in den alten Bundesländern 2,1 % pro Jahr,
- in den neuen Bundesländern aber 3,8 % pro Jahr (1991/2020: 5,4 %/a)

betragen.

Abbildung 8.4-2 verdeutlicht das vergleichsweise hohe Wachstum in den neuen Bundesländern. Dieses setzt allerdings auf einem recht niedrigen Niveau im Jahre 1991 auf.

Mit der expansiven gesamtwirtschaftlichen Entwicklung wird sich das reale Bruttoinlandsprodukt je Einwohner in den neuen Bundesländern demjenigen in den alten Bundesländern künftig annähern: Machte es

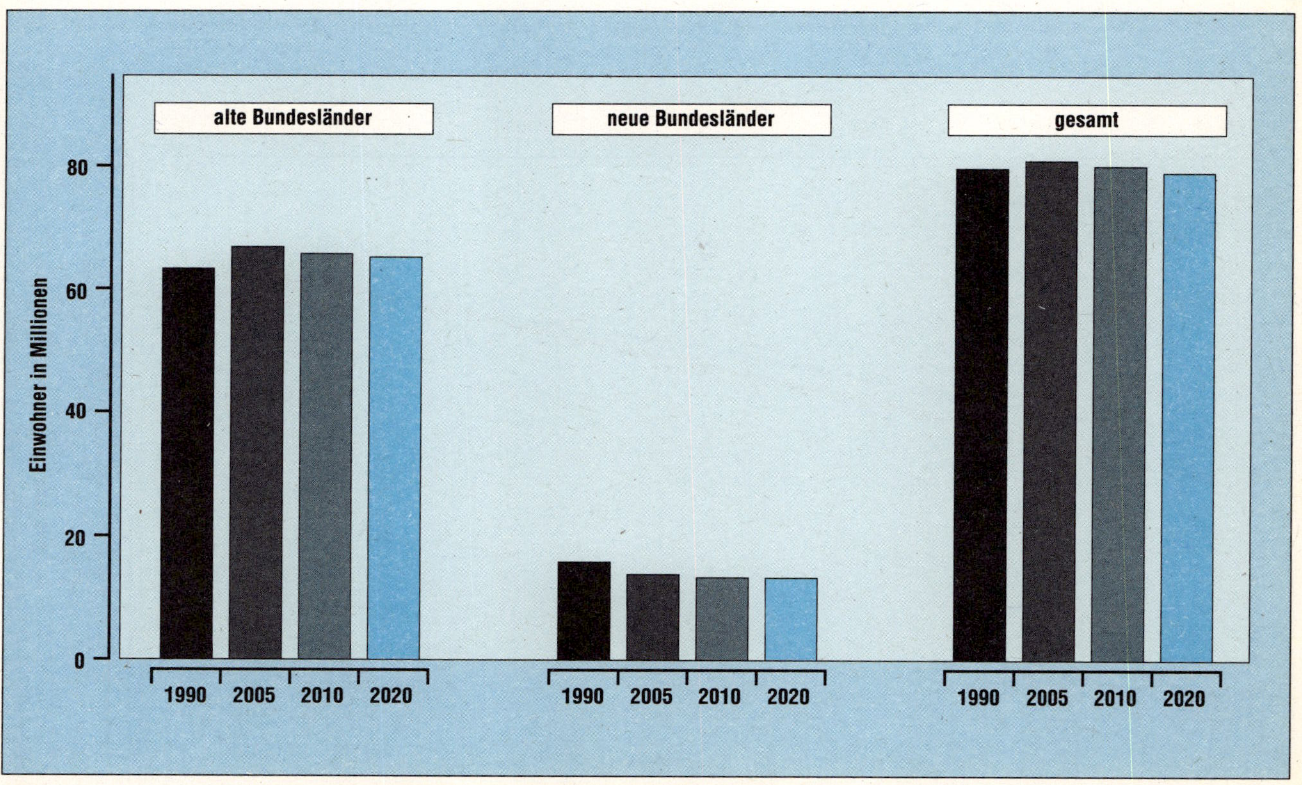

Abb. 8.4-1: Entwicklung der Bevölkerung in der Bundesrepublik Deutschland

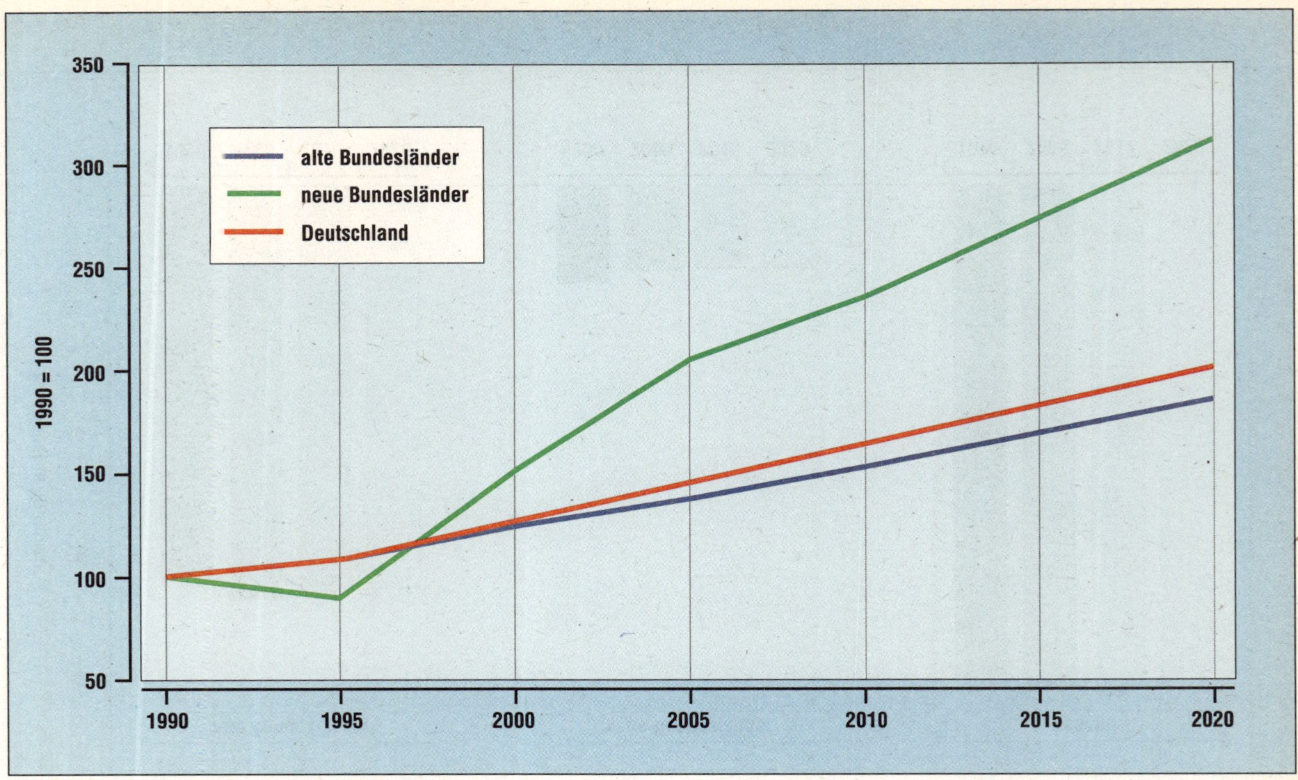

Abb. 8.4-2: Entwicklung des Bruttoinlandsproduktes (1991er Preise) in Deutschland

1991 nicht einmal 30 % (1989: knapp 52 %; 1990: 43 %) des entsprechenden westdeutschen Wertes aus, so könnten es im Jahre 2020 nahezu 90 % sein (vgl. Abbildung 8.4-3).

Strukturell wird sich die reale Bruttowertschöpfung in Deutschland spürbar zugunsten des tertiären Sektors verschieben: War der Dienstleistungssektor 1991 erst mit rund 30 % an der gesamten Bruttowertschöpfung beteiligt, so werden es 2020 ca. 40 % sein. Dagegen werden die Beiträge aller übrigen Sektoren rückläufig sein; beispielsweise dürfte der Anteil des produzierenden Gewerbes von beinahe zwei Fünfteln im Jahre 1991 auf etwa ein Drittel im Jahre 2020 sinken. Ein ähnliches Bild gilt auch für die alten Bundesländer. Eine abweichende Entwicklung wird dagegen für die neuen Bundesländer angenommen: Nach dem drastischen Zusammenbruch insbesondere der industriellen Produktion – von 1989 bis 1991 ging sie um 70 % zurück – wird künftig wieder mit einem kräftigen Anstieg gerechnet. Der Beitrag des produzierenden Gewerbes insgesamt zur Bruttowertschöpfung könnte sich damit bis 2020 im Vergleich zu 1991 sogar noch etwas vergrößern. Andererseits wird sich das Gewicht des tertiären Bereichs in den neuen Bundesländern von 1991 bis 2020 beinahe verdoppeln, und zwar von etwa 23 % auf knapp 40 %.

Eine zusammenfassende Übersicht über die wichtigsten demographischen und ökonomischen Annahmen gibt Tabelle 8.4-1.

8.4.2 Entwicklung der Energiepreise

Die Entwicklung der Energiepreise auf den Weltenergiemärkten ist eine der wesentlichen Größen für die Szenariorechnungen. Die Importenergieträgerpreise werden dem Modell exogen vorgegeben. Die Schätzungen dieser Preise wurden im Einvernehmen mit der Enquete-Kommission vorgenommen. Auf der Grundlage dieser Preise werden dann im Modell die jeweiligen Energiebereitstellungskosten implizit ermittelt.

Für das Rohöl wurde ein realer Weltmarkt-Preis (Preise von 1990) von 24 $/bbl im Jahre 2005 und von 33 $/bbl im Jahre 2020 unterstellt. Gegenüber 1991 bedeutet dies über den gesamten Betrachtungszeitraum hinweg eine jahresdurchschnittliche Steigerung von 2,2 %. Unter der weiteren Voraussetzung eines leicht sinkenden DM/$-Wechselkurses (auf 1,60 DM/$ im Jahre 2020) nimmt der Preis für Rohölimporte schwächer zu, nämlich um 1,8 %/a von 1991 bis 2020 (vgl. Abbildung 8.4-4). Der Anstieg des Preises für Import-Erdgas fällt in dieser Periode mit 1,5 %/a zwar etwas niedriger aus, doch ist dabei zu berücksichtigen, daß der Erdgaspreis im Jahre 1991 im Vergleich zum Vorjahr aufgrund der hier

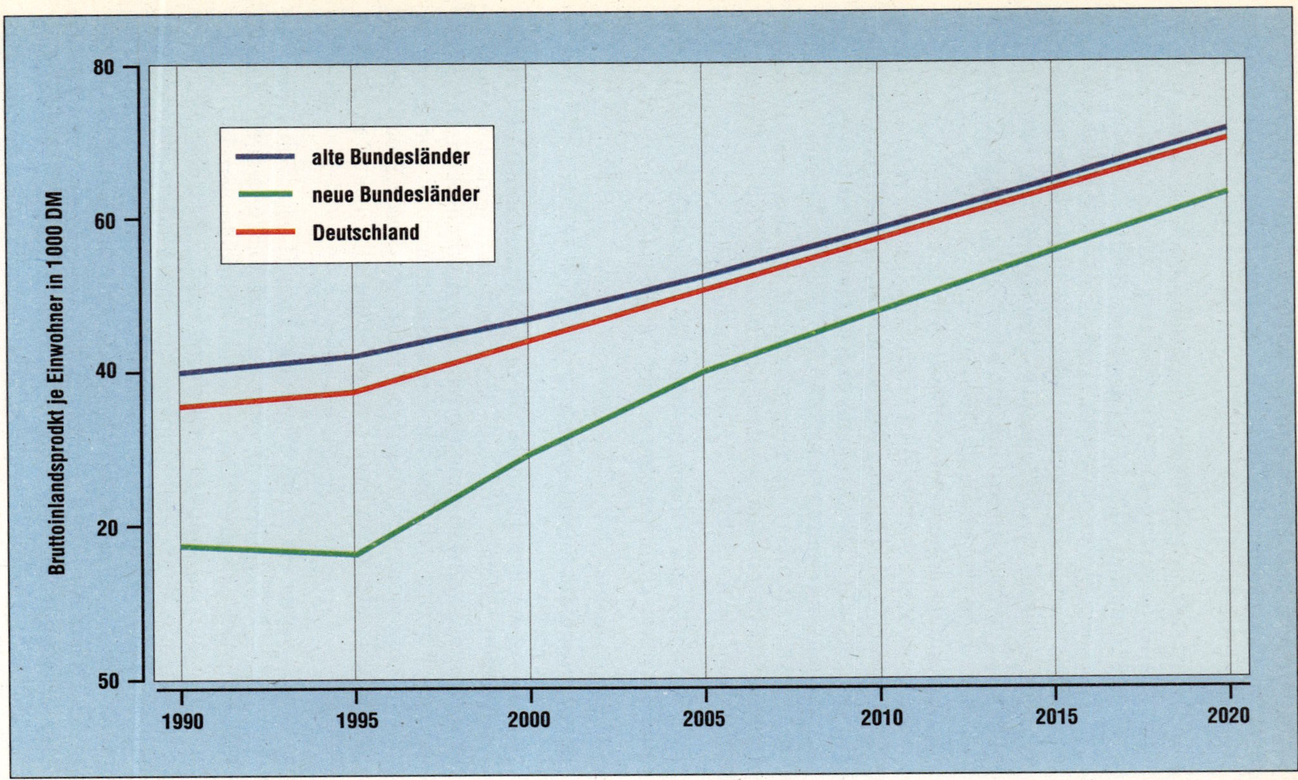

Abb. 8.4-3: Entwicklung des Bruttoinlandsproduktes je Einwohner (1991er Preise) in Deutschland

Tabelle 8.4-1: Annahmen über die wichtigsten demographischen und ökonomischen Rahmendaten für Deutschland insgesamt in den Energieszenarien

	Einheit	Jeweilige Werte				Veränderungen in %/a		
		1990	2005	2010	2020	90/05	05/20	90/20
Deutschland								
Bevölkerung	Mill.	79,8	81,1	80,3	79,1	*0,1*	*– 0,2*	*0,0*
Haushalte	Mill.	36,1	36,1	36,3	36,3	*0,2*	*0,0*	*0,1*
Bruttoinlandsprodukt	Mrd. 91er DM	2 788,5	4 012	4 487	5 480	*2,5*	*2,1*	*2,3*
darunter:								
Verarbeitendes Gewerbe	Mrd. 91er DM	812,2	1 085	1 176	1 378	*1,9*	*1,6*	*1,8*
Baugewerbe	Mrd. 91er DM	164,5	222	237	268	*2,0*	*1,2*	*1,6*
Handel und Verkehr ...	Mrd. 91er DM	409,0	547	599	724	*2,0*	*1,9*	*1,9*
Dienstleistungen	Mrd. 91er DM	786,4	1 425	1 674	2 171	*4,0*	*2,8*	*3,4*
Staat	Mrd. 91er DM	319,3	378	419	507	*1,1*	*2,0*	*1,6*

Fortsetzung Tabelle 8.4-1

	Einheit	Jeweilige Werte				Veränderungen in %/a		
		1990	2005	2010	2020	90/05	05/20	90/20
Alte Bundesländer								
Bevölkerung	Mill.	63,8	67,2	66,5	65,7	*0,3*	*– 0,1*	*0,1*
Haushalte	Mill.	28,3	29,8	29,9	30,0	*0,4*	*0,0*	*0,1*
Bruttoinlandsprodukt	Mrd. 91er DM	2 517,0	3 458	3 844	4 640	*2,1*	*2,0*	*2,1*
darunter:								
Verarbeitendes Gewerbe	Mrd. 91er DM	750,2	928	997	1 151	*1,4*	*1,4*	*1,4*
Baugewerbe	Mrd. 91er DM	138,1	175	186	209	*1,6*	*1,2*	*1,4*
Handel und Verkehr	Mrd. 91er DM	354,0	464	507	608	*1,8*	*1,8*	*1,8*
Dienstleistungen	Mrd. 91er DM	746,4	1 232	1 437	1 842	*3,4*	*2,7*	*3,8*
Staat	Mrd. 91er DM	267,2	344	379	455	*1,7*	*1,9*	*1,8*

Fortsetzung Tabelle 8.4-1

	Einheit	Jeweilige Werte				Veränderungen in %/a		
		1990	2005	2010	2020	90/05	05/20	90/20
Neue Bundesländer								
Bevölkerung	Mill.	16,0	13,9	13,7	13,4	*– 0,9*	*– 0,2*	*– 0,6*
Haushalte	Mill.	6,8	6,3	6,3	6,3	*– 0,5*	*0,0*	*– 0,3*
Bruttoinlandsprodukt	Mrd. 91er DM	271,5	554	643	839	*4,9*	*2,8*	*3,8*
darunter:								
Verarbeitendes Gewerbe	Mrd. 91er DM	62,0	157	178	227	*6,4*	*2,5*	*4,4*
Baugewerbe	Mrd. 91er DM	26,4	48	51	59	*4,0*	*1,4*	*2,7*
Handel und Verkehr	Mrd. 91er DM	55,0	83	93	116	*2,8*	*2,2*	*2,5*
Dienstleistungen	Mrd. 91er DM	40,0	194	237	329	*11,1*	*3,6*	*7,3*
Staat	Mrd. 91er DM	52,1	35	40	52	*– 2,7*	*2,7*	*0,0*

Quellen: (PROGNOS, 1993); DIW

geltenden Preisbildungsprinzipien kräftig angezogen hatte (um rund 10%), während der Preis für Rohölimporte 1991 gegenüber 1990 beinahe um 13% gesunken war. Nach 2010 verschiebt sich die Preisrelation zuungunsten des Erdgases. Aufgrund der absehbaren Bedingungen auf den Weltkohlemärkten wird für die Importkohle nur ein sehr mäßiger Preisanstieg angenommen: Von 1991 bis 2020 könnte er lediglich 0,6%/a betragen.

Diese Annahmen stimmen gut mit den Erwartungen überein, die die Internationale Energieagentur in ihrem jüngsten „World Energy Outlook" (IEA, 1994) für die Referenzentwicklung zugrunde gelegt hat. Danach wird – allerdings beschränkt auf den Zeitraum von 1990 bis 2010 – mit folgenden jahresdurchschnittlichen realen Preiserhöhungen (in Preisen von 1993) gerechnet:

- beim Rohöl um 0,7% (hier: 1,1%),
- bei Erdgasimporten für Europa um 1,4% (hier: 1,5%) und
- bei der Importkohle für Europa um 0,04% (hier: 0,4%).

Dem bislang zitierten Referenzszenario der Energiepreisentwicklung hat die IEA noch ein „Low-Szenario" beiseite gestellt, in dem der Weltrohölpreis bis zum Jahr 2010 real auf dem Preisniveau von 1993 verharren soll (vgl. Abbildung 8.4-4). Gegenüber der hier unterstellten Entwicklung der Weltrohölpreise würde dies ein um 42% niedrigeres Niveau bedeuten.

8.4.3 Technische Optionen und Kosten zur Einsparung und Bereitstellung von Energie

Für die Vielzahl der in den Szenariorechnungen betrachteten technischen Optionen zur Energiebereitstellung und zur CO_2-Minderung sei exemplarisch auf zwei näher eingegangen. Für die Angebotsseite wurden die erneuerbaren Energien und für die Nachfrageseite die Energieeinsparungen im Gebäudebereich gewählt.

Erneuerbare Energien

Derzeit basiert die Energieversorgung in der Bundesrepublik Deutschland im wesentlichen auf fossilen Energieträgern und Kernenergie. Der Beitrag der erneuerbaren Energien zur Stromerzeugung lag lediglich bei etwa 4,3%, bezogen auf die Stromerzeugung des Jahres 1992. Der Anteil am gesamten Primärenergiebedarf in Deutschland betrug im selben Jahr etwa 1,7%. Angesichts der CO_2-Minderungsziele der Enquete-Kommission können sie jedoch im Betrachtungszeitraum zu größerer Bedeutung gelangen. Tabelle 8.4-2 zeigt eine Übersicht der erneuerbaren Energien, die im Rahmen der Energiesektoranalysen von Bedeutung sein können.

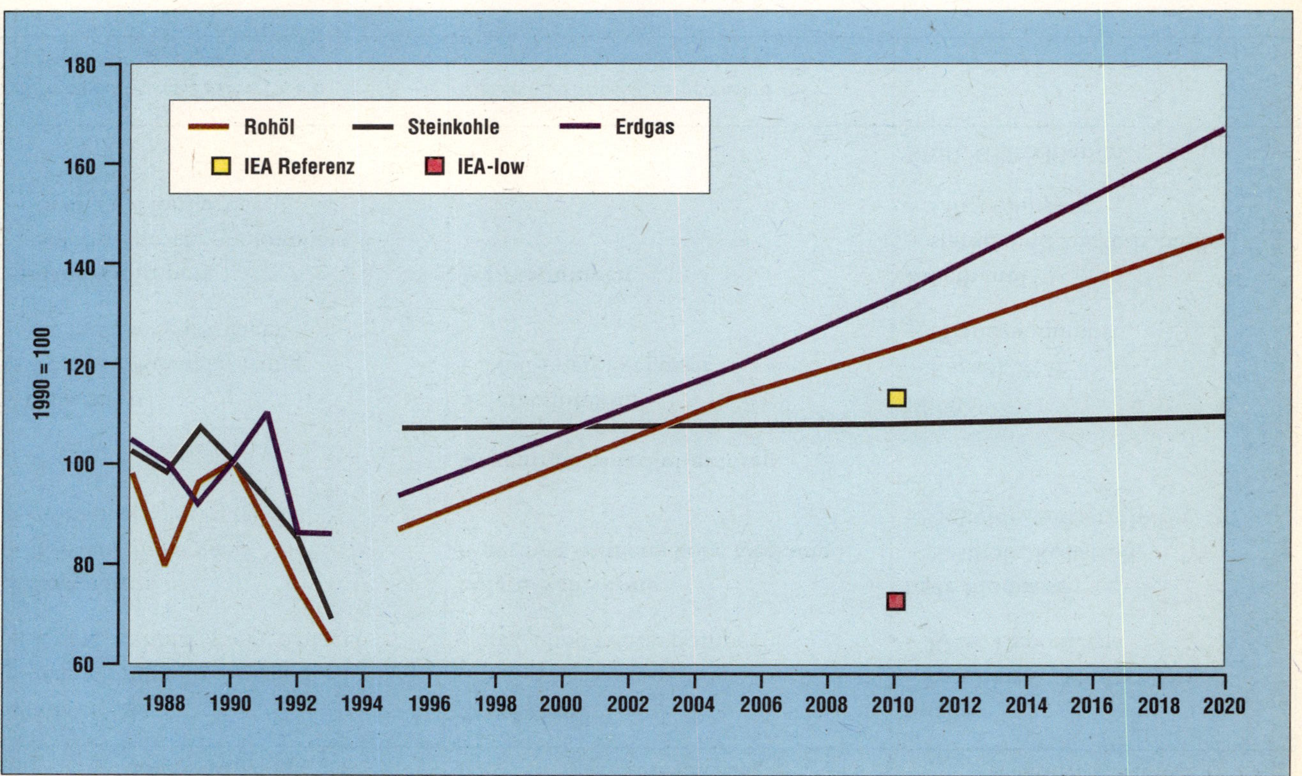

Abb. 8.4-4: Entwicklung der Importpreise ausgewählter Energieträger

Tabelle 8.4-2: Erneuerbare Energie-Optionen des LP-Modells

Elektrische Energie	Wärmebereitstellung	alternative Brennstoffe
Photovoltaik – netzverbundene Anlagen – kleine, mittlere, große Anlagen	**Geothermie** – Nahwärmeversorgung – mit/ohne Wärmepumpe	**Biogas** – Landwirtschaft, Industrie – Klär-, Deponiegas
Windenergie – Küsten, Binnenland – mittlere, große Anlagen	**Solare Nahwärme** – geringe, mittlere, hohe Deckung **Dezentrale Solarkollektoren**	**feste Biomasse** – Restholz, Reststroh – Getreide, Gräser, Hölzer
Wasserkraft – Neubau, Revitalisierung – kleine, großen Anlagen	**Solararchitektur** – Null-Energie-Häuser	**Bioöle** – Rapsöl, RME – Pflanzenölimport
Solarstromimport – solarthermisch, photovoltaisch – Spanien, Nordafrika	**Wärmepumpen**	**Bioethanol** – stärke- und zuckerh. Stoffe – Ethanolimport **Müll, Klärschlamm**
differenziert nach Lastbereichen und Spannungsebenen	*differenziert nach Lastbereichen*	

Die betrachteten Nutzungssysteme lassen sich allgemein danach unterscheiden, ob mit ihnen elektrische Energie, Wärme oder Brennstoffe bereitgestellt werden. Diese Unterscheidung ist deshalb wichtig, da hiervon in starkem Maße die Möglichkeit der Speicherung und des Transports abhängen. Sinken die Speicherungsmöglichkeiten, spielen Aspekte der zeitlichen und räumlichen Verteilung des natürlichen Energieangebots eine wichtige Rolle (DIW, 1994).

Von den genannten Nutzungssystemen werden exemplarisch Windkraftanlagen und Photovoltaikanlagen vorgestellt. Detailliertere Betrachtungen sind DIW, 1994 zu entnehmen.

Zur Modellierung des Einsatzes von Windkraftanlagen erfolgt eine Unterteilung der zur Verfügung stehenden Landflächen in drei Windklassen mit durchschnittlichen Windgeschwindigkeiten von 4,5 m/s, 5,5 m/s und 6,5 m/s (in 10 m Höhe). Potentialflächen mit Windgeschwindigkeiten von weniger als 4 m/s werden wegen geringer Energieerträge vernachlässigt.

In Abhängigkeit vom Analysejahr werden

- mittelgroße Anlagen mit Nennleistung von 300 kW (1990), 500 kW (2005) und 750 kW (2020) und
- große Anlagen mit Nennleistungen von 1 200 kW (1990 und 2005) und 3 000 kW (2020) berücksichtigt.

Tabelle 8.4-3 zeigt die Potentialleistung und die Potentialenergie der Nutzung von Windenergie in der Bundesrepublik Deutschland im Jahr 2020 bei Einsatz von Anlagen mit einer Leistung von 750 kW.

Die Potentialleistungen werden dem Modell als Obergrenzen vorgegeben. Mittels der zugehörigen Investitionen, fixen und variablen Kosten ermittelt das Modell implizit die zugehörigen Stromgestehungskosten.

Die spezifischen Systemkosten von mittelgroßen Windkraftanlagen sinken ausgehend von ca. 3 400 DM/kW im Jahr 1990 auf ca. 2 400 DM/kW im Jahr 2005 und auf 2 300 DM/kW im Jahr 2020. Großanlagen werden bisher noch nicht in Serienfertigung hergestellt; die Prototypen sind noch mehr als doppelt so teuer wie mittelgroße Anlagen. Ob dies auch künftig gelten wird oder ob die Kosten von mittelgroßen Anlagen erreicht werden können, ist gegenwärtig noch ungewiß. Bei Einsatz von Anlagen mit einer Nennleistung von 3 000 kW könnten auf den möglichen Landflächen in der Bundesrepublik Deutschland Kapazitäten mit einer Gesamtleistung von 62 GW errichtet werden.

Eine weitere – wenn gegenwärtig auch weitaus teuerere – Möglichkeit zur Stromerzeugung auf Basis erneuerbarer Energien stellen Photovoltaikanlagen dar, in denen Sonnenenergie unmittelbar in elektrische Ener-

Tabelle 8.4-3: Flächenpotential der Nutzung von Windenergie in der Bundesrepublik Deutschland (bei Einsatz von Anlagen mit einer Leistung von 750 kW)

Windgeschwindigkeit	m/s	Windklasse 1	Windklasse 2	Windklasse 3	Summe
		6,5	5,5	4,5	
Potentialleistung	MW	841	8 868	37 392	47 101
Potentialenergie	GWh/a	2 529	19 119	47 637	69 285

Quelle: (DIW, 1994)

gie umgewandelt wird. Photovoltaiksysteme können aufgrund ihres modularen Aufbaus nahezu in jeder beliebigen Leistungsgröße aufgebaut werden. Im Modell werden kleine Anlagen mit Modulleistungen von 1,8 und 5 kW und größere Anlagen mit 100 und 500 kW abgebildet.

Die maximal in der Bundesrepublik Deutschland auf Gebäudedächern installierbare Modulleistung beträgt bei heutigen Wirkungsgraden ca. 90 GW. Hinzu kommen Leistungspotentiale von rund 390 GW auf Freiflächen. Unter Berücksichtigung von künftigen Verbesserungen der Wirkungsgrade können langfristig Potentiale von bis zu rund 120 GW auf Dächern und 670 GW auf Freiflächen erwartet werden; dies würde insgesamt eine Stromerzeugung in einer Größenordnung von 800 TWh/a ermöglichen (DIW, 1994).

Die künftigen Systemkosten von Photovoltaikanlagen lassen sich nur mit erheblichen Unsicherheiten schätzen. Ausgehend von optimistischen Annahmen könnten sie im Jahr 2020 im Fall der Dachintegration 3 400 bis 4 500 DM/kW (bezogen auf die Modulleistung) erreichen. Größere Anlagen auf Freiflächen würden wegen der erforderlichen Aufständerung hingegen teurer sein.

Aufgrund der fluktuierenden Erzeugung der Windkraft- und Photovoltaikanlagen ist ihr Einsatz zur Netzeinspeisung begrenzt, solange man eine aufwendige Speicherung elektrischer Energie vermeiden will. Ohne zusätzliche Speicherung könnte das öffentliche Versorgungsnetz einen Anteil an der gesamten Stromerzeugung aus fluktuierenden Quellen von 15% aufnehmen (Beyer, u. a., 1990; Nitsch, Luther, 1990; Sierig, 1991; Wiese, 1994). Dem Modell wird dieser Anteil als Obergrenze für die Nutzung von Windkraft- und Photovoltaikanlagen mit den zuvor erläuterten

Kosten vorgegeben. Steigt der Beitrag der erneuerbaren Optionen über diesen Anteil hinaus, so werden Speichersysteme mitbetrachtet.

Konventionelle Strom- und Wärmeerzeugung

Die ökonomischen sowie technischen Parameter für ausgewählte Technologien des LP-Modells zeigt Tabelle 8.4-4. Die Investitionskosten von Steinkohlekraftwerken zur reinen Stromerzeugung reichen dabei von ca. 2 000 DM_{90}/kW_{el} für ein Steinkohlekraftwerk mit atmosphärischer Staubfeuerung bis zu ca. 2 800 DM_{90}/kW_{el} bei einem Kraftwerk mit Druckwirbelschichtfeuerung mit einer Erdgas-Zusatzfeuerung. Der sogenannte „800 MW Braunkohle-Block" mit atmosphärischer Staubfeuerung liegt mit ca. 2 500 DM_{90}/kW_{el} in einer ähnlichen Größenordnung. Die fixen Betriebskosten (ohne Kapitaldienst) dieser Anlage liegen mit etwa 69 $DM_{90}/(kW_{el}*a)$ nur geringfügig höher als die Kosten der vergleichbaren Steinkohle-Anlage mit atmosphärischer Staubfeuerung bei einer Blockleistung von 600 MW.

Die Wirkungsgrade der zuvor beschriebenen Technologien reichen von 41 % für das Steinkohlekraftwerk mit atmosphärischer zirkulierender Wirbelschichtfeuerung bis zu annähernd 46 % bei der Steinkohlen-Druckwirbelschichtfeuerung. Das Braunkohlekraftwerk weist einen Netto-Wirkungsgrad von 43 % auf.

Die drei in Tabelle 8.4-4 beschriebenen Gas- und Dampfkraftwerkstypen (GuD-Anlagen) weisen jeweils Fernwärmeauskopplung auf. Das Steinkohle-GuD-Kraftwerk zeigt dabei die höchsten Investitionskosten in einer Höhe von ca. 3 500 DM_{90}/kW_{el}. Die beiden aufgeführten Erdgas-GuD-Anlagen unterscheiden sich im wesentlichen durch ihre Leistungsgröße. Die Erhöhung der Anlagenleistung von 100 MW auf 200 MW führt zu einer Kostensenkung bei den Investitionskosten um ca. 25 % auf 1 440 DM_{90}/kW_{el}. Der Nutzungsgrad der 200 MW-Anlage liegt geringfügig niedriger.

Das Erdgas-Blockheizkraftwerk mit 250 kW weist mit 3 200 DM_{90}/kW_{el} geringfügig höhere Investitionskosten als das Biogas-BHKW auf. Der Netto-Wirkungsgrad dieser Anlage liegt bei 85 %. Die technische Lebensdauer der BHKW liegt im Gegensatz zu den zuvor beschriebenen Technologien bei 15 Jahren.

Als technische Option des Ersatzes außer Betrieb gehender Kernkraftwerke wird der sogenannte „European Pressure Water Reactor" (EPR) modelliert. Er weist Investitionskosten in Höhe von 3 600 DM_{90}/kW_{el} auf. Diese ermitteln sich bei einer Netto-Nennleistung der Anlage von 1 400 MW_{el} aus Investitionskosten und Bauherreneigenleistungen in

Tabelle 8.4-4: Eingangsdaten für ausgewählte Modelltechnologien zur Strom- und Wärmeerzeugung

	Kosten in Preisen von 1990			Technische Parameter		
	Investition	fixe Kosten	variable Kosten	Arbeitsverfügbarkeit	Technische Lebensdauer	Nettowirkungsgrad
	DM/kW	DM/(kW * a)	DM/MWh	%	Jahre	%
SK-Kraftwerk mit atmosph. Staubfeuerung	2 016,7	63,1	3,61	*83*	35	*43,03*
SK-KW m. atmos. zirk. Wirbelschicht	2 390	101,4	1	*81*	35	*41,02*
SK-Druckwirbelschicht m. Zusatzfeuerung EG	2 810,7	153	1,5	*83*	35	*48,5*
BK-Kraftwerk mit atmosph. Staubfeuerung	2 498,7	68,97	4,88	*85,9*	35	*40,11*
Erdgasgefeuertes GuD Kraftwerk	1 058,8	27,3	1	*87,5*	35	*55,15*
Erdgasgef. Gasturbinen-Spitzenlastkraftwerk	483,9	10,49	0,31	*86*	35	*33,17*
European Pressure Water Reactor (EPR)	3 600	315,6	1	*87*	40	[1])
SK-KW m. Fernwärmeauskopplung [2]) [5])	2 640	77,7	358,55	*83*	35	*43,03*
Zirk. Wirbelschicht m. Fernwärmeauskopplung [8])	2 800	316	2,5	*85*	20	*88*
SK-GuD m. Fernwärmeauskopplung	3 464,8	96,13	2	*83*	35	*45,97*
Verbund-KW m. Fernwärmeauskopplung [2]) [4])	2 437	67,96	220,97	*87*	35	*45,45*
Erdgas GuD m. Fernwärmeauskopplung (200 MW) [2]) [3])	1 438,5	60,54	142,64	*87*	35	*51,4*

Fortsetzung Tabelle 8.4-4

	Kosten in Preisen von 1990			Technische Parameter		
	Investition	fixe Kosten	variable Kosten	Arbeitsverfügbarkeit	Technische Lebensdauer	Nettowirkungsgrad
	DM/kW	DM/(kW * a)	DM/MWh	%	Jahre	%
Erdgas GuD m. Fernwärmeauskopplung (100 MW)[6])	1 900	193	8	*87*	35	*90*
Erdgas BHKW 2*125	3 200	428	30	*90*	15	*85*
Biogas BHKW[7])	3 000	60	2,74	*57*	15	*81*

[1]) Substitutionsprinzip
[2]) variable Kosten in DM 89/TJ Input
[3]) Nutzungsgrad = 88,35%
[4]) Nutzungsgrad = 88,85%
[5]) Nutzungsgrad = 91,32%
[6]) Stromkennzahl (SKZ) = 1,19
[7]) SKZ = 0,65
[8]) SKZ = 2,33

Höhe von 4,7 Mrd. DM_{90} pro Anlage zuzüglich Kosten für Stillegung und Beseitigung nach 40 Jahren Lebensdauer in Höhe von ca. 88,5 Mio. DM_{90} (diskontiert auf das Inbetriebnahmedatum) sowie den Zinsen während der Bauzeit.

Energieeinsparung im Gebäudebereich

Mit zunehmenden Kosten für die Bereitstellung von Energie auf der Angebotsseite steigen auch die Energiekosten der Endverbraucher. Im Gegenzug führen höhere Energiekosten auf der Nachfrageseite zu einer zunehmenden Wirtschaftlichkeit von Maßnahmen zur Energieeinsparung, die eine Minderung der Energienachfrage bewirken. Dies wird in den Modellrechnungen mittels Kosten-Potential-Kurven der Energieeinsparung abgebildet.

Abbildung 8.4-5 zeigt die Kosten-Potential-Kurve der Einsparungen an Nutzwärme für den Gebäudebestand der Haushalte. Die Einsparkosten resultieren dabei aus den Mehrkosten energiesparender Maßnahmen im Rahmen des normalen Renovierungszyklusses, beinhalten also nicht die ohnehin anfallenden Renovierungskosten. Grundlage für die Erstellung der Kosten-Potential-Funktionen der Einsparungen im Raumwärmebereich war die Untersuchung von Gülec, u. a., 1994.

Zur Abbildung der Energieeinsparung im Raumwärmebereich der privaten Haushalte wird im Modell zwischen Ein-/Zweifamilenhäusern und Mehrfamilienhäusern sowie jeweils zwischen Altbauten (2 Altersklassen) und Neubauten differenziert. Eventuelle Transaktionskosten zur Überwindung von Hemmnissen bei der Ausschöpfung von wirtschaftlichen Einsparpotentialen werden nicht berücksichtigt.

8.5 Komposition und Annahmen der Szenarien

Ausgehend von den in Kapitel 8.4 erläuterten demographischen und ökonomischen Rahmenannahmen sowie den Importpreisen für Energieträger wurden die Möglichkeiten der CO_2-Emissionsminderung in der Bundesrepublik Deutschland anhand von unterschiedlichen Szenarien untersucht. Dabei waren entsprechend der Vorstellung der Enquete-Kommission neben einem Referenzszenario zwei Reduktionsszenarien R1 und R2 (Minderungsziel-Szenarien) zu betrachten, die sich vor allem im Hinblick auf die künftige Nutzung der Kernenergie unterscheiden sollten. Mit weiteren Szenarien sollten die Auswirkungen von Steuern zur Minderung von CO_2-Emissionen analysiert werden (Szenario R3 und R4 [EU-Steuer-Szenarien]). Die Rahmenbedingungen für die Szenarien wurden von der Enquete-Kommission vorgegeben.

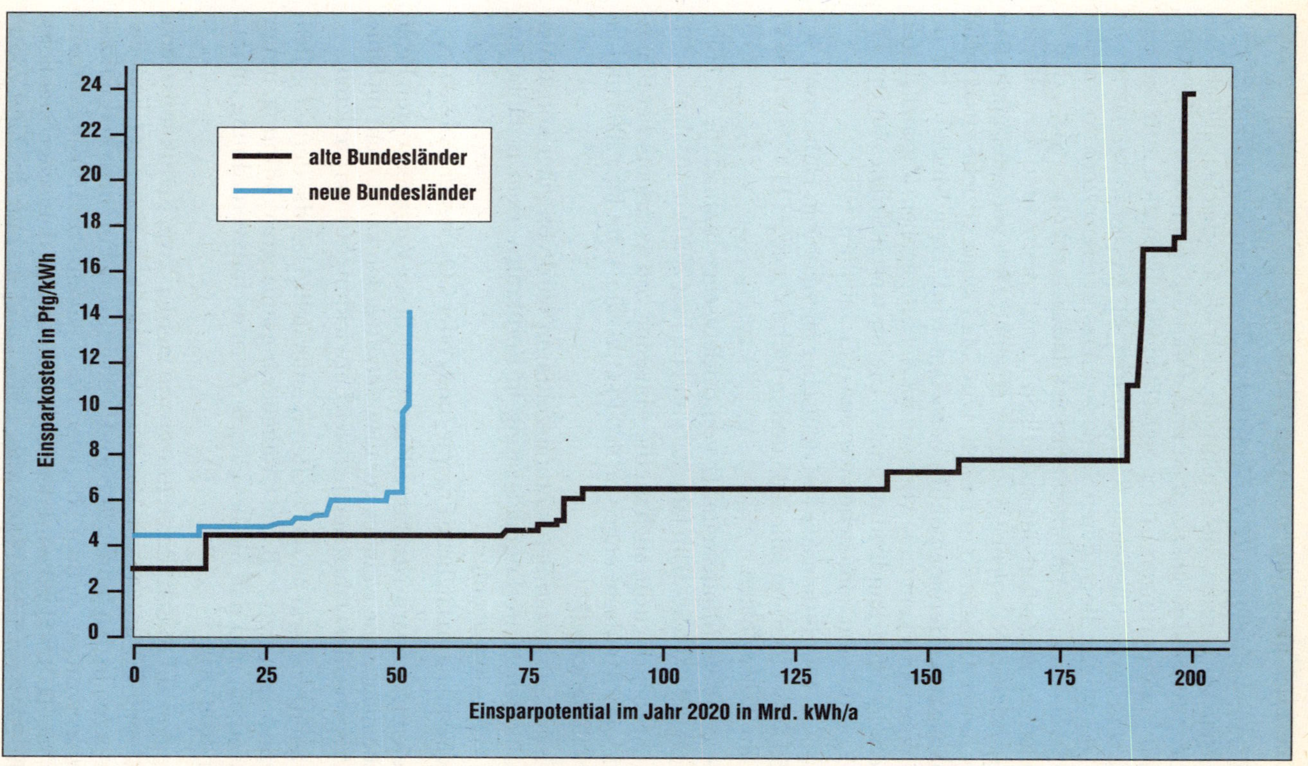

Abb. 8.4-5: Kosten-Potentialkurve der Energieeinsparung für die Raumwärme im Gebäudealtbestand der Haushalte in den alten und neuen Bundesländern

8.5.1 Überblick und Abgrenzungen (IER/DIW)

Um die Auswirkungen der verschiedenen Szenarien quantifizieren und vergleichen zu können, ist es hilfreich, sich als Vergleichsmaßstab eine Referenzentwicklung vorzugeben und daran die quantitativen Wirkungen und Veränderungen in den verschiedenen Szenarien aufzuzeigen. Das diesem Zweck dienende Referenzszenario ist also nichts weiter als eine Meßlatte für die anderen Szenarien. Das Referenzszenario, auf das im weiteren Bezug genommen wird, ist dadurch charakterisiert, daß es von einem Fortbestehen der bisherigen Energiepolitik und der energiewirtschaftlichen Rahmenbedinungen ausgeht. Dies bedeutet auch, daß für das Referenzszenario unterstellt wird, daß keine gezielte zusätzliche Treibhausgasminderungspolititk betrieben wird. Dem Modell wird im Referenzszenario kein CO_2-Minderungsziel vorgegeben. Zusätzlich gelten die folgenden Randbedingungen, die im wesentlichen von der Enquete-Kommission vorgegeben wurden (vgl. Tabelle 8.5-1):

- Es soll ein Mindesteinsatz von deutscher Steinkohle in Höhe von 1 465 PJ (50 Mio. t SKE) im Jahr 2005 und in Höhe von 879 PJ (30 Mio. t SKE) im Jahr 2020 erfolgen.
- Ebenso ist ein Mindesteinsatz von ostdeutscher Braunkohle in Höhe von 680 PJ (80 Mio. t) im Jahr 2005 und im Jahr 2020 vorzusehen.
- Entsprechend wurde auch für die Abnahme von westdeutscher Braunkohle eine Mindestmenge von 900 PJ (106 Mio. t) im Jahr 2005 und im Jahr 2020 angesetzt.
- Über den gesamten Betrachtungszeitraum wird von einer konstanten installierten Netto-Engpaßleistung in Kernkraftwerken in Höhe von 22,5 GW_{net} ausgegangen.
- Es wird keine zusätzliche Energie- und/oder CO_2-Steuer erhoben.

Das Referenzszenario ist schon allein wegen dieser Vorgaben, deren Realitätsnähe nicht ohne weiteres vorausgesetzt werden kann, nicht im Sinne einer Prognose der wahrscheinlichsten Entwicklung zu interpretieren.

Im Referenzszenario ist des weiteren unterstellt, daß die derzeit geltenden Umweltgesetze, z. B. die Großfeuerungsanlagenverordnung, umgesetzt werden, und daß die novellierte Wärmeschutzverordnung im Jahr 1995 in Kraft tritt.

Aufbauend auf diesem Referenzszenario werden zwei Reduktionsszenarien R1 und R2 untersucht, die das CO_2-Minderungsziel der Enquete-Kommission in den Jahren 2005 und 2020 erfüllen. Für diese Reduktionsszenarien wurden weitere Vorgaben des Referenzszenarios modifiziert (siehe Tabelle 8.5-1). So wird der Mindesteinsatz an deutscher Steinkohle im Jahr 2005 auf 1 319 PJ (45 Mio. t SKE) und im Jahr 2020 auf 733 PJ

Tabelle 8.5-1: Charakterisierung der Szenarien

		Szenarien der Kommission				
		Referenz	R1	R2	R3	R4
Mindesteinsatz dt. Steinkohle (1987: 2 265 PJ (77,3 Mio. t SKE))	2005	1 465 PJ (50 Mio. t SKE)	1 319 PJ (45 Mio. t SKE)	1 319 PJ (45 Mio. t SKE)	1 319 PJ (45 Mio. t SKE)	1 319 PJ (45 Mio. t SKE)
	2020	879 PJ (30 Mio. t SKE)	733 PJ (25 Mio. t SKE)	733 PJ (25 Mio. t SKE)	733 PJ (25 Mio. t SKE)	733 PJ (25 Mio. t SKE)
Mindesteinsatz ostdt. Braunkohle (1987: 2 721 PJ (320,5 Mio. t))[1])	2005	680 PJ (80 Mio. t)	612 PJ (72 Mio. t)	612 PJ (72 Mio. t)	612 PJ (72 Mio. t)	612 PJ (72 Mio. t)
	2020	680 PJ (80 Mio. t)	340 PJ (40 Mio. t)	340 PJ (40 Mio. t)	340 PJ (40 Mio. t)	340 PJ (40 Mio. t)
Mindesteinsatz westdt. Braunkohle (1987: 881 PJ (103,8 Mio. t))	2005	900 PJ (106 Mio. t)	810 PJ (95 Mio. t)	810 PJ (95 Mio. t)	810 PJ (95 Mio. t)	810 PJ (95 Mio. t)
	2020	900 PJ (106 Mio. t)	450 PJ (53 Mio. t)	450 PJ (53 Mio. t)	450 PJ (53 Mio. t)	450 PJ (53 Mio. t)
Kernenergie		Konstante Kapazität (22,5 GW_{net})	Konstante Kapazität (22,5 GW_{net})	Ausstieg bis 2005	Konstante Kapazität (22,5 GW_{net})	Ausstieg bis 2005
EU-Steuer		nein	nein	nein	ja	ja

Fortsetzung Tabelle 8.5-1

		Szenarien der Kommission				
		Referenz	R1	R2	R3	R4
Verkehrssektor		Trend	Trend [2])	Trend [2])	Trend	Trend
CO_2-Ziel (1987: 1 058 Mill. t)	2005 2020	keine Vorgabe	772 Mill. t 582 Mill. t [3])	772 Mill. t 582 Mill. t [3])	keine Vorgabe	keine Vorgabe

[1]) In Analogie der Vorgehensweise bei der deutschen Steinkohle wurde für die ostdeutsche Braunkohle in den Reduktionsszenarien eine Minderung des Mindestverbrauches um 10% im Jahr 2005 und 50% im Jahr 2020 gegenüber 1990 angenommen.

[2]) In R1V und R2V Reduktion laut Tabelle 8.5-2 und 8.5-3.

[3]) Die Kommission hat als Minderungsziel für die energiebedingten CO_2-Emissionen 50% bzw. als Minderungszielvariation 45% gegenüber den Emissionen von 1987 in der Bundesrepublik Deutschland für das Jahr 2020 genannt. Eine 50%ige Minderung der energiebedingten CO_2-Emissionen hat sich unter den vorgegebenen Rahmenbedingungen bis zum Jahr 2020 als nicht sinnvoll erreichbar herausgestellt, wenn nicht auch der Verkehrssektor bei den Maßnahmen zur Emissionsminderung berücksichtigt wird. Die Untersuchung des Verkehrssektors ist auftragsgemäß jedoch nicht Gegenstand dieser Studie gewesen. Daher ist in dieser Studie ein Minderungsziel der energiebedingten CO_2-Emissionen von 45% im Jahr 2020 bzw. 27% bis zum Jahr 2005 gegenüber den Emissionen des Jahres 1987 bei unveränderter Verkehrsentwicklung (Szenarien R1 bzw. R2) unterstellt worden.

1 Mio t SKE entspricht 29,3 PJ

(25 Mio. t SKE) reduziert. Des weiteren wurde die Mindestabnahme von westdeutscher Braunkohle herabgesetzt, so daß in den Reduktionsszenarien 810 PJ (95 Mio. t) im Jahr 2005 und 450 PJ (53 Mio. t) im Jahr 2020 eingesetzt werden müssen. Nach Vorgabe der Enquete-Kommission sollte die Abnahmemenge an ostdeutscher Braunkohle in den Reduktionsszenarien unverändert bei 680 PJ (80 Mio. t) bleiben.

Die Szenariorechnungen zeigten, daß mit diesen Mengenvorgaben für die Nutzung von Stein- und Braunkohle die weitgehenden Minderungsziele für das Jahr 2020 nicht zu realisieren waren. Aus diesem Grund wurde für die Reduktionsszenarien der Mindesteinsatz ostdeutscher Braunkohle auf 612 PJ (72 Mio. t) im Jahr 2005 und 340 PJ (40 Mio. t) im Jahr 2020 reduziert.

Die beiden Reduktionsszenarien R1 und R2 unterscheiden sich nur bezüglich der Vorgaben zur Kernenergie. Im Reduktionsszenario R1 wird, wie im Referenzszenario, von einer konstanten Netto-Engpaßleistung in Höhe von 22,5 GW über den gesamten Betrachtungszeitraum ausgegangen. Dagegen wird für das Reduktionsszenario R2 unterstellt, daß bis zum Jahr 2005 ein Ausstieg aus der Kernenergie erfolgt. Bei den Varianten R1V und R2V zu den Reduktionsszenarien R1 und R2 wird unter sonst gleichen Bedingungen jeweils ein verminderter verkehrsbedingter Verbrauch angenommen.

Mit den Reduktionsszenarien R3 und R4 werden die Wirkungen einer CO_2-/Energie-Steuer auf die zukünftige Entwicklung der energiebedingten CO_2-Emissionen untersucht. Dabei werden bezüglich der Steinkohle und Braunkohle die gleichen Mindestabnahmemengen wie in den Reduktionsszenarien R1 und R2 unterstellt. Dagegen werden den Szenarien R3 und R4 keine Obergrenzen für die CO_2-Emissionen vorgegeben. Das Reduktionsszenario R3 geht von einer konstanten Kernenergiekapazität bis zum Jahr 2020 aus, während das Reduktionsszenario R4 einen Kernenergieausstieg bis zum Jahr 2005 voraussetzt. Den Szenarien liegt die Einführung einer kombinierten CO_2-Energie-Steuer gemäß dem Vorschlag der EU-Kommission zugrunde. Dabei wird der Beginn des CO_2-/Energie-Steuervorschlags der EU-Kommission um zwei Jahre verschoben. Ab dem Jahr 2003 erfolgt dann eine jährliche nominale Erhöhung der Steuer um 0,5 $/bbl.

Ungeachtet seiner nicht zuletzt unter Klimaschutzaspekten problematischen Bedeutung war eine detaillierte Analyse des Verkehrssektors auftragsgemäß nicht Gegenstand dieser Untersuchung. Vereinbarungsgemäß sollte dieser Bereich aber zumindest kursorisch bei den Modellrechnungen berücksichtigt werden. Als Grundlage für die so eingegrenzte Behandlung des Verkehrs in den Szenarien sind nach Auswertung verschiedener Verkehrsstudien zwei alternative Entwicklungen des Verkehrssektors den weiteren Untersuchungen zugrunde gelegt worden.

In Anlehnung an ifeu, 1992 wird dabei zwischen einer Trend-Entwicklung und einer Reduktions-Entwicklung unterschieden. Erstere schreibt die Trends der Entwicklung im Verkehrssektor in den alten Bundesländern fort und überträgt sie auch auf die neuen Bundesländer. In der Reduktions-Entwicklung wird eine Verlagerung der Verkehrsleistung zugunsten der Schiene sowie eine weitergehende Reduktion der spezifischen Energieverbräuche unterstellt.

In beiden Fällen wird von einer unveränderten Entwicklung der Personen- und der Güterverkehrsleistung ausgegangen. Die Güterverkehrsleistung steigt dabei in Deutschland von 356 Mrd. tkm im Jahr 1987 über 477 Mrd. tkm in 2005 auf 578,5 Mrd. tkm in 2020. Das entspricht einem Zuwachs von fast 63%. Die Personenverkehrsleistung wächst im gleichen Zeitraum um gut 40 % und steigt von 891 Mrd. Pkm auf 1 158 bzw. 1 264 Mrd. Pkm im Jahr 2005 bzw. 2020. Bei den Reduktionsszenarien wird also keine Minderung der Personen- und Güterverkehrsleistung im Vergleich zur Referenzentwicklung unterstellt. Insoweit dürfte noch ein weiterer politischer Handlungsspielraum zur Minderung der verkehrsbedingten Treibhausgasemissionen existieren.

In Tabelle 8.5-2 ist die Veränderung des Modal Splits für den Personenverkehr in Westdeutschland dargestellt, die den beiden Verkehrsentwicklungen zugrunde liegen.

Sowohl in der Trend- als auch in der Reduktions-Entwicklung wird von einer Verbesserung der Energieeffizienz der Verkehrssysteme ausgegangen. Die Trendentwicklung unterstellt dabei eine Verbesserung der spezifischen Kraftstoffverbräuche bei Neufahrzeugen von rund 1% pro Jahr.

Tabelle 8.5-2: Entwicklung des Modal Splits in der Trend- und in der Reduktions-Entwicklung für den Personenverkehr in Westdeutschland

Personenverkehrsleistung (%)	1990	2005		2020	
		Trend	Reduktion	Trend	Reduktion
Eisenbahn	6,0	6,6	9,5	8,2	12,2
ÖPNV	10,0	8,6	10,9	7,2	12,0
Flugzeug	2,4	3,3	2,1	4,7	1,8
Pkw	81,6	81,5	77,5	79,9	74,0

In der Reduktions-Entwicklung verdoppelt sich die Effizienzsteigerung auf gut 2%/a. Für den spezifischen Kraftstoffverbrauch der neuen Benzin-Pkw im Jahr 2020 entspricht dies einem gemittelten Verbrauch von weniger als 5 l/100 km. Die Entwicklung des spezifischen Kraftstoffverbrauchs für den Fahrzeugbestand bei den Pkw ist Tabelle 8.5-3 zu entnehmen.

Tabelle 8.5-3: Entwicklung des spezifischen Kraftstoffverbrauches des Fahrzeugbestandes der Pkw in l/100 km

	1990	2005		2020	
		Trend	Reduktion	Trend	Reduktion
Pkw Benzin	10,5	9,3	8,2	8,0	6,2
Pkw Diesel	8,1	7,2	6,4	6,4	4,9

8.5.2 Aufstellung von Energieszenarien und Ableitung von Inputdaten für die gesamtwirtschaftlichen Szenarien (ISI/DIW)

8.5.2.1 Wesentliche Rahmenannahmen zur Entwicklung bis 2020

Die für die Erstellung der Energieszenarien wesentlichen Rahmenannahmen wurden aus dem gemeinsamen Analyseraster der Enquete-Kommission, Version 3.0 vom November 1993, übernommen. Hierin enthalten sind z. B. die Annahmen über Wirtschaftsentwicklung, Entwicklung der Bevölkerung und Energiepreisentwicklung. Die wesentlichen Annahmen sind in Tabelle 8.5-4 zusammengefaßt.

8.5.2.2 Komposition der Energieszenarien

Neben einem Referenzszenario wurden zwei zielorientierte Reduktionsszenarien entwickelt: Ein Reduktionsszenario R 1 mit konstanter Kernenergiekapazität wie im Referenzszenario und ein Reduktionsszenario R 2, bei dem von einem Kernenergieausstieg bis zum Jahre 2005 ausgegangen wurde. Da die modellgestützte Analyse der gesamtwirtschaftlichen Auswirkungen nur für Westdeutschland erfolgte, wurden die Energieszenarien jeweils nur für die alten Bundesländer entwickelt.

Zusätzlich wurden folgende Vorgaben von der Enquete-Kommission beschlossen:

Tabelle 8.5-4: Wesentliche Rahmenannahmen für die Energieszenarien

Bevölkerung:	Anstieg in Deutschland von 79 auf 82 Mio. bis zum Jahr 2000, danach wieder Rückgang auf 79 Mio. bis 2020
Wirtschafts-wachstum:	ca. 2,3%/a, dies entspricht in etwa einer Verdoppelung des Sozialprodukts bis zum Jahr 2020
Energiepreise:	moderater Anstieg bis 2020 (Elektrizitätspreise bleiben konstant)
Energiesteuer:	bei den Reduktionsszenarien moderate Energiesteuer (real 7,6 $/barrel Öl in 2020), davon ausgenommen werden energie- und exportintensive Wirtschaftsbranchen
Steinkohle:	Mindesteinsatz von 30 Mio. t westdeutscher Steinkohle
Kernkraft:	konstante Kapazität im Referenzszenario und in R 1 (Kernenergie-Weiterbetrieb); Kernenergieausstieg bis 2005 in R 2
CO_2-Reduktion:	45% bis 2020 gegenüber 1987, in Westdeutschland mindestens 40% durch technische Maßnahmen

- Die Einführung einer Energiesteuer bei den beiden zu rechnenden Reduktionsszenarien, nicht jedoch im Referenzfall. Damit verringert sich die Höhe der eingesparten Energiekosten, dem steht aber eine Erhöhung der Staatseinnahmen im gleichen Umfang gegenüber. Die anzusetzenden Steuersätze wurden von der Kommission wie folgt vorgegeben: Bemessungsgrundlage ist der Endenergieverbrauch. Die Steuer wird im Jahr 1996 eingeführt und schrittweise, beginnend mit einem Ausgangshebesatz von 3 $ pro Barrel Rohöl, erhöht. Die ersten 10 Jahre steigt die Steuer jährlich um 1 $ pro Barrel an, danach bis zum Jahr 2020 um 0,5 $ pro Barrel (jeweils nominale Preise).

- Desweiteren wurden nach Vorgabe der Kommission diejenigen Wirtschaftssektoren von dieser Energiesteuer befreit, deren Energiekostenanteil über 3,75% des Bruttoproduktionswertes und deren Exportanteil über 15% des Umsatzes ausmacht. Die Kriterien für eine solche, zur Stärkung bzw. zur Erhaltung der internationalen Wettbewerbsfähigkeit unterstellte Steuerbefreiung erfüllten demnach die Eisen- und Stahlindustrie, die Nichteisen-Metallindustrie, die Zellstoff-, Papier- und Pappeerzeugung, die Chemische Industrie, die Glasindustrie sowie Feinkeramik und Gießereien.

- Im Verkehrsbereich wird statt der Energiesteuer von einer Erhöhung der Mineralölsteuer ausgegangen. Für die hier durchgeführten makroökonomischen Analysen entspricht diese Vorgabe jedoch der Einführung einer Quasi-Energiesteuer. In realen Preisen steigt sie zwischen 1994 und 2003 um jährlich 2,5 %, danach bis 2020 um 1,25 % pro Jahr.
- Zum Schutz des deutschen Steinkohlebergbaus geht die Enquete-Kommission von einer Mindesteinsatzmenge von heimischer Steinkohle von 30 Mio. t im Jahr 2020 aus.
- Entsprechend ihrer Vorgängerkommission fordert die Enquete-Kommission eine Reduktion der CO_2-Emissionen von 30 % im Jahre 2005 gegenüber 1987; für das Jahr 2020 wird von der Enquete-Kommission als Zielwert für die Reduktionsszenarien eine Reduktion der CO_2-Emissionen um 45 % gegenüber 1987 anvisiert. Entsprechend dem Vorgehen der alten Enquete-Kommission, eine Reduktion durch energiebewußtes Verhalten von 5 % anzusetzen, bedeutet dies eine Zielvorgabe von mindestens 40 % der durch technische Maßnahmen zu erreichenden CO_2-Reduktion.

Die Vorgehensweise bei der Entwicklung der Szenarien lehnt sich zum Teil an die im Rahmen der Studien für die Enquête-Kommission des 11. Bundestags angewandte Methodik an. Im Unterschied hierzu wird aber ein Referenzszenario im gleichen Detaillierungsgrad wie die Reduktionsszenarien beschrieben. Die Entwicklung eines Referenzszenarios war nicht nur aus Gründen einer besseren Modellierung der Energieszenarien von Vorteil, sondern auch für die Vornahme der Analyse der gesamtwirtschaftlichen Auswirkungen unabdingbar. Denn nicht die Absoluthöhe der direkten ökonomischen Impulse, sondern die Differenzen zwischen den Reduktionsszenarien und dem Referenzszenario stellen die entscheidenden Inputgrößen für die gesamtwirtschaftlichen Analysen dar. Entsprechend war die Entwicklung der Reduktionsszenarien im Rahmen der gesamtwirtschaftlichen Analysen darauf bedacht, diese Ausgangsgrößen zu entwickeln.

Aufbauend auf den Ergebnissen der alten Enquête-Kommission werden für alle drei Szenarien jeweils die vier Endenergiesektoren Haushalte, Kleinverbrauch, Industrie und Verkehr einzeln modelliert. Die Nachfrage der Endenergiesektoren nach den Endenergieträgern Strom und Fernwärme gehen als Inputgrößen in die Modellierung des Umwandlungssektors ein. Um der besonderen Bedeutung der Kraft-Wärme-Kopplung Rechnung zu tragen, wurden bei der Ausgestaltung des Umwandlungssektors die Kraft-Wärme-Kopplung und die sonstige Stromerzeugung getrennt berechnet. Bei der Abbildung der industriellen Stromerzeugung wurde entsprechend dem Verfahren der Energiebilanz vorgegangen, d. h., die auf die Wärmeerzeugung in industrieller Kraft-Wärme-Kopplung entfallene Energie wurde im Endenergieverbrauch der Industrie ausgewiesen, der auf die Stromerzeugung entfallende Teil hingegen im Umwandlungssektor.

Datengrundlage für die Erstellung der Szenarien waren, soweit verfügbar, die Einzelstudien aus dem Studienkomplex A und B der Enquete-Kommission. Desweiteren wurde auf die im Dritten Bericht der Kommission aufgeführten Ergebnisse sowie einschlägige Fachstudien zurückgegriffen. An technischen Strategien zur Reduktion der CO_2-Emissionen wurden jeweils die Möglichkeiten der rationellen Energienutzung, einer Substitution der fossilen Energieträger untereinander, des Einsatzes von regenerativen Energieträgern sowie des Ausbaus der Fernwärme und Kraft-Wärme-Kopplung untersucht. Entsprechend den Beschlüssen der Enquête-Kommission des 11. Bundestags kann als weitere Reduktionsmöglichkeit noch eine Verminderung der CO_2-Emissionen um 5 % durch energiebewußtes Verhalten mit aufgenommen werden, die aber in den nachfolgenden Ergebnissen nicht enthalten ist.

8.5.2.3 Annahmen der gesamtwirtschaftlichen Szenarien

Nicht nur bezüglich der wirtschaftlichen Impulse ergeben sich Varianten – in diesem Fall je nach der Ausrichtung der Energiepolitik. Die Folgewirkungen von CO_2-Minderungsmaßnahmen hängen auch von den wirtschaftlichen Rahmenbedingungen ab. Dazu zählen die Verhaltensweisen der wirtschaftspolitischen Akteure, vor allem der Bundesbank und der Tarifparteien. Sie bestimmen mit, ob – und wenn ja, in welchem Umfang – durch Klimaschutzinvestitionen andere produktive Investitionen verdrängt werden. Von entscheidender Bedeutung bei den Rahmenbedingungen ist auch die Art und Weise der Rückführung des Aufkommens der Energiesteuer.

Bei den Modellsimulationen kann die Unsicherheit bezüglich dieser Rahmenbedingungen durch Alternativrechnungen berücksichtigt werden. Die Kombination unterschiedlicher Annahmen bezüglich verschiedener Rahmenbedingungen führt zu einer großen Zahl möglicher Alternativsimulationen, die dann kaum noch interpretierbar sind. Deswegen werden die Annahmen bezüglich der wirtschaftlichen Rahmenbedingungen zu Szenarien zusammengefaßt. Dabei werden zum einen die Bedingungen gebündelt, die günstige Auswirkungen auf die gesamtwirtschaftliche Zielgröße „materielle Güterversorgung" – gemessen durch den realen privaten Verbrauch – haben, zum anderen die Umstände, die sich ungünstig darauf auswirken.

Unter „ungünstigen Bedingungen" wird angenommen, daß die Energiesparinvestitionen in Wohnungen zu Lasten des privaten Verbrauchs finanziert werden, und zwar

- über verringerte entnommene Gewinne der Haushalte (im Umfang von 35% der Energiesparinvestitionen in Wohnungen) und
- über eine Verringerung des privaten Verbrauchs (im Umfang von 35% der Energiesparinvestitionen in Wohnungen; der Verringerung des Konsums stehen höhere Vermögensübertragungen der Haushalte an Unternehmen gegenüber)

Außerdem wird angenommen, daß die Energiesparinvestitionen in Wohnungen zu Preiserhöhungen führen, die von den Wohnungsbauunternehmen zu einer Finanzierung dieser Investitionen genutzt werden. Die Kapitalstückkosten erhöhen sich zusätzlich im Umfang der Energiesparinvestitionen in Wohnungen (bezogen auf das reale Bruttoinlandsprodukt).

Im Rahmen des Bündels von CO_2-Minderungsmaßnahmen tätigen die privaten Haushalte zusätzliche Ausgaben zur Anschaffung von energiesparenden Haushaltsgeräten. Hier wird angenommen, daß diese Käufe zu Lasten anderer Verbrauchsausgaben gehen.

In welchem Umfang durch Umweltschutzinvestitionen der Unternehmen andere produktive Unternehmensinvestitionen verdrängt werden, hängt von einer Vielzahl von Bedingungen ab. Es ist schwierig, hier zu einer Wahrscheinlichkeitsaussage zu kommen. Deswegen wird – als ein Extremfall – angenommen, daß die Energiesparinvestitionen der Unternehmen (ohne Wohnungsvermietung) unter ungünstigen Bedingungen in vollem Umfang produktive Investitionen verdrängen. Diese Annahme führt der Tendenz nach zu einem eher zu pessimistischen Bild der gesamtwirtschaftlichen Folgewirkungen.

Frühere Untersuchungen haben gezeigt, daß die Verwendung des Aufkommens von entscheidender Bedeutung für die wirtschaftlichen Auswirkungen einer Energiesteuer – als Element einer Strategie zur CO_2-Minderung – ist. Dabei handelt es sich um eine politische Entscheidung, über die nur Annahmen getroffen werden können. Für die ungünstige wirtschaftliche Variante ist angenommen worden, daß das Aufkommen der Energiesteuer nur zur Hälfte in Form einer Senkung der indirekten Steuern zurückgeführt wird. Zur anderen Hälfte wird es zur Finanzierung der Energiesparinvestitionen des Staates und zur Konsolidierung der öffentlichen Haushalte verwendet. Es wird aber nicht angenommen, daß dies die Bundesbank zu Zinssenkungen veranlaßt, die die Wirtschaftstätigkeit beleben würden.

Unter „günstigen Bedingungen" wird angenommen, daß die Energiesparinvestitionen in Wohnungen durch eine höhere Kreditaufnahme des Unternehmenssektors und durch zusätzliche Vermögensübertragungen der privaten Haushalte an Unternehmen finanziert werden. Letztere gehen aber nicht zu Lasten des privaten Verbrauchs, sondern zu Lasten der Ersparnisse der Haushalte. Dasselbe gilt für die Käufe von energiesparenden Geräten der privaten Haushalte.

Bezüglich der Verdrängungseffekte wird in diesem Szenario angenommen, daß die Energiesparinvestitionen der Unternehmen zusätzliche Investitionen sind, produktive Investitionen werden dadurch nicht verdrängt.

Das Aufkommen der Energiesteuer wird hier in Form einer Senkung der indirekten Steuern vollständig in den Wirtschaftskreislauf zurückgeführt.

Unter günstigen Bedingungen wird schließlich angenommen, daß die Energiesparmaßnahmen im Rahmen einer CO_2-Minderungsstrategie mit einer umfassenden Modernisierung des Produktionsapparates verbunden sind. Hierfür spricht, daß in der Realität energiesparende Investitionen in der Industrie zunehmend in Prozeßverbesserungen oder -substitutionen integriert und selten „add-on"-Investitionen (wie z. B. Wärmetauscher, zusätzliche Isolation) sind.

8.5.3 Annahmen der gesamtwirtschaftlichen Analysen (EWI)

(1) Gesamtwirtschaftliche und energiewirtschaftliche Rahmenbedingungen

Die Annahmen zur Entwicklung der gesamtwirtschaftlichen und energiewirtschaftlichen Rahmenbedingungen sind in Tabelle 8.5-5 zusammengefaßt. Sie sind, sofern dort vorhanden, dem Analyseraster für das Studienprogramm entnommen. Die Wachstumsrate der CO_2-Emissionen im Basisfall beruht auf Projektionen der EU (CEC, 1992).

Die Annahmen zu den Wachstumsraten des Sozialproduktes und der Emissionen gelten nur für den Basisfall (Referenzszenario). In den Reduktionsszenarien werden das Sozialprodukt und die Emissionen modellendogen bestimmt. Die Inflationsrate dient nur der Deflationierung der Klimaschutzsteuern; sie spielt ansonsten für die realen Variablen des Modells keine Rolle.

(2) Klimaschutzsteuern und Steuerverwendungsformen

Untersucht wurden zwei verschiedene Steuerszenarien:

Tabelle 8.5-5: Gesamtwirtschaftliche und energiewirtschaftliche Rahmenbedingungen

1991–2020	West-deutschland	Übrige EU	Übrige Welt
Sozialprodukt	2 %/a	2%/a	–
CO_2-Emissionen	0,6%/a	1%/a	–
Preisniveau	3 %/a	3%/a	–
Welt-Importvolumen	–	–	2,5%/a
Kohlepreis (real)	–	–	0,1%/a
Ölpreis (real)	–	–	1,3%/a
Gaspreis (real)	–	–	2,0%/a
	2005	2020	
Deutsche Steinkohle	45 Mio. t	25 Mio. t	

EU-Steuer: In der gesamten EU wird eine kombinierte CO_2-/Energiesteuer nach dem Vorschlag der EU-Kommission erhoben,

Nationale Endenergiesteuer: In Deutschland wird eine Endenergiesteuer nach dem Vorschlag der Enquete-Kommission erhoben.

Die Steuern werden erstmals 1996 erhoben. Beide Steuern basieren auf einem Hebesatz von anfänglich 3 US-$/bbl. Der Hebesatz steigt bis 2005 jährlich um 1 US-$ und von 2005 bis 2020 um jährlich 0,5 US-$.

Im Fall der EU-Steuer entsprechen 3 US-$/bbl einer Belastung fossiler Brennstoffe mit 0,21 ECU/GJ (Energiesteuer) und 2,81 ECU/tCO_2 (CO_2-Steuer). Die anfängliche Belastung von Elektrizität lautet je nach eingesetztem Brennstoff wie folgt:

Eine mögliche Befreiung einzelner Abnehmergruppen von der Steuer wurde nicht untersucht.

Brennstoff	Steinkohle	Braunkohle	Öl	Erdgas	Nichtfossil
ECU/MWh	4,576	5,533	4,123	3,491	2,1

Im Fall der nationalen Endenergiesteuer entsprechen 3 US-$/bbl einer Belastung mit 0,42 ECU/GJ. Branchen mit einem Energiekostenanteil von mehr als 3,75 % und einem Exportanteil von mehr als 15 % sind von der Steuer befreit. Alle genannten Steuersätze sind ausgedrückt in jeweiligen Preisen. Die entsprechenden, für die Lenkungswirkung der Klimaschutzsteuern relevanten, realen Sätze wurden ermittelt durch Deflationierung mit der vorgegebenen Steigerungsrate des Preisniveaus (3 %/a). Dies bedingt ein Sinken der realen Steuersätze ab 2015.

Hinsichtlich der Steuerverwendung wurden drei Fälle betrachtet:

REDISTR: Das Steueraufkommen wird pauschal den privaten Haushalten gutgeschrieben und erhöht deren verfügbares Einkommen. Das zusätzliche verfügbare Einkommen fließt gemäß der Konsumquote der Haushalte teilweise in den Konsum, der Rest fließt auf den Kapitalmarkt. Diese Steuerverwendungsform entspricht dem Postulat der Steueraufkommensneutralität.

CONSOL: Das Steueraufkommen dient der Rückführung des Staatsdefizits, fließt also vollständig dem Kapitalmarkt zu.

GOVEXP: Im Widerspruch zum Postulat der Steueraufkommensneutralität wird das Klimasteueraufkommen zur Erhöhung der Staatsausgaben eingesetzt.

(3) Szenarienüberblick

Die untersuchten Szenarien sind zusammenfassend in Tabelle 8.5-6 dargestellt.

Szenario R2 unterscheidet sich von R1 durch die Annahme, daß zwischen 1995 und 2005 ein linearer Ausstieg aus der Kernenergienutzung vollzogen wird.

8.6 Ergebnisse der Szenarien der integrierten Minderungsstrategien im Energiesektor (IER/DIW)

Im folgenden Kapitel werden zunächst die Ergebnisse des Referenzszenarios für den Energiesektor anhand der wesentlichen Entwicklungstendenzen im Betrachtungszeitraum bis zum Jahr 2020 vorgestellt. Vergleichend zu dieser Referenzentwicklung werden die Ergebnisse der Reduktionsszenarien Minderungsziel (R1/R2) und ihrer Varianten (R1V/R2V) sowie der Reduktionsszenarien EU-Steuer (R3/R4) in ihren wesentlichen Unterschieden dargestellt. Im Vordergrund der Betrachtung steht dabei die Entwicklung des Primär- und Endenergieverbrauchs, der CO_2-Emissionen sowie die für die CO_2-Minderung auf-

Tabelle 8.5-6: Vergleich der Szenarien

	Basislauf (Referenz-szenario)	R1	R2
Kernenergienutzung (Deutschland)	Konstanz	Konstanz	Ausstieg
Deutsche Steinkohle			
2005	45 Mio. t	45 Mio. t	45 Mio. t
2020	25 Mio. t	25 Mio. t	25 Mio. t
Klimaschutzsteuer ..	keine	EU-Steuer Nationale Endenergie-steuer	EU-Steuer Nationale Endenergie-steuer
Steuerverwendung ..	keine	REDISTR CONSOL GOVEXP	REDISTR
Sozialprodukt			
Deutschland	2%/a	endogen	endogen
Übrige EU	2%/a	endogen	endogen
CO_2-Emissionen			
Deutschland	0,6%/a	endogen	endogen
Übrige EU	1,0%/a	endogen	endogen

zuwendenden Kosten. Ergänzend werden im Anhang die Ergebnisse eines zusätzlich berechneten Least-Cost-Szenarios betrachtet.

Die diskutierten Ergebnisse sind Resultate von Modellrechnungen. Zur sachgerechten Interpretation der Ergebnisse sei noch auf folgende Gesichtspunkte aufmerksam gemacht.

Jedes Modell, so auch das für die Szenarioanalyse verwendete Energiesystemmodell, ist immer ein vereinfachtes Abbild des realen Systems. Entsprechend dem methodischen Ansatz wird in den Szenarien – unter jeweils vorgegebenen Restriktionen oder Bedingungen – der kostenminimale Pfad von Niveau und Struktur der Energieversorgung zur Deckung eines vorgegebenen Bedarfs an Energiedienstleistungen bzw. an Nutzenergiebedarf ermittelt. Die jeweiligen Kosten sind – im Zusammenhang mit den exogenen Vorgaben und verfügbaren technologischen Optionen – insoweit das zentrale Steuerungsprinzip. Dieses dem Modell zugrundeliegende ökonomisch rationelle Entscheidungskalkül muß nicht dem tatsächlichen Verhalten der Wirtschaftssubjekte entsprechen. Es ist hier primär als eine konsistente Entscheidungs- und Allokationsregel im Rahmen der Szenariorechnungen zu verstehen.

Das Modell bildet das Energiesystem von der Primärenergie bis zur Bereitstellung von Energiedienstleistungen ab. Es erfaßt damit nicht eventuelle Rückwirkungen von Modellergebnissen auf die allen Szenarien zugrundeliegenden ökonomischen und demographischen Rahmendaten. Gegebenenfalls zu erwartende Reaktionen der Verbraucher im Hinblick auf die von ihnen nachgefragten Energiedienstleistungen könnten erfaßt werden, doch liegen entsprechende empirisch belastbare Preiselastizitäten nicht vor.

Bei der Bewertung der Ergebnisse ist auch zu berücksichtigen, daß das Modell bereits auf marginale Kostendifferenzen reagiert, also jeweils die technische Option einer anderen vorzieht, die sich als geringfügig kostengünstiger erweist. Diesem Aspekt, sowie den Unsicherheiten der zugrundeliegenden Kostendaten, ist im Rahmen von Sensitivitätsanalysen Rechnung zu tragen. Angesichts der bestehenden Unsicherheiten vieler in das Modell einfließender Daten sind die quantitativen Ergebnisse der einzelnen Szenariorechnungen eher qualitativ zu interpretieren.

Zur Vergleichbarmachung in den Bilanztabellen und Graphiken ist eine primärenergieseitige Bewertung der erneuerbaren Energieträger, der Kernenergie sowie der Stromimporte und Stromexporte unumgänglich. Dabei erfolgt die Bewertung nach dem Substitutionsprinzip in Anlehnung an das Vorgehen der Arbeitsgemeinschaft Energiebilanzen.

8.6.1 Referenzszenario

Das Referenzszenario beschreibt die Entwicklung des Energiesektors im Rahmen der Vorgaben, ohne daß eine gezielte zusätzliche Umweltschutzpolitik unterstellt wird. In Tabelle 8.6-1 sind einige wesentliche Ergebnisse zusammengefaßt, die im folgenden detaillierter diskutiert werden.

Tabelle 8.6-1: Energieverbrauchsstruktur im Referenzszenario

in Petajoule	Ist-Daten			Referenzszenario	
	1987	1990	1993	2005	2020
Deutschland					
Primärenergieverbrauch	15 297	14 795	14 126	14 201	14 022
Verbrauch und Verluste im Energiesektor, Statistische Differenzen	4 491	4 396	4 030	3 972	3 782
Nichtenergetischer Verbrauch	864	958	894	839	756
Endenergieverbrauch	9 942	9 441	9 203	9 390	9 483
davon:					
Übriger Bergbau und Verarbeitendes Gewerbe	3 197	2 977	2 421	2 646	2 970
Verkehr	2 101	2 379	2 594	2 954	2 939
Haushalte	2 728	2 383	2 523	2 215	2 049
Kleinverbraucher*)	1 917	1 702	1 665	1 575	1 525
Anteil am Primärenergieverbrauch in %					
Verbrauch und Verluste im Energiesektor, Statistische Differenzen	*29,4*	*29,7*	*28,5*	*28,0*	*27,0*
Nichtenergetischer Verbrauch	*5,6*	*6,5*	*6,3*	*5,9*	*5,4*
Endenergieverbrauch	*65,0*	*63,8*	*65,1*	*66,1*	*67,6*
Anteil am Endenergieverbrauch in %					
Übriger Bergbau und Verarbeitendes Gewerbe	*32,2*	*31,5*	*26,3*	*28,2*	*31,3*
Verkehr	*21,1*	*25,2*	*28,2*	*31,5*	*31,0*
Haushalte	*27,4*	*25,2*	*27,4*	*23,6*	*21,6*
Kleinverbraucher*)	*19,3*	*18,0*	*18,1*	*16,8*	*16,1*

Fortsetzung Tabelle 8.6-1

in Petajoule	Ist-Daten			Referenzszenario	
	1987	1990	1993	2005	2020
Alte Bundesländer					
Primärenergieverbrauch	11 373	11 495	12 002	11 953	11 589
Verbrauch und Verluste im Energiesektor, Statistische Differenzen	3 159	3 276	3 370	3 345	3 145
Nichtenergetischer Verbrauch	690	790	783	757	637
Endenergieverbrauch	7 524	7 429	7 849	7 851	7 807
davon:					
Übriger Bergbau und Verarbeitendes Gewerbe	2 199	2 252	2 110	2 248	2 434
Verkehr	1 869	2 091	2 263	2 444	2 414
Haushalte	2 161	1 861	2 172	1 886	1 723
Kleinverbraucher*)	1 296	1 225	1 304	1 272	1 235
Anteil am Primärenergieverbrauch in %					
Verbrauch und Verluste im Energiesektor, Statistische Differenzen	*27,8*	*28,5*	*28,1*	*28,0*	*27,1*
Nichtenergetischer Verbrauch	*6,1*	*6,9*	*6,5*	*6,3*	*5,5*
Endenergverbrauch	*66,2*	*64,6*	*65,4*	*65,7*	*67,4*
Anteil am Endenergieverbrauch in %					
Übriger Bergbau und Verarbeitendes Gewerbe	*29,2*	*30,3*	*26,9*	*28,6*	*31,2*
Verkehr	*24,8*	*28,1*	*28,8*	*31,1*	*30,9*
Haushalt	*28,7*	*25,1*	*27,7*	*24,0*	*22,1*
Kleinverbraucher*)	*17,2*	*16,5*	*16,6*	*16,2*	*15,8*

Fortsetzung Tabelle 8.6-1

in Petajoule	Ist-Daten			Referenzszenario	
	1987	1990	1993	2005	2020
Neue Bundesländer					
Primärenergieverbrauch	3 924	3 300	2 125	2 248	2 433
Verbrauch und Verluste im Energiesektor, Statistische Differenzen	1 332	1 120	659	626	637
Nichtenergetischer Verbrauch	174	168	111	82	119
Endenergieverbrauch	2 418	2 012	1 354	1 540	1 677
davon:					
Übriger Bergbau und Verarbeitendes Gewerbe	998	725	311	397	536
Verkehr	232	288	331	511	525
Haushalte	567	522	352	328	326
Kleinverbraucher *)	621	477	360	303	290
Anteil am Primärenergieverbrauch in %					
Verbrauch und Verluste im Energiesektor, Statistische Differenzen	*33,9*	*33,9*	*31,0*	*27,9*	*26,2*
Nichtenergetischer Verbrauch	*4,4*	*5,1*	*5,2*	*3,6*	*4,9*
Endenergieverbrauch	*61,6*	*61,0*	*63,7*	*68,5*	*68,9*
Anteil am Endenergieverbrauch in %					
Übriger Bergbau und Verarbeitendes Gewerbe	*41,3*	*36,0*	*22,9*	*25,8*	*32,0*
Verkehr	*9,6*	*14,3*	*24,5*	*33,2*	*31,3*
Haushalte	*23,4*	*25,9*	*26,0*	*21,3*	*19,4*
Kleinverbraucher *)	*25,7*	*23,7*	*26,6*	*19,7*	*17,3*

*) Kleinverbraucher einschließlich Militär

1 Mio. t SKE entspricht 29,3 PJ

Primärenergieverbrauch

Die Entwicklung des Primärenergieverbrauchs in der Bundesrepublik Deutschland im Referenzszenario ist durch einen leichten Rückgang von durchschnittlich etwa 0,2%/a oder insgesamt um reichlich 5% in den Jahren 1990 bis 2020 charakterisiert. Die Entwicklung ist vor dem Hintergrund einer Verdopplung des Bruttoinlandsproduktes gegenüber 1990 in demselben Zeitraum zu sehen und bedeutet einen Rückgang der Energieintensität in der Bundesrepublik Deutschland (Quotient aus Primärenergieverbrauch zu Bruttoinlandsprodukt) um 2,4 % im jährlichen Durchschnitt.

Über den gesamten Betrachtungszeitraum von 1990 bis 2020 hinweg sinkt die Energieintensität mit einer jahresdurchschnittlichen Rate von 4,7% in den neuen Bundesländern zwar erheblich schneller als in den alten Bundesländern mit rund 2%, doch wird das dortige Niveau – bezogen auf das Bruttoinlandsprodukt in Preisen von 1991 – selbst im Jahre 2020 noch nicht gänzlich erreicht (2,9 GJ/1 000 DM in den neuen gegenüber knapp 2,6 GJ je 1 000 DM in den alten Bundesländern). In den alten Bundesländern liegt der jährliche Rückgang der Energieintensität im Referenzszenario etwa in dem Trend, der bereits seit den 70er Jahren zu beobachten ist. Gemessen an der Bevölkerungszahl verringert sich der Primärenergieverbrauch sowohl in den alten als auch in den neuen Bundesländern bis zum Jahre 2020 nur wenig; in Deutschland insgesamt nimmt er von 186 GJ/Einwohner im Jahre 1990 auf 177 GJ/Einwohner im Jahre 2020 ab (in den alten Bundesländern von 181 auf 176 GJ je Einwohner; in den neuen Bundesländern von 207 auf 182 GJ je Einwohner).

Die Entwicklung des Primärenergieverbrauchs verläuft in den neuen und alten Bundesländern jedoch unterschiedlich. Während sich in Westdeutschland der Primärenergieverbrauch in den Jahren 1990 bis 2020 auf annähernd konstantem Niveau von etwa 11 500 PJ (395 Mio. t SKE) bewegt, sinkt der Primärenergieverbrauch in den neuen Bundesländern im Jahr 2020 um etwa 26% gegenüber 1990 auf annähernd 2 400 PJ (82 Mio. t SKE). Gegenüber dem Primärenergieverbrauch von 1993 kommt es in den neuen Bundesländern zu einem Zuwachs um 14% bis zum Jahr 2020. Die Entwicklungen in den alten und neuen Bundesländern zusammengenommen resultieren in einem Rückgang des Primärenergieverbrauches in der Bundesrepublik von gut 5% in den Jahren 1990 bis 2020.

Die Struktur des Primärenergieverbrauchs nach Energieträgern ist durch sinkende Anteile der festen Brennstoffe wie Braun- und Steinkohle von 37% in 1990 auf 28% in 2020 gekennzeichnet (vgl. Abbildung 8.6-1). Dabei ist der Rückgang in Ostdeutschland besonders stark ausgeprägt: Der Einsatz von Braun- und Steinkohle in Höhe von 2 400 PJ (82 Mio. t

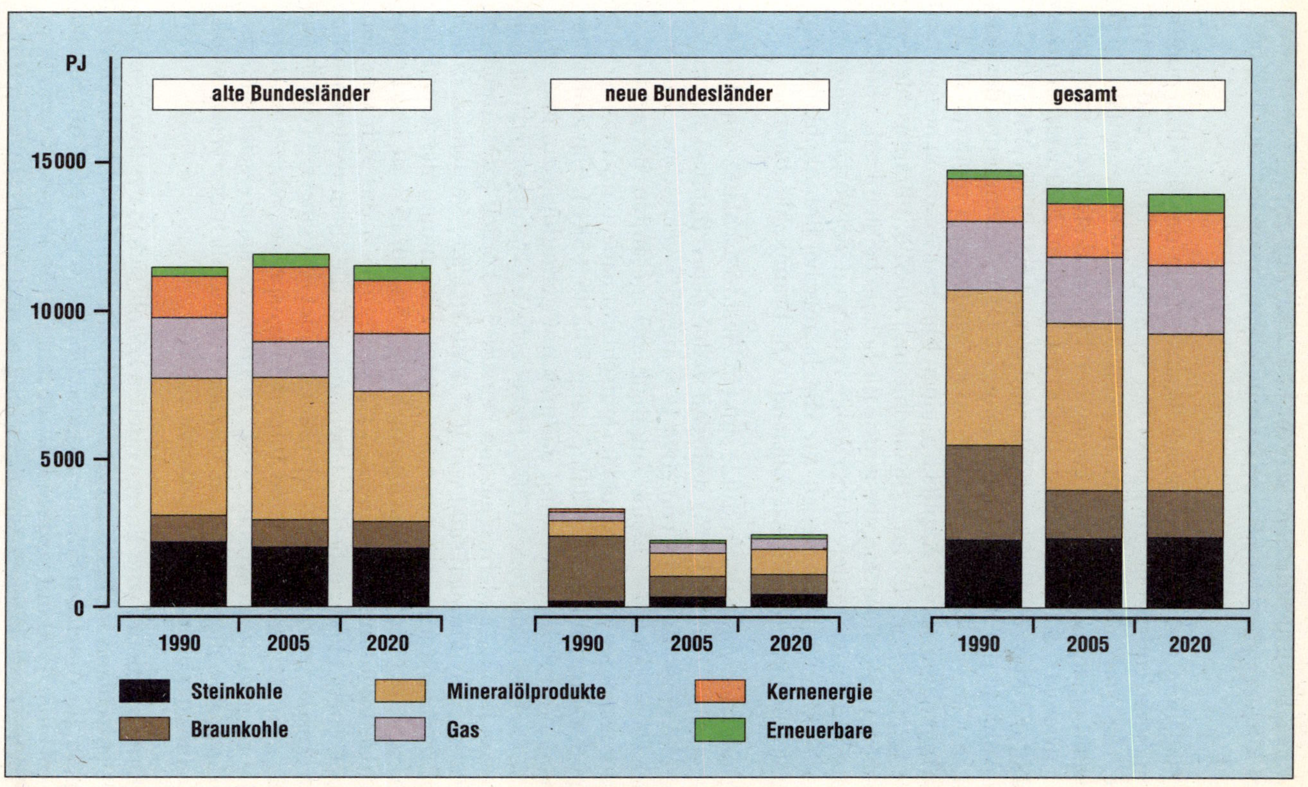

Abb. 8.6-1: Primärenergieverbrauch in Deutschland im Referenzszenario

SKE) im Jahr 1990 reduziert sich im Jahr 2020 auf etwa 1 100 PJ, was einem Rückgang des Anteils am Gesamtverbrauch von 73% auf 45% entspricht.

Der Rückgang des Einsatzes fester Brennstoffe in der Bundesrepublik geht nahezu vollständig zu Lasten der heimischen Braun- und Steinkohle. Das Verbrauchsniveau an Importkohle bleibt bis zum Jahr 2005 dagegen beinahe unverändert gegenüber 1990 und steigt bis zum Jahr 2020 auf etwa 1 500 PJ (51 Mio. t SKE) an. Im Jahr 2020 werden etwa 2 400 PJ (82 Mio. t SKE) Steinkohle und etwa 1 600 PJ (54 Mio. t SKE) Braunkohle in der Bundesrepublik eingesetzt. Die Verringerung der heimischen Kohleproduktion verläuft jedoch weitgehend moderat, da die Rahmenannahmen (vgl. Kapitel 8.5) einen Mindesteinsatz an heimischer Kohle in Höhe von 50 Mio. t Steinkohle und 80 Mio. t Braunkohle vorschreiben. Ohne diese Vorgabe würde die heimische Steinkohle vollständig durch die preiswertere Importkohle verdrängt. Bei Vorgabe einer geringeren Mindestabsatzmenge für die heimische Braunkohle würde ebenfalls die Importkohle fast vollständig die Braunkohle ablösen.

Der Anteil der Mineralölprodukte sinkt in Westdeutschland von 41% auf 38% zwischen 1990 und 2020, während in den neuen Bundesländern das Mineralöl einen Zuwachs von etwa 16% auf 35% verzeichnet. Der Verbrauch der Naturgase bleibt innerhalb des gesamten Betrachtungszeitraumes in der Bundesrepublik Deutschland nahezu unverändert auf einem Niveau von rund 2 300 PJ (knapp 79 Mio. t SKE); sein Anteil am Primärenergieverbrauch nimmt dadurch nur geringfügig zu, und zwar von 15,7% (1990) auf 16,5% (2020). Dabei geht der Naturgasverbrauch in den alten Bundesländern sogar um beinahe 5% zurück – der Anteil am Primärenergieverbrauch sinkt von 17,7% auf 16,8% –, während er in den neuen Bundesländern um rund 30% steigt. Hier nimmt der Anteil der Naturgase am Primärenergieverbrauch von 8,5% auf 15% zu. Das Ergebnis eines insgesamt stagnierenden Gasverbrauchs – das sich von den meisten energieprognostischen Überlegungen, die einen weiteren spürbaren Anstieg erwarten, deutlich unterscheidet – ist einerseits durch die relativ zum Mineralöl höheren Import-Erdgaspreise, wie sie in dieser Studie angenommen worden sind, zu erklären, andererseits schlagen sich darin vor allem die hohen Vorgaben hinsichtlich der Verwendung einheimischer Stein- und Braunkohle nieder.

Der Einsatz erneuerbarer Energiequellen könnte sich in der Bundesrepublik Deutschland im Referenzszenario bis zum Jahre 2020 reichlich verdoppeln. Ihr Anteil am Primärenergieverbrauch steigt dadurch von rund 2% im Jahre 1990 auf nahezu 5% im Jahre 2020. Dieses Niveau wird durch den verstärkten Ausbau der Biogas- und Müllkraftwerke sowie durch die Ausschöpfung zusätzlicher Potentiale der Wasser- und Windkraft erreicht. Die Rolle der Windkraft orientiert sich im Referenzszenario an den vorgegebenen Mindesterzeugungsmengen von rund 6 000 GWh pro Jahr im Jahr 2020. Die Kapazität der Kernkraftwerke ist durch die Vorgabe in den Rahmenbedingungen des Referenzszenarios auf das Niveau im Jahre 1990 begrenzt, wobei in Ostdeutschland vereinbarungsgemäß keine Kernkraftwerke betrieben werden. Aufgrund der unterstellten geringfügigen Erhöhung der Auslastung der Anlagen (die Stromerzeugung nimmt von 150 TWh im Jahre 1990 auf gut 160 TWh im Jahre 2020 zu) und aufgrund der Abnahme des Primärenergieverbrauchs steigt der Anteil der Kernenergie am Primärenergieverbrauch um etwa einen Prozentpunkt (von 9,8 % auf 10,9 %).

Umwandlung

Die Erzeugungsstruktur des Umwandlungssektors wird einerseits durch die Entwicklung der Strom- und Wärmenachfrage der Endenergieverbraucher und andererseits durch die notwendigen Ersatzinvestitionen des bestehenden Anlagenparks maßgeblich geprägt. Bis zum Jahr 2020 ist praktisch der gesamte Bestand fossiler Kraftwerkskapazitäten zu ersetzen. Die in den Rahmenannahmen zugrunde gelegten Vorgaben zum Einsatz heimischer Kohle führen zu einem Zubau von Stein- und Braunkohle-gefeuerten Grund- und Mittellastkraftwerken in der Stromerzeugung, der in diesem Maße ohne Kohlevorgaben nicht eintreten würde. Dies gilt vor allem für die Braunkohletechnologien, die im Vergleich zu Kraftwerken, die mit preiswerter Importkohle gefeuert werden können, nicht wirtschaftlich sind. Daneben gewinnen insbesondere die Gas- und Dampfkraftwerke auf Erdgasbasis mit Fernwärmeauskopplung und Steinkohle-Heizkraftwerke an Bedeutung. Im gesamten Betrachtungszeitraum steigt die Nettostromerzeugung in öffentlichen Kraftwerken bis zum Jahr 2020 auf rund 600 TWh pro Jahr, wobei der Anteil der erneuerbaren Stromerzeugung etwa 7% beträgt und die Kernenergie zu gut einem Viertel zur Erzeugung beiträgt.

Bis zum Jahr 2020 steigt die Fern- und Nahwärmeproduktion um nahezu 30% an. Dabei bleibt die aus fossilen Energieträgern gewonnene Menge konstant bei rund 300 PJ. Eine Ausweitung der Produktion erfolgt vornehmlich durch Müllheizkraftwerke. Auch in der Wärmeversorgung ist der gesamte Kesselbestand bis zum Jahr 2020 zu erneuern, wobei die Zubauentscheidungen ähnlich stark wie in der Stromerzeugung von den Vorgaben der Mindestfördermengen heimischer Braun- und Steinkohle abhängig sind.

Endenergieverbrauch

Der Endenergieverbrauch in der Bundesrepublik Deutschland bleibt im Referenzszenario bis zum Jahr 2020 auf annähernd konstantem Niveau. Unter Berücksichtigung des wirtschaftlichen Wachstums im selben Zeitraum bedeutet dies, daß die Effizienzverbesserungen eine erhöhte Nutzenergienachfrage weitestgehend kompensieren können. Im Jahr 2020 beträgt der Endenergiebedarf in Deutschland knapp 9 600 PJ (327 Mio. t SKE) gegenüber 9 440 PJ (322 Mio. t SKE) im Jahr 1990.

In Westdeutschland steigt der Endenergieverbrauch bis zum Jahr 2005 auf etwa 7900 PJ (270 Mio. t SKE) und bleibt bis zum Jahr 2020 nahezu unverändert (siehe Abbildung 8.6-2). Diese Entwicklung ist maßgeblich auf das Wachstum der Endenergienachfrage der Sektoren Industrie und Verkehr zurückzuführen, das erst nach 2005 durch die sinkende Endenergienachfrage der Haushalte und Kleinverbraucher kompensiert werden kann. In Ostdeutschland führen hohe Wirtschaftswachstumsraten von 8,1 %/a bis zum Jahr 2005 und 2,8 %/a bis 2020 zu einer deutlichen Steigerung der Energienachfrage ab Mitte der 90er Jahre. Der absolute Endenergieverbrauch in den neuen Bundesländern ist im Jahr 2020 zwar um 16 % geringer als 1990, gegenüber dem Verbrauch des Jahres 1993 steigt er jedoch um 24 % auf 1680 PJ (57 Mio. t SKE).

In der Bundesrepublik Deutschland verlieren die festen Brennstoffe auch als Endenergieträger ihre Bedeutung und tragen im Jahr 2020 nur noch zu knapp 6 % der Gesamtnachfrage bei (1990 etwa 15 %). Während die Nachfrage nach Mineralölprodukten in Westdeutschland leicht rückläufig ist, wird der Rückgang der festen Brennstoffe in den neuen Bundesländern vor allem durch den vermehrten Einsatz der Mineralöle und des Erdgases kompensiert. Die Naturgase verzeichnen auch in Westdeutschland eine Zunahme und haben in 2020 einen Anteil von gut 21 % am Endenergieverbrauch der Bundesrepublik Deutschland. Die Stromnachfrage hat jährliche Zuwachsraten von etwa 0,6 % im gesamten Bundesgebiet und stellt 2020 etwa 20 % des Endenergieverbrauches. Die Nah- und Fernwärme deckt im Jahr 2020 6,5 % der Endenergienachfrage.

Endenergieverbrauch der Industrie

Die Industrie (Verarbeitendes Gewerbe und Übriger Bergbau) trug 1990 mit ca. 3 000 PJ (ca. 100 Mio. t SKE) entsprechend 31,5 % zum gesamtdeutschen Endenergieverbrauch bei (siehe Tabelle 8.6-1). Im Referenzszenario ist der Endenergiebedarf im Jahr 2005 um ca. 11 % niedriger als im Jahr 1990, er steigt dann aber bis zum Jahr 2020 wieder auf das Niveau von

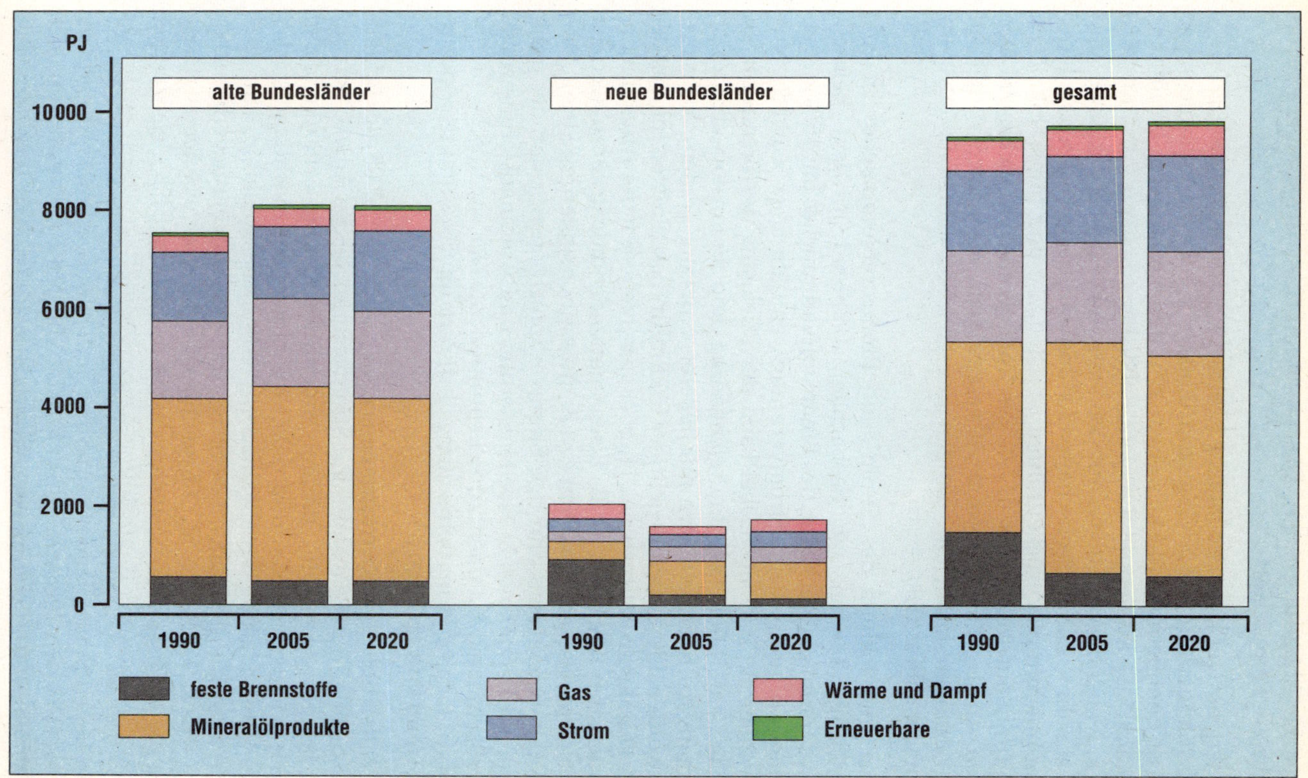

Abb. 8.6-2: Endenergieverbrauch nach Energieträgern im Referenzszenario

1990 (siehe Abbildung 8.6-3). Dies sind rund 31% des Endenergieverbrauchs des Jahres 2020.

Als Energieträger kommen im Jahr 1990 zu 27% Kohleprodukte, zu 9,4% Mineralöle und zu 27,6% Gase zum Einsatz. Strom, Fernwärme sowie sonstige Energieträger decken etwa 36% der industriellen Nachfrage. Der Anteil der Kohleprodukte geht dabei bis zum Jahr 2020 auf 15% zurück, wobei dies vor allem auf den starken Rückgang der Koks- und Kohleabnahme in der Eisenschaffenden Industrie aufgrund verringerter Roheisennachfrage zurückzuführen ist. Die Gase und Mineralöle legen geringfügig auf 28,7% bzw. 11,6% des Endenergieverbrauches zu. Den größten Anstieg hat der Strom zu verzeichnen, der seinen Anteil auf 34,3% erhöhen kann. Die übrigen Energieträger halten in etwa ihr Niveau des Jahres 1990.

Bei der Entwicklung des Strom- und Brennstoffverbrauches ist eine gegenläufige Tendenz zu beobachten. Während in dem Betrachtungszeitraum ein Rückgang des Brennstoffverbrauches um 15% zu verzeichnen ist, findet beim Stromverbrauch ein jährlicher Zuwachs von etwas mehr als 1% statt. Dabei kann der Rückgang des Brennstoffverbrauches auf rationellere Energienutzung und Brennstoffsubstitution (Übergang zu Energieträgern mit höheren Nutzungsgraden) zurückgeführt werden. Ein weiterer wichtiger Faktor für diese Entwicklung ist der intersektorale Strukturwandel. Hierbei verschiebt sich der Anteil brennstoffintensiver Branchen (z. B. Eisenschaffende Industrie) zu weniger brennstoffintensiven Branchen (z. B. Investitionsgüterindustrie). Dies stellt auch einen Grund für den Stromverbrauchsanstieg dar, der unter anderem auf zunehmende Mechanisierung und Automatisierung sowie Umweltschutzmaßnahmen zurückzuführen ist. Der spezifische Brennstoffverbrauch sinkt im Betrachtungszeitraum um 58% und der spezifische Stromverbrauch um 33%.

In den alten Bundesländern kompensieren bis zum Jahr 2005 die rückläufigen spezifischen Brennstoff- und Stromverbräuche das Anwachsen des Nutzenergiebedarfes. Im nachfolgenden Betrachtungszeitraum steigt das Wirtschaftswachstum und damit die Nutzenergienachfrage stärker als die Verminderung der spezifischen Verbräuche, so daß im Jahr 2020 für die alten Bundesländer eine Steigerung des Endenergieverbrauches um ca. 180 PJ (6,2 Mio. t SKE) gegenüber 1990 zu verzeichnen ist. Diese Erhöhung ist durch einen Anstieg der Stromnachfrage bei gleichzeitiger leichter Abnahme der Brennstoffnachfrage bedingt.

In den neuen Bundesländern sinkt der Endenergieverbrauch gegenüber 1990 bis zum Jahr 2005 um ca. 330 PJ (11,2 Mio. t SKE), bis zum Jahr 2020 dagegen nur um 190 PJ (6,5 Mio. t SKE). Diese Ergebnisse resultieren aus

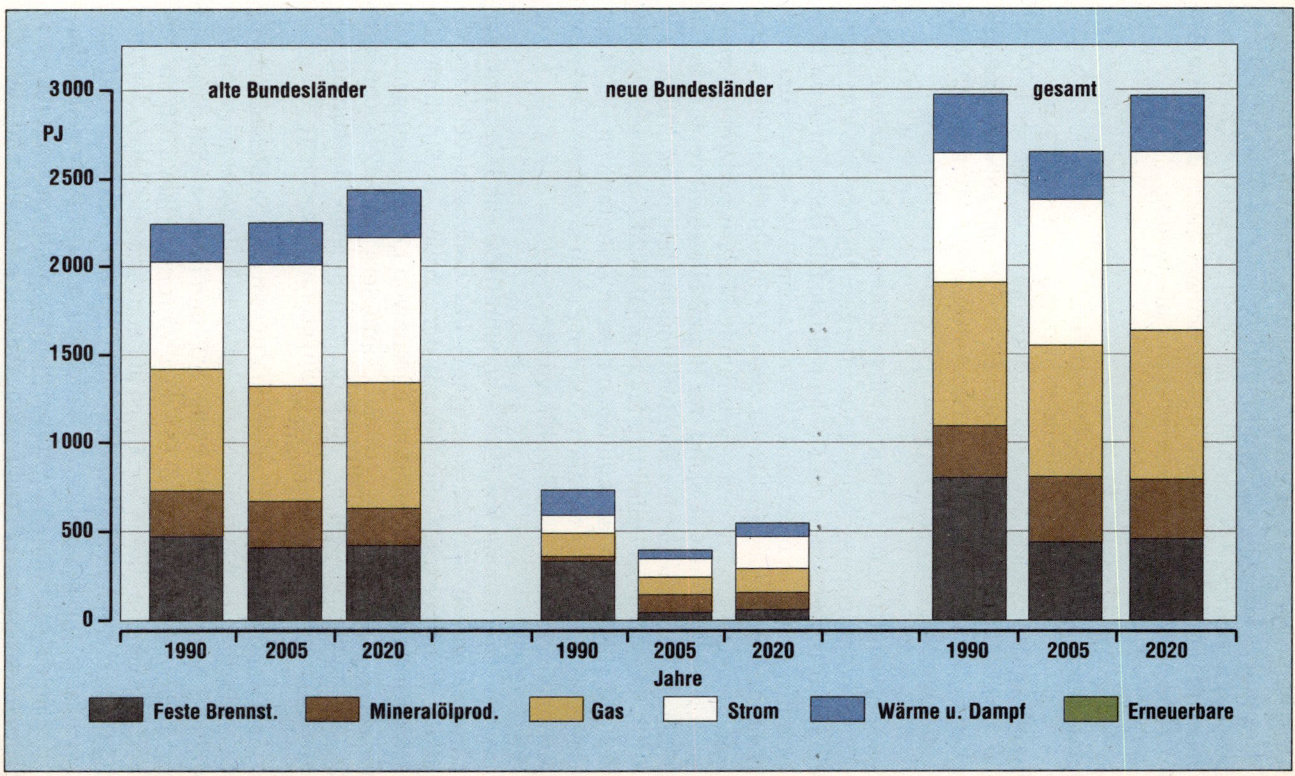

Abb. 8.6-3: Endenergieverbrauch der Industrie im Referenzszenario

dem wirtschaftlichen Strukturwandel in der Industrie zu Beginn der 90er Jahre. Gegenüber 1993 kommt es bis zum Jahr 2005 zu einer Steigerung der Endenergienachfrage der Industrie um 90 PJ (2,9 Mio. t SKE) und bis zum Jahr 2020 um 225 PJ (7,7 Mio. t SKE), bedingt durch den Mitte der 90er Jahre angenommenen wirtschaftlichen Aufschwung.

Endenergieverbrauch der Kleinverbraucher

Der Endenergieverbrauch der Kleinverbraucher stellt mit ca. 1 700 PJ (58 Mio. t SKE) im Jahre 1990 einen Anteil von knapp 18 % am gesamtdeutschen Endenergieverbrauch. Dieser Anteil sinkt kontinuierlich über 16,7 % im Jahre 2005 auf 15,9 % im Jahre 2020 (siehe Tabelle 8.6-1).

Die fossilen Energieträger Kohle und Mineralöle verlieren in diesem Sektor zugunsten der leitungsgebundenen Energieträger an Gewicht (siehe Abbildung 8.6-4). Der Anteil der Kohleprodukte fällt dabei im betrachteten Zeitraum von etwas mehr als 13,9 % auf unter 0,1 %, wobei der Einbruch vor allem durch den Ersatz der alten Braunkohlekessel durch moderne Öl- und Gaskessel in den neuen Bundesländern zustande kommt. Hierdurch sinkt in Ostdeutschland der Braunkohleanteil von ca. 44,7 % des Endenergieverbrauchs der Kleinverbraucher inklusive Militär auf unter 0,1 %. Der Mineralölanteil fällt bis zum Jahre 2020 geringfügig von ca. 35,5 % auf 31,7 %. Die Gase können in diesem Zeitraum von 17,7 % auf 26,3 % zulegen, wobei dies vor allem auf den Zubau moderner Gaskessel und Gasbrennwertkessel zurückzuführen ist.

Der Stromverbrauch steigt von 22,8 % im Jahre 1990 auf 31,7 % und der Fernwärmeverbrauch von 7,2 % auf 9,8 % des Endenergieverbrauches der Kleinverbraucher an. Dabei kommt der Anstieg im Strombereich hauptsächlich durch den verstärkten Einsatz von Lüftungsanlagen, Klimaanlagen, Kommunikationsgeräten, Computern und Beleuchtungsanlagen zustande. Dies spiegelt auch die zunehmende Bedeutung des Dienstleistungssektors innerhalb der Kleinverbraucher wider.

In den alten Bundesländern ist bei einem Zuwachs der Nutzenergienachfrage von jährlich 0,4 % ein leichter Anstieg der Endenergienachfrage um 50 PJ (1,6 Mio. t SKE) bis zum Jahr 2005 und im Anschluß daran ein leichter Rückgang auf das Niveau von 1990 für das Jahr 2020 zu verzeichnen. Ursache für diesen Verlauf ist der zunehmende Ersatz der alten Öl- und Gaskessel durch moderne Öl- und Gaskessel sowie Öl- und Gasbrennwertkessel mit ihren höheren Wirkungsgraden. In den neuen Bundesländer sinkt der Endenergieverbrauch aufgrund der hohen unterstellten Renovierungsrate des Nichtwohngebäudebestandes und der Mo-

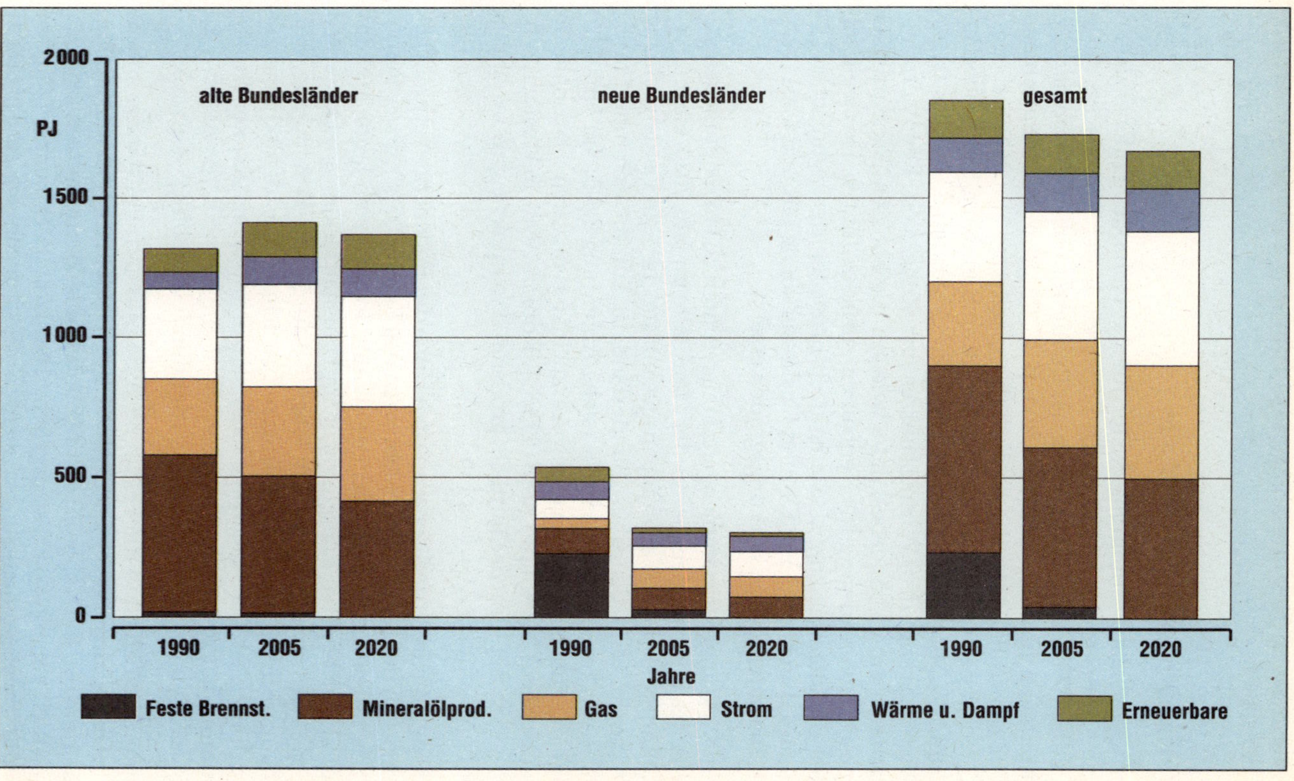

Abb. 8.6-4: Endenergieverbrauch der Kleinverbraucher im Referenzszenario

dernisierung von Heizungsanlagen bis zum Jahr 2020 um 40% gegenüber 1990 ab.

Endenergieverbrauch der Haushalte

Der maßgebliche Bestimmungsfaktor für die Höhe des Endenergieverbrauches im Sektor Haushalte ist die Entwicklung der Wohnfläche, die in den Jahren 1990 bis 2020 um 21% in der Bundesrepublik Deutschland zunimmt, davon in Ostdeutschland knapp 17% und in Westdeutschland rund 22%. Parallel dazu sinkt jedoch der spezifische Nutzenergiebedarf pro Quadratmeter und Jahr im selben Zeitraum in den alten Bundesländern um 12%, in den neuen Bundesländern sogar um 23%. Dies ist auf die Verbesserung des Wärmeschutzes im Zuge von Renovierungsmaßnahmen am Gebäudebestand sowie auf die höheren Standards der Wärmeschutzverordnung für Neubauten zurückzuführen. Des weiteren werden die alten Heizungssysteme nach Erreichen der technischen Lebensdauer durch moderne Öl- und Gaskessel sowie Öl- und Gasbrennwertkessel mit höheren Wirkungsgraden ersetzt.

Die Entwicklungen zusammengenommen führen zu einer deutlichen Reduktion des Endenergiebedarfes der Haushalte im Jahr 2020. Gegenüber 1990 mindert sich die Nachfrage insgesamt um 14%, in Ostdeutschland sogar um 37%; in den alten Bundesländern kommt es immerhin zu einem Rückgang um reichlich 7% (siehe Abbildung 8.6-5). Im Jahr 2020 beträgt der jährliche Endenergieverbrauch der privaten Haushalte in Ostdeutschland 24,3 GJ pro Kopf (32,6 GJ/Kopf in 1990), in Westdeutschland wegen der durchschnittlich größeren Wohnfläche pro Wohnung 26,2 GJ pro Kopf (29,2 GJ/Kopf in 1990).

Neben der Verringerung der absoluten Höhe des Endenergieverbrauches kommt es zu deutlichen Verschiebungen des Energieträgermixes. Besonders das Erdgas gewinnt an Bedeutung und löst bis zum Jahre 2020 das Heizöl als wichtigsten Energieträger im Haushaltssektor ab. Der Anteil des Erdgases wächst von 33% im Jahr 1990 auf knapp 40% im Jahr 2020, was hauptsächlich auf einen kräftigen Zuwachs in Westdeutschland zurückzuführen ist. Die Nachfrage nach Heizöl sinkt dagegen kontinuierlich ab und hat in 2020 in Ostdeutschland einen Anteil von ca. 25%, in Westdeutschland von ca 35% und in der Bundesrepublik von etwa 33%.

Bis zum Jahr 2020 sind die Festbrennstoffe praktisch vollständig substituiert. Diese Entwicklung ist besonders in Ostdeutschland augenfällig, wo im Jahr 1990 die Kohle-Einzelöfen und Kohle-Zentralheizungen noch einen Anteil von über 65% an den beheizten Wohnflächen hatten. In den Ein- und Zweifamilienhäusern werden diese Technologien vor allem

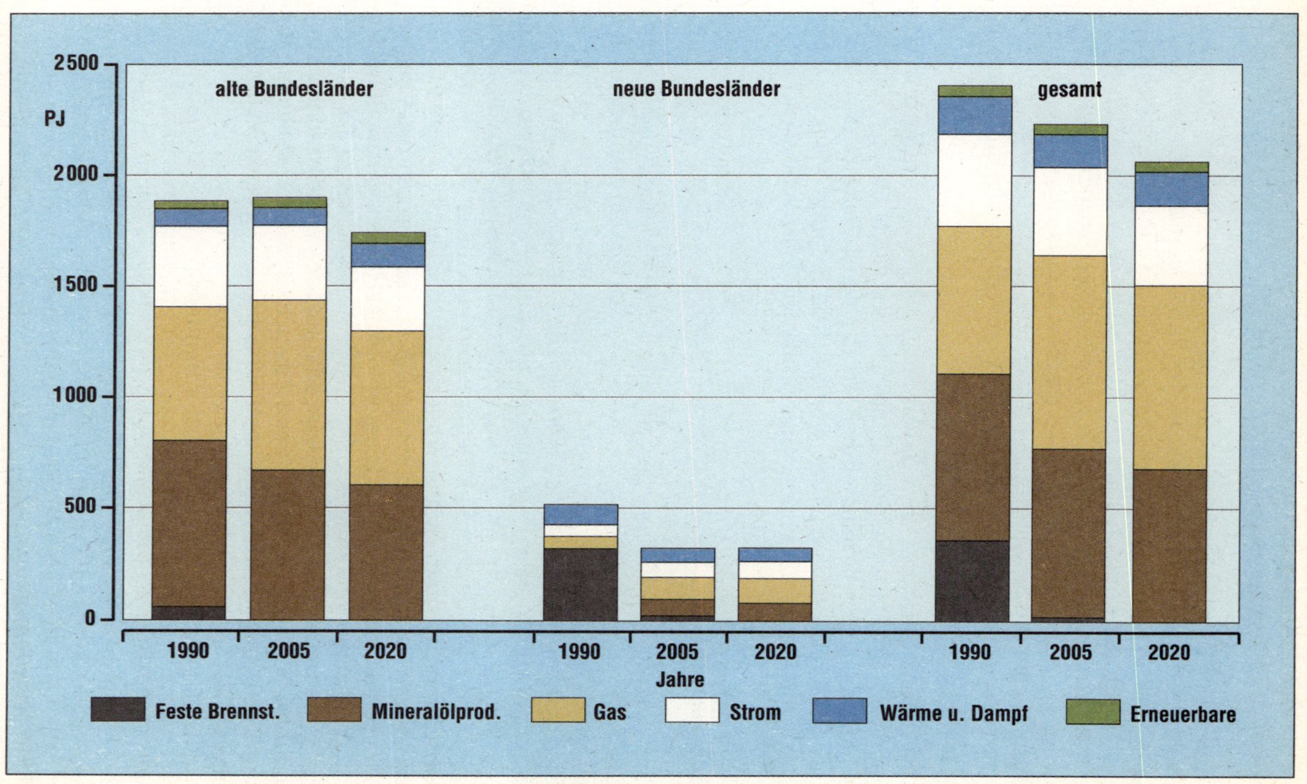

Abb. 8.6-5: Endenergieverbrauch der Haushalte im Referenzszenario

durch Öl- und Gaszentralheizungen ersetzt, in den Mehrfamilienhäusern durch Gas- und Fernwärmeheizungssysteme.

Der Anteil der Fernwärme beträgt im Jahr 2020 etwa 8% des gesamten Endenergiebedarfes der Haushalte in der Bundesrepublik Deutschland, wobei die Fernwärme in Ostdeutschland 16% der Endenergienachfrage deckt. Der Stromverbrauch sinkt bis 2020 leicht ab, was auf den Rückgang des Stromeinsatzes im Raumwärmebereich zurückzuführen ist. Der gesamte Stromverbrauch der elektrischen Haushaltsgeräte und übrigen Verbraucher bleibt weitestgehend konstant, da die unterstellten Effizienzverbesserungen des spezifischen Stromverbrauches die wachsenden Ausstattungsraten kompensieren.

Für das Referenzszenario wird davon ausgegangen, daß aufgrund von Hemmnissen trotz anstehender Renovierungszyklen nur ein Teil der wirtschaftlichen Einsparmaßnahmen an der Gebäudehülle des Altbestandes tatsächlich durchgeführt werden. Das gesamte wirtschaftliche Potential wird erst in den Minderungs-Szenarien voll erschlossen.

Endenergieverbrauch des Verkehrs

Die Entwicklung des Endenergieverbrauchs des Verkehrs wird wesentlich durch die starke Zunahme der motorisierten Verkehrsleistung in den Jahren von 1990 bis 2020 bestimmt, die allein im Personenverkehr in Westdeutschland in den Jahren 1990 bis 2020 um ca. 35% und in Ostdeutschland gar um über 75% ansteigt. Für das Referenzszenario resultiert daraus ein Zuwachs des Endenergieverbrauches im Verkehrssektor von 23% in der Bundesrepublik Deutschland gegenüber 1990, wobei sich der Anstieg in den alten Bundesländern auf 15% beläuft. In den neuen Bundesländern beträgt der Zuwachs sogar fast 83% gegenüber 1990, jedoch von einem deutlich niedrigeren Niveau als in Westdeutschland. Im Jahr 2020 hat der Verkehrssektor in Ostdeutschland einen Anteil von knapp 18% am gesamten Endenergieverbrauch des Verkehrs in der Bundesrepublik Deutschland; dieser Prozentsatz entspricht in etwa dem für das Jahr 2020 unterstellten Anteil der Bevölkerung in den neuen Bundesländern von 17%.

Besonders hoch sind die Zuwachsraten des Endenergieverbrauchs von 1990 bis 2005. Danach steigt der Endenergieverbrauch nur noch leicht, da einerseits die Verkehrsleistung geringere Wachstumsraten aufweist und andererseits die Nachfrage mit energieeffizienteren Verkehrsmitteln gedeckt wird. Für das Referenzszenario sind Effizienzverbesserungen der Neufahrzeuge von 1% pro Jahr unterstellt. Diese Entwicklung wird als autonom angesehen und erfährt keine kostenmäßige Bewertung (siehe Kapitel 8.5.1).

Im Referenzszenario kommt es nur zu leichten Verschiebungen des Energieträger-Mixes, wie etwa eines erhöhten Elektrizitätseinsatzes im Schienenverkehr und einer Zunahme der Dieselfahrzeuge im Pkw-Bestand. Alternative Kraftstoffe, wie der Dieselersatz Raps-Methyl-Ester (RME) oder Methanol, spielen keine Rolle.

CO_2-Emissionen

Im Jahr 1987 betrugen die energiebedingten CO_2-Emissionen in der Bundesrepublik Deutschland 1 058 Mio. t CO_2; auf Westdeutschland entfielen davon 714 Mio. t CO_2 und auf Ostdeutschland 344 Mio. t CO_2. Im Jahr 1990 emittierte die Bundesrepublik Deutschland noch 1 004 Mio. t CO_2, in 1993 sogar nur noch 894 Mio. t CO_2, was einer Verringerung des energiebedingten CO_2 gegenüber 1987 von 15,5 % entspricht. Für das Referenzszenario bleiben die CO_2-Emissionen bis 2020 in etwa auf dem Niveau des Jahres 1993 und sinken damit um 11 % gegenüber 1990 und 16 % gegenüber 1987 (siehe Abbildung 8.6-6).

Während in Westdeutschland die CO_2-Emissionen auf unverändertem Niveau zwischen 1987 und 1993 blieben, sanken die CO_2-Emissionen in Ostdeutschland bis zum Jahr 1993 gegenüber 1987 um nahezu 50 % ab. Ursache hierfür ist einerseits der aufgrund des wirtschaftlichen Umstrukturierungsprozesses verringerte Energiebedarf und andererseits die Substitution der Braunkohle durch kohlenstoffärmere Energieträger. Bis zum Jahr 2020 steigen die energiebedingten CO_2-Emissionen in den neuen Bundesländern wieder leicht an und erreichen einen Anteil von 22 % an den Gesamtemissionen der Bundesrepublik Deutschland (Anteil in 1987 etwa 32,5 %).

Von 1990 bis 2020 gehen die energiebedingten CO_2-Emissionen in Deutschland um 110 Mio. t CO_2 auf 894 Mio. t CO_2 zurück. Der Umwandlungssektor hat mit etwa 40 % weiterhin den größten Anteil an den Gesamtemissionen in Deutschland, in den neuen Bundesländern stellt der Umwandlungssektor sogar nahezu 60 % der gesamten CO_2-Emissionen. Den größten Zuwachs erfahren die CO_2-Emissionen aus dem Verkehrssektor, die im Jahr 2020 etwa 23,5 % der Gesamtemissionen der Bundesrepublik Deutschland stellen und damit zweitgrößter Verursacher des energiebedingten CO_2 sind. Besonders groß sind hier vor allem die Zuwachsraten in den neuen Bundesländern. Die CO_2-Emissionen aus der Industrie nehmen dagegen kontinuierlich ab und verringern sich um über 27 % im Jahr 2020 gegenüber 1990. Ebenso vermindern sich die CO_2-

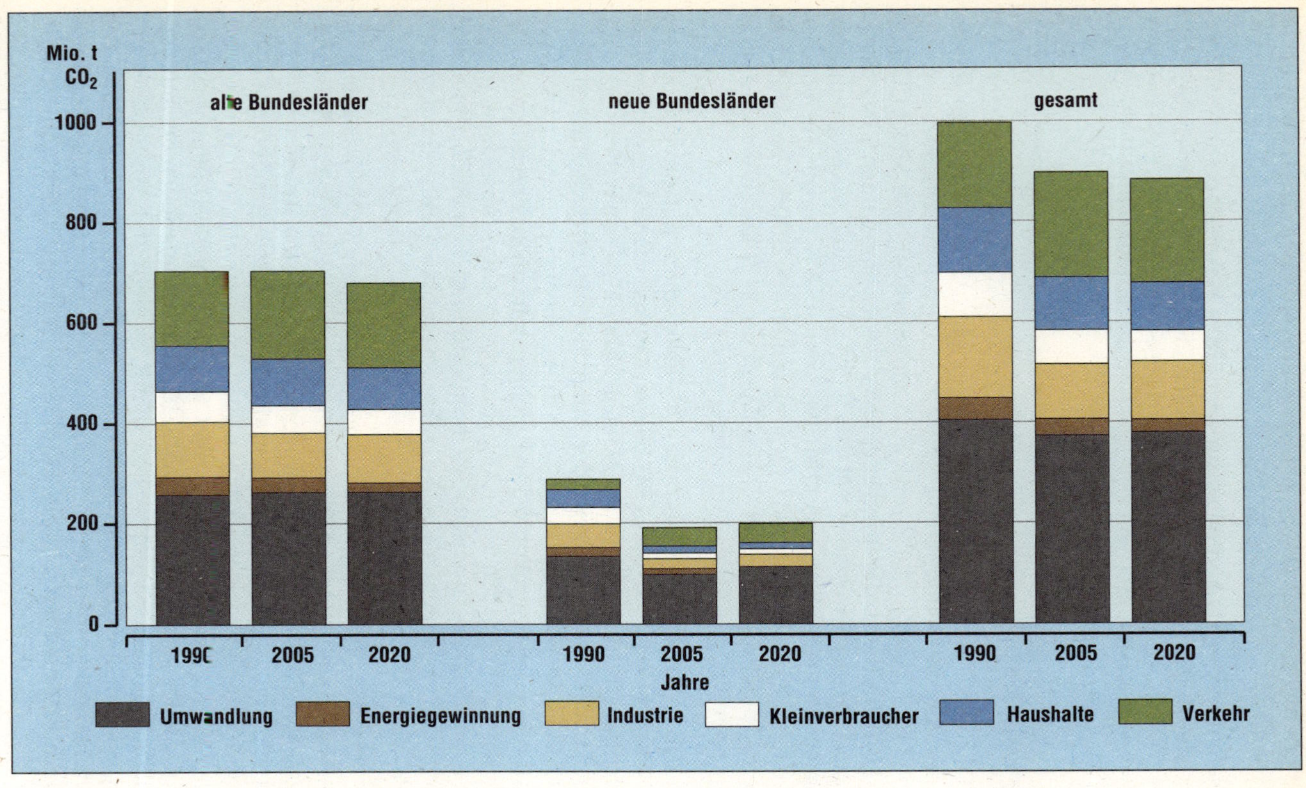

Abb. 8.6-6: Energiebedingte CO_2-Emissionen nach Sektoren im Referenzszenario

Emissionen der Kleinverbraucher um 35% und die der Haushalte um 24% gegenüber 1990.

In der Periode von 1987 bis 2005 werden sich die Kohlendioxidemissionen in der Bundesrepublik um 171 Mio. t oder um 16% verringern; dabei wird für die alten Bundesländer mit einem Rückgang von lediglich 14 Mio. t oder 2%, für die neuen Bundesländer aber mit einem solchen von 157 Mio. t oder 46% gerechnet. Über den gesamten Betrachtungszeitraum von 1987 bis 2020 hinweg ist unter den Bedingungen des hier definierten Referenzszenarios mit folgender Reduktion zu rechnen (vgl. auch Tabelle 8.6-2):

	Mio. t	%
Bundesrepublik Deutschland insgesamt	–186	–17
Alte Bundesländer	– 36	– 5
Neue Bundesländer	–150	–44

Demnach würden die von der Bundesregierung beschlossenen Zielorientierungen für 2005 ebenso deutlich verfehlt wie die Reduktionsziele der Enquete-Kommission für die Jahre 2005 und 2020.

Tabelle 8.6-2: CO_2-Emissionen [in Mio. t/a] im Referenzszenario

	Deutschland			Alte Bundesländer			Neue Bundesländer		
	1990	2005	2020	1990	2005	2020	1990	2005	2020
Strom- und Wärmeerzeugung	400,4	359,7	365,5	258,9	261,2	254,2	141,5	98,5	111,3
Industrie	160,6	130,9	131,6	112,4	113,2	110,0	48,2	17,8	21,6
Kleinverbraucher	88,9	66,1	57,8	57,3	54,4	48,6	31,6	11,8	9,2
Haushalte	127,3	106,0	96,7	91,8	92,3	84,0	35,6	13,7	12,6
Verkehr	167,0	206,7	204,5	147,0	171,9	169,7	20,1	34,8	34,8
Sonstige	40,6	38,1	31,0	33,7	30,3	24,1	6,9	7,7	6,9
Summe	984,8	907,5	887,0	701,1	723,3	690,6	283,7	184,2	196,4

Einordnung der Ergebnisse des Referenzszenarios zu anderen Studien

Um die Ergebnisse des Referenzszenarios besser einordnen zu können, soll an dieser Stelle ein Vergleich mit anderen Studien erfolgen. Hierzu wurden die Studien der Deutschen Shell AG (Shell, 1993) mit ihren Szenarien „Neue Horizonte" und „Fallende Barrieren" sowie der PROGNOS AG (PROGNOS, 1991) ausgewählt.

Die Entwicklung des Primärenergieverbrauchs in der Bundesrepublik Deutschland im Vergleich zu diesen Studien zeigt Abbildung 8.6-7. Das Referenzszenario weist in weiten Bereichen einen ähnlichen Verlauf wie das Szenario „Fallende Barrieren" auf, während das PROGNOS-Szenario bis zum Jahr 2010 durchweg einen höheren Primärenergieverbrauch hat. Das Szenario „Neue Horizonte" liegt bis zum Jahr 2004 niedriger und steigt nach 2005 jedoch über die Werte des Referenzszenarios an.

Der Vergleich der Primärenergieverbräuche muß jedoch vor dem Hintergrund der angenommenen demographischen und ökonomischen Rahmenbedingungen der jeweiligen Studien gesehen werden. So ist im Referenzszenario zunächst ein Anstieg der Bevölkerung von 79,8 Mio. im Jahr 1990 auf 81,1 Mio. im Jahr 2005 und nachfolgend ein Rückgang auf 79,1 Mio. bis 2020 unterstellt, während das Szenario „Neue Horizonte" einen kontinuierlichen Anstieg auf 90 Mio. für das Jahr 2020 annimmt. Das Szenario „Fallende Barrieren" geht mit einer Bevölkerung von 82 Mio. im Jahr 2020 von einem gemäßigten Anstieg aus. Das PROGNOS-Szenario weist mit 78,8 Mio. für 2010 einen leichten Rückgang auf.

Die verschiedenen Szenarien beruhen auf unterschiedlichen Wirtschaftsentwicklungen. Aus der Entwicklung des spezifischen Primärenergieverbrauchs in bezug auf das Bruttoinlandsprodukt (BIP) ergibt sich folgendes Bild: Der spezifische Primärenergieverbrauch in Deutschland sinkt für das Referenzszenario von 5,31 GJ pro 1 000 DM BIP im Jahr 1990 über 3,54 GJ im Jahr 2005 auf 2,56 GJ im Jahr 2020. Für die Szenarien „Neue Horizonte" und „Fallende Barrieren" ergeben sich 3,68 bzw. 3,48 GJ für 2005 und 2,69 bzw. 2,53 GJ für 2020. Das Referenzszenario verläuft also bezüglich seines spezifischen Primärenergieverbrauchs im Betrachtungszeitraum zwischen den beiden Shell-Szenarien. Die PROGNOS-Studie hat den Einbruch in der ostdeutschen Wirtschaft geringer eingeschätzt, als er bisher eingetreten ist, und eignet sich daher nur eingeschränkt zum Vergleich.

Die Abbildung 8.6-8 zeigt die CO_2-Emissionen des Referenzszenarios im Vergleich zu den betrachteten Studien. Die Entwicklung der CO_2-Emissionen des Referenzszenarios verläuft unterhalb der anderen Szenarien. Auch dies muß vor dem Hintergrund des jeweiligen Primärenergiever-

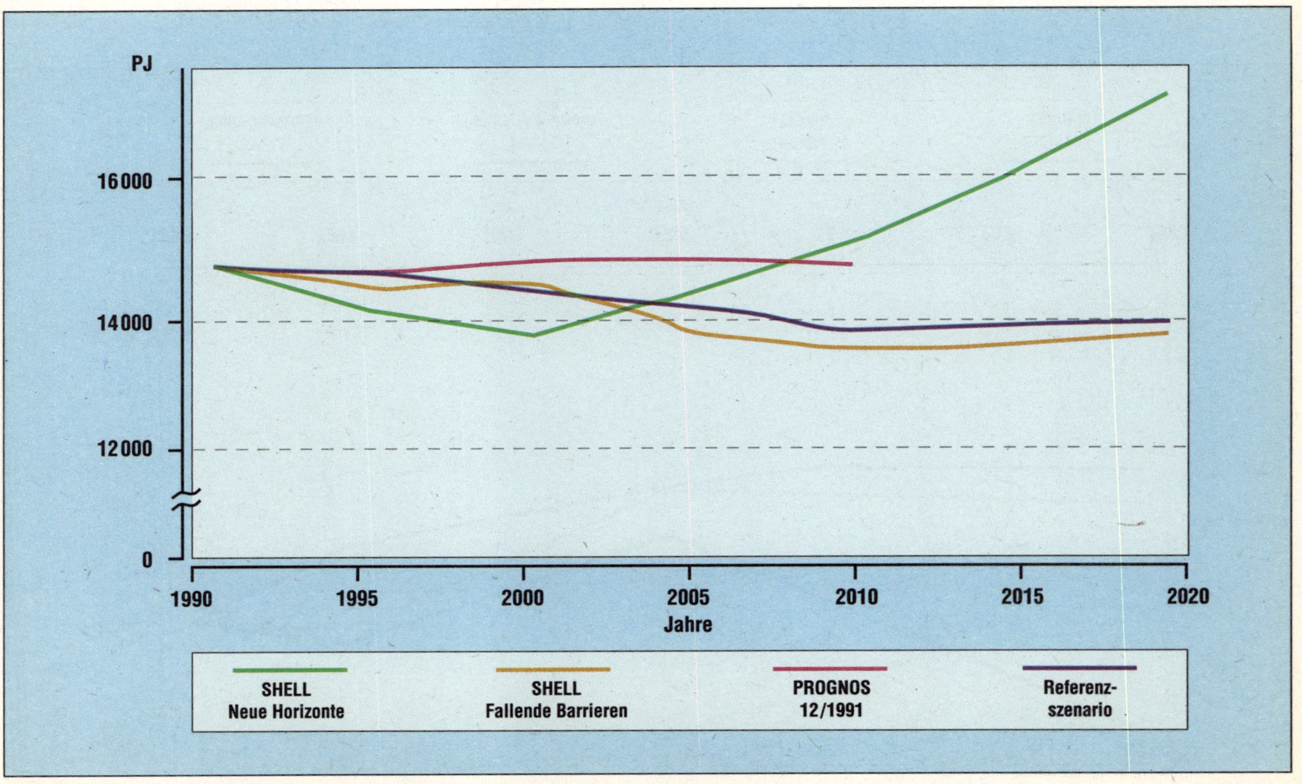

Abb. 8.6-7: Primärenergieverbrauch des Referenzszenarios im Vergleich zu anderen Studien

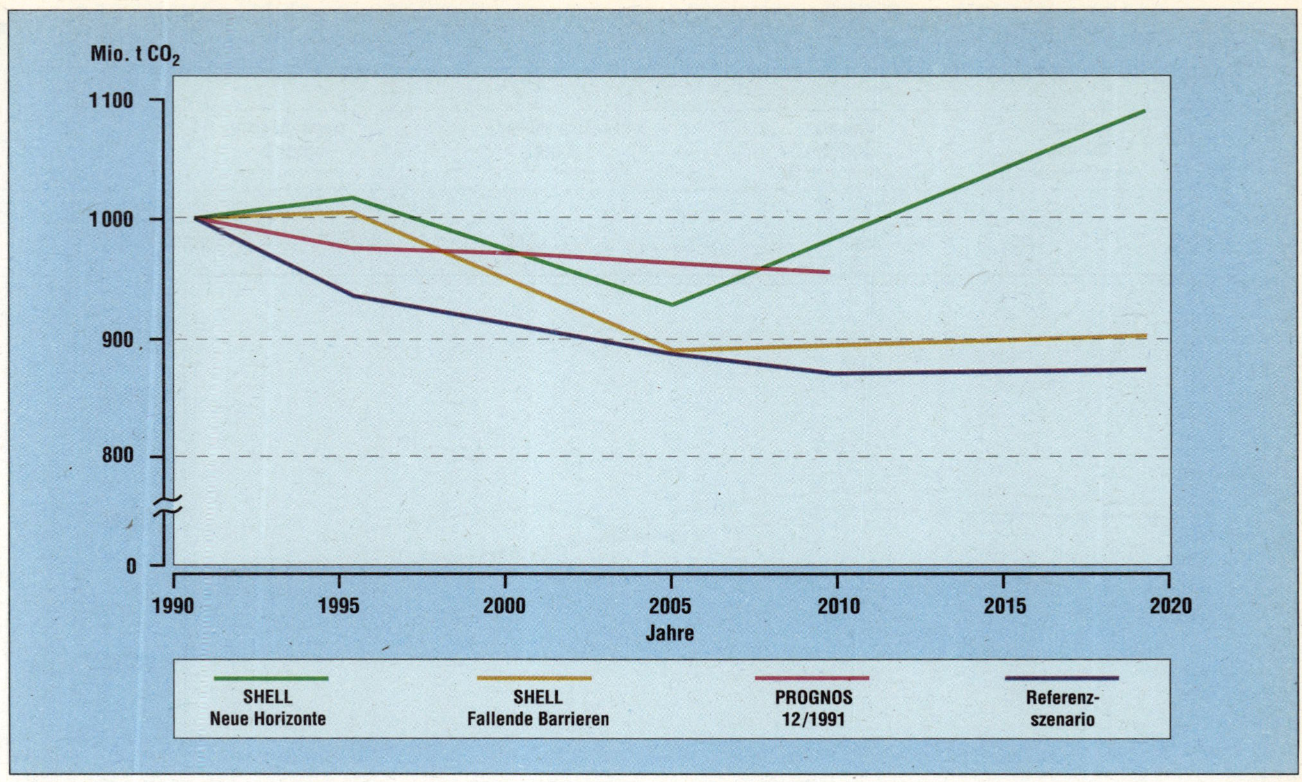

Abb. 8.6-8: CO_2-Emissionen des Referenzszenarios im Vergleich zu anderen Studien

brauchs, Bevölkerungswachstums und Bruttoinlandproduktes gesehen werden. Als Vergleichsmaßstab sei hier die Kohlenstoffintensität – jeweils gemessen in t CO_2 je TJ – betrachtet. Sie verringert sich im Referenzszenario stetig von 66,6 im Basisjahr 1990 auf 63,9 im Jahr 2005 und 63,3 im Jahr 2020. Die beiden Shell-Szenarien führen zu höheren Kohlenstoffintensitäten als im Referenz-Szenario: Im Szenario „Neue Horizonte" sinkt die Kohlenstoffintensität auf 64,5 im Jahr 2005 und 63,5 im Jahr 2020, während im Szenario „Fallende Barrieren" die Kohlenstoffintensität von 64,1 im Jahr 2005 auf 64,9 in 2020 steigt (PROGNOS-Szenario: 64,7 [2005], 64,4 [2010]). Damit weist das Referenzszenario im Vergleich zu den anderen Studien eine eher günstige Entwicklung des CO_2-Emissionsniveaus aus.

8.6.2 Reduktionsszenarien Minderungsziel

Grundlage für die Entwicklung von Strategien zur CO_2-Minderung im Energiesektor sind neben der Evaluierung der zur ihrer Umsetzung erforderlichen Maßnahmen Kenntnisse über Art, Ausrichtung und Zielbeitrag der im Modell zur Verfügung stehenden Handlungsoptionen sowie deren Kosten und trade offs. In den Minderungsszenarien werden die zugrundeliegenden Annahmen – z. B. die Verfügbarkeit bestimmter Technologien oder Mindesteinsatzmengen – systematisch variiert, um alternative Zukunftsbilder zu erhalten. In den Szenarien Minderungsziel mit konstanter Kernenergiekapazität (R1) und Minderungsziel mit Ausstieg aus der Kernenergie bis zum Jahr 2005 (R2) werden folgende Rahmenannahmen variiert (siehe Kapitel 8.5.1):

- Der Mindesteinsatz der heimischen Steinkohle mit 733 PJ (25 Mio. t SKE) im Jahr 2020 gegenüber 879 PJ (35 Mio. t SKE) im Referenzszenario,
- der Mindesteinsatz der ostdeutschen Braunkohle mit 340 PJ (40 Mio. t) im Jahr 2020 gegenüber 680 PJ (80 Mio. t) im Referenzszenario – hier wurde von den Studienbearbeitern analog zur Steinkohle eine Reduktion um 50 % gegenüber der Fördermenge des Referenzszenarios angenommen, da sonst das vorgegebene Minderungsziel nicht erreichbar ist,
- der Mindesteinsatz der westdeutschen Braunkohle mit 450 PJ (55 Mio. t) im Jahr 2020 gegenüber 900 PJ (110 Mio. t) im Referenzszenario.

Die Enquete-Kommission hat als Minderungsziel für die energiebedingten CO_2-Emissionen 50 % bzw. als Minderungszielvariation 45 % gegenüber den Emissionen von 1987 in der Bundesrepublik Deutschland für das Jahr 2020 genannt. Eine 50%ige Minderung der energiebedingten

CO_2-Emissionen hat sich unter den vorgegebenen Rahmenbedingungen bis zum Jahr 2020 als nicht sinnvoll erreichbar herausgestellt, wenn nicht auch der Verkehrssektor bei den Maßnahmen zur Emissionsminderung berücksichtigt wird. Die Untersuchung des Verkehrssektors ist auftragsgemäß jedoch nicht Gegenstand dieser Studie gewesen.

Daher ist in dieser Studie ein Minderungsziel der energiebedingten CO_2-Emissionen von 45 % im Jahr 2020 bzw. 27% bis zum Jahr 2005 gegenüber den Emissionen des Jahres 1987 bei unveränderter Verkehrsentwicklung (Szenarien R1 bzw. R2) unterstellt worden. Dies entspricht einer Emissionsobergrenze von 582 Mio. t CO_2 im Jahr 2020 in der Bundesrepublik Deutschland. Bezogen auf die Verringerung der CO_2-Emissionen des Energiesystems ohne die Emissionen des Verkehrssektors (Bezugsemissionen von 894 Mio. t CO_2 im Jahr 1987) entspricht das Minderungsziel der Szenarien R1 und R2 einer Reduktion der CO_2-Emissionen von 58,5%. Für die Szenarien R1 und R2 gelten die oben genannten Vorgaben für den Einsatz der heimischen Kohle und der Kernenergie.

Um die Auswirkungen von Maßnahmen im Verkehrssektor einschätzen zu können, ist als Variante eine zweite Entwicklung für den Verkehr berücksichtigt worden (siehe auch Kapitel 8.5). Diese Reduktionsvariante unterstellt Maßnahmen zur Änderung des Modal-Splits und eine stärkere Reduzierung der spezifischen Energieverbräuche. Die Berücksichtigung einer solchen Variante erscheint auch deshalb als konsequent im Sinne der angestrebten Verminderung der CO_2-Emissionen, weil nicht vorstellbar ist, sehr ambitionierte Reduktionsziele zu verfolgen, ohne gerade auch im Verkehrssektor entsprechende Maßnahmen einzuleiten. Für ein CO_2-Minderungsziel von 45% werden deshalb die Verkehrsvarianten R1V bzw. R2V vergleichend zu den Szenarien R1 und R2 untersucht. Eine kostenmäßige Bewertung für die Umsetzung der Maßnahmen im Verkehrssektor war allerdings wegen fehlender Informationen nicht möglich. Dies ist bei der Diskussion der CO_2-Minderungskosten für die jeweiligen Szenarien zu berücksichtigen.

Primärenergieverbrauch

Der Primärenergieverbrauch in der Bundesrepublik Deutschland ist im Jahr 2020 im Reduktionsszenario R1 um ca. 2 100 PJ (71,7 Mio. t SKE oder 15%) niedriger als im Referenzszenario (siehe Tabelle 8.6-3). Davon entfallen knapp 1 700 PJ (58 Mio. t SKE) auf die alten Bundesländer und 400 PJ (13,7 Mio. t SKE) auf die neuen Bundesländer (siehe auch Abbildung 8.6-9). Der Primärenergieverbrauch im Minderungsziel-Szenario R2 ist im Jahr 2020 um etwa 770 PJ (ca. 26 Mio. t SKE) geringer als in R1

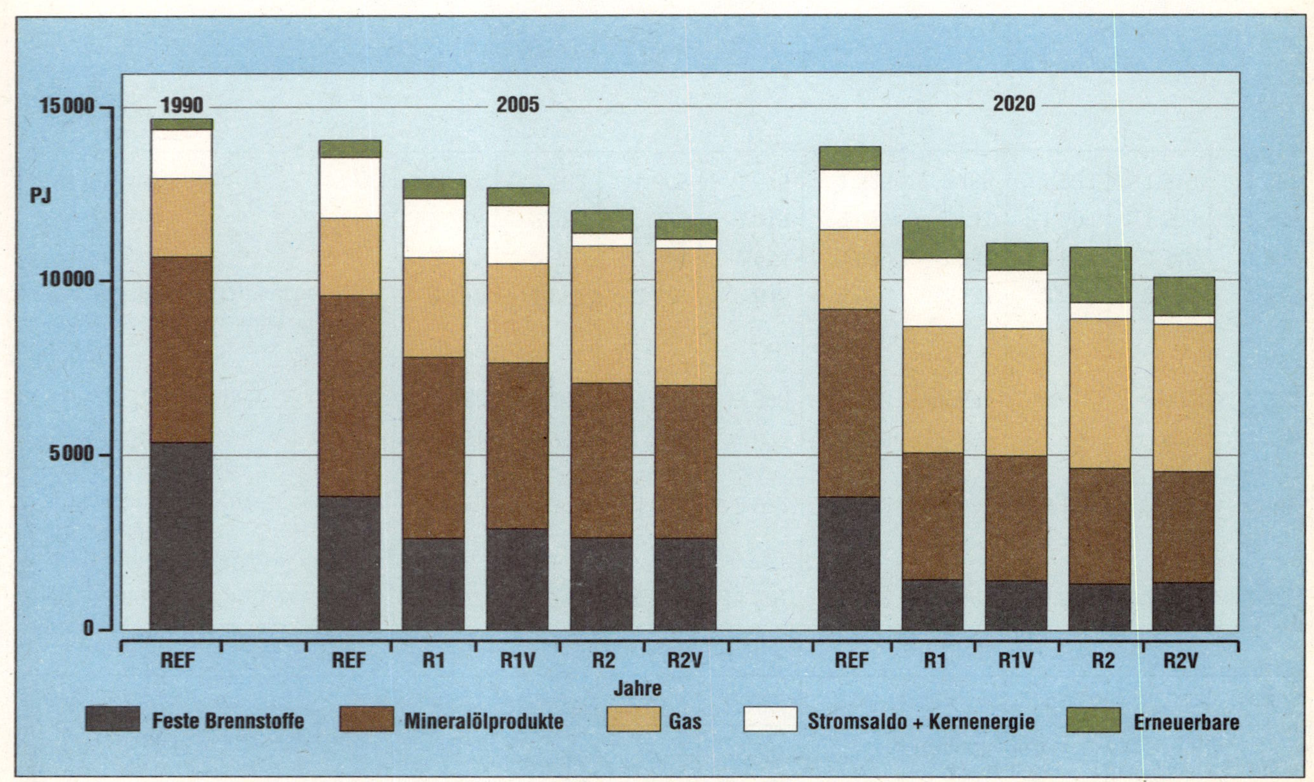

Abb. 8.6-9: Primärenergieverbrauch im Szenarienvergleich (Referenz – R1 – R1V – R2 – R2V)

Tabelle 8.6-3: Energieverbrauchsstruktur in den Szenarien R1 und R1V

in Petajoule	Ist-Daten			Referenzszenario		Reduktions-szenario R1		Sensitivitätsanalyse R1V	
	1987	1990	1993	2005	2020	2005	2020	2005	2020
Deutschland									
Primärenergieverbrauch	15 297	14 795	14 126	14 201	14 022	13 061	11 898	12 844	11 226
Verbrauch und Verluste im Energiesektor, Statistische Differenzen	4 491	4 396	4 030	3 972	3 782	3 531	3 126	3 703	3 148
Nichtenergetischer Verbrauch	864	958	894	839	756	839	756	839	756
Endenergieverbrauch	9 942	9 441	9 203	9 390	9 483	8 691	8 017	8 302	7 322
davon:									
Übriger Bergbau und Verarbeitendes Gewerbe	3 197	2 977	2 421	2 646	2 970	2 531	2 610	2 627	2 715
Verkehr	2 101	2 379	2 594	2 954	2 939	2 931	2 877	2 348	1 895
Haushalte	2 728	2 383	2 523	2 215	2 049	1 741	1 309	1 808	1 335
Kleinverbraucher*)	1 917	1 702	1 665	1 575	1 525	1 488	1 222	1 519	1 377

Fortsetzung Tabelle 8.6-3

in Petajoule	Ist-Daten			Referenzszenario		Reduktions-szenario R1		Sensitivitätsanalyse R1V	
	1987	1990	1993	2005	2020	2005	2020	2005	2020
	Anteil am Primärenergieverbrauch in %								
Verbrauch und Verluste im Energiesektor, Statistische Differenzen	*29,4*	*29,7*	*28,5*	*28,0*	*27,0*	*27,0*	*26,3*	*28,8*	*28,0*
Nichtenergetischer Verbrauch	*5,6*	*6,5*	*6,3*	*5,9*	*5,4*	*6,4*	*6,4*	*6,5*	*6,7*
Endenergieverbrauch	*65,0*	*63,8*	*65,1*	*66,1*	*67,6*	*66,5*	*67,4*	*64,6*	*65,2*
	Anteil am Endenergieverbrauch in %								
Übriger Bergbau und Verarbeitendes Gewerbe	*32,2*	*31,5*	*26,3*	*28,2*	*31,3*	*29,1*	*32,6*	*31,6*	*37,1*
Verkehr	*21,1*	*25,2*	*28,2*	*31,5*	*31,0*	*33,7*	*35,9*	*28,3*	*25,9*
Haushalte	*27,4*	*25,2*	*27,4*	*23,6*	*21,6*	*20,0*	*16,3*	*21,8*	*18,2*
Kleinverbraucher*)	*19,3*	*18,0*	*18,1*	*16,8*	*16,1*	*17,1*	*15,2*	*18,3*	*18,8*

Fortsetzung Tabelle 8.6-3

in Petajoule	Ist-Daten			Referenzszenario		Reduktions-szenario R1		Sensitivitätsanalyse R1V	
	1987	1990	1993	2005	2020	2005	2020	2005	2020
Alte Bundesländer									
Primärenergieverbrauch	11 373	11 495	12 002	11 953	11 589	11 126	9 880	10 927	9 333
Verbrauch und Verluste im Energiesektor, Statistische Differenzen	3 159	3 276	3 370	3 345	3 145	3 004	2 585	3 142	2 628
Nichtenergetischer Verbrauch	690	790	783	757	637	757	637	757	637
Endenergieverbrauch	7 524	7 429	7 849	7 851	7 807	7 366	6 658	7 029	6 068
davon:									
Übriger Bergbau und Verarbeitendes Gewerbe	2 199	2 252	2 110	2 248	2 434	2 158	2 142	2 233	2 228
Verkehr	1 869	2 091	2 263	2 444	2 414	2 421	2 355	1 937	1 505
Haushalte	2 161	1 861	2 172	1 886	1 723	1 564	1 150	1 616	1 172
Kleinverbraucher*)	1 296	1 225	1 304	1 272	1 235	1 224	1 010	1 243	1 162

Fortsetzung Tabelle 8.6-3

in Petajoule	Ist-Daten			Referenzszenario		Reduktions-szenario R1		Sensitivitätsanalyse R1V	
	1987	1990	1993	2005	2020	2005	2020	2005	2020
	Anteil am Primärenergieverbrauch in %								
Verbrauch und Verluste im Energiesektor, Statistische Differenzen	*27,8*	*28,5*	*28,1*	*28,0*	*27,1*	*27,0*	*26,2*	*28,8*	*28,2*
Nichtenergetischer Verbrauch	*6,1*	*6,9*	*6,5*	*6,3*	*5,5*	*6,8*	*6,4*	*6,9*	*6,8*
Endenergieverbrauch	*66,2*	*64,6*	*65,4*	*65,7*	*67,4*	*66,2*	*67,4*	*64,3*	*65,0*
	Anteil am Endenergieverbrauch in %								
Übriger Bergbau und Verarbeitendes Gewerbe	*29,2*	*30,3*	*26,9*	*28,6*	*31,2*	*29,3*	*32,2*	*31,8*	*36,7*
Verkehr	*24,8*	*28,1*	*28,8*	*31,1*	*30,9*	*32,9*	*35,4*	*27,6*	*24,8*
Haushalte	*28,7*	*25,1*	*27,7*	*24,0*	*22,1*	*21,2*	*17,3*	*23,0*	*19,3*
Kleinverbraucher*)	*17,2*	*16,5*	*16,6*	*16,2*	*15,8*	*16,6*	*15,2*	*17,7*	*19,2*

Fortsetzung Tabelle 8.6-3

in Petajoule	Ist-Daten			Referenzszenario		Reduktionsszenario R1		Sensitivitätsanalyse R1V	
	1987	1990	1993	2005	2020	2005	2020	2005	2020
Neue Bundesländer									
Primärenergieverbrauch	3 924	3 300	2 125	2 248	2 433	1 935	2 018	1 917	1 893
Verbrauch und Verluste im Energiesektor, Statistische Differenzen	1 332	1 120	659	626	637	527	540	561	520
Nichtenergetischer Verbrauch	174	168	111	82	119	82	119	82	119
Endenergieverbrauch	2 418	2 012	1 354	1 540	1 677	1 326	1 359	1 274	1 254
davon:									
Übriger Bergbau und Verarbeitendes Gewerbe	998	725	311	397	536	374	467	394	487
Verkehr	232	288	331	511	525	511	521	411	390
Haushalte	567	522	352	328	326	177	159	192	163
Kleinverbraucher*)	621	477	360	303	290	264	211	277	214

Fortsetzung Tabelle 8.6-3

in Petajoule	Ist-Daten			Referenzszenario		Reduktions-szenario R1		Sensitivitätsanalyse R1V	
	1987	1990	1993	2005	2020	2005	2020	2005	2020
	Anteil am Primärenergieverbrauch in %								
Verbrauch und Verluste im Energiesektor, Statistische Differenzen	*33,9*	*33,9*	*31,0*	*27,9*	*26,2*	*27,2*	*26,8*	*29,3*	*27,5*
Nichtenergetischer Verbrauch	*4,4*	*5,1*	*5,2*	*3,6*	*4,9*	*4,2*	*5,9*	*4,3*	*6,3*
Endenergieverbrauch	*61,6*	*61,0*	*63,7*	*68,5*	*68,9*	*68,5*	*67,3*	*66,4*	*66,3*
	Anteil am Endenergieverbrauch in %								
Übriger Bergbau und Verarbeitendes Gewerbe	*41,3*	*36,0*	*22,9*	*25,8*	*32,0*	*28,2*	*34,4*	*31,0*	*38,8*
Verkehr	*9,6*	*14,3*	*24,5*	*33,2*	*31,3*	*38,5*	*38,4*	*32,3*	*31,1*
Haushalte	*23,4*	*25,9*	*26,0*	*21,3*	*19,4*	*13,4*	*11,7*	*15,0*	*13,0*
Kleinverbraucher*)	*25,7*	*23,7*	*26,6*	*19,7*	*17,3*	*19,9*	*15,6*	*21,7*	*17,1*

*) Kleinverbraucher einschließlich Militär

1 Mio. t SKE entspricht 29,3 PJ

und sinkt damit gegenüber dem Referenzszenario um fast 21 % (siehe Tabelle 8.6-4). In den beiden Minderungsziel-Szenarien ist dieser Rückgang hauptsächlich auf Energieeinsparungen im Haushaltssektor, bei der Industrie und den Kleinverbrauchern sowie auf den Einsatz effizienterer Umwandlungsprozesse auf Erdgasbasis zurückzuführen.

Das Minderungsziel einer 45%igen Reduktion der CO_2-Emissionen bei gleicher Verkehrsentwicklung wie im Referenzszenario (R1; R2) führt zu einem Rückgang des Primärenergieverbrauchs an heimischer Stein- und Braunkohle auf die in den Rahmenannahmen vorgegebenen Mindestfördermengen. Zusätzlich geht der Import von Steinkohle bis zum Jahr 2020 auf Null zurück, so daß insgesamt etwa 1 530 PJ (52 Mio. t SKE) an Braun- und Steinkohle im Jahr 2020 eingesetzt werden. Dies sind knapp 2 500 PJ (85 Mio. t SKE) weniger als im Referenzszenario für das selbe Jahr und knapp 4 000 PJ (136 Mio. t SKE) weniger als im Jahr 1990.

Die erneuerbaren Energien tragen zunehmend zur CO_2-Reduktion bei. Ihr Anteil ist im Jahr 2020 mit 9 % (R1) bzw. 14 % (R2) wesentlich höher als im Referenzszenario mit weniger als 5 %. Vor allem Windenergie, die in R2 ihre Potentialobergrenze in Deutschland erreicht, Photovoltaik und solarthermische Nutzung gewinnen neben der Verwendung von Müll an Bedeutung. Im Szenario R2 ersetzt das Erdgas nach 2005 die Kernenergie im Umwandlungssektor und verdoppelt gegenüber dem Referenzszenario seinen Anteil auf insgesamt 38 % am Primärenergieverbrauch im Jahr 2020.

Im Vergleich zum Reduktionsszenario R1 vermindert sich der Primärenergieverbrauch im Szenario R1V, das eine andere Entwicklung des Verkehrssektors unterstellt, bis zum Jahr 2020 um nochmals ca. 700 PJ (24 Mio. t SKE), wovon 500 PJ (17 Mio. t SKE) auf die alten Bundesländer und 200 PJ (7 Mio. t SKE) auf die neuen Bundesländer entfallen. Damit beträgt der Rückgang gegenüber dem Referenzszenario im Jahr 2020 knapp 2 800 PJ (95 Mio. t SKE) oder rund 20 % für R1V und gut 3 700 PJ (127 Mio. t SKE) oder reichlich ein Viertel für R2V.

Die Minderung des Primärenergieverbrauchs ist in dem Rückgang des Endenergieverbrauchs des Verkehrssektors begründet. Diese Entwicklung führt dazu, daß das 45%ige CO_2-Minderungsziel für die geänderte Verkehrsentwicklung relativ leichter zu erreichen ist und diejenigen Maßnahmen, die mit vergleichsweise hohen Minderungskosten verbunden sind, in den Szenarien R1V und R2V nicht im selben Umfang ergriffen werden müssen wie in den Szenarien ohne die Reduktionsentwicklung im Verkehr.

Dies gilt beispielsweise für den Einsatz der Mineralölprodukte, der sich in den Szenarien der Verkehrsvariante R1V und R2V gegenüber den ent-

Tabelle 8.6-4: Energieverbrauchsstruktur in den Szenarien R2 und R2V

in Petajoule	Ist-Daten			Referenzszenario		Reduktions-szenario R2		Sensitivitäts-analyse R2V	
	1987	1990	1993	2005	2020	2005	2020	2005	2020
Deutschland									
Primärenergieverbrauch	15 297	14 795	14 126	14 201	14 022	12 200	11 126	11 902	10 295
Verbrauch und Verluste im Energiesektor, Statistische Differenzen	4 491	4 396	4 030	3 972	3 782	2 877	2 545	3 022	2 399
Nichtenergetischer Verbrauch	864	958	894	839	756	839	756	839	756
Endenergieverbrauch	9 942	9 441	9 203	9 390	9 483	8 484	7 826	8 042	7 140
davon:									
Übriger Bergbau und Verarbeitendes Gewerbe	3 197	2 977	2 421	2 646	2 970	2 466	2 489	2 516	2 625
Verkehr	2 101	2 379	2 594	2 954	2 939	2 921	2 852	2 324	1 896
Haushalte	2 728	2 383	2 523	2 215	2 049	1 712	1 284	1 736	1 315
Kleinverbraucher*)	1 917	1 702	1 665	1 575	1 525	1 386	1 201	1 465	1 304

Fortsetzung Tabelle 8.6-4

in Petajoule	Ist-Daten			Referenzszenario		Reduktions-szenario R2		Sensitivitäts-analyse R2V	
	1987	1990	1993	2005	2020	2005	2020	2005	2020
	Anteil am Primärenergieverbrauch in %								
Verbrauch und Verluste im Energiesektor, Statistische Differenzen	29,4	29,7	28,5	28,0	27,0	23,6	22,9	25,4	23,3
Nichtenergetischer Verbrauch	5,6	6,5	6,3	5,9	5,4	6,9	6,8	7,0	7,3
Endenergieverbrauch	65,0	63,8	65,1	66,1	67,6	69,5	70,3	67,6	69,4
	Anteil am Endenergieverbrauch in %								
Übriger Bergbau und Verarbeitendes Gewerbe	32,2	31,5	26,3	28,2	31,3	29,1	31,8	31,3	36,8
Verkehr	21,1	25,2	28,2	31,5	31,0	34,4	36,4	28,9	26,6
Haushalte	27,4	25,2	27,4	23,6	21,6	20,2	16,4	21,6	18,4
Kleinverbraucher*)	19,3	18,0	18,1	16,8	16,1	16,3	15,3	18,2	18,3

Fortsetzung Tabelle 8.6-4

in Petajoule	Ist-Daten			Referenzszenario		Reduktions-szenario R2		Sensitivitäts-analyse R2V	
	1987	1990	1993	2005	2020	2005	2020	2005	2020
Alte Bundesländer									
Primärenergieverbrauch	11 373	11 495	12 002	11 953	11 589	10 288	8 907	10 927	8 468
Verbrauch und Verluste im Energiesektor, Statistische Differenzen	3 159	3 276	3 370	3 345	3 145	2 344	1 757	3 142	1 922
Nichtenergetischer Verbrauch	690	790	783	757	637	757	637	757	637
Endenergieverbrauch	7 524	7 429	7 849	7 851	7 807	7 187	6 513	7 029	5 909
davon:									
Übriger Bergbau und Verarbeitendes Gewerbe	2 199	2 252	2 110	2 248	2 434	2 100	2 044	2 233	2 157
Verkehr	1 869	2 091	2 263	2 444	2 414	2 412	2 334	1 937	1 505
Haushalte	2 161	1 861	2 172	1 886	1 723	1 545	1 129	1 616	1 154
Kleinverbraucher*)	1 296	1 225	1 304	1 272	1 235	1 131	1 006	1 243	1 093

Fortsetzung Tabelle 8.6-4

in Petajoule	Ist-Daten			Referenzszenario		Reduktions-szenario R2		Sensitivitäts-analyse R2V	
	1987	1990	1993	2005	2020	2005	2020	2005	2020
	Anteil am Primärenergieverbrauch in %								
Verbrauch und Verluste im Energiesektor, Statistische Differenzen	*27,8*	*28,5*	*28,1*	*28,0*	*27,1*	*22,8*	*19,7*	*28,8*	*22,7*
Nichtenergetischer Verbrauch	*6,1*	*6,9*	*6,5*	*6,3*	*5,5*	*7,4*	*7,2*	*6,9*	*7,5*
Endenergieverbrauch	*66,2*	*64,6*	*65,4*	*65,7*	*67,4*	*69,9*	*73,1*	*64,3*	*69,8*
	Anteil am Endenergieverbrauch in %								
Übriger Bergbau und Verarbeitendes Gewerbe	*29,2*	*30,3*	*26,9*	*28,6*	*31,2*	*29,2*	*31,4*	*31,8*	*36,5*
Verkehr	*24,8*	*28,1*	*28,8*	*31,1*	*30,9*	*33,6*	*35,8*	*27,6*	*25,5*
Haushalte	*28,7*	*25,1*	*27,7*	*24,0*	*22,1*	*21,5*	*17,3*	*23,0*	*19,5*
Kleinverbraucher*)	*17,2*	*16,5*	*16,6*	*16,2*	*15,8*	*15,7*	*15,4*	*17,7*	*18,5*

Fortsetzung Tabelle 8.6-4

in Petajoule	Ist-Daten			Referenzszenario		Reduktions-szenario R2		Sensitivitäts-analyse R2V	
	1987	1990	1993	2005	2020	2005	2020	2005	2020
Neue Bundesländer									
Primärenergieverbrauch	3 924	3 300	2 125	2 248	2 433	1 912	2 219	1 917	1 826
Verbrauch und Verluste im Energiesektor, Statistische Differenzen	1 332	1 120	659	626	637	533	788	561	477
Nichtenergetischer Verbrauch	174	168	111	82	119	82	119	82	119
Endenergieverbrauch	2 418	2 012	1 354	1 540	1 677	1 297	1 312	1 274	1 231
davon:									
Übriger Bergbau und Verarbeitendes Gewerbe	998	725	311	397	536	366	445	394	467
Verkehr	232	288	331	511	525	509	518	411	392
Haushalte	567	522	352	328	326	167	155	192	160
Kleinverbraucher*)	621	477	360	303	290	255	195	277	211

Fortsetzung Tabelle 8.6-4

in Petajoule	Ist-Daten			Referenzszenario		Reduktions-szenario R2		Sensitivitäts-analyse R2V	
	1987	1990	1993	2005	2020	2005	2020	2005	2020
	Anteil am Primärenergieverbrauch in %								
Verbrauch und Verluste im Energiesektor, Statistische Differenzen	*33,9*	*33,9*	*31,0*	*27,9*	*26,2*	*27,9*	*35,5*	*29,3*	*26,1*
Nichtenergetischer Verbrauch	*4,4*	*5,1*	*5,2*	*3,6*	*4,9*	*4,3*	*5,4*	*4,3*	*6,5*
Endenergieverbrauch	*61,6*	*61,0*	*63,7*	*68,5*	*68,9*	*67,8*	*59,1*	*66,4*	*67,4*
	Anteil am Endenergieverbrauch in %								
Übriger Bergbau und Verarbeitendes Gewerbe	*41,3*	*36,0*	*22,9*	*25,8*	*32,0*	*28,2*	*33,9*	*31,0*	*38,0*
Verkehr	*9,6*	*14,3*	*24,5*	*33,2*	*31,3*	*39,2*	*39,5*	*32,3*	*31,8*
Haushalte	*23,4*	*25,9*	*26,0*	*21,3*	*19,4*	*12,9*	*11,8*	*15,0*	*13,0*
Kleinverbraucher*)	*25,7*	*23,7*	*26,6*	*19,7*	*17,3*	*19,7*	*14,9*	*21,7*	*17,2*

*) Kleinverbraucher einschließlich Militär

1 Mio. t SKE entspricht 29,3 PJ

sprechenden Szenarien R1 und R2 nur um ca. 100 PJ (3,5 Mio. t SKE) trotz des Rückgangs der Benzin- und Dieselnachfrage im Endenergieverbrauch um 800 PJ verringert. Die Substitution der Mineralölprodukte durch kohlenstoffärmere Energieträger fällt damit geringer aus als in den Szenarien R1 und R2.

Auch die erneuerbaren Energieträger tragen in den Szenarien R1V und R2V nicht mehr in dem Maße wie in R1 und R2 zur CO_2-Minderung bei. Die Stromerzeugung aus Windkonvertern geht in R1V gegenüber R1 auf etwa 30% zurück und die erneuerbaren Energieträger haben im Jahr 2020 einen Anteil von gut 6% (R1V) bzw. 10,5% (R2V) am Primärenergieverbrauch. Der Anteil des Erdgases sowie der Braun- und Steinkohle am Primärenergieverbrauch bleibt auch für eine geänderte Verkehrsentwicklung annähernd unverändert für alle Minderungsziel-Szenarien.

Umwandlung

Der Umwandlungssektor emittierte im Jahr 1987 etwa 38 % der CO_2-Emissionen in der Bundesrepublik Deutschland und hat damit eine wesentliche Bedeutung bei der Analyse möglicher zukünftiger Handlungsoptionen zur Erreichung der gesetzten Minderungsziele bis zum Jahr 2020. Neben technischen Optionen, wie Verbesserung der Prozeßwirkungsgrade und Einsatz von Kraft-Wärme-Kopplung, stehen die Substitution kohlenstoffreicher durch kohlenstoffarme oder kohlenstofffreie Energieträger und der Einsatz erneuerbarer Energien als Alternativen zur Verfügung.

Die Szenarien Minderungsziel R1 und R2 weisen einen Rückgang der Stromerzeugung um ca. 20 TWh (3%) bzw. 70 TWh (13%) im Jahr 2020 im Vergleich zum Referenzszenario aus. Dabei steigt jedoch der Anteil der Erzeugung in KWK-Anlagen von 14% auf ca. 30% bzw. nahezu 50% in den beiden Minderungsziel-Szenarien im Jahr 2020.

In den Szenarien R1 und R2 wird gegenüber dem Referenzszenario der Zubau von konventionellen Stein- und Braunkohlekraftwerken durch den Zubau von GuD-Kraftwerken mit Kraft-Wärme-Kopplung auf Erdgasbasis ersetzt. Der Ausstieg aus der Kernenergie im Szenario R2 führt zu einem weiteren Zubau an GuD-Kraftwerken, und zusätzlich werden die technischen Potentiale der Nutzung von photovoltaischen Anlagen als CO_2-freie Stromerzeugungsvariante auf Gebäuden nahezu ausgeschöpft. Die Kernenergie wird dabei im Szenario R2 zu gleichen Teilen durch erneuerbare Energien und Erdgas substituiert, die im Jahr 2020 zusammen etwa 75% des Gesamtinputs im Stromerzeugungssektor erreichen.

Die Minderungsziel-Szenarien mit Verkehrsvariante (R1V bzw. R2V) weisen einen Rückgang der Stromerzeugung aus Windenergie um ca. ⅔ im Szenario R1V gegenüber R1 aus, während die Stromerzeugung aus Windkraft im Falle des Ausstiegs aus der Kernenergie für die Verkehrsvariante (R2V) nur leicht um 10% gegenüber R2 sinkt. Der Rückgang wird durch einen Anstieg der Stromerzeugung aus GuD-Anlagen ausgeglichen, wobei das Niveau insgesamt um 30 TWh in R1V gegenüber R1 bzw. um 45 TWh in R2V gegenüber R2 für das Jahr 2020 sinkt.

Die Fern- und Nahwärmeerzeugung halbiert sich im Szenario R1V gegenüber R1 und entspricht in etwa der Erzeugung im Referenzszenario im Jahr 2020. Für den Fall eines Ausstiegs aus der Kernenergie bis zum Jahr 2005 verringert sich die Fern- und Nahwärmeproduktion im Szenario R2V gegenüber R2 um ca. 23%, liegt aber mit gut 900 PJ (30 Mio. t SKE) immer noch um 60% über dem Niveau des Referenzszenarios in 2020.

Endenergieverbrauch

Gegenüber dem Referenzszenario sind in den Minderungsziel-Szenarien für die Umsetzung der wirtschaftlichen Maßnahmen zur Energieeinsparung keine Hemmnisse bei der Ausschöpfung der Potentiale unterstellt. Dies führt zu einer deutlichen Minderung des Endenergieverbrauches in R1 und R2 von 16% bzw. 18 % gegenüber der Referenzentwicklung im Jahr 2020. Dabei wird der Großteil der im Modell abgebildeten Einsparmöglichkeiten ausgeschöpft. Substitutionsprozesse von Kohleprodukten zu Erdgas und Strom führen zu weiteren Verbrauchsreduktionen (siehe auch Tabellen 8.6-2 und 8.6-3 sowie Abbildung 8.6-10).

Im Vergleich zum Referenzszenario ändert sich der Energieträgermix der Minderungsziel-Szenarien deutlich hin zu erneuerbaren Energien mit einem Zuwachs von 200% (R1) bzw. 400% (R2) bis zum Jahr 2020. Dagegen geht der Stromverbrauch gegenüber dem Referenzszenario im Jahr 2020 um 10% zurück. Die Fern- und Nahwärme steigert ihren Anteil am Endenergieverbrauch von 6% im Referenzszenario auf 11% (R1) bzw. 18% (R2) und verdrängt Erdgas im Wärmemarkt. Durch den Zuwachs der alternativen Kraftstoffe in den Minderungsszenarien, wie etwa CNG (Compressed Natural Gas) als Benzin- bzw. Dieselersatz, bleibt der Anteil des Erdgases am Endenergieverbrauch konstant bei etwa 20 %. Der Anteil der Mineralölprodukte dagegen sinkt deutlich von etwa 47% im Referenzszenario auf etwa 33% in den Minderungsszenarien R1 und R2.

Im Haushaltssektor verlieren Erdgas, Heizöl und Strom für Wärmezwecke im Vergleich zum Referenzszenario an Bedeutung. Erneuerbare

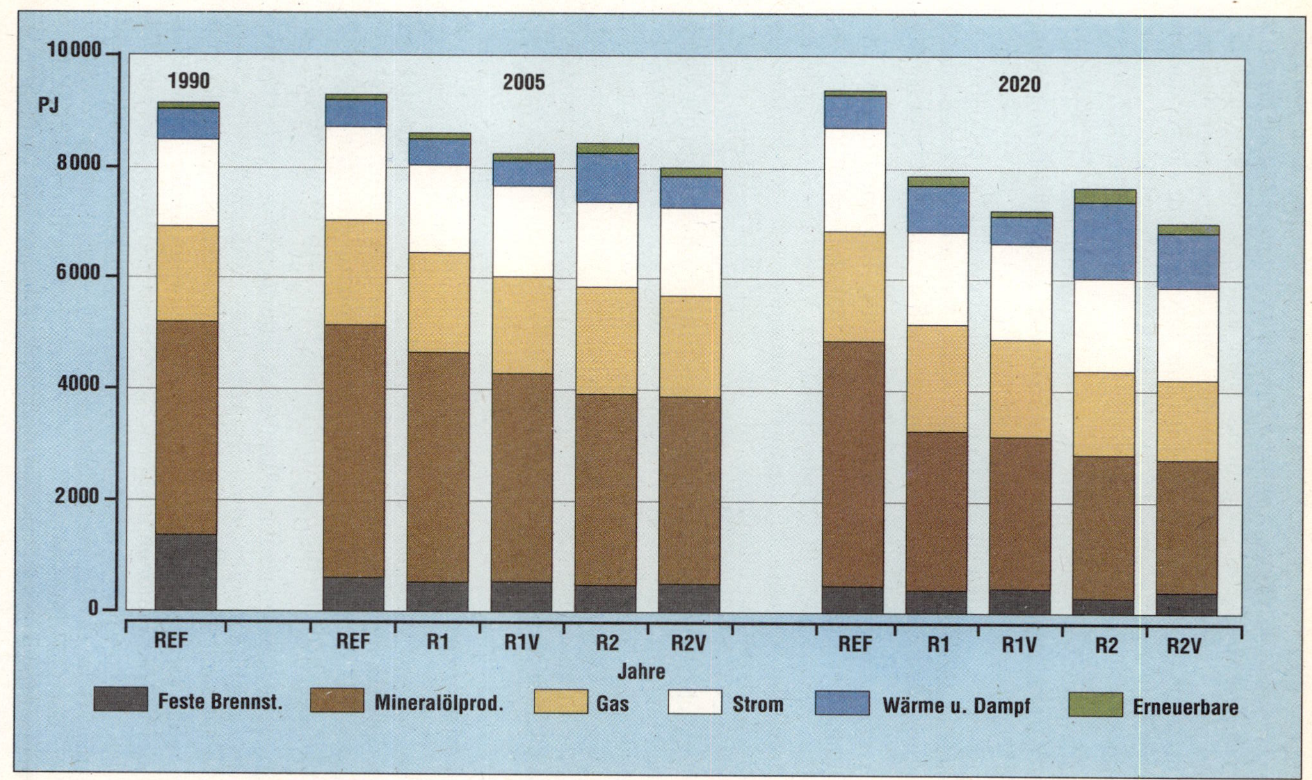

Abb. 8.6-10: Endenergieverbrauch im Szenarienvergleich (Referenz – R1 – R1V – R2 – R2V)

Energien – hier vor allem Wärmepumpen und solare Warmwassererzeugung – steigern ihren Anteil im Jahr 2020 von unter 2 % auf fast 10 % des Endenergiebedarfes. Gegenüber dem Referenzszenario sinkt der Endenergiebedarf der Haushalte in den Minderungsszenarien um fast 40 % auf 1 300 PJ (44,5 Mio. t SKE) im Jahr 2020, was auf ein verstärktes Ausschöpfen von Einsparmöglichkeiten im Raumwärmebereich zurückzuführen ist.

Die Senkung der Energienachfrage in der Industrie fällt mit 12 % (R1) bzw. 16 % (R2) gegenüber dem Referenzszenario verhältnismäßig gering aus. Einsparpotentiale in der Größenordnung von 10 % des Endenergiebedarfs werden in allen im Modell abgebildeten Industriesektoren ausgeschöpft. Auch hier ersetzen KWK-Anlagen mit Prozeßdampferzeugung fossile Brennstoffe in konventionellen Prozeßdampfkesseln.

Die in den Minderungsziel-Szenarien R1V und R2V modifizierte Entwicklung im Verkehrsbereich führt zu einer Senkung des Endenergieverbrauches von etwa 950 PJ (32 Mio. t SKE) im Verkehrssektor gegenüber den Szenarien R1 und R2. Dadurch verringert sich der Endenergieverbrauch insgesamt allerdings nur um etwa 650 PJ, da die übrigen Nachfragesektoren nicht mehr in dem Umfang Energiesparmaßnahmen mit vergleichsweise höheren Kosten durchführen müssen, um das vorgegebene Minderungsziel einer 45%igen CO_2-Reduktion zu erreichen, wie das in den Szenarien R1 und R2 der Fall war. Trotz des Rückgangs der Benzin- und Dieselnachfrage in den Szenarien R1V und R2V verschiebt sich die Struktur des Endenergieverbrauches gegenüber der Szenarien R1 und R2 nur geringfügig.

CO_2-Emissionen

Der verringerte Verbrauch von Stein- und Braunkohle sowie der verstärkte Einsatz regenerativer Energieträger ermöglichen es, die energiebedingten CO_2-Reduktionsziele der Minderungsziel-Szenarien (27 % bis 2005, 45 % bis 2020) für die Bundesrepublik Deutschland zu erreichen.

Aufgrund der großen strukturellen Verschiebungen in den Bereichen des Primär- und Endenergieverbrauchs kommt es zu deutlichen Änderungen der sektoralen Anteile an den gesamten CO_2-Emissionen in der Bundesrepublik Deutschland. Besonders hervorzuheben ist der starke Rückgang der CO_2-Emissionen im Bereich der Stromerzeugung, die auf 30 % des Niveaus von 2020 des Referenzszenarios zurückgehen (siehe Abbildung 8.6-11). Im Bereich der industriellen KWK-Kopplung ist ein leichter Anstieg der CO_2-Emissionen zu erkennen, der in der erhöhten Endenergienachfrage nach Wärme und Prozeßdampf aus industriellen

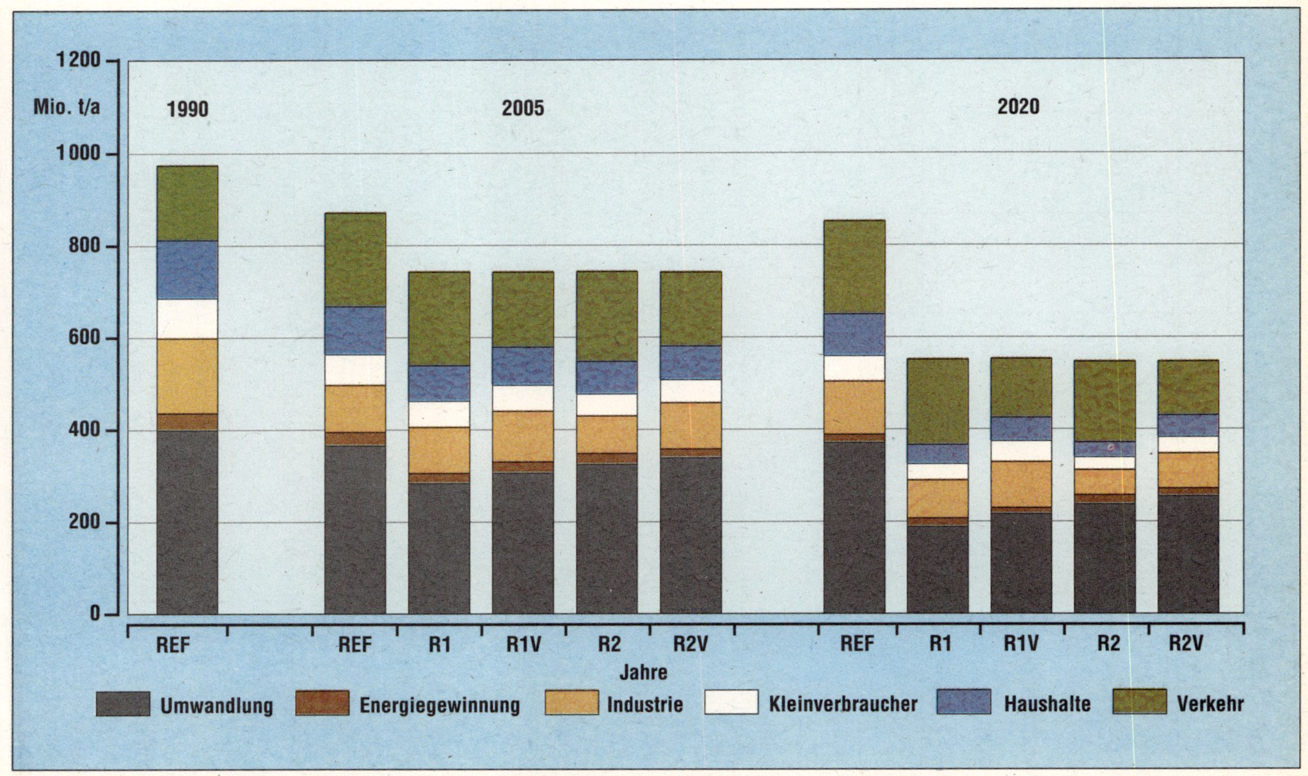

Abb. 8.6-11: CO_2-Emissionen im Szenarienvergleich (Referenz – R1 – R1V – R2 – R2V)

Tabelle 8.6-5: CO_2-Emissionen im Szenarienvergleich (Referenz – R1 – R1V – R2 – R2V) in Deutschland im Jahr 2020 in Mio. t CO_2/a

	Referenz	R1	R1V	R2	R2V
Energiegewinnung und Umwandlung	411,4	230,6	246,9	285,2	294,6
Industrie	116,6	81,8	102,6	54,2	79,5
Kleinverbraucher	57,8	39,8	48,7	30,0	38,9
Haushalte	96,6	46,6	56,4	35,4	48,6
Verkehr	204,5	183,2	127,2	177,1	120,3
Summe	887,0	581,9	581,9	581,9	581,9

KWK-Anlagen begründet ist. Die verminderten CO_2-Emissionen der KWK-Anlagen der Fernwärmeversorgung kommen trotz der verstärkten Fern- und Nahwärmenachfrage durch den Ersatz von kohlebefeuerten durch erdgasbefeuerte KWK-Anlagen sowie durch den Zubau von Müllheizkraftwerken zustande.

Durch den Zuwachs der Nah- und Fernwärmenachfrage der Endenergieverbrauchssektoren wird ein Teil der CO_2-Emissionen der Nachfragesektoren in den Umwandlungsbereich verlagert (siehe Tabelle 8.6-5). Die Haushalte mindern ihre energiebedingten CO_2-Emissionen bis zum Jahr 2020 gegenüber dem Referenzszenario um 52% (R1) bzw. 63% (R2), die Kleinverbraucher um 30% (R1) bzw. 53,5% (R2) und die Industrie um 32% (R1) bzw. 48% (R2). Die CO_2-Minderung des Verkehrssektors in den Minderungsziel-Szenarien R1 und R2 resultiert aus dem Einsatz alternativer Kraftstoffe wie RME (Raps-Methyl-Ester) und CNG. Sie beträgt im Jahr 2020 gegenüber dem Referenzszenario 10% (R1) bzw. 13% (R2).

Die alternative Entwicklung des Verkehrssektors ermöglicht naturgemäß eine deutlich höhere Minderung der energiebedingten CO_2-Emissionen des Verkehrs. So reduzieren sich die CO_2-Emissionen dieses Sektors im Szenario R1V gegenüber dem Referenzszenario bis zum Jahr 2020 um 38% und in R2V um 41%. Dementsprechend müssen die übrigen Sektoren gegenüber den Szenarien R1 und R2 weniger zur Erreichung des CO_2-Minderungszieles beitragen.

CO_2-Minderungskosten

Neben den notwendigen strukturellen Veränderungen der Energieversorgung, die zur Erreichung der Klimaschutzziele benötigt werden, sind vor allem die damit verbundenen Mehrkosten von Interesse. Diese der Erreichung der CO_2-Minderungsziele zuzurechnenden Kosten werden gegenüber einer Vergleichsentwicklung ermittelt, der bis auf die CO_2-Minderungsvorgaben identische Rahmenannahmen und Vorgaben zugrundeliegen (CO_2-Referenz).

Abbildung 8.6-12 zeigt die auf das Jahr 1990 abdiskontierten, kumulierten Zusatzkosten der zuvor diskutierten Minderungsziel-Szenarien für eine 45%ige Reduktion im Jahr 2020. Des weiteren sind für die Minderungsszenarien R1 und R2 Kostenfunktionen der CO_2-Minderung dargestellt. Die Abszisse gibt dabei die prozentuale Reduktion der energiebedingten CO_2-Emissionen im Jahr 2020 gegenüber den Emissionen des Vergleichsjahres 1987 an. Die Ordinate gibt die Differenz der über 30 Jahre kumulierten und abdiskontierten Zusatzkosten gegenüber der Vergleichsentwicklung in Billionen DM_{90} an (10^{12} DM_{90}), bezogen auf die Vergleichsentwicklung (CO_2-Referenz), die die Nullinie des Koordinatensystems darstellt.

Das Referenzszenario führt zu einer Reduktion der energiebedingten CO_2-Emissionen von rund 16% im Jahr 2020 gegenüber 1987 (siehe Kapitel 8.6.1). Durch die Vorgabe einer höheren Mindestabnahme an heimischer Braun- und Steinkohle sowie durch die unterstellten Hemmnisse bei der Ausschöpfung wirtschaftlicher Maßnahmen zur Energieeinsparung liegen die abdiskontierten, kumulierten Systemkosten des Referenzszenarios um etwa 100 Mrd. DM_{90} (oder 3,1 Mrd. DM_{90} pro Jahr) höher als für die Vergleichsentwicklung (CO_2-Referenz).

Mit zunehmendem Minderungsziel steigen die Kosten der CO_2-Reduktion. Für die Minderungsszenarien R1 (konstante Kernenergiekapazität) und R2 (Kernenergieausstieg bis 2005) ergeben sich trotz gleichem Minderungsziel unterschiedliche Kostenniveaus. Eine zuvor diskutierte CO_2-Minderung von 45% bei konstanter Kapazität der Kernenergie (R1) weist abdiskontierte, kumulierte Zusatzkosten von etwa 120 Mrd. DM_{90} (oder 4,1 Mrd. DM_{90} pro Jahr) auf, für das gleiche Minderungsziel bei einem Ausstieg aus der Kernenergie bis zum Jahr 2005 (R2) ergeben sich abdiskontierte, kumulierte Zusatzkosten in Höhe von 440 Mrd. DM_{90} (oder 14,5 Mrd. DM_{90} pro Jahr). Die Variation des CO_2-Minderungszieles auf 50% führt zu einer deutlichen Erhöhung der Minderungskosten, wobei sich für das Szenario R2 ein größerer Zuwachs ergibt als im Szenario R1.

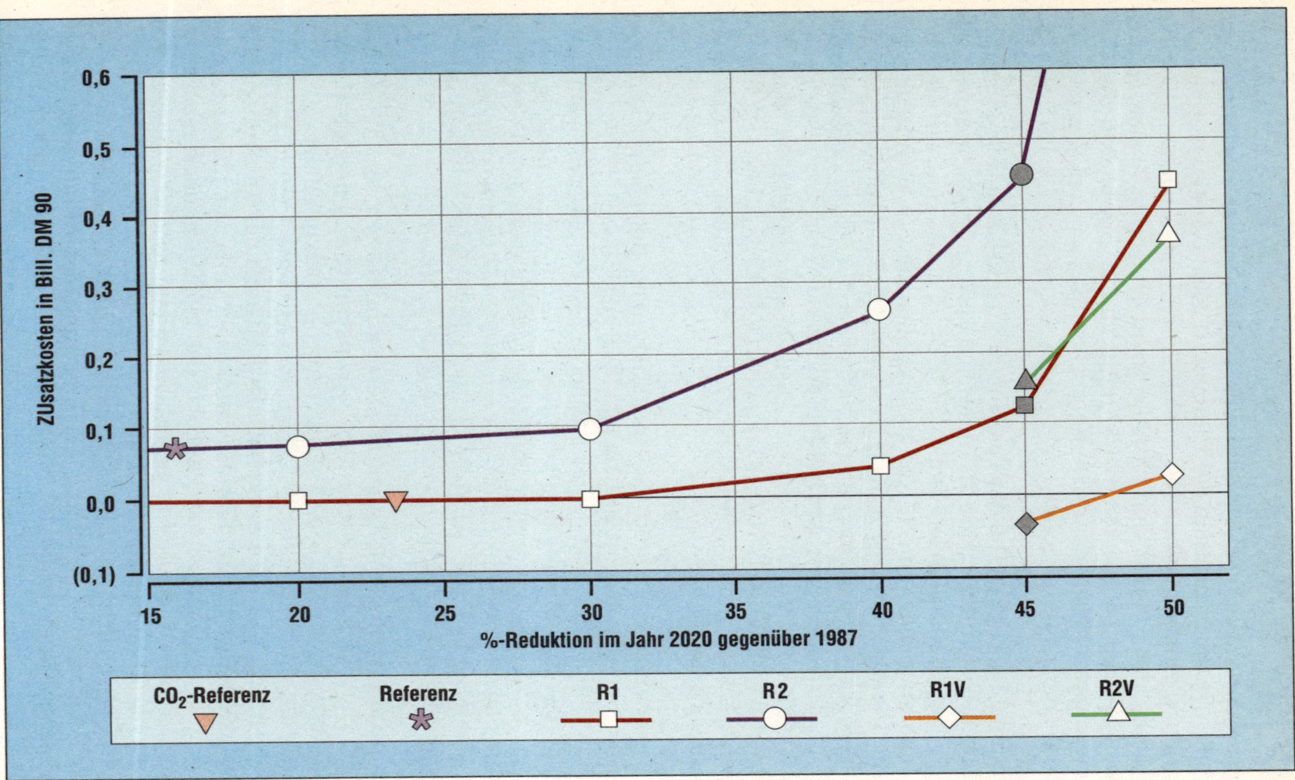

Abb. 8.6-12: Zusatzkosten für eine Minderung der energiebedingten CO_2-Emissionen in der Bundesrepublik Deutschland

Wird für den Verkehrssektor die Reduktionsentwicklung unterstellt, so ergeben sich in den Szenarien R1V und R2V geringere Zusatzkosten als in R1 und R2. Dies ist auf die fehlende Kostenbewertung der Minderungsmaßnahmen im Verkehrssektor zurückzuführen, die einen direkten Vergleich der Minderungskosten der Szenarien nicht erlauben. Im diskutierten Reduktionsfall R1V ergeben sich Systemkosten, die niedriger sind als die der Vergleichsentwicklung (CO_2-Referenz), und für das Szenario R2V bewegen sich die abdiskontierten, kumulierten Differenzkosten mit 150 Mrd. DM_{90} (oder 5,0 Mrd. DM_{90} pro Jahr) in etwa auf dem Niveau des Minderungsszenarios R1.

Wird für die Verkehrsvarianten R1V und R2V das CO_2-Minderungsziel von 45 % auf 50 % erhöht (siehe Abbildung 8.6-12), so ist der Zuwachs der Minderungskosten deutlich geringer als in den Szenarien R1 und R2, in denen eine gegenüber dem Referenzszenario unveränderte Entwicklung des Verkehrsbereichs unterstellt ist.

8.6.3 Szenarien EU-Steuer

In den Szenarien EU-Steuer (R3 und R4) werden die Auswirkungen der von der EU-Kommission vorgeschlagenen kombinierten Energie-/CO_2-Steuer auf die Energieversorgung und ihren möglichen Beitrag zu einer Minderung der klimarelevanten Treibhausgase untersucht. Dabei wird der Beginn des CO_2-/Energie-Steuervorschlags der EU-Kommission um zwei Jahre verschoben. Ab dem Jahr 2003 erfolgt dann eine jährliche nominale Erhöhung der Steuer um 0,5 $/bbl.

Die Lenkungsfunktion einer solchen Steuer kann mit dem hier verwendeten Modellansatz nur eingeschränkt untersucht werden, da Preiseffekte nur in bezug auf die Substitution von Kapital und Energie berücksichtigt werden. Die Auswirkungen einer aufkommensneutralen Verwendung der Steuer sowie makroökonomische Effekte können hier nicht erfaßt werden.

In den EU-Steuer-Szenarien beeinflußt die kombinierte CO_2-/Energie-Steuer primär das Niveau der Energieträgerpreise. Sie führt somit zu einem niedrigeren Energieverbrauch, da höhere Energiekosten zusätzliche Energieeinsparpotentiale gegenüber dem Referenzszenario wirtschaftlich werden lassen. Des weiteren bewirkt die Besteuerung des Kohlenstoffgehaltes der Energieträger Substitutionsprozesse von kohlenstoffreichen Energieträgern hin zu kohlenstoffärmeren bzw. kohlenstofffreien Energieträgern. Die Lenkungsfunktion der Klimasteuer wird jedoch durch die in den Rahmenannahmen vorgegebenen Mindestabnahmebedingungen für die heimische Kohle und die festgelegte Rolle der Kernenergie deutlich eingeschränkt.

Die Rahmenannahmen der Steuer-Szenarien R3 und R4 entsprechen den Vorgaben der Minderungs-Szenarien R1 und R2 mit einem gegenüber dem Referenzszenario reduzierten Mindesteinsatz an heimischer Steinkohle von 733 PJ (25 Mio. t SKE) und heimischer Braunkohle von 790 PJ (94 Mio. t) im Jahr 2020. Im Szenario R3 wird von einer konstanten Kernenergiekapazität von 22,5 GW_{net} und im Szenario R4 von einem Kernenergieausstieg bis zum Jahr 2005 ausgegangen. Hemmnisse bei der Umsetzung wirtschaftlicher Maßnahmen zur Energieeinsparung sind im Gegensatz zum Referenzszenario für die Steuer-Szenarien nicht unterstellt. Neben der Steuer gibt es in den Szenarien R3 und R4 keine weitere klimapolitische Vorgabe, insbesondere ist keine CO_2-Reduktion exogen vorgegeben.

Primärenergieverbrauch

Im Vergleich zum Referenzszenario fällt der Primärenergieverbrauch im Jahr 2020 im EU-Steuer-Szenario R3 um etwa 8 % und im Szenario R4 um knapp 9 % niedriger aus (siehe Abbildung 8.6-13 und Tabelle 8.6-6). Diese Entwicklung beruht sowohl auf den Preiseffekten der CO_2-/Energie-Steuer als auch auf den gegenüber dem Referenzszenario geänderten Vorgaben. Daher ist eine isolierte Quantifizierung des Lenkungseffektes der Steuer nicht möglich.

Die Braunkohle als kohlenstoff-intensivster Energieträger erhält durch den CO_2-Anteil der Klimasteuer sowohl absolut als auch relativ bezogen auf den Energieträgerpreis den höchsten Steueraufschlag. Gegenüber dem Referenzszenario wird die heimische Braunkohle daher am stärksten substituiert, und der Einsatz sinkt im Jahr 2020 in der Bundesrepublik Deutschland auf etwa das Niveau der in den Rahmenbedingungen festgelegten Mindestabnahme. Während die heimische Steinkohle bereits im Referenzszenario nur in Höhe der Mindestabnahmemenge zum Primärenergieverbrauch beiträgt, verringern sich auch die Steinkohleimporte im Steuerszenario R3 um rund 32 % gegenüber dem Referenzszenario bis zum Jahr 2020. Im Szenario R4 muß gemäß Vorgabe die Stromerzeugung aus Kernenergie ab dem Jahr 2005 ersetzt werden, was bis zum Jahr 2020 zu einer Erhöhung der Steinkohleimporte im Vergleich zum Referenzszenario um 215 % auf insgesamt knapp 3 300 PJ (gut 110 Mio. t SKE) führt.

Der Substitutionseffekt für die Steinkohle aufgrund der Besteuerung des Kohlenstoffgehaltes wird bei einem Vergleich des Referenzszenarios mit

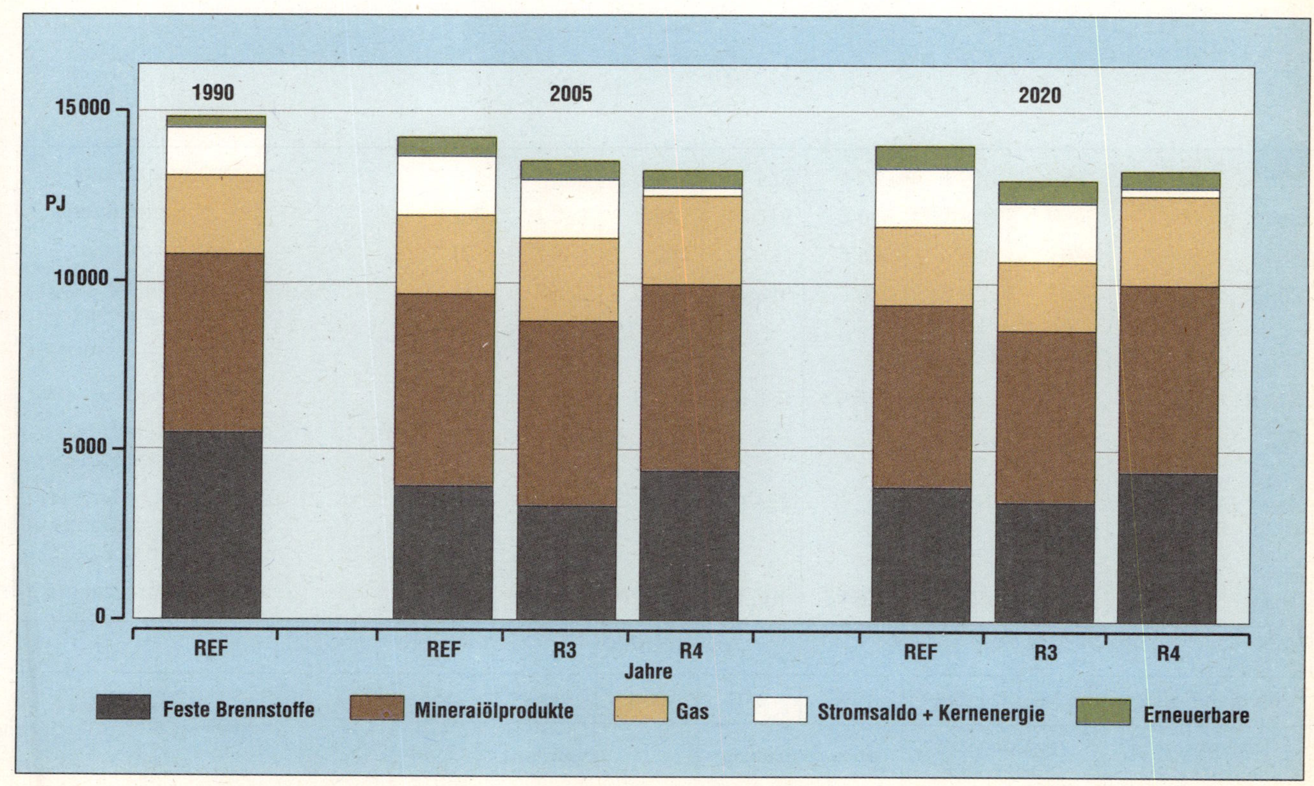

Abb. 8.6-13: Primärenergieverbrauch im Szenarienvergleich (Referenz – R3 – R4)

Tabelle 8.6-6: Energieverbrauchsstruktur in den Szenarien R3 und R4

in Petajoule	Ist-Daten			Referenzszenario		Reduktionsszenario R3		Reduktionsszenario R4	
	1987	1990	1993	2005	2020	2005	2020	2005	2020
Deutschland									
Primärenergieverbrauch	15 297	14 795	14 126	14 201	14 022	13 527	12 995	13 277	12 804
Verbrauch und Verluste im Energiesektor, Statistische Differenzen	4 491	4 396	4 030	3 972	3 782	3 782	3 587	3 532	3 396
Nichtenergetischer Verbrauch	864	958	894	839	756	839	756	839	756
Endenergieverbrauch	9 942	9 441	9 203	9 390	9 483	8 907	8 652	8 907	8 652
davon:									
Übriger Bergbau und Verarbeitendes Gewerbe	3 197	2 977	2 421	2 646	2 970	2 627	2 898	2 627	2 897
Verkehr	2 101	2 379	2 594	2 954	2 939	2 950	2 935	2 950	2 935
Haushalte	2 728	2 383	2 523	2 215	2 049	1 810	1 398	1 809	1 398
Kleinverbraucher*)	1 917	1 702	1 665	1 575	1 525	1 520	1 422	1 520	1 422

Fortsetzung Tabelle 8.6-6

in Petajoule	Ist-Daten			Referenzszenario		Reduktions-szenario R3		Reduktions-szenario R4	
	1987	1990	1993	2005	2020	2005	2020	2005	2020
	Anteil am Primärenergieverbrauch in %								
Verbrauch und Verluste im Energiesektor; Statistische Differenzen	*29,4*	*29,7*	*28,5*	*28,0*	*27,0*	*28,0*	*27,6*	*26,6*	*26,5*
Nichtenergetischer Verbrauch	*5,6*	*6,5*	*6,3*	*5,9*	*5,4*	*6,2*	*5,8*	*6,3*	*5,9*
Endenergieverbrauch	*65,0*	*63,8*	*65,1*	*66,1*	*67,6*	*65,8*	*66,6*	*67,1*	*67,6*
	Anteil am Endenergieverbrauch in %								
Übriger Bergbau und Verarbeitendes Gewerbe	*32,2*	*31,5*	*26,3*	*28,2*	*31,3*	*29,5*	*33,5*	*29,5*	*33,5*
Verkehr	*21,1*	*25,2*	*28,2*	*31,5*	*31,0*	*33,1*	*33,9*	*33,1*	*33,9*
Haushalte	*27,4*	*25,2*	*27,4*	*23,6*	*21,6*	*20,3*	*16,2*	*20,3*	*16,2*
Kleinverbraucher*)	*19,3*	*18,0*	*18,1*	*16,8*	*16,1*	*17,1*	*16,4*	*17,1*	*16,4*

Fortsetzung Tabelle 8.6-6

in Petajoule	Ist-Daten			Referenzszenario		Reduktionsszenario R3		Reduktionsszenario R4	
	1987	1990	1993	2005	2020	2005	2020	2005	2020
Alte Bundesländer									
Primärenergieverbrauch	11 373	11 495	12 002	11 953	11 589	11 453	10 774	11 194	10 584
Verbrauch und Verluste im Energiesektor, Statistische Differenzen	3 159	3 276	3 370	3 345	3 145	3 165	2 937	2 906	2 747
Nichtenergetischer Verbrauch	690	790	783	757	637	757	637	757	637
Endenergieverbrauch	7 524	7 429	7 849	7 851	7 807	7 531	7 200	7 531	7 200
davon:									
Übriger Bergbau und Verarbeitendes Gewerbe	2 199	2 252	2 110	2 248	2 434	2 232	2 376	2 232	2 376
Verkehr	1 869	2 091	2 263	2 444	2 414	2 439	2 410	2 439	2 410
Haushalte	2 161	1 861	2 172	1 886	1 723	1 616	1 232	1 616	1 232
Kleinverbraucher*)	1 296	1 225	1 304	1 272	1 235	1 243	1 182	1 243	1 182

Fortsetzung Tabelle 8.6-6

in Petajoule	Ist-Daten			Referenzszenario		Reduktionsszenario R3		Reduktionsszenario R4	
	1987	1990	1993	2005	2020	2005	2020	2005	2020
	Anteil am Primärenergieverbrauch in %								
Verbrauch und Verluste im Energiesektor, Statistische Differenzen	*27,8*	*28,5*	*28,1*	*28,0*	*27,1*	*27,6*	*27,3*	*26,0*	*26,0*
Nichtenergetischer Verbrauch	*6,1*	*6,9*	*6,5*	*6,3*	*5,5*	*6,6*	*5,9*	*6,8*	*6,0*
Endenergieverbrauch	*66,2*	*64,6*	*65,4*	*65,7*	*67,4*	*65,8*	*66,8*	*67,3*	*68,0*
	Anteil am Endenergieverbrauch in %								
Übriger Bergbau und Verarbeitendes Gewerbe	*29,2*	*30,3*	*26,9*	*28,6*	*31,2*	*29,6*	*33,0*	*29,6*	*33,0*
Verkehr	*24,8*	*28,1*	*28,8*	*31,1*	*30,9*	*32,4*	*33,5*	*32,4*	*33,5*
Haushalte	*28,7*	*25,1*	*27,7*	*24,0*	*22,1*	*21,5*	*17,1*	*21,5*	*17,1*
Kleinverbraucher*)	*17,2*	*16,5*	*16,6*	*16,2*	*15,8*	*16,5*	*16,4*	*16,5*	*16,4*

Fortsetzung Tabelle 8.[illegible]-6

in Petajoule	Ist-Daten			Referenzszenario		Reduktions-szenario R3		Reduktions-szenario R4	
	1987	1990	1993	2005	2020	2005	2020	2005	2020
Neue Bundesländer									
Primärenergieverbrauch	3 924	3 300	2 125	2 248	2 433	2 074	2 221	2 083	2 220
Verbrauch und Verluste im Energiesektor, Statistische Differenzen	1 332	1 120	659	626	637	617	650	625	650
Nichtenergetischer Verbrauch	174	168	111	82	119	82	119	82	119
Endenergieverbrauch	2 418	2 012	1 354	1 540	1 677	1 376	1 452	1 376	1 452
davon:									
Übriger Bergbau und Verarbeitendes Gewerbe	998	725	311	397	536	395	522	395	522
Verkehr	232	288	331	511	525	511	525	511	525
Haushalte	567	522	352	328	326	193	165	193	165
Kleinverbraucher*)	621	477	360	303	290	277	240	277	240

Fortsetzung Tabelle 8.6-6

in Petajoule	Ist-Daten			Referenzszenario		Reduktions-szenario R3		Reduktions-szenario R4	
	1987	1990	1993	2005	2020	2005	2020	2005	2020
	Anteil am Primärenergieverbrauch in %								
Verbrauch und Verluste im Energiesektor, Statistische Differenzen	*33,9*	*33,9*	*31,0*	*27,9*	*26,2*	*29,7*	*29,2*	*30,0*	*29,3*
Nichtenergetischer Verbrauch	*4,4*	*5,1*	*5,2*	*3,6*	*4,9*	*4,0*	*5,4*	*3,9*	*5,4*
Endenergieverbrauch	*61,6*	*61,0*	*63,7*	*68,5*	*68,9*	*66,3*	*65,4*	*66,0*	*65,4*
	Anteil am Endenergieverbrauch in %								
Übriger Bergbau und Verarbeitendes Gewerbe	*41,3*	*36,0*	*22,9*	*25,8*	*32,0*	*28,7*	*36,0*	*28,7*	*36,0*
Verkehr	*9,6*	*14,3*	*24,5*	*33,2*	*31,3*	*37,1*	*36,2*	*37,1*	*36,2*
Haushalte	*23,4*	*25,9*	*26,0*	*21,3*	*19,4*	*14,0*	*11,4*	*14,0*	*11,4*
Kleinverbraucher*)	*25,7*	*23,7*	*26,6*	*19,7*	*17,3*	*20,1*	*16,5*	*20,1*	*16,5*

*) Kleinverbraucher einschließlich Militär

1 Mio. t SKE entspricht 29,3 PJ

den Steuer-Szenarien von den geänderten Rahmenannahmen für die heimische Kohle überdeckt. Unterstellt man gleiche Vorgaben in bezug auf die Kohleabnahmemengen, so beträgt der Substitutionseffekt für die Importsteinkohle aufgrund der Klimasteuer im Szenario R3 etwa 10% und im Szenario R4 etwa 3,4% zugunsten der Naturgase und der erneuerbaren Energieträger.

Insgesamt ist der Verbrauch kohlenstoffreicher Festbrennstoffe im Jahr 2020 im Szenario R3 um knapp 11% niedriger als im Referenzszenario; im Szenario R4 (Kernenergieausstieg bis 2005) ist er dagegen um etwa 21% höher. Der Anteil der Naturgase und Mineralölprodukte am Primärenergieverbrauch bleibt im Vergleich zum Referenzszenario für die Steuerszenarien unverändert. Der Anteil der erneuerbaren Energieträger steigt gegenüber dem Referenzszenario leicht um 1%.

Endenergieverbrauch

Die Klimasteuer bewirkt eine Erhöhung der Energieträgerpreise und führt zu einer preisinduzierten Substitution von Energie durch Kapital. Dies läßt zusätzliche Maßnahmen zur Energieeinsparung wirtschaftlich werden. Gegenüber dem Referenzszenario sinkt der Endenergieverbrauch in den Steuerszenarien bis zum Jahr 2020 um knapp 9%, wobei die Haushalte den größten Beitrag dazu leisten (siehe Abbildung 8.6-14). Da in den Steuer-Szenarien jedoch im Unterschied zum Referenzszenario andere Rahmenannahmen unterstellt sind, kann ein direkter Effekt, der allein auf die Steuer zurückzuführen ist, den Modellergebnissen nicht entnommen werden. In Bezug auf die Höhe des Endenergieverbrauchs weisen die Szenarien R3 (konstante Kernenergiekapazität) und R4 (Kernenergieausstieg bis 2005) nahezu keine Unterschiede auf. Dies gilt auch für die Energieträgerstruktur des Endenergieverbrauchs.

CO_2-Emissionen

Im Vergleich zum Referenzszenario verringern sich die energiebedingten CO_2-Emissionen der Bundesrepublik Deutschland bis zum Jahr 2020 im Szenario R3 um etwa 10% (siehe Abbildung 8.6-15 und Tabelle 8.6-7). Dies entspricht einer Minderung von gut 25% gegenüber dem CO_2-Emissionsniveau des Jahres 1987 in der Bundesrepublik. Im Szenario R4 führt die Substitution von Kernenergie durch Importkohle zu einem Zuwachs der CO_2-Emissionen nach 2005, der im Jahr 2020 im Vergleich zum Referenzszenario etwa 120 Mio. t CO_2 beträgt, was 15% entspricht. Bezogen auf das Emissionsniveau des Jahres 1987 bedeutet dies eine Minderung der CO_2-Emissionen um 13,5%.

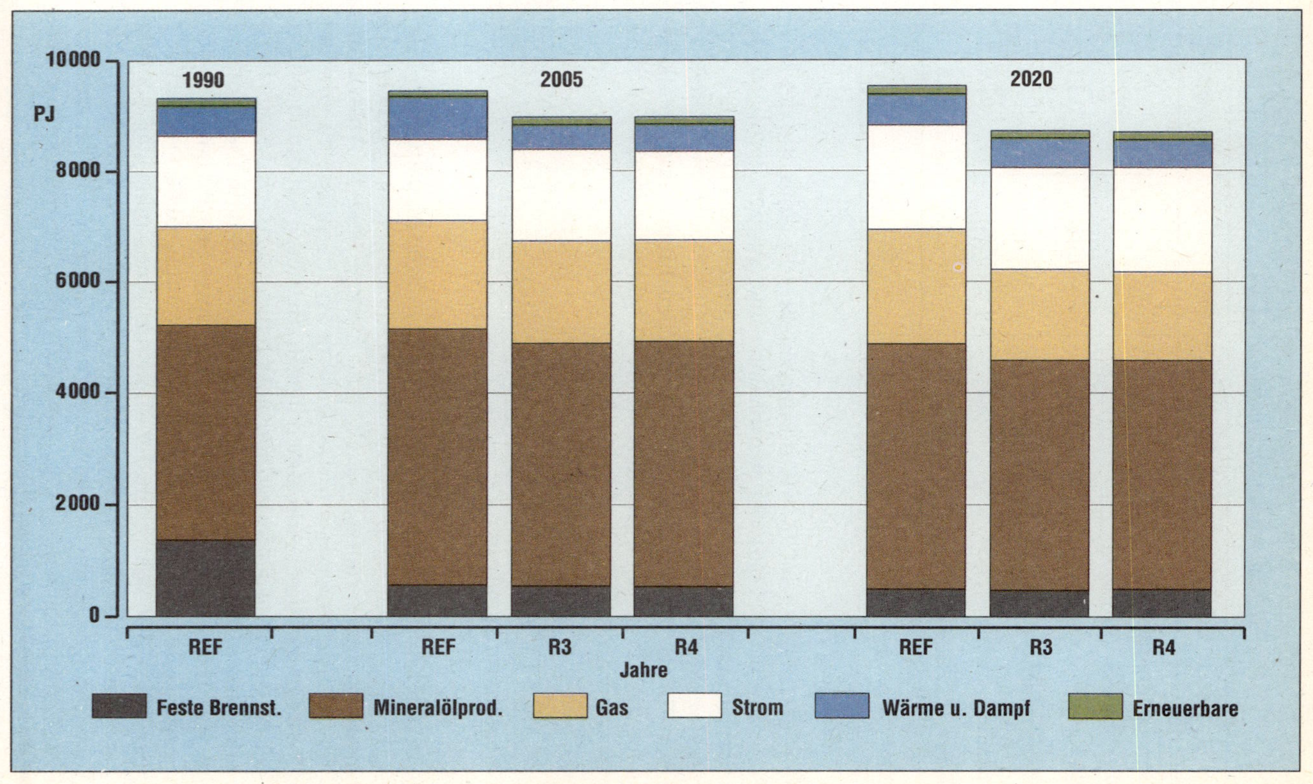

Abb. 8.6-14: Endenergieverbrauch im Szenarienvergleich (Referenz – R3 – R4)

Tabelle 8.6-7: CO_2-Emissionen im Szenarienvergleich (Referenz – R3 – R4) in Deutschland im Jahr 2020 in Mio. t CO_2/a

	Referenz	R3	R4
Energiegewinnung und Umwandlung	411,4	360,4	482,7
Industrie	116,6	113,2	113,1
Kleinverbraucher	57,8	53,0	53,0
Haushalte	96,6	61,4	61,4
Verkehr	204,5	204,2	204,2
Summe	887,0	792,2	914,5

Obwohl sich diejenigen CO_2-Minderungseffekte, die eindeutig der kombinierten Energie-/CO_2-Steuer zuzurechnen sind, aus den Resultaten der Szenarien R3 und R4 nicht isolieren lassen, zeigen die Ergebnisse, daß mit der Höhe der hier unterstellten Energie-/CO_2-Steuer im Kontext der Vorgaben für die Verwendung der heimischen Braun- und Steinkohle sowie für die Kernenergie das angestrebte CO_2-Minderungsziel nicht erreicht werden kann.

8.6.4 Sensitivitätsanalysen

In die in den Kapiteln 8.6.1 bis 8.6.3 erläuterten Szenarien zur CO_2-Minderung in Deutschland sind eine Reihe von Annahmen eingegangen, die mit Unsicherheiten behaftet sind. Um eine Aussage über die Auswirkungen dieser Unsicherheiten auf die berechneten Ergebnisse zu erhalten, wurden für einige dieser Annahmen Sensitivitätsanalysen durchgeführt. Dies betrifft die Höhe der Investitionskosten für neu zu errichtende Kernkraftwerke sowie die Annahmen zu den Importpreisen für Energieträger in den Reduktionsszenarien R1 und R2. Diese Sensitivitätsanalysen, deren Ergebnisse im folgenden vorgestellt werden, stellen keine Wichtung bezüglich der Wertigkeit der einzelnen Annahmen dar, sondern sind auf Wunsch der Enquete-Kommission aufgenommen worden. Auf die Auswirkungen einer alternativen Entwicklung des Verkehrssektors ist in Abschnitt 8.6.2 bereits eingegangen worden. Sie werden hier nicht weiter diskutiert.

In den bisherigen Szenarien wurde von Investitionskosten für neu zu errichtende Kernkraftwerke in Höhe von 3 600 DM_{90}/kW_{el} (einschließlich Zinsen während der Bauzeit) ausgegangen. Um die Sensitivität der Szenarioergebnisse in bezug auf die Kostenannahmen bei der Kernenergie zu untersuchen, wurden die Investitionskosten in der Sensitivitätsanalyse unter sonst gleichen Annahmen auf 5 000 DM_{90}/kW_{el} angesetzt.

Es zeigt sich für die Minderungsziel-Szenarien R1 und R2 sowie für die EU-Steuer-Szenarien R3 und R4, daß die veränderten Annahmen zu den Kosten der Kernenergie ohne ergebnisrelevante Bedeutung sind, da in R1 und in R3 die Kapazität der Kernkraftwerke als konstant unterstellt sowie in R2 und in R4 die Kernenergiekapazitäten bis zum Jahr 2005 stillgelegt werden.

Variation der Annahmen zur Entwicklung der Energiepreise

Um die Sensitivität der Ergebnisse der Minderungsziel-Szenarien im Hinblick auf die getroffenen Annahmen zur Entwicklung der Energieträgerpreise zu untersuchen, wird ein Alternativ-Preisszenario untersucht, in dem die Energieträgerimportpreise auf dem für das Jahr 1995 angenommenen Niveau eingefroren werden (siehe Kapitel 8.4.2).

Damit würde das Erdgas im gesamten Zeitraum zwischen 1995 und 2020 zu 4,33 DM_{90}/GJ (Referenz-Annahme: 6,74 DM_{90}/GJ in 2020), das Rohöl zu 5,94 DM_{90}/GJ (Referenz-Annahme: 9,77 DM_{90}/GJ in 2020) und die Importkohle zu 3,45 DM_{90}/GJ (Referenz-Annahme: 3,85 DM_{90}/GJ in 2020) zur Verfügung stehen.

Das Reduktionsszenario R1P unterscheidet sich vom Reduktionsszenario R1 (CO_2-Minderungsziel von 27% bis zum Jahr 2005 und 45% bis zum Jahr 2020 in bezug auf das Jahr 1987 und konstante Kernenergiekapazität) nur durch die Energieträgerpreise, die auf dem Niveau von 1995 eingefroren sind. Gleiches gilt für das Reduktionsszenario R2P gegenüber dem Reduktionsszenario R2.

In den Abbildungen 8.6-16 und 8.6-17 sind die Ergebnisse dieses Alternativ-Preisszenarios denen der vergleichbaren Szenarien gegenübergestellt. Weder beim Primärenergieverbrauch noch bei der Struktur der CO_2-Emissionen (vgl. Tabelle 8.6-8) sind Unterschiede zwischen den beiden Energiepreisentwicklungen zu erkennen. Eine Erklärung dafür ist, daß die Preisrelationen von Erdgas und Erdöl in beiden Preisentwicklungen nicht deutlich von einander abweichen, so daß daraus bei den vorgegebenen Nutzungen von Stein- und Braunkohle und dem Minderungsziel von 45 % kein Spielraum für eine wechselseitige Substitution bleibt.

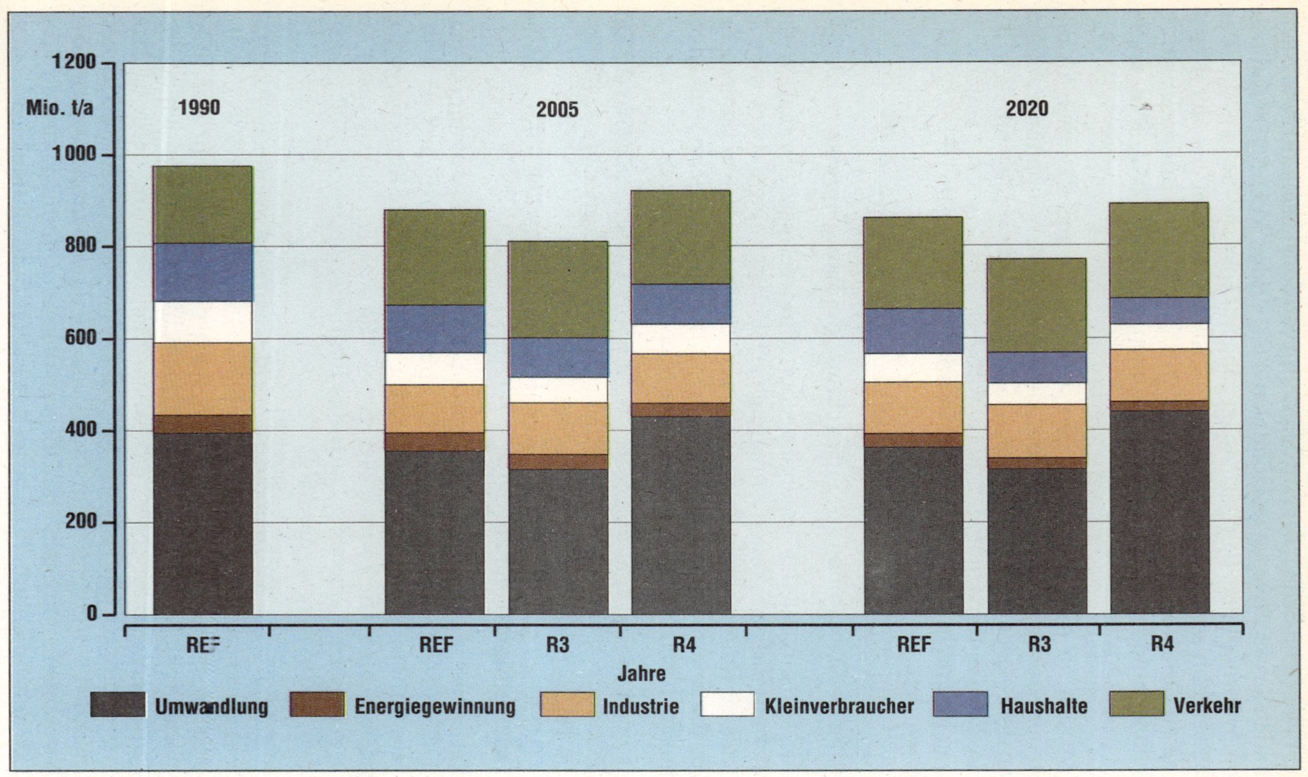

Abb. 8.6-15: *CO_2-Emissionen im Szenarienvergleich (REF – R3 – R4)*

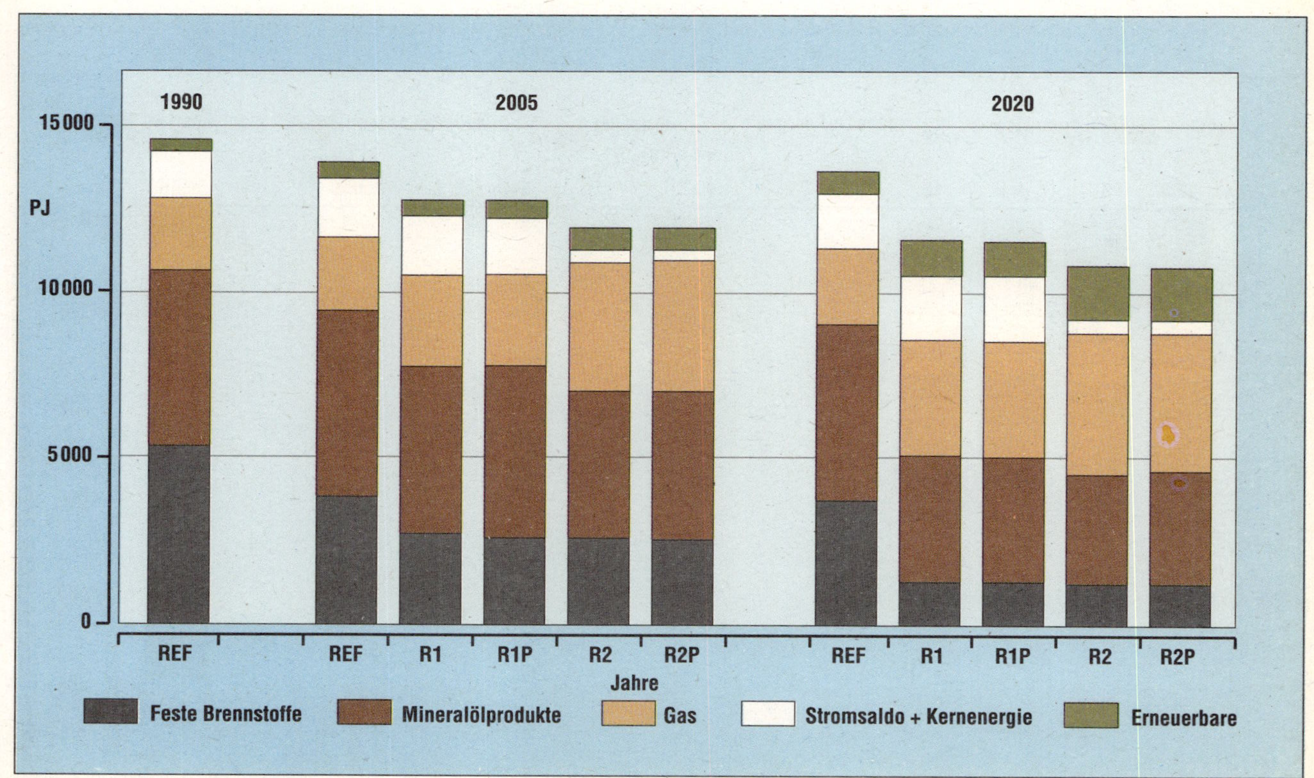

Abb. 8.6-16: Primärenergieverbrauch im Szenarienvergleich (Referenz – R1 – R1P – R2 – R2P)

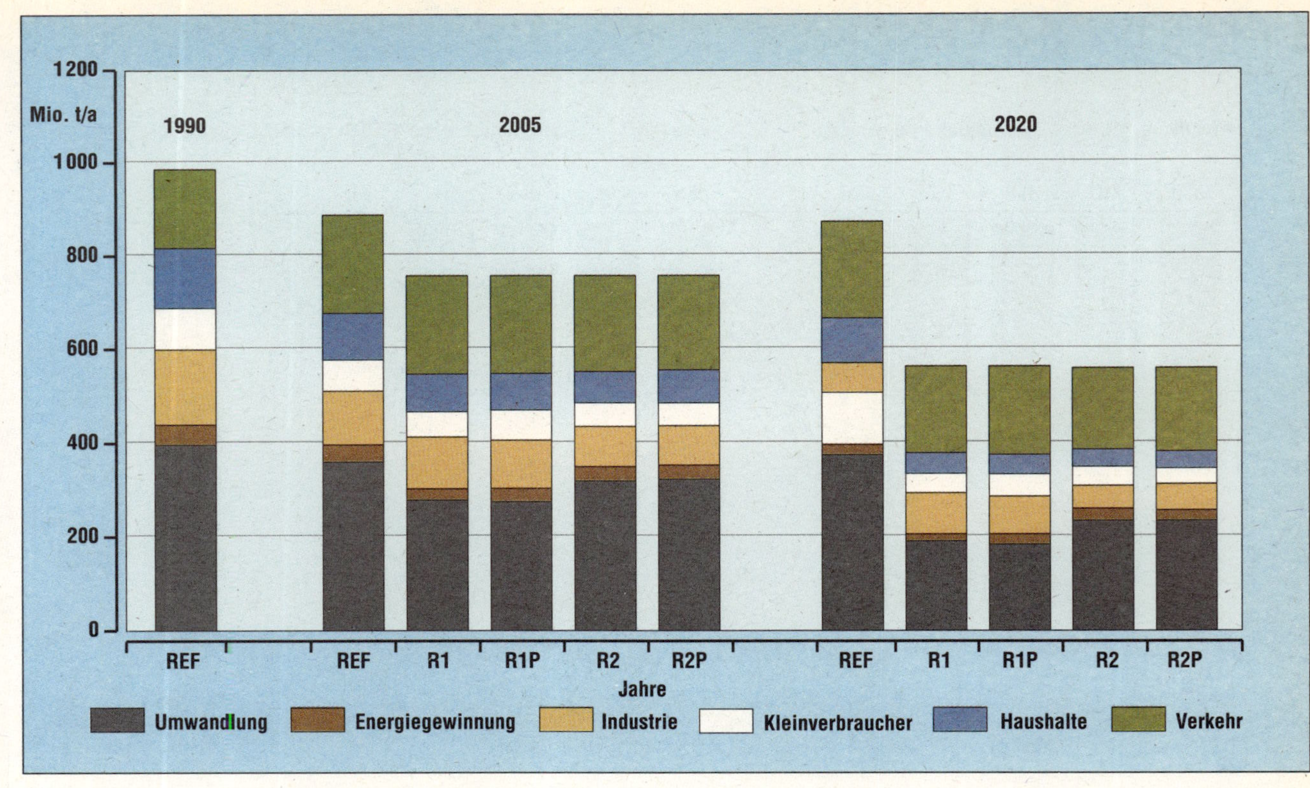

Abb. 8.6-17: CO_2*-Emissionen im Szenarienvergleich (Referenz – R1 – R1P – R2 – R2P)*

Die niedrigeren Energiepreise führen natürlich dazu, daß im Vergleich zu den Szenarien R1 und R2 die Kosten zur Erreichung der CO_2-Minderung geringer sind. Für die Szenarien R1P und R2P liegen sie um 6% bzw. 5% unter denen der vergleichbaren Szenarien.

Preisänderungen in dem hier untersuchten Rahmen haben somit keine Auswirkungen auf das Maßnahmenbündel zur Erreichung der CO_2-Minderungsziele.

8.6.5 Ergebnisse der Energieszenarien (ISI/DIW)

Bereits im Referenzfall verharrt der gesamte Energiebedarf[104)] der alten Bundesländer – trotz in etwa verdoppelter Wirtschaftsleistung gegenüber 1987, aber bei erheblich veränderten Wirtschaftsstrukturen – bei gut 10 000 PJ. Damit wird die seit Mitte der 70er Jahre für Westdeutschland und viele OECD-Staaten zu beobachtende Entkopplung zwischen Wirtschaftswachstum und Energieverbrauch (bis 2020) fortgeschrieben. Durch strukturelle Veränderungen der Energieträger reduzieren sich die CO_2-Emissionen von 715 Mio. t im Jahre 1987 auf 612 Mio. t im Jahr 2020. Im Reduktionsszenario R1 kommt es zu einer deutlichen Reduktion des Gesamtenergiebedarfs um ca. 1 900 PJ auf knapp 8 500 PJ infolge intensiver Energieeffizienzverbesserungen.

Insbesondere der Verbrauch von Mineralöl sowie von Kohle reduziert sich deutlich, aber auch der Erdgasverbrauch nimmt etwas gegenüber dem Referenzszenario ab. Demgegenüber verdoppelt sich der Einsatz regenerativer Energiequellen. Das Reduktionsszenario R2, das mit dem Ziel skizziert wurde, durch noch stärkere Verbesserung der Energieeffizienz einen Teil der zusätzlichen CO_2-Emissionen infolge des Kernenergieausstiegs zu vermeiden, beinhaltet eine weitere Reduktion des Gesamtenergiebedarfs auf knapp 7 100 PJ. Der Einsatz von Steinkohle und Braunkohle liegt infolge der Substitution der Kernkraftwerke etwas höher als im Reduktionsszenario R1, auf der anderen Seite kommt es zu einer weiteren deutlichen Abnahme des Verbrauchs von Mineralöl, was in erheblichem Ausmaß durch die angenommenen verkehrspolitischen Maßnahmen und Fahrzeugverbesserungen bedingt ist. Der Einsatz von Gasen (im wesentlichen Erdgas) liegt wie beim Reduktionsszenario R1 bei knapp 2 600 PJ, im Unterschied zu R1 werden ca. 450 PJ mehr an regenerativen Energiequellen eingesetzt, die damit einen Anteil von 15%

104) Entsprechend der Definition im Dritten Bericht der Enquete-Kommission unterscheidet sich der Gesamtenergieverbrauch vom Primärenergieverbrauch durch die Nichtberücksichtigung des nichtenergetischen Verbrauchs.

Tabelle 8.6-8: CO_2-Emissionen im Szenarienvergleich (Referenz – R1 – R1P – R2 – R2P) in Deutschland im Jahr 2020 in Mio. t CO_2/a

	Referenz	R1	R1P	R2	R2P
Energiegewinnung und Umwandlung	411,4	230,6	229,7	285,2	284,3
Industrie	116,6	81,8	81,0	54,2	53,7
Kleinverbraucher	57,8	39,8	40,0	30,0	30,0
Haushalte	96,6	46,6	47,6	35,4	35,5
Verkehr	204,5	183,2	183,6	177,1	178,4
Summe	887,0	581,9	581,9	581,9	581,9

am gesamten Energieverbrauch ausmachen. Aufgrund der angesetzten Maßnahmen kommt es für die alten Bundesländer sowohl im Reduktionsszenario R1 als auch in R2 zu einer Minderung der CO_2-Emissionen um 285 Mio. t gegenüber 1987. Dies entspricht einer Reduktion von ca. 40%, so daß unter Einberechnung entweder einer zusätzlichen 5%igen Minderung durch energiebewußtes Verhalten oder durch überproportionale Reduktionen in Ostdeutschland das gesamte CO_2-Reduktionsziel von 45 % für beide Reduktionsszenarien erreicht wird. Die verbleibenden 430 Mio. t CO_2 für Westdeutschland entsprechen bei einer angenommenen Bevölkerung von 65 Mio. in Westdeutschland einer pro Kopf-Emission von 6,6 t CO_2/pro Kopf und Jahr.

Vergleicht man die Ergebnisse des Gesamtenergiebedarfs der Szenarien für 2020 mit der Situation von 1987 sowie mit den korrespondierenden Szenarien „Energiepolitik" und „Kernenergieausstieg" im Dritten Bericht der Enquete-Kommission (vgl. Abbildung 8.6-18), so wird deutlich, daß der Gesamtenergiebedarf im Referenzszenario 2020 in etwa stagniert. Wie in Abschnitt 8.5.2 bereits erwähnt, lehnt sich das Szenario R1 an das Energiepolitik-Szenario der ersten Enquête-Kommission an. Allerdings setzen sich die durchschnittlichen jährlichen Veränderungen der Energieintensität des Energiepolitik-Szenarios (0,8%/a Energieverbrauchsreduktion bzw. 1,6%/a CO_2-Reduktion zwischen 1987 und 2005) nicht bis 2020 fort, sondern es ergeben sich geringere durchschnittliche jährliche Verminderungen des Gesamtenergiebedarfs im Reduktionsszenario R1 (0,66%/a Energieverbrauchsreduktion bzw. 1,2%/a CO_2-Reduktion zwischen 1987 und 2020). Die gleiche Aussage trifft auch für

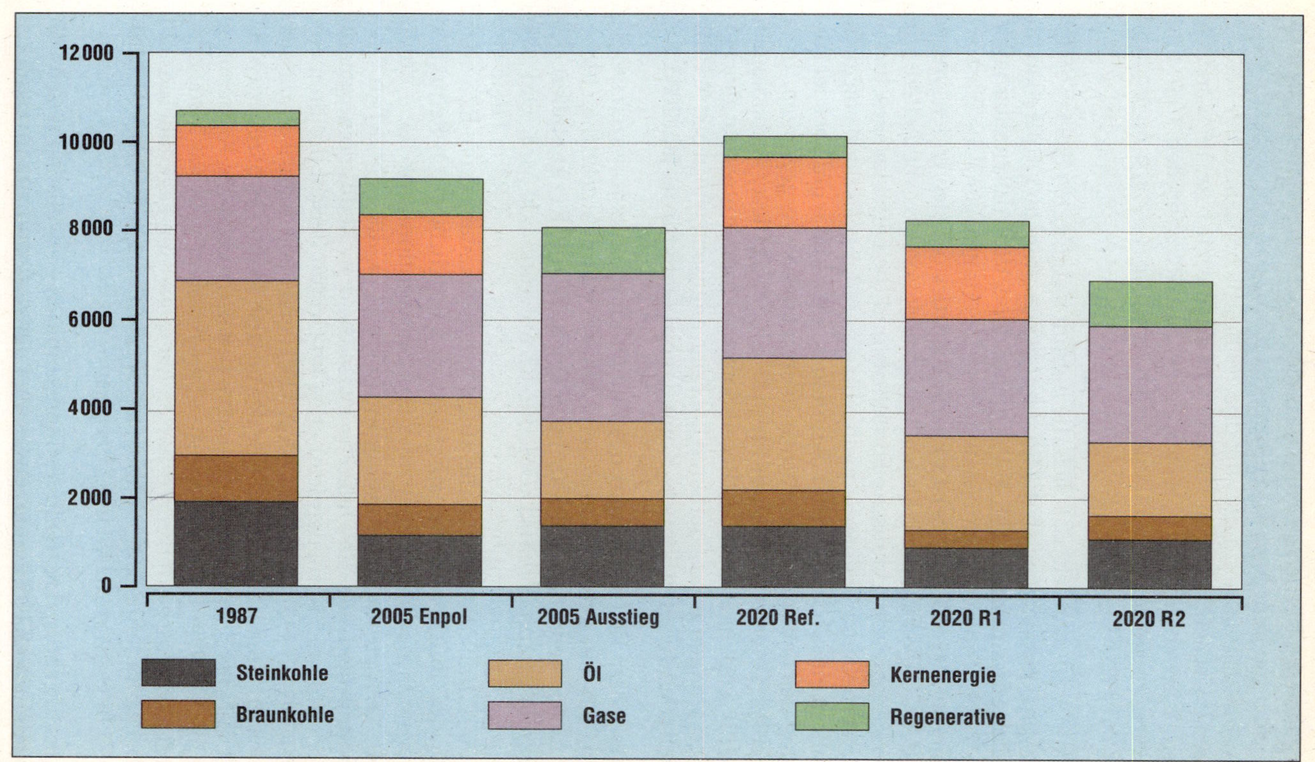

Abb. 8.6-18: Gesamtenergieverbrauch nach Energieträgern für 1987, für die Reduktionsszenarien der alten Enquete-Kommission und für die Szenarien bis zum Jahr 2020 für die alten Bundesländer

den Vergleich des Kernenergieausstiegsszenarios 2005 der alten Enquete-Kommission mit dem Reduktionsszenario R2 für das Jahr 2020 zu. Während im Ausstiegsszenario 2005 die durchschnittlichen jährlichen Reduktionsraten zwischen 1987 und 2005 1,3 %/a an Energie bzw. 1,6 % an CO_2 betrugen, ergeben sich im Reduktionsszenario R2 zwischen 1987 und 2020 geringere jährliche Reduktionsraten, nämlich 1,04 %/a an Energie bzw. 1,2 %/a an CO_2.

Insgesamt wird deutlich, daß sich die hiermit vorgelegten Szenarien R1 und R2 konzeptionell eng an die Reduktionsszenarien im Dritten Bericht der Enquête-Kommission (11. WP) anlehnen, bei der Fortschreibung bis 2020 aber vorsichtig vorgegangen wurde und geringere jährliche Einsparraten angesetzt wurden. Dies ist sowohl Ausdruck der steigenden Grenzkosten der CO_2-Vermeidung als auch Ausdruck von Unsicherheiten, wie der energiesparende technische Fortschritt und die Diffusionsgeschwindigkeiten erneuerbarer Energiequellen für eine so lange Periode von mehr als 25 Jahren einzuschätzen sind. Besonders vorsichtig wurde bei der Abschätzung des Beitrags regenerativer Energiequellen vorgegangen. Trotz des erheblich längeren Zeitraums für die Einführung dieser Technologien werden für das Jahr 2020 in den Reduktionsszenarien in etwa die gleichen absoluten Mengen an erneuerbaren Energien angesetzt wie in den Reduktionsszenarien der alten Enquete-Kommission bereits für das Jahr 2005.

Gegenüber dem Referenzszenario ist sowohl das Reduktionsszenario R1 als auch insbesondere das Reduktionsszenario R2 mit erheblichen Mehrinvestitionen verbunden. Diese belaufen sich für R1 kumuliert für 33 Jahre auf knapp 360 Mrd. DM, für R2 auf rund 550 Mrd. DM. Die Differenz in den Investitionssummen zwischen R1 und R2 in Höhe von knapp 200 Mrd. DM spiegeln die zusätzlichen Maßnahmen in R2 wider, die aufgrund des Kernenergieausstiegs zur zusätzlichen CO_2-Reduktion – d. h. zusätzliche Effizienzgewinne und Substitutionsprozesse – unternommen werden müssen. Daß diese Differenz in einer ähnlichen Größenordnung liegt wie die Differenz zwischen dem Reduktionsszenario Energiepolitik und Kernenergieausstieg im Dritten Bericht der Enquete-Kommission (in Höhe von 180 Mrd. DM), erscheint plausibel, da sich diese beiden Szenarien genau wie die beiden Reduktionsszenarien R1 und R2 auf der Primärenergieseite durch den Einsatz der Kernenergie unterscheiden. Die kumulierten Mehrinvestitionen von 360 Mrd. bzw. 550 Mrd. DM müssen den eingesparten Energiekosten gegenübergestellt werden, die im Jahre 2020 – ohne eingesparte Energiesteuern – 31 Mrd. DM in R1 bzw. 49 Mrd. DM in R2 betragen.

Auch das Ergebnis, daß die Investitionssummen – jeweils in Preisen von 1990 – in R1 und R2 insgesamt etwas über den notwendigen Investitions-

Tabelle 8.6-9: Gesamtenergiebedarf der Szenarien für 2020 für die alten Bundesländer

	1987	2020 Referenz	2020 R1	2020 R2
Gesamtenergiebedarf (PJ) [1]				
Steinkohle	1 878	1 434	897	1 132
Braunkohle	1 016	774	340	435
Mineralöl	4 060	3 082	2 291	1 807
Gas	2 250	2 839	2 528	2 585
Regenerative	319	444	512	1 085
Kernkraft	1 233	1 727	1 727	0
Stromimportsaldo	36	14	30	30
gesamt	10 792	10 315	8 425	7 074
Struktur des Gesamtenergiebedarfs (%)				
Steinkohle	*17*	*14*	*11*	*16*
Braunkohle	*9*	*8*	*4*	*6*
Mineralöl	*38*	*30*	*27*	*26*
Gas	*21*	*28*	*30*	*37*
Regenerative	*3*	*6*	*7*	*15*
Kernkraft	*11*	*17*	*20*	*0*
Stromimportsaldo	*0*	*0*	*0*	*0*
CO_2-Emissionen (Mio. t)		612	430	430
kumulierte Mehrinvestitionen (Mrd. DM 1990)			357	549 [2]
Energiekosteneinsparung in 2020 ohne Steuern (Mrd. DM 1990)			31	49
Energiesteueraufkommen in 2020 (Mrd. DM 1990)			30	26

Anmerkungen:

[1]) Abweichungen vom Primärenergieverbrauch durch Nichtberücksichtigung des nichtenergetischen Verbrauchs.

[2]) ohne Ausstiegskosten zusätzlich +31 Mrd. DM 1990 für Kernenergieausstieg.

summen für die Reduktionsszenarien Energiepolitik bzw. Kernenergieausstieg der alten Enquête-Kommission liegen, erscheint plausibel. Zu beachten ist erstens das methodische Vorgehen, die Investitionssummen jeweils als Differenz gegenüber dem Referenzszenario – und nicht gegenüber dem Ausgangsjahr wie im Dritten Bericht – auszuweisen, was bei dem deutlich längeren Zeithorizont und den entsprechend höheren, zur Reinvestition anstehenden Anlagen die erforderlichen Reinvestitionen im Referenzszenario erhöht und entsprechend die Differenz gegenüber den Reduktionsszenarien senkt. Zweitens beträgt die einzusparende CO_2-Menge zwischen dem Referenzszenario und den Reduktionsszenarien – auf die sich die Investitionssummen beziehen – in der vorliegenden Studie 182 Mio. t CO_2, verglichen mit der Reduktion von 205 Mio. t CO_2, auf die sich die Angaben der Investitionssummen im Dritten Bericht der Enquête-Kommission (11. WP) beziehen. Folglich ist es notwendig, nicht die absoluten, sondern die spezifischen Investitionssummen – jeweils in Preisen von 1990 – pro jährlich eingesparter Tonne CO_2 zu vergleichen. Diese betragen für das Reduktionsszenario R1 1960 DM/t CO_2, für R2 3 020 DM/t CO_2. Damit liegen die spezifischen Investitionssummen in etwa 20 Prozent höher als bei den korrespondierenden Szenarien „Energiepolitik" (1 650 DM/t CO_2) und „Kernenergieausstieg 2005" (2 570 DM/t CO_2) der alten Enquête-Kommission. Dieser Unterschied scheint aber insofern plausibel zu sein, als der Tendenz nach das insgesamt höhere CO_2-Reduktionsniveau (40% statt 28%) steigende Grenzinvestitionen erwarten läßt, auch wenn dies nicht für alle Bereiche – so z. B. für die durch den längeren Zeitraum zusätzlich zur Reinvestition anfallenden, ein erhebliches CO_2-Reduktionspotential darstellenden Altbauten – gilt. Darüber hinaus ist zu bedenken, daß auch die bis 2020 zu erwartenden Produktivitätsfortschritte in Richtung einer Senkung der Grenzkosten der CO_2-Reduktion wirken. Insgesamt zeigen diese Plausibilitätsüberlegungen, daß die hier vorgestellten Energieszenarien im Einklang mit dem im Dritten Bericht der Enquête-Kommission des Deutschen Bundestages (11. WP) entwickelten Szenarien stehen und daher eine ausreichend fundierte Grundlage bilden, um darauf aufbauend die Analyse der gesamtwirtschaftlichen Auswirkungen vornehmen zu können.

8.7 Gesamtwirtschaftliche und strukturelle Auswirkungen der Emissionsminderungsstrategien (ISI/DIW)

8.7.1 Impulse

Die Folgewirkungen von CO_2-Minderungsmaßnahmen auf makroökonomischer Ebene sind mit Hilfe von Simulationsrechnungen mit einem ökonometrischen Modell quantitativ analysiert worden. Ausgangspunkt sind die wirtschaftlichen Impulse von CO_2-Minderungsmaßnahmen, wie sie im Rahmen der oben beschriebenen Energieszenarien – dem Reduktionsszenario R1 („Kernenergie-Weiterbetrieb") und dem Reduktionsszenario R2 („Kernenergie-Ausstieg") – ermittelt worden sind (vgl. Kapitel 8.5.2).

Die Größenordnung der Impulse im Verhältnis zum Niveau gesamtwirtschaftlicher Aggregate im Simulationszeitraum 1995 bis 2020 ist im allgemeinen gering, so daß bereits von daher keine dramatischen Folgewirkungen zu erwarten sind (Tabelle 8.7-1). Die größte relative Veränderung gegenüber dem Referenzszenario ergibt sich bei den Wohnungsbauinvestitionen, die um gut 4% bzw. knapp 6% (Szenario „Kernenergie-Weiterbetrieb" bzw. „Kernenergie-Ausstieg") höher sind.

Tabelle 8.7-1: Gesamtwirtschaftliche Impulse von CO_2-Minderungsmaßnahmen

	in % der Bezugszahlen im Durchschnitt der Jahre 1995 bis 2020	
	Kernenergie-Weiterbetrieb (R1)	Kernenergie-Ausstieg (R2)
Energiesparinvestitionen im Vergleich zu den Anlageinvestitionen der Unternehmen und des Staates	1,2	1,7
in Wohnungen i.V.z.d. Wohnungsbauinvestitionen	4,2	5,9
von Unternehmen i.V.z.d. Anlageinvestitionen der Unternehmen	0,3	0,5
des Staates i.V.z.d. Anlageinvestionen des Staates	1,6	2,0
Gerätekäufe der privaten Haushalte i.V.z.d. privaten Verbrauch	0,0	0,0
Energiesteuer i.V.z.d. Steueraufkommen	1,9	1,7
Energieimporte i.V. zur Einfuhr	–0,5	–0,6

8.7.2 Ergebnisse der gesamtwirtschaftlichen Analysen

Für die vier untersuchten Fälle, die sich aus der Kombination der Energieszenarien R1 (Kernenergie-Weiterbetrieb) und R2 (Kernenergie-Ausstieg) mit den ökonomischen Szenarien „günstige" und „ungünstige" Bedingungen ergeben, kommen die Modellsimulationen unter den unterschiedlichen Randbedingungen zu keinen gesamtwirtschaftlichen Auswirkungen, die als gravierend anzusehen wären (Tabellen 8.7-2 bis 8.7-5 sowie Abbildungen 8.7-1 und 8.7-2). Das Bruttosozialprodukt ist in den CO_2-Minderungsszenarien im Durchschnitt des Untersuchungszeitraums – je nach Szenario-Annahmen um bis zu 0,7 % – höher als im Referenzszenario. Auch die Preise steigen gegenüber dem Referenzszenario an – im Durchschnitt um bis zu 0,7 %. In allen hier gerechneten Varianten nimmt auch die Beschäftigung zu; der durchschnittliche Anstieg um bis zu 0,3 % entspricht bei 30 Mio. Erwerbstätigen in Westdeutschland 90 000 Personen.

Kernenergie-Weiterbetrieb und -Ausstieg

Die Szenarien, die von einem Kernenergie-Ausstieg ausgehen, unterscheiden sich von denen, bei denen ein Kernenergie-Weiterbetrieb angenommen wird, durch höhere Investitionen, die erforderlich sind, um das angestrebte CO_2-Minderungsziel zu erreichen. Außerdem entstehen zusätzliche Kosten durch die Stillegung nicht vollständig abgeschriebener Anlagen, die allerdings gesamtwirtschaftlich gegenüber anderen Kosten kaum ins Gewicht fallen. Geht man davon aus, daß damit die gesamtwirtschaftlichen Impulse eines Kernenergie-Ausstiegs beschrieben sind, dann kommt man zu dem Ergebnis, daß die Unterschiede beider Strategien für die längerfristige Entwicklung der gesamtwirtschaftlichen Zielgrößen Wachstum, Preisniveaustabilität und Beschäftigung relativ klein sind. Diese Unterschiede sind kleiner als die Unsicherheitsgrenzen, die sich aus den Berechnungen nach günstigen und ungünstigen Bedingungen ergeben.

Ungünstige und günstige Bedingungen

Die Auswirkungen von CO_2-Minderungsstrategien auf gesamtwirtschaftliche Schlüsselgrößen unterscheiden sich jedoch in Abhängigkeit von den Rahmenbedingungen, unter denen sie durchgeführt werden. Dies gilt vor allem für den realen privaten Verbrauch, der als Indikator für die materielle Güterversorgung gelten kann. Unter eher ungünstigen

Tabelle 8.7-2: Gesamtwirtschaftliche Auswirkungen des Szenarios R 1 (Kernenergie-Weiterbetrieb) unter günstigen Bedingungen – Abweichungen gegenüber dem Referenzszenario in Prozent[1])

	1995	2005	2020
Erwerbstätige	0,5	0,1	– 0,1
Produktivität (je Erwerbstätigen)	0,8	0,5	0,4
Bruttoinlandsprodukt real	1,3	0,7	0,3
– Privater Verbrauch real	1,2	0,3	0,1
– Anlageinvestitionen des Staates real	2,3	1,5	1,2
– Anlageinvestitionen der Unternehmen real	5,3	2,3	0,6
darunter: Wohnungsbauinvestitionen	12,4	5,6	1,1
– Exporte real	0,1	0,0	0,2
– Importe real	1,5	0,0	– 0,2
Bruttosozialprodukt nominal	2,2	1,0	0,2
Preisindex des privaten Verbrauchs	0,1	0,4	– 0,1
Preisindex der Exporte	– 0,1	0,1	– 0,4
Preisindex der Importe	0,2	0,3	0,0
Preisindex des BSP	0,9	0,4	– 0,2
Bruttoeinkommen aus unselbständiger Arbeit	1,6	1,0	0,2
Bruttoeinkommen aus Unternehmertätigkeit und Vermögen	4,0	0,5	0,0
Volkseinkommen	2,4	1,0	0,1
Nettolöhne und -gehälter	1,7	0,9	0,1
Nettoeinkommen aus Unternehmertätigkeit und Vermögen	4,8	0,8	0,0
nachrichtlich:			
Finanzierungssaldo Staat (Mrd. DM)	11,7	12,9	7,4
Lohnquote (Prozentpunkte)	– 0,5	0,0	0,0

[1]) Soweit nicht anders angegeben

Quelle: Simulationsrechnungen mit dem DIW-Langfristmodell

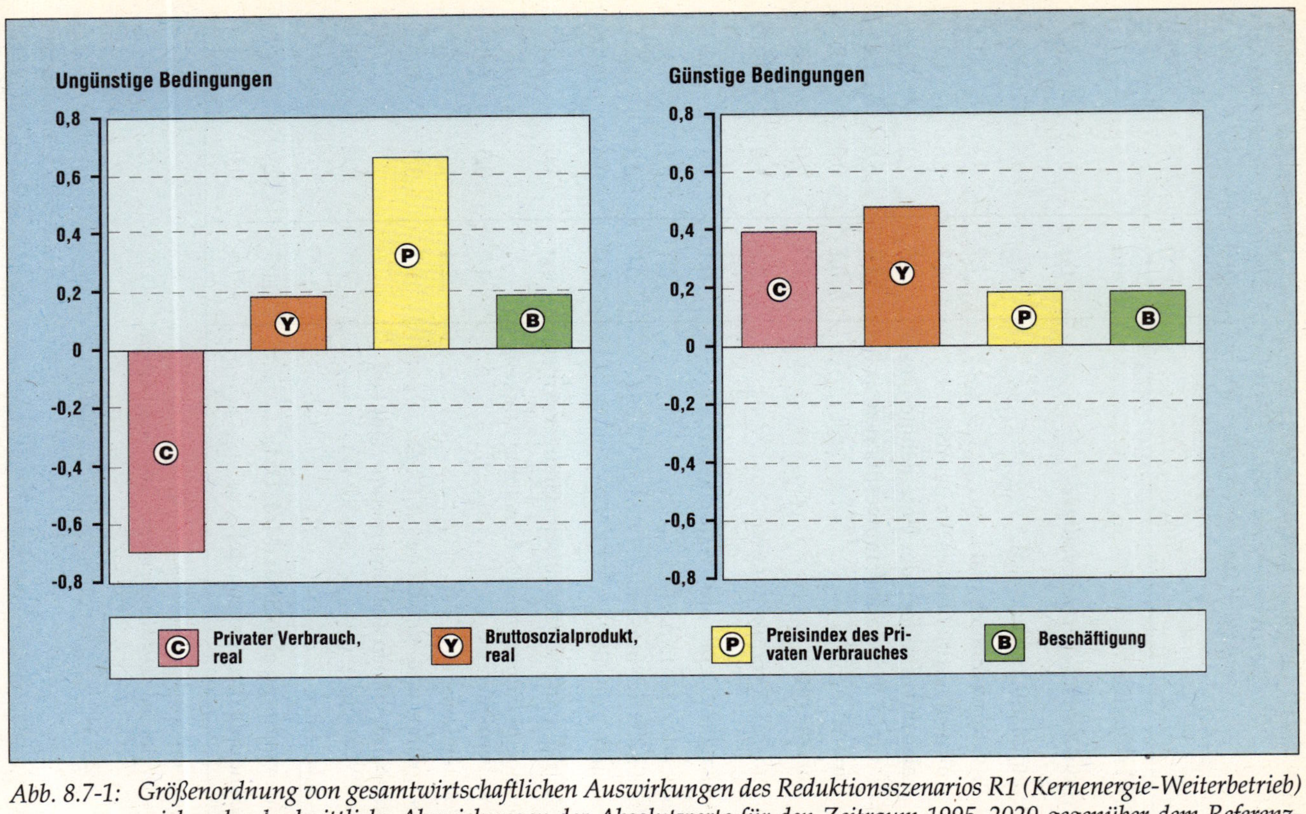

Abb. 8.7-1: Größenordnung von gesamtwirtschaftlichen Auswirkungen des Reduktionsszenarios R1 (Kernenergie-Weiterbetrieb) – jahresdurchschnittliche Abweichungen der Absolutwerte für den Zeitraum 1995–2020 gegenüber dem Referenzszenario in %

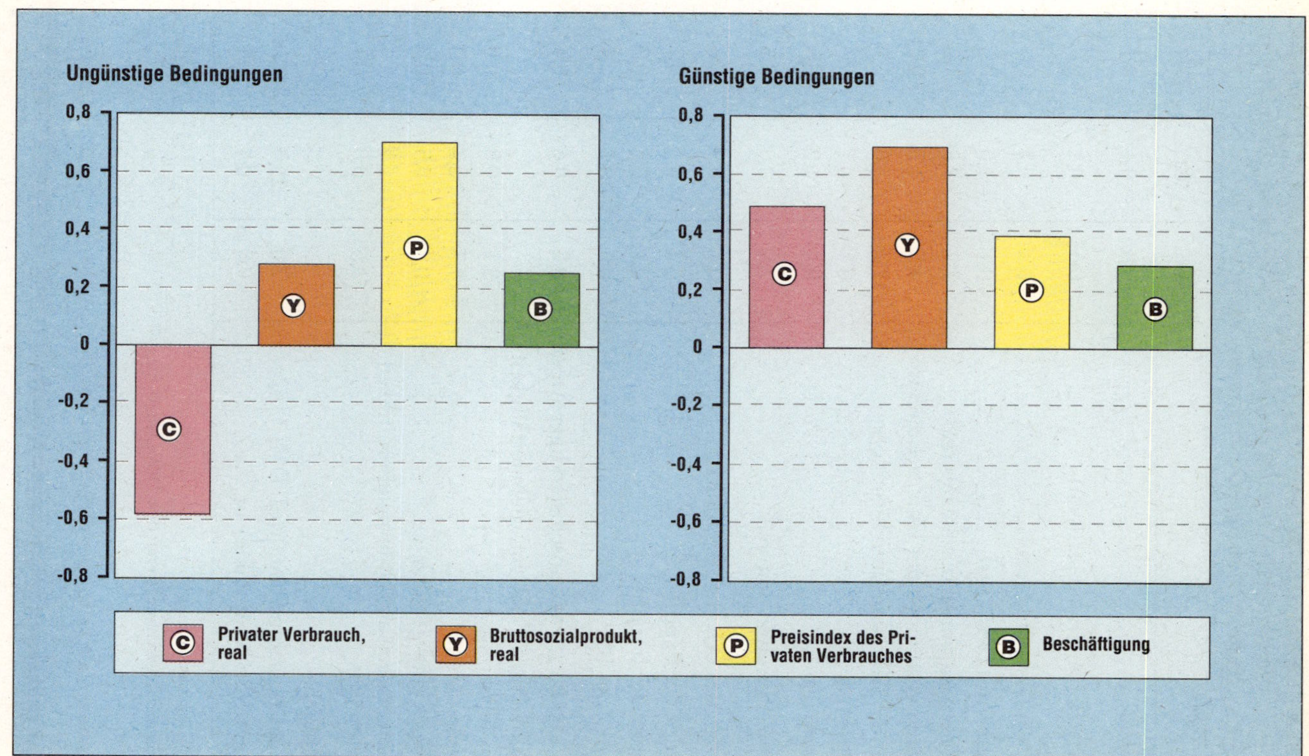

Abb. 8.7-2: Größenordnung von gesamtwirtschaftlichen Auswirkungen des Reduktionsszenarios R2 (Kernenergie-Ausstieg) – jahresdurchschnittliche Abweichungen der Absolutwerte für den Zeitraum 1995–2020 gegenüber dem Referenzszenario in %

Tabelle 8.7-3: Gesamtwirtschaftliche Auswirkungen des Szenarios R 1 (Kernenergie-Weiterbetrieb) unter ungünstigen Bedingungen – Abweichungen gegenüber dem Referenzszenario in Prozent[1])

	1995	2005	2020
Erwerbstätige	0,3	0,1	0,1
Produktivität (je Erwerbstätigen)	0,6	0,1	– 0,0
Bruttoinlandsprodukt real	0,9	0,2	0,1
– Privater Verbrauch real	– 0,1	– 1,0	– 0,6
– Anlageinvestitionen des Staates real	2,3	1,8	1,2
– Anlageinvestitionen der Unternehmen real	4,5	1,5	0,2
darunter: Wohnungsbauinvestitionen	12,4	5,6	1,1
– Exporte real	0,1	0,1	0,1
– Importe real	0,4	– 1,2	– 0,5
Bruttosozialprodukt nominal	1,4	0,0	0,5
Preisindex des privaten Verbrauchs	0,1	0,9	0,6
Preisindex der Exporte	– 0,2	0,2	0,1
Preisindex der Importe	0,1	0,5	0,3
Preisindex des BSP	0,5	0,7	0,4
Bruttoeinkommen aus unselbständiger Arbeit	0,7	0,6	0,4
Bruttoeinkommen aus Unternehmertätigkeit und Vermögen	3,1	0,0	– 0,0
Volkseinkommen	1,5	0,4	0,3
Nettolöhne und -gehälter	0,9	0,5	0,3
Nettoeinkommen aus Unternehmertätigkeit und Vermögen	3,5	– 0,0	– 0,1
nachrichtlich:			
Finanzierungssaldo Staat (Mrd. DM)	7,0	25,5	46,0
Lohnquote (Prozentpunkte)	– 0,5	0,1	0,1

[1]) Soweit nicht anders angegeben

Quelle: Simulationsrechnungen mit dem DIW-Langfristmodell

Tabelle 8.7-4: Gesamtwirtschaftliche Auswirkungen des Szenarios R 2 (Kernenergie-Ausstieg) unter günstigen Bedingungen – Abweichungen gegenüber dem Referenzszenario in Prozent[1])

	1995	2005	2020
Erwerbstätige	0,7	0,7	– 0,0
Produktivität (je Erwerbstätigen)	1,3	0,7	0,5
Bruttoinlandsprodukt real	2,0	0,9	0,1
– Privater Verbrauch real	1,9	0,5	0,1
– Anlageinvestitionen des Staates real	2,8	2,1	1,4
– Anlageinvestitionen der Unternehmen real	8,0	3,2	0,8
darunter: Wohnungsbauinvestitionen	10,4	8,0	1,1
– Exporte real	0,1	– 0,0	0,2
– Importe real	2,4	0,2	– 0,4
Bruttosozialprodukt nominal	3,3	1,5	0,3
Preisindex des privaten Verbrauchs	0,2	0,6	– 0,1
Preisindex der Exporte	– 0,1	0,1	– 0,5
Preisindex der Importe	0,2	0,4	0,6
Preisindex des BSP	1,4	0,7	– 0,2
Bruttoeinkommen aus unselbständiger Arbeit	2,4	1,5	0,3
Bruttoeinkommen aus Unternehmertätigkeit und Vermögen	6,1	1,4	0,0
Volkseinkommen	3,6	1,5	0,2
Nettolöhne und -gehälter	2,5	1,3	0,2
Nettoeinkommen aus Unternehmertätigkeit und Vermögen	7,2	1,3	– 0,0
nachrichtlich:			
Finanzierungssaldo Staat (Mrd. DM)	18,2	15,3	15,5
Lohnquote (Prozentpunkte)	– 0,8	0,0	0,1

[1]) Soweit nicht anders angegeben

Quelle: Simulationsrechnungen mit dem DIW-Langfristmodell

Tabelle 8.7-5: Gesamtwirtschaftliche Auswirkungen des Szenarios R 2 (Kernenergie-Ausstieg) unter ungünstigen Bedingungen – Abweichungen gegenüber dem Referenzszenario in Prozent[1])

	1995	2005	2020
Erwerbstätige	0,5	0,2	0,2
Produktivität (je Erwerbstätigen)	0,8	0,2	– 0,1
Bruttoinlandsprodukt real	1,3	0,4	0,1
– Privater Verbrauch real	– 0,1	– 1,0	– 0,5
– Anlageinvestitionen des Staates real	2,8	2,1	1,4
– Anlageinvestitionen der Unternehmen real	6,7	2,3	0,3
darunter: Wohnungsbauinvestitionen	18,4	8,0	1,1
– Exporte real	0,0	– 0,1	– 0,1
– Importe real	0,5	– 1,2	– 1,0
Bruttosozialprodukt nominal	2,1	1,3	0,0
Preisindex des privaten Verbrauchs	0,1	0,9	0,5
Preisindex der Exporte	– 0,0	0,8	0,8
Preisindex der Importe	0,2	0,5	0,4
Preisindex des BSP	0,9	1,0	0,7
Bruttoeinkommen aus unselbständiger Arbeit	1,1	0,8	0,6
Bruttoeinkommen aus Unternehmertätigkeit und Vermögen	4,9	0,9	0,8
Volkseinkommen	2,2	0,8	0,5
Nettolöhne und -gehälter	1,2	0,5	0,4
Nettoeinkommen aus Unternehmertätigkeit und Vermögen	5,6	0,8	0,5
nachrichtlich:			
Finanzierungssaldo Staat (Mrd. DM)	9,8	29,5	58,8
Lohnquote (Prozentpunkte)	– 0,8	– 0,0	– 0,0

[1]) Soweit nicht anders angegeben

Quelle: Simulationsrechnungen mit dem DIW-Langfristmodell

Umständen, wie sie im Vorhergehenden erläutert worden sind, ist der reale private Verbrauch im Durchschnitt des Untersuchungszeitraums um bis zu 0,7% niedriger als ohne die CO_2-Minderungsmaßnahmen. Unter günstigen Bedingungen kann er dagegen um fast ein halbes Prozent höher sein. Diese prozentualen Veränderungen müssen vor dem Hintergrund der im Analyseraster der Kommission vorgegebenen Rahmenannahmen interpretiert werden, die in etwa einer Verdoppelung des Sozialprodukts und der daraus abgeleiteten Größen zwischen 1990 und 2020 entsprechen. Im ungünstigen Fall werden also die CO_2-Minderungsmaßnahmen durch einen geringfügigen Verzicht auf Konsumsteigerungen finanziert. Im günstigen Fall werden durch die Produktivitätssteigerungen sowohl die Minderungsmaßnahmen als auch eine zusätzliche geringfügige Konsumsteigerung finanziert.

Unter ungünstigen Umständen ist auch mit stärkeren Preissteigerungen zu rechnen, vor allem deshalb, weil hier eine nur teilweise Rückführung des Energiesteueraufkommens angenommen wird. Solange allerdings Verteilungsauseinandersetzungen vermieden werden können und keine Lohn-Preis-Spirale in Gang kommt, bleibt der Preisanstieg durch die CO_2-Minderungsmaßnahmen auch unter ungünstigen Umständen gering. Unter günstigen Umständen wird der Anstieg der Kosten der Unternehmen infolge der Einführung einer Energiesteuer und infolge der Aufwendungen für Energiesparinvestitionen durch die vollständige Rückführung des Steueraufkommens (hier in Form niedrigerer indirekter Steuern) und durch Produktivitätssteigerungen ausgeglichen. Der Preisindex des privaten Verbrauchs ist hier nur vorübergehend etwas höher als im Referenzszenario.

Unter ungünstigen Bedingungen hat das höhere Sozialprodukt im Durchschnitt des Untersuchungszeitraums eine Zunahme der Beschäftigung im gleichen Umfang zur Folge, die gesamtwirtschaftliche Produktivität bleibt – von kurzfristigen Schwankungen abgesehen – unverändert.

Unter günstigen Bedingungen erhöht sich das Sozialprodukt stärker als unter ungünstigen. Zu den „günstigen Bedingungen" gehört aber auch, daß mit den CO_2-Minderungsmaßnahmen eine umfassendere Modernisierung des gesamten Produktionsapparates verbunden ist, so daß sich die Produktivität nicht nur vorübergehend – wie unter ungünstigen Bedingungen – sondern dauerhaft erhöht. Dies bedeutet zunächst, daß die Zunahme der Beschäftigung unter günstigen Bedingungen nicht höher ist als unter ungünstigen. Wirtschaftspolitische Maßnahmen, die neue Aktivitätsfelder erschließen, könnten aber zu einer stärkeren Zunahme der Beschäftigung führen.

Kurz- und langfristige Wirkungen

Der zeitliche Verlauf der gesamtwirtschaftlichen Folgewirkungen der CO_2-Minderungsmaßnahmen ist für beide Reduktionsszenarien gleich. Kurzfristig sind die Abweichungen vom Referenzpfad stärker, längerfristig nähern sich die gesamtwirtschaftlichen Zielgrößen tendenziell wieder den Entwicklungspfaden des Referenszenarios. Dies erklärt sich dadurch, daß die zusätzliche Nachfrage, die durch die CO_2-Minderungsmaßnahmen ausgelöst wird, anfangs – bei deutlicher Unterauslastung des Produktionspotentials – als Konjunkturprogramm wirkt. Aufgrund von Multiplikatorprozessen nehmen Produktion und Einkommen über das Maß der Nachfrageimpulse hinaus zu. Da anfangs Produktivitätsreserven mobilisiert werden können, steigt die Beschäftigung nur wenig an. Die Produktivitätszunahme dämpft außerdem die Stückkosten, so daß die Preise anfangs trotz der höheren Kapazitätsauslastung nur geringfügig höher sind als ohne die CO_2-Minderungsmaßnahmen.

Im Laufe der Zeit jedoch werden die Nachfrageimpulse – vor allem aus den Energiesparmaßnahmen in Wohngebäuden – schwächer. Außerdem führt die Dynamik ökonomischer Erwartungen und Reaktionen dazu, daß die Multiplikatorwirkungen im Laufe der Zeit abnehmen. Gleichzeitig gewinnen kontraktive Impulse – insbesondere der Energiesteuern, soweit sie nicht zurückgeführt werden – an Gewicht. Dies erhöht auch die Kostenbelastung, so daß sich die Preise stärker erhöhen als zu Beginn des Simulationszeitraums.

Je nachdem, ob die CO_2-Minderungsmaßnahmen unter günstigen oder unter ungünstigen Rahmenbedingungen durchgeführt werden, ergeben sich Unterschiede der zeitlichen Dynamik der Folgewirkungen. Unter ungünstigen Bedingungen ist die zusätzliche Investitionsgüternachfrage geringer, da den Energiesparinvestitionen der Unternehmen (ohne Wohnungsbauinvestitionen) hier eine Verringerung der produktiven Investitionen im gleichen Umfang gegenübersteht. Dadurch, daß produktive Investitionen verdrängt werden, wird längerfristig auch die Produktivitätsentwicklung beeinträchtigt. Dies geht zu Lasten der Realeinkommen der privaten Haushalte. Hinzu kommt, daß in diesem Szenario ein Teil der Energiesparinvestitionen in Wohnungen durch Einschränkung der Verbrauchsausgaben finanziert wird und nicht durch Reduktion der Ersparnisse wie im Szenario „günstige Bedingungen". Der private Verbrauch ist aus diesen Gründen merklich niedriger als im Referenzszenario. Die Verschiebung der Verwendungsstruktur vom Verbrauch zu Energiesparinvestitionen ändert aber das Niveau des Sozialprodukts und der Beschäftigung nur wenig.

Unter günstigen Bedingungen sind die Energiesparinvestitionen mit einer Modernisierung des Anlagevermögens verbunden, so daß es zu dauerhaften Produktivitätsgewinnen kommt. Deswegen sind in diesem Szenario längerfristig der private Verbrauch und das Sozialprodukt etwas höher und die Preise etwas niedriger als im Referenzszenario. Die Beschäftigung ist in diesem Fall am Ende des Simulationszeitraums, jedenfalls ohne zusätzliche angebotspolitische Maßnahmen, etwas geringer.

Bei der Bewertung dieser Ergebnisses sind allerdings die Einschränkungen, denen eine solche Analyse immer unterliegt, zu berücksichtigen:

- Umweltpolitische Maßnahmen lösen vielfältige komplexe Impulse aus, die teilweise nur schwer oder auch gar nicht zu quantifizieren sind. Hier sind lediglich die Folgewirkungen der oben im einzelnen beschriebenen Impulse ermittelt worden. Insbesondere betont der hier gewählte Untersuchungsansatz die Substitutionsmöglichkeiten von Energie durch Kapital, während produktionstheoretisch hergeleitete Faktornachfragefunktionen Substitutionsmöglichkeiten zwischen Energie und Arbeit in den Vordergrund stellen.
- Modellierungsansätze, die auf unterschiedlichen wirtschaftstheoretischen Vorstellungen fußen, können zu unterschiedlichen Schlußfolgerungen führen. Das hier verwendete Modell ist nicht nur nachfrageorientiert, sondern berücksichtigt auch Angebotselemente. Soweit Unsicherheiten bezüglich der Abbildung von wesentlichen Wirkungsmechanismen durch das Modell bestehen, ist versucht worden, dem durch die Variation von Annahmen in Form von Szenarioanalysen Rechnung zu tragen.
- Auch bei den Szenarioanalysen konnten nicht alle Unsicherheiten vollständig ausgelotet werden. Dies gilt vor allem für die Risiken im Außenhandelsbereich, z. B. für die quantitative Wettbewerbsfähigkeit, die mit einer CO_2-Minderungsstrategie verbunden sind. Auf der anderen Seite kann sich auch die qualitative Wettbewerbsfähigkeit durch die Klimaschutzmaßnahmen verbessern. So zeigen z. B. Außenhandelsanalysen, daß die Exporte energiesparender Industriewaren seit 1976 etwa zwei Drittel schneller zunahmen als der Durchschnitt der Exporte der alten Bundesländer.

Modellgestützte Simulationsläufe zur Analyse der gesamtwirtschaftlichen Auswirkungen von Klimaschutzmaßnahmen konnten für Ostdeutschland nicht durchgeführt werden. Quantitativ und qualitativ sind aber die gleichen gesamtwirtschaftlichen Folgewirkungen von Impulsen von CO_2-Minderungsmaßnahmen wie in Westdeutschland zu erwarten. Hinzu kommt, daß im Zuge der ohnehin notwendigen umfassenden Erneuerung des Kapitalstocks erhebliche Möglichkeiten bestehen, kostengünstig Energieeinsparmaßnahmen durchzuführen. Allerdings wird die ostdeutsche Wirtschaft zunächst wohl nicht in der Lage sein, die Energieeinsparinvestitionen aus eigener Kraft zu finanzieren; sie wird dazu auf Transfers aus Westdeutschland angewiesen sein, die dort die wirtschaftliche Aktivität dämpfen können. Ausgeglichen werden kann das dadurch, daß ein Teil der Produktionseffekte der ostdeutschen Minderungsmaßnahmen in Westdeutschland wirksam wird. Dies gilt insbesondere für Produkte aus den Investitionsgüter produzierenden Bereichen, aber auch für bestimmte (produktionsorientierte) Dienstleistungen.

Für die Analyse der Auswirkungen von CO_2-Minderungsmaßnahmen auf die personelle Einkommensverteilung sind Makromodelle wie das DIW-Langfristmodell nicht geeignet. Die Verteilungseffekte konnten in ihrer Gesamtheit – d. h. einschließlich aller Anpassungsvorgänge – daher modellgestützt nicht untersucht werden.

Ansatzpunkt einer zumindest partiellen Analyse können die – je nach Einkommen unterschiedlichen – Anteile der Energieausgaben an den gesamten Verbrauchsausgaben der Haushalte bilden. Haushalte mit höherem Einkommen verwenden einen geringeren Anteil ihrer Verbrauchsausgaben für Energie, hingegen einen höheren Anteil für Kraftstoffe. Wegen der deutlich höheren Ausgabenanteile für Energie ist insgesamt eine leicht regressive Wirkung einer Verteuerung von Energie und Kraftstoffen zu vermuten. Ostdeutsche Haushalte sind wegen des höheren Anteils der Ausgaben für Energie und Kraftstoffe an den Haushaltseinkommen stärker betroffen als westdeutsche.

Dieser Ausgangspunkt der partiellen Analyse beschränkt sich nur auf einen Teil von Klimaschutzmaßnahmen, nämlich Energiepreiserhöhungen. Darüber hinaus ist auch zu erwarten, daß Anpassungsreaktionen auf die Energiepreiserhöhungen eine regressive Wirkung einer Energieverteuerung vermindern. Schließlich ist auch darauf hinzuweisen, daß durch die Modalitäten einer Rückführung des Energiesteueraufkommens die Verteilungswirkungen erheblich beeinflußt werden können (vgl. DIW, 1994).

8.7.3 Ergebnisse der strukturellen Auswirkungen

Die sektoralen Auswirkungen von Klimaschutzmaßnahmen wurden mit einem dynamischen Input-Output Modell untersucht. Entsprechend der gesamtwirtschaftlichen Analyse wurden jeweils die Abweichungen ermittelt, die die Reduktionsszenarien R1 (Kernenergie-Weiterbetrieb) und R2 (Kernenergie-Ausstieg) in Abweichung vom Referenzlauf induzieren. Hierbei wurden in Anlehnung an die Ergebnisse der gesamtwirtschaftli-

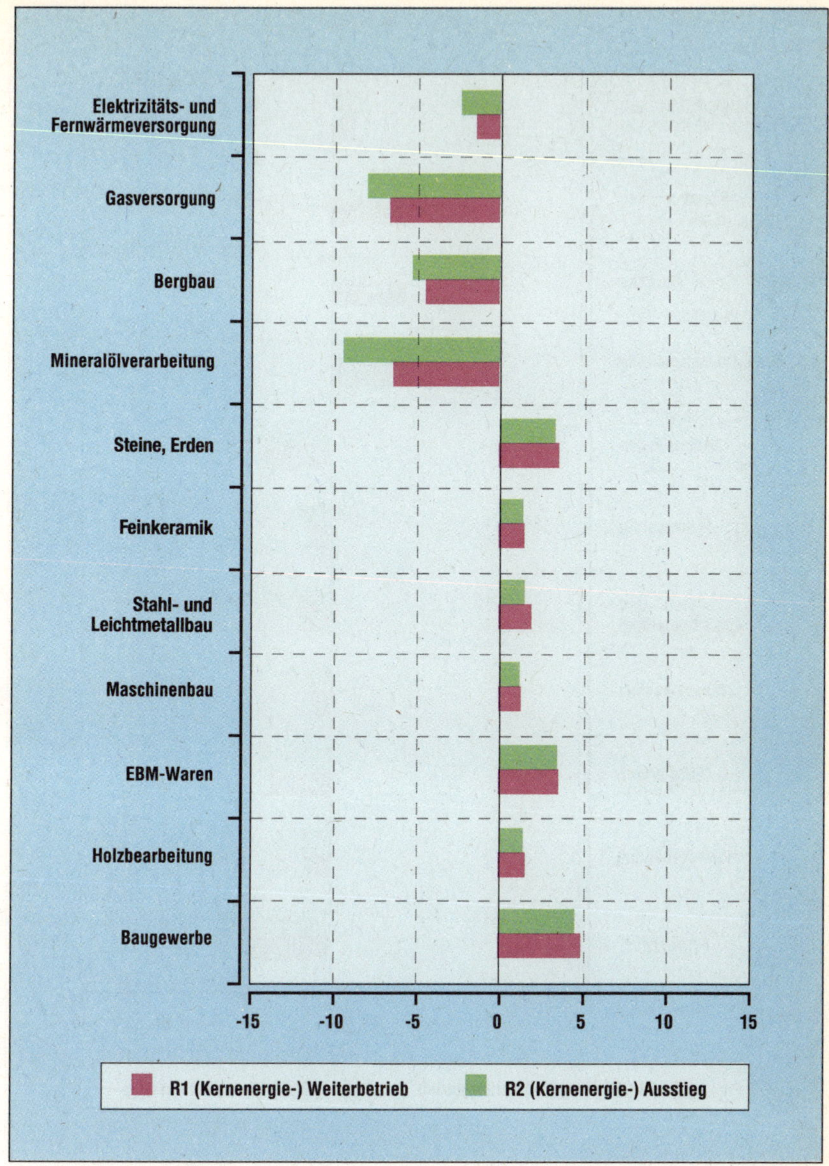

Abb. 8.7-3: Ausgewählte Strukturwirkungen von CO_2-Minderungsmaßnahmen auf die Produktion. Jahresdurchschnittliche Abweichungen für den Zeitraum 1995 bis 2020 gegenüber dem Referenzszenario in % – Variante ohne Kompensation

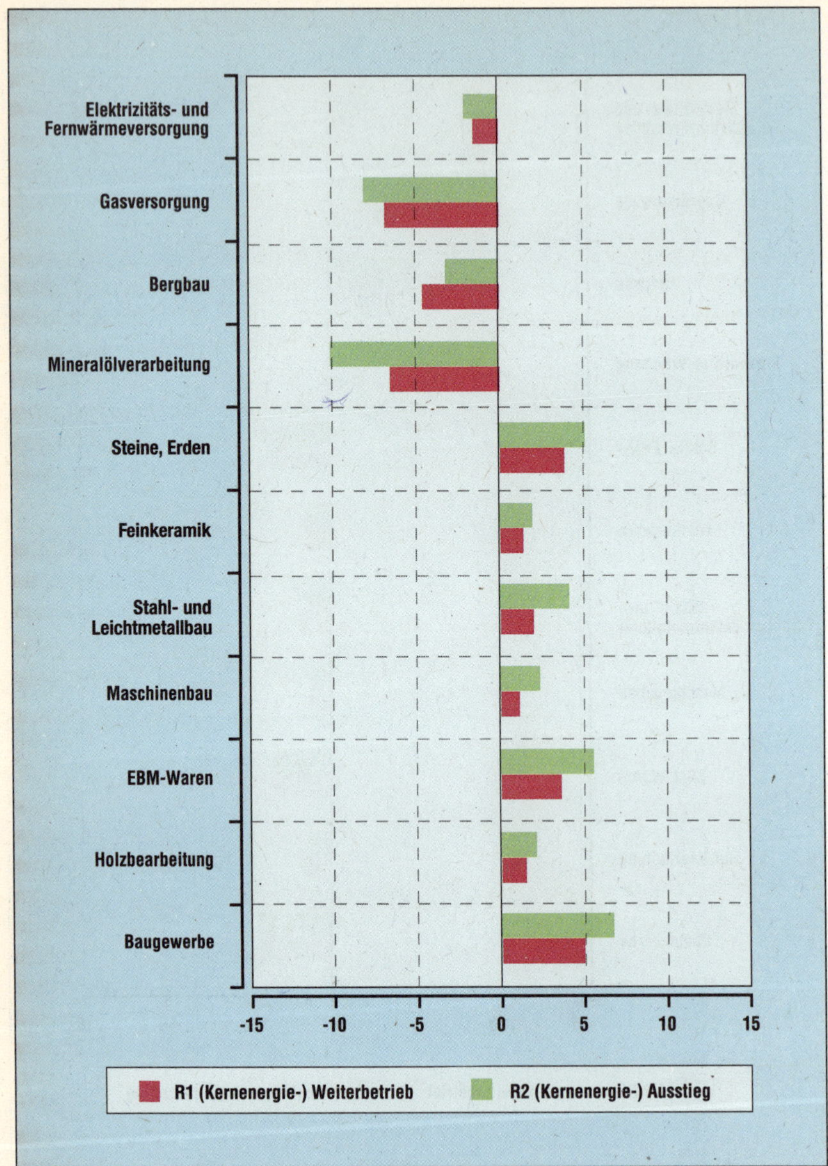

Abb. 8.7-4: Ausgewählte Strukturwirkungen von CO_2-Minderungsmaßnahmen auf die Produktion. Jahresdurchschnittliche Abweichungen für den Zeitraum 1995 bis 2020 gegenüber dem Referenzszenario in % – Variante mit Kompensation

chen Folgewirkungen jeweils zwei ökonomische Varianten betrachtet: Ein Szenario „ohne Kompensation", bei dem die durch verminderte Energiebezüge der Haushalte reduzierte private Endnachfrage nicht kompensiert wird, und ein Szenario „mit Kompensation", bei dem die private Endnachfrage konstant bleibt. Diese beiden Szenarien unterscheiden sich damit wie die günstige und ungünstige Variante der gesamtwirtschaftlichen Auswirkungen durch das Niveau der privaten Endnachfrage.

Die durchgeführten Modellsimulationen zu den sektoralen Folgewirkungen von CO_2-Minderungsstrategien kommen zu dem Ergebnis, daß von den betrachteten Minderungsmaßnahmen Strukturwirkungen ausgehen, die vor allem die Produktionsentwicklung der energieerzeugenden Sektoren (im Vergleich zur Referenzentwicklung) negativ berühren. Gleichzeitig gibt es aber auch Branchen der Volkswirtschaft, die von einer Umsetzung der durchzuführenden Minderungsmaßnahmen profitieren. Dies sind in beiden hier betrachteten Energieszenarien vor allem die Bauwirtschaft und die mit dieser Branche produktionstechnisch eng verbundenen Sektoren wie Steine und Erden, Stahl- und Leichtmetallbau sowie EBM-Waren. Positive Folgewirkungen – wenn auch in deutlich geringerem Umfang – ergeben sich für Investitionsgüter produzierende Sektoren, v. a. für den Maschinenbau.

Die Dimension des in der Volkswirtschaft insgesamt ausgelösten Strukturwandels ist – wenn man ihn an Gewichtsverschiebungen des Produktionswertes einzelner Sektoren am Gesamtproduktionswert aller Branchen der Volkswirtschaft mißt – angesichts der zeitlich langen Anpassungszeiträume eher gering. Aus Sicht einzelner Branchen kann er jedoch beachtlich sein.

Das Muster der sektoralen Folgewirkungen ist in beiden Energieszenarien sehr ähnlich und unterscheidet sich auch nicht hinsichtlich der jeweils betrachteten Varianten „ohne" bzw. „mit Kompensation". Das Ausmaß der ausgelösten Strukturwirkungen ist unterschiedlich, es ist im Fall des Kernenergie-Ausstiegsszenarios stärker ausgeprägt. Die strukturellen Anpassungserfordernisse an die Volkswirtschaft sind im Szenario R2 „Kernenergie-Ausstieg" also etwas größer. Der Unterschied ist aus ökonomischer Sicht – auch angesichts der langen Anpassungszeiträume – jedoch relativ gering.

8.7.4 Fazit

Als Fazit des Berichtes von FhG-ISI/DIW ist festzuhalten, daß das Ziel einer durch technische Maßnahmen bis zum Jahr 2020 zu erreichenden CO_2-Reduktion um 40 % gegenüber 1987 mit insgesamt geringen gesamtwirtschaftlichen Auswirkungen verbunden ist. Hierbei sind positive Effekte insbesondere kurzfristig zu erwarten.

Wichtigste Einflußgröße für die Ergebnisse stellt das Vorliegen günstiger oder ungünstiger Rahmenbedingungen dar. Werden bei günstigen Rahmenbedingungen die Reduktionsmaßnahmen gesamtwirtschaftlich aus zusätzlich induzierten Produktivitätsgewinnen finanziert, kommt es bei ungünstigen Bedingungen zu einer geringfügigen Reduktion der Steigerungen des privaten Verbrauchs um knapp 1 % gegenüber dem Referenzfall. Hierbei muß allerdings bedacht werden, daß entsprechend den Rahmenannahmen der Enquête-Kommission den Szenarien ein Wachstum von Sozialprodukt und Privatem Verbrauch um etwa das Doppelte bis 2020 zugrundeliegt.

Die Unterschiede zwischen den Reduktionsszenarien R1 und R2 sind weniger ausgeprägt als zwischen den ökonomischen Varianten günstige oder ungünstige Bedingungen. Dies ist ein Indiz dafür, daß bei der Auswahl der Klimaschutzstrategien nicht nach gesamtwirtschaftlichen Auswirkungen, sondern nach anderen Zielsetzungen entschieden werden sollte.

Die sektoralen Folgewirkungen von CO_2-Minderungsstrategien bestehen zum einen darin, daß die Produktionsentwicklung der energieerzeugenden Sektoren (im Vergleich zur Referenzentwicklung) negativ berührt wird. Gleichzeitig gibt es aber auch viele Branchen der Volkswirtschaft, die von einer Umsetzung der durchzuführenden Minderungsmaßnahmen profitieren. In erheblichem Ausmaß steigt die Produktion der Bauwirtschaft und der mit dieser Branche produktionstechnisch eng verbundenen Sektoren. Ebenfalls ergeben sich positive Folgewirkungen für die Investitionsgüter produzierenden Sektoren.

Insgesamt zeigen die geringen Unterschiede zwischen den beiden Reduktionsszenarien, daß zumindest innerhalb eines beträchtlichen Variationsspektrums der Inputdaten die Veränderungen der gesamtwirtschaftlichen Größen relativ gering sind. Da sich zudem die gesamtwirtschaftlichen Auswirkungen der Minderungsszenarien entsprechend den ökonomischen Impulsen nur in den Dimensionen, nicht aber in den Strukturen unterscheiden, sind auch bei anderen ökonomischen Impulsen als den gewählten ähnliche Ergebnismuster zu erwarten. Hinzu kommt, daß die ökonomischen Impulse auch bei variierenden Inputdaten nur einen geringen Anteil am Gesamtinvestitionsvolumen oder am Bruttoinlandsprodukt ausmachen.

8.7.5 Gesamtwirtschaftliche Auswirkungen von Klimaschutzsteuern (EWI)

(1) Auswirkungen der Klimasteuern bei Aufrechterhaltung der Kernenergienutzung (Reduktionsszenario 1)

Die gesamtwirtschaftlichen Auswirkungen der EU-weiten CO_2-/Energiesteuer bzw. der deutschen Endenergiesteuer werden in diesem Abschnitt für den Fall des Reduktionsszenarios 1 (Aufrechterhaltung der Kernenergienutzung) dargestellt. Die Darstellung bezieht sich auf den Fall der Rückerstattung des Steueraufkommens an die privaten Haushalte. Sie ist hinsichtlich Deutschlands auf das Gebiet der alten Bundesländer beschränkt.

(a) EU-Steuer

In Abbildung 8.7-5 sind die Auswirkungen der EU-Steuer auf die CO_2-Emissionen in Deutschland (West) und in der übrigen EU, jeweils für die Stichjahre 2005 und 2020, dargestellt. Gezeigt werden die prozentualen Unterschiede zum Referenzszenario.

Im Vergleich zum Referenzszenario bewirkt die Steuer im Jahre 2005 einen Rückgang der gesamten westdeutschen CO_2-Emissionen um rund 7,7 %. Damit wird durch die Steuer der projizierte Emissionsanstieg über den Zeitraum 1987 bis 2005 um rund zwei Drittel vermindert. Dieser Effekt bleibt aber hinter einer Stabilisierung oder gar Minderung der Emissionen des Jahres 1987 weit zurück.

Für das Jahr 2020 beträgt der Rückgang im Vergleich zum Referenzszenario rund 9,5 %. Hierdurch wird der für das Referenzszenario erwartete Anstieg im Zeitraum 1987 bis 2020 um etwas mehr als die Hälfte vermindert. Diese reduzierte Wirkung der Steuern im Zeitraum 2006 bis 2020 im Vergleich zu 1996 bis 2005 beruht auf der geringen Steigerung der Steuern ab 2006 (ab 2015 sinkt die Steuer real).

Differenziert nach Energieträgern ist der Rückgang bei Braunkohle am stärksten. Dies liegt weniger an der wegen des Kohlenstoffgehaltes höheren absoluten Belastung der Braunkohle durch die Steuer, als an ihrer, bedingt durch den niedrigen Basispreis, hohen prozentualen Verteuerung.

Bei der Steinkohle ist die Wirksamkeit der Steuer durch die Vorgaben zum Einsatz deutscher Steinkohle von vornherein stark eingeschränkt. Der Rückgang der steinkohlebedingten Emissionen ist ausschließlich auf den Rückgang der Importkohle zurückzuführen.

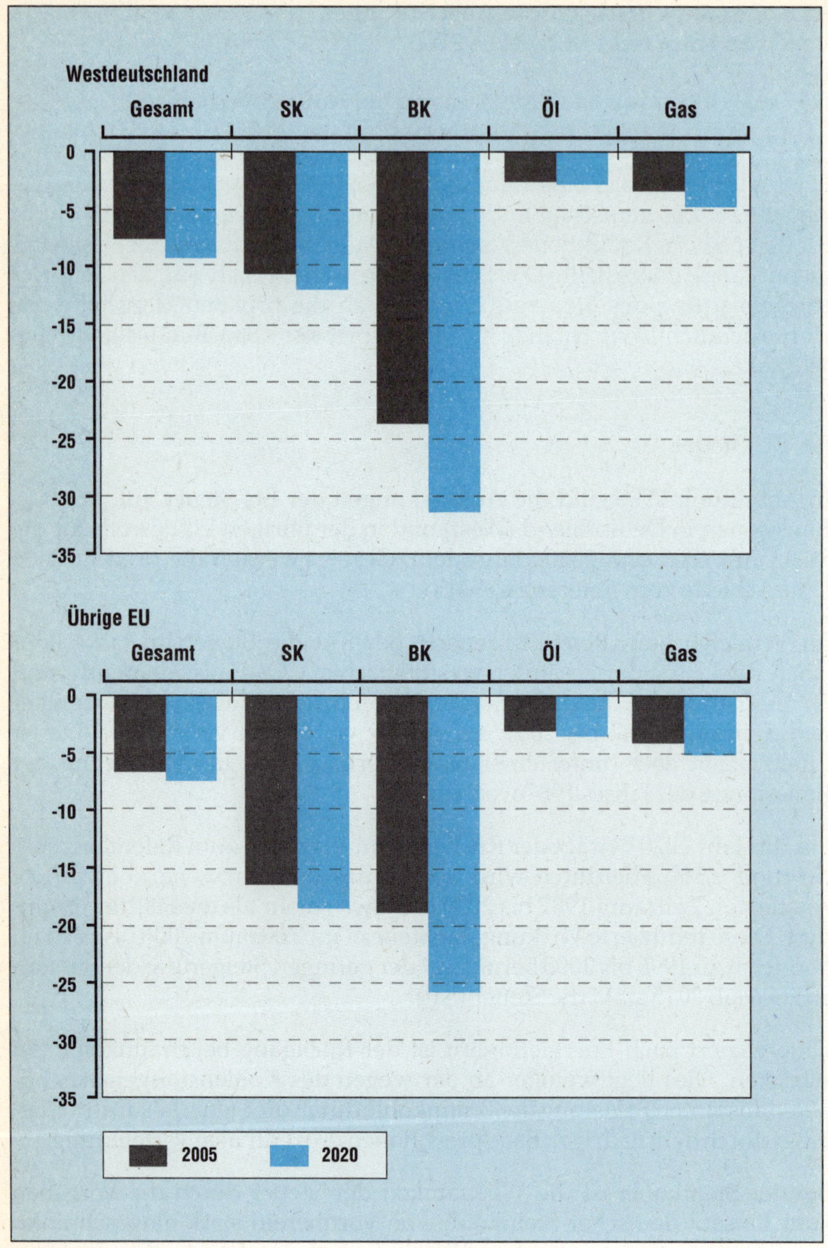

Abb. 8.7-5: Auswirkungen der EU-Steuer auf die CO_2-Emissionen

Am geringsten ist der Emissionsrückgang bei den Mineralölprodukten. Daß der Rückgang geringer ist als beim Erdgas, liegt hauptsächlich an der als besonders preisunelastisch eingestuften Kraftstoffnachfrage.

Der Vergleich mit der übrigen EU zeigt, daß der Emissionsrückgang dort, aufgrund der im Durchschnitt etwas geringeren CO_2-Intensität der Volkswirtschaften, etwas geringer ist als in Deutschland. Im Vergleich über die Energieträger besteht der wesentliche Unterschied darin, daß die steinkohlebedingten Emissionen wegen fehlender Mindestmengen wesentlich stärker abnehmen als in Deutschland. Hierbei spielt auch das geringere Ausgangspreisniveau eine Rolle, welches bedingt, daß die Steinkohle durch die Steuer prozentual stärker belastet wird als in Deutschland. Die Wirkungen auf den Output der Energiesektoren in Deutschland sind der Tabelle 8.7-6 zu entnehmen. Die Gründe für die unterschiedlichen Effekte sind im wesentlichen dieselben, die bei der Diskussion der Emissionsminderungswirkung genannt wurden.

Die makroökonomischen Auswirkungen der EU-Steuer sind in Abbildung 8.7-6 dargestellt. Im Jahre 2005 beträgt der Rückgang des BSP weniger als 0,1 % im Vergleich zum Referenzszenario; im Jahre 2020 beträgt er knapp 0,4 %. Die durchschnittliche Wachstumsrate über den Zeitraum 1995 bis 2020 wird damit um 0,016 Prozentpunkte vermindert, d. h. der Effekt der EU-Steuer auf die Wachstumsrate ist äußerst gering. Bei den makroökonomischen Aggregaten zeigen sich stark divergierende Wirkungen. Während der Konsum durch die Steuer leicht positiv beeinflußt wird, zeigt sich bei den Investitionen ein deutlicher Rückgang. Dies beruht auf der geringen Substituierbarkeit zwischen Energie und Kapital, die bedingt, daß der Kapitaleinsatz zwar nicht im gleichen Maß wie der Energieeinsatz abnimmt, aber doch wesentlich stärker als der Arbeitseinsatz (Beschäftigung). Wie ersichtlich wird die Beschäftigung im Jahre 2005 nur ganz geringfügig und im Jahre 2020 überhaupt nicht verändert.

Tabelle 8.7-6: Auswirkungen der EU-Steuer auf den Bruttoproduktionswert der Energiesektoren in Westdeutschland (prozentualer Unterschied zum Referenzszenario)

	Steinkohle	Braunkohle	Mineralöl	Gas	Elektrizität
2005	0,0	–22,9	–2,5	–2,4	–2,3
2020	0,0	–29,9	–2,6	–3,8	–3,4

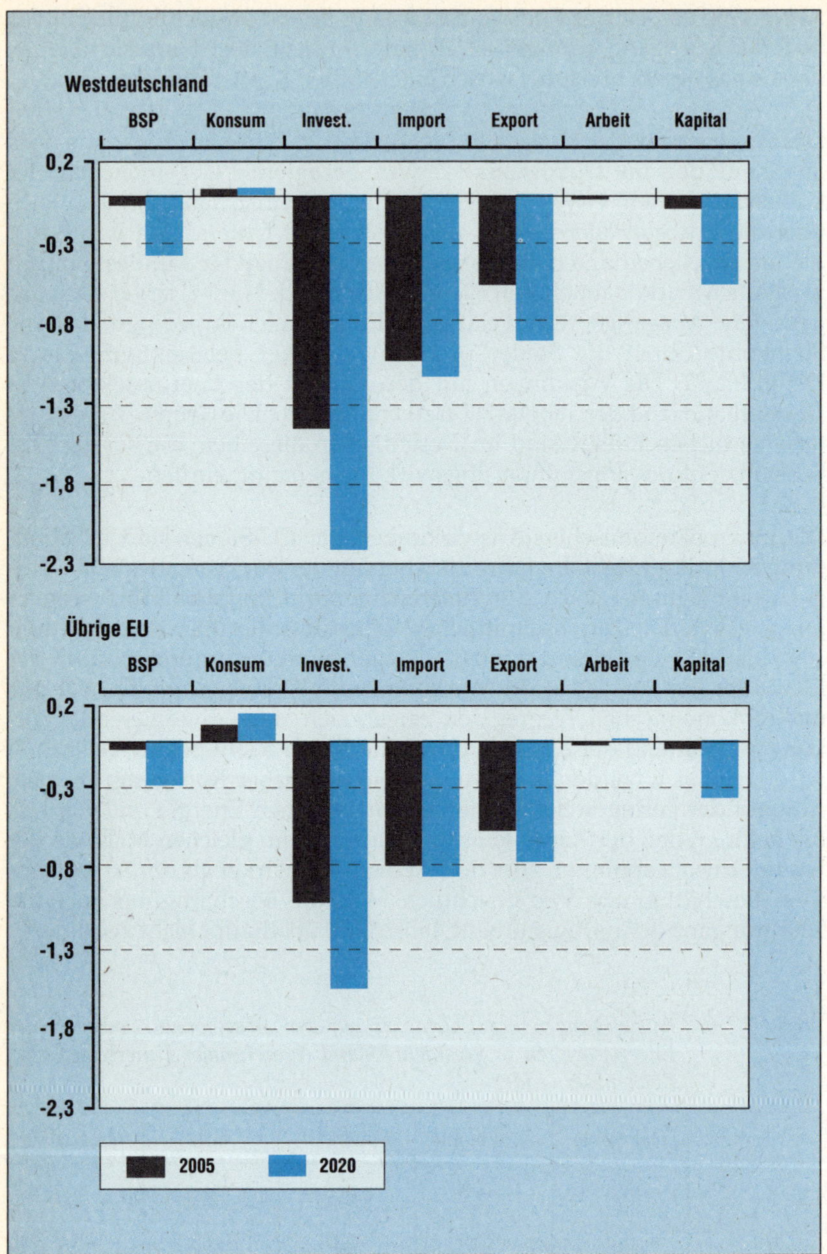

Abb. 8.7-6: Makroökonomische Auswirkungen der EU-Steuer

Hinsichtlich des Außenhandels ist festzustellen, daß die Importe stärker zurückgehen als die Exporte, daß sich die Leistungsbilanz also verbessert. Dies ist überwiegend auf die Abnahme der Energieimporte zurückzuführen, die den Rückgang der Exporte – aufgrund höherer Exportpreise – weit übertrifft. Wie ersichtlich ist diese Verbesserung der Leistungsbilanz im Jahre 2020 weniger ausgeprägt als im Jahre 2005, da der Wechselkurs sich in der Zwischenzeit in Reaktion auf das Leistungsbilanzungleichgewicht anpaßt.

Der Vergleich mit der übrigen EU zeigt, daß dort die gesamtwirtschaftlichen Effekte, ebenso wie die Wirkungen auf die Emissionen, etwas geringer sind als in Westdeutschland. Dagegen sind die qualitativen Ergebnisse sehr ähnlich. Lediglich die Leistungsbilanzverbesserung ist dort etwas weniger ausgeprägt als in Deutschland.

(b) Nationale Endenergiesteuer

Abbildung 8.7-7 zeigt die Auswirkungen der im nationalen Alleingang erhobenen Endenergiesteuer auf die CO_2-Emissionen in Westdeutschland und in der übrigen EU für die Stichjahre 2005 und 2020.

Der Rückgang der gesamten Emissionen im Vergleich zum Referenzszenario ist mit 4 % im Jahre 2005 deutlich geringer als im Fall der EU-Steuer (7,7 %). Im Jahr 2020 beträgt der Rückgang 5,3 % und bleibt somit ebenfalls hinter der Wirkung der EU-Steuer (9,5 %) zurück. Die Gründe für diese geringere Wirksamkeit der nationalen Endenergiesteuer beruhen auf den unterschiedlichen makroökonomischen Auswirkungen (siehe unten).

Differenziert nach Energieträgern ist festzustellen, daß auch bezüglich jedes einzelnen Energieträgers der Emissionsrückgang geringer ist als im Fall der EU-Steuer. Darüberhinaus wird die Energieträgerstruktur der Emissionen durch die Endenergiesteuer anders beeinflußt als durch die CO_2-/Energiesteuer. Dies hat beispielsweise zur Folge, daß der prozentuale Rückgang der steinkohlebedingten Emissionen geringer ist als derjenige der Gesamtemissionen, d. h. die steinkohlebedingten Emissionen werden leicht unterdurchschnittlich verändert. Insgesamt werden durch die fehlende Abhängigkeit der Steuer von der Kohlenstoffhaltigkeit die Effekte auf die einzelnen Energieträger zugunsten von Stein- und Braunkohle nivelliert. Die gleichwohl verbleibenden Unterschiede beruhen auf den unterschiedlichen Basispreisen der Energieträger. So wird Braunkohle auch im Fall der reinen Energiesteuer relativ am meisten verteuert, so daß der prozentuale Rückgang der braunkohlebedingten Emissionen am stärksten ist.

Interessant ist im Fall der im nationalen Alleingang erhobenen Energiesteuer der Effekt auf die Emissionen in der übrigen EU. Wie zu erwarten,

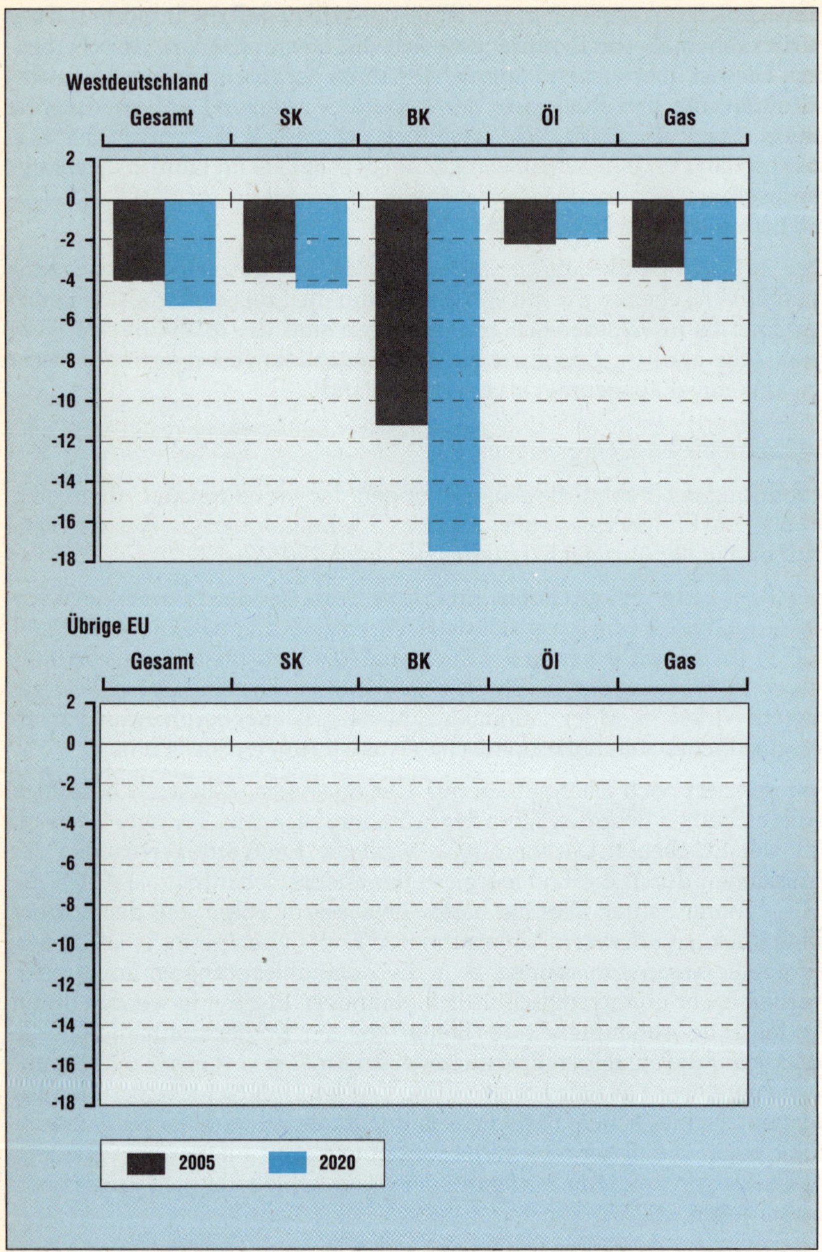

Abb. 8.7-7: Auswirkungen der nationalen Endenergiesteuer auf die CO_2-Emissionen

steigen die Emissionen dort, da unilaterale Emissionsminderungsmaßnahmen eine Verlagerung der emissionsintensiven Aktivitäten ins Ausland zur Folge haben (sogenannter carbon-leakage-Effekt). Jedoch ist das Ausmaß dieses Effektes mit weniger als 0,02 % im Jahre 2005 und etwas mehr als 0,03 % in 2020 äußerst gering und in der Abbildung kaum wahrnehmbar[105].

Die Auswirkungen auf den Output der Energiesektoren in Deutschland sind der Tabelle 8.7-7 zu entnehmen.

Tabelle 8.7-7: Wirkungen der nationalen Endenergiesteuer auf den Bruttoproduktionswert der Energiesektoren in Westdeutschland (prozentualer Unterschied zum Referenzszenario)

	Steinkohle	Braunkohle	Mineralöl	Gas	Elektrizität
2005	0,0	−10,7	−2,0	−2,1	−0,8
2020	0,0	−16,7	−1,9	−3,1	−1,4

Die makroökonomischen Auswirkungen der nationalen Endenergiesteuer sind in Abbildung 8.7-8 dargestellt. Auf das Bruttosozialprodukt hat die nationale Endenergiesteuer im Jahre 2005 keinerlei Auswirkung (0,0 %). Im Jahre 2020 bewirkt sie einen Rückgang um 0,06 % gegenüber dem Referenzszenario. Hinsichtlich der Endnachfragekomponenten Konsum und Investition zeigt sich ein ähnlicher, jedoch stärker ausgeprägter Unterschied – wie bei der EU-Steuer: Während die Investitionsnachfrage wegen der starken Kopplung von Kapital und Energie abnimmt, nimmt die Konsumnachfrage deutlich zu. Der Einsatz der Primärfaktoren Arbeit und Kapital wird durch die Steuer kaum beeinflußt.

Der Schlüssel zum Verständnis der geringen Wirkung der nationalen Endenergiesteuer auf die gesamtwirtschaftliche Aktivität sowie des verhältnismäßig geringen Emissionsrückgangs liegt im Bereich der Außenwirtschaft[106]. Wie ersichtlich, ist der Rückgang der Importe der bei weitem stärkste Effekt der Steuer (was, ebenso wie im Fall der EU-Steuer,

[105]) Ähnliche Ergebnisse im Rahmen einer stärker aggregierten, weltweiten Analyse finden sich in Oliveira-Martins et al., 1992.

[106]) Die Steuerbefreiung einiger Sektoren spielt als Erklärung für die stark reduzierte Wirksamkeit der nationalen Steuer keine wesentliche Rolle, da diese Sektoren nur einen Anteil von rund 10 % an der Summe der Bruttoproduktionswerte haben.

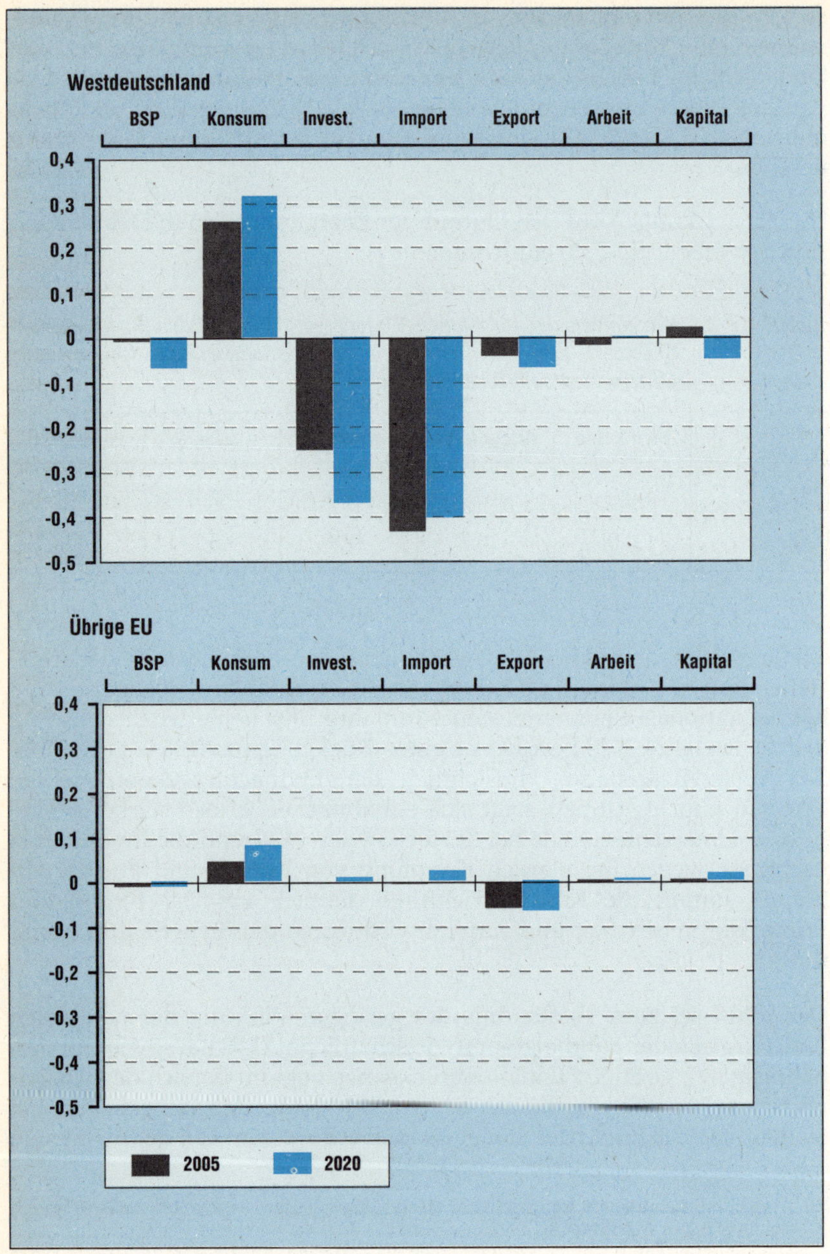

Abb. 8.7-8: Makroökonomische Auswirkungen der nationalen Endenergiesteuer

auf dem hohen Energieanteil an den Importen beruht). Dagegen nehmen die Exporte nur geringfügig ab, und zwar im Vergleich zum Fall der EU-weiten Steuer fast vernachlässigbar wenig.

Dies steht in deutlichem Gegensatz zur vielfach befürchteten Wirkung eines nationalen Alleingangs auf die Wettbewerbsfähigkeit der deutschen Wirtschaft. Dieses Ergebnis wird aber verständlich, wenn man die Entwicklung in der übrigen EU betrachtet. Die dortigen makroökonomischen Indikatoren werden von der deutschen Energiesteuer praktisch nicht beeinflußt. Dies gilt insbesondere für die Importnachfrage, was im starken Gegensatz zum Fall der EU-weiten Steuer steht. Da die Importnachfrage der übrigen EU jedoch eine große Bedeutung für die deutschen Exporte hat, reagieren letztere deutlich weniger auf die deutsche Energiesteuer als auf die EU-weite CO_2-/Energiesteuer.

Es ist somit festzuhalten, daß die hier betrachtete nationale Energiesteuer eine deutlich geringere Wirkung auf das deutsche Bruttosozialprodukt und auf die deutschen CO_2-Emissionen hat als die (im Grundsatz) gleich hohe EU-weite CO_2-/Energiesteuer. Der Grund liegt darin, daß die nationale Steuer, im Gegensatz zur EU-weiten Steuer, keine Wirkung auf die Konjunktur der übrigen EU hat. Dieser Niveaueffekt überwiegt den auf der relativen Verteuerung der deutschen Exporte beruhenden Preiseffekt[107].

Es sei an dieser Stelle betont, daß dieses Ergebnis nicht ohne weiteres auf andere Annahmenkonstellationen übertragen werden kann. Bei einer nationalen Steuer, die deutlich höher ist als hier unterstellt, kann der Preiseffekt (Wettbewerbsfähigkeit) durchaus den Niveaueffekt überwiegen. Andererseits sei jedoch, im Vorgriff auf spätere Ausführungen, darauf hingewiesen, daß eine nationale Klimasteuer bei alternativer, den Kapitalmarkt entlastender Steueraufkommensverwendung sogar expansiv wirken kann.

(2) Auswirkungen der Klimasteuern bei alternativen Steuerverwendungsformen und energiepolitischen Vorgaben

In diesem Abschnitt werden alternative Annahmen zur Steuerverwendung und zur Energiepolitik im Hinblick auf die Emissionen und das Bruttosozialprodukt in Deutschland verglichen. Die Darstellung erfolgt in Zeitreihenform und ist wiederum differenziert nach EU-Steuer und nationaler Endenergiesteuer. Zur Definition und Bezeichnung der Szenarien siehe Kapitel 8.5-3.

107) Ähnliche Ergebnisse werden in Standaert (1992) berichtet.

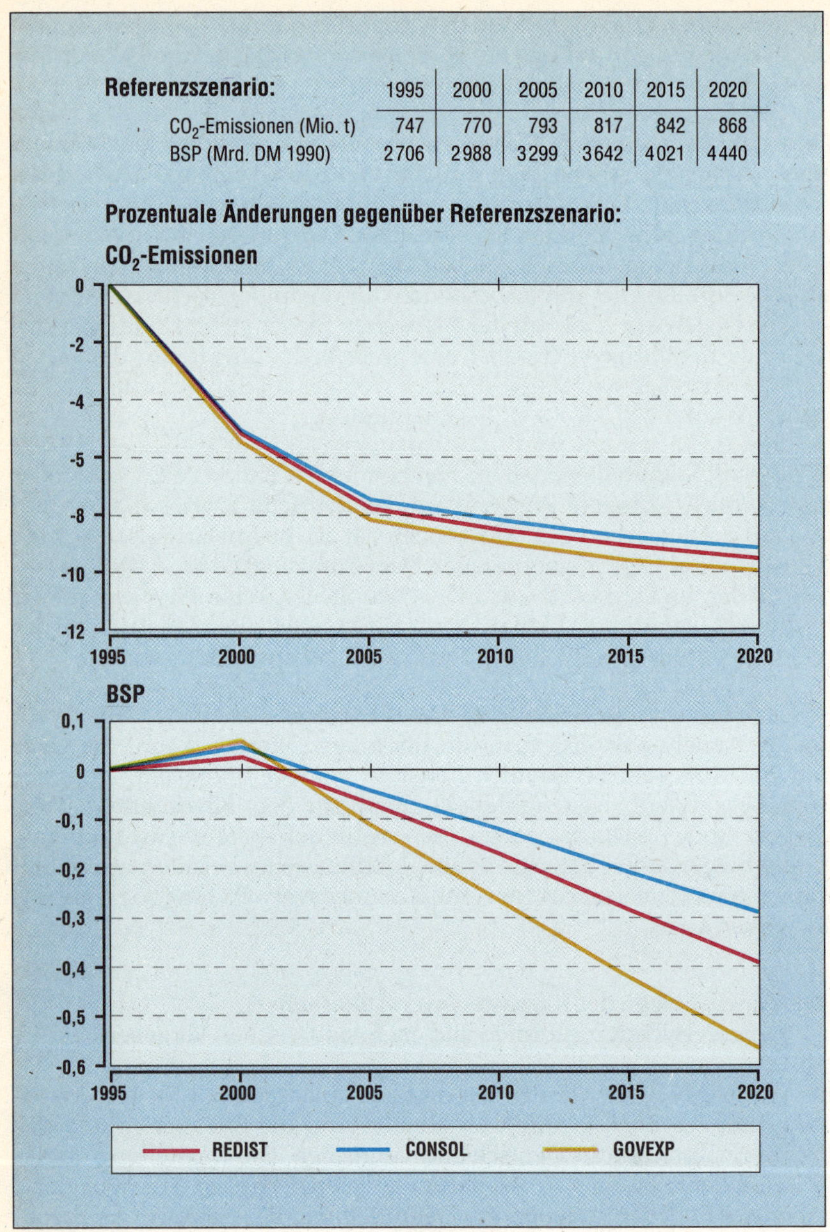

Referenzszenario:	1995	2000	2005	2010	2015	2020
CO_2-Emissionen (Mio. t)	747	770	793	817	842	868
BSP (Mrd. DM 1990)	2706	2988	3299	3642	4021	4440

Abb. 8.7-9: Auswirkungen der EU-Steuer auf CO_2-Emissionen und BSP bei alternativen Steuerverwendungsformen (EU-Steuer)

(a) EU-Steuer

Abbildung 8.7-9 zeigt die Wirkung der EU-Steuer auf die CO_2-Emissionen und das BSP über den Zeitraum 1995 bis 2020, differenziert nach Steuerverwendungsformen. Dargestellt ist wiederum die prozentuale Änderung gegenüber dem Referenzszenario.

Deutlich sichtbar ist, daß die Steuerverwendungsform einen erheblich größeren Einfluß auf das BSP hat als auf die Emissionen, wobei mittel- bis langfristig die Budgetkonsolidierung deutliche Vorteile gegenüber der aufkommensneutralen Rückverteilung und insbesondere gegenüber der Staatsausgabenerhöhung aufweist.

Abbildung 8.7-10 zeigt die Emissionsminderungswirkung und den Sozialproduktseffekt der EU-Steuer bei Kernenergieausstieg in Deutschland. Dabei ist jeweils die aufkommensneutrale Steuerrückerstattung unterstellt. Bei Kernenergieausstieg kommt es während der Ausstiegsphase trotz der Steuer zunächst zu einem Emissionsanstieg, der dann in ein langsames Absinken übergeht, wobei sich der Emissionspfad demjenigen des Referenzszenarios annähert. Hinsichtlich des BSP wird die kontraktive Wirkung der Steuer bei Kernenergieausstieg gegenüber dem Fall der Kernenergiekonstanz deutlich verstärkt.

(b) Nationale Endenergiesteuer

Wie in Abbildung 8.7-11 dargestellt, sind die Auswirkungen der nationalen Endenergiesteuer auf die Emissionen in nur geringem Maß von der Steuerverwendungsform abhängig. Dabei ist die nationale Steuer, trotz in etwa gleichen Steuerniveaus, deutlich weniger wirksam als die EU-Steuer.

Die Erklärung für die geringere Emissionsminderung im Fall der nationalen Steuer liegt bei dem internationalen Konjunkturzusammenhang innerhalb der EU. Da die deutsche Endenergiesteuer kaum zu einer Änderung des BSP in der übrigen EU führt, geht auch das deutsche BSP weniger zurück als im Fall der EU-Steuer. Dies wiederum bedingt den geringeren Emissionsrückgang. Hinsichtlich der Steuerverwendungsformen ist, ebenso wie bei der EU-Steuer, ein deutlicher Unterschied bei der BSP-Änderung sichtbar. Die Budgetkonsolidierung schneidet wiederum am günstigsten ab und führt bemerkenswerterweise sogar zu einem leichten Anstieg des BSP.

Bei Kernenergieausstieg innerhalb der Jahre 1995 bis 2005 steigen die Emissionen in diesem Zeitraum deutlich an und stabilisieren sich dann langsam auf einem Niveau deutlich oberhalb des Referenzpfades (siehe Abbildung 8.7-12). Der Sozialproduktsrückgang wird deutlich verstärkt.

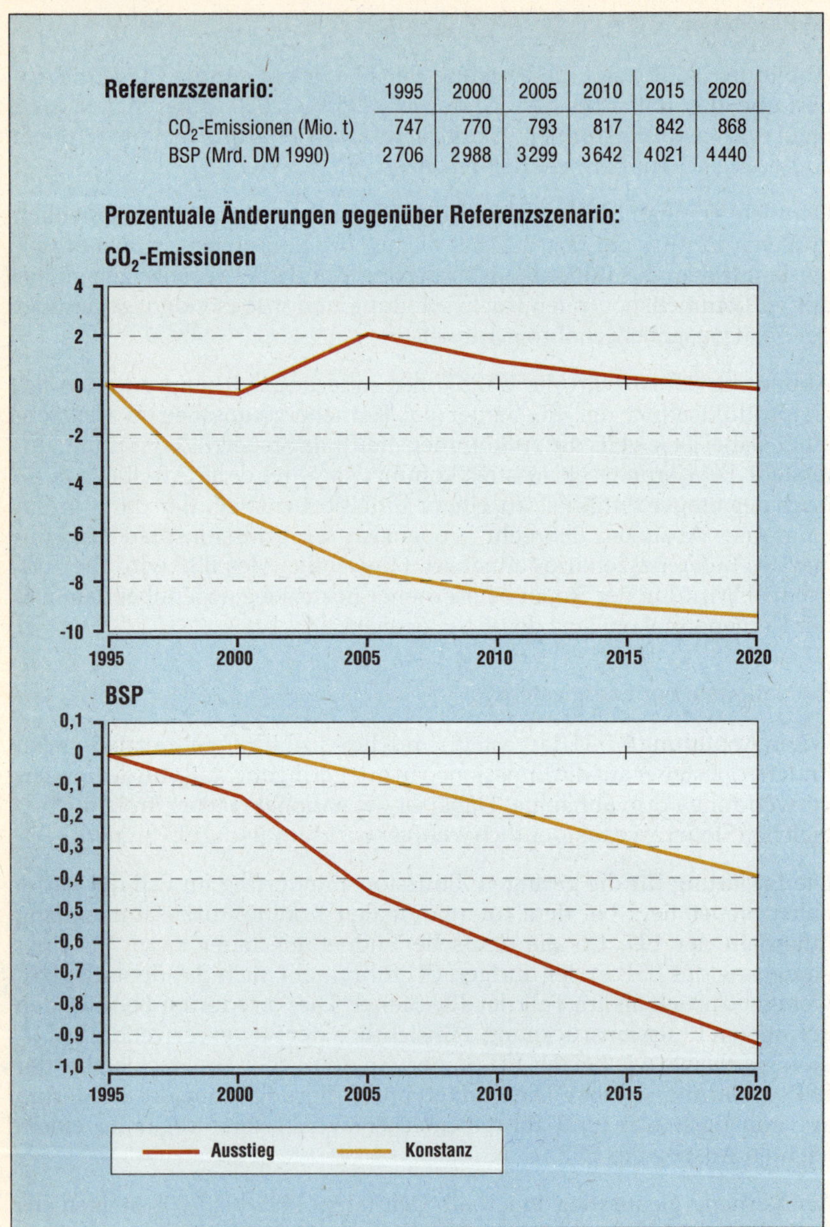

	1995	2000	2005	2010	2015	2020
CO_2-Emissionen (Mio. t)	747	770	793	817	842	868
BSP (Mrd. DM 1990)	2706	2988	3299	3642	4021	4440

Abb. 8.7-10: Auswirkungen der EU-Steuer auf CO_2-Emissionen und BSP bei alternativen Graden der Kernenergienutzung in Deutschland

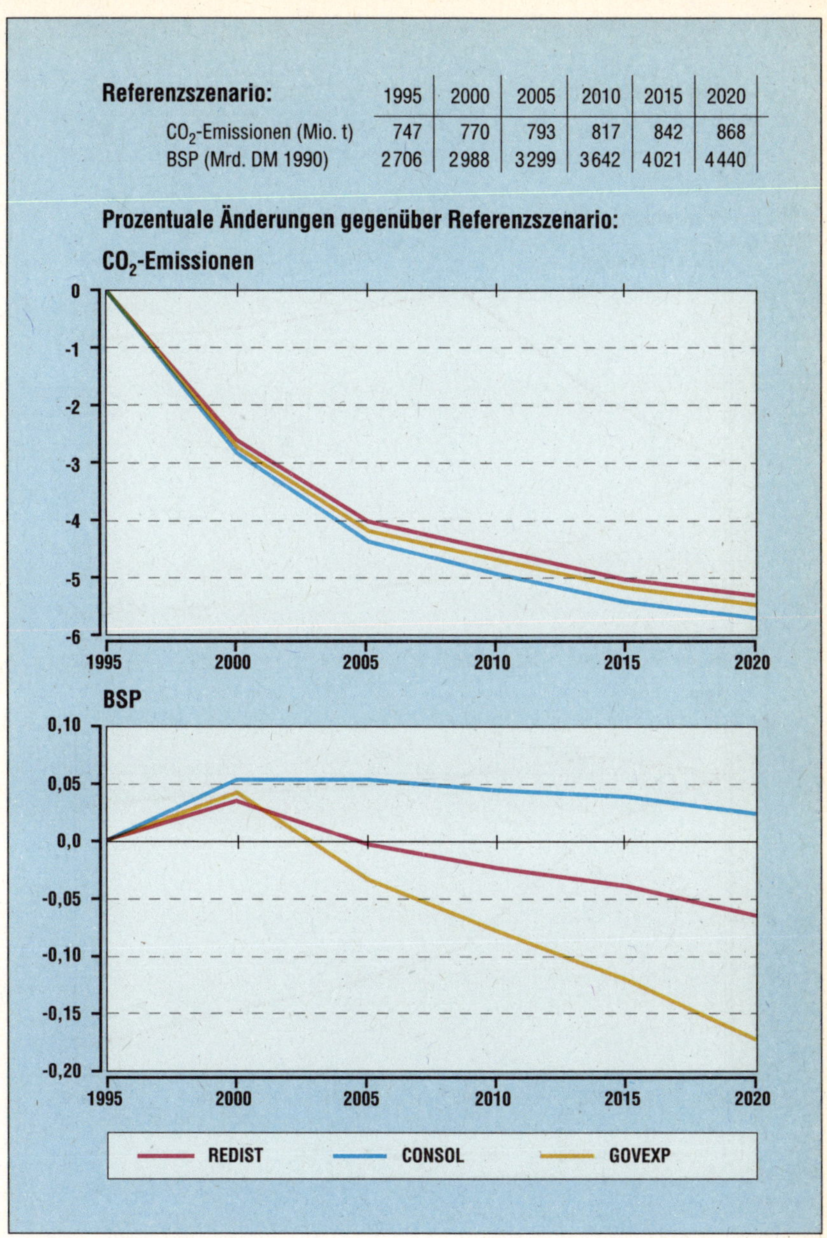

Abb. 8.7-11: Auswirkungen der nationalen Energiesteuer auf CO_2-Emissionen und BSP bei alternativen Steuerverwendungsformen (Nationale Endenergiesteuer)

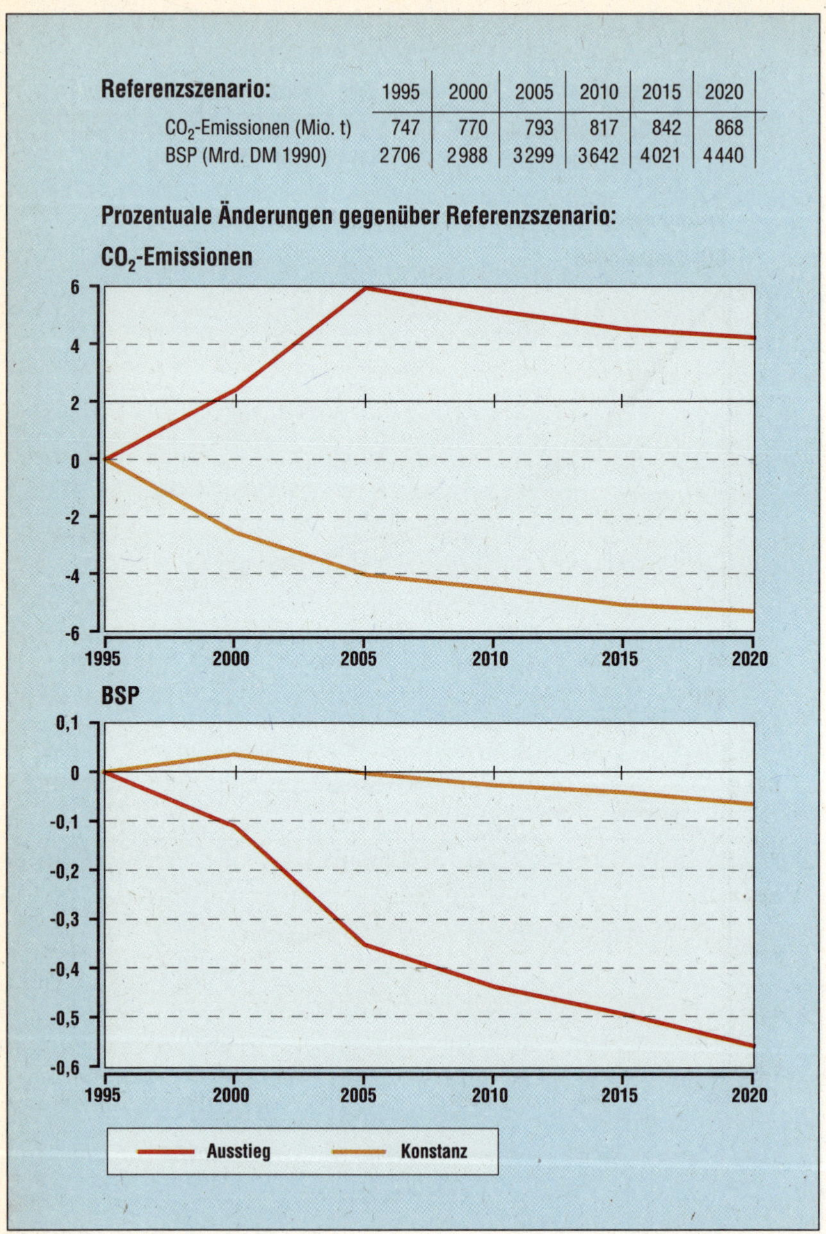

	1995	2000	2005	2010	2015	2020
CO_2-Emissionen (Mio. t)	747	770	793	817	842	868
BSP (Mrd. DM 1990)	2706	2988	3299	3642	4021	4440

Abb. 8.7-12: Auswirkungen der nationalen Energiesteuer auf CO_2-Emissionen und BSP bei alternativen Graden der Kernenergienutzung in Deutschland

(3) Zusammenfassung

(a) Auswirkungen der Klimaschutzsteuern bei Aufrechterhaltung der Kernenergienutzung und aufkommensneutraler Steuerrückerstattung

Die wesentlichen Wirkungen der EU-Steuer und der nationalen Endenergiesteuer in diesem Szenario sind in der folgenden Tabelle zusammengefaßt:

Auswirkungen der Klimaschutzsteuern auf Emissionen und Sozialprodukt (prozentualer Unterschied zum Referenzszenario)

		2005	2020
EU-Steuer	CO_2	–7,7	–9,5
	BSP	–0,1	–0,4
National Endenergiesteuer	CO_2	–4,0	–5,3
	BSP	0,0	–0,06

Die nationale Endenergiesteuer hat, trotz grundsätzlich gleicher Höhe, eine wesentlich geringere Wirkung auf die Emissionen und auf das Sozialprodukt als die EU-Steuer. Dies liegt daran, daß die nationale Steuer im Gegensatz zur EU-Steuer die Nachfrage der übrigen EU nach deutschen Importen intakt läßt. Im Vergleich zu den Exporten sinken die Importe durch die Klimasteuern stärker (Rückgang der Energieimporte), und die Leistungsbilanz verbessert sich. Diese Aussagen sind jedoch nur belastbar für das hier untersuchte Niveau der Steuern und müssen bei einer höheren nationalen Steuer nicht erhalten bleiben.

Differenziert nach Energieträgern wirken sich beide Arten der Steuer am stärksten auf die Braunkohle aus, da diese aufgrund des geringen Basispreises am stärksten belastet wird. Bei der CO_2-/Energiesteuer sind die Wirkungen auf die einzelnen Energieträger stärker differenziert als bei der reinen Energiesteuer.

Von den Endverwendungskomponenten werden die Investitionen stärker beeinträchtigt als der Konsum, da wegen der relativ geringen Kapital-Energie-Substituierbarkeit die Kapitalnachfrage zurückgeht.

In der übrigen EU führt die deutsche Energiesteuer zu einem Anstieg der Emissionen (leakage-Effekt), der aber äußerst geringfügig ist.

(b) Auswirkungen der Klimaschutzsteuern bei alternativen Steuerverwendungsformen

Die wesentlichen Wirkungen der Klimaschutzsteuern in Abhängigkeit von der Steuerverwendung sind in folgender Tabelle zusammengefaßt:

Auswirkungen der Klimaschutzsteuern auf Emissionen und Sozialprodukt (prozentualer Unterschied zum Referenzszenario)

		2005	2020
EU-Steuer/	CO_2	–8,2	–10,00
Staatsausgabenerhöhung	BSP	–0,1	– 0,6
EU-Steuer/	CO_2	–7,5	– 9,1
Defizitabbau	BSP	0,0	– 0,3
Nationale Endenergiesteuer/	CO_2	–4,2	– 5,5
Staatsausgabenerhöhung	BSP	0,0	– 0,2
Nationale Endenergiesteuer/	CO_2	–4,4	– 5,7
Defizitabbau	BSP	0,1	0,0

Aus der Tabelle ist als Hauptergebnis zu entnehmen, daß die kontraktiven Wirkungen sowohl der EU-Steuer als auch der nationalen Endenergiesteuer stark reduziert werden können, wenn das Steueraufkommen zum Abbau des Staatsdefizits genutzt und auf diesem Wege der Kapitalmarkt entlastet wird. Diese Dominanz der Variante Defizitabbau gilt nicht nur im Vergleich zur Variante Staatsausgabenerhöhung, sondern auch im Vergleich zur Rückerstattung des Steueraufkommens an die Privaten. Allerdings ist im Vergleich zur Rückerstattung der Unterschied weniger ausgeprägt.

Der Grund für die Dominanz der Variante Defizitabbau besteht darin, daß hierdurch die Substitution von Energie durch Kapital gefördert wird. Je nach Stärke dieses Substitutionseffekts kann im Fall des Defizitabbaus ein stärkerer Emissionsrückgang sogar mit einer leichten Zunahme des Sozialproduktes einhergehen.

(c) Auswirkungen der Klimaschutzsteuern bei Kernenergieausstieg

Die wesentlichen Effekte der Klimaschutzsteuern in Verbindung mit einem Kernenergieausstieg ergeben sich aus folgender Tabelle:

Der wesentliche Unterschied gegenüber der Kernenergiekonstanz besteht bei den Emissionen. Diese würden bei einem Ausstieg durch die EU-Steuer

Auswirkungen der Klimaschutzsteuern auf Emissionen und Sozialprodukt (prozentualer Unterschied zum Referenzszenario)

	2005	2020
EU-Steuer/Ausstieg		
CO_2	+ 2,1	– 0,2
BSP	– 0,5	– 0,9
Nationale Endenergiesteuer/Ausstieg		
CO_2	+ 5,9	+ 4,2
BSP	– 0,4	– 0,6

in etwa auf dem Niveau des Referenzszenarios gehalten, während sie bei der nationalen Steuer ansteigen würden. Beim Sozialprodukt wäre der Ausstieg mit Verlusten gegenüber dem Fall der Kernenergiekonstanz verbunden.

8.8 Vergleich und Einordnung der Szenarienergebnisse: Übereinstimmungen und Unterschiede

8.8.1 Stellungnahme der Kommissionsmitglieder Prof. Dr. Dr. Rudolf Dolzer, Dr.-Ing. Alfred-Herwig Fischer, Martin Grüner, Klaus Harries, Prof. Dr. Klaus Heinloth, Prof. Dr. Hans-Jürgen Jäger, Dr. Klaus W. Lippold, Prof. Dr. Hans Michaelis, Dr. Peter Paziorek, Dr. Christian Ruck, Marita Sehn, Prof. Dr. Wolfgang Seiler, Trudi Schmidt (Spiesen), Bärbel Sothmann, Prof. Dr. Alfred Voß, Prof. Dr. Carl-Jochen Winter

8.8.1.1 Vorbemerkung

Die Enquete-Kommission hat zwei Studien vergeben, die mittels einer modellgestützten Szenarioanalyse wesentliche Informationen für die Formulierung eines integrierten Gesamtkonzeptes zur Minderung energiebedingter Treibhausgasemissionen in Deutschland liefern sollten. Es handelt sich einmal um die Studie C1 „Integrierte Gesamtstrategien der Minderung energiebedingter Treibhausgasemissionen (2005/2020)“ (Bearbeiter IER/DIW) und zum anderen um die Studie C2 „Gesamtwirtschaftliche Auswirkungen von Emissionsminderungsstrategien" (Bearbeiter ISI/DIW und EWI).

Wesentliche Annahmen, die den Szenarioanalysen zugrunde zu legen waren, wurden von der Kommission den Bearbeitern vorgegeben. Dies galt auch für die zu untersuchenden Szenarien. Da die Vertreter der Oppositionsfraktion für eine der Sache angemessene, ausreichend breit angelegte Zahl von zu untersuchenden Szenarien nicht zu gewinnen waren, sahen sich die Vertreter der Koalitionsfraktionen veranlaßt, ein weiteres Szenario (Least-Cost-Szenario) untersuchen zu lassen, um die politischen Handlungsempfehlungen auf eine ausreichend breite und belastbare Informationsbasis stellen zu können.

Die Ergebnisse der Studien wurden in drei Sitzungen der Kommission von den Bearbeitern vorgestellt und diskutiert. Dies, sowie die von den Studiennehmern erstellten zusammenfassenden Ergebnisdarstellungen für Kapitel 8 dieses Endberichts und die Abschlußberichte der Studien sind die Grundlage für die im folgenden vorgenommene Einordnung und Bewertung der Studienergebnisse. Die von der Oppositionsfraktion vorgelegte Stellungnahme zu den Studien ist primär von dem Gedanken getragen, unliebsame Ergebnisse der Studien zu diskreditieren. Die vorgebrachte Kritik hat weder eine sachliche Basis, noch ist sie in ihrem methodischen Teil wissenschaftlich haltbar. Aus diesen Gründen wird auf sie hier auch nicht näher eingegangen. Es sei nur erwähnt, daß bereits die im Auftrag der ersten Enquete-Kommission „Vorsorge zum Schutz der Erdatmosphäre" durchgeführten CO_2-Reduktionsuntersuchungen gezeigt haben, daß ein Erreichen des CO_2-Minderungsziels im Jahr 2005 bei einem Kernenergieausstieg mit einer zusätzlichen Kostenbelastung der Volkswirtschaft von rund 15 Mrd. DM pro Jahr allein für die alten Bundesländer gegenüber einer CO_2-Reduktion mit Ausbau der Kernenergie verbunden wäre.

8.8.1.2 Einordnung und Bewertung der methodischen Ansätze und Ergebnisse

Für die Einordnung und die Bewertung der Ergebnisse der Studie C1 „Integrierte Gesamtstrategien der Minderung energiebedingter Treibhausgasemissionen (2005/2020)" und der Studie C2 „Gesamtwirtschaftliche Auswirkungen von Emissionsminderungsstrategien" sind

- zum einen die Abgrenzung des thematischen Untersuchungsgegenstandes mit den jeweiligen ergebnisrelevanten Annahmen und
- zum anderen die verwendeten methodischen Ansätze mit ihren jeweiligen Vereinfachungen und Grenzen

von Bedeutung.

Inhaltlich überschneiden sich die Arbeiten von C1 (C1-IER/DIW) und von C2 (C2-ISI/DIW) in der Analyse der Entwicklung des Energiesystems sowie die Arbeiten des EWI (C2-EWI) und des ISI/DIW (C2-DIW/ISI) innerhalb der Teilstudie C2 bei der gesamtwirtschaftlichen Beurteilung von Emissionsminderungsstrategien.

Ein direkter Vergleich der Ergebnisse gestaltet sich schon auf Grund teilweise unterschiedlicher Annahmen als schwierig. So stimmen in den Teilstudien unter anderem die Kombination der analysierten energiepolitischen Instrumente und die Entwicklung wichtiger Größen (CO_2-Emissionen, Weltmarktpreise für fossile Energieträger etc.) in den Referenzszenarien nicht miteinander überein.

Des weiteren ist für den Vergleich der Ergebnisse der Studien von Wichtigkeit, daß unterschiedliche Untersuchungsgebiete vorliegen. Im Rahmen der Studien C2 zu den gesamtwirtschaftlichen Auswirkungen werden lediglich Abschätzungen für die alten Bundesländer vorgenommen. Demgegenüber werden in der Studie C1 Strategien zur Treibhausgasminderung für Gesamtdeutschland untersucht, wobei die Ergebnisse getrennt nach alten und neuen Bundesländer ausgewiesen werden.

Unterschiedliche Rahmenannahmen

Die den Studien C1 und C2 gemeinsam zugrundeliegenden Annahmen zur Entwicklung der Bevölkerung und des Bruttoinlandsproduktes sind in Tabelle 8.8-1 dargestellt.

Vor dem Hintergrund dieser Rahmenannahmen sind die Ergebnisse eher CO_2-günstig einzuschätzen, wie ein Vergleich mit dem Shell-Szenario „Neue Horizonte" zeigt, in dem der Primärenergieverbrauch im Jahr 2020 um 27% höher liegt als im Referenzszenario der Studie C1. In dem Shell-Szenario „Neue Horizonte" werden

- das Bruttoinlandsprodukt im Jahr 2020 um 15% und
- die Bevölkerung im Jahr 2020 um 14%

höher veranschlagt als in den Szenarien der Studien C1 und C2. Für die Beurteilung der Ergebnisse in den Energieszenarien von C1-IER/DIW und C2-DIW/ISI, wo im Referenzfall der Primärenergieverbrauch in 2020 gegenüber dem Basisjahr 1987 konstant bleibt, ist deshalb zu beachten, daß bei einem stärker steigenden Primärenergieverbrauch das Erreichen von CO_2-Minderungszielen in den jeweiligen Reduktionsszenarien mit erheblich höheren gesamtwirtschaftlichen Kosten verbunden sein kann. Zudem werden in beiden Teilstudien keine Kosten für den Abbau von Hemmnissen, z. B. zur Erschließung von Energieeinsparpotentialen, berücksichtigt. Dies bedeutet, daß die Gesamtkosten für eine Umstruk-

Tabelle 8.8-1: Annahmen zur Entwicklung der Bevölkerung und des Bruttoinlandsproduktes in den Studien C1 und C2

	Einheit	Jeweilige Werte				Veränderungen in %/a		
		1990	2005	2010	2020	90/05	05/20	90/20
Deutschland								
Bevölkerung	Mill.	79,8	81,1	80,3	79,1	0,1	−0,2	0,0
Bruttoinlandsprodukt	Mrd. 91er DM	2 788,5	4 012	4 487	5 480	2,5	2,1	2,3
Alte Bundesländer								
Bevölkerung	Mill.	63,8	67,2	66,5	65,7	0,3	−0,1	0,1
Bruttoinlandsprodukt	Mrd. 91er DM	2 517,0	3 458	3 844	4 640	2,1	2,0	2,1
Neue Bundesländer								
Bevölkerung	Mill.	16,0	13,9	13,7	13,4	−0,9	−0,2	−0,6
Bruttoinlandsprodukt	Mrd. 91er DM	271,5	554	643	839	4,9	2,8	3,8

turierung des Energiesystems zur Erreichung der CO_2-Minderungsziele wohl unterschätzt werden.

Gegenüber diesen gemeinsam verwendeten ökonomischen und demographischen Rahmendaten weichen die Studien in wichtigen energiepolitischen Rahmenbedingungen wie zum Beispiel der administrierten Mindesteinsatzmengen an deutscher Steinkohle voneinander ab. Während C1-IER/DIW und C2-ISI/DIW für das Referenzszenario von einer im Jahr 2020 einzusetzenden Mindestmenge an heimischer Steinkohle in Höhe von 30 Mio. t SKE ausgehen, werden in C2-EWI hier 25 Mio. t SKE angenommen. Demgegenüber stimmen C1-IER/DIW und C2-EWI bezüglich der einzusetzenden Mengen für die Reduktionsszenarien überein (2020: 25 Mio. t SKE), während hier C2-ISI/DIW weiterhin eine Mindestmenge von 30 Mio. t SKE ansetzt. Allein diese Differenz der Einsatzmengen von 5 Mio. t SKE/a an Steinkohle ist gleichbedeutend mit einem Unterschied an CO_2-Emissionen in Höhe von 13,6 Mio. t CO_2/a.

Derlei unterschiedliche Vorgaben haben insgesamt zur Folge, daß die Szenarien trotz gleicher Namenswahl in den Teilstudien nur bedingt miteinander vergleichbar sind. In den Tabellen 8.8-2 bis 8.8-5 sind die wesentlichen Annahmen und Ergebnisse der Studien zusammengestellt.

Unterschiedliche methodische Ansätze

Viel stärker als durch die abweichenden Annahmen in der Szenarienkomposition werden die Ergebnisse durch die Wahl verschiedener methodischer Ansätze beeinflußt. In den Studien kommen drei unterschiedliche methodische Ansätze für die Szenarienanalyse zur Anwendung:

- Ein partialanalytisches Energiesystemmodell zur Bestimmung kosteneffektiver Minderungsstrategien bei Vernachlässigung gesamtwirtschaftlicher Effekte (C1-IER/DIW).
- Ein Impact-Ansatz, der detaillierte Energieszenarien mit ökonometrischen, nachfrageorientierten Wirtschaftsmodellen kombiniert (C2-DIW/ISI).
- Ein geschlossenes makroökonomisches Gleichgewichtsmodell (angebotsgetrieben) zur simultanen Abbildung der emissionsseitigen und gesamtwirtschaftlichen Folgen von Emissions-/Energiesteuern (C2-EWI).

Vergleich der Energieszenarien

Hauptaufgabe der Energieszenarienrechnung für den Energiesektor war es, den Beitrag verschiedener technologischer Optionen im Rahmen von

Tabelle 8.8-2: Überblick über die Szenarien der Studie C1 (IER/DIW) – Deutschland

	Annahmen						Ergebnisse												
	Kernenergie	Steuer	Verkehr	Volksw. Umfeld	CO_2-Ziel für Deutschland [% gg. 1987]		Primärenergieverbrauch in Deutschland [EJ]		CO_2-Emissionen in Deutschland [Mio. t]		CO_2-Emissionen gg. Referenz [%]		CO_2-Emissionen gg. 1987 [%]		Kosten gg. Referenz in Deutschland: kumuliert [Mrd. DM_{90}]	Kosten gg. Referenz in Deutschland: pro Jahr [Mrd. DM_{90}]	marginale Kosten [DM/t CO_2]	
					2005	2020	2005	2020	2005	2020	2005	2020	2005	2020			2005	2020
1 Referenzszenario	konstant	keine	Trend	entfällt	Keine Vorgabe		14,20	14,02	908	887			– 14,2	– 16,2				
2 Minderungsziel-Szenario R1	konstant	keine	Trend	entfällt	– 27	– 45	13,06	11,90	772	582	– 15,0	– 34,4	– 27,0	– 45,0	+ 28	+ 0,9	290	557
3 Minderungsziel-Szenariovariante R1V	konstant	keine	Reduktion	entfällt	– 27	– 45	12,84	11,23	772	582	– 15,0	– 34,4	– 27,0	– 45,0	– 130	– 4,3	9	285
4 Minderungsziel-Szenario R2	Ausstieg 2005	keine	Trend	entfällt	– 27	– 45	12,20	11,13	772	582	– 15,0	– 34,4	– 27,0	– 45,0	+ 340	+ 11,3	725	1 503
5 Minderungsziel-Szenariovariante R2V	Ausstieg 2005	keine	Reduktion	entfällt	– 27	– 45	11,90	10,30	772	582	– 15,0	– 34,4	– 27,0	– 45,0	+ 60	+ 2,0	409	506
6 EU-Steuer-Szenario R3	konstant	EU-Steuer	Trend	entfällt	Keine Vorgabe		13,53	13,00	837	792	– 7,8	– 10,7	– 20,9	– 25,1				
7 EU-Steuer-Szenario R4	Ausstieg 2005	EU-Steuer	Trend	entfällt	Keine Vorgabe		13,28	12,80	949	914	+ 4,5	+ 3,0	– 10,3	– 13,6				
8 Least-Cost-Szenario LC	Zubau	keine	Trend	entfällt	– 27	– 45	13,33	13,13	772	582	– 15,0	– 34,4	– 27,0	– 45,0	– 187	– 6,2	17	51

Tabelle 8.8-3: Überblick über die Szenarien der Studie C1 (IER/DIW) – Alte Bundesländer

	Annahmen						Ergebnisse												
	Kern-energie	Steuer	Verkehr	Volksw. Umfeld	CO_2-Ziel für Deutschland [% gg. 1987]		Primärenergie-verbrauch in den ABL [EJ]		CO_2-Emissionen in den ABL						Kosten gg. Referenz in den ABL			
									[Mio. t]		gg. Referenz [%]		gg. 1987 [%]		kumuliert [Mrd. DM_{90}]	pro Jahr [Mrd. DM_{90}]	marginale Kosten [DM/t CO_2]	
					2005	2020	2005	2020	2005	2020	2005	2020	2005	2020			2005	2020
1 Referenzszenario	konstant	keine	Trend	entfällt	Keine Vorgabe		11,95	11,59	723	691			+ 1,3	– 3,2				
2 Minderungsziel-Szenario R1	konstant	keine	Trend	entfällt	– 27	– 45	11,89	9,88	631	466	– 12,8	– 32,5	– 11,7	– 34,7	+ 21	+ 0,7	290	557
3 Minderungsziel-Szenariovariante R1V	konstant	keine	Reduktion	entfällt	– 27	– 45	10,93	9,33	623	459	– 13,8	– 33,6	– 12,7	– 35,8	– 85	– 2,8	9	285
4 Minderungsziel-Szenario R2	Ausstieg 2005	keine	Trend	entfällt	– 27	– 45	10,29	8,91	636	467	– 12,0	– 32,4	– 10,9	– 34,6	+ 295	+ 9,8	725	1 503
5 Minderungsziel-Szenariovariante R2V	Ausstieg 2005	keine	Reduktion	entfällt	– 27	– 45	10,09	8,47	640	471	– 11,5	– 31,9	– 10,4	– 34,1	+ 61	+ 2,1	409	506
6 EU-Steuer-Szenario R3	konstant	EU-Steuer	Trend	entfällt	Keine Vorgabe		11,45	10,77	667	618	– 7,7	– 10,6	– 6,5	– 13,5				
7 EU-Steuer-Szenario R4	Ausstieg 2005	EU-Steuer	Trend	entfällt	Keine Vorgabe		11,19	10,58	779	741	+ 7,7	+ 7,2	+ 9,1	+ 3,7				
8 Least-Cost-Szenario LC	Zubau	keine	Trend	entfällt	– 27	– 45	11,32	10,98	634	466	– 12,3	– 32,6	– 11,1	– 34,8	– 161	– 5,4	17	51

Tabelle 8.8-4: Überblick über die Szenarien der Studie C2 (ISI/DIW) – Alte Bundesländer

	Annahmen						Ergebnisse														
	Kernenergie	Steuer	Verkehr	Volksw. Umfeld	CO_2-Ziel für Deutschland [% gg. 1987]		Gesamtenergiebedarf [EJ]	CO_2-Emissionen			Kosten gg. Referenz			Bruttoinlandsprodukt				Erwerbstätige			
								[Mio. t]	(% gg. Referenz)	[% gg. 1987	kumulierte Investitionskosten [Mrd. DM_{90}]	Energiekostenänderung im Jahr 2020 [Mrd. DM_{90}]	Energiesteueraufkommen im Jahr 2020 [Mrd. DM_{90}]	[Mrd. DM_{91}]		[% gg. Referenz]		[Mio.]		[% gg. Referenz]	
					2005	2020	2020	2020	2020	2020				2005	2020	2005	2020	2005	2020	2005	2020
1 Referenzszenario	konstant	keine	Trend	entfällt	Keine Vorgabe		10,31	612		– 14,3				3 458	4 640			29,43	30,37		
2 Reduktionsszenario R1	konstant	Nationaler Alleingang	Trend	günstig	– 30	– 40	8,43	430	– 29,7	– 40,0	+ 357	– 31	+ 30	3 483	4 644	+ 0,7	+ 0,3	29,46	30,34	+ 0,1	– 0,1
3 Reduktionsszenario R1	konstant	Nationaler Alleingang	Trend	ungünstig	– 30	– 40	8,43	430	– 29,7	– 40,0	+ 357	– 31	+ 30	3 465	4 645	+ 0,2	+ 0,1	29,46	30,40	+ 0,1	+ 0,1
4 Reduktionsszenario R2	Ausstieg 2005	Nationaler Alleingang	Reduktion	günstig	– 30	– 40	7,07	430	– 29,7	– 40,0	+ 580	– 49	+ 26	3 486	4 659	+ 0,8	+ 0,4	29,49	30,37	+ 0,2	– 0,0
5 Reduktionsszenario R2	Ausstieg 2005	Nationaler Alleingang	Reduktion	ungünstig	– 30	– 40	7,07	430	– 29,7	– 40,0	+ 580	– 49	+ 26	3 472	4 645	+ 0,4	+ 0,1	29,49	30,44	+ 0,2	+ 0,2

Tabelle 8.8-5: Überblick über die Szenarien der Studie C2 (EWI) – Alte Bundesländer

	Annahmen					Ergebnisse													
	Kern-energie	Steuer	Volksw. Umfeld	CO_2-Ziel für Deutschland [% gg. 1987]		CO_2-Emissionen in den ABL						Bruttoinlandsprodukt				Erwerbstätige			
						[Mio. t]		gg. Referenz [%]		gg. 1987 [%]		[Mrd. DM_{91}]		[% gg. Referenz]		[Mio.]		[% gg. Referenz]	
				2005	2020	2005	2020	2005	2020	2005	2020	2005	2020	2005	2020	2005	2020	2005	2020
1 Referenz-szenario	konstant	keine	entfällt	Keine Vorgabe		801	877			+ 12,1	+ 22,8	3 458	4 640			29,43	30,37		
2 Reduktions-szenario R1	konstant	EU-weit	günstig (REDISTR)	Keine Vorgabe		739	794	– 7,7	– 9,5	+ 3,5	+ 11,2	3 455	4 622	– 0,1	– 0,4	29,42	30,37	– 0,01	– 0,0
3 Reduktions-szenario R1	konstant	Nationa-ler Allein-gang	günstig (REDISTR)	Keine Vorgabe		769	831	– 4,0	– 5,3	+ 7,7	+ 16,3	3 458	4 638	– 0,0	– 0,06	29,42	30,37	– 0,02	– 0,01
4 Reduktions-szenario R1	konstant	EU-weit	ungünstig (CONSOL)	Keine Vorgabe		741	797	– 7,5	– 9,1	+ 3,8	+ 11,7	3 458	4 626	– 0,0	– 0,3	k. A.	k. A.		
5 Reduktions-szenario R1	konstant	Nationaler Alleingang	ungünstig (CONSOL)	Keine Vorgabe		766	827	– 4,4	– 5,7	+ 7,3	+ 15,8	3 462	4 640	+ 0,1	– 0,0	k. A.	k. A.		
6 Reduktions-szenario R1	konstant	EU-weit	GOVEXP	Keine Vorgabe		735	789	– 8,2	– 10,0	+ 3,0	+ 10,5	3 455	4 613	– 0,1	– 0,6	k. A.	k. A.		
7 Reduktions-szenario R1	konstant	Nationaler Alleingang	GOVEXP	Keine Vorgabe		767	829	– 4,2	– 5,5	+ 7,5	+ 16,1	3 458	4 631	– 0,0	– 0,2	k. A.	k. A.		
8 Reduktions-szenario R2	Ausstieg 2005	EU-weit	günstig (REDISTR)	Keine Vorgabe		818	875	+ 2,1	– 0,2	+ 14,5	+ 22,6	3 441	4 599	– 0,5	– 0,9	k. A.	k. A.		
9 Reduktions-szenario R2	Ausstieg 2005	Nationaler Alleingang	günstig (REDISTR)	Keine Vorgabe		848	914	+ 5,9	+ 4,2	+ 18,8	+ 30,0	3 445	4 613	– 0,4	– 0,6	k. A.	k. A.		
10 Reduktions-szenario R3	Zubau	EU-weit	günstig (REDISTR)	Keine Vorgabe		693	716	– 13,5	– 18,4	– 3,0	+ 0,2	3 455	4 622	– 0,1	– 0,4	k. A.	k. A.		
11 Reduktions-szenario R3	Zubau	Nationaler Alleingang	günstig (REDISTR)	Keine Vorgabe		719	748	– 10,2	– 14,7	+ 0,7	+ 4,8	3 458	4 636	– 0,0	– 0,1	k. A.	k. A.		

integralen Minderungsstrategien zur Erreichung vorgegebener Klimaschutzziele zu untersuchen und die ökonomischen Impulse, welche von CO_2-Emissionsminderungsstrategien im engeren Bereich der Energiewirtschaft ausgehen, zu quantifizieren. Werden in C1-IER/DIW mit einem dynamischen Optimierungsmodell die Zusatzkosten der Emissionsminderung für die Energiewirtschaft auf systematische und ökonomisch konsistente Weise ermittelt, stützt sich C2-DIW/ISI ausschließlich auf eine simulative Szenariotechnik mit Experten-Know-How, um die durch den Umbau des Energiesystems induzierten Mehrinvestitionen, Energiepreisveränderungen und Energiesteueraufkommen zu bestimmen. Bei letzterem Ansatz besteht die Gefahr, komplexe Zusammenhänge zwischen zentralen Entscheidungsgrößen zu übersehen und damit ökonomische Impulse falsch (oder zumindest reichlich ad hoc) einzuschätzen.

In Tabelle 8.8-6 ist ein Vergleich der Energieszenarien von C1-IER/DIW und C2-DIW/ISI für die alten Bundesländer im Jahr 2020 dargestellt. Hierbei ist zu berücksichtigen, daß die Angaben zum Gesamtenergiebedarf in C2-ISI/DIW um die Werte für den nichtenergetischen Verbrauch aus C1-IER/DIW korrigiert worden sind. Es zeigt sich, daß ähnliche Entwicklungen bezüglich des Energieverbrauchs abgeschätzt werden, wobei die Primärenergieverbräuche in den Szenarien von C2-ISI/DIW generell unter dem Niveau der Szenarien von C1-IER/DIW liegen. Unterschiede ergeben sich jedoch bei den Anteilen der Steinkohle in allen Szenarien (in C2-ISI/DIW höher als in C1-IER/DIW), des Erdgases im Szenario R2[108)] bzw. R2V[1] (in C2-ISI/DIW niedriger als in C1-IER/DIW), der Kernenergie im Szenario R1[1] bzw. R1V[1] (in C2-ISI/DIW höher als in C1-IER/DIW) und des Stromimports in allen Szenarien (in C2-ISI/DIW niedriger als in C1-IER/DIW). Insbesondere ist der starke Anstieg der Kernenergie in C2-ISI/DIW im Referenzszenario und im Szenario R1 auffallend, da von Seiten der Enquete-Kommission ein konstanter Beitrag der Kernenergie vorgegeben war.

Aus den Szenarien von C1-IER/DIW ergeben sich kumulierte Kostendifferenzen für die alten Bundesländer im Vergleich zum Referenzszenario in Höhe von 20,7 Mrd. DM_{90} (oder 0,7 Mrd. DM_{90}) für das Szenario R1, von 295 Mrd. DM_{90} (oder 9,8 Mrd. DM_{90}/a) für das Szenario R2 und von –161 Mrd. DM_{90} (oder 5,4 Mrd. DM_{90}/a) für das Least Cost Szenario. Damit werden die Ergebnisse der Enquete-Kommission des 11. Deutschen Bundestages bestätigt, wo für die alten Bundesländer CO_2-Minde-

[108)] R1: Reduktionsszenario Minderungsziel mit konstanter Kernenergiekapazität
R2: Reduktionsszenario Minderungsziel mit Ausstieg aus der Kernenergie bis 2005
R1V: wie R1 ergänzt um Verkehrsvariante
R2V: wie R2 ergänzt um Verkehrsvariante

Tabelle 8.8-6: Vergleich der Energieszenarien von C1-IER/DIW und C2-ISI/DIW für die alten Bundesländer

in PJ Primärenergieverbrauch	C1-IER/DIW					C2-ISI/DIW		
	REF	R1	R1V	R2	R2V	REF	R1	R2
Steinkohle	1 986	733	733	733	733	1 450	913	1 148
Braunkohle ...	907	457	457	452	457	779	345	440
Mineralöl	4 486	3 183	3 038	2 862	2 751	3 648	2 857	2 373
Gas	1 945	2 782	2 789	3 294	3 459	2 889	2 578	2 635
Regenerative ..	536	872	587	1 239	860	444	612	1 085
Kernkraft	1 526	1 526	1 526	0	0	1 727	1 727	0
Stromimport ..	203	327	203	327	209	14	30	30
Summe	11 589	9 880	9 333	8 907	8 469	10 951	9 062	7 711
in %								
Steinkohle	*17,1*	*7,4*	*7,9*	*8,2*	*8,7*	*13,2*	*10,1*	*14,9*
Braunkohle ...	*7,8*	*4,6*	*4,9*	*5,1*	*5,4*	*7,1*	*3,8*	*5,7*
Mineralöl	*38,7*	*32,2*	*32,6*	*32,1*	*32,5*	*33,3*	*31,5*	*30,8*
Gas	*16,8*	*28,2*	*29,9*	*37,0*	*40,8*	*26,4*	*28,4*	*34,2*
Regenerative ..	*4,6*	*8,8*	*6,3*	*13,9*	*10,2*	*4,1*	*6,8*	*14,1*
Kernkraft	*13,2*	*15,4*	*16,4*	*0,0*	*0,0*	*15,8*	*19,1*	*0,0*
Stromimport ..	*1,8*	*3,3*	*2,2*	*3,7*	*2,5*	*0,1*	*0,3*	*0,4*
Summe	*100,0*	*100,0*	*100,0*	*100,0*	*100,0*	*100,0*	*100,0*	*100,0*

rungskosten zwischen 9,4 Mrd. DM/a (für den Fall eines Kernenergieausstiegs) und –4,8 Mrd. DM/a (für den Kernkraftzubau) ermittelt wurden, d. h., eine zusätzliche Kostenbelastung der Volkswirtschaft von 14,2 Mrd. DM/a bei einem Kernenergieausstieg gegenüber einem Kernenergieausbau. In den vorliegenden Untersuchungen beträgt die Differenz zwischen den beiden Szenarien 15,2 Mrd. DM_{90}/a.

Zum Vergleich stehen in der Studie C2-DIW/ISI kumulierte Investitionskosten in Höhe von 580 Mrd. DM_{90} sowie Energiekostenänderungen in Höhe von –49 Mrd. DM_{90} im Jahr 2020 für R2 entsprechenden Werten von 357 Mrd. DM_{90} bzw. –31 Mrd. DM_{90} für R1 gegenüber, wobei Kostenunterschiede der Szenarien für den Verkehrsbereich explizit ausgewiesen sind (70 Mrd. DM_{90} Mehrinvestitionen und –6 Mrd. DM_{90} Energiekosten für zusätzliche CO_2-Reduktionsmaßnahmen im Verkehr). Es verbleibt eine (auf 2020 gerechnete) Differenz zwischen den Szenarien R1 und R2 von C2-DIW/ISI bezüglich der Mehrinvestitionen in Höhe von 223 Mrd. DM_{90} und bezüglich der Energiekosten in Höhe von –18 Mrd. DM_{90}. Nimmt man einen linearen Verlauf der Energiekostenänderung zwischen 1990 und 2020 an, dann ergibt sich eine kumulierte Kostendifferenz von rd. 92 Mrd. DM_{90} (oder 3,1 Mrd. DM_{90}/a). Demgegenüber wird in der Studie C1-IER/DIW eine Kostendifferenz für die alten Bundesländer für die beiden entsprechenden Szenarien von 274 Mrd. DM_{90} (oder 9,1 Mrd. DM_{90}/a) angeben, was einem Unterschied um den Faktor 3 entspricht. Die Gründe für diese Differenz lassen sich nicht nachvollziehen, da in der Studie C2-ISI/DIW keine Angaben über die für die einzelnen CO_2-Minderungsmaßnahmen unterstellten Kosten vorliegen.

In den Ergebnissen der Enquete-Kommission des 11. Deutschen Bundestages werden für ähnlich angelegte Szenarien für die alten Bundesländer für das Jahr 2005 bei einer CO_2-Minderung von 27% gegenüber dem Jahr 1987 Kostenunterschiede von rd. 6,6 Mrd. DM/a ausgewiesen. Da in den vorliegenden Studien C1-IER/DIW und C2-ISI/DIW ein höheres CO_2-Minderungsziel unterstellt wurde, gleichzeitig aber mit steigenden Minderungsnotwendigkeiten auch die aufzuwendenden Kosten steigen, erscheinen die in der Studie C2-ISI/DIW für den Kernenergieausstieg (R2) ausgewiesenen Kosten als zu niedrig angesetzt.

Analyse der gesamtwirtschaftlichen Effekte

Hinsichtlich der in C2 verwendeten gesamtwirtschaftlichen Analyseinstrumente läßt sich festhalten, daß schon durch die Wahl unterschiedlicher wirtschaftstheoretischer Sichtweisen (Annahmen) abweichende Ergebnisse „vorprogrammiert" sind.

Im Gleichgewichtsansatz von C2-EWI spiegelt sich ein neoklassisches, angebotsorientiertes Wirtschaftsverständnis wider, bei dem sich Minderungsmaßnahmen tendenziell um so negativer für die Volkswirtschaft auswirken, je stärker sie die Selbststeuerungsmechanismen der freien Märkte beeinträchtigen. Die Vorzugsstellung der freien Marktwirtschaft hat seine normative Begründung in der allokations-theoretischen Erkenntnis, daß freie dezentrale Märkte mit vollständiger Konkurrenz zu einer pareto-effizienten Verwendung knapper Ressourcen führen: Keine Wirtschaftseinheit kann in diesem Zustand besser gestellt werden, ohne daß es einer anderen schlechter geht. Die Preise setzen die richtigen Signale für die (pareto-)effiziente Allokation knapper Ressourcen auf alternative Verwendungsmöglichkeiten, das heißt, jede Ressource wird so eingesetzt, daß sie volkswirtschaftlich den höchsten Nutzen stiftet. Vor diesem Hintergrund führt eine zur Erreichung von gesetzten Minderungszielen notwendige Klimasteuer gesamtwirtschaftlich zu um so höheren volkswirtschaftlichen Kosten, je stärker ihre Lenkungswirkung durch zusätzlich diktierte Auflagen wie Kohlemindestverstromungsmengen, Kernkraftausstieg oder sektorale Steuerbefreiungen beschränkt wird.

Im Gegensatz dazu steht das der keynesianischen Tradition folgende, nachfrageorientierte Wirtschaftsmodell von C2-DIW/ISI: Emissionsminderungsstrategien führen in einer durch Marktunvollkommenheiten gekennzeichneten Wirtschaftswelt (mit Unterbeschäftigung und Unterproduktion) zu einer Belebung der Konjunktur durch zusätzliche Investitionen und damit einhergehend zu einer Erhöhung der Auslastung des Produktionspotentials und des verfügbaren Einkommens. Tendenziell überwiegen im Modell die positiven Multiplikatoreffekte zusätzlicher Energiesysteminvestitionen die kontraktiven Wirkungen hoher Energiesteuern bzw. hoher Energiepreise.

Die gegensätzliche Einschätzung der gesamtwirtschaftlichen Folgen alternativer Reduktionsstrategien in den Teilstudien C2-DIW/ISI und C2-EWI ist wohl primär durch die Unterschiede in den jeweils modellierten Wirkungszusammenhängen zentraler volkswirtschaftlicher Größen zu erklären.

Im investitionsgetriebenen Wirtschaftsmodell von C2-DIW/ISI spielen die quantitativen Unterschiede der ökonomischen Impulse (Investitionen, Energiepreise, Energiesteueraufkommen), wie sie aus den unterschiedlichen Szenarien von C1 für einen massiven Umbau der Energiewirtschaft zu einem CO_2-günstigeren Systems hervorgerufen werden, kaum eine Rolle. Die gesamtwirtschaftlichen Ergebnisse werden von positiven Investitionsimpulsen jeglicher Art dominiert und bleiben gegenüber einer großen Bandbreite von kontraktiv (negativ) wirkenden Energiepreiserhöhungen und zusätzlichen Energiesteuern unempfindlich. Insgesamt sind die Unterschiede in den ökonomischen Impulsen der Energieszenarien gegenüber der makroökonomischen Einstellung des Modells nach günstigen und ungünstigen volkswirtschaftlichen Rahmenbedingungen von völlig untergeordneter Bedeutung. Für den Vorteilsvergleich alternativer Minderungsstrategien, wie er im Rahmen der

Kommissionsarbeiten Zielsetzung sein sollte, ist dieser Modellansatz kaum problemadäquat. Letztlich kommt es nur auf die (zusätzlichen) Investitionskosten für den Umbau des Energiesystem an – mit der Tendenz „Je höher die Investitionen, desto besser". Dabei wird nicht abgebildet, ob knappes Kapital für Investitionen in anderen Verwendungen nicht viel effizienter eingesetzt werden könnte.

In den Wirkungszusammenhängen ist das C2-DIW/ISI-Modell nach keynesianischer Tradition so konzipiert, daß staatliche Investitionspolitik zur Stabilisierung der Wirtschaft bei Unterbeschäftigung und Unterproduktion notwendig ist (sog. Haltung des Interventionismus). Alternative CO_2-Minderungsstrategien müssen jedoch insbesondere vor dem Hintergrund von Allokation knapper Ressourcen (Effizienzanalyse) und induzierter Verteilungseffekte („Wer trägt die Kosten") bewertet werden. Die Substitutionsmöglichkeiten von Energie, Kapital und Arbeit spielen dabei für die Anpassungskosten der Volkswirtschaft an CO_2-freiere Produktions- und Konsummuster eine entscheidende Rolle. Der zentrale Zusammenhang zwischen Substitutionsmöglichkeit und Minderungskosten geht im C2-DIW/ISI-Modell weitgehend verloren. So spielt es für die makroökonomische Bewertung keine Rolle, wenn kostengünstige CO_2-Minderungsmöglichkeiten durch restriktive energiepolitische Vorgaben wie Mindesteinsatzmengen von heimischer Kohle für die Verstromung oder Kernenergieausstieg aufgegeben werden. Bedenkliche Plausibilitätsdefizite weisen die Rechnungen von C2-DIW/ISI auch in puncto „kostenlose Effizienzrevolution" der Minderungsszenarien gegenüber dem Referenzszenario auf: Ausschlaggebend für die volkswirtschaftlich durchweg positive Einschätzung von Emissionsminderungsmaßnahmen ist neben dem bereits erwähnten Multiplikatoreffekt eine unterstellte, aber ökonomisch nicht weiter belegte Produktivitätssteigerung infolge der getätigten Energiesysteminvestitionen. Diese finanziert unter günstigen Bedingungen sowohl die Zusatzkosten der Energiesparinvestitionen als auch eine geringfügige Konsum(Wohlstands-)steigerung gegenüber dem Referenzfall. Die Produktivititätsdynamik gegenüber der Entwicklung im Referenzszenario ist jedoch wenig einsichtig.

Zu beachten ist weiter, daß die in C2-DIW/ISI genannten CO_2-Minderungen nicht Resultat der den Szenarien zugrundeliegenden nationalen Energiesteuer sind, sondern für die makroökonomischen Rechnungen durch die vorgeschalteten Energieszenarien exogen gesetzt werden. Damit bleibt in der C2-DIW/ISI-Studie die Frage offen, welche CO_2-Minderung durch eine nationale Energiesteuer überhaupt erreicht werden kann. In diesem Zusammenhang muß auch betont werden, daß die Auswirkungen einer nationalen Energiesteuer auf den deutschen Außenhandel bzw. die Produktions- und Beschäftigungssitutation von energiesowie exportintensiven Industrien über den methodischen Ansatz in C2-DIW/ISI kaum berücksichtigt werden können.

Im Gegensatz zum gesamtwirtschaftlichen Analyseinstrumentarium von C2-DIW/ISI ist der mikroökonomisch fundierte Modellansatz von C2-EWI grundsätzlich geeignet, um die unterschiedlichen Folgen alternativer Minderungsstrategien für die Effizienz des Einsatzes knapper Produktionsfaktoren (Allokation) und die Belastungen von Unternehmen und Haushalten (Distribution) zu analysieren. Die Berechnungen von C2-EWI bestätigen dabei insgesamt das grundlegende ökonomische Verständnis, daß die gesamtwirtschaftlichen Kosten zur Erreichung der Minderungsziele um so höher ausfallen

(i) je stärker die Volkswirtschaft in ihren Substitutionsmöglichkeiten durch energiepolitische Vorgaben eingeschränkt wird (Mindesteinsatzmengen heimischer Kohle, Kernkraftausstieg)

und

(ii) je weniger zielgenau die Minderungsmaßnahme auf die Verursachung von CO_2-Emissionen wirkt (wie zum Beispiel Energiesteuer statt CO_2-Steuer, Steuerbefreiung für energie- und exportintensive Sektoren, nationaler Alleingang anstelle EU-weiter Steuer).

Aus den Ergebnissen geht deutlich hervor, daß die Kostenwirksamkeit einer Steuer entscheidend vom Lenkungsspielraum bestimmt wird, der ihr durch wirtschaftspolitische Vorgaben gesetzt ist. So muß beispielsweise die zur Erreichung der gesetzten Minderungsziele erforderliche Steuer bei einem Kernenergieausstieg deutlich höher ausfallen als bei einer weiteren Nutzung der Kernkraft und damit zu einer höheren gesamtwirtschaftlichen Belastung führen.

Vor dem Hintergrund des aufgezeigten Zusammenhangs zwischen Kostenwirksamkeit und Lenkungsspielraum von Emissionsminderungsmaßnahmen sind zwei Ergebnisse in der Studie von C2-EWI zunächst nicht einsichtig: Erstens hat im Fall einer nationalen Endenergiesteuer ein Kernkraftzubau bei sonst gleichen Rahmenbedingungen gegenüber einer konstanten Kernkraftnutzung einen stärkeren Rückgang des Bruttosozialprodukts (als Indikator der gesamtwirtschaftlichen Minderungskosten) zur Folge. Zweitens werden die negativen ökonomischen Folgen eines nationalen Alleingangs im Vergleich zu einer EU-weiten Steuer als geringer eingeschätzt.

Die vordergründig positive Einschätzung des nationalen Alleingangs muß in der C2-EWI-Studie angesichts des Sachverhalts korrigiert werden, daß neben den ökonomischen Einbußen auch die Emissionsminderung im Falle einer unilateralen Steuer geringer ausfällt. Der gerechnete nationale Alleingang weist nämlich gegenüber einer EU-weiten Lösung erhebliche Effizienznachteile auf, die insbesondere durch die Steuerbefreiung für energie- und exportintensive Industrien, durch die Ausgestaltung der nationalen Steuer als reine Energiesteuer gegenüber einer Mischform aus CO_2- und Energiebesteuerung beim EU-Ansatz und durch zusätzliche leakage-Effekte bedingt werden. Müßte eine nationale Energiesteuer so angesetzt werden, daß sie die gleiche Emissionsminderung wie die EU-Steuer erzielen würde, dann wäre sie erheblich höher als in den gerechneten Varianten und hätte daher gesamtwirtschaftlich auch erheblich größere volkswirtschaftliche Kosten zur Folge.

Die Zunahme der Bruttosozialprodukteinbußen durch einen Kernkraftausbau gegenüber der Kernkraftkonstanz (Szenario R2 gegenüber R1 bei nationaler Endenergiesteuer) ist auch angesichts der viel höheren Minderungswirkung der Steuer für den Kernkraftausbau nicht einsichtig: Neben den Emissionen sollten auch die Bruttosozialproduktverluste abnehmen. Diese Inkonsistenz ist wohl durch eine modelltechnische Einstellung bedingt.

Bei nur oberflächlichem Vergleich der Ergebnisse von C2-DIW/ISI und C2-EWI könnte der Eindruck entstehen, daß die Erreichung der Reduktionsziele in beiden Ansätzen volkswirtschaftlich vernachlässigbare Auswirkungen hat. Die stark gegensätzliche Einschätzung in den C2-Teilstudien tritt erst dann deutlich zu Tage, wenn ein Vergleich auf Basis des in C2-ISI/DIW unterstellten Minderungsziels von 40% angestellt wird. Während diese Minderungsvorgabe in der C2-DIW/ISI-Analyse unter günstigen volkswirtschaftlichen Rahmenbedingungen sogar eine Verbesserung makroökonomischer Zielgrößen gegenüber dem Referenzfall ergibt, werden sich in der C2-EWI-Studie die für niedrige Emissionsreduktionen nur geringen gesamtwirtschaftlichen Einbußen wohl drastisch erhöhen, wenn dort eine Steuer in der Größenordnung angesetzt wird, die unter den restriktiven Annahmen bezüglich Kohle und Kernenergie eine 40% ige Emissionsminderung bewirkt.

Ein Konsens besteht in den Teilstudien darin, das zusätzliche Finanzaufkommen aus einer Energiesteuer nicht für eine Erhöhung der (konsumptiven) Staatsausgaben zu verwenden, sondern – gesamtwirtschaftlich vorteilhafter – entlastend für den Kapitalmarkt (C2-EWI-Variante: „Rückführung des Staatsdefizits") oder zur direkten Entlastung von Unternehmen und Haushalten über Senkung anderer Steuern (C2-DIW/ISI-Variante „günstige Rahmenbedingungen") einzusetzen. Allerdings sind in C2-DIW/ISI die Wirkungen alternativer Rückverteilungsmechanismen im Gegensatz zu C2-EWI nicht isoliert ausgewiesen, sondern Bestandteil von „günstigen" bzw. „ungünstigen Rahmenbedingungen".

8.8.1.3 Schlußfolgerungen

Trotz der Schwierigkeiten des Ergebnisvergleichs und den zum Teil gegenläufigen gesamtwirtschaftlichen Einschätzungen lassen sich unter Berücksichtigung der methodischen Begrenzungen sowie der jeweils getroffenen Annahmen bei einer qualitativen Interpretation der quantitativen Ergebnisse der vorgelegten Szenarienanalysen wesentliche Schlußfolgerungen und Konsequenzen für die Konzipierung einer tragfähigen integrierten Gesamtstrategie zur Minderung energiebedingter Treibhausgasemissionen in Deutschland ziehen:

(1) Die CO_2-Minderungsziele (Minderung der CO_2-Emissionen in Deutschland um 45% bis zum Jahr 2020) sind selbst unter den vorgegebenen, zum Teil sehr restriktiven Randbedingungen (Kernenergienutzung, Mindesteinsatz heimischer Stein- und Braunkohle) technisch erreichbar. Unterschiede ergeben sich zwischen den einzelnen Strategien insbesondere in Höhe der für die CO_2-Minderung aufzuwendenden Gesamtkosten. Hier reicht die Bandbreite vom Least-Cost-Szenario, bei dem die Minderungsziele ohne nennenswerte Zusatzkosten im Energiebereich erreichbar erscheinen, bis hin zum Minderungsziel-Szenario R2 (Kernenergieausstieg bis zum Jahr 2005), bei dem im Energiesektor kumulierte Zusatzkosten bis zum Jahr 2020 in Höhe von rd. 440 Mrd. DM_{90} (oder 14,7 Mrd. DM/a) anfallen würden.

(2) Die zukünftige Regelung zur Nutzung heimischer Stein- und Braunkohle spielt eine wesentliche Rolle für die Erreichbarkeit der Klimaschutzziele und der damit verbundenen volkswirtschaftlichen Minderungskosten. In den Studien wurde für die Reduktionsszenarien für das Jahr 2005 bzw. das Jahr 2020 ein Mindesteinsatz von 1 319 PJ (45 Mill. t SKE) bzw. 733 PJ (25 Mill. t SKE) heimischer Steinkohle, von 810 PJ (95 Mill. t) bzw. 450 PJ (53 Mill. t) westdeutscher Braunkohle sowie von 612 PJ (72 Mill. t) bzw. 340 PJ (40 Mill. t) ostdeutscher Braunkohle vorgegeben. Damit sind schon von vorneherein CO_2-Emissionen in Höhe von rd. 280 Mill. t CO_2 im Jahr 2005 und von ca. 156 Mill. t CO_2 im Jahr 2020 verbunden. Dies sind 38% bzw. 29% der CO_2-Emissionen des jeweiligen Jahres unter der Zielvorgabe einer CO_2-Minderung um 30% bis zum Jahr 2005 bzw. um 50 % bis zum Jahr 2020;

(3) Ein verstärkter Erdgaseinsatz kann nur eine Übergangslösung darstellen, die jedoch langfristig zur Erreichung der gesetzten CO_2-Minderungsziele nicht ausreicht.

(4) Eine auf fossiler Kraft-Wärme-Kopplung beruhende Fernwärme- bzw. Nahwärmeversorgung ist nur bei vergleichsweise geringeren CO_2-Minderungszielen (zwischen 20 und 40% im Jahr 2020) eine wesentliche Option zur Emissionsminderung.

(5) Der Ausbau der Kernenergie kann einen wesentlichen kosteneffizienten Beitrag zur CO_2-Reduktion leisten.

(6) Ohne einen nennenswerten Beitrag des Verkehrssektors sind die Minderungsziele nur mit hohen volkswirtschaftlichen Kosten zu erreichen.

(7) Der Beitrag der drei CO_2-freien Optionen Energieeinsparung, erneuerbare Energiequellen und Kernenergie ist bereits im Jahr 2020 entscheidend für die mögliche Zielerreichung. Dabei ist je nachdem, wie der Mix zwischen diesen drei Optionen aussieht, die Zielerreichung mit einem mehr oder weniger hohen Kostenniveau verbunden. Noch gewichtiger wird die Strategie hin zu CO_2-freien Optionen, wenn man bedenkt, daß im Rahmen der Studien lediglich die CO_2-Emissionen und die Möglichkeit der Erreichung der CO_2-Reduktionsziele diskutiert worden sind. Die Emissionen der sonstigen klimarelevanten Spurengase mußten außen vorbleiben. Da jedoch jede fossile Energienutzung auch mit der Emission weiterer Klimagase verbunden ist, gleichzeitig die Zielvorstellungen der Enquete-Kommission zur Reduktion bei diesen Gasen noch weitergehender sind als beim CO_2, sollte auch aus diesem Gesichtspunkt heraus den CO_2-freien Optionen Vorrang eingeräumt werden.

(8) Die Höhe der zur Erreichung der gesetzten Emissionsminderungsziele notwendigen Steuer und die dadurch implizierten volkswirtschaftlichen Kosten hängen entscheidend davon ab, welcher Lenkungsspielraum der Steuer eingeräumt wird. Für eine maximale (Kosten-)Effizienz der Klimasteuer sollte nach dem Verursachungsprinzip die Emission von Treibhausgasen als Berechnungsgrundlage von Steuersätzen dienen (Treibhausgassteuer). Energiepolitische Vorgaben wie zum Beispiel der administrierte Mindesteinsatz von heimischen Kohlen oder ein Kernkraftausstieg beschränken die Lenkungswirkung von Klimasteuern durch den Ausschluß von Substitutionspotentialen stark und sollten zwecks Minimierung der gesamtwirtschaftlichen Kostenbelastungen abgebaut bzw. vermieden werden.

Steuerbefreiungen für energie- und exportintensive Sektoren im Fall des nationalen Alleingangs sind aus gesamtwirtschaftlichen Effizienzgründen abzulehnen. Sollen diese Sektoren aus wirtschaftspolitischen Überlegungen (z. B. Arbeitsplatzkonzessionen) geschützt werden, so ist es volkswirtschaftlich günstiger, zusätzliche zielgerichtete Instrumente (zum Beispiel direkte Lohnsubventionen) einzusetzen, als die Lenkungswirkung von Klimasteuern durch Ausnahmen abzuschwächen (Böhringer, Rutherford, 1994).

(9) Die EU-weite Erhebung einer Treibhausgassteuer als kosteneffiziente Emissionsminderungsstrategie ist einem nationalen Alleingang vorzuziehen, da mit einer einheitlichen Steuer eine höhere Minderungswirkung erzielt werden kann und internationale Marktverzerrungen weitgehend ausgeschlossen werden. Allerdings scheint auf Grund der vorliegenden Analyseergebnisse eine internationale Vorreiterrolle Deutschlands ohne gravierende Nachteile für die deutsche Volkswirtschaft möglich, wenn kosteneffiziente CO_2-Minderungsoptionen nicht verbaut und Sonderlasten der deutschen Energieversorgung abgebaut werden.

(10) Die Verwendung des Steueraufkommens spielt für die Höhe der volkswirtschaftlichen Kosten einer Treibhausgassteuer eine wichtige Rolle. Für eine Entlastung der Volkswirtschaft sollte das zusätzliche Steueraufkommen nicht zur Erhöhung der Staatsausgaben (kontraktive Wirkung auf Kapitalmärkte) verwendet werden, sondern dem Abbau des Staatsdefizits dienen oder aufkommensneutral rückverteilt werden.

8.8.2 Stellungnahme der Kommissionsmitglieder Brigitte Adler, Prof. Dr. Wilfrid Bach, Prof. Monika Ganseforth, Prof. Dr. Hartmut Graßl, Dr. Liesel Hartenstein, Prof. Dr. Peter Hennicke, Horst Kubatschka, Dr. Klaus Kübler, Prof. Dr. Eckhard Kutter, Prof. Dr. Klaus Michael Meyer-Abich

8.8.2.0 Vorbemerkung

8.8.2.0.1 Allgemeine Bemerkung zur Aussagefähigkeit der Studien

Die Enquete-Kommission hat zwei Studien, C1 und C2, zu Gesamtstrategien zur CO_2-Minderung vergeben. Diese Studien beruhen auf methodisch völlig unterschiedlichen Ansätzen und Szenarienlogiken. Dies war durchaus beabsichtigt: Durch einen systematischen Vergleich von

Annahmen, Modellkonstruktionen und Sensitivitätsrechnungen sollten die Ergebnisse und die hieraus abgeleiteten politischen Handlungsempfehlungen belastbarer, transparenter und nachprüfbar begründet werden.

Wegen des extremen Zeitdrucks bei den Abschlußarbeiten der Enquete-Kommission konnte diese Chance nicht genutzt werden. Die fertigen Studien C1 und C 2 wurden der Kommission teilweise erst kurz vor Abschluß ihrer Arbeiten im September 1994 überreicht. Ein gründlicher und wechselseitiger Vergleich von Annahmen und Ergebnisse durch die Studiennehmer selbst konnte nicht mehr stattfinden. Vor allem in der Kommission selbst war eine eingehende Diskussion und Bewertung der vorgelegten Studien nicht mehr möglich. Dies ist umso bedauerlicher, weil erstens dadurch keine auf den Studien aufbauenden gemeinsamen gesamtwirtschaftlichen Bewertungen und Empfehlungen der Kommission mehr vorgenommen werden konnten. Zweitens konnten auch einige zentrale und ergebnisrelevante Vorgaben der Kommission (z. B. zum Verkehrssektor, zum Kohleeinsatz) nicht mehr ausreichend in Form von Sensitivitätsrechnungen kritisch hinterfragt werden. Drittens konnten die von der Koalitionsmehrheit entgegen der Empfehlung der „Arbeitsgruppe Energie" der Enquete-Kommission und ohne die Zustimmung der Kommission in Auftrag gegebenen Szenarien des Atomkernenergieausbaues nur noch begrenzt auf ihre Annahmen und Ergebnisse kritisch hinterfragt werden.

All dies macht es aus der Sicht der Oppositionsfaktion erforderlich, daß nach Abschluß der Kommissionsarbeit die Studien C1 und C2 zunächst erst gründlich aufgearbeitet und miteinander verglichen werden müssen, ehe hieraus belastbare energiepolitischen Schlüsse gezogen werden können.

Wegen der knappen Zeit wird sich daher auch die folgende Kommentierung und Bewertung hauptsächlich auf eine Diskussion der IER-Szenarien beschränken. Darüber hinaus können nur einige Anmerkungen zu den Szenarien von EWI bzw. von ISI/DIW gemacht werden.

8.8.2.0.2 Zusammenfassung und Bewertung wesentlicher Ergebnisse der IER-Szenarien

Bei der folgenden Analyse der IER-Szenarien soll im folgenden unterschieden werden

- inwiefern die heute als problematisch erkannten Vorgaben der Kommission und nicht die Annahmen von IER Zielpunkte der (Selbst-)Kritik sind; die Kritik gilt also in diesem Fall nicht den Studiennehmern, sondern es muß deutlich gemacht werden, daß es unter dem enormen Zeit- und Arbeitsdruck der Kommission nicht mehr möglich war, die ursprünglich gesetzten Vorgaben im Lichte der hieraus resultierenden Ergebnisse zu relativieren und zu verändern; dies betrifft vor allem die Annahme eines unveränderten (Trend-) Verkehrssektors in den Szenarien R1, R2, R3 und R4 sowie die Annahmen zum Kohlemengengerüst.

- wo Annahmen von IER (z. B. zu den Atomkernenergie- und Einsparkosten) diskussionswürdig sind, aber bei zukünftig möglichen weiteren Sensitivitätsrechnungen durchaus änderbar wären und damit ein breiteres Spektrum von Ergebnissen aufzeigen könnten und
- welche zusätzlichen Erkenntnismöglichkeiten, aber auch welche Grenzen gundsätzlich mit der Modellkonstruktion von EFOM (LP-Ansatz) verbunden sind.

Es liegt demnach nicht in unserer Absicht, alle Szenarien von IER pauschal zu kritisieren oder das EFOM-Modell und die Szenarien R1V und R2V abzuqualifizieren. Im Gegenteil: Wir versuchen deutlich zu machen (siehe auch Zusammenfassung), daß die Szenarien R1V und R2V in überarbeiteter Form zusammen mit anderen Studien (z. B. Krause et al, 1993/94; ISI, DIW, 1994; EWI, 1994; Greenpeace, 1993; Bach, 1993) eine gute Basis für die Weiterarbeit über integrierte CO_2-Reduktionsstrategien darstellen.

Dennoch soll hier eine grundsätzliche und bewertende Einordung der IER-Szenarien bereits vorweggenommen werden: Die Szenarioergebnisse von IER scheinen auf den ersten Blick den Schluß nahezulegen, daß die angestrebten CO_2-Minderungsziele aus volkswirtschaftlicher Sicht nur dann problemlos zu erfüllen sind, wenn die derzeitige Atomkernenergiekapazität zumindest aufrechterhalten oder – wie im sog. Least-Cost-Fall – am besten sogar verdoppelt wird (geringe Zusatzkosten oder Minderkosten). Ein gleichzeitiger Ausstieg aus der Atomkernenergie würde demnach im ungünstigen Szenariofall (R2 im Vergleich zu R1) zu vergleichsweise hohen volkswirtschaftlichen Belastungen führen (ca. 320 Mrd. DM bis zum Jahr 2020).

Bei näherer Betrachtung ergibt sich jedoch ein differenzierteres Bild: Selbst dieser ungünstige und auf problematischen Annahmen basierende Vergleich von R2 gegenüber R1 entspricht nur einer durchschnittlichen pro Kopf Belastung von etwa 130 DM/Jahr, die, so kann unterstellt werden, von der deutschen Bevölkerung als „Versicherungsprämie" über 30 Jahre gegen die Vermeidung der Atomkernenergierisiken im eigenen Land zweifellos akzeptiert werden würde.

Dennoch läge die von IER errechnete von 2005–2010 anfallende Mehrbelastung der Volkswirtschaft absolut in einer Höhe, die zumindest den

Ausstieg verzögern könnte. Die nachfolgende kritische Analyse der IER-Berechnungen zeigt jedoch, daß von einer derartigen Größenordnung der Kostenbelastung durch den Ausstieg der Atomkernenergie nur unter nicht realistischen Annahmen und bei einem methodisch verkürzten Ansatz die Rede sein kann. Dies zeigt bereits ein erster Vergleich mit anderen Studien aus der jüngeren Zeit, die zu dem entgegengesetzten Ergebnis kommen, daß ein Ausstieg aus der Atomkernenergie bei einer gleichzeitigen Realisierung der erforderlichen CO_2-Reduktion zu einer Minderbelastung für die Volkswirtschaft bzw. zu positiven gesamtwirtschaftlichen Effekten führt (Krause et al, 1993/1994; Greenpeace, 1994b; ISI, DIW, 1994).

Hinzu kommt, daß das EFOM-ENV-Modell nur die Kosten- und Substitutionswirkungen, nicht jedoch die gesamtwirtschaftlichen Wirkungen eines Ausstiegs aus der Atomkernenergie simulieren kann. Das Modell addiert (unter diskussionswürdigen Annahmen) in der Zielfunktion nur die gesamtwirtschaftlichen Kosten, ohne die hieraus resultierenden makroökonomischen Multiplikator- und Beschäftigungseffekte berechnen zu können. Damit können die entscheidenden volkswirtschaftlichen Innovations- und Investitionsimpulse gar nicht modellmäßig erfaßt werden, die von einem Ausstieg aus der Atomkernenergie ausgehen. Es erstaunt daher auch nicht, daß die Modellanalyse von ISI/DIW hier zu entgegengesetzten gesamtwirtschaftlichen Ergebnissen kommt, da die Studie auf einer dynamischen Input-Output-Betrachtung basiert und dadurch den Innovations-und Investitionsimpuls eines Ausstiegs aus der Atomkernenergie modellmäßig abzubilden in der Lage ist.

Während also die begrenzte IER-Methodik (unter im übrigen problematischen Annahmen) den Schluß nahelegt, daß ein Ausstieg aus der Atomkernenergie mit der erforderlichen CO_2-Minderung kaum finanzierbar ist, kommt ISI/DIW zum genau entgegengesetzten Ergebnis: Mit einem Ausstieg sind sowohl bei günstigen als auch bei ungünstigen Bedingungen eher positivere gesamtwirtschaftliche Effekte (z. B. beim Wirtschaftswachstum und bei der Beschäftigung) verbunden als bei Aufrechterhaltung einer konstanten Kernkraftwerks-Kapazität. Generell gilt nach ISI/DIW, daß – im Gegensatz zu den IER-Ergebnissen – „die Unterschiede beider Strategien für die längerfristige Entwicklung der gesamtwirtschaftlichen Zielgrößen Wachstum, Preisniveaustabilität und Beschäftigung relativ klein sind. Diese Unterschiede sind kleiner als die Unsicherheitsgrenzen, die sich aus den Berechnungen nach günstigen und ungünstigen Bedingungen ergeben" (ebenda, S. 97)

Vor diesem Hintergrund werden im folgenden die Szenarioergebnisse vor allem in Hinblick auf weitere diskussionswürdige Annahmen analysiert und diskutiert sowie mögliche Alternativen aufgezeigt. Auch die Konsistenz und das Zusammenwirken von Annahmen sowie die Szenarienlogik müssen dabei hinterfragt werden. Dies gilt insbesondere für die Reduktionsszenarien R2 und R2V, die zu Ergebnissen führen, die mit der inneren Logik und volkswirtschaftlichen Dynamik von Atomkernenergieausstiegs- bzw. Einsparszenarien nicht vereinbar sind. Vor allem die Behandlung des Verkehrssektors und die Annahmen bei der Kohle (die allerdings von der Enquete-Kommisison vorgegeben waren) machen die Kernaussagen der IER-Szenarien R1–R4 wenig aussagefähig.

Besonders kritisch zu bewerten ist das sog. „Least-Cost"-Szenario, das den angeblich kosteneffizientesten Weg zum Erreichen des Reduktionszieles beschreiben soll. Mit fragwürdigen (sehr optimistischen) Kostenannahmen bei der Atomkernenergie und sehr pessimistischen Annahmen bei Energiesparmaßnahmen und der Voraussetzung eines allein durch starre vorgegebene Kostenannahmen gesteuerten Marktes spiegelt es z. B. in keiner Weise die realen Investitionsentscheidungen sowie die Chancen und Risiken der zukünftigen Kostenentwicklung bei spezifischen Technologien wieder. Das Ergebnis („Least Cost") ist vielmehr in den Annahmen bereits impliziert.

Diesem Szenario wird im folgenden auch das Greenpeace-Szenario gegenübergestellt (vgl. hierzu auch den Anhang zu Kap. 8). Die wesentlichen Unterschiede werden herausgestellt und diskutiert. Ebenso werden einige wichtige Instrumente zur Umsetzung eines Einsparszenarios genannt. In diesem Zusammenhang wird insbesondere auch die CO_2-/ Energiesteuer als eine mögliche Maßnahme untersucht. Dementsprechend werden in die Diskussion auch die Überlegungen im Rahmen des Studienpaketes C2 (ISI/EWI) einbezogen.

8.8.2.1 Kosteneffizienz: Keine starre Größe, sondern abhängig von der Marktdynamik und der Energiepolitik

Für die Ermittlung der Szenarioergebnisse wurde von IER das Energie- und Umweltmodell EFOM-ENV verwendet. Im Rahmen von derartigen energiewirtschaftlichen, auf der linearen Programmierung (LP) basierenden Modellen wird für die Investoren ein die Realität (im Sinne eines „Bottom-up"-Ansatzes) nicht differenziert widerspiegelndes Kostenkalkül unterstellt. Unter der Vorgabe der Minimierung der Kosten (Zielfunktion) werden dabei alle Entscheidungen ausschließlich vor dem Hintergrund einer angenommenen relativen Kosteneffizienz getroffen. Die unterstellten Kosten der verschiedenen Prozesse und Güter sind insofern das zentrale Steuerungsinstrument. Dabei kommt es entscheidend auf die Annahmen und Bewertungsmaßstäbe der relativen Wirtschaftlichkeit einzelner Techniken und vor allem auf einen korrekten Vergleich von Angebots- und Nachfrageoptionen an. Spezifische Markthemmnisse für regenerative Energien, KWK und Einspartechniken (z. B. unterschiedliche subjektive Amortisationserwartungen in Haushalten, Industrie und im öffentlichen Bereich in Relation zu bereits auf dem Markt etablierten Großkraftwerkstechniken) werden nicht oder nur im unzureichenden Maße berücksichtigt. Energie- oder ordnungspolitische Maßnahmen zum zielgruppen- und technikspezifischen Abbau von Hemmnissen (z. B. Festsetzen von Verbrauchsstandards, Least-Cost Planning, Contracting) bleiben weitgehend unberücksichtigt.

Die möglichst umfassende Einbeziehung energiepolitischer Maßnahmen und Instrumente liegt aber gerade in der Logik eines zielorientierten Reduktionsszenarios, das besonderer energiepolitischer Anstrengungen bedarf und nur durch ein Mix aller verfügbarer Optionen sinnvoll erreichbar ist (vgl. z. B. GP, 1994b). Die Disparität unterschiedlicher Amortisationserwartungen, z. B. 3–5 Jahre bei Energiespartechniken in der Industrie gegenüber 15 Jahren und mehr beim Bau von Kraftwerken, kann z. B. mit einem Mix aus Energiesteuer, Contracting, Least-Cost Planning und Förderprogrammen abgebaut werden.

Das tatsächliche Verhalten der Akteure im Energiesystem wird darüber hinaus nie ausschließlich durch die aktuellen Kosten, sondern zumindest auch durch Kosten-, Preis- und Gewinnerwartungen sowie durch allgemeine volkswirtschaftliche Rahmendaten sowie durch Richtungsentscheidungen in der Energiepolitik bestimmt. Dementsprechend führen allein auf heutigen Kostenschätzungen und betriebswirtschaftlichen Kostenkalkülen beruhende Modelle nur zu begrenzter Aussagefähigkeit. Demgegenüber erscheint es vor allem zweckmäßig und erforderlich, an den bestehenden Hemmnissen für die Realisierung eigentlich wirtschaftlicher, aber „gehemmter" (E. Jochem/ISI) Effizienzpotentiale anzusetzen, diese zu analysieren und hemmnisabbauende Maßnahmen zu identifizieren und zu quantifizieren. Hierzu gehören neben Kostengesichtspunkten auch energiepolitisch motivierte Handlungsoptionen.

8.8.2.2 Die Hauptszenarien von IER: Kritische Analyse und mögliche alternative Annahmen

Neben einer Referenzentwicklung werden vom IER vor allem vier Hauptszenarien entwickelt sowie im Vergleich (R1/R1V bzw. R2/RV2) dargestellt und diskutiert, die die gesteckten CO_2-Minderungsziele der Jahre 2005 und 2020 jeweils erreichen. Abweichend vom Ziel einer CO_2-Minderung von 50% bis zum Jahr 2020 beschränken sich die vom IER ausführlich dargestellten Szenarien auf eine Verringerung der CO_2-

Modellimmanente Probleme und Restriktionen

– „Black-box-Problematik“ In EFOM werden mit Ausnahme der über Restriktionen vorherbestimmten oder eingegrenzten Variablen sowie der Nachfragegrößen (Energiedienstleistung) alle Werte modellintern bestimmt. Sie sind dem Einfluß des Modellanwenders entzogen. Bei großen Modellen (hier etwa 25 000 Variablen) kann dies zu einer fehlenden Übersichtlichkeit führen. Bestimmte Modellentscheidungen können für den Anwender nicht mehr nachvollziehbar sein. Ebenso sinkt die Interpretierbarkeit mit zunehmender Modellgröße und Komplexität (vgl. auch Gruber, 1991).
– „Knife edge effects“ In Optimierungsmodellen können z. T. bereits kleine Kostenvorteile zu großen Verschiebungen der Investitionsentscheidungen führen. Diese sog. „knife edge effects“ sind für den Modellanwender nicht immer schnell und deutlich erkennbar. Das Ergebnis der Optimierungsläufe ist damit stark abhängig von der Genauigkeit und Belastbarkeit der Eingabedaten (vgl. auch Krause, 1993).
– Abdiskontierung über den Betrachtungszeitraum Die hier gewählte Vorgehensweise der Abdiskontierung der entstehenden Kosten auf ein zurückliegendes Bezugsjahr führt dazu, daß hohe in der Zukunft entstehende Kosten (z. B. Abriß und Entsorgung von Kernkraftwerken) nur mit einem geringen Kostenwert in die Rechnung eingehen. Die zugrundeliegende Philosophie, daß zur Deckung dieser Kosten bereits heute Rückstellungen gebildet werden, löst das Problem der hohen Unsicherheit derartiger weit in der Zukunft liegenden Kosten nicht und kann detaillierte Sensitivitätrechnungen mit Höchst- und Untergrenzen der Kostenentwicklungen nicht ersetzen.
– Externe Kosten Bei der Bestimmung des kosteneffizienten Entwicklungspfades werden externe Kosten, d. h. die nicht vom Verursacher zu tragenden Folgekosten (z. B. Schäden an Gesundheit, Gebäuden etc.) nicht berücksichtigt. Die verursachergerechte Einbeziehung dieser Schadenskosten (derzeit ist nur ein Teil der entstehenden Folgeschäden monetarisierbar und konkret einem Verursacher zuzuordnen) könnte dabei aber zu einer wesentlichen Verschiebung der Energieträgerpreise führen und damit eine andere Struktur des kostenoptimalen Energiesystems bedingen.

Emissionen von 45%. Die ein Minderungsziel von 50% erreichenden Szenarien werden nur in verkürzter Form wiedergegeben. Während in den Szenarien R1/R1V von einer konstanten Kapazität der Atomkernenergie ausgegangen wird, beschreiben die Szenarien R2/R2V, bei ansonsten – mit Ausnahme des Verkehrs – gleichen Randbedingungen (Kohlekontingente, CO_2-Minderungsziel), einen langfristigen Ausstiegspfad aus der Atomkernenergie.

In den Szenarien R1/R2 bleibt der Verkehrssektor gegenüber der Referenzentwicklung unverändert. Insofern entsprechen diese Szenarien keinesfalls der Logik einer ausreichenden CO_2-Reduktionspolitik und zwingen den übrigen Endverbrauchersektoren sowie der Energieumwandlung überproportionale und teure CO_2-Reduktionsquoten auf, um ein durchschnittliches Minderungsziel von 45/50% bis zum Jahr 2020 zu realisieren. Demgegenüber werden in den Szenarien R1V/R2V in Anlehnung an IFEU (1992) zusätzliche, wenn auch bei weitem nicht ausreichende Reduktionsmaßnahmen im Verkehr berücksichtigt.

Als Ergebnis weist das Szenario R2 im Vergleich zu R1 kumulierte zusätzliche Kosten (1990 bis 2020) in der Größenordnung von etwa 320 Mrd. DM_{90} und das Szenario R2V von 150 Mrd. DM_{90} gegenüber der Referenzentwicklung auf.

Insbesondere für das Reduktionsszenario R2 gilt dabei, daß die erzielten und ausgewiesenen Ergebnisse der Logik eines derartigen Szenarios zu großen Teilen nicht entsprechen. Dies gilt im wesentlichen für die Nichtberücksichtigung von Maßnahmen im Verkehrsbereich, aber auch für weitere kritische Punkte wie z. B. die Kostenbewertung von Einsparmaßnahmen. Darüber hinaus treten überproportional steigende Minderungskosten erst dann auf, wenn die CO_2-Emissionen bei gleichen Randbedingungen um mehr als 45% gegenüber dem Jahr 1987 reduziert werden sollen. Dann muß im noch größeren Umfang auf die teureren Technologien (z. B. Photovoltaik) zurückgegriffen werden. Dies führt dazu, daß durch die Einbeziehung weiterer, von IER nicht oder nur im unzureichenden Maße berücksichtigter Maßnahmen (insbesondere Einsparmaßnahmen) eine ausreichende Minderung der CO_2-Emissionen auch zu deutlich geringeren zusätzlichen Kosten zu erreichen ist.

Weitere modellspezifische Problemfelder und diskussionswürdige Annahmen

Im folgenden werden weitere Annahmen der IER-Szenarien kritisch danach hinterfragt, inwieweit sie der Logik von politikorientierten CO_2-

Reduktionsszenarien entsprechen bzw. widersprechen; darüber hinaus werden Alternativen zur Minderung der CO_2-Emissionen aufgezeigt.

- Nachgewiesene CO_2-Reduktionsmaßnahmen im Verkehrsbereich bleiben unberücksichtigt

Innerhalb der dargestellten Hauptszenarien R1 und R2 bleiben adäquate CO_2-Reduktionsmaßnahmen im Verkehrsbereich unberücksichtigt. Dieses systematische Problem ist darauf zurückzuführen, daß bislang im Rahmen der Enquete-Arbeiten noch keine kostenmäßige Erfassung der potentiellen, über die trendgemäße Entwicklung hinausgehenden verkehrs- oder energiemindernden Maßnahmen möglich war und vergleichbare gesamtwirtschaftliche Kostenabschätzungen nur sehr begrenzt vorliegen (vgl. z. B. DIW, 1992). Dies hat die Enquete-Kommission dazu veranlaßt, bei den Gesamtstrategien einen Verkehrssektor unter Trendbedingungen bzw. mit nur moderaten CO_2-Reduktionsmaßnahmen vorzugeben. Diese Annahme hatte jedoch speziell für den von IER benutzen Typus eines rein kostengesteuerten LP-Programms gravierende Konsequenzen, die bei der Auftragsvergabe noch nicht überschaubar waren und die heute im Lichte neuerer Erkenntnisse zu einer Revision dieser Annahmen im Verkehrsbereich führen müßten.

Die Nichtberücksichtigung von angemessenen CO_2-Reduktionsmaßnahmen z. B. auch durch Verkehrsvermeidung führt nämlich zu einer drastisch steigenden Verkehrsleistung (vgl. Referenzentwicklung) und damit auch zu einem Anstieg des Primärenergieverbrauchs sowie der korrespondierenden CO_2-Emissionen (allein um 38,7% bis zum Jahr 2005; vgl. Tabelle 1). Dies hat zwangläufig bei einer CO_2-Minderungsstrategie mit volkswirtschaftlichen Minderungszielen zwischen 30 und 50% und einem Verkehrsanteil an den Gesamtemissionen von heute etwa

Tabelle 1: Entwicklung des motorisierten Verkehrs in Deutschland 1988 und im Trend- bzw. Reduktionsszenario 2005 (IFEU, 1992)

	1988	Trend	Reduktion
Verkehrsleistung (Mrd. Pkm)	872	1 190	1 075
Transportleistung (Mrd. tkm)	347	587	588
Primärenergie (PJ)	2 430	3 410	2 540
CO_2-Emissionen (Mio. t)	173,0	240,0	177,0
Abweichung gg. 1988 (%)		*+ 38,7*	*+ 2,3*

19% überproportionale Anforderungen an die restlichen Sektoren und insbesondere an den Umwandlungssektor zur Folge.

Daher wurden mit den Szenarien R1V und R2V auch zusätzliche Analysen durchgeführt, die die ursprüngliche, problematische (allerdings von der EK vorgegebene) Annahme eines Trendverlaufs im Verkehrssektor etwas modifizierten. Gegenüber dem Trend wurde dabei eine Änderung des Modal Splits und die Durchführung zusätzlicher technischer Effizienzverbesserungen unterstellt. Ebenso kommt es zu dem Einsatz alternativer Kraftstoffe. Allerdings wird auch in den R1V/R2V-Szenarien die gesamte Verkehrsleistung gegenüber dem Trend unverändert gelassen und nur von einer begrenzten Effizienzverbesserung (z. B. Senkung des spezifischen Kraftstoffverbrauchs bei PKW von 8 l auf 6,2 l Benzin/100 km im Jahr 2020) ausgegangen.

Damit wurden jedoch die insgesamt bestehenden Effizienzsteigerungsmöglichkeiten im Verkehrsbereich bei weitem nicht ausgeschöpft. Die unterstellten Effizienzverbesserungen führen beispielsweise bis zum Jahr 2020 bei neuen PKW zu einem gemittelten Verbrauch von ca. 5 Litern. Demgegenüber ist aus technischer Sicht eine Entwicklung und breite Markteinführung des 3 bis 4 Liter-Autos bis zum Jahr 2005 und des 2 bis 3 Liter-Autos bis zum Jahr 2020 ohne weiteres möglich (Enquete, 1994). Hinzu kommt, daß die Effizienzsteigerung an den Fahrzeugen voraussichtlich eine der volkswirtschaftlich günstigsten CO_2-Reduktionsoptionen darstellt, da die Energie-und Benzinkosteneinsparung bei hocheffizienten Autos deren Mehrkosten bzw. -preis bei breiter Markteinführung voraussichtlich deutlich überkompensieren wird.

Die vom IER unterstellten Minderungsmaßnahmen führen für das Jahr 2005 zu einer Minderung der CO_2-Emissionen von etwa 25% gegenüber der Trendentwicklung. Demgegenüber weist der Verkehrsbericht der Enquete-Kommission eine Reihe weiterer Möglichkeiten zur Reduzierung der CO_2-Emissionen im Verkehrsbereich aus (vgl. Tabelle 2), die allein für das Jahr 2005 bereits ein Minderung von 40,6% bezogen auf die Trendentwicklung (gegenüber (IFEU, 1992) geht die Enquete-Kommission u. a. auch aufgrund der Angleichungsvorgänge zwischen den neuen und alten Bundesländern von höheren CO_2-Emissionen im Trend aus) und von 8% bezogen auf den Ausgangszustand (1988) bewirken könnten.

Sollen die CO_2-Emissionen im Durchschnitt tatsächlich im geforderten Ausmaß reduziert werden, so kann dies nur sinnvoll erfolgen, wenn alle Sektoren – auch und gerade der Verkehrssektor – im angemessenem Umfang dazu beitragen. Folglich sind deutlich über den Trend hinausgehende CO_2-Minderungsmaßnahmen im Verkehrsbereich in die Szena-

Tabelle 2: Potentielle CO_2-Minderungsmaßnahmen gegenüber der Trendentwicklung im Verkehr bis 2005 (Enquête, 1994)

	Minderungspotential in Mio. t
Technische Entwicklung	29
Vermeidung	9
Verlagerung	10
Verbrauchsminderung	41
Güterverkehrspolitik für Europa	4
Freizeitverhalten	17
Summe	110
verbleibende CO_2-Emissionen	160
Reduktion gg. Trend	*– 41,0 %*
Reduktion gg. 1988	*– 8,0 %*
CO_2-Emission: 1988: 173 Mio. t; Trend 2005: 271 Mio. t	

rien einzubeziehen. Dies gilt insbesondere auch vor dem Hintergrund der langfristigen CO_2-Minderungsziele (80 % bis 2050). Hierfür sind bereits heute die Weichen zu stellen und eine Verkehrswende einzuleiten. Dabei darf es nicht bei den nur technischen Möglichkeiten bleiben. Gerade eine Verlagerung zwischen den Verkehrssystemen (Modal Split-Änderung) und die Durchführung von strukturellen Maßnahmen (Siedlungsstrukturänderungen), die zunächst nur eine geringe Minderung herbeiführen, sind in bezug auf eine Neuorientierung einzubeziehen.

Dabei sind Maßnahmen im Verkehrsbereich immer dann auch volkswirtschaftlich sinnvoll, wenn sie durch CO_2-Minderungskosten gekennzeichnet sind, die unterhalb der Grenzkosten der CO_2-Minderung des jeweiligen Vergleichsfalles (z. B. im Rahmen der IER-Szenarien auch die relativ teuren Szenarien des Atomkernenergieausstiegs) zu realisieren sind. Nach (Enquete, 1994) spart eine Verkehrsvermeidung generell Kosten ein. Ordnungspolitische Maßnahmen, wie z. B. Tempolimit oder Flottenverbrauchsregelungen, sind hiernach zumeist kostenneutral. Veränderungen des Modal Split führen im wesentlichen nur zu einer Verlagerung der Investitionen. Technische Effizienzverbesserungen führen letztlich, bei z. T. höheren Investitionen, zu einer Verminderung der Treibstoffkosten, die gegenüber dem möglichen Mehrpreis für den PKW zumindest kompensierend wirken.

Daher können die dargestellten Hauptszenarien R1 und insbesondere R2 nicht als logisch konsistente und zielführende CO_2-Reduktionsszenarien verstanden werden. Erneut muß betont werden, daß dies vor allem auch an den heute als revisionsbedüftig erkannten Vorgaben der Enquete-Kommission liegt. Die folgende Betrachtung konzentriert sich daher auch auf die Analyse der Szenarien R1V und R2V, in denen Maßnahmen im Verkehrsbereich enthalten sind.

- Ausschließliche Betrachtung technischer Minderungsmöglichkeiten (Verzicht auf die Suffizienzdebatte)

In den verschiedenen Szenarien wurden keine Veränderungen der Nachfrage (Nachfrage nach Energiedienstleistung) unterstellt. Damit wird vorausgesetzt, daß CO_2-Minderungen ausschließlich aufgrund von Effizienzverbesserungen erzielt werden können. Gesichtspunkte der Suffizienz-Debatte, d. h. die Verringerung der Nachfrage bei gleichbleibendem oder wachsendem Wohlstand (neue Wohlstandsmodelle, neues Qualitätsempfinden), bleiben dabei unberücksichtigt.

- Substitution der Atomkernenergie

Der Ausstieg aus der Atomkernenergie wird im Szenario R2 (Ausstieg aus der Atomkernenergie ohne Berücksichtigung von Maßnahmen im Verkehrsbereich) zu etwa je der Hälfte durch den Zubau von Erdgas-GuD-Kraftwerken und die verstärkte Nutzung erneuerbarer Energien kompensiert. Damit wird eine zusätzliche Stromerzeugung aus erneuerbaren Energien in der Größenordnung von 80 TWh_{el} erforderlich, womit bereits große Teile des von IER als verfügbar angesehenen Windenergiepotentials und des Photovoltaik-Potentials auf Dächern auszuschöpfen ist. Dies ist insbesondere aufgrund des Photovoltaik-Anteils die Ursache für die ausgewiesenen hohen Minderungskosten von 440 Mrd. DM. im R2-Szenario. Vor dem Hintergrund eines kosteneffektiven CO_2-Minderungsszenarios ist eine derart hoher Photovoltaikeinsatz zur Stromerzeugung bis zum Jahr 2020 nicht plausibel begründbar, solange (wie noch gezeigt wird) alle kostengünstigeren CO_2-Minderungsmöglichkeiten noch nicht ausgeschöpft sind sowie Maßnahmen im Verkehrssektor nicht mit einbezogen werden. Die Fragwürdigkeit der Szenarioergebnisse kommt allein dadurch zum Ausdruck, daß es beim Übergang von R1 auf R2 zu keiner nennenswerten Änderung der Endenergienachfrage kommt. Noch unplausibler werden die Szenarioergebnisse bei einer CO_2-Minderung von 50%. Hier wird eine Stromerzeugung aus Photovoltaik von etwa 480 TWh (zum Vergleich: die gesamte Bruttostromerzeugung betrug 1992 etwa 565 TWh) ausgewiesen und dies bei ebenfalls nur wenig veränderter Endenergienachfrage. Dementsprechend nimmt das Modell die teure Photovoltaik (inklusive erheblicher Speicherverluste) in Lösung und berücksichtigt andere, offensichtlich noch billigere CO_2-Minderungsoptionen auf Grund unterstellter Restriktionen nicht mehr.

Beim Übergang von Szenario R1V oder der Referenzentwicklung auf R2V wird die nukleare Stromerzeugung demgegenüber nahezu durch den Zubau von Erdgas-GuD-Kraftwerken ersetzt. Dies führt im Szenario R2V zu einem Anstieg des Erdgasverbrauchs bis zum Jahr 2020 auf etwa 4 224 PJ (3 903 PJ im Jahr 2005). Demgegenüber betrug der Gaseinsatz im Jahr 1990 rund 2 321 PJ und wird sich gemäß der Referenzentwicklung bis zum Jahr 2020 auf diesem Niveau stabilisieren (2 349 PJ). Aufgrund des verstärkten Gaseinsatzes im Ausstiegsszenario hat das Erdgaspreisniveau damit einen wesentlichen Einfluß auf die ermittelten Zusatzkosten gegenüber der Referenzentwicklung. Im Rahmen der Szenariorechnungen ist dabei eine erhebliche Erhöhung des Erdgaspreises im Zeitverlauf unterstellt worden (in realen Preisen um 24% bis 2005 und um 74% bis 2020 gegenüber dem Jahr 1990). Demgegenüber steigt der Preis für Importkohle nur geringfügig an.

Eine derart deutliche Erhöhung der Erdgaspreise ist aber wohl nur dann zu erwarten, wenn der Gasverbrauch nennenswert steigt. Dies ist in R2V bis zum Jahr 2005 der Fall; nach 2005 dürfte der Erdgaspreis zumindest aufgrund des Nachfrageverhaltens in der Bundesrepublik nicht mehr wie zuvor ansteigen. Geht man – wie auch bei den im Rahmen der Szenarioberechnungen durchgeführten Sensitivitätsanalysen – davon aus, daß der Erdgaspreis in etwa auf dem Niveau des Jahres 1995 verbleiben wird (Grenzübergangspreis von 4,33 DM_{90}/GJ), führt dies für das Ausstiegsszenario zu Minderkosten gegenüber der Referenzentwicklung von etwa 60 Mrd. DM (kumuliert bis 2020). Dies entspricht einer Reduzierung der zusätzlichen Kosten von ca. 15,5%.

- Ungenügende Ausschöpfung der bestehenden Einsparpotentiale

Beim Übergang vom Szenario R1 auf R2 bzw. von R1V auf R2V kommt es nur noch zu einer geringfügigen weiteren Reduzierung des Endenergieverbrauchs.

Die Einsparpotentiale werden daher den Modellergebnissen zufolge – weitgehend unabhängig von der Nutzung der Kernenenergie – für die Minderung der CO_2-Emissionen eingesetzt. Damit wird implizit unterstellt, daß der wirtschaftliche Anreiz zur Durchführung von Stromsparmaßnahmen oder auch zur Markteinführung von energiesparenden

Stromerzeugungsalternativen wie Kraft-Wärme-Koppelung unabhängig ist von den langfristig in Anlagen der Atomkernenergie investierten Fixkosten und deren Verwertungszwang für die Investoren. Diese Annahme steht nicht nur im Widerspruch zur praktischen Erfahrung (der Wandel zum Energiedienstleistungsunternehmen bei Betreibern von Atomkraftwerken findet de facto bisher kaum statt) und zu internationalen Erfahrungen (erst Moratorien oder Ausstiegsbeschlüsse haben zu verstärkten Energiesparinitiativen z. B. in der Schweiz, in Schweden und in Kanada geführt; vgl. Sondervotum von Hennicke in Enquete 1990), sondern auch zum Konstruktionsprinzip bisheriger Szenarien mit Nutzung der Atomkernenergie (vgl. IIASA, 1992; Hennicke, 1992; Hennicke, Hahn, 1994; vgl. auch Zusatzvotum der Oppositionsfraktion).

In bezug auf die Stromerzeugung widerspricht dem insbesondere, daß erst durch den Ausstieg im großen Umfang Alternativen zum Atomkernenergiestrom – wie z. B. die Erschließung von Einsparpotentialen durch LCP/Contracting oder die Installation von KWK-Anlagen – betriebswirtschaftlich für die einzelnen Betreiber interessant werden, während bei fixkostenintensiven Kernkraftwerken wenige Anreize für Stromsparmaßnahmen oder für die beschleunigte Markteinführung neuer Techniken bestehen, die bereits investiertes Kapital entwerten könnten.

Unplausibel ist darüber hinaus vor allem, daß trotz der höheren Grenzkosten der CO_2-Minderung im Austiegsszenario nur im geringfügigen Ausmaß weitere Einsparpotentiale mobilisiert werden, obwohl das in vielen Studien nachgewiesene Einsparpotential mit Sicherheit größer ist als die hier erreichten etwa maximal 10% Einsparung gegenüber der Referenzentwicklung.

Insbesondere bei der Stromnachfrage zeigen sich keine wesentlichen Unterschiede zwischen den Szenarien R1V und R2V. Gegenüber dem Szenario R1V ist die Stromnachfrage im Jahr 2020 beim Ausstiegsszenario R2V sogar insgesamt leicht höher. Auch im Vergleich zum Referenzszenario weisen die Szenarien R1V und R2V nur eine geringfügige Stromeinsparung in der Größenordnung von 10% auf; gegenüber dem Jahr 1990 kommt es sogar nur zu einer Erhöhung der Stromnachfrage um fast 8%.

Dies ist um so unplausibler als mit dem Ausstieg aus der Atomkernenergie im zunehmenden Maße die relativ teure Photovoltaik die nukleare Stromerzeugung substituiert. Dies führt zu vergleichsweise hohen Grenzkosten der Stromerzeugung. Damit wurde aber vom Modell implizit so gerechnet, als ob das vorhandene Stromeinsparpotential weitgehend ausgeschöpft ist bzw. die Einsparkosten weiterer Einsparpotentiale oberhalb der Grenzkosten der photovoltaischen Stromerzeugung liegen (vgl. Tabelle 3). Ein Vergleich der in Tabelle 3 am Bei-

Tabelle 3: Stromeinsparpotential gegenüber dem Jahr 1990 am Beispiel Hannovers (Wuppertal Institut, Öko-Institut, 1994)

	Einsparpotential	Zusatzkosten in Pf/kWhel
Industrie	29 %	0– 9,0 (Mittelwert 4,8)
Kleinverbraucher	8 %	0– 9,8 (Mittelwert 6,1)
Haushalte	21 %	0–19,9 (Mittelwert 5,8)
Summe	19 %	0–19,9 (Mittelwert 5,3)

spiel Hannovers aufgeführten (aber weitgehend aus bundesweiten Studien abgeleiteten) Stromeinsparpotentiale mit der unterstellten Entwicklung der Stromnachfrage im Szenario R2V (Tabelle 4) zeigt bei einer zulässigen Hochrechnung der Einsparpotentiale auf ganz Deutschland, daß die vorhandenen wirtschaftlichen Stromsparpotentiale in den IER-Studien bei weitem nicht ausgeschöpft bzw. die vorgegebenen Einsparpotentiale zu gering abgeschätzt wurden.

Nach den aus der Hannover-Studie hochgerechneten Ergebnissen kann etwa ein Fünftel der Stromnachfrage gegenüber 1990 zu Kosten unterhalb von 20 Pf/kWh (z. B. unterstützt durch LCP-oder Contracting-Maßnahmen) eingespart werden; das Greenpeace-Ausstiegsszenario kommt bis zum Jahr 2010 für Deutschland sogar zu einer möglichen Stromeinsparung von etwa 29% gegenüber 1990 (vergl. Anhang zu Kap. 8). Als Vergleichsbasis sind die langfristig vermeidbaren Grenzkosten der Stromerzeugung zuzüglich der Kosten für Transport und Verteilung sowie Reservevorhaltung heranzuziehen.

Tabelle 4: Entwicklung der Stromnachfrage im Szenario R2 (prozentuale Veränderung gegenüber 1990)

Szenario	2005	2020
R1	+ 1,7 %	+ 7,4 %
R2	+ 0,3 %	+ 6,5 %
R1V	+ 5,5 %	+ 12,1 %
R2V	+ 3,1 %	+ 6,5 %
R2V (50 % Minderung)	+ 1,9 %	+ 7,8 %

Vergleicht man für die Szenarien R2 und R2V dementsprechend die Kosten der erneuerbaren Stromerzeugung mit den Stromeinsparkosten, ist festzustellen, daß das Stromeinsparpotential deutlich vor einer photovoltaischen Stromerzeugung (abgeschätzte Grenzkosten nach IKARUS-Erhebungen im Jahr 2020 von etwa 60 Pf/kWhel inklusive Verteilung) vollständig und vor einer verstärkten windtechnischen Stromerzeugung (abgeschätzte Grenzkosten nach IKARUS-Erhebungen von bis zu 23,5Pf/kWhel) vor dem Hintergrund der Kosteneffizienz nahezu vollständig auszuschöpfen ist. Eine über das vom IER unterstellte Maß hinausgehende Stromeinsparung zu Kosten unterhalb der Grenzkosten der Stromerzeugung würde damit gegenüber dem ausgewiesenen Szenario R2V zu einer erheblichen Reduzierung der zusätzlichen Aufwendungen gegenüber der Referenzentwicklung führen.

Da die IER-Kostendaten für die Stromeinsparpotentiale in der Industrie zum Teil auf den methodisch anders ermittelten Kostenangaben von ISI (ISI 1994) basieren, seien im folgenden Kasten einige Argumente aufgeführt, warum die Kostenermittlungsmethodik und die Ergebnisse der ISI-Studie undifferenziert in ein kostenoptimierendes LP-Modell übernommen werden dürfen.

- Kohleabnahmeverpflichtung

Die Ergebnisse der dargestellten Hauptszenarien legen darüber hinaus den falschen Schluß nahe, daß eine Vereinbarkeit von CO_2-Minderung und Beibehaltung eines Mindesteinsatzes an deutscher Stein- und Braunkohle aus volkswirtschaftlicher Sicht nur bei einer konstanten Kapazität der Atomkernenergie mit keinen wesentlichen Zusatzkosten verbunden ist (R1V). Der Ausstiegspfad aus der Atomkernenergie (R2V) führt dagegen nach diesen Ergebnissen zu einer vergleichsweise höheren volkswirtschaftlichen Belastung.

Für das Austiegsszenario R2V sind zuvor bereits Optionen aufgezeigt worden, die bei Beibehaltung von Kohlekontingentierung und CO_2-Minderungszielen zu einer Verringerung der volkswirtschaftlichen Belastungen des Ausstiegspfades beitragen können (z. B. verstärkte Stromeinsparung). Das Greenpeace-Szenario kommt sogar zu dem Schluß, daß der Ausstieg aus der Atomkernenergie und der weitere, wenngleich auch reduzierte Einsatz deutscher Kohle, mit den CO_2-Minderungsansprüchen unter volkswirtschaftlich günstigen Bedingungen vereinbar sind. Im Bereich der Stromversorgung ist danach ein Ausstieg aus der Atomkernenergie bis zum Jahre 2000 unter volkswirtschaftlich günstigen Bedingungen (Minderkosten gegenüber Referenzentwicklung) möglich. Die CO_2-Emissionen können auch in diesem Szenario bis zum Jahre 2010 um etwa 43,4 % reduziert werden.

Kritische Anmerkungen zur Bestimmung der Einsparpotentiale am Beispiel Industrie und ihrer Verwendbarkeit in Optimierungsmodellen

– Anlegbare Investitionskosten

Aufgrund der Vielzahl unterschiedlicher Prozesse und Maschinen in der Industrie kann bei der Bilanzierung der Einsparpotentiale und der Bestimmung der zugehörigen Kosten häufig kein Gesamtkostenvergleich (Gegenüberstellung der gesamten Investitions- und Betriebskosten unterschiedlich energieeffizienter Industrieprozesse) erfolgen. Demgegenüber wird meist die Methode der „anlegbaren Investitionskosten" genutzt. Dabei werden die zusätzlichen Investitions- und Betriebskosten (gegenüber einem Standardverfahren) unter Berücksichtigung der branchen- und sektorspezifischen Refinanzierungszeiten der zu erreichenden Energieeinsparung gegenübergestellt.

Mit diesem Verfahren kann keine verursachungsgerechte Zuordnung von multifunktionalen Investitionen (Investitionen in Verbesserungen oder Erneuerungen von Prozessen verfolgen in der Regel nicht nur einen einzigen Zweck, sondern sollen mehrere Verbesserungen herbeiführen, z. B. Rationalisierung von Arbeits- und Materialeinsatz, Erhöhung der Energieeffizienz) erfolgen. Die zusätzlichen Kosten werden damit einseitig der Energieeffizienzsteigerung angelastet.

– Eigentlich wirtschaftliche, aber „gehemmte" Potentiale

Die Einsparkosten wurden darüber hinaus im Industriesektor auf der Basis der in der Industrie üblichen Amortisationszeiten von 3 bis 5 Jahren berechnet (betriebswirtschaftliche Sichtweise). Dies führt gegenüber einer volkswirtschaftlichen Betrachtung (Abschreibung angenähert an die technische Lebensdauer wie z. T. bei Kraftwerken) zu extrem hohen Einsparkosten. Ein derartiger methodischer Vergleich der Grenzkosten der Einsparung (mit kurzen subjektiven Amortisationszeiten bis zu 5 Jahren) und der Grenzkosten des Angebots (mit kalkulatorischen Amortisationszeiten von 15 und mehr Jahren bei Kraftwerken) ist mehr als zweifelhaft und wird stets die Einsparpotentiale in volkswirtschaftlicher Hinsicht drastisch unterbewerten (vgl. Hennicke 1991 sowie Leprich 1994). Nach einem methodisch korrekten wirtschaftstheoretischen Kalkül handelt es sich also hierbei um grundsätzlich wirtschaftliche Potentiale, die aber auf Grund zahlreicher nachgewiesener Hemmnisse „gehemmt" sind, d. h. also ohne Hemmnisabbau nicht realisiert werden. Bei zielgerichteten Szenarien käme es aber gerade darauf an, durch Hemmnisabbau darauf einzuwirken, daß Einspar- und Angebotstechnologien auf gleicher markttheoretischer und methodischer Grundlage (z. B. Amortisation entsprechend der technischen Lebensdauer, gleicher Kalkulationszins) gegeneinander abgewogen werden. Ein derartiges marktwirtschaftliches Kalkül werden auch neue innovative

„Drittinvestoren" vornehmen, die im Rahmen von Contracting oder LCP-Programmen betriebswirtschaftlich mit deutlich höheren und der technischen Lebensdauer angenäherten Amortisationszeiten kalkulieren können.

Die Bestimmung der Einsparpotentiale in der Industrie beruht also im wesentlichen auf der subjektiven Einschätzung von Fachleuten und damit auf der Basis der derzeitigen betrieblichen Bedingungen und den hiermit verbundenen Hemmnissen. Die tatsächlichen wirtschaftlichen Potentiale sind dagegen unter der Voraussetzung eines vollständigen Hemmnisabbaus und eines Ausgleichs der Disparität der Amortisationserwartungen deutlich größer.

– Anpassungsreaktionen

Ab einer Grenzhöhe der Einsparkosten (22 Pf/kWhel) wurde in der vom IER benutzten und vom ISI durchgeführten Basisschätzung die Bestimmung der Einsparpotentiale abgebrochen; dies bedeutet aber bei weitem nicht, daß keine weiteren Potentiale verfügbar sind, sondern daß diese nur entsprechend den methodischen Fragwürdigkeiten der hier verwendeten Methode teurer sind. In die Rechnung gehen diese Potentiale nicht ein, obwohl sie noch deutlich unterhalb der Kosten der photovoltaischen Stromerzeugung liegen.

Darüber hinaus kann davon ausgegangen werden, daß mittel- bis langfristig die erheblichen Energiepreissteigerungen im Rahmen einer Klimaschutzpolitik zu Anpassungsreaktionen in der Industrie führen werden. Bisher hat sich der industrielle Sektor in dieser Hinsicht zumeist als relativ flexibel gezeigt. Demzufolge ist die Entdeckung und Durchführung von zusätzlichen Energieeinsparmaßnahmen zu erwarten (z. B. Prozeßsubstitutionen, vermehrte Kreislaufschließung für energieintensive Werkstoffe), die zu einer Energieeinsparung deutlich oberhalb des ausgewiesenen Niveaus führen.

– Kostendegression

Wie an zahlreichen Beispielen gezeigt werden kann, führte technischer Fortschritt im Zeitverlauf in der Regel auch bei Effizienz- und Umweltschutztechniken zu einer Abnahme der Investitionskosten sowie zu einer Verlängerung der Standzeiten (z. B. PKW-Katalysator). Ein Reduktionsszenario, indem eine zielorientierte Einsparstrategie verfolgt wird, führt im Laufe der Zeit zu Lerneffekten, d. h. heute noch teure Einspartechnologien werden tendenziell billiger; zudem werden durch Anstrengungen über das Trendsparenhinaus Innovationen auf dem Markt angestoßen, d. h. neue und u. U. effizientere Technologien werden entwickelt (eine hohe Nachfrage auf dem Markt führt zu höheren Investitionen und zu verstärkten Forschungsanstrengungen). Kostendegressionen aufgrund technischen

Fortschrittes sind bei der Bestimmung der Einsparpotentiale aber ebenso nicht berücksichtigt worden wie die Entwicklung innovativer energieeffizienter Prozesse. Lerneffekte und Innovationsschübe können jedoch dazu führen, daß die aggregierten Kosten-Energiesparpotentialkurven nicht durch den gewohnten Verlauf steigender Grenzkosten gekennzeichnet sind, sondern sich zusätzliche Einsparstufen mit konstantem Kostenniveau einstellen werden und sich damit letztlich ein höheres ausschöpfbares wirtschaftliches Einsparpotential ergibt.

– Auswirkungen auf die Optimierungsrechnungen

Die sehr restriktive Einbeziehung von Einsparpotentialen in die Optimierungsrechnungen vom IER führt aufgrund der Nichtberücksichtigung des technischen Fortschrittes, der möglichen Potentialerhöhung durch alternative Finanzierungsmethoden, der Lerneffekte und der Multifunktionalität von Einsparinvestitionen zu einer erheblichen Unterschätzung der Einsparpotentiale sowie zu relativ zu hohen Kostenangaben.

Der Kohleeinsatz beläuft sich auf 31,3 Mio. t SKE Steinkohle (917 PJ), wobei etwa drei Viertel heimischen Ursprungs sind, und 29,7 Mio. t SKE Braunkohle (870 PJ).

Generell gilt aber die Aussage, daß CO_2-Reduktionsszenarien durch eine Verringerung der Kohleabnahmeverpflichtung und damit der Steinkohlesubventionen kosteneffizienter gestaltet werden können. Der vollständige Ersatz deutscher Steinkohle durch Importkohle ist beispielsweise im sogenannten LC-Szenario der wesentliche Grund für die hier ausgewiesenen Minderkosten gegenüber der Referenzentwicklung.

Ein Zwischenfazit

In den vorangegangenen Abschnitten ist aufgezeigt worden, daß die IER-Atomkernenergieausstiegsszenarien R2 bzw. R2V zu nicht plausiblen Ergebnissen führen. Insbesondere die Einbeziehung einer erheblichen Stromerzeugung aus der teuren Photovoltaik in R2, kann nicht nachvollzogen werden, wenn gleichzeitig kostengünstigere CO_2-Minderungsoptionen, wie z. B. Maßnahmen im Verkehrsbereich und eine verstärkte Stromeinsparung, unausgeschöpft bleiben. Demgegenüber führen die Szenarien mit Einbeziehung von Maßnahmen im Verkehrsbereich zu sinnvolleren Ergebnissen. Jedoch können auch hier Optionen aufgezeigt werden, die zu einer weiteren bzw. kosteneffektiveren Minderung der CO_2-Emissionen beitragen und die bei weitem noch nicht vollständig ausgeschöpft worden sind. Dies sind im einzelnen

- zusätzliche Maßnahmen im Verkehrsbereich (insbesondere Verkehrsvermeidung),
- verstärkte Energieeinsparung (insbesondere Stromeinsparung),
- verringerte Abnahmeverpflichtung deutscher Steinkohle.

Der Ausstieg aus der Atomkernenergie ist nach den IER-Ergebnissen (R2V) mit zusätzlichen Kosten in der Größenordnung von etwa 180 Mrd. DM gegenüber dem Szenario R1V (konstante Kapazität der Atomkernenergie) verbunden. Dies führt zu einer durchschnittlichen pro Kopf-Belastung von etwa 75 DM (bzw. 130 DM bei einem Vergleich zwischen R2 und R1, siehe oben). Auch wenn diese zusätzlichen Kosten, wie bereits oben erwähnt wurde, als „Versicherungsprämie" gegen die Vermeidung von Risiken der Atomkernenergie akzeptabel erscheinen mögen, kann unter Berücksichtigung der genannten zusätzlichen Minderungsoptionen und der Unsicherheiten in der Energieträgerpreisgestaltung (z. B. Erdgaspreis) davon ausgegangen werden, daß ein Ausstieg aus der Atomkernenergie bei gleichzeitiger Einhaltung des CO_2-Minderungsziels ohne zusätzliche volkswirtschaftliche Belastungen erreicht werden kann. Exemplarisch soll dies im folgenden für den Strombereich durch den Vergleich mit dem Greenpeace-Szenario gezeigt worden (vgl. [GP, 1994b]).

Exkurs: Führt der Ausstieg aus der Atomkernenergie zu Mehrkosten? Vergleichende Betrachtung des Greenpeace-Ausstiegsszenarios mit dem Ausstiegsszenario R2V

Obwohl sich das Greenpeace-Austiegsszenario und das IER-Ausstiegsszenario R2V in wichtigen Punkten (z. B. LP-Ansatz bei IER) unterscheiden, lassen sich doch durch den Vergleich einiger zentraler Annahmen und Ergebnisse einige zusätzliche Beurteilungskriterien für die IER-Szenarien gewinnen (vgl. auch Anhang zu Kap. 8). Die nachfolgende Tabelle stellt die wesentlichen Unterschiede in den Annahmen und Ergebnissen der Szenarien (für das IER-Ausstiegsszenario werden die Varianten mit 45% (R2V) und 50% (R2V50) CO_2-Minderung betrachtet) zusammen.

Die Tabelle macht deutlich, daß beide Szenarien zwar in einigen zentralen Punkten durchaus zu vergleichbaren Entwicklungen gelangen. Dies betrifft die erreichbare CO_2-Minderung, die drastische Reduktion der Kohleeinsatzmengen und den Zubau neuer Kraftwerke auf Basis von KWK und erneuerbaren Energien. Unterschiede in den Zahlenwerten

Tabelle 5: Vergleich der R2V-Szenarien von IER mit dem Greenpeace-Szenario

	IER-R2V/45	IER-R2V/50	Greenpeace
Zeithorizont	2020 (2005)	2020 (2005)	2010
Betrachtungsumfang	gesamte Energiewirtschaft	gesamte Energiewirtschaft	Stromerzeugung
Kernenergieausstieg	2005	2005	2000
CO_2-Minderung	gesamt: 45 % gg. 1987 bis 2020 Umwandlung: 40 % gg. heute bis 2020	gesamt: 50 % gg. 1987 bis 2020 Umwandlung: 45 % gg. heute bis 2020	43 % gg. heute bis 2010 –
Steinkohleeinsatz	2 166 PJ (1992) 1 347 PJ (2005) 747 PJ (2020)	2 166 PJ (1992) 1 319 PJ (2005) 733 PJ (2020)	Strom: 1 345 PJ (1992) 695 PJ (2010)
Braunkohleeinsatz (1992: 2 166 PJ)	2 166 PJ (1992) 1 441 PJ (2005) 797 PJ (2020)	2 166 PJ (1992) 1 422 PJ (2005) 790 PJ (2020)	Strom: 1 660 PJ (2005) 249 PJ (2010)
Substitution der Kernenergie	im wesentlichen durch Erdgas	im wesentlichen durch Erdgas und PV	im wesentlichen durch Erdgas, Stromeinsparung und Regenerative
Bruttostromerzeugung	535 TWh → Reduzierung um 5,3 % gg. 1992	549 TWh → Reduzierung um 3,0 % gg. 1992	421,1 TWh → Reduzierung um 25 % gg. 1992
Fernwärmenachfrage (ohne Prozeßdampf)	334 PJ (1992) 764 PJ (2020)	334 PJ (1992) 1 101 PJ (2020)	334 (PJ (1992) 803 PJ (2010)
Zubau-Kraftwerke	im wesentlichen Erdgas-GuD-Kraftwerke	im wesentlichen Erdgas-GuD-Kraftwerke	im wesentlichen Erdgas-GuD-Kraftwerke
regenerative Stromerzeugung	etwa 60 TWh davon 0,1 TWh Photovoltaik	98,8 TWh davon 20,5 TWh Photovoltaik	103,6 TWh davon 1,2 TWh Photovoltaik
volkswirtschaftliche Be- bzw. Entlastung gg. Referenz	rund 150 Mrd. DM (Barwert 1990)	rund 290 Mrd. DM (Barwert 1990)	rund – 16 Mrd. DM (Barwert 1993)
unter zusätzlicher Berücksichtigung von:			
– Unwägbarkeiten der AKW-Zykluskosten			– 38 Mrd. DM
– AKW-Unfallkosten			– 85 Mrd. DM

können aufgrund der unterschiedlichen Zeithorizonte häufig auch als Zwischenschritte verstanden werden. Auch das Ausstiegsstempo ist bezüglich der energetisch-ökonomischen Wirkung insgesamt gesehen durchaus vergleichbar. Eine Verlangsamung der Ausstiegsgeschwindigkeit verringert die volkswirtschaftlichen Rest-Vergütungskosten für noch nicht vollständig abgeschriebene Kraftwerke im Greenpeace-Szenario, erhöht aber die Risiken und externen Kosten für einen möglichen Super-GAU und schwächt den durch den Ausstieg induzierten Innovations- und Investitionsimpuls.

Die deutlichsten Unterschiede zeichnen sich in der Art der Substitution der Stromerzeugung durch Atomkernenergie ab. Während in den IER-Ausstiegsszenarien die nukleare Stromerzeugung im wesentlichen durch gasbefeuerte Kraftwerke (nach 2005 auch zunehmend durch Photovoltaik) ersetzt wird, setzt das Greenpeace Szenario in Verbindung mit einem höheren Gaseinsatz auf eine verstärkte Stromeinsparung und kostengünstigere erneuerbare Energien.

Zu wesentlich anderen Ergebnissen kommen die Szenarien bezüglich der volkswirtschaftlichen Aufwendungen für den Ausstieg aus der Atomkernenergie. Während die IER-Szenarien zu einer Mehrbelastung von rund 150 bis 290 Mrd. DM (kumuliert über den Zeitraum von 1990 bis 2020) kommen, ergibt das Greenpeace-Szenario eine Kosteneinsparung. Neben der verstärkten Stromeinsparung und den damit vermiedenen Brennstoffkosten und zusätzlichen Investitionen in Kraftwerke, liegt dies auch darin begründet, daß die vermiedenen Kosten gezielt zur Umsetzung von Einsparmöglichkeiten genutzt werden (z. B. Durchführung von Einsparprogrammen für Haushalte, Industrie und Kleingewerbe). Konkrete energiepolitische Maßnahmen zur Umsetzung der CO_2-Minderungsmöglichkeiten werden in den IER-Szenarien hingegen nicht berücksichtigt. Die ermittelten unterschiedlichen volkswirtschaftlichen Auswirkungen sind insbesondere vor dem Hintergrund bemerkenswert, daß bei der Berücksichtigung aller Sektoren grundsätzlich weitere Chancen für verstärkte Einsparung und CO_2-Reduktion bestehen; dies bedeutet, daß die durch den Ausstieg aus der Atomkernenergie verursachte kurzfristige CO_2-Spitze mittel- und langfristig auch in anderen nicht stromspezifischen Sektoren (Verkehr, Raumwärme) überkompensiert werden kann und dementsprechend die Auswahl der durchführbaren und kosteneffizienten CO_2-Minderungsmaßnahmen deutlich größer ist als im auf den Stromsektor beschränkten Greenpeace-Szenario unterstellt wurde. Berücksichtigt man zusätzlich die Unwägbarkeiten in der Kostenabschätzung von Kernbrennstoffbereitstellung, -verarbeitung und Reststoffentsorgung führt das Greenpeace-Szenario gegenüber der Referenzentwicklung (mit konstanter Nutzung der Atomkernenergie) zu einem weiteren potentiellen Kostenvorteil. Gleichermaßen gilt dies auch, wenn potentielle Unfallkosten der Atomkernenergie, wie sie beispielsweise von Prognos [Prognos, 1992] abgeschätzt wurden, in die Berechnung einbezogen würden.

Zusammenfassend läßt sich daher feststellen, daß insbesondere die Unterschätzung der Einsparmöglichkeiten zu einer Kostenüberschätzung in den IER-Ausstiegsszenarien führt. Wie das Greenpeace-Szenario zeigt, ist andererseits – bei einer entsprechenden flankierenden Einsparpolitik und forcierter Markteinführung von Effizienztechniken sowie von erneuerbaren Energien – ein Ausstieg aus der Atomkernenergie und die Realisierung der erforderlichen CO_2-Minderung ohne zusätzliche volkswirtschaftliche Aufwendungen möglich

8.8.2.3 Die Szenarien R3/R4: Nur eine begrenzte Aussage zu den volkswirtschaftlichen Wirkungen einer Energiesteuer ist möglich

Da die Reduktionsszenarien „EU-Steuer" des IER hier nur kursorisch kommentiert werden können, sollen einige grundsätzliche methodische Einwände gegenüber diesen Szenario-Rechnungen vorausgeschickt werden:

1. Das von IER benutzte lineare Programmierungsmodell EFOM-ENV eignet sich nur sehr begrenzt zur Simulationsanalyse der Wirkung einer Energiesteuer, worauf die Autoren auch selbst hinweisen. Das Modell berücksichtigt allein die Kosten- und Preiseffekte sowie hieraus resultierende Substitutionswirkungen. In der einschlägigen internationalen wie nationalen Literatur (vgl. u. a. Grupp et al 1993; Coherence 1992; EWI 1994) wird heute jedoch übereinstimmend davon ausgegangen, daß der Kosten- und Preiseffekt einer Energiesteuer über die makroökonomischen Gesamtwirkungen wenig aussagt und daß vor allem die Aufkommensneutralität und die konkrete Verwendungsart einer Steuer für eine politikrelevante Beurteilung der Steuerwirkungen von Bedeutung ist (vgl. auch EWI 1994). In der IER-Studie heißt es daher auch zu Recht: „Die Lenkungsfunktion einer solchen Steuer kann mit dem hier verwendeten Modellansatz nur eingeschränkt untersucht werden, da Preiseffekte nur in Bezug auf die Substitution von Kapital und Energie berücksichtigt werden. Die Auswirkungen einer aufkommensneutralen Verwendung der Steuer sowie makroökonomische Effekte können nicht erfaßt werden" (ebenda. S. 82). Damit sind aber die R3 / R4-Szenarien von IER in der bisher vorliegenden Form für politische Entscheidungen kaum verwendbar.

2. Hinzu kommt, daß die (zum Teil von der Enquete-Kommission selbst vorgegebenen) Annahmen, die ohnehin beschränkte Aussagefähigkeit

der R3/R4-Szenarien weiter begrenzen. So wurde wie in den Szenarien R1/R2 mit einem – gegenüber dem Trend – unveränderten Verkehrssektor gerechnet und die starren Kohleinsatzmengen wurden ebenfalls aus den Szenarien R1/R2 übernommen. Hinzu kommt weiterhin, daß von den Autoren einige Annahmen über Hemmnisse bei der Umsetzung wirtschaftlicher Maßnahmen zur Energieeinsparung im Gegensatz zum Referenzszenario nicht unterstellt wurden. Folge dieser Annahmen ist z. B., daß eine Isolierung des Steuereffekts gegenüber dem Referenzszenario nicht mehr möglich ist; so schreiben auch die Autoren: „Daher ist eine isolierte Quantifizierung des Lenkungseffekts der Steuer nicht möglich". Am gravierendsten haben sich jedoch die unterstellten Annahmen beim Vergleich des R3 mit dem R4-Szenario ausgewirkt. Bei einem Ausstieg aus der Atomkernenergie (R4) mit EU-Steuer steigen die CO_2-Emissionen nach 2005 gegenüber dem Referenzszenario dadurch z. B. dadurch an, daß die Atomkernenergie durch Importkohle (Erhöhung der Steinkohle-Importe gegenüber dem Referenzszenario bis zum 2020 um 170%!) ersetzt wird. Das Szenario R4 ist daher für die Beantwortung der Frage: „Auswirkungen eines Ausstiegs aus der Atomkernenergie auf die CO_2-Emissionen?" nicht aussagefähig.

Mit den Szenarien R3 und R4 sollte ausgehend von den Hauptszenarien der Lenkungseffekt einer CO_2-/Energiesteuer bestimmt werden. Selbst dieses eingeschränkte Ziel konnte wegen des methodischen Ansatzes und einiger vorgegebener Annahmen nicht erreicht werden. Der Verzicht auf eine CO_2-Mengenbeschränkung führt insbesondere im Ausstiegsszenario zu einem massiven Einsatz des auch mit Steueraufschlag noch immer kostengünstigsten und mengenmäßig nicht beschränkten Energieträgers Importkohle. Bei zusätzlicher Kontingentierung der heimischen Braun- und Steinkohle resultieren hieraus deutlich höhere CO_2-Emissionen als in den Vergleichsfällen.

Gegenüber dem Referenzfall führen die Steuer-Szenarien nach den ausgewiesenen Ergebnissen sogar für den Zeitraum von 1990 bis 2020 zu einer Kostenerhöhung in der Größenordnung von 200 bis 300 Mrd. DM_{90}. Dabei werden die Steuern als Zusatzkosten den volkswirtschaftlichen Aufwendungen zugeschrieben. Unter volkswirtschaftlicher Sichtweise ist diese Vorgehensweise jedoch nicht sinnvoll. Volkswirtschaftlich gesehen stellen Energiesteuern nicht nur zusätzliche Aufwendungen dar, die an einer Stelle der Volkswirtschaft entzogen werden, sondern entscheidend für ihre Wirkung ist – dies sagen alle einschlägigen Studien – wie das Steueraufkommen verwendet wird.

Andere Untersuchungen zu der wirtschaftlichen Verträglichkeit und der Sinnhaftigkeit einer zusätzlichen Energiesteuer kommen daher auch zu

Beispielhafte Maßnahmen zur Verwirklichung von CO_2-Minderungszielen

- Informations- und Motivierungsprogramme
- Fortbildungsprogramme nach dem Beispiel von RAVEL
- Ausbau der Energieberatung
- Einrichtung von Energieagenturen
- Least Cost Planning/Finanzielle Anreizprogramme
- Contracting
- ordnungsrechtliche Instrumente (z. B. Wärmenutzungsverordnung; zweite Stufe einer Wärmeschutzverordnung; Novellierung des EnWG/Integration von LCP)
- finanzielle Anreize durch energierechtliche Instrumente (z. B. verbesserte Einspeisevergütung für KWK; energiesparende Strom- und Gastarife)

deutlich anderen Ergebnissen. Nach den Ergebnissen der Studie C2 von DIW/ISI der Enquete-Kommission (Teilbereich C2) führt die Einführung einer Energiesteuer in der Regel dann zu positiven gesamtwirtschaftlichen Ergebnissen (Anstieg von privatem Verbrauch, Bruttosozialprodukt und Beschäftigung), wenn das Steueraufkommen vollständig in den produktiven Wirtschaftskreislauf zurückgeführt wird und z. B. Produktivitätssteigerungen (Modernisierung in Verbindung mit Energiesparinvestitionen) induziert werden.. Zusätzliche wirtschafts- und arbeitsmarktpolitische Maßnahmen könnten in diesem Fall auch zu einer weiteren Erhöhung der Beschäftigung beitragen.

Zu vergleichbaren Ergebnissen kommt auch die DIW-Greenpeace Studie zur ökologischen Steuerreform [GP, 1994a]. Die Einführung einer aufkommensneutralen Energiesteuer führt hiernach bis zum Jahr 2010 zu einer Minderung des Primärenergieverbrauchs um 24% und der CO_2-Emissionen um etwa 25% gegenüber 1987. Die Aufkommensneutralität (z. B. durch die Senkung der Arbeitgeberbeiträge zur Sozialversicherung; Ökobonus für den privaten Verbraucher) führt zu einem ökologischen und beschäftigungsfördernden Strukturwandel (Arbeit wird billiger und Energie teurer), der in den ersten zehn Jahren zu einer halben Million neuer Arbeitsplätze führen soll.

Auch die Greenpeace-Ausstiegsstudie [GP, 1994b] weist darauf hin, daß es im entscheidenden Maße auf die Verwendung der erhobenen Steuern ankommt. Für die verschiedenen Verbrauchssektoren werden hiernach aus dem Steueraufkommen umfangreiche Informationskampagnen und Förderprogramme finanziert. Die Szenariobetrachtung des IER beschränkt sich dagegen auf die Untersuchung des Kosteneffektes einer Energiesteuer. Andere Umsetzungsinstrumente oder durchführbare hemmnisabbauende Maßnahmen bleiben unberücksichtigt. Gerade letztere müßten aber verstärkt und flankierend zu einer Energiesteuer zum Einsatz kommen, wenn die Umsetzung der Empfehlungen der Enquete-Kommission und der CO_2-Reduktionsbeschlüsse der Bundesregierung ernsthaft betrieben würde (vgl. hierzu das Zusatzvotum der Oppositionsfraktion)

8.8.2.4 Das sogenannte „Least Cost"-Szenario (LC)

Das zusätzlich vom IER dargestellte sogenannte „Least Cost"-Szenario soll einen kosteneffizienten Weg zur Minderung der CO_2-Emissionen aufzeigen. Es wurde bereits zuvor gezeigt (vgl. Anmerkungen zu den Hauptszenarien), welchen zentralen Stellenwert die Kostenannahmen für die Aussagefähigkeit der mit dem IER-Modell generierten Ergebnisse haben. Denn im Gegensatz zu anderen Reduktions- und Ausstiegsszenarien (z. B. ISI/DIW 1994; Bach, 1993) beschränkt sich der IER-Modellansatz auf die (weitgehend) nur betriebswirtschaftlich definierten Kosten als Steuerungselement. Für das sog. LC-Szenario hat dies eine besondere Bedeutung. Externe Kosten sowie – nach Abbau von Hemmnissen – markttheoretisch konsistente Kostenvergleiche von Angebots- und Nachfrageoptionen – spielen hierin keine Rolle.

8.8.2.4.1 Szenarioanalyse

Im sogenannten „Least-Cost"-Szenario (LC) kommt es zu einem verringerten Kohleeinsatz und zu einer mehr als Verdopplung der Stromerzeugung aus Atomkernenergie. Dies führt gegenüber dem Referenzszenario bei gleichzeitiger Einhaltung der CO_2-Minderungsziele (von 50% bis 2020) zu geringeren volkswirtschaftlichen Aufwendungen. Ursache hierfür ist im wesentlichen der vollständige Verzicht auf die heimische Steinkohle (gegenüber den zuvor betrachteten Szenarien entfällt im sog. Least Cost-Szenario die Kohlekontingentierung) und der damit verbundene Wegfall der Steinkohlesubvention. Braunkohle wird im sog. LC-Szenario nur noch in geringen Mengen verwendet. Demgegenüber kommt im größeren Umfang Importkohle zum Einsatz. Der gesamte Kohleeinsatz ist aber mit 912 PJ um etwa 40% geringer als in den Szenarien R1V und R2V. Durch die Aufhebung der Steinkohleabnahmeverpflichtung entfällt ein Subventionsbedarf in der Größenordnung von kumuliert (1990 bis 2020) etwa 180 Mrd. DM_{90} (vgl. etwa –70 Mrd. DM_{90} ausgewiesene kumulierte Gesamtkosten des sog. LC-Szenarios). Dies führt für das sog. LC-Szenario annahmebedingt (geringe Importkohlepreise) zu einem Kostenvorteil gegenüber den zuvor betrachteten Szenarien, in denen eine Kontingentierung deutscher Steinkohle unterstellt wird (dementsprechend würde sich der Kostenvorteil des sog. LC-Szenarios erheblich ändern, wenn auch in den anderen Szenarien ausschließlich Importkohle zum Einsatz kommen könnte). Darüber hinaus kann es nicht als gesichert angesehen werden, daß die heute vorliegende und szenariogemäß für die Zukunft fortgeschriebene Kostendifferenz zwischen heimischer Kohle und Importkohle auch langfristig erhalten bleibt (so stieg z. B. von Juni 1993 bis Juni 1994 der Importkohlepreis um etwa 1,5% an, während der Durchschnittspreis der insgesamt verstromten Kohle nur um 0,1% zunahm [BMWi, 1994]; auch lag der Quotient von Importkohle- und Ruhrkohlepreis noch 1980 in der Größenordnung von 1,7 und stieg bis heute auf 3,4 an). Dies gilt insbesondere bei insgesamt abnehmenden Kohleeinsatzmengen (vgl. auch Kretschmer, 1994; Rheinbraun, 1994).

Der verringerte Kohleeinsatz im sog. LC-Szenario führt allein zu einer Minderung der CO_2-Emissionen von etwa 33 Mio. t/a bei einer Substitution der Kohleverstromung durch Erdgas-GuD-Kraftwerke und von etwa 67 Mio. t/a bei einer Substitution durch CO_2-freie Energieträger. Dies entspricht rund 3 bzw. 6% der gesamten CO_2-Emissionen des Jahres 1987. Dementsprechend würde eine derartige Minderung des Kohleeinsatzes und eine Aufhebung der Abnahmeverpflichtung auch in den zuvor diskutierten Szenarien R1V und R2V bei gleichen Reduktionszielen zu einer kosteneffektiveren CO_2-Minderung in entsprechender Größenordnung führen. Darüber hinaus wäre selbst bei einer Erhöhung des CO_2-Minderungsziels von 45 auf 50% dann kein Übergang auf teure Technologien (z. B. Photovoltaik) erforderlich.

Im sog. LC-Szenario kommt es zu einer Ausweitung der nuklearen Stromerzeugung, die auf die Zugrundelegung extrem geringer Kosten für die Stromerzeugung aus Atomkernenergie (ca. 8 Pf/kWh_{el}) zurückzuführen ist. Eine kritische Analyse der Kosten der nuklearen Stromerzeugung kommt demgegenüber zu dem Schluß, daß diese mit 12,0 bis 17,4 Pf/kWh_{el} deutlich höher anzusetzen sind (vgl. Kapitel 5.2). Damit könnte die nukleare Stromerzeugung aber im ungünstigen Fall langfristig höhere Kosten aufweisen als die Bereitstellung elektrischer Energie durch Steinkohle-Kraftwerke oder Erdgas-GuD-Kraftwerke. Andere CO_2-Minderungsoptionen, insbesondere die Energieeinsparung, führen gegenüber der verstärkten Nutzung der Atomkernenergie unter dieser Voraussetzung zu z. T. deutlich geringeren Minderungskosten und damit einer effektiveren Minderung der CO_2-Emissionen. Sie wären damit verstärkt auszuschöpfen.

8.8.2.4.2 Kosten der Atomkernenergie

8.8.2.4.2.1 Ohne die Berücksichtigung von Bandbreiten sind Kostenschätzungen zur Atomkernenergie problematisch

In den sog. LC-Szenariorechnungen wird unterstellt, daß im Falle eines Neubaus eines Kernkraftwerkes ein EPR (European Pressurized Water Reactor) zum Einsatz kommen soll. Die spezifischen Investitionskosten werden auf 3 600 DM/kW$_{el}$ (inkl. Zinsen während der Bauzeit) beziffert. Im folgenden werden diese und die anderen im Rahmen der Szenariorechnung zugrundegelegten Kosten der nuklearen Stromerzeugung diskutiert.

Ausgehend vom heutigen Kenntnisstand dürfte der EPR frühestens im Jahre 2005 in den kommerziellen Betrieb gehen können. Im Falle eines Ersatzes oder Ausbaus der Atomkernenergie bedeutet dies aber, daß bis zu diesem Zeitpunkt Kraftwerke vom Konvoityp (mit dem heutigen Sicherheitsniveau) in Betrieb gehen müssen. Ob dies konsensfähig ist, erscheint zumindest unsicher. Für die im sog. LC-Szenario errechnete Verdoppelung der Kapazität der Atomkernenergie bis zum Jahr 2030 ist unter demokratischen Rahmenbedingungen in der Bundesrepublik keine gesellschaftliche Akzeptanz vorstellbar. Dies gilt auch dann, wenn die Kostenvorteile tatsächlich so einträten, wie sie IER glaubt nachgewiesen zu haben. Dieser „Nachweis" ist jedoch – allein schon wegen der Kostenannahmen zur Atomkernenergie – mißglückt.

Aus einer Reihe von Gründen sind die getroffenen Kostenannahmen zu gering angesetzt. Dies gilt insbesondere für die wesentlichen kostenbestimmenden Faktoren Investitionskosten und Abschreibezeitraum. Die u. E. maßgeblichen Gründe für eine Unterschätzung der Investitionskosten sind im folgenden aufgeführt und in Tabelle 6 beziffert.

- Die vom IER angegebenen Investitionskosten beziehen sich ausschließlich auf die Investitionskosten im ersten Jahr der Inbetriebnahme. In bestimmten Zeitabständen erfolgen jedoch typischerweise behördliche Anweisungen zur Nachrüstung der Kraftwerke. Gemäß des Standes der Technik sind dann die Sicherheitsstandards zu verbessern.

- Die Außerbetriebnahme und anschließende Entsorgung des Kraftwerkes führt zu noch nicht abschätzbaren Folgekosten, die vom IER nur in einem unzureichenden Maße berücksichtigt werden.

- Die Endlagerung des radioaktiven Abfalls wird zwar derzeit mit einem Kostenanteil am Brennstoffzyklus erfaßt, jedoch ist die Höhe dieses Aufschlages aufgrund fehlender Erfahrungen und Standorte mit großen Unwägbarkeiten verbunden.

- Die Erfahrungen der letzten Jahre haben darüber hinaus gezeigt, daß – auch wegen des fehlenden energiepolitischen Konsenses in weiten Teilen von Politik und Gesellschaft – die kalkulierten Kosten eines Kernkraftwerksbaus z. T. deutlich überschritten wurden. Dies gilt insbesondere für Technologien, die noch nicht technisch erprobt sind und würde auch auf den EPR zutreffen.

Ein entscheidender kostenbestimmender Parameter ist auch der Abschreibezeitraum, für den innerhalb einer volkswirtschaftlichen Betrachtung die technische Anlagenlebensdauer eingesetzt wird. Die technische Lebensdauer von Kernkraftwerken wird in verschiedenen Quellen unterschiedlich beziffert. Die VDEW und die Kraftwerksbetreiber gehen von einer technischen Lebensdauer von bis zu 40 Jahren aus (dieser Wert wurde auch in den Szenariorechnungen unterstellt). Bisher fehlen aber in Deutschland jegliche statistische Erfahrungen um diesen Wert zu bestätigen bzw. mögliche Reparaturen bei längeren Betriebszeiten abzuschätzen. Das älteste deutsche KKW (KKW Obrigheim) verfügt derzeit über eine Betriebszeit von gerade einmal 25 Jahren.

Darüber hinaus bestehen auch bezüglich anderer Parameter voneinander abweichende Positionen in der Literatur. Aufbauend auf den Arbeiten von Krause sind die wesentlichen kostenbestimmenden Parameter in der nachfolgenden Tabelle zusammengestellt. Jedoch können auch hiermit noch nicht alle bestehenden Unsicherheiten vollständig erfaßt werden.

Nach Tabelle 6 variieren die Stromgestehungskosten zwischen etwa 7 und 10 Pf/kWhel nach Angaben von IKARUS/IER bzw. der VDEW und 11,0 bis 17,4 Pf/kWh$_{el}$ nach Berechnungen von Krause. Unterstellt man die obere Bandbreite der Kosten, liegen diese oberhalb der Kosten eines Steinkohlekraftwerkes (heimische Kohle) oder Erdgas-GuD-Kraftwerks im Mittellastbetrieb (Grenzpreis der Stromerzeugung im Jahre 2020 in der Größenordnung von 12,7 bis 13,8 Pf/kWh$_{el}$).

8.8.2.4.2.2 Keine ausreichenden Sensitivitätsanalysen

Eine Verdopplung der Investitionskosten würde bei einer Lebensdauer von 40 Jahren und einer Auslastung von 7 600 h/a zu zusätzlichen Kosten in der Größenordnung von etwa 2,2 Pf/kWh$_{el}$ führen. Damit lägen die Kosten der nuklearen Stromerzeugung nach IER/IKARUS insgesamt bei 9,2 bis 10,6 Pf/kWh$_{el}$ und damit immer noch deutlich unter den Grenzkosten der Stromerzeugung aus Erdgas und heimischer Kohle im Jahre 2020. Zu diesen Ergebnissen kommen auch die im Rahmen der Szenarioberechnungen durchgeführten Sensitivitätsanalysen. Bei einer Verdopplung der Investitionskosten der Atomkernenergie kommt es

Tabelle 6: Wesentliche kostenbestimmende Parameter am Beispiel eines Druckwasserreaktors (DWR) (Krause, 1994, IKARUS, 1994)

	IER/IKARUS	nach VDEW	IPSEP **)
Nennleistung (netto) in MW	1 450	1 258	1 258
Ükonomische Lebensdauer in a	40	30	20–25
Investitionskosten (1. Betriebsjahr) in DM/kW	3 250	3 600	3 600
Anpassung der Sicherheitsstandards	–	–	7,5–15 %
Zinsen während der Bauzeit in DM/kW	350	480	530–800
Kosten inklusive Zinsen in DM/kW	3 600	4 080	4 500–4 930
Kosten für die Außerbetriebnahme und Entsorgung in % der Investitionskosten	*8,8 %*	*8 %*	*16–30 %*
Summe Investitionskosten in DM/kW	3 920	4 400	5 260–7 000
fixe Betriebskosten (ohne Investitionen, d. h. Wartung, Personal, Versicherung, Steuern etc.) in DM/kW*a) *****)	176,7–281,8 ***)	155,6	184,6–256,7
Summe fixe Kosten in Pf/kWh$_{el}$	4,9–6,5	7,2	9,3–13,5
variable Kosten (Brennstoffkreislauf) in Pf/kWh$_{el}$, ****)	2,1	2,1	2,1–2,9
Faktor für die technologische Anpassung	–	1,06	1,06
Gesamtkosten *) (65 %-Auslastung)	–	10,0	12,0–17,4
Gesamtkosten *) (max. Auslastung)	7,0–8,6	8,4	10,8–16,4

*) die Daten von (Krause, 1994) beziehen sich auf Kosten in DM (1989) und eine Diskontrate von 5 %; sie wurden entsprechend angepaßt

**) die untere Bandbreite entspricht einer optimistischen Schätzung; die obere Bandbreite beruht auf der Annahme, daß sich auch in der Zukunft ähnliche Probleme zeigen werden wie in der Vergangenheit

***) Kostenangabe der oberen Grenze entstammt dem IER-Modelldatenblatt

****) direkte Endlagerung zugrundegelegt; eine Wiederaufarbeitung und MOX-Brennelementeherstellung würde zu höheren Brennstoffzykluskosten führen

*****) Ohne Vorsorgekosten (externe Kosten) für einen KKW-Unfall, die (Prognos, 1992) mit etwa 4,3 Pf/kWh$_{el}$ beziffert

hiernach wegen der ansonsten unverändert beibehaltenen weiteren sehr optimistischen Annahmen zu keiner wesentlichen Änderung der Szenarioergebnisse. Dies würde sich jedoch grundsätzlich änderen, wenn die zuvor in Tabelle 6 dargestellten Kosten nach [Krause, 1994] angesetzt würden und von einer Lebensdauer ausgegangen wird, die deutlich unterhalb von 40 Jahren liegt.

8.8.2.4.3 Abschließende Bewertung des sog. LC-Szenarios

Allen IER-Szenarien liegt – wie ausgeführt – die stark vereinfachende Annahme zugrunde, daß die Kosten das einzige Steuerungselement in der Energiewirtschaft sind. Für das sog. LC-Szenario sind diese Kostenannahmen – besonders im Lichte des oben beschriebenen „Knife-Edge"-Problems – besonders entscheidend. Die Ergebnisse des Szenarios sind daher vor allem vor dem Hintergrund der nicht plausiblen Kostenansätze – zu optimistische Annahmen bei der nuklearen Stromerzeugung und überhöhte Kosten der Einsparung (s. o.) – zu bewerten. Mit diesen Grundannahmen sind die wesentlichen atomkernenergiefreundlichen Ergebnisse vorprogrammiert. Letzlich operiert das sog. LC-Szenario für den Zeitraum 2005–2020 mit von Herstellern geschätzten Kosten für den noch nicht verfügbaren EPR-Reaktor. Erfahrungsgemäß liegen aber die tatsächlichen Kosten immer deutlich oberhalb der zuvor herstellerseitig abgeschätzten Kosten. Legte man entsprechend höhere Kosten für die Atomkernenergie bzw. angemessene Kostenentwicklungen für Effizienztechniken zugrunde, würde die Verdoppelung der nuklearen Stromerzeugung nicht mehr zu einer kosteneffektiven Minderung der CO_2-Emissionen, sondern zu einer erheblichen Erhöhung der volkswirtschaftlichen Aufwendungen gegenüber einer Referenzentwicklung und auch gegenüber einem Ausstiegsszenario aus der Atomkernenergie führen.

Die Analyse des sog. LC-Szenarios hat darüber hinaus gezeigt, daß der gegenüber anderen Szenarien ausgewiesene Kostenvorteil wesentlich auch auf den Wegfall der vorgegebenen Einsatzmengen von Inlandskohle (laut Vorgabe der Enquete-Kommission) zurückzuführen ist. Diese Maßnahme ist aber für die anderen Szenarien ebenfalls einsetzbar.

Als Basis für eine neue Energiepolitik und hinsichtlich der Umsetzung von CO_2-Minderungszielen führt das sog. LC-Szenario daher weder zu belastbaren Aussagen noch zu einem energiewissenschaftlichen Informationsgewinn.

8.8.2.5 Gesamtwirtschaftliche Auswirkungen von Emissionsminderungsstrategien (C2-Studien)

Neben den bereits diskutierten Szenariorechnungen wurden vom EWI als Teilstudie zu C2 im Auftrag der Enquete-Kommission auch Rechnungen mit einem makroökonomischen Modell durchgeführt. Eine der wesentlichen Aufgaben war es dabei, die Auswirkungen einer EU-weiten CO_2-/ Energiesteuer bzw. einer national eingeführten Steuer zu identifizieren. Das EWI führte hierzu Rechnungen mit einem dynamischen allgemeinen Gleichgewichtsmodell durch. Dabei zeigte sich, daß der nationale Alleingang zwar eine geringere Minderung der CO_2-Emissionen mit sich bringt, jedoch gegenüber der EU-weiten Steuer zu einer günstigeren Entwicklung des Bruttosozialproduktes in der Bundesrepublik führt. Ursache hierfür ist die importbestimmende Dominanz der Konjunktur der übrigen EU-Länder, die durch eine EU-weite Steuereinführung geschwächt würde, gegenüber einer Erhöhung der Importpreise aus Deutschland durch die nationale Steuererhebung. Dieses Ergebnis widerspricht den häufig geäußerten Befürchtungen über angeblich negative Folgen eines nationalen Alleingangs bei der Einführung einer CO_2-/Energiesteuer.

Vom EWI sind darüber hinaus noch weitere makroökonomische Modellrechnungen durchgeführt worden, in denen eine Auswirkung der Steuereinführung bei einer Variation der Atomkernenergienutzung (Ausbau/ Ausstieg) Gegenstand der Betrachtung war. Dabei zeigt sich wiederum, daß die nationale Steuereinführung zu geringeren gesamtwirtschaftlichen Auswirkungen führt als die EU-weite Steuereinführung.

Die bei dieser Szenariobetrachtung erhaltenen Ergebnisse, d. h. die absolute Höhe der erreichbaren CO_2-Minderung sowie der Verringerung des Bruttosozialprodukts, sind u. E. aus modelltechnischen Gründen wenig aussagekräftig. Sie sind vor dem Hintergrund einer unzureichend genauen Abbildung der strukturellen Veränderungen in der Energiewirtschaft und in den hiermit wechselwirkenden Sektoren zu bewerten. Im folgenden wird diese Einschätzung begründet sowie alternative Abschätzungen über die gesamtwirtschaftlichen Auswirkungen eines Ausstiegs aus der Atomkernenergie unter Einbeziehung einer Energiesteuer aufgeführt.

8.8.2.5.1 Simulation größerer strukureller Veränderungen mit allgemeinen Gleichgewichtsmodellen

Das vom EWI verwendete allgemeine Gleichgewichtsmodell eignet sich zur Abbildung der außenwirtschaftlichen Zusammenhänge und kann damit die Wirkung einer CO_2-Steuer auf das Import/Export-Verhalten

Tabelle 7: Auswirkungen der Einführung einer EU-weiten Energiesteuer (gegenüber der Referenzentwicklung) unter unterschiedlichen Randbedingungen

	2005 in %	2020 in %
konst. Atomkernenergieanteil		
CO_2	– 7,7	– 9,5
BSP	– 0,1	– 0,4
Atomkernenergieausstieg		
CO_2	+ 2,1	– 0,2
BSP	– 0,5	– 0,9
Atomkernenergieausbau		
CO_2	–13,5	–18,4
BSP	– 0,1	– 0,4

Tabelle 8: Auswirkungen der Einführung einer nationalen Energiesteuer (gegenüber der Referenzentwicklung) unter unterschiedlichen Randbedingungen

	2005 in %	2020 in %
konst. Atomkernenergieanteil		
CO_2	– 4,0	– 5,3
BSP	0,0	– 0,1
Atomkernenergieausstieg		
CO_2	+ 5,9	+ 4,2
BSP	– 0,4	– 0,6
Atomkernenergieausbau		
CO_2	–10,2	–14,7
BSP	0,0	– 0,1

beschreiben, da die hierfür wesentlichen Einflußgrößen untersucht werden. Dies sind die Wettbewerbsfähigkeit (Preisabhängigkeit der Export- und Importnachfrage) und die konjunkturellen Interdependenzen (konjunkturelle Entwicklung in den Staaten der EU). Vor diesem Hintergrund ist auch die identifizierte relative volkswirtschaftliche Vorteilhaftigkeit eines deutschen Alleinganges bei der Einführung einer CO_2-/Energiesteuer hervorzuheben (vgl. Tabelle 7 und 8).

Durch das Modell sind aber kaum Erkenntnisse über den energiepreisinduzierten Strukturwandel sowie die mit einem Ausstieg oder Ausbau der Atomkernenergie verbundenen massiven Änderungen im Energiesystem zu erzielen. Energiepreissteigerungen führen zu einer erhöhten Investitionstätigkeit in Einspartechnologien und korrespondierend zu einer Verringerung der Energienachfrage. Damit kommt es zwar (im Vergleich zu einer Referenzentwicklung) zu einem Produktionsrückgang in den energieerzeugenden Sektoren, jedoch gleichzeitig auch zu einem Anstieg der Produktion in anderen Sektoren der Volkswirtschaft (z. B. der Bauwirtschaft, Investitionsgüter produzierende Sektoren), die von den Einsparinvestitionen profitieren. Die durch die Steuererhebung ausgelösten Investitionen in Einspartechniken und alternative Energien können dabei netto sowohl zu einer Steigerung des Bruttosozialprodukts als auch zu einer Erhöhung der Beschäftigung führen (s. u.). In dem vom EWI eingesetzten Modell können derartige volkswirtschaftliche Auswirkungen, insbesondere die Anpassungsreaktionen in den einzelnen Sektoren, mit dem hier gewählten hoch aggregierten Modellansatz und aufgrund der als gering angenommenen Substitutionsfähigkeit zwischen Kapital und Energie nicht ausreichend erfaßt werden. Durch die zu inflexible Abbildung des durch Preissteigerung bedingten Verhaltens (z. B. konstante Substitutionselastizitäten) wird das Modell insbesondere den langfristigen Anpassungsreaktionen mit sich verändernden Substitutionsmöglichkeiten und technischen Innovationen nicht gerecht. Diese Modellschwäche wirkt sich besonders dann stark aus, wenn weitgehende strukturelle Veränderungen des Energiesystems nachgebildet werden sollen. Dies betrifft insbesondere den Ausstieg aus der Atomkernenergie und die hiermit verbundenen investiven Impulse für verstärkte Energieeinsparungen. Die Modellkonstruktion von ISI/DIW ist zur Simulation solcher Struktur- und Makroeffekte andererseits gut geeignet. (vgl. 4.2.)

Auch die energietechnischen Auswirkungen der verschiedenen Anpassungsreaktionen (z. B. verstärkter KWK-Einsatz) können aufgrund der nur groben Abbildung des Energiesystems bzw. der Substitutionsmöglichkeiten zwischen einzelnen Energieträgern nicht hinreichend identifiziert werden, so daß eine konsistente Beschreibung alternativer Strukturen (z. B. Ausstieg aus der Atomkernenergie) für das Energiesystem nicht möglich ist. Vor diesem Hintergrund sind die erzielten Ergebnisse bezüglich der Struktur des Energieverbrauchs, der erreichbaren CO_2-Minderung sowie der damit verbundenen gesamtwirtschaftlichen Auswirkungen zu werten.

Eine wesentliche Einschränkung des Modellierungsansatzes ist auch die Konzentration auf die Einführung einer CO_2-/Energiesteuer. Wirksame Klimaschutzstrategien werden sich nicht auf eine einzige Maßnahme allein stützen können, sondern eine Vielzahl von Maßnahmen und Maßnahmenbündel bedingen. Insbesondere hemmnisabbauende Maßnahmen haben für die Erfassung bereits heute wirtschaftlicher oder nur zu geringen Kosten ausschöpfbarer Minderungsoptionen dabei eine große Bedeutung. Sie sind im Gegensatz zu den zumeist teureren energiepreisinduzierten Maßnahmen durch das Modell nicht abbildbar (Allgemeine Gleichgewichtsmodelle unterstellen ein ideales Marktverhalten, Hemmnisse und hemmnisabbauende Maßnahmen (z. B. Anreizsysteme) sind daher nicht erfaßbar).

Zur besseren Abschätzung der gesamtwirtschaftlichen Auswirkungen einer CO_2-/Energiesteuer ist, insbesondere in Verbindung mit massiven strukturellen Änderungen (z. B. Ausstieg aus der Atomkernenergie), daher der Einsatz deutlich detaillierterer Modellansätze unter integrierter Betrachtung und Analyse des Energiesystems, d. h. die Kopplung prozeßanalytischer Energiemodelle mit einer konsistenten Einbettung der Volkswirtschaft, erforderlich. Darüber hinaus ist es sinnvoll, die Einführung einer CO_2-/Energiesteuer in ein mittel- und langfristiges CO_2-Minderungsszenario einzubetten, das den gestellten Reduktionszielen gerecht wird.

8.8.2.5.2 Gesamtwirtschaftliche Auswirkungen eines Ausstiegs aus der Atomkernenergie

Neben den vom EWI durchgeführten Szenarioanalysen wurden weitere Untersuchungen bezüglich der gesamtwirtschaftlichen Auswirkungen von CO_2-Minderungsszenarien in Verbindung mit einem Ausstieg bzw. Weiterbetrieb der Atomkernenergie vorgelegt (vgl. ISI/DIW-Berechnungen im Auftrag der Enquete-Kommission). Diese basieren auf detaillierteren Modelluntersuchungen (dynamisches Input/Output-Modell) unter Einbeziehung energietechnischer Szenarioanalysen. Mit diesem Modellansatz sind die Wechselwirkungen zwischen den energieerzeugenden und sonstigen Sektoren der Volkswirtschaft erfaßbar und die sektoralen Auswirkungen von Einsparinvestitionen und verringertem Energieverbrauch abbildbar.

Den Ergebnissen vom ISI zufolge, führen sowohl der Ausstieg aus der Atomkernenergie als auch der Weiterbetrieb der Atomkernenergie zu keinen gesamtwirtschaftlichen Auswirkungen, die als graviernd zu bezeichnen wären. In allen Modellrechnungen, die sowohl unter günstigen als auch unter ungünstigen Randbedingungen durchgeführt wurden, steigt das Bruttosozialprodukt gegenüber der Referenzentwicklung an. Dies gilt gleichermaßen für die Beschäftigung. Die unterschiedlichen Randbedingungen beziehen sich dabei im wesentlichen auf den privaten Verbrauch. Unter eher ungünstigen Bedingungen wird unterstellt, daß produktive Investitionen durch Energiesparinvestitionen verdrängt werden und auch die Finanzierung von Energiesparinvestitionen in Wohnungen zu Lasten des privaten Verbrauchs geht. Eher günstige Bedingungen liegen demgegenüber dann vor, wenn die Energieeinsparinvestitionen mit einer Modernisierung des Anlagenvermögens und mit Produktivitätssteigerungen verbunden sind, die langfristig zu einem gegenüber der Referenzentwicklung höheren privaten Verbrauch führen. Die Szenarien Atomkernenergieausstieg und Atomkernenergieweiterbetrieb unterscheiden sich nur marginal hinsichtlich der Größenordnung der gesamtwirtschaftlichen Impulse. Die Unterschiede zwischen beiden Szenarien sind dabei geringer als die durch die Randbedingungen induzierten Ergebnisdifferenzen. Aufgrund dieser Unsicherheiten der Bestimmung der gesamtwirtschaftlichen Auswirkungen sollten diese als Entscheidungskriterium nicht im Vordergrund stehen. Tendenziell führt aber der Ausstiegspfad unabhängig von den unterstellten Randbedingungen zu einem verstärkten Innovations- und Investitionssignal (s. o.) und damit verbunden zu einer höheren Steigerung von BSP und Beschäftigung als Referenzentwicklung und Weiterbetrieb der Atomkernenergie.

Darüber hinaus kommen die Untersuchungen vom ISI genauso wie andere Untersuchungen vom DIW zu dem Ergebnis, daß die Einführung einer CO_2-/Energiesteuer bei einer intelligenten Kompensation des zusätzlichen Steueraufkommens zu positiven gesamtwirtschaftlichen Auswirkungen kommen kann. Insbesondere die Beschäftigungswirkung einer solchen Steuer wird mit bis zu 500 000 als hoch eingeschätzt [GP, 1994 a].

Letztlich ist damit festzuhalten, daß die tatsächlichen gesamtwirtschaftlichen Auswirkungen der Einführung einer CO_2-/Energiesteuer, wenn diese in ein CO_2-Minderungsszenario eingebettet sind und die energiepreisinduzierten und sonstigen sektorspezifischen Strukturänderungen Berücksichtigung finden, deutlich positiver ausfallen dürften als vom EWI dargestellt. Dies gilt insbesondere für den Ausstieg aus der Atomkernenergie und den hiermit verbundenen massiven strukturellen Veränderungen.

8.8.2.6 Resumee

Die vom IER dargestellten Szenarien müssen unter dem Gesichtspunkt eines zielführenden Klimaschutzes kritisch und differenziert betrachtet werden. In jedem Fall sollten weitere Szenarienrechungen (z. B. ISI/DIW; EWI; Greenpeace) herangezogen und vergleichend aufgearbeitet werden. Die IER-Szenarien sind als alleinige Basis für konkrete Politikempfehlungen und zur Strategieanalyse für eine risikominimierende langfristige Energiepolitik nicht ausreichend.

Unsere Kritik an den IER-Szenarien unterscheidet danach,

- inwieweit die heute als problematisch erkannten Vorgaben der Kommission und nicht die Vorgaben von IER Zielpunkt der (Selbst-)Kritik sind; dies betrifft vor allem die Annahme eines unveränderten (Trend-)Verkehrssektors in R1, R2, R3, R4 sowie die Annahmen zur Kohle,
- welche Annahmen von IER (z. B. zu den Atomkernenergie- und Einsparkosten) diskussionswürdig sind, aber bei zukünftig möglichen weiteren Sensitivitätsrechnungen durchaus änderbar wären und damit ein breiteres Spektrum von Ergebnissen aufzeigen könnten,
- wo die Möglichkeiten, aber auch die Grenzen der Modellkonstruktion von EFOM (LP-Ansatz) liegen.

Ein Hauptkritikpunkt sind – neben der Kritik am methodischen Ansatz komplexer LP-Modelle – die unterstellten ergebnissensiblen Kostenannahmen.

Die Nichtberücksichtigung – entsprechend der Vorgabe durch die Enquete-Kommission – der erforderlichen CO_2-mindernden Maßnahmen im Verkehrsbereich in R1/R2 bzw. die nur teilweise Berücksichtigung in R1V/R2V führt zu überproportionalen Belastungen für die übrigen energieverbrauchenden Sektoren. Ebenso werden vor einer Ausschöpfung der kostengünstigeren Einsparmaßnahmen (z. B. verstärkte Stromeinsparungen) vorrangig teure Angebotstechnologien (z. B. Photovoltaik) eingeführt. Dies gilt insbesondere für das Atomkernenergieausstiegsszenario R2, wo der Anteil der Atomkernenergie zu etwa je der Hälfte durch eine Stromerzeugung auf der Basis von Erdgas und erneuerbaren Energien kompensiert wird. Dies führt zu ausgesprochen hohen Minderungskosten von 440 Mrd. DM gegenüber der Referenzentwicklung (320 Mrd. gegenüber R1).

In den Szenarien R1V und R2V wurden einige CO_2-mindernde Maßnahmen im Verkehrsbereich integriert. Diese Untersuchungen zeigen (mit jedoch weiterhin diskussionswürdigen Annahmen), daß ein Ausstieg aus der Nutzung der Atomkernenergie bei gleichzeitiger Einhaltung der

CO_2-Minderungsziele technisch zu realisieren und auch unter ungünstigen Annahmen finanzierbar ist (durchschnittliche Pro Kopf Belastung von etwa 80 DM/Jahr gegenüber einer Entwicklung mit konstanter Kapazität der Atomkernenergie). Unter Berücksichtigung der zuvor genannten Kritikpunkte (z. B. Einbeziehung zusätzlicher kostenefffektiver Energieeinsparung) dürften die Kosten eines Ausstiegs aus der Atomkernenergie insgesamt jedoch zumindest deutlich darunter liegen. Dies zeigt eine Studie von Greenpeace sowie Untersuchungen vom DIW/ISI, die für den Ausstieg aus der Atomkernenergie gegenüber unveränderter Kapazität der Atomkernenergie eher positive gesamtwirtschaftliche Auswirkungen erwarten. Der Ausstiegspfad wird mit der Entwicklung und der Installation neuer und effizienter Technologien zu verstärkten volkswirtschaftlichen Innovations- und Investitionsimpulsen führen. Es ist darüber hinaus zu erwarten, daß die Durchführung zukünftiger Energieeinsparmaßnahmen, die in den nächsten 25 Jahren deutlich auch über das bei ISI/DIW unterstellte Maß hinausgehen können, zu noch stärkeren Innovations-, Investitions- und Beschäftigungsimpulsen beitragen können.

Die vom IER ermittelten Ergebnisse sind auch vor dem Hintergrund zu werten, daß der Modellansatz allein die Kosten- und Preiseffekte sowie die hieraus resultierenden Substitutionswirkungen erfaßt. Diese grundsätzliche Kritik am gewählten Modellansatz betrifft auch zum Teil die EWI-Studie. Die makroökonomischen Gesamtwirkungen einer weitgehenden Umstrukturierung des Energiesystems (z. B. im Falle eines Ausstiegs aus der Atomkernenergie) sowie die hiermit verbundenen Investitions- und Innovationsimpulse können insbesondere mit dem IER-Modellansatz ebenso wenig erfaßt werden wie die Wirkung einer aufkommensneutralen CO_2-/Energiesteuer (keine Abbildbarkeit der Steuerkompensationswirkung). Demgegenüber können mit den vom DIW/ISI verwendeten Modellen diese gesamtwirtschaftlichen Impulse abgebildet werden. Die Ergebnisse dieser Modellrechnungen können dementsprechend als wesentlich belastbarer angesehen werden als die IER-Szenarioergebnisse. Die Beschränkung auf die Kosten als alleiniges Steuerungselement verkennt dabei auch, daß CO_2-Minderungsmaßnahmen nur dann zielführend sein können, wenn die bestehenden Hemmnisse berücksichtigt werden und energiepolitische Maßnahmen zum Hemmnisabbau und zur Förderung von CO_2-Minderungsmaßnahmen (z. B. LCP, Contracting) in die Betrachtung einbezogen werden.

Das vom IER dargestellte sogenannte Least-Cost-Szenario (LC) soll einen kosteneffektiven CO_2-Minderungspfad beschreiben. Die ausgewiesenen Minderungskosten werden dabei der Atomkernenergie zugeordnet. Dem widerspricht jedoch, daß ein zentraler Bestandteil des Szenarios die Aussetzung der Kohlekontingentierung ist. Hierdurch entfallen Subventionen für die deutsche Steinkohle, die den Kostenvorteil des sog. LC-Szenarios kompensieren. Unter den gleichen Randbedingungen würden sich dementsprechend auch die volkswirtschaftlichen Belastungen der anderen Szenarien deutlich verringern. Darüber hinaus liegen dem sog. LC-Szenario sehr optimistische Annahmen bezüglich der Kosten der Atomkernenergie zugrunde. Derartige aus Herstellerangaben abgeleitete Kostenschätzungen haben sich jedoch in der Vergangenheit zumeist als zu optimistisch erwiesen. Andere Untersuchungen gehen daher auch von Kosten aus, die um bis zum Faktor zwei höher liegen. Dann jedoch wären andere CO_2-Minderungsmaßnahmen deutlich kosteneffektiver als der Ausbau der Atomkernenergie.

Die kritische Untersuchung der IER-Szenarien hat gezeigt, daß die Szenarien LC sowie R1-R4 keine plausiblen CO_2-Reduktionspfade aufzeigen. Aussagekräftiger sind hingegen die Szenarien R1V und R2V, die aufgrund der noch vorliegenden Schwächen jedoch überarbeitet werden sollten. Eine detailliertere Analyse und Bewertung dieser Szenarien erscheint auf jeden Fall erforderlich und sinnvoll.

Vom EWI konnte im Rahmen der Untersuchungen zu C2 gezeigt werden, daß ein nationaler Alleingang bei Einführung einer CO_2-/Energiesteuer zu keinen negativen volkswirtschaftlichen Auswirkungen führt, sondern gegenüber einer EU-weit eingeführten Steuer positivere volkswirtschaftliche Auswirkungen hat. Dieses Ergebnis widerspricht – unter den gewählten Annahmen (z. B. keine Besteuerung für energieintensive Industrien) – den häufig geäußerten Befürchtungen nach den angeblich negativen volkswirtschaftlichen Auswirkungen eines deutschen Alleinganges bei der Einführung einer CO_2-/Energiesteuer. Die von EWI darüber hinaus errechneten gesamtwirtschaftlichen Impulse größerer Strukturänderungen im Kraftwerkspark können aufgrund methodischer Schwächen jedoch nicht nachvollzogen werden. So werden die insbesondere im Rahmen eines Ausstiegs aus der Atomkernenergie erforderlichen Anpassungsreaktionen aufgrund des hoch aggregierten Modellansatzes und der als zu gering eingeschätzten Substitutionsfähigkeit zwischen Energie und Kapital nur unzureichend abgebildet.

Zusammen mit den ISI/DIW-Szenarien sowie mit alternativen Szenarien, wie z. B. dem Greenpeace-Szenario, könnten die Szenarien R1V und R2V des IER in überarbeiteter Form eine Basis bilden, um hierauf eine zielführende und tatsächlich **integrierte** CO_2-Minderungs- und Risikominimierungsstrategie aufzubauen. **Wir empfehlen der Bundesregierung im Rahmen möglicher neuer energiepolitischer „Konsensgespräche" eine Expertengruppe einzusetzen, die aufbauend auf diesen Szenarien eine langfristige risikominimierende Gesamtstrategie entwickelt.**

Anhang 1: Darstellung der Ergebnisse eines Least-Cost-Szenarios (IER/DIW)

Auf Wunsch der Kommissionsmitglieder Prof. Dr. Dr. Rudolf Dolzer, Dr.-Ing. Alfred-Herwig Fischer, Martin Grüner, Klaus Harries, Prof. Dr. Klaus Heinloth, Prof. Dr. Hans-Jürgen Jäger, Dr. Klaus W. Lippold, Prof. Dr. Hans Michaelis, Dr. Peter Paziorek, Dr. Christian Ruck, Marita Sehn, Prof. Dr. Wolfgang Seiler, Trudi Schmidt (Spiesen), Bärbel Sothmann, Prof. Dr. Alfred Voß, Prof. Dr. Carl-Jochen Winter wurde vom IER Stuttgart zusätzlich ein Least-Cost-Szenario (LC) bearbeitet, das Entwicklungen der Energieversorgung im Sinne eines kostenminimalen Weges für die Minderung der energiebedingten CO_2-Emissionen untersuchen soll. Im Hinblick auf diese Zielsetzung wird im Least-Cost-Szenario auf energiepolitische Vorgaben, die der Erreichung einer CO_2-Minderung entgegenstehen oder diese erschweren, verzichtet (vgl. Tabelle A-1).

Im Least-Cost-Szenario gilt ein Minderungsziel für die energiebedingten CO_2-Emissionen von 45% bis zum Jahr 2020, bezogen auf die bundesdeutschen Emissionen des Jahres 1987. Die Festlegung einer Mindestabnahme für heimische Braun- und Steinkohle entfällt. Die Rolle der Kernenergie ist an keine energiepolitische Vorgabe gebunden, so daß ein Ausbau der Kernenergie ab dem Jahr 2000 von 1,3 GW_{el} pro Jahr (eine Anlage pro Jahr) möglich ist. Wie in den übrigen Minderungsszenarien sind keine Hemmnisse bei der Umsetzung wirtschaftlicher Maßnahmen zur Energieeinsparung unterstellt. Damit soll das Least-Cost-Szenario das vorgegebene Reduktionsziel auf einem kostenminimalen Pfad ohne energiepolitische Vorgaben erreichen.

Primärenergieverbrauch

Der Primärenergieverbrauch der Bundesrepublik Deutschland sinkt bis zum Jahr 2020 im Least-Cost-Szenario (LC) (Reduktion der CO_2-Emissionen um 45% bis zum Jahr 2020) im Vergleich zum Referenzszenario um ca. 8% auf etwa 13 100 PJ (450 Mio. t SKE), wovon ca. 11 000 PJ (375 Mio. t SKE) auf die alten Bundesländer und 2 100 PJ (72 Mio. t SKE) auf die neuen Bundesländer entfallen (vgl. Tabelle A-2).

Tabelle A-1: Charakterisierung des Least-Cost-Szenarios im Vergleich zu den Reduktionsszenarien

Angaben in PJ		Szenarien der Kommission					Least-Cost-Szenario
		Referenz	R1	R2	R3	R4	
Mindesteinsatz dt. Steinkohle (1987: 2 265 PJ)	2005 2020	1 465 879	1 319 733	1 319 733	1 319 733	1 319 733	keine Vorgabe
Mindetesteinsatz ostdt. Braunkohle (1987: 2 721 PJ)	2005 2020	680 680	612 [1]) 340	612 340	612 340	612 340	keine Vorgabe
Mindesteinsatz westdt. Braunkohle (1987: 881 PJ)	2005 2020	900 900	810 450	810 450	810 450	810 450	keine Vorgabe
Kernenergie		Konstante Kapazität (22,5 GW_{net})	Konstante Kapazität (22,5 GW_{net})	Ausstieg bis 2005	Konstante Kapazität (22,5 GW_{net})	Ausstieg bis 2005	Zubau möglich
Energie/CO_2-Steuer		nein	nein	nein	ja	ja	nein
Verkehrssektor		Trend	Trend [2])	Trend [2])	Trend	Trend	Trend

Fortsetzung Tabelle A-1

Angaben in PJ	Szenarien der Kommission					Least-Cost-Szenario
	Referenz	R1	R2	R3	R4	
CO_2-Ziel in 2020 (1987: 1 058 Mill. t)	keine Vorgabe	582 [3])	582 [3])	keine Vorgabe	keine Vorgabe	582 [3])

[1]) In Analogie der Vorgehensweise bei der deutschen Steinkohle wurde für die ostdeutsche Braunkohle in den Reduktionsszenarien eine Minderung des Mindestverbrauches um 10 % im Jahr 2005 und 50 % im Jahr 2020 gegenüber 1990 angenommen.

[2]) In R1V und R2V Reduktion laut Tabelle 8.5-3.

[3]) Die Kommission hat als Minderungsziel für die energiebedingten CO_2-Emissionen 50 % bzw. als Minderungszielvariation 45 % gegenüber den Emissionen von 1987 in der Bundesrepublik Deutschland für das Jahr 2020 genannt. Eine 50 %ige Minderung der energiebedingten CO_2-Emissionen hat sich unter den vorgegebenen Rahmenbedingungen bis zum Jahr 2020 als nicht sinnvoll erreichbar herausgestellt, wenn nicht auch der Verkehrssektor bei den Maßnahmen zur Emissionsminderung berücksichtigt wird. Die Untersuchung des Verkehrssektors ist auftragsgemäß jedoch nicht Gegenstand dieser Studie gewesen. Daher ist in dieser Studie ein Minderungsziel der energiebedingten CO_2-Emissionen von 45 % im Jahr 2020 bzw. 27 % bis zum Jahr 2005 gegenüber den Emissionen des Jahres 1987 bei unveränderter Verkehrsentwicklung (Szenarien R1 bzw. R2) unterstellt worden.

1 Mio t SKE entspricht 29,3 PJ.

Tabelle A-2: Energieverbrauchsstruktur im Least-Cost-Szenario

in Petajoule	Ist-Daten			Referenz-szenario		Least-Cost-Szenario LC	
	1987	1990	1993	2005	2020	2005	2020
Deutschland							
Primärenergieverbrauch	15 297	14 795	14 126	14 201	14 022	13 331	13 133
Verbrauch und Verluste im Energiesektor, Statistische Differenzen	4 491	4 396	4 030	3 972	3 782	3 586	2 795
Nichtenergetischer Verbrauch	864	958	894	839	756	839	756
Endenergieverbrauch	9 942	9 441	9 203	9 390	9 483	8 906	8 582
davon:							
Übriger Bergbau und Verarbeitendes Gewerbe	3 197	2 977	2 421	2 646	2 970	2 629	2 870
Verkehr	2 101	2 379	2 594	2 954	2 939	2 950	2 895
Haushalte	2 728	2 383	2 523	2 215	2 049	1 809	1 397
Kleinverbraucher *)	1 917	1 702	1 665	1 575	1 525	1 518	1 420

Fortsetzung Tabelle A-2

in Petajoule	Ist-Daten			Referenz-szenario		Least-Cost-Szenario LC	
	1987	1990	1993	2005	2020	2005	2020
Anteil am Primärenergieverbrauch in %							
Verbrauch und Verluste im Energiesektor, Statistische Differenzen	*29,4*	*29,7*	*28,5*	*28,0*	*27,0*	*26,9*	*28,9*
Nichtenergetischer Verbrauch	*5,6*	*6,5*	*6,3*	*5,9*	*5,4*	*6,3*	*5,8*
Endenergieverbrauch	*65,0*	*63,8*	*65,1*	*66,1*	*67,6*	*66,8*	*65,3*
Anteil am Endenergieverbrauch in %							
Übriger Bergbau und Verarbeitendes Gewerbe	*32,2*	*31,5*	*26,3*	*28,2*	*31,3*	*29,5*	*33,4*
Verkehr	*21,1*	*25,2*	*28,2*	*31,5*	*31,0*	*33,1*	*33,7*
Haushalte	*27,4*	*25,2*	*27,4*	*23,6*	*21,6*	*20,3*	*16,3*
Kleinverbraucher*)	*19,3*	*18,0*	*18,1*	*16,8*	*16,1*	*17,0*	*16,5*

Fortsetzung Tabelle A-2

in Petajoule	Ist-Daten			Referenz-szenario		Least-Cost-Szenario LC	
	1987	1990	1993	2005	2020	2005	2020
Alte Bundesländer							
Primärenergieverbrauch	11 373	11 495	12 002	11 953	11 589	11 319	10 984
Verbrauch und Verluste im Energiesektor, Statistische Differenzen	3 159	3 276	3 370	3 345	3 145	3 032	3 204
Nichtenergetischer Verbrauch	690	790	783	757	637	757	637
Endenergieverbrauch	7 524	7 429	7 849	7 851	7 807	7 530	7 143
davon:							
Übriger Bergbau und Verarbeitendes Gewerbe	2 199	2 252	2 110	2 248	2 434	2 233	2 361
Verkehr	1 869	2 091	2 263	2 444	2 414	2 439	2 370
Haushalte	2 161	1 861	2 172	1 886	1 723	1 616	1 232
Kleinverbraucher*)	1 296	1 225	1 304	1 272	1 235	1 241	1 180

Fortsetzung Tabelle A-2

in Petajoule	Ist-Daten			Referenz-szenario		Least-Cost-Szenario LC	
	1987	1990	1993	2005	2020	2005	2020
Anteil am Primärenergieverbrauch in %							
Verbrauch und Verluste im Energiesektor, Statistische Differenzen	*27,8*	*28,5*	*28,1*	*28,0*	*27,1*	*26,8*	*29,2*
Nichtenergetischer Verbrauch	*6,1*	*6,9*	*6,5*	*6,3*	*5,5*	*6,7*	*5,8*
Endenergieverbrauch	*66,2*	*64,6*	*65,4*	*65,7*	*67,4*	*66,5*	*65,0*
Anteil am Endenergieverbrauch in %							
Übriger Bergbau und Verarbeitendes Gewerbe	*29,2*	*30,3*	*26,9*	*28,6*	*31,2*	*29,7*	*33,1*
Verkehr	*24,8*	*28,1*	*28,8*	*31,1*	*30,9*	*32,4*	*33,2*
Haushalte	*28,7*	*25,1*	*27,7*	*24,0*	*22,1*	*21,5*	*17,2*
Kleinverbraucher*)	*17,2*	*16,5*	*16,6*	*16,2*	*15,8*	*16,5*	*16,5*

Fortsetzung Tabelle A-2

in Petajoule	Ist-Daten			Referenz-szenario		Least-Cost-Szenario LC	
	1987	1990	1993	2005	2020	2005	2020
Neue Bundesländer							
Primärenergieverbrauch	3 924	3 300	2 125	2 248	2 433	2 012	2 149
Verbrauch und Verluste im Energiesektor, Statistische Differenzen	1 332	1 120	659	626	637	554	591
Nichtenergetischer Verbrauch	174	168	111	82	119	82	119
Endenergieverbrauch	2 418	2 012	1 354	1 540	1 677	1 376	1 440
davon:							
Übriger Bergbau und Verarbeitendes Gewerbe	998	725	311	397	536	396	509
Verkehr	232	288	331	511	525	511	525
Haushalte	567	522	352	328	326	193	165
Kleinverbraucher*)	621	477	360	303	290	277	240

Fortsetzung Tabelle A-2

in Petajoule	Ist-Daten			Referenz-szenario		Least-Cost-Szenario LC	
	1987	1990	1993	2005	2020	2005	2020
Anteil am Primärenergieverbrauch in %							
Verbrauch und Verluste im Energiesektor, Statistische Differenzen	*33,9*	*33,9*	*31,0*	*27,9*	*26,2*	*27,5*	*27,5*
Nichtenergetischer Verbrauch	*4,4*	*5,1*	*5,2*	*3,6*	*4,9*	*4,1*	*5,5*
Endenergieverbrauch	*61,6*	*61,0*	*63,7*	*68,5*	*68,9*	*68,4*	*67,0*
Anteil am Endenergieverbrauch in %							
Übriger Bergbau und Verarbeitendes Gewerbe	*41,3*	*36,0*	*22,9*	*25,8*	*32,0*	*28,7*	*35,4*
Verkehr	*9,6*	*14,3*	*24,5*	*33,2*	*31,3*	*37,1*	*36,5*
Haushalte	*23,4*	*25,9*	*26,0*	*21,3*	*19,4*	*14,0*	*11,5*
Kleinverbraucher*)	*25,7*	*23,7*	*26,6*	*19,7*	*17,3*	*20,1*	*16,7*

*) Kleinverbraucher einschließlich Streitkräfte

1 Mio. t SKE entspricht 29,3 PJ

Die Verminderung des Primärenergieverbrauchs gegenüber dem Referenzszenario ist vor allem auf die Einsparungen im Haushaltssektor, bei der Industrie und den Kleinverbrauchern zurückzuführen. Durch den Verzicht auf die Mindestabnahmemengen an Stein- und Braunkohle und die Möglichkeit eines Kernenergiezubaus (ca. 1,3 GW_{el}/a) fällt der Primärenergieverbrauch an Steinkohle zwischen 1990 und 2020 von ca. 2 400 PJ (82 Mio. t SKE) auf ca. 1 400 PJ (47 Mio. t SKE) und an Braunkohle von ca. 1 600 PJ (55 Mio. t SKE) auf 140 PJ (4,8 Mio. t SKE). Die Kernenergie kann ihren Anteil von ca. 11 % am Primärenergieverbrauch (entsprechend ca. 1 500 PJ [51 Mio. t SKE]) auf ca. 29% (entsprechend ca. 3 800 PJ [129 Mio. t SKE]) ausbauen. Vereinbarungsgemäß wird dabei die Kernenergie in der Primärenergiebilanz nach dem Substitutionsprinzip der AG Energiebilanzen mit dem durchschnittlichen Wirkungsgrad der fossilen Kraftwerke (1990: ca. 38%) bewertet. Der Primärenergieverbrauch der erneuerbaren Energieträger sowie der Gasverbrauch bleibt unverändert, die Mineralölprodukte gehen um ca. 500 PJ (17 Mio. t SKE) zurück (siehe Abbildung A-1).

Vergleicht man den Energieträger-Mix des Szenarios „Minderungsziel" mit konstanter Kernenergie bis zum Jahr 2020 (R1) mit dem Least-Cost-Szenario (LC), so erkennt man, daß der Anteil der Stein- und Braunkohle insgesamt am Primärenergieverbrauch nahezu in der selben Größenordnung liegt, daß jedoch die Braunkohle und die heimische Steinkohle im Least-Cost-Szenario durch die kostengünstigere Importkohle substituiert werden. Eine Verwendung der heimischen Steinkohle an Stelle der Importkohle hätte keinen Einfluß auf die CO_2-Emissionen, dadurch würden jedoch höhere Systemkosten ausgelöst. Außerdem ist im Reduktionsszenario R1 gegenüber dem Least-Cost-Szenario ein höherer Erdgaseinsatz zu verzeichnen, der in erster Linie auf einen verstärkten Zubau an Erdgas-GuD-Anlagen bis zum Jahr 2020 zurückzuführen ist.

Dadurch, daß die Möglichkeit des Kernenergieausbaus in der Größenordnung von 1,3 GW_{el}/a ab dem Jahr 2000 im Least-Cost-Szenario zur CO_2-Minderung auch ausgenutzt wird, wird die Rolle der Kernenergie zur Erreichung des CO_2-Minderungsziels der Enquete-Kommission von 45% bis zum Jahr 2020 verdeutlicht. Sie stellt unter den hier getroffenen Annahmen eine der technisch möglichen und kostengünstigen Optionen zur Erreichung dieses Ziels dar. Ein gegenüber dem Referenzszenario verstärkter Einsatz von Erdgas bis zum Jahr 2005 sowie der Zubau der Kernenergie ab dem Jahr 2000 stellen die Optionen dar, die die stark kohlenstoffbehafteten Energieträger Braun- und Steinkohle substituieren.

Im Umwandlungsbereich (Strom- und Fernwärmeerzeugung) werden bis zum Jahre 2020 gegenüber dem Referenzszenario an Stelle moderner

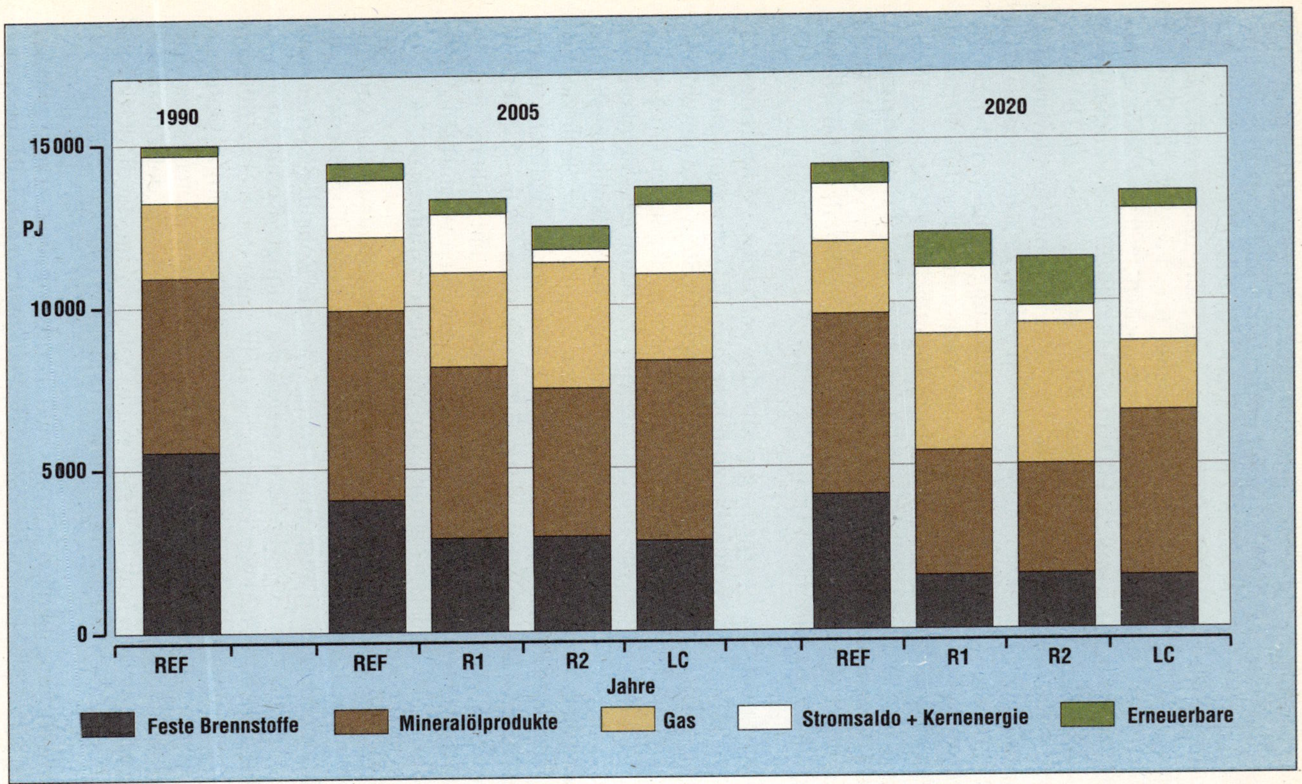

Abb. A-1: Primärenergieverbrauch im Szenarienvergleich (Referenz – R1 – R2 – LC)

Kohlekraftwerke zur Stromerzeugung (z. B. Steinkohle- und Braunkohleanlagen mit atmosphärischer Staubfeuerung) neue Kernkraftwerke (z. B. EPR) zugebaut. Dies führt im Jahr 2020 zu einer Erhöhung der Stromerzeugung aus Kernkraftwerken in den alten Bundesländern von gut 160 TWh im Referenzszenario auf ca. 350 TWh im Least-Cost-Szenario und in den neuen Bundesländern von 0 TWh auf ca. 50 TWh. Weiterhin ist im Least-Cost-Szenario eine verminderte Fernwärme-Erzeugung (ca. 50 PJ) zu beobachten, die zu Lasten der Steinkohlekraftwerke mit Fernwärme-Auskopplung geht. Absolut betrachtet sinkt die Nettostromerzeugung nur leicht von 600 TWh im Referenzszenario auf 595 TWh im Least-Cost-Szenario.

Endenergieverbrauch

Der Endenergieverbrauch geht bis zum Jahr 2020 im Least-Cost-Szenario in der Bundesrepublik Deutschland um 9,6 % gegenüber dem Referenzszenario zurück. Gegenüber dem Reduktionsszenario R1 zeigt sich ein leichter Anstieg des Endenergieverbrauchs um ca. 10 % (siehe Abbildung A-2). Dies ist dadurch zu begründen, daß der Ausbau der Kernenergie kosteneffizienter ist als ein Teil der Einsparmaßnahmen, die noch im Reduktionsszenario R1 zur CO_2-Minderung benutzt wurden.

Die Struktur des Endenergieverbrauchs bzw. die Zusammensetzung der Energieträger unterscheiden sich im Minderungsziel-Szenario R1, im Referenzszenario und im Least-Cost-Szenario nur wenig (siehe Abbildung A-2). Gegenüber dem Szenario R1 ist im Least-Cost-Szenario ein um ca. 1 100 PJ (38 Mio. t SKE) höherer Verbrauch an Mineralölprodukten zu beobachten. Dies ist durch eine verstärkte Nachfrage nach Benzin und Diesel begründet, da im Szenario R1 ca. 500 PJ (17 Mio. t SKE) CNG im Verkehr eingesetzt wird. Darüber hinaus liegt die Nachfrage nach Fern- und Nahwärme um ca. 350 PJ unter der in R1, wobei dies auf den größeren Einsatz eigener Kesselanlagen in den Nachfragebereichen Industrie, Kleinverbraucher und Haushalte zurückzuführen ist.

CO_2-Emissionen

Die CO_2-Emissionen gehen vorgabegemäß bis zum Jahr 2020 auf einen Wert von ca. 580 Mio. t/a zurück, was einem Rückgang von 35 % gegenüber dem Referenzszenario im Jahr 2020 entspricht (45 % gegenüber 1987). Da sich die Struktur des Endenergieverbrauchs im Minderungsziel-Szenario R1, im Referenzszenario und im Least-Cost-Szenario nur wenig unterscheidet, sind Differenzen vor allem im Umwandlungsbereich zu suchen (vgl. Abbildung A-3).

Im Least-Cost-Szenario betragen die CO_2-Emissionen im Umwandlungssektor ungefähr 25 % der gesamten CO_2-Emissionen (ca. 43 % im Referenzszenario, ca. 34 % im Reduktionsszenario R1). Dies ist in erster Linie Resultat der Substitution von Steinkohle und Braunkohle durch die CO_2-freie Kernenergie. Den größten Anteil an den CO_2-Emissionen hat mit rund 35 % der Verkehr (im Referenzszenario beträgt der Anteil ca. 23 %). Gegenüber dem Referenzszenario kommt es in den Nachfragesektoren Industrie, Kleinverbraucher und Haushalte zu einem Rückgang der CO_2-Emissionen um ca. 48 Mio. t/a, wobei dies auf Einsparungen in den genannten Sektoren zurückzuführen ist.

CO_2-Minderungskosten

Für das Least-Cost-Szenario kann eine Minderung der energiebedingten CO_2-Emissionen um 45 % für die Bundesrepublik Deutschland bis zum Jahr 2020 erreicht werden, ohne daß zusätzliche Kosten gegenüber dem Vergleichsfall (CO_2-Referenz; siehe auch Kapitel 8.6.2) bis zum Jahr 2020 entstehen. Da die diskontierten Gesamtkosten für das Least-Cost-Szenario sogar niedriger als für den Vergleichsfall sind, haben die in der Least-Cost-Strategie ergriffenen Maßnahmen „negative" Minderungskosten, d. h., sie sind vom Kostenstandpunkt her argumentiert „wirtschaftlich" (siehe Abbildung A-4).

Dies resultiert vornehmlich aus dem Verzicht auf die Mindestabsatzmengen heimischer Braun- und Steinkohle und der Möglichkeit eines weiteren Zubaus von Kernkraftwerken. Für die klimapolitische Vorgabe einer 45%igen CO_2-Minderung kommt es im Least-Cost-Szenario zu einer CO_2-freien Stromerzeugung mit Gestehungskosten, die in der Größenordnung der Kosten der Verstromung von Importsteinkohle liegen und damit niedriger als die kohlenstofffreie Stromerzeugung durch regenerative Energien sind, die im Falle eines Kernenergieausstiegs (Szenario R2) oder einer konstanten Kapazität der Kernenergie (R1) zur Minderungszielerreichung notwendig wird. Wird auch für das Least-Cost-Szenario die Verkehrsvariation (siehe Kapitel 8.5) mit einbezogen (LCV), so mindern sich die kumulierten, abdiskontierten Zusatzkosten gegenüber dem Vergleichsfall (CO_2-Referenz) um weitere 73 Mrd. DM_{90} (oder 2,4 Mrd. DM_{90}/a) (siehe Abbildung A-4), wobei zu berücksichtigen ist, daß für die dann unterstellten Maßnahmen im Verkehrsbereich keine kostenmäßige Bewertung möglich war.

Sensitivitätsanalyse

Bisher wurde für das Least-Cost-Szenario von Investitionskosten für neu zu errichtende Kernkraftwerke in Höhe von 3 600 DM_{90}/kW_{el} (ein-

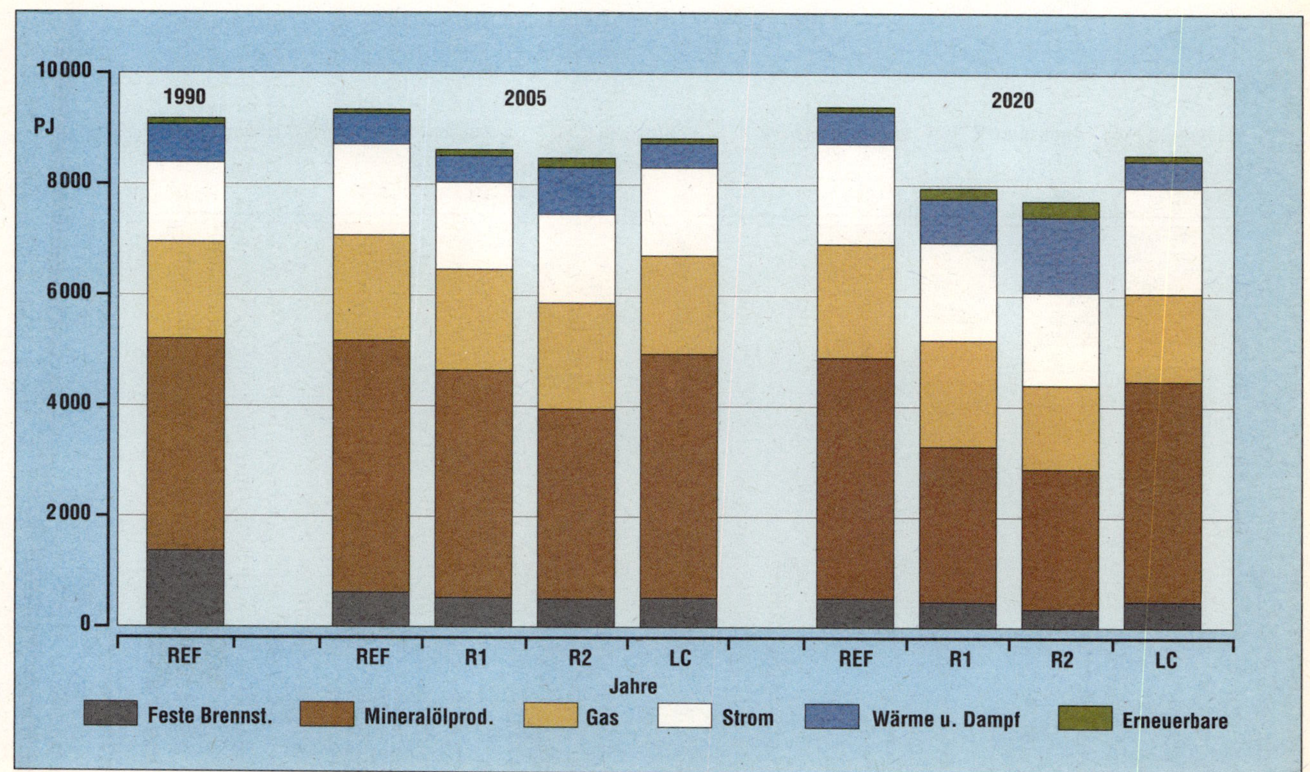

Abb. A-2: *Endenergieverbrauch im Szenarienvergleich (Referenz – R1 – R2 – LC)*

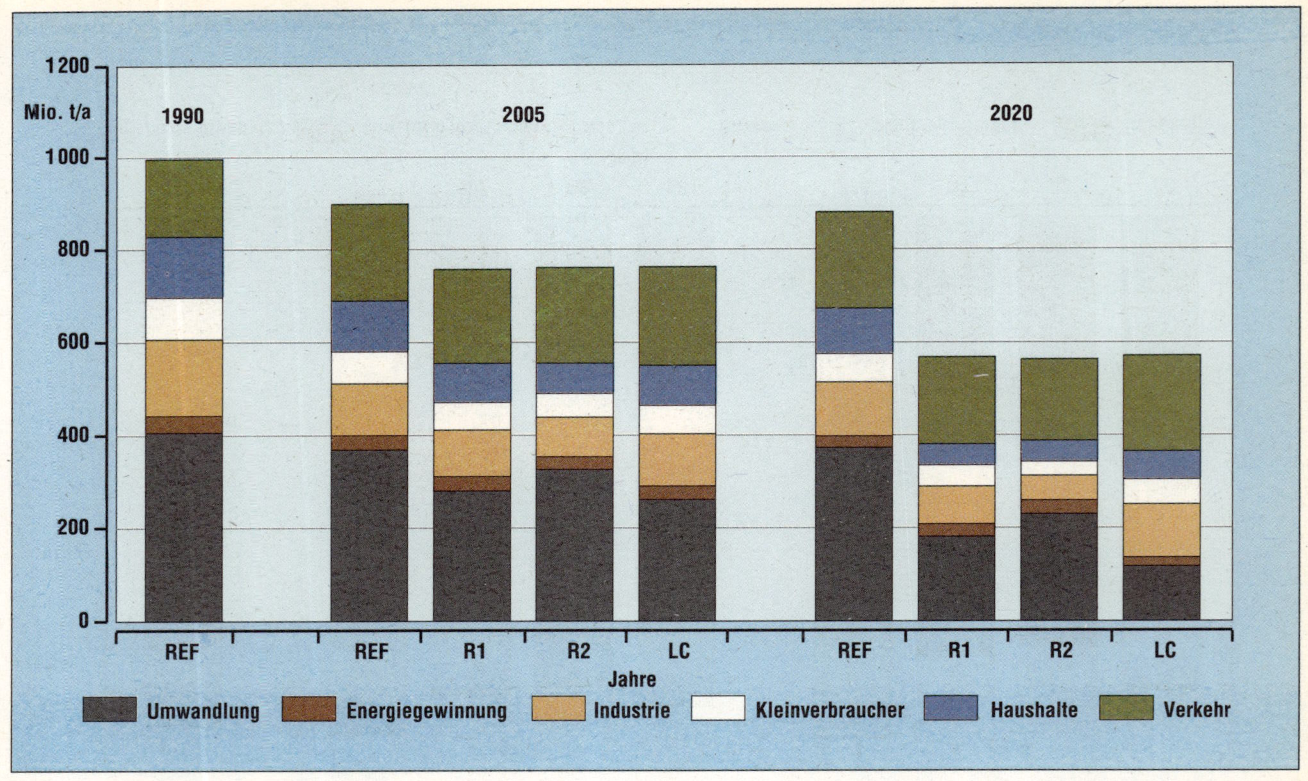

Abb. A-3: CO_2*-Emissionen im Szenarienvergleich (Referenz – R1 – R2 – LC)*

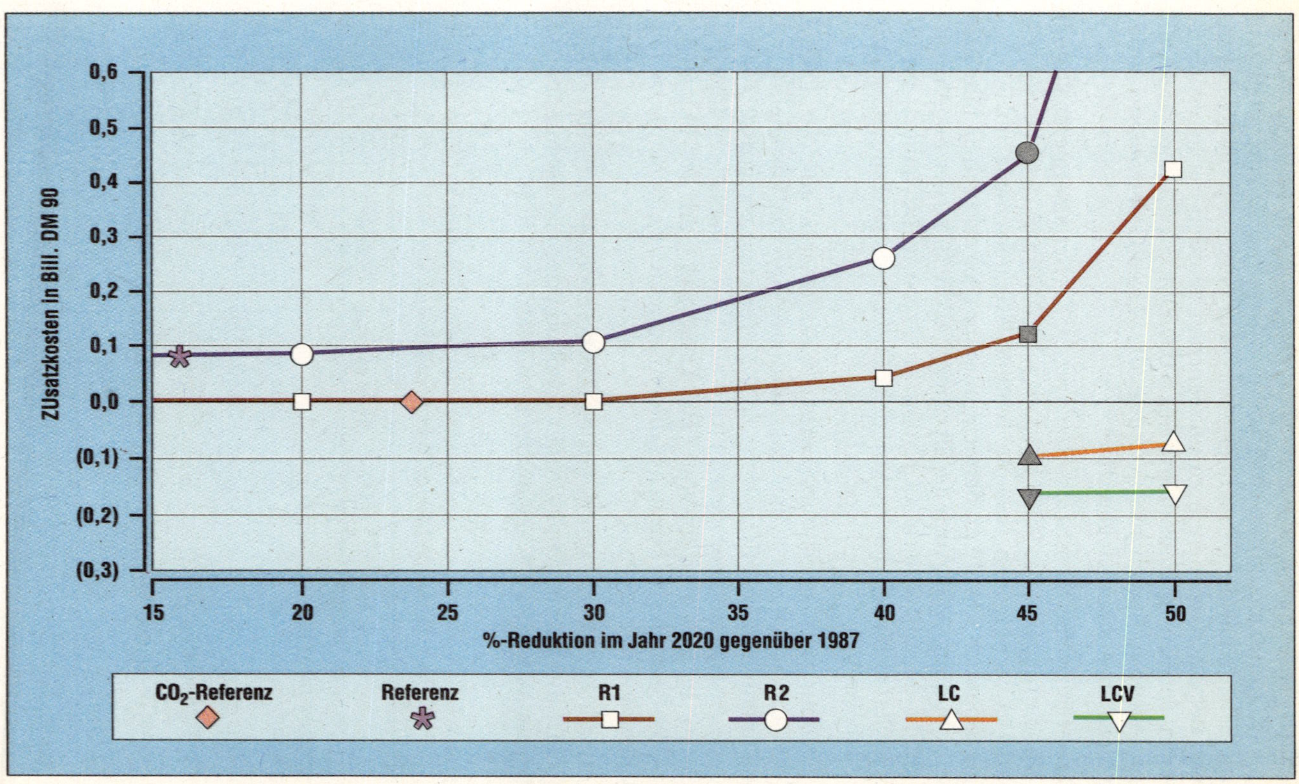

Abb. A-4: Zusatzkosten der CO_2-Minderung im Szenarienvergleich (Referenz – R1 – R2 – LC)

schließlich Zinsen während der Bauzeit) ausgegangen. Auf Wunsch der Enquete-Kommission wurde eine Variation dieser Größe vorgenommen. Um die Sensitivität der Szenarioergebnisse in bezug auf die Kostenannahmen bei der Kernenergie zu untersuchen, wurden die Investitionskosten in der Sensitivitätsanalyse auf 5 000 DM_{90}/kW_{el} angesetzt. Mit diesem höheren Kostenansatz wurde das Least-Cost-Szenario unter sonst gleichen Annahmen gerechnet.

Vergleicht man das Least-Cost-Szenario LCK (Kernenergiesensitivität und Minderungsziel von 45% bis zum Jahr 2020) mit dem Least-Cost-Szenario LC, so ergeben sich nur marginale Unterschiede im Primärenergieverbrauch sowohl im Betrachtungsjahr 2005 als auch im Jahr 2020 (siehe Abbildung A-5). Auch die Struktur und die Höhe des Endenergieverbrauchs ist im Szenario LCK und im Szenario LC nahezu gleich. Somit ändert sich auch die Struktur der CO_2-Emissionen nur geringfügig (siehe Tabelle A-3).

Eine Erhöhung der Investitionskosten der Kernenergie auf 5 000 DM_{90}/kW_{el} hat damit nahezu keine Auswirkungen auf das kosteneffiziente Maßnahmenbündel zur Erreichung des Minderungsziels in 2020. Weiterführende Analysen haben gezeigt, daß auch bei unterstellten Investitionskosten der Kernenergie von 7 500 DM_{90}/kW_{el} die Ergebnisse der Least-Cost-Szenarien in bezug auf die Nutzung der Kernenergie im Jahr 2020 unverändert bleiben.

Die Anhebung der Investitionskosten der Kernenergie auf 5 000 DM_{90}/kW_{el} führt nur zu einer marginalen Erhöhung der abdiskontierten Gesamtkosten von ca. 0,4 % gegenüber dem Least-Cost-Szenario. Auch bei

Tabelle A-3: CO_2-Emissionen im Szenarienvergleich (Referenz – LC – LCK) in Deutschland im Jahr 2020 in Mio. t CO_2/a

	Referenz	LC	LCK
Energiegewinnung und Umwandlung	411,4	107,5	107,2
Industrie	116,6	111,0	110,3
Kleinverbraucher	57,8	52,5	52,9
Haushalte	96,6	59,7	59,3
Verkehr	204,5	198,2	199,3
Summe	887,0	582,0	582,0

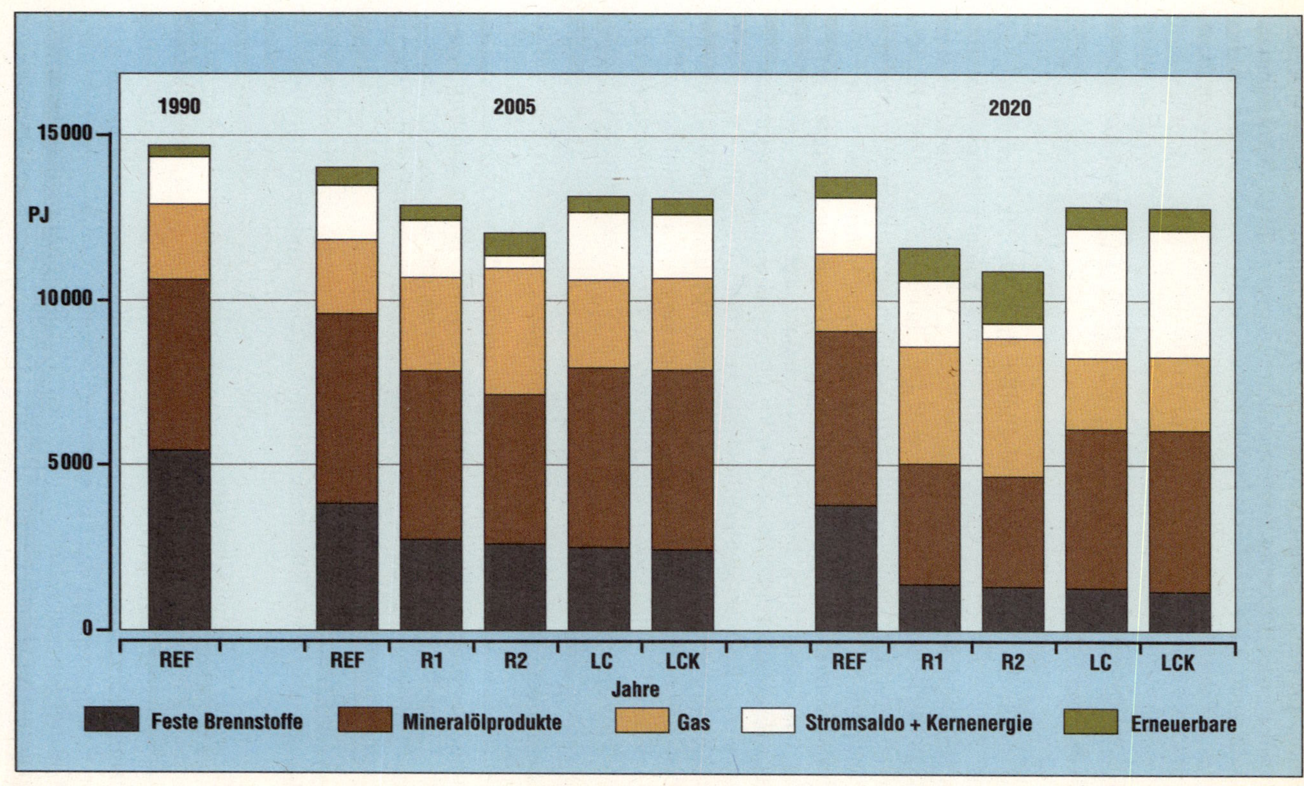

Abb. A-5: Primärenergieverbrauch im Szenarienvergleich (Referenz – R1 – R2 – LC – LCK)

der Erhöhung der Investitionskosten der Kernkraftwerke liegen die kumulierten, abdiskontierten Systemkosten niedriger als im Vergleichsfall (CO_2-Referenz).

Anhang 2: Kernenergiezubau (EWI)

Auf Wunsch der Kommissionsmitglieder Prof. Dr. Dr. Rudolf Dolzer, Dr.-Ing. Alfred-Herwig Fischer, Martin Grüner, Klaus Harries, Prof. Dr. Klaus Heinloth, Prof. Dr. Hans-Jürgen Jäger, Dr. Klaus W. Lippold, Prof. Dr. Hans Michaelis, Dr. Peter Paziorek, Dr. Christian Ruck, Marita Sehn, Prof. Dr. Wolfgang Seiler, Trudi Schmidt (Spiesen), Bärbel Sothmann, Prof. Dr. Alfred Voß, Prof. Dr. Carl-Jochen Winter wurde zusätzlich zum Fall der Konstanthaltung der Kernenergie und zum Kernenergieausstieg ein Szenario betrachtet, bei dem – in Anlehnung an das Least-Cost-Szenario für den Energiesektor – der Kernenergieeinsatz ausgedehnt und der Einsatz deutscher Steinkohle weiter reduziert wird. Dabei wird von einem Kernenergiezubau zwischen 1995 und 2005 linear auf das 1,5fache und bis 2020 linear auf das doppelte der heutigen Kapazität ausgegangen. Gleichzeitig wird eine Halbierung der in den übrigen Szenarien unterstellten Einsatzmenge für deutsche Steinkohle angenommen.

(a) EU-Steuer;

Abbildung A-6 zeigt die Emissionsminderungswirkung und den Sozialproduktseffekt der EU-Steuer in diesem Fall. Dabei ist die aufkommensneutrale Steuerrückerstattung unterstellt. Es ergibt sich, daß in diesem Fall die Emissionsminderungswirkung gegenüber dem Fall der Kernenergiekonstanz in etwa verdoppelt wird.

Hinsichtlich des BSP führt der Kernenergiezubau zu einem, allerdings geringfügig, stärkeren Rückgang des BSP als die Kernenergiekonstanz.

(b) Nationale Endenergiesteuer

Die unter konstanter Kernenergienutzung gültigen Ergebnisse ändern sich bei Kernenergiezubau wie folgt (Fall der aufkommensneutralen Steuerrückerstattung), siehe Abbildung A-7. Gegenüber dem Fall der Kernenergiekonstanz steigt die Emissionsreduktion auf etwa das eineinhalbfache. Dabei geht der Kernenergiezubau im Fall der nationalen Steuer mit einem geringfügig geringeren BSP einher als bei Kernenergiekonstanz.

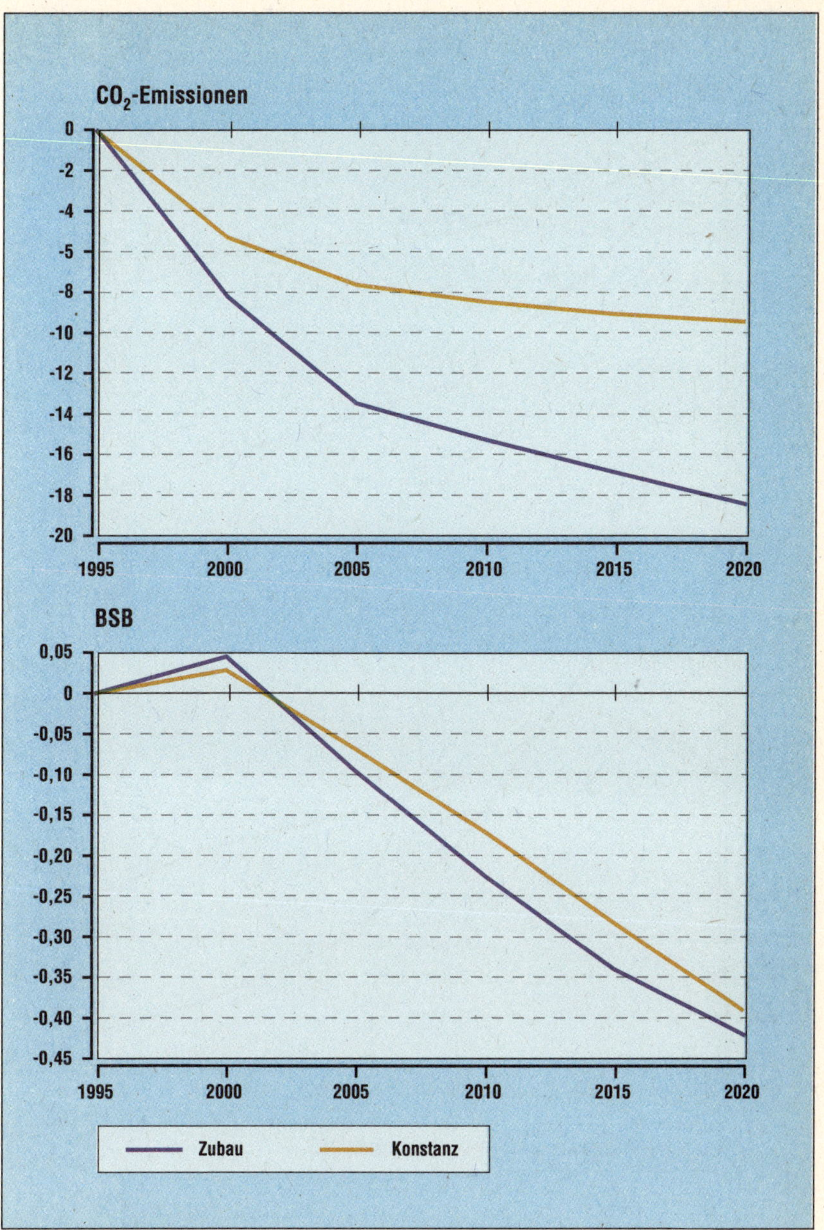

Abb. A-6: Auswirkungen der EU-Steuer auf CO_2-Emissionen und BSP bei alternativen Graden der Kernenergienutzung in Deutschland

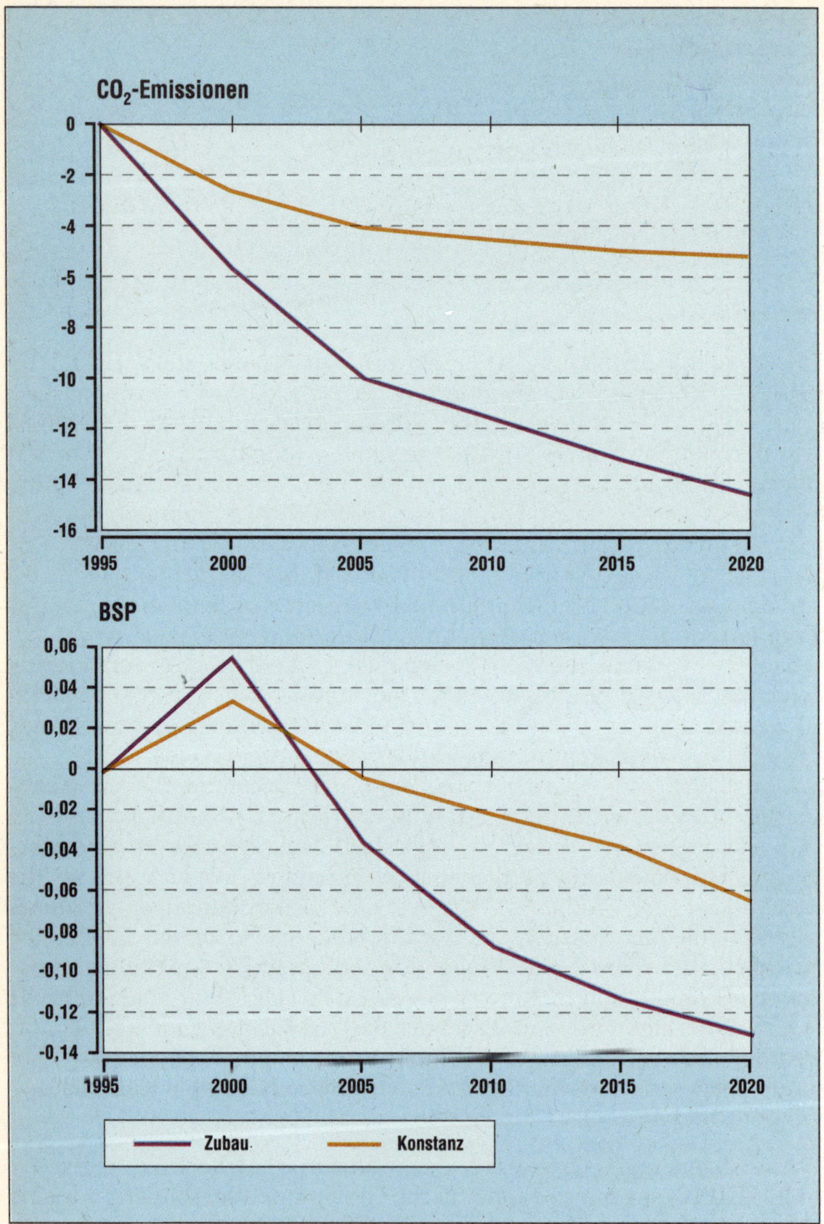

Abb. A-7: Auswirkungen der nationalen Energiesteuer auf CO_2-Emissionen und BSP bei alternativen Graden der Kernenergienutzung in Deutschland

Anhang 3: Kurzfassung der Greenpeace-Studie „Was kostet der Atomausstieg?“ von Prof. Dr. Peter Hennicke und Jürgen Franke

Vorwort

Die Enquete-Kommission hat beschlossen, im Anhang zu Kapitel 8. integrierte Strategien zur Minderung energiebedingter Treibhausgasemissionen in der Bundesrepublik Deutschland aufzuführen, die nicht von der Kommission in Auftrag gegeben worden sind. Die Kommissionsmehrheit hat darauf bestanden, die von ihr entgegen dem Votum der Arbeitsgruppe Energie und ohne Beschluß der Kommission in Auftrag gegebenen Kernenergieausbau-Szenarien von IER und EWI zu veröffentlichen. Diese Szenarien-Ergebnisse sind im Kommentar zu Kap. 8.8 von der Opposition als nicht belastbar kritisiert worden; ihre Ergebnisse basieren auf unhaltbaren Annahmen (IER) bzw. auf einer gewählten Modellkonstruktion, die nicht geeignet ist, größere Strukturveränderungen in der Energiewirtschaft (wie sie ein Ausstieg oder Ausbau darstellt) adäquat abzubilden. Bereits im Kap. 8.8 war darauf hingewiesen worden, daß für die fünf größten EU-Länder die umfangreiche Studie von F. Krause (1993, 1994) vorliegt, die zum Ergebnis kommt, daß ein Atomausstieg und die Erreichung der notwendigen CO_2-Reduktion bis zum Jahr 2020 gegenüber den Kosten eines Referenzszenarios zu einem beträchtlichen volkswirtschaftlichen Gewinn führt. Insofern sei, so die Kernaussage der Studie von Krause, eine risikominimierende Klimaschutzpolitik mit Ausstieg aus der Atomenergie in diesen EU-Staaten gleichbedeutend mit einer „klugen Industriepolitik“. Auch die von der Enquete-Kommission in Auftrag gegebene ISI/DIW-Studie kommt, wie in Kap. 8. gezeigt wird, zum Ergebnis, daß die für den Klimaschutz notwendige CO_2-Reduktion in Verbindung mit einem Atomausstieg eher positivere gesamtwirtschaftliche Auswirkungen hat als ein Klimaschutz-Szenario mit konstanter Kernenergie.

Da das sogenannte „Least-Cost“-Szenario von IER jedoch im Gegensatz zu ISI/DIW keine makroökonomische Gesamtanalyse, sondern nur eine volkswirtschaftliche Kostenanalyse darstellt, erscheint es angebracht, seine Ergebnisse im folgenden auch mit denen des damit eher vergleichbaren Greenpeace-Szenarios (1994) zu konfrontieren. Die Opposition hat daher den Autor der Greenpeace-Studie, Jürgen Franke, gebeten, eine für die Enquete-Kommssion aufbereitete Kurzfassung vorzulegen, die im folgenden abgedruckt wird:

1. Einleitung und Methodik

Die Studie „Was kostet der Atomausstieg?" wurde im Rahmen der Beteiligung von Greenpeace an den Diskussionen um die Zukunft der Atomenergienutzung erstellt. Der inhaltliche Schwerpunkt dieser Arbeit ist die Quantifizierung der volkswirtschaftlichen Aufwendungen, die aufgebracht werden müssen, um aus der Atomenergienutzung auszusteigen und damit das Umsteuern der Energiewirtschaft zu einer ersten Etappe einer Energiespar-und Sonnenenergiewirtschaft zu verbinden. Darüber hinaus wurden die mit der Umsteuerung verbundenen ökologischen Auswirkungen in der Form von Kohlendioxidfreisetzungen (CO_2-Emissionen) und des Ressourcenverzehrs untersucht. Da der Ausstieg aus der Atomenergie fast ausschließlich eine Veränderung bei der Stromerzeugung und -nutzung bedeutet, konzentriert sich die Untersuchung im wesentlichen auf diesen Sektor. Da als Ersatz für die Stromproduktion abgeschalteter Atomkraftwerke (AKWs) jedoch auch Heizkraftwerke eingeplant werden, die als Koppelprodukt der Stromproduktion Wärme abgeben können, ist die Wärmeversorgung mit Nah- oder Fernwärme insofern mitbetrachtet worden, indem die Zuschüsse für die Heizkraftwerke und die Verteilsysteme als Aufwendungen des Umsteuerungsprozesses eingerechnet wurden. Damit werden also Aufwendungen auf der volkswirtschaftlichen Seite berücksichtigt, die notwendig sind, um bei derzeitigen Preisverhältnissen die Nah- oder Fernwärme im Wärmemarkt konkurrenzfähig zu machen.

Die Berechnungen der volkswirtschaftlichen Aufwendungen setzen auf der Arbeit des Öko-Instituts/Freiburg auf, die 1991 ebenfalls für Greenpeace die technische Machbarkeit eines sofortigen Ausstiegs aus der Atomenergie für ganz Deutschland untersuchte[109]. Diese Studie kam zu dem Ergebnis, daß die Versorgungssituation es erlaubt innerhalb sehr kurzer Zeit die AKWs abzuschalten. In der Studie des Öko-Instituts wurden zwei Szenarien konstruiert, das „Trend-" und des „Sofortausstiegsszenario", welches in der hier vorliegenden Studie „Was kostet der Atomausstieg?" um das spezielle Greenpeace -Szenario erweitert wurde. In dieser Kurzfassung ist das Schwergewicht auf die Gegenüberstellung des Trend- mit dem Greenpeace-(Ausstiegs)Szenario (GPA) gelegt worden.

[109]) Greenpeace Deutschland e.V., Hrsg. (Nov. 1991), „Ein klimaverträgliches Energiekonzept für Deutschland – ohne Atomstrom –" Studie des Öko-Instituts Freiburg

In dem Greenpeace-Szenario wird als Kompromiß zwischen dem Weiterbetrieb der vorhandenen AKWs während ihrer technischen Lebensdauer und dem sofortigen Ausstieg aus der Atomenergie davon ausgegangen, daß die Atomkraftwerke sukzessive in dem Jahr abzuschaltet werden, in dem die kraftwerkseigenen Abklingbecken ihre volle Aufnahmekapazität erreicht haben.

Der Unterschied zwischen dem Trend- und dem Greenpeace-Szenario besteht vor allem darin, daß das Trendszenario – ohne besonderes politisches Handeln – davon ausgeht, daß die Atomenergie weitgehend unverändert bis zum Jahr 2020 genutzt wird und der Stromverbrauch trendmäßig weiter ansteigt, während in dem Greenpeace-Szenario die Umsetzung des Ausstiegs aus der Atomenergie in Verbindung mit einer aktiven Energiesparpolitik und stärkerer Nutzung der regenerativen Energie zu einem erheblich sinkenden Stromverbrauch führt.

Die Prognosedaten für die Jahre 2000 und 2010 sind mit dem Trendszenario der Studie »PROGNOS 92, Energiereport« verglichen worden. Das Trendszenario des ÖKO-Instituts wurde als Szenariobasis jedoch unverändert übernommen, weil der Unterschied zwischen den beiden Trend-Prognosen im Stromsektor, mit Verbrauchsunterschieden von weniger als 1% pro Jahr, nicht signifikant ist[110)]. Die Datenbasis wurde auf das Jahr 1992 aktualisiert.

Zum Vergleich der volkswirtschaftlichen Auswirkungen werden drei Vergleichsebenen unterschieden und zwar

Ebene I: Vergleich der Mehr- oder Minderaufwendungen der szenariobedingten Änderungen des Kraftwerksparks und der Brennstoffe für die Stromproduktion (incl. der Nachsorgekosten für die Atomenergie und deren Unwägbarkeiten),

Ebene II: Anrechnung der volkswirtschaftlichen Aufwendungen, die für die Umsteuerung der Energiewirtschaft aufgewendet werden müssen,

Ebene III: Beispielhafte Monetarisierung von Schäden, die einem Atomunfall zugerechnet werden.

---

110) Im Jahr 2010 unterscheiden sich die zwei Trendszenarien um 12% in der Brutto-Stromerzeugung. Angesichts der 20jährigen Entwicklungszeit beträgt der Unterschied jedoch lediglich 0,6% pro Jahr (linear). Im Verhältnis zu dem Öko-Szenario, in dem (2010) gegenüber dem Trend 36% Stromerzeugung eingespart werden, entsprechend 2% pro Jahr (linear), wird der Unterschied zwischen den Trends nicht als so gravierend angesehen, um das Öko-Szenario nicht als Grundlage heranziehen zu können.

Die monetären Vergleichsgrößen wurden durch Summierung der nominellen [111], jährlichen Aufwendungen (Kosten) sowie durch Bildung von Barwerten durch Abdiskontierung und Summierung der jährlicher Kosten errechnet, wie dies nach der Barwertmethode üblich ist. Da die Barwertmethode jedoch nicht unproblematisch ist [112], wurden die Ergebnisse hinsichtlich des Diskontierungszinssatzes einer Sensitivitätsanalyse unterzogen.

2. Die Szenarien

Zur Verdeutlichung sollen die wesentlichen unterschiedlichen Ziele der Szenarien in der folgenden Tabelle dargestellt werden:

Um den Ausstieg aus der Atomenergie zu kompensieren, werden folgende Maßnahmen ergriffen:

1. Kurzfristig werden die vorhandenen Kraftwerke mit höheren Vollastbenutzungsstunden gefahren.
2. Mittelfristig werden insbesondere Heizkraftwerke als Kondensationsentnahmekraftwerke hinzugebaut, wobei der Ausbau der Fernwärmenetze auch längerfristig erfolgen kann.

Tabelle 1: Energiewirtschaftliche Eckwerte der Szenarien, Veränderungen bis zum Jahr 2010

	Trend	GPA*)
Stromverbrauch	+36%	–20%
Atomstromnutzung	konstant	Ausstieg bis 2000
Ausbau der KWK-Leistung	+29%	+203% (Verdreifachung [1])
Nutzung reg. Energieträger	+120% (mehr als Verdopplung)	+333% (mehr als Vervierfachung)

[1]) Bei einer Verdreifachung der KWK-Leistung ist jedoch lediglich von einer Verdopplung der abgesetzten Wärme ausgegangen

*) GPA = *Greenpeace*-Ausstieg

---

[111]) Bei der Summierung jährlicher Kosten ist es methodisch notwendig reale – d. h. nicht inflationierte – Kosten zu addieren, weil sonst unterschiedliche Wertgrößen vermischt werden. Diesen methodischen Fehler begann z. B. Grawe (VDEW) unter anderen bei der Errechnung der Ausstiegskosten.

[112]) Vgl. «Franke/Viefhues 83». Grundsätzlich bevorzugt diese Methode Varianten, die Kosten in der Zukunft erzeugen, wie z. B. das Trendszenario mit seinen hohen Brennstoffkosten in der Zukunft im Vergleich zu den Einsparszenarien.

3. Längerfristig wird durch forcierte Stromsparpolitik (z. B. Umsetzung von Least-Cost Planning, Contracting, ordnungsrechtliche Vorgaben) der Stromverbrauch reduziert (vgl. Bruttostromerzeugung in der folgenden Tabelle 4) und es werden angebotsseitig verstärkt regenerative Energieträger eingesetzt bzw. genutzt.

Die Veränderung in der Struktur des Kraftwerkparks zwischen den beiden Szenarien wird in 5-Jahresschritten dargestellt. Hierbei liegen die wesentlichen Unterschiede darin, daß im Greenpeace-Szenario die Steinkohleverstromung bis zum Jahr 2010 in etwa halbiert wird und die Braunkohleverstromung nahezu völlig eingestellt wird. Der Gaseinsatz ist in beiden Szenarien in etwa gleich hoch. Die Nutzung der regenerativen Energieträger ist im GP-Szenario ca. viermal so hoch, insbesondere durch eine wesentlich stärkere Windenergie- und Biomassenutzung. Die Atomstromproduktion wird bis zum Jahr 2000 eingestellt.

Tabelle 2: Leistungsentwicklung des Kraftwerkparks nach Energieträgern und KWK-Leistungsanteil (in MW)

MW	Basis	Szenarien	
	1992	Trend 2010	Greenp. 2010
Gesamtleistung	124 261	141 358	115 576
davon			
Steinkohle	34 500	41 776	22 539
Braunkohle	28 500	20 553	7 147
Heizöl	10 500	3 575	2 161
Gas	18 000	38 276	51 243
regionale Energie	10 234	14 651	32 486
davon			
Wasser	8 700	8 700	9 400
Wind	234	1 090	12 000
PV	0	40	1 200
Biom. + sonst.	1 300	4 821	9 886
Atomstrom	22 527	22 527	0
KWK-Anteil von Gesamtleistung	15 852	20 439	48 150

3. Betriebs- und volkswirtschaftliche Aufwendungen

Aufgrund der in Tabelle 3 dargestellten, unterschiedlichen Entwicklungen der Stromnachfrage und der Strombereitstellung, werden die volkswirtschaftlichen Aufwendungen ermittelt, die die Szenarien zu ihrer Realisierung erfordern und zwar

- Kosten des Kraftwerkparks und Teilkosten für Leitungsnetze
- Brennstoffkosten (jedoch ohne Kostenansatz für Biomasse)
- Kosten des Umsteuerungsprozesses (Ausstiegskosten und Umsteuerungskosten)
- AKW-Unfallkosten

Tabelle 3: Bruttostromerzeugung nach Energieträgern und Fernwärme

	Dim.	Basis 1992	Szenario Trend 2010	Szenario Greenp. 2010
Bruttostromerzeugung	TWh	525	715	421
davon				
Steinkohle	TWh	141	222	112
Braunkohle	TWh	156	129	28
Heizöl	TWh	12	4	7
Gas	TWh	32	162	171
reg. Energie	TWh	24	53	104
davon				
Wasser	TWh	24	24	25
Wind	TWh	< 1	2	24
PV	TWh	0	0	1
Biom. + sonst.	TWh	0	27	53
Atomstrom	TWh	159	146	0
Fernwärme	PJ	401	522	803

3.1 Kosten des Kraftwerkparks und Teilkosten für Leitungsnetze

Aus der Altersstruktur des Kraftwerksparks und wegen der im Trend ansteigenden Stromerzeugung und durch die Umstrukturierung des Kraftwerksparks bei einem Ausstieg ergibt sich ein unterschiedlicher Kraftwerksneubaubedarf dessen Kosten unter Zugrundelegung durchschnittlicher spezifischer Baukosten kalkuliert worden sind.

Für die unterschiedlichen Investitionen beim Umbau der Leitungsnetze wurde ein sehr vereinfachter Ansatz gewählt, da nicht erwartet wird, daß diese Kosten besonders ins Gewicht fallen. Als Teilkosten für die Leitungsnetze wurde beispielhaft davon ausgegangen, daß im Greenpeace-Ausstiegsszenario 500 km 380-kV-Freileitungen, aufgrund des geringeren Strombedarfs, gegenüber dem Trendszenario, nicht gebaut

Tabelle 4: Kraftwerkszubaubedarf und Gesamtinvestitionskosten des Zubaubedarfs nach Energieträgern

Energieträger Dimension →	Kraftwerkszubaubedarf			Gesamtinvestitionskosten	
	Status 1992 MW	Trend bis 2010 MW	GPA bis 2010 MW	Trend bis 2010 Mrd. DM	GPA bis 2010 Mrd. DM
Steinkohle	34 500	18 585	1 537	42,7	3,5
Braunkohle	28 500	5 860	1 620	14,1	3,9
Heizöl	10 500	2 096	123	4,2	0,2
Erdgas	18 000	31 677	44 644	60,2	84,8
reg. Energieträger	10 234	7 054	24 889	27,6	92,2
davon					
Wasser	8 700	2 637	3 337	10,6	13,3
Wind	234	856	11 766	2,2	29,6
PV	0	40	1 200	0,8	15,0
Biom. + sonstige	1 300	3 521	8 586	14,1	34,3
AKWs	22 527	10 138	0	45,6	0,0
Summe	124 261	75 410	72 814	194,4	184,7

GPA = Greenpeace-Ausstiegeszenario

werden müssen, dafür müssen aber die neuen Heizkraftwerke in städtischer Umgebung mit 110-kV-Kabeln zusätzlich angebunden werden. Dadurch ergeben sich im Trendszenario Mehrkosten von 0,3 Mrd. DM und im Greenpeace-Ausstiegsszenario Mehrkosten von 0,9 Mrd. DM.

3.2 Brennstoffkosten

Die Brennstoffkosten werden für den gesamten Zeitraum errechnet, indem die für die Bruttostromerzeugung eingesetzte Primärenergie errechnet und mit den jeweiligen Preisen (vgl. Tabelle 5 und 6) bewertet wurde. Bei der Errechnung des Primärenergiebedarfs wurde zugunsten des Trendszenarios immer von einem optimal realisierten Wirkungsgrad der Kraftwerksneubauten ausgegangen. Die Kosten für die atomare Nachsorge wurden mit Aufschlägen für Unwägbarkeiten versehen.

Ein erster Vergleich der Szenarien auf der Ebene der betriebswirtschaftlich zurechenbaren Kosten zeigt, daß das Greenpeace-Szenario sowohl beim Ausbau des Kraftwerkparks aber vor allem bei den Brennstoffkosten und hinsichtlich der genannten Unwägbarkeiten [113)] aufgrund der reduzierten Stromnachfrage geringere Gesamtkosten verursacht.

Tabelle 5: Entwicklung spezifischer Brennstoffkosten fossiler Energieträger (Preisbasis 1992)

Energieträger	Dim.	Jahr			
		1992	1995[1)]	2000	2010
Ruhrkohle	DM/t	291,80	281,07	263,18	275,25
Importkohle ...	DM/t	95,15	97,61	101,73	152,92
Braunkohle[2)] ...	DM/t	36,20	45,50	61,00	92,00
Öl (HS)	DM/t	202,05	235,56	291,45	461,83
Gas	DM/1 000 m³	263,10	253,38	237,18	383,83

[1)] Zwischenwerte für 1995 interpoliert.

[2)] Zwischenwerte für 1995 bis 2010 interpoliert. Verteuerung für Braunkohle wie Importkohle angenommen.

Quellen: Prognos 1992, Energiereport, Seiten 81+82, Tabelle 3.3 – 4+5, für Braunkohle, Seite 87, eigene Berechnungen

[113)] Die Unwägbarkeiten können auch als Risikopotential für in der Zukunft zu leistende Kosten angesehen werden.

Tabelle 6: Entwicklung der Vor- und Nachsorgekosten der Atomkraftwerke (in Preisen von 1992)

	spezielle Kosten		Verteuerung	Unwägbarkeitszuschlag
	Pf/kWh	DM/kg SM	%/a	%
Vorsorge				
Natururan	0,26		*0,5*	
Anreicherung	0,33		*2,0*	
BE-Fertigung	0,32		*2,0*	
Nachsorge Pfad WAA + MOX-Einsatz				
BE-Transport	0,05	145	*2,0*	
Wiederaufb. (Altverträge)	0,87	2 750	*2,0*	*20*
Wiederaufb. (Neuverträge)	0,51	1 600	*2,0*	*50*
Abfallrücknahme	0,13	400	*2,0*	
Einlagerung	0,26	820	*2,0*	*50*
MOX-Kosten	0,53	1 679	*2,0*	*200*
Einlagerung radioaktiver Abfälle aus AKW	0,01	44	*2,0*	
Nachsorge, Pfad direkte Einlagerung				
BE-Transport	0,05	145	*2,0*	
Abfallkonditionierung	0,19	600	*3,0*	*50*
BE-Zwischenlagerung	0,11	360	*2,0*	
Einlagerung	0,26	820	*2,0*	

Als Ergebnis aller untersuchten betriebswirtschaftlichen Aufwendungen errechnen sich im

- Trendszenario insgesamt 454,3 Mrd. DM (Barwert 1993),
- im Greenpeace-Ausstiegs-Szenario 359,6 Mrd. DM (Barwert 1993),

was ein Vorteil für das Greenpeace-Szenario auf dieser ersten Betrachtungsebene von 94,6 Mrd. DM (Barwert 1993) bedeutet.

Im Greenpeace-Szenario wird der Mehreinsatz für fossile Brennstoffe in der Abschaltphase der Atomkraftwerke bereits mittelfristig durch die Einsparstrategie überkompensiert. Hinzu kommt, daß in den Ausstiegs-Szenarien kurzfristig mit geringeren Kosten für die direkte Einlagerung des radioaktiven Abfalls gerechnet werden kann und längerfristig wesentliche Kosten des Nachsorgebereichs der Atomkraftwerke (außer für Abriß und Endlagerung) entfallen.

3.3 Kosten des Umsteuerungsprozesses

Um das Greenpeace-Szenario zu verwirklichen, müssen jedoch erhebliche Aufwendungen für die Umsteuerung aufgebracht werden. Um diese Kosten abzuschätzen, wurden für die Verbrauchssektoren der Haushalte, der Kleinverbraucher und der Industrie verschiedene Grundelemente zum Umsteuern der Stromerzeugung und des Energieverbrauchs kostenmäßig abgeschätzt. Betrachtet wurden u. a. die Werbung für den verstärkten Einsatz der sog. Bestgeräte der „Weißen Ware" sowie die Vor-Ort-Beratung, die Förderung des verstärkten Ausbaus von Heizkraftwerken (HKW) und Fernwärmenetzen aber auch die Beratung und Drittmittelfinanzierung im Kleinverbrauch und in der Industrie. Längerfristig muß insbesondere auch der Ausbau der regenerativen Energieträger durch Zuschußprogramme stimuliert werden.

In der Summe aller Maßnahmen ergeben sich volkswirtschaftliche Aufwendungen im Greenpeace-Szenario von 107,1 Mrd. DM (Geldwert 1992). Im Trendszenario fallen keine diesbezüglichen Kosten an.

3.4 Die intangiblen Kosten

Intangible sind prinzipiell in Geldwerten nicht erfaßbare Größen. Diese Grundcharakteristik bleibt auch dann bestehen, wenn der Versuch unternommen wird, einen Teil eines in Geld ansonsten nicht faßbaren Schadens zu monetarisieren. Hinzu kommt, daß ein Monetarisierungsansatz wesentlich umfangreicher geführt werden müßte als es in der heutigen Wissenschaft praktiziert wird.

Auf dieser dritten Kosten-Ebene der intangiblen Kosten sind volkswirtschaftliche Aufwendungen von 4,3 Pf/kWh aufgrund eines großen atomaren Unfalls, mit einer Eintrittswahrscheinlichkeit von 1 : 33 300 angerechnet worden[114]. Hieraus ergeben sich bis zum Jahr 2010 insgesamt

[114]) Vgl. «PROGNOS 92, Externe Kosten», Seite 121

Tabelle 7: Brennstoffkosten und Unwägbarkeiten (in Preisen von 1992)
– Mrd. DM –

Energieträger	Basis 1992	Szenario Trend 2010	Szenario Greenp. 2010	Szenario Trend alle Jahre	Szenario Greenp. alle Jahre
fossile Brennstoffe insgesamt .	22,5	43,3	27,0	622,9	542,5
davon					
Steinkohle	12,2	15,2	7,7	n. g.	n. g.
Braunkohle	6,9	12,6	2,7	n. g.	n. g.
Heizöl	0,6	0,4	0,8	n. g.	n. g.
Erdgas	2,7	15,0	15,9	n. g.	n. g.
Atom (insgesamt)	3,9	3,1	0,0	66,1	13,7
davon					
Vorsorge	1,5	1,8		29,8	6,4
Nachsorge	2,4	1,4		36,3	7,3
Summe	26,3	44,5	27,0	688,9	556,2
Unwägbarkeiten (zusätzlich) .	0	2,7	0	46,3	1,6

n. g. = nicht gerechnet

Aufwendungen für das Trendszenario von 133 Mrd. DM und für das Greenpeace-Szenario von immerhin noch 29,9 Mrd. DM. Damit sind jedoch nicht annähernd die möglichen Schäden und das menschliche Leid infolge eines Super-GAUs beschrieben, denn es handelt sich hier vor allem um die (unmenschliche) Anrechnung des volkswirtschaftlichen Schadens der mit einem Atomunfall verbundenen Arbeitsausfälle durch Krankheiten und Tod.

4. Zusammenfassung der Kostenergebnisse

Bis zu diesem Abschnitt sind alle Aufwendungen als Kosten auf der Basis 1992 errechnet und verglichen worden. Diese Werte geben einen Eindruck von den Größenordnungen wieder und sie zeigen auf, welche unterschiedlichen Kostentrends in den Szenarien wirken. Anfangs ist jedoch bereits beschrieben worden, daß als weitere Vergleichsgröße die

Tabelle 8: Zusammenstellung der Umsteuerungskosten des Greenpeace-Szenarios (Geldwert 1992)

Kostenbereich	Mrd. DM
Ausstiegskosten	
Sonderabschreibungen AKWs	10,9
Vertragsstrafen WAA-Ausstieg	6,1
Programm private Haushalte	
Informationskampagne	0,9
Mehrkosten Haushaltsgeräte	7,8
Kreditprogramm für Mehrkosten	2,8
Vor-Ort-Beratung	7,7
Programm Kleinverbraucher	
Beratung und Installation	3,8
Förderung (pauschal)	1,8
Programm Industrie	
EAs: Risikokapital, Ausstat., Verluste	9,4
HKW-Förderung	12,4
Energiewirtschaftl. Unternehmen	
Förderung von HKWs	11,5
Förderung von Wärmenetzen	9,7
Regenerative Energieträger	
Investitionsförderung	22,3
Summe	107,1

Ergebnisse der Barwertmethode (Barwerte) errechnet werden sollen, um dem Umstand gerecht zu werden, daß die Kosten und Kosteneinsparungen in den Szenarien recht unterschiedlich verteilt sind. So fallen im Greenpeace-Szenario gegenüber dem Trendszenario z. B. die Kosten des Umsteuerungsprozesses sehr früh an, während die Kostenersparnisse – als Erfolg des Umsteuerungsprozesses – erst später und (über die Zeit gesehen)zunehmend realisiert werden können. Die Barwerte berücksichtigen diese im zeitlichen Ablauf liegende „Ungerechtigkeit“ durch den

Tabelle 9: Zusammenstellung aller Barwerte nach Szenarien und Kostenbereichen (Barwerte in Mrd. DM, Basis 1993)

Mrd. DM Kostenebene und Kostenbereich	Szenarien		
	Trend	GP-Ausstieg	Differenz Trend GP-Ausstieg [1])
Ebene 1: betriebswirtschaftliche Kosten			
Kraftwerkspark	96,8	71,7	–25,1
Leitungskosten (Teilkosten)	0,3	0,9	+ 0,6
Brennstoffkosten und Gutschriften .	334,2	286,0	–48,1
Zwischensumme	431,2	358,6	–72,7
Ebene 1: betriebswirtschaftliche Unwägbarkeit			
Brennstoffspirale	23,0	1,1	–22,0
Zwischensumme Ebene 1	454,3	359,6	–94,6
Ebene 2: volkswirtschaftliche Kosten			
Ausstiegskosten	0,0	11,8	+11,8
davon			
AKW-Restabschreibungen	0,0	6,4	+ 6,4
Vertragsstrafen	0,0	5,3	+ 5,3
Programm privater Haushalte	0,0	9,4	+ 9,4
Programm Kleinverbraucher	0,0	3,0	+ 3,0
Programm Industrie	0,0	10,7	+10,7
Energiewirt. Unternehmen	0,0	11,6	+11,6
reg. Energieträger	0,0	10,1	+10,1
Zwischensumme Ebene 2	0,0	56,6	+56,6
Zwischensumme Ebene 1 + 2	454,3	416,2	–38,0
Ebene 3: Intangible			
AKW-Unfallkosten	67,1	20,0	–47,1
Ebene 1 + 2 + 3			
Gesamtsumme	521,4	436,2	–85,2

ACHTUNG: Rundungsdifferenzen

Vergleich der abdiskontierten jährlichen Kosten. Insofern sollen in der letzten Ergebnisgegenüberstellung Barwerte verglichen werden.

5. Bewertung der Ergebnisse

Der Vergleich der relativ konkret erfaßbaren, betriebswirtschaftlichen Kosten zeigt, daß das Greenpeace-Szenario sowohl bei den Kraftwerks- als auch bei den Brennstoffkosten hohe Vorteile verbuchen kann. Lediglich bei den Netzkosten zeigen sich geringe Nachteile, die in der Größenordnung jedoch keine Rolle spielen. Insgesamt ergibt sich auf der Ebene der betriebswirtschaftlichen Kosten (ohne Unwägbarkeiten) ein Vorteil des Greenpeace-Szenario von 72,7 Mrd. DM.

Das Einbeziehen der betriebswirtschaftlichen Unwägbarkeiten – deren Kostenwirkung hier lediglich wegen der Nachsorgekosten der Atomenergie stattfand – verstärkt die Nachteile des Trendszenarios: Der Abstand zum Greenpeace-Szenario vergrößert sich zusätzlich um 22 Mrd. DM zum Nachteil des Trendszenarios (Differenz: 94,6 Mrd. DM).

Der Vergleich auf der betriebswirtschaftlichen Ebene ist jedoch nicht vollständig. Beispielsweise sind die Kraftwerkparkskosten (HKWs und regenerative Energien) und die Stromkosten (regenerative Energien) in dem Greenpeace-Szenario bezuschußt, so daß auf der betriebswirtschaftlichen Ebene keine Vollkosten, sondern lediglich betriebswirtschaftliche Aufwendungen errechnet wurden.

Erst durch das Hinzuziehen der volkswirtschaftlichen Kosten ist ein vollständiger Vergleich möglich.

Auf der Ebene der volkswirtschaftlichen Kosten sind die Aufwendungen der Umsteuerungspolitik zu berücksichtigen. Da das Trendszenario definitionsgemäß keine Umsteuerungsmaßnahmen enthält, ergeben sich hier auch keine zusätzlichen Kosten. Anders sieht es beim Greenpeace-Szenario aus: Am Gesamtaufwand von 56,6 Mrd. DM (Barwert 1993) wird deutlich, in welchen finanziellen Größenordnungen die Entscheidungen für eine Umsteuerungspolitik getroffen werden müssen.

Doch auch die isolierte Betrachtung der volkswirtschaftlichen Kosten gibt kein ausreichendes Bild über die Kostenvor- und -nachteile der Szenarien. Erst die Kostenzusammenfassung der betrieblichen und volkswirtschaftlichen Ebenen (Zwischensumme Ebene 1+2) erlaubt einen ersten Vergleich.

Hierbei erweist sich das Greenpeace-Szenario, mit Kosten von 416 Mrd. DM, als der günstigere Zukunftspfad gegenüber dem Trendszenario mit 454 Mrd. DM (Barwert 1993).

Auf der dritten Ebene wird schließlich beispielhaft eine Intangible, d. h. eine in Geldwerten eigentlich nicht ausdrückbare Größe[115]), als Vergleichsgröße hinzugezogen: Der Barwert eines großen AKW-Unfalls beträgt demnach im Trendszenario 67 Mrd. DM und in dem Greenpeace-Szenario immerhin noch 20 Mrd. DM. Im Vergleich zu den Umsteuerungskosten, mit denen dieses Unfallrisiko (und andere Risiken) ausgeschaltet werden könnte, zeigt sich, daß das vorsichtig monetär bewertete zusätzliche Atomunfallrisiko im Trendszenario bereits ca 80% der Umsteuerungskosten im Greenpeace-Szenario ausgleichen würde.

Die generelle Ergebnisaussage zur Vorteilhaftigkeit des Greenpeace-Szenario bleibt auch bestehen, wenn nur die Beträge der direkten betriebs- und volkswirtschaftlichen Aufwendungen, ohne die Unwägbarkeiten und die AKW-Unfallkosten gegenübergestellt werden: Danach weist das Greenpeace-Szenario immer noch einen Vorteil von 16,1 Mrd. DM (Barwert 1993) aus. Dieser Vorteil würde sich bei einer Verlängerung der Betrachtungszeit weiter vergrößern.

Damit zeigt sich, daß auch bei einer Gegenüberstellung lediglich der relativ gut faßbaren volkswirtschaftlichen Kosten das Greenpeace-Szenario Vorteile bietet.

6. Sensitivitätsanalysen

Um die Robustheit der Ergebnisse zu prüfen, sind für drei Parameter Sensitivitätsuntersuchungen durchgeführt worden. Hierbei stellte sich heraus, daß alle Barwerte sehr sensibel auf eine Variation des Diskontierungszinssatzes reagieren. Die relative Robustheit des Greenpeace-Szenarios zeigt sich z. B. daran, daß sich bei einem Vergleich der Barwerte, die sich bei einer geringen Diskontierungsrate errechnen, der Vorteil eines Ausstiegsszenarios gegenüber dem Trendszenario verbessert.

Darüber hinaus wurden auch die Laufzeiten der Kraftwerke und die Brennstoffpreise variiert, mit dem Ergebnis, daß das Trendszenario leichte Vorteile bei einer Verlängerung der Betriebszeiten verbuchen kann, jedoch reagiert es wesentlich stärker nachteilig auf eine Verteuerung der Energiepreise.

[115]) Der hier unterstellte Wert soll die vermuteten materiellen Kosten und den „Ausfall der wirtschaftlichen Verwertbarkeit eines Menschen" durch Krankheit oder Tod bei einem schweren Atomunfall darstellen.

7. Kohlendioxidemissionen

Die mit dem Energieverbrauch verbundene Freisetzung von Kohlendioxid (CO_2) beträgt beim Trendszenario ca. 6 800 Mio. t CO_2 im Zeitraum bis zum Jahre 2010, während das Greenpeace-Szenario nur 5 700 Mio. Tonnen CO_2 freisetzen würde.

Hier zeigt sich, daß durch die mit dem Atomausstieg ausgelöste Investitions-und Innovationsdynamik zugunsten von mehr Stromeinsparung, erneuerbaren Energien[116)] größere Umwelterfolge erreicht werden können, als mit der Atomenergienutzung. Die CO_2-Reduktionsrate des Greenpeace-Szenario liegt bei 43% im Jahr 2010 gegenüber 1993, wogegen sie beim Trendszenario um 9% ansteigt.

Die Abbildung 1 zeigt die Entwicklung der CO_2-Freisetzungen im zeitlichen Verlauf: Beim Trendszenario ist der Anstieg der Emissionen deutlich zu erkennen. Beim Greenpeace-Szenario führen sich überlagernde Ausbau- und Umbauprozesse zu der gezackten Linie, die kaum oberhalb des Trendszenarios liegt, aber vom Jahr 2000 an deutliche Reduktionserfolge aufzeigt.

8. Gesamtzusammenfassung

Als Zusammenstellung aller in dieser Studie aufgezeigten Vor- und Nachteile der konkurrierenden Szenarien soll die folgende Abbildung dienen: Über die Vergabe der Symbole mit positiver und negativer Bewertung kann zweifellos gestritten werden. Die Vor- und Nachteile einer Ausstiegs- bzw.einer Trendpolitik müssen jedoch zweifellos differenziert gegeneinander abgewogen werden, wenn der energiepolitische Grundsatzstreit über die Rolle der Kernenergie transparent und nachvollziehbar ausgetragen und entschieden werden soll; hierfür soll diese Arbeit einen Beitrag leisten.

9. Überlegungen zur Organisation und Finanzierung des Umsteuerungsprozesses

Abschließend werden in der Studie „Was kostet der Atomausstieg?" Überlegungen zur Organisation und Finanzierung des Umsteuerungsprozesses angestellt. Als ein Aspekt der Finanzierung dieses Prozesses wird auf die Möglichkeit hingewiesen, die Rückstellungsgelder der Atomkraftwerksbetreiber zu nutzen. Diesbezügliche Nachrechnungen zeigen, daß bei der Zugrundelegung der Angaben zu den Nachsorge-

---

116) Hierbei ist die CO_2-reduzierende Wirkung der KWK noch nicht einmal mitgerechnet worden, weil dieser Vorteil im Wärmesektor auftritt und nicht stromseitig.

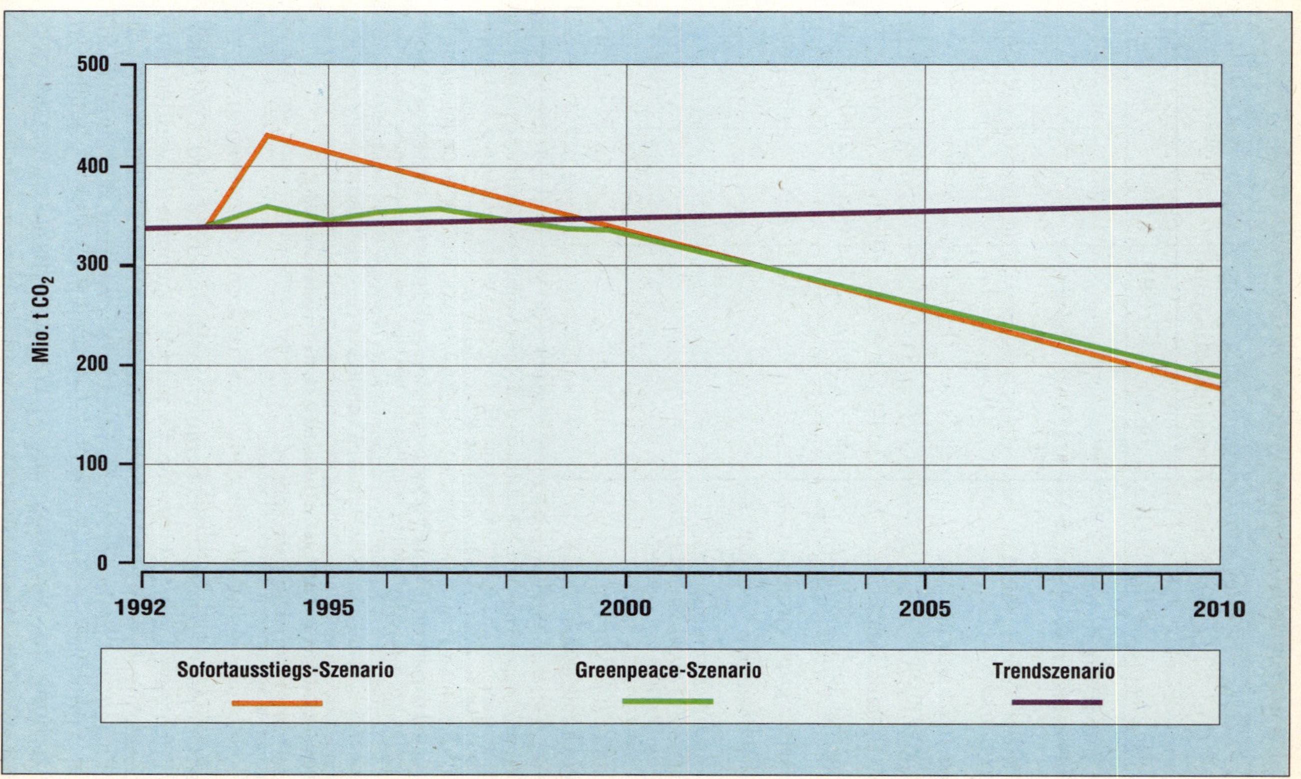

Abb. 1: Entwicklung der CO_2-Emissionen aus der Stromerzeugung im Szenariovergleich

Tabelle 10: Zusammenfassung aller Ergebnisse und Symbolbewertung

	nominelles Ergebnis Mrd. DM (Barwert)		Symbolbewertung	
	Trend	GP-Auss.	Trend	GP-Auss.
betriebswirtschaftliche Aufwendung	431	359	−−	
betriebswirtschaftliche Unwägbarkeit	23	1	−	
volkswirtschaftliche Aufwendungen	0	57		−−
AKW-Unfallkosten	67	20	−−	−
KW-Betriebszeitverlängerung			++	+
Brennstoffverteuerung			−−	−
Wirtschaftskrisen			−−−	−−
Ressourcenschonung			−	++
CO_2-Reduktion			−	+++
Arbeitsplatzwirkung [2])				+
AKW-Unfallrisiko			−−−	−

[1]) Die Symbole stellen Plus- und Minuszeichen dar, deren Vergabe bei Geldwerten in etwa der Größenordnung von 25 Mrd. DM entspricht; dabei wird von einem Null-Niveau ausgegangen, wie es beispielsweise bei den volkswirtschaftlichen Kosten im Trend-Szenario am deutlichsten aufgezeigt werden kann. Bei offensichtlich unvermeidbaren Kosten, wie z. B. den Brennstoffkosten des Kraftwerkspark, sind die niedrigsten Szenariokosten als Nullniveau herangezogen worden und das andere Szenario wurde hierzu in Relation bewertet. Die CO_2-Reduktion ist nicht in Geld gewertet worden. Hier stehen die Bewertungssymbole für den Vergleich der Szenarien untereinander. Bei einer Bewertung dieser Intangiblen im Verhältnis zu den ausgewiesenen Geldwerten, würde sich jedoch eher eine Unterschätzung der jeweiligen Vor- und Nachteile herausstellen, so daß die Punkte vorsichtig und zu Gunsten des Trendszenarios vergeben wurden.

[2]) Die Arbeitsplatzwirkung ist in der Studie „Was kostet der Atomausstieg?" nur in der Form von Plausibilitätsüberlegungen untersucht worden.

kosten der AKW-Betreiber bis heute wahrscheinlich 18 Mrd. DM Rückstellungen zuviel getätigt wurden. Da jedoch angenommen werden muß, daß diese Angaben nicht realistisch sind und die wahrscheinlichen Nachsorgekosten weitaus höher sein werden, ist zu erwarten, daß längerfristig die 18 Mrd. DM nicht unnötig zurückgestellt wurden, sondern zur Beherrschung der Nachsorge der AKWs nicht einmal ausreichen werden.

Dieser Kritikpunkt bezieht sich daher auf die permanent nach außen zu gering dargestellten Kosten des Nachsorgebereichs der AKWs und dem Mißbrauch, den die AKW-Betreiber bzw. Muttergesellschaften mit den Rückstellungen tätigen bis zur tatsächlichen Ausgabe für Nachsorgeaktivitäten.

Andererseits sind langfristige und hohe Rückstellungen für die AKW-Betreiber bzw. für die jeweiligen Muttergesellschaften ein privilegiertes Instrument der Innenfinanzierung, über das die Unternehmen bis zur tatsächlichen Ausgabe ihre Markt- und Machtposition ausbauen können.

Um die hieraus resultierenden gravierenden Wettbewerbsvorteile von AKW-Betreibern abzubauen und zu einer wettbewerbsfördernden Regulierung dieses Problemfeldes wird vorgeschlagen, ein Energiesparministerium zu schaffen, welches die gesamten Rückstellungen für die Nachsorge der AKWs in einen Fonds überführt und verwaltet. Aus diesem Fonds könnten z. B. auch Umsteuerungsprozesse finanziert werden[117)]. Mit den hohen Rückstellungen umgehen die Verbundunternehmen derzeit eine Versteuerung. Geichzeitig werden mit der Verwendung der Gelder zur Innenfinanzierung die Monopolstellungen weiter ausgebaut, was sich zum Beispiel für die kommunalen Stadtwerke als Belastung in der Konkurrenzsituation auswirkt. Über den hier vorgeschlagenen Weg könnten die Finanzmittel für Rückstellungen zurückgeholt, in den Energiefonds eingebracht und für den Umbauprozeß nutzbar gemacht werden. Das verwaltende Energieministerum könnte beispielsweise auch Stromkostenaufschläge durchsetzen und über die Verbund- und Kommunalunternehmen einziehen lassen. Als Gegenleistungen würden Servicepakete zum Energiesparen initiiert.

---

117) Als eine weitere Finanzierungsmöglichkeit des Umsteuerungsprozesses wird im Anhang I der Greenpeace-Studie „Was kostet der Atomenergieausstieg" eine CO_2-Steuer diskutiert.

Anhang 4 Stellungnahme von Prof. Dr. Michaelis zur Greenpeace-Studie „Was kostet der Atomausstieg?"

Greenpeace versucht durch die Studie zu belegen, „daß der Ausstieg aus der Atomenergie volkswirtschaftlich vorteilhafter ist als die Fortsetzung der bisherigen Energiepolitik, die auf Atomstrom setzt".

Sieht man einmal von den Risiken ab, die von den in Deutschland betriebenen Kernkraftwerken ausgehen, so ist dies eine erstaunliche These. Hiermit werden wir uns auseinandersetzen.

Die Greenpeace-Studie vergleicht die volkswirtschaftlichen Kosten dreier Szenarien:

I. Fortsetzung der bisherigen Energiepolitik im Stromsektor („Trend-Szenario")

II. Greenpeace-Konzept für den Umbau der gesamten Stromwirtschaft mit dem Ziele der endgültigen Abschaltung sämtlicher in Deutschland betriebener Kernkraftwerke bis zum Jahr 2000

III. Szenario eines Sofortausstiegs (Öko-Szenario als „abschreckendes Beispiel"; dieses wird im folgenden nicht weiter beachtet).

Das Trend-Szenario hat Greenpeace im wesentlichen vom Öko-Institut übernommen (Öko-Institut, 1991). Es unterstellt einen deutlichen stetigen Zuwachs im Bruttostromverbrauch von ca. 2,5%/a. Der Anteil der Kernenergie sinkt von gegenwärtig 30% auf 20% im Jahre 2010. Es hätte näher gelegen, das Prognos-Szenario „Energiereport 2010" (Prognos, 1991) hierfür zu wählen, das den gegenwärtigen energiepolitischen Erwartungen deutlich näher kommt als das Öko-Trend-Szenario.

In die Kosten des Szenarios ist auch ein Kernschmelzunfall mit volkswirtschaftlich relevanten Kosten von rd. 10 700 Mrd. DM einbezogen. Des weiteren werden aus Greenpeace-Sicht problematische Kosten, wie z. B. Kosten der Wiederaufarbeitung und der MOX-Brennelemente mit „Unwägbarkeitszuschlägen" (200% bzw. 50%) versehen.

Das Greenpeace-Konzept geht von einer Reduzierung des Bruttostromverbrauchs um 20% bis zum Jahre 2010 gegenüber dem Jahr 1992 aus. Dabei wird der Betrieb der Kernkraftwerke bis zum Jahre 2000 eingestellt. Kriterium für die Außerbetriebnahme ist die volle Ausschöpfung der Lagerkapazität der Abklingbecken. (Es wird offenbar von direkter Endlagerung der abgebrannten Brennelemente in den Abklingbecken der Kernkraftwerke ausgegangen). Ersatzleistung für die Kernkraftwerke wird durch Zubau von Kraft-Wärme-Kopplungsanlagen mit insgesamt rd. 38 GW in der Industrie und öffentlichen Kraftwirtschaft bis 2010 gestellt, vornehmlich auf Erdgasbasis. 12 GW sollen bis 2010 zusätzlich aus regenerativer Erzeugung kommen.

In der Tat ist die Veränderung der Struktur der Stromerzeugung beachtlich. Zwischen 1992 und 2010 wird der Braunkohleeinsatz zur Stromerzeugung um 84% verringert. Im Jahre 2010 werden nur noch etwa 30 Mio. t/a Rohbraunkohle in Gesamtdeutschland verstromt. Andererseits erhöht sich der Einsatz von Erdgas zur Stromerzeugung in der gleichen Zeit auf das 4,3fache.

Abgesehen von den wenig realistischen Annahmen zur Stromeinsparung, kann die von Greenpeace mit Emphase herausgestellte Reduktion der CO_2-Emissionen nur durch die hier bezeichnete radikale Umstellung von dem CO_2-intensiven Energieträger Braunkohle auf den CO_2-schwachen Energieträger Erdgas erreicht werden.

Parallel postuliert Greenpeace drastische Energiesparmaßnahmen beim Stromverbrauch. So sollen im Jahr 2010 die Haushalte durchschnittlich 45% (1 800 kWh/a) weniger Strom verbrauchen als heute. Dazu werden Subventionen veranschlagt, mit denen den Haushalten die Mehrkosten für stromsparende Geräte gegenüber „Billiggeräten" ausgeglichen werden. Die Stromeinsparungen im industriellen Sektor werden mit 15% (33,5 TWh/a) beziffert. Das Ziel soll über gezieltes „Energiespar-Kapital" und Förderung von industriellen KWK-Anlagen erreicht werden.

Es wird auch vernachlässigt, daß drastische Einsparmaßnahmen beim Strom zu nicht unerheblichen Substitutionswirkungen im Nicht-Strombereich führen.

Bei der Bewertung der Kosten des Greenpeace-Szenarios werden sowohl betriebs- als auch volkswirtschaftliche Kosten zugrunde gelegt. Dabei werden z. B. die Restabschreibungen der Kernkraftwerke als volkswirtschaftliche Kosten eingestuft (Anmerkung: Das kann zur Folge haben, daß diese Abschreibungen nicht als Preisbestandteil angesehen werden müssen, was sich positiv z. B. im Haushaltsstrompreis niederschlägt). Sie werden auf 6,4 Mrd. DM beziffert. Ungeachtet des massiven Umstiegs im Greenpeace-Konzept gegenüber dem Trendszenario werden keine Kostenverschiebungen bei Kraftwerksneubauten und Brennstoffpreisen angenommen.

Für die technische Umrüstung des Kraftwerksparks und der Einrichtungen der Stromverbraucher zur Stromeinsparung werden rd. 35 Mrd. DM angesetzt, wobei 9,4 Mrd. DM auf die privaten Haushalte und 10,7 Mrd. DM auf die Industrie entfallen sollen, 3 Mrd. DM auf die Kleinverbraucher, 11,7 Mrd. DM auf die Energiewirtschaft und 10,1 Mrd. DM auf den Ausbau der erneuerbaren Energien.

Bezieht man den für die Umstellung der öffentlichen Kraftwirtschaft vorgesehenen Betrag von 6,6 Mrd. DM auf die Ersatzleistung in öffentlichen KWK-Anlagen (15,9 GW), so würde deren Bau mit rd. 415 DM/kW unterstützt, in der industriellen Kraftwirtschaft (22,3 GW) dagegen mit 256 DM/kW.

Die Greenpeace-Studie gelangt im Ergebnis zu einer Summe von Barwerten für die Stromerzeugung – betriebswirtschaftliche und volkswirtschaftliche Kosten zusammengenommen – von 436 Mrd. DM (1993), verglichen mit Kosten gemäß dem Trend-Szenario in einer Höhe von 521 Mrd. DM (1993), d. h. es wird festgestellt, daß der Ausstieg zu einer Gesamtkostenminderung von 85 Mrd. DM (1993) führt. Dabei ist zu beachten, daß einer Stromerzeugung von 715 TWh im Trend-Szenario für 2010 eine solche von nur 421 TWh nach dem Greenpeace-Szenario für 2010 gegenübersteht, d. h. also, es werden nur rund 59% der Stromerzeugung des Trendszenarios erbracht.

Das Greenpeace-Szenario ist nur dann konsistent, wenn die Maßnahmen sowohl auf der Stromverbrauchs- wie auf der Stromerzeugungsseite plausibel und realisierbar sind.

Zur Analyse des Greenpeace-Gutachtens sollen deshalb zunächst die Kernbestandteile des Ausstiegskonzeptes einzeln betrachtet werden:

- Stromeinsparziele
- Kraft-Wärme-Kopplung
- Beitrag erneuerbarer Energien.

Einzelkritik der Greenpeace-Schwerpunkte

1) Stromsparen

Durch eine Begrenzung der Untersuchung auf den Stromsektor wird dem Gesamtanliegen des Energiesparens nicht entsprochen. Viele Einsparpotentiale im Energiesektor können erst durch zusätzlichen Einsatz der Modernisierungsenergie „Strom" erschlossen werden.

Im Falle der Greenpeace-Studie werden Stromeinsparpotentiale in Haushalten von 50% und mehr genannt. Dabei werden theoretische Einsparpotentiale mit realisierbaren gleichgesetzt. Dies ist nicht zulässig, wie die Erfahrungen amerikanischer und europäischer EVU mit Demand Side-Management (DSM)-Maßnahmen im Rahmen des Integrated Ressource Planning (IRP) belegen.

Die Enquete-Kommission „Schutz der Erdatmosphäre" hält im Haushaltssektor in den Jahren 1987 bis 2005 lediglich eine Einsparung von 12,5% bis 17,5% für möglich.

Weiterhin lassen die Ausstiegsstudien unberücksichtigt, daß es neben verbrauchsmindernden Einflüssen auch verbrauchserhöhende Faktoren gibt, z. B.

- steigende Bevölkerungs- bzw. Haushaltszahlen,
- steigende Gerätesättigung,
- steigende Komfortansprüche der Nutzer.

2) Kraft-Wärme-Kopplung

Der Vorteil der Kraft-Wärme-Kopplung (in den Ausstiegsstudien sind damit meist nur Blockheizkraftwerke (BHKW) gemeint) wird zumeist damit begründet, daß Kondensationskraftwerke einen Wirkungsgrad von z. B. 40%, BHKW dagegen eine Brennstoffausnutzung von ca. 85% haben. Dies ist zwar richtig, trifft aber nicht den Punkt. Für die korrekte Beurteilung möglicher Vorteile eines BHKW gegenüber einer Alternative (Kondensationsstromerzeugung/Wärmeerzeugung im Kessel) muß nämlich eine identische Energieversorgungs-Aufgabe im Strom- und Wärmebereich betrachtet werden. Einen solchen Systemvergleich zwischen getrennter und gekoppelter Erzeugung von Strom und Wärme in neuen Anlagen (wobei beide Möglichkeiten vor dem Hintergrund der Wärmedämmung zu sehen sind) hat vor kurzem das Pestel-Institut in Hannover durchgeführt (Pestel, 1994):

- BHKW erbringen demnach nur eine minimale Primärenergie-Einsparung zwischen 3 und 5% gegenüber der getrennten Erzeugung von Strom und Wärme;
- BHKW sind jedoch gegenüber der Kombination von Brennwertkesseln und GuD-Kraftwerken spezifisch um so viel teurer, daß jede durch sie eingesparte Kilowattstunde Primärenergie volkswirtschaftliche Zusatzkosten bis zu 45 Pf, d. h. dem Achtfachen des Gaspreises verursacht;
- Ausnahmen bilden nur Anwendungsfälle mit hohem Sommerbedarf an Wärme, z. B. Krankenhäuser und Schwimmbäder;

BHKW sind somit nicht pauschal günstiger als die getrennte Strom- und Wärmeerzeugung, sondern nur in besonderen Anwendungsfällen. Vor diesem Hintergrund ist auch die Subvention von BHKW-Strom über die langfristig vermiedenen Kosten hinaus durch eine Einbeziehung in das Stromeinspeisungsgesetz weder ökologisch noch ökonomisch zielführend.

3) Regenerative Energieträger

Gemäß der Greenpeace-Studie soll der Anteil der Energie aus Windkraftanlagen von derzeit ca. 250 MW auf etwa 12 000 MW im Jahre 2010 steigen. Die Photovoltaik soll von derzeit etwa 2 MW auf 1 200 MW im gleichen Zeitraum ausgebaut werden. Dies ist ein gigantisches Programm.

Für die geforderte Installation von 12 000 MW Windenergieleistung müßten etwa 24 000 große (500 kW) Anlagen installiert werden. Dies wäre das 6- bis 24fache dessen, was die Enquete-Kommission in ihrer bereits als optimistisch geltenden Betrachtung für 2005 als wirtschaftlich ausweist, nämlich 1 bis 4 Mrd. kWh.

In einem Abstand von 250 m errichtet, würden sie eine Kette von fast 6 000 km Länge bilden. An der deutschen Nordsee-Küste aufgestellt, wären das von Emden bis Sylt rund 20 Reihen hintereinander. Weiterhin würden erhebliche Kosten für die Netzeinbindung anfallen, die in den Ausstiegsstudien i. d. R. nicht angesetzt werden. Ebenfalls müßten zur Stabilisierung der Netzfrequenzstabilität (z. B. bei Ausfall eines Windparks) die notwendigen Vorrichtungen verfügbar sein.

1 200 MW Photovoltaik-Leistung würden bei heutigen Preisen eine Investition von über 20 Mrd. DM erfordern, (Greenpeace setzt 15 Mrd. an) wobei damit gerade 0,25% des heutigen Strombedarfs gedeckt werden könnten. Weiterhin ist diese geforderte Leistung zu vergleichen mit der derzeitigen Weltjahresproduktion von 50 MW und dem Photovoltaikmarkt in Deutschland von rund 5 MW. Derzeit kostet Strom aus Photovoltaikanlagen, wenn man die Investitionskosten gemäß dem 1 000 Dächer Bund-Länder-Programm zugrundelegt, etwa 3,50 DM/kWh. Langfristig sind zwar Kostensenkungen möglich, ein wirtschaftlicher Betrieb ist aber in den nächsten Jahrzehnten auch nicht entfernt zu erwarten.

Die Strukturmängel des Greenpeace-Gutachtens in der Übersicht

1. Unzulässige Wahl der Vergleichsbasis

Die Hauptaussage der Greenpeace-Studie beruht auf einer Differenzbetrachtung zwischen zwei Entwicklungsszenarien. Der Wahl des Referenzszenarios kommt also eine hohe Bedeutung zu.

Basis-Szenario für den derzeitigen energiepolitischen Rahmen der Bundesregierung ist das Prognos-Szenario „Energiereport 2010" (Prognos, 1991), das spürbare Energieeinsparungen sowohl im Verbrauchsbereich (z. B. durch Modernisierung des Geräte- bzw. Ausrüstungsbestands) als auch durch energieeffizientere Geräte und Ausrüstungen (Entwicklung und Markteinführung) berücksichtigt.

Beim Referenzszenario der Greenpeace-Studie handelt es sich dagegen um das „Öko-Trendszenario" der Studie des Öko-Instituts „Ein klimaverträgliches Energiekonzept für Deutschland – ohne Atomstrom" (Öko-Institut, 1991). Gegenüber dem Prognos-Szenario wird für das Jahr 2010 – wie auch bei früheren Öko-Studien – ein unrealistisch hoher Strombedarf ausgewiesen, so daß sehr hohe Einsparungen dargestellt werden können.

Wird als Vergleichsbasis realistischer das Prognos-Szenario gewählt, ergeben sich für die von Greenpeace unterstellte Entwicklung nur noch

- um 2% statt 14% niedrigere (kumulierte) Brennstoffkosten (bei Bezug auf das Öko-Trendszenario)
- um 16% statt 26% niedrigere (kumulierte) Investitionskosten und
- um 2% statt 16% niedrigere (kumulierte) CO_2-Emissionen.

2. Unzureichende Berücksichtigung der Wirtschaftsentwicklung

Im Gegensatz zur Prognos-Studie trifft die Greenpeace-Studie keine Aussagen zur Wirtschaftsentwicklung in der Bundesrepublik. Bei entsprechenden Annahmen können jedoch die Auswirkungen des Greenpeace-Szenarios auf die Wirtschaftsentwicklung quantifiziert werden:

Prognos begründet Stromeinsparungen, die sich bis 2010 in einer Absenkung der Stromintensität (Stromverbrauch je Einheit des Brutto-Inlandsprodukts BIP) um 26% ausdrücken. Unterstellt man für das Greenpeace-Szenario ebenfalls die BIP-Entwicklung des Prognos-Szenarios, so resultiert daraus eine Absenkung der Intensitäten um 48%. Es ist ausgeschlossen, daß derart starke Reduktionen der Stromintensität ohne wirtschaftliche Folgewirkungen erreicht werden können. Hierzu wären neben starken Effizienzsteigerungen auch Strukturänderungen der Industrie (Erhöhung des Anteils der Produktionsbereiche mit hoher Wertschöpfung und weitere Auslagerung stromintensiver Industriezweige) erforderlich.

3. Greenpeace-Zielsetzungen erfordern starke Strukturveränderungen und dirigistische Maßnahmen

Bei den Haushalten geht die Greenpeace-Studie bis 2010 von einer Absenkung des Stromverbrauchs um 55% bezogen auf den derzeitigen

Verbrauch aus. Unter Berücksichtigung der heute bekannten technischen Möglichkeiten sind derart hohe Einsparungen im spezifischen Stromverbrauch von Elektro-Haushaltsgeräten nicht zu erwarten. Die für den Zeitraum von 1995 bis 2010 gerätetechnisch bedingten durchschnittlichen Einsparungen werden von Prognos auf maximal 20% geschätzt. Damit unterstellt Greenpeace eine heute nicht erkennbare technische Entwicklung oder erzwungene Verhaltensänderungen. Der Großteil des durch Effizienzsteigerungen erzielbaren Einsparpotentials wurde bereits in der Vergangenheit ausgeschöpft. So ist z. B. seit 1978 der spezifische Stromverbrauch bei Elektroherden um 22% gesunken, bei Kühlschränken um 30%, bei Gefriergeräten um 40%, bei Waschmaschinen um 34%, bei Geschirrspülern um 42% und bei Warmwasserspeichern um 46% (Angaben des ZVEI).

Berücksichtigt man richtigerweise neben der Effizienzsteigerung von Einzelgeräten auch die weiterhin zunehmende Ausstattung mit Elektrogeräten bei etwa gleich bleibender Anzahl von Haushalten, so ist selbst bei maximaler Ausstattung mit energieeffizienteren Neugeräten damit zu rechnen, daß der Rückgang des Stromverbrauchs der Haushalte bis 2010 auf 6% beschränkt ist (Borch, u. a., 1993).

Die Höhe der von Greenpeace angenommenen Verbrauchsabsenkung ist deshalb ohne starke, dirigistische Maßnahmen zur Änderung des Verbraucherverhaltens (Geräteausstattung, Gerätenutzung etc.) bei entsprechender Einschränkung der individuellen Freiheit nicht zu begründen.

4. Stromwirtschaft mit Kernenergienutzung effizienter als Greenpeace-Szenario

Selbst wenn man die unrealistisch hohen Strom-Einsparungen von Greenpeace unterstellen würde, handelt es sich bei dem von Greenpeace unterstellten Szenario keinesfalls um ein aus ökologischer und wirtschaftlicher Sicht optimales Szenario zur Deckung des Strombedarfs. Im Sinne einer Least-Cost-Strategie weitaus günstiger ist dann ein Szenario mit Fortführung der Kernenergienutzung auf dem heutigen Stand. Bei ansonsten unveränderten Annahmen würden in einem solchen Szenario die Gesamtkosten um rund 15% und die CO_2-Emissionen um 20% niedriger liegen als im Öko-Greenpeace-Szenario.

5. Unzulässig hohe Belastung der Kernenergie durch hypothetische Kosten für Kernschmelzunfälle

Im Öko-Greenpeace-Szenario werden der Kernenergie 4,3 Pf/kWh aufgeschlagen, um Folgekosten eines Kernschmelzunfalls aufzufangen.

Über die Frage hinaus, ob es überhaupt zulässig ist, solche Kosten anzusetzen, sind diese jedenfalls zu hoch. Durch falsche Parameterwahl wurden von Greenpeace die Unfallkosten bewußt maximiert. So wurde z. B. die größere Häufigkeit auslegungsüberschreitender Ereignisabläufe (z. B.: von 8 Druckspeichern stehen weniger als 6 zur Verfügung, unabhängig davon, ob sie zur Unfallbeherrschung benötigt werden) gleichgesetzt mit der (durch zusätzliche Sicherheitssysteme) wesentlich geringeren Wahrscheinlichkeit eines Unfalls mit größtmöglicher Spaltproduktfreisetzung.

Außerdem wurde von einer um den Faktor 10 höheren Kollektivdosis als durch Tschernobyl verursacht, sowie von erhöhten Risikokoeffizienten ausgegangen. Damit errechnen Evers und Rennings einen Gesamtschaden von 10,7 Billionen DM, aus dem sich die 4,3 Pf/kWh ergeben.

Der Energie-Bericht der Kommission setzt die Höhe der externen Kosten in einer weiten Spannbreite von 0,012 Pfg/kWh bis 4,3 Pf/kWh an (siehe Kapitel 7.4.9). Wie nicht anders zu erwarten, hat Greenpeace den oberen Rand der Spannbreite übernommen und damit einen um den Faktor 350 höheren Wert als den niedrigsten Wert angesetzt.

6. Falsche Wirkungsgrade für Kraftwerksneubauten

Die in der Studie unterstellten Wirkungsgrade für Kraftwerksneubauten entsprechen teilweise nicht der Realität. Die Wirkungsgrade für neu zu errichtende Steinkohle-, Braunkohle- und Ölkraftwerke sowie für Gasturbinenprozesse lagen 1992 nicht bei jeweils etwa 35% sondern mit 42%, 40%, 52% bzw. 52% deutlich höher. Für 2010 werden bei Steinkohlekraftwerken Wirkungsgrade von 47% und nicht – wie angegeben – 53% (gilt für fortgeschrittene Kombikraftwerke) erwartet.

7. Fehlende Berücksichtigung des Strompreisanstiegs

Die Greenpeace-Studie äußert sich nicht zu den mit einem Ausstieg verbundenen Änderungen der Stromerzeugungskosten. Diese Unterlassung ist signifikant. Schon eine grobe Rechnung zeigt, daß der von Greenpeace vorgeschlagene Ausstieg mit deutlichen Preissteigerungen einhergeht.

Die Bruttostromerzeugung ändert sich zwischen 1992 und 2010 nach dem Trend-Szenario um +36%, nach dem Greenpeace-Szenario um –20%. Im Ganzen kann die Bruttostromerzeugung für die Gesamtzeit 1992–2010 im Greenpeace-Szenario mit rund 150 TWh p. a. niedriger als im Trend-Szenario eingeschätzt werden. Dann ergeben sich über die Barwertmethode ermittelte Stromerzeugungskosten je kWh, die im Falle des Greenpeace-Szenarios 10% höher liegen als im Trend-Szenario. Dabei ist zu berücksichtigen, daß im Trend-Szenario exorbitante Kosten für einen Atomunfall gerechnet werden. Läßt man diese Kosten – in beiden Szenarien – außer Betracht, so errechnet sich ein Kostenanstieg von etwa 17%.

Dieser Prozentsatz erhöht sich signifikant, wenn eine realistische Umrüstung von Braunkohle auf Erdgas angesetzt wird. Es existieren hierzu Schätzungen, die von einer Verdopplung der Haushaltsstrompreise ausgehen (Majewski in einem Streitgespräch mit Greenpeace, vgl. Greenpeace-Magazin, Herbst 1994).

Die Berechnungen der Greenpeace-Studie sind somit in mehrfacher Hinsicht angreifbar:

- Es wird in der Gegenüberstellung von einem Basisszenario mit überhöhtem Stromverbrauch ausgegangen.
- Die angestrebten Stromeinsparziele übertreffen jede andere Prognose.
- Der Beitrag Erneuerbarer Energien übertrifft alle alternativen Rechnungen.

Die Finanzierung der von Greenpeace geforderten Maßnahmen zur Stromeinsparung und zur Förderung erneuerbarer Energien bleibt unklar. Privatwirtschaftliche und öffentliche Finanzierungen werden miteinander vermengt, wobei es dem Staat überlassen bleibt, dort mit Subventionen und ordnungsrechtlichen Eingriffen aufzutreten, wo die Marktteilnehmer sich entgegen den vorgegebenen Zielen verhalten. Der Abbau der Braunkohleverstromung ist angesichts von strukurpolitischen Zielen unrealistisch. Die aus einem massiven Abbau resultierenden Beschäftigungsprobleme werden nicht angesprochen.

Die überragende Rolle von Gas als Energieträger in der Stromerzeugung ist kritisch zu betrachten im Hinblick auf Versorgungssicherheit und Preisentwicklung.

Die Vermengung von betriebswirtschaftlicher und volkswirtschaftlicher Bilanzierung führt zur Verschleierung der realen Effekte der Strukturveränderung. Die tatsächlichen betriebswirtschaftlichen Kosten werden durch die Ausgliederung von Investitionskosten in den öffentlichen Bereich verdeckt, die volkswirtschaftlichen Bilanzvergleiche durch den überzogenen Ansatz externer Kosten des Kernenergieeinsatzes beeinflußt.

Aus den hier ausgeführten und weiteren Gründen erweist sich das Greenpeace-Szenario als in wesentlichen Teilen nicht realisierbar, sowie in seinen realisierbaren Elementen als politisch nicht verantwortbar.

Weiterhin gilt – im Gegensatz zur impliziten Annahme aller Ausstiegsstudien –, daß sich die Nutzung der Kernenergie und Energiesparen keineswegs ausschließen. So sind parallel zum Ausbau der Kernenergie in der Bundesrepublik deutliche Energie- und Stromsparerfolge erzielt worden. **Das „sowohl als auch" zwischen Energiesparen und Kernenergie verleiht dem Anliegen des Klimaschutzes einen zusätzlichen Freiheitsgrad, der in allen Ausstiegsstudien leichtfertig verschenkt wird.**

9 Handlungsempfehlungen der Enquete-Kommission „Schutz der Erdatmosphäre"

„Energie, Klima, Markt: Handlungsempfehlungen für eine klimapolitisch verantwortbare Energiepolitik"[118)]

„Technologies compete, not fuels"[119)]
(Technologien stehen im Wettbewerb, nicht Energien)

9.0 Vorwort

Die Enquete-Kommission des 12. Deutschen Bundestages „Schutz der Erdatmosphäre" legt hiermit ihre Handlungsempfehlungen für eine klimaökologisch verantwortbare Energiepolitik vor. Sie hat sie unter der Triade Energie, Klima, Markt zusammengefaßt, um ihrer Überzeugung Ausdruck zu geben, daß Klimaökologie, Energieversorgung und Marktwirtschaft eine Einheit bilden.

Der Markt war und ist das Fundament für wirtschaftliche Prosperität, soziale Stabilität und Wohlstand. Reformfähigkeit und Anpassungsvermögen werden den Markt auch künftig Fundament sein lassen für ökologisch verantwortbares Wirtschaften und das Bemühen um den Ausgleich mit der Natur.

Rang und Diversität von Energie im Wirtschaftsgeschehen werden eher noch zunehmen. Die weiter wachsende Menschheit braucht Energie.

118) Mehrheitsvotum der Kommissionsmitglieder Prof. Dr. Dr. Rudolf Dolzer, Dr.-Ing. Alfred-Herwig Fischer, Martin Grüner, Klaus Harries, Prof. Dr. Klaus Heinloth, Prof. Dr. Hans-Jürgen Jäger, Dr. Klaus W. Lippold, Prof. Dr. Hans Michaelis, Dr. Peter Paziorek, Dr. Christian Ruck, Marita Sehn, Prof. Dr. Wolfgang Seiler, Trudi Schmidt (Spiesen), Bärbel Sothmann, Prof. Dr. Alfred Voß, Prof. Dr. Carl-Jochen Winter.

119) D. S. Scott, National Mission for Canada, 1987

Keine Komponente im Energiemix der fossilen, der erneuerbaren oder nuklearen Energien ist ausgenommen. Jede Energiewandlung auf jeder Wandlungsstufe entlang der Energiewandlungskette hat der Forderung nach höchster Effizienz zu genügen. Energie rationell umzuwandeln und rationell anzuwenden, ist unverändert energetisches wie ökologisches Gebot. Das Ziel bleibt die marktgerechte Bereitstellung nachgefragter Energiedienstleistungen, sicherheitlich und ökologisch verantwortbar.

Klimaökologisch verantwortbares Energiewirtschaften verlangt, die mit Treibhausgasemissionen verbundenen Stoffströme der betrieblichen fossilen Primärenergierohstoffe (Betriebsstoffe) und der für Bau, Rezyklierung und Endlagerung des Energiewandlungssystems nötigen Stoffe (Investivstoffe) einzudämmen. Betrieblich wie investiv zur Energieversorgung nicht gebrauchte fossile Energierohstoffe haben kein Treibhausgaspotential. Allen kohlenstoffarmen Energiewandlern mäßiger Material- und Energieintensität kommt entscheidende Bedeutung zu; sie müssen sozial und sicherheitlich international verträglich sein.

Auf dem Weg zu einer dauerhaft nachhaltigen (sustainable) Energiewirtschaft wird die Menschheit noch lange auf fossile Energien angewiesen sein, die heute weltweit zwischen 80 und 90% ausmachen; ihr Beitrag ist nicht schnell zu reduzieren. Eine klimaökologisch verantwortbare Energiewirtschaft hoher Anteile fossiler Energien muß sich auf Technologien verlassen können, die gewährleisten, daß Treibhausgase das Energiesystem entweder nicht verlassen (Bsp. Methan) oder im Energiewandlungsprozeß durch maximale Effizienz der Energiewandlung gar nicht erst entstehen (Bsp. Kohlendioxid). Eine technische Entwicklung sondergleichen steht bevor zu hermetisch stoffdichten Energiesystemen (fossil containment), zur Energiewandlung höchster Wirkungsgrade, zu Kohlenstoffarmut, nicht zuletzt zu konsequent kreislaufgeführten Stoffen der Anlagentechniken.

Heute nutzt das Weltenergiewirtschaftssystem Energie (einschließlich nichtkommerzieller Energie) nur zu etwa 10%; Deutschlands nationaler Energienutzungsgrad beträgt gut 30%. 90% der in das Weltwirtschaftssystem, 70% der in die deutsche Volkswirtschaft eingebrachten Energien werden nicht zu gewollten Energiedienstleistungen, sondern zu Verlusten.

Ohne die folgenden einzelnen Handlungsempfehlungen zu schmälern, will die Enquete-Kommission des 12. Deutschen Bundestages „Schutz der Erdatmosphäre" eine an die Bundesregierung gerichtete Handlungsempfehlung besonders hervorheben. Um die unerläßliche

Mitwirkung der Bürger und der Akteure im Energiedienstleistungsbereich, im Umwandlungsbereich, im Primärenergiebereich sowie in Forschung, Entwicklung und in der Wirtschaft für den Klimaschutz zu erreichen, empfiehlt die Kommission der Bundesregierung, ihre Energie- und Klimaschutzpolitik unter das Ziel

Verdopplung der Energieeffizienz und Halbierung der Kohlenstoffintensität der Energienutzung bis 2020

zu stellen.

Die Kommission sieht darin einen Beitrag zur technologischen Erneuerung der Volkswirtschaft, einen positiven Nettoeffekt bei der Beschäftigung sowie einen entscheidenden Beitrag zur ökologisch-ökonomischen Sicherung des Wirtschaftsstandortes und Lebensraumes Deutschland.

Die Kommission empfiehlt weiter, daß die Bundesregierung in der EU, der G8 sowie in der OECD darauf hinwirkt, daß die Industrieländer vergleichbare nationale Ziele formulieren und verfolgen.

9.1 Präambel

An der Schwelle zum dritten Jahrtausend werden zwei existentielle Herausforderungen für die Zukunft der Menschheit immer deutlicher erkennbar: Die Gefahr anthropogener Klimaänderungen durch die Freisetzung von Treibhausgasen mit derzeit noch nicht letztlich übersehbaren Konsequenzen sowie die Überwindung von Hunger und Armut einer wachsenden Weltbevölkerung als notwendige Voraussetzung für eine friedliche Welt. Wir stehen an einer Wegscheide.

Diese Herausforderungen zu bestehen, gibt es bei Wahrnehmung unserer Mitwelt- und Nachweltverantwortung letztlich nur den Weg, Ökonomie, sozialen Ausgleich und die Bewahrung der natürlichen Lebensgrundlagen als Einheit zu begreifen, politisches und wirtschaftliches Handeln künftig konsequent an dieser Einheit auszurichten.

Patentrezepte gibt es nicht. Auch ist die Vorstellung nicht dienlich, Umwelt und Klima in erster Linie durch Zurückfahren der Energie- und Industrieproduktion schonen zu wollen. Eine solche Strategie mißachtet die Bedürfnisse einer wachsenden Weltbevölkerung nach humanen Lebensbedingungen und würde auch in Gesellschaften hoher Arbeitslosigkeit nicht angenommen werden. Soziale und politische Stabilität sind abhängig davon, ob es gelingt, die weltweite Massenarbeitslosigkeit zurückzuführen.

Deshalb ist nach Wegen zu suchen, die humanen Lebensumständen, der Sicherung des Wohlstandes und ausreichender Arbeit als Voraussetzung für sozialen Frieden sowie Umwelt und Klima gleichermaßen dienen. Klimaschutzpolitik muß integraler Bestandteil einer solchen ganzheitlichen Konzeption sein.

Die Enquete-Kommission legt mit ihren Handlungsempfehlungen ein abgestimmtes, in sich schlüssiges, primär auf die Nutzung von Marktkräften ausgerichtetes Konzept für die notwendige Minderung energiebedingter Treibhausgasemissionen und damit die Verwirklichung einer langfristig klimaverträglichen Energieversorgung in Deutschland vor. Es ist ausgerichtet auf das effiziente, Wohlfahrtsverluste minimierende Erreichen der Treibhausgas-Minderungsziele und trägt gleichzeitig gesamtwirtschaftlichen, arbeitsmarktpolitischen und gesellschaftlichen Zielen Rechnung.

Die Ausrichtung der Handlungsempfehlungen stellt funktionierende Märkte in den Dienst von Umweltbewahrung und Klimaökologie. Sie ist damit in eine Weiterentwicklung der marktwirtschaftlichen Ordnung integrierbar. Umweltschutz und die Erhaltung der natürlichen Lebensgrundlagen müssen zum integralen Bestandteil des Wirtschaftens werden. Nachhaltiges Wirtschaften ist das Ziel. Die Handlungsempfehlungen enthalten keine Maßnahmen zur Anpassung an verändertes Klima, weil die Kommission der Vermeidung von nichttolerierbaren Veränderungen des Klimas Vorrang einräumt.

Angesichts der Tatsache, daß für die Begrenzung der Freisetzung von FCKW bereits weitreichende Maßnahmen eingeleitet sind und die Kommission Handlungsempfehlungen für die Bereiche Landwirtschaft, Wälder und Verkehr in gesonderten Berichten formuliert hat, zielen die hier gegebenen Empfehlungen primär auf die Minderung energiebedingter Treibhausgase ab. Mit der Umsetzung der vorgeschlagene Klimaschutzstrategie wird auch ein Beitrag zur Reduktion anderer energiebedingter Umweltbelastungen geleistet.

9.1.1 Grundsätze und Leitbilder

Nachhaltigkeit und die globale Entwicklung

Die Verfügbarkeit ausreichender Energiemengen und der aus ihnen gewinnbaren Arbeitsfähigkeit ist vitales Interesse der Menschheit und notwendige Bedingung für eine nachhaltige Entwicklung, welche die Bedürfnisse der gegenwärtig lebenden Menschen befriedigt, ohne die

Befriedigung ähnlicher Bedürfnisse der in Zukunft lebenden Menschen zu beeinträchtigen.

Zu einer nachhaltigen Entwicklung gehört auch, die negativen Nebeneffekte der Energieversorgung auf ein Maß zu begrenzen, das die Lebensgrundlagen Umwelt und Natur auf Dauer erhält. Hierzu zählt im besonderen auch die Vermeidung nicht tolerierbarer Veränderungen des Klimas.

Ausgehend von unserer Mitwelt- und Nachweltverantwortung lassen wir uns vom Leitbild einer Energieversorgung leiten, die für eine gegebenenfalls auch doppelt so große Zahl von Menschen auf der Erde ausreichende Energiedienstleistungen bereitstellt, so daß sie frei von materieller Not in Würde leben können. Dabei ist die Energieversorgung verträglich in die Kreisläufe der Natur einzubinden. Unsere Verantwortung für die kommende Generation verlangt, heute die notwendige Vorsorge für die Deckung eines weltweit wachsenden Bedarfs an Energiedienstleistungen zu treffen, ohne ihre zukünftige Höhe genau zu kennen.

Für die Verwirklichung einer nachhaltigen Entwicklung ist die Stabilisierung der Weltbevölkerung notwendige Bedingung. Die Erfahrung zeigt, daß eine Begrenzung des Bevölkerungswachstums nur dort erreicht worden ist, wo die materiellen und sozialen Lebensumstände der Menschen verbessert werden konnten. Folgt man der Überlegung, daß die Weltbevölkerung nur bei Überwindung von Hunger und Armut durch ein ausreichendes Güter- und Dienstleistungsangebot zu stabilisieren ist, dann gilt auch, daß eine Stabilisierung umso früher erreicht wird, je eher die Bedürfnisse der Menschen befriedigt werden können. Die dazu notwendige Ausweitung der weltweiten Nahrungsmittel- und Güterproduktion sowie des Angebots an Dienstleistungen wird um so eher möglich sein, je geringer der Aufwand für die Bereitstellung der dazu notwendigen Mengen an Rohstoffen und Energie ist. Aus diesem Grunde gewinnen effiziente und kostengünstige Energiesysteme ihre besondere Bedeutung für die Überwindung von Hunger und Armut als einzig humanem Weg zur Begrenzung der Weltbevölkerung. Wenn die Stabilisierung der Weltbevölkerung nicht gelingt, hat die Umwelt keine Chance und die Menschheit keine lebenswerte Zukunft.

Wirtschaftliche Effizienz ist Schlüssel zur Vermeidung nicht tolerierbarer Klimaveränderungen. Eine weltweit klimaverträgliche Rückführung der energiebedingten Treibhausgasemissionen bei gleichzeitig wachsendem Bedarf an Energiedienstleistungen wird nur erreicht werden können, wenn kosteneffiziente Alternativen zu der Gewinnung von Arbeitsfähigkeit aus fossilen Energieträgern verfügbar gemacht und kohlenstoffarme Energiesysteme eingesetzt werden.

Die Industrieländer sind an der Nutzung fossiler Energieträger überdurchschnittlich stark beteiligt und verursachen dadurch den wesentlichen Teil der anthropogenen Umweltbelastungen und drohenden Klimaveränderungen. Gerade deshalb haben sie die Pflicht, ihre Lebensweise und die Art ihres Wirtschaftens so zu gestalten, daß sie für eine wachsende Weltbevölkerung Modell einer nachhaltigen Entwicklung werden können. Die Industrieländer verfügen in besonderem Maße über die materiellen, finanziellen und personellen Ressourcen zur Bewältigung der globalen Herausforderungen.

Sicherung des Wirtschaftsstandortes Deutschland

Nationale Klimaschutzpolitik muß nicht nur der globalen Bedrohung, sondern auch anderen gesellschaftspolitischen Zielen Rechnung tragen. Insbesondere sollte sie in die Wirtschaftspolitik zur Sicherung des Wirtschaftsstandortes Deutschland eingebettet sein.

Nach fast einem Jahrzehnt ununterbrochenen Wachstums haben eine schwache Weltwirtschaftslage und zusätzliche wirtschaftliche Belastungen infolge der deutschen Vereinigung zu einem starken Einbruch der volkswirtschaftlichen Produktion mit einem massiven Arbeitsplatzabbau geführt. Eine Analyse des Produktionsstandorts Deutschland offenbart den Verlust an Wettbewerbsfähigkeit in klassischen Industrien wie dem Maschinenbau, der Automobilindustrie, der Elektrotechnik und der Chemie. Diese Industrien, die Basis für Beschäftigung und Wohlstand waren, sind zwischen die Mühlsteine der Niedriglohnländer in Asien und Osteuropa und der Hochtechnologieländer Japan und USA geraten. Weitgehend übereinstimmend werden hohe Arbeitskosten, niedrige Maschinenlaufzeiten, hohe Unternehmenssteuern sowie hohe Energiekosten als Ursache diagnostiziert. Eine konsequente Kostensenkungsstrategie wird wohl die Wiedergewinnung der internationalen Wettbewerbsfähigkeit in den klassischen Industriebereichen ermöglichen, wenn auch um den Preis eines massiven Abbaus von Arbeitsplätzen. Eine Kostensenkungsstrategie allein reicht also nicht aus, um die Zukunft des Standortes Deutschland zu sichern. Sie muß ergänzt werden durch einen massiven Vorstoß in neue Technologien und neue industrielle Felder. Dazu gehören die Informationstechnik, die Mikroelektronik, die Mikrosystemtechnik, neue Werkstoffe, die Verkehrs-, Energie- und Umwelttechnik sowie die Bio- und Gentechnik. Diese Wachstumsindustrien bieten die Chance, im Rahmen einer weltweiten Arbeitsteilung neue Arbeitsplätze zu schaffen. Kompetenz in den neuen Schlüsseltechnologiebereichen ist auch notwendig, um in den klassischen Industrien

Produktverbesserungen und -innovationen zu bewirken, um damit langfristig Wettbewerbsfähigkeit und Arbeitsplätze zu sichern.

Ein drittes Element ist darüber hinaus für den Erfolg der Zukunftssicherung Deutschlands bedeutsam, nämlich die Schaffung einer modernen leistungsfähigen Infrastruktur. Sie betrifft besonders die Bereiche Verkehr, Kommunikation und Energie.

In wirtschaftlich schwierigen Zeiten ist die Gefahr groß, daß der Schutz der Umwelt und des Klimas in den Hintergrund gerät. Auch aus diesem Grund muß eine tragfähige nationale Klimaschutzpolitik ökonomie- und arbeitsplatzverträglich angelegt sein. Ihre Maßnahmen und Instrumente sind deshalb so auszuwählen, daß die Wohlfahrtsverluste minimiert und der notwendige Strukturwandel nicht behindert werden. Zeitlich und inhaltlich überzogene Umweltschutzforderungen oder vermeintlich einfache Rezepte, die weniger der Eindämmung realer Umweltbelastungen dienen, sondern als eine Art Bußübung für die Sünden der Wohlstandsgesellschaft gedacht sind, sind dazu nicht geeignet.

Das Problem steigender Umweltbelastung durch erhöhte Produktions- und Konsumaktivitäten kann durch technologischen Fortschritt entscheidend entschärft werden, weil moderne Produktions- und Energietechniken in der Regel umweltverträglicher sind als die bisherigen. Im Hinblick auf die Schonung des Klimas müssen Chancen, die sich im Bereich der energietechnischen Zukunftstechnologien bieten, konsequent wahrgenommen werden; das schafft Arbeitsplätze.

Es gilt aber auch, daß ein Aufbruch zu neuer wirtschaftlicher Prosperität langfristig nur tragfähig sein wird, wenn er mit einer dauerhaften Sicherung der natürlichen Lebensgrundlagen verbunden ist. Die Dienstleistungen, Produkte, Produktionsverfahren und Energiebereitstellungstechniken der Zukunft werden umweltverträglicher sein müssen, etwas anderes wird die zunehmende Knappheit von Umwelt-Ressourcen nicht zulassen.

Wirtschafts-, Energie-, Umwelt- und Klimaschutzpolitik müssen in diesem Sinn dem gleichen Ziel der Sicherung und Zukunftsfähigkeit des Wirtschaftsstandortes und Lebensraums Deutschland dienen.

Lenkung über den Markt; marktgemäße Lösungen als Ursachentherapie gegen die Klimakatastrophe

Alle Erfahrung zeigt, daß eine haushälterische und effiziente Nutzung knapper Ressourcen nicht durch staatliche Planung und Regulierung sondern dadurch erreicht wird, daß sich Knappheiten in den Preisen für die Inanspruchnahme knapper Ressourcen widerspiegeln. Ein unbestrittener Vorteil einer Lenkung über den Markt ist, daß man die einzelnen technischen und verhaltensändernden Maßnahmen, die die Nutzung knapper Ressourcen begrenzen sollen, sowie ihre Wirkung und Kosten nicht kennen muß. Man kann sich darauf verlassen, daß, richtige Anreize und funktionierende Märkte vorausgesetzt, die Marktteilnehmer die effizienten Anpassungsmaßnahmen auswählen und gesellschaftliche Wohlfahrtsverluste minimiert werden. Voraussetzungen für eine effiziente Lenkung über den Markt sind knappheitsgerechte Preise und der Abbau von Lenkungshemmnissen.

Da die Kommission in der begrenzten Aufnahmekapazität der Erdatmosphäre für klimarelevante Spurengase in erster Linie ein Knappheitsproblem sieht und die bestmögliche Lösung dieses Problems für notwendig erachtet, hält sie den Einsatz umweltökonomischer Instrumente, welche die Knappheit von Umweltgütern über entsprechende Preise signalisieren, für den wirksamsten und zugleich effizientesten Weg des Klimaschutzes.

Die Knappheit des Gutes Stabiles Klima wird wegen seiner Globalität nicht ohne staatliches Zutun preiswirksam werden. Die Mitwirkung des Staates ist bei der Setzung von Rahmendaten für knappheitsgerechte Preise nötig.

Für die Verminderung der energiebedingten CO_2- und CH_4-Emissionen u. a. m. sieht die Kommission in einer verursachungsorientierten Treibhausgassteuer[120)] das geeignetste marktwirtschaftliche Instrument, um das klimaökologisch Notwendige ökonomisch effizient zu erreichen. Die Dosierung einer Treibhausgassteuer hat sich dabei an den politisch vorgegebenen Treibhausgasreduktionszielen zu orientieren. Damit eine Treibhausgassteuer ihre gewünschte Lenkungswirkung entfalten kann, sind durch flankierende Maßnahmen bestehende Lenkungshemmnisse abzubauen.

Das aus der Besteuerung energiebedingter Treibhausgase resultierende Steueraufkommen ist nach dem Grundsatz der Aufkommenneutralität zur Verringerung in außerökologischen Bereichen erhobener Steuern und Abgaben zu verwenden.

Reform des Steuersystems

Die Suche nach marktgemäßen Instrumenten zur Minderung von Treibhausgasemissionen hat in der jüngsten Zeit die Auseinandersetzung um

[120)] Der Begriff Treibhausgassteuer wird hier allgemein für eine Steuer zur Reduktion von Klimagasen verwendet. In den Handlungsempfehlungen ist damit die europäische CO_2-Energiesteuer gemeint.

ein Steuersystem belebt, das der Knappheit der Ressource Umwelt besser Rechnung trägt und Defekte/Verzerrungen durch das derzeitige Steuersystem verringert. Unter dem unscharfen Begriff einer Ökologischen Steuerreform wird diskutiert, ob sich durch die Einführung von Umweltsteuern andere Abgaben abbauen lassen und dadurch die Kosten eines erhöhten Umweltschutzes neutralisiert werden können.

Ganz abgesehen davon, daß die postulierten Vorteile einer ökologischen Steuerreform nicht gesichert sind, muß das Ziel einer Treibhausgassteuer die Internalisierung negativer externer Umwelteffekte bleiben (Lenkungswirkung). Hinsichtlich einer anzustrebenden aufkommensneutralen Rückverteilung der Steuereinnahmen ist systematisch zu analysieren, ob und wie Wohlfahrtsverluste durch den Abbau von fiskalischen Verzerrungen verringert werden können. Es wird jedoch davor gewarnt, eine Treibhausgassteuer mit zusätzlichen, zweckfremden Zielen wie dem Abbau von Arbeitslosigkeit oder der Finanzierung des Staatsbudgets zu belasten; hier sind andere Instrumente einzusetzen, die zielgenauer und kosteneffizienter wirken.

Die Diskussion um ein neues Steuersystem darf nicht auf die Einführung einer Treibhausgassteuer mit alternativen Rückverteilungsvarianten reduziert werden. Vielmehr geht es darum, das heutige Steuersystem im Sinne der effizienten Arbeitsteilung von Instrumenten (Lenkungs- und Finanzierungssteuern) zu überdenken und unter den Kriterien des sozialen Ausgleichs, der Knappheit der Umwelt, der Entlastung des Faktors Arbeit sowie der marktwirtschaftlichen Effizienz neu zu gestalten.

Ordnungsrahmen der Energiewirtschaft

Eine am Leitbild einer ökologisch sozialen Marktwirtschaft ausgerichtete Klimaschutzpolitik, die eine Übernutzung der Aufnahmekapazität der Erdatmosphäre durch die preisgesteuerten Allokationsmechanismen von Märkten verhindern will, sollte durch einen entsprechenden Ordnungsrahmen der Energiewirtschaft ergänzt und unterstützt werden. Wichtige Bereiche der Energiewirtschaft unterliegen heute nur einem eingeschränkten Wettbewerb; es existieren rechtliche und ordnungspolitische Rahmenbedingungen, die Hemmnisse für eine wettbewerbliche Organisation von Marktprozessen darstellen und die Preisreagibilität von Anbietern und Nachfragern beeinträchtigen.

Es gilt, diesen Ordnungsrahmen der Energiewirtschaft in Richtung auf Deregulierung und mehr Wettbewerb, durch den Abbau von Markthemmnissen weiter zu entwickeln, um durch einen marktgemäßen Rahmen auch die Erreichung der Klimaschutzziele zu begünstigen.

Eine Erweiterung des gegenwärtigen Ordnungsrahmen durch ein Least-Cost-Planning (LCP)-Regulierungskonzept, das durch eine staatliche Steuerung von unternehmerischen Entscheidungsprozessen sowie durch eine Privilegierung monopolisierter Energieanbieter den Markt für Energiedienstleistungen entwickeln will, hält die Kommission für ineffizient und ordnungspolitisch kontraproduktiv.

Rolle und Aufgabe des wissenschaftlich-technischen Fortschritts

Angesichts der Umweltbelastungen, -schäden und -schadensfolgen der industriellen Zivilisation wird gelegentlich die Auffassung vertreten, daß es die Logik des Überlebens der Menschheit erfordert, den wissenschaftlich-technischen Zivilisationsweg aufzugeben.

Im Hinblick auf die Notlage großer Teile der Weltbevölkerung, des zu erwartenden Bevölkerungswachstums und der vor uns liegenden globalen Umweltprobleme, insbesondere der Gefährdung des Klimas, hält die Kommission diese Auffassung für eine Fehleinschätzung. Die Logik des Überlebens weist uns einen ganz anderen Weg, nämlich die kaum begrenzte Kreativität der Menschen zur Mehrung von Wissen, zur gezielten Weiterentwicklung der Technik zu nutzen, um die Mittel für eine Begrenzung des Bevölkerungswachstums und zur Schaffung einer Welt bereitzustellen, in der die Menschen ohne nennenswerte materielle Sorgen verträglich mit der Umwelt leben können.

Diesen Weg mit vorzubereiten, ihn gangbar zu machen für die kommende Generation ist vor allem auch Aufgabe und Verantwortung der Industrieländer. Zum Erreichen der Zustimmung zur nachhaltigen Weiterentwicklung des ökologisch sozialen Marktwirtschaftssystems wird es notwendig sein, die Menschen gerade in Anbetracht der Ambivalenz von wissenschaftlich-technischem Fortschritt von seiner Bedeutung für die Schaffung und Wahrung humaner Lebensbedingungen, für die Lösung des Klimaproblems und die Erhaltung natürlicher Lebensgrundlagen zu überzeugen. Argwohn an technischem Fortschritt und undifferenzierte Kritik an wirtschaftlichem Wachstum sind als wesentliche Hemmnisse zur Sicherung der Zukunft offenzulegen.

Im Energiebereich ist eine Forschungs- und Entwicklungsoffensive einzuleiten, um neue Potentiale für die Einsparung von Energie zu erschließen, die Effizienz von Energiewandlungssystemen weiter zu steigern und Energiesysteme und Energieträger nutzbar zu machen, die zu einer preiswerten klima- und umweltverträglichen Energieversorgung beitragen werden.

9.1.2 Der Handlungsrahmen

Die Ausgangslage

Die energiebedingten CO_2-Emissionen in Deutschland sind von 1060 Millionen Tonnen im Jahr 1987 auf 894 Millionen Tonnen im Jahr 1993 zurückgegangen. Dies entspricht einer Minderung von 15,7 Prozent. Diese Minderung ist auf einen Rückgang der CO_2-Emissionen in den neuen Bundesländern um fast 50 Prozent zurückzuführen. Demgegenüber stiegen im früheren Bundesgebiet die CO_2-Emissionen in den vergangenen Jahren geringfügig an.

Die von der Kommission in Auftrag gegebenen Untersuchungen zeigen – wie andere Untersuchungen auch –, daß bei unbeeinflußter Entwicklung, trotz einer Fortsetzung der Entkopplung von Wirtschaftswachstum und Energieverbrauch, die für notwendig erachteten Minderungen energiebedingter Treibhausgase nicht erreicht werden. Eine Treibhausgasminderungsstrategie ist erforderlich, die sowohl bei der Energiebereitstellung als auch bei allen Energieverbrauchssektoren ansetzen muß. Da der künftige Energieverbrauch und die ihn bestimmenden Faktoren unsicher sind, sollten sich die heute einzuleitenden Klimaschutzmaßnahmen vorsorgend an einem künftigen Energieverbrauch in Deutschland orientieren, der auf dem derzeitigen Niveau liegen kann.

Zielsetzung und Zeitrahmen der CO_2-Minderung

Auf der Basis der Erkenntnisse der Klimaforschung und orientiert an den in der Klimarahmenkonvention der Konferenz der Vereinten Nation für Umwelt und Entwicklung (UNCED) formulierten Zielen stellt sich die Kommission hinter eine Politik der Minderung der energiebedingten CO_2-Emissionen in Deutschland bis zum Jahr 2005 um 25 bis 30 %, bezogen auf das Jahr 1987. Die Handlungsempfehlungen sind auf dieses Ziel ausgerichtet und so angelegt, daß heute bereits die notwendigen Weichen für eine weitere deutliche Reduktion der Treibhausgasemissionen nach dem Jahr 2005 gestellt werden, die eine Halbierung der Emissionen bis zum Jahr 2020 möglich machen sollten.

Entsprechend dem fortschreitenden wissenschaftlichen Kenntnisstand über den anthropogenen Treibhauseffekt sind diese Reduktionsziele zu überprüfen und gegebenenfalls neuen Kenntnissen anzupassen. Eine quantitative Zuordnung der im Zeitablauf erzielbaren CO_2-Minderungen der verschiedenen in den Handlungsempfehlungen vorgeschlagenen Maßnahmen ist angesichts bestehender Unsicherheiten und wegen der Synergieeffekte zwischen den Einzelmaßnahmen des Gesamtkonzeptes nicht möglich.

Die Ergebnisse der von der Kommission in Auftrag gegebenen Szenarioanalysen integrierter CO_2-Minderungsstrategien lassen aber den Schluß zu, daß mit dem vorgeschlagenen Gesamtkonzept die Minderungsziele von rund 50% bis 2020 ökonomieverträglich erreicht werden, wenn

- die Voraussetzungen geschaffen werden, welche die volle Entfaltung der Lenkungswirkung einer Steuer gewährleisten, die an den Emissionen klimarelevanter Spurengase ansetzt,
- Hemmnisse für die Ausschöpfung der Potentiale einer rationelleren Energienutzung und der Nutzung CO_2-freier Energien abgebaut werden,
- durch verstärkte Anstrengungen in Forschung und Entwicklung neue Möglichkeiten der Einsparung von Energie, der Effizienzsteigerung bei der Energiewandlung und der Nutzung CO_2-freier Energiesysteme erschlossen werden,
- und wenn die vorgeschlagenen Maßnahmen ohne Zeitverzug umgesetzt werden.

Internationale Abstimmung und Einbettung der Klimaschutzpolitik

Die Empfehlungen der Kommission betreffen die verschiedenen Handlungsebenen weltweite und multinationale Organisationen, Europäische Union, Bund, Länder und Gemeinden sowie die gesellschaftlichen Gruppen und den einzelnen Bürger. Eine konsequente nationale Anstrengung wird nur dann klimaökologisch erfolgreich sein, wenn auf supranationaler und internationaler Ebene gleichgerichtete Ziele und wirksame Maßnahmen formuliert und umgesetzt werden. Ein isoliertes nationales Vorgehen wird der globalen Dimension des Problems nicht gerecht.

Die Kommission plädiert daher mit allem Nachdruck für ein international abgestimmtes Vorgehen und internationale Klimaschutzanstrengungen, die nationale Sonderwege unattraktiv machen. Die OECD und die Europäische Union sollten zur treibenden Kraft einer globalen Klimaschutzpolitik werden.

Die Bundesregierung sollte die 1. Vertragsstaatenkonferenz der Klimarahmenkonvention im Frühjahr 1995 in Berlin zur Konkretisierung und Konzertierung einer international abgestimmten Klimaschutzstrategie nutzen.

9.2 Handlungsempfehlungen zur Treibhausgasminderung durch Nutzung der Marktmechanismen

9.2.1 Einführung einer EU-weiten CO_2-Energie-Steuer

Die Kommission sieht in der Lenkung über knappheitsgerechte Preise und die Nutzung der Marktkräfte den prioritären Weg zur Erreichung der Klimaschutzziele. Von einer Treibhausgassteuer[121)] wären dabei die größten klimaökologischen Lenkungswirkungen zu erwarten.

Angesichts unterschiedlicher nationaler Positionen und um möglichst umgehend eine aktive Klimaschutzpolitik zu realisieren, schlägt die Kommission die Einführung einer CO_2-Energie-Steuer vor.

Die Enquete-Kommission empfiehlt, die Bundesregierung möge sich bei der Europäischen Union nachhaltig dafür einsetzen, daß eine Unions-weite CO_2-Energie-Steuer zustandekommt, die in den großen Linien übereinstimmt sowohl mit der am 25. September 1991 an den Rat gerichteten Mitteilung der EU-Kommission über eine Strategie der Begrenzung der CO_2-Emissionen und zur Erhöhung der Energie-Effizienz als auch mit dem am 27. Mai 1992 an den Rat gerichteten Vorschlag der EG-Kommission für eine Richtlinie des Rates zur Einführung einer Steuer auf Kohlendioxid-Emissionen und Energie.

Die tragenden Elemente dieser Initiative der EU-Kommission sind die folgenden:

- Es wird EU-weit eine Steuer eingeführt, die möglichst bald beginnend, das Primärenergie-Aufkommen besteuert. Der Hebesatz soll zunächst 3 US-$ je Barrel Rohöl (etwa 25 DM/t SKE (Steinkohleeinheiten)) Energieäquivalent betragen und dann in Jahresschritten von jeweils einem Dollar auf 10 US-$ je Barrel Rohöl (etwa 85 DM/t SKE) Energieäquivalent erhöht werden.
- Die Steuer soll hälftig im Aufkommen sowohl die CO_2-Emissionen als auch den Energieverbrauch zur Bemessungsgrundlage haben. Dabei ist zu beachten, daß – wegen des hohen Anteils der Kohle am Energieverbrauch – die in Deutschland erzeugte oder verbrauchte Energie vergleichsweise höher belastet wird, je höher im Rahmen des Splitting der CO_2-Anteil ist.
- Ausnahmen oder ermäßigte Hebesätze sollen für Hersteller folgender energieintensiver Produkte gelten: Stahl, chemische Produkte, NE-Metalle, Glas, Zement, Zellstoff und Papier. Hier wird vorgeschlagen,

---

[121)] eine Steuer, deren Bemessungsgrundlage Emissionen klimarelevanter Spurengase sind (CO_2, CH_4, N_2O, . . .)

die Einführung der Steuer abhängig zu machen von gleichgerichteten Maßnahmen in den USA und in Japan (Konditionierung).

- Erneuerbare Energien – Sonnenenergie, Wind, Biomasse, Geothermie und Wasserkraft aus kleinen Anlagen – sind von der Steuer befreit.
- Es ist offen, ob die Elektrizitätserzeugung nach dem – unterschiedlichen – Verstromungs-Input oder – einheitlich – entsprechend der Zahl der erzeugten Kilowattstunden (dies auch im Hinblick auf GATT/WTO) besteuert wird.
- Diskutiert wird burden sharing zwischen den Mitgliedstaaten, vor allem zugunsten der Kohäsionsländer Portugal, Spanien, Griechenland sowie Irland.
- Gefordert wird Aufkommensneutralität: Die Ausgestaltung ist den Mitgliedstaaten freigestellt. Die Kommission hat daraufhingewiesen, daß das Aufkommen aus einer CO_2-Energie-Steuer durch Senkung anderer Steuern kompensiert werden sollte, als Voraussetzung dafür, daß keine Arbeitsplatzverluste entstehen..

Da nicht abzusehen ist, zu welchen Ergebnissen oder zu welchen Vorschlägen für die Gestaltung der von der EU-Kommission vorgeschlagenen Steuer die weiteren Verhandlungen im Rat der Europäischen Union führen werden, empfiehlt die Enquete-Kommission, bei den Verhandlungen im Rat der Europäischen Union mit Nachdruck darauf hinzuwirken, daß eine solche Steuer zustande kommt. Unerläßlich ist dabei, daß

- **die Steuer eine tatsächliche Lenkungswirkung zur Reduktion der CO_2-Emissionen erwarten läßt;**
- **die Energiepreise in Deutschland durch die Steuer nicht in einem Maße erhöht werden, das über der entsprechenden Belastung in den anderen großen Mitgliedstaaten der Europäischen Union liegt, weil das mit der Gefahr des Verlustes von Arbeitsplätzen in Deutschland verbunden wäre;**
- **der Grundsatz der Aufkommensneutralität strikt gewahrt wird, das heißt, daß durch eine CO_2-Energiesteuer keine Erhöhung der Steuerlastquote eintreten darf. Durch Senkung der Steuern an anderer Stelle soll vielmehr dazu beigetragen werden, daß die vom erzwungenen Strukturwandel hauptsächlich betroffenen Branchen und Unternehmen den Wandel ohne Abbau von Arbeitsplätzen bewältigen können.**

Bei Erfüllung dieser Voraussetzungen empfiehlt die Enquete-Kommission, keine unkonditionierten Ausnahmen für Hersteller energieintensiver Produkte vorzusehen und die Einführung der Steuer

nicht von gleichgerichteten Maßnahmen in den USA und in Japan abhängig zu machen. Zwar bleibt es das Ziel, alle Industrieländer zu gleichgerichtetem Vorgehen zu verpflichten, doch ist die Europäische Union wirtschaftlich stark genug, um das Risiko einer Vorreiterrolle zu übernehmen.

Die Enquete-Kommission des Deutschen Bundestages sieht in der Lenkung über den Preis durch eine CO_2-Energie-Steuer ein entscheidendes Instrument zur Reduzierung der Emissionen klimaschädlicher Spurengase auf internationaler Ebene. Völkerrechtlich verbindliche Vereinbarungen zur Einführung solcher Lenkungsinstrumente sind langfristig nicht nur wirksam, sondern auch ohne bürokratischen Aufwand kontrollierbar.

Eine solche ökologisch notwendige Steuer sollte allerdings nicht zur Finanzierung von Staatsausgaben – gleich welcher Art – dienen, wie das im allgemeinen in der politischen Diskussion um eine ökologische Steuerreform vorgesehen ist.

Nur wenn die Einnahmen aus einer CO_2-Energie-Steuer zur Senkung von Steuern an anderer Stelle verwendet werden, ist die dringend notwendige politische Akzeptanz einer solchen Lenkung über den Preis bei Bevölkerung und Wirtschaft zu erwarten.

Tritt mittel- und langfristig der Erfolg der Lenkungswirkung ein und vermindern sich die Emissionen von Spurengasen und damit gleichzeitig das Steueraufkommen aus einer CO_2-Energie-Steuer, so darf dadurch kein Defizit bei notwendigen staatlichen Ausgaben eintreten. Eine CO_2-Energie-Steuer ist als ein Instrument der Umweltpolitik mit geringem bürokratischem Aufwand und hoher Effizienz anzusehen. Sie darf aber im Gegensatz zu den herkömmlichen Steuern nicht zur Einnahmeerzielung des Staates herangezogen werden.

Vor dem Hintergrund dieser Überlegungen lehnt die Enquete-Kommission einen nationalen Alleingang zur Einführung einer CO_2-Energie-Steuer ab, da damit nur ein geringer Beitrag zum „Schutz der Erdatmosphäre" geleistet werden könnte, während die Risiken für die Arbeitsplätze in den energieintensiven Branchen und den besonders betroffenen Regionen unverhältnismäßig hoch sind. Die häufig geforderte Vorreiterrolle der Bundesrepublik Deutschland auch in dieser Frage könnte sich in der Auseinandersetzung über die Wirkung einer solchen Steuer auf die Arbeitsplätze ins Gegenteil verkehren. Das Scheitern eines nationalen Alleingangs wegen der Empörung über verlorengehende Arbeitsplätze könnte dazu führen, daß die Bundesrepublik Deutschland auch bei der Vereinbarung internationaler Abmachungen zur Einführung einer solchen Steuer auf massiven innenpoli-

tischen Widerstand stoßen würde. Auch aus diesem Grunde lehnt die Kommission die derzeit diskutierten Modelle einer nationalen ökologischen Steuerreform ab.

Die Enquete-Kommission empfiehlt der Bundesregierung in der Europäischen Union

- **im Europäischen Ministerrat den Entwurf eines EU-rechtlich verbindlichen Vertragstextes zur Einführung einer Steuer vorzulegen, dessen umwelt- und arbeitsmarktpolitische Konsequenzen die Bundesregierung für die Bundesrepublik Deutschland für vertretbar hält,**
- **im Europäischen Ministerrat zu beantragen, eine solche CO_2-Energie-Steuer auf der ersten Vertragsstaatenkonferenz zur Klimarahmenkonvention als Vorschlag der Europäischen Union an die Adresse der Industrieländer vorzulegen,**
- **deutlich zu machen, daß ein solcher CO_2-Energie-Steuer-Vorschlag in keiner Weise die abgeschlossenen Konventionen der Rio-Konferenz in Frage stellen soll, sondern die vereinbarte Freiheit der Mittel zur Erfüllung der Reduktionsverpflichtungen ungeschmälert erhalten bleibt. Ziel einer solchen Initiative soll es deshalb sein, möglichst viele Industriestaaten freiwillig dafür zu gewinnen, eine CO_2-Energie-Steuer-Verpflichtung als geeignetes Mittel zur Erfüllung der eigenen Reduktionsverpflichtungen zu wählen und zu akzeptieren.**

9.2.2 Europäischer Binnenmarkt: Deregulierung und Wettbewerb, Reduktion der Emissionen klimaschädlicher Spurengase

Die Energie- und Umweltpolitik der Europäischen Union hat das Ziel eines Binnenmarkts, auf dem Energie ohne Zölle und Abgaben freizügig ausgetauscht wird und bestehende Wettbewerbsbeschränkungen und -verfälschungen beseitigt sind. Zugleich soll ein hohes Niveau des Umweltschutzes erreicht werden.

Das Konzept der EU-Kommission sieht vor, den Energie-Binnenmarkt für die beiden leitungsgebundenen Energien Elektrizität und Gas in drei Schritten zu realisieren:

- In einer ersten Phase sollen die in 1990 und 1991 erlassenen Richtlinien über den Transit von Elektrizitäts- und Erdgas-Lieferungen und über die Transparenz der Preise in den Mitgliedstaaten umgesetzt werden.
- In der zweiten Phase sollen die Elektrizitäts- und Erdgas-Märkte liberalisiert werden. Hierzu zählt der Abbau ausschließlicher Rechte zur Erzeugung von Elektrizität und zum Bau von elektrischen Leitungen und von Gas-Pipelines.

Zugleich sollen in den vertikal integrierten Energieversorgungs-Unternehmen die Bereiche Produktion, Übertragung und Verteilung sowohl im Management, als auch in der Kostenrechnung entbündelt werden.

Im Kern geht es in dieser zweiten Phase für die Energieversorgungs-Unternehmen darum, Dritten – zunächst nur industriellen Großverbrauchern und Endverteilern – ihr Leitungsnetz zur Durchleitung zur Verfügung zu stellen (Third Party Access).

- Bis zum 1. Januar 1996 soll dann – in einer dritten Phase – der Binnenmarkt für Elektrizität und Gas vollendet werden. Dabei ist auch vorgesehen, den Kreis der zugangsberechtigten Energieverbraucher zu erweitern.

An dieser Weiterentwicklung des gemeinsamen Marktes führt kein Weg vorbei, es sei denn, die Europäische Integration geriete in eine tiefgreifende Krise. Der Zeitplan könnte sich aber verlängern.

Die Umstrukturierung wird Hand in Hand gehen mit einer Deregulierung und Maßnahmen zur Verstärkung des Wettbewerbs auf dem europäischen Strom- und Gasmarkt.

Diese konkrete Planung hin zum Europäischen Binnenmarkt für Energie wird Folgen haben für die Gestaltung der Politik einer Reduktion der Emissionen klimaschädlicher Spurengase (Klimapolitik):

Die deutschen Stromerzeuger und -verteiler werden mit ihren Kosten und Preisen mehr und mehr im Wettbewerb stehen mit den Strom- und Gas-Versorgungsunternehmen in anderen Mitgliedstaaten der Europäischen Union. Aus vielerlei bekannten Gründen liegen nun aber vornehmlich die Elektrizitätserzeugungskosten und -preise in Deutschland höher als in anderen wichtigen Mitgliedstaaten. Die Zulieferungen aus diesen Ländern werden daher zunehmen.

Tatsächlich trifft die Liberalisierung eine Versorgungsstruktur, die sich entwickelt hat und bislang abgestellt ist auf Aufgaben im nationalen Rahmen. Diese Struktur gestattet nur begrenzt, einem europaweiten Wettbewerb standzuhalten. Als Sonderlasten seien genannt:

- Die vergleichsweise hohe Belastung der EVU mit Steuern und Abgaben, hier auch mit Konzessionsabgaben;
- gesetzlich auferlegte Versorgungspflichten;
- Abnahmepflichten für bestimmte Einsatzenergien und faktischer Ausbaustopp für eine andere Einsatzenergie können zur Ausweitung fossiler Energien führen;

- im europäischen Vergleich strenge Umwelt- und Sicherheitsnormen mit entsprechend hohen Kosten, verbunden mit überaus schwerfälligen, zeitaufwendigen und kostentreibenden Genehmigungsverfahren;
- weiterbestehende Tarifregelungen und Höchstpreise bei Lieferungen an bestimmte Verbrauchergruppen;
- die noch keineswegs voll überschaubaren Verpflichtungen, die sich aus der Umstrukturierung der Energiewirtschaft in den neuen Bundesländern ergeben werden.

Insbesondere auf diese Belastungen ist zurückzuführen, daß hierzulande die Stromerzeugungskosten vergleichsweise hoch sind. Im Ergebnis verhalten sich die durchschnittlichen Kosten der Bereitstellung von Grundlaststrom, die in die Preise eingehen, welche die französischen Abnehmer zu zahlen haben, zu den entsprechenden Kosten der deutschen EVU etwa wie 70 bis 75 zu 100. Eine ähnliche Kostenrelation besteht zu Dänemark, in dessen Kraftwerken durchweg Einfuhrkohle eingesetzt wird, die nur etwa ein Drittel der deutschen Steinkohle kostet.

Die Enquete-Kommission „Schutz der Erdatmosphäre" empfiehlt deshalb:

Grundsatz

Die angelaufenen Aktionen zur Liberalisierung der europäischen Strom- und Gasmärkte werden gutgeheißen. Es wird aber von der Bundesregierung erwartet, daß sie alle Bestrebungen zurückweist, die darauf abzielen, anstelle der entfallenden Regulierungen und Wettbewerbsschranken neue Regulierungen und Schranken einzuführen.

Energiepolitik

Die Bundesregierung sollte im Rahmen der Verhandlungen zur Schaffung eines Europäischen Energie-Binnenmarktes nachdrücklich bemüht sein, Unterschiede aller Art in den Wettbewerbsgrundlagen der Energieanbieter zu beseitigen oder auszugleichen.

Die Elektrizitätswirtschaft sollte möglichst weitgehend von bestehenden Sonderbelastungen befreit werden, insbesondere von der Auflage zur Sicherung der Verstromung heimischer Steinkohle.

Im Rahmen der sich anbahnenden Politik zur Reduktion der Emissionen klimaschädlicher Spurengase sollten die finanziellen Belastungen der Elektrizitätswirtschaft, insbesondere durch Steuern und Abgaben, zumal dann in Grenzen gehalten werden, wenn in anderen Mitgliedstaaten der Europäischen Union die Elektrizitätswirtschaft nicht entsprechend belastet ist oder wird.

Umwelt- und Klimapolitik

Mit dem Ziele, die Belastung der heimischen Energiewirtschaft in Grenzen zu halten und zu deren internationaler Wettbewerbsfähigkeit beizutragen, sollte sich die Bundesregierung um eine Harmonisierung des europäischen Regelwerks für den Umwelt- und Klimaschutz bemühen. Letztes Ziel sollte sein, die im europäischen Rahmen beschlossenen klimapolitischen Maßnahmen voll in das Regelwerk der europäischen Umweltpolitik zu integrieren.

In diesem Zusammenhang empfiehlt die Enquete-Kommission die Einführung von Regelungen und Maßnahmen, die geeignet sind, die durch die Liberalisierung beeinträchtigten Wirtschaftszweige zu unterstützen, soweit dies die Reduktion der Emissionen klimawirksamer Spurengase fördert. Hierzu gehört vor allem die Förderung von Maßnahmen zur rationelleren Energieumwandlung und Energieanwendung sowie zur Entwicklung und zum Einsatz CO_2-freier Energien.

9.2.3 Internalisierung externer Kosten

Externe Kosten von Gütern, wie die mit der Nutzung einzelner Energien verbundenen Umweltschäden und Klimaveränderungen, spiegeln sich in den Preisen der Verursacher nicht wider. Sie werden von Dritten und der Gesellschaft getragen. Die Existenz externer Kosten führt in einem Wirtschaftssystem, das über Preise die Inanspruchnahme knapper Ressourcen einschließlich von Umwelt und Natur steuert, zu Fehlallokationen und zu einer Minderung der Wohlfahrt.

Die Inanspruchnahme von Umwelt und Natur als knappe Ressourcen gehört zu den Problemen, die der Markt durch seine unsichtbare Hand nicht regelt. Hier muß der Staat eingreifen, um durch geeignete Rahmenbedingungen dazu beizutragen, externe Kosten verursachungsgerecht zu internalisieren und somit über wahre Preise die Steuerungsfunktion der Märkte zu nutzen.

Voraussetzung für eine Internalisierung externer Kosten ist ihre Identifizierung und die Kenntnis ihrer Höhe. Über die Höhe externer Kosten der verschiedenen Energien und Energiesysteme gibt es bisher nur Abschätzungen, die eine große Bandbreite aufspannen und als Grundlage für eine verantwortliche politische Internalisierungsmaßnahme untauglich sind.

Dies gilt ebenso für die Schäden einer Klimaveränderung, die sich derzeit auch nur in der Größenordnung schwerlich quantifizieren lassen.

Für eine am Vorsorgeprinzip orientierte Klimaschutzpolitik bleibt also derzeit nur der Weg, über eine CO_2-Energiesteuer deren Höhe sich aus den Vermeidungskosten des angestrebten Minderungsziels ergibt, einen

Beitrag zur Internalisierung der energiebedingten Klimaeffekte zu leisten.

Die Enquete-Kommission ist der Auffassung, daß die Internalisierung externer Kosten nicht nur für den Energiebereich ein wesentliches Grundprinzip für die Steuerung der Nutzung knapper Ressourcen über die Kräfte des Marktes ist. Sie empfiehlt deshalb, die Forschungen zur Quantifizierung externer Kosten, insbesondere die der Klimaveränderungen, weiterzuführen, um fundierte Abschätzungen externer Kosten als Grundlage für politische Internalisierungsmaßnahmen zu schaffen.

9.2.4 Least-Cost Planning (LCP) und integrierte Ressourcen-Planung (IRP)

Der gemeinsame Grundgedanke von LCP und IRP ist die gleichgewichtige und integrierte Betrachtung von Energiebereitstellung und Energienutzung, also die Abwägung der angebots- und nachfrageseitigen Möglichkeiten zur kostenminimalen Bereitstellung von Energiedienstleistungen. Das Neue an LCP und IRP ist nicht die Anwendung des Minimalkostenprinzips an sich, sondern seine Erweiterung über die Bereitstellung von Energie hinaus auf die Nutzung dieser Energie beim Endverbraucher zur Befriedigung seiner Bedürfnisse, wobei die Energieversorgungsunternehmen ihre Handlungsfelder ausdehnen und zu Energiedienstleistungsanbietern werden können oder wobei andere, gegebenenfalls neue Akteure als Energiedienstleistungsanbieter unternehmerisch tätig werden.

Der LCP-Grundgedanke entspricht dem allgemeinen ökonomischen Prinzip, mit knappen Ressourcen effizient umzugehen und damit der Forderung nach einer rationellen Energienutzung.

Diesem sinnvollen Grundgedanken von LCP und IRP ist es deshalb nicht angemessen, nur auf die Nachfrageseite, etwa auf Konzepte der Energieeinsparung, verkürzt zu werden. Auch die Beschränkung von LCP und IRP auf die Elektrizitätswirtschaft erscheint angesichts der generellen Bedeutung unangemessen.

Von entscheidender energie- und ordnungspolitischer Bedeutung ist aber, ob LCP/IRP über eine Ausweitung der Regulierung unter staatlichem Einfluß oder über Markt und Wettbewerb greifen sollen.

LCP/IRP als Regulierungskonzept vermehrt staatliche Eingriffe zur mehr oder weniger umfassenden Steuerung unternehmerischer Entscheidungsprozesse, um auf diesem Wege, etwa durch ein behördliches Supply-Side Bidding, über die Anerkennung der Kosten von Energieeinsparprogrammen bei der Preisgenehmigung bis zum Ausgleich von Gewinneinbußen der EVU durch verminderten Stromabsatz, eine Minimierung der mit der Bereitstellung von Energiedienstleistungen verbundenen Kosten zu erreichen.

Eine marktwirtschaftlich ausgerichtete Umsetzung von LCP/IRP versucht dagegen, Märkte für Kauf und Verkauf von Energiedienstleistungen zu schaffen, auf denen eine Vielzahl von Akteuren, neben den EVU auch Ingenieurunternehmen, Banken, Finanzierungsgesellschaften, Energieagenturen oder Energiedienstleistungsunternehmen im Wettbewerb tätig werden. Ausweitung von Finanzierungsangeboten für Energiesparmaßnahmen, Ausweitung von Energiedienstleistungsangeboten sowie Ausschreibungen zur Beschaffung von Kapazität können Resultate eines marktorientierten LCP/IRP- Konzeptes sein.

Die Kommission ist der Auffassung, daß dirigistische Eingriffe durch Ausweitung staatlicher Regulierung kein geeigneter Weg sind, um Einsparpotentiale volkswirtschaftlich effizient zu erschließen.

Behördlich regulierte LCP/IRP-Maßnahmen, die es Energieversorgern erlauben, die Kosten von LCP/IRP-Programmen einschließlich entgangener Gewinne in Form behördlich genehmigter Preissteigerungen auch auf die nicht am Programm beteiligten Kunden zu überwälzen, sind verteilungspolitisch bedenklich und laufen dem Prinzip der kostenorientierten Preisbildung entgegen. Sie bedeuten zudem eine nicht gerechtfertigte Privilegierung dieser Energieversorger gegenüber Dritten im Wettbewerb um die Erschließung wirtschaftlicher Einsparpotentiale.

Die Kommission lehnt deshalb eine regulierungsorientierte Umsetzung von LCP und IRP ab. Sie empfiehlt aber, geeignete Maßnahmen zu ergreifen, um den energie- und klimapolitisch beachtenswerten LCP/IRP-Grundgedanken als unternehmerischen Planungs- und Marketingansatz in der Energiewirtschaft zu verankern und Hemmnisse zu beseitigen, die einem stärkeren Wettbewerb um Energieeinsparmärkte entgegenstehen.

9.3 Sektorübergreifende Empfehlungen

Energieversorgung geschieht durch Energiewandlung in Energiewandlungsketten. Einziges Ziel für den Durchlauf durch die Kette ist die zeit-, orts-, mengen-, kosten- und umweltgerechte Bereitstellung von Energiedienstleistungen.

Der Anfang der Kette ist traditionell in erfahrenen Händen. Dort, wo Primärenergie aus Primärenergierohstoffen in Sekundärenergie, Endenergie, schließlich Nutzenergie umgewandelt wird, arbeiten Fachleute. Am Ende der Kette jedoch gehen Millionen Energienachfrager mit Nutzenergie um, ohne daß ihnen bewußt ist, daß die hier vermiedene Kilowattstunde den ökologisch bedenklichen, zumeist verlustreichem Weg durch die Energiewandlungskette nicht zu durchlaufen braucht.

Was wegen effizienter Umwandlung von Nutzenergie in Energiedienstleistungen am Ende nicht gebraucht wird, muß am Anfang der Kette nicht eingesetzt werden. Auf alle energietechnologischen, energieökologischen, energiegesetzlichen und organisatorischen Schritte der Energiewandlungskette, vor allem an deren derzeit sehr verlustreichem Ende aufmerksam zu machen, ist vorrangiger Zweck der sektorübergreifenden Empfehlungen der Kommission.

Sie läßt sich dabei von dem klimaökologisch starken Argument leiten, daß für jede einzelne im Energiedienstleistungsbereich vermiedene Kilowattstunde – entsprechend dem nationalen mittleren Energienutzungsgrad Deutschlands von etwa einem Drittel – drei Kilowattstunden am Anfang der Energiewandlungskette in die Energiewirtschaft nicht eingebracht werden müssen.

Die Enquete-Kommission fordert deshalb, die Anbieter von Energiedienstleistungen – soweit nicht bereits Realität – zu professionalisieren und zu privatisieren. Die Vielzahl der Teilakteure wie Architekten, beratende Ingenieure, EVU, Stadtwerke, Installateure, oder im Verkehr Verkehrsbetriebe, Reparatur- und Wartungsbetriebe muß sich an dem Ziel klimaökologisch effizienter, kostenminimaler Energiedienstleistungen ausrichten. Dem Staat kommt Lenkungsaufgabe und Setzung von Rahmendaten zu. Die Einführung von Energiepässen für Gebäude und Produkte, das Tätigwerden überregionaler und kommunaler Energieversorger als Energiedienstleister und von Contractingfirmen mögen Schritte in die richtige Richtung sein.

Die nachfolgenden Empfehlungen detaillieren den vorbeschriebenen Gedanken.

9.3.1 Förderung des Contracting-Gedankens

Contracting ist die Planung, Finanzierung und Realisierung von Energiedienstleistungsmaßnahmen und zugehöriger energietechnischer Anlagen sowie ggf. auch deren Betrieb aufgrund einer vertraglichen Vereinbarung zwischen Kontraktor und Nutzer. Unterschiedlichste Energiedienstleistungen wie Beleuchtung, Klimatisierung, Heizung oder Prozeßwärme können durch Contracting bereitgestellt werden.

Resultierende Energieeinsparungen sind energie- und klimapolitisch relevant.

Contracting ist eine Möglichkeit zur Ausschöpfung der Potentiale rationeller Energieanwendung, die beim potentiellen Kunden (Contractingnehmer) aus verschiedenen Gründen, z. B. Informationsmängel, fehlendes technisches know-how, Kapitalknappheit, Rentabilitätsanforderungen etc., nicht erfolgt.

Als Contractor kommen sowohl Energieversorgungsunternehmen, Banken, Anlagenhersteller, Handwerksbetriebe als auch spezielle Contracting-Unternehmen in Betracht.

Zur Förderung des Contracting-Gedankens als eine marktkonforme Erschließung von Möglichkeiten zur rationellen Energieanwendung empfiehlt die Kommission,

- **die Stellung von Betreibergesellschaften stromerzeugender Anlagen nach § 4 EnWG zu regeln,**
- **offene juristische und versicherungstechnische Fragen zu klären, um auch die Wärmedämmung von Gebäuden contractingfähig zu machen,**
- **die Gewährung einer staatlichen Bürgschaft zur Risikoabsicherung bei der Erprobung neuartiger Contractingmodelle zu erwägen,**
- **die Erarbeitung von standardisierten Contractingverträgen für bestimmte Anwendungen zu veranlassen.**

9.3.2 Energieforschung und -entwicklung

Die mit der derzeitigen Energiewandlung und -nutzung verbundenen Emissionen sind in den Industrieländern die bei weitem größte Quelle von treibhausrelevanten Spurengasen. Zum Erreichen einer klimaverträglichen Energieversorgung sind auf lange Sicht die energiebedingten Treibhausgasemissionen in diesen Ländern um bis zu 90 % zu reduzieren.

Eine weltweit nachhaltige Reduktion der energiebedingten Treibhausgasemissionen wird folglich nur erreicht werden können, wenn treibhausgasarme und treibhausgasfreie Energien verfügbar gemacht werden, die es erlauben, die notwendigen Energiedienstleistungen kostengünstig bereitzustellen.

CO_2-Emissionsreduktion kann bis heute nicht durch Rückhaltetechniken geschehen, weil sie ebenso wie eine ökologisch verantwortbare CO_2-Endlagerung nicht verfügbar sind. Energiewandler, die den klimaökologischen Bedingungen genügen, müssen höchst effizient, energie- und materialintensitätsarm und von langer Lebensdauer sein; beim Ende der Lebensdauer sind alle Anlagen der Energiewandlung und -nutzung emissionsarm abzuwracken, in den Materialkreislauf zurückzuführen oder möglichst risikoarm endzulagern. Alle forscherischen Maßnahmen sind klimaökologisch positiv zu bewerten, wenn sie CO_2, CH_4, N_2O etc. entweder gar nicht erst entstehen lassen (Bsp. CO_2, N_2O, letzteres nur aus Feuerungen) oder durch äußerste Anlagendichtheit von der Atmosphäre fernhalten (CH_4).

Die Kommission empfiehlt der Bundesregierung, sowohl in ihrer nationalen F, E + D[122)]-Politik, als auch in ihrem Einfluß auf die EU-F, E + D-Politik darauf bedacht zu sein, daß der klimaökologisch wirksamen Emissionsreduktion hervorgehobene Beachtung zukommt. Weil Energie für den überwiegenden Anteil der klimawirksamen Emissionen steht, sollte kein Schritt der künftigen F, E + D-Maßnahmen mit Energiebezug mehr ohne ausdrücklichen Bezug zur Emissionsreduktion geschehen. Das gilt auf jeder Energiewandlungsstufe der Energiewandlungskette von der Versorgung mit Primärenergierohstoffen über die Primärenergie-, Sekundärenergie-, End- und Nutzenergieproduktion, schließlich die Bereitstellung von Energiedienstleistungen, einschließlich aller Speicher- und Verteileraufgaben, bis hin zur Rezyklierung abgewrackter Anlagen und ihrer sicheren Endlagerung. Das gilt auch und besonders für alle Maßnahmen der rationellen Energiewandlung und rationellen Energieanwendung sowie alle erneuerbaren Energien, die ohne betrieblichen Primärenergierohstoff sind.

Herausgehobene Ziele künftiger klimarelevanter F, E + D-Politik sind darauf auszurichten, pro Einheit bereitzustellender Nutzenergie für Bau, Betrieb und Rezyklierung des jeweiligen Energiewandlers und Energiewandlungssystems mehr CO_2-arme und CO_2-freie Energie sowie weniger kohlenstoffintensive Primärenergierohstoffe einzusetzen. F + E-Ziele sind:

Fossiler Primärenergierohstoffbereich

- **stoffdichte Explorations-, Förder- und Transportverfahren und -einrichtungen, besonders der Gas- und Ölwirtschaft**
- **effiziente Primärenergierohstoffgewinnung**
- **Methanexploration, -förderung und -nutzung aus Kohlelagerstätten**

Umwandlungsbereich

- **dringende Ergänzung der in der Energiewirtschaft überwiegend angewandten wärmegeführten Carnotprozesse, die ihre Grenzen in**

122) Forschung, Entwicklung und Demonstration

der mangelnden Beherrschung hoher Temperaturen haben, durch technologiegeführte weitgehend Carnot-unabhängige elektrochemische Energiewandlungsprozesse

- Erzeugung von mehr technischer Arbeitsfähigkeit aus der Energiewandlung (Exergie-Optimierung)
- Kombiprozesse zur Erhöhung der Umwandlungswirkungsgrade einschließlich Hochtemperaturbrennstoffzellen
- CO_2-Rückhaltung und -Endlagerung
- Energiewandler der erneuerbaren Energien, die ohne betriebliche Primärenergierohstoffe und folglich ohne klimaökologisch relevante Schadstoffe und Reststoffe aus ihnen sind. Mengen fossiler Primärenergierohstoffe, die für Bau, Unterhalt und Rezyklierung der Energiewandler gebraucht werden, sind zu minimieren
- inhärent sichere Kernkraftwerke mit einer neuen Sicherheitsqualität.

Nutzerbereich

- Industrieenergieprozesse optimierter technischer Arbeitsfähigkeit
- Kaskadische Prozeßwärmenutzung fallender Temperaturniveaus (Wärmemehrfachnutzung, Wärmerückgewinnung u. ä.)
- Niedertemperaturwärmeversorgung unter Verwendung von möglichst geringem Aufwand an technischer Arbeitsfähigkeit (Sorptionswärmepumpe, Kompressionswärmepumpe), durch solare Nahwärmenetze plus Speicher
- Sonnenenergienutzung in Niedrigenergiehäusern auf der Grundlage strikt rationeller Energieanwendung.

Eine ausführliche Technologieliste befindet sich in Anlage 3.2.

Da heute und in den nächsten Jahrzehnten verbrennungsgestützte Energiewandlung in Brennkammern, Motorbrennräumen, Kesseln, Triebwerken u. dgl. nach wie vor weitaus dominieren wird, kommt der sublimen Kenntnis der physikalisch-chemischen Entstehungsmechanismen von Schadstoffen und gegebenenfalls ihrer Beseitigung große Bedeutung zu. Die Kommission verbindet daher mit ihrer Empfehlung an die Bundesregierung die Erwartung, daß die klimaökologisch unerläßlichen Arbeiten der Verbrennungsforschung weiter ausgebaut werden. Da in weiten Teilen vorwettbewerblich, sollte dies unter Einschluß der Industrie und international geschehen. Biogene Brennstoffe, ihre Umwandlung in Biogase, biofuels (z. B. Methanol) sind mit einzubeziehen.

Forschung und Entwicklung an Energiewandlungssystemen sind in der Vergangenheit immer wieder abgebrochen worden, weil einzelne Technologien nicht beherrscht wurden. Hierher gehören etwa MHD – Magnetohydrodynamische Wandler oder Thermionische Reaktoren.

Die Kommission bittet die Bundesregierung prüfen zu lassen, inwieweit Fortschritte etwa der Werkstofftechnologie oder der Elektrodynamik rechtfertigen, einen F + E-Wiederbeginn zu erwägen.

Eine weitere Empfehlung gilt dem Energiewandler im Kraftfahrzeug (ausführliche Einzelheiten in den Handlungsempfehlungen Verkehr, Teil C, Kap. 6.1).

Der carnotische Energiewandler Hubkolbenmotor hat in 100 Jahren Automobilgeschichte und in milliardenfacher Reproduktion einen beispiellosen Siegeszug erlebt. Gleichwohl hat das Automobil bis heute keinen höheren mittleren Nutzungsgrad als 10 bis 20% erreicht.

Die Kommission fordert deshalb die Bundesregierung auf, im Zusammenwirken mit Forschung und Industrie, allen F + E-Maßnahmen der Nutzungsgradsteigerung und CO_2-Minderung (Hybridantriebe, Elektroantrieb, Brennstoffzelle an Bord, Gasmotoren, alternative CO_2-neutrale Kraftstoffe etc.) hohen Rang zu geben. Die Kommission teilt die Überzeugung, daß mehr als eine Halbierung des spezifischen Kraftstoffverbrauchs technologisch möglich ist; ihn auch gesamtsystemisch und verkehrswirtschaftlich zu ermöglichen, bedarf es der beharrlichen, auch internationalen F + E-Politik und Verkehrspolitik.

Die in der mittelfristigen Finanzplanung des BMFT vorgesehene Reduzierung der Ausgaben des Bundes für die Forschung und Entwicklung im Energiebereich wird den klimarelevanten Energie-F+E-Aufgaben (wie vorstehend) nicht gerecht, insbesondere, wenn man sich vor Augen führt, daß in konstanten Geldwerten die derzeitigen F + E-Ausgaben des Bundes für Energie nur 50% bzw. 30% der F + E-Mittel der Jahre 1974 bzw. 1982 entsprechen!

Die Kommission empfiehlt deshalb der Bundesregierung, dringend die ausreichend langfristig angelegten Mittel für Forschung, Entwicklung und Demonstration im Energiebereich auf ein angemessenes Niveau zu heben und ihre nationale F + E-Politik stärker auf die Ziele des Klimaschutzes auszurichten. Darüber hinaus hält die Kommission es für erforderlich, daß die Bundesregierung ihren Einfluß geltend macht, daß der Klimaschutz die ihm gebührende Stellung auch in den F + E-Programmen der Europäischen Union sowie der IEA erhält.

Bei allen Forschungen und Entwicklungen, die einzelnen Technologien gelten, sind systemtechnische und systemanalytische Begleitfor-

schungen nicht zu vernachlässigen. Hierher gehören auch Fragen der Technikbewertung und der Ökobilanzforschung, der ganzheitlich über den gesamten Lebensdauerzyklus betrachteten Energie- und Stoffbilanzierung sowie der Kreislaufwirtschaft.

9.3.3 Die Erhöhung von Wirkungsgraden und Nutzungsgraden

Der Erhöhung von Wirkungsgraden und Nutzungsgraden kommt in Zukunft eher noch größere Bedeutung zu als dies für Ingenieurwesen und Energiewirtschaft immer schon der Fall war; aus drei Gründen vor anderen:

- Effizienz der Energiewandlung und Energieanwendung durch hohe Wirkungsgrade auf jeder Energiewandlungsstufe vermindert den Einsatz von klimarelevanten Energierohstoffen.
- Technisches Wissen zur Effizienzsteigerung durch Anhebung von Wirkungsgraden der Energiewandlung dient der internationalen Vergleichmäßigung von Energiedienstleistungsangeboten und damit der dauerhaften Entwicklung in Ländern mit und ohne nationale Verfügbarkeit von Energierohstoffen.
- Klimaökologisch mindert die Emissionsreduktion von Spurengasen aus zurückgedrängten fossilen Energierohstoffen durch höhere Effizienz der Energiewandlung als Folge von Wirkungsgraderhöhungen die Beladung der Atmosphäre mit klimawirksamen Spurengasen. Das ist entscheidend für solche Spurengase (CO_2), für die es ein energiewirtschaftlich anwendbares Verfahren der Rückhaltung (derzeit) nicht gibt.

Energieumwandlung geschieht in Energiewandlungsketten vieler aufeinanderfolgender Kettenglieder. Solche Kettenglieder sind Exploration und bergmännische Gewinnung von Primärenergierohstoffen, ihre Umwandlung in Primärenergien, deren Umwandlung in eine oder mehrere Sekundärenergien, Endenergien, schließlich Nutzenergien und Energiedienstleistungen mit vielen möglichen Zwischenspeicherungen und Transportvorgängen hinter buchstäblich jedem Umwandlungsschritt.

Hohe Wirkungsgrade, erreicht durch technisches Wissen zur rationellen Energiewandlung und rationellen Energieanwendung durch Effizienzsteigerung, dienen der Minderung der Energie- und Stoffentwertung und damit der Streckung erschöpflicher Primärenergierohstoff-Lagerstätten.

Der – im Vergleich zu anderen Volkswirtschaften durchaus beachtliche – derzeitige nationale mittlere Energienutzungsgrad Deutschlands beträgt etwa ein Drittel: Drei Teile Energie in Form von (überwiegend) Primärenergierohstoffen werden in die Volkswirtschaft eingeführt, um ein Teil an Nutzenergie bereitzustellen. Die Weltenergiewirtschaft – so heißt es – komme – unter Einbeziehung nichtkommerzieller Energie – auf einen Energienutzungsgrad von nicht mehr als 10 – 15%. Zwei Drittel des Energieinhalts der Primärenergierohstoffe im Falle Deutschlands, gar 85-90% im Falle der Weltenergiewirtschaft werden ungenutzt zu Verlusten – das außerordentliche Potential zur Wirkungsgrad- und Nutzungsgradanhebung wird damit deutlich! (Wiewohl physikalisch selbstverständlich Wirkungsgrade von 100% unerreichbar sind.)

Wirkungsgrade, Nutzungsgrade und Klima

Die Enquete-Kommission „Schutz der Erdatmosphäre" lenkt die Aufmerksamkeit auf das große Potential der Effizienzsteigerung durch Wirkungsgraderhöhungen zur rationellen Energiewandlung und rationellen Energieanwendung und damit durch Streckung der Energierohstoffe aus der Erdkruste zur klimaökologisch saubereren Weiterentwicklung des derzeitigen Energiesystems. Mehr technische Arbeitsfähigkeit (Exergie) aus weniger Einsatzenergie, kaskadierte Wärmenutzung, die simultane Wärme- und Stromerzeugung und -nutzung sind energetische und klimaökologische Herausforderungen an Physik, Technik und Energiewirtschaft, wie schon in der Vergangenheit, so vermehrt in der Zukunft.

Die Kommission empfiehlt der Bundesregierung, sich in Forschungs- und Technologiepolitik, in Wirtschafts- und Energiepolitik von Vorstehendem leiten zu lassen. Unverkennbar sind es Interdisziplinaritäten der Physikalischen Chemie der Verbrennung, der Thermodynamik, der Werkstofftechnologie, der Regelungstechnik, der Systemtechnik u. a., die weiterhelfen. Ein nationaler Energienutzungsgrad Deutschlands nicht von ca. einem Drittel, wie derzeit, sondern von 50% (vgl. Zusammenfassung) oder mehr ist – vorsichtig formuliert – nicht unrealistisch.

Hierzu empfiehlt die Kommission im einzelnen:

Materialintensitätsarme und energieintensitätsarme Energiewirtschaft ist mustergebend für Klimapolitik. Dabei geht es immer um Energie und Stoffe für den lebensdauerlangen Betrieb (Betriebsenergie, Betriebsstoffe) und Energie und Stoffe für Herstellung, Ausmusterung und Rezyklierung (Investivenergie, Investivstoffe). Kumulative lebensdauerlange Mengen an Betriebsenergie und Investivenergie sowie kumulative lebensdauerlange Mengen an Betriebsstoffe und Investivstoffe sind maßgebend.

Schwerpunkte der Technologiepolitik sowie der Energiewirtschaftspolitik der nächsten Jahrzehnte sollen – nach der Dominanz der wärmegeführten Carnotprozesse der letzten Jahrhunderte – auf den technologiegeführten elektrochemischen Prozessen der Elektrolyse, der Brennstoffzellen, der Katalyse und der elektrochemischen Speicher liegen.

Weitere Schwerpunkte bilden die Energiewandlung in Energiekaskaden sowie die simultane Erzeugung von Wärme und Strom.

Schlüssel liegen in der (Hochtemperatur-) Werkstoffphysik und -technologie sowie in der Exergiethermodynamik.

Im Nutzerbereich sollen Schwerpunkte der Forschungs- und Entwicklungspolitik bei hocheffizienten Technologien maximaler Wirkungsgrade und Nutzungsgrade liegen, die ein Höchstmaß an Energiedienstleistungen gewähren aus einem Minimum an Endenergie und Nutzenergie. Das gilt für alle Energienutzer in Haushalt und Kleinverbrauch, in der Wirtschaft und – nicht zuletzt – vor allem im Verkehr.

9.3.4 Kraft-Wärme-Kopplung und Fernwärme

Die simultane Erzeugung von Strom und Wärme in Kraft-Wärme-Kopplungs-Anlagen ermöglicht eine Ausnutzung der eingesetzten Energie von bis zu 90 %. Verglichen mit einer Erzeugung derselben Strom- und Wärmemenge in heute üblichen getrennten Anlagen bedeutet dies eine um bis zu 20 % bessere Ausnutzung der Energie mit entsprechend geringeren CO_2-Emissionen. Zu berücksichtigen ist allerdings, daß die bereits erkennbaren Nutzungsgradsteigerungen bei getrennter Erzeugung und die zu erwartende Verschiebung der Relation von Strom-/Wärmebedarf (von Wärme zu Strom) den Effizienzvorteil der KWK in Zukunft kleiner werden lassen.

Die entsprechenden Untersuchungen für die Kommission haben gezeigt, daß die CO_2-Minderungsmöglichkeiten durch Kraft-Wärme-Kopplung deutlich kleiner sind, als oft behauptet. Sie sollten dennoch ausgeschöpft werden.

Die Techniken der Kraft-Wärme-Kopplung sind weitgehend ausgereift und am Markt verfügbar. Wirtschaftliche CO_2-Minderungsmöglichkeiten ergeben sich besonders dann, wenn der Bedarf an Strom und Niedertemperaturwärme weitgehend zeitgleich anfällt. Zur Ausschöpfung der CO_2-Minderungspotentiale durch Kraft-Wärme-Kopplung in der öffentlichen und industriellen Energieversorgung bedarf es keiner besonderen Fördermaßnahmen, die über die Verbesserung der Rahmenbedingungen

z. B. durch eine CO_2-Energiesteuer die auch die KWK begünstigt, hinausgehen.

Eventuelle Hemmnisse, die sich aus der Genehmigungspflicht von überwiegend mit Heizöl und Erdgas betriebenen Kraftwerken mit einer Nennleistung von über 10 MW für KWK-Anlagen ergeben, sollten durch Anhebung dieser Grenze beseitigt werden.

In den alten Bundesländern werden fast 80 % der Fernwärme durch KWK-Anlagen bereitgestellt. In den neuen Bundesländern waren es im Jahr 1990 nur knapp 50 %. Das 1992 aufgelegte Bund-Länder-Förderungsprogramm für die Fernwärme in den neuen Bundesländern hat neben der Sanierung der Fernwärmenetze insbesondere das Ziel der Erneuerung der Erzeugungsanlagen auf Basis der Kraft-Wärme-Kopplung.

Die Enquete-Kommission empfiehlt nach Auswertung der Ergebnisse des 1995 auslaufenden Fernwärmeförderungsprogramms eine Fortsetzung der Förderung, wenn dadurch weitere wirtschaftliche CO_2-Minderungen im Zusammenhang mit der Sicherung und dem Ausbau der Fernwärmeversorgung in den neuen Ländern erreicht werden können.

9.3.5 Wärmenutzungsgebot

Der seit Dezember 1991 vorliegende Entwurf einer Wärmenutzungs-Verordnung zielt darauf ab, daß der industrielle Betreiber einer wärmenutzungspflichtigen Anlage ein Wärmenutzungskonzept erstellt und zur Durchführung von Maßnahmen zur Nutzung von Wärmepotentialen verpflichtet werden soll, wenn dies wirtschaftlich vertretbar ist. Die Nutzen-Aufwand-Relation der Wärmenutzungs-Verordnung ist umstritten. Sie wird von Kritikern in der Industrie als ein weiterer dirigistischer Eingriff in die unternehmerische Entscheidungsfreiheit betrachtet.

Da durch die beabsichtigte Einführung eines Umwelt-Auditings durch die EU die Unternehmen angehalten werden, sich auch um rationelle Energienutzung und hier im besonderen Wärmenutzung zu bemühen, erscheint die Wärmenutzungs-Verordnung eher als ein Schritt bürokratischer Reglementierung, die keine sinnvolle Ergänzung einer auf marktwirtschaftliche Lenkung ausgerichteten CO_2-Minderungspolitik ist.

Die Kommission begrüßt jede Intensivierung der Wärmenutzung und empfiehlt, den energie- wie klimapolitisch wichtigen Gedanken der haushälterischen Wärmenutzung weiter zu tragen. Sie hält aber eine über die Einführung einer CO_2-Energiesteuer und Umweltaudits hinausgehende weitere Flankierung nicht für erforderlich.

9.3.6 Förderung von Information und Beratung zur rationellen Energienutzung

Der rationellen Energienutzung kommt klimapolitisch besondere Bedeutung zu. Trotz zahlreicher Bemühungen von Bundes- und Landesregierungen, von Industrie und Energiewirtschaft, Fach- und Berufsverbänden sowie sonstigen Organisationen gibt es nach wie vor noch beachtliche Potentiale wirtschaftlicher Energieeinsparung, die aufgrund von Informations- und Kenntnismängeln nicht genutzt werden. Dies trifft besonders für den Bereich der kleinen und mittleren Unternehmen, der privaten Haushalte sowie den öffentlichen Bereich zu. Eine Erschließung dieser Potentiale hätte nicht nur positive Wirkungen für den Klima- und Umweltschutz; sie würde auch die Wettbewerbsposition derjenigen Unternehmen stärken, die auf den Gebieten der Energieeinsparung und der rationellen Energienutzung tätig sind und Impulse für den Zukunftsmarkt der rationellen Energienutzung geben.

Für die von verschiedenen Stellen bisher angebotenen Informations-, Beratungs- und Fortbildungsaktivitäten liegen quantitative Bewertungen ihrer Kosten und Wirkungen nicht vor. Dennoch gibt es zahlreiche Hinweise darauf, daß die Effizienz von Beratung, Information und Fortbildung durch eine bessere Kooperation und Konzeption der Angebote erheblich verbessert werden kann.

Aus diesen Gründen empfiehlt die Kommission die Initiierung eines Programms „Rationelle und wirtschaftliche Energienutzung 2000 plus", mit dem Ziel, ein aufeinander abgestimmtes Konzept für die Information, Beratung und Fortbildung im Bereich der Energieeinsparung/rationellen Energienutzung (Wärme und Strom) zu entwickeln.

Unter Berücksichtigung der bisherigen nationalen und internationalen Erfahrungen und Ergebnisse derartiger Angebote und Programme sollte das Konzept beinhalten:

- **Die Erarbeitung leicht verständlicher Unterlagen über Einsparmöglichkeiten, ihre Wirkungen und Kosten für die verschiedenen Energieanwendungen und Energiedienstleistungen**
- **die Erarbeitung zielgruppenspezifischer (Haushalte und Kleinverbraucher, Handwerk, Gewerbe, Dienstleistungsbranchen etc.) Informations-, Beratungs- und Weiterbildungskonzepte und -angebote, unter besonderer Berücksichtigung der Möglichkeiten, die die neuen Kommunikationstechniken bieten**
- **die Erarbeitung einer Konzeption, welche die bestehenden Einrichtungen der Länder, der Wirtschaft, der Verbände und Berufsgruppen**

sowie die Verbraucherberatungen bezüglich ihrer Beratungsangebote besser aufeinander abstimmt

Diese Empfehlung ergeht an die Bundesregierung und die Landesregierungen. Dabei geht es nicht um die Errichtung einer neuen Organisation, sondern um die Koordination und Nutzung bestehender Organisationen (Bsp. Energieagenturen) unter der Federführung einer unabhängigen, dem Bundesministerium für Wirtschaft nahestehenden Stelle.

9.4 Sektor- und technologiespezifische Empfehlungen

9.4.1 Industrie

9.4.1.1 Umfassende Kriterien

Eine emissionsarme Wirtschaft, welche den klimaökologischen Bedingungen der Zukunft genügt, wird umfassenden Kriterien gerecht werden müssen, deren Einführung großenteils begonnen wurde und die mit hoher Wahrscheinlichkeit fortgesetzt werden wird (Anlage 4.1.1).

Wichtige Entwicklungen zeichnen sich ab, u. a.

- kohlenstoffarmes (Energie-)Wirtschaften,
- Trend weg von den 1. und 2. Sektoren der Grundstoff- und der verarbeitenden Industrie, hin zum 3. Sektor der Dienstleistungen,
- Minderung von Energie- und Materialintensitäten,
- Kreislaufwirtschaft,
- lean industry.

Alle diese Entwicklungen (und andere mehr) haben Klimarelevanz.

Die Enquete-Kommission empfiehlt der Bundesregierung und vor allem den Wirtschaftsunternehmen, mit den Mitteln des Marktes darauf hinzuwirken, daß die vorstehenden und in der Anlage 4.1.1 erläuterten, klimaökologisch motivierten Gedanken für künftiges industrielles Wirtschaften arbeitsplatzsichernd aktiv weitergetragen werden. Das ist keine nationale Aufgabe allein. Das ist auch keine Aufgabe, die leicht erledigt sein wird. Vielmehr erwartet die Kommission einen Jahrzehnte langen breiten Strom internationalen, interdisziplinären Austauschs vieler Fakultäten der Ökonomie, der Ökologie, der Energiewissenschaft und -wirtschaft, nicht zuletzt des Fiskalwesens. Je früher begonnen wird, um so eher liegen Vorschläge vor, die klimaökologisch wirksam der Umsetzung dienen werden.

Konkret: Eine Technologieentwicklung zur Minderung der Material- und Energieintensität industrieller Prozesse, Verfahren und Güter ist aktiv voranzutreiben. Technisches Wissen über das Kreislaufwirtschaften hoher Kohlenstoffproduktivität ist zu erarbeiten und schrittweise zu implementieren.

9.4.1.2 Energiesparende Werkstoffe/Rohstoffe, emissionsarme Verarbeitung

Geringere Energieintensität

Die Wirtschaftssektoren der Grundstoffindustrie, der verarbeitenden Industrie und der Dienstleistungswirtschaft haben sehr unterschiedliche produktbezogene Energieintensitäten. Im ersten Ansatz nehmen sie von der Grundstoffindustrie über die verarbeitende Industrie zur Dienstleistungswirtschaft ab. Die relative Entwicklungstendenz moderner industrieller Volkswirtschaften weg von der derzeitigen energieintensiven Grundstoffindustrie hin zu verarbeitenden Industrien und vor allem zu wesentlich weniger energieintensiven Dienstleistungen läßt den Primärenergiebedarf der Volkswirtschaft relativ zur gesamten Wirtschaftsleistung sinken. Deutschland ist hierfür ein gutes Beispiel. Jährlich steigende Wirtschaftsleistung geht mit stagnierendem resp. relativ sinkendem Primärenergiebedarf und damit primärenergierelevanter Reduktion von klimawirksamen Emissionen einher. Gründe liegen in der ständigen Besserung der rationellen Energienutzung, in Teilen allerdings auch in der klimaökologisch fragwürdigen Verlagerung von energieintensiver Produktion ins Ausland.

Geringere Materialintensität

Wirtschaftsaufschwünge gehen im allgemeinen Innovationen voraus. Gelegentlich geben sie ganzen Zeitläufen ihren Namen (Dampfmaschinenzeitalter, Elektronikära u. a.). Die in der Entwicklung befindlichen Innovationen und Techniken (Biotechnologie, faserverstärkte Werkstoffe und Bauweisen, rationelle Energiewandlung und rationelle Energieanwendung, Informationstechnologie, Mikromechanik, Lasertechnologic, Optoelektronik, u. a.) haben samt und sonders ein gemeinsames Charakteristikum: (Energie-)Rohstoff- und Werkstoffarmut und allfällige Minderung des spezifischen Produktgewichts. Beispielhaft: Das Airbus-Seitenleitwerk aus faserverstärktem Kunststoff wiegt weniger als das überkommene Alu-Seitenleitwerk; die Nachrichtenübermittlung durch immaterielle Kommunikations- und Informationsmittel ist wesentlich material- und energieärmer als diejenige durch traditionelle materielle Verkehrs- und Transportmittel; gebündeltes Laserlicht in der Materialbearbeitung vermeidet Materialverbrauch durch Spanabhebung; oder, Maßnahmen der rationellen Energiewandlung/Energieanwendung durch Effizienzsteigerung sowie Sonnenenergienutzung sind ohne betrieblichen Energierohstoff. – Es gäbe viele einschlägige Beispiele mehr.

Ein Trend zu materialarmem Wirtschaften kann konstatiert werden: Von Stahl- über Alu- zu faserverstärkten Kunststoffbauteilen in Luftfahrt- und Automobilstrukturen; von monolithischen Strukturen im Ingenieurbau (Hochbauten, Türme, Brücken) durch hochgenaue Berechnungsverfahren zu hochsteifen und hochfesten materialarmen Leichtbaustrukturen; Vergleichbares gilt für bewegte Strukturen wie Flugzeuge, Schiffe, Automobile; von Superlegierungen zu Hochtemperaturkeramiken im thermischen Maschinenbau und in der Hochtemperaturchemie.

In Anlage 4.1.2. folgt eine Liste von Werkstoffen und gegebenenfalls zugehörigen Verfahren, die – im weitesten Sinne – energiesparenden Einfluß haben, aufgeteilt in Haushalte und Kleinverbrauch, Industrie, Verkehr; dabei mußte die Ausführlichkeit der Liste begrenzt bleiben.

Die Kommission empfiehlt der Bundesregierung, industrie-, forschungs- und entwicklungspolitisch darauf hinzuwirken, daß den F, E+D-Programmen der öffentlichen Hand und der Wirtschaft für Werkstoffe, deren Bearbeitungsverfahren, deren operationeller Dauerhaltbarkeit und deren Verträglichkeit mit der künftigen Kreislaufwirtschaft Kontinuität gegeben und angemessene finanzielle Ausstattung gewährt wird. Unter der Ausnutzung der technologischen Potentiale von Werkstoffen werden klimaökologisch erwünschte Entwicklungen leichter und effizienter durchgeführt werden können.

9.4.1.3 Energiepaß für Produkte

Produkte (Investitionsgüter, Gebrauchsgüter, Verkehrsmittel etc.) bedürfen der Energie, um gefertigt, lebensdauerlang gewartet, am Lebensdauerende abgewrackt, in Teilen wiederverwendet, rezykliert, schließlich endgelagert zu werden (Investivenergie), und sie bedürfen lebensdauerlang der Betriebsenergie, um ihre Funktion zu erfüllen.

Es gibt Produkte, deren Investivenergie weitaus überwiegt (etwa alle Gebrauchsgüter, deren Betriebsenergie nahezu Null ist) und es gibt Produkte, deren lebensdauerlange Betriebsenergie überwiegt (Energiewandler wie Automobilmotoren, Kohlekraftwerke u. ä.). Während die Betriebsenergie (Benzin für Automobilmotoren, Kohlen für Kraftwerke,

Strom für Haushaltsgeräte, etc.) nach Nutzung in aller Regel für den weiteren Gebrauch durch den Menschen verloren ist, sind Teile der Investivenergie bei Wiederverwendung oder Rezyklierung von Produkten nicht erneut aufzubringen (Beispiel: Wiedereinschmelzen von Aluminium oder Glas).

Die Kommission tritt dafür ein, daß die Bundesregierung sich in der EU zumindest bei energieintensiven Produkten dafür einsetzt, daß Energiepässe eingeführt werden, die Angaben über die Investivenergie des Produkts sowie seine Betriebsenergie enthalten. Diese Energiepässe sollen Teil des Produktbeschriebs (name plate labeling) werden.

Die Kommission verbindet damit die Erwartung, das Energiebewußtsein der Marktakteure, besonders auch der Nutzer zu schärfen.

9.4.2 Gebäudebereich

9.4.2.1 Neubau

Der energiesparende Wärmeschutz bei Neubauten ist in der Bundesrepublik Deutschland auf der Grundlage des Energieeinspargesetzes seit 1976 durch die mehrfach novellierte Wärmeschutzverordnung kontinuierlich verbessert worden. Mit der neuen Verordnung, die am 1. Januar 1995 in Kraft treten wird, wird der Wärmebedarf neuer Gebäude um weitere 30 % gesenkt.

Die Entwicklung der Gebäudetechnik zur Verminderung des Energieverbrauchs der Gebäude schreitet weiter fort, wie auch die Anhörungen in der Enquete-Kommission „Schutz der Erdatmosphäre" ergeben haben. Nach Ansicht der Enquete-Kommission ist es daher geboten, die Anforderungen zur Senkung des Heizenergiebedarfs von neuen Gebäuden in den nächsten Jahren weiter zu verschärfen. Auch wenn dies kurzfristig nur begrenzte Auswirkungen auf die Klimaökologie hat, ist eine weitere Verminderung des Heizwärmebedarfs angesichts der Lebensdauer von Gebäuden mittel- bis längerfristig von großer Bedeutung.

Für die tatsächliche Realisierung der angestrebten Dämmwerte ist eine Kontrolle der Einhaltung des vorgeschriebenen Anforderungsniveaus im Zuge der Bauausführung besonders wichtig. Die genehmigten Planungsdaten für Gebäude sollten in einer Form festgehalten werden, die für die Zukunft als Wärmepaß für Gebäude genutzt werden kann. (Energiepaß)

Die Kommission empfiehlt:

- **Spätestens zum 1. Januar 2000 sollte der Heizwärmebedarf neuer Gebäude durch Erhöhung des Anforderungsniveaus gegenüber der zum 1. Januar 1995 in Kraft tretenden Fassung der Wärmeschutzverordnung um weitere 25 bis 30 % vermindert werden. Damit würde der Niedrig-Energiehaus-Standard weitgehend erreicht.**

Eine Verminderung der Lüftungsverluste bei automatischer Lüftung mit Wärmetauscher in größeren Gebäuden und hohe Fugendichtigkeit der Außenhülle der Gebäude sollte Teil der Novellierung werden.

- **Die Bundesländer sollten die Einhaltung des Anforderungsniveaus der Wärmeschutzverordnung in geeigneter Form – gegebenenfalls durch Sachverständige – überwachen.**
- **Bundesregierung und Länderregierungen sollten frühzeitig die Öffentlichkeit, insbesondere die Bauwirtschaft, das Baugewerbe sowie Architekten und Ingenieure über die zu erwartenden Anforderungen unterrichten, damit sie sich rechtzeitig auf eine ab dem Jahre 2000 zu erwartende Neuregelung einstellen können.**
- **In diesem Zusammenhang begrüßt die Enquete-Kommission den von der Bundesregierung beschlossenen Entwurf der fünften Verordnung zur Änderung der Honorarordnung für Architekten und Ingenieure. Durch neue Honoraranreize für besondere, über das übliche Maß hinausgehende Planungsleistungen zur Energieeinsparung und zum Einsatz erneuerbarer Energien, sowie zur Minderung der Schadstoff- und CO_2-Emissionen sollen Architekten und Ingenieure interessiert werden, sich mit den neuen technischen Möglichkeiten in diesem Bereich vertraut zu machen und ihre Auftraggeber in diesem Sinne zu beraten. Die Architekten- und Ingenieurverbände werden aufgefordert, ihren Mitgliedern Fortbildungsmöglichkeiten in den neuen Technologien anzubieten, damit sie die Chancen in diesem Bereich besser nutzen können.**

9.4.2.2 Heizungsanlagen

Die neue Heizungsanlagen-Verordnung ist am 31. März 1994 im Bundesgesetzblatt verkündet worden. Sie trat am 1. Juni 1994 in Kraft.

Die Verordnung stellt erhöhte Anforderungen an die Modernisierung alter Heizungsanlagen in bestehenden Gebäuden und an den Austausch veralteter Kesselanlagen. Sie schafft Anreize, die Brennwerttechnik einzusetzen.

Zu weitergehenden Empfehlungen in diesem Sektor besteht derzeit kein Anlaß. Die weitere Entwicklung der Heizanlagen im privaten Bereich wird wesentlich von den zukünftigen Anforderungen an die Wärmedämmung im Gebäudebereich bestimmt werden. So werden in Niedrigenergiehäusern mit Wärmerückgewinnung Heizungsanlagen erheblich kleiner dimensioniert werden müssen.

9.4.2.3 Gebäudebestand

Der Arbeitskreis Gebäudebereich der interministeriellen Arbeitsgruppe CO_2-Reduktion hat geschätzt, daß in diesem Bereich ein Reduktionspotential von jährlich rund 100 Mio. Tonnen CO_2-Emissionen erschließbar ist. Etwa 350 Milliarden DM müßten dafür investiert werden. Die energetische pay-back-time für derartige Investitionen betrüge volkswirtschaftlich ca. zwei bis drei Jahre. Das betrifft aber nicht das individuelle Kosten-Nutzen-Verhältnis des Investors.

Die Anforderungen an Maßnahmen zur Begrenzung des Heizwärmebedarfs in Altbauten werden in der neuen Wärmeschutzverordnung im Fall von Sanierungen erweitert und soweit bei bestehenden Gebäuden technisch und wirtschaftlich vertretbar angepaßt.

Eine breite Information und Aufklärung der Gebäudeeigentümer über die ökonomischen und ökologischen Vorteile einer Verbesserung der Wärmedämmung bei Gelegenheit einer fälligen Gebäudesanierung ist notwendig. Bei Gebäuden, deren Sanierung mit öffentlichen Mitteln gefördert werden (z. Zt. in den neuen Bundesländern), sollte die Einhaltung der Anforderungen der neuen Wärmeschutzverordnung als Voraussetzung für eine Förderung verlangt und kontrolliert werden.

Ohne gleichzeitige Gebäudesanierung sind Maßnahmen zur Verminderung des Heizenergiebedarfs bei den derzeit geltenden Energiepreisen weitgehend unwirtschaftlich. Angesichts der Heterogenität der bestehenden Gebäude in Bezug auf Alter, energetischen Zustand, jeweilige Kosten zur Einhaltung bestimmter Wärmedurchgangswerte usw., sind die Einsparpotentiale in den ca. 25 Mio. Wohneinheiten in den alten Bundesländern und ca. 7 Mio. Wohneinheiten in den neuen Bundesländern im Einzelfall sehr unterschiedlich, so daß auch von daher eine umfassende Nachrüstung nicht vorgeschrieben werden kann.

Die Anhörung zu diesem Thema in der Enquete-Kommission hat ergeben, daß Investitionen im Gebäudebestand zur Verringerung des Heizenergiebedarfs, ohne daß gleichzeitig ein Sanierungsbedarf besteht, sehr aufwendig sind.

Ohne finanzielle Anreize für die Hauseigentümer kann daher mit der Erschließung von weitergehenden Einsparpotentialen im Gebäudebestand kaum gerechnet werden. Derartige Maßnahmen sind allenfalls dann zu erwarten, wenn z. B. durch eine CO_2-Energie-Steuer mit einer merkbaren und längerfristigen Energiepreissteigerung zu rechnen ist. Solange ein erheblicher Nachfrageüberhang auf dem Wohnungsmarkt besteht, schafft auch eine Energiesteuer für den Vermieter keinen Anreiz, den Energiebedarf seiner Mietwohnungen durch eigene Investitionen zu vermindern.

Finanzielle Hilfen, um energieeinsparungsrelevante Investitionen im Gebäudebestand auszulösen, können grundsätzlich gewährt werden als:

- Steuervergünstigung,
- direkte Zahlung aus dem Haushalt oder
- Zinsverbilligung.

Es ist nicht Aufgabe der Enquete-Kommission, die finanzpolitischen Vor- und Nachteile der genannten Instrumente gegeneinander abzuwägen. Um ein nennenswertes Minderungspotential zu erschließen, sind finanzielle Anreize zu Investitionen im Gebäudebestand unverzichtbar. Es sollten daher auch im Bereich der alten Bundesländer finanzielle Anreize für Investitionen zur Minderung des Heizenergiebedarfs im Gebäudebestand gewährt werden.

Die Kommission empfiehlt:

Um das umfangreiche Energiesparpotential im Gebäudebestand zur Verminderung der CO_2-Emissionen zu aktivieren, sollten Bund und Länder ein zunächst auf 10 Jahre befristetes Programm zur finanziellen Förderung von Investitionen zur Verringerung des Heizenergiebedarfs im Gebäudebestand vereinbaren.

Im Mietwohnungsbereich sollten die Mieter an den Kosten der Energieeinsparinvestitionen bis zur Höhe der durch die Investition ausgelösten Heizkostenminderung durch entsprechende Mietzinserhöhungen beteiligt werden.

9.4.3 Haushaltsgeräte

Zur weiteren Senkung des Energieverbrauchs von Haushaltsgeräten in der EU ist die Richtlinie 92/75/EU-Rat vom 22. September 1992 über die Angaben des Energieverbrauchs von Haushaltsgeräten mittels einheitlicher Etiketten und Produktinformationen an den einzelnen Geräten von grundlegender Bedeutung. Die Richtlinie des Rates soll spätestens ab 1. Januar 1995 in den Mitgliedstaaten angewandt werden. Sie gilt für die großen energetischen Haushaltsgeräte.

Ziel der Richtlinie bzw. des der Bundesregierung vorliegenden Gesetzentwurfes ist es, die Käufer von bestimmten energieverbrauchenden Haushaltsgeräten über den Energieverbrauch der verschiedenen Geräte zu informieren und sie dadurch zu bewegen, sich für ein Gerät mit niedrigem Verbrauch und damit geringeren Betriebskosten zu entscheiden.

Der Weg über eine Kennzeichnungspflicht für energieverbrauchende Haushaltsgeräte ist gegenüber verordneten Effizienzwerten in der EU der erfolgversprechendere Weg, weil er auch bei der energetischen Effizienz der Geräte auf den Wettbewerb der Produzenten in der EU und nicht auf schwierige Abstimmungen in der EU über die angemessenen Gerätenormen setzt.

Bei den elektrischen Haushaltsgeräten bestehen trotz der in der Vergangenheit bereits erzielten Erfolge noch beachtliche Einsparpotentiale. Neben einem Energieverbrauchs-Kennzeichnungs-Gesetz könnte eine erneute Selbstverpflichtung der Industrie zur weiteren Senkung des spezifischen Energieverbrauchs jedenfalls der größeren Haushaltsgeräte ein erfolgversprechendes Instrument zur Senkung des Energieverbrauchs in den privaten Haushalten sein.

Die mit der Kennzeichnungsrichtlinie beabsichtigte weitere Verminderung des Energieverbrauchs der Haushaltsgeräte sollte durch eine verstärkte Verbraucherinformation unterstützt und beschleunigt werden. Derartige Informationen erfolgen schon seit vielen Jahren durch verschiedene Stellen. Durch ein Kennzeichnungs-Gesetz wird in Zukunft eine noch genauere Unterrichtung der Verbraucher über die energetische Bewertung der einzelnen Haushaltsgeräte erreicht. Alle Informanten in diesem Feld sind aufgerufen, ihre Informationstätigkeit in diesem Sektor zu verstärken.

Die Kommission empfiehlt:

Der Gesetzentwurf eines Energieverbrauchs-Kennzeichnungs-Gesetzes sollte möglichst unverzüglich in Kraft gesetzt werden.

Kommunen, Energiewirtschaft, Gerätehersteller und Handel werden aufgefordert, die Zielsetzung des Gesetzes den potentiellen Käufern energieverbrauchender Haushaltsgeräte durch Intensivierung ihrer Verbraucherinformationen nahezubringen.

Die Bundesregierung sollte erneut – wie bereits zu Beginn der 80er Jahre – die Haushaltsgeräteindustrie auffordern, eine verbindliche und überprüfbare Selbstverpflichtung zur Verminderung des Energieverbrauchs der größeren Haushaltsgeräte (z. B. Waschmaschinen, Spülmaschinen, Trockner, Herde, Wassererhitzer) einzugehen. Eine

gleichartige Verpflichtung sollte auch für die importierten Haushaltsgeräte versucht werden.

Die Elektrizitätswirtschaft wird aufgefordert, einen EU-weiten Wettbewerb für große Haushaltsgeräte mit der jeweils höchsten Energieeffizienz auszuschreiben.

9.4.4 Fossile Energie

9.4.4.1 Heimische Kohleförderung und Klima

Derzeit werden die von Deutschland ausgehenden CO_2-Emissionen jeweils zu etwa einem Drittel verursacht

- durch die Verstromung von Kohle zur Deckung von etwa zwei Dritteln unseres Strombedarfs,
- durch den Verkehr, einschließlich Bau der Transportanlagen und -fahrzeuge,
- durch die Güterproduktion und den Betrieb von Öl- und Gas-Heizungen.

Sollen die CO_2-Emissionen entsprechend Art. 2 der Klimarahmenkonvention gesenkt werden, müssen in allen drei Bereichen drastische Einschnitte erfolgen.

Die Einsatzmengen von Kohle, wie sie noch den gegenwärtigen Vorstellungen über die zukünftige Erzeugungs- und Versorgungsstruktur für Stein- und Braunkohle entsprechen, müssen im Laufe der nächsten Jahrzehnte deutlich verringert werden.

- ca. 45 Mio. t SKE p. a. heimische Steinkohle,
davon 35 Mio. t für die Verstromung und 10 Mio. t zur Erzeugung von Hüttenkoks
- ca. 15 Mio. t SKE p. a. Importkohle, vor allem aus Drittländern
- ca. 33 Mio. t SKE p. a. westdeutsche Braunkohle
(100 Mio. t Rohbraunkohle)
nach Genehmigung des Feldes Garzweiler II
- ca. 27 Mio. t SKE p. a. ostdeutsche Braunkohle
(80 Mio. t Rohbraunkohle)
vornehmlich im Lausitzer Revier

Dies erfordert eine langfristige und tiefgreifende Umstrukturierung. Vor diesem Hintergrund stellt sich die Lage wie folgt dar:

Derzeitige und zu erwartende, von Deutschland ausgehende energiebedingte CO_2-Emissionen in Mio. t/a[1])

		total	heimische	Importe
1993	total.	887	399	488
	davon Kohle	401	363	38
	davon Nicht-Kohle	486	36	450
	Strom und Fernwärme allein[2])	339	300	39
	alle anderen Verwendungen	548	99	449
2005	Obergrenze (1987[3]) –30 %):	737	nur Strom: 349[4]) übrig[5])	388
2020	Obergrenze (1987[3]) –45 %):	579	nur Strom: 349[4]) übrig[5])	230

[1]) zugrunde gelegt werden die folgenden Emissionskoeffizienten:

Steinkohle	2,67 kg CO_2/kg SKE
Braunkohle	3,15 kg CO_2/kg SKE
Rohöl	1,86 kg CO_2/kg SKE
Erdgas	1,46 kg CO_2/kg SKE

[2]) grob geschätzt, da strombezogene Daten für 1993 noch nicht vorliegen

[3]) Emissionen insgesamt Deutschland 1987: 1 053 Mio. t

[4]) nicht vermeidbare CO_2-Emissionen bei Aufrechterhaltung des Niveaus der heimischen Kohleförderung, dies entspricht der oben zitierten längerfristigen Planung einschließlich wohl nicht vermeidbarer Einfuhrkohle (15 Mio. t SKE) und Hüttenkoks

[5]) „übrig": für alle übrigen Verwendungen noch zur Verfügung stehendes Jahreskontingent für energiebedingte CO_2-Emissionen

Differenzen zu anderen Tabellen aufgrund unterschiedlicher methodischer Berechnungsverfahren, Daten, Quellen und Emissionsfaktoren.

Die nachfolgende Aussage gilt zunächst unter der Hypothese einer Aufrechterhaltung der Kernenergieleistung. Zwei alternative Handlungskonzepte stehen zur Wahl:

Alternative A: Eine nicht begrenzte Entwicklung der heimischen Kohleförderung

Nach der Tabelle müßten die energiebedingten CO_2-Emissionen, die nicht auf die Verstromung heimischer Kohle zurückgeführt werden, von rund 647 Mio. t/a in 1993 auf 376 Mio. t/a in 2005 und 208 Mio. t/a in 2020, d. h. um 42 % bzw. 68 % verringert werden.

Bleibt es bei den gegenwärtigen Planungen, dann wird es nach 2005, wenn überhaupt, so nur noch zu einer geringen Reduktion der Emissionen klimawirksamer Spurengase kommen, die auch nicht entfernt den Erwartungen genügt, welche die Bundesregierung durch ihr Engagement auf der UNCED geweckt hat und die gemäß der inzwischen in Kraft getretenen Klimarahmenkonvention ein unerläßlicher Beitrag Deutschlands zu einer globalen Politik zur Stabilisierung des Klimas sein sollte.

Bei den übrigen Verwendungen, deren CO_2-Emissionen, bezogen auf den Stand von 1993, bis 2005 um 42% und bis 2020 um 68% verringert werden müßten, handelt es sich um das Gros unserer Energieversorgung, insbesondere fast die gesamte Wärmeversorgung der Industrie, der Haushalte und der Kleinverbraucher, um die gesamte Verkehrswirtschaft und zudem noch um den Teil der Elektrizitätsversorgung, der sich auf eingeführte fossile Brennstoffe – Kohle, Erdgas und Heizöl – stützt. Die betroffenen Bereiche gehören zu jenen, bei welchen eine Reduktion der Emissionen auf große Schwierigkeiten stößt. Hier wird nur hingewiesen auf den Verkehrssektor und auf die Wärmeversorgung der Altbauten.

Andererseits verlören Einsparmaßnahmen im Elektrizitätsbereich weitgehend ihren Sinn, da solche Maßnahmen einer Politik der Erhaltung der Förderung und Verstromung heimischer Kohle zuwiderlaufen würden.

Alternative B: Begrenzung der heimischen Kohleförderung

Für den Fall, daß die Förderung und Verstromung heimischer Energieträger deutlich zurückgenommen wird, gilt es auch zu verhindern, daß der durch die Begrenzung der heimischen Kohleförderung und -verstromung verursachte Zusatzbedarf an Kesselkohle durch zusätzliche – gleichermaßen CO_2-emittierende – Importkohle gedeckt wird.

Damit dies erreicht wird, bedarf es nicht nur der Entschlossenheit der energiepolitischen Entscheidungsinstanzen im Bund und in den Ländern. Es ist auch erforderlich, im Rahmen der Europäischen Union Maßnahmen zu ergreifen, die solche Importe abwehren.

Hierzu ist anzumerken: Ein Teil der in Frage stehenden Energieimporte stammt aus anderen Mitgliedstaaten der Gemeinschaft. Spezifische Importbeschränkungen laufen den Grundsätzen der innergemeinschaftlichen Freizügigkeit zuwider. Soweit es um die mengenmäßig überwiegenden Importe aus Drittländern geht, gilt das GATT. Die Zuständigkeit für einfuhrbeschränkende Maßnahmen liegt bei den Organen der Europäischen Union: Gemeinsamer Zolltarif und Gemeinsame (Außen-) Handelspolitik.

Zur Abwehr solcher Zufuhren aus Ländern der EU und aus Drittländern stehen im wesentlichen nur die Instrumente des energiewirtschaftlichen Ordnungsrechts, insbesondere des Genehmigungsrechts zur Verfügung. Die nach dem Montan-Vertrag nur der Bundesrepublik Deutschland erlaubte Zollkontingentierung der Einfuhren von Kohle aus Drittländern wird nach dem Auslaufen dieses Vertrages im Jahr 2002 nicht mehr möglich sein.

Die folgenden Ausführungen gelten für den Fall eines Verzichts auf Kernenergie. Die Enquete-Kommission hat hierfür zwei konkrete Planungen analysiert: einen Verzicht auf Kernenergie bis 2005 und eine Aufrechterhaltung der derzeitigen Kernenergieleistung über 2005 hinaus bis mindestens 2020.

Wird die gegenwärtige Kohleplanung beibehalten und zugleich auf Kernenergie verzichtet, dann wird es nicht zu der klimapolitisch gebotenen Verringerung, sondern vielmehr zu einer deutlichen Erhöhung der von Deutschland ausgehenden Emissionen klimawirksamer Spurengase kommen. Diese fundamentale Aussage stützt sich auf das von der niedersächsischen Landesregierung 1992/1993 an PROGNOS, das ÖKO- und das Pestel-Institut in Auftrag gegebene Gutachten zum Niedersächsischen Konzept eines Ausstiegs aus der Kernenergie.

Die aufgezeigten, sowohl ökonomisch, als auch ökologisch negativen Auswirkungen könnten sich in dem Maße vermindern, wie Kernenergiestrom aus Frankreich oder gar aus Osteuropa oder Kohlestrom aus angrenzenden Ländern in Ost und West eingeführt wird. In beiden Fällen würde zwar die deutsche CO_2-Bilanz günstiger, an der nuklearen Gefährdung und der globalen CO_2-Problematik würde sich hierdurch aber nichts Wesentliches ändern.

Die Kommission spricht folgende Handlungsempfehlung aus:

Im Hinblick auf die aufgezeigten klimaökologischen Folgen empfiehlt die Enquete-Kommission der Legislative und der Exekutive, die deutsche Kohlepolitik in der Linie des Gesetzes zur Sicherung des Einsatzes von Steinkohle in der Verstromung und zur Änderung des Atomgesetzes (Artikelgesetz) zu überdenken und langfristig festzuschreiben. Dies gilt für die Politik der Erhaltung der westdeutschen Steinkohle, für die Politik der Umstrukturierung der westdeutschen und der ostdeutschen Braunkohleförderung und für die Politik der Einfuhr von Kohle aus Mitgliedstaaten der Europäischen Union und aus Drittländern.

Die Enquete-Kommission verkennt dabei keinesfalls die dringlichen sozialen und regionalen Probleme der Steinkohlereviere an Ruhr und

Saar, als auch der Braunkohlereviere in den neuen Bundesländern, zumal in der Lausitz. Sie verkennt auch nicht die Probleme, welche die längerfristigen Begrenzungen der Einfuhren von Kohle aufwerfen werden. Eine langfristig angelegte Rückführung der heimischen Stein- und Braunkohleförderung ist dabei sozial- und arbeitsmarktpolitisch verträglich zu gestalten.

Ziel der neuen Politik sollte sein, den Einsatz von heimischer und eingeführter Kohle zur Erzeugung von Strom und Fernwärme in einem Maße zu begrenzen, das es möglich macht, die klimaökologisch gebotenen Reduktionen der von Deutschland ausgehenden Emissionen von Kohlendioxid und Methan zu erreichen.

9.4.4.2 CH_4-Nutzungsgebot für Gruben-, Klär- und Deponiegase

Die derzeitigen anthropogen verursachten Methan-Emissionen in Deutschland in Höhe von schätzungsweise 2 bis 2.5 Mio. t pro Jahr (1993) resultieren zu vergleichbar großen Anteilen aus der Steinkohleförderung, aus der Vieh- (vornehmlich Rinder-) Haltung sowie aus der anaeroben Zersetzung organischer Abfälle (Forstwirtschaft, Landwirtschaft, Gewerbe, Haushalte).

Die Emissionen belaufen sich auf etwa 0,5 bis 1 Prozent der weltweiten anthropogenen Methanemissionen (200 bis 500 Mio. t/a). Zum Vergleich: Die Kohlendioxidemissionen in Deutschland betragen ca. 5 Prozent der weltweiten CO_2-Emissionen).

Die Enquete-Kommission des 11. Deutschen Bundestags „Vorsorge zum Schutz der Erdatmosphäre" hatte folgende Empfehlungen der Minderung der Methan-Emissionen in Deutschland ausgesprochen (Werte bezogen auf die Emissionen im Jahr 1987):

bis zum Jahr 2005	Minderung um 30%
bis zum Jahr 2020	Minderung um 50%
bis zum Jahr 2050	Minderung um 80%

Die Enquete-Kommission des 12. Deutschen Bundestags „Schutz der Erdatmosphäre" unterstützt diese Minderungsziele mit Nachdruck, dies zum einen im Hinblick auf den Beitrag zur Reduktion klimarelevanter Spurengase, zum anderen im Hinblick auf einen Beitrag zur umweltverträglichen Deckung des künftigen Bedarfs an Wärme und Strom.

Methan aus dem Grubengas bei der Steinkohleförderung wird bereits in erheblichem Umfang über die Einspeisung in die Frischluftzufuhr bei der Kohleverbrennung genutzt.

Die Enquete-Kommission empfiehlt dem Gesetzgeber daraufhinzuwirken, daß das Potential an Methan aus dem Grubengas möglichst vollständig der Nutzung zugeführt wird.

Methan aus Klärgasen wird bislang nur in geringem Umfang energetisch genutzt.

Die Enquete-Kommission empfiehlt dem Gesetzgeber daraufhinzuwirken, daß dieses Potential baldmöglichst über Verbrennung in bestehenden bzw. neu zu bauenden Heiz- und Heizkraftanlagen zur Bereitstellung von Wärme und Strom genutzt wird.

Im Hinblick auf die angestrebte Verminderung der Methanfreisetzung durch bakterielle Zersetzung von organischen Abfällen empfiehlt die Enquete-Kommission dem Gesetzgeber, dafür Sorge zu tragen,

- **daß das Potential an organischen Abfällen aus den Bereichen Forst- und Holzwirtschaft, Landwirtschaft, Gewerbe und Haushalte für Deutschland flächendeckend evaluiert wird,**
- **daß auf dieser Evaluierung fußend Vorschläge für die lokal bzw. regional jeweils bestmögliche Nutzung bzw. Entsorgung erarbeitet werden,**
  - **entweder durch direkte Verbrennung zur Bereitstellung von Wärme und Strom,**
  - **oder durch Vergasung und nachfolgende Verbrennung zur Bereitstellung von Wärme und Strom,**
  - **oder durch Deponierung bzw. Kompostierung**
  - **oder durch Vergasung mit anschließender Synthese von Methanol,**
- **daß aufgrund dieser Vorschläge das Potential an organischen Abfällen in Deutschland in größtmöglichem Umfang energetisch genutzt werden wird, dementsprechend die andernfalls resultierenden Methanemissionen in größtmöglichem Umfang reduziert werden.**

9.4.4.3 Substitution CO_2-reicher durch CO_2-schwache Energieträger und Beseitigung von Restriktionen für Erdgas zur Stromerzeugung

Bei der Verbrennung fossiler Energieträger werden unterschiedliche Mengen Kohlendioxid emittiert:

Steinkohle	2,69 kg	CO_2/kg SKE[1])
Braunkohle	3,25 kg	"
Rohöl	2,28 kg	"
Erdgas	1,63 kg	"

[1]) wenn das Grubengas (Methan) zugerechnet wird, steigt die in CO_2-Äquivalente gerechnete Menge

Deshalb trägt ein Übergang von CO_2-intensiven auf CO_2-schwache Energieträger zu einer Verringerung der Gesamt-Emission bei. Zu Buch schlägt dabei vor allem die Substitution von Stein- und Braunkohle durch Erdgas.

Die Enquete-Kommission „Schutz der Erdatmosphäre" empfiehlt, in einem langfristigen aber zeitlich begrenzten Umstellungsprozeß Stein- und Braunkohle teil- und schrittweise durch Erdgas zu ersetzen, soweit dadurch der regional- und sozialpolitisch oder auch aus ökologischen Gründen (z. B. die Erhaltung des Wasserspiegels im Lausitzer Revier) gerechtfertigte Abbau und Absatz heimischer Kohle nicht beeinträchtigt wird.

In Betrieb befindliche Anlagen sollten bis zum Ende ihrer technisch-wirtschaftlichen Lebensdauer weiter betrieben werden. Dem steht nicht entgegen, bestehende und in Betrieb zu haltende Anlagen vorzeitig von Kohle auf Erdgas umzurüsten.

Gleichfalls empfiehlt sie, dafür zu sorgen, daß die Möglichkeiten einer Umstellung von Öl und Ölprodukten auf Erdgas wahrgenommen werden.

Die Kommission spricht sich dafür aus, die Restriktionen für den Einsatz von Erdgas zur Stromerzeugung zu beseitigen. In den alten Bundesländern war es erklärte Politik, diesen Energieträger vornehmlich anderen Verwendungen als der Stromerzeugung zuzuführen. In den neuen Bundesländern war und ist dies keine Leitlinie der Politik mehr. Vor allem Stadtwerke sind nach wie vor bemüht, ihre Stromerzeugung auf Erdgas umzustellen, soweit sie nicht daran gebunden sind, Strom aus Braunkohle zu erzeugen oder zu beziehen.

Die Enquete-Kommission empfiehlt, Erdgas keinen ausgesprochenen Vorrang bei der Stromerzeugung einzuräumen, soweit und solange hierdurch die Verstromung von Kohle aus heimischer und aus EU-Förderung – nicht dagegen die Verstromung von Drittlandskohle oder von Heizöl – beeinträchtigt werden.

Falls Erdgas nur in begrenzten Mengen zur Verfügung stehen sollte, ist es vorrangig auf dem Wärmemarkt und zur Steigerung des Wirkungsgrades bei neuen Kraftwerkstechniken einschließlich der Kombinationstechniken Erdgas-Kohle einzusetzen.

9.4.5 Kernenergie

Über die weitere Nutzung der Kernenergie besteht in Deutschland zwischen den politischen Parteien und wichtigen gesellschaftlichen Gruppen seit Jahren kein Konsens mehr. Die Nutzung der Kernenergie ist in der Öffentlichkeit strittig.

Unabhängig davon ist Kernenergie weltweit ausgebaut worden. Anfang 1994 waren weltweit 422 Kernkraftwerke mit einer Leistung von 356 GW_e in Betrieb, 61 Anlagen mit einer Kapazität von 56 GW_e befanden sich im Bau.

Die Stromerzeugung durch Kernenergie trägt derzeit mit rd. 30 % zur Deckung der Stromnachfrage in Deutschland bei. Würde diese Strommenge in Kohlekraftwerken erzeugt, müßte mit zusätzlichen CO_2-Emissionen von rd. 150 Mio. t/a gerechnet werden, würde sie in Erdgas gefeuerten GuD-Kraftwerken erzeugt, mit ca. 80 – 100 Mio. t/a.

Die Kommission sieht die Gefahren und Risiken der Kernenergie und nimmt die Angst und Besorgnis derjenigen ernst, die eine Nutzung der Kernenergie ablehnen. Auch wenn sie die weitere Nutzung der Kernenergie in Deutschland für verantwortlich und angesichts der drohenden Klimaprobleme für geboten hält, ist das Bemühen um den Abbau bestehender Ängste und Vorbehalte über eine praktisch katastrophenfreie Kerntechnik ein handlungsbestimmendes Element.

Die Bedeutung der Kernenergie für das Erreichen der Klimaschutzziele ist dabei Resultat einer über die Klimafragen hinausgehenden Güter- und Übelabwägung, welche Nutzen und Risiken der Kernenergie und ihrer Alternativen einschließt.

Mit dem gegenwärtigen Beitrag der Kernenergie zur Stromerzeugung ist ihr Treibhausgasminderungspotential noch nicht ausgeschöpft, wie ein Blick nach Frankreich zeigt, wo derzeit 75 % der Elektrizität durch Kernkraftwerke bereitgestellt werden. Neben der Stromerzeugung kann Kernenergie im Prinzip auch über die Bereitstellung von Fernwärme (auch durch KWK), Prozeßdampf, Prozeßwärme sowie längerfristig über den Energieträger Wasserstoff zur Treibhausgasminderung beitragen.

Die in Deutschland betriebenen Kernkraftwerke haben, auch im internationalen Vergleich, einen hohen technischen und sicherheitstechnischen Entwicklungsstand erreicht. Gleichwohl erscheint die weitere Verbesserung der Sicherheit möglich, bis hin zur Vermeidung und Begrenzung der Folgen schwerer Unfälle. Technisch erscheinen Kernkraftwerke möglich, für die hypothetische Unfallfolgen auf die Anlage selbst begrenzt bleiben und einschneidende Maßnahmen zum Schutz vor schädlicher Wirkung ionisierender Strahlung außerhalb der Anlage nicht erforderlich sind.

Die Entwicklungsarbeiten an dieser neuen Generation von Kernkraftwerken mit einer neuen Sicherheitsqualität sind soweit vorangeschritten, daß mit ihrem Bau noch vor dem Jahr 2000 begonnen werden könnte. Von ihnen wird ein höheres Maß an Akzeptanz in der Öffentlichkeit erwartet.

Unabhängig von der weiteren Nutzung der Kernenergie ist eine Endlagerung der radioaktiven Abfälle erforderlich. Ziel der Endlagerung ist die wartungs- und überwachungsarme sichere Beseitigung dieser Stoffe aus dem Lebensraum von Menschen, Tieren und Pflanzen für Zeiträume, in denen von ihnen eine Gefährdung ausgeht. Die vorliegenden Ergebnisse aus fast vier Jahrzehnten international betriebener Forschungs- und Entwicklungsarbeiten zur Endlagerung radioaktiver Abfälle lassen die Einlagerung in tiefen geologischen Formationen als ein auch den kommenden Generationen gegenüber verantwortlichen Weg erscheinen, dessen Realisierung politisch durchgesetzt werden muß.

Die Erzeugung elektrischer Energie in Kernkraftwerken ist derzeit, neben Maßnahmen zur rationelleren Energienutzung, die einzig verfügbare Option zur Minderung von CO_2-Emissionen ohne die Volkswirtschaft mit zusätzlichen Kosten zu belasten. Dies bestätigen die von der Enquete-Kommission in Auftrag gegebenen Untersuchungen zu den CO_2-Reduktionsmöglichkeiten in Deutschland, wie auch andere Gutachten, z. B. die von der Landesregierung Niedersachsens in Auftrag gegebene Untersuchung der Konsequenzen eines Kernenergieverzichts. Die Kernenergie kann damit einen wesentlichen Beitrag sowohl zur Sicherung des Wirtschaftsstandorts Deutschland wie auch zur Erreichung der klimapolitischen Ziele leisten.

Vor diesem Hintergrund empfiehlt die Enquete-Kommission

- **durch die Weiterentwicklung der gesetzlichen Rahmenbedignungen (Atomgesetz) die Voraussetzungen für eine weitere Nutzung der Kernenergie zu schaffen, damit sie, ausgehend von dem Primat der Sicherheit, ihren Beitrag zur Erreichung einer klimaverträglichen Energieversorgung und zur Zukunftsfähigkeit des Wirtschaftsstandortes Deutschland leisten kann.Hierzu gehört insbesondere die Erarbeitung von Leitlinien für die sicherheitstechnische Auslegung neuer Kernkraftwerke, bei denen auch die Auswirkungen hypothetischer Unfälle im wesentlichen auf die Anlage selbst begrenzt sind.**
- **die Wiederherstellung der Planungs- und Rechtssicherheit für den Bau und Betrieb von Kernkraftwerken sowie von Anlagen zur Brennstoffver- und -entsorgung.**
- **die Fortführung der Forschungs- und Entwicklungsarbeiten zur Verbesserung der Reaktorsicherheit sowie die Initiierung von Forschungs- und Entwicklungsarbeiten für innovative Reaktorkon-**

zepte, die, wie z. B. der Hochtemperaturreaktor, neben Elektrizität auch andere Sekundärenergieträger kostengünstig und ressourcenschonend sowie mit einer neuen Qualität inhärenter Sicherheit bereitstellen können.

Mit dem Votum für eine weitere Nutzung einer verantwortbaren, weil risikoarmen und umweltverträglichen Kerntechnik verbindet die Enquete-Kommission auch die Aufforderung an die Bundesregierung und die Industrienationen, ausreichende Maßnahmen zur Verbesserung der Sicherheit bzw. zur Stilllegung von Kernkraftwerken in Osteuropa unverzüglich zu realisieren.

9.4.6 Erneuerbare Energien

9.4.6.1 Kontinuierliche Unterstützung in F, E, D + M (Forschung, Entwicklung, Demonstration und Markteinführung)

Die Kommission erinnert daran, daß es nach Ende der ersten solaren Zivilisation gegen Mitte des 18. Jahrhunderts zu keiner Zeit mehr nur eine einzelne Energie gegeben hat, welche die Menschheit versorgte, daß auch keine jeweils neu hinzukommende Energie die vorher schon genutzten vollständig verdrängte; der wachsende Energiebedarf der Menschheit brauchte sie alle. Allenfalls die relative Bedeutung im Mix änderte sich. So gesehen werden sich künftig wieder zunehmende Anteile erneuerbarer Energien nahtlos in das überkommene Energieversorgungssystem einfügen.

Erneuerbare Energien haben keine betrieblichen Primärenergierohstoffe und folglich gibt es keine Schad- und Reststoffe daraus; sie sind risikoarm und unerschöpflich; weil emissionsarm, haben sie klimaökologisch eminente Bedeutung.

Mangels betrieblicher Primärenergierohstoffe und ohne Schad- und Reststoffe daraus können beim Einsatz erneuerbarer Energien nur durch ihre Anlagentechniken Emissionen entstehen, solange hierfür fossile Energien eingesetzt waren (investive Energierohstoffe). Die Energiewandlungskette erneuerbarer Energien ist häufig kürzer, sie hat weniger Wandlungsschritte als die fossile. Die Wandlungsschritte upstream vom Primärenergierohstoff zur Primärenergie sowie downstream der sicheren Endlagerung von Schad- und Reststoffen aus den fehlenden betrieblichen Primärenergierohstoffen fehlen; sie können zur Klimaökologie nicht beitragen.

Die Kommission empfiehlt der Bundesregierung, darauf hinzuwirken, daß die Erneuerbaren Energien F+E-politisch sowie energiewirt-

schaftspolitisch die Rolle im Energiemix finden, die ihnen klimaökologisch zukommt. Es wird ein Bundesbeauftragter für Erneuerbare Energien gefordert.

Im folgenden ergehen hierzu Einzelempfehlungen.

Die moderne Forschung und Entwicklung erneuerbarer Energien und ihrer Techniken begann vor 20 Jahren unmittelbar nach der 1. Ölkrise. Das energiewirtschaftlich weltweit Erreichte (ohne nicht-kommerzielle Biomassen, ohne große Wasserkraftanlagen) ist mit einigen zehn Gigawatt (GW) installierter Leistung (Anlage 4.6.1) ein Anfang. Derzeitige Zubauraten von einigen GW/a sind aus klimaökologischen Gründen zu steigern.

Zielfaktoren künftiger Forschung und Entwicklung in kW/DM (Mehr Kilowatt installierte Einheitsleistung pro DM) haben Größen von

1,5 bis 5 (10) kW pro DM	thermische Kollektoren, Wärmepumpen, Windkonverter, Kleinwasserkraftwerke, solarthermische Kraftwerke, Biomasseheizwerke, Biomassekraftwerke
3 bis 10 (20) kW pro DM	Photovoltaik, thermische und elektrische Speicher, Biogasanlagen Geothermie
> 10 kW pro DM	Brennstoffzellen, Geothermie zur Stromerzeugung (hot-dry-rock)

Sie liegen damit vielfach an der Schwelle zum Markt und brauchen die Markteinführung (M), bedürfen der Weiterentwicklung und Demonstration (D) oder haben noch Jahrzehnte kontinuierlicher Forschung und Entwicklung (F + E) vor sich.

Die Kommission unterbreitet der Bundesregierung die Empfehlung, ein zweites 20-Jahresprogramm F, E, D + M für Erneuerbare Energien aufzulegen, dessen finanzielle Ausstattung dem zweifachen des vorangegangenen 20-Jahresprogramms (1974 bis 1994) entspricht und dessen Kontinuität über Legislaturperioden stabil gehalten werden muß. Zyklizitäten, die sich an singulären Ereignissen, wie Ölkrisen oder Reaktorunfällen, orientieren, darf es nicht geben. Zudem ist auf die Vermeidung von Entwicklungshalden hinzuwirken. Forschungs- sowie Wirtschafts- und Strukturpolitik müssen Hand in Hand arbeiten, um Entwicklungsresultate klimawirksam und arbeitsplatzsichernd ohne Verzug als Produkte und Verfahren in den Markt zu überführen (Markteinführung).

Diese Politik soll konstruktiver Teil der für 1995 geplanten Fortsetzung der Konsensgespräche in Deutschland werden.

Da Deutschland in den vergangenen 20 Jahren aktiver Teil des internationalen F, E+D-Geschehens war und in einer ganzen Reihe von bilateralen Kooperationen sowie solchen unter dem Dach der IEA und der EU (u. a.) einen hervorragenden Stand einnimmt (Plataforma Solar de Almeria (PSA), HYSOLAR, THERMIE, JOULE, SolarPACES, Euro-Quebec-Projekt u. a.), wird dringend empfohlen, vor allem in der Zeit des Vorwettbewerbs die Internationalität fortzusetzen und zu stärken. Das schont nationale Finanzmittel, da arbeits- und finanzteilig, und bereitet die internationalen Märkte der solaren Energiewirtschaft der Zukunft vor.

Die Kommission empfiehlt weiter, etwa nach dem Muster des Demonstrationsprojekts 250 MW_e Wind neue Forschungs- und Entwicklungsresultate, die weitgehend das Labor verlassen haben, unverzüglich in signifikanten Stückzahlen/Größen unter Marktbedingungen zu demonstrieren; eine Liste demonstrationsfähiger Technologien befindet sich in Anlage 4.6.1.

Die Organisation der Forschungs- und Entwicklungsarbeiten für die Erneuerbaren Energien ist ein Spiegelbild der historischen Entwicklung. Institute an Universitäten und Hochschulen, Teile von Großforschungseinrichtungen anderer Widmung, Institute der Fraunhofer Gesellschaft und lehrfreie Institute und Zentren, gegründet von besonders engagierten Ländern und der Wirtschaft, sind beteiligt. Wesentliche Einrichtungen arbeiten im Forschungverbund Sonnenenergie zusammen.

Das zweifellos große Potential der Erneuerbaren Energien, ihre allgemein ökologische und klimapolitische Qualität als unerläßlicher Bestandteil dauerhafter Fortentwicklung sowie die Verwirklichung der vorstehenden Kommissionsempfehlung zu einem weiteren 20-Jahresprogramm F, E, D + M verlangen und rechtfertigen ein strafferes, auch unternehmerisch verantwortliches organisatorisches Gefüge. Dabei ist sowohl die inhaltliche Heterogenität Erneuerbarer Energien (Strahlung, Biomasse, Wind, Wasserkraft, Umgebungswärme, Geothermie) als auch die sehr verschiedene Zielsetzung in Forschung (F), Entwicklung (E), Demonstration (D) und Markteinführung (M) zu berücksichtigen.

Der ansehnliche internationale Stand Deutschlands und das beachtliche Engagement des Bundes, der Länder und der Wirtschaft sollten in der organisatorischen Struktur der Programmfindung und -führung sowie finanzieller Zuweisung Ausdruck finden.

Die Kommission empfiehlt daher, unter Wahrung und weitgehendem Erhalt der gewachsenen Strukturen von F, E, D + M, den Erneuerbaren Energien eine Programm- und Führungsorganisation zu geben, die ihrer Bedeutung für Energiewirtschaft und Klimaökologie angemes-

sen ist. Hierher gehören unternehmerisch verantwortliches Management, ein Beirat für Wissenschaft und Technik sowie peer reviews unter internationaler Beteiligung, mit dem Auftrag, die wissenschaftliche Qualität zu beurteilen, die Programmergebnisse zu evaluieren und an der Programmfindung und der Zuordnung der Finanzmittel mitzuwirken.

Es ist zu erwähnen, daß das NREL – National Renewable Energy Laboratory in Golden, Colorado, USA erst vor wenigen Jahren in den Rang eines National Laboratory gehoben wurde.

Da mit zunehmendem Fortschrittsgrad der Schwerpunkt der Arbeiten immer mehr von F + E zu D + M rückt und M nicht eigentlich Aufgabe von Forschungseinrichtungen ist, der Übergang von F, E + D zu M aber sehr wohl zügig vonstatten gehen sollte, gibt die Kommission zu erwägen, die Wirtschaft institutionell zu beteiligen.

Den spezifischen Vorteilen Erneuerbarer Energien – Unerschöpflichkeit, Erneuerbarkeit, betriebliche Primärenergierohstofflosigkeit, Risikoarmut, ökologische Verantwortbarkeit, Ubiquität – stehen auch nachteilige Eigenschaften gegenüber: die zeitliche Fluktuation ihres Angebots und ihre begrenzte Speicher- und Transportierbarkeit (Ausnahme Biomasse). Hieraus ergeben sich drei prinzipielle Handlungsempfehlungen für die Nutzung der Erneuerbaren Energien:

- **Erneuerbare Energien speicherlos und ohne Transportaufwand momentan nutzen, wenn sie angeboten werden: Biomasse und Geothermie nahezu uneingeschränkt, Sonnenstrahlung, solange Sonnenenergie angeboten wird; Windenergie, solange der Wind weht; Umgebungswärme, solange ihre Temperatur die Nutzung durch Wärmepumpen zuläßt. Diese zeitlich nur bedingt vorhersehbare Nutzung erneuerbarer Energien dient der – klimaökologisch wichtigen – Einsparung von Primärenergierohstoffen (fuel saver); ansonsten ist konventionelle Kapazität vorzuhalten. – Dies sind die ersten und preiswertesten Nutzungen erneuerbarer Energien.**
- **Durch Hybridanlagen zweier oder mehrerer Erneuerbarer Energien sowie der Kombination fossiler und Erneuerbarer Energien eine Quasi-Speicherbarkeit erreichen: Die sich ergänzenden Angebotsprofile etwa des Windes und der durch Photovoltaik genutzten Sonnenstrahlung erhöhen die zeitliche Verfügbarkeit des gewonnenen Stroms merklich; oder, Hochtemperaturwärmespeicherung oder Erdgaszusatzfeuerung in solarthermischen Kraftwerken dehnt ihre uneingeschränkte Verfügbarkeit in die Nacht aus.**

- **Die erneuerbaren Sekundärenergien in den Formen thermischer, chemischer und elektrischer Energien speichern und transportierbar machen.**

Die Kommission fordert, der momentanen, täglichen und saisonalen Speicherung thermischer, chemischer und elektrischer Sekundärenergieträger aus Erneuerbarer Energie in den F, E+D-Programmen des Bundes, der Länder, gegebenenfalls der Kommunen und vor allem der Energieindustrie und des Energie-Gewerbes in den Budget- und Zeitplänen großes Gewicht zu geben.

Erneuerbare Sekundärenergien wirtschaftlich speichern zu können, ist der Schlüssel zur Überwindung ihres naturgegebenen Handicaps, nämlich nicht immer und überall nach gewünschter Quantität und Qualität für das Energieversorgungssystem der Menschen verfügbar zu sein. Der verläßliche und bezahlbare Einsatz von Speichern fühlbarer und latenter Wärme, von elektrischen Batterien und elektrochemischen Speichern sowie von Speichern chemischer Energie (Energiealkohole, Wasserstoff) und Speichern mechanischer Energie (Schwungräder für die Traktion sowie für stationäre Speicherung elektrischer Energie) entscheidet über den Beitrag der Erneuerbaren Energien im Energiemix!

Weil Erneuerbare Energien an jeder Stelle der Energiewandlungskette in das Energiewirtschaftssystem einer Volkswirtschaft eingebracht werden können – im Nutzerbereich, im Sekundärenergiebereich oder im Primärenergiebereich –, sind alle entlang der Energiewandlungskette tätigen Branchen, Gewerke, Ingenieurfirmen etc. gefordert; eine Aufstellung enthält die Anlage 4.6.1. Es kann erwartet werden, daß Unternehmen, die in den Primär- und Sekundärenergiebereichen tätig sind, ohne unüberwindbare Schwierigkeiten auch die Versorgung mit erneuerbaren Energien übernehmen werden. Unbefriedigend organisiert aber ist der Bereich der Nutzenergiewandlung in Energiedienstleistungen. Hier, wo vor allem in Haushalten und Kleinverbrauch Millionen Energienachfrager mit mehr als der Hälfte des Endenergiebedarfs Deutschlands umgehen, herrscht fachlich-unternehmerisches Defizit.

Ergänzend wird empfohlen, Ausbildungs- und Schulungsprogramme zu initiieren und kontinuierlich fortzuführen für das Heizungs- und Installationsgewerbe, das Elektrofach, die Fenster- und Wärmedämmbranchen, ferner für Architekten und beratende Ingenieure sowie Angehörige von Stadtwerken, Energieläden u. ä. Vergleichbares gilt für die Land- und Forstwirtschaft, die sich zu großen Teilen durch nachwachsende Rest-und Abfallstoffe mit Energie versorgen sollte.

Solar-elektrische Konversion in Deutschland geschieht derzeit bevorzugt durch Wasserkraftwerke, Windkraftwerke und photovoltaische Kraftwerke. Die Bedingungen der Einspeisung in das öffentliche Netz sind im Einspeisegesetz geregelt (für Wasserkraft nur Klein-Wasserkraftwerke). Der Kohlepfennig wird als Aufschlag auf die Kilowattstundenpreise erhoben, unbesehen, ob der Strom in Kraftwerken erzeugt wurde, die hohe oder niedrige Emissionen klimaschädlicher Spurengase haben. Es gibt Bestrebungen, Kraftwerke erneuerbarer Einsatzenergien vom Kohlepfennig auszunehmen; das ist klimapolitisch konsequent.

Die Kommission kann diese Entwicklung nur begrüßen und empfiehlt, Strom aus Kraftwerken erneuerbarer Einsatzenergien (Wind, Wasserkraft, Strahlung, Biomasse, gegebenenfalls Geothermie und Biogas gefeuerte BHKWe) soweit möglich von der Zahlung des Kohlepfennigs zu befreien.

9.4.6.2 Die Empfehlung der Enquete-Kommission an die Bundesregierung zum Bau eines Solarthermischen Kraftwerks [123)]

Die vor der UNCED in Rio de Janeiro (Juni 1992) von der Kommission beschlossene Empfehlung an die Bundesregierung, im Sonnengürtel der Erde ein solarthermisches Kraftwerk zu bauen, wird hiermit wiederholt. Die Kommission verband und verbindet damit, der Nutzung der ökologisch verantwortbaren Erneuerbaren Energien einen nachhaltigen Impuls zu geben und auf die Kooperation zu verweisen, die ein Industrieland im Norden und ein Entwicklungsland im einstrahlungsintensiven äquatorialen Gürtel eingehen.

Es wird auf die Beispielfunktion hingewiesen, die von der Identifikation mit der Sonnenenergienutzung durch den Bau des Kraftwerks ausgeht. Es fügt der großen Zahl von Energieprojekten den nachhaltigen (sustainable), ökologisch sauberen Energiewandler hinzu: Kohlegruben im 18. Jahrhundert, erste Ölfelder im 19., Erdgasaufschluß und Kernspaltungsenergie im 20., Sonnenenergienutzung im 21. Jahrhundert. Oder, an Technologieschüben gemessen: Dampfmaschinen und Bergwerksausrüstung zu den englischen Kohlefeldern sowie an die Ruhr und im Gegenzug Kohle zur Industrialisierung der Welt; Bohrgerät, Pipelines, Tank-

123) Enquete-Kommission „Schutz der Erdatmosphäre" des Deutschen Bundestages (Hrsg.), Klimaänderung gefährdet globale Entwicklung – Zukunft sichern – Jetzt handeln, Erster Bericht der Enquete-Kommission „Schutz der Erdatmosphäre" des 12. Deutschen Bundestages, Economica Verlag GmbH Bonn 1992, Verlag C. F. Müller Karlsruhe 1992 und Forum für Zukunftsenergien e.V., Gutachten zum Vorschlag für die gemeinsame Errichtung eines Sonnenkraftwerkes von Industrieländern und einem Entwicklungsland im Sonnengürtel der Erde bei der United Nations Conference on Environment and Development (UNCED), im Auftrag der Enquete-Kommission „Schutz der Erdatmosphäre" des Deutschen Bundestages, Bonn 1992.

schiffe und Raffinerien zum Aufschluß der Ölfelder in Oklahoma, auf der Arabischen Halbinsel oder in Tjumen und im Gegenzug Öl für die Tanks von Automobilen, Schiffen und Flugzeugen; Off-shore-Plattformen, Kompressoren und Gasnetze für die Nordsee oder Sibirien, und im Gegenzug Erdgas und Wärme für die Wohnungen im Norden; Kernkraftwerke bevorzugt für die Industrieländer, und im Gegenzug Strom für Industrie und Haushalte; schließlich Wasserkraftwerke, Sonnenkraftwerke, Windparks und geothermische Kraftwerke in die Weltgegenden höchster Wasserkraftdichte, höchster Insolation, Windenergiedichte sowie geothermische Höffigkeit und im Gegenzug Wärme und Strom für die solare industrielle Kraftwirtschaft vor Ort sowie Strom und Wasserstoff für das Energiehandelssystem der Welt.

Die Kommission empfiehlt der Bundesregierung, die begonnenen Verhandlungen mit potentiellen Standortländern im Sonnengürtel der Erde wie Indien, Iran, Israel, Jordanien, Marokko zügig fortzusetzen, mit dem Ziel, beispielgebend für transnationale Kooperation unter Miteinbezug der UNEP, der Weltbank und der GEF ein Solarthermisches Kraftwerk von ca. 100 MWe zu errichten. Die Kommission verbindet hiermit ein Signal zugunsten der ökologisch verantwortbaren, wirtschaftlich vertretbaren, technisch reifen solaren Stromversorgung in volkswirtschaftlicher Dimension. Hochtemperatur-Wärmespeicher erhöhen den Kapazitätsfaktor des Kraftwerks und erlauben, den Kraftwerksbetrieb über die Sonnenscheindauer hinaus auszudehnen.

Deutschland festigt damit sein Ansehen als verläßlicher Partner auf dem Weltmarkt für Energieanlagen und fügt seinem wohletablierten Energieanlagen-Portefeuille saubere Sonnenkraftwerke hinzu.

9.4.6.3 Erneuerbare Energien und Anlagenexport

Die vermehrte Nutzung erneuerbarer Energien ist auch Aufgabe konsequenter Technologie-, Industrie- und Exportpolitik, weil das Angebotspotential Erneuerbarer Energien in anderen Weltgegenden häufig besser ist als in Deutschland.

Die Enquete-Kommission empfiehlt der Bundesregierung, wirtschafts- und strukturpolitisch darauf hinzuwirken, daß die Wirtschaft Industrie- und Gewerbestrukturen aufbaut, erhält und fördert, die den im Weltmaßstab in einigen Branchen nicht unangemessenen, in anderen aber unbefriedigenden Stand der deutschen Industrie bessert: Deutschland war bei Silizium und bei entscheidenden Komponenten solarthermischer Kraftwerke Weltmarktführer; hier droht ein Fadenriß. Bei Brennstoffzellen (Ausnahme alkalische Brennstoffzellen, die

aber für die Energiewirtschaft kaum eingesetzt werden), Stirlingmotoren, in der Biomassekonversion (Holz-, Strohkraftwerke, Biogasgeneratoren, biofuels) sowie im Markt der geothermischen Kraftwerke hat Deutschland wenig zu melden; bei Photovoltaik, Wasserkraftwerken, Windkraftwerken, Wärmepumpen ist sein Stand gut bis erwartungsvoll.

Die klimapolitisch potentiell positive Rolle der Erneuerbaren Energien kann Deutschland nicht spielen, wenn seine Industrie- und Gewerbestruktur die seriengerechte Fertigung der zugehörigen Techniken und Anlagen zu wirtschaftlich verantwortbaren Stückkosten nicht zuläßt. – Nicht zu verkennen ist parallel hierzu der exportpolitische Aspekt: Export von Energieanlagen hat Tradition, sie findet ihre konsequente Ergänzung in ökologisch sauberen Energiewandlern Erneuerbarer Energien.

Als Handlungsempfehlung ergeht an die Bundesregierung ferner, darauf hinzuwirken, daß internationale klimapolitische Vereinbarungen getroffen werden, die die Kooperation zwischen Industrieland und – häufig im einstrahlungsintensiven äquatorialen Gürtel ± 40° N/S gelegenen – Entwicklungsland fördern. Transnationale Kooperationen, Joint Implementation, BOT – Build-Operate and Transfer sowie Finanzierungen aus internationalen, der Klimapolitik verpflichteten Finanzkörpern (UNEP, GEF, Maghrebfond der EU u. a.) haben dabei besondere Bedeutung. Die in Deutschland 1995 stattfindende 1. Vertragsstaatenkonferenz der Unterzeichner der UN-Klimakonvention bietet gute Gelegenheit, diese Empfehlung in die Tat umzusetzen.

9.4.6.4 Sekundärenergieimport

Energetisch zu nutzende Sekundärenergie aus erneuerbaren Energien wird derzeit nur in spärlichen Mengen importiert (Beispiel Strom aus den Wasserkraftwerken der Alpen und künftig Skandinaviens, Energieträger aus Biomasse, Elektrolysewasserstoff für die Raumfahrt, Holzabfälle aus Importholz).

Der Import aber von Strom oder chemischer Energie aus Weltgegenden hoher Potentiale Erneuerbarer Energien (Strahlung, Wind, Wasserkraft etc.) nach Deutschland wird dann wichtiger werden, wenn große Mengen auch Erneuerbarer Energien am bestehenden Energiehandelssystem beteiligt werden sollen.

Für den Transport von Strom selbst über Entfernungen weniger tausend Kilometer gibt es die HGÜ – Hochspannungs-Gleichstrom-Übertragung. Für chemische Sekundärenergien bietet sich Elektrolysewasserstoff an (solarer Wasserstoff, möglicherweise gespeichert in Form von Alkoholen).

Der Bundesregierung und den befaßten Länderregierungen (Baden-Württemberg, Bayern, Hamburg u. a.) wird von der Kommission empfohlen, darauf bedacht zu sein, den international beachtlichen Stand Deutschlands auf dem Gebiet der Erforschung und Entwicklung des Systems und der Komponenten einer solaren Wasserstoffenergiewirtschaft zu festigen und konsequent weiterzuentwickeln sowie ausentwickelte Komponenten zügig in den Markt einzuführen. Internationale Kooperation ist unerläßlich. Besonderes Augenmerk und zügige Fortentwicklung verdient die Brennstoffzelle, ein hocheffizienter elektrochemischer Energiewandler, der im Vergleich zum Ausland hierzulande keinen guten Stand hat, dem aber aus ökologischen Gründen und weil er nicht den Limitationen der Carnotprozesse unterliegt, höchste Bedeutung zukommt, in nahezu allen Bereichen der Energiewandlung: in der Traktion, als BHKW, im topping cycle von GuD-Kraftwerken mit erwartbaren Gesamtwirkungsgraden von bis zu 70 %.

Die Kommission empfiehlt des weiteren, sich dafür einzusetzen, den Stromverbund mit den Südanrainern des Mittelmeeres sowie mit den mittelasiatischen GUS-Republiken zu fördern. Dahinter verbirgt sich zweierlei: Zum einen die Stabilisierung der dortigen Netze nach Frequenz und Spannung, zum anderen (wenn nicht über HGÜ) der potentielle Import von sauberem Strom aus Sonnenkraftwerken (gegebenenfalls Wasser-, Windkraftwerken) – letzteres eine Fortsetzung der Tradition des Stromimports aus den Alpen und in nächster Zukunft aus Skandinavien.

9.5 Handlungsempfehlungen mit globaler Dimension

9.5.1 Beschleunigung und Intensivierung einer globalen Politik zur Eindämmung des Treibhauseffektes [124])

Die Konferenz der Vereinten Nationen über Umwelt und Entwicklung (UNCED) im Juni 1992 in Rio de Janeiro hat – vor allem auf der Grundlage der inzwischen in Kraft getretene Klimarahmenkonvention – eine globale Politik zur Eindämmung des Treibhauseffektes eingeleitet, einer solchen Politik sowohl Ziele als auch Mittel und Wege vorgegeben und – insbesondere für die Industrieländer – erste Maßnahmen beschlossen.

[124]) Joint Implementation ist Gegenstand der Handlungsempfehlung Initiierung transnationaler Kooperationen zur Reduktion der Emissionen klimarelevanter Spurengase.

Bislang ist im wesentlichen nur vereinbart worden, daß die Industrieländer in West und Ost gehalten sind, im Jahr 2000 keine größeren Mengen von CO_2 zu emittieren als im Jahr 1990. Für die Entwicklungs- und Schwellenländer sieht die Klimarahmenkonvention keinerlei verbindliche Begrenzung der Emissionen vor.

Die Enquete-Kommission „Schutz der Erdatmosphäre“ sieht diese Entwicklung mit Sorge. In der Tat, die eingeleiteten und absehbar vorgesehenen Maßnahmen reichen keineswegs aus, um das in Artikel 2 der Klimarahmenkonvention formulierte hohe Ziel einer Stabilisierung des Klimas bis zur zweiten Hälfte des nächsten Jahrhunderts zu verwirklichen.

Die Enquete-Kommission ersucht deshalb die Bundesregierung, schon bei der ersten Vertragsstaatenkonferenz im März 1995 in Berlin darauf zu dringen,

- daß die westlichen und östlichen Industrieländer auch Reduktionsverpflichtungen für die Zeit nach dem Jahr 2000 eingehen, und
- daß die Entwicklungs- und Schwellenländer sich verbindlich verpflichten, ihre Emissionen in Grenzen zu halten.

In ihrer Höhe und in ihrer Zeitfolge sollten diese Verpflichtungen ausgerichtet sein auf das in Artikel 2 der Klimarahmenkonvention formulierte Ziel einer Stabilisierung des Klimas.

9.5.2 Initiierung von Joint Implementation und transnationalen Kooperationen zur Reduktion der Emissionen klimarelevanter Spurengase

Artikel 4 Ziffer 2 Buchstaben a und b der in Rio verabschiedeten und inzwischen in Kraft getretenen Klimarahmenkonvention gibt den dieser Konvention beigetretenen Staaten und internationalen Organisationen die Möglichkeit, gemeinsame Politiken und Maßnahmen – Joint Implementation – zu entwickeln, um ihren Reduktions-Verpflichtungen nachzukommen.

Es ist vorgesehen, in der nächsten, im März/April 1995 in Berlin stattfindenden Vertragsstaaten-Konferenz Kriterien für die praktische Umsetzung solcher Joint Implementation zu verabschieden.

Unter Joint Implementation versteht man Regelungssysteme, gemäß denen Staaten, die der Klimarahmenkonvention beigetreten sind, ihren Verpflichtungen zur Reduktion der Emissionen klimaschädlicher Spurengase dadurch nachkommen, daß sie Maßnahmen ergreifen, die andere der Konvention beigetretene Staaten zu äquivalenten Reduktionen veranlassen.

Die Enquete-Kommission „Schutz der Erdatmosphäre" heißt diese Bemühungen gut, stellt aber bedauernd fest, daß es offenbar noch recht lange dauern wird, bis auf dieser Grundlage Joint Implementation mit den bezeichneten Zielen verwirklicht werden kann.

In der Gestalt transnationaler Kooperationen zur CO_2-Minderung hat das Konzept transferierbarer CO_2-Emissions-Kontingente Interesse gefunden: Es gilt zu erreichen, daß Reduktionen der CO_2-Emissionen dort erfolgen, wo die Kosten in Rechnungseinheiten je Tonne CO_2-Minderung gering sind.

Unter den neuen Mitteln der CO_2-Minderung ist dieses Konzept ein wesentliches, das die großen Reduktionspotentiale sowohl in Mittel- und Ost-Europa und in der Gemeinschaft Unabhängiger Staaten als auch in den Entwicklungs- und Schwellenländern zu erschließen vermag. Der letztgenannten Ländergruppe legt die in Rio verabschiedete Klimarahmenkonvention keinerlei Reduktionspflichten auf.

Die internationale Klimapolitik steht und fällt mit der Erschließung dieser Reduktionspotentiale. Daher sollte sich die Bundesregierung nachdrücklich darum bemühen, daß auf dieses Ziel abgestellte Kooperationen zwischen Partnern in West und sowohl in Ost als auch in Süd auf weltweiter oder regionaler Ebene zustandekommen. Diese Kooperationen wären abzusichern oder auch zu ergänzen durch Abkommen zwischen den Regierungen der Partnerländer.

Weite Bereiche der Energiewirtschaft – Gewinnung, Umwandlung, Transport und Verbrauch von Kohle, Öl, Gas sowie Anlagen und Kraftwerke Erneuerbarer Energien – könnten Objekte solcher Kooperationen sein: Forschungs- und Entwicklungsvorhaben, Lieferungen von Anlagen und Aggregaten bis hin zu fundierten industriellen Kooperationen, etwa in der Gestalt von Joint Ventures. Objekte derartiger Kooperationen könnten aber auch Aktionen sein, die über den engeren Energiebereich hinausgehen, beispielsweise Vereinbarungen, die eine Erhaltung der tropischen Regenwälder sichern sollen.

Wirksame Anreize lägen in der Möglichkeit einer Anrechnung auf eine Energie/CO_2-Steuerschuld – vorausgesetzt, der Energieverbrauch oder die CO_2-Emissionen unterliegen einer Steuer. Nur in einem solchen Sachzusammenhang sollte man von Kompensationen sprechen.

Es wäre auch vorstellbar, daß im internationalen Rahmen eine Zertifikat-Lösung eingeführt wird, die den einzelnen Staaten, Staatengemeinschaften oder anderen Gebietskörperschaften Kontingente für maximale Emissionsmengen klimawirksamer Spurengase vorgibt. Sollte es dazu im weltweiten oder regionalen Rahmen kommen, dann wäre es möglich, daß die im Wege einer transnationalen Kooperation – TNK – erreichten Minderungen von CO_2-Emissionen in einem durch die Kooperation begünstigten Lande ganz oder teilweise dem Emissions-Kontingent des begünstigenden Landes zugerechnet werden.

Auch wenn eine CO_2-Energie-Steuer oder eine Kontingentierung (Zertifikatsregelung) nicht zustandekommt, mangelt es nicht an Möglichkeiten zu Anreizen für transnationale Kooperationen. Man könnte kooperationsbereiten Unternehmen insoweit Steuererleichterungen zugestehen oder Beihilfen oder andere Vorteile gewähren, als sie nachweisen, im Wege der Kooperation mit Unternehmen in Partnerländern für Reduktionen der CO_2-Emissionen zu sorgen, die das Ausmaß der Emissionen, die im Inland erreichbar wären, deutlich übersteigen.

Unabhängig von oder auch im Vorgriff auf spätere Joint Implementation empfiehlt die Enquete-Kommission „Schutz der Erdatmosphäre", transnationale Kooperationen zur Reduktion der Emissionen klimawirksamer Spurengase auf der Basis freiwilliger Selbstverpflichtungen zu fördern und zu diesem Zweck Rahmenbedingungen festzulegen und ein Regelwerk einzuführen, das insbesondere vorsieht:

- **die Einrichtung von Clearingstellen für die Anbahnung von Kooperationen,**
- **Anreize der verschiedensten Art,**
- **Richtlinien für eine Anrechnung auf Steuern, Kontingente usw.,**
- **absichernde Abkommen zwischen der Bundesrepublik und den Regierungen der Partnerländer in Ost und Süd,**
- **eine Evaluierungsinstanz, die sicherstellt, daß Mitnahmeeffekte, soweit dies möglich ist, auszuschließen sind,**
- **eine Kontrollinstanz für die Verwendung von Fremdmitteln und zur korrekten Anrechnung auf Steuern und Kontingente.**

9.5.3 Klimapolitik und energiewirtschaftliche Zusammenarbeit mit Mittel- und Osteuropa und der Gemeinschaft Unabhängiger Staaten

Die Energieversorgung und die Umweltbelastung der Länder des früheren Rats für gegenseitige Wirtschaftshilfe – den Ländern Mittel- und Osteuropas und der Gemeinschaft Unabhängiger Staaten (GUS) – sind in hohem Grade bedenklich. Diese beiden Großregionen bedürfen zur Behebung dieser Schwierigkeiten nachhaltiger Unterstützung durch die westlichen Industrieländer und im besonderen der Bundesrepublik Deutschland.

Rahmenprogramme vielfältiger Art, um diese zu erreichen, sind im Aufbau oder werden vorbereitet. Es sei hingewiesen auf die vom Weltwirtschaftsgipfel und der Europäischen Union vorgesehenen beschlossenen und geplanten Aktionen, hier vor allem auch auf die Europäische Energie-Charta und auf die bilaterale Zusammenarbeit zwischen der Bundesrepublik Deutschland einerseits und den Ländern und Länderzusammenschlüssen im Osten.

In diesem Zusammenhang empfiehlt die Enquete-Kommission „Schutz der Erdatmosphäre", bei all diesen Aktionen dem Anliegen einer Reduktion der Emissionen klimawirksamer Spurengase in besonderem Maße Rechnung zu tragen. Dies gilt vorrangig für die folgenden Komplexe von Projekten:

- Die Gewinnung, die Umwandlung, den Transport und den – rationellen – Verbrauch von Kohle, Öl und Gas. In diesem Zusammenhang sei hingewiesen auf das emissionsträchtige und schon deshalb reparaturbedürftige System der Pipelines für Erdöl und Erdgas.
- Vorhaben und Initiativen zur rationelleren Verwendung von Sekundärenergieträgern, hier vor allem auch von Elektrizität.
- Die Entwicklung und den Einsatz herkömmlicher und neuer Erneuerbarer Energien auf Basis von Sonne, Biomasse, Wind und Erdwärme.
- Vorhaben und Initiativen zur Abschaltung oder Sanierung riskanter Kernkraftwerke – hier vor allem solchen vom Tschernobyl-Typ – unter Einbeziehung von Aktionen zur Ersatzstrombeschaffung für stillgelegte und stillzulegende Kernkraftwerke.

9.6 VISION 2050

Vier Motive vor anderen lassen es geraten sein, auch über mögliche weitere Zukunftsentwicklungen hoher Plausibilität Gedanken niederzuschreiben.

Dabei ist unmißverständlich, daß

- die ausgesprochenen Empfehlungen keine Prognosenresultate darstellen und auch nicht sollen,
- die möglichen Zukunftsentwicklungen nicht so und nur so eintreten müssen,
- es schließlich, nicht zuletzt sich verändernde Randbedingungen aus anderen Politikbereichen geben mag (geben wird), die Teile der ausgesprochenen Empfehlungen verändern werden.

Selbst mit diesen Einschränkungen hält es die Enquête-Kommission „Schutz der Erdatmosphäre" gleichwohl für unerläßlich, auch Aussagen über sehr viel weiter in der Zukunft liegende Bereiche der klimarelevanten Energiepolitik zu machen; sie weiß sich darin etwa mit dem IPCC (Intergovernmental Panel on Climate Change) in guter Kollegialität, das den Versuch macht, Aussagen für 2100 zu treffen.

Die genannten vier Motive sind:

1. Die von der UNCED im Juli 1992 verabschiedete Klimarahmenkonvention impliziert die Reduktion der Treibhausgasemissionen in die Atmosphäre binnen etwa eines halben Jahrhunderts um 60 bis 80 %.

2. Die Verweildauer von klimawirksamen anthropogenen Spurenstoffen in der Atmosphäre kann ein Jahrhundert und mehr betragen: CO_2 100 Jahre, N_2O 150 Jahre.

3. Änderungsgeschwindigkeiten in den Bereichen Energie und – zugeordnet – Hochbau, Industrie und Verkehr sind in aller Regel so, daß mit Implikationszeiten klimarelevanter Entscheidungen von nicht selten Jahrzehnten bis zu halben Jahrhunderten gerechnet werden muß. (Energetisch relevante Totalrenovierung im Hochbau 50 Jahre, energetisch relevanter Generationswechsel (nicht Modellwechsel!) bei Automobilen 10 bis 20 Jahre, bei Eisenbahnen 30 bis 40 Jahre, bei Flugzeugen 20 bis 30 Jahre, Lebensdauer einer Kraftwerksgeneration 30 bis 50 Jahre, Erneuerung des Industrieparks mit einer bezogenen Energiebedarfsminderung von 1 bis 2 %/Jahr).

4. Entwicklungszeiten für energietechnische Anlagen vom ersten Resultat im Labor bis zur ersten Etablierung auf dem Markt und damit dem ersten klimarelevanten Wirksamwerden sind erfahrungsgemäß in aller Regel viele Jahrzehnte bis zu wiederum nahezu einem halben Jahrhundert. (Die wirklich zügige Entwicklung der Gasturbine begann mit der Flugturbinenentwicklung in den 40er Jahren; erst heute dringt sie mit nennenswerten Kapazitäten und überzeugender Effizienz als Komponente von Kombiblöcken in die Energiewirtschaft ein. – Die Kernspaltungsenergie ist mehr als ein halbes Jahrhundert alt und steht weltweit für 6 % Primärenergieäquivalent. – Die energetisch wie ökologisch hochinteressante Brennstoffzelle hat es bislang über Anwendungen in der Raumfahrt und der Unterseetechnik hinaus nur zu Laborexperimenten und ersten Demonstrationsanlagen gebracht. Wirklich zielgerichtete, zügige Entwicklung und Markteinführung vorausgesetzt, muß erwartet werden, daß Brennstoffzellen – etwa in der Traktion, als BHKWe oder im topping cycle von Kombikraftwerken – nicht vor 20 bis 30 Jahren in nennenswerten Stückzahlen und Kapazitäten Dienst tun werden.)

Die Enquete-Kommission „Schutz der Erdatmosphäre" faßt in Würdigung der vorstehenden Motive u. a. ihre weiterreichenden Empfehlungen unter der VISION 2050 zusammen. Dabei ist das Datum nicht wörtlich zu nehmen, sondern soll vermitteln, daß klimarelevante energiepolitische, verkehrspolitische und technologiepolitische sowie baupolitische Entwicklungen samt und sonders von so langen Zeitkonstanten geprägt sind, daß sie übliche Politikzyklen von wenigen Jahren regelmäßig um Faktoren, wenn nicht um eine Zehnerpotenz überschreiten! Die Empfehlungen zur VISION 2050 bieten somit allenfalls einen Grundbezug, gleichsam ein Eichnormal, an dem Politikentscheidungen der aufeinanderfolgenden Legislaturperioden orientiert werden können. Damit wird deutlich, daß Politikentscheidungen nachfolgender Politikergenerationen mit den Empfehlungen zur VISION 2050 nicht vorweggenommen werden sollen (und auch gar nicht können). Jede Generation wird wieder von neuem zu entscheiden haben, welche Kriterien im Kriteriensatz der Entscheidungen mit welchem Gewicht zu berücksichtigen sind: die Wirtschaftlichkeit, die Umweltverantwortbarkeit, die Sozialverträglichkeit, die Arbeitsplatzrelevanz, die internationale Verträglichkeit u. a. oder – wahrscheinlich – eine Kombination mehrerer dieser Kriterien.

Die Kommission empfiehlt der Politik, den Rahmen für die folgenden Entwicklungen abzustecken. Dabei ist Vorsorge zu treffen dafür, daß die ausreichend mit Energiedienstleistungen zu versorgende Menschheit sich verdoppelt.

- **Die Optimierung der technischen Arbeitsfähigkeit in der Energiewirtschaft ist immerwährendes Gebot. Höchste Wirkungsgrade in der Bereitstellung technischer Arbeitsfähigkeit (Exergie) sind anzustreben.**

- **Niedertemperatur-Wärmeproduktion unter Verwendung technischer Arbeitsfähigkeit (Exergie) ist auf ein Minimum zurückzudrängen. Wärmenutzung sollte in Nutzungskaskaden aufeinanderfolgender fallender Temperaturstufen geschehen; das schließt die Wärme auf der letzten Temperaturstufe, die Umgebungswärme, zur Niedertemperaturwärmebereitstellung mittels Wärmepumpen mit ein.**

- **Energiewandlungsketten kürzest möglicher Länge sind anzustreben, die erlauben, die von Energiewandlungsschritt zu Energiewandlungsschritt nach dem 2. Hauptsatz der Thermodynamik zwangsläufig zunehmende Energie- und Stoffentwertung zu vermindern. Energiedienstleistungen sind mit einem Minimum an technischer Arbeitsfähigkeit und einem Minimum an Stoffeinsatz bereitzustellen.**

- **Höchsteffiziente Energiewandler und Energiewandlungssysteme rationeller Energiewandlung und rationeller Energieanwendung sowie Erneuerbare Energien sind zu entwickeln und, wo immer wirtschaftlich, zu nutzen.**

▪ Stoffströme sind, soweit irgend möglich, im Kreis zu führen (Kreislaufwirtschaft). Nachhaltigkeit (sustainability) allen Tuns verlangt dessen Einbindung in die Kreisläufe der Natur.

▪ Fossile Energierohstoffe sind zurückzudrängen mit Hilfe von Energiewandlungstechnologien höchster Effizienz. Im Ziel gehören hierher, u. a.:

- **Niedrigenergiehäuser mit einem Energiebedarf von 20 bis 30 kWh/m^2 a**
- **Verkehrsmittel mit spezifischen äquivalenten Energieverbräuchen von 2 bis 3 Litern Benzinäquivalent pro 100 Personenkilometern (l/100 Pass. x km) (18 bis 36 kWh/100 Pass. x km)**
- **Kraftwerke mit elektrischen Wirkungsgraden von 60 bis 70 % (Kombikraftwerke mit HT-Brennstoffzelle, Gasturbine, Dampfturbine) und Jahresnutzungsgraden der simultanen Bereitstellung von Wärme und Strom von 90 % und mehr.**
- **Alle Nutzungstechniken der betrieblich energierohstofflosen Erneuerbaren Energien (Sonnenstrahlung, Wind, Wasserkraft, Biomasse, Umgebungswärme, Geothermie) höchster Effizienz und minimierten Materialbedarfs**

Eine Technologieliste findet sich im Kapitel Energieforschung und Entwicklung. Der Entwicklungsstand der dort genannten Technologien erlaubt, mit hoher Plausibilität erwarten zu dürfen, daß die vorgenannten Ziele zeitgerecht erreicht werden.

Im quantitativen Ergebnis laufen diese Empfehlungen auf eine VISION 2050 hinaus, die durch die Zielgrößen (alles ca.-Werte)

- ¼ fossile Energie
- ¼ Nutzung heimischer Erneuerbarer Energien
- ½ Kernenergie und / oder
- Import elektrischer und chemischer Sekundärenergieträger aus Erneuerbaren Energien

gekennzeichnet ist.

Ganz im Sinne dieser Empfehlung ist für die einzelnen Energien eine vergleichbare Marktfähigkeit zu schaffen. Es bedarf der konsequenten nationalen Identifikation mit dem Ziel eines Energiekonsenses, der sich auf die vier ebenbürtig standfesten Säulen (1) rationelle Energiewandlung und rationelle Energieanwendung, (2) Erneuerbare Energien, (3) fossile Energie und (4) Kernenergie gründet. Zumindest die beiden Säulen (1) und (2) sind noch bei weitem nicht fertiggebaut. Sie brauchen

für ihre letzliche Fertigstellung weitere 2 bis 3 Jahrzehnte. Sie in den Markt zu bringen, verlangt eine bis dahin angemessen vorrangige Förderung in Forschung, Entwicklung, Demonstration und schließlich Markteinführung (F, E, D + M). Für die 4. Säule, Kernenergie, ist die Konzentration auf alle Phasen der Sicherheit vorrangig, entlang der gesamten nuklearen Energiewandlungskette einschließlich der sicherheitlich verantwortbaren Endlagerung radioaktiver Abfälle. In diesen Zusammenhang gehören Kraftwerkstypen inhärenter Betriebssicherheit.

Als Resultat einer Energiebedarfsminderung durch drastische Effizienzsteigerung der Energiewandlung und Energieanwendung um bis zu ca. 50 %, aber auch eines allfälligen weiteren Energiebedarfszuwachses durch Wirtschaftswachstum, mag sich ein möglicher Energiebedarf auch in fernerer Zukunft in ähnlicher Höhe des heutigen einstellen.

Die Kommission legt Wert darauf festzustellen, daß diese VISION 2050 nicht so verwirklicht werden muß, sie aber so verwirklicht werden kann, weil die Schritte auf dem Weg zu ihr aufgrund Erfahrung, bekanntem Entwicklungspotential und kritischer Extrapolation von Bestehendem plausibel erscheinen, nicht mehr, aber auch nicht weniger. Die Kommission vertritt allerdings die Auffassung, daß die VISION 2050 (oder jede vergleichbare VISION) so oder ähnlich verwirklicht werden sollte, wenn es darum geht, binnen eines guten halben Jahrhunderts eine umweltökonomische Marktwirtschaft dauerhafter Fortentwicklung (sustainable development) zu erreichen, die mit den Implikationen der UN-Klimarahmenkonvention im Einklang steht.

Die Kommission erwartet, daß – wie in der Vergangenheit – auch auf dem langen Weg von 60 Jahren mit vielen Entwicklungsbrüchen gerechnet werden muß – aus der Internationalität, aus dem Kapitalmarkt, aus Naturkatastrophen u. a. –, welche die VISION 2050 – zumindest geradlinig – unerreichbar erscheinen lassen. Das aber ändert nichts an der Stringenz der zur VISION 2050 führenden Argumentationskette, die bewußt keine Prognose zu formulieren, sich vorgenommen hat, vielmehr die Gewichte von Plausibilitäten zu wägen aufgibt, die in ihrem Gesamtgewicht der VISION 2050 einen bestimmten Wahrscheinlichkeitsgrad geben.

In der Konsequenz begrüßt die Kommission also auch jede Kritik, die sich an der von ihr vorgelegten VISION 2050 entzünden wird. Denn damit hätte sie erreicht, was sie beabsichtigt: Das gedankliche Ringen um den richtigen Weg zu einem – vermeintlich – so fernen Ziel: 2050, das doch so nahe liegt, denn die politisch-unternehmerischen Entscheidungen für Gesetze, internationale Abkommen, Infrastrukturen und Investitionen, die dieses Ziel auch erreichen lassen sollen, werden regelmäßig Jahrzehnte bis zu halben Jahrhunderten früher getroffen!

Die Kommission sieht sehr wohl, daß die vorgezeichnete Entwicklung zur VISION 2050 in 60 Jahren nicht ohne Risiken sein muß: Ein außerordentlicher Bedarf an Technologie und finanziellem Kapital wird erforderlich werden. Dabei scheint der Technologiebedarf vom Industrieland erbringbar; den Kapitalbedarf jedoch zeitgerecht zu erbringen, mag zur eigentlichen Achillesferse werden. In Deutschland werden derzeit jährlich ca. 700 Mrd. DM investiert, rund ein Viertel des gesamten Bruttoinlandsprodukts. Große Teile dieser beachtlichen Summe beziehen sich auf Investitionen, die unmittelbar oder mittelbar Auswirkungen auf das Klima haben. Klimaökologisch verantwortbares Handeln verlangt folglich, jede einzelne dieser Investitionen daraufhin zu optimieren, lebensdauerlang ein Minimum an klimawirksamen Spurenstoffen zu emittieren, sowohl aus Investivstoffströmen als auch aus Betriebsstoffströmen.

Argumentativ helfen werden Entwicklungen in anderen Politikbereichen, die in die gleiche Richtung zielen:

- Die stärkere sektorale Hinwendung einer jeden industriellen Volkswirtschaft zum Dienstleistungssektor wirkt Energie extensivierend.
- Die Arbeitsplatzintensität einer technologiegeführten Energiewirtschaft ist deutlich höher als diejenige einer energierohstoffgeführten.
- Der ohnehin im Gange befindliche Trend moderner Volkswirtschaften weg von den (Energie-)Rohstoffen, hin zu Technologien und Kapital wird durch die Entwicklung zu einer vorbeschriebenen VISION 2050 nur unterstützt und intensiviert.
- Exportorientierte Volkswirtschaften brauchen neue Technologien nicht nur für den Eigenbedarf.
- Und, nicht zuletzt, weiterreichende Gedanken, wie sie etwa in der Commission on Sustainable Development der Vereinten Nationen diskutiert werden, Kompensation und Joint Implementation oder Transnationale Kooperation, setzen Technologien für den Technologietransfer voraus, die den Zielen der Klimarahmenkonvention auch wirklich gerecht werden: bezahlbar, mit einem Minimum an Treibhausgas-Emission verbunden und nachhaltig.

9.7 Anlagen (Die Numerierung der Anlage bezeichnet das jeweilige Bezugskapitel)

Anlage 9.3.2 Energieforschung und -entwicklung

Technologien und Systeme der Energieforschung und Entwicklung

Solar

passive Sonnenenergienutzung im Hochbau (Wärme, Licht)
thermisches Nahwärmenetz

Wärmespeicher
PV-Mono-/PV-Poly-/PV-α-Si-Kraftwerk
andere Halbleiter
Paraboloidkraftwerk 100 kW_{th}
Parabolrinnenkraftwerk 100 MW_e
Solarturmkraftwerk 100 MW_e
Windkonverter Klassen 100/500/1000 kW_e
Kleinwasserkraftwerk $10 < x > 5000$ kW_e
Elektrische, gasmotorische, Absorptions-Wärmepumpen
Biomasseheizwerk, -heizkraftwerk
Biomassevergaser pyrolytisch, aerob/anaerob
Biogas-BHKW, Gasmotor, Brennstoffzelle

Geothermie

Heizwerk, Heizkraftwerk, Zweikreis
Geothermiewärmepumpe

Kohle

Kombikraftwerke, integrierte Steinkohle-, Braunkohlevergasung
Druckwirbelschichtfeuerung
Kombikraftwerke Kohlenstaub-Druckfeuerung
Kombikraftwerk integrierte Steinkohlevergasung HT-Brennstoffzelle + GT + DT

Mineralöl

Blaubrenner
- Industriefeuerungen
- Haushaltsfeuerungen

Blaubrenner-Sorptionswärmepumpe
- Luft
- Wasser
- Boden

Ölgefeuerte Gasturbinen
- Kaskaden-Brennkammer

Erdgas

Blaubrenner
- Industriefeuerungen
- Haushaltsbrenner

Brennwertkessel
Gasmotorisches BHKW

Gasturbine BHKW
Gasgefeuerte Sorptionswärmepumpe
Brennstoffzellen
- Niedertemperatur
- Mitteltemperatur
- Hochtemperatur

Nuklear

Fortgeschrittene Kernspaltungssysteme, z. B.
- EPR
- HTR
Fusionsreaktoren

Wasserstoff

Katalytische Heizer
Elektrolyse
H_2/O_2-, H_2/Luft-Brennstoffzelle
H_2/O_2-Momentanreserve-Kraftwerk
magnetokalorische Verflüssiger

Strom

Elektrowärme
Elektrische Antriebe

Systeme

Niedrigenergiehaus, Niedrigenergiestadt

Verkehr

Höchstdruckdirekteinspritzung
Hybridantriebe
CO_2-arme/CO_2-freie Kraftstoffe (Kette)
Brennstoffzelle
LNG-, LH_2-Triebwerke
spezifischer Leichtbau

Geräte

Kühlschrank
Gefrierschrank

Herd
Geschirrspülmaschine
Waschmaschine
Wäschetrockner
Fernsehgerät
Faxgerät
Drucker
PC
Kopierer
Beleuchtungsmittel
Pumpen
– Durchfluß
– Druckhalt-
elektrische Motoren
– DC-, AC-
– Elektronik
– andere

Anlage 9.4.1.1 Umfassende Kriterien

Sektor- und technologiespezifische Empfehlungen

Industrie

Umfassende Kriterien

Wie muß die Volkswirtschaft eines Industrielandes aussehen, die den klimaökologischen Bedingungen einer emissionsarmen Wirtschaft ehestens entspricht? Ohne Wichtung werden hier mögliche Kriterien formuliert. Sie erfüllen je für sich die Bedingungen der Emissionsarmut oder auch in Kombination. Je nachdem, ob bevorzugt über das eine oder andere Kriterium industriepolitisch verfügt wird, entsteht eine in ihren Grundzügen andersartige Wirtschaft:

Kohlenstoffarmut. Die Volkswirtschaften Frankreichs (Kernenergie) und Norwegens (Wasserkraft) kommen diesem Kriterium wohl am nächsten. Die Wirtschaft Deutschlands kommt ihm in dem Maße näher, in dem die Fördermengen in den Steinkohle- und Braunkohlerevieren zurückgehen und nicht durch Anteile Importkohle ersetzt werden, kohlenstoffreiche Energien durch kohlenstoffarme ersetzt werden oder die Kohlenstoffintensität des Energiemix durch Maßnahmen der Effizienzsteigerung der Energiewandlung und größere Anteile nicht-fossiler Energien kleiner wird.

Sektoraler Trend weg von den 1. und 2. Sektoren der Grundstoffindustrie und verarbeitenden Industrie, hin zum 3. Sektor der Dienstleistungen. Alle industriellen Volkswirtschaften folgen mehr oder minder diesem Trend. Die energieintensiven Grundstoff- und verarbeitende Industrien gehen relativ zu den wesentlich weniger energieintensiven Dienstleistungen zurück. In Energiewirtschaften hoher fossiler Anteile zeigt sich dieser Trend mittelbar in einem Rückgang der Kohlenstoffintensität.

Allerdings kann dieser Trend klimaökologisch auch kontraproduktiv sein, dann, wenn aus dem Ausland energieintensive Produkte schlechter Kohlenstoffproduktivität importiert werden; dann fände nur eine Verlagerung klimaökologisch unverantwortbaren Wirtschaftens ins Ausland statt.

Minderung der Energieintensität, der Materialintensität bis zu energie- und materialarmen Wirtschaftsbranchen. Die derzeitigen Innovationsbereiche der Mikrotechnik, der Informationstechnik und Mikroelektronik, der spezifisch leichten Gradientenwerkstoffe oder spanlosen Laser-Bearbeitungsverfahren bis hin zu Verkehrs- und Transportleistungen durch elektromagnetische Wellen u. a. zeigen unverkennbar einen Trend zu verminderter Material- und Energieintensität. Alle werden kohlenstoffärmer und damit von verminderter klimaökologischer Relevanz.

In der Energiewirtschaft weg von den kohlenstoffintensiven Energierohstoffen, hin zu Energietechnologien zur Effizienzsteigerung in der Energiewandlung und der Energieanwendung sowie den nicht-fossilen Energien. Hierauf wird in den Kapiteln „Die Erhöhung von Wirkungsgraden und Nutzungsgraden und Erneuerbare Energien sowie Kernenergie" ausführlich eingegangen.

Kreislaufwirtschaft hoher Energie- und Materialproduktivität

Es ist zu erwarten, daß mit stärkerer Involvierung industrieller Produktion in Kreislaufwirtschaftsprozessen, die Energie- und Materialproduktivitäten steigen, und damit der klimaökologische Standard der Industrie verbessert wird. Die Schrotthalde als Bergwerk vermindert den – gelegentlich weltumspannenden – Rohstofftransport. Wiederverwendete oder rezyklierte Produkte erlauben die Verminderung des Einsatzes von Energie und Stoffen gegenüber den ursprünglich für die Produktherstellung aufgewendeten Investivenergien und des Investivmaterials.

Lean industry. Der aus der Produktionstechnik (lean production) entlehnte Begriff sagt nichts anderes, als daß eine Industrieproduktion der Zukunft neben allen etablierten Kriterien der umweltökonomischen Gesamtrechnung auch dem klimaökologischen Kriterium der minimalen Kohlenstoffintensität genügen muß. – In diese Richtung wirkt die ungebrochene Abnahme des spezifischen Energieverbrauchs der deutschen Industrie von 430 kgSKE/TDM Bruttowertschöpfung (1950) auf 140 kg SKE/TDM (1990) (Preis 1980); der Trend hält an.

Anlage 9.4.1.2 Energiesparende Werkstoffe/Rohstoffe, emissonsarme Verarbeitung

Haushalte, Kleinverbraucher:

Werkstoffe für die Transparente Wärmedämmung
Diffusionsdichte Werkstoffe
Selektive Beschichtungen im NT- und MT-Bereich
Thermo- und elektroaktive Gläser

Industrie:

Faserverstärkte Leichtbauwerkstoffe
Metallische, nicht-metallische Gradientenwerkstoffe
Hochtemperatur-Funktionskeramik, oxidische und nicht oxidische
Hochtemperatur-Strukturkeramik, oxidische und nicht oxidische
Superlegierungen, Einkristalle
Halbleitende Materialien für Photoelektrochemie und Photovoltaik
Energiearme Rezyklate
Materialien für Hochtemperaturfilter
Latent-Speichermedien verschiedenen Temperaturniveaus (Raumtemperatur bis 1000° C)
Werkstoffpaare für HT-Elektrolyseure-und -Brennstoffzellen-Membranen und Festelektrolyte
Versprödungsresistente Werkstoffe, besonders H_2-Versprödungsresistenz
Werkstoffe zur spanlosen Bearbeitung durch gebündeltes Licht
Technologie dünner (dünnster) Schichten ≤ um bis Atomlagen

Verkehr:

Faserverstärkte Leichtbauwerkstoffe, Kreislaufwirtschaft-gerecht
Werkstoffpaarungen für elektrische Batterien und Speicher, Elektrolyseure, Brennstoffzellen
Werkstoffe für Höchstdruckspeicherung von Erdgas (300 bar)
Werkstoffe für Hyperdruck-Einspritzsysstemc (1000 bar)

Anlage 9.4.6.1 Kontinuierliche Unterstützung in F, E, D + M (Forschung, Entwicklung, Demonstration und Markteinführung)

Moderne Forschung und Entwicklung von Techniken und Verfahren zur Nutzung Erneuerbarer Energien begannen Anfang der 70er Jahre unmittelbar nach der ersten Ölkrise; seitdem sind 20 Jahre vergangen. Es wurden operationell:

Sonnenstrahlung	30 106 m^2 Kollektoren 400 MW_e Photovoltaik 350 MW_e Solarthermische Kraftwerke
Umgebungswärme	16 00 MW_{th} Wärmepumpen (Deutschland; einschl. Klimageräte) Daten Welt nicht verfügbar
Wind	2 500 MW_e
Wasserkraft	650 000 MW_e[125])
Biomassekraftwerke	9 000 MW_e
Geothermie	9 000 MW_e
Gezeiten	240 MW_e

(Die Auflistung ist nicht vollständig; Angaben 1993)

Am Beispiel der Kernspaltungsenergie mag deutlich werden, daß nicht Ungeduld, sondern politische Kontinuität, Beharrlichkeit und Ausdauer über viele Jahrzehnte die Parameter sind, welche die Addition einer weiteren Energie zum Energiemix bestimmen: Die erste Kernspaltung war 1938 in Berlin, der erste Reaktor wurde 1944 in Chicago in Betrieb genommen. Heute, nach mehr als einem halben Jahrhundert, sind 429 Reaktoren in der Welt in Betrieb und tragen ca. 6 % Primärenergieäquivalent bei (nach dem Substitutionsprinzip bewertet). Und noch immer werden von den Öffentlichen Händen und der einschlägigen Wirtschaft der Welt Milliarden für F, E + D ausgegeben, allein von Deutschland 1958 bis 1992 ca. 50 10^9 DM (Bundesforschungsbericht 1992), in den letzten Jahren vorzugsweise in der Sicherheitsforschung.

Was Erneuerbare Energien brauchen, sind weitere Jahrzehnte beharrliche, konstruktive, politische und finanzielle Unterstützung in F, E + D, und insbesondere bei der Markteinführung (M).

Solange das Energiepreisgefüge nicht die vollen externen Kosten für Umweltschäden und zunehmende Erschöpfung der erschöpflichen Primärenergierohstoffe enthält, können die Erneuerbaren Energien ihre Vorteile der Umweltverantwortbarkeit und Risikoarmut, der Unerschöpflichkeit und betrieblichen Primärenergierohstofflosigkeit nicht voll ausspielen.

[125]) begann viel früher als in den 70er Jahren

F, E + D-Aufgaben haben zum Ziel,

die Einstands-, Wartungs- und Betriebskosten zu senken
die Nutzungsgrade zu erhöhen
die Standzeiten bis zur Ausmusterung zu verlängern und
den energiewirtschaftlichen Beitrag durch uneingeschränkte Speicherung und Transportierbarkeit zu vergrößern.

Im einzelnen sind in der nachfolgenden Tabelle die wichtigsten **Nutzungstechnologien Erneuerbarer Energien,** die wichtigsten **F, E, D + M-Aufgaben** und das **relative Marktziel** (orientiert etwa an den reziproken spezifischen Investitionskosten kW/DM, GJ/DM) aufgelistet; dabei darf durchaus offenbleiben, ob das Ziel eher durch Erhöhung von Nutzungsgraden oder Verlängerung der Standzeiten oder Senkung von Kosten erreicht wird oder einer Kombination mehrerer dieser Einflußgrößen (siehe Tab. Seite 1082–1085).

Je kleiner der noch zu erreichende Zielfaktor ist, um so eher ist er mit den letzteren Stationen der Entwicklungskette (D+M) erreichbar; für große noch zu erreichende Zielfaktoren ist intensive Forschung und Entwicklung (F+E) nötig, bevor sich D + M anschließen.

Der Entwicklungsprozeß einer jeweils neuen Energietechnologie ist solange nicht abgeschlossen, wie sie im Marktmaßstab nicht mindestens einmal demonstriert, besser durch Mittel der Marktförderung in signifikantem Umfang in den Markt eingeführt wurde. F+E ohne D+M schaffen nur Entwicklungshalden, auf denen F+E-Resultate auf ihre marktliche Demonstration warten. Entwicklungshalden sind volkswirtschaftlich unvertretbar. Das fertige Forschungsresultat (F) macht allenfalls ca. 10% des Gesamtaufwandes bis zur Markteinführung aus; bis zu 90% stehen für E, D + M dann noch bevor!

So, wie in Deutschland mit dem erfolgreichen Demonstrationsprogramm 250 MW_e Wind etwa im marktlichen Vorfeld gute Erfahrungen gemacht wurden, die bis an die Schwelle des Marktdurchbruchs, für sehr gute Windverhältnisse gar zu voller Wettbewerbsfähigkeit auf dem Markt führten, so sind für alle marktnahen Technologien zur Nutzung Erneuerbarer Energien Demonstrationsprogramme mit Anreizen der Öffentlichen Hand zum Abbau der Marktschwellen aufzulegen. Dauersubventionen sind in jedem Fall zu vermeiden.

Die folgende Liste gibt marktnahe Energietechnologien wieder, die der Demonstration im Marktmaßstab harren, um danach ohne Zeitverzug ihre ökologisch verantwortbaren Aufgaben im Energieversorgungsmix übernehmen zu können (siehe Tab. Seite 1086).

Technologie	Maßnahme	Zielfaktor kW/DM[1])
Thermische Kollektoren	Serie Marktförderung selektive Schichten	1,5
Photovoltaik	F, E + D amorph, mono, poly Tandem System Serie, Markteinführung	3–10
Wärmepumpe	Serie, Marktförderung	1,5
Windkonverter	Serie F, E + D – laminare Blätter – überkritische Türme – freie Drehfrequenz – Leistungselektronik – energetische „Wetter"-vorhersage – Quasi-Speicher durch Windparks	1,5–2,5
Kleinwasserkraftwerke	Serie Nutzungsgrade	1,5

Technologie	Maßnahme	Zielfaktor kW/DM[1])
Solarthermische Kraftwerke	Serie Marktförderung F, E + D – Wasserdirektverdampfung – spezifischer Leichtbau für Paraboloide, Parabolrinnen, Heliostate – selektive Schichten – Flüssigsalze, Flüssigmetalle als Wärmeträgermedien – volumetrische Strahlungsabsorber – Stirlingmotoren, Gasturbinen für Paraboloide – thermische Speicher – solare „Wetter"vorhersage	2–5
Speicher	F, E + D – Leistungsdichte/Energiedichte NT-/MT-, HT-Speicher – Latentwärmespeicher – Chemische Speicher – Saisonale NT-Heizwärmespeicher – Batterien, elektr. Speicher – mechanische Speicher	2–10

Technologie	Maßnahme	Zielfaktor kW/DM[1])
Biomassekraftwerke	– Serie – Marktförderung – F, E + D-System – Standortoptimierung – Schadstoffe	2–3
Biogasanlagen, Verflüssigung von Biogas	F, E + D – Schadstoffe – Nutzungsgrade – Gasmotoren – Brennstoffzellen – System Marktförderung	5–10
Brennstoffzellen .... (nicht nur für Biogas, auch Methan, Wasserstoff, Kohlegas)	F, E + D – Fertigungstechnologie – Werkstoffwissenschaft – Einheitsleistung – System Gaskonditionierungstack-Stromaufbereitung Serie Marktförderung	10–20

Technologie	Maßnahme	Zielfaktor kW/DM[1])
Wasserstoff als Speicher- und Transportmedium	F, E + D – Hochleistungselektrolyse – Magnetokalorische Verflüssigung – Katalyse – H_2/O_2-Kraftwerk in Momentanreserve und Spitzenlast – System Solarkraftwerk/Elektrolyseur – Sicherheit – Solarchemie – Grundlagen – F + E	3–10

1) Mehr an Kilowatt Einheitsleistung pro investierter DM

Technologie	ca. Einheitsleistung	Stück
Solare Niedertemperatur-Nahwärmenetze mit saisonaler Speicherung	einige 100 bis 1 000 kW_{th}	10–30
Niedertemperaturwärmeversorgung mit Gasmotor-, Sorptions- und Elektro-Wärmepumpen	10 bis 10 000 kW_{th}	30–100
Solarthermische Parabolrinnenkraftwerke	100 MW_e	1–5
Solarthermisches Turmkraftwerk	100 bis 200 MW_e	1–5, unterschiedlicher Entwurf
Solarthermisches Paraboloidkraftwerk . . . . (alle solarthermischen Kraftwerke mit Speichern)	10 bis 50 kW_e	10–20, unterschiedlicher Entwürfe und Fokustechnologien
Stroh-, Holz- (Biomasse-)Kraftwerke in WK-Kopplung	5 bis 30 MW_e	10–20, unterschiedlicher Schaltungen
Biogasanlagen zur Wärme- und Elektrizitätserzeugung	100 bis 1 000 kW_e	10–20, unterschiedlichen Entwurfs
Hochleistungselektrolyse auf unterschiedlichen Temperaturniveaus ≤ 900 °C	Klassen 10 kW_e, 100 kW_e 5–10 MW_e	10–20
Brennstoffzellen (BZ) in WK-Kopplung – Niedertemperatur – Mitteltemperatur – Hochtemperatur	Klassen 10 kW_e, 100 kW_e 20–30 kW_e 5 000–10 000 kW_e 10–100 MW_e (als Vorschalt-BZ)	 alkalische BZ phosphorsaure BZ Schmelzkarbonat-BZ Metalloxid-BZ
H_2/O_2-Sofortreservekraftwerk	100 MW_e	2–3
Wasserstoffflugzeug	verschiedene Konfiguration	1–2

Energiewandlungsstufe	Energietechnologie	Branche, Gewerk, Nutzer
Primärenergierohstoff/Primärenergie	entfällt	entfällt
Primärenergie/Sekundärenergie	– Solarthermische Kraftwerke	überregionale und regionale Strom- und Wärmewirtschaft
	– Photovoltaische Kraftwerke	Strom- und Wärmewirtschaft
	– Geothermische Kraftwerke	Strom- und Wärmewirtschaft
	– H_2/O_2-Sofortreservekraftwerke	Strom- und Wärmewirtschaft
	– Windparks	Strom- und Wärmewirtschaft
	– Vorschaltbrennstoffzellen	Strom- und Wärmewirtschaft
Sekundärenergie/Sekundärenergie/Endenergie	– Photovoltaische Anlagen	regionale Strom- und Wärmeversorger
	– Windparks	regionale Strom- und Wärmeversorger
	– Solare Nahwärmenetze	regionale Strom- und Wärmeversorger
	– Biomasseanlagen- und Heizkraftwerk	regionale Strom- und Wärmeversorger
	– Brennstoffzellen als BHKWs	regionale Strom- und Wärmeversorger
Endenergie/Nutzenergie	– Thermische Kollektoren – Solare Nahwärme	Stadtwerke, Architekten, Ingenieurbüros, Handwerker
	– Wärmepumpen – Photovoltaikanlagen	Stadtwerke, Architekten, Ingenieurbüros, Handwerker
	– Solarelektrische Automobile	Automobilindustrie
	– Solarchemische Automobile	Automobilindustrie
	– Brennstoffzelle im Automobil	Automobilindustrie
Nutzenergie/Energiedienstleistungen	– Solarhäuser – Passive Sonnenenergienutzung	Besitzer/Mieter von Solarhäusern

Die in dieser Liste nicht eigens genannte solare Wasserstoffenergiewirtschaft (vgl. Sekundärenergieimport) baut auf vorgenannten Komponenten (Hochleistungselektrolyse, Brennstoffzelle etc.) auf, wird aber wohl als Teil einer operationellen Weltwasserstoffenergiewirtschaft nicht vor Ablauf mehrerer Jahrzehnte ihren klimapolitisch an sich wünschenswerten Beitrag leisten. Das heißt durchaus nicht, daß Deutschland seinen exzellenten Stand in der Welt nicht konstruktiv und konsequent fortentwickeln sollte (Solar-Wasserstoff-Bayern, HYSOLAR, CRYOPLANE, sonnenenergieautarkes Wasserstoffhaus u. a.)!

Nach aufeinanderfolgenden Stufen der Energiewandlungskette geordnet können die in der Tabelle auf Seite 1087 genannten Energietechnologien Erneuerbarer Energien Dienst tun; die verantwortlichen Branchen, Gewerke oder Nutzer sind angemerkt.

10 Minderheitsvotum für Handlungsempfehlungen [1] [2]

Kapitel 1

Eigene Handlungsempfehlungen der Oppositionsfraktion

Teil A

1. Konzeptionelle Grundsatzfragen

0. Vorbemerkung

Die Enquete-Kommission hat in Kapitel 7 ihres Abschlußberichts den wohl umfassendsten Katalog möglicher Handlungsoptionen vorgelegt, der bisher in der Bundesrepublik zur Klimaschutzpolitik formuliert wurde. Die enorme Vielfalt der aufgelisteten Maßnahmen und das umfassende „Policy Mix" (zahlreiche ordnungsrechtliche wie auch über den Preis steuernde Instrumente), das darin zum Ausdruck kommt, verdeutlichen einmal mehr, was bereits Kernpunkt des Handlungskatalogs der ersten Klima-Enquete-Kommission gewesen ist: Den einen Königsweg zum Klimaschutz gibt es nicht, sondern ein umfassendes sektor- und zielgruppenspezifisches Bündel von aufeinander abgestimmten Maßnahmen und Instrumenten ist für eine wirksame CO_2-Minderungspolitik unabdingbar.

Die Oppositionsfraktion hält nahezu alle in Kapitel 7 aufgelisteten Optionen für sinnvolle und zu empfehlende Maßnahmen. Sie könnten deshalb

---

[1]) Votum der Kommissionsmitglieder: Brigitte Adler, Prof. Dr. Wilfrid Bach, Prof. Monika Ganseforth, Prof. Dr. Hartmut Graßl, Dr. Liesel Hartenstein, Prof. Dr. Peter Hennicke, Horst Kubatschka, Dr. Klaus Kübler, Prof. Dr. Eckhard Kutter, Prof. Dr. Klaus Michael Meyer-Abich

[2]). Siehe hierzu Anhang 4 zum Gesamtbericht „Zusatzkosten der SPD-Abgeordneten und der von der SPD benannten Sachverständigen in der Enquete-Kommission zu den Handlungsempfehlungen"

auch Inhalt eines viel umfassenderen Handlungskatalogs sein, als er im folgenden vorgelegt wird. Die Gefahr bestünde dann aber, daß durch die Vielzahl der Empfehlungen gerade die zentralen Punkte untergehen. Die Absicht der Oppositionsfraktion war es daher gewesen, mit der Koalition gemeinsam aus der Fülle von Handlungsempfehlungen einen gemeinsamen Katalog von wesentlichen Forderungen, d. h. eine qualitativ wie quantitativ möglichst große Schnittmenge an gemeinsamen Empfehlungen herauszufiltern.

Es ist wahrscheinlich, daß mindestens die Hälfte der in Kapitel 7 aufgeführten konkreten Maßnahmen hätte gemeinsam getragen werden können, wenn die Mehrheit in der Kommission sich über Fraktionszwänge hinaus hätte durchsetzen können, und wenn dies durch den Vorsitzenden rechtzeitig eingeleitet worden wäre. Würde dieser überlappende Forderungsbereich auch vollständig umgesetzt, dann könnte – so unsere Prognose – das CO_2-Reduktionsziel bis zum Jahr 2005 noch erreicht werden, was bei der bisherigen Politik der Bundesregierung ausgeschlossen ist.

Das Ziel gemeinsamer Handlungsempfehlungen sollte aus Sicht der Oppositionsfraktion sein, eine zwangsläufig weit über Wahlperioden und aktuelle Mehrheiten hinausgehende langfristige Klimaschutzpolitik vorzubereiten. Die Chancen, daß hieraus auch reale Politik wird, wächst unzweifelhaft, wenn durch gemeinsame Handlungsempfehlungen der Kommission eine Grundlage für einen „neuen energie- und klimapolitischen Konsens" nach der Bundestagswahl gelegt worden wäre.

Zwar stellen gemeinsame Handlungsempfehlungen wohl immer eine Art Minimalprogramm dar und sind Resultat von Abstrichen und Kompromissen auf beiden Seiten. Durch eine möglichst einvernehmliche „Vordenker-Position" der Enquete-Kommission kann aber abwartenden und beschwichtigenden Haltungen besser argumentativ begegnet werden, die bei Politikern in allen Fraktionen zu finden sind – derartige „Wait and See"-Positionen beruhen häufig nur auf Unkenntnis oder falschen Informationen. In der Enquete-Kommission gibt es dagegen nach langjähriger gemeinsamer Arbeit und Informationsaufnahme niemanden mehr, der bestreitet, daß das Klimaproblem sehr ernst zu nehmen ist und daß sofort gehandelt werden muß. Der Streit geht hier nicht mehr um die Frage ob sondern wie schnell von welchen Akteuren und mit welchen Kosten bzw. Nutzen gehandelt werden kann.

Hinter der Diskussion über Instrumente, Akteure und Kosten bzw. Nutzen einer wirksamen Klimaschutzpolitik stehen dabei grundsätzlichere Fragen. Ist das Klimaproblem nur ein Menetekel für eine tiefer gehende

Krise der reichen Industriegesellschaften? Selbst wenn die Klimaschutzpolitik erfolgreich wäre: Inwieweit ist dies nur eine zwar notwendige, aber bei weitem noch nicht hinreichende Bedingung für eine „dauerhafte und zukunftsfähige Enwicklung"? Ist die kapitalistische Marktwirtschaft als nationale, aber auch weltweit dominante Wirtschaftsordnung mit einer Selbstbegrenzung auf „Dauerhaftigkeit" („sustainability") und mit einer ökologischen Revolution vereinbar? Besteht nicht ein innerer Zusammenhang zwischen den sich zuspitzenden ökologischen und sozialen Krisen in den Industriegesellschaften (wachsende Arbeitslosigkeit; weiter auseinanderklaffende Ungleichverteilung von Vermögen, Einkommen und Lebenschancen)?

Die Kommission hat auf diese Fragen keine Antworten gegeben, aber im Kapitel „Vision 2050" begonnen, diese Punkte zu thematisieren. An den gemeinsam getragenen Kapiteln der „Vision 2050" und den entsprechenden Kapiteln der Handlungsempfehlungen wird deutlich, daß die Kommission sich vor allem auf technologische Visionen (Effizienzrevolution, Solarenergiewirtschaft) verständigen konnte. Dies ist keineswegs gering zu schätzen, aber ohne eine Verbindung zu einer tragfähigen neuen gesellschaftlichen Vision und ohne eine präzisere Vorstellung über die kurz- und mittelfristigen ökonomischen und sozialen Triebkräfte für einen klimaverträglichen Umbau Industriegesellschaften sind die Realisierungschancen auch für neue technologische Visionen gering. Ein neues Leitbild der Energiepolitik bietet nur der Beitrag von K. M. Meyer-Abich (Abschnitt 4.2.2), wohingegen die Vorstellungen von A.Voß an dem alten Leitbild festhalten, welches in die Umwelt- und Klimakrise hineingeführt hat. Wir folgen hier den von K. M. Meyer-Abich zum Ausdruck gebrachten Zielen.

Die Koalitionsfraktion hat die Fragen nach den ökonomischen und sozialen Triebkräften eines klimaverträglichen Umbaus mit einem Plädoyer für Markt und Deregulierung beantwortet. Hier liegt ein wesentlicher Dissenspunkt, weshalb die Grundsatzpunkte „Lenkung über den Markt", „Reform des Steuersystems", „Ordnungsrahmen" und „Rolle und Aufgaben des wissenschaftlich-technischen Fortschritts" im Koalitionsvotum von der Opposition nicht mitgetragen und im folgenden ausführlich beantwortet werden. Nach Ansicht der Oppostionsfraktion wird ein schlichtes Plädoyer für „Markt" und „Deregulierung" weder den umfassenden Dimensionen des Klimaproblems gerecht, noch ist von der Koalitionsfraktion durch eine empirische Analyse belegt, wie durch Markt und Deregulierung die erforderlichen Klimaschutzziele erreicht werden können.

In den folgenden Abschnitten 1.1–1.7 sollen daher zunächst dieser vereinfachenden marktwirtschaftlichen Sichtweise sieben grundlegende Eckpunkte einer neue Klimaschutz- und Energiepolitik sowie eine differenziertere Bewertung von Markt und Regulierung gegenüber gestellt werden.

In den Kapiteln 2–7 werden darüberhinaus zu einigen weiteren Grundsatzfragen (Kernenergie, Ökologische Steuerreform, Joint Implementation, Kraft-Wärme-Kopplung, Klimaverträglicher Ordnungsrahmen) weitere abweichende Auffassungen zum Koalitionsvotum dargelegt.

1.1 Vier grundlegende Leitideen: „Primat der Politik", „Effizienzrevolution", „die Ökonomie des Vermeidens" und „neue Wohlstandsmodelle"

Der begrenzte Zeithorizont für Klimaschutzmaßnahmen und der lange „Bremsweg", den eine Klimaschutzpolitik aufweist, erfordert rasches Handeln: Das entscheidende Jahrzehnt zum Umsteuern hat bereits begonnen und muß bis 2005 zu einer neuen Investitionsdynamik geführt haben. Grundlegend hierfür ist, ob das Primat langfristig vorausschauender und gestaltender Politik über die Ökonomie aktiv wahrgenommen wird, oder ob Politik sich in der Exekution der Sachzwänge einer durch Weltmarkt-Konkurrenz und kurzfristige Gewinnmaximierung angetriebenen Ökonomie erschöpft.

Die grundsätzlich neue Herausforderung für die Klimaschutzpolitik ist dabei, daß weltweit einem immanent expansiven Weltwirtschaftssystem eine absolute und drastische Mengenreduktion für ein ökonomisch bedeutsames Marktsegment – die Reduktion des Mix aller fossilen Energieträger um durchschnittlich etwa 50% bis zum Jahr 2050 im Vergleich zu 1987 – vorgegeben werden muß. Diese umfassende Mengen- und Marktbegrenzung ist viel weitgehender und hat wesentlich einschneidendere gesellschaftliche Konsequenzen, als es bei der – in Ansätzen inzwischen erfolgreichen – Politik zum Schutz der Ozonschicht notwendig ist. Nur noch etwa ein Drittel der bekannten wirtschaftlich gewinnbaren fossilen Energieträger darf weltweit im nächsten Jahrhundert verbrannt werden (DMG, DPG 1987; Krause, Bach et al 1989). Für die nach diesen Vorgaben insgesamt noch im 21. Jahrhundert „erlaubten" Verbrennungsmengen muß zusätzlich ein „burden-sharing" durch internationale politische Übereinkunft festgelegt werden, d. h. länderspezifische Reduktionsziele für alle Industrieländer und Zuwachsbegrenzungen für die Dritte Welt sind zu vereinbaren (Bach, Jain, 1992–1993). Eine historisch beispiellose Aufgabe.

Marktwirtschaftliche Allokation durch Konkurrenz und private Kapitalverwertung haben bislang eine erstaunliche wirtschaftliche Dynamik sowie – bei wachsenden Volkswirtschaften und Märkten – eine gewisse Effizienz erzwungen. Aber durch das „Entdeckungsverfahren des Marktes" können weder globale Qualitäts- und Mengenziele gesetzt, noch Verteilungsfragen zwischen Reich und Arm, zwischen Ländern und zwischen Generationen im Selbstregulierungsmechanismus gelöst werden. Der „Markt" und auch der „ökologischen Wahrheit" stärker angenäherte Preise allein können die erforderliche klimaverträgliche Mengenreduktion bei fossilen Energieträgern nicht rechtzeitig und nicht umfassend genug realisieren.

Energiepolitische Reformdiskussionen müssen daher auf der Grundlage eines explizit formulierten, neuen energiepolitischen Zielkatalogs geführt werden. Alle Entscheidungen in der Investitionspolitik von Unternehmen der Energiewirtschaft und der staatlichen Energiepolitik müssen in Zukunft darauf zielen, die Bereitstellung von Energiedienstleistungen möglichst klimaverträglich, gefährdungsfrei, sozialverträglich, volkswirtschaftlich preisgünstig sowie unter Schonung der natürlichen Umwelt und der Ressourcen zu sichern. In der Perspektive müssen diese Ziele in das Leitziel einmünden, das Energiesystem als Schlüsselbereich der Industriegesellschaften „dauerhaft" zu gestalten. Markt und Deregulierung wie auch Planung und Regulierung sind nur Mittel, deren Wirksamkeit zur Realisierung dieses Leitziels heute und in Zukunft auf dem Prüfstand stehen.

Das Studienpaket der Enquete-Kommission hat zweifelsfrei gezeigt, daß die anspruchsvollen CO_2-Minderungsziele für die Bundesrepublik (30% bis 2005, 80% bis 2050) nur durch ein umfassendes und differenziertes Instrumentenbündel („Policy-Mix"), d. h. durch eine Kombination aus globalen und zielgruppen- bzw. sektorspezifischen Maßnahmen erreichbar sind.

Politische Führungskraft und Richtungsentscheidungen sind zwingende Voraussetzung dafür, daß klimaverträgliche Zukunftsmärkte noch rechtzeitig und im erforderlichen Umfang erschlossen werden. Das simultane Zurückschrumpfen von Risikomärkten (für fossile oder für nicht akzeptanzfähige nukleare Energieträger) und die strategische Herausbildung von „sanften" Märkten (z. B. für energieeffiziente Querschnittstechnologien wie Antriebssysteme, Lüftung/Klimatisierung, Druckluft, Beleuchtung, für regenerative Energiequellen und für Kraft-Wärme-Kopplung) verlangen eindeutige staatliche Vorgaben. Investoren brauchen eine über staatliche Rahmenvorgaben herstellbare Planungssicherheit, sonst wird es weder die umfassende Markteinführung von Effizienztechnologien noch von Techniken zur Nutzung regenerativer Energiequellen wie z. B. der Photovoltaik geben.

Eine technisch mögliche maximale Effizienzsteigerung („Effizienzrevolution") ist notwendig, aber bei weitem nicht hinreichend für ein „dauerhaftes Energiesystem"; sie schafft den unabdingbaren Zeitgewinn, um gleichzeitig einen gesellschaftlichen Suchprozeß nach neuen „Wohlstandsmodellen" (E.U. v. Weizsäcker) einzuleiten und dadurch eine Antwort auf das immer drängendere „Suffizienzproblem" zu geben. Denn vor allem in den Industrieländern muß die Frage beantwortet werden: Wieviel ist genug, und wie können zumindest die Gründbedürfnisse für eine wachsende Weltbevölkerung befriedigt werden?

„Mehr Wohlstand durch Vermeiden" – auf diese Formel lassen sich viele ökologische Probleme in den Industrieländern reduzieren. Eine Lösung ist nur denkbar, wenn das Effizienz- und das Suffizienzproblem im Gleichschritt gelöst werden. In einer gewinngesteuerten Marktwirtschaft ist dafür eine zentrale ökonomische Voraussetzung, daß die Anreizstruktur grundlegend umgekehrt wird: Das Vermeiden von unnötigem Energieverbrauch muß sich nicht nur für die Verbraucher, sondern auch für die Anbieter von Energie mindestens so lohnen wie das zusätzliche Energieangebot und die damit verbundenen Umweltschäden. Die notwendige Umkehr der Anreizstruktur erfordert eine institutionalisierte Form der „Ökonomie des Vermeidens" (Müller, Hennicke, 1994).

Trotz der aufgezeigten Komplexität läßt sich dennoch das oben geforderte „Policy Mix" auf vier Leitideen für ein neues kombiniertes Selbststeuerungs- und Regulierungskonzept reduzieren: Wahrnehmung des „Primats der Politik", „Effizienzrevolution", „Ökonomie des Vermeidens" und „Neue Wohlstandsmodelle".

1.2 Mögliche katastrophale Klimaänderungen können nicht als „externe Effekte" kategorisiert werden

Eine grundlegende Voraussetzung für eine wirksame Therapie des Klimaproblems ist eine tiefgreifende Diagnose. Eine Ursache für die abwartende und zögernde Haltung in der Klimaschutzpolitik ist, daß die neuen Dimensionen des Klimaproblems nicht wahrgenommen oder beschwichtigend nur als sogenannte „externe" Effekte verstanden erden. Diese Bewertungsunterschiede bestehen auch in der Enquete-Kommission. In der Übersicht 1 wird versucht, die Dimensionen der Klimaproblems aus der Sicht der Oppostionsfraktion im Überblick zusammenzufassen:

Übersicht 1: Die Dimensionen des Klimaproblems

- die Irreversibilität anthropogener Klimaveränderungen nach menschlichen Zeitvorstellungen
- die Globalität der Ursachen und Folgen
- die Unsicherheit und hohen Risiken positiver und negativer Rückkopplungen
- die jahrzehntelange Zeitverzögerung (30–50 Jahre) zwischen Verursachung und Wirkung sowie zwischen Klimaschutzmaßnahmen und Erfolg:
- die in klimahistorischer Hinsicht geradezu atemberaubende Geschwindigkeit menschgemachter Klimaveränderungen
- die besonderen Schadenswirkungen für immer mehr Menschen durch die Zunahme von Wetterextremen (z. B. Dürren, Überschwemmungen, Wirbelstürme)
- die begrenzte Aufnahmefähigkeit der Atmosphäre und anderer natürlicher „Senken" für Schadstoffe stellen die eigentlichen „Naturschranken" dar, die für die wirtschaftliche Entwickung noch restriktiver wirken als die Erschöpfbarkeit der Rohstoffe
- die Ungleichverteilung zwischen Verursachung (Industriestaaten) und Betroffenheit (insbesondere Länder der Dritten Welt)
- die Nichtanwendbarkeit des strikten Verursacher-Prinzips: ein gleiches „Verschmutzungsrecht" für jeden Erdbewohner ist nicht mehr durchsetzbar
- die ethisch-moralischen Probleme einer intergenerationellen Verteilungsgerechtigkeit
- das Mißverhältnis zwischen relativ geringen Vermeidungskosten heute und hohen „Anpassungs"-Kosten morgen (zumindest für einige Länder)
- die in der Industriegeschichte erstmals notwendige Vorgabe eines alle Wirtschaftssektoren betreffenden quantitativen Klimaschutzziels (weltweite Halbierung der CO_2-Emissionen bis 2050)
- die Umsetzungsprobleme für eine vorsorgende Klimaschutzpolitik und für die Wahrnehmung des Primats der Politik gegenüber der Ökonomie
- der begrenzte Zeithorizont für Klimaschutzmaßnahmen: Das entscheidende Jahrzehnt zum Umsteuern hat begonnen, eine risikominimierende Investitionsdynamik (KWK, Effizienz, Regenerative) muß jetzt eingeleitet werden!

Die Wirtschaftstheorie hat sich der Analyse ökologischer Krisen dieser Dimension erst spät sowie mit einem antiquierten, d. h. nur wenig adäquaten Instrumentarium gewidmet. Umwelt- und klimarelevante marktwirtschaftliche Fehlentwicklungen werden durch die neoklassische Wirtschaftstheorie noch immer wie in den 30er Jahren unter der Rubrik „falsche staatliche Rahmenbedingungen" oder „externe Effekte" klassifiziert; diese Theorie geht auf Pigou zurück. Sie besagt, daß Abweichungen von einem gesamtwirtschaftlichen Allokationsoptimum („Pareto-Optimum") dann auftreten, wenn die durch Gewinn- und Nutzenmaximierung einzelner Wirtschaftssubjekte bei anderen Wirtschaftssubjekten verursachten „externen Effekte" (Kosten oder Nutzen) nicht in die individuellen Kosten- und Nutzenkalküle „internalisiert" werden. Der Staat müsse daher diese „Internalisierung" zum Beispiel durch eine Steuer erzwingen.

Im ordnungspolitischen Umkehrschluß wird allerdings in der Regel suggeriert, daß marktwirtschaftliche Systeme quasi „intern" niemals fehlgesteuert sein können und die sogenannten „externen" Kosten, also monetarisierte Schäden von Umweltkrisen und anthropogenen Klimaänderungen, einfach durch „neue staatliche Rahmenbedingungen", d. h. insbesondere durch die Internalisierung der sogenannnten „externen" Kosten (z. B. in der Form von Steuern, Zertifikaten etc.) zu verhindern seien.

Unter der Überschrift: „Das ökonomische Grundproblem: Gegen den Weltmarkt steuern" schreibt zum Beispiel die Wirtschaftsministerkonferenz (1989), daß es heute darum gehe, „. . . eine . . . marktentsprechende Entwicklung des fossilen Energieverbrauchs zu verhindern(!)". Weiter jedoch: „Daß der Markt von sich aus die erforderlichen Verbrauchsreduzierungen zur Lösung des Treibhausproblems nicht bewirken kann, liegt daran, daß die mit der Nutzung fossiler Energieträger bewirkte Klimagefährdung als sog. externer Effekt nicht internalisiert wird, d. h. nicht in die Preise und Kostenrechnung einfließt. In einer solchen Situation erfordert das marktwirtschaftliche System, die Marktprozesse administrativ zu korrigieren, daß sich die Knappheitsverhältnisse (hier Klimaverträglichkeit) in den Marktpreisen widerspiegeln" (WiMiKo, 1989, S. 50; Hervorhebung von uns).

In diesem Zitat wird die beschwichtigende Herunterdimensionierung einer möglichen katastrophalen Klimaveränderung zum sogenannten „externen" Effekt auf den Punkt gebracht. Zwangsläufig folgt aus dieser Diagnose die scheinbar einfache Therapie, daß allein durch eine Preis- und Marktsteuerung, durch Deregulierung und durch veränderte „staatliche Rahmenbedingungen" (wie z. B. die Internalisierung der sogenannten „externen" Kosten in Form von Steuern, Abgaben oder Zertifikaten) die Klimaverträglichkeit eines ansonsten unveränderten Energie- und Industriesystems herstellbar sei.

Die Gefahr besteht, daß durch ein derartiges nicht adäquates wirtschaftstheoretisches Instrumentarium und durch die Verharmlosung der durch Überindustrialisierung, exzessive Konsum- und Lebensstile, private Kapitalverwertung, Konkurrenz und unkorrigierte Marktwirtschaft systembedingten Umwelt- und Klimarisiken als sogenannte „externe" Effekte eine zukunftsfähige Energie- und Klimaschutzpolitik schon im Ansatz blockiert wird.

Die methodische Verflachung und wirtschaftstheoretische Selbstberuhigung ist deshalb besonders gefährlich, weil sie statt zu „Dauerhaftigkeit" zu einer Politik des dauernden Nichtstuns führen kann, wobei auch diese Form des staatlichen Nichthandelns, das sogenannte „Business-as-usual", Politik ist: Wenn der Staat auf die Wahrnehmung des Primats der Klimaschutzpolitik verzichtet, muß er verantworten, was von ökonomisch mächtigen Akteuren, zum Beispiel in der privaten Wirtschaft, nach anderen Zielsetzungen entschieden wird. Die scheinbar wirtschaftstheoretisch gut begründete Beschränkung liberaler Wirtschafts- und Umweltpolitik auf das Setzen von „staatlichen Rahmenbedingungen" mündet daher nur allzu häufig in die Exekution der Handlungs- und Verwertungszwänge kurzfristiger Gewinnmaxmimierung ein. Dies wäre jedoch das Gegenteil einer vorsorgenden Klimaschutzpolitik und letzlich nur ein Zeichen von Politikunfähigkeit und Ratlosigkeit.

1.3 Korrektur der Fehlregulierung statt Deregulierung:

„Dirigismus" oder „mehr Wettbewerb", „Regulierung" oder „Deregulierung", „Planwirtschaft" oder „Marktwirtschaft". Diese grundsätzlichen Gegensatzpaare bestimmen die Diskussion über einen neuen Ordnungsrahmen für die Energiewirtschaft (insbesondere für die leitungsgebundene Energiewirtschaft). Auch das Koalitionsvotum beruft sich immer wieder auf „Markt" und „Deregulierung" und unterstellt der Oppositionsfraktion eine schon vom Ansatz her verfehlte Politik der Regulierung und Planung.

Diese scheinbar gegensätzlichen und vorgeblich eindeutigen Kategorien erweisen sich jedoch – gerade im Bereich der leitungsgebundenen Energiewirtschaft – nur als Spiegelfechterei: De facto wird in keiner volkswirtschaftlichen Branche so langfristig, mit derartigen Investitionssummen und verbunden mit hohen Klima-, Umwelt- und Ressourcenrisiken geplant wie in den hochkonzentrierten Konzernen der Energiewirtschaft.

Die Frage ist also nicht, ob, sondern wer in welchem Umfang und mit welchen Zielen planen soll. Weder Wettbewerb noch Planung sind Selbstzweck, sondern nur Mittel zum Zweck. Nicht Deregulierung ist notwendig, sondern die seit langem bestehende „Regulierungslücke", und staatliche Fehlregulierungen müssen korrigiert werden.

Dies gilt insbesondere für die leitungsgebundene Energieversorgung (Elektrizität, Erdgas, Fernwärme), die Verursacher von etwa 40% der CO_2-Emissionen ist; weitere etwa 20% der CO_2-Emissionen aus dem Heizöleinsatz können durch die Unternehmenspolitik dieser Branche indirekt über Angebote für Nah- und Fernwärmesysteme mitbeeinflußt werden. Wenig plausibel ist daher, daß gerade für die Branche, die zu einem beträchtlichen Anteil die beklagten Umweltschäden und Risiken mitverursacht, der „Königsweg" für die Lösung aller Probleme „Marktöffnung und Wettbewerb" sein soll (vgl. Deregulierungskommission, 1991).

Interessanterweise zeigt gerade die Deregulierungskommission an einleuchtenden Beispielen, daß in der Bundesrepublik z. B. hinsichtlich der Stromtarifaufsicht gerade keine wirksame Regulierung, sondern eine Fehlregulierung stattfindet. Der Forderung nach Deregulierung fehlt damit die logische Begründung: „In jedem Fall ist es hochproblematisch, um nicht zu sagen skandalös, daß Unternehmen, die in einem wesentlichen Geschäftsbereich eine staatlich geschaffene und staatlich gesicherte Monopolstellung innehaben, durch die Handhabung(!) der staatlichen Preisaufsichtspflicht gerüstet werden zu einem Feldzug der Unternehmensaufkäufe, wie man ihn in den vergangenen Jahren erlebt hat" (Deregulierungskommission, 1991, S. 47). Und weiter: „Die staatliche Garantie(!), daß die Kosten und Risiken der Investitionen in Netze und Kraftwerke via Leistungspreis, Anschlußgebühren und Baukostenzuschüsse auf die Tarifabnehmer abgewälzt werden können, reduziert für die Stromversorgungsunternehmen den wohltätigen Zwang zur Kostensenkung" (ebenda, S. 57; Hervorhebung von uns).

In wichtigen Punkten (z. B. mangelhafte Preisaufsicht; ineffiziente Preisstrukturen; „skandalöse Unternehmensaufkäufe") formuliert die Deregulierungskommission eine durchaus zutreffende Kritik an den „Fehlentwicklungen" in der Elektrizitätswirtschaft; aber ihre Therapie ist markttheoretisch zu vereinfacht und in umweltpolitischer Sicht nicht überzeugend.

Die hier vertretene Gegenthese lautet: In der hochkonzentrierten (insbesondere leitungsgebundenen) Energiewirtschaft herrscht weder die „unsichtbare Hand" der Konkurrenz als Regulativ, noch praktiziert der Staat eine den Markt ersetzende effektive Aufsicht als öffentliches Korrektiv.

Pointiert formuliert: Es gibt keine einzige Branche in der Bundesrepublik mit derart grundlegender gesamtwirtschaftlicher und klimarelevanter Bedeutung, die so „unkontrolliert" und beim derzeitigen Rechtsstand so „unbeherrschbar" agieren kann wie die Monopole der leitungsgebundenen Energiewirtschaft. Dies gilt vor allem für die überregional agierenden Großunternehmen der Strom-Verbundstufe wie auch für die überregionalen und transnationalen Erdgasgesellschaften.

Nicht zu viel Regulierung ist die Ursache der zu beobachtenden Fehlentwicklung, sondern eine Fehlregulierung, und zwar insbesondere bei der Preisaufsicht (vgl. Hennicke, 1990; Leprich, 1994) bzw. generell durch einen weitgehenden Verzicht auf die Durchsetzung öffentlicher Interessen (z. B. bei der Energiefachaufsicht; Verzicht auf Preisregulierung im Sondervertrags- und Liefervertragsbereich sowie auf der Verbundebene). Die Reformalternative hierzu liegt daher nicht einfach in „Mehr Wettbewerb", sondern in einer innovativen und möglichst flexiblen Kombination aus Elementen des Marktes („Selbstregulierung") und der Planung („staatliche Zieldefinition, Rahmensetzung und öffentliche Aufsicht").

Der deutlichste Unterschied unserer Position zum Grundsatzteil des Koalitionsvotums liegt darin, daß dort Bekenntnisse für „den Markt" und der schon fast religiöse Glaube an die Selbstregulierungsfähigkeit von Märkten vorherrscht, wo durch eine nüchterne Analyse gezeigt werden müßte, welche klimapolitischen Ziele mit dem Markt in der Realität erreichbar sind und welche nicht.

„Den Wettbewerb in der Energiewirtschaft planen" (Hennicke, 1991) lautet demgegenüber unsere Devise. Dies bedeutet keinen Aphorismus, sondern stellt ein integriertes Konzept aus Markt und Planung dar – eine der Grundvoraussetzungen für die Institutionalisierung neuer Anreizstrukturen und für eine „Ökonomie des Vermeidens". „Least-Cost-Planning (LCP)" (bzw. „Integrated Resource Planning (IRP)") ist hierfür ein Anwendungsbeispiel, das in den USA, in Kanada und zunehmend auch in Europa erfolgreich praktiziert wird. LCP kommt aus dem Musterland der „freien kapitalistischen Marktwirtschaft" und bedeutet – flexibel gestaltet – keinen neuen Bürokratismus, sondern die intelligente Anwendung eines marktheoretischen Grundprinzips auf den hochmonopolisierten Sektor leitungsgebundener Energien. Ziel ist nicht, Energie so billig wie möglich zu verkaufen, sondern die Minimierung der Gesamtkosten pro Energiedienstleistung mit einer marktgerechten Form der Anreizregulierung steht im Mittelpunkt (vgl. Kap. 7.4.2.5). Auch LCP/IRP ist natürlich nicht der „Königsweg" zum Klimaschutz, aber als innovativer Bestandteil eines neuen Instrumentenmix im Sektor der leitungsgebundenen Energiewirtschaft unverzichtbar.

Die Bekenntnisse zum Markt im Koalitionsvotum münden bei der Diskussion über die Reform der (leitungsgebundenen) Energiewirtschaft in die nicht weiter begründete Forderung nach Deregulierung. Viele konzeptionelle Vorarbeiten wurden hierfür von der erwähnten „Deregulierungskommission" geleistet. Die Deregulierungsposition ist jedoch wettbewerbstheoretisch nicht konsequent genug. Die methodischen Hauptschwächen können hier nur kurz zusammengefaßt werden (vgl. Öko-Institut, 1992 a und b):

Erstens werden weitgehend ungeprüft die aus einer abstrakten Modellanalyse abgeleiteten Ergebnisse effizienter Allokation auch auf den real existierenden, zentralisierten und vertikal konzentrierten Sektor der Elektrizitätswirtschaft übertragen. Vor allem die neueren Wettbewerbskonzepte zur Elektrizitätswirtschaft (auch die der Deregulierungskommission) fallen hierbei hinter die Analysen des 1. Hauptgutachtens der Monopolkommission (1975) sowie hinter die Arbeiten von Gröner (1975; 1988) zurück, in denen das Ausmaß der vertikalen Konzentration der großen Energieanbieter noch als eine wesentliche Ursache für Marktversagen identifiziert wurde. Wenn nicht zuvor die ökonomische Konzentration und Zentralisation des Energieangebots entflochten wird („unbundling"), also keine annähernd gleichen Startbedingungen und keine Chancengleichheit geschaffen werden, wird die Einführung von „mehr Markt" z. B. auf einem stärker liberalisierten EU-Binnenmarkt eher die Konzentrationstendenzen verstärken, statt sie abzubauen.

Zweitens beschränken sich Deregulierungsbefürworter auf die Analyse der möglichst kostengünstigen Bereitstellung von Endenergie, ohne die energie- und umweltpolitisch viel entscheidendere Frage zu untersuchen, wie der Substitutionswettbewerb zwischen Energie und Kapital (effizienter Energienutzung) nach der Devise „Mehr Wettbewerb" funktionsfähig gemacht werden kann. Eine derartige Analyse zeigt nämlich, daß eine nur kostengünstige und effiziente Endenergiebereitstellung dennoch mit systematischer Fehlleitung von gesellschaftlichem Kapital verbunden ist, solange die Grenzkosten der rationelleren Energienutzung geringer sind als die Grenzkosten der Energiebereitstellung (siehe Kap. 7.4.2.4).

Drittens wird der Endenergiemarkt für Elektrizität willkürlich vom Endenergiemarkt für Wärme getrennt, obwohl über die Kraft-Wärme-Kopplung und auch über den direkten Einsatz von Strom im Wärmemarkt (E-Heizung; elektrische Warmwasserbereitung) eine systematische Verbindung besteht. Bei einer simultanen Betrachtung von Wärme- und Stromerzeugung zeigt sich dabei, daß gekoppelte Systeme in der Industrie (Strom und Prozeßwärmeerzeugung) oder in Kommunen (Strom und Nah- bzw. Fernwärmeerzeugung) in der Regel Elektrizität billiger herstellen können als reine Kondensationsstromerzeugung, wenn die Wärme zum anlegbaren Wärmepreis (d. h. in der Regel in Höhe des Heizölpreises) absetzbar ist.

Viertens werden die neuen Dimensionen der Umwelt- und Klimaprobleme (in neoklassischer Sprechweise die sogenannte „Internalisierung der externen Kosten", siehe oben) in der Regel bei der Ableitung der betriebs- und volkswirtschaftlichen Kosten der Stromerzeugung nicht berücksichtigt. Deshalb beziehen sich die behaupteten Effizienzvorteile kostengünstigerer Stromerzeugung nur auf ein eingeschränktes betriebswirtschaftliches Kostenkalkül, obwohl inzwischen die monetarisierbaren sogenannten „externen" Schäden der Kohle- und Kernenergieverstromung pro Kilowattstunde nach einigen Studien in der Größenordnung der betriebswirtschaftlichen Produktionskosten liegen (Hohmeyer, 1990; Ottinger, Hohmeyer, 1993).

Fünftens kann die „Peitsche des Wettbewerbs" expandierende Märkte vorantreiben, aber sie ist nicht hinreichend, wo es um das strategische Zurückschrumpfen von Risiko-Märkten und um die gleichzeitige Neuorientierung von Unternehmensstrategien auf umweltverträgliche und sozial nützliche Produkte, d. h. um einen ökologischen Umbau, geht. Der Zeitfaktor und die Weichenstellung bis 2005 ist entscheidend – es geht bereits mittelfristig um das systematische Zurückschrumpfen der fossilen und nuklearen Energiemärkte und gleichzeitig um die rasche Marktdurchdringung klimaverträglicher und risikoarmer Alternativen (absoluter Vorrang für Effizienz, KWK und Regenerative).

Die Deregulierungsbefürworter sind daher einerseits wegen der völligen Vernachlässigung des Substitutionswettbewerbs zwischen Energie und Kapital wettbewerbstheoretisch nicht konsequent genug. Andererseits negieren sie bei der Anwendung ihres auf Endenergie verkürzten Lehrbuchmodells, daß gerade in der Praxis und wegen der Marktmorphologie der leitungsgebundenen Energiewirtschaft einige der wichtigsten Voraussetzungen für einen funktionsfähigen Wettbewerb fehlen.

Trotz der in vielen Punkten zutreffenden Diagnose der Fehlentwicklungen in der Elektrizitätswirtschaft läuft die Therapie der Deregulierungsbefürworter daher einerseits auf die Austreibung des Beelzebubs (das Marktversagen bei der Erzeugung von Endenergie) durch den Teufel („freie Bahn für die Elefanten") hinaus. Andererseits wird der Wettbewerb gerade dort nicht ernst genommen und durch staatliche Intervention funktionsfähig gestaltet, wo er auch im umweltpolitischen Sinne äußerst wirksam und segensreich wirken könnte: als Substitutionswettbewerb zwischen Energie und Kapital.

1.4 Ohne den Abbau von Hemmnissen können globale, über den Preis steuernde Instrumente wirtschaftsunverträglich werden

Grundlegend für die unterschiedlichen Auffassungen von Koalitions- und Oppositionsfraktion über die Chancen und Grenzen von „Märkten" bzw. über die Wirksamkeit von über den Preis steuernden Instrumenten sind eine Reihe von Erkenntnissen aus empirischen Untersuchungen („Bottom up"-Studien) über Hemmnisse und Marktversagen bei der Realisierung „theoretisch wirtschaftlicher" Einsparpotentiale. Im Koalitionsvotum werden dagegen Markthemmnisse und Marktversagen fast gar nicht angesprochen; implizit wird damit unterstellt, daß der Markt bereits eine weitgehend optimale Ressourcenallokation herbeigeführt hat und energiepolitische Eingriffe in den Markt zur Gunsten des Klimaschutzes und für vermehrte Energieeinsparung – verbunden mit hohen volkswirtschaftlichen Kosten – von diesem Optimum wegführen.

Die zentrale Frage ist aber dann: Warum werden die umfangreichen, auch in den Studienprogrammen der Enquete-Kommissionen nachgewiesenen „eigentlich wirtschaftlichen" Potentiale rationellerer Energienutzung und der Kraft-Wärme-Koppelung (KWK) auf dem Energiemarkt nicht im Selbstlauf realisiert? Warum gibt es „gehemmte wirtschaftliche Potentiale" (E. Jochem) im großen Umfang?

Hierzu zunächst ein Blick auf die Vergangenheit: Die bisherige Energiepolitik reagierte in der Regel auf akute Krisen und dabei aufgrund des offensichtlichen Handlungsdrucks ohne vorausschauende Planung und mit einem Zeithorizont von wenigen Jahren. Eine Fortsetzung dieses kurzatmigen Aktions-Reaktions-Musters wäre für die Klimastabilisierung unbestritten nachteilig. Da die Energiepolitik sich seit den 70er Jahren prozyklisch verhalten hat, ist auch die Frage nicht eindeutig beantwortbar, inwieweit die bisher in der Bundesrepublik realisierte Steigerung der Energieeffizienz ein Ergebnis von Energiepolitik (energiepolitisch induziertes Sparen) und/oder der unabhängig von politischen Maßnahmen sich vollziehenden autonomen Anpassungen an das in den 70er Jahren sprunghaft gestiegene Energiepreisniveau (Trendsparen) darstellt. Sicher ist, daß beim derzeitigen oder bei einem zukünftig real nur gering steigenden Energiepreisniveau eine allein auf Preissteuerung setzende Klimaschutzpolitik die notwendigen CO_2-Reduktionsziele nicht erreichen kann.

Doch auch erhebliche Veränderungen der Preisrelationen, die auf den Märkten langfristig Reaktionen hervorrufen, führen bei weiter bestehenden Hemmnissen nicht in ausreichendem Umfange und nicht schnell genug zu den für den Klimaschutz erforderlichen Verhaltens- und Strukturanpassungen. Die beiden Energiepreiskrisen der 70er Jahre können hierfür als „globaler empirischer Test“ angesehen werden. Sie führten zu folgendem Ergebnis: In einer Phase der Ölpreisexplosion um nominell gut das 7fache (von 1973 = 82 DM/t auf 1985 = 622 DM/t; real um das 5fache) konnte in Verbindung mit einer prozyklischen Energiepolitik der Energieverbrauch in der Bundesrepublik Deutschland von 1973 bis in die 80er Jahre „nur“ bei rd. 380 Mio. t SKE in etwa konstant gehalten und die CO_2-Emissionen von 784 Mio. t (1973) auf 716 Mio. t (1987) – also um rd. 9% – leicht abgesenkt werden. Wie soll also bei einem unveränderten Preis/Verbrauchs-Reaktionsmuster bis zum Jahr 2005 eine CO_2-Reduktion von 30% erreicht werden – dazu bei einem im Vergleich mit Anfang der 80er Jahre halbierten Ölpreisniveau? Aus dem globalen Reaktionsmuster der 70er und 80er Jahre läßt sich also ableiten, daß der Energieverbrauchszuwachs zwar durch Preiserhöhungen gedämpft wurde (Entkoppelung vom Wirtschaftswachstum), aber selbst auf extreme Preissprünge nur sehr unelastisch reagierte.

Dieser Effekt fand seinen Niederschlag in makroökonomischen Modellrechungen („Top-down“-Analysen), in denen die im Energiesystem offenbar wirksamen Trägheiten und Reaktionsverzögerungen durch entsprechend geringe Preis- und Einkommenselastizitäten abgebildet werden. Neoklassisch orientierte Simulationsmodelle, in denen versucht wird, die notwendige CO_2-Reduktion allein über Energiepreiserhöhungen und eine Energiesteuer zu realisieren, errechnen übereinstimmend sehr hohe und politisch kaum akzeptanzfähige Steuersätze (vgl. Krause et al, 1993, S. 69).

Infolge der sehr hohen Steuersätze ergeben sich nach diesen Top-down-Rechnungen auch entsprechende Wachstumsverluste. Dieses Ergebnis wird zwar modifziert, wenn die Steuer aufkommensneutral ausgestaltet und durch Senkung anderer Steuern bzw. Sozialabgaben oder durch Investitionsanreize für Einspartechnologien ausgeglichen wird. Aber es bleibt die durch viele Modellrechnungen übereinstimmend belegte Tatsache, daß allein mit hohen Steuern und entsprechenden Nebenwirkungen (regressive Belastung der Verbraucher; erhebliche Veränderungen der relativen Wettbewerbspositionen zwischen Industriezweigen und zum Ausland) nur ein vergleichweise geringer Klimaschutz erreicht wird (vgl. Grubb et al, 1993).

Reine „Top-down“-orientierte Politikkonzepte führen daher in eine energiepolitische Sackgasse: Der Politik kann nur empfohlen werden, die Wirtschaft über exorbitante Steuersätze in Wettbewerbsschwierigkeiten zu bringen oder auf eine ausreichende Klimaschutzstrategie zu verzichten.

Dieses Dilemma ergibt sich jedoch nur dann, wenn die spezifischen strukturellen, institutionellen und rechtlichen Markthemmnisse zu wenig untersucht und nicht abgebaut werden, durch die die historischen Preis- und Einkommenselastizitäten geprägt werden und die über die Synergiewirkung von Instrumentenbündeln in Verbindung mit pretialen (über den Preis wirkenden) Instrumenten verändert werden können. Bildhaft gesprochen: Die Vertreter reiner „Top-down"-Politikkonzepte versuchen, die Pferde mit Peitschenhieben über zu hohe Hürden und zu breite Gräben zu treiben. Folgerichtig ergibt sich, daß die Pferde darunter leiden. Statt die Peitsche übermäßig zu benutzen, liegt es jedoch viel näher, den Parcours pferdgerechter zu gestalten – also die Hürden niedriger zu machen und die Gräben zum Teil zuzuschütten.

Bei einer „Bottom-up"-Analyse werden daher die sektor- und zielgruppenspezifischen Hemmisse zunächst genau identifiziert, dann durch spezielle Instrumente addressiert und so weit wie möglich abgebaut (z. B. über Least-Cost Planning, Contracting, Standards, Beratung und/ oder Formen der zweckgebundenen Förderung von Einsparprogrammen). Dabei ist eine Kopplung mit globalen, über den Preis steuernden Instrumenten (wie z. B. eine Energiesteuer) notwendig und besonders wirksam. Durch diesen kombinierten globalen und sektorspezifischen Instrumenteneinsatz (Maßnahmenbündel) kann mit wesentlich geringeren Steuersätzen das erwünschte Klimaschutzziel erreicht werden (vgl. Grubb et al, 1993).

Als besonders vielversprechend zeigt sich dabei die volkswirtschaftliche bzw. sektorspezifische „Umlage- und Vorfinanzierung" von Energiesparinvestitionen aus Kreditmitteln über eine Darlehensförderung, durch eine allgemeine Energiesteuer oder sektorspezifisch durch Least-Cost Planning (LCP). Das heißt, daß die durch eine Energiesteuer (bzw. durch die Stromtarife bei LCP) abgeschöpften Einnahmen zweckgebunden und maßgeschneidert zur Überwindung der spezifischen sektor- und zielgruppenspezifischen Hemmnisse eingesetzt werden. Dies entspricht, um im Bild zu bleiben, dem Umbau des Parcours, der es den Pferden erlaubt, auch ohne Peitscheneinsatz das Ziel zu erreichen.

Modellrechnungen wie auch die Praxis zeigen also die ohne verbesserte staatliche Rahmenbedingungen und ohne maßgeschneiderte Instrumentenbündel eingeschränkte Wirksamkeit der „invisible hand" auf den „Energiemärkten" (Krause et al, 1993). Kein „Energiemarkt" funktioniert so wie im Lehrbuch, die Welt ist voller Hemmnisse. Dies soll im folgenden exemplarisch dargestellt werden, weil hierdurch eine wesentliche Begründung für die Effizienz und Legitimation einer forcierten staatlichen Energiespar- und Förderpolitik abgeleitet werden kann. Dies gilt insbesondere dann, wenn vom Konzept der Energiedienstleistung (EDL) und von der Notwendigkeit ausgegangen wird, daß das „Paket“ aus Energiezuführung und rationeller Nutzungstechnik je Dienstleistung möglichst preisgünstig und umweltverträglich bereitgestellt werden soll. Der direkte Wettbewerb zwischen Energieträgern und die dort auftretenden Hemmnisse ist dabei gegenüber denen im entscheidenden Substitutionswettwerb zwischen Energie und Kapital (rationellere Energienutzung) sekundär.

Die Lenkungswirkung globaler, über den Preis steuernder Instrumente (Zertifikate, Steuern, Abgaben) ist gegenüber bestimmten Formen von strukturellen, institutionellen und rechtlichen Hemmnissen sowie bei der Entfaltung eines wirksamen Substutionswettbewerbs prinzipiell beschränkt. Das Marktversagen kann deshalb nicht allein durch die Internalisierung der sogenannten „externen Kosten“ vollständig und schnell genug korrigiert werden.

Die Enquete-Komission hat in dem von ihr vergebenen Studien eine ausführliche Hemmnisanalyse für alle Sektoren (private und öffentliche Haushalte, Kleinverbrauch, Industrie) sowie für zentrale Schlüsseltechnologien (z. B. Einführung von industrieller und kommunaler KWK-Anlagen; Einführung regenerativer Energiequellen) durchführen lassen (vgl. Klima-Enquete 1990; 1994).

Wir wollen uns im folgenden auf eine zusammenfassende Darstellung einiger grundlegender Hemmnisse konzentrieren, die dem Einsatz von Einspartechniken auf der Nutzerseite und einem funktionsfähigen Substitutionswettbewerb zwischen Energie und Kapital (Effizienztechnologien) entgegenstehen.

In Kern geht es darum, die Existenz „gehemmter, eigentlich wirtschaftlicher“ Energiesparpotentiale theoretisch zu begründen. Denn die durch „Bottom- up“-Analysen immer wieder bestätigte Erkenntnis, daß große wirtschaftliche Einsparpotentiale gegenwärtig brachliegen, stößt häufig noch auf große Skepsis. Diese Skepsis ist vor allem auch dadurch begründet, daß „gehemmte, eigentlich wirtschaftliche“ Potentiale als Widerspruch oder grundsätzliche Infragestellung von marktwirtschaftlichen Steuerungsmechanismen mißverstanden wird.

Ganz im Gegensatz hierzu zeigt jedoch die „Bottom- up“-Hemmnisanalyse, wie durch einen integrierten Instrumenteneinsatz der bisher erheblich eingeschränkte Substitutionswettbewerb zwischen Energie und Kapital (Techniken rationellerer Energienutzung) erst funktionsfähig gemacht wird

„Bottom-up"-Hemmnisanalysen führen also nicht zur Negation von marktwirtschaftlichen Instrumenten, sondern im Gegenteil zu der Empfehlung, durch differenzierteren Instrumenteneinsatz den Marktmechanismus zur Erschließung bisher gehemmter, wirtschaftlicher Effizienzpotentiale mit betriebs- und volkswirtschaftlichem Gewinn quasi erst flott zu machen (Realisierung sogenannter „Win-Win"-Konstellationen).

Eine „Bottom-up"-Hemmnisanalyse ist darüber hinaus grundlegend, um die Chancen und Grenzen von allein über den Preis steuernden Instrumenten im Vergleich zu kombinierten Instrumentenbündeln bei der Erschließung von Einsparpotentialen besser verstehen zu können.

Im Mittelpunkt steht die Erklärung des sogenannten „Pay-back gap" sowie von marktstrukturellen Hemmnissen (z. B. „Gespaltener Markt", „Asymmetrische Marktmacht", „Investor/Nutzer-Dilemma"), die – ohne staatliche Gegensteuerung – zur systematischen Benachteiligung von Energiesparinvestitionen führen. Schließlich ergibt sich hieraus auch die wesentliche markttheoretische Begründung für die Struktur und das Volumen des in Kapitel C vorgeschlagenen Förderprogramms.

– Die Disparität von Ertragserwartungen („Pay-back gap")

Wesentlich für das Verständnis vieler energiepolitischer Grundsatzkontroversen ist eine empirisch gut belegte, aber in der energiepolitischen Diskussion immer wieder vernachlässigte Tatsache: Im Gegensatz zu einer Basisannahme der Wirtschaftstheorie kommt es gerade im Energiesystem in der Regel nicht zu einem Ausgleich von Profitraten bei Investitionen auf der Angebots- bzw. Nutzerseite. Die internen Ertragserwartungen (bzw. Amortisationszeiten) im Angebotssektor des Energiesystem liegen weit tiefer (bzw. sind wesentlich länger) als die Ertragserwartungen bei Einsparinvestitionen auf der Seite der Nutzer. Diese Tatsache wird als „subjektive Disparität von Ertragserwartungen" oder auch als Unterschied der „impliziten Diskontraten" bezeichnet. In der englischen Literatur hat sich der prägnante Begriff „pay-back gap" durchgesetzt (NARUC, 1988; Cavannangh, 1989).

Kraftwerksbetreiber operieren zum Beispiel mit langen Planungs- und Bauzeiten und mit Amortisationserwartungen von 15 bis 25 Jahren. Aus vielen empirischen Untersuchungen ergibt sich dagegen, daß die Industrie nur mit Amortisationszeiten zwischen 3 bis 5 Jahren und Haushalte – wenn überhaupt – nur mit einem Jahr oder weniger kalkulieren. Haushalte sowie Handwerks- und Kleinbetriebe sind sogar ohne Anleitung zur Kalkulation der „Gestehungskosten" bzw. Amortisationszeiten von

Maßnahmen rationellerer Energieenutzung häufig überhaupt nicht in der Lage. Bei Gebäuden liegt die technische Lebensdauer von Techniken und Materialien zur Energieeinsparung häufig über 20 Jahren, aber private Bauherren erwarten auch bei Eigennutzung wesentlich geringere Amortisationszeiten. Bei Vermietung kommt das Investor/Nutzer-Dilemma noch hinzu (vgl. weiter unten). Für Investoren im öffentlichen Sektor ergeben sich schließlich aus haushaltsrechtlichen Gründen (Jährlichkeitsprinzip, Zuordnung zu unterschiedlichen Ressort- und Haushaltstiteln ohne gegenseitige Deckungsfähigkeit, bei Kommunen Trennung von Verwaltungs- und Vermögenshaushalt) zusätzliche Hemmnisse bei der Finanzierung auch sehr wirtschaftlicher Energiesparmaßnahmen. Insbesondere für den kommunalen Bereich existieren in USA, Kanada und Großbritannien bereits sehr differenzierte innovative Finanzierungskonzepte, wie die dort vorliegenden besonderen Hemmnisse („pay-back gap" in Verbindung mit haushaltsrechtlichen Hemmnissen sowie Finanzierungs- und Informationsdefiziten) abgebaut werden können (vgl. ICLEI, 1993).

Rechnet man die unterschiedlichen Amortisationszeiten (bei einer angenommen technischen Lebensdauer von 20 Jahren) in die damit implizit geforderten Ertragserwartungen („implizite Diskontraten") um, dann ergeben sich die folgenden typischen Renditen:

- beim Kraftwerksbetreiber von etwa 8%
- bei der Industrie von über 30%
- bei privaten und öffentlichen Haushalten von über 100%.

Das folgende Schaubild (vgl. Abb. 1) verdeutlicht diesen Zusammenhang. Es zeigt, daß bei einer subjektiven Amortisationserwartung eines Industrieunternehmens von 3 Jahren und einer hierbei implizit erwarteten Verzinsung von 30% beim herrschenden Energie-Leitpreis von P_0 nur etwas mehr als 3% des bestehenden Energiesparpotentials ausgeschöpft wird. Würde dagegen mit einer üblicheren Verzinsung von 10% (entsprechend einer Amortisationszeit von 6 Jahren) kalkuliert, dann könnten – ohne eine Erhöhung des Leitpreises P_0 – etwas mehr als 18% des Einsparpotentials realisiert werden. Umgekehrt müßte der Leitpreis P_0 – z. B. durch eine Energiesteuer – verdoppelt werden, damit der Industrieinvestor bei 3 Jahren Amortisationserwartung das gleiche Einsparpotential realisieren würde. Das Schaubild verdeutlicht also, daß mehr Energieeinsparung entweder durch Erhöhung des Energiepreises oder durch Senkung der impliziten Diskontrate erreicht werden kann. Die Wirkung des letzteren Instruments ist, wie am Schaubild ablesbar, wesentlich größer als die einer Preiserhöhung. Daraus ergeben sich einige fundamentale Schlußfolgerungen darüber, mit welchen Instrumentenmix der Sub-

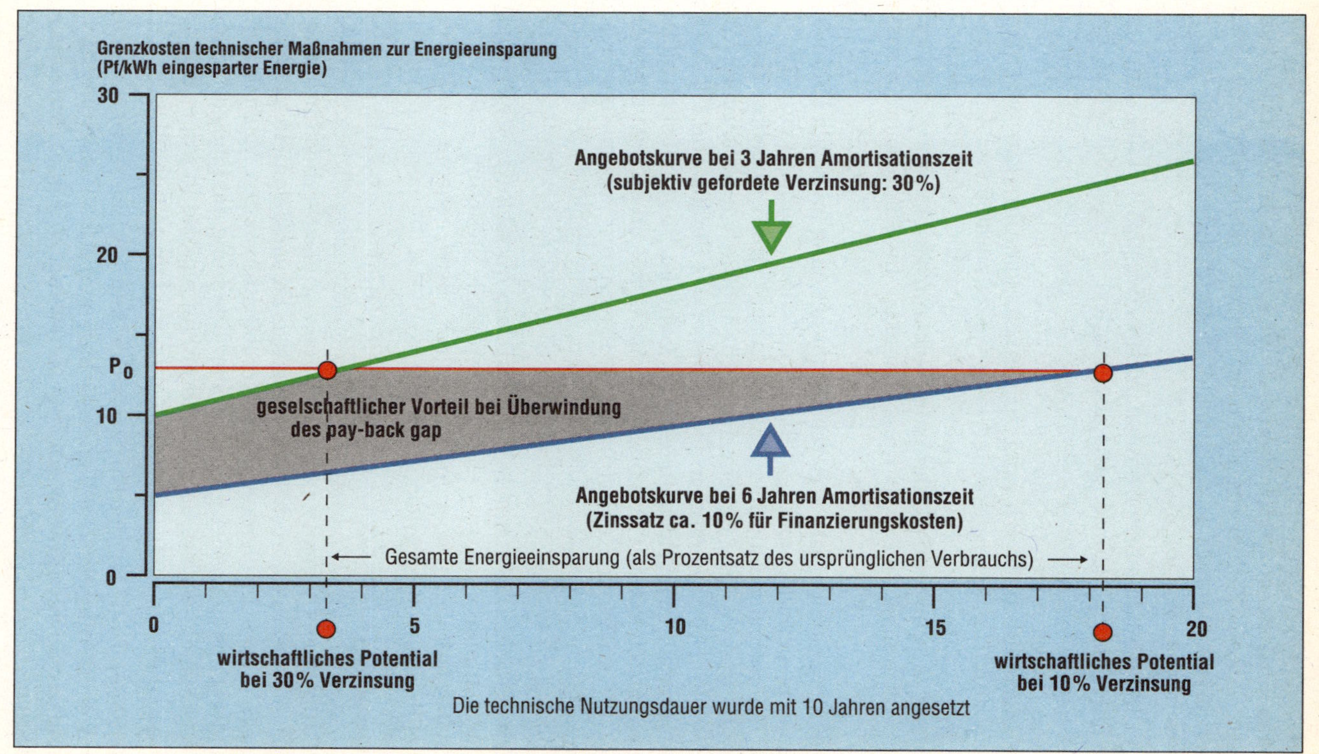

Abb. 1: Abhängigkeit des wirtschaftlichen Potentials von den subjektiven Verzinsungsansprüchen: der Effekt des pay-back gap auf die Angebotskurse wirtschaftlicher Energiesparmaßnahmen (Quelle: Krause et al.)

stitutionswettbewerb zwischen Energie und Kapital flächendeckend am effektivsten intensiviert werden kann. Grundsätzlich wird bereits hieraus erkennbar, daß ein Förderprogramm eine umso höhere Effizienz und Synergiewirkung entfalten kann, je mehr es dadurch gelingt, die implizite Diskontrate zu senken. (Krause, 1994)

Abb. 1 verdeutlicht daher noch einmal präziser, wie das Bild des „mit der Peitsche über zu hohe Hürden gejagten Pferdes" energiepolitisch zu interpretieren ist. Gelingt es bei bisherigen „risikoscheuen" Investoren, durch einen integrierten Instrumenteneinsatz die „interne Diskontrate" auf eine marktübliche Verzinsung zu senken, dann braucht über den Preis (z. B. durch eine Energiesteuer) kein starker zusätzlicher Anreiz gegeben werden, damit ein bisher „gehemmtes, eigentlich wirtschaftliches" Potential erschlossen wird. Andernfalls bleibt nur die Hoffnung, daß von entsprechend hohen Preisen ein ausreichender Investitionsanreiz ausgeht.

An einem einfachen Beispiel soll der Zusammenhang zwischen Energiepreis- bzw. Steuerhöhe und „pay-back gap" noch einmal verdeutlicht werden: Die normale Amortisationszeit für ein stromeffizientes Haushaltsgerät betrage 9 Jahre bei einem durchschnittlichen Strompreis von 25 Pf/kWh; bei einer technischen Lebensdauer des Gerätes von 15 Jahren wäre dies eine wirtschaftliche Investition. Geht der Privathaushalt allerdings – entsprechend den Ergebnissen empirischer Studien – von einer subjektiv erwünschten Kapitalrückflußzeit von nur einem Jahr aus, müßte der Strompreis rd. 2,25 DM betragen, damit sich die gleiche Investition lohnt.

Dies wirft ein Schlaglicht darauf, wie exorbitant hoch eine Energiesteuer bemessen sein müßte, wenn – allein über pretiale Steuerung – alle theoretisch wirtschaftlichen, aber in der Realität eben „gehemmten Potentiale" mobilisiert werden sollen.

Maßnahmenpakete auf der Grundlage von „Bottom-up"-Analysen zielen daher darauf, die Disparitäten der Verzinsungsansprüche möglichst auf marktüblichem Niveau anzugleichen (also zunächst die Hürden abzubauen), so daß dann auch mit geringeren Steuersätzen ein größerer Einsparerfolg erreicht werden kann. Kombinationen aus Maßnahmen, die den Effekt des „pay-back gap" mit einer Erhöhung des Energiepreises (z. B. durch eine Energiesteuer) abmildern, führen also in jedem Fall zu einer höheren Ausnutzung des wirtschaftlichen Einsparpotentials.

Bleibt es andererseits bei der Disparität der Amortisationserwartungen, so ergibt sich volkswirtschaftlich eine systematische Fehlleitung von Kapital in zuviel Energieangebot und zu wenig effiziente Nutzungstechnologien.

Energiepolitischer Kernpunkt der „Bottom-up"-Konzepte ist dagegen die Empfehlung, daß „gehemmte wirtschaftliche Potentiale" durch geeignete zielgruppenspezifische Anreiz- und Informationsprogramme von den jeweiligen Investorengruppen selbst oder durch Dritte (Contracting-Unternehmen; Betreibergesellschaften etc.) mit betriebs- und volkswirtschaftlichem Nutzen (effizientere Reallokation von Ressourcen) realisiert werden können.

Von entscheidender Bedeutung ist allerdings, ob und ggf. welche realen Ursachen (z. B. unterschiedliche Risiken) hinter diesen „subjektiv" unterschiedlichen Amortisationserwartungen stehen und ob es Instrumente bzw. Instrumentenbündel gibt, die so differenziert eingesetzt werden können, daß hierdurch zielgruppen-, sektor- und technikspezifisch zum Abbau dieser Disparitäten beigetragen werden kann.

Wir gehen gestützt auf zahlreiche empirische Studien davon aus (z. B. Öko-Institut, Wuppertal-Institut, 1994; Krause, 1994), daß hinter den empirisch ermittelten „subjektiven" Disparitäten der Amortisationserwartungen bei den jeweiligen Akteuren nur zum geringeren Teil unveränderliche reale, aber nicht unmittelbar sichtbare Kostenunterschiede liegen (sogenannte „hidden costs"). In der Regel handelt es sich um – durch integrierten Instrumenteneinsatz – veränderbare oder durch andere Investoren abbaubare Unterschiede bei den Informations-, Kapitalbeschaffungs-, Transaktions-, Anpassungs- und Risikokosten. Kurze Pay-Back-Anforderungen in der Industrie resultieren z. B. aus dem betriebsinternen çapital budgeting" (Vorrang für Investionen für den eigentlichen Betriebszweck), Prioritätensetzung beim Einsatz von Managerzeit, institutionelle Barrieren in der Betriebshierarchie und daraus resultierende Informationsmängel sowie einzelwirtschaftliche Risikofaktoren (vgl. Krause, 1994).

In jedem Fall macht es daher Sinn, innovative Akteure und Newcomer mit längeren Amortisationserwartungen und qualifiziertem Know-how zur Energiekostensenkung – wie z. B. EVUs, Energieagenturen, Hersteller von Effizienztechnologien, professionelle Contracting-Firmen, Ingenieur-Büros, kommerzielle Generalübernehmer und Betreibergesellschaften – zur Öffnung des NEGAWatt-Marktes zu ermutigen und die finanziellen Risiken auf dem neu zu erschließenden Einsparmarkt mit – im Erfolgsfalle möglichst rückzahlbaren – öffentlichen Mitteln abzufedern.

Hieraus ergeben sich für die Begründung, die Schwerpunkte und die Konditionen eines Klimaschutzpolitik- und Förderprogramms wesentliche Konsequenzen: Es kommt offenbar darauf an, das Policy Mix und die Feinsteuerung so einzusetzen, daß es maßgeblich zur Angleichung der unterschiedlichen Amortisationserwartungen von Investoren auf der Anbieter- bzw. auf der Nutzerseite des Energiemarktes beiträgt. Ziel ist, z. B. im Gewerbe- und Gebäudesektor entweder direkt zur Kostenentlastung von Investoren beizutragen, so daß sich Energiesparinvestitionen innerhalb der erwünschten Amortisationszeit bezahlt machen. Oder Dritte mit längeren Amortisationserwartungen oder kostensparendem Know-how durch staatliche Anreize in die Lage zu versetzen, als Drittinvestoren aufzutreten. Hierzu dienen vor allem drei Maßnahmengruppen (vgl. auch Kap. C):

1. Förderung von LCP und Contracting sowie neuer NEGAWatt-Akteure und potentieller „Drittinvestoren" für Einspartechniken, z. B. Energiedienstleistungsunternehmen, Energieagenturen und Contracting-Unternehmen, die unter angemessenen Randbedingungen ein ökonomisches Interesse daran haben, Einsparpotentiale bei Dritten systematisch zu erschließen. Aktivitäten wie Contracting und insbesondere Least-Cost Planning stellen dabei ihrerseits wieder umfassende dezentralisierte Programmbündel aus zielgruppenspezifischen Anreizen (z. B. garantierte 3–5jährige Amortisationszeiten im Industriesektor), Information und Marketingmaßnahmen dar.

2. Förderung von zielgruppenspezifischem technischem und wirtschaftlichem Umsetzungs-Know-how: Hierzu dienen vor allem auch Fort- und Weiterbildungsmaßnahmen (insbesondere das integrierte Programm RAWINE; vgl. auch C)

3. Förderung der Erstellung und Umsetzung von industriellen Energiesparkonzepten; hier erfolgt unmittelbar beim Industrieinvestor eine Angleichung der subjektiven an die marktübliche Diskontrate.

Die folgende Darstellung marktstruktueller Hemmnisse dient der weiteren Begründung unserer These einer systematischen Benachteiligung von Energiesparinvestitionen im Vergleich zu Investitionen in mehr Energieangebot. Zum einen handelt es sich dabei um Faktoren, die ihrerseits eine verstärkende Wirkung auf das „pay-back gap" haben (z. B. höhere Risiko- und Transaktionskosten in Abhängigkeit von der Marktstellung). Zum anderen machen sie zusätzlich deutlich, wo über den Preis steuernde Maßnahmen auf prinzipielle Marktbarrieren treffen (z. B. Nutzer/Investor-Dilemma; fehlende Märkte für Nutzenergie bzw. Energiedienstleistungen). Erneut wird daran deutlich, warum flankierende Anreize durch ein Förderprogramm zur Intensivierung des Substitutionswettbewerbs zwischen Energie und Kapital in einigen Sektoren (z. B. Gebäudebereich) unverzichtbar sind.

– Gespaltener Markt

Für einen funktionsfähigen Substitutionswettbewerb zwischen Energie und Kapital (rationellere Energienutzungstechnik) müßte ein möglichst homogener und voll entfalteter Markt für Energiedienstleistungen bestehen. Dies ist in mehrfacher Hinsicht bisher nicht der Fall:

- Erstens ist der Markt für Energiedienstleistungen bisher nur in bescheidenen Ansätzen entwickelt. Es werden in der Regel noch nicht Energiedienstleistungen gehandelt, sondern Energieträger, die überdies (insbesondere kurzfristig) nicht beliebig substituierbar sind. Das Leitbild einer funktionierenden Marktwirtschaft im Energiebereich baut dagegen auf dem Grundgedanken eines umfassenden und funktionsfähigen Wettbewerbs auch zwischen Energie und Kapital auf.
- Zweitens gibt es keine hinreichende Überlappung und Transparenz der Märkte für Energiespartechniken und Energieträgern. Würden Energiedienstleistungen gehandelt, dann würde danach gefragt, wie diese am effizientesten bereitgestellt werden könnten, so daß Austauschbeziehungen zwischen Energie, Kapital (und auch Arbeit[126]) dahin gehend in Gang kämen, daß Effizienztechnologien und menschliche Arbeit den Energieeinsatz soweit technisch möglich und ökonomisch effizient ersetzen:
  - Ein funktionsfähiger Substitutionswettbewerb zwischen Energie und Kapital würde z. B. voraussetzen, daß die Anbieter von Einspartechnologien hinsichtlich Marktstellung, Liquidität und Kapitalausstattung mit den monopolartigen Anbietern von Elektrizität vergleichbar sind. Streng genommen wäre dies überhaupt nur dann der Fall, wenn eine große Anzahl homogener und miteinander konkurrierender Investoren vor der Entscheidung stünde, entweder in MEGAWatt oder in NEGAWatt zu investieren. Dies trifft bisher höchstens auf jenen kleinen Kreis von „energy service companies" zu, die von EVU gegründet worden sind. Zumeist handelt es sich jedoch um sehr unterschiedliche Investortypen. Großen Stromversorgern mit Gebietsmonopol stehen z. B. viele einzelne Abteilungen aus Mischkonzernen mit zahlreichen konkurrierenden Einspartechnologien gegenüber.
  - Darüber hinaus werden Marktübersicht und Entscheidungen von Millionen von Verbrauchern ohne Marktmacht (außer bei Industriebetrieben) systematisch dadurch verzerrt, daß ihnen

[126]) Eine dezentrale Versorgungsstruktur mit Energiedienstleistungen wird arbeitsintensiver sein als eine relativ zentrale mit Energieträgern. Wesentliche Aspekte sind dabei eine intensive Energieberatung, kontinuierliche Serviceleistungen und erheblicher Bedarf an baulichen Nachrüstungen, die insbesondere dem Handwerk nützen.

durch nicht kostenverursachungsgerechte Energiepreisstrukturen und Marketing der Mehreinsatz von Energie und nicht die u. U. wesentlich billigere Einspartechnologie als Mittel zur Bereitstellung von Energiedienstleistungen nahegelegt werden.

Die Hemmnisse für die Markteinführung von mehr Energieeffizienz sind daher Legion, wenn der einzelne Verbraucher hinsichtlich seines Bedarfs an Energiedienstleistungen auf den monopolisierten Energiemärkten allein gelassen wird. Der einzelne Nutzer – vom privaten Haushalt bis zum großen Industriebetrieb – muß sich mehr oder weniger kompetent aus den Marktparametern auf unterschiedlichen Märkten quasi selbstgestrickt sein Gesamtkostenoptimum für kosteneffektive Energiedienstleistungen ermitteln. Hierzu ist er häufig allein nicht in der Lage (z. B. als privater Haushalt oder Handwerksbetrieb) oder – ohne verändertes Regulierungssystem – auch nicht bereit, weil dieses Gesamtoptimum seinem privatem Verkaufsinteresse (z. B. bei Energieanbietern) a priori widerspricht.

Energieberatung und systematische Fort- und Weiterbildung, insbesondere auch für Entscheidungsträger in Kommunen, bei Klein- und Mittelbetrieben sowie im Handwerk auf der einen Seite und Förder- und Finanzierungsanreize auf der anderen Seite sind daher notwendige flankierende Voraussetzungen für einen funktionsfähigen Wettbewerb zwischen Energie und Kapital (rationellere Energienutzungstechnik). Hinzu müssen jedoch neue Methoden der „Entdeckungsplanung" und der Regulierung wie „Least-Cost Planning" und neue Organisations- und Vertragsformen (Energieagenturen; Contracting) kommen.

– Asymmetrische Marktmacht

Offensichtlich sind an der Bereitstellung von Energiedienstleistungen in der Regel unterschiedliche Akteure beteiligt, deren ökonomische Stärke, Marktstellung und soziales Interesse enorm differieren kann:

- „David-Goliath"-Konstellationen:
  Traditionelle Energieverkäufer (EVU) unterscheiden sich von den Energienutzern systematisch in wesentlichen Punkten: Die Marktposition von Energieanbietern ist de facto schon durch den Besitz von Naturressourcen (z. B. bei der Braun- und Steinkohle sowie bei der Wasserkraft), durch die Konzentration der technischen Produktionsmittel (Kraftwerke, Netze), durch ihre enorme Finanzkraft, Liquidität, Marktübersicht und Planungskompetenz in der Regel ungleich gewichtiger als die der Nutzer (Ausnahme: industrielle Großabnehmer)

- „Staatliche Kostenüberwälzungsgarantie":
  Die Investitionspolitik der Anbieter der öffentlichen Elektrizitätsversorgung ist darüber hinaus z. B. in der Bundesrepublik durch ein rechtliches Regelgeflecht (Ausnahmebereiche nach § 103 GWB) und durch die hierdurch verstärkte marktbeherrschende Stellung (Gebietskartelle) sowie durch privilegierte Aktionsparameter (z. B. bei der Preis-, Tarif- und (Einspeise-)Vergütungspolitik) auch de jure nahezu risikolos abgesichert. Dadurch können in der öffentlichen Elektrizitätsversorgung der Bundesrepublik Fehlplanungen und Überkapazitäten über Jahrzehnte ohne ökonomische Folgen praktiziert werden.

– Stromwirtschaftliche Disparität

Auch die forcierte Markteinführung von Heizkraftwerken und von Nah- und Fernwärmesystemen kann wegen der bestehenden strukturell-rechtlichen Hemmnisse nicht allein mit preislichen Maßnahmen erreicht werden. Obwohl – gleiche Methodik bei der Wirtschaftlichkeitsrechnung wie bei einem großen Verbund-EVU vorausgesetzt – in der Bundesrepublik ein großes „technisch-wirtschaftliches" Potential bei Industrie und Kommunen besteht (vgl. Klima-Enquete, 1990; 1994), wird es nur sehr zögerlich umgesetzt; auch eine Energiesteuer würde dies nicht grundsätzlich ändern können. Der Grund liegt u. a. darin, daß viele kommunale oder industrielle Newcomer auf dem HKW-Markt mit Vollkosten (langfristigen Grenzkosten) gegen die Mischpreiskalkulation bzw. gegen die kurzfristigen Grenzkosten aus dem teilweise abgeschriebenen Kraftwerkspark ihrer bisherigen Lieferanten (häufig ein überregionales Verbund-EVU) konkurrieren müssen. Das Verbund-EVU investiert in kostenineffektive Großkraftwerke reiner Stromerzeugung und verhindert gleichzeitig die unerwünschte Konkurrenz des billigeren HKW beim Newcomer durch ein entsprechendes Lockvogel-Lieferangebot („stromwirtschaftliche Disparität"; vgl. Stumpf, Windorfer 1984; Traube 1986). Hinzu kommen Hemmnisse auf der Nachfrageseite, wo Nah- und Fernwärme gegen derzeit billiges Erdgas und eine flächenhaft ausgedehnte Gasversorgung konkurrieren muß. Ohne flankierende Energiepolitik (z. B. gesetzliche Einspeisebedingungen; Verpflichtung auf Least-Cost Planning; Förderprogramme) wird sich daher die theoretisch zumeist wirtschaftlichere dezentrale Stromerzeugung in HKW nicht gegen die großen zentral produzierenden Anlagen durchsetzen können.

– Investor/Nutzer-Dilemma

Die größten technischen Einsparpotentiale liegen in der Bundesrepublik im Wärmemarkt, insbesondere bei Heizenergie. Zwar spielt der anlegbare Heizenergiepreis und damit auch eine entsprechende Energiesteuer z. B. für die Wirtschaftlichkeit von Wärmedämminvestitionen in Einfamilien-Häusern eine wesentliche Rolle. Trotzdem sind generell im Gebäudebereich die Hemmnisse erheblich, so daß ohne entsprechende Wärmedämmvorschriften (etwa Niedrig-Energie-Haus-Standard wie in Schweden) die vorhandenen Potentiale nicht annähernd ausgeschöpft werden können. Hinzu kommt, daß aufgrund der langen Nutzungszeiten der Gebäude Maßnahmen immer auch den Gebäudebestand einbeziehen müssen.

Dies gilt vor allem für den privaten Mietwohnungsbereich, aber auch generell bei gewerblich genutzten Miet- oder Leasing-Objekten, wie z. B. Bürogebäuden. Bei Mietobjekten hat bei einer energetischen Sanierung des Gebäudes der Mieter den Nutzen sinkender Energiekostenbelastung und der Vermieter/Eigentümer zunächst nur das Risiko mit den höheren Investitionskosten. Der Vermieter/Eigentümer wird also in aller Regel keine Gesamtkostenoptimierung (Anlage- und zukünftige Energiekosten) betreiben, sondern versuchen, seine Investitionskosten gering zu halten. Dies gilt insbesondere dann, wenn Möglichkeiten zur Überwälzung der Investitionskosten niedriger sind als die anfallenden Kosten (z. B. Mietobergrenzen im sozialen Wohnungsbau, Begrenzung der Mieterhöhungsspielräume, am Markt durchsetzbare Miete).

Darüber hinaus führen Energiesparmaßnahmen an Gebäuden häufig zu Problemen mit den Mietern, weil die Handwerker oft in die Wohnung müssen, Zeiten hierfür abgestimmt werden müssen und nicht unbeträchtliche Beeinträchtigungen des Wohnwertes während der Umbauphase eintreten (z. B. Schmutz, Lärm, Kälte)[127)]. Ein neuer Anstrich der Fassade verursacht weniger Ärger. Zusätzliche – und deshalb besonders kostengünstige – Maßnahmen unterbleiben aus diesen Gründen oft.

Hohe und steigende Energiepreise verbessern zwar auch die Wirtschaftlichkeit von Investitionen in Wärmedämmung und Heizungsanlagen. Aber dies allein reicht nach aller Erfahrung nicht aus, um den genannten Interessengegensatz auszugleichen. Der Preisanstieg müßte so hoch sein, daß die Mieter die Modernisierung vom Vermieter verlangen. Eine solche Erhöhung dürfte politisch kaum realisierbar sein.

Im Gebäudebestand kommt es generell darauf an, die Vornahme von Einsparinvestitionen durch zielgruppenspezifische Beratung und Förderung dann zu stimulieren, wenn sie im Zuge ohnehin anstehender

127) Um diese Probleme zu vermeiden, werden grundlegende Modernisierungen oft nur durchgeführt, wenn die Wohnungen frei sind. In Zeiten von Wohnungsnot sind solche Leerstände zum einen sozialpolitisch bedenklich. Zum anderen können Vermieter dann die Wohnung auch ohne Modernisierung kurzfristig vermieten.

Erneuerungs- oder Sanierungsmaßnahmen am billigsten ist. Wenn z. B. das Baugerüst schon steht, weil ein neuer Anstrich für die Fassade vorgesehen ist, dürfen weder die Kosten für das Gerüst noch die Kosten für Farbe und Malerarbeiten den Energiesparmaßnahmen zugerechnet werden. Werden Maßnahmen nicht durchgeführt, wenn sie „an der Reihe" sind, dann entstehen entgangene Gelegenheiten („lost opportunities"), die auch mit hohen Energiesteuern während der langen technischen Lebensdauer von Gebäuden und Heizanlagen kaum mehr korrigierbar sind. Und wenn doch, dann führt dies zu einer bei vorausschauendem Handeln unnötigen Entwertung von Kapital.

– Mangelnde integrierte Planung und fehlende Gesamtoptimierung

Bereits das Investor/Nutzer-Dilemma weist darauf hin, daß die Projektierung, Planung und Finanzierung von Energiesparmaßnahmen häufig einen komplexen Optimierungprozeß darstellt, der vom jeweiligen „Energieverbraucher" nicht vollständig überschaut werden kann. Dies betrifft sowohl die Planung von Neuprojekten als auch die energetische Sanierung z. B. von bestehenden Gebäuden oder industriellen Anlagen. Der private oder gewerbliche Energieverbraucher benötigt keine Kilowattstunden, sondern die mittels Energie und einem Wandleraggregat (z. B. eine Heizung, ein Gebäude, ein Motor) bereitgestellten Nutzeffekte („Energiedienstleistungen"). Energie ist nur Mittel zum Zweck, und aus Umwelt- und Ressourcengründen muß der Zweck zukünftig mit möglichst geringer nicht erneuerbarer Energie bereitgestellt werden.

Die heutige Organisationsform von Endenergiemärkten und das bisher noch weit ungenügende Energieberatungsangebot von EVUs und anderer unabhängiger Consulting-Akteure ist häufig noch nicht dazu geeignet, auf diese Kunden- und Verbraucherbedürfnisse maßgeschneidert einzugehen. Die noch kaum stattgefundene Entwicklung von Märkten für Energiedienstleistungen bedeutet für den Einzelverbraucher, daß er sich Markttransparenz über sehr verschiedene Märkte z. B. für Endenergie (einschließlich des komplexen Markts für dezentrale regenerative Energiequellen), für Einspartechnologien sowie für Finanzierung-, Projektierungs- und Planungsleistungen beschaffen muß. Schon beim Bau eines einfachen Bürogebäudes zeigt sich, daß der spätere Energieverbrauch dieses Gebäudes in der Regel von einer Vielzahl von Einzelspezialisten geplant wird, wobei sich aus der Summe unkoordinierter und mit „Sicherheitsmargen" geplanter Einzelmaßnahmen häufig ein zu hoher Leistungsbedarf und eine zu hohe Energiekostenrechnung ergibt (vgl. Klima-Enquete, 1993; Amstein, Walthert, 1993).

Daher sollten staatliche Fördermaßnahmen vor allem auch darauf abzielen, integrierte Energiesparprojekte und Akteure mit umfassenden Optimierungskonzepten (z. B. Generalübernehmer, Contracting) und nicht Einzelmaßnahmen zu fördern (vgl. weiter oben den Vorschlag zu RAWINE). Dies ist auch deshalb wichtig, weil sich z. B. nach der Begehung und Grobanalyse für eine energetische Sanierung von Gebäuden oder Betrieben häufig erst durch die Bündelung von hochrentablen mit weniger rentablen Einsparmaßnahmen die erwünschte weitgehende Ausschöpfung des vorhandenen Energiesparpotentials sowie eine durchschnittlich akzeptable Rendite ergibt (vgl. Kohler, 1994). Betriebs- und volkswirtschaftlich sollten nämlich Einzelprojekte, die nur den „Rahm abschöpfen" (çream skimming"), vor allem dann vermieden werden, wenn dadurch die technische Realisierung der übrigen, weniger wirtschaftlichen Einsparpotentiale praktisch auf längere Zeit nicht mehr rentierlich möglich ist.

– Folgerungen aus der Hemmnisanalyse

Zusammengefaßt folgt aus dieser Hemmnisanalyse:

- Eine Energiepreisanhebung (durch eine Abgabe oder Steuer) schafft zwar einen wirtschaftlichen Anreiz, bestehende Hemmnisse für die Markteinführung von Technologien effizienterer Nutzung oder Erzeugung von Energie „zu überspringen", sie beseitigt aber nicht die vorhandenen Hemmnisse selbst. Höhere Preise sind quasi die Peitsche, die das Pferd mit heftigen Hieben über die Hürde zu treiben versucht, aber die Hürde selbst (eine Vielzahl von institutionellen, rechtlichen und strukturellen Hemmnissen) wird dadurch nicht beseitigt. Globale, über den Preis steuernde Maßnahmen sind also unbedingt notwendig, um die marktwirtschaftlichen Selbststeuerungskräfte zu nutzen, sie sind aber für den notwendigen Klimaschutz nicht ausreichend.
- Inbesondere das „pay-back gap" führt dazu, daß einerseits bei unkorrigierten Marktprozessen ständig zuviel Kapital in den Ausbau des Energieangebots statt in die rationelle Energienutzung fließt und andererseits Newcomer (z. B. industrielle und kommunale Betreiber von KWK und/oder Solarenergieanlagen) auch auf der Angebotsseite systematisch gegenuber den traditionellen Kraftwerksbetreibern „benachteiligt" werden. Ein optimales Instrumentenmix besteht also im Einsatz moderater und langfristig angekündigter Energiepreissteigerungen (Aufkommensneutralität und Rezyklierung in produktive nvestitionen unterstellt) und in einer zielgruppenspezifischen Feinsteuerung zu Angleichung der unterschiedlichen subjektiven Amortisationserwartungen.

Insbesondere muß die Energiepolitik darauf gerichtet sein, neben Vorbildmaßnahmen des Staates in seinem eigenen Bereich (z. B. staatliches Bauwesen, Beschaffung von elektrischen Geräten, Leuchten und Lampen, Einflußnahme auf die Investitions- und Beschaffungsentscheidungen öffentlich beteiligter Unternehmen) auch durch Ge- und Verbote, durch Kooperationen und die Vermittlung von Kooperationen (z. B. zwischen der Wohnungswirtschaft und Contractoren) sowie durch Beratungs- und Finanzierungskonzepte den Substitutionswettbewerb zwischen Energieeinspar- und Erzeugungsinvestitionen systematisch zu fördern.

Staatliche Energiepolitik muß auf der Anbieterseite, bei den EVU, dafür sorgen, deren Investitionstätigkeit von vornherein durch geeignete Steuerungsinstrumente in die volkswirtschaftlich effizienteste Kapitalanlage – unter systematischer Berücksichtigung von Einsparpotentialen – zu lenken. Denn bei einer Fehlleitung von Kapital in einen ineffizienten Ausbau des Energieangebots statt in die Erschließung volkswirtschaftlich kostengünstigerer Energiesparpotentiale wären nachträgliche Korrekturen, z. B. auch durch Ge- und Verbote oder Fördermaßnahmen auf der Nutzerseite, mit volkswirtschaftlichen Verlusten verbunden.

Die weiter unten vorgeschlagenen detaillierten zielgruppen- und sektorspezifischen Fördermaßnahmen haben daher die Funktion, die Wirksamkeit der vorgeschlagenen Instrumentenbündel zu effektivieren, die unvermeidlichen Reibungsverluste bei den anstehenden, historisch einmaligen Umstrukturierungsmaßnahmen zu minimieren und die Akzeptanz bei den jeweils betroffenen Akteursgruppen zu erhöhen.

Natürlich wirken auch Förderprogramme in erster Linie auf Kosten und Preise und unterlägen daher für sich genommen und isoliert durchgeführt ähnlichen Hemmnissen und Ineffizienzen, wie sie oben für globale, über die Preise (die Kosten) steuernde Maßnahmen gezeigt worden sind. Daher ist von entscheidender Bedeutung, daß aus dem hier vorgeschlagenen Gesamtkonzept und abgestimmmten Instrumentenmix keine wesentlichen Bausteine herausgelöst werden, damit die sich ergänzende und verstärkende Wirkung der jeweiligen Instrumente nicht wieder in Frage gestellt wird.

1.5 Ein kontrollierter Einsatz von Wettbewerbselementen unter definierten Zielvorgaben und staatlichen Rahmenbedingungen ist notwendig

Unsere Kritik an der verkürzten „Deregulierungsposition" bedeutet nicht, daß wir gegen eine zielorientierte Einführung von „Mehr Wettbewerb" in der leitungsgebundenen Energiewirtschaft votieren würden.

Im Gegenteil: Soweit wie möglich und hinsichtlich den in der ersten These definierten Kriterien zielführend, sollten „selbststeuernde Regelkreise" durch staatliche Intervention institutionalisiert werden; dies bedeutet jedoch nicht einfach Deregulierung, sondern einen kontrollierten Einsatz von marktwirtschaftlichen Instrumenten unter definierten energiepolitischen Zielvorgaben und klaren staatlichen Rahmenbedingungen. (vgl. hierzu auch die Leitlinien für einen neuen klimaverträglichen Ordnungsrahmen in Kap. 7.4.2.4)

Wie wichtig definierte politische Rahmenbedingungen sind, zeigt sich an den Chancen für die Durchsetzung einer forcierten KWK-Ausbaustrategie unter deregulierten Bedingungen: Ohne den besonderen Schutz durch Demarkationen für die kommunale Ebene und für die Umsetzung von örtlicher Eigenerzeugung auf Basis von KWK wäre eine derartige für den Klimaschutz unabdingbare Strategie – angesichts der bestehenden ungleichen Startchancen und Hemmnisse – zum Scheitern verurteilt. Das Paradoxon besteht darin, daß die theoretisch konkurrenzlos billige Kraft-Wärme-Koppelung in der Praxis für absehbare Zeit einer doppelten Verdrängungskonkurrenz ausgesetzt ist: Auf der Stromseite dadurch, daß die überregionalen Stromkonzerne durch Mischpreiskalkulation und Billigpreisangebote aus teilweise abgeschriebenen Kraftwerken neue dezentrale Stromerzeugung zu verhindern suchen. Diese Preisunterbietungskonkurrenz wird schon jetzt durch die überregionalen Vorlieferanten bei kommunalen oder industriellen KWK-Planungen eingesetzt und könnte nach der Abschaffung von geschlossenen Versorgungsgebieten und/oder bei einer allgemeinen Durchleitungsverpflichtung in eine systematische Entkommunalisierungsstragegie einmünden. Damit würde den Stadtwerken, den potentiell aktivsten Akteuren, Organisatoren und Finanziers einer örtlichen Nah- und Fernwärme-Strategie, die Substanz entzogen (vgl. Kap. 5).

Auf der Wärmeseite wird die „eigentlich wirtschaftliche" Wärmeauskoppelung aus KWK-Anlagen dadurch in die Zange genommen, daß die Nah- und Fernwärme in den verdichteten Absatzgebieten gegen häufig schon verlegte Erdgasrohrnetze (also gegen versunkenes Fixkapital) konkurrieren muß, wobei der Gaspreis von den Öl- und Gaskonzernen gemäß dem Anlegbarkeitsprinzip strategisch zur Preisunterbietung der Fernwärme und zur Marktergänzung für das Heizöl eingesetzt werden kann.

Einer der Grundirrtümer der Deregulierungsposition liegt darin, daß sie von der Lehrbuchvorstellung ausgeht, daß sich trotz der realen Machtstrukturen in der Elektrizitätswirtschaft letztlich immer die kostengünstigste Lösung durchsetzt und deshalb die zögerliche Entwicklung von industrieller und kommunaler KWK nur der Beweis für deren Ineffizienz und nicht der Beweis für die übermächtige Marktstellung der Strom- und Gaskonzerne und für staatliche Fehlregulierung sein kann.

Dadurch verstellen sich orthodoxe Marktvertreter den Blick dafür, daß mit klug dosierten Wettbewerbs- und Selbststeuerungselementen trotz monopolistischer Behinderungspraktiken erfolgreich und zielgenau der Marktzugang für Newcomer geöffnet werden kann. Zum Beispiel durch eine Einspeiseverordnung für KWK nach dem Vorbild der amerikanischen PURPA-Regelung, die Netzbesitzer und überregionale Stromkonzerne dazu verpflichtet, Überschußstrom aus KWK-Anlagen und auf Basis erneuerbarer Energiequellen (Größenbegrenzung: max. 80 MW) zu den langfristig vermiedenen Grenz-Systemkosten aufzunehmen. Dadurch konnte z.B. auch in der Form öffentlicher Ausschreibungen (in den USA spricht man von çompetitive bidding") für neue dezentrale Kraftwerkskapazitäten (auf Basis von Kraft-Wärme-Koppelung und Regenerative) und auch für die Erschließung von Stromsparpotentialen ein großer Markt für Newcomer eröffnet werden: „Schätzungen gehen davon aus, daß in Zukunft mindestens die Hälfte des Kapazitätsbedarfs in den USA mit Hilfe von Ausschreibungsverfahren akquiriert wird" (Fritsche, Leprich, 1991). Bis Anfang 1991 wurden in USA von 45 EVU 62 Ausschreibungsverfahren durchgeführt, bei denen etwa 18 GW akquiriert werden sollten. Dabei wurden 1950 Angebote mit einer Gesamtleistung von rd.148 GW abgegeben. Derartige „Bidding"-Prozesse sind in den USA ein Element im Rahmen von LCP/IRP, die auch in die hier vertretene Form einer marktförmigen Anreizregulierung in der Bundesrepublik integriert werden sollte.

1.6 „Least-Cost Planning" erleichtert den Übergang zur Energiesparwirtschaft und zum „Stadtwerk der Zukunft"

Konzept und Praxiserfahrungen von LCP sind bereits in Kap. 7 dargestellt werden. Hier soll daher nur noch auf den im Koalitionsvotum angesprochenen Gegensatz zwischen „behördlich regulierten LCP/IRP-Maßnahmen" und LCP als „unternehmerischem Planungs- und Marketingansatz" eingegangen werden. Auch die „Vereinigung Deutscher Elektrizitätswerke" (VDEW) hat sich bei der Bewertung des von der EU vorgelegten Richtlinien-Enwurfs zur Einführung rationaler Planungsverfahren im Elektrizitäts- und Gasverteilungssektor in einem Positionspapier „Für unternehmenswirtschaftliches, gegen bürokratisches Integrated Resource Planning" (Juni 1994) ausgesprochen.

Hinter diesem Gegensatz steht erstens das verständliche Interesse an Besitzstandswahrung bei den bisherigen Energieanbietern. Dennoch ist vielen Entscheidungsträgern in der Energiewirtschaft klar, daß gerade ihre Branche aus Gründen des Umwelt-, Klima- und Ressourcenschutzes, aber auch wegen des zunehmenden Wettbewerbs zukünftig einem „Zwang zum Wandel" und zur Diversifizierung der Geschäftpolitik unterliegen wird. „Kundenorientierung" und „Energiedienstleistungsunternehmen" sind Stichworte, wie dieser Wandel schon heute aufgegriffen und in neue Unternehmensleitbilder umgesetzt wird.

Zweitens sind flexible und marktförmige Formen der „Anreizregulierung" in Europa noch weitgehend unbekannt, so daß Begriffe wie „Integrierte Ressourcenplanung" oder „Least-Cost Planning" vorwiegend noch Assoziationen von bürokratischer Staatseinmischung und Befürchtungen vor einer dirigistischen Investitionslenkung auslösen.

Drittens kann es in der Tat auch nicht darum gehen, worauf im VDEW-Papier zurecht hingewiesen wird, daß die EVU durch LCP/IRP zur Durchführung ineffizienter Programme und damit zur Fehlallokation volkswirtschaftlicher Ressourcen gezwungen werden sollen.

Der Kern der unterschiedlichen Bewertung von LCP liegt jedoch darin, wie die grundsätzlich veränderte zukünftige Rolle von bisherigen Energieanbietern und Energieversorgungsunternehmen (EVU) in einer klimaverträglichen und dauerhaften Energiewirtschaft beurteilt wird. Es kann gar kein Zweifel daran bestehen, daß sich die unternehmerische Rolle, die Angebotspalette und die Absätzmärkte von Energieanbietern zukünftig dramatisch verändern werden, wenn mit dem Klimaschutz Ernst gemacht wird. Aus der Sicht der Oppositionsfraktion bedarf der Übergang zur Energiesparwirtschaft und zum Energiedienstleistungsunternehmen (EDU) („Stadtwerk der Zukunft") der staatlichen Flankierung und Steuerung, wenn einerseits die enorme technische Kompetenz und Finanzkraft der Energieanbieter zur Beschleunigung dieses Übergangs genutzt und derzeit noch bestehende Hindernisse durch eine absatzorientierte Unternehmenspolitik abgebaut werden sollen. Andererseits darf diese Steuerung nicht den EVU aufoktroyiert werden, sondern der unumgängliche Diversifizierungsprozeß zum „Stadtwerk der Zukunft" muß durch eine marktförmige Form der „Anreizregulierung" (vgl. Öko-Insitut, 1992 a und b; Leprich, 1994; MWMT, 1993) sozial- und wirtschaftsverträglich gestaltet werden. Least-Cost Planning liefert ein weitgehend erprobtes Instrumentarium, um diesen Umsteuerungsprozeß und eine „Ökonomie des Vermeidens" betriebs- und volkswirtschaftlich realisierbar zu gestalten.

Daher sollte LCP auch bei zukünftigen „energiepolitischen Konsensgesprächen" einen wichtigen Stellenwert einnehmen. Denn auffallend ist, daß bei den gescheiterten „Konsensgesprächen" das Thema Energiesparen und insbesondere Stromsparen nur eine zweitrangige Rolle gespielt hat. Dies ist einerseits erstaunlich, wirft aber andererseits ein Schlaglicht darauf, mit welchen Umsetzungshemmnissen eine Energiesparpoltik auf EVU-Ebene noch konfrontiert ist:

Zwar besteht bei keiner energiepolitischen Thematik ein so weitgehender verbaler Konsens wie über die Notwendigkeit des verstärkten Energiesparens. Es gibt keine gesellschaftlich relevante Gruppe, die heute noch bestreitet, daß in der Bundesrepublik ein beträchtliches unausgeschöpftes technisches Einsparpotential existiert.

Weiterhin ist unstrittig, daß die Erschließung des vorhandenen Energiesparpotentials die Risiken, die mit jeder Form des Energieangebots verbunden sind, abbauen würde. Dies gilt insbesondere hinsichtlich der Risiken der Kernenergie, der Klimaänderung, der geostrategischen Konflikte um knapper werdende Öl- und Gasressourcen sowie für wirtschaftliche Risiken, die aus eingeschränkter Verfügbarkeit, mangelnder Versorgungssicherheit oder unerwarteten Preissteigerungen von Energieträgern resultieren.

Schließlich zeigen auch alle internationalen sowie nationalen Szenarien, daß unter realistischen Rahmenbedingungen ohne eine Vorrangpolitik für rationellere Energienutzung, also ohne eine absolute Senkung des Primärenergiebedarfs, weder die erforderlichen drastischen CO_2-Reduktionen im nächsten Jahrhundert (etwa 80% Reduktion) und noch weniger ein „dauerhaftes Energiesystem" in hochindustrialisierten Ländern wie der Bundesrepublik erreichbar sind. Diese Aussage gilt auch dann, wenn es gelänge – was derzeit ausgeschlossen erscheint –, für eine drastische Ausweitung der Kernenergie einen gesellschaftlichen Konsens zu erreichen. Auch profilierte Kernenergiebefürworter haben daher betont, daß sie ein deutlich über das Trendsparen hinausgehendes Energiesparen für notwendig und sinnvoll halten.

Warum geschieht gleichwohl zu wenig, warum wächst gerade auf dem Feld der rationelleren Energienutzung die Diskrepanz zwischen Wissen und Umsetzung? Kurz zusammengefaßt halten wir die folgenden Gründe für entscheidend:

– Forciertes Energiesparen wird von den Energieanbietern noch immer als die zentrale Bedrohung ihrer Absatzmärkte empfunden. Wer als EVU Energiesparen auch noch fördere, der sägt sich, so ein weit verbreitetes (Vor-) Urteil, den eigenen Ast ab. Ein Hintergrund dieser Befürchtungen ist die jahrzehntelange Erfahrung der EVU, daß in der Form der Stromtarifaufsicht ein inhärenter Anreiz zu Mehrverkauf liegt und auch die Kosten von Überkapazitäten bisher relativ risikolos an die Kunden weitergegeben werden konnten.

- Energiesparen hängt – anders als das hochkonzentrierte Energieangebot – von den Investitionsentscheidungen von Millionen von Wirtschaftssubjekten ab, die als private Haushalte oder Großunternehmen über sehr ungleiche Information, Kapitalausstattung und Marktmacht verfügen
- Rationellere Energienutzungstechniken sind weit vielfältiger und für die Investoren weit schwieriger zu überschauen als Angebotstechniken
- Die Hemmnisse für einen funktionsfähigen Substitutionswettbewerb zwischen Energie und Kapital (technisch rationellerer Energienutzung) sind umfassender und schwieriger zu überwinden als die bei einem direkten Wettbewerb zwischen Energieträgern
- Die realen Energiepreise sind seit Anfang der 80er Jahre relativ niedrig und spiegeln auch nicht annähernd die zukünftige Knappheit/ Endlichkeit der Ressourcen und noch weniger die sog. „externen Kosten" der Energieversorgung wieder
- Psychologisch leuchtet vielen Menschen noch nicht ein, warum weniger mehr sein kann; zumal wachsender Energieverbrauch ein Jahrhundert lang als Voraussetzung von Wirtschaftswachstum und Wohlstand (miß)verstanden wurde
- Kraftwerke (Schlagwort: MEGAWatt) können Ingenieure planen und kontrollieren, „Einsparkraftwerke" (d. h. durch Energiesparprogramme vermiedene Kraftwerke) kann man nur messen. Die „Verfügbarkeit" von „Einsparkraftwerken" (Schlagwort: „NEGAWatt") nach vermiedener Arbeit und Leistung hängt vom Investitionsverhalten von Tausenden von Verbrauchern und Investoren ab. Mit einer Kombination aus MEGAWatt und NEGAWatt ist daher, so scheint es, „Versorgungssicherheit" nicht zu gewährleisten.

Aus all den Gründen ist Energiesparen im Bewußtsein der meisten Akteure eine zwar wünschenswerte Option, aber strukturell auf dem Markt gegenüber Angebotsinvestitionen gravierend benachteiligt und derzeit ohne einflußreiche gesellschaftliche Lobby, um diese Benachteiligung durch politischen Druck zu kompensieren.

Das Geflecht aus all diesen hemmenden Faktoren mag zumindest eine Teilerklärung dafür sein, warum das Wissen über Potentiale und Kosten von Energiesparmaßnahmen in den letzten Jahren geradezu lawinenartig gewachsen ist, aber gleichwohl wenig umgesetzt wird. Um diese Diskrepanz zu überwinden, sind vier Faktoren von überragender Bedeutung:

1. Bewußtsein und Leitziele müssen sich ändern: Die Einsicht in die Notwendigkeit forcierter und strategischer Energiesparprogramme – aus Gründen des Klima- und Ressourcenschutzes sowie der Risikominimierung – muß auf allen gesellschaftlichen Ebenen wachsen. Das neue Paradigma lautet: Nicht Energie „so billig wie möglich", sondern Energiedienstleistungen zu minimalen volkswirtschaftlichen Gesamtkosten und möglichst risikoarm bereitzustellen.
2. Die grundlegende ökonomische Anreizstruktur muß umgekehrt werden: Nicht immer mehr Energieverbrauch und Schadstoffausstoß wie derzeit, sondern Energiesparen muß sich künftig für Verbraucher und Anbieter von Energie lohnen.
3. Eine materielle und mentale Energiespar-Infrastruktur muß aufgebaut werden: Gründung von Energieagenturen, Contracting-Firmen; detailliertes Know How über einzelne Energiespartechniken/Querschnittstechnologien und über integrierte Energiespar- sowie Finanzierungskonzepte müssen entwickelt und flächendeckend angewandt werden; notwendig sind darüberhinaus: Aufbau von Datenbasen, Durchführung von Demo- und Pilotprojekten, Publikation von Handbüchern, Leitfäden, Weiter- und Fortbildung.
4. Energiesparen muß durch soziales Marketing aus dem Ghetto vereinzelter Pionierinvestoren befreit und in gesellschaftlicher Kampagnenform verallgemeinert und vom Odium des Verzichts und des Opfers auf die Ebene intelligenter Zukunftsinvestitionen gehoben werden.

Diese vier Faktoren werden durch LCP, wenn das Konzept flexibel und innovativ umgesetzt wird, in geradezu idealer Weise miteinander verbunden. LCP ist damit nicht der Königsweg zur Lösung aller Probleme der Energiewirtschaft und entfaltet vor allem erst in Kombination mit anderen Instrumenten (z. B. Energiesteuer, Contracting, Förderprogrammen, Einspeisebedingungen, grenzkostenorientierte Preisvorschriften, Kennzeichungspflichten zum Energieverbrauch) seine eigentliche Wirkung.

Im Gegensatz zu anderen Instrumenten ist LCP aber die einzige Methode, durch die das Investitionsverhalten von Energieanbietern und Nachfragern durch ein Bündel von Instrumenten unmittelbar adressiert wird. Daher verstehen wir LCP auch als eine konkrete Anwendungsform des allgemeineren Konzepts einer „Ökonomie des Vermeidens" (vgl. Müller, Hennicke, 1994).

LCP bedeutet also, für die EVU als Hauptakteure auf dem Energiemarkt in Kooperation und in Konkurrenz zu einer Vielzahl neuer Akteure (z. B. Energieagenturen, Ingenieurbüros, Contracting und Consulting-Unternehmen) Rahmenbedingungen zu schaffen, um auch am Energiesparen zu verdienen. Damit wird gleichzeitig ein umfassender Transformationsprozeß – weg von den „Kilowatt-Märkten" hin zu den Märkten für Energiedienstleistungen (EDL) – eingeleitet.

Nicht Energie, sondern Energiedienstleistungen (z. B. behaglich klimatisierte und belüftete Räume) sollen so billig wie möglich bereitgestellt werden. Es nützt dem Hauseigentümer wenig, wenn er billige Energie in das ungedämmte Haus einführt; seine Energierechnung kann dennoch sehr hoch sein. Bei höheren Energiepreisen kann andererseits eine gute Dämmung die Energierechnung senken, allerdings entsteht dann ein zusätzlicher Kapitalaufwand für Dämminvestitionen. Nicht die Strompreise, sondern die Gesamtkosten aus Strombezug und Amortisation für die Stromumwandlungstechniken bestimmen die Wettbewerbsposition von Unternehmen.

Offenbar wird ein ökonomisch handelnder Verbraucher versuchen, die Gesamtkosten – das „Paket" aus Energiezuführung und Energiesparinvestition – so klein wie möglich zu halten. Diese „Pakete" aus Energie, Kapital und Know-how sind – je nach Verbraucher und je nach Energieanwendung – sehr unterschiedlich und betreffen mehr oder weniger komplexe Entscheidungsprozesse. Es kann sich dabei z. B. um den Kauf einer Energiesparleuchte statt einer Glühbirne bei einem Haushalt oder um Investitionsalternativen für mehr oder weniger energieintensive Produktionsprozesse in einem Industriebetrieb handeln. Es gilt, die technische Kompetenz, die Kundennähe, die Informations- und die Finanzkraft von EVU zu nutzen, dem Kunden Hilfestellungen und Anreize anzubieten und trotz vieler Hemmnisse das Gesamtkostenoptimum bei der Bereitstellung von EDL zu finden.

Anreizregulierung bedeutet, daß durch staatliche Rahmenbedingungen für EVU, aber auch für alle anderen Akteure auf dem Effizienzmarkt Bedingungen geschaffen werden, die es ermöglichen, am professionellen Erschließen von Einsparpotentialen zu verdienen. Für EVU/EDU ist dabei entscheidend, daß sie die Kosten für kosteneffektive Einsparprogramme – ganz analog wie die Kosten für neue Angebotstechniken – an die Kunden weitergeben können. Weiterhin müssen sie an ihren veredelten Produkten – optimierte Pakete aus Energieangebot und Energiesparprogrammen – mindestens so verdienen können wie bisher am reinen Energieverkauf. Dies ist der Kern der oben bereits erwähnten Umkehr der Anreizstruktur und der „Ökonomie des Vermeidens".

Allerdings spielen neben der reinen Kostenoptimierung auch andere gesellschaftliche Zielsetzungen (z. B. CO_2-Reduktion/Klimaschutz, Minimierung des Einsatzes nichterneuerbarer oder riskanter Energiearten) eine Rolle bei der Auswahl dieser „Pakete". Die wirtschaftstheoretische

Legitimation von LCP/IRP und einer staatlichen „Anreizregulierung“ kann demnach in zwei Punkten zusammengefaßt werden:

„Direkte Internalisierung der Schadensvermeidungskosten“:

Es ist offenbar verursachungsgerechter und verstärkt die Wirkung einer Energiesteuer, wenn im Elektrizitätssektor und bei den Hauptakteuren (EVU) die Schadensvermeidung ex ante dadurch praktiziert wird, daß die strategische Erschließung von kosteneffektiven Einsparpotentialen durch LCP-Programme Vorrang vor dem Neu-oder Ersatzbau von Kraftwerken erhält.

„Den Wettbewerb planen“:

Wenn der Substitutionswettbewerb zwischen Energie und Kapital (effizienterer Wandlerleistung) nicht funktionsfähig ist, muß durch einen innovativen energiepolitischen Rahmen die Funktionsfähigkeit hergestellt und intensiviert werden. Das LCP-Instrumentarium kann flexibel zum Abbau technologie- und zielgruppenspezifischer Hemmnisse von Einsparpotentialen eingesetzt werden (z. B. unterschiedliche subjektive Verzinsungsansprüche; besondere Know-how- und Liquiditätsdefizite bei kleinen und mittleren Unternehmen; Finanzierungsprobleme im öffentlichen Bereich wegen der Trennung von Vermögens- und Verwaltungshaushalt). Erfahrungen aus den USA und aus den Pilotprogrammen in der Bundesrepublik zeigen, daß hierbei neben Prämienprogrammen auch Contracting (im Großkundenbereich) eine wesentliche Rolle spielen kann.

Gelingt eine zumindest partielle Umkehr der Anreizstruktur nicht, und verstehen sich EVU/EDU nicht auch als Protagonisten von Energiesparkonzepten, dann können die autonomen Einsparaktivitäten der Verbaucher durch kontraproduktives Marketing und Verkaufsförderung der EVU negativ beeinflußt werden.

Natürlich steht der Energiesparmarkt auch bei leitungsgebundener Energie nicht nur EVU offen: EVU sollten schon aus Wettbewerbsgründen, aber auch aus Gründen der Kompetenz und Effizienz vor allem die Rolle des „Türöffners“ für die jeweiligen lokalen „NEGAWatt“-Märkte spielen. Die LCP-Praxis in der Bundesrepublik zeigt, daß EVUs damit überfordert sind, sämtliche betriebliche Grob- und Feinanalysen zur Erschließung von Einsparpotentialen bei ihren Strom-, Gas- und Fernwärme-Sondervertragskunden selbst durchzuführen.

Bei der Fallstudie Hannover (Öko-Institut/Wuppertal-Institut, 1994) mußte z. B. zur Durchführung von Feinanalysen in mittleren Industriebetrieben auf ein erfahrenes Schweizer Ingenieurbüro zurückgegriffen werden, weil ein technikübergreifendes Energiespar-Know-how generell in der Bundesrepublik noch Mangelware ist. Befürchtungen, durch LCP würde die Monopolposition von EVU in den Endenergie-Märkten auf die neuen EDL-Märkte ausgeweitet, lassen sich in der Praxis nicht bestätigen.

1.7 Der Nutzen einer Energiespar- und Klimaschutzstrategie wird erheblich unterschätzt

Implizite Annahme des Grundsatzteils des Koalitionsvotums ist, daß Klimaschutz vor allem teuer ist. Nur von Kosten und nicht vom monetären Nutzen von Klimaschutzmaßnahmen ist die Rede, vom immateriellen Nutzen des Klimaschutzes für spätere Generationen und für die hauptbetroffenen Länder der Dritten Welt ganz zu schweigen.

Die Möglichkeit von „Free Lunches" oder von „No Regret"-Optionen, die in der angelsächsischen und auch in der EU-weiten Klimaschutz-Debatte eine große Rolle spielen, wird im Koalitionsvotum nicht einmal erwähnt. Dies hängt, wie oben bereits dargestellt, auch mit einer impliziten Gleichgewichtsvorstellung zusammen, die vereinfachten Marktkonzepten zugrundeliegt. Durch eine grobe Überschlagsrechnung kann jedoch bereits plausibel gemacht werden, warum diese Vorstellung eines bestehenden Marktgleichgewichts unrealistisch ist und den Weg zur Erschließung großer volkswirtschaftlicher Vorteile verbauen kann.

Die Enquete-Kommission hat zum Verhältnis von Kosten und Nutzen von Klimaschutzmaßnahmen in ihrem Studienprogramm 1993/94 Untersuchungen in Auftrag gegeben. Sie zeigen, daß eine forcierte Energiespar- und Klimaschutzpolitik in der Bundesrepublik nicht nur generell finanzierbar ist, sondern unter günstigen Randbedingungen (vollständige Rückführung des Energiesteueraufkommens, Produktivitätssteigerungen durch Modernisierung in Verbindung mit Energiesparinvestitionen) sogar positive (qualitative) Wachstums- und Beschäftigungseffekte erzielbar sind (vgl. ISI, DIW, 1994). In Ergänzung zu diesen neuesten Untersuchungen für die Enquete-Kommission kann aus Studien der EU (DG XII) und von F. Krause et al (1992) sowie aus Einzelstudien zum Gebäudebereich, zu den regenerativen Energiequellen und zum Elektrizitätssektor bei einer vorsichtigen Abschätzung abgeleitet werden, daß eine CO_2-Reduktion von etwa 30% im Energiesektor bis zum Jahre 2005 in der Bundesrepublik bei aktiver Energiepolitik und bei entsprechenden staatlichen Rahmenbedingungen nicht nur eine verkraftbare Umstrukturierung für die Wirtschaft, sondern unter günstigen Rahmenbedingungen sogar einen volkswirtschaftlichen Nutzen darstellen würde. Umfangreiche Potentiale der rationellen Energienutzung sowie der Kraft-Wärme-Kopplung sind nämlich in dem Sinne volkswirtschaftlich kosteneffektiv, daß ihre Realisierung aus wirtschaftlichen Gründen ohnehin erfolgen sollte, weil sie – zusätzlich zu ihrer umweltentlastenden und klimaschützenden Wirkung – einzel- und gesamtwirtschaftliche Kosten einsparen helfen.

Gesamtwirtschaftlich ist die Steigerung der Energieproduktivität und die Effizienzrevolution die einzige Option, die durch Vermeiden von Ressourceneinsatz den Wohlstand mehrt. Durch weniger Energie werden geringere interne und externe Kosten verursacht, aber mehr gesellschaftlicher Nutzen gestiftet. Die Erlöse auf dem Effizienzmarkt sind die eingesparten Energiekosten, mit denen die energiebezogenen Rationalisierungsinvestitionen refinanziert werden. Forcierte technologische Effizienzsteigerung als Klimaschutzmaßnahme verursacht dabei in der Regel Mehrkosten gegenüber einer Trendentwicklung, die aber durch den betriebswirtschaftlichen und vor allem durch den volkswirtschaftlichen Nutzen der vermiedenen Energiekosten noch auf Jahre überkompensiert werden. Dies soll die folgende einfache Abschätzung zeigen:

Wie Tabelle 1 zeigt, beträgt das Volumen des Einsparmarktes (einschl. Verkehr) insgesamt in den alten Bundesländern etwa 85 bis 115 Mrd. DM. Bei dieser Abschätzung wurde das im Studienprogramm der Klima-Enquete ausgewiesene technische Einsparpotential mit den jeweiligen heutigen durchschnittlichen Energiepreisen bewertet. Einschließlich der neuen Bundesländer könnten somit rechnerisch im Jahre 2005 zwischen 100 bis 130 Mrd. DM bei der volkswirtschaftlichen Energierechnung eingespart werden. Steigen die Energiepreise durch exogene Ölpreisschübe oder durch die Einführung einer Energiesteuer, wäre dieses volkswirtschaftliche Energiesparpotential noch größer. Umgekehrt formuliert: Jede heute realisierte Energieeinsparung bedeutet, das Risiko zukünftig steigender Energiepreise zu begrenzen (vgl. auch Treber, 1993).

Nach Berechnungen des Fraunhofer-Instituts ISI (ISI, 1989) können pro eingesparte 1 Mio. t SKE netto (unter Berücksichtigung wegfallender Arbeitsplätze im Energieangebot) etwa 3 000 zusätzliche Dauerarbeitsplätze geschaffen werden. Das oben gezeigte Gesamteinsparpotential könnte also zu etwa 500 000 zusätzlichen Arbeitsplätzen führen. Die folgende überschlägige Rechnung zeigt, daß dieses Potential prinzipiell auch in 10 Jahren finanzierbar ist.

Angenommen, 10 Jahre lang könnten durch die Durchführung von Einsparinvestitionen durchschnittlich jedes Jahr etwa 10 Mrd. DM Energiekosten mehr eingespart werden. Bei üblichen Finanzierungskonditionen (10 Jahre Nutzungsdauer; 7% Zins; Annuitätsfaktor 0,142) könnte aus

Tabelle 1: Technische Einsparpotentiale und vermeidbare Kosten rationeller Energienutzung in der Bundesrepublik Deutschland (Gebietsstand: altes Bundesgebiet)

Sektor/Energieanwendung	Energie-verbrauch in PJ für 1987	technisches Potential in %	technisches Potential in PJ (absolut)	Preis in DM/GJ	Vermeidbare Energiekosten in Mrd. DM/Jahr
Raumwärme in privaten Haushalten	2 370				
– im Gebäudebestand (Wohngebäude und Nichtwohngebäude)		*70 bis 90*	1 800–2 100	16,0	28,8–33,6
– bei Neubauten (Wohngebäude und Nichtwohngebäude)		*70 bis 80*			
Warmwasserbereitung	230	*10 bis 50*	23–115	93,7	2,2–10,8
Elektrogeräte	250		75–125	93,7	7,0–11,7
– Kühlschränke		*60*			
– Gefriergeräte und -truhen		*~60 bis 70*			
– Waschmaschinen		*~30 bis 40*			
– Trockner		*50*			
– Geschirrspüler		*30*			
Fahrzeuge	1 990		785–920	43,5	34,1–40,0
– PKW	1 230	*~50 bis 60*			
– Busse, LKW		*~15 bis 25*			
– Elektrotraktion		*~15 bis 25*			
– Flugzeuge	190	*~15 bis 60*			
Kleinverbrauch			150–290	34,2	5,1–9,9
– Bereich 1 (500)		*~40 bis 50*			
– Bereich 2 (795)		*~50 bis 70*			

Fortsetzung Tabelle 1

Sektor/Energieanwendung	Energieverbrauch in PJ für 1987	technisches Potential in %	technisches Potential in PJ (absolut)	Preis in DM/GJ	Vermeidbare Energiekosten in Mrd. DM/Jahr
Industrie	2 200				
– Grundstoffe					
– Brennstoffe	1 326	*15 bis 20*	199–265	6,5	1,3–1,7
– Strom	358	*ca. 10*	36	41,8	1,5
– Investitionsgüter					
– Brennstoffe	181	*15 bis 20*	27–36	6,5	0,2
– Strom	115	*15 bis 20*	17,3–23	41,8	0,7–1,0
– Verbrauchsgüter					
– Brennstoffe	150	*40 bis 45*	60–67,5	6,5	0,4
– Strom	66	*ca. 10*	7	41,8	0,3
– Nahrungsmittel					
– Brennstoffe	126	*25 bis 30*	31,3–37,5	6,5	0,2
– Strom	30	*ca. 10*	3	41,8	0,1
Umwandlungssektor					
– Raffinerien	188	*20 bis 25*	38–47	25,4	1,0–1,2
– Kondensationskraftwerke (fossil gefeuert)	1 950	*0 bis 3*	59	9,1	0,5
– KWK-Anlagen	530	*ca. 15*	80	9,1	0,7
Insgesamt	11 370	*35 bis 45*	ca. 4 650–5 000		ca. 85–115

Quelle: EK, 1990, Hennicke, 1993

den laufend eingesparten Energiekosten von 10 Mrd. DM eine jährliche Investitionsumme von rd. 70 Mrd. DM finanziert werden. Attraktiv wäre diese angewandte „Ökonomie der Vermeidung" gerade in Zeiten wirtschaftlicher Krisen, die bisher traditionell nur die Rationalisierung des Arbeits- und Kapitaleinsatzes, nicht aber die des Ressourcen- und Energieverbrauchs auslöste. Wirtschaftlich mögliche Produktivitätssteigerungen bei Energie würden mittelfristig einen wirksamen Beitrag zur ökonomischen Krisenbewältigung darstellen. Hinsichtlich der Effizienztechnologien wäre die Umsetzung der von der Bundesregierung angekündigten Klimaschutzpolitik – eine Reduktion der CO_2-Emissionen um 25–30% bis 2005 – im wesentlichen zielkongruent mit einer innovativen, vorsorgenden Industriepolitik, die auch ohne die drohenden Klimaänderungen realisiert werden sollte. Notwendig ist allerdings eine gestaltende und vorsorgende Energiepolitik, die sich eines umfassenden sektor- und zielgruppenspezifischen Instrumentenbündels bedienen muß.

Eine energiepolitische Grundsatzfrage ist dabei, in welchem Umfang und unter welchen Randbedingungen dieses umfangreiche Energiespar- und Kostensenkungspotential im Rahmen einer Klimaschutzstrategie mit oder ohne Kernenergie realisierbar ist. Hierauf wird im folgenden Kapitel eingegangen.

2. Atomkernenergie und Klimaschutz: Eine Strategie der Risikominimierung ist möglich[128)]

2.1 Einleitung

Das Koalitionsvotum spricht sich uneingeschränkt für die weitere Nutzung der Atomkernenergie aus. Indirekt wird für einen Ausbau der Atomkernenergie plädiert, da ihr „Treibhausgasminderungspotential noch nicht ausgeschöpft (sei), wie ein Blick nach Frankreich zeigt ..." Auch ein verstärkter Atomkernenergieeinsatz bei der Bereitstellung von Fernwärme sowie längerfristig über den Energieträger Wasserstoff wird für möglich gehalten. Zur Begründung für diese gegenüber der ersten Enquete-Kommission wesentlich verstärkte Pro-Kernenergie-Position werden im wesentlichen drei Argumente angebracht:

Erstens ergebe sich die Rolle der Atomkernenergie für den Klimaschutz aus einer „über die Klimafragen hinausgehenden Güter- und Übelabwä-

---

128) Der Abschnitt zur Kernenergie basiert auf dem Artikel von P. Hennicke/L. Hahn, Energiewirtschaft und Umwelt. Heutige Bewertung der Kernenergie, in: Engelhardt,W./ Buchwald, K (Hrsg.), Umweltschutz, Grundlagen und Praxis, Bd. 14, Bonn 1994.

gung, welche Nutzen und Risiken der Kernenergie und ihrer Alternativen einschließt" (ebenda, s. Kap. 9.4.5).

Zweitens wird „an die neue Generation von Kernkraftwerken" (praktisch in Frage kommt hier nur die Siemens/Framatome-Entwicklung) die Hoffnung auf „eine neue Sicherheitsqualität" und eine gesellschaftliche Akzeptanzsteigerung in der Bevölkerung geknüpft.

Drittens wird – gestützt auf die von der Koalition vergebenen Studien (IER, 1994; EWI, 1994) – behauptet, daß Atomstrom „derzeit, neben Maßnahmen zur rationellen Energienutzung, die einzige verfügbare Option zur Minderung von CO_2-Emissionen, ohne die Volkswirtschaft mit zusätzlichen Kosten zu belasten", sei.

Mit dem dritten Argument haben wir uns bereits im Kommentar zu Kapitel 8 auseinandergesetzt. Außer dem wissenschaftlich unhaltbaren sogenannten „Least-Cost"-Szenario des IER gibt es keine Studie (schon gar nicht, wie das Koalitionsvotum behauptet, eine von der Landesregierung von Niedersachsen in Autrag gegebene Studie), die diese Behauptung stützt, wohl aber aus der jüngsten Zeit mindestens drei Arbeiten (ISI, DIW; Krause et al; Greenpeace), die sie widerlegen. Es bleiben also im Kern die Argumente übrig, daß erstens eine Neubewertung der Atomkernenergie auf Grund besserer zukünftiger Reaktortechnik möglich sei und zweitens auf Grund einer Güter- und Übelabwägung (Risikostreuung) der Einsatz von Atomkernenergie für den Klimaschutz notwendig, aber auch verantwortbar sei.

Die Oppostionsfraktion setzt sich im folgenden ausführlich mit diesen und ähnlichen Argumenten auseinander. Angesichts des sich eher verschärfenden Klimaproblems besteht für die zweite Klima-Enquete-Kommission im Vergleich zur ersten Kommission ein zusätzlicher Prüfbedarf, ob die Atomkernenergie nicht doch einen Beitrag zum Klimaschutz leisten sollte. Auch die gescheiterten „Konsensgespräche" und deren geplante Neuaufnahme nach der Bundestagswahl erfordern eine intensivere Analyse.

Vor der Bundestagswahl 1994 bestand in der Bundesrepublik zur Atomkernenergie etwa das folgende Meinungsbild: Eine relativ stabile Mehrheit in der Bevölkerung hält seit Tschernobyl die Unfallgefahren der Atomkernenergie für zu groß, und nur eine Minderheit glaubt, daß ein moderner Industriestaat Atomkraftwerke braucht (Informationskreis Kernenergie, 1994). Eine politische Mehrheit im Bundestag hält jedoch zumindest den derzeitigen Stand der Atomkernenergie für unverzichtbar, eine politische Minderheit im Bundestag, die Atomkernenergiebetreiber und die VDEW-Geschäftsführung treten für den massiven Ausbau ein. Alle großen Umweltschutzverbände und die IPPNW fordern den Sofortausstieg aus der Atomkernenergie (Anti-Atomforum, 1992, 1994).

Dieser unaufgelöste Widerspruch zwischen der gesellschaftlichen Ablehnung und der derzeitigen Bundestagsmehrheit für die Atomkernenergie ist ein wesentlicher Grund für den energie- und klimapolitischen Stillstand in der Bundesrepublik. Politische Initiativen, diese Sklerose durch einen Parteien-Konsens auf Basis „Besitzstandswahrung und Offenhalten technischer Optionen für die Kernenergie" zu überwinden, scheiterten. Damit bleibt aber eine gesellschaftlich akzeptierte neue Energie- und Klimaschutzpolitik ebenfalls blockiert. Ist dieser Preis nicht zu hoch? erkennt die Antiatom-Opposition nicht die Argumente für eine „Neubewertung" der Atomkernenergie? Ist die Atomkernenergie nicht ein wesentlicher Beitrag zum Klimaschutz? Ist es nicht angesichts der wachsenden Energieprobleme in der Dritten Welt aus ethischen Gründen (Schwarz,1993; Henssen, 1992) geradezu geboten, für die Atomkernenergie einzutreten? Ist der Sicherheitsstandard deutscher Atomkraftwerke nicht bereits jetzt überdurchschnittlich hoch und durch neue Reaktorlinien weiter verbesserungsfähig? Auf dies Fragen soll im folgenden eine Antwort gegeben werden.

2.2 Gibt es Gründe für eine positive Neubewertung der Risiken der Atomkernenergie?

2.2.1 Internationale Risikofragen

Für die Beurteilung des Risikos, das durch einen Reaktorunfall für die Bevölkerung und die Umwelt besteht, ist die Kenntnis der Eintrittshäufigkeit eines Unfalls und der durch den Unfall hervorgerufenen Schäden erforderlich. Seit Mitte der siebziger Jahre wurden in verschiedenen Ländern probabilistische Sicherheits- und Risikostudien erstellt, in denen die Häufigkeit und zum Teil auch die Folgen von Unfällen untersucht wurden. Der Nutzen probabilistischer Sicherheitsanalysen bei der Entdeckung von Schwachstellen bestehender Anlagen wird inzwischen so hoch eingeschätzt, daß solche Studien auf internationaler Ebene vorangetrieben werden. Darin spiegelt sich die wachsende Erkenntnis wider, daß die Verhinderung eines weiteren schweren Reaktorunfalls als eine internationale Aufgabe begriffen werden muß. Dies gilt nicht nur wegen der grenzüberschreitenden radiologischen Folgen eines möglichen Unfalls, sondern auch wegen der befürchteten Auswirkungen auf die weltweite Akzeptanz der Atomkernenergie. Auch in der Reaktorsicherheitsforschung existiert – auch aus Kostengründen – eine wachsende internationale Zusammenarbeit.

Für die Abschätzung der Gesamtrisiken der Atomkernenergienutzung reicht jedoch die Kenntnis der Unfallrisiken von Kernreaktoren nicht aus; es müssen vielmehr die Risiken aller Stationen der Brennstoffkette vom Uranerzabbau bis zur Endlagerung der radioaktiven Abfälle bekannt sein. Risikostudien in diesen Bereichen sind weitaus weniger entwickelt als für Kernreaktoren. Eine internationale Zusammenarbeit ist auf diesem Sektor praktisch nicht vorhanden.

2.2.2 Risiken bestehender Kernkraftwerke mit Leichtwasserreaktoren

Am weitesten fortgeschritten – wenn auch noch längst nicht mit ausreichender Genauigkeit geklärt – sind die Kenntnisse hinsichtlich der Risiken von Leichtwasserreaktoren, wie sie derzeit überwiegend betrieben werden. Beispielsweise lassen sich für Druckwasserreaktoren deutscher Bauart die folgenden Erkenntnisse zusammenfassen:

Der mit Abstand größte Beitrag zum Unfallrisiko eines solchen Reaktors rührt von Kernschmelzunfällen her, bei denen es zu einem frühen Zeitpunkt zum Versagen des Sicherheitsbehälters und einer massiven Freisetzung der in den Brennstäben enthaltenen radioaktiven Spaltprodukte kommt. Die zu erwartenden Freisetzungen umfassen nach aktuellem Kenntnisstand (u. a. nach den Ergebnissen der Deutschen Risikostudie Kernkraftwerke; vgl. GRS, 1980; GRS, 1989) eine 100'ige Freisetzung der radioaktiven Edelgase, eine Freisetzung von 50–90% der leicht oder leichter flüchtigen Spaltprodukte wie Jod, Cäsium, Tellur, von 40% des Strontium und immerhin noch von 3% der schwerflüchtigen Aktiniden (z. B. Plutonium). Der Zeitpunkt der frühen massiven Freisetzung kann bereits 2,5 Stunden nach Beginn des Unfalls liegen und wird je nach Unfallablauf bis etwa 10 Stunden nach Unfallbeginn erwartet. Die Folgen solcher Unfälle sind verschiedentlich abgeschätzt worden. Dabei zeigt sich, daß bei Anwendung der Richtwerte nach den bundesdeutschen „Rahmenempfehlungen für den Katastrophenschutz in der Umgebung kerntechnischer Anlagen" Gebiete mit einer Fläche von bis zu 10 000 km^2 evakuiert werden müßten. Von den Evakuierungsmaßnahmen betroffen wären somit noch Gebiete in ca. 100 km Entfernung vom Unglücksreaktor. Eine Umsiedlung der Bevölkerung aus langfristig unbewohnbaren, verseuchten Gebieten hätte danach sogar aus Flächen bis 100 000 km^2 zu erfolgen. Die hierdurch verursachten Schäden an Menschen, Wirtschaftskraft und Vermögen zu monetarisieren, wird immer ein schwieriges und umstrittenes Thema bleiben. Schätzungen der Schäden eines Kernschmelzunfalls im AKW Biblis ergaben die unverstellbare Größenordnung von rd. 10,6 Billionen DM, d. h. etwa 470% des jährlichen deutschen BSP und pro kWh Atomstrom einen Versicherungsaufschlag von 3,50 DM (Ewers, Rennings, 1992; Moths, 1992).

Die technischen Gründe für ein frühes Sicherheitsbehälterversagen nach einem Kernschmelzunfall in einem derzeitigen Druckwasserreaktor sind in kurzfristigen, energiereichen Phänomenen zu suchen, deren Eintritt und deren Ausmaß erst in der letzten Dekade bekannt wurden und gegen deren Folgen in heutigen Reaktoren keine Vorsorge getroffen ist. Die wichtigsten zu erwartenden Phänomene, die zu einer kurzfristigen Beschädigung des Containments führen können, sind

- eine Wasserstoffexplosion,
- eine Dampfexplosion,
- eine Zerstörung des Reaktorsicherheitsbehälters bei einem Kernschmelzen unter hohem Druck,
- eine feine Fragmentierung der Kernschmelze im Sicherheitsbehälter (sog. Direct Containment Heating).

Daneben existieren Phänomene, die mittelfristig (innerhalb von Tagen) oder längerfristig zu einer Freisetzung in die Umgebung führen können.

Die Eintrittshäufigkeit eines Unfalls variiert je nach untersuchter Anlage und Analyse über einen weiten Bereich zwischen einigen 10^{-4} und einigen 10^{-6} pro Reaktorbetriebsjahr. Legt man den Wert aus der Deutschen Risikostudie Kernkraftwerke von $3 \cdot 10^{-5}$/a als mittleren Wert zugrunde – der keine anlageninternen Notfallmaßnahmen, aber auch keine ungeplanten Handmaßnahmen und keine Sabotageeinwirkungen enthält – so liegt die jährliche Wahrscheinlichkeit für einen schweren Reaktorunfall in Deutschland (20 Anlagen) rechnerisch bei knapp einem Promille, weltweit (420 Anlagen) jährlich bei ca. einem Prozent.

2.2.3 Neue Reaktorkonzepte

Die derzeit diskutierten sicherheitstechnischen Anforderungen an neue Reaktorkonzepte zielen darauf ab, Unfälle mit den oben beschriebenen frühen, massiven Radioaktivitätsfreisetzungen und den damit verbundenen katastrophalen Folgen auszuschließen. Einem von der CDU/FDP Bundesregierung im Jahre 1994 verabschiedeten Gesetz liegt die Zielsetzung zugrunde, daß auch bei einem Kernschmelzunfall die Freisetzungen so begrenzt bleiben, daß einschneidende Katastrophenschutzmaßnahmen außerhalb der Anlage unterbleiben können (vgl. Deutscher Bundestag, 1994, 9). Keines der derzeit erfolgten Reaktorkonzepte ist so weit entwickelt, daß es den Nachweis erbringen könnte, dieses Ziel zu erreichen. Der Entwicklungsstand der drei hauptsächlichen Richtungen läßt sich wie folgt charakterisieren:

- Die Linie der großen Leichtwasserreaktoren am Beispiel der Siemens-/ Framatome-Entwicklung eines sog. Europäischen Druckwasserreaktors läßt keine konkreten und erfolgsversprechenden Lösungen der derzeitigen Sicherheitsprobleme (siehe Kapitel 2.2.2) erkennen.
- Die Linie der mittelgroßen („evolutionären") Reaktoren läßt zwar ein Mehr an passiver Sicherheit, nicht aber einen Ausschluß katastrophaler Freisetzungen erwarten.
- Die Entwicklung neuartiger („revolutionärer") Reaktoren kleiner und mittlerer Leistung mit fortgeschrittenen Sicherheitseigenschaften ist faktisch zum Erliegen gekommen.

Damit steht ein neues Reaktorkonzept mit derart weiterentwickelten Sicherheitseigenschaften, daß die an zukünftige Reaktoren zu stellenden Anforderungen erfüllt werden können, auf absehbare Zeit nicht zur Verfügung.

2.2.4 Risiken des Brennstoffzyklus und die ungeklärte Entsorgungsfrage

Weltweit besteht in der Fachwelt weitgehend konzeptionelle Übereinstimmung darüber, daß hoch- und mittelradioaktive Abfälle mit oder ohne vorherige Wiederaufarbeitung in tiefen geologischen Formationen endgelagert werden müssen, da sich die erforderlichen Sicherheitsabstände gegen eine massive Freisetzung von radioaktiven Stoffen in die Biosphäre ausreichend dauerhaft nicht durch ingenieurtechnische Schutzvorkehrungen allein erreichen lassen.

Endlager für diese Kategorien radioaktiver Abfälle sind in verschiedenen Ländern in Planung, verschiedene Standorte in der Erkundung. Bisher ist jedoch weder ein Endlager beantragt noch im Bau. Der früheste Eröffnungstermin für ein solches Endlager wird neben Gorleben (2008) für das Projekt Yucca Mountain in den Vereinigten Staaten angegeben (2010), in den meisten anderen Ländern werden Eröffnungstermine zwischen 2020 und 2090 genannt. Eine Reihe von grundsätzlichen technischen und sicherheitstechnischen Fragestellungen sind bis zur Realisierung der ersten Endlager noch zu lösen, in einigen Ländern sind daher zunächst größere Untertagelaboratorien für Experimentalzwecke vorgesehen (z. B. Schweden, Frankreich). Weltweit werden verschiedene Wirtsgesteine untersucht (z. B. Tuff, Granit, Ton, Salz), die spezifische vorteilhafte Eigenschaften aufweisen, aber auch spezifische Nachteile besitzen, welche man durch entsprechende technische Gestaltung des Endlagers kompensieren muß. In einigen Ländern ist die Grundsatzentscheidung für ein bestimmtes Wirtsgestein noch nicht getroffen oder wird bewußt offengehalten (z. B. Frankreich).

Für schwachradioaktive Abfälle ist deren Einlagerung in ingenieurtechnisch gestalteten oberflächennahen Endlagern (USA, Frankreich) oder in geologischen Formationen (Deutschland, Schweden) vorgesehen, in Vorbereitung oder bereits realisiert. Im Falle der oberflächennahen Endlagerung sind meist zusätzliche Anforderungen an die Zusammensetzung der Abfälle (Langlebigkeit, Alphastrahlergehalt) einzuhalten. Die früher in einigen Ländern übliche lose Ablagerung solcher Abfälle in Gräben (z. B. Großbritannien, Frankreich, Länder des ehemaligen Ostblocks) oder in oberflächennah vergrabenen Behältern (z. B. USA) hat sich durchgängig als Fehlschlag erwiesen.

Zusammenfassend ist festzustellen:

- Weltweit ist derzeit und bis mindestens 2010 kein Endlager für hochradioaktive Abfälle betriebsbereit. Alle entstehenden hochradioaktiven Abfälle, gleichgültig ob mit oder ohne vorherige Wiederaufarbeitung, müssen in jedem Fall bis zu diesem Zeitpunkt zwischengelagert werden.
- Für die Entsorgung der deutschen Atomkernkraftwerke über die Wiederaufarbeitung im Ausland fehlen derzeit zentrale Voraussetzungen, insbesondere im Hinblick auf die Rücknahme der bereits angefallenen Abfälle.
- Insbesondere bei schwachradioaktiven Betriebs- und Abrißabfällen wird es in den nächsten Jahren zu einem gravierenden Entsorgungsengpaß kommen.

Die Risiken der einzelnen Stationen der Brennstoffkette sind in der Regel weniger genau beschrieben worden als die Risiken von Reaktoren. Aufgrund von Erfahrungen und bisherigen Analysen können die Risiken folgender Stationen erheblich sein:

- Beim Uranerzabbau sind bereits große Schäden für Umwelt, Beschäftigte und Bevölkerung aufgetreten.
- Risiken beim Transport und bei der Zwischenlagerung radioaktiver Stoffe müssen wegen der Vielzahl der Vorgänge und der Vielfalt der Verfahrensschritte und Anlagen stärker als bisher berücksichtigt werden.
- Risiken und Folgeprobleme durch die Wiederaufarbeitung abgebrannter Brennelemente können erheblich sein.
- Die Auswirkungen von radioaktiven Freisetzungen aus Endlagern können räumlich und zeitlich extreme Dimensionen haben. Die Risiken lassen sich nur anhand konkreter Konzepte abschätzen.

Abschließend sei darauf hingewiesen, daß auch die Einbeziehung aller Stationen der Brennstoffkette solange unvollständig bleibt, wie sie sich auf die radiologischen Risiken beschränkt. Eine Risikobetrachtung wird erst vollständig, wenn die politischen, sozialen, ökonomischen und die Proliferationsrisiken einbezogen werden.

2.3 Weniger Treibhauseffekt durch mehr Atomkernenergie?

Angesichts der jetzt erkennbaren katastrophalen Folgen von Tschernobyl[129)] und der Pflicht zur nahezu zeitlos sicheren Atommüll-Endlagerung stellt sich zweifellos die Frage, ob und wie ein Politiker, ein Techniker oder ein EVU-Vorstand die Risiken der Atomkernenergie weiter verantworten kann. Nach Tschernobyl erscheint die Inkaufnahme atomarer Risiken allenfalls dann begründ- und verantwortbar, wenn durch den Einsatz der Atomkernenergie noch größere Risiken (z. B. durch den Treibhauseffekt) von der Menschheit oder generell die Schädigung Dritter (der Nachwelt, der Dritten Welt) abgewendet werden könnten (Hennicke et al, 1990).

Um aus dem anthropogenen Treibhauseffekt ein Argument für die Atomkernenergie ableiten zu können, muß also in jedem Fall von der Sinnhaftigkeit und der Notwendigkeit einer Risikoabwägung bzw. einer „Risikostreuung" (Altbundeskanzler H. Schmidt) ausgegangen werden. Wir bestreiten beides: Weder macht es Sinn, ein lebensbedrohendes Risiko durch ein anderes zu ersetzen, noch zwingt der drohende Treibhauseffekt zur Risikostreuung. Unsere Kernthese ist: Die Atomkernenergie ist quasi die „Speerspitze" eines „harten" Energiepfades, der bislang sowohl das atomare als auch das Treibhausrisiko verschärft hat. Innerhalb eines großtechnischen angebotsorientierten Energiesystems mit Atomkernenergie besteht gar nicht die Wahl zwischen mehr oder weniger Risiko, sondern eine systemimmanente Tendenz zur Risikokumulierung. Nicht trotz, sondern wegen eines effektiven Klimaschutzes muß aus der Atomkernenergie ausgestiegen werden.

2.3.1 Der Atomausstieg als Vorrausetzung einer Politik der Klimastabilisierung

Da die Erzeugung von Strom in einem Atomkraftwerk – im Gegensatz zur vorgelagerten Prozeßkette des Brennstoffzyklus (Fritsche, 1989) –

---

129) Auch heute sind die wahren Ausmaße der Tschernobyl-Katastrophe noch nicht vollständig erfaßt; z. B. wird berichtet, daß bisher etwa 13.000 der insgesamt etwa 600 000 Katastrophenhelfer (Durchschnittsalter der sog. „Liquidatoren" 35 Jahre) gestorben und 70 000 Invaliden sind, Strahlentelex 129/1992 (vgl. auch Lengfelder, 1994).

nicht mit der Freisetzung von CO_2 verbunden ist, erscheint die in der Überschrift angesprochene These paradox. Der Verzicht auf Atomkernenergie, so die scheinbar evidente Schlußfolgerung, muß die CO_2-Emissionen unweigerlich in die Höhe treiben. Angesichts der Dimensionen irreversibler Klimaänderungen für die Dritten Welt und für spätere Generationen scheint sogar der Ausbau der Atomkernenergie geboten. Zwar wird von der „gemäßigten" Pro-Atom-Fraktion zugestanden, daß auch ein extremer Ausbau der Atomkernenergie niemals allein zur Eindämmung des Treibhauseffekt ausreichen würde; aber gerade deshalb, so wird scheinbar zwingend argumentiert, müßten alle Optionen genutzt werden, die zumindest einen Beitrag zu Lösung beisteuern können. Angesichts mehrerer globaler Risiken des Energiesystems bliebe somit der Menschheit nur noch eine Strategie der „Risikosstreuung", weder die Risiken der Atomkernenergie noch die des Treibhauseffektes könnten ganz vermieden, sondern höchstens auf einen möglichst geringen „Risikorest" reduziert werden.

Stünde für den Ersatz von Atomstrom nur Kohlestrom im gleichem Umfang aus Kondensationskraftwerken mit geringem Wirkungsgrad zu Verfügung, müßte der Atomausstieg annahmegemäß – so das Rechenexempel der Befürworter (vgl. Kap. 5 sowie Grawe, 1989) – zu einer drastischen Erhöhung der CO_2-Emissionen führen[130)]. Aber diese unrealistische, statische und von Einzelanlagen abgeleitete Rechnung abstrahiert vom Wesentlichen: Von der Dynamik und den systemaren Wirkungen eines Großkraftwerks- und Verbundsystems.

Für viele Länder, z. B. für die Bundesrepublik (ISI, DIW, 1994; Greenpeace, 1994; Öko-Institut, 1991; Nitsch, Luther, 1990), für Schweden (Johansson et al, 1989), für Europa (Noergard, Viegand, 1992; Krause, 1994; Bashmakov, 1992; CEC, 1991) und für die Welt (WEC, 1992a; Lovins et al, 1983; Greenpeace Intern., 1993) ist in Szenarien gezeigt worden, daß trotz des drohenden Treibhauseffekts nicht auf den Ausstieg aus der Atomkernenergie verzichtet werden muß, weil angeblich nur noch „Risikostreuung" und nicht mehr eine Politik der Risikominimierung möglich ist.

---

130) Ein scheinbar bedeutsamer Beitrag der Atomkernenergie zum Klimaschutz wird von den Befürwortern rechnerisch dadurch ermittelt, daß als Ersatz für Atomstrom als einzige Alternative die gleiche Erzeugung in herkömmlichen Kohle-Kondensations-Kraftwerken unterstellt wird. Ein Mix aus Effizienz, KWK, Regenerativen und Biomasse-Verstromung könnte jedoch die in Atomkraftwerken erzeugte Strommenge mit geringeren Kosten und weniger CO_2-Emissionen bereitstellen (vgl. Johansson et al, 1989; Greenpeace, Öko-Institut, 1991; sowie Sondervotum der Oppositionsfraktion im Kap. 6.5 Kernenergie).

Dies ist a priori deshalb plausibel, weil mit Atomkernenergie bisher weltweit fast ausschließlich Strom erzeugt wird und dadurch der atomare Endenergieanteil selbst extrem atomorientierter Länder wie Frankreich nur bei rund 13% (1990) und im Weltdurchschnitt nur bei etwas mehr als 2% (Primärenergieanteil bei rund 5%) liegt. Auch nach den atomfreundlichen WEC-Szenarien (WEC, 1992b) bleibt der atomare Primärenergieanteil bis zum Jahr 2030 nur bei 6%.

Der weltweite Beitrag der Atomkernenergie zum Klimaschutz war also bisher gering; auch sein technisches Zukunftspotential liegt unter realistischen Rahmenbedingungen weit unter dem der risikoärmeren Alternativen[131)].

Maximale technische Stromeffizienz und KWK-Techniken (Gas und Kohle) sind die kurz- und mittelfristig entscheidenden Übergangstechnologien für eine langfristig weitgehend regenerative Stromerzeugung (Photovoltaik, Wind, Wasser, Biomasse). Bemerkenswert ist dabei: Während die technische Machbarkeit aller Varianten der Atomkernenergienutzung (LWR, HTR, Brüter, WAA, Fusion) offiziell selten hinterfragt und häufig mit gesellschaftlicher Wünschbarkeit gleichgesetzt wird, herrscht hinsichtlich der Realisierungschancen von risikoärmeren Alternativszenarien erstaunliche technologische Kleingläubigkeit.

Dennoch: Die hauptsächlichen Kontroversen werden heute nicht mehr, wie noch Anfang der 80er Jahre[132)], über die technisch möglichen Einspar-Optionen geführt. Die nachgewiesene Palette des technisch Machbaren ist breit, sowohl in der Bundesrepublik als auch weltweit. Die weltweiten Energieprognosen des letzten Jahrzehnts unterscheiden sich z. B. für das Zieljahr 2030 bei vergleichbaren Basisannahmen über Weltbevölkerung und Wirtschaftswachstum um den Faktor 7(!): rund 158 EJ (5 TWa/a) bis zu 1 102 EJ Energieverbrauch wurden in „sanften" bzw. in „harten" Szenarien für technisch machbar und wünschbar prognostiziert (Müller, Hennicke, 1994; Schüssler, 1994; IIASA, 1981; Lovins, 1983). Der Primärenergiebedarf wächst z. B. selbst nach dem seinerzeit als moderat eingeschätzten IIASA-Szenario (low) bis zum Jahr 2030 auf 706 EJ; die Atomenergie steigt auf 163 EJ (= 23%) und die Regenerativen auf 72 EJ (= 10%). 67% des Primärenergiebedarfs müßten dann immer noch fossil

---

131) In den WEC-Szenarien werden für Atomenergie bis zum Jahr 2020 ein Potential von maximal 41,9 EJ (1 Gtoe), für Regenerative aber von 146,7 EJ und als Effizienzbeitrag (in Relation zum Referenzfall) 83,8 EJ für möglich gehalten, WEC. a.a.O.

132) In der Enquete-Kommission „Zukünftige Kernenergiepolitik" (1980) wurde der Pfad 4 mit 310 Mio. t SKE Primärenergieverbrauch (2030) noch als „extremes Sparen" ausgegrenzt. Alle Szenarien der Klima-Enquete (1990) gehen jedoch für 2005 von einem Energieverbrauch (alte Bundesländer) zwischen 300 bis 340 Mio. t SKE aus; zum Jahr 2050 vgl. auch Nitsch/Luther a.a.O.

gedeckt werden – mit der Folge, daß die CO_2-Emissionen trotz einer extremen Vervielfachung der Atomkernenergie gegenüber 1985 auf fast das Doppelte (34,8 Mrd. t CO_2) anwachsen würden.

Hieraus wird deutlich, daß die IIASA-Szenarien (insbesondere das high-Szenario mit 1 121 EJ, davon 255 EJ Atomenergie in 2030) einen risikokumulierenden Effekt haben: Trotz des exorbitanten Zuwachses der Atomkernenergie steigen in beiden Szenarien die CO_2-Emissionen erheblich an (im Szenario (high) gegenüber 1985 auf das 3-fache, d. h. auf 58,4 Mrd. t CO_2).

Diese Aussage kann generalisiert werden: Buchstäblich alle angebotsorientierten Szenarien der 80er Jahre – einschließlich der Szenarien der Welt-Energiekonferenzen in Montreal (1989) und in Madrid (1992) – weisen einen risikokumulierenden Effekt auf: Mehr CO_2-Emissionen, mehr Atomkernenergie und mehr Ölverbrauch! Dies gilt auch für die jüngsten Szenarienkonstruktionen nach der Formel „Atomkernenergie+Sparen", wenn sie „Trendsparen" zugrundelegen und nicht – fern jeder Realität – den Ausbau der Atomkernenergie rechnerisch mit der „Effizienzrevolution" zu koppeln versuchen.

Auch für die Bundesrepublik (alt) gilt: Zwischen dem von Vertretern der Energiewirtschaft im „Pfad 1" (Enquete-Kommission „Zukünftige Kernenergiepolitik" von 1980 (Enquete, 1980)) prognostizierten Energieverbrauch im Jahr 2030 von 800 Mio. t SKE (mit 165 GW Kernenergie-Kapazität, davon 50% Brüter!) und der atomenergiefreien Solarenergie-Strategie von Nitsch, Luther (1990) liegt eine erstaunliche Bandbreite technisch machbarer Einspar-Optionen. Bei leichtem, quantitativen Wirtschaftswachstum (1,5% bzw. 0,75% p. a.) und einem technisch möglichen Restenergiebedarf von 267 Mio. t SKE im Jahr 2050 verbleibt in der Solarenergie-Strategie von Nitsch, Luther nach dem Ausstieg aus der Atomkernenergie ein fossiler Sockel von nur noch 85 Mio. t SKE (entspricht bei heutigem Mix etwa 165 Mio. t CO_2, d. h. einer fast 80%igen CO_2-Reduktion gegenüber 1987). Atomausstieg, Solarenergiewirtschaft und die notwendige CO_2-Reduktion sind also in der Bundesrepublik technisch möglich.

In Hinblick auf die systemare Dynamik geht unsere These jedoch darüber hinaus: Solange und weil nicht aus der Atomkernenergie ausgestiegen wird, sind weder die ökonomischen Antriebskräfte noch die energiepolitischen Rahmenbedingungen für eine Politik des Vorrangs für rationelle Energienutzung und für Solarenergie vorhanden. Die inhärent energieexpansive Entwicklungsdynamik eines großtechnischen Kraftwerks- und Verbundsystems mit Atomkernenergie wirkt als Investitions- und Innovationsblockade.

Umgekehrt setzt bei entprechend flankierenden energiepolitischen Rahmenbedingungen der Ausstieg aus der Atomkernenergie die erforderliche Investitionsdynamik und den erwünschten positiven volkswirtschaftlichen Impuls in Gang, der für den klimaverträglichen Umbau des leitungsgebundenen Energiesystems und für die rationellere Stromnutzung notwendig ist. Dies ist auch der entscheidende Grund dafür, daß eine Strategie „Klimaschutz und Atomausstieg" eher mit günstigeren volkswirtschaftlichen Effekten verbunden ist als eine Strategie mit unveränderter Atomkraftwerkskapazität (vgl. ISI, DIW, 1994).

2.3.2 „Effizienzrevolution" oder „Trendsparen"?

Noch vor wenigen Jahren wurde die technische Machbarkeit forcierter Energiesparmaßnahmen schlicht bestritten und/oder zumindest im Gegensatz zur großtechnischen Ausweitung des Energieangebots gesehen (IIASA, 1982; Schefold, 1988; Keepin, Kats, 1988; Elektrowatt, 1989). Unter dem Eindruck der Umwelt- und Klimadiskussion hat sich dies – oberflächlich gesehen – scheinbar geändert. Jedermann ist heute für Energiesparen. „Atomenergie + Sparen" lautet z. B. auch die neueste Botschaft der Atomkernenergie-Befürworter (Grawe a. a. O.; FR, 1989). Aber das Bekenntnis zum Energiesparen ersetzt bislang in der Regel noch die wissenschaftliche Analyse der umfangreichen technischen Einsparpotentiale, und fast immer fehlt der entschlossene energiepolitische Wille und das instrumentelle Konzept zur umfassenden Implementierung von „NEGAWatt" (A. Lovins).

Daß die „Effizienzrevolution" eine risikominimierende Strategie darstellt, wird auch von Skeptikern heute akzeptiert. Diejenigen, die trotz Tschernobyl an der atomaren Option festhalten oder sie sogar ausweiten wollen, bestreiten vor allem, daß Energiesparen im geforderten Umfang praktisch möglich ist. Sofern es praktisch realisierbare Einsparpotentiale gibt, so die Behauptung der Atomkernenergie-Befürworter, sind sie auch im gleichen Umfang in einem System mit Atomkernenergie erschließbar: Die CO_2-Emissionen könnten somit durch „Atomenergie + Sparen" besonders effektiv gesenkt werden.

Hier liegt offensichtlich ein Kernpunkt des energiepolitischen Dissenses: Die Verwirklichung einer „Effizienzrevolution" bedeutet weit mehr als nur Trendsparen. Natürlich findet bei zukünftig wieder steigenden Energiepreisen trotz aller Hemmnisse stets ein gewisses „Trendsparen" statt; aber „Trendsparen" im Rahmen einer sonst unveränderten angebotsorientierten Energie- und Unternehmenspolitik erschließt nur einen Bruchteil (etwa 20%) der vorhandenen „gehemmten wirtschaftlichen Potentiale" (E. Jochem). Würden andererseits diese Potentiale durch eine aktive Energie- und Unternehmenspolitik systematisch umgesetzt, wird die Atomkernenergie zur Energiebedarfsdeckung unnötig – der geringe atomare Endenergieanteil (in der Bundesrepublik etwa 7%) kann buchstäblich „weggespart" und langfristig durch Solarenergie ersetzt werden. Die These von der Vereinbarkeit von Energiesparen und Atomkernenergie ist also widersprüchlich. Entweder ist nur vom „Trendsparen" die Rede: dann muß – unnötig riskant und teuer – weiter an der Atomkernenergie festgehalten werden. Oder es geht tatsächlich um Priorität für rationelle Energienutzung und den planmäßigen „Bau von Einsparkraftwerken" (Lovins): dann wird die Atomkernenergie nicht nur unnötig, sondern auch zum Hemmschuh für die Markteinführung.

Für die Beantwortung der Frage nach der Vereinbarkeit von Atomkernenergie und Stromsparen ist also entscheidend, in welchem Umfang über einen autonomen Markttrend hinaus volkswirtschaftlich kosteneffektive CO_2-Reduktionspotentiale in ein bestehendes Groß-Kraftwerkssystem mit einem hohen AKW-Anteil in der Praxis integriert werden können. Allein schon die einseitige Bindung von volkswirtschaftlichem Kapital, von Forschungskapazitäten, wissenschaftlichem Know-how sowie von weltanschaulichen und beruflichen Karrieren an die Atomenergie machen einen energiepolitischen Paradigmenwechsel hin zu einer „sanften" Energiesparpolitik ohne eine eindeutige politische Richtungsentscheidung gegen die Atomenergie unwahrscheinlich.

Seit Jahrzehnten geht zum Beispiel der Löwenanteil der öffentlichen Forschungsgelder in die Atomkernenergie. Von 1955–1988 flossen 36,9 Mrd. DM (= 84%) der öffentlichen Fördermittel im Bereich der Energieforschung in die Kernspaltung und -fusion, 2,3 Mrd. DM (= 5,2%) in die erneuerbaren Energiequellen und nur 0,8 Mrd. DM (= 1,9%) in die rationelle Energieanwendung (Nitsch, Luther, 1990). Die in den letzten Jahren eingeleitete Korrektur hat diese Fehlallokation öffentlicher Forschungsmittel nicht grundsätzlich verändert. Es ist schwer vorstellbar, wie bei einer derart einseitig ausgerichteten öffentlichen Forschungspolitik für die sie vollziehenden Ministerialbürokratien und Großforschungseinrichtungen ohne eine grundsätzliche Richtungsentscheidung gegen die Atomkernenergie die Prioritäten umgekehrt werden könnten.

Die notwendige energiepolitische Weichenstellung wird jedoch seit Jahren mit einem stereotypen Argumentationsmuster blockiert: Zunächst wird bestritten, daß die vorhandenen technischen Potentiale rationellerer Energienutzung auch praktisch umsetzbar sind. Dann wird gesagt: Solange die Alternativen für die Kernkraft nicht praktisch verfügbar sind, könne nicht ausgestiegen werden. Mit diesem klassischen Zirkelschluß ist „bewiesen": Alles kann bleiben wie es ist.

Unsere Gegenthese ist: Weil aus der Atomkernenergie nicht ausgestiegen wird, können sich die risikoärmeren Alternativen nicht wirtschaftlich durchsetzen, obwohl sie weitgehend technisch verfügbar sind. Der Markt für Energieeffizienz-Techniken (wie auch generell der Markt für Umweltschutztechnik) war schon immer und ist in Zukunft verstärkt ein mit politischen Mitteln geschaffener Markt. So wie die Atomkernkraft nur politisch und mit beispiellosem staatlichen Kapitaleinsatz durchgesetzt werden konnte, so brauchen alle energiepolitischen Alternativen zur Kernkraft spezifische, politisch gesetzte Rahmen- und Förderbedingungen.

Die These eines Junktims zwischen Atomkernenergieverzicht und der dadurch freigesetzen wirtschaftlichen Entwicklungschancen für risikoarme Alternativen wird durch beispielhafte Programme und energiepolititsche Strategien in Ländern mit Moratorien (z. B. Schweiz; Provinz Ontario/Kanada), mit politischen Ausstiegsbeschlüssen (z. B. Schweden) oder mit ablehnenden Mehrheiten gegen einen Atomeinstieg (z. B. Dänemark) gestützt. Gegenbeispiele für eine in der Realität geglückte Kopplung von Effizienzrevolution und Atomkernenergieausbau sind nicht bekannt. Auch das relativ energieeffiziente Japan ist hiervon noch weit entfernt, obwohl dort die spezifischen Randbedingungen (die ausgeprägte Wirtschafts- und Wettbewerbsstärke, der Handlungsdruck knapper Energieressourcen und die Insellage) für eine derartige Kopplung sprechen würden.

2.3.3 Die inhärenten Systemzwänge eines atomaren Großverbund-Systems

Die Atomkernenergie ist mit dem Konzept einer angebotsorientierten „harten" Energiepolitik untrennbar verbunden. Die Funktionsprinzipien eines Groß-Kraftwerks- und Verbundsystems mit Atomkernenergie sind für das gesamte – vor allem für das leitungsgebundene – Energiesystem strukturprägend. Dies betrifft z. B. die Einsatzchancen von rationellerer Stromnutzung, von Anlagen für Kraft-Wärme-Kopplung und regenerativer Stromerzeugung direkt. Über die stromseitig beeinflußte Nah- und Fernwärme-Politik werden indirekt aber auch der Wärmemarkt für Öl und Erdgas sowie die Einsatzchancen rationellerer Wärmenutzung mitbestimmt.

Die immanente Funktionslogik des großtechnischen (atomaren) Großkraftwerks- und Verbundsystems wird durch folgende technische, betriebswirtschaftliche und organisatorische Systemzwänge beherrscht, die eine focierte Effizienzstrategie unwahrscheinlich machen (Hennicke,

1988; Elektrowatt, 1989; Hennicke, 1990; Bach, 1988; Greenpeace Schweiz, 1990; Rosenkranz, 1992):

- Die Konzernstrukturen von Betreibern von Atomkraftwerken sind für eine nur örtlich mögliche Mobilisierung vieler CO_2-Reduktionspotentiale (kommunale und industrielle Nah-, Fern- und Abwärme, Regenerative sowie Energiesparen) wenig geeignet. Deren Realisierung verlangt eine kleinräumige Erfassung und Umsetzung durch kommunale/regionale Energiekonzepte. Ein Strom-Großproduzent und -händler wie z. B. die PreAG hat daran wenig Interesse. Eher schon eine von PreAG belieferte Stadt wie Bremen oder Hannover, deren KWK-Ausbaupläne von PreAG zu verhindern versucht wurden. Dies sind nur Beispielfälle für die seit Jahrzehnten und derzeit besonders in den neuen Bundesländern mit Lockvogelangeboten geförderte Behinderung der industriellen und kommunalen KWK durch die Verbund-EVU (Hess. Landtag, 1986; Hennicke et al, 1985).

- Die fixkostenintensive Kostenstruktur von Atomkraftwerken zwingt betriebswirtschaftlich zu ständiger Vollauslastung. Dadurch besteht ein inhärenter ökonomischer Anreiz, Absatzmärkte aggressiv zu erobern und zu verteidigen, d. h. die Ausschöpfung von Energiesparpotentialen durch die Kunden oder den Marktzutritt für Newcomer (für Heizkraftwerke und Regenerative) aktiv zu behindern.

- Die langen, unflexiblen Planungs- und Bauzeiten für Großkraftwerke (ohne simultane offensive Einsparplanung und -förderung) und die wegen der Blockgrößen notwendigerweise steigenden Reservemargen (heute 25% statt wie ursprünglich geplant nur rd. 10%) verstärken den systemimmanenten Trend zu Überkapazitäten und zu höheren (als bei dezentraler und rationellerer Stromerzeugung notwendigen) Kapazitätszuwächsen.

- Leichtwassereaktoren (LWR) sind im großen Maßstab nur für reine Stromerzeugung und nur in der Grundlast wirtschaftlich einsetzbar. Auch der nach Betreiberzahlen errechnete Kostenvorsprung von Atomstrom gegenüber Steinkohlestrom (reine Stromerzeugung) verkehrt sich ab einer Ausnutzungsdauer von unter 4 000 Stunden ins Gegenteil. LWR sind daher nur für den relativ geringen Anteil des rein stromspezifischen Endenergieverbrauchs (ca. 8% für Licht, Antrieb, Kommunikation plus einige Formen von Prozeßenergie, z. B. Elektrolyse) und kaum für den weit überwiegenden, aber auf den Winter begrenzten Wärmebedarf eine wirtschaftlich in Frage kommende CO_2-Reduktionstechnik. Jede Kilowattstunde Atomstrom steht zudem in Konkurrenz zu Strom aus Heizkraftwerken, der – nach der Effizienzsteigerung – eine der wirtschaftlichsten Formen der CO_2-Reduktion durch gleichzeitige Erzeugung von Strom- und Nah- bzw. Fernwärme darstellt.

2.3.4 Kein rentabler „Platz" für risikoärmere Alternativen

Die Vereinbarkeit von Atom- und Einsparpolitik hängt auch von den grundlegenden energiewirtschaftlichen Rahmenbedingungen ab. Hierzu zählt in der Bundesrepublik vor allem die Frage, wie in einen überdimensionierten Kraftwerkspark im großen Umfang CO_2-Reduktionspotentiale wirtschaftlich integriert werden können und wie die zukünftige Form (KWK oder nur Verstromung) des Kohleeinsatzes aussehen soll. Denn bis zur Jahrhunderwende ist auf dem „Strommarkt" kein (rentabler) Platz für die Markteinführung innovativer CO_2-Reduktionstechnologien (Effizienz, Regenerative, HKW) im großen Stil, solange nicht ein Teil der Angebotskapazität stillgelegt wird. Die insbesondere durch den AKW-Ausbau, durch den Jahrhundertvertrag sowie durch den ökonomischen Zusammenbruch in den neuen Bundesländern verursachten Strom-Überkapazitäten wirken de facto als Investitionsblockade auch wirtschaftlicher CO_2-Reduktionstechniken.

Wird an der Atomkernenergie festgehalten, ist also auch das CO_2-Reduktionsziel der Bundesregierung (25–30ïge CO_2-Reduktion bis zum Jahr 2005) in Frage gestellt, weil bei konstanter und maximal ausgenutzter Atomkernenergie-Kapazität (dies schließt bis 2005 auch den Neubau von AKWs als Ersatzbedarf ein) die entscheidende ökonomische Schubkraft und Investitionsdynamik für die forcierte Markteinführung zentral wichtiger CO_2-Reduktionspotentiale (Stromsparen, KWK, Regenerative) fehlt. Dies gilt natürlich in potenzierter Form bei einem Atomkernenergie-Ausbau.

Der Übergang zur Solarenergiewirtschaft wird nur dann rasch erfolgen und die notwendige Entwicklungsdynamik entfalten, wenn er von einer sehr großen und „lokalen" Gruppe von Investoren getragen wird: „Zunächst würden die als „lokal" bezeichneten Potentiale erneuerbarer Energiequellen erschlossen, da sie sich im wesentlichen in die heutige Siedlungsstruktur und die vorgegebenen Energieversorgungsstrukturen einfügen, sie nutzen und jeweils passend „vor Ort" die Nachfrage nach anderen Energieträgern reduzieren. Erst wenn sich diese Technologien in einem gewissen Ausmaß erfolgreich etabliert haben, wird man auch die großflächige Nutzung erneuerbarer Energiequellen in Betracht ziehen. Diese „lokale" Nutzung würde der jetzigen Energieversorgungsstruktur bedeutende dezentrale Elemente hinzufügen (...) und die Rolle der Kommunen bei der Gestaltung der zukünftigen Energieversorgung beträchtlich aufwerten" (Nitsch, Luther, 1990). So überzeugend das von

Nitsch, Luther vorgetragene technische Plädoyer für einen vorrangig lokalen Übergang zur Sonnenenergie-Wirtschaft ist, sucht man doch vergeblich nach einer energiewirtschaftlichen und systemaren Begründung dafür, daß all dies sich problemlos „in die vorgegebenen Energieversorgungsstrukturen einfügen" könnte.

Wie direkt diese Frage mit einer Richtungsentscheidung gegen die Atomkernenergie verknüpft ist, sei am Beispiel der Photovoltaik gezeigt: Haupthemmnis für die umfassende Markteinführung von PV-Anlagen in der Bundesrepublik sind die hohen Stromgestehungskosten von etwa 1,60–2,20 DM/ kWh. Nach Studien der Klima-Enquete (Enquete, 1990) könnten die Stromgestehungskosten bis zum Jahr 2005 auf 23–30 Pf/kWh sinken, wenn es gelänge die Produktionskapazitäten auf 1 000–3 000 MW auszubauen. Es kann wohl ausgeschlossen werden, daß Siemens/KWU als größter Hersteller sowohl von Atom- als auch von PV-Anlagen einen derartigen riskanten Kapazitätsausbau für PV-Anlagen beschließen wird, wenn die energiepolitischen Signale nicht eindeutig gegen einen Verbleib im Atomgeschäft und gegen die zur Zeit noch erhoffte „Renaissance" der Atomkernenergie gestellt werden. Auch die Hersteller von Windkraftanlagen und von dezentralen Heizkraftwerken sowie von Stromspartechniken brauchen eine derartige unzweideutige Weichenstellung für ihre Kapazitätsausbauplanung.

2.3.5 Ausstieg aus der Kohle, statt aus der Atomkernenergie?

Szenarien, die eine Klimastabilisierungspolitik mit der Fortschreibung der derzeitigen AKW-Kapazität oder gar mit einem AKW-Ausbau verbinden wollen, rechnen in der Regel implizit mit einer stärkeren Kohleverdrängung als bei einem Ausstieg. Dies gilt inbesondere für die Verdopplungsvariante, die von der VDEW (Grawe, 1989) in die Diskussion gebracht worden ist: „Wer rationelle Energieverwendung nicht ernst nimmt, wer die regenerativen Energien vernachlässigt oder auf den Ausbau der Kernenergie verzichten will, wird der Verantwortung nicht gerecht". Denn, so wird zur Atomenergie weiter behauptet: „International und national könnte ihr Beitrag in den nächsten 20–25 Jahren durchaus verdoppelt werden ..." (Grawe, 1989). Was dabei verschwiegen wird: Eine Verdopplung der atomaren Grundlast-Kapazität (auf dann rd. 48 GW) in diesem Zeitraum ist nur realisierbar, wenn die Braunkohleverstromung und der Kernbereich der Steinkohleverstromung deutlich über das aus Klima- und Umweltverträglichkeitsgründen notwendige Maß hinaus und damit auch sozial unverträglich zurückgefahren würden.

Das Argument der bestehenden Investitionsblockade wird daher bei dieser Position implizit gegen die Kohle „umgedreht": Nur der weitgehende

Verzicht auf Kohleverstromung schafft Ausbaumöglichkeiten für die Atomkernenergie und damit weniger CO_2. Auf dem Papier ist dieses Argument so evident wie trivial. In volkswirtschaftlich sowie in industrie- und forschungspolitischer Hinsicht wäre dies jedoch keine zielführende CO_2-Minderungsstrategie:

1. Die industrie- und forschungspolitischen Argumente wurden in einer Prognos-Studie (1987) analysiert. Dabei wurde unterschieden nach
   a) eher wirtschaftszweigspezifischen Auswirkungen: z. B. entfallen nach einem Ausstieg für die beteiligten Industriezweige Demonstrations- und Qualifikationsprojekte
   b) den generell industriepolitischen Auswirkungen: z. B. entfallen durch den Kernenergieverzicht technologische Innovationsanstöße auf andere Branchen (spin-off und spill-over-Effekte)

Bei einer Abwägung der wirtschaftsspezifischen Auswirkungen eines Szenarios mit oder ohne Kernenergie kommt Prognos insbesondere hinsichtlich der Exportmärkte zu dem Ergebnis: „Was die Exportchancen deutscher Kraftwerkshersteller angeht, wird damit klar, daß die entscheidenden Zukunftsmärkte eher im Produktionsbereich „konventionelle, rationelle Erzeugungsanlagen" und im Bereich „Angepaßte dezentrale Anlagen zur Nutzung regenerativer Energien ..." liegen werden. Ein Verzicht auf die Kernenergie in der Bundesrepublik trifft damit, was die Exportchancen der Kraftwerkshersteller angeht, auf ein ohnehin kleines Potential. Beeinträchtigungen in diesem Bereich können durch den Zugewinn der oben genannten Art überkompensiert werden" (S. 522).

Die vergleichende Abwägung der „Innovationsakzeleratorwirkung" eines Szenarios mit und ohne Kernenergie hat zum Ergebnis: „Geht man von der Vielfalt und der möglichen Zahl von Innovationsanstößen aus, so zeigt sich, daß die energiepolitische Strategie, die auf eine rationelle Energieerzeugung und -verwendung unter Vermeidung der Kernkraftnutzung setzt, ein höheres Potential an Innovationsanstößen enthält. Der Zwang zur Nutzung unterschiedlichster Primärenergien ebenso wie die breiten Anstöße zur Entwicklung neuer Prozesse und Formen in der Energieeinsparung machen dies deutlich" (S. 531). Die von der Enquete-Kommission in Auftrag gegebene Studie von ISI, DIW (1994) hat dieses Ergebnis erneut bestätigt.

Diese positiven industriepolitischen Ausbreitungs- und Rückwirkungseffekte einer neuen klima- und umweltverträglicheren Technologiebasis in der Bundesrepublik und ihre Bedeutung auch für die Exportmärkte – insbesondere auch für die Dritten Welt und für die Schwellenländern – werden viel zu häufig übersehen. Im Gegensatz zu den technisch und wirtschaftlich auch unter günstigsten Bedingungen stets sehr beschränkten Atomtechnologie-Märkten werden die Märkte für energieeffiziente Technologie, für hocheffiziente Kohle-HKWs, für Wind- und Solarenergie fast universell in der Dritten Welt expandieren; ein Transfer von moderner Kohletechnologie nach China und Indien bildet wahrscheinlich sogar eine conditio sine qua non für eine erfolgversprechende weltweite Klimastabilisierungspolitik. Ein „technologischer Fadenriß" bei der Entwicklung effizienter und umweltverträglicher Kohlenutzungstechniken durch eine unnötig forcierte Reduktion der Kohleverstromung im traditionellen Kohleland Bundesrepublik wäre daher indirekt für die Entwicklungsländer folgenreicher als der Verzicht auf die in der Dritten Welt ohnehin nicht finanzierbare Atomenergie.

2. Es muß davon ausgegangen werden, daß bei einer schnelleren als zum Klimaschutz notwendigen Zurückdrängung der Stein- und Braunkohle erhebliche negative Effekte auf Arbeitsmarkt und Regionalwirtschaft in den „Kohleländern" auftreten würden. Schon das ohnehin aus Klimagründen dringend notwendige Zurückfahren der Fördermengen führt zu erheblichen Anpassungsproblemen (Loske, Hennicke, 1993; Bach, 1994). Sowohl bei einer Status-Quo-Variante als auch insbesonder bei einer Ausbau-Variante für die Atomkernenergie würden jedoch die Steinkohle- und Braunkohlemengen noch rascher als aus Klima- und Umweltgründen notwendig absinken. Dies kommt in den sogenannten „Least-Cost-"-Szenario des IER (1994) besonders deutlich zum Ausdruck, in dem die Kernenergieerzeugung etwa verdoppelt wird und die Braunkohleverstromung fast auf Null zurückgefahren wird. Vor allem würde mit einem weitgehenden Ausstieg aus der Kohle die Option „focierter Ausbau der Nah- und Fernwärme" auf der Basis relativ umweltverträglicher neuer Kohle-Heizkraftwerkstechnik (Wirbelschicht; GuD) erheblich behindert, wenn nicht unmöglich gemacht. Ein forcierter Kohleausstieg und Ausbau der Atomkernenergie bedeutete zusätzlich zur Steigerung der atomaren Risiken eine Verschärfung der Strukturkrise für die Kohlereviere.

Ein riskantes Kohleausstiegs- und Atomausbau-Szenario ist also für die Bundesrepublik weder eine volkswirtschaftlich sinnvolle, noch eine zur CO_2-Minderung notwendige Energiestrategie. Im Gegenteil: Der klimaverträglich reduzierte Einsatz von Kohle (und Gas) in Heizkraftwerken und nicht die Atomenergie ist die umwelt- und sozialverträglichere Übergangstechnologie zur Sonnenenergie-Wirtschaft.

2.3.6 Finanzierungsprobleme eines Atomausstiegs

Wenn durch den Atomausstieg die bestehende Investitions- und Innovationsblockade behoben und eine klimaverträgliche Umbaudynamik initiiert werden kann, wäre dies angesichts der ökonomischen Folgen der deutschen Vereinigung und der Wirtschaftskrise finanzierbar? Müßten nicht allein für die Entschädigung der AKW-Eigentümer derartige Summen aufgebracht werden, daß sich die ohnehin prekäre öffentliche Verschuldung dramatisch zuspitzen würde? Könnte die Wirtschaftskrise durch den Ausstieg aus der Atomkernenergie und durch die klimaverträgliche Umstrukturierung der Stromerzeugung nicht noch mehr verschärft werden?

– Entschädigungsfragen

Hinsichtlich der Entschädigungsfrage gilt: Auch wenn eine volle Substanzsicherung der Betreiber als politisch-rechtliche Maßgabe vorgegeben würde, kann der Ausstieg aus der Atomkernenergie – bei unveränderten Sätzen für Abschreibung und Amortisation – über die Strompreise finanziert und entschädigt werden; nur vorübergehend kommt es bei entsprechend flankierender Energiepolitik zu einer Strompreiserhöhung (von vielleicht 10–15%), nach wenigen Jahren jedoch tendenziell zu einer Verbilligung gegenüber einer Trend-Politik (Greenpeace, Öko-Institut, 1991; Prognos, 1992, 1987).

Die Stillegung von Atomkraftwerken würde rein betriebswirtschaftlich nur dann zu einer Kapitalvernichtung führen, wenn den Eigentümern die weitere Abschreibung vom Restbuchwert der Anlagen und deren Überwälzung in den Strompreisen nach der Stillegung untersagt würde (im Sinne einer unter bestimmten Bedingungen nach dem Atomgesetz möglichen entschädigungslosen Enteignung). Durch die Stillegung der Atomkraftwerke ergibt sich ansonsten kurzfristig für den gesamten (zunächst technisch unveränderten) Kraftwerkspark der Bundesrepublik nur eine andere Nutzungspriorität, bei insgesamt gleichbleibendem Abschreibungsvolumen.

Nehmen wir dennoch an, ein kurzfristiger Ausstieg aus der Atomkernenergie sei in Verbindung mit einer ausreichenden CO_2-Reduktion bis 2005 relativ teuer. Unsere These ist: Die Kosten der risikoärmeren Alternativen sind nicht das eigentliche Problem, denn sie liegen pro Kopf und pro Jahr unter denen, die die Bevölkerung als Versicherungsprämie gegen die Risiken der Atomkernenergie zu zahlen bereit wäre. Auf etwas mehr als 50,– DM pro Kopf/Jahr hatte die erste Klima-Enquete-Kommission die Mehrkosten einer Klimaschutzstrategie mit Atomausstieg (bis 2005) veranschlagt (Enquete, 1990). Selbst der extreme Pro-Kernenergie-Szenarienvergleich des IER (IER, DIW, 1994; vgl. Kommentar zu Kapitel 8) kommt im ungünstigsten Fall nur zu Mehrkosten von etwa 130 DM pro Kopf und Jahr. Es kann wohl davon ausgegangen werden, daß eine derartige zweckgebundene Abgabe zur Finanzierung eines Atomkernenergieausstiegs und zur Realisierung einer 45igen CO_2-Reduktion bis 2020 in der Bundesrepublik auf große Zustimmung stoßen würde.

Weltbank-Direktor A.A. Churchill hat auf der Welt-Energiekonferenz 1992 eine ähnliche Überlegung für den Ausstieg aus den osteuropäischen Reaktoren angestellt. Eine Nachrüstung hält er für eine „... hochriskante Strategie. Bei den hohen Kosten eines möglichen Unfalls müßten alle Reaktoren ohne akzeptable Schutzvorrichtungen (‚Acceptable containment structures') so bald wie möglich abgeschaltet werden. Es wird mindestens eine Dekade dauern, die meisten dieser Reaktoren abzuschalten, auch wenn dem ab sofort höchste Priorität gegeben würde. Die Kosten eines möglichen Stillegungsprogramms sind minimal zwischen 1 bis 3 $ pro Kopf und Jahr für die unmittelbar betroffene Bevölkerung in West-, Ost- und Zentraleuropa. Dies ist eine billige Versicherungsprämie" (Churchill, 1992). Deutsche Atomkraftwerke nur deshalb weiter zu betreiben, weil deren Sicherheitsstandards auf die GUS-Länder übertragen werden könnten, wäre daher eine viel zu riskante und zudem unnötig teure Strategie.

– Umsteuern von Finanzierungsmitteln

Weit bedeutsamer als die Entschädigungsfrage ist für eine neue Innovations- und Investitionsdynamik die strukurelle Ungleichverteilung der Finanzierungsmittel. Diese Ungleichverteilung existiert schon bisher, würde sich aber nach einem (entschädigten) Ausstieg aus der Atomkernenergie noch mehr verstärken

Die Deregulierungskommission (1990) hat den durch die staatlich gesicherte Monopolstellung und durch die Art der Handhabung der Preisaufsicht gerüsteten „Feldzug der Unternehmensaufkäufe" durch EVU heftig kritisiert und festgestellt: „Die Stromversorgungsunternehmen weisen nicht nur hohe Gewinne auf, sondern außerdem sehr hohe Cashflows, teilweise spektakulär hohe, und sehr hohe stille Reserven. Daran knüpft sich die Vermutung hoher, verdeckter Gewinne im Zusammenhang mit überhöhten ... Abschreibungen und Rückstellungen" (Deregulierungskommission, 1991). Dieses vor allem bei den großen Strom- und Gas-EVU angesammelte Investitionspotential könnte und müßte angemessen verzinst für eine neue Energiestrategie genutzt werden. Das Greenpeace-Szenario (1994; vgl. auch die Zusammenfassung von J. Franke in Kapitel 8.) beziffert die Rückstellungen von Betreibern von Atomkraftwerken für Nachsorgekosten auf etwa 18 Mrd. DM, die die Unternehmen in eine privilegierte Position bei der Innenfinanzierung versetzen. J. Franke schlägt vor, diese Mittel in einen öffentlichen Fonds zu überführen und zur Finanzierung des Umbaus zu benutzen.

Dies wäre insbesondere bei einem Ausstieg aus der Atomkernenergie und bei der dann notwendigen Umstruktuierung des gesamten Kraftwerksparks von großer Bedeutung. Die großen Verbund-Konzerne und Betreiber von Atomkernenergieanlagen hätten zwar im Rahmen einer Umstiegs-Strategie durchaus die Möglichkeit, ihr Kapital in innovativen Erzeugungs- und Nutzungsalternativen zum Atomstrom und Großverbund anzulegen. Aber die Konkurrenz- und Kooperationsformen mit neuen Investoren „vor Ort" wie z. B. die Kommunen, die Industrie, neue dezentrale private Stromerzeuger und Energieeinsparagenturen werden zweifellos zunehmen. Die Dezentralisierung der Technik bei der Implementierung einer CO_2-Reduktionsstrategie wird daher auch mit einer gewissen Dekonzentration und Umverteilung von ökonomischer und politische Macht auf den Energiemärkten einhergehen. Dennoch bleibt auf den sanften Zukunftsmärkten für NEGAWatt, KWK und Regenerative genügend rentabler Platz für weit mehr Umsatz und Akteure als bisher.

Das für eine Umbau-Strategie benötigte Kapital flösse jedoch ohne staatliche Eingriffe nach einem über die Strompreise finanzierten Atomausstieg nur den Verbund-EVU zu. Rd. 60 Mrd. DM haben die Betreiber allein in laufende Atomkraftwerke investiert (Müller-Reißmann, Schaffner, 1986); bei einer Entschädigung über den Strompreis „erwirtschaftet" jedes stillgelegte AKW für den Zeitraum der noch zugestandenen Abschreibung pro Jahr etwa 200 Mio. DM.

Eine erfolgversprechende Umbau- und Klimaschutzstrategie verlangt daher auch, daß mit geeigneten Maßnahmenbündeln diese überschießende Liquidität für eine ökologische Investitionsoffensive nutzbar gemacht wird. Dadurch kann auch verhindert werden, daß die exorbitanten Kapitalrückflüsse aus dem traditionellen Energiegeschäft zu einen regelrechten Ostfeldzug, zur Übertragung der im Westen bereits überholten zentralisierten Angebotsstrukturen auf Osteuropa oder zum Aufbau einer monopolisierten Entsorgungswirtschaft zu Lasten einer Müllvermeidungsstrategie ausgenutzt werden können.

Nach unserer Ansicht sollten daher staatliche Rahmenbedingungen geschaffen werden, die auch für große Verbund-EVU positive Anreize schaffen, ihr Kapital direkt in umweltverträglichere Alternativen zum bisherigen zu riskanten Stromgeschäft zu investieren. Neue Rahmenbedingungen durch eine Energiesteuer, Least-cost Planning, Förderung von Contracting, die von Greenpeace vorgeschlagene Fondsbildung, freiwillige Vereinbarungen und „runde Tische" sind einige Vorschläge, wie dies erreicht werden könnte (Hennicke, 1993).

Schlichte Deregulierung wäre das kontraproduktivste Mittel, um eine gesellschaftlich akzeptierte und klimaverträglichere neue Zielsetzung für das bisher ausschließlich im Energiegeschäft verdiente Kapital zu etablieren. Die Versuchung wäre unter deregulierten Bedingungen zu groß, dieses Kapital erneut durch traditionellen Energieverkauf und weiter externalisierte volkswirtschaftliche Schäden vermehren zu wollen.

Entscheidend sind neue, verläßliche staatliche Rahmenbedingungen und klare energiepolitische Richtungsentscheidungen, die die „Effizienzrevolution" und die Solarenergiewirtschaft für EVU sowie für neue Marktakteure (z. B. Energieagenturen, Contracting-Firmen) nicht zum betriebswirtschaftlichen Abenteuer, sondern zu einem planbaren und rentablen Prozeß machen könnten mit Ausweitung klimaschonender Unternehmensaktivitäten, Diversifizierung in neue Geschäftsfelder und Zukunftsmärkte für risikoarme Energiedienstleistungen.

Ein Umkehr der Anreizstruktur, eventuell auch durch eine staatliche Anschubfinanzierung für Investitionen in risikoarme Zukunftsmärkte, ist also für die Dynamik des Umbaus von entscheidender Bedeutung. Auch die Stromindustrie müßte an politisch geschaffenen neuen Märkten ein Interesse haben: Große private Investitionssummen könnten im Rahmen einer freiwilligen Vereinbarung und flankiert durch öffentliche Förderung in ein Zukunftsinvestitionsprogramm (für Effizienz, KWK, Regenerative) beispielhafter Qualität und Quantität umgesteuert werden. Dies bedeutete für Hersteller und Betreiber eine kurz- und mittelfristig vielleicht weniger rentable Kapitalanlage als Atomkraftwerke, dafür aber unter entsprechenden staatlichen Rahmenbedingungen mehr Planungssicherheit und eine langfristig gesicherte Rendite, die nicht vom ökonomischen Risiko eines weiteren Atomunfalls in der Welt abhängig wäre.

2.3.7 Neue Allianzen

Trotz der Fülle von Indizien über die hemmende Rolle der Atomkernenergie für die Klimaschutzpolitik läßt sich der endgültige Beweis hierfür letztlich nur, was jedoch gerade verhindert werden muß, durch die Praxis führen. Aber die Gegenthese, daß die Atomkernenergie mit dem forcierten Einsatz von KWK, mit der „Effizienzrevolution" und mit einer Solarenergie-Wirtschaft verbunden werden könne, ist theoretisch wenig plausibel, geschweige denn empirisch belegbar.

Kann aber andererseits ein Ausstieg politisch nicht durchgesetzt werden, könnten sich Befürworter und Gegner der Atomkernenergie solange blockieren, bis Klima- und Atomrisiken gefährlich kumulieren, vor allem zu Lasten der Dritten Welt und späterer Generationen. Dies würde viele Menschen in eine völlig inakzeptable „Geiselrolle" bringen und die Akzeptanzprobleme der EVU bei jeder auch konventionellen Kraftwerksplanung weiter verschärfen.

Ein Ausweg aus diesem Dilemma ist, solange die Atomkernenergie von einer Regierungsmehrheit gefördert wird, nur dadurch möglich, daß Energiepolitiker, EVU und Umweltschützer alles daran setzen, die Frage nach der (Un-)Vereinbarkeit von Atomkernenergie und Effizienzrevolution durch ein gemeinsam konzipiertes Einsparprogramm praktisch zu beantworten. Beide Seiten brauchen dabei ihre unterschiedlichen Standpunkte hinsichtlich der Kernenergierisiken nicht aufzugeben.

Würde ein derartiges Aktionsprogramm mit nachgewiesener Effizienz und Ernsthaftigkeit betrieben, könnte erstmalig empirisch im großen Maßstab überprüft werden, wieviel zuverlässig wie schnell und mit welchen Kosten eingespart werden kann. Das ökonomische und politische Risiko für „beide Seiten" wäre gering, der ökologische Nutzen groß. Die „eine Seite" „riskiert", daß sie sich mit der These der Unvereinbarkeit von Atomkernenergie + Sparen geirrt hat. Das „Risiko" der „anderen Seite" läge darin, daß der empirische Beweis vorliegen könnte, daß die Atomkernenergie durch risikofreiere Alternativen ersetzt werden kann. In ökonomischer Hinsicht wäre dieses Ergebnis nicht zum Schaden der Energieversorger. Denn die Märkte für NEGAWatt und risikoärmere Angebotsalternativen (NEGAWatt, KWK, Regenerative) sind weltweite Zukunftsmärkte; insbesondere auch deshalb, weil die Energiepreise zur Internalisierung der sogenannten „externen" Kosten steigen werden und müssen. Antizipieren die bisherigen reinen Energieanbieter den zukünftig verschärften Substitutionswettbewerb von Energie durch Kapital in ihren Langfristplanungen, und nutzen sie ihren großen und kommerziell anwendbaren Know-how-Vorsprung, dann können sie als Energiedienstleistungsunternehmen (EDU) mit NEGAWatt-Marketing gutes und klimaverträgliches Geld verdienen.

Vieles spricht dafür, neue energiepolitische Allianzen („Runde Tische über dauerhafte Energiestrategien" [Nitsch, 1992]) auf dezentraler und regionaler Ebene direkt mit den EVU, aber nicht nur mit diesen anzustreben. „Runde Tische" zwischen EVU und Umweltschützern sind möglich, wenn beide Seiten aufeinander zugehen. In Kalifornien wurde so ein Durchbruch für eine Energiesparoffensive der EVU erreicht (RSCP, 1990).

Wenn EVU und Umweltschützer über Energiesparprogramme einen Konsens erzielen, dann werden kontroverse Fragen auch leichter lösbar. Dies nützt auch den Unternehmen. Ein Konsens erhöht die Planungssicherheit und die öffentliche Akzeptanz. Er schafft die Voraussetzungen dafür, daß ökologisch und volkswirtschaftlich erwünschte Einsparprogramme auch betriebswirtschaftlich machbar werden.

3. Ökologische Steuerreform

Zur Ökologischen Steuerreform wurde in Kap. 7.4.5 schon ausführlich Stellung bezogen. Dort wurde gezeigt, daß mit einer allgemeinen Energiesteuer ein Einstieg in eine umfassende ökologische Steuerreform möglich ist. Außerdem wurde berichtet, daß die Einführung einer allgemeinen Energiesteuer bei entsprechender Ausgestaltung und bei aufkommensneutraler Verwendung der Steuereinnahmen (z. B. zur Entlastung der Lohnkosten) nach vorliegenden Studien der Enquete-Kommission (EWI, 1994; ISI, DIW, 1994) sowohl positive gesamtwirtschaftliche Effekte als auch zusätzliche Beschäftigungswirkungen auszulösen verspricht.

Im folgenden wird eine konkrete Empfehlung an die Bundesregierung formuliert. Diese Empfehlung ist zu unterscheiden nach den beiden zentralen Handlungsebenen, die sich der Bundesregierung bieten: national oder im EU-Rahmen [133)]. Die Oppositionsfraktion empfiehlt der Bundesregierung,

1. im Rahmen der EU den Vorschlag einer Energie/CO_2-Steuer [134)] weiter voranzubringen und ihn national zu einer ökologischen Steuerreform zu erweitern, und

2. die Ökologische Steuerreform ggf. im nationalen Alleingang zu modifizieren und wenigstens in ersten Schritten auf den Weg zu bringen.

Die Oppositionsfraktion empfiehlt der Bundesregierung vor allem, daß sie den EU-CO_2/Energiesteuer-Vorschlag in seiner ursprünglichen Formulierung (d. h. vor CO_2-Kompromiß und vor Burden-Sharing-Kompromiß der dänischen Präsidentschaft) wiederaufnimmt und versucht, ihn in einem großangelegten ‚package-deal' innerhalb der Gemeinschaft zur Verabschiedung zu bringen. Darüber, welche Verhandlungsmaterie mit der Energiebesteuerung gekoppelt werden sollte, wird hier kein Vorschlag gemacht. Ein Fortschritt ist aber nur zu erwarten, wenn sie mit es-

133) Die darüber hinausgehende internationale Handlungsebene wird hier nicht weiter angesprochen. Es soll aber wenigstens vermerkt werden, daß politisch das G7-Forum und völkerrechtlich mindestens die Klimarahmenkonvention und die WTO sowie die Normierung der Doppelbesteuerungsabkommen im OECD-Rahmen geeignete Handlungsfelder zur Unterstützung eines multilateralen Vorgehens bei der Förderung einer ökologischen Steuerreform darstellen.

134) Aus grundsätzlichen Erwägungen – Minimierung aller durch Energieverbrauch verursachten Risiken und externen Kosten – wäre eine Energiesteuer vorzuziehen. Die Energie/CO_2-Steuer ist als politischer Kompromiß auf EU-Ebene akzeptabel, wenn der damit implizit verbundene Wettbewerbsvorteil für Strom aus Atomkernenergie durch nationale Maßnahmen (Ausstieg, risikoadäquate Versicherung) kompensiert wird.

sentiellen Fragen der Weiterentwicklung der Gemeinschaft verbunden wird.

Unter der Voraussetzung, daß eine europaweite Einführung angestrebt wird, schlägt die Oppositionsfraktion als Steuerbasis eine einheitliche Mengenbasierung auf Primärenergieträger vor. Ergänzend wird empfohlen, auch den sog. nichtenergetischen Verbrauch von Energieträgern – als Einstieg in die Stoffbesteuerung – in die Steuerbasis einzubeziehen. Außerdem sollte – in Abweichung vom Vorschlag der EU-Kommission – der Anstieg des Steuersatzes in preisbereinigten und nicht in nominalen Werten erfolgen. Der Anstieg des Steuersatzes sollte außerdem einem festen Prozentsatz, der auf ein durchschnittliches Energiepreisniveau (in Deutschland etwa 9 DM/GJ) bezogen ist, folgen, nicht dagegen einem degressiv-fallenden, wie gegenwärtig vorgesehen. Diese reale Steigerungsrate sollte bei 5% p.a. liegen und zunächst – wie vorgesehen – für acht Jahre angewendet werden. Der Schutz energieintensiver Produktionen, sofern er nach dem Kriterium der Nachhaltigkeit gerechtfertigt ist, sollte nicht durch „Ausnahme"-Regelungen, wie bisher vorgesehen, vorgenommen werden. Hier ist vielmehr das bestehende außenhandelsprotektionistische Instrumentarium der EU in modifizierter Form einzusetzen. Ziel muß es sein, Anreize zu bieten, daß Staaten außerhalb der Union einen Vorteil davon haben, der Europäischen Union zu folgen und internationale Verhandlungsprozesse in Gang zu bringen.

Für eine begrenzte Zeit und zur Demonstration der Entschiedenheit ist ein „aktives Vorangehen" auf dem Gebiet der ökologischen Steuerreform unausweichlich. In diesem Fall kommt es darauf an, das Bewußtsein in Deutschland dafür zu schärfen, daß dieses Vorgehen keine singuläre Vorreiter-Rolle Deutschlands darstellt – er ist in Wirklichkeit kein „Alleingang". In anderen Ländern der Europäischen Union (Vereinigtes Königreich, Dänemark, Belgien) sind bemerkenswerte Regelungen einer ökologischen Steuerreform bereits in Kraft. Ähnliches gilt für die skandinavischen Länder, deren Beitritt bevorsteht.

Im Falle eines solchen unilateralen Vorgehens sind Modifikationen des o. a. Besteuerungskonzepts angezeigt. Sie ergeben sich aus den ernstzunehmenden Problemen, wie sie für Hersteller energieintensiver Produkte (in den Branchen Chemie, Eisen/Stahl, NE-Metalle, Papier, Zellstoff, Steine/Erden sowie die Hersteller von Sekundärenergieträgern), sofern sie dem internationalen Wettbewerb ausgesetzt sind, bei der Einführung einer mengenbasierten Energiesteuer zu erwarten sind. Mittel der Wahl sind hier

– für Hersteller von Sekundärenergieträgern:

steuerliche Freistellung des Primär-Energieträgereinsatzes (ähnlich wie im Mineralölbereich) und statt dessen Besteuerung der hergestellten Sekundärenergieträger mit einem gegenüber dem Basis-Energiesteuersatz so modifizierten Steuersatz, als ob – im Durchschnitt – der Primärenergieträgereinsatz der Basisbesteuerung unterlegen hätte.

– für die Hersteller sonstiger energieintensiver Produkte schlägt die Oppositionsfraktion die folgende Alternative vor:

- Steuersatzdifferenzierung für eine begrenzte Zahl energieintensiver Importprodukte und Freistellung des zu ihrer Herstellung benötigten Energieeinsatzes nach dem Vorbild der oben vorgeschlagenen Regelung für Sekundärenergieträger; diese Regelung ist so zu gestalten, daß sie ökonomisch einem Grenzausgleich auf importierte „graue Energie" entspricht, rechtlich aber nicht an den Hürden, die einem Grenzausgleich im Sinne einer Besteuerung inkorporierter Energie beim Überschreiten der nationalen Grenze entgegenstehen, scheitert; oder
- Rückspeisung des Energiesteueraufkommens in Branchen mit energieintensiven Produkten und Verteilung nach Maßgabe der Aufwendungen für Arbeitsplätze eines Unternehmens bzw. Betriebs.

Unabhängig davon, ob versucht wird, die europäische oder die unilaterale Variante einer ökologischen Steuerreform zu verwirklichen, empfiehlt die Oppositionsfraktion, auf der Besteuerungsseite die folgenden flankierenden Maßnahmen zu ergreifen:

- Eine den o. a. Maximen folgende Energiebesteuerung würde den Benzinpreis im 8. Jahr nur um etwa 15% gegenüber heute erhöhen. Die Oppositionsfraktion fordert deshalb auch für den Bereich des Straßenverkehrs eine langfristig konzipierte Politik der allmählichen abgabeninduzierten Preissteigerung über die allgemeine Energiebesteuerung hinaus. Im übrigen wird auf die Handlungsempfehlungen der Oppositionsfraktion im Verkehrsbericht der Enquete-Kommission „Schutz der Erdatmosphäre" verwiesen.

Die Kompensationsseite kann unabhängig von der Entscheidung eines EU-weiten oder eines unilateralen Vorgehens gestaltet werden. Hier sollte in einem ersten Schritt die Entlastung der Kosten des „Faktors Arbeit" im Mittelpunkt stehen. Die Oppositionsfraktion schlägt eine gezielte Verwendung des Energiesteueraufkommens zur Senkung der Beiträge zur Arbeitslosenversicherung vor. Ziel ist dabei nicht eine indirekte Subventionierung des „Faktors Arbeit", sondern lediglich eine Finanzierung der aktiven Arbeitsmarktpolitik durch die öffentliche Hand. Der

Umfang dieser nach Auffassung der Oppositionsfraktion versicherungsfremden Leistungen beträgt etwa 40 Mrd. DM, ein Betrag, der sich etwa gegen Ende der ersten Phase der Einführung einer breiten Energiebesteuerung als jährliches Aufkommen ergibt (preisbereinigt, in heutigen Werten).

4. Kriterien für einen sinnvollen Einsatz von Joint Implementation

Die gemäß Art. 4.2 (a) und (b) der Klimarahmenkonvention (KRK) grundsätzlich erlaubte „Gemeinsame Umsetzung" (Joint Implementation, JI) bei der Reduzierung von Treibhausgasen (THG) könnte bei entsprechender Ausgestaltung ein kostengünstiges zusätzliches Instrument der internationalen Klimaschutzpolitik werden. Die Oppositionsfraktion hat sich deshalb grundsätzlich zur sorgfältigen Prüfung von Joint Implementation ausgesprochen. Aufgrund vielfältiger ökonomischer und politischer Unsicherheiten ist jedoch zu einem vorsichtigen und gut vorbereiteten Vorgehen bei der Erprobung des JI-Konzepts zu raten. Vor allem sind präzise Kriterien zu entwickeln, die einen Mißbrauch von Joint Implementation ausschließen. Eine bedingungslose Unterstützung für Joint Implementation oder transnationale Kooperationen, wie sie im Koalitionsvotum zum Ausdruck kommt, ist für die Oppositionsfraktion nicht akzeptabel. Die Oppositionsfraktion teilt insoweit auch die kritische Position zu Joint Implementation, wie sie von einigen europäischen NGOs vorgetragen worden ist (Climate Network Europe, Joint Implementation from a European NGO Perspektive, Glastonbury, 1994)

Vordringlichstes Ziel beim Klimaschutz ist die forcierte Effienzsteigerung und Markteinführung erneuerbarer Energien sowie die Herbeiführung struktureller klimaverträglicher und – langfristig – „nachhaltiger" Änderungen in den Ökonomien der industrialisierten Staaten. Die hochindustrialisierten Staaten haben nicht nur eine historische Pflicht zur Wiedergutmachung der von ihnen bereits freigesetzten Emissionspotentiale und Schäden, sondern sie verfügen auch über den Reichtum, das Kapital und die Technologien sowie (zur Zeit noch) über die bei weitem größten Potentiale für die Reduktion von klimawirksamen Spurengasen. Von den reichen Industriestaaten muß daher der notwendige technologische und kulturelle Wandel zu einer nachhaltigen Wirtschaft vorrangig ausgehen; einem „Freikauf" der Industrieländer von der Verpflichtung zur CO_2-Reduktion im eigenen Lande durch die billigere und leichtere Erschließung von CO_2-Reduktionspotentialen in der Dritten Welt muß daher von vornherein ein Riegel vorgeschoben werden. Bei der Konkretisierung und Umsetzung des Konzepts der Joint Implementation muß – auch im Interesse der Industrieländer selbst – ausgeschlossen werden, daß dieses Instrument die technisch mögliche „Effizienzrevolution" und den erforderlichen Strukturwandel hin zu einer „dauerhaften" Entwicklung behindert. Daher sind vor allem klare, eindeutige Kriterien und eine effektive Überwachung für die Ausarbeitung und Umsetzung eines JI-Programms erforderlich.

Die Oppositionsfraktion gibt deshalb die folgenden Handlungsempfehlungen:

1. Joint Implementation kann nur ein zusätzliches Instrument der internationalen Klimaschutzpolitik darstellen und darf keinesfalls Bemühungen zur Reduzierung von THG in den Industrieländern behindern. Bei den beteiligten Ländern muß in der Summe durch Joint Implementation ein größerer Beitrag zum Klimaschutz (d. h. zum Beispiel ein größerer CO_2-Reduktionsbetrag) realisiert werden, als es ohne Joint Implementation der Fall wäre. Der Anteil der von Industrieländern im Ausland vorgenommenen Reduzierungen im Verhältnis zur Gesamtverpflichtung ist daher gering zu halten.

2. Eine gemeinsame Umsetzung der Verpflichtungen aus der Klimarahmenkonvention kann nur zwischen solchen Staaten erfolgen, die verbindlich substantielle Reduktionspflichten übernommen haben. Daraus folgt:

   a) Die Kreditierung einer im Ausland vorgenommenen Reduzierung von THG ist nur zulässig, falls über eine Fortentwicklung der Konvention (durch Protokolle o. ä.) eine absolute Verminderung der Emissionen von THG im Vergleich zu den Emissionen von 1990 beschlossen worden ist. Eine Anrechnung auf das in Art. 4.2 KRK erwähnte Ziel der Stabilisierung von Emissionen auf dem Niveau von 1990 ist unzulässig, da dieses Ziel weder rechtlich verbindlich und bei weitem nicht ausreichend zur Verhinderung des Klimawandels ist.

   b) Die Vereinbarung von Projekten über Joint Implementation ist nur zulässig, falls beide Staaten die o. g. Verpflichtungen übernommen haben. Denn die Anrechnung bzw. Kreditierung kann nachprüfbar nur dann erfolgen, wenn für beide Partner Referenzdaten über die bestehenden und projektierten Emissionen festgelegt sind und wenn beide Partner ein „Konto" für Emissionen haben. Sonst besteht die Gefahr hoher Mitnehmereffekte, von Doppelzählungen, von Emissionstransfers und vor allem auch die Gefahr einer kontraproduktiven kurzfristig vermehrten Freisetzung von THG: Staaten ohne Reduktionsverpflichtung könnten Gegenmaßnahmen unterlassen, um ein attraktiverer Partner für JI-Projekte zu werden.

3. Projekte zur Gemeinsamen Umsetzung müssen zu einer nachweisbaren Verminderung der Emission von THG in die Atmosphäre führen. Daher ist, zusätzlich zu der oben bereits gestellten Forderung nach klaren Referenzdaten, folgendes erforderlich:
   a) Die Durchführung von angebotsseitigen Maßnahmen (z. B. Bau von Kraftwerken) sollte grundsätzlich immer vermieden werden, wenn dies zu einer Ausweitung des fossilen Energieangebots und damit zu einer kontraproduktiven Erhöhung der CO_2-Emissionen, was die Ziele der Konvention langfristig in Frage stellen würde, führt. Statt dessen sollten vorrangig Projekte auf der Nachfrageseite gefördert werden, beispielsweise Maßnahmen zur Energieeinsparung und zur effizienten Nutzung von Energie. Durch diese Beschränkung könnten auch Mitnahmeeffekte besser vermieden werden, da sich bestehende Industriekooperationen weitgehend auf die Energieerzeugung beziehen.
   b) Falls Maßnahmen auf der Angebotsseite in Betracht gezogen werden, sollten diese beschränkt sein auf Projekte zur Energiegewinnung durch erneuerbare Energieträger (Wind, Solarenergie, geothermische Energie, Biomasse, Wasserkraft) sowie auf Techniken der Kraft-Wärme/Kälte-Kopplung. Bei diesen Projekten wäre als willkommener Nebeneffekt auch in erheblich höherem Maße eine Beteiligung lokaler Akteure an der Projektdurchführung möglich, verbunden mit einem sinnvollen Technologie- und Know-how-Transfer.
   c) Alle Projekte sollten neben einer Umweltverträglichkeitsprüfung (UVP) von einer lifecycle-Analyse begleitet werden. Bestandteil dieser Analyse sollten u. a. auch die makroökonomischen Wirkungen eines Projekts und dessen soziale Auswirkungen sein.
4. Aufgrund der methodischen und tatsächlichen Unsicherheiten kann die Erhaltung oder der Aufbau von Kohlenstoffsenken (etwa durch Anpflanzen von Wäldern) nicht Bestandteil von JI-Projekten sein.
5. Projekte zur Energiegewinnung aus Atomenergie jeder Art (Sanierung bestehender Anlagen, Neubau) sind nicht geeignet für die Gemeinsame Umsetzung, da ihre Sicherheit nicht zu garantieren ist und eine Proliferation der Technologie verhindert werden muß.
6. Vor Beginn eines endgültigen JI-Programms müssen Kriterien über die Anrechnung bei der Kreditierung entwickelt werden. Es muß festgelegt werden, welcher Teil einer Emissionsreduzierung dem Gaststaat und welcher Teil dem ausführenden Staat gutgeschrieben wer-

den soll. Dies kann im einfachsten Fall zwischen zwei Industriestaaten so geschehen, daß sich beide Staaten jeweils die Hälfte der reduzierten Menge an THG anrechnen lassen können. Durch diese Maßnahme wäre sichergestellt, daß tatsächlich nur kostengünstige Projekte durchgeführt werden, daß der Anreiz zur Reduzierung im eigenen Land bestehen bleibt und daß eine Übervorteilung des Gaststaates vermieden wird.

7. Die finanziellen Mittel für die Gemeinsame Umsetzung müssen streng unterschieden und zusätzlich aufgebracht werden gegenüber Beiträgen, die im Rahmen des Finanziellen Mechanismus der Konvention zu entrichten sind. Ferner darf die Finanzierung nicht aus den Mitteln für die offizielle Entwicklungshilfe oder der Global Environment Facility (GEF) erfolgen. In diesem Zusammenhang muß erneut daran erinnert werden, daß auch die BRD zugesagt hat, 0,7% des BSP für Entwicklungshilfe zur Verfügung zu stellen. Zu prüfen ist, ob JI nur solchen Staaten zu erlauben ist, die dieses Ziel tatsächlich erreichen.

8. Die institutionellen und verfahrensmäßigen Regelungen zur Implementierung eines JI-Programms müssen eine effektive Umsetzung und Kontrolle sicherstellen. Denn nur dies sichert die erforderliche Glaubwürdigkeit und verhindert den Mißbrauch durch private Unternehmen und durch beteiligte Vertragsparteien. Dies gilt bereits für eine evtl. Erprobungsphase (s. u.). Die Rahmenbedingungen für gemeinsame Maßnahmen müssen deshalb folgende Regelungen vorsehen:

   1. Eine regelmäßige und vollständige Berichtspflicht über alle im Zusammenhang mit der Gemeinsamen Umsetzung getroffenen Maßnahmen, idealerweise in den periodisch vorzulegenden nationalen Berichten an die Konferenz der Vertragsparteien.
   2. Kontroll- und Inspektionsrechte derjenigen Organe, die für die Durchführung und Überwachung zuständig sind.
   3. Ein Mechanismus der Konfliktlösung, der effektive Sanktionsmöglichkeiten für Fälle des Mißbrauchs vorsieht. Voraussetzung für die Ausübung dieser Funktionen ist
   4. die Schaffung geeigneter Organe für die Beratung, für die Genehmigung von Projekten und für die Aufsicht über deren korrekte Durchführung.

9. Aufgrund der methodischen, ökonomischen und politischen Unsicherheiten soll zunächst in einer Pilotphase untersucht werden, ob die Gemeinsame Umsetzung zur Erreichung der Ziele der Klimarahmenkonvention geeignet ist. Diese Pilotphase sollte sich möglichst

auf die gesamte Dauer eines Pilotprojektes erstrecken, um dessen Wirksamkeit und Auswirkungen sorgfältig prüfen zu können. Dabei kann nach drei Jahren eine erste Bewertung der Projekte durchgeführt werden, um über die Beendigung oder den Fortgang der Pilotphase zu entscheiden. Während der Pilotphase sollte sich jeder Staat auf die Durchführung weniger, aber gut durchdachter und analysierter Projekte beschränken. Folgende Kriterien sind dabei zu beachten:

a) Auch in der Pilotphase muß die Kooperation auf Partner beschränkt sein, die voraussichtlich spezifische Verpflichtungen zur Emissionsreduzierung eingehen werden, da die Bedingungen in anderen Staaten keine echte Erprobung für die dauerhafte Einrichtung erlauben.

b) Um die Glaubwürdigkeit der Projekte zu erhöhen, ist auf größtmögliche Transparenz bei der Durchführung zu achten. Dabei sind insbesondere die lokalen Bevölkerungen mit einzubeziehen, um ihre Unterstützung und ihr Vertrauen zu erlangen.

c) Auch während der Pilotphase ist ein effektives System der Durchführung und Überwachung erforderlich, weil nur dadurch eine sorgfältige Prüfung gewährleistet ist und die Befürchtungen mancher Staaten vor einer Übervorteilung und vor Mißbrauch zerstreut werden können. In ausführlichen Darstellungen soll der Konferenz der Vertragsparteien und den beteiligten Unterorganen regelmäßig über den Fortgang der Projekte berichtet werden.

d) Auch für eine Pilotphase gilt die oben angeführte Beschränkung auf bestimmte Projekttypen: Vorrangig sollten Maßnahmen zur Steigerung der Energieeffizienz und zum Energiesparen Gegenstand der Pilotphase sein, verbunden mit Projekten zur Förderung erneuerbarer Energieträger und der Kraft-Wärme/Kälte-Koppelung. Der Aufbau von Kohlenstoffsenken und JI im Zusammenhang mit Anlagen der Atomenergie werden ausgeschlossen. Ferner sollten auch in der Pilotphase solche Projekte den Vorzug erhalten, die mit einem sinnvollen Technologie- und Know-how-Transfer in die jeweiligen Gaststaaten verbunden sind.

5. Förderung der Kraft-Wärme-Kopplung

Die technisch-wirtschaftlichen CO_2-Minderungspotentiale bis zum Jahr 2020 betragen nach dem Studienprogramm der Enquete-Kommission bei der Nah- und Fernwärmeversorgung rd. 93 Mio. t CO_2 und in der Industrie rd. 13 Mio. t CO_2 pro Jahr. Der wesentliche Potentialbetrag wird unter wirtschaftlichen Bedingungen durch Schaffung großer Fernwärmesysteme, die städtische Bebauungen nahezu lückenlos erfassen, realisierbar sein. Die Techniken der Kraft-Wärme-Kopplung (hier noch nicht berücksichtigt: auch der Kraft-Kälte-Kopplung) sind zwar technisch ausgereift und prinzipiell auch wirtschaftliche Optionen der Strom- und Wärmeerzeugung. Allerdings bedürfen KWK-Anlagen zu ihrer forcierten Markteinführung, wie z. B. in Dänemark erfolgreich demonstriert wurde, der energiepolitischen Flankierung und des gezielten Abbaus zahlreicher Hemmnisse.

Bedeutende Hemmnisse liegen zum Beispiel in folgenden Punkten:

1. in der elektrizitätswirtschaftlichen Konkurrenzsituation:

   Aus dem Interesse heraus, keine Absatzeinbußen hinnehmen zu müssen, verhindern vorgelagerte Stromversorgungsunternehmen in vielen Fällen die KWK, indem die Konditionen für eine stromwirtschaftliche Zusammenarbeit (Zusatz- und Reservestrom, evtl. Vergütung für Überschußstrom, Durchleitung etc.) für KWK sehr ungünstig gestaltet werden. Auch Lockvogelangebote bei den Lieferkonditionen werden gegenüber Weiterverteilern häufig zur Verhinderung von örtlichen KWK-Anlagen eingesetzt (vgl. auch das Beispiel VEAG in Kap. 1.2.2, Teil B, S. 77).

2. in der Disparität des stromwirtschaftlichen Kalküls:

   Für (potentielle) KWK-Betreiber bemißt sich die Wirtschaftlichkeit von KWK-Investitionen anhand aktueller Bezugsbedingungen, d. h. als Alternative gehen niedrige Stromgestehungskosten eines „historischen" (fortgeschritten abgeschriebenen) Kraftwerkparks in die Betrachtungen ein – und nicht die Erzeugungskosten eines alternativ neu zu errichtenden Kraftwerks (Grenzkostenbetrachtungen), wie es volkswirtschaftlich vernünftig wäre und wie es auch der Sichtweise der Großstromerzeuger entspricht. Die Industrie legt an die Wirtschaftlichkeit ihrer Energieversorgungsanlagen gleiche Maßstäbe an wie für Produktionsanlagen, die ja einem raschen Wandel ausgesetzt sein können, mit der Folge, daß KWK-Anlagen nur bei extrem kurzer Kapitalrücklaufzeit zustande kommen, etc.

3. in der fehlenden Motivation und mangelnden Information maßgeblicher Akteure in einzelnen Versorgungsfällen:

   Für die meisten (potentiellen) industriellen KWK-Betreiber ist die Nutzung der Möglichkeiten der KWK weder ein primäres Geschäftsziel noch erforderlich zur Erreichung der Geschäftsziele; daher bedeutet der Bau einer KWK-Anlage einen Aufwand, den zu betreiben es einer besonderen Motivation und besonderer Information bedarf (selbst wenn sich KWK betriebswirtschaftlich rechnet).

4. in dem strategisch betriebenen, politisch unterstützten Vordringen von Erdgas-Einzelfeuerungen in nah- und fernwärmewürdige Gebiete.

   Die Erdgaseinzelversorgung ist gegenüber der Fernwärme strukturell begünstigt, weil sie nicht mit stromwirtschaftlich bedingten Hemmnissen konfrontiert ist und für die EVU der Verteilerstufe mit wesentlich geringeren Investitionen verbunden ist.

Bezüglich der erforderlichen Maßnahmen zur Überwindung der Hemmnisse bei der KWK hat es im Rahmen der Studienprogramme der Enquete-Kommission „Vorsorge zum Schutz der Erdatmosphäre" des 11. Deutschen Bundestages 2 umfassende Bearbeitungen gegeben, die nicht an Aktualität eingebüßt haben (veröffentlicht in „Energie und Klima", Economica Verlag/Verlag C. F. Müller, Bonn/Karlsruhe 1990, Bd. 10, S. 403 ff. und Bd. 2, S. 1028 ff.). Beispielhaft sollen hier einige Empfehlungen aufgelistet werden, ohne näher auf Rangfolgen bzw. konsistente Maßnahmenbündel einzugehen:

1. Novellierung gesetzlicher Grundlagen:

- Änderung des Energiewirtschaftsgesetzes dahin gehend, daß Stromversorgungsunternehmen verpflichtet werden, aktiv nach KWK-Möglichkeiten (auch im Bereich von Stromabnehmern) Ausschau zu halten und nur im Ausnahmefall Kondensations-Kraftwerke hinzubauen zu dürfen.
- Offenlegung aller stromwirtschaftlichen Verträge und/oder Verankerung der Festlegung von Standard-Konditionen im Kartellrecht, um preispolitische Diskriminierung zu verhindern.
- Anhebung der Leistungsgrenzen (nach § 12, 3. Verstromungsgesetz) für mit Erdgas betriebene HKW.
- Einspeiseverordnung für KWK-Anlagen/Einbeziehung der KWK (bis zu einer bestimmten Maximalgröße) in das Stromeinspeisegesetz

Zur Verbesserung der stromwirtschaftlichen Kooperation und zur aktiven Förderung von Systemen rationeller Strom- und Wärmeerzeugung (Kraft-Wärme-Kopplung (KWK), Systeme auf Basis erneuerbarer Energiequellen) sollen die Einspeise-, Reserve- und Zusatzstrombedingungen für dezentrale Eigenerzeuger durch eine Einspeiseverordnung geregelt werden. Die Einspeiseverordnung sollte für alle dezentralen Netzeinspeiser unter einer maximalen Kraftwerksleistung gelten und sich an den langfristigen Grenz-Systemkosten (vermiedene Arbeits- und Leistungskosten für Erzeugung, Transport, Verteilung, Reserve und Verluste) orientieren.

2. Änderungen in der Energieaufsichtspraxis:

- Durchsetzung einheitlicher und transparenter Kostenkalkulationsmethoden als Kontroll-Grundlage für Preisgenehmigungen.
- Prüfung, inwieweit KWK-Alternativen der Planung eines neuen Kondensations-Großkraftwerks vorzuziehen wären, wobei auch die damit in Verbindung stehenden Stromübertragungs- und Reservehaltungskosten in die Wirtschaftlichkeitsberechnung eingehen müßten.
- Grundsatzregelungen, die einen nicht diskriminierenden Rückkauf von Stromnetzen durch Gemeinden ohne eigene Stromversorgung (B-Gemeinden) erleichtern bzw. deren Position bei der Durchsetzung der Installation von KWK durch Stromversorgungsunternehmen stärken.

3. Untermauerung des Vorranges von Nah/Fernwärme in verdichteten Siedlungszonen gegenüber Erdgaseinzelversorgung:

- Aufstellung von örtlichen Wärmeversorgungsplänen, die der Genehmigung durch höhere Verwaltungsinstanzen bedürfen.
- Ausrichtung der EVU auf eine strategische Nah/Fernwärmeausbauplanung, die geeignet ist, Anlaufverluste zu vermindern (Übernahme von Heizanlagen, Schaffung von Nahwärmeinseln, die später in größere Netze eingebunden werden, um Gelegenheiten wie Neubau, Renovierungen, sonstige Infrastrukturmaßnahmen für kostengünstigen Nah/Fernwärmeanschluß ausnutzen zu können).
- Überwindung von Informationsmängeln (insbesondere bei potentiellen BHKW-Betreibern).
- Förderung von HKW-Kooperationen, die zu Gemeinschafts-HKW führen oder die den Anreiz anheben, Anlagen auf der Basis von Contractingmodellen zu errichten oder die bei Verbund-Stromversorgungsunternehmen das Interesse an stillen Beteiligungen an HKW nachgelagerter Verteiler-Stromversorgungsunternehmen bzw. industrieller Eigenerzeuger wecken.

4. Staatliche Investitionshilfen für KWK-Anlagen, die geeignet sind, die Disparität der Wirtschaftlichkeitskalküle abzubauen:

- Verbilligte Kredite, Investitionszuschüsse, staatliche Bürgschaften oder Steuervergünstigungen
- Bonus/Malusregelung für Emissionen, wie z. B. Abgabe auf Kondensations-Stromerzeugung zur Finanzierung von Zuschüssen für emissionsmindernde KWK.

6. Anschubfinanzierung für die Regenerativen Energien

Das Koalitionsvotum äußerst sich sehr detailliert und qualifiziert zu den Technologien erneuerbarer Energien. Die Opposition stimmt diesen Ausführungen mit nur wenigen kleinen Änderungen zu. Allerdings erscheint es notwendig, zur Frage der Finanzierung und den Zielwerten der erneuerbaren Energien noch einige ergänzende Ausführungen und Handlungsempfehlungen zu machen. Dies soll im folgenden geschehen[135].

Hinsichtlich einer beschleunigten Markteinführung einer Energieerzeugung mit regenerativen Energien ist im Zeitraum 1995–2010 eine Anschubfinanzierung von 7,0 Mrd. DM bzw. 12,5 Mrd. DM (untere bzw. obere Variante – Investitionsbasis: 1993) durch die öffentliche Hand erforderlich; die durchschnittliche Jahresförderung kann dabei mit 0,44 Mrd. DM/a bzw. 0,78 Mrd. DM/a (untere/obere Variante) angegeben werden[136]. Damit sollen vor allem die notwendige Kostendegression der Produktion (Einführung der Serienfertigung, neue Fertigungstechnologien usw.) der regenerativen Schlüsseltechnologien gesichert bzw. in Teilbereichen forciert werden.

Mit diesen Mitteln werden wiederum bis zum Jahre 2010 Gesamt-Investitionen von etwa 49,5 Mrd. DM bzw. 82,2 Mrd. DM (untere/obere Variante – Investitionsbasis: 1993) induziert, die neben dem Beitrag zum Klimaschutz auch bedeutende gesamtwirtschafliche Effekte (u. a. Schaffung von zukunftsträchtigen Arbeitsplätzen) auslösen werden. Wichtige Wachstumsbereiche sind dabei neben der Windenergie, der photovoltaischen und solarthermischen Sonnenenergienutzung vor allem auch die verschiedenen Arten der Biomassenutzung.

Der Anteil der regenerativen Energien an der Nettostromerzeugung der Bundesrepublik könnte dadurch von derzeit 4,34% (Basis: 1994, ohne Müllverbrennung bzw. industrielle Abfälle) auf 8,7% bzw. 10,8% im Jahre 2010 untere/obere Variante) gesteigert werden (Basis: Nettostromerzeugung 1992: 472 TWh). Das regenerative Gesamtpotential der Bundesrepublik Deutschland beträgt im Jahre 2010 für die untere Variante: 41,2 TWh bzw. für die obere Variante: 51,1 TWh (1994: 20,5 TWh). Das Potential der unteren Variante teilt sich dabei wie folgt auf die einzelnen regenerativen Energiearten auf: Wasserkraft: 23,48 (18,81), Wind: 12,35

[135]) Die folgenden Ausführungen stützen sich auf eine Ausarbeitung von Nitsch, J., Datensatz REG: Erneuerbare Energien, Stuttgart, September 1994 (bisher unveröffentlichter Bericht).

[136]) Die in Abschnitt C. dargestellte Förderung mit zinsgünstigen Darlehen im Bereich der erneuerbaren Energien ist in dieser Summe mit enthalten.

(1,02), Photovoltaik: 0,46 (0,006) sowie Biomasse (fest/gasförmig): 4,91 (0,66) (Angaben: jeweils in TWh; Potential 1994 in Klammer).

Charakterisierung der beiden Ansätze:

unterer Zielwert: ist die minimal notwendige Entwicklung, damit die betreffende REG-Technik in etwa selbstragende Märkte erreicht, Rationalisierungseffekte bei der Fertigung und Installation ausgenutzt werden können und merkliche Anteile des technischen Potentials bis 2010 erschlossen sind (energiewirtschaftliche Relevanz).

oberer Zielwert: stabilisiert die einsetzende Marktdynamik auf höherem Niveau und kommt den Vorstellungen nach beschleunigter Ausschöpfung der technischen Potentiale in einem mittelfristigen Zeitraum (2030–2050) näher.

Wasserkraft: bereits hoher Anteil des technischen Potentials (ca. 75%) erschlossen; weitere Ausbau hauptsächlich durch Modernisierung und Wiederinbetriebnahme. Kleinanlagen unter 1 MW durch Einspeisegesetz weitgehend wirtschaftlich (außer Neubau); keine Anschubfinanzierung erforderlich.

Windenergie: Unterer Zielwert setzt jetzige Ausbaudynamik fort. Der Wert 2010 entspricht 16% des niedrigsten Potentialwertes; oberer Zielwert 2010 (= 25% des niedrigsten Potentialwerts) läßt sich bei weiterhin günstigen Rahmenbedingungen errreichen. Eine Anschubfinanzierung ist nur für Binnenstandorte (<5 m/s Windgeschwindigkeit) erforderlich, wenn die Einspeisevergütung (real) auf heutigem Niveau bleibt bzw. sich nur leicht erhöht.

Photovoltaik: Unterer Zielwert ist erforderlicher Minimalzubau, wenn in absehbarer Zeit (z. B. 1997) für eine moderne Fertigungsanlage (ca. 40 MW/a – polykristalline Module) genügend Marktkapazität vorhanden sein soll. Oberer Zielwert orientiert sich an einem „100 000 Dächer-Programm", welches derzeit von verschiedenen Seiten vorgeschlagen wird. Unterer/oberer Wert 2010 entspricht 4% bzw. 7% des niedrigsten Potentialwerts.

Solarthermische Kollektoren: unterer Zielwert ist für eine längerfristig stabile Kollektorfertigung notwendig; oberer Zielwert erlaubt darüber hinaus ein merkliches Eindringen in größere Gemeinschaftsanlagen (solare Nahwärme). Unterer/oberer Zielwert entsprechen jeweils etwa 8% des niedrigsten bzw. unteren Potentialwerts. Bei heutigen Brennstoffkosten ist jeweils anfänglich noch eine hohe Anschubfinanzierung erforderlich; diese kann nach 5 Jahren deutlich reduziert werden.

Biomasse (Reststoffe, Anpflanzungen): Die Reststoffe erfordern infolge ihrer technischen Verfügbarkeit und bereits nahen Wirtschaftlichkeit nur anfänglich eine Anschubfinanzierung; der untere bzw. obere Zielwert 2010 entspricht bereits 50% bzw. 75% des Potentialwerts. Demgegenüber sind für eine Anschubfinanzierung (max. bis 2005) der Brennstoffe aus Anpflanzungen deutlich höhere Mittel erforderlich. Wegen verschiedener Gründe (z. B. Extensivierung von landwirtschaftlichern Flächen) beträgt der untere/obere Zielwert 2010 etwa 7% bzw. 23% des Potentials.

Gasförmige biogene Reststoffe: Unterer Zielwert geht von weiterer stetiger Nutzung der bereits deutlich genutzten Deponie- und Klärgaspotentiale aus; der Zielwert 2010 liegt bei rund 40% des Potentials. Die Biogaserzeugung (Landwirtschaft, organischer Hausmüll etc.) wächst aus verschiedenen Gründen (z. B. zahlreiche Akteure, höhere Kosten) deutlich langsamer. Der untere Zielwert 2010 für Biogas beträgt 7% des Potentialwerts. Der obere Zielwert geht von einer höher entwickelten „Kreislaufwirtschaft" aus, daher erfolgt eine verstärkte Biogasnutzung aus landwirtschaftlichen und kommunalen Abfällen (oberer Zielwert 2010: 16% des Potentials). Für Biogas ist jeweils zunächst eine gewisse Anschubfinanzierung erforderlich.

7. Ein klimaverträglicher Ordnungsrahmen für die leitungsgebundene Energieversorgung

Das Koalitionsvotum äußert sich nicht explizit zu einem neuen klimaverträglichen Ordnungsrahmen für die leitungsgebundene Energieversorgung. Es kann aber vermutet werden, daß hierfür ebenfalls das oben bereits ausführlich kritisierte Deregulierungskonzept als Grundlage herangezogen würde. Im folgenden wird dagegen auf eine von der EK in Auftrag gegebene Studie (vgl. Öko-Institut, EWI, 1993) Bezug genommen, in der vom Öko-Institut ein innovatives Konzept für die Neuordnung der Elektrizitätswirtschaft vorgestellt wird, das Regulierungsformen, Least-Cost Planning und verstärkte Wettbewerbselemente miteinander verbindet. Dieses Konzept basiert nach der Studie des Öko-Instituts auf den folgenden 10 Leitlinien:

1. Leitlinie: Funktionale und organisatorische Trennung von Stromerzeugung, Stromtransport und Stromverteilung/Endversorgung

Ziel dieser Entflechtungsmaßnahmen ist es, eine Quersubventionierung zwischen den verschiedenen Aufgabenfeldern zu beschränken, die Markteintrittsschranken für neue Akteure zu senken und die Machtkonzentration insgesamt zu verringern, um die Chancen für einen funktionsfähigen direkten Wettbewerb zu erhöhen.

Außerdem werden durch diese Trennung die Teilbereiche, in denen Wettbewerb nicht funktionieren kann (im Transport- und Verteilerbereich) und eine entsprechende öffentliche Regulierung an dessen Stelle tritt, klarer als bisher abgegrenzt.

2. Leitlinie: Stromverteilung und Endversorgung als integrierte Unternehmensaufgabe

Die Bereitstellung kostenoptimaler Energiedienstleistungen auf der Verteilerstufe erfordert, daß ein Versorgungsunternehmen die Gesamtkosten für Energiedienstleistungen, die sich aus Kosten des Strombezuges, des Verteilungsnetzes sowie den Transaktionskosten für LCP-Einsparprogramme (vgl. Leitlinie 5) zusammensetzen, minimieren kann. Hieraus ergibt sich die Notwendigkeit, über die Verteilungsnetze verfügen zu können. Nur auf diese Weise können die integrierte Ressourcenplanung und Durchführung von Einsparprogrammen, Maßnahmen des Lastmanagements sowie der Bezugs- und Netzoptimierung vorgenommen werden.

3. Leitlinie: Beibehaltung von geschlossenen Versorgungsgebieten für die Versorgung von Endverbrauchern

Die Abgrenzung der Versorgungsgebiete muß dabei nicht mit den heutigen Gemeindegebieten übereinstimmen. Regionale Kooperationen zwischen Stadtwerken und Umlandgemeinden, die Bildung von Genossenschaften und Zweckverbänden oder von gemeinsamen Bezugsgesellschaften bei kleineren Gemeinden sollten, wann immer hierdurch Synergieeffekte möglich sind, angestrebt werden.

4. Leitlinie: Zielorientierter Wettbewerb um die Konzessionsvergabe nach Umweltverträglichkeitskriterien

Die Gemeinden, die aufgrund ihres Wegerechtes weiterhin das alleinige Recht besitzen, Versorgungskonzessionen zu vergeben, sollten in periodischen Abständen die Konzession für die Stromverteilung und Endversorgung in ihrem Gemeindegebiet neu vergeben und dabei auch den Konzessionsnehmer wechseln können. Ein unregulierter Wettbewerb potentieller Konzessionsnehmer mittels höherer Konzessionsabgaben wäre jedoch im Hinblick auf das Ziel einer sparsamen und rationellen Energieverwendung kontraproduktiv, da er die Konzessionsvergabe dominieren und die Gemeinde veranlaßen würde, ihre finanziellen Interessen, die über die Konzessionsabgabe an den Stromabsatz gekoppelt sind, über die des Umweltschutzes zu stellen. Eine Intensivierung des Wettbewerbs um die Konzessionsvergabe verlangt daher unter Umwelt- und Klimagesichtspunkten zumindest eine Novellierung der Konzessionsabgabenverordnung dahin gehend, daß die Zahlung der Konzessionsabgaben nicht mehr mengen- oder umsatzabhängig ist.

Darüber hinaus muß sichergestellt werden, daß die Gemeinden die Konzessionsvergabe an zusätzliche Qualitätsstandards koppeln, d. h. es müssen Energiespar- und Klimaschutzmaßnahmen für den Konzessionsnehmer zur Auflage gemacht werden.

5. Leitlinie: Einheitliche Preisaufsicht für alle Kundengruppen nach LCP-Kriterien auf der Ebene der Stromverteilung und -versorgung

Geschlossene Versorgungsgebiete und damit die Freistellung von Wettbewerb erfordern eine öffentliche Kontrolle über die dadurch zugelassenen Monopole.

Diese Kontrolle ist traditionell eine Preiskontrolle, die zum Ziel hat, die Verbraucher vor erhöhten Monopolpreisen zu schützen. Im Rahmen eines LCP-Konzepts erstreckt sich dieser Verbraucherschutz zunehmend auf die Kontrolle möglichst geringer Stromrechnungen, auch wenn durch Einsparprogramme die Preise steigen sollten.

Die Aufgabe der Stromverteilung und -versorgung der Endverbraucher darf nur von Unternehmen wahrgenommen werden, die eine integrierte Ressourcenplanung im Sinne des Least-Cost Planning (LCP) praktizieren. Dies dokumentiert sich u. a. in der regelmäßigen Erstellung von Least-Cost-Plänen (periodische Fortschreibung alle zwei Jahre), die der Preisaufsicht vorzulegen sind. Die Preisaufsicht ist befugt, denjenigen Unternehmen, die ihre Unternehmensplanung nachweislich nicht auf das LCP-Konzept stützen, die Konzessionsnahme zu untersagen bzw. eine laufende Konzession zu entziehen.

Die Preisaufsicht reguliert die Versorgungsunternehmen dahin gehend, daß die Kosten von nachfrageseitigen Programmen vorbehaltlich ihrer Kosteneffektivität in die Strompreise weitergegeben werden dürfen, der inhärente Anreiz zum Mehrabsatz neutralisiert wird und die Verzinsung des Kapitals für die Durchführung von LCP-Programmen mindestens der Verzinsung des Kapitals für die Netzinvestitionen entspricht.

Die Preisaufsicht kann die Weitergabe von Strombezugskosten in die Strompreise untersagen, falls sie nachweist oder von Dritten nachweisen läßt, daß Einspar- und -substitutionspotentiale im Versorgungsgebiet existieren, die sich zu geringeren spezifischen Kosten erschließen lassen.

Die Strompreisaufsicht ist weiterhin zuständig für die Genehmigung von Verteilnetzerneuerungen und -erweiterungen. Sie prüft die geplanten Vorhaben ebenfalls auf der Grundlage des LCP-Konzepts. In diesem Teilbereich wirkt sie über Genehmigungen, Ablehnungen oder die Erzielung eines Konsenses auf die Investitionstätigkeit, während sie in bezug auf Investitionen im Erzeugungsbereich eine indirekte Anreizfunktion innehat.

6. Leitlinie: Die Bereitstellung von Stromtransportleistungen als eigenständige und öffentliche Aufgabe

Da der ungehinderte Zugang zum Transportnetz eine Voraussetzung zur Schaffung wettbewerblicher Strukturen bei der Stromerzeugung ist, muß die Vorhaltung einer ausreichenden und ökologisch verträglichen Transportkapazität als staatliche Infrastrukturmaßnahme und somit als öffentliche Aufgabe angesehen werden („Strom-Autobahn"). Der Stromtransport kann ebensowenig wie die Stromverteilung ohne volkswirtschaftliche Verluste in Konkurrenz angeboten werden, da es sich hierbei aufgrund der Netzinfrastruktur ebenfalls um ein natürliches Monopol handelt.

7. Leitlinie: Öffentliche Netzgesellschaft und freier Zugang zum Stromtransport

Die Netzgesellschaft hat dafür zu sorgen, daß Stromtransporte vom Erzeuger zu den Weiterverteilern in einer kostenminimalen und ökologisch verträglichen Weise stattfinden. Zu ihren Aufgaben gehört es, den Zielkonflikt zwischen Versorgungssicherheit und Naturschutz bei der Trassenplanung zu lösen. Für den Ausbau bestehender oder den Bau neuer Trassen ist im Rahmen von Planfeststellungsverfahren eine Umweltverträglichkeitsprüfung durchzuführen.

Die herausragende Markt- und Machtstellung der Netzgesellschaft legt nahe, sie als öffentliches Unternehmen zu organisieren, um den ansonsten notwendig werdenden zusätzlichen Regulierungsaufwand zu begrenzen bzw. zu vermeiden.

Zu den Aufgaben der Netzgesellschaft gehören die Abrechnung der Leistungen mit den Erzeugern und Weiterverteilern sowie die Stabilisierung von Netzfrequenz und -spannung. Die Durchführung dieser Aufgaben kann zusammen mit der Organisierung des Pools (s. dazu die 9. Leitlinie) in einer gemeinsamen Gesellschaft erfolgen.

8. Leitlinie: Erhebung verursachungsgerechter und kostendeckender Transportgebühren

Die Transportleistungen werden über verursachungsgerechte und kostendeckende Gebühren abgerechnet. Die Höhe dieser Gebühren richtet sich nach der Netzbelastung und der Länge der Transportwege. Über die zeit- und entfernungsabhängige Gestaltung der Transportgebühren kann die Netzgesellschaft Einfluß auf die langfristige Standortplanung potentieller Investoren nehmen.

Die Trennung des Transports von der Erzeugung gewährleistet eine nichtdiskriminierende Einspeisung durch Dritte. Die Netzgesellschaft kauft den Strom über den Pool auf (9. Leitlinie) und gibt diesen mit einem kostendeckenden Aufschlag für den Stromtransport und die damit verbundenen Netzdienstleistungen weiter.

Um die Eigenversorgung Dritter nicht zu behindern, ist die Stromdurchleitung zwischen Betriebsteilen eines Unternehmens durch das Transportnetz gegen Gebühr erlaubt.

9. Leitlinie: Einrichtung und Organisation eines Pools bei der Stromerzeugung

Eine grundsätzliche Möglichkeit zur Effizienzsteigerung ist die Einrichtung eines nationalen Erzeugerpools, d. h. der direkte Wettbewerb auf der Erzeugerstufe, weil hierdurch die Kraftwerksbetreiber gezwungen sind, auf nationaler Ebene gegeneinander um die kostengünstigste Erzeugung zu konkurrieren (Bolle, 1990; Borchers, 1993). Die Kraftwerke kommen in der Reihenfolge der niedrigsten kurzfristigen Grenzkosten zum Einsatz („merit order"), sofern dem keine Restriktionen von seiten des Transportnetzes oder besondere Auflagen entgegenstehen.

Bei der in England praktizierten Poolpreisbildung werden z. B. einen Tag vor Lieferung von der nationalen Pool-Behörde (OFFER) bei den potentiellen Anbietern Angebote über Preis und Menge für bestimmte Zeitzonen eingeholt. Auf Basis dieser Angebote und unter Berücksichtigung unterschiedlicher Transportkosten werden die Anbieter mit den niedrigsten Geboten ausgewählt. Die berücksichtigten Unternehmen werden dann aufgefordert, gemäß ihrem Angebot bestimmte Leistungen ins Netz einzuspeisen. Die Stromlieferung wird mit dem Preis vergütet, der dem Preis des letzten noch berücksichtigten Anbieters entspricht. Es entsteht eine Konkurrenz um die Einspeisung in den Pool.

Allerdings sind auch beim Poolmodell einige Probleme bislang noch nicht zufriedenstellend gelöst:

Eine Poolpreisbildung ist zwar theoretisch ein geeignetes Instrument zur Optimierung der kurzfristigen Stromerzeugungskosten eines bestehenden Gesamtsystems (Kraftwerkseinsatzplanung). Der Preisbildungsprozeß im Pool gibt aber keine korrekten Signale über die langfristigen Grenzkosten der Stromerzeugung und liefert somit keine verwertbaren Informationen für die Investitionsentscheidungen (Kraftwerksausbauplanung). Im englischen Poolmodell werden entsprechende Preisaufschläge nicht marktmäßig ermittelt, sondern von der Regulierungsbehörde festgesetzt (vgl. z. B. Holmes, 1992).

Die mangelhafte Berücksichtigung der langfristigen Grenzkosten kann eine Gefährdung der Versorgungssicherheit sowie eine Tendenz zur weiteren Machtkonzentration nach sich ziehen. Insbesondere wird die kostenmäßige Bewertung und die langfristige Wirkung von Stromsparmaßnahmen nicht richtig antizipiert. Deshalb erscheint es notwendig, die Auswirkungen der Poolbildung durch eine Aufsichtsbehörde (Investitionsaufsicht) sorgsam im Hinblick auf die langfristigen Entwicklungen zu untersuchen, um gegebenenfalls Fehlsteuerungen und Fehlinvestitionen entgegenzuwirken. Die Investitionsaufsicht muß insbesondere bei Kraftwerken ab einer bestimmten Leistung eine integrierte Umweltverträglichkeits-, Bedarfs- und Standortsprüfung durchführen (z. B. bezüglich Ressourcenverbrauch, Emissionen, Vermeidung von Überkapazitäten oder Versorgungsrisiken). Erst praktische Erfahrungen mit dem vorgeschlagenen Ordnungsrahmen können beweisen, ob bzw. wann eine Investitionsaufsicht später einmal überflüssig werden könnte.

10. Leitlinie: Vorrangregelungen für Strom aus Anlagen der Kraft-Wärme-Kopplung und für Strom aus erneuerbaren Energien sowie Berücksichtigung von „externen Kosten"

Die Schaffung eines klimaverträglichen Ordnungsrahmens beinhaltet die konsequente Förderung von klimaschonenden Technologien. Dazu gehören neben Einsparinvestitionen Kraft-Wärme-Kopplungsanlagen sowie regenerative Energiequellen. Um diese Technologien zur Stromerzeugung einzusetzen, müssen sie vorrangig einspeisen dürfen. Sie sind aus dem Grenzkosten-Preisbildungsprozeß herauszunehmen. Die Einspeisebedingungen für diese Anlagen sind im Rahmen eines Einspeisegesetzes (analog PURPA, vgl. weiter unten) festzulegen. Eine Alternative in einem Zukunfts-Pool könnte sein, den bevorzugten Einsatz von KWK-Anlagen durch einen Preisanreiz (besonderer „Öko-Bonus") sicherzustellen.

Um die ökologische Verträglichkeit und die ökonomische Effizienz des gesamten Stromerzeugungssystems zu verbessern, sollten generell die

Bietpreise der einzelnen Kraftwerke entsprechend ihren Emissionswerten modifiziert werden („Öko-Bonus" zur Internalisierung der sogenannten „externen Kosten"). Es ist auch ein aufkommensneutrales „Feebate"-System denkbar (aus „fee"= Abgabe und „Rebate"= Bonus), bei dem Kraftwerksbetreiber mit unterdurchschnittlichem Wirkungsgrad eine Abgabe zu zahlen hätten, aus deren Einnahmen jene mit überdurchschnittlichem Wirkungsgrad einen Bonus erhielten.

Teil B

Ergänzende Maßnahmen in einem ziel- und sektorspezifischen Handlungskatalog für den Klimaschutz

Der Hauptzweck eines neuen Ordnungsrahmens soll der klimaverträgliche und risikoarme Umbau des Energieversorgungssystems sein. Hierbei kommt dem verstärkten Einsatz von Kraft-Wärme-Kopplung (KWK) und von erneuerbaren Energiequellen eine besondere Bedeutung zu. Kraftwerksneu- oder Ersatzbauten müssen andererseits vermieden werden, solange kostengünstigere Energiesparpotentiale erschlossen werden können. Die Frage des Ausstiegs aus der Atomenergienutzung muß gesondert politisch entschieden werden.

Ein neuer Ordnungsrahmen, wie er hier vorgeschlagen wird, kann erst mittel- und langfristig seinen Lenkungseffekt entfalten. Außerdem muß seine klimaschützende Wirkung durch einen angemessenen Beitrag zum CO_2-Reduktionsziel erst noch praktisch demonstriert werden.

Da der Zeitfaktor beim Klimaschutz jedoch eine entscheidende Rolle spielt, muß eine umfassende Strukturreform durch ein Bündel von Maßnahmen umgesetzt werden, die eine Beschleunigung des klimaverträglichen Umbaus des Energiesystems auf der Nutzungs- und Erzeugungsebene und die Realisierung der erforderlichen CO_2-Reduktionsziele bis zum Jahr 2005 und danach sicherstellen.

Die im folgenden aufgelisteten Maßnahmen erscheinen hierzu besonders geeignet; sie beziehen sich hauptsächlich auf den Bereich Elektrizität und auf die Ebene des Bundes. Weitere Maßnahmenbündel für ein umfassendes nationales CO_2-Reduktionskonzept sind selbstverständlich auch für die Landes- und Kommunalebene sowie für den Wärmemarkt erforderlich.

1. Ersatz der Bundestarifordnung Elektrizität durch eine allgemeine Strompreisordnung

Zur Absicherung der angestrebten Preisbildung im Kontext des vorgeschlagenen klimaverträglichen Ordnungsrahmens muß die Bundestarifordnung Elektrizität (BTOElt) durch eine Preisordnung Elektrizität ersetzt werden, die für alle Verbrauchergruppen und Anwendungsformen von Elektrizität Geltung besitzt. Diese Preisordnung Elektrizität soll die folgenden Grundsätze berücksichtigen:

Das Tarifsystem soll die rationelle Energienutzung fördern, nach Zeitzonen differenzierte Preise vorschreiben, die (nicht kostenverursachungsgerechte) Preisdifferenzierung zwischen Verbrauchergruppen abbauen und kundenfreundlich sein. Diesen Grundsätzen entspricht ein eingliedriges, lineares Preissystem, bei dem sämtliche Kosten der Stromversorgung in einer Zeitzone in einem Preis pro kWh zusammengefaßt werden.

Die Preisbildungsregeln sollen grundsätzlich für alle Verbrauchergruppen und Stromanwendungen gelten, d. h. sowohl auf der Stufe der Endabnehmer als auch für Bezugsverträge von Energieversorgungsunternehmen. Bei Großabnehmern (Industrie, Energieversorgungsunternehmen) muß durch Sonderregelungen sichergestellt werden, daß diese ihr Kapazitätsauslastungsrisiko nicht auf den Lieferanten bzw. den Pool abwälzen können.

Die Umstellung auf neue Tarife soll für die Energieversorgungsunternehmen erlösneutral erfolgen.

2. Änderung der Konzessionsabgabenverordnung (KAV) und Entkopplung der Gemeindefinanzen und der ÖPNV-Finanzierung von den Energieerlösen

Die Erhebung von Konzessionsabgaben muß von der Entwicklung des Energieabsatzes entkoppelt werden, weil sonst ein inhärenter Anreiz zum Mehrverbrauch von Energie besteht bzw. eine Kommune nach wirkungsvollen Energiespar- und LCP-Maßnahmen stets eine Reduktion der Konzessionsabgabe hinnehmen muß. Solange keine generelle Reform der Gemeindefinanzierung realisiert wird, bieten sich zwei alternative Lösungsansätze an:

- Die Konzessionsabgabe wird beim Abschluß eines Konzessionsvertrages stets neu als absatzunabhängige Pachtgebühr vereinbart und mit einem Inflationsausgleich versehen.
- Die Gemeinden werden mit einem kommunalen Hebesatz an der allgemeinen Energiesteuer beteiligt.

In beiden Fällen sollten die Einnahmen einem kommunalen Klimaschutz- und Energiesparfonds zugeführt werden.

Die Finanzierung des öffentlichen Nahverkehrs muß durch ein selbständiges Finanzierungsgesetz, z. B. durch einen kommunalen Anteil an der Mineralölsteuer, vollständig von den Erlösen aus dem Energiegeschäft entkoppelt werden.

3. Beschleunigter Wandel vom Energieversorgungsunternehmen zum Energiedienstleistungsunternehmen

Die Neubestimmung des „Versorgungsauftrages" kommunaler Energieversorgungsunternehmen (EVU) in Richtung auf die Unternehmensziele eines Energiedienstleistungsunternehmens (EDU) sollte unter Sicherung und Erweiterung der Substanz kommunaler EDU durch die Novellierung der Gemeindeordnungen, durch entsprechende Satzungsänderungen kommunal beteiligter Gesellschaften sowie durch die Gestaltung von Konzessionsverträgen sichergestellt werden.

Der dezentralisierte kommunale Querverbund sollte durch die Erweiterung und durch Neugründungen von Stadtwerken ausgebaut werden. Kommunen müssen zum Rückkauf von Netzen ermuntert, die rechtlichen Hemmnisse und Unsicherheiten hierzu zügig beseitigt werden (Netzübernahmebedingungen). Der Aufbau einer dezentralen Energieerzeugung und die Gründung von Stadtwerken muß insbesondere in den neuen Bundesländern gefördert werden. Darüber hinaus gilt es, auch die regionale Kooperation zwischen großen Stadtwerken und den Umlandgemeinden zu intensivieren.

Auch überregional tätige EVU sollten – z. B. in Form von freiwilligen Selbstverpflichtungen – ihre Unternehmensziele und Geschäftstätigkeit am Leitbild des Energiedienstleistungsunternehmens orientieren.

4. Impulsprogramm zur Schaffung einer Stromsparinfrastruktur (RAWINE)

Nach dem Vorbild des Schweizer RAVEL-Programms sollte ein bundesweites Impulsprogramm „Rationelle und wirtschaftliche Verwendung von Elektrizität" (RAWINE) initiiert werden. Dieses integrierte Programm für Forschung, Meßkonzepte, beispielhafte Sanierungen, Aus- und Weiterbildung sowie Markteinführung von Stromspartechniken könnte die Voraussetzung für die Umsetzung umfassender Stromsparprogramme schaffen (technisches Know-how, Normierung, Standardisierung, Datenbanken, Software-Pakete usw.). Das mit 25 Mio. SFr dotierte Schweizer Programm sollte in entsprechender finanzieller Größenordnung auf die Bundesrepublik übertragen werden. Angemessen wäre eine Bundesförderung in Höhe vom mindestens 100 Mio. DM über 5 Jahre. Ein derartiges Förderprogramm wird in Kap. 7.4.3 angesprochen und wurde auch von der Koalitionsfraktion im Grundsatz für unterstützenswert gehalten.

5. Effizienzstandards und Kennzeichnungspflicht beim Stromverbrauch

Es sind Effizienzstandards und eine Kennzeichnungspflicht bzgl. des Stromverbrauchs von Massenprodukten (Elektrogeräten) einzuführen. Dabei ist darauf zu achten, daß die Standards regelmäßig dem neuesten Stand der Technik angepaßt werden. Eine „Energie-Plakette" zum transparenten Marktvergleich des normierten Stromverbrauchs von Geräten sollte nach dem Vorbild des amerikanischen „energy guide" eingeführt werden.

Dabei sollte geprüft werden, inwieweit bundesweite Standards z. B. für Bürokommunikationstechnologien (Computer, Bildschirme, Drucker, Fax-Geräte, Kopierer), für Motoren, für Lampen/Leuchten oder für gewerbliche Klima- und Kühlgeräte festgelegt werden können.

Außerdem wäre es dringend erforderlich, entsprechend dem Entwurf der Schweizer SIA 380/4 mit der Erarbeitung eines bundesdeutschen Kennziffer- und Normensystems für elektrische Energie im Hochbau zu beginnen (Elektrizitätsmatrizen).

6. Verbot des Neuanschlusses elektrischer Heizungen und stufenweise Umrüstung von Altanlagen

Der Neuanschluß von elektrischen Direktheizungen und von Nachtstromspeicherheizungen zur Erzeugung von Raumwärme mit mehr als 2 kW Leistung sollte aufgrund des niedrigen Gesamtwirkungsgrades und der damit verbundenen hohen Emissionen für unzulässig erklärt werden.

Darüber hinaus ist anzustreben, daß auch im Gebäudebestand die elektrische Heizung und elektrische Warmwasserbereitung spätestens im Zuge ohnehin anstehender Ersatz- und Modernisierungsinvestitionen durch ökologisch verträgliche Systeme ersetzt werden.

7. Verabschiedung und rasche Umsetzung der Wärmenutzungsverordnung

Die Einführung der Wärmenutzungsverordnung zielt in ihrer bisherigen Konzeption vorrangig auf die Einsparung von Wärme und Prozeßdampf, auf die Verbesserung der Wirkungsgrade industrieller Kraftwerke sowie auf die beschleunigte Einführung von Kraft-Wärme-Kopplung in der Industrie. Zu prüfen ist, ob Stromsparmaßnahmen und Stromsparkonzepte in diese Verordnung einbezogen werden können („Verordnung zur rationellen industriellen Energienutzung"). Der Schwerpunkt der Verordnung sollte auf der Erstellung von betrieblichen Energiesparkonzepten liegen, die vor allem auch im Rahmen von Contracting-Maßnahmen und durch LCP-Programme effizient und kostengünstig umgesetzt werden könnten.

8. Vorlage eines Stromsparkonzepts bei Bauvorhaben

In der Stadt Zürich muß für alle Bauvorhaben ab einer Stromanschlußleistung von mehr als 100 kVA nachgewiesen werden, daß „alle zumutbaren Maßnahmen für einen möglichst rationellen Stromeinsatz im Bauvorhaben vorgesehen sind" (Gubser, 1991). Eine derartige Vollzugspraxis im Rahmen des Baugenehmigungsverfahrens wäre eine sinnvolle Ergänzung zur oben genannten Wärmenutzungsverordnung sowie zur Wärmeschutzverordnung.

Bislang findet vor der förmlichen Beantragung eines Bauantrages bei den Bauaufsichtämtern zumeist eine Bauberatung durch Mitarbeiter des Amtes statt. Der Inhalt dieser Beratung beschränkt sich jedoch in der Regel auf die wesentlichen bautechnischen und baurechtlichen Fragestellungen. Daher ist zu prüfen, auf welche Weise eine verbindliche Energie- und Strom(spar)beratung sowie die Erstellung eines Stromsparkonzeptes in das Genehmigungsverfahren integriert werden können.

9. Förderung von Angebots- und Einspar-Contracting

Auch das Koalitionsvotum spricht sich für die Förderung des Contracting(-Gedankens!) aus. Wichtig ist jedoch, daß nicht nur die Idee propagiert, sondern Investoren konkrete Markteinführungshilfen erhalten, wenn sie in das ungewohnte und durchaus nicht risikofreie neue Geschäft des Contracting einsteigen. Dies gilt insbesondere für die Umsetzung von reinen Einsparmaßnahmen („Einspar-Contracting"). Um die Herausbildung eines NEGAWatt-Marktes zu beschleunigen und die Risiken für private und öffentliche Anbieter kalkulierbarer zu machen, sind Fördermaßnahmen wie z. B. Weiterbildungsveranstaltungen oder die

Übernahme von Bürgschaften sinnvoll. Bisher dominieren effiziente Angebotstechniken wie Brennwert-Technik und Blockheizkraftwerke (BHKW) den Contracting-Bereich. Demonstrationsprojekte für Einspar-Contracting, z. B. für die Sanierung der Beleuchtung, sind hingegen noch Mangelware. Bundesweit wichtigste Rahmenbedingungen für die Schaffung eines Contracting-Marktes z. B. für die mittelständische Industrie und für Ingenieurbüros sind die Verabschiedung der Wärmenutzungs-Verordnung (s. o.) sowie die Einführung einer Energiesteuer.

10. Einrichtung von „Runden Tischen"

Auf Bundes- oder Landesebene (zur Beratung und Unterstützung der Preisaufsicht), bei geplanten Großkraftwerken und in Kooperation mit dem jeweiligen Energieversorgungsunternehmen sollten „Runde Tische" nach dem Vorbild der Çollaborative Processes" in den USA (wie z. B. in Kalifornien) eingerichtet werden, die bei LCP-Umsetzungsmaßnahmen beratend mitarbeiten. Die Planungsabteilungen der EVU, die Energieaufsicht und die Umweltschutzverbände sollten in jedem Fall teilnehmen. Nach US-Erfahrung erleichtern solche Runden Tische den Interessenausgleich sowie die Konsenssuche, beschleunigen dadurch Genehmigungsverfahren und steigern die Planungssicherheit der EVU.

11. Koordinierung der Arbeiten bei Einsparprogrammen

Es müßten Koordinierungsinstanzen gebildet werden, die einerseits die Ergebnisse von Einsparprogrammen durch den Aufbau von Datenbanken (über Potentiale, Instrumente, Kosten, Wirkungen) systematisch erfassen und andererseits bei der Planung und Durchführung von Einsparprogrammen beratend tätig sind. Es wäre sinnvoll, wenn diese Koordinierungsinstanzen die Erfahrungen amerikanischer Experten (Praktiker für LCP-Programme, z. B. in der Industrie und im Kleinverbrauch) sowie die Erfahrungen aus europäischen Ländern (z. B. Schweden, Schweiz, Dänemark) systematisch auswerten würden.

12. Ausweitung der Energieberatung und Förderung der Gründung von Energieagenturen

Die Energieberatung ist flächendeckend zu institutionalisieren. Dies gilt insbesondere auch für die Ausweitung der Beratung zur Entwicklung und Umsetzung von Stromsparkonzepten in Gebäuden sowie in Gewerbe und Industrie. Von den Ländern sollte die weitere Einrichtung (auch auf regionaler Ebene) und die personelle Verstärkung von Energieagenturen gefördert werden.

13. Einrichtung von kommunalen Beiräten für Klima und Energie

Diese hätten folgende Aufgaben: Die Anfertigung eines Energieverbrauchs- und Emissionskatasters über den Ist-Stand, die Erstellung von Szenarien für Energiebedarf und CO_2-Ausstoß auf der Grundlage derzeitiger Rahmenbedingungen und den Vorgaben der Bundesregierung zunächst bis 2005, die Erarbeitung von Kosten-Nutzen Analysen unter Umwelt und Klimaschutzgesichtspunkten, das Ausloten von kommunalen Handlungsspielräumen sowie das Ableiten von Maßnahmen. Diese sollen vor allem einschließen: Energieeinsparung, rationelle Energienutzung und -umwandlung, Ausbau regenerativer Energieträger, Emissionsvermeidung durch intelligente Produktion und Anwendung, Ersatz von emissionintensiven durch emissionsarme bzw. -freie Brennstoffe sowie Vermeidung und Rezyklierung in allen Bereichen. Die nach Prioritäten geordneten Maßnahmenvorschläge werden den zuständigen Gremien zur Beschlußfassung vorgelegt. Der Beirat soll dann: Die Umsetzung der beschlossenen Maßnahmen begleiten, das Erreichen der Ziele kontrollieren, die Maßnahmen fortschreiben bzw. notwendige Korrekturen vornehmen und regelmäßig Sachstandsberichte vorlegen.

Teil C

Klimaschutz als kluge Industriepolitik: Ein Zukunftsinvestitionsprogramm des Bundes

Eine durch staatliche Förderung flankierte Energiesparpolitik bedarf in der Bundesrepublik heute und vor allem in Zukunft keiner weiteren ökologischen Legitimation. Eine Ausweitung der staatlichen Förderpolitik bedarf jedoch – insbesondere in Zeiten konjunktureller und struktureller Wirtschafts- und Haushaltsprobleme – für ihre gesellschaftliche Akzeptanz einer besonderen ökonomischen Begründung.

Leitgedanke des nachfolgend vorgeschlagenen Förderprogrammes ist es, den notwendigen klimaverträglichen Umbau der Industriegesellschaft mit den „goldenen Zügeln" staatlicher Beihilfen zu beschleunigen und friktionsfreier zu gestalten. Das Ziel ist die Öffnung und raschere Erschließung neuer risikoärmerer Zukunftsmärkte und nicht der Aufbau einer Dauersubventionierung für strukturschwache Branchen. Wenn es gelänge, durch ein staatlich gefördertes Zukunftsinvestitionsprogramm das in Kap. 1.7 angesprochene Energie- und Kosteneinsparpotential innerhalb der nächsten ein bis zwei Jahrzehnte zu erschließen, könnten viele ökologische, volkswirtschaftliche und außenpolitische Risiken eines hohen und weiter wachsenden Energieverbrauchs wesentlich eingedämmt werden. Energieeinsparinvestitionen sind keine zusätzlichen Belastungen, sondern eine Anlagesphäre für produktives Kapital, wo sich – wie selten sonst möglich – positive Auswirkungen auf Volkseinkommen, Arbeitplätze und Umwelt mit starken qualitativen Wachstumsimpulsen verbinden lassen. Zweifellos wird eine überdurchschnittlich energieeffiziente Wirtschaft zukünftig einen noch wichtigeren Beitrag zur Standortsicherung und Wettbewerbsfähigkeit leisten. Aus all diesen Gründen ist der Selbstfinanzierungseffekt eines Förderprogramms für Energiesparinvestitionen hoch. Klimaschutzpolitik ist insofern „kluge Industriepolitik" (Florentin Krause).

In der forcierten Steigerung der Energieproduktivität („Effizienzrevolution") liegen große volkswirtschaftliche Chancen, mehr Wohlstand und ein höheres Niveau an Energiedienstleistungen mit einem geringeren Energieeinsatz bereitzustellen. Wir wissen aber auch: „Dauerhafte Entwicklung" in hochindustrialisierten Ländern wie in der Bundesrepublik wird nur durch einen branchenspezifischen selektiven Wachstums- und gleichzeitigen Schrumpfungsprozeß erreichbar sein. Dies wird ein einschneidender und schwieriger gesellschaftlicher Umbau- und Umstrukturierungsprozeß sein, der mit dem Begriff des „qualitativen Wachstums" zwar unvollständig, aber noch am anschaulichsten charakterisiert werden kann. Risikomärkte müssen systematisch zurückgedrängt und „dauerhafte" Zukunftsmärkte, z. B. für Solar- und Effizienztechnologien, müssen politisch mitgestaltet und systematisch aufgebaut werden. Diesen Umstrukturierungsprozeß durch Fördermaßnahmen und ökonomische Anreize zu flankieren, erhöht die Flexibilität und baut unnötige Friktionen und Widerstände ab.

„Verlierer" gab es historisch und wird es auch zukünftig bei jedem Strukturwandel einer Marktwirtschaft geben. Der besonders einschneidene Strukturwandel zu mehr „Dauerhaftigkeit" und „Klimaverträglichkeit" kann jedoch langfristig sozial- und wirtschaftsverträglicher[137)] vonstatten gehen, wenn – vereinfacht gesprochen – die Summe der „Gewinner" größer als die der „Verlierer" ist und die volkswirtschaftlichen Nettoeffekte positiv sind, d. h. wenn z. B. der Zugewinn an natur- und sozialverträglichen Beschäftigungsmöglichkeiten den Abbau von Arbeitsplätzen überkompensiert.

137) Wirtschaftsverträglichkeit als Kriterium bedeutet, daß bei der Gestaltung des ökologischen Strukturwandels darauf geachtet wird, daß die Entwertung von Produktionskapital möglichst gering ist. Dies führt zu der Notwendigkeit, im Sektor Energie, in dem sowohl die Planungs- als auch die Nutzungszeiten der Anlagen besonders lang sind, nach Möglichkeit auf den ohnehin notwendigen Erneuerungsbedarf abgestellt werden sollte. Dies gilt nicht nur für Kraftwerke und Versorgungsleitungen, sondern auch z. B. für den Wärmeschutz an Gebäuden.

Die vorhandenen Spielräume staatlicher Förderungs- und Finanzierungspolitik zur Realisierung von „theoretisch wirtschaftlichen" Einsparpotentialen mit hohem mittel- und langfristigem Selbstfinanzierungseffekt sind bei weitem noch nicht ausgeschöpft. Neben den positiven Effekten für den Klima-, Umwelt- und Ressourcenschutz ergeben sich dabei weitere volkswirtschaftlich günstige Effekte hinsichtlich einer zusätzlichen (Netto)-Beschäftigung, qualitativen Wachstumseffekten und einer Stärkung des langfristigen Innovations- und Wettbewerbspotentials der Wirtschaft.

Wir haben gezeigt, daß über den Preis steuernde globale Maßnahmen zur Stärkung der Selbsteuerungskräfte von Märkten unabdingbar notwendig, aber für einen effektiven Klimaschutz nicht hinreichend sind. Natürlich wirken auch Förderprogramme in erster Linie auf Kosten und Preise und unterlägen daher, für sich genommen und isoliert durchgeführt, ähnlichen Hemmnissen wie globale, über die Preise (die Kosten) steuernde Maßnahmen.

In Übersicht 2 wird ein Programm vorgeschlagen, das sowohl den klima- und energiepolitischen Notwendigkeiten als auch den Erkenntnissen aus der Instrumentendiskussion gerecht werden soll. Die einzelnen Programmteile sollten gegenseitig deckungsfähig sein, um eine flexible Anpassung an die Teilnahmereaktionen der Akteure zu ermöglichen. Dabei ist von entscheidender Bedeutung, daß durch das hier vorgeschlagene Gesamtkonzept und durch ein abgestimmtes Instrumentenmix die sich ergänzende Wirkung der jeweiligen Instrumente maximal gestärkt wird. Beispielsweise ist das Effizienzpotential in Unternehmen nur dann voll ausschöpfbar, wenn Energiesteuer, Wärmenutzungsverordnung und finanzielle Förderung von betrieblichen Energienutzungskonzepten, additiven und integrierten Investitionen, das dem Schweizer RAVEL-Programm nachgebildete Programm „Rationelle und wirtschaftliche Verwendung von Energie" (RAWINE), Qualifizierungs- und Beratungsaktivitäten sowie Contracting gemeinsam realisiert werden.

Das Förderprogramm ist für ein Bankenverfahren konzipiert. Eine oder mehrere Förderbanken des Bundes sollten die Mittel zugewiesen bekommen. Der Bund hätte nur die jährlichen Zuschüsse, fällige Bürgschaften sowie den Subventionswert der Darlehensförderung zu tragen. Durch das Bankenverfahren, das an die bei den Hausbanken gestellten Kreditanträge anknüpft, kann der für die Förderung erforderliche Bürokratieaufwand gering gehalten werden.

In einer dynamischen Volkswirtschaft findet ständig ein Strukturwandel statt, so daß sich das Gewicht der verschiedenen Sektoren im Zeitablauf stets verändert. Die Klimaproblematik erfordert einen beschleunigten

Wandel hin zu einer energie- und ressourcensparenden Wirtschaftsstruktur. Durch eine aktive Energiesparpolitik kann dieser notwendige Strukturwandel beschleunigt und damit die Wettbewerbsfähigkeit der Volkswirtschaft durch (energie)effiziente Produktionsstrukturen gestärkt werden. Zukünftige ökonomische Risiken aus Energiepreissteigerungen werden begrenzt. So ergeben sich z. B. neue Märkte, die durch verstärkte Investitionen in die Steigerung der Energieproduktivität erschlossen werden; bestehende Märkte für Effizienzprodukte werden stark wachsen. Es ergeben sich wirtschafts-, arbeitsmarkt- und klimapolitische Synergieeffekte.

Andererseits wird es auch Branchen geben, die schrumpfen werden. Unternehmen mit hohen Energieverbräuchen bewegen sich zunehmend auf einem Markt mit Risikopotential aufgrund des klimapolitischen Schadenspotentials. Ihre Wettbewerbsposition wird sich – wenn interne Effizienzsprünge nicht möglich sind – mittel- und langfristig erheblich verschlechtern. Ihr Schrumpfen wird sich aufgrund der globalen Notwendigkeiten zwar vielleicht bremsen lassen, aufhalten läßt sich dieser Prozeß jedoch nicht. Eine Politik des sozial gestalteten ökologischen Wandels, die qualitatives Wachstum fördert, wird Strukturbrüche vermeiden helfen, die bei einer Politik der Strukturerhaltung unausweichlich sind.

Bereits in der Vergangenheit wurde die Wettbewerbsfähigkeit der deutschen Volkswirtschaft durch innovative, energieeffiziente Technologien gestärkt. Da die Energiesparpotentiale bei weitem nicht ausgeschöpft sind, kann für die Zukunft von geförderten Energiesparmaßnahmen eine weitere Stärkung der internationalen Wettbewerbsfähigkeit ausgehen. Die strategische Erschließung der Zukunftsmärkte ist essentiell für die Wettbewerbsfähigkeit einer Volkswirtschaft, wie z. B. Japans wirtschaftlich erfolgreiche Energieeffizienzpolitik zeigt.

Die möglichen induzierten Netto-Beschäftigungseffekte aufgrund der hier skizzierten Politik zur Steigerung der Energieeffizienz ergeben sich durch Saldierung der positiven und negativen Arbeitsplatzeffekte. Die Netto-Beschäftigungseffekte zu betrachten ist aus zweierlei Gründen ganz wesentlich. Zum einen zeigen sie den Zusammenhang zwischen einer klimapolitisch orientierten Energiepolitik und dem Arbeitsmarkt. Zum anderen wird in der öffentlichen Debatte oft jeweils nur eine Seite der Bilanz herausgestellt. Der Saldoeffekt, wonach die rationellere Energienutzung bei Substitution von Energieimporten durch überwiegend inländisch erzeugte Güter und Dienstleistungen per Saldo zusätzliche Arbeitsplätze schafft, ist bisher nicht in ausreichendem Maße berücksichtigt worden.

Übersicht 2: Förderprogramm zur Erhöhung der Energieeffizienz

Fördertatbestand	Empfänger	Förderart und Volumen pro Jahr ca.
Betriebliche Energienutzungskonzepte	kleine und mittlere Unternehmen	(bedingt rückzahlbare) Zuschüsse 500 Mio. DM
Energienutzung in Unternehmen (additive und integrierte Maßnahmen)	kleine und mittlere Unternehmen	günstige Darlehen 10 Mrd. DM (Zinsverbilligung, Tilgungsfreiheit in ersten Jahren)
Contracting	Betreibergesellschaft (unabhängig von Eigentümerstruktur)	Bürgschaften: abzusicherndes Investitionsvolumen 5 Mrd. DM (bei 1 % Ausfall 50 Mio. DM jährlich fällig); Eigenkapitalhilfe mit Darlehenssumme 500 Mio. DM; Beteiligungen mit 10 Mio. DM
Contracting	Betreibergesellschaft (kommunal)	Kommunalkredit mit Darlehenssumme 1 Mrd. DM
Neubau von Niedrigenergiehäusern (NEH)	Bauherr(in)	günstige Darlehen 5 Mrd. DM (Zinsverbilligung)
Wärmepaß für Wohnungsbestand; Gebäudeanalyse/ Vor-Ort-Beratung	Eigentümer(in)	(bedingt rückzahlbare) Zuschüsse 300 Mio. DM
Energiesparmaßnahmen im Wohnungsbestand	Eigentümer(in)	günstige Darlehen 5 Mrd. DM (Zinsverbilligung)
kommunale/regionale Klimaschutzkonzepte	Kommunen (einzeln oder gemeinsam)	(bedingt rückzahlbare) Zuschüsse 20 Mio. DM
Energieeinsparung in kommunalen Gebäuden	Kommunen, kommunale Gesellschaften	günstige Darlehen 5 Mrd. DM (Zinsverbilligung); Abwicklung über Landesbanken (Mittelvergabe nicht im Windhundverfahren, sondern quartalsweise gestaffelt nach dem %-Satz eingesparter Energie)
LCP	LCP-Maßnahmenträger (kommunale und regionale Versorgungsunternehmen mit einer Bilanzsumme von unter 2,5 Mrd. DM und mit einer öffentlichen Beteiligung von mindestens 51 %)	günstige Darlehen 4 Mrd. DM (Zinsverbilligung)

Fortsetzung Übersicht 2

Fördertatbestand	Empfänger	Förderart und Volumen pro Jahr ca.
Kraft-Wärme-Kopplung	in öffentliche Netze einspeisende gewerbliche Unternehmen, Fern- und Nahwärmeversorger	günstige Darlehen 15 Mrd. DM (Zinsverbilligung, Tilgungsfreiheit in ersten Jahren)
Solarthermik; Photovoltaik; Windkraft; Biomasse; Kleinwasserkraftanlagen	Eigentümer(in)	günstige Darlehen 1 Mrd. DM (Zinsverbilligung; ggf. Tilgungsfreiheit in ersten Jahren)
RAWINE	Projektträger	Zuschüsse 20 Mio. DM
Qualifizierung von Architekten, Handwerkern, Bauingenieuren und Heizungs-, Lüftungs- und Klimaingenieuren, Nutzern und Multiplikatoren in großen Gebäuden, Anwendern, Beratern, Handel, Installationsgewerbe	Weiterbildungsträger; Teilnehmende bzw. entsendende Unternehmen und Institutionen	Zuschüsse 20 Mio. DM
Schulungsmaßnahmen in kleinen und mittleren Unternehmen zur Motivation zum Energiesparen und dem Aufzeigen von Kostensenkungspotentialen in anderen Bereichen	kleine und mittlere Unternehmen	Zuschüsse 10 Mio. DM
Energieberatung	Unternehmen	Zuschüsse 10 Mio. DM
Energieberatung	anbieterunabhängige Beratungsstellen	Zuschüsse 100 bis 120 Mio. DM
Energiesparplanung	Energieagenturen	günstige Darlehen 25 Mio. DM (Zinsverbilligung); Eigenkapitalhilfe mit Darlehenssumme 500 Mio. DM; Beteiligungen mit 10 Mio. DM
kommunales/regionales Energiemanagement	Energiemanagementstellen bzw. Kommunen	Zuschüsse 50 Mio. DM; Abwicklung über Landesbanken

In der gesamten Volkswirtschaft sind aufgrund des gesamten durch rationellere Energieverwendung eingesparten Energieverbrauchs von 4 000 PJ in der Zeit von 1973 bis 1990 rund 400 000 zusätzliche Arbeitsplätze entstanden (ISI, 1992). Hinzuzurechnen sind Multiplikatorwirkungen sowie der überdurchschnittliche Exporterfolg energiesparender Güter. Ursächlich für die positiven Nettoeffekte sind

- die Substitution der Energieimporte durch inländisch produzierte Waren und Dienstleistungen,
- die größere Arbeitsintensität der Produktion von energieeffizienteren Waren und Dienstleistungen im Verhältnis zu derjenigen zur Herstellung und Verteilung von Energie und schließlich
- die durch zusätzliche Nachfrage entstandenen Arbeitsplätze, die sich aufgrund der Senkung der Energiekostenbelastung der Verbraucher ergeben.

Arbeitsmarktpolitisch sind geförderte Energiesparinvestitionen darüber hinaus besonders interessant, weil ihre meist hohe Beschäftigungswirkung in der Investitionsphase auftritt. Ohne eine höhere Energieeffizienz entsteht nicht nur eine insgesamt geringere, sondern auch eine zeitlich relativ gleichmäßige Beschäftigungswirkung. Diese zeitliche Asymmetrie der Beschäftigungseffekte hat gerade in Zeiten einer hohen Dauerarbeitslosigkeit positive Auswirkungen.

Neben diesen direkten Beschäftigungseffekten gibt es zusätzlich indirekte Impulse. Sie werden zum einen dadurch ausgelöst, daß die zusätzlich Beschäftigten den Großteil ihres erzielten Einkommens wieder ausgeben (dieser Effekt pflanzt sich – vermindert um die jeweilige private Ersparnis – fort). Zum anderen löst auch die Veränderung der Nachfragestruktur aufgrund der geringeren Importabhängigkeit von effizienzer Energienutzung solche indirekten Impulse aus.

Das o. g. Förderprogramm wird über die gesamte Laufzeit mit durchschnittlich rd. 5 Mrd. DM pro Jahr kassenwirksam. Es würden dadurch über Darlehen und Beteiligungen jährlich Investitionen in Höhe der Darlehenssumme von rund 50 Mrd. DM auslösen. Rechnet man – vorsichtig – mit indirekten Effekten in Höhe von weiteren 25 Mrd. DM, so würden die Nachfrageeffekte insgesamt rund 75 Mrd. DM jährlich ausmachen. Hinzu kommen direkte und indirekte Nachfrageimpulse, die durch die direkten Zuschüsse und die Bürgschaften ausgelöst werden. Insgesamt entstünden bei vorsichtiger Schätzung durch das Förderprogramm Nachfrageeffekte, deren Gesamtvolumen jährlich etwa 3% des Bruttoinlandsprodukts ausmachen würden.

ISI und DIW haben in ihrer soeben erschienenen Studie für die Enquete-Kommission (ISI, DIW, 1994) gezeigt, daß durch ein kumuliertes Investitionsvolumen von – je nach Szenarioart – im Durchschnitt 11 bzw. 17 Mrd. DM pro Jahr ein um durchschnittlich rund 90 000 Personen erhöhtes Beschäftigungsniveau allein in den alten Bundesländern realisiert werden kann. Geht man analog der Bevölkerungszahl von einem ähnlichen Beschäftigungseffekt in den neuen Bundesländern aus, so kann man den Beschäftigungseffekt für Gesamtdeutschland auf ungefähr 120 000 schätzen. Rechnet man mit dem erhöhten Investitionsvolumen des vorgeschlagenen Programms, dann sind – Multiplikatoreffekte und die Netto-Beschäftigungswirkung berücksichtigend – über 10 Jahre hinweg rund 400 000 bis 450 000 Arbeitsplätze zusätzlich zu erzielen. Es handelt sich dabei um eine Abschätzung, die insbesondere vom gesamtwirtschaftlichen Verlauf stark beeinflußt werden kann. Darüber hinaus ist darauf hinzuweisen, daß der hohe Beschäftigungseffekt, der durch die Energiesparinvestitionen ausgelöst wird, rasch anfällt und deshalb nicht nur struktur-, sondern auch konjunkturpolitisch erwünscht ist.

Die zusätzliche Beschäftigung und die dabei entstehenden zusätzlichen Einkommen hätten folgende Auswirkungen:

- Erstens entstehen zusätzliche Steuereinnahmen (insbesondere bei Einkommen-, Körperschafts- und Umsatzsteuer).
- Zweitens werden durch die zusätzliche Beschäftigung die Einnahmen der Sozialversicherungsträger zunehmen. Als Folge können die Zuschüsse des Bundes zur Renten- und Arbeitslosenversicherung verringert werden.
- Drittens werden bisher gezahlte Sozialleistungen (z. B. Arbeitslosengeld und Sozialhilfe) eingespart, was die öffentlichen Kassen wiederum entlastet.

Der Netto-Effekt des Förderprogramms auf das öffentliche Budget verringert sich durch die gegenläufigen Effekte einer Einsparpolitik sowie um die aufgewandten Fördermittel. Die ausgelösten Investitionen führen zu erhöhten Abschreibungen. Damit sinken tendenziell die Einnahmen der öffentlichen Haushalte aus Einkommen-, Körperschafts- und Gewerbesteuer. Dem wirken jedoch die eingesparten Ausgaben für Energie entgegen. Je rentabler eine Einsparinvestition ist, desto schneller macht sich dies in einem erhöhten Steueraufkommen aufgrund erhöhter Gewinne und Einkommen bemerkbar. Da es Ziel des Förderprogramms ist, die wirtschaftlich gehemmten Potentiale auszuschöpfen und Investitionen im Energiebereich durch Fördermaßnahmen zu realisieren, dürfen die negativen Haushaltseffekte nicht überschätzt werden.

Insgesamt ist zu erwarten, daß sich das Förderprogramm aus den zusätzlichen Einnahmen bzw. verringerten Ausgaben weitgehend selbst finanziert. Wir empfehlen der Bundesregierung deshalb, durch eine oder mehrere ihrer Förderbanken das o. g. Förderprogramm konkretisieren und umsetzen zu lassen. Über den Stand der Umsetzung und die dabei erzielten Ergebnisse sollte jährlich berichtet werden.

Kapitel 2 *)

Bei dem Text des Kapitels 2 werden die von der Oppositionsfraktion überarbeiteten Handlungsempfehlungen der Koalitionsfraktion mit Ausnahme der Anhänge dokumentiert. Diese überarbeitete Fassung sollte Grundlage von Gesprächen über gemeinsame Handlungsempfehlungen der Kommission werden.

Durch Heraushebung wird deutlich gemacht, was auf Wunsch der Oppositionsfraktion hätte geändert werden sollen, um das Dokument gemeinsam zu verabschieden. *Ergänzungen* sind kursiv, zu streichende Passagen durch Setzung eckiger Klammern mit dem Zusatz [*Passage/streichen*] gekennzeichnet. Deutlich wird dadurch, daß bei einem großen Teil des Koalitionsvotums Konsens bestanden hätte, wenn die Koalitionsfraktion zu Diskussionen über gemeinsame Handlungsempfehlungen bereit gewesen wäre. Die weiter bestehenden Kontroversen hätten dem Leser – wie im folgenden Text geschehen – durch die im folgenden benutzte Form „die einen" versus „die anderen" bei kurzen Passagen in prägnanter Form verdeutlicht werden können. Zur besseren Illustration wurden diese Passagen zusätzlich mit einem senkrechten Strich am Rand markiert.

Vollständige Kapitel, in denen derzeit keine Einigung erzielbar ist (z. B. zur Atomkernenergie), werden im folgenden nicht mehr abgedruckt, sondern in den jeweiligen Sondervoten ausführlich behandelt.

Leider hat sich die Mehrheit der Koalitionsfraktion wegen Meinungsverschiedenheiten ihrer Mitglieder nicht darauf einigen können, mit der Oppositionsfraktion in ernsthafte Gespräche über gemeinsame Handlungsempfehlungen einzutreten.

---

*) s. hierzu Sondervotum der Kommissionsmitglieder Prof. Dr. Dr. Rudolf Dolzer, Dr.-Ing. Alfred-Herwig Fischer, Martin Grüner, Klaus Harries, Prof. Dr. Klaus Heinloth, Prof. Dr. Hans-Jürgen Jäger, Dr. Klaus W. Lippold, Prof. Dr. Hans Michaelis, Dr. Peter Paziorek, Dr. Christian Ruck, Marita Sehn, Prof. Dr. Wolfgang Seiler, Trudi Schmidt (Spiesen), Bärbel Sothmann, Prof. Dr. Alfred Voß, Prof. Dr. Carl-Jochen Winter (Anhang 5 zum Gesamtbericht).

Energie *und* Klima [*, Markt* / *streichen*]

Handlungsempfehlungen der Enquete-Kommission für eine klimaökologisch verantwortbare Energiepolitik

Inhaltsverzeichnis

4.4 Fossile Energie

4.4.1 Heimische Kohleförderung und Klima

4.4.2 CH_4-Nutzungsgebot

4.4.3 Substitution CO_2-reicher durch CO_2-schwache Energieträger und Beseitigung von Restriktionen für Erdgas zur Stromerzeugung

4.5 Kernenergie

4.6 Erneuerbare Energien

4.6.1 Kontinuierliche Unterstützung in F, E, D + M

4.6.2 Bau eines Solarthermischen Kraftwerks

4.6.3 Erneuerbare Energien und Anlagenexport

4.6.4 Sekundärenergieimport

5. Handlungsempfehlungen mit globaler Dimension

Initiierung von Joint Implementation und transnationalen Kooperationen zur Reduktion der Emissionen klimarelevanter Spurengase

6. Vision 2050

7. Anlagen

3.2 Technologien und Systeme der Energieforschung und Entwicklung

4.1.1 Sektor- und technologiespezifische Empfehlungen, Industrie

4.1.2 Energiesparende Werkstoffe/Rohstoffe, emissionsarme Verarbeitung

4.6.1 Kontinuierliche Unterstützung in Forschung, Entwicklung, Demonstration und Markteinführung (F, E, D + M)

Zusammenfassung

Die Enquete-Kommission „Schutz der Erdatmosphäre“ des 12. Deutschen Bundestages legt hiermit ihre Handlungsempfehlungen für eine klimaökologisch verantwortbare Energiepolitik vor.

Die einen:

Dabei fassen die einen diese Energiepolitik unter der Triade Energie, Klima, Markt zusammen, um ihrer Überzeugung Ausdruck zu geben, daß Klimaökologie, Energieversorgung und Marktwirtschaft eine Einheit bilden.

Der Markt war und ist das Fundament für wirtschaftliche Prosperität, soziale Stabilität und Wohlstand. Reformfähigkeit und Anpassungsvermögen werden den Markt auch künftig Fundament sein lassen für ökologisch verantwortbares Wirtschaften und das Bemühen um den Ausgleich mit der Natur.

Rang und Diversität von Energie im Wirtschaftsgeschehen werden eher noch zunehmen. Die weiter wachsende Menschheit braucht Energie. Keine Komponente im Energiemix der fossilen, der erneuerbaren oder nuklearen Energien ist ausgenommen.

Die anderen:

Für die anderen sind weder der Markt noch staatliche Regulierung Selbstzweck, sondern nur Mittel für eine erfolgreiche Klimaschutzpolitik. Ihr Grundsatz lautet: „Markt soweit wie möglich, Regulierung soweit wie für effektiven Klimaschutz und Risikominimierung notwendig." Vor allem in den Ländern der Dritten Welt wird der Bedarf an Energiedienstleistungen entwicklungsbedingt erheblich steigen. Entscheidend ist jedoch, daß dennoch auf die zu riskante Kernenergie verzichtet und der Einsatz nicht erneuerbarer Energien schon bis zur Mitte des nächsten Jahrhunderts auf ein klimaverträgliches und sehr langfristig auch auf ein dauerhaftes Niveau abgesenkt werden kann. Der Schlüssel hierfür liegt in einer Kombination aus Effizienzrevolution, Nutzung erneuerbarer Energien und neuen energie- und ressourcensparenden Lebens- und Produktionsstilen. Ein quantifizierbares Leitziel ist dabei, den Pro-Kopf-Energieverbrauch in den Industrieländern auf ein weltweit verallgemeinerungsfähiges Niveau abzusenken, d. h. in der Bundesrepublik von heute etwas unter 6 kW pro Kopf auf 2 kW pro Kopf.

Jede Energiewandlung auf jeder Wandlungsstufe entlang der Energiewandlungskette hat *daher in technischer Hinsicht* der Forderung nach höchster Effizienz zu genügen. Energie rationell umzuwandeln und rationell anzuwenden, ist unverändert *vorrangiges* energetisches wie ökologisches Gebot. Das Ziel bleibt die marktgerechte Bereitstellung nachgefragter Energiedienstleistungen, unter Sicherheitsaspekten und ökologisch verantwortbar.

[Klimaökologisch verantwortbares Energiewirtschaften verlangt, die mit Treibhausgasemissionen verbundenen Stoffströme der betrieblichen fossilen Primärenergierohstoffe (Betriebsstoffe) und der für Bau, Rezyklierung und Endlagerung des Energiewandlungssystems nötigen Stoffe (Investivstoffe) einzudämmen. *(könnte entfallen, da Wiederholung: Begründung: Betrieblich wie investiv zur Energieversorgung nicht benötigte fossile Energierohstoffe haben kein Treibhausgaspotential. Allen kohlenstoffarmen Energiewandlern mäßiger Material- und Energieintensität kommt entscheidende Bedeutung zu; sie müssen sozial und sicherheitlich international verträglich sein.)*]

[Auch die/streichen] Auf dem Weg zu einer dauerhaften nachhaltigen (sustainable) Energiewirtschaft wird *die Menschheit* noch lange auf fossile Energien angewiesen sein, die heute weltweit zwischen 80 und 90% ausma-

chen; ihr Beitrag ist nicht schnell zu reduzieren. Eine klimaökologisch verantwortbare Energiewirtschaft *mit bisher noch* hohen Anteilen an fossilen Energien muß sich *daher* auf Technologien verlassen können, die gewährleisten, daß Treibhausgase das Energiesystem entweder nicht verlassen (z. B. Methan) oder im Energiewandlungsprozeß *durch maximale Effizienz vermieden werden* bzw. gar nicht erst entstehen (z. B. Kohlendioxid). Eine technische Entwicklung sondergleichen steht bevor [*Satzumstellung*] zur Energiewandlung höchster Wirkungsgrade, zu hermetisch stoffdichten Energiesystemen (fossil containment), zu Kohlenstoffarmut und nicht zuletzt zu konsequent kreislaufgeführten Stoffen der Anlagentechniken.

Heute nutzt das Weltenergiewirtschaftssystem Energie nur zu etwa 10%; Deutschlands nationaler Energienutzungsgrad beträgt gut 30%. 90% der in das Weltwirtschaftssystem, 70% der in die deutsche Volkswirtschaft eingebrachten Energien werden nicht zu gewollten Energiedienstleistungen, sondern zu Verlusten.

Ohne die folgenden einzelnen Handlungsempfehlungen zu schmälern, will die Enquête-Kommission „Schutz der Erdatmosphäre" des 12. Deutschen Bundestages eine an die Bundesregierung gerichtete Handlungsempfehlung besonders hervorheben. Um die unerläßliche Mitwirkung der Bürger und der Akteure im Energiedienstleistungsbereich, im Umwandlungsbereich, im Primärenergiebereich sowie in Forschung, Entwicklung und in der Wirtschaft für den Klimaschutz zu erreichen, empfiehlt die Kommission der Bundesregierung, ihre Energie- und Klimaschutzpolitik unter das Ziel

> **„Verdopplung der Energieeffizienz und Halbierung der Kohlenstoffintensität der Energienutzung bis 2020"**

zu stellen.

Die Kommission sieht darin einen Beitrag zur technologischen Erneuerung der Volkswirtschaft, einen positiven Nettoeffekt bei der Beschäftigung sowie einen entscheidenden Beitrag zur ökologisch-ökonomischen Sicherung des Wirtschaftsstandortes und Lebensraumes Deutschland.

Die Kommission empfiehlt weiter, daß die Bundesregierung in der EU, der G8 sowie in der OECD ihren Einfluß geltend macht, mit dem Ziel, daß die Industrieländer vergleichbare Entwicklungen aufnehmen.

1. Präambel

An der Schwelle zum dritten Jahrtausend werden zwei existentielle Herausforderungen für die Zukunft der Menschheit immer deutlicher erkennbar: Die Gefahr anthropogener Klimaänderungen durch die Freisetzung von Treibhausgasen mit derzeit noch nicht letztlich übersehbaren Konsequenzen sowie die Überwindung von Hunger und Armut einer wachsenden Weltbevölkerung als notwendige Voraussetzung für eine friedliche Welt. Wir stehen an einer Wegscheide.

Um diese Herausforderungen zu bestehen, gibt es bei Wahrnehmung unserer Mitwelt- und Nachweltverantwortung letztlich nur den Weg, Ökonomie, sozialen Ausgleich und die Bewahrung der natürlichen Lebensgrundlagen als Einheit zu begreifen sowie politisches und wirtschaftliches Handeln künftig konsequent an dieser Einheit auszurichten.

Patentrezepte gibt es nicht. Eine Klimaschutzstrategie wäre zum Scheitern verurteilt *[Auch ist die Vorstellung nicht dienlich, Umwelt und Klima in erster Linie durch Zurückfahren der Energie- und Industrieproduktion schonen zu wollen/streichen]*, wenn sie die Bedürfnisse einer wachsenden Weltbevölkerung nach humanen Lebensbedingungen mißachtet und in Gesellschaften mit hoher Arbeitslosigkeit nicht angenommen würde. Soziale und politische Stabilität sind abhängig davon, ob es gelingt, die weltweite Massenarbeitslosigkeit zurückzuführen.

Deshalb ist nach Wegen zu suchen, die humanen Lebensumständen, der Sicherung des Wohlstandes und ausreichender Arbeit als Voraussetzung für sozialen Frieden sowie Umwelt und Klima gleichermaßen dienen. Klimaschutzpolitik muß integraler Bestandteil einer solchen ganzheitlichen Konzeption sein. *Konkrete Maßnahmen zum Klimaschutz, die gleichzeitig einen Beitrag zu mehr Beschäftigung und Einkommen schaffen, müssen mit Priorität verfolgt werden.*

Die Enquete-Kommission legt mit ihren gemeinsamen Handlungsempfehlungen ein abgestimmtes [*, in sich schlüssiges, primär auf die Nutzung von Marktkräften ausgerichtetes/streichen*] Konzept für die notwendige Minderung energiebedingter Treibhausgasemissionen und damit die Verwirklichung einer langfristig klimaverträglichen Energieversorgung in Deutschland vor. Es ist ausgerichtet auf das effiziente, Wohlfahrtsverluste minimierende Erreichen der Treibhausgas-Minderungsziele und trägt gleichzeitig gesamtwirtschaftlichen, arbeitsmarktpolitischen und gesellschaftlichen Zielen Rechnung.

Bei der Umsetzung dieses Konzepts setzen **die einen** *primär auf die Nutzung von Marktkräften, während* **die anderen** *eine Kombination aus markt- und regulierungsorientierten Instrumenten für notwendig halten. Hierzu werden im*

Sondervotum der Oppositionsfraktion im Kapitel 2 genauere Ausführungen vorgelegt. Wie bereits im Abschlußbericht der Enquete-Kommission „Vorsorge zum Schutz der Erdatmosphäre" ausgeführt (1990), betonen auch die Mitglieder der Enquete-Kommission „Schutz der Erdatmosphäre" einvernehmlich, daß ohne erheblich veränderte staatliche Rahmenbedingungen und ohne den Einsatz eines ganzen Bündels aus sektor- und zielgruppenspezifischen Maßnahmen („Policy Mix") die von der Kommission empfohlenen CO_2-Reduktionsziele (vgl. Kap. 5) nicht erreichbar sein werden. Daher hat die Enquete-Kommission – auch gemäß ihres umsetzungsorientierten Auftrags – in Kapitel 7 den Versuch unternommen, eine große Bandbreite denkbarer Handlungsoptionen aufzulisten. Aus diesem umfangreichen Katalog werden im folgenden einige besonders wichtige Optionen ausgewählt und – soweit von allen Mitgliedern unterstützt – als gemeinsame Handlungsempfehlungen vorgestellt.

Die Ausrichtung der Handlungsempfehlungen stellt funktionierende Märkte in den Dienst von Umweltbewahrung und Klimaökologie. Sie *dient* damit *auch der* Weiterentwicklung der marktwirtschaftlichen Ordnung [*integrierbar/streichen*]. Umweltschutz und die Erhaltung der natürlichen Lebensgrundlagen *müssen* zum integralen Bestandteil des Wirtschaftens *werden*. Nachhaltiges Wirtschaften ist das Ziel. Die Handlungsempfehlungen enthalten keine Maßnahmen zur Anpassung an verändertes Klima, weil die Kommission der Vermeidung von nichttolerierbaren Veränderungen des Klimas Vorrang einräumt.

Angesichts der Tatsache, daß für die Begrenzung der Freisetzung von FCKW bereits weitreichende Maßnahmen eingeleitet sind und die Kommission Handlungsempfehlungen für die Bereiche Landwirtschaft, Wälder und Verkehr in gesonderten Berichten formuliert hat, zielen die hier gegebenen Empfehlungen primär auf die Minderung energiebedingter Treibhausgase ab. Mit der Umsetzung der vorgeschlagenen Klimaschutzstrategie wird auch ein Beitrag zur Reduktion anderer energiebedingter Umweltbelastungen geleistet.

1.1 Grundsätze und Leitbilder

Nachhaltigkeit und die globale Entwicklung

Die Verfügbarkeit ausreichender Energiemengen und der aus ihnen gewinnbaren Arbeitsfähigkeit sind vitale Interessen der Menschheit und notwendige Bedingung für eine nachhaltige Entwicklung, welche die Bedürfnisse der gegenwärtig lebenden Menschen befriedigt, ohne die Befriedigung ähnlicher Bedürfnisse der in Zukunft lebenden Menschen zu beeinträchtigen.

Zu einer nachhaltigen Entwicklung gehört, die negativen Nebeneffekte der Energieversorgung auf ein Maß zu begrenzen, das die Lebensgrundlagen Umwelt und Natur auf Dauer erhält. Hierzu zählt im besonderen auch die Vermeidung nicht tolerierbarer Veränderungen des Klimas. *Der weltweit unabdingbar wachsende Bedarf an Energiedienstleistungen muß daher klimaverträglich, ressourensparend, (d. h. mit möglichst wenig nichterneuerbaren Energien) risikoarm, sozialverträglich und volkswirtschaftlich kostengünstig bereitgestellt werden.*

Ausgehend von unserer Mitwelt- und Nachweltverantwortung lassen wir uns vom Leitbild einer Energieversorgung leiten, die für eine gegebenfalls auch doppelt so große Zahl von Menschen auf der Erde ausreichende Energiedienstleistungen bereitstellt, so daß sie frei von materieller Not in Würde leben können. Dabei ist die Energieversorgung verträglich in die Kreisläufe der Natur einzubinden. Unsere Verantwortung für die kommende Generation verlangt, heute die notwendige Vorsorge für die Deckung eines weltweit wachsenden Bedarfs an Energiedienstleistungen zu treffen, ohne ihre zukünftige Höhe genau zu kennen.

Für die Verwirklichung einer nachhaltigen Entwicklung ist die Stabilisierung der Weltbevölkerung notwendige Bedingung. Die Erfahrung zeigt, daß eine Begrenzung des Bevölkerungswachstums nur dort erreicht worden ist, wo die materiellen und sozialen Lebensumstände der Menschen verbessert werden konnten. Folgt man der Überlegung, daß die Weltbevölkerung nur bei Überwindung von Hunger und Armut durch ein ausreichendes Güter- und Dienstleistungsangebot zu stabilisieren ist, dann gilt auch, daß eine Stabilisierung um so früher erreicht wird, je eher *zumindest die Grund*bedürfnisse der Menschen befriedigt werden können. Die dazu notwendige Ausweitung der weltweiten Nahrungsmittel- und Güterproduktion sowie des Angebots an Dienstleistungen wird umso eher möglich sein, je geringer der Aufwand für die Bereitstellung der dazu notwendigen Mengen an Rohstoffen und Energie ist. Aus diesem Grunde gewinnen *hoch*effiziente und *volkswirtschaftlich* kostengünstige Energiesysteme ihre besondere Bedeutung für die Überwindung von Hunger und Armut als einzig humanem Weg zur Begrenzung der Weltbevölkerung. Wenn die Stabilisierung der Weltbevölkerung nicht gelingt, hat die Umwelt keine Chance und die Menschheit keine lebenswerte Zukunft.

Technisch rationellere Energienutzung und wirtschaftliche Effizienz sind Schlüssel zur Vermeidung nicht tolerierbarer Klimaveränderungen. *Die Enquete-Kommission bekräftigt daher ausdrücklich eine zentrale Forderung ihrer Vorgänger-Kommission: „Energieeinsparung durch rationellere Energienutzung und -umwandlung sowie durch energiebewußtes Verhalten haben Prio-*

rität beim Erreichen der gesteckten Reduktionsziele. Die Maßnahmen zur rationelleren Energieverwendung sollten daher eine möglichst weitgehende Ausschöpfung der technischen Potentiale anstreben, da sie die notwendige Voraussetzung dafür schaffen, daß trotz eines zukünftigen Wirtschaftswachstums der Energieeinsatz und die Emissionen nicht steigen, sondern erheblich reduziert werden." (EK, 1990, Bd. 1, S. 90)

Wirtschaftliche Effizienz ist Schlüssel zur Vermeidung nicht tolerierbarer Klimaveränderungen. Eine weltweit klimaverträgliche Rückführung der energiebedingten Treibhausgasemissionen bei gleichzeitig wachsendem Bedarf an Energiedienstleistungen *[wird nur erreicht werden können, wenn/streichen] verlangt aber auch, daß volkswirtschaftlich* kosteneffiziente Alternativen zu der Gewinnung von Arbeitsfähigkeit aus fossilen Energieträgern verfügbar gemacht und kohlenstoffarme Energiesysteme eingesetzt werden.

Die Industrieländer sind an der Nutzung fossiler Energieträger überdurchschnittlich stark beteiligt und verursachen dadurch den wesentlichen Teil der anthropogenen Umweltbelastungen und der drohenden Klimaveränderungen. Gerade deshalb haben sie die Pflicht, ihre Lebensweise und die Art ihres Wirtschaftens so zu gestalten, daß sie für eine wachsende Weltbevölkerung Modell einer nachhaltigen Entwicklung werden können. Die Industrieländer verfügen in besonderem Maße über die materiellen, finanziellen und personellen Ressourcen zur Bewältigung der globalen Herausforderungen.

Sicherung des Wirtschaftsstandortes Deutschland

Nationale Klimaschutzpolitik muß nicht nur der globalen Bedrohung, sondern auch anderen gesellschaftspolitischen Zielen Rechnung tragen. Insbesondere sollte sie *auch soweit wie möglich [in die Wirtschaftspolitik/streichen] zur Sicherung* des Wirtschaftsstandortes Deutschland *beitragen [eingebettet sein/streichen].*

Nach fast einem Jahrzehnt ununterbrochenen Wachstums haben eine schwache Weltwirtschaftslage und zusätzliche wirtschaftliche Belastungen infolge der deutschen Vereinigung zu einem starken Einbruch der volkswirtschaftlichen Produktion mit einem massiven Arbeitsplatzabbau geführt. *[Eine Analyse des Produktionsstandorts Deutschland offenbart den/streichen] Befürchtet wird ein* Verlust an Wettbewerbsfähigkeit in klassischen Industrien wie dem Maschinenbau, der Automobilindustrie, der Elektrotechnik und der Chemie. Diese Industrien, die Basis *für Einkommens- und Beschäftigungszuwächse [Wohlstand/streichen]* waren, sind zwischen die Mühlsteine *der Weltmarktkonkurrenz z. B.* der Niedriglohnländer in Asien und Osteuropa und der Hochtechnologieländer Japan und USA geraten. Von **den einen** *werden vor allem* hohe Arbeitskosten, niedrige Maschinenlaufzeiten, hohe Unternehmenssteuern sowie hohe Energiekosten als Ursache diagnostiziert. *Von* **den anderen** *werden vorrangig Managementfehler, Fehlsteuerung in der Wirtschafts- und Fiskalpolitik, eine zu einseitige Weltmarktorientierung und der Verzicht auf die Anhebung der Massenkaufkraft im Inland als wesentliche Ursachen angesehen. Sollte* eine konsequente Kostensenkungsstrategie *[wird wohl/streichen]* die Wiedergewinnung der internationalen Wettbewerbsfähigkeit in den klassischen Industriebereichen ermöglichen, *[wenn auch/streichen] so geschähe dies in jedem Fall* um den Preis eines massiven Abbaus von Arbeitsplätzen. Eine Kostensenkungsstrategie allein reicht also nicht aus, um die Zukunft des Standortes Deutschland zu sichern. Sie muß z. B. *auch* ergänzt werden durch einen massiven Vorstoß in *neue klimaverträgliche und risikoarme* Technologien und industrielle Felder. Dazu gehören die Informationstechnik, die Mikroelektronik, die Mikrosystemtechnik, neue Werkstoffe, die Verkehrs-, Energie- und Umwelttechnik sowie die Bio- und Gentechnik. Diese *Schlüssel*industrien bieten die Chance, im Rahmen einer weltweiten Arbeitsteilung neue Arbeitsplätze zu schaffen, *wo auf der anderen Seite Arbeitsplätze verloren gehen, wenn klimaunverträgliche und zu risikoreiche Produktionsbereiche (wie z. B. fossile Energieträgermärkte) systematisch zurückgeschrumpft werden müssen.* Kompetenz in den neuen Schlüsseltechnologiebereichen ist auch notwendig, um in den klassischen Industrien Produktverbesserungen und -innovationen zu bewirken, um damit langfristig Wettbewerbsfähigkeit und Arbeitsplätze zu sichern.

Ein drittes Element ist darüber hinaus für den Erfolg der Zukunftssicherung Deutschlands bedeutsam, nämlich die Schaffung einer modernen leistungsfähigen Infrastruktur. Sie betrifft besonders die Bereiche Verkehr, Kommunikation und Energie. *Wie die Studienpakete und Szenarien der Enquete-Kommissionen gezeigt haben, muß der Erhalt und die Steigerung der Leistungsfähigkeit dieser Infrastruktur nicht zu Lasten eines effektiven Klimaschutzes gehen.*

In wirtschaftlich schwierigen Zeiten ist die Gefahr groß, daß der Schutz der Umwelt und des Klimas in den Hintergrund gerät. Auch aus diesem Grund muß eine tragfähige nationale Klimaschutzpolitik ökonomie- und arbeitsplatzverträglich angelegt sein. Ihre Maßnahmen und Instrumente sind deshalb so auszuwählen, daß die Wohlfahrtsverluste minimiert und der notwendige Strukturwandel nicht behindert werden. *[Zeitlich und inhaltlich überzogene Umweltschutzforderungen oder vermeintlich einfache Rezepte, die weniger der Eindämmung realer Umweltbelastungen dienen, sondern als eine Art Bußübung für die Sünden der Wohlstandsgesellschaft gedacht sind, sind dazu nicht geeignet./streichen, weil zu polemisch und Adressat der Polemik unklar]*

Das Problem steigender Umweltbelastung durch erhöhte Produktions- und Konsumaktivitäten kann durch technologischen Fortschritt *[entscheidend/streichen] zwar wesentlich entschärft, aber nicht gelöst werden. Eine Lösung ist nur vorstellbar, wenn die technisch mögliche Effizienzrevolution mit neuen dauerhaften Lebens- und Produktionsstilen verbunden wird und weit weniger ressourcen- und energieintensive Wohlstandmodelle von den Menschen akzeptiert und praktiziert werden. Dennoch darf der kostbare Zeitgewinn nicht verspielt werden, der darin liegt,* daß moderne Produktions- und Energietechniken in der Regel umweltverträglicher sind als die bisherigen. Im Hinblick auf die Schonung des Klimas müssen die Chancen, die sich im Bereich der energietechnischen Zukunftstechnologien bieten, konsequent wahrgenommen werden; das schafft auch *zukunftsfähige* Arbeitsplätze.

Es gilt aber auch, daß ein Aufbruch zu neuer wirtschaftlicher Prosperität langfristig nur tragfähig sein wird, wenn er mit einer dauerhaften Sicherung der natürlichen Lebensgrundlagen verbunden ist. Die Dienstleistungen, Produkte, Produktionsverfahren und Energiebereitstellungstechniken der Zukunft werden umweltverträglicher sein müssen, etwas anderes wird die zunehmende Knappheit von Umwelt-Ressourcen nicht zulassen.

Wirtschafts-, Energie-, Umwelt- und Klimaschutzpolitik müssen [in diesem Sinn dem gleichen/streichen] also mit dem Ziel der Sicherung und Zukunftsfähigkeit des Wirtschaftsstandortes verbunden werden [und Lebensraums Deutschland dienen/streichen].

Die folgenden vier Punkte werden im Koalitionsvotum in einseitiger und nicht überzeugender Form abgehandelt; sie sollten nach dem Vorschlag der Oppostionsfraktion herausgenommen werden und – da nicht konsensfähig – in jeweiligen Sondervoten gegeneinandergestellt werden. Die Oppositionsfraktion nimmt in Kapitel 1 ausführlich zu diesen vier Punkten Stellung:

- **Lenkung über den Markt; marktgemäße Lösungen als Ursachentherapie gegen die Klimakatastrophe**
- **Reform des Steuersystems**
- **Ordnungsrahmen der Energiewirtschaft**
- **Rolle und Aufgabe des wissenschaftlich-technischen Fortschritts**

1.2 Der Handlungsrahmen

Die Ausgangslage

Die energiebedingten CO_2-Emissionen in Deutschland sind von 1 060 Millionen Tonnen im Jahr 1987 auf 903 Millionen Tonnen im Jahr 1993 zurückgegangen. Dies entspricht einer Minderung von 14,8 Prozent. Diese Minderung ist auf einen Rückgang der CO_2-Emissionen in den neuen Bundesländern um fast 50 Prozent zurückzuführen. Demgegenüber stiegen im früheren Bundesgebiet die CO_2-Emissionen in den vergangenen Jahren geringfügig an.

Die von der Kommission in Auftrag gegebenen Untersuchungen zeigen – wie andere Untersuchungen auch –, daß bei unbeeinflußter Entwicklung, trotz einer Fortsetzung der Entkopplung von Wirtschaftswachstum und Energieverbrauch, die für notwendig erachteten Minderungen energiebedingter Treibhausgase nicht erreicht werden. Eine Treibhausgasminderungsstrategie ist erforderlich, die sowohl bei der Energiebereitstellung als auch bei allen Energieverbrauchssektoren ansetzen muß. *[Da/streichen] Obwohl* der künftige Energieverbrauch und die ihn bestimmenden Faktoren unsicher sind, sollten sich die heute einzuleitenden Klimaschutzmaßnahmen vorsorgend an einem künftigen Energieverbrauch in Deutschland orientieren, der *– so zeigen alle Szenarien der Enquete-Kommission (vgl. Kap. 8) – deutlich unter [auf/streichen]* dem derzeitigen Niveau liegen *[kann/streichen]* muß.

Zielsetzung und Zeitrahmen der CO_2-Minderung

Auf der Basis der Erkenntnisse der Klimaforschung und orientiert an den in der Klimarahmenkonvention der Konferenz der Vereinten Nation für Umwelt und Entwicklung (UNCED) formulierten Zielen stellt sich die Kommission hinter eine Politik der Minderung der energiebedingten CO_2-Emissionen in Deutschland bis zum Jahr 2005 um 25 bis 30%, bezogen auf das Jahr 1987. Die Handlungsempfehlungen sind auf das Erreichen dieses Zieles ausgerichtet. Sie sind darüberhinaus so angelegt, daß heute bereits die notwendigen Weichenstellungen für eine weitere deutliche Reduktion der Treibhausgasemissionen nach dem Jahr 2005 erfolgen, die eine Halbierung der Emissionen bis zum Jahr 2020 möglich machen sollten.

Entsprechend dem fortschreitenden wissenschaftlichen Kenntnisstand über den anthropogenen Treibhauseffekt sind diese Reduktionsziele zu überprüfen und gegebenenfalls neuen Kenntnissen anzupassen. Eine quantitative Zuordnung der im Zeitablauf erzielbaren CO_2-Minderungen der verschiedenen in den Handlungsempfehlungen vorgeschlagenen Maßnahmen ist angesichts bestehender Unsicherheiten und wegen der Synergieeffekte zwischen den Einzelmaßnahmen des Geamtkonzeptes nicht möglich.

Die Ergebnisse der von der Kommission in Auftrag gegebenen Szenarioanalysen integrierter CO_2-Minderungsstrategien lassen aber den Schluß zu, daß mit dem vorgeschlagenen Gesamtkonzept die Minderungsziele von rund 50% bis 2020 ökonomieverträglich erreicht werden, wenn

- die Voraussetzungen geschaffen werden, welche die volle Entfaltung der Lenkungswirkung einer Steuer gewährleisten, die an den Emissionen klimarelevanter Spurengase ansetzt.
- Hemmnisse für die Ausschöpfung der Potentiale einer rationelleren Energienutzung und der Nutzung CO_2-freier Energien abgebaut werden,
- durch verstärkte Anstrengungen in Forschung und Entwicklung neue Möglichkeiten der Einsparung von Energie, der Effizienzsteigerung bei der Energiewandlung und der Nutzung CO_2-freier Energiesysteme erschlossen werden,
- und wenn die vorgeschlagenen Maßnahmen ohne Zeitverzug umgesetzt werden.

Internationale Abstimmung und Einbettung der Klimaschutzpolitik

Die Empfehlungen der Kommission betreffen die verschiedenen Handlungsebenen weltweite und multinationale Organisationen, Europäische Union, Bund, Länder und Gemeinden sowie die gesellschaftlichen Gruppen und den einzelnen Bürger. Eine konsequente nationale Anstrengung wird *letztlich* nur dann klimaökologisch erfolgreich sein, wenn *auch* auf supranationaler und internationaler Ebene gleichgerichtete Ziele und wirksame Maßnahmen formuliert und umgesetzt werden. *Hinsichtlich des Verhältnisses von nationaler und internationaler Klimaschutzpolitik bekräftigt die EK die Haltung ihrer Vorgängerkommission: „Die Bundesregierung muß beispielgebend sein, ohne Wettbewerbspositionen zu verlieren. Über EG-weit abgestimmtes Vorgehen hinaus sieht es die Kommission als dringend erforderlich an, daß Bundestag und Bundesregierung geeignete Schritte unternehmen, die es ermöglichen, mit der Durchführung nationaler Maßnahmen ein Vorreiterrolle zu übernehmen" (EK, 1990, Bd. 1, S. 85). Bliebe es allerdings bei einem* isolierten nationalen Vorgehen, *so würde dies* der globalen Dimension des Problems nicht gerecht *werden.*

Die Kommission plädiert daher mit allem Nachdruck für ein international abgestimmtes Vorgehen und internationale Klimaschutzanstrengungen, die *für den Klimaschutz kontraproduktive* nationale Sonderwege unattraktiv machen. Die OECD und die Europäische Union sollten zur treibenden Kraft einer globalen Klimaschutzpolitik werden.

Die Bundesregierung sollte die 1. Vertragsstaatenkonferenz der Klimarahmenkonvention im Frühjahr 1995 in Berlin zur Konkretisierung und Konzertierung einer international abgestimmten Klimaschutzstrategie nutzen.

2. Handlungsempfehlungen zur Treibhausgasminderung durch Nutzung der Marktmechanismen

2.1. Einführung einer EU-weiten Energie-/CO_2-Steuer

Die Kommission sieht in der Lenkung über knappheitsgerechte Preise und die Nutzung der Marktkräfte den prioritären Weg zur Erreichung der Klimaschutzziele. Von einer Treibhausgassteuer[138)] wären dabei die größten klimaökologischen Lenkungswirkungen zu erwarten.

Angesichts unterschiedlicher nationaler Positionen und um möglichst umgehend eine aktive Klimaschutzpolitik zu realisieren, schlägt die Kommission die Einführung einer CO_2-Energiesteuer vor.

Die Enquete-Kommission empfiehlt, die Bundesregierung möge sich bei der Europäischen Union nachhaltig dafür einsetzen, daß eine Unions-weite Energie/CO_2-Steuer zustandekommt, die in den großen Linien übereinstimmt sowohl mit der am 25. September 1991 an den Rat gerichteten Mitteilung der EG-Kommission über eine Strategie der Begrenzung der CO_2-Emissionen und zur Erhöhung der Energie-Effizienz als auch mit dem am 27. Mai 1992 an den Rat gerichteten Vorschlag der EG-Kommission für eine Richtlinie des Rates zur Einführung einer Steuer auf Kohlendioxid-Emissionen und Energie.

Die tragenden Elemente dieser Initiative der EU-Kommission sind die folgenden:

- Es wird EU-weit eine Steuer eingeführt, die möglichst bald beginnend, das Primärenergie-Aufkommen besteuert. Der Hebesatz soll zunächst 3 US-$ je Barrel Rohöl (etwa 25 DM/t SKE [Steinkohleeinheiten]) Energieäquivalent betragen und dann in Jahresschritten von jeweils einem Dollar auf 10 US-$ je Barrel Rohöl (etwa 85 DM/t SKE) Energieäquivalent erhöht werden.
- Die Steuer soll hälftig im Aufkommen sowohl die CO_2-Emissionen als auch den Energieverbrauch zur Bemessungsgrundlage haben. Dabei ist zu beachten, daß – wegen des hohen Anteils der Kohle am Energie-

138) eine Steuer, deren Bemessungsgrundlage Emissionen klimarelevanter Spurengase sind (CO_2, SH_4, N_2O, ...)

verbrauch – die in Deutschland erzeugte oder verbrauchte Energie vergleichsweise höher belastet wird, je höher im Rahmen des Splitting der CO_2-Anteil ist.

- Ausnahmen oder ermäßigte Hebesätze sollen für Hersteller energieintensiver Produkte gelten: Stahl, chemische Produkte, NE-Metalle, Glas, Zement, Zellstoff und Papier. Hier wird vorgeschlagen, die Einführung der Steuer abhängig zu machen von gleichgerichteten Maßnahmen in den USA und in Japan („Konditionierung").
- Erneuerbare Energien – Sonnenenergie, Wind, Biomasse, Geothermie und Wasserkraft aus kleinen Anlagen – sind von der Steuer befreit.
- Es ist offen, ob die Elektrizitätserzeugung nach dem – unterschiedlichen – Verstromungs-Input oder – einheitlich – entsprechend der Zahl der erzeugten Kilowattstunden (dies auch im Hinblick auf das GATT) besteuert wird.
- Diskutiert wird burden sharing zwischen den Mitgliedstaaten, vor allem zugunsten der südlichen Länder Portugal, Spanien und Griechenland sowie Irland.
- Gefordert wird „Aufkommensneutralität": Die Ausgestaltung ist den Mitgliedsstaaten freigestellt. Die Kommission hat darauf hingewiesen, daß das Aufkommen aus einer CO_2-Energiesteuer durch Senkung anderer Steuern kompensiert werden sollte, als Voraussetzung dafür, daß keine Arbeitsplatzverluste entstehen.

Da nicht abzusehen ist, zu welchen Ergebnissen oder zu welchen Vorschlägen für die Gestaltung der von der EU-Kommission vorgeschlagenen Steuer die weiteren Verhandlungen im Rat der Europäischen Union führen werden, empfiehlt die Enquête-Kommission, bei den Verhandlungen im Rat der Europäischen Gemeinschaften mit Nachdruck darauf hinzuwirken, daß eine solche Steuer zustande kommt. Unerläßlich ist dabei, daß die Steuer

- **eine tatsächliche Lenkungswirkung zur Reduktion der CO_2-Emissionen erwarten läßt;**
- **die Energiepreise in Deutschland durch die Steuer nicht in einem Maße erhöht werden** ***[die über der entsprechenden Belastung in den anderen großen Mitgliedstaaten der Europäischen Union liegen, weil/ streichen, weil strittig siehe EWI/DIW/ISI]*****, das mit der Gefahr des Verlustes von Arbeitsplätzen in Deutschland verbunden wäre;**
- **der Grundsatz der Aufkommensneutralität strikt gewahrt wird, das heißt, daß durch eine CO_2-Energiesteuer keine Erhöhung der Steuerlastquote eintreten darf. Durch Senkung der Steuern an anderer Stelle soll vielmehr dazu beigetragen werden,** ***[daß die vom er-***

zwungenen Strukturwandel hauptsächlich betroffenen Branchen und Unternehmen den Wandel ohne Abbau von Arbeitsplätzen bewältigen können./streichen], daß durch den erzwungenen Strukturwandel netto und gesamtwirtschaftlich ein positiver Arbeitsplatzeffekt ausgelöst wird. Dies bedeutet, daß der Verlust an Arbeitsplätzen in einigen besonders betroffenen Branchen (z. B. in Bergbau) durch neue zukünftsfähige Arbeitsplätze und durch frühzeitige Diversifizierungstrategien und Beschäftigungsgesellschaften der betroffenen Unternehmen überkompensiert wird.

Bei Erfüllung dieser Voraussetzungen empfiehlt die Enquete-Kommission, keine unkonditionierten Ausnahmen für Hersteller energieintensiver Produkte vorzusehen und die Einführung der Steuer nicht von gleichgerichteten Maßnahmen in den USA und in Japan abhängig zu machen. Zwar bleibt es das Ziel, alle Industrieländer zu gleichgerichtetem Vorgehen zu verpflichten, doch ist die Europäische Union wirtschaftlich stark genug, um das Risiko einer Vorreiterrolle zu übernehmen.

Die Enquête-Kommission des Deutschen Bundestages sieht in der Lenkung über den Preis, *zum Beispiel* **durch eine CO_2-Energiesteuer, ein** *[entscheidendes/streichen] ein notwendiges und – bei entsprechender Ausgestaltung – auch erfolgversprechendes* **Instrument zur Reduzierung der Emissionen klimaschädlicher Spurengase auf internationaler Ebene. Völkerrechtlich verbindliche Vereinbarungen zur Einführung solcher Lenkungsinstrumente sind langfristig nicht nur wirksam, sondern auch ohne bürokratischen Aufwand kontrollierbar.**

Unterschiedliche Auffassungen bestehen in der Kommission hinsichtlich der volkswirtschaftlichen Auswirkungen eines nationalen Alleingangs bei Einführung einer CO_2-/Energiesteuer sowie hinsichtlich der möglichen Weiterentwicklung einer Energiesteuer im Rahmen einer ökologischen Steuerreform:

Die Koalitionsfraktion ist folgender Meinung:

Eine solche ökologisch notwendige Steuer sollte allerdings nicht zur Finanzierung von Staatsausgaben – gleich welcher Art – dienen, wie das im allgemeinen in der politischen Diskussion um eine ökologische Steuerreform vorgesehen ist.

Nur wenn die Einnahmen aus einer CO_2-Energiesteuer zur Senkung von Steuern an anderer Stelle verwendet werden, ist die dringend notwendige politische Akzeptanz einer solchen Lenkung über den Preis bei Bevölkerung und Wirtschaft zu erwarten.

Tritt mittel- und langfristig der Erfolg der Lenkungswirkung ein und vermindern sich die Emissionen von Spurengasen und damit gleichzeitig das Steueraufkommen aus einer CO_2-Energiesteuer, so darf dadurch kein Defizit bei notwendigen staatlichen Ausgaben eintreten. Eine CO_2-Energiesteuer ist als ein Instrument der Umweltpolitik mit geringem bürokratischen Aufwand und hoher Effizienz anzusehen. Sie darf aber im Gegensatz zu den herkömmlichen Steuern nicht zur Einnahmeerzielung des Staates herangezogen oder mißbraucht werden.

Vor dem Hintergrund dieser Überlegungen lehnt die Enquete-Kommission einen nationalen Alleingang zur Einführung einer CO_2-Energiesteuer ab, da damit nur ein geringer Beitrag zum Schutz der Erdatmosphäre geleistet werden könnte, während die Risiken für die Arbeitsplätze in den energieintensiven Branchen und den besonders betroffenen Regionen unverhältnismäßig hoch sind. Das Instrument „ökologische Steuer" würde in der Bevölkerung, und insbesondere bei den betroffenen Arbeitnehmern, auf verständlichen Widerspruch stoßen und damit auch seine internationale Einführung gefährden. Die häufig geforderte Vorreiterrolle der Bundesrepublik Deutschland auch in dieser Frage könnte sich in der Auseinandersetzung über die Wirkung einer solchen Steuer auf die Arbeitsplätze ins Gegenteil verkehren. Das Scheitern eines nationalen Alleingangs wegen der Empörung über verlorengehende Arbeitsplätze könnte dazu führen, daß die Bundesrepublik Deutschland auch bei der Vereinbarung internationaler Abmachungen zur Einführung einer solchen Steuer auf massiven innenpolitischen Widerstand stoßen würde.

Die Oppositionsfraktion hat in Kapitel 7 des gemeinsamen Berichts sowie in Kapitel 1 Teil B Abschnitt 3 ihres Sondervotums ausführlich zur Frage einer ökologischen Steuerreform Stellung bezogen.

Die Enquête-Kommission empfiehlt der Bundesregierung anläßlich der Übernahme der Präsidentschaft in der Europäischen Union durch die Bundesrepublik Deutschland,

- *im Europäischen Ministerrat den Entwurf eines EG-rechtlich verbindlichen Vertragstextes zur Einführung einer Steuer vorzulegen, dessen umwelt- und arbeitsmarktpolitische Konsequenzen die Bundesregierung für die Bundesrepublik Deutschland für vertretbar hält.*
- *im Europäischen Ministerrat zu beantragen, eine solche Energiesteuer auf der ersten Folgekonferenz nach dem Umweltgipfel von Rio als Vorschlag der Europäischen Union an die Adresse der Industrieländer vorzulegen.*
- *deutlich zu machen, daß ein solcher Energiesteuer-Vorschlag in keiner Weise die abgeschlossenen Konventionen der Rio-Konferenz in Frage stellen soll, sondern die vereinbarte Freiheit der Mittel zur Erfüllung*

der Reduktionsverpflichtungen ungeschmälert erhalten bleibt. Ziel einer solchen Initiative soll es deshalb sein, möglichst viele Industriestaaten freiwillig dafür zu gewinnen, eine CO_2-Energiesteuer-Verpflichtung als geeignetes Mittel zur Erfüllung der eigenen Reduktionsverpflichtungen zu wählen und zu akzeptieren.

2.2 Europäischer Binnenmarkt: Deregulierung und Wettbewerb, Reduktion der Emissionen klimaschädlicher Spurengase

(Anmerkung: Die folgenden Ausführungen überschneiden sich teilweise formulierungsgleich mit Ausführungen in Kapitel 7.2; Die Oppositionsfraktion hat daher vorgeschlagen, den folgenden Text mit Verweis auf dieses Kapitel an dieser Stelle zu streichen.)

Die Energie- und Umweltpolitik der Europäischen Union hat das Ziel eines Binnenmarkts, auf dem Energie ohne Zölle und Abgaben freizügig ausgetauscht wird und bestehende Wettbewerbs-Beschränkungen und -Verfälschungen beseitigt sind. Zugleich soll ein hohes Niveau des Umweltschutzes erreicht werden.

Das Konzept der EU-Kommission sieht vor, den Energie-Binnenmarkt für die beiden leitungsgebundenen Energien Elektrizität und Gas in drei Schritten zu realisieren:

- In einer ersten Phase sollen die in 1990 und 1991 erlassenen Richtlinien über den Transit von Elektrizitäts- und Erdgas-Lieferungen und über die Transparenz der Preise in den Mitgliedstaaten umgesetzt werden.
- In der zweiten Phase sollen die Elektrizitäts- und Erdgas-Märkte liberalisiert werden. Hierzu zählt der Abbau ausschließlicher Rechte zur Erzeugung von Elektrizität und zum Bau von elektrischen Leitungen und von Gas-Pipelines.

Zugleich sollen in den vertikal integrierten Energieversorgungs-Unternehmen die Bereiche „Produktion", „Übertragung" und „Verteilung" sowohl im Management, als auch in der Kostenrechnung „entbündelt" werden.

Im Kern geht es in dieser zweiten Phase für die Energieversorgungs-Unternehmen darum, Dritten – zunächst nur industriellen Großverbrauchern und Endverteilern – ihr Leitungsnetz zur Durchleitung zur Verfügung zu stellen (Third Party Access).

- Bis zum 1. Januar 1996 soll dann – in einer dritten Phase – der Binnenmarkt für Elektrizität und Gas „vollendet" werden. Dabei ist auch vorgesehen, den Kreis der zugangsberechtigten Energieverbraucher zu erweitern.

Offenbar führt an *[dieser/streichen] einer* Weiterentwicklung des gemeinsamen Marktes kein Weg vorbei, es sei denn, die Europäische Integration geriete in eine tiefgreifende Krise. Der Zeitplan könnte sich aber verlängern.

Die Umstrukturierung wird Hand in Hand gehen mit *[einer Deregulierung und/streichen]* Maßnahmen zur Verstärkung des Wettbewerbs auf dem europäischen Strom- und Gasmarkt.

Diese konkrete Planung hin zum Europäischen Binnenmarkt für Energie wird Folgen haben für Gestaltung der Politik einer Reduktion der Emissionen klimaschädlicher Spurengase (Klimapolitik):

Die deutschen Stromerzeuger und -verteiler werden mit ihren Kosten und Preisen mehr und mehr im Wettbewerb stehen mit den Strom- und Gas-Versorgungsunternehmen in anderen Mitgliedstaaten der Europäischen Union. Aus vielerlei *bekannten* Gründen liegen *nun aber* vornehmlich die Elektrizitäts- Erzeugungskosten und -Preise in Deutschland höher als in anderen wichtigen Mitgliedstaaten. *Unter unveränderten Rahmenbedingungen und ohne vorangegangene Harmonisierung (insbesondere bei einigen Sonderlasten) werden* die Zulieferungen aus diesen Ländern daher zunehmen. *Dies könnte insbesondere die kommunale Energieversorgung, die notwendige verstärkte Nutzung der Kraft-Wärme-Koppelung und erneuerbarer Energien sowie die Umsetzung von Energiesparmaßnahmen negativ beeinflussen.*

[Tatsächlich trifft die Liberalisierung eine Versorgungsstruktur, die sich entwikkelt hat und bislang abgestellt ist, auf Aufgaben im nationalen Rahmen. Diese Struktur gestattet nur begrenzt, einem europaweiten Wettbewerb standzuhalten./streichen]

Als Sonderlasten der leitungsgebundenen Energiewirtschaft in der Bundesrepublik seien genannt:

- Die vergleichsweise hohe Belastung der EVU mit Steuern und Abgaben, hier auch mit Konzessionsabgaben
- gesetzlich auferlegte Versorgungspflichten
- Abnahmepflichten für bestimmte Einsatzenergien und der faktische Ausbaustopp *für Kernenergie [für eine andere Einsatzenergie kann zu Ausweitung fossiler Energien führen/streichen]*
- im europäischen Vergleich strenge Umwelt- und Sicherheitsnormen *[mit entsprechend hohe Kosten, verbunden mit überaus schwerfälligen, zeitaufwendigen und kostentreibenden Genehmigungsverfahren/streichen]*
- *[weiterbestehende Tarifregelungen und Höchstpreise bei Lieferungen an bestimmte Verbrauchergruppen/streichen oder erklären, was gemeint ist]*

- die *noch nicht [keineswegs/streichen] voll* überschaubaren Verpflichtungen, die *sich aus der [zur/streichen]* Umstrukturierung der Energiewirtschaft in den neuen Bundesländern *ergeben.*

Insbesondere auf diese Belastungen ist es zurückzuführen, daß hierzulande die Stromerzeugungskosten vergleichsweise hoch sind. Im Ergebnis verhalten sich die durchschnittlichen Kosten der Bereitstellung von Grundlaststrom, die in die Preise eingehen, welche die französischen Abnehmer zu zahlen haben, zu den entsprechenden Kosten der deutschen EVU etwa wie 70 bis 75 zu 100. Eine ähnliche Kostenrelation besteht zu Dänemark, dessen Kraftwerke durchweg Einfuhrkohle einsetzen, die nur etwa ein Drittel der deutschen Steinkohle kostet.

Die Enquête-Kommission „Schutz der Erdatmosphäre" empfiehlt deshalb:

Grundsatz

Die angelaufenen Aktionen zur Liberalisierung der europäischen Strom- und Gasmärkte werden gutgeheißen, ***sofern dadurch nicht nur die bestehende Konzentration und Monopolpositionen auf den Energiemärkten abgebaut werden, sondern insbesondere auch Umwelt und Klimaschutzgesichtspunkte eine stärkere Realisierungschance erhalten.*** **Es wird** *[aber/streichen]* ***daher*** **von der Bundesregierung erwartet, daß sie alle Bestrebungen zurückweist, die darauf abzielen, anstelle der entfallenden** *[Regulierungen und/streichen]* **Wettbewerbsschranken neue** ***und womöglich verstärkte Konzentrationstendenzen zu fördern oder dem Klima- und Umweltschutz zuwiderlaufende*** **Regulierungen und Schranken einzuführen.**

Energiepolitik

Die Bundesregierung sollte im Rahmen der Verhandlungen zur Schaffung eines Europäischen Energie-Binnenmarktes nachdrücklich bemüht sein, Unterschiede aller Art in den Wettbewerbsgrundlagen der Energieanbieter zu beseitigen oder auszugleichen. ***Dies betrifft insbesondere die Herstellung von Chancengleichheit für die um Wettbewerb beteiligten Unternehmen aller Stufen.***

Die Finanzierung der Verstromung heimischer Steinkohle sollte – im Rahmen eines Kohlegesamtkonzepts und im klimaverträglich reduzierten Umfang – aus Steuermitteln und nicht durch eine Umlage auf den Strompreis erfolgen.

[Die Elektrizitätswirtschaft sollte möglichst weitgehend von bestehenden Sonderbelastungen befreit werden, insbesondere von der Umlage zur Sicherung der Verstromung heimischer Steinkohle/streichen]

Im Rahmen der sich anbahnenden *europäischen* Politik zur Reduktion der Emissionen klimaschädlicher Spurengase sollten die finanziellen Belastungen der Elektrizitätswirtschaft *[insbesondere durch Steuern und Abgaben, zumal dann/streichen]* in Grenzen gehalten werden, wenn in anderen Mitgliedstaaten der Europäischen Union die Elektrizitätswirtschaft nicht entsprechend belastet ist oder wird.

Umwelt- und Klimapolitik

[Mit dem Ziele, die Belastung der heimischen Energiewirtschaft in Grenzen zu halten und zu deren internationalen Wettbewerbsfähigkeit beizutragen, sollte sich/streichen] Die Bundesregierung sollte sich um eine Harmonisierung *und zielorientierte Verschärfung* **des europäischen Regelwerks für den Umwelt- und Klimaschutz bemühen. Letztes Ziel sollte sein, die im europäischen Rahmen** *[beschlossenen/streichen] zu beschließenden* **klimapolitischen Maßnahmen voll in das Regelwerk der europäischen** *Wirtschafts-* **und Umweltpolitik zu integrieren.**

In diesem Zusammenhang empfiehlt die Enquête-Kommission die Einführung von Regelungen und Maßnahmen, die geeignet sind, die durch die Liberalisierung beeinträchtigten Wirtschaftszweige zu unterstützen, soweit dies die Reduktion der Emissionen klimawirksamer Spurengase fördert. Hierzu gehört vor allem die Förderung von Maßnahmen zur rationelleren Energieumwandlung und Energieanwendung sowie zur Entwicklung und zum Einsatz erneuerbarer Energien.

2.3 Internalisierung externer Kosten

Externe Kosten von Gütern, wie die mit der Nutzung einzelner Energien verbundenen Umweltschäden und Klimaveränderungen, spiegeln sich in den Preisen der Verursacher nicht wider. Sie werden von Dritten und der Gesellschaft getragen. Die Existenz externer Kosten führt in einem Wirtschaftssystem, das über Preise die Inanspruchnahme knapper Ressourcen einschließlich von Umwelt und Natur steuert, zu Fehlallokationen und zu einer Minderung der Wohlfahrt.

Die Inanspruchnahme von Umwelt und Natur als knappe Ressourcen gehört zu den Problemen, die der Markt durch seine „unsichtbare Hand" nicht regelt. Hier muß der Staat eingreifen, um durch geeignete Rahmenbedingungen dazu beizutragen, externe Kosten verursachungsgerecht zu internalisieren und somit über *„wahre"* Preise die Steuerungsfunktion der Märkte zu nutzen.

Voraussetzung für eine Internalisierung externer Kosten ist die Kenntnis ihrer Höhe. Über die Höhe externer Kosten der verschiedenen Energien und Energiesysteme gibt es bisher nur Abschätzungen, die eine große Bandbreite aufspannen *[und als Grundlage für eine verantwortliche politische Internalisierungsmaßnahme untauglich sind/streichen] und die zwar die Notwendigkeit der Internalisierung zwingend belegen, aber keine Grundlage für die exakte Höhe einer Internalisierungsmaßnahme liefern können.*

Dies gilt *[ebenso/streichen] insbesondere* für die Schäden einer Klimaveränderung, die sich derzeit *[auch/streichen]* nur in der Größenordnung *[kaum/streichen]* quantifizieren lassen.

Für eine am Vorsorgeprinzip orientierte Klimaschutzpolitik bleibt also derzeit nur der Weg, über eine Treibhausgassteuer, deren Höhe sich aus den Vermeidungskosten des angestrebten Minderungsziels ergibt, einen Beitrag zur Internalisierung der energiebedingten Klimaeffekte zu leisten.

Die Enquête-Kommission ist der Auffassung, daß die Internalisierung externer Kosten, nicht nur für den Energiebereich, ein wesentliches Grundprinzip für die Steuerung der Nutzung knapper Ressourcen über die Kräfte des Marktes ist. Sie empfiehlt deshalb, die Forschungen zur Quantifizierung externer Kosten, insbesondere die der Klimaveränderungen, weiterzuführen, um fundierte Abschätzungen externer Kosten als Grundlage für politische Internalisierungsmaßnahmen zu schaffen.

2.4 Least-Cost Planning (LCP) und Integrierte Ressourcenplanung (IRP)

Der gemeinsame Grundgedanke von LCP und IRP ist die gleichgewichtige und integrierte Betrachtung von Energiebereitstellung und Energienutzung, also die Abwägung der angebots- und nachfrageseitigen *[Möglichkeiten zur/streichen] Techniken und Maßnahmen zur* kostenminimalen Bereitstellung von Energiedienstleistungen. Das Neue an LCP und IRP ist nicht die Anwendung des Minimalkostenprinzips an sich, sondern seine Erweiterung über die Bereitstellung von Energie hinaus auf die Nutzung dieser Energie beim Endverbraucher zur Befriedigung seiner Bedürfnisse, wobei die Energieversorgungsunternehmen ihre Handlungsfelder ausdehnen und zu Energiedienstleistungsanbietern werden können oder wobei andere, gegebenenfalls neue Akteure als Energiedienstleistungsanbieter unternehmerisch tätig werden.

Der sinnvolle LCP-Grundgedanke entspricht dem allgemeinen ökonomischen Prinzip, mit knappen Ressourcen effizient umzugehen und damit der Forderung nach einer rationellen Energienutzung.

Dem Grundgedanken von LCP und IRP ist es deshalb *auch* nicht angemessen, nur auf die Nachfrageseite, etwa auf Konzepte der Energieeinsparung, verkürzt zu werden. Auch die Beschränkung von LCP und IRP auf die Elektrizitätswirtschaft erscheint angesichts der generellen Bedeutung unangemessen.

Die Enquete-Kommission empfiehlt geeignete Maßnahmen zu ergreifen, um den energie- und klimapolitisch beachtenswerten LCP/IRP-Grundgedanken als unternehmerischen Planungs- und Marketingansatz in der Energiewirtschaft zu verankern und Hemmnisse zu beseitigen, die einem stärkeren Wettbewerb um Energieeinsparmärkte entgegenstehen.

Sie fordert die beteiligten Akteure, die EVUs, neue Anbieter auf dem Effizienzmarkt (z. B. Energieagenturen, Contracting-Unternehmen) sowie den Gesetzgeber auf Bundes- und Landesebene auf, den Grundgedanken von LCP/IRP in die jeweiligen Planungen zu integrieren sowie durch verbesserte und einheitliche Rahmenbedingungen beschleunigt in die Praxis umzusetzen. Die Kommisison begrüßt, daß im Rahmen der EU ein Entwurf einer Richtlinie zur Umsetzung von LCP vorliegt und verabschiedet werden soll.

Unterschiedliche Auffassungen bestehen in der Kommission, mit welcher staatlichen Flankierung und Regulierungskompetenz LCP bzw. IRP umgesetzt werden soll.

Stellungnahme der Koalitionsfraktion:

Von entscheidender energie- und ordnungspolitischer Bedeutung ist aber, ob LCP/IRP über eine Ausweitung der Regulierung unter staatlichem Einfluß oder über Markt und Wettbewerb greifen soll.

LCP/IRP als Regulierungskonzept vermehrt staatliche Eingriffe zur mehr oder weniger umfassenden Steuerung unternehmerischer Entscheidungsprozesse, um auf diesem Wege, etwa durch ein behördliches „Supply-Side Bidding", über die Anerkennung der Kosten von Energieeinsparprogrammen bei der Preisgenehmigung bis zum Ausgleich von Gewinneinbußen der EVU durch verminderten Stromabsatz, eine Minimierung der mit der Bereitstellung von Energiedienstleistungen verbundenen Kosten zu erreichen.

Die Koalitionsfraktion ist der Auffassung, daß dirigistische Eingriffe durch Ausweitung staatlicher Regulierung kein geeigneter Weg sind, um Einsparpotentiale volkswirtschaftlich effizient zu erschließen.

Behördlich regulierte LCP/IRP-Maßnahmen, die es Energieversorgern erlauben, die Kosten von LCP/IRP-Programmen einschließlich entgangener Gewinne in Form behördlich genehmigter Preissteigerungen auch auf die nicht am Programm beteiligten Kunden zu überwälzen, sind verteilungspolitisch bedenklich und laufen dem Prinzip der kostenorientierten Preisbildung entgegen. Sie bedeuten zudem eine nicht gerechtfertigte Privilegierung dieser Energieversorger gegenüber Dritten im Wettbewerb um die Erschließung wirtschaftlicher Einsparpotentiale.

***Die Koalitionsfraktion* lehnt deshalb eine regulierungsorientierte Umsetzung von LCP und IRP ab.**

Stellungnahme der Oppositionsfraktion:

Wegen des hohen Konzentrationsgrades und der marktbeherrschenden Stellung der Anbieter leitungsgebundener Energieträger sowie zur Umsetzung öffentlicher Leitziele wie z. B. Klima- und Ressourcenschutz hält die Oppositionsfraktion eine Kombination aus Regulierungs- (z. B. Beibehaltung und Neubestimmung des Auftrages der öffentlichen Investitions-, Preis- und Kartellaufsicht) und Wettbewerbselementen (z. B. Erzeuger-Pool; „unbundling") für unabdingbar. Dabei soll von einer zu reformierenden öffentlichen Aufsicht nicht in die Unternehmen „hineinregiert" werden, sondern durch neue staatliche Rahmenbedingungen die derzeitige inhärent ineffiziente Anreizstruktur umgekehrt werden: Nicht der Mehrverkauf von Energie, wie bisher, sondern das Energiesparen soll sich für Anbieter und Verbraucher lohnen. Investitionen von EVU in die Erschließung von kosteneffektiven Energiesparpotentialen sollen daher, nach dem Vorbild der „Anreizregulierung" („incentive regulation") in vielen Bundesstaaten der USA, überdurchschnittlich verzinst werden. Andererseits sollte die heute übliche Kostenüberwälzung für nicht benötige oder zu teure Kraftwerke an die Verbraucher nicht mehr gestattet werden.

Dieses innovative System von marktorientierten Anreizen und Sanktionen mithilfe der öffentlichen Aufsicht bedeutet den Abbau der derzeitigen und auch in einem reinen Wettbewerbskonzept weiter bestehenden Privilegien für marktbeherrschende Energieanbieter. Es geht dabei nicht um einen Ausgleich von Gewinneinbußen für verminderten Stromabsatz, sondern um das Gegenteil: Die derzeitige überdurchschnittliche Umsatzrendite aus Stromverkauf soll zugunsten von mehr und rentierlichen Einsparinvestitionen abgebaut werden. Selbstverständlich muß den EVU zur Substanzsicherung die Weitergabe der Kosten *von kosteneffektiven Einsparprogrammen durch die Preis- und Kartellaufsicht gestattet werden – ganz analog und mit vergleichbaren Verteilungseffekten wie bei Angebotsinvestitionen. Bei kosteneffektiven Einsparprogrogrammen sinkt im übrigen die benötigte Energie schneller als die Preise steigen: Dies führt zu geringeren **Energierechnungen*** der Verbraucher, auf die es letztlich – auch in Hinblick auf die Wettbewerbsfähigkeit – ankommt.

Konsens besteht, daß eine marktwirtschaftlich ausgerichtete Umsetzung von LCP/IRP versucht *[dagegen/streichen]*, Märkte für Kauf und Verkauf von Energiedienstleistungen zu schaffen, auf denen eine Vielzahl von Akteuren – neben den EVU auch Ingenieurunternehmen, Banken, Finanzierungsgesellschaften, Energieagenturen oder Energiedienstleistungsunternehmen – im Wettbewerb tätig werden. Ausweitung von Finanzierungsangeboten für Energiesparmaßnahmen, Ausweitung von Energiedienstleistungsangeboten sowie Ausschreibungen zur Beschaffung von Kapazität können Resultate eines marktorientierten LCP/IRP-Konzeptes sein.

3. Sektorübergreifende Empfehlungen

Energieversorgung geschieht durch Energiewandlung in Energiewandlungsketten. Einziges Ziel für den Durchlauf durch die Kette ist die zeit-, orts-, mengen-, kosten- und umweltgerechte Bereitstellung von Energiedienstleistungen.

Der Anfang der Kette ist traditionell in erfahrenen Händen. Dort, wo Primärenergie aus Primärenergierohstoffen in Sekundärenergie, Endenergie, schließlich Nutzenergie umgewandelt wird, arbeiten Fachleute. Am Ende der Kette – *bei der häufig besonders verlustreichen Umwandlung von Nutzenergie in Energiedienstleistungen – gehen* jedoch Millionen Energienachfrager mit Nutzenergie um, ohne daß ihnen bewußt ist, daß *jede* hier vermiedene Kilowattstunde den ökologisch bedenklichen, zumeist verlustreichen Weg durch die Energiewandlungskette nicht zu durchlaufen braucht.

Was wegen effizienter Umwandlung von Nutzenergie in Energiedienstleistungen am Ende nicht gebraucht wird, muß am Anfang der Kette nicht eingesetzt werden. Auf alle energietechnologischen, energieökologischen, energiegesetzlichen und organisatorischen Schritte *zur Verlustvermeidung in der Energiewandlungskette – insbesondere an deren Ende* – aufmerksam zu machen, ist vorrangiger Zweck der sektorübergreifenden Empfehlungen der Kommission.

Sie läßt sich dabei von dem klimaökologisch starken Argument leiten, daß für jede im Energiedienstleistungsbereich vermiedene *eine* Kilowattstunde – entsprechend dem nationalen mittleren Energienutzungsgrad

Deutschlands von etwa einem Drittel – *drei* Kilowattstunden am Anfang der Energiewandlungskette in die Energiewirtschaft nicht eingebracht werden müssen.

Die Enquête-Kommission fordert deshalb, die Anbieter von Energiedienstleistungen – soweit nicht bereits Realität – zu professionalisieren *[und zu privatisieren/streichen]*. Die Vielzahl der Teilakteure wie Architekten, beratende Ingenieure, EVUs, Stadtwerke, Installateure oder im Verkehr Verkehrsbetriebe, Reparatur- und Wartungsbetriebe muß sich nach dem Ziel klimaökologisch effizienter, kostenminimaler Energiedienstleistungen ausrichten. Dem Staat kommt dabei eine Lenkungsaufgabe und die Setzung von Rahmendaten zu. Die Einführung von Energiepässen für Häuser und Produkte, das Tätigwerden überregionaler Energieversorger als Energiedienstleister, die Gründung von Energieagenturen, Contractingfirmen und kommunalen Energiewerken ***[mögen/streichen] sind zum Beispiel Schritte in die richtige Richtung [sein/streichen].***

Die nachfolgenden Empfehlungen detaillieren den vorbeschriebenen Gedanken.

3.1 Förderung des Contracting *[-Gedankens/streichen]*

Contracting ist die Planung, Finanzierung und Realisierung von Energiedienstleistungsmaßnahmen und zugehöriger energietechnischer Anlagen sowie ggf. auch deren Betrieb aufgrund einer vertraglichen Vereinbarung zwischen Kontraktor und Nutzer. *Dabei dienen die durch rationellere Energieumwandlung und -nutzung eingesparten Energiekosten zur Refinanzierung der hierfür eingesetzten Investitionen.* Unterschiedlichste Energiedienstleistungen wie Beleuchtung, Klimatisierung, Heizung oder Prozeßwärme können durch Contracting *zu niedrigeren Gesamtkosten (Investitions- und Betriebskosten)* bereitgestellt werden. Resultierende Energieeinsparungen sind energie- und klimapolitisch relevant.

Contracting ist eine Möglichkeit zur Ausschöpfung der Potentiale rationeller Energieanwendung, die beim potentiellen Kunden (Contractingnehmer) aus verschiedenen Gründen, z. B. Informationsmängel, fehlendes technisches Know-how, Kapitalknappheit, Rentabilitätsanforderungen etc., nicht erfolgt.

Als Contractor kommen sowohl Energieversorgungsunternehmen, *Energieagenturen,* Banken, Anlagenhersteller, Handwerksbetriebe als auch spezielle Contracting-Unternehmen in Betracht.

Zur Förderung des Contracting *[-Gedankens/streichen]* als eine marktkonforme Erschließung von Möglichkeiten zur rationellen Energieanwendung empfiehlt die Kommission,

- **die Stellung von Betreibergesellschaften stromerzeugender Anlagen nach § 4 EnWG zu regeln,**
- **offene juristische und versicherungstechnische Fragen zu klären, um auch die Wärmedämmung von Gebäuden contractingfähig zu machen,**
- **zu erwägen, eine staatliche Bürgschaft und *Förderung* zur Risikoabsicherung bei der Erprobung neuartiger Contractingmodelle zu gewähren,**
- **die Erarbeitung von standardisierten Contractingverträgen für bestimmte Anwendungen zu veranlassen.**

3.2 Energieforschung und -entwicklung

Die mit der derzeitigen Energiewandlung und -nutzung verbundenen Emissionen sind in den Industrieländern die bei weitem größte Quelle von treibhausrelevanten Spurengasen. Zum Erreichen einer klimaverträglichen Energieversorgung sind auf lange Sicht die energiebedingten Treibhausgasemissionen in diesen Ländern um bis zu 90 % zu reduzieren.

Eine weltweit nachhaltige Reduktion der energiebedingten Treibhausgasemissionen wird folglich nur erreicht werden können, wenn *treibhausgasfreie (Potentiale zur Effizienzsteigerung),* treibhausgasarme und treibhausgasfreie Energien *und Potentiale* verfügbar gemacht werden, die es erlauben, die notwendigen Energiedienstleistungen kostengünstig bereitzustellen.

CO_2-Emissionsreduktion kann bis heute nicht durch Rückhaltetechniken geschehen, weil sie nicht verfügbar sind. Energiewandler, die den klimaökologischen Bedingungen genügen, müssen höchsteffizient, energie- und materialintensitätsarm und von langer Lebensdauer sein; bei Lebensdauerende sind alle Anlagen der Energiewandlung und -nutzung emissionsarm abzuwracken, in den Materialkreislauf zurückzuführen oder *möglichst risikoarm* endzulagern. Alle *Forschungsmaßnahmen* sind *in* klimaökologischer *Hinsicht* positiv *zu bewerten,* die CO_2 (CH_4, N_2O etc.) entweder gar nicht erst entstehen lassen (z. B. CO_2, N_2O, letzteres nur aus Feuerungen) oder durch äußerste Anlagendichtheit von der Atmosphäre fernhalten (CH_4).

Die Kommission empfiehlt der Bundesregierung, in ihrer nationalen F, E + D [139]-Politik sowohl, als auch in ihrem Einfluß auf die EU-F, E + D-Politik darauf bedacht zu sein, daß der klimaökologisch wirksa-

[139] Forschung, Entwicklung und Demonstration

men Emissionsreduktion hervorgehobene Beachtung zukommt. Weil Energie für den überwiegenden Anteil der klimawirksamen Emissionen steht, sollte kein Schritt der künftigen F, E + D-Maßnahmen mit Energiebezug mehr ohne ausdrücklichen Bezug zur Emissionsreduktion geschehen. *Dabei muß beachtet werden, daß hierdurch keine Risikoverlagerung stattfindet, sondern durch Maßnahmen zur Emissionsreduktion auch generell zur Risikominimierung beigetragen wird.* Das gilt auf jeder Energiewandlungsstufe der Energiewandlungskette von der Versorgung mit Primärenergierohstoffen über die Primärenergie-, Sekundärenergie-, End- und Nutzenergieproduktion, schließlich die Bereitstellung von Energiedienstleistungen, einschließlich aller Speicher- und Verteileraufgaben, bis hin zur Rezyklierung abgewrackter Anlagen und ihrer sicheren Endlagerung. Das gilt auch und besonders für alle Maßnahmen der rationellen Energiewandlung und rationellen Energieanwendung sowie alle erneuerbaren Energien, die ohne betrieblichen Primärenergierohstoff sind.

Herausgehobene Ziele künftiger klimarelevanter F, E + D-Politik sind darauf auszurichten, pro Einheit bereitzustellender Nutzenergie für Bau, Betrieb und Rezyklierung des jeweiligen Energiewandlers und Energiewandlungssystems mehr CO_2-arme und CO_2-freie Energie sowie weniger kohlenstoffintensive Primärenergierohstoffe einzusetzen. F + E-Ziele sind:

Fossiler Primärenergierohstoffbereich

- stoffdichte Explorations-, Förder- und Transportverfahren und -einrichtungen, besonders der Gas- und Ölwirtschaft
- effiziente Primärenergierohstoffgewinnung
- Methanexploration, -förderung und -nutzung aus Kohlelagerstätten

Umwandlungsbereich

- dringende Ergänzung der in der Energiewirtschaft überwiegend angewandten wärmegeführten Carnotprozesse durch technologiegeführte weitgehend Carnot-unabhängige elektrochemische Energiewandlungsprozesse
- Erzeugung von mehr technischer Arbeitsfähigkeit aus der Energiewandlung (Exergie-Optimierung)
- Kombiprozesse zur Erhöhung der Umwandlungswirkungsgrade einschließlich Hochtemperaturbrennstoffzellen
- CO_2-Rückhaltung und -Endlagerung *soweit ökologisch vertretbar*

- **Energiewandler der erneuerbaren Energien, die ohne betriebliche Primärenergierohstoffe und folglich ohne klimaökologisch relevante Schadstoffe und Reststoffe** ***[aus ihnen sind/streichen] betrieben werden. Die*** **Mengen fossiler Primärenergierohstoffe, die für Bau, Unterhalt und Rezyklierung der Energiewandler gebraucht werden, sind zu minimieren.**

- ***[inhärent sichere Kernkraftwerke mit einer neuen Sicherheitsqualität / streichen.***

Nutzerbereich

- **Industrieenergieprozesse optimierter technischer Arbeitsfähigkeit**

- **Kaskadische Prozeßwärmenutzung fallender Temperaturniveaus (Wärmemehrfachnutzung, Wärmerückgewinnung u. ä.)**

- **Niedertemperaturwärmeversorgung unter Verwendung von möglichst geringem Aufwand an technischer Arbeitsfähigkeit (Sorptionswärmepumpe, Kompressionswärmepumpe) durch solare Nahwärmenetze plus Speicher**

- **Sonnenenergienutzung in Niedrigenergiehäusern auf der Grundlage strikt rationeller Energieanwendung.**

Eine ausführliche Technologieliste befindet sich in *Anlage 3.2* (im Oppostionsvotum nicht abgedruckt).

Da heute und in den nächsten Jahrzehnten verbrennungsgestützte Energiewandlung in Brennkammern, Motorbrennräumen, Kesseln, Triebwerken u. dgl. nach wie vor weitaus dominieren wird, kommt der sublimen Kenntnis der physikalisch-chemischen Entstehungsmechanismen von Schadstoffen und gegebenenfalls ihrer Beseitigung große Bedeutung zu. Die Kommission verbindet daher mit ihrer Empfehlung an die Bundesegierung die Erwartung, daß die klimaökologisch unerläßlichen Arbeiten der Verbrennungsforschung weiter ausgebaut werden. Da in weiten Teilen vorwettbewerblich, sollte dies unter Einschluß der Industrie und international geschehen. Biogene Brennstoffe sind miteinzubeziehen.

Forschung und Entwicklung an Energiewandlungssystemen sind in der Vergangenheit immer *[mal/streichen]* wieder abgebrochen worden, weil einzelne Technologien nicht beherrscht wurden. Hierher gehören etwa MHD – Magnetohydrodynamische Wandler oder Thermionische Reaktoren.

Die Kommission bittet die Bundesregierung, prüfen zu lassen, inwieweit Fortschritte etwa der Werkstofftechnologie oder der Elektrodynamik rechtfertigen, einen F + E-Wiederbeginn zu erwägen.

Eine letzte Empfehlung gilt dem Energiewandler an Bord des Automobils (ausführliche Einzelheiten in den Handlungsempfehlungen Verkehr).

Der carnotische Energiewandler Hubkolbenmotor hat in 100 Jahren Automobilgeschichte und in milliardenfacher Reproduktion einen beispiellosen Siegeszug erlebt. Gleichwohl hat das Automobil bis heute keinen höheren mittleren Nutzungsgrad als 10 bis 20% erreicht.

Die Kommission fordert deshalb die Bundesregierung auf, im Zusammenwirken mit Forschung und Industrie, allen F + E-Maßnahmen der Nutzungsgradsteigerung (Hybridantriebe, Elektroantrieb, Brennstoffzelle an Bord, Gasmotoren, alternative CO_2-neutrale Kraftstoffe etc.) hohen Rang zu geben. Die Kommission teilt die Überzeugung, daß – ***allein bei den Antrieben*** **– mehr als eine Halbierung des spezifischen Kraftstoffverbrauchs technologisch möglich ist; ihn auch gesamtsystemisch und verkehrswirtschaftlich zu ermöglichen, bedarf es der beharrlichen, auch internationalen F + E-Politik und Verkehrspolitik.**

Die in der mittelfristigen Finanzplanung des BMFT vorgesehene Reduzierung der Ausgaben des Bundes für die Forschung und Entwicklung im Energiebereich wird den klimarelevanten Energie-F+E-Aufgaben (wie vorstehend) nicht gerecht, insbesondere, wenn man sich vor Augen führt, daß in konstanten Geldwerten die derzeitigen F + E-Ausgaben des Bundes für Energie nur 50% bzw. 30% der F + E-Mittel der Jahre 1974 bzw. 1982 entsprechen!

Die Kommission empfiehlt deshalb der Bundesregierung, dringend die ausreichend langfristig angelegten Mittel für Forschung, Entwicklung und Demonstration im Energiebereich auf ein angemessenes Niveau zu heben und ihre nationale F + E-Politik stärker auf die Ziele des Klimaschutzes ***sowie auf die Risiko- und Gesamtkostenminimierung bei der Bereitstellung von Energiedienstleistungen auszurichten. Dabei sind Techniken und integrierte technische Systeme mit Vorrang zu fördern, die zur maximalen Verlustvermeidung auf der gesamten Energiewandlungskette beitragen.*** **Darüber hinaus hält die Kommission es für erforderlich, daß die Bundesregierung ihren Einfluß geltend macht, daß der Klimaschutz die ihm gebührende Stellung auch in den F + E-Programmen der Europäischen Union sowie der IEA erhält.**

Bei allen Forschungen und Entwicklungen, die einzelnen Technologien gelten, sind systemtechnische und systemanalytische Begleitforschungen nicht zu vernachlässigen. Hierher gehören auch Fragen der

Technikbewertung und der Ökobilanzforschung, der ganzheitlich über den gesamten Lebensdauerzyklus betrachteten Energie- und Stoffbilanzierung sowie der Kreislaufwirtschaft.

3.3 Die Erhöhung von Wirkungsgraden und Nutzungsgraden

Der Erhöhung von Wirkungsgraden und Nutzungsgraden kommt in Zukunft eher noch größere Bedeutung zu, als dies für Ingenieurwesen und Energiewirtschaft immer schon der Fall war; aus drei Gründen vor anderen:

- Effizienz der Energiewandlung und Energieanwendung durch hohe Wirkungsgrade auf jeder Energiewandlungsstufe vermindert den Einsatz von klimarelevanten Energierohstoffen.
- Technisches Wissen zur Effizienzsteigerung durch Anhebung von Wirkungsgraden der Energiewandlung dient der internationalen Vergleichmäßigung von Energiedienstleistungsangeboten und damit der dauerhaften Entwicklung in Ländern mit und ohne nationaler Verfügbarkeit von Energierohstoffen.
- Klimaökologisch mindert die Emissionsreduktion von Spurengasen aus zurückgedrängten fossilen Energierohstoffen durch höhere Effizienz der Energiewandlung als Folge von Wirkungsgraderhöhungen die Beladung der Atmosphäre mit klimawirksamen Spurengasen. Das ist entscheidend für solche Spurengase (CO_2), für die es ein energiewirtschaftlich anwendbares Verfahren der Rückhaltung (derzeit) nicht gibt.

Energieumwandlung geschieht in Energiewandlungsketten vieler aufeinanderfolgender Kettenglieder. Solche Kettenglieder sind Exploration und bergmännische Gewinnung von Primärenergierohstoffen, ihre Umwandlung in Primärenergien, deren Umwandlung in eine oder mehrere Sekundärenergien, Endenergien, schließlich Nutzenergien und Energiedienstleistungen mit vielen möglichen Zwischenspeicherungen und Transportvorgängen hinter buchstäblich jedem Umwandlungsschritt.

Hohe Wirkungsgrade, erreicht durch technisches Wissen zur rationellen Energiewandlung und rationellen Energieanwendung durch Effizienzsteigerung, dienen der Minderung der Energie- und Stoffentwertung und damit der Streckung erschöpflicher Primärenergierohstoff-Lagerstätten.

Der – im Vergleich zu anderen Volkswirtschaften durchaus beachtliche – derzeitige nationale mittlere Energienutzungsgrad Deutschlands ist etwa ein Drittel: 3 Teile Energie in Form von (überwiegend) Primärenergierohstoffen werden in die Volkswirtschaft eingeführt, um 1 Teil an Nutzenergie bereitzustellen. Die Weltenergiewirtschaft – *[so heißt es/streichen] so wird geschätzt* – kommt auf einen Energienutzungsgrad von nicht mehr als 10 bis 15%. Zwei Drittel des Energieinhalts der Primärenergierohstoffe im Falle Deutschlands, gar 85 bis 90% im Falle der Weltenergiewirtschaft werden ungenutzt zu Verlusten – das außerordentliche Potential zur Wirkungsgrad- und Nutzungsgradanhebung wird damit deutlich! (Wiewohl physikalisch selbstverständlich Wirkungsgrade von 100% unerreichbar sind.)

Wirkungsgrade, Nutzungsgrade und Klima

Die Enquête-Kommission „Schutz der Erdatmosphäre" lenkt die Aufmerksamkeit auf das große Potential der Effizienzsteigerung durch Wirkungsgraderhöhungen zur rationellen Energiewandlung und rationellen Energieanwendung und damit durch Streckung der Energierohstoffe aus der Erdkruste zur klimaökologisch saubereren Weiterentwicklung des derzeitigen Energiesystems. Mehr technische Arbeitsfähigkeit (Exergie) aus weniger Einsatzenergie, kaskadierte Wärmenutzung, die simultane Wärme- und Stromerzeugung und -nutzung sind energetische und klimaökologische Herausforderungen an Physik, Technik und Energiewirtschaft, wie schon in der Vergangenheit, so vermehrt in der Zukunft.

Die Kommission empfiehlt der Bundesregierung, sich in Forschungs- und Technologiepolitik, in Wirtschafts- und Energiepolitik von Vorstehendem leiten zu lassen. Unverkennbar sind es Interdisziplinaritäten der Physikalischen Chemie der Verbrennung, der Thermodynamik, der Werkstofftechnologie, der Regelungstechnik, der Systemtechnik, ***der Energiewirtschaft u. a.,*** **die weiterhelfen. Ein nationaler Energienutzungsgrad Deutschlands nicht von ca. einem Drittel, wie derzeit, sondern von 50% (vgl. Zusammenfassung) oder mehr ist – vorsichtig formuliert – nicht unrealistisch.**

Hierzu empfiehlt die Kommission im einzelnen:

Materialintensitätsarme und energieintensitätsarme Energiewirtschaft ***[ist mustergebend für Klimapolitik/streichen] ist für eine klimaverträgliche und dauerhafte Energiewirtschaft eine unabdingbare Voraussetzung.*** **Dabei geht es immer um Energie und Stoffe für den lebensdauerlangen Betrieb (Betriebsenergie, Betriebsstoffe) und Energie und Stoffe für Herstellung, Ausmusterung und Rezyklierung (Investivenergie, Investivstoffe).** ***Die Minimierung der*** **kumulativen lebensdauerlangen Mengen an Betriebsenergie und Investivenergie sowie der kumulati-**

ven lebensdauerlangen Mengen an Betriebsstoffen und Investivstoffen sind *also* maßgebend.

Schwerpunkte der Technologiepolitik sowie der Energiewirtschaftspolitik der nächsten Jahrzehnte sollen – nach der Dominanz der wärmegeführten Carnotprozesse der letzten Jahrhunderte – auf den technologiegeführten elektrochemischen Prozessen der Elektrolyse, der Brennstoffzellen, der Katalyse und der elektrochemischen Speicher liegen.

Weitere Schwerpunkte bilden die Energiewandlung in Energiekaskaden (z. B. Kohlevergasung – Hochtemperaturreinigung heißer Feuergase – Hochtemperaturbrennstoffzelle – Gasturbine – Dampfturbine) sowie die simultane Erzeugung von Wärme und Strom.

Schlüssel liegen in der (Hochtemperatur-)Werkstoffphysik und -technologie sowie in der Exergiethermodynamik.

Im Nutzerbereich sollen Schwerpunkte der Forschungs- und Entwicklungspolitik bei hocheffizienten Technologien maximaler Wirkungsgrade und Nutzungsgrade liegen, die ein Höchstmaß an Energiedienstleistungen gewähren aus einem Minimum an Endenergie und Nutzenergie. Das gilt für alle Energienutzer in Haushalt und Kleinverbrauch, in der Wirtschaft und – nicht zuletzt – vor allem im Verkehr.

3.4 Kraft-Wärme-Kopplung und Fernwärme

Die simultane Erzeugung von Strom und Wärme in Kraft-Wärme-Kopplungs-Anlagen ermöglicht eine Ausnutzung der eingesetzten Energie von bis zu 90%. Verglichen mit einer Erzeugung derselben Strom- und Wärmemenge in heute üblichen getrennten Anlagen bedeutet dies eine um bis zu 20 % bessere Ausnutzung der Energie mit entsprechend geringeren CO_2-Emissionen. Zu berücksichtigen ist allerdings, daß die bereits erkennbaren Nutzungsgradsteigerungen bei getrennter Erzeugung und die zu erwartende Verschiebung der Relation von Strom-/Wärmebedarf *im Industriebereich* (von Wärme zu Strom) den Effizienzvorteil der KWK in Zukunft kleiner werden lassen.

Eventuelle Hemmnisse, die sich aus der Genehmigungspflicht von überwiegend mit Heizöl und Erdgas betriebenen Kraftwerken mit einer Nennleistung von über 10 MW für KWK-Anlagen ergeben, sollten durch Anhebung dieser Grenze beseitigt werden.

In den alten Bundesländern werden fast 80 % der Fernwärme durch KWK-Anlagen bereitgestellt. In den neuen Bundesländern waren es im Jahr 1990 nur knapp 50 %. Das 1992 aufgelegte Bund-Länder-Förderungsprogramm für die Fernwärme in den neuen Bundesländern hat neben der Sanierung der Fernwärmenetze insbesondere das Ziel der Erneuerung der Erzeugungsanlagen auf Basis der Kraft-Wärme-Kopplung.

Die Enquête-Kommission empfiehlt nach Auswertung der Ergebnisse des 1995 auslaufenden Fernwärmeförderungsprogramms eine Fortsetzung der Förderung, wenn dadurch weitere wirtschaftliche CO_2-Minderungen im Zusammenhang mit der Sicherung und dem Ausbau der Fernwärmeversorgung in den neuen Ländern erreicht werden können.

Unterschiedliche Auffassungen bestehen in der Enquete-Kommission über die durch KWK realisierbaren CO_2-Minderungspotentiale sowie hinsichtlich der Hemmnisse und Markteinführungschancen von Nah- und Fernwärmesystemen sowie von industriellen KWK-Anlagen.

Die einen:

Die entsprechenden Untersuchungen für die Kommission haben gezeigt, daß die CO_2-Minderungsmöglichkeiten durch Kraft-Wärme-Kopplung deutlich kleiner sind, als oft behauptet. Sie sollten dennoch ausgeschöpft werden.

Die Techniken der Kraft-Wärme-Kopplung sind weitgehend ausgereift und am Markt verfügbar. Wirtschaftliche CO_2-Minderungsmöglichkeiten ergeben sich besonders dann, wenn der Bedarf an Strom und Niedertemperaturwärme weitgehend zeitgleich anfällt. Zur Ausschöpfung der CO_2-Minderungspotentiale durch Kraft-Wärme-Kopplung in der öffentlichen und industriellen Energieversorgung bedarf es keiner besonderen Fördermaßnahmen, die über die Verbesserung der Rahmenbedingungen z. B. durch eine Treibhausgassteuer, die auch die KWK begünstigt, hinausgehen.

Die anderen:

Die technisch-wirtschaftlichen CO_2-Minderungspotentiale bis zum Jahr 2020 betragen nach dem Studienprogramm der Enquete-Kommission bei der Nah-und Fernwärmeversorgung rd. 93 Mio. t CO_2 und in der Industrie rd. 13 Mio. t CO_2 pro Jahr. Die Techniken der Kraft-Wärme-Kopplung (hier noch nicht berücksichtigt: auch der Kraft-Kälte-Kopplung) sind zwar technisch weitgehend ausgereift und prinzipiell auch wirtschaftliche Optionen der Strom- und Wärmeerzeugung. Allerdings bedürfen KWK-Anlagen zu ihrer forcierten Markteinführung, wie z. B. in Dänemark erfolgreich demonstriert wurde, der energiepolitischen Flankierung und des gezielten Abbaus zahlreicher Hemmnisse. Zum Beispiel behindert das ungebremste Vordringen von Erdgas-Einzelfeuerungen in die nah- und fernwärmewürdigen Gebiete den Ausbau von ökologisch bzw. ökonomisch *sinnvolleren kommunalen KWK-Systemen auf Basis von Solarenergie, Erdgas und Kohle. Im gewerblichen Bereich würden vor allem eine chancengleiche Regelung der stromwirtschaftlichen Kooperation zwischen örtlichem EVU und Netzeinspeisern sowie höhere Einspeisevergütungen (entsprechend der langfristig vermiedenen Grenzsystemkosten der Strombereitstellung, d. h. für Erzeugung, Transport, Verteilung, Verluste sowie Reservehaltung) zur verstärkten Markteinführung von KWK-Systemen beitragen.*

3.5 Wärmenutzungsgebot

Der seit Dezember 1991 vorliegende Entwurf einer Wärmenutzungs-Verordnung (WNVO) zielt darauf ab, daß der industrielle Betreiber einer wärmenutzungspflichtigen Anlage ein Wärmenutzungskonzept erstellt und zur Durchführung von Maßnahmen zur Nutzung von Wärmepotentialen verpflichtet werden soll, wenn dies wirtschaftlich vertretbar ist *[Satzumstellung]*. ***Die Kommission begrüßt jede Intensivierung der Wärmenutzung und empfiehlt, den energie- wie klimapolitisch wichtigen Gedanken der haushälterischen Wärmenutzung weiter zu tragen.***

Die Nutzen-Aufwand-Relation der Wärme-Nutzungs-Verordnung ist *allerdings* umstritten. Sie wird von Kritikern in der Industrie als ein *[weiterer/streichen]* dirigistischer Eingriff in die unternehmerische Entscheidungsfreiheit betrachtet.

Auch in der Enquete-Kommission bestehen unterschiedliche Auffassungen:

Die einen:

Da durch die beabsichtigte Einführung eines Umwelt-Auditings durch die EU die Unternehmen angehalten werden, sich auch um rationelle Energienutzung und hier im besonderen Wärmenutzung zu bemühen, erscheint die Wärme-Nutzungs-Verordnung *für die einen* eher als ein Schritt bürokratischer Reglementierung, die keine sinnvolle Ergänzung einer auf marktwirtschaftliche Lenkung ausgerichtete CO_2-Minderungspolitik ist.

Die Koalitionsfraktion hält daher eine über die Einführung einer Treibhausgassteuer und Umweltaudits hinausgehende weitere Flankierung nicht für erforderlich.

Die anderen:

Eine andere Auffassung geht dagegen davon aus, daß auch in der Industrie, wie Studien z. B. des Umweltbundesamtes, des ISI, von FfE und vom Öko-Institut/Wuppertal-Institut nachgewiesen haben, große prinzipiell wirtschaftliche Ener-

giesparpotentiale existieren, die wegen einer Vielzahl von Hemmnissen nicht umgesetzt werden. Wesentlich Hemmnisse sind z. B.: Kürzere Amortisationserwartungen (max. 3 bis 5 Jahre statt 15 Jahre und mehr beim Energieangebot), Energiekostenbelastung sekundär im Vergleich zu anderen Kosten, Informationsdefizite, fehlende Liquidität etc. Die Umsetzung der Wärmenutzungsverordnung ist daher ein wesentlicher Schritt, um durch betriebliche Energiesparkonzepte systematischer Rationalisierungs- und Kosteneinsparpotentiale zu ermitteln. Dadurch würde gleichzeitig ein umfangreiches Geschäftsfeld für neue mittelständische Akteure auf dem Effizienz- und Consultingmarkt, (z. B. für Ingenieurbüros, Contracting-Unternehmen, Energieagenturen) aufgeschlossen. ***Die Einführung der WNVO sollte mit einem Förderprogramm der Bundes für die Erstellung und Umsetzung betrieblicher Energiesparkonzepte gekoppelt und auf den Bereich der rationelleren Stromanwendung ausgedehnt werden.***

3.6 Förderung von Information und Beratung zur rationellen Energienutzung

Der rationellen Energienutzung kommt klimapolitisch besondere Bedeutung zu. Trotz zahlreicher Bemühungen von Bundes- und Landesregierungen, von Industrie und Energiewirtschaft, Fach- und Berufsverbänden sowie sonstigen Organisationen gibt es nach wie vor noch beachtliche Potentiale wirtschaftlicher Energieeinsparung, die aufgrund von Informations- und Kenntnismängeln nicht genutzt werden. Dies trifft besonders für den Bereich der kleinen und mittleren Unternehmen, der privaten Haushalte sowie den öffentlichen Bereich zu. Eine Erschließung dieser Potentiale hätte nicht nur positive Wirkungen für den Klima- und Umweltschutz; sie würde auch die Wettbewerbsposition derjenigen Unternehmen stärken, die auf den Gebieten der Energieeinsparung und der rationellen Energienutzung tätig sind und Impulse für den Zukunftsmarkt der rationellen Energienutzung geben.

Für die von verschiedenen Stellen bisher angebotenen Informations-, Beratungs- und Fortbildungsaktivitäten liegen quantitative Bewertungen ihrer Kosten und Wirkungen nicht vor. Dennoch gibt es zahlreiche Hinweise darauf, daß die Effizienz von Beratung, Information und Fortbildung durch eine bessere Kooperation und Konzeption der Angebote erheblich verbessert werden kann.

Aus diesen Gründen empfiehlt die Kommission die Initiierung eines ***von der Bundesregierung geförderten*** **Programms „Rationelle und wirtschaftliche Energienutzung 2000 plus", mit dem Ziel, ein aufeinander abgestimmtes Konzept für die Information, Beratung, Fortbildung** ***und***

hiermit integrierte Durchführung von Demonstrationsvorhaben im Bereich der Energieeinsparung/rationellen Energienutzung (Wärme und Strom) zu entwickeln.

Unter Berücksichtigung der bisherigen nationalen und internationalen Erfahrungen _(insbesondere des vorbildlichen Schweizer RAVEL-Programms)_ und Ergebnisse derartiger Angebote und Programme sollte das Konzept beinhalten:

- **Die Erarbeitung leicht verständlicher Unterlagen _(z. B. Handbücher, Leitfäden)_ über Einsparmöglichkeiten, ihre Wirkungen und Kosten für die verschiedenen Energieanwendungen und Energiedienstleistungen**
- **die Erarbeitung zielgruppenspezifischer (Haushalte und Kleinverbraucher, Handwerk, Gewerbe, Dienstleistungsbranchen etc.) Informations-, Beratungs- und Weiterbildungskonzepte und -angebote unter besonderer Berücksichtigung der Möglichkeiten, die die neuen Kommunikationstechniken bieten**
- **die Erarbeitung einer Konzeption, welche die bestehenden Einrichtungen der Länder, der Wirtschaft, der Verbände und Berufsgruppen sowie die Verbraucherberatungen bezüglich ihrer Beratungsangebote besser aufeinander abstimmt**

Diese Empfehlung ergeht an die Bundesregierung und die Landesregierungen. Dabei geht es nicht um die Errichtung einer neuen Organisation, sondern um die Koordination und Nutzung bestehender (z. B. Energieagenturen) unter der Federführung einer unabhängigen _[,dem Bundesministerium für Wirtschaft nahestehenden/streichen]_ Stelle. _Wesentlich ist dabei eine konsensorientierte Zusammenarbeit insbesondere mit den betroffenen Berufsverbänden (z. B. VDI/VDE), mit den Verbänden der Energiewirtschaft sowie mit den energiewissenschaftlichen Instituten und Forschungseinrichtungen,_

4. Sektor- und technologiespezifische Empfehlungen

4.1 Industrie

4.1.1 Umfassende Kriterien

Eine emissionsarme Wirtschaft, welche den klimaökologischen Bedingungen der Zukunft genügt, wird umfassenden Kriterien gerecht werden müssen, deren Einführung großenteils begonnen wurde und die *[mit hoher Wahrscheinlichkeit/streichen] beschleunigt* fortgesetzt werden *[wird/ streichen] muß (Anlage 4.1.1; im Oppositionsvotum nicht abgedruckt).*

Wichtige Entwicklungen zeichnen sich ab, u. a.:

- kohlenstoffarmes (Energie-) Wirtschaften
- Trend weg von den *[1. und 2./streichen]* Sektoren der Grundstoff- und der verarbeitenden Industrie, hin zum *[3./streichen]* Sektor der Dienstleistungen
- Minderung von Energie- und Materialintensitäten
- Kreislaufwirtschaft
- lean industry

Alle diese Entwicklungen (und andere mehr) haben Klimarelevanz.

Die Enquête-Kommission empfiehlt der Bundesregierung und vor allem den Wirtschaftsunternehmen ***[mit den Mitteln des Marktes/streichen] darauf hinzuwirken,*** **daß die vorstehenden und in der** ***Anlage 4.1.1 (im Oppositionsvotum nicht abgedruckt)*** **erläuterten, klimaökologisch motivierten Gedanken für künftiges industrielles Wirtschaften arbeitsplatzsichernd aktiv weitergetragen** ***und umgesetzt werden.*** **Das ist keine nationale Aufgabe allein. Das ist auch keine Aufgabe, die leicht erledigt sein wird. Vielmehr erwartet die Kommission einen Jahrzehnte langen breiten Strom internationalen, interdisziplinären Austauschs vieler Fakultäten der Ökonomie, der Ökologie, der Energiewissenschaft und -wirtschaft, nicht zuletzt des Fiskalwesens. Je früher begonnen wird, um so eher liegen Vorschläge vor, die klimaökologisch wirksam der Umsetzung dienen werden.**

Konkret: Eine Technologieentwicklung zur Minderung der Material- und Energieintensität industrieller Prozesse, Verfahren und Güter ist aktiv voranzutreiben. Technisches Wissen über das Kreislaufwirtschaften hoher Kohlenstoffproduktivität ist zu erarbeiten und schrittweise zu implementieren.

4.1.2 Energiesparende Werkstoffe/Rohstoffe, emissionsarme Verarbeitung

Geringere Energieintensität

Die Wirtschaftssektoren der Grundstoffindustrie, der verarbeitenden Industrie und der Dienstleistungswirtschaft haben sehr unterschiedliche produktbezogene Energieintensitäten. Im ersten Ansatz nehmen sie von der Grundstoffindustrie über die verarbeitende Industrie zur Dienstleistungswirtschaft ab. Die relative Entwicklungstendenz moderner industrieller Volkswirtschaften weg von der derzeitigen energieintensiven

Grundstoffindustrie hin zu verarbeitenden Industrien und vor allem zu wesentlich weniger energieintensiven Dienstleistungen läßt den Primärenergiebedarf der Volkswirtschaft relativ zur gesamten Wirtschaftsleistung sinken. Deutschland ist hierfür ein gutes Beispiel. Jährlich steigende Wirtschaftsleistung geht mit stagnierendem resp. relativ sinkendem Primärenergiebedarf und damit Primärenergie-relevanter Reduktion von klimawirksamen Emissionen einher. Gründe liegen in der ständigen Besserung der rationellen Energienutzung, *in Substitutionsprozessen innerhalb des gewerblichen Sektors,* in Teilen allerdings auch in der klimaökologisch fragwürdigen Verlagerung von energieintensiver Produktion ins Ausland. *Allerdings wird durch die beschriebenen Trends das verbleibende Einspar- und Substitutionspotential bei weitem noch nicht ausgeschöpft, so daß eine beschleunigte Markteinführung durch ein staatliches „Policy Mix" möglich und notwendig ist.*

Geringere Materialintensität

Säkularen Wirtschaftsaufschwüngen gehen im allgemeinen Innovationen voraus. Gelegentlich geben sie ganzen Zeitläufen ihren Namen (Dampfmaschinenzeitalter, Elektronikära u. a.). Die in der Entwicklung befindlichen Innovationen und Techniken (Biotechnologie, faserverstärkte Werkstoffe und Bauweisen, rationelle Energiewandlung und rationelle Energieanwendung, Informationstechn*[ologie/streichen] ik,* Mikromechanik, Lasertechn*[ologie/streichen] ik,* Opto elektronik, u. a.) haben samt und sonders ein gemeinsames Charakteristikum: (Energie-)Rohstoff- und Werkstoffarmut und allfällige Minderung des spezifischen Produktgewichts. *Allerdings müssen im Sinne einer ganzheitlichen ökologischen Betrachtung soziale und umweltrelevante unerwünschte Nebeneffekte schon bei der Markteinführung beachtet und vermieden werden.*

Beispielhaft: Das Airbus-Seitenleitwerk auf faserverstärktem Kunststoff wiegt weniger als das überkommene Alu-Seitenleitwerk; die Nachrichtenübermittlung durch immaterielle Kommunikations- und Informationsmittel ist wesentlich material- und energieärmer als die durch traditionelle materielle Verkehrs- und Transportmittel; gebündeltes Laserlicht in der Materialbearbeitung vermeidet Materialverbrauch durch Spanabhebung; oder, Maßnahmen der rationellen Energiewandlung/Energieanwendung durch Effizienzsteigerung sowie Sonnenenergienutzung sind ohne betrieblichen Energierohstoff. – Es gäbe viele einschlägige Beispiele mehr.

Ein Trend zu materialarmem Wirtschaften kann konstatiert werden: Von Stahl- über Alu- zu faserverstärkten Kunststoffbauteilen in Luftfahrt- und Automobilstrukturen; von monolithischen Strukturen im Ingenieurbau (Hochbauten, Türme, Brücken) durch hochgenaue Berechnungsverfahren zu hochsteifen und hochfesten materialarmen Leichtbaustrukturen; Vergleichbares gilt für bewegte Strukturen wie Flugzeuge, Schiffe, Automobile; von Superlegierungen zu Hochtemperaturkeramiken im thermischen Maschinenbau und in der Hochtemperaturchemie.

In *Anlage 4.1.2 (im Oppositionsvotum nicht abgedruckt)* folgt eine Liste von Werkstoffen und gegebenenfalls zugehörigen Verfahren, die – im weitesten Sinne – energiesparenden Einfluß haben, aufgeteilt in Haushalte und Kleinverbrauch, Industrie, Verkehr; dabei mußte die Ausführlichkeit der Liste begrenzt bleiben.

Die Kommission empfiehlt der Bundesregierung, industrie- und F+E-politisch darauf hinzuwirken, daß den F, E+D-Programmen der öffentlichen Hand und der Wirtschaft für Werkstoffe, deren Bearbeitungsverfahren, deren operationeller Dauerhaltbarkeit und deren Verträglichkeit mit der künftigen Kreislaufwirtschaft Kontinuität gegeben und angemessene finanzielle Ausstattung gewährt wird. Unter der Ausnutzung der technologischen Potentiale von Werkstoffen werden klimaökologisch erwünschte Entwicklungen leichter und effizienter durchgeführt werden können.

4.1.3 Energiepaß für Produkte

Produkte (Investitionsgüter, Gebrauchsgüter, Verkehrsmittel etc.) bedürfen der Energie, um gefertigt, lebensdauerlang gewartet, am Lebensdauerende abgewrackt, in Teilen wiederverwendet, rezykliert, schließlich endgelagert zu werden (Investivenergie), und sie bedürfen lebensdauerlang der Betriebsenergie, um ihre Funktion zu erfüllen.

Es gibt Produkte, deren Investivenergie weitaus überwiegt (etwa alle Gebrauchsgüter, deren Betriebsenergie nahezu Null ist) und es gibt Produkte, deren lebensdauerlange Betriebsenergie überwiegt (Energiewandler wie Automobilmotoren, Kohlekraftwerke u. ä.). Während die Betriebsenergie (Benzin für Automobilmotoren, Kohlen für Kraftwerke, Strom für Haushaltsgeräte, etc.) nach Nutzung in aller Regel für den weiteren Gebrauch durch den Menschen verloren ist, sind Teile der Investivenergie bei Wiederverwendung oder Rezyklierung von Produkten nicht erneut aufzubringen (Beispiel: Wiedereinschmelzen von Aluminium oder Glas). *Allerdings müssen hierbei zusätzliche Energiemengen eingesetzt werden.*

Die Kommission tritt dafür ein, daß die Bundesregierung sich in der EU zumindest bei energieintensiven Produkten dafür einsetzt, daß Energiepässe eingeführt werden, die Angaben über die Investivener-

gie des Produkts sowie seine Betriebsenergie enthalten. Diese Energiepässe sollen Teil de*[s/streichen]r* Produktbeschr*[iebs/streichen]eibung* (name plate labeling) werden.

Die Kommission verbindet damit die Erwartung, das Energiebewußtsein der Marktakteure, besonders auch der Nutzer zu schärfen und die Marktübersicht zu erleichtern.

4.2 Gebäudebereich

4.2.1 Neubau

Der energiesparende Wärmeschutz bei Neubauten ist in der Bundesrepublik Deutschland auf der Grundlage des Energieeinspargesetzes seit 1976 durch die mehrfach novellierte Wärmeschutzverordnung kontinuierlich verbessert worden. Mit der neuen Verordnung, die am 1. Januar 1995 in Kraft treten wird, wird der Wärmebedarf neuer Gebäude um weitere 30 % gesenkt.

Die Entwicklung der Gebäudetechnik zur Verminderung des Energieverbrauchs der Gebäude schreitet weiter fort, wie auch die Anhörungen in der Enquête-Kommission „Schutz der Erdatmosphäre" ergeben haben. Nach Ansicht der Enquete-Kommission ist es daher geboten, die Anforderungen zur Senkung des Heizenergiebedarfs von neuen Gebäuden in den nächsten Jahren weiter zu verschärfen. Auch wenn dies kurzfristig nur begrenzte Auswirkungen auf die Klimaökologie hat, ist eine weitere Verminderung des Heizwärmebedarfs angesichts der Lebensdauer von Gebäuden mittel- bis längerfristig von großer Bedeutung.

Für die tatsächliche Realisierung der angestrebten Dämmwerte ist eine Kontrolle der Einhaltung des vorgeschriebenen Anforderungsniveaus im Zuge der Bauausführung besonders wichtig. Die genehmigten Planungsdaten für das Gebäude sollten in einer Form festgehalten werden, die für die Zukunft *nicht nur – wie in der Neufassung der Wärmeschutzverordnung vorgesehen –* als Wärmepaß für das Gebäude genutzt werden kann, *sondern darüber hinausgehend den Stromverbrauch für Heizung, Lüftung und Klima mit einbeziehen* (Energiepaß).

Die Kommission empfiehlt:

- **Spätestens zum 1. Januar 2000 sollte der Heizwärmebedarf neuer Gebäude durch Erhöhung des Anforderungsniveaus gegenüber der zum 1. Januar 1995 in Kraft tretenden Fassung der Wärmeschutzverordnung um weitere 25 bis 30 % vermindert werden. Damit würde der Niedrig-Energiehaus-Standard weitgehend erreicht.**

Eine Verminderung der Lüftungsverluste bei automatischer Lüftung mit Wärmetauscher in größeren Gebäuden und eine erhöhte Windundurchlässigkeit der Außenhülle der Gebäude sollte Teil der Novellierung werden.

- **Die Bundesländer sollten die Einhaltung des Anforderungsniveaus der Wärmeschutzverordnung in geeigneter Form – gegebenenfalls durch Sachverständige – überwachen.**
- **Bundesregierung und Länderregierungen sollten frühzeitig die Öffentlichkeit, insbesondere die Bauwirtschaft, das Baugewerbe sowie Architekten und Ingenieure über die zu erwartenden Anforderungen unterrichten, damit sie sich rechtzeitig auf eine ab dem Jahre 2000 zu erwartende Neuregelung einstellen können.**
- ***[In diesem Zusammenhang begrüßt die Enquete-Kommission den von der Bundesregierung beschlossenen Entwurf der fünften Verordnung zur Änderung der Honorarordnung für Architekten und Ingenieure. Durch neue Honoraranreize für besondere, über das übliche Maß hinausgehende Planungsleistungen zur Energieeinsparung und zum Einsatz erneuerbarer Energien, sowie zur Minderung der Schadstoff- und CO_2-Emissionen sollen Architekten und Ingenieure interessiert werden, sich mit den neuen technischen Möglichkeiten in diesem Bereich vertraut zu machen und ihre Auftraggeber in diesem Sinne zu beraten./ streichen]***

  Die Kommission empfiehlt, bei der in der Beratung befindlichen Änderung der Honorarordnung für Architekten und Ingenieure die Prüf- und Bearbeitungspflichten für energiesparendes und solares Bauen zu erweitern und die Honorarsätze differenziert nach der Ausschöpfung der Einsparpotentiale zu staffeln.

  Die Architekten- und Ingenieur*kammern und* -verbände werden aufgefordert, ihren Mitgliedern *vielfältige* Fortbildungsmöglichkeiten in den neuen *und alten Techn[ologien/streichen]iken* anzubieten, *damit [sie/streichen]* die Chancen in diesem Bereich besser *[nutzen/streichen] genutzt werden* können *(Kurse, Informationsmaterial, PC-gestützte Schulungen, Praxisseminare).*

4.2.2 Heizungsanlagen

Die neue Heizungsanlagen-Verordnung ist am 31. März 1994 im Bundesgesetzblatt verkündet worden. Sie trat am 1. Juni 1994 in Kraft.

Die Verordnung stellt erhöhte Anforderungen an die Modernisierung alter Heizungsanlagen in bestehenden Gebäuden und an den Austausch veralteter Kesselanlagen. Sie schafft Anreize, die Brennwerttechnik einzusetzen.

[Zu weitergehenden Empfehlungen in diesem Sektor besteht derzeit kein Anlaß. Die weitere Entwicklung der Heizanlagen im privaten Bereich wird wesentlich von den zukünftigen Anforderungen an die Wärmedämmung im Gebäudebereich bestimmt werden./streichen]

Die Kommission empfiehlt, die Rechtslage für alle Heizungsanlagen in regelmäßigen Abständen zu prüfen und den Entwicklungen anzupassen. Hierzu bietet sich eine Verknüpfung mit der Novelle zur Wärmeschutzverordnung 2000 an, da z. B. bei Niedrigenergiehäusern mit Wärmerückgewinnung Heizungsanlagen erheblich kleiner dimensioniert werden müssen ***(einschließlich der elektrischen Pumpen). Eine zeitgleiche Novellierung von Wärmeschutz- und Heizungsanlagenverordnung bietet die Chance, den Gedanken einer integrativen Planung von Gebäudeform und -ausrichtung auf der einen Seite und Heizungs-, Lüftungs- und Klimatechnik auf der anderen Seite zu stärken.***

4.2.3 Gebäudebestand

Der Arbeitskreis „Gebäudebereich" der interministeriellen Arbeitsgruppe CO_2-Reduktion hat geschätzt, daß in diesem Bereich ein Potential von jährlich rund 100 Mio. Tonnen CO_2-Emissionen erschließbar ist. Etwa 350 Milliarden DM müßten dafür *nach Angaben des Arbeitskreises* investiert werden. Die energetische pay-back-time für derartige Investitionen betrüge volkswirtschaftlich ca. zwei bis drei Jahre. Das betrifft aber nicht das individuelle Kosten-Nutzen-Verhältnis des Investors.

Die Anforderungen an Maßnahmen zur Begrenzung des Heizwärmebedarfs in Altbauten werden in der neuen Wärmeschutzverordnung im Fall von Sanierungen erweitert und soweit bei bestehenden Gebäuden technisch und wirtschaftlich vertretbar angepaßt.

Eine breite Information und Aufklärung der Gebäudeeigentümer über die ökonomischen und ökologischen Vorteile einer Verbesserung der Wärmedämmung bei Gelegenheit einer fälligen Gebäudesanierung ist notwendig. Bei Gebäuden, deren Sanierung mit öffentlichen Mitteln *durch Bund, Länder und Kommunen* gefördert wird *(z. Zt. in den neuen Bundesländern/streichen)*, sollte die Einhaltung der Anforderungen der neuen Wärmeschutzverordnung als Voraussetzung für eine Förderung verlangt und kontrolliert werden.

Ohne gleichzeitige Gebäudesanierung sind Maßnahmen zur Verminderung des Heizenergiebedarfs bei den derzeit geltenden Energiepreisen weitgehend unwirtschaftlich. Angesichts der Heterogenität der bestehenden Gebäude in Bezug auf Alter, energetischem Zustand, jeweilige Kosten zur Einhaltung bestimmter Wärmedurchgangswerte usw. sind die Einsparpotentiale in den ca. 25 Mio. Wohneinheiten in den alten Bundesländern und ca. 7 Mio. Wohneinheiten in den neuen Bundesländern im Einzelfall sehr unterschiedlich, so daß auch von daher *[eine umfassende Nachrüstung nicht/streichen] nur eine stufenweise und durch Beratungs- bzw. Fördermaßnahmen flankierte Nachrüstung* vorgeschrieben werden kann.

Die Anhörung zu diesem Thema in der Enquête-Kommission hat ergeben, daß Investitionen im Gebäudebestand zur Verringerung des Heizenergiebedarfs, ohne daß gleichzeitig ein Sanierungsbedarf besteht, sehr aufwendig sind.

Ohne finanzielle Anreize für die Hauseigentümer kann daher mit der Erschließung von weitergehenden Einsparpotentialen im Gebäudebestand kaum gerechnet werden. Derartige Maßnahmen sind allenfalls dann zu erwarten, wenn z. B. durch eine CO_2/Energiesteuer mit einer merkbaren und längerfristigen Energiepreissteigerung zu rechnen ist. Solange ein erheblicher Nachfrageüberhang auf dem Wohnungsmarkt besteht, schafft *auf einem Anbietermarkt* auch eine Energiesteuer für den Vermieter keinen Anreiz, den Energiebedarf seiner Mietwohnungen durch eigene Investitionen zu vermindern. *Zur Überwindung des Investor-Nutzer-Dilemmas bedarf es erheblicher Anstrengungen.*

Finanzielle Hilfen, um energieeinsparungsrelevante Investitionen im Gebäudebestand auszulösen, können grundsätzlich in folgender Form gewährt werden:

- als Steuervergünstigung,
- als direkte Zahlung aus dem Haushalt oder
- als Zinsverbilligung *(in verschiedenen Varianten).*

Es ist nicht Aufgabe der Enquête-Kommission, die finanzpolitischen Vor- und Nachteile der genannten Instrumente gegeneinander abzuwägen. Um ein nennenswertes Minderungspotential zu erschließen, sind finanzielle Anreize zu Investitionen im Gebäudebestand unverzichtbar. Es sollten daher auch im Bereich der alten Bundesländer finanzielle Anreize zu Investitionen zur Minderung des Heizenergiebedarfs im Gebäudebestand gewährt werden.

Die Kommission empfiehlt:

Um das umfangreiche Energiesparpotential im Gebäudebestand zur Verminderung der CO_2-Emissionen zu aktivieren, sollten Bund und Länder ein zunächst auf 10 Jahre befristetes Programm zur finanziellen Förderung von Investitionen zur Verringerung des Heizenergiebedarfs im Gebäudebestand vereinbaren, *dessen Volumen am CO_2-Minderungsziel orientiert ist.*

Im Mietwohnungsbereich sollten die Mieter an den Kosten der Energieeinsparinvestitionen bis zur Höhe der durch die Investition ausgelösten Heizkostenminderung durch entsprechende Mietzinserhöhungen beteiligt werden. ***Bei einer derartigen warmmietenneutralen energetischen Sanierung muß gleichzeitig verhindert werden, daß Altmieter durch zusätzliche Luxussanierung (deren Finanzierung ebenfalls auf die Miete aufgeschlagen wird) aus Quartieren mit (relativ) günstigen Mieten vertrieben werden.***

Analog zur Regelung im Neubaubereich sollte auch im Gebäudebestand ein Energiepaß eingeführt werden. Ergänzend ist eine Ausweitung der Energieberatung notwendig.

4.3 Haushaltsgeräte

Zur weiteren Senkung des Energieverbrauchs von Haushaltsgeräten in der EU ist die Richtlinie 92/75/EU-Rat vom 22. September 1992 über die Angaben des Energieverbrauchs von Haushaltsgeräten mittels einheitlicher Etiketten und Produktinformationen an den einzelnen Geräten von grundlegender Bedeutung. Die Richtlinie des Rates soll spätestens ab 1. Januar 1995 in den Mitgliedstaaten angewandt werden. Sie gilt für die großen energetischen Haushaltsgeräte.

Ziel der Richtlinie bzw. des der Bundesregierung vorliegenden Gesetzentwurfes ist es, die Käufer von größeren energieverbrauchenden Haushaltsgeräten über den Energieverbrauch der verschiedenen Geräte zu informieren und sie dadurch zu bewegen, sich für ein Gerät mit niedrigem Verbrauch und damit geringeren Betriebskosten zu entscheiden.

Der Weg über eine Kennzeichnungspflicht für energieverbrauchende Haushaltsgeräte ist gegenüber verordneten Effizienzwerten in der EU der erfolgversprechendere Weg, weil er auch bei der energetischen Effizienz der Geräte auf den Wettbewerb der Produzenten in der EU und nicht auf schwierige Abstimmungen in der EU über die „angemessenen Gerätenormen" setzt.

Bei den elektrischen Haushaltsgeräten bestehen trotz der in der Vergangenheit bereits erzielten Erfolge noch beachtliche Einsparpotentiale. Neben einem Energieverbrauchs-Kennzeichnungs-Gesetz könnte eine erneute Selbstverpflichtung der Industrie *sowie LCP-Prämienprogramme (wie z. B. das KesS-Programm des RWE)* zur weiteren Senkung des spezifischen Energieverbrauchs jedenfalls der größeren Haushaltsgeräte ein erfolgsversprechendes Instrument zur Senkung des Energieverbrauchs in den privaten Haushalten sein.

Die mit der Kennzeichnungsrichtlinie beabsichtigte weitere Verminderung des Energieverbrauchs der Haushaltsgeräte sollte durch eine verstärkte Verbraucherinformation, *insbesondere auch über die durchschnittlichen Stromkosten pro Jahr,* unterstützt und beschleunigt werden. Derartige Informationen erfolgen schon seit vielen Jahren durch verschiedene Stellen. Durch ein Kennzeichnungs-Gesetz wird in Zukunft eine noch genauere Unterrichtung der Verbraucher über die energetische Bewertung der einzelnen Haushaltsgeräte erreicht. Alle Informanten in diesem Feld sind aufgerufen, ihre Informationstätigkeit in diesem Sektor zu verstärken.

Die Kommission empfiehlt:

Der Gesetzentwurf eines Energieverbrauchs-Kennzeichnungs-Gesetzes sollte möglichst noch in dieser Legislaturperiode in Kraft gesetzt werden.

Bund, Länder, **Kommunen, Energiewirtschaft, Gerätehersteller und Handel werden aufgefordert, die Zielsetzung des Gesetzes den potentiellen Käufern energieverbrauchender Haushaltsgeräte durch Intensivierung ihrer Verbraucherinformationen nahezubringen. Sogenannte** ***„Weiße Ware"-Programme, wie sie bereits von vielen EVUs im Rahmen von LCP-Prämienprogrammen durchgeführt werden, sollten verstärkt werden.***

Die Bundesregierung sollte erneut – wie bereits zu Beginn der 80er Jahre – die Haushaltsgeräteindustrie auffordern, eine verbindliche und überprüfbare Selbstverpflichtung zur Verminderung des Energieverbrauchs der größeren Haushaltsgeräte (z. B. Waschmaschinen, Spülmaschinen, Trockner, Herde, Wassererhitzer) einzugehen. Eine gleichartige Verpflichtung sollte auch für die importierten Haushaltsgeräte versucht werden.

Die Elektrizitätswirtschaft wird aufgefordert, einen EU-weiten Wettbewerb für große Haushaltsgeräte mit der jeweils höchsten Energieeffizienz auszuschreiben.

4.4 Fossile Energie

4.4.1 Heimische Kohleförderung und Klima

Derzeit werden die von Deutschland ausgehenden CO_2-Emissionen jeweils zu etwa einem Drittel verursacht

- durch die Verstromung von Kohle zur Deckung von etwa zwei Dritteln *[unseres/streichen]* des Strombedarfs,

- durch den Verkehr, einschließlich Bau der Transportanlagen und -fahrzeuge,
- durch die Güterproduktion und den Betrieb von Öl- und Gas-Heizungen.

Sollen die CO_2-Emissionen entsprechend Art. 2 der Klimakonvention gesenkt werden, müssen in allen drei Bereichen drastische Einschnitte erfolgen.

Hierzu gehört auch, daß im Laufe der nächsten Jahrzehnte die Einsatzmengen von Kohle deutlich verringert werden müßten, die *[heute/streichen] derzeit (einschließlich der heutigen Planungen)* betragen:

- ca. 45 Mio. t SKE p. a. heimische Steinkohle, davon 35 Mio. t für die Verstromung und 10 Mio. t zur Erzeugung von Hüttenkoks
- ca. 15 Mio. t SKE p. a. Importkohle, vor allem aus Drittländern
- ca. 33 Mio. t SKE p. a. westdeutsche Braunkohle (100 Mio. t Rohbraunkohle) nach Genehmigung des Feldes Garzweiler II
- ca. 27 Mio. t SKE p.a. ostdeutsche Braunkohle (80 Mio. t Rohbraunkohle) vornehmlich im Lausitzer Revier

Dies erfordert eine langfristige und tiefgreifende Umstrukturierung. Vor diesem Hintergrund stellt sich die Lage wie folgt dar:

[Die nachfolgende Aussage gilt zunächst unter der Hypothese einer Aufrechterhaltung der Kernenergieleistung./streichen] Zwei alternative Handlungskonzepte stehen zur Wahl:

Alternative A: Eine nicht begrenzte Entwicklung der heimischen Kohleförderung

Nach der Tabelle müßten die energiebedingtenCO_2-Emissionen, die nicht auf die Verstromung heimischer Kohle zurückgeführt werden, von rund 647 Mio. jato in 1987 auf 376 Mio. jato in 2005 und 208 Mio. jato in 2020, d. h. um 42% bzw. 68 % verringert werden.

Bleibt es bei den gegenwärtigen Planungen, dann wird es nach 2005, wenn überhaupt, so nur noch zu einer geringen Reduktion der Emissionen klimawirksamer Spurengase kommen, die auch nicht entfernt den Erwartungen genügt, welche die Bundesregierung durch ihr Engagement auf der UNCED geweckt hat und die gemäß der inzwischen in Kraft getretenen Klimakonvention ein unerläßlicher Beitrag Deutschlands zu einer globalen Politik zur Stabilisierung des Klimas sein sollte.

Bei den „übrigen Verwendungen", deren CO_2-Emissionen, bezogen auf den Stand von 1993, bis 2005 um 42% und bis 2020 um 68% verringert werden müßten, handelt es sich um das Gros *[unserer/streichen]* der Ener-

Derzeitige und zu erwartende, von Deutschland ausgehende energiebedingte CO_2-Emissionen in Mio. t/a[1])

		total	heimische Quellen	Importe
1993	total.	887	399	488
	davon Kohle.	401	363	38
	davon Nicht-Kohle.	486	36	450
	Strom und Fernwärme allein[2])	339	300	39
	alle anderen Verwendungen . .	548	99	449
2005	Obergrenze (1987 – 30 %):	737	nur Strom: 349[3]) übrig[4]):	388
2020	Obergrenze (1987 – 45 %):	579	nur Strom: 349[3]) übrig[4]):	230

[1]) zugrunde gelegt werden die folgenden Emissionskoeffzienten:
Steinkohle 2,67 kg CO_2/kg SKE
Braunkohle 3,15 kg CO_2/kg SKE
Rohöl 1,86 kg CO_2/kg SKE
Erdgas 1,46 kg CO_2/kg SKE

[2]) grob geschätzt, da strombezogene Daten für 1993 noch nicht vorliegen

[3]) nicht vermeidbare CO_2-Emissionen bei Aufrechterhaltung des Niveaus der heimischen Kohleförderung, dies entspricht der oben zitierten längerfristigen Planung einschließlich Hüttenkoks

[4]) „übrig": für alle „übrigen Verwendungen" noch zur Verfügung stehendes Jahreskontingent für energiebedingte CO_2-Emissionen

gieversorgung, insbesondere fast die gesamte Wärmeversorgung der Industrie, der Haushalte und der Kleinverbraucher, um die gesamte Verkehrswirtschaft und zudem noch um den Teil der Elektrizitätsversorgung, der sich auf eingeführte fossile Brennstoffe – Kohle, Erdgas und Heizöl – stützt. Die betroffenen Bereiche gehören zu jenen, bei welchen eine Reduktion der Emissionen auf große*[n/streichen]* Schwierigkeiten stößt. Hier werde nur hingewiesen auf den Verkehrssektor und auf die Wärmeversorgung der Altbauten.

Andererseits verlören Einsparmaßnahmen im Elektrizitätsbereich weitgehend ihren Sinn, da solche Maßnahmen einer Politik der Erhaltung der Förderung und Verstromung heimischer Kohle zuwiderlaufen würden.

Alternative B: Begrenzung der heimischen Kohleförderung

Für den Fall, daß die Förderung und Verstromung heimischer Energieträger deutlich zurückgenommen wird, gilt es auch zu verhindern, daß der durch die Begrenzung der heimischen Kohle-Förderung und -Verstromung verursachte Zusatzbedarf an Kesselkohle durch zusätzliche – gleichermaßen CO_2-emittierende – Importkohle gedeckt wird.

Damit dies erreicht wird, bedarf es nicht nur der Entschlossenheit der energiepolitischen Entscheidungsinstanzen im Bund und in den Ländern. Es ist auch erforderlich, im Rahmen der Europäischen Union Maßnahmen zu ergreifen, die solche Importe abwehren.

Hierzu ist anzumerken: Ein Teil der in Frage stehenden Energieimporte stammt aus anderen Mitgliedstaaten der Gemeinschaft. Spezifische Importbeschränkungen laufen den Grundsätzen der innergemeinschaftlichen Freizügigkeit zuwider. Soweit es um die mengenmäßig überwiegenden Importe aus Drittländern geht, gilt das GATT. Die Zuständigkeit für einfuhrbeschränkende Maßnahmen liegt bei den Organen der Europäischen Union: Gemeinsamer Zolltarif und Gemeinsame (Außen) Handelspolitik.

Zur Abwehr solcher Zufuhren aus Ländern der EU und aus Drittländern stehen im wesentlichen nur die Instrumente des energiewirtschaftlichen Ordnungsrechts, insbesondere des Genehmigungsrechts zur Verfügung. Die nach dem Montan-Vertrag nur der Bundesrepublik Deutschland erlaubte Zollkontingentierung der Einfuhren von Kohle aus Drittländern wird nach dem Auslaufen dieses Vertrages im Jahr 2002 nicht mehr möglich sein.

Während hinsichtlich der Nichtvereinbarkeit der derzeitigen und geplanten Kohleeinsatzmengen mit den nationalen CO_2-Reduktionszielen der Bundesregierung in der Kommission Einvernehmen besteht, ist umstritten, welchen Einfluß diese Kohleplanungen auf die Rolle der Kernenergie haben.

Die Koalitionsfraktion vertritt hier folgende Position:

Die folgenden Ausführungen gelten für den Fall eines Verzichts auf Kernenergie. Die Enquête-Kommission hat hierfür zwei konkrete Planungen analysiert: einen Verzicht auf Kernenergie bis 2005 und eine Aufrechterhaltung der derzeitigen Kernenergieleistung über 2005 hinaus bis mindestens 2020.

Wird die gegenwärtige Kohleplanung beibehalten und zugleich auf Kernenergie verzichtet, dann wird es nicht zu der klimapolitischen gebotenen Verringerung, sondern vielmehr zu einer deutlichen Erhöhung der von Deutschland ausgehenden Emissionen klimawirksamer Spurengase kommen. Diese fundamentale Aussage stützt sich sowohl auf die Berichte über die Ergebnisse der von der Kommission an verschiedene Institute in Auftrag gegebenen Energie-Studien als auch auf das von der niedersächsischen Landesregierung 1992/1993 an PROGNOS, das ÖKO- und das Pestel-Institut in Auftrag gegebene Gutachten zum Niedersächsischen Konzept eines Ausstiegs aus der Kernenergie.

Anmerkung der Opposition:

Es ist kein „fundamentales", sondern ein in der Annahme bereits vorweggenommenes Ergebnis, daß bei Beibehaltung der gegenwärtigen Kohleplanungen und Atomausstieg das CO_2-Reduktionsziel nicht erreicht wird. Die Studie für Niedersachsen behandelt einen landesspezifischen Ausstieg aus der Atomenergie und ist daher für diese Fragestellung gar nicht aussagefähig. Eine Studie der Enquete-Kommission (ISI, DIW 1994) zeigt, daß eine Strategie mit Atomausstieg und ausreichendem Klimaschutz eher zu positiveren volkswirtschaftlichen Effekten führt als eine Strategie mit unveränderter Atomstromerzeugung.

Die aufgezeigten, sowohl ökonomisch, als auch ökologisch negativen Auswirkungen könnten sich in dem Maße vermindern, wie Kernenergiestrom aus Frankreich oder gar aus Osteuropa oder Kohlestrom aus angrenzenden Ländern in Ost und West eingeführt wird. In beiden Fällen würde zwar die deutsche CO_2-Bilanz günstiger, an der nuklearen Gefährdung und der globalen CO_2-Problematik würde sich hierdurch aber nichts Wesentliches ändern.

Die [Kommission/streichen] Koalitionsfraktion spricht folgende Handlungsempfehlung aus:

Im Hinblick auf die aufgezeigten klimaökologischen Folgen empfiehlt die Enquete-Kommission der Legislative und der Exekutive, die deutsche Kohlepolitik in der Linie des Artikel-Gesetzes zu überdenken und langfristig festzuschreiben. Dies gilt für die Politik der Erhaltung der westdeutschen Steinkohle, für die Politik der Umstrukturierung der westdeutschen und der ostdeutschen Braunkohleförderung und für die Politik der Einfuhr von Kohle aus Mitgliedstaaten der Europäischen Union und aus Drittländern.

Die Position der Oppositionsfraktion ist dagegen:

Die Frage des klimaverträglichen Mengengerüsts für Braun- und Steinkohle kann – wie es im obigen gemeinsamen Votum der Enquete-Kommission ja auch geschieht – weitgehend unabhängig von der Rolle der Kernenergie diskutiert werden. Atomstrom aus Frankreich ist weder eine sinnvolle noch eine notwendige Alternative für den Ersatz deutschen Atomstroms. Vielmehr kann der Atomstrom – ohne die CO_2-Reduktionsziele (2005/2020) in Frage zu stellen – durch ein Mix aus Energiesparen, KWK-Anlagen und erneuerbare Energie ersetzt werden. (vgl. ISI, DIW 1994; Greenpeace 1994 sowie Sondervotum der Oppositionsfraktion zu Kap. 6.4) Keinesfalls werden durch den Ausstieg aus der Kernenergie die noch bestehenden geringen „Freiheitgrade" bei der Substitution zwischen den fossilen Energieträgern eingeengt. Ganz im Gegenteil: Bei einem Ausstieg aus der Kernenergie steigen nach energiewirtschaftlichen Kriterien die Einsatzchancen sowohl der Stein- als auch insbesondere der Braunkohle im Ver-

stromungsbereich, weil die Konkurrenz durch den Atomstrom entfällt. Eine Restriktion für den Kohleeinsatz ergibt sich allerdings aus Gründen des Klimaschutzes (vgl. Loske/Hennicke 1994). Im Gegensatz dazu zeigen Kernenergieausbau-Szenarien, wie z. B. das sogenannte „Least-Cost"-Szenario (vgl. Kap. 8 sowie Sondervotum der Oppositionsfraktion), daß bei den angenommenen geringen Erzeugungskosten für Atomstrom sowohl die Inlands-Steinkohle als auch die Baunkohle praktisch ganz und weit schneller als aus Klimaschutzgründen notwendig aus der Verstromung gedrängt werden.

Die Enquete-Kommission verkennt [dabei/streichen] keinesfalls die dringlichen sozialen und regionalen Probleme der Steinkohlereviere an Ruhr und Saar, als auch der Braunkohlereviere in den neuen Bundesländern, zumal in der Lausitz. Sie verkennt auch nicht die Probleme, welche die längerfristigen Begrenzungen der Einfuhren von Kohle aufwerfen werden.

Ziel der neuen Politik sollte sein, den Einsatz von heimischer und eingeführter Kohle zur Erzeugung von Strom und Fernwärme in einem Maße zu begrenzen, das es möglich macht, die klimaökologisch gebotenen Reduktionen der von Deutschland ausgehenden Emissionen von Kohlendioxid und Methan zu erreichen.

4.4.2 CH_4-Nutzungsgebot für Gruben-, Klär- und Deponiegase

Die derzeitigen anthropogen verursachten Methan-Emissionen in Deutschland in Höhe von schätzungsweise 6 Mio. t pro Jahr (1990) resultieren zu vergleichbar großen Anteilen aus der Steinkohleförderung, aus der Vieh- (vornehmlich Rinder-) Haltung sowie aus der anaeroben Zersetzung organischer Abfälle (Forstwirtschaft, Landwirtschaft, Gewerbe, Haushalte).

Die Emissionen belaufen sich auf etwa 1 Prozent der weltweiten anthropogenen Methanemissionen (200 bis 500 Mio. t/a). Zum Vergleich: Die Kohlendioxidemissionen in Deutschland betragen ca. 5 Prozent der weltweiten CO_2-Emissionen).

Die Enquete-Kommission „Vorsorge zum Schutz der Erdatmosphäre" des 11. Deutschen Bundestags hat folgende Empfehlungen der Minderung der Methan-Emissionen in Deutschland ausgesprochen (Werte bezogen auf die Emissionen im Jahr 1987):

bis zum Jahr 2005 Minderung um 30%

bis zum Jahr 2020 Minderung um 50%

bis zum Jahr 2050 Minderung um 80%

Die Enquete-Kommission „Schutz der Erdatmosphäre" des 12. Deutschen Bundestags unterstützt diese Minderungsziele mit Nachdruck, dies zum einen im Hinblick auf den Beitrag zur Reduktion klimarelevanter Spurengase, zum anderen im Hinblick auf einen Beitrag zur umweltverträglichen Deckung des künftigen Bedarfs an Wärme und Strom im Land.

Methan aus dem Grubengas bei der Steinkohleförderung wird bereits in erheblichem Umfang über die Einspeisung in die Frischluftzufuhr bei der Kohleverbrennung genutzt.

Die Enquete-Kommission empfiehlt dem Gesetzgeber darauf hinzuwirken, daß das Potential an Methan aus dem Grubengas möglichst vollständig der Nutzung zugeführt wird.

Methan aus Klärgasen wird bislang nur in geringem Umfang energetisch genutzt.

Die Enquete-Kommission empfiehlt dem Gesetzgeber darauf hinzuwirken, daß dieses Potential baldmöglichst über Verbrennung in bestehenden bzw. neu zu bauenden Heiz- und Heizkraftanlagen zur Bereitstellung von Wärme und Strom genutzt wird.

Im Hinblick auf die angestrebte Verminderung der Methanfreisetzung durch bakterielle Zersetzung von organischen Abfällen empfiehlt die Enquete-Kommission dem Gesetzgeber, dafür Sorge zu tragen,

- **daß das Potential an organischen Abfällen aus den Bereichen Forst- und Holzwirtschaft, Landwirtschaft, Gewerbe und Haushalte für Deutschland flächendeckend evaluiert wird,**
- **daß auf dieser Evaluierung fußend Vorschläge für die lokal bzw. regional jeweils bestmögliche Nutzung bzw. Entsorgung erarbeitet werden,**
  - **entweder durch direkte Verbrennung zur Bereitstellung von Wärme und Strom,**
  - **oder durch Vergasung und nachfolgende Verbrennung zur Bereitstellung von Wärme und Strom,**
  - **oder durch Deponierung bzw. Kompostierung**
- **daß aufgrund dieser Vorschläge das Potential an organischen Abfällen in Deutschland in größtmöglichem Umfang energetisch genutzt werden wird, dementsprechend die andernfalls resultierenden Methanemissionen in größtmöglichem Umfang reduziert werden.**

4.4.3 Substitution CO_2-reicher durch CO_2-schwache Energieträger und Beseitigung von Restriktionen für Erdgas zur Stromerzeugung

Bei der Verbrennung fossiler Energieträger werden unterschiedliche Mengen Kohlendioxid emittiert:

Steinkohle	2,69 kg CO_2/kg SKE [1)]
Braunkohle	3,25 kg CO_2/kg SKE [1)]
Rohöl	2,28 kg CO_2/kg SKE [1)]
Erdgas	1,63 kg CO_2/kg SKE [1)]

Deshalb trägt ein Übergang von CO_2-intensiven auf CO_2-schwache Energieträger zu einer Verringerung der Gesamt-Emission bei. Zu Buch schlägt dabei vor allem die Substitution von Stein- und Braunkohle durch Erdgas.

Die Enquete-Kommission „Schutz der Erdatmosphäre" empfiehlt, bei dem aus Klimaschutzgründen notwendigen *[in einem/streichen]* **langfristigen** *[aber/streichen]* **und zeitlich begrenzten Umstellungsprozeß Stein- und Braunkohle teil- und schrittweise durch Erdgas vorwiegend in KWK-Anlagen zu ersetzen,** *[soweit/streichen]* **ohne dadurch den regional- und sozialpolitisch oder auch aus ökologischen Gründen (z. B. die Erhaltung des Wasserspiegels im Lausitzer Revier) noch gerechtfertigten Abbau und Absatz heimischer Kohle weiter zu beeinträchtigen** *[beeinträchtigt werden/streichen].*

In Betrieb befindliche Anlagen sollten – ***sofern dies mit dem Klimaschutz nicht kollidiert*** **– bis zum Ende ihrer technisch-wirtschaftlichen Lebensdauer weiter betrieben werden. Dem steht nicht entgegen, bestehende und in Betrieb zu haltende Anlagen vorzeitig von Kohle auf Erdgas umzurüsten.**

Gleichfalls empfiehlt sie, dafür zu sorgen, daß die Möglichkeiten einer Umstellung von Öl und Ölprodukten ***soweit wie möglich auf Nah- und Fernwärmesysteme (auch auf Basis von Erdgas)*** **wahrgenommen werden.**

Die Kommission spricht sich dafür aus, die Restriktionen für den Einsatz von Erdgas zur Stromerzeugung *beim Einsatz in KWK-Anlagen* zu beseitigen. In den alten Bundesländern war es erklärte Politik, diesen Energieträger vornehmlich anderen Verwendungen als der Stromerzeugung zuzuführen. In den neuen Bundesländern war und ist dies keine Leitlinie

---

[1)] wenn das Grubengas (Methan) zugerechnet wird, steigt die in CO_2-Äquivalente gerechnete Menge

der Politik mehr. Vor allem Stadtwerke sind nach wie vor bemüht, ihre Stromerzeugung auf Erdgas umzustellen, soweit sie nicht daran gebunden sind, Strom aus Braunkohle zu erzeugen oder zu beziehen.

Die Enquete-Kommission empfiehlt, Erdgas *auch in KWK-Anlagen* keinen ausgesprochenen Vorrang bei der Stromerzeugung einzuräumen, soweit und solange hierdurch die Verstromung von Kohle aus heimischer und aus EU-Förderung – nicht dagegen die Verstromung von Drittlandskohle oder von Heizöl *in KWK-Anlagen* – beeinträchtigt werden.

Falls Erdgas nur in begrenzten Mengen zur Verfügung stehen sollte, ist es *[vorrangig auf dem Wärmemarkt/*streichen*] bei neuen Anlagen ausschließlich in Nah-und Fernwärmesystemen* und zur Steigerung des Wirkungsgrades bei neuen Kraftwerkstechniken einzusetzen.

4.5 Kernenergie

Die Opposition trägt das gesamte Kapitel nicht mit und schlägt vor, die Atomkernenergie jeweils in eigenen Sondervoten zu behandeln; in ihrem Sondervotum hat die Oppostion ausführlich zur Frage „Atomenergie und Klima“ Stellung genommen.

4.6 Erneuerbare Energien

4.6.1 Kontinuierliche Unterstützung in F, E, D + M-Forschung, Entwicklung, Demonstration und Markteinführung

[Die Kommission erinnert daran, daß nach Ende der ersten solaren Zivilisation gegen Mitte des 18. Jahrhunderts es zu keiner Zeit mehr nur eine Energie gegeben hat, welche die Menschheit versorgte, daß auch keine jeweils neu hinzukommende Energie die vorher schon genutzten vollständig verdrängte; der wachsende Energiebedarf der Menschheit brauchte sie alle. Allenfalls die relative Bedeutung im Mix änderte sich. So gesehen werden sich künftig wieder zunehmende Anteile erneuerbarer Energien nahtlos in das überkommene Energieversorgungssystem einfügen/streichen]

Erneuerbare Energien haben keine betrieblichen Primärenergierohstoffe und folglich keine Schad- und Reststoffe aus ihnen; sie sind risikoarm und unerschöpflich; weil emissionsarm, haben sie klimaökologisch eminente Bedeutung.

Ohne betriebliche Primärenergierohstoffe und ohne Schad- und Reststoffe aus ihnen können erneuerbare Energien nur durch ihre Anlagentechniken emittieren, solange für sie fossile Energien einzusetzen waren (investive Energierohstoffe). Die Energiewandlungskette erneuerbarer Energien ist häufig kürzer, sie hat weniger Wandlungsschritte als die fossile. Der Wandlungsschritt *upstream* vom Primärenergierohstoff zur Primärenergie sowie derjenige *downstream* der sicheren Endlagerung von Schad- und Reststoffen aus den fehlenden betrieblichen Primärenergierohstoffen fehlen; sie können zur Klimaökologie nicht beitragen.

Die Kommission empfiehlt der Bundesregierung, darauf hinzuwirken, daß die Erneuerbaren Energien F+E-politisch sowie energiewirtschaftspolitisch die Rolle im Energiemix finden, die ihnen klimaökologisch zukommt. Es wird ein Bundesbeauftragter für EE gefordert.

Im folgenden ergehen hierzu Einzelempfehlungen.

Die moderne Forschung und Entwicklung erneuerbarer Energien und ihrer Techniken begann vor 20 Jahren unmittelbar nach der 1. Ölkrise. Das energiewirtschaftlich weltweit Erreichte (ohne nicht-kommerzielle Biomassen, ohne große Wasserkraftanlagen) ist mit einigen zehn Gigawatt (GW) installierter Leistung *(Anlage 4.6.1; im Oppositionsvotum nicht abgedruckt)* ein Anfang. Derzeitige Zubauraten von einigen GW/a sind aus klimaökologische Gründen zu steigern.

Zielfaktoren künftiger Forschung und Entwicklung in kW/DM (Wieviel mehr Kilowatt installierter Einheitsleistung, wieviel mehr Gigajoules je investierter 1 DM?) haben Größen von

1,5 bis 5 (10) thermische Kollektoren, Wärmepumpen, Windkonverter, Kleinwasserkraftwerke, solarthermische Kraftwerke, Biomassekraftwerke

3 bis 10 (20) Photovoltaik, thermische und elektrische Speicher

>10 Brennstoffzellen, Geothermie zur Stromerzeugung (hot-dry-rock)

Sie liegen damit vielfach an der Schwelle zum Markt und brauchen die Markteinführung (M), bedürfen der Demonstration (D) oder haben noch Jahrzehnte kontinuierlicher Forschung und Entwicklung (F+E) vor sich.

Die Kommission unterbreitet der Bundesregierung die Empfehlung, ein zweites 20-Jahresprogramm F, E, D + M für Erneuerbare Energien aufzulegen, dessen finanzielle Ausstattung dem zweifachen des vorangegangenen 20-Jahresprogramms (1974 bis 1994) entspricht und dessen Kontinuität über Legislaturperioden stabil gehalten werden muß. Zyklizitäten, die sich an singulären Ereignissen, wie Ölkrisen oder Reaktorunfällen, orientieren, darf es nicht geben. Dabei ist auf die Vermeidung von Entwicklungshalden hinzuwirken. Forschungs-

sowie Wirtschafts- und Strukturpolitik müssen Hand in Hand arbeiten, um Entwicklungsresultate klimawirksam und arbeitsplatzsichernd ohne Verzug als Produkte und Verfahren in den Markt zu überführen (Markteinführung).

Diese Politik soll konstruktiver Teil der für 1995 geplanten Fortsetzung der Konsensgespräche in Deutschland werden.

Da Deutschland in den vergangenen 20 Jahren aktiver Teil des internationalen F, E + D-Geschehens war und in einer ganzen Reihe von bilateralen Kooperationen sowie solchen unter dem Dach der IEA und der EU (u. a.) einen hervorragenden Stand einnimmt (Plataforma Solar de Almeria (PSA), HYSOLAR, THERMIE, JOULE, Solar PACES, Euro-Quebec-Projekt u. a.), wird dringend empfohlen, vor allem in der Zeit des Vorwettbewerbs die Internationalität fortzusetzen und zu stärken. Das schont nationale Finanzmittel, da arbeits- und finanzteilig, und bereitet die internationalen Märkte der solaren Energiewirtschaft der Zukunft vor.

Die Kommission empfiehlt weiter, etwa nach dem Muster des Demonstrationsprojekts „250 MW_e Wind" neue Forschungs- und Entwicklungsresultate, die weitgehend das Labor verlassen haben, unverzüglich in signifikanten Stückzahlen/Größen unter Marktbedingungen zu demonstrieren; eine Liste demonstrationsfähiger Technologien befindet sich in *Anlage 4.6.1 (im Oppositionsvotum nicht abgedruckt).*

Die Organisation der Forschungs- und Entwicklungsarbeiten für die Erneuerbaren Energien ist ein Spiegelbild der historischen Entwicklung. Institute an Universitäten und Hochschulen, Teile von Großforschungseinrichtungen anderer Widmung, Institute der Fraunhofer Gesellschaft und lehrfreie Institute und Zentren, gegründet von besonders engagierten Ländern und der Wirtschaft, sind beteiligt. Wesentliche Einrichtungen arbeiten im Forschungverbund Sonnenenergie zusammen.

Das zweifellos große Potential der Erneuerbaren Energien, ihre allgemein ökologische und klimapolitische Qualität als unerläßlicher Bestandteil dauerhafter Fortentwicklung sowie die Verwirklichung der vorstehenden Kommissionsempfehlung zu einem weiteren 20-Jahresprogramm F, E, D + M verlangen und rechtfertigen ein strafferes, auch unternehmerisch verantwortliches organisatorisches Gefüge. Dabei ist sowohl die inhaltliche Heterogenität Erneuerbarer Energien (Strahlung, Biomasse, Wind, Wasserkraft, Umgebungswärme, Geothermie) als auch die sehr verschiedenen Zielsetzungen in Forschung (F), Entwicklung (E), Demonstration (D) und Markteinführung (M) zu berücksichtigen.

Der ansehnliche internationale Stand Deutschlands und das beachtliche Engagement des Bundes, der Länder und der Wirtschaft sollten in der organisatorischen Struktur der Programmfindung und -führung sowie finanziellen Zuweisung Ausdruck finden.

Die Kommission empfiehlt daher, unter Wahrung und weitgehendem Erhalt der gewachsenen Strukturen F, E, D + M den Erneuerbaren Energien eine Programm- und Führungsorganisation zu geben, die ihrer Bedeutung für Energiewirtschaft und Klimaökologie angemessen ist. Hierher gehören unternehmerisch verantwortliches Management, ein Beirat für Wissenschaft und Technik sowie peer reviews unter internationaler Beteiligung, mit dem Auftrag, die wissenschaftliche Qualität zu beurteilen, die Programmergebnisse zu evaluieren, an der Programmfindung und der Zuordnung der Finanzmittel mitzuwirken.

Es ist zu erwähnen, daß das NREL – National Renewable Energy Laboratory in Golden, Colorado, USA erst vor wenigen Jahren in den Rang eines National Laboratory gehoben wurde.

Da mit zunehmendem Fortschrittsgrad der Schwerpunkt der Arbeiten immer mehr von F + E zu D + M rückt und M nicht eigentlich Aufgabe von Forschungseinrichtungen ist, der Übergang von F, E + D zu M aber sehr wohl zügig vonstatten gehen sollte, gibt die Kommission zu erwägen, die Wirtschaft institutionell zu beteiligen.

Den spezifischen Vorteilen erneuerbarer Energien – Unerschöpflichkeit, Erneuerbarkeit, betriebliche Primärenergierohstofflosigkeit, Risikoarmut, ökologische Verantwortbarkeit, Ubiquität – stehen nachteiligen Eigenschaften gegenüber: ihre Fluktuation und ihre begrenzte Speicher- und Transportierbarkeit. Hieraus ergeben sich drei prinzipielle Handlungsempfehlungen für die Nutzung der Erneuerbaren Energien:

- **Erneuerbare Energien speicherlos und ohne Transportaufwand momentan nutzen, wenn sie angeboten werden: Sonnenstrahlung, solange Sonnenenergie angeboten wird; Windenergie, solange der Wind weht; Umgebungswärme, solange ihre Temperatur die Nutzung durch Wärmepumpen zuläßt. Diese zeitlich nur bedingt vorhersehbare Nutzung erneuerbarer Energien dient der – klimaökologisch wichtigen – Einsparung von Primärenergierohstoffen (fuel saver). Ansonsten ist konventionelle Kapazität vorzuhalten. Dies ist die erste und preiswerteste Nutzung der erneuerbaren Energien.**
- **Durch Hybridanlagen zweier oder mehrerer Erneuerbarer Energien sowie der Kombination fossiler und Erneuerbarer Energien Quasi-Speicherbarkeit erreichen: Die sich ergänzenden Angebotsprofile etwa des Windes und der durch Photovoltaik genutzten Sonnenstrahlung erhöhen die zeitliche Verfügbarkeit des gewonnenen**

Stroms merklich; oder, Hochtemperaturwärmespeicherung oder Erdgaszusatzfeuerung in solarthermischen Kraftwerken dehnt ihre uneingeschränkte Verfügbarkeit in die Nacht aus.

- **Die erneuerbaren Sekundärenergien in den Formen thermischer, chemischer und elektrischer Energien speichern und transportierbar machen.**

Die Kommission fordert, der momentanen, täglichen und saisonalen Speicherung thermischer, chemischer und elektrischer Sekundärenergieträger aus Erneuerbarer Energie in den F, E+D-Programmen des Bundes, der Länder, gegebenenfalls der Kommunen und vor allem der Energieindustrie und des Energie-Gewerbes in den Budget- und Zeitplänen großes Gewicht zu geben.

Erneuerbare Sekundärenergien wirtschaftlich speichern zu können, ist der Schlüssel zur Überwindung ihres naturgegebenen Handicaps: Nicht immer und überall nach gewünschter Quantität und Qualität für das Energieversorgungssystem der Menschen verfügbar zu sein. Der verläßliche und bezahlbare Einsatz von Speichern fühlbarer und latenter Wärme, von elektrischen Batterien und elektrochemischen Speichern sowie von Speichern chemischer Energie (Energiealkohole, Wasserstoff) und Speichern mechanischer Energie (Schwungräder für die Traktion sowie für stationäre Speicherung elektrischer Energie) entscheidet über den Beitrag der erneuerbaren Energien im Energiemix!

Weil erneuerbare Energien an jeder Stelle der Energiewandlungskette in das Energiewirtschaftssystem einer Volkswirtschaft eingebracht werden können – im Nutzerbereich, im Sekundärenergiebereich oder im Primärenergiebereich –, sind alle entlang der Energiewandlungskette tätigen Branchen, Gewerke, Ingenieurfirmen etc. gefordert; eine Aufstellung enthält die *Anlage 4.6.1.* Es kann erwartet werden, daß Unternehmen, die in den Primär- und Sekundärenergiebereichen tätig sind, ohne unüberwindbare Schwierigkeiten auch die Versorgung mit erneuerbaren Energien übernehmen werden. Unbefriedigend organisiert aber ist der Bereich der Nutzenergiewandlung in Energiedienstleistungen. Hier, wo vor allem in Haushalten und Kleinverbrauch Millionen Energienachfrager mit mehr als der Hälfte des Endenergiebedarfs Deutschlands umgehen, herrscht fachlich-unternehmerisches Defizit.

Ergänzend wird empfohlen, Ausbildungs- und Schulungsprogramme zu initiieren und kontinuierlich fortzuführen für das Heizungs- und Installationsgewerbe, das Elektrofach, die Fenster- und Wärmedämmbranchen, ferner für Architekten und beratende Ingenieure sowie Angehörige von Stadtwerken, Energieläden u. ä. Ver-

gleichbares gilt für die Land- und Forstwirtschaft, die sich zu großen Teilen durch nachwachsende Rest- und Abfallstoffe mit Energie versorgen sollte.

Solar-elektrische Konversion in Deutschland geschieht derzeit bevorzugt durch Windkraftwerke, Wasserkraftwerke und photovoltaische Kraftwerke. Die Bedingungen der Einspeisung in das öffentliche Netz sind im Einspeisegesetz geregelt (für Wasserkraft nur Klein-Wasserkraftwerke). Der Kohlepfennig wird als Aufschlag auf die Kilowattstundenpreise erhoben, unbesehen, ob der Strom in Kraftwerken erzeugt wurde, die hohe oder niedrige Emissionen klimaschädlicher Spurengase haben. Es gibt Bestrebungen, Kraftwerke erneuerbarer Einsatzenergien vom Kohlepfennig auszunehmen; das ist klimapolitisch konsequent.

Die Kommission kann diese Entwicklung nur begrüßen und empfiehlt, Strom aus Kraftwerken erneuerbarer Einsatzenergien (Wind, Wasserkraft, Strahlung, Biomasse, gegebenenfalls Geothermie und Biogas gefeuerte BHKWs) von der Zahlung des Kohlepfennigs zu befreien.

4.6.2 Die Empfehlung der Enquete-Kommission an die Bundesregierung zum Bau eines Solar-thermischen Kraftwerks

Die vor der UNCED in Rio de Janeiro (Juni 1992) von der Kommission beschlossene Empfehlung an die Bundesregierung, im Sonnengürtel der Erde ein solarthermisches Kraftwerk zu bauen, wird hiermit wiederholt. Die Kommission verband und verbindet damit, der Nutzung der ökologisch verantwortbaren Erneuerbaren Energien einen nachhaltigen Impuls zu geben und auf die Kooperation zu verweisen, die ein Industrieland im Norden und ein Entwicklungsland im einstrahlungsintensiven äquatorialen Gürtel eingehen.

Es wird auf die **Beispielfunktion** hingewiesen, die von der Identifikation mit der Sonnenenergienutzung durch den Bau des Kraftwerks ausgeht. Es fügt der großen Zahl von Energieprojekten den nachhaltigen (sustainable), ökologisch sauberen Energiewandler hinzu: Kohlegruben im 18. Jahrhundert, erste Ölfelder im 19., Erdgasaufschluß und Kernspal-

---

[140]) Enquete-Kommission Schutz der Erdatmosphäre des Deutschen Bundestages (Hrsg.), Klimaänderung gefährdet globale Entwicklung – Zukunft sichern – Jetzt handeln, Erster Bericht der Enquete-Kommission Schutz der Erdatmosphäre des 12. Deutschen Bundestages, Economica Verlag GmbH Bonn 1992, Verlag C. F. Müller Karlsruhe 1992 und Forum für Zukunftsenergien e.V., Gutachten zum Vorschlag für die gemeinsame Errichtung eines Sonnenkraftwerkes von Industrieländern und einem Entwicklungsland im Sonnengürtel der Erde bei der United Nations Conference on Environment and Development (UNCED), im Auftrag der Enquete-Kommission Schutz der Erdatmosphäre des Deutschen Bundestages, Bonn 1992.

tungsenergie im 20., Sonnenenergienutzung im 21. Jahrhundert. Oder, an Technologieschüben gemessen: Dampfmaschinen und Bergwerksausrüstung zu den englischen Kohlefeldern sowie an die Ruhr und im Gegenzug Kohle zur Industrialisierung der Welt; Bohrgerät, Pipelines, Tankschiffe und Raffinerien zum Aufschluß der Ölfelder in Oklahoma, auf der Arabischen Halbinsel oder in Tjumen und im Gegenzug Öl für die Tanks von Automobilen, Schiffen und Flugzeugen; Off-shore-Plattformen, Kompressoren und Gasnetze für die Nordsee oder Sibirien, und im Gegenzug Erdgas und Wärme für die Wohnungen im Norden; Kernkraftwerke bevorzugt für die Industrieländer, und im Gegenzug Strom für Industrie und Haushalte; schließlich Wasserkraftwerke, Sonnenkraftwerke, Windparks und geothermische Kraftwerke in die Weltgegenden höchster Wasserkraftdichte, höchster Insolation, Windenergiedichte sowie geothermische Höffigkeit und im Gegenzug Wärme und Strom für die solare industrielle Kraftwirtschaft vor Ort sowie Strom und Wasserstoff für das Energiehandelssystem der Welt.

Die Kommission empfiehlt der Bundesregierung, die begonnenen Verhandlungen mit potentiellen Standortländern im Sonnengürtel der Erde wie Indien, Iran, Israel, Jordanien, Marokko zügig fortzusetzen, mit dem Ziel, beispielgebend für transnationale Kooperation unter Miteinbezug der UNEP, der Weltbank und der GEF ein Solarthermisches Kraftwerk von ca. 100 MW_e zu errichten. Die Kommission verbindet hiermit ein Signal zugunsten der ökologisch verantwortbaren, wirtschaftlich vertretbaren, technisch reifen solaren Stromversorgung in volkswirtschaftlicher Dimension. Hochtemperatur-Wärmespeicher erhöhen den Kapazitätsfaktor des Kraftwerks und erlauben, den Kraftwerksbetrieb über die Sonnenscheindauer hinaus auszudehnen.

Deutschland festigt damit sein Ansehen als verläßlicher Partner auf dem Weltmarkt für Energieanlagen und fügt seinem ***[wohletablierten Energieanlagen-Portefeuille/streichen] Exportangebotsprofil in der Kraftwerkstechnik*** **saubere Sonnenkraftwerke hinzu.**

4.6.3 Erneuerbare Energien und Anlagenexport

Die vermehrte Nutzung erneuerbarer Energien ist auch Aufgabe konsequenter Technologie-, Industrie- und Exportpolitik, weil das Angebotspotential erneuerbarer Energien in anderen Weltgegenden häufig besser ist als in Deutschland.

Die Enquete-Kommission empfiehlt der Bundesregierung, wirtschafts- und strukturpolitisch darauf hinzuwirken, daß die Wirtschaft Industrie- und Gewerbestrukturen aufbaut, erhält und fördert, die den

im Weltmaßstab in einigen Branchen nicht unangemessenen, in anderen aber unbefriedigenden Stand der deutschen Industrie bessert: Deutschland war bei Silizium und bei entscheidenden Komponenten solarthermischer Kraftwerke Weltmarktführer; hier droht ein Fadenriß. Bei Brennstoffzellen (Ausnahme alkalische Brennstoffzellen, die aber für die Energiewirtschaft kaum eingesetzt werden), Stirlingmotoren, in der Biomassekonversion (Holz-, Strohkraftwerke, Biogasgeneratoren, biofuels) sowie im Markt der geothermischen Kraftwerke hat Deutschland wenig zu melden; bei Photovoltaik, Wasserkraftwerken, Windkraftwerken, Wärmepumpen ist sein Stand gut bis erwartungsvoll.

[Die [streichen] Eine **klimapolitisch** *[potentiell/streichen]* **positive Rolle bei den Erneuerbaren Energien kann Deutschland nicht spielen, wenn seine Industrie- und Gewerbestruktur die seriengerechte Fertigung der zugehörigen Techniken und Anlagen in wirtschaftlich verantwortbaren Stückkosten nicht zuläßt. – Nicht zu verkennen ist parallel hierzu der exportpolitische Aspekt: Export von Energieanlagen hat Tradition, sie findet ihre konsequente Ergänzung in ökologisch sauberen Energiewandlern erneuerbarer Energien.**

Als Handlungsempfehlung ergeht an die Bundesregierung ferner, darauf hinzuwirken, daß die internationalen klimapolitischen Vereinbarungen getroffen werden, die Kooperation zwischen Industrieland und – häufig im einstrahlungsintensiven äquatorialen Gürtel ± 40° N/S gelegenen – Entwicklungsland zu fördern. Transnationale Kooperationen, Joint Implementation, BOT – Build-Operate and Transfer sowie Finanzierungen aus internationalen, der Klimapolitik verpflichteten Finanzkörpern (UNEP, GEF, Maghrebfond der EU u. a.) haben dabei besondere Bedeutung. Die in Deutschland 1995 stattfindende 1. Vertragsstaatenkonferenz der Unterzeichner der UN-Klimakonvention bietet gute Gelegenheit, diese Empfehlung in die Tat umzusetzen.

4.6.4 Sekundärenergieimport

Energetisch zu nutzende Sekundärenergie aus erneuerbaren Energien wird derzeit nur in spärlichen Mengen importiert (Beispiel Strom aus den Wasserkraftwerken der Alpen (und künftig Skandinaviens), Energieträger aus Biomasse, Elektrolysewasserstoff für die Raumfahrt, Holzabfälle aus Importholz).

Der Import aber von Strom oder chemischer Energie aus Weltgegenden hoher Potentiale erneuerbarer Energien (Strahlung, Wind, Wasserkraft etc.) nach Deutschland wird dann wichtiger werden, wenn große Mengen auch erneuerbarer Energien am bestehenden Energiehandelssystem beteiligt werden sollen.

Für Strom selbst über Entfernungen weniger tausend Kilometer gibt es die HGÜ – Hochspannungs-Gleichstrom-Übertragung. Für chemische Sekundärenergien bietet sich Elektrolysewasserstoff an (solarer Wasserstoff, möglicherweise gespeichert in Form von Alkoholen).

Der Bundesregierung und den befaßten Länderregierungen (Baden-Württemberg, Bayern, Hamburg u. a.) wird von der Kommission empfohlen, bedacht zu sein darauf, den international beachtlichen Stand Deutschlands auf dem Gebiet der Erforschung und Entwicklung des Systems und der Komponenten einer solaren Wasserstoffenergiewirtschaft zu festigen und konsequent weiterzuentwickeln sowie ausentwickelte Komponenten zügig in den Markt einzuführen. Internationale Kooperation ist unerläßlich. Besonderes Augenmerk und zügige Fortentwicklung verdient die Brennstoffzelle, ein hocheffizienter elektrochemischer Energiewandler, der im Vergleich zum Ausland hierzulande keinen guten Stand hat, dem aber aus ökologischen Gründen und weil er nicht den Limitationen der Carnotprozesse unterliegt, höchste Bedeutung zukommt, in nahezu allen Bereichen der Energiewandlung: in der Traktion, als BHKW, im topping cycle von GuD-Kraftwerken mit erwartbaren Gesamtwirkungsgraden von bis zu 70 %.

Die Kommission empfiehlt des weiteren, sich dafür einzusetzen, den Stromverbund mit den Südanrainern des Mittelmeeres sowie mit den mittelasiatischen GUS-Republiken zu befördern. Dahinter verbirgt sich zweierlei: Zum einen die Stabilisierung der dortigen Netze nach Frequenz und Spannung, zum anderen (wenn nicht über HGÜ) der potentielle Import von sauberem Strom aus Sonnenkraftwerken (gegebenenfalls Wasser-, Windkraftwerken) – letzteres eine Fortsetzung der Tradition des Stromimports aus den Alpen und in nächster Zukunft aus Skandinavien.

Die Kommission weist jedoch ausdrücklich darauf hin, daß es sich beim solaren Sekundärenergieimport um eine technologische Langfristoption handelt. Hierfür müssen zwar heute bereits forschungspolitische und energiewirtschaftliche Weichen gestellt werden; kurz- und mittelfristig darf dies jedoch nicht dazu führen, daß das große dezentrale und regionale „einheimische" Potential der erneuerbaren Energien (z. B. Windkraft, Solarthermie Biomassenutzung, kleine Wasserkraftwerke, Photovoltraik auf Dachflächen, solare Nahwärmesysteme) vernachlässigt werden. Ohne diese dezentrale und zumeist kosteneffektivere erste Stufe der Solarenergienutzung wird die notwendige Anhebung des solaren Deckungsanteils am Primärenergieverbrauch bis zum Jahr 2005/2020 nicht realisierbar sein und auch die zweite (Import-) Stufe nicht die notwendige gesellschaftliche Akzeptanz erhalten.

5. Handlungsempfehlungen mit globaler Dimension

5.1 Beschleunigung und Intensivierung einer globalen Politik zur Eindämmung des Treibhauseffektes [141])

Die Konferenz der Vereinten Nationen über Umwelt und Entwicklung (UNCED-Konferenz) im Juni 1992 in Rio de Janeiro hat – vor allem auf der Grundlage der inzwischen in Kraft getretene Klimarahmenkonvention – eine globale Politik zur Eindämmung des Treibhauseffektes eingeleitet, einer solchen Politik sowohl Ziele als auch Mittel und Wege vorgegeben und – insbesondere für die Industrieländer – erste Maßnahmen beschlossen.

Bislang ist im wesentlichen nur vereinbart worden, daß die Industrieländer in West und Ost gehalten sind, im Jahr 2000 keine größeren Mengen von CO_2 zu emittieren, als im Jahr 1990. Für die Entwicklungs- und Schwellenländer sieht die Klimarahmenkonvention keinerlei verbindliche Begrenzung der Emissionen vor.

Die Enquete-Kommission Schutz der Erdatmosphäre sieht diese Entwicklung mit Sorge. In der Tat, die eingeleiteten und absehbar vorgesehenen Maßnahmen reichen keineswegs aus, um das in Artikel 2 der Klimarahmenkonvention formulierte hohe Ziel einer Stabilisierung des Klimas bis zur zweiten Hälfte des nächsten Jahrhunderts zu verwirklichen.

Die Enquete-Kommission ersucht deshalb die Bundesregierung, schon bei der ersten Vertragsstaatenkonferenz im März 1995 in Berlin darauf zu dringen,

- daß die westlichen und östlichen Industrieländer auch Reduktionsverpflichtungen für die Zeit nach dem Jahr 2000 eingehen, und
- daß die Entwicklungs- und Schwellenländer sich verbindlich verpflichten, ihre Emissionen in Grenzen zu halten.

In ihrer Höhe und in ihrer Zeitfolge sollten diese Verpflichtungen ausgerichtet sein auf das in Artikel 2 der Klimarahmenkonvention formulierte Ziel einer Stabilisierung des Klimas.

---

141) Joint Implementation ist Gegenstand der Handlungsempfehlung Initiierung transnationaler Kooperationen zur Reduktion der Emissionen klimarelevanter Spurengase.

5.2 Initiierung von Joint Implementation und transnationalen Kooperationen zur Reduktion der Emissionen klimarelevanter Spurengase

Artikel 4 Ziffer 2 Buchstaben a und b der in Rio verabschiedeten und inzwischen in Kraft getretenen Klimakonvention gibt den dieser Konvention beigetretenen Staaten und internationalen Organisationen die Möglichkeit, gemeinsame Politiken und Maßnahmen – Joint Implementation – zu entwickeln, um ihren Reduktions-Verpflichtungen nachzukommen. Es ist vorgesehen, in der nächsten, im März/April 1995 in Berlin stattfindenden Vertragsstaaten-Konferenz Kriterien für die praktische Umsetzung solcher Joint Implementation zu verabschieden.

Unter Joint Implementation versteht man Regelungssysteme, gemäß denen Staaten, die der Klimakonvention beigetreten sind, ihren Verpflichtungen zur Reduktion der Emissionen klimaschädlicher Spurengase dadurch nachkommen, daß sie Maßnahmen ergreifen, die andere der Konvention beigetretene Staaten zu äquivalenten Reduktionen veranlassen.

Die Enquete-Kommission hat sich einvernehmlich in Teil B, Kap. 7.2.2.8 sowie in Teil E, Kap. 9.5 zur Rolle von Joint Implementation geäußert und dabei eine Reihe von Kriterien aufgestellt, die für Joint Implementation gelten sollen. In der Kommission bestehen aber unterschiedliche Auffassungen über den wünschenswerten Umfang und die Anrechnungsmodalitäten, die Kontrollmöglichkeiten, den Nutzen für Geber- und Empfängerländer sowie über die infrage kommenden Techniken für eine sinnvolle Anwendung von Joint Implementation. Diese unterschiedlichen Akzente sind in den jeweiligen Sondervoten näher beschrieben worden. Im Sondervotum der Oppostionsfraktion wird in Kapitel 5 ausführlich zu den Kriterien von Joint Implementation Stellung genommen. Die an dieser Stelle folgende Darstellung des Standpunktes der Koalitionsfraktion, die von der Oppostionsfraktion nicht mitgetragen wird, wurde hier nicht erneut abgedruckt.

5.3 Klimapolitik und energiewirtschaftliche Zusammenarbeit mit Mittel- und Osteuropa und der Gemeinschaft Unabhängiger Staaten

Die Energieversorgung und die Umweltbelastung der Länder des früheren Rats für gegenseitige Wirtschaftshilfe – den Ländern Mittel- und Osteuropas und der Gemeinschaft Unabhängiger Staaten (GUS) – sind in hohem Grade bedenklich. Diese beiden Großregionen bedürfen zur Behebung dieser Schwierigkeiten nachhaltiger Unterstützung durch die westlichen Industrieländer und im besonderen der Bundesrepublik Deutschland.

Rahmenprogramme vielfältiger Art, um diese zu erreichen, sind im Aufbau oder werden vorbereitet. Es sei hingewiesen auf die vom Weltwirtschaftsgipfel und der Europäischen Union vorgesehenen beschlossenen und geplanten Aktionen, hier vor allem auch auf die Europäische Energie-Charta und auf die bilaterale Zusammenarbeit zwischen der Bundesrepublik Deutschland einerseits und den Ländern und Länderzusammenschlüssen im Osten.

In diesem Zusammenhang empfiehlt die Enquête-Kommission Schutz der Erdatmosphäre, bei all diesen Aktionen dem Anliegen einer Reduktion der Emissionen klimawirksamer Spurengase in besonderen Maße Rechnung zu tragen. Dies gilt vorrangig für die folgenden Komplexe von Projekten:

- Die Gewinnung, die Umwandlung, den Transport und den – rationellen – Verbrauch von Kohle, Öl und Gas. In diesem Zusammenhang sei hingewiesen auf das emissionsträchtige und schon deshalb reparaturbedürftige System der Pipelines für Erdöl und Erdgas.
- Vorhaben und Initiativen zur rationelleren Verwendung von Sekundärenergieträgern, hier vor allem auch von Elektrizität.
- Die Entwicklung und den Einsatz herkömmlicher und neuer erneuerbarer Energien auf Basis von Sonne, Biomasse, Wind und Erdwärme.
- Vorhaben und Initiativen zur Abschaltung oder Sanierung riskanter Kernkraftwerke – hier vor allem solchen vom Tschernobyl-Typ – unter Einbeziehung von Aktionen zur Ersatzstrombeschaffung für stillgelegte und stillzulegende Kernkraftwerke.

6. VISION 2050

Vier Motive vor anderen lassen es geraten sein, auch über mögliche weitere Zukünfte hoher Plausibilität Gedanken niederzuschreiben.

Dabei ist unmißverständlich, daß

- die ausgesprochenen Empfehlungen keine Prognoseresultate darstellen und auch nicht sollen,
- die möglichen Zukünfte nicht so und nur so eintreten müssen,
- es schließlich, nicht zuletzt, sich verändernde Randbedingungen aus anderen Politikbereichen geben mag (geben wird), die Teile der ausgesprochenen Empfehlungen verändern werden.

Selbst mit diesen Einschränkungen hält es die Enquête-Kommission Schutz der Erdatmosphäre gleichwohl für unerläßlich, auch Aussagen über sehr viel weiter in der Zukunft liegende Bereiche der klimarelevanten Energiepolitik zu machen; sie weiß sich darin etwa mit dem IPCC –

Intergovernmental Panel on Climate Change – in guter Kollegialität, das den Versuch macht, Aussagen für 2100 zu treffen.

Die genannten vier Motive sind:

1. Die auf der UNCED im Juli 1992 verabschiedete Klimakonvention impliziert die Reduktion der Treibhausgasemissionen in die Atmosphäre binnen etwa eines halben Jahrhunderts um 60 bis 80%.
2. Verweildauer von klimawirksamen anthropogenen Spurenstoffen in der Atmosphäre können ein Jahrhundert und mehr betragen: CO_2 100 Jahre; N_2O 150 Jahre.
3. Änderungsgeschwindigkeiten in den Bereichen Energie und – zugeordnet – Hochbau, Industrie und Verkehr sind in aller Regel so, daß mit Implikationszeiten klimarelevanter Entscheidungen von nicht selten Jahrzehnten bis zu halben Jahrhunderten gerechnet werden muß. (Energetisch relevante Totalrenovierung im Hochbau 50 Jahre, energetisch relevanter Generationswechsel (nicht Modellwechsel!) bei Automobilen 10 bis 20 Jahre, bei Eisenbahnen 30 bis 40 Jahre, bei Flugzeugen 20 bis 30 Jahre, Lebensdauer einer Kraftwerksgeneration 30 bis 50 Jahre, Erneuerung des Industrieparks mit einer bezogenen Energiebedarfsminderung von 1 bis 2%/a).
4. Entwicklungszeiten für energietechnische Anlagen vom ersten Resultat im Labor bis zur ersten Etablierung auf dem Markt und damit dem ersten klimarelevanten Wirksamwerden sind erfahrungsgemäß in aller Regel viele Jahrzehnte bis zu wiederum nahezu einem halben Jahrhundert. (Die wirklich zügige Entwicklung der Gasturbine begann mit der Flugturbinenentwicklung in den 1940er Jahren; erst heute dringt sie mit nennenswerten Kapazitäten und überzeugender Effizienz als Komponente von Kombiblöcken in die Energiewirtschaft ein. – Die Kernspaltungsenergie ist mehr als ein halbes Jahrhundert alt und steht weltweit für 6% Primärenergieäquivalent, *ihre gesellschaftliche Akzeptanz ist umstritten.* – Die energetisch wie ökologisch hochinteressante Brennstoffzelle hat es bislang über Anwendungen in der Raumfahrt und der Unterseetechnik hinaus nur zu Laborexperimenten und ersten Demonstrationsanlagen gebracht. Wirklich zielgerichtete, zügige Entwicklung und Markteinführung vorausgesetzt, muß erwartet werden, daß Brennstoffzellen – etwa in der Traktion, als BHKWs oder im topping cycle von Kombikraftwerken – nicht vor 20 bis 30 Jahren in nennenswerten Stückzahlen und Kapazitäten Dienst tun werden.)

Die Enquete-Kommission Schutz der Erdatmosphäre faßt in Würdigung der vorstehenden Motive u. a. ihre weiterreichenden Empfehlungen unter der VISION 2050 zusammen. Dabei ist das Datum nicht wörtlich zu nehmen, sondern soll vermitteln, daß klimarelevante energiepolitische, verkehrspolitische und technologiepolitische sowie baupolitische Entwicklungen samt und sonders von so langen Zeitkonstanten geprägt sind, daß sie übliche Politikzyklen von wenigen Jahren regelmäßig um Faktoren, wenn nicht um eine Zehnerpotenz überschreiten! Die Empfehlungen zur VISION 2050 bieten somit allenfalls einen Grundbezug, gleichsam ein Eichnormal, an dem Politikentscheidungen der aufeinanderfolgenden Legislaturperioden orientiert werden können. Damit wird deutlich, daß Politikentscheidungen nachfolgender Politikergenerationen mit den Empfehlungen zur VISION 2050 nicht vorweggenommen werden sollen (und auch gar nicht können). Jede Generation wird wieder von neuem zu entscheiden haben, welche Kriterien im Kriteriensatz der Entscheidungen mit welchem Gewicht zu berücksichtigen sind: die Wirtschaftlichkeit, die Umweltverantwortbarkeit, die Risikoarmut, die Sozialverträglichkeit, die Arbeitsplatzrelevanz, die internationale Verträglichkeit u. a. oder – wahrscheinlich – eine Kombination mehrerer dieser Kriterien.

Die Kommission empfiehlt der Politik, den Rahmen für die folgenden Entwicklungen abzustecken. Dabei ist Vorsorge zu treffen dafür, daß die ausreichend mit Energiedienstleistungen zu versorgende Menschheit sich verdoppelt.

Die Optimierung der technischen Arbeitsfähigkeit in der Energiewirtschaft ist immerwährendes Gebot. Höchste Wirkungsgrade in der Bereitstellung technischer Arbeitsfähigkeit (Exergie) sind anzustreben.

Niedertemperatur-Wärmeproduktion unter Verwendung technischer Arbeitsfähigkeit (Exergie) ist auf ein Minimum zurückzudrängen. Wärmenutzung sollte in Nutzungskaskaden aufeinanderfolgender fallender Temperaturstufen geschehen; das schließt die Wärme auf der letzten Temperaturstufe, die Umgebungswärme, zur Niedertemperaturwärmebereitstellung mittels Wärmepumpen mit ein.

Energiewandlungsketten kürzest möglicher Länge sind anzustreben, die erlauben, die von Energiewandlungsschritt zu Energiewandlungsschritt nach dem 2. Hauptsatz der Thermodynamik zwangsläufig zunehmende Energie- und Stoffentwertung zu vermindern. Energiedienstleistungen sind mit einem Minimum an technischer Arbeitsfähigkeit und einem Minimum an Stoffeinsatz bereitzustellen.

Höchsteffiziente Energiewandler und Energiewandlungssysteme rationeller Energiewandlung und rationeller Energieanwendung sowie Erneuerbare Energien sind zu entwickeln und, wo immer wirtschaftlich, zu nutzen.

Stoffströme sind, soweit irgend möglich, im Kreis zu führen (Kreislaufwirtschaft). Nachhaltigkeit (sustainability) allen Tuns verlangt seine Einbindung in die Kreisläufe der Natur.

Fossile Energierohstoffe sind zurückzudrängen mit Hilfe von Energiewandlungstechnologien höchster Effizienz. Im Ziel gehören hierher, u. a.:

- **Niedrigenergiehäuser mit einem Energiebedarf von 20 bis 30 kWh/m^2 a**
- **Verkehrsmittel mit spezifischen äquivalenten Energieverbräuchen von 2 bis 3 Litern Benzinäquivalent pro 100 Personenkilometern (l/100 Pass. x km) (18 bis 36 kWh/100 Pass. x km)**
- **Kraftwerke mit elektrischen Wirkungsgraden von 60 bis 70% (Kombikraftwerke mit HT-Brennstoffzelle, Gasturbine, Dampfturbine) und Jahresnutzungsgraden der simultanen Bereitstellung von Wärme und Strom von 90% und mehr**
- **Alle Nutzungstechniken der betrieblich energierohstofflosen Erneuerbaren Energien (Sonnenstrahlung, Wind, Wasserkraft, Biomasse, Umgebungswärme, Geothermie) höchster Effizienz und minimierten Materialbedarfs**

Eine Technologieliste findet sich in Kapitel **Energieforschung und Entwicklung** (Teil B, Kap. 4.4.5). Der Entwicklungsstand der dort genannten Technologien erlaubt, mit hoher Plausibilität erwarten zu dürfen, daß die vorgenannten Ziele zeitgerecht erreicht werden.

Im quantitativen Ergebnis laufen diese Empfehlungen auf eine VISION 2050 hinaus, die *nährungsweise durch die folgenden technisch möglichen Optionen und Deckungsanteile am Primärenergiebedarf [durch die Zielgrößen (alles ca. Werte)/streichen] charakterisiert werden kann.*

- **1/4–1/3 fossile Energie**
- **1/4–1/3 Nutzung heimischer Erneuerbarer Energien**
- ***1/2–1/3 [Kernenergie und/oder/streichen] Import elektrischer und chemischer Sekundärenergieträger aus Erneuerbaren Energien***

gekennzeichnet ist.

Ganz im Sinne dieser Empfehlung ist für die einzelnen Energien vergleichbare Marktfähigkeit zu schaffen. Es bedarf der konsequenten nationalen Identifikation mit dem Ziel eines Energiekonsenses, der sich auf die *vier/streichen]* ebenbürtig standfesten Säulen (1) rationelle Energiewandlung und rationelle Energieanwendung, (2) erneuerbare Energien und (3) fossile Energie *[und (4) Kernenergie/streichen]* (vergl. Nitsch/Luther 1990) gründet. Zumindest die beiden Säulen (1) und (2) sind noch bei weitem nicht fertiggebaut. Sie brauchen für ihre letzli-

che Fertigstellung weitere 2 bis 3 Jahrzehnte. Sie in den Markt zu bringen, verlangt bis dahin angemessen vorrangige Förderung in Forschung, Entwicklung, Demonstration und schließlich Markteinführung (F, E, D + M).

Die riskanten Kernenergieoptionen werden auch langfristig für den Klima- und Ressourcenschutz nicht mehr benötigt. Von entscheidender Bedeutung ist dabei, daß das technische Potential zur Steigerung der Energieproduktivität („Effizienzrevolution") maximal ausgenutzt wird und gleichzeitig ein grundlegender gesellschaftlicher Diskurs über „Neue Wohlstandsmodelle" einleitet und in innovative gesellschaftlich akzeptierte Produktions- und Lebensstile umgesetzt wird. Der Beantwortung der Fragen, wieviel ist für ein gutes Leben genug und wie soll der Wohlstand verteilt werden, kann die Menschheit im nächsten Jahrhundert nicht mehr ausweichen. Dieser „neue Wohlstand" muß in Industrieländern wie der Bundesrepublik pro Kopf erheblich weniger ressourcen- und energieintensiv sein als bisher, wenn er weltweit verallgemeinerungsfähig sein soll. [Für die 4. Säule, Kernenergie, ist die Konzentration auf alle Phasen der Sicherheit vorrangig, entlang der gesamten nuklearen Energiewandlungskette einschließlich der sicherheitlich vertantwortbaren Endlagerung radioaktiver Abfälle. In diesen Zusammenhang gehören Kraftwerkstypen inhärenter Betriebssicherheit/streichen.]

[Als Resultat einer Energiebedarfsminderung durch drastische Effizienzsteigerung der Energiewandlung und Energieanwendung um bis zu ca. 50%, aber auch eines allfälligen weiteren Energiebedarfszuwachses durch Wirtschaftswachstum, mag sich ein möglicher Energiebedarf auch in fernerer Zukunft in ähnlicher Höhe des heutigen einstellen./streichen]

Die Kommission legt Wert darauf festzustellen, daß diese VISION 2050 nicht so verwirklicht werden *muß,* sie aber so verwirklicht werden *kann,* weil die Schritte auf dem Weg zu ihr aus Erfahrung, bekanntem Entwicklungspotential und kritischer Extrapolation von Bestehendem *plausibel* erscheinen, nicht mehr, aber auch nicht weniger. Die Kommission vertritt allerdings die Auffassung, daß die VISION 2050 (oder jede vergleichbare VISION) so oder ähnlich verwirklicht werden *sollte,* wenn es darum geht, binnen eines guten halben Jahrhunderts eine umweltökonomische Marktwirtschaft dauerhafter Fortentwicklung (sustainable development) zu erreichen, die mit den Implikationen der UN-Klimakonvention im Einklang steht.

Die Kommission erwartet, daß – wie in der Vergangenheit – auch auf dem langen Weg von 60 Jahren mit vielen Entwicklungsbrüchen gerechnet werden muß – aus der Internationalität, aus dem Kapitalmarkt, aus Naturkatastrophen u. a. –, welche die VISION 2050 – zumindest geradlinig – unerreichbar erscheinen lassen. Das aber ändert nichts an der Stringenz der zur VISION 2050 führenden Argumentationskette, die bewußt keine Prognose zu formulieren sich vorgenommen hat, vielmehr die Gewichte von Plausibilitäten zu wägen aufgibt, die in ihrem Gesamtgewicht der VISION 2050 einen bestimmten Wahrscheinlichkeitsgrad geben.

In der Konsequenz begrüßt die Kommission also auch jede Kritik, die sich an der von ihr vorgelegten VISION 2050 entzünden wird. Denn damit hätte sie erreicht, was sie beabsichtigt: Das gedankliche Ringen um den richtigen Weg zu einem – vermeintlich – so fernen Ziel: 2050, das doch so nahe liegt, denn die politisch-unternehmerischen Entscheidungen für Gesetze, internationale Abkommen, Infrastrukturen und Investitionen, die dieses Ziel auch erreichen lassen sollen, werden regelmäßig Jahrzehnte bis zu halben Jahrhunderten früher getroffen!

Die Kommission sieht sehr wohl, daß die vorgezeichnete Entwicklung zur VISION 2050 in 60 Jahren nicht ohne Risiken sein muß: Ein außerordentlicher Bedarf an Technologie und finanziellem Kapital wird erforderlich werden. Dabei scheint der Technologiebedarf vom Industrieland erbringbar; den Kapitalbedarf jedoch zeitgerecht zu erbringen, mag zur eigentlichen Achillesferse werden. In Deutschland werden derzeit jährlich ca. 700 Mrd. DM investiert, rund ein Viertel des gesamten Bruttoinlandsprodukts. Große Teile dieser beachtlichen Summe beziehen sich auf Investitionen, die unmittelbar oder mittelbar Auswirkungen auf das Klima haben. Klimaökologisch verantwortbares Handeln verlangt folglich, jede einzelne dieser Investitionen daraufhin zu optimieren, lebensdauerlang ein Minimum an klimawirksamen Spurenstoffen zu emittieren, sowohl aus Investivstoffströmen als auch aus Betriebsstoffströmen.

Argumentativ helfen werden Entwicklungen in anderen Politikbereichen, die in die gleiche Richtung zielen:

- Die stärkere sektorale Hinwendung einer jeden industriellen Volkswirtschaft zum Dienstleistungssektor wirkt Energie-extensivierend.
- Die Arbeitsplatzintensität einer technologiegeführten Energiewirtschaft ist deutlich höher als diejenige einer energierohstoffgeführten.
- Der ohnehin im Gange befindliche Trend moderner Volkswirtschaften weg von den (Energie-)Rohstoffen, hin zu Technologien und Kapital wird durch die Entwicklung zu einer vorbeschriebenen VISION 2050 nur unterstützt und intensiviert.
- Exportorientierte Volkswirtschaften brauchen neue Technologien nicht nur für den Eigenbedarf.

- Und, nicht zuletzt, weiterreichende Gedanken, wie sie etwa in der UN-CSD – Commission on Sustainable Development der Vereinten Nationen – diskutiert werden, Kompensation und Joint Implementation oder Transnationale Kooperation, setzen Technologien für den Technologietransfer voraus, die den Zielen der Klimakonvention auch wirklich gerecht werden: bezahlbar, mit einem Minimum an Treibhausgas (THG)-Emission verbunden (kg THG/kWh) und dauerhaft (sustainable).

7. Anlagen

(die hauptsächlich technologiebezogenen Anlagen des Koalitionsvotums werden hier nicht erneut abgedruckt)

Teil C

Verkehr

Teil C enthält einen kurzen Überblick über den Verkehrsbereich. Eine ausführliche Darstellung erfolgte im 2. Zwischenbericht der Enquete-Kommission „Schutz der Erdatmosphäre" der im Juli 1994 unter dem Titel „Mobilität und Klima – Wege zu einer klimaverträglichen Verkehrspolitik" erschienen ist.

1. Klimawirkungen des Verkehrs

Gegenwärtig sind rund 20% der energiebedingten CO_2-Emissionen in der Bundesrepublik Deutschland den direkten Emissionen aller Verkehrsträger zuzurechnen. Darüber hinaus verursacht der Verkehr weitere Emissionen wie CO, CH_4, VOC und NO_X (vgl. Tab. A 4.3-1)

Der wesentliche Anteil der Emissionen des Verkehrsbereichs wird – entsprechend seinem Anteil an den Gesamtverkehrsemissionen – durch den Straßenverkehr verursacht. Die Emissionen im Straßenverkehr sind während der vergangenen Jahrzehnte trotz technischer Verbesserungen (z. B. sparsamere Motoren, Einführung des Drei-Wege-Katalysators) von wenigen Ausnahmen abgesehen gestiegen. Dieser Zuwachs ist hauptsächlich durch die Zunahme der Fahr- und Transportleistung bedingt.

Dem individuellen motorisierten Personenverkehr werden 66% der CO_2-, 61% der NO_X-, 51% der SO_2-, 89% der VOC- und 95% der CO-Emissionen des Verkehrsbereichs zugerechnet. Der LKW-Verkehr verursacht 19% der CO_2-, 29% der NO_X-, 28% der SO_2-, 9% der VOC- u 4% der CO-Emissionen. Die restlichen Anteile an den gesamten verkehrsbedingten CO_2-Emissionen teilen sich Luftverkehr (8%), ÖPNV (3%), Bahn (3%) sowie Binnenschiffahrt (1%) (IFEU, 1992).

2. Verkehrsentwicklung

2.1 Ursachen und Hintergründe des Verkehrswachstums

In der modernen arbeits- und funktionsteiligen Gesellschaft erfüllt Verkehr elementare Funktionen und ist somit Voraussetzung für eine Vielzahl von Lebens- und Wirtschaftsvorgängen. Verkehrsvorgänge und „Verkehrsinteressen", die massenhaft auftreten, kollidieren indes zunehmend mit anderen Interessen und zeigen die Nachteile einer verkehrsorientierten Lebens- und Wirtschaftsweise auf. Das heutige Ausmaß des Verkehrs hängt mit Gesellschafts- und Wirtschaftsstrukturen zusammen, die im Laufe der Zeit entstanden sind, aber auch mit der freien Verfügbarkeit von relativ unbegrenzten Transportmöglichkeiten. Dementsprechend sind diese Strukturen nicht ad hoc veränderbar; tiefgreifende Eingriffe können nur schrittweise erfolgen.

Ursache für Ortsveränderungen von Personen und Gütern sind Verrichtungen des täglichen Lebens, Arbeitsvorgänge sowie Prozesse wirtschaftlichen Handelns. Wichtige Einflußgröße für den zunehmenden privaten Individualverkehr ist die Trennung der Grundfunktionen Wohnen, Arbeiten und Erholen. Als Flucht vor den Belastungen früherer städtischer Ballungsräume mit ihren industriellen Imissionen und ihrer Enge war das Prinzip der Funktionstrennung verständlich. Heute sind dadurch die Distanzen so groß geworden, daß nur noch wenige Ziele zu Fuß erreichbar sind. Parallel zu dieser Entwicklung vollzog sich eine Konzentration der Produktions-, Verwaltungs-, Dienstleistungs- und Bildungseinrichtungen, wodurch sich ebenfalls größere Entfernungen im Wirtschafts-, Dienstleistungs- und Berufsverkehr ergeben.

Bezogen auf die Wirtschaft führen Funktionstrennungen – insbesondere die Spezialisierung und Rationalisierung bei der Produktion und die Wahrnehmung von Standortvorteilen – zu räumlicher Arbeitsteilung. Die nicht mehr nur lokale, sondern regionale Verfügbarkeit von Arbeitskräften bzw. das bestehende Arbeitskostengefälle unterstützen diese Entwicklung. Der Verkehr übernimmt dabei eine wichtige Verbindungsfunktion zwischen den verschiedenen Produktionsstufen und Wirtschaftsprozessen.

Umgekehrt werden die Bedürfnisse der Menschen durch die gegebenen Strukturen der Wirtschaft geformt. Beides hat sich parallel durch ein bestimmtes „Verkehrs-Angebotsgefüge" und über längere Zeiträume herausgebildet. Außerdem kann mittels moderner Logistik die Lagerhaltung teilweise durch Zulieferung unmittelbar zum Verarbeitungszeitpunkt (Just-in-time) ersetzt werden.

Umstrukturierungs- und Rationalisierungsprozesse bei Industrie, Gewerbe und Handel sind oft mit Standort- und Flächenansprüchen verbunden, die am leichtesten außerhalb geschlossener Siedlungsgebiete – eben in dezentraler Lage – befriedigt werden können. Hieraus folgen in der Regel längere Anfahrtswege für Beschäftigte und Kunden.

Darüber hinaus ist eine der wesentlichen Ursachen der enormen Steigerung des innerregionalen Verkehrs die Ausbreitung einer Regionalbevölkerung über eine immer größere Fläche, d. h. die Zersiedlung der Regionen um die großen Städte. Bedingt durch individuelle Ansprüche und Wertmaßstäbe (Wohnen im Grünen), aber auch durch Bauleitplanung oder Bodenpreise leben immer mehr Menschen in immer weitläufigeren, dispersen Strukturen, die auf das Zentrale-Orte-Konzept kaum noch Rücksicht nehmen. Die Verkehrsmöglichkeiten haben bei diesen Prozessen eine erhebliche Rolle gespielt. Grundlegend sind sicherlich die von den planerischen und individuellen Entscheidungsprinzipien der Funktionstrennung ausgehenden Effekte. Umgekehrt wird aber auch Verkehr erst durch die Bereitstellung von Verkehrsinfrastruktur induziert. Diese wirkt sich oft ansiedlungsfördernd und verkehrserzeugend aus, selbst wenn die Verkehrswege aus Entlastungsgründen gebaut wurden (Umgehungsstraßen, Stadtautobahnen etc.)

Zunehmender Wohlstand versetzte die Bevölkerung in die Lage, Verkehrsangebote wie den eigenen Pkw zu Einkaufsfahrten in die weitere Umgebung, Ausflugsfahrten usw. zu nutzen oder vermehrte Kurzurlaube oder Fernreisen zu unternehmen. Ferner verursachte zunehmender Wohlstand auch Nachfrage nach mehr Gütern und hochwertigeren Produkten aus aller Welt zu jeder Zeit und an jedem Ort.

2.2 Entwicklung von Verkehrsaufkommen und Verkehrsleistung

Im motorisierten Personenverkehr der Bundesrepublik Deutschland (alte Bundesländer) hat sich die Verkehrsleistung zwischen 1950 und 1990 von 88 auf 723 Mrd. Pkm etwa verachtfacht. Parallel ist eine Zunahme des Bestandes an Personen- und Kombikraftwagen von 0,6 auf 30,7 Mio. zu beobachten. Während der Anteil des Individualverkehrs 1950 an der gesamten motorisierten Verkehrsleistung lediglich 35% ausmachte, betrug der entsprechende Anteil 1990 bereits 82%. Der Zuwachs des Individualverkehrs beruht aber nur teilweise auf einer Verlagerung vom öffentlichen Verkehr zum Individualverkehr. Der Hauptanteil entstand durch Neuverkehr der u. a. durch räumliche Entwicklung ehemals ländlicher Regionen entstanden ist.

Im Güterverkehr fiel die Zunahme der mittleren Transportweiten weit weniger stark aus als im Personenverkehr. Die gesamte Verkehrsleistung in der Bundesrepublik (alte Bundesländer) hat sich zwischen 1950 und 1990 von 70 auf 300 Mrd. tkm etwa vervierfacht. Dabei stieg der Straßenverkehr auf das 12fache an, wogegen sich die Eisenbahnverkehrsleistung lediglich um 42% erhöhte. Entsprechend stieg der Anteil des Straßenverkehrs an der gesamten Güterverkehrsleistung von 20 auf 57%. Maßgebend für die Steigerung der Güterverkehrsleistungen ist u. a. die Ausdehnung der Wirtschaftsräume bzw. die Internationalisierung und Globalisierung der Wirtschaft, die fortschreitende Arbeitsteiligkeit sowie die Verringerung der Fertigungstiefe. Hierbei ging eine Veränderung der Aufteilung auf die Transportsysteme einher, vor allem eine Verlagerung von der Schiene auf die Straße, weil der Anteil hochwertiger Fertig- bzw. Halbfertigprodukte zunahm (Güterstruktureffekt).

In den letzten 30 Jahren hat sich der Personenverkehr grundsätzlich verändert. Im Jahre 1960 wurden 15 Mrd. motorisierte Fahrten und etwa 32 Mrd. Wege zu Fuß oder mit dem Rad unternommen. Bis zum Jahre 1990 ist die Anzahl der nichtmotorisierten Wege auf 23 Mrd. zurückgegangen. Die Anzahl der Fahrten mit dem PKW hat sich dagegen verdoppelt, der öffentliche Verkehr stagnierte. Die zurückgelegten Entfernungen sind fast auf das dreifache gestiegen. Von den Verkehrsleistungen im Jahr 1989 (730 Mrd. Pkm) machte der Freizeit- und Urlaubsverkehr bereits über 50% der Personenkilometer aus (380 Mrd. Pkm).

Im bundesdeutschen Luftverkehr stieg die Anzahl der beförderten Personen zwischen 1985 und 1990 um 50% (Stat. Bundesamt, 1993a). Die Personenverkehrsleistung im Linienverkehr lag bei etwa 13,6 Mrd. Pkm. Davon entfielen etwa 3,3 Mrd. Pkm auf den von deutschen Fluggesellschaften abgewickelten Inlandsverkehr (ICAO, 1992a). Die Personenverkehrsleistung im Gelegenheitsverkehr betrug 1990 4,8 Mrd. Pkm.

Die im Luftverkehr beförderte Fracht nahm zwischen 1985 und 1990 um 55% zu. 1990 wurden im Güterverkehr (Linie + Charter) 1,15 Mio. t Fracht befördert, davon alleine 85% im Linienverkehr. Zwischen 1985 und 1990 nahm die Zahl der Flugbewegungen um 53% zu. Sie betrug 1990 rund 1,4 Mio, 53% davon im Linienverkehr und 47% im Gelegenheitsverkehr (Stat. Bundesamt, 1993a).

2.3 Verkehrsprognosen

Die Verkehrsprognosen für die Bundesrepublik Deutschland gehen nach wie vor von einer Zunahme der motorisierten Verkehrsleistung sowohl im Personen- als auch im Güterverkehr aus. Die Größe des Wachstums und die Nachfragestruktur bestimmen sich aus den zugrundegelegten Annahmen über die Entwicklung der Bevölkerung, der Wirtschaft, der Siedlungsstrukturen sowie den politischen Rahmenbedingungen, insbesondere der Verkehrspolitik.

So steigt z. B. im Szenario[1]), welches die Entscheidungsgrundlage zum gültigen BVWP bildete, die Verkehrsleistung des Personenverkehrs zwischen 1988 und 2010 im gesamten Bundesgebiet um ca. 30%. Dabei nimmt der Fernverkehr stärker zu als der Nahverkehr und zwar um 39% gegenüber 24%. Die stärkste prozentuale Zunahme hat der Luftverkehr mit 157% aufzuweisen. Der motorisierte Individualverkehr zeigt eine Steigerung um 29%, allein in den alten Bundesländern um 9%. Beim Bahnverkehr steigt die Personenverkehrsleistung um 56%. Im Güterverkehr steigt die Verkehrsleistung um 97% auf der Straße, um 54% bei der Bahn und um 87% bei der Binnenschiffahrt.

Die Treffsicherheit von Prognosen hängt in hohem Maße davon ab, in wieweit die bei den Prognosen gemachten Annahmen (Randbedingungen) auch kontinuierlich weiterlaufen und inwieweit sich Entwicklungen voraussehen lassen. Erhebliche Unsicherheiten für die Schätzung der Verkehrsentwicklung ergeben sich dabei hinsichtlich der künftigen Verkehrsverflechtungen mit Osteuropa, da die ökonomische Entwicklung dort nach Umfang und zeitlichem Ablauf derzeit kaum exakt eingeschätzt werden kann. In der deutschen Verkehrspolitik stellt die internationale Verkehrsverflechtung nach Osten einen wesentlichen neuen Teilbereich dar: Die Bedeutung der Bundesrepublik Deutschland und ihre Bedeutung als Verkehrszentrum Europas stellt einerseits ein positives Wirtschaftspotential für Deutschland dar; andererseits bildet dies auch ein Potential für die „Abwanderung von Arbeit" nach dem Kriterium der Standortgunst mit weiteren Verkehrsfolgen. Hinzu kommt, daß der zu erwartende Transitverkehr, der in den meisten Ländern um etwa 40% zunimmt, im Transitland Deutschland etwa um einen 6fachen Wert ansteigen wird. Auf diese neue Lage muß die künftige Verkehrspolitik der Bundesrepublik Deutschland reagieren. Darüber hinaus wird deutlich, in wie starkem Maße verkehrspolitisches Handeln auf nationaler Ebene auf die Einbindung internationaler Aspekte angewiesen ist.

2.4 Wirkungen und Folgen des Verkehrs

Die Emissionen des Verkehrs sind nicht nur für das Klima relevant, sondern wirken regional direkt auf den Menschen und die Ökosysteme. So führen z. B. NO_x, Benzol oder Ruß bei entsprechender Belastung zu direkten gesundheitlichen Beeinträchtigungen beim Menschen. Öko-

[1]) Szenario H: auf gezielte Maßnahmen zur Reduktion von Straßen- und Luftverkehr wird verzichtet, aktuelle Trends bei der Entwicklung von Nutzerkosten sowie kommunalpolitisch motivierte Restriktionen des Straßenverkehrs in den Städten jedoch berücksichtigt.

systeme werden durch NO_x-und SO_2-Emissionen (saurer Regen) sowie Ozon stark geschädigt, um hier nur einige Beispiele zu nennen.

Daneben kommt es zu weiteren negativen Begleiterscheinungen des Verkehrs wie Lärm, Unfällen, Ressourcenverbrauch (Energie, Stoffe, Fläche) und sozialen Disparitäten. Über diese negativen Folgen dürfen die positiven Seiten, wie die ökonomischen Apekte, nicht vernachlässigt werden.

Soziale Diparitäten

Die in der Vergangenheit starke Förderung der Ausrichtung des Raum-Verkehrs-Systems am Individualverkehr hat neue soziale Disparitäten geschaffen, da auf die Bedürfnisse bestimmter Bevölkerungsgruppen, die keinen Zugang zum individuellen Straßenverkehr haben oder haben wollen, nicht genügend Rücksicht genommen wird.

Gerade viele ältere Menschen und Kinder, aber auch viele Frauen sind zur Bewältigung der hohen Mobilitätsanforderungen in der Regel auf öffentliche Verkehrsmittel angewiesen. Öffentliche Verkehrsbedienung in dispersen Siedlungsstrukturen zu gewährleisten, ist aber nicht nur wirtschaftlich ein Problem.

Nicht nur Kinder, auch ältere Menschen finden sich zudem in dem ständig anwachsenden und beschleunigten Verkehrsgeschehen nicht mehr zurecht, so daß auch für sie zunehmend Begleit- oder Versorgungsdienste erbracht werden müssen – Wege also, die eigentlich vermeidbar wären.

Ökonomische Aspekte des Verkehrs

Im Jahr 1991/1992 waren in den vom Verkehr abhängigen Bereichen (u. a. Transportgewerbe, Verkehrsdienstleistungen, Fahrzeugbau, Mineralölwirtschaft, Tourismusbranche) mehr als 3,2 Mio. Personen tätig. Danach hatte der Verkehr einen Anteil von mehr als 12% an der Beschäftigung. Diese Zahl dürfte jedoch eher am unteren Ende liegen, da nicht alle Detailbereiche genau erfaßt sind – wie beispielsweise Beschäftigte bei Versicherungen, Teilen der öffentlichen Verwaltung, ein Großteil der Material- und Investitionsgüterlieferanten, vor- und nachgelagerte andere Dienstleistungen, der Entsorgungsbereich u. a. m. Rechnet man die Arbeitsplatzeffekte in diesen Bereichen hinzu, ergeben Schätzungen, daß rund 5 Mio. Menschen direkt oder indirekt im Verkehrsbereich beschäftigt sind.

Der volkswirtschaftliche Nettobeitrag des Verkehrsbereiches zur Wertschöpfung liegt bei 15–20%.

Diesem hohen Beitrag des Verkehrssektors zur Wertschöpfung stehen die Vorleistungen der öffentlichen Hand gegenüber. Die staatlichen Investitionen für die Verkehrsinfrastruktur lagen in den 80er Jahren im EU-Durchschnitt bei circa 1% des Bruttoinlandproduktes und verteilen sich auf die einzelnen Verkehrsträger wie folgt: Straße 65%, Schiene 23%, Häfen und Binnenwasserstraßen 1,5%, Flughäfen 5,6% (EG-Kommission, 1992):

Für den Zeitraum von 1991 bis 2010 sieht der Bundesverkehrswegeplan 1992 für die alten Bundesländer brutto[2)] 1 253,8 Mrd. DM (netto[3)]) und 135,3 Mrd. DM) vor. In den neuen Bundesländern sollen 160,5 Mrd. DM investiert werden (netto: 87,3 Mrd. DM). 47,0% der vom Bund bereitgestellten Mittel sollen für die Bahn, 46,2% für die Bundesfernstraßen und 6,8% für Wasserstraßen ausgegeben werden. Die Aufwendungen für Landes-, Kreis- und Gemeindestraßen waren in der Vergangenheit noch höher als die Aufwendungen des Bundes. Hinzu kommen die laufenden Betriebsausgaben.

Zu den ökonomischen Aspekten gehören auch die regionalpolitischen Aspekte, die die Verkehrsfunktion bewußt einsetzen, um räumliche Disparitäten abzubauen und zu mildern: Ziel der Regionalpolitik ist, über Verkehrsinfrastruktur einen Ausgleich der Lebensverhältnisse zwischen Verdichtungsräumen und ländlichen Regionen herbeizuführen. Standortnachteile sollen durch entsprechende Verkehrsgelegenheiten abgebaut werden, um somit sowohl den Bewohnern als auch den Unternehmern regional vergleichbare Lebens- und Wirtschaftsbedingungen zu gewährleisten. Maßnahmen im Verkehr und daraus resultierende Verkehrsströme werden dabei bewußt in Kauf genommen. Bei der Behandlung regionalpolitischer Aspekte sind die europäische Ebene, die nationale sowie die regionale Ebene zu beachten.

Bedeutender ökonomischer Aspekt des Verkehrssektors ist seine Verflechtung mit Außenhandel: Die Ausfuhr von Fahrzeugen hatte einen Anteil von 20% am gesamten Export der Bundesrepublik. Allein für Straßenfahrzeuge betrug dieser Wert 67 Mrd. US $, d. h. rund 100 Mrd. DM. Dem stand ein Importvolumen von 17 Mrd. DM für Treibstoffe gegenüber.

[2)] Zu den Brutto-Investitionen gehören sowohl Erweiterungs- und Rationalisierungsinvestitionen als auch Ersatz- und Erhaltungsinvestitionen.

[3)] Das Netto-Anlagevermögen ergibt sich durch Abzug der linearen über die Nutzungszeit berechneten Abschreibung. Verkehrsanlagen und Verkehrsmittel, die in größerem Umfang vor dem Ablauf der vorgegebenen Nutzungen stillgelegt wurden, werden berücksichtigt.

Aspekte der Dynamik der Verkehrsentwicklung

Alle bisherigen Kenngrößen der Prozesse von Siedlungsstruktur und Verkehr deuten darauf hin, daß die Ausdehnung in die Fläche sowie die regionale Ausweitung der Wirtschaftsverflechtungen bisher keineswegs an „natürliche" Grenzen gestoßen sind. Unter gegenwärtigen Randbedingungen wird sich die Ausdehnung der Lebensräume sowie die Ausweitung und weltweite Verflechtung der Wirtschaftsräume weiter fortsetzen. Die Verkehrserfordernisse werden weiter ansteigen.

Zweifellos ist unser Wirtschaftssystem unter den gegebenen Randbedingungen, gerade auch aufgrund der fast unbegrenzten Transportmöglichkeiten, hocheffizient. Dies führt allerdings zu einer massenhaften Zahl von Verkehrsvorgängen, die auch berechtigte Widerstände hervorruft. So wird vor allem in den Hocheinkommensländern zunehmend diskutiert, ob das transportorientierte Leben und Wirtschaften auf andere Regionen übertragbar bzw. auf lange Sicht überhaupt finanzierbar ist. Auch die mögliche Externalisierung von Kosten unter Nutzung allgemeiner Daseinsvorsorge der öffentlichen Hand wird immer wieder kritisch diskutiert.

3. Potentiale zur Reduktion verkehrsbedingter Emissionen

Emissionsminderungen im Verkehrsbereich können durch Vermeidung von Verkehrsleistung, Verlagerungen auf andere Systeme, Steigerung der Effizienz bei den Verkehrsabläufen sowie durch Aktivierung einer besseren Technik der Systemkomponenten (insbesondere an den Fahrzeugen) erreicht werden. Dies allerdings sind die Wirkungsebenen, die keineswegs deckungsgleich sind mit den Handlungsfeldern, in denen dann konkrete Maßnahmen und Instrumente aus den Bereichen Preispolitik, ordnungspolitische Vorgaben sowie Vorgaben zur Gestaltung der Rahmenbedingungen (z. B. der Raumstruktur) konzipiert und angewendet werden können.

Die komplexe Vernetzung zwischen den eigentlichen Maßnahmen/Instrumenten und ihren Wirkungen macht es sehr schwierig, die Größe der einzelnen Reduktionspotentiale genau zu beziffern. Daher können i. d. R. nur Spielräume angegeben werden. Insbesondere ist es erforderlich, die Wechselwirkungen zwischen den Maßnahmen in die Betrachtung einzubeziehen und längere Wirkungszeiträume mitzubetrachten, um so ggf. Kontraeffekte auszuschließen.

3.1 Verkehrsvermeidung

Verkehrsvermeidung ist als Begriff nicht scharf definiert. Oft wird damit die Vermeidung von Verkehrsleistung generell bezeichnet, also der Wegfall bzw. die Verringerung von „Personenkilometern (Pkm)" oder „Tonnenkilometern (tkm)". Allerdings sind die Angaben über die beförderte Anzahl von Personen oder Gütern über eine bestimmte Entfernung für die Verkehrsauswirkungen hinsichtlich der Emissionen kein hinreichender Maßstab; denn zusätzlich kommt es auf die dafür erforderliche Art und Anzahl von Fahrzeugen und die damit produzierten „Fahrzeugkilometer" an, die vom Fassungsvermögen und/oder der Auslastung der eingesetzten Fahrzeuge abhängen. Zum Begriff der Verkehrsvermeidung in diesem umfassenden Sinn gehört danach die Reduzierung von Fahrzeugkilometern, z. B. durch Einsatz von Fahrzeugen mit größerem Fassungsvermögen, durch einen besseren Auslastungsgrad der Fahrzeuge, durch Vermeidung von Umwegen im Verkehrsnetz oder durch Vermeidung von Leerfahrten, vor allem aber auch die grundsätzliche Vermeidung von Güter- bzw. Personenverkehr durch weniger Fahrten. Erst letztere Definition von Verkehrsvermeidung erlaubt eine präzise Aussage darüber, welcher emissionsvermeidende Effekt tatsächlich damit verbunden ist.

Als Grundregel gilt die relative Konstanz von 3 Wegen pro Tag im täglichen Personenverkehr – oft auch irreführend als konstantes Mobilitätsbedürfnis bezeichnet – sowie der hierfür benötigte Zeitaufwand. Diese Konstanz der Wege kommt aufgrund der im Zeitverlauf sehr stabilen Anzahl von täglichen Aktivitäten einer Durchnittsbevölkerung zustande. Im Zeitverlauf ständig zunehmend sind dagegen die mit den Aktivitäten verbundenen Entfernungsaufwendungen.

Gestaltung der räumlichen Strukturen

Voraussetzung für Verkehrsvermeidung durch andere Nutzungskonzepte ist zunächst die angemessene Ausstattung des Nahbereiches bzw. Wohnumfeldes. Dies zu erreichen, hängt nicht nur von den Distanzen, sondern auch von den qualitativen Merkmalen des Nahbereichs ab. Besonders vorteilhaft sind dabei die Ausgangsbedingungen in den großen Ballungsräumen: Zwei Drittel der Wege haben eine Länge von weniger als 5 km. Vor allem hier ist die Bedeutung des nichtmotorisierten Individualverkehrs viel höher als die des ÖPNV. Der Anteil der Wege, die dabei zu Fuß bzw. mit dem Rad zurückgelegt werden, beträgt etwa 55%. Insgesamt bestehen erhebliche Unterschiede zwischen den Verkehrsaufwendungen der Einwohner von Stadt und Land.

Ortsgröße [Einwohner]	Wochendistanzen pro Einwohner		Index Pkw-Distanz
	insgesamt	im Pkw	
über 1 Mill.	200 km	95 km	127
500 Tsd.–1 Mill.	130	75	100
unter 10 Tsd.	200	125	167

Quelle: Wochendistanzen insgesamt und mit Pkw der Einwohner von Orten unterschiedlicher Größe (Gertz, Holz-Rau, Rau 1993)

Besonders verfolgenswert sind Raumordnungsstrukturen der kurzen Wege in den neuen Bundesländern. Ballungsräume im Osten Deutschlands „erzeugen" im täglichen Personenverkehr etwa 20% weniger Verkehr, bezogen auf die Umlandbewohner sind dies sogar 30% weniger als im Westen. Es stellt sich allerdings die Frage, ob sich dieser Zustand aufgrund der Anpassungsprozesse an westliche Verhältnisse dauerhaft erhalten läßt. Im Gegensatz zur Ausweitung der Regionen in den westlichen Bundesländern, die sich nahezu unbemerkt vollzog, sind die Folgen der hier zu erwartenden Raum-Verkehrs-Entwicklung inzwischen bekannt. Besorgniserregend ist augenblicklich vor allem die Flächenausweisung an den Stadträndern und der dortige Aufbau von Versorgungseinrichtungen wie z. B. Verbrauchermärkten.

Während ein sehr großer Anteil des Personenverkehrs „regional gebunden" ensteht und durch Gestaltung vor Ort vermindert werden kann, unterliegt Güter- und Wirtschaftsverkehr viel stärker Kriterien der internationalen Verflechtung, der internationalen Konkurrenzsituation und der Arbeitsteiligkeit. Von daher werden Forderungen nach Stärkung der regionalen Wirtschaftskreisläufe und Verkleinerung z. B. der Fertigungstiefe und Einzugsbereiche insbesondere nicht ohne Rücksicht auf Kriterien internationaler Verkehrs-, Wirtschafts- und Industriepolitik durchzusetzen sein.

Dennoch verbleiben im Bereich der lokalen und regionalen Entwicklungsplanung (Flächennutzung, Flächenausweisungen, Standortauswahlverfahren) eine Reihe von Möglichkeiten, mehr als bisher nach der Verträglichkeit der induzierten Verkehrsvorgänge zu entscheiden: Die Zuordnung der Standorte großer Dienstleistungskomplexe (Geschäfte und insbesondere auch öffentliche Einrichtungen) zu den öffentlichen Verkehrssystemen, die Standorte von Umschlagstellen (GVZ) im Netz der verschiedenen Verkehrsträger (Güterverkehrsleistung Straße oder Bahn, Fernlaster oder Çitylaster") und die Zuordnung der aufgrund des Flächenbedarfs und der von ihr ausgehenden Verkehrsbelastung „ungeliebten" Spedition und Lagerei (heute meist im Umland) zu den Standorten der Abnehmer (Länge der Verteilverkehre) beeinflussen maßgebend die Verkehrsleistungsbilanz einer Region.

Allerdings sind städtebauliche oder raumordnerische politische Entscheidungen alleine kein hinreichendes Instrument. Denn beispielsweise trägt die Ausweisung von Naherholungsgebieten kaum zum Verzicht auf längere Fahrten am Wochenende bei. Erst ein Wertewandel könnte hier Veränderungen bewirken.

Ähnliches gilt für den Wirtschaftsverkehr, bei dem den Fragen der Standortgunst und den Standortfaktoren wie Arbeitskräfteverfügbarkeit und Arbeitskosten heute größere Bedeutung hinsichtlich der räumlichen Verflechtung zukommt, als der Flächenausweitung durch die Kommunen im Nahbereich.

Beeinflussung von Verhalten und Gewohnheiten

Die Akzeptanz für Änderungen des Mobilitätsverhaltens bei Bürgern und der Wirtschaft kann möglicherweise dadurch erhöht werden, wenn neben die Darstellung der ökologischen Belastungsgrenzen die Erkenntnis tritt, daß Umwelt nicht kostenlos zu haben ist und die Kosten von jedem einzelnen zu tragen sind, auch wenn sie nur indirekt und auf alle Wirtschaftssubjekte verteilt anfallen.

Darüber hinaus muß aber auch hier der passende Rahmen geschaffen werden, z. B. durch neue städtebauliche Leitbilder; denn natürlich entspricht das Eigenheim im Grünen auch den zeitgemäßen Wertvorstellungen. Andere Wertvorstellungen werden durch Stichworte wie „Urbanität", „Kleinräumigkeit", „Ortsbezogenheit" oder „Lokalbewußtsein" charakterisiert. Solche Leitbilder zielen, vom Städtebau ausgehend, vorrangig auf die Verrichtungen des täglichen Lebens und die Verhaltensweisen der Bewohner einer Region.

Im Zusammenhang mit „verkehrsaufwendigen" Lebensweisen – also besonders dem Verkehrswachstum, das von Privatpersonen ausgeht – wird immer wieder darauf hingewiesen, daß selbstverständlich ein „gewisser Verzicht" auf Teile von „Lebensgewohnheiten" die größten Einsparungen bewirken würde; in diesem Zusammenhang wird dann auf einen notwendigen Wertewandel (beim Bürger) verwiesen. Aber die Meinungen und Einstellungen der Bürger sind wiederum maßgeblich vorbestimmt durch verschiedene Randbedingungen, die auf administrativen und politischen Ebenen vorgegeben werden, so daß der Schlüssel für einen Wertewandel im Verkehr in erster Linie bei der Politik liegen dürfte.

Eine gewisse Sonderform der Vermeidung von materiellem Verkehr scheint durch gezielten Einsatz der Informations- und Kommunikationstechniken möglich. Insgesamt wird die verkehrsvermeidende Wirkung der Informations- und Kommunikationstechnologien relativ pessimistisch eingeschätzt, wenn es um die Wahl zwischen Verkehr und Telekommunikation geht. Erfolgversprechend ist ihr Einsatz hingegen in Bereichen, in denen Mobilität zur Informationsbeschaffung als störend empfunden wird oder in denen sie zur Erhöhung der Effizienz bestehender Verkehrsprozesse und zur optimalen Abstimmung verschiedener Verkehrsträger in Transportketten beitragen kann.

3.2 Verlagerung von Verkehr (zwischen Verkehrssystemen)

In welchem Umfang es zu Verlagerungen beim Personenverkehr kommt, hängt ganz entscheidend von der Bereitschaft zu Verhaltensänderungen sowie dem Angebot der Systeme ab. Eine Verlagerung vom Individualverkehr auf den öffentlichen Verkehr ist aber nur dann aus Sicht des Klimaschutzes vorzuziehen, wenn der öffentliche Verkehr (Bus, Bahn usw.) einen bestimmten Besetzungsgrad erreicht.

Im Nahverkehr könnten nach ITP/IVP (1992) rund 10% des MIV verlagert werden. Damit würde sich der Pkw-Verkehr statt eines trendmäßigen Anteils von 76% an der Verkehrsleistung bis auf einen Anteil von 68% reduzieren lassen. Bei Berücksichtigung eines allgemeinen Leistungszuwachses im Nahverkehr bis 2005 von 18,5% würde diese Verlagerung eine Kapazitätssteigerung beim ÖPNV von knapp 50% voraussetzen.

Im Fernverkehr könnte der Anteil des Pkw von 80% auf 72% reduziert werden, dies allerdings bedeutete dann schon eine Verdoppelung der heutigen Bahnverkehrsleistung und einen entsprechenden Ausbau der Kapazitäten.

Setzt man im Luftverkehr einen Anstieg der Flugbewegungen von 3% pro Jahr voraus und berücksichtigt eine Minderung des spezifischen Treibstoffverbrauches bis 2010 um 50% gegenüber 1990, so wird der luftfahrtbedingte CO_2-Ausstoß gegenüber 1990 immer noch um 20% zunehmen. Erst wenn zusätzlich eine schrittweise Verlagerung des gesamten Kurzstreckenflugverkehrs bis etwa 600 km Distanz auf die Schiene angenommen wird, kann der luftfahrtbedingte CO_2-Ausstoß auf das Niveau zu Beginn der 90er Jahre stabilisiert werden. Der durch die Verlagerung auf die Schiene zusätzlich verursachte CO_2-Ausstoß beträgt nach heutigem Stand der Technik etwa 20% des eingesparten CO_2 beim Luftverkehr. Unberührt von diesen Überlegungen bleibt allerdings der enorme Anteil des Luftverkehrs über mittlere und große Distanzen im grenzüberschreitenden Verkehr.

Hemmnisse gegen die Verkehrsverlagerung bestehen im Güterverkehr vor allem aufgrund des Güterstruktureffekts: In unserer hochentwickelten Volkswirtschaft sinkt der Transportbedarf im Bereich der Massengüter. An deren Stelle sind hochwertige, eil- und schonbedürftige Güter getreten, die vielfach eine ständige Betreuung und Aufsicht erfordern. Derart komplexe Anforderungen an den Transport und an die raumbezogenen Angebotsbedingungen der Verkehrssysteme führen dazu, daß realitätsbezogene Verlagerungspotentiale für den Güterverkehr nur in einer umfassenden Gesamtuntersuchung (DIW/IVM, 1993) ermittelt werden können.

Nach Expertenbefragung wäre eine deutliche Veränderung des Bahnaufkommens von 420 auf 533 Mio. t möglich, wobei die Hälfte des Zuwachses auf die Entfernungsklasse über 500 km entfällt; dies begründet auch, warum die Leistungszahlen (tkm) bei der Bahn um mehr als ein Drittel zunehmen werden.

3.3 Organisation und betriebliche Optimierung

Rationalisierung und Effizienz der Verkehrsabläufe stellen die kostengünstigste Art der Kapazitätsbereitstellung dar. Schätzungen des hierdurch zu erreichenden Einsparpotentials reichen von 10% (Holzwarth, 1992) bis zu Werten von 30–40% (Baum 1992; VDA, 1992). Letztere schließen allerdings das Potential durch eine Erhöhung der Auslastung von heute durchschnittlich 1,5 Personen/PKW mit ein. So würde durch eine Erhöhung dieser Besetzung um 10% bereits soviel Energie eingespart, wie alle anderen (öffentlichen) Systeme insgesamt verbrauchen. Diesem Ziel dient Öffentlichkeitsarbeit für Mitfahrgemeinschaften, Mitfahrzentralen, aber auch Modelle des Çar-sharing".

Im kommerziellen Verkehr (Lkw-Transporte, Eisenbahnfernverkehr, Luftverkehr) stehen weiteren betriebswirtschaftlich erwünschten Auslastungsverbesserungen gewisse Schwierigkeiten entgegen. Beim Lkw sind Steigerungen über die bisherigen 56% im gewerblichen und 41% im Werk-Verkehr hinaus wegen der Unpaarigkeit von Verkehrsströmen nur im Bereich von 10 bis 20% (Baum, 1992) möglich. Im Bahnbereich liegt dieser Wert bei ca. 10% (DB, 1992). Im Luftverkehr sind kaum weitere Auslastungssteigerungen zu erreichen.

Die Deutsche Bundesbahn gibt eine Steigerung der Streckenleistungsfähigkeit bei Modernisierung des Betriebssystems um bis zu 40% an (DB, 1992).

Beim Güter-Schienenverkehr ist eine Reduktion von bis zu 40% möglich (Helling, 1992). Dies setzt allerdings die Einführung völlig neuer Konzepte voraus, die bis zum Jahr 2010 vermutlich nicht zu realisieren sind.

Im Luftverkehr verursachen Betriebsabläufe in der Flugsicherung (z. B. fehlende Harmonisierung) bzw. im Rollfeldbetrieb (Verwendung der Triebwerke am Boden) oder Warteschleifen Mehremissionen (Lufthansa, 1992a). Die angestrebte Neuordnung des europäischen Luftraums zusammen mit der Harmonisierung der Flugsicherungsverfahren wird hier zu einer Optimierung des Verkehrsflusses und damit zu einer Treibstoffeinsparung von etwa 10% führen (Lufthansa, 1992a; Mentzel, pers. Mitteilung).

Die Zielsetzung beim Verkehrsmanagement ist, die räumlich und zeitlich vorhandenen Kapazitäten der Verkehrsträger optimal zu nutzen bzw. die Einzelverkehrsleistungen zu einem Verkehrsdienstleistungssystem zu vernetzen. Der Verkehrsteilnehmer kann dann auf der Basis der Informationen über Verkehrsmittel, Fahrtbeginn, Route und Fahrverhalten selbst entscheiden. Das Einsparpotential wird von den Experten sehr unterschiedlich beurteilt. Aussagen über Effekte beruhen in der Regel auf Schätzungen über den Anteil des stockenden Verkehrs an den Gesamtfahrleistungen und reichen von 2% (UBA, 1992a) bis zu 10% (Wacker, 1992). Unberücksichtigt ist dabei aber die verkehrsinduzierende Wirkung solcher Maßnahmen, die zum besseren Verkehrsfluß beitragen.

Neben dem Verkehrsmanagement ist der Ausbau der Verkehrswege eine weitere Möglichkeit, die staubedingten Emissionen zu reduzieren. Gegen den Ausbau der Infrastruktur steht das Argument, daß damit neuer Verkehr induziert wird. Ausbauten senken den Raumüberwindungswiderstand und stellen somit eine attraktivere Verkehrsgelegenheit dar als bisher. Die Potentialschätzungen hierzu sind sehr widersprüchlich.

Anders als beim Straßenbau stellt sich die Frage des Infrastrukturausbaus beim schienengebundenen Verkehr dar, da zur erforderlichen Verlagerung des motorisierten Individualverkehrs auf den öffentlichen Verkehr zusätzliche Kapazitäten geschaffen werden müssen.

3.4 Optimierung der Technik

In den Jahren von 1978 bis 1991 konnte in den alten Bundesländern der Energieverbrauch für den Betrieb von Pkw bei gleicher Fahrzeugklasse im Durchschnitt um 20% gesenkt werden. Diese spezifische Verbrauchsreduzierung von gut 1% pro Jahr wird sich auch „im Selbstlauf" weiter fortsetzen (Minderungspotential: 10%). Allerdings hat sich dieser Trend in der Vergangenheit nicht in einem entsprechenden Rückgang des Kraftstoffverbrauchs niedergeschlagen, weil die Fortschritte sowohl durch steigende Verkehrsnachfrage (Fahrleistungen), Veränderungen im Kaufverhalten (größere, leistungsstärkere, sichere und besser ausgestattete Fahrzeuge etc.) als auch durch höhere Geschwindigkeiten und geringere Besetzungsgrade kompensiert wurden.

Zusätzliche technische Maßnahmen sind in der Regel mit einem Kostenmehraufwand, oft auch mit spürbaren konzeptionellen Veränderungen (Kfz-Größe, Platzangebot usw.) verbunden. Es stellt sich dabei die Frage, welche Kosten bei den künftig verbesserten Fahrzeugen noch akzeptiert werden bzw. welche Änderungen sich in der Nutzbarkeit und Gebrauchsfähigkeit (Komfort, Fahrzeugsicherheit, Reisegeschwindigkeit usw.) der Fahrzeuge ergeben und daher hemmend wirken. Die Aktivierung dieser Potentiale muß daher durch Rahmensetzungen der Verkehrspolitik angestoßen werden (höhere Benzinpreise rechtfertigen dann z. B. den Kauf der besseren Technik).

Die Fahrzeuge des Straßengüterverkehrs weisen eine höhere Energieeffizienz auf als Personenkraftwagen, da die Kraftstoffkosten schon immer eine besondere betriebswirtschaftliche Rolle spielen. Infolgedessen sind die Reduktionspotentiale geringer. Für Helling liegt die durch fahrzeugtechnische Maßnahmen am Lkw insgesamt mögliche CO_2-Reduktion bis zum Jahr 2005 bei maximal 19% (Neufahrzeuge) bzw. 13% (Fahrzeugflotte) (Helling, 1992).

Im Schienenpersonenverkehr setzen Maßnahmen zur Energieeinsparung bei der Senkung der Fahrzeugmasse, bei der Reduktion des Luftwiderstands sowie bei der Rückgewinnung von Energie bei Bremsvorgängen an. Weiterhin kann auch der nicht zur Fortbewegung benötigte Energieverbrauch gesenkt werden. Darunter fällt die Beheizung und Klimatisierung des Fahrgastraums sowie die Stromaufnahme von Nebenaggregaten (Knau, 1993). So dürfte bei Einführung der Nutzbremse, d. h. Rückgewinnung der Nutzenergie und Einspeisung in das Netz, für alle S-Bahn-Fahrzeuge ein Rückgang des Energieverbrauchs von über 15% zu erwarten sein.

Verbrauchseinsparungen beim Flugzeug lassen sich sowohl durch Maßnahmen am Flugzeug selbst als auch am Triebwerk erreichen (Tab. 5). So kann bis zum Jahr 2005 durch Abnahme des Luftwiderstandes um 23% sowie durch Abnahme des Gewichtes um 8% der Schubbedarf um insgesamt etwa 30% verringert werden.

Der spezifische Treibstoffverbrauch wird durch die Einführung neuer Triebwerkstechnologien bis zum Jahr 2005 um 20% und bis zum Jahr 2020 um ca. 30% gesenkt werden können. Faßt man beide Einsparpotentiale zusammen, so reduziert sich der Treibstoffverbrauch pro Passagier bis zum Jahr 2005 um etwa 40% und bis zum Jahr 2020 um rund 60%. Die tatsächlich erreichbaren Emissionsminderungen sind jedoch nicht nur von verstärkten Forschungsbemühungen abhängig. Die Entwicklung des Luftverkehrs sowie die Einführungsgeschwindigkeit neuer Technologien bei Triebwerken und Flugzeugen werden die durch den Luftverkehr bedingten Emissionen maßgeblich mitbeeinflussen.

Der Einsatz von Fahrzeugen mit alternativen Antrieben (Strom, Wasserstoff, Methanol, LPG, Gas, Rapsöl etc.) bringt unter Betrachtung der gesamten Energieversorgungskette kaum einen nennenswerten CO_2-Minderungsbeitrag, wenn optimierte konventionell und alternativ angetriebene Fahrzeuge jeweils gleicher Größe bzw. Leistung verglichen werden. Dies gilt insbesondere vor dem Hintergrund des heutigen Stromerzeugungsmixes. Könnte der elektrische Strom jedoch in ausreichender Menge und zu akzeptablen Kosten aus Wasser-, Kern-, oder Solarenergie gewonnen werden, fiele aus Sicht der CO_2-Bilanz der Vergleich z. B. zugunsten des Elektrofahrzeugs aus.

4. Maßnahmen und Wirkungen

4.1 Gestaltung der Rahmenbedingungen

Bei der Gestaltung der Rahmenbedingungen geht es um Eingriffe, die besonders an den Ursachen für die Verkehrsentstehung ansetzen. Hierzu gehören beispielsweise Maßnahmen der Raumplanung und die Bereitstellung von Infrastruktur wie auch Instrumente, die sich mit den sozioökonomischen Ursachen für Verkehrsentstehung, wie Arbeitsteiligkeit, Spezialisierung, Standortvorteilen, Arbeitskosten oder Arbeitskräfteverfügbarkeit, auseinandersetzen. Dabei darf auch die Akzeptanz der Maßnahmen nicht unberücksichtigt bleiben.

Gestaltung der Raum- und Siedlungsstruktur

Die eigentlichen Ansatzpunkte für Verkehrsvermeidung durch Gestaltung der Raumstrukturen sind das Baugesetzbuch, die Landesbauordnungen, Förderprogramme sowie Ausgleichsregelungen bei den Finanzen. Diese wirken in einem komplexen Wechselspiel auf die Verteilung von Nutzungen in Stadt und Umland ein. Diese Nutzungsverteilung ist dann für die Verkehrswirkung verantwortlich.

Bei der Gestaltung der städtischen und regionalen Raum- bzw. Siedlungsstruktur sollten dabei folgende Ziele wieder in den Vordergrund rücken

- Einrichtungen, die für das tägliche Leben – z. B. den Einkauf – erforderlich sind, sollen zu Fuß oder mit dem Rad erreichbar sein;
- falls die Eigenfortbewegung (Fuß/Rad) aufgrund der gegebenen Distanzen ausscheidet, sollen für möglichst viele Fahrten öffentliche Verkehrsmittel bei akzeptablen Kosten benutzt werden können;
- durch gezielte Einflußnahme auf die generelle Konzeption der Besiedlung einer Region kann bei stärkerer Konzentration der Entwicklung und der Bautätigkeit sowie Gewerbegründungen (Zentrale-Orte-Konzept) erreicht werden, daß die in der Region für Lebens- und Wirtschaftsabläufe erforderlichen Distanzen insgesamt geringer sind.

Innerhalb des Zuständigkeitsgebietes einer Kommune hat die Bauleitplanung als Instrument zur Verkehrsvermeidung erhebliche Möglichkeiten, sofern sie die „Verkehrsrelevanz" der Verteilung der Nutzungen in ihre Überlegungen einbezieht und die sektoralen Verkehrsbelange hierbei integriert sowie deren Maßnahmenspektrum auf Randbedingungen bei Ordnungspolitik und Preisen ausdehnt.

Die Einbindung der Planung in Regionalkonzepte könnte den verkehrsbezogenen Überlegungen zur Raumordnung zum Durchbruch verhelfen. Hierfür allerdings wären – anders als in den Kommunen, wo schon Modifikationen vorhandener Instrumente bessere Ergebnisse erbringen – neue und wirksame institutionelle Regelungen für die regionale Ebene erforderlich. Für den planerischen Aspekt ist eine andere Handhabung der hoheitlichen Aufgabenverteilung erforderlich. Fast noch wichtiger ist jedoch als Ergänzung hierzu der finanzpolitische Aspekt.

Neben den Instrumenten der Raum- und Stadtplanung sowie den finanziellen Ausgleichsregelungen gibt es eine Reihe weiterer gesetzlicher Regelungen, die gleichfalls auf ihre Verkehrsbedeutung hin zu überprüfen sind. Zu denken wäre beispielsweise an eine stärkere Berücksichtigung von Verkehrsgesichtspunkten z. B. bei der Wohnungsbauförderung. Zur Flankierung der Wirksamkeit dieser Bedingungen müssen auch Maßnahmen im Verkehrsbereich selbst ergriffen werden, die dafür sorgen, daß der Verkehr insgesamt verträglicher wird, die Aufenthaltsqualität in den Städten verbessert wird und das Angebot des ÖPNV auch wirklich eine Alternative darstellt.

Das letztlich für die angemessene Gestaltung der Rahmenbedingungen erforderliche Instrumentarium umfaßt weitaus mehr als planerische Kategorien. Neben die baurechtlichen Regelungen treten Kooperationsformen – oder auch neue gesetzliche Regelungen – für die Region als Ganzes, die durch Zuständigkeiten auch für das regionale Ordnungsrecht im Verkehr ergänzt werden sollten. Diese planerischen Neuregelungen allerdings können nur dann zur vollen Wirkung kommen, wenn dafür maßgebliche finanzielle Regelungen an die Ziele auf regionaler Ebene angepaßt werden. In diese Überlegungen sollten auch neue preispolitische Instrumente einbezogen werden.

Verkehrsinfrastruktur

Verkehrsbehinderungen führen bei allen Verkehrsmitteln zu unnötigen Brems- und Beschleunigungsvorgängen, zu Zeitverlusten oder Umwegen. Aus dieser Sicht ist grundsätzlich eine ausreichend dimensionierte Verkehrsinfrastruktur zu fordern. Auch im Straßenbereich wird argumentiert, daß durch Ausbaumaßnahmen CO_2-Emissionsminderungen zu erzielen seien, da damit eine Verkehrsverflüssigung bewirkt wird und die aufgrund der ungünstigen Verkehrszustände höheren Emissionen je Fahzeugkilometer zurückgehen. Dem kann allerdings nur unter der Voraussetzung zugestimmt werden, daß der Verkehrsausbau keinen weiteren Verkehr induziert. Entsprechende Vorsorge ist ggf. durch Begleitmaßnahmen zu treffen.

Im ÖPNV und Schienenverkehr sind attraktive Verkehrsnetze und ein dichtes Fahrplanangebot Voraussetzung dafür, Verlagerungspotentiale übernehmen zu können. Dies bedeutet, daß dichte Netze sowohl hinsichtlich der Linien als auch der Haltestellendichte zu schaffen sind und möglichst kurze Takte angeboten werden. Tendenziell führen dichte Netze und Fahrplanangebote allerdings zu geringerer spezifischer Auslastung der Fahrzeuge, da die Verkehrsnachfrage in einer Region nicht beliebig vermehrbar ist. Mit sinkender Auslastung nehmen die Vorteile der öffentlichen Verkehrsmittel hinsichtlich der CO_2-Emissionen im Vergleich zum motorisierten Individualverkehr wieder ab. Durch geeigneten Infrastrukturausbau unter Einschluß von Umsteige- bzw. Umschlagterminals ist damit eine zweckmäßige Arbeitsteilung und Kooperation zwischen IV und ÖV im Personen- und Güterverkehr anzustreben.

Organisation des Verkehrs

Der Verbesserung des Auslastungsgrades wie auch die Vermeidung von Umwegen, von Fehlfahrten oder von Warteschleifen im Luftverkehr sind geeignete Maßnahmen, die auf den einzelnen Transportvorgang bezogenen CO_2-Emissionen zu verringern. Moderne Techniken der Information und Kommunikation bieten heute neue Möglichkeiten.

Im Güterverkehr kann durch moderne, elektronik-gestützte Dispositionssysteme eine Fahrtroutenoptimierung wie auch eine Auslastungsverbesserung erreicht werden. Der Verzicht auf das Kabotageverbot wie auch neue gesetzliche Regelungen für den Werkverkehr vermeiden unnötige Leerfahrten.

Der Auslastungsgrad des Pkw-Verkehrs kann ggf. durch Ausweitung von Fahrgemeinschaften über die Grenzen von Betriebsbelegschaften oder enge Bekanntenkreise hinaus erhöht werden. Dies gilt für eine Vielzahl von Fahrten und Fahrtzwecken im regelmäßigen täglichen Nahverkehr. Auch hier können mittels moderner Kommunikationstechniken neue Wege beschritten werden, die Mitfahrpartner zusammenzubringen. Wichtig ist im Zusammenhang damit auch die Beseitigung organisatorischer Hemmnisse wie z. B. Versicherungsschutz, Entgeltregelungen oder die Einführung von Benutzervorteilen wie z. B. speziellem Parkraumangebot.

Zur Optimierung der Angebotsseite beim ÖPNV gehört eine benutzerfreundliche Tarifierung, die für die Akzeptanz des ÖPNV wichtig ist. Das Tarifsystem sollte leicht verständlich sein. Übertragbare Zeitkarten könnten genauso dazu beitragen wie eine Anpassung der Tarifierung innerhalb der gleichen Systemebene (z. B. Abstimmung der Verbundtarifsysteme verschiedener Städte). Zur Schaffung eines angemessenen Angebots beim bisher wenig beachteten Freizeitverkehr sind allerdings völlig neue Systemmodelle zu entwickeln.

Bewußtseinsbildung, Schulung

Bewußtseinsbildung, Vorbildfunktion, Imagebildung und Verhaltensbeeinflussung beim Bürger sind Instrumente, die die Verkehrsnachfrage beeinflussen oder die Akzeptanz von Maßnahmen fördern können, indem sie das Verständnis von Zuständen, Zielen und Maßnahmen fördern bzw. den Sinn der Maßnahmen verständlich machen. Dabei soll diese Bewußtseinsbildung in zwei Richtungen zielen: sowohl auf die Entscheidungen der Verkehrnutzer als auch auf die Entscheidungen der für die Verkehrspolitik Verantwortlichen.

4.2 Ordnungsrechtliche Maßnahmen

Dafür kommen Grenzwerte für Schadstoffemissionen, Lärm oder Kraftstoffverbrauch in Frage. Ansatzpunkt kann das Einzelfahrzeug, eine Serie bestimmter Fahrzeuge oder ggf. das gesamte Fahrzeugangebot eines Herstellers sein. Dieses Instrument wird vor allem für Kraftfahrzeuge eingesetzt, wäre aber analog auch auf andere Verkehrsträger anwendbar.

Neben verkehrsmittelbezogenen Maßnahmen werden auch ordnungsrechtliche Eingriffe in den Verkehrsablauf diskutiert. Hierzu gehören temporäre oder örtliche Verkehrsbeschränkungen, wie Nachtfahrverbote, Inlandsflugbeschränkungen bzw. -verbote, verschärfte Tempolimits, Innenstadtsperrungen bei Smoglagen usw.

Ordnungsrechtliche Maßnahmen werden häufig als direkt wirkende Maßnahmen angesehen. Dabei darf nicht vergessen werden, daß diese, wie alle generell wirkenden Maßnahmen, auch unerwünschte Nebenwirkungen entfalten können.

4.3 Preispolitische Maßnahmen

Zu den preispolitischen Instrumenten zählen sowohl Abgaben und Entgelte (Tarifgestaltung) als auch Subventionen (finanzielle Anreize).

Eine Verteuerung im Verkehrssektor kann – mit unterschiedlicher Fristigkeit – in der Tendenz Einfluß auf folgende Größen nehmen:

- Kurzfristig
  - Verkehrsmittelwahl (auch mittelfristig durch Verteuerung beeinflußt)
  - Wahl der Entfernung im Personenverkehr
  - Nutzerverhalten (z. B. Fahrweise)
  - gesamtwirtschaftliche Nachfrage
- Mittelfristig
  - Kaufverhalten bei Fahrzeugneuanschaffungen
  - Arbeitsteiligkeit über große Entfernungen
  - räumliche Warendistribution (trotz der im Durchschnitt geringen Transportkostenanteile)
- Langfristig
  - Siedlungsstruktur bzw. Ansiedlungswünsche (Wohnungs- und gewerbliche Nutzung)

Die konkrete Ausgestaltung der Maßnahmen zur Verteuerung des Verkehrs kann dazu genutzt werden, gezielt auf einen bestimmten Bereich des Verkehrsverhaltens, beispielsweise die Verkehrsmittelwahl, einzuwirken. Wechselwirkungen mit anderen Bereichen ergeben sich fast in allen Fällen.

Alle übrigen Maßnahmen zur Erhöhung der Transportkosten wie CO_2-Energiesteuer, Emissionszertifikate, Ökobonus, Road-Pricing, Parkraumbewirtschaftung, Verkehrserzeugungsabgabe usw. haben die gleiche Wirkungsrichtung, sind aber i. d. R. wesentlich schwieriger umzusetzen bzw. erfordern mehr organisatorischen bzw. technischen Aufwand. Differenzierte Modellüberlegungen sind gleichfalls nur in Ausnahmefällen vorhanden.

Finanzielle Anreize (Subventionen)

Eine Verbilligung des Verkehrs durch finanzielle Anreize soll bestimmte Verhaltensweisen fördern. Verbilligung des Verkehrs ist gewissermaßen das Spiegelbild zur Kostenerhöhung. Im Sinne der Aufkommensneutralität sollen in der Regel beide Instrumente kombiniert werden. Hierzu zählen:

- Kaufhilfen (Steuerbefreiung) für besonders emissionsarme Fahrzeuge,
- Umzugs-/Ansiedlungshilfen, wenn dadurch der bisherige Entfernungsaufwand nachhaltig reduziert werden kann,
- Subventionierung (z. B. Ausnahmen beim Road-pricing) von besonders emissionsarmer Verkehrsabwicklung wie z. B. bei Fahrgemeinschaften,
- Bonuszahlungen für Wenigfahrer im Rahmen von Fahrleistungsbudgets.

Die umfassendste Forderung ist die Abschaffung der KFZ-Steuer und die Umlegung der Belastung auf die Mineralölsteuer bzw. eine andere fahrleistungsabhängige bzw. energie- oder emissionsabhängige Abgabe. Andere Vorschläge zielen auf eine energieverbrauchs- bzw. emissionsabhängige Umgestaltung der KFZ-Steuer. Zu weiteren Maßnahmen in diesem Bereich zählen die Umwandlung der bisher üblichen Kilometerpauschale für die Fahrt mit dem PKW zum Arbeitsplatz in eine allgemeine Entfernungspauschale und das Job-Tickets zur Förderung der ÖPNV-Nutzung.

Eine Verteuerung des Verkehrs über Abgaben und Tarife ohne Umverteilung dieser zusätzlich erhobenen Mittel unter den Verkehrsnutzern stellt eine zusätzliche Abgabenbelastung für jeden einzelnen, aber auch für die Wirtschaft dar. Angesichts des dann anfallenden Inkassoeffekts für den Staat wird es grundsätzlich erforderlich sein, die Verwendung der Mittel im Umwelt- und Verkehrsbereich (Alternativen) klar herauszustellen und den „Lenkungscharakter" der Maßnahme besonders deutlich zu machen, der bei Erfolg zur Aufkommensneutralität führt. Gleichfalls ist zu erwägen, ob nicht Ordnungspolitik zur sozialen Flankierung der Preispolitik unverzichtbar ist.

4.4 Maßnahmen zur Emissionsminderung im Luftverkehr

Zur Reduktion der Emissionen des zivilen Luftverkehrs könnte neben der Entwicklung neuer Triebwerks- und Flugzeugtechnologien z. B. eine Verminderung der Luftverkehrsleistung durch eine Vermeidung von Kurzstreckenflügen beitragen. Die freiwerdenden Slots dürften dann aber nicht für zusätzliche Langstreckenflüge genutzt werden.

Flankierend zu einer Reduktion des Luftverkehrs müssen abgestimmte Tarifangebote für den kombinierten Schienen-Luftverkehr und Werbekampagnen mit deutlicher Betonung der Vorteile des Schienenverkehrs eingesetzt werden. Dazu gehört die Einbindung der Flughäfen ins IC-Netz.

Schließlich ist zu prüfen, ob die Stratosphärenflüge bzw. Flüge, die die Tropopause berühren, wegen ihrer besonderen Schädlichkeit durch internationale Vereinbarungen unterbunden werden können. Dies gilt besonders für die Flüge über die besonders sensiblen Polarzonen (Europa-Japan-Polarroute).

4.5 Entwicklung von Handlungsstrategien

Um zur erforderlichen Reduktion der CO_2-Emissionen im Verkehr zu gelangen, reicht die plakative Forderung einzelner Maßnahmen aus den Handlungsebenen

- Gestaltung der Rahmenbedingungen
- ordnungsrechtliche Maßnahmen
- preispolitische Maßnahmen

nicht aus. Erst die sinnvolle Zusammenstellung von Maßnahmebündeln kann – unter Abwägung ihrer Wechselwirkungen und Wirkungen über den Klimaschutz hinaus – zu einem befriedigenden Ergebnis führen, wobei der Nutzen der Maßnahmen maximiert, die ungewollten Nebenwirkungen und Kontraeffekte – insbesondere in anderen Sektoren – minimiert werden und ein auf Dauer funktionsfähiges Verkehrssystem gesichert wird. Aufgabe ist es daher, die Maßnahmen in ihren verstärkenden bzw. gegenseitig abschwächenden Wirkungen zu beurteilen und einzelne Handlungsmöglichkeiten zu in sich kompatiblen verkehrspolitischen Handlungspaketen zu bündeln.

Die Maßnahmenbündel werden dabei jeweils auf allen Ebenen des Systems Veränderungen bewirken: Verkehrsvermeidung, Verkehrsverlagerung, Verkehrsablauf-Optimierung und technologische Verbesserungen bei Fahrzeugen und Verkehrswegen. Eine eindimensionale Zuordnung zu einer dieser Wirkungsebenen wird aufgrund der Vernetzungen in der Regel nicht möglich sein.

Die Komplexität der dabei auftretenden Wirkungszusammenhänge erfordert eine Vielzahl von bewertenden Einordnungen. Diese wiederum hängen ab von der generellen Einordnung der „Transportfunktion". Wird der Beitrag von Verkehr und Transport zum Wirtschaftswachstum ohne Einschränkung befürwortet, werden einzelne Maßnahmen anders bewertet werden als bei einer Reduktion des Verkehrs auf seine „Mittel-zum-Zweck-Funktion" – ausgehend von der Möglichkeit einer Entkopplung zwischen Wohlstands- und Verkehrswachstum.

5. Aspekte einer Gesamtbewertung (Zielkonflikte, Hemmnisse)

Reduktionsziele

Die bisherigen politischen Absichtserklärungen zu den Einsparzielen gehen von einer insgesamt über alle Emittenten und Energieverbrauchssektoren durchschnittlich zu erreichenden CO_2-Emissionsminderung von 25 bis 30 % aus. Dabei wurden keine sektoralen Ziele festgelegt.

Neben dem Mengenziel spielen die Zeithorizonte die maßgebende Rolle; hier gilt der von der Enquete-Kommission der 11. Legislaturperiode formulierte Zeitpunkt 2005, sowie darüber hinaus 2020 und 2050 für weitergehende Minderungen (50 % und 80 % Minderung). Daneben hat der Handlungszeitpunkt im Verkehrsbereich hervorragende Bedeutung, da die Wachstumsprozesse hier eine große Dynamik aufweisen.

Zielkonflikte und Hemmnisse

Der Verkehrssektor ist ein bedeutender eigener Wirtschaftsfaktor, der einen erheblichen Beitrag zur Wertschöpfung leistet. Naturgemäß ergeben sich daraus für Strategien zur Verkehrsreduzierung und Verkehrsvermeidung erhebliche Zielkonflikte, die sich u. a. aus den direkten und indirekten Wirtschaftsverflechtungen ergeben.

Zu Hemmnissen auf gesellschaftlicher und politischer Ebene wird es vor allem dort kommen, wo andere konkurrierende Interessen und Politikfelder berührt werden. Diese Interessenkonflikte beruhen teilweise auf gegebenen ökonomischen Randbedingungen – sind also objektiv nachvollziehbar. Sie sind naturgemäß aber auch mit subjektiven Einschätzungen verbunden, so daß die Bewertung der Wirkungen schon einer sehr großen Bandbreite unterliegt.

Objektiv feststellbare Sachverhalte und Zielkonflikte werden zusätzlich durch subjektive Einschätzungen der Wirkungen und Wirkungszusammenhänge von Maßnahmen überlagert. Solche subjektiven Wertungen können zu unterschiedlichen Einschätzungen der Minderungspotentiale führen. Die Diskussion von Maßnahmen im Verkehrsbereich – gekennzeichnet durch Schlagworte wie z. B. „Kostenwahrheit", „Raumordnung", „Verlagerung" oder „Down-sizing" – führt auf diese Weise bei den Angaben über Minderungspotentiale zu einer großen Bandbreite der Möglichkeiten. Dies ist keineswegs verwunderlich, da für eine solche Schätzung von unterschiedlichen Grundvoraussetzungen ausgegangen werden kann: Abhängig davon, ob die Dynamik des Verkehrssektors als nachteilig für jegliche Versorgungsziele oder aber als erwünschter und tolerierter Wirtschaftsimpuls gesehen wird, ergeben sich unterschiedliche Einordnungen für die Wirkungstiefe einer Maßnahme bzw. für Zustimmung oder Ablehnung einer verkehrspolitischen Gesamtstrategie.

Diese konträren Meinungen von Interessensvertretungen finden verständlicherweise ihre Entsprechung im ambivalenten Verhältnis des Bürgers zur Automobilität. Am ehesten ist das Problem so zu umschreiben: Die Mehrzahl der Bürger ist für drastische Einschränkung des Verkehrs und seiner Folgen; gleichzeitig ist die Mehrzahl dagegen, daß ihre persönliche Mobilität davon betroffen sein soll. Anders gesagt: Auf das Auto als reales Fortbewegungsmittel ist so mancher bereit zeitweilig zu verzichten. Das Symbol persönlicher Mobilität dagegen wird man so leicht nicht aufgeben wollen.

Auflösung der Zielkonflikte – Gesamtbewertung

Jede beim Verkehr ansetzende Maßnahme wird auch immer gleichzeitig eine Vielzahl anderer Politikfelder mitbeeinflussen. Daher ist bei der Auswahl von Maßnahmen bzw. der Definition von Maßnahmenbündeln nicht nur die Verkehrswirkung und die mögliche klimarelevante Wirkung zu berücksichtigen, sondern auch ihre Wirkung auf andere Politikfelder (Zielkonflikte). Obwohl diese Forderung nahezu selbstverständlich erscheint, stößt ihre praktische Umsetzung auf beträchtliche Probleme. Die umfassende Bewertung erfordert die Miterfassung der Wirkungen und Effekte in anderen Gesellschaftsbereichen außer dem Verkehr – der „externen Effekte" – und zusätzlich in der Regel deren

Tabelle 1: Eingriffe im Verkehr und die unterschiedliche Bewertung ihrer Wirkung auf andere Politikfelder

Politikfelder	Bewertung ausgehend von der Grundannahme „Verkehr ein bedeutender Wirtschaftsbereich, dessen Dynamik erwünscht ist und toleriert wird"	Bewertung ausgehend von der Grundannahme „Verkehr hat ausschließlich dienende Funktion und ist den Vorsorgezielen unterzuordnen"
Wirtschaft, allgemein	Möglicher Rückgang der Wertschöpfung und des Wohlstandsniveaus Rückgang der Beschäftigung	Neue ökologische Orientierung der Wirtschaft, Innovation und bessere Exportchancen Steigerung der Beschäftigung (auch außerhalb Verkehr)
Internationale Wirtschaft	Erschwernis der EU-Integration sowie der Ost-West-Integration durch Verkehrsrestriktionen	geringerer Anpassungsdruck für weniger entwickelte Regionen; bessere Chancen für regionale Wirtschaftskreisläufe
Sozialpolitik	Gefahr von Ungerechtigkeiten hinsichtlich der Lasten Erschwerung der Mobilität von sozialen Randgruppen oder Bewohnern des „flachen Landes"	Ausgleich durch ordnungspolitische Flankierung; Wahrnehmung der Vorsorgepflicht des Staates z. B. durch Vorhalten eines ÖPNV und vertraglicher Systeme
Regionalpoltik (Raumordnung)	Behinderung der Ausgleichsfunktion des Verkehrs Erschwerung der Einbindung abgelegener Räume	Einbindung von Verkehr (Raumwiderstand) in die Gestaltung der Siedlungsstrukturen; stärkere Förderung der regionalen Kreisläufe
Finanzen	Erhöhung der Staatsquote oder Rückgang des Steueraufkommens bei Eintreten von Lenkungseffekten; Veränderung der Finanzverteilung zwischen Bund, Ländern und Gemeinden (negativ bewertet)	Umbau des Steuerplans unverzichtbar (Besteuerung des Ressourcenverbrauchs); bewußter Einsatz der Finanzverteilung zur Förderung erwünschter Siedlungsstrukturen

monetäre Abschätzung, die wiederum sehr subjektiven Wertungen unterliegt (unterschiedliche Erfahrungsbereiche, Zeithorizonte etc.).

Auch die vielfach propagierten Nutzen-Kosten-Analysen können bestenfalls Entscheidungskriterien und Wertsetzungen transparent machen. Sie hängen ab von der Systemabgrenzung, dem Umfang der einbezogenen Wirkungszusammenhänge und insbesondere von der Bewertung einzelner Sachverhalte. Aus diesen Gründen wird es vorerst kaum möglich sein, den „Beweis“ für die gesellschaftliche Nützlichkeit einer bestimmten Verkehrsstrategie zu führen. Die Auflösung der Zielkonflikte muß deshalb im demokratischen Konsensfindungsprozeß versucht werden.

Hierbei können Zielsysteme hilfreich sein, die eine möglichst vollständige Liste von Bewertungsebenen und Bewertungskriterien zur Prüfung der Strategien vorgeben. Dies schärft das Bewußtsein über Wirkungen, Folge- und Kontraeffekte und erleichtert eine sachliche Diskussion.

6. Kurzfassung der Handlungsempfehlungen

6.1 Handlungsempfehlungen der Enquete-Kommission „Schutz der Erdatmosphäre“ Mehrheitsvotum der Kommissionsmitglieder Prof. Dr. Dr. Rudolf Dolzer, Dr.-Ing. Alfred-Herwig Fischer, Martin Grüner, Klaus Harries, Prof. Dr. Klaus Heinloth, Prof. Dr. Hans-Jürgen Jäger, Dr. Klaus W. Lippold, Prof. Dr. Hans Michaelis, Dr. Peter Paziorek, Dr. Christian Ruck, Marita Sehn, Prof. Dr. Wolfgang Seiler, Trudi Schmidt (Spiesen), Bärbel Sothmann, Prof. Dr. Alfred Voß, Prof. Dr. Carl-Jochen Winter

Die Enquete-Kommission will mit den vorliegenden Handlungsempfehlungen zum Verkehrssektor einen notwendigen und wesentlichen Beitrag zur Erreichung des Klimaschutzziels leisten, das die Bundesregierung für das Jahr 2005 auf Vorschlag dieser Kommission vorgegeben hat.

Ziel dieser Vorschläge ist, ein schlüssiges in seinen Elementen aufeinander abgestimmtes verkehrspolitisches Konzept vorzulegen, das die erforderliche Mobilität sichert und die Weiterentwicklung der Wirtschaft gewährleistet.

Eine erste Bilanzierung der Ergebnisse der aufgrund der Vorschläge der Kommission eingeleiteten Maßnahmen soll in ca. 5 Jahren erfolgen.

Unter Berücksichtigung dieser Ergebnisse und der dann national, europa- und weltweit gegebenen Situation sind nötigenfalls zusätzliche Maßnahmen oder eine Revision dieser Maßnahmen vorzunehmen, um im Zielkorridor der Klimaschutzpolitik für 2005 und die Folgejahre zu bleiben.

Zu den Handlungsempfehlungen im einzelnen:

1. Die Kommission fordert die Fortschreibung des Bundesverkehrswegeplans und die beschleunigte Umsetzung der gefaßten Beschlüsse. Insbesondere ist ein kurzfristiges Ausbauprogramm erforderlich, durch das:
   - die Verlagerung von der Straße auf die Schiene durch Verbesserung des Schienenverkehrs unterstützt wird, soweit sie zur CO_2-Minderung beiträgt. In Anbetracht des weiter wachsenden Verkehrs ist der Bau von zusätzlichen Eisenbahnmagistralen zu prüfen und mittelfristig umzusetzen (z. B. Alpentransit)
   - die Einrichtung und der Ausbau von Güterverkehrs-, Güterverteilzentren und Umschlagterminals [Bund/Länder/Kommunen] gefördert werden
   - die Emission von direkt und indirekt klimawirksamen Spurenstoffen aufgrund von Staus und Engpässen vermieden wird,
     a) im Straßenverkehr, insbesondere auf Bundesautobahnen [Bund/Länder] [4)]
     b) im Schienenverkehr [Bund/Länder]

   Geschätztes CO_2-Minderungspotential: 2–3 %

2. Die Kommission fordert, die beschleunigte Umsetzung der Bahnreform sowie die Beschleunigung der Privatisierung und des Zugangs Dritter zum Netz.

   Sie fordert zusätzliche Maßnahmengesetze für dringliche Projekte, den verstärkten Einsatz von Beschleunigungsgesetzen und darüber hinaus verbesserte Angebote für bahnaffine Verkehre zur Ermöglichung von Verkehrsverlagerungen.

   Die Kommission fordert weiter, daß regionale Verkehrskonzepte in diese Konzepte integriert und durch Länder, Kreise und Gemeinden beschleunigt umgesetzt werden.

   Geschätztes CO_2-Minderungspotential: 2–3 %

3. Die Kommission fordert eine europäische Bahnreform unter dem Dach einer europäischen Verkehrsinitiative. Sie fordert eine Initiative der Bundesrepublik Deutschland mit dem Ziel, eine Kommission auf europäischer Ebene zu schaffen, die

4) Die in eckige Klammern gesetzten Körperschaften bezeichnen die Adressaten der jeweiligen Empfehlungen.

a) eine Rahmenkonvention zur Errichtung eines gemeinsamen europäischen Verkehrsraumes mit dem Schwerpunktziel CO_2-Minderung sowie

b) eine europäische Bahnorganisation mit dem Ziel eines gemeinsam betriebenen transeuropäischen Eisenbahnnetzes vorbereitet,

c) in einer ersten Stufe die technische und organisatorische Harmonisierung in Europa vorantreibt und

d) die Voraussetzungen für eine privatwirtschaftliche Finanzierung der Verkehrsinfrastruktur schafft.

Geschätztes CO_2-Minderungspotential: 1–2 %

4. Die Kommission empfiehlt, integrierte Konzepte zur Kooperation des Öffentlichen- und des Individualverkehrs in den Ballungsgebieten europaweit mit dem Ziel der Verminderung der CO_2-Emissionen beschleunigt umzusetzen.

Angelaufene Pilotprojekte für ein abgestimmtes verkehrsträgerübergreifendes Verkehrsmanagement in Großstädten sind weiterzuentwickeln.

Der öffentliche Personennahverkehr ist vorrangig dort auszubauen und von den Instrumentarien her zu optimieren, wo der Auslastungsgrad über den Tag und die Strecke sowie die damit erzielbaren CO_2-Reduktionen dieses rechtfertigen.

Europaweit abgestimmt sind Informationssysteme zu schaffen, die vor Antritt der Fahrt über Fahrplan, Strecke, Umsteigemöglichkeiten sowie zeit- und kostenoptimierte Verbindungen informieren (Schaffung von Akzeptanz für öffentlichen Personennahverkehr und/oder kombinierte Verkehre)
[Europäische Union/Bund/Länder/Gemeinden]

Geschätztes CO_2-Minderungspotential: 4–12 %

5. Die Kommission fordert ein Programm zur Bildung von Pkw-Fahrgemeinschaften, mit dem Ziel, den Auslastungsgrad der Pkw's zu verbessern. Dazu sind u. a. folgende Maßnahmen vorzusehen:

a) In einer ersten Stufe Pilotprojekte im Bereich ländlicher Mittelzentren

b) in einer zweiten Stufe die flächendeckende Umsetzung solcher Konzepte. Für höher besetzte Pkw's sind besondere Vorteile vorzusehen.

Geschätztes CO_2-Minderungspotential: 3–6 %

6. Die Kommission sieht den verbesserten, CO_2-Emissionen vermindernden bzw. energiesparenden Einsatz der einzelnen Verkehrsmittel als vorrangiges Ziel an.

   Sie fordert deshalb den weiteren Ausbau von Leit- und Informationstechniken zur Verkehrsoptimierung.

   Die Kommission empfiehlt, zur Nutzung der CO_2-Einsparpotentiale eine Telematik-Strategie zu entwickeln bzw. zu fördern, die folgende Elemente umfaßt:

   - Logistik und Dispositionssysteme im Straßengüterverkehr, mit denen die Routen optimiert werden können und die Aufnahme zusätzlicher Ladung unterwegs disponiert werden kann;
   - Verkehrsinformationssysteme wie Stau- und Unfallinformationen, Empfehlung von Time-Slots und Routen, elektronische Stadtpläne, Parkleitsysteme
   - Weiterentwicklung situationsgerechter Vorgaben bzw. Empfehlungen für das Verkehrsverhalten, z. B. Empfehlungen zur Optimierung des Verkehrsflusses und zur Vermeidung von besonderen Emissionssituationen sowie von Staus und von Unfällen.

     Dazu gehört die Einführung situationsgerechter, belastungsabhängiger, zeitlich und örtlich flexibler Geschwindigkeitsvorgaben.

     Ein allgemeines Tempolimit lehnt die Kommission dagegen wegen der tendenziell kontraproduktiven Wirkung ab.
   - Verbesserte Luftverkehrskontrolle und Koordination; Flächen- statt Luftstraßennavigation bzw. Satelitennavigation anstelle der Navigation nach ortsfesten Funkfeuern im europäischen bzw. weltweiten Rahmen.
   - Verbesserte Landeanflugverfahren und Verfahren zur Verkürzung der Gleitpfad-, der Lande- bzw. Startbahn-Belegungszeiten.
     [Europäische Union / Bund / Länder / Gemeinden]

   Die Kommission fordert darüber hinaus, die verkehrspolitische Liberalisierung mit dem Ziel fortzusetzen, über Wettbewerbsdruck eine bessere Auslastung der Verkehrsmittel zu erreichen.
   [Europäsiche Union / Bund]

   Geschätztes CO_2-Minderungspotential: 2–10%

7. Die Kommission fordert zur Verringerung des Treibstoffverbrauchs und der CO_2-Emissionen von Kraftfahrzeugen

   - eine Selbstverpflichtung der Kraftfahrzeughersteller mit dem Ziel einer Verminderung des Verbrauchs und der CO_2-Emissionen der Kraftfahrzeuge bis zum Jahr 2005 um mindestens 30% (ob die

Selbstverpflichtung über 2005 hinaus erweitert oder verschärft werden sollte, ist zu einem späteren Zeitpunkt sowohl unter Klimaschutz- wie unter Wirtschafts- und Arbeitsplatzaspekten zu prüfen)

Ein solches Selbstverpflichtungssystem sollte europaweit angestrebt werden; Importeure von Kraftfahrzeugen sollten einbezogen sein.

- Sollte die Selbstverpflichtung als wirtschaftliches Optimierungsinstrument nicht greifen, sind unverzüglich ordnungsrechtliche Maßnahmen vorzusehen.
- Um dieser Selbstverpflichtung auch von der Nachfrageseite her zum Erfolg zu verhelfen, d. h. den geringeren Kraftstoffverbrauch verstärkt zu einem Kriterium beim Autokauf zu machen, fordert die Kommission eine stetige, maßvolle, reale und jährliche Anhebung der Treibstoffpreise, verteilt über einen längeren Zeitraum. Die Politik hat bei der Bemessung der Höhe der Mineralölsteuer die Wirkungen mit einzubeziehen, die sich aus einer aufkommensneutralen Umlegung der Kfz-Steuer ebenso wie aus der Kostenentwicklung für künftige CO_2-emissionsgeminderte Fahrzeuge sowie aus anderen Kostenerhöhungen im Verkehr ergeben.

  Zum Beispiel wären nach der zum 1. Januar 1994 erfolgten Anhebung der Mineralölsteuer zunächst einige Freijahre vorzusehen.

  Künftige Mineralölsteuererhöhungen sind aufkommesneutral zu gestalten, d. h. durch Senkung von Steuern an anderer Stelle zurückzugeben.

  Diese Vorschläge der Kommission haben die Förderung von verbrauchsarmen, CO_2-freien bzw. -reduzierten Fahrzeuggenerationen zum Ziel. Mit einer solchen Vorgehensweise sollen klimapolitische, umweltpolitische, wirtschafts- und finanzpolitische Ziele konzeptionell in sich geschlossen und weitgehend widerspruchsfrei umgesetzt werden.

  Eine europäische Harmonisierung ist hierbei anzustreben.

  [Wirtschaft, insbesondere Automobilindustrie/Verbraucherverbände/Automobilclubs/Bund]

  Geschätztes CO_2-Minderungspotential: 12 bis 15%

8. Die Kommission erwartet die Realisierung starker CO_2-Minderungspotentiale im Luft- und Bahnverkehr.

   Im Luftverkehr werden über den Wettbewerbsdruck und technische Verbesserungen am Flugzeug Verbrauchsreduzierungen von 50% angestrebt.

Die Kommission fordert außerdem, die beschleunigte Entwicklung und den Einsatz von energieeffizienten und schadstoffarmen Triebwerken sowie die Einführung von schwefelfreiem Treibstoff zur Vermeidung von SO_2-Emissionen im Luftverkehr. Zur Vermeidung von Warteschleifen kann fallweise auch der Ausbau neuer Start- und Landebahnen erforderlich sein.

Die Kommission fordert die Ausschöpfung der CO_2-Minderungspotentiale bei der Bahn, z. B. durch Leichtbau und Rückspeisung des Bremsstroms ins Netz, sowie durch Ausbau eines nach Personen- und Güterverkehr getrennten Schienennetzes.

Sie fordert vorrangig, daß die Bahn Strom aus CO_2-freien oder CO_2-armen Energieträgern (z. B. regenerative Energien, Kernenergie usw.) einsetzt.

[Bahn-AG / Bund / Länder]

Geschätztes CO_2-Minderungspotential: 3–5 %

9. Die Kommission empfiehlt eine Verdichtung der Flächennutzung und zwar tendenziell mit stärkerer Durchmischung der Nutzungsarten; einer Wohnraumverdichtungspolitik, die auch das Problem ungenutzten Wohnraums einbezieht und so weit neuer Siedlungsraum geschaffen wird, die Ausweisung neuer Flächennutzungen vorzugsweise an vorhandenen Achsen des Verkehrs, insbesondere des öffentlichen Personennahverkehrs vorsieht.

   [Bund / Länder / Gemeinden]

   Geschätztes CO_2-Minderungspotential: 1–3 %

10. Die Enquete-Kommission empfiehlt politische Instrumentarien, die verkehrserzeugende Effekte unter Klimaschutzaspekten bei verkehrsrelevanten politischen Entscheidungen auf allen Ebenen berücksichtigen. In diese Entscheidungsprozesse muß z. B. der gesamtwirtschaftliche Nutzen von Sport-, Kultur, Gewerbe- oder Freizeitzentren genauso Eingang finden, wie die Vor- und Nachteile des daraus resultierenden Verkehrs.

    [Bund / Länder / Gemeinden]

    Geschätztes CO_2-Minderungspotential: 3–5 %

Abschließend empfiehlt die Kommission den Abschluß einer europäischen Verkehrskonvention.

Bundesregierung und Europäische Kommission werden aufgefordert, auch bei den anderen Handelsblöcken wie AFTA, NAFTA, APEC, MERCOSUR und anderen auf eine entsprechende Klimaschutzpolitik im Verkehr hinzuwirken.

6.2 Minderheitsvotum der Kommissionsmitglieder Brigitte Adler, Prof. Dr. Wilfrid Bach, Prof. Monika Ganseforth, Prof. Dr. Hartmut Graßl, Dr. Liesel Hartenstein, Prof. Dr. Peter Hennicke, Horst Kubatschka, Dr. Klaus Kübler, Prof. Dr. Eckhard Kutter, Prof. Dr. Klaus Michael Meyer-Abich,

1. Grundsätzliches

Angesichts der bisherigen Versäumnisse, aus der Gefährdung des Klimas verkehrspolitische Konsequenzen zu ziehen, und der tatsächlichen Verkehrsentwicklung erfordert die Reduktion des Kohlendioxid-Ausstoßes um 25–30% bis zum Jahr 2005 ebenso wie die weitergehende Verringerung um 50% bis 2020 und sogar um 80% bis 2050 eine umfassende Neubewertung des Verkehrssektors.

Für eine generelle Neuorientierung sprechen neben den Klimaargumenten auch andere Faktoren. Denn der Energieaufwand der Verkehrsmittel und die damit proportional einhergehenden CO_2-Emissionen sind zugleich Indikatoren für zahlreiche weitere Belastungen von Mensch und Umwelt (z. B. durch Unfälle, Lärmbelästigung und Flächenverbrauch), die es aus ökologischen und sozialen Gründen zu verringern gilt.

Eine Verkehrswende im Sinne einer generellen Umorientierung der wirtschaftlichen und gesellschaftlichen Einordnung des Verkehrs erfordert eine Verminderung des Einsatzes von Verkehr in allen gesellschaftlichen Bereichen. Hierzu ist die Veränderung der Verkehrspolitik genauso erforderlich wie ein Wandel in vorgelagerten Politikbereichen, die für die Verkehrsentstehung mitverantwortlich sind.

Wir sprechen uns nachdrücklich dafür aus, daß der Verkehrsbereich in vollem Umfang seinen Minderungsbeitrag im Rahmen der klimapolitischen Ziele erbringt, also keinen Nachlaß in der CO_2-Reduktion zu Lasten anderer Bereiche erhält. Volkswirtschaftlich betrachtet, sind die Einsparungen im Verkehr sogar mit wesentlich geringerem Aufwand als in anderen Bereichen möglich. Es kommt hinzu, daß der Verkehrsbereich bisheriger Art eine Eigendynamik hat, die ihn bei „intersektoraler Kompensation" seiner CO_2-Reduktionsverpflichtung (statt Eigenminderung) in kurzer Zeit zu dem alle anderen Bereiche dominierenden CO_2-Erzeuger machen würde, bei dem die Chancen zur Veränderung immer geringer werden.

Allerdings ist der verkehrsbezogene Klimaschutz in dem erforderlichen Umfang nur zu verwirklichen, wenn die politisch erforderlichen Maßnahmen stärker als in anderen Bereichen auch durch freiwillige Konsumeinschränkungen mündiger Bürgerinnen und Bürger flankiert werden, vor allem im Freizeit- und Urlaubsverkehr.

2. Notwendigkeit einer zusammenhängenden Politik

Sowohl für die Minderung von Emissionen als auch für die generelle Vermeidung von Verkehr gilt, daß einzelne Maßnahmen in der Regel nicht allein zum gewünschten Erfolg führen, sondern nur im Rahmen einer zusammenhängenden Politik. Bei der Entwicklung geeigneter Maßnahmenbündel muß eine Fülle von Verflechtungen in die Betrachtung einbezogen werden. Es ist deshalb nicht sinnvoll, für einzelne Maßnahmen im Rahmen der erforderlichen Politik Einzelpotentiale anzugeben. Besonders kritisch zu bewerten sind in diesem Zusammenhang alle Maßnahmen, welche die Qualität des besonders expansiven Individualverkehrssystems nur verübergehend verbessern, indem Stockungen oder Staus verflüssigt werden. Denn auf diese Weise kann die CO_2-Emission des Verkehrs zwar kurzfristig vermindert werden, aber es wird zugleich eine vermehrte Nachfrage erzeugt und vor allem wird die langfristige Steigerungsdynamik nicht berührt, so daß der kurzfristige Erfolg eine langfristig verantwortliche Klimapolitik im Verkehr letztlich sogar erschwert.

3. Sofortprogramm zur Energiebedarfsminderung

Eine wichtige Signalwirkung kommt der sofortigen und verbindlichen Festlegung auf eine Politik zu, die den Produzenten und Konsumenten die mittelfristigen Randbedingungen des Verkehrssystems nennt; sie stößt technische und organisatorische Verbesserungen an und setzt mit einer Erhöhung des Raumwiderstandes, die aber für die Beteiligten vorhersehbar und kalkulierbar bleibt, die richtigen Akzente für die Entwicklung des Verkehrssystems.

Wir empfehlen deshalb folgendes Sofortprogramm: Vorgabe eines festen Zeitplans für die stufenweise Erhöhung der Kraftstoffpreise um ca. 7% p.a. real auf mindestens 10 Jahre. Das schafft die notwendige Planungssicherheit für die Wirtschaft und die Bevölkerung. Anzustreben sind außerdem eine stufenweise Absenkung der zulässigen Flottenverbräuche auf 5 l im Landesdurchschnitt bis 2000 und auf 3–4 l bis 2005 für Neufahrzeuge, um die Mineralölsteuererhöhungen bereits ohne Ausgleichsmaßnahmen möglichst sozialverträglich zu gestalten. Flankierend schlagen wir ein allgemeines Tempolimit auf 80 km/h (Landstraßen) bzw. 100 km/h (Autobahnen) und die strikte (technische) Tempobegrenzung für den Schwerverkehr (80 km/h) vor, was sich auch positiv auf die Verkehrssicherheit auswirken würde. Bei der Gestaltung des Güterfernverkehrs, speziell zur Verlagerung von der Straße auf die Schiene bedarf es einer längerfristig festgelegten Preispolitik mit spürbar höheren Kostenanlastungen pro Jahr und Lkw, einer strikten Einhaltung der Sozialvorschriften sowie schneller Kapazitätserweiterungen der Bahn. Dabei sollten auch neue betriebliche Möglichkeiten in Anlehnung an die heutigen Möglichkeiten der Spediteure auf der Straße geschaffen werden.

Neben diesen Eingriffen in den Landverkehr erfordert der Luftverkehr wegen seiner extremen Klimaschädlichkeit ein besonderes Aktionsprogramm:

- eine Abkehr von der bisherigen luftverkehrseuphorischen internationalen Politikorientierung und der Einstieg in luftverkehrsdämpfende politische Maßnahmen; und entsprechend
- Beginn von internationalen Verhandlungen und Vereinbarungen zur Begrenzung des Luftverkehrs auf einem umwelt- und klimaverträglichen Niveau. Hierzu gehört als Einstieg die Besteuerung der Luftkraftstoffe in Höhe der Besteuerung von Diesel- und Ottokraftstoff;
- Bei den Verlagerungsmöglichkeiten spielt der Aufbau eines europäischen Hochgeschwindigkeits-Bahnnetzes eine maßgebende Rolle: parallel hierzu ist eine Beschränkung auf 5 bis 7 große Flughäfen in Deutschland anzustreben.
- Die besonderen Klimawirkungen des Luftverkehrs sind durch Beschränkungen der Reisegeschwindigkeit (400–500 km/h) und Begrenzung der Flughöhe (unterhalb der Tropopause) zu vermindern; zur Flankierung ist die Entwicklung des hierfür optimalen Fluggerätes zu fördern.

Diese Maßnahmen sind um so dringlicher, als der Luftverkehr innerhalb des Gesamtverkehrssystems die höchsten Zuwachsraten hat.

4. Schaffung der politischen Voraussetzungen für ein Gesamtverkehrskonzept

Unter heutigen Verhältnissen (Ressortuntergliederung, sektorale Lösungen) ist es kaum möglich, die Verkehrsentwicklung von den Ursachen her zu beeinflussen; die Vorbedingungen für die Verkehrsgestaltung durch Vermeidung und Verlagerung müssen erst dadurch geschaffen werden, daß der Handlungsrahmen der Verkehrspolitik erweitert wird und die Raumordnung sowie die Regional- und Stadtplanung umfaßt. Dies bedeutet, daß Instrumente wie der BVWP oder die Infrastrukturprogramme der EU, aber auch „Generalverkehrspläne" in der bisherigen Form zu modifizieren sind. An die Stelle der Bundesverkehrswegeplanung muß zunächst ein Bundesverkehrskonzept treten; und es gilt, die Kompetenzen zwischen den verschiedenen Ressorts im Sinne einer wirksamen Verkehrsbewältigung neu zuzuordnen (Abstimmung zwischen Raumordnung, Regionalplanung, Städtebau, Wirtschaftsförderung in allen raum- und verkehrsrelevanten Maßnahmen). Diese Neudefinition der Aufgabe „Verkehrsbewältigung" erfordert auch eine Revision des sonstigen methodischen Instrumentariums, insbesondere die Neukonzeption der Finanzierungsinstrumente (Regionalisierung), die Delegation ordnungsrechtlicher Zuständigkeiten und den Ersatz der „Wirtschaftlichkeitsuntersuchung" durch eine generelle „Verkehrsfolgenprüfung" für alle raum- und verkehrsrelevanten Entscheidungen.

Haben im privaten Personenverkehr die Regionen eine dominante Rolle, so erlangen im Güterverkehr die Ferntransporte immer mehr Bedeutung und erzwingen eine Internationalisierung der Bahn- und Verkehrspolitik. Zum internationalen Teil der Rahmenbedingungen gehören deshalb als wichtigste Infrastrukturmaßnahme die Bereitstellung von Schienenkapazitäten, die Anpassung der logistischen Möglichkeiten und die Entwicklung energieoptimierter Betriebsformen bei der Bahn. Wir fordern deshalb nachdrücklich entsprechende Aktivitäten auf der EU-Ebene.

5. Konzepte zur Verkehrsvermeidung (Beeinflussung der Raumstrukturen)

Verkehrsvermeidung muß durch verkehrssparsame Raumstrukturen in der Region und durch die Stärkung der regionalen Wirtschaftskreisläufe erreicht werden. Mit der Gestaltung der verkehrsauslösenden Strukturen ist also mehr gemeint als der bisherige Raumordnungsbegriff umfaßt. Angestrebt wird das vorausschauende Einwirken auf die verkehrsverursachenden Aktivitäten bzw. Nutzungen einerseits und das Einwirken auf die Verkehrsmöglichkeiten und -gewohnheiten andererseits. In den regionalen Lebensräumen bedarf es hierzu einer

- konsequenten Ausrichtung der räumlichen Planung auf allen Planungsebenen auf die Verkehrsvermeidung in der Region und hierfür einer Stärkung der Durchsetzungskraft der Planungsinstrumente;
- lenkenden Verkehrswegepolitik als Maßnahme gegen das Ausufern der besiedelten Fläche und gegen die Auflösung der kleinteiligen Aktionsräume, und im gleichen Sinn der Flankierung des erwünschten Abbaus der Distanzorientierung durch stetig steigende Transportkosten.

Die dazu im raumordnerischen, planungsbezogenen Bereich anzuwendenden und durch Preis- und Ordnungspolitik zu flankierenden Maßnahmen umfassen das Baugesetzbuch, die Baunutzungsverordnung (insbesondere die Stellplatzvorschriften), die Landesbauordnungen, die institutionellen Regelungen bei der Abstimmung von Planungen in der Region und die Verteilung der finanziellen Mittel.

Zur Gestaltung des Wirtschaftsverkehrs müssen im Interesse der Lebensräume regionale Lösungen gefunden werden, welche die betrieblichen Konzepte der Logistik (heutige Konzepte von Güterverkehrszentren) einbinden und hierbei flankierend auch mit Ordnungspolitik, ökonomischen Anreizen und selektiven Infrastrukturmaßnahmen arbeiten.

Besondere Chancen, aber auch einen besondere Handlungsbedarf, sehen wir in den Regionen der Neuen Länder. Hier gibt es eine kompaktere Siedlungsstruktur, die erhalten werden sollte. Da inzwischen auch hier eine Zersiedlung von den Kernstädten in die Umländer begonnen hat, muß sofort gehandelt werden. Um die Zersiedelung aufzuhalten, bedarf es einerseits der Flächensteuerung durch entsprechende Flächennutzungsplanung, Regionalplanung und Raumordnung, andererseits einer Wirtschaftsentwicklung mit einer gezielten Standortförderung, bei der die Verkehrserfordernisse nicht unnötig anwachsen. Das Ziel ist die Regionalisierung der Politik, der Wirtschaft und des Verkehrs. Hierzu ist die schnelle Schaffung praktikabler und mit Kompetenzen ausgestatteter Regionalplanungsinstrumente erforderlich.

Zur Ergänzung der auf die Regionen und Lebensräume bezogenen Vermeidungspolitik ist längerfristig auf eine Stärkung der regionalen Wirtschaftskreisläufe gegenüber der interregionalen und internationalen Arbeitsteilung hinzuwirken. Dies kann nur zu einem geringen Anteil durch Kostenanlastungen erreicht werden. Deshalb gilt es, die direkte Einflußnahme auf die Standortwahl und die Gestaltung der Kosten von Standorten in Regionalprogrammen auf nationaler und internationaler Ebene zu stärken.

6. Gesamtstrategie und Erfolgsbilanz

Die Entwicklung des CO_2-Ausstoßes im Verkehr wird im Folgenden für den Fall bilanziert, daß im Rahmen einer Verkehrswende das hier vorgeschlagene Gesamtkonzept umgesetzt wird. Ziel dieser Politik ist der schrittweise Abbau der Verkehrsspirale. Dazu muß gezielt auf den Raumwiderstand eingewirkt werden. Die Verkehrsinfrastruktur darf nicht neuen Verkehr induzieren, und ein verkehrssparsameres Leben und Wirtschaften sollte durch eine angemessene Preis- und Ordnungspolitik gefördert werden.

Basisannahmen

Die Zahlenangaben berücksichtigen neben der Unterteilung in Güterverkehr, regionalen Personenverkehr und Personenfernverkehr einige Besonderheiten der Verkehrsentwicklung. Der besonders stark expandierende Personenluftverkehr sowie der Luftfrachtverkehr werden in Anlehnung an den Verbrauch beim Flugbenzin auch mit grenzüberschreitenden Leistungen erfaßt; daneben werden zur Abbildung von Verlagerungen Verkehrsleistungen zu Fuß und mit dem Fahrrad ausgewiesen.

Die „Anpassung" der neuen Länder muß anders bewertet werden als die „normale" weitere Verkehrsentwicklung in den westlichen Bundesländern. Um diese beiden Komponenten der Entwicklung getrennt ausweisen zu können, wird zusätzlich ein rechnerischer Basiszustand nach Angleichung der Neuen Länder definiert. Von diesem Referenzzustand aus beträgt die ohne eine klimaorientierte Verkehrspolitik zu erwartende Steigerung der CO_2-Emissionen bis 2005 35%. Zieht man hiervon die Erfolge der zu erwartenden technischen Weiterentwicklung ab (–11%), liegt der Ausgangszustand der Minderungsstrategie um 20% über dem Referenzzustand.

Gesamtprogramm und Minderungen auf den Wirkungsebenen

Die Minderungen auf den Wirkungsebenen treten in der angegebenen Höhe nur dann ein, wenn das gesamte Maßnahmenprogramm durchgeführt wird. Trotzdem werden die hier zu erwartenden Effekte unter Beachtung der Verflechtungen herausgearbeitet, weil dies zu einer Versachlichung der Minderungsdiskussion beitragen kann.

- Verkehrsvermeidung: 3–4% unter Einrechnung des in den Neuen Ländern möglichen höheren Beitrags (Hauptbeitrag: 7% im regionalen Personenverkehr);
- Verkehrsverlagerung: 3–4% (Hauptbeitrag: 6–7% im regionalen Personenverkehr);
- Effizienz der Fahrzeuge: 18–19% zusätzlich zur erwarteten technischen Weiterentwicklung (Hauptbeiträge: 26% im regionalen Personenverkehr und 18% im Personenfernverkehr);
- Europäische Güterverkehrspolitik: 2–3% (Hauptbeitrag: 6–7% im Güterverkehr);
- Freizeitverhalten: 9–10% durch Konstanthalten der Verkehrsleistungen auf dem jetzigen Niveau (Hauptbeitrag: 23% im Personenfernverkehr, insbesondere in Form des Luftverkehrs)

Insgesamt verbessern die strukturellen und planerischen Maßnahmen die CO_2-Bilanz des Verkehrssektors von +35% (erwartete Trendentwicklung) auf –10% gegenüber dem Referenzzustand; durch Verhaltensänderung infolge von Aufklärungskampagnen könnte diese Bilanz auf –20% verbessert werden. Eine Bilanz von –25% ist dagegen heute nur noch erreichbar, wenn die Fahrleistungen im Freizeitbereich um ein Drittel gegenüber dem Referenzzustand '88 verringert würden.

Eine klimaverträgliche Verkehrspolitik kann nicht nur administrativ verordnet werden, sondern bedarf der einsichtigen Unterstützung durch die mündigen Bürgerinnen und Bürger. Die Einsicht, daß insbesondere der Freizeitstraßenverkehr – über die Hälfte des motorisierten Individualverkehrs – nicht weiter zunehmen darf, wird erfahrungsgemäß gefördert, wenn Erfahrungen mit Alternativen gemacht werden. Wir fordern deshalb alle Autofahrer auf, an je einem Wochentag eigener Wahl das Auto nicht zu benutzen und statt dessen mit einem öffentlichen Verkehrsmittel oder mit dem Rad zu fahren bzw. zu Fuß zu gehen. Etwa 80% der Bevölkerung hat dazu die Möglichkeit und kann so mit der Verkehrswende bei sich selbst beginnen.

Wäre – wie von der vorangegangenen Kommission vorgeschlagen – bereits 1990 mit der längst überfälligen Minderungspolitik im Verkehr begonnen worden, hätte die Bilanz schon 2005 bei –32% liegen können (vgl. hierzu Anhang „Minderungsmodell“) – und dies ohne die nunmehr erforderliche Einschränkung des Freizeitverkehrs.

7. Erfolgsaussichten nach 2005

Es stellt sich die Frage, wie die weiteren für 2020 und 2050 gesetzten 50%- bzw. 80%-Ziele zu erreichen sind. Die Analyse zeigt, daß derartige Ziele ohne die Entkoppelung von Wirtschafts- und Verkehrswachstum, d. h. ohne einen Paradigmenwechsel, überhaupt nicht realisiert werden können. Im Bereich bekannter technologischer Möglichkeiten, besteht eine auch ökonomisch sinnvolle Option in einer weiteren Verringerung des Flottenverbrauchs beim individuellen Kraftfahrzeug (2–3 ltr.-Auto). Zusammen mit einer stringenten Raumstruktur-Politik in den Regionen ist damit bis 2020 eine –50% CO_2-Bilanz möglich. Dann entfallen allerdings über 50% des Primärenergieaufwands auf den Güterverkehr, sind also mit den bisher einbezogenen Maßnahmen kaum beeinflußbar. Die längerfristige Politik muß für diesen Bereich der größeren – und kommerziell genutzten – Fahrzeuge intensiv auf neue Technologien und Treibstoffe hinwirken.

Die empfohlenen drastischen Eingriffe in das heutige Wohlstandsmodell bzw. in den Beitrag des Verkehrssektors zu diesem Wohlstand werden durch einen vielfältigen Nutzen der Verkehrswende aufgewogen. Der hohe gesellschaftliche und individuelle Nutzen eines im Sinn der Verkehrswende umgestalteten Gesamtverkehrssystems liegt in der drastischen Absenkung des Ressourcenverbrauchs, der Verminderung der verkehrsbedingten Schäden und des laufenden Verlustes an Lebensqualität durch Lärm, Schadstoffe und die Auflösung der Städte. Die Verluste an „Wertschöpfung" durch kapitalintensive Systemkomponenten, die weitgehend – wie das allzu große, zu schwere und zu schnelle Privatauto, die „Concorde" oder der „Transrapid" – nur ein Selbstzweck sind und keine wirtschaftlichen oder gesellschaftlichen Zwecke sinnvoll erfüllen, haben demgegenüber nur einen scheinbaren und gewohnheitsbedingten Wert; und der auf ihnen basierende „Wohlstand" ist nicht langfristig tragfähig. Nur die schädlichen und eigentlich kontraproduktiven Komponenten des heute praktizierten Wohlstandsmodells müssen zur Disposition gestellt werden, wenn der Verkehrssektor durch eine Verkehrswende umwelt- und sozialverträglicher und damit letztlich auch wirtschaftlich vernünftiger werden soll.

Teil D

Landwirtschaft und Wälder

In Teil D wird ein kurzer Überblick über die Bereiche Landwirtschaft und Wälder gegeben. Eine ausführliche Darstellung erfolgte im 3. Zwischenbericht der Enquete-Kommission „Schutz der Erdatmosphäre", der im Juli 1994 unter dem Titel „Schutz der grünen Erde – Klimaschutz durch umweltgerechte Landwirtschaft und Erhalt der Wälder" erschienen ist.

1. Zusammenfassung und zentrale Empfehlungen im Bereich Klimaänderung und Landwirtschaft

Anteil der Landwirtschaft an den klimarelevanten Emissionen

Die Höhe der globalen klimarelevanten Emissionen aus der Landwirtschaft ist im Vergleich zur Höhe der gesamten anthropogenen Emissionen in Tab. 1 aufgeführt.

Der Anteil der einzelnen Treibhausgase am anthropogenen Treibhauseffekt – gemittelt über die 80er Jahre – wird wie folgt abgeschätzt (EK, 1990 b): CO_2 50%, CH_4 13%, FCKW 24%, N_2O 5% sowie indirekte Effekte durch die Zunahme des troposphärischen Ozons und des stratosphärischen Wasserdampfgehaltes zusammen mit 8%. Wie in Tabelle 1 wiedergegeben, ist die Landwirtschaft mindestens für die Hälfte der weltweiten anthropogenen Methanemissionen verantwortlich. Diese CH_4-Menge verursacht allein durch ihre direkte Klimawirksamkeit 6 bis 7 Prozent des zusätzlichen Treibhauseffektes. Methan führt darüber hinaus zur Bildung von troposphärischem Ozon und Wasserdampf in der Stratosphäre und verstärkt dadurch auch indirekt den Treibhauseffekt. Dieser Effekt verursacht mindestens weitere 6% des anthropogenen Treibhauseffektes, wovon wiederum etwa die Hälfte der Landwirtschaft zuzuordnen ist. Das heißt, allein die Methanemissionen in der Landwirtschaft sind für mindestens 9 bis 10 Prozent des zusätzlichen Treibhauseffektes verantwortlich.

Darüber hinaus verursacht die Landwirtschaft mit ihrem Anteil von etwa 50% an den globalen N_2O-Emissionen weitere 2 bis 3% des anthro-

Tabelle 1: Globale Emissionen klimarelevanter Gase aus der Landwirtschaft (in Mio. t/Jahr 1990) und deren Anteil an den anthropogenen Gesamtemissionen (in %) (IPCC, 1992, WBGU, 1994, Bouwman, 1990):

	Mio. t/Jahr	in % der Gesamtemission
Methan:		
Tiere	65–100	
Tierexkremente	20–30	
Biomasseverbrennung	20–80	
Reisfelder	20–100	
Summe der Emissionen aus der Landwirtschaft	125–310	*≥ 50*
Anthropogene CH_4-Gesamtemissionen	225–575	*100*
Distickstoffoxid:		
Mineraldüngung	0,1–9,5	
Düngemittelherstellung	0,3–0,6	
Biomasseverbrennung	0,6–3,2	
Summe der Emissionen aus der Landwirtschaft	1,0–13,3	*≥ 50*
Anthropogene N_2O-Gesamtemissionen	3,3–18,3	*100*
Kohlendioxid:		
Energieverbrauch in der Landwirtschaft[1])	600–1 000	*3–5*[2])

Fortsetzung Tabelle 1

	Mio. t/Jahr	in % der Gesamtemission
Anthropogene energiebedingte CO_2-Gesamtemissionen	21 600	*100*
Kohlenstoff- bzw. Kohlendioxidquellen, bei denen der Anteil der Landwirtschaft nicht näher bestimmt ist.		
Brandrodung und Landnutzungsänderung[3])	2 200–9 600	
Bodenerosion[4])	k. A.[6])	
Humusabbau[5])	ca. 400–3 000	

[1]) Der angegebene Energieverbrauch beinhaltet sowohl den direkten Energieverbrauch (Treibstoffe, Strom etc.) in der Landwirtschaft als auch den Energieverbrauch für die Herstellung und Bereitstellung der Vorleistungen (Düngemittel, Zukauffuttermittel etc.).

[2]) Der Anteil der Landwirtschaft am jeweiligen nationalen Verbrauch fossiler Energieträger liegt in den entwickelten Ländern bei durchschnittlich 3,7 Prozent und in den Entwicklungsländern bei 4,9 Prozent (Haas u. a., 1994) und damit global bei etwa 3 bis 5 Prozent am weltweiten Verbrauch fossiler Energieträger.

[3]) Die Brandrodung tropischer Wälder erfolgt überwiegend im Zuge von Landnutzungsänderungen zur Ausweitung landwirtschaftlicher Nutzflächen. Daher ist ein wesentlicher Anteil dieser Emissionen der Landwirtschaft zuzurechnen. Der angegebene Wert (1,6 ± 1,0 Mrd. t C = ca. 2 200–9 600 Mio. t CO_2) beinhaltet die Kohlendioxidemissionen aus der Biomasseverbrennung und dem Humusabbau.

[4]) Die Bodenerosion wird sowohl bei den Landnutzungsänderungen in den Tropen als auch außerhalb der Tropen v. a. durch anthropogene Aktivitäten verursacht bzw. verstärkt. Die Landwirtschaft hat hieran einen wesentlichen, nicht näher zu bestimmenden Anteil. Durch die Bodenerosion werden weltweit 1 Mrd. t C/Jahr (WBGU, 1994) abgetragen. Welcher Anteil hiervon letztlich als CO_2 in die Atmosphäre gelangt ist nicht bekannt.

[5]) Der Humusabbau wird sowohl bei den Landnutzungsänderungen in den Tropen als auch außerhalb der Tropen v. a. durch anthropogene Aktivitäten verursacht bzw. verstärkt. Der überwiegende Teil der CO_2-Freisetzung durch den Humusabbau ist bereits in der CO_2-Freisetzung durch die Landnutzungsänderungen enthalten. Die Landwirtschaft hat hieran einen wesentlichen Anteil. Jährlich werden durch Humusabbau weltweit 0,1 bis 0,85 Mrd. t C (1980) freigesetzt (verschiedene Quellen; In: Bouwman, 1990) (etwa 400–3 000 Mio. t CO_2). Der Kohlenstoff im Humus wird bei dessen Abbau vorwiegend als CO_2 freigesetzt.

[6]) k. A. = keine Angabe

pogenen Treibhauseffektes. Eine ähnliche Klimawirksamkeit weist die landwirtschaftlich freigesetzte CO_2-Menge auf. Weltweit werden etwa 3 bis 5% der energiebedingten CO_2-Emissionen von der Landwirtschaft bzw. den vorgelagerten Wirtschaftsbereichen (Düngemittelherstellung etc.) verursacht (3 bis 4% in den Industrieländern und etwa 5% in den Entwicklungsländern). Dadurch ist sie in etwa mit weiteren 2% am zusätzlichen Treibhauseffekt beteiligt. Zu berücksichtigen ist darüber hinaus der nicht näher zu bestimmende Beitrag der indirekt klimawirksamen landwirtschaftlichen Emissionen (Ammoniak, Kohlenmonoxid etc.).

Der gesamte Beitrag der Landwirtschaft am zusätzlichen Treibhauseffekt beläuft sich damit weltweit mindestens auf etwa 15%. Dabei ist die durch die Ausweitung der landwirtschaftlichen Nutzflächen bzw. durch Humusabbau und Bodenerosion freigesetzte Kohlenstoffmenge nicht berücksichtigt. Zwar ist die Landwirtschaft hier einer der Hauptverursacher, allerdings kann ihr Anteil nicht näher bestimmt werden.

Die Höhe der nationalen klimarelevanten Spurengasemissionen aus der Landwirtschaft ist im Vergleich zur Höhe der gesamten anthropogenen Emissionen in Deutschland in Tabelle 2 aufgeführt.

Die Landwirtschaft ist in Deutschland für etwa 4 Prozent der energiebedingten CO_2-Emissionen sowie für jeweils ein Drittel der vom Menschen verursachten Methan- und Distickstoffoxidemissionen verantwortlich (BMU, 1993). Diese Emissionen machen mindestens 10% des Treibhauspotentials aller klimawirksamen Spurengasemissionen in Deutschland aus. Der Anteil erhöht sich durch die indirekt klimawirksamen landwirtschaftlichen Emissionen sowie die zum Teil ebenfalls der Landwirtschaft zuzuordnenden N_2O-Emission aus naturnahen Ökosystemen (Wäldern etc.). Insgesamt dürfte die Landwirtschaft damit zu etwa 12 bis 15 Prozent am Treibhauspotential der klimawirksamen Spurengasemissionen in der Bundesrepublik beteiligt sein.

Intensivlandwirtschaft in den Industrieländern

Die Analyse der in Mitteleuropa vorherrschenden Intensivlandwirtschaft belegt den deutlichen Zusammenhang zwischen der Produktionsintensität, dem Grad der Spezialisierung und Konzentration sowie dem Ausmaß der verschiedenen Umweltbelastungen und der klimaschädlichen Spurengasemissionen aus der Landwirtschaft.

Die intensive Landwirtschaft, speziell mit intensiven Vorleistungen (Produktion von Düngemitteln, Bioziden etc.), in den westlichen Industrieländern trägt durch den Verbrauch fossiler Energieträger vor allem

Tabelle 2: Nationale Emissionen klimarelevanter Gase aus der Landwirtschaft (in Mio. t/Jahr 1990) und deren Anteil an den anthropogenen Gesamtemissionen in Deutschland (in %) (EK, 1994; BMU, 1993; Smukalski u. a., 1992):

	Mio. t/Jahr	in % der Gesamtemission
Methan:		
Tiere	1,45	
Tierexkremente	0,62	
Summe der Emissionen aus der Landwirtschaft	2,07	*ca. 34*
Anthropogene CH_4-Gesamtemissionen	6,0	*100*
Distickstoffoxid:		
Mineraldüngung	0,075	
Düngemittelherstellung	k. A. [2])	
Biomasseverbrennung	k. A. [2])	
Summe der Emissionen aus der Landwirtschaft		*ca. 34*
Anthropogene N_2O-Gesamtemissionen	0,220	*100*
Kohlendioxid:		
Energieverbrauch in der Landwirtschaft [1])	38,4	*3,7*
Anthropogene energiebedingte CO_2-Gesamtemissionen	1 031	*100*

[1]) Der angegebene Energieverbrauch beinhaltet sowohl den direkten Energieverbrauch (Treibstoffe, Strom etc.) in der Landwirtschaft als auch den Energieverbrauch für die Herstellung und Bereitstellung der Vorleistungen (Düngemittel, Zukauffuttermittel etc.).

[2]) k. A. = keine Angabe

bei der Herstellung von Mineraldüngern, als Treibstoff und durch den Import bzw. Transport von Futtermitteln zur CO_2-Emission bei. Der teilweise überhöhte und teilweise unsachgemäße Einsatz mineralischer und/oder organischer Stickstoffdünger führt zu Stickstoffeinträgen in die Agrarökosysteme, die die Aufnahme durch die Pflanzen häufig weit übersteigen. Die Stickstoffüberschüsse verbleiben im Boden oder werden in die Gewässer ausgewaschen. Mit der Höhe der Stickstoffüberschüsse in den Böden nehmen zudem die Distickstoffoxid-Emissionen überproportional zu. Die Methan- und Ammoniakfreisetzung aus der Tierhaltung und der Wirtschaftsdüngung hängt wesentlich vom Energie- und Eiweißgehalt des Futters sowie dem Stallhaltungs- und Entmistungssystem ab. Besonders hoch sind die Emissionen aus der intensiven Massentierhaltung mit Gülle-Entmistungssystemen. Die Ammoniakausgasung aus der Gülle trägt gemeinsam mit der Auswaschung bzw. dem Abtrag mineralischer Stickstoffdünger in Grund- und Oberflächengewässer zur Eutrophierung natürlicher und naturnaher Ökosysteme bei. Dies führt dort wiederum zur verstärkten Freisetzung von Distickstoffoxid. Gleichzeitig trägt die Eutrophierung zur Zerstörung insbesondere von nährstofflimitierten Lebensräumen wildlebender Pflanzen und Tiere und damit zur Verringerung der Arten- und Biotopvielfalt in der Landschaft bei.

Die zunehmende Spezialisierung und Mechanisierung in der Landwirtschaft führte in vielen Regionen zur Entkopplung von Tierhaltung und Pflanzenbau, zu einer Verarmung der Fruchtfolgen, zum Rückgang einer geregelten Stallmist-Humuswirtschaft. Die Schädigung der Bodenstruktur, zum Beispiel durch den unsachgemäßen Einsatz schwerer Maschinen mit hoher Flächenpressung und die Zunahme der Erosion erhöhen den Austrag von Kohlenstoff und Nährstoffen aus den Agrarökosystemen, was letztlich ebenfalls klimarelevant ist.

Landwirtschaft in den Entwicklungsländern

Die Armut der ländlichen Bevölkerung, die ungleiche Landbesitzverteilung (Großgrundbesitz), der exportorientierte Anbau von Cash-crops, die Verschuldung der Entwicklungsländer, der Verfall von Preisen auf dem Weltmarkt und das ungebremste Bevölkerungswachstum überfordern das ursprünglich nachhaltige System des Wanderfeldbaus und verstärken die Brandrodungsaktivitäten in den Wäldern. Da die Böden rasch degradieren, müssen ständig neue Flächen gerodet werden. Zusätzlich nehmen die Rodungsaktivitäten aufgrund staatlicher Siedlungsprogramme und der Anreize zur großflächigen Erschließung der Wälder zu.

Die Brandrodung der Tropenwälder trägt mit 15 Prozent zum anthropogenen Treibhauseffekt bei. Die tropischen Wälder werden zum größten Teil gerodet, um neue landwirtschaftliche Anbauflächen zu gewinnen. Lastet man diese Waldvernichtung insoweit der Landwirtschaft an, so ist diese weltweit zu etwa einem Drittel Verursacher des globalen Treibhauseffektes. Der reichtumsbedingten Ressourcenverschwendung des Nordens steht die armutsbedingte Ressourcenzerstörung des Südens gegenüber. Die umweltbelastende Intensivlandwirtschaft mit ihren Überschüssen im Norden und die weitgehend fremdbestimmte, exportorientierte Landwirtschaft bei Unterversorgung der einheimischen Bevölkerung im Süden verursachen beide steigende Emissionen klimawirksamer Spurengase und sind daher Mitverursacher der globalen Klimaänderung.

Globale Umweltprobleme durch nicht nachhaltige Landbewirtschaftung

In engem Zusammenhang mit dem Beitrag der Landwirtschaft zur Emission klimawirksamer Spurengase stehen zahlreiche weitere, regional unterschiedlich ausgeprägte Umweltbelastungen. Die Qualität unserer Lebensumwelt und unserer Nahrungsmittel hat sich verschlechtert. Die Landwirtschaft ist heute in erheblichem Umfang an der Eutrophierung von Ökosystemen, am Artensterben und der genetischen Verarmung, an der Zerstörung wertvoller Biotope und am Waldsterben beteiligt. Teile der Kulturlandschaft wurden im Zuge der „Flurbereinigung" ausgeräumt und haben an Wert verloren. Gleichzeitig drohen infolge der ökonomisch und ökologisch teilweise bedenklichen Flächenstillegung oder der Aufgabe der Bewirtschaftung weite Teile des Landes zu veröden, wie in verschiedenen Regionen der EU bereits zu beobachten ist. Zudem kommt es vorübergehend häufig zur verstärkten Auswaschung von Stickstoff in Grund- und Oberflächengewässer, wenn dieser nicht mehr durch Kulturpflanzen dem Boden entzogen wird.

Die Konzentration der intensiven Landbewirtschaftung und die konzentrierte Massentierhaltung in den landwirtschaftlichen „Gunsträumen" verstärkt dort die regionalen Umweltschäden und trägt erheblich zur Degradation der Böden bei. Die künstliche Bewässerung führt in semiariden und ariden Gebieten oft zur Versalzung. Überhöhte Düngung und Pestizideinsatz tragen zur chemischen Belastung bei. Unsachgemäße, nicht standortgerechte Bodenbearbeitung sowie die fehlende Stallmist-Humuswirtschaft ziehen Strukturschäden, Erosion und Verdichtungen der Böden nach sich. Die stetig wachsende, häufig irreversible Schädigung der Böden führt zur weiteren Ausdehnung der Wüstenflächen.

Übernutzung und Überweidung, nicht angepaßte Anbaumethoden und die Rodung der Wälder sind weltweit die häufigsten Ursachen dieser Entwicklung.

Durch die notwendige Steigerung der landwirtschaftlichen Produktion und die weitere Ausdehnung der Landbewirtschaftung insbesondere in den unterversorgten Regionen der Welt wird der Beitrag der Landwirtschaft an der anthropogenen Klimaänderung künftig weiter steigen. Gleichzeitig beschleunigt die Klimaänderung die weitere Erosion, Versalzung und Desertifikation der landwirtschaftlichen Nutzflächen im Sinne einer positiven Rückkopplung.

Drohende Gefahren durch die Klimaänderung

Nach Klimamodellrechnungen erwartet man im nächsten Jahrhundert – ohne deutliche und weltweite Gegenmaßnahmen – eine Erwärmung um etwa 0,3 °C pro Jahrzehnt im globalen Durchschnitt. Hierdurch verschieben sich die Vegetationszonen mittlerer Breiten polwärts und es kommt zu teilweise starken Veränderungen in der regionalen Intensität und Verteilung der Niederschläge und anderer Wetterereignisse und zu einer Zunahme extremer Wetterereignisse (Dürren, Stürme etc.).

So ungleich verteilt wie die Ursachen der Klimaänderung, so ungleich verteilt sind aber auch deren Auswirkungen. Ein Viertel der Weltbevölkerung in den westlichen Industrienationen verursacht drei Viertel der Emissionen bzw. der globalen Klimaänderung. Zwar werden voraussichtlich auch die reichen Industrieländern keine Gewinner einer Klimaänderung sein, doch werden die Auswirkungen in der dortigen Überschußlandwirtschaft weniger dramatisch sein. Für die unterversorgten Entwicklungsländer werden hingegen drastische Auswirkungen prognostiziert. Unter dem Anpassungsdruck der Klimaänderung wird sich daher die Kluft zwischen Entwicklungsländern und Industrieländern weiter vertiefen.

Die jetzt schon relativ trockenen Zonen im westlichen und südlichen Afrika, in Südostasien und großen Teilen von Mittel- und Südamerika wären von einem geringen Rückgang der Niederschläge besonders betroffen. Die Landwirtschaft ist dort bereits häufig von Dürre bedroht. Die fruchtbaren und dichtbesiedelten Winterregenzonen um das Mittelmeer, in den USA und den südlichen GUS-Ländern würden zu unfruchtbaren Trockengebieten. Um hier weiterhin Pflanzenbau betreiben zu können, müßten die genannten Gebiete künstlich bewässert werden, soweit denn ausreichend Kapital und Wasser vorhanden wäre. Den Böden droht bei unsachgemäßer Bewässerung die Gefahr der Versalzung, die eine weitere landwirtschaftliche Nutzung unmöglich macht. Auch der Anstieg des Meeresspiegels könnte in vielen dichtbesiedelten Küstenregionen und fruchtbaren Flußdeltas zu Landverlusten durch Überflutung oder Versalzung führen (Bangladesh, Nildelta, Golf von Mexiko, deutsche und niederländische Nordseeküste etc.).

Konsequenzen für die Ernährung der Weltbevölkerung

Wenn auch die Weltbevölkerung derzeit noch ausreichend ernährt werden könnte, so scheitert dies an der mangelhaften Verteilung zwischen Arm und Reich. Große Teile der Weltbevölkerung leben bereits heute „von der Hand in den Mund“ und viele verhungern. Die weltweite Klimaänderung und die dabei sehr wahrscheinliche Zunahme der Dürren, Stürme und anderer extremer Wetterereignisse gefährden die Welternährung in zunehmendem Maße. Zudem wird die Bevölkerung bis zum Jahr 2025 von derzeit 5,5 Milliarden auf schätzungsweise 8,5 Milliarden Menschen anwachsen. Fünf Sechstel der Weltbevölkerung werden dann in den heutigen Entwicklungs- und Schwellenländern leben. Dies wird zu einer drastischen Verschärfung der sich bereits abzeichnenden Verteilungskämpfe und zu entsprechenden Migrationsproblemen führen.

Der weiteren Ausdehnung der landwirtschaftlichen Nutzflächen sind bereits jetzt Grenzen gesetzt. Die Agrar-Überschußproduktion der westlichen Industrieländer war schon in der Vergangenheit keine Lösung der Ungleichverteilung und der Unterversorgung weiter Teile der Welt. Sie führte vielmehr zu Verzerrungen auf dem Weltmarkt mit erheblichen Nachteilen für viele Entwicklungsländer, die von Agrarexporten abhängig sind.

Zielsetzung für die künftige globale Landbewirtschaftung

Aus den beschriebenen Wechselwirkungen und Abhängigkeiten zwischen der Landwirtschaft und der Klimaänderung, einschließlich ihrer ökonomischen und soziokulturellen Bezüge, kann man folgende Ziele für eine künftige Landbewirtschaftung ableiten:

- Die Freisetzung klimawirksamer Spurengase aus der Landwirtschaft (und allen anderen Wirtschaftszweigen) muß vermindert und damit die Veränderung der chemischen Zusammensetzung der Atmosphäre und die Veränderung des Klimas begrenzt werden;
- die Spurengasbelastung der Atmosphäre muß durch eine stabilere und stärkere Kohlenstoffeinbindung in der Biosphäre und den Böden verringert werden;

- die künftige umweltgerechte und nachhaltige Landbewirtschaftung ist an regionale Standortbedingungen und zukünftige Klimaänderungen anzupassen.

Diese Ziele gelten gleichermaßen für die Landwirtschaft in den Industrieländern wie auch in den unterversorgten Regionen der Welt.

Maßnahmen zur Verringerung der klimaschädlichen Emissionen aus der Landwirtschaft

Die Freisetzung klimawirksamer Spurengase hängt in der westlichen Intensivlandwirtschaft maßgeblich von deren Produktionsintensität ab. Daher müssen die Emissionen durch eine Senkung der Produktionsintensität, durch eine Extensivierung der Landwirtschaft reduziert werden. Dies ist möglich durch

- die Rückführung der Überschußproduktion durch eine flächendeckend umweltverträgliche und extensivere Bewirtschaftung und die Schaffung entsprechender finanzieller Anreize auf EU-Ebene,
- die stärkere Förderung umweltgerechter Formen der Landbewirtschaftung,
- die Internalisierung externer Kosten der Landwirtschaft durch eine Abgabe/Steuer z. B. auf Mineralstickstoff und Gülle,
- die Vergütung der ökologischen und landschaftspflegerischen Leistungen der Landwirtschaft durch staatliche Transferzahlungen,
- die Streichung der Landwirtschaftsklauseln im Bundes-Naturschutzgesetz und den Landes-Naturschutzgesetzen,
- die Verringerung der Tierbestände durch die Bindung der Tierhaltung an die Fläche,
- die Verbesserung der Tierfütterung,
- die Verbesserung der Wirtschaftsdüngerlagerung und -ausbringung,
- die Begrenzung der Stickstoffdüngung über die Festsetzung von Höchstmengen bei Wirtschaftsdüngern und Abgaben/Steuern bei Mineraldüngern,
- die Durchsetzung verbindlicher Auflagen für Bodenschutzmaßnahmen,
- die Senkung des Energieverbrauchs in der Landwirtschaft,
- die Verringerung des Futtermittelzukaufs und -imports,
- die Förderung der energetischen Nutzung organischer Rest- und Abfallstoffe aus der Land- und Forstwirtschaft,

- die Förderung nachwachsender Rohstoffe unter Berücksichtigung von Öko- und Klimabilanzen.

Die Verringerung der Emissionen aus der westlichen Intensivlandwirtschaft eröffnet gleichzeitig den Entwicklungsländern den erforderlichen Spielraum für eine Produktionssteigerung in ihrer Landwirtschaft. Ebenso wie in allen anderen Wirtschaftsbereichen ist die notwendige Entwicklung in den Entwicklungsländern nur dann global klimaverträglich möglich, wenn die Industrieländer ihre Emissionen zuvor deutlich senken.

Die Ernährung einer wachsenden Weltbevölkerung in den unterversorgten Regionen der Welt erfordert eine standortgerechte und umweltverträgliche Produktionssteigerung in der dortigen Landwirtschaft. Durch eine maßvolle und standortangepaßte Erhöhung der Produktionsintensität könnten die Erträge erheblich gesteigert werden. Sofern gewährleistet wird, daß die Ertragssteigerungen für die Ernährungssicherung der einheimischen Bevölkerung genutzt werden und nicht – wie bisher – vorwiegend den Produzenten von „Cash crops", dem Export und dem Gewinn weniger Großbetriebe international tätiger Unternehmen zugute kämen, könnte auch eine wachsende Bevölkerung ernährt werden.

Oberstes Ziel muß aber auch hier eine nachhaltige und dauerhafte Landbewirtschaftung sein. Nur mit Hilfe eines stabilen und an den Standort angepaßten Anbaus (Agroforstwirtschaft/Ecofarming) läßt sich der Teufelskreis aus Degradation der Böden und Brandrodung weiterer Waldflächen (mit den entsprechenden klimarelevanten Emissionen) durchbrechen. Gleichzeitig müßten aber erhebliche Anstrengungen zur Reduzierung des Bevölkerungswachstums unternommen und verschiedene regionale bzw. globale Rahmenbedingungen der Landwirtschaft und des Welthandels verändert werden. Hier sind insbesondere zu nennen:

- die Verbesserung des Marktzugangs für die Entwicklungsländer durch den Abbau von Handelshemmnissen – insbesondere für weiterverarbeitete Produkte,
- die Einführung ökologischer und sozialer Standards in den Welthandel,
- ein weitergehender Schuldenerlaß für Entwicklungsländer,
- der Transfer von Finanzmitteln, die gezielt und unter der Möglichkeit der Erfolgskontrolle zur Förderung einer nachhaltigen Entwicklung in Entwicklungsländern eingesetzt werden,
- der Transfer umweltschonender Technologien und Verfahren in die Entwicklungsländer,

- die Erhöhung der staatlichen Entwicklungshilfe der Industrieländer auf mindestens 0,7 Prozent ihres Bruttosozialproduktes,
- eine wesentliche Aufstockung der Globalen Umweltfazilität (GEF) und die Ausweitung der Aufgaben der GEF auf eine stärkere Förderung nachhaltiger Landbewirtschaftungssysteme in den Entwicklungsländern.

Das Leitziel ist eine weltweit nachhaltige und damit auch gleichermaßen klima- und umweltverträgliche Landbewirtschaftung.

2. Zusammenfassung und zentrale Empfehlungen im Bereich Klimaänderung und Wälder

2.1 Situationsanalyse

Die Waldökosysteme sind Teil der gemeinsamen unverzichtbaren Lebensgrundlage der Menschheit. Sie sind von unersetzlicher Bedeutung

- für die Sicherung der natürlichen Lebensgrundlagen, einschließlich Schutz des Klimas und Erhaltung der biologischen Vielfalt,
- für die ökonomische, ökologische und soziale Entwicklung der Staaten,
- als potentiell unerschöpfliche Quelle lebenswichtiger Rohstoffe und genetischer Ressourcen für den menschlichen Bedarf,
- als Lebensraum insbesondere für indigene Gesellschaften,
- für die Erhaltung der ländlichen Räume und die Sicherheit und Erweiterung der Erwerbsmöglichkeiten ihrer Bevölkerung,
- für die Befriedigung sozialer und kultureller Bedürfnisse der Menschen.

Sie haben darüber hinaus einen hohen Eigenwert, den es zu respektieren und aus ethischen Gründen zu erhalten gilt.

Der vielfältige Nutzen, den der Mensch aus den Wäldern zieht, wurde und wird häufig unterschätzt. Diese Fehleinschätzung fördert die fortschreitende Entwaldung sowie unangepaßte und daher degradierende Nutzungsformen und andere Belastungen, die zu einer Destabilisierung der Waldökosysteme führen. Ausmaß, Ursachen und Formen der Walddegradation und -vernichtung hängen dabei von den regionalspezifischen sozialen, wirtschaftlichen und ökologischen Rahmenbedingungen ab und sollen im folgenden entsprechend differenziert skizziert werden.

Bestand und Gefährdung der Wälder in den gemäßigten Breiten

Die temperierten, sommergrünen Laub- und Laubmischwälder in den gemäßigten Breiten sind am stärksten vom Menschen geprägt. Natürliche Bestände kommen nur noch vereinzelt auf kleinen Flächen vor. Jährlich werden etwa 2,5 Prozent der Waldfläche eingeschlagen. Dies geschieht zumeist im Rahmen einer geregelten Bewirtschaftung ohne Waldverluste. Der starke anthropogene Einfluß hat jedoch zur großflächigen Ausbreitung von Altersklassenwäldern und Reinbeständen geführt, die zwar vergleichsweise rationell zu nutzen, jedoch ökologisch instabil und daher häufig mit hohem ökonomischem Risiko behaftet sind.

Die Waldfläche in der gemäßigten Zone nimmt zur Zeit tendenziell zu. In vielen Regionen sind die Waldökosysteme jedoch durch Stoffeinträge, insbesondere Schwefeldioxid (SO_2), Stickstoffoxide (NO_x), Ammoniak (NH_3) und Ozon (O_3) belastet, die vor allem aus dem Energiebereich, dem Verkehrssektor und der Intensivlandwirtschaft stammen. Im Zusammenspiel mit anderen Faktoren, zum Beispiel klimatischen Einflüssen, Schädlingskalamitäten und Krankheitsbefall (oftmals aufgrund von Vorschädigungen), schädigt der seit Jahrzehnten andauernde Stoffeintrag die Pflanzen und Böden. Im westlichen Europa sind vor allem der hohe Stickstoffeintrag und die im Sommer auftretenden hohen bodennahen Ozonkonzentrationen von Bedeutung. Im östlichen Europa werden Waldschäden dagegen vor allem durch die Schwefeldioxidemissionen hervorgerufen. In der Bundesrepublik Deutschland weisen 40 Prozent der Waldflächen leichte und 24 Prozent deutliche Schäden auf. In den Staaten der Europäischen Union sind insgesamt 34 Prozent der Waldflächen leicht und 24 Prozent deutlich geschädigt. Die vorgeschädigten Waldbestände fallen vermehrt klimatischen Extremereignissen, vor allem Stürmen und Naßschneefall, zum Opfer. Ein weiteres Problem für die Wälder sind in einigen Regionen Europas die starken Wildverbißschäden, die die natürliche Verjüngung behindern.

Bestand und Gefährdung der Wälder der kaltgemäßigten Breiten

Die als boreal bezeichneten Wälder der kaltgemäßigten nördlichen Breiten (ca. 50 bis 70 ° nördliche Breite) unterliegen einem zunehmenden und häufig ineffizienten Holzeinschlag, der regional erhebliche Übernutzungen und Degradationserscheinungen hervorruft. Zudem nimmt die von Bränden befallene Waldfläche zu. Die aktuelle Entwicklung der Waldbestände kann auf der verfügbaren Datenbasis nur mit Unsicherheiten abgeschätzt werden. Die nichtbestockte Waldfläche hat sich innerhalb der vergangenen Jahrzehnte erheblich vergrößert und umfaßt heute etwa

150 Mio. ha. Nur etwa ein Viertel davon sind vorübergehende Kahlflächen nach Holzeinschlag und Bränden. Der größte Teil wird, vor allem in der ehemaligen Sowjetunion, mangels Wiederaufforstung und aufgrund von Bodenschädigungen langfristig unbestockt bleiben. Darüber hinaus sind dort großflächige Degradationserscheinungen als Folge der immensen Schadstoffbelastung zu beobachten. Ungeachtet dieser großflächigen Devastierungen wird geschätzt, daß die Wälder und Moore der borealen Zone zur Zeit netto eine Kohlenstoffsenke darstellen. In Anbetracht des schlechten Waldzustandes, insbesondere in der ehemaligen Sowjetunion, dürfte die Nettoaufnahme 0,3 bis 0,5 Mrd. t C/Jahr nicht überschreiten.

Bestand und Gefährdung der tropischen Wälder

In den Tropen führen in erster Linie die Ausweitung landwirtschaftlicher Nutzflächen und der nicht nachhaltige Holzeinschlag sowie des weiteren die industrielle Erschließung (z. B. Abbau von Bodenschätzen) zur fortschreitenden Vernichtung von Primärwäldern. Der Verlust betrug in den 80er Jahren durchschnittlich 15,4 Mio. ha pro Jahr, das sind etwa 0,8 Prozent der Waldfläche in den Tropen. Hält diese Entwicklung an, so wird bis zur Mitte des nächsten Jahrhunderts die Hälfte der heute vorhandenen Tropenwälder vernichtet sein. Degradation und Waldvernichtung rufen gravierende ökologische Schäden hervor, zum Beispiel die Ausrottung einer Vielzahl von Tier- und Pflanzenarten, Bodenerosion, regionale Klimaänderungen etc. Diese Schäden verschlechtern die Lebensbedingungen der lokalen Bevölkerung und vermindern so den sozialen und wirtschaftlichen Nutzen. Darüber hinaus führt die fortschreitende Vernichtung tropischer Wälder zur Freisetzung von 1 bis 2 Mrd. t C pro Jahr. Sie ist damit für etwa 10 bis 20 Prozent des anthropogenen Treibhauseffektes verantwortlich.

Künftige Gefährdungspotentiale

Die wachsende Bevölkerung und die steigende Nachfrage nach Holz und vor allem kurzlebigen Holzprodukten wird in absehbarer Zeit zu einer Ausweitung der anthropogenen Eingriffe in die Wälder führen. Das heutige Ausmaß der Waldvernichtung und -degradation droht sich entsprechend auszuweiten. Dieser direkte menschliche Einfluß wird vorerst die weltweite Waldfläche und den Zustand der Wälder bestimmen. Bei Anhalten des derzeitigen Trends werden sich zudem die anthropogen verursachten Klimaänderungen mehr und mehr auf den Zustand der Waldökosysteme auswirken. Aufgrund der Schnelligkeit, mit der die prognostizierten Veränderungen eintreten werden – sowie der voraussichtlich wesentlich häufigeren klimatischen Extremereignisse – ist damit zu rechnen, daß Wälder großflächig absterben bzw. degradieren. Gegenwärtig als CO_2-Senke wirkende Wälder drohen im Zuge der Klimaänderung zu Nettokohlenstoffquellen zu werden und so den anthropogenen Treibhauseffekt zu verstärken. Insgesamt ist damit zu rechnen, daß die heute bereits durch Waldvernichtung freigesetzte biogene Kohlenstoffmenge (1 bis 2 Mrd. t C pro Jahr) in Zukunft erheblich ansteigen und sogar einen Wert annehmen könnte, der mit den heutigen CO_2-Emissionen durch die Verbrennung fossiler Brennstoffe (6 bis 7 Mrd. t C pro Jahr) vergleichbar ist.

2.2 Handlungsempfehlungen der Enquete-Kommission

Die Enquete-Kommission sieht in der globalen Gefährdung der Wälder ein Symptom für den nicht nachhaltigen Umgang der Menschheit mit natürlichen Ressourcen. Der Schutz und die nachhaltige Bewirtschaftung der Wälder ist vor diesem Hintergrund nur durch eine weit über den Forstbereich hinausgehende Strategie zu erreichen. Dabei sieht die Kommission in den verschiedenen Klimazonen die folgenden Handlungsfelder als vordringlich an.

Temperierte Wälder

In den Ländern der gemäßigten Breiten ist die drastische Reduzierung des Stoffeintrags die wichtigste Aufgabe zum Schutz der Wälder. Auf der internationalen Ebene mißt die Enquete-Kommission dabei der Verschärfung und Erweiterung der Protokolle der Genfer Luftreinhaltekonvention eine zentrale Bedeutung bei und schlägt die folgenden Maßnahmen vor.

- Die vorhandenen Protokolle zur Verminderung der grenzüberschreitenden Schwefeldioxid- bzw. Stickstoffoxidemissionen sowie das Protokoll zur Verminderung der Emission flüchtiger Kohlenwasserstoffverbindungen (VOC) sind möglichst umgehend zu verschärfen. Ziel muß dabei die flächendeckende Verminderung des Stoffeintrags unter das Niveau der von den Wäldern verkraftbaren Mengen (kritische Belastung) sein. Besonders groß ist der Handlungsbedarf bei der Reduzierung der Stickoxidemissionen. Diese müßten beispielsweise in der Bundesrepublik Deutschland innerhalb der kommenden 20 Jahre um etwa 55 bis 60 Prozent, langfristig (20 bis 40 Jahre) um 80 Prozent vermindert werden, um die Wälder wirksam vor Schäden zu schützen. Die Freisetzung von VOC müßte bis zum Jahr 2005 gegenüber 1987 um 80 Prozent vermindert werden.

- Zusätzlich zu den bereits bestehenden Vereinbarungen ist ein Protokoll zur Verminderung der Ammoniak-Emissionen zu verabschieden. Die anzustrebende Reduktionsrate sollte dabei zumindest in der gleichen Größenordnung liegen wie bei den Stickstoffoxiden.

Auf der nationalen Ebene sind zur Verminderung waldschädigender Stoffeinträge die Ammoniak-Emissionen in der Landwirtschaft und vor allem die NO_x-Emissionen im Verkehrsbereich – über die bereits beschlossene Ausstattung von Neuwagen mit Katalysatoren und die Verminderung des Gehaltes von Kohlenwasserstoffen in Kraftstoffen hinaus – abzusenken. Der Verkehrsbereich ist etwa für zwei Drittel der NO_x-Emission verantwortlich. Dabei sind kurzfristig die folgenden Maßnahmen von zentraler Bedeutung:

- Maßnahmen zur Verkehrsvermeidung.
- Verkehrsverlagerung von der Straße auf die Schiene
- Verbesserung der Verkehrstechnik (vor allem zur Reduzierung des Treibstoffverbrauchs)
- Konsequenter Ausbau des öffentlichen Verkehrs
- Erhöhung der Mineralölsteuer oder Einführung einer emissionsbezogenen Kraftfahrzeugsteuer oder die Umlegung der Kraftfahrzeugsteuer auf die Mineralölsteuer,
- verursachergerechte Anlastung der durch den Verkehr entstehenden externen Kosten (Umweltschäden, soziale Kosten, Wegekosten).

Langfristig, das heißt über Jahrzehnte, muß jedoch jeglicher motorisierte Verkehr auf Technologien umgestellt werden, bei denen die Emission von direkt und indirekt klimawirksamen bzw. waldschädigenden Gasen weitestgehend – nach Möglichkeit sogar vollständig – vermieden werden kann. Dafür müssen bereits jetzt die Weichen in der Verkehrs- und Forschungspolitik gestellt werden.

Darüber hinaus sind auch im Energiebereich, der etwa ein Drittel der NO_x-Emissionen freisetzt, Maßnahmen zu ergreifen, so vor allem

- die rasche Umsetzung der Immissionsschutzregelungen in den neuen Ländern,
- die Einführung einer CO_2/Energiesteuer sowie
- Maßnahmen zur Effizienzsteigerung im Kraftwerksbereich.

Durch die Resolutionen der Ministerkonferenz zum Schutz der Wälder haben die Staaten Europas eine Vorreiterrolle bei der Umsetzung von nachhaltigen Bewirtschaftungsmethoden auf der internationalen Ebene übernommen und sind gehalten, die Beschlüsse zügig in die eigenen Forstgesetze und die Forstpraxis umzusetzen. Die Bewirtschaftung der

Wälder sollte sich künftig am Leitbild der naturgemäßen Waldwirtschaft orientieren und so durchgeführt werden,

- daß ihre ökologische Stabilität auch unter sich verändernden Umweltbedingungen (z. B. Klimaänderung) gewährleistet und
- die Erhaltung der biologischen Vielfalt sichergestellt ist,
- daß sie einen hohen Gehalt an – in der Biomasse und den Böden gespeicherten – Kohlenstoff dauerhaft aufweisen.

Darüber hinaus sind auch in Mitteleuropa, das nahezu keine Primärwälder mehr aufweist, der natürlichen Entwicklung von Wäldern Möglichkeiten einzuräumen. Auf den bewirtschafteten Flächen sind die heute vorherrschenden schlagreifen Alterklassenwälder in Dauerwälder aus standortgerechten, einheimischen Mischwäldern umzugestalten. Eingriffe des Menschen sollen durch die Bevorzugung von Einzelstammeinschlag und Naturverjüngung sowie den Verzicht auf Pestizide und Düngemittel auf ein notwendiges Minimum beschränkt werden. Als eine der Voraussetzungen für eine naturgemäße Waldwirtschaft sind vor allem in Teilen der Bundesrepublik die überhöhten Wilddichten auf ein waldverträgliches Maß zurückzuführen.

Boreale Wälder

Im Zentrum der Initiativen zum Schutz der borealen Wälder muß eine erhebliche Intensivierung der umweltpolitischen und forstpolitischen Zusammenarbeit der westlichen Industriestaaten mit den Staaten der ehemaligen Sowjetunion stehen. Dabei ist vor allem die Verminderung der industriellen Emissionen und die drastische Verringerung der Holzverluste beim Einschlag, beim Transport und bei der Verarbeitung zu gewährleisten. Die Enquete-Kommission erwartet von der Bundesregierung, daß sie sich im Rahmen ihrer bilateralen Kooperation mit den Staaten der GUS sowie in der KSZE für das Zustandekommen eines entsprechenden Kooperationsabkommen einsetzt.

Zum Schutz der nordamerikanischen borealen Wälder sieht die Enquete-Kommission in der Anpassung bereits bestehender Einschlagskonzessionen an die in jüngster Zeit verabschiedeten Bestimmungen für einen umweltschonenderen Holzeinschlag ein wesentliches Instrument zum Schutz der Wälder. Darüber hinaus erachtet sie ein Konzept für den weitestgehenden Schutz der noch bestehenden einzigartigen Regenurwälder entlang der Pazifikküste sowie die Konzentration des Einschlags auf die Sekundärwaldfläche für erforderlich. Soweit Einschläge in die Regenurwälder erfolgen, müssen diese die Kriterien einer nachhaltigen Bewirtschaftung strikt beachten und umweltschonende Einschlagmethoden angewendet werden.

Tropenwälder

Die Enquete-Kommission wertet die in den letzten Jahren ergriffenen Intitiativen zum Schutz der Tropenwälder als Ansätze, die in wesentlichen Teilen Korrekturen und Ergänzungen bedürfen. Die Kommission fordert die Bundesregierung und die Europäische Union auf, sich auf internationaler Ebene dafür einzusetzen, daß

- den Tropenwaldländern über den GEF wesentlich mehr Finanzmittel für den Schutz ihrer Wälder und zur drastischen Ausweitung von Aufforstungen – auch zur Verbesserung der Brennholzversorgung – zur Verfügung gestellt werden; dabei sind Kontrollmöglichkeiten zu schaffen, die die sachgerechte Verwendung der Finanzmittel sicherstellen;
- die im Rahmen des Tropenforstaktionsprogrammes erstellten nationalen Pläne in Tropenwaldschutzpläne umgewandelt werden.

Weitere wesentliche Punkte sind die Aufnahme verbindlicher Maßnahmen zum Schutz und zur Förderung nachhaltiger Bewirtschaftungsmethoden in das neue Tropenholzabkommen. Die Enquete-Kommission legt dem Deutschen Bundestag nahe, die Ratifizierung des Abkommens von einer entsprechenden Erweiterung abhängig machen. In diesem Zusammenhang befürwortet die Enquete-Kommission nachdrücklich die Einführung eines Labels für nachhaltig erzeugte Tropenhölzer. Diesem müssen jedoch verbindliche Kriterien und nachprüfbare Indikatoren zugrunde liegen. Insbesondere muß die Einführung des Labels dazu dienen, die Einschläge in Primärwälder zu vermindern, den ökologischen Erfordernissen Rechnung zu tragen und die Bedürfnisse der lokalen Bevölkerung bei der Waldnutzungsplanung voll zu berücksichtigen.

Zur Verbesserung der Rahmenbedingungen hält die Enquete-Kommission Schuldenerlaß und -erleichterungen für Tropenwaldländer über das bisherige Maß hinaus für erforderlich. Sie fordert die Bundesregierung auf, sich auf internationaler Ebene für weitergehende Schuldenerleichterungen einzusetzen und selber weitere Entschuldungsmaßnahmen – insbesondere für Länder, die den Schutz der Umwelt und speziell der Wälder zu einem Schwerpunkt ihrer Politik gemacht haben – durchzuführen. Dabei sollen auch die im Rahmen von Hermes-Bürgschaften gewährten Kredite berücksichtigt werden. Daneben ist auf eine Verstärkung der Eigenleistung der Schuldnerländer hinzuwirken, zum Beispiel auf eine drastische Reduzierung der Militärausgaben.

Umwelt- und klimaverträgliche Holzverwendung

Die Enquete-Kommission sieht in der sparsamen und effizienten Holzverwendung eine bedeutende Aufgabe der nationalen und internationalen Waldschutzpolitik. Vor allem in den Industrieländer ist es erforderlich, die Verwendung von Holz stärker auf den Bereich der langlebigen Produkte (z. B. Möbel, Bauelemente) zu verlagern. Kurzlebige, häufig für den einmaligen Gebrauch bestimmte Produkte aus Holz sollen dagegen soweit wie möglich und ökologisch sinnvoll auf Recyclingbasis erzeugt werden. Für die nationale Ebene empfiehlt die Enquete-Kommission eine Anhebung des Altpapiereinsatzes auf mindestens 60 Prozent. Dazu ist die Verabschiedung einer Altpapierverordnung erforderlich, mit der die notwendigen Rahmenbedingungen (z. B. an der Wiederverwertbarkeit orientierte Qualitätsstandards von Papierprodukten, Maßnahmen zur Förderung des Marktes für Recyclingprodukte etc.) gesetzt werden.

Zur Förderung des Absatzes umweltfreundlicher Holzprodukte schlägt die Enquete-Kommission die Einrichtung von Modellprojekten zur Erhöhung der nationalen Zellstoffproduktion mit hohen Umweltstandards auf der Basis von in der Region erzeugten Hölzern aus nachhaltiger Bewirtschaftung vor. Außerdem sieht sie in einer Überprüfung baurechtlicher Bestimmungen hinsichtlich einer Ausweitung der Verwendung von Holzbauteilen Möglichkeiten, die umwelt- und klimafreundliche Verwendung von Holz zu fördern.

Die energetische Nutzung von Holz und Holzresten ist in einigen Industrieländern bereits seit längerem ein wichtiger Bestandteil der Energieversorgung. In Deutschland spielt Holz als Energiequelle praktisch keine Rolle. Die Enquete-Kommission erachtet die Substitution fossiler Energiequellen durch Holz als eine wichtige Aufgabe zur Verminderung der CO_2-Emissionen. Sie schätzt das energetische Potential von Holz und Holzabfällen in der Bundesrepublik auf insgesamt etwa 140 PJ (das entspricht rund 4,8 Mio. t SKE). Davon könnten bis zum Jahr 2005 etwa 50 PJ (etwa 1,7 Mio. t SKE), bis Mitte des kommenden Jahrhunderts etwa 100 PJ (etwa 3,4 Mio. t SKE) erschlossen werden. Insbesondere die bereits heute wirtschaftliche energetische Nutzung von Holzresten sollte gefördert werden und gleichzeitig die Wettbewerbsfähigkeit von Biomasse durch die Einführung einer CO_2-/Energiesteuer verbessert werden.

Internationale Konvention zum Schutz der Wälder

Die Enquete-Kommission fordert die Bundesregierung auf, ihre bisherigen Initiativen für das Zustandekommen einer Internationalen Konvention zum Schutz der Wälder zu verstärken und im Rahmen der Beratungen der UN-Kommission für nachhaltige Entwicklung (CSD) auf die Ausarbeitung eines Konventionstextes zu dringen. Mit der im Rahmen der UN-Konferenz für Umwelt und Entwicklung verabschiedeten Agenda 21 und der Walderklärung sind bereits unverbindliche Ziele und Grundsätze für den Schutz der Wälder in allen Klimazonen geschaffen worden, die nunmehr rasch zu konkreten Verpflichtungen für die Vertragsstaaten einer Waldkonvention weiterentwickelt werden müssen. Zentrale Elemente der Konvention müssen sein:

- Die Einrichtung eines Wald-Sektors in der Globalen Umweltfaszilität (GEF) zur Finanzierung von Waldschutzprojekten in Entwicklungsländern und Ländern im wirtschaftlichen Übergang. Die Ausstattung soll sich an der im Waldschutzkapitel der Agenda 21 genannten Größenordnung von 7 Mrd. US-$ für den Zeitraum 1993 bis 2000 orientieren. Bei der Mittelvergabe sind auch die auf der Grundlage der inzwischen als Entwurf vorliegenden Wüstenkonvention durchgeführten Maßnahmen zur Bekämpfung der Desertifikation zu berücksichtigen.

- Die Erstellung von nationalen Waldschutzplänen. Diese sollten nicht verbindlich festgeschrieben, sondern durch finanzielle Anreize gefördert werden. So ist Ländern mit einem verbindlichen Waldschutzplan der Zugang zu Finanzmitteln aus dem Wald-Sektor des GEF sowie aus der bi- und multilateralen Zusammenarbeit wesentlich zu erleichtern.

- Die Einrichtung eines Exekutiv-Kommitees, das paritätisch mit Vertretern der Geber- und Empfängerländer sowie mit unabhängigen Fachexperten besetzt und für alle mit der Finanzierung, der Genehmigung von Waldschutzplänen und der erforderlichen Kontrolle zusammenhängenden Maßnahmen zuständig ist.

- Die Festlegung nachprüfbarer Kriterien und Indikatoren für eine nachhaltige Waldbewirtschaftung. Dabei ist sowohl die betriebliche Ebene (Anwendung schonender Einschlagsmethoden, ökologisch verträgliche Nutzungsintensität etc.) als auch die nationale Ebene (Waldflächenentwicklung, Anteil von Waldreservaten an der Waldfläche etc.) zu berücksichtigen.

- Verpflichtungen zur Durchführung von Aufforstungsmaßnahmen, wobei der jeweilige Umfang nach den nationalen CO_2-Emissionen und dem Anteil der realen Waldfläche an der potentiellen Waldfläche zu bestimmen ist. Darüber hinaus ist festzulegen, ob und in welcher Form Vertragsstaaten Teile ihre Aufforstungsverpflichtungen in anderen Ländern realisieren können.

Sollte die Verabschiedung einer Waldkonvention im Rahmen der CSD-Verhandlungen nicht möglich sein, sieht die Enquete-Kommission es als Minimalziel an, ein Verhandlungsgremium zur Ausarbeitung der Konvention einzusetzen, dem neben Regierungsvertretern auch Vertreter von Nichtregierungsorganisationen angehören. Dazu sind von der CSD inhaltliche und zeitliche Vorgaben zu machen, die eine Verabschiedung der Konvention spätestens im Jahre 1996 sicherstellen.

Anhang

Zusammenfassung der Studie „Landwirtschaft und Ernährung"

0. Vorbemerkung

Die Enquete-Kommission hat im Rahmen ihres Studienprogramms „Landwirtschaft" eine Studie mit dem Titel „Landwirtschaft und Ernährung" in Auftrag gegeben, die gemeinsam von der Gesamthochschule Kassel (FG Umweltsystemanalyse und FG Ökologischer Landbau), der Fachhochschule Fulda (FB Haushalt und Ernährung) sowie von der Systemforschung Stadt Land GmbH bearbeitet wurde. Diese Studie hatte zur Aufgabe, die Landwirtschaft in ihren Bezügen zu anderen Sektoren (v. a. Energie, Verkehr) zu betrachten, die auch Inhalt dieses Abschlußberichtes sind. So wird die landwirtschaftliche Produktion unmittelbar von den Ernährungsgewohnheiten geprägt, die wiederum deutliche Rückwirkungen u. a. auf die Produktionsweisen (z. B. Gewächshausanbau), den Umfang der Transportleistungen oder die Form der Weiterverarbeitung haben. Dies wirkt sich unmittelbar auf den Energieverbrauch aus. Eine sektorübergreifende Analyse des gesamten Ernährungsbereichs hinsichtlich seiner Energie- und – soweit möglich – seiner Materialbilanz eröffnet somit erhebliche Potentiale zur Verringerung klimarelevanter Spurengase. Aufbauend auf ihren Ergebnissen haben die Studiennehmer zielgerichtete Handlungsoptionen nicht nur für den Landwirtschafts-, sondern auch für den Ernährungsbereich entwickelt, die abschließend auszugsweise wiedergegeben werden. Da diese Studie einen längeren Bearbeitungszeitraum umfaßte als die anderen Studien, die die Enquete-Kommission zum Thema „Landwirtschaft" vergeben hat, konnten die Ergebnisse der Studie aus terminlichen Gründen nicht mehr in den dritten Zwischenbericht „Schutz der Grünen Erde" einfließen und werden daher innerhalb dieses Abschlußberichtes dargestellt. Die folgende Darstellung basiert ausschließlich auf den Ergebnissen der Studiennehmer.

Die Kommission hat diese Ergebnisse lediglich zur Kenntnis genommen, sich einer Bewertung jedoch enthalten. Sie weist zudem darauf hin, daß es sich im folgenden um die Meinung der Studiennehmer handelt. Da dieses Gebiet wissenschaftlich bisher nur wenig bearbeitet wurde, sind andere Sichtweisen möglich. Die folgenden Ergebnisse können daher noch nicht als gesicherte Erkenntnisse gelten.

1. Einleitung

Ansatzpunkt der Analyse ist die landwirtschaftliche Produktion als Grundlage der Ernährung. Darüber hinaus wurden auch die nachfolgenden Glieder der Gesamtkette „Ernährung" berücksichtigt: Transport, Aufbereitung und Verarbeitung der Nahrungsmittel, Zubereitung in den Haushalten etc. Diese Analyse der Material- und Energieströme „vom Feld bis auf den Tisch" sollte aufzeigen, inwieweit die Art und Weise unserer Ernährung für die Emission klima- und umweltschädlicher Stoffe verantwortlich ist und wo mögliche Reduktionspotentiale liegen.

Für die Bundesrepublik Deutschland wurde für das Jahr 1991 (als Basisjahr der Studie) von einer Nachfragemenge von ca. 50 Mio. t Lebensmittel ausgegangen, womit etwa 80 Prozent der Produktumsätze berücksichtigt sein dürften. Für deren Bereitstellung werden insgesamt 200 Mio. t Materialumsatz benötigt, was zu einem Primärenergieverbrauch von 600 Petajoule (PJ) führt. Hinzu kommt ein geschätzter jährlicher Transportaufwand von 140 PJ sowie ein Verpackungsaufwand von 170 PJ.

Die Ernährung der 80 Mio. Menschen in Deutschland verursacht klimawirksame Spurengase in Höhe von ca. 260 Mio. t CO_2-Äquivalenten pro Jahr. Das sind pro Person und Jahr ca. 3200 kg CO_2-Äquivalent, wobei dieser Wert eine untere Grenze darstellt.

Etwa 150 Mio. t CO_2-Äquivalente fallen in der landwirtschaftlichen Produktion einschließlich der industriellen und handwerklichen Weiterverarbeitung (einschließlich aller Vorleistungen) an. Die Distribution (im weitesten Sinne) ist mit einer Belastung von 35 Mio. t CO_2-Äquivalenten verbunden. Die Aktivitäten der privaten Verbraucher stellen mit 75 Mio. t CO_2-Äquivalenten einen bedeutenden Anteil an der Belastung durch den Landwirtschafts- und Ernährungssektor dar. Von den insgesamt 260 Mio. t CO_2-Äquivalent gehen somit ca. 52 Prozent der Gesamtbelastung auf das Konto der landwirtschaftlichen Produktion, ca. 6 Prozent werden von der industriellen und handwerklichen Weiterverarbeitung, 13 Prozent von der Distribution und 29 Prozent von den Verbraucheraktivitäten im Zusammenhang mit der Ernährung verursacht.

2. Anteile der einzelnen Verursacherbereiche an der Klimabelastung aus den Bereichen Landwirtschaft und Ernährung

Anteil der Landwirtschaft an der Klimabelastung

Die Nahrungserzeugung und -verarbeitung verursacht in Deutschland klimarelevante Emissionen in Höhe von mindestens 150 Mio. t CO_2-Äquivalenten, wovon etwa 85 Prozent auf die Erzeugung und Verarbeitung tierischer Nahrungsmittel entfallen. Dies entspricht einer Klimabelastung pro Person und Jahr in Höhe von 1 800 kg CO_2-Äquivalenten.

Im Bereich des Pflanzenbaus stellt der direkte Energieeinsatz (Treibstoff, Strom, Öl etc.) den geringeren Anteil des Energieverbrauchs dar. Weit mehr Energie wird in den der Landwirtschaft vorgelagerten Bereichen zur Bereitstellung von Dünge-, Zukauf- und Importfutter- sowie Pflanzenschutzmitteln benötigt.

Ein Vergleich der konventionellen mit der ökologischen Produktion zeigt, daß sich der direkte flächen- bzw. produktionsbezogene Energieeinsatz kaum unterscheidet. Der wesentlich geringere Energieeinsatz ökologischer Verfahren ist maßgeblich auf den deutlich geringeren indirekten Energieeinsatz, also auf den weitgehenden oder vollständigen

Tabelle 1: Primärenergieverbrauch zur Herstellung einzelner Düngemittel (je kg Reinnährstoff), Pflanzenschutzmittel (je kg aktive Substanz) und Dieselkraftstoff

	Energie (MJ/kg)
N-Dünger	52,82
P-Dünger	38,17
P-Dünger (Rohphosphat)	16,29
K-Dünger	26,79
Ca-Dünger	2,46
Pflanzenschutzmittel	314,97
Dieselkraftstoff	51,46

Verzicht auf energieintensive Vorleistungen (Mineraldünger, Zukauf- und Importfutter, Pflanzenschutzmittel etc.) zurückzuführen.

Betrachtet man den Energieaufwand für die Tierhaltung, zeigt sich, daß die Stallhaltung nur einen geringen Anteil am gesamten Energieverbrauch hat. Entscheidend für den Gesamtenergieverbrauch der Tierproduktion und damit für die Emissionen ist der Anteil der Futterproduktion am Energieverbrauch. Da in Deutschland etwa 60 Prozent der landwirtschaftlich genutzten Fläche dem Anbau von Tierfutter dient, sind dementsprechend etwa zwei Drittel des Energieverbrauchs bzw. der Emissionen aus dem Pflanzenbau letztlich der Tierhaltung zuzurechnen. Die Tierhaltung trägt somit etwa 60 Prozent zu den gesamten Emissionen der Landwirtschaft bei. Die Rinderhaltung ist hieran mit drei Vierteln beteiligt, womit die erhebliche Klimarelevanz der Methanemissionen aus der Tierhaltung deutlich wird. Bezogen auf den Primärenergieverbrauch der gesamten Landwirtschaft (380 PJ pro Jahr) entfallen auf die Tierhaltung incl. Futterbau etwa 80 Prozent (300 PJ).

Der Energieeinsatz und damit auch die CO_2-Emissionen sind im ökologischen Landbau wesentlich niedriger. Dies gilt für den Pflanzenbau (s. o.) und – aufgrund der Tierfütterung auf betriebseigener Basis – noch mehr für die Tierhaltung.

Die unterschiedlichen Ergebnisse sind hauptsächlich auf den Energiebedarf beim Anbau bzw. für die Bereitsstellung der Futtermittel zurückzuführen. Die Stallhaltung selbst verursacht nur etwa 5 Prozent des gesamten Energiebedarfs. Neben dem Kohlendioxid sind auch die anderen klimarelevanten Emissionen (Methan, Distickstoffoxid, Ammoniak etc.) bei der ökologischen Tierhaltung z. T. deutlich geringer als in der konventionellen Landwirtschaft. Die Gründe hierfür liegen vor allem in der niedrigeren Tierbesatzdichte, den emissionsärmeren Tierhaltungssystemen (Stallmistwirtschaft statt Gülle) und der erheblich geringeren Stickstoffdüngung in der ökologischen Landwirtschaft (Futterbau).

Dementsprechend könnten durch die Umstellung auf ökologischen Landbau die klimaschädlichen Emissionen in etwa um 40 Prozent beim Energieverbrauch und um mindestens 15 Prozent bei den weiteren Emissionen (CH_4, N_2O, NH_3) gesenkt werden. Dabei ist zu beachten, daß gemäß den Richtlinien des ökologischen Landbaus die Tiere auf einheimischer (bzw. weitgehend betriebseigener) Futtergrundlage ernährt werden müssen. Dies hätte daher insgesamt eine Reduzierung des Tierbestandes zur Folge und würde zu einem Abbau der Produktionsüberschüsse bzw. zu einem Rückgang des Angebotes an tierischen Nahrungsmitteln führen.

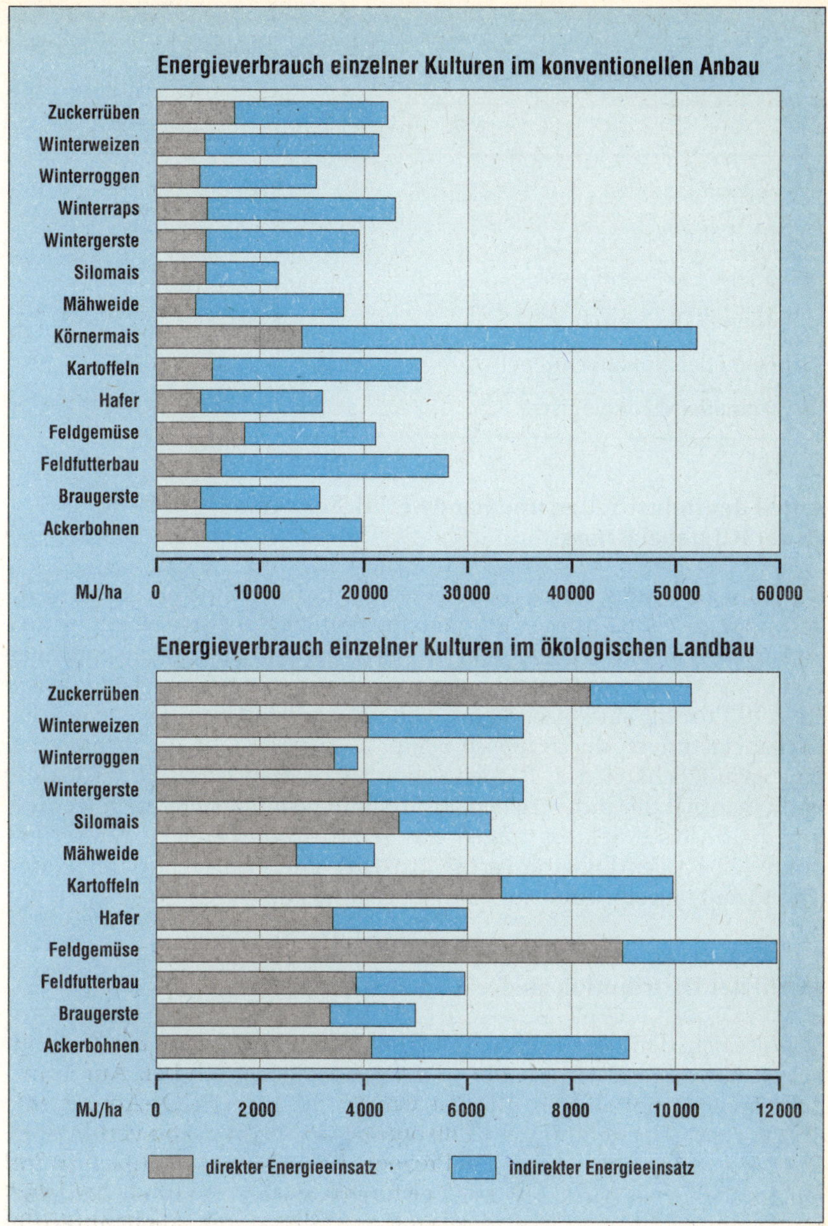

Abb. 1: Vergleich des direkten und indirekten Energieverbrauchs einzelner Kulturen bei konventionellem und ökologischem Anbau

Tabelle 2: Vergleich des Primärenergieverbrauchs bei ökologischen bzw. konventionellen Methoden zur Milcherzeugung, Rindfleischerzeugung und Schweinefleischerzeugung

	Energie (MJ/kg)
Milch konventionell	6,56
Milch ökologisch	2,86
Rindfleisch konventionell	22,50
Rindfleisch ökologisch	12,28
Schweinefleisch konventionell	10,85
Schweinefleisch ökologisch	8,64

Anteil der industriellen und handwerklichen Weiterverarbeitung an der Klimabelastung

Die Klimabelastung durch den Bereich der industriellen und handwerklichen Weiterverarbeitung fällt mit 6 Prozent vergleichsweise gering aus, wobei dieser Sektor gegenüber früheren Jahren Energieeinsparungen von etwa 30 Prozent bzw. eine Verminderung der Klimabelastung von etwa 10 Prozent aufweisen kann. Mittelfristig ist jedoch von steigenden Klimabelastungen durch diesen Sektor auszugehen, da die technischen Einsparmöglichkeiten z. T. ausgeschöpft sind und in Zukunft Qualität und Quantität der industriellen Verarbeitungsstufen zunehmen werden. Innerhalb dieses Sektors tragen die Verarbeitungsbereiche Zuckerprodukte (22 Prozent), Getränke (22 Prozent) sowie Back- und Teigwaren (24 Prozent) am stärksten zur Klimabelastung bei.

Anteil der Distribution an der Klimabelastung

Der Bereich der Distribution trägt mit etwa 13 Prozent zur Gesamtbelastung im Landwirtschafts- und Ernährungsbereich bei. Auf Transportvorgänge entfallen in diesem Bereich 10 Mio. t CO_2-Äquivalente (29 Prozent). Herstellung und Entsorgung der Verpackung verursachen 13,4 Mio. t CO_2-Äquivalente (38 Prozent). Der restliche Energieaufwand fällt im Bereich der Nutzung von Leistungen anderer Sektoren, der Lagerung sowie der Gebäudeunterhaltung an (33 Prozent). Allein aufgrund der Zunahme des Kommunikations- und Vermittlungsaufwandes (Marketing im weiteren Sinne) ist zu erwarten, daß die technisch möglichen Einsparungen die Zunahme der Emissionen nicht kompensieren können.

Anteil der Verbraucheraktivitäten an der Klimabelastung

Hinzu kommen ca. 75 Mio. t CO_2-Äquivalente durch die ernährungsbedingten Aktivitäten der Verbraucher. Dies entspricht einem Anteil von ca. 30 Prozent an den klimaschädlichen Emissionen des gesamten Landwirtschafts- und Ernährungsbereichs. Im Verbraucherbereich steckt sowohl ein erhebliches Emissionsminderungspotential als auch, bedingt durch das Verbraucherverhalten, ein beträchtliches Potential zur Vergrößerung des Energieverbrauchs und der Klimabelastung.

In der Tab. 3 sind die wichtigsten Ergebnisse der Grobanalyse unterschieden nach CO_2-Emissionen und der insgesamt zu verzeichnenden CO_2-Äquivalente zusammengestellt. Der Unterschied zwischen den beiden Angaben ergibt sich dadurch, daß bei den CO_2-Äquivalenten neben CO_2 weitere klimarelevante Emissionen (Methan, Distickstoffoxid u. a.) entsprechend ihrer relativen Treibhauswirksamkeit einbezogen werden.

Tabelle 3: Aufteilung der Herkunft der ermittelten Emissionen aus dem Bereich der Landwirtschaft und Ernährung (gerundete Angaben in Mio. t pro Jahr)

	CO_2-Emissionen	CO_2-Äquivalente [1])
Pflanzenproduktion	5	20
Tierproduktion	15	115
Verarbeitungsstufen	15	15
Handel/Distribution	30	35
Verbraucheraktivitäten	70	75
Summe	135	260

[1]) CO_2 und alle anderen Spurengase

Vergleichende Analyse von Fallstudien

In der Studie wurden einige Einzelfälle aus dem Bereich der Nahrungsmittelversorgung auf ihre Energie- bzw. Klimabilanz hin untersucht. Die Ergebnisse der Studie werden im folgenden wiedergegeben. Die bisherige, relativ grobe Analyse des Landwirtschafts- und Ernährungssektors bietet eine erste Einschätzung der Größenordnung, mit der diese Bereiche an dem anthropogenen Treibhauseffekt beteiligt sind sowie erste Anhaltspunkte für Veränderungsmöglichkeiten. Die detaillierte und vergleichende Analyse anhand einzelner Fallstudien ermöglicht hingegen einen wesentlich tieferen Einblick in die strukturellen Ursachen der Klimabelastungen und eröffnet dabei deutliche Reduktionspotentiale. Es geht hierbei darum, möglichst grundlegende Optionen gegenüberzustellen und in ihren Auswirkungen zu vergleichen.

– Saisonale versus asaisonale Versorgung

In der ersten Fallstudie wurde die saisonale bzw. asaisonale Bereitstellung von Tafeläpfeln verglichen. Während die saisonale Bereitstellung von 20 kg Äpfeln aus regionalem Anbau eine Belastung in Höhe von 9,25 kg CO_2-Äquivalent verursacht, resultierte aus der asaisonalen Versorgung mit Äpfeln aus Neuseeland eine um 14 Prozent höhere Belastung (12,7 kg).

Vergleicht man die beiden Optionen mit der Direktvermarktung, dann zeigt sich, daß die Direktvermarktung hinsichtlich des Energieeinsatzes bzw. der klimarelevanten Emissionen schlechter abschneidet. Hierbei ist aber zu beachten, daß die Direktabholung häufig mit anderen Zwecken verbunden wird (z. B. Einkauf mehrerer Güter, Freizeitaktivitäten, Einkauf auf dem Weg von der Arbeit nach Hause etc.) und die hier angesetzte Menge von 20 kg Äpfeln in ihrer Klimabelastung nahezu gleichauf mit der asaisonalen Versorgung liegt. Größere Absatzmengen (z. B. durch Einkaufsgemeinschaften) wirken sich bei der Direktvermarktung sehr schnell positiv auf die Klimabilanz aus.

Die asaisonale Versorgung kann sowohl durch Ferntransporte als auch durch andere Produktionsverfahren (z. B. Gewächshausanbau) gewährleistet werden. Vergleicht man den Primärenergieaufwand beispielsweise für die Produktion von 1 kg Tomaten aus dem Treibhaus (50 MJ) mit 1 kg Freilandtomaten (1 MJ), belegt dies die erhebliche Klimarelevanz dieser intensiven Produktionsweise. 1 kg Freilandtomaten verursacht 98 g CO_2-Äquivalent, 1 kg Treibhaustomaten dagegen 3,19 kg CO_2-Äquivalent.

– Fleischhaltige versus fleischlose Menükomponente

In der zweiten Fallstudie wurde eine Frikadelle (Schweine- und Rindfleisch) mit einem fleischlosen Bratling (Gerste, Roggen und Gemüse) verglichen. Die Primärenergiemenge zur Bereitstellung einer Frikadelle beträgt das Doppelte im Vergleich zum Getreidebackling. Bezogen auf die Klimabelastung ergibt sich bei der fleischhaltigen Komponente die 13fache Menge an CO_2-Äquivalenten gegenüber der fleischlosen Komponente. Während bei der fleischlosen Variante über 80 Prozent der resultierenden Emissionen beim Verbraucher (Zubereitung) erzeugt werden und der Pflanzenproduktion eine entsprechend untergeordnete Bedeutung zukommt, werden über 90 Prozent der Emissionen in der fleischhaltigen Variante durch die Tierproduktion verursacht.

– Fertigmahlzeit versus Direktzubereitung

Die dritte Fallstudie vergleicht die Klimarelevanz eines Fertiggerichts mit der Direktzubereitung einer gleichwertigen Mahlzeit. Trotz Unterschieden in Verarbeitung, Verpackung, Lagerung und Zubereitung ergaben sich kaum Unterschiede hinsichtlich der Energieeinsätze bzw. hinsichtlich der Klimabelastung (CO_2-Äquivalente). Während jedoch beim Fertiggericht deutlich höhere Energieaufwendungen für Verarbeitung, Verpackung sowie Lagerung festzustellen sind, werden bei der Direktzubereitung deutlich höhere Energiemengen bei der Zubereitung des Gerichts benötigt (Elektroherd). Dies gilt dann nicht mehr, wenn statt der ungünstigsten Variante, d. h. die Zubereitung für nur eine Person, mehrere Personen an der Mahlzeit teilnehmen. Dann ist die „konventionelle" Zubereitung erheblich günstiger zu bewerkstelligen. Je höher zudem der Verarbeitungsgrad der Fertiggerichte ist, desto höher ist der Energieeinsatz, desto geringer allerdings auch der Energieaufwand für die Endzubereitung.

Aus den Fallstudien können folgende Schlußfolgerungen gezogen werden:

- Die Energieaufwendungen beim Endverbraucher sind von erheblicher Bedeutung (Einkaufsverhalten, Zubereitung von Lebensmitteln, Anzahl der zubereiteten Mahlzeiten etc.).
- Der Energieaufwand der Verarbeitungsstufen scheint generell von relativ geringer Bedeutung zu sein, wobei einige Produkte eine Ausnahme darstellen (z. B. Konserven und Tiefkühlprodukte).
- Der Energieaufwand für die Verpackungen ist tendenziell größer als für die Transportvorgänge.
- Transportvorgänge sind unter Klimagesichtspunkten insbesondere in einigen Spezialfällen (z. B. Ferntransport, Einkauf geringer Mengen) relevant.
- Die deutlichsten Unterschiede zeigen sich zwischen pflanzlichen und tierischen Produkten.

Veränderungstendenzen im Nahrungsmittelgewerbe und in den Ernährungsgewohnheiten

Zwischen 1980 und 1990 sind die klimarelevanten Emissionen aus dem Nahrungsmittelgewerbe um ca. 10 Prozent gesunken bei gleichzeitigem realem Wachstum des Nahrungsmittelgewerbes um etwa 28 Prozent. Ausschlaggebend für diese Entwicklung waren insbesondere die Zunahme der Betriebsgrößen aufgrund von Konzentrationsprozessen („economies of scale") in der Ernährungsindustrie. Die damit einhergehende Reorganisation und Rationalisierung brachte eine Senkung der klimarelevanten Emissionen durch die Substitution von Kohle und Heizöl durch den Energieträger Gas. Die weitergehende Rationalisierung führt jedoch zu einer Erhöhung des Stromanteils mit einer Zunahme der Emissionen. Dies gilt insbesondere, da mit der Zunahme der Verarbeitungsschritte, der weiteren Ausdifferenzierung der Produkte, dem erhöhten Bedarf an Konservierungsprozessen und der geringeren Fertigungstiefe (steigender Transportaufwand durch Auslagerung von Produktionsstufen) der Energieaufwand künftig steigen wird.

Die zunehmende Konzentration in der Weiterverarbeitung, die Öffnung des Binnenmarktes und die Zunahme tendentiell gleichartiger Produkte führt sowohl zu einer Abkopplung der Produkte von einer bestimmten Region als auch zu einem enormen Anstieg des Werbeaufwandes und anderer Maßnahmen zur Ausweitung des Kundenstammes. Der daraus resultierende wachsende Aufwand und Energieverbrauch für das Marketing verursacht einen erheblichen Anstieg des Energieverbrauchs und der Umweltbelastungen. Die Kommunikation und Vermittlung zwischen Produzenten und Konsumenten von Lebensmitteln verursacht derzeit Emissionen in Höhe von etwa 15 Mio. t CO_2 mit erheblich steigender Tendenz. Weitaus gravierender für die Umweltbelastungen und die Emissionen ist jedoch die derzeitige und prognostizierte Zunahme der Gütertransporte v. a. auch im Ernährungssektor.

Im Hinblick auf die Veränderungstendenzen in den Ernährungsgewohnheiten der Verbraucher ist zunächst festzuhalten, daß der gestiegene Konsum von Genußmitteln (Süßwaren, Alkohol etc.) einen erheblichen Anstieg der Kosten (in Deutschland direkte Kosten ernährungsbedingter Krankheiten in Höhe von etwa 50 Mrd. DM/Jahr) bzw. volkswirtschaftlicher Verluste für die Behandlung ernährungsbedingter Krankheiten verursacht hat. Die ernährungsbedingten Krankheiten sind auch auf die erhebliche Zunahme des Fleischkonsums (z. Zt. in Deutschland etwa 89 kg Fleisch pro Kopf und Jahr) und eine insgesamt weniger ausgewogene Ernährungsweise (z. B. Fast Food) zurückzuführen. Der hohe Fleischanteil in der Nahrung führt zu einer Überversorgung mit tierischem Eiweiß und Fetten, was zu einem erhöhten Risiko von Darm- und Bauchspeicheldrüsenkrebs, Gicht und Erkrankungen des Herz-Kreislaufsystems führt.

Daneben ist auf Verbraucherebene, vor allem bei den jüngeren Konsumenten eine deutliche Tendenz zur Auslagerung der Nahrungszubereitung aus den Haushalten zu verzeichnen. Hier gibt es sowohl den Trend zum Fertiggericht (Verlagerung der Zubereitung in die Industrie) als auch zum Außer-Haus-Essen. Das Fertiggericht „verspricht" Zeit-, Energie- und Kosteneinsparung. Energetisch ist jedoch die traditionelle Zubereitung auf Gas-Basis wesentlich günstiger. Bei der traditionellen Zubereitung auf Strom-Basis liegt der Energieverbrauch zwar höher, wird jedoch insgesamt durch den höheren Aufwand für das industrielle Fertiggericht (einschl. Kühlkette und Verpackung) weit überkompensiert. Auch das Außer-Haus-Essen bedeutet nahezu ausnahmslos einen höheren bzw. zusätzlichen Energieverbrauch. Dieser wird dadurch erhöht, das das Außer-Haus-Essen mit zusätzlichem Transportaufwand verbunden ist.

3. Handlungsoptionen für den Bereich Landwirtschaft und Ernährung

In den nachfolgend ausgewählten Handlungsoptionen zeigen die Studiennehmer politische Eingriffsmöglichkeiten auf, um die klimarelevanten Emissionen aus dem Ernährungssystem zu reduzieren. Keines der Handlungsfelder schließt ein anderes aus. Das jeweilige Einsparpotential wurde – soweit möglich – quantifiziert und Anknüpfungspunkte zu anderen Politikfeldern sowie mögliche Konflikte wurden benannt. Jede Handlungsmöglichkeit impliziert mehr oder weniger weitreichende Folgen in anderen Bereichen der Gesellschaft und Wirtschaft.

Technische Einsparmöglichkeiten

Durch Forcierung von Maßnahmen zur Energieeinsparung auf allen Gebieten (Produktion, Verarbeitung, Transport, private Haushalte) erscheint eine klimatisch relevante Einsparung im Ernährungssystem in einer Größenordnung von 15 Prozent mittelfristig realistisch. Erreichbar wäre dies insbesondere durch die Verteuerung der Primärenergie infolge der Einführung einer CO_2-/Energiesteuer, deren Einführung aus Wettbewerbsgründen möglichst im europäischen bzw. internationalen Rahmen erfolgen sollte.

Strukturelle Veränderungen in der Raumnutzung zur Reduzierung des privaten Verkehrsaufkommens

Es ist energetisch weitaus günstiger, die Waren möglichst nahe zum Verbraucher zu bringen, als den Verbraucher zu den Waren fahren zu lassen. Beim Transport im großen LKW entstehen gegenüber dem Transport im privaten PKW bezogen auf den Tonnenkilometer bis zu 1000 mal geringere klimarelevante Emissionen. Von politischer Seite sollten daher administrative Hemmnisse abgebaut werden, um durch Veränderungen des geltenden Städtebaurechts Wohnort-, Gast- und Einkaufsstätten sowie personenorientierte Dienstleistungen näher zusammenzubringen (z. B. Zulassung von Lebensmittel-Einzelhandelsläden in reinen Wohngebieten). Dies wird durch die derzeitige, auf Funktionstrennung ausgerichtete Planungspraxis in Neubaugebieten häufig verhindert.

Zur Zeit erfolgt Wohnen, Arbeiten und Einkaufen zunehmend getrennt und in wachsenden Entfernungen voneinander. Die Zahl der Verbrauchermärkte steigt, was zur Schließung kleiner Geschäfte führt. Neben verschiedenen Standortvorteilen führt auch die ständige Expansion des Sortiments zu größeren Einkaufsstätten. Nähe und Größe schließen sich aber tendentiell gegenseitig aus.

Die schlechtere Klimabilanz für die Direktvermarktung (z. B. Ab-Hof-Verkauf) gilt nur für relativ geringe Absatzmengen und vor allem wenn der Einkauf mit dem Auto erfolgt. Maßnahmen zur Förderung von Einkaufsgemeinschaften (z. B. auf nachbarschaftlicher Basis) könnten diesen Nachteil der Direktvermarktung beseitigen und würden zugleich eine wesentliche Absatz- und Einkommensquelle vor allem für stadtnahe und verbraucherorientiert wirtschaftende Betriebe erschließen.

Förderung der Umstellung auf ökologischen Landbau

Mit einer Einführung des ökologischen Landbaus ist bezogen auf die derzeitige Nahrungsversorgung ein um etwa 35 Prozent niedrigerer Primärenergieeinsatz und eine um etwa 15 Prozent niedrigere Klimabelastung verbunden.

Veränderte Tierproduktion

Die Höhe der Methanemissionen in der Tierhaltung ist von einer Reihe von Faktoren abhängig, zu denen z. B. die Zusammensetzung des Futters und das Entmistungs- bzw. Stallhaltungssystem gehören. Insgesamt ergibt sich im Bereich der Tierhaltung ein erhebliches Potential zur Verringerung der Emissionen aus der Tierverdauung der Wiederkäuer sowie aus den Exkrementen der Tiere. Am Beispiel der Milchwirtschaft beträgt dieses Potential etwa 12 Mio. t CO_2-Äquivalente bzw. etwa ein Fünftel der von der Milchwirtschaft ausgehenden Klimabelastung.

Gesundheitsbewußte Ernährung und Verringerung des Anteils tierischer Produkte in der Nahrung

Die Ernährungssituation in Deutschland ist durch einen hohen Verbrauch von Genußmitteln (Süßwaren, Alkohol) und generell durch zu hohen Nahrungsmittelkonsum – insbesondere von tierischem Eiweiß und Fett gekennzeichnet. Vor allem die Verringerung des Verzehrs an Fleisch und Molkereiprodukten hat beträchtliche Klimarelevanz. Die Klimabelastung, die mit dem Verzehr von 100 g Schweinefleisch verbunden ist (0,85 kg CO_2-Äqivalent), wird auch durch 35 g Hartkäse, 19 g Butter oder 0,4 l Milch hervorgerufen. Etwa 85 Prozent der Klimabelastung aus der Nahrungsmittelbereitstellung gehen auf das Konto tierischer Nahrungsmittel. Durch eine Senkung des Fleischkonsums auf ein auch der Gesundheit förderliches Maß könnten ein Viertel oder mehr der klimarelevanten Emissionen vermieden werden. Der Übergang zu einer stärker pflanzlich orientierten Ernährung eröffnet somit das mit Abstand größte Einsparpotential (bis zu 100 Mio. t CO_2-Äquivalente) im Ernährungssystem. Darüber hinaus würden die volkswirtschaftlichen Folgekosten der ernährungsbedingten Krankheiten (50 Mrd. DM/Jahr) erheblich reduziert.

Nach Empfehlungen der Deutschen Gesellschaft für Ernährung (DGE) sollte die täglich zugeführte Energiemenge zu 10 Prozent durch Eiweiße (bei ⅔ pflanzlichen Ursprungs), 30 Prozent durch Fette und 60 Prozent durch Kohlenhydrate gedeckt werden. Für Eiweiß wird eine Aufnahme von 47 bis 60 g/Tag (abhängig vom Körpergewicht) empfohlen. Für Fette lautet die Empfehlung auf 70 bis 80 g/Tag. Tatsächlich werden in der Bundesrepublik durchschnittlich 100 g Eiweiß (⅔ tierischen Ursprungs) und 140 g Fett pro Tag aufgenommen. Die Energieaufnahme durch die Nahrung erfolgt gegenwärtig zu 14 Prozent aus Eiweißen und zu jeweils 41 bis 45 Prozent aus Fetten und Kohlenhydraten. Es wird nicht nur zuviel, sondern auch in ernährungsphysiologisch ungünstiger Zusammensetzung gegessen.

Schematisch hochgerechnet würde der Verzicht auf die Hälfte der Nahrungsmittel tierischen Ursprungs zu folgenden Werten führen. Die Eiweißaufnahme läge bei 66 g/Tag (je zur Hälfte pflanzl. und tier. Ursprungs) in der Nähe des empfohlenen Wertes. Bei Fett würden die empfohlenen Werte etwa erreicht. Die Zusammensetzung der Nahrung (12 Prozent der Energieaufnahme aus Eiweiß, 32 Prozent aus Fett und

55 Prozent aus Kohlenhydraten) läge wesentlich näher an den Empfehlungen der DGE. Mit einer Halbierung des Konsums an tierischen Erzeugnissen bei konstanter Versorgung mit pflanzlicher Nahrung würde nicht nur das Problem des zu viel, sondern auch des ernährungsphysiologisch falschen Essens im wesentlichen gelöst. Rechnerisch ergibt sich eine Verringerung des Treibhauspotentials des Landwirtschafts- und Ernährungssektors um 64 Mio. t CO_2-Äquivalent bzw. 800 kg CO_2-Äquivalent pro Einwohner, also um ein Viertel.

Eine Ausschöpfung dieses Potentials und erst recht eine noch stärkere Umstellung in Richtung pflanzlicher Ernährung wäre jedoch mit erheblichen Konsequenzen verbunden. Eine solche Veränderung könnte nur sehr langsam erfolgen und müßte von erheblichen Anstrengungen zur Änderung des Verbraucherverhaltens begleitet werden.

Im Wirtschaftsjahr 1990/91 erwirtschafteten die landwirtschaftlichen Vollerwerbsbetriebe einen durchschnittlichen Unternehmensertrag von 145 000 DM. 81 Prozent (118 000 DM) entfielen hiervon auf die Tierproduktion. Allein der Ertragsanteil der Milch beläuft sich auf 32 Prozent. Von daher muß sehr sorgfältig bedacht werden, inwieweit der Verzehr von Fleisch, Milch und Molkereiprodukten aus Klimaschutzgründen reduziert werden soll. Eine Verbrauchssenkung würde die Veredlungs- und Futterbaubetriebe stark belasten. Über eine Hinwendung zur stärker pflanzlichen Ernährung kann deshalb sinnvollerweise nur im Zusammenhang mit grundlegenden Veränderungen in der Landwirtschaft nachgedacht werden.

Rohstofferzeugung und -verarbeitung in der Nahrungsmittelindustrie

Entwicklungen in der Nahrungsmittelindustrie verweisen auf eine immer perfektere Weise der Zerlegung und „Neukombination" von Inhaltsstoffen in der Nahrungsmittelherstellung („Food Design"). Obwohl mit dieser Zunahme der Verarbeitungsstufen ein beträchtlicher zusätzlicher Energieeinsatz verbunden ist, könnte dies jedoch mit Einsparungen unter Klimagesichtspunkten einhergehen, wenn Produkte aus der Tierproduktion mit Hilfe pflanzlicher Rohstoffe substituiert werden. Der Verarbeitungsprozeß ist jedoch sehr energieaufwendig und erfordert die Zugabe von synthetischen Aromastoffen und Geschmacksverstärkern sowie weiteren Zusatzstoffen. Unter dem Aspekt der Ressourcenschonung und einer nachhaltigen Wirtschaftsweise ist diese Handlungsoption daher sehr kritisch zu betrachten und nicht empfehlenswert.

Die Analysen bestätigen die Klimarelevanz der Sektoren Landwirtschaft und Ernährung. Die Analyse von einzelnen Handlungsfeldern zeigt erhebliche Reduktionspotentiale. Die aufgezeigten Einspar- und Veränderungsmöglichkeiten hängen z. T. eng miteinander zusammen und dürfen nicht einfach addiert werden. Auch sind dort grundsätzliche gesellschaftliche Alternativen angesprochen, deren Umsetzung langwierige Veränderungsprozesse zur Voraussetzung hat. Hier sind Anstrengungen auch auf der politischen Ebene gefragt, um notwendige Veränderungen in Gang zu setzen und zu unterstützen.

Teil E

Empfehlungen der Enquete-Kommission „Schutz der Erdatmosphäre" für die 1. Vertragsstaatenkonferenz zum Rahmenübereinkommen über Klimaänderungen (Klimarahmenkonvention) vom 28. März bis 7. April 1995 in Berlin

1. Grundlagen der 1. Vertragsstaatenkonferenz

1.1 Ein Rahmenübereinkommen

Anläßlich der Konferenz für Umwelt und Entwicklung der Vereinten Nationen in Rio de Janeiro wurde das Rahmenübereinkommen über Klimaänderungen (Klimarahmenkonvention) von mehr als 150 Staaten sowie der Europäischen Gemeinschaft gezeichnet.

Die Klimarahmenkonvention ist am 21. März 1994 in Kraft getreten, nachdem am 21. Dezember 1993 die 50. Ratifikationsurkunde bei den Vereinten Nationen hinterlegt worden war. Mittlerweile haben 166 Staaten gezeichnet und 100 Staaten ratifiziert (Stand Ende Oktober 1994).

Das Rahmenübereinkommen ist die erste völkerrechtlich verbindliche Grundlage im Bereich des globalen Klimaschutzes. Es regelt die internationale Zusammenarbeit zur Verhinderung gefährlicher Klimaänderungen und deren Auswirkungen.

1.2 Ziel des Übereinkommens

Das Ziel des Übereinkommens ist in Art. 2 in einer abstrakt gehaltenen Formulierung dargelegt: Es besteht darin, eine Stabilisierung der Treibhausgaskonzentrationen in der Atmosphäre auf einem Niveau zu erreichen, auf dem eine gefährliche anthropogene Störung des Klimasystems verhindert wird.

Ein solches Niveau soll nach der in Art. 2 ebenfalls getroffenen Festlegung innerhalb eines Zeitraums erreicht werden, der ausreicht, damit

- sich die Ökosysteme auf natürliche Weise den Klimaänderungen anpassen können,
- die Nahrungsmittelerzeugung nicht bedroht wird,
- die wirtschaftliche Entwicklung auf nachhaltige Weise fortgeführt werden kann.

1.3 Grundsätze des Übereinkommens

Artikel 3 des Übereinkommens enthält mehrere Grundsätze, von denen sich die Vertragsparteien bei ihren Maßnahmen zur Verwirklichung des gemeinsamen Ziels und zur Durchführung der vereinbarten Bestimmungen leiten lassen sollen:

- Die Vertragsparteien sollen auf der Grundlage der Gerechtigkeit und entsprechend ihrer gemeinsamen, aber unterschiedlichen Verantwortlichkeiten und ihren jeweiligen Fähigkeiten das Klimasystem zum Wohl heutiger und künftiger Generationen schützen. Die entwickelten Länder sollen bei der Bekämpfung der Klimaänderungen und ihrer nachteiligen Auswirkungen die Führung übernehmen.
- Die speziellen Bedürfnisse und besonderen Gegebenheiten der Entwicklungsländer sollen voll berücksichtigt werden.
- Angesichts des Fehlens einer völligen wissenschaftlichen Gewißheit wird ausdrücklich das Vorsorgeprinzip zum Schutz jetziger und künftiger Generationen in das Übereinkommen aufgenommen.
- Den Vertragsparteien wird das Recht eingeräumt, eine nachhaltige Entwicklung zu fördern. Wirtschaftlichkeit wird als Prinzip der Durchführung des Abkommens genannt.
- Die Vertragsparteien sollen zusammenarbeiten, um ein tragfähiges offenes Wirtschaftssystem zu fördern, das zu nachhaltigem Wirtschaftswachstum und nachhaltiger Entwicklung in allen Vertragsstaaten, insbesondere in den Entwicklungsländern, führt, damit sie die Probleme der Klimaänderungen besser bewältigen können.

1.4 Mittel und Wege der Emissionsverringerung

Das Rahmenübereinkommen geht von dem Grundsatz aus, daß jeder Staat aufgrund seiner nationalen Souveränität die Befugnis hat und auch weiterhin behalten soll, über die Mittel und Wege zur Reduzierung seiner Treibhausgasemissionen selbst zu entscheiden.

Dementsprechend fordert die Rahmenvereinbarung die Vertragsparteien nicht zu spezifischen Maßnahmen auf, sondern verlangt von ihnen die Verabschiedung von Plänen und Programmen zur Emissionsverringerung, so daß sie ihren Verpflichtungen auf eine ihren jeweiligen nationalen Gegebenheiten und Prioritäten angemessene Weise nachkommen. Bei der Festsetzung dieser Verpflichtung wird in dem Rahmenübereinkommen zwischen den Pflichten aller Vertragsparteien und denen der entwickelten Länder unterschieden; neben den entwickelten Ländern wird auch mehreren anderen Staatengruppen (z. B. Inselstaaten, Ölförderstaaten, Staaten im wirtschaftlichen Übergang) ein besonderer Status zugewiesen.

1.5 Verpflichtungen aller Vertragsparteien

Zur Erreichung dieses gemeinsamen Reduktionsziels haben alle Vertragsparteien eine Reihe von Verpflichtungen übernommen (Art. 4 Abs. 1). Die wichtigsten Verpflichtungen sind:

- Entwicklung nationaler Treibhausgasinventare, die regelmäßig fortzuschreiben, zu veröffentlichen und der Vertragsstaatenkonferenz vorzulegen sind.
- Erstellung und Umsetzung nationaler und ggf. regionaler Maßnahmenprogramme hinsichtlich der Vermeidung klimarelevanter Treibhausgasemissionen.

  Die Maßnahmenprogramme sind zu veröffentlichen und regelmäßig zu aktualisieren.
- Förderung der Entwicklung, Anwendung und Verbreitung (einschließlich des Transfers) von Technologien und Verfahren zur Bekämpfung, Verringerung oder Verhinderung der Treibhausgasemissionen.
- Zusammenarbeit zwischen den Vertragsparteien im wissenschaftlichen, technologischen, technischen und sozioökonomischen Bereich sowie bei der Entwicklung von Anpassungsmaßnahmen.
- Informationsaustausch und Integration von Klimaschutzerwägungen in anderen Politikbereichen.
- Förderung von Erziehung, Ausbildung und öffentlichem Bewußtsein auf dem Gebiet des Klimaschutzes.

1.6 Weitergehende Verpflichtungen der Industriestaaten

Darüber hinaus haben die in Annex I der Konvention aufgeführten Staaten (OECD-Länder und mittel- und osteuropäische Staaten, soweit sie nicht Entwicklungsländerstatus genießen) weitergehende spezifische Verpflichtungen übernommen (Art. 4 Abs. 2):

- Festlegung nationaler Politiken zum Klimaschutz und Ergreifung entsprechender Maßnahmen zur Abschwächung der Klimaänderungen durch Begrenzung der anthropogenen Emissionen von Treibhausgasen sowie durch Schutz bzw. Erweiterung von Treibhausgassenken und Speichern (Art. 4 Abs. 2a).
- Übermittlung von ausführlichen Angaben über die in Art. 4 Abs. 2a vorgesehenen Maßnahmen und Politiken sowie über die sich hieraus ergebenden voraussichtlichen anthropogenen Emissionen von nicht durch das Montrealer Protokoll geregelten Treibhausgasen aus Quellen und den Abbau solcher Gase durch Senken. Gemeinsames Ziel ist hierbei, die anthropogenen Emissionen von CO_2 und anderen nicht durch das Montrealer Protokoll geregelten Treibhausgasen auf das Niveau von 1990 zurückzuführen (Art. 4 Abs. 2 b); eine eindeutige Festlegung eines verbindlichen Zeitziels konnte nicht erreicht werden. Es wird aber festgestellt, daß eine Rückkehr zu einem früheren Niveau anthropogener Emissionen von Kohlendioxyd und anderen nicht durch das Montrealer Protokoll geregelten Treibhausgasen bis zum Jahr 2000 zu einer Änderung des längerfristigen Trends bei anthropogenen Emissionen beitragen würde.

In Art. 4 Abs. 2a wird festgestellt, daß die Vertragsparteien Politiken zur Abschwächung der Klimaänderung „gemeinsam mit anderen Vertragsparteien durchführen" können. Dieses Konzept der „gemeinsamen Durchführung" („joint implementation") geht auch auf eine deutsche Initiative zurück.

- Art. 4 Abs. 2 d in Verbindung mit Art. 7 Abs. 2 legt einen genau definierten Prozeß zur Überprüfung und Fortentwicklung der Konvention fest.

Schon auf ihrer ersten Tagung wird die Konferenz der Vertragsparteien im Frühjahr 1995 überprüfen, ob die eingegangenen spezifischen Verpflichtungen angemessen sind und beschließt gegebenenfalls Änderungen.

1.7 Mittel- und Technologietransfer

- Die praktische Bedeutung des Abkommens hängt in hohem Maße von der Bereitstellung finanzieller Mittel und der Verfügbarkeit der notwendigen Technologie ab (Art. 4 Abs. 3 Ziff. 7).

Die Annex I Staaten verpflichten sich, neue zusätzliche Finanzierungsmittel zur Verfügung zu stellen, um die vereinbarten vollen Kosten zu tragen, die den Entwicklungsländern bei der Erfüllung ihrer Berichtspflichten entstehen. Darüber hinaus werden den Entwicklungsländern finanzielle Mittel bereitgestellt, die sie benötigen, um die vereinbarten vollen Mehrkosten zu tragen, die ihnen bei der Durchführung der geplanten Maßnahmen entstehen (so Art. 4 Abs. 3).

Bei der Erfüllung dieser Verpflichtungen wird berücksichtigt, daß der Fluß der Finanzmittel angemessen und berechenbar sein muß und daß ein angemessener Lastenausgleich unter den Vertragsparteien, die entwickelte Länder sind, wichtig ist.

- Die entwickelten Länder werden darüber hinaus alle nur möglichen Maßnahmen ergreifen, um die Weitergabe von umweltverträglichen Technologien oder den Zugang dazu, soweit dieses angebracht ist, zu fördern, zu erleichtern und zu finanzieren (Art. 4 Abs. 5).

1.8 Berichtspflichten

Die Berichtspflichten sind in der Konvention für die Vertragsparteien unterschiedlich geregelt (Art. 12).

Alle Vertragsparteien müssen berichten über

- Treibhausgasinventare
- bereits ergriffene oder geplante Maßnahmen zur Umsetzung der Konvention.

Die Industrieländer müssen darüber hinaus berichten über:

- ihre politischen Entscheidungen und Maßnahmen zur Umsetzung der Konvention,
- über die Schätzung der Auswirkungen dieser Entscheidungen und Maßnahmen,
- über ihre zur finanziellen und technischen Unterstützung anderer Staaten, insbesondere der Entwicklungsländer, geleisteten Beiträge.

Unterschiedlich sind auch die festgelegten Berichtszeiträume:

Entwicklungsländer berichten erstmals innerhalb von drei Jahren nach Inkrafttreten des Übereinkommens, entwickelte Länder innerhalb eines halben Jahres.

Entwicklungsländer können, wenn sie dies wünschen, Vorhaben zur Finanzierung bei Vorlage einer Schätzung von Kosten und Nutzen vorschlagen.

2. Empfehlungen für die 1. Vertragsstaatenkonferenz

2.1 Aufgaben der Vertragsstaatenkonferenz

Mit Inkrafttreten der Klimarahmenkonvention ist nunmehr eine erste rechtliche Basis für die weltweite Bekämpfung des Treibhauseffektes geschaffen worden.

Um das in der Konvention gesetzte Ziel erreichen zu können, nämlich eine Stabilisierung der Treibhausgaskonzentrationen in der Atmosphäre auf einem Niveau, auf dem eine gefährliche anthropogene Störung des Klimasystems verhindert wird, bedarf es aber jetzt einer Umsetzung der Rahmenkonvention sowie ihrer Konkretisierung und Fortentwicklung durch die Vertragsstaatenkonferenz. Hierfür sind grundsätzlich zwei Wege denkbar: Eine Ergänzung der Konvention selbst oder die Erarbeitung von Protokollen zur Konvention.

Unabhängig von der Formfrage müssen vorhandene Unklarheiten geklärt und Interpretationsspielräume ausgefüllt werden.

2.1.1 Fortschreibung der Verpflichtungen der Annex I Staaten

Gem. Art. 4 Abs. 2 d überprüft die Vertragsstaatenkonferenz auf ihrer ersten Tagung, ob die in Art. 4 Abs. 2 a und b aufgeführten Verpflichtungen der Annex I Staaten angemessen sind.

Bislang liegen die in der Konvention enthaltenen Verpflichtungen der Industrieländer weit hinter dem im deutschen CO_2-Minderungsprogramm festgelegten Ziel einer 25–30%igen Minderung der CO_2-Emissionen zurück. Auch reichen sie nicht an das Stabilisierungsziel der Europäischen Union heran (Stabilisierung bis 2000 auf Basis 1990).

Hierzu geben wir folgende Empfehlungen ab:

- Stabilisierung der anthropogenen CO_2-Emissionen auf dem Niveau von 1990 bis zum Jahre 2000.

Die Klimarahmenkonvention enthält keine eindeutige Verpflichtung der Annex I Staaten, durch Rückführung der anthropogenen Emissionen auf das Niveau von 1990 bis zum Jahr 2000 zum Erreichen des Ziels der Konvention beizutragen (vgl. hierzu Art. 4 Abs. 2a und b).

Da der Klimaschutz eine möglichst umgehende Begrenzung und mittelfristig eine deutliche Rückführung der globalen anthropogenen Treibhausgasemissionen erfordert, empfehlen wir, bereits auf der ersten Vertragsstaatenkonferenz im Rahmen einer von den Vertragsstaaten gemeinsam zu beschließenden verbindlichen Deklaration eine Stabilisierung der

CO_2-Emissionen bis zum Jahr 2000 auf der Basis von 1990 für die Annex I Staaten zu vereinbaren.

– Reduzierung der Treibhausgasemissionen nach 2000.

Durch eine Stabilisierung der CO_2-Emissionen auf dem Niveau 1990 bis zum Jahr 2000 ist aber das in Art. 2 der Konvention vorgeschriebene Ziel auf keinen Fall zu erreichen.

Erforderlich ist vielmehr eine langfristig starke Reduktion der Treibhausgasemissionen nach 2000. Die Kommission vertritt den Standpunkt, daß international bis zum Jahre 2010 eine Reduzierung der CO_2-Emissionen um 15–20% für Annex I Länder angestrebt werden muß. Dabei muß klargestellt werden, daß sich an der nationalen Zielsetzung der Bundesrepublik Deutschland im Sinne einer Vorreiterrolle durch Eckpunkte bei internationalen Verhandlungen nichts ändert, das nationale Reduktionsziel bis zum Jahr 2005 kann dadurch also nicht berührt werden.

Zur Erreichung des angestrebten Ziels sollte nicht die Konvention selbst ergänzt werden, um nicht den als gemeinsame Basis ausgehandelten, sorgfältig ausbalancierten Konventionstext wieder in Frage zu stellen.

Wir empfehlen vielmehr, die Konvention durch die Verabschiedung von Protokollen weiter zu entwickeln.

Zur Vorbereitung der ersten Vertragsstaatenkonferenz sollten Protokollentwürfe – mit konkreten einzelstaatlichen Verpflichtungen zur Reduzierung von Treibhausgasemissionen – erarbeitet werden.

Die Protokollentwürfe sollten zumindest für die entwickelten Länder konkrete Ziele und Zeitvorgaben für eine Reduktion der Treibhausgasemissionen enthalten.

Nur durch die Formulierung klarer Zielvorgaben für den Klimaschutz wird ein verläßlicher Rahmen für Planungs- und Investitionsentscheidungen gesetzt.

Staaten, die sich bereits nationale Reduktionsziele gesetzt haben, wie z. B. Deutschland, Dänemark und Schweden, sollten durch Übernahme dieser Ziele auch vor der Weltöffentlichkeit ihre Vorreiterrolle bekräftigen.

Die Kriterien für die zwischenstaatliche Verteilung der Reduktionsverpflichtungen sind nach dem Prinzip der Gerechtigkeit und Ausgewogenheit zu entwickeln.

Die Verteilung der Reduktionsverpflichtung der Staaten muß in erster Linie die Industriestaaten ansprechen; Schwellenländer sollten reduzierte Zuwachsraten akzeptieren. Vor dem Hintergrund der in den Entwicklungsländern zu erwartenden Bevölkerungszunahme gewinnt diese Frage besondere Bedeutung.

Im einzelnen wird auszuhandeln sein, auf welcher Basis und nach welchem Modus die Reduktionsverpflichtungen berechnet werden sollen.

Wünschenswert wäre eine differenzierte Verpflichtung der einzelnen Staaten unter Berücksichtigung ihrer bereits vorgenommenen Investitionen und der jeweils spezifisch anfallenden Reduktionskosten sowie des jeweiligen Anteils an den Treibhausgasemissionen pro Kopf der Bevölkerung eines Landes. Ein solcher Ansatz wäre jedoch so kompliziert, daß er praktisch nur sehr schwer umsetzbar wäre.

Wir empfehlen daher, einen gleichen Reduktionsprozentsatz für alle Industriestaaten ohne die Transformationsländer im Osten zu vereinbaren.

Zu achten ist aber auch darauf, daß die Entwicklungsländer in den Stand gesetzt werden müssen, im Rahmen ihrer legitimen Interessen an ihrer weiteren wirtschaftlichen Entwicklung möglichst bald wirtschaftspolitisch und technologisch die Weichen für eine global erträgliche Entwicklung der Emissionen zu stellen. Die Prognosen für die Verteilung der Emissionen zwischen den heutigen Industriestaaten und den Entwicklungsländern zeigen, daß sich in den kommenden Jahrzehnten das Schwergewicht der Emissionen trendmäßig zunehmend auf die Dritte Welt verlagern wird.

Dieser Befund ändert nichts daran, daß die Industriestaaten mit einem Anteil von 25% an der Weltbevölkerung bisher für knapp 80% der Emissionen verantwortlich sind und deshalb heute die primäre Verpflichtung für die globale Reduktion der Emissionen übernehmen müssen. Im Sinne des Vorsorgeprinzips der Konvention ist aber klar, daß eine mittel- und langfristige globale Konzeption zur Emissionsreduzierung nur tragfähig ist, wenn sie den voraussichtlichen Anstieg der Emissionen in den Entwicklungsländern einbezieht. Die Schwierigkeit dieser Aufgabe kann nicht dazu führen, daß die Augen vor diesem Befund verschlossen werden. Dabei ist klar, daß es für die Entwicklungsländer keinesfalls um eine absolute Reduktion ihrer Emissionen gehen kann, vielmehr geht es nur um die Limitierung des Zuwachses der Emissionen aus diesen Ländern. Der unabdingbar steigende Bedarf an Energiedienstleistungen in den Entwicklungsländern muß daher durch den Einsatz möglichst effizienter Umwandlungs- und Nutzungstechnologien sowie durch erneuerbare Energien soweit wie technisch möglich und wirtschaftlich vertretbar vom Einsatz nicht erneuerbarer Energiequellen entkoppelt werden.

Kein Zweifel besteht auch daran, daß das in der Rahmenkonvention enthaltene Prinzip der Erstattung der vereinbarten Zusatzkosten (s. Kap. 1.7) im Grundsatz für einen solchen neuen Ansatz gelten muß. Hier wird nicht verkannt, daß eine solche globale Ausweitung des Prinzips der Emissionsreduzierung und die damit verbundenen Fragen der Finanzierung eine neue

Dimension der internationalen Klimapolitik und der Nord-Süd-Kooperation erfordert; nimmt man die hier im Bericht dargestellte Bedrohung aber ernst, so ist eine wirksame Alternative nicht erkennbar. Deshalb muß schon jetzt über diese Fragen nachgedacht und verhandelt werden. Einen ersten kurzfristigen Einstieg für den hier skizzierten Weg bietet auch das Instrument der gemeinsamen Umsetzung (s. Kap. 2.1.5).

2.1.2 EXPO 2000

Wir ersuchen die Bundesregierung, die Teilnehmer der 1. Vertragsstaatenkonferenz in Berlin 1995 zur Weltausstellung EXPO 2000 nach Hannover einzuladen.

2.1.3 Finanzen

Die praktische Bedeutung des Rahmenübereinkommens hängt auch von finanziellen Mitteln ab.

Zur Finanzierung der erforderlichen Maßnahmen in den wirtschaftlich schwachen Staaten soll die globale Umweltpolitik die notwendigen Mittel erhalten.

Art. 11 der Rahmenkonvention legt bereits einen vorläufigen Finanzierungsmechanismus fest, der unter der Aufsicht der Vertragsstaatenkonferenz steht.

Die Erfüllung seiner Aufgaben wurde vorläufig der Global Environment Facility (GEF) anvertraut.

Die GEF wurde im März 1994 neu strukturiert und für den Zeitraum von 1994–1997 mit 2 Mrd. US $ ausgestattet, was einer Verdoppelung der Mittel gegenüber der Pilotphase entspricht. Der Anteil Deutschlands an den zugesagten Mitteln beträgt 240 Mio. US $.

Die wichtigsten neuen Strukturelemente der GEF sind: Sicherung des effizienten Mitteleinsatzes durch eine von den Umweltkonventionen und den durchführenden Institutionen unabhängige Entscheidungs- und Organisationsstruktur. Die Projektdurchführung verbleibt dabei bei Weltbank, UNDP und UNEP. Geber- und Nehmerländer sind dabei im Aufsichtsgremium (GEF-Rat) gleichberechtigt vertreten. Der GEF-Rat und die Vertragsstaatenkonferenz entwickeln gemeinsam die Mittelverwendungsrichtlinien.

Diese neu gestaltete GEF orientiert sich damit an den Anforderungen der Geber- und der Nehmerländer. Wir empfehlen daher, auf der ersten Vertragsstaatenkonferenz zu beschließen, die GEF auf Dauer mit der Erfüllung der Finanzierungsaufgaben zu betrauen.

Sie sollte im Rahmen ihrer zukünftigen Zuständigkeiten neben der bilateralen Kooperation auch die Aufgabe übernehmen, die Entwicklungsländer im Lichte ihrer jeweiligen spezifischen, technologischen und wirtschaftlichen Situation auf verfügbare, geeignete, technologische Optionen hinzuweisen und deren Erwerb finanziell zu unterstützen.

Damit diese Aufgaben langfristig erfüllt werden können, soll ein Mechanismus festgelegt werden, der frühzeitig über die finanzielle Dimension einer wirksamen internationalen Klimapolitik entscheidet.

Hierfür ist ein angemessener Technologie-, Kapital- und Know-how-Transfer aus den Industrieländern notwendig.

Eine wichtige Aufgabe wird auch darin bestehen, den Strukturwandel in den Förderländern fossiler Brennstoffe zu unterstützen, der erforderlich wird, wenn die angestrebten Maßnahmen zur Reduzierung der CO_2-Emissionen den Verbrauch fossiler Brennstoffe sinken lassen werden.

2.1.4 Technologie

– Technische Unterstützung

Eine effiziente technologische Kooperation zwischen den Industriestaaten und den Entwicklungsländern ist Voraussetzung für deren nachhaltige Entwicklung.

Die technologische Unterstützung der Entwicklungsländer ist so auszurichten, daß sie – als Hilfe zur Selbsthilfe – die Entwicklung angepaßter Technologien fördert. Hierzu gehören die Fortbildung der Bevölkerung, die Unterstützung einheimischer Organisationen, die Ausbildung von Wissenschaftlern, die Unterstützung bei Gesetzgebungs- und Verwaltungsfragen des Umweltschutzes und bei Änderung des nationalen und internationalen Rechts zur Förderung umweltgerechter ausländischer Investitionen.

Die Schaffung verläßlicher rechtlicher und positiver gesamtwirtschaftlicher Rahmenbedingungen muß unterstützt werden.

– **Entwicklung neuer Technologien/Technologietransfer**

Die angestrebte Reduzierung der CO_2-Emissionen hängt ganz entscheidend von der Verfügbarkeit der Technologie ab, d. h. insbesondere von Techniken der rationellen Energiewandlung und -nutzung.

Die Industrieländer, die über das erforderliche technische Wissen verfügen, sollten sich daher verpflichten, konkrete Alternativen zur bisherigen Energieversorgung und -nutzung aufzuzeigen, die sich durch erhöhte Energieeffizienz und geringere CO_2-Emissionen auszeichnen.

Hierbei kommt es darauf an, daß die Entwicklungsländer im Stande sind, die erforderliche Technologie zu erwerben.

Dabei ist zu beachten, daß die Entwicklung und Verbreitung von Technologie sich vor allem im Rahmen der Geschäftstätigkeit von Unternehmen durch Handel, Lizenzvergabe und Direktinvestitionen vollzieht.

Damit in diesen Bereichen die erforderlichen Anreize für die Entwicklung und den Transfer neuer Technologien geschaffen werden, muß ein effektiver Patent- und Investitionsschutz gewährleistet werden.

Bei den Industriestaaten sollten Anreize für einen Technologietransfer durch geeignete Erleichterungen im steuerlichen Bereich, oder auch durch Gewährung staatlicher Subventionen vorgesehen werden.

Bei Technologie, die sich im öffentlichen Bereich befindet, also nicht privatem Schutz unterliegt, ist zu prüfen, wie ein Transfer erfolgen kann.

Zur Erfassung dieser Technologie sollte eine „Technologiebörse" eingerichtet werden, in der Entwicklungsländer sich über den neuesten Stand der Technik informieren können.

Forschungsergebnisse sollten nach Möglichkeit den Entwicklungsländern zugänglich gemacht werden.

Die zur Anwendung dieser Technologien erforderlichen Investitions-/Energiebereitstellungskosten sind anhand von konkreten Beispielen zu beziffern.

Damit der für eine Markteinführung dieser neuen Technologien notwendige Zeit- und Kostenrahmen ausgelotet werden kann, sollten sich die Industrieländer in Zusammenarbeit mit den Entwicklungs- und Schwellenländern verpflichten, die neuen Technologien zu erproben.

Über die Ergebnisse ist zu berichten.

2.1.5 Gemeinsame Umsetzung (joint implementation)

Die möglichen Vor- und Nachteile einer gemeinsamen Durchführung von klimaschutzbezogenen Maßnahmen wurden in Teil B Kapitel 7 erörtert.

In der Klimarahmenkonvention ist ausdrücklich vorgesehen, daß Maßnahmen zur gemeinsamen Umsetzung getroffen werden können (Art. 4 Abschnitt 2a); deshalb geht es in der internationalen Diskussion nicht mehr um die grundsätzliche Frage der Zulässigkeit solcher Maßnahmen, sondern nur noch um die Formulierung der Rahmenbedingungen und der Kriterien für die Umsetzung. In einem Protokoll zur Klimarahmenkonvention sollen die Bedingungen der Förderung dieser Maßnahmen geregelt werden. Die Konvention sieht solche Maßnahmen vor; der Grundsatz der Kostengünstigkeit im Lichte der global unterschiedlichen Grenzkosten der Emissionsvermeidung, aber auch die Notwendigkeit der Förderung des Technologietransfers in die Entwicklungsländer sprechen für solche Maßnahmen. Die voraussichtliche Entwicklung des künftigen Energiebedarfs der Entwicklungsländer – und damit auch des Anstiegs der Emissionen in diesen Ländern – erfordert es, daß die Industriestaaten möglichst rasch Hilfestellung zur Limitierung der Emission anbieten; die gemeinsame Umsetzung ist dazu ein grundsätzlich geeignetes Instrument. Wie auch der Wissenschaftliche Beirat der Bundesregierung für globale Umweltveränderung sieht die Kommission im Instrument „Gemeinsame Umsetzung" eine Chance zur Auslotung aller Möglichkeiten der Klimastabilisierung. Die Bundesregierung wird deshalb aufgefordert, ein Konzept vorzulegen, welches die Chancen des Einsatzes dieses Instruments sachgerecht zum Ausdruck bringt; dieses Konzept soll dann in die einschlägige internationale Erörterung vor und während der Vertragsstaatenkonferenz eingebracht werden. Dabei sind folgende Eckpunkte zu beachten:

1. Die Kooperation im Sinne des Art. 4 Abschnitt 2a soll zwischen allen Mitgliedstaaten, nicht nur zwischen Industriestaaten, zulässig sein.

2. Die Kooperation darf nicht dazu führen, daß die Industriestaaten ihrer Verpflichtung zur Reduktion der Emissionen auf ihrem eigenen Boden nicht nachkommen. Zu Recht heißt es in der Konvention, daß die Industriestaaten vorrangig dem internationalen Klimaschutz verpflichtet sind. Maßnahmen zur gemeinsamen Umsetzung sollten dazu beitragen, daß über dieses Instrument insgesamt über die internationalen Verpflichtungen hinausgehende Beiträge erbracht werden. Mindestens müssen die Industriestaaten 80% ihrer – noch festzulegenden – Verpflichtung auf ihrem eigenen Gebiet durchführen. Soweit Mitgliedstaaten sich selbst über die Konvention hinaus verpflichten wollen, gilt diese Einschränkung nicht.

3. Die Einbeziehung des Privatsektors in das Konzept der gemeinsamen Durchführung soll – auch im Zusammenwirken mit der Weltbank – soweit wie möglich gefördert werden.

4. Die Finanzierung von Maßnahmen der gemeinsamen Durchführung darf nicht über die offizielle Entwicklungshilfe erfolgen, auch nicht über die Mittel, die in die Globale Umweltfazilität im Konsens eingebracht wurden.

5. Die GEF soll aufgefordert werden, Informationen über mögliche gemeinsame Maßnahmen zu sammeln und den Mitgliedstaaten zur Verfügung zu stellen.

6. Die Rahmenbedingungen für gemeinsame Maßnahmen müssen transparent und flexibel sein; es muß mittels der Regelung der Überwachung der institutionellen Maßnahmen und der Streitschlichtung sichergestellt werden, daß die international abgesprochenen Rahmenbedingungen strikt eingehalten werden; die Möglichkeit des Mißbrauchs von gemeinsamen Maßnahmen muß ausgeschlossen werden. Hierzu bedarf es einer internationalen Instanz, welche die Kontrolle über die tatsächliche Emissionsreduzierung übernimmt. Joint implementation sollte sich vorrangig auf die Förderung rationeller Energieverwendung und den Einsatz erneuerbarer Energien beziehen.

7. Jeder Annex I-Staat im Sinne der Konvention wird verpflichtet, 10% der von ihm zu leistenden Emissionsreduzierungen auf dem Territorium eines Annex II-Staates zu erbringen. Auf diese Weise soll der Technologietransfer sowie das Management und Know-how der Annex II-Staaten gefördert werden. Diese Forderung entspricht auch dem Umstand, daß der globale Anteil der Emissionen der Annex II-Staaten in den nächsten Jahrzehnten deutlich steigen wird und die Anlaufzeiten für die Verwirklichung neuer und angepaßter Technologien in diesen Ländern nicht zu kurz sein werden.

8. Zu den erforderlichen Rahmenbedingungen gehören auch Normen über das Risikomanagement von Maßnahmen zur gemeinsamen Durchführung (z. B. höhere Gewalt, Enteignung, Kriegsschäden).

9. Die Einzelheiten über die Rahmenbedingungen sind in einem Protokoll zu regeln, das von der Vertragsstaatenkonferenz verabschiedet wird. Ist eine solche Vereinbarung bis März 1995 nicht zu erreichen, so soll die Bundesregierung darauf hinwirken, daß die Vertragsstaatenkonferenz entscheidet, daß ein solches Protokoll innerhalb von zwei Jahren ausgehandelt wird, wobei Eckpunkte durch die Vertragsstaatenkonferenz vorgegeben werden.

10. In jedem Fall soll eine Pilotphase von zwei, höchstens drei Jahren zur Erprobung und Erforschung methodischer und anderer Fragen über die Durchführung gemeinsamer Maßnahmen einschließlich der Einschätzung von Sach- und Transaktionskosten vereinbart werden.

Allgemein ist zu prüfen, auf welchem Wege Privatunternehmen einbezogen werden können; während der Pilotphase sollen Privatunternehmen, die an solchen Maßnahmen beteiligt sind, auf nationaler Ebene steuerlich und finanziell begünstigt werden. Nach Abschluß der Pilotphase sollen die erfolgten Reduzierungen den beteiligten Staaten und Unternehmen nach Möglichkeit angerechnet werden. Während der Pilotphase ist auch zu prüfen, ob die Anrechnung von Emissionen im Ausland vollständig oder partiell erfolgen soll.

11. Die Bundesregierung wird aufgefordert, während der Pilotphase aktiv mit anderen großen Emissionsstaaten unter den Industrie- und den Entwicklungsländern zur Förderung von gemeinsamen Maßnahmen zusammenzuwirken und dabei auch konkrete Projekte vorzuschlagen und durchzuführen. Diese Modellprojekte sind so auszugestalten, daß sie auf Dauer wirtschaftlich betrieben werden können. Die Ergebnisse dieser Kooperation sollen später ausgewertet und in die internationalen Gremien eingebracht werden.

2.1.6 Review Process

In der internationalen Vertragspraxis gibt es kein einheitliches System dafür, wie Vertragsparteien die Sicherstellung der Einhaltung der festgelegten Bestimmungen vereinbaren.

Ein allgemeiner Durchsetzungsmechanismus ist auf internationaler Ebene unbekannt.

Zur Förderung der Erhaltung der getroffenen Vereinbarungen haben die Vertragsparteien sich in der Klimarahmenkonvention auf ein Berichtssystem verständigt, nach dem die Vertragsparteien verpflichtet sind, eine Reihe von Informationen über die Durchführung des Übereinkommens über das Sekretariat an die Vertragsstaatenkonferenz weiterzuleiten (Art. 12).

Die Berichtspflichten sind für entwickelte Länder und Entwicklungsländer unterschiedlich geregelt.

Die näheren Einzelheiten sind noch festzulegen.

Das INC hat bei seiner letzten Sitzung im Februar 1994 Richtlinien über zu verwendende Methodologien zur Erstellung von Treibhausgasinventaren sowie Richtlinien zur Abfassung von Staatenberichten der Annex I Länder angenommen.

Es wird empfohlen, auf der 1. Vertragsstaatenkonferenz diese Richtlinien für die Vertragsparteien verbindlich festzulegen.

2.1.7 Institutionen

Nach Art. 7 des Rahmenübereinkommens wird als oberstes Gremium eine Vertragsstaatenkonferenz eingesetzt.

Sie überprüft jährlich die Durchführung des Übereinkommens und aller damit zusammenhängenden Rechtsinstrumente.

Sie bestimmt auf ihrer ersten Tagung ein ständiges Sekretariat und sorgt dafür, daß es ordnungsgemäß arbeiten kann (Art. 8 Abs. 3).

Darüber hinaus wurde ein Nebenorgan für wissenschaftliche und technologische Beratung (Art. 9) sowie ein Nebenorgan für die Durchführung des Übereinkommens (Art. 10) eingesetzt.

Beide Organe werden unter Aufsicht der Konferenz der Vertragsparteien tätig.

Wir empfehlen, die vorhandenen Institutionen daraufhin zu überprüfen, ob sie effektiv genug sind, um sicherzustellen, daß das vorhandene Know-how umgesetzt wird und die Mittel zweckentsprechend verwendet werden.

2.1.8 Streitschlichtung

Nach Artikel 13 wird die 1. Vertragsstaatenkonferenz über die Einführung eines multilateralen Beratungsverfahrens zur Klärung von Fragen bezüglich der Umsetzung des Übereinkommens befinden.

In Artikel 14 ist das Streitbeilegungsverfahren festgelegt. Streitschlichtung ist in erster Linie durch den internationalen Gerichtshof oder ein Schiedsverfahren vorgesehen, das auf der Konferenz der Vertragsstaaten sobald wie möglich festzulegen ist.

Es wird empfohlen, bereits auf der 1. Vertragsstaatenkonferenz die notwendigen Regelungen zu vereinbaren.

2.2 Institutionelle Anforderungen an eine künftige internationale Umweltpolitik

Bereits die Enquete-Kommission des 11. Deutschen Bundestages „Vorsorge zum Schutz der Erdatmosphäre" hat sich mit institutionellen Fragen befaßt und hat den Standpunkt vertreten, daß die Effizienz der internationalen Umweltpolitik derzeit institutionell nicht genügend abgesichert ist und deshalb dringend über eine Neugestaltung dieses Sektors nachgedacht und verhandelt werden muß.

Die Kommission teilt und bekräftigt diese Auffassung. Bereits im nationalen Rahmen stellt die Umweltpolitik durch ihre Vernetzung mit anderen Feldern der Politik und durch die Langfristigkeit ihrer Zielsetzung besondere Anforderungen an den politischen Prozeß. Im internationalen Bereich treten dieselben Fragen auf; sie werden aber noch zusätzlich überlagert dadurch, daß der Erfolg einer umweltpolitisch schlüssigen Konzeption durch die Notwendigkeit der Abstimmung zwischen allen betroffenen Staaten bedingt wird. Insoweit tritt auch das Problem auf, daß – gerade im Bereich der Klimapolitik – die Staaten dazu neigen, sich in erster Linie um nationale Interessen zu kümmern und internationale Anliegen anderen Akteuren zu überlassen: Je allgemeiner ein Interesse ist, desto weniger Fürsprecher findet es („tragedy of the commons"). Der Staat, der eine Vorreiterrolle übernehmen will, wird im Hinblick auf die Gleichheit und die Wettbewerbsfähigkeit mit innerstaatlichem Widerstand rechnen müssen. Daraus ergibt sich die Notwendigkeit, auf der zwischenstaatlichen Ebene ein organisiertes Zentrum zu schaffen, welches die globalen und regionalen Interessen formuliert, sie zur Diskussion stellt und das die gemeinsam getroffenen Entscheidungen überwacht und sichert.

Ausgangspunkt der weiteren Überlegungen muß es sein, daß der Erfolg der künftigen Bemühungen auf der internationalen Ebene von einer stärkeren zwischenstaatlichen Abstimmung und Koordination abhängig sein wird, und daß die Ziele internationaler Vereinbarungen durch Absprachen alleine noch nicht hinreichend gesichert sind. Da es im Völkerrecht kein allgemeines System zur Überwachung von Vereinbarungen gibt, stellt sich für jede Abrede die Frage nach der Verläßlichkeit und der Beständigkeit der nationalen Zusage.

Zur Zeit bestehen etwa 1000 internationale Verträge, welche umweltrechtliche Fragen regeln und betreffen, wobei – mangels einer internationalen Überwachung – immer wieder Zweifel an deren Effizienz und an ihrer Einhaltung geäußert werden.

Das Problem der künftig angemessenen Organisation der internationalen Umweltpolitik greift aber viel tiefer als die Frage der Einhaltung geschlossener Verträge. Es betrifft auch die effiziente Artikulation und die Formulierung der Umweltbelange, die vor der Staatengemeinschaft Gehör findet und die Chance hat, von den Staaten aufgegriffen und rechtlich in Verträgen akzeptiert zu werden.

Mit dieser Forderung verbindet sich die weitere Frage nach der inneren Ausgestaltung einer solchen Organisation. Entscheidend erscheint insoweit, daß diese personell, finanziell und organisatorisch so ausgestattet ist, daß ihre Äußerungen und Stellungnahmen jene Autorität erlangen, die Voraussetzung ist für einen wirksamen Einfluß auf die Staaten. Dazu gehört insbesondere, daß die wissenschaftlichen und technologischen Grundlagen der internationalen Umweltpolitik innerhalb der Organisation ständig verfügbar sind und überprüft werden können. Dies gilt auch für ökonomische Zusammenhänge; allgemein wird die umweltbezogene Ökonomie künftig mehr Beachtung finden, darüber hinaus ist dies im Hinblick auf die Einbettung der Umweltpolitik in die Forderung nach einer nachhaltigen Enwicklung notwendig.

Dem kann nicht entgegengehalten werden, daß eine Proliferation neuer Institutionen vermieden werden muß. In der Tat kommt es darauf an, in erster Linie bestehende Einrichtungen auf ihre Effizienz zu überprüfen. Erlauben die existierenden Strukturen aber keine hinreichende Verbesserung, so kann es kein Tabu für neue Einrichtungen geben.

Dabei wird nicht verkannt, daß in der Vergangenheit wichtige Staaten einer Verstärkung der internationalen Organisationen im Umweltbereich zurückhaltend gegenüber standen und dies auch noch tun, wie in Rio de Janeiro 1992 deutlich geworden ist.

Großmächte neigen zur Auffassung, daß die institutionelle Stärkung der Umweltpolitik machtpolitisch nicht wünschenswert ist; aber auch viele Entwicklungsländer wollen dezidiert an der einzelstaatlichen Souveränität festhalten, die sie in den vergangenen Jahrzehnten im Rahmen der Dekolonisierung erkämpft haben. Gegenüber dieser besonderen Allianz der Fürsprecher nationaler Souveränität können sich jene Staaten – insbesondere die europäischen – bisher nicht durchsetzen, die über praktische Erfahrung im Bereich intensiver zwischenstaatlicher Kooperation verfügen.

Die Forderung nach einer neuen Konzeption für die Organisation der internationalen Umweltpolitik wird auch durch den Blick auf bestehende Organisationen außerhalb des Umweltbereichs unterstrichen. Die Praxis zeigt, daß es den Staaten ohne eine gemeinsame Organisation nur bis zu einem bestimmten Niveau gelingt, gemeinsame Interessen effizient zu vertreten; ab einem bestimmten Punkt der Komplexität, der Wandelbarkeit und der Bedeutung des Problems haben sich die Staaten auf vielen Feldern dafür entschieden, die Vertretung des gemeinsamen sachlichen Interesses durch eine gemeinsame Organisation wahrnehmen und überwachen zu lassen. Dem entspricht die Aufgabe des Internationalen Währungsfonds für die Stabilität der Währung, die Zielsetzung der Weltbank für die Entwicklung der ärmeren Länder und jetzt die Rolle der Welthandelsorganisation für den internationalen Handel. Im Bereich der Umweltpolitik besteht bereits das Umweltprogramm der Vereinten Nationen, auch finden sich andere institutionalisierte Ansätze wie etwa im Bereich der GEF. Dennoch kann heute nicht davon die Rede sein, daß die Anliegen der internationalen Umweltpolitik angesichts ihrer Komplexität und ihrer Dringlichkeit hinreichend institutionell gesichert sind.

Wenig überzeugend ist auch das – oft indirekt vorgetragene – Argument, daß Umweltpolitik wegen ihrer Vernetzung mit der Wirtschafts- und Sozialpolitik als ein Feld anzusehen ist, das sich nicht für verstärkte internationale Politik eignet, weil sie nationale Souveränität zu einschneidend begrenzt. Umgekehrt gilt vielmehr, daß gerade die Komplexität der Umweltpolitik die organisierte internationale Kooperation erfordert, weil beim bisherigen Zustand die regionalen und globalen Interessen nicht hinreichend klar erkannt und formuliert sind, obwohl verbal weitgehend Einigkeit darüber besteht, daß zentrale Probleme der Umwelt international und nur noch partnerschaftlich, nicht mehr einzelstaatlich bewältigt werden können.

Die Umsetzung der hier geforderten Neuausrichtung des internationalen Rahmens der Umweltpolitik kann nicht durch eine punktuelle Reform oder Errichtung einer Organisation gelingen. Gefordert ist vielmehr die Überprüfung der Tätigkeit aller internationalen Institutionen, deren Tätigkeit sich direkt oder indirekt auf den Zustand der Umwelt auswirkt.

1. Auf der obersten Ebene der internationalen Kooperation bietet die laufende Diskussion um die Reform des Sicherheitsrates der Vereinten Nationen die Chancen, beim Verständnis der Begriffe des internationalen Friedens und der Sicherheit in Kapitel VI und Kapitel VII der Charta der Vereinten Nationen dem Zerstörungspotential moderner Umweltschäden gerecht zu werden und die 1945 geschaffene Charta dem heutigen Erkenntnisstand im Hinblick auf die Gefahren für das Leben auf der Erde anzupassen. Eine solche Änderung wäre insbesondere angezeigt, wenn andere Änderungen im umweltpolitischen Bereich der Vereinten Nationen nicht durchgesetzt werden könnten.
2. Derzeit stellt sich UNEP als die zentrale Institution dar, welche für die internationale Abstimmung der internationalen Umweltpolitik geschaffen ist. Häufig wird aber festgestellt, daß UNEP dieser zentralen Aufgabe in der Praxis aus einer Reihe von Gründen nicht nachkommt und nicht nachkommen kann. Insoweit müsse das Mandat von UNEP, seine institutionelle, finanzielle und personelle Ausgestaltung überprüft werden; diese Forderung wird von der Kommission als dringlich unterstrichen. Dabei muß insbesondere auch das Paradigma von UNEP als dem Katalysator der globalen Umweltpolitik auf den Prüfstand gestellt werden. In der bestehenden Praxis zeigt sich die deutliche Gefahr, daß UNEP gegenüber anderen Organisationen – wie etwa Weltbank, FAO, IMO oder UNDP – als das bei weitem schwächste

Glied erscheint; solange dies der Fall ist, kann UNEP seine Aufgabe als die „Stimme der Umwelt" in der internationalen Politik weder gegenüber den Staaten noch gegenüber anderen internationalen Organisationen so erfüllen, wie es künftig international notwendig sein wird.

In der Praxis wird in der Diskussion um die künftige Rolle von UNEP häufig von der Alternative des „Katalysators" einerseits und einer exekutiv ausgerichteten Organisation andererseits ausgegangen. Diese Gegenüberstellung trifft aber nicht den Kern der Forderung, die von der Kommission gestellt wird. Entscheidend ist vielmehr, daß UNEP intern so ausgestaltet und seine Arbeit so ausgerichtet wird, daß die Organisation die Aufgabe der Vertretung der Umweltbelange bei der Artikulation der Problemlage, der Definition des Interesses der Staatengemeinschaft und der Formulierung von Vorschlägen für notwendige Maßnahmen effektiv wahrnehmen kann. Dies gilt sowohl im Verhältnis zu den Staaten als auch gegenüber anderen internationalen Organisationen, deren Arbeit auf den Zustand der Umwelt einwirkt.

Hierzu bedarf UNEP auch intern der wissenschaftlichen und technologischen Autorität, die oben bereits allgemein als Voraussetzung für die erfolgreiche Arbeit einer Organisation genannt worden ist.

Die hier vertretene Konzeption geht über die Absprachen hinaus, die in Rio de Janeiro erreicht werden konnten. Sie enthält aber vor dem Hintergrund der bestehenden internationalen Organisationen nichts Besonderes oder Neues; sie zielt lediglich darauf ab, UNEP in Zukunft so neu zu gestalten, daß seine Aufgabe und Stellung vergleichbar wird mit der Struktur und der Kompetenz bestehender Organisationen: UNEP soll für den Bereich der Umwelt international neue Funktionen übernehmen, wie sie die Weltbank für die Entwicklung der Dritten Welt, der Internationale Währungsfonds (IWF) für die Stabilität der Währung oder neuerdings die Welthandelsorganisation (WTO) für die Belange des internationalen Handels wahrnehmen. Dabei muß insbesondere darauf geachtet werden, daß der Umwelt- und Klimaschutz nicht auf eine neue und ökonomisch schwache Organisation abgeschoben wird, sondern in die Aktivitäten von Weltbank, IWF und WTO als zumindest gleichrangiges Ziel integriert wird. Derzeit ist dies auch nicht annähernd der Fall.

3. UNEP muß auch eine Rolle bei der Überwachung und Vernetzung der globalen Umweltverträge erhalten. Dies gilt für die bestehenden Vereinbarungen zum Schutz des Klimas und zur Förderung der Artenvielfalt, aber auch für die noch ausstehenden Vereinbarungen zum Schutz der Wälder, zum Schutz der internationalen Gewässer und zur Bekämpfung der Ausbreitung der Wüste.

4. Die institutionelle Ausgestaltung der internationalen Umweltpolitik wird künftig stärker als bisher beachten müssen, daß eine Reihe von Sonderorganisationen der Vereinten Nationen Tätigkeiten ausübt, die sich negativ oder positiv auf den Zustand der Umwelt auswirken. Im Vordergrund der internationalen Diskussion steht insoweit derzeit die künftige Aufgabe der WTO. Auch die Projekte der Weltbank bedürfen aber ständig der Überprüfung im Lichte der Ziele der Umweltpolitik, wobei anzuerkennen ist, daß die Weltbank in den vergangenen Jahren ihre interne Organisation verstärkt auf Umweltbelange ausgerichtet hat. Zu überprüfen ist schließlich insoweit auch die bisher international wenig erörterte Aufgabenstellung des IWF und der internationalen Banken auf der Regionalebene. Die bisherigen Ansätze zur umweltpolitischen Durchleuchtung der Tätigkeit dieser Organisation müßten erheblich verstärkt werden. Dabei können diese Sonderorganisationen nicht mit Hinweis auf die Existenz von UNEP ihre umweltpolitische Verpflichtung negieren oder reduzieren: Innerhalb ihres Mandats müssen diese Organisationen selbst aktiv werden und ihr umweltpolitisches Engagement nachweisen. UNEP wird auch künftig nicht imstande sein, die Tätigkeit dieser Organisationen zu ersetzen; indes wird seine Aufgabe verstärkt darin bestehen, deren umweltpolitische Dimension aufzuzeigen, die Ziele aufzuzeigen und – wenn auch ohne formelle Kontrollbefugnisse – über deren Einhaltung zu wachen und die internationale Öffentlichkeit über die Ergebnisse zu informieren. Auch für diese neue Aufgabe braucht UNEP mehr als bisher international anerkannten Sachverstand und korrespondierende Autorität. Keineswegs sollte diese Forderung aber so ausgelegt werden, daß andere Organisationen darauf verzichten, innerhalb ihres Mandats eigenständig zum Schutz der Umwelt tätig zu werden.

5. Vieles spricht dafür, daß sich die wirtschaftspolitischen Handlungsräume zunehmend über nationale Grenzen ausweiten und stärker in rechtlich verfaßte Großregionen mit stark wirtschaftlicher Zielsetzung eingebettet werden. Die Europäische Union hat insoweit weltweit eine Vorreiterrolle gespielt. Der Zusammenschluß der USA, Kanadas und Mexikos (NAFTA) folgt in wesentlichen Zügen diesem Organisationsmuster. In Lateinamerika kann mit Mercosur gleichfalls eine große wirtschaftliche Region entstehen. Ein erster Rahmen für eine weitere Formalisierung der künftigen regionalen Blöcke besteht auch in der ASEAN und in APEC. Geht man davon aus, daß sich der Schwerpunkt wirtschaftlichen Handelns künftig weg vom Einzelstaat auf diese regionalen Gruppierungen verlagert, so ergeben sich daraus umweltpolitische Konsequenzen. So wird es darum gehen, ob und in welchem Rahmen die rechtlichen Vereinbarungen für diese Regional-

blöcke den Schutz der Umwelt in ihre Zielsetzungen aufnehmen und ihn rechtlich gewährleisten. Bereits die Diskussionen um die umweltpolitischen Bezüge von NAFTA haben die Bedeutung dieser Frage klargemacht.

Die umweltpolitische Einbindung dieser künftigen Blöcke wird die Probleme und Chancen der Umweltpolitik wesentlich prägen.

Gilt dies schon aus der Sicht der jeweils einzelnen Region, so wird dieser Befund noch deutlicher im Lichte einer Betrachtung, die sich der wettbewerbspolitischen Situation zwischen diesen künftigen Blöcken zuwendet. Es bedarf keiner weiteren Begründung, daß Differenzen zwischen den umweltpolitischen Standards der Blöcke Rückwirkungen auf die jeweiligen Wettbewerbschancen nach sich ziehen könnten. Im übrigen wird es unabhängig von Wettbewerbsbezügen darauf ankommen, daß bei globalen umweltpolitischen Bezügen – wie etwa im Bereich der Bekämpfung des Treibhauseffektes – jeder Block seinen angemessenen Beitrag leistet. Bei der Frage der Harmonisierung der Standards könnte ein erneuertes UNEP, aber auch eine umweltbewußte WTO wesentliche Beiträge leisten.

Eine starke, regionale, umweltpolitische Ausrichtung wird schließlich auch in jenen Räumen anzustreben sein, die nicht regional organisiert sind.

In Räumen, insbesondere in Afrika, in denen keine regionalen Strukturen bestehen, bedarf es der verstärkten regionalen Abstimmung von Umweltpolitiken. Bei der internationalen Förderung von Umweltvorhaben ist stärker als bisher zu berücksichtigen, daß eine einzelstaatlich begrenzte Kooperation in solchen Regionen kaum Erfolg verspricht.

Hier wird es also darum gehen, den Rahmen der Entwicklungspolitik und der Konzeption internationaler Organisationen weniger national und stärker regional zu bestimmen.

6. Schließlich gilt es, sektorell künftig auch wieder stärker die Möglichkeiten bilateraler Umweltpolitik zu erkennen und zu nutzen. Diese Forderung steht nicht im Widerspruch zum Verlangen nach einer Stärkung der internationalen Organisationen, insbesondere der Vereinten Nationen. Vielmehr geht es um die Ergänzung der Zielsetzung durch bilaterales Zusammenwirken. Die Mittel nationaler Entwicklungspolitik werden auch künftig nicht zugunsten der Zuweisungen an multilaterale Organisationen austrocknen, so daß schon insoweit Möglichkeiten und Notwendigkeiten der angemessenen Umweltpolitik im bilateralen Raum verbleiben. Im übrigen wird es durchaus Bereiche geben, in denen ein Konsens auf internationaler Ebene, wie

er Voraussetzung für eine multilaterale Politik ist, nicht oder noch nicht besteht. In einem solchen Fall bietet der bilaterale Ansatz auch künftig den Rahmen für umweltpolitische Akzentsetzungen. Innerhalb eines solchen Konzepts erscheint es im Bereich der Klimapolitik wünschenswert, daß sowohl auf Seiten der Industriestaaten als auch auf Seiten der Entwicklungsländer Staaten mit bedeutenden Emissionen einbezogen werden, so etwa Japan und die USA sowie China, Indien und Rußland; eine solche Strategie ist auch für den Bereich der gemeinsamen Umsetzung (Kap. 2.1.5) anzustreben.

Mehr als bisher ist künftig schließlich auch zu erörtern, welche Chancen sich umweltpolitisch durch eine Abstimmung bilateraler Umweltpolitik in der umweltbezogenen Entwicklungspolitik mit befreundeten Ländern ergeben. Dies wird insbesondere von Belang sein, wenn umweltpolitische Zielsetzungen international noch nicht voll abgestimmt sind, weil die Diskussion erst am Beginn steht. Sollte sich im übrigen die oben geforderte stärkere Betonung der Abstimmung nationaler Politik – einschließlich der Entwicklungspolitik – mittels der Stärkung von UNEP und anderer internationaler Mechanismen nur langsam verwirklichen lassen, so könnte dieser Ansatz der multilateralen Abstimmung bilateraler Politik ebenfalls eine wichtige Alternative zur nationalen Bestimmung der Umweltpolitik darstellen.

Die Bundesregierung wird aufgefordert, im Sinne der hier erörterten Eckpunkte die Möglichkeit einer verstärkten institutionellen Absicherung der globalen Umweltpolitik zu prüfen und entsprechende Vorschläge zu erarbeiten. Die Bundesregierung wird gebeten, einen Bericht zu diesen Fragen bis Mitte 1996 vorzulegen.

Anhang 1 zum Gesamtbericht

Prof. Dr. Wilfrid Bach:
Konkrete kommunale Klimaschutzpolitik am Beispiel Münsters

Die Enquete-Kommission „Schutz der Erdatmosphäre" hat im Rahmen des Deutschen Umwelttages am 21. September 1992 in Frankfurt eine Anhörung zum Thema „Kommunale Energie- und Verkehrskonzepte zum Klimaschutz" abgehalten (EKDB 1992, Bach 1992, 1994a). Zweck der Anhörung war die Befragung von Vertretern von Städten und Stadtwerken sowie Verbänden und Bündnissen, die sich bei der Erarbeitung von kommunalen integrierten Klimaschutzkonzepten (Energie- und Verkehrskonzepten) besonders hervorgetan haben. Die Kommission wollte wissen, ob das nationale CO_2-Reduktionsziel von 25–30 % bis 2005 gegenüber 1987 für erreichbar gehalten wird, welche Rahmenbedingungen gegebenenfalls geändert werden müssen und welche kommunalen Handlungsspielräume bestehen. Die einhellige Meinung war, daß dieses Ziel nur bei einer entsprechenden Änderung der Energie-, Verkehrs- und Umweltpolitik auf Bundes- und EG-Ebene zu erreichen ist. Die Änderungsvorschläge bezogen sich auf ordnungspolitische Instrumente und Maßnahmen (wie z. B. die Novellierungen des Energiewirtschaftsgesetzes, der Wärmeschutzverordnung und des Energieeinspeisungsgesetzes), auf ökonomische und fiskalische Instrumente (wie z. B. eine Primärenergieabgabe und eine Erhöhung der Mineralölsteuer sowie die Förderung von Drittfinanzierungsmodellen, Contracting und Auditing) und planerische Instrumente inklusive Information und Beratung sowie Aus- und Fortbildung (u. a. die Weiterentwicklung von Energiekonzepten zu integrierten Klimaschutzkonzepten).

Allgemeine Einigung bestand darüber, daß die kommunalen Handlungsspielräume für Eigeninitiativen größer sind, als gemeinhin vermutet wird. So kann z. B. der Stadtrat Einfluß nehmen auf die Gestaltung des Bebauungsplans durch Festlegung energetisch optimaler Bedingungen, wie z. B. Bebauungsdichte, Südausrichtung, Nahwärmeversorgung, Gestaltung der Baukörper, Betonung des ÖPNV, Ausbau des Radwegenetzes etc. Bei Verkauf oder Verpachtung von Bauland können Niedrigenergiehaus-Standards und die Nutzung erneuerbarer Energieträger vertraglich festgelegt werden.

Auch die Stadtwerke als Energiedienstleistungsunternehmen (EDU) können einen beträchtlichen Beitrag zur Energie- und Schadstoff-Reduzierung leisten, wenn sie z. B. die Bürger bei der Wärmedämmung ihrer Häuser und der Anschaffung der energiesparendsten Elektrogeräte und Lampen beraten; Brennwert- statt Heizkessel einbauen; nicht nur Erdgas, sondern vor allem fertige Wärme aus BHKW verkaufen; sowie Energie durch Kapital ersetzen etc.

Neben dem Wohnungsbaubereich bietet der Verkehrsbereich ein weites Betätigungsfeld. Niemand kann eine Kommune daran hindern, z. B. flächenhafte Verkehrsberuhigung durch Tempo-30-Zonen einzuführen; den motorisierten Individualverkehr (MIV) einzuschränken durch Änderung der Stellplatzverordnung zur Verminderung der Kurz- und Dauerparkplätze sowie durch Rückbau der Straßenflächen; dem Öffentlichen Personennahverkehr (ÖPNV) Vorrang einzuräumen durch eigene Busspuren, Bus- und Straßenbahn-Vorrangschaltung; den ÖPNV auf Kosten des MIV nicht aber des Fahrradverkehrs auszudehnen; übertragbare Monats-, Job- und Kombi-Fahrkarten einzuführen sowie das Fahrradwegenetz nutzerfreundlich auszubauen.

Im folgenden wird auf der Grundlage einer Detailstudie gezeigt, mit welchen konkreten Maßnahmen das nationale CO_2-Reduktionsziel von 25–30 % bis 2005 im Energie- und Verkehrsbereich in Münster realisiert werden kann. Die derzeitige Realisierbarkeit dieses Reduktionsziels unter den gegebenen Rahmenbedingungen wird abgeschätzt. Die Kosten von durchgeführten Förderprogrammen sowie der zukünftige Investitionsbedarf für Energieeinsparung und CO_2-Vermeidung werden erfaßt. Daraus werden einige Leitlinien für eine zukünftige kommunale Klimaschutzpolitik abgeleitet.

Eckdaten zur Struktur der Stadt

Münster hatte 1990 auf einer Fläche von ca. 300 km^2 eine Bevölkerung von rd. 275 000 Einwohnern, die sich auf ca. 49 000 Gebäude mit etwa 117 000 Wohnungen verteilten (Stadtwerke Münster 1987, 1993a). Der Niedertemperatur-Wärmemarkt war mit 3 344 GWh dominierend. An dieser Endenergienachfrage waren Gas mit 46,3 %, Öl mit 30,1 %, Fernwärme mit 17,6 %, Strom mit 5,2 % und sonstige mit 0,8 % beteiligt. Die Personenverkehrsleistung betrug 2,03 Mrd. Pkm. Davon entfielen 71,9 % auf den motorisierten Individualverkehr, 11,9 % auf das Fahrrad, 7,8 % auf den Bus, 4,3 % auf die Bahn, 3,2 % auf den Fußverkehr und 0,9 % auf das Motorrad. Am Primärenergieverbrauch von 9 092 GWh waren die Niedertemperaturwärme mit ca. 41 %, die Prozeßwärme mit 3 %, d. h. der Gesamtwärmemarkt mit rd. 45 %, und die Bereiche Licht und Kraft mit 29% sowie Verkehr mit 26% beteiligt. Zum Gesamt-CO_2-Ausstoß von ca. 2,3 Mio. t trugen die Niedertemperaturwärme rd. 44%, der Strom rd. 28% und der Verkehr fast 28% bei. Der pro Kopf CO_2-Ausstoß war mit 8,2 t/a im Vergleich zum deutschen Durchschnitt von rd. 13,3 t/a niedrig, was u. a. die Wirtschaftsstruktur mit relativ wenigen Großemittenten und eine Verkehrsstruktur mit einem relativ hohen Anteil an Fahrradfahrern und Fußgängern widerspiegelt.

Möglichkeiten zur Realisierung des 30%igen CO_2-Emissionsreduktionsziels im Energiebereich

Tabelle 1 zeigt, daß Münsters CO_2-Ausstoß 1990 2 266 000 t betrug, wovon bis 2005 rd. 30% oder etwa 680 000 t reduziert werden sollen. Ferner sind die CO_2-Emissionen für 1990 und 2005 sowie die Reduktionen jeder Einzelmaßnahme (ohne Berücksichtigung von Wechselwirkungen) und jeder Maßnahme im Gesamtpaket (mit Berücksichtigung der Kompensation von Überschneidungen einzelner Maßnahmen) angegeben. Die Zahlenangaben in den folgenden Abschnitten beziehen sich auf Einzelmaßnahmen. Schließlich zeigt die Tabelle das nach Durchführung jeder Maßnahme noch verbleibende Reduktionssoll an. Die folgenden Berechnungen des Reduktionspotentials der jeweiligen Maßnahme wurden mit einer modifizierten Form des von Bach et al. (1993) entwickelten Energiemodells PROGRES (Programm zur Entwicklung von Energie-Szenarien) durchgeführt. Der Modellinput beruht im wesentlichen auf den Daten der Stadtwerke Münster (1993a) sowie den für Münster erstellten Prognosstudien für Energie (Sättler und Masuhr, 1992) und Verkehr (Eland et al., 1992). Die einzelnen Maßnahmen und die sich daraus ergebenden CO_2-Reduktionen sind für die folgenden Abschnitte in Tabelle 1 zusammengestellt.

Neubau nach Wärmeschutzverordnungen (WSV 82/84 sowie 93/95) und nach Niedrigenergiehaus- (NEH) Standard.

Jeder Neubau verursacht zusätzliche Emissionen. Deshalb ist es sehr wichtig, nach welchem Standard gebaut wird. Für den bis 2005 vorgesehenen Zubau von 15 000 Wohnungen werden folgende Annahmen gemacht. Bis 1995 werden nach der WSV 82/84 ca. 3 000 Wohnungen in Mehrfamilien/Reihenhäusern (MFH/RH) und ca. 2 000 Wohnungen in Einfamilienhäusern (EFH) gebaut; von 1995 bis 2005 kommen gemäß WSV 93/95 ca. 6 000 Wohnungen in MFH/RH und ca. 4 000 Wohnungen in EFH hinzu. Dies würde unter der Annahme einer Gasversorgung aller Neubauten bis 2005 zu einem Wärmemehrverbrauch von 116 GWh/a und zu einem CO_2-Mehrausstoß von 31 kt/a führen. Bei einem Neubau

Tabelle 1: Möglichkeiten der Realisierung des 30%igen CO_2-Reduktionsziels der Bundesregierung im Energiebereich in der Stadt Münster, CO_2-Emission in 1990: 2 266 000 t, CO_2-Reduktion bis 2005: ca. 680 000 t

Bereiche/Maßnahmen	CO_2-Emissionen						Verbl. Red.-Soll nach jedem Reduktionsschritt Ausgangswert: 680 kt
	1990	2005	Einzelmaßn.[1]) 1990–2005		Maßn. im Gesamtpaket[2]) 1990–2005		
	kt	kt	%	kt	%	kt	kt
Energiebereich							
Niedertemperaturw. (HH+KV)	962						
– Neubau (WSV 82/84; 93/95)			*3,2*	31	*3,2*	31	711
– Neubau (NEH-Standard)			*– 0,5*	– 5	*– 0,4*	– 4	707
– Altbausanierung			*–12,3*	–118	*–10,0*	– 96	611
– KV (Gebäudesanierung)			*– 5,5*	– 53	*– 4,5*	– 43	568
– Verbess. Heizungstechnik			*–10,8*	–104	*– 8,8*	– 85	483
– Stromsubstitution			*– 5,0*	– 48	*– 4,1*	– 39	444
– Solare Warmwasserber.			*– 2,7*	– 26	*– 2,2*	– 21	423
– 25 zusätzliche BHKW			*– 2,9*	– 24	*– 2,0*	– 20	403
– Nutzungsgradverb. (HKW)			*– 3,2*	– 31	*– 2,6*	– 25	378
– Teilw. Kohlesubst. (HKW)			*– 6,2*	– 60	*– 5,1*	– 49	329
Summe NTW	962	610			*–36,6*	–352	329
Prozeßwärme	71	64	*– 9,9*	– 7	*– 9,9*	– 7	322
Summe Wärme	1 033	674			*–34,8*	–359	322

Fortsetzung Tabelle 1

Bereiche/Maßnahmen	CO_2-Emissionen 1990	2005	Einzelmaßn.[1] 1990–2005		Maßn. im Gesamtpaket[2] 1990–2005		Verbl. Red.-Soll nach jedem Reduktionsschritt Ausgangswert: 680 kt
	kt	kt	%	kt	%	kt	kt
Strom	610						
– Mehrverbrauch			*20,7*	126	*20,7*	126	448
– Effizientere Nutzung			*–29,5*	–180	*–28,4*	–173	275
– Nutzungsgradverb. (VEW)			*–22,5*	–137	*–21,6*	–132	143
Summe Strom	610	431			*–29,3*	–179	143
Summe Energiebereich	1 643	1 105			*–32,7*	–538	143

1) Jede Maßnahme wird ohne Berücksichtigung der Wechselwirkungen berechnet.
2) Im Gesamtpaket wird die Überschneidung der Einzelmaßnahmen kompensiert.
HH = Haushalte, KV = Kleinverbraucher, WSV = Wärmeschutzverordnung, NEH = Niedrigenergiehaus, BHKW = Blockheizkraftwerk, HKW = Heizkraftwerke Hafen und Uni, NTW = Niedertemperaturwärme, VEW = Vereinigte Elektrizitätswerke Westfalen
Datenbasis: Stadtwerke Münster (1993)

Quelle: Bach und Lechtenböhmer (1994)

nach der WSV 82/84 bis 1995 und NEH-Bauweise ab 1995 wären zwar der Wärmeverbrauch ca. 22 GWh/a und der CO_2-Ausstoß etwa 5 kt/a geringer als bei einer Bauweise nur nach der geltenden WSV. Insgesamt würden jedoch auch bei NEH-Bauweise der Wärmeverbrauch noch um 94 GWh/a und die CO_2-Emission noch um 26 kt/a zunehmen.

Altbausanierung. Der Endenergieverbrauch (EEV) in bestehenden Wohngebäuden betrug 1990 ca. 2 200 GWh. Unter der Annahme, daß im Turnus von 15 Jahren etwa 40% aller Wohnungen saniert und dabei ca. 50% des Jahreswärmeverbrauchs eingespart würden, ließen sich ca. 407 GWh/a an Wärmeenergie einsparen bzw. 118 kt CO_2 vermeiden oder rd. 20% des CO_2-Ausstoßes durch Heizenergie im Altbaubereich reduzieren. Da die novellierte WSV von 1993/95 den Altbestand kaum berücksichtigt, ist – realistisch betrachtet – nur mit einer geringen Ausschöpfung des vorhandenen beträchtlichen Einsparpotentials zu rechnen.

Gebäudesanierung im Bereich Kleinverbrauch. Zu diesem Bereich gehören in Münster vor allem Verwaltungsgebäude, Krankenhäuser, Universität und Fachhochschule, Versicherungen, Banken und Geschäftshäuser etc. Der EEV betrug 1990 1 144 GWh. Analog zur Altbausanierung wird eine 20ïge Reduktion angenommen. Dadurch könnten 183 GWh/a an Wärmeenergie eingespart und rd. 53 kt/a an CO_2-Ausstoß vermieden werden.

Verbesserung der Heizungstechnik. Hier werden, wie von Prognos (Sättler und Masuhr, 1992) angenommen, alle Heizungsgeräte im Gas- und Ölbereich im Rahmen des normalen Ersatzzyklus innerhalb der nächsten 15 Jahre durch moderne Brennwerttechnik ersetzt. Dadurch würden sich für Gas bzw. Öl die Wirkungsgrade von 74% bzw. 72% auf 90% bzw. 88% erhöhen. Das könnte zu einer Energieeinsparung von ca. 458 GWh/a und zu einer CO_2-Vermeidung von etwa 104 kt/a führen.

Stromsubstitution im Wärmemarkt. Der Stromeinsatz im Wärmemarkt betrug 1990 ca. 173 GWh. Davon sollen nach Prognos ca. 75% durch Gasheizungen mit einem Wirkungsgrad von 74% ersetzt werden. Der spezifische CO_2-Ausstoß beträgt hier für 1 GWh Strom etwa 636 t und für 1 GWh Gas ca. 200 t. Durch Herausnahme des Stroms aus dem Wärmemarkt, wo sein Einsatz wenig sinnvoll ist, könnten in Münster rd. 48 kt/a CO_2 vermieden werden.

Solare Warmwasserbereitung. Knapp 13% der Niedertemperaturwärme (NTW) wurden 1990 für die Warmwasserbereitstellung eingesetzt. Davon sollen etwa 22% oder 96 GWh/a EEV durch Sonnenenergie ersetzt werden (Weik et al., 1993). Der durchschnittliche CO_2-Ausstoß pro GWh für den Gas/Öl/Fernwärme-Mix läßt sich für Münster im Jahre

1990 zu etwa 268 t berechnen. Durch die Umstellung von der herkömmlichen auf die solare Warmwasserbereitung ließen sich ca. 26 kt CO_2/a vermeiden.

Zubau von Blockheizkraftwerken (BHKW). In Münster sind derzeit die BHKW Toppheide (Bundesfinanzschule), Coerde (Deponie und Kläranlage) sowie Hiltrup (Schule und Hallenbad) in Betrieb. Prognos sieht im Ziel-Szenario bis 2005 ca. 10 gasbetriebene BHKW vor, die rd. 20 GWh/a Strom erzeugen sollen (Sättler und Masuhr, 1992). Meier (1993) ermittelte ein Nutzenergiepotential von 97 GWh/a. Es wird hier die Annahme gemacht, daß dieses Potential durch 25 BHKW unterschiedlicher Größe bereitgestellt wird. Die Spezifizierungen des BHKW Toppheide mit einem Gesamtwirkungsgrad von 86% und einem Splitting von 65% Wärme und 35% Stromproduktion werden übernommen (Stadtwerke Münster, o. J.). Weiter wird angenommen, daß 50% Öl und 50% Gas mit einem gemittelten CO_2-Ausstoß von 235 t/GWh verdrängt werden. Die Abschätzungen zeigen, daß sich durch die Verdrängung von Öl und Gas durch Nahwärme aus 25 BHKW bis zum Jahre 2005 ein CO_2-Ausstoß von 24 kt/a vermeiden ließe.

Nutzungsgradverbesserung von Heizkraftwerken (HKW). In der Stadt Münster werden 2 HKW betrieben, das HKW-Hafen von den Stadtwerken und das HKW-Uni von der Universität. Die HKW setzten 1990 990 bzw. 163 GWh Brennstoff ein und zwar vorwiegend Kohle.

Hier wird die Annahme von Prognos einer Nutzungsgradverbesserung bei Erzeugung und Verteilung um knapp 6% von gegenwärtig 64,7% auf 70,5% übernommen . Dadurch könnte der CO_2-Ausstoß aus den beiden HKW immerhin um ca. 31 kt/a verringert werden.

Teilweise Substitution von Kohle durch Gas in den HKW. Der gegenwärtige HKW-Park der Stadtwerke Münster besteht aus: Block 1 (1977) 50 MW_{th}, 25 MW_{el}, Gas und Öl seit 1991, Einsatz in der Spitzenlast; Block 2 (1977) 50 MW_{th}, 25 MW_{el}, Kohlenstaub mit DESONOX-Anlage zur SO_2- und NO_x-Reduzierung seit 1992, Einsatz in der Mittellast; Block 3 (1985) 60 MW_{th}, 27,5 MW_{el}, Kohlenstaub mit DESONOX seit 1990, Einsatz in der Grundlast; 2 Gas-Spitzenkesseln (1977) 104 MW_{th}, Einsatz in der Spitzen- und Sommerlast. Bei einem Einsatz von etwa 115 000 t Steinkohle und geringen Mengen Gas und Öl betrug 1990 der CO_2-Ausstoß etwa 324 000 t. Die Stadtwerke haben laut Jahrhundertvertrag eine Abnahmeverpflichtung von ca. 100 000 t Kohle bis 1995. Die Investitionssumme für die erst 1990 und 1992 errichteten DESONOX-Anlagen belief sich auf etwa 70 Mio. DM.

Für diese schwierigen Rahmenbedingungen wurden die folgenden 6 möglichen Reduktions-Varianten durchgerechnet:

- Variante 1: Umrüsten aller 3 Blöcke auf Gas-GuD, CO_2-Vermeidung: 121 kt/a
- Variante 2: Umstellung der Blöcke 2 und 3 auf Gas, CO_2-Vermeidung: 110 kt/a
- Variante 3: Umstellung von Block 2 auf Gas und veränderte Betriebsweise, (Kohle nur noch in der Spitzenlast) CO_2-Vermeidung: 103 kt/a
- Variante 4: Umbau der Blöcke 2 und 3 zu Kombiblöcken (mit vorgeschalteter Gasturbine), CO_2-Vermeidung: 49 kt/a
- Variante 5: Umstellung von Block 2 auf Gas, CO_2-Vermeidung: 46 kt/a
- Variante 6: Veränderte Fahrweise der Blöcke 1 und 2, CO_2-Vermeidung: 38 kt/a

Das mit Kohle gefahrene HKW-Uni (163 GWh/a) verursachte 1990 einen CO_2-Ausstoß von ca. 54 kt. Bei einer vollständigen Umstellung auf Gas könnten ca. 21 kt CO_2/a vermieden werden. Zusammen mit der niedrigsten Variante 6 des HKW-Hafen könnte der CO_2-Ausstoß aus beiden HKW um rd. 60 kt CO_2/a verringert werden. Welche dieser oder auch noch anderer Varianten sich realisieren lassen, hängt u. a. von der deutschen und internationalen Kohlepolitik ab. Nach dem Artikelgesetz zur Energiepolitik vom 20. Mai 1994 soll ab 1996 die heimische Steinkohlefördermenge für die Erzeugung von Strom und Fernwärme ca. 35 Mio. t SKE/a und für die Stahlherstellung etwa 15 Mio. t SKE/a betragen. Durch die Öffnung des Energiemarktes (EU, GATT) kommen noch etwa 30–35 Mio. t SKE/a an Importkohle hinzu (Loske und Hennicke, 1994; Michaelis 1994; Uhlmannsiek, 1994; Bach 1994b).

Prozeßwärme. Die Prozeßwärme betrug 1990 rd. 347 GWh und erreichte damit nur etwa 10% der NTW. Der CO_2-Ausstoß belief sich auf ca. 71 kt/a. Die Prozeßwärme wird in industrieeigenen Heizwerken produziert, wobei sich ca. 80% auf nur zwei Industriebetriebe konzentrieren. Während die Stadtwerke Münster (1993a) in ihrer BASIS-Prognose von einer 15%igen Zunahme ausgehen, ist eher eine 10%ige Reduktion angebracht. Diese könnte durch technische Verbesserungen vor allem bei der Wärmerückgewinnung und der Prozeßsteuerung relativ problemlos erreicht werden (Eckerle et al., 1991), was insgesamt zu einer CO_2-Vermeidung von etwa 7 kt/a führen würde.

Insgesamt könnte mit den hier betrachteten Maßnahmen im Wärmebereich ein CO_2-Ausstoß von 359 kt/a oder rd. 35% (ausgedrückt als Gesamtmaßnahmenpaket) bis 2005 vermieden werden (Tabelle 1).

Strommehrverbrauch, effizientere Nutzung und teilweise Kohlesubstitution. Hier werden die Annahmen von Prognos (Sättler und Masuhr, 1992) im Status-quo-Szenario übernommen, das u. a. wegen des Wirtschaftswachstums, mehr Single-Haushalten, erhöhtem Geräteausstattungsgrad und anderem Gerätemix, für 2005 von folgendem Mehrverbrauch ausgeht: Im Bereich Haushalte, Dienstleistungen und Industrie von je 20%, im Bereich Gewerbe von 25%, im Bereich Sonstige von 10% und insgesamt von ca 20%. Der Strom Münsters stammte 1990 überwiegend aus dem VEW-(Vereinigte Elektrizitätswerke Westfalen) Kraftwerksmix mit einem spezifischen CO_2-Ausstoß von 636 t/GWhStrom. Der zusätzliche Stromverbrauch würde einen CO_2-Mehrausstoß von ca. 126 kt/a oder ca. 21% verursachen.

In Anlehnung an Prognos wird folgende Effizienzsteigerung bis 2005 angenommen: In den Bereichen Haushalte 30%, Industrie 23%, Gewerbe und Dienstleistungen je 22% und Sonstige 17%. Daraus läßt sich eine CO_2-Vermeidung von rd. 180 kt/a oder ca. 30% berechnen. Insgesamt läßt der Mehrverbrauch eine CO_2-Vermeidung von nur ca. 54 kt/a oder etwa 9% zu.

Darüber hinaus wurde die mögliche CO_2-Vermeidung einer Nutzungsgradverbesserung im VEW-Kraftwerkspark und eine damit einhergehende teilweise Kohlesubstitution durch Gas untersucht. Der Gesamtnutzungsgrad einschließlich aller Erzeugungs- und Verteilungsverluste betrug 1990 für VEW-Strom rd. 35%. Die Netz- und Transformationsverluste im Stadtwerkenetz Münsters betrugen 3,8% und die Verluste im VEW-Netz beliefen sich auf 0,5%, woraus ein Nettonutzungsgrad von etwa 36,5% für den VEW-Kraftwerkspark resultierte. Der CO_2-emittierende VEW-Kraftwerksmix bestand 1990 zu 59% aus Steinkohle und zu 13% aus Gas.

Für die Modernisierung des VEW-Kondensationskraftwerksparks bis zum Jahre 2005 wurden folgende Annahmen gemacht: Die Gaskraftwerke werden durch moderne Gas-GuD-Anlagen mit Netto-Nutzungsgraden von ca. 60% ersetzt (Fritsche et al., 1992). Dadurch steigt die Stromproduktion in den Gaskraftwerken von einem Anteil von 13% (1990) auf ca. 21% (2005), und der Anteil von Kohlestrom sinkt von 59% (1990) auf ca. 51% (2005). Gleichzeitig werden auch die Steinkohlekraftwerke modernisiert und zwar von einem Netto-Nutzungsgrad von 36,5% (1990) auf ca. 42% (2005). Dies ist sowohl durch integrierte Kohlevergasungs-Kombikraftwerke (ca. 42%), als auch mit Dampfturbinen und Kombikraftwerken (bis zu 44%) zu erreichen (Fritsche et al., 1992). Durch die Nutzungsgradverbesserung der VEW-Gas- und Steinkohlekraftwerke und der damit einhergehenden teilweisen Kohlesubstitution ließe sich der spezifische Emissionsfaktor des VEW-Stroms um ca. 23% von 636 auf 493 t CO_2/GWh reduzieren. Bezogen auf Münsters Stromverbrauch für Licht, Kraft und Kommunikation von 959 GWh (1990) bedeutet das bis 2005 eine Reduktion des CO_2-Ausstoßes von 610 kt/a auf 473 kt/a und damit eine CO_2-Vermeidung von 137 kt/a.

Insgesamt könnten im Strombereich im Maßnahmenpaket etwa 180 kt CO_2/a oder fast 30% vermieden werden. Diese Möglichkeiten ließen sich besser ausschöpfen, wenn in der zur Novellierung anstehenden Wärmenutzungsverordnung Wirkungsgradverbesserungen im Kraftwerkssektor gesetzlich vorgeschrieben würden.

Für den gesamten Energiebereich würden die hier untersuchten realistischen Maßnahmen zu einer CO_2-Vermeidung von 538 kt/a oder fast 33% führen (Tabelle 1).

Möglichkeiten zur Realisierung des 30%igen CO_2-Emissionsreduktionsziels im Verkehrsbereich

Zusätzlicher Verkehr. Für den gesamten Verkehrsbereich betrug 1990 die CO_2-Emission ca. 623 kt, wovon der motorisierte Individualverkehr (MIV) mit etwa 538 kt oder rd. 86% beteiligt war (Tabelle 2). Die überragende Rolle des MIV wird noch deutlicher, wenn sein Anteil von ca. 93% am Personenverkehr betrachtet wird. Ohne Maßnahmen wird der MIV auch in Zukunft noch weiter zunehmen. Nach dem BASIS-Szenario von Prognos (Eland et al., 1992) wird in Münster das Verkehrsaufkommen im MIV um etwa 5% und die Fahrleistung um ca. 10% bis 2005 gegenüber 1990 ansteigen. Dies ergibt bei gleicher Technik wie heute bis 2005 einen weiteren Anstieg des CO_2-Ausstoßes von etwa 54 kt oder 10,1% gegenüber dem MIV von 1990.

Für den umweltfreundlicheren Bus- und Bahnverkehr wird von Prognos bis zum Jahr 2005 durch zusätzlichen Verkehr eine CO_2-Zunahme von ca. 0,3 kt bzw. ca. 3 kt prognostiziert. Es ist klar, wenn im Verkehrsbereich CO_2 reduziert werden soll, dann muß vor allem beim MIV angesetzt werden. Im folgenden werden die CO_2-Reduktionsmöglichkeiten durch Verkehrsverlagerung und technische Effizienzsteigerung untersucht.

Verlagerung des MIV auf den Umweltverbund. Zum Umweltverbund gehören der NMV (der nicht motorisierte Verkehr wie Fahrrad- und Fußgängerverkehr), der ÖPNV (der öffentliche Personennahverkehr, in

Tabelle 2: Möglichkeiten der Realisierung des 30%igen CO_2-Reduktionsziels der Bundesregierung im Verkehrsbereich in der Stadt Münster, CO_2-Emission in 1990: 2 266 000 t, CO_2-Reduktion bis 2005: ca. 680 000 t

Bereiche/Maßnahmen	CO_2-Emission						Verbl. Red.-Soll nach jedem Reduktionsschritt Ausgangswert: 680 kt
	1990	2005	Einzelmaßn. 1990–2005		Maßn. im Gesamtpaket 1990–2005		
	kt	kt	%	kt	%	kt	kt
Verkehrsbereich[1])							
Personenverkehr							142,5
MIV[2])	538,5						
– Zusätzlicher Verkehr[3])		54,4	*10,1*	54,4	*10,1*	54,4	196,6
– Verlagerung							
– Pkw-Binnenverkehr	128,9	92,1	*–28,5*	– 36,8	*–25,2*	– 32,4	164,5
– Pkw-Quell- und Zielverkehr	409,6	337,7	*–17,6*	– 71,9	*–15,5*	– 63,4	101,1
Summe	538,5	429,8	*–20,2*	–108,7	*–17,8*	– 95,8	101,1
– Effizienzsteigerung							
– Pkw-Binnenverkehr	128,9	83,0	*–35,6*	– 45,9	*–31,4*	– 40,5	60,6
– Pkw-Quell- und Zielverkehr	409,6	300,4	*–26,7*	–109,2	*–23,5*	– 96,2	–35,6
Summe	538,5	383,4	*–28,8*	–155,1	*–25,4*	–136,7	–35,6
– Zusätzl. Verk., Verlag, und Effizienzsteigerung	538,5	360,4			*–33,1*	–178,1	–35,6
Bus	9,9						
– Zusätzlicher Verkehr[3])		0,3	*3,5*	0,3	*3,5*	0,3	–35,3
– Verlagerung							
– Binnenverkehr	6,3	8,5	*34,9*	2,2	*34,9*	2,2	–33,1
– Quell- und Zielverkehr	3,6	5,4	*50,0*	1,8	*50,0*	1,8	–31,3
Summe	9,9	13,9	*40,4*	4,0	*40,4*	4,0	–31,3

Fortsetzung Tabelle 2

Bereiche/Maßnahmen	CO_2-Emission						Verbl. Red.-Soll nach jedem Reduktionsschritt Ausgangswert: 680 kt
	1990	2005	Einzelmaßn. 1990–2005		Maßn. im Gesamtpaket 1990–2005		
	kt	kt	%	kt	%	kt	kt
– Effizienzsteigerung							
– Binnenverkehr	6,3	5,7	*– 9,5*	–0,6	*–13,4*	–0,8	–32,1
– Quell- und Zielverkehr	3,6	3,2	*–11,1*	–0,4	*–15,6*	–0,6	–32,7
Summe	9,9	8,9	*–10,1*	–1,0	*–14,2*	–1,4	–32,7
– Zusätzl. Verk., Verlag, und Effizienzsteigerung	9,9	12,8			*29,7*	2,9	–32,7
Bahn	33,1						
– Zusätzlicher Verkehr[3])		3,1	*9,3*	3,1	*9,3*	3,1	–29,6
– Verlagerung							
– Binnenverkehr	0,3	0,4	*33,3*	0,1	*33,3*	0,1	–29,5
– Quell- und Zielverkehr	32,8	71,5	*118,0*	38,7	*118,0*	38,7	9,2
Summe	33,1	71,9	*117,2*	38,8	*117,2*	38,8	9,2
– Effizienzsteigerung							
– Binnenverkehr	0,3	0,3	*–10,0*	0,0	*–21,7*	–0,1	9,2
– Quell- und Zielverkehr	32,8	29,8	*– 9,1*	–3,0	*–19,9*	–6,5	2,6
Summe	33,1	30,1	*– 9,2*	–3,0	*–19,9*	–6,6	2,6
– Zusätzl. Verk., Verlag, und Effizienzsteigerung	33,1	68,4			*106,6*	35,3	2,6
Summe Personenverkehr	581,5	441,6			*–24,1*	–139,9	2,6

Fortsetzung Tabelle 2

Bereiche/Maßnahmen	CO_2-Emission						Verbl. Red.-Soll nach jedem Reduktionsschritt Ausgangswert: 680 kt
	1990	2005	Einzelmaßn. 1990–2005		Maßn. im Gesamtpaket 1990–2005		
	kt	kt	%	kt	%	kt	kt
Straßengüterverkehr	36,0	41,0			*13,9*	5,0	7,6
Luftverkehr	6,0	33,0			*450,0*	27,0	34,6
Summe Verkehrsbereich	623,5	515,6			*–17,3*	–107,9	34,6
Insgesamt Energie u. Verkehrsber. ...	2 266	1 620			*–28,5*	–645,4	34,6

[1]) Berechnet aus Verkehrs- und Fahrleistung, sowie spezif. Kraftstoffverbräuchen und CO_2-Emissionsfaktoren nach Eland et al. (1992) und (Deiters, 1993).

[2]) MIV = motorisierter Individualverkehr.

[3]) Berechnet nach Eland et. al. (1992) unter der Annahme einer Zunahme von 10,1% für MIV, 3,5% für Bus und 9,3% für Bahn durch zusätzlichen Verkehr bis 2005.

Datenbasis: Eland et al. (1992); Deiters, (1993)

Quelle: Bach und Lechtenböhmer (1994)

Münster nur Busse) und der Bahnverkehr. Hier werden mögliche Verlagerungen im Binnenverkehr (Quelle und Ziel des Verkehrs liegen innerhalb des Stadtgebiets), im Quellverkehr (die Quelle des Verkehrs liegt innerhalb des Stadtgebiets) und im Zielverkehr (die Quelle des Verkehrs liegt außerhalb des Stadtgebiets) untersucht; und es wird dabei nach vier Verkehrszwecken differenziert. Im Gegensatz zur Prognos-Studie (Eland et al., 1992), die mit dem sogenannten Inlandskonzept nur die Verkehre innerhalb der Stadtgrenze Münsters betrachtet, wird hier nach dem Verursacherprinzip der gesamte Pendlerverkehr zwischen Stadt und Umland von der Quelle bis zum Ziel mit eingeschlossen (Deiters, 1993; Beirat für Klima und Energie, 1993; Bach, 1994 a). Das führt zu einem CO_2-Ausstoß im Personenverkehr von ca. 581 kt (Tabelle 2) oder etwa 26 % aller CO_2-Emissionen Münsters und ist damit fast doppelt so hoch wie die Prognos-Abschätzung. Wegen der Schwierigkeit der Zuordnung werden Durchgangsverkehre aller Art hier noch nicht berücksichtigt.

Im Binnenverkehr werden folgende Verlagerungen (Reduktionen) vom MIV zum Umweltverbund bei den Wegezwecken von 1990 bis 2005 vorgenommen: Im Bereich Beruf/Geschäft 30 %, Ausbildung 25 %, Einkauf 40 % und Freizeit 20 %. Im Quell- und Zielverkehr betragen die Verlagerungen jeweils: 20 % für Beruf/Geschäft, 40 % für Ausbildung, je 15 % für Einkauf und Freizeit. Insgesamt wird dadurch die Verkehrsleistung des MIV im Binnenverkehr um 182 Mio. Pkm (29 %) sowie im Quell- und Zielverkehr um 357 Mio. Pkm (18 %) reduziert. Diese reduzierte Verkehrsleistung des MIV wird entsprechend der Entfernungsstruktur der Wegezwecke nach KONTIV (1992) auf den NMV sowie Bus und Bahn verlagert. Die Minderung des CO_2-Ausstoßes durch Verlagerung des MIV auf umweltfreundlichere Verkehrsträger berechnet sich aus der verminderten Verkehrsleistung, dem durchschnittlichen Besetzungsgrad (hier 1,26 Personen/Fahrzeug), der reduzierten Fahrleistung, dem durchschnittlichen Kraftstoffverbrauch und den spezifischen CO_2-Emissionen. Dem stehen zusätzliche Emissionen im öffentlichen Verkehr (Bus und Bahn) gegenüber, die sich aus den zusätzlichen Verkehrsleistungen und spezifischen Emissionsfaktoren ergeben. Die Verlagerung des MIV auf den Umweltverbund führt einerseits zu einer CO_2-Abnahme von ca. 96 kt (ca. 64 kt im Quell- und Zielverkehr und ca. 32 kt im Binnenverkehr) und andererseits durch den zusätzlichen Bahnverkehr zu einer CO_2-Zunahme von ca. 39 kt (fast ausschließlich im Quell- und Zielverkehr) sowie den zusätzlichen Busverkehr zu einem CO_2-Mehrausstoß von ca. 4 kt (davon 2,2 kt im Binnenverkehr und 1,8 kt im Quell- und Zielverkehr). Per Saldo wird durch die Verkehrsverlagerung eine CO_2-Reduktion von etwa 53 kt im Gesamtmaßnahmenpaket erreicht (Tabelle 2).

Effizienzsteigerung. Mit der kommunalpolitischen Maßnahme einer Verkehrsverlagerung allein ist das 25 bis 30ïge CO_2-Reduktionsziel bis 2005 nicht zu erreichen. Es soll deshalb noch die Größenordnung einer bundespolitischen Maßnahme, nämlich über effizienteren Kraftstoffverbrauch CO_2-Minderungen zu erreichen, abgeschätzt werden. In Anlehnung an Prognos (Eland et al., 1992) werden für die Änderungen von 1990 bis 2005 die folgenden eher moderaten Maßnahmen betrachtet: Die durchschnittlichen Kraftstoffverbräuche für Otto- bzw. Dieselmotoren verbessern sich von 11,1 l auf 8,4 l/100 km bzw. von 9,1 auf 6,4 l/100 km; die Anteile der Otto-Pkw verringern sich von 80 auf 65%, während die Diesel-Pkw-Anteile von 20 auf 35% ansteigen; die spezifischen CO_2-Emissionsfaktoren für Otto- bzw. Diesel-Kraftstoff bleiben mit 2,34 kg/l bzw. 2,64 kg/l konstant; dagegen nehmen sie für Busse von 51,5 auf 46,7 g/Pkm und für die Bahn von 145,9 auf 132,8 g/Pkm ab. Durch effizienteren Energieeinsatz könnte der CO_2-Ausstoß im Verkehrsbereich Münsters, dargestellt im Gesamtmaßnahmenpaket, um ca. 137 kt verringert werden, wobei Bahn bzw. Bus mit ca. 7 kt bzw. ca. 1 kt nur eine untergeordnete Rolle spielen (Tabelle 2).

Straßengüter- und Luftverkehr. Für den Straßengüterverkehr liegen noch keine detaillierten Untersuchungen vor. Hier werden die Abschätzmengen des Basis-Szenarios von Prognos (Eland et al., 1992) übernommen, das für 2005 einen CO_2-Ausstoß von 41 kt und gegenüber 1990 einen Anstieg von rd. 14% postuliert (Tabelle 2).

Auch für die CO_2-Emissionsanteile des Flughafens Münster/Osnabrück (FMO), die Münster anzulasten wären, liegen bisher keine genauen Angaben vor. Allerdings gibt es einige Daten, die eine Grobabschätzung erlauben. Die von Eland et al. (1992) berechneten rd. 11 kt CO_2 des FMO werden zur Hälfte dem Emissionskonto Münsters zugeschlagen. Den 272 000 Fluggästen in 1991 (Hoffschulte, 1992) entsprechen nach Eland et al. (1992) etwa 24 317 LTO-Zyklen (landing-take-off). Die erhofften 1 Mio. Fluggäste in 2005 würden beim vermehrten Einsatz größerer Flugzeuge mit 33 Fluggästen/LTO (1990: 11 Fluggäste/LTO) etwa 90 000 LTO erfordern. Gegenwärtig haben rd. 95% aller Flugzeuge ein Startgewicht von < 20 t bei einer spezifischen CO_2-Emission von etwa 0,45 t/LTO, und 5% der Flugzeuge emittieren bei einem Startgewicht > 20 t etwa 2,80 t/LTO (berechnet nach Eland et al., 1992). Unter der plausiblen Annahme, daß sich bei der angenommenen Fahrgastzunahme und der geplanten Verlängerung der Startbahn der Anteil der Flugzeuge > 20 t auf 25% erhöht, wäre ohne Einleitung von Gegenmaßnahmen in 2005 mit einer Verfünffachung des CO_2-Ausstoßes von rd. 6 auf etwa 33 kt/a zu rechnen. In dieser Abschätzung ist noch nicht der beträchtliche CO_2-Emissionsanteil vor allem aus der Reiseflugphase enthalten, der zwar außerhalb der Flugplatzbegrenzung produziert, aber anteilsmäßig auch von Münster initiiert wird. Darüber hinaus trägt der Wasserdampfausstoß zur globalen Erwärmung und die NO_x-Emission zur Ozonschutzschichtzerstörung überproportional stark bei. Es ist deshalb umgehend zu untersuchen, mit welchen gezielten Maßnahmen sowohl die Flugverkehrs-, als auch die Straßengüterverkehrsemissionen reduziert werden können.

Insgesamt ließen sich durch die hier betrachteten Maßnahmen der Verkehrsverlagerung und Effizienzsteigerung im Personenverkehr etwa 140 kt oder ca. 24% und im gesamten Verkehrsbereich rd. 108 kt oder rd. 17% der CO_2-Emissionen reduzieren (Tabelle 2). Darüberhinausgehende CO_2-Reduktionen lassen sich durch weitere Effizienzsteigerungen und die hier noch nicht betrachteten Möglichkeiten zur Verkehrsvermeidung erreichen.

Derzeitige Realisierbarkeit des 30%igen CO_2-Reduktionsziels

Zusammenfassend ergeben diese Untersuchungen für Münster im Jahre 2005 folgende auf den jeweiligen Einsatzbereich bezogenen CO_2-Vermeidungspotentiale (Tabelle 1 und 2): Im Wärmebereich 359 kt oder fast 35%, im Strombereich 179 kt oder etwas über 29%, im Energiebereich insgesamt 538 kt oder ca. 33%, im Personenverkehr ca. 140 kt oder ca. 24% und im Verkehrsbereich insgesamt ca. 108 kt oder rd. 17%. Insgesamt wird eine CO_2-Reduktion von etwa 645 kt oder fast 29% erreicht und damit das Reduktionssoll um nur etwa 35 kt verfehlt. Die Frage ist, wieviel ist davon realisierbar?

Tabelle 3 faßt die unter den derzeitigen Rahmenbedingungen für möglich gehaltene Realisierbarkeit der in den Tabelle 1 und 2 untersuchten Maßnahmen zusammen (alle Angaben ziehen die Wechselwirkungen im Gesamtmaßnahmenpaket in Betracht).

Mit der im Mai 1993 vom Bundeskabinett verabschiedeten WSV, die nach der Zustimmung des Bundesrates am 1. Januar 1995 in Kraft tritt, gibt es zwar gegenüber der WSV 82/84 eine Verbesserung. In jedem Fall kommt es aber durch einen Neubau immer zu einem zusätzlichen CO_2-Ausstoß, der sich jedoch durch mehr Wissen und größere Sorgfalt auf Seiten der Bauausführenden niedrig halten läßt. Allerdings kann es im Wohnbereich eine reale CO_2-Reduktion gegenüber 1987 nur durch die Sanierung des Altbaubestandes geben. Leider ist bei der kürzlichen Novellierung der WSV die große Reduktionschance verspielt worden, auch für den Altbestand ähnliche Normen wie für den Neubau festzulegen. In Münster wird dadurch im Wohn- und Kleinverbraucherbereich das große CO_2-Reduktionspotential von 139 kt (Tabelle 3) mit großer Wahr-

Tabelle 3: Mögliche und derzeit realisierbare CO_2-Reduktionen im kommunalen Bereich. Beispiel: Münster
CO_2-Emission in 1990: 2 266 000 t
CO_2-Reduktion bis 2005: ca. 680 000 t

Bereiche/Maßnahmen	CO_2-Emissionen			
	1990	Änderungen durch Maßnahmen im Gesamtpaket[3])		
		mögliche 1990 bis 2005	davon derzeit realisierbare 1990–2005	
	(kt)	(kt)	(kt)	(%)
1. Energiebereich[1])				
1.1 Niedertemperaturwärme (HH, KV)	962			
– Neubau (WSV 82/84 bis 1995; WSV 93/95 ab 1995)		31	31	*100*
– Neubau (NEH-Standard)		– 4		
– Altbausanierung		–96	–19	*20*
– KV (Gebäudesanierung)		–43	– 9	*20*
– Verbesserte Heizungstechnik		–85	–85	*100*
– Stromsubstitution		–39	–39	*100*
– Solare Warmwasserbereiter		–21	–21	*100*
– 25 zusätzliche BHKW		–20	–20	*100*
– Nutzungsgradverbesserung (HKW)		–25	–25	*100*
– Teilweise Kohlesubstitution (HKW)		–49	–49	*100*
1.2 Prozeßwärme	71	– 7	– 4	*50*
1.3 Strom	610			
– Mehrverbrauch		126	126	*100*
– Effizientere Nutzung		–173	–173	*100*
– Nutzungsgradverbesserung (VEW)		–132	– 33	*25*
Summe Energiebereich	1 643	–538	–320	*60*
Reduktion (%)		*–32,7*	*–19,5*	

Fortsetzung Tabelle 3

Bereiche/Maßnahmen	CO_2-Emissionen			
	1990	Änderungen durch Maßnahmen im Gesamtpaket[3])		
		mögliche 1990 bis 2005	davon derzeit realisierbare 1990–2005	
	(kt)	(kt)	(kt)	(%)
2. Verkehrsbereich[2])				
2.1 Personenverkehr				
2.1.1 MIV	538			
– Zusätzlicher Verkehr		54	54	*100*
– Verlagerung		–96	–96	*100*
– Effizienzsteigerung		–136	–68	*50*
2.1.2 Bus	10			
– Zusätzlicher Verkehr		0,3	0,3	*100*
– Verlagerung		4	4	*100*
– Effizienzsteigerung		–1	–1	*100*
2.1.3 Bahn	33			
– Zusätzlicher Verkehr		3	3	*100*
– Verlagerung		39	39	*100*
– Effizienzsteigerung		–7	–7	*100*
2.2 Straßengüterverkehr	36	5	5	*100*
2.3 Luftverkehr	6	27	27	*100*
Summe Verkehrsbereich	623	–108	–40	*37*
Reduktion (%)		*–17,3*	*–6,4*	
Insgesamt Energie und Verkehrsbereich	2 266	–646	–360	*56*
Reduktion (%)		*–28,5*	*–15,9*	

[1]) Datenbasis für den Energiebereich 1990 (Stadtwerke Münster, 1993)
[2]) für den Verkehrsbereich 1990 (Eland et al., 1992)
[3]) im Gesamtpaket werden Wechselwirkungen und Überschneidungen der Einzelmaßnahmen kompensiert. Für Abschätzungen siehe Text.

Quelle: Bach und Lechtenböhmer (1994)

scheinlichkeit nur zu einem geringen Teil ausgeschöpft. Es wird angenommen, daß bei einer entsprechenden Förder-, Investitions- und Informationspolitik von Seiten der Stadt und der Stadtwerke über die nächsten 15 Jahre rd. 1% pro Jahr aller Gebäude saniert und dadurch jeweils 20% des Jahreswärmeverbrauchs eingespart und insgesamt nur 28 kt/a CO_2 oder etwa 3% des CO_2-Ausstoßes von 962 kt/a im NTW-Bereich vermieden werden können. Mit der novellierten Heizungsanlagenverordnung vom April 1993 muß bei allen Heizungsanlagen von mehr als 4 kW der neueste Stand der Technik umgesetzt werden. Für Münster bedeutet das bis 2005 ein voll ausschöpfbares CO_2-Vermeidungspotential von ca. 85 kt/a. Die Stromsubstitution im Wärmebereich, die solare Warmwasserbereitung und der Zubau von BHKW mit einem CO_2-Vermeidungspotential von zusammen rd. 80 kt/a fällt zwar z. Zt. unter keine gesetzlichen Verordnungen. Durch die gegenwärtige Förder- und Investitionspolitik sowie durch verstärkte Informations- und Investitionsaktivitäten der Stadtwerke, Stadtverwaltung, Kreditinstitute und andere Akteure läßt sich aber eine volle Ausschöpfung dieses Reduktionspotentials erreichen. Durch die hier unterstellte Nutzungsgradverbesserung von etwa 6% und eine veränderte Fahrweise zweier Kraftwerksblöcke ließen sich ohne größere Probleme etwa 84 kt/a oder 20% der CO_2-Emissionen von 378 kt/a im HKW-Bereich vermeiden. Das Reduktionspotential im Prozeßwärmebereich ist mit 7 kt bescheiden. Im Zuge der normalen Anlagenerneuerungen ist eine Verringerung von etwa 4 kt zu erwarten. Im Strombereich ist bei weiter zunehmenden Single-Haushalten und verstärktem Geräteausstattungsgrad ein Strommehrverbrauch von 126 kt/a zu erwarten. Es ist damit zu rechnen, daß dies durch die Effizienzsteigerungen im Strombereich und durch gezielte Stromsparprogramme der Stadtwerke mehr als kompensiert wird. Die Nutzungsgradverbesserung des VEW-Kondensationskraftwerksparks könnte zu einer CO_2-Reduktion von etwa 132 kt/a führen. Ohne die Novellierung der Wärmenutzungsverordnung wäre allerdings nur eine Reduktion von rund 33 kt/a zu erwarten. Insgesamt ergäbe sich im Energiebereich unter den derzeitigen Rahmenbedingungen ein CO_2-Reduktionspotential von 320 kt, oder nur rd. 60% des derzeit möglichen Minderungspotentials (Tabelle 3).

Im Verkehrsbereich wird durch zusatzlichen Verkehr mit einem CO_2-Mehrausstoß von jährlich ca. 90 kt gerechnet (durch MIV 54 kt, Bahn 3 kt, Bus 1 kt, Straßengüterverkehr 5 kt und Luftverkehr 27 kt). Durch kommunalpolitische Maßnahmen der Verlagerung eines Teils des MIV auf Bahn und Bus könnte im MIV-Bereich die CO_2-Emission um ca. 96 kt abnehmen, würde aber im öffentlichen Verkehrsbereich um 42 kt zunehmen, so daß sich per Saldo eine Minderung von ca. 54 kt ergäbe.

Durch bundespolitische Maßnahmen zur Steigerung der Energieeffizienz könnte der CO_2-Ausstoß um etwa 76 kt (im MIV um 68 kt, bei Bahn um 7 kt und Bus um 1 kt) reduziert werden. Dabei ist sehr optimistisch angenommen worden, daß die oben beschriebenen Effizienzsteigerungen die Hälfte des MIV erfassen würden. Insgesamt ergäbe sich dann nur ein realisierbares CO_2-Reduktionspotential von ca. 40 kt oder etwas mehr als ein Drittel des möglichen Potentials. Im Straßengüter- und Flugverkehr wird derzeit mit beträchtlichen CO_2-Zunahmen gerechnet. Es ist deshalb besonders dringlich, auch diese Verkehrsbereiche in die Maßnahmen zur CO_2-Vermeidung mit einzubeziehen.

Diese Plausibilitätsbetrachtung zeigt, daß in Münster unter den derzeitigen Rahmenbedingungen im Energiebereich nur etwa 20% statt ca. 33%, im Verkehrsbereich etwa 6% statt ca. 17% und insgesamt mit fast 16% an Stelle von ca. 29% nur etwas mehr als die Hälfte des möglichen CO_2-Vermeidungspotentials bis zum Jahre 2005 realisiert werden kann (Tabelle 3).

Wenn das volle CO_2-Reduktionsziel von 25 bis 30% dennoch bis 2005 realisiert werden soll, muß auf allen Ebenen – Bund, Länder und Kommunen – von jetzt ab forciert gehandelt werden. Im Energiebereich müssen mit Hilfe der Effizienzrevolution und flankiert durch die Novellierungen der Gesetze und Verordnungen sowie eine Primärenergiesteuer auf alle nichterneuerbaren Energieträger die vorhandenen Vermeidungspotentiale ausgeschöpft werden. Im Verkehrsbereich sind u. a. Mineralölsteuererhöhungen, Verbrauchsobergrenzen und insbesondere Maßnahmen zur Verkehrsvermeidung unumgänglich. Die beträchtlichen kommunalen Handlungsspielräume müssen ausgelotet und in die Reduktionsmaßnahmen miteinbezogen werden. Aber nicht nur die Einleitung von Maßnahmen, sondern vor allem auch die Kontrolle ihrer Befolgung gehört zu den vorrangigen Aufgaben der Kommunen.

Kosten von durchgeführten Förderprogrammen zur Energieeinsparung und CO_2-Vermeidung im Raumwärmebereich

Die Stadtwerke Münster führen seit 1982 Programme zur Energieeinsparung und zum Umweltschutz durch, mit denen sie innerhalb von 10 Jahren bei etwas mehr als 2000 Kunden überwiegend Heizungserneuerungen förderten (Stadtwerke Münster, 1992). Die Programme umfassen z. Zt. die Modernisierung von Erdgas-Heizanlagen, die Energieeinsparung im Mietwohnungsbau und in Einfamilienhäusern sowie den Wärme-Service-Erdgas, ein komplettes Dienstleistungsangebot, das von der Planung über die Vorfinanzierung bis zur Überwachung der Ausführungsarbeiten und dem Service reicht. Darüber hinaus sollen in einem Demonstrationsprojekt Niedrigenergiehäuser und die Warmwasserbereitung aus Sonnenwärme gefördert werden.

Mit den in Tabelle 4 dargestellten drei Programmen wurden 390 Gebäude mit 934 Wohneinheiten und einer Wohnfläche von durchschnittlich 96 m^2 oder nur etwa 1% der Gebäude und Wohnungen erfaßt. Bei einer Lebensdauer nach VDI-Norm von 15 Jahren hätten innerhalb des betrachteten Zeitraums von 19 Monaten insgesamt etwa 10% aller Heizungen erneuert werden müssen. Ein Großteil der Erneuerungen wurde also ohne Inanspruchnahme eines Förderprogramms durchgeführt. Eine detaillierte Analyse der Programme und ihrer Effekte geben Lechtenböhmer u. Bach (1994).

Durch die drei Programme wurden etwa 3 800 MWh/a oder 20% des Energiebedarfs der sanierten Wohnungen eingespart. Da etwa die Hälfte der Wohnungen von Öl- und Strom-Nachtspeicherheizung auf Gas umgestellt wurde, ergab sich durch den Substitutionseffekt eine zusätzliche Reduktion des CO_2-Ausstoßes um etwa 13%. Mit einem Investitionsaufwand von etwa 9 Mio. DM wurden insgesamt etwa 1660 t/a oder fast 33% des CO_2-Ausstoßes vermieden. Die Anschlußkostenermäßigungen und die Zuschüsse der Stadtwerke machten etwa 10% aus, so daß jede DM Förderung knapp 9 DM Investitionen durch die Kunden bewirkt hat. Etwa 46% der Investitionen wurden durch zinsermäßigte Kredite finanziert. Etwa 770 000 DM wurden im Rahmen des WSE von den Stadtwerken direkt investiert. Von den Gesamtinvestitionen sind nach ersten Schätzungen etwa 65% Instandhaltungsinvestitionen, die der Energieeinsparung und der CO_2-Reduktion nicht zugerechnet werden können. Unter Berücksichtigung dieses Anteils betragen über die Lebensdauer der Maßnahmen die Vermeidungskosten für Energie je nach Zinsniveau ca. 7 bis 9 Pf pro kWh.

Insgesamt liegen diese Kosten etwa über den derzeitigen Energiepreisen. Das hohe Kostenniveau ist vor allem auf die im Mietwohnungsprogramm durchgeführte sehr teure Wärmedämmung und auf die Energiemehrverbräuche durch die Umstellung von Elektroheizungen zurückzuführen. Alle anderen Maßnahmen lagen dagegen mit Preisen von 2 bis 6 Pf pro kWh klar im wirtschaftlichen Bereich.

Die Auswertung der Förderprogramme der Stadtwerke Münster zeigt für fast 1% des Wohnungsbestandes, daß Maßnahmen zur Heizungssanierung mit moderner Brennwerttechnik sehr wirtschaftlich sind, sofern sie im Rahmen des normalen Erneuerungszyklus durchgeführt werden (Lechtenböhmer u. Bach, 1994). Außerdem hatten die Zuschüsse eine erheblich stärkere Anreizwirkung als die zinsgünstigen Kredite, da fast nur solche Maßnahmen durchgeführt wurden, für die es auch

Tabelle 4: Effizienz- und Effektivitätsvergleich von Förderprogrammen zur Energieeinsparung im Raumwärmebereich der Stadtwerke Münster zwischen November 1989 und Juli 1992

Programm		Energieeinsparung im Mietwohnbau	Energieeinsparung im EZFH mit Brennwerttechn. 5)	Wärmeservice Erdgas mit Brennwerttechn. 6)	Programme gesamt
Objekte	n	30	339	21	390
Wohneinheiten	n	295	339	300	934
m^2/Wohneinheit	m^2/WE	75	135	73	96
Verbrauch vorher	kWh/m^2a	195	243	144	207
Verbrauch nachher	kWh/m^2a	150	206	144	177
Energieeinsparung	MWh/a	1 006	2 284	491	3 781
	%	*23,2*	*20,5*	*15,6*	*20,3*
Emissionsreduktion	t/a	409	919	331	1 659
	%	*32,1*	*32,7*	*34,5*	*32,9*
Gesamtinvestition	Mio. DM	3,428	4,976	0,767	9,171
der Kunden	DM/m^2	154	109	35	102
Instandhaltungsanteil 1)	%	*55*	*69*	*87*	*65*
Anteil zinsgünstiger Kredit 2)	%	*14*	*75*	*0*	*46*
Fördersatz 3)	%	*10*	*11*	*0*	*10*
spezifische Reduktionskosten 4)					
Energie (Zins 4 %)	Pf/kWh	11	6	2	7
CO_2 (Zins 4 %)	Pf/kg	28	15	3	16
Energie (Zins 8 %)	Pf/kWh	16	8	2	9
CO_2 (Zins 8 %)	Pf/kg	39	20	4	21

1) Anteil der Investitionssumme, der ohnehin für Instandhaltungszwecke angefallen wäre, unter Berücksichtigung der Tatsache, daß Investitionen z. T. zeitlich vorgezogen wurden
2) für 5 Jahre um 2 % gegenüber dem Marktzins ermäßigter Kredit der Stadtsparkasse
3) Zuschuß, Anschlußkostenermäßigung und Anteil der Stadtwerke am Zinszuschuß (1 %)
4) für Energie und CO_2, annuitätisch berechnet bei angegebenem realen Zins und einer Lebensdauer von 15 Jahren (Ausnahme Wärmedämmung: 25 Jahre)
5) Heizungserneuerung ggf. mit Umstellung auf Gas und in Einzelfällen mit Fenstersanierung
6) Heizungserneuerung in großen Mehrfamilienhäusern auf Rechnung der Stadtwerke incl. Gasanschluß Datenbasis: Stadtwerke Münster (1992)

Quelle: Lechtenböhmer und Bach (1994)

Zuschüsse gab. Der Anteil der zinsermäßigten Kredite an der Gesamtinvestitionssumme lag dagegen nur bei knapp 50 %.

Bei den Programmen traten folgende Problembereiche zutage:

- die geringe Breitenwirkung der Programme, durch die trotz durchschnittlicher CO_2-Reduktionen von 33 % pro Gebäude insgesamt nur 0,17 % des derzeitigen CO_2-Ausstoßes im Bereich Niedertemperaturwärme vermieden werden konnten,
- die nur geringe Ausnutzung der Programme, die im Mietwohnungsbau-Programm bei nur 6 % der eingeplanten Fördermittel lag,
- die unzureichende Ausrichtung der Zuschüsse an der erreichten Energieeinsparung,
- die fehlenden Anreize für eine sparsame Mittelverwendung wegen der Orientierung der Zuschüsse an den Gesamtkosten,
- die unzureichende energetische Verbesserung der Gebäude, die auch nach der Sanierung kaum die Standards der Wärmeschutzverordnung von 1982/84 erreichte.

Investitionsbedarf zur Energie- und CO_2-Einsparung im Raumwärmebereich

Die Wohnungsbeheizung erfolgt z. Zt. in Münster zu 88 % durch rd. 35 000 Gas- und Ölzentralheizungen. Allein die Beheizung der 113 000 Wohnungen in den 39 000 Wohngebäuden, die vor 1987 errichtet wurden, verursacht jährlich mit 482 kt etwa 21 % der gesamten CO_2-Emissionen Münsters. Um diese Emissionen zu verringern, sind umfangreiche Investitionen notwendig. Im folgenden werden zwei Programme zur Wärmedämmung aller renovierungsbedürftigen Gebäude und zum Einbau von Brennwertkesseln in allen zu erneuernden Öl- und Gasheizungen Münsters betrachtet (Tabelle 5, deren Daten auf anderen Maßnahmen beruhen als Tabelle 1).

Zwischen 1990 und 2005 ist mit der Renovierung von etwa 1 000 Wohngebäuden mit 3 000 Wohnungen pro Jahr zu rechnen, wofür etwa 27 Mio. DM pro Jahr an Instandhaltungsinvestitionen aufzubringen sind (berechnet nach Angaben von Gülec u. a., 1994). Werden die Gebäude gleichzeitig wärmetechnisch saniert, so kommen weitere 13 Mio. DM pro Jahr hinzu (Lechtenböhmer u. Bach, 1994; Gülec u. a., 1994).

Im Heizungsmodernisierungsprogramm müssen bei einer Lebensdauer von 15 Jahren zwischen 1990 und 2005 alle ca. 35 000 öl- bzw. gasbefeuerten Zentralheizungen mit einem Brennwertkessel ausgestattet werden. Dadurch lassen sich rund 19 % der benötigten Heizenergie zu Kosten von

Tabelle 5: Investitionsbedarf sowie spezifische Energie- und CO_2-Einsparkosten im Raumwärmebereich im Rahmen des Sanierungszyklus im Wohngebäudebestand Münsters, 1990–2005

		Maßnahmen		
		Wärme-dämmung [1])	Heizungs-moder-nisierung [2])	Paket [3])
Instandhaltungsinvestitionen				
1990–2005	Mio. DM	400	330	730
pro Jahr	Mio. DM	27	22	49
Zusatzinvestitionen				
1990–2005	Mio. DM	200	150	350
pro Jahr	Mio. DM	13	10	23
Gesamtinvestitionen				
1990–2005	Mio. DM	600	480	1 080
pro Jahr	Mio. DM	40	32	72
Einsparung (1990–2005)				
Nutzenergie	GWh/a	279	0	279
	%	*20,5*	*0,0*	*20,5*
Endenergie	GWh/a	372	340	686
	%	*20,5*	*18,8*	*37,9*
CO_2	tsd.t/a	99	80	173
	%	*20,5*	*16,6*	*35,9*
Spezifische Einsparkosten				
NE	Pf/kWh	4,6	–	–
EE	Pf/kWh	3,5	4,0	3,8
CO_2	Pf/kg	13,1	16,9	14,9

[1]) Preise von 1989 ohne Umsatzsteuer, Lebensdauer 25 Jahre, Kostend. n. Gülec u. a.

[2]) nur Raumwärme, gleichzeitige Einsparungen im Warmwasserbereich nicht berücksichtigt, Preise von 1989–92 ohne Umsatzsteuer, Lebensdauer 15 Jahre, Kostendaten aus Tabelle 4

[3]) Einsparung aufgrund von Überschneidungen kleiner als Summe der Einzelmaßnahmen, durchschnittliche Lebensdauer 20 Jahre, Kalkulationszinsfuß 4%

Datebasis: Stadt Münster (1990, 1991, 1993a und b) und Gülec u. a. (1994)

Quelle: Lechtenböhmer und Bach (1994)

etwa 100 DM/m^2 Wohnfläche in Ein- und Zweifamilienhäusern bzw. 40 bis 60 DM/m^2 in Mehrfamilienhäusern einsparen, wobei die Zusatzinvestitionen zur Endenergieeinsparung etwa ein Drittel der Gesamtsumme ausmachen (vgl. Tabelle 4 sowie Stadtwerke Münster, 1993 a; Lechtenböhmer u. Bach, 1994). Für die Erneuerung von etwas mehr als 2 300 Heizkesseln müssen somit zwischen 1990 und 2005 jährlich etwa 22 Mio. DM an Instandhaltungsinvestitionen aufgebracht werden, wobei der Einsatz der Brennwerttechnik Zusatzinvestitionen von 10 Mio. DM pro Jahr, d. h. insgesamt etwa 32 Mio. DM pro Jahr erfordert (Tabelle 5).

Um das CO_2-Reduktionsziel im Altbaubestand kostengünstig im Rahmen der Sanierungszyklen zu erreichen, müssen Wärmedämmung und Heizungserneuerung kombiniert werden. Dadurch lassen sich ca. 21 % des Heizwärmebedarfs, etwa 38 % des Endenergiebedarfs und rd. 36 % der CO_2-Emissionen im Altbaubestand allein im Raumwärmebereich vermeiden. Das Maßnahmenpaket erfordert ein Investitionsvolumen von rd. einer Milliarde DM bzw. ca. 72 Mio. DM pro Jahr (Tabelle 5). Im Vergleich dazu betrug das Neubauvolumen in Münster für die Jahre 1990 und 1991 je ca. 300 Mio. DM und stieg 1992 sogar auf ca. 640 Mio. DM (Stadt Münster, 1993 a). Etwa zwei Drittel der Summe sind für fällige Instandhaltungsmaßnahmen ohnehin aufzbringen, so daß für die Energieeinsparung und CO_2-Vermeidung nur etwa 350 Mio. DM bzw. ca. 23 Mio. DM pro Jahr an Zusatzinvestitionen benötigt werden, die sich bei durchschnittlichen Einsparkosten von 3,8 Pf/kWh Endenergie allein durch die vermiedenen Energiekosten amortisieren. Diesem Investitionsbedarf in „Negawatt" standen 1992 Investitionen der Stadtwerke von 68 Mio. DM in Energieanlagen gegenüber (Stadtwerke Münster, 1993 b).

Handlungsbedarf

Um dieses wirtschaftliche Emissionsreduktionspotential zur Erreichung des 30igen CO_2-Reduktionsziels zu erschließen, müssen die bisherigen Aktivitäten zur Energieeinsparung sowohl qualitativ als auch quantitativ erheblich verstärkt werden.

Die Förderprogramme der Stadtwerke müßten von jährlich ca. 220 erfaßten Objekten unter konsequenter Einbeziehung der Wärmedämmung mindestens auf das zehnfache Volumen ausgedehnt werden. Hierfür ist eine entsprechende Aufstockung des Energieberatungspersonals und eine grundlegende Verbesserung des Kommunikationskonzeptes notwendig. Um gezielt alle anstehenden Fassadensanierungen zu erfassen, müßten Bauordnungsamt, Architekten, bauausführende Firmen und insbesondere die Stadtwerke enger kooperieren. Im Bereich der Heizungen müßte das Marktinformationssystem in Zusammenarbeit mit den

Schornsteinfegern so ausgebaut werden, daß auch Wohnungsgrößen, Gebäude- und Heizungsalter erfaßt werden, um Besitzer alter und ineffizienter Heizungen direkt ansprechen zu können. Ergänzend müßte der Energiesparanreiz durch direkte Förderung, die Koppelung der Zuschußhöhe an die Energieeinsparquote sowie die Orientierung der Zuschüsse an den Zusatzkosten für die Energieeinsparung verstärkt werden. Bei der Förderung müßte darauf geachtet werden, daß möglichst hohe Energieeinsparungen und CO_2-Vermeidungen erzielt werden und die geförderten Objekte möglichst hohe Standards erreichen. Außerdem bieten sich neuartige Maßnahmen, wie z. B. das Leasing von Energiespartechniken und der Wärmeservice Erdgas an.

Ein Drittel des Reduktionszeitraums bis 2005 ist schon zum großen Teil ungenutzt verstrichen. Eine gezielte Förderung wäre dringend erforderlich. Bei einer durchschnittlichen Förderquote von etwa 10 % der Gesamtinvestitionen bzw. etwa einem Drittel der Zusatzkosten ergäbe sich analog zu den bisherigen Programmen allein für Münster ein jährlicher Zuschußbedarf von mindestens 7,5 Mio. DM. Von Seiten der Bundes- und Landesregierung sind hierfür die notwendigen Rahmenbedingungen zu schaffen. Durch eine Energiesteuer könnte dem weiteren Auseinanderdriften der Energie- und Baupreisentwicklung entgegengewirkt werden. Darüber hinaus sollte ein Investitionsförderprogramm für Energiesparmaßnahmen aufgelegt werden, das die kommunalen Fördermittel ergänzt. Schließlich sollten die energietechnische Aus-, Fort- und Weiterbildung im Baugewerbe sowie die Energieberatung vor Ort forciert werden.

Einige Leitlinien für eine zukünftige kommunale Klimaschutzpolitik

Das CO_2-Reduktionspotential einer Kommune hängt von der jeweiligen städtischen Struktur ab. Deshalb sind Detailuntersuchungen erforderlich, welche die Besonderheiten einer Kommune in Betracht ziehen. Maßnahmenbereiche wie Neubau, Altbausanierung, Stromverbrauch und motorisierter Individualverkehr gehören in allen Kommunen zu den kritischen Ansatzpunkten einer wirksamen Klimaschutzpolitik.

Neubaubereich. Jeder Neubau führt auf Jahrzehnte hinaus zu zusätzlichen Emissionen. Deshalb ist es sehr wichtig, rechtzeitig durch entsprechende Maßnahmen den potentiellen Emissionsausstoß zu minimieren. Das beginnt schon mit einer energiesparenden Versorgungsstruktur (Nah-/Fernwärme, Gas) und Verkehrsanbindung (ÖPNV, Schiene, Fahrradwege) bei der Ausweisung im Flächennutzungsplan. Vorausschauend, d. h. im Ausschreibungstext der städtebaulichen Wettbewerbe, sollte die Stadt ihre energiesparenden und verkehrsvermeidenden Vorgaben festlegen. Dazu gehört eine kompakte Bauweise mit einem hohen Anteil an mehrgeschossigen Gebäuden. Dies hat gleich mehrere Vorteile: Es reduziert den Jahreswärmeverbrauch, erleichtert die Nahwärmeversorgung aus Kraft-Wärme-Kopplung (BHKW) bzw. die Anbindung an ein Fernwärme- oder Gasnetz, verringert den Schadstoffausstoß aus Einzelfeuerungen und dem motorisierten Individualverkehr, begünstigt die Anbindung an den ÖPNV und das Fahrradwegenetz, und es läßt genügend Frei- und Grünraum für Erholung und Begegnung bei Spiel, Sport und Unterhaltung. Auch mit architektonischer Intelligenz lassen sich beträchtliche Energieeinsparungen und CO_2-Vermeidungen erreichen. Darunter ist u. a. die Gewinnung solarer Wärme im Winter durch die Ausrichtung der Gebäude sowie Windschutz durch Bepflanzung, die Gewährleistung von Kühlung durch Fensterausrichtung und Beschattung im Sommer, und die Ermöglichung solarer Warmwasser- und Stromerzeugung durch Ausrichtung und Neigung der Dachflächen zu verstehen. Darüber hinaus sollten verkehrserzeugende Bauvorhaben wie z. B. Einkaufs- und Vergnügungszentren „auf der grünen Wiese" unterbleiben.

Am 1. Oktober 1995 tritt die novellierte WSV in Kraft, die für Neubauten einen Jahresheizwärmebedarf von 54 bzw. 100 kWh/m^{2}a für MFH/RH bzw. EFH vorschreibt. Neubauten in Schweden und Dänemark erreichen derzeit NEH-Werte von 30 bzw. 70 kWh/m^{2}a. Der Stadtrat kann beschließen, daß bei Verkauf oder Pacht stadteigenen Geländes NEH-Standards vertraglich festgelegt werden (siehe z. B. Freiburg). Förderprogramme sollten an die Einhaltung von NEH-Standards geknüpft werden. Die städtischen Bauordnungsämter sollten die Einhaltung der festgelegten Normen kontrollieren und zum Nachweis in einen Energiepaß eintragen.

Eine konsequente, dem Stand der Technik entsprechende, energieeffiziente Bauweise wird den Wärmebedarf drastisch verringern. Entsprechend geringer sind die Wärmeerzeugungsanlagen für den Restwärmebedarf zu dimensionieren. Fernwärmeanschluß aus HKW, Nahwärmeanschluß aus BHKW, Gasanschluß und Energiegewinnung aus regenerativen Energien sind sorgfältig aufeinander abzustimmen und durch angemessene Vergütung in die Versorgungsstruktur mit einzubeziehen. Schließlich ist bei der Gesamt-Kosten-Nutzen-Abwägung die gesamte Prozeßkette mit in Betracht zu ziehen. Die ineffizienten und mit hohen Schadstoffausstößen verbundenen Einzelfeuerungen, offenen Kamine und Elektroheizungen sollten im Neubaubereich nicht mehr genehmigt und im Altbestand im Zuge von Sanierungsarbeiten umgewandelt werden.

Altbaubereich. Grundlage der Altbestandsanierung (private und öffentliche Gebäude) ist die Erstellung eines Wärmekatasters auf der Basis einer Gebäudetypologie, um eine zielgruppenspezifische Beratung über die Möglichkeit bzw. Notwendigkeit einer Sanierung durchführen zu können. Dabei ist auch hier, soweit technisch möglich, der NEH-Standard anzustreben. Der Anschluß an Nah- und Fernwärme ist zu fördern. In größeren Gebäudekomplexen ist die Kraft-Wärme-Kopplung aus BHKW-Modulen zu prüfen. Der Strom sollte endgültig aus dem Wärmemarkt, wo sein Einsatz nicht sinnvoll ist, herausgenommen werden. Wegen der begrenzten Mittel sollten sich die Förderprogramme der Stadtwerke und der Kreditinstitute vorrangig auf die Sanierung der Gebäude mit dem höchsten Energieverbrauch konzentrieren. Neu einzurichtende Stellen für Energie- und Verkehrsfragen im städtischen Umweltamt sollten die Abwicklung der Fördermaßnahmen koordinieren (siehe z. B. Detmold).

Zur Durchführung dieser Maßnahmen im Neu- und Altbaubereich stehen u. a. folgende Instrumentenbündel zur Verfügung. Erarbeitung eines Least-Cost-Planning-Modells, das alle Bereiche umfaßt; Entwicklung von Contracting-Modellen zur Errichtung von energiesparenden Neubauten und zur Altbestandsanierung; Erarbeitung von Nutzwärmekonzepten und Anschlußkostenmodellen für Nah- und Fernwärme; Zusammenarbeit mit Wohnungsbaugesellschaften zur Durchsetzung von energiesparenden Maßnahmen im Raumwärme- und Warmwasserbereich; Förderung erneuerbarer Energienutzung auf der Grundlage von Contracting-Modellen; Kooperation mit dem Handel über energie- und CO_2-mindernde Verbraucherinformation und Erarbeitung von Marketing-Konzepten.

Bereich Kleinverbraucher. Im Bereich öffentliche Gebäude (wie z. B. Verwaltungen, städtische Gebäude, Bildungseinrichtungen) sollten u. a. folgende Maßnahmen- und Instrumentenbündel beispielgebend zur Anwendung kommen: Nutzwärmekonzepte, Stromsparprogramme, Schulung von Hausmeistern und technischem Personal, Contracting (u. a. Vorfinanzierungsmodelle) zur Überwindung der Investor-Nutzer-Problematik und Förderung von erneuerbaren Energieversorgungsanlagen. Im Bereich Krankenhäuser sollten Stadt und Stadtwerke ausloten, welche zusätzlichen BHKW-Potentiale durch das neue Krankenhausfinanzierungsgesetz erschlossen werden können. Weiterhin sollten Beratungs-, Einbau- und Serviceleistungen vereinbart werden. Im Bereich Dienstleistungen (u. a. Handel, Banken, Versicherungen) sollten Einsparprogramme für Wärme, Strom und Nutzlicht sowie Kühlung und Klimatisierung erarbeitet werden. Für größere Betriebe sollte die Wirtschaftlichkeit von BHKW durchgerechnet werden. Im Bereich Gewerbe und

Industrie sollten eine effizientere Strom- und eine verstärkte Abwärmenutzung sowie die Kraft-Wärme-Kopplung geprüft werden. Eine intensivere Beratung über Contracting (u. a. Vorfinanzierungsmodelle) in Zusammenarbeit mit Handwerkskammern und Industrieverbänden wäre wichtig.

Bereich Umwandlung. In diesem Bereich geht es um Wärme- und Stromproduktion. Hier gilt es vor allem zu prüfen, wie sich durch die verschiedenen Handlungsmöglichkeiten Wärme- und Strombedarf durch Effizienzsteigerungen minimieren lassen. Der Wärmebedarf wird i. d. R. durch ortsansässige HKW und BHKW gedeckt, während die Stromlieferung meist von außerhalb des unmittelbaren Einflußbereichs der Städte erfolgt. Die Stromlieferverträge mit den EVUs sind daraufhin zu prüfen, ob sie noch zeitgemäß sind und den Interessen der einzelnen Kommunen entsprechen. Darüber hinaus ist es dringend notwendig, daß von jetzt ab vor der Einleitung von etwaigen Baumaßnahmen u. a. für HKW, BHKW, Fern- und Nahwärmenetze, Wärmepumpen und erneuerbare Energien sowie Dämm- und Sanierungsmaßnahmen Vergleichsuntersuchungen über die Energiespar- und CO_2-Vermeidungspotentiale und deren Kosten zur Erfassung der Gesamtproblematik durchgeführt werden.

Verkehrsbereich. In vieler Hinsicht ist er der kritischste Sektor, weil er nicht nur zu den größten Verursachern von Gesundheits- und Umweltschädigungen gehört, sondern weil er insbesondere in den Bereichen motorisierter Personen-, Straßengüter- und Luftverkehr auch noch sehr stark wächst. Die vorhandene Straßenfläche läßt sich nicht grenzenlos ausdehnen, und der Luftraum ist ebenfalls begrenzt. Bei weiterer ungezügelter Verkehrszunahme kommt es früher oder später zum Dauerstau bis hin zum Zusammenbruch des gesamten Wirtschaftssystems.

Die lebensnotwendige Mobilität wird durch den zunehmenden motorisierten Personen- und Güterverkehr inner- wie außerorts gefährdet. Dieser Verkehr sollte jetzt durch gezielte Maßnahmen reduziert werden, sonst sind weder eine ausreichende Mobilität für jedermann noch der erforderliche Klima- und Umweltschutz zu gewährleisten. Konkret heißt das, der MIV sollte zurückgedrängt, die nicht mehr erforderlichen Verkehrs- und Parkflächen sollten anderen Zwecken zugeführt werden, und der nichtmotorisierte sowie der öffentliche Bus- und Schienenverkehr sollten ausgebaut werden. Vor allem sollten die motorisierten Pendlerströme aus dem Umland eingedämmt werden, indem sie möglichst schon am Quellort auf den ÖPNV, spätestens aber an den Umsteige- und Mitfahrparkplätzen am Stadtrand auf ‚park and ride' sowie ‚park and bike' umgeleitet werden. Weiterhin sollten umgehend auf allen vierspurigen Straßen getrennte Busspuren mit Ampelbevorrechtigung eingerichtet werden. Erfahrungsgemäß erhöht sich die Akzeptanz des ÖV, wenn er pünktlich ist, wenn er häufig fährt, wenn er ohne Umwege möglichst nahe ans Reiseziel heranführt, und wenn für zügige Umsteige- und Anschlußmöglichkeiten gesorgt ist. Auf Grund aller Erfahrungen ist strikt davon abzuraten, die getrennten Busspuren auf Kosten der angrenzenden Bürgersteige sowie Fahrradwege und Grünstreifen und nicht der existierenden Straßen einzurichten. Alle diese Maßnahmen und ihre Auswirkungen sind logisch, weil bei stärkerer Bus- und Fahrradnutzung der MIV abnimmt und folglich weniger Straßenfläche für Fahrten und Parken benötigt werden. Im Zuge des zu erwartenden zunehmenden Fahrradverkehrs und wegen des großen Unfall- und Gesundheitsrisikos sind vom übrigen Verkehr getrennte Fahrradwege anzulegen bzw. die viel zu schmalen Fahrradwege als verbreiterte Fahrbahnen umgehend auszubauen. Für überdachte und sichere Abstellplätze ist zu sorgen. Darüber hinaus sind neben dem MIV auch der Straßengüter- und der Luftverkehr durch gezielte Maßnahmen auf ein erträgliches Maß zu begrenzen. Dauerhaft ist den Verkehrsproblemen nur durch eine kompaktere Bauweise, durch eine bessere Abstimmung zwischen der Siedlungs- und Verkehrsstruktur sowie durch eine an den Bedürfnissen ausgerichtete funktionale Durchmischung des Siedlungsraums beizukommen.

Zusammenfassend ist zu sagen, daß die Kommunen als wichtige Handlungsträger des Umwelt- und Klimaschutzes ein operatives Klimaschutzkonzept bestehend aus einem Energie- und Verkehrskonzept brauchen. Dazu gehören als wichtige Elemente Wärme-, Strom-, Verkehrs- und Schadstoffkataster zur Erfassung des Ist-Zustands für ein bestimmtes Bezugsjahr sowie die Abschätzung von Energieeinspar- und Emissions-Vermeidungspotentialen für bestimmte Zieljahre. Wichtig ist ferner ein Handlungskonzept unter Benennung der konkreten Ziele und unter Beteiligung der verschiedenen Akteure sowie ein Überwachungs- und Evaluierungskonzept. Least-Cost-Planning-Modelle tragen darüber hinaus zur Optimierung der nachfrage- und angebotsseitigen Optionen bei. Contracting-Modelle erleichtern die zügige Einführung der Konzepte ins Marktsystem. Die Kommunen sollten neben einem ständigen Beirat für Klima und Energie zusätzlich ein permanentes Energie- und Verkehrsreferat in den städtischen Umweltämtern einrichten. Zu den neuen Aufgaben, die in Abstimmung mit den Stadtwerken und einem Bürgerforum durchzuführen wären, sollten u. a. die Koordinierung, Betreuung, Evaluierung und Kontrolle der Klima- und Umweltschutzkonzepte gehören.

Literatur

Bach, W. (1992), Kommunaler integrierter Klimaschutz, Arbeitsvorlage 12/27 der Klima-Enquete-Kommission, 9. Dezember 1992, Bonn, 30 S.

Bach, W. (1994 a), Klimaschutzpolitik. Wie kann die Stadt Münster das Ziel der Bundesregierung einer 25–30'igen CO_2-Emissionsreduktion bis zum Jahr 2005 realisieren? Münstersche Geogr. Arb. 36, 3–32.

Bach, W. (1994b), Coal policy and climate protection. Can the tough German CO_2-reduction target be met by 2005? Energy Policy (im Druck)

Bach, W. et al. (1993), Entwicklung eines integrierten Energiekonzepts: Erfassung des Emissions-Reduktionspotentials klimawirksamer Spurengase im Bereich rationeller Energienutzung für die alten Bundesländer. Forschungsbericht für das BMFT u. das MWMT NRW, Univ. Münster, 1508 S., Münster.

Beirat für Klima und Energie der Stadt Münster (1993), Zwischenbericht des Beirats für Klima und Energie der Stadt Münster, Werkstattberichte zum Umweltschutz 2, Münster.

Deiters, J. (1993), Mögliche und erreichbare CO_2-Reduktion im Verkehrsbereich, Anhang zum Zwischenbericht des Beirats für Klima und Energie der Stadt Münster (1993).

Eckerle, K. et al. (1991), Die energiewirtschaftliche Entwicklung in der BRD bis zum Jahre 2010 unter Einbeziehung der 5 NBL, Untersuchung im Auftrag des BMWi, Basel.

EKDB (Enquete-Kommission „Vorsorge zum Schutz der Erdatmosphäre" des Deutschen Bundestages) (1992), Protokolle der Anhörung zum Thema „Kommunale Energie- und Verkehrskonzepte zum Klimaschutz", 21. September 1992, Frankfurt/Main.

Eland, M. et al. (1992), Expertise zur ÖPNV-Strategie im Rahmen des Verkehrskonzeptes der Stadt Münster unter Berücksichtung von CO_2-Minderungszielen, Abschlußbericht im Auftrag der Stadtwerke Münster, Basel.

Fritsche, U. et al. (1992), Gesamt-Emissionsmodell Integrierter Systeme (GEMIS) Version 2.0, Endbericht im Auftrag des Hessischen Ministeriums für Umwelt, Energie und Bundesangelegenheiten, Öko-Institut, Darmstadt.

Gülec, T., S. Kolmetz und L. Rouvel (1994), Energiesparpotential im Gebäudebestand durch Maßnahmen an der Gebäudehülle. IKARUS Teilprojekt 5.22.2 im Auftrag des BMFT, München.

Hoffschulte, H. (1992), 20 Jahre Flughafen Münster/Osnabrück (FMO), zwei Jahrzehnte Entwicklung vom Segelflugplatz zum internationalen Verkehrsflughafen, Wirtschaftsspiegel 5, 8–12.

KONTIV '89 (1992), Kontinuierliche Erhebung zum Verkehrsverhalten 1989, Originaldatensatz, BMV, Bonn.

Lechtenböhmer, S. und W. Bach (1994), Förderprogramme zur Energieeinsparung und CO_2-Vermeidung. Effizienz und Kosten, Energiewirtschaftliche Tagesfragen 44 (8), 516–523.

Loske, R. und P. Hennicke (1994), Klimaschutz und Kohlepolitik, Energiewirtschaftliche Tagesfragen, 12, 814–819.

Meier, R. (1993), Blockheizkraftwerke. Eine ökologische und ökonomische Chance für städtische Energiekonzepte: Vergleich Nienberge und Kinderhaus-West, Diplom-Arbeit, Univ. Münster.

Michaelis, H. (1994), Die heimische Kohleförderung und die Verringerung der CO_2-Emissionen, Diskussionspapier für die Enquete-Kommission, Köln

Sättler, M. und K. P. Masuhr (1992), Zur Umsetzung des Versorgungskonzepts der Stadtwerke Münster GmbH unter Berücksichtigung von CO_2-Minderungszielen. Expertise im Auftrag der Stadtwerke Münster, Basel.

Stadt Münster (1990), Statistischer Bericht 1/1990, Münster.

Stadt Münster (1991), Ergebnisse der Volkszählung 1987, Beiträge zur Statistik 54, Münster 1991, Münster.

Stadt Münster (1993a), Statistischer Jahresbericht 1992, Münster.

Stadt Münster (1993b), Statistischer Bericht 3/1993, Münster.

Stadtwerke Münster (1987), Energie für Münsters Zukunft. 1. Fortschreibung, Münster.

Stadtwerke Münster (1992), Angaben über Fördermaßnahmen der Stadtwerke Münster GmbH, Münster.

Stadtwerke Münster (1993a), Energie für Münsters Zukunft, 2. Fortschreibung, Münster.

Stadtwerke Münster (1993b), Geschäftsbericht, Münster.

Stadtwerke Münster (o. J.), Blockheizkraftwerk Münster Toppheide, Münster.

Uhlmannsiek; B. (1994), Perspektive für Kohle und Kernenergie. Stromthemen 11 (6), 1–2.

Weik, H., R. Blohm und M. Pietzner (1993), Energieverbräuche und CO_2-Emission der statistischen Bezirke in Münster, Arbeitspapier für den Beirat für Klima und Energie, Münster.

Anhang 2 zum Gesamtbericht

Sondervotum der Kommissionsmitglieder
Prof. Dr. Peter Hennicke, Brigitte Adler, Prof. Dr. Wilfrid Bach, Prof. Monika Ganseforth, Prof. Dr. Hartmut Graßl, Dr. Liesel Hartenstein, Horst Kubatschka, Dr. Klaus Kübler, Prof. Dr. Eckhard Kutter, Prof. Dr. Klaus Michael Meyer-Abich, zu Teil B, Kap. 6.5.1.4

Einsatz von Kernenergie/Kap. „CO_2-Minderungspotential und Kosten der Kernenergie"

Während die übrigen Unterkapitel zum Kapitel „Einsatz von Kernenergie" weitgehend ohne Bewertungen den technischen Sachstand darstellen, enthält das Kapitel 6.5.1.4 eine Vielzahl von unhaltbaren Behauptungen und Annahmen, die angeblich für den Einsatz von Kernenergie als Klimaschutzoption sprechen. Die Oppositionsfraktion hält daher das gesamte Unterkapitel für inakzeptabel; dies betrifft insbesondere

- die unhaltbaren Aussagen über technische CO_2-Minderungspotentiale von Atomenergie, die solide nur durch eine systemare Szenarienbetrachtung möglich sind
- nicht belastbare Kostenangaben zur Kernenergie, die sämtliche Kostenrisiken der Atomkernenergie ausklammern; zu diesen überoptimistischen Kostenschätzungen wird im Kommentar zu Kap. 8 ausführlich Stellung genommen.

Im Sondervotum der Oppositionsfraktion zu den Handlungsempfehlungen (siehe dort das Kapitel zur Kernenergie) wird weiterhin mit einer systemaren Betrachtung dargelegt, daß ein Großkraftwerk- und Verbundssystem mit Atomkernenergie zu mehr CO_2-Emissionen führt als ein System ohne Atomkernenergie. Das in Kap. 8 dargestellte Szenario von ISI/DIW bestätigt, daß eine Strategie, die den Ausstieg aus der Atomkernenergie mit Klimaschutz verbindet, eher zu positiveren gesamtwirtschaftlichen Effekten führt als ein Szenario mit Atomkernenergie.

An dieser Stelle soll daher nur auf die folgende scheinbar plausible „einfache Abschätzung" eingegangen werden, in der er heißt: „Unterstellt man eine Verdoppelung des Kernenergieanteils ... so ergibt sich ... ein technisches CO_2-Minderungspotential von rd. 150 Mio. t CO_2 pro Jahr". Diese Zahl wird auch in Publikationen von Kernenergiebetreibern immer wieder in dem Zusammenhang genannt, daß durch die heutige Atomstromproduktion 150 Mio. t CO_2 vermieden würden. Diese Zahl ergibt sich rein rechnerisch jedoch nur unter der Annahme, daß Atomstrom 1:1 durch ein Mix aus Kohlestrom aus Braun- und Steinkohle-Kondensationskraftwerken ersetzt wird. Diese Annahme ist jedoch keineswegs zwingend. Im Gegenteil: Es kann gezeigt werden, daß es als Ersatz für den Bau von Atomkraftwerken ein Mix von Alternativen gibt, die sowohl kostenseitige Vorteile, als auch geringere CO_2-Emissionen aufweisen.

Um die Größenordnung zu verdeutlichen, soll dies beispielhaft und überschlägig an zwei Atomkraftwerken zu je 1250 MW gezeigt werden. Als Alternative für deren Bau kommt z. B. ein Mix aus Einsparung, regenerativen Energiequellen und KWK-Anlagen der folgenden Struktur in Frage:

680 „Einsparkraftwerke" mit einer Leistung von je 5 MW und 5000 Benutzungsstunden

200 Kleinwasserkraftwerke mit einer duchschnittlichen Leistung von je 100 kW und 1100 Benutzungsstunden

1000 Photovoltaikanlagen mit einer Leistung von je 100 kW und 1100 Benutzungsstunden

3000 Windanlagen mit einer Leistung von je 300 kW und 2250 Benutzungsstunden

1000 Biogas-BHKW und einer Leistung von je 250 kW und 5000 Benutzungsstunden

100 Gas-BHKW mit einer Leistung von je 250 kW und 5000 Benutzungsstunden pro Anlage

1 GuD-Anlage mit 200 MW und 5000 Benutzungsstunden

1 Kohle-HKW (Mix aus Import und deutscher Steinkohle) mit 1000 MW und 4000 Benutzungsstunden.

Dieses Mix ersetzt die Produktion von zwei Atomkraftwerken mit folgenden Emissionen (nach GEMIS 2,0; Öko-Institut 1993) und Kosten: Während bei Bau und Betrieb der Atomkraftwerke (incl. Brennstoffzyklus) ein CO_2-Äquivaltent von 7960 Tonnen CO_2 freigesetzt wird, sind mit dem genannten Mix äquivalente CO_2-Emissionen von etwa 6500 Tonnen CO_2-Emissionen verbunden. Während Bau und Betrieb der Atomkraftwerke zu Kosten der Strombereitstellung von insgesamt rund 36 Mrd. DM über die gesamte Lebensdauer führt, belaufen sich die gesamten Kosten im Mix auf rund 33 Mrd. DM. Nicht in die Betrachtung einbezogen wurden die externen Kosten und Risiken der beiden Varianten.

Natürlich ist dies ebenfalls nur eine „einfache Abschätzung". Sie zeigt jedoch: alle Angaben über rechnerisch „vermiedene CO_2"-Emissionen durch Atomkraftwerke müssen auf Annahmen und Alternativen kritisch hinterfragt werden. 2. Prinzipiell können Atomkraftwerke durch ein Mix aus Alternativen ersetzt werden, die in der Summe weniger CO_2 emittieren und weniger Kosten verursachen. 3. Solche Alternativen haben eine ausgeprägte dezentralisierte Struktur und betreffen eine Vielzahl von Akteuren; hierin liegt ohne grundlegende veränderte energiepolitische Rahmenbedingungen zweifellos ein Realisierungsproblem.

Anhang 3 zum Gesamtbericht

Sondervotum der Kommissionsmitglieder Prof. Dr. Dr. Rudolf Dolzer, Dr.-Ing. Alfred-Herwig Fischer, Martin Grüner, Klaus Harries, Prof. Dr. Klaus Heinloth, Prof. Dr. Hans-Jürgen Jäger, Dr. Klaus W. Lippold, Prof. Dr. Hans Michaelis, Dr. Peter Paziorek, Dr. Christian Ruck, Marita Sehn, Prof. Dr. Wolfgang Seiler, Trudi Schmidt (Spiesen), Bärbel Sothmann, Prof. Dr. Alfred Voß, Prof. Dr. Carl-Jochen Winter zu Teil B, Kapitel 6.5.1.4.

1. In ihrem Sondervotum stellt die Minderheit fest, die einfache Abschätzung „unterstellt man eine Verdopplung des Kernenergieanteils auf 60%, wie er in anderen Ländern bereits heute erreicht oder sogar überschritten wird, so ergibt sich bezogen auf das heutige Stromverbrauchsniveau ein technisches CO_2-Minderungspotential von rd. 150 Mio. t CO_2 pro Jahr" sei „unhaltbar".

   Dieser Feststellung wird widersprochen.

   Die monierte Abschätzung beruht auf der folgenden Überlegung:

   Wird mit dem Ziel einer Reduktion der CO_2-Emissionen der Beitrag der Kernenergie zur deutschen Stromerzeugung verdoppelt, dann wird es möglich, im Ausmaß dieses Beitrages fossil befeuerte Kraftwerke stillzulegen. Um zugleich das Emissionsniveau so stark wie nur möglich zu verringern, werden die Kraftwerke mit den spezifisch höchsten CO_2-Emissionen vom Netz genommen. Das führt zu eben dieser Reduktion der Emissionen um 150 Mio. t CO_2 p.a.

   Dies geschieht unabhängig von den – in diesem Zusammenhang überhaupt nicht zu bestreitenden – Bemühungen, die von der Stromerzeugung ausgehenden CO_2-Emissionen durch Stromsparen, Umstellung auf CO_2-schwache Energieträger, rationellere Stromerzeugung und Einsatz erneuerbarer Energien zu verringern. Nichts mehr und nichts weniger ist gesagt worden. Was ist an dieser Aussage unhaltbar?

2. Im Sondervotum der Minderheit wird ausgesagt, es sei möglich, zwei Atomkraftwerke zu je 1250 MWe durch „einen Mix aus Einsparung,

regenerativen Energiequellen und KWK-Anlagen" überflüssig zu machen.

Dies soll gar nicht bestritten werden, wenn auch die angesetzten Emissions-Äquivalente zu hinterfragen sind.

Problematisch ist aber eine Generalisierung dieses Umstellungsprozesses von der Kernenergie auf Alternativen zu dieser Energie. Dann gelangt man nämlich sehr schnell zu dem von Greenpeace vorgeschlagenen Ausstiegs-Szenario, das im Kapitel 8 Anhang 3 dieses Berichtes vorgestellt und analysiert wird mit dem Ergebnis: Dieses Szenario erweist sich in wesentlichen Teilen als nicht realisierbar und in seinen realisierbaren Elementen als politisch nicht verantwortbar. Stichworte: Nicht erreichbare Stromeinsparungen, ein alle realistischen Planungen übersteigender Einsatz erneuerbarer Energien, ein nicht vertretbares Maß an Subventionen aus öffentlichen Haushalten, eine Umstellung von Braunkohle auf Erdgas, die – zumal in Ostdeutschland – allen struktur- und beschäftigungspolitischen Belangen Hohn spricht und Erhöhungen der Stromerzeugungskosten, die mit der Erhaltung des Standortes Deutschland kaum in Einklang gebracht werden können.

Sofern diese Feststellungen bezweifelt werden sollten, sei auf ein Gutachten – Ökologische und ökonomische Konsequenzen eines Verzichts auf die Kernenergie bei der Stromerzeugung und energiepolitische Alternativen für das Land Niedersachsen – verwiesen, das die Niedersächsische Landesregierung am 9. Februar 1993 an drei Institute (Prognos Basel, Öko-Institut Freiburg und Pestel-Institut Hannover) in Auftrag gegeben hat. Dieses Gutachten untersucht die Konsequenzen eines Verzichts dieses Landes auf Kernenergie. Bei der Vorstellung dieses Gutachtens am 9. Februar 1993 in Hannover erklärten die beiden zuständigen Minister in einer Presseerklärung, „nunmehr sei erwiesen, die vier niedersächsischen Kernkraftwerke könnten bis 2005, d. h. binnen 12 Jahren, abgeschaltet werden, ohne daß damit Abstriche an der Versorgungssicherheit oder beim Lebensstandard verbunden seien".

Eine kritische Analyse dieses Gutachtens, die dessen Methoden und rechnerische Ergebnisse weitgehend akzeptiert, gelangt zu ganz anderen Erkenntnissen. Vorweg sei angemerkt, daß Niedersachsen mit etwa 10% zum Bruttosozialprodukt und zum Stromverbrauch Westdeutschlands beiträgt. Hier fünf Feststellungen:

a) Der Bau von Ersatzanlagen, eingeschlossen Windkraftwerke, die die vorzeitig vom Netz zu nehmenden Kernkraftwerke ersetzen sollen, erfordert zusätzliche Investitionen in Höhe von jährlich etwa 1,2 Mrd. DM (insgesamt rund 15 Mrd. DM). Zum Vergleich: Alljährlich investiert die gesamte westdeutsche Elektrizitätswirtschaft im Werte von 10 bis 15 Mrd. DM, letzthin etwa 10 Mrd. DM. Die Frage lautet: Kann dieses zusätzliche Investitionsprogramm finanziert und fristgemäß realisiert werden?

b) Die Stromerzeugungskosten und damit letztlich die Strompreise werden im Jahr 2005 um 22% d. h. um 1,5 Mrd. DM p.a. höher liegen, als dies ohne einen Ausstieg aus der Kernenergie der Fall wäre. Die naheliegende Frage: Ist dies möglich ohne eine Beeinträchtigung der Wettbewerbsfähigkeit der energieverbrauchenden Wirtschaft und damit des Standortes Deutschland? Es sei daran erinnert, daß die deutschen Strompreise schon heute deutlich über denen unserer Nachbarländer liegen.

c) Um binnen 12 Jahren aus der Kernenergie aussteigen zu können, muß Energie über das ohnehin zu erwartende Maß hinaus eingespart werden, und zwar der Stromverbrauch der privaten Haushalte um zusätzliche 23%. Die Frage: Werden die sicherlich tiefgreifenden Regelungen und Maßnahmen, die zu beschließen und einzuleiten sind, um den Stromverbrauch in diesem Ausmaße zusätzlich zu reduzieren, auch zu dem Erfolg führen, der nach dem Gutachten Voraussetzung für einen Ausstieg ist?

d) Ein Ausstieg, soll er gelingen, erfordert überaus kostspielige Maßnahmen zur Einsparung von Energie. Allein die Wärmedämmung im Gebäudebereich kostet in Niedersachsen jährlich etwa eine Milliarde DM. Die Frage, auf die eine Antwort fehlt: Wie sollte diese sicherlich nützliche Energie-Sparaktion organisiert und finanziert werden?

e) Ein Verzicht Niedersachsens auf Kernenergie hat zur Folge, daß sich die CO_2-Emissionen zwischen 1989 und 2005 um 13 Mio. t jährlich erhöhen, das sind 19% der 1989 von Niedersachsen emittierten Mengen. (Das Gutachten lastet die Mehremissionen, die den „Stromexporten" Niedersachsens in andere Bundesländer, insbesondere Nordrhein-Westfalen, zuzurechnen sind, den „importierenden" Ländern an. Dies geht nicht an. „Verursacher" dieser Mehremissionen wäre Niedersachsen mit seiner Ausstiegsentscheidung. Die – auch von den Verantwortlichen in Niedersachsen gesehene – Folge: Die bislang von allen Parteien getragene Politik einer Reduktion der CO_2-Emissionen würde scheitern. Ist dies wirklich gewollt?

Im Ergebnis ist zu fragen: Rechtfertigt ein Verzicht Niedersachsens auf Kernenergie das in dem Gutachten ausgewiesene Mehr an Kosten, Anstrengungen, Umweltbelastungen und letztlich auch an Lebensqualität?

Es sei nochmals darauf hingewiesen, daß diese Feststellungen auf einem Ausstieg-orientierten Gutachten beruhen, daß die Niedersächsische Landesregierung in Auftrag gegeben hat.

Das Ergebnis dieser kritischen Analyse wirft die Frage auf: Gelten diese Feststellungen auch bezogen auf das gesamte Bundesgebiet? Eine Verallgemeinerung ist zulässig und möglich. Eine Extrapolation der Analyse auf ganz Deutschland führt – so zeigt eine Abschätzung – zu ähnlich gravierenden Ergebnissen. Das von Greenpeace vorgestellte Ausstiegsszenario zeigt dies (s. Kap. 8 Anhang 3 und Anhang 4).

Anhang 4 zum Gesamtbericht

Zusatzvotum der SPD-Abgeordneten und der von der SPD benannten Sachverständigen [1] in der Enquete-Kommission zu den Handlungsempfehlungen.

Der viel zu hohe Energiekonsum der Industrieländer trägt entscheidend dazu bei, daß die reichen Länder des Nordens zu Lasten der ärmeren oder armen Länder des Südens leben. Wir eignen uns nicht nur einen völlig unangemessen hohen Anteil der gemeinsamen Naturgüter an, sondern schädigen durch die im wesentlichen von uns verursachte Klimaänderung obendrein die Lebensgrundlagen der Dritten Welt und der Nachwelt. Wir, die Verursacher, werden die weniger Geschädigten der Klimaänderung sein. Daß der Beitrag und die Mitverantwortung der Länder der Dritten Welt in einigen Jahrzehnten zunehmen werden, wenn sie unserem Beispiel folgen, macht eine Neuorientierung in den Industrieländern um so dringlicher.

Unverantwortlich ist, daß und wie wir Reichen zu Lasten der Armen leben. Diese Unverantwortlichkeit wird noch dadurch verschärft, daß wir – und das gilt auch für Deutschland – dies wissen und in Kenntnis der Folgen fast nichts tun, um daran etwas zu ändern. Und vielleicht noch schlimmer ist, daß dieses Nichtstun im wesentlichen auf einem Mangel an Verständigungswillen beruht. Diejenigen, die den energiepolitischen Gegensatz aufrechterhalten und damit die gegenseitige Blockade stabilisieren, kämpfen nicht nur gegeneinander. Vor allem verweigern sie gemeinsam die Verständigung zu Lasten der Dritten Welt und der Nachwelt.

In der Kommission hätte es vielleicht eine Mehrheit dafür gegeben, die Verständigung auch um den Preis des Verzichts auf positionelle Profilierungen zu suchen. Insbesondere unter den beiderseits benannten Sachverständigen – und hier nicht zuletzt unter denen, die auch der Vor-

[1]) Dieses Zusatzvotum der SPD-Abgeordneten und der von der SPD benannten Sachverständigen in der Enquete-Kommission wird von den Mitgliedern Prof. Dr. Peter Hennicke und Prof. Monika Ganseforth sowie Brigitte Adler, Prof. Dr. Wilfried Bach, Prof. Dr. Hartmut Graßl, Dr. Liesel Hartenstein, Horst Kubatschka, Dr. Klaus Kübler, Prof. Dr. Eckhard Kutter und Prof. Dr. Klaus Meyer-Abich getragen. Im folgenden wird abkürzend von der „Oppositionsfraktion" gesprochen.

gängerkommission bereits angehört und somit fast acht Jahre zusammengearbeitet hatten – haben sich neue und gemeinsame Perspektiven ergeben, die auch der öffentlichen Diskussion neue Impulse geben könnten. Zu einer entsprechend weitergehenden Verständigung ist es aufgrund einseitiger und parteipolitischer Profilierungsbedürfnisse jedoch nicht gekommen. Wir haben nach bestem Wissen und Können alles getan, um gemeinsame Wege zur energiepolitischen Verständigung zu finden. Nicht zu unterschätzen ist, daß auch in dem gemeinsam verabschiedeten Berichtsteil zahlreiche Annäherungen stattgefunden haben. Hinsichtlich gemeinsamer Handlungsempfehlungen ist die Arbeit der Kommission jedoch gescheitert.

Wir haben bereits Monate vor dem Abschluß des Endberichts immer wieder auf die Erarbeitung gemeinsamer Handlungsempfehlungen gedrungen, sind damit von der Mehrheitsseite aber ständig hingehalten worden. Unser erklärtes Ziel war, den gemeinsamen Empfehlungsteil im Interesse des Klimaschutzes so umfassend wie möglich zu machen, jeder Seite freilich auch Raum für darüber hinausgehende oder konkretisierende Forderungen zu lassen. Es ist ein gravierendes, von uns nicht zu verantwortendes Versäumnis der Regie in der Kommission, die Arbeit an gemeinsamen Handlungsempfehlungen nicht rechtzeitig in die Wege geleitet oder gegen partikuläre Widerstände durchgesetzt zu haben. Dadurch ist gegen Ende der Kommissionsarbeit ein unvertretbarer Zeitdruck entstanden. Trotz konstruktiver und verständigungsorientierter Vorarbeiten durch Sachverständige beider Seiten hat die Mehrheitsgruppe schließlich jede Verständigungsbereitschaft über gemeinsame Handlungsempfehlungen aufgekündigt. Welches Maß an Gemeinsamkeit bis dahin erreicht war, ist im zweiten Kapitel des folgenden Textes dokumentiert.

Trotz des gescheiterten Versuchs, gemeinsame Handlungsempfehlungen zu verabschieden, hoffen wir darauf, daß der Verständigungsprozeß in der Öffentlichkeit fortgesetzt wird und daß dabei die Parteien ihrem Verfassungsauftrag nachkommen, zur politischen Willensbildung beizutragen, und zwar unter Einschluß der Öffentlichkeit. Ein Beitrag zum Fortgang der öffentlichen Diskussion sind die folgenden Überlegungen. Das zweite Kapitel dokumentiert die von der Oppositionsgruppe überarbeiteten Handlungsempfehlungen der Koalitionsgruppe, wie sie aus unserer Sicht konsensfähig gewesen wären. Der Text besteht aus drei Teilen: einem gemeinsamen Teil, soweit bereits eine Einigung erzielt werden konnte, und den beiden einander gegenübergestellten Auffassungen beider Seiten, wo es noch zu keiner Einigung gekommen war. In diesem Ergebnis verbinden sich Erfolge und Mißerfolge, an denen nun die öffentliche Diskussion anknüpfen könnte. Diesem zweiten Kapitel stellen wir unsere zusätzlichen Handlungsempfehlungen voran, die in der Kommission nicht mehr beraten werden konnten und von denen somit offen geblieben ist, wieweit sie konsensfähig gewesen wären.

Der Öffentlichkeit ist in vielen Industrieländern vor etwa 20 Jahren klar geworden, daß technische Entwicklungslinien in der Regel verborgene politische Entscheidungen enthalten, wie wir in Zukunft leben werden, und daß derartige Entscheidungen nicht von technischen Experten, sondern nur von der Öffentlichkeit insgesamt verantwortet werden können. Unser Beitrag soll der dazu erforderlichen politischen Willensbildung nicht vorgreifen, wohl aber dazu einladen, die Diskussion auf dem hier erreichten Stand fortzusetzen.

Die Oppositionsfraktion dokumentiert im folgenden ihre Handlungsempfehlungen zum Abschlußbericht „Energie" in zwei Kapiteln.

Kapitel 1 enthält eigene Handlungsempfehlungen der Oppostionsfraktion, die sich zum einen kritisch mit einigen Grundsatzpunkten der Handlungsempfehlungen der Koalitionsfraktion auseinanderersetzen. Zum andern werden eine Reihe von ergänzenden Empfehlungen zusammengefaßt, die in der Enquete-Kommission nicht mehr zur Diskussion gestellt werden konnten, weil die Mehrheit der Koalitionsfraktion die Behandlung gemeinsamer Handlungsempfehlungen abgelehnt hat.

Kapitel 2 enthält die von der Oppositionsfraktion überarbeiteten Handlungsempfehlungen der Koalitionsfraktion, wie sie aus der Sicht der Oppositionsfraktion konsensfähig gewesen wären. Dieses Kapitel zeigt zahlreiche Gemeinsamkeiten; es zeigt aber auch, daß – wie nicht anders zu erwarten war – bei einigen wesentlichen Fragen (z. B. Rolle des Marktes, Kernenergie, Energiesteuer, Bewertung von KWK) unterschiedliche Auffassungen bestehen. Diese Meinungsunterschiede sollten nach dem Wunsch der Oppostionsfraktion, wie es bereits in der ersten Klima-Enquete-Kommission der Fall war, in der Form „die einen" und „die anderen" gegenübergestellt werden, um sie so auch für den Leser transparent und nachvollziehbar zu machen.

Kapitel 2 zeigt aber in erster Linie, daß in einem weit überwiegenden Bereich der Handlungsempfehlungen eine Einigung möglich gewesen wäre, wenn hierzu der politische Wille und die Fähigkeit bestanden hätte. Die Oppositionsfraktion hat bereits Monate vor Abschluß des Endberichts immer wieder auf die Erarbeitung gemeinsamer Handlungsempfehlungen gedrungen. Erklärtes Ziel war dabei, den gemeinsamen Empfehlungsteil im Interesse des Klimaschutzes so umfassend wie möglich zu machen, aber für darüber hinausgehende oder konkretisierende Forderungen jeder Seite weiterhin Raum zu lassen. Es ist ein gravierendes Versäumnis der Regie in der Kommission, d. h. insbesondere des

Vorsitzenden, daß über gemeinsame Handlungsempfehlungen nicht rechtzeitig beschlossen wurde und dadurch gegen Schluß der Kommisionsarbeit ein unvertretbarer Zeitdruck entstand.

Die Koalitionsfraktion hat, insbesondere auf Wunsch einiger der neuen Mitglieder der Kommission, die Beschlußfassung über diesen Vorschlag immer wieder verzögert und dann überraschend am 23. August 1994 einen eigenen Entwurf von Handlungsempfehlungen vorgelegt. Mit Beschluß vom 5. September 1994 hat sich die Oppositionsfraktion trotz dieses unakzeptablen Vorgehens dazu bereit erklärt, auf der Grundlage des Koalitionsentwurfs gemeinsame Handlungsempfehlungen vorzuschlagen. Der überarbeitete Vorschlag ist in Kapitel 2 abgedruckt. Trotz der konstruktiven Vorarbeiten durch die Professoren Michaelis und Hennicke hat die Koalitionsfraktion erneut überraschend den Beschluß zur Erarbeitung gemeinsamer Handlungsempfehlungen am 26. September 1994 aufgekündigt und schließlich am 4. Oktober 1994 per Mehrheitsvotum endgültig abgelehnt.

Anhang 5 zum Gesamtbericht

Sondervotum der Kommissionsmitglieder Prof. Dr. Dr. Rudolf Dolzer, Dr.-Ing. Alfred-Herwig Fischer, Martin Grüner, Klaus Harries, Prof. Dr. Klaus Heinloth, Prof. Dr. Hans-Jürgen Jäger, Dr. Klaus W. Lippold, Prof. Dr. Hans Michaelis, Dr. Peter Paziorek, Dr. Christian Ruck, Marita Sehn, Prof. Dr. Wolfgang Seiler, Trudi Schmidt (Spiesen), Bärbel Sothmann, Prof. Dr. Alfred Voß, Prof. Dr. Carl-Jochen Winter, zu den Handlungsempfehlungen der SPD-Abgeordneten und der von der SPD benannten Sachverständigen sowie zu deren Zusatzvotum (Anhang 4).

Die Oppositionsfraktion hat in ihrem Zusatzvotum wohl weniger die Aufgabe gesehen, ein eigenes tragfähiges Handlungskonzept für eine ökonomie- und sozialverträgliche Reduktion der energiebedingten Treibhausgase zu entwickeln, als die Chance, die Handlungsempfehlungen der Koalitionsseite, die ihr seit geraumer Zeit vorlagen, zu kommentieren und den Versuch zu machen, der Koalitionsseite wider besseres Wissen, mangelnden Verständigungswillen und die Schuld am Scheitern des Versuchs zur Formulierung gemeinsamer Handlungsempfehlungen zuzuweisen. Wir weisen diesen Versuch zurück.

Der wesentliche Grund für das Nichtzustandekommen gemeinsamer Handlungsempfehlungen sind weitgehend unvereinbare Auffassungen über die Leitbilder und Grundsätze zur Ableitung klimaschutzbezogener Handlungsempfehlungen sowie hinsichtlich der Bedeutung einzelner Maßnahmen eines Gesamtkonzeptes zur Minderung der Treibhausgasemissionen. Angesichts dieser fundamentalen Differenzen waren die Übereinstimmungen zu gering, als daß sie die Kennzeichnung „Gemeinsame Handlungsempfehlungen" verdient hätten.

Gerade die Ausführungen in Kapitel 1 des von der Oppositionsseite vorgelegten Minderheitsvotums zu Handlungsempfehlungen machen für jedermann deutlich, daß in dem Leitbild sowie in den Grundsatzpositionen „Lenkung über den Markt", „Sicherung des Wirtschaftsstandortes Deutschland", „Reform des Steuersystems", „Ordnungsrahmen der Energiewirtschaft" und „Rolle und Aufgaben des wissenschaftlich-technischen Fortschritts" bereits ein grundlegender Dissens besteht, der sich fortsetzt in der Beurteilung von einzelnen zentralen Maßnahmen eines Klimaschutzgesamtkonzeptes, wie z. B. der Lenkung über Steuern, dem LCP, der Kernenergie, der Kraft-Wärme-Kopplung, dem Wärmenutzungsgebot, der Joint Implementation und dem Ordnungsrahmen für eine klimaverträgliche Energieversorgung.

Vor dem Hintergrund dieser fundamentalen Auffassungsunterschiede in wichtigen Sachpunkten ist die Einforderung von gemeinsamen Handlungsempfehlungen durch die Oppositionsfraktion ein durchsichtiges Manöver.

Wer, wie Vertreter der Opposition, eine sachbezogene und ideologiefreie wissenschaftliche Analyse aller Optionen und Wege zur CO_2-Minderung in den Szenariorechnungen der Studiennehmer verhindert, wer Verständigung fordert, die Gespräche darüber aber mit Positionen, die nicht zur Diskussion gestellt werden dürfen, belastet, der kann noch so oft verlautbaren, alles getan zu haben um zu gemeinsamen Handlungsempfehlungen zu kommen, er bleibt unglaubwürdig.

Wer darüber hinaus in Pressekonferenzen Kommissionsmitglieder der Koalitionsseite mit wahrheitswidrigen Behauptungen persönlich zu diffamieren sucht, der muß sich fragen lassen, ob er damit ein Klima für eine Verständigung schafft.

Wir halten es für notwendig, diese Dinge hier anzusprechen, um einer Legendenbildung durch die Opposition, die Koalitionsseite sei zur Diskussion und Verständigung über gemeinsame Handlungsempfehlungen nicht bereit gewesen, vorzubeugen.

Es ist hier nicht der Platz, sich mit den Handlungsempfehlungen der Opposition und den ihnen zugrundeliegenden wirtschafts- und ordnungspolitischen Vorstellungen auseinanderzusetzen. Es sei hier nur grundsätzlich angemerkt, daß die Vorschläge der Opposition und ihre Begründungen von einem tiefen Mißtrauen gegenüber Markt und Wettbewerb als wirksamen und effizienten Steuerungsinstrumenten gekennzeichnet sind. Dies führt in der Konsequenz dann zu Vorschlägen für mehr Regulierung und Lenkung, d. h. einem neuen staatlichen Dirigismus. Darüber können auch Schlagworte und schöne Formulierungen wie „den Wettbewerb planen", „Ökonomie des Vermeidens", „Goldene Zügel staatlicher Beihilfen", „Neue Anreizsysteme" und „Kluge Industriepolitik" nicht hinwegtäuschen, die auf ihren Kern zurückgeführt, mehr staatliche Lenkung und staatliche Eingriffe bis hin zur Investitionsaufsicht und -kontrolle bedeuten.

Wir können uns des Eindrucks nicht erwehren, daß die wirtschafts- und ordnungspolitischen Vorstellungen der Opposition mit ihren offenkundigen Widersprüchen und Ungereimtheiten stark mitgeprägt sind von der Fiktion des „Atomausstiegs als Voraussetzung einer Politik der Klimastabilisierung". Anders ist uns auch nicht die einseitige und selektive Aufnahme und Verwendung von wissenschaftlichen Untersuchungsergebnissen erklärlich, die nur solche Ergebnisse akzeptiert, die ins eigene Weltbild passen. Ein eindrucksvolles Beispiel für das, was hier gemeint ist, ist Abschnitt 2 „Atomkernenergie und Klimaschutz" in Kapitel 1 des Minderheitsvotums. Die hier postulierte Nichtvereinbarkeit von rationeller Energienutzung und Kernenergie ist aus historischer Sicht schlicht falsch, technisch gesehen nicht existent und ökonomisch sowie klimaökologisch unvernünftig.

Notwendig für die internationale wie nationale Klimaschutzdiskussion und Klimaschutzpolitik ist die konsequente Aufarbeitung des wissenschaftlichen Sachstandes und eine – international fundierte – politische Handlungsempfehlung (global, europäisch, national), die durch ihre sachlich-argumentative Aufbereitung überzeugt.

Falscher, politisch orientierter Wissenschaftsdogmatismus entspricht dabei ebensowenig dem Stil und dem Niveau der Arbeit einer Enquete-Kommission wie das schlichte Behaupten von nicht nachvollziehbaren Streitigkeiten über Gang und Verfahren der Arbeit. Ein Vorgehen auf solchen Grundlagen ist nicht gutzuheißen; wir werden uns nicht daran beteiligen.

Deutscher Bundestag
12. Wahlperiode

Drucksache 12/419

24. 04. 91

Antrag

der Fraktionen der CDU/CSU, SPD, FDP und der Gruppe BÜNDNIS 90/DIE GRÜNEN

Einsetzung einer Enquete-Kommission „Schutz der Erdatmosphäre"

Der Bundestag wolle beschließen:

Zur parlamentarischen Diskussion möglicher Vorsorgemaßnahmen gegen die vom Menschen verursachten Veränderungen in der Erdatmosphäre und deren Auswirkungen auf Weltklima und Umwelt wird eine Enquete-Kommission „Schutz der Erdatmosphäre" gemäß § 56 der Geschäftsordnung des Deutschen Bundestages eingesetzt.

I.

Die Kommission hat die Aufgabe, die Zusammenhänge zwischen Treibhauseffekt und Klimaänderung und mögliche Auswirkungen der weltweiten Klimaänderungen zu untersuchen sowie für den Energiebereich Wege zur Umsetzung entsprechender Maßnahmen aufzuzeigen.

1. Treibhauseffekt und Klimaänderung

Die weitere Entwicklung zu den Veränderungen der Erdatmosphäre sowie der aktuelle wissenschaftliche Sachstand sind insbesondere unter Berücksichtigung der Chemie der Atmosphäre und den Wechselwirkungen mit der Biosphäre aufzuarbeiten und zu verfolgen. Der Austausch von direkt und indirekt klimawirksamen Spurenstoffen zwischen Biosphäre und der Atmosphäre sowie die Emissionen durch anthropogene Aktivitäten sind heute noch unzureichend bekannt. Insofern gilt es, in enger Zusammenarbeit mit den Forschungsbemühungen folgende Aufgaben zu lösen:

- Die Quantifizierung der Emissions- und Depositionsraten klimarelevanter Schadstoffe und ihre Beeinflussung durch verschiedene, sich zeitlich ändernde Parameter zur Vermeidung von Folgeschäden,
- die besondere Berücksichtigung der Rolle der Landwirtschaft – national, EG- und weltweit – und die entsprechenden Emissionen klimarelevanter Spurenstoffe durch landwirtschaftliche Aktivitäten z. B. durch die Anwendung von Dünger (N_2O) sowie durch geänderte Kulturtechniken und Bodenbearbeitung,

- die Emissionen von Methan (CH_4) und anderen Spurengasen aus Reisfeldern, Rinderverdauung, Sümpfen, Mülldeponien sowie durch die Nutzung fossiler Energieträger (Kohle, Erdgas, Öl),
- die Emissionen von N_2O aus natürlichen Ökosystemen,
- die Emissionen von N_2O anthropogener und anderer Quellen durch Verbrennung fossiler Energieträger,
- die Deposition von direkt und indirekt klimawirksamen Gasen in Abhängigkeit von der Konzentration und Zusammensetzung des Schadstoffgemisches,
- die Änderungen der klimarelevanten Emissionen durch den Einsatz von Katalysatoren zur Entstickung von Abgasen aus Kraftfahrzeugen und Kraftwerken,
- der Einfluß des Flugverkehrs auf die Verteilung und Chemie von Spurenstoffen in sensitiven Höhen,
- die Emissionen von Spurenstoffen durch Biomassenverbrennung und deren Einfluß auf die Chemie der Troposphäre,
- Vertiefung des Kenntnisstandes über die zur Bildung und zum Abbau direkt und indirekt klimawirksamer Spurengase führende Prozesse und deren Abhängigkeit von bodenphysikalischen Parametern bzw. von Klimaparametern.

2. Mögliche Auswirkungen der weltweiten Klimaänderungen

Nach dem derzeitigen Kenntnisstand ist davon auszugehen, daß sich das Klima aufgrund anthropogener Aktivitäten in der Vergangenheit geändert hat und sich in Zukunft auch weiter verändern wird. Durch die von der Enquete-Kommission in ihrem 3. Bericht zum Thema „Schutz der Erde" vorgeschlagenen Maßnahmen können weltweite Klimaänderungen und ihre Folgen lediglich begrenzt werden. Dies bedeutet, daß mit Auswirkungen durch diese Klimaänderungen – allerdings mit starken regionalen Unterschieden – zu rechnen ist. Neben den Auswirkungen auf die natürlichen Ökosysteme müssen somit besonders die sozialen und wirtschaftlichen Auswirkungen erwarteter Klimaänderungen auf nationaler und internationaler Ebene vertieft berücksichtigt werden. Insofern ist die weitere Entwicklung der Wirkungsforschung besonders hinsichtlich folgender Parameter zu begleiten und zu berücksichtigen:

- Auswirkungen von Klimaänderungen auf natürliche Ökosysteme,
- daraus resultierende Folgen bezüglich von Bodenerosion, Wasser, Qualität und Wasserführung von Flüssen,
- Einfluß der geänderten Klimaverhältnisse auf die chemische Zusammensetzung der Troposphäre,
- Auswirkung der Veränderung der Quell- und Senkenstärken wichtiger umweltrelevanter Spurenstoffe in repräsentativen Ökosystemen,

- Verlagerung der Klimazonen und deren Auswirkungen auf landwirtschaftliche Nutzflächen auch in höheren Breiten,
- Auswirkung der Klimaänderung auf landwirtschaftliche und forstwirtschaftliche Erträge,
- mögliche Rückwirkungen auf die Gesamtwirtschaft einzelner Länder,
- Auswirkungen von Klimaänderungen auf die Wirtschaft und Sozialpolitik in einzelnen Ländern,
- mögliche Anpassungsprobleme und Strategien (kulturelle und wirtschaftliche Parameter) sowie Verteilungsfragen,
- Auswirkungen von Klimaänderungen auf internationale wirtschaftliche und politische Beziehungen,
- Auswirkungen auf den Nord-Süd-Dialog und die internationale Wirtschaftsordnung,
- Aufarbeitung der Folgeschäden des Golfkriegs für das Klimasystem und die Biosphäre und Erarbeitung von Maßnahmen zur Verminderung der Folgeschäden,
- Analyse der Wechselwirkung zwischen den zu erwartenden Klimaänderungen einschließlich ihrer Folgewirkung und den Fragen der internationalen Sicherheit und Konfliktforschung,
- Vorschläge für die Verbesserung der Zusammenarbeit zwischen den Industrieländern und den Entwicklungsländern zur gemeinsamen Beratung der Problematik unter besonderer Berücksichtigung des Technologietransfers und einer bedarfsgerechten Technikentwicklung in den Industrieländern,
- Beratung von Maßnahmen für eine international abgestimmte Umweltpolitik, insbesondere im Hinblick auf die UN-Umweltkonferenz 1992 in Brasilien,
- Problembereich zukünftiger Umweltflüchtlinge und Fragen der internationalen Sicherheit,
- die Bedeutung der weltweiten Bevölkerungsentwicklung – ihre Struktur und Verteilung – und somit Fragen der Welternährung sind zu erörtern.

3. Klima und Energie

Wegen der Komplexität des Problembereiches, der außerordentlich weitreichenden und umfangreichen Zielvorgaben und allgemeinen Maßnahmenempfehlungen sollten in der 12. Wahlperiode folgende Aufgaben gelöst werden:

- Die Weiterentwicklung nationaler Umsetzungsstrategien in den Endenergiesektoren „Verkehr, Haushalte, Kleinverbrauch (Handwerk, Dienstleistungsbereich, öffentliche Einrichtungen), Industrie" sowie im Umwandlungssektor,
- Erarbeitung nationaler Umsetzungsmaßnahmen im Energieumwandlungssektor im Rahmen des im 3. Bericht vorgeschlagenen Reduktionsplanes,

– dabei ist ein besonderer Schwerpunkt auf die umweltverträgliche Neuordnung des Verkehrssektors zu legen, insbesondere unter Berücksichtigung der neuen Bundesländer,

– Bearbeitung offener und konkretisierungsbedürftiger Fragen des bisher durchgeführten Studienprogramms, insbesondere unter Berücksichtigung der neuen Bundesländer. Dies sollte durch entsprechende weitere Studien vertieft aufgearbeitet werden,

– aktuelle Bestandsaufnahme über die Situationen in den neuen Bundesländern und die Implementierung der Ergebnisse dieser Bestandsaufnahme in die Gesamtkonzeption der Enquete-Kommission.

II.

Die Kommission setzt sich aus 13 Abgeordneten der im Deutschen Bundestag vertretenen Fraktionen sowie aus 13 Sachverständigen zusammen. Einen ersten Zwischenbericht legt die Kommission 1992 vor.

Bonn, den 24. April 1991

Dr. Alfred Dregger, Dr. Wolfgang Bötsch und Fraktion

Dr. Hans-Jochen Vogel und Fraktion

Dr. Hermann Otto Solms und Fraktion

Werner Schulz (Berlin) und Gruppe

Begründung

Bei den oben genannten Sachbereichen ist eine kompetente Begleitung der weiteren wissenschaftlichen und politischen Entwicklungen angesichts einer nationalen und internationalen Strategie dringend erforderlich. Dies liegt im Interesse einer sachgerechten Klärung energie-, verkehrs-, wirtschafts-, umwelt- und gesellschaftspolitischer Grundfragen.

Wirksame und weiterführende Maßnahmen zur Eindämmung des Treibhauseffektes betreffen die Eindämmung der energiebedingten CO_2-Emissionen, die biogenen CO_2-Emissionen, die Methan- und die Stickstoffoxid-Emissionen, NO_X, sowie die Emissionen von FCKW-Ersatzstoffen.

Ferner ist die weitere Konkretisierung möglicher Maßnahmen auf nationaler, EG-weiter und weltweiter Ebene sowie die eventuell notwendig werdenden Maßnahmen zur Verminderung von Folgeschäden der Klimaänderung für die gesamte Menschheit und die Biosphäre unbedingt notwendig. Dies betrifft die intensive Begleitung der Anstrengungen um die Verabschiedung einer internationalen Klimakonvention mit den vorgesehenen Durchführungsprotokollen.

Hiervon berührt sind insbesondere auch Fragen der zukünftigen Nord-Süd-Beziehungen und besonders die Verbesserung eines umweltverträglichen Technologietransfers von Nord nach Süd.

Bei den genannten Sachbereichen ist eine kompetente Begleitung der weiteren wissenschaftlichen und politischen Entwicklungen auch der Arbeit zuständiger internationaler Organisationen wie dem Intergovernmental Panel On Climate Change (IPCC) angesichts einer nationalen und internationalen Strategie dringend erforderlich.

Eine nahtlose Fortsetzung dieser notwendigen Arbeit auf parlamentarischer Ebene ist nur dann gewährleistet, wenn die Enquete-Kommission „Schutz der Erdatmosphäre" auch nach den bereits vorgelegten Berichten ihre Arbeit in der 12. Wahlperiode fortsetzt. Die Kommission hat sich durch ihre Arbeit eine so große Anerkennung auf nationaler und internationaler Ebene erworben, daß von einer Vielzahl nationaler und internationaler Institutionen erwartet wird, daß die Arbeit der Kommission sachgerecht fortgesetzt und die intensive Auseinandersetzung des Deutschen Bundestages mit dieser Thematik auf der Basis der Kommissionsarbeit weitergeführt wird. Auf diese Weise kann sichergestellt werden, daß die Kommission als Gremium des Deutschen Bundestages insbesondere auch entscheidende Impulse für die politische Entwicklung hinsichtlich der anstehenden internationalen Konferenz „Umwelt und Entwicklung" in Brasilien im Jahr 1992 und die daraus abzuleitenden Handlungsstrategien geben kann.

Aus den genannten Gründen hat der Deutsche Bundestag mit Beschluß vom Oktober 1990 empfohlen, zu Beginn dieser Legislaturperiode erneut eine Enquete-Kommission „Schutz der Erdatmosphäre" einzusetzen, die die Arbeit der entsprechenden Enquete-Kommission aus der letzten Wahlperiode fortsetzt und vertieft.

Chemische Formeln

Al_2O_3	Aluminiumoxid
CCl_3F	FCKW 11
CCl_2F_2	FCKW 12
$CClF_3$	FCKW 13
$C_2Cl_2F_4$	FCKW 114
$C_2Cl_3F_3$	FCKW 113
C_2ClF_5	FCKW 115
$CHClF_2$	Chlordifluormethan (H-FCKW 22)
CF_2BrCl	Halon 1211
$C_2F_4Br_2$	Halon 1301
$CBrF_3$	Halon 2402
CCl_4	Tetrachlorkohlenstoff
CH_3CCl_3	Methylchloroform
CH_3Cl	Methylchlorid
CH_3Br	Methylbromid
ClO	Chlormonoxid
BrO	Bromoxid
HF	Fluorwasserstoff
CO_2	Kohlendioxid
CH_4	Methan
N_2O	Distickstoffoxid
OH	Hydroxylradikal
O^*	angeregtes Sauerstoffatom
CO	Kohlenmonoxid
H_2SO_4	Schwefelsäure
HNO_3	Salpetersäure
HCl	Salzsäure
SO_2	Schwefeldioxid
SO_4^-	Sulfat

NO	Stickstoffmonoxid
NO_2	Stickstoffdioxid
C_xH_y	Kohlenwasserstoff
^{16}O bzw. ^{18}O	Sauerstoffisotop mit dem Molekulargewicht
Si_2O_2	Siliciumoxid
MgO	Magnesiumoxid
O	atomarer Sauerstoff
O_2	molekularer Sauerstoff
N	atomarer Stickstoff
N_2	molekularer Stickstoff
H	Wasserstoff
Cl	Chlor
Cl_2	molekulares Chlor
Br	Brom
F	Fluor

Vorsätze und Vorsatzzeichen-Erklärungen

Piko	p	10^{-12}	Billionstel
Nano	n	10^{-9}	Milliardstel
Mikro	μ	10^{-6}	Millionstel
Milli	m	10^{-3}	Tausendstel
Kilo	k	10^{3}	Tausend
Mega	M	10^{6}	Million
Giga	G	10^{9}	Milliarde
Tera	T	10^{12}	Billion
Peta	P	10^{15}	Billiarde
Exa	E	10^{18}	Trillion

Maße und Einheiten

(a) basierend auf dem internationalen Einheitensystem SI-Systèm International d'Unités (Auswahl)

Meter	m	für die Länge
Sekunde	s	für die Zeit
Kilogramm	kg	für die Masse

Kelvin	K	für die thermodynamische Temperatur
Hertz	($1 Hz = 1s^{-1}$)	für die Frequenz
abgeleitete Einheiten		
Newton	($1 N = 1kg\, ms^{-2}$)	für die Kraft
Pascal	($1 Pa = 1 N\, m^{-2}$)	für den Druck[1)] bzw. für die Spannung
Joule	(1 J = 1 N m)	für die Arbeit, die Energie und die Wärmemenge
Watt	($1 W = 1 J\, s^{-1}$)	für die Leistung

sowie:

$1\, m^2$	für die Flächeneinheit
$1\, m^3$	für die Raumeinheit (Volumen)
$1\, ms^{-1}$	für die Geschwindigkeit
$1\, ms^{-2}$	für die Beschleunigung
$1\, kg\, m^{-3}$	für die Dichte
$1\, m^3 kg^{-1}$	für das spezifische Volumen

(b) Nicht-SI-Einheiten (Auswahl)

°C	Grad Celsius (0 °C entspricht ungefähr 273 K) Temperaturdifferenzen werden z.T. auch in °C (= K) angegeben. Die korrekte Angabe wäre „Grad Celsius“		
ppm	Mischungsverhältnis:	10^{-6}	= 1 Teil auf eine Million
ppb	Mischungsverhältnis:	10^{-9}	= 1 Teil auf eine Milliarde
ppt	Mischungsverhältnis:	10^{-12}	= 1 Teil auf eine Billion
BP	(bp) englisch: years before present		
GtC	Giga-Tonnen Kohlenstoff 1 Gt C = 3,7 Gt CO_2		

Energieeinheiten, Vorsätze, Vorsatzzeichen und Umrechnungsfaktoren

verbindliche Einheit: Joule (J)[2)]

1 Joule (J) = 1 Newtonmeter (Nm) = 1 Wattsekunde (Ws)

---

1) Im Wetterdienst darf auch noch 1 mbar = 10^2 Pa als Druckeinheit Verwendung finden

2) Für die Bunderepublik Deutschland gilt ab 1. Januar 1978 als gesetzliche Einheit für Energie verbindlich das Joule. Die Kalorie (cal) und davon abgeleitete Einheiten wie Steinkohleeinheiten (SKE) und Rohöleinheiten (RÖE) (1 SKE = 0,7 RÖE) können für eine Übergangszeit nur noch hilfsweise zusätzlich verwendet werden.

gebräuchliche Energieeinheiten:

1 Terawattstunde	= 1 TWh	= 1x10^9 kWh = 3,6 PJ
1 Terawattstunde	= 1 TWh	= 0,123 Mio. t SKE
1 Million Tonnen		
Steinkohleneinheiten	= 1 Mio. t SKE	= 29,308 PJ = 8,15 TWh
1 Exajoule	= 1 EJ = 1 000 PJ	= 278 TWh

Vorsätze und Vorsatzzeichen

Kilo	k	10^3 Tausend
Mega	M	10^6 Million
Giga	G	10^9 Milliarde
Tera	T	10^{12} Billion
Peta	P	10^{15} Billiarde
Exa	E	10^{18} Trillion

Umrechnungsfaktoren

Einheit	kJ	kWh	kg SKE
1kJ	–	0,000278	0,000034
1kWh	3600	–	0,123
1 kg SKE	29308	8,14	—

Abkürzungsverzeichnis und Glossar

Abdiskontierung
Methode, um den Wert von in verschiedenen Zeitperioden anfallenden Aufwendungen oder Erträgen zu einem bestimmten Zeitpunkt (meist die Gegenwart) mit Hilfe einer Zinsrechnung zu bestimmen.

ABL
Alte Bundesländer

Absolute Temperatur
Temperaturangabe in der Temperaturskala, die bei der theoretisch tiefsten Temperatur –273,15 °C = 0 K (dem absoluten Nullpunkt) beginnt; Maßeinheit: Kelvin (K).

Absorption von Strahlung
Aufnahme von Strahlungsenergie durch einen festen Körper, eine Flüssigkeit oder ein Gas; hierbei wird die Energie aufgenommen und in eine andere Energieform, meist in Wärme, umgewandelt.

Abwärme
Die Wärme eines thermischen Prozesses (z. B. Verbrennungsprozeß), die keiner Nutzung zugeführt und an die Umgebung abgegeben wird.

Adsorption
Anlagerung von Gasen und gelösten Stoffen an der Oberfläche fester Körper.

Advektion
Zufuhr von Luftmassen bzw. von Wassermassen in den Weltmeeren.

advektiv
durch → Advektion herbeigeführt.

Aerosol
Feste oder flüssige Teilchen in der Luft, außer Wasser- und Eispartikeln, im Größenbereich zwischen 0,1 und 100 µm.

AGFW
Arbeitsgemeinschaft Fernwärme

Aggregatzustand, Aggregatstabilität
Erscheinungsform eines Stoffes (fest, flüssig, gasförmig).

Agroforstwirtschaft (Agroforestry)
In ein landwirtschaftliches Betriebssystem integrierte Form des plantagenmäßigen Anbaus von Bäumen zur Erzeugung von Holz und anderen Walderzeugnissen bzw. ein Betriebssystem mit ökologisch, technisch und ökonomisch nachhaltig integriertem Anbau von Bäumen gemeinsam mit landwirtschaftlichen Nutzpflanzen oder Weiden.

Akkumulation
Anhäufung, Speicherung, Ansammlung

Albedo
(Reflexionsvermögen), Verhältnis von reflektierter zu einfallender Strahlung in einem bestimmten Wellenlängenbereich, angegeben für eine bestimmte Oberfläche (z. B. Meeresoberfläche, Schnee oder das System Erde/Atmosphäre als Ganzes).

ALTENER
Gemeinschaftsaktion zur Kommerzialisierung erneuerbarer Energien.

Altersklassenwälder
Wirtschaftswaldbestände, die aus in etwa gleichaltrigen Bäumen bestehen.

Amortisationszeit
Zeitdauer, die vergeht, bis das – z. B. infolge einer Investition – gebundene Kapital wiedergewonnen ist.

anaerob
Unter Luftabschluß, z. B. im Wasser.

Anergie
Begriff aus der tech. Themodynamik: → Exergie.

annuell
einjährig (bei Pflanzen)

anorganisch
(1) zum unbelebten Bereich der Natur gehörend, ihn betreffend,
(2) ohne Mitwirkung von Lebewesen entstanden.

antagonistisch
gegensätzlich, in einem nicht auszugleichenden Widerspruch stehend.

anthropogen
[griech. anthropos = Mensch und griech. genes = hervorbringend, hervorgebracht]; Durch menschliche Einwirkungen verursacht oder ausgelöst.

äquivalent
gleichwertig

Arbitrage
Nutzung gleichzeitig auftretender Preisunterschiede auf verschiedenen Märkten zur Gewinnerzielung.

arid
Trockenes Klima mit weniger als drei feuchten Monaten pro Jahr.

Ästuar
Trichterförmige Flußmündung

Atmosphäre
[griech. atmos = Dunst, Dampf und griech sphaira = (Erd)Kugel]
Die gasförmige Hülle eines Himmelskörpers, speziell die Lufthülle der Erde, gegliedert in Troposphäre, Stratosphäre und weitere höhere Atmosphärenschichten.

Audit
Prüfung, Rechenschaftslegung

Aufwindkraftwerk
Kraftwerk, das auf dem Prinzip beruht, daß warme Luft nach oben steigt (Aufwind). Dabei wird über dem Erdboden erwärmte Luft gesammelt, die man in einer Röhre aufsteigen läßt, wobei eine Turbine angetrieben wird.

Barrel
amerikanisches Hohlmaß für Erdöl: 1 barrel (US) = 42 gal (US) = 158,987 l.

BHKW
→ Blockheizkraftwerk

Bidding, auch competitive bidding
öffentliche Ausschreibung von Erzeugungskapazitäten im Bereich der Energieversorgung mit einem Bietungswettbewerb; abzugrenzen vom franchise bidding (Ausschreibung von Energieversorgungsgebieten).

Biogas, (Faulgas/Deponiegas)
brennbares Gasgemisch, das bei der Zersetzung von Biomasse (Fäkalien, Siedlungs- und Gartenabfällen etc.) durch Bakterien unter Luftabschluß (→ anaerob) gebildet wird.

Biogasanlage
Anlage zur Gewinnung von → Biogas als regenerativen Energieträger.

biogen
durch die Tätigkeit von Lebewesen entstanden.

biogeochemische Kreisläufe
hier für ein Spurengas (z. B. CO_2): chemische Umwandlung innerhalb und/ oder Austausch zwischen der Atmosphäre, der Biosphäre, den Landflächen und den Ozeanen.

Biomasse
die gesamte Masse an lebenden Organismen einer Art oder aller Arten in einer Gesellschaft; setzt sich zusammen aus der pflanzlichen (Phytomasse) und der tierischen (Zoomasse) Biomasse. Die Masse toter und abgefallener Pflanzenteile wird oft zusätzlich ermittelt und als „tote" Biomasse (→ Bestandsabfall) angegeben.

Biosphäre
die mit Lebewesen besiedelten Schichten der Erde: die Atmo-, Hydro- und Pedosphäre. Vom Leben erfüllte und diesem einen Lebensraum bietende Hülle der Geosphäre (Erde) und die untere Atmosphäre (Luft) mit allen Lebewesen.

biotisch
auf Lebewesen, auf Leben bezüglich.

Biozide
chemische Mittel zur Abtötung von pflanzlichem und tierischem Leben (→ Herbizide und → Pestizide), vorwiegend als Pflanzenschutzmittel eingesetzt.

BIP
→ Bruttoinlandsprodukt

Blockheizkraftwerk
Dezentrales Kraftwerk (mit → Kraft-Wärme-Kopplung) zur Versorgung eines größeren Gebäudekomplexes oder Wohngebietes mit Strom und Wärme.

BMFT
Bundesministerium für Forschung und Technologie

BMU
Bundesministerium für Umwelt, Naturschutz und Reaktorsicherheit

BMWi
Bundesministerium für Wirtschaft

Bodenalbedo
→ Albedo

Bodenerosion
die durch die Tätigkeit des Menschen über das natürliche Maß hinaus gesteigerte Abtragung v. a. des landwirtschaftlich genutzten Bodens durch Wasser und Wind. Hauptursache ist die Beseitigung des natürl. Pflanzenkleides bei der Gewinnung neuer Ackerflächen; dadurch ist der Boden vor der Saat und nach der Ernte ungeschützt Winden und Niederschlägen ausgesetzt.

Bodenfeuchte
→ Bodenwassergehalt

Bodenwassergehalt
Anteil des Wassers an der gesamten Bodensubstanz.

boreal
nördlich; dem nördlichen Klima Europas, Asiens und Amerikas zugehörig.

Brennelement
die aus mehreren gasdicht abgeschlossenen Brennstäben zusammengesetzten Spaltstoff-Konfigurationen bei Leichtwasserreaktoren (→ Kernkraftwerk).

Brennstoffzelle
Stromquelle, bei der durch Direktumwandlung elektrische Energie aus chemischer Energie gewonnen wird. Der Wirkungsgrad kann bis zu 80 % betragen.

Brennwert
früher oberer Heizwert; Reaktionswärme, die bei der vollständigen Verbrennung einer bestimmten Brennstoffmenge freigesetzt wird, wobei das entstehende Wasser in Form von Wasserdampf bilanziert wird. Bei festen und flüssigen Brennstoffen wird der Brennwert auf 1 kg Brennstoff (spezifischer Brennwert), bei gasförmigen Brennstoffen auf 1 m^3 Gas unter Normalbedingungen (0 °C, 1,013 bar) bezogen.

Brüdenkompressoren
Kompressoren, die Brüden (d. h. stark wasserdampfgesättigte, warme und oft verunreinigte Luft, die bei technischen Prozessen entweicht) verdichten.

Bruttoinlandsprodukt
Das BIP mißt die gesamte Enderzeugung von Gütern und Dienstleistungen, die innerhalb der Landesgrenzen sowohl von Gebietsansässigen als auch von Ausländern erstellt werden. Ausgehend vom Bruttosozialprodukt ergibt sich das BIP nach Abzug der Erwerbs- und Vermögenseinkommen der Inländer im Ausland und Addition der entsprechenden Einkommen der Ausländer im Inland (maßgeblich ist i. a. der ständige Wohnsitz). Unberücksichtigt bleibt dabei, ob das Verfügungsrecht über diese Leistungen Inländern oder Ausländern zusteht.

Bruttosozialprodukt (BSP)
Das BSP ist, von seiner Verwendung her definiert, der Wert aller Güter und Dienstleistungen, die in einer Volkswirtschaft während einer bestimmten Periode konsumiert, investiert oder exportiert werden, abzüglich der Importe. Die Höhe des BSP gilt als Gradmesser für die wirtschaftliche Leistung einer Volkswirtschaft. Das BSP pro Kopf wird als Gradmesser für den Lebensstandard in dem jeweiligen Land verwandt. Die durchschnittlichen pro-Kopf-BSP-Werte von verschiedenen Ländern sind allerdings nur begrenzt für Vergleiche zwischen den Lebensstandards in den jeweiligen Ländern aussagefähig. Hierfür wurden andere Indikatoren geschaffen (z. B. der HDI).

Bruttowertschöpfung
In einer produzierenden Einheit entstandener Nettoproduktionswert (d. h. die Summe der in einem Unternehmen entstandenen Erwerbs- und Vermögenseinkommen) abzüglich Abschreibungen.

BSP
→ Bruttosozialprodukt

Burden sharing
Verteilung der Lasten, z. B. der Klimaschutzpolitik, auf die unterschiedlichen Länder und Ländergruppen (auf internationaler Ebene), auf unterschiedliche Bevölkerungsgruppen, Wirtschaftszweige und Branchen etc. (auf der nationalen Ebene).

cash crops
Landwirtschaftliche Produkte (v. a. der Entwicklungsländer), die für den Export in die Industrieländer angebaut werden (Kaffee, Bananen, Kakao, Futtermittel etc.).

CO_2-Düngeeffekt
Verstärkung des Pflanzenwachstums durch eine höhere CO_2-Konzentration in der Atmosphäre.

Containment
Äußerer Sicherheitsbehälter eines Kernkraftwerkes.

Contracting
Vorfinanzierung einer Energiesparmaßnahme durch ein externes Unternehmen, das über das notwendige Know-how verfügt. Der Eigentümer zahlt über einen gewissen Zeitraum eine Art Miete für diese Energieeinsparmaßnahme.

CSD
UN-Kommission: Commission on Sustainable Development.

Dampfturbine
→ Wärmekraftmaschine mit Wasser / Dampf als zirkulierender Stoff.

Dauerwald
Waldbestand, in dem die unterschiedlichen Alters- und Entwicklungsstufen von Bäumen nicht räumlich getrennt sind (Altersklassenwälder), sondern auf engem Raum zeitlich und räumlich neben- und / oder übereinander vorkommen. Der Einschlag erfolgt hier einzelstammweise.

Degradierung/Degradation
Veränderung der natürlichen Vegetation oder des typischen Profils eines Bodens durch menschliche Eingriffe, durch Änderung des Klimas, der Pflanzendecke oder der Bodenbesiedlung. Die Degradierung ist oft mit einem Rückgang der Bodenfruchtbarkeit verbunden.

Deposition
Ablagerung von luftgetragenen Schadstoffen auf Oberflächen (z. B. Pflanzen).

Desertifikation
Verwüstung: Vordringen der Wüste in bisher noch von Menschen genutzte Räume auf Grund einer zu starken Nutzung der Wüstenrandgebiete durch den Menschen oder durch Veränderung des Klimas.

DISH-System
System zur solarthermischen Energieerzeugung; Parabolspiegel zur Konzentration von solarer Strahlung gekoppelt mit einem Stirlingmotor oder einer Gasturbine als Generator.

Dispersion
(1) feinste Verteilung eines Stoffes in einem anderen in der Art, daß seine Teilchen in dem anderen schweben.
(2) Abhängigkeit der Fortpflanzungsgeschwindigkeit einer Wellenbewegung (z. B. Licht, Schall) von der Wellenlänge bzw. der Frequenz.
(3) Zerlegung von weißem Licht in ein farbiges Spektrum.

Dissipation
Als Dissipation (der Energie) bezeichnet man die Überführung irgendeiner Energieform in Wärme, die nicht restlos rückgängig gemacht werden kann (z. B. Reibungsverluste).

Dissoziation
Spaltung chemischer Bindungen.

DIW
Deutsches Institut für Wirtschaftsforschung

Dobson-Einheit
(Dobson Units, DU) Maß für die Ozongesamtmenge über einer bestimmten Stelle der Erdoberfläche. 100 DU entsprechen einer Atmosphärenschicht von 1 mm Dicke bei einem Atmosphärendruck von 1013 hPa und einer Temperatur von 298 K.

Druckstaubfeuerung
Verfeuerung von Kohlenstaub unter Druck.

Druckwirbelschichtfeuerung
Wirbelschichtfeuerung unter Druck.

DT
→ Dampfturbine

DWR
Druckwasserreaktor, → Kernkraftwerk

E7
Privatinitiative acht großer Stromversorger in der Bundesrepublik Deutschland, Frankreich, Italien, Japan, Kanada und der USA zur Verminderung des CO_2-Ausstoßes.

EBM-Waren
Waren aus Eisen oder Buntmetallen.

ECE
Wirtschaftskommission der Vereinten Nationen für Europa

ECO/Fin-Rat
Rat der Wirtschafts- und Finanzminister der Europäischen Gemeinschaft

EDF
Electricité de France

EFTA
European Free Trade Association (Europäische Freihandelszone)

EG
Europäische Gemeinschaft, → EU

Eis/Albedo-Rückkopplung
interne Wechselwirkung im Klimasystem:
(1) mehr Eis → höhere Albedo → Abkühlung → mehr Eis;
(2) weniger Eis → niedrigere Albedo → Erwärmung → weniger Eis.

Eisbohrkern
Eisprobe aus dem Festlandeis Grönlands oder der Antarktis.

El-Niño-Ereignis
Unregelmäßig im Abstand einiger Jahre auftretendes Phänomen, bei dem das Oberflächenwasser des Meeres vor der Küste Perus und entlang des äquatorialen Pazifiks wesentlich wärmer ist als im Jahresdurchschnitt.

Elektrolyse
chemische Veränderung eines Elektrolyten beim Anlegen einer elektrischen Spannung an zwei Elektroden, die in die Schmelze oder Lösung des Elektrolyten eintauchen. Die positiv geladenen Ionen des Elektrolyts (Kationen) wandern zur negativ geladenen Kathode, die negativ geladenen Ionen (Anionen) zur positiv geladenen Anode und bewirken somit einen Ladungstranport.

Elektrolyt
Stoff, der im geschmolzenen Zustand oder in wäßriger Lösung mehr oder weniger vollständig in seine Ionen zerfällt.

Elektronenakzeptoren
Moleküle, die die bei einer chemischen Reaktion (Redoxreaktion) freigesetzten Elektronen aufnehmen.

Emissionskoeffizient
hier: Faktor, der das Verhältnis aus bereitgestellter Energie und der damit verbundenen CO_2-Emission angibt.

Endenergie
Energie, die vom Endverbraucher eingesetzt wird. Dazu gehören in der Regel die meiste Sekundärenergie, z. B. Kohle-, Mineralöl- und Gasprodukte, Strom und Fernwärme, doch auch direkt nutzbare Primärenergie, wie z. B. Erdgas. Die Verluste bei der Umwandlung von Primärenergie in Endenergie, vor allem bei der Stromerzeugung, sowie der nichtenergetisch genutzte Anteil der Primärenergie machen in Deutschland zusammen z. Zt. etwa ⅓ der eingesetzten Primärenergie aus, so daß nur etwa ⅔ der Primärenergie als Endenergie zur Verfügung stehen.

Endlager
Endgültige Lagerstätte für radioaktive Abfälle.

Energie
Summe aus › Exergie und › Anergie.

Energie-Erntefaktor
Verhältnis von der durch Gewinnung bzw. Umwandlung (mittels einer Anlage) dem Verbrauch (bis zur Verschrottung) verfügbaren Energiemenge zu dem benötigten Energieaufwand für Bau, Unterhalt und Betrieb der Anlage (und gegebenenfalls auch für die Vermeidung bzw. Behebung externer Schäden).

Energiedienstleistung
energiebezogene Dienstleistung; die durch Nutzenergie dem Endverbraucher zur Verfügung stehenden Dienstleistungen, wie z. B. warme oder kühle Räume; helle Straßen, Arbeitsplätze und Wohnräume; Kraftunterstützung in Produktion, Transport und Verkehr oder Kommunikation und Information.

Energieeffizienz
Das Verhältnis zwischen dem durch eine Energiedienstleistung erbrachten Output (z. B. Bruttowertschöpfung) und der dafür aufgewandten Energiemenge.

Energieintensität
Das Verhältnis zwischen der für eine Energiedienstleistung aufgewandten Energiemenge und dem dadurch erbrachten Output (z. B. Bruttowertschöpfung).

Energiewandlungskette
Jede Energiewandlung ist Auftrennung in technische Arbeitsfähigkeit (→ Exergie) und Verlustwärme (→ Anergie). Sie ist somit verbunden mit Energieentwertung und gleichbedeutend mit → Entropievermehrung. Mit vollständigem Durchlauf durch die Energiewandlungskette gehen → Primärenergierohstoffe und energierohstofffreie Primärenergien hohen Energiewertes und geringer Entropie über in Wärme von Umgebungstemperatur niedrigen Energiewertes und hoher Entropie für die Nutzung durch den Menschen weitgehend verloren.

Energy Cascading
Mehrfachnutzung von Wärme mit fallendem Temperaturniveau. Die Abwärme der vorgelagerten Stufe wird als Wärmeinput in der folgenden Nutzungskaskade genutzt.

Entnahme-Kondensations-Kraftwerke
Kraft-Wärme-Kopplungsanlagen, die ein variables Verhältnis zwischen der abgegebenen Strom- und Wärmeleistung aufweisen. Im Extremfall kann die Anlage ausschließlich Strom liefern (Kondensationsbetrieb).

Entropie
Maß für die „Unordnung eines Systems" bzw. für die Energie- und/oder Stoffentwertung durch einen Prozess. Mit Hilfe der Entropie läßt sich der Teil der Wärmeenergie berechnen, der wegen seiner gleichmäßigen Verteilung auf alle Moleküle des Systems nicht in mechanische Arbeit umgesetzt werden kann. Nimmt die Entropie während eines Prozesses nicht zu, so ist dieser Prozeß umkehrbar (reversibel).

Entstickung
hier: Zurückhaltung der Stickoxidemissionen eines Kraftwerkes.

EnWG
Energiewirtschaftsgesetz

EPA
Environmental Protection Agency (Amerikanische Umweltschutzbehörde)

EPR
European Pressurized Water Reactor

Erdbahnparameter
Parameter, die den Verlauf der Erdbahn bestimmen, wie die → Präzession des sonnennächsten Punktes der Erdbahn, die → Inklination der Erdachse und die → Exzentrizität.

Erneuerbare Energien
zur Erzeugung elektrischer Energie: Photovoltaik, Windenergie, Wasserkraft, solarthermische Kraftwerke; für die Wärmebereitstellung: Geothermie, Solare Nahwärme, Dezentrale Solarkollektoren, Solararchitektur, Wärmepumpen. Alternative Brennstoffe: Biogas, feste Biomasse, Bioöle, Bioethanol, Müll, Klärschlamm.

Erosion
→ Bodenerosion.

EU
Europäische Union (seit 1. November 1993, dem Datum des Inkrafttretens der Verträge von Maastricht; vorher: → EG).

Eutrophierung
Überdüngung, d. h. übermäßige Zufuhr von nitrat- und phosphathaltigen Nährstoffen.

Evaporation
Verdunstung von Wasser.

EVU
Energieversorgungsunternehmen

EWI
Energiewirtschaftliches Institut der Universität Köln

Exergie
techn. Thermodynamik: der in verwertbare Form umwandelbare Teil der zugeführten Energie (z. B. in Wärmekraftmaschinen). Der für die praktische Nutzung verlorengehende, wertlose Anteil heißt Anergie.

Exkremente
Ausscheidung (Kot, Harn); hier E. der Haustiere.

Exosphäre
Atmosphärenschicht oberhalb etwa 400 km, in der Teilchen mit ausreichender Geschwindigkeit in den interplanetaren Raum entweichen.

externe Effekte
Auswirkungen des Handeln eines Wirtschaftssubjekts (Unternehmen, Haushalte usw.) auf ein anderes, die nicht durch eine Entschädigung/Vergütung über den Markt ausgeglichen sind.

F&E
Forschung und Entwicklung

FAO (Food and Agricultural Organisation of the United Nations)
Ernährungs- und Landwirtschaftsorganisation der Vereinten Nationen

Fauna
Tierwelt

Fermentation
chemische Umwandlung von Stoffen durch Bakterien und Enzyme.

Flora
Pflanzenwelt

Fluorchlorkohlenwasserstoff (FCKW)
Fluor-Chlor-Kohlen-Wasserstoffe; Industriell hergestellte organische Halogenverbindungen. Der größte Anwendungsbereich war bis vor wenigen Jahren der Einsatz als Treibmittel in Spraydosen. Mittlerweile werden die FCKW vorwiegend bei der Kunststoffverschäumung, als Löse- und Reinigungsmittel sowie als Kühlmittel verwendet. FCKW sind bei direktem Kontakt unschädlich, in der → Stratosphäre werden sie jedoch durch Sonnenlicht gespalten und verursachen dort den Abbau des Ozons (→ Ozonloch). Des weiteren führen FCKW zu einer Verstärkung des anthropogenen → Treibhauseffektes.
Es wird zwischen vollhalogenierten und teilhalogenierten FCKW unterschieden. Vollhalogenierte FCKW bestehen ausschließlich aus Kohlenstoff und → Halogenen und haben sehr hohe → Ozonzerstörungspotentiale. Teilhalogenierte FCKW, auch als H-FCKW bezeichnet, enthalten zusätzlich Wasserstofffatome und sind daher chemisch weniger stabil. Sie sind ebenfalls sehr treibhausrelevant und tragen – wenn auch in einem geringerem Umfang – zum Abbau des stratosphärischen Ozons bei. Sie werden zunehmend als Ersatzstoffe für die FCKW eingesetzt.
Die Bezeichnung der FCKW erfolgt nach einem internationalen dreistelligen Code (XYZ) durch X = Zahl der C-Atome, Y = Zahl der H-Atome und Z = Zahl der F-Atome; Cl-Atome werden nicht gezählt.

Fossile Energieträger
In der erdgeschichtlichen Vergangenheit aus abgestorbenen Pflanzen entstandene feste, flüssige und gasförmige Brennstoffe wie Kohle, Erdöl und Erdgas.

Fruchtfolge
zeitliche Aufeinanderfolge der einzelnen Kulturarten auf einem Feldstück (Schlag).

Fruchtfolgeverarmung
Reduzierung des Fruchtwechsels innerhalb einer → Fruchtfolge; führt im Extremfall zu einer Monokultur, dem alleinigen Anbau einer Nutzpflanzenart über mehrere Jahre hinweg.

Fungizide
im Garten- und Weinbau verwendetes Mittel zur Bekämpfung pflanzenschädigender Pilze.

Futterleguminose
→ Leguminose

FW
Fernwärme

G8 (G7/G8), Weltwirtschaftsgipfel
Gruppe der sieben bedeutendsten Industriestaaten (G7) Deutschland, Frankreich, Großbritannien, Italien, Japan, Kanada und USA. Seit 1994 erweitert um die Russische Föderation als politisch gleichberechtigter Partner (politische G8)

Gasturbine
→ Wärmekraftmaschine, die mechanische Leistung entweder in Form von Wellenleistung (z. B. Verbrennungsmotor) abgibt oder als Strahlleistung liefert. Dabei wird die kinetische Energie von Heizgas oder Verbrennungsgasen zum Antreib von Turbinenrädern ausgenutzt.

GATT (General Agreement on Tarifs and Trade)
→ Allgemeines Zoll- und Handelsabkommen.

GAU
Bei der Auslegung eines Kernkraftwerkes zu berücksichtigender größter anzunehmender Unfall in einem Kernkraftwerk. Der GAU muß auslegungsmäßig beherrscht werden.

GEF (Global Environmental Facilities)
Globale Umweltfazilität

Generator
Maschine, die mechanische Energie in elektrische Energie umwandelt.

Geothermie
befaßt sich mit der Wärme des Erdinnern.

geothermisches Kraftwerk
setzt Erdwärme (→ Geothermie) in Form von Wasserdampf in elektrische Energie um.

Gestehungskosten
Gesamtkosten der Herstellung.

Gradient
Gefälle

Grätzel-Zelle
photovoltaische Zelle, die nach einem der Photosynthese nachgebildeten Prinzip Strom erzeugt.

Grundlast
Betriebsweise eines Kraftwerks mit – abgesehen von Wartungsarbeiten – ganzjährig konstanter Leistungsabgabe.

Grundstoffindustrie
Diejenigen Industrien, die Grundstoffe (z. B. Bausteine, Stahl, Papier) herstellen. Die Grundstoffindustrie ist meist energieintensiv.

GT
→ Gasturbine

GTZ
Deutsche Gesellschaft für Technische Zusammenarbeit (GTZ)

GuD
Gas- und Dampfturbinen-Technik, → GuD-Kraftwerk

GuD-Kraftwerk
Zur besseren Ausnutzung der angebotenen Wärme zwischen Verbrennungstemperatur und Abwärmetemperatur in einem → Kraftwerk kann der üblichen → Dampfturbine eine → Gasturbine zur Nutzung der heißen Verbrennungsgase zwischen der Verbrennungstemperatur von ca. 1 000 °C und der Heißdampftemperatur von ca. 540 °C vorgeschaltet werden. Damit kann der → Wirkungsgrad für die Erzeugung elektrischer Energie auf bis zu 55 % angehoben werden.

GUS
Gemeinschaft unabhängiger Staaten (ehemalige Sowjetunion)

GVU
Gasversorgungsunternehmen

GWP
Global Warming Potential (Treibhauspotential).

H-FCKW
teilhalogenierte → Fluorchlorkohlenwasserstoffe.

Halogene
(griech. Salzbildner); Gruppe von Nichtmetallen, die aus den Elementen Fluor (F), Chlor (Cl), Brom (Br), Jod (J) und Astat (At) besteht.

Halone
Halone sind bromierte → Fluorchlorkohlenwasserstoffe und haben ein sehr hohes → Ozonzerstörungspotential. Halone werden vorwiegend zu Feuerlöschzwecken eingesetzt.

HAT
Humid-Air-Turbine

Heizkraftwerk
Kraftwerk, das neben Elektrizität auch (Prozeß- bzw. Heiz-) Wärme bereitstellt.

Hemisphäre
Halbkugel, Erdhälfte

Herbizid
chemische Mittel zur Abtötung von Pflanzen.

heterogen
uneinheitlich, aus Ungleichartigem zusammengesetzt.

HGÜ
Hochspannungs-Gleichstrom-Übertragung

HKW
→ Heizkraftwerk

Höchstlast
maximal auftretende Last in einem Stromnetz in einem bestimmten Zeitraum, i. d. R. ein Jahr.

homogen
gleichmäßig aufgebaut, einheitlich, aus Gleichartigem aufgebaut.

HTR
Hochtemperaturreaktor, → Kernkraftwerk

HTW
Hochtemperatur-Winkler-Verfahren.

humides Klima
Landstriche mit einer jährlichen Niederschlagsmenge von über 600 l pro m^2.

Humus
gesamte organische Substanz eines Bodens (abgestorbene pflanzliche und tierische Stoffe sowie deren → mikrobielle Umwandlungsprodukte); z. T. werden auch nur die → Huminstoffe als Humus bezeichnet.

Hybridanlage, -system, -betrieb
Kraftwerk, das mit mehr als einem Energieträger bzw. erneuerbaren Energiequelle betrieben wird, z. B. solarthermische Anlage mit fossiler Zusatzfeuerung.

Hydroelektrizität
durch Wasserkraft erzeugte elektrische Energie.

Hydrologischer Zyklus
Wasserkreislauf

Hydrolyse
Spaltung chemischer Verbindungen durch Wasser (meist unter Mitwirkung eines → Enzyms oder → Katalysators).

IAEA
International Atomic Energy Agency (Internationale Atomenergiebehörde)

IBRD (International Bank for Reconstruction and Development)
Internationale Bank für Wiederaufbau und Entwicklung

ICLEI
International Council for Local Environmental Initiatives

IDA (International Development Association)
Internationale Entwicklungsorganisation

IEA
International Energy Agency (Internationale Energie-Agentur)

IER
Institut für Energiewirtschaft und Rationelle Energieanwendung, Universität Stuttgart

IfE
Ingenieur- und Servicegesellschaft für Energie und Umwelt, Leipzig

IIASA
International Institute For Applied Systems Analysis

IKARUS
Instrumente für Klimagasreduktionsstrategien. Ein Entwicklungsprojekt des Bundesministers für Forschung und Technologie

Implementierung
Ein-, Aus- und/oder Durchführung (z. B. einer neuen Energiesparmaßnahme).

INC
hier: Intergovernmental Negotiating Comitee zur Vor- und Nachbereitung der Klimakonvention.

Ingenium
Erfindungskraft

inhomogen
nicht gleichartig

Injektionshöhe
hier: Höhe über NN, in der ein Eintrag anthropogener Spurenstoffe erfolgt.

Inklination der Erdachse
Neigung der Rotationsachse der Erde zur Bahnebene um die Sonne.

Innertropische Konvergenzzone
Zone aufsteigender Luftmassen zwischen den Passatwindsystemen der beiden Hemisphären. In dieser Zone treten häufig Schauer und Gewitter auf.

Input-Output-Modell
volkswirtschaftliches Modell, dessen Basis eine Input-Output-Tabelle ist, die (Produktions-)Struktur der Volkswirtschaft in einem linearen Gleichungssytem erfaßt, und mit dessen Hilfe die Auswirkungen einer Veränderung volkswirtschaftlicher Größen, z. B. der Endnachfrage, auf die einzelnen Produktionsbereiche ermittelt werden kann.

Inputbesteuerung
Besteuerung der Energie am Input, d. h. beim ersten Einsatz der Primärenergie.

Insektizide
insektentötende chemische Mittel.

Interdependenz
gegenseitige Abhängigkeit.

Internalisierung externer Effekte
Einbeziehen der → externen Effekte in den Preismechanismus; damit ist gewährleistet, daß das Wirtschaftssubjekt, das die externen Effekte verursacht, die vollen Konsequenzen seines Handelns trägt.

Internalisierung externer Kosten
Zurechnung externer Kosten auf den oder die Verursacher.

Investivenergie
Diejenige Energie, die für die Herstellung eines Gutes aufgewandt wird.

Ion
Elektrisch positiv oder negativ geladene Moleküle oder Atome.

IPCC (Intergovernmental Panel on Climate Change)
Von der UNEP und der WMO eingesetztes, zwischenstaatliches Gremium, das die anthropogene Einflußnahme auf das Klima der Erde und die damit verbundenen Folgen untersucht.

IPSEP
International Project for Sustainable Energy Paths

irreversibel
unumkehrbar

ISI
Fraunhofer-Institut für Systemtechnik und Innovationsforschung, Karlsruhe

ITTO (International Tropical Timber Organisation)
Internationale Tropenholz Organisation.

IV
Individualverkehr

Joint Ventures
vorübergehender oder dauernder Zusammenschluß von Unternehmen zum Zweck der gemeinsamen Ausführung von Projekten, die von einem Unternehmen allein nicht realisiert werden können.

JOULE
Programm der EU zur nichtnuklearen Energie- und rationellen Energienutzung.

Kabotage
Beförderung von Personen und Gütern innerhalb eines Landes.

kanzerogen
Krebs erzeugend

Katalysator
Substanz, die eine chemische Reaktion beeinflußt, ohne selbst dabei verändert zu werden. Chloratome und Chloroxid-Radikale wirken bei der Ozonzerstörung in der → Stratosphäre als Katalysatoren, d. h. sie sind in der Lage, eine große Anzahl von Ozonmolekülen zu spalten, bevor sie selbst durch eine andere Reaktion verbraucht werden.

Kation
positiv geladenes → Ion.

KD
Kommissionsdrucksache der Enquete-Kommission „Schutz der Erdatmosphäre".

Kernfusion
Kernverschmelzung, bei der ein schwerer Atomkern aus zwei leichten Atomkernen gebildet wird.

Kernkraftwerk
Anlage zur Stromerzeugung, bei der die Wärme zum Betrieb der Dampfturbinen durch kontrollierte Kernspaltungsreaktionen (hauptsächlich des Uranisotops U-235) freigesetzt wird. Die durch die Kernspaltung entstehende Wärme wird mit Hilfe eines Kühlmittels (z. B. Wasser bei Leichtwasserreaktoren, flüssiges Natrium bei Brutreaktoren oder auch Gas wie z. B. Helium beim Hochtemperaturreaktor) aus dem Reaktorkern zum Wärmetauscher transportiert.

Kernschmelzunfall
Unfall in einem Kernkraftwerk, bei dem aufgrund unzureichender Kühlung des Kerns Teile des Reaktorkerns schmelzen, damit die Anlage irreversibel zerstören und die Gefahr der Freisetzung radioaktiver Spaltprodukte in die Umwelt besteht.

Kernspaltung
→ Kernkraftwerk

kinetische Energie
Bewegungsenergie

Kleinverbrauch
Zum Sektor Kleinverbrauch werden gezählt u. a. die Verbrauchergruppen
(a) öffentliche Verwaltung und Dienstleistungen (z. B. Krankenhäuser und Schulen),
(b) gewerbliche Dienstleistungen (z. B. Handel und Gastgewerbe),
(c) Landwirtschaft,
(d) Handwerk und Kleinindustrie(e) Baugewerbe,
(f) Bundeswehr.
Der Kleinverbrauch ist z. Z. mit 15% am gesamten Brennstoffverbrauch und mit 24% am Stromverbrauch beteiligt.

Klima
Zustand der Atmosphäre über einem bestimmten Ort, charakteristisch für ein großes Zeitintervall von meist mehr als 30 Jahren.

Klimamodell
Beschreibung des → Klimas in einem mathematischen-physikalischen Computermodell; → Modelle.

Klimaparameter
(Interne) Klimaparameter sind die das Klima direkt charakterisierenden, physikalischen Größen, wie z. B. Temperatur, Niederschlag, Wind. Als externe Klimaparameter bezeichnet man die Einflußfaktoren, die zwar das Klimasystem beeinflussen aber nicht mit dem Klimasystem wechselwirken (z. B. Einstrahlung der Sonne, Vulkane, anthropogen bedingte Emission von Treibhausgasen).

Klimarelevante Spurengase
→ Treibhausgase

Klimasensitivität
hier: in einfachen (z. B. in 1-D-Klimamodellen, Modelle) Klimamodellen vorgegebene Empfindlichkeit des Modellklimas auf eine CO_2-Verdopplung (Änderung von einem Gleichgewichtszustand zu einem neuen Gleichgewichtszustand).

Klimavariation
Kurzzeitige Änderung des Klimas.

Kohlendioxid (CO_2)
Farbloses, nicht brennbares schwachsäuerliches Gas. CO_2 wird von Pflanzen in der → Photosynthese unter Zurhilfenahme von Wasser und Sonnenenergie zu Kohlenhydraten umgewandelt. Bei der Verbrennung von Pflanzen oder der aus ihnen entstandenen → fossilen Energieträger wird der enthaltene Kohlenstoff wieder als CO_2 freigesetzt. CO_2 ist ein wichtiges → Treibhausgas, seine gegenwärtige Konzentration in der Atmosphäre beträgt 355 ppm.

Kohlenhydrate
Wichtige pflanzliche Reservestoffe mit charakteristischen chemischen Eigenschaften. Zu den Kohlenhydraten gehören z. B. Stärke, Trauben- und Fruchtzucker.

Kohlenstoff-Intensität
Verhältnis von bei der Verbrennung freiwerdendem CO_2 und der freigesetzten Energie bei fossilen Energieträgern.

Kohlenstoffäquivalent
Umrechnung von Nicht-CO_2-Emissionen (z. B. CH_4 oder N_2O) in eine CO_2-Emissionsmenge, die dieselbe Treibhauswirkung besitzt.

Kohlenstoffkreislauf
Kreislauf des Kohlenstoffs in seinen verschiedenen chemischen Verbindungen zwischen der → Atmosphäre, der → Biosphäre, der Hydrosphäre und der → Lithosphäre.

Kohlenwasserstoffe
Organische Verbindungen, die aus Kohlenstoff und Wasserstoff bestehen. Kohlenwasserstoffe können durch den Zusatz weiterer Elemente wie z. B. → Halogene in halogenierte Kohlenwasserstoffe verändert werden.

Kohlevergasung
Umwandlung von Kohle unter Druck und hoher Temperatur in ein brennbares Gas, wobei ein fester Rückstand verbleibt.

Koks
schwarzer oder grauer Rückstand bei der Schwelung oder der Verkokung (thermische Zersetzung unter Luftabschluß) von Kohle.

komplementär
ergänzend, vervollständigend

Kondensation
Übergang von der Dampf- in die Flüssigphase. In der Meteorologie: der Übergang des Wasserdampfes der Atmosphäre in den flüssigen Zustand durch Tröpfchenbildung (Wolken, Nebel, Tau).

Kondensationskraftwerk
→ Kraftwerk, in dessen Dampfturbinenprozeß der Dampf keiner weiteren Verwendung (z. B. Prozeßwärme) zugeführt wird und vollständig auskondensiert.

kontinentales Klima
Festlandklima, Binnenklima

Konvektion
Oft kleinräumiges Aufsteigen von Luftmassen.

konventionelle Landwirtschaft
Unter der konventionellen Landwirtschaft wird die in Mitteleuropa vorherrschende intensiv betriebene Landwirtschaft verstanden, die von hohen Erträgen bei hoher spezieller Produktionsintensität (Betriebsmitteleinsatz je Fläche bzw. je Tier) sowie starker Konzentration und Spezialisierung geprägt ist.

Konvoi-Anlage
Jüngste deutsche Kernkraftwerke (1 300 MWe-Druckwasserreaktoren Emsland, Isar II und Neckarwestheim 2), die zeitlich kurz nacheinander genehmigt und gebaut wurden und starke Baugleichheiten aufweisen.

Konzentration von Spurengasen
In diesem Bericht wird stets das Volumen → Mischungsverhältnis von Spurengasen – wie üblich in der Physik der Atmosphäre – als Konzentration bezeichnet.

Kraft-Wärme-Kopplung (KWK)
KWK-Aggregate, realisiert in dezentralen Blockheizkraftwerken, produzieren Strom und nutzen gleichzeitig die Wärme des Kühlwassers und der Abgase für Nah- und Fernwärmenetze. Dadurch werden wesentlich höhere Wirkungsgrade erreicht.

Kraftwerk
Umwandlung von Verbrennungswärme von hoher Temperatur in elektrische Energie.

KWK
→ Kraft-Wärme-Kopplung

langwellige Ausstrahlung
hier: elektromagnetische Strahlung im Wellenlängenbereich zwischen etwa 4 und 100 µm. In diesem Bereich gibt die Erde Wärmestrahlung in den Weltraum ab.

Lastfolgevermögen
Eigenschaft eines Kraftwerks, möglichst schnell den zeitlich variablen Lastanforderungen des Netzes zu folgen.

latent
versteckt, verborgen, nicht offenkundig

LC
least-cost (Minimalkosten), → Least Cost Planning

LCP
→ Least Cost Planning

Leasing
Form der Investitionsfinanzierung; Vermietung von Industrieanlagen, Investitions-, Konsumgütern und Personal durch die Produzenten der Güter (Herstellerleasing), über eine Zwischenschaltung spezieller Leasinggesellschaften (Finanzierungsleasing) bzw. durch Arbeitsvermittlungsgesellschaften.

Least-Cost-Planning
Konzept, das die Energieversorgungsunternehmen verpflichtet, vor einer Ausweitung ihres Angebotes beim Kunden alle Maßnahmen der Einsparung (Negawatts) zu realisieren, deren Kosten unter denen der Bereitstellung von Energie liegen.

Leguminosen
Hülsenfrüchtler; Krautige Pflanzen oder Bäume mit Hülsenfrüchten. Sie leben in Symbiose mit stickstofffixierenden Knöllchenbakterien. Zu den Leguminosen gehören wirtschaftlich bedeutende Kulturpflanzen wie z. B. Bohnen, Erbsen, Klee, Luzerne, Erdnuß und Soja.

Lithosphäre
Gesteinskruste der Erde, umfaßt die Erdkruste und den obersten Erdmantel.

LNG-Anlagen
Anlagen mit verflüssigtem Erdgas (Liquified Natural Gas).

LPG
(Liquified Petroleum Gas) Flüssiggas

Luftschadstoffe
In der Luft befindliche Stoffe, die sich direkt oder indirekt schädigend auf die Biosphäre auswirken, z. B. Stickoxide, Schwefeldioxid, leichtflüchtige organische Verbindungen und Ozon.

LUZ
Hersteller der Solar-Parabolrinnenkraftwerke in Kalifornien, mittlerweile in Konkurs gegangen.

LWR
Leichtwasserreaktoren, → Kernkraftwerk

marin
(1) zum Meer gehörend,
(2) aus dem Meer stammend, im Meer lebend.

meridional
vom Äquator polwärts gerichtet.

Meteorit
extraterrestrische Kleinkörper

Migration
Wanderung

Mineraldünger
anorganische Dünger, die (im Gegensatz zu → organischen Wirtschaftsdüngern) industriell hergestellt oder bergmännisch abgebaut werden.

Mineralisation
Abbau toter organischer Substanz zu anorganischer Substanz, vorwiegend von heterotrophen (nicht zur Photosynthese befähigten) Mikroorganismen durchgeführt.

Mischungsverhältnis
In der Atmosphärenforschung hat sich eingebürgert, den Spurenstoffgehalt als Mischungsverhältnis (Molenbruch) anzugeben. Hierbei wird das Volumen-Mischungsverhältnis definiert als das Verhältnis der Moleküle eines Gases zu der Gesamtzahl aller Moleküle. Folgende Abkürzungen sind gebräuchlich:
1 ppm (1 part per million): 10^{-6} (ein Teil auf eine Million)
1 ppb (1 part per billion): 10^{-9} (ein Teil auf eine Milliarde)
1 ppt (1 part per trillion): 10^{-3} (ein Teil auf eine Billion).

Mittellastbereich
Einsatzbereich von Kraftwerken mit einer jährlichen Ausnutzung von 3 000 bis 5 000 Stunden, d. h. im Lastfolgebetrieb fahrend.

MIV
Motorisierter Individualverkehr

Modelle
Eindimensionales (1-D) Modell – mit diesem Modell läßt sich die Gesamtsäulendichte und die Vertikalverteilung eines Spurenstoffes berechnen.
Zweidimensionales (2-D) Modell – neben der vertikalen Höhe wird hier die geographische Breite als weitere Dimension benutzt, um der breitenabhängigen Solarstrahlung Rechnung zu tragen.
Dreidimensionales (3-D) Modell – hier wird zusätzlich die geographische Länge einbezogen; 3-D-Modelle befinden sich im Hinblick auf chemische Fragestellungen erst im Entwicklungsstadium.

Moderator
Stoff im Reaktorkern, der aufgrund seiner speziellen Neutronenabsorptionseigenschaften die entstehenden Spaltneutronen abbremst („moderiert"), so daß sie im Mittel pro gespaltenem Kern einen weiteren Kern spalten (in Kernkraftwerken).

MOE
Mittel- und Osteuropa

Montrealer Protokoll
Das Montrealer Protokoll vom 16. September 1987 über Stoffe, die zu einem Abbau der Ozonschicht führen, ist am 1. Januar 1989 in Kraft getreten. Das Montrealer Protokoll ist die erste Folgevereinbarung zum Wiener Übereinkommen und bildet einen wichtigen Grundstein in der Umweltpolitik. In dem Protokoll werden die Produktion und der Verbrauch der wichtigsten vollhalogenierten → FCKW und bestimmter → Halone geregelt.
In der zweiten Vertragsstaatenkonferenz zum Montrealer Protokoll im Juni 1990 in London sowie in der vierten Vertragstaatenkonferenz im November 1992 in Kopenhagen wurden Verschärfungen der Protokollregelungen beschlossen.

MOX-Brennelemente
Brennelemente für Kernkraftwerke bestehend aus einem Gemisch aus Uran- und Plutoniumoxid.

MPI
Max-Planck-Institut
(z. B. für Meteorologie in Hamburg)

Multilateral Fund (Multilateralfonds)
Bei der 2. Vertragsstaatenkonferenz zum Montrealer Protokoll gegründeter Fonds mit dem Ziel, den Entwicklungsländern durch finanzielle Hilfen den Ausstieg aus ozonschichtschädigenden Stoffen zu erleichtern.

Mutation
ungerichtete, zufällige Veränderung des Erbguts eines Lebewesens.

NASA
National Aeronautics and Space Administration

NBL
Neue Bundesländer

Negawatts
der durch Energiesparmaßnahmen eingesparte Stromverbrauch.

Negentropie
Arbeitsfähigkeit

Neutronen
elektisch neutral geladenes Elementarteilchen, das zusammen mit dem Proton Baustein der Atomkerne ist.

Nichtregierungsorganisationen
(Non Governmental Organisations, NGO)
Sammelbegriff für nicht-staatliche Organisationen, der allerdings zumeist in bezug auf Gruppierungen der neuen sozialen Bewegungen (Ökologiebewegung, Friedensbewegung u. a.) verwendet wird.

NMVOC
Nicht-Methan-Kohlenwasserstoffe

nominaler Preis
zum Nennwert, → vgl. realer Preis

Nutzen-Kosten-Analyse (NKA)
Instrument zur Beurteilung von staatlichen Entscheidungen; durch eine systematische, möglichst vollständige Aufarbeitung und Gesamtbeurteilung der Nutzen und Kosten einzelner Maßnahmen.

Nutzenergie
Energie, die vom Verbraucher tatsächlich genutzt wird, d. h. nach Abzug der Umwandlungsverluste beim Einsatz der → Endenergie. Nutzenergie sind z. B. Wärme, Licht, Kraft und Nutzelektrizität. Die Nutzenergie liegt z. Zt. in Deutschland bei 45% der Endenergie und bei rund 33% der eingesetzten → Primärenergie.

Oberflächenalbedo
→ Albedo

ODP
Ozone Depletion Potential (→ Ozonzerstörungspotential)

OECD (Organization for Economic Cooperation and Development)
Organisation für Wirtschaftliche Zusammenarbeit und Entwicklung

Ökosystem
aus Organismen und unbelebter Umwelt bestehende natürliche Einheit, die durch deren Wechselwirkung ein gleichbleibendes System bildet.

OPEC
Organization of Petroleum Exporting Countries

ÖPNV
Öffentlicher Personennahverkehr

Orographie
Beschreibung der Oberflächenformen der Landmassen, Gebirgskunde.

Outputbesteuerung
Besteuerung der Energie am Output, d. h. nach Durchlaufen einer oder mehrerer Umwandlungsstufen (z. B. Besteuerung von Strom [Outputbesteuerung] anstatt von Kraftwerkskohle [Inputbesteuerung]).

ÖV
Öffentlicher Verkehr

Oxidation
chemische Reaktion eines Stoffes mit Sauerstoff.

Ozon
(griech. das Riechende). Aus drei Sauerstoffatomen bestehendes Molekül; chemisches Zeichen O_3.
Die Hauptmenge des atmosphärischen Ozons befindet sich in der → Stratosphäre zwischen zwölf und vierzig Kilometer und wird hier durch photolytische Spaltung von Sauerstoff (O_2) gebildet. Die Ozonmenge in der → Troposphäre repräsentiert etwa ein Zehntel der Ozongesamtsäule. Die Hauptquelle ist hier die photochemische Bildung durch → Kohlenwasserstoffe und → Stickoxide auf Grund der Smog-Mechanismen.
Während Ozon in der → Troposphäre stark negative Auswirkungen hat (giftig für Tiere, Menschen und Pflanzen; Verstärkung des Treibhauseffektes), wirkt das Ozon in der → Stratosphäre als lebensnotwendiger UV-B-Filter.

Ozonloch
1985 wurde entdeckt, daß seit 1977 über der Antarktis während der Monate September und Oktober drastische Abnahmen der Ozonkonzentration stattfinden. Mittlerweile steht fest, daß das jährlich wiederkehrende Ozonloch durch industriell hergestellte →Fluorchlorkohlenwasserstoffe verursacht wird.

Ozonschicht
Schicht in der → Stratosphäre, in der der größte Teil des atmosphärischen Ozons enthalten ist. Sie liegt etwa zwischen 15 und 30 Kilometer Höhe.
In der Ozonschicht wird die energiereiche UV-B-Strahlung absorbiert und in Wärme umgewandelt. Verringerung der Ozongesamtsäulendichte haben Intensitätszunahmen der zellschädigenden UV-B-Strahlung am Erdboden zur Folge. Des weiteren kann die Änderung der Ozonschicht zu einer Beeinflussung des → Klimas führen. Durch industriell hergestellte → FCKW wird die Ozonschicht in zunehmendem Maße zerstört.

Ozonzerstörungspotential
Maß für die relative Ozonwirksamkeit chlor- und bromhaltiger Verbindungen. FCKW 11 ist dabei als Bezugsgröße gewählt und mit dem Wert 1 festgesetzt.

paläoklimatische Daten
Klimadaten aus der Erdgeschichte. Diese können aus → Eisbohrkernen, aus Ablagerungen auf dem Meeresboden, aus Baumringen sowie aus Pollenablagerungen gewonnen werden.

Pedosphäre
Bodenzone; Grenzbereich der Erdoberfläche, in dem sich Gestein, Wasser, Luft und Lebewesen durchdringen und in der die bodenbildenden Prozesse stattfinden.

Pestizid
Mittel zur Vernichtung von pflanzlichen und tierischen Schädlingen und Krankheitserregern aller Art.

pH-Wert
Logarithmisches Maß für den Säuregehalt bzw. den Wasserstoff (H^+)-Ionen-Gehalt einer Flüssigkeit bzw. Lösung. Je niedriger der pH-Wert ist, um so größer ist die Konzentration von H^+-Ionen oder um so saurer ist eine Lösung. Beträgt der pH-Wert 7, so ist eine Lösung chemisch neutral, ist er geringer, so ist sie sauer, ist er höher, so ist sie basisch, bei pH = 6 ist die Konzentration von H^+-Ionen zehnmal höher als bei pH = 7.

photochemisch
Unter Einwirkung von UV-Strahlung ablaufende chemische Reaktion.

Photolyse
Zersetzung von Molekülen durch Absorption von elektromagnetischer Strahlung.

Photooxidation
→ photochemisch hervorgerufene → Oxidation.

Photosmog
unter Einwirkung von Sonnenstrahlung ablaufende Bildung von Ozon und giftigen Stickstoffverbindungen aus verschiedenen Vorläufersubstanzen (v. a. Stickstoffoxiden).

Photosynthese
Der Aufbau von Kohlenhydraten durch grüne Pflanzen aus Kohlendioxid und Wasser mit Hilfe des Sonnenlichts (→ Photosynthese).

Photovoltaik
direkte Umsetzung von Lichtenergie in elektrische Energie.

Plankton
im freien Wasser schwebende Kleinstorganismen mit fehlender oder geringer Eigenbewegung.

Plattentektonik
Teilgebiet der Geophysik, das sich mit den Bewegungen der sechs großen mehr oder weniger starren Platten und mehrerer kleinerer Platten, die zusammen die Lithosphäre bilden, auf der Asthenosphäre (Fließzone des oberen Erdmantels) beschäftigt. Wo diese Platten auseinanderdriften, entstehen Dehnungsfugen, in denen aufsteigende vulkanische Schmelzen untermeerische Schwellen bilden, deren Umgebung sich durch hohe Erdbebenaktivität (Seismizität) und starke Wärmestrahlung auszeichnet. Zugleich wird ständig neue ozeanische Kruste gebildet, die sich symmetrisch nach beiden Seiten ausbreitet. Dort, wo sich die Platten aufeinander zu bewegen, werden durch Unterschiebung der einen unter die andere Platte die überlagernden Sedimente gestaucht und zu Kettengebirgen oder Inselbögen aufgefaltet.

Plutonium
chemisches Element der Ordnungszahl 94 (Symbol Pu), das in der Natur nur in sehr geringen Mengen vorkommt. Das technisch wichtigste Isotop ^{239}Pu, das in größeren Mengen im Brutreaktor erzeugt wird, kann als Kernbrennstoff in gewissen Kernkraftwerken und für Kernwaffen verwendet werden. Wegen seiner α-Aktivität und seiner starken Neigung zur Ablagerung im Knochenmark gehört Pu zu den gefährlichsten giftigen Stoffen. Je nach Isotop hat Pu Halbwertszeiten zwischen 10^4 und 10^5 Jahren.

Polyethanschäume
werden gebildet aus Polyurethan (PUR, Gemisch aus mehrwertigen Alkoholen, Isocyanaten und der Gruppe -NH-CO-O-) unter Zuhilfenahme von z. B. Treibmitteln (→ FCKW).

polymer
(1) vielteilig, vielzählig.
(2) aus größeren Molekülen bestehend, die durch Verknüpfung kleinerer entstanden sind.

postglazial
nacheiszeitlich

ppmv, ppbv, pptv
Mischungsverhältnis

Primärenergie
Unter Primärenergie versteht die Energie vor der ersten Umwandlungsstufe. Rohstoffe zur Energiegewinnung, d. h. Primärenergieträger sind alle Energieträger, die natürlich vorkommen, z. B. die → fossilen Brennstoffe Steinkohle, Braunkohle, Erdöl, Erdgas, Ölschiefer, Teersande oder die Kernbrennstoffe Uran, Torium oder die → erneuerbaren Energiequellen, z. B. Wasserkraft, Windkraft, Sonne, Erdwärme, Biomasse.

Primärenergiemix
Das Verhältnis der Anteile der Primärenergieträger Mineralöl, Kohle, Erdgas, Kernkraft, Wasserkraft usw. am Primärenergieverbrauch.

Primärenergierohstoffe
in den Lagerstätten der Erdkruste:
fossile: Steinkohle, Braunkohle, Rohöl, Teersand, Ölschiefer, Erdgas
nukleare: Uranverbindungen, Toriumverbindungen

Primärkreis
Der dem Reaktorkern nächste Kühlkreislauf (in Kernkraftwerken).

Primärwald
Urwald; im strengsten Sinne ein autochtoner Waldbestand, dessen Entwicklung nicht oder nur sehr wenig vom Menschen beeinflußt wurde, so daß seine Physiognomie von der natürlichen Umwelt geformt und bestimmt ist.

Probabilität
Wahrscheinlichkeit

Propan
gesättigter Kohlenwasserstoff, der besonders als Brenngas verwendet wird.

Propen
= → Propylen

Propylen
gasförmiger, ungesättigter Kohlenwasserstoff, technisch wichtiger Ausgangsstoff für andere Stoffe.

Prozeßwärme
Wärme für industrielle Prozesse (im Temperaturbereich von 900 bis 100 °C).

PV
Photovoltaik

Pyrolyse
thermische Spaltung chemischer Verbindungen.

Quersubvention
Einseitiger Mitteltransfer zwischen verschiedenen Teilen innerhalb eines Unternehmens, z. B. zwischen der Energieversorgung und den Busbetrieben von Stadtwerken.

Radikale
Atome oder Moleküle mit ungepaarten Elektronen, die unter Einwirkung von Wärme oder UV-Licht gebildet werden und sehr reaktiv sind („Waschmittel der Atmosphäre").

radioaktiv
durch Kernzerfall oder -umwandlung bestimmte Elementarteilchen aussendend.

Radioaktiver Zerfall
→ Radioaktivität

Radioaktivität
Eigenschaft einer Reihe von Atomkernen, sich ohne äußere Einwirkung in andere Atomkerne umzuwandeln, wobei Energie in Form von Teilchen und elektromagnetischer Strahlung frei wird.

Rauchgasentschwefelung
Maßnahme zur Vermeidung von SO_2-Emissionen (z. B. durch Absorption in Kalkmilch).

RAVEL
Rationelle Verwendung von Elektrizität (eines von drei vom Bundesamt für Konjunkturfragen in der Schweiz gestarteten Impulsprogramme).

realer Preis
um Inflations- und Deflationseffekte bereingter Preis, → vgl. nominaler Preis.

Redoxpotential
[Kurzwort aus: Reduktions-Oxydations-Potential] Potential, bei dem ein Stoff oxydiert (→ Oxydation) und ein zweiter gleichzeitig reduziert (→ Reduktion) wird.

Reduktion
Entzug von Sauerstoff aus einer chemischen Verbindung oder Einführung von Wasserstoff in eine chemische Verbindung.

Reinbestände
hier: Wälder, in denen die dominierende Baumart mindestens 90 Prozent der bestockten Fläche einnimmt. Reinbestände werden meist künstlich angelegt, kommen jedoch auch natürlich vor (z. B. in den nördlichen Breiten).

Ressourcen
Ressourcen sind einer weiten Begriffsdefinition folgend alle Bestände der Produktionsfaktoren Arbeit, Boden und Kapital, die bei der Produktion von Gütern eingesetzt werden können. Im engeren Sinn werden unter Ressourcen Rohstoffe und Energieträger verstanden, wobei zwischen regenerierbaren und nichtregenerierbaren Ressourcen unterschieden wird. Dem Bericht liegt die engere Begriffsbildung zugrunde.

Rückstreuung
in die Einfallsrichtung zurückgestreuter Strahlungsanteil.

RWI
Rheinisch-Westfälisches Institut für Wirtschaftsforschung

Salpetersäure
wichtigste Sauerstoffsäure des Stickstoffs; in reinem Zustand farblose, stechend riechende Flüssigkeit.

Säure
chemische Verbindung, die beim Lösen in Wasser infolge Dissoziation als Kationen ausschließlich H^+-Ionen bildet (Wasserstoffionenkonzentration). Die Lösungen schmecken sauer und verändern die Farbe von Indikatorfarbstoffen. Die Säurestärke ist abhängig von der Dissoziation der Verbindung. Zu den stärksten Säuren mit Dissoziationsgraden von fast 100% gehören die Mineralsäuren (Salz-, Salpeter- und Schwefelsäure).

Savanne
Vegetationsform der → semi-ariden Tropen, bei der Grasfluren von einzelnen Bäumen oder Bauminseln durchsetzt sind. Mit zunehmender Feuchte verdichten sich die Gehölze und gehen über in eine Waldformation.

SAVE
Specific Action for Greater Energy Efficiency

Schnelle Brutreaktoren
Kernkraftwerk mit schnellen Spaltneutronen, das (theoretisch) mehr Spaltstoff erbrüten kann, als es verbraucht.

Schwefeldioxid (SO_2)
Farbloses, stechend riechendes Schadgas, das überwiegend bei der Verbrennung schwefelhaltiger Energieträger (Kohle, Erdöl) und in geringerem Umfang bei industriellen Prozessen entsteht (→ Saurer Niederschlag).

Sediment
durch Sedimentation entstandenes Schicht- oder Absatzgestein.

Sedimentation
Ablagerung von Stoffen, die an anderen Stellen abgetragen wurden.

SEGS
Solar Energy Generating System

Sekundärenergie
Sekundärenergieträger sind alle Energieträger, die als Ergebnis eines Umwandlungsprozesses (z. B. in Raffinerien oder Kraftwerken) aus → Primärenergieträgern entstehen, z. B.: die Kohleprodukte Koks und Briketts, die Mineralölprodukte Benzin und Heizöl, die Gasprodukte Stadtgas und Raffineriegas sowie elektrischer Strom und Fernwärme.

Sekundärkreislauf
→ Kernkraftwerk

Sekundärrohstoff
Rohstoffe, die aus Recycling-Prozessen gewonnen werden.

Sekundärwald
Natürlicher Folgebestand von Bäumen nach Beseitigung des → Primärwaldes durch den Menschen oder durch natürliche Katastrophen (Feuer, Insekten).

Semi-arid
Halbtrockenes Klima mit drei bis sechs feuchten Monaten.

Sensitivitätsabschätzung
Hier: Abschätzung der Wirkungsweise verschiedener, das Klima beeinflussender Faktoren.

Solarkonstante
1 370 W/m^2. Am Außenrand der Atmosphäre der Erde ankommende mittlere (mittleren Abstand zwischen Sonne und Erde etwa 150 Mio. km) Strahlungsflußdichte (Strahlungsenergie pro Zeit- und senkrecht zur Strahlrichtung gerichtete Flächeneinheit) der Sonne.

Spaltprodukte
die Produkte von Kernreaktionen in Kernreaktoren.

spektral
hier: frequenz- bzw. wellenlängenabhängig.

Spurengase
Gase, die nur in Spuren in der Atmosphäre vorkommen, z. B. CO_2, N_20, CH_4, FCKW.

Stickoxide
NO_x wird fast ausschließlich in Form von NO an die Atmosphäre abgegeben. Da sich sehr schnell ein photochemisches Gleichgewicht zwischen NO und NO_2 einstellt, spricht man im allgemeinen von NO_x als der Summe von NO und NO_2. NO_x entsteht bei Verbrennungsprozessen mit hohen Temperaturen – vor allem durch Kraftfahrzeuge und Kraftwerke (→ Saurer Niederschlag, → Ozon).

Stirlingmotor
Heißgasmotor, neben der Dampfmaschine die älteste Wärmekraftmaschine. Der zugrundeliegende thermodynamische Prozeß durchläuft 4 Zustandsänderungen: Kompression bei niedriger Temperatur, Wärmezufuhr bei konstantem Volumen, Expansion bei hoher Temperatur und Wärmeabfuhr bei konstantem Volumen.

Strahlenbelastung
Einwirkung von ionisierender Strahlung natürlichen und künstlichen Ursprungs auf biologische Systeme (Mensch, Tier, Pflanze).

Strahlungshaushalt
Differenz zwischen aufgenommener und durch Streuung oder Wärmestrahlung abgegebener Strahlung.

Stratosphäre
Schicht in der → Atmosphäre, die oberhalb der Tropopause bzw. → Troposphäre beginnt und bis in etwa 50 km Höhe reicht. In der Stratosphäre befindet sich die → Ozonschicht.

Stromkennziffer
Verhältnis von Strom- zu Nutzwärmeabgabe (bei KWK-Anlagen).

subpolar
zwischen den Polen und den gemäßigten Breiten gelegen.

Subsistenzwirtschaft
vorwiegend auf Selbstversorgung ausgerichtete, meist kleinbäuerliche Landwirtschaft.

Subtropen
Gebiete des thermischen Übergangs von den Tropen zu den gemäßigten Breiten.

SWR
Siedewasserreaktor, → Kernkraftwerk

Symbiose
Zusammenleben von Lebewesen verschiedener Art zu gegenseitigem Nutzen.

Synergie
Zusammenwirken; „Das Gesamte hat eine andere Qualität als die Summe der Einzelteile".

synthetisch
Hier: industriell hergestellt im Gegensatz zu natürlich vorkommend.

Szenario
Ermittlung eines möglichen Zustandes unter der Annahme bestimmter Bedingungen. Die Ergebnisse sind unabhängig von den Randbedingungen der Szenarien und unterscheiden sich daher von Prognosen.

TA – Enquete-Kommission
Enquete-Kommission Technikfolgenabschätzung des 11. Deutschen Bundestages.

Technische Zusammenarbeit (TZ)
Die Technische Zusammenarbeit – auch Technische Hilfe genannt – zielt auf die Steigerung des Leistungsvermögens von Menschen und Institutionen in den Entwicklungsländern ab. Im einzelnen geht es dabei um die Entsendung von Fachkräften, die Bereitstellung von Zuschüssen, Material und Ausbildungsmöglichkeiten. Diese Leistungen werden in der Regel unentgeltlich gewährt. Das Entwicklungsland übernimmt dabei aber meist die im Land selbst anfallenden laufenden Kosten.

Teilhalogenierte FCKW
→ Fluorchlorkohlenwasserstoff

Terms of trade
Dieser Begriff bezeichnet das Verhältnis der Ausfuhrpreise zu den Einfuhrpreisen, jeweils in der Währung des betreffenden Landes ausgedrückt. Steigen die Ausfuhrpreise bei konstanten oder sinkenden Einfuhrpreisen oder sinken die Einfuhrpreise bei konstanten Ausfuhrpreisen, verbessern sich die Terms of Trade, weil für die gleiche Exportgütermenge mehr Importgüter eingeführt werden können.

terrestrisch
land-; an Land vorkommend

terrestrische Strahlung
→ langwellige Strahlung

Tertiär
Erdzeitalter, das vor etwa 65 Mio. Jahren begann und vor etwa 1,8 Mio. Jahren endete.

TFAP
→ Tropenforst-Aktionsprogramm

TFAP (Tropical Forestry Action Plan)
Tropenwald-Aktionsplan

THERMIE
Förderung von Energietechnologien für Europa

Thermodynamik
Teilgebiet der Physik, das sich mit der Umwandlung der Wärme in eine andere Energieform und umgekehrt mit der Umwandlung irgendeiner Energieform in Wärme beschäftigt. Thermodynamik im weiteren Sinne umfaßt alle Wechselwirkungen zwischen thermodynamischen Systemen und den Einfluß von Temperatur, Druck, Zusammensetzung usw. auf die Zustände dieser Systeme.

thermohalin
Temperatur- und Salzgehalt von Meerwasser betreffend.

TPA
Third-Party-Access hier: Öffnung der Übertragung- und/oder Verteilungsnetze für Dritte, z. B. im Binnenmarkt für Elektrizität.

Transmutation
Umwandlung von Atomkernen durch künstliche Behandlung (im Mittelalter: Alchimie).

Treibhauseffekt
Der Treibhauseffekt wird von Gasen in der Atmosphäre hervorgerufen, die die kurzwellige Sonnenstrahlung nahezu ungehindert durch die Atmosphäre zur Erdoberfläche passieren lassen, die langweilige Wärmestrahlung der Erdober-

fläche und der Atmosphäre hingegen stark absorbieren. Aufgrund der wärmeisolierenden Wirkung dieser Spurengase ist die Temperatur in Bodennähe um etwa 30 °C höher als die Strahlungstemperatur des Systems Erde-Atmosphäre ohne diese Gase (natürlicher Treibhauseffekt). Wegen des Anstiegs menschlich bedingter Spurengase wird mit einer Verstärkung des Treibhauseffektes, die mit → zusätzlicher Treibhauseffekt bezeichnet wird, und einer Temperaturerhöhung gerechnet.

Treibhausgas
Gas in der Atmosphäre, das am Treibhauseffekt beteiligt ist (Wasserdampf, CO_2, N_2O, CH_4, O_3, FCKW).

Tritium
schwerstes Wasserstoffisotop (radioaktiv)

Tropenforst-Aktionsprogramm:
Von der FAO in Zusammenarbeit mit der Weltbank und dem World Resources Institute (WRI) ausgearbeiteter Rahmenplan, der als Leitlinie zur Ausarbeitung von nationalen Forstsektorstrategien in den tropischen Ländern dienen soll. Diese stellen eine Grundlage für die Entwicklungszusammenarbeit in der Forstwirtschaft und der Entwicklung der ländlichen Räume dar und umfassen folgende Schwerpunktbereiche: Forstwirtschaft und Landnutzung, Entwicklung der Forst- und Holzwirtschaft, Brennholz und Energie, Erhaltung der Ökosysteme tropischer Wälder und Institutionen. Das TFAP wurde 1985 vorgelegt und nach erheblicher Kritik Anfang der 90er Jahre verändert.

Tropopause
→ Atmosphäre

Troposphäre
Unterste Schicht der → Atmosphäre bis zur Tropopause (Grenzschicht) in 8–17 km Höhe. In der Tropospäre finden alle wesentlichen Wettervorgänge statt.

Tundra
baumlose Kältesteppe jenseits der arktischen Waldgrenze.

Turmkraftwerk
Solares Kraftwerk, bei dem die solare Strahlung des Kollektorfeldes auf einen Ort („Turm") konzentriert wird, so daß relativ hohe Energiedichten erreicht werden.

Ultraviolettstrahlung
Abkürzung „UV"; Elektromagnetische Energie mit höheren Frequenzen bzw. kürzeren Wellenlängen (unter 400 nm) als sichtbares Licht; die UV-Strahlung unterteilt sich in drei Bereiche: UV-A (320–400 nm), UV-B (280–320 nm) und UV-C (40–290 nm).

Umweltdumping
Maßnahme zur Erhöhung der Wettbewerbsfähigkeit durch Setzen niedriger Umweltschutzstandards unter Inkaufnahme von Umweltschäden (also durch geringe Internalisierung externer Umwelteffekte).

UN (United Nations)
Vereinte Nationen

UN-ECE (UN-Commission for Economic Cooperation in Europe)
UN-Kommission für wirtschaftliche Zusammmenarbeit in Europa

Unbundling
hier: kostenrechnerische und organisatorische Trennung von Produktion, Transport und Speicherung.

UNCED
United Nations Conference on Environment and Development, Rio de Janeiro, 1992

UNDP (United Nations Development Programme)
Entwicklungsprogramm der Vereinten Nationen

UNEP (United Nations Environmental Programme)
Umweltprogramm der Vereinten Nationen

UV
→ Ultraviolettstrahlung

UV-B-Strahlung
→ Ultraviolettstrahlung

Validation
Überprüfung der Gültigkeit (z. B. bei Klimamodellergebnissen).

VDA
Verband der Automobilindustrie

VDEW
Vereinigung Deutscher Elektrizitätswerke

Veredelung
Fertigungstechnik: unscharfe Bezeichnung für die Wertmehrung eines Gegenstandes durch Überführung von einem Roh- oder Zwischenzustand in einen Fertigzustand durch eine relativ geringfügige Veränderung, die nicht zu einer völligen Stoffumwandlung führt.

Vergärung
Umbau/Abbau von Biomasse unter Abwesenheit von Sauerstoff (anaerob), wobei Methan (CH_4) entsteht.

Verjüngung
hier: Künstliche (durch Saat oder Pflanzung) oder natürliche (durch Keimung, Stockausschlag etc.) Regeneration von Wäldern nach Einschlag oder Katastrophen (z. B. Brände).

Versauerung des Bodens
→ Bodenversauerung (pH-Wert)

Verweilzeit
Mittlere Lebenszeit eines Gases in der Atmosphäre.

VOC
Flüchtige organische Verbindungen.

vollhalogenierte Kohlenwasserstoffe
→ Fluorchlorkohlenwasserstoffe

Vorticity
Maß für die Wirbelstärke einer Luftströmung.

Vulkaneruption
Vulkanausbruch

WAA
→ Wiederaufbereitungsanlage

Wanderfeldbau
Form der Landwirtschaft, bei der in bestimmten Zeitabständen ein neues Stück Wald gerodet/brandgerodet wird, um landwirtschaftliche Nutzpflanzen anzupflanzen. Dies ist erforderlich, da die Böden der neugewonnenen Nutzfläche sehr schnell verarmen und die Erträge sinken. Diese Art der Landbewirtschaftung wird in den tropischen Wäldern häufig praktiziert. Dabei wachsen nach der landwirtschatlichen Nutzung auf den Feldern allgemein wieder (Sekundär-)Wälder nach, die nach mehreren (meist 12–20) Jahren wieder gerodet werden, um hier erneut landwirtschaftliche Nutzpflanzen anzupflanzen.

Wärmekraftmaschine
Maschine zur Umsetzung von Wärme in mechanische Energie.

Wärmepumpe
Maschine, die (unter Energieaufnahme, z. B. Strom oder Gas) einem auf niedrigem Temperaturniveau stehenden Wärmereservoir (z. B. Wasserspeicher, Außenluft) Wärme entzieht und Wärme auf höherem Temperaturniveau abgibt.

Wärmespeicher
Wärmereservoir zur Speicherung von Wärme. Ziel ist eine möglichst geringe Temperaturabnahme im Zeitverlauf und das Speichern möglichst großer Wärmemengen.

Wassererosion
→ Bodenerosion durch Einwirkung von Wasser/Niederschlägen.

WEC
Weltenergierat (World Energy Council)

Wellenlänge
bei Wellen der Abstand zweier aufeinanderfolgender Orte gleicher Phase auf derselben Wellennormalen. Bei konstander Phasengeschwindigkeit c_{ph} ist die Wellenlänge um so kleiner, je höher die Frequenz der Welle ist.

Weltbank
→ Internationale Bank für Wiederaufbau und Entwicklung (IBRD)

Weltorganisation für Meteorologie (World Meteorological Organization, WMO)

Die Konvention zur Gründung der WMO wurde 1947 auf der Zwölften Konferenz der Direktoren der Internationalen Organisation für Meteorologie in Washington angenommen und trat am 23. März 1950 in Kraft. Die WMO soll

- die internationale Zusammenarbeit bei der Schaffung eines Netzes von meteorologischen Beobachtungsstationen und Wetterdienstzentren erleichtern;
- die Entwicklung von Systemen fördern, die einen raschen Austausch von Wettermeldungen ermöglichen;
- die Standardisierung meteorologischer Beobachtungsmethoden fördern und die Vereinheitlichung der Veröffentlichungen von Beobachtungen und Statistiken sicherstellen;
- für die vermehrte Anwendung der meteorologischen Kenntnisse bei der Luftfahrt, Schiffahrt, in der Landwirtschaft und auf anderen Gebieten sorgen;
- Anregungen zur Forschung und Ausbildung auf dem Gebiet der Meteorologie geben und Hilfe bei der Koordinierung der internationalen Aspekte solcher Programme leisten.

WI

Wuppertal Institut für Klima, Energie und Umwelt

Wiederaufbereitung

Chemische Behandlung abgebrannter Brennelemente aus Kernkraftwerken mit dem Ziel der Trennung des noch nicht verbrauchten bzw. erbrüteten Spaltmaterials von den nicht verwertbaren übrigen Stoffen.

Winderosion

→ Bodenerosion

Wirkungsgrad

Verhältnis der Nutzleistung zur aufgewandten Leistung (z. B. bei Kraftmaschinen). Bei Wärmekraftmaschinen unterteilt man den Gesamtwirkungsgrad in den thermischen und mechanischen Wirkungsgrad. Hohe Wirkungsgrade vermindern den Einsatz von Energierohstoffen und führen damit auch zu einer Emissionsreduktion klima- und ozonrelevanter Spurenstoffe.

Wirtschaftsdünger

wirtschaftseigene organische Düngemittel, meist Tierexkremente (Stallmist/Gülle/Jauche etc.), Pflanzenabfälle (Ernterückstände, Stroh, Wurzeln etc.) oder Gründüngungspflanzen (die zur Düngung und Bodenverbesserung angebaut und in den Boden eingearbeitet werden)

Wirtschaftswachstum
Wachstum des → Bruttosozialprodukts bzw. des →Bruttoinlandsprodukts.

WKA
Windkraftanlage

worst case
im denkbar schlimmsten bzw. ungünstigsten Fall.

WTO
World Trade Organization

WWF
World Wide Fund for Nature

Zellstoff
bis zu 99% aus Cellulose bestehende Faserstoffe, die durch chemischen Aufschluß aus Holz und anderen Faserpflanzen isoliert werden und z. B. als Grundstoff bei der Papierherstellung verwendet werden.

Zentrale-Orte-Systeme
Auf W. Christaller basierende, nach Zentralitätsstufen systematisierte Gemeindegrößenklassen (Ober-, Mittel-, Unter- u. Kleinzentrum). Zur ordnungsgemäßen Versorgung eines Gebietes muß das Netz der Zentralen Orte flächendeckend sein, wobei sinngemäß ein Zentraler Ort höherer Ordnung für seinen Nahbereich auch die Funktion des Ortes niederer Zentralität mit übernimmt.

ZVEI
Zentralverband der Elektroindustrie

Zwischenfruchtbau
i. a. Anbau von Gründüngungspflanzen (→ Wirtschaftsdünger) oder Futterpflanzen zwischen zwei Hauptfrüchten bzw. in dem Zeitraum zwischen zwei Vegetationsperioden (über Winter), in dem der Acker sonst brach (ungenutzt) bleiben würde.

Verzeichnis der Kommissionsdrucksachen

Nr.	Titel	Datum
1	**Fragen- und Sachverständigenkatalog** für die öffentliche Anhörung der Enquete-Kommission „Schutz der Erdatmosphäre" am 25./26. November 1991 zum Thema: „Beitrag der Landwirtschaft zu direkt und indirekt wirksamen treibhausrelevanten Spurenstoffen in der Troposphäre und Auswirkungen" (liegt auch in Englisch ohne eigene Nummer vor)	... 10. 1991
zu 1	**Nachbenennung von Sachverständigen**	
1-a	**Stellungnahmen der Sachverständigen** zu dem Fragenkatalog (KDrs 12/1) für die öffentliche Anhörung am 25./26. November 1991 Enthält Stellungnahmen folgender Sachverständiger: Prof. Dr. Meinrat O. Andreae Ralf Conrad Dr. Isermann Prof. Dr. Daniel H. Kohl Dr. Lex Bouwmann Prof. Dr. Sauerbeck + Prof. Dr. Haider (FAL) Prof. Dr. Klingauf	14. 11. 1991
1-b	**Stellungnahmen der Sachverständigen** zu dem Fragenkatalog (KDrs 12/1) für die öffentliche Anhörung am 25./26. November 1991 Enthält Stellungnahmen folgender Sachverständiger: Dr. Jutta Sciborsci H. U. Neue Prof. Dr. O. Fränzle Dr. David Norse Dr. Jürgen Heyer Dr. O. T. Denmead Dr. L. Benzing-Purdie	14. 11. 1991

Nr.	Titel	Datum
	Prof. Dr. C. J. Soeder Prof. Dr. H. W. Scharpenseel	
1-c	**Stellungnahmen der Sachverständigen** zu dem Fragenkatalog (KDrs 12/1) für die öffentliche Anhörung am 25./26. November 1991 Enthält Stellungnahmen folgender Sachverständiger: Prof. Dr. Carl J. Soeder John M. Reilly Dr. Klaus Isermann	14. 11. 1991
1-d	**Stellungnahmen der Sachverständigen** zu dem Fragenkatalog (KDrs 12/1) für die öffentliche Anhörung am 25./26. November 1991 Enthält Stellungnahmen folgender Sachverständiger: Dr. Klaus Isermann Prof. Dr. H. Rennenberg	14. 11. 1991
1-e	**Stellungnahmen der Sachverständigen** zu dem Fragenkatalog (KDrs 12/1) für die öffentliche Anhörung am 25./26. November 1991 Enthält Stellungnahmen folgender Sachverständiger: Prof. Dr. M. O. Andreae Prof. S. K. Sinha Dr. K. Isermann	29. 11. 1991
1-f	**Unterlagen der Sachverständigen zur Anhörung** Unterlagen, die von den folgenden Sachverständigen in die öffentliche Anhörung am 25./26. November 1991 eingebracht wurden: Prof. Dr. M.O. Andreae A. F. Bouwman Prof. Dr. Fränzle Dr. Isermann Prof. Dr. D. R. Sauerbeck Prof. Sinha Prof. Dr. Söder Prof. Dr. Scharpenseel	29. 11. 1991

Nr.	Titel	Datum
1-g	**Stellungnahme des Sachverständigen** zu dem Fragenkatalog (KDrs 12/1) für die öffentliche Anhörung am 25./26. November 1991 Enthält die Stellungnahme des Sachverständigen: Prof. Dr. Scharpenseel	19. 12. 1991
1-h	**Stenographisches Protokoll** der öffentlichen Anhörung am 25./26. November 1991 Enthält die Protokolle Nr. 11 und 12	
2	**Fragen- und Sachverständigenkatalog** für die nichtöffentliche Anhörung der Enquete-Kommission „Schutz der Erdatmosphäre" am 11. November 1991 zum Thema: „Instrumente"	11. 10. 1991
2-a	**Stenographisches Protokoll** der nicht-öffentlichen Anhörung am 11. November 1991 Enthält das Protokoll Nr. 9	
3	**Fragen- und Sachverständigenkatalog** für die öffentliche Anhörung der Enquete-Kommission „Schutz der Erdatmosphäre" am 28./29. Januar 1992 zum Thema: „Anhörung im internationalen politischen Bereich über Willensbildung und Maßnahmen zum Schutz des globalen Klimas" (liegt auch in Englisch, Französisch, Spanisch und Russisch ohne eigene Nummer vor)	... 11. 1991
3-a	**Stellungnahmen der Sachverständigen** zu dem Fragenkatalog (KDrs 12/3) für die öffentliche Anhörung am 28./29. Januar 1992 Enthält die Stellungnahmen folgender Regierungs- und Organisationsvertreter: Venezuela Weltbank OPEC IEA	20. 01. 1992

Nr.	Titel	Datum
	Japan Schweiz	
3-b	**Stellungnahmen der Sachverständigen** zu dem Fragenkatalog (KDrs 12/3) für die öffentliche Anhörung am 28./29. Januar 1992 Enthält die Stellungnahmen folgender Regierungs- und Organisationsvertreter: Norwegen OECD Polen Ägypten CSFR Niederlande	23. 01. 1992
3-c	**Stellungnahmen der Sachverständigen** zu dem Fragenkatalog (KDrs 12/3) für die öffentliche Anhörung am 28./29. Januar 1992 Enthält die Stellungnahmen folgender Regierungs- und Organisationsvertreter: Argentinien Algerien Indonesien Polen China Kenya Kirgisien Japan Norwegen	28. 01. 1992
3-d	**Stellungnahmen der Sachverständigen** zu dem Fragenkatalog (KDrs 12/3) für die öffentliche Anhörung am 28./29. Januar 1992 Enthält die Stellungnahmen folgender Regierungs- und Organisationsvertreter: Weltbank Dänemark Kenya Ukraine Ägypten Mexiko	03. 02. 1992

Nr.	Titel	Datum
	Indonesien Japan	
3-e	**Stellungnahmen der Sachverständigen** die zu dem Fragenkatalog (KDrs 12/3) in die öffentliche Anhörung am 28./29. Januar 1992 eingebracht wurden Enthält die Stellungnahmen folgender Regierungs- und Organisationsvertreter: IEA Schweden OECD	05. 02. 1992
3-f	**Stellungnahmen der Sachverständigen** die zu dem Fragenkatalog (KDrs 12/3) in die öffentliche Anhörung am 28./29. Januar 1992 eingebracht wurden Enthält die Stellungnahme des Regierungs- und Organisationsvertreter: Botschaft Canberra	07. 04. 1992
3-g	**Stellungnahmen der Sachverständigen** die zu dem Fragenkatalog (KDrs 12/3) in die öffentliche Anhörung am 28./29. Januar 1992 eingebracht wurden Enthält die Stellungnahmen folgender Regierungs- und Organisationsvertreter: Vereinigtes Königreich Niederlande Venezuela	08. 04. 1992
3-h	**Stenographisches Protokoll** der öffentlichen Anhörung am 28./29. Januar 1992 Enthält die Protokolle Nr. 18 und 19	
4	**Fragen- und Sachverständigenkatalog** für die öffentliche Anhörung der Enquete-Kommission „Schutz der Erdatmosphäre" am 16./17. Januar 1992 zum Thema: „Wissenschaftlicher Sachstand über Treibhauseffekt und Auswirkungen einer Klimaänderung" (liegt auch in Englisch ohne eigene Nummer vor)	05. 11. 1991

Nr.	Titel	Datum
4-a	**Stellungnahmen der Sachverständigen** zu dem Fragenkatalog (KDrs 12/4) für die öffentliche Anhörung am 16./17. Januar 1992 Enthält Stellungnahmen folgender Sachverständiger: Prof. Dr. J. Oerlemans Dr. U. Cubash Prof. Dr. Schumann R. Swart J. Fishman Prof. Dr. Schönwiese Prof. Dr. Sauerbeck	02. 01. 1992
4-b	**Stellungnahmen der Sachverständigen** zu dem fragenkatalog (KDrs 12/4) für die öffentliche Anhörung am 16./17. Januar 1992 Enthält Stellungnahmen folgender Sachverständiger: Prof. Dr. Dr. B. Ulrich Prof. Dr. H. Flohn Prof. Dr. R. Zellner Prof. Dr. H. Jäger Prof. Dr. Dr. B. Frenzel Dr. G. P. Hekstra L. D. D. Harvey	07. 01. 1992
4-c	**Stellungnahmen der Sachverständigen** zu dem Fragenkatalog (KDrs 12/4) für die öffentliche Anhörung am 16./17. Januar 1992 Enthält Stellungnahmen folgender Sachverständiger: Prof. Dr. D. Kley Prof. Dr. H. Kenneweg Dr. J. Lelieveld J. Heinzenberg	08. 01. 1992
4-d	**Stellungnahmen der Sachverständigen** zu dem Fragenkatalog (KDrs 12/4) für die öffentliche Anhörung am 16./17. Januar 1992 Enthält Stellungnahmen folgender Sachverständiger: Dr. F. Arnold Verband der Chemischen Industrie VCI	13. 01. 1992

Nr.	Titel	Datum
4-e	**Stellungnahmen der Sachverständigen** zu dem Fragenkatalog (KDrs 12/4) für die öffentliche Anhörung am 16./17. Januar 1992 Enthält Stellungnahmen folgender Sachverständiger: Dr. R. A. Cox Prof. Dr. G. H. Kohlmaier	14. 01. 1992
4-f	**Stellungnahmen der Sachverständigen** zu dem Fragenkatalog (KDrs 12/4) für die öffentliche Anhörung am 16./17. Januar 1992 Enthält Stellungnahmen folgender Sachverständiger: L. D. D. Harvey D. Bojkov Prof Dr. E. F. Bruenig	15. 01. 1992
4-g	**Stellungnahmen der Sachverständigen** zu dem Fragenkatalog (KDrs 12/4) für die öffentliche Anhörung am 16./17. Januar 1992 Enthält Stellungnahmen folgender Sachverständiger: Prof. Dr. Kohlmaier Prof. Dr. Burschel Prof. Dr. D. Sauerbeck H. Oeschger, F. Joos, U. Siegentaler Dr. Janz N. Myers GSF Prof. Dr. Flohn Prof. Dr. Kohlmaier	27. 01. 1992
4-h	**Unterlagen der Sachverständigen zur Anhörung** Unterlagen, die von den folgenden Sachverständigen in die öffentliche Anhörung am 16./17. Januar 1992 eingebracht wurden: Dr. F. Arnold Prof. Dr. Kenneweg Prof. Dr. Burschel Dr. Sauter Prof. Dr. Schönwiese D. D. Harvey	22. 01. 1992

Nr.	Titel	Datum
	Dr. Lelieveld R. Bojkov Dr. Hekstra Dr. Jäger Dr. J. Fishman Prof. Dr. Kohlmaier	
4-i	**Unterlagen der Sachverständigen zur Anhörung** Unterlagen, die von den folgenden Sachverständigen in die öffentliche Anhörung am 16./17. Januar 1992 eingebracht wurden: Prof. Dr. P. Burschel K. Janz	20. 02. 1992
4-j	**Unterlagen der Sachverständigen zur Anhörung** Unterlagen, die von den folgenden Sachverständigen in die öffentliche Anhörung am 16./17. Januar 1992 eingebracht wurden: Phillip M. Fearnside	07. 04. 1992
4-k	**Stenographisches Protokoll** der öffentlichen Anhörung am 16./17. November 1992 Enthält die Protokolle Nr. 16 und 17	
5	**Fragen- und Sachverständigenkatalog** für die öffentliche Anhörung der Enquete-Kommission „Schutz der Erdatmosphäre" am 17./18. Februar 1992 zum Thema: „Beitrag der Landwirtschaft zu direkt und indirekt wirksamen treibhausrelevanten Spurenstoffen in der Troposphäre und Auswirkungen": 2. Teil (liegt auch in Englisch ohne eigene Nummer vor)	19. 12. 1991
5-a	**Stellungnahmen der Sachverständigen** zu dem Fragenkatalog (KDrs 12/5) für die öffentliche Anhörung am 17./18. Februar 1992 Enthält Stellungnahmen folgender Sachverständiger: Prof. Dr. Lieth Prof. Dr. Scharpenseel Prof. Dr. Sauerbeck Prof. Dr. Kranz	03. 02. 1992

Nr.	Titel	Datum
5-b	**Stellungnahmen der Sachverständigen** zu dem Fragenkatalog (KDrs 12/5) für die öffentliche Anhörung am 17./18. Februar 1992 Enthält Stellungnahmen folgender Sachverständiger: Dr. S. C. van der Geijn Dr. H. J. Weigel Prof. Dr. K. Haider	07. 02. 1992
5-c	**Stellungnahmen der Sachverständigen** zu dem Fragenkatalog (KDrs 12/5) für die öffentliche Anhörung am 17./18. Februar 1992 Enthält Stellungnahmen folgender Sachverständiger: Prof. Dr. H. Weltzien J. Goudriaan	12. 02. 1992
5-d	**Stellungnahmen der Sachverständigen** zu dem Fragenkatalog (KDrs 12/5) für die öffentliche Anhörung am 17./18. Februar 1992 Enthält Stellungnahmen folgender Sachverständiger: Prof. Dr. Kohlmaier Prof. Dr. Newman Prof. Dr. Krupa Dr. H. H. Rogers et al. Dr. J. E. Miller et al. Dr. J. I. L. Morison Prof. Dr. Tevini Prof. Dr. Kohlmaier Prof. Dr. Frenzel Dr. Enoch Prof. Dr. Runeckles	17. 02. 1992
5-e	**Unterlagen der Sachverständigen zur Anhörung** Unterlagen, die von den folgenden Sachverständigen in die öffentliche Anhörung am 17./18. Februar 1992 eingebracht wurden Dr. J. I. L. Morison Dr. Rogers Prof. Dr. Scharpenseel Dr. van der Geijn	20. 02. 1992

Nr.	Titel	Datum
	Dr. Allen Dr. Bazzaz Dr. Sombroek Dr. Rogers	
5-f	**Unterlagen der Sachverständigen zur Anhörung** Unterlagen, die von den folgenden Sachverständigen in die öffentliche Anhörung am 17./18. Februar 1992 eingebracht wurden Roger C. Dahlmann Fakhri A. Bazzaz	07. 04. 1992
5-g	**Stenographisches Protokoll** der öffentlichen Anhörung am 17./18. November 1992 Enthält die Protokolle Nr. 21 und 22	
6	**Fragen- und Sachverständigenkatalog** für die öffentliche Anhörung der Enquete-Kommission „Schutz der Erdatmosphäre" am 09./10. März 1992 zum Thema: „Wissenschaftlicher Sachstand über Treibhauseffekt und Auswirkungen einer Klimaänderung"; 2. Teil (liegt auch in Englisch ohne eigene Nummer vor)	19. 12. 1991
6-a	**Stellungnahmen der Sachverständigen** zu dem Fragenkatalog (KDrs 12/6) für die öffentliche Anhörung am 09./10. März 1992 Enthält Stellungnahmen folgender Sachverständiger: Prof. Dr. K. Haider Prof. Dr. E. Plate Prof. Dr. Liebscher	05. 02. 1992
6-b	**Stellungnahmen der Sachverständigen** zu dem Fragenkatalog (KDrs 12/6) für die öffentliche Anhörung am 09./10. März 1992 Enthält Stellungnahmen folgender Sachverständiger: Dr. G. Berz Dr. B. Schädler	05. 02. 1992

Nr.	Titel	Datum
6-c	**Stellungnahmen der Sachverständigen** zu dem Fragenkatalog (KDrs 12/6) für die öffentliche Anhörung am 09./10. März 1992 Enthält Stellungnahmen folgender Sachverständiger: Prof. Dr. E. Salati Prof. Dr. Künzi	09. 02. 1992
6-d	**Stellungnahmen der Sachverständigen** zu dem Fragenkatalog (KDrs 12/6) für die öffentliche Anhörung am 09./10. März 1992 Enthält Stellungnahmen folgender Sachverständiger: Dr. Jay Zwally Jack. K. Winjum Pro. Dr. P. J. Crutzen	09. 02. 1992
6-e	**Stellungnahmen der Sachverständigen** zu dem Fragenkatalog (KDrs 12/6) für die öffentliche Anhörung am 09./10. März 1992 Enthält Stellungnahmen folgender Sachverständiger: Jack. K. Winjum et al	09. 02. 1992
6-f	**Stellungnahmen der Sachverständigen** zu dem Fragenkatalog (KDrs 12/6) für die öffentliche Anhörung am 09./10. März 1992 Enthält Stellungnahmen folgender Sachverständiger: Prof. Dr. Zellner Prof. Dr. Künzi Prof. Dr. Salati Prof. Dr. Crutzen Prof. Dr. Sauerbeck Prof. Dr. Schellnhuber Prof. Dr. Berz Prof. Dr. Plate Prof. Dr. Kahn	13. 02. 1992

Nr.	Titel	Datum
6-g	**Stellungnahmen der Sachverständigen** zu dem Fragenkatalog (KDrs 12/6) für die öffentliche Anhörung am 09./10. März 1992 Enthält Stellungnahmen folgender Sachverständiger: Joseph J. Buffalini	07. 04. 1992
6-h	**Stenographisches Protokoll** der öffentlichen Anhörung am 09./10. März 1992 Enthält die Protokolle Nr. 24 und 25	
7	**Fragen- und Sachverständigenkatalog** für die öffentliche Anhörung der Enquete-Kommission „Schutz der Erdatmosphäre" am 29./30. Juni 1992 zum Thema: „Nachfrage- und Angebotsentwicklung im Verkehr (Verkehr I)"	04. 05. 1992
7-a	**Stellungnahmen der Sachverständigen** zu dem Fragenkatalog (KDrs 12/7) für die öffentliche Anhörung am 29./30. Juni 1992 Enthält Stellungnahmen folgender Sachverständiger: Deutsche Shell AG	10. 06. 1992
7-b	**Stellungnahmen der Sachverständigen** zu dem Fragenkatalog (KDrs 12/7) für die öffentliche Anhörung am 29./30. Juni 1992 Enthält Stellungnahmen folgender Sachverständiger: Deutsche Shell AG (Anhang zu 12/7-a)	10. 06. 1992
7-c	**Stellungnahmen der Sachverständigen** zu dem Fragenkatalog (KDrs 12/7) für die öffentliche Anhörung am 29./30. Juni 1992 Enthält Stellungnahmen folgender Sachverständiger: Prof. Dr. U. van Suntum Universität Witten/Herdecke Bundesverkehrsministerium	12. 06. 1992

Nr.	Titel	Datum
7-d	**Stellungnahmen der Sachverständigen** zu dem Fragenkatalog (KDrs 12/7) für die öffentliche Anhörung am 29./30. Juni 1992 Enthält Stellungnahmen folgender Sachverständiger: Deutsche Lufthansa Bundesverband des Deutschen Güterfernverkehrs (BDF)	19. 06. 1992
7-e	**Stellungnahmen der Sachverständigen** 22. 06. 1992 zu dem Fragenkatalog (KDrs 12/7) für die öffentliche Anhörung am 29./30. Juni 1992 Enthält Stellungnahmen folgender Sachverständiger: PROGNOS AG Deutsche Bundesbahn	
7-f	**Stellungnahmen der Sachverständigen** zu dem Fragenkatalog (KDrs 12/7) für die öffentliche Anhörung am 29./30. Juni 1992 Enthält Stellungnahmen folgender Sachverständiger: Kessel+Partner Prof. Peter Nijkamp (Univ. Amsterdamm)	23. 06. 1992
7-g	**Stellungnahmen der Sachverständigen** zu dem Fragenkatalog (KDrs 12/7) für die öffentliche Anhörung am 29./30. Juni 1992 Enthält Stellungnahmen folgender Sachverständiger: INTRAPLAN ISL (Institut für Seeverkehrswirtschaft und Logistik)	24. 06. 1992
7-h	**Stellungnahmen der Sachverständigen** zu dem Fragenkatalog (KDrs 12/7) für die öffentliche Anhörung am 29./30. Juni 1992	24. 06. 1992

Nr.	Titel	Datum
	Enthält Stellungnahmen folgender Sachverständiger: Kommission der Europäischen Gemeinschaften Stadt Kassel, Dipl.-Ing. Thomas Schlüter	
7-i	**Stellungnahmen der Sachverständigen** zu dem Fragenkatalog (KDrs 12/7) für die öffentliche Anhörung am 29./30. Juni 1992 Enthält Stellungnahmen folgender Sachverständiger: VDA (Verband der Automobilindustrie) Inst. f. angewandte Verkehrs- und Tourismusforschung e. V. Deutscher Städtetag	25. 06. 1992
7-j	**Stellungnahmen der Sachverständigen** zu dem Fragenkatalog (KDrs 12/7) für die öffentliche Anhörung am 29./30. Juni 1992 Enthält Stellungnahmen folgender Sachverständiger: ISL (Ergänzung zu 12/7-g)	25. 06. 1992
7-k	**Stellungnahmen der Sachverständigen** zu dem Fragenkatalog (KDrs 12/7) für die öffentliche Anhörung am 29./30. Juni 1992 Enthält Stellungnahmen folgender Sachverständiger: ADAC	26. 06. 1992
7-l	**Stellungnahmen der Sachverständigen** zu dem Fragenkatalog (KDrs 12/7) für die öffentliche Anhörung am 29./30. Juni 1992 Enthält Stellungnahmen folgender Sachverständiger: Dr. Schallaböck; Wuppertal-Institut für Klima, Umwelt, Energie	26. 06. 1992

Nr.	Titel	Datum
7-m	**Stellungnahmen der Sachverständigen** zu dem Fragenkatalog (KDrs 12/7) ür die öffentliche Anhörung am 29./30. Juni 1992 Enthält Stellungnahmen folgender Sachverständiger: ÖTV	29. 06. 1992
7-n	**Stellungnahmen der Sachverständigen** zu dem Fragenkatalog (KDrs 12/7) für die öffentliche Anhörung am 29./30. Juni 1992 Enthält Stellungnahmen folgender Sachverständiger: Dr.-Ing. Hunger	30. 06. 1992
7-o	**Stellungnahmen der Sachverständigen** zu dem Fragenkatalog (KDrs 12/7) für die öffentliche Anhörung am 29./30. Juni 1992 Enthält Stellungnahmen folgender Sachverständiger: BMV	07. 07. 1992
7-p	**Stellungnahmen der Sachverständigen** zu dem Fragenkatalog (KDrs 12/7) für die öffentliche Anhörung am 29./30. Juni 1992 Enthält Stellungnahmen folgender Sachverständiger: Bundesverband der Deutschen Binnenschiffahrt Gesellschaft für Rationale Verkehrspolitik	22. 07. 1992
7-q	**Stenographisches Protokoll** der öffentlichen Anhörung am 29./30. Juni 1992 Enthält die Protokolle Nr. 36 und 37	
8	**Fragen- und Sachverständigenkatalog** für die öffentliche Anhörung der Enquete-Kommission „Schutz der Erdatmosphäre“ am 23./24. September 1992 zum Thema: ÇO_2-Minderung im Verkehr durch Aktivierung besserer Technik und Organisation (Verkehr II)“	13. 07. 1992

Nr.	Titel	Datum
8-a	**Stellungnahmen der Sachverständigen** zu dem Fragenkatalog (KDrs 12/8) für die öffentliche Anhörung am 23./24. September 1992 Enthält Stellungnahmen folgender Sachverständiger: Studiengesellschaft für den kombinierten Verkehr Universität Hannover, Inst. f. Schienenfahrzeuge mtu, Deutsche Aerospace	07. 09. 1992
8-b	**Stellungnahmen der Sachverständigen** zu dem Fragenkatalog (KDrs 12/8) für die öffentliche Anhörung am 23./24. September 1992 Enthält Stellungnahmen folgender Sachverständiger: Prof. Teschner, TH Darmstadt	08. 09. 1992
8-c	**Stellungnahmen der Sachverständigen** zu dem Fragenkatalog (KDrs 12/8) für die öffentliche Anhörung am 23./24. September 1992 Enthält Stellungnahmen folgender Sachverständiger: ADAC Bundesverband des Deutschen Güterfernverkehrs Schweizerische Bundesbahn	14. 09. 1992
8-d	**Stellungnahmen der Sachverständigen** 14. 09. 1992 zu dem Fragenkatalog (KDrs 12/8) für die öffentliche Anhörung am 23./24. September 1992 Enthält Stellungnahmen folgender Sachverständiger: BMW Deutscher Städtetag Deutsche Lufthansa IFEU IKA Deutscher Naturschutzbund Institut für Verkehrswirtschaft	

Nr.	Titel	Datum
8-e	**Stellungnahmen der Sachverständigen** zu dem Fragenkatalog (KDrs 12/8) für die öffentliche Anhörung am 23./24. September 1992 Enthält Stellungnahmen folgender Sachverständiger: Deutsche Bundesbahn Univ. Karlsruhe Hochschule für Verkehrswesen, Dresden Deutsche Shell AG Deutsche Airbus	17. 09. 1992
8-f	**Stellungnahmen der Sachverständigen** zu dem Fragenkatalog (KDrs 12/8) für die öffentliche Anhörung am 23./24. September 1992 Enthält Stellungnahmen folgender Sachverständiger: Deutsches Institut für Urbanistik	18. 09. 1992
8-g	**Stellungnahmen der Sachverständigen** zu dem Fragenkatalog (KDrs 12/8) für die öffentliche Anhörung am 23./24. September 1992 Enthält Stellungnahmen folgender Sachverständiger: Umweltbundamt Berlin	21. 09. 1992
8-h	**Stellungnahmen der Sachverständigen** zu dem Fragenkatalog (KDrs 12/8) für die öffentliche Anhörung am 23./24. September 1992 Enthält Stellungnahmen folgender Sachverständiger: ÖTV	23. 09. 1992
8-i	**Stellungnahmen der Sachverständigen** zu dem Fragenkatalog (KDrs 12/8) für die öffentliche Anhörung am 23./24. September 1992 Enthält Stellungnahmen folgender Sachverständiger:	23. 09. 1992

Nr.	Titel	Datum
	VDA DIW PROGNOS	
8-j	**Stellungnahmen der Sachverständigen** zu dem Fragenkatalog (KDrs 12/8) für die öffentliche Anhörung am 23./24. September 1992 Enthält Stellungnahmen folgender Sachverständiger: Wuppertal Institut für Klima, Umwelt, Energie GmbH	23. 09. 1992
8-k	**Stellungnahmen der Sachverständigen** zu dem Fragenkatalog (KDrs 12/8) für die öffentliche Anhörung am 23./24. September 1992 Enthält Stellungnahmen folgender Sachverständiger: Verkehrsministerium Baden-Württemberg	23. 09. 1992
8-l	**Stellungnahmen der Sachverständigen** zu dem Fragenkatalog (KDrs 12/8) für die öffentliche Anhörung am 23./24. September 1992 Enthält Stellungnahmen folgender Sachverständiger: Foliensammlung	29. 09. 1992
8-m	**Stellungnahmen der Sachverständigen** zu dem Fragenkatalog (KDrs 12/8) ür die öffentliche Anhörung am 23./24. September 1992 Enthält Stellungnahmen folgender Sachverständiger: Verkehrsclub der Bundesrepublik Deutschland e. V.	29. 09. 1992
8-n	**Stenographisches Protokoll** der öffentlichen Anhörung am 23./24. September 1992 Enthält die Protokolle Nr. 43 und 44	

Nr.	Titel	Datum
9	**Fragen- und Sachverständigenkatalog** für die öffentliche Anhörung der Enquete-Kommission „Schutz der Erdatmosphäre“ im Rahmen des Deutschen Umwelttages am 21. September 1992 Messegelände Frankfurt am Main zum Thema: „Kommunale Energie- und Verkehrskonzepte zum Klimaschutz“	02. 07. 1992
9-a	**Stellungnahmen der Sachverständigen** zu dem Fragenkatalog (KDrs 12/9) für die öffentliche Anhörung am 21. September 1992 Enthält Stellungnahmen folgender Sachverständiger: Stadtwerke Rottweil Zweckverband Großraum Hannover Deutscher Städtetag	23. 07. 1992
9-b	**Stellungnahmen der Sachverständigen** zu dem Fragenkatalog (KDrs 12/9) für die öffentliche Anhörung am 21. September 1992 Enthält Stellungnahmen folgender Sachverständiger: Stadt Saarbrücken, Amt für Energie und Umwelt Stadt Saarbrücken, Klimaschutzprogramm Stadt Saarbrücken, Stadtwerke	25. 08.1992
9-c	**Stellungnahmen der Sachverständigen** zu dem Fragenkatalog (KDrs 12/9) für die öffentliche Anhörung am 21. September 1992 Enthält Stellungnahmen folgender Sachverständiger: Stadt Hannover, Kommunalverband Großraum Hannover Stadt Schwerte, Stadtdirektor Stadt Freiburg, Umweltschutzamt Stadt Hannover, Stadtwerke Stadt Beckum, Stadtdirektor	02. 09. 1992

Nr.	Titel	Datum
9-d	**Stellungnahmen der Sachverständigen** zu dem Fragenkatalog (KDrs 12/9) für die öffentliche Anhörung am 21. September 1992 Enthält Stellungnahmen folgender Sachverständiger: Stadt Rottweil, Stadtwerke Stadt Detmold, Stadtdirektor	07. 09. 1992
9-e	**Stellungnahmen der Sachverständigen** zu dem Fragenkatalog (KDrs 12/9) für die öffentliche Anhörung am 21. September 1992 Enthält Stellungnahmen folgender Sachverständiger: ASEW Stadt Wuppertal, Oberstadtdirektor Stadt Münster Stadt Hannover, Amt für Umweltschutz	08. 09. 1992
9-f	**Stellungnahmen der Sachverständigen** zu dem Fragenkatalog (KDrs 12/9) ür die öffentliche Anhörung am 21. September 1992 Enthält Stellungnahmen folgender Sachverständiger: Stadt Frankfurt a.M., Umweltamt Stadt Kassel, Stadtwerke Klima-Bündnis Europäischer Städte	09. 09. 1992
9-g	**Stellungnahmen der Sachverständigen** zu dem Fragenkatalog (KDrs 12/9) ür die öffentliche Anhörung am 21. September 1992 Enthält Stellungnahmen folgender Sachverständiger: Stadt Rheinsberg, Bürgermeister	14. 09. 1992
9-h	**Stellungnahmen der Sachverständigen** zu dem Fragenkatalog (KDrs 12/9) für die öffentliche Anhörung am 21. September 1992	17. 09. 1992

Nr.	Titel	Datum
	Enthält Stellungnahmen folgender Sachverständiger: Stadt Bremen, Senator für Umweltschutz und Stadtentwicklung Stadt Hannover (Fortsetzung der KD 12/9-c, S. 33 ff.)	
9-i	**Stellungnahmen der Sachverständigen** zu dem Fragenkatalog (KDrs 12/9) für die öffentliche Anhörung am 21. September 1992 Enthält Stellungnahmen folgender Sachverständiger: Stadt Frankfurt, Umlandverband	18. 09. 1992
9-j	**Stellungnahmen der Sachverständigen** zu dem Fragenkatalog (KDrs 12/9) für die öffentliche Anhörung am 21. September 1992 Enthält Stellungnahmen folgender Sachverständiger: Stadt Berlin, Senatsverwaltung für Stadtentwicklung und Umweltschutz	21. 09. 1992
9-k	**Stellungnahmen der Sachverständigen** zu dem Fragenkatalog (KDrs 12/9) ür die öffentliche Anhörung am 21. September 1992 Enthält Stellungnahmen folgender Sachverständiger: Stadt Münster	26. 10. 1992
9-l	**Stellungnahmen der Sachverständigen** zu dem Fragenkatalog (KDrs 12/9) für die öffentliche Anhörung am 21. September 1992 Enthält Stellungnahmen folgender Sachverständiger: The International Environmental Agency for Local Governements (ICLEI)	06. 01. 1993

Nr.	Titel	Datum
9-m	**Stenographisches Protokoll** der öffentlichen Anhörung am 25./26. November 1991 Enthält das Protokoll Nr. 42	
10	**Fragen- und Sachverständigenkatalog** für die öffentliche Anhörung der Enquete-Kommission „Schutz der Erdatmosphäre" am 16./17. November 1992 zum Thema: $ÇO_2$-Minderungen durch Vermeidung von Verkehr (Verkehr III)"	27.08.1992
10-a	**Stellungnahmen der Sachverständigen** zu dem Fragenkatalog (KDrs 12/10) für die öffentliche Anhörung am 16./17. November 1992 Enthält Stellungnahmen folgender Sachverständiger: Bayerisches Staatsministerium für Landesentwicklung und Umweltfragen	03.11.1992
10-b	**Stellungnahmen der Sachverständigen** zu dem Fragenkatalog (KDrs 12/10) für die öffentliche Anhörung am 16./17. November 1992 Enthält Stellungnahmen folgender Sachverständiger: Bretzke Consulting BDI Stadtplanungsamt Stuttgart BDF	04.11.1992
10-c	**Stellungnahmen der Sachverständigen** zu dem Fragenkatalog (KDrs 12/10) für die öffentliche Anhörung am 16./17. November 1992 Enthält Stellungnahmen folgender Sachverständiger: IBM/BDI	04.11.1992
10-d	**Stellungnahmen der Sachverständigen** zu dem Fragenkatalog (KDrs 12/10) für die öffentliche Anhörung am 16./17. November 1992	05.11.1992

Nr.	Titel	Datum
	Enthält Stellungnahmen folgender Sachverständiger: TU Berlin	
10-e	**Stellungnahmen der Sachverständigen** zu dem Fragenkatalog (KDrs 12/10) für die öffentliche Anhörung am 16./17. November 1992 Enthält Stellungnahmen folgender Sachverständiger: Universität Kassel BFLR Bonn	09. 11. 1992
10-f	**Stellungnahmen der Sachverständigen** zu dem Fragenkatalog (KDrs 12/10) für die öffentliche Anhörung am 16./17. November 1992 Enthält Stellungnahmen folgender Sachverständiger: Institut für Wirtschaftspolitik und Konjunkturforschung, Uni Witten/Herdecke Büro für Integrierte Planung, Berlin Bayerisches Staatsministerium für Landesentwicklung und Umweltfragen	09. 11.1992
10-g	**Stellungnahmen der Sachverständigen** zu dem Fragenkatalog (KDrs 12/10) für die öffentliche Anhörung am 16./17. November 1992 Enthält Stellungnahmen folgender Sachverständiger: Deutscher Städtetag	11. 11. 1992
10-h	**Stellungnahmen der Sachverständigen** zu dem Fragenkatalog (KDrs 12/10) für die öffentliche Anhörung am 16./17. November 1992 Enthält Stellungnahmen folgender Sachverständiger: Umweltbundesamt	11. 11.1992

Nr.	Titel	Datum
10-i	**Stellungnahmen der Sachverständigen** zu dem Fragenkatalog (KDrs 12/10) für die öffentliche Anhörung am 16./17. November 1992 Enthält Stellungnahmen folgender Sachverständiger: Gesamthochschule Kassel	11. 11. 1992
10-j	**Stellungnahmen der Sachverständigen** zu dem Fragenkatalog (KDrs 12/10) für die öffentliche Anhörung am 16./17. November 1992 Enthält Stellungnahmen folgender Sachverständiger: Volkswagen AG	13. 11. 1992
10-k	**Stellungnahmen der Sachverständigen** zu dem Fragenkatalog (KDrs 12/10) für die öffentliche Anhörung am 16./17. November 1992. Nachträglich eingereichte Stellungnahmen Enthält Stellungnahmen folgender Sachverständiger: Institut für Verkehrswissenschaften Stadtverwaltung Dresden Planungsbüro Hunger IBV W. Hüsler AG Universität Stuttgart Wuppertal-Institut für Klima Umwelt Energie Deutscher Städtetag Wuppertal-Institut für Klima Umwelt Energie	13. 11. 1992
10-l	**Stellungnahmen der Sachverständigen** zu dem Fragenkatalog (KDrs 12/10) ür die öffentliche Anhörung am 16./17. November 1992 Enthält Stellungnahmen folgender Sachverständiger: TU Berlin, Institut für Verkehrsplanung und Verkehrswegebau	10. 12. 1992

Nr.	Titel	Datum
10-m	**Stenographisches Protokoll** der öffentlichen Anhörung am 16./17. November 1992 Enthält die Protokolle Nr. 49 und 50	
11	**Fragen- und Sachverständigenkatalog** für die nicht-öffentliche Anhörung der Enquete-Kommission „Schutz der Erdatmosphäre" am 05. Oktober 1992 zum Thema: „Energieagenturen: Anspruch und Wirklichkeit"	26. 08. 1992
11-ff.	**Stellungnahmen der Sachverständigen** zu dem Fragenkatalog (KDrs 12/11) für die nicht-öffentliche Anhörung am 05. Oktober 1992 Die Stellungnahmen dieser nicht-öffentlichen Anhörung können nicht auf dem üblichen Wege an Interessenten verteilt werden	
11-a	**Stellungnahmen der Sachverständigen** zu dem Fragenkatalog (KDrs 12/11) für die nicht-öffentliche Anhörung am 05. Oktober 1992 Enthält Stellungnahmen folgender Sachverständiger: Hessen-Energie GmbH, mehrere Beiträge Norddeutsche Energieagentur Energieagentur NRW, mehrere Beiträge Energieagentur Ruhr, mehrere Beiträge Saarländische Energieagentur GmbH, mehrere Beiträge Westfälische Energieagentur, mehrere Beiträge	28. 09. 1992
11-b	**Unterlage des Sekretariats** zu dem Fragenkatalog (KDrs 12/11) für die nicht-öffentliche Anhörung am 05. Oktober 1992 Übersicht: Grunddaten Energieagenturen	29. 09. 1992

Nr.	Titel	Datum
11-c	**Stellungnahmen der Sachverständigen** zu dem Fragenkatalog (KDrs 12/11) für die nicht-öffentliche Anhörung am 05. Oktober 1992 Enthält Stellungnahmen folgender Sachverständiger: Energie-Agentur Berlin	05. 10. 1992
11-d	**Stellungnahmen der Sachverständigen** zu dem Fragenkatalog (KDrs 12/11) für die nicht-öffentliche Anhörung am 05. Oktober 1992 Enthält Stellungnahmen folgender Sachverständiger: Brandenburgische Energiespar-Agentur	07. 10.1992
11-e	**Stellungnahmen der Sachverständigen** zu dem Fragenkatalog (KDrs 12/11) für die nicht-öffentliche Anhörung am 05. Oktober 1992 Enthält Stellungnahmen folgender Sachverständiger: Hessen-Energie Niedersächsische Energie-Agentur	26. 10. 1992
11-f	**Stellungnahmen der Sachverständigen** zu dem Fragenkatalog (KDrs 12/11) für die nicht-öffentliche Anhörung am 05. Oktober 1992 Enthält Stellungnahmen folgender Sachverständiger: Energieagentur Schleswig-Holstein	27. 10. 1992
11-g	**Stenographisches Protokoll** der nicht-öffentlichen Anhörung am 05. Oktober 1992 Enthält das Protokoll Nr. 45	
12	**Fragen- und Sachverständigenkatalog** für die nicht-öffentliche Anhörung der Enquete-Kommission „Schutz der Erdatmosphäre" am 07. Dezember 1992 zum Thema: „Elektrizitätswirtschaft und Klimaschutz"	14. 09. 1992

Nr.	Titel	Datum
12-ff.	**Stellungnahmen der Sachverständigen** zu dem Fragenkatalog (KDrs 12/12) ür die nicht-öffentliche Anhörung am 07. Dezember 1992 Die Stellungnahmen dieser nicht-öffentlichen Anhörung können nicht auf dem üblichen Wege an Interessenten verteilt werden	
12-a	**Stellungnahmen der Sachverständigen** zu dem Fragenkatalog (KDrs 12/12) für die nicht-öffentliche Anhörung am 07. Dezember 1992 Enthält Stellungnahmen folgender Sachverständiger: Vereinigung Deutscher Elektrizitätswerke	24. 11. 1992
12-b	**Stellungnahmen der Sachverständigen** zu dem Fragenkatalog (KDrs 12/12) für die nicht-öffentliche Anhörung am 07. Dezember 1992 Enthält Stellungnahmen folgender Sachverständiger: RWE-Energie AG Preussen Elektra AG Stadwerke Hannover AG	26. 11. 1992
12-c	**Stellungnahmen der Sachverständigen** zu dem Fragenkatalog (KDrs 12/12) für die nicht-öffentliche Anhörung am 07. Dezember 1992 Enthält Stellungnahmen folgender Sachverständiger: Stadtwerke Saarbrücken AG	26. 11. 1992
12-d	**Stellungnahmen der Sachverständigen** zu dem Fragenkatalog (KDrs 12/12) für die nicht-öffentliche Anhörung am 07. Dezember 1992 Enthält Stellungnahmen folgender Sachverständiger: VKU, Verband kommunaler Unternehmen HEAG Versorgungs-AG	26. 11. 1992

Nr.	Titel	Datum
12-e	**Stellungnahmen der Sachverständigen** zu dem Fragenkatalog (KDrs 12/12) für die nicht-öffentliche Anhörung am 07. Dezember 1992 Enthält Stellungnahmen folgender Sachverständiger: VIK Verband der Industriellen Energie- und Kraftwirtschaft e.V.	27. 11. 1992
12-f	**Stellungnahmen der Sachverständigen** zu dem Fragenkatalog (KDrs 12/12) für die nicht-öffentliche Anhörung am 07. Dezember 1992 Enthält Stellungnahmen folgender Sachverständiger: Bayernwerk Konzern	02. 12. 1992
12-g	**Stellungnahmen der Sachverständigen** zu dem Fragenkatalog (KDrs 12/12) für die nicht-öffentliche Anhörung am 07. Dezember 1992 Enthält Stellungnahmen folgender Sachverständiger: Hamburgische Elektrizitätswerke GmbH	03. 12. 1992
12-h	**Nachträglich eingereichte Stellungnahmen der Sachverständigen** zu dem Fragenkatalog (KDrs 12/12) für die nicht-öffentliche Anhörung am 07. Dezember 1992 Enthält Stellungnahmen folgender Sachverständiger: Folien von Prof. Dr. Grawe	10. 12. 1992
12-i	**Nachträglich eingereichte Stellungnahmen der Sachverständigen** zu dem Fragenkatalog (KDrs 12/12) für die nicht-öffentliche Anhörung am 07. Dezember 1992. Enthält Stellungnahmen folgender Sachverständiger: Vereinigung deutscher Elektrizitätswerke VDEW	11. 12. 1992

Nr.	Titel	Datum
12-j	**Nachträglich eingereichte Stellungnahmen der Sachverständigen** zu dem Fragenkatalog (KDrs 12/12) für die nicht-öffentliche Anhörung am 07. Dezember 1992. Enthält Stellungnahmen folgender Sachverständiger: Arbeitsgemeinschaft regionaler Energieversorgungsunternehmen e.V. (ARE)	11. 12. 1992
12-k	**Stenographisches Protokoll** der nicht-öffentlichen Anhörung am 07. Dezember 1992 Enthält das Protokoll Nr. 52	
13	**Fragen- und Sachverständigenkatalog** für die nicht-öffentliche Anhörung der Enquete-Kommission „Schutz der Erdatmosphäre" am 15. März 1993 zum Thema: „Potentiale der Kohlenstoffixierung durch Ausweitung der Waldflächen als Maßnahme zur Klimastabilisierung"	04. 11. 1992
13-ff.	**Stellungnahmen der Sachverständigen** zu dem Fragenkatalog (KDrs 12/13) für die nicht-öffentliche Anhörung am 15. März 1993 Die Stellungnahmen dieser nicht-öffentlichen Anhörung können nicht auf dem üblichen Wege an Interessenten verteilt werden	
13-a	**Stellungnahmen der Sachverständigen** zu dem Fragenkatalog (KDrs 12/13) für die nicht-öffentliche Anhörung am 15. März 1993. Enthält Stellungnahmen folgender Sachverständiger: Prof. Paavo Pelkonen Prof. D. O. Hall FAO	11. 02. 1993

Nr.	Titel	Datum
13-b	**Stellungnahme des Sachverständigen** zu dem Fragenkatalog (KDrs 12/13) ür die nicht-öffentliche Anhörung am 15. März 1993. Enthält Stellungnahme des Sachverständigen: R. Neil Sampson	11. 02. 1993
13-c	**Stellungnahme des Sachverständigen** zu dem Fragenkatalog (KDrs 12/13) für die nicht-öffentliche Anhörung am 15. März 1993. Enthält Stellungnahme des Sachverständigen: Prof. Dr. Gerhard Hofmann	15. 02.1993
13-d	**Stellungnahmen der Sachverständigen** zu dem Fragenkatalog (KDrs 12/13) für die nicht-öffentliche Anhörung am 15. März 1993. Enthält Stellungnahme des Sachverständigen: Deutsche Gesellschaft für Technische Zusammenarbeit GTZ	15. 02. 1993
13-e	**Stellungnahme des Sachverständigen** zu dem Fragenkatalog (KDrs 12/13) für die nicht-öffentliche Anhörung am 15. März 1993. Enthält Stellungnahme des Sachverständigen: Bundesforschungsanstalt für Forst- und Holzwirtschaft	23. 02. 1993
13-f	**Stellungnahme des Sachverständigen** zu dem Fragenkatalog (KDrs 12/13) für die nicht-öffentliche Anhörung am 15. März 1993. Enthält die Stellungnahmen des Sachverständigen: Karl Peter Hasenkamp	26. 02. 1993

Nr.	Titel	Datum
13-g	**Stellungnahme des Sachverständigen** zu dem Fragenkatalog (KDrs 12/13) für die nicht-öffentliche Anhörung am 15. März 1993. Enthält die Stellungnahme des Sachverständigen: Anatoly Shvidenko	26.02.1993
13-h	**Stellungnahme des Sachverständigen** zu dem Fragenkatalog (KDrs 12/13) für die nicht-öffentliche Anhörung am 15. März 1993. Enthält die Stellungnahme des Sachverständigen: Peter Burschel	09. 03. 1993
13-i	**Stellungnahme des Sachverständigen** zu dem Fragenkatalog (KDrs 12/13) für die nicht-öffentliche Anhörung am 15. März 1993. Enthält die korrigierte Stellungnahme der KD 12/13-g des folgenden Sachverständiger: Anatoly Shvidenko	24. 03. 1993
13-j	**Nachträglich eingereichte Stellungnahme des Sachverständigen** zu dem Fragenkatalog (KDrs 12/13) für die nicht-öffentliche Anhörung am 15. März 1993. Enthält Stellungnahme des folgenden Sachverständigen: Prof. J. Heuveldop	30. 03. 1993
13-k	**Stellungnahme des Sachverständigen** zu dem Fragenkatalog (KDrs 12/13) für die nicht-öffentliche Anhörung am 15. März 1993. Enthält die korrigierte Stellungnahme der KD 12/13-k des folgenden Sachverständiger: Peter Burschel	30. 03. 1993

Nr.	Titel	Datum
13-l	**Nachträglich eingereichte Stellungnahme des Sachverständigen** zu dem Fragenkatalog (KDrs 12/13) für die nicht-öffentliche Anhörung am 15. März 1993. Enthält Stellungnahme des folgenden Sachverständigen: Anatoly Shvidenko	30. 03. 1993
13-m	**Foliensammlung der Sachverständigen** für die nicht-öffentliche Anhörung am 15. März 1993. Enthält Folien folgender Sachverständiger: Anatoly Shvidenko R. N. Sampson Peter Burschel Paavo Pelkonen D. O. Hall	31. 03. 1993
13-n	**Stenographisches Protokoll** der nicht-öffentlichen Anhörung am 15. März 1993 Enthält das Protokoll Nr. 58	
14	**Fragen- und Sachverständigenkatalog** für eine nicht-öffentliche Expertenanhörung der Enquete-Kommission „Schutz der Erdatmosphäre" am 29. März 1993 zum Thema: CO_2-Düngeeffekt?"	12. 02. 1993
14-ff.	**Stellungnahmen der Sachverständigen** zu dem Fragenkatalog (KDrs 12/14) für die nicht-öffentliche Anhörung am 29. März 1993 Die Stellungnahmen dieser nicht-öffentlichen Anhörung können nicht auf dem üblichen Wege an Interessenten verteilt werden	
14-a	**Stellungnahme des Sachverständigen** zu dem Fragenkatalog (KDrs 12/14) für die nicht-öffentliche Anhörung am 29. März 1993 Enthält die Stellungnahme des Sachverständiger: Prof. Boyd R. Strain	17. 02. 1993

Nr.	Titel	Datum
14-b	**Stellungnahmen der Sachverständigen** u dem Fragenkatalog (KDrs 12/14) für die nicht-öffentliche Anhörung am 29. März 1993 Enthält Stellungnahmen folgender Sachverständiger: Prof. S. V. Krupa Dr. H. H. Rogers Dr. G. Brett Runion	23. 02. 1993
14-c	**Stellungnahmen der Sachverständigen** zu dem Fragenkatalog (KDrs 12/14) für die nicht-öffentliche Anhörung am 29. März 1993 Enthält Stellungnahmen folgender Sachverständiger: Prof. Dr. Gerd Esser Prof. Dr. J. Goudriaan Dr. Ingeborg Levin Dr. Martin Heimann	23. 02. 1993
14-d	**Stellungnahme des Sachverständigen** zu dem Fragenkatalog (KDrs 12/14) für die nicht-öffentliche Anhörung am 29. März 1993 Enthält die Stellungnahme des Sachverständigen: Bruce A. Kimball	23. 02. 1993
14-e	**Stellungnahme des Sachverständigen** zu dem Fragenkatalog (KDrs 12/14) für die nicht-öffentliche Anhörung am 29. März 1993 Enthält des Stellungnahme des Sachverständigen: Prof. W. D. Billings	24. 03. 1993
14-f	**Stellungnahme des Sachverständigen** zu dem Fragenkatalog (KDrs 12/14) für die nicht-öffentliche Anhörung am 29. März 1993 Enthält die Stellungnahme des Sachverständigen: Prof. Walter C. Oechel	29. 03. 1993

Nr.	Titel	Datum
14-g	**Stellungnahmen der Sachverständigen** zu dem Fragenkatalog (KDrs 12/14) für die nicht-öffentliche Anhörung am 29. März 1993 Enthält Stellungnahmen folgender Sachverständiger: Dr. F. A. Bazzaz Prof. Gerd Esser Dr. J. Goudriaan Dr. Martin Heimann Dr. B. A. Kimball Prof. Dr. G. H. Kohlmaier Dr. Ingeborg Levin Dr. Walter C. Oechel	31. 03. 1993
14-h	**Stellungnahmen der Sachverständigen** zu dem Fragenkatalog (KDrs 12/14) für die nicht-öffentliche Anhörung am 29. März 1993 Enthält Stellungnahmen folgender Sachverständiger: Dr. F. A. Bazzaz Prof. Dr. G. H. Kohlmaier Dr. Walter C. Oechel	01. 04. 1993
14-i	**Stenographisches Protokoll** der nicht-öffentlichen Anhörung am 29. März 1993 Enthält das Protokoll Nr. 60	
15	**Fragenkatalog und Liste der eingeladenen Sachverständigen** der öffentlichen Anhörung der Enquete-Kommission „Schutz der Erdatmosphäre" am 11. März 1993, Leipzig Messegelände, zum Thema: „Klimapolitik in den neuen Bundesländern"	14. 01. 1993

Nr.	Titel	Datum
15-a	**Stellungnahmen der Sachverständigen** zu dem Fragenkatalog (KDrs 12/15) für die öffentliche Anhörung am 11. März 1993 in Leipzig Enthält Stellungnahmen folgender Sachverständiger: Prof. Dr. Weisheimer Dr. D. Ufer Prof. Beate Reetz Prof. Wilhelm Riesner K. F. Müller-Reißmann Dr. Wolfgang Müller-Michaelis	24. 02. 1993
15-b	**Stellungnahmen der Sachverständigen** zu dem Fragenkatalog (KDrs 12/15) für die öffentliche Anhörung am 11. März 1993 in Leipzig Enthält Stellungnahmen folgender Sachverständiger: Dr. M. Kubessa Dr.-Ing. Klaus-Ewald Holst	25. 02. 1993
15-c	**Stellungnahme des Sachverständigen** zu dem Fragenkatalog (KDrs 12/15) für die öffentliche Anhörung am 11. März 1993 in Leipzig Enthält Stellungnahme des Sachverständigen: Prof. Dr. G. Beckmann	25. 02. 1993
15-d	**Stellungnahmen der Sachverständigen** zu dem Fragenkatalog (KDrs 12/15) für die öffentliche Anhörung am 11. März 1993 in Leipzig Enthält Stellungnahmen folgender Sachverständiger: Oberbürgermeister der Stadt Leipzig VEAG Vereinigte Energiewerke AG	05. 03. 1993
15-e	**Stellungnahme des Sachverständigen** zu dem Fragenkatalog (KDrs 12/15) für die öffentliche Anhörung am 11. März 1993 in Leipzig	08. 03. 1993

Nr.	Titel	Datum
	Enthält Stellungnahme des Sachverständigen: Energiewerke Schwarze Pumpe Aktiengesellschaft Dipl.-Ing. Felix Christian Matthes	
15-f	**Stellungnahme des Sachverständigen** zu dem Fragenkatalog (KDrs 12/15) für die öffentliche Anhörung am 11. März 1993 in Leipzig Enthält Stellungnahme des Sachverständigen: Dr. Hans-Joachim Ziesing	08. 03. 1993
15-g	**Stellungnahme des Sachverständigen** zu dem Fragenkatalog (KDrs 12/15) für die öffentliche Anhörung am 11. März 1993 in Leipzig Enthält Stellungnahme des Sachverständigen: Dipl.-Ing. Albrecht	09. 03. 1993
15-h	**Stellungnahme der Sachverständigen** zu dem Fragenkatalog (KDrs 12/15) für die öffentliche Anhörung am 11. März 1993 in Leipzig Enthält Stellungnahme der Sachverständigen: Prof. Beate Reetz	26. 04. 1993
15-i	**Stenographisches Protokoll** der öffentlichen Anhörung am 11. März 1993 Enthält das Protokoll Nr. 57	
16	**Fragenkatalog und Liste der eingeladenen Sachverständigen** der nicht-öffentlichen Anhörung der Enquete-Kommission „Schutz der Erdatmosphäre" am 03. Mai 1993 zum Thema: „Marktwirtschaftliche Instrumente zur CO_2-Emissionsminderung und zur Erhöhung der Energieeffizienz"	17. 02. 1993

Nr.	Titel	Datum
16-ff.	**Stellungnahmen der Sachverständigen** zu dem Fragenkatalog (KDrs 12/16) für die nicht-öffentliche Anhörung am 03. Mai 1993 Die Stellungnahmen dieser nicht-öffentlichen Anhörung können nicht auf dem üblichen Wege an Interessenten verteilt werden	
16-a	**Stellungnahme des Sachverständigen** zu dem Fragenkatalog (KDrs 12/16) ür die nicht-öffentliche Anhörung am 03. Mai 1993 Enthält die Stellungnahme des Sachverständigen: Prof. Dr. Hans G. Nutzinger	25. 03. 993
16-b	**Stellungnahme des Sachverständigen** zu dem Fragenkatalog (KDrs 12/16) für die nicht-öffentliche Anhörung am 03. Mai 1993 Enthält die Stellungnahme des Sachverständigen: Prof. Dr. Rudi Kurz	21. 04. 1993
16-c	**Stellungnahmen der Sachverständigen** zu dem Fragenkatalog (KDrs 12/16) für die nicht-öffentliche Anhörung am 03. Mai 1993 Enthält Stellungnahmen folgender Sachverständiger: Reinhard Loske Prof. Dr. Mohssen Massarrat	23. 04. 1993
16-d	**Stellungnahmen der Sachverständigen** zu dem Fragenkatalog (KDrs 12/16) für die nicht-öffentliche Anhörung am 03. Mai 1993 Enthält Stellungnahmen folgender Sachverständiger: Dr.-Ing. E. Jochem Dr. rer. pol. R. Walz	27. 04. 1993

Nr.	Titel	Datum
16-e	**Stellungnahme des Sachverständigen** zu dem Fragenkatalog (KDrs 12/16) für die nicht-öffentliche Anhörung am 03. Mai 1993 Enthält die Stellungnahme des Sachverständigen: Prof. Dr. C. Christian von Weizsäcker	26. 04. 1993
16-f	**Stellungnahme des Sachverständigen** zu dem Fragenkatalog (KDrs 12/16) für die nicht-öffentliche Anhörung am 03. Mai 1993 Enthält die Stellungnahme des Sachverständigen: Vereinigung Deutscher Elektrizitätswerke (VDEW)	26. 04. 1993
16-g	**Stellungnahme des Sachverständigen** zu dem Fragenkatalog (KDrs 12/16) für die nicht-öffentliche Anhörung am 03. Mai 1993 Enthält die Stellungnahme des Sachverständigen: Rheinisch-Westfälisches Institut für Wirtschafts- forschung e.V.	30. 04. 1993
16-h	**Stellungnahme des Sachverständigen** zu dem Fragenkatalog (KDrs 12/16) für die nicht-öffentliche Anhörung am 03. Mai 1993 Enthält die Stellungnahme des Sachverständigen: Dr. Peter Michaelis Institut für Weltwirtschaft an der Universität Kiel	05. 05. 1993
16-i	**Stellungnahme des Sachverständigen** zu dem Fragenkatalog (KDrs 12/16) für die nicht-öffentliche Anhörung am 03. Mai 1993 Enthält die Stellungnahme des Sachverständigen: Umweltbundesamt UBA	05. 05. 1993

Nr.	Titel	Datum
16-j	**Nachträglich eingereichte Stellungnahme des Sachverständigen** zu dem Fragenkatalog (KDrs 12/16) für die nicht-öffentliche Anhörung am 03. Mai 1993 Enthält die Stellungnahme des Sachverständigen: Prof. Dr. C. Christian von Weizsäcker	24. 05. 1993
16-k	**Nachträglich eingereichte Stellungnahme des Sachverständigen** zu dem Fragenkatalog (KDrs 12/16) für die nicht-öffentliche Anhörung am 03. Mai 1993 Enthält die Stellungnahme des Sachverständigen: Dr. Jur. Adalbert Uelner	24. 05. 1993
16-l	**Stenographisches Protokoll** der nicht-öffentlichen Anhörung am 03. Mai 1993 Enthält das Protokoll Nr. 62	
17	**Fragen- und Sachverständigenkatalog** der öffentlichen Anhörung der Enquete-Kommission „Schutz der Erdatmosphäre" am 05. Juli 1993 zum Thema: „Maßnahmen und Handlungsempfehlungen zur Reduktion klimawirksamer Spurengasemissionen im Landwirtschaftsbereich (Landwirtschaft III)"	23. 03. 1993
17-a	**Stellungnahmen der Sachverständigen** für die öffentliche Anhörung am 05. Juli 1993 zum Thema: „Maßnahmen und Handlungsempfehlungen zur Reduktion klimawirksamer Spurengasemissionen im Landwirtschaftsbereich (Landwirtschaft III)" Enthält die Stellungnahme des Sachverständigen: Prof. Dr. Folkhard Isermeyer	18. 06. 1993

Nr.	Titel	Datum
17-b	**Stellungnahmen der Sachverständigen** für die öffentliche Anhörung am 05. Juli 1993 zum Thema: „Maßnahmen und Handlungsempfehlungen zur Reduktion klimawirksamer Spurengasemissionen im Landwirtschaftsbereich (Landwirtschaft III)" Enthält die Stellungnahme des Sachverständigen: Dr. Martin Scheele, Prof. Dr. Günther Schmitt	18. 06. 1993
17-c	**Stellungnahmen der Sachverständigen** für die öffentliche Anhörung am 05. Juli 1993 zum Thema: „Maßnahmen und Handlungsempfehlungen zur Reduktion klimawirksamer Spurengasemissionen im Landwirtschaftsbereich (Landwirtschaft III)" Enthält die Stellungnahme des Sachverständigen: Umweltbundesamt	19. 06. 1993
17-d	**Stellungnahmen der Sachverständigen** für die öffentliche Anhörung am 05. Juli 1993 zum Thema: „Maßnahmen und Handlungsempfehlungen zur Reduktion klimawirksamer Spurengasemissionen im Landwirtschaftsbereich (Landwirtschaft III)" Enthält die Stellungnahme des Sachverständigen: Kommission der Europäischen Gemeinschaften	29. 06. 1993
17-e	**Stellungnahmen der Sachverständigen** für die öffentliche Anhörung am 05. Juli 1993 zum Thema: „Maßnahmen und Handlungsempfehlungen zur Reduktion klimawirksamer Spurengasemissionen im Landwirtschaftsbereich (Landwirtschaft III)" Enthält die Stellungnahme des Sachverständigen: Dr. Klaus Breloh	02. 07. 1993

Nr.	Titel	Datum
17-f	**Stellungnahmen der Sachverständigen** für die öffentliche Anhörung am 05. Juli 1993 zum Thema: „Maßnahmen und Handlungsempfehlungen zur Reduktion klimawirksamer Spurengasemissionen im Landwirtschaftsbereich (Landwirtschaft III)" Enthält die Stellungnahme des Sachverständigen: Prof. Dr. G. Weinschenck	29. 11. 1993
17-h	**Stenographisches Protokoll** der öffentlichen Anhörung am 05. Juli 1993 Enthält das Protokoll Nr. 72	05. 07. 1993
18-ff.	**Stellungnahmen der Sachverständigen** zu dem Fragenkatalog (KDrs 12/18) für die nicht-öffentliche Anhörung am 04. Mai 1993 Die Stellungnahmen dieser nicht-öffentlichen Anhörung können nicht auf dem üblichen Wege an Interessenten verteilt werden	
18-a	**Stellungnahme des Sachverständigen** für die nicht-öffentliche Anhörung am 04. Mai 1993 zum Thema: „Psychologie und Freizeitverhalten im Verkehr" Enthält die Stellungnahme des Sachverständigen: Horst W. Opaschowski	01. 04. 1993
18-b	**Stellungnahme des Sachverständigen** für die nicht-öffentliche Anhörung am 04. Mai 1993 zum Thema: „Psychologie und Freizeitverhalten im Verkehr" Enthält die Stellungnahme des Sachverständigen: Gerhard Bliersbach	06. 04. 1993

Nr.	Titel	Datum
18-c	**Stellungnahme des Sachverständigen** für die nicht-öffentliche Anhörung am 04. Mai 1993 zum Thema: „Psychologie und Freizeitverhalten im Verkehr“ Enthält die Stellungnahme des Sachverständigen: Micha Hilgers	26. 04. 1993
18-d	**Stellungnahme des Sachverständigen** für die nicht-öffentliche Anhörung am 04. Mai 1993 zum Thema: „Psychologie und Freizeitverhalten im Verkehr“ Enthält die Stellungnahme des Sachverständigen: Prof. Dr. Thomas Krämer-Badoni	27. 04. 1993
18-e	**Stellungnahme des Sachverständigen** für die nicht-öffentliche Anhörung am 04. Mai 1993 zum Thema: „Psychologie und Freizeitverhalten im Verkehr“ Enthält die Stellungnahme des Sachverständigen: Prof. Dr. H. Hautzinger	29. 04. 1993
18-f	**Stellungnahme des Sachverständigen** für die nicht-öffentliche Anhörung am 04. Mai 1993 zum Thema: „Psychologie und Freizeitverhalten im Verkehr“ Enthält die Stellungnahme des Sachverständigen: Prof. Dr. Hermann Knoflacher	04. 05. 1993
18-g	**Foliensammlung der nicht-öffentlichen Anhörung am 04. Mai 1993** zum Thema: „Psychologie und Freizeitverhalten im Verkehr“ des Sachverständigen: Prof. Dr. Hermann Knoflacher	05. 05. 1993

Nr.	Titel	Datum
18-h	**Stenographisches Protokoll** der nicht-öffentlichen Anhörung am 04. Mai 1993 Enthält das Protokoll Nr. 64	04. 05. 1993
19-a	**Materialien zum öffentlichen Gespräch am 17. Mai 1993** mit Dr. Amory Lovins zum dem Thema: „Kostengünstige CO_2-Reduktionsmaßnahmen im Energiesektor" Enthält Materialien von Dr. Amory Lovins	17. 05. 1993
20	**Fragen- und Sachverständigenkatalog** für die öffentliche Anhörung der Enquete-Kommission „Schutz der Erdatmosphäre" am 25. Oktober 1993 zum Thema: „Erneuerbare Energien: der Weg zu einer nachhaltigen und klimaverträglichen Energieversorgung"	20. 07. 1993
20-a	**Stellungnahme des Sachverständigen** für die öffentliche Anhörung am 25. Oktober 1993 zum Thema: „Erneuerbare Energien: der Weg zu einer nachhaltigen und klimaverträglichen Energieversorgung" Enthält die Stellungnahme des Sachverständigen: Prof. Dr. A. Goetzburger	01. 10. 1993
20-b	**Stellungnahme des Sachverständigen** für die öffentliche Anhörung am 25. Oktober 1993 zum Thema: „Erneuerbare Energien: der Weg zu einer nachhaltigen und klimaverträglichen Energieversorgung" Enthält die Stellungnahme des Sachverständigen: Jens Peter Molly	01. 10. 1993
20-c	**Stellungnahme des Sachverständigen** für die öffentliche Anhörung am 25. Oktober 1993 zum Thema:	01. 10. 1993

Nr.	Titel	Datum
	„Erneuerbare Energien: der Weg zu einer nachhaltigen und klimaverträglichen Energieversorgung“ Enthält die Stellungnahme des Sachverständigen: Verein für Grüne Solararchitektur und Planungsgruppe LOG ID	
20-d	**Stellungnahme des Sachverständigen** für die öffentliche Anhörung am 25. Oktober 1993 zum Thema: „Erneuerbare Energien: der Weg zu einer nachhaltigen und klimaverträglichen Energieversorgung“ Enthält die Stellungnahme des Sachverständigen: Prof. Niels I. Meyer Dr. P. Kesselring Prof. Dr.-Ing. E. Hahne	15. 10. 1993
20-e	**Stellungnahme des Sachverständigen** für die öffentliche Anhörung am 25. Oktober 1993 zum Thema: „Erneuerbare Energien: der Weg zu einer nachhaltigen und klimaverträglichen Energieversorgung“ Enthält die Stellungnahme des Sachverständigen: Dr. Joachim Nitsch Bundesverband Solarenergie E.V.	15. 10. 1993
20-f	**Stellungnahme des Sachverständigen** für die öffentliche Anhörung am 25. Oktober 1993 zum Thema: „Erneuerbare Energien: der Weg zu einer nachhaltigen und klimaverträglichen Energieversorgung“ Enthält die Stellungnahme des Sachverständigen: Rainer Aringhoff, M.A. Prof. Dr.-Ing. D. Hein Prof. Dr.-Ing. W. H. Bloss Dr.-Ing. M. Glahn	18. 10. 1993

Nr.	Titel	Datum
20-g	**Stellungnahme des Sachverständigen** für die öffentliche Anhörung am 25. Oktober 1993 zum Thema: „Erneuerbare Energien: der Weg zu einer nachhaltigen und klimaverträglichen Energieversorgung" Enthält die Stellungnahme des Sachverständigen: Siemens Solar GmbH Prof. Dr.-Ing. E. Hahne Dr. Hans-Joachim Ziesing Heimo Zinko	18. 10. 1993
20-h	**Stellungnahme des Sachverständigen** für die öffentliche Anhörung am 25. Oktober 1993 zum Thema: „Erneuerbare Energien: der Weg zu einer nachhaltigen und klimaverträglichen Energieversorgung" Enthält die Stellungnahme des Sachverständigen: Prof. Niels I. Meyer	18. 10. 1993
20-i	**Stellungnahme des Sachverständigen** für die öffentliche Anhörung am 25. Oktober 1993 zum Thema: „Erneuerbare Energien: der Weg zu einer nachhaltigen und klimaverträglichen Energieversorgung" Enthält die Stellungnahme des Sachverständigen: L.Y. Bronicki	22. 10. 1993
21	**Fragen- und Sachverständigenkatalog** für die öffentliche Anhörung der Enquete-Kommission „Schutz der Erdatmosphäre" am 08. November 1993 zum Thema: „Stand und Entwicklungsperspektiven der Kernreaktortechnik und Entsorgung"	03. 08. 1993
21-a	**Stellungnahme des Sachverständigen** für die öffentliche Anhörung am 08. November 1993 zum Thema: „Stand und Entwicklungsperspektiven der Kernreaktortechnik und Entsorgung"	22. 10. 1993

Nr.	Titel	Datum
	Enthält die Stellungnahme des Sachverständigen: Dr. L. Weil	
21-b	**Stellungnahme des Sachverständigen** für die öffentliche Anhörung am 08. November 1993 zum Thema: „Stand und Entwicklungsperspektiven der Kernreaktortechnik und Entsorgung“ Enthält die Stellungnahme des Sachverständigen: Prof. Dr.-Ing. Kurt Kugeler Prof. Dr.-Ing. Michael Reimann	27. 10. 1993
21-c	**Stellungnahme des Sachverständigen** für die öffentliche Anhörung am 08. November 1993 zum Thema: „Stand und Entwicklungsperspektiven der Kernreaktortechnik und Entsorgung“ Enthält die Stellungnahme des Sachverständigen: Dr. Helmut Hirsch Dr. K. D. Closs Dr. Stäbler	27. 10. 1993
21-d	**Stellungnahme des Sachverständigen** für die öffentliche Anhörung am 08. November 1993 zum Thema: „Stand und Entwicklungsperspektiven der Kernreaktortechnik und Entsorgung“ Enthält die Stellungnahme des Sachverständigen: Lothar Hahn Adolf Hüttel Prof. W. Kröger	26. 10. 1993
21-e	**Stellungnahme des Sachverständigen** für die öffentliche Anhörung am 08. November 1993 zum Thema: „Stand und Entwicklungsperspektiven der Kernreaktortechnik und Entsorgung“ Enthält die Stellungnahme des Sachverständigen: Dr. Sten Bjurström	27. 10. 1993

Nr.	Titel	Datum
21-f	**Stellungnahme des Sachverständigen** für die öffentliche Anhörung am 08. November 1993 zum Thema: „Stand und Entwicklungsperspektiven der Kernreaktortechnik und Entsorgung" Enthält die Stellungnahme des Sachverständigen: Gerhard Schmidt	27. 10. 1993
21-g	**Stellungnahme des Sachverständigen** für die öffentliche Anhörung am 08. November 1993 zum Thema: „Stand und Entwicklungsperspektiven der Kernreaktortechnik und Entsorgung" Enthält die Stellungnahme des Sachverständigen: Prof. Dr.-Ing. Lindackers	27. 10. 1993
21-h	**Stellungnahme des Sachverständigen** für die öffentliche Anhörung am 08. November 1993 zum Thema: „Stand und Entwicklungsperspektiven der Kernreaktortechnik und Entsorgung" Enthält die Stellungnahme des Sachverständigen: Prof. Dr. Helmut Röthemeyer	27. 10. 1993
21-i	**Stellungnahme des Sachverständigen** für die öffentliche Anhörung am 08. November 1993 zum Thema: „Stand und Entwicklungsperspektiven der Kernreaktortechnik und Entsorgung" Enthält die Stellungnahme des Sachverständigen: Prof. Dr. G. Kessler	27. 10. 1993
21-j	**Stellungnahme des Sachverständigen** für die öffentliche Anhörung am 08. November 1993 zum Thema: „Stand und Entwicklungsperspektiven der Kernreaktortechnik und Entsorgung" Enthält die Stellungnahme des Sachverständigen: Ortwin Renn Dr. Sten Bjurström	10. 11. 1993

Nr.	Titel	Datum
21-k	**Stenographisches Protokoll** der öffentlichen Anhörung am 8. November 1993 Enthält das Protokoll Nr. 79	
22	**Fragen- und Sachverständigenkatalog** für die öffentliche Anhörung der Enquete-Kommission „Schutz der Erdatmosphäre" am 29. November 1993 zum Thema: „Rationelle Energieverwendung in einer nachhaltigen und klimaverträglichen Energieversorgung"	06. 07. 1993
22-a	**Stellungnahme des Sachverständigen** für die öffentliche Anhörung am 29. November 1993 zum Thema: „Rationelle Energieverwendung in einer nachhaltigen und klimaverträglichen Energieversorgung" Enthält die Stellungnahme des Sachverständigen: Dipl.-Ing. W. Hüttemann	27. 10. 1993
22-b	**Stellungnahme des Sachverständigen** für die öffentliche Anhörung am 29. November 1993 zum Thema: „Rationelle Energieverwendung in einer nachhaltigen und klimaverträglichen Energieversorgung" Enthält die Stellungnahme des Sachverständigen: Prof. Dr.-Ing. Dr.-Ing. E.h. Helmut Schaefer	16. 11. 1993
22-c	**Stellungnahme des Sachverständigen** für die öffentliche Anhörung am 29. November 1993 zum Thema: „Rationelle Energieverwendung in einer nachhaltigen und klimaverträglichen Energieversorgung" Enthält die Stellungnahme des Sachverständigen: Dr. R. Walthert	16. 11. 1993

Nr.	Titel	Datum
22-d	**Stellungnahme des Sachverständigen** für die öffentliche Anhörung am 29. November 1993 zum Thema: „Rationelle Energieverwendung in einer nachhaltigen und klimaverträglichen Energieversorgung" Enthält die Stellungnahme des Sachverständigen: Dr. Wolfgang Feist Thomas B. Johansson Dr.-Ing. Ernst W. Mann	18. 11. 1993
22-e	**Stellungnahme des Sachverständigen** für die öffentliche Anhörung am 29. November 1993 zum Thema: „Rationelle Energieverwendung in einer nachhaltigen und klimaverträglichen Energieversorgung" Enthält die Stellungnahme des Sachverständigen: Prof. Willy Leonhardt	16. 11. 1993
22-f	**Stellungnahme des Sachverständigen** für die öffentliche Anhörung am 29. November 1993 zum Thema: „Rationelle Energieverwendung in einer nachhaltigen und klimaverträglichen Energieversorgung" Enthält die Stellungnahme des Sachverständigen: J. S. Noergard	16. 11. 1993
22-g	**Stellungnahme des Sachverständigen** für die öffentliche Anhörung am 29. November 1993 zum Thema: „Rationelle Energieverwendung in einer nachhaltigen und klimaverträglichen Energieversorgung" Enthält die Stellungnahme des Sachverständigen: Dr. Florentin Krause	16. 11. 1993

Nr.	Titel	Datum
22-h	**Stellungnahme des Sachverständigen** für die öffentliche Anhörung am 29. November 1993 zum Thema: „Rationelle Energieverwendung in einer nachhaltigen und klimaverträglichen Energieversorgung“ Enthält die Stellungnahme des Sachverständigen: E. Jochem	16. 11. 1993
22-i	**Foliensammlung der Sachverständigen** für die öffentliche Anhörung am 29. November 1993 zum Thema: „Rationelle Energieverwendung in einer nachhaltigen und klimaverträglichen Energieversorgung“ Enthält die Stellungnahme des Sachverständigen: Wolfgang Feist E. Jochem Florentin Krause J. S. Norgard Helmut Schaefer	16. 11. 1993
22-j	**Stellungnahme des Sachverständigen** für die öffentliche Anhörung am 29. November 1993 zum Thema: „Rationelle Energieverwendung in einer nachhaltigen und klimaverträglichen Energieversorgung“ Enthält die Stellungnahme des Sachverständigen: Wolfgang Feist	01. 12. 1993
22-k	**Stellungnahme des Sachverständigen** für die öffentliche Anhörung am 29. November 1993 zum Thema: „Rationelle Energieverwendung in einer nachhaltigen und klimaverträglichen Energieversorgung“ Enthält die Stellungnahme des Sachverständigen; E. Jochem (Nachgereichte Literaturliste)	

Nr.	Titel	Datum
22-l	**Stenographisches Protokoll** der öffentlichen Anhörung am 29. November 1993 Enthält das Protokoll Nr. 80	
23	**Fragen- und Sachverständigenkatalog** für die öffentliche Anhörung der Enquete-Kommission „Schutz der Erdatmosphäre" am 29. April 1994 zum Thema: „Wissenschaftlicher Sachstand über Treibhauseffekt und Auswirkungen einer Klimaänderung (III)"	30. 03. 1994
23-a-neu	**Stellungnahme des Sachverständigen** für die öffentliche Anhörung am 29. April 1994 zum Thema: „Wissenschaftlicher Sachstand über Treibhauseffekt und Auswirkungen einer Klimaänderung (III)" Enthält die Stellungnahme des Sachverständigen: Prof. Dr. H. Oeschger	28. 04. 1994
23-b	**Stellungnahme des Sachverständigen** für die öffentliche Anhörung am 29. April 1994 zum Thema: „Wissenschaftlicher Sachstand über Treibhauseffekt und Auswirkungen einer Klimaänderung (III)" Enthält die Stellungnahme des Sachverständigen: Prof. Dr. Klaus Hasselmann	28. 04. 1994
23-c	**Stellungnahme des Sachverständigen** für die öffentliche Anhörung am 29. April 1994 zum Thema: „Wissenschaftlicher Sachstand über Treibhauseffekt und Auswirkungen einer Klimaänderung (III)" Enthält die Stellungnahme des Sachverständigen: Prof. Dr. H. Oeschger Prof. Dr. Klaus Hasselmann	28. 04. 1994

Nr.	Titel	Datum
23-d	**Stellungnahme des Sachverständigen** für die öffentliche Anhörung 29. April 1994 zum Thema: „Wissenschaftlicher Sachstand über Treibhauseffekt und Auswirkungen einer Klimaänderung (III)“ Enthält die Stellungnahme des Sachverständigen: Prof. Dr. Hartmut Graßl	28. 04. 1994
23-e	**Stenographisches Protokoll** der öffentlichen Anhörung am 29. April 1994 Enthält das Protokoll Nr. 100	
24-a	**Unterlagen von Herrn Dr. Dieter Popp** zur Diskussion am 29. März 1994 zum Thema: „Klimarelevante Aspekte der Landschafts- und Raumplanung“	05. 03. 1994
24-b	**Unterlagen von Frau Prof. Donata Valentien** zur Diskussion am 11. April 1994 zum Thema: „Klimarelevante Aspekte der Landschafts- und Raumplanung“	24. 04. 1994
24-c	**Unterlagen von Herrn Josef Göppel** zur Diskussion am 11. April 1994 zum Thema: „Klimarelevante Aspekte der Landschafts- und Raumplanung“	26. 04. 1994
25	Bericht über eine Delegationsreise nach Indien im Zeitraum 12. bis 26. März 1994	18. 05. 1994

Literaturverzeichnis

AFEAS (Alternative Fluorocarbons Environment Acceptability Study)(1992): Production, sales and atmospheric release of CFC-11 and CFC-12 through 1991, AFEAS Ref. No. D-931, 21 April 1992, Washington

AGFW [Arbeitsgemeinschaft Fernwärme] (1990): Hauptbericht der Fernwärmeversorgung 1990

AGFW [Arbeitsgemeinschaft Fernwärme] (1991): Hauptbericht der Fernwärmeversorgung 1991

Albrecht, W. (1993): in: KD 12/15-g

Anti-Atomforum (1992): Gründungsmanifest, Greifswald 1992.

Anti-Atomforum (1994): Tagungsreader des Anti-Atom-Forums zur Arbeitskonferenz am 11. Februar 1994 in Frankfurt, 1994.

Arbeitsgemeinschaft Energiebilanzen: Energiebilanzen der Bundesrepublik Deutschland, verschiedene Jahrgänge

Arenha (1992): Einsparmöglichkeiten beim Raumwärme-bedarf des Wohngebäudebestandes in Hannover und Langenhagen, Hannover

ARGE Prüfgemeinschaft (1993): Stromsparen im Haushalt – Auswirkungen der rationellen Stromanwendung in privaten Haushalten bis zum Jahr 2010

Aringhoff, R. (1993): in: KD 12/20-f

ASUE [Arbeitsgemeinschaft für sparsamen und umweltfreundlichen Energieverbrauch e.V.] (1993): Erdgas plus Erneuerbare Energien: Sonne, Umweltwärme, Biomasse

atomwirtschaft (1989): Die Kernkraftwerke der Welt, nach Ländern aufgeschlüsselt (Tabelle 6). atomwirtschaft, März 1989, S.140

atomwirtschaft (1991): Statistik: Die Uranversorgung der Welt. Reserven, Produktion, Exploration – bisherige und erwartete zukünftige Entwicklung. atomwirtschaft, Januar 1991, S. 34-36

atomwirtschaft (1993): Verzeichnis der Kernkraftwerke der Welt. Tabellarische Übersicht über die mit Stand September 1993 in Betrieb und Bau befindlichen sowie in Auftrag gegebenen Kernkraftwerke in 35 Ländern. atomwirtschaft, November 1993. S. 765 – 771

atomwirtschaft (1994): Nukem: Natururan-Preisverfall setzt sich fort. atomwirtschaft, Heft 8/9, August/September 1994, S. 560

Austin, J.; N. Butchart; K.P. Shine (1992): Possibility of an Artic ozone hole in a doubled-CO_2 climate. Nature, 360, 221-225

Ayres, R. U. (1978): Resources, Environment, and Economics. Applications of the Materials/Energy Balance Principle. John Wiley & Sons, New York, 1978

Bach, W. (1988): Auswege aus der drohenden Klimakatastrophe. Vermehrter Einsatz von Atomenergie oder rationellere Energienutzung? Bl. für deutsche und internationale Politik 9, 1061–1071, 1988;

Bach, W. (1993): CO_2-Reduktionsstrategien: Konkrete Maßnahmen zur Eindämmung der Klimagefahr, ace-Bericht Nr. 71/1993, Münster

Bach, W. (1994): Coal Policy and Climate Protection. Can the tough German CO_2-reduction target be met by 2005? Energy Policy, 1994

Bach, W. (1994): Schutz der Erdatmosphäre. Bd. 7 im Handbuch „Umweltschutz – Grundlagen und Praxis". Economica Verlage Bonn / C.F. Müller Verlag Karlsruhe (im Druck).

Bach, W. (o.J.): Mögliche Energiesparmaßnahmen und CO_2-Reduktion für die Bundesrepublik Deutschland (ABL), Sektor Haushalt

Bach, W. u. a. (1993): Entwicklung eines integrierten Energiekonzepts: Erfassung des Emissions-Reduktions-Potentials klimawirksamer Spurengase im Bereich rationeller Energienutzung für die alten Bundesländer. Forschungsprojekt im Auftrag des Bundesministers für Forschung und Technologie und des Ministers für Wirtschaft, Mittelstand und Technologie des Landes Nordrhein-Westfalen, Münster, November 1993

Bach, W.; S. Lechtenböhmer; T. Luther (1994): Wege in eine neue Energie- und Verkehrspolitik, Strategien für einen wirksamen Klimaschutz. Ant. f. Klima- und Energieforschung, Inst. f. Geographie, Westf.-Wilhelms-Universität Münster, 1994

Bach, W.; A.K. Jain (1992): Climate and ecosystem protection requires burden sharing: the specific tasks after Rio (I). Perspectives in Energy, Vol. 2, 67-93

Bach, W.; A.K. Jain (1992-1993): Climate and ecosystems protection requires binding emission targets: the specific tasks after Rio (II). Perspectives in Energy, Vol. 2, 173-214

Bach, W.; A.K. Jain (1994): The effectiveness of measures to reduce the man-made greenhouse effect – The application of a climate model. to be publ. in Theoret. and Appl. Climatology

Baentsch, F.; A. Wanke (1994): Klimaschutz und Gebäude – Vorreiterstädte in Europa. Auf der Europäischen Klimaschutz-Konferenz „Energiepolitische Ansätze zur CO_2-Minderung im Gebäudebereich" am 6./7. September 1993 in Berlin vorgestellte Initiativen. Global Change Prisma, 3, 1994, Vol. 5, Nr. 1, S.13-14

Bald, A. u. a. (1993): Heizkraftwerke mit Gasturbinen – Technik, Ökonomie und Ökologie; Fernwärme international 19935/6

Bals, C. (1992): Der Unterschied zwischen Anspruch und Wirklichkeit. Deutsche Politik im Vorfeld der UNCED. Studie im Auftrag von GERMANWATCH. München, 8.3.1992. AU 12/174 der Enquete-Kommission „Schutz der Erdatmosphäre"

Barker, T.; S. Baylis; P. Madsen (1993): A UK carbon/energy tax – The macroeconomic effects. In: Energy Policy 3/1993, S. 296-308.

Barnett, T.P. (1988): Global sea level change. In: NCPO, Climate variations over the past on the first climate trends workshop, 7-9 Sept., 1988, Rockville, Maryland

Bashmakov, I. (1992): Energy Conservation: Costs and Benefits for Russia and the Former USSR, Paper

Baur, J. u. a. (1994): Rationelle Stromanwendung in den Haushalten, Teilgutachten, Projekt „Klimaverträgliche Energieversorgung in Baden-Württemberg"

Bayernwerk (1993): ProVEK Energiesparen mit System [Informationsbroschüre zum ProVEK-Programm; Daten ergänzt um persönliche Mitteilungen – Brief vom 17. Juni 1994]

BDI (Bundesverband der Deutschen Industrie) (1994): Persönliche Mitteilung, 15. Juli 1994

BDI (Bundesverband der Deutschen Industrie), DIHT (Deutscher Industrie- und Handelstag) u. a. (1991): Initiative der deutschen Wirtschaft für eine weltweite Klimavorsorge. November 1991

Berkhout, F.; W. Walker (1991): Spent fuel and plutonium policies in Western Europe. The non-nuclear weapon states. Energy Policy, July/August 1991, S. 553-566

Beyer, H. G. u. a. (1990): Zum Speicherbedarf in elektrischen Netzen bei hoher Einspeisung aus fluktuierenden erneuerbaren Energiequellen. Brennstoff – Wärme – Kraft 42, 7/8/1990

BGW [Bundesverband der deutschen Gas- und Wasserwirtschaft e.V.] (1993): Brief der Landesgruppe Hessen vom Dezember 1993

BINE (1993): Erfahrungen mit solarbeheizten Schwimmbädern – EG und BMFT-Demonstrationsprogramm – BINE Projekt Info-Service Nr. 8 / August 1993, ISSN 0937-8367

BINE [Bürger-Information Neue Energietechniken, Nachwachsende Rohstoffe, Umwelt] (1993b): Stirling-Motoren; Projekt Info-Service Nr. 17

Birg, H. (1993), Bevölkerungsentwicklung in der Bundesrepublik Deutschland: „Detaillierte Ergebnisse von Simulations- und Prognoserechnungen unter Einbeziehung von Wanderungen" in: EK 1994

BJU (Bundesverband Junger Unternehmer), BUND (Bund für Umwelt und Naturschutz Deutschland) (1993): Plädoyer für eine ökologisch orientierte Soziale Marktwirtschaft. Gemeinsames Statement von BJU und BUND. 5. August 1993

Bjurström, S. (1993): In KD 12/21-e

Blazejczak, J. (1987): Simulation gesamtwirtschaftlicher Perspektiven mit einem ökonometrischen Modell für die Bundesrepublik Deutschland. Beiträge zur Strukturforschung des DIW, Heft 100, Berlin 1987.

Blazejczak, J.; D. Edler; M. Gornig (1993): Beschäftigungswirkungen des Umweltschutzes, Abschätzung und Prognose bis 2000. UBA-Berichte 5/93, Berlin 1993.

BMFT (Bundesministerium für Forschung und Technologie) (1993): Das 1000-Dächer Programm bringt die Solarenergie voran. Photovoltaik stößt auf immer größere Resonanz. BMFT Journal Nr. 4-5/ November 1993

BMFT [Bundesministerium für Forschung und Technologie] (1993): IKARUS, Zusammenfassender Zwischenbericht für die Projektphase 3, Stand Ende 1993

BMFT [Bundesministerium für Forschung und Technologie] (1993a): Größte Windkraftanlage Deutschlands eingeweiht, Pressemitteilung, 15. Oktober 1993

BMFT [Bundesministerium für Forschung und Technologie] (1993b): Zukunft der Kernenergie: Ergebnisbericht des BMFT; atomwirtschaft, 383, 191-193

BMU (1992): Beitrag von R. Görgen, BMU. in Mitteilungen der Deutschen Meteorologischen Gesellschaft 4/92

BMU (1994): Pressemitteilung 40/94 vom 17. Juni 94

BMU (Bundesministerium für Umwelt, Naturschutz und Reaktorsicherheit) (1992): Konferenz der Vereinten Nationen für Umwelt und Entwicklung im Juni 1992 in Rio de Janeiro. -Dokumente-. Klimakonvention, Konvention über die biologische Vielfalt, Rio-Deklaration, Walderklärung. Referat Öffentlichkeitsarbeit, Reihe Umweltpolitik. Bonn, 1992

BMU (Bundesministerium für Umwelt, Naturschutz und Reaktorsicherheit) (1992b): Bericht der Bundesregierung über die Konferenz der Vereinten Nationen für Umwelt und Entwicklung im Juni 1992 in Rio de Janeiro. Referat Öffentlichkeitsarbeit, Reihe Umweltpolitik. Bonn, 1992

BMU (Bundesministerium für Umwelt, Naturschutz und Reaktorsicherheit) (1993): Klimaschutz in Deutschland. Nationalbericht der Bundesregierung für die Bundesrepublik Deutschland im Vorgriff auf Artikel 12 des Rahmenübereinkommens der Vereinten Nationen über Klimaänderungen. Referat Öffentlichkeitsarbeit, Reihe Umweltpolitik. Bonn, 1993

BMU [Bundesministerium für Umwelt, Naturschutz und Reaktorsicherheit] (1993a): Synopse von CO_2-Minderungs-Maßnahmen und -Potentialen in Deutschland: Vergleichende Analyse der in den Berichten der Enquete-Kommission „Vorsorge zum Schutz der Erdatmosphäre" des 11. Deutschen Bundestages und anderer Institutionen ermittelteten CO_2-Minderungspotentiale sowie der dort und in den Beschlüssen der Bundesregierung ausgewiesenen Maßnahmen zur Reduktion der CO_2-Emissionen bis zum Jahr 2005 in Deutschland

BMU (Bundesministerium für Umwelt, Naturschutz und Reaktorsicherheit) (1993a): Novellierung des Energiewirtschaftsgesetzes aus umweltpolitischer Sicht. Vortrag von Dr. Bohne, BMU, beim Energy Dinner der Gesellschaft für Energiewissenschaft und Energiepolitik am 25. Februar 1993 in Bonn.

BMU [Bundesministerium für Umwelt, Naturschutz und Reaktorsicherheit] (1993b): Sonderteil: Auswirkungen des Elektrizitätsbinnenmarktes auf die Umwelt; Umwelt: eine Information des BMU, Nr. 9/1993

BMU (Bundesministerium für Umwelt, Naturschutz und Reaktorsicherheit) (1994): Zwischenbericht zur Sanierung in den Uranbergbaugebieten. BMU-Pressemitteilung 27/94, Bonn, 21. April 1994

BMU (Bundesministerium für Umwelt, Naturschutz und Reaktorsicherheit) (1994b): Bundeskabinett zum Klimaschutz. Töpfer: Wirksamer Klimaschutz erfordert anspruchsvolle internationale Klimastrategie. BMU-Pressemitteilung 63/94. Bonn, 29. September 1994

BMWi [Bundesministerium für Wirtschaft] (1992a): Die Elektrizitätswirtschaft in der Bundesrepublik Deutschland im Jahr 1990, Statistischer Jahresbericht des Referats Elektrizitätswirtschaft, VWEW-Verlag, Frankfurt am Main

BMWi (Bundesministerium für Wirtschaft) (1993): Energie Daten 92/93. Nationale und internationale Entwicklung. Bonn, August 1993

BMWi (Bundesministerium für Wirtschaft) (1994): BMWi Tagesnachrichten, Nr. 10214, August 1994

BMWi (Bundesministerium für Wirtschaft) (1994): Erneuerbare Energien verstärkt nutzen. BMWi Tn Nr. 10122 vom 13. Januar 1994

BMWi [Bundesministerium für Wirtschaft] (1994): persönliche Mitteilungen; Thema: Hermes-Deckungen

BMWi (Bundesministerium für Wirtschaft) (1994a): Durchbruch bei der Privatisierung von LAUBAG und VEAG. BMWi-Pressemitteilung, Bonn, 28. Februar 1994

BMZ [Bundesministerium für wirtschaftliche Zusammenarbeit und Entwicklung] (1993): Informationsvermerk 16/94: Global Environment Facility (GEF)

BMZ (Bundesministerium für wirtschaftliche Zusammenarbeit und Entwicklung) (1994): Global Energy Facility (GEF). Informationsvermerk Nr.16/94, Referat 224. Bonn, 8. April 1994

Boer, G.J.; N.M. McFarlane; M. Lazare (1992): Greenhouse gas-induced climate change simulated with the CCC second-generation General Circulation Model. J. of Climate, 5, 1045-1077

Böhringer, C.; U. Fahl; A. Voß, (1994): Auch nach der DIW-Studie zur ökologischen Steuerreform gilt: Der Königsweg zur ökologischen Marktwirtschaft muß erst noch gefunden werden; Energiewirtschaftliche Tagesfragen, 199410

Böhringer, C.; Rutherford, T. F. (1994): CO_2-Steuern mit Ausnahme energie- und exportintensiver Industrien – eine angewandte Gleichgewichtsanalyse desdeutschen Klimasteuervorschlags„ Diskussionspapier, Universität Stuttgart, vorgetragen in Stanford (economic department), Brüssel (EG) und Honolulu (energy workshop), zur Veröffentlichung eingereicht bei „Weltwirtschaftliches Archiv" (Kiel, Institut für Weltwirtschaft)

Bolin, B. (1993): In search of the missing carbon. in UN Climate Change Bulletin, 2, 4th Quarter

Bonan, G.B.; D. Pollard; S.L. Thompson (1992): Effects of boreal forest vegetation on global climate. Nature, 359, 22 Oct 92, 716-718

Bonin, J. (1992): Marktvergleich zu Energieverbrauch und speziellen Einsparkosten bei Haushaltsgeräten; Fachhochschule Darmstadt, Fachbereich Sozial- und Kulturwissenschaften; Darmstadt

Borch, G. u. a. (1993): Die Entwicklung des Haushaltsstromverbrauchs in Westdeutschland von 1970 bis 2010, Energiewirtschaftliche Tagesfragen 43 (1993), 7

Bossier, F.; R. De Rous (1992): Economic effects of a carbon tax in Belgium. In: Energy Economics, January, S. 33-41.

Bouwman, A.F.; G.J. van den Born; R.J. Swart (1991): in KD 12/1a

BP (British Petroleum) (1993): BP Statistical Review of World Energy. London, June 1993

Brasseur, G.P.; C. Granier; S. Walters (1990): Future changes in stratospheric ozone and the role of heterogeneous chemistry. Nature, 348, 13 Dec 90, 626-628

Brendow, K. (1992): Weltbevölkerung und -energiebedarf. Entwicklungen, Zusammenhänge, Freiräume und Wachstumsschranken. Energiewirtschaftliche Tagesfragen, 42. Jg. (1992), Heft 8

Broecker, W.S. (1994): An unstable superconveyor. Nature, 367, 3 Feb 94, 414-415

Broecker, W.S.; G.H. Denton (1990): Ursachen der Vereisungszyklen. Spektrum d. Wiss., März

Bronicki, L. Y. (1993): in: KD 12/20-i

BSE [Bundesverband Solarenergie e.V.] (1993): in: KD 12/20-e

BUND (Bund für Umwelt und Naturschutz Deutschland) (1992): Klimaschutz in Städten und Gemeinden. 41 vorbildliche kommunale Energieprojekte. BUNDaktion, Freiburg, Dezember 1992

Bundesamt für Konjunkturfragen (Hg.) (1992): Strom rationell nutzen: Umfassendes Grundlagenwissen und praktischer Leitfaden zur rationellen Verwendung von Elektrizität; RAVEL Handbuch, Bern

Bundesumweltministerium (1990): Bundeskabinett beschließt nationales CO_2-Minderungsprogramm zum Klimaschutz, Pressemitteilung, Bonn, 7. November 1990

CAN (US Climate Action Network), CNE (Climate Network Europe) (1994): Independent NGO Evaluations of National Plans for Climate Change Mitigation – First Review, February 1994. Washington, DC; Brüssel, 1994

CEC (Commission of the European Community) (1991): Cost Effectiveness Analysis of CO_2 Reduction Options. DG XII, Synthesis Report May 1991.

CEC (Commission of the European Communities) (1992): Energy in Europe, Special Issue September 1992: A View to the Future, Brussels/Luxembourg

CEC (Kommission der Europäischen Gemeinschaften, Generaldirektion Wirtschaft und Finanzen) (1992): Die Klimaherausforderung. Ökonomische Aspekte der Gemeinschaftsstrategie zur Begrenzung der CO_2-Emissionen. Europäische Wirtschaft Nr. 51, Mai 1992.

Cess, Potter, Blanchet, Boer, Ghan, Kiehl, Le Treut, Li, Liang, Mitchell, Morcrette, Randall, Riches, Roeckner, Schlese, Slingo, Taylor (1989): Interpretation of cloud-climate feedback as produced by 14 atmospheric general circulation models. Science, 245, 4 Aug 89, 513-516

Cess, R.D. u. a. (1990): Intercomparison and interpretation of climate feedback processes in nineteen atmospheric general circulation models. J. Geophys. Res., 95, 16601-16615

Charlson, R.J.; T.M.L. Wigley (1994): Sulfat-Aerosole und Klimawandel. Spektr. d. Wiss, April 1994,46-53

Charlson, R.J.; S.E. Schwarz; J.M. Hales; R.D. Cess; J.A. Coakley; J.E. Hansen; D.J. Hofmann (1992): Climate forcing by anthropogenic aerosols. Science, 255, 423-430

Churchill, A. A. (1992): Nuclear Safety – The Need For An Insurance Policy, World Energy Council, Special Session, Paper No. 3, Madrid 1992

CISAC (Committee on International Security and Arms Control) (1994): Management and Disposition of Excess Weapons Plutonium. National Academy of Sciences. Prepublication Copy. National Academy Press, Washington D.C., 1994

Clausnitzer, K.-D.; M. Hille (1993): Bestandsaufnahme der Arbeit von Energieagenturen. Bremer Energie-Institut, Werkstattbericht Nr. 5. Edition Temmen, November 1993

Clinton, W.J.; A. Gore (1993): The Climate Change Action Plan. Arbeitsunterlage 12/302 der Enquete-Kommission „Schutz der Erdatmosphäre" vom 16. November 1993. October 1993

Closs, K.D. (1993): In KD 12/21-c

CNE [Climate Network Europe] (1994): Joint Implementation from a European NGO Perspective

Collier, U. (1993): Global warming and the internal energy market. Policy integration or polarization. Energy Policy, September 1993, S. 915 – 925

Conrad, F. (1992): Zur CO_2-Vermeidung durch Kraft-Wärme-Kopplung; Energiewirtschaftliche Tagesfragen 199212

Crutzen, P.J.;. F. Arnold, (1986): Nitric acid cloud formation in the cold Antarctic stratosphere: a major cause for the springtime ozone hole. Nature, 324, 651-655

Cubasch, U.; G. Hegerl; A. Hellbach; H. Höck; U. Mikolajewicz; B. Santer; R. Voss (1994): A climate change simulation starting at an early time of industrialization. Max-Planck-Inst. f. Meteorologie, Rep. 124

Cubasch, U.; K. Hasselmann; H. Höck; E. Maier-Reimer; U. Mikolajewicz; U. Santer; R. Sausen (1992): Time-dependent greenhouse warming computations with a coupled ocean-atmosphere model. Climate Dynamics, 8, 55-69

Damberger, S. (1994): Vergleich der Strom- und Heizenergieeinsparung in gekoppelten und ungekoppelten Anlagen vor dem Hintergrund der Einsparmöglichkeiten durch Wärmedämmung; Eduard-Pestel Institut für Systemforschung, Hannover

Dansgaard; Johnson; Clausen; Dahl-Jensen; Gundestrup; Hammer; Hvidberg; Steffensen; Sveinbjörndottir; Jouzel; Bond (1993): Evidence for general instability of past climate from a 250 kyr ice-core record. Nature, 364, 15 Jul 93, 218-220

Darmstadter, J. (1971): Energy in the World Economy. A Statistical Review of Trends in Output, Trade, and Consumption. Since 1925. Baltimore and London: The John Hopkins Press 1971

Demmel, S.; Alefeld, G. (1993): CO_2-Reduktion und Wirtschaftlichkeit – ein Gegensatz? Vergleich verschiedener Systeme für die Strom- und Wärmeerzeugung; Energiewirtschaftliche Tagesfragen, 433, 148-155

Deregulierungskommission (1991): Marktöffnung und Wettbewerb. Zweiter Bericht: Die Stromwirtschaft. Das technische Prüfungs- und Sachverständigenwesen. Die Märkte für Rechtsberatung und Wirtschaftsberatung. Das Handwerk. Der Arbeitsmarkt. Unabhängige Expertenkommission zum Abbau marktwidriger Regelungen. Kürzere Fassung. März 1991

Deutscher Bundestag (1992): Klimaänderung gefährdet globale Entwicklung. Zukunft sichern – Jetzt handeln. Erster Bericht der Enquete-Kommission „Schutz der Erdatmosphäre" Economica Verlag, Bonn 1992

Deutscher Bundestag (1992a): Vorschlag für eine Richtlinie des Rates zur Einführung einer Steuer auf Kohlendioxidemissionen und Energie – KOM(92) 226 endg. –. Unterrichtung durch die Bundesregierung. Bundestags-Drucksache 12/3398 vom 8. Oktober 92

Deutscher Bundestag (1993): Umsetzung der Empfehlungen der Enquête-Kommission „Vorsorge zum Schutz der Erdatmosphäre" durch die Bundesregierung. Antwort der Bundesregierung auf eine Große Anfrage der SPD. Bundestags-Drucksache 12/4280 vom 5. Februar 93

Deutscher Bundestag (1993a): Drucksache 12/6526

Deutscher Bundestag (1993b): Drucksache 12/5629

Deutscher Bundestag (1994): Entwurf eines Gesetzes zur Sicherung des Einsatzes von Steinkohle in der Verstromung und zur Änderung des Atomgesetzes. Gesetzesentwurf der Bundesregierung. Bundestags-Drucksache 12/6908 vom 25. Februar 94

Deutscher Bundestag (1994a): Entwicklungs- und wirtschaftspolitische Folgerungen aus der UNCED-Konferenz in Rio de Janeiro. Antwort der Bundesregierung auf eine Große Anfrage der SPD. Bundestags-Drucksache 12/7608 vom 19. Mai 94

DFVLR u. a. [Deutsche Forschungs- und Versuchsanstalt für Luft- und Raumfahrt; heute gültige Abkürzung: DLR] (1987): Solar Energy for High Temperature Technology and Applications

DGAP u. a. [Deutschen Gesellschaft für Auswärtige Politik e.V. (DGAP), Deutsches Institut für Wirtschaftsforschung (DIW), TU Berlin – Institut für Landschaftsökonomie, Universität Essen – Lehrstuhl für Energiewirtschaft] (1994): Gestaltung und Bewertung der Wirtschaftsbeziehungen mit dem Ziel der Reduktion der Treibhausgase und ozonschichtschädigenden Substanzen zu den Entwicklungsländern und zur Gemeinschaft Unabhängiger Staaten und zu Osteuropa; in: EK, 1994

Dickenson, R.T.E. (1991): Global change and terrestrial hydrology – a review. Tellus, 43AB,4,176-181

DIW (Deutsches Institut für Wirtschaftsforschung) (1991): Ermittlung und Bewertung von CO_2-Minderungspotentialen in den neuen Ländern der Bundesrepublik Deutschland. Untersuchung im Auftrag des Bundesministers für Umwelt, Naturschutz und Reaktorsicherheit. Berlin, 1. August 1991

DIW (Deutsches Institut für Wirtschaftsforschung) (1993): Möglichkeiten der wettbewerbskonformen Ausgestaltung von Selbstverpflichtungen der Industrie zur CO_2-Reduktion unter Berücksichtigung von fiskalischen und ordnungsrechtlichen Maßnahmen. Untersuchung im Auftrag des Bundesministers für Wirtschaft. BMWi-Forschungsnummer 18/1993. Berlin, November 1993

DIW (Deutsches Institut für Wirtschaftsforschung) (1994): Ökosteuer – Sackgasse oder Königsweg? Gutachten im Auftrag von Greenpeace e.V. (Hrsg.), Berlin 1994.

DIW (Deutsches Institut für Wirtschaftsforschung) (1994): IKARUS. Instrumente für Klimagasreduktionsstrategien, Zusammenfassender Bericht für die Projektphase 3, Teilprojekt 3: „Primärenergie", 3. Zwischenbericht, DIW Berlin, Januar 1994

DIW [Deutsches Institut für Wirtschaftsforschung] (1991): Ermittlung und Bewertung von CO_2-Minderungspotentialen in den neuen Bundesländern der Bundesrepublik Deutschland

DIW [Deutsches Institut für Wirtschaftsforschung] (1994a): Theoretisch-methodische Fragen der makroökonomischen Analyse von Wirkungen ökologischer Anpassungsprozesse auf Stabilität, Beschäftigung und internationale Wettbewerbsfähigkeit; Berlin

DIW [Deutsches Institut für Wirtschaftsforschung] (1994b): Wirtschaftliche Auswirkungen einer ökologischen Steuerreform; Berlin

DIW [Deutsches Institut für Wirtschaftsforschung] (1994c): Öko-Steuer – Sackgasse oder Königsweg ? Kurzfassung von DIW, 1994b

DIW, IER [Deutsches Institut für Wirtschaftsforschung (DIW), Institut für Energiewirtschaft und Rationelle Energieanwendung (IER)] (1994): Integrierte Gesamtstrategien der Minderung energiebedingter Treibhausgasemissionen (2005/2020); in: EK, 1994

Dlugokencky, E.J. u. a. (1994): in Geoph. Res. Letters, 21, 45-48

DMG (Deutsche Meteorologische Gesellschaft), DPG (Deutsche Physikalische Gesellschaft) (1987): Warnung vor drohenden weltweiten Klimaänderungen durch den Menschen. Mitteilungen Deutsche Meteorologische Gesellschaft 3/1987

Doerell, P.E. (ed.) (1992): Mit dem Klima-Bluff muß Schluß sein! International Coal Letter, Nr. 11/92; 14. Jahrgang, 22. Mai 1992

Douthwaite, R. (1992): The Growth Illusion. How economic growth has enriched the few, impoverished the many, and endangered the planet. Council Oak Books, Tulsa, 1992

Ebel, W.; Eicke-Hennig, W. (1990): Einsparpotentiale im Gebäudebestand, Darmstadt

ebök; FfE [Büro für Energieberatung und ökologische Konzepte (ebök); Forschungsstelle für Energiewirtschaft (FfE)] (1990): Emissionsminderung durch rationelle Energienutzung bei Elektrogeräten; in: EK, 1990c, Bd. 2, 321-408

EC Commission [Commission of the European Communities] (1991a): Eine Gemeinschaftsstrategie für weniger Kohlendioxidemissionen und mehr Energieeffizienz, 14. Oktober 1991, SEK (91) 1744 endg.

EC Commission [Commission of the European Communities] (1991b): Solar Architecture in Europe: Design, Performance and Evaluation

EC Commission [Commission of the European Communities] (1992a): Vorschlag für eine Richtlinie des Rates zur Einführung eine Steuer auf Kohlendioxidemissionen und Energie, 30.6.1992, KOM (92) 226 endg.

EC Commission [Commission of the European Communities] (1992b): Vorschlag für eine Verordnung des Rates, die die freiwillige Beteiligung gewerblicher Unternehmen an einem gemeinschaftlichen Öko-Audit-System ermöglicht, 5. März 1992, KOM(91) 459 endg.

EC Commission [Commission of the European Communities] (1993): Vollendung des Binnenmarktes für Elektrizität und Erdgas – Geänderte Vorschläge, KOM 93/64, 7. Dezember 1993

EC Commission [Commission of the European Communities] (1994): Vorschlag für eine Verordnung (EG) des Rates über ein Gemeinschaftsprogramm zur finanziellen Unterstützung der Förderung europäischer Energietechnologien 1995-1998 („THERMIE-II"), KOM (94) 59 endg. –
94/0063 (CNS) vom 15. April 1994; Amtsblatt der Europäischen Gemeinschaften, Nr. C 158/6-15, 9. Juni 1994

EC Commission DG XII [Commission of the European Communities] (1993): Assessment of the External Costs of the Lignite Fuel Cycle, Draft report (interner, nicht zur Veröffentlichung bestimmter Bericht)

EC Commission DG XII [Commission of the European Communities] (1994): Assessment of the External Costs of the Coal Fuel Cycle, Final Draft Report (intern, nicht zur Veröffentlichung bestimmter Bericht)

EC Council [Council of the European Communities] (1993): EG-Ratsresolution „Umweltschutz und internationaler Handel", 10. Mai 1993

EC Council [Council of the European Communities] (1994): Entwurf von Schlußfolgerungen des Rates: Gemeinschaftsstrategie zur Verminderung der CO_2-Emissionen und zur Verbesserung der Energieeffizienz; Vordokument 8983/94

EC Parliament [Parliament of the European Communities] / Ausschuß für Energie, Forschung und Technologie (1993): Entwurf eines Berichts über den Vorschlag für eine Richtlinie des Rates betreffend gemeinsame Vorschriften für den Elektrizitätsbinnenmarkt und über den Vorschlag für eine Richtlinie des Rates betreffend gemeinsame Vorschriften für den Gasbinnenmarkt vom 10. Mai 1993, DOC-DE/PR/227411

Edler, D. (1990): Ein dynamisches Input-Output-Modell zur Abschätzung der Auswirkungen ausgewählter neuer Technologien auf die Beschäftigung in der Bundesrepublik Deutschland. Beiträge zur Strukturforschung des DIW, Heft 116, Berlin 1990.

Edler, D.; T. Ribakova (1993): The Leontief-Duchin-Slyd Dynamik Input-Output Model with Reduction of Idle Capacity and Modified Decision Function. In: Structural Change and Economic Dynamics, vol. 4. no. 2, Oxford University Press, New York 1993.

EECC (Energy, Economics and Climate Change): Clinton Unveils US Climate Change Action Plan. October 1993, S. 2–9

Eicke-Hennig, W. (1993): Einsatz des „Leitfaden Energie im Hochbau" in Hessen und anderen Bundesländern. Institut Wohnen und Umwelt, Darmstadt, 1993

Eitz, A. (1992): Sanierung der ostdeutschen Stromwirtschaft, Energiewirtschaftliche Tagesfragen, 42 (1992), 351 ff

EK [Enquete-Kommission „Vorsorge zum Schutz der Erdatmosphäre"] (1990a): Schutz der Erde: eine Bestandsaufnahme mit Vorschlägen zu einer neuen Energiepolitik; Band 1; Bonn: Economica; Karlsruhe: C.F. Müller

EK [Enquete-Kommission „Vorsorge zum Schutz der Erdatmosphäre"] (1990b): Schutz der Erde: eine Bestandsaufnahme mit Vorschlägen zu einer neuen Energiepolitik; Band 2; Bonn: Economica; Karlsruhe: C.F. Müller

EK [Enquete-Kommission „Vorsorge zum Schutz der Erdatmosphäre"] (1990c): Energie und Klima; 10 Bände; Bonn: Economica Verl.; Karlsruhe: Müller

EK [Enquete-Kommission „Vorsorge zum Schutz der Erdatmosphäre"] (1991): Schutz der Erde. Bericht der Enquete-Kommission „Vorsorge zum Schutz der Erdatmosphäre" des 11. Deutschen Bundestages. Economica, Band I

EK [Enquete-Kommission „Schutz der Erdatmosphäre"] (1992): Klimaänderung gefährdet globale Entwicklung: Zukunft sichern – Jetzt handeln. Bericht der Enquete-Kommission „Schutz der Erdatmosphäre" des 12. Deutschen Bundestages. Bonn: Economica; Karlsruhe: C.F. Müller

EK [Enquete-Kommission „Schutz der Erdatmosphäre"] (1994): Studienprogramm „Energie"

EK [Enquete-Kommission „Schutz der Erdatmosphäre"] (1994a): Schutz der Grünen Erde – Klimaschutz durch umweltgerechte Landwirtschaft und Erhalt der Wälder; Dritter Bericht der Enquete-Kommission „Schutz der Erdatmosphäre", Economica-Verlag, Bonn

EKS [Enquete-Kommission „Schutz des Menschen und der Umwelt"] (1993): Verantwortung für die Zukunft – Wege zum nachhaltigen Umgang mit Stoff- und Materialströmen. Zwischenbericht der Enquete-Kommission „Schutz des Menschen und der Umwelt", Economica Verlag, Bonn

Elektrizitätswirtschaft (1994): Schnellstatistik der VDEW. Dezember 1993. Elektrizitätswirtschaft, Jg. 93 (1994), Heft 3, S. 95f

Elektrowatt Ingenieurunternehmen AG (1989): Untersuchungen im Zusammenhang mit dem Luftreinhaltekonzept des Bundesrates und zusätzliche Maßnahmen zur Reduktion der Luftverschmutzung, Schlußbericht, Band II: Anhänge 1–5, Zürich Juli 1989

Elkins, J.W.; T.M. Thompson; T.H. Swanson; J.H. Butler; B.D. Hall; S.O. Cummings; D.A. Fisher; A.G. Raffo (1993): Decrease in the growth rates of atmospheric chlorofluorcarbons 11 and 12. Nature, 364, 26 Aug 93, 780-783

Energiedepesche (1993): Niedrigenergiehäuser. Auch Mitglied bei uns: Kurt Fleck. Energiedepesche Nr. III – Oktober 1993, S.41

Energiedepesche (1993a): Wärmeschutzverordnung. Falsch gerechnet? Energiedepesche Nr. III – Oktober 1993, S. 36-37

Energiekonzept Hannover (1992): In KD 12/9-h

energy (1990): Impacts of Proposed Legislation on DOE's Uranium Enrichment Program. energy, winter issue 1990

Enquete (Enquete-Kommission „Schutz der Erdatmosphäre" des 12. Deutschen Bundestages) (Hrsg.) (1994): Wege zu einer klimaverträglichen Verkehrspolitik. Zweiter Bericht der Enquete-Kommission „Schutz der Erdatmosphäre" des 12. Deutschen Bundestages zum Thema Mobilität und Klima. Minderheitsvotum verschiedener Kommissionsmitglieder. Drucksache 12/8300 des Deutschen Bundestages. Bonn, 1994

Enquete-Kommission zukünftige Kernenergiepolitik (1980): Bundestagsdrucksache 8/4341, Bonn 1980

Enquete-Kommission (1990): Schutz der Erde, 3. Zwischenbericht der Enquete-Kommission „Vorsorge zum Schutz der Erdatmosphäre" des 11. Deutschen Bundestages, Bonn, 1990

Enquete-Kommission (1992): Klimaänderung gefährdet globale Entwicklung. Zukunft sichern – Jetzt handeln. 1. Bericht der Enquete-Kommission „Schutz der Erdatmosphäre" des 12. Deutschen Bundestages, Bonn, 1992

Enting, I.G.; C.M. Trudinger; R.J. Francey; H. Granek (1993): Synthesis inversion of atmospheric CO_2 using the GISS transport model. CSIRO Div. of atmos. Res, Techn. Paper No. 29

ESPAG [Energiewerke Schwarze Pumpe AG] (1993): in: KD 12/15-e

Esso (1988): Energistik '87. Esso AG, Hamburg, September 1988

Eurostat (1994): Carbon Dioxide Emissions from Fossil Fuel Combustion in the EU. Persönliche Mitteilung, Werte für 1993 noch vorläufig. Luxemburg, 12.7.1994

Ewers, H.-J.; K. Rennings (1992): Abschätzung der Schäden durch einen sogenannten „Super-GAU". In: Prognos-Schriftenreihe „Identifizierung und Internalisierung externer Kosten der Energieversorgung". Im Auftrag des Bundesministeriums für Wirtschaft. Basel, im April 1992. Band 2

EWI (Energiewirtschaftliches Institut an der Universität Köln) (1994): Gesamtwirtschaftliche Auswirkungen von Emissionsminderungsstrategien. Studie des Energiewirtschaftlichen Institutes im Auftrag der Enquête-Kommission „Schutz der Erdatmosphäre" des Deutsche Bundestages, Köln 1994.

EWI (Energiewirtschaftliches Institut an der Universität Köln), Öko-Institut (1994): Zukünftiger, die Klimaschutzziele begünstigender Ordnungsrahmen insbesondere für die leitungsgebundenen Energieträger. Studie im Auftrag der Enquete-Kommission „Schutz der Erdatmosphäre". Studienprogramm Energie, Teilstudie C3.3 – Endbericht. Köln/Freiburg im Januar 1994

EWI [Energiewirtschaftliches Institut an der Universität Köln] (1988): Kostenorientierte Stromtarife, Forschungsauftrag 22/86, Köln

EWI [Energiewirtschaftliches Institut an der Universität Köln] (1994): in: EWI, Öko-Institut (1994)

EWI [Energiewirtschaftliches Institut an der Universität Köln] (1994a): Gesamtwirtschaftliche Auswirkungen von Emissionsminderungsstrategien, in: EK, 1994

EWI u. a. (1994) [Energiewirtschaftliches Institut an der Universität Köln (EWI); Institut für Energierecht an der Universität zu Köln (ERI); Institut für Europäische Umweltpolitik e.V. (IEUP); Wuppertal-Institut für Klima, Umwelt, Energie GmbH (WI)]: Perspektiven und Konsequenzen der Vollendung des Europäischen Binnenmarktes, insbesondere der schrittweisen Schaffung eines Europäischen Strommarktes, und von internationalen Vereinbarungen (vor allem zum Klimaschutz) für eine Politik der Reduktion der Treibhausgasemissionen; in: EK, 1994

Ewringmann, D. (1994): Ökologische Steuerreform?; Zeitschrift für Umweltpolitik, 1/94, 43-56

Fahl, U. u.a (1992): Abschätzung der technischen und wirtschaftlichen Minderungspotentiale energiebedingter CO_2-Emissionen durch einen verstärkten Erdgaseinsatz in der Elektrizitätsversorgung Baden-Württembergs unter Berücksichtigung konkurrierender Nutzungsmöglichkeiten; Studie im Auftrag der Landesregierung von Baden-Württemberg

Fahl, U. u. a. (1994a): CO_2-Emissionsminderung durch gekoppelte Energieerzeugung – Brennstoff- oder technologiebedingt?; Institut für Energiewirtschaft und Rationelle Energieanwendung

Fahl, U. u. a. (1994b): Bestandsdaten der Strom- und Fernwärmeerzeugung in den alten Bundesländern, IKARUS, Teilprojekt 4: „Umwandlungssektor", Stuttgart

Fehr, B. (1993): Amerikas Verbraucher und die Negawatt-Revolution. Stromsparen als gutes Geschäft für Kraftwerke. Frankfurter Allgemeine Zeitung vom 26. Juni 1993, S.13

Feist, W. (1993): in: KD 12/22-d

Feist, W. u. a. (1994): Wirtschaftlichkeit von Niedrigenergiehäusern: Wärmekosten durch Energiesparmaßnahmen; IWU Papier

Fischedick, M. (1993): Stand und Entwicklungsperspektiven fossiler Kraftwerkskonzepte, Berichtsentwurf, IKARUS, Teilprojekt 4 „Umwandlungssektor", Unterbereich 3b: Stromerzeugung mit fossilen Anlagen, Institut für Energiewirtschaft und Rationelle Energieanwendung, Stuttgart

Fiß, W.; H. Quasniczka (1992): Kernkraftwerk Rheinsberg – Rückblick auf 23 Jahre Betrieb. atomwirtschaft, April 1991, S. 174-179

Forschungsverbund Sonnenenergie (Hg.) (1994): Themen 93/94 Solarthermie, Köln

Forum für Zukunftsenergien (1992): Erneuerbare Energien: Ein Leitfaden für Städte und Gemeinden, Bonn

Forum für Zukunftsenergien (1994a): persönliche Mitteilung – Abbildungen zu den Potentialen der Nutzung erneuerbarer Energien

Forum für Zukunftsenergien (1994b): Kraft-Wärme-Kopplung – Ein Leitfaden für Städte und Gemeinden, Gewerbe und Industrie; in Veröffentlichung

Frankfurter Rundschau (FR) (1989): Programmatische Rede des verstorbenen VEBA-Chef R. v. Bennigsen-Foerder, Frankfurter Rundschau vom 19. Januar 1989

Friedrich, R. (1993): Externe Kosten der Stromerzeugung – Probleme ihrer Quantifizierung; Frankfurt: VWEW-Verlag

Fritsche, U. et al (1989): Umweltwirkungsanalyse von Energysystemen: Gesamt-Emissions-Modell Integrierter Systeme (Gemis), Darmstadt/Kassel 1989

Fritsche, U. R.; F. C. Matthes (1993): Emissionen des Energie-Imports der Bundesrepublik Deutschland; IKARUS, Teilprojekt 3

Fritsche, U. u. a. (1992): Umweltanalysen von Energie-, Transport- und Stoffsystemen: Gesamt-Emissions-Modell Integrierter Systeme (GEMIS) Version 2.0, Endbericht

Fröhner, U.; G. Löser; A. Lutz (1992): Klimaschutz in Städten und Gemeinden: 41 vorbildliche kommunale Energieprojekte, BUNDaktion zum Schutz der Erdatmosphäre

Gates, W.L. (1992): Climate modelling. WMO Bull., 41

GATT [General Agreement on Tariffs and Trade] (1976): Basic Instruments and Selected Documents, DHA, Heft 19, 2688-2690

GECR (Global Environmental Change Report) (1993): Fifteen Dutch Industries to Improve Energy Efficiency. Vol. V, No. 19, 8 October 1993

GECR (Global Environmental Change Report) (1994): E7 Utilities Adopt Sustainable Energy Charter. Vol. VI, No. 10, 27 May 1994

Geiger, B. u. a. (1993): Analyse, Synthese und Entwicklung des Stromverbrauchs im Sektor Haushalt der BRD, IKARUS, Teilprojekt 5

Georgescu-Roegen, N. (1971): The Entropy Law and the Economic Process. Cambridge/London, 1971

Georgescu-Roegen, N. (1987): The Entropy Law and the Economic Process in Retrospect. Dt. Übersetzung in Schriftenreihe des IÖW 5/1987

Georgescu-Roegen, N. (1993): Thermodynamics and We, the Humans. In: Dragen, J.C.; E.K. Seifert; M.C. Demetrescu (Ed.) (1993): Entropy and Bioeconomics, Milano, S.184 ff.

Gerth, W. P.; J. Christoffer (1994): Windkarten von Deutschland; Meteorologische Zeitschrift, N.F. 34, 67-77

Gesamtverband des Deutschen Steinkohlenbergbaus (1993): Anpassung im Steinkohlenbergbau verschärft sich. Pressemitteilung des Gesamtverbandes des Deutschen Steinkohlenbergbaus. Essen, 13. Dezember 1993

Gesamtverband des Deutschen Steinkohlenbergbaus (1994): Persönliche Mitteilung, 4. Juli 1994

Glahn, M. (1993): in: KD 12/20-f

Goetzberger, A. (1993): in: KD 12/20-a

Goetzberger, A. (1994): persönliche Mitteilung – Brief vom 4. Juli 1994

Goldemberg et al. (1988): Energy for a Sustainable World, New Delhi, 1988

Goy, G. C. u. a. (1991): Kostenaspekte erneuerbarer Energiequellen; München, Wien: R. Oldenbourg Verlag

GP (Greenpeace) (Hrsg.) (1994a): Ökosteuer – Sackgasse oder Königsweg? Kurzfassung der Studie „Auswirkungen einer ökologischen Steuerreform", Hamburg, 1994

GP (Greenpeace) (Hrsg.) (1994b): Was kostet der Atomausstieg? Hamburg, 1994

Grabherr, G.; M. Gottfried; H. Pauli (1994): Climate effects on mountain plants. Nature, 369, 9 Jun 1994, 448

Graßl, H. (1988): Aerosolteilchen: Bedeutung für Wolken und Strahlungshaushalt. in Klimabeeinflussung durch den Menschen, VDI Berichte 703

Graßl, H. (1993). Umsetzung der Klimakonvention: Überzeugung der Skeptiker. Energiewirtschaftliche Tagesfragen, 43, Heft 8, 525-527

Graßl, H. (1994): in KD 12/23-d

Graßl, H. u.a (1991): Methanquellen in der industrialisierten Gesellschaft: Beispiel Bundesrepublik Deutschland; Hamburg

Grawe, J. (1989): Lösungsstrategien im Energiebereich für die befürchteten globalen Klimaänderungen. VDEW. in: Crutzen, P. J.; M. Müller: Das Ende des blauen Planeten? München 1989.

Gray, R.; J. Bebbington; D. Walters (1993): Accounting for the Environment. London 1993

Greenpeace Schweiz (1990): Der „Atompfad" führt in die Klimakatastrophe. Eine Literaturrecherche und weiterführende Berechnungen von A. Biedermann, Zürich September 1990

Greenpeace, Öko-Institut (1991): Ein klimaverträgliches Energiekonzept für Deutschland – ohne Atomstrom, Hamburg, 1991

Greenpeace (1993): Energy without Oil. Special report, Amsterdam 1993

Greenpeace-Magazin, Herbst 1994

GRIP (Greenland Ice-core Project) Members (1993): Climate instability during the last interglacial period recorded in the GRIP ice core. Nature, 364, 15 Jul 93, 203-207

Grootes, P.M.; M. Stuiver; J.W.C. White; S. Johnson; J. Jouzel (1993): Comparison of oxygen isotope records from the GISP2 and GRIP Greenland ice cores. Nature, 366, 9 Dec 93, 552-554

GRS (Gesellschaft für Reaktorsicherheit) (1980): Deutsche Risikostudie Kernkraftwerke. Eine Untersuchung zu dem durch Störfälle in Kernkraftwerken verursachten Risiko. Hauptband. TÜV Rheinland, 2. Auflage 1980

GRS (Gesellschaft für Reaktorsicherheit) (1989): Deutsche Risikostudie Kernkraftwerke Phase B. Eine zusammenfassende Darstellung. GRS-72 (Juni 1989)

Gruber, E. (1994): persönliche Mitteilungen; Thema: Definition des Hemmnisbegriffes und Systematik; Hemmnisse im Bereich fossile Energien

Gruber, J. (1991): Some critical remarks on working with extremely large process-analytical optimization models like the energy flow optimization model EFOM. International Symposium on „Modern Energy Saving Technologies", Kiew, Oktober 1991

Grübler, A. et al. (1993): Emission Reduction at the Global Level, Internationales Institut für angewandte Systemanalyse, Energy Vol. 18 No. 5, S. 539-581 (1993)

GTZ (Deutsche Gesellschaft für Technische Zusammenarbeit) (1992): Beantwortung der Leitfragen zur Anhörung von KfW und GTZ bei der Enquete-Kommission „Schutz der Erdatmosphäre" des Deutschen Bundestages am 1. Dezember 92. Eschborn, 7. Dezember 1992

Gülec, T. u. a. (1994): Energieeinsparungspotential im Gebäudebestand durch Maßnahmen an der Gebäudehülle; IKARUS. Instrumente für Klimagasreduktionsstrategien, Teilpro jekt 5: „Haushalte und Kleinverbraucher", Lehrstuhl für Energiewirtschaft und Kraftwerks technik, TU München, 1994

Haas, G.; U. Geier; D. Schulz; U. Köpke (1994): Die CO_2-Effizienz des Organischen Landbaus – Chancen für die Entwicklung landwirtschaftlicher Produktionssysteme in der Dritten Welt? Entwicklung und ländlicher Raum, 1/94, 25-29.

Häfele, W. et al. (1981): Energy in a Finite World, Internationales Institut für angewandte Systemanalyse, Ballinger Cambridge, MA, 1981

Hahn, L. (1990): Nutzung der Kernenergie. Zusammenfassung der Ergebnisse des Studienkomplexes A.4 des Studienprogramms der Enquete-Kommission „Vorsorge zum Schutz der Erdatmosphäre". In: Enquete-Kommission „Vorsorge zum Schutz der Erdatmosphäre" (Hrsg.): Energie und Klima. Band 5: Kernenergie. Economica, C.F. Müller, 1990

Hahn, L. (1993): In KD 12/21-d

Hahne, E. (1993): in: KD 12/20-d

Handrock, W. (1990): CO_2-Minderungspotential von gasgetriebenen Wärmepumpen; in: Bericht zum Seminar: Bedeutung der Wärmepumpe zur Minderung von CO_2-Emissionen (17. Oktober 1990, Mainz)

Hansen, U. (1991): Wirtschaftliche Perspektiven der Kernenergienutzung – Rückblick und Ausblick. atomwirtschaft, Mai 1991, S. 222-229

Hansen, U. (1993): Kernenergie – auch noch in Zukunft wirtschaftlich? In: Fortschritte in der Energietechnik, Monographien des Forschungszenrums Jülich, Bd. 8, 1993

Harrison, E.F.; P. Minnis; B. Barkstrom; V. Ramanathan; R.D. Cess; G.G. Gibson (1990): Seasonal variation of cloud-radiative forcing derived from the Earth Radiation Budget Experiment. J. Geophys. Res, 95, D11, 18687-18703

Harvey, L. D. (1992): Proposals for the Creation of a Global Warming Implementation Regime. Prepared for the Enquete Commission of the German Parliament. Arbeitsunterlage 12/176, 17. März 1992

Hasselmann, K. (1994): in KD 12/23-b

Hebel, G.; H. Kotschenreuther (1990): Wirkungsgradverbessernde Maßnahmen an bestehenden Kraftwerken; in: VGB-Konferenz – Kraftwerkstechnik 2000, 76 ff

Heckelmann, G. (1993): Moderne Kraftwerkstechnik auf fossiler Basis zur CO_2-Reduktion, Vortragsmanuskript, ABB Kraftwerke Berlin

Hedden, K.; A. Jess (1993): Raffinerien und Ölveredelung, Bericht 4.04 zu IKARUS, Teilprojekt 4 „Umwandlungssektor"

Hein, D. (1993): in: KD 12/20-f

Hein, R. (1994): Inverse Modellierung des atmosphärischen Methan-Kreislaufs unter Verwendung eines drei-dimensionalen Modells des Transports und der Chemie der Troposphäre. Dissertation, Fachbereich Geowissenschaften der Universität Hamburg. Veröffentlichung in Vorbereitung. Hamburg, 1994

Heinloth, K. (1993): Energie und Umwelt. Klimaverträgliche Nutzung von Energie. Teubner, Stuttgart, 1. Auflage 1993

Heinloth, K. (1993): Fossile Brennstoffe – Ursache für bedrohliche Klimaveränderungen; Freiburger Universitätsblätter, 1993120, 37-67

Heinloth, K. (1994): Abschätzung des künftigen Energie-Bedarfs. Tischvorlage zur 104. Sitzung der Enquete-Kommission „Schutz der Erdatmosphäre" am 30.5.1994.

Hennicke, P. et al (1985): Die Energiewende ist möglich, Frankfurt 1985

Hennicke, P. (1989): Schließt eine Strategie des Kernenergie-Einsatzes eine Strategie der regenerativen und rationellen Energienutzung aus oder fördert sie diese bzw. ergänzen sich beide? Arbeitsunterlage 11/189 vom 21. November 1988, Enquete-Kommission „Vorsorge zum Schutz der Erdatmosphäre", Bonn 1988

Hennicke, P. (1990): Ziel und Instrumente einer Energiepolitik zur Eindämmung des Treibhauseffekts, in: Bartmann, H./John, K. D., Präventive Umweltpolitik, Mainz 1990

Hennicke, P., et al (1990): Zusatzvotum, in: Zur Sache, Themen parlamentarischer Beratung, Schutz der Erde, Bd. 2, S. 630, Bonn, 1990

Hennicke, P. (1991): Den Wettbewerb im Stromsektor planen

Hennicke, P. (1992): LCP: Konzeptionelle Grundsatzfragen und Erfahrungen in der Bundesrepublik; in: Hoecker, H.; Fahl, U. (1992): Least-Cost Planning in der Energiewirtschaft: Chancen und Probleme; Verlag TÜV Rheinland

Hennicke, P. (1993): Globaler Klimaschutz ohne Kernenergie. Ein Konsens über eine risikoärmere Energiestrategie ist möglich, in: ET, 43. Jg, Heft 3, 1993

Hennicke, P. (1993): Least-Cost Planning als Element einer Einsparstrategie: Konzept und Erfahrungen in der Bundesrepublik, Paper

Hennicke, P. (1994): Eckpunkte und Rahmenbedingungen eines kommunalen Klimaschutzprogramms; in: Stadtwerke Saarbrücken (1994): Neue Bausteine zum Klimaschutz: Die Saarbrücker Energiestudie 2005; Tagungsunterlagen zum internationalen Forum, 18. April 1994

Henssen, H. (1992): Energie zum Leben. Die Nutzung der Kernenergie als ethische Frage, München 1992

Henssen, H. (1992): Langfristige Aspekte der Uranversorgung. atomwirtschaft, Juli 1992, S. 366-367

Herrmann, D. (1994): persönliche Mitteilung, Brief vom 7. Juli 1994

Herrpich, W. (1989): Least-Cost Planning; München

Hesse, U. (1993): Weiterentwicklung FCKW-freier Kältemittel für Wärmepumpen; in: Blockheizkraftwerke und Wärmepumpen, VDI-Berichte 1019; Düsseldorf

Hessischer Landtag (1986): 11. Wahlperiode, Stenographischer Bericht, 27. Sitzung des Ausschusses für Wirtschaft und Technik, Wiesbaden 20. Mai 1986

Hildebrand, M. (1994): persönliche Mitteilung neuerer Daten aus der VDEW-Statistik

Hippel, F. von (1992): Problems of Disposal of Spent Reactor Fuel and Fissile Material from Nuclear Weapons. S. 49-50. In: Rilling, R. u. a. (Hrsg.) (1992): Challenges. Science and Peace in a Rapidly Changing Environment, Volume II. Schriftenreihe Wissenschaft und Frieden, Nr. 16, August 1992

Hirsch, H. (1993): In KD 12/21-c

HMUEB [Hessisches Ministerium für Umwelt, Energie und Bundesangelegenheiten] (1993): Besonders sparsame Haushaltsgeräte 1993/94, Energiesparinformation 16

Hofer, M.; H. Schnitzer (1993): Rationeller Energieverwendung im industriellen und gewerblichem Bereich; Energiewirtschaftliche Tagesfragen 43 (7), 468-471

Hofer, R. (1992): Potentiale der Kraft-Wärme-Kopplung in der Industrie; Vortrag auf dem Fachseminar „Industrielle Kraft-Wärme-Kopplung" am 29/30. April 1992 in Schliersee

Hoffmann (1994): Persönliche Mitteilung, 28. September 1994, WAK Karlsruhe

Hofmann, D.J. (1991): Aircract sulphur emissions. Nature, 349, 21 Feb 91, 659

Hohmeyer, O. (1989): Soziale Kosten des Energieverbrauchs. Externe Effekte des Elektrizitätsverbrauchs in der Bundesrepublik Deutschland. Zweite, revidierte und erweiterte Auflage. Berlin, Heidelberg, New York, London, Paris, Tokio: Springer 1989

Hohmeyer, O. (1992): Ädaquate Berücksichtigung der Erschöpfbarkeit nicht erneuerbarer Ressourcen; in: Prognos (Hg.): Identifizierung und Internalisierung externer Kosten der Energieversorgung, Band 4; Basel

Hohmeyer, O.; M. Gärtner (1992): The Social Costs of Climate Change. Karlsruhe. Arbeitsunterlage 12/293 der Enquete-Kommission „Schutz der Erdatmosphäre".

Huser, A.; H. Eisenhut; E. Bush (1992): Materialien zu RAVEL: Energieverbrauch von elektronischen Bürogeräten; Bern: Bundesamt für Konjunkturfragen

Hüttemann, W. (1993): in: KD 12/22-a

Hüttl, A. (1993): In KD 12/21-d

ICLEI [The International Environmental Agency for Local Governments] (1992): in: KD 12/9-l

ICLEI [The International Environmental Agency for Local Governments] (1994b): Second Municipal Leaders' Summit on Climate Change and the Urban Environment (27-29 March 1995, Berlin), Announcement

IEA (International Energy Agency) (1993): Energy Environment Update. No. 1, 9 August 1993

IEA (Internationale Energieagentur) (1994): World Energy Outlook. 1994 Edition, Paris, 1994

IEUP (Institut für Europäische Umweltpolitik) (1993): Perspektiven und Konsequenzen der Vollendung des europäischen Binnenmarktes, insbesondere der schrittweisen Schaffung eines europäischen Strommarktes, und von internationalen Vereinbarungen (vor allem zum Klimaschutz) für eine Politik der Reduktion der Treibhausgasemissionen. Teil A. Studie im Auftrag der Enquete-Kommission „Schutz der Erdatmosphäre". Oktober 1993

IFEU (Institut für Energie- und Umweltforschung) (1992): Motorisierter Verkehr in Deutschland. Energieverbrauch und Luftschadstoffemissionen des motorisierten Verkehrs in der DDR, Berlin (Ost), und der Bundesrepublik Deutschland im Jahr 1988 und in Deutschland im Jahr 2005. Studie im Auftrag des Umweltbundesamtes. Juni 1992

IIASA (1981): Energy in a Finite World: A Global System Analysis, 2 Bände, Februar 1981, Energy Systems Group, IIASA, Laxenburg, Österreich und Ballinger, Cambridge MA 02138;

IIASA (1982): Die zukünftige Nutzung der Sonnenenergien Westeuropa, BMFT-Projekt ET 4359 A, Laxenburg 1982

ILS [Institut für Landes- und Stadtentwicklungsforschung des Landes Nordrhein-Westfalen] (1992): Bestandsaufnahme der Aufstellung und Umsetzung örtlicher und regionaler Energiekonzepte in Nordrhein-Westfalen, Endbericht

IMA-CO_2 (Interministerielle Arbeitsgruppe „CO_2-Reduktion") (1992): Verminderung der energiebedingten CO_2-Emissionen in der Bundesrepublik Deutschland. Eine Information des Bundesumweltministeriums. Reihe Umweltpolitik. Bonn, Januar 1992 (identisch mit Bundestags-Drucksache 12/2081)

INC 9 [Intergovernmental Negotiating Comitee] (1994a): Matters Relating to Commitments. Criteria for Joint Implementation. Note by the Interim Secretariat, Doc A/AC.237/49.

INC 9 [Intergovernmental Negotiating Comitee] (1994b): Conclusions on Joint Implementation. Intervention of Algeria on behalf of G 77 and China. 16 February 1994.

Informationskreis Kernenergie (1994): Meinungsumfrage des Instituts für Demoskopie Allensbach im Auftrag des „Informationskreises Kernenergie", 4/1994 Bonn

Institut für Demoskopie Allensbach (1991): Meinungsklima Kernenergie im vereinigten Deutschland; IfD-Umfrage 5052

Institut für Demoskopie Allensbach (1994): Meinungsklima Kernenergie: Zusammenfassung der wichtigsten Ergebnisse

Institut für Plasmaphysik (1990): Perspektiven der Kernfusion. Studie A.4.4 des Studienprogramms der Enquête-Kommission „Vorsorge zum Schutz der Erdatmosphäre". In: Enquete-Kommission „Vorsorge zum Schutz der Erdatmosphäre" (Hrsg.): Energie und Klima. Band 5: Kernenergie. Economica, C.F. Müller, 1990

Interministerielle Arbeitsgruppe Nachwachsende Rohstoffe (1993): Bericht über die Nutzung von Biomasse zur Erzeugung von Wärme und Strom

IPCC [Intergovernmental Panel on Climate Change] (1990): Climate Change – The IPCC Scientific Assessment. WMO/UNEP, Cambridge University Press

IPCC [Intergovernmental Panel on Climate Change] (1992): Climate Change – The Supplementary Report to the IPCC Scientific Assessment. WMO/UNEP, Cambridge University Press

IPCC [Intergovernmental Panel on Climate Change] (1994): Energy Supply Mitigation Options. Working Group IIa, Fassung 18.7.1994

IPSEP (International Projekt for Sustainable Energy Paths) (1993): Energy policy in the Greenhouse Vol.II, Part 1-6 (zum Teil noch nicht veröffentlicht), Int. Project for Sustainable Energy Paths (IPSEP) von Krause, F. et al., El Cerrito, CA (1993)

ISI (Fraunhofer Insitut für Systemtechnik und Innovationsforschung ISI) (1992): Programmstudie Rationelle Energieverwendung in Industrie und Kleinverbrauch, Teil IV, REV in der deutschen Wirtschaft, Erfolge und Zukunftschancen für Wachstum und Umwelt, Karlsruhe 1992

ISI [Fraunhofer-Institut für Systemtechnik und Innovationsforschung] (1994a): Konzeptstudie für ein Forschungs- und Markteinführungsprogramm „Rationellere und wirtschaftliche Nutzung von Elektrizität" (RAWINE); in: EK, 1994

ISI [Fraunhofer-Institut für Systemtechnik und Innovationsforschung] (1994b): Potentiale und Kosten der Treibhausgasminderung im Industrie- und Kleinverbrauchsbereich (Strom- und Brennstoffeinsparung incl. Substitution; ABL und NBL); in: EK, 1994

ISI [Fraunhofer-Institut für Systemtechnik und Innovationsforschung] (1994c): IKARUS, Teilprojekt 5: „Haushalt und Kleinverbraucher", 2. Zwischenbericht: Möglichkeiten der Reduktion energiebedingter Klimagasemissionen in den prozeßwärmeintensiven Branchen des Sektors Kleinverbrauch

ISI u. a. [Fraunhofer-Institut für Systemtechnik und Innovationsforschung] (1994): IKARUS, Teilprojekt 6: „Industrie", 3. Zwischenbericht: Grundstoffindustrie und energiebedarfsbestimmende Größen für West- und Ostdeutschland

ISI, DIW [Fraunhofer-Institut für Systemtechnik und Innovationsforschung ISI), Deutsches Institut für Wirtschaftsforschung (DIW)] (1994): Gesamtwirtschaftliche Auswirkungen von Emissionsminderungsstrategien; in: EK, 1994

ISI, Ifo, GEU [Fraunhofer-Institut für Systemtechnik und Innovationsforschung (ISI), Ifo-Institut für Wirtschaftsforschung, Gesellschaft für Energieanwendung und Umwelttechnik (GEU)] (1994): System-, sektor- und zielgruppenspezifische Analyse von Hemmnissen für die Erschließung von CO_2-Minderungspotentialen und Wirksamkeit und Effizienz verschiedener Instrumente und Maßnahmen(-Bündel) zur Verwirklichung von CO_2-Minderungszielen; in: EK, 1994

IWU [Institut Wohnen und Umwelt] (1994): Textband zu: IWU, TUM, 1994

IWU [Institut Wohnen und Umwelt] (1988): Bauliche Maßnahmen zur Heizenergieeinsparung: Stand der Technik im Vergleich zu gegenwärtigen Standards, Darmstadt

IWU, TUM [Institut Wohnen und Umwelt (IWU), TU München – Institut für Energiewirtschaft und Kraftwerkstechnik] (1994): Empirische Überprüfung der Möglichkeiten und Kosten, bei dem Gebäudebestand und bei Neubauten Energie einzusparen und die Energieeffizienz zu steigern (ABL und NBL); in: EK, 1994

IZE [Informationszentrale der Elektrizitätswirtschaft] (1991): Energiewirtschaft kurz und bündig, Frankfurt/M.

IZE [Informationszentrale der Elektrizitätswirtschaft] (1993): Energiewirtschaft in Europa, Frankfurt/M.

IZT (Institut für Zukunftsstudien und Technologiebewertung) (1994): Nachhaltiges Wirtschaften. Vorläufiger Endbericht. Studie im Auftrag des Umweltbundesamtes. Berlin, Februar 1994

IZW [Informationszentrum Wärmepumpen und Kältetechnik] (1994): Fachgespräch Absorptionswärmepumpe; Wärmepumpe, Juni 1994, Fachinformationszentrum Karlsruhe

Jäger, J.; R. Loske (1994): Handlungsmöglichkeiten zur Fortschreibung und Weiterentwicklung der Verpflichtungen innerhalb der Klimarahmenkonvention, Wuppertal Papers Nr. 23, August 1994.

Jefferson, M. (1994): What is Happening to CO_2 Emissions? Persönliche Mitteilung des Sekretariates des World Energy Council, London, 7. August 1994

JET (Joint European Torus) (1991): JET achieves Fusion Power. JET Public Relations, Press Release, 9th November 1991

Jochem, E. (1993): in: KD 12/22-h

Jochem, E. u. a. (1992): Rationelle Energienutzung und Strukturwandel in der deutschen Industrie; BWK 44 (3), 79-83

Jochem, E.; R. Walz (1993): in: KD 12/16-d

Jochem, E.; M. Schön (1994): Gesellschaftliche und volkswirtschaftliche Auswirkungen der rationellen Energieanwendung. In: Fricke, W. (Hrsg.): Jahrbuch Arbeit und Technik. Verlag J.H.W. Dietz, Bonn 1994.

Joest, H.-J. (1992): Weltgrößte Stromversorger starten Privatinitiative gegen Luftverpestung. Welt am Sonntag vom 2. Februar 1992

Johannsson, T. B. et al, (eds) (1989): Electricity Efficient End-Use and New Generation Technologies and their Planning Implications, Lund University Press, 1989

Johansson, T. B. (1993): in: KD 12/22-d

Johansson, T. B. u. a. (1993): Renewable Energy: Sources for Fuels and Electricity; London: Earthscan

Johansson, T.B. et al. (1993): Renewable Energy, London/Washington 1993

Jones, T. (1993): Operational criteria for joint implementation, International Conference on the Economics of Climate Change, OECD, OCDE/GE(93)88

Jouzel; Barkov; Barnola; Bender; Chappelaz; Genthon; Kotlyakov; Lipenkov; Lorius; Petit; Faynaud; Raisbeck; Ritz; Sowers; Stievenard; Yiou; Yiou (1993): Extending the Vostok ice core record of palaeclimate to the penultimate glacial period. Nature, 364, 29 Jul 93, 407-412

Kaier, U. u. a. (1989): Emissionsminderung durch rationelle Energienutzung im Umwandlungssektor; in: EK, 1990c, Band 2, 741-819

Kallenbach, U.; E. Thöne (Hrsg.) (1989): Gesundheitsrisiken der Stromerzeugung. Daten, Fakten und Bewertungen. Vergleich aus energietechnischer Sicht. Verlag TÜV Rheinland, 1989

Kallmeyer, D.; J. Engelhardt (1992): KoBra – Kombikraftwerk mit integrierter HTW-Braunkohlevergasung; BWK 449, 388 – 391

Kaltschmitt, M.; A. Wiese (1994): Technische Energiepotentiale, substituierbare End- und Primärenergieäquivalente und Kosten erneuerbarer Energieträger in Deutschland; Zeitschrift für Energiewirtschaft, 1994, 41-64

Keeling, C.D. u. a. (1989): in Aspects of Climate Variability in the Pacific and the Western Americas. D.H. Peterson, Ed., American Geophysical Union, Washington, 165-236

Keeling, R.F.; S.R. Shertz (1992): Nature, 358, 723-727

Keepin, K.; G. Kats (1988): Greenhouse Warming: A Rationale for Nuclear Power?, Rocky Mountain Institute, Snowmass 1988

KEG (Kommission der Europäischen Gemeinschaften) (1990): Energy for the Next Century: The European Prespective. Special Issue of Energy in Europe, Europäische Kommission, DG XVII, 1990

Keller, G.; R. Laroche (1991): Untersuchungsbericht SNE (Statistik zur Nutzung erneuerbarer Energiequellen); Karlsruhe

Kerr; McElroy (1993): in Science, 262, 11 Nov 93, 1032-1034

Kesselring, P. (1993): in: KD 12/20-d

Keßler, G. (1993): In KD 12/21-i

Keuper, A. (1994): Windenergienutzung in der Bundesrepublik Deutschland, Stand 31. Dezember 1993; DEWI Magazin Nr. 4, Februar 1994, 5-14

Kiehl, J.T.; B.P. Briegleb (1993): The relative roles of sulfate aerosols and greenhouse gases in climate forcing. Science, 260, 16 Apr 93, 311-314

Kiehl, J.T.; V. Ramanathan (1990): Comparison of cloud forcing derived from the Earth Radiation Budget Experimemt with that simulated by the NCAR community Climate Model. J. Geophys. Res., Vol 95, D8, 11679-11698

Kim, Y.; R.D. Cess (1993): Effect of anthropogenic sulfate aerosols on low-level cloud albedo over oceans. J. Geeoph. Res., 98, No. D8, 14883-14885

Kinder, H.; W. Hilgemann (1976): dtv-Atlas zur Weltgeschichte. Karten und chronologischer Abriß. Band 2: Von der Französischen Revolution bis zur Gegenwart. 11. Auflage September 1976. Deutscher Taschenbuch Verlag, München

Klemmer, P. (1994a): Marktwirtschaftliche Instrumente im Umweltschutz; Thesen zum Vortrag des Kongresses „Ökologische Marktwirtschaft" vom 4. Juli 1994, Bonn

Klemmer, P. (1994b): Steuern auf Energie als Instrument der Klimapolitik; Ausführungen auf dem Symposium „Energiebesteuerung und ökologischer Umbau des Steuersystems", Essen, 28./29. September 1994

Klemmer, P. u. a. (1994); Grundlagen eines mittelfristigen umweltpolitischen Aktionsplans; Untersuchungen des RWI, Heft 10; Essen

Kley, D. (1992): in KD 12/4-c

Klima-Bündnis (1993a): Konkretisierung der Selbstverpflichtung im Klima-Bündnis im Bereich CO_2-Reduktion; Beschluß der Mitgliederversammlung vom 11. Oktober 1993

Klima-Bündnis (Hrsg.) (1993b): Klima – lokal geschützt! Aktivitäten europäischer Kommunen; München, Raben Verlag

Knappstein, H. u. a. (1993): 200-kW-BHKW mit Brennstoffzellen – Stand der Ruhrgas/Thyssengas Demonstrationsvorhaben; VDI-Berichte 1019, 1993

Knizia, K. (1992): Kreativität, Energie und Entropie: Gedanken gegen den Zeitgeist. Düsseldorf: ECON, 1992

Knizia, K. (1992a): Das Gesetz des Geschehens. Gedanken zur Energiefrage. Düsseldorf: ECON, 1992

Knizia, K.; M. Simon (1989): Kohlegefeuerte Kombi-Anlagen mit Hochtemperaturreaktor für die Energieversorgung von Morgen. Brennstoff, Wärme, Kraft (BWK) 41 (1989), Nr. 9

Kolmetz, S.; L. Rouvel (1994): persönliche Mitteilung – aktuelle Version der Abbildungen in: Kolmetz, Rouvel, Bressler, 1994, 30f

Kolmetz, S.; L. Rouvel; Bressler (1994): IKARUS, Teilprojekt 5: „Haushalt und Kleinverbraucher", 3. Zwischenbericht: Haushalte und raumwärmeintensiver Kleinverbrauch

Kraus, M. (1988): Energieprognosen in der Retrospektive. Analyse von Fehlerursachen der Prognose/Ist-Abweichungen von Energiebedarfsschätzungen in der Bundesrepublik Deutschland von 1950 bis 1980. Dissertation, Fakultät für Wirtschaftswissenschaften, Universität Karlsruhe, 1988

Krause, F (1993): in: KD 12/22-g

Krause, F. (1994): Nuclear Power. The costs and potential of conventional and low-carbon electricity options in Western Europe.

Krause, F. u. a. (1993): Cutting Carbon Emissions: Burden or Benefit. International Projekt for Sustainable Energy Paths (IPSEP), El Cerrito, 1993

Krause, F; W. Bach; J. Koomey (1989): Energy Policy in the Greenhouse. International Project for Sustain-able Energy Paths. El Cerrito, 1989

Krebs, W.-D.; P. Schmiedel (1993): Wiederaufarbeitung – Rückführung von Uran und Plutonium in den Brennstoffkreislauf. atomwirtschaft, April 1993, S. 271 ff

Kretschmer, W. (1994): Der Weltmarkt für Kesselkohlen. Energiewirtschaftliche Tagesfragen 44 (1994), 8, S. 486 – 494

Kretschmer, W.; B. Stoy (1987): Der industrielle Strom- und Brennstoffverbrauch: Erklärungsmodell und ihr prognostischer Wert (Teil 1), Energiewirtschaftliche Tagesfragen, 379, 732 ff

Kreuzberg, P. (1994): CO_2-Emissionen unter Risikoaversion – Vermeidungskosten als Prämie für „Greenhouse Insurance"

Kröger, W. (1993): In KD 12/21-d

Krupp, H. (1993): Europäische Technikpolitik in der globalen Schumpeter-Dynamik – Gesellschaftstheoretische Grundlagen. In: Süß, W.; G. Becher (1993): Politik und Technologieentwicklung in Europa: Analysen ökonomisch-technischer und politischer Vermittlungen im Prozeß der europäischen Integration. Berlin: Duncker und Humblot, 1993

Kubessa, M. (1993): in: KD 12/15-b

Kubiak, H. (1993): Technische, ökonomische und ökologische Bewertung von Kohleveredelungsverfahren für die Entwicklung von Strategien zur Reduktion energiebedingter Klimagasemissionen, Bericht 4.03 zu IKARUS, Teilprojekt 4 „Umwandlungssektor"

Kuczera, B. (1993): Innovative Trends in der Leichtwasserreaktortechnik. KfK-Nachr. Jahrg. 25, 4/93, S.219-249

Kugeler, K. (1993): In KD 12/21-b

Kurz, R. (1993): in: KD 12/16-b

Land Hessen (1993): Richtlinie für die Förderung von Energieeinsparungs- und Modernisierungsmaßnahmen an Wohngebäuden mit Landesmitteln (in der Fassung vom 28. Mai 1993); Staatsanzeiger für das Land Hessen, 20. August 1993, 2165-2169

Langner, J.; H. Rodhe; P.J.Crutzen; P. Zimmermann (1992): Anthropogenic influence on the distribution of troposheric sulphate aerosol. Nature, 359, 22 Oct 92, 712-716

Lechtenböhmer, S. (1993): Kurzbericht Industrie, Arbeitspapier der Abteilung für Klima- und Energieforschung, Münster

Lechtenböhmer, S.; W. Bach (1994): Effizienz und Kosten von Förderprogrammen zur Energieeinsparung und CO_2-Vermeidung, ace-Bericht Nr. 72/1994, Münster

Lehrstuhl für Energiewirtschaft und Kraftwerkstechnik / TUM [TU München] (1994): persönliche Mitteilung, Thema: Aufteilung des Prozeßwärmeverbrauchs im Bergbau und Verarbeitenden Gewerbe auf unterschiedliche Temperaturniveaus

Leipert, C. (1989): Die heimlichen Kosten des Fortschritts: Wie Umweltzerstörung das Wirtschaftswachstum fördert. Frankfurt/Main: Fischer, 1989

Lelieveld, J.; P. Crutzen (1992): Indirect chemical effects of methane on climate warming. Nature, 355, 339-341

Lengfelder, E. (1994): Über die Zuverlässigkeit von Untersuchungsergebnissen zu den Folgen der Reaktorkatastrophe in Tschernobyl und die Rolle der Internationalen Atomenergieagentur (IAEA). In: Bultmann, A.; F. Schmithals (Hrsg.) (1994): Käufliche Wissenschaft. Experten im Dienst von Industrie und Politik. Knaur-Verlag, 1994, S. 46–87

Leonhardt, W (1993): in: KD 12/22-e

Leontief, W.; F. Duchin (1986): The Future Impact of Automation on Workers. Oxford University Press, New York 1986.

Leprich, U. (1994): Least-Cost Planning als Regulierungsinstrument: neue ökonomische Strategien zur rationellen Verwendung elektrischer Energie

Lindackers, K.H. (1993): In KD 12/21-g

Liu, S.C.; S.A. McKeen; S. Madronich (1991): Effect of anthropogenic aerosols on biologically active ultraviolet radiation. Geoph. Res. Letters, 18, 2265-2268

Loske, R. (1993a): in: KD 12/16-c

Loske, R. (1993b): Kompensationsmaßnahmen in der internationalen Klimapolitik: Möglichkeiten und Grenzen; Energiewirtschaftliche Tagesfragen (435), 313-317

Loske, R.; S. Oberthür (1994): Joint Implementation under the Climate Change Convention; International Environmental Affairs, 61

Loske, R.; P. Hennicke (1993): Klimaschutz und Kohlepolitik. Überlegungen zu einem strukturellen Dilemma deutscher Energiepolitik. Wuppertal Papers Nr. 5, September 1993

Lovins, A. et al. (1983): Wirtschaftlichster Energieeinsatz, Karlsruhe (1983)

Luhmann, H.-J. (1992): Studie untersucht Verzicht auf Brennelement-Rezyklierung: Wiederaufarbeitung bleibt ohne Einfluß auf Uranpreise. Ingenieur-Unternehmen Fichtner sieht Uran-Versorgung nicht gefährdet. VDI-Nachrichten Nr. 10, 6. März 1992

Luhmann, N. (1990): Ökologische Kommunikation. Westdeutscher Verlag, Opladen, 3. Auflage, 1990

Lutz, W.; C. Prinz (1994): New world population Scenarios, Options, Autumn edition, 4-7, Int. Inst. für Angewandte Systemanalyse, Laxenburg.

Lux, R. (1994): Gas-Wärmepumpenanlagen in Nahwärmeversorgungssystemen, Endberichtsentwurf, IKARUS, Teilprojekt 4: „Umwandlungssektor", Stuttgart

Macilwain, C. (1993): Fusion experiments give lift to future funding prospects. Nature vom 16. Dezember 1993, Vol. 366, S.600

Madronich, S. (1992): in Geoph. REs. Letters, 19, 17

Mann, E. W. (1993): in: KD 12/22-d

Manne, A.S.; R.G. Richels (1990): An Economic Cost Analysis for the USA. In: Energy Journal 2/90, S. 51-74.

Marchetti, C. (1980): Society as a Learning System: Discovery, Invention, and Innovation Cycles Revisited. Technological Forecasting and Social Change, vol. 18 (1980), S.267 - 282

Märkl, H. (1990): Sicherheitstechnische Ziele und Entwicklungstendenzen für die nächste Generation von LWR-Kernkraftwerken. VDI-Bericht 822. Düsseldorf, 1990

Marks et al. (1991): The Cost of Australian Carbon Dioxide Abatement. In Energy Journal 2/91, S. 132-152.

Marnet, C.; M. Wimmers; E. Ziermann (1993): Das Versuchskernkraftwerk AVR – wichtige Ergebnisse eines anderen Reaktorkonzepts. In: Kugeler, K. u. a. (Hrsg.) (1993): Fortschritte in der Energietechnik für eine wirtschaftliche, umweltschonende und schadensbegrenzende Energieversorgung. Prof. Dr. Rudolf Schulten zum 70. Geburtstag. Monographien des Forschungszentrums Jülich, Band 8/1993

Massarrat, M. (1993): In KD 12/16-c

Masuhr, K. P.; T. Oczipka (1993): Die externen Kosten der Stromerzeugung aus Kernenergie; Prognos-Untersuchung für verschiedene Schweizerische Bundesämter, Basel

Masuhr, K. u. a. (1992): Externe Kosten. Identifizierung und Internalisierung externer Kosten der Energieversorgung. – Endbericht – Studie im Auftrag des Bundesministeriums für Wirtschaft. Basel, Juni 1992

Matthes, F. C. (1993): in: KD 12/15-e

Mayerhofer, P. (1984): Climate change in the Framework of External Costs of Energy Systems; in: A & WMA International Speciality Conference, Global Climate Change: Science, Policy and Mitigation Strategies; Phoenix, Arizona

McCulloch, A. (1992): Stellungnahme für die öffentliche Anhörung der Enquete-Kommission „Schutz des Menschen und der Umwelt" zu dem Thema „Ökobilanz / Produktlinienanalyse am Beispiel des FCKW-Ersatzstoffes R 134a und anderer Ersatzstoffe bzw. -technologien", KD 12/6d

McFarlane, N.A.; G.J. Boer; J.-P. Blanchet; M. Lazare (1992): The Canadian Climate Centre Second-Generation General Circulation Model and its Equilibrium Climate. J. of Climate, 5, Oct 92, 1013-1044

Meadows D. H.; D. L. Meadows (1992): Die neuen Grenzen des Wachstums. Deutsche Verlags-Anstalt, 1992

Meadows D. L. (1992): Revolution in den Köpfen. Umweltpolitik: Die Grenzen des Wachstums rücken näher. Reagieren die Menschen rechtzeitig? Ein ZEIT-Gespräch mit Dennis L. Meadows. ZEIT-Schriften Nr. 1/1992, S.81 - 83

Meadows D. L.; D. H. Meadows; J. Randers; W. W. Behrens III (1972): The limits to growth. A Report for the Club of Rome's Project on the Predicament of Mankind. Potomac Associates Books/Universe Books, New York 1972

Meyer, N. I. (1993): in: KD 12/20-d

Meyer, R. u. a. (1991): Kernkraftwerk Greifswald – Betriebserfahrungen mit den Reaktoranlagen WWER-440/W-230. atomwirtschaft, April 1991, S. 180-187

Meyer-Abich, K. M.; B. Schefold (1986): Die Grenzen der Atomwirtschaft. Die Zukunft von Energie, Wirtschaft und Gesellschaft. 2., erw. Auflage. München: Beck, 1986

Meyer-Abich, K.M. (1992): Winners and losers in climate change: How will greenhouse-gas emissions and control strategies influence international and intergenerational equity?. in Limiting the greenhouse effect: Options for controlling atmospheric CO_2 accumulation. Ed G.I. Pearman, John Wiley and Sons Ltd.

MHPPE (Ministry of Housing, Physical Planning and Environment) (o.J.): National Environmental Policy Plan Plus (NEPP-plus). The Hague, Netherlands, ohne Jahresangabe

Michael, K. (1992): Ziele und Erfahrungen des Detmolder Förderprogramms für Niedrigenergiehäuser. Arbeitsunterlage 12/263 der Enquete-Kommission „Schutz der Erdatmosphäre", 7. Oktober 1992

Michaelis, H. (1993): Anmerkungen zum Text von Herrn Kollegen Winter. Anlage 5, Köln

Michaelis, H. (1994): Die heimische Kohleförderung und die Verringerung der CO_2-Emissionen. Eine Aufzeichnung für die Enquetekommission. Köln, 30. April 1994

Michaelis, H. (1994a): Schreiben an die Mitglieder der Arbeitsgruppe „Vision 50" vom 26. April 1994

Michaelis, H. (1993): Kritische Anmerkungen zum Niedersächsischen Ausstiegskonzept, Energiewirtschaftliche Tagesfragen (et) Heft 6 / 1993, Seite 390 und dort angegebene Literatur

Michaelis, P. (1993): in: KD 12/16-i

Minister für Finanzen und Energie des Landes Schleswig Holstein (1993): Niedrig-Energie-Häuser; Die neue Energiepolitik 4, 5. Aufl., Kiel

Ministerium für Umwelt (Hrsg.) (1992): CO_2-Emissionskataster Rheinland-Pfalz. Ministerium für Umwelt Rheinland-Pfalz. Mainz, 1992

Ministry of Energy – Danish Energy Agency (1994a): persönliche Mitteilung und internes Tabellenmaterial; Thema: erneuerbare Energien

Ministry of Energy – Danish Energy Agency (1994b): persönliche Mitteilung und internes Tabellenmaterial; Thema: Wärmepaß in Dänemark

Molly, J. P. (1993): in: KD 12/20-b

Monopolkommission (1977): Mehr Wettbewerb ist möglich. Hauptgutachten 1973/75, Randnummern 751, 754, 761. 2. Auflage, 1977

Monopolkommission (1994): Mehr Wettbewerb auf allen Märkten. Zehntes Hauptgutachten der Monopolkommission (Auszug). Nomos-Verlag, Baden-Baden, 1994 (erscheint demnächst)

Moths, G. (1992): Internalization of External Costs during the Crisis of Environmental Policy or as a Crisis for Economic Policy. Paper prepared for the 2nd International Conference of External Costs of Electric Power, September 1992, Racine USA

Muders, H. (1993): Stand der Blockheizkraftwerkstechnik 1992; Elektrizitätswirtschaft 199225

Müller, M.; P. Hennicke (1994): Wohlstand durch Vermeiden. Mit Ökologie aus der Krise. Wissenschaftliche Buchgesellschaft, Darmstadt, 1994

Müller-Michaelis, W. (1993): in: KD 12/15-a

Müller-Reißmann, K. F.; J. Schaffner (1986): Stromversorgung ohne Kernenergie? Konsequenzen des Kernenergieausstiegs, ISP, Hannover 1986

MWMT (Ministerium für Wirtschaft, Mittelstand und Technologie) (1994): Grundsätze der Strompreisaufsicht zur Förderung der Stromerzeugung aus unerschöpflichen Energien. Ministerium für Wirtschaft, Mittelstand und Technologie des Landes Nordrhein-Westfalen, 1. Juni 1994

MWMT [Ministerium für Wirtschaft, Mittelstand und Technologie des Landes NRW] (Hg.) (1993): Methodik und Ergebnisse von Nutzen-Kosten-Analysen von LCP-Programmen; Düsseldorf, Wuppertal

MWV (Ministerium für Wirtschaft und Verkehr Rheinland-Pfalz) (1994): Persönliche Mitteilung

Nature (1994): Are fast reactors gone for good? Nature, Vol. 368, 14 April 1994, S.571

Nature (1994a): Japan's fast reactor heads for the slow track. Nature, Vol. 368, 14 April 1994, S. 575

NAUNIN (1992): Potentiale zur Integration von Elektrofahrzeugen in innerstädtische Verkehrsstrukturen. Schlußbericht zum Forschungsvorhaben FE-Nr. 70 386/92 des Bundesministers für Verkehr. Berlin, April 1992

Neft, H. G.; G. Franconville (1993): Neue Dampfturbinenkonzepte für höhere Eintrittsparameter und längere Endschaufeln; VGB Kraftwerkstechnik 735, 409 – 415

Nickel, H. (1992): Konzept der Entsorgung deutscher Kernkraftwerke. atomwirtschaft, Juli 1992, S. 368-374

Nitsch, J. (1989): Solare Wasserstoffwirtschaft – Voraussetzungen, Möglichkeiten, Grenzen; Universitas (4410), 947 ff

Nitsch, J. (1992): Neue Koalitionen für eine dauerhafte Energiewirtschaft, DLR, Stuttgart, Sept. 1992 (unveröffentlichtes Manuskript)

Nitsch, J. (1993): in: KD 12/20-e

Nitsch, J. et al. (1990): Bedingungen und Folgen von Aufbaustrategien für eine solare Wasserstoffwirtschaft. Bericht der Enquete-Kommission Technikfolgenabschätzung, Bonn, 1990

Nitsch, J.; J. Luther (1990): Energieversorgung der Zukunft, Springer Verlag, Berlin, u. a., 1990

Nitsch, J.; H.-J. Ziesing (1991): Der Beitrag der Solarenergie zur Abwendung der Klimagefahren – Fallbeispiel Deutschland;

Noergard, J.S.; S. Viegand (1992): Low Electricity Europe – Sustainable Options. Nyngby, 1992

Norgard, J. S. (1993): in: KD 12/22-f

Nutzinger, H. G. (1993): in: KD 12/16-a

Oak Ridge National Laboratory, Resources for the Future (1992): Damages and Benefits of the Coal Fuel Cycle, Oak Ridge

OECD [Organisation für wirtschaftliche Zusammenarbeit und Entwicklung] (1991): The state of the environment. Paris

OECD [Organisation für wirtschaftliche Zusammenarbeit und Entwicklung] (1993): Trade and Environment, Juni 1993

OECD [Organisation für wirtschaftliche Zusammenarbeit und Entwicklung]: Energy Statistics and Balances, 1982-1990

Oeschger, H. (1994): in KD 12/23-a

Öko-Institut (1991): Ein klimaverträgliches Energiekonzept für Deutschland – ohne Atomstrom

Öko-Institut (1992a): Entwicklung eines methodischen Instrumentariums für ein örtliches/regionales Least-Cost Planning-Modell (incl. CO_2-Reduktionskonzept); Vorstudie

Öko-Institut (1992b): Konzept für die Durchführung und Förderung von Stromsparprogrammen durch EVU und von Least-Cost Planning in Hessen am Beispiel der Städtischen Werke Kassel

Öko-Institut (1993): Erdgas und Braunkohle – Diskussionsstand zu den Treibhausgas-Emissionen in der Prozeßkette; Materialien zum Energiekonzept Berlin, Heft 3

Öko-Institut, WI (Wuppertal Institut) (1993a): Least-Cost Planning Fallstudie Hannover der Stadtwerke Hannover: Zwischenbericht; Freiburg, Darmstadt, Wuppertal

Öko-Institut, WI (Wuppertal Institut) (1993b): Least-Cost Planning Fallstudie Hannover der Stadtwerke Hannover: Anlagenband des Zwischenberichtes; Freiburg, Darmstadt, Wuppertal

Öko-Institut, WI (Wuppertal Institut) (1994): Least-Cost Planning Fallstudie Hannover der Stadtwerke Hannover: Endbericht; Freiburg, Darmstadt, Wuppertal

Öko-Test (1993): Test: Öko-Kühlschränke, 199310, 31 ff.

Ökologische Briefe (1992): Umstrittenes EG-Konzept zur Förderung erneuerbarer Energien. Ökologische Briefe Nr. 34 vom 19. August 1992, S. 14 – 15

Ökologische Briefe (1994): WärmeschutzVO: Länder und Kommunen haben Spielräume. Ökologische Briefe Nr. 6 vom 9. Februar 1994. Verlag der Ökologischen Briefe

Ökologische Briefe (1994a): Preispolitik behindert dezentrale Energieversorgung. Ökologische Briefe Nr. 9 vom 2. März 1994. Verlag der Ökologischen Briefe, S. 7 – 8

Oliveira-Martins, J.; J. M. Burniaux; J. P. Martin (1992): Trade and the Effectiveness of Unilateral CO_2-Abatement Policies: Evidence from GREEN. In: OECD Economic Studies 19, 123-140

Ortloff, G. (1985): Nahwärme aus der Kläranlage; in: Nahwärme: Konzepte, Ausführung, Betriebserfahrungen, Internationale Fachtagung 9./10. Mai 1985, Sindelfingen

Parker, S. (1993): Brennstoffzellen – das Kraftwerk der Zukunft; Gaswärme international, November 1993

Parry, M. (1990): Climate Change and World Agriculture, London

Peltier, W.R; A.M. Tushingham (1989): Global sea level rise and the greenhouse effect: might they be connected?. Science, 244, 806-810

Pestel (1994): Systemvergleich zwischen getrennter und gekoppelter Erzeugung von Strom und Wärme in neuen Anlagen. Kurzfassung vom 30. Mai 1994. ISP Pestel-Institut, Hannover

Petersmann, E.-U. (1992): Umweltschutz und Welthandelsordnung im GATT, OECD- und EWG-Rahmen, Europa-Archiv, Folge 9, 257-266

Pfitzner, G. u. a. (1992): Heizkostenvergleich für Heiz- und Brauchwarmwassersysteme in Neubauten; Forschungsstelle für Energiewirtschaft, München

Piehler, H.; W. Bach; A.K. Jain (1991): The Münster Climate Model. Concept and demonstration. ACE-Report No. 49, Universität Münster

Popp, D. (1994): KD 12/24-a

PreussenElektra AG (1992): in: KD 12/12-b

Prognos AG (1987): Rationelle Energieverwendung und -erzeugung ohne Kernenergienutzung: Möglichkeiten sowie energetische, ökologische und wirtschaftliche Auswirkungen; im Auftrag des MWMT, Düsseldorf 1987.

PROGNOS (1991): Die energiewirtschaftliche Entwicklung in der Bundesrepublik Deutschland bis zum Jahre 2010 unter Einbeziehung der fünf neuen Bundesländer. Untersuchung im Auftrag der Bundesministeriums für Wirtschaft. Basel, 1991

Prognos (1992): Identifizierung und Internalisierung externer Kosten der Energieversorgung; Prognos-Schriftenreihe, April 1992

Prognos (1992): Energiereport 2010: Die energiewirtschaftliche Entwicklung in der Bundesrepublik Deutschland bis zum Jahr 2010

PROGNOS (1993): Die Bundesrepublik Deutschland 2000-2005-2010, Entwicklung von Wirtschaft und Gesellschaft, PROGNOS Deutschland Report Nr. 1, Basel, 1993

Prognos (1994): Technisch-wirtschaftliche Analysen der Potentiale zur Verminderung des Energieverbrauchs, der Nutzung fossiler Energieträger und der Emission energiebedingter klimarelevanter Spurengase für die neuen Bundesländer. Studie im Auftrag der Enquete-Kommission „Schutz der Erdatmosphäre“ des Deutschen Bundestages. Basel, 4. Februar 1994

Prognos, IfE [Institut für Energetik Leipzig GmbH] (1994): Technisch-wirtschaftliche Analysen der Potentiale zur Verminderung des Energieverbrauchs, der Nutzung fossiler Energieträger und der Emission energiebedingter klimarelevanter Spurengase für die neuen Bundesländer; in: EK, 1994

Prognos, ISI (Fraunhofer-Institut für Systemtechnik und Innovationsforschung) (1990): Energieprognose bis 2010. Die energiewirtschaftliche Entwicklung in der Bundesrepublik Deutschland bis zum Jahr 2010. Untersuchung im Auftrag des Bundesministeriums für Wirtschaft. Stuttgart: mi-Poller, 1990

Prognos, ISI (Fraunhofer-Institut für Systemtechnik und Innovationsforschung) (1991): Konsistenzprüfung einer denkbaren zukünftigen Wasserstoffwirtschaft-Textband. Untersuchung im Auftrag des Bundesministeriums für Forschung und Technologie, Bonn. Forschungsvorhaben 0326630 D. Basel, Dezember 1991

Prognos, Öko-Institut, Eduard-Pestel Institut (1992): Ökologische und ökonomische Konsequenzen eines Verzichts auf die Kernenergie bei der Stromerzeugung und energiepolitische Alternativen in Niedersachsen

Proost, S.; D. Van Regemorter (1992): Economic effects of a carbon tax. In: Energy Economics, April, S. 136-149.

Pruschek, R. (1994): Ermittlung und Verifizierung der Potentiale und Kosten der Treibhausgasminderung durch KWK in der Industrie; in: EK, 1994

Quinn, J. E. (1985): The Mission and Status of the U. S. Department of Energy's Battery Energy Storage Programm; in: Proceedings of the 20th Intersociety Energy Conversion Engineering Conference: Energy for the Twenty-First Century, 2, 2.3 ff

Rabel, A.; M. Dreicer; B. Desaigues u. a. (1994): Environmental Inputs and Their Costs: the Nuclear and the Fossil Fuel Cycles in France, Second Progress Report (interner, nicht zur Veröffentlichung bestimmer Bericht)

Radkau, J. (1984): Kerntechnik: Grenzen von Theorie und Erfahrung. Spektrum der Wissenschaft, Dezember 1984, S. 74-90

Ramanathan, V.; R.D. Cess; E.F. Harrison; P. Minnis; B. Barkstrom; E. Ahmad; D.L. Hartmann (1989): Cloud-radiative forcing and climate: insights from the Earth Radiation Budget Experiment, Science, 243, 57-63

Raschke, E. u. a. (1991): Solar radiation atlas of Africa: global and diffuse radiation fluxes at ground level derived from imaging data of the geostationary satellite METEOSAT 2; Rotterdam, Brookfield: Balkema

Reetz, B. (1993a): in: KD 12/15-a

Reetz, B. (1993b): in: KD 12/15-h

Reimann, M. (1993): In KD 12/21-b

Renn, O. (1993): In KD 12/21-j

Renz, K. (1994): Revolution in der Welt der Energieübertragung; Handelsblatt, 9.2.1994, 21

Report of the Statewide Collaborative Process (RSCP) (1990): An Energy Efficiency Blueprint for California, San Francisco, January 1990

Rheinbraun (1993): Braunkohle. Beitrag zur Energieversorgung der Bundesrepublik Deutschland. 3. Auflage, April 1993

Rheinbraun (Hrsg.) (1994): Welthandel mit Steinkohle. Köln, 1994

Rheinbraun (1994a): Weichen für LAUBAG-Privatisierung gestellt. Pressemitteilung, 25.03.94

Riedle, K.; B. Rukes; E. Wittchow (1990): Die Erhöhung des Kraftwerkswirkungsgrades in Vergangenheit und Zukunft; VGB – Konferenz – Kraftwerkstechnik 2000, 65 ff

Rieland, M.; R. Stuhlmann (1993): Towards the influence of clouds on the shortwave radiation budget of the earth-atmosphere system estimated from satellite data. J. Appl. Meteor., 32, No. 5, 825-843

Riesner, W. (1993a): Energieeinsparpotentiale in Osteuropa; Energiewirtschaftliche Tagesfragen 43 (1/2), 34-41

Riesner, W. (1993b): in: KD 12/15-a

Robertson, J.E.; A.J. Watson (1992): Nature, 358, 738-740

Roeckner, E.; K. Arpe; L. Bengtsson; S. Brinkop; L. Dümenil; M. Esch; E. Kirk; F. Lunkeit; M. Ponater; B. Rockel; R. Sausen; U. Schlese; S. Schubert; M. Windelband (1992): Simulation of the present-day climate with the ECHAM model: impact of model physics and resolution. Max-Planck-Inst. f. Meteorologie, Report Nr. 93, Oct 92

Roeckner, E.; M. Rieland; E. Keup (1991): Modelling of cloud and radiation in the ECHAM model. ECMWF/WCRP workshop on 'clouds, radiative transfer and the hydrological cycle', 12-15 Nov 1990, 199-222, ECMWF, Reading, UK

Rosenkranz, G. et al (1992): Die neue Offensive der Atomwirtschaft, München 1992

Röthemeyer, H. (1993): In KD 12/21-h

Rottweil (1992): In KD 12/9-a sowie KD 12/9-d

Rotty, R. N. (1987): Look at the 1983 CO_2-Emissions from fossil fuels (with preliminary data for 1984). Tellus, Ser. B: Chem. Phys. Meteorol. (Feb-Apr 1987) v. 39B (1-2), S.203 -208

Rotty, R. N.; C. D. Masters (1985): Carbon dioxide from fossil fuel combustion: trends, resources, and technological implications. In Trebalka, J. R. (ed.) (1985): Atmospheric carbon dioxide and the global carbon cycle. NTIS, PC A15/MF A01. S.63 – 79

Rudolph, J. (1994): Anomalous methane. Nature, 368, 3 Mar 94, 19-20

Rukes, B. (1993): Kraftwerkskonzepte für fossile Brennstoffe; in: VDI-Berichte 1029, 3 ff

Rummel, F. u. a. (1992): Erdwärme: Energieträger der Zukunft?, Bochum

RWE Energie AG (1992): in: KD 12/12-b

RWI [Rheinisch-Westfälisches Institut für Wirtschaftsforschung] (1993): in: KD 12/16-g

Sakulin, M. (1991): Energiesparpotentiale elektrischer Haushaltsgeräte; Sakunin, M. u. Dell, G., Institut für elektrische Anlagen der Technischen Universität Graz

Sarmiento, J.L. (1993): Atmospheric CO_2 stalled. Nature, 365, 21 Oct 93, 697-698

Sarmiento, J.L.; E.T. Sundquist (1992): Nature, 356, 589-593

Sarmiento, J.L.; J.C. Orr; U. Siegenthaler (1992): in J. Geophysical Research, 97, 3621

Schaefer, H. (1987): Perspektiven der Energieversorgung: Möglichkeiten der Umstrukturierung der Energieversorgung Baden-Württembergs unter besonderer Berücksichtigung der Stromversorgung, Materialienband 3 Rationelle Energieverwendung Teil 1

Schaefer, H. (1992): Ansätze von Bewertungskriterien für Energieoptionen

Schaefer, H. (1993): in: KD 12/22-b

Scheel, H.E. (1992): Klimarelevante Spurengase in der Südhemisphäre. in Tätigkeitsbericht des Fraunhofer-Inst. f. Atmosphärische Umweltforschung, Garmisch-Partenkirchen

Schefold, B. (1980): Szenarien zum Ausstieg aus der Kernenergie, Studie im Auftrag des Hessischen Ministers für Wirtschaft und Technik, Wiesbaden 1988

Schellnhuber, H.J. (1992): Folgen von Klimaveränderungen für Natur und Gesellschaft. Vortrag auf der Veranstaltung „Atmosphäre im Wandel" am 12./13. Nov. 1992 in Bonn

Schiffer, H.-W. (1994): Deutscher Energiemarkt '93. Primärenergie – Mineralöl – Braunkohle – Steinkohle – Erdgas – Elektrizität – Energiepreise. Energiewirtschaftliche Tagesfragen, 44. Jg (1994), Heft 3, S.132 – 151

Schilling, H. D. (1993): Zukünftige Orientierungen in der Kraftwerkstechnik; VGB Kraftwerkstechnik 738, 658 – 670

Schipper, L.; E. Martinot (1993): Decline and rebirth. Energy demand in the former USSR. Energy Policy 9/1993

Schlesinger, M.; K. P. Masuhr (1991): Bewertung der wirtschaftlichen Auswirkungen einer CO_2-Abgabe. Prognos-Studie, Basel.

Schlesinger, M.E.; N. Ramankutty (1992): Implications for global warming of intercycle solar irradiance variations. Nature, 360, 26 Nov 92, 330-333

Schlesinger, M.E.; N. Ramankutty (1994): An oscillation in the global climate system of period 65-70 years. Nature, 367, 24 Feb 94, 723-726

Schmidt, A. (1994): Thermische Nutzung von Biomasse in Österreich; in: Thermische Nutzung von Biomasse – Technik, Probleme und Lösungsansätze, Tagungsband, 27-42

Schmidt, G. (1993): In KD 12/21-f

Schmitt, D.; W. Schulz; A. Voß (1993): Übertragbarkeit amerikanischer Least-Cost-Planning-Konzepte auf die deutsche Elektrizitätswirtschaft; VWEW, Frankfurt/M.

Schmitt, O. (1993): Brief vom 3. August 1993 an Dr. Fahl, IER

Schnug, A. (1991): Elektrizitätswirtschaft; BWK 434, 181 ff

Schön, M.; E. Jochem; W. Mannsbart; J. Blazejczak; D. Edler (1992): Makroökonomische Wirkungen von Maßnahmen zur Luftreinhaltung und zum Klimaschutz. Studie des Fraunhofer-Instituts für Systemtechnik und Innovationsforschung in Zusammenarbeit mit dem Deutschen Institut für Wirtschaftsforschung, Karlsruhe, 1992.

Schönwiese, C.-D. (1992): in KD 12/4-a

Schönwiese, C.-D.; J. Rapp; T. Fuchs; M. Denhard (1993): Klimatrend-Atlas Europa 1891-1990. Berichte des Zentrums für Umweltforschung Nr. 20 – Januar 1993

Schüssler, M. (1994): Potentiale und Kosten für eine risikoarme Energieversorgung. Übersicht über die Ergebnisse internationaler Studien, Wuppertal-Papers, Wuppertal 1994

Schulz, W.; K. Traube; H.-U. Salmen (1994): Ermittlung und Verifizierung der Potentiale und Kosten der Treibhausgasminderung durch KWK zur Fern- und Nahwärmeversorgung (ABL und NBL) im Bereich Siedlungs-KWK; in: EK, 1994

Schulze, T.; U. Fahl; A. Voß (1994a): Stromverbrauch für EDV-Anwendungen, Teilgutachten, Projekt „Klimaverträgliche Energieversorgung in Baden-Württemberg"

Schulze, T.; U. Fahl; A. Voß (1994b): Stromverbrauch für EDV-Anwendungen, forthcoming: Energieanwendung und Energietechnik, Juli 1994

Schwarz, D. (1993): Ausbau der Kernenergie – ethisch geboten!. In: Renovatio. Zeitschrift für interdisziplinäres Gespräch, 1993, H. 4, S. 235–238

Schwenk, B.; M. Veltrup; M. Keuper (1994): Energieerzeugungskosten aus Windenergie in Deutschland; DEWI Magazin Nr. 5

Science (1993): The ozone hole reaches a new low. in Vol 262, 22 Okt 1993, 501

Seckmeyer, G. (1994): in Geoph. Res. Letters, 21, No. 7, 577-580

Seckmeyer, G.; R.L. McKienzie (1992): Increased UV radiation in New Zealand relative to Germany. Nature, 359, 10 Sep 92, 135-137

SFV (Solarenergie-Förderverein) (1994): Schreiben an den Vorsitzenden der Enquete-Kommission „Schutz der Erdatmosphäre". Aachen, den 7. März 1994

Shell (Deutsche Shell AG) (1993): Energiemarkt Deutschland: Höhere Effizienz bremst Verbrauch, Shell Szenarien bis zum Jahr 2020; Aktuelle Wirtschaftsanalysen, Heft 23, Hamburg, 1993

Sieferle, R. P. (1982): Der unterirdische Wald. Energiekrise und Industrielle Revolution. München: C. H. Beck 1982

Siegele, I. (1994): Aus der Traum. Paris verabschiedet sich vom schnellen Brüter. DIE ZEIT, 4. März 1994, S. 26

Siegenthaler, U.; J.L. Sarmiento (1993): Atmospheric carbon dioxide and the ocean. Nature, 365, 9 Sep 93, 119-125

Siemens Solar (1993): in: KD 12/20-g

Sierig, J. (1991): Substitutionspotential von räumlich verteilten Photovoltaikkraftwerken, Jahresbericht (1990) des Instituts für Elektrische Anlagen und Energiewirtschaft der RWTH Aachen, Aachen, 1991

Sonnemann, G. (1992): Ozon – natürliche Schwankungen und anthropogene Einflüsse. Akad. Verl., Berlin

Spreng, D. (1989): Wieviel Energie braucht die Energie? Verlag der Fachvereine, Zürich, 1989

SRU (Sachverständigenrat für Umweltfragen) (1981): Energie und Umwelt. Sondergutachten März 1981 des Rats von Sachverständigen für Umweltfragen. Bundestags-Drucksache 9/872, 6. Oktober 81

SRU (Sachverständigenrat für Umweltfragen) (1994): Für eine dauerhaft-umweltgerechte Entwicklung. Umweltgutachten 1994 des Rates von Sachverständigen für Umweltfragen. Bundestags-Drucksache 12/6995, 8. März 94

Stäbler, K. (1993): In KD 12/21c

Stadt Leipzig (1993): in: KD 12/15-d

Stadt Rottweil (1992): in: KD 12/9-a

Stadt Saarbrücken (1992): in: KD 12/9-b

Stadt Schwerte (1992): Modellprojekt „Ökologische Stadt der Zukunft". Schwerte, 25. Oktober 1991. Arbeitsunterlage 12/250 der Enquete-Kommission „Schutz der Erdatmosphäre" vom 2. September 1992.

Stadtwerke Hannover AG (1993): Demonstrationsprogramm Niedrigenergiehäuser – Zwischenbericht, Hannover

Standaert, S. (1992): The Macro-Sectoral Effects of an EC-Wide Energy Tax: Simulation Experiments for 1993 - 2005. In: Commission of the European Communities (Hrsg.): European Economy, Special Edition No 1: The Economics of Limiting CO_2 Emissions, Brussels/Luxembourg, 127-152

Statistical Record of the Environment (1992): Ed. by A.J. Darnay, Gale Research Inc., Detroit

Stocker, T.F.; L.A. Mysak (1992): Climatic fluctuations on the century scale: a review of high-resolution proxy data and possible mechanisms. Climatic Change, 20, 227-250

Stouffer, R.J.; S. Manabe; K.Y. Vinnikov (1994): Model assessment of the role of natural variability in recent global warming. Nature, 367, 17 Feb 94, 634-636

Stromthemen (1993): Braunkohle statt Erdgas? VEAG will mit neuem Preismodell Kohlezukunft in Ostdeutschland sichern. Stromthemen 11/93, Seite 5

Stromthemen (1993a): Wärmepumpen und BHKW mit Umweltvorteilen. Untersuchung über Energieverbrauch und Emissionen von Heizsystemen. Stromthemen 10/93, S.6 – 7

Stromthemen (1993b): Wie teuer sind uns Sonne und Wind? Aachen beschließt kostendekkende Vergütung für Solar- und Windstrom. Stromthemen 8/93, S.4 – 5

Stromthemen (1994): Neustrukturierung der Stromversorgung in Ostdeutschland: Bereits mehr als 30 neue Stadtwerke. Stromthemen, 11. Jahrgang, Nr. 1. Frankfurt, Januar 1994

Sundquist, E.T. (1993): The global carbon dioxide budget. Science, 259, 12 Feb 93, 934-941

Suttor, K.-H.; F. Huttor; D. Thinius (1984): Elektrisches Potential und Wirtschaftlichkeit der gekoppelten Kraft-Wärmewirtschaft in Industrie und Gewerbe; Arbeitsgemeinschaft Kraft-Wärme-Kopplung; Stuttgart, Heidelberg

Swisher, J. N. (1993): World Potential for Renewable Energy; Roskilde: Riso National Laboratory

Tans, P.P.; I.Y. Fung; T. Takahashi (1990): Oberservational constraints on the global CO_2 budget. Science, 247, 1431-1438

Taylor, K.C.; C.U. Hammer; R.B. Alley; H.B. Clausen; D. Dahl-Jensen; A.J. Gow; N.S. Gundestrup; J. Kipfstuhl; J.C. Moore; E.D. Waddington (1993): Electrical conductivity measurements from the GISP2 and GRIP Greenland ice cores. Nature, 366, 9 Dec 93, 549- 552

TFF (Programmgruppe Technologiefolgenforschung) (1994): IKARUS. Instrumente für Klimagasreduktionsstrategien, Zusammenfassender Bericht für die Projektphase 3, Forschungszentrum Jülich GmbH, Jülich, 1994

The Results Center (1993/94): „Profiles" der Jahrgänge 1993/94; Aspen, USA

Töpfer, K. (1993): CO_2-Minderungsprogramm wird konsequent umgesetzt. Nationaler Klimaschutzbericht vorgelegt. Bundesministerium für Umwelt, Naturschutz und Reaktorsicherheit – Pressemitteilung 48/93. Bonn, 18. August 93

Töpfer, K. (1994): Gemeinsames Handeln in globaler Partnerschaft. Rede vor dem Zweiten Ausschuß der 48. Generalversammlung der Vereinten Nationen am 23. November 1993 in New York. Umwelt, Nr.1/1994, S. 5-8

Toronto (1988): The Changing Atmosphere. Implications for Global Security. Conference Statement. Toronto, June 27-30, 1988 (AU 11/213 der Enquete-Kommission „Vorsorge zum Schutz der Erdatmosphäre": Endgültige überarbeitete Fassung des Statements der Klima-Konferenz in Toronto)

Traube, K. (1992): Perspektiven der Umstrukturierung des westdeutschen Energiesystems angesichts des CO_2-Problems. Bremer Energie-Institut, 1992

Treber, M. (1993): Steigerung der Effizienz der Energienutzung als Vorsorgemaßnahme. Dissertation, Universität Karlsruhe. VDI-Fortschrittsberichte, Reihe 16: Technik und Wirtschaft, Nr. 67. VDI-Verlag, Düsseldorf, 1993, 221 S.

Treuhandanstalt (1993): Konsortium aus Großbritannien und USA übernimmt Vereinigte Mitteldeutsche Braunkohlenwerke AG (MIBRAG). Berlin, Pressemitteilung vom 8. Dezember 1993

Troen, I; E. L. Petersen (1989): European Wind Atlas; Roskilde

Tselioudis, G.; W.B. Rossow (1993): Variations of cloud radiative properties with temperature: a comparison between low and high cloud behavior. Amer. Geoph. Union Conference, Baltimore, 24-28 May, 1993

Tselioudis, G.; W.B. Rossow; D. Rind (1992): Global patterns of cloud optical thickness variation with temperature. J. of Climate, 5, 1484-1495

TWS [Technische Werke der Stadt Stuttgart] (1990): Elektrohaushalt: Herde; Stuttgart

UBA (Umweltbundesamt) (1992): Stellungnahme für die öffentliche Anhörung der Enquete-Kommission „Schutz des Menschen und der Umwelt" zu dem Thema „Ökobilanz/Produktlinienanalyse am Beispiel des FCKW-Ersatzstoffes R 134a und anderer Ersatzstoffe bzw. -technologien", KD 12/6d

UBA (Umweltbundesamt) (1993): Umweltdaten – kurzgefaßt.

UBA [Umweltbundesamt] (1993a): in: KD 12/16-h

UBA (Umweltbundesamt) (1994): Das Treibhaus enthält nicht nur CO_2. Umweltbundesamt legt Bericht über den Ausstoß von Methan und Lachgas in Deutschland vor. Berlin, Presseinformation Nr. 7/94 vom 31. Januar 1994

UBA (Umweltbundesamt) (1994a): Entwicklung der Bevölkerung von 1982-1990.

Ufer, D. (1993): in: KD 12/15-a

UN (United Nations) (1993): Statistical Yearbook 1990/91, 38. Ausgabe, New York

UN (United Nations) (1994): Cities launch plans to reduce CO_2. United Nations Climate Change Bulletin, Issue 3, 2nd Quarter 1994, S.2-4

UNEP (United Nations Environmental Programme) (1992): Protecting the ozone layer. Vol 1 Refrigerants. UNEP/IE/PAC, UN Publication

UNFPA (Bevölkerungsfonds der UN) (1991): Weltbevölkerungsbericht 1991, Deutsche Gesellschaft für den Vereinten Nationen, Bonn

Van der Voort, E. u. a. (1984): ENERGY SUPPLY Modelling Package EFOM-12C Mark I, Mathematical description, Cabay, Louvain-la-Neuve, Belgium, 1984

VDEW [Vereinigung Deutscher Elektrizitätswerke] (1992): in: KD 12/12-a

VDEW [Vereinigung Deutscher Elektrizitätswerke] (1992a): Analyse und Prognose des Stromverbrauchs der privaten Haushalte, Auswertungsbericht alte Bundesländer, Arbeitsausschuß „Marktforschung – Elektrizitätsanwendung"; Frankfurt

VDEW [Vereinigung Deutscher Elektrizitätswerke] (1992b): Datenkatalog zum Haushaltsstromverbrauch 1990; Frankfurt

VDEW (Vereinigung Deutscher Elektriziztätswerke) (1993): Kraftwerkskapazitäten 1992/93: Energiemix darf nicht gefährdet werden. Rede von Dr. H. Magerl, Vorsitzender der VDEW. VDEW-Pressekonferenz Kettwig, 23. November 1993

VDEW [Vereinigung Deutscher Elektrizitätswerke] (1993a): SL: Strom-Linie, VDEW-Pressekonferenz, 30.8.1993

VDEW [Vereinigung Deutscher Elektrizitätswerke] (1993b): Die öffentliche Elektrizitätsversorgung 1992, Frankfurt/M.

VDEW [Vereinigung Deutscher Elektrizitätswerke] (1993c): Analyse und Prognose des Stromverbrauchs der privaten Haushalte; VDEW-Arbeitsausschuß „Marktforschung – Elektrizitätsanwendung"; Frankfurt

VDEW [Vereinigung Deutscher Elektrizitätswerke] (1993d): Elektrowärmepumpen: Energie – Umwelt – Marktsituation, Mai 1993

VDEW [Vereinigung Deutscher Elektrizitätswerke] (Hrsg.) (1993e): Heizungssysteme im Vergleich; Frankfurt: VWEW-Verlag

VDEW (Vereinigung Deutscher Elektriziztätswerke) (1994): Stromverbrauch leicht gesunken. In Ostdeutschland Rückgang um 0,5 Prozent. SL: Strom-Linie Wirtschaft 18/94. VDEW, 1994

VDEW [Vereinigung Deutscher Elektrizitätswerke] (1994a): Datensatz: Bruttoerzeugung der Kraftwerke nach Energieträgern – öffentliche Versorgung, Industrie, Deutsche Bundesbahn (ABL), persönliche Mitteilung

VDEW [Vereinigung Deutscher Elektrizitätswerke] (1994b): DSM-Projekte deutscher EVU, Stand: Mai 1994

VDI [Verein Deutscher Ingenieure] (1992): Energiehaushalten und CO_2-Minderung: Einsparpotentiale im Sektor Haushalte; VDI Berichte 944; Düsseldorf

VEAG [Vereinigte Energiewerke AG] (1993): in: KD 12/15-d

VEAG (Vereinigte Energiewerke AG) (1994): VEAG bestätigt Kraftwerksbauvorhaben in Boxberg. Presseerklärung Nummer 04/94. Berlin, 9. Februar 1994

VEBA (1994): persönliche Mitteilung; die Aussage von Hartmann im Handelsblatt vom 8. Dezember 1993, Artikel „Hartmann: Option Kernkraft muß offengehalten werden" wird autorisiert. 12. Juli 1994

Verbraucher-Zentrale NRW (1994): Weniger Watt für Kühlschrank & Co; Düsseldorf

Verein für Grüne Solararchitektur und Planungsgruppe LOG ID (1993): in: KD 12/20-c

VIK [Verband der Industriellen Energie- und Kraftwirtschaft] (1993): Statistik der Energiewirtschaft 1992/1993

VIK [Verband der Industriellen Energie- und Kraftwirtschaft] (1994): EU-Strom- und Erdgasvergleich; VIK-Mitteilungen 4/1994, 96f

Voß, A. (1986): Wachstumsgrenzen durch Energieknappheit oder Energienutzung. In: Mayer, H. (Hrsg.) (1986): Neue Wege der Wachstumsanalyse. Frankfurt am Main: Campus, 1986

Voß, A. (1990): Nutzung der Kernenergie. Zusammenfassung der Ergebnisse des Studienkomplexes A.4 des Studienprogramms der Enquete-Kommission „Vorsorge zum Schutz der Erdatmosphäre". In: Enquete-Kommission „Vorsorge zum Schutz der Erdatmosphäre" (Hrsg.): Energie und Klima. Band 5: Kernenergie. Economica, C.F. Müller, 1990

Voß, A. (1992): Energie und Umwelt: Herausforderungen an der Schwelle zum dritten Jahrtausend. In: Die Zukunft der Stromerzeugung. Frankfurt am Main: VWEW-Verlag, 1992

Voß, A.; H. Hoecker; U. Fahl (1993): Die Bedeutung von Least-Cost-Planning als neues Unternehmens- und Regulierungskonzept für die deutsche Elektrizitätswirtschaft; BWK. 4512

Wagner (1991): Wirkung von Ozon auf die menschliche Gesundheit. Ozon-Symposium in München, 2.-4. Juli 91, EK AU 12/74

Walthert, R. (1993): in: KD 12/22-c

Wartenberg, L. v. (1994): Energiesteuern in der Standortdiskussion; Ausführungen auf dem Symposium „Energiebesteuerung und ökologischer Umbau des Steuersstems", Essen, 28./29. September 1994

Waters, J.W.; L. Froidevaux; W.G. Read; G.L. Manney; L.S. Elson; D.A. Flower; R.F. Jarnot; R.S. Harwood (1993): Stratospheric ClO and ozone from the Microwave Limb Sounder on the Upper Atmosphere Research Satellite. Nature, 362, 15 April 1993, 597-602

WCED (World Commission on Environment and Development) (1987): Our Common Futue. United Nations, Oxford University Press, 1987

WCR (World Climate Review) (1994): A Quarterly Review Of Issues Concerning Global Climate Change. Edited by P. J. Michaels, Associate Professor of Environmental Sciences at The University of Virginia. Charlottesville, 1994

Weber, E. u. a. (1993): Entwicklungsergebnisse bei der Druckkohlestaubfeuerung; VGB Kraftwerkstechnik 737, 602 – 607

WEC [World Energy Council] (1989): World Energy Horizons 2000 – 2020; Editions Techniques; Paris

WEC (World Energy Council) (1992): Energy for Tomorrow's World, Draft Summary Global Report, London 1992

WEC (World Energy Council) (1992): Working Group 2, Renewable Energy Resources: Opportunities and Contraints 1990–2020, WEC 1992

WEC (World Energy Council) (1993): Energie für die Welt von morgen. Die neue WEC-Studie. Auszüge in deutscher Sprache. Veröffentlichung des Deutschen Nationalen Komitees des Weltenergierates DNK. DNK-Schriften Nr. 3/1993, Düsseldorf.

WEC (World Energy Council) (1993a): Energy for Tomorrow's World, Regional Report for Western Europe, French National Committee, Paris (1993)

WEC [World Energy Council] (1993): Report 1993: Renewable Energy Resources: Opportunities and Constraints 1990-2020, London

Wege, K.; W. Vandersee (1992): Umwelt und Klima – über Ozontrends. in Mitteilungen der Deutschen Meteorologischen Gesellschaft 4/92

Weidig, I. u. a. (1993): Die externen Kosten der Stromerzeugung aus Wasserkraft. Prognos-Untersuchung für verschiedene Schweizerische Bundesämter, Basel

Weil, L. (1993): In KD 12/21-a

Weinzierl, K. (1992): Status und Perspektiven des Kombikraftwerkes mit integrierter Kohlevergasung; Energiewirtschaftliche Tagesfragen 424, 204 – 210

Weisheimer, M. (1993): in: KD 12/15-a

Weizsäcker, C. C. von (1993): in: KD 12/16-e

Weizsäcker, E. U. von (1990): Erdpolitik. Ökologische Realpolitik an der Schwelle zum Jahrhundert der Umwelt. 2. aktualisierte Auflage. Darmstadt: Wissenschaftliche Buchgesellschaft 1990

Wellmann, B. (1994): „Die Chance der Ökologie ist das menschliche Individuum". Ökologische Briefe Nr.11 vom 16. März 1994, S. 11-13

WFA (Western Fuels Association) (1994): Schreiben an Germanwatch, Bonn. Washington, D.C., April, 29, 1994

WI, BEM [Wuppertal-Institut; Beratungsgruppe Energie + Marketing] (1994): Evaluierung des KeSS-Programms der RWE Energie AG; Wuppertal, Icking (in Veröffentlichung)

Wiese, A. (1994): Simulation und Analyse einer Stromerzeugung aus erneuerbaren Energien in Deutschland, Forschungsbericht des Instituts für Energiewirtschaft und Rationelle Energieanwendung, Band 16, Stuttgart, 1994

Wigley, T. M. L. (1994): Pathways to and consequences of CO_2 concentration stabilization. subm. to Science, Dez 1993

Wigley, T.M.L.; S.C.B. Raper (1992): Implications for climate and sea level revised IPCC emissions scenarios. Nature, 357, 28 May 92, 293-300

Wilson, D.; J. Swisher (1993): Exploring the gap – Top-down versus Bottom-up analyses of the cost of mitigating global warming. In: Energy Policy 3/93, S.249-263.

Winje, D. (1992): Neue Zielvorstellungen in der Elektrizitätswirtschaft – Demand Side Management und Least-Cost Planning als Management-Strategien; Elektrizitätswirtschaft 9117

Winter, C.-J. (1993a): Die Energie der Zukunft heißt Sonnenenergie; München: Droemer, Knaur

Winter, C.-J.; J. Nitsch (Hrsg.) (1988): Wasserstoff als Energieträger: Technik, Systeme, Wirtschaft; 2. Aufl.; Berlin u. a.: Springer

Winter, C.-J.; J. Nitsch (o. J.): Tabelle; Quelle: Enquete-Kommission „Gestaltung der technischen Entwicklung, Technikfolgen-Abschätzung und -Bewertung": Bedingungen und Folgen von Aufbaustrategien für eine solare Wasserstoffwirtschaft

Winter, C.-J.; R. L. Sizmann; L. L. Vant-Hull (1991): Solar Power Plants: Fundamentals, Technology, Systems, Economics; Berlin u. a.: Springer

WMO (World Meteorological Organisation), UNEP (United Nations Environment Program) (1992): Global Ozone Research and Monitoring Project, Nr. 25, Genf

Wnuk, A. (1993): 1992: Kernenergie in der Elektrizitätswirtschaft in der Bundesrepublik Deutschland. atomwirtschaft, November 1993

WRI [World Resources Institute] (1992): Green Fees: How a Tax Shift can Work for the Environment and the Economy; Washington D.C.

WRI (World Ressources Institute) (1992-1993): World resources. A Guide to the global environment, Washington, D.C.

Wuppertal Institut; Öko-Institut (1994): Least-Cost Planning Fallstudie Hannover. Gutachten im Auftrag der Stadtwerke Hannover. Vorläufiger Endbericht, Freiburg, Darmstadt, Wuppertal, 1994

Yamaji, K. et al. (1993): A study on economic measures for CO_2 reduction in Japan. In: Energy Policy 2/93, S. 123-132.

Zellner, R. (1992): Ozonabbau in der Stratosphäre. Studie für die EK zu den neusten Ergebnissen zweier Meßkampagnen (EASOE u. Ozonmeßkampagne der NASA) im Winter 91/92

Ziesing, H.-J. (1993): In KD 12/15-f

Ziesing, H.-J. (1993a): in: KD 12/15-f

Ziesing, H.-J. (1993b): in: KD 12/20-g

Zimmerli, W. (1981): Gesellschaftliches System und Wandel ethischer Normenbegründung. Grenzen der systemtheoretischen Betrachtungsweise bei der aktuellen Suche nach einer Ethik der Technik. In: Kruedener, J. v.; K. v. Schubert (Hrsg.): Technikfolgen und sozialer Wandel. Zur politischen Steuerbarkeit der Technik. Köln, 1981

Zimmerli, W. (1994): Unternehmenskultur – Neues Denken in alten Begriffen. Verantwortung, Technologie und Wirtschaft an der Schwelle zum dritten Jahrtausend. In: Zimmerli, W. C.; V. M. Brennecke (Hrsg.): Technikverantwortung und Unternehmenskultur. Von theoretischen Konzepten zur praktischen Umsetzung. Schäffer-Poeschel Verlag, Stuttgart, 1994

Zinko, H. (1993): in: KD 12/20-g

ZVEI [Zentralverband Elektrotechnik- und Elektronikindustrie e.V.] (1991): Energiebericht der Elektroindustrie; Frankfurt